WANDER **GARCIA**, ANA PAULA **DOMPIERI**,
BRUNO **ZAMPIER** E RENAN **FLUMIAN**
COORDENADORES

20 23
OITAVA EDIÇÃO

CONCURSOS
DELEGADO
2.300
QUESTÕES COMENTADAS

2.017 QUESTÕES IMPRESSAS
331 QUESTÕES ON-LINE

COMO PASSAR

APRENDA COM AS QUESTÕES DAS PROVAS DE DELEGADO

CB042126

EDITORA FOCO

2023 © Editora Foco

Coordenadores: Wander Garcia, Ana Paula Dompieri, Bruno Zampier e Renan Flumian
Organizadora: Paula Morishita
Autores: Adolfo Nishiyama, Alice Satin, André Barros, Arthur Trigueiros, Bruna Vieira, Eduardo Dompieri, Filipe Venturini Signorelli, Flávia Moraes Barros, Gabriela Rodrigues, Gustavo Nicolau, Helder Satin, Henrique Subi, Leni M. Soares, Luciana Russo, Luiz Dellore, Magally Dato, Renan Flumian, Ricardo Quartim, Roberta Densa, Robinson Barreirinhas, Rodrigo Bordalo, Rodrigo Santamaria Saber, Savio Chalita, Vivian Calderoni e Wander Garcia
Diretor Acadêmico: Leonardo Pereira
Editor: Roberta Densa
Revisora Sênior: Georgia Renata Dias
Capa Criação: Leonardo Hermano
Diagramação: Ladislau Lima e Aparecida Lima
Impressão miolo e capa: FORMA CERTA

Dados Internacionais de Catalogação na Publicação (CIP) de acordo com ISBD

C735

Como passar em concursos de delegado / Adolfo Mamoru Nishiyama ... [et al.] ; coordenado por Wander Garcia ... [et al.]. - 8. ed. - Indaiatuba, SP : Editora Foco, 2023.

616 p. ; 17cm x 24cm.

Inclui bibliografia e índice.

ISBN: 978-65-5515-745-1

1. Metodologia de estudo. 2. Concursos Públicos. 3. Delegado. I. Nishiyama, Adolfo Mamoru. II. Calareso, Alice Satin. III. Barros, André. IV. Trigueiros, Arthur. V. Vieira, Bruna. VI. Dompieri, Eduardo. VII. Signorelli, Filipe Venturini. VIII. Barros, Flávia Moraes. IX. Rodrigues, Gabriela. X. Nicolau, Gustavo. XI. Satin, Helder. XII. Subi, Henrique. XIII. Soares, Leni M. XIV. Russo, Luciana. XV. Dellore, Luiz. XVI. Dato, Magally. XVII. Flumian, Renan. XVIII. Quartim, Ricardo. XIX. Densa, Roberta. XX. Barreirinhas, Robinson. XXI. Bordalo, Rodrigo. XXII. Saber, Rodrigo Santamaria. XXIII. Chalita, Savio. XXIV. Calderoni, Vivian. XXV. Garcia, Wander. XXVI. Dompieri, Ana Paula. XXVII. Zampier, Bruno. XXVIII. Título.

2023-588   CDD 001.4   CDU 001.8

Elaborado por Vagner Rodolfo da Silva - CRB-8/9410
Índices para Catálogo Sistemático:

1. Metodologia de estudo 001.4   2. Metodologia de estudo 001.8

DIREITOS AUTORAIS: É proibida a reprodução parcial ou total desta publicação, por qualquer forma ou meio, sem a prévia autorização da Editora FOCO, com exceção do teor das questões de concursos públicos que, por serem atos oficiais, não são protegidas como Direitos Autorais, na forma do Artigo 8º, IV, da Lei 9.610/1998. Referida vedação se estende às características gráficas da obra e sua editoração. A punição para a violação dos Direitos Autorais é crime previsto no Artigo 184 do Código Penal e as sanções civis às violações dos Direitos Autorais estão previstas nos Artigos 101 a 110 da Lei 9.610/1998. Os comentários das questões são de responsabilidade dos autores.

NOTAS DA EDITORA:

Atualizações e erratas: A presente obra é vendida como está, atualizada até a data do seu fechamento, informação que consta na página II do livro. Havendo a publicação de legislação de suma relevância, durante o ano da edição do livro, a editora, de forma discricionária, se empenhará em disponibilizar atualização futura.

Bônus ou Capítulo On-line: Excepcionalmente, algumas obras da editora trazem conteúdo no *on-line*, que é parte integrante do livro, cujo acesso será disponibilizado durante a vigência da edição da obra.

Erratas: A Editora se compromete a disponibilizar no site www.editorafoco.com.br, na seção Atualizações, eventuais erratas por razões de erros técnicos ou de conteúdo. Solicitamos, outrossim, que o leitor faça a gentileza de colaborar com a perfeição da obra, comunicando eventual erro encontrado por meio de mensagem para contato@editorafoco.com.br. O acesso será disponibilizado durante a vigência da edição da obra.

Impresso no Brasil (03.2023) – Data de Fechamento (03.2023)

2023
Todos os direitos reservados à
Editora Foco Jurídico Ltda.
Avenida Itororó, 348 – Sala 05 – Cidade Nova
CEP 13334-050 – Indaiatuba – SP

E-mail: contato@editorafoco.com.br
www.editorafoco.com.br

Acesse JÁ os conteúdos ON-LINE

SHORT VIDEOS
Vídeos de curta duração com dicas de DISCIPLINAS SELECIONADAS

Acesse o link:
www.editorafoco.com.br/short-videos

ATUALIZAÇÃO em PDF e VÍDEO para complementar seus estudos*

Acesse o link:
www.editorafoco.com.br/atualizacao

www. CAPÍTULOS ON-LINE

Acesse o link:
www.editorafoco.com.br/atualizacao

* As atualizações em PDF e Vídeo serão disponibilizadas sempre que houver necessidade, em caso de nova lei ou decisão jurisprudencial relevante, durante o ano da edição do livro.

* Acesso disponível durante a vigência desta edição.

Autores e Coordenadores

SOBRE OS COORDENADORES

Wander Garcia – @wander_garcia

É Doutor, Mestre e Graduado em Direito pela PUC/SP. É professor universitário e de cursos preparatórios para Concursos e Exame de Ordem, tendo atuado nos cursos LFG e DAMASIO. Neste, foi Diretor Geral de todos os cursos preparatórios e da Faculdade de Direito. Foi diretor da Escola Superior de Direito Público Municipal de São Paulo. É um dos fundadores da Editora Foco, especializada em livros jurídicos e para concursos e exames. É autor best seller com mais de 50 livros publicados na qualidade de autor, coautor ou organizador, nas áreas jurídica e de preparação para concursos e exame de ordem. Já vendeu mais de 1,5 milhão de livros, dentre os quais se destacam "Como Passar na OAB", "Como Passar em Concursos Jurídicos", "Exame de Ordem Mapamentalizado" e "Concursos: O Guia Definitivo". É também advogado desde o ano de 2000 e foi procurador do município de São Paulo por mais de 15 anos. É Coach Certificado, com sólida formação em Coaching pelo IBC e pela International Association of Coaching.

Ana Paula Dompieri

Procuradora do Estado de São Paulo, Pós-graduada em Direito, Professora do IEDI, Escrevente do Tribunal de Justiça por mais de 10 anos e Assistente Jurídico do Tribunal de Justiça. Autora de diversos livros para OAB e concursos.

Bruno Zampier

Delegado de Polícia Federal. Mestre e Doutorando em Direito Privado pela PUC Minas. Professor de Direito Civil. Coordenador do SupremoTV.

Renan Flumian – @renanflumian

Mestre em Filosofia do Direito pela Universidade de Alicante. Cursou a Session Annuelle D'enseignement do Institut International des Droits de L'Homme, a Escola de Governo da USP e a Escola de Formação da Sociedade Brasileira de Direito Público. Professor e Coordenador Acadêmico do IEDI. Autor e coordenador de diversas obras de preparação para Concursos Públicos e o Exame de Ordem. Advogado.

SOBRE OS AUTORES

Adolfo Mamoru Nishiyama

Advogado. Possui graduação em Ciências Jurídicas pela Universidade Presbiteriana Mackenzie (1991) e mestrado em Direito do Estado pela Pontifícia Universidade Católica de São Paulo (1997). Doutorado em Direito do Estado pela Pontifícia Universidade Católica de São Paulo (2016). Atualmente é professor titular da Universidade Paulista

Alice Satin

Advogada. Mestre em Direitos Difusos pela PUC/SP. Especialista em Direito Processual Civil pela PUC/SP. Palestrante e Professora Assistente na Graduação e Pós-Graduação em Direito da PUC/SP.

André Barros – @ProfAndreBarros

Mestre em Direito Civil Comparado pela PUC/SP. Professor de Direito Civil e de Direito do Consumidor exclusivo da Rede LFG. Membro do IBDFAM. Advogado.

Arthur Trigueiros – @proftrigueiros

Pós-graduado em Direito. Professor da Rede LFG, do IEDI e do Proordem. Autor de diversas obras de preparação para o Exame de Ordem. Procurador do Estado de São Paulo.

Bruna Vieira – @profa_bruna

Pós-graduada em Direito. Professora do IEDI, Proordem, Legale, Robortella e Êxito. Palestrante e Professora de Pós-graduação em Instituições de Ensino Superior. Autora de diversas obras de preparação para Concursos Públicos e Exame de Ordem, pelas editoras Saraiva e Foco. Advogada.

Eduardo Dompieri – @eduardodompieri

Pós-graduado em Direito. Professor do IEDI. Autor de diversas obras de preparação para Concursos Públicos e Exame de Ordem.

Filipe Venturini Signorelli

Mestrado em Direito Administrativo pela Pontifícia Universidade Católica de São Paulo. Pós-graduado em Governança, Gestão Pública e Direito Administrativo. Pós-graduado em Direito Público. Pós-graduado em Ciências criminais e docência superior. Linha de pesquisa na área de Autorregulação e Controle na administração pública. Conselheiro no IPMA Brasil – International Project Management Associate. Gestor Jurídico e Acadêmico. Professor. Advogado e Consultor Jurídico no Bordalo Densa & Venturini Advogados.

Flávia Moraes Barros

Mestre em Direito Administrativo pela PUC/SP. Doutoranda em Direito Administrativo pela USP. Professora de Direito Administrativo. Procuradora do Município de São Paulo.

Gabriela Rodrigues
Pós-Graduada em Direito Civil e Processual Civil pela Escola Paulista de Direito. Professora Universitária e do IEDI Cursos On-line e preparatórios para concursos públicos exame de ordem. Autora de diversas obras jurídicas para concursos públicos e exame de ordem. Advogada.

Gustavo Nicolau – @gustavo_nicolau
Doutor e Mestre pela Faculdade de Direito da USP. Professor de Direito Civil da Rede LFG/Praetorium. Advogado.

Helder Satin
Desenvolvedor de sistemas Web e Gerente de projetos. Professor do IEDI. Professor de Cursos de Pós-Graduação. Graduado em Ciências da Computação, com MBA em Gestão de TI.

Henrique Subi – @henriquesubi
Especialista em Direito Empresarial pela FGV e em Direito Tributário pela UNISUL. Mestrando em Direito pela Universidade Mackenzie. Professor de Negociação do IBDEC. Professor do IEDI e de outros cursos preparatórios para a OAB e concursos públicos.

Leni M. Soares
Assistente Jurídico do Tribunal de Justiça do Estado de São Paulo.

Luciana Russo
Procuradora do Município de São Paulo. Bacharel em História (1993 – FFLCH/USP) e Direito (2001 – FD/USP). Licenciatura Plena em História (1994 – FE/USP). Mestre em Direito (2005 – FD/USP). Professora universitária e de cursos preparatórios para OAB e Concursos públicos desde 2002.

Luiz Dellore
Doutor e Mestre em Direito Processual Civil pela USP. Mestre em Direito Constitucional pela PUC/SP. Professor do Mackenzie, EPD, IEDI, IOB/Marcato e outras instituições. Advogado concursado da Caixa Econômica Federal. Ex-assessor de Ministro do STJ. Membro da Comissão de Processo Civil da OAB/SP, do IBDP (Instituto Brasileiro de Direito Processual), do IPDP (Instituto Panamericano de Derecho Procesal) e diretor do CEAPRO (Centro de Estudos Avançados de Processo). Colunista do portal jota.info. Facebook e LinkedIn: Luiz Dellore

Magally Dato
Agente de Fiscalização do Tribunal de Contas do Município de São Paulo e Professora de Língua Portuguesa.

Ricardo Quartim
Graduado em direito pela Universidade de São Paulo (USP). Procurador Federal em São Paulo/SP e autor de artigos jurídicos.

Roberta Densa
Doutora em Direitos Difusos e Coletivos pela Pontifícia Universidade Católica de São Paulo (PUC/SP), mestre em Direito Político e Econômico pela Universidade Presbiteriana Mackenzie (2005). Editora Jurídica na Editora Foco. Professora da Universidade São Judas Tadeu. Autora do livro "Direito do Consumidor". Membro da Comissão dos Direitos da Criança e do Adolescente da OAB/SP desde 2007.

Robinson Barreirinhas
robinson.barreirinhas@gmail.com – Professor do IEDI. Procurador do Município de São Paulo. Professor do IEDI. Autor e Coautor de mais de 20 obras para preparação para concursos e OAB.

Rodrigo Bordalo
Doutor e Mestre em Direito do Estado pela Pontifícia Universidade Católica de São Paulo (PUC-SP). Professor de Direito Público da Universidade Presbiteriana Mackenzie (pós-graduação). Professor de Direito Administrativo e Ambiental do Centro Preparatório Jurídico (CPJUR) e da Escola Brasileira de Direito (EBRADI), entre outros. Procurador do Município de São Paulo, atualmente lotado na Coordenadoria Geral do Consultivo da Procuradoria Geral do Município. Advogado. Palestrante.

Rodrigo Santamaria Saber
Advogado graduado em Direito pela PUC/SP especialista em Direito Processual Civil pela UNESP de Franca. Aprovado nos concursos para Defensor Público do Estado de Santa Catarina e do Distrito Federal.

Savio Chalita
Advogado formado pela Faculdade de Direito Damásio de Jesus (FDDJ). Mestre em Direitos Sociais, Difusos e Coletivos. Professor de cursos preparatórios para Concurso Público e Exame de Ordem. Autor de diversas obras jurídicas, entre elas "Manual Completo de Direito Eleitoral" e "350 dicas de Ética Profissional para o Exame de Ordem", pela Editora Foco. Editor do blog Como Passar Na OAB!

Vivian Calderoni
Mestre em Direito Penal e Criminologia pela USP. Autora de artigos e livros. Palestrante e professora de cursos preparatórios para concursos jurídicos. Atualmente trabalha como advogada na ONG "Conectas Direitos Humanos", onde atua em temas relacionados ao sistema prisional e ao sistema de justiça.

Sumário

AUTORES E COORDENADORES	V
COMO USAR O LIVRO?	XIII
1. DIREITO PENAL	**1**

1. CONCEITO, FONTES E PRINCÍPIOS 1
2. APLICAÇÃO DA LEI NO TEMPO 8
3. APLICAÇÃO DA LEI NO ESPAÇO 12
4. CONCEITO E CLASSIFICAÇÃO DOS CRIMES 14
5. FATO TÍPICO E TIPO PENAL 17
6. CRIMES DOLOSOS, CULPOSOS E PRETERDOLOSOS 21
7. ERRO DE TIPO, DE PROIBIÇÃO E DEMAIS ERROS 24
8. TENTATIVA, CONSUMAÇÃO, DESISTÊNCIA, ARREPENDIMENTO E CRIME IMPOSSÍVEL 29
9. ANTIJURIDICIDADE E CAUSAS EXCLUDENTES 35
10. CONCURSO DE PESSOAS 41
11. CULPABILIDADE E CAUSAS EXCLUDENTES 46
12. PENAS, CONCURSO DE CRIMES E EFEITOS DA CONDENAÇÃO 51
13. APLICAÇÃO DA PENA 60
14. *SURSIS*, LIVRAMENTO CONDICIONAL, REABILITAÇÃO E MEDIDAS DE SEGURANÇA 63
15. AÇÃO PENAL 64
16. EXTINÇÃO DA PUNIBILIDADE EM GERAL 64
17. PRESCRIÇÃO 67
18. CRIMES CONTRA A PESSOA 69
19. CRIMES CONTRA O PATRIMÔNIO 80
20. CRIMES CONTRA A DIGNIDADE SEXUAL 96
21. CRIMES CONTRA A FÉ PÚBLICA 100
22. CRIMES CONTRA A ADMINISTRAÇÃO PÚBLICA 103
23. OUTROS CRIMES DO CÓDIGO PENAL 114
24. OUTROS TEMAS E TEMAS COMBINADOS DE DIREITO PENAL 116

2. LEGISLAÇÃO PENAL ESPECIAL — 135

1. CRIMES DA LEI DE DROGAS 135
2. CRIMES DE TRÂNSITO 141
3. CRIMES DO ESTATUTO DA CRIANÇA E DO ADOLESCENTE 145
4. ORGANIZAÇÃO CRIMINOSA 147
5. CRIMES HEDIONDOS 149
6. CRIMES CONTRA O SISTEMA FINANCEIRO 151
7. CRIMES CONTRA A ORDEM TRIBUTÁRIA 151
8. CRIMES DE DISCRIMINAÇÃO RACIAL 152
9. CONTRAVENÇÕES PENAIS 153
10. CRIMES DE TORTURA 154
11. ESTATUTO DA PESSOA IDOSA 154
12. LAVAGEM DE DINHEIRO 155
13. LEI MARIA DA PENHA 156
14. CRIMES CONTRA O MEIO AMBIENTE 158
15. EXECUÇÃO PENAL 160
16. TEMAS COMBINADOS E OUTROS TEMAS DA LEGISLAÇÃO EXTRAVAGANTE 160

3. DIREITO PROCESSUAL PENAL — 171

1. FONTES, PRINCÍPIOS GERAIS, EFICÁCIA DA LEI PROCESSUAL PENAL NO TEMPO E NO ESPAÇO 171
2. INQUÉRITO POLICIAL E OUTRAS FORMAS DE INVESTIGAÇÃO CRIMINAL 177
3. AÇÃO PENAL 203
4. SUSPENSÃO CONDICIONAL DO PROCESSO 209
5. AÇÃO CIVIL 209
6. JURISDIÇÃO E COMPETÊNCIA; CONEXÃO E CONTINÊNCIA 209
7. QUESTÕES E PROCESSOS INCIDENTES 218
8. PRERROGATIVAS DO ACUSADO 222
9. PROVAS 222
10. SUJEITOS PROCESSUAIS 238
11. CITAÇÃO, INTIMAÇÃO E PRAZOS 239
12. PRISÃO, MEDIDAS CAUTELARES E LIBERDADE PROVISÓRIA 241
13. PROCESSO E PROCEDIMENTOS 263
14. PROCESSO DE COMPETÊNCIA DO JÚRI 268
15. JUIZADOS ESPECIAIS 270

16.	SENTENÇA, PRECLUSÃO E COISA JULGADA	274
17.	NULIDADES	277
18.	RECURSOS	278
19.	*HABEAS CORPUS*, MANDADO DE SEGURANÇA E REVISÃO CRIMINAL	281
20.	EXECUÇÃO PENAL	281
21.	LEGISLAÇÃO EXTRAVAGANTE	285
22.	TEMAS COMBINADOS E OUTROS TEMAS	298

4. DIREITO CONSTITUCIONAL — 303

1.	TEORIA DA CONSTITUIÇÃO	303
2.	CONTROLE DE CONSTITUCIONALIDADE	318
3.	DIREITOS FUNDAMENTAIS	329
4.	ORGANIZAÇÃO DO ESTADO	348
5.	ORGANIZAÇÃO DOS PODERES	357
6.	DEFESA DO ESTADO	379
7.	TRIBUTAÇÃO E ORÇAMENTO	386
8.	ORDEM ECONÔMICA E FINANCEIRA	387
9.	ORDEM SOCIAL	387
10.	TEMAS COMBINADOS	391

5. DIREITOS HUMANOS — 397

1.	TEORIA, GERAÇÕES, CARACTERÍSTICAS E CLASSIFICAÇÃO DOS DIREITOS HUMANOS	397
2.	SISTEMA GLOBAL DE PROTEÇÃO GERAL DOS DIREITOS HUMANOS	403
3.	SISTEMA GLOBAL DE PROTEÇÃO ESPECÍFICA DOS DIREITOS HUMANOS	411
4.	SISTEMA AMERICANO DE PROTEÇÃO DOS DIREITOS HUMANOS	415
5.	SISTEMA AMERICANO DE PROTEÇÃO ESPECÍFICA DOS DIREITOS HUMANOS	418
6.	DIREITOS HUMANOS NO BRASIL	418
7.	COMBINADAS E OUTROS TEMAS DE DIREITOS HUMANOS	429

6. DIREITO ADMINISTRATIVO — 433

1.	PRINCÍPIOS ADMINISTRATIVOS E REGIME JURÍDICO ADMINISTRATIVO	433
2.	PODERES ADMINISTRATIVOS	440
3.	ATO ADMINISTRATIVO	451
4.	ORGANIZAÇÃO DA ADMINISTRAÇÃO PÚBLICA	464
5.	SERVIDORES PÚBLICOS	474
6.	IMPROBIDADE ADMINISTRATIVA	486

7. INTERVENÇÃO NA PROPRIEDADE E NO DOMÍNIO ECONÔMICO 495

8. BENS PÚBLICOS 498

9. RESPONSABILIDADE DO ESTADO 499

10. LICITAÇÕES E CONTRATOS 504

11. SERVIÇO PÚBLICO, CONCESSÃO E PPP 518

12. CONTROLE DA ADMINISTRAÇÃO 523

13. AÇÕES CONTRA A FAZENDA 527

14. PROCESSO ADMINISTRATIVO 528

15. LEI DE ACESSO À INFORMAÇÃO 531

7. DIREITO TRIBUTÁRIO — 533

1. TRIBUTOS – DEFINIÇÃO E ESPÉCIES 533

2. PRINCÍPIOS 534

3. COMPETÊNCIA E IMUNIDADE 536

4. LEGISLAÇÃO TRIBUTÁRIA 536

5. VIGÊNCIA, APLICAÇÃO INTERPRETAÇÃO E INTEGRAÇÃO DA LEGISLAÇÃO TRIBUTÁRIA 537

6. OBRIGAÇÃO, FATO GERADOR, CRÉDITO, LANÇAMENTO 538

7. SUJEIÇÃO PASSIVA E CAPACIDADE TRIBUTÁRIA PASSIVA 539

8. SUSPENSÃO, EXTINÇÃO E EXCLUSÃO DO CRÉDITO 541

9. IMPOSTOS E CONTRIBUIÇÕES EM ESPÉCIE 542

10. GARANTIAS E PRIVILÉGIOS DO CRÉDITO TRIBUTÁRIO 544

11. ADMINISTRAÇÃO TRIBUTÁRIA, FISCALIZAÇÃO 544

12. CRIMES 545

13. OUTRAS MATÉRIAS E COMBINADAS 545

8. DIREITO CIVIL — 549

1. LEI DE INTRODUÇÃO ÀS NORMAS DO DIREITO BRASILEIRO 549

2. PARTE GERAL 551

3. OBRIGAÇÕES 565

4. CONTRATOS 569

5. RESPONSABILIDADE CIVIL 571

6. COISAS 574

7. FAMÍLIA 581

8. SUCESSÕES 584

9. QUESTÕES CONJUGADAS 586

10. LEI ESPARSA 586

9. DIREITO PROCESSUAL CIVIL — 589

1. JURISDIÇÃO E COMPETÊNCIA 589
2. FORMAÇÃO, SUSPENSÃO E EXTINÇÃO DO PROCESSO 590
3. TUTELA PROVISÓRIA 590
4. TEMAS COMBINADOS DE PARTE GERAL E PROCESSO DE CONHECIMENTO 591
5. RECURSOS 591
6. PROCEDIMENTOS ESPECIAIS 592

10. DIREITO EMPRESARIAL — 595

1. TEORIA GERAL, EMPRESÁRIOS, PRINCÍPIOS 595
2. SOCIEDADES 595
3. TÍTULOS DE CRÉDITO 597
4. FALÊNCIA, RECUPERAÇÃO JUDICIAL, RECUPERAÇÃO EXTRAJUDICIAL 599
5. OUTRAS MATÉRIAS E COMBINADAS 600

SUMÁRIO ON-LINE

11. FILOSOFIA E ÉTICA — 1

12. DIREITO AMBIENTAL, CRIMINOLOGIA, DIREITO INTERNACIONAL PÚBLICO E CONSUMIDOR — 3

1. AMBIENTAL 3
2. CRIMINOLOGIA 7
3. DIREITO INTERNACIONAL PÚBLICO 21
4. CONSUMIDOR 23

13. MEDICINA LEGAL — 25

1. TANATOLOGIA 25
2. DACTILOSCOPIA 32
3. EMBRIAGUEZ E ALCOOLISMO 32
4. SEXOLOGIA 33
5. TRAUMATOLOGIA 38
6. PSICOPATOLOGIA FORENSE 46
7. ANTROPOLOGIA 47
8. PERÍCIAS MÉDICO-LEGAIS E PROCEDIMENTO NO INQUÉRITO POLICIAL 49
9. BALÍSTICA 55
10. TOXICOLOGIA 57

14. LÍNGUA PORTUGUESA — 59

1. INTERPRETAÇÃO DE TEXTO 59
2. COORDENAÇÃO E SUBORDINAÇÃO 61
3. ANÁLISE SINTÁTICA 63
4. PONTUAÇÃO 64
5. USO DA CRASE 67
6. PRONOME E COLOCAÇÃO PRONOMINAL 68
7. SEMÂNTICA 71
8. REDAÇÃO 73
9. CONCORDÂNCIA VERBAL E NOMINAL 76
10. CONJUNÇÃO 78
11. REGÊNCIA 79
12. TEMAS COMBINADOS 79

15. INFORMÁTICA — 85

1. SISTEMAS OPERACIONAIS 85
2. *HARDWARE* 87
3. REDE E INTERNET 88
4. CORREIO ELETRÔNICO 90
5. OFFICE-EXCEL 91
6. OFFICE-WORD 92
7. BROFFICCE 94

16. DIREITO PREVIDENCIÁRIO — 99

1. PRINCÍPIOS E NORMAS GERAIS 99
2. CUSTEIO 100
3. BENEFÍCIOS, SEGURADOS 100
4. CONTRIBUIÇÕES SOCIAIS 102
5. CRIMES CONTRA A PREVIDÊNCIA SOCIAL 102

17. DIREITO ELEITORAL — 105

WWW. CAPÍTULOS ON-LINE
Acesse o link:
www.editorafoco.com.br/atualizacao

Como usar o livro?

Para que você consiga um ótimo aproveitamento deste livro, atente para as seguintes orientações:

1º Tenha em mãos um ***vademecum*** ou **um computador** no qual você possa acessar os textos de lei citados.

Neste ponto, recomendamos o **Vade Mecum de Legislação FOCO** – confira em www.editorafoco.com.br.

2º Se você estiver estudando a teoria (fazendo um curso preparatório ou lendo resumos, livros ou apostilas), faça as questões correspondentes deste livro na medida em que for avançando no estudo da parte teórica.

3º Se você já avançou bem no estudo da teoria, leia cada capítulo deste livro até o final, e só passe para o novo capítulo quando acabar o anterior; vai mais uma dica: alterne capítulos de acordo com suas preferências; leia um capítulo de uma disciplina que você gosta e, depois, de uma que você não gosta ou não sabe muito, e assim sucessivamente.

4º Iniciada a resolução das questões, tome o cuidado de ler cada uma delas **sem olhar para o gabarito e para os comentários**; se a curiosidade for muito grande e você não conseguir controlar os olhos, tampe os comentários e os gabaritos com uma régua ou um papel; na primeira tentativa, é fundamental que resolva a questão sozinho; só assim você vai identificar suas deficiências e "pegar o jeito" de resolver as questões; marque com um lápis a resposta que entender correta, e só depois olhe o gabarito e os comentários.

5º **Leia com muita atenção o enunciado das questões.** Ele deve ser lido, no mínimo, duas vezes. Da segunda leitura em diante, começam a aparecer os detalhes, os pontos que não percebemos na primeira leitura.

6º <u>Grife</u> **as palavras-chave, as afirmações e a pergunta formulada.** Ao grifar as palavras importantes e as afirmações você fixará mais os pontos-chave e não se perderá no enunciado como um todo. Tenha atenção especial com as palavras "correto", "incorreto", "certo", "errado", "prescindível" e "imprescindível".

7º Leia os comentários e **leia também cada dispositivo legal** neles mencionados; não tenha preguiça; abra o *vademecum* e leia os textos de leis citados, tanto os que explicam as alternativas corretas, como os que explicam o porquê de ser incorreta dada alternativa; você tem que conhecer bem a letra da lei, já que mais de 90% das respostas estão nela; mesmo que você já tenha entendido determinada questão, reforce sua memória e leia o texto legal indicado nos comentários.

8º Leia também os **textos legais que estão em volta** do dispositivo; por exemplo, se aparecer, em Direito Penal, uma questão cujo comentário remete ao dispositivo que trata de falsidade ideológica, aproveite para ler também os dispositivos que tratam dos outros crimes de falsidade; outro exemplo: se aparecer uma questão, em Direito Constitucional, que trate da composição do Conselho Nacional de Justiça, leia também as outras regras que regulamentam esse conselho.

9º Depois de resolver sozinho a questão e de ler cada comentário, você deve fazer uma **anotação ao lado da questão**, deixando claro o motivo de eventual erro que você tenha cometido; conheça os motivos mais comuns de erros na resolução das questões:

DL – "desconhecimento da lei"; quando a questão puder ser resolvida apenas com o conhecimento do texto de lei;

DD – "desconhecimento da doutrina"; quando a questão só puder ser resolvida com o conhecimento da doutrina;

DJ – "desconhecimento da jurisprudência"; quando a questão só puder ser resolvida com o conhecimento da jurisprudência;

FA – "falta de atenção"; quando você tiver errado a questão por não ter lido com cuidado o enunciado e as alternativas;

NUT – "não uso das técnicas"; quando você tiver se esquecido de usar as técnicas de resolução de questões objetivas, tais como as da **repetição de elementos** ("quanto mais elementos repetidos existirem, maior a chance de a alternativa ser correta"), das **afirmações generalizantes** ("afirmações generalizantes tendem a ser incorretas" - reconhece-se afirmações generalizantes pelas palavras *sempre, nunca, qualquer, absolutamente, apenas, só, somente exclusivamente* etc.), dos **conceitos compridos** ("os conceitos de maior extensão tendem a ser corretos"), entre outras.

obs: se você tiver interesse em fazer um Curso de "Técnicas de Resolução de Questões Objetivas", recomendamos o curso criado a esse respeito pelo IEDI Cursos On-line: www.iedi.com.br.

10º Confie no **bom-senso**. Normalmente, a resposta correta é a que tem mais a ver com o bom-senso e com a ética. Não ache que todas as perguntas contêm uma pegadinha. Se aparecer um instituto que você não conhece, repare bem no seu nome e tente imaginar o seu significado.

11º Faça um levantamento do **percentual de acertos de cada disciplina** e dos **principais motivos que levaram aos erros cometidos**; de posse da primeira informação, verifique quais disciplinas merecem um reforço no estudo; e de posse da segunda informação, fique atento aos erros que você mais comete, para que eles não se repitam.

12º Uma semana antes da prova, faça uma **leitura dinâmica** de todas as anotações que você fez e leia de novo os dispositivos legais (e seu entorno) das questões em que você marcar "DL", ou seja, desconhecimento da lei.

13º Para que você consiga ler o livro inteiro, faça um bom **planejamento**. Por exemplo, se você tiver 30 dias para ler a obra, divida o número de páginas do livro pelo número de dias que você tem, e cumpra, diariamente, o número de páginas necessárias para chegar até o fim. Se tiver sono ou preguiça, levante um pouco, beba água, masque chiclete ou leia em voz alta por algum tempo.

14º Desejo a você, também, muita **energia, disposição, foco, organização, disciplina, perseverança, amor** e **ética!**

Wander Garcia, Ana Paula Dompieri, Bruno Zampier e Renan Flumian
Coordenadores

1. DIREITO PENAL

Arthur Trigueiros e Eduardo Dompieri*

1. CONCEITO, FONTES E PRINCÍPIOS

(Delegado/RJ – 2022 – CESPE/CEBRASPE) Ao assumir a titularidade da Delegacia de certo município no interior do estado do Rio de Janeiro, o delegado Tibúrcio percebe a existência de um inquérito policial instaurado para a investigação de crime de sonegação tributária de imposto municipal. Verifica, ainda, que o valor sonegado é ínfimo, embora haja a incidência de multa e juros. Assim, o Delegado passa a deliberar sobre a possível incidência do princípio da insignificância.

Nessa situação hipotética, para chegar à conclusão correta, o delegado deverá considerar que, consoante a jurisprudência do STF e do STJ, o princípio da insignificância

(A) tem aplicabilidade restrita aos tributos federais, não alcançando os estaduais e municipais, pois não há regulamentação regional ou local possível sobre seus parâmetros, uma vez que só a União pode legislar sobre matéria penal.

(B) é aplicável aos tributos de todos os entes federativos, desde que haja norma estadual ou municipal estabelecendo os parâmetros de aferição, considerados os juros e a multa.

(C) é aplicável aos tributos de todos os entes federativos, tendo como parâmetro os limites em que a União não executa seus créditos fiscais, desconsiderados os juros e a multa.

(D) é aplicável aos tributos de todos os entes federativos, tendo como parâmetro os limites em que a União não executa seus créditos fiscais, considerados os juros e a multa.

(E) é aplicável aos tributos de todos os entes federativos, desde que haja norma estadual ou municipal estabelecendo os parâmetros de aferição, desconsiderados os juros e a multa.

Conferir: "1. Esta Corte Superior de Justiça consolidou-se pela aplicação do princípio da insignificância aos crimes tributários federais cujo débito não exceda R$ 10.000,00 (dez mil reais), com sustentáculo no disposto no art. 20 da Lei n. 10.522/2002 (precedentes). 2. A aplicação da bagatela aos tributos de competência estadual encontra-se subordinada à existência de norma do ente competente no mesmo sentido, porquanto a liberalidade da União não se estende aos demais entes federados (precedentes). 3. Caso em que o agravante foi condenado por eximir-se ao recolhimento da importância de R$ 5.300,00 a título de Imposto sobre Circulação de Mercadorias e Serviços (ICMS), de competência dos Estados (Constituição da República, art. 155, II). 4. A Lei n. 12.643/2003, do Estado de Santa Catarina, que preconiza o valor mínimo de R$ 5.000,00 para execuções fiscais inviabiliza a incidência da insignificância à hipótese. 5. Agravo regimental a que se nega provimento. (STJ, AgInt no HC n. 331.387/SC, relator Ministro Antonio Saldanha Palheiro, Sexta Turma, julgado em 14/2/2017, DJe de 21/2/2017). No que concerne à incidência de juros e multa para o fim de reconhecimento do postulado da insignificância, conferir: "O valor do crédito tributário objeto do crime tributário material é aquele apurado originariamente no procedimento de lançamento, para verificar a insignificância da conduta. Destarte, a fluência de juros moratórios, correção monetária e eventuais multas de ofício, que integram o crédito tributário inserido em dívida ativa, na seara da execução fiscal, não tem o condão de acrescer valor para a aferição do alcance do paradigma quantitativo de R$ 10.000,00. De fato, consoante as informações prestadas pela Procuradoria da Fazenda Nacional, o saldo devedor dos débitos nº 36.660.772-3 e nº 41.939.566-0, atualizados para novembro de 2015, totalizavam, respectivamente, R$ 24.630,30 e 15.278,73, entrementes, o valor a ser comparado com o paradigma jurisprudencial é de R$ 18.227,04. 8. Recurso desprovido." (STJ, RHC n. 74.756/PR, relator Ministro Ribeiro Dantas, Quinta Turma, julgado em 13/12/2016, DJe de 19/12/2016). ED

Gabarito "E".

(Delegado/MG – 2021 – FUMARC) Acerca dos princípios que limitam e informam o Direito Penal, é CORRETO afirmar:

(A) Em atenção ao princípio penal da lesividade, a Constituição Federal proíbe as penas de morte, salvo em caso de guerra declarada, e as consideradas cruéis.

(B) Em observância ao princípio da legalidade, a lei penal, na modalidade stricta, permite a analogia em in malam partem.

(C) O princípio da adequação social funciona como causa supralegal de exclusão da tipicidade, não podendo ser considerado criminoso o comportamento humano socialmente aceito e adequado, que, embora tipificado em lei, não afronte o sentimento social de justiça.

(D) O Superior Tribunal de Justiça, em decisão baseada no princípio da individualização das penas, firmou entendimento no sentido de que pena cumprida em condição indigna pode ser contada em dobro.

A: incorreta, visto que tal vedação, de índole constitucional, decorre dos princípios da humanidade e da dignidade da pessoa humana; **B:** incorreta, uma vez que não se admite, em matéria penal, a chamada analogia *in malam partem*. Conferir: "(...) No rol de incidência da causa especial de aumento de pena, entre os entes da Administração Pública indireta, não há menção às autarquias. Analogia para entender que os servidores ocupantes de cargos em comissão ou de função de direção ou de assessoramento das autarquias também estariam sujeitos à majorante. Pelo princípio da legalidade penal estrita, inadmissível o aproveitamento da analogia *in malam partem*. Recorrentes que não poderiam ter a pena majorada em um terço, na forma prevista no § 2º do art. 327 do Código Penal" (STF, AO 2093-RN, 2ª T., rel. Min. Cármen Lúcia, j. 3/9/2019); **C:** correta, já que a proposição contempla, de fato, o princípio da adequação social, segundo o qual não se pode reputar criminosa a conduta tolerada pela sociedade, ainda que corresponda a uma descrição típica. É dizer, embora formalmente típica, porque subsumida num tipo penal, carece de tipicidade material, porquanto em sintonia com a realidade social em vigor. A sociedade se mostra, nessas hipóteses, indiferente ante a prática da conduta, como é o caso da tatuagem. São exemplos: a circuncisão praticada na religião

---

* AT questões comentadas por: **Arthur Trigueiros**.
ED questões comentadas por: **Eduardo Dompieri**.

judaica; o furo na orelha para colocação de brinco etc.; **D:** incorreta, já que o princípio de que se valeu o STJ, neste caso, é o da fraternidade. Conferir: "AGRAVO REGIMENTAL. MINISTÉRIO PÚBLICO ESTADUAL. LEGITIMIDADE. IPPSC (RIO DE JANEIRO). RESOLUÇÃO CORTE IDH 22/11/2018. PRESO EM CONDIÇÕES DEGRADANTES. CÔMPUTO EM DOBRO DO PERÍODO DE PRIVAÇÃO DE LIBERDADE. OBRIGAÇÃO DO ESTADO-PARTE. SENTENÇA DA CORTE. MEDIDA DE URGÊNCIA. EFICÁCIA TEMPORAL. EFETIVIDADE DOS DIREITOS HUMANOS. PRINCÍPIO *PRO PERSONAE*. CONTROLE DE CONVENCIONALIDADE. INTERPRETAÇÃO MAIS FAVORÁVEL AO INDIVÍDUO, EM SEDE DE APLICAÇÃO DOS DIREITOS HUMANOS EM ÂMBITO INTERNACIONAL (PRINCÍPIO DA FRATERNIDADE – DESDOBRAMENTO). SÚMULA 182 STJ. AGRAVO DESPROVIDO" (AgRg no RHC 136.961/RJ, Rel. Ministro REYNALDO SOARES DA FONSECA, QUINTA TURMA, julgado em 15/06/2021, DJe 21/06/2021).

Gabarito "C".

O sistema penal é composto por órgãos de naturezas jurídicas distintas com funções, dentre outras, de caráter investigativo, repressivo, jurisdicional e prisional. É sabido que os números de letalidade no exercício de tais funções, tanto de civis quanto de agentes do sistema penal têm aumentado nos últimos anos. Por conta dessa informação, será preciso promover uma política pública em âmbito penal que reverbere na diminuição de tal letalidade. (BATISTA, Nilo. Introdução Crítica ao Direito Penal Brasileiro. 11. ed. Rio de Janeiro: Revan, 2007)

(Delegado/ES – 2019 – Instituto Acesso) Identifique a alternativa correta que contenha os princípios que fundamentam o Direito Penal, e que mostrem que sua observância se torna importante para o embasamento da referida política pública.

(A) Mínima letalidade/ letalidade controlada/ tutela civil e tutela penal/ livre iniciativa.
(B) Mínimo proporcional/ reserva do possível/ humanidade/ lesividade.
(C) Legalidade / proporcionalidade / penalidade / legítima defesa.
(D) Intervenção mínima/ legalidade / lesividade / adequação social.
(E) Devido processo legal/ contraditório e ampla defesa/ proximidade de jurisdição / proporcionalidade.

O *princípio da intervenção mínima* abrange os princípios da subsidiariedade e da fragmentariedade. É do princípio da intervenção mínima, ao qual se submete o Direito Penal, que este deve interferir o mínimo possível na vida do indivíduo. Com isso, deve-se, tão somente em último caso, recorrer a este ramo do direito com o fito de solucionar conflitos surgidos em sociedade. Desta feita, se determinadas condutas podem ser contidas por meio de outros mecanismos de controle, deve-se evitar o Direito Penal, reservando-o àqueles comportamentos efetivamente nocivos. Pelo princípio da fragmentariedade, a lei penal constitui, por força do postulado da intervenção mínima, uma pequena parcela (fragmento) do ordenamento jurídico. Isso porque somente se deve lançar mão desse ramo do direito diante da ineficácia ou inexistência de outros instrumentos de controle social menos traumáticos (subsidiariedade). O *princípio da legalidade* ou da *reserva legal*, contido nos arts. 5º, XXXIX, da CF e art. 1º do CP, preconiza que os tipos penais só podem ser criados por lei em sentido formal. É defeso ao legislador, pois, lançar mão de outros expedientes legislativos para veicular matéria penal. O princípio da legalidade desdobra-se nos postulados da reserva legal, da taxatividade e da irretroatividade. A reserva legal impossibilita o uso de analogia como fonte do direito penal; a taxatividade, por sua vez, exige que as leis sejam claras, certas e precisas, a fim de restringir a discricionariedade do aplicador da lei; a irretroatividade impõe que a lei seja atual, isto é, que seja aplicada apenas a fatos ocorridos depois de sua entrada e vigor. Pelo *princípio da ofensividade* ou *lesividade*, o Direito Penal somente poderá intervir diante da existência de lesões efetivas ou potenciais ao bem jurídico tutelado pela norma penal. Dessa forma, se uma conduta for incapaz de gerar uma efetiva lesão (ou perigo de lesão) ao bem tutelado, não há que se falar em crime. Segundo enuncia o princípio da *adequação social*, não se pode reputar criminosa a conduta tolerada pela sociedade, ainda que corresponda a uma descrição típica. É dizer, embora formalmente típica, porque subsumida num tipo penal, carece de tipicidade material, porquanto em sintonia com a realidade social em vigor.

Gabarito "D".

(Delegado/MG – 2018 – FUMARC) Acerca dos princípios que limitam e informam o Direito Penal, é CORRETO afirmar:

(A) A responsabilidade pela indenização do prejuízo que foi causado pelo crime imputado ao agente não pode ser estendida aos seus herdeiros sem que haja violação do princípio da personalidade da pena.
(B) Conforme o princípio da culpabilidade, a responsabilidade penal é subjetiva, pelo que nenhum resultado penalmente relevante pode ser atribuído a quem não o tenha produzido por dolo ou culpa, elementos finalisticamente localizados na culpabilidade.
(C) O princípio da insignificância funciona como causa de exclusão da culpabilidade, sendo requisitos de sua aplicação para o STF a ofensividade da conduta, a ausência de periculosidade social da ação e a inexpressividade da lesão jurídica.
(D) O princípio da legalidade, do qual decorre a reserva legal, veda o uso dos costumes e da analogia para criar tipos penais incriminadores ou agravar as infrações existentes, embora permita a interpretação analógica da norma penal.

A: incorreta, na medida em que a pena (em qualquer de suas modalidades), por imposição de índole constitucional (art. 5º, XLV), não passará da pessoa do condenado, podendo a obrigação de reparar o dano e a decretação do perdimento de bens alcançar os sucessores, até o limite do valor do patrimônio transferido; **B:** incorreta. Pelo *princípio da culpabilidade* ou *responsabilidade subjetiva*, ninguém pode ser punido se não houver agido com dolo ou culpa, sendo vedada, portanto, em direito penal, a responsabilidade objetiva. Até aqui a assertiva está correta. O erro está em afirmar que o dolo e a culpa estão abrigados na culpabilidade. Para a teoria finalista, criada por Hans Welzel, toda conduta é comportamento humano, consciente e voluntário, dirigido a uma finalidade. Portanto, o dolo e a culpa, até então sediados na culpabilidade (para a teoria clássica), migraram para a conduta (fato típico, portanto); **C:** incorreta. O *princípio da insignificância* funciona como *causa supralegal de exclusão da tipicidade* (material), atuando como instrumento de interpretação restritiva do tipo penal. Não há repercussão, portanto, no campo na culpabilidade. Nesse sentido: STJ, REsp. 1171091-MG, 5ª T., rel. Min. Arnaldo Esteves Lima, 16.03.10. No mais, segundo entendimento jurisprudencial consagrado, são requisitos necessários ao reconhecimento do princípio da insignificância: mínima ofensividade da conduta; nenhuma periculosidade social da ação; reduzido grau de reprovabilidade do comportamento; e inexpressividade da lesão jurídica provocada (STF, HC 98.152-MG, 2ª T., rel. Min. Celso de Mello, 19.05.2009); **D:** correta. Segundo é consenso na doutrina e na jurisprudência, os usos e costumes não podem servir de fonte para a criação de crimes (e também contravenções) e suas respectivas penas. Pode, no entanto, atuar como instrumento interpretativo. Isso porque, segundo enuncia o princípio da *legalidade*, *estrita legalidade* ou *reserva legal* (arts. 1º do CP e 5º, XXXIX, da CF), os tipos penais só podem ser concebidos por lei em sentido estrito, ficando afastada, assim, a possibilidade de a lei penal ser criada por outras formas que não a lei em sentido formal. O princípio da legalidade impede a criação de crimes por analogia, visto que eles devem ser veiculados por lei. Contudo, em matéria penal, admite-se o emprego da analogia *in bonam partem*, ou seja, benéfica ao réu, podendo ser aplicada para os tipos penais não incriminadores. É possível o emprego da interpretação analógica em matéria penal, como se dá no crime de estelionato, em que o agente pode cometê-lo mediante artifício, ardil ou *qualquer outra fraude* (fórmula genérica).

Gabarito "D".

(Delegado/MS – 2017 – FAPEMS) Com relação aos princípios aplicáveis ao Direito Penal, em especial no que se refere ao princípio da adequação social, assinale a alternativa correta.

(A) O Direito Penal deve tutelar bens jurídicos mais relevantes para a vida em sociedade, sem levar em consideração valores exclusivamente morais ou ideológicos.

(B) Só se deve recorrer ao Direito Penal se outros ramos do direito não forem suficientes.

(C) Deve-se analisar se houve uma mínima ofensividade ao bem jurídico tutelado, se houve periculosidade social da ação e se há reprovabilidade relevante no comportamento do agente.

(D) Não há crime se não há lesão ou perigo real de lesão a bem jurídico tutelado pelo Direito Penal.

(E) Apesar de uma conduta subsumir ao modelo legal, não será considerada típica se for historicamente aceita pela sociedade.

A: incorreta. A assertiva se refere ao princípio da intervenção mínima; **B:** incorreta, pois a alternativa diz respeito ao princípio da subsidiariedade; **C:** incorreta, pois a assertiva se refere ao princípio da insignificância, destacando os vetores para seu reconhecimento (mínima ofensividade da conduta, ausência de periculosidade social da ação, reduzido grau de reprovabilidade do comportamento e inexpressividade de lesão jurídica provocada pelo comportamento do agente); **D:** incorreta, pois a alternativa diz respeito ao princípio da lesividade; **E:** correta. De fato, de acordo com o princípio da adequação social, a despeito de determinado comportamento se amoldar ao preceito primário de determinado tipo penal, tal será insuficiente à responsabilização criminal do agente quando a conduta por ele praticada for aceita ordinariamente pela sociedade. Frise-se que no sistema penal brasileiro, um costume não poderá revogar uma lei, sob pena de ofensa ao princípio da legalidade.

Gabarito "E".

(Delegado/MS – 2017 – FAPEMS) No que diz respeito aos princípios aplicáveis ao Direito Penal, analise os textos a seguir.

A proteção de bens jurídicos não se realiza só mediante o Direito Penal, senão que nessa missão cooperam todo o instrumental do ordenamento jurídico.

ROXIN, Claus. Derecho penal- parte geral. Madrid: Civitas, 1997.1.1, p. 65.

A criminalização de uma conduta só se legitima se constituir meio necessário para a proteção de ataques contra bens jurídicos importantes.

BITENCOURT, Cezar Roberto. Tratada de direito penal: parte geral. 20. ed. São Paulo: Saraiva, 2014, p. 54.

Nesse sentido, é correto afirmar que os textos se referem ao

(A) princípio da intervenção mínima, imputando ao Direito Penal somente fatos que escapem aos meios extrapenais de controle social, em virtude da gravidade da agressão e da importância do bem jurídico para a convivência social.

(B) princípio da insignificância, que reserva ao Direito Penal a aplicação de pena somente aos crimes que produzirem ataques graves a bem jurídicos protegidos por esse Direito, sendo que agir de forma diferente causa afronta à tipicidade material.

(C) princípio da adequação social em que as condutas previstas como ilícitas não necessariamente revelam-se como relevantes para sofrerem a intervenção do Estado, em particular quando se tornarem socialmente permitidas ou toleradas.

(D) princípio da ofensividade, pois somente se justifica a intervenção do Estado para reprimir a infração com aplicação de pena, quando houver dano ou perigo concreto de dano a determinado interesse socialmente relevante e protegido pelo ordenamento jurídico.

(E) princípio da proporcionalidade, em que somente se reserva a intervenção do Estado, quando for estritamente necessária a aplicação de pena em quantidade e qualidade proporcionais à gravidade do dano produzido e a necessária prevenção futura.

A: correta. De fato, de acordo com o princípio da intervenção mínima, o Direito penal somente deve tutelar e punir aqueles fatos que trouxerem maior gravidade aos bens jurídicos e somente quando os demais meios extrapenais de controle social forem insuficientes (subsidiariedade); **B:** incorreta, pois o princípio da insignificância pressupõe inexpressividade de lesão jurídica provocada, além da mínima ofensividade da conduta, ausência de periculosidade social da ação e reduzidíssimo grau de reprovabilidade do comportamento; **C, D e E:** incorretas, pois os trechos descritos na questão em nada dizem respeito aos princípios da adequação social, ofensividade e proporcionalidade, mas, sim, à intervenção mínima.

Gabarito "A".

(Delegado/MT – 2017 – CESPE) De acordo com o entendimento do STF, a aplicação do princípio da insignificância pressupõe a constatação de certos vetores para se caracterizar a atipicidade material do delito. Tais vetores incluem o(a)

(A) reduzidíssimo grau de reprovabilidade do comportamento.

(B) desvalor relevante da conduta e do resultado.

(C) mínima periculosidade social da ação.

(D) relevante ofensividade da conduta do agente.

(E) expressiva lesão jurídica provocada.

De acordo com a jurisprudência já consolidada do STF, os quatro vetores para o reconhecimento e aplicação do princípio da insignificância são: (i) mínima ofensividade da conduta; (ii) ausência de periculosidade social da ação; (iii) reduzidíssimo grau de reprovabilidade do comportamento; e (iv) inexpressividade da lesão jurídica provocada. Assim, vamos às alternativas! **A:** correta. De fato, um dos vetores para a aplicação da insignificância penal é o reduzidíssimo grau de reprovabilidade do comportamento praticado pelo agente; **B:** incorreta, pois o desvalor relevante da conduta e do resultado não se encontram entre aqueles identificados pelo STF para a aplicação do princípio da insignificância; **C:** incorreta, pois um dos vetores para a aplicação da insignificância é a ausência (e não mínima!) periculosidade social da ação; **D:** incorreta, pois, obviamente, a insignificância penal pressupõe mínima ofensividade da conduta, e não uma relevante ofensividade, tal como consta na assertiva; **E:** incorreta, pois a insignificância exige uma inexpressiva lesão jurídica provocada.

Gabarito "A".

(Delegado/SP – 2014 – VUNESP) Assinale a alternativa que apresenta o princípio que deve ser atribuído a Claus Roxin, defensor da tese de que a tipicidade penal exige uma ofensa de gravidade aos bens jurídicos protegidos.

(A) Insignificância.
(B) Intervenção mínima.
(C) Fragmentariedade.
(D) Adequação social.
(E) Humanidade.

A: correta. De fato, Claus Roxin, eminente doutrinador alemão, em 1964, abeberando-se nos ensinamentos do Direito Romano, desenvolveu a tese de que a tipicidade penal exige ofensa significativa aos bens jurídicos tutelados pelas normas penais incriminadoras. Em outras palavras, as lesões ínfimas aos referidos bens jurídicos, sem qualquer expressividade, serão materialmente atípicas, adotando-se, aqui, o princípio da insignificância; B, C, D e E: incorretas, pois, como visto no comentário antecedente, não se atribui a Claus Roxin o princípio da intervenção mínima, fragmentariedade, adequação social e humanidade, mas, sim, o da insignificância.
Gabarito "A".

(Delegado/RO – 2014 – FUNCAB) São princípios que solucionam o conflito aparente de normas penais:

(A) insignificância, consunção, subsidiariedade e alteridade.
(B) insignificância, alteridade, consunção e alternatividade.
(C) especialidade, alteridade, consunção e subsidiariedade.
(D) especialidade, alternatividade, subsidiariedade e insignificância.
(E) especialidade, consunção, subsidiariedade e alternatividade.

A: incorreta, pois o princípio da insignificância atua como causa de exclusão da tipicidade material, nada tendo que ver com conflito aparente de normas, que será solucionado pelos princípios da especialidade, subsidiariedade e consunção. Também não se relaciona com conflito aparente de normas o princípio da alteridade, que expressa que o Direito penal somente atua diante de lesões a bens jurídicos alheios, não protegendo lesões praticadas a bens jurídicos próprios; B: incorreta, pois, como visto no comentário antecedente, insignificância e alteridade não têm relação alguma com o conflito aparente de normas. Quanto ao princípio da alternatividade, aplicável para aqueles tipos penais que contemplam dois ou mais verbos (tipos mistos alternativos, crimes de ação múltipla ou de conteúdo variado), a doutrina majoritária aponta que não se trata de mecanismo de solução de um conflito aparente de normas, mas, sim, de um conflito interno na mesma norma. Assim, por exemplo, no crime de tráfico de drogas (art. 33 da Lei 11.343/2006), o agente que *produzir* e *vender* três quilos de cocaína, não responderá por dois crimes, mas, sim, por crime único, em virtude da aplicação da alternatividade; C: incorreta, pois o princípio da alteridade, como visto anteriormente, não se relaciona com o conflito aparente de normas; D: incorreta, haja vista que alternatividade e insignificância não são mecanismos de resolução de conflito aparente de normas; E: correta, de acordo com a banca examinadora. No tocante aos princípios da especialidade, subsidiariedade e consunção, não há dúvida de que são instrumentos de solução de conflito aparente de normas. Contudo, fazemos ressalva no tocante ao princípio da alternatividade. Como afirmado no comentário à alternativa "B", a doutrina majoritária aponta que a alternatividade tem o condão de resolver um "conflito interno de normas" e não um "conflito aparente de normas". Remetemos o leitor aos comentários de referida alternativa.
Gabarito "E".

(Delegado/RJ – 2013 – FUNCAB) De acordo com o Glossário Jurídico do Supremo Tribunal Federal, "o princípio da insignificância tem o sentido de excluir ou de afastar a própria tipicidade penal, ou seja, não considera o ato praticado como um crime, por isso, sua aplicação resulta na absolvição do réu e não apenas na diminuição e substituição da pena ou não sua não aplicação". Sobre o tema princípio da insignificância, assinale a resposta correta.

(A) Buscando sua origem, de acordo com certa vertente doutrinária, no Direito Romano, o princípio da insignificância vem sendo objeto de recorrentes decisões do STF, nas quais são estabelecidos dois parâmetros para sua determinação: reduzidíssimo grau de reprovabilidade do comportamento e inexpressividade da lesão jurídica provocada.
(B) O princípio da insignificância, decorrência do caráter fragmentário do Direito Penal, tem base em uma orientação utilitarista, tem origem controversa, encontrando, na atual jurisprudência do STF, os seguintes requisitos de configuração: a mínima ofensividade da conduta do agente; nenhuma periculosidade social da ação; o reduzidíssimo grau de reprovabilidade do comportamento; e a inexpressividade da lesão jurídica provocada.
(C) Sua atual elaboração deita raízes na doutrina de Claus Roxin e, no Direito Penal brasileiro, consoante jurisprudência atual do STF, se limita à avaliação da inexpressividade da lesão jurídica provocada, ou seja, observa-se se a ofensa ao bem jurídico tutelado é relevante ou banal.
(D) Surgindo como uma consequência lógica do princípio da individualização das penas, a insignificância penal não aceita a periculosidade social da ação como parâmetro, de acordo com o posicionamento atual do STF, em razão da elevada abstração desse conceito, mas apresenta como requisitos: a mínima ofensividade da conduta do agente; o reduzidíssimo grau de reprovabilidade do comportamento; e a inexpressividade da lesão jurídica provocada.
(E) Inserida no princípio da intervenção mínima, embora já mencionada anteriormente por Welzel como uma faceta do princípio da adequação social, a insignificância determina a inexistência do crime quando a conduta praticada apresentar a simultânea presença dos seguintes requisitos, exigidos pela atual jurisprudência do STF: a mínima ofensividade da conduta do agente; nenhuma periculosidade social da ação; o reduzidíssimo grau de reprovabilidade do comportamento; a inexpressividade da lesão jurídica provocada; e a inexistência de um especial fim de agir.

A: incorreta, pois, para o STF (HC 21.523/DF, j. 22.08.2011), o princípio da insignificância, que, de fato, afasta a tipicidade material do fato, exige a conjugação de quatro parâmetros (ou requisitos): mínima ofensividade da conduta do agente, nenhuma periculosidade social da ação, reduzidíssimo grau de reprovabilidade do comportamento e inexpressividade da lesão jurídica provocada; B: correta. Realmente, o princípio da insignificância deriva do caráter fragmentário do Direito Penal, que, por ser um ramo "violento" do Direito, capaz de retirar ou reduzir a liberdade do indivíduo, deverá incidir apenas quando todos os demais ramos do Direito forem insuficientes a conferir proteção aos bens jurídicos relevantes. Cuidou o STF de consolidar sua jurisprudência no sentido de que o princípio da insignificância somente poderá ser aplicado se quatro vetores ou requisitos puderem ser constatados diante do caso concreto, a saber (tal como informado no comentário à alternativa anterior): mínima ofensividade da conduta do agente, nenhuma periculosidade social da ação, reduzidíssimo grau de reprovabilidade do comportamento e inexpressividade da lesão jurídica provocada; **C:** incorreta. Primeiramente, é bom que se diga que o princípio da insignificância tem sua origem remota no Direito Romano, que, por meio do brocardo de *minimis non curat praetor*, expressava que ao pretor (juiz) não caberia tratar de questões mínimas (ínfimas). Modernizado por Claus Roxin, eminente doutrinador alemão, em 1964, o princípio em questão passou a ser utilizado em "larga escala", inclusive no Brasil, mas, de acordo com o STF, desde que preenchidos os quatro requisitos mencionados nas alternativas anteriores, não bastando a inexpressividade de lesão ao bem jurídico para sua incidência; **D:** incorreta. Primeiramente, o princípio da insignificância não é corolário da individualização da pena, mas, sim, dos princípios da intervenção mínima (o Direito Penal, por acarretar a privação ou restrição da liberdade do sujeito, deve intervir minimamente na esfera de individualidade do agente), fragmentariedade (o Direito Penal somente deve "entrar em cena" se os demais ramos do Direito forem insuficientes à proteção dos bens jurídicos) e ofensividade (o Direito Penal somente deverá intervir diante de lesões que não se afigurem ínfimas aos bens jurídicos). Demais disso, o STF, para a aplicação do princípio sob enfoque, exige que o comportamento do agente não apresente qualquer periculosidade social, sob pena de o fato ser materialmente típico; **E:** incorreta, pois na atual jurisprudência do STF, não se exige, para a aplicação do princípio da insignificância, que inexista um especial fim de agir do agente em seu comportamento lesivo.

Gabarito "B".

(Delegado/AM) Acerca dos princípios constitucionais que regem o DP, está incorreta a seguinte alternativa:

(A) O princípio da proporcionalidade não pode converter-se em instrumento de frustração da norma constitucional que repudia a utilização no processo de provas obtidas por meios ilícitos. Esse postulado, portanto, não deve ser invocado indiscriminadamente, ainda mais quando se acharem expostos, a clara situação de risco, direitos fundamentais assegurados pelas Constituição.

(B) Se a prova penal incriminadora resultar de ato ilícito praticado por particular, a *res furtiva*, por efeito de investigação criminal promovida por agentes policiais, for por estes apreendida, também aqui – uma vez que não é imputável ao Poder Público o gesto de desrespeito ao ordenamento jurídico constitucional – não remanescerá caracterizada a situação configuradora de ilicitude de prova.

(C) A persecução penal, cuja instauração é justificada pela suposta prática de um ato criminoso, não se projeta e nem se exterioriza como uma manifestação de absolutismo estatal. De exercício indeclinável, a *persecutio criminis* sofre os condicionamentos que lhe impõe o ordenamento jurídico. A tutela da liberdade, desse modo, representa uma insuperável limitação constitucional ao poder persecutório do Estado.

(D) A Carta Federal assegurou, em benefício de todos, a prerrogativa da inviolabilidade domiciliar. Sendo assim, ninguém, especialmente a autoridade pública, pode penetrar em casa alheia, exceto nas hipóteses previstas no texto constitucional ou com o consentimento do seu morador, que se qualifica, para efeito de ingresso de terceiros no recinto privado, como o único titular do direito de inclusão e de exclusão.

A: correta, eis que se admite, excepcionalmente, a utilização da prova ilícita, pelo princípio da proporcionalidade, dando-se prevalência ao bem de maior relevância, no caso, os direitos fundamentais constitucionais; **B:** incorreta, devendo ser assinalada, já que a regra é a inadmissibilidade da prova ilícita (art. 5º, LVI, da CF); **C:** correta. De fato, a persecução penal, seja a extrajudicial (fase inquisitiva), seja a judicial (com a propositura da ação penal), tem como fundamento a suposta prática de um ato criminoso ou contravencional, tratando-se, vale ressaltar, de um importante instrumento de garantia do jurisdicionado, que poderá se valer dos princípios do contraditório e da ampla defesa (na fase judicial), os quais, é certo, limitam o poder persecutório estatal **D:** correta (art. 5º, XI, da CF).

Gabarito "B".

(Delegado/DF – 2004) São normas penais não incriminadoras, EXCETO:

(A) "Não excluem a imputabilidade penal: I – a emoção ou a paixão" (art. 28, I, do Código Penal);

(B) "O resultado, de que depende a existência do crime, somente é imputável a quem lhe deu causa" (art. 13 do Código Penal);

(C) "Diz-se o crime: (...) II – tentado, quando iniciada a execução, não se consuma por circunstâncias alheias à vontade do agente" (art. 14, II, do Código Penal);

(D) "Pelo resultado que agrava especialmente a pena, só responde o agente que o houver causado ao menos culposamente" (art. 19 do Código Penal);

(E) "Se o agente for inimputável, o juiz determinará a sua internação (art. 26). Se, todavia, o fato previsto como crime for punível com detenção, poderá o juiz submetê-lo a tratamento ambulatorial" (art. 97 do Código Penal).

As normas penais podem ser incriminadoras (criam crimes e cominam penas) ou não incriminadoras, as quais se subdividem em permissivas (causas excludentes da ilicitude), exculpantes (causas que tratam da culpabilidade do agente), interpretativas, de aplicação, diretivas (tratam de princípios) ou integrativas ou de extensão. Todas as alternativas caracterizam normas penais não incriminadoras, exceto a alternativa "C", que trata da norma peal referente ao crime tentado.

Gabarito "C".

(Delegado/GO – 2009 – UEG) A Constituição Federal expressamente previu no art. 5º, XLV, que "nenhuma pena passará da pessoa do condenado", alçando a *status* constitucional o princípio do *nullum crime sine culpa* (não há crime sem culpa). Nessa perspectiva, afirma-se:

I. Ao vedar toda forma de responsabilidade pessoal por fato de outrem, a Constituição expressou o princípio segundo o qual a aplicação da pena pressupõe a atribuibilidade psicológica do fato delitivo à vontade contrária ao dever do indivíduo.

II. A culpabilidade deve ser analisada sob três perspectivas, quais sejam, da responsabilidade pessoal, da responsabilidade subjetiva e da função de limitação e garantia do cidadão ao poder punitivo estatal.

III. A teoria psicológica da culpabilidade pauta-se pela ideia de que a culpabilidade não passa de um mero vínculo de caráter psicológico, que une o autor ao fato por ele praticado, sendo que o dolo e a culpa são espécies dessa relação psicológica que tem, por pressuposto, a imputabilidade do agente.

IV. Para a teoria finalista da culpabilidade, dolo e culpa são "corpos estranhos" na culpabilidade, que consisti-

ria na reprovabilidade da conduta ilícita de quem tem capacidade genérica de entender e querer e podia, nas circunstâncias em que o fato ocorreu, conhecer a sua ilicitude, sendo-lhe inexigível comportamento que se ajuste ao direito.
Assinale a alternativa CORRETA:

(A) Somente a alternativa II é verdadeira.
(B) Somente as alternativas II e IV são verdadeiras.
(C) Somente as alternativas I, II, III são verdadeiras.
(D) Somente as alternativas I e III são verdadeiras.

I: correta. Tal assertiva está amparada nos princípios da personalidade (ou intranscendência) e da responsabilidade penal subjetiva; II: correta. A culpabilidade pode ser analisada em três sentidos: 1) princípio da culpabilidade como culpa em sentido amplo, vedando-se a responsabilidade objetiva (responsabilidade subjetiva), 2) culpabilidade do agente como pressuposto da pena (responsabilidade pessoal – princípio da intranscendência), 3) culpabilidade como grau de censurabilidade da conduta, o que influi na fixação da pena-base (gravidade em concreto da conduta), aplicando-se o princípio da individualização da pena; III: correta. No sistema clássico, a teoria adotada quanto à culpabilidade era a psicológica, composta pelo dolo (normativo) ou culpa (elementos psicológicos), sendo que a imputabilidade era seu pressuposto. Para essa teoria, a culpabilidade era o vínculo psicológico que ligava o autor ao fato por meio do dolo ou culpa; IV: incorreta. Para a teoria finalista, o dolo (natural) e a culpa passaram a integrar a conduta, no interior do fato típico (todo comportamento humano, consciente e voluntário, dirigido a um fim). Na culpabilidade adotou-se a teoria pura, composta pelos seguintes elementos normativos: imputabilidade, potencial consciência da ilicitude (que antes estava no interior do dolo) e exigibilidade de conduta diversa.
Gabarito "C".

(Delegado/GO – 2003 – UEG) Considere as proposições abaixo: O Direito Penal brasileiro adota, quanto à classificação das infrações penais, a divisão

I. tripartida, em crimes, delitos e contravenções, sendo a diferença apenas quantitativa (gravidade da conduta/pena).
II. bipartida, em crimes, delitos ou contravenções, sendo a diferença apenas quantitativa (gravidade da conduta/pena).
III. bipartida, em crimes ou delitos e contravenções, sendo a diferença apenas quanto à gravidade da conduta e à natureza da sanção.
IV. que distingue os crimes em punidos quantitativamente com pena privativa de liberdade, restritiva de direitos e multa.

Marque a alternativa CORRETA:

(A) As proposições I e II são verdadeiras.
(B) As proposições I e IV são verdadeiras.
(C) As proposições II e III são verdadeiras.
(D) As proposições III e IV são verdadeiras.

I: incorreta, já que crime é sinônimo de delito; II: incorreta, pois a diferença não é apenas quanto à gravidade da conduta, mas também quanto à natureza da sanção penal. Ainda, não são sinônimos os delitos e as contravenções, ambos espécies do gênero infração penal; III: correta. De fato, o Código Penal adotou o sistema dicotômico quanto às infrações penais, as quais são divididas em crimes ou delitos (mais graves, apenados com reclusão ou detenção e multa, alternativa ou cumulativamente cominada) e contravenções (menos graves, apenadas com prisão simples ou multa – isolada, alternativa ou cumulativamente cominada); IV: correta. As espécies de penas são: privativa de liberdade, restritiva de direitos e multa (art. 32 do CP).
Gabarito "D".

(Delegado/PA – 2006 – CESPE) Julgue os itens seguintes, com relação aos princípios constitucionais de direito penal.

I. A decisão acerca da regressão de regime deve ser calcada em procedimento no qual sejam obedecidos os princípios do contraditório e da ampla defesa, sendo, sempre que possível, indispensável a inquirição, em juízo, do sentenciado.
II. A vigente Constituição da República, obediente à tradição constitucional, reservou exclusivamente à lei anterior a definição dos crimes, das penas correspondentes e a consequente disciplina de sua individualização.
III. O princípio da presunção de inocência proíbe a aplicação de penas cruéis que agridam a dignidade da pessoa humana.
IV. Em virtude do princípio da irretroatividade *in pejus*, somente o condenado é que terá de se submeter à sanção que lhe foi aplicada pelo Estado.

A quantidade de itens certos é igual a

(A) 1.
(B) 2.
(C) 3.
(D) 4.

I: correta, visto que a decisão acerca da regressão de regime penitenciário, consoante os postulados do contraditório e ampla defesa, deve ser precedida da oitiva do condenado, inclusive consoante prescreve o art. 118, § 2º, da LEP (Lei 7.210/1984); II: correta, uma vez que não haverá crime sem lei anterior que o defina, nem pena sem prévia cominação legal (art. 5º, XXXIX, da CF), cabendo à lei regular a individualização das penas (art. 5º, XLVI, da CF); III: incorreta, pois o princípio da presunção de inocência (ou princípio da não culpabilidade ou do estado de inocência) prega que ninguém poderá ser considerado culpado até o trânsito em julgado da sentença penal condenatória (art. 5º, LVII, da CF), não se confundindo com o princípio da humanidade, que, entre outros, veda a imposição, pelo Estado, de penas ofensivas à dignidade da pessoa humana (ex.: penas cruéis, desumanas ou degradantes); IV: incorreta, uma vez que o princípio da irretroatividade *in pejus* (ou retroatividade benéfica), consagrado no art. 5º, XL, da CF (e repetido pelo art. 2º do CP), veda a retroação das leis que possam prejudicar o réu (em outras palavras, somente a lei que, de alguma forma, puder favorecer o agente delitivo, poderá e deverá retroagir).
Gabarito "B".

(Delegado/RJ – 2009 – CEPERJ) Ensina JORGE DE FIGUEIREDO DIAS que "o princípio do Estado de Direito conduz a que a proteção dos direitos, liberdade e garantias seja levada a cabo não apenas através do direito penal, mas também perante o direito penal" (DIAS, Jorge de Figueiredo. *Direito penal: parte geral*. tomo I. Coimbra: Coimbra Editora, 2004. p. 165). Assim, analise as proposições abaixo e, em seguida, assinale a opção correta.

I. O conteúdo essencial do princípio da legalidade se traduz em que não pode haver crime, nem pena que não resultem de uma lei prévia, escrita, estrita e certa.
II. O princípio da legalidade estrita não cobre, segundo a sua função e o seu sentido, toda a matéria penal, mas apenas a que se traduz em fixar, fundamentar ou agravar a responsabilidade do agente.

III. Face ao fundamento, à função e ao sentido do princípio da legalidade, a proibição de analogia vale relativamente a todos os tipos penais, inclusive os permissivos.
IV. A proibição de retroatividade da lei penal funciona apenas a favor do réu, não contra ele.
V. O princípio da aplicação da lei mais favorável vale mesmo relativamente ao que na doutrina se chama de "leis intermediárias"; leis, isto é, que entraram em vigor posteriormente à prática do fato, mas já não vigoravam ao tempo da apreciação deste.

(A) Apenas uma proposição está errada.
(B) Estão corretas apenas as proposições I, IV e V.
(C) Estão corretas apenas as proposições I, II, III e IV.
(D) Todas as proposições estão corretas.
(E) Apenas três da proposições estão corretas.

I: correta, dado que o princípio da legalidade, de índole constitucional (art. 5º, XXXIX, da CF), preleciona que nenhum crime e nenhuma pena poderão ser criados senão pela edição de uma lei prévia, que deverá ser escrita (*nullum crimen sine lege scripta*), estrita (*nullum crimen sine lege stricta*) e certa (*nullum crimen sine lege certa*); II: correta, visto que o princípio da legalidade estrita, vale dizer, a edição de lei em sentido estrito (atividade típica do Poder Legislativo), não irá prevalecer em toda a matéria penal, mas, apenas, para a criação dos tipos penais, bem assim a alteração de penas. Prova disso é a existência de normas penais em branco em sentido estrito, que são aquelas cujos complementos derivam de atividade não do Poder Legislativo, mas do Executivo, por exemplo (ex.: a lista das substâncias consideradas entorpecentes, para fins de tipificação dos crimes da Lei 11.343/2006 – Lei de Drogas, vem prevista em ato do Ministério da Saúde – Portaria 344/1998); III: incorreta, visto que é pacífico o entendimento de que, em matéria penal, somente é vedada a adoção de analogia em normas penais incriminadoras, visto que tal seria prejudicial ao réu, sem contar que violaria o princípio da legalidade. No entanto, o uso da analogia em normas penais não incriminadoras, tais como nos tipos penais permissivos (causas excludentes da ilicitude), é perfeitamente possível; IV: correta, pois a retroatividade, em matéria penal, somente é admissível se puder beneficiar o réu (art. 5º, XL, da CF e art. 2º do CP); V: correta, uma vez que o princípio da retroatividade benéfica é admissível em qualquer situação em que sobrevenha ao fato lei mais favorável ao agente.
Gabarito "A".

(Delegado/RJ – 2009 – CEPERJ) Costuma-se afirmar que o direito penal das sociedades contemporâneas é regido por princípios sobre crimes, penas e medidas de segurança, nos níveis de criminalização primária e de criminalização secundária, fundamentais para garantir o indivíduo em face do poder penal do Estado. Analise as proposições abaixo:

I. O princípio da insignificância revela uma hipótese de atipicidade material da conduta.
II. O princípio da lesividade (ou ofensividade) proíbe a incriminação de uma atitude interna.
III. Por força do princípio da lesividade não se pode conceber a existência de qualquer crime sem ofensa ao bem jurídico protegido pela norma penal.
IV. No direito penal democrático só se punem fatos. Ninguém pode ser punido pelo que é, mas apenas pelo que faz.
V. O princípio da coculpabilidade reconhece que o Estado também é responsável pelo cometimento de determinados delitos, praticados por cidadãos que possuem menor âmbito de autodeterminação diante das circunstâncias do caso concreto, principalmente no que se refere às condições sociais e econômicas do agente.

Pode-se afirmar que:
(A) todas as assertivas estão corretas.
(B) somente duas das assertivas estão corretas.
(C) somente duas das assertivas estão erradas.
(D) estão erradas as de número II e III.
(E) somente a de número I está errada.

I: correta. Com efeito, a incidência do *princípio da insignificância* gera a exclusão da tipicidade material da conduta; II e III: corretas. Pelo *princípio da lesividade* ou *ofensividade*, é inconcebível a incriminação de uma conduta não lesiva ou geradora de ínfima lesão. Ou seja, o legislador só está credenciado a criar tipos penais capazes de causar lesão a bens jurídicos alheios. A atitude interna, que não constitui conduta e integra a fase de cogitação do *iter criminis*, é impunível; IV: correta. O *direito penal do autor* consiste na norma que leva em conta o que o agente é. O *direito penal do fato*, ao contrário, preocupa-se com os fatos perpetrados pelo agente. Esta teoria está em harmonia com o sistema constitucional vigente; V: correta. São hipóteses nas quais a reprovação é exercida de forma compartilhada sobre o Estado e sobre o autor da infração penal, isso porque, segundo é sustentado, o Estado falhou, deixando de proporcionar a todos igualdade de oportunidades. Por essa razão, alguns tendem ao crime por falta de opção. Há autores que defendem, para esses casos, a aplicação da atenuante contida no art. 66 do Código Penal.
Gabarito "A".

(Delegado/RN – 2009 – CESPE) Cabe ao legislador, na sua propícia função, proteger os mais diferentes tipos de bens jurídicos, cominando as respectivas sanções, de acordo com a importância para a sociedade. Assim, haverá o ilícito administrativo, o civil, o penal etc. Este último é o que interessa ao direito penal, justamente por proteger os bens jurídicos mais importantes (vida, liberdade, patrimônio, liberdade sexual, administração pública etc.). O direito penal

(A) tem natureza fragmentária, ou seja, somente protege os bens jurídicos mais importantes, pois os demais são protegidos pelos outros ramos do direito.
(B) tem natureza minimalista, pois se ocupa, inclusive, dos bens jurídicos de valor irrisório.
(C) tem natureza burguesa, pois se volta, exclusivamente, para a proteção daqueles que gerenciam o poder produtivo e a economia estatal.
(D) é ramo do direito público e privado, pois protege bens que pertencem ao Estado, assim como aqueles de propriedade individualizada.
(E) admite a perquirição estatal por crimes não previstos estritamente em lei, assim como a retroação da *lex gravior*.

A: correta, uma vez que o princípio da fragmentariedade expressa exatamente o fato de o Direito Penal tutelar os bens jurídicos mais relevantes (bens jurídico-penais), ficando a cargo dos outros ramos do direito a tutela dos demais bens jurídicos; B: incorreta, pois o Direito Penal, por ser ramo violento, capaz de restringir a liberdade de locomoção do cidadão, somente será chamado a intervir diante de bens jurídicos de valor relevante, não se ocupando das lesões ínfimas ou irrisórias a bens jurídicos (princípio da insignificância ou bagatela); C: incorreta, pois o Direito Penal, em teoria, não escolhe essa ou aquela classe social para intervir, devendo incidir diante de fatos típicos contrários ao direito. D: incorreta, uma vez que o Direito Penal é, induvidosamente, ramo do direito público, já que a prática de um ilícito penal, ainda que tenha uma vítima imediata, tem sempre o Estado como sujeito passivo constante. E: incorreta, pois é princípio basilar do Direito Penal o da legalidade (não há crime sem lei anterior que o defina, nem pena sem prévia cominação legal – art. 5º, XXXIX, CF e art. 1º do CP), bem como o da irretroatividade *in pejus* (a lei penal não retroagirá, salvo para beneficiar o réu – art. 5º, XL, da CF e art. 2º, do CP).

Gabarito "A".

(Delegado/SP – 2011) A lei estrita, desdobramento do princípio da legalidade, veda o emprego

(A) analogia
(B) costumes.
(C) princípios gerais do direito.
(D) equidade
(E) jurisprudência.

Conforme se verá nos comentários a seguir, a questão teve seu enunciado um pouco vago, deixando dúvidas sobre exatamente aquilo que a banca examinadora esperava do candidato. Afinal, são admitidos no Direito Penal, embora com restrições, o emprego da analogia, costumes, princípios gerais de direito, equidade e jurisprudência. De toda forma, vamos lá! Como é sabido e ressabido, em matéria penal, a fonte formal direta ou imediata é a lei, aqui considerada em sentido estrito. Logo, e sob pena de ofensa ao princípio da legalidade (art. 5º, XXXIX, da CF), é vedado o emprego da analogia maléfica ao réu (*in malam partem*). Também, não se pode cogitar de analogia com relação às leis penais incriminadoras. Destaque-se, ainda, que a analogia não é fonte do Direito Penal, mas, sim, forma de integração de lacunas na lei, diversamente dos costumes e princípios gerais do direito, considerados fontes formais indiretas ou mediatas. Aqueles, por óbvio, não podem criar crimes ou majorar penas, sob pena de afronta à legalidade, o mesmo podendo ser dito com relação aos precitados princípios gerais. A equidade diz respeito à aplicação da regra mais justa. Por fim, a jurisprudência, embora não seja fonte, é forma de interpretação do Direito Penal.

Gabarito "A".

(Delegado/SP – 2011) Com relação às fontes do Direito Penal, é correto dizer que as fontes formais são classificadas em

(A) materiais e de cognição.
(B) imediata e substancial
(C) mediata e de produção.
(D) mediata e imediata
(E) exclusivamente de cognição.

Com relação às fontes do Direito Penal, estas são divididas em dois grandes grupos: a) material (ou de produção, ou substanciais) – é o Estado, mais precisamente, a União, a quem compete privativamente legislar sobre Direito Penal (art. 22, I, da CF); b) formais (ou de cognição, ou de revelação) – subdividem-se, por sua vez, em fonte formal direta (ou imediata) e fontes formais indiretas (ou mediatas). Naquele caso, temos a lei, ao passo que nestes últimos casos, temos os costumes, os princípios gerais de direito e os atos administrativos. Logo, correta a alternativa "D", pois, de fato, as fontes formais são classificadas em diretas (imediatas) ou indiretas (mediatas).

Gabarito "D".

2. APLICAÇÃO DA LEI NO TEMPO

"Chamamos de extra-atividade a capacidade que tem a lei penal de se movimentar no tempo regulando fatos ocorridos durante sua vigência, mesmo depois de ter sido revogada, ou de retroagir no tempo, a fim de regular situações ocorridas anteriormente à sua vigência".

(GRECO, Rogério. Curso de Direito Penal: parte geral. vol. 1. 17. ed. Rio de Janeiro: Impetus, 2015, p.159).

Segundo esse autor a extra-atividade é gênero do qual seriam espécies a ultra-atividade e a retroatividade.

(Delegado/ES – 2019 – Instituto Acesso) Leia as afirmativas a seguir e marque a alternativa correta:

(A) A garantia penal positivada na Constituição Federal brasileira (1988) promove a retroatividade da lei penal mais benéfica quando o condenado, por uma conduta típica, apresenta residência fixa, após cometimento do ilícito penal.
(B) A lei penal possui ultra-atividade, nos casos em que, mesmo após sua revogação por lei mais gravosa, continua sendo válida em relação aos efeitos penais mais brandos da lei que era vigente no momento da prática delitiva.
(C) A aplicação da irretroatividade em direito penal funciona como garantia legal do *ius puniendi* que pretende auferir a punição mais gravosa ao condenado.
(D) A ultra-atividade da lei penal funciona como mecanismo de endurecimento da norma penal, ao passo que funciona como técnica de resolução de conflito para aplicação de um direito penal punitivo.
(E) A figura da ultra-atividade da norma penal realiza o objetivo de garantir a condenação do réu pela norma penal vigente na prática da conduta delitiva, com o principal objetivo de promover a segurança jurídica em âmbito penal.

É fato que o direito penal brasileiro norteia-se pela regra segundo a qual é aplicada a lei vigente à época em que se deram os fatos (*tempus regit actum*). A exceção a tal regra fica por conta da *extratividade*, que é o fenômeno pelo qual a lei é aplicada a fatos ocorridos fora do seu período de vigência. No universo do direito penal, a *extratividade* da lei é possível em duas situações: *retroatividade*: que nada mais é do que a incidência de uma lei penal nova e benéfica a um fato ocorrido antes do seu período de vigência, ou seja, ao tempo em que a lei entrou em vigor, o fato já se consumara. Neste caso, dado que a lei nova é mais favorável ao agente, ela projetará seus efeitos para o passado e regerá o fato ocorrido antes do seu período de vigência; *ultratividade*: situação em que o crime foi praticado sob o império de uma lei, posteriormente revogada por outra prejudicial ao agente. Neste caso, subsistem os efeitos da lei anterior, porquanto revogada lei favorável. Perceba, portanto, que a regra é a da irretroatividade da lei penal, é dizer, aplica-se a lei em vigor à época em que os fatos se deram. A exceção fica por conta da hipótese em que a lei nova, que entrou em vigor após o fato consumar-se, é mais benéfica ao agente. Neste caso, ela retroagirá e será aplicada ao fato praticado anteriormente à sua entrada em vigor. ED

Gabarito "B".

Tício, morador do Rio de Janeiro, começou a namorar Gabriela, uma jovem moradora da cidade de São Paulo. Com o passar do tempo e os efeitos da distância, Tício, motivado por ciúmes, resolveu tirar a vida de Gabriela. Pôs-se então a planejar a prática do crime em sua casa, no Rio de Janeiro, tendo adquirido uma faca, instrumento com o qual planejou executar o crime. No dia em que seguiu para São Paulo para encontrar Gabriela, que lhe o esperava na rodoviária, Tício combinou com a jovem uma viagem a passeio para o Espírito Santo. Ao ingressarem no ônibus que os levaria de São Paulo para o Espírito Santo, Tício afirmou para Gabriela que iria matá-la. Todavia, dada a calma de Tício, a jovem achou que se tratava de uma brincadeira. Durante o trajeto, Tício, ofereceu a ela uma bebida contendo substância que causava a perda dos sentidos. Após Gabriela beber e dormir, sob efeito da substância, enquanto passavam pela BR-101, no Rio de Janeiro, Tício passou a desferir golpes com a faca no peito da jovem. Quando chegou ao destino, Tício se entregou para polícia, e Gabriela, embora tenha sido socorrida, veio a óbito ao chegar ao Hospital.

(Delegado/ES – 2019 – Instituto Acesso) O crime descrito no texto foi praticado, de acordo com a lei penal, no momento

(A) da ação ou omissão, ainda que outro seja o momento do resultado. Trata-se, portanto, do momento em que Tício desferiu os golpes em Gabriela.
(B) em que o agente se prepara para a promoção da conduta criminosa. Ou seja, trata-se do momento em que Tício planejou e adquiriu as ferramentas necessárias ao cometimento do crime.
(C) em que a autoridade policial toma conhecimento do crime. Ou seja, quando Tício se entregou para a polícia.
(D) em que é alcançada a consumação do crime. Trata-se, portanto, do momento da morte de Gabriela, que ocorreu no hospital.
(E) da ação ou omissão, se este for concomitante ao resultado. Não sendo possível determiná-lo, no presente caso, em razão da separação temporal entre a conduta e o resultado.

A resposta a esta questão deve ser extraída do art. 4º do Código Penal, que adotou, em matéria de tempo do crime, a teoria da atividade (art. 4º, CP), segundo a qual se considera praticado o crime no momento da ação ou da omissão, ainda que outro seja o momento do resultado. Não se confunde com o lugar do crime (art. 6º, CP), assim considerado o local em que ocorreu a ação ou omissão, bem como aquele em que se produziu ou deveria produzir-se o resultado. Adotou-se, pois, no que concerne ao lugar do crime, a teoria da ubiquidade. **Gabarito "A".**

(Delegado/PR – 2013 – UEL-COPS) Quanto à eficácia temporal da Lei Penal, relacione a coluna da esquerda com a da direita.

(I). Novatio legis incriminadora.
(II). Novatio legis in pejus.
(III). Novatio legis in mellius
(IV). Abolitio criminis
(V). Ultra-atividade

(A) Lei supressiva de incriminação.
(B) Aplicável às leis temporais e excepcionais.
(C) Lei nova incrimina fato anteriormente considerado lícito
(D) Lei nova modifica o regime anterior, agravando a situação do sujeito
(E) Lei nova modifica o regime anterior, beneficiando a situação do sujeito

Assinale a alternativa que contém a associação correta.
(A) I-C, II-D, III-A, IV-E, V-B.
(B) I-C, II-D, III-E, IV-A, V-B.
(C) I-D, II-B, III-A, IV-E, V-C.
(D) I-D, II-C, III-B, IV-A, V-E.
(E) I-D, II-C, III-E, IV-A, V-B.

I: relaciona-se com a assertiva "C" da coluna da esquerda. De fato, entende-se por *novatio legis* incriminadora a edição de nova lei que passa a considerar crime um fato que, até então, não era assim considerado. Vale frisar que se trata de lei irretroativa; **II**: relaciona-se com a assertiva "D" da coluna da esquerda. Trata-se da hipótese em que, já existindo norma incriminadora, a nova lei cria situação mais gravosa para o agente (por exemplo, aumentando-se a pena abstratamente cominada de um crime). Por óbvio, será irretroativa, tendo em vista o art. 5º, XL, da CF (irretroatividade da lei penal prejudicial); **III**: relaciona-se com a assertiva "E" da coluna da esquerda. Trata-se do oposto da *novatio legis in pejus*. Já existindo norma incriminadora, o legislador edita nova lei, mas, desta feita, trazendo situação benéfica ao agente delitivo (por exemplo, reduzindo a pena abstratamente cominada para o crime). Logo, por ser benéfica, terá efeitos retroativos; **IV**: relaciona-se com a assertiva "A" da coluna da esquerda. Aqui, o legislador, ao editar nova lei, deixará de considerar o fato como criminoso (lei supressiva de incriminação). Por se tratar de lei benéfica, terá efeitos retroativos, operando, inclusive, a extinção da punibilidade (art. 107, III, do CP); **V**: relaciona-se com a assertiva "B". Entende-se por ultratividade o fenômeno segundo o qual uma lei, embora revogada, continuará a produzir efeitos. Verifica-se, por expressa disposição legal (art. 3º, do CP), para os casos de leis de vigência temporária (leis excepcionais e leis temporárias). Se o agente praticar o fato sob a égide de referidas leis, mesmo após a autorrevogação, a persecução penal poderá ser iniciada ou prosseguir, sob pena de absoluta ineficácia de referidas espécies de leis penais. **Gabarito "B".**

(Delegado/ES – 2006 – CESPE) No item a seguir é apresentada uma situação hipotética acerca das normas pertinentes à parte geral do Código Penal seguida de uma assertiva a ser julgada.

(1) Manoel, com 22 anos de idade, efetuou um disparo contra um adolescente que completaria 14 anos no dia seguinte. Em razão das lesões provocadas pelo disparo, o adolescente faleceu, já tendo completado os 14 anos de idade. Sabe-se que, no crime de homicídio doloso, a pena é aumentada caso a vítima seja menor de 14 anos de idade, mas nessa situação, o aumento da pena não é aplicável, pois o homicídio só se consumou quando a vítima já havia completado a idade.

1: incorreta, tendo em vista que o Código Penal adotou a teoria da atividade com relação ao tempo do crime, considerando-o praticado no momento da ação ou da omissão, ainda que outro seja o momento do resultado (art. 4º do CP). Assim, o agente responderá pelo homicídio, incidindo-se a causa de aumento por ser a vítima menor de 14 anos, na data da conduta. **Gabarito 1E.**

(Delegado/GO – 2003 – UEG) Quanto à determinação do momento da prática delitiva *tempus delicti*, adota-se, no sistema penal brasileiro, a teoria

(A) da atividade ou da ação, respeitados os crimes omissivos.
(B) de que nos crimes permanentes permite que a conduta se protrai no tempo pela vontade do agente, e o tempo do crime é o de sua duração.
(C) do resultado ou do evento, respeitados os crimes omissivos impróprios.
(D) mista ou unitária, sendo tanto a da ação como a do resultado.

O Código Penal adotou a teoria da atividade com relação ao tempo do crime (art. 4º do CP), considerando-se praticado o crime no momento da ação ou omissão, ainda que outro seja o momento do resultado. No crime permanente, a conduta do agente se protrai no momento. Assim, considera-se que o crime está sendo praticado durante todo esse lapso de tempo, sendo cabível, inclusive, a prisão em flagrante delito. **Gabarito "B".**

(Delegado/MA – 2006 – FCC) Tem efeito retroativo a lei que
(A) elimina circunstância atenuante prevista na lei anterior.
(B) comina pena mais grave, mantendo a definição do crime da lei anterior.
(C) torna típico fato anteriormente não incriminado.
(D) não mais incrimina fato anteriormente considerado ilícito penal.
(E) acrescenta circunstância qualificadora não prevista na lei anterior.

A, B e C: incorretas, pois se trata de lei maléfica ao réu, somente gerando efeitos após a sua entrada em vigor; **D:** correta. Em regra, uma lei vigora, produzindo efeitos no ordenamento jurídico, até que outra lei a revogue (princípio da continuidade das leis). Quando há a revogação de uma lei por outra, surge o conflito de leis penais no tempo. A solução deve ser buscada da seguinte forma: se a lei posterior for benéfica (*abolitio criminis* ou *novatio legis in mellius*), deverá retroagir. Entretanto, se maléfica (*novatio legis* incriminadora ou *novatio legis in pejus*), não retroagirá. No caso, a lei que não mais incrimina fato anteriormente considerado ilícito penal é a *abolitio criminis*, retroagindo aos fatos praticados antes da sua entrada em vigor. **E:** incorreta, pois se trata de lei maléfica ao réu, somente gerando efeitos após a sua entrada em vigor.
Gabarito "D".

(Delegado/MG – 2012) Em relação à aplicação da Lei Penal é **correto** afirmar que:
(A) Para aplicação da lei penal no tempo e no espaço, o Código Penal Brasileiro adotou, respectivamente, as teorias do resultado e da ubiquidade.
(B) De acordo com o art. 10 do Código Penal, na contagem de prazos penais, não se computará o dia do começo, incluindo-se, porém, o do vencimento.
(C) Pelo princípio da especialidade, o agente que efetua diversos disparos de arma de fogo para o alto, vindo a causar a morte de dois transeuntes, responde pelos crimes de homicídio consumado, em concurso formal impróprio, já que a norma especial afasta a aplicação da norma geral.
(D) Com a *abolitio criminis* procedida pela Lei 11.106/2005, para o crime de rapto, cessaram todos os efeitos penais advindo de eventuais condenações, permanecendo, conduto, os efeitos civis.

A: incorreta. No tocante à aplicação da lei penal no tempo, o CP adotou a teoria da atividade (art. 4º). Quanto ao lugar do crime, adotou a teoria da ubiquidade (art. 6º do CP); **B:** incorreta. O art. 10 do CP preconiza situação diametralmente oposta à contida na assertiva. Na contagem dos prazos de natureza penal, haverá a *inclusão* do dia do começo e a *exclusão* do dia do vencimento; **C:** incorreta. Primeiramente, a redação da alternativa é criticável, pois padece de informações necessárias à sua perfeita compreensão. De qualquer forma, não se vislumbra cabível a aplicação do princípio da especialidade no fato de um agente efetuar disparos de arma de fogo para o alto e matar dois pedestres. Tivesse havido dolo (direto ou eventual) na produção do resultado morte, de fato, o agente deveria responder por duplo homicídio consumado, em concurso formal impróprio, desde que cada um dos crimes resultasse de desígnios autônomos. Com relação aos disparos de arma, estes, em razão do princípio da consunção, restariam absorvidos pelo homicídio (crime-fim e mais grave); **D:** correta. O crime de rapto violento (art. 219 do CP) e rapto consensual (art. 220 do CP) foram expressamente revogados pela Lei 11.106/2005, operando-se a *abolitio criminis*, considerada causa extintiva da punibilidade. Eventuais efeitos penais por condenações por referidos crimes seriam rescindidas em razão da descriminalização dos fatos, permanecendo, porém, os efeitos civis (extrapenais).
Gabarito "D".

(Delegado/MG – 2006) Sobre a lei penal, é CORRETO afirmar que:
(A) São espécies de extra-atividade da lei penal a retroatividade *in malam partem* e a ultra-atividade.
(B) A lei temporária é exceção ao princípio da irretroatividade da lei penal, sendo ela ultra-ativa.
(C) A *abolitio criminis* equivale à extinção da punibilidade dos fatos praticados anteriormente à edição da nova lei e faz cessar todos os efeitos penais e civis da sentença condenatória transitada em julgado.
(D) Em matéria de prescrição, assim como para determinação do tempo do crime, a teoria adotada pelo Código Penal é a da atividade.

A: incorreta, pois a extra-atividade da lei penal se caracteriza pela retroatividade (que, por força do art. 5º, XL, CF e art. 2º do CP, somente pode ser *in bonam partem*, vale dizer, para beneficiar o agente) ou ultra-atividade, desde que, neste caso, estejamos diante da superveniência de uma lei prejudicial (que, portanto, não pode retroagir), ou se se tratar de lei excepcional ou temporária (art. 3º do CP); **B:** correta (art. 3º do CP); **C:** incorreta, visto que a *abolitio criminis* (lei supressiva de incriminação), causa extintiva da punibilidade (art. 107, III, do CP), embora alcance a execução e todos os efeitos penais advindos de eventual condenação, não afasta os efeitos civis daí decorrentes; **D:** incorreta. Em matéria de prescrição, o CP adotou a teoria do resultado, visto que somente se pode cogitar, em regra, como termo inicial da prescrição, o momento da consumação do fato (art. 111, I, do CP).
Gabarito "B".

(Delegado/MS – 2006) O Delegado de Polícia Carlos lavra durante o plantão do 1º Distrito Policial da Capital de 15.01.2005 um boletim de ocorrência referente a uma agressão a faca praticada por Cláudio contra Josias. O fato ocorre na festa de aniversário de Cláudio, cerca de vinte minutos antes deste completar a maioridade penal, em virtude de uma briga havida entre ambos, sendo verdade que Cláudio desfere oito facadas no tórax e abdômen de Josias. Cláudio foge do local e Josias é socorrido à Santa Casa local, aonde vem a óbito 5 horas após a internação. O Delegado de Polícia João da Silva deverá: (A Delegacia de Homicídios investiga crimes contra a vida e a Delegacia Especializada de atendimento à Infância e Juventude a conduta de menores)
(A) Registrar o fato como crime de lesão corporal seguida de morte e enviar o boletim de ocorrência para a Delegacia Especializada de atendimento à Infância e Juventude.
(B) Registrar o fato como ato infracional de homicídio e enviar o boletim de ocorrência para a Delegacia Especializada de atendimento à Infância e Juventude.
(C) Registrar o fato como ato infracional de homicídio e enviar o boletim de ocorrência para a Delegacia de Homicídios.
(D) Registrar o fato como crime de homicídio e enviar o boletim de ocorrência para a Delegacia Especializada de atendimento à Infância e Juventude.
(E) Registrar o fato como crime de homicídio e enviar o boletim de ocorrência para a Delegacia Especializada de Homicídios.

De fato, se um menor de dezoito anos praticar uma conduta que se amolde a um homicídio, terá praticado ato infracional, nos moldes do art. 103 do ECA. Para fins de aplicação da legislação específica, deve-se analisar se o agente, ao tempo do crime (leia-se: ação ou omissão), não contava com dezoito anos, que, para efeitos penais, somente se completa no primeiro instante do dia em que se completa o décimo oitavo aniversário. Assim, na questão ora analisada, deverá a autoridade policial registrar o fato como ato infracional de homicídio, remetendo o boletim de ocorrência à Delegacia Especializada (Infância e Juventude). Não se pode, aqui, cogitar de crime de homicídio, muito embora a morte (resultado) tenha ocorrido quando o agente já havia completado dezoito anos. Frise-se: para fins de aferição da imputabilidade (no caso, menoridade), deve-se levar em conta o tempo do crime (tempo da ação ou omissão, ainda que outro seja o momento do resultado).
Gabarito "B".

(Delegado/MS – 2006) Em 15.12.2005, ocorre em toda região norte do país forte estiagem, ocasionando situação de calamidade pública pela falta de chuva. As reservas de água dos Estados afetados alcançam níveis baixos, faltando inclusive água potável para a população. Em virtude do período anormal, é editada lei que tipifica a conduta de uso desnecessário de água. Em 15.01.2006 a estiagem acaba, com a chegada de chuvas, normalizando por completo o abastecimento da água na região afetada, ocasionando a autorrevogação da lei que tipificou a conduta de uso desnecessário de água. Em 18.12.2005, João da Silva é flagrado lavando seu carro e responsabilizado por tal conduta. Em 15.01.2006, o processo referente à conduta de João da Silva está em fase de instrução criminal.

(A) Por força dos efeitos da *abolitio criminis* o processo é arquivado imediatamente.

(B) O processo continua seu curso normal, mesmo com a revogação da lei.

(C) Por força dos efeitos da *novatio legis in mellius* e do *abolito criminis* simultaneamente o processo é arquivado imediatamente.

(D) Por força dos efeitos da *novatio legis in mellius* o processo é arquivado imediatamente.

(E) N. D. A.

De fato, conforme preconiza o art. 3º do CP, as leis excepcionais e temporárias serão aplicadas mesmo após cessadas as causas que determinaram suas edições. No caso em tela, a criação de uma lei penal para coibir o uso abusivo da água em tempo de forte estiagem gerará efeitos mesmo após o término do período excepcional, oportunidade em que se autorrevogará. É bom que se lembre que as leis excepcionais e temporárias são ultra-ativas, vale dizer, operam efeitos mesmo após a autorrevogação.
Gabarito "B".

(Delegado/PA – 2012 – MSCONCURSOS) No art. 5º da Constituição Federal, respectivamente incisos XXXIX e XL, há a determinação de que *"não há crime sem lei anterior que o defina, nem pena sem prévia cominação legal"* e *"a lei penal não retroagirá, salvo para beneficiar o réu"*. É a mais importante garantia do cidadão contra o arbítrio do Estado, pois só a lei poderá estabelecer que condutas serão consideradas criminosas e quais as punições para cada crime. Analise estes princípios constitucionais e assinale a alternativa incorreta:

(A) Um réu com sentença penal transitada em julgado, condenado em 13 (treze) anos, 8 (oito) meses e 23 (vinte e três) dias, tendo cumprido 2 (dois) anos, deverá ser posto em liberdade imediatamente, porque a lei posterior deixou de considerar delito o fato por ele praticado. A lei nova, neste caso, acrescentou causas de exclusão da ilicitude, culpabilidade ou punibilidade do agente. As leis penais só podem retroagir para benefício do réu, atingindo, nesse caso, até mesmo a coisa julgada, o que não viola a Constituição Federal.

(B) Se não há crime sem lei anterior que o defina, ela poderá retroagir para alcançar um fato que, antes dela, não era considerado delito. Não há delito sem tipicidade, ou seja, não há crime sem que a conduta humana se ajuste à figura delituosa definida pela lei. O intérprete deverá ficar atento, porque a lei nova poderá não abolir o crime do sistema jurídico penal, apenas inseri-lo por nova legislação, até mesmo denominando-o de forma diferenciada, não ocorrendo, no caso, *abolitio criminis*.

(C) Não se aplica a lei nova, durante a *vacatio legis*, mesmo se mais benéfica, posto que esta ainda não está em vigor. A *abolitio criminis* elimina todos os efeitos penais, subsistindo, tão somente, os efeitos civis afetos ao fato criminoso. Assim, mesmo que a lei nova não considere crime a conduta do agente que era prevista como ilícita em lei anterior, a vítima, ou sua família, poderá interpor ação de reparação de danos morais e/ou materiais na esfera civil.

(D) Em face do princípio da retroatividade da lei mais benéfica, a *abolitio criminis*, quando a lei deixar considerar como crime certa conduta que antes era considerada como ilicitude penal, alcança o fato em qualquer fase em que ele se encontre. Assim, como definitivamente jurídica, inexistindo processo, o mesmo não pode ser iniciado. Se há ação penal, a mesma deverá ser decididamente arquivada, extinguindo-se a punibilidade. Havendo condenação, a pena não poderá ser executada. Se o condenado já está cumprindo pena, deverá ser expedido o alvará de soltura imediatamente.

(E) Em caso de crime permanente ou habitual, iniciado sob a vigência de uma lei e prolongando sob a de outra, vale esta, ainda que mais desfavorável como, por exemplo, extorsão mediante sequestro, que se prolonga ao perdurar a ofensa ao bem jurídico, enquanto a vítima estiver em poder dos sequestradores. Caso a execução tenha início sob o império de uma lei, prosseguindo sobre o de outra, aplica-se a mais nova, ainda que mais gravosa, pois, como a conduta se prolonga no tempo, a todo o momento renovam-se a ação e a incidência da nova lei. O tempo do crime se dilatará pelo período de permanência. Assim, se o autor, que era menor, durante a fase de execução do crime vier a atingir a maioridade, responderá segundo o Código Penal e não segundo o Estatuto da Criança e do Adolescente – ECA (Lei n. 8.069/1990).

A: correta. Mesmo que um réu tenha sido irrecorrivelmente condenado, se lei posterior deixar de considerar criminoso o fato por ele praticado, restará extinta sua punibilidade em virtude de *abolitio criminis* (art. 107, III, do CP), devendo cessar, imediatamente, o cumprimento da pena. A retroatividade da lei penal benéfica não encontra óbice na coisa julgada, seja em virtude da redação do art. 2º, parágrafo único, do CP, que admite expressamente a aplicação retroativa da *lex mitior* mesmo após o trânsito em julgado, seja pelo

fato de o art. 5º, XL, da CF, não fazer qualquer limitação acerca da retroatividade da lei penal mais favorável; **B:** incorreta. Se sequer existir uma lei em sentido estrito definindo determinado fato como criminoso, obviamente não poderá retroagir para incriminar esse mesmo fato (art. 5º, XXXIX e XL, ambos da CF). Também incorreta a afirmação de que uma nova lei não poderá abolir o crime do sistema jurídico penal. Afinal, a supressão da incriminação por lei posterior está expressa em lei – *abolitio criminis* (art. 107, III, do CP); **C:** correta. De fato, antes da entrada em vigor, a lei não produz efeitos, não podendo, pois, ser aplicada. Imagine se fosse aplicada durante o período de vacância, mas viesse a ser revogada antes de sua entrada em vigor? Insegurança jurídica na certa! No mais, no tocante à *abolitio criminis*, esta extinguirá a punibilidade, cessando o efeito principal da condenação, remanescendo, porém, os civis; **D:** correta. De fato, com a *abolitio criminis*, deverá ser extinta a punibilidade do agente, o que deverá atingir qualquer etapa da persecução penal; **E:** correta. Nos termos da Súmula 711 do STF, nos crimes permanentes ou continuados, a lei penal mais grave será aplicada se sua vigência é anterior à cessação da continuação ou permanência. O mesmo raciocínio se aplica aos crimes habituais, que exigem uma reiteração de atos para a própria tipificação. Com relação ao tempo do crime, se se tratar de crime permanente ou continuado, a mesma *ratio* trazida pela Súmula 711 se aplica: se a conduta inicialmente for perpetrada por um menor de dezoito anos, mas a consumação se prolongar (no caso do crime permanente) ou se novos crimes forem praticados (no caso da continuidade delitiva), e durante a fase executiva do ilícito penal for atingida a maioridade, aplicar-se-á o CP e não o ECA.
Gabarito "B".

3. APLICAÇÃO DA LEI NO ESPAÇO

(Delegado/RJ – 2022 – CESPE/CEBRASPE) Em viagem ao Rio de Janeiro, Paolo, italiano, filho do embaixador da Itália no Brasil, registrado como dependente deste, com quem vive, foi à Lapa, onde se embriagou. Com a capacidade psicomotora comprometida, assumiu a direção de um veículo e, em seguida, devido à embriaguez, atropelou e matou uma pessoa.

Nessa situação hipotética,

(A) Paolo não possui imunidade diplomática, devendo a lei do Estado acreditante ser aplicada com primazia sobre a lei brasileira.

(B) Paolo não poderá ser punido pela lei brasileira, pois, salvo em caso de renúncia, possui imunidade diplomática, embora possa ser punido pelas leis do Estado acreditante.

(C) Paolo será isento de pena, seja no Brasil, seja no Estado acreditante, pois possui imunidade diplomática, salvo se renunciá-la.

(D) embora Paolo possua imunidade diplomática, excetuada a hipótese de renúncia, ela se restringe aos atos de ofício, razão pela qual ele poderá ser punido pela lei brasileira.

(E) como Paolo não fazia parte de missão diplomática, ele não possui nenhum tipo de imunidade penal, razão pela qual poderá ser punido pela lei brasileira.

É verdade que a lei penal, tal como a processual, será, em regra, aplicada à infrações penais praticadas em território nacional. É o chamado princípio da territorialidade, consagrado no art. 5º do CP. Sucede que tal princípio comporta exceções, dado que há situações em que, a despeito de o fato ter ocorrido em território nacional, não terá incidência a lei penal brasileira. É o caso do diplomata, aqui incluídos seus familiares, a serviço de seu país de origem que vem a praticar infração penal no Brasil. Será afastada, aqui, por força da Convenção de Viena, diploma ao qual o Brasil aderiu, a incidência da lei penal brasileira. No caso narrado no enunciado, embora Paolo tenha cometido, em território brasileiro, crime de homicídio culposo de trânsito estando sob o efeito de álcool (art. 302, § 3º, do CTB), não poderá ser aqui processado tampouco punido, já que a Convenção de Viena, em seu art. 37, 2, assegura à família de diplomata (que com ele reside e dele depende economicamente) imunidade.
Gabarito "B".

João Carlos, 30 anos, brasileiro, com residência transitória na Argentina, aproveitando-se da aquisição de material descartado por uma indústria gráfica falida, passou a fabricar moeda brasileira em território argentino. Para garantir a diversidade da moeda falsificada, João imprimia notas de 50 e de 100 reais. Ao entrar em território brasileiro João foi revistado por policiais que encontraram as notas falsificadas em meio a sua bagagem. João foi acusado da prática do crime previsto no artigo 289 do Código Penal.

(Delegado/ES – 2019 – Instituto Acesso) De acordo com as teorias que informam a aplicação da lei penal brasileira no espaço, é correto dizer que, nesse caso, cabe a aplicação

(A) da lei argentina, em atenção à regra da territorialidade, uma vez que o crime fora praticado na Argentina.

(B) incondicionada da lei brasileira, uma vez que o crime cometido atenta contra a fé pública.

(C) condicionada da lei brasileira, pelo fato de a conduta ter sido cometida em território argentino.

(D) condicionada da lei brasileira, já que a conduta integra dois ordenamentos jurídicos.

(E) da lógica da extraterritorialidade, já que o fato ocorreu em território argentino.

Esta questão trata da chamada extraterritorialidade incondicionada. Assim, dentre outras hipóteses, todas definidas no art. 7º, I, do CP, ficam sujeitos à lei brasileira, embora cometidos no estrangeiro, os crimes contra a administração pública, estando o agente a seu serviço (art. 7º, I, "c", do CP), bem como os crimes contra o patrimônio ou a fé pública da União, do Distrito Federal, de Estado, de Território, de Município, de empresa pública, sociedade de economia mista, autarquia ou fundação instituída pelo Poder Público (art. 7º, I, "b", do CP). Nos casos de extraterritorialidade incondicionada, ainda que o agente tenha sido absolvido, ou mesmo condenado no estrangeiro, a lei brasileira será aplicada (art. 7º, § 1º, do CP). Portanto, considerando que João Carlos praticou, na Argentina, crime contra a fé pública da União, consistente em falsificar moeda pública brasileira, será ele processado e julgado, aqui no Brasil, pelo crime definido no art. 289 do CP, aplicando-se, neste caso, o princípio da defesa ou da proteção.
Gabarito "B".

(Delegado Federal – 2004 – CESPE) Julgue o item a seguir.

(1) Laura, funcionária pública a serviço do Brasil na Inglaterra, cometeu, naquele país, crime de peculato. Nessa situação, o crime praticado por Laura ficará sujeito à lei brasileira, em face do princípio da extraterritorialidade.

1: art. 7º, I, *c*, do CP. Neste caso, por força do que dispõe o § 1º do art. 7º, o crime perpetrado por Laura ficará sujeito à lei penal brasileira, ainda que absolvida ou condenada na Inglaterra.
Gabarito 1C.

(Delegado Federal – 2002 – CESPE) Em cada um dos itens subsequentes, é apresentada uma situação hipotética relativa à aplicação da lei penal no espaço, seguida de uma assertiva a ser julgada.

(1) Em águas territoriais do Brasil, a bordo de um navio mercante que ostentava a bandeira da Argentina, um brasileiro praticou um homicídio contra um argentino, ambos tripulantes da embarcação. Nessa situação, aplicar-se-á a lei penal argentina.

(2) Em alto-mar, a bordo de uma embarcação de recreio que ostentava a bandeira do Brasil, Júlio praticou um crime de latrocínio contra Lauro. Nessa situação, aplicar-se-á a lei penal brasileira.

(3) Um navio mercante que ostentava a bandeira do Brasil naufragou em alto-mar. Sobre os destroços da embarcação, Leonardo ceifou a vida de Bento. Nessa situação, aplicar-se-á a legislação do primeiro país em que Leonardo descer à terra após o homicídio (prevenção).

(4) Whesley, cônsul honorário no Brasil do país BBB, exasperou-se com a secretária no consulado daquela República por causa de um ex-namorado dela, tendo-a constrangido, mediante violência, a manter com ele conjunção carnal e cópula anal. Nessa situação, pelo fato de o autor dos eventos ser funcionário consular, aplicar-se-á a lei do país BBB.

(5) Augusto, diplomata em serviço na embaixada do Brasil no país CCC, exigiu de alguns fornecedores estrangeiros a importância de US$ 1.200 para agilizar o pagamento de serviços prestados e de mercadorias adquiridas pela embaixada. Nessa situação, Augusto ficará sujeito à lei penal brasileira.

1: incorreta, uma vez que, de acordo com o art. 5º, § 2º, do CP, consideram-se como extensão do território nacional as embarcações estrangeiras de propriedade privada, desde que se achem em mar territorial do Brasil; **2**: correta, pois consideram-se extensão do território nacional (território ficto) as embarcações brasileiras, mercantes ou de propriedade privada, que se achem em alto-mar (art. 5º, § 1º, do CP); **3**: incorreta, eis que os destroços da embarcação naufragada são considerados remanescentes dela, motivo pelo qual, por ser um navio mercante brasileiro, aplicável a lei da bandeira, e, portanto, a lei brasileira; **4**: incorreta, visto que as imunidades diplomáticas, por força da Convenção de Viena, incorporada ao cenário jurídico pátrio pelo Decreto 56.435/1965, assegura aos agentes diplomáticos e funcionários de organizações internacionais, quando em serviço, incluindo os seus familiares, inviolabilidade pessoal, não podendo ser presos ou processados sem autorização de seu país. Quanto aos cônsules, a imunidade de que eles gozam é limitada, exclusivamente, aos atos de ofício, não abrangendo, portanto, crimes sexuais, tal como proposto na assertiva; **5**: correta, eis que, de acordo com o art. 7º, I, "c", do CP, ficam sujeitos à lei brasileira, embora cometidos no estrangeiro, os crimes contra a administração pública, por quem está a seu serviço.

Gabarito 1E, 2C, 3E, 4E, 5C

(Delegado/AP – 2010) Relativamente ao tema da *territorialidade e extraterritorialidade* analise as afirmativas a seguir.

I. Ficam sujeitos à lei brasileira, embora cometidos no estrangeiro os crimes contra a administração pública, por quem está a seu serviço.

II. Ficam sujeitos à lei brasileira, os crimes praticados em aeronaves ou embarcações brasileiras, mercantes ou de propriedade privada, quando em território estrangeiro ainda que julgados no estrangeiro.

III. Ficam sujeitos à lei brasileira, embora cometidos no estrangeiro os crimes contra o patrimônio da União, do Distrito Federal, de Estado, de Território ou de Município quando não sejam julgados no estrangeiro.

Assinale:

(A) se somente a afirmativa I estiver correta.
(B) se somente a afirmativa II estiver correta.
(C) se somente a afirmativa III estiver correta.
(D) se somente as afirmativas II e III estiverem corretas.
(E) se todas as afirmativas estiverem corretas.

I: correta (art. 7º, I, "b", do CP). Trata-se de extraterritorialidade incondicionada, em que se aplica a lei brasileira a crime cometido no estrangeiro, quando atingir o patrimônio ou a fé pública da Administração Pública, por quem está a seu serviço (princípio da defesa, da proteção ou real); II: incorreta (art. 5º, § 1º, do CP). No caso de aeronaves ou embarcações brasileiras, mercantes ou de propriedade privada, somente será aplicada a lei brasileira quando se encontrarem, respectivamente, no espaço aéreo correspondente ou em alto-mar. Será aplicável a lei brasileira, quando em território estrangeiro, caso se trate de embarcações ou aeronaves brasileiras, de natureza pública ou a serviço do governo brasileiro. Ou ainda, no caso de se tratar de aeronave ou embarcação mercante ou de propriedade privada, será aplicada a lei brasileira, se no estrangeiro ainda não foi julgado o crime, sob pena de se violar a soberania do país onde ocorreu o fato (art. 7º, II, "c", do CP), além do preenchimento das condições previstas no art. 7º, § 2º, do CP; III: incorreta (art. 7º, I, "b", do CP), pois quando o crime é cometido no estrangeiro contra o patrimônio da União, do Distrito Federal, de Estado, de Território ou de Município, a lei brasileira será aplicada ao caso, independente do implemento de qualquer condição (extraterritorialidade incondicionada).

Gabarito "A".

(Delegado/AP – 2006 – UFAP) Analise as assertivas e assinale a alternativa correta:

I. Para os efeitos penais, consideram-se como extensão do território nacional as embarcações e aeronaves brasileiras, de natureza privada, onde quer que se encontrem.

II. A extraterritorialidade incondicionada aplica-se aos crimes que, por tratado ou convenção, o Brasil se obrigou a reprimir.

III. A sentença penal estrangeira pode ser homologada no Brasil para sujeitar o condenado ao cumprimento de pena.

(A) Estão corretas todas as alternativas.
(B) Estão erradas todas as alternativas.
(C) Estão corretas apenas as alternativas II e III.
(D) Está correta apenas a alternativa I.
(E) Está correta apenas a alternativa III.

I: incorreta (art. 5º, § 1º, do CP). No caso de aeronaves e embarcações brasileiras, de natureza privada, consideram-se como extensão do território nacional, desde que se encontrem, respectivamente, no espaço aéreo correspondente ou em alto-mar; II: incorreta, uma vez que aos crimes que por tratado ou convenção o Brasil se obrigou a reprimir, aplica-se a extraterritorialidade condicionada (art. 7º, II, "a" e § 2º, do CP); III: incorreta (art. 9º do CP). A homologação da sentença estrangeira somente produz efeitos para obrigar o condenado à reparação do dano, a restituições e a outros efeitos civis, ou para sujeitá-lo a medida de segurança (e não para o cumprimento de pena).

Gabarito "B".

(Delegado/PR – 2007) Diz o artigo 5º do Código Penal: "Aplica-se a lei brasileira, sem prejuízo de convenções, tratados e regras de direito internacional, ao crime cometido no território nacional". Sobre a lei penal no espaço, considere as seguintes afirmativas:

1. Como regra, são submetidos à lei brasileira os crimes cometidos dentro da área terrestre, do espaço aéreo e das águas fluviais e marítimas.
2. Consideram-se extensão do território nacional as embarcações e aeronaves brasileiras, de natureza pública ou a serviço do governo brasileiro, onde quer que se encontrem.
3. É aplicável a lei brasileira aos crimes praticados à bordo de embarcações estrangeiras de propriedade privada que se encontrem em alto-mar.
4. Ficam sujeitos à lei brasileira, embora cometidos no estrangeiro, os crimes que, por tratado ou convenção, o Brasil se obrigou a reprimir.

Assinale a alternativa correta.

(A) Somente as afirmativas 1 e 2 são verdadeiras.
(B) Somente as afirmativas 1, 2 e 4 são verdadeiras.
(C) Somente as afirmativas 1, 2 e 3 são verdadeiras.
(D) Somente as afirmativas 3 e 4 são verdadeiras.
(E) Somente as afirmativas 2 e 3 são verdadeiras.

1: correta (art. 5º, *caput*, do CP); **2:** correta (art. 5º, § 1º, primeira parte, do CP); **3:** incorreta (art. 5º, § 2º, do CP); **4:** correta (art. 7º, II, "a", do CP).

Gabarito "B".

4. CONCEITO E CLASSIFICAÇÃO DOS CRIMES

(Delegado/RS – 2018 – FUNDATEC) Analise as assertivas a seguir, de acordo com a classificação doutrinária dos crimes:

I. Os crimes formais também podem ser definidos como crimes de resultado cortado.
II. O crime de furto é classificado como crime instantâneo, porém há a possibilidade de um crime de furto ser considerado, eventualmente, crime permanente.
III. O crime de lesão corporal grave em decorrência da incapacidade para as ocupações habituais por mais de 30 dias é classificado, em relação ao momento consumativo, como um crime a prazo.
IV. Pode-se dizer que o crime de tráfico de drogas, previsto no artigo 33, *caput*, da Lei nº 11.343/2006, é um exemplo de crime de perigo abstrato e unissubjetivo.

Quais estão corretas?

(A) Apenas I.
(B) Apenas II.
(C) Apenas III e IV.
(D) Apenas I, II e III.
(E) I, II, III e IV.

I: correta. *Formais* são os crimes em que o resultado, embora previsto no tipo penal, não é imprescindível à consumação do delito. São também chamados, bem por isso, de crimes de resultado cortado ou consumação antecipada. Exemplo sempre lembrado pela doutrina é o crime de *extorsão mediante sequestro* (art. 159 do CP), cujo momento consumativo é atingido com a privação de liberdade da vítima. A obtenção do resgate, resultado previsto no tipo penal, se ocorrer, constituirá mero exaurimento do delito (desdobramento típico). Os crimes, quanto ao momento consumativo, classificam-se ainda em *materiais* e de *mera conduta*. Nestes, a consumação se opera no exato instante em que a conduta é praticada. A lei, neste caso, não faz qualquer menção a resultado naturalístico. *Materiais*, por sua vez, são os delitos em que o tipo penal, como condição à sua consumação, impõe a realização do resultado naturalístico nele previsto. A não produção do resultado naturalístico configura, nos crimes materiais, desde que haja início de execução, mera *tentativa*; **II:** correta. O crime de furto, na grande maioria das vezes, é instantâneo, já que o seu resultado ocorre em momento certo, instantâneo; entretanto, fala-se em furto permanente na hipótese do art. 155, § 3º, do CP (furto de energia). Neste caso, a consumação se prolonga no tempo por vontade do agente; **III:** correta. Crime a prazo é aquele cuja configuração exige o escoamento de determinado prazo, sob pena de atipicidade. Outro exemplo, além da lesão corporal grave de que resulta incapacidade para as ocupações habituais por mais de 30 dias (art. 129, § 1º, I, CP), é a apropriação de coisa achada (art. 169, II, do CP), em que a consumação somente é alcançada na hipótese de o agente deixar de restituir a coisa achada ao dono ou possuidor legítimo, ou à autoridade competente, depois de escoado o interregno de quinze dias. Antes disso, não há crime; **IV:** correta. Diz-se que o crime de tráfico de drogas (art. 33 da Lei 11.343/2016) é de perigo abstrato na medida em que não depende de efetiva lesão ao bem jurídico tutelado; ademais, é unissubjetivo (ou monossubjetivo) porque pode ser praticado por uma única pessoa, diferente do delito plurissubjetivo (ou de concurso necessário), em que o tipo penal exige um número mínimo de agentes à configuração de delito. São exemplos: rixa, associação criminosa; associação para o tráfico.

Gabarito "E".

(Delegado/MS – 2017 – FAPEMS) A partir da narrativa a seguir e considerando as classes de crimes omissivos, assinale a alternativa correta.

Artur, após subtrair aparelho celular no interior de um mercado, foi detido por populares que o amarraram em um poste de iluminação. Acabou agredido violentamente por Valdemar, vítima da subtração, que se valeu de uma barra de ferro encontrada na rua. Alice tentou intervir, porém foi ameaçada por Valdemar. Ato contínuo, Alice, verificando a grave situação, correu até um posto da Polícia Militar e relatou o fato ao soldado Pereira, que se recusou a ir até o local no qual estava o periclitante, alegando que a situação deveria ser resolvida unicamente pelos envolvidos. Francisco, segurança particular do mercado, gravou a agressão e postou as imagens em rede social com a seguinte legenda: "Aí mano, em primeira mão: outro pra vala". Artur morreu em decorrência de trauma craniano.

(A) Pereira poderá ser indiciado pela prática de crime omissivo impróprio.
(B) Pereira poderá ser indiciado pela prática de crime omissivo próprio.
(C) Alice poderá ser indiciada pela prática de crime omissivo próprio.
(D) Alice poderá ser indiciada pela prática de crime omissivo impróprio.
(E) Francisco poderá ser indiciado pela prática de crime comissivo por omissão.

A: correta. De fato, a omissão de Pereira, policial militar, é penalmente relevante, eis que, por se tratar de agente cujas atividades são circunscritas à segurança pública, tinha o dever jurídico de agir para impedir o resultado lesivo que vitimou Artur, morto em razão das agressões perpetradas por Valdemar. Assim, na forma do art. 13, § 2º, "a", do CP, que impõe o dever de agir àquele que tiver por lei obrigação de cuidado, proteção ou vigilância, o soldado Pereira deverá responder pelo homicídio de Artur por omissão. No caso, estamos diante de um crime comissivo por omissão, ou omissivo impróprio; **B:** incorreta. Dada a condição de policial militar de Pereira, sua omissão, na forma do art. 13, § 2º, do CP, é do tipo imprópria; **C:** incorreta. Alice não pode ser responsabilizada, por exemplo, por omissão de socorro (art.

135 do CP), eis que, embora tenha tentado intervir para a cessação das agressões perpetradas por Valdemar contra Artur, foi ameaçada pelo agente, situação que caracteriza o "risco pessoal" de que trata o precitado art. 135; **D e E:** incorretas, pois Alice, ainda que tivesse se mantido absolutamente inerte frente às agressões sofridas por Artur, não teria o dever jurídico de agir para impedir o resultado (art. 13, § 2º, do CP), razão por que não praticou crime omissivo impróprio. O mesmo se pode dizer com relação a Francisco, segurança particular do mercado, que, por não ter o dever jurídico de agir para impedir o resultado, não responderá por crime comissivo por omissão (ou omissivo impróprio).

Gabarito 'A'.

(Delegado/RO – 2014 – FUNCAB) Em relação à classificação doutrinária de crimes, é correto afirmar que:

(A) crime progressivo é aquele em que o agente deseja produzir um resultado, mas, após consegui-lo, resolve prosseguir na violação do bem jurídico, produzindo um outro crime mais grave.

(B) crime de fato transeunte é aquele que não deixa vestígios.

(C) crime plurilocal é aquele em que a execução do crime se dá em um país e o resultado em outro.

(D) crime falho é o nome dado à tentativa imperfeita.

(E) crime plurissubsistente é aquele que exige pluralidade de sujeitos ativos.

A: incorreta. A definição contida na alternativa diz respeito à progressão criminosa, na qual o agente "substitui o seu dolo", produzindo um resultado mais grave após haver alcançado, anteriormente, resultado menor (crime menos grave). Não se confunde com o crime progressivo, que se dá quando o agente, para produzir um resultado mais grave, necessariamente terá praticado um crime menos grave (chamado de "crime de passagem"). É o caso das lesões corporais (crime menos grave) perpetradas para o alcance da morte da vítima (crime mais grave). Responderá o agente apenas por homicídio, incidindo, na espécie, o princípio da consunção; **B:** correta. Considera-se crime transeunte aquele que não deixa vestígios materiais, em contraposição aos crimes não transeuntes, que, por óbvio, deixam vestígios materiais, exigindo-se, aqui, o exame do corpo de delito (direto ou indireto), **C:** incorreta. Delito plurilocal é assim denominado quando a conduta é perpetrada em um lugar e o resultado se verifica em outro, mas no mesmo país (ex.: a subtração do veículo ocorre em município paulista, mas a efetiva inversão da posse ocorre já em solo mineiro). Não se confunde com delito à distância (ou de espaço máximo), que é aquele cuja ação/omissão ocorre em um país e o resultado se verifica em outro. Aplicar-se-á, nesse caso, o art. 6º do CP; **D:** incorreta. Na classificação da tentativa, diz-se que esta poderá ser perfeita (ou acabada, ou crime falho), quando o agente, mesmo esgotando todos os atos executórios (ou seja, toda a potencialidade ofensiva de que dispunha), não consegue consumar o crime por circunstâncias alheias à sua vontade, ou imperfeita (ou inacabada), quando os atos executórios, ainda não esgotados, forem interrompidos por fatores alheios à vontade do agente; **E:** incorreta. Diz-se plurissubsistente um crime quando sua prática puder decorrer de diversos atos, em contraposição ao crime unissubsistente, praticado mediante um só ato. Não se confunde com o crime plurissubjetivo (ou de concurso necessário), que, para a própria tipificação, exige a concorrência de duas ou mais pessoas (ex.: associação criminosa – art. 288, CP).

Gabarito 'B'.

(Delegado Federal – 2013 – CESPE) No que se refere à teoria geral do crime, julgue o próximo item.

(1) Segundo a teoria causal, o dolo causalista é conhecido como dolo normativo, pelo fato de existir, nesse dolo, juntamente com os elementos volitivos e cognitivos, considerados psicológicos, elemento de natureza normativa (real ou potencial consciência sobre a ilicitude do fato).

1: correta. De fato, de acordo com a teoria causal, também conhecida como teoria naturalista, clássica, naturalística ou mecanicista, idealizada por Liszt, Beling e Radbruch no início do século XIX, a ação é tida como um comportamento humano voluntário causador de modificação no mundo exterior. Dolo e a culpa estão sediados na culpabilidade, que integra o conceito analítico de crime. Daí dizer-se que, à luz da teoria em comento, o dolo é normativo, vale dizer, a finalidade do agente e a consciência da ilicitude somente serão verificadas quando da avaliação da culpabilidade. O dolo normativo (que, frise-se, tem como elemento integrante a consciência da ilicitude) contrapõe-se ao dolo natural, adotado pela teoria finalista, não tendo ele qualquer conteúdo valorativo, reservado à culpabilidade. Assim, enquanto que na teoria causalista o dolo está sediado na culpabilidade, na teoria finalista o dolo integra o fato típico.

Gabarito 1C.

(Delegado Federal – 2004 – CESPE) Julgue o item seguinte.

(1) Rômulo sequestrou Lúcio, exigindo de sua família o pagamento de R$ 100.000,00 como resgate. Nessa situação, o crime de extorsão mediante sequestro praticado por Rômulo é considerado crime habitual.

1: *habitual* é o crime que só resta caracterizado com a reiteração de atos. Um ato, isoladamente considerado, não tem o condão de constituir lesão ao bem jurídico tutelado. É o caso, por exemplo, do delito de curandeirismo (art. 284 do CP). O crime de extorsão mediante sequestro (art. 159 do CP) não exige, para sua configuração, a reiteração de atos. Trata-se de *crime permanente*, em que o momento consumativo, a contar da privação da liberdade da vítima, se prolonga no tempo por vontade do agente.

Gabarito 1E.

(Delegado/AP – 2010) Carlos Cristiano trabalha como salva-vidas no clube municipal de Tartarugalzinho. O clube abre diariamente às 8 horas, e a piscina do clube funciona de terça a domingo, de 9 às 17 horas, com um intervalo de uma hora para o almoço do salva-vidas, sempre entre 12 e 13 horas.

Carlos Cristiano é o único salva-vidas do clube e sabe a responsabilidade de seu trabalho, pois várias crianças utilizam a piscina diariamente e muitas dependem da sua atenção para não morrerem afogadas.

Normalmente, Carlos Cristiano trabalha com atenção e dedicação, mas naquele dia 2 de janeiro estava particularmente cansado, pois dormira muito tarde após as comemorações do réveillon. Assim, ao invés de voltar do almoço na hora, decidiu tirar um cochilo. Acordou às 15 horas, com os gritos dos sócios do clube que tentavam reanimar uma criança que entrara na piscina e fora parar na parte funda. Infelizmente, não foi possível reanimar a criança. Embora houvesse outras pessoas na piscina, ninguém percebera que a criança estava se afogando.

Assinale a alternativa que indique o crime praticado por Carlos Cristiano.

(A) Homicídio culposo.

(B) Nenhum crime.

(C) Omissão de socorro.

(D) Homicídio doloso, na modalidade de ação comissiva por omissão.

(E) Homicídio doloso, na modalidade de ação omissiva.

A: incorreta, uma vez que o salva-vidas não agiu com imprudência, negligência, nem imperícia; **B:** correta. A questão trata do crime omissivo impróprio ou comissivo por omissão, em que o tipo penal prevê uma conduta positiva. Todavia, pela omissão do agente, em razão do descumprimento do dever jurídico de agir, ocorre o resultado naturalístico. O dever jurídico de agir, de acordo com o art. 13, § 2º, do CP, pode decorrer: a) do dever legal, b) da posição de garantidor como, por exemplo, o salva-vidas, que se compromete a evitar o resultado ou c) por ingerência na norma (quando o agente, com sua conduta anterior, cria o risco do resultado). Ainda, pela teoria jurídica ou normativa, são requisitos para a responsabilização penal pelo crime de omissão: o agente poder evitar o resulta e o dever jurídico de evitar esse resultado. Na questão acima, o salva-vidas, muito embora tivesse o dever jurídico de evitar afogamentos na piscina, não pôde evitar, uma vez que não estava presente no local. Isso porque, a imputação da omissão ao agente exige o dever e o poder evitar o resultado. Portanto, o fato é atípico, pela ausência do segundo requisito (poder evitar o resultado); **C:** incorreta, pois a omissão de socorro é um crime omissivo próprio, em que a omissão está prevista no tipo penal. No caso, por se tratar de salva-vidas, ou seria crime omissivo impróprio, diante de sua posição de garante ou o fato seria atípico (como de fato ocorreu). **D:** incorreta, pois não houve uma ação provocadora da omissão. **E:** incorreta, já que não há fato típico.

Gabarito "B".

(Delegado/AP – 2006 – UFAP) Analise as assertivas e assinale a alternativa correta:

I. O autoaborto é crime próprio, instantâneo, de forma livre, comissivo, material, de dano, unissubjetivo, doloso, e plurissubsistente.

II. A extorsão mediante sequestro é crime comum, complexo, doloso, formal, permanente, unissubjetivo e plurissubsistente.

III. O peculato é crime próprio, material, de forma livre, instantâneo, unissubjetivo e plurissubsistente.

(A) Estão corretas todas as alternativas.
(B) Estão erradas todas as alternativas.
(C) Estão corretas apenas as alternativas II e III.
(D) Está correta apenas a alternativa I.
(E) Está correta apenas a alternativa III.

I: correta. O autoaborto é crime próprio (exige uma qualidade especial do sujeito ativo, no caso, a gestante), instantâneo (é aquele em que a consumação ocorre em um determinado momento, sem se prolongar no tempo), de forma livre (admite-se qualquer meio executório), comissivo (praticado mediante uma conduta positiva), material (é aquele em que o tipo penal prevê uma conduta e um resultado naturalístico, sendo que a ocorrência deste é indispensável para a consumação do crime), de dano (exige-se a lesão ao bem jurídico protegido pela norma penal para que ocorra a sua consumação), unissubjetivo (pode ser praticado por um único agente ou em concurso eventual de pessoas), doloso (exige-se o dolo quanto ao resultado), e plurissubsistente (a conduta pode ter dois ou mais atos executórios); **II:** correta. A extorsão mediante sequestro é crime comum (pode ser praticado por qualquer pessoa, não se exigindo uma qualidade especial do sujeito ativo), complexo (resulta da união de dois ou mais tipos penais), doloso (exige-se o dolo quanto ao resultado), formal (o tipo penal prevê a conduta e o resultado naturalístico, mas não exige este último para a consumação do crime), permanente (é aquele em que a consumação se prolonga no tempo, por vontade do agente), unissubjetivo (pode ser praticado por um único agente ou em concurso eventual de pessoas), e plurissubsistente (a conduta pode ter dois ou mais atos executórios); **III:** correta. O peculato é crime próprio (exige uma qualidade especial do sujeito ativo, no caso, ser funcionário público), material (é aquele em que o tipo penal prevê uma conduta e um resultado naturalístico, sendo que a ocorrência deste é indispensável para a consumação do crime), de forma livre (admite-se qualquer meio executório), instantâneo (é aquele em que a consumação ocorre em um determinado momento, sem se prolongar no tempo), unissubjetivo (pode ser praticado por um único agente ou em concurso eventual de pessoas) e plurissubsistente (a conduta pode ter dois ou mais atos executórios).

Gabarito "A".

(Delegado/SC – 2008) Em relação à classificação doutrinária dos crimes, marque V ou F, conforme as afirmações a seguir sejam verdadeiras ou falsas.

( ) Nos chamados "delitos de resultado" o tipo penal prevê um resultado típico, natural ou material vinculado à conduta pelo nexo causal.

( ) "Delitos vagos" são aqueles que têm por sujeito passivo entidades sem personalidade jurídica, como a família, o público ou a sociedade.

( ) O "crime falho" é também denominado "quase crime".

( ) "Crime multitudinário" é o praticado por uma multidão em tumulto, espontaneamente organizada no sentido de um comportamento comum contra pessoas ou coisas.

( ) "Crime transeunte" é o que deixa vestígios; "crime não transeunte" é o que não deixa vestígios.

A sequência correta, de cima para baixo, é:

(A) V – F – V – V – V
(B) V – V – F – V – F
(C) F – V – V – F – V
(D) F – F – V – V – F

"*Delitos de resultado*" são os crimes materiais (também chamados de resultado naturalístico); "*delitos vagos*" de fato são aqueles em que o sujeito passivo é uma entidade destituída de personalidade jurídica; "*crime falho*" (ou tentativa perfeita) é aquele em que o sujeito, mesmo tendo esgotado o processo de execução do crime, não logra consumá-lo. Difere, pois, do *quase crime*, que se dá nas hipóteses de crime impossível (art. 17 do CP); "*crime multitudinário*" é de fato aquele praticado sob influência de multidão; *transeunte* é o crime que não deixa vestígios; não transeunte, ao contrário, é o delito que deixa vestígios.

Gabarito "B".

(Delegado/SP – 2011) O aborto provocado pela gestante é crime

(A) formal.
(B) de mão própria.
(C) de conduta vinculada.
(D) de concurso necessário.
(E) de mera conduta.

A: incorreta, pois o crime de aborto é considerado crime material, ou seja, exige o resultado "morte" do feto ou do produto da concepção; **B:** correta. De fato, considera-se de mão própria o crime de aborto provocado pela gestante (também denominado de autoaborto), previsto no art. 124, primeira parte, do CP. Afinal, o tipo penal enuncia "*provocar aborto em si mesma*", o que denota a exigência de uma atuação pessoal do agente, intransferível, portanto; **C:** incorreta. Considera-se de conduta vinculada o crime cujos meios executórios estejam previamente definidos na lei. Não é o caso do autoaborto, que pode ser praticado de qualquer forma pela gestante (crime de ação livre), como, por exemplo, pelo emprego de medicamentos abortivos ou introdução mecânica de objeto pontiagudo no canal vaginal, transfixando a placenta e o feto; **D:** incorreta, pois crime de concurso necessário é aquele cujo tipo penal exige a concorrência de duas ou mais pessoas para a empreitada

criminosa, tal como se vê, por exemplo, no antigo crime de quadrilha ou bando, cujo *nomen juris*, por força da Lei 12.850/2013, passou a ser associação criminosa (art. 288 do CP); **E:** incorreta, pois, como visto no comentário à alternativa "A", o autoaborto é crime material, exigindo um resultado naturalístico, não sendo classificado, portanto, como de mera conduta (assim considerado o crime que não admite a produção de um resultado naturalístico, bastando o comportamento positivo ou negativo do agente contido no tipo penal).
Gabarito "B".

(Delegado/SP – 2008) O crime de evasão mediante violência contra a pessoa (art. 352 do CP), em que a pena da tentativa é a mesma do crime consumado, sem qualquer redução, recebe em doutrina o *nomem iuris* de

(A) crime de ensaio.
(B) crime de encontro.
(C) crime de empreendimento.
(D) crime biprópio.
(E) crime de conteúdo variado.

Trata-se de crimes em que o tipo penal equipara a pena da tentativa com a pena do crime consumado.
Gabarito "C".

(Delegado/SP – 2008) Professor que, falando ao telefone, assiste impassível ao afogamento de seu instruendo adolescente, durante sessão prática de natação, comete crime

(A) omissivo impróprio.
(B) omissivo próprio.
(C) omissivo por comissão.
(D) comissivo impróprio.
(E) comissivo próprio.

O professor tinha o dever jurídico, imposto pelo art. 13, § 2º, do CP, de intervir para evitar o afogamento do aluno. Fala-se, aqui, em crime omissivo impróprio (comissivo por omissão), já que o professor, mesmo diante da constatação da situação de perigo (afogamento), omitiu-se e, dessa forma, deu ensejo ao resultado naturalístico. Perceba que esta modalidade de crime omissivo pressupõe, à sua consumação, a produção de resultado naturalístico, o que não ocorre no chamado crime omissivo puro, cuja consumação se dá com a mera abstenção do agente, independente de qualquer resultado. Outra coisa: o tipo penal, na omissão imprópria, descreve uma conduta comissiva, que, diante da ocorrência de uma das hipóteses previstas no art. 13, § 2º, do CP, ensejará a responsabilidade do agente; já na omissão própria o tipo penal contempla uma conduta omissiva.
Gabarito "A".

5. FATO TÍPICO E TIPO PENAL

Mélvio é instrutor de escaladas, membro da Associação Capixaba de Escaladas (ACE). Sua especialidade é escalar picos com alto grau de dificuldade. Em comemoração aos seus 10 (dez) anos como instrutor, resolveu promover uma escalada em Afonso Claudio, cidade do Espírito Santo, na Pedra de Lajinha, que está entre os cinco picos mais altos do Brasil. Montou um grupo nas redes sociais e convocou amigos e escaladores. No dia marcado para a subida, havia previsão de chuva e ventos, que poderiam ocorrer na metade do trajeto. No pé do pico, lugar de início da subida, foi colocada uma placa indicando que não era seguro escalar em função das condições climáticas. Como a escalada era muito longa, ele foi orientado por colegas instrutores que não promovesse a escalada. Três amigos de Mélvio, que não tinham experiência nessa prática esportiva, foram fazer a escalada para prestigiar Mélvio. Um deles, ao ouvir a fala dos demais instrutores, resolveu não subir, mas os outros dois cederam à insistência de Mélvio, que considerava a subida fácil, apesar de longa. Feliz, Mélvio disse que, apesar da chuva e do vento previstos, nada iria derrubá-los na escalada e que tudo estava sob controle, afirmando que muitas vezes tais previsões estavam erradas. Mesmo sabendo que não era 100% seguro fazer a escalada, principalmente para os iniciantes, Mélvio se colocou como responsável por seus amigos, garantindo-se em seus 10 anos de experiência. Não obstante, a previsão se confirmou. Com a chegada do vento e da tempestade, Mélvio não conseguiu dar o suporte prometido para seus amigos, que acabaram sendo arremessados, pelo vento e chuva, para baixo. Com a queda os dois amigos vieram a falecer.

(Delegado/ES – 2019 – Instituto Acesso) Sabendo-se que:

I. restou comprovado que o material de escalada de Mélvio era compatível com os níveis de segurança exigidos para escaladas nas condições acima expostas;
II. o instrutor possuía autonomia e registro para a promover escaladas, com experiência no tipo de subida proposto e reconhecido pela ACE;
III. o percentual de acertos de tais previsões do tempo, para as próximas horas, era de 95% em relação ao local da escalada, como estava exposto na placa;
IV. os amigos de Mélvio que caíram, somente subiram com a garantia de segurança do instrutor; é correto afirmar que Mélvio:

(A) deve responder por homicídio doloso em sua forma direta, devido a sua condição de agente garantidor.
(B) deve responder por homicídio culposo, devido a sua condição de agente garantidor.
(C) não deve responder por homicídio, uma vez que seus amigos aceitaram sua garantia para subir.
(D) não deve responder pela prática de homicídio, uma vez que o mau tempo era alheio a sua vontade.
(E) deve responder por homicídio doloso, considerando o dolo eventual, porque, mesmo sem a intenção de matar, não levou em consideração os avisos dos demais instrutores.

Pelo que do enunciado consta, não há dúvida de que Mélvio estava credenciado a efetuar escaladas e também a atuar como instrutor nesta atividade. Isso está bem claro. Também não há dúvidas de que era do conhecimento de Mélvio que havia previsão de chuvas e ventos, cujo percentual de acertos correspondia a 95 %. Havia inclusive uma placa com advertência nesse sentido. A despeito disso, Mélvio, agindo com excesso de confiança, pois acreditava que, com a sua perícia acumulada ao longo dos anos, nada aconteceria, achou por bem realizar a escalada, colocando em situação de risco dois escaladores inexperientes. Dessa forma, subiram e, com a chegada do vento e da tempestade, Mélvio não deu o suporte prometido para seus amigos, que acabaram sendo arremessados, pelo vento e chuva, para baixo, vindo a falecer. Antes de mais nada, deve ficar claro que em momento algum a morte das vítimas foi desejada por Mélvio, razão por que deve-se afastar, de plano, a alternativa "A" (dolo direto). Também não é o caso de imputar-lhe a prática do crime de homicídio a título de dolo eventual. Com efeito, como bem sabemos, no dolo eventual, a postura do agente em relação ao resultado é de indiferença. É verdade que, nesta modalidade de dolo, a sua vontade não é dirigida ao resultado (morte, neste caso), mas,

prevendo a possibilidade de ele (resultado) ocorrer, revela-se indiferente e dá sequência à sua empreitada, assumindo o risco de causá-lo. Em outras palavras, ele não o deseja, mas se acontecer, aconteceu. Não foi isso que se deu na narrativa acima. Muito embora Mélvio pudesse ter a previsão do resultado ofensivo, sua postura não foi de indiferença em relação a isso, mas, sim, de excesso de confiança, o que configura a chamada *culpa consciente*. Ele acreditou piamente que, com a sua habilidade e destreza, o resultado não seria implementado. Considerando que Mélvio tinha a responsabilidade de evitar a ocorrência do resultado (morte), tal como estabelece art. 13, § 2º, CP, deverá ele responder por homicídio culposo, visto que atuou na condição de agente garantidor.
Gabarito "B".

(Delegado/PE – 2016 – CESPE) A relação de causalidade, estudada no conceito estratificado de crime, consiste no elo entre a conduta e o resultado típico. Acerca dessa relação, assinale a opção correta.

(A) Para os crimes omissivos impróprios, o estudo do nexo causal é relevante, porquanto o CP adotou a teoria naturalística da omissão, ao equiparar a inação do agente garantidor a uma ação.

(B) A existência de concausa superveniente relativamente independente, quando necessária à produção do resultado naturalístico, não tem o condão de retirar a responsabilização penal da conduta do agente, uma vez que não exclui a imputação pela produção do resultado posterior.

(C) O CP adota, como regra, a teoria da causalidade adequada, dada a afirmação nele constante de que "o resultado, de que depende a existência do crime, somente é imputável a quem lhe deu causa; causa é a ação ou omissão sem a qual o resultado não teria ocorrido".

(D) Segundo a teoria da imputação objetiva, cuja finalidade é limitar a responsabilidade penal, o resultado não pode ser atribuído à conduta do agente quando o seu agir decorre da prática de um risco permitido ou de uma conduta que diminua o risco proibido.

(E) O estudo do nexo causal nos crimes de mera conduta é relevante, uma vez que se observa o elo entre a conduta humana propulsora do crime e o resultado naturalístico.

A: incorreta. É fato que o estudo do nexo causal, no contexto da omissão imprópria, é de suma relevância, já que se está a falar de crimes cuja consumação somente é alcançada com a produção do resultado naturalístico (delitos materiais). No entanto, é incorreto afirmar-se que o CP adotou, neste caso, a teoria *naturalística*. É que, nos chamados crimes omissivos impróprios, a relação de causalidade é *normativa* (e não física), na medida em que o resultado decorrente da omissão somente será imputado ao agente diante da ocorrência de uma das hipóteses previstas no art. 13, § 2º, do CP; **B:** incorreta, já que não reflete o que estabelece o art. 13, § 1º, do CP (superveniência de causa independente); **C:** incorreta, uma vez que a teoria adotada, como regra, pelo CP, em matéria de relação de causalidade, é a chamada *equivalência dos antecedentes causais* (*conditio sine qua non*). É o que se extrai do art. 13, *caput, in fine*, do CP: *Considera-se causa a ação ou omissão sem a qual o resultado não teria ocorrido*. Para se evitar o chamado "regresso ao infinito", é imprescindível a existência de dolo ou culpa por parte do agente em relação ao resultado; se assim não fosse, o vendedor da arma de fogo responderia pelo crime de homicídio com ela praticado, mesmo desconhecendo a intenção homicida do comprador; **D:** correta. Desenvolvida e difundida por Claus Roxin, a partir de 1970, no ensaio *Reflexões sobre a problemática da imputação no direito penal*, a teoria da imputação objetiva, cujo propósito é, de fato, impor restrições à responsabilidade penal, enuncia, em síntese, que a atribuição do resultado ao agente não está a depender tão somente da relação de causalidade. É necessário ir além. Para esta teoria, deve haver a conjugação dos seguintes requisitos: criação ou aumento de um risco proibido; realização do risco no resultado; e resultado dentro do alcance do tipo; **E:** incorreta. Não há relevância alguma no estudo do nexo causal no contexto dos crimes de mera conduta, na medida em que, neste caso, inexiste resultado naturalístico. ED
Gabarito "D".

(Delegado/BA – 2013 – CESPE) Acerca da parte geral do direito penal e seus Institutos, julgue os itens seguintes.

(1) Considere que Joana, penalmente imputável, tenha determinado a Francisco, também imputável, que desse uma surra em Maria e que Francisco, por questões pessoais, tenha matado Maria. Nessa situação, Francisco e Joana deverão responder pela prática do delito de homicídio, podendo Joana beneficiar-se de causa de diminuição de pena.

(2) Tanto a conduta do agente que age imprudentemente, por desconhecimento invencível de algum elemento do tipo quanto a conduta do agente que age acreditando estar autorizado a fazê-lo ensejam como consequência a exclusão do dolo e, por conseguinte, a do próprio crime.

(3) As causas ou concausas absolutamente independentes e as causas relativamente independentes constituem limitações ao alcance da teoria da equivalência das condições.

(4) Somente mediante expressa manifestação pode o agente diplomático renunciar à imunidade diplomática, porquanto o instituto constitui causa pessoal de exclusão da pena.

(5) Considere que Marcos, penalmente imputável, subtraia de seu genitor de sessenta e oito anos de idade, um relógio de alto valor. Nessa situação, o autor não pode beneficiar-se da escusa penal absolutória, em razão da idade da vítima.

1: incorreta. A assertiva retrata situação caracterizadora de cooperação dolosamente distinta, prevista no art. 29, § 2º, do CP, que assim dispõe: "Se algum dos concorrentes quis participar de crime menos grave, ser-lhe-á aplicada a pena deste; essa pena será aumentada até metade, na hipótese de ter sido previsível o resultado mais grave". Ora, como é sabido e ressabido, a regra geral acerca do concurso de pessoas é a de que, quem, de qualquer modo, concorre para o crime, por este responderá na medida de sua culpabilidade, nos termos do art. 29, *caput*, do CP, que consagra a teoria unitária ou monista. No caso em tela, um dos agentes (Joana) determinou ao outro (Francisco) que desse uma surra em Maria. Porém, por razões pessoais, o executor material do crime matou a vítima, afastando-se do ajuste inicial de vontades. Assim, de acordo com o já citado art. 29, § 2º, do CP, Joana deverá responder pelo crime menos grave (provavelmente, lesões corporais dolosas), sendo imputado o homicídio apenas a Francisco; **2:** incorreta. A conduta do agente que age imprudentemente (modalidade de culpa), desconhecendo, de forma invencível, elemento constitutivo do tipo, configura *erro de tipo essencial*, que afastará o dolo e a culpa, nos termos do art. 20, § 1º, do CP. Porém, cabe destacar ao candidato que apenas haverá a exclusão do dolo e da culpa se o erro de tipo for invencível, inevitável ou escusável. Todavia, quando o erro for evitável, vencível ou inescusável, o resultado será atribuído ao agente a título de culpa. No caso retratado na assertiva, o agente, embora tenha agido imprudentemente, incidiu em erro de tipo invencível (desconhecimento de elemento do tipo), razão pela qual, como visto, haverá a exclusão do dolo e da culpa. Já a conduta do agente que acredita estar autorizado a praticar determinada conduta típica, quando, em verdade, não está, caracteriza *erro de proibição*. Aqui, o agente pratica conduta penalmente típica, visto que, embora tenha conhecimento da tipicidade de sua conduta, supõe agir de acordo com o direito (por exemplo, acreditando estar agindo amparado por causa excludente da ilicitude). Neste caso, não ficará afastado o dolo (tal como ocorre no erro de tipo essencial), mas, sim, a culpabilidade (falta de potencial consciência da ilicitude). Importante registrar que o mero desconhecimento da lei é inescusável (art. 21, *caput*, do CP). Contudo, se o erro é inevitável, invencível ou escusável, haverá isenção de pena (exclusão da potencial consciência da ilicitude e, portanto, da culpabilidade). Contudo, se o erro é evitável, vencível ou inescusável, a pena será diminuída (art. 21, *caput*, parte final); **3**: correta. De início, importa registrar que, do ponto de vista jurídico-penal, considera-se causa, para fins de reconhecimento do fato típico, toda ação ou omissão sem a qual o resultado não teria ocorrido (art. 13, *caput*, do CP). Aplicável, em matéria de nexo causal ou relação de causalidade, a teoria da equivalência dos antecedentes ou das condições (ou teoria da *conditio sine qua non*). Assim, reafirma-se, causa é tudo e quanto seja decisivo para a ocorrência do resultado (da forma que e como ocorreu). A imputação do resultado a alguém somente será admissível se houver dado causa a ele. Pois bem. Cuidou a doutrina de dividir as causas em dois grandes grupos: a) causas absolutamente independentes e; b) causas relativamente independentes. No primeiro caso, não se poderá imputar ao agente o resultado se este tiver decorrido de causa absolutamente independente de seu comportamento (ex.: João ministra veneno no café de Joana. Porém, esta morre em razão de um infarto fulminante decorrente de doença cardíaca preexistente). Já se o resultado tiver decorrido, ainda que parcialmente, do comportamento do agente, contra este será possível a imputação. No entanto, importa registrar que se a causa for relativamente independente da conduta do agente, porém, superveniente a esta e por si só houver produzido o resultado, haverá a exclusão da imputação. Aqui, aplicável a teoria da causalidade adequada, consagrada pelo art. 13, § 1º, do CP; **4**: incorreta. As imunidades diplomáticas constituem prerrogativas funcionais, nas palavras de Rogério Sanches Cunha, sendo irrenunciáveis, já que são conferidas em razão do cargo e não da pessoa (*Manual de Direito Penal – Parte Geral*. Salvador: Juspodivm, 2013. p. 125). A Convenção de Viena sobre Relações Diplomáticas, de 1961, incorporada ao nosso ordenamento jurídico pelo Decreto nº 56.435/1965, em seu art. 32, 1 e 2, prescreve, porém, que o Estado de origem do agente diplomático (Estado acreditante) poderá renunciar a imunidade, desde que o faça expressamente; **5**: correta. De fato, nos termos do art. 183, III, do CP, não se beneficia da escusa absolutória prevista no art. 181, II (isenção de pena de crime patrimonial praticado por ascendente ou descendente) o agente que pratica o fato em detrimento de pessoa com idade igual ou superior a 60 (sessenta) anos. Assim, se Marcos furtou o relógio de seu pai idoso (com sessenta e oito anos), não será beneficiado pela escusa absolutória, devendo, portanto, responder pelo crime.

Gabarito 1E, 2E, 3C, 4E, 5C

(Delegado/AP – 2006 – UFAP) Analise as assertivas e assinale a alternativa correta:

I. Em relação ao nexo causal, o Código Penal brasileiro adotou a teoria da causalidade adequada, que não distingue entre causa, condição e ocasião.
II. A causa antecedente relativamente independente exclui a imputação penal.
III. Responde por homicídio o delegado de polícia que, em serviço, podendo agir para evitar o resultado, não impede que o delinquente mate terceiro na sua presença.

(A) Estão corretas todas as alternativas.
(B) Estão erradas todas as alternativas.
(C) Estão corretas apenas as alternativas II e III
(D) Está correta apenas a alternativa I.
(E) Está correta apenas a alternativa III.

I: incorreta, pois o CP adotou a teoria da equivalência dos antecedentes, em que se considera causa toda ação ou omissão, sem a qual o resultado não teria ocorrido (art. 13, *caput*, do CP). Somente de forma excepcional o CP adotou a teoria da causalidade adequada (art. 13, § 1º, do CP), no tocante à superveniência de causa relativamente independente da conduta do agente, em que haverá a exclusão da imputação quando, por si só, produziu o resultado, ou seja, há o rompimento no nexo causal quando a causa não for adequada à causação do resultado (não é toda causa que contribui para o resultado); **II**: incorreta, uma vez que a causa antecedente relativamente independente não exclui a imputação, mas tão somente a superveniente, quando, por si só, produziu o resultado (art. 13, § 1º, do CP); **III**: correta. Trata-se de crime omissivo impróprio ou comissivo por omissão. No caso, o delegado de polícia tem a obrigação legal de preservar a ordem pública, bem como proteger a incolumidade das pessoas (art. 144 da CF e art. 13, § 2º, do CP). Assim, praticou o delito de homicídio, comissivo por omissão, uma vez que podendo agir para evitar o resultado, não impediu que o delinquente matasse terceiro na sua presença.

Gabarito 'E'.

(Delegado/CE – 2006 – CEV/UECE) Sobre o conceito de crime marque a opção verdadeira.

(A) A existência do resultado é essencial para a caracterização de todo e qualquer tipo de crime, especialmente considerando o disposto no Código Penal em que toda ação ou omissão é considerada causa do resultado tido como ilícito, devendo o resultado ser previsto, obrigatoriamente, no tipo penal em atendimento ao princípio da legalidade.
(B) A teoria finalista do crime possui os mesmos elementos de caracterização do fato típico da teoria causalista, já que em ambas o elemento subjetivo do tipo penal é remetido para o conceito da culpabilidade.
(C) A ocorrência de causa superveniente relativamente independente não isenta de responsabilidade criminal o agente, impondo a imputação dos fatos anteriores, desde que individualmente tidos como criminosos.
(D) A omissão só é relevante nos crimes omissivos impróprios, não possuindo qualquer importância nos crimes comissivos já que estes só admitem a sua prática pela ação, ou seja, por fato positivo.

A: incorreta, uma vez que a existência do resultado somente é essencial para a configuração dos crimes materiais, cujo tipo penal prevê a conduta e o resultado naturalístico para que se alcance a consumação do delito. Já nos crimes formais, o tipo penal prevê a conduta e o resultado, mas este não é essencial para a sua consumação, sendo mero exaurimento do crime. Por fim, no crime de mera conduta, o tipo penal só prevê a conduta, que já é suficiente para a consumação do delito, não prevendo nenhum resultado; **B**: incorreta, pois os elementos do fato típico não são os mesmos para a teoria finalista e para a teoria causalista. Para a teoria finalista, o elemento subjetivo do tipo penal está inserido na conduta, que poderá ser dolosa ou culposa, integrando o fato típico. Na culpabilidade só há elementos objetivos (teoria normativa pura). Já para a teoria causalista, o elemento subjetivo do tipo penal está inserido dentro da culpabilidade, que é composta pelo dolo e pela culpa (teoria psicológica da culpabilidade); **C**: correta (art. 13, § 1º, do CP). **D**: incorreta, pois a omissão é relevante tanto nos crimes comissivos por omissão (o tipo prevê uma conduta positiva, mas a omissão do agente é punida, diante do dever jurídico de impedir o resultado), como nos omissivos próprios (o tipo penal prevê a omissão).

Gabarito 'C'.

(Delegado/DF – 2004) NÃO ocorre nexo de causalidade nos crimes:

(A) de mera conduta;
(B) materiais;
(C) omissivos impróprios;
(D) comissivos por omissão;
(E) de dano.

A: correta, dado que nos crimes de mera conduta o legislador somente previu a conduta, que basta por si só para a consumação do delito. Assim, nos crimes de mera conduta não há nexo causal entre a conduta e o resultado, que não é exigido, nem é possível de ocorrer; B: incorreta, pois há nexo causal entre a conduta e o resultado, os quais estão previstos no tipo penal e são exigidos para a consumação do delito; C e D: incorretas. No crime omissivo impróprio ou comissivo por omissão exige-se o nexo causal entre a conduta omissiva e o resultado, sendo crime material. O resultado é imputado a quem se omitiu, mesmo podendo e devendo impedir a sua produção. Todavia, se da omissão não ocorreu nenhum resultado, o fato é atípico, já que o tipo pena é comissivo. Conclusão diversa ocorre no crime omissivo próprio, que é de mera conduta, pois basta a omissão prevista no tipo penal para se consumar o delito. E: incorreta, pois no crime de dano se exige a ocorrência da lesão ou ameaça de lesão ao bem jurídico tutelado pela norma penal, a qual deve ter nexo causal com a conduta do agente.
Gabarito "A".

(Delegado/GO – 2009 – UEG) Sobre a teoria, interpretação e aplicação da norma penal, é CORRETO afirmar:

(A) a interpretação analógica é aquela que abarca os casos análogos, conforme uma fórmula casuística gravada no dispositivo legal, não sendo admitida em direito penal.
(B) as normas penais que definem o injusto culpável e estabelecem as suas consequências jurídicas são passíveis de aplicação analógica.
(C) normas penais em branco impróprias são aquelas em que o complemento se encontra contido em outra lei emanada de outra instância legislativa.
(D) o criminoso na realidade não viola a lei penal, e sim a proposição que lhe prescreve o modelo de sua conduta, que é um preceito não escrito.

A: incorreta, uma vez que a interpretação analógica é permitida no ordenamento jurídico, como, por exemplo, no art. 121, § 2º, I, do CP, em que há uma fórmula casuística (mediante paga ou promessa de recompensa) seguida de uma fórmula genérica (ou outro motivo torpe); B: incorreta, pois a analogia no Direito Penal somente é admitida com relação às normas penais não incriminadoras (princípio da reserva legal); C: incorreta. A norma penal em branco imprópria (ou homogênea ou em sentido lato) é aquela em que o preceito secundário busca o seu complemento em outra norma da mesma natureza jurídica e proveniente do mesmo órgão que elaborou a norma penal (e não de outra instância legislativa). D: correta. A estrutura da lei penal é composta pelo preceito primário e secundário. No preceito primário há uma descrição de uma conduta criminosa que é proibida, ou seja, o agente não deve fazer o que o tipo penal descreve (proibição indireta). Se o fizer, ser-lhe-á imposta a pena prevista no preceito secundário. No caso, por exemplo, do homicídio, o preceito primário é "matar alguém". Quando o agente realiza tal conduta, está violando o comando que está por trás desse preceito, qual seja, não é permitido que uma pessoa mate outra, podendo haver imposição de pena.
Gabarito "D".

(Delegado/MG – 2012) Considerando-se a relação de causalidade, é **incorreto** afirmar que

(A) o Código Penal adota a teoria da equivalência dos antecedentes causais.
(B) a superveniência de causa relativamente independente exclui o crime quando, por si só, produzir o resultado, podendo, entretanto, os fatos anteriores serem imputados a quem os praticou.
(C) o agente que efetua disparo de arma de fogo contra outrem, atingindo-o e, arrependido, leva a vítima para o hospital, vindo esta a falecer, em razão de infecção hospitalar, responde pelo crime de homicídio consumado.
(D) pratica crime comissivo por omissão, o delegado de polícia que, de forma indulgente, deixa de lavrar auto de prisão em flagrante no qual o conduzido é seu vizinho.

A: correta. De fato, como regra, o CP, em seu art. 13, *caput*, adotou a teoria da equivalência dos antecedentes causais (ou teoria da *conditio sine qua non*), sendo considerada *causa* toda ação ou omissão sem a qual o resultado não teria sido produzido; B: correta. O art. 13, § 1º, do CP, tratando das causas supervenientes relativamente independentes que, por si sós, produzem o resultado, adotou a teoria da causalidade adequada. Nesse passo, se a causa posterior à conduta do agente houver produzido, por si só, o resultado, sem estar na "linda de desdobramento normal" do curso causal, não poderá haver imputação de referido resultado ao agente. Contudo, este responderá pelos fatos anteriores que houver praticado; C: correta. De acordo com a doutrina, a infecção hospitalar encontra-se em uma "linha normal" de desdobramento da conduta inicial perpetrada pelo agente (no caso, disparo de arma de fogo), motivo pelo qual responderá pelo resultado, não se aplicando o disposto no art. 13, § 1º, do CP; D: incorreta. Não revela incorrer em omissão imprópria, nos moldes preconizados pelo art. 13, § 2º, do CP, o delegado de polícia que deixa de autuar em flagrante, por indulgência, o seu vizinho. A depender da motivação, a autoridade policial deverá responder pelo crime funcional descrito no art. 319 do CP (prevaricação), que traduz, no próprio tipo penal, conduta omissiva (*retardar ou deixar de praticar, indevidamente, ato de ofício*).
Gabarito "D".

(Delegado/MG – 2006) Durante roubo a mão armada, a vítima, Maria, perde a bolsa para o meliante e, assustada com a arma de fogo que lhe era apontada, morre em fulminante ataque cardíaco. Diante da situação hipotética, é CORRETO afirmar que:

(A) O meliante responderá pelo crime de latrocínio, ou seja, roubo qualificado pela morte da vítima, pois a morte é considerada resultado dúbio da violência empregada.
(B) O ataque cardíaco é causa concomitante à conduta relativamente independente e não exclui o nexo causal, respondendo o meliante pelo roubo em concurso formal com o homicídio doloso ou culposo se caracterizado o dolo ou a culpa quanto ao resultado morte no caso concreto.
(C) Uma vez que o ataque cardíaco de Maria é causa absolutamente independente, não há nexo de causalidade entre a ação do meliante e o resultado, tornando sua conduta penalmente irrelevante por se tratar de crime impossível.
(D) O meliante responderá por tentativa de roubo qualificado pela morte, uma vez que houve preterdolo em relação ao resultado mais grave.

(E) Por ser o ataque cardíaco concausa que por si só produziu o resultado morte, exclui-se o nexo causal e o meliante responde penalmente apenas pelo roubo qualificado pelo emprego de arma de fogo.

A: incorreta, pois, no latrocínio, a morte deve derivar da violência empregada no roubo, e, não, da grave ameaça (art. 157, § 3º, II, do CP); **B:** correta, visto que o ataque cardíaco pode perfeitamente ser considerado uma concausa relativamente independente, vale dizer, embora tenha sido a causa efetiva da morte, teve origem na conduta inicial do agente (roubo com emprego de arma), motivo pelo qual o resultado morte deve ser imputado ao agente como delito autônomo (homicídio doloso ou culposo); **C, D e E:** incorretas, eis que um ataque cardíaco originado de uma ação humana lesiva não pode ser considerado uma causa absolutamente independente da conduta do agente, bem como não pode ser considerada causa que por si só produziu o resultado. Afinal, não fosse a conduta do agente, não teria a vítima tido o infarto fulminante.
Gabarito "B".

(Delegado/SC – 2008) "Alpha", com intenção de matar, põe veneno na comida de "Beta", seu desafeto. Este, quando já está tomando a refeição envenenada, vem a falecer exclusivamente em consequência de um desabamento do teto. No exemplo dado, é correto afirmar que "Alpha" responderá tão somente por tentativa de homicídio, porquanto:

(A) o desabamento é causa concomitante relativamente independente da conduta de "Alpha", que exclui o nexo causal entre esta e o resultado "morte".

(B) o desabamento é causa superveniente relativamente independente da conduta de "Alpha", que exclui o nexo causal entre esta e o resultado "morte".

(C) o desabamento do teto é causa superveniente absolutamente independente da conduta de "Alpha", que exclui o nexo causal entre esta e o resultado "morte".

(D) o desabamento é causa concomitante absolutamente independente da conduta de "Alpha", que exclui o nexo causal entre esta e o resultado "morte".

É *causa absolutamente independente* porque tem origem diversa da conduta. "Alpha" será responsabilizado tão só pela tentativa porquanto o fator que efetivamente causou a morte de "Beta" foi o desabamento do teto (causa absolutamente independente).
Gabarito "C".

(Delegado/SP – 2008) Policial, ao cumprir regularmente um mandado de prisão, privando a liberdade do condenado, pratica, à luz da teoria da tipicidade conglobante, uma conduta

(A) antinormativa mas não típica legalmente.
(B) tipicamente antijurídica.
(C) atípica legalmente.
(D) penalmente conglobada
(E) não típica penalmente.

De fato, de acordo com a teoria da tipicidade conglobante, desenvolvida pelo ilustre penalista argentino Eugenio Raúl Zaffaroni, a tipicidade penal deve ser avaliada de forma conglobada, isto é, comparada com todo o ordenamento jurídico. Assim, somente haverá tipicidade se a conduta praticada pelo agente revestir-se de antinormatividade, ou seja, se o seu comportamento violar não apenas a descrição do tipo penal, mas, também, violar o ordenamento jurídico como um todo. Destarte, se um policial priva um condenado de sua liberdade ao cumprir legalmente um mandado de prisão, embora, à luz da tipicidade meramente formal, incida na norma penal incriminadora, à luz da teoria da tipicidade conglobante, sequer pratica fato típico, visto que, analisado o ordenamento jurídico de forma conglobada, agiu em estrito cumprimento de dever legal, o que torna sua conduta lícita e, assim, atípica. Apenas para efeitos didáticos, a tipicidade penal pode ser expressa da seguinte forma: tipicidade formal (ou legal) + tipicidade conglobante = tipicidade penal.
Gabarito "E".

6. CRIMES DOLOSOS, CULPOSOS E PRETERDOLOSOS

(Delegado/MG – 2018 – FUMARC) NÃO é um elemento do tipo culposo de crime:

(A) Conduta involuntária.
(B) Inobservância de dever objetivo de cuidado.
(C) Previsibilidade objetiva.
(D) Tipicidade.

São elementos do fato típico culposo: conduta humana *voluntária* (ação/omissão), inobservância do dever de cuidado objetivo (imprudência/negligência/imperícia), previsibilidade objetiva (assim entendida a possibilidade de o homem médio prever o resultado), ausência de previsão (significa que o agente, em regra, não prevê o resultado objetivamente previsível. É a chamada culpa inconsciente; agora, se o agente tiver a previsão do resultado, fala-se, então, em culpa consciente), resultado involuntário, nexo de causalidade e tipicidade. À falta de algum desses requisitos, o fato será atípico.
Gabarito "A".

(Delegado/MS – 2017 – FAPEMS) Analise o caso a seguir.

Com a desclassificação no torneio nacional, o presidente do clube AZ demite o jogador que perdeu o pênalti decisivo. Irresignado com a decisão, o futebolista decide matar o mandatário. Para tanto, aproveitando o dia da assinatura de sua rescisão, acopla bomba no carro do presidente que estava estacionado na sede social do clube. O jogador sabe que o motorista particular do dirigente será fatalmente atingido e tem a consciência que não pode evitar que torcedores ou funcionários da agremiação, próximos ao veículo, venham a falecer com a explosão. Como para ele nada mais importa, a bomba explode e, lamentavelmente, além das mortes dos dois ocupantes do veículo automotor, três torcedores e um funcionário morrem.

A partir da leitura desse caso, é correto afirmar que o indiciamento do jogador pelos crimes de homicídio sucederá

(A) por dolo direto de primeiro grau em relação ao presidente e ao motorista.
(B) por dolo eventual em relação ao motorista; aos torcedores e ao funcionário.
(C) por dolo direto de segundo grau em relação ao presidente e ao motorista.
(D) por dolo eventual apenas em relação aos torcedores.
(E) por dolo direto de segundo grau apenas em relação ao motorista.

Antes de analisarmos cada uma das alternativas, de rigor esclarecermos o seguinte: (i) com relação ao Presidente do clube AZ, o jogador, ao acoplar a bomba em seu veículo, que, efetivamente, explodiu, responderá por homicídio com dolo direto de primeiro grau, eis que havia a direta intenção de matar referida vítima; (ii) com relação ao motorista, também morto em razão da explosão, o jogador responderá por homicídio com dolo direto de segundo grau, também chamado de

dolo de consequências necessárias, eis que, a partir do meio escolhido para a morte do Presidente do clube (colocação de uma bomba em seu veículo), os efeitos colaterais daí advindos inevitavelmente gerariam consequências a terceiros, no caso, ao motorista; (iii) com relação aos torcedores e um funcionário do clube, também mortos em razão da explosão, o jogador responderá por homicídio com dolo eventual, eis que, como proposto no enunciado, era sabedor de que terceiros (torcedores e funcionários que estivessem próximos ao carro) poderiam ser atingidos pela explosão, assumindo, portanto, o risco de resultados lesivos a outrem. Estabelecidas essas premissas, analisemos cada uma das alternativas: **A:** incorreta, pois, como relatado, somente haverá dolo direto de primeiro grau com relação ao Presidente do clube, mas não com relação ao motorista; **B:** incorreta. Com relação ao motorista, a explosão da bomba traria como consequência necessária a sua morte, razão por que o agente agiu com dolo direto de segundo grau. Somente com relação a terceiros é que se vislumbra dolo eventual; **C:** incorreta, pois o dolo direto de segundo grau somente se caracterizou com relação ao motorista, já que, com relação ao Presidente do clube, o jogador agiu com dolo direto de primeiro grau; **D:** incorreta. O jogador agiu com dolo eventual em relação aos torcedores e funcionário do clube, atingidos pela explosão; **E:** correta. Somente se caracterizou o dolo direto de segundo grau com relação ao motorista.
Gabarito "E".

(Delegado/SP – 2014 – VUNESP) "X" estaciona seu automóvel regularmente em uma via pública com o objetivo de deixar seu filho, "Z", na pré-escola, entretanto, ao descer do veículo para abrir a porta para "Z", não percebe que, durante esse instante, a criança havia soltado o freio de mão, o suficiente para que o veículo se deslocasse e derrubasse um idoso, que vem a falecer em razão do traumatismo craniano causado pela queda. Em tese, "X"

(A) responderá pelo crime de homicídio culposo com pena mais severa do que a estabelecida no Código Penal, nos termos do Código de Trânsito Brasileiro.
(B) responderá pelo crime de homicídio culposo, entretanto, a ele poderá ser aplicado o perdão judicial.
(C) não responde por crime algum, uma vez que não agiu com dolo ou culpa.
(D) responderá pelo crime de homicídio doloso por dolo eventual.
(E) responderá pelo crime de homicídio culposo em razão de sua negligência.

A: incorreta, pois os crimes culposos exigem que o agente, com seu comportamento imprudente, negligente ou imperito, tenha inobservado um dever objetivo de cuidado, daí advindo um resultado ilícito involuntário. No caso relatado, não se enxerga tenha "X" agido com qualquer das modalidades de culpa. De outra borda, ao estacionar regularmente seu veículo em via pública, não seria objetivamente previsível que seu filho, em idade pré-escolar, soltasse o freio de mão. Logo, ausente mais um elemento dos tipos culposos, qual seja, a previsibilidade objetiva do resultado; **B:** incorreta, seja pelo fato de não dever responder "X" por homicídio culposo, pelas razões expostas no comentário antecedente, seja porque o perdão judicial, que é causa extintiva da punibilidade, ser cabível, na espécie, tal como se admite no art. 121, §5º, do CP, se as consequências do crime atingissem o agente de forma tão grave que a aplicação da sanção penal se tornasse desnecessária. No caso relatado na questão, a morte do idoso, pessoa desconhecida de "X", não lhe traria, ao que parece, consequências graves de ordem material ou moral; **C:** correta. De fato, como visto, não tendo "X" agido com dolo ou culpa na causação do resultado morte do idoso, não deverá responder por crime algum; **D:** incorreta. Se não se cogita, no caso sob a análise, sequer de homicídio culposo, incabível a imputação de homicídio doloso a "X", nem mesmo por dolo eventual. Este, nos termos do art. 18, I, do CP, pressupõe que o agente, embora sem querer diretamente a produção do resultado, assuma o risco de produzi-lo. Não se vê na conduta de "X" tenha agido com dolo eventual ao estacionar regularmente seu veículo, cujo freio de mão foi solto por seu filho menor de idade; **E:** incorreta. A negligência é modalidade de culpa, também conhecida como culpa negativa, que pressupõe que o agente, em virtude de seu comportamento, deixe de agir de determinada forma quando devia fazê-lo. Como dito anteriormente, "X" não foi negligente ao estacionar regularmente seu veículo, tendo o evento decorrido de pura e simples conduta de seu filho menor de idade, conduta esta que, ao menos com base no enunciado, não revela negligência ou qualquer outra espécie de culpa.
Gabarito "C".

(Delegado/AP – 2006 – UFAP) Analise as assertivas e assinale a alternativa correta:

I. Salvo os casos expressos em lei, ninguém pode ser punido por fato previsto como crime, senão quando o pratica dolosamente.
II. Pelo resultado que agrava especialmente a pena, só responde o agente que o houver causado dolosamente.
III. A diferença entre a culpa consciente e o dolo eventual é que, neste último, ao contrário da primeira, o agente tem a previsão do resultado.
(A) Estão corretas todas as alternativas.
(B) Estão erradas todas as alternativas.
(C) Estão corretas apenas as alternativas II e III.
(D) Está correta apenas a alternativa I.
(E) Está correta apenas a alternativa III.

I: correta (art. 18, II, parágrafo único). Trata-se do caráter excepcional do crime culposo; **II:** incorreta, uma vez que os crimes qualificados pelo resultado podem ser de três espécies: a) dolo na conduta antecedente e dolo no resultado agravador, b) dolo na conduta antecedente e culpa no resultado agravador, c) culpa na conduta antecedente e culpa no resultado agravador. Demais disso, a assertiva em análise está em descompasso com o quanto previsto no art. 19 do CP ("*Pelo resultado que agrava especialmente a pena, só responde o agente que o houver causado ao menos culposamente*"); **III:** incorreta, tanto na culpa consciente quanto no dolo eventual há previsão do resultado. Todavia, na culpa consciente, o agente acredita sinceramente que o resultado não irá ocorrer e não quer que ele ocorra. Já no dolo eventual, o agente não se importa se o resultado irá ou não ocorrer, aceitando qualquer uma das alternativas.
Gabarito "D".

(Delegado/BA – 2006 – CONSULPLAN) Carlos capaz e imputável, dirigindo seu veículo com velocidade incompatível para a localidade, termina por atropelar um transeunte que imprudentemente atravessa a rua. Marque a alternativa correta:

(A) Carlos responderá por crime doloso.
(B) Carlos responderá por crime culposo.
(C) Carlos responderá por crime preterdoloso.
(D) Carlos não responderá por crime, pois a vítima deu causa ao acidente.
(E) N. R. A

No caso em questão, devem-se analisar os elementos do crime culposo, quais sejam: conduta, resultado involuntário (se voluntário, será crime doloso), nexo causal, tipicidade, quebra do dever de cuidado objetivo (é o comportamento prudente e cauteloso imposto a todos pelo ordenamento jurídico) e previsibilidade objetiva do resultado. Carlos, ao dirigir seu veículo com velocidade incompatível para a localidade, violou o

dever de cuidado objetivo, agindo de forma imprudente, sem observar as cautelas necessárias, razão pela qual deverá responder pelo crime culposo. No caso, somente afastaria a responsabilidade de Carlos, caso tivesse agido com cautela e fosse impossível prever objetivamente a conduta do transeunte, diante da culpa exclusiva da vítima, afastando a tipicidade do crime culposo. Importante salientar que no Direito Penal não há compensação de culpas, a qual somente é admitida no direito privado, para reduzir ou excluir a indenização. O que se admite é a concorrência de culpas, em que todos os envolvidos que tiveram uma conduta culposa responderão pelo resultado produzido. Se o transeunte tivesse produzido algum resultado culposo, também seria responsabilizado.
Gabarito "B".

(Delegado/CE – 2006 – CEV/UECE) Ainda sobre o crime, marque a opção verdadeira.

(A) O crime doloso somente é aquele no qual o agente pratica uma conduta positiva ou negativa, desejando produzir determinado resultado, possuindo, portanto a intenção de realizar determinado dano.

(B) A diferença essencial do dolo eventual e da culpa consciente é que nesta existe a previsibilidade do resultado, enquanto naquele, não.

(C) O dolo indireto ou eventual pode gerar a responsabilização criminal do agente, sendo caracterizado quando o agente pratica a conduta sem um elemento volitivo específico, mas assumindo o risco de produzir o resultado danoso previsível.

(D) A culpa no conceito penal é caracterizada pela existência apenas de imprudência e negligência, sendo a primeira caracterizada quando o agente fica aquém dos cuidados que deveria ter, e a segunda quando o agente vai além de onde deveria estar.

A: incorreta (art. 18, I, do CP), uma vez que o dolo pode ser tanto direto como indireto (alternativo ou eventual); **B:** incorreta, pois tanto no dolo eventual como na culpa consciente há a previsibilidade do resultado. Todavia, naquele o agente não se importa com a ocorrência do resultado, já nesta o agente não quer que o resultado aconteça, acreditando sinceramente que poderá evitá-lo; **C:** correta. O dolo pode ser direto (de 1º e de 2º grau) ou indireto (alternativo, quando o agente quer um ou outro resultado, ou eventual, quando o agente assumiu o risco de produzir o resultado); **D:** incorreta, pois a quebra do dever de cuidado objetivo pode ocorrer pela imprudência (comportamento descuidado), negligência (falta de cautela necessária) ou imperícia (culpa que se manifesta na arte ou profissão).
Gabarito "C".

(Delegado/DF – 2004) Segundo a redação do artigo 18, I, do Código Penal ("Diz-se o crime: I – doloso, quando o agente quis o resultado ou assumiu o risco de produzi-lo") é possível concluir que foi adotada:

(A) a teoria do assentimento;
(B) a teoria da representação;
(C) as teorias do assentimento e da representação;
(D) as teorias do assentimento e da vontade;
(E) as teorias da representação e da vontade.

De fato, o Código Penal adotou a teoria do assentimento (ou do consentimento) e da vontade. Na teoria do assentimento, há dolo quando o agente assume o risco da produção do resultado (dolo eventual), já para a teoria da vontade, há dolo quando o agente quer a produção do resultado (dolo direto). O Código Penal não adotou a teoria da representação, segundo a qual o agente apenas prevê o resultado, sem querer a sua produção, o que seria compatível com a culpa consciente.
Gabarito "D".

(Delegado/GO – 2009 – UEG) Sobre o dolo, é CORRETO afirmar que

(A) o dolo direto de segundo grau compreende os meios de ação escolhidos para realizar o fim, incluindo os efeitos secundários representados como certos ou necessários, independentemente de serem esses efeitos ou resultados desejados ou indesejados pelo autor.

(B) age com culpa consciente aquele químico que manipula fórmulas para produção de alimentos sem as devidas cautelas relativas à contaminação; no entanto, sabedor do perigo, continua a atuar e acaba, desse modo, causando lesão à saúde dos consumidores.

(C) no dolo de primeiro grau, o agente busca indiretamente a realização do tipo legal.

(D) o Código Penal pátrio, no artigo 18, inciso I, adotou somente a teoria da vontade.

A: correta. *"Dolo direto de segundo grau"* é o que se refere às consequências secundárias, decorrentes dos meios escolhidos pelo autor para a prática da conduta, ao passo que o *"de primeiro grau ou imediato"* é aquele que diz respeito ao objetivo principal almejado pelo agente; **B:** incorreta. Na *culpa consciente*, o agente prevê o resultado, mas espera sinceramente que ele não ocorra, já que acredita que, com a sua habilidade, poderá evitá-lo. Aqui, o químico mostra-se indiferente, pois, sabedor do perigo gerado com a sua atividade, continua a manipular as fórmulas necessárias à produção de alimentos. Sua vontade, é bem verdade, não está voltada para a geração do perigo tampouco para a produção de lesão à saúde dos consumidores, mas a sua postura revela indiferença em relação à ocorrência desse resultado, que lhe é previsível. Está-se, então, diante do chamado *"dolo eventual"*; **C:** incorreta. Ao contrário, no *dolo de primeiro grau*, também chamado *dolo imediato*, o agente visa diretamente à realização do tipo legal. **D:** incorreta. O Código Penal acolheu – art. 18, I – as teorias da *vontade* (dolo direto) e do *assentimento* (dolo eventual).
Gabarito "A".

(Delegado/MA – 2006 – FCC) Quem, embora prevendo o resultado, não o aceita como possível esperando sinceramente que não ocorrerá, age com

(A) dolo eventual.
(B) culpa consciente.
(C) dolo indireto.
(D) culpa inconsciente.
(E) dolo específico.

A: incorreta. No dolo eventual há a previsão do resultado, mas o agente não se importa se ele irá ou não ocorrer, assumindo o risco de sua produção; **B:** correta. A culpa consciente pressupõe a previsão do resultado, assim como no dolo eventual, mas a diferença é que o agente não quer a produção do resultado, acreditando que ele não irá ocorrer, pois conseguirá evitá-lo; **C:** incorreta, visto que o dolo indireto se divide em dolo alternativo ou dolo eventual; **D:** incorreta, já que na culpa inconsciente não há a previsão do resultado, muito embora ele seja objetivamente previsível; **E:** incorreta, uma vez que "dolo específico" é o elemento subjetivo do tipo penal (especial fim de agir do agente).
Gabarito "B".

(Delegado/SP – 2011) Há algum ponto de semelhança entre condutas praticadas com culpa consciente e dolo eventual? Aponte a alternativa correta

(A) Sim. Tanto na culpa consciente quanto no dolo eventual há a aceitação do resultado.

(B) Sim. Tanto na culpa consciente quanto no dolo eventual o agente prevê o resultado.
(C) Não. Não há nenhum ponto de semelhança nas condutas em questão.
(D) Sim. Em ambas o elemento subjetivo da conduta é o dolo.
(E) Não. Pois a aceitação do resultado na culpa consciente é elemento normativo da conduta.

A: incorreta. Na culpa consciente, embora haja previsão do resultado, este não é aceito pelo agente, que acredita, sinceramente, em sua inocorrência; B: correta. De fato, culpa consciente e dolo eventual têm um ponto em comum, qual seja, a previsão do resultado. Porém, naquela, não há aceitação do resultado, enquanto que neste, há; C: incorreta, pelas razões trazidas no comentário anterior; D: incorreta. Obviamente, na culpa consciente, o elemento subjetivo da conduta não é o dolo, mas, é claro, a culpa!; E: incorreta, pois, como visto, na culpa consciente o agente não aceita a produção do resultado, mas, sim, o prevê.
Gabarito "B".

(Delegado/SP – 2008) Imaginando morto seu desafeto que tentara esganar, o agente dá causa à precipitação da vítima do alto de uma montanha. No entanto, os laudos técnico-periciais vêm atestar que a vítima encontrava-se apenas inconsciente por força das manobras asfícticas e que o êxito letal decorrera, na realidade, dos politraumatismos produzidos pela queda livre. Tem-se, nessa situação,

(A) dolo direto de primeiro grau quanto à lesão e dolo direto de segundo grau no tocante ao homicídio.
(B) *aberratio ictus* (erro na execução).
(C) dolo geral.
(D) lesão corporal dolosa seguida de morte.
(E) erro sobre elemento do tipo incriminador.

O dolo geral também é chamado de "erro sucessivo ou *aberratio causae*". O que ocorre, em verdade, é um equívoco por parte do agente quanto ao meio de execução, à causalidade. O erro, assim, não incide sobre os elementos do tipo. Na hipótese narrada acima o agente responderá normalmente pelo resultado almejado (homicídio consumado). A divergência havida no nexo causal, neste caso, não tem o condão de elidir a responsabilidade do agente; é, pois, irrelevante.
Gabarito "C".

7. ERRO DE TIPO, DE PROIBIÇÃO E DEMAIS ERROS

(Delegado/RS – 2018 – FUNDATEC) Vitalina quer matar o marido Aderbal, envenenado. Coloca veneno no café com leite que acabou de preparar para ele. Enquanto aguardava o marido chegar na cozinha, para tomar a bebida, distraiu-se e não percebeu que a filha Ritinha entrou no local e tomou a bebida, preparada para o pai. Ritinha, socorrida pela mãe, morre a caminho do hospital. Nessa hipótese, considerando o Código Penal e a doutrina, assinale a alternativa correta.

(A) Vitalina deverá responder por homicídio culposo, já que não teve a intenção de matar a filha.
(B) Na hipótese de Vitalina vir a ser condenada, o juiz sentenciante poderá aplicar a ela o perdão judicial.
(C) Vitalina deverá responder por homicídio doloso, restando configurada situação denominada de aberratio ictus por acidente.
(D) Vitalina não responderá por homicídio, em razão de ter havido aberratio ictus.
(E) Vitalina responderá por homicídio doloso, restando configurada situação de aberratio ictus por erro no uso dos meios de execução.

O enunciado retrata típico exemplo de *aberratio ictus* (erro na execução), que, nos termos do art. 73 do CP, impõe ao agente que responda como se tivesse praticado o crime contra aquela vítima inicialmente visada. Dessa forma, Vitalina, que queria matar Aderbal mas acabou por tirar a vida da própria filha, que ingeriu o veneno destinado àquele, será responsabilizada como se tivesse matado o marido (vítima desejada), e não a filha (vítima efetiva).
Gabarito "C".

(Delegado/RJ – 2013 – FUNCAB) Maria é amiga e "cunhada" de Paula, pois namora Carlos, o irmão desta. Maria descobre que está sendo traída por Carlos e conta a Paula. Esta sugere que Maria simule o suicídio para dar uma lição em Carlos. Realizada a encenação, Carlos encontra Maria caída em sua cama, aparentando estar com os pulsos cortados e morta, tendo uma faca ao seu lado. Certo da morte de sua amada, pois a cena fora perfeitamente simulada, com aptidão para enganar qualquer pessoa, Carlos, desesperado, pega a faca supostamente utilizada por Maria e começa a golpear o corpo da namorada, gritando que ela não poderia ter feito aquilo com ele, haja vista amá-la demais e que, portanto, sua vida teria perdido o sentido. Maria, mesmo esfaqueada, não esboça qualquer reação, pois, para dar uma aura de veracidade à farsa, havia ingerido medicamentos que a fizeram dormir profundamente. Em razão dos golpes desferidos por Carlos, Maria acaba efetivamente morrendo. Assim, pode-se afirmar que Carlos:

(A) deve responder pelo crime de homicídio doloso duplamente qualificado, em face de a morte ter ocorrido por motivo torpe e pela impossibilidade de reação da vítima, sendo Paula coautora do mesmo crime, pois o direito penal brasileiro adota a teoria monista mitigada.
(B) deve responder por descumprir um dever de cuidado objetivo, que causou um resultado lesivo, já que há previsão expressa do crime na modalidade culposa, considerando Carlos que estava sob erro de tipo vencível; Paula é partícipe do mesmo crime, pois o direito penal brasileiro adota a teoria monista mitigada.
(C) não pode responder por crime algum, pois não há responsabilidade penal objetiva no direito penal brasileiro.
(D) deve responder pelo crime de vilipêndio a cadáver, haja vista estar em erro sobre o fato, que, pela teoria extremada da culpabilidade, amolda-se ao instituto do erro de proibição.
(E) deve ser indiciado pelo crime de destruição, subtração ou ocultação de cadáver, uma vez que, estando sob erro de tipo vencível, fez o cadáver perder a sua forma original.

O enunciado da questão retrata nítido erro de tipo essencial (art. 20, *caput*, do CP), capaz de afastar o dolo e a culpa, tratando-se, pois, de erro inevitável (ou invencível, ou escusável). Considerando que a falsa cena do suicídio fora perfeitamente simulada, as circunstâncias fáticas foram suficientes para gerar em Carlos uma falsa percepção da realidade. Assim, acreditando que sua namorada já estava morta,

desferiu golpes de faca contra ela, fato este causador de sua morte. Ora, se o Direito Penal não admite a responsabilidade objetiva, o agente não deverá responder por crime algum. Não se cogita, portanto, de imputação por homicídio doloso ou culposo, excluindo-se, pois, as alternativas "A" e "B". Também não deverá responder por vilipêndio de cadáver (art. 211 do CP), pois este crime pressupõe a intenção de destruí-lo, o que, no enunciado, não se consegue enxergar ter sido a vontade de Carlos.
Gabarito "C".

(Delegado/RJ – 2013 – FUNCAB) Osvaldo, desejando matar, disparou seu revólver contra Arnaldo, que, em razão do susto, desmaiou. Osvaldo, acreditando piamente que Arnaldo estava morto, colocou-o em uma cova rasa que já havia cavado, enterrando-o, vindo a vítima a efetivamente morrer, em face da asfixia. Assim, Osvaldo praticou:

(A) homicídio qualificado pela asfixia e homicídio culposo, bem como ocultação de cadáver.
(B) homicídio qualificado pela asfixia e ocultação de cadáver.
(C) homicídio simples e ocultação de cadáver.
(D) homicídio culposo.
(E) homicídio simples.

O enunciado retrata situação denominada de erro sobre o nexo causal (*aberratio causae*). Verifica-se quando o agente, após praticar determinado comportamento, e acreditando que sua conduta foi suficiente para consumar o intento criminoso, pratica novo comportamento, este sim o efetivo causador do resultado inicialmente almejado. Assim, Osvaldo, nada obstante, faticamente, tenha matado Arnaldo com emprego de asfixia, visto que este foi enterrado vivo, responderá apenas por homicídio simples. A qualificadora deverá ser afastada em virtude do erro sobre o nexo causal. Caso lhe fosse imputada referida circunstância, estaríamos diante de responsabilidade objetiva, o que, como sabido, é inadmissível. De acordo com o gabarito da banca examinadora, Osvaldo deverá responder apenas por homicídio simples. No tocante à ocultação de cadáver, objetivamente este crime não foi perpetrado pelo agente, visto que, a despeito do erro sobre o nexo causal, não enterrou pessoa morta (cadáver). Logo, não poderá responder pela infração em comento.
Gabarito "E".

(Delegado/RJ – 2013 – FUNCAB) O erro é a falsa representação da realidade ou o falso ou equivocado conhecimento de um objeto. Acerca desse tema, é INCORRETO afirmar que:

(A) quando o erro do agente recai sobre a existência ou sobre os limites de uma causa de justificação, tem-se o erro de proibição.
(B) no erro de tipo essencial escusável há exclusão da tipicidade.
(C) o Código Penal adotou a teoria estrita da culpabilidade acerca do erro incidente sobre as causas de justificação.
(D) o erro acidental atinge os aspectos ou dados secundários do delito.
(E) no erro de proibição inescusável, o agente poderá ter a pena atenuada.

A: correta. De fato, considera-se, majoritariamente, como erro de proibição, o erro que recai sobre a existência ou sobre os limites de uma causa de justificação (causa excludente da ilicitude). Estamos, aqui, a tratar das descriminantes putativas. Apenas para relembrar o candidato, se o erro recair sobre as circunstâncias fáticas de uma causa de justificação, estaremos diante de erro de tipo, que, como sabido, exclui o dolo e a culpa (se invencível). Porém, se o erro, como dito anteriormente, recair sobre a existência ou sobre os limites de causas excludentes da antijuridicidade, estaremos diante de erro de proibição, que excluirá a culpabilidade (se invencível); **B:** correta. O erro de tipo essencial, que é aquele que recai sobre os elementos constitutivos do tipo legal de crime, tem o condão de excluir o dolo (art. 20, *caput*, CP), afastando, também, a culpa, se considerado invencível (ou escusável, ou inevitável); **C:** incorreta, devendo ser assinalada. Conforme amplamente defendido pela doutrina, nosso CP adotou a teoria limitada da culpabilidade, segundo a qual o erro que recai sobre os pressupostos fáticos de uma causa de justificação caracteriza erro de tipo, diversamente da teoria extremada (ou estrita), para a qual se caracteriza um erro de proibição; **D:** correta. Diversamente do erro essencial, que recai, como o nome sugere, sobre dados essenciais da figura típica (elementares), o erro acidental recai sobre aspectos acessórios do tipo, que refletem, apenas, na sanção penal; **E:** correta. Se o erro de proibição (art. 21, CP) for inescusável (ou vencível, ou evitável), o agente não ficará isento de pena, mas esta será reduzida de um sexto a um terço.
Gabarito "C".

(Delegado Federal – 2004 – CESPE) Julgue o item seguinte.

(1) O médico Caio, por negligência que consistiu em não perguntar ou pesquisar sobre eventual gravidez de paciente nessa condição, receita-lhe um medicamento que provocou o aborto. Nessa situação, Caio agiu em erro de tipo vencível, em que se exclui o dolo, ficando isento de pena, por não existir aborto culposo.

Art. 20, *caput*, do CP. De fato, Caio, embora tenha agido com negligência ao não perquirir eventual gravidez da paciente, em nenhum momento desejou interromper a gestação e, dessa forma, provocar o abortamento. Responderia, sim, por aborto na modalidade culposa se acaso houvesse tal previsão no Código Penal.
Gabarito 1C.

(Delegado/AM) Erasto, por erro derivado de culpa, pensa que um ladrão se encontra em seu quintal e efetua disparos de arma de fogo contra ele, certo de que agia em legítima defesa de sua propriedade. Ao se aproximar da vítima verificou que não era um ladrão, mas seu vizinho que fora visitá-lo. No caso, a situação pode ser definida como:

(A) culpa consciente
(B) culpa imprópria
(C) dolo específico
(D) culpa própria

De fato, trata-se de descriminante putativa por erro de tipo permissivo que recaiu sobre os pressupostos fáticos, ou seja, houve erro quanto aos pressupostos de fato de uma causa excludente da ilicitude, no caso, a legítima defesa (o agente supõe uma situação fática que, se existisse, tornaria sua ação legítima – art. 20, § 1º, do CP). Quando o erro deriva de culpa e o fato é punível como crime culposo, o agente não fica "isento de pena" (exclui o dolo, mas remanesce a culpa, desde que haja previsão legal). Em verdade, o agente atua com dolo, querendo a produção do resultado, mas como agiu com erro inescusável ou vencível, o dolo será tratado como se fosse culpa (culpa imprópria).
Gabarito "B".

(Delegado/AM) A denominada teoria limitada da culpabilidade preconiza que

(A) o erro de tipo essencial sempre é causa excludente da tipicidade
(B) quando a descriminante putativa surge em face de erro sobre a ilicitude do fato, afasta-se o dolo mas sempre remanescerá a culpa do agente

(C) tal como a teoria extrema da culpabilidade, nas descriminantes putativas sempre subsiste o dolo e a absolvição decorre de sua inevitabilidade

(D) o erro de tipo essencial vencível (ou evitável) é sempre causa excludente do dolo da conduta do agente, podendo remanescer, entretanto, a culpa

A: incorreta, já que o erro de tipo essencial sempre exclui o dolo (e não a tipicidade), mas permite a punição a título de culpa, se vencível; B: incorreta, pois a discriminante putativa sobre erro de tipo (teoria limitada da culpabilidade), quando invencível ou desculpável, exclui o dolo e a culpa, mas se vencível ou indesculpável, permite a punição por crime culposo (culpa imprópria); C: incorreta, pois para a teoria extrema da culpabilidade, a descriminante putativa caracteriza erro de proibição e não erro de tipo, sendo que se for inevitável exclui a culpabilidade (potencial consciência da ilicitude) e se evitável é causa obrigatória de diminuição da pena; D: correta (art. 20, *caput*, do CP).
Gabarito "D".

(Delegado/AM) João, pretendendo matar José, atira em sua direção mas, por erro de pontaria, atinge Pedro, causando a morte deste último, que estava ao lado de José. Trata-se de:

(A) erro de execução (*aberratio ictus*)
(B) erro sobre o objeto (*error in objecto*)
(C) erro sobre a pessoa (*error in persona*)
(D) resultado diverso do pretendido pelo agente

Trata-se de erro na execução (*aberratio ictus*), consistente na inabilidade do agente que faz com que pessoa diversa da pretendida seja atingida (art. 73, 1ª parte, do CP). O autor do crime não atinge uma pessoa pensando ser outra (erro sobre a pessoa), nem atinge um bem jurídico diverso do pretendido (*aberratio criminis*).
Gabarito "A".

(Delegado/AP – 2006 – UFAP) Analise as assertivas e assinale a alternativa correta:

I. A descriminante putativa isenta de pena, mas não há isenção de pena quando o erro deriva de culpa e o fato é punível como crime culposo.
II. O erro sobre a pessoa não isenta de pena e, nesse caso, considera-se praticado o crime contra a vítima pretendida e não contra a vítima efetiva.
III. O erro de proibição, se escusável, isenta de pena; se inescusável, poderá diminuí-la, de um sexto a um terço.

(A) Estão corretas todas as alternativas.
(B) Estão erradas todas as alternativas.
(C) Estão corretas apenas as alternativas II e III.
(D) Está correta apenas a alternativa I.
(E) Está correta apenas a alternativa III.

I: correta (art. 20, § 1º, do CP); II: correta (art. 20, § 3º, do CP); III: correta (art. 21 do CP).
Gabarito "A".

(Delegado/DF – 2004) O agente que deixa de agir desconhecendo a sua qualidade de garantidor incorre em:

(A) erro de tipo;
(B) erro de proibição;
(C) delito putativo por erro de tipo;
(D) delito putativo por erro de proibição;
(E) crime impossível.

A: correta (art. 20 do CP). Há erro de tipo quando o agente desconhece ou ignora um fato da realidade não sabendo que está praticando um crime. Se desconhece a sua qualidade de garantidor não poderá responder por crime comissivo por omissão (ou omissão imprópria – art. 13, § 2º, do CP); B: incorreta (art. 21 do CP). Há erro de proibição quando o agente desconhece o caráter ilícito do fato; C e D: incorretas (art. 20, § 1º, do CP). No delito putativo por erro de tipo o agente imagina que está praticando um crime, quando em verdade o fato é atípico. Já há delito putativo por erro de proibição quando o agente imagina que está praticando um crime, quando em verdade sua conduta não é ilícita; E: incorreta, eis que no crime impossível (art. 17 do CP), o agente, embora conhecendo a ilicitude de sua conduta e que esta se amolda a um tipo penal, não responderá pelo crime, tendo em vista a impropriedade absoluta do objeto ou ineficácia absoluta do meio.
Gabarito "A".

(Delegado/MG – 2012) Com relação ao erro de tipo e ao erro de proibição, assinale a alternativa **incorreta**:

(A) O erro de tipo permissível inescusável é aquele que recai sobre situação de fato, excluindo a culpabilidade dolosa, mas permitindo a punição do agente a título de culpa.
(B) De acordo com a teoria extremada da culpabilidade, todo e qualquer erro que recaia sobre uma causa de justificação é erro sobre a ilicitude do fato.
(C) O erro, sobre a causa do resultado, afasta o dolo ou a culpa, tendo em vista que recai sobre elemento essencial do fato.
(D) O erro de proibição mandamental é aquele que recai sobre uma norma impositiva e, se inevitável, isenta o agente de pena.

A: correta. O erro de tipo permissível (ou permissivo) é aquele que recai sobre causas excludentes da ilicitude (tipos permissivos). Quando o erro recair sobre as circunstâncias fáticas de uma causa de justificação (ou causa excludente da ilicitude), estaremos diante de modalidade de erro de tipo, que afastará o dolo, mas permitirá a punição do agente pelo crime culposo quando o erro for inescusável (ou vencível, ou evitável), conforme preconiza o art. 20, § 1º, do CP; B: correta. Acerca da natureza jurídica das descriminantes putativas, a resposta dependerá da teoria da culpabilidade adotada. Assim, para a teoria normativa pura da culpabilidade (ou extrema, ou estrita), todo erro que recair sobre uma causa de justificação (seja quanto à sua existência, os seus limites ou os seus pressupostos fáticos) será hipótese de erro de proibição (erro sobre a ilicitude do fato). Já para a teoria limitada da culpabilidade, se o erro recair sobre os pressupostos fáticos de uma causa de justificação, restará caracterizado o erro de tipo, ao passo que se o erro recair sobre a existência ou os limites da causa justificante, falaremos em erro de proibição; C: incorreta. O erro sobre o nexo causal (*aberratio causae*) é espécie de erro de tipo acidental, que é aquele que recai sobre fatores irrelevantes à configuração típica, não afastando, portanto, o dolo ou a culpa. Apenas o erro de tipo essencial, que é aquele que recai sobre elementos constitutivos do tipo penal, terá o condão de sempre afastar o dolo, remanescendo, porém, a culpa, se se tratar de erro vencível (ou evitável, ou inescusável), conforme art. 20, *caput*, do CP; D: correta. Denomina-se de erro de proibição mandamental aquele em que o agente, supondo encontrar-se em situação de perigo a algum bem jurídico, crê estar autorizado a não agir para impedir determinado resultado, ainda que tenha o dever jurídico de agir (art. 13, § 2º, do CP). Nesse caso, o erro recairá sobre um crime omissivo impróprio (ou comissivo por omissão). Se se tratar de erro invencível, o agente ficará isento de pena (art. 21, *caput*, do CP).
Gabarito "C".

(Delegado/MG – 2007) Quanto ao erro em matéria penal todas as alternativas estão corretas, EXCETO:

(A) A finalidade precípua do erro de tipo essencial é a de afastar o dolo da conduta do agente.
(B) Para a teoria extremada ou estrita da culpabilidade o erro que recai sobre uma situação de fato é erro de tipo, enquanto o erro que recai sobre os limites de uma causa de justificação é erro de proibição.
(C) O erro de tipo acidental incide sobre dados irrelevantes da figura típica e não impede a apreciação do caráter criminoso do fato.
(D) O erro mandamental é aquele que recai sobre o mandamento contido nos crimes omissivos próprios ou impróprios.

A: correta, dado que de fato, no erro de tipo essencial, que corresponde à falsa percepção da realidade, pelo agente, quanto a uma elementar do tipo penal, afasta-se, sempre, o dolo, seja o erro vencível ou invencível; **B:** incorreta, visto que, para a teoria extremada da culpabilidade, o erro sobre os pressupostos fáticos de uma causa de justificação (ou causa excludente da ilicitude) configura hipótese de erro de proibição. Já para a teoria limitada da culpabilidade, adotada pela Parte Geral do CP, o erro que recair sobre os pressupostos fáticos de uma causa de justificação é hipótese de erro de tipo permissivo, configurando, pois, uma descriminante putativa por erro de tipo. Já se o erro recair sobre a existência ou sobre os limites de uma causa de justificação, estaremos diante de uma descriminante putativa por erro de proibição; **C:** correta. Realmente, se o erro (falsa percepção da realidade) recair sobre dados secundários da figura típica, a infração penal restará configurada. É o caso do erro sobre o objeto, sobre o nexo causal (*aberratio causae*), na execução (*aberratio ictus*), quanto ao resultado (*aberratio criminis*) e sobre a pessoa (*error in persona*). **D:** correta, pois, de fato, o erro mandamental é verificado nos crimes omissivos próprios ou impróprios, desde que o agente tenha uma falsa percepção da realidade quanto ao mandamento implícito contido na norma penal incriminadora (ex.: na omissão de socorro, prevista no art. 135 do CP, existe um mandamento implícito, qual seja, "preste socorro"), o que configura verdadeiro erro de tipo, ou, no caso da omissão imprópria, no caso de o agente acreditar não ter o dever jurídico de impedir o resultado, fato caracterizador de verdadeiro erro de proibição.
Gabarito "B".

(Delegado/MG – 2006) Quanto ao erro em matéria Penal, todas as alternativas estão corretas, EXCETO:

(A) o erro de tipo culposo incide com exclusividade nos crimes culposos.
(B) O erro de proibição inevitável exclui a culpabilidade e não permite punição do direito penal.
(C) Não caracteriza erro de proibição escusável o erro de subsunção no qual o agente se engana acerca do enquadramento legal de sua conduta.
(D) O erro de proibição evitável não exclui a punição do crime doloso por não haver alteração da natureza do crime, mas conduz a redução da sua pena.
(E) O erro de tipo essencial exclui o dolo mas permite punição residual pela culpa caso exista previsão.

A: incorreta, pois o erro de tipo pode, se essencial e inevitável, excluir o dolo e a culpa, ou, se evitável, excluir apenas o dolo, remanescendo a culpa; **B:** correta (art. 21, *caput*, do CP) **C:** correta, eis que, de fato, o erro de proibição escusável (ou inevitável) é aquele que diz respeito à absoluta falta de potencial consciência da ilicitude do agente, que, pelas suas condições pessoais, jamais poderia crer ou imaginar que sua conduta poderia afrontar o direito. Não haverá exclusão da culpabilidade o mero engano, pelo agente, a respeito do enquadramento penal (subsunção) de sua conduta. Afinal, não se pode alegar ignorância da lei. **D:** correta (art. 21, *caput*, do CP). **E:** correta (art. 20, *caput*, do CP).
Gabarito "A".

(Delegado/MT – 2006) A Teoria Limitada da Culpabilidade preconiza que

(A) tal como na Teoria Extrema da Culpabilidade, nas discriminantes putativas sempre subsiste o dolo e a absolvição decorre de sua inevitabilidade.
(B) o erro de tipo essencial sempre é causa excludente da tipicidade.
(C) mesmo que o dolo seja afastado, sempre remanescerá a culpa do agente, quando a discriminante putativa surge em face do erro sobre a ilicitude do fato.
(D) o erro de tipo essencial vencível (ou evitável) é sempre causa excludente do dolo da conduta do agente, podendo remanescer, entretanto, a culpa.

De fato, de acordo com a teoria limitada da culpabilidade, que é a mais aceita no campo doutrinário e que foi adotada, ao que tudo indica, pelo nosso Código Penal, as descriminantes putativas são subdivididas em espécies de *erro de tipo* (que, por força do art. 20 do CP, quando invencível ou escusável, afasta o dolo, remanescendo a culpa apenas se o erro for vencível ou inescusável) e erro de proibição (quando o erro recair sobre a existência ou os limites de uma causa de justificação), excluindo-se a culpabilidade (ou seja, isentando o réu de pena) se for invencível (ou escusável).
Gabarito "D".

(Delegado/MT – 2006 – UFMT) Sobre erro de proibição, assinale a afirmativa correta.

(A) Recai sobre os elementos ou circunstâncias do tipo.
(B) É pressuposto objetivo do erro essencial.
(C) Pressupõe ausência de conduta no fato típico.
(D) Integra a espécie de coação *vis* absoluta.
(E) Incide sobre a ilicitude do fato.

A: incorreta, visto que o erro de proibição é causa excludente da culpabilidade, incidindo sobre a ilicitude do fato, consoante prescreve o art. 21 do CP, não se confundindo com o erro de tipo, que é aquele que recai sobre elementares do crime, cujo efeito será o afastamento da própria tipicidade (exclusão do dolo e culpa), desde que escusável ou inevitável; **B:** incorreta, pois no erro de proibição não se fala em erro essencial ou acidental, que são as espécies de erro de tipo; **C:** incorreta, uma vez que a ausência de conduta afasta o fato típico, ao passo que o erro de proibição, objeto da questão, como dito anteriormente, pode afastar a culpabilidade, desde que considerado escusável ou inevitável. **D:** incorreta, pois a *vis absoluta* é a coação física irresistível, que afasta a conduta e, por consequência, o fato típico, nada tendo que ver com o erro de proibição, que afasta a potencial consciência da ilicitude, elemento da culpabilidade. **E:** correta, art. 21 do CP.
Gabarito "E".

(Delegado/MT – 2006 – UFMT) Um agente, pretendendo ofender a um desafeto, termina por matá-lo e, por erro na execução, também produz a morte de terceira pessoa. Nessas condições, o erro será denominado:

(A) *Aberratio ictus*.
(B) *Error in persona*.
(C) *Aberratio criminis*.
(D) *Error in objecto*.
(E) *Aberratio in persona*.

A: correta, pois ocorre *aberratio ictus* quando o agente, por erro na execução, atinge pessoa diversa da pretendida, respondendo como se houvesse atingido a vítima inicialmente visada (art. 73 do CP), tratando-se, é bom ressaltar, de um erro de tipo acidental; **B** e **E:** incorretas, pois o *error in persona* pressupõe que o agente se equivoque quanto à pessoa contra quem pretendia perpetrar o crime (art. 20, § 3°, do CP), tratando-se, igualmente, de erro de tipo acidental, que não isenta o agente da responsabilidade penal; **C:** incorreta, visto que *aberratio criminis* é espécie de erro de tipo acidental que se verifica quando o agente, por erro ou acidente na execução, dá causa a resultado diverso do inicialmente pretendido (art. 74 do CP), não se confundindo, portanto, com *aberratio ictus* ou *error in persona*; **D:** incorreta, pois o *error in objecto*, igualmente considerado espécie de erro de tipo acidental, é verificado quando o agente se equivoca quanto ao objeto material do crime (no caso, quanto à coisa sobre a qual recai a conduta), o que não afasta a tipicidade.

Gabarito "A".

(Delegado/MT – 2000) O erro sobre elementos constitutivos do tipo legal de crime

(A) isenta de pena, se inevitável.
(B) exclui o dolo.
(C) exclui a ilicitude.
(D) exclui a culpabilidade.
(E) diminui a pena de um sexto a um terço, se evitável.

De fato, o erro sobre elementos constitutivos do tipo legal de crime, consoante art. 20, *caput*, do CP, sempre exclui o dolo. Se o erro for inevitável (ou escusável), também será excluída a culpa, tornando o fato absolutamente atípico. Contudo, em se tratando de erro evitável (ou inescusável), remanescerá a culpa, desde que haja previsão do crime na forma culposa.

Gabarito "B".

(Delegado/PA – 2012 – MSCONCURSOS) Quanto ao erro do tipo, analise as alternativas e assinale a incorreta:

(A) O erro incriminador essencial escusável está previsto no Código Penal em seu art. 20, *caput*, 1ª parte e § 1°, 1ª parte. Ocorre quando, sobre o elemento constitutivo do tipo legal de crime, exclui o dolo. Há uma discriminante putativa isentando de pena quem, por erro plenamente justificado pelas circunstâncias, supõe situação de fato que, se existisse, tornaria a ação legítima.
(B) O erro incriminador essencial inescusável está previsto no Código Penal, em seu art. 20, *caput*, 2ª parte e § 1°, 2ª parte. Ocorre quando o agente age de forma descuidada. Exclui o dolo, mas, não afasta a culpa. Não há isenção de pena quando o erro deriva de culpa e o fato é punível como crime culposo. Assim, o agente responderá por crime culposo, quando previsto em lei.
(C) Responderá pelo delito aquele que furtar bijuteria, acreditando ser um diamante, uma vez que não haverá o reconhecimento do princípio da insignificância. Tal erro não exclui o crime porque a simples troca de objetos não impede a tipificação do delito e configuração do dolo. No erro de tipo acidental sobre o objeto, o réu não poderá ser beneficiado, pois, de qualquer forma o agente praticou ao ilícito. No exemplo mencionado, responderá perante à justiça, pelo crime descrito no art. 155, *caput*, CP. O sujeito imagina que sua conduta recairá sobre uma determinada coisa, enquanto, na verdade, recai sobre outra, mas sua vontade de furtar prevalece.
(D) O erro de tipo incriminador essencial inescusável não exclui o dolo e, portanto, o agente responderá pelo crime. É aquele que vicia a vontade, mas não a exclui. O *error in persona*, contra o qual o crime é praticado, não isenta de pena. Não se consideram, neste caso, as condições ou qualidades da vítima, senão as da pessoa contra quem o agente queria praticar o crime. Está previsto no artigo 20, § 3°, do Código Penal.
(E) O erro do tipo incriminador acidental está subdividido em *error in objeto*, *error in persona*, *aberratio ictus*, *aberratio criminis* e *aberratio causae*.

A: correta. De fato, o art. 20, *caput*, primeira parte, do CP, trata do erro de tipo essencial, que somente excluirá o dolo e a culpa quando for inevitável (ou invencível, ou escusável). Também trata de erro de tipo permissivo escusável o art. 20, § 1°, primeira parte, do CP (descriminantes putativas); **B:** correta. De fato, o art. 20, *caput*, segunda parte, do CP, trata do erro de tipo essencial inescusável (ou vencível, ou evitável), que somente afastará o dolo, remanescendo, porém, a punição culposa, se prevista em lei. Da mesma forma, o art. 20, § 1°, segunda parte, do CP, trata do erro de tipo permissivo inescusável (ou vencível, ou evitável), que caracteriza a denominada "culpa imprópria". O agente, por culpa, pratica um fato típico não amparado, verdadeiramente, por uma causa excludente da ilicitude, razão pela qual responderá na forma culposa do crime, se prevista em lei; **C:** correta. Pelas razões bem expostas na assertiva, o erro de tipo acidental (no caso, erro sobre o objeto) não afasta a punição pelo fato, não se podendo conceder o benefício do privilégio de que trata o art. 155, § 2°, do CP, nem mesmo ser reconhecida a insignificância penal, em razão da subtração de bijuteria, quando queria o agente tratar-se de diamante; **D:** incorreta. Todo erro de tipo incriminador essencial excluirá o dolo, seja vencível (ou inescusável), seja invencível (ou escusável). Remanescerá, porém, a culpa, se o erro pudesse ter sido evitado por maior diligência do agente (art. 20, *caput*, segunda parte, do CP). No tocante ao *error in persona*, a assertiva está correta; **E:** correta. De fato, o erro de tipo acidental, de acordo com a doutrina, se apresenta sob as seguintes formas: i) *error in objeto* (erro sobre o objeto); ii) *error in persona* (erro sobre a pessoa); iii) *aberratio ictus* (erro na execução); iv) *aberratio criminis* (resultado diverso do pretendido); e v) *aberratio causae* (erro sobre o nexo causal). Registre-se, e frise-se, que são todas modalidades de erro acidental, que recaem sobre circunstâncias ou dados irrelevantes à caracterização típica, permanecendo a incriminação pelo fato.

Gabarito "D".

(Delegado/PI – 2009 – UESPI) Juan, 19 anos, argentino residente em Córdoba/Argentina, recebeu um convite de seu amigo Pedro, brasileiro, residente em Teresina, para passar as férias no Delta do Parnaíba. Juan, entusiasmado com a possibilidade de conhecer o Brasil, aceitou o convite. Porém, Pedro, quando convidou o amigo, solicitou que trouxesse consigo 10 vidros de lança-perfume (cloreto de etila), e Juan, tendo total desconhecimento de que esta substância fosse proibida no Brasil, pois na Argentina tal substância circula livremente, prontamente atendeu ao pedido. Sendo Juan, em tese, apreendido com tal mercadoria, que excludente é possível alegar ao seu favor?

(A) A excludente é o erro de tipo inevitável, que afasta o dolo e a culpa.
(B) A excludente é o erro de tipo evitável, que afasta o dolo, mas permite a punição por culpa.
(C) A excludente é o erro de proibição, que afasta a ilicitude do fato.
(D) A excludente é o erro de proibição, que afasta o potencial conhecimento da ilicitude do fato.

(E) A excludente é o erro na execução, que também é chamado de *aberratius ictus*.

De acordo com o enunciado proposto, Juan incidiu em erro de proibição (erro sobre a ilicitude do fato), que, sendo inevitável, afastará a potencial consciência da ilicitude e, portanto, a culpabilidade (art. 21 do CP). Logo, incorretas as alternativas "A", "B", "C" e "E", visto que as duas primeiras tratam do erro de tipo (art. 20 do CP), inaplicável para a questão em tela, e as duas últimas contêm impropriedades (o erro de proibição inevitável é causa excludente da culpabilidade e não da ilicitude e o erro na execução é espécie de erro de tipo acidental, sem qualquer relação com a proposição em exame).

Gabarito "D".

(Delegado/RJ – 2009 – CEPERJ) Sobre a Teoria do Erro, analise as proposições abaixo e, em seguida, assinale a opção correta.

I. Em situação de erro determinado por terceiro, somente responderá pelo crime este terceiro.
II. Em situação de erro provocado por terceiro, não se pune o provocador que agiu com negligência.
III. Incorre em erro de proibição quem, fundada e concretamente, julga atuar conforme o direito, por supor juridicamente permitida sua atuação.
IV. O cidadão holandês que, em sua primeira visita ao Brasil, desembarca com pequena quantidade de droga ilícita para consumo pessoal, imaginando que tal fosse permitido entre nós, como em seu país de origem, incide em erro de proibição.
V. Erro de tipo consiste na ausência ou na falsa representação da realidade, razão pela qual o agente responderá por crime culposo, se culpa existir (erro evitável) e desde que o tipo penal de que se trate preveja a forma culposa.

(A) Somente uma das proposições está errada.
(B) Somente duas das proposições estão erradas.
(C) Somente as proposições IV e V estão corretas.
(D) Todas as proposições estão corretas.
(E) Somente as proposições I e IV estão erradas.

I: correta (art. 20, § 2º, do CP); II: incorreta, pois não faz a lei ressalva quanto à provocação do erro a título de dolo ou culpa (art. 20, § 2º, do CP); III: incorreta, visto que o erro de proibição deve ser analisado sob o aspecto da potencial consciência da ilicitude (e não da ausência concreta de conhecimento da ilicitude), sendo necessário que se verifique se do agente, no momento da ação ou omissão, poderia ser exigida a possibilidade de saber que sua conduta violaria o direito (art. 21 do CP); IV: correta, uma vez que, pelas condições culturais do holandês, e pela possibilidade de consumo de drogas em seu país, poderia acreditar que sua conduta não ofenderia nosso ordenamento jurídico, sendo viável a tese de erro de proibição (art. 21 do CP); V: correta, uma vez que, no erro de tipo, o agente, por falsa percepção da realidade, pratica o crime sem perceber que o comete, motivo pelo qual ficará excluído o dolo, remanescendo a forma culposa, desde que haja expressa previsão legal, caso o erro seja vencível, inescusável ou evitável (art. 20, *caput*, do CP).

Gabarito "B".

(Delegado/SP – 2011) Na *aberratio ictus*
(A) o agente erra a pessoa que pretendia atingir.
(B) o agente erra no uso dos meios de execução.
(C) o agente erra sobre a qualificadora.
(D) o agente erra o objeto que pretendia atingir.
(E) ocorre erro sobre o nexo causal.

A: incorreta. O erro que recai sobre a pessoa que o agente pretendia atingir é denominado de *error in persona* (ou erro sobre a pessoa), cujo tratamento vem previsto no art. 20, § 3º, do CP; **B:** correta. De fato, na *aberratio ictus*, o agente erra no uso dos meios de execução, atingindo pessoa diversa da que pretendia ofender (art. 73 do CP); **C:** incorreta. O erro sobre a qualificadora, como o próprio nome sugere, pressupõe que o agente, por uma falsa percepção da realidade, se equivoca quanto a uma qualificadora do crime. Não haverá exclusão do dolo ou da culpa, mas poderá haver a exclusão da própria qualificadora; **D:** incorreta. O erro sobre o objeto (*error in objecto*) não diz respeito ao erro sobre os meios executórios (*aberratio ictus*), mas, sim, caracteriza-se pela falsa percepção da realidade, pelo agente, que recai sobre o objeto do crime, não interferindo na tipicidade penal; **E:** incorreta. O erro sobre o nexo causal (*aberratio causae*) é o erro do agente no tocante ao meio de execução que determina o resultado por ele desejado. Trata-se, é bom frisar, de erro irrelevante (erro acidental).

Gabarito "B".

8. TENTATIVA, CONSUMAÇÃO, DESISTÊNCIA, ARREPENDIMENTO E CRIME IMPOSSÍVEL

(Delegado/MG – 2018 – FUMARC) Com relação ao *iter criminis*, é CORRETO afirmar:

(A) No crime falho ou na tentativa imperfeita, o processo de execução é integralmente realizado pelo agente e o resultado é atingido.
(B) Não existe desistência voluntária no caso de agente que desiste de prosseguir com os atos de execução por conselho de seu advogado, já que ausente a voluntariedade.
(C) Com relação à tentativa, o Código Penal adota, como regra, a teoria objetiva e aplica ao agente a pena correspondente ao crime consumado, reduzida de um a dois terços, conforme maior ou menor tenha sido a proximidade do resultado almejado.
(D) O arrependimento posterior tem natureza jurídica de causa de exclusão da tipicidade, desde que restituída a coisa ou reparado o dano nos crimes praticados sem violência ou grave ameaça até o recebimento da denúncia ou queixa.

A: incorreta. No crime falho, também chamado tentativa perfeita ou acabada, o agente, mesmo esgotando todos os meios executórios ao seu alcance, não consegue produzir o resultado almejado por circunstâncias alheias à sua vontade. A tentativa imperfeita ou inacabada, por sua vez, é aquela em que o agente dá início à execução do crime, mas não consegue esgotar todos os atos executórios ao seu alcance por circunstâncias alheias à sua vontade. Seja na tentativa perfeita (crime falho), seja na tentativa imperfeita, o resultado almejado pelo agente não é alcançado por circunstâncias alheias à sua vontade. A diferença, reitere-se, é que, no crime falho, o sujeito ativo fez tudo que estava ao seu alcance para atingir o resultado, ao passo que, na tentativa imperfeita, o agente não chegou a esgotar os meios de que dispunha para concretizar o resultado almejado; **B:** incorreta. Mesmo que o agente desista de prosseguir com os atos de execução por conselho de seu advogado, ainda assim restará configurada a desistência voluntária. Isso porque se exige que o ato, na desistência voluntária (e também no arrependimento eficaz), seja voluntário, isto é, livre de qualquer coação; não é necessário que o ato seja espontâneo; **C:** correta. O Código Penal, no que concerne à tentativa, acolheu, como regra, a teoria objetiva (ou realística ou dualista), segundo a qual o autor de crime tentado receberá pena inferior à do autor de crime consumado, nos termos do art. 14, parágrafo único, do CP, que estabelece que, neste caso, a pena será reduzida de um a dois terços, a depender da distância que o agente ficou da consumação; **D:** incorreta, pois o arrependimento posterior é causa obrigatória de diminuição de pena (variável de um a dois terços), incidente na terceira etapa do sistema trifásico de dosimetria da pena.

Gabarito "C".

(Delegado/MS – 2017 – FAPEMS) Toda ação criminosa, advinda de conduta dolosa, é antecedida por uma ideação e resolução criminosa. O sujeito percorre um caminho que vai da concepção da ideia até a consumação. A esse caminho dá-se o nome de *iter criminis*, o qual é composto por fase interna (cogitação) e fases externas ao agente (atos preparatórios, executórios e consumação). Diversas situações podem ocorrer durante o desenvolvimento das ações dirigidas ao fim do crime. Assinale a alternativa que expressa de forma correta uma dessas situações, seja na fase interna ou externa.

(A) Na tentativa o sujeito dá início aos atos executórios da conduta, os quais deixa voluntariamente de praticar em virtude de circunstâncias alheias a sua vontade, recebendo, como consequência, diminuição na pena final aplicada.
(B) O arrependimento posterior ocorre após o término dos atos executórios, porém antes da consumação. Nesse caso, o sujeito responderá pelo crime, mas sua pena será reduzida se reparados os danos causados.
(C) A desistência voluntária caracteriza verdadeira ponte de ouro ao infrator que impede a consumação do crime após o término dos atos executórios, isentando-o de qualquer responsabilidade pelos danos causados.
(D) O crime impossível demanda o início dos atos executórios do crime pelo agente, eximindo-o de responsabilidade penal pelo crime almejado, respondendo, todavia, pelos atos anteriores que forem considerados ilícitos.
(E) Os atos preparatórios do crime não são punidos, mesmo que caracterize em si conduta tipificada, em virtude da teoria finalista da ação que direciona a punição para a finalidade do crime e não para os meios de sua prática.

A: incorreta. Na tentativa, o agente somente não prossegue com seu intento criminoso por circunstâncias alheias à sua vontade (art. 14, II, do CP). Caso houvesse voluntariedade na interrupção dos atos executórios, estaríamos diante de desistência voluntária (art. 15 do CP), situação retratada na assertiva em comento, mas cuja consequência não é a redução da pena, mas, sim, a atipicidade da tentativa do crime inicialmente visado pelo agente, respondendo apenas pelos atos praticados; **B:** incorreta. O arrependimento posterior (art. 16 do CP), como o próprio nome sugere, é posterior à consumação, razão por que o agente responderá pelo crime, mas com sua pena reduzida (de um a dois terços) caso repare integralmente o dano, ou restitua a coisa, até o recebimento da denúncia ou queixa. O que a assertiva em tela retrata, ao menos em seu início, é o instituto do arrependimento eficaz (art. 15 do CP). Neste sim o agente, após esgotados os atos executórios, arrepende-se e pratica comportamento impeditivo da consumação (portanto, após a execução, mas antes da consumação do delito), respondendo apenas pelos atos já praticados; **C:** incorreta. A desistência voluntária (art. 15, primeira figura, do CP) verifica-se antes do esgotamento dos atos executórios, diferentemente do arrependimento eficaz (art. 15, segunda figura, do CP), no qual, após esgotados os atos executórios, o agente pratica comportamento impeditivo da consumação. Em ambos os casos, a consequência será a atipicidade da tentativa do crime inicialmente visado pelo agente, que responderá apenas pelos atos já praticados, não se cogitando de isenção de responsabilidade penal, tal como constou na assertiva; **D:** correta. De fato, no crime impossível, o agente inicia a prática de atos executórios tendentes à consumação de um determinado crime. Contudo, pela ineficácia absoluta do meio, ou pela impropriedade absoluta do objeto, torna-se impossível a consumação do crime (art. 17 do CP), razão por que sequer a tentativa do crime visado pelo agente será punível; **E:** incorreta. Sabe-se que os atos preparatórios são impuníveis, salvo quando, por si sós, configurarem delitos autônomos. É o caso do agente que, pretendendo falsificar cédulas de real, adquire máquina destinada à falsificação de moeda, conduta que, por si só, constitui o crime do art. 291 do CP. AT

Gabarito "D".

(Delegado/PE – 2016 – CESPE) Na análise das classificações e dos momentos de consumação, busca-se, por meio da doutrina e da jurisprudência pátria, enquadrar consumação e tentativa nos diversos tipos penais. A esse respeito, assinale a opção correta.

(A) Conforme orientação atual do STJ, é imprescindível para a consumação do crime de furto com a posse de fato da *res furtiva*, ainda que por breve espaço de tempo, a posse mansa, pacífica e desvigiada da coisa, caso em que se deve aplicar a teoria da *ablatio*.
(B) A extorsão é considerada pelo STJ como crime material, pois se consuma no momento da obtenção da vantagem indevida.
(C) O crime de exercício ilegal da medicina, previsto no CP, por ser crime plurissubsistente, admite tentativa, desde que, iniciados os atos executórios, o agente não consiga consumá-lo por circunstâncias alheias a sua vontade.
(D) Por ser crime material, o crime de corrupção de menores consuma-se no momento em que há a efetiva prova da prática do delito e a efetiva participação do inimputável na empreitada criminosa. Assim, se o adolescente possuir condenações transitadas em julgado na vara da infância e da juventude, em decorrência da prática de atos infracionais, o crime de corrupção de menores será impossível, dada a condição de inimputável do corrompido.
(E) Segundo o STJ, configura crime consumado de tráfico de drogas a conduta consistente em negociar, por telefone, a aquisição de entorpecente e disponibilizar veículo para o seu transporte, ainda que o agente não receba a mercadoria, em decorrência de apreensão do material pela polícia, com o auxílio de interceptação telefônica.

A: incorreta. Para o STJ (e também para o STF), o crime de furto (e também o de roubo) se consuma com a posse de fato da *res furtiva*, ainda que por breve espaço de tempo e seguida de perseguição ao agente, sendo dispensável, dessa forma, a posse mansa e pacífica ou desvigiada". Em assim sendo, adotou-se a teoria da *amotio* ou *apprehensio*, e não a teoria da *ablatio*, como constou no enunciado. Nesse sentido: STF, HC 92450-DF, 1ª T., Rel. Min. Ricardo Lewandowski, 16.09.2008; STJ, REsp 1059171-RS, 5ª T., Rel. Min. Felix Fischer, j. 02.12.2008; STJ, REsp 1524450-RJ, 3ª Seção, Rel. Min. Nefi Cordeiro, j. 14.10.2015; **B:** incorreta. O crime de extorsão (art. 158 do CP) é *formal* (e não *material*); isso porque a sua consumação não está condicionada à produção do resultado naturalístico descrito no tipo penal (obtenção de vantagem indevida). A esse respeito, o STJ editou a Súmula 96: "O crime de extorsão consuma-se independentemente da obtenção da vantagem indevida"; **C:** incorreta. Tendo em conta que o crime de exercício ilegal da medicina (art. 282, CP) é considerado habitual, não se admite a forma tentada. Nessa modalidade de crime (habitual), os atos isolados são penalmente irrelevantes. Se, no entanto, vierem a ser praticados de forma reiterada, consumado estará o crime habitual.

Não há, pois, meio-termo; **D**: incorreta. Há, tanto na doutrina quanto na jurisprudência, duas correntes quanto ao momento consumativo do crime de corrupção de menores, atualmente previsto no art. 244-B do ECA. Para parte da doutrina e também para o STJ, o crime em questão é *formal*, consumando-se independentemente da efetiva corrupção da vítima. Nesse sentido: "(...) A Terceira Seção do Superior Tribunal de Justiça, ao apreciar o Recurso Especial 1.127.954/DF, representativo de controvérsia, pacificou seu entendimento no sentido de que o crime de corrupção de menores – antes previsto no art. 1º da Lei 2.252/1954, e hoje inscrito no art. 244-B do Estatuto da Criança e do Adolescente – é delito formal, não exigindo, para sua configuração, prova de que o inimputável tenha sido corrompido, bastando que tenha participado da prática delituosa" (AgRg no REsp 1371397/DF, 6ª T., j. 04.06.2013, rel. Min. Assusete Magalhães, *DJe* 17.06.2013). Consolidando tal entendimento, o STJ editou a Súmula 500, a seguir transcrita: "A configuração do crime previsto no art. 244-B do Estatuto da Criança e do Adolescente independe da prova da efetiva corrupção do menor, por se tratar de delito formal". Uma segunda corrente sustenta que o crime do art. 244-B do ECA é *material*, sendo imprescindível, à sua consumação, a ocorrência do resultado naturalístico, isto é, a efetiva corrupção do menor; **E**: correta. Nesse sentido, conferir: "Penal. Processual penal. *Habeas corpus* substitutivo de recurso especial, ordinário ou de revisão criminal. Não cabimento. Arts. 12 e 14 da Lei 6.368/1976. Materialidade constatada. Tráfico sem aquisição de drogas. Modalidade adquirir e transportar. Desclassificação para crime tentado. Revolvimento de prova. Inépcia da denúncia. Arguição após sentença. Impossibilidade. 1. Ressalvada pessoal compreensão diversa, uniformizou o Superior Tribunal de Justiça ser inadequado o *writ* em substituição a recursos especial e ordinário, ou de revisão criminal, admitindo-se, de ofício, a concessão da ordem ante a constatação de ilegalidade flagrante, abuso de poder ou teratologia. 2. A imputação de negociação com aquisição de droga e contribuição material para seu transporte, configura conduta típica, de crime de tráfico consumado, com materialidade constatada pela apreensão do material entorpecente. 3. A revaloração da prova de vinculação do agente com a droga apreendida, notadamente por interceptações telefônicas, alinhadas com provas testemunhais, é descabida na via do *habeas corpus*. 4. A alegação de inépcia da denúncia resta preclusa após a sentença condenatória. Precedentes desta Corte. 5. *Habeas corpus* não conhecido" (STJ, HC 212.528/SC, Rel. Ministro Nefi Cordeiro, Sexta Turma, julgado em 01.09.2015, DJe 23.09.2015).
Gabarito "E".

(Delegado/DF – 2015 – Fundação Universa) Quanto às fases de realização da infração penal e à tentativa, assinale a alternativa correta.

(A) Os crimes tentados podem ter a mesma pena dos crimes consumados, a depender do grau alcançado no *iter criminis*.

(B) Tentativa abandonada ou qualificada ocorre quando há interrupção do processo executório em razão de o agente não praticar todos os atos de execução do crime por circunstâncias alheias à sua vontade.

(C) No que diz respeito às fases do *iter criminis*, o auxílio à prática de crime, salvo determinação expressa em contrário, não é punível se o crime não chegar a ser, ao menos, tentado.

(D) Os crimes omissivos, sejam próprios ou impróprios, não admitem tentativa.

(E) Tentativa incruenta é aquela em que o agente, arrependendo-se posteriormente, pratica atos para evitar que o crime venha a se consumar.

A: incorreta. Em regra, a pena dos crimes tentados será necessariamente inferior à dos consumados. É o que permite concluir o disposto no art. 14, parágrafo único, do CP. O CP adotou, no que concerne à punição da tentativa, a *teoria objetiva*, segundo a qual a punição do autor do delito tentado é menor que a do autor do crime consumado. Vale registrar, no entanto, a existência de crimes cuja modalidade tentada é apenada de forma idêntica à consumada. Exemplo sempre lembrado pela doutrina é o do art. 352 do CP (evasão mediante violência contra a pessoa). São os chamados *crimes de atentado*; **B**: incorreta. A proposição contém a descrição do instituto da *tentativa* (art. 14, II, do CP). Tentativa *abandonada* ou *qualificada* é gênero do qual são espécies a *desistência voluntária* e o *arrependimento eficaz* (art. 15, CP); **C**: correta, pois reflete o que dispõe o art. 31 do CP; **D**: incorreta, já que somente os crimes omissivos próprios não comportam o *conatus*; **E**: incorreta. A assertiva contempla a descrição do arrependimento eficaz (art. 15, CP), que nenhuma relação tem com a tentativa incruenta (ou branca), assim considerada aquela em que o objeto material não é atingido pela prática criminosa.
Gabarito "C".

(Delegado Federal – 2013 – CESPE) Em relação ao concurso de agentes, à desistência voluntária e ao arrependimento eficaz, bem como à cominação das penas, ao erro do tipo e, ainda, à teoria geral da culpabilidade, julgue os itens subsecutivos.

(1) No arrependimento eficaz, é irrelevante que o agente proceda *virtutis amore* ou *formidine poence*, ou por motivos subalternos, egoísticos, desde que não tenha sido obstado por causas exteriores independentes de sua vontade.

(2) De acordo com a teoria extremada da culpabilidade, o erro sobre os pressupostos fáticos das causas descriminantes consiste em erro de tipo permissivo.

(3) Configura autoria por convicção o fato de uma mãe, por convicção religiosa, não permitir a realização de transfusão de sangue indicada por equipe médica para salvar a vida de sua filha, mesmo ciente da imprescindibilidade desse procedimento.

1: correta. No arrependimento eficaz (art. 15, segunda parte, do CP), o agente, voluntariamente, após praticar todos os atos executórios que estavam ao seu alcance, arrepende-se e pratica novo comportamento, mas, desta feita, impeditivo da consumação. De acordo com a doutrina, bastará a voluntariedade do agente na interrupção de seu intento criminoso, pouco importando as razões que o levaram a tanto. Importante, porém, que o impedimento da consumação do crime decorra da vontade do agente. Caso contrário, estaremos diante de tentativa (art. 14, II, do CP). Nas exatas palavras de Nelson Hungria, em seus *Comentários ao Código Penal Brasileiro*, decerto consultado pela banca examinadora, "não se faz mister que o agente proceda *virtutis amore* ou *formidine poence*, por motivos nobres ou de índole ética (piedade, remorso, despertada repugnância pelo crime) ou por motivos subalternos, egoísticos (covardia, medo, receio de ser eventualmente descoberto, decepção com o escasso proveito que pode auferir): é suficiente que não tenha sido obstado por causas exteriores, independentes de sua vontade". Em outras palavras, pouco importa a motivação interna que levou o agente a se arrepender e impedir a consumação do crime inicialmente executado (pena, por exemplo). Bastará a voluntariedade; **2**: incorreta. De acordo com a teoria extremada (ou estrita) da culpabilidade, o erro do agente que recair sobre os pressupostos de fato de uma causa de justificação (excludente da ilicitude) recebe o mesmo tratamento conferido ao erro de proibição, excluindo, portanto, a culpabilidade (desde que invencível). Já para a teoria limitada da culpabilidade, o erro que recair sobre os pressupostos fáticos de causas de justificação é encarado como erro de tipo permissivo, com exclusão do dolo e da culpa (se invencível), ou apenas do dolo, remanescendo a culpa, se prevista em lei, em caso de erro vencível; **3**: correta. Denomina-se autoria por convicção, nas palavras de Rogério Greco, "as hipóteses em que o agente conhece efetivamente a norma, mas a descumpre por razões de consciência, que pode ser política, religiosa, filosófica, etc." (*Código penal comentado.* Rio de Janeiro: Impetus, 2013. p. 97).

Gabarito 1C, 2E, 3C

(Delegado de Polícia/GO – 2013 – UEG) Magrillo, contumaz praticante de crimes contra o patrimônio, decide subtrair uma quantia em dinheiro que supostamente X traria para casa. Para tanto, convida Cabelo de Anjo, seu velho conhecido de empreitadas criminosas. Ao chegar em casa do trabalho, X é ameaçado e, posteriormente, amarrado pelos agentes, que exigem a entrega do dinheiro, mas ao perceberem que não havia nenhum dinheiro com a vítima, a abandonam amarrada aos pés da mesa da cozinha. Nessa hipótese, Magrillo e Cabelo de Anjo praticaram

(A) roubo na forma tentada
(B) crime impossível por absoluta ineficácia do meio
(C) furto na forma tentada
(D) crime impossível por absoluta impropriedade do objeto

A: correta. Inegavelmente, Magrillo e Cabelo de Anjo deram início à execução do crime de roubo. Tanto é que empregaram grave ameaça e até violência física (a vítima X foi amarrada pelos agentes), exigindo, ato contínuo, dinheiro. Contudo, ao perceberem que o ofendido não dispunha de numerário, abandonaram o local e a vítima permaneceu amarrada aos pés da mesa da cozinha. Aqui, vislumbra-se o crime de roubo (art. 157 do CP), em sua forma tentada. Afinal, os agentes somente não subtraíram o dinheiro da vítima por circunstâncias alheias às suas vontades. Se tanto, já que tencionavam subtrair valores de X, houve impropriedade relativa do objeto, o que afasta a configuração do crime impossível (art. 17 do CP); **B**: incorreta. O meio empregado pelos agentes, segundo se extrai do enunciado, não foi absolutamente ineficaz. Afinal, a grave ameaça e a violência foram exercidas contra a vítima, que somente não foi efetivamente roubada por não dispor de dinheiro consigo no momento da empreitada criminosa. Não se enxerga, portanto, crime impossível (art. 17 do CP); **C**: incorreta, pois, no furto (art. 155 do CP), não se emprega grave ameaça ou violência, tal como se viu no enunciado; **D**: incorreta. O fato de os agentes não haverem encontrado dinheiro com a vítima no momento da empreitada criminosa não induz pensar em crime impossível por impropriedade absoluta do objeto. Como dito no comentário à alternativa "A", se tanto, houve relativa impropriedade do objeto, caracterizando, assim, a tentativa. O fato de a vítima não estar portando o dinheiro constitui circunstância alheia à vontade dos agentes, dando azo à configuração da tentativa (art. 14, II, do CP).

Gabarito "A".

(Delegado Federal – 2013 – CESPE) No item a seguir, é apresentada uma situação hipotética, seguida de uma assertiva a ser julgada com base no direito penal.

(1) Três criminosos interceptaram um carro forte e dominaram os seguranças, reduzindo-lhes por completo qualquer possibilidade de resistência, mediante grave ameaça e emprego de armamento de elevado calibre. O grupo, entretanto, encontrou vazio o cofre do veículo, pois, por erro de estratégia, efetuara a abordagem depois que os valores e documentos já haviam sido deixados na agência bancária. Por fim, os criminosos acabaram fugindo sem nada subtrair. Nessa situação, ante a inexistência de valores no veículo e ante a ausência de subtração de bens, elementos constitutivos dos delitos patrimoniais, ficou descaracterizado o delito de roubo, subsistindo apenas o crime de constrangimento ilegal qualificado pelo concurso de pessoas e emprego de armas.

1: incorreta. O fato de o carro forte já não mais conter valores em razão de já terem sido deixados na agência bancária constitui circunstância alheia à vontade dos agentes, caracterizando-se, pois, a tentativa. Ora, não se pode afastar, pelo menos, a figura tentada do roubo. Afinal, os três criminosos praticaram atos idôneos e inequívocos tendentes à subtração de valores do carro forte, somente não logrando êxito em seus intentos por circunstâncias alheias às suas vontades, consistentes em anterior esvaziamento dos valores e documentos na agência bancária.

Gabarito 1E

(Delegado/AM) Julieta, desejando a morte de Romeu, ministra-lhe uma dose de veneno. Arrependida, porém, ministra-lhe, ato contínuo, um antídoto, o que evita que a morte ocorra. Apesar disso, vem a vítima a sofrer consequências lesivas em seu organismo. Nesse caso, pode-se dizer que

(A) houve tentativa perfeita.
(B) configura-se caso de desistência voluntária.
(C) tipificou-se o delito de lesões corporais dolosas.
(D) Julieta deve responder por tentativa de homicídio.

A: incorreta, pois a tentativa perfeita pressupõe que o agente tenha esgotado todos os atos executórios que estavam à sua disposição, mas por circunstâncias alheias à sua vontade, o delito não se consuma. No caso, seria possível ministrar outras doses de veneno; **B**: incorreta, muito embora se trate de desistência voluntária, compatível com a tentativa imperfeita, no caso, o agente deve responder pelos atos já praticados; **C**: correta, pois a desistência voluntária foi eficaz (evitou o resultado morte), mas os atos praticados caracterizaram lesões corporais dolosas; **D**: incorreta, já que o agente que desiste de prosseguir, voluntariamente, na execução do crime (homicídio), somente responde pelos atos praticados (lesão corporal).

Gabarito "C".

(Delegado/AM) O filho intervém, energicamente, a favor da mãe, diante das ameaças que o pai, embriagado fazia a sua esposa. O pai bêbado não se conforma. Vai até o guarda-roupa, retira de lá uma espingarda e, pelas costas, aciona várias vezes o gatilho contra o próprio filho. Nada acontece. A mãe, pressentindo aquele desfecho, havia retirado da arma todos os cartuchos. O pai cometeu:

(A) crime falho
(B) tentativa perfeita
(C) crime impossível
(D) tentativa imperfeita

A e B: incorretas, pois o crime falho é a denominação doutrinária dada à tentativa perfeita ou acabada, em que o agente esgota os meios executórios que estão à sua disposição, mas mesmo assim o crime não se consuma, por circunstâncias alheias à sua vontade; **C**: correta (art. 17 do CP). Há crime impossível quando, por ineficácia absoluta do meio ou por absoluta impropriedade do objeto, torna-se impossível a consumação do crime, não se punindo a tentativa. No caso, o fato de a espingarda estar desmuniciada configura a ineficácia absoluta do meio executório; **D**: incorreta, já que a tentativa imperfeita é aquele em que o agente inicia a execução do crime, mas não esgota todos os meios executórios que estão à sua disposição, sendo que o crime não se consuma, por circunstâncias alheias à sua vontade.

Gabarito "C".

(Delegado/AM) Dois assaltantes combinaram roubar um Banco e, para isso, passaram dois dias nas proximidades da agência bancária, observando o local e a rotina do funcionamento. Depois, quando estavam na casa de um deles, elaborando o croqui do local e esquematizando o crime, foram presos pela polícia e confessaram seus planos criminosos. Em relação ao caso, é correto afirmar que os assaltantes

(A) eram inimputáveis.
(B) praticaram ação típica.
(C) não podem ser punidos.
(D) praticam tentativa de roubo.

O caso em questão não pode ser punido, uma vez que se trata de atos meramente preparatórios, precedentes à execução do crime. O *iter criminis*, ou seja, o caminho do crime possui uma fase interna, consistente na cogitação (o planejamento do agente) que é irrelevante, bem como uma fase externa, composta por atos preparatórios, executórios e pela consumação. O Código Penal pune, em regra, os atos executórios e a consumação do delito. Excepcionalmente, alguns atos preparatórios serão punidos, quando o legislador prever como crime autônomo.
Gabarito "C".

(Delegado/AM) Confrontando o arrependimento eficaz com a desistência voluntária, no campo penal, é correto dizer que

(A) enquanto o arrependimento eficaz se volta para evitar o resultado de uma ação delituosa já praticada, a desistência voluntária se dirige contra a continuidade do processo de execução de uma ação típica começada.
(B) enquanto o arrependimento eficaz isenta o agente dos atos típicos anteriormente praticados, a desistência voluntária não produz essa isenção.
(C) somente quanto aos efeitos punitivos as duas figuras se equivalem à tentativa.
(D) ambos produzem uma redução de pena de um a dois terços.

A: correta, já que o arrependimento eficaz ocorre quando o agente, depois de já praticados todos os atos executórios suficientes à consumação, adota providências aptas a evitar o resultado. Na desistência voluntária, por sua vez, o agente, por ato voluntário, deixa de prosseguir na execução do crime (art. 15 do CP); **B:** incorreta, pois tanto no arrependimento eficaz como na desistência voluntária o agente responde pelos atos já praticados; **C e D:** incorretas, pois tanto o arrependimento eficaz quanto a desistência voluntária são causas de exclusão da tipicidade (posição majoritária), não sendo causa obrigatória de diminuição da pena, como ocorre na tentativa.
Gabarito "A".

(Delegado/BA – 2008 – CEFETBAHIA) Por *iter criminis* compreende-se o conjunto de

(A) atos de execução do delito.
(B) atos preparatórios antecedentes ao delito.
(C) atos de consumação do delito.
(D) fases pelas quais passa o delito.
(E) atos de cogitação.

O *iter criminis*, ou seja, o caminho do crime possui uma fase interna, consistente na cogitação (o planejamento do agente) que é irrelevante, bem como uma fase externa, composta por atos preparatórios, executórios e pela consumação. Assim, o *iter criminis* é o conjunto de todas essas fases, pelas quais passa o delito. O Código Penal pune, em regra, os atos executórios e a consumação do delito. Excepcionalmente, alguns atos preparatórios serão punidos, quando o legislador prever como crime autônomo.
Gabarito "D".

(Delegado/BA – 2008 – CEFETBAHIA) Um homem atira visando matar outro que já estava morto, em razão de ataque cardíaco. Essa situação

(A) configura crime impossível ou de tentativa inidônea.
(B) diz respeito a crime de homicídio tentado.
(C) configura o que se denomina de "crime de ensaio".
(D) é a chamada "tentativa branca".
(E) configura homicídio consumado.

A: correta (art. 17 do CP). Trata-se de crime impossível (ou tentativa inidônea), não se punindo a tentativa, quando, por absoluta ineficácia do meio ou por impropriedade absoluta do objeto, é impossível a consumação do delito. No caso, houve a impropriedade absoluta do objeto material do delito (pessoa sobre a qual recaia a conduta do agente), uma vez que o homem atirou visando matar outro, que já estava morto, em razão de ataque cardíaco; **B:** incorreta, pois não se pune a tentativa quando restar configurado o crime impossível; **C:** incorreta, haja vista que o crime de ensaio, também denominado de delito de experiência ou delito putativo por obra do agente provocador, caracteriza-se pelo flagrante preparado, quando alguém induz outrem à prática de um crime. É modalidade de crime impossível, mas por obra do agente provocador (Súmula 145 do STF) e não pelos requisitos do art. 17 do CP. **D:** incorreta. O crime impossível não se confunde com a tentativa branca ou incruenta, naquela, o objeto material não é atingido pela conduta delitiva; **E:** incorreta, uma vez que no caso era impossível a consumação do crime, diante da ocorrência do crime impossível.
Gabarito "A".

(Delegado/BA – 2006 – CONSULPLAN) Oscar pretendendo matar Carlos apodera-se de um revólver e aciona o gatilho reiteradas vezes. No entanto, não obteve êxito na sua pretensão, visto que a arma(revólver) estava descarregada. Marque a alternativa correta:

(A) Oscar responderá por tentativa de homicídio, pois sua intenção era matar Carlos.
(B) Por ineficácia absoluta do meio empregado, Oscar não responderá por tentativa de homicídio.
(C) Por absoluta impropriedade do objeto, Oscar não responderá por tentativa de homicídio.
(D) Oscar responderá por disparo de arma de fogo (art. 28, Lei de Contravenções Penais).
(E) N. R. A

A: incorreta. No tocante ao crime impossível o CP adotou a teoria objetiva temperada ou mitigada, segundo a qual deve ser levada em consideração a lesão ou ameaça de lesão efetiva ao bem jurídico tutelado pela norma penal. É temperada ou mitigada porque o crime impossível só restará caracterizado quando a ineficácia do meio executório ou a impropriedade do objeto material forem absolutas. Caso contrário, se for relativamente impossível a consumação, o agente responderá pela tentativa do delito. Se a teoria adotada fosse subjetiva, o agente seria punido pela tentativa, uma vez que teve a intenção de matar a vítima; **B:** correta (art. 17 do CP). Quando impossível consumar-se o crime, por ineficácia absoluta do meio executório, a tentativa do crime não será punida. No caso, Oscar, pretendendo matar Carlos, apodera-se de um resolver e aciona o gatilho reiteradas vezes. Todavia, não obteve êxito em sua empreitada, uma vez que a arma estava descarregada, ou seja, o meio utilizado para a prática do crime pretendido era ineficaz. Assim, não responderá por tentativa de homicídio, pois o crime impossível é uma causa de exclusão da adequação típica do crime tentado; **C:** incorreta, já que não houve absoluta impropriedade do objeto material do crime (pessoa ou coisa sobre a qual recai a conduta do autor), mas ineficácia absoluta do meio executório escolhido para a prática do intento criminoso (arma desmuniciada); **D:** incorreta, uma vez que o disparo da arma foi o meio utilizado para a prática do homicídio pretendido, o qual absorveria o delito de disparo de arma de fogo (princípio da consunção), caso não tivesse havido o crime impossível; **E**: incorreta, pois a letra "B" está correta.

Gabarito "B".

(Delegado/CE – 2006 – CE/UECE) Considere as seguintes afirmativas:

I. A tentativa de crime é admitida em qualquer espécie de crime, bastando que os fatos que descrevem a conduta criminosa não sejam reunidos no caso concreto.
II. Praticado o crime de roubo, havendo a devolução integral da coisa subtraída, ainda em sede de inquérito policial e feita diretamente ao Delegado de Polícia, ocorre o arrependimento posterior, passando-se a considerar extinta a punibilidade do citado ilícito.
III. O arrependimento eficaz e a desistência voluntária podem ocorrer nos crimes nos quais exista violência ou grave ameaça, desde que o resultado inicialmente pretendido não venha a ocorrer, respondendo o agente pelos fatos efetivamente ocorridos, admitindo-se, portanto a validade da mudança do *animus* do agente.
IV. O crime impossível só pode ser caracterizado quando a impossibilidade de ocorrência do ilícito é de ordem absoluta, não se admitindo a relativa, ocorrendo neste caso a tentativa de crime.

São corretas, apenas:

(A) II e III
(C) I e IV
(B) I e II
(D) III e IV

I: incorreta, pois não é em todos os tipos de crime que se admite a tentativa, a qual é inadmissível nas seguintes infrações penais: contravenção penal, crime culposo, crime preterdoloso, crime unissubsistente, crime de atentado ou de empreendimento, crime de perigo abstrato e crime omissivo próprio. Quanto aos crimes de mera conduta e habitual há divergência na doutrina no tocante à admissibilidade ou não da tentativa; **II**: incorreta, pois um dos pressupostos para o arrependimento posterior é que o crime não tenha sido cometido mediante violência ou grave ameaça (art. 16 do CP); **III**: correta (art. 15 do CP); **IV**: correta (art. 17 do CP).

Gabarito "D".

(Delegado/DF – 2004) A respeito da tentativa é correto afirmar que:

(A) a tentativa imperfeita pode também ser denominada tentativa branca.
(B) a consumação não pode ser obtida por razões alheias ou não à vontade do agente.
(C) pode ocorrer nos crimes habituais.
(D) o código penal adota a teoria objetiva moderada ou temperada no que concerne à punibilidade na tentativa.
(E) não pode ocorrer nos crimes complexos.

A: incorreta. A tentativa imperfeita (inacabada) é aquela em que o agente não esgota todos os meios executórios, sendo que o crime não se consuma, por circunstâncias alheias à vontade do agente. Já a tentativa branca (incruenta) é aquela em que o objeto material (pessoa ou coisa sobre a qual recai a conduta do agente) não é atingido pela conduta do autor; **B**: incorreta, pois na tentativa a consumação não ocorre por circunstâncias alheias à vontade do agente (art. 14, II, do CP). Se o agente desistir de prosseguir no seu intento criminoso, poderá caracterizar desistência voluntária ou arrependimento eficaz (art. 15 do CP); **C**: incorreta. Os crimes habituais se caracterizam pela reiteração de atos que demonstram um estilo de vida do agente. Se não houver essa reiteração, mas tão somente atos isolados, o fato é atípico. Todavia, cumpre ressaltar que há entendimento minoritário no sentido de ser admissível a tentativa nos crimes habituais, como ocorreria, por exemplo, no crime de exercício ilegal de medicina, quando o agente é flagrado em ação, após reiterados atos; **D**: correta. De acordo com a teoria objetiva, a tentativa é punida em face da lesão ou ameaça de lesão efetiva ao bem jurídico tutelado pela norma penal, e não pela sua intenção criminosa, que era a de consumar o delito; **E**: incorreta, pois nada impede que haja a tentativa nos crimes complexos.

Gabarito "D".

(Delegado/ES – 2006 – CESPE) No item a seguir é apresentada uma situação hipotética acerca das normas pertinentes à parte geral do Código Penal seguida de uma assertiva a ser julgada.

(1) Sebastião, com 55 anos de idade, pretendendo matar sua esposa Maria, comprou um revólver e postou-se frente a frente com a esposa, apontando-lhe a arma municiada. Todavia, após fazer pontaria para atirar na cabeça de Maria, desistiu do intento de matá-la. Guardou a arma e retirou-se do local. Nessa situação, Sebastião responderá por tentativa de homicídio, vez que deu início à execução do delito.

1: incorreta, pois, na desistência voluntária, o agente que voluntariamente desiste de prosseguir na execução do crime, só responde pelos atos já praticados (art. 15 do CP). No caso, o fato de apontar a arma para a cabeça de Maria é ato preparatório e não executório do delito de homicídio. Em tese, a conduta de Sebastião poderia configurar o delito de ameaça (art. 147 do CP), uma vez que seu gesto causou mal injusto e grave à vítima.

Gabarito 1E.

(Delegado/ES – 2006 – CESPE) Ainda em relação a normas pertinentes à parte geral do Código Penal, julgue o item seguinte.

(1) Considere-se que Mariana, supondo estar grávida, realizou, em si própria, manobras abortivas, sem que na realidade trouxesse dentro de si uma nova vida em formação; Jorge ao ver Cláudio, seu desafeto, caído em via pública, aproveitou a situação para atropelá-lo dolosamente. Verificou-se, posteriormente, que Cláudio já estava morto por parada cardiorrespiratória ocorrida minutos antes de ter sido atropelado. Em ambas as hipóteses apresentadas acima, o crime é impossível em razão da absoluta impropriedade dos objetos sobre os quais incidiram as condutas de Mariana e de Jorge.

1: correta, pois, de fato, em ambos os casos houve crime impossível, em razão da absoluta impropriedade dos objetos materiais sobre os quais incidiram as condutas de Mariana e de Jorge. Assim, não responderão por tentativa de aborto, nem por tentativa de homicídio, diante da causa de exclusão da tipicidade.

Gabarito 1C.

(Delegado/GO – 2009 – UEG) Sobre a reparação do dano no direito penal é CORRETO afirmar que

(A) o arrependimento posterior, previsto no art. 16 do Código Penal, somente tem aplicação aos delitos patrimoniais dolosos.
(B) nos delitos tributários, o parcelamento do débito, após o oferecimento da denúncia, não acarreta consequências na seara punitiva.

(C) tratando-se de peculato culposo, a reparação do dano, se precede à sentença irrecorrível, extingue a punibilidade, se lhe é posterior, não produz qualquer efeito.

(D) a reparação do dano realizada após o recebimento da denúncia ou queixa e antes do julgamento traz reflexos no campo punitivo, vez tratar-se de uma circunstância atenuante genérica.

A: incorreta, pois o arrependimento posterior tem aplicação em qualquer crime que não tenha sido cometido mediante violência ou grave ameaça (art. 16 do CP); **B:** incorreta. *"A Lei 10.684/2003 criou duas espécies de efeitos penais. A primeira delas determina a suspensão da pretensão punitiva estatal nos crimes previstos nos artigos 1º e 2º da Lei 8.137/1990, quando a pessoa jurídica relacionada com o agente dos crimes aludidos, pleitear e ter deferido o parcelamento de seu débito. E a própria Lei não se descuida e adverte aos mais apressados que não fluirá o prazo prescricional durante o período de suspensão da lide penal. A segunda, com a chancela do judiciário, terá o condão de extinguir a punibilidade quando a pessoa jurídica relacionada com o agente infrator, efetuar o pagamento integral dos débitos oriundos de tributos, inclusive os acessórios.* (JÚNIOR, Eudes Quintino de Oliveira. *Extinção da punibilidade nos crimes tributários.* Disponível em: [www.lfg.com.br]. Acesso em: 11.09.2008); **C:** incorreta, porque no crime de peculato culposo, a reparação do dano, se precede à sentença irrecorrível, extingue a punibilidade, se lhe é posterior, reduz de metade a pena imposta (art. 312, § 3º, do CP); **D:** correta (art. 16 do CP). No arrependimento posterior, se reparado o dano ou restituída a coisa até o recebimento da denúncia ou queixa, haverá a redução da pena. Todavia, se a reparação do dano ocorrer após o recebimento da denúncia ou queixa, haverá a incidência da circunstância atenuante genérica (art. 65, III, "b", do CP).
Gabarito "D".

(Delegado/MA – 2006 – FCC) Salvo disposição em contrário, pune-se a tentativa com a pena correspondente ao crime consumado, diminuída de um a dois terços. A redução de pena decorrente da tentativa deve resultar

(A) do *iter criminis* percorrido pelo agente em direção à consumação do delito.

(B) da prevalência das circunstâncias atenuantes sobre as circunstâncias agravantes.

(C) da maior ou menor periculosidade do agente, tendo em conta os dados constantes do processo.

(D) da valoração dos antecedentes do agente, especialmente da primariedade e da reincidência.

(E) da intensidade do dolo, do grau da culpa, e dos motivos determinantes da conduta delituosa.

De fato, o critério de redução da pena no crime tentado é o *iter criminis* (caminho do crime), ou seja, quanto mais o crime se aproximar da consumação, menor será a redução, e vice-versa.
Gabarito "A".

(Delegado/MA – 2006 – FCC) José, com a intenção de subtrair joias, ingressa por uma porta aberta no interior da residência da vítima. Já no interior da moradia, apodera-se de um objeto, mas resolve ir embora do local sem nada levar. Nesse caso, José

(A) responderá por tentativa de furto.

(B) responderá por invasão de domicílio.

(C) responderá por furto consumado.

(D) não responderá por nenhum crime, pois houve desistência voluntária.

(E) não responderá por nenhum crime, pois houve arrependimento eficaz.

A: incorreta, já que a desistência voluntária exclui a tipicidade do crime tentado; **B:** correta (art. 15 do CP). No caso, trata-se do instituto da desistência voluntária, em que o agente, voluntariamente, desiste de prosseguir na execução do crime almejado (furto de joias no interior da residência da vítima), somente respondendo pelos atos já praticados (invasão de domicílio); **C:** incorreta, pois a desistência voluntária exclui a tipicidade do crime consumado e tentado. **D:** incorreta, pois o agente responderá pelos atos já praticados (invasão de domicílio); **E:** incorreta. No caso, houve desistência voluntária e não arrependimento eficaz, uma vez que o agente, após iniciar a execução do crime, desiste de prosseguir no seu intento criminoso, mesmo sem esgotar os atos executórios.
Gabarito "B".

(Delegado/SP – 2011) Na tentativa branca ou incruenta

(A) o agente sequer inicia os atos executórios.

(B) o agente impede voluntariamente a consumação do delito.

(C) o agente limpa o local do crime após a consumação.

(D) o corpo da vítima não derrama sangue

(E) o agente não atinge o objeto material do delito.

A: incorreta. Se o agente sequer iniciar os atos executórios, não se poderá falar em tentativa; **B:** incorreta. Se o agente iniciar os atos executórios mas, após esgotá-los, impedir a consumação do delito, será beneficiado pelo arrependimento eficaz (art. 15 do CP), denominado espécie de *tentativa abandonada* ou *qualificada*; **C:** incorreta. Não se denomina de tentativa branca ou incruenta o fato de o agente limpar o local do crime após a consumação. Ao contrário, aqui poderá restar caracterizado o crime de fraude processual (art. 347 do CP); **D:** incorreta, pois a tentativa branca ou incruenta se caracteriza pelo fato de o objeto material do delito (pessoa ou coisa) não ser atingido pela conduta perpetrada pelo agente. Nada obstante, especificamente no caso do homicídio, se o agente não atingir a vítima, de fato não haverá "derramamento de sangue" em razão do objeto material do crime não ter sido lesionado; **E:** correta. Denomina-se de tentativa branca ou incruenta, como visto, a espécie de tentativa em que o agente não consegue, por circunstâncias alheias à sua vontade, atingir o objeto material do crime.
Gabarito "E".

(Delegado/SP – 2008) De acordo com a doutrina, ocorre a tentativa imperfeita quando

(A) a vítima não é atingida pelo agente.

(B) o agente pratica todos os atos executórios de que dispunha, mas, por circunstancia alheias à sua vontade, não alcança a consumação.

(C) o agente é impedido de praticar todos os atos executórios de que dispunha.

(D) o agente atinge a vítima, mas, voluntariamente, resolve não prosseguir com os atos executórios.

(E) o agente atinge pessoa diversa daquela que pretendia lesionar.

Na tentativa *imperfeita* ou *inacabada*, o sujeito não esgota o processo de execução possível, não chega a fazer uso de todos os meios de que dispõe.
Gabarito "C".

9. ANTIJURIDICIDADE E CAUSAS EXCLUDENTES

(Delegado/MG – 2021 – FUMARC) Alfredo, no dia 01 de abril de 2020, quando andava pelas ruas da região central do pequeno município em que vivia, cruzou o caminho de Luana, que também era moradora daquele lugar. Luana, por simples picardia – até porque o fato de Alfredo ser pessoa com deficiência, paciente de saúde mental, era de todos conhecido, inclusive dela – passou a agredi-lo com tapas violentos e empurrões, momento em que Alfredo, revidando, bateu em Luana, até fazer com que ela cessasse seus atos. À vista da confusão que se formou, a polícia foi chamada ao local e conduziu Alfredo à delegacia local.

Diante da situação hipotética narrada e, assumindo que a condição de saúde mental de Alfredo era capaz de afastar totalmente sua capacidade de discernimento, é CORRETO afirmar que deve ser

(A) aplicada a Alfredo medida de segurança detentiva, considerando sua condição de saúde mental e a sanção cabível para a conduta por ele praticada.
(B) aplicada a Alfredo medida de segurança restritiva, em razão da condição de Alfredo e da sanção cabível para a conduta por ele praticada.
(C) reconhecida a ausência de culpabilidade da conduta de Alfredo, em razão de sua condição de pessoa com deficiência, que lhe afasta a responsabilidade penal, sem aplicação de qualquer sanção jurídico-penal.
(D) reconhecida a falta das condições para a imposição de qualquer resposta penal a Alfredo, inexistindo injusto penal em seu comportamento.

Segundo consta do enunciado, Luana, ao encontrar Alfredo, passa, por mera pirraça, a agredi-lo, o que leva a vítima, neste caso Alfredo, num gesto instintivo de defesa, a reagir, batendo em Luana, até o momento em que ela cessou a agressão. Pela narrativa, não há dúvidas de que Alfredo agiu em legítima defesa própria, na medida em que, em face de injusta agressão a ele impingida por Luana, repele, de forma moderada e fazendo uso dos meios necessários (bateu até que a investida da agressora cessasse), a agressão. Ao narrar que a reação se deu até o momento em que a agressão cessou, fica evidente que não houve excesso por parte de Alfredo. A questão que aqui se coloca é em relação à possibilidade de a pessoa inimputável agir em legítima defesa. Em outras palavras, a exigência do elemento subjetivo (consciência de que atua sob o pálio de uma excludente de ilicitude) tem o condão de afastar a configuração da legítima defesa nos casos de inimputabilidade. Para Guilherme de Souza Nucci, ao discorrer sobre a legítima defesa praticada por inimputáveis e ébrios, sustenta tal possibilidade: *Além do que já expusemos na nota 108 supra, para a qual remetemos o leitor, acrescentamos que as pessoas deficientes mentais ou em crescimento, bem como embriagadas, podem ter perfeita noção de autopreservação. Em situações de perigo, como as desenhadas pela legítima defesa, têm elas noção suficiente, como regra, de que se encontram em situação delicada e precisam salvar-se* (*Código Penal Comentado*. 18. ed., São Paulo: Forense, 2017. p. 307). Dessa forma, forçoso concluir que Alfredo, que agiu em legítima defesa, crime nenhum praticou. Embora a sua conduta seja típica sob a ótica formal, ela é autorizada pelo direito (art. 25, CP). Ou seja, no caso narrado no enunciado, ausente a antijuridicidade no comportamento de Alfredo, não há que se falar no cometimento de infração penal.
Gabarito "D".

(Delegado/ES – 2019 – Instituto Acesso) A legítima defesa e o estado de necessidade possuem similitudes que as os enquadram como excludentes de ilicitude. Não obstante, suas diferenças implicam em modalidades diversas com conceitos distintos. Em relação à comparação da legítima defesa e do estado de necessidade, marque a alternativa correta.

(A) De acordo com o conceito analítico de crime, para a verificação da atipicidade da conduta, a legítima defesa e o estado de necessidade devem ser observados para confirmar se a conduta é ou não típica.

(B) Na legítima defesa, assim como no estado de necessidade, somente é admitido o excesso culposo.
(C) Em relação ao estado de necessidade, diferentemente da legítima defesa, qualquer excesso será punível, já que nos casos em que ocorre a legítima defesa não há punição para eventuais excessos na tutela do bem jurídico do agredido injustamente.
(D) No caso do estado de necessidade, é cabível uma agressão injusta na defesa de bem jurídico menos relevante. Já no caso da legítima defesa, a preservação de bens jurídicos de mesmos valores é promovida pelo uso da força de quem inicia agressão.
(E) A legítima defesa é uma garantia que permite a defesa de interesse legítimo por parte de quem sofre a agressão injusta a um bem jurídico. Não obstante os interesses em conflito no caso de estado de necessidade, todos os interesses são considerados legítimos ao se tratar de oposição de bens jurídicos de mesmo valor.

A: incorreta. A análise da tipicidade da conduta precede ao exame da ilicitude. Sendo o fato típico, na medida em que o comportamento se enquadra em um tipo incriminador, presume-se que também seja ilícito. Em outras palavras, o fato típico, em tese, contraria o ordenamento jurídico. É o chamado caráter indiciário da ilicitude. Esta regra é quebrada na hipótese de o fato típico ser lícito (autorizado pelo direito). Estamos, aqui, a falar das causas de exclusão de ilicitude, entre as quais estão o estado de necessidade e a legítima defesa. A configuração da legítima defesa e do estado de necessidade, portanto, não constitui condição para estabelecer a tipicidade da conduta. Porquanto, sendo típico o fato, passa-se à análise da ilicitude; **B** e **C**: incorretas, na medida em que, por expressa disposição do art. 23, parágrafo único, do CP, o excesso, que será doloso ou culposo, poderá ocorrer em qualquer das causas de exclusão da ilicitude previstas no art. 23 do CP: além da legítima defesa, também o estado de necessidade, o escrito cumprimento de dever legal e o exercício regular de direito; **D**: incorreta. Na legítima defesa, temos uma repulsa a uma agressão injusta; no estado de necessidade, diferentemente, há um conflito entre bens jurídicos; **E**: correta. De fato, a legítima defesa constitui uma garantia que permite a defesa (reação) de interesse legítimo em face de uma agressão injusta a um bem jurídico. No que toca ao estado de necessidade, o Código Penal acolheu, em oposição à *teoria diferenciadora*, a *teoria unitária*, segundo a qual esta excludente de ilicitude estará caracterizada na hipótese de o bem sacrificado ser de valor igual ou inferior ao do bem preservado. Se o bem sacrificado for de valor superior ao do bem preservado, aplica-se a diminuição do art. 24, § 2°, do CP. Para a teoria diferenciadora, o estado de necessidade pode ser *justificante* (o bem sacrificado é de valor inferior ou equivalente ao do bem preservado) ou *exculpante* (o bem sacrificado é de valor superior ao do bem preservado). Neste último caso, o estado de necessidade constitui uma causa supralegal de exclusão da culpabilidade, pela inexigibilidade de conduta diversa.
Gabarito "E".

(Delegado/MG – 2018 – FUMARC) Com relação às causas de exclusão da ilicitude, é CORRETO afirmar:

(A) Astrogildo colocou cacos de vidro, visíveis, em cima do muro de sua casa, para evitar a ação de ladrões. Certo dia, uma criança neles se lesionou ao pular o muro da casa de Astrogildo para pegar uma bola que ali havia caído. Nessa situação, ainda que se tratando da defesa de um perigo incerto e ou remoto, a conduta de Astrogildo restaria acobertada por excludente da ilicitude.
(B) No caso de legítima defesa ou estado de necessidade de terceiros, é imprescindível a prévia autorização destes para que a conduta do agente não seja ilícita.

(C) Caio, lutador de boxe, durante uma luta em que seguia as regras desportivas, atinge região vital de Tício, causando-lhe a morte. Ante a gravidade da situação fática, a violência não encontra amparo em nenhuma causa de exclusão da ilicitude, devendo Caio responder pela morte causada.
(D) Nos moldes do finalismo penal, pode a inexigibilidade de conduta diversa ser considerada causa supralegal de exclusão de ilicitude.

A: correta. Os cacos de vidro colocados na parte de cima do muro da casa, que se prestam a proteger o patrimônio, constituem o que a doutrina convencionou chamar de *ofendículo*, que nada mais é do que o dispositivo empregado para atuar na proteção da propriedade ou de outros bens jurídicos. Pois bem. Quanto à natureza jurídica deste mecanismo de proteção, destacam-se, na doutrina, dois posicionamentos, a saber: para uns, cuida-se de autêntico *exercício regular de direito*; para outros, trata-se de *legítima defesa preordenada*, levando-se em conta, neste último caso, o momento em que o dispositivo de proteção é acionado. De todo modo, o *ofendículo* há de ser visível (ostensivo) e apenas o suficiente para rechaçar a agressão ao bem jurídico. Conferir, quanto a isso, o magistério de Cleber Masson: (...) *cuida-se de meios defensivos utilizados para a proteção da propriedade e de outros bens jurídicos, tais como a segurança familiar e a inviolabilidade do domicílio. O titular do bem jurídico prepara previamente o meio de defesa, quando o perigo ainda é remoto e incerto, e o seu funcionamento somente se dá em face de uma agressão atual ou iminente* (*Direito Penal Esquematizado* – Parte Geral. 8. ed. São Paulo: Método. p. 450); **B:** incorreta. Tanto na legítima defesa quanto no estado de necessidade de terceiro, o seu exercício não está condicionado à prévia autorização daquele em favor de quem a excludente de ilicitude é concretizada. Seria como se o policial, para reagir a uma tentativa de assalto a um transeunte, precisasse colher a autorização deste antes de se opor à agressão em curso ou iminente. Evidente que isso não procede, devendo o policial, no exemplo dado, diante de uma agressão a bem jurídico de terceiro, agir a fim de repeli-la, sem que para tanto necessite contar com a anuência do titular do direito violado; **C:** incorreta. As lesões corporais ou mesmo a morte decorrentes da prática de determinadas atividades esportivas, como o boxe, desde que respeitadas as regras pertinentes a tais atividades, configuram exercício regular de direito, apto a afastar a ilicitude da conduta típica (art. 23, III, parte final, do CP); **D:** incorreta. A inexigibilidade de conduta diversa leva à exclusão da culpabilidade.
Gabarito "A".

(Delegado/AM) O termo "ofendículos" em tema de legítima defesa significa:

(A) sujeitos ativos atingidos pela legítima defesa.
(B) sujeitos passivos atingidos pela legítima defesa.
(C) ofensa inicial ao bem jurídico atingido, a qual motiva a legítima defesa.
(D) aparato para defender o patrimônio ou qualquer bem jurídico de ataque ou ameaça.

De fato, para parte da doutrina, o ofendículo caracteriza legítima defesa preordenada, já para outra parte, trata-se de exercício regular de direito, sendo um meio de defesa contra ataque ou ameaça de lesão ao patrimônio ou outro bem jurídico.
Gabarito "D".

(Delegado/AP – 2006 – UFAP) Analise as assertivas e assinale a alternativa correta:

I. A denúncia à autoridade da ocorrência de um crime, feita por um médico, no exercício profissional, é exemplo de exercício regular de direito.
II. A intervenção cirúrgica, sem o consentimento do paciente, quando este estiver correndo risco de vida, é exemplo de estrito cumprimento do dever legal.
III. A reação contra-ataque de animal que se encontra na rua, sem que seja incitado por ninguém, constitui legítima defesa.

(A) Estão corretas todas as alternativas.
(B) Estão erradas todas as alternativas.
(C) Estão corretas apenas as alternativas II e III.
(D) Está correta apenas a alternativa I.
(E) Está correta apenas a alternativa III.

I: incorreta, uma vez que se trata de estrito cumprimento do dever legal e não de exercício regular de um direito (art. 23, III, do CP). O médico, ao denunciar à autoridade a ocorrência de um crime, está cumprindo uma obrigação imposta por lei; **II:** incorreta (art. 23, III, do CP). Em tese, a intervenção médica ou cirúrgica caracteriza o exercício regular de um direito (o agente tem a opção de exercer ou não o seu direito), desde que haja o consentimento do paciente, sob pena de se caracterizar o crime de constrangimento ilegal. Entretanto, em caso de iminente risco de vida, o médico pode agir em estado de necessidade de terceiro, dispensando o consentimento do paciente (art. 24 do CP). Assim, em nenhuma hipótese o médico agirá em estrito cumprimento do dever legal; **III:** incorreta (art. 24 e 25 do CP). A reação contra ataque de animal, sem que seja incitado por alguém, constitui estado de necessidade e não legítima defesa. Isso porque o estado de necessidade pressupõe a existência de um perigo atual, não provocado voluntariamente pelo agente, consistente em um fato da natureza, de um animal ou atividade humana. Assim, o ataque de um animal, que provocou uma situação perigosa, caracteriza uma situação de necessidade. Já a legítima defesa pressupõe a reação a uma injusta agressão atual ou iminente, que só pode advir de uma conduta humana, mediante ação ou omissão, consciente e voluntária, que lesa ou expõe a perigo de lesão um bem jurídico tutelado pelo ordenamento. Cumpre ressaltar que, no caso, poderia caracterizar legítima defesa, na hipótese de uma pessoa se utilizar do animal como instrumento do crime, incitando-o ao ataque. Aí haveria injusta agressão e não estado de perigo.
Gabarito "B".

(Delegado/BA – 2008 – CEFETBAHIA) Um funcionário saiu em perseguição a um estudante que acabara de cometer um furto. Durante a perseguição, o estudante saca de um revólver e começa a atirar no funcionário que responde à agressão sofrida, vindo a ferir mortalmente o seu agressor. Sobre esse fato, é correto afirmar que o funcionário

(A) se encontrava em pleno exercício regular do direito.
(B) se encontrava no estrito cumprimento do dever legal.
(C) se encontrava agasalhado pelo instituto da legítima defesa.
(D) não se encontrava em nenhuma causa de exclusão de ilicitude.
(E) se encontrava em estado de necessidade.

Trata-se, no caso, do instituto da legítima defesa (art. 25 do CP), cujos requisitos restaram preenchidos, uma vez que o estudante provocou uma agressão injusta e atual ao sacar de um revólver e começar a atirar, ameaçando a integridade física do funcionário, o qual reagiu de forma moderada e com os meios necessários, eficaz para repelir a agressão. Assim, não há que se falar em exercício regular do direito, estrito cumprimento do dever legal, nem de estado de necessidade.
Gabarito "C".

(Delegado/BA – 2006 – CONSULPLAN) Um agente policial sai em perseguição a um indivíduo que acabara de cometer um assalto com uso de um revólver. Depois de prender o indivíduo, este reage com violência à prisão, atirando contra o agente, que por sua vez reage, atirando contra o assaltante, ferindo-o de morte. Marque a alternativa correta:

(A) O agente agiu em estado de necessidade.
(B) O agente agiu no exercício regular do direito.
(C) O agente agiu com abuso de autoridade.
(D) O agente cometeu o crime de homicídio.
(E) N. R. A

A: incorreta. Não há falar em estado de necessidade, uma vez que não houve situação de perigo, mas uma agressão injusta. Com relação ao agente policial, trata-se do instituto da legítima defesa (art. 25 do CP), cujos requisitos restaram preenchidos, uma vez que o ladrão provocou uma agressão injusta e atual ao atirar contra o policial, ameaçando a sua integridade física, o qual reagiu de forma moderada e com os meios necessários, eficaz para repelir a agressão; **B:** incorreta, pois o policial não agiu em exercício regular do direito, mas em legítima defesa; **C:** incorreta, dado que no caso não houve abuso de autoridade. **D:** incorreta, uma vez que na hipótese, muito embora tenha havido a morte do assaltante, o policial agiu amparado pela legítima defesa, excludente da antijuridicidade; **E:** correta. No caso, o assaltante, após cometer o assalto, praticou o crime de resistência (art. 329, *caput*, do CP) em concurso com o crime de homicídio tentado ou lesão corporal tentada (art. 329, § 2º, do CP), uma vez que reagiu com violência à prisão, atirando contra o policial, que por sua vez reagiu, atirando contra o assaltante e ferindo-o de morte, em legítima defesa. A propósito da legítima defesa, importante o registro de que a Lei 13.964/2019 (Pacote Anticrime), dentre outras diversas modificações implementadas no campo penal e processual penal, promoveu a inclusão do parágrafo único no art. 25 do CP. Como bem sabemos, este dispositivo contém os requisitos da legítima defesa, causa de exclusão da ilicitude. Este novo dispositivo (parágrafo único) estabelece que também se considera em legítima defesa o agente de segurança pública que rechaça agressão ou risco de agressão a vítima mantida refém durante a prática de crimes. Em verdade, ao inserir este dispositivo no art. 25 do CP, nada mais fez o legislador do que explicitar e reforçar hipóteses configuradora de legítima defesa já consolidada há muito em sede de jurisprudência. Tem efeito, portanto, a nosso ver, mais simbólico do que prático. Em outras palavras, o parágrafo único do art. 25 do CP, incluído pela Lei 13.964/2019, descreve situação que já era, de forma pacífica, considerada típica de legítima defesa. Afinal, como já dito acima, o policial que repele injusta agressão à vida de terceiro atua em legítima defesa. Exemplo típico é o do atirador de elite, que acaba por abater o sequestrador que ameaçava tirar a vida da vítima.
Gabarito "E".

(Delegado/CE – 2006 – CEV/UECE) Considerando as excludentes de antijuridicidade marque a opção FALSA.

(A) Não se pode admitir arguição de legítima defesa real contra legítima defesa real, já que esta pressupõe necessariamente uma agressão injusta.
(B) É possível reconhecer estado de necessidade contra legítima defesa dita putativa, uma vez que aquele pressupõe situação de perigo não causada pelo agente.
(C) Durante operação policial, determinado agente mata potencial criminoso. Este deverá ser absolvido pela ocorrência do estrito cumprimento de dever legal e não pela legítima defesa, já que estava cumprindo com seu dever funcional.
(D) A legítima defesa pode ser caracterizada mesmo quando o agente que a invoca não estava sob risco pessoal direto, atuando na proteção e defesa de terceiro.

A: correta. Somente se admite legítima defesa real contra legítima defesa putativa, pois, nesse caso, haverá uma agressão injusta; **B:** correta (art. 25 do CP). Se a legítima defesa é putativa, a situação de perigo foi causada de forma involuntária, o que autoriza o agente a atuar em estado de necessidade para salvar de perigo atual, que não provocou por sua vontade, nem podia de outro modo evitar, direito próprio ou alheio, cujo sacrifício, nas circunstâncias, não era razoável exigir-se (art. 24 do CP); **C:** incorreta. Não há estrito cumprimento do dever legal, pois a lei não autoriza que o policial mate potencial criminoso, de igual modo não restou caracterizada a legítima defesa, que pressupõe a existência de uma injusta agressão. Assim, o policial não deverá ser absolvido, mas condenado, uma vez que não agiu amparado por nenhuma excludente de antijuridicidade; **D:** correta (art. 25 do CP). A legítima defesa pode ser de direito próprio ou alheio.
Gabarito "C".

(Delegado/DF – 2004) No que concerne ao estado de necessidade é correto afirmar que

(A) o código penal adota a teoria diferenciadora, sendo todo estado de necessidade justificante.
(B) não há distinção entre estado de necessidade justificante e estado de necessidade exculpante.
(C) o código penal adota a teoria unitária, sendo todo estado de necessidade exculpante.
(D) no estado de necessidade exculpante, o bem jurídico preservado sempre será de maior valor do que o bem jurídico sacrificado.
(E) para distinguir estado de necessidade exculpante e estado de necessidade justificante, é preciso ponderar bens jurídicos depois de confrontá-los.

A: incorreta, visto que o Código Penal adotou a teoria unitária, segundo a qual o estado de necessidade, como causa de exclusão da antijuridicidade, restará caracterizado se o bem jurídico sacrificado foi de igual ou inferior valor ao bem preservado. Caso o bem sacrificado seja de valor superior, haverá tão somente a redução da pena. Ademais, para a teoria diferenciadora, o estado de necessidade pode ser justificante (excludente da ilicitude, quando o bem sacrificado for de valor menor ao bem protegido) ou exculpante (causa supralegal de excludente da culpabilidade, pela inexigibilidade de conduta diversa, quando o bem sacrificado for de igual ou valor superior); **B:** incorreta, pois para a teoria diferenciadora há distinção entre o estado de necessidade justificante e estado de necessidade exculpante; **C:** incorreta, uma vez que a teoria unitária não faz tal distinção, dando tratamento único; **D:** incorreta, porque no estado de necessidade exculpante (causa supralegal de excludente da culpabilidade, pela inexigibilidade de conduta diversa), o bem sacrificado é de igual valor ou valor superior); **E:** correta. De fato, para a teoria diferenciadora é necessário diferenciar os valores dos bens jurídicos (sacrificado e protegido) para se concluir pela espécie de estado de necessidade.
Gabarito "E".

(Delegado/GO – 2003 – UEG) Considere os itens abaixo. Antijuridicidade: "É a violação da ordem jurídica em seu conjunto, mediante a realização do tipo", sendo consagrado na doutrina o entendimento de que

I. sob o aspecto formal, surge em decorrência da transgressão da norma, que acaba por lesar ou colocar em perigo bens jurídicos por ela protegidos.
II. sob o aspecto material, é a contradição entre o comportamento do agente e a norma penal.
III. ilicitude e injusto não provêm da mesma noção, sendo a primeira a relação de oposição da conduta do autor com a norma jurídica, e a segunda, a própria ação valorada como ilícita.

IV. toda ação compreendida em um tipo de injusto (doloso ou culposo) será ilícita se não estiver presente uma causa de justificação.

Marque a alternativa CORRETA:

(A) Os itens I e IV são verdadeiros.
(B) Os itens II e III são verdadeiros.
(C) Os itens II e IV são verdadeiros.
(D) Os itens III e IV são verdadeiros.

I e II: incorretas, porque os conceitos estão invertidos; **III**: correta. O injusto caracteriza a oposição do fato típico com aquilo que a sociedade compreende por justiça, o que difere da ilicitude, que é a oposição do fato típico com o ordenamento jurídico; **IV**: correta. De acordo com o caráter indiciário da ilicitude, todo fato típico é, em tese, antijurídico, salvo se presente alguma excludente (teoria da tipicidade como indício da ilicitude).
Gabarito "D".

(Delegado/MG – 2008) Considerando o conceito e a evolução dogmática da teoria do crime, é *CORRETO* afirmar

(A) que exercendo a tipicidade, conforme a teoria da *ratio essendi*, função incidiária da ilicitude, pode-se falar em causas justificantes legais, mas não em causas supralegais, por ferirem estas o princípio da legalidade.
(B) que para a teoria diferenciadora, adotada por nosso Código Penal, o estado de necessidade é justificante, afastando a ilicitude do fato típico praticado pelo agente.
(C) que para a teoria social da ação, a ação é concebida como o exercício de uma atividade final dirigida concretamente a fato juridicamente relevante.
(D) que são elementos da culpabilidade normativa pura a imputabilidade, a consciência potencial da ilicitude e a exigibilidade de conduta diversa.

A: incorreta, pois as causas de exclusão da ilicitude não se limitam às hipóteses legais, sendo admissíveis tanto na doutrina como na jurisprudência as causas supralegais de exclusão da ilicitude, como, por exemplo, o consentimento do ofendido; **B**: incorreta, pois o CP não adotou a teoria diferenciadora, mas a unitária, cujo bem jurídico sacrificado pode ser de igual valor ou de valor superior ao bem protegido; **C**: incorreta, porque, para a teoria social da ação, a ação é a conduta humana, consciente e voluntária, dirigida a um fim, que possui relevância social; **D**: correta. De acordo com a teoria normativa pura, os elementos da culpabilidade são: imputabilidade, potencial consciência da ilicitude e exigibilidade de conduta diversa.
Gabarito "D".

(Delegado/MG – 2007) Quanto às causas de justificação é *CORRETO* afirmar que

(A) na administração da justiça por parte dos agentes estatais é meio legítimo o uso de armas com o intuito de matar indivíduo que tenta evadir-se de cadeia pública.
(B) o policial ao efetuar prisão em flagrante tem sua conduta justificada pela excludente do exercício regular de direito.
(C) pode ser causa de exclusão da ilicitude o consentimento do ofendido nos delitos em que ele é o único titular do bem juridicamente protegido e pode dele dispor livremente.
(D) a obrigação hierárquica é causa de justificação que exclui a ilicitude da conduta de agente público.

A: incorreta, pois a morte de um indivíduo que tenta evadir-se de cadeia pública afigura-se, *a priori*, exagerada, não se podendo, de pronto, invocar qualquer excludente de ilicitude, salvo a análise do caso concreto; **B**: incorreta, visto que a prisão em flagrante efetuada por policial configura estrito cumprimento de um dever legal, *in casu*, imposto pelo art. 301 do CPP (flagrante obrigatório ou compulsório); **C**: correta. De fato, o consentimento do ofendido vem sendo aceito como causa supralegal de exclusão da ilicitude, desde que o titular do bem jurídico protegido pela norma penal incriminadora seja plenamente capaz para consentir e que se trate de bem jurídico disponível; **D**: incorreta, eis que a obediência hierárquica, desde que se trate de ordem não manifestamente ilegal, exclui a culpabilidade do subordinado, a teor do art. 22 do CP.
Gabarito "C".

(Delegado/MG – 2007) Com relação às causas excludentes de ilicitude é CORRETO afirmar que

(A) não existem causas supralegais de exclusão da ilicitude, uma vez que o art. 23 do Código Penal pode ser entendido como *numerus clausus*.
(B) não se reconhece como hipótese de legítima defesa a circunstância de dois inimigos que, supondo que um vai agredir o outro, sacam suas armas e atiram pensando que estão se defendendo.
(C) são requisitos para configuração do estado de necessidade a existência de situação de perigo atual que ameace direito próprio ou alheio, causado ou não voluntariamente pelo agente que não tem dever legal de afastá-lo.
(D) trata-se de estrito cumprimento de dever legal a realização, pelo agente, de fato típico por força do desempenho de obrigação imposta por lei.

A: incorreta, pois, embora o art. 23 do CP enuncie as principais causas excludentes da ilicitude (estado de necessidade, legítima defesa, estrito cumprimento de dever legal e exercício regular de direito), é certo que não esgota todas as causas de justificação, visto que outras são previstas na Parte Especial do CP (art. 128 do CP, por exemplo). Outrossim, doutrinariamente, admite-se a existência de causas supralegais de exclusão da ilicitude, vale dizer, não previstas expressamente em lei. É o caso do consentimento do ofendido (desde que a vítima seja plenamente capaz e o bem jurídico sacrificado seja disponível); **B**: incorreta, eis que a assertiva trata especificamente da legítima defesa putativa (ou imaginária), consoante art. 20, § 1º, do CP; **C**: incorreta, visto que, para o reconhecimento do estado de necessidade, de rigor que a situação de perigo ao bem jurídico próprio ou alheio não tenha sido causado pela vontade do agente (art. 24 do CP); **D**: correta. Entende-se por estrito cumprimento de dever legal, causa excludente da ilicitude que tem por base a prática de um fato típico praticado por agente que atue no desempenho de uma obrigação imposta por lei. É o caso do policial que realiza a prisão em flagrante de quem assim se encontre (art. 301 do CPP). Trata-se de imposição legal que as autoridades policiais e seus agentes devem cumprir.
Gabarito "D".

(Delegado/MT – 2006 – UFMT) No estado de necessidade,

(A) o sujeito ativo repele injusta agressão atual.
(B) a agressão sofrida é atual e iminente.
(C) o fato praticado pelo agente é típico.
(D) o agente afasta um perigo iminente.
(E) há um crime, embora ausente a infração penal.

A: incorreta, visto que não se tem como premissa do estado de necessidade a existência de uma injusta agressão, mas, sim, a existência de uma situação de perigo atual, consoante determina o art. 24 do CP; **B**: incorreta, já que, como dito na alternativa anterior, não se tem

como pressuposto do estado de necessidade (causa excludente da ilicitude, diga-se de passagem) uma agressão injusta, sempre oriunda de comportamento humano, mas, como dito, uma situação de perigo, que pode decorrer não só de comportamento humano, mas, também, de eventos naturais e atos praticados por irracionais (animais, por exemplo); **C**: correta, uma vez que o estado de necessidade afasta a ilicitude (ou antijuridicidade), que é elemento do crime, subsistindo, contudo, a tipicidade (ex.: quem mata em estado de necessidade pratica fato típico – matar alguém –, embora não se trate de conduta ilícita ou antijurídica); **D**: incorreta, pois, de acordo com o art. 24 do CP, somente se cogita o estado de necessidade quando o agente pratica o fato para salvar-se ou salvar terceiro de perigo atual, não contemplando a lei o perigo "iminente" (todavia, a doutrina majoritária sustenta que o perigo iminente também pode ser pressuposto para que alguém atue em estado de necessidade); **E**: incorreta, porque quem age em estado de necessidade não comete crime, dado que este pressupõe, sempre, a prática de um fato antijurídico (ou ilícito, vale dizer, contrário ao direito).
Gabarito "C".

(Delegado/MT – 2006 – UFMT) Em legítima defesa subjetiva, o agente

(A) supõe a existência da agressão ou sua injustiça.

(B) atua em repulsa contra o excesso praticado pela vítima.

(C) excede por erro de tipo acidental.

(D) excede por erro de tipo escusável, supondo esteja afastando injusta agressão.

(E) responde pelo fato, em razão do excesso, dolosamente.

De acordo com a doutrina, fala-se em legítima defesa subjetiva quando o agente incorre em excesso por erro de tipo escusável (ou inevitável), o que gera o afastamento do dolo e da culpa. Inicialmente, atua o agente em legítima defesa, repelindo agressão injusta atual ou iminente (art. 25 do CP). No entanto, mesmo após cessar a agressão, crendo piamente que esta ainda não se esgotou, prossegue no contra-ataque ao agressor original, causando-lhe, no mais das vezes, lesões corporais ou a própria morte. Neste caso, constatado que o agente incidiu em erro de tipo inevitável (ou escusável), por nada responderá.
Gabarito "D".

(Delegado/PA – 2009 – MOVENS) Em relação às excludentes de ilicitude, assinale a opção correta.

(A) Pode alegar estado de necessidade quem tinha o dever legal de enfrentar o perigo.

(B) Entende-se em legítima defesa quem, usando dos meios necessários, repele agressão, apenas atual, a direito seu; não existindo legítima defesa de terceiros.

(C) O agente, na hipótese de estado de necessidade, responderá pelo excesso doloso ou culposo.

(D) O estrito cumprimento de dever legal e o exercício regular de direito são excludentes de culpabilidade e não de ilicitude.

A: incorreta. Aquele a quem incumbia o dever legal de enfrentar o perigo não pode invocar a excludente do estado de necessidade. É o teor do art. 24, § 1º, do CP; **B**: incorreta. A assertiva está em desconformidade com a redação do art. 25 do CP, que traça os requisitos da legítima defesa; **C**: correta. O excesso punível, que pode ser doloso ou culposo, se aplica a todas as causas de exclusão de ilicitude – art. 23, parágrafo único, do CP. **D**: incorreta. O *estrito cumprimento de dever legal* e o *exercício regular de direito* constituem excludentes de ilicitude – art. 23, III, do CP.
Gabarito "C".

(Delegado/PR – 2007) As causas de exclusão de ilicitude, previstas no artigo 23 do Código Penal, devem ser entendidas como cláusulas de garantia social e individual. Sobre as excludentes, considere as seguintes afirmativas:

1. Atua em legítima defesa quem repele ataque de pessoa inimputável ou de animal descontrolado.
2. Não pode alegar estado de necessidade quem tinha o dever legal de enfrentar o perigo.
3. Considera-se em estado de necessidade quem pratica o fato mediante a existência de perigo atual, involuntário e inevitável.
4. O estrito cumprimento do dever legal pressupõe que o agente atue em conformidade com as disposições jurídico-normativas e não simplesmente morais, religiosas ou sociais.

Assinale a alternativa correta.

(A) Somente as afirmativas 2 e 3 são verdadeiras.

(B) Somente as afirmativas 2, 3 e 4 são verdadeiras.

(C) Somente as afirmativas 2 e 4 são verdadeiras.

(D) Somente as afirmativas 1, 3 e 4 são verdadeiras.

(E) Somente as afirmativas 1, 2 e 3 são verdadeiras.

1: incorreta, pois a legítima defesa tem como pressuposto a existência de uma agressão injusta, sempre oriunda de um comportamento humano. Assim, o ataque de um animal descontrolado pode ser o ponto de partida do estado de necessidade (art. 24 do CP), mas, não, de invocação de legítima defesa (art. 25 do CP); **2**: correta (art. 24, § 1º, do CP); **3**: correta (art. 24, *caput*, do CP); **4**: correta, uma vez que se caracteriza o estrito cumprimento do dever legal, causa excludente da ilicitude (art. 23, III, do CP) quando o agente age nos exatos termos das disposições jurídico-normativas, as quais, obviamente, não compreendem as convicções morais, religiosas ou sociais do agente.
Gabarito "B".

(Delegado/RN – 2009 – CESPE) Assinale a opção correta no que concerne às descriminantes.

(A) O agente que, em legítima defesa, disparar contra seu agressor, mas, por erro, alvejar um terceiro inocente, não responderá por qualquer consequência penal ou civil.

(B) A atuação em estado de necessidade só é possível se ocorrer na defesa de direito próprio, não se admitindo tamanha excludente se a atuação destinar-se a proteger direito alheio.

(C) Na legítima defesa, toda vez que o agente se utilizar de um meio desnecessário, este será também imoderado.

(D) Não é possível a legítima defesa contra estado de necessidade.

(E) Não é possível legítima defesa real contra quem está em legítima defesa putativa.

A: incorreta, pois o agente que, em legítima defesa, dispara contra seu agressor e atinge terceira pessoa, terá agido em legítima defesa com *aberratio ictus* (erro na execução), o que, de fato, excluirá a responsabilidade penal, mas não a civil (STJ, REsp. 152030/DF, Rel. Min. Ruy Rosado de Aguiar, 4ª T., RSTJ 113, p. 290/RT 756); **B**: incorreta, já que o estado de necessidade pode ser próprio, quando a atuação do agente voltar-se à proteção de direito próprio que esteja sendo ameaçado por situação de perigo, ou de terceiro, quando o direito ameaçado pertencer a terceira pessoa (art. 24, *caput*, do CP; **C**: incorreta, visto que o uso de um meio desnecessário, ou seja, inadequado à repulsa da agressão injusta atual ou iminente, não será considerado, necessariamente, imoderado, eis que a imoderação diz respeito à conduta daquele que, após

cessar a agressão, ainda prossegue no contra-ataque, dando margem ao excesso (art. 23, parágrafo único, do CP); **D:** correta, dado que a legítima defesa tem como pressuposto a existência de um agressor injusta, o que é incompatível com quem age em estado de necessidade, que atua para salvar-se de perigo atual, fazendo-o amparado pelo ordenamento jurídico; **E:** incorreta, eis que é perfeitamente possível a coexistência de legítima defesa real contra quem age em legítima defesa putativa (ou imaginária). Afinal, neste último caso, objetivamente, o agente age injustamente contra terceiro, acredita ser vítima de uma agressão injusta atual ou iminente. Por esse motivo, poderá invocar legítima defesa real quem for agredido por alguém que atue em legítima defesa putativa.
Gabarito "D".

(Delegado/SC – 2008) Analise as alternativas a seguir e assinale a correta.
- (A) São requisitos da legítima defesa: a) existência de um perigo atual, b) perigo que ameace direito próprio ou alheio, c) conhecimento da situação justificante e d) não provocação voluntária da situação de perigo pelo agente.
- (B) O Código Penal adotou a teoria diferenciadora para definir a excludente de ilicitude do "estado de necessidade". Assim sendo, se alguém pratica o fato para salvar de perigo atual, que não provocou por sua vontade, nem podia de outro modo evitar, direito próprio ou alheio de valor superior que o sacrificado exclui-se a ilicitude. Entretanto, se os bens em conflito forem equivalentes, ou se o bem preservado for de valor inferior ao sacrificado, não incidirá a excludente.
- (C) São elementos da culpabilidade, segundo a Teoria Finalista da Ação: a) imputabilidade, b) potencial consciência da ilicitude e c) exigibilidade de conduta diversa.
- (D) O oficial de justiça que executa uma ordem judicial de despejo age no exercício regular de um direito.

A: incorreta. São requisitos da legítima defesa: agressão atual ou iminente; agressão contra direito próprio ou de terceiro; agressão injusta; utilização dos meios necessários para a repulsa; moderação da reação; proporcionalidade na legítima defesa; e vontade de defender-se (requisito subjetivo); **B:** incorreta. Se o bem sacrificado for de valor maior do que o bem preservado, estaremos diante do chamado *estado de necessidade exculpante*, em que ficará excluída a culpabilidade, e não a ilicitude. Se, entretanto, se tratar de bens de valor equivalente ou do sacrifício de um bem de menor valor para preservar outro de maior valor, estaremos diante do chamado *estado de necessidade justificante*, no qual ficará excluída a ilicitude; **C:** correta. De fato, são esses os elementos da culpabilidade, segundo a teoria finalista da ação; **D:** incorreta. Oficial de Justiça que executa uma ordem de despejo age no estrito cumprimento do dever legal.
Gabarito "C".

10. CONCURSO DE PESSOAS

(Delegado/DF – 2015 – Fundação Universa) Assinale a alternativa correta acerca do concurso de pessoas.
- (A) De acordo com a teoria pluralística, há um crime para os autores, que realizam a conduta típica emoldurada no ordenamento positivo, e outro crime para os partícipes, que desenvolvem uma atividade secundária.
- (B) O ajuste, a determinação ou instigação e o auxílio são puníveis ainda que o crime não tenha sido tentado.
- (C) O CP adotou, como regra, a teoria dualística.
- (D) Segundo a teoria monista ou unitária, a cada participante corresponde uma conduta própria, um elemento psicológico próprio e um resultado igualmente particular.
- (E) São requisitos do concurso de pessoas a pluralidade de participantes e de condutas, a relevância causal de cada conduta, o vínculo subjetivo entre os participantes e a identidade de infração penal.

A: incorreta, já que, para a *teoria pluralista*, a que faz referência a assertiva, cada um dos agentes envolvidos na empreitada deverá responder por delito autônomo. A proposição contempla a definição da *teoria dualística*, segundo a qual há um crime para os autores e outro para os partícipes; há, ainda, a *teoria monista* (unitária ou monística), acolhida, como regra, pelo Código Penal, para a qual, no concurso de pessoas, há um só crime; **B:** incorreta, uma vez que não corresponde ao que estabelece o art. 31 do CP; **C:** incorreta. Conforme acima ponderamos, o CP adotou, como regra, a *teoria monista*; **D:** incorreta, em razão do que acima foi dito; **E:** correta, já que a assertiva contempla os requisitos necessários à existência do concurso de pessoas (art. 29, CP).
Gabarito "E".

(Delegado/DF – 2015 – Fundação Universa) No que se refere à teoria do domínio do fato, é correto afirmar que
- (A) a teoria do domínio do fato objetiva oferecer critérios para a diferenciação entre autor e partícipe, sem a pretensão de fixar parâmetros sobre a existência, ou não, de responsabilidade penal.
- (B) um agente criminoso que dirija o automóvel essencial e imprescindível para a fuga de um grupo de criminosos que rouba um banco, de acordo com a teoria do domínio do fato, pratica roubo, em coautoria, por domínio da vontade.
- (C) a teoria do domínio do fato equivale à teoria objetivo-formal de autoria.
- (D) o domínio do fato se manifesta em três diferentes formas: domínio da ação, na modalidade autoria mediata; domínio da vontade, na forma de autoria imediata; e domínio funcional do fato, como coautoria.
- (E) a teoria do domínio do fato contribui para a diferenciação entre autor e partícipe no caso de crimes culposos.

A: correta. Sustenta a *teoria do domínio do fato* que *coautor* é, além daquele que realiza o verbo contido no tipo penal, também aquele que, de alguma forma, detém pleno controle da situação. Desse modo, o mandante de um crime, embora não tenha realizado a figura típica, deve ser considerado coautor, como também aquele que o executou. Para a *teoria restritiva*, o mandante seria mero partícipe. O partícipe, segundo esta teoria (domínio do fato), não dispõe do domínio da situação, mas contribui para ele. Note que esta teoria atribui ao coautor um conceito mais amplo do que a teoria restritiva. Como se pode perceber, a teoria do domínio do fato oferece critérios para a diferenciação entre autor e partícipe, sem a pretensão de fixar parâmetros sobre a existência, ou não, de responsabilidade penal; **B:** incorreta, já que o agente, nessas circunstâncias, é considerado, à luz da teoria do domínio do fato, coautor por domínio funcional (e não por domínio da vontade), na medida em que sua atuação é indispensável e essencial à concretização da conduta criminosa. O art. 29, *caput*, do CP adotou a *teoria restritiva* (objetivo-formal). No entanto, vale o registro de que alguns ministros do STF, por ocasião do julgamento da Ação Penal n. 470, mais conhecida como *mensalão*, se filiaram à teoria do domínio do fato; **C:** incorreta, uma vez que, como dito acima, a teoria objetivo-formal, acolhida pelo Código Penal, difere, no que toca à autoria, da teoria do domínio do fato. Isso porque traz um conceito mais restrito de coautor, assim considerado tão somente aquele que concretiza o verbo nuclear do tipo penal; **D:** incorreta. Na verdade, o domínio da vontade se dá no contexto da autoria mediata, ao passo que o domínio da ação se dá no contexto da autoria imediata, e não como constou na assertiva, que inverteu tais conceitos; **E:** incorreta. A teoria do domínio do fato não tem incidência no campo dos crimes culposos, em que o resultado não é desejado pelo agente.

Gabarito "A".

(Delegado/SP – 2014 – VUNESP) Segundo o conceito restritivo, é autor aquele que

(A) tem o domínio do fato.
(B) realiza a conduta típica descrita na lei.
(C) contribui com alguma causa para o resultado.
(D) age dolosamente na prática do crime.
(E) pratica o fato por interposta pessoa que atua sem culpabilidade.

A: incorreta. O conceito restritivo de autor não engloba aquele que tem o domínio do fato, apesar de não incidir no comportamento típico. Apenas para a teoria do domínio do fato é que também poderá ser considerado autor, embora sem executar a conduta prevista no tipo penal, aquele que tiver o domínio finalístico da ação/omissão perpetrada por terceiros; **B:** correta. De acordo com o conceito restritivo, extraído da teoria formal, autor será apenas aquele que realizar, total ou parcialmente, a conduta típica descrita na lei, em contraposição à teoria normativa (ou do domínio do fato), para a qual autor será, também, aquele que tem o controle da ação típica dos demais concorrentes, ainda que não execute o comportamento previsto no tipo penal; **C:** incorreta. Para os adeptos da teoria subjetiva ou subjetivo-causal, não haveria diferenças entre coautor e partícipe, bastando, para tanto, que tenham contribuído para a geração do resultado típico; **D:** incorreta, não havendo qualquer relação entre conceito restritivo de autor e atuação dolosa na prática de um crime. Poderá ser partícipe, por exemplo, aquele que agir com dolo para a prática de um homicídio, induzindo, instigando ou auxiliando o executor material a matar a vítima. Isso não o tornará autor; **E:** incorreta. Aquele que pratica o fato por interposta pessoa, que atua sem culpabilidade, é considerado autor mediato. Somente se adotarmos a teoria normativa é que conseguiremos incluir o autor mediato como "autor" de um crime, visto que este não executa materialmente o crime, mas se vale de terceiro, sem culpabilidade, para o cometimento do crime.

Gabarito "B".

(Delegado/RJ – 2013 – FUNCAB) Alfredo, querendo matar Epaminondas, sobe até o terraço de um prédio portando um rifle de alta precisão, com silencioso e mira telescópica. Sem ser visto, constata a presença de Gildenis, outro atirador, em prédio vizinho, armado com uma escopeta, também preparado para matar a mesma vítima, tendo Alfredo percebido sua intenção. Quando Epaminondas atravessa a rua, ambos começam a atirar, vindo a vítima a morrer em face, unicamente, dos disparos efetuados por Gildenis. Analisando o caso concreto, leia as assertivas a seguir:

I. Há, no caso, autoria colateral incerta.
II. Alfredo e Gildenis devem responder por homicídio consumado, inobstante o disparo fatal ter sido produzido unicamente pela arma de Gildenis.
III. Tanto Alfredo, quanto Gildenis, agiam em concurso de pessoas.
IV. Alfredo é o autor direto e Gildenis o autor mediato.

Agora, assinale a opção que contempla a(s) assertiva(s) verdadeira(s).

(A) Apenas a I.
(B) Apenas a II.
(C) Apenas II e III.
(D) Apenas I e II.
(E) I, II, III e IV.

I: incorreta, pois, na autoria colateral, os agentes devem desconhecer a intenção uns dos outros no tocante ao crime para o qual ambos concorrem. Faltará a eles o liame subjetivo. Porém, no enunciado, ficou claro que Alfredo percebeu a presença do outro atirador no prédio vizinho, concluindo que sua intenção era a de matar Epaminondas. Exclui-se, portanto, a aplicação do instituto denominado "autoria colateral"; **II:** correta. Considerando que os disparos efetuados por Gildenes foram a causa da morte de Epaminondas, não restam dúvidas de que deverá responder por homicídio consumado. Quanto a Alfredo, considerando que este estava ciente da intenção do outro atirador, praticou conduta (disparos contra a vítima) em reforço ao comportamento delitivo alheio, devendo responder pelo resultado; **III:** incorreta. Não se cogita de concurso de pessoas, haja vista que faltava, ao menos no tocante a Gildenis, o liame subjetivo (vínculo psicológico), não tendo aderido à conduta de Alfredo; **IV:** incorreta, não se cogitando de autoria mediata por parte de Gildenis, visto que este, com os disparos, provocou a morte da vítima.

Gabarito "B".

(Delegado/PR – 2013 – UEL-COPS) Sobre o concurso de agentes, atribua V (verdadeiro) ou F (falso) às afirmativas a seguir.

( ) O Código Penal adota a teoria unitária ou monística, equiparando os participantes. No entanto, há hipóteses em que o mesmo Código atribui outro crime para a conduta de terceiro, acatando, nesses casos, a teoria pluralista.
( ) Um dos requisitos para o concurso de agentes é o acordo prévio de vontades (*Pactum sceleris*) sem o qual, cada um responderá por aquilo que efetivamente praticou, ocorrendo a chamada autoria colateral.
( ) Na cooperação dolosa distinta ou desvio subjetivo entre participantes, aplica-se a pena do crime menos grave ao participante que o pretendia, podendo esta ser aumentada até a metade se o resultado era previsível.
( ) O ajuste, a determinação ou a instigação e o auxílio são puníveis mesmo que os atos executórios não tenham sido iniciados.
( ) Autoria incerta é o mesmo que autoria ignorada, ocorrendo quando há incerteza sobre quem, dentre os realizadores dos vários comportamentos, produziu o resultado.

Assinale a alternativa que contém, de cima para baixo, a sequência correta.

(A) V, V, F, V, F.
(B) V, F, V, F, F.
(C) V, F, F, V, F.
(D) F, V, V, F, V.
(E) F, V, F, V, V.

Afirmativa I: verdadeira. De fato, o CP, em seu art. 29, adota a teria unitária, monista ou monística, segundo a qual quem, de qualquer modo, concorrer para um crime, incidirá nas penas a este cominadas, na medida de sua culpabilidade. Portanto, num primeiro momento, equiparam-se, do ponto de vista da imputação de um fato criminoso, todos os "participantes" do evento (autores, coautores e partícipes). No entanto, excepcionalmente, pessoas que concorram para um mesmo fato poderão vir a responder por delitos diversos. A esse fenômeno dá-se o nome de exceção pluralística à teoria monística. É o que se verifica, por exemplo, na conduta da gestante, que consente

para que terceiro nela provoque o aborto. Ela – gestante – responderá pela figura típica prevista na parte final do art. 124 do CP, ao passo que o terceiro responderá pelo crime tipificado no art. 126 do CP; **Afirmativa II**: falsa, pois não é requisito para o reconhecimento do concurso de agentes que haja o prévio ajuste ou acordo de vontades entre eles, bastando que haja adesão de vontades ou liame subjetivo, o que poderá ocorrer antes ou durante a execução típica; **Afirmativa III**: verdadeira. De fato, no caso do art. 29, § 2º, do CP (cooperação dolosamente distinta ou desvio subjetivo entre participantes), se um dos agentes quis participar de delito menos grave, responderá pela pena deste, que, porém, poderá ser aumentada até a metade se o resultado mais grave, produzido por outro concorrente, era previsível; **Afirmativa IV**: falsa, pois o ajuste, a determinação ou a instigação e o auxílio não são puníveis, salvo disposição em contrário, se o crime não chegar, ao menos, a ser tentado (art. 31, CP); **Afirmativa V**: falsa. A autoria incerta verifica-se na hipótese em que diversas pessoas, sem vínculo subjetivo (ou liame psicológico), concorrem para a prática de um mesmo crime (autoria colateral), mas sem que se consiga identificar, precisamente, qual comportamento foi o efetivo causador do resultado. Não se confunde a autoria incerta – que, repita-se, tem ligação íntima com a autoria colateral – com a autoria desconhecida ou ignorada, na qual não se consegue sequer identificar os agentes envolvidos na empreitada criminosa. Observe que na autoria colateral os agentes são identificados, mas não se consegue apurar qual deles foi o responsável pela produção do resultado. Já na autoria desconhecida ou ignorada, como dito anteriormente, os agentes sequer são conhecidos, inviabilizando-se a persecução penal em juízo.
Gabarito "B".

(Delegado de Polícia/GO – 2013 – UEG) Sobre o concurso de pessoas, tem-se o seguinte:

(A) pela teoria do favorecimento da participação, a punibilidade do partícipe depende da culpabilidade do autor.

(B) pelo conceito extensivo, autor é quem executa a ação típica, não havendo diferença entre autoria e participação.

(C) pela cooperação dolosamente distinta, ocorre uma divergência entre o elemento subjetivo do partícipe e a conduta realizada pelo autor.

(D) pela teoria objetivo-formal, autor é causa do delito, enquanto partícipe é condição.

A: incorreta. A punibilidade do partícipe reside no fato de favorecer (contribuir) para que o autor pratique uma conduta socialmente danosa e intolerável do ponto de vista jurídico-penal. Trata-se da Teoria do favorecimento ou da causação, amplamente reconhecida na Alemanha e na Espanha, mas compatível com a teoria da acessoriedade limitada, que predomina no Brasil. Não se confunde com a Teoria da participação na culpabilidade, que fundamenta a punibilidade do partícipe no fato de atuar sobre o autor, contribuindo para que se torne um delinquente culpável. Como se sabe, pela teoria da acessoriedade limitada, que, como foi dito, predomina no Brasil, a punibilidade do partícipe exige, apenas, que ele contribua (induza, instigue ou auxilie) para que o autor cometa um fato típico e ilícito, pouco importando a culpabilidade, que é característica eminentemente pessoal; **B**: incorreta. Pela teoria extensiva ou conceito extensivo de autor, este será todo aquele que contribuir, de alguma forma, para o resultado, seja executando a ação típica, seja induzindo, instigando ou auxiliando alguém a fazê-lo. Funda-se na teoria da equivalência dos antecedentes, não diferenciando autor de partícipe; **C**: correta. De fato, na cooperação dolosamente distinta (art. 29, § 2º, do CP), há um desvio subjetivo entre os concorrentes da empreitada criminosa. Inicialmente estabelecido o "plano criminoso", um deles o altera, praticando crime mais grave. Nesse caso, aquele que quis participar de crime menos grave, por este responderá; **D**: incorreta. Pela Teoria objetivo-formal, autor é aquele cuja ação esteja em conformidade com a descrição típica do fato, sendo partícipe aquele que, de forma acessória ou secundária (ou seja, sem realizar a descrição típica do fato), contribui com menor relevância (se comparada à conduta do autor) para a empreitada criminosa.
Gabarito "C".

(Delegado/AM) Mateus e Marcos são inimigos de Lucas, que reside na cidade vizinha. Em determinado dia, o jornal noticia que Lucas irá fazer uma visita à cidade, e que chegará por volta das 10 horas da manhã. Então, sem que um saiba da decisão do outro, Mateus e Marcos resolvem matar seu desafeto, fazendo uma emboscada. Ainda sem qualquer conhecimento da conduta do outro, ambos se colocam cada qual, de um lado da estrada e ficam aguardando a passagem da vítima. Quando esta aparece, Mateus efetua os disparos que atingem e matam Lucas, ao passo que Marcos apenas atira quando Lucas já tinha falecido em virtude dos tiros desfechados por Mateus. A perícia confirma estes fatos. Diante disso, a alternativa correta é:

(A) Mateus e Marcos responderão por homicídio, mas Mateus deverá receber pena maior.

(B) Mateus responderá por homicídio e Marcos por tentativa de homicídio.

(C) Mateus responderá por homicídio e Marcos não responderá por crime.

(D) Mateus e Marcos responderão por homicídio.

No caso em questão trata-se da autoria colateral (coautoria imprópria ou coautoria lateral), a qual se caracteriza quando duas ou mais pessoas iniciam os atos executórios de um mesmo crime, visando a um mesmo resultado, conquanto um agente não tenha conhecimento da intenção do outro. Assim, não há que se falar em concurso de pessoas, uma vez que não há o requisito acerca do vínculo subjetivo, que é a vontade de praticar um mesmo crime em concurso. Ainda, importante distinguir a autoria colateral, em que há a identificação da conduta de quem causou o resultado, da autoria incerta, cuja conclusão não é possível. Na autoria colateral, o autor responderá pelo crime e o outro agente responderá pelo crime na forma tentada. Caso se trate de autoria incerta, ambos os agentes responderão pelo crime, em sua forma tentada. Na questão acima descrita, Mateus responderá por homicídio, já que a perícia conseguiu identificar que foram os seus disparos que acarretaram a morte de Lucas. Por sua vez, Marcos não responderá pelo crime, nem em sua forma tentada, haja vista que Lucas já tinha falecido, quando efetuou o disparo, em virtude dos tiros desfechados por Mateus. Assim, aplica-se o art. 17 do CP, que trata do crime impossível, visto que não se pune a tentativa quando, por absoluta impropriedade do objeto material (pessoa ou coisa sobre a qual recai a conduta do autor), é impossível consumar o crime.
Gabarito "C".

(Delegado/BA – 2008 – CEFETBAHIA) Um ladrão comenta com um amigo que vai assaltar o Banco "Y" na manhã de segunda-feira pedindo que ele guarde segredo. No dia do roubo, ele é preso e diz à polícia que o amigo sabia de tudo.

Diante do narrado, é correto afirmar que o

(A) ladrão responde pelo crime de roubo e o amigo terá a pena diminuída de um a dois terços por participação de menor importância.

(B) amigo é partícipe do roubo, pois tinha ciência do crime a ser praticado.

(C) ladrão é o único autor do crime de roubo.

(D) ladrão é autor e o amigo é coautor.

(E) amigo é autor intelectual do roubo.

A: incorreta, pois o amigo não contribuiu com nenhuma conduta (não houve relevância causal de sua conduta). Portanto, não há que se falar em participação de menor importância, quando a relevância causal é mínima; **B:** incorreta, já que o conhecimento da prática de uma infração penal não torna a pessoa partícipe do delito, diante de sua omissão. Isso porque na conivência o sujeito não está vinculado subjetivamente à conduta do autor do crime, salvo se presente o dever de agir para impedir a produção do resultado (crime omissivo impróprio), o que não ocorreu no caso; **C:** correta, uma vez que no caso em questão estão ausentes os requisitos do concurso de pessoas. Não houve vínculo subjetivo (adesão psicológica para a prática do crime de roubo) e, por conseguinte, não houve relevância causal da conduta. Simplesmente o amigo "guardou segredo" da cogitação de um crime. Tal conduta não influiu para a prática do crime de roubo. O amigo não induziu ou instigou o ladrão (participação moral), nem tampouco o auxiliou materialmente, fornecendo instrumentos para a prática do crime (participação material). Na conivência o sujeito não está vinculado subjetivamente à conduta do autor do crime, não sendo partícipe, salvo se presente o dever de agir para impedir a produção do resultado; **D:** incorreta, pois para ser coautor o amigo deveria ter contribuído para a causação do resultado, mediante a execução do núcleo do tipo penal do crime de roubo; **E:** incorreta, porque não foi o amigo quem planejou mentalmente a prática do crime de roubo.
Gabarito "C".

(Delegado/ES – 2006 – CESPE) No item a seguir é apresentada uma situação hipotética acerca das normas pertinentes à parte geral do Código Penal seguida de uma assertiva a ser julgada.

(1) Antônio, com 43 anos de idade, idealizou e planejou a subtração de joias de uma grande joalheria, traçando as coordenadas da ação com Marcos e Alexandre, para os quais forneceu um veículo e as ferramentas a serem utilizadas na empreitada criminosa. Na data combinada, Marcos e Alexandre executaram com êxito o furto, logrando subtrair um grande número de joias de elevado valor comercial, as quais foram devidamente repartidas entre os três indivíduos. Após intensa investigação, a polícia identificou a autoria do crime, indiciando Antônio, Marcos e Alexandre em sede de Inquérito Policial. Nessa situação, é correto afirmar que houve concurso de pessoas para a realização da figura típica, devendo Antônio responder como partícipe e Marcos e Alexandre como coautores do delito.

1: correta, pois Marcos e Alexandre são coautores do delito, na medida em que executaram o furto, subtraindo um grande número de joias de elevado valor comercial. Ou seja, realizaram o núcleo do tipo (teoria objetivo-formal). Ainda, Antônio é considerado partícipe, já que idealizou e planejou a subtração de joias de uma grande joalheria, traçando as coordenadas da ação. Nesse caso, trata-se de "autor intelectual", que para a teoria objetivo-formal é uma modalidade de participação. Já para a teoria do domínio do fato, o autor intelectual não é partícipe, porque o conceito de autor é mais amplo, segundo o qual se considera autor todo aquele que tem o controle sobre o fato.
Gabarito 1C.

(Delegado/GO – 2003 – UEG) O Código Penal brasileiro disciplina o concurso de pessoas e adota como princípio

(A) a teoria unitária ou igualitária, não fazendo qualquer distinção entre autor, coautor e partícipe, pois todos os que concorrem para o crime são autores e recebem a mesma sanção penal.

(B) a teoria unitária, ainda que a autoria seja incerta, considerando que todos que corroboraram para o resultado respondem por ele (concurso eventual), que se distingue do concurso necessário, elementar nos crimes plurissubjetivos.

(C) a teoria monística ou unitária temperada, já que estabelece certos graus de participação, considerando cada partícipe de forma autônoma como autor, ou seja, aos diversos autores, diversos delitos.

(D) a teoria dualística, havendo dois delitos: um para os autores, que realizam a atividade principal, e outro para os partícipes, que desenvolvem as atividades secundárias.

A: incorreta, pois, de acordo com a teoria unitária, quem, de qualquer modo, concorre para o crime, incide nas penas a este cominadas, na medida de sua culpabilidade. Assim, as penas não serão idênticas, a depender do grau de censurabilidade de cada conduta; **B:** correta, pois, mesmo quando se trata de autoria incerta, aplica-se a teoria unitária. Não se apura qual a conduta que deu causa ao resultado, mas os agentes responderão pela tentativa do delito almejado; **C e D:** incorretas, pois a lei não distingue autor de partícipe, sendo que todos responderão pelo mesmo crime, na medida de sua culpabilidade.
Gabarito "B".

(Delegado/MA – 2006 – FCC) Pedro (funcionário público) convidou Paulo(comerciante) para subtraírem um computador de uma repartição pública. Paulo concordou, ignorando que Pedro é funcionário público. Ambos ingressaram na referida repartição pública e subtraíram o computador. Nesse caso,

(A) Pedro responde por peculato doloso e Paulo por furto.
(B) Pedro responde por furto e Paulo por peculato doloso.
(C) Ambos respondem por peculato doloso.
(D) Ambos respondem por furto.
(E) Pedro responde por peculato doloso e Paulo por peculato culposo.

De fato, no caso não se aplica o art. 30 do CP, pois somente há comunicação ao partícipe ou coautor da elementar de caráter pessoal, quando tinha o conhecimento a respeito.
Gabarito "A".

(Delegado/MG – 2008) Considerando o concurso de pessoas, assinale a afirmativa INCORRETA.

(A) A participação está condicionada à eficácia causal e à consciência de participação em ação comum e, por ser acessória, só é punível se o crime chega a ser ao menos tentado, ressalvadas as disposições expressas em contrário.

(B) Conforme a regra geral, as condições e circunstâncias de caráter pessoal do agente, subjetivas, não se comunicam entre coautores e partícipes, respondendo cada um individualmente, de acordo com elas.

(C) No desvio subjetivo de conduta há verdadeira quebra da teoria monista respondendo os partícipes conforme a intensidade volitiva e atuação no crime praticado pelo autor.

(D) O Código Penal brasileiro prevê expressamente a possibilidade da autoria mediata nos casos de ocorrência de erro determinado por terceiro, coação moral irresistível e obediência hierárquica.

A: correta (art. 31 do CP); **B:** correta (art. 30 do CP); **C:** incorreta, pois não há quebra da teoria monista. No caso da cooperação dolosamente distinta (desvio subjetivo da conduta), aplica-se a teoria unitária, visto que há vínculo subjetivo com relação ao crime menos grave. Inclusive, será aplicada a pena do crime menos grave para aquele que não quis participar do crime mais grave, sendo-lhe, todavia, aplicada a pena aumentada da metade se o resultado era previsível (art. 29, § 2º, do CP); **D:** correta (art. 20, § 3º, do CP e art. 22 do CP).

Gabarito "C".

(Delegado/MG – 2006) Quanto ao concurso de pessoas, todas as alternativas estão corretas, EXCETO:

(A) nos crimes plurisubjetivos o concurso de pessoas é necessário.

(B) No concurso de pessoas o legislador adotou a teoria monista, sendo para autoria adotado conceito restritivo de autor.

(C) As condições de caráter pessoal não se comunicam no concurso de pessoas por previsão legal, mas as elementares do tipo se comunicam sempre que integrarem a esfera de conhecimento dos participantes.

(D) É possível o concurso de pessoas nos crimes omissivos impróprios.

(E) Quem promete recompensa para que outro pratique homicídio é autor colateral do homicídio praticado.

A: correta, visto que são plurisubjetivos os crimes que, para o seu próprio reconhecimento (tipicidade penal), exigem a concorrência de duas ou mais pessoas, tratando-se de crimes de concurso necessário (ex.: associação criminosa – art. 288 do CP); **B:** correta. De acordo com o art. 29, *caput*, do CP, adotou-se, como regra, a teoria monista ou unitária, vale dizer, quem, de qualquer modo, concorrer para o crime, responderá pelo mesmo ilícito, na medida de sua culpabilidade. Ainda, considerar-se-á autor aquele que executar a ação nuclear (verbo do tipo), adotando-se, aqui, a teoria restritiva de autor; **C:** correta (art. 30 do CP); **D:** correta. Muito embora há quem sustente ser inadmissível a coautoria nos crimes omissivos (Nilo Batista, por exemplo); **E:** incorreta, pois quem promete recompensa para o executor material de um homicídio será considerado mandante do crime, sendo, à luz da teoria restritiva de autor, partícipe do crime, não se podendo falar em autoria colateral (que é aquela que se verifica quando duas ou mais pessoas, sem que exista liame subjetivo entre elas, concorrerem para a prática de um mesmo crime).

Gabarito "E".

(Delegado/PI – 2009 – UESPI) Com relação ao tema concurso de pessoas analise as seguintes afirmações.

(1) O Código Penal, no art. 29, adotou a Teoria Monista extremada com relação ao concurso de pessoas.

(2) No concurso de pessoas, autores e partícipes respondem pelo mesmo crime e, consequentemente pela mesma pena em abstrato, porém, no momento da fixação da pena, o partícipe recebe uma causa de diminuição de pena por ter sua culpabilidade diminuída.

(3) São requisitos do concurso de pessoas nos crimes dolosos: a pluralidade de condutas e participantes, a relevância causal de cada conduta, o vínculo subjetivo entre os participantes e a identidade de infração penal.

(4) Mesmo que o autor não realize atos de execução, é possível punir o partícipe.

(5) Na autoria colateral, existe concurso de pessoas devendo todos os autores responder conjuntamente pelo resultado delituoso.

Estão corretas apenas:

(A) 1, 2 e 4

(B) 3, 4 e 5

(C) 2 e 3

(D) 2, 3 e 4

(E) 1 e 5

1: incorreta, pois o CP, em seu art. 29, adotou, simplesmente, a Teoria Monista ou Unitária com relação ao concurso de pessoas, segundo a qual, em regra, quem, de qualquer modo, concorrer para um crime, responderá pelo mesmo ilícito, na medida de sua culpabilidade; **2**: correta, uma vez que, de fato, embora coautores e partícipes respondam, em regra, pela mesma infração penal para a qual hajam concorrido (art. 29 do CP), cada qual será punido na medida de sua culpabilidade. Com relação ao partícipe, desde que tenha havido o que o art. 29, § 1º, do CP, denomina de participação de menor importância, a pena será reduzida de um sexto a um terço; **3**: correta, visto que o concurso de pessoas pressupõe a concorrência dos seguintes requisitos: pluralidade de agentes, unidade de fato, relevância causal de cada conduta e vínculo subjetivo ou liame psicológico entre os concorrentes; **4**: incorreta, pois a conduta do partícipe é acessória à do autor ou coautor, razão pela qual se o crime sequer começar a ser executado, não haverá punibilidade (art. 31 do CP); **5**: incorreta, porque a autoria colateral, de acordo com a doutrina, pressupõe que duas ou mais pessoas concorram para a prática de um mesmo crime, porém sem que uma saiba da intenção ou da própria existência da outra. Em simples palavras, na autoria colateral os agentes não estão "ligados" pelo liame subjetivo ou vínculo psicológico, motivo pelo qual inexiste concurso de pessoas.

Gabarito "C".

(Delegado/PR – 2007) Sobre o concurso de pessoas, considere as seguintes afirmativas:

1. Quem, de qualquer modo, concorre para o crime, incide nas penas a este cominadas, na medida de sua culpabilidade. Se a participação for de menor importância, a pena pode ser diminuída.

2. O concurso de pessoas pode dar-se por ajuste, instigação, cumplicidade, auxílio material ou moral em qualquer etapa do *iter criminis*.

3. Ocorre a hipótese de autoria bilateral ou transversa quando o sujeito ativo obtém a realização do crime por meio de outra pessoa, que pratica o fato sem culpabilidade.

4. Nada impede o concurso de pessoas nos crimes e contravenções de mão própria ou de mera conduta por instigação ou auxílio.

Assinale a alternativa correta.

(A) Somente as afirmativas 1, 2 e 3 são verdadeiras.

(B) Somente as afirmativas 3 e 4 são verdadeiras.

(C) Somente as afirmativas 1, 2 e 4 são verdadeiras.

(D) Somente as afirmativas 2 e 3 são verdadeiras.

(E) Somente as afirmativas 2 e 4 são verdadeiras.

1: correta (art. 29, *caput*, e § 1º, do CP); **2**: correta, visto que restará configurado o concurso de pessoas quando o agente concorrer decisivamente para o desfecho da empreitada criminosa (relevância causal da conduta), contribuindo previamente ou concomitantemente à execução do crime, ou, mesmo, posteriormente à consumação, mas, desde que, tenha havido um prévio ajuste desta concorrência; **3**: incorreta, dado que quando um agente se vale de pessoa sem culpabilidade para o cometimento de uma infração penal, estaremos diante de autoria mediata (ou indireta); **4**: correta, visto que os crimes de mão própria, ou de atuação personalíssima, a despeito de não admitirem a coautoria, podem ser praticados em concurso de pessoas, desde que na modalidade participação (induzimento, instigação ou auxílio). É o caso do crime de autoaborto (art. 124, primeira parte, do CP), que, embora considerado de mão própria (somente a gestante pode praticá-lo), admite participação (ex.: o namorado compra medicamento abortivo à namorada, que o ingere, provocando, assim, o aborto).

Gabarito "C".

11. CULPABILIDADE E CAUSAS EXCLUDENTES

(Delegado/MG – 2021 – FUMARC) Com relação à ilicitude e à culpabilidade é CORRETO afirmar:

(A) A prática de fato típico em razão de obediência à ordem não manifestamente ilegal de superior hierárquico é hipótese de inexigibilidade de conduta diversa e pode excluir a culpabilidade do agente.

(B) Com relação à natureza jurídica do estado de necessidade, a doutrina destaca que para a teoria unitária, ou é o estado de necessidade justificante, funcionando como causa de exclusão da ilicitude da conduta do agente ou exculpante, excludente da culpabilidade.

(C) O Código Penal Brasileiro adota a teoria limitada da culpabilidade pela qual as descriminantes putativas sempre são consideradas erro de proibição.

(D) Segundo entendimento doutrinário e jurisprudencial, a ausência de lesividade seria causa supralegal de exclusão da tipicidade, enquanto a inexigibilidade de conduta diversa e o consentimento do ofendido, quando não integrante do tipo penal, excluem a culpabilidade da conduta do agente.

A: correta. De fato, neste caso, pune-se tão somente o autor da ordem – art. 22 do CP (opera-se, em relação ao subordinado, a exclusão da culpabilidade); se a ordem, no entanto, for manifestamente ilegal, responderão pelo crime o seu autor e o agente que agiu em obediência hierárquica; **B:** incorreta. O Código Penal adotou a teoria unitária, segundo a qual o estado de necessidade, como causa de exclusão da antijuridicidade, restará caracterizado se o bem jurídico sacrificado for de igual ou inferior valor ao bem preservado. Caso o bem sacrificado seja de valor superior, haverá tão somente a redução da pena. Para a teoria denominada de diferenciadora, o estado de necessidade pode ser justificante (excludente da ilicitude, quando o bem sacrificado for de valor menor ao bem protegido) ou exculpante (causa supralegal de excludente da culpabilidade, pela inexigibilidade de conduta diversa, quando o bem sacrificado for de igual ou valor superior). Está errada a assertiva porque o conceito nela descrito corresponde, como se pode ver, à teoria diferenciadora, e não à teoria unitária; **C:** incorreta, uma vez que, para a chamada teoria limitada da culpabilidade, acolhida pelo Código Penal, as descriminantes putativas podem constituir erro de tipo ou erro de proibição, a depender de o equívoco recair sobre a má compreensão da realidade (erro de tipo) ou sobre os limites de uma causa de justificação (erro de proibição); **D:** incorreta. O consentimento do ofendido, quando não integrante do tipo penal, será causa de exclusão da ilicitude, e não da culpabilidade. ED

Gabarito "A".

Considere os sete critérios enumerados abaixo:

I. Clamor público e relevância social;

II. Determinação objetiva com previsão legal;

III. Residência fixa e comprovante de registro de trabalho;

IV. Contexto social do autor e antecedentes criminais;

V. Critério psicológico;

VI. Fator personalíssimo, psicossocial e natural;

VII. Critério biológico.

(Delegado/ES – 2019 – Instituto Acesso) Marque a alternativa correta que relacione apenas os critérios que devem ser adotados para a avaliação da inimputabilidade e/ou imputabilidade em esfera penal, para aquele que praticar uma conduta prevista no Código Penal.

(A) I, II e III.

(B) I, IV e V.

(C) III, V e VII.

(D) II, IV e VII.

(E) II, V e VII.

O art. 27 do CP, ao tratar da inimputabilidade por menoridade, adotou o chamado critério *biológico*, segundo o qual se levará em conta tão somente o desenvolvimento mental da pessoa (considerado, no caso do menor de 18 anos, incompleto). De se ver que, de outro lado, em matéria de inimputabilidade por doença mental ou por desenvolvimento mental incompleto ou retardado, adotou-se, como regra, o denominado *critério biopsicológico* (art. 26, caput, do CP). Neste caso, somente será considerado inimputável aquele que, em virtude de problemas mentais (desenvolvimento mental incompleto ou retardado – fator biológico), for, ao tempo da ação ou omissão, inteiramente incapaz de entender o caráter ilícito do fato ou de determinar-se de acordo com esse entendimento (fator psicológico). Assim, somente será considerada inimputável aquela pessoa que, em razão de *fatores biológicos*, tiver afetada, por completo, sua *capacidade psicológica* (discernimento ou autocontrole). Daí o nome: *critério biopsicológico*, que nada mais é, pois, do que a conjugação dos critérios biológico e psicológico.

Gabarito "E".

(Delegado/MG – 2018 – FUMARC) Com relação à culpabilidade e suas teorias, é INCORRETO afirmar:

(A) A teoria normativa pura, a fim de tipificar uma conduta, desloca a análise do dolo ou da culpa para o fato típico, transformando a culpabilidade em um juízo de reprovação social incidente sobre o fato típico e antijurídico e sobre seu autor.

(B) O Código Penal vigente adota a teoria limitada da culpabilidade, pela qual as descriminantes putativas incidentes sobre a existência ou os limites de uma causa de justificação sempre são consideradas erro de proibição.

(C) São elementos da culpabilidade, tanto para a teoria normativa quanto a limitada, a imputabilidade, a consciência potencial da ilicitude e a exigibilidade de conduta diversa.

(D) Segundo a teoria psicológica idealizada por Von Liszt e Beling, a imputabilidade é pressuposto da culpabilidade, fazendo o dolo e a culpa parte de sua análise. Por sua vez, as teorias normativas, seja a extremada seja a limitada, excluem o dolo e a culpa de sua apreciação.

A: correta. Diferentemente da teoria psicológico-normativa, na qual o dolo e a culpa integram a culpabilidade, a teoria normativa pura (extrema ou estrita), defendida pela escola finalista de Hans Welzel, preconiza que a análise do dolo e da culpa deve se dar no contexto do fato típico, do qual fazem parte. A culpabilidade, para esta teoria, é desprovida de elementos psicológicos (dolo e culpa), transferidos que foram para o fato típico. Como se pode ver, para a teoria normativa pura, por nós acolhida, há um esvaziamento da culpabilidade, da qual foram retirados o dolo e a culpa, que migraram para o fato típico. Com isso, a culpabilidade passa a constituir mero juízo de reprovação sobre o fato e sobre o seu autor; **B:** incorreta. Para a teoria limitada da culpabilidade, as descriminantes putativas podem receber o mesmo tratamento jurídico

do erro de tipo (quando o erro recair sobre os pressupostos fáticos de uma causa de justificação) ou do erro de proibição (quando o erro recair sobre a existência ou o alcance de uma causa de justificação); **C:** correta. De fato, tal como afirmado na assertiva, a teoria limitada da culpabilidade é constituída pelos mesmos elementos que compõem a teoria normativa pura, que são: imputabilidade, potencial consciência da ilicitude e exigibilidade de conduta diversa; **D:** correta. Para a teoria psicológica, a imputabilidade é pressuposto da culpabilidade, fazendo parte de sua análise o dolo e a culpa; já para a teoria normativa, o dolo e a culpa deixam de integrar a culpabilidade, migrando para o fato típico, onde devem ser analisados.
Gabarito "B".

(Delegado/SP – 2014 – VUNESP) A tese supralegal de inexigibilidade de conduta diversa, se acolhida judicialmente, importa em exclusão

(A) da imputabilidade.
(B) da pena.
(C) de punibilidade.
(D) do crime.
(E) de culpabilidade.

A inexigibilidade de conduta diversa, de acordo com a doutrina e jurisprudência, é considerada causa supralegal de exclusão da culpabilidade, não merecendo o agente ser censurado por seu comportamento, ou seja, não lhe podendo ser exigida uma conduta diversa da por ele praticada. Embora não haja previsão legal (daí falar-se em causas supralegais de exclusão da culpabilidade), admite-se a adoção da tese em comento, por exemplo, no *estado de necessidade exculpante* (sacrifício de um bem jurídico de maior valor para a preservação de outro, de menor valor, mas em situação na qual do agente não se possa exigir comportamento diverso do realizado) e no *excesso na legítima defesa* (vítima de agressão injusta que prossegue na reação ao agressor, passando a ser desnecessário o contra-ataque).
Gabarito "E".

(Delegado/PR – 2013 – UEL-COPS) Quanto à embriaguez na Legislação Penal Brasileira, considere as afirmativas a seguir.

I. A embriaguez voluntária ou culposa completa exclui a imputabilidade penal pela conturbação psíquica provocada pelo estado de ebriez.
II. A embriaguez patológica, por exercer um trabalho progressivo de destruição dos poderes psíquicos do agente, poderá isentá-lo de pena ou diminuí-la de um a dois terços.
III. A embriaguez preordenada, além de não excluir a pena do réu, gera o agravamento da mesma.
IV. A embriaguez acidental proveniente de caso fortuito ou força maior, quando completa, isenta o réu de pena e, se incompleta, gera diminuição de pena.

Assinale a alternativa correta.

(A) Somente as afirmativas I e II são corretas.
(B) Somente as afirmativas I e IV são corretas.
(C) Somente as afirmativas III e IV são corretas.
(D) Somente as afirmativas I, II e III são corretas.
(E) Somente as afirmativas II, III e IV são corretas.

I: incorreta, pois a embriaguez voluntária ou culposa, decorrente da ingestão de álcool ou de substâncias de efeitos análogos, nos termos do art. 28, II, do CP, não exclui a imputabilidade, incidindo a teoria da *actio libera in causa*, segundo a qual ainda que o agente, no momento da prática do crime, não tenha perfeita capacidade de compreensão de seu comportamento, responderá pelo crime se houver se colocado na situação de embriaguez, e desde que o resultado fosse, ao menos, previsível; **II:** correta. A denominada "embriaguez patológica", que se constitui em verdadeira doença mental, capaz de retirar, por completo, a capacidade de entendimento ou de autodeterminação da pessoa, poderá caracterizar-se como causa excludente da imputabilidade penal, nos termos do art. 26, *caput*, do CP, gerando a isenção de pena, ou, ainda, se reconhecida a semi-imputabilidade, a redução da pena de um a dois terços (art. 26, parágrafo único, do CP); **III:** correta. A embriaguez preordenada, que se caracteriza pelo fato de o agente se colocar, propositadamente, na situação de embriaguez, a fim de adquirir "coragem" para a prática do crime, configura circunstância agravante genérica (art. 61, II, "l", do CP); **IV:** correta. A embriaguez completa involuntária (acidental, decorrente de caso fortuito ou força maior) isentará o agente de pena, nos termos do art. 28, § 1º, do CP, se retirar-lhe, totalmente, a capacidade de entender o caráter ilícito do fato ou de determinar-se de acordo com esse entendimento. Porém, se não retirada a plena capacidade de entendimento ou de autodeterminação, a pena será reduzida de um a dois terços (art. 28, § 2º, do CP).
Gabarito "E".

(Delegado Federal – 2013 – CESPE) Considerando a distinção doutrinária entre culpabilidade de ato e culpabilidade de autor, julgue o seguinte item.

(1) Tratando-se de culpabilidade pelo fato individual, o juízo de culpabilidade se amplia à total personalidade do autor e a seu desenvolvimento.

1: incorreta. O juízo de culpabilidade recai sobre aquilo que o agente fez (culpabilidade do ato) e não por aquilo que ele é (culpabilidade de autor). Assim, o agente é reprovado pelo fato individual, ou seja, por aquilo que fez, e não pela sua conduta de vida ou por sua personalidade.
Gabarito 1E.

(Delegado de Polícia/GO – 2013 – UEG) Em qual sistema penal a culpabilidade é concebida como o vínculo psicológico que une o autor ao fato?

(A) finalista.
(B) neoclássico.
(C) clássico.
(D) funcionalista.

A: incorreta. Para o sistema finalista, aplica-se a teoria normativa pura da culpabilidade, visto que os elementos psicológicos (dolo e culpa) dela migraram para o fato típico (conduta). Assim, a culpabilidade passa a ser um juízo valorativo de reprovabilidade do comportamento típico e ilícito do autor; **B:** incorreta. O sistema neoclássico do Direito Penal adota a teoria psicológico-normativa da culpabilidade, sendo que o dolo compreende a consciência da ilicitude. Destaque-se que, também para o sistema neoclássico, a culpabilidade continua a ser o vínculo psicológico que une o autor ao fato por ele praticado, mas com a inserção de um novo elemento a ela, qual seja, a exigibilidade de conduta diversa; **C:** correta. No sistema penal clássico, de fato, a culpabilidade é definida como o vínculo psicológico entre o sujeito e o fato típico e antijurídico por ele praticado. Referido vínculo, é bom destacar, é representado pelo dolo ou pela culpa, que, portanto, integram a culpabilidade. O conceito ora dado decorre da ação da teoria psicológica da culpabilidade, compatível, frise-se, com o sistema clássico; **D:** incorreta. Para a teoria funcional, encabeçada por Günther Jakobs, "a culpabilidade representa uma falta de fidelidade do sujeito no tocante ao ordenamento jurídico, que deve ser a qualquer custo respeitado. Sua autoridade somente se atinge com a reiterada aplicação da norma penal, necessária para alcançar a finalidade de prevenção geral do Direito Penal" (MASSON, Cleber. *Direito Penal esquematizado – parte geral.* 7. ed. São Paulo: Método, 2013. v. 1, p. 461).
Gabarito "C".

(Delegado/AM) Na visão de Damásio de Jesus, na teoria finalista da ação, crime é o fato típico e ilícito. Portanto, segundo ele, a culpabilidade não faz parte do conceito de crime, sendo mero pressuposto de aplicação da pena. Assim, são requisitos da culpabilidade:

(A) imputabilidade, exigibilidade de conduta diversa e potencial consciência da ilicitude.

(B) imputabilidade, culpa e possibilidade de conhecimento do ilícito.

(C) imputabilidade, dolo e exigibilidade de conduta diversa.

(D) dolo, culpa e preterdolo.

A: correta, pois, de fato, são esses os elementos normativos que compõem a culpabilidade (teoria normativa pura da culpabilidade) no sistema finalista; **B, C e D:** incorretas, porque a culpa e dolo, na teoria finalista, saíram da culpabilidade e foram inseridos na conduta, compondo o fato típico.
Gabarito "A".

(Delegado/AM) A coação moral irresistível é causa de

(A) extinção de punibilidade.
(B) exclusão de culpabilidade.
(C) exclusão da antijuridicidade.
(D) diminuição especial da pena.

A culpabilidade é composta de três elementos: imputabilidade, potencial consciência da ilicitude e exigibilidade da conduta diversa. No caso, a questão trata da coação moral irresistível, que é causa dirimente (ou excludente) da culpabilidade quanto ao elemento exigibilidade da conduta diversa, uma vez que não se pode exigir do coagido que tenha uma conduta diferente, diante da intimidação e promessa de mal grave e iminente realizada pelo coator.
Gabarito "B".

(Delegado/BA – 2008 – CEFETBAHIA) Um jovem pretende roubar transeuntes no centro da cidade, mas não tem coragem suficiente para isso, razão pela qual se embriaga dolosamente, com o intuito de praticar os pretendidos atos criminosos.

Diante dessa situação, a doutrina penal reconhece que

(A) ele não responderá pelos crimes cometidos, ante sua semi-imputabilidade.
(B) a ele se aplica a teoria da *actio libera in causa*.
(C) a sua embriaguez voluntária dolosa é causa de diminuição de pena.
(D) a sua consciência se viu abalada pela embriaguez, respondendo ele parcialmente por seus atos.
(E) ele é inimputável.

A: incorreta, pois a semi-imputabilidade só ocorre quando se tratar de embriaguez incompleta e involuntária (art. 28, § 2º, do CP); **B:** correta (art. 28, II, do CP). No caso, aplica-se a teoria da *actio libera in causa* (ação livre na causa), segundo a qual o juiz deve analisar a imputabilidade do agente no momento em que se embriagou, antes da conduta delituosa. Assim, se no momento de se embriagar a conduta foi voluntária, o agente deve responder pelo delito. A única embriaguez que exclui a culpabilidade do agente, diante da inimputabilidade, é a completa (fases da excitação, depressão e litargia. Na segunda fase já é completa) e involuntária ou acidental (caso fortuito ou força maior), em que há a supressão total de uma das capacidades mentais (capacidade de entendimento e de autodeterminação), hipótese em que há a isenção da pena (art. 28, § 1º, do CP). Já na embriaguez incompleta e involuntária, que reduz uma das capacidades mentais, há a diminuição da pena (art. 28, § 2º, do CP). Cumpre ainda salientar que, no caso em questão, configurou-se a embriaguez preordenada (voluntária e dolosa), em que a pessoa quer se embriagar, com o fim de cometer o crime almejado. Nesse caso, além de responder pelo delito, haverá a incidência da circunstância agravante genérica, prevista no art. 61, II, "l", do CP; **C:** incorreta, pois na embriaguez voluntária e dolosa o agente responde pelo crime praticado, sem a redução da pena; **D:** incorreta, pois no caso a embriaguez não foi involuntária, a única que influi na capacidade mental do agente; **E:** incorreta, pois somente há inimputabilidade na embriaguez completa e involuntária.
Gabarito "B".

(Delegado/BA – 2006 – CONSULPLAN) Qual modalidade de embriaguez exclui a imputabilidade? Marque a alternativa correta:

(A) A embriaguez não acidental completa.
(B) A embriaguez não acidental incompleta.
(C) A embriaguez incompleta proveniente de caso fortuito ou força maior.
(D) A embriaguez preordenada.
(E) N. R. A

A e B: incorretas. Em regra, no caso de embriaguez, aplica-se a teoria da *actio libera in causa* (ação livre na causa), segundo a qual o juiz deve analisar a imputabilidade do agente no momento em que se embriagou, antes da conduta delituosa. Assim, se no momento de se embriagar a conduta foi voluntária (ou não acidental), o agente deve responder pelo delito, independente de ser completa ou incompleta (art. 28, II, do CP); **C:** incorreta. A única embriaguez que exclui a culpabilidade do agente, diante da inimputabilidade, é a completa (fases da excitação, depressão e litargia. Na segunda fase já é completa) e involuntária ou acidental (caso fortuito ou força maior), em que há a supressão total de uma das capacidades mentais (capacidade de entendimento e autodeterminação), hipótese em que há a isenção da pena (art. 28, § 1º, do CP). Já na embriaguez incompleta e involuntária, que reduz uma das capacidades mentais, há a diminuição da pena (art. 28, § 2º, do CP); **D:** incorreta. Configura-se a embriaguez preordenada (voluntária e dolosa), quando a pessoa quer se embriagar, com o fim de cometer o crime almejado. Nesse caso, além de responder pelo delito, haverá a incidência da circunstância agravante genérica, prevista no art. 61, II, "l", do CP. **E:** correta, vez que nenhuma alternativa anterior é verdadeira.
Gabarito "E".

(Delegado/DF – 2004) A inimputabilidade por doença mental ou desenvolvimento mental incompleto ou retardado, conforme o que prescreve o Código Penal, adapta-se à teoria:

(A) biológica;
(B) psicológica;
(C) biopsicológica;
(D) social;
(E) normativa.

A: incorreta, pois, segundo a teoria psicológica, bastaria a doença mental ou desenvolvimento mental incompleto ou retardado, presumindo a inimputabilidade de forma absoluta. Cumpre salientar que a teoria biológica foi adotada pelo Código Penal, de forma excepcional, com relação aos menores de dezoito anos; **B:** incorreta, porque bastaria o indivíduo demonstrar a falta de capacidade de entender o caráter ilícito do fato ou de determinar-se de acordo com esse entendimento; **C:** correta. Para a teoria biopsicológica, a inimputabilidade exige a demonstração de existência de doença mental ou desenvolvimento mental incompleto ou retardado, e que em razão dela o agente não tinha a capacidade de entender o caráter ilícito do fato ou de determinar-se de acordo com esse entendimento, no momento da conduta. Exige-se o laudo pericial;

D e E: incorretas, pois não se fala em teoria social ou normativa no tocante à inimputabilidade penal.

Gabarito "C".

(Delegado/GO - 2003 - UEG) Em relação à menoridade penal (art. 27, CP), considere as seguintes proposições:

I. O sistema penal brasileiro adota como regra, em caráter absoluto, o critério puramente biológico para efeito da imputabilidade penal.

II. Embora o fato seja típico, antijurídico e culpável, se o agente pratica o ato punível no dia em que completa a idade de 18 anos não poderá sofrer sanção penal, uma vez que ainda não tinha imputabilidade penal no dia do seu cometimento.

III. Para efeito de caracterização do crime de quadrilha (art. 288, CP), é irrelevante que, do bando de quatro elementos, três não tenham alcançado maioridade penal.

IV. Incorre em infração penal prevista na Lei n. 8.069/1990 – ECA, com a aplicação da pena pecuniária, a autoridade policial ou judicial que divulga, total ou parcialmente, sem a autorização devida, por qualquer meio de comunicação, nome, ato ou documento de procedimento policial relativo a criança e adolescente.

Marque a alternativa CORRETA:

(A) As proposições I e II são verdadeiras.
(B) As proposições I e III são verdadeiras.
(C) As proposições I e IV são verdadeiras.
(D) As proposições II e IV são verdadeiras.

I: correta, desde que estejamos tratando da imputabilidade penal no que diz respeito exclusivamente à idade do agente. Assim, nos termos do art. 27 do CP, os menores de 18 (dezoito) anos são penalmente inimputáveis, aplicando-se-lhes o ECA. Nesse caso, o CP adotou a teoria biológica, pouco importando o aspecto psicológico de eventual autor de infração penal; II: incorreta, uma vez que no 18º aniversário o agente já é considerado culpável, sendo-lhe cabível a responsabilização penal. Quando o agente ainda não completou dezoito anos, ele estará sujeito às normas do ECA, sendo-lhe aplicável medida socioeducativa ou medida protetiva, em razão da prática de ato infracional; III: correta. O crime de quadrilha (atualmente denominado de associação criminosa) é modalidade de crime plurissubjetivo ou de concurso necessário, o qual exige a pluralidade de agentes (mais de duas pessoas), que podem ou não ser culpáveis; IV: incorreta, uma vez que tal conduta configura a infração administrativa prevista no art. 247 da Lei 8.069/1990 – ECA e não infração penal.

Gabarito "B".

(Delegado/GO - 2003 - UEG) Considere os itens abaixo:

A imputabilidade penal é a plena capacidade de querer, de entender e, por conseguinte, de responder pela infração penal cometida. Assim, no direito positivo brasileiro,

I. a teoria limitada da culpabilidade disciplina várias espécies de erro, com a exclusão do erro de tipo permissivo.

II. a teoria da culpabilidade é integrada pela consciência da ilicitude, fazendo a distinção entre erro de proibição direto e indireto.

III. o erro de tipo exclui o dolo, permitindo, entretanto, a punição por crime culposo.

IV. o erro de tipo acidental é relativo a elementos do tipo objetivo.

Marque a alternativa CORRETA:

(A) Os itens I e II são verdadeiros.
(B) Os itens I e III são verdadeiros.
(C) Os itens II e III são verdadeiros.
(D) Os itens II e IV são verdadeiros.

I: incorreta, uma vez que a teoria limitada não exclui o erro de tipo permissivo. Inclusive, a teoria limitada distingue a descriminante putativa por erro de tipo permissivo (quanto aos pressupostos fáticos da causa excludente da ilicitude) e descriminante putativa por erro de proibição indireto (quanto à existência e limites da causa excludente da ilicitude); II: correta. De fato, um dos elementos da culpabilidade é a potencial consciência da ilicitude, cuja causa de exclusão é o erro de proibição. Há três espécies de erro de proibição: 1 – direto (é o desconhecimento do conteúdo de uma lei proibitiva), 2 – indireto (é a descriminante putativa por erro de proibição), 3 – mandamental (quando o desconhecimento recai no dever de agir para impedir o resultado); III: correta (art. 20 do CP); IV: incorreta, dado que o erro de tipo acidental (sobre fatores irrelevantes, não afastando a responsabilidade penal), recai sobre o objeto material (pessoa ou coisa sobre a qual recai a conduta), as qualificadoras, o nexo causal (*aberratio causae*) e a execução (*aberratio ictus e aberratio criminis*).

Gabarito "C".

(Delegado/MG – 2008) Quanto à imputabilidade penal, assinale a afirmativa CORRETA.

(A) A embriaguez preordenada só agravará a pena quando completa, revelando maior censurabilidade da conduta já que o agente coloca o estado de embriaguez como primeiro momento da execução do crime.

(B) A emoção e a paixão, mesmo quando causarem completa privação dos sentidos e da inteligência, não excluem a culpabilidade, exceto se forem estados emocionais patológicos.

(C) Em todos os casos de inimputabilidade, se aplica a medida de segurança de internação, podendo, entretanto, ser apenas reduzida a pena ou aplicada medida de segurança de tratamento ambulatorial aos casos de semi-imputabilidade.

(D) O critério normativo é exceção no sistema brasileiro que, em regra, trabalha com o critério biológico para aferição da imputabilidade penal.

A: incorreta (art. 61, II, "l", do CP), pois a embriaguez preordenada não precisa ser completa para configurar circunstância agravante genérica; B: correta (art. 28, I, do CP). De fato, a emoção e a paixão não excluem a imputabilidade penal, salvo se patológicas, caso em que se aplicará o art. 26, *caput*, do CP; C: incorreta. É possível que a inimputabilidade resulte de dependência, ou sob o efeito, proveniente de caso fortuito ou força maior, de droga. Nesse caso, o juiz poderá determinar, na sentença, o encaminhamento do réu para tratamento médico adequado (arts. 45, 46, 47, da Lei 11.343/2006). Ainda, a medida de segurança pode ser aplicada mediante internação ou tratamento ambulatorial (art. 97 do CP). D: incorreta. É certo que o critério adotado é o biopsicológico, exigindo a existência de doença mental, além da incapacidade para entender o caráter ilícito do fato ou de determinar-se de acordo com esse entendimento, no momento da conduta. Excepcionalmente, adota-se o critério biológico, no tocante aos menores de 18 anos, em que se presume a inimputabilidade.

Gabarito "B".

(Delegado/MG – 2007) Considerando as teorias acerca da culpabilidade, todas as alternativas estão corretas, EXCETO:

A) Para a teoria normativa, a culpabilidade é constituída pela imputabilidade, exigibilidade de conduta diversa, dolo e culpa.

B) A teoria social da ação, ao pretender que a ação seja entendida como conduta socialmente relevante, deslocou o dolo e a culpa do tipo para a culpabilidade.

C) São elementos da culpabilidade para a concepção finalista a imputabilidade, a potencial consciência sobre a ilicitude do fato e a exigibilidade de conduta diversa.

D) São elementos da culpabilidade para a teoria normativa pura a imputabilidade, a consciência potencial da ilicitude e a exigibilidade de conduta diversa.

A: correta, visto que, de acordo com a teoria normativa ou psicológico-normativa da culpabilidade, esta era constituída pela imputabilidade, exigibilidade de conduta diversa e dolo ou culpa; **B:** incorreta, pois, para a teoria social da ação, criada por Johaness Wessels, a conduta corresponde ao comportamento humano com transcendência social, capaz de interferir na sociedade, produzindo, assim, um resultado socialmente relevante; **C e D:** corretas. De fato, para a teoria ou sistema finalista, criado por Hans Welzel, a culpabilidade é formada pela conjugação da imputabilidade, potencial consciência da ilicitude e exigibilidade de conduta diversa, sendo certo que dolo e culpa migraram da culpabilidade para o fato típico (teoria normativa).
Gabarito "B".

(Delegado/MT – 2006 – UFMT) A ordem de superior hierárquico pode ser legal ou ilegal. Se legal, não comete crime o subordinado nem o superior. Se ilegal, pode ser manifestamente ilegal ou não manifestamente ilegal. Se não manifestamente ilegal, a conduta do subordinado

(A) não constitui fato típico e antijurídico, daí não ser crime.

(B) constitui fato típico e antijurídico, embora seja causa de exclusão da culpabilidade.

(C) é espécie de causa extralegal de exclusão da ilicitude.

(D) é considerada atípica.

(E) é punível, por ser típica e antijurídica.

A: incorreta, pois a conduta do subordinado diante de uma ordem não manifestamente ilegal será considerada típica e antijurídica, afastando-se, no entanto, a culpabilidade, ante a inexigibilidade de conduta diversa (art. 22 do CP); **B:** correta, visto que quem age, na condição de subordinado, após receber uma ordem não manifestamente ilegal de superior hierárquico, pratica fato típico e antijurídico, excluindo-se, como dito anteriormente, a culpabilidade; **C:** incorreta, porque a obediência hierárquica a ordem não manifestamente ilegal configura causa excludente da culpabilidade, que não se confunde com as causas excludentes da ilicitude, tais como o estado de necessidade e a legítima defesa (arts. 23 a 25, todos do CP); **D:** incorreta, visto que a conduta do subordinado, diante de ordem não manifestamente ilegal, será típica; **E:** incorreta, uma vez que a causa excludente da culpabilidade em questão tornará o subordinado isento de pena, respondendo pelo crime apenas o superior hierárquico, verdadeiro autor mediato do ilícito perpetrado pelo subordinado (art. 22 do CP).
Gabarito "B".

(Delegado/PB – 2009 – CESPE) Assinale a opção correta relacionada à imputabilidade penal, considerando um caso em que o laudo de exame médico-legal psiquiátrico não foi capaz de estabelecer o nexo causal entre o distúrbio mental apresentado pelo periciado e o comportamento delituoso.

(A) O diagnóstico de doença mental é suficiente para tornar o agente inimputável.

(B) A doença mental seria atenuante quando considerada a dosimetria da pena, devendo o incriminado cumprir de um sexto a um terço da pena.

(C) Trata-se de caso de aplicação de medidas de segurança.

(D) Deverá ser realizada nova perícia.

(E) O agente deve ser responsabilizado criminalmente.

No que concerne à aferição da imputabilidade do agente, o critério adotado foi o *biopsicológico*, conforme se depreende do art. 26 do CP, que representa uma conjugação dos critérios *biológico* e *psicológico*. Por tal critério, é considerado inimputável aquele que, por força do distúrbio mental de que padece era, no momento da conduta, totalmente incapaz de compreender o caráter ilícito do fato ou de determinar-se de acordo com esse entendimento. À falta de elementos que demonstrem o nexo entre o distúrbio e a conduta criminosa, o agente deverá ser responsabilizado.
Gabarito "E".

(Delegado/PR – 2007) Sobre a imputabilidade penal, considere as seguintes afirmativas:

1. Não excluem a imputabilidade penal a emoção ou a paixão, a embriaguez voluntária ou culposa, pelo álcool ou substância de efeitos análogos.
2. São relativamente inimputáveis os menores com idade compreendida entre 18 e 21 anos, ficando sujeitos às normas estabelecidas na legislação especial.
3. É isento de pena o agente que, por embriaguez completa, proveniente de caso fortuito ou força maior, age amparado na *"actio libera in causa"*.
4. É isento de pena o agente que, por desenvolvimento mental incompleto ou retardado, era, ao tempo da ação ou omissão, inteiramente incapaz de entender o caráter ilícito do fato.

Assinale a alternativa correta.

(A) Somente as afirmativas 1, 2 e 3 são verdadeiras.

(B) Somente as afirmativas 2, 3 e 4 são verdadeiras.

(C) Somente as afirmativas 2 e 3 são verdadeiras.

(D) Somente as afirmativas 2 e 4 são verdadeiras.

(E) Somente as afirmativas 1 e 4 são verdadeiras.

1: correta (art. 28, I e II, do CP); **2:** incorreta, visto que o art. 27 do CP considera inimputáveis, sujeitos à legislação especial (ECA), os menores de dezoito anos; **3:** incorreta, pois a teoria da "actio libera in causa" é aplicada exatamente para responsabilizar criminalmente aquela pessoa que se pôs na situação de embriaguez voluntária (dolosa ou culposa). Inexistirá responsabilidade penal caso a embriaguez seja completa e acidental (decorrente de caso fortuito ou força maior), caso em que o agente ficará isento de pena (art. 28, § 1º, do CP); **4:** correta (art. 26, *caput*, do CP).
Gabarito "E".

(Delegado/SP – 2011) São causas de inexigibilidade de conduta diversa:

(A) A inimputabilidade e o estado de necessidade

(B) A legítima defesa e o erro de proibição.

(C) A coação moral irresistível e a obediência hierárquica.

(D) O erro de tipo e o estrito cumprimento do dever legal.

(E) A coação física e o erro de proibição.

A: incorreta. A inimputabilidade é causa de exclusão da imputabilidade penal (arts. 26 e 27 do CP, por exemplo) e o estado de necessidade é causa excludente da ilicitude (arts. 23, I e 24, ambos do CP); **B:** incorreta. A legítima defesa é causa excludente da ilicitude (arts. 23, II, e 25, ambos do CP) e o erro de proibição é causa excludente da culpabilidade por falta de potencial consciência da ilicitude do agente (art. 21 do CP); **C:** correta. De fato, são causas de inexigibilidade de conduta diversa, e, portanto, de exclusão da culpabilidade, a coação moral irresistível e a obediência hierárquica (art. 22 do CP); **D:** incorreta. O erro de tipo poderá ser causa de exclusão da tipicidade, quando invencível, afastando-se o dolo e a culpa (art. 20, *caput*, do CP). Já o estrito cumprimento do dever legal é causa excludente da ilicitude (art. 23, III, do CP); **E:** incorreta. A coação física afasta o próprio fato típico, mais precisamente, a conduta, ao passo que o erro de proibição é causa de exclusão da culpabilidade (falta de potencial consciência da ilicitude do fato pelo agente).

Gabarito "C".

(Delegado/SP – 2008) Determinada construção teórica, ao considerar a existência de pessoas que têm um menor âmbito de autodeterminação – assim tendendo ao crime por carências crônicas de fundo social – prega que a reprovação decorrente da prática de uma infração penal seja dirigida conjuntamente ao Estado e ao agente, se verificada, no caso concreto, tal desigualdade de oportunidade de vida. Trata-se da ideia central da

(A) coculpabilidade.
(B) tipicidade conglobante.
(C) imputação objetiva.
(D) teoria de confiança.
(E) teoria dos elementos negativos do tipo.

São hipóteses nas quais a reprovação é exercida de forma compartilhada sobre o Estado e sobre o autor da infração penal, isso porque, segundo é sustentado, o Estado falhou, deixando de proporcionar a todos igualdade de oportunidades. Por essa razão, alguns tendem ao crime por falta de opção. Há autores que defendem, para esses casos, a aplicação da atenuante contida no art. 66 do Código Penal.

Gabarito "A".

12. PENAS, CONCURSO DE CRIMES E EFEITOS DA CONDENAÇÃO

(Delegado de Polícia Federal – 2021 – CESPE) Acerca da teoria da pena, julgue os itens que se seguem.

(1) Segundo o Superior Tribunal de Justiça, a determinação da fixação da medida de segurança de internação em hospital de custódia ou em tratamento ambulatorial deve ser vinculada à gravidade do delito perpetrado.
(2) O acórdão confirmatório da condenação interrompe a prescrição.
(3) O inadimplemento da pena de multa não obsta a extinção da punibilidade do apenado.
(4) Na hipótese da prática de furto a residência, se a vítima não se encontrava no local e os autores desconheciam o fato de que ela era idosa, não se aplica a agravante relativa à vítima ser idosa.

1: errado. Para o STJ, a determinação da fixação da medida de segurança de internação em hospital de custódia ou em tratamento ambulatorial deve ser vinculada à periculosidade do agente, e não à gravidade do delito que cometeu. Conferir: "2. A medida de segurança é utilizada pelo Estado na resposta ao comportamento humano voluntário violador da norma penal, pressupondo agente inimputável ou semi-imputável. 3. A Terceira Seção deste Superior Tribunal de Justiça, por ocasião do julgamento dos Embargos de Divergência 998.128/MG, firmou o entendimento de que, à luz dos princípios da adequação, da razoabilidade e da proporcionalidade, em se tratando de delito punível com reclusão, é facultado ao magistrado a escolha do tratamento mais adequado ao inimputável, nos termos do art. 97 do Código Penal, não devendo ser considerada a natureza da pena privativa de liberdade aplicável, mas sim a periculosidade do agente. 4. Considerando que a medida de internação foi aplicada ao paciente em razão da gravidade do delito praticado e do fato de a pena corporal a ele imposta ser de reclusão, sem que nada de concreto tenha sido explicitado acerca de sua eventual periculosidade social, sendo certo que se trata de agente primário, sem qualquer envolvimento anterior com a prática delitiva, ou notícia de que tenha reiterado no crime, é cabível o abrandamento da medida de segurança, sendo suficiente e adequado o tratamento ambulatorial. 5. Habeas corpus não conhecido. Ordem concedida, de ofício, para aplicar ao paciente a medida de segurança de tratamento ambulatorial, a ser implementada pelo Juízo da Execução" (HC 617.639/SP, Rel. Ministro RIBEIRO DANTAS, QUINTA TURMA, julgado em 09/02/2021, DJe 12/02/2021); **2:** certo. De fato, o acórdão condenatório sempre interrompe a prescrição, mesmo que se trate de decisão confirmatória da sentença de primeira instância. Nesse sentido, o Plenário do STF, ao julgar o HC 176.473-RR, decidiu, com base no art. 117, IV, do CP, que não há distinção entre acórdão condenatório inicial e acórdão condenatório confirmatório da decisão, constituindo marco interruptivo da prescrição punitiva estatal; **3:** errado. Em regra, o inadimplemento da pena de multa obsta, sim, a extinção da punibilidade do apenado. Sucede que a Terceira Seção do STJ, ao julgar o REsp 1.785.861/SP, da relatoria do Ministro Rogério Schietti Cruz, adotou o entendimento no sentido de que "Na hipótese de condenação concomitante a pena privativa de liberdade e multa, o inadimplemento da sanção pecuniária, pelo condenado que comprovar impossibilidade de fazê-lo, não obsta o reconhecimento da extinção da punibilidade". Essa tese foi fixada pela Terceira Seção do STJ ao revisar o entendimento anteriormente firmado pelo Tribunal no Tema 931. Com isso, ficou estabelecido, em relação a este tema, um tratamento diferenciado para os condenados que comprovadamente não têm condições de suportar o pagamento da multa; **4:** certo. Conferir: "3. Por se tratar de agravante de natureza objetiva, a incidência do art. 61, II, "h", do CP independe da prévia ciência pelo réu da idade da vítima, sendo, de igual modo, desnecessário perquirir se tal circunstância, de fato, facilitou ou concorreu para a prática delitiva, pois a maior vulnerabilidade do idoso é presumida. 4. Hipótese na qual não se verifica qualquer nexo entre a ação do paciente e a condição de vulnerabilidade da vítima, pois o furto qualificado pelo arrombamento à residência ocorreu quando os proprietários não se encontravam no imóvel, já que a residência foi escolhida de forma aleatória, sendo apenas um dos locais em que o agente praticou furto em continuidade delitiva. De fato, os bens subtraídos poderiam ser de propriedade de qualquer pessoa, nada indicando a condição de idoso do morador da casa invadida. 5. Configurada a excepcionalidade da situação, deve ser afastada a agravante relativa ao crime praticado contra idoso, prevista no art. 61, II, 'h', do Código Penal. 6. *Writ* não conhecido. Ordem concedida, de ofício, para, afastando a incidência da agravante prevista no art. 61, II, 'h', do Código Penal, reduzir a pena do paciente, fixando-a em 2 anos, 4 meses e 24 dias de reclusão, mais o pagamento de 12 dias-multa" (STJS, HC 593.219/SC, Rel. Ministro RIBEIRO DANTAS, QUINTA TURMA, julgado em 25/08/2020, DJe 03/09/2020). ED

Gabarito 1E, 2C, 3E, 4C.

(Delegado/MG – 2021 – FUMARC) Com relação ao reconhecimento de circunstâncias atenuantes, agravantes ou causas de aumento de pena, é CORRETO afirmar:

(A) A delação premiada pode ser reconhecida como circunstância atenuante de pena para os crimes previstos na Lei nº 9.613/98 (Lei de Lavagem de Capitais).
(B) Em atendimento ao princípio da legalidade, não é possível a aplicação de circunstância agravante que não esteja expressamente tipificada no Código Penal.
(C) Não é possível a incidência de uma causa de aumento de pena sobre a pena de uma figura qualificada de crime.

(D) O planejamento prévio à prática de crime é circunstância agravante, no caso de concurso de pessoas, prevista no Código Penal.

A: incorreta, já que se trata de causa de diminuição de pena, conforme art. 1º, § 5º, da Lei 9.613/1998; **B:** correta. De fato, em obediência ao postulado da legalidade, o art. 61 do CP constitui rol taxativo, de forma que o elenco de agravantes ali previsto não pode ser ampliado. Cuidado: existem leis especiais que contemplam agravantes, que deverão incidir em situações específicas, de tal forma que o rol presente no art. 61 do CP é taxativo em relação aos crimes previstos no CP. Dessa forma, o fato de determinada lei conter circunstância agravante diversa das do Código Penal não implica ofensa ao princípio da legalidade; **C:** incorreta, na medida em que é perfeitamente possível a incidência de uma causa de aumento de pena sobre a pena de uma figura qualificada de crime. O que não se admite é a incidência de circunstância agravante que constitua qualificadora (art. 61, *caput*, do CP). Tal se dá em face da necessidade de evitar a dupla punição pelo mesmo fato (*bis in idem*); **D:** incorreta, já que não integra o rol do art. 62 do CP, que contém as agravantes em caso de concurso de pessoas. Gabarito "B".

(Delegado/MG – 2021 – FUMARC) Conforme a legislação e o entendimento jurisprudencial dos tribunais superiores acerca da fixação e execução da pena, é CORRETO afirmar:

(A) A existência de circunstância atenuante pode conduzir à redução da pena abaixo do mínimo legal.
(B) A jurisprudência admite a fixação de regime inicial de cumprimento de pena semiaberto ao reincidente condenado a pena igual ou inferior a quatro anos.
(C) A pena unificada para atender ao limite de quarenta anos de cumprimento, determinado pelo art. 75 do Código Penal, é considerada para a concessão dos benefícios prisionais previstos na lei de execução penal, conforme consolidada jurisprudência do STF.
(D) Consoante expressa previsão legal, a embriaguez culposa é circunstância atenuante apta a reduzir a reprimenda nessa fase.

A: incorreta, dado que, segundo orientação jurisprudencial atualmente em vigor, consubstanciada na Súmula 231 do STJ, não se admite que a consideração das circunstâncias atenuantes leve a pena abaixo do mínimo legal. Bem por isso, se o magistrado, no primeiro estágio do sistema trifásico, estabelecer a pena-base no mínimo legal, não poderá, na segunda fase, ao levar em conta circunstância atenuante, reduzir a pena aquém do mínimo cominado. Tal somente poderá ocorrer na terceira etapa de fixação da pena, quando então o juiz levará em conta as causas de diminuição de pena; **B:** correta, pois em conformidade com o entendimento firmado na Súmula 269 do STJ: "É admissível a adoção do regime prisional semiaberto aos reincidentes condenados a pena igual ou inferior a quatro anos se favoráveis as circunstâncias judiciais"; **C:** incorreta, uma vez que, apesar de o art. 75, *caput*, do CP estabelecer que o tempo de cumprimento das penas privativas de liberdade não pode ser superior a quarenta anos, tal interregno, na verdade, refere-se ao efetivo cumprimento dessas penas, e não à sua aplicação. Dessa forma, nada impede que a determinado agente seja imposta uma condenação de 500 anos. Em tais casos, entretanto, é de rigor a unificação das penas, tal como estabelece o art. 75, § 1º, do CP, dispositivo esse que não tem incidência para o fim de obtenção de benefícios, como é o caso do livramento condicional ou da progressão de regime, conforme entendimento sufragado na Súmula 715 do STF: "A pena unificada para atender ao limite de trinta anos de cumprimento, determinado pelo art. 75 do Código Penal, não é considerada para a concessão de outros benefícios, como o livramento condicional ou o regime mais favorável de execução". Cuidado: a Lei 13.964/2019 alterou a redação do art. 75 do CP, de modo a elevar o tempo máximo de cumprimento da pena privativa de liberdade de 30 para 40 anos. Dessa forma, a partir da entrada em vigor do Pacote Anticrime (23 de janeiro de 2020), o tempo de cumprimento das penas privativas de liberdade não poderá ser superior a 40 anos, e não mais a 30 anos, como constava da redação anterior do dispositivo; **D:** incorreta, pois se trata de hipótese não contemplada em lei como circunstância atenuante. Gabarito "B".

(Delegado/ES – 2019 – Instituto Acesso) A ideia de punição é assunto base para a construção de um sistema penal democrático. Não é à toa que, no decorrer da história, pesquisadores, juristas, doutrinadores, bem como a jurisprudência, trataram das tentativas de justificação dos fins que se pretende alcançar com a aplicação das penas em âmbito do Direto Penal. Em observância ao Código Penal de 1940, marque a afirmativa correta em relação aos fins atribuídos à pena, no caso brasileiro.

(A) De acordo com a ideia de prevenção geral que foi construída em reação ao caso brasileiro, tal justificativa é a adotada para aplicação da pena no Brasil.
(B) De acordo com o desenvolvimento de bases estatísticas para o direito penal, chegamos ao entendimento de aplicação da teoria utilitarista unificada, que incorpora o modelo da *civil law* e *common law*.
(C) O Código Penal de 1940, em junção com a jurisprudência, adotou como única justificação a retribuição, tendo a pena como fim em si mesma.
(D) O Código Penal de 1940 adotou a teoria mista, unificada ou eclética, que reflete na unificação das ideias de retribuição e prevenção como finalidade para aplicação das penas.
(E) De acordo com a legislação penal, a ressocialização do preso mediante o cumprimento da pena é o único fim determinado legalmente para a pena.

No que toca à finalidade das penas, a doutrina se encarregou de formular três teorias, a saber: teoria *absoluta*, teoria *relativa* e teoria *mista* (eclética ou unificadora). Para a primeira (absoluta), a finalidade primordial da pena consiste em retribuir (compensar) o mal injusto causado pela prática criminosa. Aqui, não há preocupação com a readaptação do agente delitivo ao convívio social. A pena, como se pode perceber, tem conotação de castigo, de vingança. Seus expoentes são Georg Wilhelm Friedrich Hegel e Emmanuel Kant. Já para a teoria relativa, em posição diametralmente oposta à teoria absoluta, a pena deve ser vista como um instrumento destinado a prevenir crimes. Seu objetivo, pois, é futuro. Neste caso, a prevenção opera-se em duas frentes: *prevenção geral*: tem como propósito atingir a generalidade das pessoas; *prevenção especial*: é dirigida ao próprio condenado. Há, por fim, a teoria mista (eclética ou unificadora), cuja finalidade é reunir, a um só tempo, as teorias absoluta e relativa, conjugando justiça e utilidade. Assim, a pena assume tanto o caráter de retribuição pelo mal causado pelo crime quanto o de prevenir a ocorrência de nova infrações penais. Esta última é a teoria adotada pelo art. 59 do CP. Gabarito "D".

(Delegado/MG – 2018 – FUMARC) Com relação ao concurso de crimes, é CORRETO afirmar:

(A) Não se admite a aplicação da suspensão condicional do processo ao crime continuado.
(B) No caso hipotético em que Gioconda, ao dirigir seu automóvel de maneira imprudente, perde o controle do carro, matando três pessoas e lesionando gravemente outras cinco, deve ser reconhecido o concurso

formal próprio de crimes pelo qual lhe será aplicada somente uma pena, a mais grave, aumentada de um sexto até a metade.
(C) No concurso de crimes, a aplicação da pena de multa observa as regras pertinentes à modalidade de concurso que incide no caso concreto.
(D) No concurso formal, aplica-se a mais grave das penas cabíveis ou, se iguais, somente uma delas, mas aumentada, em qualquer caso, de um sexto até a metade, ainda que os crimes concorrentes resultem de desígnios autônomos.

A: incorreta. Nos termos da Súmula 243 do STJ, "o benefício da suspensão condicional do processo não é aplicável em relação às infrações penais cometidas em concurso material, concurso formal ou continuidade delitiva, quando a pena mínima cominada, seja pelo somatório, seja pela incidência da majorante, ultrapassar o limite de 01 ano". No mesmo sentido o STF, que, na Súmula 723, dispõe que "não se admite a suspensão condicional do processo por crime continuado, se a soma da pena mínima da infração mais grave com o aumento mínimo de 1/6 for superior a um ano". Dessa forma, conclui-se que, contrariamente ao que se afirma na assertiva, é admitida a aplicação da suspensão condicional do processo ao crime continuado, desde que nos termos das súmulas acima transcritas; **B:** correta. A hipótese descrita nesta assertiva é configuradora do *concurso formal*, que pressupõe, ao contrário do concurso material, a prática, pelo agente, de uma só ação ou omissão (um só comportamento), nos termos do que dispõe o art. 70 do CP. Com efeito, segundo consta, Gioconda, ao dirigir seu automóvel de maneira imprudente, perdeu o controle do carro (uma só conduta), matando três pessoas e lesionando gravemente outras cinco (vários resultados). Já o *concurso material*, que está previsto no art. 69 do CP, se dá nas hipóteses em que "o agente, mediante mais de uma ação ou omissão, pratica dois ou mais crimes, idênticos ou não". Nesse caso, as penas correspondentes a cada crime são somadas (sistema do *cúmulo material*). Voltando ao concurso formal, este poderá ser *próprio* (perfeito) ou *impróprio* (imperfeito). No primeiro caso (primeira parte do *caput*), temos que o agente, por meio de uma única ação ou omissão (um só comportamento), pratica dois ou mais crimes, idênticos ou não, com *unidade de desígnio (é o caso narrado na assertiva)*; já no *concurso formal impróprio* ou *imperfeito* (segunda parte do *caput*), a situação é diferente. Aqui, a conduta única decorre de desígnios autônomos, vale dizer, o agente, no seu atuar, deseja os resultados produzidos. Como consequência, as penas serão somadas, aplicando-se o critério ou sistema do *cúmulo material*. No concurso formal perfeito, diferentemente, se as penas previstas forem idênticas, aplica-se somente uma; se diferentes, aplica-se a maior, acrescida, em qualquer caso, de um sexto até metade (sistema da exasperação); **C:** incorreta, pois a multa será aplicada distinta e integralmente em caso de concurso de crimes, nos moldes preconizados pelo art. 72 do CP. Em outras palavras, as penas de multa, para cada um dos crimes, serão somadas; **D:** incorreta. No concurso formal, se os crimes concorrentes resultarem de desígnios autônomos, as penas serão somadas, aplicando-se o critério ou sistema do *cúmulo material*.
Gabarito "B".

(Delegado/MG – 2018 – FUMARC) Com relação à substituição das penas privativas de liberdade pelas restritivas de direito, é CORRETO afirmar:
(A) Beltrano, maior, capaz e primário, subtraiu um carneiro da fazenda de um amigo, sendo condenado a dois anos de reclusão. No caso concreto, possuindo todas as circunstâncias judiciais favoráveis e sendo mais benéfico ao réu, deve o juiz conceder a Beltrano a suspensão condicional da pena ao invés da substituição prevista no art. 44 do CP.
(B) Marreco, maior e capaz, ameaçou de morte sua companheira, sendo processado e definitivamente condenado pelo crime de ameaça à pena de seis meses de detenção. Nesse caso, conforme entendimento sumulado pelo STJ, tem o agente direito à substituição da pena privativa de liberdade por pena restritiva de direitos, desde que não seja a de prestação pecuniária ou a inominada.
(C) Sinfrônio, capaz, possui condenação definitiva pela prática do crime de invasão de dispositivo informático à pena de dois anos de detenção. Decorridos quatro anos do cumprimento integral da pena anterior, foi ele novamente condenado pelo mesmo crime à pena de um ano de detenção. Mesmo sendo o agente reincidente, se socialmente recomendável, conforme previsto no §3º do art. 44 do Código Penal, pode o juiz substituir a pena privativa de liberdade por restritiva de direitos.
(D) Tício, capaz e devidamente habilitado, após ingerir substância entorpecente, assustou-se ao desviar o veículo que dirigia de um buraco na pista, perdendo o controle do automóvel e vindo a causar a morte de uma criança. Pelo resultado praticado, foi condenado por homicídio culposo, com as penas alteradas pela Lei nº 13.546/17, a seis anos de reclusão. Nessa situação, Tício tem direito à substituição da pena privativa de liberdade por pena restritiva de direitos.

A: incorreta. Isso porque somente será aplicável o *sursis* (suspensão condicional da pena) na hipótese de não ter cabimento a substituição da pena privativa de liberdade por restritiva de direitos, dado que, segundo reconhecem a doutrina e a jurisprudência, a pena restritiva de direitos é mais favorável ao agente que o *sursis* (art. 77, III, do CP); **B:** incorreta, pois contraria o entendimento consagrado na Súmula 588 do STJ, que veda a substituição da pena privativa de liberdade por restritiva de direitos na hipótese narrada no enunciado; **C:** incorreta, na medida em que a substituição, nos termos do art. 44, § 3º, do CP, somente será implementada se a reincidência não tiver sido operada em virtude da prática do mesmo crime; **D:** correta. É que, sendo o crime culposo, pouco importa a quantidade da pena imposta na sentença (art. 44, I, CP). Cuidado: com o advento da Lei 14.071/2020, publicada em 14/10/2020 e com *vacatio* de 180 dias, foi introduzido o art. 312-B na Lei 9.503/1997 (Código de Trânsito Brasileiro), segundo o qual aos crimes previstos no § 3º do art. 302 e no § 2º do art. 303 deste Código não se aplica o disposto no inciso I do *caput* do art. 44 do Decreto-Lei nº 2.848, de 7 de dezembro de 1940 (Código Penal). Assim, veda-se a substituição da pena privativa de liberdade por restritiva de direitos quando o crime praticado for: homicídio culposo de trânsito qualificado pela embriaguez (art. 302, § 3º, do CTB) e lesão corporal de trânsito qualificada pela embriaguez (art. 303, § 2º, do CTB). Como se pode ver, se considerássemos a alteração legislativa em questão, esta assertiva estaria incorreta.
Gabarito "D".

(Delegado/MG – 2018 – FUMARC) Com relação ao erro no Direito Penal, é CORRETO afirmar:
(A) Quando, por erro no uso dos meios de execução, o agente, ao invés de atingir a pessoa que pretendia ofender, atinge pessoa diversa, responde como se tivesse praticado o crime contra aquela, considerando-se as qualidades da vítima que almejava. No caso de ser também atingida a pessoa que o agente pretendia ofender, aplica-se a regra do concurso formal: estamos diante da figura conhecida como *aberratio criminis*.
(B) O agente que, objetivando determinado resultado, termina atingindo resultado diverso do pretendido,

responde pelo resultado diverso do pretendido somente por culpa, se for previsto como delito culposo. Quando o agente alcançar o resultado almejado e também resultado diverso do pretendido, responderá pela regra do concurso formal, restando configurada a aberratio causae.

(C) Mãe que, a fim de cuidar do machucado de seu filho, aplica sobre o ferimento ácido, pensando tratar-se de pomada cicatrizante, age em erro de proibição.

(D) Fazendeiro que, para defender sua propriedade, mata posseiro que a invade, pensando estar nos limites de seu direito, atua em erro de proibição indireto.

A: incorreta. O enunciado retrata hipóteses de erro na execução (*aberratio ictus*), em que o agente, tencionando atingir determinada vítima, acaba, por erro na execução, por alvejar outra. Neste caso, o sujeito ativo responderá como se houvesse atingido a pessoa pretendida, levando-se, inclusive, em conta as características dela e não da vítima efetiva (art. 73 do CP). A segunda parte da assertiva refere-se a hipótese de *aberratio ictus* com unidade complexa (ou com duplo resultado), em que deverá ser aplicada a regra do concurso formal próprio, vale dizer, aplicar-se-á a pena do crime mais grave, aumentada de 1/6 (um sexto) até 1/2 (metade), conforme preconiza o art. 74, 2ª parte, do CP. *Aberratio criminis* (resultado diverso do pretendido ou *aberratio delicti*), cuja previsão está no art. 74 do CP, consiste na hipótese em que o agente deseja cometer certo crime e, por erro de execução, acaba por cometer delito diverso. Como se pode ver, o erro na execução se estabelece entre pessoas (pessoa x pessoa); já o resultado diverso do pretendido envolve a relação crime x crime; **B:** incorreta. A primeira parte da assertiva, que se refere ao fenômeno da *aberratio criminis*, está correta. Com efeito, querendo o agente produzir determinado resultado e, por erro na execução do crime, acaba por gerar resultado diverso, por este último responderá, na forma de culpa, desde que haja previsão nesse sentido (art. 74, 1ª parte, do CP). Clássico exemplo é aquele em que o sujeito ativo lança uma pedra em direção a uma vidraça com o propósito de quebrá-la e, por erro de pontaria, acaba por atingir uma pessoa que passava pelo local e não era alvo do agente, causando-lhe lesões corporais. Neste caso, o sujeito ativo responderá por lesão corporal culposa. A segunda parte da alternativa refere-se ao fenômeno da *aberratio criminis* com unidade complexa ou resultado duplo (art. 74, 2ª parte, do CP). Neste caso, o agente, com a sua conduta, atinge tanto o bem jurídico pretendido quanto aquele não desejado (vidraça e pessoa). Incidirá, neste caso, a regra do concurso formal. A alternativa faz referência à figura da *aberratio causae* (razão de a assertiva estar incorreta), que se verifica quando o agente, imaginado já ter alcançado determinado resultado com um comportamento inicial, vem a praticar nova conduta, esta sim a causa efetiva da consumação. Trata-se de um erro irrelevante para o Direito Penal, porquanto de natureza acidental, devendo o agente ser responsabilizado pelo resultado pretendido de início; **C:** incorreta, já que a mãe que, a fim de cuidar do machucado de seu filho, aplica sobre o ferimento ácido, pensando tratar-se de pomada cicatrizante, incorre em erro de tipo (art. 20, CP), e não em erro de proibição (art. 21, CP); **D:** correta. Por erro de proibição indireto deve-se entender a situação em que o agente, a despeito de ter ciência do caráter ilícito do fato, acredita, equivocadamente, que age amparado por uma causa excludente de antijuridicidade, ou, ainda, age com erro quanto aos limites de uma causa justificante efetivamente existente.

Gabarito "D".

(Delegado/MS – 2017 – FAPEMS) Leia o conceito a seguir.

A pena é a consequência natural imposta pelo Estado, quando alguém pratica uma infração penal.

GRECO, Rogério. *Curso de direito penal: parte geral (arts. 1º a 120 do Código Penal)*. 14. ed. Niterói: Impetus, 2012, p. 469.

O artigo 32 do Código Penal (CP) estabelece três espécies de penas, a saber: penas privativas de liberdade, restritivas de direito e multa. Conforme o artigo 59 do CP, as penas devem respeitar a necessidade e a suficiência à reprovação e à prevenção do crime. Esse mesmo artigo 59 também estabelece os critérios de fixação dessas penas. A partir dessa concepção, assinale a alternativa correta.

(A) As penas restritivas de direito são consideradas penas autônomas de caráter substitutivo, podendo ser aplicadas para crimes culposos independente da quantidade de pena privativa de liberdade fixada, se presentes os demais requisitos legais.

(B) A pena de multa, aplicada e dosada ao livre arbítrio do julgador, não pode ser substitutiva da pena privativa de liberdade ou substituída por esta no caso de não cumprimento, por ser considerada dívida de valor, constituindo título da dívida pública.

(C) A detração penal é instituto jurídico relacionado com a aplicação da pena, de observação obrigatória na sentença, consistindo na redução de um dia de prisão para cada dia trabalhado durante a prisão cautelar, seja ela preventiva ou temporária.

(D) A pena privativa de liberdade aplicada a crime hediondo praticado com violência ou grave ameaça é suscetível de substituição por restritiva de direito, se fixada em menos de 04 anos de reclusão.

(E) A pena privativa de liberdade – detenção – poderá ser iniciada em regime prisional mais severo, mesmo que inferior a 08 anos, se o julgador entender sua necessidade à reprovação e à prevenção do crime.

A: correta. De fato, as penas restritivas de direitos (PRD's) têm como características a autonomia e a substitutividade. À luz do art. 44, I, do CP, as PRD's sempre substituirão as penas privativas de liberdade, pouco importando o *quantum* fixado, em se tratando de crimes culposos. Chamo a atenção para a alteração promovida pela Lei 14.071/2020, publicada em 14/10/2020 e com vacatio de 180 dias (posterior, portanto, à elaboração desta questão), que, ao introduzir o art. 312-B na Lei 9.503/1997 (Código de Trânsito Brasileiro), vedou a substituição da pena privativa de liberdade por restritiva de direitos quando o crime praticado for: homicídio culposo de trânsito qualificado pela embriaguez (art. 302, § 3º, do CTB) e lesão corporal de trânsito qualificada pela embriaguez (art. 303, § 2º, do CTB); **B:** incorreta, pois, de acordo com os arts. 49 e seguintes do CP, a pena de multa, que segue o sistema bifásico, diga-se de passagem, exige, por parte do julgador, a análise de critérios legalmente estipulados (v.g., *modus operandi*, os dias-multa são fixados entre 10 e 360; cada dia-multa é fixado em um trigésimo do salário mínimo, podendo chegar a cinco vezes o valor do salário mínimo). Assim, não se pode falar em livre arbítrio do julgador na fixação da multa; **C:** incorreta. A assertiva confunde os institutos da detração (art. 42 do CP) e da remição da pena (arts. 126 a 130 da LEP). Quanto à detração, computam-se, na pena privativa de liberdade e na medida de segurança, o tempo de prisão provisória, no Brasil ou no estrangeiro, o de prisão administrativa e o de internação em qualquer dos estabelecimentos referidos no artigo anterior. Pela remição, haverá o resgate, pelo condenado, de um dia de pena a cada três dias de trabalho e/ou estudo; **D:** incorreta, pois é inadmissível a substituição de pena privativa de liberdade por restritiva de direitos quando o crime for praticado com violência ou grave ameaça; **E:** incorreta. Impossível, pela dicção do art. 33, *caput*, do CP, a fixação de regime inicial fechado para os crimes punidos com detenção, pouco importando a quantidade de pena imposta. Importante anotar que referida espécie de pena privativa de liberdade ensejará a fixação dos regimes iniciais semiaberto ou aberto, sendo cabível o fechado somente a título de regressão.

Gabarito "A".

(Delegado/MS – 2017 – FAPEMS) No que diz respeito ao sistema de aplicação da pena, assinale a alternativa correta.

(A) No caso de condenado reincidente em crime doloso, porém com as circunstâncias do artigo 59 do Código Penal inteiramente favoráveis, a pena-base pode ser aplicada no mínimo legal.
(B) A qualificadora da torpeza no crime de homicídio (CP, artigo 121, § 2°, inciso I) determina a majoração do *quantum* de pena privativa de liberdade na terceira fase da dosimetria.
(C) O início do cumprimento de pena privativa por condenação pelo crime de homicídio culposo na direção de veículo automotor (artigo 302 da Lei n. 9.503/1997) sempre será no regime fechado em razão da gravidade da conduta em relação ao bem jurídico protegido penalmente.
(D) Sendo as circunstâncias judiciais favoráveis, admite-se a fixação do regime inicial aberto para o condenado reincidente, quando a pena fixada na sentença é igual ou inferior a quatro anos.
(E) Na sentença condenatória por crime de estelionato (CP, artigo 171, *caput*), a pena aplicada em um ano de prisão pode ser substituída por duas penas restritivas de direitos, desde que presentes os requisitos previstos no artigo 44 do Código Penal.

A: correta. Se as circunstâncias judiciais do art. 59 do CP forem inteiramente favoráveis ao agente, a despeito de ser reincidente (circunstância agravante que influenciará na segunda fase da dosimetria da pena), a pena-base (primeira fase da dosimetria da pena) poderá ser fixada no mínimo legal. Lembre-se, uma vez mais, de que a pena-base levará em conta, exclusivamente, os vetores previstos no art. 59 do CP (culpabilidade, antecedentes, conduta social, personalidade do agente, motivos, circunstâncias e consequências do crime e comportamento da vítima), que, se forem integralmente favoráveis, conduzirão, por óbvio, à fixação da reprimenda no mínimo legal; **B:** incorreta. As qualificadoras, por elevarem as penas a novos patamares, diversos daqueles abstratamente cominados nas figuras simples ou fundamentais dos tipos penais, já incidirão logo na fixação da pena-base (primeira fase da dosimetria da pena), não se confundindo com causas de aumento, incidentes na terceira etapa do sistema trifásico adotado pelo art. 68 do CP; **C:** incorreta. O crime de homicídio culposo previsto no art. 302 do CTB (Lei 9.503/1997) é punido com detenção de dois a quatro anos. Ora, por se tratar de detenção, os regimes iniciais de cumprimento de pena, a teor do que dispõe o art. 33 do CP, poderão ser somente o semiaberto ou o aberto, jamais o fechado; **D:** incorreta. A assertiva retrata, quase que integralmente, o teor da Súmula 269 do STJ, segundo a qual é admissível a adoção do regime prisional semiaberto (e não o aberto, como consta na assertiva!) aos reincidentes condenados a pena igual ou inferior a quatro anos se favoráveis as circunstâncias judiciais; **E:** incorreta. Nos termos do art. 44, § 2°, do CP, na condenação igual ou inferior a um ano, a substituição pode ser feita por multa ou por uma pena restritiva de direitos. Apenas se a condenação for superior a um ano é que a pena privativa de liberdade será substituída, desde que preenchidos os demais requisitos do art. 44 do CP, por uma pena restritiva de direitos e multa ou por duas penas restritivas de direitos. Gabarito "A".

(Delegado/MT – 2017 – CESPE) A respeito de crimes de mesma espécie, nas mesmas condições de tempo, lugar e forma de execução, com vínculo subjetivo entre os eventos, assinale a opção correta considerando a jurisprudência dos tribunais superiores.

(A) A lei penal mais grave aplicar-se-á ao crime continuado ou ao crime permanente, se a sua vigência for posterior à cessação da continuidade delitiva ou da permanência.
(B) Admite-se a continuidade delitiva entre os crimes de roubo e de latrocínio.
(C) A continuidade delitiva pode ser reconhecida quando se tratar de delitos de mesma espécie ocorridos em comarcas limítrofes ou próximas.
(D) Nos crimes dolosos contra vítimas diferentes cometidos com violência ou grave ameaça à pessoa, o aumento da pena pelo crime continuado encontra fundamento na gravidade do delito.
(E) O prazo prescricional será regulado pela pena imposta na sentença, com o acréscimo decorrente da continuidade delitiva.

A: incorreta, pois a assertiva colide com o teor da Súmula 711 do STF, que dispõe que a lei penal mais grave aplicar-se-á ao crime continuado ou ao crime permanente, se a sua vigência for anterior à cessação da continuidade ou da permanência; **B:** incorreta, pois os crimes de roubo e latrocínio, embora sejam do mesmo gênero (crimes contra o patrimônio), não são da mesma espécie, a despeito de estarem inseridos no mesmo tipo penal (art. 157 do CP). Basta ver que o crime de roubo ofende o patrimônio da vítima, ao passo que o latrocínio, além de ofender o patrimônio, atinge a vida do ofendido; **C:** correta. O entendimento jurisprudencial é no sentido de que a continuidade delitiva, para ser reconhecida, exige tríplice semelhança: (i) de tempo (não mais do que trinta dias entre um crime e outro); (ii) lugar (crimes praticados na mesma comarca ou em comarcas contíguas) e (iii) modo de execução (*modus operandi*); **D:** incorreta. Nos crimes dolosos contra vítimas diferentes, cometidos com violência ou grave ameaça à pessoa, o aumento da pena, que poderá ser fixada até o triplo, decorre de preceito expressamente previsto no art. 71, parágrafo único, do CP, que consagra o crime continuado qualificado (ou específico); **E:** incorreto. Na continuidade delitiva, para fins de reconhecimento do prazo prescricional, será desprezado o aumento de pena decorrente da aplicação do concurso de crimes. Confira-se a Súmula 497 do STF: Quando se tratar de crime continuado, a prescrição regula-se pela pena imposta na sentença, não se computando o acréscimo decorrente da continuação. Gabarito "C".

(Delegado/BA – 2016.1 – Inaz do Pará) O art. 59 do Código Penal descreve o seguinte: art. 59 – O juiz, atendendo à culpabilidade, aos antecedentes, à conduta social, à personalidade do agente, aos motivos, às circunstâncias e consequências do crime, bem como ao comportamento da vítima, estabelecerá, conforme seja necessário e suficiente para reprovação e prevenção do crime: I – as penas aplicáveis dentre as cominadas; II – a quantidade de pena aplicável, dentro dos limites previstos; III – o regime inicial de cumprimento da pena privativa de liberdade; IV – a substituição da pena privativa da liberdade aplicada, por outra espécie de pena, se cabível.

Com base nas teorias dos fins da pena, assinale a alternativa correta.

(A) O Código Penal se baseou somente na Teoria Retributiva dos fins da pena.
(B) O Código Penal se baseou somente na Teoria Relativa dos fins da pena.
(C) Entende-se que há um sistema duplo quanto aos fins da pena, podendo deduzir tanto a aplicação da Teoria Absoluta quanto a da Prevenção.
(D) O ordenamento penal pátrio não se afilia às teorias da prevenção.

(E) Nenhuma das alternativas anteriores.

No que toca à finalidade das penas, a doutrina se encarregou de formular três teorias, a saber: teoria *absoluta*; teoria *relativa*; e teoria *mista* (eclética ou unificadora). Para a primeira (absoluta), a finalidade primordial da pena consiste em retribuir (compensar) o mal injusto causado pela prática criminosa. Aqui, não há preocupação com a readaptação do agente delitivo ao convívio social. A pena, como se pode perceber, tem conotação de castigo, de vingança. Seus expoentes são Georg Wilhelm Friedrich Hegel e Emmanuel Kant. Já para a teoria relativa, em posição diametralmente oposta à teoria absoluta, a pena deve ser vista como um instrumento destinado a prevenir crimes. Seu objetivo, pois, é futuro. Neste caso, a prevenção opera-se em duas frentes: *prevenção geral*: tem como propósito atingir a generalidade das pessoas; *prevenção especial*: é dirigida ao próprio condenado. Há, por fim, a teoria mista (eclética ou unificadora), cuja finalidade é reunir, a um só tempo, as teorias absoluta e relativa, conjugando justiça e utilidade. Assim, a pena assume tanto o caráter de retribuição pelo mal causado pelo crime quanto o de prevenir a ocorrência de nova infrações penais. Esta última é a teoria adotada pelo art. 59 do CP. Correta, portanto, a assertiva "C", segundo a qual há um sistema duplo quanto aos fins da pena, podendo deduzir tanto a aplicação da teoria absoluta quanto a da prevenção. ED

Gabarito "C".

(Delegado/PE – 2016 – CESPE) O ordenamento penal brasileiro adotou a sistemática bipartida de infração penal – crimes e contravenções penais –, cominando suas respectivas penas, por força do princípio da legalidade. Acerca das infrações penais e suas respectivas reprimendas, assinale a opção correta.

(A) O crime de homicídio doloso praticado contra mulher é hediondo e, por conseguinte, o cumprimento da pena privativa de liberdade iniciar-se-á em regime fechado, em decorrência de expressa determinação legal.

(B) No crime de tráfico de entorpecente, é cabível a substituição da pena privativa de liberdade por restritiva de direitos, bem como a fixação de regime aberto, quando preenchidos os requisitos legais.

(C) Constitui crime de dano, previsto no CP, pichar edificação urbana. Nesse caso, a pena privativa de liberdade consiste em detenção de um a seis meses, que pode ser convertida em prestação de serviços à comunidade.

(D) O STJ autoriza a imposição de penas substitutivas como condição especial do regime aberto.

(E) O condenado por contravenção penal, com pena de prisão simples não superior a quinze dias, poderá cumpri-la, a depender de reincidência ou não, em regime fechado, semiaberto ou aberto, estando, em quaisquer dessas modalidades, obrigado a trabalhar.

A: incorreta. Somente será considerado qualificado (e, por conseguinte, hediondo) o homicídio doloso contra mulher quando praticado *por razões da condição de sexo feminino* (art. 121, § 2º, VI, do CP). Esclarece o § 2º-A do mesmo dispositivo que *se considera que há razões de condição de sexo feminino quando o crime envolve: I – violência doméstica e familiar; II – menosprezo ou discriminação à condição de mulher*. Dito de outro modo, o simples fato de o crime de homicídio ser praticado contra mulher não autoriza a considerá-lo qualificado e, por conseguinte, como hediondo; **B:** correta. A substituição da pena privativa de liberdade por restritiva de direitos era vedada, a teor do art. 33, § 4º, da Lei de Drogas, para o crime de tráfico. Sucede que o STF, no julgamento do HC 97.256/RS, declarou, incidentalmente, a inconstitucionalidade dessa vedação. Posteriormente, o Senado Federal, por meio da Resolução 5/2012, suspendeu a execução da expressão "vedada a conversão em penas restritivas de direito", presente no art. 33, § 4º, da Lei 11.343/2006. Portanto, nada impede, atualmente, que o juiz autorize a substituição da pena privativa de liberdade por restritiva de direitos no crime de tráfico bem assim a fixação de regime aberto, desde que preenchidos os requisitos legais; **C:** incorreta, já que se trata da conduta prevista no art. 65 da Lei 9.605/1998 (crimes contra o meio ambiente); **D:** incorreta, pois contraria o entendimento firmado na Súmula 493 do STJ, "É inadmissível a fixação de pena substitutiva (art. 44 do CP) como condição especial ao regime aberto"; **E:** incorreta. Primeiro porque a prisão simples somente poderá ser cumprida em regime semiaberto ou aberto (nunca no regime fechado), conforme estabelece o art. 6º, *caput*, da LCP; segundo porque o trabalho somente será obrigatório se a pena for superior a quinze dias (art. 6º, § 2º, da LCP). ED

Gabarito "B".

(Delegado/DF – 2015 – Fundação Universa) Giordano, ao dirigir seu automóvel de maneira negligente, perdeu o controle do carro, matando cinco pessoas e lesionando gravemente outras cinco.

Considerando a situação hipotética apresentada, assinale a alternativa correta.

(A) Giordano agiu em continuidade delitiva, devendo ser-lhe aplicada a pena mais grave, aumentada de um sexto até a metade.

(B) Atualmente, considera-se que tais situações devem ser entendidas como crime único, aplicando-se apenas uma das penas, ou seja, a mais leve.

(C) Giordano praticou crimes em concurso material e responderá pela pena de cada um deles.

(D) Giordano praticou crimes em concurso formal, devendo a pena dos crimes ser somada, visto que, nesse caso, o cúmulo material é mais favorável que a exasperação.

(E) Giordano praticou crimes em concurso formal, devendo ser-lhe aplicada a pena mais grave, aumentada de um sexto até a metade.

O enunciado descreve típica hipótese de concurso formal de crimes. Fica claro que Giordano, mediante uma única ação negligente (agiu, portanto, com culpa), produziu vários resultados por ele não desejados (cinco mortes e cinco lesões corporais). Deverá ser aplicada, à luz do que estabelece o art. 70 do CP, a pena mais grave, aumentada de um sexto até metade (sistema da exasperação).

Gabarito "E".

(Delegado/DF – 2015 – Fundação Universa) Acerca das penas pecuniárias, assinale a alternativa correta.

(A) A pena de multa, após o trânsito em julgado da sentença condenatória, será considerada dívida de valor, aplicando-se-lhe as normas da legislação relativa à dívida ativa da fazenda pública, inclusive no que concerne às causas interruptivas e suspensivas da prescrição.

(B) Caso sobrevenha doença mental ao condenado, há reflexos em relação à pena privativa de liberdade que lhe tenha sido cominada, mas não à pena de multa aplicada pelo juiz.

(C) É imprescritível a pena de multa, conforme expressa disposição do CP que, por sua vez, é reflexo do princípio constitucional da intranscendência.

(D) Para fins de fixação da pena de multa, a quantidade de dias-multa será fixada pelo juiz conforme as condições financeiras do condenado.

(E) O juiz poderá deixar de aplicar a pena de multa, ainda que prevista como preceito secundário, se observar que o condenado não tem condições de pagá-la.

A: correta, pois em consonância com o disposto no art. 51 do CP. No que concerne à pena de multa, ante recente alteração legislativa, valem alguns esclarecimentos, em especial no que se refere à legitimidade para promover a sua cobrança, tema, até então, objeto de divergência na doutrina e jurisprudência. Até o advento da Lei 9.268/1996, era possível a conversão da pena de multa não adimplida em pena privativa de liberdade. Ou seja, o não pagamento da pena de multa imposta ao condenado poderia ensejar a sua prisão. Com a entrada em vigor desta Lei, modificou-se o procedimento de cobrança da pena de multa, que passou a ser considerada dívida de valor, com incidência das normas relativas à dívida da Fazenda Pública. Com isso, deixou de ser possível – e esse era o objetivo a ser alcançado – a conversão da pena de multa em prisão. A partir de então, surgiu a discussão acerca da atribuição para cobrança da pena de multa: deveria ela se dar na Vara da Fazenda Pública ou na Vara de Execução Penal? A jurisprudência, durante muito tempo, consagrou o entendimento no sentido de que a pena pecuniária, sendo dívida de valor, possui caráter extrapenal e, portanto, a sua execução deve se dar pela Procuradoria da Fazenda Pública. Tal entendimento, até então pacífico, sofreu um revés em 2018, quando o STF, ao julgar a ADI 3150, conferiu nova interpretação ao art. 51 do CP e passou a considerar que a cobrança da multa, que constitui, é importante que se diga, espécie de sanção penal, cabe ao Ministério Público, que o fará perante o juízo da execução penal. Ficou ainda decidido que, caso o MP não promova a cobrança dentro do prazo de noventa dias, aí sim poderá a Procuradoria da Fazenda Pública fazê-lo. A atuação da Fazenda Pública passou a ser, portanto, subsidiária em relação ao MP. Pois bem. A Lei 13.964/2019, ao conferir nova redação ao art. 51 do CP, consolidou o entendimento adotado pelo STF, no sentido de que a execução da pena de multa ocorrerá perante o juiz da execução penal. A cobrança, portanto, cabe ao MP. De se ver que a atribuição subsidiária conferida à Fazenda Pública (pelo STF) não constou da nova redação do art. 51 do CP; **B:** incorreta, uma vez que não reflete o que estabelece o art. 52 do CP; **C:** incorreta, já que a pena de multa se sujeita, sim, à prescrição (art. 114, CP); **D:** incorreta. O valor da multa será alcançado por meio de um *sistema bifásico*. Num primeiro momento, caberá ao juiz, lançando mão do sistema trifásico previsto para as penas privativas de liberdade, fixar a quantidade de multa (dias-multa); feito isso, estabelecerá o valor de cada dia-multa, valendo-se, neste caso, da condição econômica do condenado; **E:** incorreta, uma vez que não há tal possibilidade.
Gabarito "A".

(Delegado/RO – 2014 – FUNCAB) Em relação ao concurso de crimes, é INCORRETO afirmar:

(A) No concurso formal perfeito, aplica-se ao agente a mais grave das penas cabíveis ou, se iguais, somente uma delas, mas aumentada, em qualquer caso, de um sexto até metade.

(B) No concurso material, aplica-se a regra da cumulação das penas.

(C) No concurso formal heterogêneo, uma só ação dá causa a diversos crimes de natureza diversa como, por exemplo, lesão corporal e homicídio.

(D) Não é admitido, no ordenamento jurídico brasileiro, o reconhecimento do crime continuado entre infrações da mesma espécie, praticadas em condições de tempo e de lugar semelhantes, sob o mesmo modo de agir, contra vítimas diferentes, cometidas com violência ou grave ameaça à pessoa.

(E) No concurso formal imperfeito, aplicam-se ao agente as penas cumulativamente.

A: correta. No concurso formal perfeito ou próprio, que pressupõe que o agente aja sob um único desígnio delituoso, aplicar-se-á a pena do crime mais grave, ou, sendo os crimes iguais, apenas uma delas, aumentada, porém, de um sexto até metade (art. 70, *caput*, primeira parte, do CP); **B:** correta. No concurso material, as penas impostas para cada um dos crimes serão somadas, aplicando-se o critério do cúmulo material (art. 69, CP); **C:** correta. Diz-se concurso formal heterogêneo o fato de o agente, mediante uma só ação ou omissão, praticar dois ou mais crimes diversos, em contraposição ao concurso formal homogêneo, no qual os crimes são idênticos; **D:** incorreta, devendo ser assinalada. Haverá continuidade delitiva, denominada de específica, quando o agente, mediante mais de uma ação ou omissão, praticar dois ou mais crimes da mesma espécie, desde que em circunstâncias de tempo, lugar e modo de execução semelhantes. Caso os crimes praticados sejam dolosos, cometidos mediante grave ameaça ou violência à pessoa, contra vítimas diferentes, será possível ao magistrado aplicar uma só pena (a mais grave, se os crimes forem diversos, ou apenas uma, se idênticos), mas aumentada até o triplo; **E:** correta. Verifica-se o concurso formal imperfeito ou impróprio quando o agente, mediante uma só ação ou omissão, pratica dois ou mais crimes, idênticos ou não, com desígnios autônomos (ou pluralidade de desígnios), caso em que as penas serão aplicadas cumulativamente. Aqui, não incidirá o critério da exasperação (cabível apenas, em caso de concurso formal, quando o agente age com unidade de desígnios), mas, sim, o cúmulo material.
Gabarito "D".

(Delegado de Polícia/GO – 2013 – UEG) O sistema penitenciário que prega o trabalho dos presos nas celas e, posteriormente, a realização de tarefas em pequenos grupos, durante o dia e em silêncio, é característica do sistema

(A) inglês.
(B) auburniano.
(C) filadélfico.
(D) reformatório.

A: incorreta. Pelo sistema inglês (ou progressivo), o cumprimento da pena se dividia em três fases, a saber: 1ª) Isolamento celular diurno e noturno; 2ª) Trabalho em comum sob regra de silêncio e; 3ª) Liberdade condicional; **B:** correta. O sistema auburniano, cuja origem remonta à construção de uma penitenciária na cidade de Auburn, no Estado de New York, nos EUA, preconizava o trabalho coletivo dos presos nas celas, durante o dia, sob absoluto silêncio, com recolhimento solitário no período noturno. No sistema inglês, o isolamento celular ocorria em ambos os períodos (diurno e noturno), diferentemente do auburniano, que, como visto, admitia trabalho coletivo dos presos durante o dia (portanto, sem isolamento celular diurno); **C:** incorreta. O sistema filadélfico, também chamado de pensilvânico (também conhecido como sistema belga ou celular), baseava-se na absoluta "solidão" do sentenciado, que permanecia incomunicável, inclusive com relação aos outros presos. Preconizava-se a disseminação de convicções religiosas, incentivando-se, inclusive, a leitura da bíblia sagrada. A recuperação do condenado, evidentemente, não figurava como prioridade desse sistema; **D:** incorreta. O sistema reformatório, baseado no sistema progressivo, destinava-se aos jovens adultos e aos adolescentes infratores, encontrando grande destaque nos EUA. Assentava-se na ideia de vigilância após o cumprimento da pena, com vistas à reeducação e reinserção social do egresso.
Gabarito "B".

(Delegado Federal – 2013 – CESPE) A respeito da pena pecuniária, julgue o item abaixo.

(1) A multa aplicada cumulativamente com a pena de reclusão pode ser executada em face do espólio, quando o réu vem a óbito no curso da execução da pena, respeitando-se o limite das forças da herança.

1: incorreta. Nada obstante a pena de multa seja dívida de valor, nos termos do art. 51 do CP, é certo que se trata de sanção penal e, portanto, intransmissível aos herdeiros. Afinal, a pena não passará da pessoa do condenado (art. 5º, XLV, da CF/1988), conforme enuncia o princípio da pessoalidade. Eventuais efeitos civis poderão ser estendidos aos sucessores, nos limites da herança. Porém, repita-se, a pena de multa não é efeito civil, mas, sim, penal. Afinal, a multa é uma das espécies de pena (art. 32, III, do CP). No que concerne à pena de multa, ante alteração legislativa, valem alguns esclarecimentos, em especial no que se refere à legitimidade para promover a sua cobrança, tema, até então, objeto de divergência na doutrina e jurisprudência. Até o advento da Lei 9.268/1996, era possível a conversão da pena de multa não adimplida em pena privativa de liberdade. Ou seja, o não pagamento da pena de multa imposta ao condenado poderia ensejar a sua prisão. Com a entrada em vigor desta Lei, modificou-se o procedimento de cobrança da pena de multa, que passou a ser considerada dívida de valor, com incidência das normas relativas à dívida da Fazenda Pública. Com isso, deixou de ser possível – e esse era o objetivo a ser alcançado – a conversão da pena de multa em prisão. A partir de então, surgiu a discussão acerca da atribuição para cobrança da pena de multa: deveria ela se dar na Vara da Fazenda Pública ou na Vara de Execução Penal? A jurisprudência, durante muito tempo, consagrou o entendimento no sentido de que a pena pecuniária, sendo dívida de valor, possui caráter extrapenal e, portanto, a sua execução deve se dar pela Procuradoria da Fazenda Pública. Tal entendimento, até então pacífico, sofreu um revés em 2018, quando o STF, ao julgar a ADI 3150, conferiu nova interpretação ao art. 51 do CP e passou a considerar que a cobrança da multa, que constitui, é importante que se diga, espécie de sanção penal, cabe ao Ministério Público, que o fará perante o juízo da execução penal. Ficou ainda decidido que, caso o MP não promova a cobrança dentro do prazo de noventa dias, aí sim poderá a Procuradoria da Fazenda Pública fazê-lo. A atuação da Fazenda Pública passou a ser, portanto, subsidiária em relação ao MP. Pois bem. A Lei 13.964/2019, ao conferir nova redação ao art. 51 do CP, consolidou o entendimento adotado pelo STF, no sentido de que a execução da pena de multa ocorrerá perante o juiz da execução penal. A cobrança, portanto, cabe ao MP. De se ver que a atribuição subsidiária conferida à Fazenda Pública (pelo STF) não constou da nova redação do art. 51 do CP.
Gabarito 1E

(Delegado Federal – 2013 – CESPE) Em relação aos efeitos da condenação, julgue o item que se segue.

(1) Considere que uma mulher, maior e capaz, chegue a casa, logo após ter sido demitida, e, nervosa, agrida, injustificada e intencionalmente, seu filho de dois anos de idade, causando-lhe lesões corporais de natureza leve. Nessa situação hipotética, caso essa mulher seja condenada pela referida agressão após o devido processo legal, não caberá, como efeito da condenação, a decretação de sua incapacidade para o exercício do poder familiar, nos termos do CP.

1: correta. Os efeitos secundários da condenação criminal, previstos no art. 92, II, do CP, somente incidirão para os crimes dolosos punidos com *reclusão*. Confira-se: "São também efeitos da condenação: (...) II – a incapacidade para o exercício do pátrio poder, tutela ou curatela, nos crimes dolosos, sujeitos à pena de reclusão, cometidos contra filho, tutelado ou curatelado". Na assertiva em tela fica claro que a mulher praticou o crime de lesões corporais de natureza leve, previsto no art. 129, *caput*, do CP, punido com *detenção*, de 3 (três) meses a 1 (um) ano. Logo, não haverá a perda do poder familiar da mãe com relação ao filho agredido.
Gabarito 1C

(Delegado/AP – 2010) Relativamente ao concurso de crimes, assinale a afirmativa incorreta:

(A) O concurso material ocorre quando o agente, mediante mais de uma ação ou omissão, pratica dois ou mais crimes, idênticos ou não.

(B) Na presença de um concurso formal, aplica-se ao agente a mais grave das penas cabíveis ou, se iguais, somente uma delas, mas aumentada, em qualquer caso, de um sexto até metade, salvo se a ação ou omissão é dolosa e os crimes concorrentes resultam de desígnios autônomos (hipótese em que as penas aplicam-se cumulativamente).

(C) Quando se tratar de crime continuado, aplica-se ao agente a pena de um só dos crimes, se idênticas, ou a mais grave, se diversas, aumentada, em qualquer caso, de um sexto a dois terços.

(D) Quando se tratar de crime continuado em que os crimes sejam dolosos, contra vítimas diferentes, cometidos com violência ou grave ameaça à pessoa, o juiz poderá, observados os artigos 70, 71 e 74 do Código Penal, aumentar a pena mais grave até o triplo.

(E) No concurso de crimes, as penas de multa são aplicadas de acordo com as regras aplicáveis às penas privativas de liberdade.

A: correta (art. 69, *caput*, do CP). O concurso material pode ser homogêneo (quando idênticos os crimes) ou heterogêneo (quando diversos os crimes); **B:** correta (art. 70, *caput*, do CP). O concurso formal se caracteriza quando o agente, mediante uma única conduta, pratica dois ou mais crimes. Pode ser homogêneo (quando os crimes são idênticos) ou heterogêneo (quando os crimes são diversos); perfeito (ou próprio, quando o agente não tem desígnios autônomos) ou imperfeito (ou impróprio, quando o agente age com desígnios distintos para cada resultado). Nesse caso, por se tratar de crimes dolosos, aplica-se o sistema do cúmulo material (e não o da exasperação), em que as penas são somadas, como ocorre no concurso material de crimes; **C:** correta (art. 71, *caput*, do CP). O crime continuado pode ser simples ou comum (as penas dos delitos são idênticas) ou qualificado (as penas dos crimes são distintas); **D:** correta (art. 71, parágrafo único, do CP). Trata-se do crime continuado específico, em que os crimes são praticados contra vítimas distintas, mediante violência ou grave ameaça à pessoa. A pena poderá ser aumentada de 1/6 até o triplo, de acordo com o número de crimes praticados; **E:** incorreta, já que o art. 72 do CP diz que no concurso de crimes, as penas de multa são aplicadas distinta e integralmente. Ou seja, adotou-se o sistema do cúmulo material, independente da espécie de concurso de crimes.
Gabarito E

(Delegado/ES – 2006 – CESPE) Ainda em relação a normas pertinentes à parte geral do Código Penal, julgue o item seguinte.

(1) O ordenamento jurídico em vigor veda a conversão da pena de multa em detenção. A multa é considerada dívida, e seu valor deve ser inscrito na dívida ativa se não for paga pelo condenado solvente.

1: correta, pois o § 2º do art. 51 do CP, que tratava da conversão da pena de multa, foi revogado. A atual redação do art. , 51, *caput*, do CP estabelece que a multa, após o trânsito em julgado da sentença, será considerada dívida de valor, aplicando-se-lhe as normas da legislação relativa à dívida ativa da Fazenda Pública. Esta questão e seu respectivo comentário são anteriores à Lei 13.964/2019, que alterou a redação do art. 51 do CP. Quanto a isso, valem alguns esclarecimentos, em especial no que concerne à legitimidade para promover a cobrança da pena de multa, tema, até então, objeto de divergência na doutrina e jurisprudên-

cia. Até o advento da Lei 9.268/1996, era possível a conversão da pena de multa não adimplida em pena privativa de liberdade. Ou seja, o não pagamento da pena de multa imposta ao condenado poderia ensejar a sua prisão. Com a entrada em vigor desta Lei, modificou-se o procedimento de cobrança da pena de multa, que passou a ser considerada dívida de valor, com incidência das normas relativas à dívida da Fazenda Pública. Com isso, deixou de ser possível – e esse era o objetivo a ser alcançado – a conversão da pena de multa em prisão. A partir de então, surgiu a discussão acerca da atribuição para cobrança da pena de multa: deveria ela se dar na Vara da Fazenda Pública ou na Vara de Execução Penal? A jurisprudência, durante muito tempo, consagrou o entendimento no sentido de que a pena pecuniária, sendo dívida de valor, possui caráter extrapenal e, portanto, a sua execução deve se dar pela Procuradoria da Fazenda Pública. Tal entendimento, até então pacífico, sofreu um revés em 2018, quando o STF, ao julgar a ADI 3150, conferiu nova interpretação ao art. 51 do CP e passou a considerar que a cobrança da multa, que constitui, é importante que se diga, espécie de sanção penal, cabe ao Ministério Público, que o fará perante o juízo da execução penal. Ficou ainda decidido que, caso o MP não promova a cobrança dentro do prazo de noventa dias, aí sim poderá a Procuradoria da Fazenda Pública fazê-lo. A atuação da Fazenda Pública passou a ser, portanto, subsidiária em relação ao MP. Pois bem. A Lei 13.964/2019, ao conferir nova redação ao art. 51 do CP, consolidou o entendimento adotado pelo STF, no sentido de que a execução da pena de multa ocorrerá perante o juiz da execução penal. A cobrança, portanto, cabe ao MP. De se ver que a atribuição subsidiária conferida à Fazenda Pública (pelo STF) não constou da nova redação do art. 51 do CP.
Gabarito "C".

(Delegado/MG – 2008) Com relação às penas, assinale a afirmativa CORRETA.

(A) A perda de cargo, função pública ou mandato eletivo, quando aplicada pena privativa de liberdade por tempo igual ou superior a um ano, é efeito específico da condenação penal destinado exclusivamente aos crimes funcionais.

(B) A prestação pecuniária não pode ser fixada em valor inferior a um salário mínimo somente se destinando à vítima ou seus dependentes nos casos de comprovado dano material e pode ter o valor pago deduzido do montante de eventual condenação em ação de reparação cível.

(C) A suspensão condicional da pena pode ser concedida ao reincidente em crime doloso apenado com pena de multa isolada ou em substituição à pena privativa de liberdade.

(D) Pode ser substituída a pena privativa de liberdade pela pena restritiva de direito ao crime culposo independentemente do *quantum* de pena aplicado, exceto no concurso com outros crimes culposos e em sendo o agente reincidente.

A: incorreta, pois o CP não restringiu esse efeito da condenação somente aos crimes funcionais (art. 92, I, *a*, do CP), mas em qualquer crime, desde que ocorrido no exercício das funções exercidas pelo agente; **B:** incorreta (art. 45, § 1º, do CP); **C:** correta (art. 77, § 1º, do CP); **D:** incorreta, porque a reincidência em crime culposo não impede a substituição da pena privativa de liberdade por restritiva de direitos (art. 44, I e II, do CP).
Gabarito "C".

(Delegado/MG – 2007) Com relação ao concurso de crimes é CORRETO afirmar que

(A) se, da aplicação da regra do concurso formal, a pena tornar-se superior à que resultaria do cúmulo material, deve-se seguir o critério do concurso material.

(B) na hipótese da *aberratio ictus* com unidade complexa aplica-se a regra do concurso material, pois é este sempre mais benéfico.

(C) o Código Penal adota para o crime continuado a teoria da unidade real, pela qual, os vários delitos constituem um único crime.

(D) no concurso material, quando ao agente tiver sido aplicada a pena privativa de liberdade, não suspensa, por um dos crimes, para os demais será cabível a substituição de que trata o art. 44 do Código Penal.

A: correta (art. 70, parágrafo único, do CP). Aqui, aplica-se o denominado cúmulo material benéfico; **B:** incorreta, pois, no caso de *aberratio ictus* com unidade complexa (ou duplo resultado), hipótese em que o agente, por erro na execução, atinge pessoa diversa da pretendida e, também, a própria vítima visada, responderá de acordo com a regra do concurso formal (art. 73 do CP); **C:** incorreta, visto que o CP, a respeito da continuidade delitiva (art. 71 do CP), adotou a teoria da ficção jurídica, segundo a qual cada uma das condutas perpetradas pelo agente são infrações penais autônomas, mas que, por ficção, serão consideradas um só ilícito penal. Já pela teoria da unidade real, embora o agente pratique diversas condutas que, por si mesmas, configurem crimes autônomos, haveria crime único. **D:** incorreta. Para a substituição de pena privativa de liberdade por restritiva de direitos, observar-se-á, em caso de concurso material, a soma das penas (critério do cúmulo material). Caso o total das penas supere quatro anos, não será admitida a substituição (art. 44 do CP).
Gabarito "A".

(Delegado/MT – 2006) A contagem do prazo da reincidência inicia-se

(A) com o trânsito em julgado da sentença condenatória do crime anterior e termina cinco anos depois de cumprida ou extinta a pena do crime anterior.

(B) na data do cometimento do crime anterior e termina cinco anos após o trânsito em julgado da sentença condenatória do crime anterior.

(C) na data do cometimento do crime anterior e termina com o trânsito em julgado da sentença condenatória do crime anterior.

(D) na data do cometimento do crime anterior e termina cinco anos depois de cumprida ou extinta a pena do crime anterior.

De fato, o art. 63 do CP, tratando da reincidência (cuja natureza jurídica, é bom que se lembre, é de circunstância agravante genérica, conforme art. 61, I, do CP), preconiza que esta se caracteriza quando o agente comete novo crime, depois de transitar em julgado a sentença que, no país ou no estrangeiro, o tenha condenado por crime anterior. Dá-se a "prescrição da reincidência", consoante art. 64, I, do CP, se entre a data do cumprimento ou extinção da pena e a infração posterior tiver decorrido período de tempo superior a 5 (cinco) anos.
Gabarito "A".

(Delegado/MT – 2006 – UFMT) O concurso de crimes pode ser material, formal ou continuidade delitiva. Para o concurso material, em relação à graduação da pena, o Código Penal adotou o sistema

(A) da absorção.

(B) da acumulação jurídica.

(C) da responsabilidade única.

(D) do cúmulo material.

(E) da exasperação da pena.

De fato, quanto ao concurso material de crimes, o CP, em seu art. 69, adotou o sistema do cúmulo material, segundo o qual o agente responderá por cada um dos crimes cometidos, cujas penas serão somadas, diversamente do que ocorre, em regra, no concurso formal (art. 70 do CP) e continuidade delitiva (art. 71 do CP), espécies que adotam o sistema da exasperação (exceto no concurso formal imperfeito – art. 70, *caput*, parte final).

Gabarito "D".

(Delegado/SP – 2011) Com relação às penas restritivas de direitos é correto afirmar:

(A) Substituem somente as penas de reclusão.
(B) Substituem pena privativa de liberdade, em caso de crime praticado com grave ameaça.
(C) Não são aplicáveis ao reincidente específico
(D) Substituem qualquer tipo de pena.
(E) Não têm caráter autônomo

A: incorreta. As penas restritivas de direito substituem as penas privativas de liberdade, sejam elas de reclusão, detenção ou prisão simples. Basta ver que o art. 44, *caput*, do CP, não faz distinção entre as espécies de penas privativas de liberdade; **B**: incorreta. Descabe a substituição de pena privativa de liberdade por restritiva de direitos se o crime for praticado com grave ameaça ou violência à pessoa (art. 44, I, do CP); **C**: correta. Importa destacar que a reincidência em crime doloso, em princípio, afasta a possibilidade de substituição de pena privativa de liberdade por restritiva de direitos (art. 44, II, do CP). No entanto, poderá o juiz promover a substituição em tela ao condenado reincidente, desde que a medida seja socialmente recomendável e a reincidência não se tenha operado em virtude da prática do mesmo crime (leia-se: reincidência específica), nos termos do art. 44, § 3º, do CP; **D**: incorreta. As penas restritivas de direitos substituem as penas privativas de liberdade (art. 44, *caput*, do CP); **E**: incorreta, pois as penas restritivas de direitos são autônomas (art. 44, *caput*, do CP), ou seja, uma vez operada a substituição pela pena privativa de liberdade, não poderá ser com esta cumulada.

Gabarito "C".

(Delegado/SP – 2000) Estudando o nosso Código Penal verifica-se que no "concurso de crimes" as penas a serem aplicadas ao agente envolvido na prática de mais de um delito podem ser somadas no concurso

(A) material e no crime continuado, mas não no formal.
(B) formal, mas não no material.
(C) material, mas não no formal.
(D) material e no formal.

De fato, a soma das penas em matéria de concurso de crimes é admitida em dois casos: a) no caso de concurso material de crimes (art. 69 do CP) e; b) no caso de concurso formal imperfeito ou impróprio (art. 70, *caput*, parte final, do CP). No caso do concurso formal perfeito ou próprio (art. 70, *caput*, primeira parte, do CP) e na continuidade delitiva (art. 71 do CP), aplica-se a regra ou o critério da exasperação, ou seja, a pena final será aumentada em razão do concurso de crimes, não havendo soma delas. Perceba o candidato que o gabarito foi um pouco "genérico", visto que, em princípio, não se aplica a soma das penas no concurso formal, salvo se se tratar de concurso formal imperfeito ou impróprio, como dito anteriormente.

Gabarito "D".

(Delegado/SP – 2000) Estudando o nosso Código Penal verifica-se que a denominada "circunstância inominada" também conceituada como "atenuante inominada" permite a redução de pena face circunstância relevante

(A) anterior ao crime e não posterior ao crime.
(B) anterior ou posterior ao crime.
(C) posterior ao crime e não anterior ao crime.
(D) elencada no rol das atenuantes e das agravantes.

De fato, a chamada atenuante inominada, prevista no art. 66 do CP, permite que a pena possa ser atenuada em razão de circunstância relevante, seja anterior ou posterior ao crime, ainda que não prevista expressamente em lei. É o caso do agente que viveu em um ambiente absolutamente insalubre do ponto de vista psicológico (pai alcoólatra, mãe prostitua, irmão traficante...). Embora não seja motivo para eximir a responsabilidade penal, poderá o juiz considerar tal circunstância para atenuar a pena.

Gabarito "B".

13. APLICAÇÃO DA PENA

(Delegado/PE – 2016 – CESPE) Da sentença penal se extraem diversas consequências jurídicas e, quando for condenatória, emergem-se os efeitos penais e extrapenais. Acerca dos efeitos da condenação penal, assinale a opção correta.

(A) A licença de localização e de funcionamento de estabelecimento onde se verifique prática de exploração sexual de pessoa vulnerável, em caso de o proprietário ter sido condenado por esse crime, não será cassada, dada a ausência de previsão legal desse efeito da condenação penal.
(B) A condenação por crime de racismo cometido por proprietário de estabelecimento comercial sujeita o condenado à suspensão do funcionamento de seu estabelecimento, pelo prazo de até três meses, devendo esses efeitos ser motivadamente declarado na sentença penal condenatória.
(C) Segundo o CP, constitui efeito automático da condenação a perda de cargo público, quando aplicada pena privativa de liberdade por tempo igual ou superior a um ano, nos crimes praticados com abuso de poder ou violação de dever para com a administração pública.
(D) A condenação por crime de tortura acarretará a perda do cargo público e a interdição temporária para o seu exercício pelo dobro do prazo da pena aplicada, desde que fundamentada na sentença condenatória, não sendo efeito automático da condenação.
(E) A condenação penal pelo crime de maus-tratos, com pena de detenção de dois meses a um ano ou multa, ocasiona a incapacidade para o exercício do poder familiar, quando cometido pelo pai contra filho, devendo ser motivado na sentença condenatória, por não ser efeito automático.

A: incorreta, tendo em conta o teor do art. 218-B, § 3º, do CP, que estabelece que, na hipótese de punição do gerente, proprietário ou responsável pelo local em que se deu a exploração sexual, é de rigor, como efeito da condenação, a cassação da licença de localização e funcionamento do estabelecimento; **B**: correta, nos termos dos arts. 16 e 18 da Lei 7.716/1989; **C**: incorreta, na medida em que a perda de cargo público, nas circunstâncias indicadas na assertiva (art. 92, I, *a*, do CP), constitui efeito *não* automático da condenação (específico), que, por essa razão, somente pode incidir se o juiz, na sentença condenatória, declará-lo de forma motivada, justificando-o. Quanto a esse tema, cabem alguns esclarecimentos. Os efeitos da condenação contemplados no art. 91 do CP são *automáticos* (genéricos). Significa dizer que é desnecessário o

pronunciamento do juiz, a esse respeito, na sentença. Já o art. 92 do CP trata dos efeitos da condenação *não automáticos* (específicos), cujo reconhecimento pressupõe decisão motivada. É este o caso, como já dissemos, da perda de cargo público; **D**: incorreta, uma vez que se trata, sim, de efeito automático da condenação por crime de tortura, sendo prescindível, portanto, que o magistrado, na sentença, expressamente assim declare. Na jurisprudência: "(...) A perda do cargo, função ou emprego público – que configura efeito extrapenal secundário – constitui consequência necessária que resulta, automaticamente, de pleno direito, da condenação penal imposta ao agente público pela prática do crime de tortura (...)" (STF, AI 769637 AgR-ED – MG, 2ª T., rel. Min. Celso de Melo, 25.06.2013); **E**: incorreta, já que a incapacidade para o exercício do poder familiar, nas circunstâncias descritas na alternativa, pressupõe que o crime praticado seja apenado com *reclusão* (art. 92, II, CP). Não é o caso do crime de maus-tratos, cuja pena cominada, na sua forma simples, é de detenção de dois meses a um ano ou multa. Com o advento da Lei 13.715/2018, importante registrar que o efeito da condenação em destaque (incapacidade para o exercício do poder familiar) ocorrerá quando praticados crimes dolosos sujeitos à pena de reclusão cometidos contra outrem igualmente titular do mesmo poder familiar, contra filho, filha ou outro descendente ou contra tutelado ou curatelado.
Gabarito "B".

(Delegado de Polícia/GO – 2013 – UEG) Em tema de aplicação e execução da pena, verifica-se que

(A) o aumento na segunda fase de aplicação da pena, no crime de roubo circunstanciado, exige fundamentação concreta, não sendo suficiente para a sua exasperação a mera indicação do número de majorantes.

(B) a falta grave não interrompe o prazo para obtenção do livramento condicional.

(C) é inadmissível a fixação de pena substitutiva como condição especial ao regime aberto.

(D) é admissível aplicar, no furto qualificado, pelo concurso de agentes, a majorante do roubo.

A: incorreta. O examinador quis confundir o candidato, tendo em vista a redação da Súmula 443 do STJ, que dispõe que "O aumento na terceira fase de aplicação da pena no crime de roubo circunstanciado exige fundamentação concreta, não sendo suficiente para a sua exasperação a mera indicação do número de majorantes". Perceba que o roubo circunstanciado (ou majorado) é aquele que se enquadra em qualquer das hipóteses do art. 157, § 2º, § 2º-A e § 2º-B, do CP, que retrata causas de aumento de pena, incidentes na *terceira fase* (e não na segunda!) da dosimetria da pena. Lembre-se de que na segunda etapa do sistema trifásico, incidem as circunstâncias atenuantes e agravantes, e não as causas de diminuição e aumento de pena; **B**: correta, nos exatos termos da Súmula 441 do STJ: "A falta grave não interrompe o prazo para obtenção de livramento condicional"; **C**: incorreta, de acordo com a banca examinadora. Porém, nos termos da recente Súmula 493 do STJ, "É inadmissível a fixação de pena substitutiva (art. 44 do CP) como condição especial ao regime aberto"; **D**: incorreta. Nos termos da Súmula 442 do STJ, "É inadmissível aplicar, no furto qualificado, pelo concurso de agentes, a majorante do roubo".
Gabarito "B".

(Delegado de Polícia/GO – 2013 – UEG) Segundo entendimento consolidado do Superior Tribunal de Justiça, em tema de aplicação e execução da pena

(A) admite-se a comutação da pena aos condenados por crimes hediondos, tendo em vista operar-se no caso a substituição da reprimenda por outra mais branda, o que não encontra vedação legal.

(B) em caso de condenação do apenado no curso de execução por fato anterior ao início do cumprimento da reprimenda, a contagem do prazo para concessão de benefícios é interrompida para a realização de novo cálculo com base no somatório das penas restantes a serem cumpridas, cujo marco inicial da contagem do novo prazo é o trânsito em julgado da primeira sentença condenatória.

(C) admite-se a aplicação do benefício da detração penal em processos distintos, desde que o delito pelo qual o sentenciado cumpre pena tenha sido cometido antes da segregação cautelar.

(D) admite-se a concessão de livramento condicional ao estrangeiro que possui decreto de expulsão em seu desfavor, desde que preenchidos os requisitos do art. 83 do Código Penal.

A: incorreta. Admitir-se-á comutação da pena aos condenados por crimes hediondos seria ignorar o art. 2º, I, da Lei 8.072/1990, que veda a concessão de indulto para o caso. Lembre-se de que a comutação da pena é verdadeiro indulto parcial. Nesse sentido, o STJ: "*HABEAS CORPUS*. PENAL E PROCESSUAL PENAL. EXECUÇÃO PENAL. COMUTAÇÃO DE PENAS. INTERPOSIÇÃO DE AGRAVO EM EXECUÇÃO. IMPETRAÇÃO DESTE *MANDAMUS*. VIA INDEVIDAMENTE UTILIZADA EM SUBSTITUIÇÃO A RECURSO ESPECIAL. AUSÊNCIA DE ILEGALIDADE MANIFESTA. NÃO CONHECIMENTO. 1. Mostra-se inadequado e descabido o manejo de *habeas corpus* em substituição ao recurso especial cabível. 2. É imperiosa a necessidade de racionalização do *writ*, a bem de se prestigiar a lógica do sistema recursal, devendo ser observada sua função constitucional, de sanar ilegalidade ou abuso de poder que resulte em coação ou ameaça à liberdade de locomoção. 3. 'O *habeas corpus* é garantia fundamental que não pode ser vulgarizada, sob pena de sua descaracterização como remédio heroico, e seu emprego não pode servir a escamotear o instituto recursal previsto no texto da Constituição' (STF, HC 104.045/RJ). 4. Hipóteses em que não há flagrante ilegalidade a ser reconhecida. Não é possível a concessão de indulto e comutação de pena a condenados pela prática de estupro e de atentado violento ao pudor, crime equiparado a hediondo. Inteligência do art. 2º, I, da Lei 8.072/1990 e do Decreto nº 7.420/2010. Enquanto perdurarem as penas relativas aos delitos hediondos ou a eles equiparados, não tem o apenado direito ao benefício de indulto ou de comutação de pena. 5. *Habeas corpus* não conhecido." (HC 210065/RS (2011/0138575-8), 6ª Turma, j. 04.12.2012, rel. Min. Maria Thereza de Assis Moura, *DJe* 11.12.2012); **B**: incorreta. O excerto a seguir, extraído de julgamento no STJ, diz respeito à interrupção da data-base para a concessão de benefícios na fase de execução penal, em razão de superveniência de condenação, no curso do cumprimento de pena por outro processo, por fatos praticados antes ou depois do início da execução penal, e não somente por fatos anteriores, como referido na alternativa. Confira-se: "EXECUÇÃO PENAL. *HABEAS CORPUS*. SUPERVENIÊNCIA DE NOVA CONDENAÇÃO. BENEFÍCIOS PRISIONAIS. INTERRUPÇÃO DA DATA-BASE. REGIME PRISIONAL. REGRESSÃO. TERMO *A QUO*. TRÂNSITO EM JULGADO DO DECRETO CONDENATÓRIO. *WRIT* PARCIALMENTE CONCEDIDO. I. Na hipótese, a irresignação volta-se contra a possibilidade de alteração da data-base e regressão de regime prisional, em razão de sentença condenatória superveniente, circunstância regulada expressamente nos arts. 111, parágrafo único, e 118, da Lei de Execução Penal. II. A jurisprudência desta Corte pacificou seu entendimento no sentido de ser possível a alteração do termo a quo para fins de regressão de regime, na hipótese de superveniência de condenação criminal, *seja por fato anterior ou posterior ao início da execução penal*, devendo ser feito novo cálculo, com base no somatório das penas, mas o novo lapso para a contagem do período aquisitivo é o trânsito em julgado do novo decreto condenatório. III. Writ parcialmente concedido, nos termos do voto do Relator." (HC 223993/DF (2011/0264136-9), 5. Turma, j. 17.04.2012, rel. Min. Gilson Dipp, *DJe* 24.04.2012); **C**: correta. De fato, o STJ, com esteio na doutrina, sustenta ser admissível a detração penal (art. 42 do CP) em processos distintos,

desde que a data do cometimento do crime de que trata a execução em que se pretende a incidência de referido instituto seja anterior ao período pleiteado. Vejamos: "A Turma denegou a ordem de *habeas corpus*, reafirmando a jurisprudência deste Superior Tribunal de ser inviável a aplicação da detração penal em relação aos crimes cometidos posteriormente à custódia cautelar. No writ, a Defensoria sustentava constrangimento ilegal na decisão de não concessão da detração ao paciente que permaneceu preso cautelarmente em outro feito criminal no período de 27.09.2006 a 07.09.2007 e buscava a detração da pena pela prática de crime perpetrado em 27.11.2007". Precedentes citados do STF: HC 93.979-RS, *DJe* 19.06.2008; do STJ: REsp 650.405-RS, *DJ* 29.08.2005; HC 157.913-RS, *DJe* 18.10.2010, e REsp 1.180.018-RS, *DJe* 04.10.2010, HC 197.112-RS, rel. Min. Og Fernandes, julgado em 19.05.2011." (Informativo 473 do STJ); **D**: incorreta. Tanto STJ, quanto STF, entendem que se mostra inviável a concessão do benefício de livramento condicional ao sentenciado estrangeiro que possui decreto de expulsão deferido (STJ, HC 252627/RJ (2012/0180619-5), 5ª Turma, j. 04.12.2012, rel. Min. Laurita Vaz, *DJe* 11.12.2012).
Gabarito "C".

(Delegado de Polícia/GO – 2013 – UEG) Sobre a fixação da pena, tem-se o seguinte:

(A) a existência de circunstância atenuante pode conduzir à redução da pena abaixo do mínimo legal.

(B) pelo critério trifásico, adotado pelo Código Penal, o juiz, na segunda fase, deverá apreciar as causas de aumento e de diminuição da parte geral e especial.

(C) o estabelecimento do valor de dias-multa independe da condição econômica do condenado.

(D) em caso de reincidência, fixada a pena em patamar inferior a 4 (quatro) anos, o condenado poderá iniciar o cumprimento da pena em regime semiaberto, desde que as circunstâncias judiciais o recomendem.

A: incorreta. Nos termos da Súmula 231 do STJ, a existência de circunstância atenuante (incidente na segunda etapa do sistema trifásico de dosimetria da pena) não pode conduzir à fixação da pena abaixo do mínimo legal; **B**: incorreta. Na segunda fase da dosimetria da pena, o juiz considerará as circunstâncias atenuantes e agravantes, sendo que apenas na terceira etapa é que serão analisadas as causas de diminuição e aumento de pena (art. 68 do CP); **C**: incorreta. A condição econômica do condenado é utilizada como critério para o estabelecimento do valor da multa, consoante se extrai do art. 60 do CP; **D**: correta. Esse é o teor da Súmula 269 do STJ. Confira-se: "É admissível a adoção do regime prisional semiaberto aos reincidentes condenados a pena igual ou inferior a quatro anos se favoráveis as circunstâncias judiciais."
Gabarito "D".

(Delegado/AC – 2008 – CESPE) Julgue os itens a seguir, acerca das espécies, da cominação e da aplicação das penas.

(1) Em caso de condenado a pena privativa de liberdade em regime inicialmente fechado, enquanto o condenado estiver cumprindo a pena privativa de liberdade em regime fechado, não lhe será permitido o seu trabalho externo.

(2) Computa-se, na medida de segurança, o tempo de prisão provisória no estrangeiro.

1: incorreta, pois é admissível o trabalho externo, em serviços ou obras públicas, desde que autorizado pela direção do estabelecimento prisional, dependendo de aptidão, disciplina e responsabilidade, além do cumprimento mínimo de 1/6 da pena (art. 34, § 3º, do CP e arts. 36, *caput* e 37, *caput*, ambos da LEP); **2**: correta (art. 42 do CP).
Gabarito 1E, 2C.

(Delegado/CE – 2006 – CEV/UECE) Sobre as penas, marque a opção verdadeira.

(A) A substituição de pena privativa de liberdade por pena restritiva de direitos pode acontecer em todos os casos onde a pena aplicada seja inferior a 4 (quatro) anos e o condenado possua bom comportamento carcerário.

(B) A fixação da pena é obtida seguindo o chamado sistema trifásico, ou seja, primeiro é fixada a pena-base, depois as agravantes e atenuantes e depois o regime de pena a cumprir, isto é, fechado, semiaberto ou aberto, sendo estas as três fases características.

(C) Uma vez realizada a substituição da pena privativa de liberdade pela pena restritiva de direitos, esta é irreversível e não havendo o seu cumprimento deverá ser feito a execução do eventual prejuízo cível, excluindo-se a utilização da execução penal, uma vez que tal alteração modifica sensivelmente a natureza da sanção imposta.

(D) A pena privativa de liberdade caracteriza a chamada prisão penal ou definitiva, de natureza sancionatória, devendo ser cumprida em estabelecimento adequado, observando-se o sistema progressivo, devendo ser cumprida em penitenciária, colônia agrícola ou industrial e casa do albergado.

A: incorreta (art. 44 do CP). A substituição da pena privativa de liberdade por restritiva de direitos ocorrerá, desde que preenchidos os seguintes requisitos: a) pena privativa de liberdade aplicada não superior a quatro anos ou qualquer que seja a pena, se o crime for culposo; b) crime cometido sem violência ou grave ameaça à pessoa; c) réu não reincidente em crime doloso; d) circunstâncias judiciais favoráveis; **B**: incorreta. O cálculo da pena deverá observar o sistema trifásico (art. 68 do CP), segundo o qual o juiz deverá fixar a pena-base, de acordo com as circunstâncias judiciais (art. 59 do CP). Após, deverá fixar as circunstâncias agravantes e atenuantes e, por fim, as causas de aumento e de diminuição da pena. A fixação do regime inicial de cumprimento da pena é realizado após a dosimetria da pena; **C**: incorreta, pois o Código Penal admite a conversão da pena restritiva de direitos em pena privativa de liberdade, diante do seu descumprimento injustificado (art. 44, § 4º, do CP) ou se sobrevier condenação a pena privativa de liberdade, por outro crime, quando não for possível o cumprimento da pena substitutiva anterior (art. 44, § 5º, do CP); **D**: correta (art. 33 e seguintes do CP).
Gabarito "D".

(Delegado/MG – 2011) Com relação às penas e sua aplicação, é **correto** afirmar que

(A) conforme a regra geral do Código Penal, o regime inicialmente fechado é cabível sempre que for o réu reincidente em crime doloso.

(B) para fins de detração penal, o tempo de prisão provisória não se computa no do tratamento ambulatorial, por possuir a medida de segurança prazo indeterminável e natureza jurídica diversa da pena.

(C) nos crimes que envolvam violência doméstica, a Lei n. 11.340/2006 veda a substituição da pena privativa de liberdade pela restritiva de direitos de prestação pecuniária ou o pagamento isolado de multa.

(D) apesar de não previsto expressamente pela Lei n. 9.605/1998, a possibilidade de aplicação de pena à pessoa jurídica, condenada por crime ambiental, aplicam-se a elas, subsidiariamente, no que couber, o disposto no art. 44 do Código Penal.

A: incorreta. O regime inicialmente fechado, primeiramente, somente será cabível para os condenados por crimes punidos com reclusão (art. 33, *caput*, do CP). Outrossim, a reincidência, por si só, não gerará a imposição de regime inicialmente fechado, que, como visto, não será admissível, como regra, para os crimes punidos com detenção. Também não faz o CP distinção entre reincidência dolosa ou culposa. Basta ver a redação do art. 33, § 2º, "b" e "c". Portanto, podemos dizer que, como regra, o CP prevê o regime inicialmente fechado aos condenados – reincidentes ou não – punidos com pena privativa de liberdade superior a oito anos (art. 33, § 2º, "a"); **B:** incorreta. O art. 42 do CP dispõe: "*Computam-se, na pena privativa de liberdade e na medida de segurança, o tempo de prisão provisória, no Brasil ou no estrangeiro, o de prisão administrativa e o de internação em qualquer dos estabelecimentos referidos no artigo anterior*". Assim, a prisão provisória (leia-se: prisão cautelar ou processual) será levada em conta para o abatimento do *prazo mínimo* de duração da medida de segurança, seja ela fixada sob o regime de internação em hospital de custódia e tratamento psiquiátrico, seja sob o regime de tratamento ambulatorial. O fato de a medida de segurança ser por prazo indeterminável não afasta a detração penal. Afinal, como visto, haverá o abatimento do tempo de prisão processual no prazo mínimo de duração da referida espécie de sanção penal; **C:** correta. De fato, a Lei Maria da Penha (Lei 11.340/2006), em seu art. 17, veda a substituição de pena privativa de liberdade por sanções de índole eminentemente pecuniária. Nesse sentido é a Súmula 588 do STJ: "A prática de crime ou contravenção penal contra a mulher com violência ou grave ameaça no ambiente doméstico impossibilita a substituição da pena privativa de liberdade por restritiva de direitos"; **D:** incorreta, pois o art. 22 da Lei 9.605/1998, por exemplo, trata da aplicação das penas restritivas de direitos às pessoas jurídicas.

Gabarito "C".

14. *SURSIS*, LIVRAMENTO CONDICIONAL, REABILITAÇÃO E MEDIDAS DE SEGURANÇA

(Delegado/PE – 2016 – CESPE) A respeito do livramento condicional, assinale a opção correta.

(A) O benefício do livramento condicional é um direito subjetivo do condenado, a ser concedido pelo juiz na sentença condenatória, desde que o réu preencha os requisitos legais subjetivos e objetivos, no momento da sentença penal condenatória, de modo a substituir a pena privativa de liberdade e restritiva de direitos por liberdade vigiada e condicionada.

(B) Caso o liberado condicionalmente seja condenado irrecorrivelmente por crime praticado durante o gozo do livramento condicional, sendo a nova pena imposta a privativa de liberdade, haverá a revogação obrigatória do livramento condicional e o tempo do período de prova será considerado para fins de desconto na pena.

(C) Em caso de prática de crime durante o período de prova do livramento condicional, o juiz não poderá prorrogar o benefício, devendo declarar extinta a punibilidade quando, ao chegar o fim daquele período fixado, o beneficiário não for julgado em processo a que responde por crime cometido na vigência do livramento.

(D) Entre outros requisitos legais, segundo o CP, em caso de crime doloso cometido com violência ou grave ameaça à pessoa, a concessão do livramento condicional ao condenado ficará também subordinada à constatação de condições pessoais que façam presumir que o liberado não voltará a delinquir.

(E) A prática de falta grave, devidamente apurada em procedimento disciplinar, interrompe o requisito temporal para a concessão do livramento condicional.

A: incorreta, tendo em conta que o livramento condicional somente será concedido no curso da execução da pena privativa de liberdade, haja vista que um de seus requisitos é justamente o fato de o condenado haver cumprido parte da pena que lhe foi imposta na sentença, o que somente será apreciado, sem prejuízo da observância dos demais requisitos legais, pelo juízo da execução; **B:** incorreta. Considerando que o crime pelo qual foi condenado em definitivo o liberado foi praticado durante o gozo do benefício, hipótese contemplada no art. 86, I, do CP, impõe-se, por força dos arts. 88 do CP e 142 da LEP, que o tempo em que esteve solto o liberado não será computado para fins de desconto na pena; **C:** incorreta. Isso porque, no caso narrado nesta alternativa, em que o condenado responde a processo por delito praticado no curso do período de prova do benefício, impõe-se a prorrogação automática desse interregno com o propósito de se verificar se é ou não o caso de revogação obrigatória do benefício (art. 89, CP); **D:** correta, pois retrata o que estabelece o art. 83, parágrafo único, do CP; **E:** incorreta, pois contraria o entendimento sufragado na Súmula 441, do STJ. Atenção: a Lei 13.964/2019, com vigência a partir de 23 de janeiro de 2020 e posterior, portanto, à aplicação desta prova, introduziu novo requisito para a concessão do livramento condicional. Até então, tínhamos que o inciso III do art. 83 do CP continha os seguintes requisitos: comportamento satisfatório no curso da execução da pena; bom desempenho no trabalho atribuído ao reeducando; e aptidão para prover a própria subsistência por meio de trabalho honesto. O que fez a Lei 13.964/2019 foi inserir, neste inciso III, um quarto requisito. Doravante, além de preencher os requisitos contemplados no art. 83 do CP (nos seus cinco incisos), é de rigor que o reeducando, para fazer jus à concessão do livramento, não tenha cometido falta grave nos últimos 12 meses. O inciso III, que passou a abrigar esta modificação, foi fracionado em quatro alíneas ("a", "b", "c" e "d"), cada qual correspondente a um requisito (os três aos quais me referi acima e este novo requisito introduzido pela *novel* lei).

Gabarito "D".

(Delegado/AM) O sistema vicariante, nas medidas de segurança, diz respeito ao

(A) cumprimento, no caso concreto, de medida de segurança ou de pena privativa de liberdade.

(B) cumprimento de medida de segurança após o cumprimento de pena privativa de liberdade.

(C) cumprimento, ao mesmo tempo, da pena privativa de liberdade e da medida de segurança

(D) cumprimento da pena privativa de liberdade após o cumprimento da medida de segurança

O sistema vicariante determina o cumprimento de medida de segurança (caso haja periculosidade) ou de pena privativa de liberdade (se houver culpabilidade), não sendo permitido que o agente cumpra as duas espécies de sanção penal ao mesmo tempo, pelo mesmo fato, o que ocorria no sistema do duplo binário, vigente até a reforma do CP em 1984.

Gabarito "A".

(Delegado/SP – 2008) A condenação irrecorrível proferida no estrangeiro por prática de crime, para impedir a concessão do *sursis*,

(A) precisa ser homologada pelo Supremo Tribunal Federal ainda que não se trate de execução de julgado.

(B) não precisa ser homologada pelo Supremo Tribunal Federal, a não ser em caso de execução de julgado.

(C) precisa ser homologada pelo Supremo Tribunal Federal em qualquer hipótese, por força da soberania nacional.

(D) precisa ser homologada pelo Supremo Tribunal Federal, desde que haja o *exequatur* do Congresso Nacional.

(E) não precisa ser homologada pelo Supremo Tribunal Federal, em face do silêncio do Código Penal.

A: incorreta, pois a homologação de sentença estrangeira é de competência do Superior Tribunal de Justiça, consoante dispõe o art. 105, I, alínea "i", da CF/1988, incluída pela EC 45/2004 (Reforma do Judiciário), deixando, desde então, de ser competência do Supremo Tribunal Federal (art. 102, I, "h", da CF – revogação da alínea "h" pela EC 45/2004); **B:** correta, porque, de fato, a sentença condenatória irrecorrível proferida no estrangeiro não precisa ser homologada pelo STJ ou STF para que gere a reincidência penal e impossibilite a concessão do *sursis* (art. 77, I, do CP, desde que se trate de reincidência em crime doloso), salvo se se quiser utilizá-la como título executivo, hipótese em que deverá ser homologada perante o STJ (art. 9º, I, do CP e art. 475-N, VI, do CPC); **C:** incorreta (art. 9º do CP); **D:** incorreta (art. 9º do CP); **E:** incorreta (art. 9º do CP). Gabarito "B".

15. AÇÃO PENAL

(Delegado/AP – 2006 – UFAP) Analise as assertivas e assinale a alternativa correta:

I. O perdão concedido a um dos querelantes aproveitará a todos e o perdão concedido por um dos querelados impede que os outros exerçam o direito de queixa.

II. A extinção da punibilidade só pode ser reconhecida até o momento da prolação da sentença.

III. A sentença absolutória no juízo criminal, por não estar provada a existência do fato, impede a proposição da ação civil decorrente do mesmo fato.

(A) Estão corretas todas as alternativas.
(B) Estão erradas todas as alternativas.
(C) Estão corretas apenas as alternativas II e III.
(D) Está correta apenas a alternativa I.
(E) Está correta apenas a alternativa III.

I: incorreta. O perdão do ofendido, nos crimes de ação penal privada, obsta o prosseguimento da ação. O perdão, se concedido a qualquer dos querelados (e não querelantes), a todos aproveita. Ademais, o perdão concedido por um dos querelantes (e não querelados) não impede que os outros exerçam o direito de queixa (art. 106, II e III); II: incorreta, uma vez que a extinção da punibilidade pode ser reconhecida antes, durante ou após a ação penal, mesmo depois do trânsito em julgado da sentença penal condenatória, como ocorre, por exemplo, com a prescrição da pretensão executória; III: incorreta. A sentença absolutória no juízo criminal somente impedirá a proposição da ação civil decorrente do mesmo fato quando reconhecer a negativa de autoria (não foi o réu quem cometeu o delito) ou a inexistência material do fato (art. 66 do CPP), bem como a sentença que reconhecer que o agente agiu amparado por uma das excludentes da antijuridicidade (legítima defesa, estado de necessidade, estrito cumprimento do dever legal e exercício regular de direito), nos termos do art. 65 do CP. Gabarito "B".

(Delegado/MT – 2006) Analise as afirmações a seguir referentes às características dos crimes de ação penal privada.

L. *Neles pode ocorrer o perdão do ofendido.*
LL. *Neles não ocorre a perempção.*
LLL. *Dependem de requisição do Ministro da Justiça.*
IV. *Procedem-se mediante queixa.*
V. *Após a denúncia, a vítima pode renunciar ao direito à ação.*

Todas as afirmações corretas estão na alternativa:

(A) I – V
(B) I – IV – V
(C) III – IV
(D) I – IV

I: correta, visto que, de acordo com o art. 105 do CP, admite-se nos crimes de ação penal privada o perdão do ofendido, cuja natureza jurídica, é bom que se diga, é de causa de extinção da punibilidade (art. 107, IV, do CP); II: incorreta, uma vez que a perempção é instituto segundo o qual, por inércia ou desídia do querelante, este perderá o direito de prosseguir com a ação penal privada (art. 60 do CPP); III: incorreta, eis que a ação penal privada é de iniciativa do ofendido ou de quem tenha qualidade para representá-lo, devendo ser intentada queixa-crime dentro do prazo legal (art. 100, § 2º, do CP e arts. 30 a 33 do CPP); IV: correta, já que, de fato, os crimes de ação penal privada somente se procedem mediante queixa (art. 100, § 2º, do CP e arts. 30 a 33, do CPP); V: incorreta, e por duas razões: i) primeiramente, não há falar-se em denúncia nos crimes de ação penal privada e; ii) a renúncia é instituto que somente é admissível antes da propositura da queixa-crime (art. 104 do CP). Gabarito "D".

(Delegado/SP – 2002) A ação penal, nos crimes complexos, via de regra será

(A) pública incondicionada.
(B) pública condicionada.
(C) privada.
(D) pública, subsidiária da ação privada.

De fato, nos crimes complexos, quando a lei considerar como elemento ou circunstâncias do tipo legal fatos que, por si mesmos, constituem crimes, caberá ação pública em relação àquele, desde que, em relação a qualquer destes, se deva proceder por iniciativa do Ministério Público (art. 101 do CP). Em verdade, trata-se de dispositivo inútil, visto que, quando a lei for silente, a ação penal será pública incondicionada. Caso contrário, desde que haja expressa previsão legal, a ação poderá ser privada (se somente se proceder mediante queixa) ou pública condicionada à representação ou requisição do Ministro da Justiça. Gabarito "A".

16. EXTINÇÃO DA PUNIBILIDADE EM GERAL

(Delegado/MG – 2021 – FUMARC) Com relação às causas de extinção da punibilidade, é CORRETO afirmar:

(A) A concessão do perdão judicial nos casos previstos em lei é causa extintiva da punibilidade do crime, subsistindo, porém, o efeito condenatório da reincidência.

(B) Havendo a extinção da punibilidade de um crime de furto, se estende ela ao consequente crime de receptação da coisa subtraída em razão do princípio da indivisibilidade da ação penal.

(C) Na hipótese de crime de peculato doloso, o ressarcimento do dano precedente à sentença irrecorrível exclui a punibilidade.

(D) Nos casos de continuidade delitiva, a extinção da punibilidade pela prescrição regula-se pela pena imposta a cada um dos crimes, isoladamente, afastando-se o acréscimo decorrente da continuação.

A: incorreta, já que, por força do que dispõe o art. 120 do CP, *a sentença que conceder perdão judicial não será considerada para efeitos de reincidência*. Significa que o perdão judicial afasta os possíveis efeitos da reincidência, de tal sorte que, se a pessoa agraciada com perdão judicial vier a cometer novo delito, mesmo que no prazo de 5 anos,

será reputada primária; **B**: incorreta, pois contraria a regra presente no art. 108 do CP, segundo o qual *a extinção da punibilidade de crime que é pressuposto, elemento constitutivo ou circunstância agravante de outro não se estende a este*; **C**: incorreta. Isso porque a reparação do dano promovida antes da sentença irrecorrível somente tem o condão de extinguir a punibilidade no crime de peculato culposo, nos termos do art. 312, § 3º, do CP. Segundo este mesmo dispositivo, se a reparação se der após a sentença transitada em julgado, a pena imposta será reduzida de metade, o que também tem aplicação exclusiva no peculato culposo, descrito no art. 312, § 2º, CP; **D**: correta. De fato, no concurso de crimes (material, formal ou continuado), a prescrição atingirá a pena de cada crime, isoladamente, nos termos do art. 119 do CP, não se levando em consideração o aumento imposto nos artigos 70 (concurso formal) e 71 (continuidade delitiva), ambos do CP. É o que enuncia, inclusive, a Súmula 497 do STF (*"quando se tratar de crime continuado, a prescrição regula-se pela pena imposta na sentença, não se computando o acréscimo decorrente da continuação"*).
Gabarito "D".

"A extinção da punibilidade significa o desaparecimento do poder de punir do Estado em relação a fatos definidos como crimes, pela ocorrência de eventos, situações ou acontecimentos determinados na lei como causas de extinção da punibilidade (art. 107, CP)."

(SANTOS, Juarez Cirino dos. Direito Penal Parte Geral. 5ª ed., Florianópolis: Conceito, 2012).

(Delegado/ES – 2019 – Instituto Acesso) Tendo em vista as causas de extinção de punibilidade conhecidas em âmbito de Direito Penal, assinale a alternativa correta com relação ao indulto.

(A) seus efeitos atingem quaisquer crimes previstos no ordenamento jurídico pátrio.

(B) o indulto individual ou graça depende exclusivamente, para sua concessão, de pedido provocado por petição do condenado.

(C) trata-se de benefício concedido exclusivamente pelo Presidente da República por meio de lei delegada.

(D) pode ser delegado pelo Presidente da República aos Ministros de Estado, ao Procurador-Geral da República ou ao Defensor Público-Geral Federal.

(E) é atribuição privativa do Presidente da República, podendo ser delegada, na forma estabelecida na Constituição Federal, aos Ministros de Estado, ao Procurador-Geral da República ou ao Advogado-Geral da União.

A: incorreta. O art. 2º, I, da Lei 8.072/1990 (Crimes Hediondos) veda a concessão do indulto aos autores de crimes hediondos e equiparados. É incorreto, portanto, afirmar-se que os efeitos do indulto alcançam quaisquer crimes previstos no ordenamento jurídico pátrio; **B**: indulto individual ou graça é a clemência concedida pelo presidente da República a um condenado determinado, específico. Nos termos do art. 188 da LEP, pode ser provocado por petição do próprio condenado, por iniciativa do MP, do Conselho Penitenciário ou da autoridade administrativa; **C**: incorreta, na medida em que o indulto será concedido pelo presidente da República por meio de decreto (art. 84, XII, CF), podendo, entretanto, delegar esta função aos ministros de Estado ou outras autoridades; **D**: incorreta. Embora o indulto seja de competência privativa do presidente da República (art. 84, XII, da CF), é perfeitamente possível que a sua concessão seja delegada a ministros de Estado, procurador-geral da República ou ao advogado-geral da União (art. 84, parágrafo único, da CF). Como se pode ver, o defensor público-geral Federal não foi contemplado; **E**: correta, conforme comentário à assertiva anterior.
Gabarito "E".

(Delegado/PR – 2013 – UEL-COPS) Quanto à anistia, à graça e ao indulto, considere as afirmativas a seguir.

I. A anistia e o indulto são atos privativos do Presidente da República, enquanto a graça é concedida pelo Congresso Nacional.

II. A anistia pode ser recusada pelo destinatário, admitindo inclusive revogação, enquanto a graça e o indulto não podem ser recusados, inadmitindo revogação.

III. A anistia tem natureza objetiva, dirigindo-se aos fatos, enquanto a graça em sentido estrito e o indulto destinam-se a determinados indivíduos, particular ou coletivamente considerados.

IV. A graça e o indulto pressupõem o trânsito em julgado da sentença penal condenatória e não extinguem os seus efeitos penais.

Assinale a alternativa correta.

(A) Somente as afirmativas I e II são corretas.

(B) Somente as afirmativas I e IV são corretas.

(C) Somente as afirmativas III e IV são corretas.

(D) Somente as afirmativas I, II e III são corretas.

(E) Somente as afirmativas II, III e IV são corretas.

I: incorreta, pois a anistia é causa extintiva da punibilidade que depende da edição de lei federal (Congresso Nacional), ao passo que a graça e o indulto são concedidos por ato do Presidente da República; **II**: incorreta, pois a anistia, que é verdadeira renúncia estatal ao poder-dever de punir, uma vez concedida (por lei), não poderá ser revogada (vedação à retroatividade prejudicial). No tocante à graça e indulto, concedidos por ato do Presidente da República (decreto), também entendemos que, por gerarem efeitos benéficos ao agente, não poderão ser revogados. Nada obstante, poderá o indulto ser recusado, tal como se extrai do art. 739 do CPP, que assevera que o condenado poderá recusar a comutação de pena (que é modalidade de indulto parcial); **III**: correta. De fato, a anistia, por ser concedida por lei, que é dotada das características da generalidade, abstração e impessoalidade, tem natureza objetiva, relacionando-se a fatos ("esquecimento" de fatos criminosos pelo Estado). Já a graça e o indulto dirigem-se a pessoas (individualmente, no caso da graça, e coletivamente, no caso do indulto); **IV**: correta. Realmente, graça e indulto pressupõem condenação, diferentemente da anistia, que pode ser concedida antes ou depois da condenação. Além disso, geram, apenas, a extinção do efeito executório da condenação, vale dizer, o cumprimento da pena (efeito penal principal), remanescendo, porém, os demais efeitos penais (secundários) da condenação.
Gabarito "C".

(Delegado de Polícia/GO – 2013 – UEG) Sobre as causas extintivas da punibilidade, tem-se que

(A) a sentença concessiva do perdão judicial é declaratória da extinção da punibilidade, não subsistindo qualquer efeito condenatório.

(B) a renúncia e a desistência são causas de extinção da punibilidade, diferenciando-se apenas quanto ao momento de seu exercício, já que a primeira ocorre depois do ajuizamento da ação penal, enquanto a segunda opera-se antes.

(C) a perempção opera-se quando o autor na ação penal privada subsidiária da pública deixa de promover o andamento do feito por mais de 30 (trinta) dias.

(D) a anistia é ato discricionário do presidente da república que tem por objeto crimes cuja sentença tenha transitado em julgado acarretando a extinção da pena imposta.

A: correta. A despeito de existir controvérsia doutrinária acerca da natureza jurídica da sentença concessiva do perdão judicial, o STJ, de há muito, consolidou tratar-se de sentença declaratória da extinção da punibilidade, consoante dispõe sua Súmula 18; **B**: incorreta. A renúncia é, sim, causa extintiva da punibilidade, possível apenas para os crimes de ação penal privada, podendo ser exercida antes do oferecimento da queixa-crime. Já o perdão do ofendido (e não desistência, como consta na alternativa!), também considerado causa extintiva da punibilidade apenas para os crimes de ação penal privada, poderá ser exercido após o início da ação, mas desde que antes do trânsito em julgado (art. 106, § 2º, do CP); **C**: incorreta. A perempção, causa extintiva da punibilidade (art. 107, IV, do CP), cujas hipóteses estão retratadas no art. 60 do CPP, é instituto incabível na ação penal privada subsidiária da pública. Explica-se. É que a inércia do querelante em referida espécie de ação penal, cujo pressuposto é a inércia do Ministério Público em promover a ação penal pública no prazo previsto em lei, fará com que o *Parquet* retome a ação como parte principal (art. 29 do CPP). Portanto, a perempção somente é cabível na ação penal exclusivamente privada e na personalíssima; **D**: incorreta. A anistia corresponde à exclusão, por lei editada pelo Congresso Nacional, de um ou mais fatos considerados criminosos. Não se confunde com a graça e o indulto, estes sim atos discricionários do Presidente da República.

Gabarito "A".

(Delegado/GO – 2003 – UEG) Em relação às causas de extinção de punibilidade previstas na lei penal e de acordo com a posição assumida pelo STF, é CORRETO afirmar que

(A) a perempção ocorre nos crimes de ação exclusivamente privada e, excepcionalmente, nas ações privadas subsidiárias.

(B) a perempção ocorre na falta de pedido formal e expresso de condenação nas alegações finais por parte do titular da ação penal, não bastando ficar demonstrada a sua mera intenção.

(C) o perdão judicial alcança apenas a pena principal e acessória, não se estendendo à medida de segurança.

(D) a prescrição retroativa permite a retroação do prazo prescricional à data do crime, observada a pena em concreto, tratando-se, porém, de prescrição da pretensão punitiva.

A: incorreta, pois a perempção jamais poderá ocorrer na ação penal privada subsidiária, a qual tem natureza de ação penal pública; **B**: incorreta, pois se das alegações do titular da ação penal se puder extrair a sua nítida intenção em ver condenado o querelado, não se falará em perempção. Assim, o só fato de não haver expresso pedido condenatório pelo querelante não induzirá pensar, automaticamente, em perempção (ex.: se o querelante, embora não solicite especificamente a condenação, requerer a aplicação de pena em seu grau máximo ou a fixação de determinado regime inicial de cumprimento de pena, restará nítida sua intenção de ver o réu condenado); **C**: incorreta, pois o perdão judicial faz desaparecer qualquer efeito penal, inclusive as sanções penais (pena ou medida de segurança); **D**: correta (Súmula 146 do STF e art. 110, § 1º, do CP). A prescrição pode ser da pretensão punitiva (propriamente dita, superveniente ou intercorrente e retroativa) ou da pretensão executória. A prescrição retroativa é calculada com base na pena aplicada na sentença penal condenatória recorrível, sendo que o lapso temporal a ser analisado será anterior a esse marco interruptivo da prescrição (entre o recebimento da denúncia ou queixa e a sentença penal condenatória recorrível, com trânsito em julgado para a acusação).

Gabarito "D".

(Delegado/MT – 2000) Julgue os itens a seguir, sobre a extinção da punibilidade e assinale a alternativa correta:

I. Em nosso sistema legal, a retratação do agente não tem relevância para a extinção da punibilidade.

II. A vontade do agente do crime de atentado violento ao pudor de casar-se com sua vítima é causa de extinção da punibilidade.

III. A lei que não mais considera o fato como criminoso extingue a punibilidade até mesmo dos crimes praticados anteriormente à sua vigência.

IV. Nos crimes conexos, a extinção da punibilidade de um deles não impede, quanto aos outros, o agravamento da pena resultante da conexão.

(A) Todos os itens estão corretos.

(B) Todos os itens estão incorretos.

(C) Somente estão corretos os itens II e IV.

(D) Somente estão corretos os itens I e III.

(E) Somente estão corretos os itens III e IV.

I: incorreta, eis que a retratação do agente, nos casos em que a lei admite (ex.: crime de falso testemunho – art. 342, § 2º, do CP), é causa de extinção da punibilidade (art. 107, VI, do CP); **II**: incorreta (o casamento do agente com a vítima nos crimes sexuais, antes do advento da Lei 11.106/2005, poderia gerar a extinção da punibilidade); **III**: correta, visto que a lei posterior supressiva de incriminação (*abolitio criminis*), por ser benéfica ao agente, irá atingir, evidentemente, os fatos anteriores à sua edição, extinguindo a sua punibilidade (art. 107, III, do CP); **IV**: correta (art. 108, segunda parte, do CP).

Gabarito "E".

(Delegado/PB – 2009 – CESPE) Não leva à extinção da punibilidade do agente

(A) a retroatividade de lei que não mais considera o fato como criminoso.

(B) a prescrição, a decadência ou a perempção.

(C) a renúncia do direito de queixa ou o perdão aceito, nos crimes de ação privada.

(D) o casamento do agente com a vítima, nos crimes contra os costumes.

(E) a retratação do agente, nos casos em que a lei a admite.

A: correta, art. 107, III, do CP; **B**: correta, art. 107, IV, do CP; **C**: correta, art. 107, V, do CP; **D**: incorreta. Com o advento da Lei 11.106/2005, que revogou o art. 107, VII, do CP, dentre outras mudanças implementadas, não mais existe a possibilidade de extinguir-se a punibilidade do agente pelo casamento deste com a vítima, nos crimes contra os costumes, atualmente denominados crimes contra a dignidade sexual; **E**: correta, pois reflete o disposto no art. 107, VI, do CP.

Gabarito "D".

(Delegado/SP – 2011) Com relação ao perdão judicial, aponte a alternativa correta.

(A) Sua aplicabilidade não exige previsão legal, ou seja, pode ser aplicado genericamente

(B) Não extingue o *jus puniendi* estatal

(C) Tem aplicação jurídica antes da prolação da sentença penal condenatória

(D) Tem aplicação jurídica após a prolação da sentença penal condenatória.

(E) Aplica-se exclusivamente nos crimes contra a honra.

A: incorreta, pois o perdão judicial é causa extintiva da punibilidade que exige expressa previsão legal, consoante dispõe o art. 107, IX, do CP; **B**: incorreta, pois o perdão judicial é, sim, causa extintiva da punibilidade (ou seja do *jus puniendi* estatal); **C**: incorreta, pois o perdão judicial será declarado em sentença, daí se operando a extinção da punibilidade; **D**: esta foi a alternativa apontada como correta pela banca examinadora. No entanto, seu teor discrepa do entendimento jurisprudencial dominante, inclusive materializado na Súmula 18 do STJ, segundo a qual, a sentença concessiva do perdão judicial é declaratória de extinção da punibilidade. Repare que a alternativa enuncia que o instituto em comento tem aplicação após a prolação da sentença penal *condenatória*. Em verdade, a sentença concessiva do perdão judicial tem natureza declaratória, razão pela qual a alternativa peca por destoar do posicionamento majoritário; **E:** incorreta, pois o perdão judicial será cabível em todos os casos expressos em lei (art. 107, IX, do CP).

Gabarito "D".

(Delegado/SP – 2003) Extinta a punibilidade,

(A) não se poderá impor medida de segurança, mas subsistirá a que tenha sido imposta.

(B) poderá ser imposta medida de segurança superveniente.

(C) somente permanecerá a medida de segurança, se o réu for considerado perigoso.

(D) não se imporá medida de segurança, nem subsistirá a que eventualmente tenha sido imposta.

De fato, com a extinção da punibilidade, não se impõe a medida de segurança nem subsiste a que tenha sido imposta (art. 96, parágrafo único, do CP).

Gabarito "D".

(Delegado/SP – 2000) A chamada *abolitio criminis* faz cessar, em virtude dela,

(A) a execução da sentença condenatória mas não os seus demais efeitos penais.

(B) a execução da pena em relação ao autor do crime mas este benefício não se estende aos eventuais coautores ou partícipes.

(C) os efeitos penais da sentença condenatória mas não a sua execução.

(D) a execução e os efeitos penais da sentença condenatória.

De fato, a *abolitio criminis* decorre da edição de uma nova lei que deixa de considerar um fato como criminoso, tratando-se de causa de extinção da punibilidade (art. 107, III, do CP). Terá o condão de alcançar não só a execução de uma sentença penal condenatória, caso esta já tenha sido prolatada, mas, também, todos os efeitos penais dela advindos (geração de reincidência e maus antecedentes, por exemplo). No entanto, é bom destacar, a descriminalização do fato praticado pelo agente não atinge os efeitos civis decorrentes da condenação. Sendo o caso de crime praticado em concurso de agentes (coautoria ou participação), evidentemente que a *abolitio criminis* irá estender-se a todos. Afinal, deixa-se de considerar o fato como criminoso, não se tratando de causa pessoal (ou subjetiva), mas objetiva.

Gabarito "D".

17. PRESCRIÇÃO

(Delegado/PE – 2016 – CESPE) A respeito da prescrição penal, assinale a opção correta.

(A) Caso o tribunal do júri venha a desclassificar o crime para outro que não seja de sua competência, a pronúncia não deverá ser considerada como causa interruptiva da prescrição.

(B) A reincidência penal caracteriza causa interruptiva do prazo da prescrição da pretensão punitiva.

(C) Para crimes praticado sem 2016, a prescrição retroativa deverá ser regulada pela pena aplicada, tendo-se por termo inicial data anterior à da denúncia ou da queixa.

(D) O prazo de prescrição da pretensão executória deverá iniciar-se no dia em que transitar em julgado a sentença condenatória para a acusação, ainda que haja recurso exclusivo da defesa em tramitação contra a sentença condenatória.

(E) No caso de revogação do livramento condicional, a prescrição deverá ser regulada pelo total da pena aplicada na sentença condenatória, não se considerando o tempo de cumprimento parcial da reprimenda antes do deferimento do livramento.

A: incorreta, pois não corresponde ao entendimento firmado na Súmula 191, do STJ: "A pronúncia é causa interruptiva da prescrição, ainda que o Tribunal do Júri venha a desclassificar o crime"; **B:** incorreta, uma vez que é pacífico o entendimento segundo o qual a reincidência somente influi na prescrição da pretensão executória (Súmula 220 do STJ); **C:** incorreta, uma vez que não corresponde ao que estabelece o art. 110, § 1º, do CP, cuja redação foi alterada por força da Lei 12.234/2010; **D:** correta (art. 112, I, do CP); **E:** incorreta, pois não reflete o que dispõe o art. 113 do CP.

Gabarito "D".

(Delegado/SP – 2014 – VUNESP) Em regra geral, a prescrição antes de transitar em julgado a sentença final

(A) é chamada, pela doutrina, de prescrição intercorrente.

(B) é chamada, pela doutrina, de prescrição retroativa.

(C) regula-se pelo mínimo da pena privativa de liberdade cominada ao crime.

(D) regula-se pela pena aplicada na sentença de primeiro grau.

(E) regula-se pelo máximo da pena privativa de liberdade cominada ao crime.

A: incorreta. A prescrição intercorrente (ou superveniente), embora seja espécie de prescrição da pretensão punitiva, anterior ao trânsito em julgado da sentença penal condenatória, não é "sinônimo" da prescrição em geral. Verifica-se a partir da publicação da sentença condenatória, estendendo-se até o trânsito em julgado para as partes; **B:** incorreta. Assim como a prescrição intercorrente, a prescrição retroativa é espécie de prescrição da pretensão punitiva, que se verifica da sentença condenatória recorrível "para trás", não podendo ter por termo inicial data anterior à denúncia ou queixa (art. 110, § 1º, CP); **C:** incorreta. Em regra, a prescrição da pretensão punitiva (anterior ao trânsito em julgado da sentença final) regula-se pelo máximo da pena privativa de liberdade cominada ao crime (art. 109, *caput*, do CP); **D:** incorreta, pois a prescrição da pretensão punitiva, em regra, como dito, regula-se pela pena abstratamente cominada, e não pela pena aplicada; **E:** correta, nos termos do precitado art. 109, *caput*, do CP.

Gabarito "E".

(Delegado Federal – 2013 – CESPE) Julgue os seguintes itens:

(1) Considere que Jorge, Carlos e Antônio sejam condenados, definitivamente, a uma mesma pena, por terem praticado, em coautoria, o crime de roubo. Nessa situação, incidindo a interrupção da prescrição da pretensão executória da referida pena em relação a Jorge, essa interrupção não produzirá efeitos em relação aos demais coautores.

(2) A detração é considerada para efeito da prescrição da pretensão punitiva, não se estendendo aos cálculos relativos à prescrição da pretensão executória.

(3) Ocorre legítima defesa sucessiva, na hipótese de legítima defesa real contra legítima defesa putativa.

1: correta. Com fundamento no art. 117, § 1º, do CP, as causas interruptivas da prescrição, em caso de concurso de agentes, como regra, produzirão efeitos a todos os autores do crime. Porém, no tocante às causas interruptivas da prescrição da pretensão executória, previstas no já citado art. 117, incisos V (início ou continuação do cumprimento da pena) e VI (reincidência), não haverá comunicabilidade aos demais condenados. Em outras palavras, apenas as causas interruptivas da prescrição da pretensão punitiva (art. 117, I a IV, do CP) produzirão efeitos a todos os agentes, sendo que as causas de interrupção da prescrição executória (art. 117, V e VI, do CP) são "personalíssimas", vale dizer, somente operam efeitos ao próprio condenado que a elas se subsumir. É o caso de Jorge, para o qual, de acordo com a assertiva, incidiu a interrupção da prescrição da pretensão executória. Assim, para Carlos e Antonio nada ocorrerá, sendo certo que apenas para Jorge será interrompida a prescrição executória; **2:** incorreta. Consoante entendimento jurisprudencial, a detração (art. 42 do CP) não influencia no cálculo da prescrição (tanto da pretensão punitiva, quanto da executória). Confira-se: STJ – RECURSO ESPECIAL REsp 1095225 SP 2008/0209631-1 (STJ). Data de publicação: 03/08/2009. Ementa: PENAL. RECURSO ESPECIAL. TEMPO DE PRISÃO EM FLAGRANTE. DETRAÇÃO PARA FINS DE CONTAGEM DA PRESCRIÇÃO DA PRETENSÃO EXECUTÓRIA. IMPOSSIBILIDADE. RECURSO CONHECIDO E PROVIDO. 1. Consoante entendimento do Superior Tribunal de Justiça o período em que o réu permanece preso provisoriamente, em razão de flagrante, serve apenas para desconto da reprimenda a ser cumprida, não se empregando a detração para fins prescricionais. 2. Recurso especial conhecido e provido para restabelecer a execução penal."; **3:** incorreta. A legítima defesa sucessiva é verificada quando, na legítima defesa real, o agressor original se vê diante de reação excessiva do ofendido, que se torna agressor, podendo aquele invocar a legítima defesa. Assim, o agressor se vê diante de um excesso perpetrado pelo agredido, o que dá azo à denominada legítima defesa sucessiva. Não se fala em referida situação quando estivermos diante de legítima defesa putativa. Esta decorre de uma fantasia, da imaginação do agente, que acredita estar sendo agredido injustamente quando, em verdade, não está. Assim, se "A" age em legítima defesa putativa, agredindo "B", este poderá reagir à injusta agressão, invocando a legítima defesa real. Aqui, não haverá legítima defesa sucessiva, que, como dito, pressupõe excesso perpetrado pela vítima inicial da agressão.
Gabarito 1C, 2E, 3E

(Delegado/MG – 2007) É correto afirmar sobre a prescrição no direito penal, EXCETO:

(A) A publicação da sentença de pronúncia, o tempo em que o agente cumpre pena no estrangeiro e o prazo de suspensão condicional do processo são causas suspensivas ou impeditivas da prescrição.

(B) A prescrição superveniente ou intercorrente ocorre após o trânsito em julgado para a acusação ou após o improvimento de seu recurso, regulando-se pela pena aplicada.

(C) É termo inicial da prescrição da pretensão executória a data do trânsito em julgado da sentença condenatória para a acusação.

(D) Nos crimes conexos, que sejam objetos do mesmo processo, a interrupção relativa a qualquer deles estende-se aos demais.

A: incorreta (art. 116 do CP). Atenção: a Lei 13.964/2019 alterou diversos dispositivos do Código Penal, entre os quais o art. 116, ao qual foram introduzidas novas causas impeditivas da prescrição. Até o advento do Pacote Anticrime, o art. 116 do CP contava com dois incisos, que continham causas impeditivas ou suspensivas da prescrição da pretensão punitiva. O inciso III, acrescido pela Lei Anticrime, estabelece que a prescrição não corre *na pendência de embargos de declaração ou de recursos aos Tribunais Superiores, quando inadmissíveis*. Dessa forma, se os recursos especial, ao STJ, e extraordinário, ao STF, forem considerados inadmissíveis, o recorrente não será beneficiado por eventual prescrição que venha a ocorrer neste período. Este dispositivo, como se pode ver, presta-se a evitar que manobras procrastinatórias levem o processo à prescrição. O inciso IV, por seu turno, também inserido por meio da Lei 13.964/2019, prevê que a prescrição também não correrá *enquanto não cumprido ou não rescindido o acordo de não persecução penal*, introduzido no art. 28-A do CPP pelo Pacote Anticrime. Outra mudança operada pela Lei 13.964/2019 neste dispositivo foi a troca do termo *estrangeiro*, presente no inciso II, por *exterior*; **B:** correta (art. 110, § 1º, do CP); **C:** correta (art. 112, I, do CP); **D:** correta (art. 117, § 1º, do CP).
Gabarito "A".

(Delegado/MT – 2006 – UFMT) O termo inicial da prescrição da pretensão punitiva, nos crimes omissivos impróprios, começa a correr a partir da data

(A) da prática do comportamento típico.

(B) da produção do resultado.

(C) em que cessou a atividade criminosa.

(D) em que o agente deixa de realizar a conduta penalmente exigida.

(E) em que o agente não agiu, quando deveria fazê-lo.

De fato, o art. 111, I, do CP, tratando do termo inicial da prescrição, prevê que esta se inicia no dia em que o crime se consumou. Trata-se da regra geral. Como os crimes omissivos impróprios, ou omissivos por omissão, são aqueles em que o agente, tendo o dever jurídico de agir, não evita o resultado, a prescrição somente começará a fluir exatamente a partir da data da produção do resultado.
Gabarito "B".

(Delegado/SP – 2011) Com relação às causas interruptivas da prescrição da pretensão executória é correto afirmar:

(A) o condenado que foge e depois é capturado tem reiniciada a contagem do prazo prescricional, não se computando o tempo da pena já cumprida.

(B) o condenado que foge e depois é capturado tem reiniciada a contagem do prazo prescricional, o qual será regulado pelo tempo que resta da pena.

(C) início do cumprimento da pena não interrompe o prazo prescricional iniciado no trânsito em julgado da sentença penal condenatória.

(D) Exclusivamente, a continuação do cumprimento da pena é causa interruptiva do prazo prescricional iniciado no trânsito em julgado da sentença penal condenatória.

(E) Não se considera a reincidência.

A: incorreta. A fuga do condenado interrompe o cumprimento de sua pena, motivo pelo qual, uma vez recapturado, será reiniciada a execução penal, tratando-se de causa interruptiva da prescrição da pretensão executória (art. 117, V, do CP). Porém, o § 2º, do precitado dispositivo, dispõe que, interrompida a prescrição, salvo a hipótese do inciso V (início ou continuação do cumprimento da pena), todo o prazo começa a correr, novamente, do dia da interrupção. Em outras palavras, o condenado que foge e depois é recapturado terá reiniciada a contagem do prazo prescricional, mas o tempo de pena cumprido anteriormente será computado nessa nova contagem; **B:** correta, pelas razões trazidas no comentário anterior; **C:** incorreta, pois o início do cumprimento da pena, ou sua continuação, é causa interruptiva da prescrição da pretensão executória (art. 117, V, do CP); **D:** incorreta, pois o início ou a continuação do cumprimento da pena interrompem a prescrição da pretensão executória (art. 117, V, do CP); **E:** incorreta, pois a reincidência é causa interruptiva da prescrição da pretensão executória (art. 117, VI, do CP).

Gabarito "B".

(Delegado/SP – 2011) Considera-se causa interruptiva da prescrição da pretensão executória

(A) a reincidência.

(B) o recebimento da denúncia

(C) o recebimento da queixa

(D) a decisão confirmatória da pronuncia

(E) a publicação da sentença.

A: correta (art. 117, VI, do CP); B, C, D e E: incorretas, pois são causas interruptivas da prescrição da pretensão punitiva (art. 117, I, III e IV, do CP).

Gabarito "A".

(Delegado/SP – 2008) A prescrição que se baseia na falta de interesse de agir do Estado e cujo escopo é evitar que eventual condenação não tenha função alguma, desprestigiando a Justiça Pública, denomina-se

(A) retroativa.

(B) da pretensão executória.

(C) intercorrente.

(D) antecipada.

(E) da pretensão punitiva.

Prescrição *antecipada* ou *virtual* é aquela baseada na pena que seria, em tese, aplicada ao réu em caso de condenação. Grande parte da jurisprudência rechaça tal modalidade de prescrição, na medida em que implica verdadeiro prejulgamento (o juiz estaria utilizando-se de uma pena ainda não aplicada). Ressalte-se que o STJ, por meio da Súmula 438, não admite a prescrição baseada em pena hipotética.

Gabarito "D".

(Delegado/SP – 1998) Em termos de prescrição, a sentença absolutória, da qual o Ministério Público apela, pleiteando a condenação do réu,

(A) interrompe o prazo da prescrição superveniente.

(B) interrompe o prazo da prescrição retroativa.

(C) não interrompe o prazo da prescrição da pretensão punitiva.

(D) interrompe o prazo da prescrição da pretensão punitiva.

De fato, a prolação de sentença penal absolutória, ainda que haja apelo do Ministério Público, não tem o condão de interromper o prazo prescricional. Afinal, o art. 117, IV, do CP inclui como causa de interrupção da prescrição a sentença penal condenatória recorrível, ou, então, o acórdão confirmatório da condenação em primeiro grau.

Gabarito "C".

18. CRIMES CONTRA A PESSOA

(Delegado/RJ – 2022 – CESPE/CEBRASPE) Ao analisar sob o prisma jurídico-penal um abortamento, o delegado de polícia deverá verificar se a interrupção da gravidez, nas circunstâncias em que ocorreu, era permitida. Acerca do abortamento permitido, assinale a opção correta.

(A) Conforme entendimento majoritário do STF, o abortamento de feto anencefálico é possível, haja vista a tese de que a gestante que opta pela interrupção da gravidez atua em estado de necessidade.

(B) Deve ser responsabilizado por aborto culposo o médico que, por erro vencível, diagnostique uma gravidez com sério risco para a vida da gestante e realize a intervenção abortiva por equívoco.

(C) Consoante o STJ, a Síndrome de *Body Stalk* autoriza a intervenção abortiva porque, embora exista uma mínima chance de salvar o feto e garantir o nascimento com vida, determina a morte da gestante durante o parto, cuidando-se de abortamento terapêutico.

(D) Em discussão acerca da possibilidade de aborto no primeiro trimestre de gravidez, ministro do STF proferiu voto defendendo a inexistência de aborto criminoso nesse período, invocando para tanto, entre outros argumentos, o critério da proporcionalidade.

(E) No aborto sentimental ou humanitário, dado que a ocorrência de um estupro nem sempre será verificável de plano, exige-se ordem judicial, sem a qual a intervenção será criminosa.

A: incorreta. A ADPF 54, ajuizada pela CNTS (Confederação Nacional dos Trabalhadores na Saúde), patrocinada pelo então advogado (e Procurador do Estado do Rio de Janeiro) Luís Roberto Barroso, atualmente Ministro do STF, foi julgada procedente por aquela Corte, contando com a seguinte ementa: "*ESTADO – LAICIDADE. O Brasil é uma república laica, surgindo absolutamente neutro quanto às religiões. Considerações. FETO ANENCÉFALO – INTERRUPÇÃO DA GRAVIDEZ – MULHER – LIBERDADE SEXUAL E REPRODUTIVA – SAÚDE – DIGNIDADE – AUTODETERMINAÇÃO – DIREITOS FUNDAMENTAIS – CRIME – INEXISTÊNCIA. Mostra-se inconstitucional interpretação de a interrupção da gravidez de feto anencéfalo ser conduta tipificada nos artigos 124, 126 e 128, incisos I e II, do Código Penal*". Assentou-se o entendimento de que o feto anencéfalo, por não dispor de vida, sequer potencial, não pode ser tido como sujeito passivo do crime de aborto, já que não goza do direito à vida, assim considerada em consonância com a Lei 9.434/1997 (Lei de Remoção de Órgãos), que considera morte a cessação de atividade cerebral. Destarte, inexistindo vida em seu sentido jurídico, a antecipação do parto em caso de feto anencéfalo é fato atípico visto inexistir ofensa ao bem jurídico tutelado pelas normas incriminadoras (arts. 124 e 126, ambos do CP)". Como se pode ver, A Suprema Corte declarou que a ocorrência de anencefalia nos dispositivos invocados leva à atipicidade da conduta, não havendo que se falar em estado de necessidade, que configura causa de exclusão da antijuridicidade; B: incorreta, na medida em que não existe, em nosso ordenamento jurídico, a figura do aborto culposo; C: incorreta. Isso porque, segundo julgado do STJ, cuja ementa abaixo está transcrita, aplica-se a ADPF 54 aos casos de Síndrome de Body Stalk: "Controvérsia: dizer se o manejo de habeas corpus, pelo recorrido, com o fito de impedir a interrupção da gestação da primeira recorrente, que tinha sido judicialmente deferida, caracteriza-se como abuso do direito de ação e/ou ação passível de gerar responsabilidade civil de sua parte, pelo manejo indevido de tutela de urgência. Diploma legal aplicável à espécie: Código Civil – arts. 186, 187, 188 e 927. Inconteste a existência de dano aos recorrentes, na espécie, porquanto a interrupção da gestação do feto com síndrome de Body Stalk, que era uma decisão pensada e avalizada por médicos e pelo Poder Judiciário, e ainda assim, de impactos emocionais incalculáveis, foi sustada pela atuação do recorrido. Necessidade de perquirir sobre a ilicitude do ato praticado pelo recorrido, buscando, na existência ou não – de amparo legal ao procedimento de interrupção de gestação, na hipótese de ocorrência da síndrome de body stalk e na possibilidade de responsabilização, do recorrido, pelo exercício do direito de ação – dizer da existência do ilícito compensável; Reproduzidas, salvo pela patologia em si, todos efeitos deletérios da anencefalia, hipótese para qual o STF, no julgamento da ADPF 54, afastou a possibilidade de criminalização da interrupção da gestação, também na síndrome de body-stalk, impõe-se dizer que a interrupção da gravidez, nas circunstâncias que experimentou a recorrente, era direito próprio, do qual poderia fazer uso, sem risco de persecução penal posterior e, principalmente, sem possibilidade de interferências de terceiros, porquanto, *ubi eadem ratio, ibi eadem legis dispositio*. (Onde existe a mesma razão, deve haver a mesma regra de Direito) Nessa linha, e sob a égide da laicidade do Estado, aquele que se arrosta contra o direito à liberdade, à intimidade e a disposição do próprio corpo por parte de gestante, que busca a interrupção da gravidez de feto sem viabilidade de vida extrauterina, brandindo a garantia constitucional ao próprio direito de ação e à defesa da vida humana, mesmo que ainda em estágio fetal e mesmo com um diagnóstico de síndrome incompatível com a vida extrauterina, exercita, abusivamente, seu direito de ação. A sôfrega e imprudente busca por um direito, em tese, legítimo, que, no entanto, faz perecer no caminho, direito de outrem, ou mesmo uma toldada percepção do próprio direito, que impele alguém a avançar sobre direito alheio, são considerados abuso de direito, porque o exercício regular do direito, não pode se subverter, ele mesmo, em uma transgressão à lei, na modalidade abuso do direito, desvirtuando um interesse aparentemente legítimo, pelo excesso. A base axiológica de quem defende uma tese comportamental qualquer, só tem terreno fértil, dentro de um Estado de Direito laico, no campo das próprias ideias ou nos Órgãos legislativos competentes, podendo neles defender todo e qualquer conceito que reproduza seus postulados de fé, ou do seu imo, havendo aí, não apenas liberdade, mas garantia estatal de que poderá propagar o que entende por correto, não possibilitando contudo, essa faculdade, o ingresso no círculo íntimo de terceiro para lhe ditar, ou tentar ditar, seus conceitos ou preconceitos. Esse tipo de ação faz medrar, em seara imprópria, o corpo de valores que defende – e isso caracteriza o abuso de direito – pois a busca, mesmo que por via estatal, da imposição de particulares conceitos a terceiros, tem por escopo retirar de outrem, a mesma liberdade de ação que vigorosamente defende para si. Dessa forma, assentado que foi, anteriormente, que a interrupção da gestação da recorrente, no cenário apresentado, era lídimo, sendo opção do casal – notadamente da gestante – assumir ou descontinuar a gestação de feto sem viabilidade de vida extrauterina, há uma vinculada remissão à proteção constitucional aos valores da intimidade, da vida privada, da honra e da própria imagem dos recorrentes (art. 5°, X, da CF), fato que impõe, para aquele que invade esse círculo íntimo e inviolável, responsabilidade pelos danos daí decorrentes. Recurso especial conhecido e provido." (REsp n. 1.467.888/GO, relatora Ministra Nancy Andrighi, Terceira Turma, julgado em 20/10/2016, DJe de 25/10/2016); **D:** correta. Conferir: "(...) Em segundo lugar, é preciso conferir interpretação conforme a Constituição aos próprios arts. 124 a 126 do Código Penal – que tipificam o crime de aborto – para excluir do seu âmbito de incidência a interrupção voluntária da gestação efetivada no primeiro trimestre. A criminalização, nessa hipótese, viola diversos direitos fundamentais da mulher, bem como o princípio da proporcionalidade. 4. A criminalização é incompatível com os seguintes direitos fundamentais: os direitos sexuais e reprodutivos da mulher, que não pode ser obrigada pelo Estado a manter uma gestação indesejada; a autonomia da mulher, que deve conservar o direito de fazer suas escolhas existenciais; a integridade física e psíquica da gestante, que é quem sofre, no seu corpo e no seu psiquismo, os efeitos da gravidez; e a igualdade da mulher, já que homens não engravidam e, portanto, a equiparação plena de gênero depende de se respeitar a vontade da mulher nessa matéria. 5. A tudo isto se acrescenta o impacto da criminalização sobre as mulheres pobres. É que o tratamento como crime, dado pela lei penal brasileira, impede que estas mulheres, que não têm acesso a médicos e clínicas privadas, recorram ao sistema público de saúde para se submeterem aos procedimentos cabíveis. Como consequência, multiplicam-se os casos de automutilação, lesões graves e óbitos. 6. A tipificação penal viola, também, o princípio da proporcionalidade por motivos que se cumulam: (i) ela constitui medida de duvidosa adequação para proteger o bem jurídico que pretende tutelar (vida do nascituro), por não produzir impacto relevante sobre o número de abortos praticados no país, apenas impedindo que sejam feitos de modo seguro; (ii) é possível que o Estado evite a ocorrência de abortos por meios mais eficazes e menos lesivos do que a criminalização, tais como educação sexual, distribuição de contraceptivos e amparo à mulher que deseja ter o filho, mas se encontra em condições adversas; (iii) a medida é desproporcional em sentido estrito, por gerar custos sociais (problemas de saúde pública e mortes) superiores aos seus benefícios. 7. Anote-se, por derradeiro, que praticamente nenhum país democrático e desenvolvido do mundo trata a interrupção da gestação durante o primeiro trimestre como crime, aí incluídos Estados Unidos, Alemanha, Reino Unido, Canadá, França, Itália, Espanha, Portugal, Holanda e Austrália. 8. Deferimento da ordem de ofício, para afastar a prisão preventiva dos pacientes, estendendo-se a decisão aos corréus." (STF, 1ª T, HC 124306, relator: Min. MARCO AURÉLIO; Redator(a) do acórdão: Min. ROBERTO BARROSO; Julgamento: 09/08/2016; Publicação: 17/03/2017); **E:** incorreta, uma vez que o chamado aborto sentimental ou humanitário (art. 128, II, do CP), que é aquele em que a gravidez resulta de estupro, prescinde, para a sua realização, de autorização judicial. Exige-se tão somente que a intervenção seja levada a efeito por médico e que haja consentimento prévio da gestante. **ED**

Gabarito "D".

(Delegado/RJ – 2022 – CESPE/CEBRASPE) Desolados após a morte dos pais em um acidente de trânsito, os irmãos Paulo e Roberto, com 21 anos e 19 anos de idade, respectivamente, fizeram um pacto de suicídio a dois em 20/2/2022: fecharam as portas e janelas do apartamento, e Paulo abriu a válvula de gás. Após poucos minutos, ambos desmaiaram. Os vizinhos sentiram o forte odor de gás e arrombaram o apartamento, evitando o óbito dos irmãos. Em decorrência da queda da própria altura, Paulo sofreu lesão corporal leve, e Roberto, lesão corporal gravíssima.

Acerca dessa situação hipotética, é correto afirmar que

(A) Paulo e Roberto não poderão ser responsabilizados criminalmente, por se tratar de autolesões.

(B) Paulo deverá responder pelo crime de homicídio na forma tentada (art. 121 c/c art. 14, inc. II, do Código Penal), e Roberto, pelo crime de induzimento, instigação ou auxílio a suicídio ou a automutilação na forma simples (art. 122, caput, do Código Penal).

(C) Paulo deverá responder pelo crime de induzimento, instigação ou auxílio a suicídio ou a automutilação na forma qualificada (art. 122, § 1.º, do Código Penal), e Roberto não poderá ser responsabilizado criminalmente.

(D) Paulo deverá responder pelo crime de induzimento, instigação ou auxílio a suicídio ou a automutilação na forma qualificada (art. 122, § 1.º, do Código Penal), e Roberto, pelo crime de induzimento, instigação ou auxílio a suicídio ou a automutilação na forma simples (art. 122, caput, do Código Penal).

(E) Paulo deverá responder pelo crime de homicídio na forma tentada (art. 121 c/c art. 14, inc. II, do Código Penal), e Roberto não poderá ser responsabilizado criminalmente.

No chamado *pacto de morte*, assim entendido o acordo firmado entre duas ou mais pessoas que desejam dar cabo da própria vida de forma simultânea, a apuração da responsabilidade de cada um deverá levar em conta a realização efetiva ou não de atos tidos como executórios. Melhor explicando: se um dos pactuantes pratica ato executório de homicídio, assim entendido o ato que tem o condão de levar o outro à morte, deverá ele ser responsabilizado, se sobreviver, pelo delito de homicídio, consumado ou tentado; aquele que não praticou ato de execução responderá, se sobreviver, pelo crime do art. 122 do CP. Dessa forma, Paulo, pelo fato de ter aberto a válvula de gás (ato executório), será responsabilizado por tentativa de homicídio; já Roberto, que não levou a efeito nenhum ato de execução de homicídio, será responsabilizado pelo crime de induzimento, instigação ou auxílio a suicídio ou a automutilação na forma simples (art. 122, *caput*, do Código Penal).

Gabarito "B".

Ana, após realizar exame médico, descobriu estar grávida. Estando convicta de que a gravidez se deu em decorrência da prática de relação sexual extraconjugal que manteve com Pedro, seu colega de faculdade, e temendo por seu matrimônio decidiu por si só que iria praticar um aborto. A jovem comunicou a Pedro que estava grávida e pretendia realizar um aborto em uma clínica clandestina. Pedro, por sua vez, procurou Robson, colega que cursava medicina, e o convenceu a praticar o aborto em Ana. Assim, alguns dias depois de combinar com Pedro, Robson encontrou Ana e realizou o procedimento de aborto.

(Delegado/ES – 2019 – Instituto Acesso) Sobre a questão apresentada, é correto afirmar que a conduta de Ana se amolda ao crime previsto no

(A) art. 124, segunda parte, do Código Penal (consentimento para o aborto). Robson, por sua vez, tem sua conduta subsumida ao crime previsto no art. 126, do Código Penal (aborto provocado por terceiro com consentimento). Já Pedro responderá como partícipe no crime de Robson.

(B) art. 124, segunda parte, do Código Penal (consentimento para o aborto). Robson, por sua vez, tem sua conduta subsumida ao crime previsto no art. 124, segunda parte, do Código Penal. Já Pedro responderá como partícipe no crime de Ana.

(C) art. 125, segunda parte, do Código Penal (consentimento para o aborto). Robson, por sua vez, tem sua conduta subsumida ao crime previsto no art. 124 do Código Penal (aborto provocado por terceiro sem consentimento). Já Pedro responderá como partícipe no crime de Robson.

(D) art. 124, primeira parte, do Código Penal (autoaborto). Robson, por sua vez, tem sua conduta subsumida ao crime previsto no art. 126 do Código Penal (aborto provocado por terceiro com consentimento). Já Pedro responderá como partícipe no crime de Ana.

(E) art. 126, primeira parte, do Código Penal (autoaborto). Robson, por sua vez, tem sua conduta subsumida ao crime previsto no art. 124 do Código Penal (aborto provocado por terceiro com consentimento). Já Pedro responderá como partícipe no crime de Ana.

Antes de analisar a conduta de cada agente, é importante que façamos algumas observações sobre as modalidades de aborto previstas no Código Penal. Como bem sabemos, o aborto praticado pela gestante (autoaborto) ou com o consentimento desta será apenado de forma diferente (mais branda) daquele realizado por terceiro. As condutas consistentes em provocar aborto em si mesma e consentir que outro o faça configuram o crime próprio do art. 124 do CP. Por ser próprio (e também de mão própria), por ele somente responderá a gestante. Trata-se da forma menos grave de aborto, já que o legislador estabeleceu a pena de detenção de 1 a 3 anos. Agora, a conduta do terceiro que provoca na gestante a interrupção de sua gravidez pode dar azo a duas tipificações diversas, a depender da existência de consentimento da gestante. Se esta consentir que terceiro nela realize o aborto, este estará incurso no crime do art. 126 do CP, cuja pena cominada é de reclusão de 1 a 4 anos, superior, portanto, à pena prevista para o aborto praticado pela própria gestante ou quando ela consente que outrem o faça. Se o terceiro, de outro lado, realizar o aborto sem o consentimento válido da gestante, será ele responsabilizado pela modalidade mais grave deste crime, prevista no art. 125 do CP, que estabelece a pena de 3 a 10 anos de reclusão. Portanto, é diferente o tratamento que a lei confere ao aborto realizado pela própria gestante ou com o seu consentimento daquele levado a efeito por terceiro, com ou sem o consentimento da gestante. Perceba que, embora o fato seja o mesmo, os agentes envolvidos responderão por crimes diversos, o que representa exceção à *teoria monista*. Dito isso, passemos ao exame da hipótese narrada no enunciado, de forma a estabelecer a responsabilidade de cada agente. Ana, porque consentiu que nela fosse realizado o aborto, deverá responder pelo crime de aborto do art. 124, segunda parte, do CP (consentimento para a prática de aborto); Robson, que promoveu o aborto em Ana com o consentimento desta, será responsabilizado pelo delito do art. 126 do CP; já Pedro, que, a pedido de Ana, procurou Robson e o convenceu a praticar o aborto nesta, deverá responder como partícipe na conduta de Robson (art. 126, CP). Tivesse Pedro se limitado a aconselhar (induzindo ou instigando) Ana a consentir na prática abortiva, responderia ele na qualidade de partícipe do crime de Ana (art. 124, CP). Não é este o caso, já que Pedro, ao contratar Robson, teve atuação estreitamente ligada à conduta deste, que foi quem promoveu a manobra abortiva, devendo responder como partícipe na conduta de Robson (art. 126, CP).

Gabarito "A".

(Delegado/MG – 2018 – FUMARC) De acordo com o Artigo 129 do Código Penal Brasileiro, trata-se de lesão corporal de natureza gravíssima:

(A) Aceleração de parto.

(B) Debilidade permanente de membro, sentido ou função.

(C) Deformidade permanente.

(D) Perigo de vida.

As modalidades de lesão corporal de natureza grave estão contempladas no art. 129, §§ 1º e 2º, do CP. A denominação *lesão corporal gravíssima* foi criada pela doutrina para se referir às hipóteses elencadas no § 2º, que são mais graves, dado o caráter permanente do dano ou mesmo a sua irreparabilidade, do que aquelas contidas no § 1º (chamadas pela doutrina de *lesão corporal grave*). Entre as modalidades de lesão gravíssima está a *deformidade permanente* (inciso IV); as demais (aceleração de parto; debilidade permanente de membro sentido ou função; e perigo de vida) estão contempladas no § 1º (lesão corporal grave).

Gabarito "C".

(Delegado/MS – 2017 – FAPEMS) Segundo Busato (2014), "o homicídio é uma violação do bem jurídico vida como tal considerado a partir do nascimento". E para Hungria (1959), esse crime constitui "a mais chocante violação do senso moral médio da humanidade civilizada".

BUSATO. Paulo César. Direito Penal: parte especial, l.ed. São Paulo: Atlas, 2014, p. 19. HUNGRIA, Nelson. Comentários ao código penal. 4.ed. Rio de Janeiro: Forense, 1959, p. 25.

O Código Penal Brasileiro, em seu artigo 121, apresenta três modalidades de tipos penais de ação homicida, em que os elementos que o compõem podem ou não aparecer conjugados. Acerca das modalidades do crime de homicídio, variantes e caracterização, assinale a alternativa correta.

(A) É caracterizada como homicídio a morte de feto atingido por disparo de arma de fogo, quando ainda no ventre da mãe.

(B) O infanticídio é modalidade do homicídio qualificado pelo resultado, quando a mãe mata o próprio filho logo após o parto, sob a influência do estado puerperal, cuja pena é agravada.

(C) O latrocínio, por se tratar de espécie complexa de homicídio qualificado previsto no artigo 121 do Código Penal, não é julgado pelo Tribunal do Júri por envolver questões patrimoniais.

(D) A eutanásia, ou o homicídio piedoso, é reconhecida como conduta praticada por relevante valor moral, caracterizadora do homicídio privilegiado.

(E) O homicídio pode ser considerado qualificado/privilegiado quando praticado por relevante valor moral motivado por vingança.

A: incorreta. O crime de homicídio tutela a vida humana em sua forma extrauterina, assim considerada a partir do momento em que se inicia o parto. Antes disso, fala-se em vida humana intrauterina, que é protegida pelo crime de aborto. Portanto, a morte de um feto atingido por disparo de arma de fogo quando ainda no ventre da mãe, constitui crime de aborto (arts. 124 a 127, CP); **B:** incorreta. Nada obstante a doutrina afirme que o infanticídio é uma espécie de homicídio *sui generis*, o fato é que o legislador optou por tipificá-lo autonomamente, ou seja, criando um crime próprio (praticado pela mãe contra o próprio filho, durante o parto ou logo após, sob a influência do estado puerperal). Assim, não se pode afirmar que o infanticídio seja modalidade de homicídio qualificado, tendo tratamento específico no art. 123 do CP; **C:** incorreta, pois o latrocínio, que é espécie de roubo qualificado pela morte (art. 157, §3º, II, do CP), não é espécie de homicídio qualificado (crime contra a vida), como constou na assertiva, mas, sim, um crime contra o patrimônio; **D:** correta. De fato, a eutanásia, também conhecida como homicídio piedoso, é o clássico exemplo de homicídio privilegiado (art. 121, §1º, do CP), praticado pelo agente que age impelido por motivo de relevante valor moral (piedade, misericórdia, compaixão). Neste caso, sua pena será reduzida de um sexto a um terço; **E:** incorreta. A figura do homicídio qualificado-privilegiado, também conhecido como homicídio híbrido, somente será admitido quando a qualificadora for objetiva (art. 121, § 2º, III e IV, do CP), relacionada aos meios e modos de execução do crime. É incompatível a coexistência do privilégio com as qualificadoras de natureza subjetiva (art. 121, § 2º, I, II, V, VI e VII, do CP), tal como a vingança, que pode ser considerada motivo torpe. **Gabarito "D".**

(Delegado/RO – 2014 – FUNCAB) Em relação aos crimes contra a vida, dispostos no Código Penal, é correto afirmar:

(A) No crime de induzimento, instigação ou auxílio a suicídio, disposto no artigo 122 do CP, a pena é duplicada se o crime é praticado por motivo egoístico.

(B) O Código Penal prevê o crime de aborto culposo.

(C) Se do induzimento, instigação ou auxílio ao suicídio resulta lesão corporal de natureza grave na vítima, a conduta daquele que induziu, instigou ou auxiliou a vítima a tentar se suicidar é atípica.

(D) Para a configuração da qualificadora do emprego de veneno no homicídio, disposta no artigo 121, § 2º, inciso III, primeira figura, do CP, não se exige que a vítima desconheça a circunstância de estar sendo envenenada.

(E) O crime de infanticídio, descrito no artigo 123 do CP, prevê também como típica a forma culposa desse delito.

A: correta, uma vez que corresponde à redação do art. 122, parágrafo único, I, do CP, em vigor ao tempo em que foi elaborada esta questão. Este comentário, como não poderia deixar de ser, leva em conta a redação do art. 122 anterior ao advento da Lei 13.968/2019, que promoveu profundas alterações no crime de participação em suicídio. A seguir, falaremos sobre tais mudanças. No dia 26 de dezembro de 2019, quando todos ainda estavam atônitos com a publicação do Pacote Anticrime, ocorrida em 24 de dezembro de 2019, surge no Diário Oficial a Lei 13.968, que conferiu nova redação ao art. 122 do CP, ali incluindo, além do delito que já existia (mas em outras bases), também o crime de induzimento, instigação ou auxílio à automutilação. Com isso, passamos a ter o seguinte *nomem juris*: induzimento, instigação ou auxílio a suicídio ou a automutilação. Antes de mais nada, não podemos deixar de registrar uma crítica ao legislador, que inseriu no catálogo *dos crimes contra a vida* delito que deveria ter sido incluído no capítulo *das lesões corporais*. Refiro-me ao induzimento, instigação ou auxílio à automutilação, que, à evidência, não constitui, nem de longe, crime contra a vida. Além da inserção deste novo crime (induzimento, instigação ou auxílio à automutilação), tratou o legislador de alterar o delito contra a vida já existente de *participação em suicídio*, conferindo nova redação ao tipo penal e inserindo qualificadoras e majorantes. Enfim, o art. 122, que até então contava com um parágrafo único, contém, agora, sete parágrafos. A primeira e mais significativa conclusão a que se chega por meio de uma breve leitura do *caput* deste artigo é que o crime do art. 122 do CP, que era, até então, *material*, passa a ser *formal*. Antes, conforme é sabido, o delito de participação em suicídio somente alcançava a consumação com a produção de resultado naturalístico, ora representado pela morte, ora pela lesão corporal de natureza grave. Ou seja, o crime comportava dois momentos consumativos possíveis. A tentativa não era admitida. Doravante, dada a nova redação conferida ao art. 122, *caput*, do CP, a consumação será alcançada com o mero ato de induzir, instigar ou auxiliar a vítima a suicidar-se ou a automutilar-se. A morte, se ocorrer, configurará a forma qualificada prevista no art. 122, § 2º; se sobrevier, da tentativa de suicídio ou da automutilação, lesão grave ou gravíssima, restará configurada a forma qualificada do art. 122, § 1º. Perceba que a morte e a lesão grave, na redação anterior, constituíam pressuposto à consumação da participação em suicídio; hoje, trata-se de circunstâncias que qualificam o crime de induzimento, instigação ou auxílio a suicídio ou a automutilação. O § 3º do dispositivo em análise estabelece causas de aumento de pena. Reza que a pena será duplicada: se o crime é praticado por motivo egoístico, torpe ou fútil; e se a vítima é menor ou tem diminuída, por qualquer causa, a capacidade de resistência. O § 4º, por sua vez, impõe um aumento de pena de até o dobro se a conduta é realizada por meio da internet ou rede social ou ainda transmitida em tempo real. Se o sujeito ativo for líder ou coordenador de grupo ou de rede virtual, sua pena será aumentada em metade (§ 5). O § 6º trata da hipótese em que o crime do § 1º deste artigo resulta em lesão corporal de natureza gravíssima e é cometido contra menor de 14 anos ou contra vítima que, por enfermidade ou deficiência mental, não tem o necessário discernimento para a prática do ato, ou que, por qualquer outra causa, está impedido de oferecer resistência, caso em que o agente responderá pelo delito do art. 129, § 2º, do CP; agora, se contra essas mesmas vítimas for cometido o crime do art. 122, § 2º, do CP (suicídio consumado ou morte decorrente da automutilação), o crime em que incorrerá o agente será o de homicídio (art. 121, CP). É o que estabelece o art. 122, § 7º, CP; **B:** incorreta, inexistindo a figura culposa do aborto. Vide arts. 124 a 127, CP). Não é demais ressaltar que se a gestante, ou terceiro, culposamente, causarem abortamento, não responderão pelo crime, à míngua de previsão legal expressa; **C:** incorreta. O crime de induzimento, instigação ou auxílio ao suicídio (art. 122, CP) é considerado um crime condicionado, vale dizer, somente estará configurado se da tentativa do suicídio resultar morte ou lesão corporal de natureza grave, nos termos do preceito secundário do referido tipo penal. Será atípica a conduta do agente se, em razão do induzimento, instigação ou auxílio ao suicídio, a vítima sofrer lesão corporal leve ou não sofrer qualquer lesão. Este comentário corresponde à antiga redação do art. 122 do CP. Com a modificação nele operada pela Lei 13.968/2019, houve várias mudanças no crime de participação em suicídio. Vide comentário à alternativa "A"; **D:** incorreta. De acordo com a doutrina, o venefício (homicídio qualificado pelo emprego de veneno – art. 121, § 2º, III, CP) somente se configura

se a vítima desconhecer a circunstância de estar sendo envenenada. Assim, por exemplo, se um, agente, com arma em punho, determina à vítima que ingira grande quantidade de veneno de rato, em caso de morte desta, responderá por homicídio doloso, mas, sem a incidência da qualificadora. Se a morte for lenta e causar dor extrema, poderá se caracterizar o meio cruel; **E:** incorreta. O infanticídio (art. 123, CP) não tem previsão de modalidade culposa, que, se ocorrer, será atípica (art. 18, parágrafo único, do CP – excepcionalidade do crime culposo).
Gabarito "A".

(Delegado/RJ – 2013 – FUNCAB) Certo Juiz de Direito encaminha ofício à Delegacia de Polícia visando à instauração de inquérito policial em desfavor de determinado Advogado, porque o causídico, em uma ação penal de iniciativa privada, havia, em sede de razões de apelação, formulado protestos e críticas contra o Magistrado, alegando que este fundamentara sua sentença em argumentos puramente fantasiosos. Resta comprovado na investigação que os termos usados pelo Advogado foram duros e que tinham aptidão para ofender a honra do Magistrado, embora empregados de forma objetiva e impessoal. Assim, o Advogado:

(A) deve responder por crime de injúria.
(B) deve responder por crime de desacato.
(C) deve responder por crime de difamação.
(D) deve responder por crime de calúnia.
(E) não responde por crime algum.

A: incorreta, pois o crime de injúria (art. 140, CP) pressupõe que o agente atue de modo a querer macular a honra subjetiva da vítima, ofendendo-lhe a dignidade ou o decoro. Demais disso, a ofensa irrogada em juízo, na discussão da causa, pela parte ou por seu procurador, é causa de exclusão do crime, nos termos do art. 142, I, do CP; **B:** incorreta, pois o crime de desacato (art. 331, CP) pressupõe, de acordo com a doutrina, que as ofensas dirigidas ao funcionário público, ocorram presencialmente (frente a frente), enquanto este estiver no exercício de sua função, ou em razão dela. Assim, ofensas por escrito, ainda que dirigidas a funcionário público, não caracterizarão desacato, mas, eventualmente, crime contra a honra; **C:** incorreta, pois a difamação (art. 139, CP) pressupõe que o agente delitivo impute à vítima fato ofensivo à sua reputação. As palavras do advogado no sentido de que o magistrado prolatara sentença e a fundamentara em argumentos fantasiosos não constituem um "fato", que deve ter um mínimo de determinação no tempo e espaço; **D:** incorreta, pois a calúnia (art. 138, CP) pressupõe que o agente impute falsamente a alguém um fato definido como crime, o que não se enxerga nas palavras do advogado; **E:** correta. Realmente, as palavras irrogadas pelo advogado tiveram relação direta com o exercício da defesa de seu cliente, aplicando-se o precitado art. 142, I, do CP. Demais disso, o art. 7º, § 2º, do Estatuto da OAB (Lei 8.906/1994), prevê ter o advogado imunidade profissional, não sendo puníveis os crimes de injúria e difamação, desde que no exercício de suas atividades.
Gabarito "E".

(Delegado/RJ – 2013 – FUNCAB) Silmara, Nicanor convence a gestante a abortar, orientando-a a procurar uma clínica clandestina. Durante o procedimento abortivo, praticado pelo médico Horácio, Silmara sofre grave lesão, decorrente da imperícia do profissional, perdendo, pois, sua capacidade reprodutiva. Nesse contexto, considerando que a intervenção cirúrgica não era justificada pelo risco de morte para a gestante ou em virtude de estupro prévio, Silmara, Nicanor e Horácio responderão, respectivamente, pelos crimes de:

(A) consentimento para o aborto (artigo 124, 2ª parte, CP); consentimento para o aborto (artigo 124, 2ª parte, CP); e aborto praticado por terceiro com consentimento, em concurso de crimes com o delito de lesão corporal qualificada (artigo 126 c/c artigo 129, § 2º, III, ambos do CP).

(B) consentimento para o aborto (artigo 124, 2ª parte, CP); aborto provocado por terceiro com consentimento especialmente agravado (artigo 126 c/c artigo 127, ambos do CP); e aborto provocado por terceiro com consentimento especialmente agravado (artigo 126 c/c artigo 127, ambos do CP).

(C) consentimento para o aborto (artigo 124, 2ª parte, CP); consentimento para o aborto (artigo 124, 2ª parte, CP); e aborto provocado por terceiro com consentimento especialmente agravado (artigo 126 c/c artigo 127, ambos do CP).

(D) autoaborto (artigo 124, 1ª parte, CP); aborto praticado por terceiro com consentimento, em concurso de crimes com o delito de lesão corporal qualificada (artigo 126 c/c artigo 129, § 2º, III, ambos do CP); e aborto praticado por terceiro com consentimento, em concurso de crimes com o delito de lesão corporal qualificada (artigo 126 c/c artigo 129, § 2º, III, ambos do CP).

(E) autoaborto (artigo 124, 1ª parte, CP); aborto provocado por terceiro com consentimento especialmente agravado (artigo 126 c/c artigo 127, ambos do CP); e aborto provocado por terceiro com consentimento especialmente agravado (artigo 126 c/c artigo 127, ambos do CP).

No caso relatado no enunciado, imprescindível que façamos a tipificação da conduta de cada um dos envolvidos. Assim, temos que, no tocante à gestante Silmara, o crime a ser imputado é o de aborto consentido (art. 124, 2ª parte, do CP), visto que consentiu que terceiro (Horácio) nela provocasse o aborto. Não se cogita, aqui, de autoaborto (art. 124, 1ª parte, do CP), visto que este pressupõe que a própria gestante provoque, em si, o aborto, praticando as manobras abortivas (fato que inocorreu, já que o abortamento foi executado pelo médico Horácio). Quanto a Nicanor, por haver convencido Silmara a consentir com o aborto, responderá como partícipe do mesmo crime (art. 124, 2ª parte, do CP). Frise-se que o crime em questão, por ser considerado de mão própria, não admite coautoria, mas, apenas, participação. Por fim, quanto ao médico Horácio, que executou o aborto, responderá pelo crime do art. 126, CP (aborto praticado por terceiro com o consentimento da gestante). Ainda, como a gestante sofreu lesões corporais graves, consistentes na perda da função reprodutiva, incidirá, ainda, a circunstância majorante prevista no art. 127 do CP (se em consequência do aborto ou dos meios empregados resultar lesão corporal grave). Não se pode falar em crime "autônomo" de lesões corporais graves (art. 129, § 2º, III, CP), visto que estas, para o aborto, constituem resultado imputado ao agente a título de culpa, gerando majoração da pena.
Gabarito "C".

(Delegado/PR – 2013 – UEL-COPS) Leia o texto a seguir. Paulo, diante de séria discussão com Pedro, dirigiu-se até a sua residência e, visando causar mal injusto contra este, apanhou uma arma de fogo e, de dentro de seu quintal mas em direção à via pública, efetuou vários disparos contra a pessoa de Pedro. Vale ressaltar que Paulo tinha registro de sua arma de fogo e que Pedro foi socorrido por terceiros e não veio a óbito. **Diante do caso exposto, Paulo responderá pelo crime de**

(A) tentativa de homicídio, em concurso material com o crime de disparo de arma de fogo, por força do Art. 69 do Código Penal.

(B) tentativa de homicídio, em concurso formal com o crime de disparo de arma de fogo, por força do Art. 70 do Código Penal.

(C) tentativa de homicídio, não respondendo pelo crime de disparo de arma de fogo, haja vista que este é crime subsidiário.

(D) tentativa de homicídio, em continuidade delitiva com o crime de disparo de arma de fogo, por força do Art. 71 do Código Penal.

(E) disparo de arma de fogo, não respondendo pela tentativa de homicídio, haja vista que o crime definido no Art. 15 da Lei 10.826/2003 tutela a segurança pública.

No caso em questão, fica claro que a intenção de Paulo era a de causar mal injusto contra Pedro, atirando diversas vezes contra a vítima. Logo, evidente o ânimo homicida, gerando, porém, a imputação de homicídio em sua forma tentada, haja vista a não verificação do resultado morte. A dúvida diz respeito aos disparos de arma de fogo, devidamente registrada em nome de Paulo. Nos termos do art. 15 do Estatuto do Desarmamento (Lei 10.826/2003), temos que se considera crime de disparo de arma de fogo a conduta do agente de "disparar arma de fogo ou acionar munição em lugar habitado ou em suas adjacências, em via pública ou em direção a ela, desde que essa conduta não tenha como finalidade a prática de outro crime". Assim, estamos diante de subsidiariedade expressa, vale dizer, o crime de disparo de arma somente se caracteriza quando não for praticado com a finalidade de cometimento de outro crime. Logo, Paulo deverá responder apenas por tentativa de homicídio.
Gabarito "C".

(Delegado de Polícia/GO – 2013 – UEG) Lekão do Cerrado atira de longa distância em Buguelo, com a intenção de testar a eficácia do tiro da pistola que recentemente adquirira. No momento do disparo vislumbra que Buguelo, caso atingido, poderá morrer, tendo em conta o grande poder vulnerante da arma, conforme afiançado pelo vendedor; mesmo assim, aciona o gatilho, vindo o projétil atingir Buguelo que tomba morto na mata. Nessa situação, Lekão do Cerrado pratica um crime de

(A) perigo para a vida ou saúde de outrem
(B) homicídio doloso
(C) homicídio culposo
(D) disparo de arma de fogo

A: incorreta, pois o resultado morte demonstra que não houve mera causação de perigo para a vida ou saúde de outrem (art. 132 do CP), mas, sim, um crime de dano ao bem jurídico; B: correta. O enunciado retrata, indiscutivelmente, a prática do crime de homicídio doloso. Afinal, Lekão do Cerrado atirou em direção à vítima Buguelo, matando-a. O fato de, ao efetuar o disparo, querer testar a eficácia do tiro da pistola, que, segundo o vendedor, tinha grande poder vulnerante, demonstra ter agido com *dolo eventual*, especialmente ao antever que, caso atingida a vítima, esta poderia morrer. Aqui, ficou claro que assumiu o risco de produzir o resultado (art. 18, I, segunda figura, do CP); C: incorreta, pois, da narrativa, não se extrai que o resultado morte adveio de imprudência, negligência ou imperícia do atirador, mas, como visto, de dolo eventual; D: incorreta. O disparo de arma de fogo (art. 15 da Lei 10.826/2003) é, sem dúvida, crime-meio, constituindo-se em etapa para o cometimento do crime-fim (homicídio doloso).
Gabarito "B".

(Delegado/BA – 2013 – CESPE) Suponha que em naufrágio de embarcação de grande porte, tenha havido tombamento das cabines e demais dependências, antes da evacuação da embarcação e resgate dos passageiros e, em razão desse fato, os sobreviventes tenham sofrido diversos tipos de lesões corporais e centenas tenham morrido por politraumatismo e afogamento. Com base nessa situação hipotética, julgue o item seguinte.

(1) Caso seja comprovada imperícia, negligência ou imprudência da tripulação, esta poderá responder judicialmente pelo crime de homicídio em relação às mortes ocorridas no naufrágio.

1: correta. Muito embora a questão em comento dê margem a discussões, visto que o enunciado é um tanto amplo, pode-se concluir que, se por imprudência, negligência ou imperícia da tripulação da embarcação, cabines e demais dependências tiverem tombado antes da evacuação, causando a morte de passageiros do navio, poderá ser imputado àquele que tiver tido comportamento causador dos resultados lesivos à vida o crime de homicídio culposo.
Gabarito 1C.

(Delegado/BA – 2006 – CONSULPLAN) Segundo o artigo 129 do CPB, a incapacidade para as atividades habituais por mais de 30 dias, deformidade permanente e o perigo de vida, caracterizam, respectivamente, lesão corporal de natureza:

(A) Grave, gravíssima, gravíssima.
(B) Grave, grave, leve.
(C) Grave, gravíssima, leve.
(D) Grave, gravíssima, grave.
(E) Leve, levíssima, grave.

A alternativa "D" está correta, pois a incapacidade para as atividades habituais por mais de 30 dias e o perigo de vida configuram hipóteses do crime de lesão corporal de natureza grave (art. 129, § 1º, I e II, do CP). Já a deformidade permanente caracteriza o crime de lesão corporal de natureza gravíssima (art. 129, § 2º, IV, do CP).
Gabarito "D".

(Delegado/BA – 2006 – CONSULPLAN) Pedro encontra João, seu desafeto, que antes lhe aplicara uma surra. Com o intuito de vingança, desfere tiros em João, matando-o. Depois, resolve subtrair o relógio do morto. Marque a alternativa correta:

(A) Pedro responderá por latrocínio.
(B) Pedro responderá por homicídio simples.
(C) Pedro responderá por homicídio, em concurso com roubo.
(D) Pedro responderá por homicídio qualificado.
(E) Pedro responderá por homicídio qualificado, em concurso com furto.

A: incorreta, pois não se trata do delito de latrocínio, que pressupõe que a morte decorra da violência empregada durante e em razão da subtração, o que não ocorreu no caso (art. 157, § 3º, II, do CP); B: incorreta, pois no caso o homicídio é qualificado pela vingança, que configura o motivo torpe (art. 121, § 2º, I, do CP). Cumpre ressaltar que a vingança não configura a torpeza de forma automática, dependendo da causa que a originou. No caso, Pedro quis se vingar de João, seu desafeto, que antes lhe aplicara uma surra, o que no caso configura o motivo torpe, vil, ignóbil, repugnante; C: incorreta, pois a violência ocorreu quando dos disparos para matar a vítima. Após, quando da subtração, não houve violência ou grave ameaça, até mesmo porque a vítima já estava morta. Logo, não há que se falar em concurso de crimes entre homicídio e roubo, mas furto; D: incorreta parcialmente, pois, além do crime de homicídio qualificado, Pedro também responderá pelo crime de furto; E: correta. Não há que se falar em latrocínio, uma vez que tal delito pressupõe que o evento morte decorra da violência empregada durante e em razão da subtração. No caso, a subtração ocorreu após a morte da vítima. Inclusive, o agente praticou o delito de furto após desferir tiros na vítima, o que denota os desígnios autônomos para cada infração penal, não havendo nenhum nexo causal entre a subtração e o evento morte. Assim, o agente responderá por concurso material pelo homicídio qualificado pela vingança (motivo torpe) e pelo furto (art. 121, § 2º, I, e art. 155, *caput*, c/c art. 69 do CP).

Gabarito "E".

(Delegado/BA – 2006 – CONSULPLAN) Paulo instiga Mauro que se encontra em estado de depressão, a suicidar-se, vindo Mauro a morrer. Marque a alternativa correta:

(A) Paulo é coautor do crime previsto no artigo 122 do Código Penal que dispõe: "Induzir ou instigar alguém a suicidar-se ou prestar-lhe auxílio para que o faça".
(B) Paulo ao atuar sobre a vontade de Mauro, responderá como partícipe no crime do artigo 122 do Código Penal.
(C) Paulo responderá como autor no crime do artigo 122 do Código Penal.
(D) A conduta de Paulo é atípica.
(E) N. R. A

A: incorreta, pois Paulo é autor do crime e não coautor. A conduta criminosa é daquele que induz ou instiga alguém a suicidar-se. Pelo princípio da alteridade, o Direito Penal somente pune condutas que atinjam bens jurídicos alheios. Daí não se punir a tentativa de suicídio; **B:** incorreta, na medida em que o tipo penal previsto no art. 122 do CP incrimina, de forma autônoma, a conduta do partícipe, qual seja, aquele que induz ou instiga alguém a suicidar-se. Nada impede, todavia, que haja participação no crime de induzimento, instigação ou auxílio a suicídio, como por exemplo, no caso em que o partícipe instiga o autor a induzir a vítima a se suicidar; **C:** correta (art. 122 do CP); **D:** incorreta, pois a conduta de Paulo configura o crime previsto no art. 122 do CP; **E:** incorreta, pois a letra "C" está correta. Atenção: a Lei 13.968/2019, posterior à elaboração desta questão, promoveu profundas alterações no crime de participação em suicídio. A seguir, falaremos sobre tais mudanças. No dia 26 de dezembro de 2019, quando todos ainda estavam atônitos com a publicação do Pacote Anticrime, ocorrida em 24 de dezembro de 2019, surge no Diário Oficial a Lei 13.968, que conferiu nova redação ao art. 122 do CP, ali incluindo, além do delito que já existia (mas em outras bases), também o crime de induzimento, instigação ou auxílio à automutilação. Com isso, passamos a ter o seguinte *nomem juris*: induzimento, instigação ou auxílio a suicídio ou a automutilação. Antes de mais nada, não podemos deixar de registrar uma crítica ao legislador, que inseriu no catálogo *dos crimes contra a vida* delito que deveria ter sido incluído no capítulo *das lesões corporais*. Refiro-me ao induzimento, instigação ou auxílio à automutilação, que, à evidência, não constitui, nem de longe, crime contra a vida. Além da inserção deste novo crime (induzimento, instigação ou auxílio à automutilação), tratou o legislador de alterar o delito contra a vida já existente de *participação em suicídio*, conferindo nova redação ao tipo penal e inserindo qualificadoras e majorantes. Enfim, o art. 122, que até então contava com um parágrafo único, contém, agora, sete parágrafos. A primeira e mais significativa conclusão a que se chega por meio de uma breve leitura do *caput* deste artigo é que o crime do art. 122 do CP, que era, até então, *material*, passa a ser *formal*. Antes, conforme é sabido, o delito de participação em suicídio somente alcançava a consumação com a produção de resultado naturalístico, ora representado pela morte, ora pela lesão corporal de natureza grave. Ou seja, o crime comportava dois momentos consumativos possíveis. A tentativa não era admitida. Doravante, dada a nova redação conferida ao art. 122, *caput*, do CP, a consumação será alcançada com o mero ato de induzir, instigar ou auxiliar a vítima a suicidar-se ou a automutilar-se.

A morte, se ocorrer, configurará a forma qualificada prevista no art. 122, § 2º; se sobrevier, da tentativa de suicídio ou da automutilação, lesão grave ou gravíssima, restará configurada a forma qualificada do art. 122, § 1º. Perceba que a morte e a lesão grave, na redação anterior, constituíam pressuposto à consumação da participação em suicídio; hoje, trata-se de circunstâncias que qualificam o crime de induzimento, instigação ou auxílio a suicídio ou a automutilação. O § 3º do dispositivo em análise estabelece causas de aumento de pena. Reza que a pena será duplicada: se o crime é praticado por motivo egoístico, torpe ou fútil; e se a vítima é menor ou tem diminuída, por qualquer causa, a capacidade de resistência. O § 4º, por sua vez, impõe um aumento de pena de até o dobro se a conduta é realizada por meio da internet ou rede social ou ainda transmitida em tempo real. Se o sujeito ativo for líder ou coordenador de grupo ou de rede virtual, sua pena será aumentada em metade (§ 5). O § 6º trata da hipótese em que o crime do § 1º deste artigo resulta em lesão corporal de natureza gravíssima e é cometido contra menor de 14 anos ou contra vítima que, por enfermidade ou deficiência mental, não tem o necessário discernimento para a prática do ato, ou que, por qualquer outra causa, está impedido de oferecer resistência, caso em que o agente responderá pelo delito do art. 129, § 2º, do CP; agora, se contra essas mesmas vítimas for cometido o crime do art. 122, § 2º, do CP (suicídio consumado ou morte decorrente da automutilação), o crime em que incorrerá o agente será o de homicídio(art. 121, CP). É o que estabelece o art. 122, § 7º, CP.

Gabarito "C".

(Delegado/CE – 2006 – CEV/UECE) Considerando os crimes contra a pessoa, previstos no Código Penal Brasileiro, marque a opção verdadeira.

(A) O homicídio híbrido ocorre sempre que reunimos em um mesmo fato uma pluralidade de vítimas e de circunstâncias qualificadoras de natureza subjetiva.
(B) O chamado pacto de morte, ou seja, quando duas ou mais pessoas reúnem-se para praticar o suicídio jamais pode gerar a responsabilidade criminal de alguém, mesmo que haja sobreviventes e um deles tenha praticado os atos executórios.
(C) O aborto praticado em feto que não tinha viabilidade de vida é plenamente permitido pela legislação penal brasileira, configurando uma das hipóteses supralegais de estado de necessidade e é conhecido como aborto eugênico ou eugenésico.
(D) O emprego de veneno nem sempre poderá ser considerado como qualificadora, pois isso dependerá de ele ser utilizado por meio insidioso ou cruel.

A: incorreta, já que o homicídio híbrido é aquele em que, ao mesmo tempo, é privilegiado e qualificado, desde que a qualificadora tenha caráter objetivo; **B:** incorreta. No pacto de morte (ambicídio) duas pessoas combinam a eliminação conjunta de suas próprias vidas. Se houver algum sobrevivente, este responderá por homicídio, se praticou algum ato executório ou por instigação, induzimento ou auxílio a suicídio (art. 122 do CP). Se todos sobreviveram, responderão pelo crime previsto no art. 122 do CP; **C:** incorreta. A legislação penal somente permite a interrupção da gestação nos casos de aborto necessário (quando não houver outro meio para salvar a vida da gestante – art. 128, I, do CP) ou sentimental (aborto em caso de gravidez decorrente de estupro – art. 128, II, do CP). Entretanto, o STF, no julgamento da ADPF 54, passou a admitir a possibilidade de aborto em caso de anencefalia devidamente comprovada do feto; **D:** correta (art. 121, § 2º, III, do CP). O emprego do veneno (veneficio) deve ocorrer de modo insidioso (dissimulado). A vítima deve ignorar o fato de estar sendo envenenada. Caso a vítima seja forçada a ingerir a substância venenosa, aí a qualificadora será outro meio cruel e não o emprego do veneno.

Gabarito "D".

(Delegado/DF – 2004) O médico está autorizado a praticar o aborto com conhecimento da gestante ou de seu representante legal (artigo 128, inciso II, do Código Penal) quando a gestante for vítima de estupro

(A) após convencido de que tal circunstância tenha ocorrido.
(B) após o registro do fato na Delegacia de Polícia.
(C) após o oferecimento da Denúncia contra o autor do fato.
(D) após a condenação do autor do fato.
(E) após a condenação transitada em julgado em face do autor do fato.

Trata-se do aborto sentimental, quando a gravidez resultar de estupro. Para que o fato não seja punível, exige-se o preenchimento dos seguintes requisitos: a) que o aborto seja praticado por médico; b) que a gravidez seja resultante de estupro; c) prévio consentimento da gestante ou de seu representante legal. Não se exige a condenação transitada em julgado em face do autor do estupro, nem mesmo condenação recorrível, denúncia ou registro da ocorrência na Delegacia de Polícia. Basta que o médico tenha se convencido de que tal fato tenha ocorrido. Isso porque o médico está submetido tão somente ao Código de Ética Médica, devendo ter a cautela exigida para o seu mister. Se a gestante induzir o médico em erro, restará caracterizado o erro de tipo, excluindo-se o crime, por ausência de dolo.
Gabarito "A".

(Delegado/ES – 2006 – CESPE) Ainda em relação a normas pertinentes à parte geral do Código Penal, julgue o item seguinte.

(1) A lei não permite o emprego da violência física como meio para repelir injúrias ou palavras caluniosas, visto que não existe legítima defesa da honra. Somente a vida ou a integridade física são abrangidas pelo instituto da legítima defesa.

1: incorreta. Muito embora bastante diminuídas as possibilidades de ser invocada a legítima defesa da honra como fundamento para a prática de fatos típicos, o certo é que o CP, em seu art. 25, não faz qualquer distinção entre os bens jurídicos que se pretendem preservar da agressão injusta e aqueles que serão lesados. Logo, não é verdade que apenas a vida e a integridade física são abrangidas pelo instituto da legítima defesa. A honra, do ponto de vista da liberdade sexual, pode ser perfeitamente invocada como fundamento para a aplicação da excludente da ilicitude em comento.
Gabarito 1E.

(Delegado/GO – 2009 – UEG) Sobre o crime de homicídio, é CORRETO afirmar:

(A) a natureza jurídica da sentença concessiva do perdão judicial, no homicídio culposo, segundo orientação sumulada do Superior Tribunal de Justiça, é condenatória, não subsistindo efeitos secundários.
(B) existe a possibilidade da coexistência entre o homicídio praticado por motivo de relevante valor moral e o homicídio praticado com emprego de veneno.
(C) a conexão teleológica que qualifica o homicídio ocorre quando é praticado para ocultar a prática de outro delito ou para assegurar a impunidade dele.
(D) a futilidade para qualificar o homicídio deve ser apreciada subjetivamente, ou seja, pela opinião do sujeito ativo.

A: incorreta. Segundo orientação esposada na Súmula 18 do STJ, a sentença concessiva do perdão judicial tem natureza *declaratória da extinção da punibilidade*, não subsistindo qualquer efeito condenatório; B: correta. Há compatibilidade na medida em que o *emprego de veneno* constitui qualificadora de caráter objetivo; C: incorreta. *Teleológica* é a conexão em que o homicídio é praticado com o fim de assegurar a execução de outro crime. Se o homicídio é cometido com o fito de ocultar o cometimento de outro delito ou para assegurar a impunidade dele, está-se então diante da chamada *conexão consequencial*; D: incorreta. A futilidade, ao contrário, deve ser apreciada em caráter objetivo.
Gabarito "B".

(Delegado/PB – 2009 – CESPE) Assinale a opção correta com relação ao crime de homicídio.

(A) No homicídio qualificado pela paga ou promessa de recompensa, o STJ entende atualmente que a qualificadora não se comunica ao mandante do crime.
(B) Referente ao motivo torpe, a vingança pode ou não configurar a qualificadora, a depender da causa que a originou.
(C) A ausência de motivo configura motivo fútil, apto a qualificar o crime de homicídio.
(D) Para a configuração da qualificadora relativa ao emprego de veneno, é indiferente o fato de a vítima ingerir a substância à força ou sem saber que o está ingerindo.
(E) A qualificadora relativa ao emprego de tortura foi tacitamente revogada pela lei específica que previu o crime de tortura com resultado morte.

A: incorreta, uma vez que a posição consolidada do STJ é no sentido de que a qualificadora da paga ou promessa de recompensa (art. 121, § 2º, I, do CP) comunica-se ao mandante do crime. Confira-se: "Habeas corpus. *Homicídio mediante paga. Exclusão de qualificadoras. Inviabilidade. Paga ou promessa de recompensa. Comunicabilidade. Recurso que impossibilitou a defesa da vítima. Revolvimento do conjunto fático-probatório. Impossibilidade.* 1. No homicídio mercenário, a qualificadora da paga ou promessa de recompensa é elementar do tipo qualificado e se estende ao mandante e ao executor. (...)" (HC 99144 / RJ; *Habeas corpus* 2008/0015031-9, Rel. Min. Og Fernandes, *DJe* 09.12.2008); B: correta, visto que a vingança pode, ou não, constituir motivo torpe, sendo necessário que se analise o caso concreto para que se possa aferir se o motivo que a originou foi repugnante ou vil (torpe); C: incorreta, uma vez que "(...) não se pode confundir, como se pretende, ausência de motivo com futilidade. Assim, se o sujeito pratica o fato sem razão nenhuma, não incide essa qualificadora, à luz do princípio da reserva legal" (STJ, REsp. 769651/SP, Rel. Min. Laurita Vaz, 5ª T., *DJ* 15.05.2006, p. 281). Há quem sustente, contudo, que a ausência de motivo configura a qualificadora do motivo torpe (e não o motivo fútil); D: incorreta, pois o venefício (homicídio praticado com o emprego de veneno), de acordo com a doutrina, pressupõe que seja ministrado insidiosamente, vale dizer, sem que a vítima perceba ou tenha conhecimento prévio; E: incorreta, pois a qualificadora da tortura (art. 121, § 2º, III, do CP) não se confunde com o crime de tortura qualificado pela morte (v. Lei 9.455/1997), que pressupõe dolo no antecedente (na tortura) e culpa no consequente (na morte), diversamente do que ocorre com o homicídio qualificado pela tortura (o agente emprega a tortura como meio de execução para alcançar a morte da vítima, impondo-lhe um sofrimento ainda maior).
Gabarito "B".

(Delegado/PI – 2009 – UESPI) De acordo com os crimes contra a pessoa, marque a alternativa correta.

(A) É possível, em algumas hipóteses, que o crime de homicídio seja qualificado e privilegiado ao mesmo

tempo, e, nessa situação, o homicídio, para a doutrina e jurisprudência majoritárias, será crime hediondo.
(B) João induz e auxilia Maria a suicidar-se, porém esta, ao tentar tirar a própria vida, sofre apenas lesões leves. Nesse caso, João deverá responder por tentativa do crime de induzimento, instigação ou auxílio ao suicídio estabelecido no art. 122 do Código Penal.
(C) No Código Penal brasileiro, o aborto só é punido na modalidade dolosa, não sendo possível, em nenhuma hipótese, punir penalmente o aborto culposo.
(D) João, intencionalmente, lesionou o seu próprio pai, que ficou por vinte e cinco dias impossibilitado de realizar suas ocupações habituais. Nesta situação, João responderá pelo crime de lesão corporal leve, crime de menor potencial ofensivo, tipificado no art. 129, *caput*, do Código Penal.
(E) O crime de ameaça, segundo a Lei 9.099/1995, é de menor potencial ofensivo, pois a sua pena máxima é de 6 (seis) meses, e a ação penal é pública incondicionada.

A: incorreta, pois, majoritariamente, entende-se que o homicídio qualificado-privilegiado (ou homicídio híbrido) não é considerado crime hediondo (STJ, HC 43043/MG; TJRS, Ag 70029895315; TJMG, AC 1.0621); **B:** incorreta. Isso porque o crime de induzimento, instigação ou auxílio ao suicídio, previsto no art. 122, *caput*, CP, era, ao tempo em que foi elaborada esta questão, daqueles que exigia resultado naturalístico específico para a sua consumação (morte ou lesão corporal de natureza grave), conforme constava da redação anterior do preceito secundário do tipo penal. Assim, se a vítima, ainda que induzida pelo agente a suicidar-se, sofresse tão somente lesão corporal de natureza leve, o fato seria atípico. A tentativa deste delito não era admitida. Pois bem. Isso mudou com o advento da Lei 13.968, de 26 de dezembro de 2019, que conferiu nova redação ao art. 122 do CP, ali incluindo, além do delito que já existia (mas em outras bases), também o crime de induzimento, instigação e auxílio à automutilação. Com isso, passamos a ter o seguinte *nomem juris*: induzimento, instigação ou auxílio a suicídio ou a automutilação. Antes de mais nada, não podemos deixar de registrar uma crítica ao legislador, que inseriu no catálogo *dos crimes contra a vida* delito que deveria ter sido incluído no capítulo *das lesões corporais*. Refiro-me ao induzimento, instigação ou auxílio à automutilação, que, à evidência, não constitui, nem de longe, crime contra a vida. Além da inserção deste novo crime (induzimento, instigação ou auxílio à automutilação), tratou o legislador de alterar o delito contra a vida já existente de *participação em suicídio*, conferindo nova redação ao tipo penal e inserindo qualificadoras e majorantes. Enfim, o art. 122, que até então contava com um parágrafo único, contém, agora, sete parágrafos. A primeira e mais significativa conclusão a que se chega por meio de uma breve leitura do *caput* deste artigo é que o crime do art. 122 do CP, que era, até então, *material*, passa a ser *formal*. Antes, conforme é sabido, o delito de participação em suicídio somente alcançava a consumação com a produção de resultado naturalístico, ora representado pela morte, ora pela lesão corporal de natureza grave. Ou seja, o crime comportava dois momentos consumativos possíveis. A tentativa não era admitida. Doravante, dada a nova redação conferida ao art. 122, *caput*, do CP, a consumação será alcançada com o mero ato de induzir, instigar ou auxiliar a vítima a suicidar-se ou a automutilar-se. A morte, se ocorrer, configurará a forma qualificada prevista no art. 122, § 2º; se sobrevier, da tentativa de suicídio ou da automutilação, lesão grave ou gravíssima, restará configurada a forma qualificada do art. 122, § 1º. Perceba que a morte e a lesão grave, na redação anterior, constituíam pressuposto à consumação da participação em suicídio; hoje, trata-se de circunstâncias que qualificam o crime de induzimento, instigação ou auxílio a suicídio ou a automutilação. O § 3º do dispositivo em análise estabelece causas de aumento de pena. Reza que a pena será duplicada:

se o crime é praticado por motivo egoístico, torpe ou fútil; e se a vítima é menor ou tem diminuída, por qualquer causa, a capacidade de resistência. O § 4º, por sua vez, impõe um aumento de pena de até o dobro se a conduta é realizada por meio da internet ou rede social ou ainda transmitida em tempo real. Se o sujeito ativo for líder ou coordenador de grupo ou de rede virtual, sua pena será aumentada em metade (§ 5). O § 6º trata da hipótese em que o crime do § 1º deste artigo resulta em lesão corporal de natureza gravíssima e é cometido contra menor de 14 anos ou contra vítima que, por enfermidade ou deficiência mental, não tem o necessário discernimento para a prática do ato, ou que, por qualquer outra causa, está impedido de oferecer resistência, caso em que o agente responderá pelo delito do art. 129, § 2º, do CP; agora, se contra essas mesmas vítimas for cometido o crime do art. 122, § 2º, do CP (suicídio consumado ou morte decorrente da automutilação), o crime em que incorrerá o agente será o de homicídio (art. 121, CP). É o que estabelece o art. 122, § 7º, CP. Questão que por certo suscitará acalorados debates na doutrina e na jurisprudência diz respeito à competência para o julgamento deste crime. Seria o Tribunal do Júri competente para o julgamento tanto da conduta de participação em suicídio quanto a de participação em automutilação? Não há dúvidas que o sujeito que induz, instiga ou presta auxílio a alguém com o fim de que este dê cabo de sua própria vida deve ser julgado pelo Tribunal Popular, como sempre ocorreu. Ou seja, nunca se discutiu a competência do Tribunal do Júri para o julgamento do crime do art. 122 do CP na sua redação original. Sucede que, agora, com a nova redação conferida a este dispositivo e a inclusão de nova conduta desprovida de *animus necandi*, surge a dúvida quanto à competência para o julgamento da participação em automutilação. Aguardemos; **C:** correta, visto que o crime de aborto, em qualquer de suas modalidades (arts. 124 a 127 do CP), sempre será punido a título de dolo (ainda que existam as formas preterdolosas do art. 127 do CP), inexistindo, de fato, aborto culposo; **D:** incorreta (art. 129, § 9º, do CP – violência doméstica); **E:** incorreta, uma vez que o crime de ameaça, descrito no art. 147 do CP, embora seja considerado de menor potencial ofensivo, dada sua pena máxima não superar dois anos, é daqueles que somente se procede mediante representação (ação penal pública condicionada).

Gabarito "C".

(Delegado/PI – 2009 – UESPI) Com relação aos crimes contra a honra, assinale a opção correta.
(A) Segundo o Código Penal, é possível o instituto da exceção da verdade no crime de calúnia e no crime de injúria.
(B) O crime de injúria, segundo o Código Penal, não admite os institutos da retratação e do perdão judicial.
(C) Quando a injúria consiste na utilização de elementos referentes à raça e à cor deve ser afastado o Código Penal e aplicada a lei específica que trata do crime de racismo.
(D) Segundo o Código Penal, quando da injúria real (ou qualificada) resulta lesão corporal, a ação penal passa a ser pública incondicionada.
(E) Não constitui calúnia, difamação ou injúria a ofensa irrogada em juízo, na discussão da causa, pela parte ou por seu procurador.

A: incorreta. O delito de *injúria* (art. 140 do CP) não admite a *exceção da verdade*; a *calúnia* (art. 138 do CP) e a *difamação* (art. 139 do CP), por sua vez, comportam o instituto, previsto, respectivamente, nos arts. 138, § 3º, e 139, parágrafo único, ambos do CP, ressaltando-se que na *difamação* somente é admitida a *exceção da verdade* se o ofendido é funcionário público e a ofensa é relativa ao exercício de suas funções; **B:** incorreta. A *retratação* de fato não é admitida, conforme dispõe o art. 143 do CP; já o *perdão judicial* é admitido (art. 140, § 1º, I e II, do CP); **C:** incorreta. Se a injúria consiste na utilização de elementos relativos à raça, à cor, entre outros, deve incidir o art. 140, § 3º, do CP. Dentro

do tema tratado nesta alternativa, valem algumas ponderações, tendo em conta inovações implementadas pela recente Lei 14.532/2023. O crime de racismo, previsto na Lei 7.716/1989, não se confunde com a figura até então capitulada no art. 140, § 3º, do CP, que definia o delito de injúria preconceituosa. Com efeito, segundo sempre sustentou doutrina e jurisprudência, o delito de racismo pressupõe a prática de conduta de natureza segregacionista, ao passo que a injúria racial, então prevista no art. 140, § 3º, do CP, tal como ocorre com o crime de injúria simples, pressupõe que a ofensa seja dirigida a pessoa determinada ou, ao menos, a um grupo determinado de pessoas. *Grosso modo*, é o xingamento envolvendo raça, cor, etnia, religião ou origem. Como consequência desta distinção, tínhamos que o racismo era considerado crime inafiançável, imprescritível e de ação penal pública incondicionada; já a injúria racial era tida por afiançável, prescritível e de ação penal pública condicionada. Tal realidade começou a ser alterada pela ação da jurisprudência. O STF, em sintonia com precedente do STJ, por seu Plenário, ao julgar, em 28/10/2021, o HC 154.248, da relatoria do Ministro Edson Fachin, fixou o entendimento no sentido de que o crime de injúria racial deve ser inserido na seara do racismo, passando a ser, com isso, imprescritível. Mais recentemente, a Lei 14.532/2023, imbuída desse mesmo espírito, alterou o teor do art. 140, § 3º, do CP, que passa a contar com a seguinte redação: *Se a injúria consiste na utilização de elementos referentes a religião ou à condição de pessoa idosa ou com deficiência.* Como se pode ver, o legislador, com isso, excluiu da forma qualificada da injúria ofensas contendo elementos referentes a raça, cor, etnia ou procedência nacional. Tais modalidades migraram para a Lei 7.716/1989, cujo art. 2º-A passa a ter a seguinte redação: *Injuriar alguém, ofendendo-lhe a dignidade ou o decoro, em razão de raça, cor, etnia ou procedência nacional.* Dessa forma, o crime de injúria racial foi tipificado como racismo. A consequência disso é que tal modalidade de injúria passa a ser, agora por força de lei, imprescritível, inafiançável e incondicionada a ação penal. Além disso, a pena, que até então era de reclusão de 1 a 3 anos e multa, passa a ser de 2 a 5 anos de reclusão. Perceba que, se levarmos em conta as modificações operadas pela Lei 14.532/2023, esta assertiva pode ser considerada como correta; **D:** correta, art. 145, *caput*, do CP; **E:** incorreta. A exclusão a que alude o art. 142, I, do CP abrange somente os crimes de injúria e difamação, não alcançando a calúnia.
Gabarito "D".

(Delegado/RJ – 2009 – CEPERJ) Considerando os delitos contra a pessoa, julgue os itens abaixo.

I. No homicídio preterintencional, o agente responderá por culpa com relação ao resultado morte.
II. Mário e Bruno, pretendendo matar Nilo, mediante o uso de arma de fogo, postaram-se de emboscada, ignorando cada um o comportamento do outro. Ambos atiraram na vítima, que veio a falecer em virtude dos ferimentos ocasionados pelos projéteis disparados pela arma de Bruno. Nessa situação, é correto afirmar que Mário e Bruno são coautores do homicídio perpetrado.
III. O agente que, para livrar um doente, sem possibilidade de cura, de graves sofrimentos físicos e morais, pratica a eutanásia com o consentimento da vítima, deve, em tese, responder por homicídio privilegiado, já que agiu por relevante valor moral, que compreende também os interesses individuais do agente, entre eles a piedade e a compaixão.
IV. Caio e Tício, sob juramento, decidiram morrer na mesma ocasião. Para isso, ambos trancaram-se em um quarto hermeticamente fechado e Caio abriu a torneira de um botijão de gás; todavia, apenas Tício morreu. Nessa situação, Caio deverá responder por participação em suicídio.
V. Um indivíduo, a título de correção, amarrou sua esposa ao pé da cama, deixando-a em um quarto escuro e fétido. Nesse caso, o indivíduo responderá pelo crime de maus-tratos. Estão certos apenas os itens

(A) I e III
(B) I, III e V
(C) I, II e V
(D) II e IV
(E) IV e V

I: correta, visto que o homicídio preterintencional é aquele que se caracteriza pela prática de uma lesão corporal seguida de morte (art. 129, § 3º, do CP), considerada crime preterdoloso (dolo na lesão corporal e culpa no resultado morte); **II:** incorreta, uma vez que Mário e Bruno não podem ser considerados coautores do homicídio, na medida em que não existia entre eles um liame subjetivo ou vínculo psicológico, requisito indispensável à configuração do concurso de pessoas. Assim, a assertiva em questão consagra o que doutrinariamente se denomina de autoria colateral (ou coautoria lateral), que, repita-se, não se confunde com qualquer das espécies do concurso de agentes (coautoria e participação). Nesse caso, somente Bruno é considerado autor do homicídio, podendo haver a imputação da forma tentada a Mário, que, frise-se, não é coautor do crime perpetrado pelo outro agente; **III:** correta, uma vez que a eutanásia é o clássico exemplo de homicídio praticado por motivo de relevante valor moral (compaixão, pena, comiseração), circunstância capaz de configurar o homicídio privilegiado (art. 121, § 1º, do CP); **IV:** incorreta, uma vez que no chamado "pacto de morte", aquele que praticar atos executórios capazes de gerar a morte do outro e esta ocorrer, terá praticado homicídio (art. 121 do CP) e não participação em suicídio (art. 122 do CP); **V:** incorreta, pois o crime de maus-tratos, previsto no art. 136 do CP, somente pode ser perpetrado por agente que exerça a guarda, vigilância ou autoridade sobre a vítima, o que, à evidência, não se verifica na relação "marido-mulher". A depender da intensidade do sofrimento da vítima, e da intenção do agente, poderia restar configurado o crime de tortura (Lei 9.455/1997).
Gabarito "A".

(Delegado/RR – 2003 – CESPE) Acerca dos crimes contra a pessoa, julgue os itens seguintes.

(1) Considere a seguinte situação hipotética. Manoel trancafiou seu desafeto em um compartimento completamente isolado e introduziu nesse compartimento gases deletérios (óxido de carbono e gás de iluminação), os quais causaram a morte por asfixia tóxica da vítima. Nessa situação, Manoel responderá pelo crime de homicídio qualificado.
(2) Considere a seguinte situação hipotética. João e Maria, por enfrentarem grave crise conjugal, resolveram matar-se, instigando-se mutuamente. Conforme o combinado, João desfechou um tiro de revólver contra Maria e, em seguida, outro contra si próprio. Maria veio a falecer; João, apesar do tiro, sobreviveu. Nessa situação, João responderá pelo crime de induzimento, instigação ou auxílio a suicídio.
(3) Na gravidez molar, configura-se crime de aborto o emprego, pela gestante, de meios abortivos que resultem na expulsão da mola.
(4) Considere a seguinte situação hipotética. Durante um entrevero, Carlos desferiu um golpe de facão contra a mão de seu contentor, que veio a perder dois dedos. Nessa situação, Carlos praticou o crime de lesão corporal de natureza grave, por resultar debilidade permanente de membro.

(5) Considere a seguinte situação hipotética. Jorge constrangeu um cego deficiente físico de se deslocar até uma agência bancária para receber um benefício, privando-o de seu guia e destruindo as suas muletas. Nessa situação, Jorge praticou o crime de constrangimento ilegal.

1: correta, visto que o homicídio praticado mediante asfixia é considerado qualificado, consoante art. 121, § 2º, III, do CP; **2:** incorreta, pois João, ao desferir um tiro de revólver e matar Maria, incorreu no crime de homicídio (art. 121 do CP), e não, de participação em suicídio (art. 122 do CP), visto ter praticado ato executório voltado à morte de terceira pessoa; **3:** incorreta, pois a gravidez molar é aquela que resulta de um óvulo fertilizado anormalmente, capaz de produzir um crescimento disforme da placenta, convertendo-se numa massa de quistos. Esta gravidez nunca poderá chegar até o final, já que o óvulo ou não existe, ou se desenvolve de maneira inadequada. Assim, por inexistir objeto material viável (o produto da concepção não gerará um ser vivo, ainda que intrauterinamente), a expulsão da mola por manobras da gestante é fato atípico; **4:** correta, visto que a extirpação de dois dedos da vítima configura hipótese de debilidade permanente de membro (mão, no caso), fato que se subsume ao art. 129, § 2º, III, do CP; **5:** correta, visto que, pelo fato de a assertiva não informar se o benefício recebido pela vítima foi apropriado por Jorge, a conduta deste se amolda ao art. 146 do CP, visto ter constrangido o cego a fazer algo não previsto em lei, privando-o de sua plena liberdade.
Gabarito 1C, 2E, 3E, 4C, 5C

(Delegado/SC – 2008) Analise as alternativas a seguir. Todas estão corretas, exceto:

(A) Na tentativa perfeita ou acabada de homicídio o agente esgota o processo de execução desse crime, fazendo tudo o que podia para matar, exaurindo sua capacidade de vulneração da vítima.

(B) O homicídio é delito formal.

(C) O homicídio privilegiado não é considerado crime hediondo.

(D) No homicídio, a vingança por si só não leva necessariamente ao reconhecimento da qualificadora da torpeza.

A: correta. É o chamado *crime falho*; **B:** incorreta. O homicídio é delito material, já que a lei descreve um resultado (morte) e exige que este ocorra para que o crime atinja sua consumação; **C:** correta. São hediondos, nos termos do art. 1º, I, da Lei 8.072/1990, o homicídio simples, quando praticado em atividade típica de grupos de extermínio, ainda que por um só agente, e o homicídio qualificado; **D:** correta. A doutrina entende que tudo depende do motivo que deu origem à vingança. Se a vingança foi originada por um *motivo torpe*, caracterizada estará a qualificadora.
Gabarito "B".

(Delegado/SC – 2008) Analise as alternativas e assinale a correta.

(A) Tentativa cruenta de homicídio é aquela que causa sofrimento desnecessário à vítima ou revela uma brutalidade incomum, em contraste com o mais elementar sentimento de piedade humana.

(B) O latrocínio (roubo qualificado com resultado morte) é uma modalidade especial de homicídio.

(C) O crime de homicídio não pode ser causado por omissão.

(D) As circunstâncias legais contidas na figura típica do homicídio privilegiado são de natureza subjetiva.

A: incorreta. *Cruenta* é a tentativa em que a vítima é atingida; **B:** incorreta. O latrocínio está capitulado no art. 157, § 3º, II, do CP (roubo qualificado pelo resultado morte), que tem como característica a presença de *dolo* na conduta antecedente (subtração) e *dolo* ou *culpa* na subsequente (morte). É crime contra o patrimônio a ser julgado pelo juízo comum; **C:** incorreta. O homicídio comporta as formas comissiva e omissiva. A relevância penal da omissão, em se tratando de crime omissivo impróprio, como é o caso do homicídio, está no art. 13, § 2º, do CP; **D:** correta, art. 121, § 1º, do CP (caso de diminuição de pena).
Gabarito "D".

(Delegado/SP – 2011) Admite exceção da verdade o crime de

(A) calúnia, se o fato é imputado à presidente da república;

(B) injúria, independentemente de qualquer requisito

(C) difamação, se o ofendido é funcionário público e a ofensa é relativa ao exercício de suas funções;

(D) difamação, independentemente de qualquer requisito.

(E) calúnia, independentemente de qualquer requisito.

A: incorreta (art. 138, § 3º, II, do CP), pois não se admite a exceção da verdade se o agente for Presidente da República; **B:** incorreta, pois é inadmissível a exceção da verdade no crime de injúria, que se caracteriza pela ofensa à honra subjetiva da vítima; **C:** correta (art. 139, parágrafo único, do CP), tratando-se da única hipótese em que se admite a exceção da verdade no crime de difamação; **D:** incorreta, pelas razões trazidas na alternativa anterior; **E:** incorreta, pois embora a regra seja a da admissibilidade da exceção da verdade no crime de calúnia, ela não será admitida nas hipóteses do § 3º do precitado art. 138 do CP.
Gabarito "C".

(Delegado/SP – 2011) Tratando-se do crime de lesão corporal previsto no artigo 129, § 1º, inciso II, do CPB (perigo de vida), assinale a alternativa correta

(A) É uma figura típica exclusivamente culposa;

(B) É uma figura típica exclusivamente preterdolosa;

(C) O perigo de vida não deve necessariamente ser "concreto" para incidência da qualificadora;

(D) O exame de corpo de delito (pericial) na vítima é dispensável para a caracterização da qualificadora em questão;

(E) É hipótese que caracteriza a culpa consciente.

A: incorreta, pois a lesão corporal grave da qual resulta perigo de vida (art. 129, § 1º, II, do CP) é figura preterdolosa (há dolo nas lesões corporais e culpa na qualificadora). Portanto, a lesão corporal em comento não é figura típica culposa, mas, em verdade, preterdolosa; **B:** correta, pelas razões trazidas na alternativa anterior. Frise-se que se a intenção do agente fosse, com sua conduta, matar a vítima, estaríamos diante do crime de homicídio (art. 121 do CP), ainda que em sua forma tentada; **C:** incorreta. De acordo com Rogério Sanches, "... *o perigo de vida deve ser presente, real, e não somente opinado, resultado de simples conjecturas*" (*Curso de Direito Penal – Parte Geral*. 4. ed. Ed. JusPODIVM, p. 110). Trata-se, de fato, de crime que exige prova pericial que comprove que as lesões perpetradas pelo agente colocaram a vida da vítima em efetivo risco; **D:** incorreta. Como visto anteriormente, o perigo de vida deve ser concreto e comprovado pericialmente. Tal se extrai da própria leitura do art. 168 do CPP. Além disso, o crime em comento é daquele que deixa vestígios, motivo pelo qual o exame de corpo de delito é indispensável (art. 158 do CPP); **E:** incorreta. Como já discutido, o crime de lesão corporal grave tipificado no art. 129, § 1º, II, do CP, é preterdoloso, e não culposo.
Gabarito "B".

(Delegado/SP – 2008) No crime de rixa em que os agentes cometem condutas contra pessoa, que, por sua vez, comporta-se da mesma maneira e é também sujeito ativo do delito, fala-se doutrinariamente em

(A) crime de condutas paralelas.
(B) crime de condutas convergentes.
(C) crime de condutas contrapostas.
(D) crime de condutas dependentes.
(E) crime de condutas monossubjetivas.

O crime de rixa, capitulado no art. 137 do CP, consiste numa briga tumultuada entre três ou mais pessoas, em que os participantes trocam agressões de forma recíproca e indistinta. Não é possível, por essa razão, definir grupos de agressores. Daí por que a doutrina classifica como crime de condutas contrapostas.
Gabarito "C".

(Delegado/SP – 2008) Sobre os crimes contra a vida previstos no Código Penal brasileiro, está incorreto afirmar que

(A) não pratica conduta típica a gestante que, por imprudência, dá causa à interrupção da gravidez.
(B) não se admite a figura tentada no crime de participação em suicídio.
(C) respondem por infanticídio, não por homicídio, tanto a mãe que, em estado puerperal, presta auxílio, quanto o terceiro que, auxiliado por aquela, pratica atos executórios de homicídio sobre o recém-nascido.
(D) no crime de homicídio doloso, existe perfeita compatibilidade entre as circunstâncias legais do privilégio e as qualificadoras de ordem subjetiva.

A: correta. Não há, no ordenamento jurídico, previsão de aborto culposo; **B:** correta. Não há tentativa do crime de *participação em suicídio* porque só há punição com a ocorrência de morte ou lesões graves, hipóteses em que o crime já é considerado consumado. Se a vítima sofre, em decorrência da tentativa de suicídio, lesões leves, o fato é atípico. Este comentário não levou em conta as alterações promovidas pela Lei 13.968/2019 no crime de participação em suicídio, que era, até então, material e passou a ser, com a modificação legislativa, formal, não mais exigindo, à sua consumação, a ocorrência de morte ou lesão grave. Basta, doravante, que o agente induza, instigue ou auxilie terceiro a suicidar-se; **C:** correta. É consenso na doutrina que, no infanticídio, as condições de *ser mãe* e de *estar sob a influência do estado puerperal*, por força do art. 30 do CP, comunicam-se aos coautores e partícipes, fazendo com que todos respondam pelo crime capitulado no art. 123 do CP; **D:** incorreta. Somente é possível compatibilizar as circunstâncias legais do privilégio, que são de *caráter subjetivo*, com as qualificadoras de *ordem objetiva*. É o chamado *homicídio qualificado-privilegiado*.
Gabarito "D".

(Delegado/SP – 2003) De acordo com nossa legislação,

(A) nos casos de suicídio, havendo coação irresistível, deverá o fato ser tipificado como homicídio.
(B) para se caracterizar um infanticídio, não se faz mister a prova de que o feto tenha nascido com vida.
(C) em tese, o infanticídio pode ser culposo ou doloso, dependendo da conduta da mãe do nascente.
(D) poderão figurar como sujeito passivo do infanticídio o recém-nascido ou o feto abortado.

A: correta, visto que o crime de participação em suicídio (art. 122 do CP) pressupõe que o agente induza, instigue ou auxilie a alguém a suicidar--se. Caso haja coação física irresistível, ou mesmo moral, para que a vítima cometa o suicídio, restará configurado, evidentemente, o delito de homicídio (art. 121 do CP); **B:** incorreta, pois o nascimento do feto com vida é essencial para a caracterização do infanticídio, sob pena de a mãe ter praticado fato atípico (crime impossível pela impropriedade absoluta do objeto – art. 17 do CP); **C:** incorreta, já que o infanticídio somente é punido a título de dolo, inexistindo a forma culposa; **D:** incorreta, dado que o sujeito passivo do infanticídio é o nascente ou o recém-nascido (ou neonato), jamais o feto. Afinal, no crime de infanticídio, tutela-se a vida humana extrauterina, ao passo que no aborto o que se protege é a vida humana intrauterina.
Gabarito "A".

(Delegado/SP – 2003) Quanto aos crimes contra a honra, podemos afirmar que

(A) não se pune a calúnia contra os mortos.
(B) se, antes da sentença, o querelado se retratar cabalmente da injúria proferida, ficará isento de pena.
(C) admite-se a exceção da verdade na difamação, se o ofendido for funcionário público e a ofensa for relativa a suas funções.
(D) as penas cominadas serão aumentadas de um terço, se o crime for praticado contra o Presidente da República ou contra o Governador de algum dos Estados brasileiros.

A: incorreta (art. 138, § 2º, do CP); **B:** incorreta, pois somente admitem retratação, como causa extintiva da punibilidade, os crimes de calúnia e difamação (art. 143 do CP); **C:** correta (art. 139, parágrafo único, do CP); **D:** incorreta, pois haverá aumento de pena em um terço se qualquer dos crimes contra a honra for praticado contra o Presidente da República ou contra chefe de governo estrangeiro (art. 141, I, do CP).
Gabarito "C".

(Delegado/SP – 2000) Estudando o crime de lesão corporal previsto em nosso Código Penal em suas diversas espécies verifica-se que a classificação em "gravíssima"

(A) não se encontra nele expressa, sendo uma criação doutrinária.
(B) está, juntamente com a de natureza leve e a grave, expressa nesse delito.
(C) está normalmente expressa nesse delito, mas limitada ao resultado aborto e ao da deformidade permanente.
(D) está normalmente expressa nesse delito prevendo outros resultados além o do aborto e o da deformidade permanente.

A: correta, visto que, de fato, a classificação da lesão corporal em "gravíssima" não se apresenta na lei, mas, sim, pela doutrina, que cuidou de diferenciar a lesão corporal grave, prevista no art. 129, § 1º, do CP, das hipóteses previstas no § 2º do mesmo dispositivo legal (lesões corporais gravíssimas); **B:** incorreta, pois, como visto na alternativa anterior, a denominação "gravíssima" não consta expressamente no art. 129 do CP; **C e D:** incorretas, eis que, embora não haja expressa previsão da expressão "gravíssima", as hipóteses desta espécie de lesão corporal não se resumem à deformidade permanente (art. 129, § 2º, IV, do CP) e aborto (art. 129, § 2º, V, do CP), existindo, ainda, a incapacidade permanente para o trabalho, a enfermidade incurável e a perda ou inutilização de membro, sentido ou função (art. 129, § 2º, I, II e III, do CP).
Gabarito "A".

19. CRIMES CONTRA O PATRIMÔNIO

(Delegado/RJ – 2022 – CESPE/CEBRASPE) Bráulio, policial civil em férias, estava na DP em que trabalha esperando um inspetor de polícia amigo, com o qual havia combinado de almoçar. Nesse momento, chegou ao local Patrícia, mãe de Gabriel, que fora preso em flagrante delito por furto no dia anterior. Patrícia se dirigiu a Bráulio e disse que estava ali para pagar a fiança do filho. Bráulio, a fim de agilizar o procedimento e sair logo para o almoço, acessou o sistema informatizado e verificou que Gabriel fora autuado por furto qualificado, insuscetível de fiança (o que, inclusive, encontrava-se mencionado na decisão do delegado plantonista). Ainda assim, Bráulio disse que a fiança foi fixada no valor de um salário mínimo e recolheu para si a quantia entregue por Patrícia.

Nessa situação hipotética, Bráulio cometeu crime de

(A) apropriação indébita.
(B) apropriação de coisa havida por erro.
(C) peculato por erro de outrem.
(D) estelionato.
(E) peculato.

A: incorreta, já que o delito de apropriação indébita, definido no art. 168 do CP, pressupõe que o agente detenha a posse da coisa alheia móvel, o que não se dá na hipótese narrada no enunciado; **B:** incorreta. Não configura o crime do art. 169 do CP; **C:** incorreta, já que o crime de peculato mediante erro de outrem (art. 313, CP) pressupõe que o funcionário público receba os valores por erro espontâneo da vítima; **D:** correta. De fato, o crime praticado por Bráulio se enquadra na descrição típica do art. 171 do CP (estelionato), na medida em que induziu (levou) Patrícia em erro, levando-a a acreditar que fora fixada fiança em favor de seu filho, com o que o *intraneus* obteve vantagem indevida, recebendo o valor entregue pela vítima; **E:** incorreta, já que o dinheiro não estava sob a sua posse, não havendo que se falar em apropriação (peculato). ED

Gabarito "D".

(Delegado/RJ – 2022 – CESPE/CEBRASPE) Depois de assistir a um filme na última sessão do cinema local, Renata dirigiu-se à sua casa. Durante o trajeto, ela notou que havia esquecido um equipamento eletrônico sobre a poltrona da sala de cinema, então retornou ao local. Lá, foi impedida pelo porteiro de entrar. Ela apresentou a ele o ingresso, no qual constava a poltrona que ocupara, pedindo-lhe que buscasse o equipamento deixado no local. Enquanto a conversa entre o porteiro e Renata ocorria, Estela, funcionária do cinema, encontrou o equipamento sobre a poltrona da sala de cinema e, percebendo que alguém o esquecera, levou-o consigo, com intenção de incorporação patrimonial. Logo em seguida, o porteiro entrou na sala, foi à poltrona indicada no ingresso apresentado por Renata, e nada encontrou. Disse, então, a Renata para retornar no dia seguinte, pois existia no local um setor de achados e perdidos, onde os empregados do cinema deviam deixar coisas alheias porventura localizadas no estabelecimento.

Chegando à sua casa com o equipamento, Estela mostrou-o ao seu marido, Alexandre, que descobriu seu valor: R$ 3.000. Visando ao lucro, Alexandre decidiu anunciá-lo à venda em um *site* da Internet, pelo valor de R$ 1.500.

No dia seguinte, Renata, após não encontrar o objeto no setor de achados e perdidos do cinema, resolveu pesquisar na Internet por produtos idênticos expostos à venda. Assim acabou localizando seu pertence. Como o equipamento apresentava características únicas, ela o identificou sem nenhuma dúvida. Passando-se por compradora, Renata marcou um encontro com Alexandre, para ver o equipamento. Em seguida, ela foi à delegacia de polícia local e pediu auxílio para recuperar a coisa, o que efetivamente ocorreu, sendo certo que Alexandre estava em seu poder. Alexandre foi conduzido à delegacia, aonde pouco depois chegou Estela. Ouvidos formalmente na presença de um advogado, ambos confessaram o ocorrido.

Com base nessa situação hipotética, é correto afirmar que

(A) Estela praticou furto, e Alexandre cometeu receptação.
(B) Estela praticou crime de apropriação de coisa achada, e Alexandre cometeu receptação qualificada.
(C) Estela praticou crime de furto, e Alexandre cometeu receptação qualificada.
(D) Estela praticou crime de furto, e Alexandre não cometeu crime.
(E) Estela praticou crime de apropriação de coisa achada, e Alexandre cometeu receptação.

Estela, ao subtrair bem que sabia pertencer a outrem, que ali o esquecera, imbuída do propósito de dele se apropriar (incorporar ao seu patrimônio), incorreu no crime de furto (art. 155, CP); já a conduta de Alexandre, que se limitou a anunciar o bem para venda, é atípica. ED

Gabarito "D".

(Delegado/RS – 2018 – FUNDATEC) A respeito dos crimes contra o patrimônio, previstos no Código Penal, analise as assertivas a seguir:

I. O silêncio pode ser meio de execução do crime de estelionato, que pode se configurar, portanto, através de uma conduta omissiva.
II. Asdrubal, possuindo fotografias íntimas da ex-namorada Miguelina, chantageia a moça, exigindo dela indevida vantagem econômica, sob pena de divulgar tais fotos em redes sociais. Assim agindo, pratica o crime de extorsão.
III. Não incide aumento de pena previsto para o crime de dano quando o objeto material do crime envolver bens do patrimônio da Caixa Econômica Federal, por ausência de expressa previsão legal, sob pena de analogia in malam partem.
IV. O posicionamento dominante no Supremo Tribunal Federal é pelo não cabimento da continuidade delitiva entre roubo e latrocínio.

Quais estão corretas?

(A) Apenas I.
(B) Apenas II e IV.
(C) Apenas III e IV.
(D) Apenas I, II e IV.
(E) I, II, III e IV.

I: correta. *Qualquer outro meio fraudulento*, a que faz referência o tipo penal do estelionato, inclui todo e qualquer engodo de que pode se valer o agente para ludibriar a vítima e, assim, dela obter vantagem, o que pode ocorrer por meio do silêncio; **II:** correta. Asdrubal cometeu o crime do art. 158 do CP (extorsão). Atenção: no que toca a este tema, é importante o registro de que a Lei 13.718/2018 incluiu no CP o art. 218-C, que se refere ao delito de *divulgação de cena de estupro ou de cena de estupro de vulnerável, de cena de sexo ou de pornografia*. O objetivo do legislador, com a tipificação desta conduta, foi o de coibir um fenômeno que, infelizmente, tem sido cada vez mais comum, que é a violação da intimidade com a exposição sexual não autorizada. Inclui-se, aqui, a chamada *pornografia da vingança*, em que fotografias e vídeos de conteúdo íntimo de alguém (normalmente mulher) são divulgados na internet pelo ex-esposo ou ex-namorado como forma de vingança.

A partir daí, o conteúdo é disseminado, nas redes sociais e em grupos de *WhatsApp*, de forma exponencial. O art. 218-C contempla uma causa de aumento de pena, a configurar-se quando o crime é praticado por agente que mantém ou tenha mantido relação íntima de afeto com a vítima ou com o fim de vingança ou humilhação; **III:** incorreta. O art. 163, parágrafo único, do CP trata de hipóteses de qualificadores, e não de causa de aumento de pena. No mais, a CEF foi incluída no rol; **IV:** correta. De fato, tanto o STF quanto o STJ são pela inadmissibilidade da continuidade delitiva entre os crimes de latrocínio e roubo.

Gabarito "D".

(Delegado/RS – 2018 – FUNDATEC) Analise a situação hipotética a seguir:

Crakeison, imputável, sem mais dinheiro para custear o vício em drogas, planejou assaltar transeuntes, em via pública. Pondo em prática seu plano criminoso, abordou as vítimas Suzineide, 21 anos, grávida de 08 meses, e Romualdo, marido dela, assim que saíram de um estabelecimento comercial. Apontando para as vítimas um revólver calibre 38, Crakeison ordenou que Romualdo lhe entregasse um aparelho celular, que levava em uma das mãos. Suzineide, assustada, gritou. Diante disso, Crakeison efetuou um disparo contra Suzineide, atingindo o abdômen da grávida. Em um ato contínuo, Romualdo conseguiu imobilizar o criminoso, retirando a arma de fogo das mãos dele. Imobilizado, Crakeison foi preso em seguida, não logrando êxito, portanto, na subtração do aparelho celular pretendido. Suzineide foi socorrida, porém, em decorrência das lesões sofridas, ela e o bebê morreram antes de chegarem ao hospital da cidade.

Assinale a alternativa que melhor ilustra o enquadramento legal a ser conferido a Crakeison pelo Delegado de Polícia com atribuição para a apreciação do caso, com base no entendimento consolidado pelo Supremo Tribunal Federal.

(A) Latrocínio consumado, agravado pelo fato de ter sido praticado contra mulher grávida.

(B) Latrocínio tentado, agravado pelo fato de ter sido praticado contra mulher grávida.

(C) Latrocínio consumado, majorado pelo emprego de arma e agravado pelo fato de ter sido praticado contra mulher grávida.

(D) Homicídio doloso contra Suzineide, qualificado por motivo torpe, bem como homicídio culposo contra o feto e roubo tentado contra Romualdo, majorado pelo emprego de arma.

(E) Homicídio doloso contra Suzineide, qualificado por motivo torpe, agravado pelo fato de ter sido praticado contra mulher grávida, homicídio doloso contra o feto e roubo majorado por emprego de arma contra Romualdo.

A questão que aqui se coloca é saber se o roubo seguido de morte (latrocínio), no caso narrado acima, se consumara ou não, já que, embora tenha havido morte, a subtração não ocorreu. Em consonância com a jurisprudência do STJ (e também do STF), o crime de latrocínio (art. 157, § 3º, II, do CP) se consuma com a morte da vítima, ainda que o agente não consiga dela subtrair coisa alheia móvel. É o teor da Súmula 610, do STF. No STJ: "(...) 3. O latrocínio (CP, art. 157, § 3º, *in fine*) é crime complexo, formado pela união dos crimes de roubo e homicídio, realizados em conexão consequencial ou teleológica e com *animus necandi*. Estes crimes perdem a autonomia quando compõem o crime complexo de latrocínio, cuja consumação exige a execução da totalidade do tipo. Nesse diapasão, em tese, para haver a consumação do crime complexo, necessitar-se-ia da consumação da subtração e da morte, contudo os bens jurídicos patrimônio e vida não possuem igual valoração, havendo prevalência deste último, conquanto o latrocínio seja classificado como crime patrimonial. Por conseguinte, nos termos da Súmula 610 do STF, o fator determinante para a consumação do latrocínio é a ocorrência do resultado morte, sendo despicienda a efetiva inversão da posse do bem (...)" (HC 226.359/DF, Rel. Min. Ribeiro Dantas, Quinta Turma, j. 02.08.2016, *DJe* 12.08.2016).

Gabarito "A".

(Delegado/RS – 2018 – FUNDATEC) Analise a seguinte situação hipoteticamente descrita:

Ratão e Cara Riscada, foragidos do sistema prisional gaúcho, dirigiram-se a uma pacata cidade no interior do Estado. Lá chegando, por volta das 11 horas, invadiram uma residência, aleatoriamente, e anunciaram o assalto à Mindinha, faxineira, que estava sozinha na casa. Amarraram a vítima, trancando-a em um dos quartos do imóvel. Os dois permaneceram por aproximadamente 45 minutos no local, buscando objetos e valores. Quando já estavam saindo, carregando um cofre, ouviram um barulho, que identificaram como sendo uma sirene de viatura policial. Temendo serem presos, empreenderam fuga, sem nada levar. Assim que percebeu o silêncio na casa, Mindinha tentou se desamarrar, porém, acabou se lesionando gravemente, ao tentar fazer uso de uma faca, para soltar a corda que a prendia. Socorrida a vítima e acionada a Polícia Civil, restou esclarecido que a sirene supostamente ouvida pelos assaltantes era a sineta de encerramento de aula de uma escola situada ao lado da residência. Os autores do crime foram descobertos em seguida, já que não conheciam a cidade e acabaram chamando a atenção dos moradores.

Assinale a alternativa que corresponde à melhor tipificação a ser atribuída a Ratão e Cara Riscada.

(A) Roubo tentado qualificado pela lesão corporal grave sofrida pela vítima.

(B) Roubo tentado qualificado pela lesão corporal grave e majorado pelo concurso de agentes e restrição da liberdade da vítima.

(C) Roubo tentado majorado por concurso de agentes e restrição da liberdade da vítima.

(D) Ambos não responderão pelo crime de roubo, pois ocorreu aquilo que a doutrina compreende como sendo uma desistência voluntária pelos agentes.

(E) De acordo com a doutrina, pode-se dizer que, diante da ocorrência de um obstáculo erroneamente suposto, ambos respondem por tentativa abandonada ou qualificada.

Segundo pensamos, o crime praticado pelos agentes, na hipótese narrada no enunciado, alcançou a consumação, segundo entendimento hoje sedimentado nos tribunais superiores, inclusive com a edição de súmula pelo STJ. Com efeito, em regressão garantista, os tribunais superiores consolidaram o entendimento segundo o qual o crime de roubo se consuma com a mera inversão da posse do bem mediante emprego de violência ou grave ameaça, independente da posse pacífica e desvigiada da coisa pelo agente. *Vide*, nesse sentido: STF, HC 96.696, Rel. Min. Ricardo Lewandowski. Confirmando esse entendimento, o STJ editou a Súmula 582: "Consuma-se o crime de roubo com a inversão da posse do bem mediante emprego de violência ou grave ameaça, ainda que por breve tempo e em seguida à perseguição imediata ao agente e recuperação da coisa roubada, sendo prescindível a posse mansa e pacífica ou desvigiada". De outro lado, a lesão experimentada por

Mindinha, que se cortou ao tentar se desamarrar da corda que lhe foi colocada para imobilizá-la, não pode ser atribuída aos roubadores. É que o roubo qualificado pela lesão corporal grave (art. 157, § 3º, I, do CP) tem como pressuposto o fato de este resultado qualificador resultar da violência empregada. Cuida-se de roubo (a nosso ver consumado) majorado pelo concurso de pessoas e pela restrição da liberdade da vítima (art. 157, § 2º, II e V, do CP). Embora em nada influencie na resolução desta questão, vale a observação de que a Lei 13.964/2019, dentre tantas outras alterações promovidas, inseriu no rol dos crimes hediondos, entre outros delitos, o roubo circunstanciado pela restrição de liberdade da vítima (art. 157, § 2º, V, CP), o roubo circunstanciado pelo emprego de arma de fogo (art. 157, § 2º-A, I) ou pelo emprego de arma de fogo de uso proibido ou restrito (art. 157, § 2º, B) e a modalidade qualificada pelo resultado lesão corporal grave (art. 157, § 3º), lembrando que o roubo qualificado pelo resultado morte (latrocínio) já fazia parte do rol de crimes hediondos.

Gabarito "C".

(Delegado/RS – 2018 – FUNDATEC) Em relação aos crimes contra o patrimônio, assinale a alternativa correta, de acordo com entendimento majoritário na doutrina e jurisprudência dos tribunais superiores.

(A) Tadeuzinho, menor, subtraiu uma bicicleta de alto valor comercial. Após pintá-la, vendeu-a para Espertinhus, contando a respeito da origem ilícita do objeto. Nessa hipótese, não está configurada a receptação, porque o tipo penal exige que a coisa adquirida seja produto de crime anterior e não de ato infracional, como é o caso.

(B) Astolfo, proprietário de um açougue clandestino, adquiriu, para vender em seu estabelecimento comercial, diversos bois abatidos, que deveria saber serem produto de subtração. Carneiro Ticiani, agropecuarista, nesta condição, adquiriu uma carga de gado nelore, que deveria saber ser produto de furto. Este responderá pelo crime de receptação de animal semovente de produção, com pena de reclusão de 02 a 05 anos e multa. Aquele responderá pelo crime de receptação qualificada, com pena de reclusão de 03 a 08 anos e multa.

(C) Ligeirinhus subtraiu a bolsa de Maria Sussa, enquanto ela dormia, em um ônibus interurbano. Assim agindo, praticou o crime de roubo mediante violência imprópria, porque se aproveitou de situação na qual a vítima não possuía qualquer capacidade de resistência.

(D) Folgadus, imputável, subtraiu o talão de cheques de seu pai, 59 anos, preencheu uma cártula, assinou-a e efetuou vultosas compras em estabelecimento comercial. Folgadus não responde, em tese, por nenhum crime, em função da regra de imunidade absoluta, prevista no artigo 181 do Código Penal.

(E) Santina, 60 anos, conheceu Larapius pela internet, passando a manter com ele relacionamento amoroso. Alegando dificuldades financeiras, Larapius pediu que Santina depositasse para ele elevada quantia em dinheiro, para que pudesse ir até ela. Após o depósito, o perfil da rede social foi desativado e Santina descobriu que tinha sido vítima de um scam amoroso. A conduta de Larapius se amolda ao crime de estelionato majorado, por ter sido praticado contra idosa.

A: incorreta. Ainda que o fato anterior seja praticado por um menor (ato infracional), mesmo assim restará configurado o crime de receptação (art. 180, § 4º, CP). O importante é que o ato infracional seja equiparado a crime; se for equiparado a contravenção, não haverá a receptação; **B:** incorreta, na medida em que ambos, à luz do princípio da especialidade, deverão ser responsabilizados pelo cometimento do crime definido no art. 180-A do CP (receptação de animal); **C:** incorreta. Ligeirinhus, que se aproveitou do fato de a vítima estar dormindo para subtrair-lhe a bolsa, deverá responder por crime de furto, e não de roubo com violência imprópria (art. 157, caput, in fine, CP), que pressupõe que o agente se valha de expediente, que não a violência ou grave ameaça, para vencer a capacidade de resistência da vítima. É o que ocorre, por exemplo, quando o sujeito coloca sonífero na bebida da vítima para subtrair seus pertences enquanto ela está inconsciente. Não foi isso que aconteceu no caso narrado na alternativa. O agente se valeu do fato de a vítima estar dormindo. Nada fez para vencer a sua capacidade de resistência; **D:** incorreta. Isso porque, embora Folgadus tenha cometido crime contra o seu pai, ele não será, por força do art. 181, II, do CP, responsabilizado por tal fato (o fato não é punível). Em outras palavras, o fato, embora típico, antijurídico e culpável, não é punível, dada a existência da escusa absolutória do art. 181, II, do CP; **E:** correta (art. 171, § 4º, do CP).

Gabarito "E".

(Delegado/MG – 2018 – FUMARC) Com relação aos crimes patrimoniais, é CORRETO afirmar:

(A) A Lei nº 13.645/18 introduziu novas modalidades qualificadas ao crime de furto, mas excluiu o uso de armas brancas da figura majorada de roubo.

(B) O agente que, durante a prática do crime de roubo a posto de gasolina, acaba por matar o proprietário do estabelecimento e um cliente que lá se encontrava, fugindo em seguida com o dinheiro do caixa e o carro do cliente, responde por um só crime de latrocínio, crime complexo em que a pluralidade de vítimas serve apenas para fixação da pena.

(C) O roubo próprio se distingue do impróprio porque, enquanto aquele pode ser praticado por qualquer pessoa, o último somente pode ser realizado por determinados agentes, não sendo crime comum.

(D) Segundo entendimento jurisprudencial majoritário, a mera presença de sistema eletrônico de vigilância em estabelecimento comercial torna o crime de furto impossível mediante a absoluta ineficácia do meio.

A: correta, segundo a banca examinadora. Sucede que o número conferido à lei está incorreto. Trata-se, na verdade, da Lei 13.654/2018 (e não 13.645/2018), que, de fato, tal como afirmado, inseriu novas modalidades qualificadas ao crime de furto e excluiu a majorante de emprego de arma branca no roubo, já que passou a fazer referência tão somente a arma *de fogo* como causa de aumento de pena (art. 157, § 2º-A, I, do CP). Posteriormente, a partir do advento da Lei 13.964/2019, foi restaurada a causa de aumento decorrente do emprego de arma branca no cometimento do crime de roubo (art. 157, § 2º, VII, do CP). Pelo equívoco cometido pelo examinador, a questão foi anulada; **B:** incorreta. Segundo o STJ, havendo, no latrocínio, mais de uma morte, é de rigor o reconhecimento do concurso formal impróprio de crimes, ainda que apenas um patrimônio tenha sido lesado. Conferir: "Descabe falar em reconhecimento de crime único de latrocínio. Isso porque as instâncias ordinárias adotaram entendimento em consonância com a jurisprudência prevalente neste Superior Tribunal de Justiça, no sentido de que há concurso formal impróprio na prática de latrocínio quando a conduta do agente tenha por escopo mais de um resultado morte, ainda que a subtração recaia sobre os bens de uma única vítima, na medida em que ficam evidenciados desígnios autônomos, atraindo, portanto, o comando legal disposto no art. 70, segunda parte, do Código Penal. 3. Para infirmar a conclusão da sentença condenatória, no sentido da ausência de unidade de desígnios nos crimes de latrocínio, o que ensejou o reconhecimento do concurso formal impróprio, para infirmar tal conclusão seria necessário revolver o contexto fático-

-probatório dos autos, o que não se coaduna com a via do habeas corpus" (AgRg no HC 531.133/MS, Rel. Ministro RIBEIRO DANTAS, QUINTA TURMA, julgado em 12/11/2019, DJe 25/11/2019). Já para o STF, se houver mais de uma vítima, com somente um patrimônio lesado, caracterizado estará o concurso formal próprio. Seja como for, é incorreto afirmar que há, na hipótese narrada na alternativa, crime único. Conferir: "Agravo regimental em habeas corpus. Penal. Latrocínio (CP, art. 157, § 3º). Pluralidade de vítimas. Concurso formal impróprio não configurado. Delito praticado com unidade de desígnios. Reconhecimento do concurso formal próprio (CP, art. 70, 1ª parte). Precedentes. Condenação transitada em julgado. Impetração utilizada como sucedânea de revisão criminal. Possibilidade em hipóteses excepcionais, quando líquidos e incontroversos os fatos postos à apreciação da Corte. Precedente da Segunda Turma. Regimental não provido. 1. O reconhecimento do concurso formal próprio no delito de latrocínio praticado encontra respaldo jurídico na jurisprudência do Supremo Tribunal segundo a qual "o crime de latrocínio é um delito complexo, cuja unidade não se altera em razão da diversidade de vítimas fatais; há um único latrocínio, não obstante constatadas duas mortes; a pluralidade de vítimas não configura a continuidade delitiva, vez que o crime-fim arquitetado foi o de roubo e não o de duplo latrocínio" (HC nº 71.267/ES, Segunda Turma, Relator o Ministro Maurício Corrêa, DJ de 20/4/95). 2. A Segunda Turma (RHC nº 146.327/RS, Relator o Ministro Gilmar Mendes, julgado em 27/2/18) assentou, expressamente, a cognoscibilidade de habeas corpus manejado em face de decisão já transitada em julgado em hipóteses excepcionais, desde que líquidos e incontroversos os fatos postos à apreciação do Supremo Tribunal Federal. 3. Agravo regimental ao qual se nega provimento" (HC 140368 AgR, Relator(a): Min. DIAS TOFFOLI, Segunda Turma, julgado em 07/08/2018, PROCESSO ELETRÔNICO DJe-187 DIVULG 05-09-2018 PUBLIC 06-09-2018); **C:** incorreta. A distinção entre roubo próprio e impróprio não se faz com base na qualidade do sujeito ativo. Roubo *impróprio* é aquele em que o agente, logo em seguida à subtração da coisa, é levado, para assegurar a sua impunidade ou a detenção da *res*, a empregar violência ou grave ameaça (art. 157, § 1º, do CP); o roubo *próprio*, que é a modalidade mais comum desse crime, se dá quando a violência ou grave ameaça é empregada com o fim de retirar os bens da vítima. Em outras palavras, a violência ou a grave ameaça, no roubo próprio, constitui meio para o agente chegar ao seu objetivo, que é o de efetuar a subtração. O roubo impróprio se consuma com o emprego da violência ou grave ameaça; já o roubo próprio alcança a sua consumação com a inversão da posse do bem mediante violência ou grave ameaça (Súmula 582, STJ); **D:** incorreta. O chamado *furto sob vigilância* pode, em determinadas situações, a depender do caso concreto, caracterizar *crime impossível* pela *ineficácia absoluta do meio* (art. 17 do CP). É o caso, por exemplo, do agente que, desde o momento em que ingressa no supermercado, passa a ser permanentemente vigiado por sistema de câmeras e também por seguranças, que ficam o tempo todo no seu encalço. Não há, neste caso, a menor possibilidade de o crime consumar-se. Isso não quer dizer que a existência, por si só, de sistema de segurança por câmeras e de funcionários elimine a possibilidade de o crime chegar à sua consumação. É perfeitamente plausível que o agente se aproveite de determinado ângulo de monitoramento em que a subtração não é visualizada pelo sistema de câmeras. Dessa forma, a ineficácia do meio deve ser avaliada caso a caso. Nesse sentido: STF, HC 110.975-RS, 1ª T., rel. Min. Cármen Lúcia, 22.05.2012. Consagrando esse entendimento, o STJ editou a Súmula n. 567: "Sistema de vigilância realizado por monitoramento eletrônico ou por existência de segurança no interior de estabelecimento comercial, por si só, não torna impossível a configuração do crime de furto". Gabarito ANULADA.

(Delegado/AP – 2017 – FCC) A respeito dos crimes contra o patrimônio, é correto afirmar:

(A) Somente se procede mediante representação, o furto praticado contra tio ou sobrinho.

(B) Para a consumação do crime de extorsão faz-se necessário o recebimento da vantagem indevida.

(C) É isento de pena quem comete qualquer crime contra o patrimônio contra ascendente maior de 65 anos.

(D) A receptação somente é punível se conhecido o autor do crime que originou a coisa receptada.

(E) No crime de roubo, caso o agente seja primário e tenha sido de pequeno valor a coisa subtraída, o juiz poderá substituir a pena de reclusão pela de detenção, diminuí-la de um a dois terços ou aplicar somente a pena de multa.

A: correta. De fato, o art. 182, III, do CP, dispõe que somente se procede mediante representação o crime contra o patrimônio (dentre os quais se inclui o furto – art. 155, CP) cometido em prejuízo de tio ou sobrinho, com quem o agente coabita (note o leitor que esta informação não foi indicada na assertiva, o que, decerto, foi falha da banca examinadora). Estamos, aqui, diante de imunidade penal relativa; **B:** incorreta. Pacífico o entendimento de que o crime de extorsão (art. 158, CP) é formal, na esteira do que dispõe a Súmula 96 do STJ: "O crime de extorsão consuma-se independentemente da obtenção da vantagem indevida". Assim, estamos diante de crime cuja consumação se verifica no momento em que o agente emprega meios capazes de constranger a vítima a fazer, deixar de fazer ou tolerar que se faça algo, visando, com isso, obter indevida vantagem econômica (elemento subjetivo do tipo). Se referida vantagem vier a ser alcançada pelo agente, o crime estará exaurido, embora consumado anteriormente ao recebimento da indevida vantagem econômica; **C:** incorreta. Nada obstante o art. 181 do CP, que é uma escusa absolutória (imunidade absoluta), preveja a isenção de pena do agente que cometer crimes patrimoniais em detrimento de ascendente ou descendente (inc. II do referido dispositivo legal), é certo que o art. 183 do CP, em seu inc. III, expressamente prevê a inaplicabilidade da imunidade penal se o crime for praticado contra pessoa com idade igual ou superior a 60 (sessenta) anos; **D:** incorreta. Nos exatos termos do art. 180, § 4º, do CP, a receptação é punível ainda que desconhecido ou isento de pena o autor do crime de que proveio a coisa. Será indispensável que tenha ocorrido um crime precedente ao da receptação, mas não se exige a punição por esse fato antecedente, nem mesmo a identificação de seu autor ou a punição deste; **E:** incorreta. A assertiva trata dos requisitos do furto privilegiado (art. 155, § 2º, CP), vale dizer, a primariedade do agente e que a coisa subtraída seja de pequeno valor, figura inaplicável ao delito de roubo por falta de previsão legal. Gabarito "A".

(Delegado/MS – 2017 – FAPEMS) O crime de extorsão mediante sequestro, previsto no artigo 159 do Código Penal, é um crime complexo que conjugando bens jurídicos como liberdade e patrimônio igualmente possui a preocupação com a ofensa, a incolumidade pessoal e a própria vida da vítima nas suas formas qualificadas. Diante da hediondez do crime, visando a garantir a liberdade e salvar a vida da vítima, o § 4º do artigo 159 prevê a possibilidade de delação premiada. Nesse sentido, assinale a alternativa correta.

(A) Para desfrutar do benefício da delação premiada, o sujeito não pode ser autor do delito, devendo figurar como mero partícipe.

(B) A delação de que trata o § 4º do artigo 159, do Código Penal pode ser realizada em crime de extorsão mediante sequestro praticado por uma única pessoa.

(C) A delação premiada prevista no artigo 159, § 4º, do Código Pedal, funciona como causa atenuante genérica de pena, com aplicação cogente.

(D) A diminuição de pena para o delator fica a cargo da discricionariedade do julgador, não sendo este obrigado a aplicá-la.

(E) A informação dada em delação deve levar à facilitação da liberdade da vítima sendo desnecessária prisão dos demais envolvidos.

A e B: incorretas. O instituto da delação premiada, aplicável ao delito de extorsão mediante sequestro, tem como premissa que, quando cometido em concurso, um dos concorrentes o denuncie à autoridade, facilitando a libertação do sequestrado (art. 159, § 4º, do CP). Assim, tanto faz se o delator for coautor ou partícipe do crime. Basta que seja um dos concorrentes para a sua prática. Logo, incompatível a delação premiada na extorsão mediante sequestro cometida por um só agente; **C**: incorreta. A delação premiada prevista no art. 159, § 4º, do CP, é causa obrigatória de diminuição de pena (um a dois terços), e não circunstância atenuante genérica, como constou na assertiva; **D**: incorreta. Se a delação facilitar a libertação do sequestrado, a redução da pena é medida cogente, vale dizer, não se inseriu no plano da discricionariedade do julgador. Pode-se dizer que se trata de um direito subjetivo do acusado, desde que preenchidos os requisitos para seu reconhecimento (crime cometido em concurso de agentes; que um dos concorrentes denuncie o crime à autoridade; que, com a delação, seja facilitada a libertação do sequestrado); **E**: correta. De fato, tal como consta no art. 159, § 4º, do CP, a informação dada pelo delator, concorrente da extorsão mediante sequestro, deve ser capaz de facilitar a libertação da vítima sequestrada, não sendo exigida, para a incidência da diminuição da pena do agente, que os demais coautores ou partícipes sejam presos. **AT**
Gabarito "E".

(Delegado/MT – 2017 – CESPE) José entrou em um ônibus de transporte público e, ameaçando os passageiros com uma arma de fogo, subtraiu de diversos deles determinadas quantias em dinheiro.

Nessa situação hipotética, de acordo com a jurisprudência dos tribunais superiores,

(A) a prática do delito contra vítimas diferentes em um mesmo contexto e mediante uma só ação configurou concurso material.

(B) a simples inversão da posse dos bens – dos passageiros para José – não consumou o crime de roubo; para tal, seria necessária a posse mansa e pacífica ou desvigiada dos valores subtraídos por José.

(C) o fato de o delito ter sido praticado em ônibus de transporte público de passageiros será causa de aumento de pena.

(D) se a arma utilizada no crime fosse de brinquedo e, ainda assim, tivesse causado fundado temor nas vítimas, deveria ser aplicada majorante do crime de roubo.

(E) o crime de porte de arma será absorvido pelo crime de roubo, ante os fatos de haver nexo de dependência entre as duas condutas e de os delitos terem sido praticados em um mesmo contexto fático.

A: incorreta, pois, por evidente, a prática de roubo contra vítimas diferentes, em um mesmo contexto fático e mediante uma só ação, jamais poderia configurar concurso material, que, por definição (art. 69 do CP), exige pluralidade de comportamentos (prática de mais de uma ação ou omissão); **B**: incorreta, pois, de acordo com a Súmula 582 do STJ, consuma-se o crime de roubo com a inversão da posse do bem mediante emprego de violência ou grave ameaça, ainda que por breve tempo e em seguida à perseguição imediata ao agente e recuperação da coisa roubada, sendo prescindível a posse mansa e pacífica ou desvigiada; **C**: incorreta, pois inexiste no art. 157 do CP circunstância que influa na pena o fato de o roubo ser cometido em transporte público de passageiros; **D**: incorreta, pois pacífico o entendimento de que o emprego de arma de brinquedo para a prática de roubo não tem o condão de majorá-lo, tanto que cancelada a Súmula 174 do STJ, que disciplinava exatamente isso (emprego de arma de brinquedo majorava a pena do roubo). O temor imposto pelo emprego da arma de brinquedo constitui, apenas, a grave ameaça, caracterizadora, pois, de roubo simples; **E**: correta. Ao caso, aplicar-se-á o princípio da consunção, eis que o porte ilegal de arma de fogo estará dentro da linha de desdobramento causal do comportamento do agente (roubo com emprego de arma), ainda mais quando praticados no mesmo contexto fático. Nesse sentido, STF – Recurso Ordinário em *Habeas Corpus* RHC 123399 RJ. **AT**
Gabarito "E".

(Delegado/BA – 2016.2 – Inaz do Pará) A utilização da escalada para acesso a um local no cometimento de crime contra o patrimônio caracteriza o crime de:

(A) dano material.
(B) apropriação indébita.
(C) roubo.
(D) furto qualificado.
(E) não caracteriza crime.

A *escalada*, assim considerada a entrada em determinado local por meio anormal, constitui hipótese de qualificadora do crime de furto (art. 155, § 4º, II, do CP). Exemplo clássico é aquele em que o agente, se valendo de uma escada, ingressa em propriedade alheia para o fim de subtrair bens. **ED**
Gabarito "D".

(Delegado/SP – 2014 – VUNESP) Para subtrair um automóvel, "X", de forma violenta, danificou a sua porta. Nesse caso, "X" deverá responder

(A) pelo crime de roubo, visto que se utilizou de violência para danificar a porta.
(B) apenas pelo crime de furto, em razão do princípio da subsidiariedade.
(C) apenas pelo crime de furto, em razão do princípio da consunção.
(D) pelos crimes de furto e de dano.
(E) apenas pelo crime de furto, em razão do princípio da especialidade.

A: incorreta, pois o roubo pressupõe que a violência ou grave ameaça sejam dirigidas à pessoa, e não à coisa subtraída (art. 157, CP); **B**: incorreta. Nada obstante "X" deva responder apenas pelo furto, como se verá mais à frente, não se cogita, no caso narrado no enunciado, de aplicação do princípio da subsidiariedade. O dano causado à porta do bem subtraído não será imputado ao agente como crime "autônomo" (art. 163, CP) não em razão da aplicação da subsidiariedade, mas, sim, em razão da consunção; **C**: correta. "X" responderá apenas por furto, não se cogitando da imputação do crime de dano (art. 163, CP) em virtude da aplicação do princípio da consunção. Ainda que dano tenha havido, o fato é que este foi meio de execução do furto. Logo, tratando-se de comportamento destinado, desde o início, ao crime-fim (furto), absorvido estará o crime-meio (dano); **D**: incorreta, haja vista que o dano, como visto no comentário antecedente, foi meio para a subtração do automóvel, ficando, portanto, absorvido (relação *crime-meio* e *crime-fim*); **E**: incorreta. Descabe a aplicação, na espécie, do princípio da especialidade, que somente entra em cena quando se instaurar um conflito aparente de normas que exija uma comparação abstrata entre elas. Inexiste relação de especialidade entre os crimes de furto e dano.
Gabarito "C".

(Delegado/RO – 2014 – FUNCAB) De acordo com o Código Penal, a conduta conhecida como "sequestro relâmpago" (em que os agentes abordam a vítima, restringem sua liberdade, e com ela deslocam-se a caixas eletrônicos, com o intuito de fazer saques em dinheiro) enquadra-se no crime de:

(A) roubo.
(B) extorsão mediante sequestro.
(C) constrangimento ilegal.
(D) extorsão.
(E) sequestro.

O "sequestro-relâmpago" consiste em forma qualificada do delito de extorsão (art. 158, § 3º, CP, incluído pela Lei 11.923/2009). Até então, controvertiam doutrina e jurisprudência sobre a adequada tipificação da conduta do agente que restringia a liberdade da vítima como condição necessária para a obtenção da vantagem econômica (no caso, para os saques de quantias em caixas eletrônicos), alguns entendendo que se tratava de roubo majorado pela restrição da liberdade (art. 157, § 2º, V, CP), outros como extorsão mediante sequestro (art. 159, CP), outros, ainda, como roubo em concurso com sequestro (arts. 157 e 148, CP), ou, ainda, somente extorsão (ar. 158, CP). Gabarito "D".

(Delegado/RJ – 2013 – FUNCAB) Portando ilegalmente, exclusivamente para aquela ação, uma arma de fogo de calibre permitido, Norberto constrange um transeunte e, mediante grave ameaça, subtrai para si os seus pertences. Nesse contexto, afirma-se que:

(A) o autor responde somente pelo crime de roubo, não pelo de porte de arma de fogo, pois a pena do crime patrimonial já engloba a reprovabilidade do delito previsto na lei especial, consequência da unidade fática entre ambos, aplicando-se o princípio da consunção.
(B) há apenas crime de roubo, solucionando-se o caso pelo princípio da especialidade, pois o delito patrimonial, ao estabelecer a grave ameaça como meio executório, insere o porte de arma em sua estrutura típica, acrescido de elementos especializantes.
(C) será o porte de arma absorvido pelo crime de roubo em virtude da substituição do dolo, característica da progressão criminosa, que determina o reconhecimento do conflito aparente de normas.
(D) aplica-se ao caso o princípio da subsidiariedade, pois nas condutas há diferentes graus de lesão à mesma objetividade jurídica, em uma relação de continente e conteúdo.
(E) tutelando bens jurídicos distintos, as normas penais referentes aos crimes de porte de arma de fogo e roubo figurarão em concurso material de delitos, aplicando-se ao caso o sistema do cúmulo material das penas.

A: correta. Considerando que no enunciado ficou claro que o porte ilegal de arma de fogo de uso permitido ocorreu, exclusiva e unicamente, para a ação visada pelo agente, consistente na subtração dos pertences da vítima, o crime a ser imputado é o do roubo majorado pelo emprego de arma (art. 157, § 2º-A, I, do CP). Aplica-se, aqui, o princípio da consunção, não devendo Norberto responder por roubo e porte ilegal de arma em concurso de crimes; B: incorreta, pois o crime de roubo não tem como elementar típica o porte ilegal de arma. Este, se tanto, caracteriza causa especial de aumento de pena, que é circunstância modificadora da reprimenda, mas, não, elemento integrante da estrutura típica do crime patrimonial; C: incorreta. Inaplicável, no caso relatado no enunciado, a progressão criminosa, que consiste em faceta do princípio da consunção, capaz de resolver o conflito aparente de normas. Na progressão criminosa, o agente "substitui o seu dolo", praticando, inicialmente, um crime menos grave e, ato seguinte, delibera por executar um outro crime, agora mais grave, atentando contra o mesmo bem jurídico. No caso do enunciado, vê-se que Norberto, desde o início, intentava subtrair os pertences da vítima, não se cogitando, portanto, de conflito aparente de normas. Ao contrário, inexiste, aqui, conflito, incidindo, unicamente, a figura do crime de roubo majorado pelo emprego de arma; D: incorreta. Não se cogita de aplicação do princípio da subsidiariedade, que é uma das formas de solução do conflito aparente de normas, ao caso descrito no enunciado. Na subsidiariedade, existe uma relação de maior e menor gravidade entre duas leis, uma dita principal (retratando crime de maior gravidade) e outra, subsidiária (incidindo em caso de inaplicabilidade da lei principal, caracterizando crime de menor gravidade). Num roubo com emprego de arma, não se cogita de aplicação do princípio da subsidiariedade, tratando-se de uma única infração penal; E: incorreta. Não se pode falar em concurso de crimes, visto que o porte ilegal de arma de fogo, por estar contemplado na majorante do roubo (quando perpetrado com emprego de arma), não poderá gerar imputação "autônoma", sob pena, é claro, de bis in idem. Gabarito "A".

(Delegado/PR – 2013 – UEL-COPS) Sobre o crime de furto descrito no Art. 155 do Código Penal, atribua V (verdadeiro) ou F (falso) às afirmativas a seguir.

( ) Tem por objeto material a coisa alheia móvel, entendendo-se por coisa qualquer substância corpórea, material, ainda que não tangível, suscetível de apreensão e transporte, incluindo os corpos gasosos, os instrumentos e os títulos, quando não forem documentos, as árvores, os navios, as aeronaves, englobando tudo aquilo que pode ser destacado e subtraído.
( ) Tem como sujeito ativo qualquer pessoa, sendo considerado como qualquer pessoa até mesmo o proprietário, desde que o bem esteja na posse de terceiro. Tem como sujeito passivo a pessoa física ou jurídica, titular da posse, incluída a detenção ou a propriedade.
( ) O elemento subjetivo do tipo é o dolo, consistente na vontade de subtrair coisa móvel. No entanto, não é necessário que a vontade abranja o elemento normativo "alheia".
( ) Para tipificação do furto privilegiado, é necessária a presença de dois requisitos cumulados, ou seja, que o criminoso seja primário e que a coisa seja de pequeno valor. Sendo o réu reincidente, mesmo que a coisa seja de pequeno valor, não há a tipificação do furto privilegiado.
( ) Para tipificar a qualificadora "com destruição ou rompimento de obstáculo à coisa", é necessário que a violência empregada seja não só contra o obstáculo, mas contra a coisa também.

Assinale a alternativa que contém, de cima para baixo, a sequência correta.

(A) V, V, F, F, F.
(B) V, F, V, F, F.
(C) V, F, F, V, F.
(D) F, V, V, F, V.
(E) F, V, F, V, V.

Afirmativa I: verdadeira. De fato, o objeto material (pessoa ou coisa sobre a qual recai a conduta criminosa) do crime de furto é "coisa alheia móvel", entendida, pela doutrina, como toda substância corpórea passível de apreensão e de ser transportada de um lugar para outro, inclusive aquelas que a lei civil considera imóveis por equiparação (ex.: navios e aeronaves); **Afirmativa II**: falsa. O sujeito ativo do furto, de fato, pode ser qualquer pessoa, tratando-se de crime comum. No entanto, não responderá pelo crime em questão o proprietário da coisa se esta estiver na posse de terceiro. Por exemplo, não responde por furto a pessoa que, após emprestar seu veículo ao vizinho, "subtrai" seu próprio veículo. Ainda que a coisa estivesse na posse de terceiro, não se pode cogitar de furto cometido pelo próprio dono! Ainda, discute-se na doutrina se o furto tutela apenas a propriedade e a posse, ou, também, a detenção (esta considerada apenas o "contato físico" da coisa com terceiro, que a detém em nome alheio). Corrente minoritária sustenta que a detenção também é protegida pelo furto. Porém, ficamos com a lição de Rogério Greco: "não há como enxergar tal perda para o mero detentor, não havendo a possibilidade de a detenção da coisa se valer da proteção jurídica" (GRECO, Rogério. **Curso de direito penal**, vol.3-parte especial. Rio de Janeiro: Impetus, 7. ed. 2010, p.11); **Afirmativa III**: falsa. O elemento subjetivo do crime de furto é o dolo, consistente na vontade livre e consciente do agente de subtrair coisa alheia móvel, com ânimo de assenhoreamento definitivo (*animus furandi* ou *animus rem sibi habendi*). Assim, a vontade do agente deve contemplar, por óbvio, as elementares típicas, inclusive o fato de a coisa móvel ser "alheia", ou seja, de terceiro. Prova disso é que a subtração de coisa própria, ainda que se acredite alheia, é fato atípico; **Afirmativa IV**: verdadeira. São condições para o reconhecimento do furto privilegiado (art. 155, § 2º, do CP), que o réu seja primário (ou seja, não reincidente) e que a coisa furtada seja de pequeno valor. Logo, para o réu reincidente, ainda que a coisa seja de pequeno valor, não se cogitará da imputação do crime de furto privilegiado; **Afirmativa V**: falsa. O reconhecimento da qualificadora prevista no art. 155, § 4º, I, do CP exige que o agente dirija sua conduta "destrutiva" (leia-se: rompimento ou destruição) ao obstáculo ao alcance da coisa, e não à própria coisa. Clássico exemplo é o de o agente que arromba a fechadura do veículo para conseguir subtraí-lo. Não pode a fechadura, que integra a própria coisa (veículo), ser considerada obstáculo. Assim, a violência contra a própria coisa não caracteriza a qualificadora em comento.

Gabarito "C".

(Delegado/PA – 2013 – UEPA) Usando um crachá que o identificava como oficial de justiça, um homem entrou no escritório de uma empresa, supostamente para entregar uma intimação ao proprietário. Enquanto a secretária foi chamar o chefe, o visitante se aproveitou de que ficara só na sala para guardar em sua pasta um notebook e um *tablet*, retirando-se em seguida. Constatando-se posteriormente que o suposto oficial de justiça havia falsificado o crachá, deveria ser indiciado:

(A) apenas por estelionato, ficando a falsificação de documento público absorvida por ser o meio executivo da fraude cometida.

(B) apenas por furto qualificado, porque a despeito de haver fraude na conduta do agente, ele na verdade subtraiu bens da vítima.

(C) apenas por furto qualificado pelo abuso de confiança, porque o cidadão comum tem natural confiança na autoridade pública.

(D) por falsificação de documento público, uso de documento falso e estelionato, em concurso material.

(E) por falsificação de documento público e estelionato, em concurso material.

A: incorreta, pois no estelionato (art. 171, CP), o agente delitivo emprega a fraude como mecanismo para induzir ou manter a vítima em erro, que, nessa condição, entrega-lhe a coisa; **B**: correta. De fato, no enunciado proposto pela questão, o agente, mediante emprego de fraude, consistente em se passar por oficial de justiça, conseguiu, em virtude disso, fazer com que houvesse diminuição da vigilância, pela secretária, dos equipamentos eletrônicos no escritório, aproveitando, então, para subtrair o notebook e o *tablet*. Trata-se de caso típico de furto qualificado mediante fraude (art. 155, § 4º, II, do CP). A falsificação do crachá foi meio indispensável para a prática do furto, ficando, pois, por este absorvido (princípio da consunção); **C**: incorreta, pois, no caso apresentado, não se vislumbra a existência de relação de confiança entre agente delitivo e vítima; **D**: incorreta, pois um "crachá" não é considerado um documento público, vale dizer, emanado de um agente público. Logo, não se cogita da prática de falsificação de documento público. Ainda que se entenda que o "crachá" é um "documento" de identificação, o enunciado não aponta que houve a "falsificação de um crachá verdadeiro", não se conseguindo, pois, afirmar, se a conduta do agente caracteriza uso de documento falso. Por fim, no tocante ao estelionato, explicou-se no comentário à alternativa "A" a razão pela qual este crime não está caracterizado no caso sob exame; **E**: incorreta, invocando-se, para tanto, as razões trazidas no comentário à alternativa "D".

Gabarito "B".

(Delegado Federal – 2004 – CESPE) Julgue o item seguinte.

(1) Com a utilização de uma arma de brinquedo, João subtraiu de uma pessoa o relógio e a carteira contendo documentos pessoais, cartões de crédito e R$ 300,00 em espécie. Nessa situação, de acordo com o entendimento do Superior Tribunal de Justiça (STJ), João responderá por crime de roubo qualificado pelo emprego de arma.

O emprego de arma de brinquedo não constitui a causa de aumento de pena do art. 157, § 2º-A, I, do CP. A propósito, a Súmula 174 do STJ foi cancelada.

Gabarito 1E.

(Delegado Federal – 2002 – CESPE) Julgue o seguinte item.

(1) Considere a seguinte situação hipotética. Sílvio interceptou o veículo de Mariana e, mediante grave ameaça exercida com o emprego de um revólver, privou-a de sua liberdade de locomoção. O fato ocorreu em Brasília – DF. Oito horas após a abordagem, Sílvio entrou em contato com a família de Mariana e exigiu como condição para libertá-la a importância de R$ 150.000,00 em dinheiro, a ser entregue na cidade de Goiânia – GO. No dia seguinte, enquanto Mariana permaneceu no cativeiro em Brasília, Sílvio deslocou-se até a cidade de Goiânia, onde foi preso em flagrante no momento em que iria receber o dinheiro do resgate. Nessa situação, Sílvio responderá pelo crime de extorsão mediante sequestro, na forma consumada.

1: correta, visto que, de fato, o crime de extorsão mediante sequestro, tipificado no art. 159 do CP, consuma-se no exato momento em que a vítima é arrebatada do seu meio normal de circulação, tendo sua liberdade privada. O fato de ter havido a solicitação de resgate, como condição para a libertação da vítima, demonstra a real intenção do agente, qual seja, a de auferir ganho patrimonial. Ressalte-se que o fato de haver o recebimento de resgate, pelo sequestrador, é considerado mero exaurimento do crime, consumado, repita-se, com a privação da liberdade da vítima. O crime em questão é considerado formal.

Gabarito 1C.

(Delegado Federal – 2002 – CESPE) Julgue o seguinte item.

(1) Dorival alienou a Joaquim uma quitinete de que era proprietário, recebendo, no ato da lavratura da escritura de compra e venda, a importância de R$ 50.000,00 em dinheiro. Por estar passando por sérias dificuldades financeiras, Dorival, no mesmo dia, vendeu a mesma quitinete a Magda, recebendo, pela transação, a importância de R$ 40.000,00. Magda dirigiu-se ao cartório de registro de imóveis e providenciou a transcrição da escritura de compra e venda. Joaquim, quando tentou registrar a sua escritura, verificou que tinha sido vítima de uma fraude e dirigiu-se à autoridade policial, apresentando uma *delatio criminis*. A autoridade policial instaurou inquérito policial e indiciou Dorival pela prática do crime de estelionato, na modalidade de disposição de coisa alheia como própria. Sabendo que, para ocorrer a aquisição da propriedade imóvel, é necessária a transcrição do título de transferência no registro de imóveis, então, nessa situação, Dorival não praticou a infração penal pela qual a autoridade policial o indiciou.

I: correta, visto que a alienação de coisa imóvel somente se materializa com a transcrição do título aquisitivo no Cartório de Registro de Imóveis competente. Ora, se Dorival fez lavrar duas escrituras de compra e venda de sua quitinete, tendo como compradores Joaquim e Magda, mas sem que tenha havido a transcrição dos títulos aquisitivos no registro imobiliário, Dorival continuou como "dono" do bem, motivo pelo qual não restou tipificado o crime de disposição de coisa alheia como própria (art. 171, § 2º, I, do CP).
Gabarito: C

(Delegado/AP – 2010) Relativamente aos *crimes contra o patrimônio*, analise as afirmativas a seguir:

I. No crime de furto, se o criminoso é primário, e a coisa furtada é de pequeno valor, o juiz pode substituir a pena de reclusão pela de detenção.

II. Considera-se qualificado o dano praticado com violência à pessoa ou grave ameaça, com emprego de substância inflamável ou explosiva (se o fato não constitui crime mais grave), contra o patrimônio da União, Estado, Município, empresa concessionária de serviços públicos ou sociedade de economia mista ou ainda por motivo egoístico ou com prejuízo considerável para a vítima.

III. É isento de pena quem comete qualquer dos crimes contra o patrimônio em prejuízo do cônjuge, na constância da sociedade conjugal, desde que não haja emprego de grave ameaça ou violência à pessoa ou que a vítima não seja idosa nos termos da Lei 10.741/2003.

Assinale:

(A) se somente a afirmativa I estiver correta.
(B) se somente a afirmativa II estiver correta.
(C) se somente a afirmativa III estiver correta.
(D) se somente as afirmativas II e III estiverem corretas.
(E) se todas as afirmativas estiverem corretas.

I: correta (art. 155, § 2º, do CP). Trata-se do crime de furto privilegiado, cujos requisitos são: primariedade do agente e o pequeno valor do prejuízo, que é aquele que não ultrapasse, de acordo com a jurisprudência, a importância de um salário mínimo (que não se confunde com o valor insignificante); II: correta (art. 163, parágrafo único, incisos I, II, III e IV, do CP). Frise-se que com o advento da Lei 13.531, de 7 de dezembro de 2017, nova redação foi dada ao inciso III do parágrafo único do art. 163 do CP, considerando qualificado o dano quando praticado contra o patrimônio da União, de Estado, do Distrito Federal, de Município ou de autarquia, fundação pública, empresa pública, sociedade de economia mista ou empresa concessionária de serviços públicos; III: correta (art. 181, inciso I e art. 183, I e III, do CP). A alternativa trata das hipóteses de escusa absolutória, em que o agente, muito embora pratique um fato típico e antijurídico, é isento de pena (imunidade absoluta). Ainda, há casos previstos no art. 183 do CP, em que não incidirão as escusas.
Gabarito: E

(Delegado/AP – 2010) João e Marcos decidem furtar uma residência. Vigiam o local até que os proprietários deixem a casa. Tentam forçar as janelas e verificam que todas estão bem fechadas, com exceção de uma janela no terceiro andar da casa. Usando sua habilidade, João escala a parede e entra na casa, pedindo a Marcos que fique vigiando e avise se alguém aparecer. Enquanto está pegando os objetos de valor, João escuta um barulho e percebe que a empregada tinha ficado na casa e estava na cozinha bebendo água. João vai até a empregada (uma moça de 35 anos) e decide constrangê-la, mediante grave ameaça, a ter conjunção carnal com ele.

Logo após consumar a conjunção carnal, com a empregada e deixá-la amarrada e amordaçada (mas sem sofrer qualquer outro tipo de lesão corporal), João termina de pegar os objetos de valor e vai ao encontro de Marcos.

Ao contar o que fez a Marcos, este o chama de tarado e diz que nunca teria concordado com o que João fizera, mas que agora uma outra realidade se impunha e era preciso silenciar a testemunha. Marcos retorna à casa e mesmo diante dos apelos de João que tenta segurá-lo, utiliza uma pedra de mármore para quebrar o crânio da empregada. Ambos decidem ali mesmo repartir os bens que pegaram na casa e seguir em direções opostas. Horas depois, ambos são presos com os objetos.

Assinale a alternativa que identifica os crimes que cada um deles praticou.

(A) João: furto qualificado e estupro. Marcos: furto qualificado e homicídio qualificado.
(B) João: furto qualificado, estupro e homicídio simples. Marcos: furto qualificado, estupro e homicídio qualificado.
(C) João: furto simples e estupro. Marcos: furto simples e homicídio qualificado.
(D) João: furto simples, estupro e homicídio qualificado. Marcos: furto simples, estupro e homicídio simples.
(E) João: furto qualificado e estupro. Marcos: furto simples e homicídio qualificado.

No caso em questão, João e Marcos, em concurso de pessoas, devem responder por furto qualificado, mediante escalada (art. 155, § 4º, II e IV, do CP), uma vez que para adentrar na residência, João escalou a parede da casa e entrou por uma das janelas, no terceiro andar, que estava aberta, enquanto Marcos ficava vigiando do lado de fora. Assim, João ingressou no local do furto por uma via de acesso anormal, mediante um esforço também anormal, em que pese sua habilidade. No tocante aos crimes de estupro e homicídio qualificado, deve-se analisar a questão da cooperação dolosamente distinta (art. 29, § 2º, do CP), haja vista que ausente o vínculo subjetivo de João com relação ao homicídio qualificado da empregada, tendo pedido a João que não a matasse. De igual modo, não houve a atuação consciente de Marcos no sentido de contribuir para a conduta de João quanto ao delito de estupro, até mesmo porque não sabia que havia alguém no interior da residência.
Gabarito: A

(Delegado/AP – 2006 – UFAP) Analise as assertivas e assinale a alternativa correta:

I. De acordo com o STF e o STJ, para o reconhecimento da causa de aumento do repouso noturno, não tem qualquer importância o fato de a casa, onde ocorreu o furto, estar habitada e seu morador dormindo.
II. Para o STF, há crime de latrocínio consumado quando o homicídio se consuma, ainda que não realize o agente a subtração de bens da vítima.
III. O pagamento de cheque emitido sem provisão de fundos, após o recebimento da denúncia, não obsta ao prosseguimento da ação penal, consoante o STF.

(A) Estão corretas todas as alternativas.
(B) Estão erradas todas as alternativas.
(C) Estão corretas apenas as alternativas II e III.
(D) Está correta apenas a alternativa I.
(E) Está correta apenas a alternativa III.

I: correta (art. 155, § 1º, do CP). De fato, segundo entendimento dos Tribunais Superiores, o crime de furto será majorado pelo repouso noturno quando ocorrer no período em que, de acordo com o costume do local, as pessoas estejam repousando, pouco importando se a residência é ou não habitada ou se há ou não moradores dormindo em seu interior; II: correta (Súmula 610 do STF). O crime de latrocínio somente se consuma com a morte, havendo ou não subtração consumada; III: correta (art. 171, § 2º, VI, do CP e Súmula 554 do STF). Quando houver o arrependimento pelo agente, o qual realiza o pagamento de cheque emitido sem provisão de fundos, até o recebimento da denúncia, haverá a extinção da punibilidade. Se após o recebimento da denúncia, a ação penal terá prosseguimento, podendo caracterizar tão somente circunstância atenuante genérica, acarretando a diminuição da pena (art. 65, III, "b", do CP). Tal causa extintiva da punibilidade se aplica ao tipo penal previsto no art. 171, § 2º, VI, do CP e não no tipo fundamental de estelionato.
Gabarito "A".

(Delegado/BA – 2008 – CEFETBAHIA) Empregada doméstica, na ausência de seus patrões, recebe seu namorado que se aproveitando do "vacilo" dela, furta uma cópia da chave do apartamento onde ela trabalha. Dias depois, ele, se aproveitando da ausência de pessoas no apartamento, nele adentra usando a cópia da chave e furta várias joias dos patrões da namorada.

Com base nesse caso, a empregada doméstica

(A) deve ser responsável pelo furto como partícipe.
(B) é coautora no furto.
(C) é a única pessoa responsável pelo furto.
(D) é autora intelectual do furto.
(E) não será responsável pelo furto.

A empregada não será responsável pelo furto. Isso porque não estão presentes os requisitos do concurso de pessoas, que são: pluralidade de agentes, relevância causal das condutas, vínculo subjetivo e unidade de infração penal. No caso, em que pese haver, aparentemente, unidade de infração penal e pluralidade de pessoas, não há vínculo subjetivo, nem relevância causal das condutas. A empregada não sabia que o namorado havia feito uma cópia da chave do apartamento de onde ela trabalha, nem tampouco sabia que iria realizar o furto, ou seja, não houve prévio ajuste quanto ao resultado e também não houve anuência ou adesão à vontade do outro. Não houve nenhuma colaboração da empregada para a conduta do namorado, não podendo ser responsabilizada como partícipe, nem como coautora do furto. De igual modo, a empregada não é autora intelectual do furto, na medida em que não planejou mentalmente o delito. Assim, diante da ausência dos requisitos do concurso de pessoas, conclui-se que a empregada não será responsável pelo furto perpetrado por seu namorado.
Gabarito "E".

(Delegado/BA – 2006 – CONSULPLAN) Carlos, portando uma arma de fogo, às 2 horas da manhã, entra em uma casa sem nenhum obstáculo, onde os moradores estão dormindo, e ali furta vários objetos de valor econômico. Marque a alternativa correta:

(A) Carlos responderá por furto qualificado pelo emprego de arma.
(B) Carlos responderá por furto simples.
(C) Carlos responderá por furto qualificado pela escalada.
(D) Carlos responderá por furto privilegiado.
(E) N. R. A.

Trata-se, no caso, do crime de furto praticado durante o repouso noturno (art. 155, § 1º, do CP), uma vez que Carlos, portando uma arma de fogo, ingressou na residência das vítimas às 2 horas da manhã, quando estavam repousando. Importante salientar que o repouso noturno somente se aplica ao crime de furto simples, não se aplicando nas modalidades de furto qualificado (art. 155, § 4º e § 5º, do CP), por interpretação lógica (se o legislador disciplinou a modalidade qualificada após o repouso noturno é porque quis que somente fosse aplicado ao caput do art. 155). Assim, o emprego de arma e a escalada podem ser considerados nas circunstâncias judiciais previstas no art. 59 do CP.
Gabarito "E".

(Delegado/CE – 2006 – CEV/UECE) Marque a opção verdadeira.

(A) Segundo a jurisprudência do STJ, o uso de arma de brinquedo é equiparado ao uso de arma de fogo, qualificando o crime de roubo.
(B) A extorsão mediante sequestro é crime de natureza permanente e sendo crime contra o patrimônio tem sua consumação quando o valor do resgate é efetivamente pago, pois é nesse momento que ocorre o concreto dano ao patrimônio.
(C) A ação penal nos crimes contra o patrimônio é sempre pública, já que o objeto jurídico tutelado é o valor coletivo e não os bens particulares. A ação penal neste caso poderá ser incondicionada ou condicionada à representação.
(D) De acordo com a doutrina pátria, para a caracterização do crime de apropriação indébita o agente deve agir inicialmente com boa-fé sobre a coisa, passando a deter o *animus* de inverter a condição de propriedade sobre a coisa após detê-la em seu poder, passando a praticar atos típicos de proprietário.

A: incorreta. Segundo o entendimento já superado do STJ (súmula 174 foi cancelada), a arma de brinquedo, por possuir poder intimidatório com relação à vítima, a qual não conseguia resistir, caracterizava a majorante do crime de roubo. Todavia, o atual entendimento é o de que a arma de brinquedo, por não possuir potencialidade lesiva, não sendo idônea a lesionar a integridade física da vítima, somente caracteriza a grave ameaça do crime de roubo e não a sua majorante, pelo princípio da lesividade; B: incorreta, pois o crime de extorsão mediante sequestro se consuma com o arrebatamento (privação da liberdade) da vítima, condicionada à satisfação da exigência do resgate, por se tratar de crime formal. O fato de ser um crime permanente permite que a sua consumação se protraia no tempo, por vontade do agente. O recebimento do valor do resgate caracteriza tão somente o exaurimento do crime; C: incorreta, uma vez que o crime de dano simples (art. 163 do CP) e dano qualificado por motivo egoístico ou com prejuízo considerável

para a vítima (art. 163, parágrafo único, IV, do CP), que são espécies de crime contra o patrimônio, somente se procedem mediante queixa (art. 167 do CP). As demais espécies de dano se procedem mediante ação penal pública incondicionada. Cumpre ressaltar que, quando cabível, é possível a aplicação da escusa absolutória relativa (art. 182 e 183 do CP), que também trata da ação penal nos crimes contra o patrimônio, de forma genérica; **D:** correta. De fato, a apropriação indébita pressupõe a entrega do bem com posse desvigiada, fazendo-o de forma livre, espontânea e voluntária. Ou seja, o agente recebe o bem com uma posse lícita. Ainda, o recebimento da posse lícita deve ser de boa-fé, sendo que o dolo de inverter a posse é posterior ao recebimento do bem (se o dolo é anterior e o agente se utiliza de fraude para a entrega do bem, há o crime de estelionato e não apropriação indébita).
Gabarito "D".

(Delegado/DF – 2004) Quem influi para que terceiro de má-fé adquira produto de crime, pratica

(A) receptação própria;
(B) receptação imprópria;
(C) receptação privilegiada;
(D) receptação culposa;
(E) participação em receptação.

A: incorreta (art. 180, 1ª parte, do CP); **B:** incorreta (art. 180, 2ª parte, do CP); **C:** incorreta (art. 180, § 5º, 2ª parte, do CP); **D:** incorreta (art. 180, § 3º, do CP); **E:** correta. O tipo penal previsto no art. 180, 2ª parte, do CP determina que, o agente que influir para que terceiro, de boa-fé, adquira, receba ou oculte, o produto do crime, responderá por receptação imprópria. Assim, somente caracterizará a receptação imprópria quando houver boa-fé. Se houver má-fé, configurará a receptação própria, pois o terceiro agirá como receptador próprio e aquele que influir na sua conduta responderá por participação no delito.
Gabarito "E".

(Delegado/DF – 2004) Em uma loja de roupas femininas, Fulana pede para experimentar uma blusa e, enquanto distrai a vendedora, desviando a sua atenção para outra cliente, guarda a peça em sua bolsa, fugindo em seguida. Trata-se da hipótese de

(A) furto qualificado mediante destreza.
(B) furto qualificado mediante fraude.
(C) apropriação indébita.
(D) estelionato.
(E) fraude ao comércio.

A: incorreta (art. 155, § 4º, II, do CP). A destreza é a habilidade que o agente possui de subtrair o bem sem que a vítima perceba, sem se utilizar da fraude, como ocorre, por exemplo, no caso em que o agente furta a carteira da vítima no interior de um ônibus, sem que ela perceba; **B:** correta (art. 155, § 4º, II, do CP). A fraude é qualquer artimanha utilizada para viabilizar o furto, retirando a vigilância sobre a coisa. No caso em questão, o agente pediu para experimentar uma blusa e, enquanto distraiu a vendedora, desviando a sua atenção para outra cliente, guardou a peça em sua bolsa. Ou seja, utilizou-se da fraude para distrair a vendedora e retirar a vigilância sobre a coisa, oportunidade em que realizou a subtração e fugiu; **C:** incorreta (art. 168 do CP). Na apropriação indébita, o agente recebe a posse desvigiada do bem estando de boa-fé, sendo que o dolo de inversão da posse somente ocorre em momento posterior, quando se recusa em restituir o bem ou pratica atos de disposição; **D:** incorreta (art. 171 do CP). No caso do estelionato, o agente emprega a fraude e em razão disso é que a vítima lhe entrega a posse desvigiada do bem, ou seja, permite que seja retirado o bem do local. O agente enganou a vítima para obter a posse desvigiada do bem e não para realizar a subtração. Se a posse é utilizada para retirar o bem da esfera de vigilância da vítima, há furto mediante fraude, pois a posse é vigiada, e não estelionato. No que toca ao delito de estelionato, é importante que se diga que a Lei 13.964/2019 alterou a natureza da ação penal neste crime, que passa a ser pública condicionada à representação do ofendido, conforme impõe o art. 171, § 5º, do CP (inserido pelo pacote anticrime). Este mesmo dispositivo, no entanto, estabelece exceções (hipóteses em que a ação penal será pública incondicionada), a saber: quando a vítima for: a Administração Pública, direta ou indireta; criança ou adolescente; pessoa com deficiência mental; ou maior de 70 anos ou incapaz; **E:** incorreta (art. 175 do CP), uma vez que a fraude é utilizada para enganar o adquirente ou o consumidor, e não o vendedor.
Gabarito "B".

(Delegado/DF – 2004) Fulano pede a Beltrano, seu amigo de longa data, que guarde em sua casa um computador de sua propriedade, até que volte de uma viagem que fará para a Europa. Dias após ter recebido o aparelho de boa-fé, quando Fulano já se encontrava no passeio, como se fosse seu, Beltrano vende o computador para terceira pessoa. A conduta de Beltrano se amolda à prática de:

(A) receptação;
(B) receptação qualificada;
(C) furto;
(D) apropriação indébita;
(E) estelionato.

A e B: incorretas, pois não se trata de produto de crime (art. 180 do CP); **C:** incorreta, pois houve a entrega desvigiada do bem, de boa-fé, por Fulano a Beltrano, o que descaracteriza o crime de furto, que pressupõe a posse vigiada do bem (art. 155 do CP); **D:** correta (art. 168 do CP). A apropriação indébita ocorre quando a própria vítima entrega a posse desvigiada do bem, de forma livre, consciente e espontânea, autorizando a retirada do bem do local. A entrega não pode decorrer de coação (crime de extorsão), nem de fraude (crime de estelionato). Assim, a posse é lícita, sendo que o crime somente ocorre em momento posterior, quando o agente inverte o ânimo em relação ao bem, recusando-se a restituição ou praticando atos de disposição do bem, sem autorização, como ocorreu no caso em questão (Beltrano vendeu o computador de Fulano para terceira pessoa sem estar autorizado); **E:** incorreta (art. 171 do CP). Em que pese no estelionato a posse também ser desvigiada, é indispensável que a entrega do bem tenha ocorrido em razão de a vítima ter sido enganada pela fraude. Ou seja, o dolo de assenhoreamento do bem é anterior à conduta, o que não ocorre com a apropriação indébita, cujo dolo de inversão da posse é posterior à entrega do bem de boa-fé.
Gabarito "D".

(Delegado/GO – 2009 – UEG) [A] vai ao encontro de [B], seu amigo de infância, e expõe a ele sua intenção de praticar um delito de furto de vários aparelhos eletrodomésticos em conhecida loja da capital. Durante a conversa, [A] confessa a [B] que somente não levará adiante sua intenção criminosa em razão de não possuir um local adequado para deixar os bens objeto da subtração. Nesse momento, [B], com a finalidade de ajudar o amigo de infância, oferece-lhe um barracão, cujo espaço físico seria ideal para a guarda dos bens furtados. Após essa promessa, [A] sente-se seguro e confiante para seguir com seu intento e, efetivamente, subtrai os aparelhos eletrodomésticos e os acomoda, até serem vendidos a terceiros, no barracão oferecido por [B]. Qual o crime praticado por [B]?

(A) Furto.
(B) Receptação.
(C) Favorecimento real.

(D) Favorecimento pessoal.

A: correta. O auxílio material do partícipe deve ser efetuado durante os atos preparatórios ou executórios ou, se após a consumação do crime, desde que previamente ajustado. No caso em questão, B responderá pelo crime de furto. Isso porque o auxílio material, consistente em assegurar o proveito do crime, foi ajustado previamente, antes do início da execução do delito, o que configura o concurso de pessoas. Se não tivesse sido ajustado previamente, o auxílio material após a consumação do crime caracterizaria o crime de favorecimento real; **B e C: incorretas.** O crime de favorecimento real (art. 349 do CP) pune aquele que presta auxílio ao criminoso, destinado a tornar seguro o proveito do crime, após a sua consumação. A pessoa que assegura o proveito do crime para o criminoso que praticou o furto responderá por favorecimento real e não por receptação. Já na receptação (art. 180 do CP), o receptador recebe o proveito do crime para si ou para terceiro, e não para o furtador. Todavia, o próprio tipo penal do art. 349 esclarece que somente haverá o crime de favorecimento real, se não configurar os casos de coautoria ou participação, bem como se não configurar a receptação. No caso, configurou-se o crime de furto, excluindo-se os demais tipos penais, uma vez que o auxílio material foi previamente ajustado, antes do início dos atos executórios; **D: incorreta.** No favorecimento pessoal (art. 348 do CP), o auxílio é voltado para a pessoa, já no favorecimento real é voltado para a coisa.

Gabarito "A".

(Delegado/GO – 2009 – UEG) Sobre os crimes contra o patrimônio, é CORRETO afirmar:

(A) as escusas absolutórias previstas nos delitos contra o patrimônio constituem causas de isenção de pena e se comunicam no concurso de agentes.

(B) não se admite a figura da delação premiada nos crimes contra o patrimônio.

(C) o furto de uso, que se caracteriza pela subtração da coisa fungível apenas para usufruí-la momentaneamente, é fato atípico, havendo a necessidade que o agente efetue a devolução da coisa.

(D) o possuidor da coisa não pode ser sujeito ativo do crime de furto, uma vez que se encontra na posse da coisa ou exerce algum direito inerente à propriedade.

A: incorreta. De fato, as escusas absolutórias absolutas constituem causas de isenção de pena, que excluem a punibilidade (art. 181 do CP). Todavia, em caso de concurso de agentes, tais causas não se comunicam (art. 183, II, do CP); **B: incorreta,** pois não há vedação legal nesse sentido; **C: incorreta.** O furto de uso tem como requisitos: a) a intenção de usar momentaneamente a coisa, b) que a coisa seja infungível (não consumível) e c) a restituição imediata e integral da coisa. Assim, se a coisa é fungível, não é possível a sua devolução. Logo, o fato é típico, pois houve desfalque patrimonial da vítima; **D: correta,** pois o art. 155, *caput*, do CP diz que o crime de furto se caracteriza pela subtração de coisa alheia, pertencente a pessoa diversa. Assim, pode ser sujeito ativo do crime de furto qualquer pessoa, exceto o dono do bem móvel. Caso o próprio dono subtraia a coisa pensando se tratar de bem alheio, há delito putativo por erro de tipo.

Gabarito "D".

(Delegado/GO – 2009 – UEG) [A], funcionário público, e [B], pessoa dele conhecida, caixa em um famoso banco privado, resolveram subtrair um *notebook* e uma impressora da companhia de abastecimento de água na qual [A] exerce suas funções. [B] sabe que [A] assumiu as funções recentemente na empresa pública. [A], em um feriado, valendo-se da facilidade que o seu cargo lhe proporciona, identifica-se na recepção e diz ao porteiro que havia esquecido sua carteira de motorista, e que ali voltara para buscá-la, pois iria viajar para o interior do estado para aproveitar a folga do feriado, tendo, assim, o seu acesso liberado naquele prédio público. Rapidamente, dirige-se para o local onde o computador portátil e a impressora se encontravam guardados e, abrindo uma janela que dava acesso para a rua, a entrega a [B], que ansiosamente aguardava ao lado de fora do mencionado prédio. [A] despede-se do porteiro e vai ao encontro de [B], para que, juntos, transportassem os bens subtraídos. Qual o crime praticado por [A] e por [B]?

(A) [A] e [B] respondem por peculato-furto.

(B) [A] e [B] respondem por furto mediante fraude.

(C) [A] e [B] respondem por furto qualificado por abuso de confiança.

(D) [A] responde por apropriação indébita e [B], por furto qualificado por abuso de confiança.

No caso, os agentes respondem por peculato-furto (art. 312, § 1º, do CP). O funcionário público [A], embora não tendo a posse funcional do bem (peculato impróprio), o subtraiu, em proveito comum, juntamente com pessoa dele conhecida [B], valendo-se da facilidade que lhe proporciona a qualidade de funcionário, identificando-se na recepção e dizendo ao porteiro que havia esquecido a sua carteira de motorista. Após ter o acesso liberado, ingressou no local e subtraiu o computador e a impressora que se encontravam guardados. [B] estava do lado de fora do prédio, que recebeu os bens que lhe foram entregues por uma janela. Desse modo, todas as demais hipóteses foram excluídas, na medida em que se trata de um crime praticado por funcionário público contra a administração em geral. E no caso, ambos responderão pelo crime funcional, uma vez que a qualidade de funcionário público é elementar do crime de peculato-furto, estendendo-se ao particular (art. 30 do CP).

Gabarito "A".

(Delegado/GO – 2003 – UEG) Tício, jovem estudante de 19 anos, com o auxílio de dois amigos, planeja forçar Mélvio, seu genitor, a lhe entregar a quantia de 230 mil reais em dinheiro, mediante a ameaça de sequestrar um de seus filhos. Ao colocarem o plano em ação, após dois dias de ameaças, um dos amigos de Tício foi identificado. Preso, ele revela os nomes dos demais participantes.

Analise o caso à luz do direito penal e marque a alternativa CORRETA:

(A) A autoridade policial não irá instaurar inquérito policial em desfavor de Tício, pois incorrerá em ausência de justa causa, em face da imunidade absoluta de que gozam os ascendentes e descendentes no cometimento de crimes contra o patrimônio (art. 181, inc. II, do CP).

(B) Tício e seus amigos responderão, em coautoria, pelo crime de extorsão, qualificada pela presença de duas ou mais pessoas, conforme previsto no art. 158, § 1º, CP.

(C) A autoridade policial só poderá instaurar o inquérito mediante a representação de Mélvio, pai de Tício, pois a ação penal é pública condicionada.

(D) Trata-se, no caso, de imunidade absoluta, denominada escusas absolutórias, que beneficia somente o agente descendente da vítima (Tício), respondendo os demais pela prática do crime cometido.

A e D: incorretas, pois não se aplica a escusa absolutória absoluta (isenção da pena) quando o crime for de roubo ou de extorsão, ou em geral, quando houver violência ou grave ameaça à pessoa (art.

183, I, do CP); **B:** correta. A conduta descrita na questão configura o crime de extorsão, qualificado pelo concurso de pessoas; **C:** incorreta, pois também não se aplica a escusa absolutória relativa (ação penal pública condicionada à representação) quando o crime for de roubo ou de extorsão, ou em geral, quando houver violência ou grave ameaça à pessoa (art. 183, I, do CP).
Gabarito "B".

(Delegado/MG – 2012) Com relação aos crimes patrimoniais, é **incorreto** afirmar que

(A) segundo entendimento consolidado pelo STF, o crime de estelionato, quando na modalidade de fraude no pagamento, por meio de cheque, consuma-se no momento e local em que o banco sacado recusa o seu pagamento.

(B) o agente que rouba o veículo da vítima e, sem motivação alguma, a coloca no porta malas, abandonando-a em estrada de município vizinho, responde pelos crimes de roubo e sequestro, em concurso material.

(C) o agente que invade estabelecimento comercial anunciando assalto e acaba por matar o proprietário e um cliente, fugindo em seguida com o dinheiro do caixa e a carteira do cliente, responde por um só crime de latrocínio, crime complexo em que a pluralidade de vítimas serve apenas para fixação da pena.

(D) agente que, após furtar, em concurso de pessoas, preciosa joia em shopping Center, adquire a quota parte, dos demais meliantes, não responde por crime de receptação, tratando-se de *post factum* impunível.

A: correta. De fato, é posição do STF, inclusive com supedâneo na Súmula 521, que o momento consumativo do crime de fraude no pagamento por meio de cheque (art. 171, § 2º, VI, do CP) é o da recusa do sacado em efetuar o pagamento do montante contido na cártula, seja em virtude da insuficiência de fundos, seja em razão de sustação da ordem de pagamento; **B:** correta. A majorante prevista no art. 157, § 2º, V, do CP, somente incidirá quando a restrição da liberdade da vítima for necessária para a subtração de seus bens. Vale frisar que a causa de aumento em tela restará caracterizada ainda que a restrição da liberdade da vítima seja por curto espaço de tempo (TJMG, Ap. 1.0433.06 192391-1/001, 3ª Câmara Criminal, Rel. Des. Antônio Armando dos Anjos, publ. 09.01.2008). Caso seja ela mantida em cárcere privado desnecessariamente, vale dizer, sem que haja qualquer relação direta entre o roubo e a privação de sua liberdade, deverá ser reconhecido o concurso material de crimes (roubo e sequestro); **C:** incorreta. A pluralidade de vítimas mortas no latrocínio e cujos bens tenham sido subtraídos exige o reconhecimento do concurso de crimes (essa é a posição, por exemplo, de Rogério Greco, em seu *Código Penal Comentado*. 2. ed. Ed. Impetus, p. 393); **D:** correta. Não responderá por receptação o agente que houver praticado ou concorrido para a prática do crime antecedente, tratando-se, realmente, de pós-fato impunível, tal como asseverado na alternativa em comento. Ainda, interessante a análise de Rogério Greco sobre a receptação e concurso de pessoas no delito anterior: "*Para que o agente responda criminalmente pela receptação, jamais poderá ter, de alguma forma, concorrido na prática do delito anterior, pois, caso contrário, deverá ser por ele responsabilizado*" (obra citada, p. 512).
Gabarito "C".

(Delegado/MG – 2008) Com relação aos crimes contra o patrimônio, assinale a alternativa *INCORRETA*.

(A) No estelionato mediante emissão de cheque sem fundo, o pagamento do título antes do recebimento da denúncia, segundo orientação do Supremo Tribunal Federal, extingue a punibilidade.

(B) Para que se consume o crime de abuso de incapazes, é necessário apenas que o sujeito passivo pratique ato suscetível de produzir efeito jurídico, em prejuízo próprio ou de terceiro, sendo irrelevante a consumação da lesão efetiva.

(C) Responde o agente por um único latrocínio ainda que de seu roubo resulte a morte de mais de uma vítima, sendo a pluralidade de vítimas circunstância avaliada apenas na dosimetria da pena.

(D) Responde por receptação dolosa o agente que encomenda o furto de determinada obra de arte, pois adquire em proveito próprio coisa que sabe ser produto de crime.

A: correta (Súmula 554 do STF); **B:** correta (art. 173 do CP). Trata-se de crime formal, cujo momento consumativo é o instante em que a vítima pratica o ato, suscetível de produzir efeito jurídico, a que foi induzida, independente da ocorrência do efetivo prejuízo patrimonial próprio ou de terceiro. Basta que a vítima pratique o ato apto a produzir efeitos jurídicos; **C:** correta, pois o latrocínio é crime complexo. Assim, só haverá pluralidade de crimes quando houver pluralidade de patrimônios lesados, independente do número de vítimas, o que será considerado quando da dosimetria da pena; **D:** incorreta, pois no caso narrado, há concurso de pessoas no crime de furto. Somente haverá o crime de receptação por aquele que adquire a coisa, sabendo ser produto de crime, desde que não tenha realizado o crime anterior. Aquele que planeja o furto e, após a subtração, adquire a coisa furtada, responderá por furto, sendo a receptação fato posterior impunível (princípio da consunção).
Gabarito "D".

(Delegado/MG – 2007) Com relação aos crimes contra o patrimônio, indique a alternativa CORRETA:

(A) O crime de extorsão não admite tentativa já que, além de ser crime formal, não exige para sua consumação a obtenção do resultado pretendido pelo agente.

(B) O emitente de um cheque que para não cumprir com seu pagamento subtrai o título do credor e o destrói pratica o crime de supressão de documento.

(C) Agente que falsifica assinatura em cheque alheio, descontado por descuido do banco, comete o delito de estelionato, restando absorvida por este a falsidade.

(D) É crime de estelionato, na modalidade de fraude no pagamento, a conduta do agente de dar cheque em pagamento a dívida de jogo ou a atividade de prostituição.

A: incorreta, visto que, a despeito de o crime de extorsão ser formal, vale dizer, consuma-se independentemente da obtenção da vantagem indevida pelo agente (Súmula 96 do STJ), trata-se de crime plurissubsistente, razão pela qual é admissível a tentativa. Caso a vítima não se submeta ao constrangimento perpetrado pelo extorsionário, estaremos diante de tentativa; **B:** incorreta, pois a conduta não se amolda a qualquer dos verbos descritos no art. 305 do CP; **C:** correta, já que de fato, quando o crime de falso se exaure no estelionato, fica por este absorvido (Súmula 17 do STJ); **D:** incorreta, pois, segundo a jurisprudência do STJ, a emissão de cheque como garantia de dívida não configura o crime previsto no art. 171, § 2º, VI, do CP (STJ, RHC 20600/GO, 6ª T.).
Gabarito "C".

(Delegado/MG – 2007) Considerando as alternativas abaixo, é ERRADO afirmar que:

(A) É admissível a receptação de receptação, exceto se adquirida de terceiro de boa-fé.

(B) O crime de extorsão mediante sequestro consuma-se no momento em que a privação da liberdade da vítima se completa.

(C) O agente que, para roubar o caixa, invade mercearia matando seu proprietário e mais dois empregados, fugindo em seguida com *res* furtiva, responde por um único latrocínio, sendo a pluralidade de vítimas circunstância avaliada na dosimetria da pena.

(D) A apropriação indébita de coisa furtada não é possível ainda que desconheça o agente sua origem.

A: correta, visto que, de fato, é perfeitamente admissível a denominada "receptação de receptação", também conhecida como receptação em cadeia, desde que o agente tenha ciência de que a coisa recebida, adquirida, conduzida, transportada ou ocultada tenha origem em anterior receptação; **B:** correta, pois, conforme amplamente difundido na doutrina e jurisprudência, o delito de extorsão mediante sequestro (art. 159 do CP) consuma-se no exato instante em que a vítima é privada de sua liberdade, independentemente de eventual recebimento de resgate pelo(s) agente(s). Trata-se, é bom que se diga, de crime formal (ou de consumação antecipada); **C:** correta, eis que, se num mesmo contexto fático, o agente, para praticar o roubo, mata duas ou mais pessoas, responderá por um só latrocínio (REsp 15701/SP, Rel. Min. Costa Leite, 6ª T., *DJ* 27.04.1992, p. 5507); **D:** incorreta. Se houver a apropriação, pelo agente, de coisa furtada, tendo ciência da origem, estaremos diante de receptação (art. 180 do CP). Contudo, caso desconheça por completo a origem espúria da coisa, e desde que estivesse na posse (desviada, é bom que se ressalte), cabível seria o reconhecimento de apropriação indébita (art. 168 do CP).
Gabarito "D".

(Delegado/MT – 2006) João pede a Raul, seu amigo de longa data, que guarde em sua casa um aparelho de som de sua propriedade até que volte de viagem. Dias após ter recebido o aparelho de boa-fé, quando João já estava viajando, como se fosse seu, Raul vende o aparelho de som para terceira pessoa.

A conduta de Raul se adequa à prática do crime de:

(A) furto.
(B) receptação.
(C) apropriação indébita.
(D) estelionato.

De fato, comete o crime de apropriação indébita o agente que, como o próprio *nomen juris* sugere, se apropria de coisa alheia móvel de que tem a posse ou detenção (art. 168 do CP). O crime em questão tem como ponto fundamental o fato de o agente receber licitamente uma coisa alheia móvel e, em momento posterior, dela se assenhorear com *animus domini*, recusando-se a restituí-la ao seu legítimo proprietário ou possuidor (negativa de restituição), ou, ainda, praticando atos de disposição da *res* (ex.: vender coisa alheia, ou alugá-la, ou doá-la). É bom que se diga que, de início, o agente recebe a coisa de boa-fé, surgindo a intenção de tomar a coisa para si, como se dono fosse (*animus rem sibi habendi*), apenas em momento posterior, diversamente do que ocorre, por exemplo, com o crime de estelionato (art. 171 do CP), furto (art. 155 do CP) ou receptação (art. 180 do CP).
Gabarito "C".

(Delegado/MT – 2006 – UFMT) No crime de furto, qualificado pela fraude, o agente

(A) induz, através da fraude, a vítima ao erro, fazendo-a dispor de seus bens, voluntariamente, com a consciência de que estes saem da esfera de seu patrimônio e ingressam na disponibilidade do sujeito ativo.

(B) é capaz, atuando com destreza, de fazer com que a vítima não perceba a subtração.

(C) subtrai a coisa, abusando da confiança nele depositada pela vítima.

(D) subtrai a coisa, quando esta já estava na esfera de sua disponibilidade, aproveitando-se da confiança nele depositada pela vítima.

(E) burla a vigilância do ofendido, que desconhece estar a coisa saindo da esfera de seu patrimônio e ingressando na disponibilidade do sujeito ativo.

A: incorreta, pois induzir uma pessoa, por meio de fraude, a dispor de seus bens, entregues voluntariamente ao agente, configura o crime de estelionato (art. 171 do CP); **B:** incorreta, pois a subtração que ocorre com destreza é aquela que se caracteriza por uma especial habilidade do agente, que consegue subtrair a coisa como um "passe de mágica", sem que a vítima perceba; **C** e **D:** incorretas, uma vez que o abuso de confiança, que qualifica o furto, pressupõe uma relação de estreita lealdade ou credibilidade entre o furtador e a vítima, o que não se confunde com a fraude, que prescinde de qualquer relação entre vítima e agente; **E:** correta, visto que, de acordo com o STJ, qualifica-se o crime de furto, pela fraude, como se recolhe na boa doutrina, quando o agente se serve de artifício ou embuste para fazer a subtração (HC 24645/SP, Rel. Min. Hamilton Carvalhido, 6ª T., *DJ* 11.04.2005, p. 383). Assim, o agente, valendo-se de algum meio ardiloso ou insidioso, distrai a atenção da vítima para que esta reduza a vigilância sobre a coisa, que lhe é subtraída sem seu conhecimento.
Gabarito "E".

(Delegado/MT – 2006 – UFMT) Se logo depois de subtraída a coisa, o agente emprega violência contra a pessoa ou grave ameaça, a fim de assegurar a impunidade do crime ou a detenção da coisa para ele ou para terceiro, responde por

(A) roubo impróprio.
(B) roubo circunstanciado.
(C) furto simples em concurso com roubo próprio.
(D) furto qualificado.
(E) tentativa de furto simples em concurso com roubo impróprio.

A: correta, visto que o roubo impróprio, previsto no art. 157, § 1º, do CP, fica configurado com a subtração procedida sem grave ameaça ou violência, vindo-se a empregá-las posteriormente contra a pessoa (STF, RHC 92430/DF, Rel. Min. Marco Aurélio, 1ª T., *DJe* 21.11.2008, p. 384), a fim de garantir a impunidade do crime ou a detenção da coisa para si ou para terceiro; **B:** incorreta, pois o roubo circunstanciado (ou majorado) somente resta caracterizado se presente uma das hipóteses dos §§ 2º, 2º-A e 2º-B do art. 157 do CP (emprego de arma, concurso de pessoas, restrição de liberdade da vítima etc.); **C**, **D** e **E:** incorretas, pois o crime de roubo impróprio vem autonomamente tipificado no CP, não decorrendo de concurso entre os crimes de furto simples e roubo próprio, ou mesmo se confundindo com o furto qualificado ou a tentativa de furto simples em concurso com roubo impróprio.
Gabarito "A".

(Delegado/MT – 2006 – UFMT) Um filho com dezenove anos de idade comete crime de furto simples contra patrimônio de seu pai, com idade de sessenta e um anos. Nessas condições, assinale a afirmativa correta.

(A) O fato é típico e antijurídico, mas o agente é isento de pena.

(B) A ação penal necessita de representação do ofendido.

(C) O agente não está isento de pena em razão da violência empregada.

(D) Deixa de ser aplicada a escusa absolutória, em razão da idade da vítima.

(E) Deixa de ser aplicada a pena, por força do parentesco.

De fato, um filho que subtrai patrimônio de seu pai, em princípio, fica isento de pena, consoante dispõe o art. 181, II, do CP (escusa absolutória ou imunidade penal absoluta). Todavia, em algumas situações, a imunidade penal não será aplicada, como no caso de a vítima ser idosa (idade igual ou superior a sessenta anos), por força do art. 183, III, do CP. Ressalte-se que a escusa absolutória foi instituída em nossa legislação por questões de política criminal (o Direito Penal não deve intervir em questão estritamente familiares, sob pena de o Estado intervir diretamente na família, o que, como regra, não deve ser admitido). Porém, em alguns casos, não será aplicada (crimes cometidos com violência ou grave ameaça à pessoa, ou, ainda, em caso de a vítima ser idosa).

Gabarito "D".

(Delegado/PB – 2009 – CESPE) Considera-se famulato o furto

(A) praticado em estado de extrema miserabilidade, para evitar perigo maior decorrente da ausência de alimentação, situação em que há estado de necessidade, não se incluindo no conceito, entretanto, o furto de bens supérfluos.

(B) de gados pertencentes a terceira pessoa, espalhados por currais, com ânimo de assenhoreamento definitivo pelo autor do crime.

(C) praticado pelo empregado, aproveitando-se de tal situação, de bens pertencentes ao empregador.

(D) de energia elétrica.

(E) de bens de uso comum do povo, que possam ter algum valor econômico.

De fato, considera-se famulato o furto perpetrado pelo empregado em detrimento do empregador, o que poderá configurar a qualificadora do abuso de confiança (art. 155, § 4º, II, do CP). Segundo Fragoso, "há abuso de confiança quando o agente se prevalece de qualidade ou condição pessoal que lhe facilite a prática do furto. De certa forma, já o CP prevê entre as agravantes genéricas esta situação (art. 61, II, letras f e g). É o caso do famulato (furto praticado por empregado), ou de alguém que se valha de relações de amizade ou de uma situação de confiança, para mais facilmente subtrair coisa alheia." (FRAGOSO, Heleno Cláudio. *Lições de Direito Penal – Parte Especial*. 8. ed. rev. e atual. por Fernando Fragoso. Rio de Janeiro: Forense, 1986. p. 274).

Gabarito "C".

(Delegado/PB – 2009 – CESPE) Assinale a opção correta com referência aos crimes contra o patrimônio.

(A) No crime de roubo, se a arma não é apreendida e, consequentemente, não pode ser submetida a perícia, o autor do crime responde por roubo simples, pois, tratando-se de crime não transeunte, a prova testemunhal não supre a ausência da perícia, mesmo que tenha havido disparo da arma de fogo.

(B) A jurisprudência tem aplicado analogicamente o entendimento já consolidado quanto ao crime de furto, para fins de afastar a tipicidade do roubo de uso.

(C) Inexiste concurso material entre os delitos de quadrilha armada e o roubo qualificado pelo emprego de arma, devendo o porte ou a posse da arma de fogo ser considerado uma única vez, sob pena de *bis in idem*.

(D) Ocorre crime de latrocínio se, logo após a subtração da coisa pretendida, por *aberractio ictus*, o agente atinge seu comparsa, querendo matar a vítima.

(E) Se o agente, após subtrair os pertences da vítima com grave ameaça, obriga-a a entregar o cartão do banco e a fornecer a respectiva senha, há concurso formal entre os crimes de extorsão e roubo, pois são crimes da mesma espécie, isto é, contra o patrimônio.

A: incorreta, pois a demonstração de que o roubo foi perpetrado com emprego de arma admite outros meios de prova que não apenas a pericial (STJ, HC 127.661/SP; HC 91.294-SP); **B:** incorreta, uma vez que o crime de roubo é considerado complexo, visto que atinge, a um só tempo, o patrimônio e a integridade corporal ou a liberdade pessoal da vítima (violência ou grave ameaça), razão pela qual não se pode admitir a mesma *ratio* do furto de uso (subtração da *res* e posterior restituição íntegra à vítima); **C:** incorreta, visto que o "antigo" crime de quadrilha ou bando armado (art. 288, parágrafo único, do CP), atualmente denominado de associação armada, é autônomo com relação aos crimes perpetrados pela associação. Assim, se esta praticar diversos crimes de roubo circunstanciado ou majorado pelo emprego de arma, haverá a incidência do concurso material entre a referida associação armada e os roubos majorados pelo emprego de arma (TJSP – Ap. Crim. 197.775-3, 1ª Câm. Crim.); **D:** correta, pois se o agente, durante a execução do crime, por *aberratio ictus* (erro na execução – art. 73 do CP), atinge seu comparsa, responderá como se houvesse atingido a própria vítima, respondendo, portanto, pelo crime de latrocínio; **E:** incorreta, visto que, na linha adotada pelo STJ, configuram-se os crimes de roubo e extorsão, em concurso material, se o agente, após subtrair alguns pertences da vítima, obriga-a a entregar o cartão do banco e fornecer a respectiva senha (HC 102613/SP, Rel. Min. Felix Fischer, 5ª T., *DJe* 06.10.2008). Há entendimento, também do STJ, no sentido de que seria admissível a continuidade delitiva entre ambos os crimes (REsp 1.031.683-SP, Rel. Min. Jane Silva, Desembargadora convocada do TJMG – 06.11.2008).

Gabarito "D".

(Delegado/PI – 2009 – UESPI) Com relação aos crimes contra o patrimônio, indique a alternativa correta.

(A) Para doutrina majoritária, no crime de furto, a causa de aumento de pena do repouso noturno (art. 155, § 1º) não pode ser aplicada nas hipóteses de furto qualificado (art. 155, § 4º).

(B) Na hipótese do empregado subtrair um objeto do seu empregador, restará sempre configurado o furto qualificado pelo abuso de confiança.

(C) No crime de roubo impróprio, o sujeito ativo primeiro ameaça a vítima para depois efetuar a subtração.

(D) Para o Supremo Tribunal Federal, é possível falar em tentativa de latrocínio quando a vítima morre, e o sujeito ativo não consegue subtrair os seus bens.

(E) O crime de roubo e o crime de extorsão são crimes materiais; portanto a consumação só ocorre com a produção do resultado.

A: correta, uma vez que, pela própria disposição topográfica da causa de aumento do repouso noturno (art. 155, § 1º, do CP), esta somente é aplicável ao furto simples (art. 155, *caput*, do CP), não podendo incidir sobre as demais espécies de furto, dispostas abaixo do § 1º; **B:** incorreta, pois o furto qualificado pelo abuso de confiança (art. 155, § 4º, II, do CP) pressupõe a existência de uma relação prévia de lealdade, credibilidade, que, não necessariamente, se verifica na relação empregatícia. Indispensável para o reconhecimento da qualificadora que o empregado dispusesse, em caráter prévio, de uma confiança para a execução de determinada tarefa, para a qual, abusando da confiança,

aproveitou-se para subtrair pertences do empregador; **C:** incorreta, visto que o roubo impróprio se caracteriza exatamente pela grave ameaça ou violência serem exercidas após a subtração da *res*, como forma de garantir a impunidade ou a detenção da coisa furtada (art. 157, § 1º, do CP); **D:** incorreta, uma vez que, de acordo com a Súmula 610 do STF, tendo havido morte consumada, ainda que o roubo fique na esfera da tentativa, haverá latrocínio consumado; **E:** incorreta, pois, de fato, o crime de roubo é considerado material (exige-se um resultado naturalístico para que atinja a consumação), o que não se verifica na extorsão, que é considerado crime formal, consoante a Súmula 96 do STJ (o crime de extorsão consuma-se independentemente da obtenção da vantagem indevida).
Gabarito "A".

(Delegado/PR – 2007) Sobre os crimes contra o patrimônio, considere as seguintes afirmativas:

1. Para a configuração do crime de furto é imprescindível a presença do elemento subjetivo diverso do dolo "para si ou para outrem". Nossa lei penal comum não tipifica o furto de uso.
2. O crime de extorsão é crime material, que se consuma com a obtenção da vantagem indevida.
3. Há crime de latrocínio tentado quando o homicídio se consuma, ainda que não realize o agente a subtração de bens da vítima.
4. É isento de pena quem comete apropriação indébita em prejuízo do cônjuge na constância da sociedade conjugal.

Assinale a alternativa correta.

(A) Somente as afirmativas 1, 2 e 3 são verdadeiras.
(B) Somente as afirmativas 1, 3 e 4 são verdadeiras.
(C) Somente as afirmativas 2, 3 e 4 são verdadeiras.
(D) Somente as afirmativas 1 e 4 são verdadeiras.
(E) Somente as afirmativas 2 e 3 são verdadeiras.

1: correta, pois o crime de furto, definido no art. 155 do CP, exige, além do dolo (vontade livre e consciente de subtrair coisa alheia móvel), um especial fim de agir do agente, consistente em assenhorear-se definitivamente da coisa ou subtraí-la para outrem (... *para si ou para outrem*...), sob pena de o fato ser atípico, tal como ocorre no furto de uso, assim considerada a situação em que alguém subtrai coisa alheia móvel com o fim exclusivo de usá-la momentaneamente, restituindo-a íntegra, posteriormente, ao dono; **2**: incorreta, uma vez que o crime de extorsão é considerado formal, inclusive pela jurisprudência (Súmula 96 do STJ – a extorsão consuma-se independentemente da obtenção da vantagem econômica indevida); **3**: incorreta, visto que o crime de latrocínio, consoante Súmula 610 do STF, consuma-se com a morte da vítima, independentemente da efetiva subtração dos bens da vítima; **4**: correta (art. 181, I, do CP – escusa absolutória).
Gabarito "D".

(Delegado/RR – 2003 – CESPE) A respeito dos crimes contra o patrimônio, julgue os itens que se seguem.

(1) A *res nullius* e a *res derelicta* não podem ser objeto material do crime de furto.
(2) No crime de extorsão mediante sequestro, o momento consumativo não é o da obtenção da vantagem, mas o da privação da liberdade de locomoção da vítima, em tempo juridicamente relevante.

1: correta, pois a *res nullius* (coisa de ninguém) e a *res derelicta* (coisa abandonada) não têm dono, motivo pelo qual não podem ser consideradas "coisa alheia". Logo, não podem ser objeto material do crime de furto; **2**: correta, pois é pacífico o entendimento de que o crime de extorsão mediante sequestro (art. 159 do CP) consuma-se no momento em que a vítima é arrebatada do seu meio normal de circulação, tendo sua liberdade locomotora privada por ação humana por tempo juridicamente relevante (vale dizer, tempo suficiente para que se repute ter havido efetiva privação da liberdade de locomoção. Trata-se de crime formal, visto que a consumação do crime em tela independe do fato de o(s) sequestrador(es) ter(em) exigido o resgate ou mesmo recebido qualquer vantagem como moeda de troca para a libertação da vítima.
Gabarito 1C, 2C.

(Delegado/SC – 2008) Analise as alternativas e assinale a correta.

(A) No crime de estelionato dois podem ser os sujeitos passivos: a pessoa induzida ou mantida em erro e terceira pessoa que sofre a lesão patrimonial.
(B) Quem mata o dono da coisa, sem poder consumar a subtração patrimonial que almejava, responde, segundo orientação predominante da jurisprudência, por homicídio simples consumado, em concurso com tentativa de roubo.
(C) Sendo o agente primário e de pequeno valor a coisa roubada, poderá o juiz substituir a pena de reclusão aplicável por detenção, diminuí-la de um a dois terços, ou sujeitar o condenado somente à pena pecuniária.
(D) O crime de furto de coisa comum é de ação penal pública incondicionada.

A: correta. É possível nas hipóteses em que uma pessoa enganada é diversa da que experimenta o prejuízo; **B**: incorreta. Segundo entendimento esposado na Súmula 610 do STF, há latrocínio consumado, ainda que a subtração tenha permanecido na esfera da tentativa, visto que a vida humana está acima dos interesses patrimoniais; **C**: incorreta. Tal benesse somente tem incidência aos autores dos crimes de furto, apropriação indébita e estelionato, conforme rezam os arts. 155, § 2º, 170 e 171, § 1º, do CP; **D**: incorreta, art. 156, § 1º, do CP (ação penal pública condicionada a representação).
Gabarito "A".

(Delegado/SC – 2008) "Ariel", com 21 anos de idade, arromba a joalheria de seu pai, "Benoir", com 60 anos de idade, de madrugada, levando bens avaliados em R$ 5.000,00(cinco mil reais). Preso, após o fato, "Ariel" responderá por:

(A) crime de furto de coisa comum.
(B) crime de furto qualificado pelo rompimento de obstáculo à subtração da coisa.
(C) crime de apropriação indébita.
(D) nenhum crime, pois é isento de pena (imunidade penal absoluta).

Art. 155, § 4º, I, do CP. Não incide a imunidade a que alude o art. 181, II, do CP porquanto o ofendido conta com 60 anos de idade, nos termos do art. 183, III, do CP.
Gabarito "B".

(Delegado/SP – 2011) Com relação ao objeto material do crime de estelionato, é correto afirmar que se configura

(A) somente com o emprego de meio fraudulento
(B) somente com a obtenção da vantagem ilícita, sendo irrelevante a caracterização do prejuízo alheio
(C) somente com a caracterização do prejuízo alheio, sendo irrelevante que a vantagem obtida pelo agente seja ilícita.
(D) exclusivamente com o emprego de artifício, ardil ou qualquer outro meio fraudulento.

(E) obrigatoriamente com a obtenção da vantagem ilícita e o prejuízo alheio.

A pergunta, segundo nos parece, está mal formulada, pois, pelo que se vê da leitura das assertivas, a intenção da banca examinadora foi a de testar os conhecimentos do candidato no que toca ao momento consumativo do estelionato. De qualquer forma, vamos aos comentários! **A:** incorreta, pois o estelionato é crime que pode ser praticado mediante o emprego de artifício, ardil ou qualquer outro meio fraudulento (art. 171, *caput*, do CP); **B:** incorreta, pois o estelionato exige, para sua configuração – e consumação! – que o agente obtenha a vantagem ilícita, daí causando prejuízo alheio. Trata-se de crime material; **C:** incorreta, pois o estelionato pressupõe que o agente, com o emprego de expediente fraudulento, obtenha uma vantagem ilícita, causando prejuízo alheio. Se a vantagem alcançada for lícita, poderemos estar diante de exercício arbitrário das próprias razões (art. 345 do CP); **E:** correta. O estelionato consuma-se com a obtenção da vantagem ilícita e o – consequente – prejuízo alheio. Como dito, é crime material. Embora em nada repercuta na resolução desta questão, reputo importante o registro de que a Lei 13.964/2019, conhecida como "pacote anticrime", ao inserir no art. 171 do CP o § 5º, alterou a natureza da ação penal no crime de estelionato. Com isso, a ação penal, que era, em regra, incondicionada, passa a ser, por força desta alteração legislativa, condicionada à representação do ofendido. Anoto que o referido dispositivo estabelece exceções, em que a ação penal é pública incondicionada. Sugiro a sua leitura.
Gabarito "E".

(Delegado/SP – 2003) Quem exige, como garantia de dívida, abusando da situação de alguém, documento que possa dar causa a procedimento criminal contra a vítima ou terceiro, pratica

(A) constrangimento ilegal.
(B) extorsão.
(C) abuso de incapaz.
(D) extorsão indireta.

De fato, quem exige ou recebe, como garantia de dívida, abusando da situação de alguém, um documento que possa dar causa a procedimento criminal contra a vítima ou terceiro comete o crime de extorsão indireta (art. 160 do CP).
Gabarito "D".

(Delegado/SP – 2003) De acordo com a legislação pátria,

(A) sempre que o autor de furto for primário, deverá sua conduta ser analisada como "furto privilegiado".
(B) nos casos de furto de veículo automotor, o transporte deste para outro Estado é circunstância impositiva de pena mais grave.
(C) a extração de mineral em propriedade alheia, sem a competente autorização, não caracteriza o crime de furto.
(D) responderá por furto, quem subtrair coisa alheia para pagar-se ou ressarcir-se de prejuízos.

A: incorreta, pois o furto privilegiado exige, para seu reconhecimento, que o agente seja primário e que a coisa furtada seja de pequeno valor (assim considerada, de acordo com doutrina e jurisprudência, quando não superar um salário mínimo), nos termos do art. 155, § 2º, do CP; **B:** correta (art. 155, § 5º, do CP), tratando-se de furto qualificado; **C:** incorreta, visto que a extração de mineral em propriedade alheia, sem a autorização do proprietário, configura crime de furto, considerando-se, aqui, o mineral como coisa alheia; **D:** incorreta, pois restará configurado, no caso, o crime de exercício arbitrário das próprias razões (art. 345 do CP), considerado um crime contra a administração da justiça.
Gabarito "B".

(Delegado/SP – 2002) O dolo é subsequente à posse da coisa móvel, nos crimes de

(A) apropriação indébita.
(B) furto.
(C) roubo.
(D) estelionato.

A: correta, visto que o dolo, no crime de apropriação indébita, é dito subsequente pelo fato de o agente, ao receber a coisa da vítima, não ter má-fé inicial, mas, após o recebimento, passar a se comportar como se fosse dono da *res*, invertendo seu *animus* sobre ela; **B, C e D:** incorretas, pois o agente, tanto no furto, quanto no roubo e estelionato, age com dolo antecedente, ou seja, desde o início tem a intenção de subtrair a coisa para si ou para outrem (furto e roubo), ou, ainda, de, mediante fraude, obtê-la da vítima (estelionato).
Gabarito "A".

20. CRIMES CONTRA A DIGNIDADE SEXUAL

(Delegado/RJ – 2022 – CESPE/CEBRASPE) Em 10/1/2022, Fernando, com 38 anos de idade, adicionou à sua rede social Caio, com 13 anos de idade, dizendo-lhe ter a mesma faixa etária e manifestando interesse por jogos eletrônicos. A partir de então, passaram a manter conversas diárias, que, com a conquista da confiança de Caio, ganharam conotação pessoal acerca da vida íntima do adolescente, como sua relação familiar, ambiente escolar e círculo de amizade. Em dado momento, Fernando pediu a Caio que ligasse a webcam, e assim o menino o fez. Então, Fernando, também com sua câmera ligada, se despiu e começou a se masturbar, exibindo-se para Caio, como forma de satisfazer a própria lascívia. Em seguida, Fernando convidou Caio para ir até sua casa. Contudo, Caio ficou assustado e contou para os pais, que bloquearam o perfil de Fernando e se dirigiram à delegacia de polícia, para comunicarem a ocorrência.

Nessa situação hipotética, Fernando praticou

(A) conduta atípica penalmente.
(B) o crime de estupro de vulnerável, na forma tentada, previsto no art. 217-A do Código Penal.
(C) o crime de corrupção de menores, previsto no art. 218 do Código Penal.
(D) o crime de assediar e constranger criança via meio de comunicação, com o fim de com ela praticar ato libidinoso, previsto no art. 241-D do Estatuto da Criança e do Adolescente.
(E) o crime de satisfação de lascívia mediante presença de criança ou adolescente, previsto no art. 218-A do Código Penal.

A conduta descrita o enunciado corresponde ao tipo penal do art. 218-A do CP (satisfação de lascívia mediante presença de criança ou adolescente), que consiste em praticar, na presença de menor de 14 anos, conjunção carnal ou outro ato libidinoso, a fim de satisfazer lascívia própria ou de outrem, ou, ainda, induzir o menor de 14 anos, a presenciar conjunção carnal ou outro ato libidinoso, a fim de satisfazer lascívia própria ou de outrem. No que toca à configuração deste delito na hipótese de o menor estar à distância, conferir a lição de Guilherme de Souza Nucci: "presença do menor: não é exigível a presença física no mesmo espaço onde se realize a conjunção carnal ou outro ato libidinoso. Basta que a relação sexual seja realizada à vista do menor. Este, no entanto, pode estar distante, visualizando tudo por meio de

1. DIREITO PENAL

equipamentos eletrônicos (...)" (*Código Penal Comentado*, 18. ed., p. 1239). ED

Gabarito "E".

A profissional do sexo Gumercinda atende a seus clientes no local onde reside juntamente com seu filho Joaquim de dez anos. O local é bastante exíguo, tendo pouco mais de quinze metros quadrados, onde existem apenas um quarto e um banheiro, ficando a cama onde Joaquim dorme ao lado da cama da mãe. Em uma determinada madrugada, Gumercinda acerta um "programa sexual" com Caio e o leva até sua casa. Durante o ato sexual, Joaquim acorda e presencia tudo, sem que Gumercinda ou Caio percebam que ele está assistindo à cena. No dia seguinte, Joaquim vai para a escola e conta o fato a um amigo, o qual, por sua vez, relata a história para Joana, sua mãe. Esta, abismada com a história, procura a delegacia do bairro e narra os fatos acima descritos.

(Delegado/ES – 2019 – Instituto Acesso) Diante desta situação hipotética, assinale a alternativa correta do ponto de vista legal.

(A) Gumercinda e Caio responderão pelo delito de satisfação de lascívia mediante a presença de criança ou adolescente.
(B) Gumercinda e Caio não cometeram nenhum crime.
(C) Gumercinda e Caio praticaram exploração sexual de criança ou adolescente.
(D) Gumercinda e Caio praticaram crime previsto no Estatuto da Criança e do Adolescente.
(E) Apenas Gumercinda responderá pelo delito de satisfação de lascívia mediante a presença de criança ou adolescente.

O tipo penal que, em princípio, mais se aproximaria da conduta descrita no enunciado é o do art. 218-A do CP (satisfação de lascívia mediante presença de criança ou adolescente). Vejamos. A narrativa contida no enunciado deixa claro que Gumercinda e Caio não sabiam que Joaquim, que até então se encontrava dormindo, assistia ao ato sexual por eles praticado. Como bem sabemos, os crimes em geral contêm um elemento subjetivo, que pode ser representado pelo dolo ou pela culpa, a depender, neste último caso, de haver expressa previsão legal nesse sentido. E no caso do crime capitulado no art. 218-A do CP não é diferente. Aliás, este delito, que não comporta a modalidade culposa, exige o chamado elemento subjetivo específico, consistente na vontade de satisfazer a lascívia própria ou de terceiro, sem o que não há crime por ausência de dolo. A despeito de a conduta de Gumercinda e Caio ser reprovável, já que praticaram ato sexual ao lado de uma criança, ela não constitui crime por ausência de elemento subjetivo do tipo. Também por essa razão devemos afastar a ocorrência do crime do art. 232 do ECA, que consiste em *submeter criança ou adolescente sob sua autoridade, guarda ou vigilância a vexame ou a constrangimento*. Constitui premissa deste crime a presença de dolo (não há previsão de modalidade culposa), neste caso representando pela intenção do agente de submeter criança ou adolescente sob sua autoridade a situação vexatória ou constrangedora. Como já ficou claro, Gumercinda e Caio não agiram com tal propósito.

Gabarito "B".

(Delegado/RS – 2018 – FUNDATEC) Analise as seguintes situações hipotéticas, e assinale a alternativa correta.

(A) Viriato amordaça Gezilda, para que ela não grite por socorro. Em seguida, pratica conjunção carnal com ela, sem perceber que a vítima está se engasgando devido à mordaça utilizada por ele. Gezilda, que é maior de idade e capaz, morre sufocada. Viriato deverá responder por estupro e homicídio culposo, em concurso material.
(B) Zezão aborda a vítima Vitinha, maior de idade e capaz, em via pública, arrasta-a para um terreno abandonado. Ao perceber que será estuprada, Vitinha entra em luta corporal com Zezão e acaba sendo morta, porque Zezão efetuou um disparo, empregando uma arma de fogo que levava consigo. Em seguida, Zezão realiza atos sexuais com Vitinha. Nessa hipótese, Zezão responderá tão somente pelos crimes de estupro e homicídio qualificado, em concurso material.
(C) Beraldo aborda a vítima Zequinha, 11 anos de idade, em via pública, levando-o para um edifício em construção, oferecendo a ele dinheiro e doces, para que fizesse sexo oral em Beraldo. Após o ato, com medo de ser identificado, Beraldo mata Zequinha com uma pedrada na cabeça. Beraldo deverá responder pelo crime de estupro de vulnerável, qualificado pela morte de Zequinha.
(D) Tiburcio, imputável, tio de Adalgisa, 09 anos de idade, em uma ocasião em que foi visitar a irmã, mãe da menor, aproveitou-se de um momento em que esteve sozinho com Adalgisa, tirou a roupa da menina, pedindo que fizesse poses sensuais, fotografando-a em tal condição. No mesmo dia, porém, mais tarde, oferecendo a ela doces, fez com que praticasse sexo oral nele. Tibúrcio responderá pela prática de estupro de vulnerável, em concurso material com o crime previsto no artigo 240 do Estatuto da Criança e do Adolescente, ambos os delitos em suas formas majoradas pela condição de ser tio da menor.
(E) Tyrapele, cirurgião plástico, anestesiou a paciente Suzi, 25 anos e, em seguida, praticou ato libidinoso diverso da conjunção carnal com ela, aproveitando-se de que Suzi estava inconsciente e sem condições de oferecer resistência. Nesse caso, praticou o crime denominado violação sexual mediante fraude.

A: incorreta. Pela narrativa, infere-se que a morte da vítima decorreu de culpa por parte do agente, que se excedeu na violência empregada no cometimento do crime sexual. Temos, dessa forma, *dolo* na conduta antecedente (estupro) e *culpa* na consequente (morte), o que configura o chamado delito *preterdoloso*, modalidade prevista no art. 213, § 2°, do CP. É importante que se diga que as qualificadoras relativas à lesão corporal grave e morte constituem figuras preterdolosas, segundo doutrina e jurisprudência majoritárias. Por tudo que foi dito, é incorreto, portanto, afirmar que Viriato deverá responder por estupro e homicídio culposo em concurso formal; deverá, sim, ser responsabilizado por estupro qualificado pela morte (figura preterdolosa); **B**: incorreta. Não há que se falar na prática de crime de estupro, já que, ao tempo em que Zezão realizou atos sexuais contra Vitinha, esta já se encontrava sem vida. Deverá ser responsabilizado, portanto, pelo homicídio doloso (art. 121, CP) e por vilipêndio a cadáver (art. 212, CP); **C**: incorreta. Conforme já dissemos, o crime de estupro de vulnerável qualificado pela morte (art. 217-A, § 4°, CP) é *preterdoloso*, isto é, exige-se que a morte tenha ocorrido a título de culpa; assim, se o agente, após cometer o delito de estupro de vulnerável, vier a matar a vítima (porque quis ou porque assumiu o risco), deverá ser responsabilizado pelo crime sexual em concurso material com o crime contra a vida (homicídio doloso); **D**: correta. Tibúrcio deverá ser responsabilizado pelos crimes dos arts. 240, § 2°, III, do ECA e 217-A do CP, este último com o aumento do art. 226, II, do CP; **E**: incorreta. Tyrapele cometeu o crime definido no art. 217-A, § 1º, *in fine*, do CP (estupro de vulnerável), já que gerou (anestesiou) e se aproveitou do fato de a vítima estar impossibilitada de oferecer resistência para estuprá-la. Perceba que a vulnerabilidade, neste caso, decorre, não da idade nem de enfermidade ou doença mental, mas de situação transitória que impede que a vítima resista à investida do agente. Aqui, pouco importa se o fator impossibilitante da defesa da vítima foi criado pelo agente (como no caso da alternativa) ou causado por ela própria (embriaguez voluntária).

Gabarito "D".

(Delegado/AP – 2017 – FCC) Nas infrações contra a dignidade sexual:

I. Induzir ou atrair alguém à prostituição ou outra forma de exploração sexual, facilitá-la, impedir ou dificultar que alguém a abandone é crime punido com detenção.

II. O estupro de vulnerável é descrito como ter conjunção carnal ou praticar outro ato libidinoso com menor de 16 anos.

III. A pena é aumentada de quarta parte se o crime é cometido com o concurso de 2 ou mais pessoas.

IV. A pena é aumentada de metade, se o agente é ascendente, padrasto ou madrasta, tio, irmão, cônjuge, companheiro, tutor, curador, preceptor ou empregador da vítima ou por qualquer outro título tem autoridade sobre ela.

Está correto o que se afirma APENAS em

(A) I e II.
(B) II e III.
(C) I e IV.
(D) III.
(E) III e IV.

I: incorreta. A conduta descrita neste item corresponde ao crime de favorecimento da prostituição ou outra forma de exploração sexual (art. 228 do CP), punido com reclusão de 2 (dois) a 5 (cinco) anos, e multa; **II:** incorreta. Uma das modalidades de estupro de vulnerável (art. 217-A do CP) consiste no fato de o agente ter conjunção carnal ou praticar outro ato libidinoso com menor de 14 (quatorze) anos (e não 16 anos); **III:** correta. De fato, o art. 226, I, do CP, dispõe que os crimes contra a dignidade sexual terão a pena majorada de quarta parte se cometidos com o concurso de 2 (duas) ou mais pessoas; **IV:** correta. Nos termos do art. 226, II, do CP, nos crimes sexuais, a pena será aumentada de metade, se o agente é ascendente, padrasto ou madrasta, tio, irmão, cônjuge, companheiro, tutor, curador, preceptor ou empregador da vítima ou por qualquer outro título tem autoridade sobre ela.

Gabarito "E".

(Delegado/MS – 2017 – FAPEMS) A dignidade sexual integra o princípio maior da dignidade da pessoa humana e recebe do Estado proteção especial cujas normas penais e sanções passaram nos últimos tempos por grandes modificações, a fim de se adequarem à nova realidade, que envolve em particular a liberdade sexual das pessoas, garantindo a sua livre manifestação e reprimindo quem de alguma forma lhe cause limitação ou aflição. No que diz respeito aos crimes de estupro e estupro de vulnerável, assinale a alternativa correta.

(A) O ato de manter relações sexuais, mediante violência ou grave ameaça, com pessoa maior de quatorze e menor de dezoito anos de idade caracteriza estupro de vulnerável, em virtude dos efeitos mais gravosos aos adolescentes.

(B) No crime de estupro, exige-se da vítima retidão moral, não caracterizando constrangimento ilegal a prática do ato contra prostituta, ou pessoa que de qualquer modo utilize a relação sexual como modo de vida.

(C) A violência praticada no crime de estupro é uma imposição de ordem física direta, perpetrada contra a vítima. A violência indireta praticada contra terceiro que a vítima queira proteger não caracteriza a tipicidade formal.

(D) No estupro de vulnerável, o consentimento não opera como causa permissiva e sua aferição, seja na forma direta ou por equiparação, é obtida pela conjunção dos critérios biológicos e psicológicos da culpabilidade.

(E) O consentimento da vítima, maior e capaz, obtido por meio de constrangimento praticado em face de grave ameaça perpetrado pelo autor, não afasta a tipicidade formal do crime de estupro.

A: incorreta. A pessoa maior de quatorze e menor de dezoito anos não é considerada vulnerável para fins de caracterização do crime do art. 217-A do CP. Assim não seria se se tratasse de vítima menor de quatorze anos. A conduta contida na assertiva caracteriza estupro qualificado (art. 213, § 1º, do CP); **B:** incorreta. Inexiste, como elementar típica do estupro, o fato de a vítima ter retidão moral, que seria um conceito extremamente vago, diga-se de passagem. Também não se importa a lei com os hábitos sexuais da vítima, ou se se trata de "profissional do sexo" (prostituta). Violarão a dignidade sexual da pessoa os comportamentos descritos nos arts. 213 e 217-A, do CP. Prostituta pode ser vítima de estupro? E a resposta é positiva! Basta que seja constrangida, mediante grave ameaça ou violência, a ter conjunção carnal ou a praticar ou permitir que com ela se pratique outro ato libidinoso. O dissenso da vítima é o ponto fulcral no crime de estupro. Já para o estupro de vulnerável (art. 217-A, CP), sequer o consentimento importa para a caracterização do crime, a teor do que dispõe a Súmula 593 do STJ: *O crime de estupro de vulnerável configura com a conjunção carnal ou prática de ato libidinoso com menor de 14 anos, sendo irrelevante o eventual consentimento da vítima para a prática do ato, experiência sexual anterior ou existência de relacionamento amoroso com o agente*; **C:** incorreta. O crime de estupro (art. 213 do CP) se caracterizará quando empregada violência ou grave ameaça como meios de execução para que a vítima seja compelida a ter conjunção carnal ou a praticar ou permitir que com ela se pratique outro ato libidinoso. E referidos meios executórios não precisarão atingir, necessariamente, a vítima (violência direta), podendo ser perpetrados contra terceiros (violência indireta). É o que se vê, por exemplo, com a vítima "X", cujo filho tenha sido gravemente ameaçado ou fisicamente agredido como forma de constrangê-la à prática de conjunção carnal com o agente. Embora "X" não tenha sofrido qualquer violência física, terá havido estupro; **D:** incorreta. O consentimento da pessoa vulnerável não integra a estrutura típica do estupro tipificado pelo art. 217-A do CP. Em outras palavras, pouco importará o assentimento da vítima para o ato sexual, que, se considerada vulnerável (art. 217, *caput*, e § 1º, do CP), terá sido sujeito passivo do crime em comento. Essa a *ratio* da Súmula 593 do STJ, já transcrita nos comentários à alternativa B; **E:** correta. Se o consentimento da vítima, embora maior e capaz, tiver sido obtido mediante o emprego de grave ameaça, equivalerá a um não consentimento, e, portanto, caracterizado estará o crime de estupro (art. 213 do CP).

Gabarito "E".

(Delegado/RJ – 2013 – FUNCAB) Uma jovem, ao sair da faculdade à noite, é rendida por um homem que a estupra brutalmente, proferindo-lhe várias ameaças. Aproveitando-se de uma distração do bandido e temendo por sua vida, a vítima empreende fuga correndo desesperadamente e, ao atravessar a rua, é atropelada por um veículo que passava pelo local, morrendo imediatamente. Na qualidade de Delegado de Polícia, assinale a alternativa que contempla a correta tipificação da conduta daquele que atacou a jovem.

(A) Estupro.
(B) Estupro qualificado pelo resultado morte.
(C) Homicídio e estupro em concurso formal.
(D) Homicídio e estupro em concurso material.
(E) Homicídio.

A: correta. Deverá o Delegado de Polícia tipificar a conduta do agente, quando da instauração de inquérito, como estupro; **B:** incorreta. O estupro qualificado pelo resultado morte (art. 213, § 2º, CP) somente tem cabimento quando esta advém de culpa. Em outras palavras, a figura em comento é preterdolosa, pressupondo, assim, dolo no tocante ao estupro e culpa no resultado agravador. No caso relatado no enunciado, a morte decorreu de atropelamento, em virtude da fuga da vítima, e não do próprio estupro; **C** e **D:** incorretas, pois não se deverá imputar ao agente o homicídio. A morte da vítima não pode ser imputada ao estuprador, haja vista que a fuga da vítima, morta por atropelamento ao atravessar a rua, não se encontra na linha de desdobramento causal do fato perpetrado pelo agente. Ainda que se considere, em virtude da teoria da *conditio sine qua non*, que o resultado morte somente ocorreu em razão da conduta inicial do agente, o fato é que a causa da morte – atropelamento – foi superveniente à conduta do agente, aplicando-se o art. 13, § 1º, CP. Assim, incidirá, em verdade, a teoria da causalidade adequada, e não a da *conditio sine qua non*. Logo, no tocante às causas supervenientes relativamente independentes que por si sós produzem o resultado, a imputação do resultado somente será possível se este se encontrar na linha de desdobramento normal e previsível do comportamento do agente. Na espécie, não se pode considerar que um atropelamento esteja na linha normal de desdobramento de um estupro; **E:** incorreta. O fato perpetrado pelo agente foi um estupro, devendo responder por este crime. No tocante ao homicídio, reiteramos os esclarecimentos prestados no comentário às alternativas antecedentes.

Gabarito "A".

(Delegado/GO – 2003 – UEG) Xisto, jovem diretor de uma conhecida empresa na capital, convida reiteradamente Melissa, sua secretária, para jantarem juntos e se conhecerem intimamente em seu apartamento. Apesar de o diretor ser solteiro, tais convites vêm causando constrangimento à moça, a ponto de tolher sua liberdade de movimentação na sala em que trabalha.

Analise a conduta de Xisto, à luz do Código Penal e marque a alternativa CORRETA:

(A) Configura crime de assédio sexual, sendo um crime biprópio, permitindo inclusive a forma tentada, embora rara.
(B) É atípica, pois o crime de assédio sexual ainda não se encontra previsto no ordenamento jurídico brasileiro.
(C) Não configura qualquer espécie de crime, pois quer apenas ser gentil com a sua secretária.
(D) Configura crime de assédio sexual, sendo crime biprópio, tendo como objeto jurídico a liberdade individual, permitindo a forma tentada, embora rara.

A: correta (art. 216-A do CP), pois Xisto constrangeu a sua secretária, após reiterados convites para jantarem juntos e se conhecerem intimamente em seu apartamento, com o intuito de obter vantagem ou favorecimento sexual, prevalecendo-se o agente de sua condição de superior hierárquico. O crime em questão é biprópio, pois exige uma qualidade especial tanto do sujeito ativo (superior hierárquico ou ascendente em relação de emprego, cargo ou função) como do sujeito passivo (subalterno). A forma tentada é admissível, quando o constrangimento ocorre, por exemplo, na forma escrita; **B:** incorreta, pois o crime de assédio sexual se encontra previsto no art. 216-A do CP; **C:** incorreta, pois configura o crime de assédio sexual; **D:** incorreta, já que o objeto jurídico do crime de assédio sexual é a liberdade sexual e não individual.

Gabarito "A".

(Delegado/MS – 2006 – adaptada) Diodata, solteira, nascida aos 15.12.1969, mediante grave ameaça, materializada pelo uso de arma de fogo, constrange José à conjunção carnal, obrigando-o a ingerir um comprimido de estimulante sexual. A conduta de Diodata é:

(A) Prevista no art. 213 do CP – Estupro.
(B) Prevista no art. 146 do CP – Constrangimento ilegal.
(C) Prevista no art. 216-A do CP – Assédio Sexual.
(D) Atípica.
(E) Prevista no art. 215 do CP – Violação sexual mediante fraude.

À luz da atual redação dada ao art. 213, *caput*, do CP, em decorrência da edição da Lei 12.015/2009, Diodata responderá pelo crime de estupro. Afinal, referido crime pode ter como vítima qualquer pessoa (leia-se: homem ou mulher).

Gabarito "A".

(Delegado/PI – 2009 – UESPI) João, 19 anos de idade, manteve conjunção carnal com Maria, 13 anos de idade. Em nenhum momento, João empregou violência ou grave ameaça contra Maria, porém fez uso de fraude para persuadi-la a praticar conjunção carnal. Diante desse fato e de acordo com o Código Penal, marque a alternativa correta.

(A) João praticou o crime de estupro presumido, pois praticou relação sexual com menor de 14 anos, não sendo este crime considerado hediondo.
(B) João praticou o crime de estupro presumido, pois praticou relação sexual com menor de 14 anos, sendo este crime considerado hediondo.
(C) João praticou o crime de violação sexual mediante fraude, pois o crime foi praticado sem violência ou grave ameaça à pessoa.
(D) João praticou o crime de estupro de vulnerável, que apresenta pena mais grave do que o crime de estupro na sua forma tradicional, e é considerado crime hediondo.
(E) João praticou o crime de estupro de vulnerável, que apresenta a mesma pena do crime estupro na sua forma tradicional, e é considerado crime hediondo.

Art. 217-A do CP. O estupro de vulnerável é crime hediondo, nos termos do art. 1º, VI, da Lei 8.072/1990, que foi alterada pela Lei 12.015/2009, tanto na sua forma simples quanto na qualificada. Importante registrar o teor da Súmula 593 do STJ: *"O crime de estupro de vulnerável configura com a conjunção carnal ou prática de ato libidinoso com menor de 14 anos, sendo irrelevante o eventual consentimento da vítima para a prática do ato, experiência sexual anterior ou existência de relacionamento amoroso com o agente"*.

Gabarito "D".

(Delegado/RJ – 2009 – CEPERJ) 1º caso: Abreu, atualmente com 20 anos, conheceu Aline na festa do dia de seu aniversário de 12 anos e, desde então, é seu namorado. Hoje, Aline tem 13 anos, mas se prostitui desde os seus 10 anos de idade sem o conhecimento do seu namorado. Após muita persuasão, no último final de semana, Aline resolveu "ceder" aos encantos de Abreu e fez sexo com ele. 2º caso: Leomar resolve ir a uma boate gay, onde conhece Priscila, um transformista, com quem pretende fazer sexo. Para tanto, Leomar decide colocar uma substância na bebida de Priscila, que desmaia e é levada por ele para o quarto de um cortiço a 200 metros do local. Lá Leomar realiza seu intento e fez sexo anal com Priscila, que, no dia seguinte, ao acordar, decide ir à Delegacia e registrar o fato. Pergunta-se: em cada caso, considerando a descrição típica, algum crime foi cometido? Sendo a resposta positiva, qual delito foi praticado e qual o tipo de ação penal prevista para cada um deles?

(A) 1º caso: Sim, Estupro. Ação Penal Pública Incondicionada; 2º caso: Sim, Posse Sexual Mediante Fraude. Ação Penal Pública Incondicionada.

(B) 1º caso: Não, trata-se de fato atípico; 2º caso: Sim, Estupro. Ação Penal Privada.

(C) 1º caso: Sim, Estupro de Vulnerável. Ação Penal Pública Incondicionada; 2º caso: Sim, Violação Sexual Mediante Fraude. Ação Penal Pública Incondicionada.

(D) 1º caso: Não, trata-se de fato atípico; 2º caso: Sim, Violação Sexual Mediante Fraude. Ação Penal Pública Condicionada à Representação.

(E) 1º caso: Sim, Estupro de Vulnerável. Ação Penal Pública Incondicionada; 2º caso: Sim, Estupro de Vulnerável. Ação Penal Pública Incondicionada.

A, B, C e D: incorretas, visto que o fato de Abreu ter mantido conjunção carnal com Aline, com 13 anos de idade, a despeito de ela haver consentido, configura o crime de estupro de vulnerável (art. 217-A do CP), configurado na espécie pelo só fato de a vítima ser menor de 14 (quatorze) anos. Quanto à conduta de Leomar, igualmente responderá por estupro de vulnerável (art. 217-A), uma vez que se considera vulnerável a pessoa que, dentre outras hipóteses, por qualquer causa não puder oferecer resistência (art. 217-A, § 1º, parte final, do CP). Para ambos os casos, a ação penal será pública incondicionada (art. 225 do CP), não mais havendo a possibilidade de a vítima intentar queixa-crime, o que era considerado a regra antes do advento da Lei 12.015/2009, que deu nova roupagem aos crimes contra a dignidade sexual (anteriormente denominados de crimes contra os costumes). A propósito disso, vale o registro de que, mais recentemente, entrou em vigor a Lei 13.718/2018, que, dentre várias inovações implementadas nos crimes contra a dignidade sexual, mudou, uma vez mais, a natureza da ação penal nesses delitos. Com isso, a ação penal, nos crimes sexuais, passa a ser, em qualquer caso, pública incondicionada. Vale lembrar que, antes do advento desta Lei, a ação era, em regra, pública condicionada, salvo nas situações em que a vítima era vulnerável ou menor de 18 anos. Fazendo um breve histórico, temos o seguinte quadro: a ação penal, nos crimes sexuais, era, em regra, privativa do ofendido, a este cabendo a propositura da ação penal; posteriormente, a partir do advento da Lei 12.015/2009, a ação penal, nesses crimes, deixou de ser privativa do ofendido para ser pública condicionada a representação, em regra; agora, com a entrada em vigor da Lei 13.718/2018, a ação penal, nos crimes contra a dignidade sexual, que antes era pública condicionada, passa a ser pública incondicionada. Com isso, o titular da ação penal, que é o MP, prescinde de manifestação de vontade da vítima para promover a ação penal. Dessa forma, fica sepultado o debate que antes havia acerca da aplicação da Súmula 608, do STF.
Gabarito "E".

(Delegado/RR – 2003 – CESPE – adaptada) Um funcionário público solicitou à sua filha, maior de dezoito anos de idade e interditada, por ser portadora de doença mental, que praticasse com ele sexo anal. Ao adentrar na residência e presenciar a cópula anal, o tio da ofendida deu voz de prisão ao funcionário público, encaminhando-o à delegacia de polícia do município. A respeito dessa situação hipotética, julgue o item subsequente.

(1) O funcionário público praticou o crime de estupro de vulnerável, considerado hediondo.

1: correta (art. 217-A, § 1º, do CP).
Gabarito 1C

(Delegado/SP – 2002) Autor de estupro, em que a vítima venha a falecer, em decorrência da violência praticada, responde por

(A) estupro qualificado pelo resultado.
(B) estupro, em concurso formal com homicídio.
(C) estupro, em concurso material com homicídio.
(D) homicídio, este absorvendo o crime de estupro.

De fato, se em decorrência da conduta praticada, a vítima de estupro morrer, o agente responderá por estupro qualificado, a teor do que dispõe o art. 213, § 2º, do CP. Trata-se, é bom que se diga, de forma preterdolosa de crime. Em outras palavras, o resultado agravador (morte) deve advir de culpa do agente. Caso contrário, ou seja, se o sujeito ativo houver agido com dolo na morte, a fim, por exemplo, de garantir sua impunidade, responderá por estupro em concurso material com homicídio. No entanto, no enunciado proposto, fica bastante claro que a vítima faleceu em decorrência da violência praticada, vale dizer, em razão da conduta perpetrada pelo agente, motivo pelo qual resta configurada a qualificadora do estupro e não o crime autônomo de homicídio.
Gabarito "A".

21. CRIMES CONTRA A FÉ PÚBLICA

(Delegado/RJ – 2022 – CESPE/CEBRASPE) Atanagildo ofereceu ação indenizatória contra empresa concessionária de energia elétrica, sustentando, em sua petição inicial, a interrupção no fornecimento de eletricidade por diversos dias consecutivos. A fim de não realizar o pagamento de custas processuais, Atanagildo se declarou hipossuficiente. Contudo, logo restou demonstrado pela empresa que Atanagildo não era hipossuficiente, bem como que, embora realmente o fornecimento de energia tenha sido interrompido na região por problemas técnicos, a suposta casa de Atanagildo não passava de um terreno, no qual não havia construções nem sequer um medidor de consumo de energia. Assim, o magistrado encaminhou cópias dos documentos à Delegacia de Polícia da área, a fim de apurar a existência de crimes.

Considerando-se essa situação hipotética, é correto afirmar que Atanagildo praticou

(A) conduta atípica.
(B) tentativa de estelionato e uso de documento falso.
(C) tentativa de estelionato e falsidade ideológica.
(D) tentativa de estelionato.
(E) falsidade ideológica.

Tanto a jurisprudência do STF quanto a do STJ consagraram o entendimento no sentido de que a conduta consistente em firmar ou fazer uso de declaração de pobreza falsa em juízo, com a finalidade de obter os benefícios da justiça gratuita, não configura crime, na medida em que tal manifestação não pode ser considerada documento para fins penais, sendo passível de comprovação posterior. Conferir: "O entendimento do Superior Tribunal de Justiça é no sentido de que a mera declaração de estado de pobreza para fins de obtenção dos benefícios da justiça gratuita não é considerada conduta típica, diante da presunção relativa de tal documento, que comporta prova em contrário" (STJ, RHC 24.606/RS, Rel. Min. Nefi Cordeiro, 6ª Turma, DJe 02/06/2015).

Gabarito "A".

(Delegado de Polícia Federal – 2021 – CESPE) Com relação aos crimes contra a fé pública, julgue os itens que se seguem.

(1) O crime de moeda falsa é incompatível com o instituto do arrependimento posterior.

(2) O indivíduo foragido do sistema carcerário que utiliza carteira de identidade falsa perante a autoridade policial para evitar ser preso pratica o crime de falsa identidade.

(3) O advogado de réu pode vir a responder pelo crime de falso testemunho, na hipótese de induzir testemunha a prestar determinado depoimento.

1: certo. Para atender ao requisito da reparação do dano ou da restituição da coisa, contido no art. 16 do CP, é de rigor que se trate de crime patrimonial ou, ao menos, que o delito possua efeitos patrimoniais, não sendo este o caso do crime de moeda falsa, cuja consumação é alcançada com a falsificação da moeda, pouco importando se tal conduta acarretou prejuízos patrimoniais para terceiros. Ensina Guilherme de Souza Nucci que *a causa de diminuição de pena prevista neste artigo exige, para sua aplicação, que o crime seja patrimonial ou possua efeitos patrimoniais. Afinal, somente desse modo seria sustentável falar em reparação do dano ou restituição da coisa. Em uma hipótese de homicídio, por exemplo, não teria o menor cabimento aplicar o arrependimento posterior, uma vez que não há nada que possa ser restituído ou reparado. No furto, ao contrário, caso o agente devolva a coisa subtraída ou pague à vítima indenização correspondente ao seu valor, torna-se viável a diminuição da pena. Não descartamos, por certo, outras hipóteses que não sejam crimes patrimoniais, como ocorreria com o peculato doloso. Em caso de restituição da coisa ou reparação total do dano, parece-nos viável a aplicação da redução da pena* (Código Penal Comentado, 18ª ed. Forense, 2017. p. 197). Na jurisprudência: "1. No crime de moeda falsa – cuja consumação se dá com a falsificação da moeda, sendo irrelevante eventual dano patrimonial imposto a terceiros – a vítima e a coletividade como um todo e o bem jurídico tutelado é a fé pública, que não é passível de reparação. 2. Os crimes contra a fé pública, assim como nos demais crimes não patrimoniais em geral, são incompatíveis com o instituto do arrependimento posterior, dada a impossibilidade material de haver reparação do dano causado ou a restituição da coisa subtraída. 3. As instâncias ordinárias, ao afastar a aplicação da delação premiada, consignaram, fundamentalmente, que "não se elucidou nenhum esquema criminoso; pelo contrário, o réu somente alegou em seu interrogatório a participação de outras pessoas na atuação criminosa, o que não é suficiente para a concessão do benefício da delação" (STJ, REsp 1242294/PR, Rel. Ministro SEBASTIÃO REIS JÚNIOR, Rel. p/ Acórdão Ministro ROGERIO SCHIETTI CRUZ, SEXTA TURMA, julgado em 18/11/2014, DJe 03/02/2015); **2:** errado. O foragido do sistema carcerário que faz uso (utiliza) de carteira de identidade falsa perante a autoridade policial com vistas a evitar sua prisão será responsabilizado pelo delito de uso de documento falso (art. 304, CP), e não pelo crime de falsa identidade (art. 307, CP), que pressupõe a mera imputação a si mesmo de identidade falsa. Seja como for, tanto é típica a conduta do agente que atribui a si falsa identidade para se ver livre de eventual responsabilização penal (Súmula 522 do STJ: "A conduta de atribuir-se falsa identidade perante autoridade policial é típica, ainda que em situação de alegada autodefesa"), quanto a conduta do agente que, imbuído do mesmo objetivo (evitar ser preso), faz uso de documento falso. Conferir: "Penal. *Habeas Corpus*. Uso de documento falso para ocultar condição de foragido. Exercício de autodefesa. Atipicidade. Inocorrência. Ordem denegada. I – A utilização de documento falso para ocultar a condição de foragido não descaracteriza o delito de uso de documento falso (art. 304 do CP). Precedentes. II – Ordem denegada" (STF, HC 119970, rel. Min. Ricardo Lewandowski, 2ª T, julgado em 04/02/2014, publicado em 17/02/2014); **3:** certo. O advogado que instrui testemunha a apresentar falsa versão favorável à causa que patrocina responde pelo crime de falso testemunho na condição de partícipe. A esse respeito: STF, RHC 81.327-SP, 1ª T., Rel. Min. Ellen Gracie, DJ 5.4.2002.

Gabarito: 1C, 2E, 3C.

(Delegado/ES – 2019 – Instituto Acesso) No dia 09/07/2017, Henrique foi parado em uma fiscalização da Operação Lei Seca. Após solicitar a Carteira Nacional de Habilitação (CNH) de Henrique, o policial militar que participava da operação suspeitou do documento apresentado. Procedeu então à verificação na base de dados do DETRAN e confirmou a suspeita, não encontrando o número de registro que constava na CNH, embora as demais informações (nome e CPF), a respeito de Henrique, estivessem corretas. Questionado pelo policial, Henrique confessou que havia adquirido o documento com Marcos, seu vizinho, que atuava como despachante, tendo pago R$ 2.000,00 pelo documento. Afirmou ainda que sequer havia feito prova no DETRAN. Acrescente-se que, durante a instrução criminal, ficou comprovado que, de fato, Henrique obteve o documento de Marcos, sendo este o autor da contrafação. Além disso, foi verificado por meio de perícia judicial que, no estado em que se encontra o documento, e em face de sua aparência, pode iludir terceiros como se documento idôneo fosse. Logo, pode-se afirmar que a conduta de Henrique se amolda ao crime de

(A) falsificação de documento público, previsto no caput do art. 297 do Código Penal.

(B) uso de documento falso, previsto no art. 304 do Código Penal.

(C) falsa identidade, previsto no art. 307 do Código Penal.

(D) falsidade ideológica, previsto no caput art. 299 do Código Penal.

(E) falsificação de documento particular, previsto no caput do art. 298 do Código Penal.

Segundo consta, Henrique, ao ser abordado por policial militar em fiscalização da Operação Lei Seca, a este apresentou carteira nacional de habilitação falsa, que adquirira de Marcos, seu vizinho, ao qual pagou, pelo documento falso, a importância de R$ 2.000,00. Pelo enunciado, fica claro que Henrique não foi o autor da falsificação, conduta a ser atribuída ao seu vizinho, Marcos, que deverá, por isso, responder pelo crime do art. 297 do CP (falsificação de documento público). Já Henrique, que, como dito, adquiriu o documento contrafeito e o apresentou ao policial militar por ocasião de operação de fiscalização de trânsito, deverá ser responsabilizado tão somente pelo uso deste documento, conduta prevista no art. 304 do CP: *Fazer uso de qualquer dos papéis falsificados ou alterados a que se referem os arts. 297 a 302. Pena – a cominada à falsificação ou à alteração*. Outrossim, é importante que se diga que nenhuma dúvida deve haver em relação ao dolo de Henrique. O enunciado deixa claro que ele tinha conhecimento de que o documento por ele adquirido era falso. Isso porque é de todos sabido que a obtenção de CNH impõe a observância de uma série de requisitos, dentro de um trâmite que engloba a necessidade de o candidato submeter-se a exames teórico, prático e psicotécnico. Henrique tinha plena ciência, portanto, de que fazia uso de documento falso. Outro ponto que merece destaque é a observação, que consta do enunciado, de que o documento portado por Henrique, *em face de sua aparência, pode iludir terceiros como se documento idôneo fosse*. É que, sendo a falsificação grosseira, incapaz, pois, de ludibriar terceiros, não há que se falar em crime. Não é o caso

narrado no enunciado, em que, reitere-se, a CNH tinha aptidão para enganar o homem médio.
Gabarito "B".

(Delegado/RJ – 2013 – FUNCAB) Entre as hipóteses a seguir consignadas, assinale aquela que corresponde a crime de falsidade ideológica (art. 299 do CP).

(A) Rildo, desempregado, tencionando trabalhar como motorista, após obter um espelho de Carteira Nacional de Habilitação não preenchido, embora verdadeiro, nele consigna seus dados pessoais e imprime sua foto, passando-se por pessoa habilitada para conduzir veículo automotor, sem de fato o ser.
(B) Aderbal, de forma fraudulenta, consigna, na Carteira de Trabalho e Previdência Social de um empregado de sua empresa, salário inferior ao efetivamente recebido por ele, visando a reduzir seus gastos para com o INSS.
(C) Magnólia, com intenção de integrar à sua família o filho de outrem, registra a criança em seu nome, como se sua mãe fosse, valendo-se, para tanto, da desatenção do funcionário do Cartório de Registro Civil das Pessoas Naturais, que deixa de exigir a documentação pertinente ao ato.
(D) Tibúrcio, funcionário público do instituto responsável por manter atualizados os registros de antecedentes criminais em determinado Estado-Membro, aproveitando-se de sua atribuição funcional, entra com sua senha no sistema informatizado do órgão e inclui, fraudulentamente, na folha de antecedentes de seu vizinho, crime por ele não praticado, em vingança por conta de uma rixa antiga.
(E) A fim de auxiliar uma amiga a contratar financiamento para a aquisição de eletrodomésticos, Alberico, sócio-gerente em uma empresa têxtil, valendo-se de sua posição, assina declaração afirmando que tal pessoa trabalha de forma remunerada naquele estabelecimento empresarial, o que não condiz com a realidade.

A: incorreta. A conduta perpetrada por Rildo caracteriza o crime de falsificação de documento público (art. 297, CP), haja vista que a inserção de seus dados pessoais e fotografia em um espelho de CNH não preenchido constitui, por óbvio, nítida falsidade documental, haja vista que referido documento tem como suas partes integrantes a fotografia e identificação do condutor; **B:** incorreta, amoldando-se a conduta de Aderbal ao art. 297, § 3º, II, do CP, que é um subtipo de falsificação de documento público ("nas mesmas penas incorre quem insere ou faz inserir... II – na Carteira de Trabalho e Previdência Social do empregado ou em documento que deva produzir efeito perante a previdência social, declaração falsa ou diversa da que deveria ter sido escrita"); **C:** incorreta, pois Magnólia, em razão do princípio da especialidade, incorrerá no crime previsto no art. 242 do CP, haja vista ter registrado como seu, filho de outrem; **D:** incorreta. Tibúrcio deverá ser responsabilizado pelo crime de inserção de dados falsos em sistema de informações (art. 313-A, CP); **E:** correta. De fato, Alberico, ao inserir declaração falsa em um documento particular (declaração de emprego), afirmando que sua amiga trabalha, mediante remuneração, na empresa têxtil em que é sócio-gerente, a fim de que ela consiga obter financiamento para aquisição de eletrodomésticos, cometeu o crime de falsidade ideológica (art. 299, CP).
Gabarito "E".

(Delegado/PR – 2013 – UEL-COPS) Assinale a alternativa que apresenta, corretamente, afirmações quanto ao crime de falsidade ideológica tipificado no art. 299 do Código Penal.

(A) Na conduta de fazer inserir, mesmo que o funcionário público tenha conhecimento da inverdade declarada, este não responde pelo crime.
(B) Trata-se de um crime material, estando o crime consumado no momento em que a falsidade produz prejuízo a terceiro.
(C) Promover a inscrição de nascimento inexistente aumenta a pena da sexta parte nos moldes do Parágrafo Único do Art. 299 do Código Penal, por se tratar de assento de registro civil.
(D) No crime de falsidade ideológica de documento público, as condutas de omitir ou inserir demandam a participação de funcionário público na condição de sujeito ativo.
(E) Se o sujeito ativo for funcionário público, a pena é aumentada da sexta parte, mesmo que este não se tenha prevalecido de seu cargo.

A: incorreta. Se o funcionário público responsável pela confecção do documento (ex.: escritura pública) tiver conhecimento da inverdade declarada pelo agente, terá concorrido, diretamente, para a elaboração do documento ideologicamente falso (art. 299, CP), respondendo, portanto, pelo crime; **B:** incorreta. A falsidade ideológica é crime formal (ou de consumação antecipada), consumando-se quando da prática de qualquer das condutas previstas no tipo penal (art. 299, CP), independentemente de qualquer resultado naturalístico (ex.: prejuízo ao Estado ou ao particular); **C:** incorreta. Promover a inscrição de nascimento inexistente, em razão do princípio da especialidade, não caracteriza falsidade ideológica (art. 299, CP), mas, sim, a figura prevista no art. 241 do CP (registro de nascimento inexistente); **D:** correta. Em se tratando de documento público, que é aquele emanado de um agente público, a omissão ou a inserção de declaração falsa ou diversa da que devia constar decorrerão de comportamento do próprio funcionário responsável pela confecção do documento; **E:** incorreta, pois o aumento da pena (art. 299, parágrafo único, CP) dependerá de o agente ser funcionário público e cometer o crime prevalecendo-se do cargo.
Gabarito "D".

(Delegado/AM) Comparando a falsidade ideológica com a material podemos concluir que:

(A) não podem ser provadas com perícia no documento
(B) ambas podem ser provadas com perícia no documento
(C) somente a falsidade ideológica pode ser provada com perícia no documento
(D) somente a falsidade material pode ser provada com perícia no documento.

De fato, somente a falsidade material pode ser objeto de prova pericial. Isso porque no crime de falsificação material o próprio documento físico é falsificado (criação ou modificação), como ocorre, por exemplo, no caso de um documento com assinatura falsa. Já na falsidade ideológica a declaração contida no documento é falsa. E por se tratar de falso quanto ao conteúdo e não quanto ao documento em si, torna-se impossível a realização de perícia.
Gabarito "D".

(Delegado/AM) Para efeitos penais, não se equiparam a documento público:

(A) os livros mercantis
(B) as ações de sociedade civil
(C) os testamentos particulares
(D) os emanados de entidades paraestatal

De acordo com o art. 297, § 2º, do CP, todos os documentos acima descritos nas alternativas A, C e D se equiparam a documento público, exceto as ações de sociedade civil (o correto seria ações de sociedade comercial).

Gabarito "B".

(Delegado/DF – 2004) Durante revista pessoal em Beltrano, policiais encontram, em sua carteira, uma via de sua Certidão de Nascimento que, quando levada à perícia, foi constatado tratar-se de documento falso. Nesse caso, tal conduta se amolda à figura típica de:

(A) uso de documento falso;

(B) falsificação de documento particular;

(C) falsificação de documento público;

(D) falsa identidade;

(E) a conduta é atípica.

A: incorreta, pois para caracterizar o crime de uso de documento falso o agente deve empregar ou utilizar, de forma espontânea, apresentando o documento a alguém, para provar fato relevante. No caso, não houve apresentação, mas revista pessoal; **B** e **C:** incorretas. Mesmo que o agente também tivesse falsificado o documento, o crime de uso de documento falso absorveria o crime de falsificação (princípio da consunção); **D:** incorreta (art. 307 do CP); **E:** correta (art. 304 do CP), pois em caso de revista pessoal não há apresentação do documento, o que não ocorre com os documentos de porte obrigatório, como a CNH.

Gabarito "E".

(Delegado/SP – 2002) A inserção de declaração falsa, em documento público ou particular, colimando a criação de obrigação, é tipificada como

(A) falsificação de papéis públicos.

(B) falsificação de documento público.

(C) falsidade ideológica.

(D) falsificação de documento particular.

De fato, comete o crime de falsidade ideológica o agente que insere declaração falsa em documento público ou particular, objetivando, com isso, criar uma obrigação, consoante prescreve o art. 299 do CP. Trata-se, é bom frisar, de crime formal, consumando-se no momento em que o agente insere a declaração inverídica, sendo desnecessária a ocorrência de efetivo prejuízo.

Gabarito "C".

22. CRIMES CONTRA A ADMINISTRAÇÃO PÚBLICA

(Delegado/RJ – 2022 – CESPE/CEBRASPE) A respeito dos crimes contra a administração pública, assinale a opção correta.

(A) A conduta de médico particular solicitar o pagamento de valor em dinheiro para atender paciente pelo Sistema Único de Saúde não configura crime funcional, pois o agente não se enquadra no conceito de funcionário público para fins penais.

(B) Comete o crime de prevaricação funcionário público que, por indulgência, deixa de responsabilizar subordinado que tenha cometido infração no exercício do cargo.

(C) Particular que aquiesce com a exigência de funcionário público, quando este comete o crime de concussão, entregando-lhe o valor pedido em razão do exercício de sua função, não comete nenhum crime nesse caso.

(D) O crime de corrupção passiva somente se configura com a efetiva prática ou omissão da conduta funcional do servidor, já que o chamado ato de ofício integra o tipo penal.

(E) Quem oferece dinheiro a perito para que este elabore laudo favorável à sua pretensão comete crime de corrupção ativa, definido no art. 333 do Código Penal.

A: incorreta. Se o médico particular, conveniado do SUS, e, portanto, considerado funcionário público, solicitar dinheiro (pagamento indevido) para realizar atendimento, cometerá o crime de corrupção passiva, que é delito funcional próprio do *intraneus*; **B:** incorreta. O funcionário público que, por indulgência, deixar de promover a responsabilização de funcionário subordinado que tenha praticado infração no exercício do cargo, ou, caso incompetente, deixar de levar ao conhecimento da autoridade com competência punitiva, responderá pelo crime de condescendência criminosa (art. 320 do CP), e não pelo delito de prevaricação, que será atribuído ao funcionário que retardar ou deixar de praticar, indevidamente, ato de ofício, ou praticá-lo contra disposição expressa de lei, para satisfazer interesse ou sentimento pessoal (319 do CP); **C:** correta. Pratica o delito de *concussão* – art. 316, *caput*, do CP – o funcionário público que, em razão da função que exerce, impõe vantagem indevida (ilícita). A conduta típica, neste crime, é representada pelo verbo *exigir*, que tem o sentido de *demandar*, *ordenar*. Essa exigência traz ínsita uma ameaça à vítima, que, sentindo-se intimidada, acuada, acaba por ceder, entregando ao agente a vantagem indevida por ele perseguida. Por essa razão, o particular deve ser considerado vítima do crime. Sua conduta de curvar-se à exigência formulada pelo *intraneus*, portanto, é atípica; **D:** incorreta. Sendo crime formal, a corrupção passiva (art. 317, CP) se consuma com a mera solicitação/recebimento/aceitação de promessa, sendo desnecessário que o funcionário público retarde ou deixe de praticar o ato de ofício, ou mesmo obtenha a vantagem por ele perseguida; **E:** incorreta. Aquele que oferece dinheiro a perito para que este elabore laudo favorável à sua pretensão comete o crime de corrupção ativa de testemunha, perito, contador, tradutor ou intérprete, definido no art. 343 do CP.

Gabarito "C".

(Delegado de Polícia Federal – 2021 – CESPE) No que se refere aos crimes contra a administração pública, julgue os próximos itens.

(1) Um médico de hospital particular conveniado ao Sistema Único de Saúde pode ser equiparado a funcionário público, para fins de responsabilização penal.

(2) Na hipótese de crime de peculato doloso, o ressarcimento do dano exclui a punibilidade.

(3) O crime de facilitação de contrabando e descaminho se consuma com a efetiva facilitação, não sendo necessária a consumação do contrabando ou descaminho.

(4) A fuga do réu após a ordem de parada dos policiais para abordagem configura crime de desobediência.

(5) O pagamento do tributo devido extingue a punibilidade do crime de descaminho.

1: certo. De fato, o médico conveniado do SUS é considerado, para os fins penais, funcionário público. Dessa forma, se o médico, por exemplo, exigir dinheiro (pagamento indevido) para realizar cirurgia, cometerá o crime de concussão (art. 316 do CP), delito próprio do *intraneus*; **2:** errado. A reparação do dano, desde que promovida antes da sentença irrecorrível, somente tem o condão de extinguir a punibilidade no crime de peculato culposo (não inclui a modalidade dolosa), nos termos do art. 312, § 3º, do CP. Segundo este mesmo dispositivo, se a reparação se der após a sentença transitada em julgado, a pena imposta será reduzida de metade, que também tem aplicação exclusiva no peculato culposo, descrito no art. 312, § 2º, CP; **3:** certo. De fato, o crime de facilitação de contrabando ou descaminho, definido no art.

318 do CP, alcança a sua consumação com a concreção da conduta descrita no tipo, que corresponde à facilitação. Cuida-se, portanto, de delito formal, em que não se exige a produção de resultado naturalístico consistente na efetiva prática do contrabando ou descaminho; **4:** certo. É tranquilo o entendimento, tanto na doutrina quanto na jurisprudência, no sentido de que o crime de desobediência (art. 330, CP) não se configura na hipótese de haver como consequência para o ato de recalcitrância penalidade de natureza civil ou administrativa. Cuida-se, portanto, de tipo penal subsidiário. Nessa esteira, conferir: "1. O crime de desobediência é um delito subsidiário, que se caracteriza nos casos em que o descumprimento da ordem emitida pela autoridade não é objeto de sanção administrativa, civil ou processual" (AgRg no REsp 1476500/DF, Rel. Ministro Walter de Almeida Guilherme (desembargador convocado do TJ/SP), Quinta Turma, julgado em 11.11.2014, *DJe* 19.11.2014). O STJ, em edição de n. 114 da ferramenta *Jurisprudência em Teses*, publicou, sobre este tema, a seguinte tese: "Desobediência a ordem de parada dada pela autoridade de trânsito ou por seus agentes, ou por policiais ou por outros agentes públicos no exercício de atividades relacionadas ao trânsito, não constitui crime de desobediência, pois há previsão de sanção administrativa específica no art. 195 do CTB, o qual não estabelece a possibilidade de cumulação de punição penal"; **5:** errado. Em razão da natureza formal do delito de descaminho (art. 334, CP), o pagamento ou mesmo o parcelamento dos débitos tributários não tem o condão de extinguir a punibilidade. Nesse sentido, conferir: "Cuidando-se de crime formal, mostra-se irrelevante o parcelamento e pagamento do tributo, não se inserindo, ademais, o crime de descaminho entre as hipóteses de extinção da punibilidade listadas na Lei n. 10.684/2003" (STJ, AgRg no REsp 1810491/SP, Rel. Ministro NEFI CORDEIRO, SEXTA TURMA, julgado em 27/10/2020, REPDJe 12/11/2020, DJe 03/11/2020).

Gabarito 1C, 2E, 3C, 4C, 5E

(Delegado/ES – 2019 – Instituto Acesso) A respeito do peculato, assinale a opção correta.

(A) Celecanto é o responsável por organizar um determinado concurso para o provimento de um cargo efetivo na administração pública federal. Omena, seu amigo de longa data, toma conhecimento de que ele está participando da banca examinadora e, em nome de sua antiga amizade, decide pedir a ele que lhe passe as questões que serão objeto da prova na semana seguinte. Celecanto fica bastante ofendido com o pedido e informa que nunca faria isso, mas que, como Omena era seu amigo de longa data, forneceria a ele uma relação de cinco livros que foram utilizados pelos integrantes da banca do concurso para realizarem a prova e que não constavam expressamente do edital que foi divulgado. Essa atitude de Celecanto configura a prática do delito de fraude em certames de interesse público.

(B) Segundo o STJ, nenhum dos crimes contra a administração pública admite a incidência do princípio da insignificância.

(C) O crime de peculato-apropriação consuma-se a partir do momento em que o funcionário público passa a obter vantagem em relação ao objeto material do delito, ainda que esta não seja necessariamente de caráter econômico, uma vez que o bem jurídico tutelado é a administração pública.

(D) Segundo a jurisprudência do STJ, a conduta de agente público pertencente à administração pública fazendária que procede à prévia correção quanto aos aspectos gramaticais e técnicos das impugnações administrativas feitas pelos administrados perante a administração pública fazendária, comete o delito previsto no art. 3°, III, da Lei 8.137/90.

(E) Na hipótese de peculato culposo, caso o agente repare o dano após a sentença irrecorrível, haverá a redução de metade da pena cominada abstratamente ao referido delito.

A: correta. De fato, Celecanto deverá ser responsabilizado pelo crime de fraude em certame de interesse público (art. 311-A, CP). Vale a observação de que esta alternativa nenhuma relação tem com o delito de peculato, a que faz referência o enunciado; **B:** incorreta. É fato que, para o STJ, o princípio da insignificância é inaplicável aos crimes contra a Administração Pública. Tal entendimento, inclusive, está sedimentado na Súmula 599, do próprio STJ: *o princípio da insignificância é inaplicável aos crimes contra a Administração Pública*. Mas tal regra comporta uma exceção. Refiro-me ao delito de descaminho, em relação ao qual o STJ (e também o STF) entende pela aplicabilidade do mencionado postulado, desde que o tributo sonegado não ultrapasse R$ 20.000,00. Cuidado: a insignificância, embora se aplique ao descaminho, não tem incidência no crime de contrabando. Ademais, é importante que se diga que o STF tem precedentes no sentido de reconhecer a incidência de tal princípio aos crimes contra a Administração Pública; **C:** incorreta. No peculato-apropriação, previsto no art. 312, *caput*, 1ª parte, do CP, a consumação é alcançada no exato instante em que o funcionário público torna seu o objeto material do crime, de que tem a posse ou detenção em razão do cargo. Em outras palavras, a consumação se opera no momento em que o *intraneus* passa a se comportar como dono da coisa; **D:** incorreta. Conferir: "1. A conduta tipificada no art. 3°, III, da Lei n. 8.137/1990 – tipo especial em relação ao delito previsto no art. 321 do Código Penal – pressupõe que o agente, valendo-se da sua condição de funcionário público, patrocine, perante a administração fazendária, interesse alheio em processo administrativo. Pressupõe-se que o agente postule o interesse privado, direta ou indiretamente, utilizando-se da sua condição de funcionário para influenciar os responsáveis pela análise do pleito. 2. No caso, as instâncias ordinárias não noticiam que a recorrente tenha atuado, valendo-se da sua qualidade de funcionária, perante a administração fazendária, para facilitar ou influenciar eventual julgamento favorável ao terceiro. 3. Desse modo, não se pode tomar como típica a conduta da recorrente de proceder à correção, "quanto aos aspectos gramatical, estilístico e técnico", das impugnações administrativas anteriormente confeccionadas pelos causídicos do administrado. Não se pode inferir que o conhecimento técnico a respeito de alguma área profissional seja decorrência exclusiva da ocupação de determinado cargo público. 4. Muito embora a conduta perpetrada pela recorrente possa ser avaliada sob o aspecto ético, tem-se que ela não se justapõe à conduta típica descrita no art. 3°, III, da Lei dos Crimes contra a Ordem Tributária. 5. Recurso especial provido para absolver a recorrente, ante o reconhecimento da atipicidade da sua conduta" (STJ, REsp 1770444/DF, Rel. Ministro ANTONIO SALDANHA PALHEIRO, SEXTA TURMA, julgado em 08/11/2018, DJe 03/12/2018); **E:** incorreta. Se a reparação do dano, no peculato culposo (não se aplica ao doloso!), for anterior ao trânsito em julgado da sentença penal condenatória, o agente fará jus à extinção da punibilidade, na forma estatuída no art. 312, § 3°, primeira parte, do CP; agora, se o funcionário promover a reparação do dano em momento posterior ao trânsito em julgado da sentença, será ele agraciado com a redução de metade da pena que lhe foi imposta na sentença (e não a pena abstratamente cominada ao delito), tal como estabelece o art. 312, § 3°, segunda parte, do CP.

Gabarito "A".

(Delegado/RS – 2018 – FUNDATEC) Em atenção aos crimes praticados contra a Administração Pública, assinale a alternativa correta.

(A) Prefeito Municipal que é flagrado usando, indevidamente, o veículo oficial da prefeitura para passear com familiares, não responde, na esfera criminal, por faltar a sua conduta, o ânimo de assenhoramento definitivo, indispensável para a configuração do crime de peculato.

(B) Recente entendimento do Superior Tribunal de Justiça fixou o entendimento de que é aplicável o princípio da insignificância aos crimes contra a Administração Pública, o que muda o entendimento da jurisprudência em relação ao crime de descaminho.

(C) Médico de hospital privado, conveniado ao Sistema Único de Saúde, que constrange filho do paciente a entregar-lhe determinada quantia em dinheiro, sob pena de não realizar cirurgia, não pratica o crime de concussão.

(D) No crime de peculato culposo, previsto no artigo 312, parágrafo 3º do Código Penal, o arrependimento posterior não pode dar causa à extinção da punibilidade do agente.

(E) Não pratica o crime de prevaricação o Delegado de Polícia que, por ocasião da elaboração do relatório final do Inquérito Policial, deixa de indiciar alguém, com base no entendimento de que a conduta praticada e posta sob sua análise é atípica materialmente.

A: incorreta, já que o prefeito será responsabilizado pelo crime de peculato de uso, definido no art. 1º, II, do Decreto-Lei 201/1967; **B:** incorreta, uma vez que não houve mudança de entendimento em relação à inaplicabilidade do princípio da insignificância aos crimes contra a Administração Pública. Segundo a Súmula 599, do STJ: *o princípio da insignificância é inaplicável aos crimes contra a Administração Pública*. É importante que se diga que o STF tem precedentes no sentido de reconhecer a incidência de tal princípio aos crimes contra a Administração Pública. No que concerne ao delito de descaminho, as duas Cortes entendem pela aplicabilidade do mencionado postulado, desde que o tributo sonegado não ultrapasse R$ 20.000,00. Cuidado: a insignificância, embora se aplique ao descaminho, não tem incidência no crime de contrabando; **C:** incorreta. O médico conveniado do SUS é considerado, para os fins penais, funcionário público. Dessa forma, se ele, médico, exigir dinheiro (pagamento indevido) para realizar cirurgia, cometerá o crime de concussão (art. 316 do CP), delito próprio do *intraneus*. Importante: a Lei 13.964/2019, posterior à elaboração desta questão, alterou a pena máxima cominada ao crime de concussão. Com isso, a pena para este delito, que era de 2 a 8 anos de reclusão, e multa, passa para 2 a 12 anos de reclusão, e multa. Corrige-se, dessa forma, a distorção que até então havia entre a pena máxima cominada ao crime de concussão e aquelas previstas para os delitos de corrupção passiva (317, CP) e corrupção ativa (art. 333, CP). Doravante, a pena, para estes três crimes, vai de 2 a 12 anos de reclusão, sem prejuízo da multa. Mesmo porque o crime de concussão denota, no seu cometimento, maior gravidade do que o delito de corrupção passiva. No primeiro caso, o agente exige, que tem o sentido de impor, obrigar, sempre se valendo do cargo que ocupa para intimidar a vítima e, dessa forma, alcançar a colimada vantagem indevida; no caso da corrupção passiva, o *intraneus*, no lugar de exigir, solicita, recebe ou aceita promessa de receber tal vantagem; **D:** incorreta. No peculato culposo, se o agente reparar o dano até a sentença irrecorrível, fará jus à extinção de sua punibilidade, nos termos do art. 312, § 3º, do CP; se a reparação, entretanto, se der após o trânsito em julgado, o agente verá sua pena reduzida de metade; **E:** correta. Se, ao cabo das investigações, a autoridade policial presidente do inquérito policial, mediante análise técnico-jurídica, chegar à conclusão de que o fato é atípico e, por isso, deixar de proceder ao indiciamento do investigado, nenhuma irregularidade terá cometido (art. 2º, § 6º, da Lei 12.830/2013). Vale aqui lembrar que o crime de prevaricação, definido no art. 319 do CP, tem como pressuposto que o agente deixe de agir para satisfazer interesse ou sentimento pessoal.

Gabarito "E".

(Delegado/PE – 2016 – CESPE) O CP, em seu art. 14, assevera que o crime estará consumado quando o fato reunir todos os elementos da definição legal. Para tanto, necessária será a realização de um juízo de subsunção do fato à lei. Acerca do amoldamento dos fatos aos tipos penais, assinale a opção correta.

(A) A conduta de constituir, organizar, integrar, manter ou custear organização paramilitar, milícia particular, grupo ou esquadrão com a finalidade de praticar qualquer dos crimes previstos no CP configura crime contra a paz pública, sendo considerada como crime vago, uma vez que o sujeito passivo é a coletividade.

(B) A doutrina e a jurisprudência são unânimes ao afirmar que configura crime de desacato quando um tenente da polícia militar, no exercício de sua função, ofende verbalmente, em razão da função exercida, um de seus subordinados.

(C) Amolda-se no tipo legal de calúnia, previsto nos crimes contra a honra, a conduta de instaurar investigação policial contra alguém, imputando-lhe crime de que se sabe ser inocente.

(D) Constituem crime de corrupção ativa, praticado por particular contra a administração geral, as condutas de dar, oferecer ou prometer dinheiro ou qualquer outra vantagem a testemunha, perito, contador, tradutor ou intérprete, para fazer afirmação falsa, negar ou calar a verdade em depoimento, perícia, cálculos, tradução ou interpretação.

(E) A fraude processual será atípica, se a inovação artificiosa do estado de coisa, de pessoa ou de lugar, com o fim de induzir a erro o juiz, ocorrer antes de iniciado o processo penal.

A: correta. A redação da assertiva corresponde ao tipo penal do crime capitulado no art. 288-A, cujo *nomen juris* é *constituição de milícia privada*, dispositivo esse introduzido pela Lei 12.720/2012. De ver-se que se trata, tal como afirmado na alternativa, de crime classificado como vago, na medida em que o sujeito passivo, neste caso a coletividade, é representado por entidade destituída de personalidade jurídica; **B:** incorreta. O crime de desacato está previsto tanto no Código Penal, em seu art. 331, quanto no Código Penal Militar, neste caso nos arts. 298, 299 e 300. Pois bem. A questão é saber se há unanimidade, na doutrina e na jurisprudência, quanto à existência deste crime quando a ofensa é praticada por superior contra subordinado no contexto policial militar. E não há tal unanimidade. Conferir, quanto a isso, o magistério de Cezar Roberto Bitencourt: "(...) Para nós, é vazia e ultrapassada a discussão sobre a possibilidade de um superior hierárquico poder praticar desacato em relação a funcionário subalterno, ou vice-versa. Ignoram os antigos defensores da orientação contrária que o bem jurídico tutelado não é o funcionário propriamente, mas a função pública e a própria Administração, as quais estão, portanto, acima das sutilezas da hierarquia funcional, que é ocasional e circunstancial. Entendemos ser irrelevante o nível de hierarquia funcional entre sujeitos ativo e passivo para configurar o crime de desacato, fazendo coro, no particular, com Magalhães Noronha, Heleno Fragoso, Regis Prado, entre outros (...)" (*Tratado de Direito Penal*. 10. ed., São Paulo: Ed. Saraiva, 2016. p. 214); **C:** antes de analisarmos a assertiva, cabem, aqui, alguns esclarecimentos. Consiste o crime de *calúnia* em atribuir a alguém fato capitulado como crime. Trata-se de crime contra a honra objetiva (conceito que o sujeito tem diante do grupo no qual está inserido). Esse crime não deve ser confundido com a *denunciação caluniosa*, delito contra a Administração da Justiça previsto no art. 339 do CP, que pressupõe que o agente *dê causa*, provoque a instauração de investigação policial, de processo judicial, de investigação administrativa, inquérito civil ou ação de improbidade administrativa contra alguém (pessoa determinada), atribuindo-lhe crime de que o sabe inocente. A assertiva está, em vista do que acima expusemos, incorreta, já que a conduta ali contida corresponde à descrição típica do crime de denunciação caluniosa (art. 339 do CP), e não do delito de calúnia, este capitulado no art. 138 do CP; **D:** incorreta, uma vez que a redação desta assertiva se enquadra, à perfeição, na descrição típica do crime previsto no art. 343 do CP. Embora tenha certa similitude com o crime de corrupção ativa do art. 333 do CP (crime praticado por particular contra a Administração em geral), este delito do art. 343 do CP é praticado contra a Administração da Justiça; **E:** incorreta. Ainda que o processo não tenha sido iniciado, mesmo assim a conduta descrita constituirá o crime previsto no art. 347 do CP (fraude processual). Ademais, em razão de a inovação se destinar a produzir efeito em processo penal (em curso ou ainda não iniciado), incorrerá o agente na modalidade qualificada deste delito, previsto no parágrafo único do dispositivo em questão.

Gabarito "A".

(Delegado/DF – 2015 – Fundação Universa) Roberto afirmou, falsamente, perante a autoridade policial, que era ele quem conduzia o veículo dirigido por seu filho, que não possuía habilitação, a fim de evitar a instauração de inquérito contra o filho pela prática de lesão corporal culposa na direção de veículo automotor.

Nesse caso hipotético, a conduta de Roberto é

(A) típica, configurando crime de falsidade ideológica.

(B) típica, tendo a jurisprudência admitido, recentemente, em caso idêntico, a tese da autodefesa para excluir o crime.

(C) atípica.

(D) típica, aplicando-se-lhe, como causa excludente de culpabilidade, a inexigibilidade de conduta adversa.

(E) típica, aplicando-se, como causa excludente de culpabilidade, o erro de proibição.

Embora haja julgados que considerem a conduta narrada no enunciado como crime de falsidade ideológica (conferir: STJ, 6ª T., HC 48.060-SP, rel. Min. Nefi Cordeiro, j. 12.02.2015), entendemos que tal comportamento delitivo melhor se amolda ao tipo penal do art. 341 do CP (autoacusação falsa): "Acusar-se, perante a autoridade, de crime inexistente ou *praticado por outrem*" (GN). Foi essa a conduta levada a efeito por Roberto, que assumiu a culpa, perante o delegado de polícia, por crime de lesão corporal culposa de trânsito, cujo responsável foi, na verdade, seu filho, que não possuía habilitação para dirigir veículo automotor. E o fez para elidir a responsabilidade criminal deste, com inegável prejuízo à administração da Justiça, cuja estrutura será movimentada para apurar e, no futuro, processar pessoa sobre a qual não existe responsabilidade pelo delito apurado. Assim sendo, não há, a nosso ver, resposta correta.

Gabarito "Anulada".

(Delegado/SP – 2014 – VUNESP) O crime de peculato

(A) consiste em solicitar ou receber, para si ou para outrem, direta ou indiretamente, vantagem indevida.

(B) é crime contra a administração da justiça.

(C) consiste em dar às verbas ou rendas públicas aplicação diversa da estabelecida em lei.

(D) embora seja crime próprio, admite a participação de agentes que não sejam funcionários públicos.

(E) mediante erro de outrem tem a mesma pena do crime de peculato.

A: incorreta, pois a redação contida na assertiva em comento alude, ainda que incompleta e faltantes alguns elementos típicos, ao crime de corrupção passiva (art. 317, CP); **B:** incorreta, pois o peculato (art. 312, CP) é crime contra a administração pública; **C:** incorreta, pois dar às verbas ou rendas públicas aplicação diversa da estabelecida em lei caracteriza o crime de emprego irregular de verbas ou rendas públicas (art. 315, CP); **D:** correta. Nada obstante o peculato seja crime próprio, exigindo-se, pois, a condição de funcionário público do agente delitivo, admite concurso de pessoas (coautoria ou participação), desde que o terceiro (denominado de *extraneus*) tenha ciência da condição de funcionário do agente, incidindo a regra do art. 30 do CP (condições ou circunstâncias de caráter pessoal somente se comunicam a coautores ou partícipes se elementares do crime); **E:** incorreta. O peculato mediante erro de outrem (art. 313, CP) é punido com reclusão, de 1 a 4 anos, e multa, ao passo que o peculato (art. 312, CP) é punido com reclusão, de 2 a 12 anos, e multa.

Gabarito "D".

(Delegado/SP – 2014 – VUNESP) Levar ao conhecimento da autoridade policial a ocorrência de um crime, por vingança, sabedor de que o suposto fato criminoso jamais ocorreu, supostamente, tipifica o delito de

(A) fraude processual.

(B) exercício arbitrário das próprias razões.

(C) comunicação falsa de crime ou de contravenção.

(D) denunciação caluniosa.

(E) falso testemunho.

A: incorreta, pois a fraude processual (art. 347, CP) pressupõe que o agente inove artificiosamente, na pendência de processo civil ou administrativo, o estado de lugar, de coisa ou de pessoa, com o fim de induzir a erro o juiz ou o perito; **B:** incorreta, haja vista que o exercício arbitrário das próprias razões, previsto no art. 345 do CP, se caracteriza quando o agente faz justiça pelas próprias mãos, para satisfazer pretensão, embora legítima, salvo quando a lei o permite; **C:** correta. Comete o crime do art. 340 do CP aquele que provoca a ação de autoridade, comunicando-lhe a ocorrência de crime ou de contravenção que sabe não se ter verificado; **D:** incorreta. A denunciação caluniosa (art. 339 do CP), diversamente da falsa comunicação de crime ou de contravenção, exige que o agente dê causa à instauração de investigação policial, de processo judicial, instauração de investigação administrativa, inquérito civil ou ação de improbidade administrativa contra alguém, imputando-lhe crime de que o sabe inocente. Assim, para a configuração da denunciação caluniosa, indispensável que o agente já atribua o fato criminoso a pessoa determinada, o que não acontece na comunicação falsa de crime ou de contravenção (art. 340, CP); **E:** incorreta, pois quando alguém leva ao conhecimento da autoridade policial a ocorrência de um crime, não está fazendo uma afirmação falsa, negando ou calando a verdade na condição de testemunha (art. 342, CP).

Gabarito "C".

(Delegado de Polícia/GO – 2013 – UEG) João, após cometer um crime de homicídio contra sua esposa, foge da ação policial que busca prendê-lo em flagrante delito. Em meio à fuga, vai até o escritório de seu tio Cícero, que também é advogado, ocasião em que este, ao ser procurado pela polícia indagando sobre o paradeiro do perseguido, diz dele não ter notícias, mas, logo em seguida, empresta um carro e o sítio de recreio que possui no interior para João se esconder. Nesse contexto, a conduta de Cícero é

(A) não é punível em razão do grau de parentesco entre eles.

(B) tipicamente irrelevante, tendo em vista que foi o autor do homicídio quem o procurou.

(C) típica, configurando crime de favorecimento pessoal, previsto no art. 348 do Código Penal.

(D) típica, configurando crime de favorecimento real, previsto no art. 349 do Código Penal.

A situação retratada no enunciado, de início, caracteriza o crime de favorecimento pessoal, previsto no art. 348 do CP. De fato, aquele que auxiliar a subtrair-se à ação de autoridade pública autor de crime, incorre nas penas do referido tipo penal. Ocorre que, a depender do grau de parentesco entre referido autor de crime e aquele que lhe dá guarida, incidirá escusa absolutória. É o que se extrai do art. 348, § 2°, do CP: "Se quem presta o auxílio é ascendente, descendente, cônjuge ou irmão do criminoso, fica isento de pena". No caso relatado no enunciado, Cícero é tio de João (portanto, colateral em terceiro grau). Dado que a isenção de pena somente se admite ao *ascendente, descente, cônjuge* ou *irmão* do criminoso, o tio responderá por favorecimento pessoal de seu sobrinho, autor de homicídio.
Gabarito "C".

(Delegado de Polícia/GO – 2013 – UEG) O advogado Cícero solicita dinheiro de seu cliente, João, com argumento de que repassará a soma em dinheiro ao juiz de direito da comarca, para que este o absolva da imputação de corrupção ativa praticada anteriormente. Após receber o dinheiro do cliente, o advogado o entrega ao magistrado, que prolata sentença absolutória logo em seguida, reconhecendo a atipicidade da conduta de João. Nesse contexto, verifica-se que

(A) Cícero e João responderão por corrupção ativa, enquanto o juiz responderá por corrupção passiva.
(B) Cícero e João responderão por tráfico de influência, enquanto o juiz responderá por corrupção passiva.
(C) Cícero e João responderão por exploração de prestígio, enquanto o juiz responderá por corrupção ativa.
(D) Cícero responderá por exploração de prestígio, enquanto João responderá por corrupção ativa e o juiz por corrupção passiva.

A: correta. De fato, o advogado Cícero, ao entregar ao magistrado dinheiro, obtido de João, para que prolatasse sentença absolutória em favor deste último, praticou o crime de corrupção ativa (art. 333 do CP). João, por ter ciência de que seu advogado levaria o numerário ao juiz, igualmente incorreu no crime citado; **B**: incorreta. O tráfico de influência (art. 332 do CP) é crime que se configura quando o agente solicitar, exigir, cobrar ou obtiver, para si ou para outrem, vantagem ou promessa de vantagem, *a pretexto de influir em ato praticado por funcionário público no exercício da função*. Veja que nesse crime, o agente, simplesmente, solicita, exige, cobra ou obtém vantagem ou promessa de vantagem, *a pretexto de influir em ato de funcionário público*, o que não se verificou no enunciado. Houve, de fato, entrega da vantagem ao magistrado, razão pela qual se caracterizou o crime de corrupção ativa; **C**: incorreta. A exploração de prestígio (art. 357 do CP), semelhante ao tráfico de influência (art. 332 do CP), caracteriza-se quando o agente *solicitar ou receber dinheiro ou qualquer outra utilidade*, a pretexto de influir em juiz, jurado, órgão do Ministério Público, funcionário de justiça, perito, tradutor, intérprete ou testemunha. No enunciado, viu-se que o juiz foi, efetivamente, corrompido, tendo o advogado Cícero lhe entregado dinheiro para prolatar sentença absolutória em favor de João. Daí terem advogado e cliente praticado corrupção ativa (art. 333 do CP), ao passo que o magistrado cometeu corrupção passiva (art. 317 do CP), visto haver recebido vantagem indevida; **D**: incorreta. Cícero e João, como visto anteriormente, praticaram o crime de corrupção ativa (art. 333 do CP), visto que o causídico, após haver solicitado numerário de seu cliente, ofereceu ao magistrado vantagem indevida para que praticasse ato de ofício (prolação de sentença), razão pela qual ambos (advogado e cliente) incidiram no mesmo tipo penal. Quanto ao juiz, de fato, praticou corrupção passiva (art. 317 do CP), tendo em vista ter recebido vantagem indevida.
Gabarito "A".

(Delegado/BA – 2013 – CESPE) Em relação aos crimes contra a administração pública e aos delitos praticados em detrimento da ordem econômica e tributária e em licitações e contratos públicos, julgue os itens abaixo:

(1) Constitui pressuposto material dos crimes de peculato-apropriação e peculato-desvio, em suas formas dolosas, a anterior posse do dinheiro, do valor ou de qualquer outro bem móvel, público ou particular, em razão do cargo ou função.

(2) Considere a seguinte situação hipotética. Pedro e Paulo simularam contrato de gestão com o objetivo de dispensar licitação em situação que não configurava hipótese de dispensa autorizada por lei. Em processo criminal, Pedro foi condenado à pena de dois anos e um mês de detenção e Paulo, à pena de três anos e dois meses de detenção e, apesar de não ter sido comprovada a obtenção de vantagem econômica, ambos foram condenados, ainda, ao pagamento de multa. Nessa situação hipotética, o juiz agiu corretamente ao aplicar a pena pecuniária.

(3) Servidor público alfandegário que, em serviço de fiscalização fronteiriça, permitir a determinado indivíduo penalmente imputável adentrar o território nacional trazendo consigo, sem autorização do órgão competente e sem o devido desembaraço, pistola de calibre **380** de fabricação estrangeira deverá responder pela prática do crime de facilitação de contrabando, com infração do dever funcional excluída a hipótese de aplicação do Estatuto do Desarmamento.

(4) Servidor público que, na qualidade de agente fiscal, exigir vantagem indevida para deixar de emitir auto de infração por débito tributário e de cobrar a consequente multa responderá, independentemente do recebimento da vantagem, pela prática do crime de concussão, previsto na parte especial do Código Penal (CP).

(5) Considere a seguinte situação hipotética. Alfredo, alegando, de forma fraudulenta, a terceiros interessados que, por ter influência sobre determinado funcionário público, poderia acelerar a conclusão de processo administrativo de interesse do grupo, cobrou desse grupo vultosa quantia em dinheiro, da qual metade lhe foi paga adiantadamente. Antes da conclusão do processo, entretanto, descobriu-se que Alfredo não tinha qualquer acesso ou influência sobre o referido funcionário. Nessa situação hipotética, a conduta de Alfredo constitui crime de estelionato, já que ele alegou ter prestígio que, na realidade, não possuía.

1: correta. Tanto o peculato-apropriação quanto o peculato-desvio, espécies de peculato próprio (art. 312, caput, do CP), têm como pressuposto que o dinheiro, valor ou qualquer outro bem móvel, público ou particular, estejam na posse do agente em razão do cargo. Basta analisar a redação do tipo penal: "Apropriar-se o funcionário público de dinheiro, valor ou qualquer outro bem móvel, público ou particular, de que tem a posse em razão do cargo, ou desviá-lo, em proveito próprio ou alheio"; **2**: incorreta. Nos termos do art. 99 da Lei das Licitações (Lei 8.666/1993), a pena de multa cominada nos arts. 89 a 98, da referida lei, consiste no pagamento de quantia fixada na sentença e calculada em índices percentuais, *cuja base corresponderá ao valor da vantagem efetivamente obtida ou potencialmente auferível pelo agente*. Assim, agiu incorretamente o juiz que aplicou a pena pecuniária a Pedro e Paulo, visto que não se logrou comprovar tenham obtido vantagem econômica com a fraude que perpetraram para a dispensa ilegal de licitação; **3**: incorreta. Pelo

princípio da especialidade, a conduta do agente alfandegário caracteriza tráfico internacional de arma de fogo, subsumindo-se ao art. 18 da Lei 10.826/2003 – Estatuto do Desarmamento ("Importar, exportar, *favorecer a entrada* ou saída do território nacional, a qualquer título, de *arma de fogo*, acessório ou munição, sem autorização da autoridade competente") e não ao art. 318 do CP ("Facilitar, com infração de dever funcional, a prática de contrabando ou descaminho"). Atenção: a pena cominada ao crime do art. 18 do Estatuto do Desarmamento, que era de 4 a 8 anos de reclusão e multa, foi alterada, por força da Lei 13.964/2019, para 8 a 16 anos de reclusão e multa; **4**: incorreta. Pelo princípio da especialidade, a conduta do agente fiscal caracteriza crime funcional contra a ordem tributária, previsto no art. 3º, II, da Lei 8.137/1990 ("exigir, solicitar ou receber, para si ou para outrem, direta ou indiretamente, ainda que fora da função ou antes de iniciar seu exercício, mas em razão dela, vantagem indevida; ou aceitar promessa de tal vantagem, para deixar de lançar ou cobrar tributo ou contribuição social, ou cobrá-los parcialmente"), não incidindo a figura típica geral constante do art. 316, § 1º, do CP (excesso de exação); **5**: incorreta. Nos termos do art. 332 do CP, configura o crime de tráfico de influência o fato de o agente solicitar, exigir, cobrar ou obter, para si ou para outrem, vantagem ou promessa de vantagem, *a pretexto de influir em ato praticado por funcionário público no exercício da função*. Para a caracterização do crime em tela, o agente obtém vantagem ou promessa de vantagem sob a falsa alegação de gozar de influência perante determinado funcionário, quando, em verdade, não exerce prestígio algum. Nas palavras de Rogério Sanches Cunha, "frise-se que, para a configuração do delito, é preciso que a aludida influência seja fraudulenta (simulada), pois se presente e real, outro poderá ser o crime" (*Manual de Direito Penal – Parte Especial*. 6. ed. Salvador: Juspodivm, p. 812).
Gabarito 1C, 2E, 3E, 4E, 5E

(Delegado Federal – 2004 – CESPE) Célio, arrolado como testemunha em processo criminal em que se imputava ao réu crime de homicídio culposo, é instigado pelo advogado de defesa a fazer afirmações falsas acerca dos fatos, a fim de inocentar o réu, o que efetivamente vem a fazer. Com base na situação hipotética acima apresentada, julgue os itens que se seguem.

(1) Célio praticou crime de falso testemunho qualificado, pois foi cometido com o fim de obter prova destinada a produzir efeito em processo penal.
(2) De acordo com o entendimento dominante do Supremo Tribunal Federal (STF), como o delito praticado é de mão própria, não se admite coautoria ou participação, sendo atípica a conduta do advogado de defesa.

1: correta, art. 342, § 1º, do CP (causa de aumento de pena); **2**: incorreta, embora se trate de crime de mão própria, é perfeitamente possível o concurso de pessoas na modalidade *participação*, uma vez que nada obsta que o advogado induza ou instigue a testemunha a mentir em juízo ou na polícia. A esse respeito: STF, RHC 81.327-SP, 1ª T., Rel. Min. Ellen Gracie, *DJ* 05.04.2002.
Gabarito 1C, 2E

(Delegado Federal – 2002 – CESPE) Julgue o seguinte item.

(1) A prevaricação é crime próprio de funcionário público com vínculo efetivo. Assim, caso seja praticada por ocupante de emprego público, a mesma conduta incidirá em tipo penal diverso.

1: incorreta, pois o crime de prevaricação (art. 319 do CP), considerado crime próprio de funcionário público (crime funcional), poderá ser praticado, como a própria classificação doutrinária sugere, por funcionário público, seja este detentor de um cargo público, ou, ainda, emprego público ou função pública (art. 327 do CP).
Gabarito 1E

(Delegado Federal – 2002 – CESPE) Julgue o seguinte item.

(1) Considere a seguinte situação hipotética. Nardel, assistente de transporte do Ministério da Saúde, previamente ajustado com Leandro, seu primo, que estava desempregado, parou em um estacionamento público um veículo oficial que transportava R$ 20.000,00 em medicamentos, deixando-o aberto e com a chave na ignição. Leandro, valendo-se da facilidade, estacionou uma caminhonete ao lado do veículo oficial e subtraiu todo o medicamento. Nessa situação, Leandro responderá pelo crime de furto.

1: incorreta, visto que, na assertiva ora analisada, verifica-se que o crime perpetrado por Nardel, funcionário público (assistente de transporte do Ministério da Saúde), foi o peculato-furto (art. 312, § 1º, do CP). Se o seu primo, de forma consciente e voluntária, concorreu para a prática do mesmo crime, igualmente responderá por peculato-furto, e, não, por furto. O fato de Nardel ser funcionário público, que é uma condição pessoal, comunica-se ao coautor ou partícipe, desde que referida condição seja por este conhecida, nos termos do art. 30 do CP.
Gabarito 1E

(Delegado/AM) José, admitido como estagiário, sem remuneração, foi lotado na Secretaria de Justiça do Estado do Amazonas, onde iniciou atividade laboral. Dois meses após, recebeu, da CIA. Histriônica de Alimentos Gerais, trezentos mil reais para facilitar o ingresso da companhia nas compras da secretaria. José cometeu:

(A) peculato
(B) estelionato
(C) corrupção passiva
(D) apropriação indébita

No caso, José cometeu o crime de corrupção passiva (art. 317 do CP). Importante ressaltar que o art. 327 do CP traz o conceito legal de funcionário público, que se estende, para efeitos penais, ao estagiário, o qual exerce, embora transitoriamente e sem remuneração, cargo, emprego ou função pública. Outrossim, a conduta do estagiário (funcionário público), qual seja, a de receber dinheiro para facilitar o ingresso da companhia nas compras da secretaria, que ocorreu em razão de sua função, configura o tipo penal previsto no art. 317 do CP, afastando as demais hipóteses.
Gabarito "C".

(Delegado/AM) É exemplo de crime contra a Administração Pública, previsto no CP:

(A) moeda falsa (art. 289)
(B) motim de presos (art. 354)
(C) supressão de documento (art. 305)
(D) falsificação de documento público (art. 297)

A, C e D: incorretas, pois tratam de crimes contra a fé pública; B: correta (Título XI – Dos crimes contra a Administração Pública, Capítulo III – Dos crimes contra a Administração da Justiça).
Gabarito "B".

(Delegado/AM) Nos crimes praticados contra a Administração Pública, o sujeito passivo é sempre o:

(A) Estado e, eventualmente, o particular indiretamente ofendido
(B) Estado; o particular nunca será sujeito passivo
(C) particular e, eventualmente, o Estado
(D) particular indiretamente ofendido

Nos crimes contra a Administração Pública, a vítima primária e direta é ela própria (Administração Pública direta, indireta e os particulares em colaboração), sendo que secundariamente pode ser sujeito passivo o administrado prejudicado (particular ofendido).
Gabarito "A".

(Delegado/AP – 2010) Relativamente ao tema dos *crimes contra a administração pública*, analise as afirmativas a seguir.

I. Considera-se funcionário público, para os efeitos penais, quem, embora transitoriamente exerce cargo, emprego ou função pública, excetuados aqueles que não percebam qualquer tipo de remuneração.
II. Equipara-se a funcionário público quem exerce cargo, emprego ou função em entidade paraestatal, mas não quem trabalha para empresa prestadora de serviço contratada para a execução de atividade típica da Administração Pública.
III. A pena é aumentada da terça parte quando o autor do crime praticado por funcionário público contra a administração em geral for ocupante de cargo em comissão de órgão da administração direta.

Assinale:

(A) se somente a afirmativa I estiver correta.
(B) se somente a afirmativa II estiver correta.
(C) se somente a afirmativa III estiver correta.
(D) se somente as afirmativas II e III estiverem corretas.
(E) se todas as afirmativas estiverem corretas.

I: incorreta (art. 327, *caput*, do CP). O conceito legal de funcionário público inclui tanto aquele que exerce transitoriamente e sem remuneração, cargo, emprego ou função, como aquele que não exerce transitoriamente e recebe remuneração; II: incorreta (art. 327, § 1º, do CP). O funcionário público por equiparação é aquele que exerce cargo, empregou ou função em entidade paraestatal, bem como aquele que trabalha para empresa prestadora de serviço contratada ou conveniada para a execução de atividade típica da Administração Pública; III: correta (art. 327, § 2º, do CP), muito embora a alternativa esteja incompleta. A pena é aumentada da terça parque quando autor do crime praticado por funcionário público contra a Administração em geral for ocupante de cargo em comissão ou de função de direção ou assessoramento de órgão da Administração Direta e Indireta.
Gabarito "C".

(Delegado/AP – 2006 – UFAP) Analise as assertivas e assinale a alternativa correta:

I. Comete prevaricação o policial que se apropria de valores de preso, cuja guarda lhe foi confiada.
II. Pratica concussão o funcionário público que solicita para si, diretamente, em razão da função, vantagem indevida.
III. A consumação do crime de abandono de função exige que o tempo de abandono seja relevante, mas dispensa a probabilidade de dano para a administração pública.

(A) Estão corretas todas as alternativas.
(B) Estão erradas todas as alternativas.
(C) Estão corretas apenas as alternativas II e III.
(D) Está correta apenas a alternativa I.
(E) Está correta apenas a alternativa III.

I: incorreta, uma vez que não se trata do crime de prevaricação, mas de peculato-apropriação (art. 312, *caput*, do CP), segundo o qual o agente (funcionário público) se apropria de dinheiro, valor ou qualquer outro bem móvel, público ou particular, de que tem a posse em razão do cargo, em proveito próprio ou alheio. É o que ocorreu no caso, em que o policial se apropriou de valores do preso, cuja guarda lhe foi confiada; II: incorreta, pois não se trata de concussão, mas de corrupção passiva (art. 317 do CP), em que o funcionário público solicita, recebe ou aceita promessa de vantagem indevida, para si ou para outrem, direta ou indiretamente, ainda que fora da função ou antes de assumi-la, mas em razão dela; III: incorreta, já que o crime previsto no art. 323, *caput*, do CP, embora exija que o abandono se perdure por tempo suficiente, não dispensa a probabilidade de dano para a administração pública. Não basta a conduta de abandonar cargo público, sendo necessária a criação da possibilidade concreta de dano. Assim, trata-se de *crime de perigo* (de dano concreto, frise-se), diferente do que ocorre com o crime previsto no art. 323, § 1º, do CP, em que se exige um dano concreto, cuidando-se, portanto, de crime de dano ("*se do fato resulta prejuízo público*").
Gabarito "B".

(Delegado/BA – 2008 – CEFETBAHIA) Constitui crime de advocacia administrativa o fato de um

(A) agente público empregar de violência ou grave ameaça para obter vantagem para si ou para outro.
(B) agente público solicitar ou receber vantagem para praticar ato irregular.
(C) funcionário público patrocinar interesse privado, advogando, defendendo, apadrinhando ou pleiteando favorecer um interesse particular alheio perante a administração pública e valendo-se de sua condição de funcionário.
(D) indivíduo retardar ou deixar de praticar ato de ofício para satisfazer interesse ou sentimento pessoal.
(E) agente público exigir vantagem para praticar ato irregular.

A: incorreta, uma vez que não é elementar do crime de advocacia administrativa o emprego da violência ou grave ameaça; **B:** incorreta, pois tais condutas configuram o crime de corrupção passiva (art. 317 do CP); **C:** correta (art. 321 do CP), pois de acordo com o tipo penal, aquele que patrocinar, direta ou indiretamente, interesse privado perante a administração pública, valendo-se da qualidade de funcionário, pratica o crime de advocacia administrativa (crime praticado por funcionário público contra a administração em geral); **D:** incorreta, porque tal conduta configura o crime de prevaricação (art. 319 do CP); **E:** incorreta, já que tal conduta caracteriza, em tese, o delito de concussão (art. 316 do CP).
Gabarito "C".

(Delegado/BA – 2008 – CEFETBAHIA) O crime de peculato é praticado quando o

(A) funcionário público exige, para si ou para outrem, direta ou indiretamente, ainda em que fora da função, vantagem indevida.
(B) funcionário público se apropria de dinheiro, valor ou qualquer outro bem móvel, público ou particular, de que tem a posse em razão do cargo, ou desviá-lo, em proveito próprio.
(C) funcionário público se apropria de dinheiro ou de qualquer outro bem móvel do particular de que tinha a posse, sem razão do cargo.
(D) indivíduo oferece ou promete vantagem indevida a funcionário público, para determiná-lo a praticar, omitir ou retardar ato de ofício.
(E) funcionário público dá às verbas ou rendas públicas aplicação diversa da estabelecida em lei.

A: incorreta, pois tal conduta configura o crime de concussão (art. 316 do CP); **B:** correta, dado que o funcionário público que se apropriar (peculato – apropriação) de dinheiro, valor ou qualquer outro bem móvel, público ou particular, de que tem posse em razão do cargo, ou desviá-lo (peculato – desvio), em proveito próprio ou alheio, pratica o crime previsto no art. 312 do CP; **C:** incorreta, já que no caso, se o funcionário público se apropriar de dinheiro ou qualquer outro bem móvel do particular de que tinha posse, mas não o fizer em razão do cargo, restará configurado o crime de apropriação indébita (crime contra o patrimônio) e não peculato, cuja elementar "em razão do cargo" torna-se indispensável. O funcionário público deve se utilizar da facilidade decorrente do seu cargo, sendo que se não o fizer o crime não será contra a administração em geral, podendo caracterizar outro delito, como no caso a apropriação indébita, quando se tratar de crime funcional impróprio; **D:** incorreta, porque tal conduta configura o delito de corrupção ativa, previsto no art. 333 do CP; **E:** incorreta, visto que se trata do crime de emprego irregular de verbas ou rendas públicas, previsto no art. 315 do CP.

Gabarito "B".

(Delegado/BA – 2008 – CEFETBAHIA) Em relação ao crime de prevaricação, pode-se afirmar:

(A) Não há, para configuração do delito, a necessidade de satisfazer interesse ou sentimento pessoal.

(B) Exige a lei, para configuração do delito, o dolo específico em satisfazer interesse ou sentimento pessoal.

(C) Basta que o funcionário público retarde ou deixe de praticar indevidamente ato de ofício, ou praticá-lo contra disposição expressa de lei.

(D) Basta que o funcionário público satisfaça interesse alheio.

(E) Basta que o funcionário público exija para si ou para outrem vantagem indevida.

A: incorreta, uma vez que para configurar o delito se exige o elemento subjetivo, consistente em satisfazer interesse ou sentimento pessoal; **B:** correta, pois o delito de prevaricação exige o dolo específico, qual seja, a intenção de satisfazer interesse ou sentimento pessoal, em detrimento do interesse público (art. 319 do CP); **C:** incorreta, já que não basta a configuração das elementares objetivas (retardar ou deixar de praticar indevidamente ato de ofício, ou praticá-lo contra disposição expressa de lei), sendo imprescindível o elemento subjetivo do tipo, qual seja, a finalidade de satisfazer interesse ou sentimento pessoal; **D:** incorreta, visto que deve satisfazer interesse ou sentimento pessoal. No caso de o funcionário público realizar a conduta (deixar de praticar ou retardar ato de ofício) cedendo a pedido ou influência de outrem, configura-se o crime de corrupção passiva privilegiada, previsto no art. 317, § 2º, do CP e não prevaricação; **E:** incorreta, dado que configura, em tese, o crime de concussão (art. 316 do CP).

Gabarito "B".

(Delegado/BA – 2008 – CEFETBAHIA) A alternativa em que são apontados crimes contra a Administração Pública, praticados por funcionário público, é a

(A) Corrupção ativa, contrabando ou descaminho e tráfico de influência.

(B) Concussão, peculato e prevaricação.

(C) Facilitação de contrabando e descaminho, violência arbitrária e usurpação de função pública.

(D) Corrupção passiva, violação de sigilo funcional e desacato.

(E) Estelionato, roubo e peculato.

A: incorreta, pois os crimes de corrupção ativa (art. 333 do CP), contrabando ou descaminho (arts. 334 e 334-A do CP) e tráfico de influência (art. 332 do CP) são praticados por particular contra a administração em geral; **B:** correta. Os crimes de concussão (art. 316 do CP), peculato (art. 312 do CP) e prevaricação (art. 319 do CP) são praticados por funcionário público contra a administração em geral; **C:** incorreta. Em que pese os crimes de violência arbitrária (art. 322 do CP) e de facilitação de contrabando e descaminho (art. 318 do CP) serem praticados por funcionário público, o crime de usurpação de função pública (art. 328 do CP) é praticado por particular contra a administração em geral; **D:** incorreta, uma vez que os crimes de corrupção passiva (art. 317 do CP) e violação de sigilo funcional (art. 325 do CP) são praticados por funcionário público contra a administração em geral. Todavia, o crime de desacato (art. 331) é praticado por particular; **E:** incorreta. Muito embora o crime de peculato seja praticado por funcionário público contra a administração em geral (art. 312 do CP), os crimes de estelionato e roubo são praticados por qualquer pessoa contra o patrimônio.

Gabarito "B".

(Delegado/BA – 2008 – CEFETBAHIA) Um funcionário público concorre culposamente para a apropriação de dinheiro proveniente dos cofres públicos, mas o restitui antes da sentença penal irrecorrível.

Diante de tal fato, esse funcionário terá

(A) extinta a punibilidade.

(B) praticado crime de corrupção, sem diminuição de pena.

(C) reduzida a pena de um a dois terços.

(D) reduzida a pena de metade.

(E) mantida a pena prevista para atos dessa natureza.

Trata-se, no caso, do crime de peculato culposo, em que o funcionário público concorre culposamente para a prática do crime de outrem (art. 312, § 2º, do CP). Os requisitos para o crime de peculato culposo são: conduta culposa do funcionário público; crime de outrem doloso, consumado (se for tentado não há peculato culposo, mas figura atípica), contra o patrimônio e, por fim, nexo causal entre a conduta culposa e o crime de terceiro (funcionário público ou particular), que se aproveitou da facilidade provocada culposamente pelo funcionário público. Não se trata de concurso de agentes, uma vez que não há participação culposa em crime doloso. Portanto, são crimes autônomos, até mesmo porque o funcionário público não tem a consciência de que colaborou para a conduta do terceiro, pois se tivesse tal consciência estaria agindo de forma dolosa e não culposa. Se o agente que praticou o peculato culposo reparar o dano antes da sentença penal irrecorrível, estará extinta a punibilidade. Por sua vez, se for após o trânsito em julgado, a pena será reduzida pela metade (art. 312, § 3º, do CP). Em caso de peculato doloso, o ressarcimento do dano antes do recebimento da denúncia pode caracterizar o arrependimento posterior, reduzindo a pena de um a dois terços (art. 16 do CP). Se após o recebimento da denúncia, mas antes da sentença penal condenatória, caracteriza circunstância atenuante genérica (art. 65, III, "b", do CP) ou a atenuante inominada, se ocorrer em grau de recurso (art. 66 do CP).

Gabarito "A".

(Delegado/DF – 2004) No crime de resistência (artigo 329 do Código Penal – Opor-se a execução de ato legal), a elementar "ato legal", significa que a prisão deve ser:

(A) formalmente legal, ainda que injusta;

(B) justa e formalmente legal;

(C) justa, formal e materialmente legal;

(D) materialmente legal;

(E) materialmente legal, ainda que injusta.

O ato deve ser material (fundado em lei ou atos judiciais) e formalmente legal (preenchidos os requisitos de forma), ainda que injusto, pois não cabe discutir a injustiça do ato, a qual não se confunde com ilegalidade.

Gabarito "A".

(Delegado/MG – 2008) Com relação aos crimes contra a administração Pública, assinale a afirmativa *INCORRETA*.

(A) Configura a concussão a exigência feita por funcionário público para si, de vantagem indevida, não importando que esteja ele afastado da função pública que exerça, desde que dela se valha.

(B) Funcionário público que, mantendo vítima em erro, apropria-se de quantia de dinheiro que lhe foi entregue no exercício de sua função, comete o crime de peculato mediante erro de outrem, inserido no art. 313 do Código Penal.

(C) No crime de peculato culposo, a reparação do dano precedente à sentença irrecorrível é causa de extinção da punibilidade.

(D) Para a configuração do crime de corrupção passiva, não é imprescindível a concomitante ocorrência do delito de corrupção ativa, não sendo o crime necessariamente bilateral.

A: correta (art. 316 do CP); **B:** incorreta, devendo ser assinalada. De acordo com o art. 313 do CP, há peculato mediante erro de outrem quando o funcionário público se apropria de dinheiro ou de qualquer utilidade que, no exercício do cargo, recebeu da vítima por engano. O dolo do agente é o de se apropriar da coisa que recebeu, por engano, da vítima. No caso, o funcionário não recebeu por erro, mas manteve a vítima em erro. Assim, quando o dolo é o de enganar a vítima, mantendo-a em erro, configura-se o delito de estelionato (art. 171 do CP); **C:** correta (art. 312, § 3º, do CP); **D:** correta, pois no caso de o funcionário público solicitar, para si ou para outrem, direta ou indiretamente, ainda que fora da função, ou antes de assumi-la, mas em razão dela, vantagem indevida, não configura corrupção ativa mas somente passiva, sendo atípica a conduta do terceiro que atende à solicitação (art. 317 do CP).
Gabarito "B".

(Delegado/MG – 2006) Quanto aos crimes de corrupção ativa e passiva é CORRETO afirmar que:

(A) Na configuração dos crimes de corrupção é indispensável a ocorrência do concurso de pessoas.

(B) A corrupção é crime material que se consuma com a produção do resultado pretendido pelo agente.

(C) É corrupção ativa o oferecimento de vantagem a funcionário público após sua omissão em ato de ofício.

(D) Existe previsão da modalidade culposa para os crimes em análise.

(E) O sujeito ativo da corrupção passiva é o funcionário público, sendo este um crime próprio.

A: incorreta, dado que é perfeitamente possível que se verifique a corrupção passiva (art. 317 do CP) sem que se caracterize a corrupção ativa (art. 333 do CP), e vice-versa. Basta, por exemplo, que um funcionário público solicite a um particular uma vantagem indevida para que se configure (e consuma) a corrupção passiva, ainda que o terceiro recuse o quanto pedido; **B:** incorreta, visto ser pacífico o entendimento de que a corrupção passiva é crime formal, independendo, para sua consumação, da produção de qualquer resultado pretendido pelo agente; **C:** incorreta. A corrupção ativa pressupõe que o particular ofereça ou prometa a funcionário público uma vantagem indevida para que este pratique, retarde ou deixe de praticar ato de ofício. Portanto, a vantagem deve ser ofertada antes do ato de ofício; **D:** incorreta. Inexiste a forma culposa de corrupção passiva e ativa; **E:** correta, pois, de fato, o crime de corrupção passiva (art. 317 do CP) é o típico crime próprio, visto exigir a condição de funcionário público do sujeito ativo.
Gabarito "E".

(Delegado/MT – 2006) O funcionário público que, como perito oficial, mediante suborno, elabora laudo ideologicamente falso, pratica

(A) corrupção passiva.
(B) prevaricação.
(C) falsidade ideológica.
(D) falsa perícia.

Comete falsa perícia aquele agente que faz afirmação falsa, nega ou cala a verdade na qualidade de perito, consoante prescreve o art. 342 do CP (crime de falso testemunho ou falsa perícia), aumentando-se a pena de um sexto a um terço se o crime for praticado mediante suborno (§ 1º, primeira parte, do mesmo dispositivo legal).
Gabarito "D".

(Delegado/PA – 2009 – MOVENS) A respeito dos crimes contra a administração pública, assinale a opção correta.

(A) Aquele que exige vantagem indevida para si ou para outrem, direta ou indiretamente, ainda que fora da função ou antes de assumi-la, mas em razão dela, comete o delito de corrupção ativa.

(B) No delito de peculato culposo, a reparação do dano, se precede à sentença irrecorrível, extingue a punibilidade; se lhe é posterior, reduz de metade a pena imposta.

(C) Quem solicitar ou receber vantagem indevida para si ou para outrem, direta ou indiretamente, ainda que fora da função ou antes de assumi-la, mas em razão dela, ou aceitar promessa de tal vantagem comete o delito de concussão.

(D) Aquele que retarda ou deixa de praticar, indevidamente, ato de ofício, ou pratica-o contra disposição expressa de lei, para satisfazer interesse ou sentimento pessoal, comete o delito de condescendência criminosa.

A: incorreta, pois a conduta descrita caracteriza a concussão (art. 316 do CP); **B:** correta, art. 312, § 3º, do CP; **C:** incorreta, a alternativa descreveu a corrupção passiva (art. 317 do CP); **D:** incorreta, refere-se ao crime de prevaricação (art. 319 do CP).
Gabarito "B".

(Delegado/PB – 2009 – CESPE) Considerando os crimes contra a administração pública, assinale a opção correta.

(A) São incompossíveis os crimes de corrupção ativa praticados pelo particular e de concussão cometido pela autoridade pública.

(B) Pratica concussão o funcionário público que exige, mediante violência, direta ou indiretamente, para si ou para outrem, em razão da função pública, vantagem indevida.

(C) A corrupção é crime de concurso necessário, sendo necessária, para a consumação, a presença do corruptor ativo e do corruptor passivo.

(D) Como a qualidade de funcionário público é circunstância pessoal, não se comunica ao particular que eventualmente participe da prática de crime contra a administração pública. Em tais situações, responde o particular por crime diverso.

(E) Em denúncia de crime de prevaricação, é suficiente que o Ministério Público (MP) afirme que o acusado agiu para a satisfação de interesse pessoal, pois, durante a instrução, pode-se perquirir no que consistiu o mencionado interesse.

A: correta, uma vez que o crime de concussão (art. 316 do CP) se caracteriza pela conduta do agente (funcionário público) de exigir da vítima que lhe entregue uma vantagem indevida, impondo-se a ela um temor decorrente da própria função pública exercida pelo sujeito ativo. Assim, a vítima cede à exigência e entrega a vantagem requisitada, o que, por evidente, não poderá caracterizar o crime de corrupção ativa (art. 333 do CP), visto que este pressupõe uma oferta ou promessa de vantagem indevida a funcionário público, o que resta descaracterizado caso haja a exigência; **B:** incorreta, visto que o crime de concussão (art. 316 do CP), embora tenha como conduta nuclear (verbo do tipo) a exigência, não tem como meios executórios a violência ou a grave ameaça. No crime em questão, o funcionário público, valendo-se de seu cargo, emprego ou função, impõe à vítima um temor fundado na própria atividade, mas sem utilizar violência ou grave ameaça. Caso haja emprego, por exemplo, de violência, o agente irá responder por crime contra o patrimônio (ex.: roubo – art. 157 do CP; extorsão – art. 158 do CP); **C:** incorreta, já que o crime de corrupção, seja ativa, seja passiva, não pressupõe, necessariamente, a existência de um crime bilateral (corrupção passiva de um lado e corrupção ativa de outro). Afinal, se um funcionário público simplesmente solicitar uma vantagem indevida de um particular, já terá cometido corrupção passiva, que é crime formal, ainda que tenha havido a negativa de entrega do quanto solicitado, o que, por evidente, não caracterizará corrupção ativa; **D:** incorreta, pois o fato de um dos agentes ser funcionário público é considerado condição pessoal, que, como elementar dos crimes contra a administração pública, comunicar-se-á aos coautores ou partícipes, consoante prescreve o art. 30 do CP; **E:** incorreta, uma vez que cabe ao titular da ação penal, ao oferecer a petição inicial acusatória, descrever adequadamente todos os elementos do tipo legal do crime, sob pena de inépcia e consequente rejeição da denúncia ou queixa.
Gabarito "A".

(Delegado/PI – 2009 – UESPI) Sobre os crimes contra a administração da Justiça, assinale a opção correta.

(A) O crime de denunciação caluniosa consiste em imputar a alguém, que se sabe inocente, a prática de crime, pois se a imputação for de prática de contravenção penal restará configurado apenas um crime contra a honra.

(B) O crime de autoacusação falsa constitui-se na conduta de acusar-se perante a autoridade de crime ou contravenção inexistente ou praticado por outrem.

(C) A pessoa que ameaça testemunha, para que esta omita informação no curso de inquérito policial, não pode responder por coação no curso do processo, mas deverá responder por crime de ameaça.

(D) O crime de favorecimento real constitui prestar a criminoso auxílio destinado a tornar seguro o proveito do crime. Este crime é comum, pois, em tese, pode ser praticado por qualquer pessoa, independentemente do grau de parentesco.

(E) Exigir dinheiro a pretexto de influir em ato praticado por funcionário público, no exercício da função, constitui o crime de exploração de prestígio.

A: incorreta, pois se a imputação for de prática de contravenção, a pena é diminuída de metade (art. 339, § 2º, do CP); **B:** incorreta (art. 341 do CP – o tipo penal fala apenas em crime, não se estendendo, pois, à contravenção penal); **C:** incorreta, pois responderá pelo crime de coação no curso do processo (art. 344 do CP); **D:** correta, já que o crime de favorecimento pessoal, descrito no art. 349 do CP, pressupõe que o agente preste auxílio ao criminoso para tornar seguro o proveito

do crime, fora dos casos de coautoria ou de receptação; **E:** incorreta. A conduta descrita caracteriza tráfico de influência (arts. 357 e 332 do CP).
Gabarito "D".

(Delegado/PR – 2007) Sobre os crimes praticados por funcionário público contra a administração em geral, considere as seguintes afirmativas:

1. Por se tratar de delito de mera atividade, a concussão se consuma com a simples exigência da vantagem indevida. A obtenção dessa vantagem constitui exaurimento do crime.
2. O peculato é crime próprio no tocante ao sujeito ativo; indispensável a qualificação de funcionário público. É inadmissível o concurso de pessoas estranhas ao serviço público.
3. O tipo descrito no artigo 318 do Código Penal (facilitação de contrabando ou descaminho) admite tentativa quando se tratar de conduta comissiva.
4. Incide no crime previsto no artigo 321 do Código Penal (Advocacia administrativa) o agente que patrocina, direta ou indiretamente, interesse privado perante a administração púbica, valendo-se da qualidade de funcionário.

Assinale a alternativa correta.

(A) Somente as afirmativas 1, 2 e 3 são verdadeiras.
(B) Somente as afirmativas 1 e 3 são verdadeiras.
(C) Somente as afirmativas 2 e 3 são verdadeiras.
(D) Somente as afirmativas 1, 3 e 4 são verdadeiras.
(E) Somente as afirmativas 2 e 4 são verdadeiras.

1: correta, visto que o crime de concussão (art. 316 do CP) consuma-se no momento em que o funcionário público exige a vantagem indevida, independentemente de conseguir obtê-la, fato este que se constituirá em exaurimento. Doutrinariamente, a despeito da assertiva afirmar que a concussão é delito de mera atividade, considera-se-o um crime formal; **2:** incorreta, pois, a despeito de o peculato (art. 312 do CP) ser considerado crime próprio, visto exigir a qualidade de funcionário público do sujeito ativo, admite, sim, concurso de pessoas (coautoria ou participação), sendo certo que o particular (*extraneus*) poderá normalmente responder pelo crime funcional, desde que, é certo, conheça a qualidade de funcionário público do outro concorrente (art. 30 do CP); **3:** correta, visto que o crime de facilitação de contrabando ou descaminho (art. 318 do CP) pode ser praticado mediante conduta positiva do funcionário público (ação), ou negativa (omissão), admitindo-se a forma tentada apenas se o crime for perpetrado na forma comissiva; **4:** correta (art. 321 do CP).
Gabarito "D".

(Delegado/RR – 2003 – CESPE) A respeito dos crimes contra a administração pública, julgue os itens que se seguem.

(1) Considere a seguinte situação hipotética. Ao participar de um concurso público, um candidato foi flagrado utilizando um aparelho eletrônico transmissor e receptor de mensagens, com o objetivo de fraudar o certame. Nessa situação, o candidato praticou o crime de estelionato.

(2) Considere a seguinte situação hipotética. Benedito, antes de assumir a função de delegado de polícia, mas em razão dela, exigiu de um traficante a importância de R$ 10 mil para não indiciá-lo em um inquérito policial instaurado para apurar crime de tráfico ilícito de entorpecentes no interior de uma escola pública. Nessa situação, Benedito cometeu o crime de concussão.

(3) O crime de falso testemunho é formal, consumando-se com a simples prestação do depoimento falso.
(4) Considere a seguinte situação hipotética. Vários internados por medida de segurança em um hospital de custódia e tratamento psiquiátrico, revoltados com a falta de assistência médica e hospitalar, passaram a rasgar e queimar os colchões da instituição, praticando atos de violência contra os agentes e danificando as instalações. Nessa situação, os internados praticaram o crime de motim de presos.

1: incorreta, ao menos à época em que a pergunta fora formulada, pois, de acordo com precedentes do STF (HC 88967/AC e Inq 1145/PB), o uso da "cola eletrônica" não configurava os crimes de estelionato e falsidade ideológica, conforme entendimento majoritário do Pleno daquela Corte, tratando-se de conduta, embora reprovável, atípica, exigindo-se a edição de tipo penal específico mediante lei (princípio da legalidade). Contudo, com o advento do art. 311-A do CP, a fraude em certames públicas passou a ser expressamente criminalizada; **2**: correta, visto que o crime de concussão, descrito no art. 316 do CP, pode ser praticado pelo agente mesmo antes de assumir a função pública, desde que a exigência da vantagem indevida decorra da futura função que irá exercer; **3**: correta, já que o falso testemunho (art. 342 do CP), de acordo com a doutrina, é, de fato, um crime formal, consumando-se no momento em que a testemunha presta o depoimento falso, independentemente de tal conduta causar efetivo prejuízo à administração da justiça. De acordo com o STJ (AgRg no AREsp 603.029/SP – DJe de 29/05/2017), o crime em comento consuma-se no momento em que a testemunha termina seu depoimento, lavrando sua assinatura; **4**: incorreta, porque o crime de motim de presos, definido no art. 354 do CP, somente pode ser praticado por presos (sujeito ativo), sejam provisórios ou definitivos, não se estendendo o tipo penal em comento àquelas pessoas sujeitas à medida de segurança detentiva.
Gabarito 1E, 2C, 3C, 4E

(Delegado/SC – 2008) Considere a descrição típica contida no artigo 316, "*caput*", do Código Penal: "Exigir, para si ou para outrem, direta ou indiretamente, ainda que fora da função ou antes de assumi-la, mas em razão dela, vantagem indevida." Sobre o exposto, todas as alternativas estão corretas, exceto:

(A) É pacífico na doutrina que o objeto material do crime de concussão é a vantagem (presente ou futura), não necessariamente de caráter patrimonial.
(B) No crime de concussão o Estado é o sujeito passivo principal e o particular é o sujeito passivo secundário.
(C) Reputa-se consumado o crime de concussão com a mera exigência da vantagem indevida, independentemente da sua obtenção.
(D) No delito de concussão o particular é constrangido a entregar a vantagem indevida, diferente do que ocorre no delito de corrupção ativa, no qual se pressupõe que o particular livremente ofereça ou prometa a vantagem.

A: incorreta, pois há séria divergência doutrinária acerca da espécie de vantagem indevida passível de configurar o crime de concussão. Para parcela da doutrina, a vantagem exigida pelo agente deve ter natureza patrimonial (Damásio de Jesus, Magalhães Noronha, Nelson Hungria). Para outros, visto que a lei não faz qualquer distinção, a vantagem poderia ser de qualquer natureza (Mirabete, Fernando Capez e Rogério Greco); **B**: correta, visto que o sujeito passivo direto ou imediato da concussão é o Estado, diretamente lesado pela conduta imoral do funcionário público, ao passo que o particular (pessoa física ou jurídica diretamente lesada) é o sujeito passivo indireto ou mediato; **C**: correta, já que, de fato, o crime de concussão consuma-se no exato momento em que o funcionário público exige a vantagem indevida, tratando-se de delito formal (STF, HC 74009/MS, 2ª T.). Caso a vantagem seja entregue ao funcionário público, estaremos diante de mero exaurimento do crime; **D**: correta, pois no crime de concussão o sujeito passivo secundário (pessoa física ou jurídica diretamente prejudicada) é compelido a entregar a vantagem ao agente, temendo a própria autoridade emanada do agente (*metus publicae potestatis*), ao passo que na corrupção ativa (art. 333 do CP), o particular, livremente, oferece ou promete ao funcionário público uma vantagem indevida.
Gabarito "A".

(Delegado/SC – 2008) O objeto material do crime de peculato-apropriação pode ser:

(A) dinheiro, valor ou qualquer outro bem móvel, de natureza pública ou privada, de que tem o funcionário público a posse em razão do cargo.
(B) dinheiro, valor ou qualquer outro bem imóvel ou móvel, de natureza pública ou privada, de que tem o funcionário público a posse em razão do cargo.
(C) dinheiro, valor ou qualquer outro bem móvel, sempre de natureza pública, de que tem o funcionário público a posse em razão do cargo.
(D) dinheiro, valor ou qualquer outro bem imóvel ou móvel, sempre de natureza pública, de que tem o funcionário público a posse em razão do cargo.

No peculato apropriação (art. 312, *caput*, do CP), o agente ingressa na posse do bem de forma legítima, como ocorre no crime de apropriação indébita. Num dado momento, opera-se o *assenhoramento*, é dizer, o agente passa a agir como se dono fosse da coisa móvel pública ou particular, invertendo, assim, a natureza da posse.
Gabarito "A".

(Delegado/SP – 2011) Servidor Público concorre culposamente para a apropriação de dinheiro proveniente dos cofres públicos, mas restitui o valor antes da sentença penal irrecorrível na respectiva ação penal desencadeada. Diante de tal fato ocorrerá a

(A) extinção da punibilidade
(B) redução da pena de um terço
(C) redução da pena de um a dois terços.
(D) redução da pena de metade
(E) exclusão da ilicitude

De fato, de acordo com o art. 312, § 3º, do CP, se o funcionário público que concorrer culposamente para o crime de outrem (peculato culposo) reparar o dano antes da sentença irrecorrível, verá extinta sua punibilidade. Caso a reparação fosse posterior ao trânsito em julgado, haveria a redução da pena pela metade. Portanto, vê-se que a reparação do dano no peculato culposo poderá ter dois efeitos distintos: i) extinção da punibilidade (se anterior ao trânsito em julgado); ou ii) causa de diminuição da pena pela metade (se posterior ao trânsito em julgado).
Gabarito "A".

(Delegado/SP – 2008) A conduta de agente que, após ter sido abordado por policiais, abaixa cinicamente as calças em público, chamando-os para revistá-lo em tom jocoso, demonstrando efetivo intuito de menosprezo, pretendendo constrangê-los e ridicularizá-los diante de populares que presenciam o ato, caracteriza o crime de

(A) injúria.
(B) ato obsceno.
(C) resistência.

(D) desobediência.
(E) desacato.

Art. 331 do CP. *Desacatar* significa manifestar desprezo, pouco-caso, desdém pela figura do funcionário público que está no exercício da função ou em razão dela.
Gabarito "E".

(Delegado/SP – 2003) Funcionário público, sendo competente para responsabilizar subordinado que cometeu infração no exercício do cargo, não o fazendo, por indulgência, pratica

(A) condescendência criminosa.
(B) prevaricação.
(C) exploração de prestígio.
(D) corrupção passiva.

De fato, comete o crime de condescendência criminosa, descrito no art. 320 do CP, o funcionário público que deixar, por indulgência, de responsabilizar funcionário subordinado que tenha praticado infração no exercício do cargo.
Gabarito "A".

(Delegado/SP – 2003) A solicitação de determinada importância em dinheiro, a pretexto de influir em testemunha, constitui

(A) patrocínio infiel.
(B) exploração de prestígio.
(C) advocacia administrativa.
(D) corrupção passiva.

De fato, a solicitação ou recebimento de dinheiro ou qualquer outra utilidade, a pretexto de influir, dentre outras hipóteses, em testemunha, caracteriza o crime de exploração de prestígio, definido no art. 357 do CP.
Gabarito "B".

(Delegado/SP – 2002) O superior hierárquico que, por indulgência, deixa de responsabilizar subordinado, que cometeu infração, no exercício do cargo, pratica o crime de

(A) prevaricação.
(B) condescendência criminosa.
(C) corrupção passiva.
(D) desobediência.

De fato, comete o crime de condescendência criminosa, descrito no art. 320 do CP, o funcionário público que deixar, por indulgência, de responsabilizar funcionário subordinado que tenha praticado infração no exercício do cargo.
Gabarito "B".

23. OUTROS CRIMES DO CÓDIGO PENAL

(Delegado/MG – 2021 – FUMARC) Sobre os crimes cibernéticos ou informáticos, é CORRETO afirmar:

(A) A simples disponibilização de imagens ou vídeos com conteúdo pornográfico, envolvendo criança ou adolescente, na Internet, não é suficiente para a caracterização do tipo penal do art. 241-A do ECA, sendo imprescindível o efetivo acesso de pelo menos um usuário.
(B) Agente que se aproveita da ausência momentânea de colega de trabalho para, no computador alheio, ligado sem nenhum tipo de dispositivo de segurança, acessar fotos íntimas, copiando-as para si, pratica o crime de invasão de dispositivo informático do art. 154-A do Código Penal.
(C) É fraude eletrônica, figura qualificada do crime de estelionato, a utilização de informações fornecidas pela vítima induzida a erro presencialmente, se o agente obtém a vantagem, em prejuízo da vítima, passando-se por ela em uma compra em ambiente virtual.
(D) Em razão da necessária segurança coletiva e proteção de dados, os crimes de invasão de dispositivos informáticos, definidos no art. 154-A do Código Penal, são de ação penal pública incondicionada.

A: incorreta, na medida em que a mera disponibilização, na internet, de imagens ou vídeos com conteúdo pornográfico envolvendo criança ou adolescente já basta a configurar o delito definido no art. 241-A do ECA; **B:** correta. De fato, o crime em que incorreu o agente é o do art. 154-A do CP. A propósito, no que toca a este delito (invasão de dispositivo informático), oportuno que façamos algumas considerações a respeito de mudanças nele promovidas pela Lei 14.155/2021, publicada em 28 de maio de 2021 e com vigência imediata. A primeira observação a fazer refere-se à alteração na redação do *caput* do dispositivo. Até então, tínhamos que o tipo penal era assim definido: *invadir dispositivo informático alheio, conectado ou não à rede de computadores, mediante violação indevida de mecanismo de segurança e com o fim de obter, adulterar ou destruir dados ou informações sem autorização expressa ou tácita do titular do dispositivo ou instalar vulnerabilidades para obter vantagem ilícita*. Com a mudança implementada pela Lei 14.155/2021, adotou-se a seguinte redação: *invadir dispositivo informático de uso alheio, conectado ou não à rede de computadores, com o fim de obter, adulterar ou destruir dados ou informações sem autorização expressa ou tácita do usuário do dispositivo ou de instalar vulnerabilidades para obter vantagem ilícita*. Como se pode ver, logo à primeira vista, eliminou-se o elemento normativo do tipo *mediante violação indevida de mecanismo de segurança*. Trata-se de alteração salutar, na medida em que este crime, de acordo com a redação original do *caput*, somente se aperfeiçoaria na hipótese de o agente, para alcançar seu intento (invadir dispositivo informático), se valer de violação indevida de mecanismo de segurança. Era necessário, portanto, que o sujeito ativo, antes de acessar o conteúdo do dispositivo, vencesse tal obstáculo (mecanismo de segurança). Significa que a invasão de dados contidos, por exemplo, em um computador que não contasse com mecanismo de proteção (senha, por exemplo) constituiria fato atípico. A partir de agora, dada a alteração promovida no tipo incriminador, tal exigência deixa de existir, ampliando, por certo, a incidência do tipo penal. Além disso, até a edição da Lei 14.155/2021, o dispositivo tinha de ser *alheio*. Com a mudança, basta que seja de *uso alheio*. Dessa forma, o crime se configura mesmo que o dispositivo invadido não seja alheio, mas esteja sob o uso de outra pessoa. Agora, a mudança mais significativa, a nosso ver, não se deu propriamente no preceito penal incriminador, mas na pena cominada, que era de detenção de 3 meses a 1 ano e multa e, com a mudança operada pela Lei 14.155/2021, passou para reclusão de 1 a 4 anos e multa. Com isso, este delito deixa de ser considerado de menor potencial ofensivo, o que afasta a incidência da transação penal. Doravante, o termo circunstanciado dará lugar ao inquérito policial. De outro lado, permanece a possibilidade de concessão do *sursis* processual, que, embora previsto e disciplinado na Lei 9.099/1995 (art. 89), sua incidência é mais ampla (infrações penais cuja pena mínima cominada não é superior a 1 ano). Também poderá o agente firmar acordo de não persecução penal, nos moldes do art. 28-A do CPP. Alterou-se o patamar da majorante aplicada na hipótese de a invasão resultar prejuízo econômico (§ 2º): antes era de 1/6 a 1/3 e, com a mudança implementada, passou para 1/3 a 2/3. Como não poderia deixar de ser, houve um incremento na pena cominada à modalidade qualificada, prevista no § 3º, que era de reclusão de 6 meses a 2 anos e multa e passou para 2 a 5 anos de reclusão e multa. Ademais, a qualificadora não faz mais referência expressa à subsidiariedade. É importante que se diga que a Lei 14.155/2021, para além de implementar as mudanças que referimos no crime do art. 154-A, também promoveu mudanças nos crimes de furto e estelionato (como veremos a seguir), de forma a contemplar novos qualificadores e majorantes, tornando mais graves as condutas levadas a efeito de forma eletrônica ou pela internet; **C**: incorreta, pois o crime de fraude eletrônica, definido no art. 171, § 2º-A, do CP, somente se configura se as informações utilizadas para o cometimento da fraude forem fornecidas pela vítima por meio de redes sociais, contatos telefônicos ou envio de correio eletrônico fraudulento ou por qualquer outro meio fraudulento análogo, o que, por óbvio, não inclui o fornecimento de informações, pela vítima, de forma presencial. É importante que se diga que este dispositivo (§ 2º-A do art. 171) foi introduzido pela Lei 14.155/2021, tornando qualificado, como acima pudemos ver, o estelionato na hipótese de a fraude ser realizada de forma eletrônica (fraude eletrônica). O novo dispositivo estabelece que a pena será de reclusão de 4 a 8 anos e multa *se a fraude é cometida com a utilização de informações fornecidas pela vítima ou por terceiro induzido a erro por meio de redes sociais, contatos telefônicos ou envio de correio eletrônico fraudulento, ou por qualquer outro meio fraudulento análogo.* O § 2º-B, também inserido no art. 171 pela Lei 14.155/2021, estabelece que *a pena prevista no § 2º-A deste artigo, considerada a relevância do resultado gravoso, aumenta-se de 1/3 (um terço) a 2/3 (dois terços), se o crime é praticado mediante a utilização de servidor mantido fora do território nacional*; **D**: incorreta, já que, por força do que estabelece o art. 154-B do CP, os crimes definidos no art. 154-A do CP são, em regra, de ação penal pública condicionada à representação do ofendido.

Gabarito "B".

(Delegado/MS – 2017 – FAPEMS) Com base no caso, assinale a alternativa correta.

Miriam, mãe de Rodrigo, e José, tutor de João, receberam convocação da Promotoria de Justiça da Infância e da Juventude da respectiva Comarca para comparecem à audiência pública destinada a tratar específico programa para prevenir a evasão escolar. Na carta, havia advertência, em negrito e sublinhado, que a presença seria obrigatória, sob pena de incorrerem pais e/ou responsáveis legais em apuração de responsabilização criminal por abandono intelectual (CP, artigo 246). Miriam não compareceu, pois, no horário da reunião, realizou procedimento cirúrgico de emergência em Maria, colega de escola de Rodrigo. Tampouco José se fez presente, porquanto decidiu acompanhar um jogo do time do colégio de João. Ciente das ausências, o Promotor de Justiça requisitou instauração de investigação para apurar a responsabilidade de ambos.

(A) Miriam e José poderão ser indiciados pelo crime de abandono material.

(B) Apenas Miriam poderá ser indiciada pelo crime de abandono intelectual.

(C) Miriam e José poderão ser indiciados pelo crime de abandono intelectual.

(D) Apenas José poderá ser indiciado pelo crime de abandono intelectual.

(E) Miriam e José não poderão ser indiciados pelo crime de abandono intelectual.

O crime de abandono material vem previsto no art. 244 do CP, que assim dispõe: *Deixar, sem justa causa, de prover a subsistência do cônjuge, ou de filho menor de 18 (dezoito) anos ou inapto para o trabalho, ou de ascendente inválido ou maior de 60 (sessenta) anos, não lhes proporcionando os recursos necessários ou faltando ao pagamento de pensão alimentícia judicialmente acordada, fixada ou majorada; deixar, sem justa causa, de socorrer descendente ou ascendente, gravemente enfermo.* Já o crime de abandono intelectual, tipificado pelo art. 246 do CP, assim prevê: *Deixar, sem justa causa, de prover à instrução primária de filho em idade escolar.* Vamos, pois, à análise das alternativas. **A**: incorreta, eis que o abandono material constitui crime omissivo praticado por aquele que deixar, sem justa causa, de prover a subsistência das pessoas indicadas no precitado art. 244 do CP, em nada se relacionando com o enunciado; **B, C e D**: incorretas. Com relação a José, tutor de João, sequer poderia ser sujeito ativo do crime de abandono intelectual (art. 246 do CP), que somente pode ser praticado pelo pai que, sem justa causa, deixar de prover à instrução primária do filho em idade escolar. No tocante a Miriam, esta somente deixou de comparecer à convocação do Ministério Público por ter realizado procedimento cirúrgico de emergência em terceira pessoa, o que, evidentemente, constitui justa causa, afastando-se, pois, o elemento normativo do tipo; **E**: correta. Como visto no comentário às alternativas antecedentes, Miriam e José não poderão ser indiciados pelo crime de abandono intelectual. Este último, por não ostentar a condição de pai e aquela por ter justa causa para ter deixado de comparecer à convocação ministerial.

Gabarito "E".

(Delegado/SP – 2014 – VUNESP) "X", em um cinema, durante a exibição de um filme que continha cenas de sexo, é flagrado por policiais expondo e manipulando sua genitália. Tal conduta, em tese,

(A) tipifica o crime de mediação para satisfazer a lascívia de outrem.

(B) tipifica o crime de ato obsceno.

(C) tipifica o crime de favorecimento da prostituição.

(D) não tipifica crime algum, em razão da existência de excludente de ilicitude.

(E) não tipifica crime algum, uma vez que "X" estava em local apropriado para a prática desse tipo de conduta.

A: incorreta, pois a mediação para satisfazer a lascívia de outrem (art. 227, CP) pressupõe que o agente induza alguém a satisfazer a lascívia alheia. No caso em tela, a manipulação da própria genitália, por óbvio, destinava-se a satisfazer a própria lascívia; **B**: correta. O ato obsceno (art. 233, CP) se caracteriza pelo fato de o agente praticar um ato obsceno (ex.: exposição e manipulação da genitália) em lugar público, ou aberto ou exposto ao público. Uma sala de cinema, embora não seja "lugar público" (tais como as ruas, praias, praças etc.), é lugar aberto ou exposto ao público (acessível, ainda que haja controle, a variada gama de pessoas, como teatros, cinemas, parques de diversão etc.); **C**: incorreta, pois o crime previsto no art. 228, CP, pressupõe que o agente induza ou atraia alguém à prostituição, o que se não se vê na conduta perpetrada por "X"; **D**: incorreta, inexistindo qualquer causa excludente da ilicitude na conduta praticada pelo agente. Outrossim, apenas por "amor à técnica", a existência de excludente de ilicitude não afeta a tipicidade, como sugere a redação da alternativa; **E**: incorreta, uma vez que, por óbvio, uma sala de cinema não é o lugar adequado para a exposição e manipulação do órgão genital.

Gabarito "B".

(Delegado Federal – 2013 – CESPE) Com relação aos crimes previstos no CP, julgue os itens que se seguem.

(1) A falsa atribuição de identidade só é caracterizada como delito de falsa identidade se feita oralmente, com o poder de ludibriar; quando formulada por escrito, constitui crime de falsificação de documento público.

(2) Os delitos de inserção de dados falsos e de modificação ou alteração de dados não autorizada em sistema de informações só se configuram se praticados por funcionário público autorizado, com o fim específico de obter vantagem indevida para si ou para outrem, ou para causar dano, sendo as penas aumentadas de um terço até a metade se da modificação ou alteração resultar dano para a administração pública ou para o administrado.

(3) O delito de sequestro e cárcere privado, inserido entre os crimes contra a pessoa, constitui infração penal de ação múltipla, e a circunstância de ter sido praticado contra menor de dezoito anos de idade qualifica o crime.

1: incorreta. O crime de falsa identidade, previsto no art. 307 do CP, pode ser praticado verbalmente ou por escrito, bastando que o agente se atribua ou atribua a terceiro falsa identidade, a fim de obter vantagem, em proveito próprio ou alheio, ou para causar dano a outrem. Como se vê do tipo penal em comento, não bastará que o agente impute a si ou a terceiro falsa identidade, com o poder de ludibriar, exigindo-se um especial fim de agir (elemento subjetivo do injusto), qual seja, o de obter vantagem, em proveito próprio ou alheio, ou de causar dano a outrem. A falsificação de documento público (art. 297 do CP) nada tem que ver com a atribuição de falsa identidade. Evidente, porém, que se o agente altera, por exemplo, uma carteira de identidade, nela inserindo nome diverso, mas com sua fotografia, terá incidido em referido crime; **2**: incorreta. O denominado peculato eletrônico (art. 313-A do CP), de fato, pressupõe que o *funcionário autorizado* insira ou facilite a inserção de dados falsos, ou altere ou exclua, indevidamente, dados corretos nos sistemas informatizados ou bancos de dados da Administração Pública, com o fim de obter vantagem indevida para si ou para outrem ou para causar dano. Já a modificação ou alteração não autorizada de sistema de informações (art. 313-B do CP) não exige que o sujeito ativo seja funcionário autorizado a atuar nos sistemas. O tipo penal não faz qualquer menção a "funcionário autorizado", tal como previsto no art. 313-A; **3**: incorreta. Considera-se crime de ação múltipla (ou tipo misto alternativo ou de conteúdo variado) aquele cujo tipo penal contém duas ou mais ações nucleares (verbos). No caso do art. 148 do CP, há, apenas, a conduta do agente de *privar* alguém de sua liberdade. Portanto, não se vislumbra ser o sequestro um crime de ação múltipla.

Gabarito 1E, 2E, 3E.

(Delegado/AP – 2006 – UFAP) Analise as assertivas e assinale a alternativa correta:

I. Os crimes contra a propriedade imaterial admitem ação penal de iniciativa privada, pública condicionada e pública incondicionada.
II. Os crimes contra a organização do trabalho que ofendem tanto os interesses coletivos quanto os interesses individuais são da competência da Justiça Federal.
III. O crime de bigamia ocorre quando o agente, sendo casado, contrai novo casamento ou estabelece união estável, já que a Constituição Federal reconhece a união estável como entidade familiar, para efeito de proteção do Estado.

(A) Estão corretas todas as alternativas.
(B) Estão erradas todas as alternativas.
(C) Estão corretas apenas as alternativas II e III.
(D) Está correta apenas a alternativa I.
(E) Está correta apenas a alternativa III.

I: correta (art. 186, I a IV, do CP); **II**: incorreta. Segundo posicionamento do STJ (RT 730/488) e do STF (RT 540/416), quando o crime contra a organização do trabalho ofender interesses coletivos, a competência será da Justiça Federal. Todavia, se a ofensa for a interesse individual do trabalhador, a competência será da Justiça Estadual; **III**: incorreta, pois o crime de bigamia somente ocorre quando o agente, já casado, contrai um novo casamento. Logo, por não ser possível a analogia *in malam partem*, não abrange o tipo penal previsto no art. 235 do CP a conduta daquele que, já sendo casado, estabelece união estável.

Gabarito "D".

(Delegado/MT – 2006 – UFMT) Suponha que seis pessoas, em comunhão de vontades, reuniram-se para a prática de um roubo em janeiro de 2003, desfazendo tal associação, depois de consumado o fato delitivo. Em setembro de 2005, as mesmas pessoas voltaram a se reunir para o cometimento de um homicídio que, consumado, determinou nova dissolução da aludida associação. Esta união de pessoas, para a prática dos crimes mencionados, define-se como

(A) crime de quadrilha ou bando.
(B) quadrilha organizada para fins criminosos não específicos.
(C) crime de quadrilha ou bando em concurso material.
(D) circunstância qualificadora para o delito de roubo e homicídio.
(E) concurso de pessoas ou de agentes.

O crime de quadrilha ou bando (atualmente denominado Associação Criminosa, conforme dispõe a Lei 12.850/2013), tipificado no art. 288 do CP, considerado crime contra a paz pública, pressupõe a reunião consciente e voluntária de, pelo menos, três pessoas, de forma estável e permanente, visando à prática de indeterminado número de crimes. Não se confunde o crime em questão com o mero concurso de pessoas ou de agentes, previsto nos arts. 29 a 31 do CP. Neste caso, bastará que pelo menos duas pessoas (pluralidade de agentes) se reúnam para a prática de um mesmo crime (unidade de fato) sob um mesmo intento criminoso (liame subjetivo ou vínculo psicológico), contribuindo, cada uma delas, decisivamente para o resultado (relevância causal). No concurso de agentes a reunião pode ser casual, vale dizer, eventual, para o cometimento esporádico de crimes, o que não se confunde com o crime de associação criminosa que, como dito, pressupõe uma reunião estável, duradoura, permanente, voltada para a prática de crimes indeterminados.

Gabarito "E".

(Delegado/SP – 2002) Pessoa que anuncia cura de doença, por meio secreto ou infalível, pratica

(A) curandeirismo.
(B) exercício ilegal da medicina.
(C) charlatanismo.
(D) exploração da credulidade pública.

De fato, comete o crime de charlatanismo o agente que inculcar ou anunciar cura por meio secreto ou infalível, consoante prescreve o art. 283 do CP. Não se confunde referida conduta com aquela configuradora do crime de curandeirismo (art. 284 do CP), que pressupõe que o agente prescreva, ministre ou aplique, habitualmente, qualquer substância a terceiros, ou, ainda, que faça diagnósticos ou utilize gestos, palavras ou qualquer outro meio que faça com que as pessoas acreditem que poderão ser curadas. Também não se confunde o charlatanismo com o exercício ilegal da medicina, tipificado no art. 282 do CP.

Gabarito "C".

24. OUTROS TEMAS E TEMAS COMBINADOS DE DIREITO PENAL

(Delegado de Polícia Federal – 2021 – CESPE) Com relação à teoria geral do direito penal, julgue os itens seguintes.

(1) A consciência atual da ilicitude é elemento do dolo, conforme a teoria finalista da ação.

(2) A conduta humana voluntária é irrelevante para a configuração do crime culposo.
(3) A imputabilidade é a possibilidade de se atribuir a alguém a responsabilidade pela prática de uma infração penal.
(4) O dolo eventual é incompatível com a tentativa.
(5) Conforme a autoria de escritório, tanto o agente que dá a ordem como o que cumpre respondem pelo tipo penal.

1: errado. Segundo a teoria finalista, incorporada ao direito pátrio com a reforma a que foi submetida a Parte Geral do Código Penal, de 1984, não se pode apartar a ação da vontade do agente. Conduta, assim, deve ser entendida como o comportamento humano, voluntário e consciente, voltado a uma finalidade. Daí a denominação teoria *finalista*. A partir dessa nova concepção, o dolo e a culpa, até então inseridos no campo da culpabilidade, passaram a integrar a conduta, que constitui o primeiro elemento do fato típico. Dessa forma, se não há dolo nem culpa, não há conduta; se não há conduta, não há fato típico; se não há fato típico, logo não haverá crime. O dolo, com isso, ganhou novos contornos, deixando de ser normativo para ser natural, isto é, deixou de conter a consciência da ilicitude, que migrou para a culpabilidade. Esta, por sua vez, até então real, passa a ser potencial (potencial consciência da ilicitude). Ou seja, não mais se exige o conhecimento efetivo do agente a respeito do caráter ilícito do fato típico, bastando que ele tenha a possibilidade de compreendê-lo como tal; **2:** errado. O delito culposo pressupõe uma *conduta humana voluntária*. Involuntário, nesta modalidade de crime, é o resultado, não a conduta, que, repita-se, deve, no crime culposo, ser voluntária. A propósito, são elementos do fato típico culposo: conduta humana voluntária (ação/omissão), inobservância do cuidado objetivo (imprudência/negligência/imperícia), previsibilidade objetiva (assim entendida a possibilidade de o homem médio prever o resultado), ausência de previsão (significa que o agente, em regra, não prevê o resultado objetivamente previsível. É a chamada culpa inconsciente; agora, se o agente tiver a previsão do resultado, fala-se, então, em culpa consciente), resultado involuntário, nexo de causalidade e tipicidade. À falta de algum desses requisitos, o fato será atípico; **3:** certo. De fato, a assertiva contém o conceito de imputabilidade, que é um dos elementos da culpabilidade; **4:** errado. A despeito de haver divergência doutrinária acerca do tema, prevalece o entendimento no sentido de que é cabível a tentativa nos crimes cometidos com dolo eventual, que é equiparado pelo art. 18, I, do CP, no que concerne ao seu tratamento, ao dolo direto. Na jurisprudência: "II – Não se pode generalizar a exclusão do dolo eventual em delitos praticados no trânsito. Na hipótese, em se tratando de pronúncia, a desclassificação da modalidade dolosa de homicídio para a culposa deve ser calcada em prova por demais sólida. No *iudicium accusationis*, inclusive, a eventual dúvida não favorece o acusado, incidindo, aí, a regra exposta na velha parêmia *in dubio pro societate*. III – O dolo eventual, na prática, não é extraído da mente do autor mas, isto sim, das circunstâncias. Nele, não se exige que o resultado seja aceito como tal, o que seria adequado ao dolo direto, mas isto sim, que a aceitação se mostre no plano do possível, provável. IV – Na hipótese, o paciente foi pronunciado por homicídio doloso (dolo eventual), uma vez que, conduzindo veículo automotor com velocidade excessiva, sob o efeito de álcool e substância entorpecente, não parou em cruzamento no qual não tinha preferência e atingiu a vítima, que andava de motocicleta, a qual só não veio a óbito por rápida e eficiente intervenção médica. V – "Consoante reiterados pronunciamentos deste Tribunal de Uniformização Infraconstitucional, o deslinde da controvérsia sobre o elemento subjetivo do crime, especificamente, se o acusado atuou com dolo eventual ou culpa consciente, fica reservado ao Tribunal do Júri, juiz natural da causa, onde a defesa poderá desenvolver amplamente a tese contrária à imputação penal" (AgRg no REsp n. 1.240.226/SE, Quinta Turma, Rel. Min. Reynaldo Soares da Fonseca, DJe de 26/10/2015). Precedentes do STF e do STJ. VI – As instâncias ordinárias, com amparo nas provas constantes dos autos, inferiram que há indícios suficientes de autoria e materialidade a fundamentar a r. decisão de pronúncia do ora paciente, por homicídio tentado com dolo eventual, de modo que entender em sentido contrário demandaria, impreterivelmente, cotejo minucioso de matéria fático-probatória, o que é vedado em sede de *habeas corpus* (precedentes). VII – Não é incompatível o crime de homicídio tentado com o dolo eventual, neste sentido é iterativa a jurisprudência desta Corte: "No que concerne à alegada incompatibilidade entre o dolo eventual e o crime tentado, tem-se que o Superior Tribunal de Justiça possui jurisprudência no sentido de que "a tentativa é compatível com o delito de homicídio praticado com dolo eventual, na direção de veículo automotor" (AgRg no REsp 1322788/SC, Rel. Ministro Sebastião Reis Júnior, Sexta Turma, julgado em 18/06/2015, DJe 03/08/2015). VIII – Esta Corte firmou orientação no sentido de que, ao se prolatar a decisão de pronúncia, as qualificadoras somente podem ser excluídas quando se revelarem manifestamente improcedentes. Habeas corpus não conhecido" (STJ, HC 503.796/RS, Rel. Ministro LEOPOLDO DE ARRUDA RAPOSO (DESEMBARGADOR CONVOCADO DO TJ/PE), QUINTA TURMA, julgado em 01/10/2019, DJe 11/10/2019); **5:** certo. Ao tratar da chamada autoria de escritório, Cleber Masson define autor de escritório como sendo *o agente que transmite a ordem a ser executada por outro autor direto, dotado de culpabilidade e passível de ser substituído a qualquer momento por outra pessoa, no âmbito de uma organização ilícita de poder*. Em seguida, se vale do seguinte exemplo: *o líder do PCC (Primeiro Comando da Capital), em São Paulo, ou do CV (Comando Vermelho), no Rio de Janeiro, dá as ordens a serem seguidas por seus comandados. É ele o autor de escritório, com poder hierárquico sobre seus "soldados" (essa modalidade de autoria também é muito comum nos grupos terroristas).* (*Direito Penal Esquematizado – parte geral*, 8. ed. São Paulo: Método, 2014. p. 541).

Gabarito 1E, 2E, 3C, 4E, 5C

(Delegado de Polícia Federal – 2021 – CESPE) No que concerne aos crimes previstos na parte especial do Código Penal, julgue os itens subsequentes.

(1) Em se tratando do crime de falsidade ideológica, o prazo prescricional se reinicia com a eventual reiteração de seus efeitos.
(2) O furto qualificado impede o reconhecimento do princípio da insignificância.
(3) O crime de redução à condição análoga à de escravo pode ocorrer independentemente da restrição à liberdade de locomoção do trabalhador.
(4) A adoção de sistema de vigilância realizado por monitoramento eletrônico, por si só, não torna impossível a configuração do crime de furto.
(5) Em se tratando de crime de extorsão, não se admite tentativa.

1: errado. Conferir: "4. O delito de falsidade ideológica é de natureza formal e instantâneo, cujos efeitos podem vir a se protrair no tempo. Não obstante os efeitos que possam vir a ocorrer em momento futuro, a conduta se consuma no momento em que o agente omite ou insere declaração falsa ou diversa da que deveria estar escrita em documento público ou particular. 5. Sobre esse tema, a Terceira Seção, ao julgar a Revisão Criminal n. 5.233/DF, decidiu que o termo inicial da contagem do prazo de prescrição da pretensão punitiva nos crimes de falsidade ideológica é o momento de sua consumação, e não da eventual reiteração de seus efeitos. 6. De mais a mais, é necessário ter cuidado ao interpretar extensivamente dispositivos da lei penal, sobretudo quando o resultado trouxer prejuízos ao réu. Neste caso, o art. 111, inciso IV, do Código Penal trata apenas dos crimes de bigamia e de falsificação ou alteração de assentamento do registro civil, previstos nos arts. 235 e art. 299, parágrafo único, do Código Penal, de modo que o entendimento adotado pelo Tribunal *a quo* deve ser tomado com reservas, por criar mais uma hipótese de postergação do prazo prescricional não expressa no citado dispositivo. 7. Agravo regimental provido" (STJ, AgRg no RHC 148.651/SP, Rel. Ministro REYNALDO SOARES DA FONSECA, QUINTA TURMA, julgado em 17/08/2021, DJe 20/08/2021); **2**: anulada. Conferir: "2. De acordo com a orientação traçada pelo Supremo Tribunal Federal, a aplicação do princípio da insignificância demanda a verificação da presença concomitante dos seguintes vetores (a) a mínima ofensividade da conduta do agente, (b) a nenhuma periculosidade social da ação, (c) o reduzidíssimo grau de reprovabilidade do comportamento e (d) a inexpressividade da lesão jurídica provocada. 3. O princípio da insignificância é verdadeiro benefício na esfera penal, razão pela qual não há como deixar de se analisar o passado criminoso do agente, sob pena de se instigar a multiplicação de pequenos crimes pelo mesmo autor, os quais se tornariam inatingíveis pelo ordenamento penal. Imprescindível, no caso concreto, porquanto, de plano, aquele que é contumaz na prática de crimes não faz jus a benesses jurídicas. 4. Na espécie, a conduta é referente a um furto qualificado pelo concurso de agentes de produtos alimentícios avaliados em R$ 62,29. 5. Assim, muito embora a presença da qualificadora possa, à primeira vista, impedir o reconhecimento da atipicidade material da conduta, a análise conjunta das circunstâncias demonstra a ausência de lesividade do fato imputado, recomendando a aplicação do princípio da insignificância" (STJ, HC 553.872/SP, Rel. Ministro REYNALDO SOARES DA FONSECA, QUINTA TURMA, julgado em 11/02/2020, DJe 17/02/2020). A anulação ocorreu sob a justificativa de que julgados posteriores a este adotam entendimento diverso; **3**: certo. De fato, a restrição à liberdade de locomoção do trabalhador constitui uma das formas de cometimento do crime art. 149 do CP. Significa dizer que a redução a condição análoga à de escravo pode se dar por outros meios, como, por exemplo, submeter a vítima a trabalhos forçados ou a jornada exaustiva ou sujeitá-la a situação degradante de trabalho; **4**: certo. O chamado *furto sob vigilância* pode, em determinadas situações, a depender do caso concreto, caracterizar *crime impossível* pela *ineficácia absoluta do meio* (art. 17 do CP). É o caso, por exemplo, do agente que, desde o momento em que ingressa no supermercado, passa a ser permanentemente vigiado por sistema de câmeras e também por seguranças, que ficam o tempo todo no seu encalço. Não há, neste caso, a menor possibilidade de o crime consumar-se. Isso não quer dizer que a existência, por si só, de sistema de segurança por câmeras e de funcionários elimine a possibilidade de o crime chegar à sua consumação. É perfeitamente plausível que o agente se aproveite de determinado ângulo de monitoramento em que a subtração não é visualizada pelo sistema de câmeras. Dessa forma, a ineficácia do meio deve ser avaliada caso a caso. Nesse sentido: STF, HC 110.975-RS, 1ª T., rel. Min. Cármen Lúcia, 22.05.2012. Consagrando esse entendimento, o STJ editou a Súmula n. 567: "Sistema de vigilância realizado por monitoramento eletrônico ou por existência de segurança no interior de estabelecimento comercial, por si só, não torna impossível a configuração do crime de furto"; **5**: errado. Embora se trate de crime formal (Súmula 96, STJ), a tentativa é plenamente aceitável. Exemplo: a vítima é constrangida a entregar a carteira e, quando prestes a fazê-lo, recebe auxílio da polícia. ED

Gabarito 1E, 2Anulada, 3C, 4C, 5E

(Delegado/ES – 2019 – Instituto Acesso) Marque a alternativa correta do ponto de vista legal.

(A) No crime de estupro, aumenta-se a pena de metade se resultar a gravidez da vítima.

(B) Luiz, delegado de polícia civil, lotado em uma determinada delegacia de polícia, deixou, por indulgência, de responsabilizar o inspetor Amâncio após tomar conhecimento de que este teria praticado uma determinada infração. Nesse contexto, pode-se afirmar que o delegado praticou, em tese, o crime de condescendência criminosa.

(C) No crime de incêndio, aumenta-se a pena em dois terços se o delito for praticado em galeria de mineração.

(D) Aquele que dolosamente retém documento de identidade de terceira pessoa responde pelo delito de supressão de documento.

(E) No crime de Falsa Identidade, o agente não apresenta nenhum documento de identidade para se identificar.

A: incorreta, já que contraria o disposto no art. 234-A, III, do CP, que estabelece um aumento de pena da ordem de metade a dois terços se do crime resulta gravidez; **B**: incorreta. É que, para configuração do crime de condescendência criminosa (art. 320, CP), é de rigor, conforme consta de sua descrição típica, que a infração não apurada seja cometida *no exercício do cargo*, o que não consta da assertiva; **C**: incorreta, já que, nesta hipótese, a pena será aumentada em um terço (e não em dois terços), tal como estabelece o art. 250, § 1º, II, *g*, do CP; **D**: incorreta, na medida em que as condutas alternativas previstas no tipo penal do art. 305 do CP consistem em *destruir* (eliminar), *suprimir* (fazer desaparecer) e *ocultar* (esconder) documento público ou particular, não contemplando, portanto, a conduta de *reter*. Aquele que retiver documento de identidade será responsabilizado pela contravenção penal contida no art. 3º da Lei 5.553/1968; **E**: correta. Isso porque, no crime de falsa identidade, definido no art. 307 do CP, não há que se falar em uso de documento falso. O agente se limita a atribuir a si ou a terceiro identidade que não corresponde à realidade, como, por exemplo, dar nome que não é o seu, mentir sobre sua idade ou sobre seu estado civil, sempre tendo em vista a obtenção de vantagem ou o fim de causar dano a outrem.

Gabarito "E".

(Delegado/RS – 2018 – FUNDATEC) Em relação à teoria geral do crime, assinale a alternativa INCORRETA.

(A) A diferença entre autoria indireta intelectual e autoria indireta mediata é que naquela, há o planejamento pelo autor indireto e a execução do crime por um terceiro. Nesta, o autor se vale de um instrumento, alguém que esteja sob coação moral irresistível, por exemplo, para a prática do crime. Na autoria indireta mediata, não haverá concurso de pessoas.

(B) De acordo com o entendimento que prevalece, atualmente, na doutrina, há a possibilidade de reconhecimento de tentativa no dolo eventual, entretanto, esse mesmo entendimento, majoritário doutrinariamente, não admite o reconhecimento da tentativa naqueles crimes identificados como crimes de ímpeto.

(C) O Código Penal adota a teoria da atividade, no que diz respeito ao tempo do crime. Já com relação ao lugar do crime, o Código Penal adota a teoria da ubiquidade, também chamada de teoria eclética.

(D) De acordo com a doutrina, prevalece o entendimento de que em um crime praticado em concurso de agentes, a aplicação da denominada "ponte de prata", prevista no artigo 16 do Código Penal, quando reconhecida para um, estende-se aos seus comparsas.

(E) O que a doutrina denomina crime oco, nada mais é do que o crime impossível, também conhecido como quase crime, reconhecido pelo artigo 17 do Código Penal.

A: correta. De fato, ao autor indireto intelectual cabe o planejamento da infração penal, sendo a sua execução de responsabilidade de terceiro; já na autoria mediata, temos que o agente (autor mediato) se vale de alguém (autor imediato), que pode ser um inimputável ou alguém que aja sem dolo, para a execução de determinado crime; **B**: incorreta, dado que o denominado crime de ímpeto é perfeitamente compatível com o *conatus*. Devemos entender por crime de ímpeto aquele cometido sem premeditação, repentino, não planejado. Típico exemplo é o homicídio cometido no calor de uma discussão de trânsito; **C:** correta. De fato, no que toca ao tempo do crime, o CP adotou, em seu art. 4º, a teoria da atividade, segundo a qual considera-se praticado o crime no momento da conduta (ação ou omissão), ainda que o resultado tenha se operado em outro momento; no que concerne ao lugar do delito, a teoria adotada foi a da ubiquidade (art. 6º do CP), para a qual lugar do crime será o lugar da ação ou omissão, bem como o lugar em que se verificar o resultado; **D:** correta. Tal como afirmado, o arrependimento posterior, que traduz a chamada ponte de prata, já que suaviza a pena que seria aplicada, comunica-se, no concurso de pessoas, aos agentes que não promoveram a restituição/reparação; **E:** correta (art. 17, CP).

Gabarito "B".

(Delegado/RS – 2018 – FUNDATEC) De acordo com a lei, a doutrina e a jurisprudência dos Tribunais Superiores, analise as situações hipotéticas a seguir:

I. Larapius foi preso em flagrante pela prática de um crime de roubo. Ao ser apresentado na Delegacia de Polícia para ser autuado, atribui-se identidade falsa. Nessa hipótese, de acordo com o entendimento do Superior Tribunal de justiça, estará cometendo o crime de falsa identidade.

II. Isolda, ao chegar no edifício aonde reside, chamou de "Matusalém" o porteiro Agostinho, 72 anos de idade, porque ele demorou para abrir o portão. Isolda praticou o crime de injúria qualificada, art. 140, parágrafo 3º do Código Penal e agravada pelo fato de ter sido praticada contra idoso.

III. Padarício, visando obter vantagem econômica para si, adulterou a balança de pesagem de produtos de sua padaria. Alguns meses depois, fiscais estiveram no estabelecimento comercial e constataram a fraude. Nesse caso, o Delegado de Polícia deverá indiciar Padarício pelo crime de estelionato.

IV. Na farmácia de Malaquias, durante fiscalização, foi constatado que havia medicamentos em depósito, para venda, de procedência ignorada. Nesse caso, Malaquias poderia ser enquadrado em crime contra a saúde pública, porém de acordo com o Superior Tribunal de Justiça, a pena prevista para esse crime, reclusão de dez a quinze anos e multa, seria desproporcional e, portanto, não poderia ser aplicada.

Quais estão corretas?

(A) Apenas I.
(B) Apenas II.
(C) Apenas I e IV.
(D) Apenas I, II e III.
(E) I, II, III e IV.

I: correta. Parte da doutrina sustenta que não comete o crime do art. 307 do CP o agente que atribui a si falsa identidade com o propósito de escapar de ação policial e, dessa forma, evitar sua prisão. O indivíduo estaria, segundo essa corrente, procurando preservar sua liberdade. Sucede que, atualmente, este posicionamento não mais prevalece. Segundo STF e STJ, aquele que atribui a si identidade falsa com o escopo de furtar-se à responsabilidade criminal deve, sim, responder pelo crime de falsa identidade (art. 307, CP). A propósito, o STJ, consolidando tal entendimento, editou a Súmula 522: "A conduta de atribuir-se falsa identidade perante autoridade policial é típica, ainda que em situação de alegada autodefesa". Também nesse sentido, o STF: "Direito penal. Agravo regimental em recurso extraordinário com agravo. Crime de falsa identidade. Art. 307 do Código Penal. Alegação de autodefesa. Impossibilidade. Tipicidade configurada. 1. O Plenário Virtual do Supremo Tribunal Federal, no julgamento do RE 640.139, Rel. Min. Dias Toffoli, decidiu que o princípio constitucional da autodefesa não alcança aquele que atribui falsa identidade perante autoridade policial com o intuito de ocultar maus antecedentes. Na ocasião, reconheceu-se a existência de repercussão geral da questão constitucional suscitada e, no mérito, reafirmou a jurisprudência dominante sobre a matéria. 2. Agravo regimental a que se nega provimento." (ARE 870572 AgR, 1ª T., Rel. Min. Roberto Barroso, j. 23.06.2015, *DJe* 05.08.2015, publ. 06.08.2015); **II:** incorreta. Isolda, ao chamar o porteiro Agostinho de Matusalém, cometeu a modalidade de injúria qualificada do art. 140, § 3º, do CP (cuja redação foi alterada por força da Lei 14.532/2023), não podendo incidir, sob pena de configurar *bis in idem*, a circunstância agravante do art. 61, II, *h*, do CP; **III:** incorreta. Trata-se de crime contra a economia popular definido no art. 2º, XI, da Lei 1.521/1951; **IV:** correta. De fato, dada a desproporcionalidade entre as condutas descritas no art. 273, § 1º-B, do CP e as penas a elas cominadas, o STJ declarou inconstitucional a pena deste dispositivo legal, passando a adotar a pena do tráfico de drogas em seu lugar (AI no HC 239.363, Corte Especial, rel. Sebastião Reis Júnior, 26.02.2015).

Gabarito "C".

(Delegado/AP – 2017 – FCC) De acordo com os dispositivos da parte geral do Código Penal, é correto afirmar:

(A) Na hipótese de *abolitio criminis* a reincidência permanece como efeito secundário da prática do crime.

(B) O território nacional estende-se a embarcações e aeronaves brasileira de natureza pública, desde que se encontrem no espaço aéreo brasileiro ou em alto-mar.

(C) Crimes à distância são aqueles em que a ação ou omissão ocorre em um país e o resultado, em outro.

(D) O desconhecimento da lei é inescusável. O erro sobre a ilicitude do fato, se evitável, isenta de pena; se inevitável, poderá diminuí-la de um sexto a um terço.

(E) É isento de pena o agente que pratica crime sem violência ou grave ameaça à pessoa, desde que, voluntariamente, repare o dano ou restitua a coisa, até o recebimento da denúncia ou da queixa.

A: incorreta. A *abolitio criminis* é causa extintiva da punibilidade (art. 107, III, do CP) que se caracteriza pela superveniência de lei que deixa de considerar o fato como criminoso. Em outras palavras, haverá a supressão da figura criminosa, que depende de uma dupla revogação (formal – do tipo penal; material – do comportamento criminoso). Uma vez operada a *abolitio criminis*, todos os efeitos penais da condenação desaparecerão (tanto o principal – aplicação da sanção penal, quanto os secundários, tais como a reincidência), remanescendo apenas os de natureza extrapenal (ex.: obrigação de reparação do dano); **B:** incorreta. De acordo com o art. 5º, § 1º, do CP, consideram-se como extensão do território nacional, para fins de aplicação da lei penal brasileira, as embarcações e aeronaves brasileiras, de natureza pública ou a serviço do governo brasileiro onde quer que se encontrem. Apenas as aeronaves e embarcações brasileiras, mercantes ou de propriedade privada, é que serão consideradas extensão do território nacional quando se acharem no espaço aéreo correspondente ou em alto-mar; **C:** correta. Consideram-se crimes à distância, ou de espaço máximo, aqueles que tenham sido praticados em lugares diversos, no caso pelo território de dois ou mais países soberanos. O CP, em seu art. 6º, consagrou a teoria da ubiquidade, ou mista, segundo a qual se considera praticado o crime no lugar em que ocorreu a ação ou omissão, no todo ou em parte, bem como onde se produziu ou deveria produzir-se o resultado; **D:** incorreta. De acordo com o art. 21, *caput*, do CP, o erro sobre a ilicitude do fato, se inevitável (ou invencível, ou escusável), isenta de pena; se evitável (ou vencível, ou inescusável), poderá diminui-la de um sexto a um terço. Perceba que o examinador inverteu as consequências do erro de proibição evitável (que é simples causa de diminuição de pena) e inevitável (que é causa de exclusão da culpabilidade); **E:** incorreta. O agente que voluntariamente reparar integralmente o dano, ou restituir

a coisa, nos crimes praticados sem violência ou grave ameaça à pessoa, até o recebimento da denúncia ou queixa, será beneficiado com a redução da pena de um a dois terços, nos termos do art. 16 do CP. Trata-se do instituto do arrependimento posterior, que, como dito, é causa obrigatória de diminuição de pena, mas não de sua isenção, tal como constou na assertiva. AT
Gabarito "C".

(Delegado/MS – 2017 – FAPEMS) Com relação aos princípios de Direito Penal e à interpretação da lei penal, assinale a alternativa correta.

(A) A interpretação autêntica contextual visa a dirimir a incerteza ou obscuridade da lei anterior.
(B) Não se aplica o princípio da individualização da pena na fase da execução penal.
(C) A interpretação quanto ao resultado busca o significado legal de acordo com o progresso da ciência.
(D) O princípio da proporcionalidade tem apenas o judiciário como destinatário cujas penas impostas ao autor do delito devem ser proporcionais à concreta gravidade.
(E) A interpretação teleológica busca alcançar a finalidade da lei, aquilo que ela se destina a regular.

A: incorreta, pois a interpretação autêntica contextual é aquela que pode ser extraída do próprio texto legal, tal como se vê, por exemplo, na conceituação de funcionário público para efeitos penais (art. 327 do CP); **B:** incorreta. Amplamente difundido por doutrina e jurisprudência que o princípio da individualização da pena espraia seus efeitos em três fases, quais sejam, na da cominação da pena (fase legislativa), na sua fixação (fase judicial) e na etapa de cumprimento (fase administrativa ou execucional); **C:** incorreta. A assertiva trata da denominada interpretação progressiva (ou evolutiva), que é a que busca o significado legal de acordo com o progresso da ciência; **D:** incorreta, pois o princípio da proporcionalidade norteia, além do Poder Judiciário, a quem incumbe a análise da insuficiência protetiva dos bens jurídicos, ou o excesso punitivo, os atos do Poder Legislativo, especialmente, em matéria penal, no que diz respeito à cominação das penas; **E:** correta. De fato, por meio da interpretação teleológica, busca-se alcançar a finalidade da lei. AT
Gabarito "E".

(Delegado/MS – 2017 – FAPEMS) Considerando as teses sumuladas pelo Superior Tribunal de Justiça quanto aos crimes contra o patrimônio e contra a propriedade intelectual, assinale a alternativa correta.

(A) Admite-se a adoção do princípio da adequação social para tornar atípica a conduta de expor à venda CDs e DVDs piratas, embora comprovada a materialidade da infração.
(B) À configuração do delito de violação de direito autoral com provação de sua materialidade, é suficiente a perícia realizada por amostragem do produto apreendido, nos aspectos externos do material, sendo dispensável a identificação dos titulares dos direitos violados.
(C) O aumento de pena no crime de roubo circunstanciado não exige fundamentação concreta, sendo suficiente para a exasperação a mera indicação do número de majorantes.
(D) A existência de sistema de vigilância eletrônica no interior de estabelecimento comercial já é suficiente para tornar impossível a consumação do crime de furto.
(E) A consumação do crime de roubo não ocorre só com a inversão da posse, do bem subtraído mediante violência ou grave ameaça, sendo imprescindível a posse mansa e pacífica.

A: incorreta. De acordo com a Súmula 502 do STJ, *presentes a materialidade e a autoria, afigura-se típica, em relação ao crime previsto no art. 184, § 2º, do CP, a conduta de expor à venda CDs e DVDs piratas.* A tolerância, ainda que por parte de autoridades responsáveis pela repressão criminal, tenha sido responsável pela inexistência de persecução penal em caso de pirataria de CDs e DVDs, não foi admitida pelo STJ, que, na prática, cuidou de afastar o princípio da adequação social diante de violação a direitos autorais (art. 184, § 2º, do CP); **B:** correta, nos termos do que dispõe a Súmula 574 do STJ: *Para a configuração do delito de violação de direito autoral e a comprovação de sua materialidade, é suficiente a perícia realizada por amostragem do produto apreendido, nos aspectos externos do material, e é desnecessária a identificação dos titulares dos direitos autorais violados ou daqueles que os representem;* **C:** incorreta, pois a Súmula 443 do STJ preconiza que o aumento na terceira fase de aplicação da pena no crime de roubo circunstanciado exige fundamentação concreta, não sendo suficiente para a sua exasperação a mera indicação do número de majorantes; **D:** incorreta. Dispõe a Súmula 567 do STJ: *Sistema de vigilância realizado por monitoramento eletrônico ou por existência de segurança no interior de estabelecimento comercial, por si só, não torna impossível a configuração do crime de furto;* **E:** incorreta, pois a Súmula 582 do STJ prevê: *Consuma-se o crime de roubo com a inversão da posse do bem mediante emprego de violência ou grave ameaça, ainda que por breve tempo e em seguida à perseguição imediata ao agente e recuperação da coisa roubada, sendo prescindível a posse mansa e pacífica ou desvigiada.* AT
Gabarito "B".

(Delegado/PE – 2016 – CESPE) Nos últimos tempos, os tribunais superiores têm sedimentado seus posicionamentos acerca de diversos institutos penais, criando, inclusive, preceitos sumulares. Acerca desse assunto, assinale a opção correta segundo o entendimento do STJ.

(A) É possível a consumação do furto em estabelecimento comercial, ainda que dotado de vigilância realizada por seguranças ou mediante câmara de vídeo em circuito interno.
(B) A conduta de atribuir-se falsa identidade perante autoridade policial é considerada típica apenas em casos de autodefesa.
(C) O tempo máximo de duração da medida de segurança pode ultrapassar o limite de trinta anos, uma vez que não constitui pena perpétua.
(D) No que diz respeito à progressão de regime prisional de condenado por crime hediondo cometido antes ou depois da vigência da Lei 11.464/2007, é necessária a observância, além de outros requisitos, do cumprimento de dois quintos da pena, se primário, e, de três quintos, se reincidente, para a obtenção do benefício.
(E) A incidência da causa de diminuição de pena prevista no tipo penal de tráfico de drogas implica o afastamento da equiparação existente entre o delito de tráfico ilícito de drogas e os crimes hediondos, por constituir novo tipo penal, sendo, portanto, o tráfico privilegiado um tipo penal autônomo, não equiparado a hediondo.

A: correta, pois retrata o entendimento firmado na Súmula 567, do STJ: "Sistema de vigilância realizado por monitoramento eletrônico ou por existência de segurança no interior de estabelecimento comercial, por si só, não torna impossível a configuração do crime de furto". O fato é que o chamado *furto sob vigilância* pode, em determinadas situações, a depender do caso concreto, caracterizar *crime impossível* pela *ineficácia absoluta do meio* (art. 17 do CP). É o caso, por exemplo, do agente que, desde o momento em que ingressa no supermercado, passa a ser permanentemente vigiado por sistema de câmeras e também por seguranças, que ficam o tempo todo no seu encalço. Não há, neste caso, a menor possibilidade de o crime consumar-se. Isso não quer dizer que a existência, por si só, de sistema de segurança por câmeras elimine a possibilidade de o crime chegar à sua consumação. É perfeitamente plausível que o agente se aproveite de determinado ângulo de monitoramento em que a subtração não é visualizada pelo sistema de câmeras. Dessa forma, a ineficácia do meio deve ser avaliada caso a caso; **B**: incorreta, pois não reflete o entendimento sufragado na Súmula 522, do STJ: "A conduta de atribuir-se falsa identidade perante autoridade policial é típica, ainda que em situação de alegada autodefesa"; **C**: incorreta, já que não retrata o entendimento consagrado na Súmula 527, do STJ: "O tempo de duração da medida de segurança não deve ultrapassar o limite máximo da pena abstratamente cominada ao delito praticado"; **D**: incorreta, pois contraria o entendimento firmado na Súmula 471, do STJ: "Os condenados por crimes hediondos ou assemelhados cometidos antes da vigência da Lei 11.464/2007 sujeitam-se ao disposto no art. 112 da Lei 7.210/1984 (Lei de Execução Penal) para a progressão de regime prisional". Importante que se diga que, no que toca à progressão nos crimes hediondos e equiparados, com a edição da Lei 13.769/2018, que alterou a redação do art. 2º, § 2º, da Lei 8.072/1990, a progressão, nesses crimes, se se tratar de mulher grávida, mãe ou responsável por criança ou pessoa com deficiência, obedecerá ao que estabelecem os §§ 3º e 4º do art. 112 da LEP. Em outras palavras, institui-se, no que concerne aos crimes hediondos e equiparados, regra específica de progressão no caso de o beneficiário encontrar-se em uma das condições acima. Atenção: com a alteração promovida pela Lei 13.964/2019 na redação do art. 112 da LEP (posterior, portanto, à elaboração desta questão), criam-se novos patamares para o reeducando pleitear a progressão de regime de cumprimento de pena, aqui incluído o condenado pela prática de crime hediondo/equiparado, cuja disciplina, até então, estava no art. 2º, § 2º, da Lei 8.072/1990, que estabelecia faixas diferenciadas de cumprimento de pena necessárias à progressão, dispositivo expressamente revogado pela Lei 13.964/2019. Com isso, as novas regras de progressão, inclusive para os autores de crimes hediondos, estão contempladas no novo art. 112 da LEP, que foi substancialmente reformulado pela Lei 13.964/2019, estabelecendo uma nova e ampla tabela de progressão de regime; **E**: incorreta. Segundo entendimento firmado na Súmula 512, do STJ, em vigor ao tempo em que foi elaborada esta questão, "A aplicação da causa de diminuição de pena prevista no art. 33, § 4º, da Lei 11.343/2006 não afasta a hediondez do crime de tráfico de drogas". É importante que se diga que o Plenário do STF, ao julgar o HC 118.533/MS, em 23.06.2016, cuja relatoria foi da Min. Cármen Lúcia, entendeu, em dissonância com o posicionamento adotado pelo STJ, que o crime de tráfico de drogas privilegiado não tem natureza hedionda. Pois bem. Sucede que a Terceira Seção do STJ, na sessão realizada em 23 de novembro de 2016, ao julgar a QO na Pet 11.796-DF, determinou o cancelamento da referida Súmula 512, alinhando-se ao entendimento adotado pelo STF no sentido de que o delito de tráfico privilegiado não pode ser equiparado a crime hediondo. Por sua vez, o art. 112, § 5º, da LEP, incluído pela Lei 13.964/2019, consagrando entendimento jurisprudencial, estabelece que não se considera hediondo ou equiparado o crime de tráfico de drogas previsto no art. 33, § 4º, da Lei 11.343/2006. Gabarito "A".

(Delegado/DF – 2015 – Fundação Universa) Com relação aos elementos do conceito analítico de infração penal, ao concurso de crimes, à causalidade no direito penal e à Lei 9.605/1998, que dispõe sobre os crimes contra o meio ambiente, assinale a alternativa correta.

(A) O erro de tipo permissivo afasta a punição pela denominada culpa imprópria.

(B) Nos termos da Lei 9.605/1998, que dispõe sobre os crimes contra o meio ambiente, constitui causa especial de aumento de pena o fato de o agente ter praticado crime ambiental em unidade de conservação ambiental.

(C) Na teoria da imputação objetiva, o resultado será objetivamente imputável ao autor se, uma vez hipoteticamente eliminada a sua conduta, o resultado não se concretizar.

(D) Conforme a doutrina majoritária, o consentimento do ofendido configura causa supralegal de exclusão da culpabilidade.

(E) No concurso formal impróprio, por haver desígnios autônomos, as penas dos crimes em concurso serão cumuladas, ainda que os diferentes resultados tenham sido praticados mediante uma só ação.

A: incorreta. O chamado erro de tipo permissivo (erro quanto aos pressupostos fáticos de uma causa excludente de ilicitude), desde que escusável, pode gerar a isenção de pena; se inescusável for, gerará a punição a título de culpa, desde que haja previsão nesse sentido. Esta última hipótese caracteriza a chamada *culpa imprópria*. O agente, por falta de cautela, pratica um fato típico não amparado por uma causa de exclusão da ilicitude; **B**: incorreta. Isso porque a causa de aumento consistente em o agente ter praticado o crime ambiental em unidade de conservação ambiental somente tem incidência no crime do art. 29 da Lei 9.605/1998 (§ 4º, V), não se aplicando a todos os crimes definidos nessa lei; **C**: incorreta, já que o que se afirma na assertiva diz respeito à teoria da equivalência dos antecedentes; **D**: incorreta – o *consentimento do ofendido* exclui, conforme o caso, a tipicidade do fato ou a antijuridicidade; **E**: correta. Nos termos do art. 70 do CP, o concurso formal poderá ser *próprio* (perfeito) ou *impróprio* (imperfeito). No primeiro caso (primeira parte do *caput*), temos que o agente, por meio de uma única ação ou omissão (um só comportamento), pratica dois ou mais crimes, idênticos ou não, com *unidade de desígnio*; já no *concurso formal impróprio* ou *imperfeito* (segunda parte do *caput*), a situação é diferente. Aqui, a conduta única decorre de desígnios autônomos, vale dizer, o agente, no seu atuar, deseja os resultados produzidos. É o caso aqui tratado. Como consequência, as penas serão somadas, aplicando-se o critério ou sistema do *cúmulo material*. No concurso formal perfeito, diferentemente, se as penas previstas forem idênticas, aplica-se somente uma; se diferentes, aplica-se a maior, acrescida, em qualquer caso, de um sexto até metade (sistema da exasperação). Gabarito "E".

(Delegado/DF – 2015 – Fundação Universa) A respeito do erro de execução, do denominado *dolus generalis*, das normas penais em branco e dos crimes previstos na parte especial do CP, assinale a alternativa correta.

(A) A complementação da Lei de Drogas por portaria do Ministério da Saúde configura hipótese da chamada norma penal em branco homogênea heteróloga.

(B) Suponha que "A" coloque sonífero na bebida de "B" a fim de subtrair-lhe os pertences (celular, bolsa, cartão de crédito). Neste caso, ausente a violência ou a grave ameaça, "A" responderá por furto ou estelionato, a depender das circunstâncias concretas e do dolo.

(C) Quanto ao erro de execução, o ordenamento jurídico brasileiro adotou a teoria da equivalência, e não a teoria da concretização.

(D) Suponha que "A" tenha atirado contra "B" com o propósito de matá-lo. "A" acredita ter consumado o crime por meio dos tiros. Em seguida, joga o corpo de "B" em um rio, com a intenção de ocultar o cadáver. Posteriormente, descobre-se que "B" estava vivo quando foi jogado no rio e que morreu por afogamento. Nesta hipótese, conforme a doutrina majoritária, "A" poderá responder, a depender do caso, por homicídio doloso tentado em concurso material com homicídio culposo ou por homicídio doloso tentado em concurso material com ocultação de cadáver. Não se admite que "A" responda por homicídio doloso consumado, porque "A" já não possuía *animus necandi* no momento em que arremessou o corpo de "B" no rio.

(E) Desde que esteja fora do expediente, pratica omissão de socorro o policial que, podendo impedir roubo praticado diante de si, decide permanecer inerte.

A: incorreta. *Norma penal em branco* é aquela cujo preceito primário, porque incompleto, necessita ser integralizado por outra norma, do mesmo nível ou de nível diferente. Na hipótese retratada no enunciado (lei de drogas), está-se a falar da chamada *norma penal em branco heterogênea* (em sentido estrito), na medida em que o seu complemento deve ser extraído de uma norma infralegal (portaria da Anvisa). De outro lado, *norma penal em branco em sentido lato* ou *amplo* (ou homogênea) é aquela em que a norma complementar consiste numa *lei* (mesma fonte legislativa da norma que há de ser complementada). É bom que se diga que a norma penal em branco não fere o postulado da reserva legal (legalidade), visto que o seu complemento pode ser encontrado em outra fonte, de todos conhecida; **B: incorreta.** Cuida-se de *roubo*, uma vez que "A" se valeu de *outro meio* que não a violência ou grave ameaça, consistente no uso de sonífero, para vencer eventual resistência de "B" à subtração de seus bens. É o que estabelece o art. 157, *caput*, parte final, do CP; **C: correta.** Tanto no erro de execução (*aberratio ictus*) quanto no erro quanto à pessoa, adotou-se a teoria da equivalência, segundo a qual devem-se levar em consideração as qualidades da pessoa que o agente queria atingir, e não da pessoa que o agente efetivamente atingiu. É o que estabelecem os arts. 20, § 3º, do CP (erro quanto à pessoa) e 73, também do CP (erro na execução). Pela teoria da concretização, não acolhida pelo Código Penal, devem ser levadas em conta as qualidades da pessoa que o agente de fato atingiu; **D: incorreta.** A assertiva retrata hipótese de *dolo geral*, que também é chamado de "erro sucessivo" ou "*aberratio causae*". O que ocorre, em verdade, é um equívoco por parte do agente quanto ao meio de execução, à causalidade. O erro, assim, não incide sobre os elementos do tipo. Na hipótese narrada acima o agente responderá normalmente pelo resultado almejado (homicídio consumado). A divergência havida no nexo causal, neste caso, não tem o condão de elidir a responsabilidade do agente; é, pois, irrelevante; **E: incorreta.** O policial, em conformidade com o que reza o art. 13, § 2º, do CP, tinha, por dever de ofício, a obrigação legal de agir para evitar o resultado, ainda que fora do horário de expediente. Assim não o fez. Responderá, dessa forma, por roubo (crime omissivo impróprio).
Gabarito "C".

(Delegado/DF – 2015 – Fundação Universa) Com base na doutrina majoritária, na jurisprudência, no CP e na Lei de Contravenções Penais, assinale a alternativa correta.

(A) É formalmente atípica a conduta consistente em ter, mediante fraude, conjunção carnal com pessoa maior de idade e capaz.

(B) Tanto na teoria psicológica da culpabilidade como na teoria psicológico-normativa da culpabilidade, exige-se atual, real e efetiva consciência da ilicitude.

(C) Conforme o STF, a lesão corporal leve praticada com violência doméstica contra a mulher é crime de ação penal pública condicionada à representação da ofendida.

(D) O criminoso que coloca bomba em avião, a fim de que exploda durante o voo e mate seu desafeto – que se encontra na aeronave –, atua mediante dolo direto em face do desafeto e mediante dolo eventual em face das demais pessoas dentro do avião.

(E) Nos termos da Lei das Contravenções Penais, é punível a tentativa de contravenção.

A: incorreta, uma vez que a conduta descrita na assertiva se amolda ao tipo penal do art. 215 do CP (violação sexual mediante fraude); **B: correta**, mas, segundo pensamos, esta assertiva está incorreta, já que a teoria psicológica da culpabilidade não exige consciência da ilicitude como elemento da culpabilidade; **C: incorreta**, visto que o STF, no julgamento da ADIn 4.424, de 09.02.2012, estabeleceu a natureza incondicionada da ação penal nos crimes de lesão corporal, independentemente de sua extensão, praticados contra mulher no ambiente doméstico, entendimento esse atualmente consagrado na Súmula 542, do STJ; **D: incorreta.** Existem, basicamente, três modalidades de dolo, a saber: dolo direto de primeiro grau; dolo direto de segundo grau; e dolo eventual. *Dolo direto de primeiro grau* (ou imediato) é aquele que se refere ao objetivo principal almejado pelo agente (é o dolo com que agiu o criminoso em relação ao seu desafeto). *Dolo direto de segundo grau* (ou indireto) é o que se refere às consequências secundárias, decorrentes dos meios escolhidos pelo autor para a prática da conduta (é o dolo com que agiu o criminoso em relação às demais pessoas que estavam dentro do avião). Perceba que a morte destas, embora não represente o objetivo do agente, é certa. *Dolo eventual*, por sua vez, ocorre sempre que o agente assume o risco de produzir determinado resultado, que pode ou não ocorrer; **E: incorreta.** A tentativa, no contexto das contravenções penais, não é punível (art. 4º da LCP).
Gabarito "B".

(Delegado/DF – 2015 – Fundação Universa) Acerca da culpabilidade, da tentativa, da culpa imprópria, da irretroatividade da lei penal mais gravosa e da aplicação da lei penal no espaço, assinale a alternativa correta.

(A) O crime de roubo é qualificado se a subtração for de veículo automotor que venha a ser transportado para outro estado ou para o exterior.

(B) Suponha que um chinês, a bordo de um navio privado brasileiro, falsifique dólares norte-americanos enquanto a embarcação navega em águas do domínio público internacional. Nas mesmas circunstâncias de tempo e lugar, um marroquino atira contra um australiano. Consoante o Código Penal brasileiro e os cenários hipotéticos mencionados, aplicar-se-á a lei norte-americana ao crime de falsificação de papel-moeda (em razão do bem jurídico violado) e a lei australiana ao crime de homicídio (em virtude do princípio da nacionalidade passiva).

(C) Consoante a teoria extremada da culpabilidade, configura-se erro de tipo permissivo quando o agente, por erro plenamente justificado pelas circunstâncias, supõe situação de fato que, se existisse, tornaria a ação legítima. Nesta hipótese, admite-se a punição a título de culpa se o fato for punível a título culposo.

(D) Admite-se a forma tentada no crime impropriamente culposo.

(E) Segundo o STF, a lei penal mais grave aplica-se ao crime permanente, mas não ao crime continuado, se a vigência da lei é anterior à cessação da continuidade ou da permanência.

A: incorreta, na medida em que a circunstância descrita na assertiva constitui *causa de aumento de pena*, e não *qualificadora*. Embora seja corriqueiro o emprego da denominação *roubo qualificado* para se referir às hipóteses elencadas no art. 157, § 2º, do CP, cuida-se, na verdade, de causas de aumento de pena (roubo majorado). Vale recordar a diferença entre qualificadora e causa de aumento de pena. A primeira altera a pena cominada no tipo simples, definindo novos patamares. É dizer, aumenta-se a faixa de aplicação da pena. É caso do latrocínio (art. 157, § 3º, II, do CP), em que o legislador estabeleceu, no preceito secundário, novos patamares para a pena cominada (20 a 30 anos). Já o aumento de pena representa um acréscimo, normalmente expresso por meio de fração, à pena cominada ao tipo simples. É, como já dissemos, o caso do roubo majorado, em que o legislador estabeleceu uma fração de um terço a metade a incidir quando presente uma das hipóteses descritas no § 2º do art. 157 do CP; **B:** incorreta, pois não reflete o disposto no art. 5º, § 1º, do CP; **C:** incorreta. Ensina Cleber Masson, ao discorrer sobre as teorias limitada da culpabilidade (acolhida pelo nosso CP) e extrema ou normativa pura, que *a distinção entre tais teorias repousa unicamente no tratamento dispensado às descriminantes putativas. Nas descriminantes putativas, o agente, por erro plenamente justificado pelas circunstâncias, supõe situação fática ou jurídica que, se existisse, tornaria sua ação legítima. De acordo com a teoria normativa pura, as descriminantes putativas sempre caracterizam erro de proibição. Por sua vez, para a teoria limitada, as descriminantes putativas são divididas em dois blocos: (1) de fato, tratadas como erro de tipo (CP, art. 20, § 1º); (2) de direito, disciplinadas como erro de proibição (CP, art. 21)* (*Direito Penal Esquematizado* – Parte Geral. 8. ed. Editora Método, p. 467); **D:** correta. Como bem sabemos, os crimes culposos não comportam a forma tentada. Isso porque não é concebível que alguém tente atingir determinado resultado que não desejado. Entretanto, a tentativa é admitida, conforme se afirma na alternativa, na *culpa imprópria, por equiparação ou assimilação* (art. 20, § 1º, do CP), em que o agente persegue determinado resultado (atua com dolo), mas atua em razão de erro vencível (culpa). É o caso do pai que, supondo ter sua casa invadida por ladrões, atira, de forma açodada, contra o invasor, que, depois vem a saber, é o seu filho. Se houver morte, o pai responderá por tentativa de homicídio culposo; **E:** incorreta, na medida em que, segundo entendimento firmado na Súmula 711 do STF, a lei penal mais grave aplica-se ao crime permanente (e também ao crime continuado), se sua vigência é anterior à cessação da continuidade ou da permanência.

Gabarito "D".

(Delegado/SP – 2014 – VUNESP) Quantos foram os Códigos Penais vigentes no Brasil?

(A) Três.
(B) Seis.
(C) Dois.
(D) Cinco.
(E) Um.

O Brasil já teve 3 (três) Código Penais, a saber: i) Código Criminal do Império (Lei de 16 de dezembro de 1830); ii) Código Penal dos Estados Unidos do Brasil (Decreto 847, de 11 de outubro de 1890) e; iii) Código Penal de 1940 (Decreto-lei 2.848, de 7 de dezembro de 1940).

Gabarito "A".

(Delegado/RJ – 2013 – FUNCAB) Manoel pediu ao pai, recém-chegado aos 50 anos, que adiantasse a sua legítima, no que não foi atendido, pois este sabia que Manoel se tornara dependente de drogas, logo dilapidaria seu patrimônio com o vício. Insatisfeito e aproveitando-se de uma viagem de seu pai, Manoel convidou Antônio e Joaquim, parceiros na utilização de "maconha", a sacarem do poder de seu pai as joias que herdaria, pois com a venda destas lucraria mais de R$ 1.000.000,00. Madalena, amiga de Joaquim, a seu pedido e sabendo dos propósitos dele, ensinou-o a abrir o cofre onde as joias se encontravam. Manoel, para não ser descoberto, no dia da empreitada foi para o clube, possibilitando ser visto por várias pessoas, o que lhe daria um álibi. Antônio e Joaquim dirigiram-se para a residência do pai de Manoel, local em que o primeiro abriu a porta da casa com uma gazua, o que possibilitou a Joaquim entrar e retirar as joias do cofre. Com medo de ser descoberto, posteriormente, Manoel solicitou ao seu amigo Paulo que guardasse temporariamente as joias. Após duas semanas do ocultamento das joias por Paulo, estas foram transportadas para outro Estado por Pedro, a pedido de José, primo de Manoel, sendo certo que nem Pedro, tampouco José, sabiam que as joias eram produto de crime. Já em outro Estado, as joias foram vendidas para Cláudia, que trabalhava como joalheira em sua residência, por preço vil, tendo esta percebido desde logo a origem ilícita da mercadoria.

Ao tomar conhecimento do desaparecimento das joias, o pai de Manoel dirigiu-se à Delegacia de Polícia e ofereceu *notitia criminis*. Após investigação, restou provada toda empreitada delitiva. Assim:

(A) Manoel, Antônio, Joaquim e Madalena são coautores do crime de furto qualificado por rompimento de obstáculo, abuso de confiança e emprego de chave falsa, enquanto que Paulo, José, Pedro e Cláudia são coautores do crime de receptação.

(B) Antônio e Joaquim, na qualidade de autores, e Madalena, figurando como cúmplice por auxílio, devem ser responsabilizados por crime de furto qualificado. Não se poderá responsabilizar Manoel, José e Pedro. Paulo pode ser condenado por favorecimento real e Cláudia por receptação qualificada.

(C) Paulo poderá ser condenado pelo crime de receptação própria, enquanto Manoel é o autor intelectual do crime de furto, portanto ainda terá sua pena agravada. Antônio e Joaquim são autores diretos do crime de furto, restando unicamente a Madalena a cumplicidade material. José pode ser condenado pelo crime de receptação imprópria, Pedro por receptação própria e Cláudia por receptação simples.

(D) Madalena é cúmplice por auxílio intelectual no crime de furto, enquanto Manoel poderá ser condenado por furto com abuso de confiança, com pena agravada pelo fato do ofendido ser seu genitor. Antônio poderá ser condenado pelo crime de furto com emprego de chave falsa e Joaquim pelo crime de furto com rompimento de obstáculo. Paulo responde pelo crime de favorecimento pessoal. As condutas de José e Pedro são atípicas. Cláudia pode ser condenada pelo crime de receptação culposa.

(E) Cláudia comete crime de receptação qualificada. Pedro praticou conduta atípica e José pode ser condenado por receptação dolosa imprópria. Paulo pode ser condenado por receptação dolosa própria, já Madalena, Antônio e Joaquim são autores do crime de furto qualificado e a conduta de Manoel é atípica.

Por ser Manoel filho da vítima, irá se beneficiar do art. 181, II, do CP (escusa absolutória), não podendo, portanto, ser responsabilizado pela subtração dos pertences de seu pai. No tocante a Antonio e Joaquim, ambos foram autores do crime de furto qualificado pelo rompimento de obstáculo (utilizaram-se de uma gazua para abrirem a porta da casa do ofendido), a eles não se estendendo a escusa absolutória, nos termos do art. 183, II, do CP. Madalena, em virtude de haver ensinado Joaquim a abrir o cofre onde se encontravam as joias furtadas, deverá ser responsabilizada como partícipe (art. 29, CP) pelo furto qualificado, frisando-se que aquele que auxilia a prática do crime é denominado de cúmplice. Paulo, amigo de Manoel, em virtude de haver prestado auxílio a Manoel, guardando as joias produto do crime, deverá responder por favorecimento real (art. 349, CP). Pedro e José, por desconhecerem a origem ilícita das joias, a eles entregues por Paulo, não poderão ser responsabilizados por receptação (art. 180, CP). Por fim, Claudia, em razão de haver adquirido as joias por preço vil, na condição de joalheira, responderá por receptação qualificada (art. 180, § 1º, CP), eis que adquiriu os produtos do crime no exercício de atividade comercial (joalheira).

Gabarito "B".

(Delegado/RJ – 2013 – FUNCAB) Walter, motoboy de uma farmácia, após receber de um cliente um cheque de R$ 20,00, entrega ao estabelecimento a quantia em espécie, mantendo-se na posse do título. Em seguida, o adultera, modificando o valor original para R$ 2.000,00. De posse do documento adulterado, vai até o banco para descontá-lo, mas o gerente, percebendo a fraude, liga para a Delegacia da área, alertando sobre o fato.

Ao perceber a chegada da viatura, Walter deixa apressadamente a instituição financeira, abandonando, no local, o título falsificado. Nesse contexto, é correto afirmar que a conduta de Walter:

(A) configura crime de estelionato, na forma tentada, pois o delito foi interrompido por circunstâncias alheias à sua vontade.

(B) se amolda ao tipo penal da apropriação indébita, na forma tentada, pois o delito foi interrompido por circunstâncias alheias à sua vontade.

(C) é tipificada como crime de furto mediante fraude, na forma tentada, pois o delito foi interrompido por circunstâncias alheias à sua vontade.

(D) caracteriza crime de falsificação de documento público, pois, havendo desistência voluntária, o autor só responde pelos atos até então praticados.

(E) é atípica, pois ocorreu a desistência voluntária e a falsidade existente resta absorvida pela finalidade patrimonial.

A: correta. Considerando que a conduta inicial de Walter (adulteração de documento público por equiparação – cheque) visava à obtenção de vantagem indevida (saque de valor superior àquele originalmente aposto na cártula), temos que a falsidade foi crime-meio, exaurindo-se no crime-fim (estelionato), que, de fato, não passou da esfera da tentativa, haja vista que o agente não conseguiu consumar seu intento por circunstâncias alheias à sua vontade; **B:** incorreta, pois a conduta de Walter, nitidamente, consistiu no emprego de expediente fraudulento (alteração do valor original do cheque emitido por cliente da farmácia para a qual prestava serviços como motoboy), que é elementar típica do crime de estelionato (art. 171, CP), não se confundindo com a apropriação indébita (art. 168, CP), que pressupõe que o agente, após receber a coisa (dinheiro, por exemplo) de boa-fé, altera seu animus, dela se apropriando e passando a se comportar como *dominus*; **C:** incorreta. O furto mediante fraude (art. 155, § 4º, II, do CP) pressupõe que o agente, em razão da fraude empregada, faça com que a vítima reduza sua vigilância sobre a coisa, aproveitando-se, então, disso, para subtraí-la. No caso relatado no enunciado, nada disso aconteceu. Ao contrário, Walter, após estar na posse de um cheque que lhe foi entregue por cliente da farmácia, alterou o seu valor (expediente fraudulento) e tentou descontá-lo no banco. Trata-se, aqui, de nítida conduta caracterizadora de estelionato, que, na espécie, não se consumou por circunstâncias alheias à vontade do agente (art. 14, II, CP); **D:** incorreta. No enunciado, não se enxerga, em momento algum, a ocorrência de desistência voluntária (art. 15, CP). Tal instituto somente tem aplicação quando o agente, após iniciada a execução do crime, por ato voluntário, dele desiste de prosseguir, respondendo somente pelos atos anteriores. No caso citado no enunciado, Walter somente não consumou o crime inicialmente executado (estelionato) em virtude da chegada da viatura policial. Clara, portanto, a tentativa, haja vista que o crime somente não se consumou por circunstâncias alheias à vontade do agente (desconfiança da falsificação pelo gerente da instituição financeira e chegada da viatura policial); **E:** incorreta. A desistência voluntária não se verificou no caso em testilha pelas razões aduzidas no comentário à alternativa anterior. Ademais disso, ainda que se cogitasse de desistência voluntária, a falsidade anterior não poderia ficar absorvida por um fato atípico, motivo pelo qual Walter, no mínimo, responderia por falsificação de documento público por equiparação (art. 297, *caput* e § 2º, CP).

Gabarito "A".

(Delegado Federal – 2013 – CESPE) No que se refere às causas de exclusão de ilicitude e à prescrição, julgue os seguintes itens.

(1) Considere que João, maior e capaz, após ser agredido fisicamente por um desconhecido, também maior e capaz, comece a bater, moderadamente, na cabeça do agressor com um guarda-chuva e continue desferindo nele vários golpes, mesmo estando o desconhecido desacordado. Nessa situação hipotética, João incorre em excesso intensivo.

(2) Suponha que determinada sentença condenatória, com pena de dez anos de reclusão, imposta ao réu, tenha sido recebida em termo próprio, em cartório, pelo escrivão, em 13.08.2011 e publicada no órgão oficial em 17.08.2011, e que tenha sido o réu intimado, pessoalmente, em 20.08.2011, e a defensoria pública e o MP intimados, pessoalmente, em 19.08.2011. Nessa situação hipotética, a interrupção do curso da prescrição ocorreu em 17.08.2011.

1: incorreta. Nos termos do art. 23, parágrafo único, do CP, dispõe que o agente responderá pelo excesso doloso ou culposo. Cuidou a doutrina de classificar o excesso em *extensivo* e *intensivo*. O primeiro – excesso extensivo – pressupõe que o agente, mesmo após cessado o motivo ensejador, prossiga em seu comportamento reativo, ou seja, continue a agir como se estivesse amparado pela causa de justificação. É, ao que tudo indica, a situação exposta no enunciado. Já no excesso intensivo, que, nas palavras de Zaffaroni e Pierangeli, citados por Rogério Sanches Cunha, sequer é excesso, uma vez que não se verificam presentes os requisitos da eximente (*Manual de direito penal – Parte Geral*. 2. ed. rev. amp. e atual. Salvador: Juspodivm, 2014. p. 252). Ou seja, o agente age sem que sequer a eximente (ou causa de justificação) esteja presente. Não é o caso narrado na assertiva, pois João foi agredido fisicamente por um desconhecido, daí iniciando seu comportamento lesivo ao agressor. Estava, portanto, em legítima defesa (art. 25 do CP), mas, mesmo após cessada a agressão, estando o agente desacordado, prosseguiu a golpeá-lo, daí resultando o excesso extensivo; **2:** incorreta. Nos termos do art. 117, IV, do CP, é causa interruptiva da prescrição a publicação da sentença ou acórdão condenatório recorríveis. Assim, no caso sob análise, o que interrompeu a prescrição foi a *publicação* da sentença condenatória recorrível, que não se confunde com a pura e simples disponibilização dela na imprensa oficial. Conforme prescreve o art. 389 do CPP, a sentença será publicada em mão do escrivão, que irá juntá-la aos autos. Aqui estará interrompida a prescrição. Na questão, verifica-se que o escrivão a recebeu, em cartório, no dia 13.08.2011, lavrando o termo respectivo. Portanto, aqui ocorreu a publicação do ato decisório e, repita-se, a interrupção da prescrição da pretensão punitiva.

Gabarito 1E, 2E.

(Delegado/AM) O CP dita determinadas regras gerais sobre assuntos que, muitas vezes, são tratados por outras leis. Exemplos de tais assuntos são a ordem tributária, o tóxico, a imprensa, o sistema financeiro e outros. Tal hipotética contradição se traduz no conflito aparente de normas, que, no nosso caso, será solucionado pela preponderância do princípio da:

(A) absorção
(B) especialidade
(C) alternatividade
(D) subsidiariedade

O conflito aparente de normas pressupõe a existência de um fato único, mas com a aparente incidência de duas ou mais normas jurídicas vigentes à época. Como não é possível a punição por mais de uma vez por um único fato, deve-se buscar a solução pela aplicação dos seguintes princípios: especialidade, subsidiariedade, consunção e alternatividade. No caso em questão, trata-se da aplicação do princípio da especialidade, pelo qual prevalecerá a norma especial em detrimento da genérica, porque naquela estão contidos os chamados elementos especializantes, inexistentes na primeira.
Gabarito "B".

(Delegado/AP – 2010) Maurício e Sandoval, sócios da empresa 007 Construções Ltda., decidem participar de uma concorrência pública realizada pela Secretaria de Obras do Estado do Amapá para seleção da empresa encarregada de construir um estádio de futebol com vistas à Copa do Mundo que se realizará no Brasil.

Como a empresa não dispõe dos documentos exigidos pelo edital – especificamente a comprovação de realização de obra semelhante em contratação com o setor público – Maurício e Sandoval falsificam ART's (anotação de responsabilidade técnica) a fim de simular que já realizaram tais obras. A fraude surte efeito e a 007 construções é efetivamente selecionada dentre as concorrentes. Todavia, a falsificação é descoberta pouco tempo depois.

Assinale a alternativa que indique o crime praticado por Maurício e Sandoval.

(A) Fraude à licitação (art. 93, Lei 8.666/1993).
(B) Falsificação de documento público (art. 297, Código Penal).
(C) Falsidade ideológica (art. 299, Código Penal).
(D) Falsificação de documento particular (art. 298, Código Penal).
(E) Estelionato (art. 171, Código Penal).

A: correta, uma vez que se aplica o princípio da especialidade. No caso, o fato se enquadraria, em tese, também nos delitos de falsificação de documento particular (falsificação de ART's), bem como no crime de estelionato, uma vez que o crime de falso foi o meio utilizado para empregar a fraude e induzir em erro a fiscalização da concorrência pública. Todavia, diante do conflito aparente de normas, a solução será dada pelo critério da especialidade, sendo que a lei especial (lei de licitação) afasta a geral (CP); B: incorreta, já que há o tipo penal especial previsto na lei de licitação; C: incorreta, até mesmo porque não seria falsidade ideológica, mas material; D: incorreta. Acaso não existisse lei especial, seria possível, em tese, configurar o delito de falsificação de documento particular. Cumpre ressaltar que há discussão acerca da absorção ou não pelo delito de estelionato (princípio da consunção); E: incorreta. Acaso não existisse lei especial, seria possível, em tese, configurar o delito de estelionato.
Gabarito "A".

(Delegado/AP – 2006 – UFAP) Analise as assertivas e assinale a alternativa correta:

I. O crime de quadrilha ou bando, previsto no art. 288 do CP, exige o número mínimo de três pessoas.
II. A utilização de papel-moeda grosseiramente falsificado configura, em tese, o crime de estelionato e não de falsificação de moeda.
III. A diferença básica entre a falsidade ideológica e a falsidade material é que naquela altera-se a forma do documento, construindo um novo ou alterando o que era verdadeiro e nesta altera-se o conteúdo, que pode ser total ou parcial.

(A) Estão corretas todas as alternativas.
(B) Estão erradas todas as alternativas.
(C) Estão corretas apenas as alternativas II e III.
(D) Está correta apenas a alternativa I.
(E) Está correta apenas a alternativa II.

I: incorreta, à época em que a questão foi elaborada. Atualmente estaria correta (art. 288 do CP). Com o advento da Lei 12.850/2013, o crime de associação criminosa exige a reunião de mais de duas pessoas, ou seja, pelo menos três agentes; II: correta, já que o crime de moeda falsa exige que a falsificação seja capaz de iludir os destinatários da moeda. Caso se trate de falsificação grosseira, configura, em tese, o crime de estelionato (Súmula 73 do STJ); III: incorreta, uma vez que os conceitos estão trocados. Na falsidade ideológica há uma alteração quanto ao conteúdo, já na falsidade material há uma falsificação quanto à forma do documento, construindo um novo ou alterando um já existente.
Gabarito "E".

(Delegado/AP – 2006 – UFAP) Analise as assertivas e assinale a alternativa correta:

I. É inimputável o agente que, por perturbação de saúde mental, era, ao tempo da ação ou da omissão, inteiramente incapaz de entender o caráter ilícito do fato ou de determinar-se de acordo com esse entendimento.
II. As condições de caráter pessoal não se comunicam quando elementares do crime.
III. A pena de detenção pode ser cumprida em regime inicial fechado se o condenado é reincidente em crime doloso.

(A) Estão corretas todas as alternativas.
(B) Estão erradas todas as alternativas.
(C) Estão corretas apenas as alternativas II e III.
(D) Está correta apenas a alternativa I.
(E) Está correta apenas a alternativa III.

I: incorreta. De acordo com o que dispõe o art. 26, *caput*, do CP, é inimputável o agente que, por doença mental ou desenvolvimento mental incompleto ou retardado (e não por perturbação de saúde mental), era, ao tempo da ação ou da omissão, inteiramente incapaz de entender o caráter ilícito do fato ou de determinar-se de acordo com esse entendimento; II: incorreta (art. 30 do CP). Em regra, as circunstâncias, condições e elementares de caráter real ou objetivas se comunicam, desde que conhecida pelos agentes. Já as circunstâncias e condições de caráter pessoal ou subjetivas não se comunicam, salvo quando elementares do crime; III: incorreta (art. 33, *caput*, do CP), uma vez que quando se tratar de pena de detenção, o início do cumprimento será em regime semiaberto ou aberto, mesmo quando o condenado for reincidente em crime doloso, podendo haver regressão para o regime fechado, em caso de necessidade de transferência.
Gabarito "B".

(Delegado/AP – 2006 – UFAP) Analise as assertivas e assinale a alternativa correta:

I. Os crimes omissivos próprios não admitem concurso formal.
II. No caso de concurso de crimes, a extinção da punibilidade incidirá sobre a pena de cada um, isoladamente.
III. O cumprimento de pena no estrangeiro pelo agente é causa suspensiva da prescrição.

(A) Estão corretas todas as alternativas.
(B) Estão erradas todas as alternativas.
(C) Estão corretas apenas as alternativas II e III.
(D) Está correta apenas a alternativa I.
(E) Está correta apenas a alternativa III.

I: incorreta, uma vez que é admissível o concurso de crimes em crimes omissivos próprios. Imagine, por exemplo, o agente que, mediante uma só omissão, pratica vários crimes de omissão de socorro, deixando de socorrer várias vítimas de um acidente, o que caracteriza o concurso formal de crimes omissivos próprios; **II:** correta (art. 119 do CP); **III:** correta (art. 116, II, do CP, cuja redação foi alterada pela Lei 13.964/2019).
Gabarito "C".

(Delegado/CE – 2006 – CEV/UECE) Sobre a aplicação da lei penal no tempo e no espaço marque a opção verdadeira.

(A) Ninguém pode ser responsabilizado por crimes previstos em leis excepcionais ou temporárias após o decurso do lapso temporal destas, pois ocorre o que chamamos de *abolitio criminis* indireto.
(B) Em relação ao tempo do crime o direito penal brasileiro adotou a teoria do resultado, onde se considera consumado o crime no momento em que este é consumado.
(C) A lei brasileira pode ser aplicada em todos os crimes praticados contra o Presidente da República em qualquer lugar do mundo. Tal possibilidade é baseada na aplicação do princípio da Soberania do Estado.
(D) Um fato criminoso que ocorra em uma aeronave comercial brasileira que esteja sobrevoando o espaço aéreo correspondente ao alto-mar é alcançado pela legislação penal brasileira, caracterizando um dos casos de territorialidade.

A: incorreta (art. 3º do CP). A lei excepcional (até cessar a situação de anormalidade) ou temporária (com vigência predeterminada no tempo), mesmo após a sua autorrevogação, aplicam-se ao fato praticado durante a sua vigência, diante da ultra-atividade; **B:** incorreta (art. 4º do CP), uma vez que o CP adotou a teoria da atividade com relação ao tempo do crime, segundo a qual considera-se praticado o crime no momento da ação ou da omissão, ainda que outro seja o momento do resultado; **C:** incorreta (art. 7º, I, "a", do CP). A extraterritorialidade incondicionada se aplica aos crimes contra a vida ou a liberdade do Presidente da República e demais hipóteses do inciso I do art. 7º do CP, de acordo com o princípio da defesa, da proteção ou real; **D:** correta (art. 5º, § 1º, do CP).
Gabarito "D".

(Delegado/CE – 2006 – CEV/UECE) Marque a opção verdadeira.

(A) O resultado que torna mais grave a pena só pode ser imputado a quem praticou a conduta dolosamente, já que o direito penal brasileiro fez a opção pela teoria do resultado.
(B) Pelo entendimento doutrinário dominante, ao tratar a inimputabilidade penal, o direito penal brasileiro adotou o critério biopsicológico.
(C) Ocorre uma descriminante putativa sempre e quando o indivíduo imagina estar praticando um crime menos grave e na verdade pratica um mais grave, sendo imputado o crime com menor pena.
(D) O erro de proibição não é admitido no direito penal brasileiro, uma vez que a ninguém é dado o direito de arguir o desconhecimento de lei, sob nenhuma condição e em nenhum caso.

A: incorreta, pois os crimes qualificados pelo resultado podem ser preterdolosos (conduta antecedente dolosa e resultado agravador culposo), conforme, inclusive, o art. 19 do CP); **B:** correta. De fato, o critério adotado é o biopsicológico, exigindo a existência de doença mental, além da incapacidade para entender o caráter ilícito do fato ou de determinar-se de acordo com esse entendimento, no momento da conduta. Excepcionalmente, adota-se o critério biológico, no tocante aos menores de 18 anos, em que se presume a inimputabilidade; **C:** incorreta (art. 20, § 1º, do CP), uma vez que é isento de pena quem, por erro plenamente justificado pelas circunstâncias, supõe situação de fato que, se existisse, tornaria a ação legítima (descriminante putativa por erro de tipo inevitável ou escusável). Todavia, não há isenção de pena, quando o erro deriva de culpa e o fato é punível como crime culposo (descriminante putativa por erro de tipo evitável ou inescusável); **D:** incorreta, já que o Direito Penal admite o erro de proibição como causa excludente da culpabilidade, diante da falta de potencial consciência da ilicitude. De fato, o desconhecimento da lei é inaceitável, o qual não se confunde com o desconhecimento do caráter ilícito do fato, que afasta a culpabilidade do agente, isentando-o da pena.
Gabarito "B".

(Delegado/CE – 2006 – CEV/UECE) Marque a opção verdadeira.

(A) Em nenhum caso o estado de embriaguez pode isentar de pena o agente, uma vez que o direito penal brasileiro pugna necessariamente pela imposição integral de responsabilidade criminal ao indivíduo.
(B) Em relação ao concurso de pessoas o Código Penal Brasileiro fez opção clara pela teoria monista, quer no que diz respeito aos coautores, quer aos partícipes. Admite-se, no entanto, exceções nas quais podemos visualizar a utilização da teoria dualista.
(C) O crime passional torna lícita a conduta do agente uma vez que a ocorrência da violenta emoção caracteriza o estado de necessidade, especialmente considerando o sacrifício de um valor para resguardar outro.
(D) Considerando o inegável aspecto subjetivo e individual presente no direito penal não se pode admitir a comunicabilidade de características pessoais entre os agentes reunidos em concurso de pessoas.

A: incorreta (art. 28, II, § 1º, do CP), pois a embriaguez completa e involuntária (proveniente de caso fortuito ou força maior) exclui a imputabilidade do agente, isentando-o da pena; **B:** correta (art. 29 do CP). Em regra, o Código Penal adotou a teoria monista ou unitária, segundo a qual aquele que concorre para o crime responderá por ele, na medida de sua culpabilidade. Excepcionalmente, adotou a teoria pluralista, cujas condutas dos agentes estão previstas em tipos penais diversos, ainda que busquem o mesmo resultado (art. 29, § 2º do CP); **C:** incorreta, já que a violenta emoção pode caracterizar uma circunstância atenuante genérica (se o agente comete o crime sob a influência de violenta emoção, provocado por ato injusto da vítima – art. 65, III, "c", do CP) ou até mesmo uma causa de diminuição de pena, em caso de homicídio (se o agente comete o crime sob o domínio de violenta emoção, logo em seguida a injusta provocação da vítima – art. 121, § 1º, do CP), não caracterizando o estado de necessidade; **D:** incorreta, uma vez que as circunstâncias ou condições de caráter pessoal, quando elementares do crime, comunicam-se entre os agentes em concurso de pessoas (art. 30 do CP).

Gabarito "B".

(Delegado/CE – 2006 – CEV/UECE) Considere as seguintes afirmativas:

I. O concurso formal difere do concurso material uma vez que naquele temos uma unidade na prática da conduta, enquanto neste existe pluralidade de ação ou omissão, aplicando-se sempre a mesma lógica na aplicação da pena, ou seja, a soma das sanções, independente da natureza dos desígnios ou vontades.
II. O agente que pretende atingir o indivíduo A e acaba por acertar o indivíduo B não pode ser responsabilizado criminalmente, considerando o dolo específico, bem como a absoluta ausência de tipicidade da conduta.
III. A prescrição é sempre considerada de forma abstrata, já que após a declaração definitiva de responsabilidade criminal do indivíduo o Estado já exerceu seu direito de punir, não podendo mais ser declarada a extinção de punibilidade.
IV. A extinção de punibilidade pela decadência, perempção, pela renúncia do direito de queixa e pela anistia só ocorrem nos crimes de ação penal privada, considerando a natureza própria deste e a previsão expressa da lei penal.

São incorretas:

(A) I, II, III e IV
(C) apenas II e III
(B) apenas I e II
(D) apenas I, II e IV

I: incorreta, pois no concurso formal (mediante uma ação ou omissão, o agente pratica dois ou mais crimes) aplica-se o sistema da exasperação penal (art. 70 do CP). Já no concurso material (mediante mais de uma ação ou omissão, o agente pratica dois ou mais crimes), o sistema é o do cúmulo material, somando-se as penas (art. 69 do CP); II: incorreta (art. 20, § 3º, do CP). O agente que pretende atingir o indivíduo A e acaba por acertar o indivíduo B será responsabilizado criminalmente, considerando-se as qualidades da pessoa contra quem o agente queria praticar o crime; III: incorreta, uma vez que a prescrição da pretensão punitiva estatal pode ocorrer em abstrato (antes da sentença penal condenatória – art. 109 do CP) ou em concreto (com base na pena aplicada, após o trânsito em julgado para a acusação – art. 110 do CP). E, ainda, a prescrição poderá ser da pretensão executória (durante a execução penal – art. 112 do CP); IV: incorreta. A perempção somente ocorre na ação penal privada (art. 60 do CPP), mas a decadência do direito de queixa ou de representação e a renúncia podem ocorrer na ação penal privada ou pública condicionada à representação (arts. 103 e 104, parágrafo único, do CP).

Gabarito "A".

(Delegado/CE – 2006 – CEV/UECE) Marque a opção verdadeira.

(A) A exceção da verdade, meio de defesa próprio dos crimes contra a honra, só é possível de ser utilizada no crime de calúnia, não havendo possibilidade alguma de utilização nos demais crimes contra a honra. Tal fato é caracterizado por ser o crime de calúnia o único que apresenta como elemento constitutivo a falsidade.
(B) A mulher que constrange homem, mediante violência ou grave ameaça, a manter com ela conjunção carnal pratica conduta atípica já que o crime de estupro exige que figure como sujeito passivo pessoa do sexo feminino e o delito de atentado violento ao pudor exige conduta diversa da conjunção carnal.
(C) A diferença fundamental, apontada pela maior parte da doutrina penal brasileira, entre os crimes de extorsão e roubo é que naquele a vítima tem o bem retirado de sua esfera de propriedade pelo agente criminoso, enquanto que neste ela o entrega voluntariamente.
(D) Segundo o entendimento dominante na doutrina e na jurisprudência nacional, havendo morte como decorrência da violência empregada no roubo, mesmo que a subtração não se consuma, haverá latrocínio consumado.

A: incorreta, uma vez que a exceção da verdade é admitida, em regra, no crime de calúnia (art. 138, § 3º, do CP) e, excepcionalmente, no crime de difamação quando o ofendido for funcionário público (art. 139, parágrafo único), somente não sendo admitida, em hipótese alguma, no crime de injúria; **B:** incorreta, pois a conduta não é atípica. Antes da Lei 12.015/2009 configurava o crime de constrangimento ilegal (art. 146 do CP), diante da falta de previsão específica. Atualmente, tal conduta configura o crime de estupro (art. 213), uma vez que não tem como sujeito passivo tão somente a mulher, mas qualquer pessoa (homem ou mulher); **C:** incorreta, dado que a diferença apontada pela doutrina está invertida; **D:** correta (Súmula 610 do STF).

Gabarito "D".

(Delegado/MG – 2012) Em relação às Teorias do Delito, assinale a alternativa **incorreta:**

(A) A antinormatividade, de acordo com Zaffaroni, consiste em se averiguar a proibição através da indagação do alcance proibitivo da norma, não considerada de forma isolada, e sim conglobada na ordem normativa.
(B) A culpa imprópria está presente na discriminante putativa, nela, o agente dá causa dolosa ao resultado, mas responde como se tivesse praticado crime culposo, em razão de erro evitável pelas circunstâncias.
(C) No dolo direto, o agente quer efetivamente produzir o resultado, ao praticar a conduta típica, e no dolo indireto, o agente não busca com sua conduta resultado certo e determinado, subdividindo-se em dolo alternativo e eventual.
(D) De acordo com a teoria objetiva-formal, há tentativa, quando o agente, de modo inequívoco, exterioriza sua conduta no sentido de praticar a infração penal.

A: correta. De acordo com a teoria da tipicidade conglobante, criada pelo jurista argentino Eugenio Raúl Zaffaroni, "*todo fato típico se reveste de antinormatividade, pois, muito embora o agente atue em consonância com o que está descrito no tipo incriminador, na verdade contraria a norma, entendida como o conteúdo do tipo legal*" (Cleber Masson *in* Direito Penal Esquematizado – Parte Geral, Ed. Método, 2ª edição, p. 232) Ainda, para que se afirme que a conduta praticada pelo agente é ilícita, não bastará a mera violação da lei penal, mas, também, a ofensa a todo o ordenamento jurídico, que deverá ser analisado de forma "global" (daí o nome *conglobante*); **B:** correta. De fato, nas discriminantes putativas, o agente, por erro plenamente justificado pelas circunstâncias, supõe situação de fato que, se existisse, tornaria sua ação legítima (art. 20, § 1º, do CP). Assim, quando se está, por exemplo, diante de uma legítima defesa putativa, o agente, caso incida em erro inevitável (ou invencível, ou escusável), ficará isento de pena. Porém, caso o erro pudesse ter sido superado por maior diligência do agente, ainda que tenha praticado uma conduta dolosa, responderá na forma culposa (art. 20, § 1º, parte final, do CP). Daí a denominação "culpa imprópria": o agente age dolosamente, mas por se tratar de discriminante putativa por erro vencível (ou inescusável), responderá pelo fato como crime culposo, se previsto em lei; **C:** correta. De fato, diz-se dolo direto, também chamado de determinado, aquele em que o agente dirige sua vontade para a realização de um resultado pretendido. Já o dolo indireto, ou indeterminado, é aquele que se caracteriza pelo fato de a vontade do agente não ser dirigida a um determinado resultado. Divide-se o dolo indireto em *dolo alternativo* (aqui, o agente deseja, indistintamente, a produção de um ou outro resultado) e *dolo eventual* (aqui, o agente, embora não queira diretamente o resultado, assume o risco de produzi-lo); **D:** incorreta. Preconiza a teoria objetivo-formal, ou lógica-formal, que somente haverá ato executório quando o agente iniciar a realização do verbo-núcleo do tipo (ação nuclear). Não bastará, portanto, que o agente exteriorize sua conduta no sentido de pretender praticar a infração ao penal, sendo de rigor, como dito, que dê início à execução do verbo do tipo penal incriminador.

Gabarito "D".

(Delegado/MG – 2012) Considerando o Código Penal e as Teorias do Delito é **incorreto** afirmar que:

(A) Com relação ao tipo doloso, o Código Penal Brasileiro adotou as teorias da vontade e do assentimento e não a da atividade.

(B) A perda de cargo, função pública ou mandato eletivo é efeito genérico da condenação, não necessitando, dessa forma, ser determinada de forma explícita e fundamentada na sentença penal condenatória.

(C) A previsibilidade objetiva é elemento integrante do tipo culposo, podendo a previsibilidade subjetiva ser analisada por ocasião da culpabilidade.

(D) De acordo com a teoria finalista, a ação é o comportamento humano voluntário, dirigido à atividade final lícita ou ilícita.

A: correta. De fato, no art. 18, I, do CP, houve a adoção da teoria da vontade com relação ao dolo direto, e da teoria do assentimento (ou do consentimento) com relação ao dolo eventual; **B:** incorreta. A perda de cargo, função pública ou mandato eletivo é efeito específico da condenação, ou seja, não automático, dependendo de expressa motivação na sentença (art. 92, I e parágrafo único, do CP); **C:** correta. De fato, os tipos culposos exigem os seguintes elementos: i) conduta inicial voluntária; ii) resultado ilícito involuntário; iii) nexo de causalidade; iv) tipicidade; v) previsibilidade objetiva do resultado; e vi) ausência de previsão (apenas na culpa inconsciente). A previsibilidade subjetiva não integra o fato típico culposo, mas será avaliada por ocasião da culpabilidade, mais precisamente por ocasião da análise da potencial consciência da ilicitude; **D:** correta. Para os adeptos da teoria finalista, a conduta é todo comportamento humano, positivo (ação) ou negativo (omissão), consciente e voluntário, dirigido a uma finalidade, seja ela lícita, seja ilícita. Esclarece-se que mesmo nos crimes culposos o comportamento é dirigido a uma finalidade, mas geralmente lícita (ex.: para chegar mais cedo em casa – finalidade lícita –, o condutor do veículo dirigiu muito acima da velocidade, atropelando e matando um pedestre – resultado ilícito involuntário).

Gabarito "B".

(Delegado/MG – 2012) Com relação aos crimes abaixo destacados, é **correto** afirmar que:

(A) é possível a participação de particular no delito de corrupção passiva, já que as circunstâncias de caráter pessoal elementares ao crime se comunicam.

(B) o homicídio praticado com dolo eventual afasta a incidência das circunstâncias qualificadoras, uma vez que o agente não quer diretamente o resultado, apenas assume o risco de produzi-lo.

(C) para a configuração do crime de maus tratos, é necessário submeter a vítima a intenso sofrimento físico ou psíquico, expondo-a a perigo de vida ou de saúde.

(D) caracteriza-se o crime de injúria, ainda que as imputações ofensivas à honra subjetiva da vítima sejam verdadeiras, cabendo exceção da verdade somente se o ofendido for funcionário público e a ofensa relativa ao exercício de suas funções.

A: correta. De fato, a despeito de a corrupção passiva ser crime funcional, vale dizer, que exige a condição de funcionário público (*intraneus*) do sujeito ativo. Será perfeitamente possível que um particular (*extraneus*) concorra para a sua prática e por ele responda, nos termos do art. 30 do CP. Lembre-se que a condição de funcionário público, por ser elementar típica, comunica-se aos coautores ou partícipes (desde que conhecida deles); **B:** incorreta. De acordo com o STJ, no julgamento do HC 58423/DF, são compatíveis, em princípio, o dolo eventual e as qualificadoras do homicídio. Exemplificando, não há problemas de o agente, por motivo fútil, assumir o risco de produzir o resultado morte; **C:** incorreta. Para a caracterização do crime de maus-tratos (art. 136 do CP), bastará que o agente exponha a vida ou a saúde da vítima a perigo. Já se a conduta do sujeito ativo traduzir-se em causação de intenso sofrimento físico ou mental à vítima, poderemos estar diante de modalidade de tortura (art. 1º, II, da Lei 9.455/1997); **D:** incorreta, por ser inadmissível a exceção da verdade no crime de injúria, mas, apenas, nos crimes de calúnia (art. 138, § 3º, do CP) e difamação dirigida a funcionário público, desde que as ofensas sejam relativas ao exercício funcional (art. 139, parágrafo único, do CP).

Gabarito "A".

(Delegado/MG – 2006) Quanto à evolução dogmática do conceito de crime é CORRETO afirmar que:

(A) São elementos da culpabilidade normativa para a imputabilidade, a consciência potencial da ilicitude e a exigibilidade de conduta diversa.

(B) Atualmente, o Código Penal apresenta conceito claro do que é ação e omissão.

(C) Sendo a tipicidade indício de ilicitude, pode-se falar apenas em causa legal de exclusão da ilicitude e não em causa supralegal, uma vez que esta fere o princípio da legalidade.

(D) O tipo penal não tem mais como função fundamental a função de garantia.

(E) A teoria finalista da ação deslocou o dolo e a culpa do tipo para a culpabilidade.

A: correta, visto que, de fato, à luz da teoria normativa da culpabilidade, esta é integrada pela imputabilidade, potencial consciência da ilicitude e exigibilidade de conduta diversa; **B:** incorreta, eis que inexiste, ao menos positivados, os conceitos de ação ou omissão, sendo estes definidos pela doutrina, respectivamente, como o comportamento humano positivo ou negativo; **C:** incorreta, porque a despeito de a legislação prever expressamente causas excludentes da ilicitude, é certo que a doutrina admite a existência de causas supralegais, tal como o consentimento do ofendido; **D:** incorreta. O tipo penal ostenta, de acordo com a doutrina, dentre outras, a função de garantia, vale dizer, traduz às pessoas quais as condutas que não podem ser praticadas, limitando, pois, o poder punitivo estatal; **E:** incorreta. Contrariamente, com a criação da teoria finalista da ação, o dolo e a culpa, até então sediados na culpabilidade, foram deslocados para o fato típico.

Gabarito "A".

(Delegado/MG – 2006) Quanto ao concurso aparente de normas é correto afirmar que:

(A) pelo princípio da subsidiariedade comparam-se os fatos e não as normas funcionando estas como fase normal de preparação ou mero exaurimento de crime mais grave.

(B) O princípio da especialidade tem como finalidade excluir a aplicação da lei geral evitando o *bis in idem* ao acrescentar a ela elementos próprios.

(C) Apenas com a análise do caso concreto é possível definir qual princípio solucionador será aplicado no aparente conflito de normas.

(D) A consunção é aplicada quando diferentes normas protegem o mesmo bem jurídico em diferentes graus de agressão, aplicando-se a norma que abrange todas as etapas da execução em detrimento daquela que descreve apenas fase prévia da conduta tipificada.

(E) Todas as alternativas estão corretas.

Quanto ao conflito aparente de normas (ou conflito aparente de leis penais), que se verifica quando aparentemente duas ou mais leis puderem ser aplicadas a um mesmo fato, a doutrina nos traz três princípios capazes de solucionar o sobredito conflito, quais sejam, os da especialidade, subsidiariedade e consunção. Aplicar-se-á o princípio da especialidade quando, pela mera comparação entre as leis, for possível constatar que uma delas (a especial), contém todos os elementos da outra (a geral), e mais alguns, denominados especializantes. Nesse caso, a lei especial afastará a incidência da lei geral. Já o princípio da subsidiariedade será aplicado quando uma determinada lei definir como crime um fato mais amplo e grave (lei primária) do que outra, menos ampla e de menor gravidade (lei subsidiária). Assim, a lei primária prevalecerá sobre a subsidiária, sendo de rigor a apreciação do fato em concreto. Por fim, pelo princípio da consunção (ou absorção), que igualmente exige a comparação de fatos concretos, o fato mais amplo e grave absorverá o menos amplo e menos grave, quando este for uma fase normal ou etapa do crime mais gravoso.

Gabarito "B".

(Delegado/MT - 2000) Julgue os itens abaixo sobre a aplicação da lei penal no tempo e no espaço e assinale a alternativa correta:

I. A lei posterior, que de qualquer modo favorecer o agente, aplica-se aos fatos anteriores, desde que não decididos por sentença condenatória transitada em julgado.

II. Para os efeitos penais, consideram-se como extensão do território brasileiro as aeronaves brasileiras, de natureza pública ou a serviço do governo brasileiro, mesmo quando se encontrem em pouso em território estrangeiro.

III. É aplicável a lei brasileira aos crimes praticados a bordo de qualquer embarcação estrangeira que se encontre em porto ou mar territorial do Brasil.

IV. Considera-se praticado o crime no momento da ação ou omissão, ainda que outro seja o momento do resultado.

(A) Todos os itens estão corretos.
(B) Todos os itens estão incorretos.
(C) Somente estão corretos os itens II e IV.
(D) Somente estão corretos os itens I e III.
(E) Somente estão corretos os itens I e IV.

I: incorreta, visto que a lei posterior benéfica (*novatio legis in mellius*), consoante prescreve o art. 2º, parágrafo único, do CP, aplica-se aos fatos anteriores, ainda que decididos por sentença condenatória transitada em julgado (princípio da retroatividade da lei penal mais favorável); II: correta (art. 5º, § 1º, do CP – território ficto ou por extensão); III: incorreta, pois, de acordo com o art. 5º do CP, que trata da territorialidade, salvo as convenções, tratados e regras de direito internacional, aos crimes cometidos em território nacional, aplicar-se-á a lei brasileira. Ademais, no tocante às aeronaves e embarcações estrangeiras, se estas forem de propriedade privada, achando-se em pouso ou voo em nosso território, ou, ainda, em porto ou mar territorial brasileiro, aplicar-se-á a lei brasileira (art. 5º, § 2º, do CP). Portanto, não será aplicável nossa legislação a qualquer embarcação ou aeronave estrangeira, mas apenas àquelas que forem de propriedade privada; IV: correta (art. 4º do CP – teoria da atividade).

Gabarito "C".

(Delegado/PA - 2012 - MSCONCURSOS) Assinale a alternativa correta, de acordo com os nos termos previstos na Lei n. 7.209, de 11 de julho de 1984 que alterou dispositivos do Decreto-Lei no 2.848, de 07 de dezembro de 1940 e suas alterações posteriores:

(A) De acordo com o art. 26 do Código Penal, é isento de pena o agente que, por doença mental ou desenvolvimento mental incompleto ou retardado, era, ao tempo da ação ou da omissão, inteiramente capaz de entender o caráter ilícito do fato ou de determinar-se de acordo com esse entendimento.

(B) O art. 119 do Código Penal determina que no caso de concurso de crimes, a extinção da punibilidade incidirá sobre a pena de cada um, isoladamente. O artigo 72 do mesmo diploma legal determina que, neste caso, as penas de multa são aplicadas distinta e parcialmente.

(C) Nos termos do art. 23 do Código Penal, há crime quando o agente pratica o fato em estado de necessidade, em legítima defesa e em estrito cumprimento de dever legal ou no exercício regular de direito.

(D) O art. 29 do Código Penal determina que quem, de qualquer modo, concorre para o crime incide nas penas a este cominadas, na medida de sua culpabilidade. Se a participação for de menor importância, a pena pode ser diminuída de um sexto a um terço. Se algum dos concorrentes quis participar de crime menos grave, ser-lhe-á aplicada a pena deste; essa pena será aumentada até metade, na hipótese de ter sido previsível o resultado mais grave.

(E) O crime impossível está previsto no art. 17 do Código Penal. A lei determina que não se pune a tentativa quando, por ineficácia absoluta do meio ou por absoluta impropriedade do objeto. Assim, é impossível consumar-se o crime, como por exemplo, ministrar remédio abortivo numa mulher que não esteja grávida.

A: incorreta. De acordo com o art. 26, *caput*, do CP, será considerado inimputável o agente que, por doença mental ou desenvolvimento mental incompleto ou retardado era, ao tempo da ação ou omissão, inteiramente *incapaz* de entender o caráter ilícito do fato ou de determinar-se de acordo com esse entendimento; **B:** incorreta no tocante ao art. 72 do CP, que afirma que, no caso de concurso de crimes, as penas de multa serão aplicadas distinta e *integralmente*; **C:** incorreta, pois o art. 23 do CP enuncia que não há crime quando o agente pratica o fato em estado de necessidade (inciso I), legítima defesa (inciso II), estrito cumprimento de dever legal e exercício regular de direito (inciso III); **D:** correta, pois a assertiva contém a exata redação do art. 29, *caput*, do CP, e seus §§ 1º (participação de menor importância) e 2º (cooperação dolosamente distinta); **E:** a assertiva foi considerada incorreta pela banca examinadora. Primeiramente, a redação peca pela qualidade. De outro lado, não se vê erro na afirmação de que ministrar medicamento abortivo numa mulher que não esteja grávida constitua crime impossível (no caso, para o alcance do aborto).

Gabarito "D".

(Delegado/PB – 2009 – CESPE) A respeito de tipicidade, ilicitude e culpabilidade, assinale a opção correta.

(A) A participação, no concurso de pessoas, é considerada hipótese de tipicidade mediata ou indireta.

(B) Elemento subjetivo especial é aquele que depende de uma interpretação jurídica, como ocorria em relação ao conceito de mulher honesta, atualmente não mais previsto na legislação penal.

(C) No caso de legítima defesa de direito de terceiro, é necessária a prévia autorização deste para que a conduta do agente não seja ilícita.

(D) O Código Penal (CP) adota a teoria psicológico-normativa da culpabilidade, para a qual a culpabilidade não é requisito do crime, mas, sim, pressuposto de aplicação da pena.

(E) Se o bem jurídico tutelado pela norma penal for disponível, independentemente da capacidade da vítima, o consentimento do ofendido constitui causa supralegal de exclusão da ilicitude.

A: correta, uma vez que a participação, espécie de concurso de pessoas, caracterizada por uma conduta acessória do agente (partícipe), se enquadra naquilo que a doutrina denomina de tipicidade por subordinação indireta ou mediata, vale dizer, a conduta do agente não se amolda perfeitamente a um tipo penal, sendo necessário que se utilize o art. 29 do CP como norma de extensão típica. Afinal, não existe um tipo penal que prescreva, por exemplo, a participação em um homicídio ("induzir, instigar ou auxiliar terceiro a matar alguém"). Daí a necessidade de o intérprete-aplicador do direito se valer do precitado art. 29 do CP; **B:** incorreta, pois o elemento subjetivo do tipo é aquele que revela um especial fim de agir do agente, ou, como se diz impropriamente, o "dolo específico", não se confundindo com o elemento normativo do tipo, que é aquele que depende, como narra a própria assertiva, de uma interpretação, de um juízo de valor prévio para que se conclua pela tipicidade penal (ex.: a antiga expressão "mulher honesta", ou, ainda, a expressão "indevidamente", prevista em alguns tipos penais, ou, então, "obsceno", no crime de ato obsceno); **C:** a legítima defesa de terceiro, que se caracteriza pelo fato de alguém defender bem jurídico alheio que está sendo agredido injustamente ou na iminência de sê-lo (art. 25 do CP), dispensa-se o consentimento do terceiro no sentido de autorizar que se atue em sua defesa, especialmente se o bem jurídico injustamente agredido for indisponível (vida, por exemplo); **D:** incorreta, uma vez que o Código Penal, ao adotar o sistema finalista (ou teoria finalista), voltou-se à denominada teoria normativa pura da culpabilidade, da qual foram retirados o dolo e a culpa, que migraram para o fato típico. Assim, a culpabilidade transforma-se em verdadeiro juízo de reprovabilidade incidente sobre o agente que tenha praticado fato típico e ilícito, tratando-se de um pressuposto de aplicação da pena; **E:** incorreta, já que o consentimento do ofendido poderá configurar uma causa supralegal de exclusão da ilicitude apenas se o bem jurídico tutelado pela norma penal for disponível e se o ofendido for plenamente capaz para consentir (tal não ocorre, por exemplo, no crime de estupro de vulnerável – art. 217-A do CP –, ainda que a vítima, menor de quatorze anos, consinta com a prática do ato libidinoso; haverá estupro mesmo assim).
Gabarito "A".

(Delegado/PB – 2009 – CESPE) Acerca das excludentes de culpabilidade, da imputabilidade e do concurso de pessoas, assinale a opção correta.

(A) Exclui a culpabilidade do crime, por inexigibilidade de conduta diversa, a coação física irresistível ou vis absoluta.

(B) Na prática de crime em obediência hierárquica, se a ordem não for manifestamente ilegal, o subordinado e o superior hierárquico não respondem por crime algum.

(C) Dividem-se os crimes em monossubjetivo e plurissubjetivo, sendo que somente neste último pode ocorrer concurso de pessoas.

(D) A participação de menor importância configura exceção à teoria monista, adotada pelo CP quanto ao concurso de pessoas.

(E) Ocorrendo coação moral resistível, não se afasta a culpabilidade, havendo simplesmente reconhecimento de atenuante genérica.

A: incorreta, uma vez que a coação física irresistível, ou *vis absoluta*, exclui a conduta (que é o comportamento humano, positivo ou negativo, consciente e voluntário, doloso ou culposo, dirigido a uma finalidade), não se confundindo com a coação moral irresistível, ou *vis compulsiva*, que, por afastar a exigibilidade de conduta diversa, é considerada causa excludente da culpabilidade (art. 22 do CP); **B:** incorreta, pois a obediência hierárquica, tal como definida no art. 22 do CP, somente afastará a culpabilidade do agente, isentando-o de pena, se a ordem emanada do superior hierárquico for não manifestamente ilegal, hipótese em que este último responderá pelo crime; **C:** incorreta, já que se consideram crimes monossubjetivos (ou unissubjetivos, ou de concurso eventual) aqueles que podem ser praticados por uma só pessoa, admitindo-se, aqui, o concurso de pessoas, enquanto que os plurissubjetivos (ou de concurso necessário) são aqueles que, para a própria tipicidade penal, exigem a concorrência de duas ou mais pessoas (ex.: associação criminosa – art. 288 do CP), não se falando, aqui, em concurso de agentes, que, repita-se, somente em cabimento nos crimes de concurso eventual (ou monossubjetivos); **D:** incorreta, dado que a participação de menor importância, cabível apenas, à evidência, aos partícipes (art. 29, § 1º, do CP), não configura uma exceção à teoria monista, segundo a qual todos os concorrentes (autores, coautores e partícipes) de um crime responderão por ele. O instituto em questão (participação de menor importância) somente demonstra que, a despeito de todos os concorrentes de um crime responderem pelo mesmo fato, observar-se-á a culpabilidade de cada um deles. Daí a participação de menor importância simplesmente gerar a redução da pena do partícipe que houver concorrido de maneira menos relevante para o sucesso da empreitada criminosa; **E:** correta, pois apenas a coação moral irresistível é capaz de excluir a culpabilidade, consoante prevê o art. 22 do CP. Se a coação moral for resistível, aplicar-se-á a circunstância atenuante genérica prevista no art. 65, III, "c", do CP).
Gabarito "E".

(Delegado/PB – 2009 – CESPE) Quanto aos crimes contra a paz pública e a fé pública, assinale a opção correta.

(A) Com relação ao delito de apologia de crime ou criminoso, previsto no CP, há crime único se o agente, em um mesmo contexto fático, faz apologia de vários crimes ou de vários autores de crimes.

(B) No crime de quadrilha, é necessário que ocorra estabilidade da associação e que haja organização estruturada, com hierarquia entre os membros ou com papéis previamente definidos para cada um.

(C) No crime de quadrilha, se somente um quadrilheiro for identificado, mas houver prova robusta da existência dos demais associados, o crime se perfaz.

(D) Com relação ao crime de moeda falsa, se o falsificador exportar, vender ou introduzir na circulação a moeda, responderá pelos diversos crimes em concurso formal homogêneo.

(E) É atípica a conduta do agente que restitui à circulação, mesmo tendo recebido de boa-fé, papel falsificado pela supressão de sinal indicativo de sua inutilização, da qual tomou posterior conhecimento.

A: incorreta, porque, de acordo com Magalhães Noronha, "*apologia de fato criminoso não é apologia de um ou mais delitos. Pensamos, por conseguinte, que haverá concurso formal ou ideal de crimes se, com a mesma ação, o sujeito ativo faz apologia, isto é, exalta ou elogia mais de um crime cometido*" (*Direito Penal*, vol. 4, p. 88). Há que se ressaltar, a despeito do entendimento da banca examinadora, que há posicionamento doutrinário em sentido contrário (confira-se, por exemplo, Rogério Greco. *Código Penal Comentado*. 4. ed. Ed. Impetus, p. 759); **B:** incorreta, uma vez que, para a configuração do crime de quadrilha ou bando (atualmente denominado Associação criminosa; art. 288 do CP), basta que pelo menos três pessoas se reúnam de forma estável e permanente, com o fim de perpetrarem um número indeterminado de crimes. Não se exige que a associação criminosa tenha um "chefe" ou "líder", ou que seja previamente definida a função de cada um dos seus membros; **C:** correta, eis que "para a configuração do delito de quadrilha não é necessário que todos os integrantes tenham sido identificados. Basta a comprovação de que o bando era integrado por quatro ou mais pessoas" (STJ, HC 52989/AC, Rel. Min. Félix Fischer, 5ª T., *DJ* 01.08.2006, p. 484). Frise-se que à época em que formulada a questão, o crime exigia a presença de, pelo menos, quatro pessoas. Com o advento da Lei 12.850/2013, que deu novo *nomen juris* ao delito (associação criminosa), o tipo penal passou a exigir a presença de três ou mais pessoas; **D:** incorreta, já que o crime de moeda falsa, previsto no art. 289 do CP, em seu § 1º, traz diversas condutas que podem ser perpetradas pelo agente, dentre elas as de exportar, introduzir ou vender moeda falsa, tratando-se, pois, de tipo misto alternativo ou crime de ação múltipla, no qual a prática de mais de um "verbo" pelo sujeito ativo configurará crime único; **E:** incorreta (art. 289, § 2º, do CP).
Gabarito "C".

(Delegado/PI – 2009 – UESPI) Com relação às excludentes da tipicidade, da ilicitude e da culpabilidade, marque, à luz da legislação penal, a opção correta.

(A) O estrito cumprimento do dever legal e a obediência hierárquica são excludentes da ilicitude.
(B) A coação moral irresistível e a legítima defesa são excludentes da culpabilidade.
(C) A embriaguez voluntária e a menoridade penal são excludentes da imputabilidade.
(D) A coação moral irresistível e o erro de proibição são excludentes da culpabilidade.
(E) O princípio da insignificância exclui a ilicitude.

A: incorreta. O estrito cumprimento do dever legal constitui causa excludente da ilicitude (art. 23, III, do CP); a obediência hierárquica, por sua vez, exclui a culpabilidade (art. 22, 2ª parte, do CP); **B:** incorreta. A coação moral irresistível (art. 22, 1ª parte, do CP) exclui a culpabilidade; já a legítima defesa é causa de exclusão da ilicitude (art. 23, II, do CP); **C:** incorreta. A embriaguez voluntária, nos termos do art. 28, II, do CP, não exclui a imputabilidade; os menores de 18 anos são inimputáveis, conforme reza o art. 27 do CP; **D:** correta. O erro de proibição (art. 21, 2ª parte, do CP) e a coação moral irresistível (art. 22, 1ª parte, do CP) constituem de fato excludentes de culpabilidade; **E:** incorreta. O princípio da insignificância constitui causa supralegal de exclusão da tipicidade.
Gabarito "D".

(Delegado/PI – 2009 – UESPI) Analise as afirmações seguintes relativas à parte geral do Direito Penal.

1) A tipicidade formal é a adequação da conduta ao fato descrito na lei como infração penal.
2) O direito brasileiro admite dois tipos de infração: o crime, que é a infração penal que a lei comina pena de reclusão ou de detenção, quer isoladamente, quer alternativa ou cumulativamente com a pena de multa; e a contravenção, que é a infração penal a que a lei comina, isoladamente, pena de detenção ou de multa, ou ambas alternativa ou cumulativamente.
3) Com relação à imputabilidade penal, o Código Penal brasileiro adotou o sistema biopsicológico ou misto para justificar a inimputabilidade penal nos casos de doença mental e de embriaguez involuntária e o sistema psicológico no caso dos menores de 18 anos.
4) Quando uma pessoa reage a um ataque espontâneo de uma cão pit bull, para não ser gravemente lesionada, está reagindo em estado de necessidade.
5) O estado de necessidade putativo é uma excludente da ilicitude.

Estão corretas apenas:
(A) 1 e 3
(B) 1 e 4
(C) 1, 2 e 4
(D) 3, 4 e 5
(E) 1, 2 e 5.

1: correta, visto que se considera tipicidade formal a mera relação de adequação entre o fato praticado pelo agente e a norma penal incriminadora, não se perquirindo se a conduta foi capaz, ou não, de lesionar o bem jurídico tutelado (tipicidade material); **2:** incorreta (art. 1º da Lei de Introdução ao Código Penal – LICP); **3:** incorreta, pois, como regra, o CP adotou o sistema ou critério biopsicológico, segundo o qual, para que se afira a inimputabilidade, necessário que se verifique se o agente, por algum fator biológico, teve retirada, por completo, sua capacidade de entendimento e de autodeterminação. No caso dos menores de dezoito anos, o CP, no art. 27, adotou o sistema ou critério biológico, ou seja, basta ter menos de dezoito anos para ser considerado inimputável; **4:** correta, pois agirá em estado de necessidade (art. 24 do CP) aquela pessoa que reagir a uma situação de perigo, seja esta provocada por uma conduta humana, ou, ainda, por um ato de ser irracional (ex.: ataque de animais) ou diante de eventos da natureza (ex.: ciclones, furacões etc.); **5:** incorreta, porque o estado de necessidade putativo pode ser considerado uma causa de exclusão do dolo e da culpa, afastando-se, portanto, a própria tipicidade (se o erro for invencível ou escusável e recair sobre os pressupostos fáticos de uma causa de justificação – art. 20, § 1º, do CP) ou, ainda, poderá excluir a culpabilidade (se o erro for invencível ou escusável e recair sobre os limites ou sobre a existência de uma causa de justificação, estaremos diante de um erro de proibição – art. 21 do CP).
Gabarito "B".

(Delegado/RJ – 2009 – CEPERJ) Em cada um dos itens a seguir, é apresentada uma situação hipotética, seguida de uma assertiva a ser julgada. Assinale a opção cuja assertiva esteja incorreta.

(A) Gilson, com *animus necandi*, efetuou quatro tiros em direção a Genilson. No entanto, acertou apenas um deles. Logo em seguida, um policial que passava pelo local levou Genilson ao hospital, salvando-o da morte. Nessa situação, o crime praticado por Gilson foi tentado, sendo correto afirmar que houve adequação típica mediata.
(B) David, com *animus laedendi*, desferiu duas facadas na mão de Gerson, que, em consequência, passou a ter debilidade permanente do membro. Nessa situação, David praticou crime de lesão corporal de natureza grave, classificado como crime instantâneo.

(C) Morgado, funcionário público, cumprindo ordem não manifestamente ilegal de seu superior hierárquico, acabou por praticar crime contra a administração pública. Nessa situação, apenas o superior hierárquico de Morgado será punível.

(D) Quatro indivíduos compunham um grupo de extermínio procurado havia tempo pela polícia. Em certo momento, um dos integrantes do grupo dirigiu-se à polícia e, voluntariamente, forneceu informações e provas que possibilitaram a prisão do grupo. Nessa situação, de acordo com a Lei dos Crimes Hediondos, o associado que denunciar à autoridade o bando ou quadrilha deverá ser denunciado e processado, mas deverá ficar isento de pena, ao ser sentenciado.

(E) Wagner, funcionário público, no período de agosto de 1999 a novembro de 1999, para dissimular a origem, a movimentação, a propriedade e a utilização de valores recebidos em cheques provenientes de concussão, converteu-os em ativos lícitos por meio de depósito em conta-corrente da empresa Acessórios Veiculares Ltda., da qual era sócio-cotista, dando a aparência de que os numerários depositados eram oriundos de atividade normal da empresa, a fim de aplicá-los no mercado financeiro. Nessa situação, Wagner responderá pelo crime de lavagem de dinheiro.

A: correta, pois, se iniciada a execução de um crime de homicídio, a vítima não morrer por circunstâncias alheias à vontade do agente, restará configurada a forma tentada. Ressalte-se que a tipicidade, em caso de tentativa, dá-se de forma mediata (ou indireta), visto que inexiste um tipo penal que se enquadre perfeitamente na conduta de tentar matar alguém, sendo necessária a combinação do tipo penal do crime com o que descreve a tentativa (art. 14, II, do CP); **B:** correta, visto que causar na vítima, em razão de facadas, debilidade permanente de membro, configura o crime de lesão corporal grave (art. 129, § 1º, III, do CP), classificado, doutrinariamente, como um delito instantâneo (consuma-se no exato momento em que o membro tem sua funcionalidade prejudicada *ad aeternum*); **C:** correta, dado que o atendimento, pelo subordinado, de ordem não manifestamente ilegal dada por superior hierárquico da qual resulte a prática de um crime, gerará, para aquele, isenção de pena, respondendo pelo delito o autor da ordem (art. 22, segunda parte, do CP); **D:** incorreta, já que a delação premiada no crime de quadrilha ou bando (atualmente denominado Associação Criminosa, conforme Lei 12.850/2013) previsto no art. 8º da Lei 8.072/1990 não gerará a isenção de pena do delator, mas, sim, a sua redução em até dois terços (parágrafo único, do referido dispositivo legal); **E:** correta, (art. 1º da Lei 9.613/1998).

Gabarito "D".

(Delegado/RN – 2009 – CESPE) Acerca da sujeição ativa e passiva da infração penal, assinale a opção correta.

(A) Doentes mentais, desde que maiores de dezoito anos de idade, têm capacidade penal ativa.

(B) É possível que os mortos figurem como sujeito passivo em determinados crimes, como, por exemplo, no delito de vilipêndio a cadáver.

(C) No estelionato com fraude para recebimento de seguro, em que o agente se autolesiona no afã de receber prêmio, é possível se concluir que se reúnem, na mesma pessoa, as sujeições ativa e passiva da infração.

(D) No crime de autoaborto, a gestante é, ao mesmo tempo e em razão da mesma conduta, autora do crime e sujeito passivo.

(E) O Estado costuma figurar, constantemente, na sujeição passiva dos crimes, salvo, porém, quando se tratar de delito perquirido por iniciativa exclusiva da vítima, em que não há nenhum interesse estatal, apenas do ofendido.

A: correta, pois o doente mental, desde que maior de dezoito anos, tem a possibilidade de figurar como sujeito ativo de infrações penais. Importante lembrar que se a doença mental retirar completamente a capacidade de entendimento e autodeterminação do agente, ficará isento de pena (art. 26, *caput*, do CP), o que não induz pensar não ter ele capacidade penal ativa; **B:** incorreta, eis que os mortos não têm sequer personalidade jurídica, motivo pelo qual não podem ser vítimas de crimes (ausência de capacidade penal passiva). No entanto, alguns crimes previstos no CP que tratam dos mortos (ex.: calúnia contra os mortos; vilipêndio de cadáver) tutelam, em verdade, a família deles e a necessidade que se deve ter de respeitá-los; **C:** incorreta, visto que, de acordo com a conhecida frase "a autolesão não se pune", decorrente do princípio da alteridade (o Direito Penal somente pode intervir diante de lesões a bens jurídicos de terceiros), é impossível, no crime de fraude para recebimento de seguro (art. 171, § 2º, V, do CP), que o agente delitivo seja a própria vítima. Em verdade, o sujeito passivo do crime em questão é a seguradora, que será lesada caso pague o prêmio ao segurado (estelionatário); **D:** incorreta, porque o crime de autoaborto, definido no art. 124, *caput*, primeira parte, do CP, a vítima é o feto ou o produto da concepção e não a própria gestante. Afinal, trata-se de crime de mão própria, perpetrado pela gestante, razão pela qual não pode ser vítima de sua própria conduta (princípio da alteridade); **E:** incorreta, visto que o Estado figura como sujeito passivo em todo e qualquer ilícito penal, seja de forma direta (ex.: crimes contra a administração pública), seja de forma indireta (todos os demais crimes em que não figure como diretamente lesado). Diz-ser ser o Estado um sujeito passivo constante (ou formal) de toda infração penal.

Gabarito "A".

(Delegado/RN – 2009 – CESPE) Levando em conta as disposições do CP e a interpretação do STF, assinale a opção correta.

(A) Mostra-se pacífico nos tribunais, sobretudo no STF, que é possível, no roubo, a aplicação da causa de aumento de pena do emprego de arma, quando esta não for apreendida nem periciada.

(B) É possível a substituição de pena de réu reincidente (reincidência genérica) que for condenado por crime não violento com pena igual ou inferior a quatro anos, desde que a aludida reincidência não seja oriunda da prática do mesmo crime e a medida seja socialmente recomendável.

(C) Na hipótese chamada de roubo frustrado em que o agente subtraia coisa da vítima, mas seja, logo após, perseguido e preso em flagrante por terceira pessoa, com integral recuperação da res, ocorre crime na modalidade tentada.

(D) Nos crimes contra a administração pública, o CP não prevê nenhum requisito para a progressão de regime vinculado à reparação do dano ou à devolução do produto do ilícito praticado.

(E) Apenas bens públicos são objeto material do crime de peculato, não sendo possível, jamais, que esse crime atinja bens particulares.

A: incorreta, visto que a questão envolvendo a majoração do roubo pelo emprego de arma quando esta não é apreendida ou periciada por muito tempo foi controvertida no STF, havendo posicionamentos absolutamente contrários nas 1ª e 2ª Turmas daquela C. Corte. No entanto, a fim de assegurar-se o princípio da segurança jurídica, o STF, no julgamento do HC 100854/DF, rel. Min. Gilmar Mendes, acabou por pacificar o entendimento segundo o qual é desnecessária a apreensão e perícia da arma de fogo para que se majore a pena do delito de roubo, desde que existam outros meios comprobatórios de que se empregou a arma para a subtração (Informativo STF 605); **B:** correta (art. 44, § 3º, do CP); **C:** incorreta, eis que já se assentou na jurisprudência o entendimento de que o crime de roubo se consuma no momento em que a *res* é retirada violentamente da vítima, sendo desnecessária a posse tranquila da coisa subtraída ou mesmo que saia da esfera de vigilância da vítima (STJ, REsp 1035115/RS; STJ, HC 88284/ES; STJ, REsp 536082/SP); **D:** incorreta, uma vez que o art. 33, § 4º, do CP, exige, para o caso de crimes perpetrados contra a administração pública, que o condenado repare o dano causado ou devolva o produto do ilícito praticado, com os devidos acréscimos legais, sob pena de não obter a progressão de regime penitenciário; **E:** incorreta, dado que a própria descrição típica do peculato dá conta de que os objetos materiais do crime podem ser dinheiro, valor ou bem móvel público ou particular de que o agente tenha a posse em razão do cargo (art. 312, *caput*, do CP).

Gabarito "B".

(Delegado/SP – 2011) Assinale a alternativa que contenha o nome de uma elogiada legislação brasileira que, após debates acalorados, manteve a pena de morte dentre as sanções penais e que foi responsável pela criação do sistema de dias-multa.

(A) Código Penal da República (1890).
(B) Código Criminal do Império (1830).
(C) Consolidação das Leis Penais (1932)
(D) Ordenações Filipinas (1603)
(E) Código Penal (1940). V

A, C, D e E: incorretas. O Código Penal da República, elaborado por João Baptista Pereira, foi aprovado e publicado em 1890, tendo sido criado açodadamente, sendo alvo de inúmeras críticas, especialmente por ignorar os avanços trazidos pelo positivismo jurídico. Em razão disso, e diante do enorme número de leis penais extravagantes, em 1932 foi promulgada no Brasil a Consolidação das Leis Penais. O Código Penal de 1940, editado durante o Estado Novo, não manteve a pena de morte dentre as sanções penais existentes. As Ordenações Filipinas, datadas de 1603, editadas sob o reinado de Filipe II, não são de origem brasileira. Outrossim, marcada pelo predomínio da pena de morte, referida legislação teve a marca de ser lembrada pela crueldade das sanções, remontando a fase da vingança pública em matéria penal; **B:** correta. De fato, o Código Criminal do Império, datado de 1830, foi alvo de elogios na parte em que foi erigido sob os fundamentos da justiça e equidade, consagrando, ainda que embrionariamente, o princípio da personalidade ou intranscendência das penas. Porém, e contraditoriamente, permitia as penas de morte, de galés, trabalhos forçados, banimento, degredo e desterro. Referido Código, em seu art. 55, inaugurou o sistema do dia-multa, ficando marcado por essa grande inovação.

Gabarito "B".

(Delegado/TO – 2008 – CESPE) No que se refere aos temas de direito processual penal e direito penal, julgue os itens seguintes.

(1) Perante o Código Penal vigente, são três as espécies de penas: privativas da liberdade, restritivas de direitos e multa.
(2) Um cidadão condenado a pena de reclusão de 15 anos pela prática de um homicídio deve, obrigatoriamente, iniciar o cumprimento da pena em regime fechado, podendo, no entanto, trabalhar fora do estabelecimento prisional, em serviços de natureza privada, durante o período diurno, desde que mediante prévia autorização judicial.
(3) Considere que um indivíduo penalmente responsável pratique três homicídios dolosos em concurso material. Nesse caso, a materialização de mais de um resultado típico implicará punição por todos os delitos, somando-se as penas previamente individualizadas.
(4) Considere a seguinte situação hipotética. Francisco, imputável, realizou uma compra de produtos alimentícios em um supermercado e, desprovido de fundos suficientes no momento da compra, efetuou o pagamento com um cheque de sua titularidade para apresentação futura, quando imaginou poder cobrir o déficit. Apresentado o título ao banco na data acordada, não houve compensação por insuficiente provisão de fundos.
Nessa situação, o entendimento doutrinário e a jurisprudência dominantes é no sentido de que, não tendo havido fraude do emitente, não se configura o crime de emissão de cheques sem fundos (estelionato).
(5) Considere a seguinte situação hipotética. Fernando, Cláudio e Maria, penalmente imputáveis, associaram-se com Geraldo, de 17 anos de idade, com o fim de cometer estelionato. Alugaram um apartamento e adquiriram os equipamentos necessários à prática delituosa, chegando, em conluio, à concretização de um único crime. Nessa situação, o grupo, com exceção do adolescente, responderá apenas pelo crime de estelionato, não se caracterizando o delito de quadrilha ou bando, em face da necessidade de associação de, no mínimo, quatro pessoas para a tipificação desse delito, todas penalmente imputáveis.
(6) Considere a seguinte situação hipotética. Manoel, penalmente responsável, instigou Joaquim à prática de suicídio, emprestando-lhe, ainda, um revólver municiado, com o qual Joaquim disparou contra o próprio peito. Por circunstâncias alheias à vontade de ambos, o armamento apresentou falhas e a munição não foi deflagrada, não tendo resultado qualquer dano à integridade física de Joaquim. Nessa situação, a conduta de Joaquim, por si só, não constitui ilícito penal, mas Manoel responderá por tentativa de participação em suicídio.

1: correta (art. 32, I, II e III, do CP); **2:** incorreta (art. 34, § 3º, do CP); **3:** correta (art. 69 do CP); **4:** correta, visto que, de acordo com doutrina e jurisprudência majoritárias, o crime de fraude no pagamento por meio de cheque (art. 171, § 2º, VI, do CP) exige, para sua configuração, que o agente, no momento da emissão do cheque (título de crédito), saiba que já não existe suficiente provisão de fundos. No entanto, se o cheque é dado como garantia de dívida (ex.: cheque pós-datado), mas o agente, no momento do desconto da cártula, não mantém numerário suficiente em sua conta-corrente, caracteriza-se o crime de estelionato em sua forma fundamental (art. 171, *caput*, do CP); **5:** incorreta, já que o crime de quadrilha ou bando (atualmente denominado Associação Criminosa, conforme Lei 12.850/2013; art. 288 do CP) exige a reunião, de forma estável e permanente, de pelo menos três pessoas, para o fim de cometimento de um número indeterminado de crimes. A lei não exige que as pessoas sejam imputáveis, bastando a reunião de mais de duas. O fato de um dos integrantes ser adolescente (inimputável, portanto), não descaracteriza o crime em questão. Aliás, esse é o entendimento do STJ (RHC 2910/SP); **6:** incorreta. Isso porque o crime de induzimento, instigação ou auxílio ao suicídio, previsto no art. 122, *caput*, CP, era, ao tempo em que foi elaborada esta questão, daqueles que exigia resultado naturalístico específico para a sua consumação (morte ou lesão corporal de natureza grave), conforme constava da redação anterior do preceito secundário do tipo penal. Assim, se a vítima, ainda que instigada e auxiliada pelo agente a suicidar-se, não sofresse qualquer sequela, o fato seria atípico. A tentativa deste delito não era admitida. Pois bem. Isso mudou com o advento da Lei 13.968, de 26 de dezembro de 2019, que conferiu nova redação ao art. 122 do CP, ali incluindo, além do delito que já existia (mas em outras bases), também o crime de induzimento, instigação e auxílio à automutilação. Com isso, passamos a ter o seguinte *nomem juris*: induzimento, instigação ou auxílio a suicídio ou a automutilação. Antes de mais nada, não podemos deixar de registrar uma crítica ao legislador, que inseriu no catálogo *dos crimes contra a vida* delito que deveria ter sido incluído no capítulo *das lesões corporais*. Refiro-me ao induzimento, instigação ou auxílio à automutilação, que, à evidência, não constitui, nem de longe, crime contra a vida. Além da inserção deste novo crime (induzimento, instigação ou auxílio à automutilação), tratou o legislador de alterar o delito contra a vida já existente de *participação em suicídio*, conferindo nova redação ao tipo penal e inserindo qualificadoras e majorantes. Enfim, o art. 122, que até então contava com um parágrafo único, contém, agora, sete parágrafos. A primeira e mais significativa conclusão a que se chega por meio de uma breve leitura do *caput* deste artigo é que o crime do art. 122 do CP, que era, até então, *material*, passa a ser *formal*. Antes, conforme é sabido, o delito de participação em suicídio somente alcançava a consumação com a produção de resultado naturalístico, ora representado pela morte, ora pela lesão corporal de natureza grave. Ou seja, o crime comportava dois momentos consumativos possíveis. A tentativa não era admitida. Doravante, dada a nova redação conferida ao art. 122, *caput*, do CP, a consumação será alcançada com o mero ato de induzir, instigar ou auxiliar a vítima a suicidar-se ou a automutilar-se. A morte, se ocorrer, configurará a forma qualificada prevista no art. 122, § 2º; se sobrevier, da tentativa de suicídio ou da automutilação, lesão grave ou gravíssima, restará configurada a forma qualificada do art. 122, § 1º. Perceba que a morte e a lesão grave, na redação anterior, constituíam pressuposto à consumação da participação em suicídio; hoje, trata-se de circunstâncias que qualificam o crime de induzimento, instigação ou auxílio a suicídio ou a automutilação. O § 3º do dispositivo em análise estabelece causas de aumento de pena. Reza que a pena será duplicada: se o crime é praticado por motivo egoístico, torpe ou fútil; e se a vítima é menor ou tem diminuída, por qualquer causa, a capacidade de resistência. O § 4º, por sua vez, impõe um aumento de pena de até o dobro se a conduta é realizada por meio da internet ou de rede social ou ainda transmitida em tempo real. Se o sujeito ativo for líder ou coordenador de grupo ou de rede virtual, sua pena será aumentada em metade (§ 5). O § 6º trata da hipótese em que o crime do § 1º deste artigo resulta em lesão corporal de natureza gravíssima e é cometido contra menor de 14 anos ou contra vítima que, por enfermidade ou deficiência mental, não tem o necessário discernimento para a prática do ato, ou que, por qualquer outra causa, está impedido de oferecer resistência, caso em que o agente responderá pelo delito do art. 129, § 2º, do CP; agora, se contra essas mesmas vítimas for cometido o crime do art. 122, § 2º, do CP (suicídio consumado ou morte decorrente da automutilação), o crime em que incorrerá o agente será o de homicídio(art. 121, CP). É o que estabelece o art. 122, § 7º, CP.

Gabarito 1C, 2E, 3C, 4C, 5E, 6E

(Delegado/TO – 2008 – CESPE) Acerca dos princípios constitucionais que norteiam o direito penal, da aplicação da lei penal e do concurso de pessoas, julgue os itens seguintes.

(1) Prevê a Constituição Federal que nenhuma pena passará da pessoa do condenado, podendo a obrigação de reparar o dano e a decretação de perdimento de bens ser, nos termos da lei, estendidas aos sucessores e contra eles executadas, até o limite do valor do patrimônio transferido. Referido dispositivo constitucional traduz o princípio da intranscendência.

(2) Considere que um indivíduo seja preso pela prática de determinado crime e, já na fase da execução penal, uma nova lei torne mais branda a pena para aquele delito. Nessa situação, o indivíduo cumprirá a pena imposta na legislação anterior, em face do princípio da irretroatividade da lei penal.

(3) Na hipótese de o agente iniciar a prática de um crime permanente sob a vigência de uma lei, vindo o delito a se prolongar no tempo até a entrada em vigor de nova legislação, aplica-se a última lei, mesmo que seja a mais severa.

(4) Quem, de forma consciente e deliberada, se serve de pessoa inimputável para a prática de uma conduta ilícita é responsável pelo resultado na condição de autor mediato.

(5) Considere a seguinte situação hipotética. Luiz, imputável, aderiu deliberadamente à conduta de Pedro, auxiliando-o no arrombamento de uma porta para a prática de um furto, vindo a adentrar na residência, onde se limitou, apenas, a observar Pedro, durante a subtração dos objetos, mais tarde repartidos entre ambos.

Nessa situação, Luiz responderá apenas como partícipe do delito pois atuou em atos diversos dos executórios praticados por Pedro, autor direto.

1: correta, pois o art. 5º, XLV, da CF, que consagra o princípio da intranscendência (ou personalidade das penas), prescreve a regra segundo a qual a pena jamais passará da pessoa do condenado. Contudo, os efeitos civis decorrentes da prática do crime transferem-se aos herdeiros, nos limites da herança; **2**: incorreta, pois, de acordo com o art. 5º, XL, da CF e art. 2º, *caput* e parágrafo único, do CP, a lei penal não retroagirá, salvo para beneficiar o réu. O fato de a sentença penal condenatória ter transitado em julgado não configura óbice à retroatividade da lei penal mais favorável, cabendo ao juízo da execução penal aplicá-la ao condenado; **3**: correta (Súmula 711 do STF); **4**: correta, visto que é considerado autor mediato (ou indireto) de um crime o agente que se vale de pessoa sem responsabilidade penal para o cometimento de um ilícito penal, tal como ocorre no caso de "A" se valer de "B", inimputável por doença mental, a matar "C". "A" responderá por homicídio, sendo autor mediato do crime. "B", por ser inimputável, ficará isento de pena (art. 26, *caput*, do CP); **5**: incorreta, pois no crime de furto qualificado pela destruição ou rompimento de obstáculo (art. 155, § 4º, I, do CP), a prática do arrombamento já configura início de execução, motivo pelo qual Luiz será considerado coautor do delito.

Gabarito 1C, 2E, 3C, 4C, 5E

2. LEGISLAÇÃO PENAL ESPECIAL

Arthur Trigueiros e Eduardo Dompieri*

1. CRIMES DA LEI DE DROGAS

(Delegado/RS – 2018 – FUNDATEC) Sobre a Lei de Drogas e a jurisprudência dos Tribunais Superiores, analise as assertivas abaixo:

I. Em qualquer fase da persecução criminal relativa aos crimes previstos na Lei de Drogas, é permitida, independente de autorização judicial, a não atuação policial sobre os portadores de drogas, seus precursores químicos ou outros produtos utilizados em sua produção, que se encontrem no território brasileiro, com a finalidade de identificar e responsabilizar maior número de integrantes de operações de tráfico e distribuição, sem prejuízo da ação penal cabível.
II. Conforme orientação do Supremo Tribunal Federal, a entrada forçada em domicílio sem mandado judicial só é lícita, mesmo em período noturno, quando amparada em fundadas razões, devidamente justificadas *a posteriori*, que indiquem que dentro da casa ocorre situação de flagrante delito, sob pena de responsabilidade disciplinar, civil e penal do agente ou da autoridade e de nulidade dos atos praticados.
III. Para efeito da lavratura do auto de prisão em flagrante e estabelecimento da materialidade do delito de tráfico de drogas, é suficiente o laudo de constatação da natureza e quantidade da droga, firmado por perito oficial ou, na falta deste, por dois peritos nomeados.
IV. O inquérito policial será concluído no prazo de 30 (trinta) dias, se o indiciado estiver preso, e de 90 (noventa) dias, quando solto, quando se tratar de investigação baseada na Lei de Drogas.
V. A destruição de drogas apreendidas sem a ocorrência de prisão em flagrante será feita por incineração, no prazo máximo de 30 (trinta) dias contados da data da apreensão, guardando-se amostra necessária à realização do laudo definitivo, aplicando-se, no que couber, o procedimento dos §§ 3º a 5º do Art. 50.

Quais estão corretas?

(A) Apenas I, II e III.
(B) Apenas I, II e IV.
(C) Apenas II, III e V.
(D) Apenas II, IV e V.
(E) Apenas III, IV e V.

I: incorreta. A Lei de Drogas (Lei 11.343/2006), em seu art. 53, *caput* e II, estabelece que a implementação da ação controlada deve ser precedida de autorização judicial e manifestação do MP, estando a assertiva, por essa razão, incorreta. Vale a observação de que o art. 8º, § 1º, da Lei 12.850/2013 (Organização Criminosa), diferentemente da Lei de Drogas, reza que a ação controlada será *comunicada* ao juiz competente, que estabelecerá, conforme o caso, os limites da medida e comunicará o MP. Perceba que, neste último caso, o legislador não impõs a necessidade de o magistrado autorizar o retardamento da intervenção policial; exigiu tão somente a comunicação; II: correta. A conferir: "1. O Tema 280 da Repercussão Geral firmou a seguinte tese: A entrada forçada em domicílio sem mandado judicial só é lícita, mesmo em período noturno, quando amparada em fundadas razões, devidamente justificadas *a posteriori*, que indiquem que dentro da casa ocorre situação de flagrante delito, sob pena de responsabilidade disciplinar, civil e penal do agente ou da autoridade, e de nulidade dos atos praticados. 2. O paradigma consigna ser lícita a entrada forçada em domicílio, sem mandado judicial, mesmo em período noturno, desde que existam fundadas razões (justificadas *a posteriori*) que indiquem a ocorrência de flagrante delito. 3. Na espécie, os argumentos utilizados pelo Tribunal demonstram que a entrada forçada revelou-se ilícita, em especial, pela ausência de elementos probatórios mínimos acerca da causa que levou ao ingresso dos policiais no domicílio dos réus, gerando dúvida sobre a legalidade da diligência. Ademais, o ingresso de policiais em residências, mesmo diante de informações anônimas da prática de delitos, por si só, não se mostra capaz de justificar a entrada forçada sob o pretexto de possível ocorrência de crime" (STF, ARE 1200520 AgR, Relator(a): Min. ALEXANDRE DE MORAES, Primeira Turma, julgado em 18/10/2019, PROCESSO ELETRÔNICO DJe-236 DIVULG 29-10-2019 PUBLIC 30-10-2019); III: incorreta, uma vez que a confecção do laudo de constatação é feita por um só perito oficial ou, na falta deste, por pessoa idônea (e não por dois peritos nomeados). É o que estabelece o art. 50, § 1º, da Lei 11.343/2006; IV: correta. Com efeito, no crime de tráfico de drogas, o inquérito deverá ser ultimado no prazo de 30 dias, se preso estiver o indiciado; e em 90 dias, no caso de o indiciado encontrar-se solto. De uma forma ou de outra, pode haver duplicação do prazo mediante pedido justificado da autoridade policial. É o teor do art. 51 da Lei 11.343/2006; V: correta, ao tempo em que aplicada esta prova, já que correspondia à redação do art. 50-A da Lei 11.343/2006, dispositivo alterado por força da Lei 13.840/2019, que dali extraiu o trecho final: "(...) aplicando-se, no que couber, o procedimento dos §§ 3º a 5º do Art. 50". ED

Gabarito "D".

(Delegado/RS – 2018 – FUNDATEC) Analise as assertivas a seguir, de acordo com o disposto na Lei 11.343/2006, Lei de Drogas, e em cotejo com o entendimento dos Tribunais Superiores:

I. Para a incidência da majorante de pena, prevista no artigo 40, inciso V da referida Lei, ao crime de tráfico de drogas interestadual, de acordo com entendimento do Superior Tribunal de Justiça, basta que esteja demonstrado, de forma inequívoca, que o traficante tinha intenção de extrapolar as fronteiras de um Estado, mesmo que assim não consiga.
II. A partir de entendimento recente do Supremo Tribunal Federal, pode-se dizer que nem todo o crime de tráfico de drogas pode ser considerado crime equiparado a hediondo.
III. Aquele que oferece droga, eventualmente e sem objetivo de lucro, à pessoa de seu relacionamento, para juntos a consumirem, pratica crime de menor potencial ofensivo.

---

* AT questões comentadas por: **Arthur Trigueiros**.
ED questões comentadas por: **Eduardo Dompieri**.

IV. Aquele que pratica conduta de tráfico de drogas, descrita no caput do artigo 33 da referida Lei, pode ter sua pena reduzida nos mesmos patamares propostos no Código Penal para a minorante da tentativa, desde que seja primário, de bons antecedentes, não se dedique às atividades criminosas nem integre organização criminosa.

Quais estão corretas?

(A) Apenas I.
(B) Apenas II.
(C) Apenas III e IV.
(D) Apenas I, II e III.
(E) I, II, III e IV.

I: correta. É que, segundo entendimento consolidado nos tribunais superiores, é prescindível, para a incidência desta causa de aumento, a transposição das divisas dos Estados, sendo suficiente que fique demonstrado que a droga se destinava a outro Estado da Federação. Nesse sentido, conferir: "(...) Esta Corte possui entendimento jurisprudencial, no sentido de que a incidência da causa de aumento, conforme prevista no art. 40, V, da Lei 11.343/2006, não exige a efetiva transposição da divisa interestadual, sendo suficientes as evidências de que a substância entorpecente tem como destino qualquer ponto além das linhas da respectiva Unidade da Federação (...)" (AGRESP 201103088503, Campos Marques (Desembargador convocado do TJ/PR), STJ, Quinta Turma, *DJ*e 01.07.2013). Consolidando tal entendimento, o STJ editou a Súmula 587: "Para a incidência da majorante prevista no art. 40, V, da Lei 11.343/2006, é desnecessária a efetiva transposição de fronteiras entre estados da Federação, sendo suficiente a demonstração inequívoca da intenção de realizar o tráfico interestadual"; **II:** correta. Segundo dispunha a Súmula 512, do STJ, "A aplicação da causa de diminuição de pena prevista no art. 33, § 4º, da Lei 11.343/2006 não afasta a hediondez do crime de tráfico de drogas". O Plenário do STF, ao julgar o HC 118.533/MS, em 23.06.2016, cuja relatoria foi da Min. Cármen Lúcia, entendeu, em dissonância com o posicionamento então adotado pelo STJ, que o crime de tráfico de drogas privilegiado não tem natureza hedionda. Pois bem. Posteriormente a isso, a Terceira Seção do STJ, na sessão realizada em 23 de novembro de 2016, ao julgar a QO na Pet 11.796-DF, determinou o cancelamento da referida Súmula 512, alinhando-se ao entendimento adotado pelo STF no sentido de que o delito de tráfico privilegiado não pode ser equiparado a crime hediondo. Consagrando tal posicionamento adotado pelos Tribunais Superiores acerca deste tema, a Lei 13.964/2019 incluiu no art. 112 da LEP o § 5º, que assim dispõe: "Não se considera hediondo ou equiparado, para os fins deste artigo, o crime de tráfico de drogas previsto no § 4º do art. 33 da Lei 11.343, de 23 de agosto de 2006"; **III:** correta. De fato, a Lei 11.343/2006, inovando, tratou de maneira diferenciada – e proporcional – as figuras do traficante e do fornecedor eventual de drogas, assim considerado aquele que oferece droga, em caráter eventual, sem intenção de lucro, à pessoa de seu relacionamento, para consumo conjunto (art. 33, § 3º). Trata-se de crime de menor potencial ofensivo (pena de detenção, de seis meses a um ano, além de multa); **IV:** incorreta, já que, em conformidade com o art. 33, § 4º, da Lei 11.343/2006, a redução de pena será da ordem de um sexto a dois terços. No crime tentado, a redução é de um terço a dois terços (art. 14, parágrafo único, do CP). **ED**

Gabarito "D".

(Delegado/MG – 2018 – FUMARC) Considerando exclusivamente o disposto na Lei 11.343/06 acerca do procedimento de destruição de drogas apreendidas no curso de investigações, é CORRETO afirmar:

(A) Nos termos da Lei 11.343/06, a destruição de drogas apreendidas sem a ocorrência de prisão em flagrante será feita por incineração, no prazo máximo de 30 (trinta) dias contados da data da determinação judicial.

(B) Na hipótese de ocorrência de prisão em flagrante, a Lei 11.343/06 estabelece que a destruição das drogas apreendidas será executada pelo delegado de polícia competente, no prazo de 15 (quinze) dias, na presença do Ministério Público e a autoridade sanitária, levando em consideração a necessária determinação judicial para a destruição.

(C) Na hipótese de ocorrência de prisão em flagrante, a Lei 11.343/06 estabelece que a destruição das drogas será executada pelo delegado de polícia competente, no prazo de 15 (quinze) dias, sem necessidade de presença do Ministério Público e da autoridade sanitária, guardando-se amostra necessária à realização do laudo definitivo.

(D) A destruição de drogas apreendidas sem a ocorrência de prisão em flagrante será feita por incineração, no prazo máximo de 15 (quinze) dias, contados da data da apreensão, guardando-se amostra necessária à realização do laudo definitivo.

A: incorreta. Nos termos do art. 50-A da Lei 11.343/2006, cuja redação foi alterada por força da Lei 13.840/2019, o prazo de 30 dias para incineração será contato da apreensão da droga, e não da determinação judicial; **B:** correta, pois em conformidade com o disposto no art. 50, § 4º, da Lei 11.343/2006; **C:** incorreta, uma vez que contraria o disposto no art. 50, § 4º, da Lei 11.343/2006; **D:** incorreta, já que o prazo estabelecido em lei corresponde a 30 dias (art. 50-A da Lei 11.343/2006, cuja redação foi alterada por força da Lei 13.840/2019). **ED**

Gabarito "B".

(Delegado/AP – 2017 – FCC) Sobre o crime de associação para fins de tráfico de drogas,

(A) é necessária a estabilidade do vínculo entre 3 ou mais pessoas.

(B) deverá se verificar, necessariamente, a finalidade de praticar uma série indeterminada de crimes.

(C) nas mesmas penas deste crime incorre quem se associa para a prática reiterada do financiamento de tráfico de drogas.

(D) incidirá na hipótese de concurso formal de crimes, a prática da associação em conjunto com a do tráfico de drogas.

(E) deverão os agentes, para sua configuração, praticar as infrações para as quais se associaram.

A: incorreta, pois o art. 35 da Lei de Drogas (Lei 11.343/2006) tipifica como crime o fato de duas ou mais pessoas associarem-se para o fim de praticar, reiteradamente ou não, tráfico de drogas (arts. 33, *caput* e § 1º, e 34, da referida lei); **B:** incorreta, pois o art. 35 da Lei 11.343/2006 pressupõe a estabilidade dos agentes para a prática, reiterada ou não, de crimes de tráfico; **C:** correta, nos exatos termos do art. 35, parágrafo único, da Lei 11.343/2006, que remete ao crime de financiamento para o tráfico (art. 36 da mesma lei); **D:** incorreta. Haverá concurso material de crimes (art. 69 do CP), até porque cada uma das infrações (associação para o tráfico e tráfico de drogas) terá sido praticada mediante mais de uma conduta, e em contextos distintos, não se podendo cogitar de concurso formal (art. 70 do CP); **E:** incorreta. Basta que os agentes tenham o ânimo associativo para o fim da prática de tráfico de drogas, pouco importando, para a configuração do crime tipificado pelo art. 35 da Lei de Drogas, a efetiva prática dos delitos. Estamos diante de crime formal, que se consuma com a formação da associação criminosa. **AT**

Gabarito "C".

(Delegado/MS – 2017 – FAPEMS) Analise o caso a seguir.

Cumprindo mandados judiciais, o Delegado Alcimor efetuou a prisão de Alceu, conhecido como "Nariz" e considerado o líder de uma associação criminosa voltada à prática de tráfico de drogas na região sul do país, e a apreensão de seu primo Daniel, de dezessete anos, em quarto de hotel em que se hospedavam. Ambos, aliás, velhos conhecidos da polícia pela prática de infrações pretéritas. No local, a equipe tática encontrou drogas, dinheiro e celulares. Com autorização judicial, o Delegado Alcimor acessou o conteúdo de conversas, via WhatsApp, alcançando mais nomes e os pontos da prática comercial ilícita. No total, seis pessoas foram presas.

Com respaldo no caso e considerando o entendimento do Superior Tribunal de Justiça quanto ao crime do artigo 35 da Lei n. 11.343/2006, assinale a alternativa correta.

(A) Por vedação expressa na Lei de Drogas, para o presente crime não se admite a incidência de penas alternativas à prisão, não obstante preenchidos os requisitos legais.

(B) A associação para fins de tráfico de drogas é considerada crime hediondo.

(C) A prática criminosa pretendida não precisa ser reiterada, mas a associação não pode ser eventual.

(D) O envolvimento de um menor é indiferente para fins de tipificação delitiva e não influencia no tocante à dosimetria da pena do crime de associação criminosa.

(E) Para a configuração do crime; exige-se efetivamente a prática do tráfico de drogas.

A: incorreta. Nada obstante o art. 44 da Lei 11.343/2006 traga uma série de vedações no tocante a benefícios penais e processuais para os condenados pelos crimes previstos nos arts. 33, *caput* e § 1º, 34 a 37, dentre os quais se identifica a associação para o tráfico (art. 35), é certo que, com a declaração de inconstitucionalidade do predito art. 44, exarada no julgamento do HC 97.256/RS pelo STF, passou-se a admitir a convolação de penas privativas de liberdade por restritivas de direitos, desde que satisfeitos os requisitos legais, sob pena de ofensa à individualização da pena e tripartição de poderes (o Legislativo não pode impedir o Judiciário de analisar, no caso concreto, a possibilidade de substituição de pena de prisão por medidas mais benignas); **B:** incorreta. O entendimento do STJ, e também do STF, é no sentido de que a associação para o tráfico (art. 35 da Lei 11.343/2006) não é considerada crime equiparado a hediondo, seja por não constituir, propriamente, em conduta que se subsuma a tráfico de drogas (este sim considerado equiparado a hediondo!), seja, em razão do critério legal, não consta no rol dos crimes indicados na Lei 8.072/1990 (Lei dos Crimes Hediondos); **C:** correta. O ânimo associativo estável e permanente é essencial para a caracterização da associação para o tráfico, à semelhança de uma associação criminosa (art. 288 do CP), sem o que estaremos diante de mero concurso de agentes. O que não se exige, para a configuração do crime previsto no art. 35 da Lei de Drogas, é a reiteração do tráfico, conforme se extrai da própria redação típica: "Associarem-se duas ou mais pessoas para o fim de praticar, *reiteradamente ou não*, qualquer dos crimes previstos nos arts. 33, *caput* e § 1º, e 34 desta Lei"; **D:** incorreta, pois o envolvimento de criança ou adolescente, além de ser computado para o número legalmente exigido (associarem-se *duas ou mais pessoas*), constitui causa de aumento de pena, nos termos do art. 40, VI, da Lei 11.343/2006; **E:** incorreta. O crime do art. 35 da Lei de Drogas é formal, consumando-se com a constituição da associação criminosa, independentemente da prática dos crimes para as quais tiver sido formada.

Gabarito "C".

(Delegado/MT – 2017 – CESPE) Com referência aos parâmetros legais da dosimetria da pena para os crimes elencados na Lei n. 11.343/2006 – Lei Antidrogas – e ao entendimento dos tribunais superiores sobre essa matéria, assinale a opção correta.

(A) A personalidade e a conduta social do agente não preponderam sobre outras circunstâncias judiciais da parte geral do CP quando da dosimetria da pena.

(B) A natureza e a quantidade da droga são circunstâncias judiciais previstas na parte geral do CP.

(C) A natureza e a quantidade da droga não preponderam sobre outras circunstâncias judiciais da parte geral do CP quando da dosimetria da pena.

(D) A natureza e a quantidade da droga apreendida não podem ser utilizadas, concomitantemente, na primeira e na terceira fase da dosimetria da pena, sob pena de *bis in idem*.

(E) As circunstâncias judiciais previstas na parte geral do CP podem ser utilizadas para aumentar a pena base, mas a natureza e a quantidade da droga não podem ser utilizadas na primeira fase da dosimetria da pena.

Nos termos do art. 42 da Lei 11.343/2006, o juiz, na fixação das penas, considerará, com preponderância sobre o previsto no art. 59 do Código Penal, a natureza e a quantidade da substância ou do produto, a personalidade e a conduta social do agente. Assim, analisemos as alternativas! **A**, **B** e **C:** incorretas. Optou o legislador por prever circunstâncias judiciais específicas para os crimes definidos na Lei de Drogas, preponderando sobre aquelas definidas no art. 59 do CP. Assim, na fixação da pena-base, serão levadas em conta a natureza e quantidade da substância ou produto, bem como a personalidade e a conduta social do agente delitivo; **D:** correta. Se a natureza e a quantidade da droga serão levadas em consideração na primeira fase da dosimetria da pena (circunstâncias judiciais do art. 42 da Lei de Drogas), não poderão ser novamente consideradas como majorantes na terceira fase (incidência das causas de aumento e diminuição de pena), caso em que haveria violação ao *ne bis in idem*; **E:** incorreta. As circunstâncias judiciais do art. 59 do CP, embora possam ser utilizadas supletivamente, não afastarão aquelas previstas no art. 42 da Lei 11.343/2006, dentre elas, a natureza e a quantidade da droga.

Gabarito "D".

(Delegado/PE – 2016 – CESPE) Se determinada pessoa, maior e capaz, estiver portando certa quantidade de droga para consumo pessoal e for abordada por um agente de polícia, ela

(A) estará sujeita à pena privativa de liberdade, se for reincidente por este mesmo fato.

(B) estará sujeita à pena privativa de liberdade, se for condenada a prestar serviços à comunidade e, injustificadamente, recusar a cumprir a referida medida educativa.

(C) estará sujeita à pena, imprescritível, de comparecimento a programa ou curso educativo.

(D) poderá ser submetida à pena de advertência sobre os efeitos da droga, de prestação de serviço à comunidade ou de medida educativa de comparecimento a programa ou curso educativo.

(E) deverá ser presa em flagrante pela autoridade policial.

A: incorreta. A teor do art. 28 da Lei 11.343/2006, aquele que *adquire*, *guarda*, *tem em depósito*, *transporta* ou *traz consigo*, para consumo pessoal, drogas sem autorização ou em desacordo com determinação legal ou regulamentar será submetido às seguintes penas: advertência

sobre os efeitos das drogas; prestação de serviços à comunidade; e medida educativa de comparecimento a programa ou curso educativo. Não será mais aplicável ao usuário (mesmo que reincidente), como se pode ver, a pena de prisão. É importante que se diga que a natureza jurídica do art. 28 da Lei 11.343/2006 gerou, num primeiro momento, polêmica na doutrina, uma vez que, para uns, teria havido descriminalização da conduta ali descrita. O STF, ao enfrentar a questão, decidiu que o comportamento descrito neste art. 28 continua a ser crime, isso porque inserido no Capítulo III da atual Lei de Drogas. Nesse sentido, a 1ª Turma do STF, no julgamento do RE 430.105-9-RJ, considerou que o dispositivo em questão tem natureza de crime, e o usuário é um "tóxico delinquente" (Rel. Min. Sepúlveda Pertence, j. 13.2.2007), entendimento este, até então, compartilhado pelo STJ. Com isso, a condenação pelo cometimento do crime do art. 28 da Lei de Drogas, embora não imponha ao condenado pena de prisão, tem o condão de gerar reincidência. Mais recentemente, a 6ª Turma do STJ, que até então compartilhava do posicionamento do STF e da 5ª Turma do STJ, apontou para uma mudança de entendimento. Para a 6ª Turma, o art. 28 da Lei de Drogas não constitui crime tampouco contravenção. Trata-se de uma infração penal *sui generis*, razão penal qual o seu cometimento não gera futura reincidência. Havia, como se pode ver, divergência entre a 5ª e a 6º Turmas do STJ. Conferir o julgado da 5º Turma, de acordo com o entendimento até então prevalente: "A conduta prevista no art. 28 da Lei n. 11.343/06 conta para efeitos de reincidência, de acordo com o entendimento desta Quinta Turma no sentido de que, *"revela-se adequada a incidência da agravante da reincidência em razão de condenação anterior por uso de droga, prevista no artigo 28 da Lei n. 11.343/06, pois a jurisprudência desta Corte Superior, acompanhando o entendimento do col. Supremo Tribunal Federal, entende que não houve abolitio criminis com o advento da Lei n. 11.343/06, mas mera "despenalização" da conduta de porte de drogas"* (HC 314594/SP, rel. Min. FELIX FISCHER, QUINTA TURMA, DJe 1/3/2016)" (HC 354.997/SP, j. 28/03/2017. julgado em 21/08/2018, DJe 30/08/2018). Conferir o julgado da 6ª Turma que inaugurou a divergência à qual fizemos referência: "1. À luz do posicionamento firmado pelo Supremo Tribunal Federal na questão de ordem no RE nº 430.105/RJ, julgado em 13/02/2007, de que o porte de droga para consumo próprio, previsto no artigo 28 da Lei nº 11.343/2006, foi apenas despenalizado pela nova Lei de Drogas, mas não descriminalizado, esta Corte Superior vem decidindo que a condenação anterior pelo crime de porte de droga para uso próprio configura reincidência, o que impõe a aplicação da agravante genérica do artigo 61, inciso I, do Código Penal e o afastamento da aplicação da causa especial de diminuição de pena do parágrafo 4º do artigo 33 da Lei nº 11.343/06. 2. Todavia, se a contravenção penal, punível com pena de prisão simples, não configura reincidência, resta inequivocamente desproporcional a consideração, para fins de reincidência, da posse de droga para consumo próprio, que conquanto seja crime, é punida apenas com "advertência sobre os efeitos das drogas", "prestação de serviços à comunidade" e "medida educativa de comparecimento a programa ou curso educativo", mormente se se considerar que em casos tais não há qualquer possibilidade de conversão em pena privativa de liberdade pelo descumprimento, como no caso das penas substitutivas. 3. Há de se considerar, ainda, que a própria constitucionalidade do artigo 28 da Lei de Drogas, que está cercado de acirrados debates acerca da legitimidade da tutela do direito penal em contraposição às garantias constitucionais da intimidade e da vida privada, está em discussão perante o Supremo Tribunal Federal, que admitiu Repercussão Geral no Recurso Extraordinário nº 635.659 para decidir sobre a tipicidade do porte de droga para consumo pessoal. 4. E, em face dos questionamentos acerca da proporcionalidade do direito penal para o controle do consumo de drogas em prejuízo de outras medidas de natureza extrapenal relacionadas às políticas de redução de danos, eventualmente até mais severas para a contenção do consumo do que aquelas previstas atualmente, o prévio apenamento por porte de droga para consumo próprio, nos termos do artigo 28 da Lei de Drogas, não deve constituir causa geradora de reincidência. 5. Recurso improvido" (REsp 1672654/SP, Rel. Ministra MARIA THEREZA DE ASSIS MOURA, SEXTA TURMA, julgado em 21/08/2018, DJe 30/08/2018). Em seguida, a 5ª Turma aderiu ao entendimento adotado pela 6ª Turma, no sentido de que a condenação pelo cometimento do crime descrito no art. 28 da Lei 11.343/2006 não tem o condão de gerar reincidência. A conferir: "Esta Corte Superior, ao analisar a questão, posicionou-se de forma clara, adequada e suficiente ao concluir que a condenação pelo crime do artigo 28 da Lei n. 11.343/2006 não é apta a gerar os efeitos da reincidência." (EDcl no AgRg nos EDcl no REsp 1774124/SP, Rel. Ministro REYNALDO SOARES DA FONSECA, QUINTA TURMA, julgado em 02/04/2019, DJe 16/04/2019); **B**: incorreta. Pelo descumprimento das medidas restritivas de direitos impostas pelo juiz na sentença, *caberão admoestação verbal* e *multa*, conforme determina o art. 28, § 6º, da Lei de Drogas. Não caberá, neste caso, pena privativa de liberdade; **C**: incorreta, na medida em que somente são imprescritíveis o crime de racismo (Lei 7.716/1989) e a ação de grupos armados, civis e militares, contra a ordem constitucional e o Estado Democrático; **D**: correta, pois reflete o que dispõe o art. 28, I, II e III, da Lei de Drogas; **E**: incorreta, porque em desacordo com o que estabelece o art. 48, § 2º, da Lei 11.343/2006, que veda a prisão em flagrante no contexto do crime do art. 28 da Lei de Drogas. **ED**
Gabarito "D".

(Delegado/DF – 2015 – Fundação Universa) Em relação à Lei 11.343/2006, que dispõe sobre o tráfico ilícito e o uso indevido de substâncias entorpecentes, assinale a alternativa correta.

(A) Na mencionada lei, não se prevê como típica a conduta do sujeito viciado que oferece droga eventualmente, sem intuito de lucro, a um amigo, a fim de juntos a consumirem.

(B) Segundo essa lei, não configura causa de aumento de pena a transnacionalidade do delito de tráfico ilícito de entorpecentes.

(C) A referida lei promoveu a descriminalização do uso indevido de substâncias entorpecentes.

(D) Consoante a referida norma, não é típica a conduta de induzimento ao uso indevido de droga.

(E) De acordo com essa lei, as plantações ilícitas serão imediatamente destruídas pelo delegado de polícia, que recolherá quantidade suficiente para exame pericial.

A: incorreta. Cuida-se de inovação introduzida pela Lei 11.343/2006. É a chamada *cessão gratuita e eventual*, que, a teor do art. 33, § 3º, da Lei de Drogas, traz os seguintes requisitos: eventualidade no oferecimento da droga; ausência de objetivo de lucro; intenção de consumir a droga em conjunto; e oferecimento da droga a pessoa de relacionamento do agente; **B**: incorreta, já que se trata, sim, de causa de aumento de pena prevista no art. 40, I, da Lei 11.343/2006; **C**: incorreta, já que não houve tal descriminalização; **D**: incorreta. Conduta tipificada no art. 33, § 2º, da Lei 11.343/2006; **E**: correta, pois reflete o disposto no art. 32, *caput*, da Lei 11.343/2006.
Gabarito "E".

(Delegado/PA – 2013 – UEPA) A atual Lei de Drogas brasileira (Lei n. 11.343, de 2006) permite que se faça a seguinte afirmação:

(A) policial militar que surpreende jovem fumando um cigarro de maconha pode prendê-lo em flagrante e conduzi-lo a uma delegacia para instauração de inquérito.

(B) indivíduo que fornece gratuitamente cocaína a amigos, com o único objetivo de comemorar seu aniversário, enquadra-se na condição de traficante, respondendo todavia por uma forma mais branda do delito.

(C) na situação de flagrante preparado, em que o policial se faz passar por comprador, a prisão em flagrante é ilegal, porque nenhuma ação ilícita teria sido praticada pelo traficante no contexto.

(D) a associação estável de pessoas, com vistas ao tráfico de drogas, constitui crime à parte, porém não pode ser imputada simultaneamente com o tráfico, para evitar o *bis in idem* (dupla punição pelo mesmo fato).

(E) indivíduo que empresta dinheiro ao irmão traficante, uma única vez, com o objetivo de completar a quantia necessária para comprar certa quantidade de drogas, para revenda, deve responder pelo crime de financiamento do tráfico.

A: incorreta. Segundo estabelece o art. 48, § 2º, da Lei 11.343/2006, não se imporá prisão em flagrante ao autor do crime previsto no art. 28 da mesma lei; conduzido à presença da autoridade policial, será lavrado, contra o agente, termo circunstanciado de ocorrência policial; **B:** correta. A conduta descrita na alternativa se enquadra no tipo penal do art. 33, § 3º, da Lei de Drogas. É a chamada *cessão gratuita e eventual*, que, a teor do art. 33, § 3º, da Lei de Drogas, traz os seguintes requisitos: eventualidade no oferecimento da droga; ausência de objetivo de lucro; intenção de consumir a droga em conjunto; e oferecimento da droga a pessoa de relacionamento do agente; **C:** incorreta. Apesar de a "venda" da substância entorpecente constituir, neste caso, crime impossível (art. 17 do CP e Súmula nº 145, STF), dada a impossibilidade de o crime consumar-se, a conduta consubstanciada em "trazer consigo" já se consumara, sendo lícita, portanto, a prisão em flagrante do agente. Note bem: a prisão em flagrante do suspeito deve se dar pela prática da conduta "trazer consigo", que se consumou independentemente da atuação do policial. Conferir: "HC. TRÁFICO DE ENTORPECENTES. NULIDADE DO FLAGRANTE. AUSÊNCIA DE NOMEAÇÃO DE CURADOR A RÉU MENOR. AUSÊNCIA DE PREJUÍZO. FLAGRANTE PREPARADO. SÚM. Nº 145/STF. INAPLICABILIDADE. INSUFICIÊNCIA DE PROVAS PARA A CONDENAÇÃO. ORDEM DENEGADA. I. Não se reconhece nulidade do auto de prisão em flagrante, decorrente da falta de nomeação de curador a réu menor, se, inobstante não ter havido prejuízo para a defesa – pois o paciente reservou-se ao direito de falar só em juízo – ainda houve a determinação de que a genitora dele assinasse o auto como sua curadora. II. Mesmo configurado o flagrante preparado em relação à venda de entorpecentes a policiais, o mesmo não afetaria a anterior aquisição para entregar a consumo a substância entorpecente ("trazer consigo para comércio"), razão pela qual se tem como descabida a aplicação da Súmula nº 145 do STF, a fim de ver reconhecido o crime impossível. III. O writ se constitui em meio impróprio para a análise de alegações que exijam o reexame do conjunto fático-probatório – como a aduzida insuficiência de provas para a condenação – tendo em vista a incabível dilação que se faria necessária. IV. Ordem denegada" (STJ, HC 9.689-SP, rel. Min. Gilson Dipp, *DJ* 8.11.1999). Consagrando este entendimento, a Lei 13.964/2019 inseriu no art. 33, § 1º, da Lei de Drogas o inciso IV, tipificando a conduta consistente em *vender ou entregar drogas ou matéria-prima, insumo ou produto químico destinado à preparação de drogas, sem autorização ou em desacordo com a determinação legal ou regulamentar, a agente policial disfarçado, quando presentes elementos probatórios razoáveis de conduta criminal preexistente*; **D:** incorreta, na medida em que, sendo o crime do art. 35 da Lei de Drogas (associação para o tráfico) considerado autônomo, nada obsta o reconhecimento de concurso material entre ele e o crime do art. 33 da mesma lei (tráfico de drogas); **E:** incorreta, uma vez que, para a configuração do crime do art. 36 da Lei 11.343/2006, é necessário que o financiamento ou custeio tenha relevância econômica, não podendo ser considerado como tal o eventual empréstimo concedido por um irmão ao outro para a aquisição de substância entorpecente para posterior revenda.

Gabarito "B".

(Delegado/PR – 2013 – UEL-COPS) Com relação à Lei de Drogas, Lei nº 11.343/2006, considere as afirmativas a seguir.

I. No crime de tráfico, o laudo definitivo da substância deve ser anexado antes de se efetuar a remessa do inquérito policial ao juiz competente.

II. No crime de tráfico, a prisão em flagrante deve ser imediatamente informada ao magistrado.

III. No crime de uso de droga, é possível a transação penal.

IV. Nos crimes de drogas, o prazo para conclusão de inquérito policial poderá ser duplicado, desde que haja requerimento do delegado, seja ouvido o Ministério Público e deferido pelo magistrado.

Assinale a alternativa correta.

(A) Somente as afirmativas I e II são corretas.
(B) Somente as afirmativas I e IV são corretas.
(C) Somente as afirmativas III e IV são corretas.
(D) Somente as afirmativas I, II e III são corretas.
(E) Somente as afirmativas II, III e IV são corretas.

I: incorreta. Considerando que a denúncia pode ser oferecida com base tão somente no *laudo de constatação*, com muito mais razão o inquérito policial pode ser concluído e remetido a juízo com o laudo de constatação. O laudo definitivo é necessário na fase de sentença; **II:** correta. Providência prevista no art. 50, *caput*, da Lei de Drogas; **III:** à parte a discussão sobre a tipicidade da conduta de *usar* drogas, uma vez que não estaria contemplada no tipo penal do art. 28 da Lei 11.343/2006, o instituto da *transação penal*, da Lei 9.099/1995 (art. 76), tem incidência, de fato, no procedimento relativo ao crime do art. 28 da Lei de Drogas; **IV:** correta (art. 51, Lei 11.343/2006).

Gabarito "E".

(Delegado/RJ – 2013 – FUNCAB) Em busca domiciliar judicialmente autorizada, policiais civis encontram, em certo apartamento, escondidos em um fundo falso de armário, dezenas de invólucros contendo cocaína, já embalada para revenda, bem como um grande pacote contendo cocaína compactada, destinada à embalagem em porções menores, material este que pertence ao ocupante do imóvel, preso em flagrante delito. No mesmo esconderijo estava uma lata de solvente orgânico, popularmente conhecido por *thinner*, destinada exclusivamente à inalação pelo detido (ocupante do imóvel). Com o aprofundamento da investigação, constata-se que o proprietário do imóvel, mesmo ciente de que drogas seriam armazenadas naquele local, alugara o imóvel ao detido, razão pela qual resta também indiciado.

Verifica-se, por fim, que o contato estabelecido entre o ocupante e o proprietário do imóvel decorrera de uma eventualidade, sendo o aluguel firmado por apenas poucas semanas, embora com remuneração acima do valor de mercado. Analisando o caso concreto, assinale a resposta que corretamente tipifica as condutas narradas.

(A) artigos 28 e 33, *caput*, da Lei nº 11.343/2006, no caso do ocupante; e 33, *caput*, da Lei nº 11.343/2006, no caso do proprietário do imóvel.

(B) artigo 33, *caput*, da Lei nº 11.343/2006 para o ocupante do imóvel; e artigo 33, § 1º, III, da mesma lei, para o proprietário.

(C) artigos 28, 33, *caput*, e 35 da Lei n° 11.343/2006, tanto no caso do ocupante, quanto no caso do proprietário do imóvel.

(D) artigos 28, 33, *caput*, e 35, da Lei n° 11.343/2006 para o ocupante do imóvel; e 33, § 1°, III, e 35, da mesma lei, para o proprietário.

(E) artigo 33, *caput*, da Lei n° 11.343/2006, tanto no caso do ocupante, quanto no caso do proprietário do imóvel.

Questão, segundo pensamos, mal elaborada. Primeiro porque o examinador cobra do candidato que conheça o número do artigo que corresponde a cada tipo penal; segundo porque exige que o candidato conheça com profundidade a relação das substâncias elencadas na Portaria 344/1998 da ANVISA (art. 66, Lei 11.343/2006). É isso mesmo. Por mais absurdo que possa parecer, não se deve imputar ao ocupante do imóvel, que ali praticava traficância, o crime do art. 28 da Lei 11.343/2006 porquanto a substância de que fazia uso, por meio de inalação, não tem previsão na Portaria 344/1998 da ANVISA. No mais, não deve restar dúvida de que o crime em que incorreu o locatário de fato é o do art. 33, *caput*, da Lei de Drogas (tráfico de drogas); também fica claro que o locador, porque tinha conhecimento do fim que seria dado ao seu imóvel, deverá ser responsabilizado pelo crime do art. 33, § 1°, III, da Lei 11.343/2006. Deve ser afastada a ocorrência do crime de associação para o tráfico (art. 35) na medida em que tem como pressuposto a existência de um vínculo permanente e estável entre os associados, o que não havia entre locador e locatário.
Gabarito "B".

(Delegado/RO – 2014 – FUNCAB) Em relação à Lei n° 11.343/2006 (Lei Antidrogas), no crime de tráfico de drogas, são causas que aumentam a pena do referido delito de um sexto a dois terços, EXCETO:

(A) o agente praticar o crime prevalecendo-se de função pública ou no desempenho de missão de educação, poder familiar, guarda ou vigilância.

(B) quando caracterizado o tráfico entre Estados da Federação ou entre estes e o Distrito Federal.

(C) o agente oferecer droga, eventualmente e sem objetivo de lucro, à pessoa de seu relacionamento, para juntos a consumirem.

(D) o crime tiver sido praticado com violência, grave ameaça, emprego de arma de fogo, ou qualquer processo de intimidação difusa ou coletiva.

(E) a natureza, a procedência da substância ou do produto apreendido e as circunstâncias do fato evidenciarem a transnacionalidade do delito.

A: correta (causa de aumento prevista no art. 40, II, da Lei 11.343/2006); B: correta (causa de aumento prevista no art. 40, V, da Lei 11.343/2006); C: incorreta. A assertiva descreve a conduta prevista no art. 33, § 3°, da Lei de Drogas, que corresponde a uma modalidade privilegiada de tráfico. É a chamada cessão gratuita e eventual de drogas. Constitui, portanto, figura típica autônoma, e não causa de aumento de pena. Veja que tal inovação legislativa, prevista no art. 33, § 3°, da atual Lei de Drogas, por razões de política criminal, procurou colocar em diferentes patamares o traficante habitual, que atua com o propósito de lucro, e o eventual, para o qual a pena prevista é de detenção de seis meses a um ano, sem prejuízo da multa e das penas previstas no art. 28 da mesma lei, bem inferior, como se pode ver, à pena cominada para o crime previsto no *caput* do art. 33; D: correta (causa de aumento prevista no art. 40, IV, da Lei 11.343/2006; E: correta (causa de aumento prevista no art. 40, I, da Lei 11.343/2006).
Gabarito "C".

(Delegado de Polícia/GO – 2013 – UEG) Sobre a Lei de Drogas (Lei n° 11.343/2006), tem-se que

(A) o crime de tráfico de drogas consuma-se quando ocorre a efetiva colocação da substância proibida em circulação, dado tratar-se de crime de perigo concreto.

(B) é possível a fixação de regime prisional diferente do fechado para o início do cumprimento de pena imposta ao condenado por crime hediondo, não alcançando essa possibilidade aos condenados pelos denominados crimes hediondos por equiparação, como tráfico de drogas, diante de expressa vedação legal.

(C) na fixação da pena, a lei de drogas não impõe ao juiz qualquer consideração sobre a natureza e a quantidade da droga, em preponderância sobre a regra do artigo 59 do Código Penal.

(D) para configuração da interestadualidade do tráfico (art. 40, V) é prescindível a efetiva transposição das fronteiras do Estado, bastando, a existência de elementos que sinalizem a destinação da droga para além dos limites estaduais.

A: incorreta. Primeiramente, o tráfico de drogas é, de acordo com a doutrina e jurisprudência, considerado crime de perigo abstrato. No mais, o momento consumativo, embora varie de acordo com a conduta praticada (lembre-se de que o art. 33, *caput*, da Lei 11.343/2006, tem dezoito verbos!), não exigirá a efetiva colocação da substância proibida em circulação. Exemplificamos com o tráfico de drogas na modalidade "expor à venda", na qual a substância estupefaciente não será colocada em efetiva circulação, bastando que o agente tencione entregá-la ao consumo de terceiros; B: incorreta. A despeito de o regime inicial fechado decorrer de imposição legal (art. 2°, § 1°, da Lei 8.072/1990), o STF, no julgamento do HC 111.840, decidiu pela inconstitucionalidade incidental do referido dispositivo legal, afastando-se a obrigatoriedade do regime extremo aos condenados por crimes hediondos e equiparados (aqui considerados o tráfico de drogas, a tortura e o terrorismo); C: incorreta. De acordo com o art. 42 da Lei 11.343/2006, o juiz, na fixação das penas, considerará, com preponderância sobre o previsto no art. 59 do Código Penal, *a natureza e a quantidade da substância ou do produto, a personalidade e a conduta social do agente*; D: correta. A configuração da majorante contida no art. 40, V, da Lei 11.343/2006 (interestadualidade do tráfico), dispensa a efetiva transposição da droga entre Estados. Confira-se o entendimento do STJ: "*HABEAS CORPUS*. CRIME DE TRÁFICO ILÍCITO DE ENTORPECENTES. INCIDÊNCIA DA CAUSA DE AUMENTO PREVISTA NO ART. 40, INCISO V, DA LEI N° 11.343/2006. PRESCINDÍVEL A EFETIVA TRANSPOSIÇÃO DE FRONTEIRAS. *HABEAS CORPUS* DENEGADO. 1. Segundo reiterados julgados da Quinta Turma desta Corte Superior e do Supremo Tribunal Federal, para a incidência da causa de aumento de pena prevista no art. 40, inciso V, da Lei n° 11.343/2006 é prescindível a efetiva transposição das fronteiras do Estado, sendo suficiente a existência de elementos que evidenciem a destinação final da droga para fora dos limites estaduais. 2. No caso em comento, houve a devida comprovação de que o Acusado pretendia transportar os 764 quilogramas de maconha da cidade de Aral Moreira para Dourados, e, após, seria entregue no Estado do Rio de Janeiro, caracterizando-se a interestadualidade do tráfico ilícito de entorpecentes. 3. *Habeas corpus* denegado." (HC 251223/MS (2012/0168234-0), 5ª Turma, j. 05.03.2013, rel. Min. Laurita Vaz, *DJe* 12.03.2013). Nesse sentido, ainda, a Súmula 587 do STJ: "*Para a incidência da majorante prevista no artigo 40, V, da Lei 11.343/06, é desnecessária a efetiva transposição de fronteiras entre estados da federação, sendo suficiente a demonstração inequívoca da intenção de realizar o tráfico interestadual*".
Gabarito "D".

(Delegado/AP – 2010) Relativamente à Lei de Drogas (Lei 11.343/2006), analise as afirmativas a seguir:

I. Em qualquer fase da persecução criminal relativa aos crimes previstos na Lei de Drogas, é permitida a infiltração por agentes de polícia, em tarefas de investigação, mediante autorização do Ministério Público.
II. O crime de tráfico de drogas (art. 33, da Lei 11.343/2006) é inafiançável, insuscetível de graça, indulto, anistia, liberdade provisória e livramento condicional.
III. Uma vez encerrado o prazo do inquérito, e não havendo diligências necessárias pendentes de realização, a autoridade de polícia judiciária relatará sumariamente as circunstâncias do fato, justificando as razões que a levaram à classificação do delito, indicando a quantidade e natureza da substância ou do produto apreendido, o local e as condições em que se desenvolveu a ação criminosa, as circunstâncias da prisão, a conduta, a qualificação e os antecedentes do agente.

Assinale:

(A) se somente a afirmativa I estiver correta.
(B) se somente a afirmativa II estiver correta.
(C) se somente a afirmativa III estiver correta.
(D) se somente as alternativas II e III estiverem corretas.
(E) se todas as afirmativas estiverem corretas.

I: incorreta, visto que a infiltração de agentes de polícia em tarefas de investigação, nos crimes previstos na Lei 11.343/2006, não prescinde, conforme é possível se inferir do art. 53, I, da Lei 11.343/2006, de autorização judicial, ouvido, antes, o Ministério Público; **II:** incorreta, visto que o art. 44, parágrafo único, da Lei de Drogas prevê a possibilidade de concessão de livramento condicional ao condenado por crime de tráfico. No mais, o Pleno do STF, em controle difuso, reconheceu a inconstitucionalidade de parte do art. 44 da Lei de Drogas, que proibia a concessão de liberdade provisória nos crimes de tráfico (HC 104.339/SP, Pleno, j. 10.05.2012, rel. Min. Gilmar Mendes, *DJe* 06.12.2012); **III:** correta, pois reflete o disposto no art. 52, I, na Lei 11.343/2006.
Gabarito "C".

(Delegado/MG – 2008) Em relação ao procedimento dos delitos previstos na Lei nº 11.343/2006, assinale a afirmativa INCORRETA.

(A) Para efeito de lavratura do auto de prisão em flagrante delito e demonstração da materialidade delitiva, é suficiente o laudo de constatação da natureza e quantidade da droga firmado por perito oficial ou, na falta deste, por pessoa idônea.
(B) Na hipótese de indiciado preso, o inquérito policial deverá terminar no prazo de 10 dias.
(C) Os prazos para o término do inquérito policial podem ser duplicados pelo juiz, ouvido o Ministério Público, mediante pedido justificado da autoridade de polícia judiciária.
(D) Na hipótese de indiciado solto, o inquérito policial deverá terminar no prazo de 90 dias.

A: correta, conforme o art. 50, § 1º, da Lei de Drogas; **B:** incorreta, pois o prazo estabelecido no art. 51 da Lei de Drogas é de 30 dias em caso de réu preso; **C:** correta. Conforme reza o art. 51, parágrafo único, da Lei de Drogas, o prazo para conclusão do inquérito – relativo a réu preso, que é de 30 dias, e a réu solto, que de 90 dias – pode ser duplicado pelo juiz, desde que ouvido o MP e mediante pedido justificado da autoridade policial; **D:** correta, de acordo com a redação do art. 51, *caput*, *in fine*.
Gabarito "B".

2. CRIMES DE TRÂNSITO

João, muito feliz com seu noivado com Isabel, marcou um churrasco comemorativo com os familiares de ambos. A comemoração foi marcada para o dia 21/07/2017 e ocorreu na casa de Isabel. O festejo teve início às 12 horas, perdurando até às 22 horas. Por volta das 23 horas, João se despediu da noiva e partiu para casa em seu carro. No caminho de regresso, João – que estava com sua capacidade psicomotora visivelmente alterada, em decorrência de bebida alcoólica que ingeriu durante a comemoração – subiu com seu carro em uma calçada e atropelou Marcos, causando-lhe lesões leves, em diversas partes do corpo. João pediu socorro, ligando para o corpo de bombeiros e a polícia. Com a chegada dos policiais João foi submetido ao teste de dosagem alcoólica no ar expirado (exame de bafômetro), que fez voluntariamente. Constatou-se que a concentração de álcool por litro de seu sangue era superior à quantidade permitida na lei. Marcos, por sua vez, foi atendido e encaminhado para um hospital.

(Delegado/ES – 2019 – Instituto Acesso) Tendo em vista a situação narrada e as regras sobre os crimes de trânsito constantes no Código de Trânsito Brasileiro (CTB – Lei nº 9.503/97), é INCORRETO afirmar que, no presente caso, incide

(A) uma causa especial de aumento de pena conforme determina o § 1º do art. 303 combinado com o art. 302, § 1º, II todos do CTB.
(B) o § 2º do art. 291 do CTB e deverá ser lavrado um termo circunstanciado sobre a ocorrência.
(C) o § 2º do art. 291 do CTB e deverá ser aberto inquérito policial para investigar a infração.
(D) o rol de crimes previstos nos art. 303, *caput*, (lesão corporal culposa na direção de veículo automotor) bem como o previsto no art. 306, *caput*, (condução de veículo automotor com capacidade psicomotora alterada em razão da influência de álcool) ambos do CTB, todos fundamentados pelo art. 69 do Código Penal (CP).
(E) a circunstância prevista no art. 291, § 1º, I do CTB, em razão da lesão corporal culposa decorrente da condução de veículo automotor sob a influência de álcool e se afasta, portanto, a possibilidade da aplicação de benefícios presentes na Lei 9.099/95.

A: correta. Tendo em conta que a vítima do atropelamento foi colhida quando se encontrava sobre a calçada, deverá incidir a causa de aumento prevista no art. 302, § 1º, II, do CTB, conforme impõe o art. 303, § 1º, do CTB; **B:** incorreta (a ser assinalada). É que, por imposição do art. 291, § 2º, do CTB, na hipótese de o agente, neste caso João, cometer o crime de trânsito sob a influência de álcool ou qualquer outra substância psicoativa que determine dependência, os fatos deverão ser apurados por meio de inquérito policial, não sendo o caso, portanto, de lavrar-se termo circunstanciado (art. 291, § 1º, I, CTB); **C:** correta. Tal como afirmado no comentário acima, o fato de o agente cometer o delito sob a influência de álcool ou qualquer outra substância psicoativa que determine dependência obriga a autoridade policial a proceder à instauração de inquérito policial (art. 291, §§ 1º, I, e

2º, da Lei 9.503/1997). A propósito, também se imporá a instauração de inquérito, além da hipótese de embriaguez, quando o condutor estiver: i) participando de "racha"; e ii) transitando em velocidade superior à máxima permitida para o local em 50 km/h; **D:** correta. Na jurisprudência: "A aplicação do princípio da consunção se volta à resolução de um conflito aparente de normas, sempre que a questão não puder ser resolvida pelo princípio da especialidade. Desse modo, sua aplicação pressupõe que, havendo o agente incorrido em duas condutas típicas, uma possa ser entendida como necessária ou meio para a execução da outra. Na prática de dois crimes, para que um deles seja absorvido pelo outro, condenando-se o agente somente pela pena cominada ao delito principal, faz-se necessária a existência de uma conexão entre ambos, ou seja, que um deles haja sido praticado apenas como meio necessário para a prática de outro, mais grave. Os crimes de lesão corporal culposa na direção de veículo automotor e os de embriaguez ao volante tutelam bens jurídicos distintos, de forma que, além de configurarem delitos autônomos, por tutelarem bens jurídicos diversos, também possuem momentos consumativo diferentes, não havendo que se falar, portanto, em absorção. Na espécie, o fato de o paciente haver dirigido veículo automotor, em via pública, com a capacidade psicomotora alterada em razão da influência de álcool, e de haver, posteriormente, se envolvido em acidente de trânsito que veio a causar lesão corporal na vítima, amolda-se à hipótese de concurso material e não de consunção, pois é despicienda a prática do primeiro crime para que ocorra a consumação do segundo, e vice-versa. Agravo regimental não provido" (STJ, AgRg no HC 457.838/SC, Rel. Ministro REYNALDO SOARES DA FONSECA, QUINTA TURMA, julgado em 20/09/2018, DJe 01/10/2018). De ver-se que, se a lesão corporal experimentada por Marcos fosse de natureza grave ou gravíssima, a tipificação se daria no art. 303, § 2º, do CTB, dispositivo introduzido pela Lei 13.546/2017. Como a lesão foi leve, haverá o concurso material entre este delito e o de embriaguez ao volante; **E:** correta. Ao crime de lesão corporal culposa de trânsito (art. 303 do CTB) serão, em princípio, cabíveis a *composição dos danos civis* (art. 74 da Lei 9.099/1995), a *transação penal* (art. 76 da Lei 9.099/1995) e a *representação* como condição de procedibilidade (art. 88 da Lei 9.099/1995), exceto se o agente estiver em uma das condições definidas no art. 291, § 1º, do CTB: i) sob a influência de álcool ou outra substância psicoativa que cause dependência; ii) participando de "racha"; e iii) transitando em velocidade superior à máxima permitida para o local em 50 km/h. Dessa forma e em conclusão, o fato de João haver ingerido bebida alcoólica impede que ele seja agraciado com os benefícios previstos na Lei 9.099/1995, bem como impõe à autoridade policial a instauração de IP. Embora não tenha repercussão na resolução desta questão, é importante o registro de que, com o advento da Lei 14.071/2020, publicada em 14/10/2020 e com *vacatio* de 180 dias, foi introduzido o art. 312-B na Lei 9.503/1997 (Código de Trânsito Brasileiro), segundo o qual aos crimes previstos no § 3º do art. 302 e no § 2º do art. 303 deste Código não se aplica o disposto no inciso I do caput do art. 44 do Decreto-Lei nº 2.848, de 7 de dezembro de 1940 (Código Penal). Assim, veda-se a substituição da pena privativa de liberdade por restritiva de direitos quando o crime praticado for: homicídio culposo de trânsito qualificado pela embriaguez (art. 302, § 3º, do CTB) e lesão corporal de trânsito qualificado pela embriaguez (art. 303, § 2º, do CTB).

Gabarito "B".

(Delegado/ES – 2019 – Instituto Acesso) Em relação às infrações penais relacionadas ao trânsito, assinale a opção correta.

(A) O fato de dirigir perigosamente automóvel sem ser habilitado, vindo a causar lesão corporal em transeunte, implica o delito de lesão corporal culposa (art. 303 do CTB – Lei 9.503/97), o qual, em regra, é de ação penal pública condicionada a representação do ofendido. Contudo, caso a vítima não ofereça a representação para a deflagração da ação penal por tal delito, poderá o ministério público deflagrar a ação penal em desfavor do agente pelo delito previsto no artigo 309 do CTB – Lei 9.503/97, consoante entendimento do STJ.

(B) O crime de conduzir automóvel sem possuir permissão para dirigir ou habilitação é classificado como sendo de perigo concreto, cuja tipificação exige a prova de geração do perigo de dano, sendo desnecessário que a condução do veículo ocorra em via pública.

(C) A contravenção de falta de habilitação para dirigir veículo ainda se encontra em vigor em relação às embarcações a motor, sendo que sua caracterização também exige a prova da geração de perigo de dano.

(D) A embriaguez ao volante é crime de perigo concreto, sendo necessário ainda para a sua configuração, que tal delito seja perpetrado em via pública.

(E) O fato de o agente descumprir, deliberadamente, a decisão proferida por autoridade administrativa de trânsito, determinando a suspensão para dirigir veículo automotor, não caracteriza, segundo o STJ, o delito previsto no art. 307 do CTB.

A: incorreta. É que se o agente, que não possui CNH (art. 309, CTB), conduz, de forma imprudente ou negligente, seu veículo e, com isso, vem a causar lesão corporal em alguém, deverá ser responsabilizado pelo cometimento do delito previsto no art. 303 do CTB (lesão corporal culposa), com a incidência da causa de aumento do art. 302, § 1º, I, da Lei 9.503/1997, ficando o delito do art. 309 do CTB absorvido. A ação penal, no crime do art. 309 do CTB, é pública incondicionada, ao passo que, no delito do art. 303 do CTB, é, em regra, pública condicionada à representação da vítima. Se esta (vítima) deixar de oferecer representação em relação ao crime de lesão corporal, não poderá o MP ajuizar ação penal em relação ao delito do art. 309 do CTB, que, a despeito de ser de ação penal pública incondicionada, foi absorvido pelo crime de lesão corporal; **B:** incorreta. A primeira parte da assertiva está correta. Com efeito, da simples leitura do preceito primário da norma incriminadora do art. 309 do CTB é possível concluir que a configuração deste delito exige a demonstração de perigo concreto de dano, entendimento este consolidado na Súmula 720, do STF. O erro da alternativa está em afirmar que a condução do veículo, para caracterizar o crime do art. 309 do CTB, não precisa se dar em via pública. Pela só análise da redação típica do art. 309 do CTB, forçoso concluir que este delito somente poderá ocorrer *em via pública*; **C:** incorreta. O art. 32 da LCP foi derrogado pelo art. 309 do CTB, remanescendo tão somente a figura típica que diz respeito às embarcações, sendo esta contravenção penal de perigo abstrato. Como já ponderado acima, o crime do art. 309 do CTB, diferentemente da conduta típica remanescente do art. 32 da LCP, é de perigo concreto, sendo de rigor a demonstração de que o bem foi exposto a risco de dano. Vide Súmula 720, do STF; **D:** incorreta. O crime de embriaguez ao volante, tipificado no art. 306 do CTB, é de perigo abstrato e não precisa ocorrer em via pública; **E:** correta. Conferir: "1. Dada a natureza penal da sanção, somente a decisão lavrada por juízo penal pode ser objeto do descumprimento previsto no tipo do art. 307, caput, do CTB, não estando ali abrangida a hipótese de descumprimento de decisão administrativa, que, por natureza, não tem o efeito de coisa julgada e, por isso, está sujeita à revisão da via judicial (ut, HC 427.472/SP, Rel. Ministra MARIA THEREZA DE ASSIS MOURA, Sexta Turma, DJe 12/12/2018) 2. In casu, o agravado, no momento do acidente, se encontrava com a Carteira Nacional de Habilitação suspensa administrativamente, hipótese que não configura o delito do art. 307 do CTB 3. Agravo regimental desprovido" (STJ, AgRg no REsp 1798124/RS, Rel. Ministro REYNALDO SOARES DA FONSECA, QUINTA TURMA, julgado em 02/04/2019, DJe 16/04/2019).

Gabarito "E".

2. LEGISLAÇÃO PENAL ESPECIAL

(Delegado/DF – 2015 – Fundação Universa) Em relação à Lei 9.503/1997, que trata dos crimes de trânsito, assinale a alternativa correta.

(A) De acordo com a referida lei, constitui crime de trânsito punido com detenção a conduta do agente que trafegue em velocidade incompatível com a segurança nas proximidades de escolas, gerando perigo de dano.
(B) Não há, na lei, previsão de pena de reclusão, sendo os crimes previstos puníveis com detenção e(ou) multa.
(C) Não é prevista, entre as penalidades constantes na lei, multa reparatória.
(D) Consoante essa norma, é circunstância que pode agravar a penalidade do crime de trânsito, conforme a apreciação subjetiva do juiz, ter o condutor do veículo cometido a infração sobre faixa de trânsito destinada a pedestre.
(E) Uma das críticas que a doutrina faz ao legislador em relação aos crimes de trânsito se relaciona à ausência de previsão legal de benefício ao condutor do veículo que, após a prática da infração, preste pronto e integral socorro à vítima.

A: correta, já que corresponde à descrição típica do delito previsto no art. 311 da Lei 9.503/1997 (Código de Trânsito Brasileiro); B: incorreta. O CTB contempla, sim, crimes cuja pena cominada é de *reclusão*. São exemplos: crimes previstos nos arts. 302, § 3º, 303, § 2º, e 308, §§ 1º e 2º; C: incorreta, na medida em que não reflete o disposto no art. 297 do CTB; D: incorreta, já que contraria o que estabelece o art. 298, *caput*, do CTB: "São circunstâncias que *sempre* agravam as penalidades dos crimes de trânsito (...)"; E: incorreta, uma vez que o art. 301 do CTB assegura que ao condutor de veículo envolvido em acidente de trânsito com vítima não se imporá prisão em flagrante, nem se exigirá fiança, desde que preste pronto e integral socorro à vítima.
Gabarito "A".

(Delegado/RO – 2014 – FUNCAB) Fabiano entregou a direção de seu veículo a Maria, penalmente imputável, mesmo sabendo que ela não possui Carteira Nacional de Habilitação. Já Maria, ao conduzir o veículo em via pública, gerou perigo de dano. Nessa situação hipotética, os dois cometeram crime de trânsito com detenção de:

(A) 1 ano a 2 anos e multa.
(B) 6 meses a 1 ano e multa.
(C) 6 meses a 1 ano ou multa.
(D) 6 meses a 2 anos e multa.
(E) 6 meses a 2 anos ou multa.

Fabiano, que entregou a direção de seu veículo a pessoa sabidamente não habilitada, deverá ser responsabilizado pelo crime do art. 310 da Lei 9.503/1997 (Código de Trânsito Brasileiro); já Maria, que não tem habilitação e, mesmo assim, dirigiu o veículo de Fabiano, gerando perigo de dano, será, sendo pessoa imputável, responsabilizada pelo delito do art. 309 da Lei 9.503/1997 (Código de Trânsito Brasileiro). Para os dois crimes a pena prevista é de detenção de 6 meses a 1 ano ou multa. Vale consignar que o crime praticado por Maria, conforme se deduz do tipo penal, pressupõe a geração de perigo de dano, sem o que a conduta configura mera infração administrativa de trânsito. Nesse sentido, a Súmula n. 720 do STF: "O art. 309 do Código de Trânsito Brasileiro, que reclama decorra do fato perigo de dano, derrogou o art. 32 da Lei das Contravenções Penais no tocante à direção sem habilitação em vias terrestres".
Gabarito "C".

(Delegado/RO – 2014 – FUNCAB) No homicídio culposo cometido na direção de veículo automotor, a pena é aumentada de um terço à metade, se o agente estiver:

(A) na direção de veículo de transporte coletivo de passageiros, quando em serviço.
(B) com a Carteira Nacional de Habilitação incompatível com a da categoria do veículo.
(C) conduzindo veículo com placas falsas.
(D) com a Carteira Nacional de Habilitação suspensa.
(E) utilizando veículo em que tenha sido adulterado equipamento que afete a sua segurança.

A: correta, nos termos do art. 302, § 1º, IV, do CTB; B: incorreta, uma vez que não configura causa de aumento de pena prevista no art. 302, § 1º, do CTB; C: incorreta, uma vez que não configura causa de aumento de pena prevista no art. 302, § 1º, do CTB; D: incorreta, uma vez que não configura causa de aumento de pena prevista no art. 302, § 1º, do CTB; E: incorreta, uma vez que não configura causa de aumento prevista no art. 302, § 1º, do CTB.
Gabarito "A".

(Delegado/RO – 2014 – FUNCAB) No dia 02 de abril de 2013, Carlos foi flagrado dirigindo sob a influência de álcool. Em 04 de abril de 2014, ele foi flagrado novamente nessa situação. Nesse caso, será aplicada uma multa agravada em:

(A) 3 vezes o valor previsto.
(B) 5 vezes o valor previsto.
(C) 10 vezes o valor previsto.
(D) 20 vezes o valor previsto.
(E) 8 vezes o valor previsto.

Cuida-se da infração administrativa prevista no art. 165, *caput*, do CTB, que manda aplicar a pena de multa correspondente a 10 vezes o valor previsto; o parágrafo único do dispositivo estabelece que, em caso de reincidência no período de 12 meses (não é esse o caso narrado no enunciado), a multa prevista no *caput* será aplicada em dobro (20 vezes).
Gabarito "C".

(Delegado de Polícia/GO – 2013 – UEG) Sobre os crimes de trânsito, previstos no Código de Trânsito Brasileiro, verifica-se o seguinte

(A) a penalidade de multa reparatória não poderá ser superior ao valor do prejuízo demonstrado no processo, e seu eventual pagamento não repercute na esfera cível.
(B) admite-se indistintamente ao crime de lesão corporal culposa praticado na condução de veículo automotor (art. 303) o benefício da transação penal, tendo em vista a pena máxima cominada ser de 2 (dois) anos de detenção.
(C) a suspensão ou a proibição de se obter a permissão ou habilitação para dirigir veículo automotor somente será imposta como penalidade acessória.
(D) para a configuração do delito previsto no art. 310 (permissão ou entrega de veículo automotor a pessoa não habilitada), é exigida a demonstração do perigo concreto de dano.

A: incorreta. A multa reparatória, prevista no art. 297 da Lei 9.503/1997 (CTB), consiste no pagamento, mediante depósito judicial em favor da vítima, ou seus sucessores, de quantia calculada com base no disposto no § 1º do art. 49 do CP, sempre que houver prejuízo material resultante do crime, *não podendo ser superior ao valor do prejuízo demonstrado no processo* (art. 297, § 1º), *descontando-se o valor na indenização civil do dano* (art. 297, § 3º); **B:** incorreta. Ao crime de lesão corporal culposa de trânsito (art. 303 do CTB) será, de fato, cabível a transação penal (art. 76 da Lei 9.099/1995), exceto se o agente estiver em uma das condições definidas no art. 291, § 1º, do CTB: i) sob a influência de álcool ou outra substância psicoativa que cause dependência; ii) participando de "racha"; e iii) transitando em velocidade superior à máxima permitida para o local em 50 km/h; **C:** incorreta. Em consonância com a redação do art. 292 do CTB, em vigor à época em que aplicada esta prova, a suspensão ou a proibição de se obter a permissão ou a habilitação para dirigir veículo automotor pode ser imposta como *penalidade principal*, *isolada* ou *cumulativamente* com outras penalidades. Posteriormente, a Lei 12.971/2014 alterou o art. 292 do CTB, que passou a contar com a seguinte redação: *a suspensão ou a proibição de se obter a permissão ou a habilitação para dirigir veículo automotor pode ser imposta isolada ou cumulativamente com outras penalidades*; **D:** correta. Pela só análise da redação típica, já se extrai que o crime do art. 310 do CTB é daqueles em que se exige a demonstração do perigo concreto de dano. Confira-se o entendimento do STJ e STF, muito embora exista divergência doutrinária sobre o tema, alguns acreditando que se trate de crime de perigo abstrato: "*Para a configuração do crime previsto no art. 310 do CTB, é exigida a demonstração de perigo concreto de dano.* Segundo a jurisprudência do STJ, o delito descrito no art. 309 do Código de Trânsito Brasileiro (CTB) – conduzir veículo automotor sem habilitação – necessita da existência de perigo concreto para sua configuração. No mesmo sentido segue a posição do STF, que, inclusive, editou a Súmula nº 720 sobre o tema. O mesmo entendimento deve ser aplicado ao delito previsto no art. 310 do CTB – permitir, confiar ou entregar a direção de veículo automotor a pessoa não habilitada. Assim, não basta a simples entrega do veículo a pessoa não habilitada para a caracterização do crime, fazendo-se necessária a demonstração de perigo concreto de dano decorrente de tal conduta. Precedentes citados do STF: HC 84.377-SP, *DJ* 27.08.2004; do STJ: Ag 1.141.187-MG, *DJe* 18.08.2009; REsp 331.104-SP, *DJ* 17.05.2004; HC 28.500-SP, *DJ* 04.09.2006, e HC 150.397-SP, *DJe* 31.05.2010. HC 118.310-RS, rel. Min. Og Fernandes, j. 18.10.2012." Informativo 507 do STJ.

Gabarito "D".

(Delegado/AP – 2010) José da Silva dirigia seu automóvel em velocidade acima da permitida e de forma imprudente. Ao passar por um cruzamento, José não percebe que o sinal estava vermelho e atropela Maria de Souza, que vem a sofrer uma fratura exposta na perna direita e fica mais de 30 dias impossibilitada de desenvolver suas ocupações habituais. A fim de socorrer a vítima, José da Silva para o carro, sai do veículo e retira Maria do meio da via. Contudo, ao ver um grupo de pessoas vociferando e gritando "assassino!", "pega!" e "lincha!", José retorna para seu veículo e se evade do local, sendo parado há alguns metros adiante por uma patrulha de policiais militares que o levam preso em flagrante à Delegacia de Polícia.

Com base no relato acima, analise as afirmativas a seguir:

I. Segundo a Lei 9.503/1997 (Código Nacional de Trânsito), José não poderia ser preso em flagrante porque prestou socorro à vítima e só não permaneceu no local porque corria risco pessoal.
II. José praticou o crime de lesão corporal culposa grave na direção de veículo automotor.
III. José praticou o crime do art. 305, da Lei 9.503/1997 (Afastar-se o condutor do veículo do local do acidente, para fugir à responsabilidade penal ou civil que lhe possa ser atribuída).

Assinale:

(A) se somente a afirmativa I estiver correta.
(B) se somente a afirmativa II estiver correta.
(C) se somente a afirmativa III estiver correta.
(D) se somente as afirmativas I e II estiverem corretas.
(E) se todas as afirmativas estiverem corretas.

I: correta. Embora tenha dado causa ao acidente do qual resultou a lesão corporal culposa na vítima (art. 303 da Lei 9.503/1997 – CTB), a José não poderia ser atribuída a causa de aumento de pena contemplada no art. 302, § 1º, III, do CTB, haja vista que não seria possível, nas circunstâncias, prestar integral socorro sem se colocar em situação de risco pessoal. Assim, não é o caso de se impor ao condutor a prisão em flagrante, nos termos do art. 301 do CTB; **II:** incorreta. A classificação da lesão corporal, no Código Penal, em *leve* (art. 129, *caput*), *grave* (art. 129, § 1º) e *gravíssima* (art. 129, § 2º), corresponde à lesão dolosa; a lesão culposa não comporta essa classificação. Nada obstante, importa registrar que com o advento da Lei 13.546, de 19 de dezembro de 2017, com *vacatio legis* de 120 (cento e vinte) dias, incluiu-se modalidade qualificada de lesão corporal culposa de trânsito, na qual faz-se distinção entre o grau da lesão. Confira-se: § 2º A pena privativa de liberdade é de reclusão de dois a cinco anos, sem prejuízo das outras penas previstas neste artigo, se o agente conduz o veículo com capacidade psicomotora alterada em razão da influência de álcool ou de outra substância psicoativa que determine dependência, e se do crime resultar lesão corporal de natureza grave ou gravíssima; **III:** incorreta. O tipo penal do art. 305 do CTB, cuja constitucionalidade é discutida na doutrina, não pode ser aplicado no caso em questão, já que não havia, por parte do condutor, o propósito de fugir à responsabilidade penal ou civil.

Gabarito "A".

(Delegado/AP – 2006 – UFAP) Analise as assertivas e assinale a alternativa correta:

I. A penalidade de suspensão ou de proibição de se obter a permissão ou a habilitação, para dirigir veículo automotor, tem a duração de seis meses a cinco anos.
II. A lesão corporal culposa praticada na direção de veículo automotor tem a pena aumentada de até dois terços, se o agente não possuir carteira de habilitação.
III. Como o Código de Trânsito impôs pena distinta ao homicídio culposo em relação ao homicídio culposo do Código Penal, sendo o primeiro, lei posterior, a pena aplicável a todos os homicídios culposos passa a ser a dele.

(A) Estão corretas todas as alternativas.
(B) Estão erradas todas as alternativas.
(C) Estão corretas apenas as alternativas II e III.
(D) Está correta apenas a alternativa I.
(E) Está correta apenas a alternativa III.

I: incorreta, tendo em conta que, em conformidade com o disposto no art. 293, *caput*, do CTB, esta modalidade de penalidade durará pelo período de 2 meses a 5 anos; **II:** incorreta. Nesta hipótese, por incidência do art. 302, § 1º, I, a pena será majorada de 1/3 a 1/2 (art. 303, § 1º, CTB); **III:** incorreta. O Código de Trânsito Brasileiro foi editado com o propósito de disciplinar situações especiais, peculiares. No caso do art. 302 do CTB, pune-se a conduta daquele que comete homicídio culposo *na direção de veículo automotor*. Cuida-se, pois, de uma legislação posterior especial, que, por isso, deve conviver harmonicamente com o homicídio culposo do Código Penal.

Gabarito "B".

(Delegado/DF – 2004) Quando conduzia veículo automotor, sem culpa, Fulano atropela um pedestre, deixando de prestar-lhe socorro, constituindo tal conduta, em tese, a prática de:

(A) omissão de socorro, prevista no art. 135 do Código Penal;
(B) lesão corporal culposa, com o aumento de pena previsto no artigo 129, § 7°, do Código Penal;
(C) expor a vida de outrem a perigo, previsto no artigo 132, do Código Penal;
(D) omissão de socorro, prevista no artigo 304, da Lei n° 9.503/1997;
(E) lesão corporal culposa na condução de veículo automotor, com o aumento de pena previsto no artigo 303, parágrafo único, da Lei n° 9.503/1997.

Se não agiu com culpa no momento do atropelamento, Fulano não poderá responder pelo crime de lesão corporal culposa (art. 303, CTB), já que ausente o elemento subjetivo do tipo. Quanto ao mais, não seria o caso de imputar-lhe o crime de *omissão de socorro*, previsto no art. 135 do CP, visto que Fulano, mesmo não tendo culpa, envolvera-se no acidente; da mesma forma, a ele não poderia ser atribuída a causa de aumento de pena decorrente da omissão de socorro, prevista no art. 303, parágrafo único, do CTB, porquanto não agiu com culpa. Dessa forma, a Fulano deverá ser imputado o crime do art. 304 do CTB – omissão de socorro, na medida em que ele não agiu com culpa, mas envolveu-se em acidente com vítima e omitiu socorro. Esta é a posição consagrada na doutrina e na jurisprudência. Incorre nas penas do art. 135 do CP – crime de omissão de socorro – o condutor que, não tendo se envolvido no fato, omite socorro.
Gabarito "D".

(Delegado/SP – 2011) A penalidade de proibição de se obter a permissão ou a habilitação, para dirigir veículo automotor, prevista no Código de Trânsito Brasileiro, será aplicada nos casos abaixo relacionados, com exceção da seguinte situação:
(A) embriaguez na condução de veículo automotor, em via pública.
(B) participação, na direção de veículo automotor, de corrida, em via pública, que resulte dano potencial à incolumidade pública.
(C) homicídio culposo na direção de veículo automotor.
(D) lesão corporal culposa na direção de veículo automotor.
(E) omissão do condutor do veículo, na ocasião do acidente, de prestar imediato socorro à vítima.

A: correta – penalidade prevista no preceito secundário do tipo penal do art. 306 do CTB; B: correta – penalidade prevista no preceito secundário do crime do art. 308 do CTB; C: correta – penalidade prevista no preceito secundário do crime do art. 302 do CTB; D: correta – penalidade prevista no preceito secundário do crime do art. 303 do CTB; E: incorreta – o preceito secundário do crime do art. 304 do CTB contempla tão somente as penas privativa de liberdade e pecuniária, alternativamente.
Gabarito "E".

(Delegado/SP – 2008) O Código de Trânsito Brasileiro (Lei n° 9.503/1997) incrimina a conduta de "trafegar em velocidade incompatível nas proximidades de escolas". Neste caso, a objetividade jurídica protege
(A) a segurança viária na face da concentração de pessoas.
(B) apenas a integridade corporal das pessoas.
(C) a administração da justiça.
(D) a vida e saúde das pessoas.
(E) a incolumidade pública e privada.

Este crime está previsto no art. 311 do CTB e tem como objeto jurídico, de fato, a segurança viária.
Gabarito "E".

3. CRIMES DO ESTATUTO DA CRIANÇA E DO ADOLESCENTE

(Delegado/GO – 2017 – CESPE) Com base no disposto no ECA, assinale a opção correta.
(A) Cabe à autoridade judiciária ou policial competente a aplicação das medidas específicas de proteção relacionadas no ECA, mediante prévia notificação do conselho tutelar.
(B) É cabível a aplicação de medida socioeducativa de internação ao penalmente imputável com idade entre dezoito e vinte e um anos e que era menor à época da prática do ato infracional.
(C) Não há prazo mínimo para o cumprimento da liberdade assistida fixada pelo ECA, sendo o limite fixado de acordo com a gravidade do ato infracional e as circunstâncias de vida do adolescente.
(D) O crime de corrupção de menores se consuma quando o infrator pratica infração penal com o menor ou o induz a praticá-la, sendo imprescindível, para sua configuração, a prova da efetiva corrupção do menor.
(E) O ECA prevê expressamente os prazos de prescrição das medidas socioeducativas.

A: incorreta. De acordo com o art. 136, I, do ECA, caberá ao Conselho Tutelar a aplicação das medidas protetivas indicadas nos incisos I a VII do art. 101. A autoridade policial não poderá aplicar medidas de proteção a crianças e adolescentes; B: correta. Perfeitamente possível a aplicação de medidas socioeducativas a adolescentes que tenham cometido ato infracional equiparado a crime ou contravenção. Especificamente no tocante à medida de internação, o art. 121, § 5°, do ECA é textual ao prever a liberação compulsória do agente aos vinte e um anos de idade. Portanto, se o ato infracional houver sido praticado por adolescente (doze anos completos a dezoito anos incompletos), eventual decretação da medida socioeducativa de internação poderá ocorrer quando já atingida a maioridade. A inimputabilidade pela menoridade será aferida no momento da prática do ato infracional, e não quando da aplicação da medida socioeducativa (art. 27 do CP e art. 104, parágrafo único, do ECA); C: incorreta, pois o art. 118, § 2°, do ECA, prevê o prazo mínimo de duração de seis meses para a liberdade assistida; D: incorreta. De acordo com a Súmula 500 do STJ, "*A configuração do crime previsto no artigo 244-B do Estatuto da Criança e do Adolescente independe da prova da efetiva corrupção do menor, por se tratar de delito formal.*; E: incorreta. O ECA não prevê o prazo de prescrição das medidas socioeducativas, regulada, portanto, pelo Código Penal. Esse é o teor da Súmula 338 do STJ: *A prescrição penal é aplicável nas medidas socioeducativas.*
Gabarito "B".

(Delegado/DF – 2004) De acordo com a Lei 8.069/1990 é INCORRETO afirmar que:
(A) nenhum adolescente será privado de sua liberdade senão em flagrante de ato infracional ou por ordem escrita e fundamentada da autoridade judiciária competente;
(B) o adolescente tem direito à identificação dos responsáveis pela sua apreensão, devendo ser informado acerca de seus direitos;

(C) a apreensão de qualquer adolescente e o local onde se encontra recolhido serão incontinenti comunicados à autoridade judiciária competente e à família do apreendido ou à pessoa por ele indicada;

(D) examinar-se-á, desde logo e sob pena de responsabilidade, a possibilidade de internação imediata, em respeito à condição peculiar da pessoa em desenvolvimento;

(E) a internação, antes da sentença, pode ser determinada pelo prazo de 45 (quarenta e cinco) dias, devendo a decisão ser fundamentada e basear-se em indícios suficientes de autoria e materialidade, demonstrada a necessidade imperiosa da medida.

A: correta (art. 106, *caput*, da Lei 8.069/1990 – Estatuto da Criança e do Adolescente); **B:** correta (art. 106, parágrafo único, da Lei 8.069/1990); **C:** correta (art. 107, *caput*, da Lei 8.069/1990); **D:** incorreta, pois, em vista do que dispõe o art. 107, parágrafo único, do ECA, o juiz examinará, desde logo, a possibilidade de imediata liberação do adolescente; **E:** correta (art. 108 da Lei 8.069/1990).
Gabarito "D".

(Delegado/MS – 2006) O Delegado de Polícia Carlos lavra durante o plantão do 1º. Distrito Policial da Capital de 15.01.2005 um boletim de ocorrência referente a uma agressão a faca praticada por Cláudio contra Josias. O fato ocorre na festa de aniversário de Cláudio, cerca de vinte minutos antes de completar a maioridade penal, em virtude de uma briga havida entre ambos, sendo verdade que Cláudio desfere oito facadas no tórax e abdômen de Josias. Cláudio foge do local e Josias é socorrido à Santa Casa local, aonde vem a óbito 5 horas após a internação. O Delegado de Polícia João da Silva deverá: (A Delegacia de Homicídios investiga crimes contra a vida e a Delegacia Especializada de atendimento à Infância e Juventude a conduta de menores)

(A) Registrar o fato como crime de lesão corporal seguida de morte e enviar o boletim de ocorrência para a Delegacia Especializada de atendimento à Infância e Juventude.

(B) Registrar o fato como ato infracional de homicídio e enviar o boletim de ocorrência para a Delegacia Especializada de atendimento à Infância e Juventude.

(C) Registrar o fato como ato infracional de homicídio e enviar o boletim de ocorrência para a Delegacia de Homicídios.

(D) Registrar o fato como crime de homicídio e enviar o boletim de ocorrência para a Delegacia Especializada de atendimento à Infância e Juventude.

(E) Registrar o fato como crime de homicídio e enviar o boletim de ocorrência para a Delegacia Especializada de Homicídios.

Para os efeitos do ECA, deve ser considerada a idade do adolescente à data do fato (art. 104, parágrafo único, ECA). Assim, cometido o ato poucos minutos antes de o adolescente completar 18 anos (o disparo de uma arma de fogo em alguém, por exemplo) e produzido o resultado já quando o agente completou 18 anos (morte da vítima), valerá a data do fato e não a do resultado, de forma que o agente ficará sujeito a uma medida socioeducativa, é dizer, não responderá criminalmente. Incorporou-se, portanto, a teoria da atividade, consagrada no art. 4º do CP, segundo a qual se considera praticado o crime no momento da ação ou omissão (conduta), ainda que outro seja o do resultado.
Gabarito "B".

(Delegado/MT – 2006). Com relação ao Estatuto da Criança e do Adolescente, a alternativa correta é:

(A) São penalmente imputáveis os menores de 18 (dezoito) anos, sujeitos às medidas do Estatuto da Criança e do Adolescente.

(B) A internação antes da sentença pode ser determinada pelo prazo máximo de 81 (oitenta e um) dias.

(C) Em cada comarca haverá no mínimo um Conselho Tutelar composto de 3 (três) membros escolhidos pela comunidade local, para mandato de 2 (dois) anos, permitida uma recondução.

(D) Nenhum adolescente será privado de sua liberdade senão em flagrante de ato infracional ou por ordem escrita e fundamentada da autoridade judiciária competente.

A: incorreta, visto que os menores de 18 anos são penalmente inimputáveis – art. 27 do CP; art. 104 do ECA; e art. 228 da CF; **B:** incorreta, em vista do que dispõe o art. 108 da Lei 8.069/1990, a internação provisória não poderá durar mais de *quarenta e cinco dias*, prazo em que o processo deverá ser ultimado (art. 183, do ECA). Findo esse interregno, o adolescente deverá ser imediatamente liberado; **C:** incorreta. Com a modificação implementada no art. 132 do ECA pela Lei 12.696/2012, o mandato do membro do Conselho Tutelar, que antes era de três anos, passou para quatro anos, permitida uma recondução. Posteriormente, o art. 132 da Lei 8.069/1990 (Estatuto da Criança e do Adolescente), que trata da organização do Conselho Tutelar, teve a sua redação novamente alterada, desta vez por força da Lei 13.824/2019. Numa leitura açodada da nova redação do dispositivo, talvez a mudança passe despercebida, já que o artigo, na sua parte inicial, permaneceu inalterado. Com efeito, estabelecia o art. 132 do ECA, na sua parte final, que o membro do Conselho Tutelar, eleito para um mandato de quatro anos, somente poderia ser reconduzido uma única vez, cumprindo, dessa forma, no máximo dois mandatos. Era o que estabelecia, como já dito, a antiga redação do art. 132 do ECA. Pois bem. Dada a modificação implementada nesse dispositivo pela Lei 13.824/2019, o conselheiro tutelar, doravante, poderá ser reconduzido, mediante novo processo de escolha, para o exercício de vários mandatos, tal como ocorre, por exemplo, com os vereadores; **D:** correta (art. 106, *caput*, da Lei 8.069/1990).
Gabarito "D".

(Delegado/RR – 2003 – CESPE) Com referência aos crimes contra crianças e adolescentes, tortura e abuso de autoridade, julgue o item:

(1) Considere a seguinte situação hipotética. A autoridade policial, suspeitando que um menor de treze anos de idade havia participado da subtração de toca-fitas de veículos estacionados nas adjacências de uma delegacia, efetuou a sua prisão, sem existência do flagrante de ato infracional ou de ordem escrita da autoridade judiciária competente. Nessa situação, a autoridade policial praticou crime tipificado no Estatuto da Criança e do Adolescente.

1: correta. Em princípio, a autoridade policial cometeu o crime previsto no art. 230 do ECA, cujo verbo nuclear é *privar*, que quer dizer *tolher, impedir*. Esse crime não deve ser confundido com o do art. 148 do CP (sequestro e cárcere privado), visto que a prática do delito em questão implica somente a *apreensão* do menor, sem inseri-lo no cárcere. Se o fizer, caracterizado estará o crime do Código Penal, cuja pena é bem superior.
Gabarito 1C.

(Delegado/SP – 2011) Assinale a alternativa correta.

(A) ato infracional praticado por criança poderá sujeitá-la a acolhimento institucional.

(B) Os menores de dezoito anos são penalmente imputáveis.
(C) Considera-se ato infracional as condutas descritas pelo Conselho Tutelar.
(D) A criança somente será privada de sua liberdade no caso de flagrante por prática de ato infracional.
(E) A internação do adolescente infrator, antes da sentença, pode ser aplicada por prazo indeterminado.

A: correta, pois é do art. 105 do ECA que as crianças que cometerem ato infracional estarão sujeitas tão somente a *medidas* protetivas, entre as quais o *acolhimento institucional*. Em hipótese alguma, pois, será a elas impingida *medida socioeducativa*, reservada aos adolescentes. Pode-se dizer, portanto, que, em relação às crianças, vige o *sistema da irresponsabilidade*, já que as medidas de proteção não têm caráter punitivo. Têm natureza administrativa e podem ser aplicadas pelo Conselho Tutelar. Pode-se afirmar, ainda, que, em relação aos adolescentes, dada a natureza de sanção que têm as medidas socioeducativas, sua responsabilidade pela prática de ato infracional é *especial*, porque disciplinada em *legislação especial*. O *acolhimento institucional* e a *colocação em família substituta*, disciplinados no art. 19, §§ 1º e 2º, do ECA, constituem, a teor do art. 101, VII e VIII, também do ECA, *medida de proteção* cujo propósito reside na retirada da criança ou do adolescente do seu lar e o seu encaminhamento para uma família acolhedora ou para uma entidade de atendimento (presente situação de risco à criança ou ao adolescente). Não podem, portanto, ser aplicadas como medida socioeducativa, cujas modalidades estão listadas no art. 112 do ECA. Cuidado: à exceção do *acolhimento institucional*, da *inclusão em programa de acolhimento familiar* e da *colocação em família substituta*, as demais medidas de proteção previstas no art. 101 podem ser aplicadas ao adolescente infrator em conjunto ou não com as medidas socioeducativas previstas no art. 112 do ECA. É o que estabelece o art. 112, VII, do ECA; B: incorreta, conforme estabelece os arts. 228 da CF e 27 do CP, os menores de 18 anos são *inimputáveis*, sujeitos, por conta disso, às normas da legislação especial (ECA); C: incorreta. Considera-se ato infracional *a conduta descrita como crime ou contravenção penal* (art. 103, ECA). Assim, o menor de 18 anos – inimputável – não pratica infração penal, mas, sim, *ato infracional*. Vale dizer, caso uma criança ou um adolescente cometa um fato descrito na lei como crime, estará cometendo um ato infracional. Por serem inimputáveis, não estão sujeitos à responsabilidade penal (não receberão pena como sanção); nada obstante, deverão ser submetidos ou a *medidas de proteção*, se crianças, ou a *medidas socioeducativas*, se adolescentes, podendo, ainda, ser submetidos às duas, no caso dos adolescentes; D: incorreta. Somente os adolescentes poderão ser privados de sua liberdade (art. 106, ECA), o que acontecerá nas seguintes hipóteses: flagrante de ato infracional; e por ordem escrita e fundamentada da autoridade judiciária competente (juiz da Infância e da Juventude – art. 146, ECA). Crianças, quando surpreendidas diante da prática de ato infracional, serão encaminhadas ao Conselho Tutelar; E: incorreta, em vista do que dispõe o art. 108 da Lei 8.069/1990, a internação provisória não poderá durar mais de *quarenta e cinco dias*, prazo em que o processo deverá ser ultimado (art. 183, ECA). Findo esse interregno, o adolescente deverá ser imediatamente liberado. Há decisões, contudo, que entendem que, a depender da particularidade do caso concreto, é possível estendê-lo, notadamente quando é a defesa que dá causa à dilação. O descumprimento injustificado deste prazo configura o crime do art. 235, ECA.
Gabarito "A".

(Delegado/SP – 2003) Nos termos da Lei nº 8.069/90 (Estatuto da Criança e do Adolescente):
(A) Consideram-se atos infracionais, apenas as condutas descritas como crime.
(B) A medida de internação poderá ser aplicada nos casos de descumprimento reiterado e injustificado de medida anteriormente imposta.
(C) Não caberá internação por reiteração no cometimento de outras infrações graves.
(D) O Ministério Público não poderá conceder a remissão, antes de iniciado o procedimento judicial, como forma de exclusão do processo.

A: incorreta, pois é considerado *ato infracional* não só a conduta descrita como *crime*, mas também aquela prevista como *contravenção penal* (art. 103 da Lei 8.069/1990); B: correta (art. 122, III, da Lei 8.069/1990); C: incorreta (art. 122, II, da Lei 8.069/1990); D: incorreta, pois a *remissão*, quando concedida pelo membro do Ministério Público (remissão ministerial), antes de iniciado o processo para apuração de ato infracional, acarretará a extinção do processo.
Gabarito "B".

(Delegado/TO – 2008 – CESPE) De acordo com a legislação especial pertinente, julgue o item seguinte.
(1) Considere que uma autoridade policial de determinado Município, ao transitar em via pública, observou a presença de menores perambulando pela rua, tendo, de pronto, determinado aos seus agentes a apreensão de dois deles para fins de averiguação. Nessa situação, a atitude da autoridade policial está correta por se tratar de adolescentes em situação de risco.

1: incorreta, na medida em que o adolescente somente poderá ser privado de sua liberdade em decorrência de flagrante de ato infracional ou por força de ordem escrita de autoridade judiciária competente (art. 106 da Lei 8.069/1990).
Gabarito 1E.

4. ORGANIZAÇÃO CRIMINOSA

(Delegado/RS – 2018 – FUNDATEC) De acordo com o disposto na Lei 12.850/2013, assinale a alternativa correta.
(A) Em todos os atos de negociação, confirmação e execução da colaboração premiada, o colaborador deverá estar assistido por defensor.
(B) Ao colaborador, deverá ser garantida a assistência por defensor nos atos de negociação da colaboração premiada, sendo dispensada a defesa técnica quanto à confirmação e execução da colaboração.
(C) Em todos os atos de negociação, confirmação e execução da colaboração premiada, o colaborador deverá estar assistido por defensor, assegurada a participação do Ministério Público.
(D) O sigilo da investigação poderá ser decretado pela autoridade policial, para garantia da celeridade e da eficácia das diligências investigatórias, assegurando-se ao defensor, no interesse do representado, amplo acesso aos elementos de prova que digam respeito ao exercício do direito de defesa, devidamente precedido de autorização judicial, ressalvados os referentes às diligências em andamento.
(E) Determinado o depoimento do investigado, seu defensor terá assegurada a prévia vista dos autos, exceto quando classificados como sigilosos, no prazo mínimo de 3 (três) dias que antecedem ao ato, podendo ser ampliado, a critério da autoridade responsável pela investigação.

A: correta, pois retrata o teor do art. 4º, § 15, da Lei 12.850/2013; B: incorreta, uma vez que não reflete o disposto no art. 4º, § 15, da Lei

12.850/2013; **C:** incorreta, uma vez que não reflete o disposto no art. 4º, § 15, da Lei 12.850/2013; **D:** incorreta, dado que, em consonância com o disposto no art. 23 da Lei 12.850/2013, o sigilo a que se refere a alternativa será decretado pela autoridade judicial (e não policial); **E:** incorreta, pois contraria o disposto no art. 23, parágrafo único, da Lei 12.850/2013.

Gabarito "A".

(Delegado/RS – 2018 – FUNDATEC) Assinale a alternativa correta, conforme disposto na Lei 12.850/2013.

(A) Havendo indícios seguros de que o agente infiltrado sofre risco iminente, será imediatamente substituído e mantida a operação, mediante requisição do Ministério Público ou pelo delegado de polícia, dando-se imediata ciência ao Ministério Público e à autoridade judicial.

(B) As partes podem retratar-se da proposta de colaboração premiada, caso em que as provas autoincriminatórias produzidas pelo colaborador não terão eficácia.

(C) Depois de homologado o acordo, o colaborador poderá, sempre acompanhado pelo seu defensor, ser ouvido pelo membro do Ministério Público ou pelo delegado de polícia responsável pelas investigações.

(D) Considerando a relevância da colaboração prestada, o Ministério Público, a qualquer tempo, e o delegado de polícia, nos autos do inquérito policial, com a manifestação do Ministério Público, poderão requerer ou representar ao juiz pela concessão de perdão judicial ao colaborador, desde que esse benefício tenha sido previsto na proposta inicial, aplicando-se, no que couber, o Art. 28 do Decreto-Lei 3.689/1941 (Código de Processo Penal).

(E) O delegado de polícia e o Ministério Público terão acesso, mediante autorização judicial, apenas aos dados cadastrais do investigado que informem exclusivamente a qualificação pessoal, a filiação e o endereço mantidos pela Justiça Eleitoral, empresas telefônicas, instituições financeiras, provedores de internet e administradoras de cartão de crédito.

A: incorreta. Se o agente infiltrado estiver em situação de perigo, não há por que dar sequência à operação, que deverá, por isso, ser suspensa, mediante requisição do MP ou pelo delegado de polícia, do que será dada ciência ao MP e ao juiz (art. 12, § 3º, da Lei 12.850/2013); **B:** incorreta. Por força do que estabelece o art. 4º, § 10, da Lei 12.850/2013, havendo retratação, o que é perfeitamente possível, as provas até então produzidas somente não poderão ser utilizadas contra os interesses do delator que voltou atrás. Significa dizer que o órgão acusador poderá se valer dessas provas em desfavor dos demais investigados/corréus; **C:** correta, pois retrata o teor do art. 4º, § 9º, da Lei 12.850/2013; **D:** incorreta, uma vez que, neste caso, não é necessário que tal benefício (perdão judicial) esteja previsto na proposta inicial (art. 4º, § 2º, da Lei 12.850/2013); **E:** incorreta, na medida em que o acesso aos dados cadastrais do investigado pelo delegado de polícia e pelo MP independe de autorização judicial, na forma prescrita no art. 15 da Lei 12.850/2013.

Gabarito "C".

(Delegado/MG – 2018 – FUMARC) Sobre a ação controlada prevista na Lei 12.850/13, é CORRETO afirmar:

(A) A intervenção policial ou administrativa poderá ser postergada sem que exista prévia comunicação ao juízo competente.

(B) Consiste na imediata intervenção policial ou administrativa relativa à ação praticada no âmbito de organização criminosa ou a esta vinculada.

(C) Mesmo que envolva a transposição de fronteiras, não haverá necessidade de cooperação do país tido como provável destino do investigado.

(D) Poderá ter seus limites definidos pelo juiz competente.

A: incorreta (art. 8º, § 1º, da Lei 12.850/2013); **B:** incorreta, já que, consoante art. 8º, *caput*, da Lei 12.850/2013, a ação controlada consiste no ato de *retardar*, *adiar* a intervenção policial ou administrativa, que será realizada em momento oportuno; **C:** incorreta, pois não reflete o que dispõe o art. 9º da Lei 12.850/2013; **D:** correta (art. 8º, § 1º, da Lei 12.850/2013).

Gabarito "D".

(Delegado/MG – 2018 – FUMARC) Em matéria de colaboração premiada, prevista na Lei 12.850/13, é CORRETO afirmar:

(A) A ação penal poderá deixar de ser proposta temporariamente contra o colaborador até o cumprimento das medidas de colaboração.

(B) A homologação do acordo de colaboração premiada independe de efetividade das informações repassadas pelo colaborador.

(C) O acordo de colaboração deixa de ser sigiloso assim que oferecida a denúncia.

(D) O Ministério Público não poderá dispor da ação penal caso o colaborador não seja o líder da organização e seja o primeiro a prestar efetiva colaboração.

A: correta, porquanto corresponde ao que estabelece o art. 4º, § 3º, da Lei 12.850/2013; **B:** incorreta, segundo a organizadora. A nosso ver, está correta, pois o ato homologatório do acordo de colaboração premiada não depende da efetividade das informações fornecidas pelo colaborador (art. 4º, § 7º, da Lei 12.850/2013, com redação dada pela Lei 13.964/2019, o que somente será apreciado na sentença (art. 4º, § 11, da Lei 12.850/2013); **C:** incorreta, na medida em que contraria o disposto no art. 7º, § 3º, da Lei 12.850/2013, com redação dada pela Lei 13.964/2019, que estabelece que o sigilo será mantido até o *recebimento* da denúncia (e não até o seu *oferecimento*); **D:** incorreta, pois não reflete o disposto no art. 4º, § 4º, da Lei 12.850/2013, com redação conferida pela Lei 13.964/2019.

Gabarito "A".

(Delegado/PE – 2016 – CESPE) Sebastião, Júlia, Caio e Marcela foram indiciados por, supostamente, terem se organizado para cometer crimes contra o Sistema Financeiro Nacional. No curso do inquérito, Sebastião e Júlia, sucessivamente com intervalo de quinze dias, fizeram acordo de colaboração premiada.

Nessa situação hipotética, no que se refere à colaboração premiada,

(A) nos depoimentos que prestarem, Sebastião e Júlia terão direito ao silêncio e à presença de seus defensores.

(B) o MP poderá não oferecer denúncia contra Sebastião, caso ele não seja o líder da organização criminosa.

(C) o MP poderá não oferecer denúncia contra Júlia, ainda que a delação de Sebastião tenha sido a primeira a prestar efetiva colaboração.

(D) Sebastião e Júlia poderão ter o benefício do perdão judicial, independentemente do fato de as colaborações terem ocorrido depois de sentença judicial.

(E) o prazo para o oferecimento da denúncia em relação aos delatores poderá ser suspenso pelo período, improrrogável, de até seis meses.

A: incorreta, uma vez que contraria o disposto no art. 4°, § 14°, da Lei 12.850/2013 (Organização Criminosa), que estabelece que, *nos depoimentos que prestar, o colaborador renunciará, na presença de seu defensor, ao direito ao silêncio e estará sujeito ao compromisso legal de dizer a verdade*. Afinal, que sentido teria conceder àquele que deseja colaborar o direito de permanecer calado? Ou uma coisa ou outra: ou colabora e fala ou não colabora, neste caso podendo invocar seu direito ao silêncio; **B:** correta, nos termos do art. 4°, § 4°, I, da Lei 12.850/2013; **C:** incorreta, pois contraria o disposto no art. 4°, § 4°, II, da Lei 12.850/2013; **D:** incorreta, já que, neste caso, *a pena poderá ser reduzida até a metade ou será admitida a progressão de regime ainda que ausentes os requisitos legais* (art. 4°, § 5°, da Lei 12.850/2013); **E:** incorreta, já que em desacordo com o art. 4°, § 3°, da Lei 12.850/2013, que permite, neste caso, uma prorrogação por igual período.
Gabarito "B".

(Delegado/DF – 2015 – Fundação Universa) Assinale a alternativa correta acerca da Lei 12.850/2013 (crime organizado).

(A) O agente infiltrado não tem direito de usufruir das medidas de proteção a testemunhas.

(B) É punível, no âmbito da infiltração, a prática de crime pelo agente infiltrado no curso da investigação, quando inexigível conduta diversa.

(C) A infiltração de agentes de polícia em tarefas de investigação pode decorrer de representação do delegado de polícia ou de requerimento do Ministério Público e será obrigatoriamente precedida de autorização judicial.

(D) O agente infiltrado que se vê obrigado a praticar crime, sob pena de expor sua verdadeira identidade aos membros da organização criminosa, encontra-se amparado por estado de necessidade ou excludente de culpabilidade, a depender das circunstâncias, conforme expresso na Lei 12.850/2013.

(E) Considera-se organização criminosa a associação de três ou mais pessoas estruturalmente ordenada e caracterizada pela divisão de tarefas.

A: incorreta, já que não reflete a regra presente no art. 14, II, da Lei 12.850/2013; **B:** incorreta, já que não reflete a regra presente no art. 13, parágrafo único, da Lei 12.850/2013; **C:** correta (art. 10, *caput*, da Lei 12.850/2013); **D:** incorreta. Trata-se de hipótese de *inexigibilidade de conduta diversa*, que leva à exclusão da culpabilidade (art. 13, parágrafo único, da Lei 12.850/2013). Não há que se falar, neste caso, em estado de necessidade, apto a excluir a ilicitude; **E:** incorreta. Por força do que estabelece o art. 1°, § 1°, da Lei 12.850/2013, considera-se organização criminosa a associação de *quatro* (e não de *três*) ou mais pessoas estruturalmente ordenada e caracterizada pela divisão de tarefas.
Gabarito "C".

(Delegado/SP – 2014 – VUNESP) Pertinente à Lei de combate às organizações criminosas, consiste a intervenção administrativa na

(A) forma de ação controlada existente.

(B) escolha do momento mais oportuno à formação de provas.

(C) ação realizada por agentes de polícia, exclusivamente.

(D) observação e acompanhamento da infiltração policial.

(E) infiltração feita por agentes não policiais.

Art. 8°, *caput*, da Lei 12.850/2013: "Consiste a ação controlada em retardar a intervenção policial ou administrativa relativa à ação praticada por organização criminosa ou a ela vinculada (...)".
Gabarito "A".

5. CRIMES HEDIONDOS

(Delegado/ES – 2019 – Instituto Acesso) A Lei 8.072/90 já foi alvo de muitas controvérsias e, por isso, diversas alterações. Da obrigação do regime fechado, como início do cumprimento da pena, a frações diferenciadas na execução penal, a própria criação da Lei e sua contextualização na sociedade brasileira ainda é alvo de críticas. Em relação ao processo penal e às alterações feitas nesta Lei, assinale a seguir a afirmativa correta.

(A) Os prazos processuais podem ser diminuídos quando se tratar de processos que versarem sobre crimes hediondos.

(B) Os prazos processuais podem ser diminuídos, apenas para a defesa, quando se tratar de processos que versarem sobre crimes hediondos.

(C) A Lei 13.285/16 estabeleceu prioridade de tramitação dos processos que versarem sobre crimes hediondos apenas quando envolverem tipos da Lei 11.343/06.

(D) Os prazos processuais podem ser relativizados para uma maior celeridade nos processos que versarem sobre crimes hediondos.

(E) A Lei 13.285/16 estabeleceu a prioridade de tramitação dos processos que versarem sobre crimes hediondos.

A solução desta questão deve ser extraída do art. 394-A do CPP, introduzido pela Lei 13.285/2016, que assim dispõe: *os processos que apurem a prática de crime hediondo terão prioridade de tramitação em todas as instâncias*.
Gabarito "E".

(Delegado/GO – 2017 – CESPE) A respeito de crimes hediondos, assinale a opção correta.

(A) Embora tortura, tráfico de drogas e terrorismo não sejam crimes hediondos, também são insuscetíveis de fiança, anistia, graça e indulto.

(B) Para que se considere o crime de homicídio hediondo, ele deve ser qualificado.

(C) Considera-se hediondo o homicídio praticado em ação típica de grupo de extermínio ou em ação de milícia privada.

(D) O crime de roubo qualificado é tratado pela lei como hediondo.

(E) Aquele que tiver cometido o crime de favorecimento da prostituição ou outra forma de exploração sexual no período entre 2011 e 2015 não responderá pela prática de crime hediondo.

A: correta. De início, cumpre destacar que a tortura, o tráfico de drogas e o terrorismo, embora não sejam crimes hediondos, assim enunciados no rol do art. 1° da Lei 8.072/1990, são considerados equiparados (ou assemelhados) a hediondos, em conformidade com o que se extrai do art. 5°, XLIII, da CF. Ademais, o art. 2°, I e II, da precitada Lei 8.072/1990, expressamente dispõe que os crimes hediondos, a tortura, o tráfico de drogas e o terrorismo são insuscetíveis de anistia, graça e indulto, bem como de fiança; **B:** incorreta. Além do homicídio qualificado, que sempre será crime hediondo (art. 1°, I, segunda parte, da Lei 8.072/1990), também o será o homicídio simples, desde que praticado em atividade típica de grupo de extermínio, ainda que por uma só pessoa (art. 1°, I, primeira parte, da Lei 8.072/1990); **C:** incorreta. Embora seja hediondo o homicídio praticado em ação típica de grupo de extermínio (art. 1°, I, primeira parte, da Lei 8.072/1990),

quando cometido em ação de milícia privada configurará apenas forma majorada (art. 121, § 6º, do CP); **D:** incorreta. O roubo poderá ser qualificado em duas situações: (i) se da violência resultar lesão corporal grave (art. 157, § 3º, I, do CP); (ii) se resultar morte (art. 157, § 3º, II, do CP). Dessas duas modalidades qualificadas, somente era considerado hediondo, ao tempo em que esta prova foi elaborada, o roubo seguido de morte (latrocínio), nos termos do art. 1º, II, da Lei 8.072/1990. Posteriormente à elaboração desta questão, a Lei 13.964/2019, dentre tantas outras alterações promovidas, inseriu no rol dos crimes hediondos (art. 1º, II, *a*, *b*, e *c*, da Lei 8.072/1990), entre outros delitos, o roubo circunstanciado pela restrição de liberdade da vítima (art. 157, § 2º, V, CP), o roubo circunstanciado pelo emprego de arma de fogo (art. 157, § 2º-A, I) ou pelo emprego de arma de fogo de uso proibido ou restrito (art. 157, § 2º-B) e a modalidade qualificada pelo resultado lesão corporal grave (art. 157, § 3º), lembrando que o roubo qualificado pelo resultado morte (latrocínio) já fazia parte do rol de crimes hediondos, conforme acima observado; **E:** incorreta. Com o advento da Lei 12.978, de 2014, foi inserido ao rol do art. 1º da Lei 8.072/1990 o crime de favorecimento da prostituição ou de outra forma de exploração sexual de criança ou adolescente ou de vulnerável (art. 218-B, *caput*, e §§ 1º e 2º, do CP). Portanto, a partir de 2014, o crime em comento tornou-se hediondo.
Gabarito "A".

(Delegado/DF – 2015 – Fundação Universa) A respeito dos crimes hediondos, assinale a alternativa correta com base na legislação de regência.

(A) O crime de epidemia com resultado morte não é considerado hediondo.

(B) Os crimes hediondos são insuscetíveis de anistia, graça e indulto, embora lhes seja admitida fiança.

(C) A pena do condenado por crime hediondo deverá ser cumprida em regime integralmente fechado, apesar de haver precedente jurisprudencial em que se admite o cumprimento da pena em regime inicialmente fechado.

(D) Se o crime hediondo de extorsão mediante sequestro for cometido por quadrilha ou bando, o coautor que denunciá-lo à autoridade, facilitando a libertação do sequestrado, será beneficiado com a redução da pena de um a dois terços.

(E) Entre os crimes hediondos previstos na lei, apenas as condutas consumadas são consideradas hediondas; as tentadas configuram a modalidade simples de crime.

A: incorreta, já que o crime de *epidemia com resultado morte*, tipificado no art. 267, § 1º, do CP, é considerado, sim, hediondo, nos termos do art. 1º, VII, da Lei 8.072/1990; **B:** incorreta. Além da anistia, da graça e do indulto, não se admite, no contexto dos delitos hediondos, a *fiança* (art. 2º, I e II, da Lei 8.072/1990); **C:** incorreta. Com o advento da Lei 11.464/2007, que conferiu nova redação ao art. 2º, § 1º, da Lei de Crimes Hediondos, passou-se a admitir que o início de cumprimento de pena, nos crimes hediondos e equiparados, se desse *inicialmente* no regime fechado (e não *integralmente* nesse regime prisional), seguindo orientação dada pelo STF. Sucede que o STF, ao julgar o HC 111.840, reconheceu a inconstitucionalidade incidental do referido dispositivo legal, afastando-se a obrigatoriedade do regime inicial fechado aos condenados por crimes hediondos e assemelhados. Temos, assim, que o condenado por crime hediondo ou equiparado, atualmente, pode iniciar o cumprimento da pena que lhe foi imposta em regime diverso do fechado, sempre levando em conta as peculiaridades de cada caso concreto; **D:** correta (art. 159, § 4º, do CP); **E:** incorreta, nos termos do art. 1º, *caput*, parte final, da Lei 8.072/1990.
Gabarito "D".

(Delegado/AC – 2008 – CESPE) Acerca das leis penais especiais, julgue o item abaixo:

(1) Em caso de crime hediondo, a prisão temporária será cabível, mediante representação da autoridade policial, pelo prazo de 30 dias, prorrogável por igual período em caso de extrema e comprovada necessidade.

1: correta. Em vista do que dispõe o art. 2º, § 4º, da Lei 8.072/1990 (Crimes Hediondos), nos chamados crimes hediondos e também nos delitos a eles equiparados (tráfico de drogas, tortura e terrorismo), a prisão temporária, disciplinada na Lei 7.960/1989, será decretada pelo juiz (sempre), mediante representação da autoridade policial ou a requerimento do MP, pelo prazo de 30 dias, prorrogável por igual período em caso de extrema e comprovada necessidade. O prazo estabelecido pelo legislador de 30 dias corresponde somente a um limite. Nada impede – e isso tem sido comum no dia a dia forense – que o juiz, em face das peculiaridades do caso concreto, decrete 10, 15 ou 20 dias. Enfim, o prazo que julgar mais adequado.
Gabarito 1C.

(Delegado/AP – 2010) De acordo com a Lei 8.072/1990, assinale a alternativa que não apresenta um crime considerado hediondo.

(A) latrocínio (art. 157, § 3º, *in fine*); extorsão qualificada pela morte (art. 158, § 2º) e envenenamento de água potável ou de substância alimentícia ou medicinal (art. 270).

(B) epidemia com resultado morte (art. 267, § 1º); homicídio qualificado (art. 121, § 2º, I, II, III, IV e V) e extorsão qualificada pela morte (art. 158, § 2º).

(C) latrocínio (art. 157, § 3º, *in fine*); epidemia com resultado morte (art. 267, § 1º); e homicídio qualificado (art. 121, § 2º, I, II, III, IV e V).

(D) latrocínio (art. 157, § 3º, *in fine*); falsificação, corrupção, adulteração ou alteração de produto destinado a fins terapêuticos ou medicinais (art. 273, *caput* e § 1º, § 1º-A e § 1º-B; e homicídio qualificado (art. 121, § 2º, I, II, III, IV e V).

(E) latrocínio (art. 157, § 3º, *in fine*); epidemia com resultado morte (art. 267, § 1º); falsificação, corrupção, adulteração ou alteração de produto destinado a fins terapêuticos ou medicinais (art. 273, *caput* e § 1º, § 1º-A e § 1º-B e homicídio qualificado (art. 121, § 2º, I, II, III, IV e V).

O crime de *envenenamento de água potável ou de substância alimentícia ou medicinal*, previsto no art. 270 do CP, embora já tenha integrado o rol do art. 1º da Lei 8.072/1090, deixou de fazer parte dessa lista com o advento da Lei 8.930/1994. Portanto, não se trata mais de delito hediondo. Já os delitos contidos nas outras alternativas, inclusive os que estão inseridos na própria alternativa "A", exceção feita a este do art. 270 do CP, são hediondos.
Gabarito "A".

(Delegado/TO – 2008 – CESPE) De acordo com a legislação especial pertinente, julgue o item seguinte.

(1) Considere a seguinte situação hipotética. Em 28.07.2007, Maria foi presa e autuada em flagrante delito pela prática de um crime hediondo. Concluído o inquérito policial e remetidos os autos ao Poder Judiciário, foi deferido pelo Juízo pedido de liberdade provisória requerido pela defesa da ré. Nessa situação, procedeu em erro a autoridade judiciária, pois

os crimes hediondos são insuscetíveis de liberdade provisória.

1: correta, em se tratando de crime hediondo ou delito a ele equiparado, é vedada, por força do disposto no art. 2º, II, da Lei de Crimes Hediondos, a concessão de fiança. Com a edição da Lei 11.464/2007, que alterou este dispositivo e passou a admitir a liberdade provisória sem fiança (CF, art. 5º, XLIII), o juiz está autorizado a conceder liberdade provisória – sem fiança – nos crimes hediondos, desde que não presentes os requisitos da prisão preventiva – art. 312, CPP.
Gabarito 1C

6. CRIMES CONTRA O SISTEMA FINANCEIRO

(Delegado/AC – 2008 – CESPE) Julgue a seguinte afirmativa:

(1) "A quebra de sigilo bancário poderá ser decretada, quando necessária para apuração de ocorrência unicamente de crime punido com reclusão, em qualquer fase do inquérito ou do processo judicial".

1: incorreta, pois em desconformidade com a redação do art. 1º, § 4º, da Lei Complementar 105/2001.
Gabarito 1E

(Delegado/MA – 2006 – FCC) Dentre outras situações e de acordo com a Lei Complementar nº 105/2001, a troca de informações entre instituições financeiras, para fins cadastrais, inclusive por intermédio de centrais de risco, observadas as normas baixadas pelo Conselho Monetário Nacional e pelo Banco Central do Brasil,

(A) constitui contravenção penal e ilícito administrativo.
(B) constitui crime e sujeita os responsáveis à pena de reclusão e multa.
(C) constitui crime e sujeita os responsáveis à pena de prisão simples.
(D) constitui crime e sujeita os responsáveis à pena de detenção e multa.
(E) não constitui violação do dever de sigilo.

Art. 1º, § 3º, I, da Lei Complementar 105/2001.
Gabarito "E".

(Delegado/PB – 2009 – CESPE) Considerando a legislação acerca dos crimes contra o Sistema Financeiro Nacional (SFN), julgue a assertiva:

(1) Os crimes contra o SFN são de competência da Justiça Estadual, desde que não haja comprovação de prejuízo a bens da União.

1: incorreta. Em vista do que dispõe o art. 26 da Lei 7.492/1986, a ação penal, nos crimes tratados nesta lei, será promovida pelo Ministério Público Federal perante a Justiça Federal.
Gabarito 1E

(Delegado/RN – 2009 – CESPE) Paulo e Pedro, ambos funcionários públicos, em coautoria, retardaram, contra disposição expressa de lei, ato de ofício necessário ao regular funcionamento do Sistema Financeiro Nacional. Com base nessa situação hipotética, assinale a opção correta.

(A) Paulo e Pedro praticaram o delito de prevaricação.
(B) Os objetos jurídicos do delito praticado são a credibilidade do sistema financeiro e a proteção ao investidor.
(C) O delito em espécie pode ser punido tanto na forma culposa como na dolosa.
(D) A ação penal, no crime em comento, será promovida pelo MP estadual, perante a Justiça Estadual.

A: incorreta, dado que deve prevalecer, neste caso, o princípio da especialidade, afastando a infração prevista no art. 319 do CP, que exige, ainda, o elemento subjetivo específico que consiste em "satisfazer interesse ou sentimento pessoal". Responderão Paulo e Pedro pelo crime do art. 23 da Lei 7.492/1986; **B:** correta, pois a intenção da Lei 7.492/1986 é assegurar às instituições financeiras, seja pessoa jurídica de direito público ou de direito privado, o sigilo em suas operações e serviços prestados, além da credibilidade; **C:** incorreta, já que a conduta prevista no art. 23 da Lei 7.492/1986 não é punida a título de culpa; **D:** incorreta (art. 26 da Lei 7.492/1986).
Gabarito "B".

7. CRIMES CONTRA A ORDEM TRIBUTÁRIA

(Delegado/GO – 2017 – CESPE) Considere os seguintes atos, praticados com o objetivo de suprimir tributo:

1) Marcelo prestou declaração falsa às autoridades fazendárias;
2) Hélio negou-se a emitir, quando isso era obrigatório, nota fiscal relativa a venda de determinada mercadoria;
3) Joel deixou de fornecer nota fiscal relativa a prestação de serviço efetivamente realizado.

Nessas situações, conforme a Lei n. 8.137/1990 e o entendimento do STF, para que o ato praticado tipifique crime material contra a ordem tributária, será necessário o prévio lançamento definitivo do tributo em relação a

(A) Hélio e Joel.
(B) Marcelo apenas.
(C) Hélio apenas.
(D) Joel apenas.
(E) Hélio, Marcelo e Joel.

A conduta praticada por Marcelo se subsume ao crime tipificado no art. 1º, I, da Lei 8.137/1990, consistente no comportamento de omitir informação ou prestar declaração falsa às autoridades fazendárias, objetivando, com isso, a supressão ou redução de tributo. Já os comportamentos de Hélio e Joel se amoldam ao art. 1º, V, da precitada Lei. De acordo com a Súmula vinculante 24, não se tipifica crime material contra a ordem tributária, previsto no art. 1º, incisos I a IV, da Lei n. 8.137/1990, antes do lançamento definitivo do tributo. Portanto, correta a alternativa B, eis que somente se considera condição de procedibilidade da ação penal o lançamento definitivo do tributo no tocante aos crimes materiais contra a ordem tributária expressos nos incisos I a IV, do art. 1º da Lei 8.137/1990.
Gabarito "B".

(Delegado/AP – 2006 – UFAP) Analise as assertivas e assinale a alternativa correta:

I. Constitui crime contra a ordem tributária suprimir ou reduzir tributo, ou contribuição social e qualquer acessório, mediante a venda de mercadoria por preço inferior ao oficialmente tabelado.
II. É circunstância agravante específica dos crimes tipificados no Código do Consumidor, ter o agente cometido a infração para facilitar a execução de outro crime.
III. O Código de Defesa do Consumidor permite a cumulação das penas privativas de liberdade e de multa com a publicação em órgãos de comunicação de grande

circulação ou audiência, a expensas do condenado, de notícia sobre os fatos e a condenação.

(A) Estão corretas todas as alternativas.
(B) Estão erradas todas as alternativas.
(C) Estão corretas apenas as alternativas II e III.
(D) Está correta apenas a alternativa I.
(E) Está correta apenas a alternativa III.

I: incorreta (art. 1º da Lei 8.137/1990); II: incorreta, pois não constitui circunstância agravante específica do art. 76 da Lei 8.078/1990 – CDC; III: correta, nos termos do art. 78 do CDC.

Gabarito "E".

(Delegado/GO – 2009 – UEG) Agente fiscal que solicita de contribuinte vantagem para deixar de lançar contribuição social devida comete

(A) crime de corrupção passiva.
(B) crime contra a ordem tributária.
(C) crime de excesso de exação.
(D) crime de prevaricação.

A alternativa correta é a "B", conforme dispõe o art. 3º, II, da Lei 8.137/1990.

Gabarito "B".

(Delegado/MS – 2006) João da Silva, proprietário de uma rede de postos de gasolina, pretende suprimir o pagamento de tributos e, para tanto, deixa de lançar operações comerciais de venda de derivados de petróleo que realizou em livro fiscal obrigatório. O Delegado Cláudio recebe a *notitia criminis* dessa conduta de João e instaura o competente inquérito policial para cabal apuração dos fatos. A conduta de João resta provada, inclusive com perícias fiscais e contábeis, não restando dúvida da atividade criminosa de João. O Delegado Cláudio deverá indiciar João pela prática de crime:

(A) Previsto no art. 1º da Lei 8.137/1990, que constitui crime contra a ordem tributária.
(B) Previsto no art. 2º da Lei 8.176/1991, que define crime contra o patrimônio, na modalidade de usurpação, produzir bens ou explorar matérias primas pertencentes à União.
(C) Previsto no art. 1º da Lei 8.176/1991, que define crime contra a ordem econômica e cria o Sistema de Estoque de Combustíveis.
(D) Previsto no art. 7º da Lei 8.137/1990, que constitui crime contra as relações de consumo.
(E) Previsto no art. 4º da Lei 8.137/1990, que constitui crime contra a ordem econômica.

A conduta de João da Silva está prevista no art. 1º, II, da Lei 8.137/1990, visto que suprimiu o pagamento de imposto mediante a omissão no lançamento de operações comerciais de venda de derivados de petróleo que realizou em livro fiscal obrigatório.

Gabarito "A".

(Delegado/PB – 2009 – CESPE) Considerando a legislação acerca dos crimes contra a ordem tributária, julgue a assertiva:

(1) Nos crimes contra a ordem tributária, a delação premiada não é prevista como causa de redução da pena.

1: incorreta – art. 16, parágrafo único, da Lei 8.137/1990.

Gabarito 1E

8. CRIMES DE DISCRIMINAÇÃO RACIAL

(Delegado/GO – 2017 – CESPE) Uma jovem de vinte e um anos de idade, moradora da região Sudeste, inconformada com o resultado das eleições presidenciais de 2014, proferiu, em redes sociais na Internet, diversas ofensas contra nordestinos. Alertada de que estava cometendo um crime, a jovem apagou as mensagens e desculpou-se, tendo afirmado estar arrependida. Suas mensagens, porém, têm sido veiculadas por um sítio eletrônico que promove discurso de ódio contra nordestinos.

No que se refere à situação hipotética precedente, assinale a opção correta, com base no disposto na Lei n. 7.716/1989, que define os crimes resultantes de preconceito de raça e cor.

(A) Independentemente de autorização judicial, a autoridade policial poderá determinar a interdição das mensagens ou do sítio eletrônico que as veicula.
(B) Configura-se o concurso de pessoas nessa situação, visto que o material produzido pela jovem foi utilizado por outra pessoa no sítio eletrônico mencionado.
(C) O crime praticado pela jovem não se confunde com o de injúria racial.
(D) Como se arrependeu e apagou as mensagens, a jovem não responderá por nenhum crime.
(E) A conduta da jovem não configura crime tipificado na Lei n. 7.716/1989.

A: incorreta. Nos termos do art. 20, § 3º, da Lei 7.716/1989, somente por determinação judicial será possível a interdição de mensagens ou páginas de informação na rede mundial de computadores que veiculem a prática, o induzimento ou a incitação à discriminação ou preconceito de raça, cor, etnia, religião ou procedência nacional; **B**: incorreta, pois o concurso de pessoas (art. 29 do CP) somente se caracteriza antes ou durante a execução da infração penal, e não após o cometimento dela, tal como consta no enunciado; **C**: correta. De fato, o crime praticado pela jovem, que se subsume à figura prevista no art. 20 da Lei 7.716/1989, não se confunde com a injúria racial (art. 140, § 3º, do CP). No racismo, o dolo do agente é voltado a uma pluralidade ou grupo de pessoas de uma mesma raça, cor, etnia, religião ou procedência nacional. Portanto, ofende-se a uma coletividade de indivíduos, diversamente do que ocorre na injúria racial, que é crime contra a honra de pessoa determinada, valendo-se o agente de elementos referentes a raça, cor, etnia, religião ou origem. Aqui, ofende-se a dignidade ou o decoro de um indivíduo; **D**: incorreta. O fato de a jovem, após seu comportamento discriminatório dirigido aos nordestinos por meio de redes sociais, haver apagado as mensagens não afasta o crime, caracterizado – e consumado – no momento da veiculação de referidas mensagens; **E**: incorreta. A conduta da jovem se amolda ao crime tipificado pelo art. 20 da Lei 7.716/1989. Dentro do tema tratado nesta questão, valem algumas ponderações, tendo em conta inovações implementadas pela recente Lei 14.532/2023. Conforme assinalado acima, o crime de racismo, previsto na Lei 7.716/1989, não se confunde com a figura até então capitulada no art. 140, § 3º, do CP, que definia o delito de injúria preconceituosa. Com efeito, segundo sempre sustentou doutrina e jurisprudência, o delito de racismo pressupõe a prática de conduta de natureza segregacionista, ao passo que a injúria racial, então prevista no art. 140, § 3º, do CP, tal como ocorre com o crime de injúria simples, pressupõe que a ofensa seja dirigida a pessoa determinada ou, ao menos, a um grupo determinado de pessoas. *Grosso modo*, é o xingamento envolvendo raça, cor, etnia, religião ou origem. Como consequência desta distinção, tínhamos que o racismo era considerado crime inafiançável, imprescritível e de ação penal pública incondicionada; já a injúria racial era tida por afiançável, prescritível e de ação penal pública condicionada.

Tal realidade começou a ser alterada pela ação da jurisprudência. O STF, em sintonia com precedente do STJ, por seu Plenário, ao julgar, em 28/10/2021, o HC 154.248, da relatoria do Ministro Edson Fachin, fixou o entendimento no sentido de que o crime de injúria racial deve ser inserido na seara no delito de racismo, passando a ser, com isso, imprescritível. Mais recentemente, a Lei 14.532/2023, imbuída desse mesmo espírito, alterou o teor do art. 140, § 3º, do CP, que passa a contar com a seguinte redação: *Se a injúria consiste na utilização de elementos referentes a religião ou à condição de pessoa idosa ou com deficiência.* Como se pode ver, o legislador, com isso, excluiu da forma qualificada da injúria ofensas contendo elementos referentes a raça, cor, etnia ou procedência nacional. Tais modalidades migraram para a Lei 7.716/1989, cujo art. 2º-A passa a ter a seguinte redação: *Injuriar alguém, ofendendo-lhe a dignidade ou o decoro, em razão de raça, cor, etnia ou procedência nacional.* Dessa forma, o crime de injúria racial foi tipificado como racismo. A consequência disso é que tal modalidade de injúria passa a ser, agora por força de lei, imprescritível, inafiançável e incondicionada a ação penal. Além disso, a pena, que até então era de reclusão de 1 a 3 anos e multa, passa a ser de 2 a 5 anos de reclusão. **AT/ED**

Gabarito "C".

(Delegado/AP – 2006 – UFAP) Analise as assertivas e assinale a alternativa correta:

I. Caracteriza crime resultante de preconceito, estabelecido pela Lei nº 7.716/1989, impedir ou obstar, por qualquer meio ou forma, o casamento ou convivência familiar e social.

II. Constitui efeito da condenação da Lei nº 7.716/1989, para o servidor público, a inabilitação para o exercício do cargo pelo prazo de três anos.

III. A promessa ou efetiva entrega de filho ou pupilo a terceiro, mediante paga ou recompensa, é crime previsto no Estatuto da Criança e do Adolescente e está sujeito a ação penal pública condicionada.

(A) Estão corretas todas as alternativas.
(B) Estão erradas todas as alternativas.
(C) Estão corretas apenas as alternativas II e III.
(D) Está correta apenas a alternativa I.
(E) Está correta apenas a alternativa III.

I: correta (art. 14 da Lei 7.716/1989); II: incorreta (art. 16 Lei 7.716/1989); III: incorreta. O crime está capitulado no art. 238 do ECA – Lei 8.069/1990, mas este, bem assim como todos os delitos nesta lei previstos são de ação penal pública incondicionada.

Gabarito "D".

(Delegado/PR – 2013 – UEL-COPS) Quantos aos crimes de racismo definidos na Lei nº 7.716/1989, assinale a alternativa correta.

(A) A incitação pública ao racismo constitui delito de incitação ao crime definido no Art. 286 do Código Penal, não havendo na referida Lei disposição sobre tal conduta.
(B) No caso de incitação ou induzimento ao preconceito racial praticado através da rede mundial de computadores, poderá o juiz determinar a interdição da mensagem ou página de informação.
(C) São crimes de ação penal pública condicionada, dependendo de representação da vítima para propositura da ação penal.
(D) A injúria qualificada pelo preconceito racial é crime definido na referida Lei, não se aplicando o crime de injúria definido no Art. 140 do Código Penal.
(E) Não constitui crime definido na referida Lei o empregador que, motivado pelo preconceito racial, não conceder os equipamentos necessários ao empregado em igualdade de condições com os demais trabalhadores.

A: incorreta, uma vez que a conduta descrita na assertiva está contemplada no art. 20, *caput*, da Lei 7.716/1989; **B:** correta. Providência prevista no art. 20, § 3º, III, da Lei 7.716/1989; **C:** incorreta. A ação penal, nos crimes previstos na Lei 7.716/1989, é pública incondicionada; **D:** incorreta, uma vez que o crime de injúria qualificado pelo preconceito racial (injúria racial) está previsto no art. 140, § 3º, do CP, e não na Lei 7.716/1989. Perceba que, com a edição da Lei 14.532/2023, posterior à elaboração desta questão, esta alternativa estaria correta, na medida em que a injúria qualificada pelo preconceito racial, até então prevista no art. 140, § 3º, do CP, migrou para a Lei de Racismo (art. 2º-A da Lei 7.716/1989); **E:** incorreta. Crime previsto no art. 4º, § 1º, I, da Lei 7.716/1989.

Gabarito "B".

9. CONTRAVENÇÕES PENAIS

(Delegado/PE – 2016 – CESPE) O brasileiro nato, maior e capaz, que pratica vias de fato contra outro brasileiro nato

(A) será considerado reincidente, caso tenha sido condenado, em território estrangeiro, por contravenção penal.
(B) poderá ser condenado a penas de reclusão, de detenção e de multa.
(C) responderá por contravenção penal no Brasil, ainda que a conduta tenha sido praticada em território estrangeiro.
(D) responderá por contravenção, na forma tentada, se tiver deixado de praticar o ato por circunstâncias alheias a sua vontade.
(E) responderá por contravenção penal e, nesse caso, a ação penal é pública incondicionada.

A: incorreta, pois não reflete a regra presente no art. 7º do Decreto-lei 3.688/1941 (Lei das Contravenções Penais); **B:** incorreta, já que as penas previstas ao agente que pratica contravenção penal são *prisão simples* e *multa*; **C:** incorreta. À luz do que estabelece o art. 2º do Decreto-lei 3.688/1941 (Lei das Contravenções Penais), a lei brasileira somente incidirá à contravenção praticada em território nacional. Em outras palavras, às contravenções penais não se aplica a *extraterritorialidade*, regra que, como bem sabemos, não se aplica aos crimes, em relação aos tem lugar a *extraterritorialidade* (art. 7º, CP); **D:** incorreta, vez que a tentativa de contravenção, por força do que dispõe o art. 4º da LCP, não é punível; **E:** correta, nos termos do art. 17 da LCP. **ED**

Gabarito "E".

(Delegado/SP – 2003) A Lei das Contravenções Penais:

(A) não contempla como perigoso o indivíduo condenado por mendicância.
(B) veda a conversão da pena de multa em prisão simples.
(C) declara taxativamente não ser punida a tentativa de contravenção.
(D) aplica-se às contravenções praticadas por brasileiro, em outros países.

A: incorreta. O art. 60 da Lei de Contravenções Penais – Decreto-Lei 3.688/1941, que definia a contravenção de mendicância, foi revogado pela Lei 11.983/2009; **B:** incorreta (art. 9º da LCP); **C:** correta (art. 4º da LCP); **D:** incorreta (art. 2º da LCP).

Gabarito "C".

10. CRIMES DE TORTURA

(Delegado/SP – 2003) Nas ações tipificadas pela Lei n° 9.455/1997 (Tortura), a pena será sempre agravada, de um sexto até um terço, dentre outros casos, se o crime for cometido contra

(A) criança, gestante, deficiente e idoso.
(B) criança, gestante, adolescente e idoso.
(C) criança, gestante, deficiente e adolescente.
(D) gestante, adolescente, deficiente e idoso.

Com a entrada em vigor da Lei 10.741/2003, que modificou a redação do art. 1°, § 4°, II, da Lei de Tortura, a pena será majorada na hipótese de o crime ser cometido contra criança, gestante, deficiente, adolescente e maior de 60 anos.
Gabarito "C".

11. ESTATUTO DA PESSOA IDOSA

(Delegado/PE – 2016 – CESPE) Godofredo tem a obrigação legal de cuidar de determinado idoso, mas o abandonou em um hospital – conduta prevista no art. 98, do Estatuto do Idoso, com pena de detenção de seis meses a três anos e multa. Paulo negou trabalho a um idoso, com a justificativa de que o pretendente ao emprego encontrava-se em idade avançada –conduta enquadrada no art. 100, II, do Estatuto do Idoso, com pena de reclusão de seis meses a um ano e multa.

Nessas situações, as medidas despenalizadoras, previstas na Lei 9.099/1995 (lei dos juizados especiais),

(A) poderão beneficiar ambos os acusados, desde que haja anuência das vítimas.
(B) poderão beneficiar Paulo, com a transação penal, ao passo que Godofredo, com a suspensão condicional do processo.
(C) não poderão beneficiar Godofredo nem Paulo.
(D) poderão beneficiar apenas Godofredo.
(E) poderão beneficiar apenas Paulo.

À parte o embate existente acerca desse tema na doutrina, certo é que os institutos da transação penal e da suspensão condicional do processo, previstos, respectivamente, nos arts. 76 e 89 da Lei 9.099/1995 (Juizados Especiais), têm incidência no contexto dos crimes previstos no Estatuto do Idoso (art. 94) desde que a pena não ultrapasse os limites estabelecidos na Lei 9.099/1995. Sendo assim, está correta a assertiva "B", segundo a qual Paulo será beneficiado com a transação penal, já que a pena máxima cominada ao crime em que incorreu não é superior a dois anos; já Godofredo fará jus à suspensão condicional do processo, na medida em que a pena mínima cominada ao delito em que incorreu não é superior a um ano (art. 89, *caput*, da Lei 9.099/1995). Vide ADI 3.096.
Gabarito "B".

(Delegado/SP – 2014 – VUNESP) Aos crimes previstos na Lei n.° 10.741, de 2003 – Estatuto do Idoso –, aplica-se o procedimento previsto na Lei n.° 9.099, de 26 de setembro de 1995, desde que a pena máxima privativa de liberdade não ultrapasse

(A) 6 (seis) anos.
(B) 8 (oito) anos.
(C) 4 (quatro) anos.
(D) 1 (um) ano.
(E) 2 (dois) anos.

Impõe o art. 94 da Lei 10.741/2003 (Estatuto da Pessoa Idosa) que, aos crimes ali previstos, adotar-se-á o procedimento da Lei 9.099/1995 (sumaríssimo). Digno de registro é o fato de que o STF, no julgamento da ADIn 3.096-5, de 25.06.2010, fixou entendimento no sentido de que, aos crimes previstos no Estatuto, deve se aplicar tão somente o procedimento sumaríssimo previsto na Lei 9.099/1995, e não os benefícios ali contemplados.
Gabarito "C".

(Delegado/MS – 2006) José, brasileiro, aposentado, nascido aos 15.12.1936, caminha pela Av. Afonso Pena, quando tropeça e cai. Na queda, bate a cabeça no solo, ferindo-se gravemente. Pedro, que caminhava logo atrás, vislumbra toda a cena, mas deixa de prestar assistência a José. Não havia qualquer risco pessoal para Pedro, bem como não havia qualquer iminência de perigo, mas ainda assim Pedro não prestou socorro nem acionou a autoridade pública. O Delegado de Polícia, ao tomar conhecimento da conduta de Pedro, deverá:

(A) Instaurar inquérito policial e indiciar Pedro pela prática de omissão de socorro prevista no art. 97 da Lei 10.741/2003 – Estatuto do Idoso.
(B) Lavrar termo circunstanciado de ocorrência, inserindo Pedro como autor do fato e tipificando a conduta como omissão de socorro prevista no art. 97 da Lei 10.741/2003 – Estatuto do Idoso, liberando-o após a assinatura do termo de compromisso de comparecimento em juízo.
(C) Instaurar inquérito policial e indiciar Pedro pela prática de omissão de socorro prevista no art. 135 do CP.
(D) Lavrar termo circunstanciado de ocorrência, inserindo Pedro como autor do fato e tipificando a conduta como omissão de socorro prevista no art. 135 do CP, liberando-o após a assinatura do termo de compromisso de comparecimento em juízo.
(E) Instaurar inquérito policial e indiciar Pedro por lesão corporal grave – art. 129, § 1°, do CP, em virtude da relevância da omissão prevista no art. 13, § 2°, do CP.

A conduta descrita está tipificada no art. 97 da Lei 10.741/2003 (Estatuto da Pessoa Idosa), e, tratando-se de crime com pena de detenção de seis meses a um ano e multa, aplica-se o disposto na Lei dos Juizados Especiais Criminais (Lei 9.099/1995).
Gabarito "B".

(Delegado/SC – 2008) "Crácio" encontrou o ancião "Mévio", 80 anos de idade e inválido, ferido em consequência de um desabamento, sem condições de socorrer-se por suas próprias forças. Dolosamente, deixou de prestar-lhe assistência, embora fosse possível fazê-lo sem risco pessoal, na expectativa de que outrem o socorresse. Da omissão resultou a morte de "Mévio". "Crácio" responderá por:

(A) responderá pela modalidade prevista no delito especial tipificado no Estatuto do Idoso (Lei n° 10.741/2003), qualificada pelo resultado morte (preterdolo).
(B) crime de omissão de socorro, qualificado pelo resultado morte (preterdolo), previsto no Código Penal.
(C) crime de abandono de incapaz, qualificado pelo resultado morte (preterdolo), previsto no Código Penal.

(D) crime de homicídio culposo, com aumento de pena, pois a vítima era maior de 60 (sessenta) anos.

Se há tipo penal específico que descreve a conduta, com base no princípio da especialidade, aplica-se o art. 97, parágrafo único, da Lei 10.741/2003.

Gabarito "A".

12. LAVAGEM DE DINHEIRO

(Delegado/RS – 2018 – FUNDATEC) A respeito das condutas incriminadas pela Lei 9.613/1998, denominada Lei de Lavagem de Dinheiro, analise as assertivas que seguem:

I. De acordo com o entendimento atual do Supremo Tribunal Federal sobre a matéria, o crime de lavagem de bens, direitos ou valores, praticado na modalidade de ocultação, tem natureza de crime permanente, logo, a prescrição somente começa a contar do dia em que cessar a permanência.
II. O crime de lavagem de bens, direitos ou valores é composto por três fases: a colocação (*placement*), a ocultação (*layering*) e a integração (*integration*), devendo todas estarem configuradas para o enquadramento da conduta na figura criminosa.
III. A pena será aumentada de um a dois terços, quando forem constatadas várias transações financeiras, soma de grandes valores e, além disso, houver prova de que o sujeito integre organização criminosa.

Quais estão corretas?

(A) Apenas I.
(B) Apenas II.
(C) Apenas III.
(D) Apenas I e III.
(E) I, II e III.

I: correta (art. 111, III, CP). Nesse sentido, *vide*: AP 863/SP, rel. Min. Edson Fachin, julgamento em 23.5.2017 (inf. 866); II: incorreta. De fato, é bastante comum o fracionamento do processo de lavagem de dinheiro em três momentos. No primeiro, o dinheiro, de forma muitas vezes pulverizada, é introduzido no mercado financeiro, promovendo o distanciamento dos recursos de sua origem; na segunda etapa, os valores são transferidos entre contas com o objetivo de ocultá-los; e, por fim, são introduzidos na economia formal, e, dessa forma, adquirem aparência de legalidade (integração). Não se exige, para que o crime alcance a sua consumação, a ocorrência dessas três etapas. Nesse sentido: "Lavagem de dinheiro: L. 9.613/98: caracterização. O depósito de cheques de terceiro recebidos pelo agente, como produto de concussão, em contas-correntes de pessoas jurídicas, às quais contava ele ter acesso, basta a caracterizar a figura de "lavagem de capitais" mediante ocultação da origem, da localização e da propriedade dos valores respectivos (L. 9.613, art. 1°, *caput*): o tipo não reclama nem êxito definitivo da ocultação, visado pelo agente, nem o vulto e a complexidade dos exemplos de requintada "engenharia financeira" transnacional, com os quais se ocupa a literatura." (STF, RHC 80816, Relator(a): Min. SEPÚLVEDA PERTENCE, Primeira Turma, julgado em 10/04/2001, DJ 18-06-2001 PP-00013 EMENT VOL-02035-02 PP-00249); III: incorreta (art. 1°, § 4°, da Lei 9.613/1998).

Gabarito "A".

(Delegado/MG – 2018 – FUMARC) Em relação aos aspectos processuais da lei de lavagem de dinheiro (Lei 9.613/98), pode-se afirmar:

(A) A alienação de bens objeto de medidas assecuratórias depende da existência de trânsito em julgado de sentença condenatória.
(B) A competência para o julgamento do delito de lavagem de dinheiro será da justiça federal.
(C) A denúncia deverá ser instruída com indícios suficientes da existência de infração penal antecedente.
(D) A persecução penal em juízo depende da comprovação, mediante sentença condenatória, de infrações penais antecedentes.

A: incorreta, pois contraria o disposto no art. 4°, § 1°, da Lei 9.613/1998; B: incorreta, uma vez que a competência para o julgamento do delito de lavagem de dinheiro somente será da Justiça Federal nas hipóteses elencadas no art. 2°, III, da Lei 9.613/1998. Afora isso, a competência será da Justiça Estadual. Na jurisprudência: "A competência para a apreciação das infrações penais de lavagem de capitais somente será da Justiça Federal quando praticadas contra o sistema financeiro e a ordem econômico-financeira, ou em detrimento de bens, serviços ou interesses da União, ou de suas entidades autárquicas ou empresas públicas; ou quando o crime antecedente for de competência da Justiça Federal. *In casu*, não se apura afetação de qualquer interesse da União e o crime antecedente – tráfico de drogas – no caso é da competência estadual" (CC 96.678/MG, Rel. Ministra Maria Thereza de Assis Moura, Terceira Seção, julgado em 11/02/2009, DJe 20/02/2009); C: correta, uma vez que reflete o disposto no art. 2°, § 1°, da Lei 9.613/1998; D: incorreta. É despicienda, para a tipificação do crime de lavagem de dinheiro, a condenação do agente pelo cometimento da infração penal (crime e contravenção penal) antecedente. Segundo reza o art. 2°, II, da Lei 9.613/1998, "o processo e julgamento dos crimes previstos nesta Lei: II – independem do processo e julgamento das infrações penais antecedentes, ainda que praticados em outro país (...)". Basta, pois, a existência de prova de que a infração penal antecedente ocorreu (materialidade da infração).

Gabarito "C".

(Delegado/RJ – 2013 – FUNCAB) Oto, a fim de dificultar eventual investigação, depositou vários cheques de terceiros, recebidos como produto de concussão da qual participou, em contas-correntes de três empresas de sua propriedade, às quais esperava ter acesso.

Observando o caso concreto, analise as assertivas abaixo:

I. Oto deve responder por favorecimento real e lavagem de capitais.
II. A figura de lavagem de capitais é caracterizada pela ocultação ou dissimulação da origem, da localização, da disposição, da movimentação ou da propriedade dos valores respectivos, provenientes, direta ou indiretamente, de qualquer infração penal.
III. Se reconhecido que Oto praticou o crime de lavagem de capitais, resta excluída sua participação no crime de concussão.
IV. O tipo de lavagem de dinheiro não reclama nem o êxito definitivo da ocultação ou dissimulação, visado pelo agente, nem o vulto e a complexidade dos exemplos de requintada "engenharia financeira" transnacional.

Agora, indique a opção que contempla apenas as assertivas verdadeiras.

(A) I e II.
(B) II e III.
(C) III e IV.
(D) I e III.

(E) II e IV.

I: incorreta. Não pode ser considerado como sujeito ativo do crime de favorecimento real o coautor ou partícipe do crime anterior. É a interpretação que se extrai da leitura do tipo penal do art. 349 do CP; **II:** correta, porque em consonância com o art. 1° da Lei 9.613/1998, cuja redação foi alterada por força da Lei 12.683/2012. Antes disso, exigia-se, para a configuração do delito de lavagem de dinheiro, que o crime antecedente estivesse contemplado nos incisos I a VIII. Atualmente, a lavagem de dinheiro restará caracterizada sempre que o agente ocultar ou dissimular a natureza, origem, localização, disposição, movimentação ou propriedade de bens, direitos ou valores provenientes, direta ou indiretamente, de qualquer *infração penal* (crimes e contravenções); **III:** incorreta, uma vez que o crime de lavagem de dinheiro e aquele que o antecede são autônomos; **IV:** correta. Conferir: "Lavagem de dinheiro: L. 9.613/98: caracterização. O depósito de cheques de terceiro recebidos pelo agente, como produto de concussão, em contas-correntes de pessoas jurídicas, às quais contava ele ter acesso, basta a caracterizar a figura de "lavagem de capitais" mediante ocultação da origem, da localização e da propriedade dos valores respectivos (Lei 9.613/1998, art. 1°, *caput*): o tipo não reclama nem êxito definitivo da ocultação, visado pelo agente, nem o vulto e a complexidade dos exemplos de requintada "engenharia financeira" transnacional" (STF, RHC 80.816, rel. Min. Sepúlveda Pertence, *DJ* 18.06.2011)

Gabarito "E".

(Delegado/SP – 2011) Em relação aos crimes de "lavagem" ou ocultação de bens, direitos e valores – Lei n° 9.613/98 é correto afirmar que

(A) se aplicam, como efeitos da condenação, somente os previstos no Código Penal.

(B) não há causas de aumento ou redução de pena.

(C) o COAF poderá requerer aos órgãos da Administração Pública as informações cadastrais bancárias e financeiras de pessoas envolvidas em atividades suspeitas.

(D) não admitem tentativa.

(E) cabe apenas ao COAF determinar a liberação dos bens apreendidos ou sequestrados quando comprovada a licitude de sua origem.

A: incorreta. São aplicáveis, no âmbito dos crimes de lavagem de capitais, tanto os efeitos da condenação previstos no Código Penal quanto aqueles contemplados no art. 7° da Lei 9.613/1998; **B:** incorreta. O art. 1°, §§ 4° e 5°, da Lei 9.613/1998, cuja redação foi alterada pela Lei 12.683/2012, estabelece causas de aumento e diminuição de pena aplicáveis aos crimes definidos nesta Lei; **C:** correta, nos termos do art. 14, § 3°, da Lei 9.613/1998; **D:** incorreta, visto que não reflete o disposto no art. 1°, § 3°, da Lei 9.613/1998; **E:** incorreta – art. 4°, § 2°, da Lei 9.613/1998 (com a redação alterada pela Lei 12.683/2012).

Gabarito "C".

13. LEI MARIA DA PENHA

(Delegado/RS – 2018 – FUNDATEC) De acordo com a Lei Maria da Penha e o entendimento sobre o tema pelos Tribunais Superiores, analise as assertivas que seguem e assinale V, se verdadeiras, ou F, se falsas.

( ) Maria foi agredida com socos por seu namorado, sem que tenham ocorrido lesões corporais, caracterizando vias de fato. Nesse caso, deverá representar contra o agressor para a instauração de inquérito policial.

( ) Mesmo que se trate de namoro duradouro, Maria não poderá receber medidas protetivas previstas na Lei 11.340/2013 em decorrência das agressões sofridas, ainda que medidas cautelares diversas da prisão constantes no Art. 319, do CPP, possam ser deferidas em seu favor.

( ) Quando um irmão agride uma irmã, na morada comum, tendo se valido de sua autoridade para subjugar a vítima, é possível o deferimento de medidas protetivas em favor da agredida.

( ) O delito de estupro contra mulher maior de 18 anos é processado mediante ação penal privada.

( ) O delito de injúria (Art. 140, *caput*, CP) praticado contra mulher no contexto de violência de gênero é processado mediante ação pública incondicionada.

A ordem correta de preenchimento dos parênteses, de cima para baixo, é:

(A) V – F – V – F – V.

(B) V – V – F – F – V.

(C) F – F – V – V – F.

(D) F – V – F – V – F.

(E) F – F – V – F – F.

1ª assertiva: falsa. Trata-se de ação penal pública incondicionada, nos termos do art. 17 da Lei das Contravenções Penais; **2ª assertiva:** falsa. O namoro, mormente quando duradouro, configura relação íntima de afeto, ensejando a aplicação da Lei Maria da Penha (art. 5°, III, Lei 11.340/2006); **3ª assertiva:** verdadeira (art. 5°, II, Lei 11.340/2006); **4ª assertiva:** falsa. A ação penal, nos delitos sexuais, era, em regra, de iniciativa privada. Era o que estabelecia a norma contida no *caput* do art. 225 do Código Penal. As exceções ficavam por conta do § 1° do dispositivo. Com o advento da Lei 12.015/09, que introduziu uma série de modificações nos crimes sexuais, agora chamados *crimes contra a dignidade sexual*, nomenclatura, a nosso ver, mais adequada aos tempos atuais, a ação penal deixou de ser privativa do ofendido para ser pública condicionada à representação, exceção feita às hipóteses em que a vítima era menor de 18 anos ou pessoa vulnerável, caso em que a ação era pública incondicionada (art. 225, parágrafo único, do CP). Era esta a regra em vigor ao tempo em que esta questão foi elaborada. Pois bem. Mais recentemente, entrou em vigor a Lei 13.718/2018, que, dentre várias inovações implementadas nos crimes contra a dignidade sexual, mudou, uma vez mais, a natureza da ação penal nesses delitos. Com isso, a ação penal, nos crimes sexuais, passa a ser pública incondicionada. Vale lembrar que, antes do advento desta Lei, a ação era, em regra, pública condicionada, salvo nas situações em que a vítima era vulnerável ou menor de 18 anos. Fazendo um breve histórico, temos o seguinte quadro: a ação penal, nos crimes sexuais, era, em regra, privativa do ofendido, a este cabendo a propositura da ação penal; posteriormente, a partir do advento da Lei 12.015/2009, a ação penal, nesses crimes, deixou de ser privativa do ofendido para ser pública condicionada à representação, em regra; agora, com a entrada em vigor da Lei 13.718/2018, a ação penal, nos crimes contra a dignidade sexual, que antes era pública condicionada, passa a ser pública incondicionada. Com isso, o titular da ação penal, que é o MP, prescinde de manifestação de vontade da vítima para promover a ação penal. Dessa forma, fica sepultado o debate que antes havia acerca da aplicação da Súmula 608, do STF; **5ª assertiva:** falsa. Em decisão tomada no julgamento da ADIn n. 4.424, de 09.02.2012, o STF estabeleceu a natureza incondicionada da ação penal nos crimes de lesão corporal, independente de sua extensão, praticados contra a mulher no ambiente doméstico (Súmula 542, do STJ). Sucede que tal decisão, como se pode notar, é restrita aos crimes de lesão corporal, não se aplicando, pois, ao crime de injúria, cuja iniciativa para a ação penal é privativa da vítima, nos termos do art. 145 do CP.

Gabarito "E".

2. LEGISLAÇÃO PENAL ESPECIAL

(Delegado/RS – 2018 – FUNDATEC) Em relação à Lei 11.340/2006, assinale a alternativa INCORRETA.

(A) É direito da mulher em situação de violência doméstica e familiar o atendimento policial e pericial especializado, ininterrupto e prestado por servidores – preferencialmente do sexo feminino – previamente capacitados.

(B) Deverá a autoridade policial remeter, no prazo de 48 (quarenta e oito) horas, expediente apartado ao juiz com o pedido da ofendida, para a concessão de medidas protetivas de urgência.

(C) Será adotado, preferencialmente, o procedimento de coleta de depoimento registrado em meio eletrônico ou magnético, devendo a degravação e a mídia integrar o inquérito.

(D) Será observada, como diretriz, a realização de sucessivas inquirições sobre o mesmo fato nos âmbitos criminal, cível e administrativo, bem como questionamentos sobre a vida privada, desde que em recinto especialmente projetado para esse fim, o qual conterá os equipamentos próprios e adequados à idade da mulher em situação de violência doméstica e familiar ou testemunha e ao tipo e à gravidade da violência sofrida.

(E) Serão admitidos como meios de prova, os laudos ou prontuários médicos fornecidos por hospitais e postos de saúde.

A: correta, pois em conformidade com o disposto no art. 10-A, *caput*, da Lei 11.340/2006, introduzido pela Lei 13.515/2017; **B:** correta, uma vez que reflete o que estabelece o art. 12, III, da Lei 11.340/2006; **C:** correta, na medida em que reflete o que dispõe o art. 10-A, § 2º, III, da Lei 11.340/2006, introduzido pela Lei 13.515/2017; **D:** incorreta (a ser assinalada), dado que contraria o disposto no art. 10-A, § 1º, III, da Lei 11.340/2006; **E:** correta (art. 12, § 3º, da Lei 11.340/2006).
Gabarito "D".

(Delegado/RS – 2018 – FUNDATEC) Assinale a alternativa correta a partir do texto da Lei 11.340/2006, além dos entendimentos que prevalecem na doutrina e na jurisprudência dos Tribunais Superiores.

(A) Mari Orrana, 35 anos, chegou em casa e ficou chocada ao perceber que o seu cônjuge, Crakeison, 32 anos, havia subtraído os eletrodomésticos pertencentes a ela, provavelmente, para entregar a algum traficante. No caso, é possível aplicar-se a regra de imunidade absoluta, prevista no artigo 181, inciso I, do Código Penal.

(B) Maríndia foi vítima da contravenção penal de vias de fato, praticada pelo namorado Lacaio. Nessa hipótese, é possível aplicar penas restritivas de direito ao caso, porque o artigo 44, inciso I, do Código Penal, ao tratar das penas restritivas de direito, disse não serem cabíveis tais penas aos crimes praticados com violência ou grave ameaça à pessoa. Portanto, a proibição não deve ser estendida às contravenções penais, sob pena de analogia *in malam partem*.

(C) O Supremo Tribunal Federal afastou a aplicação do princípio da insignificância às infrações penais praticadas contra a mulher, no âmbito das relações domésticas, limitando-se a fazê-lo sob o aspecto da insignificância própria, mantendo a possibilidade de aplicação da insignificância imprópria a tais casos.

(D) A Lei Maria da Penha elevou à condição de infração penal toda e qualquer forma de violência contra a mulher, no âmbito doméstico ou da família, independentemente de coabitação.

A: correta. Isso porque, embora Crakeison tenha cometido crime de furto contra sua esposa, Mari Orrana, ele não será, por força do art. 181, I, do CP, responsabilizado por tal fato (o fato não é punível). Em outras palavras, o fato, embora típico, antijurídico e culpável, não é punível, dada a existência da escusa absolutória do art. 181, I, do CP; **B:** incorreta, pois contraria o entendimento consagrado na Súmula 588 do STJ, que veda a substituição da pena privativa de liberdade por restritiva de direitos na hipótese narrada no enunciado; **C:** incorreta. Segundo a Súmula 589, do STJ, *É inaplicável o princípio da insignificância nos crimes ou contravenções penais praticados contra a mulher no âmbito das relações domésticas*. Como se pode ver, não se fez distinção entre os princípios da bagatela própria e imprópria, aplicando-se o teor da súmula a essas duas modalidades. Conferir: "O Superior Tribunal de Justiça tem jurisprudência reiterada de que não incide os princípios da insignificância e da bagatela imprópria aos crimes e às contravenções praticados mediante violência ou grave ameaça contra mulher, no âmbito das relações domésticas, dada a relevância penal da conduta. Logo, a reconciliação do casal não implica no reconhecimento da atipicidade material da conduta ou a desnecessidade de pena" (AgRg no REsp 1602827/MS, Rel. Ministro RIBEIRO DANTAS, Quinta Turma, DJe 09/11/2016) 2. Agravo regimental desprovido" (STJ, AgRg no REsp 1743996/MS, Rel. Ministro REYNALDO SOARES DA FONSECA, QUINTA TURMA, julgado em 14/05/2019, DJe 23/05/2019); **D:** incorreta, já que nem toda forma de violência contra a mulher, no âmbito doméstico ou familiar, configura infração penal (art. 7º, Lei 11.340/2006).
Gabarito "A".

(Delegado/PR – 2013 – UEL-COPS) Segundo a Lei nº 11.340/2006, assinale a alternativa correta.

(A) A prisão preventiva do agressor é medida cabível em qualquer fase do inquérito policial ou da instrução processual, desde que requerida pela ofendida ou pelo Ministério Público.

(B) As medidas protetivas de urgência poderão ser requeridas pela autoridade policial, em qualquer momento da investigação.

(C) Após fixadas as medidas protetivas, ainda que sofram alterações, deverão ser mantidas até o julgamento final do processo.

(D) É facultada ao juiz a aplicação de pena pecuniária nos casos de violência doméstica e familiar contra a mulher, quando comprovado prejuízo.

(E) O juiz poderá aplicar de imediato ao agressor a medida protetiva de afastamento do lar e prestação de alimentos provisionais, em conjunto ou separadamente.

A: incorreta, pois não corresponde ao que estabelece o art. 20 da Lei 11.340/2006 (Maria da Penha). Este dispositivo, como se pode ver, é incompatível com a nova regra introduzida no art. 311 do CPP pela Lei 13.964/2019, que veda, em qualquer caso, a decretação da custódia preventiva de ofício pelo juiz. Por certo isso gerará discussão na doutrina e jurisprudência, tendo em conta a consagração do sistema acusatório, conforme art. 3º-A do CPP, introduzido pela Lei 13.964/2019; **B:** incorreta, pois em desacordo com o que dispõe o art. 19, *caput*, da Lei 11.340/2006 (Maria da Penha). Atenção: ao tempo em que formulada esta questão, somente ao juiz era dado aplicar as medidas protetivas de urgência, nos termos do art. 22, *caput*, da Lei 11.340/2006 (Maria da Penha). Tal realidade mudou com o advento da Lei 13.827/2019, que inseriu na Lei 11.340/2006 (Maria da Penha)

o art. 12-C, que estabelece que, constatada situação de risco à vida ou à integridade física da mulher, no contexto de violência doméstica e familiar, a autoridade policial promoverá o imediato afastamento do ofensor do lar ou do local em que convive com a ofendida, desde que o município não seja sede de comarca; à falta da autoridade policial, o afastamento poderá ser realizado pelo policial de plantão; **C:** incorreta (art. 19, § 3°, Lei 11.340/2006); **D:** incorreta. Providência não prevista em lei; **E:** correta (art. 22, II e V, da Lei 11.340/2006).
Gabarito "E."

(Delegado/BA – 2013 – CESPE) Após a Segunda Guerra Mundial, com o reconhecimento e a ampliação dos direitos humanos, ocorreram mudanças na sociedade em relação a vários temas, que repercutiram na pós-modernidade, entre os quais se destaca o combate a qualquer forma de discriminação. Considerando esse assunto, julgue o item abaixo.

(1) De acordo com a Lei Maria da Penha, nas ações penais públicas condicionadas à representação da vítima de violência doméstica, admite-se a possibilidade de renúncia da ação pela parte ofendida, em qualquer fase processual, sendo exigida, no entanto, a manifestação do Ministério Público (MP).

1: incorreta. Nos exatos termos do art. 16 da Lei 11.340/2006 (Lei Maria da Penha), "nas ações penais públicas condicionadas à representação da ofendida de que trata esta Lei, só será admitida a renúncia à representação perante o juiz, em audiência especialmente designada com tal finalidade, antes do recebimento da denúncia e ouvido o Ministério Público". Assim, a assertiva em comento contém, de plano, o seguinte erro: não se trata de renúncia da ação pela parte ofendida (mulher vítima de violência doméstica), mas, sim, da representação, que é condição de procedibilidade daquela. Em verdade, do ponto de vista técnico-jurídico, não se deveria falar em "renúncia à representação", mas, sim, "retratação da representação". Nas palavras de Renato Brasileiro de Lima, com as quais concordamos, "houve, pois, uma impropriedade técnica do legislador ao usar a expressão *renúncia* no art. 16 da Lei Maria da Penha, já que se trata, na verdade, de verdadeira representação" (*Legislação criminal especial comentada*. 2. ed. Salvador: Juspodivm, 2014. p. 910). Se se tratasse, de fato, de renúncia, a vítima sequer teria ofertado a representação. Ora, se o art. 16 da lei sob análise fala em designação de audiência para que a ofendida exerça o tal direito de "renúncia", é porque, em verdade, a representação já foi oferecida por ocasião da *notitia criminis*. O segundo equívoco da assertiva se verifica no tocante ao limite temporal-processual máximo para a retratação da representação. O adrede mencionado art. 16 da Lei Maria da Penha é claro ao prescrever que referida manifestação de vontade da vítima deverá acontecer em audiência especialmente designada com tal finalidade, *antes do recebimento da denúncia*, com a oitiva do Ministério Público, e não em "qualquer fase processual", como afirmado na questão.
Gabarito 1E

14. CRIMES CONTRA O MEIO AMBIENTE

O meio ambiente é protegido pela legislação brasileira através das diferentes responsabilidades atribuídas a cada agente ou instituição voltada para tal fim. Dentre as garantias do cumprimento da Lei estão as sanções penais e administrativas dispostas na Lei 9.605/98. Seguindo a sistemática legal, que encontra na Constituição Federal/CF 88 seu norteador hermenêutico e nos outros diplomas legais ferramentas para a garantia de Direitos, determinadas infrações ambientais, observada suas cominações legais, permitem a aplicação imediata da pena restritiva de direitos ou multa.

(Delegado/ES – 2019 – Instituto Acesso) Segundo a Lei 9.605/98, a aplicação imediata da pena restritiva de direitos ou multa:

(A) é possível com a prévia composição do dano.
(B) não é possível.
(C) não é aplicável porque não existe transação penal ambiental.
(D) é possível com a prévia recomposição do dano.
(E) é possível com a prévia reparação do dano.

A solução desta questão deve ser extraída do art. 27 da Lei 9.605/1998, que assim dispõe: "nos crimes ambientais de menor potencial ofensivo, a proposta de aplicação imediata de pena restritiva de direitos ou multa, prevista no art. 76 da Lei 9.099, de 26 de setembro de 1995, somente poderá ser formulada desde que tenha havido a prévia composição do dano ambiental, de que trata o art. 74 da mesma lei, salvo em caso de comprovada impossibilidade".
Gabarito "A".

(Delegado/AP – 2017 – FCC) De acordo com a Lei no 9.605/98, considere:

I. Poderá ser desconsiderada a pessoa jurídica sempre que sua personalidade for obstáculo ao ressarcimento de prejuízos causados à qualidade do meio ambiente.
II. É circunstância que agrava a pena o fato de o agente ter cometido crime ambiental em domingos ou feriados.
III. O crime de introduzir espécime animal no país, sem parecer técnico oficial favorável e licença expedida por autoridade competente, deve ser apurada e julgada pela justiça comum estadual, já que não há ofensa de bem, serviço ou interesse da União, de suas entidades autárquicas ou empresas públicas.
IV. Para os efeitos da lei ambiental, considera-se pesca todo ato tendente a retirar, extrair, coletar, apanhar, apreender ou capturar espécimes dos grupos dos peixes, crustáceos, moluscos e vegetais hidróbios, suscetíveis ou não de aproveitamento econômico, ressalvadas as espécies ameaçadas de extinção, constantes nas listas oficiais da fauna e da flora.

Está correto o que se afirma em

(A) I e III, apenas.
(B) I e IV, apenas.
(C) I, III e IV, apenas.
(D) II, III e IV, apenas.
(E) I, II, III e IV.

I: correta, nos exatos termos do art. 4° da Lei 9.605/1998; **II:** correta, conforme preconiza o art. 15, II, "h", da Lei 9.605/1998; **III:** correta. Esse é o entendimento do STJ. Confira-se (AgRg no REsp 704.209/PA): "1. Em sendo a proteção ao meio ambiente matéria de competência comum da União, dos Estados, do Distrito Federal e dos Municípios, e inexistindo, quanto aos crimes ambientais, dispositivo constitucional ou legal expresso sobre qual a Justiça competente para o seu julgamento, tem-se que, em regra, o processo e o julgamento dos crimes ambientais é de competência da Justiça Comum Estadual. 2. Inexistindo, em princípio, qualquer lesão a bens, serviços ou interesses da União (artigo 109 da CF), afasta-se a competência da Justiça Federal para o processo e o julgamento de crimes cometidos contra o meio ambiente, aí compreendidos os delitos praticados contra a fauna e a flora. (...)"; **IV:** correta, nos precisos termos do art. 36 da Lei 9.605/1998.
Gabarito "E".

(Delegado/PE – 2016 – CESPE) Se uma pessoa física e uma pessoa jurídica cometerem, em conjunto, infrações previstas na Lei 9.605/1998 – que dispõe sobre as sanções penais e administrativas derivadas de condutas e atividades lesivas ao meio ambiente, e dá outras providências,

(A) as atividades da pessoa jurídica poderão ser totalmente suspensas.
(B) a responsabilidade da pessoa física poderá ser excluída, caso ela tenha sido a coautora das infrações.
(C) a pena será agravada, se as infrações tiverem sido cometidas em sábados, domingos ou feriados.
(D) a pena será agravada, se ambas forem reincidentes de crimes de qualquer natureza.
(E) será vedada a suspensão condicional da pena aplicada.

A: correta, pois reflete o disposto no art. 22, I, da Lei 9.605/1998; **B:** incorreta, já que tal assertiva não encontra respaldo na legislação aplicável à espécie; **C:** incorreta, já que contraria o disposto no art. 15, II, *h*, da Lei 9.605/1998, que estabelece que a agravante somente incidirá na hipótese de o crime ser cometido aos *domingos ou feriados*; o *sábado*, portanto, não foi contemplado; **D:** incorreta, na medida em que a pena somente será agravada, em conformidade com o que estabelece o art. 15, I, da Lei 9.605/1998, se a reincidência se der pela prática de crimes ambientais; **E:** incorreta. Isso porque o art. 16 da Lei 9.605/1998 prevê a possibilidade de concessão da suspensão condicional da pena (*sursis*) nos casos de condenação a pena privativa de liberdade não superior a *três* anos. Cuidado: o Código Penal, em seu art. 77, *caput*, estabelece prazo diferente (*dois* anos). Gabarito "A".

(Delegado/AP – 2017 – FCC) Sobre as penas previstas na Lei n. 9.605/1998, considere:

I. A prestação de serviços à comunidade consiste na atribuição ao condenado de tarefas gratuitas junto a parques e jardins públicos e unidades de conservação, e, no caso de dano da coisa particular, pública ou tombada, na restauração desta, se possível.
II. As penas de interdição temporária de direito são a proibição do condenado contratar com o Poder Público, de receber incentivos fiscais ou quaisquer outros benefícios, bem como de participar de licitações, pelo prazo de 10 anos, no caso de crimes dolosos, e de 5 anos, no de crimes culposos.
III. A prestação pecuniária consiste no pagamento em dinheiro à vítima ou à entidade pública ou privada com fim social, de importância, fixada pelo juiz, não inferior a um salário mínimo nem superior a 360 salários mínimos. O valor pago não poderá ser deduzido do montante de eventual reparação civil a que for condenado o infrator.
IV. O recolhimento domiciliar baseia-se na autodisciplina e senso de responsabilidade do condenado, que deverá, sem vigilância, trabalhar, frequentar curso ou exercer atividade autorizada, permanecendo recolhido nos dias e horários de folga em residência ou em qualquer local destinado a sua moradia habitual, conforme estabelecido na sentença condenatória.

Está correto o que se afirma APENAS em

(A) I e II.
(B) I e IV.
(C) III e IV.
(D) II, III.
(E) I e III.

I: correta, nos exatos termos do art. 9º da Lei 9.605/1998; **II:** incorreta. Conforme dispõe o art. 10 da Lei 9.605/1998, as penas de interdição temporária de direito são a proibição de o condenado contratar com o Poder Público, de receber incentivos fiscais ou quaisquer outros benefícios, bem como de participar de licitações, pelo prazo de cinco anos, no caso de crimes dolosos, e de três anos, no de crimes culposos; **III:** incorreta. Confira-se a redação do art. 12 da Lei 9.605/1998: "A prestação pecuniária consiste no pagamento em dinheiro à vítima ou à entidade pública ou privada com fim social, de importância, fixada pelo juiz, não inferior a um salário mínimo nem superior a trezentos e sessenta salários mínimos. O valor pago será deduzido do montante de eventual reparação civil a que for condenado o infrator"; **IV:** correta, nos estritos termos do art. 13 da Lei 9.605/1998. Gabarito "B".

(Delegado/RO – 2014 – FUNCAB) Nos termos da Lei 9.605/1998, a pena de multa será calculada com base:

(A) na situação econômica do infrator e no montante do prejuízo causado, podendo ser aumentada em até três vezes de acordo com o valor da vantagem econômica auferida e a eficácia da medida punitiva.
(B) na vantagem econômica auferida, podendo ser aumentada em até duas vezes de acordo com o montante do prejuízo causado e a situação econômica do infrator.
(C) na situação econômica do infrator, podendo ser aumentada em até três vezes de acordo com o montante do prejuízo causado e a eficácia da medida punitiva.
(D) no montante do prejuízo causado e na vantagem econômica auferida, podendo ser aumentada em até duas vezes de acordo com a situação econômica do infrator e a eficácia da medida punitiva.
(E) no montante do prejuízo causado, podendo ser aumentada em até duas vezes de acordo com o valor da vantagem econômica auferida e a situação econômica do infrator.

Segundo estabelece o art. 6º, III, da Lei 9.605/1998, levar-se-á em conta, na aplicação da pena de multa, a situação econômica do infrator. O art. 18 do mesmo diploma legal, por sua vez, reza que a multa será calculada na forma prevista no Código Penal; revelando-se ineficaz, poderá, mesmo que aplicada no valor máximo, ser aumentada em três vezes, levando-se em conta, para tanto, o valor da vantagem auferida pelo agente. Gabarito "A".

(Delegado/RO – 2014 – FUNCAB) NÃO incorrerá na mesma pena prescrita para a pesca em período no qual seja proibida ou em lugares interditados por órgão competente quem:

(A) pesca mediante a utilização de explosivos.
(B) pesca quantidades superiores às permitidas.
(C) pesca mediante a utilização de aparelhos e petrechos não permitidos.
(D) pesca espécimes com tamanhos inferiores aos permitidos.
(E) beneficia ou industrializa espécimes provenientes da coleta, apanha e pesca proibidas.

A: correta, uma vez que corresponde à conduta prevista no art. 35, I, da Lei 9.605/1998, cuja pena cominada é de 1 a 5 anos de reclusão, superior à reprimenda estabelecida para as condutas equiparadas à pesca em período proibido ou realizada em lugares interditados por órgão competente (art. 34, parágrafo único, da Lei 9.605/1998), que é de 1 a 3 anos de detenção; **B:** incorreta, pois se trata da conduta prevista no art. 34, parágrafo único, II, 1ª parte, da Lei 9.605/1998, à qual se aplica a mesma pena do crime descrito no caput: "pescar em período no qual (...)"; **C:** incorreta, pois se trata da conduta prevista no art. 34, parágrafo único, II, 2ª parte, da Lei 9.605/1998, à qual se aplica a mesma pena do crime descrito no caput: "pescar em período no qual (...)"; **D:** incorreta, pois se trata da conduta prevista no art. 34, parágrafo único, I, da Lei 9.605/1998, à qual se aplica a mesma pena do crime descrito no caput: "pescar em período no qual (...)"; **E:** incorreta, pois se trata da conduta prevista no art. 34, parágrafo único, III, da Lei 9.605/1998, à qual se aplica a mesma pena do crime descrito no caput: "pescar em período no qual (...)".

Gabarito "A".

(Delegado/PA – 2012 – MSCONCURSOS) A Lei nº 9.605/1998 estabelece sanções para condutas e atividades lesivas ao meio ambiente. De acordo com a referida lei, não é circunstância que atenua a pena:

(A) arrependimento do infrator, manifestado pela espontânea reparação do dano, ou limitação significativa da degradação ambiental causada.

(B) baixo grau de instrução ou escolaridade do agente.

(C) comunicação prévia pelo agente do perigo iminente de degradação ambiental.

(D) erro de pessoa ou circunstância fática não previsível.

(E) colaboração com os agentes encarregados da vigilância e do controle ambiental.

Art. 14 da Lei 9.605/1998.
Gabarito "D".

15. EXECUÇÃO PENAL

(Delegado/RS – 2018 – FUNDATEC) A respeito da execução da pena privativa de liberdade, analise as assertivas a seguir, de acordo com a Lei de Execução Penal, a jurisprudência do Supremo Tribunal Federal e a doutrina majoritária, respectivamente.

I. Em relação ao trabalho do preso, é possível afirmar que o trabalho externo é autorizado aos condenados que cumprem pena no regime fechado, desde que em serviços ou obras públicas, que poderão ser realizados por órgãos da administração direta ou indireta, ou entidades privadas, desde que tomadas as medidas contra fuga e em favor da disciplina, ou seja, com escolta.

II. A necessidade de respeito à integridade física e moral do preso fez com que, atualmente, o entendimento jurisprudencial seja pela impossibilidade do uso de algemas, a menos que haja resistência e fundado receio de fuga ou perigo à integridade física do preso, o que não inclui riscos à integridade física de terceiras pessoas, pois, nesse caso, serão cabíveis outras providências.

III. É possível aplicar-se o regime disciplinar diferenciado ao preso provisório ou ao condenado sob o qual recaiam fundadas suspeitas de envolvimento ou participação, a qualquer título, em organização terrorista.

Quais estão corretas?

(A) Apenas I.
(B) Apenas II.
(C) Apenas III.
(D) Apenas I e III.
(E) I, II e III.

I: correta, pois reflete o disposto no art. 36, *caput*, da LEP; **II:** incorreta, uma vez que não corresponde ao entendimento firmado por meio da Súmula Vinculante 11; **III:** correta, na medida em que corresponde ao que estabelece o art. 52, § 1º, II, da LEP, cuja redação foi conferida pela Lei 13.964/2019, que, ao instituir o pacote anticrime, modificou substancialmente as regras que regem o regime disciplinar diferenciado, a começar pelo prazo de duração, que era de até 360 dias e passou para até dois anos, sem prejuízo de repetição da sanção diante do cometimento de nova falta grave da mesma espécie. Também por força da Lei 13.964/2019, as visitas, que antes eram semanais, passam a ser quinzenais, de 2 pessoas por vez, que serão realizadas em instalações equipadas para impedir o contato físico e a passagem de objetos, por pessoa da família ou, no caso de terceiro, autorizado pelo juiz, com duração de 2 horas. O art. 52, IV, da LEP, por sua vez, passou a exigir que a saída para o banho de sol seja feita em grupos de até quatro presos, desde que não haja contato com presos do mesmo grupo criminoso. Além dessas, outras modificações foram implementadas no RDD, razão pela qual sugeridos a leitura do art. 52 da LEP na íntegra.

Gabarito "D".

16. TEMAS COMBINADOS E OUTROS TEMAS DA LEGISLAÇÃO EXTRAVAGANTE

(Delegado/ES – 2019 – Instituto Acesso) A Lei 13.245/2016 alterou o art. 7º da Lei 8.906/94 (Estatuto da OAB) que garante ao advogado do investigado, o direito de assistir a seus clientes durante a apuração de infrações, inclusive nos depoimentos e interrogatório, podendo apresentar razões e quesitos. Com efeito, Anderson, advogado de José, impugnou a oitiva de duas testemunhas em fase de inquérito policial, alegando que não recebeu notificação informando do dia e hora da oitiva das referidas testemunhas em sede policial. Diante da temática apresentada, assinale a seguir a alternativa correta.

(A) O sigilo do inquérito policial impede que o advogado tenha acesso aos atos já documentados em inquérito policial.

(B) A Lei 13.245/2016 impôs o dever à autoridade policial de intimar previamente o advogado constituído para os atos de investigação, em homenagem ao contraditório e a ampla defesa.

(C) A Lei 13.245/2016 instituiu a obrigatoriedade do inquérito policial ainda que já haja provas devidamente constituídas.

(D) A Lei 13.245/2016 não impôs um dever à autoridade policial de intimar previamente o advogado constituído para os atos de investigação.

(E) A inquisitorialidade do procedimento investigatório policial é o que impede que o advogado tenha acesso aos atos já documentados em inquérito policial.

A: incorreta. O inquérito policial é, em vista do que estabelece o art. 20 do CPP, sigiloso. Ocorre que, a teor do art. 7º, XIV, da Lei 8.906/1994 (Estatuto da Advocacia), constitui direito do advogado, entre outros: "examinar, em qualquer instituição responsável por conduzir investigação, mesmo sem procuração, autos de flagrante e de investigações de qualquer natureza, findos ou em andamento, ainda que conclusos à autoridade, podendo copiar peças e tomar apontamentos, em meio físico ou digital". Sobre este tema, o STF editou a Súmula Vinculante 14, a seguir transcrita: "É direito do defensor, no interesse do representado, ter acesso amplo aos elementos de prova que, já documentados em procedimento investigatório realizado por órgão com competência de polícia judiciária, digam respeito ao exercício do direito de defesa". Bem por isso, caberá à autoridade policial franquear o acesso do advogado, constituído ou não, aos elementos de informação contidos no auto de prisão em flagrante/inquérito policial, desde que já documentados; **B**: incorreta, uma vez que a Lei 13.245/2016 não estabelece como dever da autoridade policial adotar tal providência; deverá, isto sim, assegurar ao investigado em inquérito policial o exercício da prerrogativa de fazer-se acompanhar de advogado de sua confiança. Não nos esqueçamos que, por se tratar de procedimento administrativo e inquisitivo, não vigoram, nas investigações criminais, conforme doutrina e jurisprudência amplamente majoritárias, o contraditório e ampla defesa. Na jurisprudência: "1. As alterações promovidas pela Lei 13.245/2016 no art. 7º, XXI, do Estatuto da Ordem dos Advogados representam reforço das prerrogativas da defesa técnica no curso do inquérito policial, sem comprometer, de modo algum, o caráter inquisitório da fase investigativa preliminar. 2. Desse modo, a possibilidade de assistência mediante a apresentação de razões e quesitos não se confunde com o direito subjetivo de intimação prévia e tempestiva da defesa técnica acerca do calendário de inquirições a ser definido pela autoridade judicial. 3. Agravo regimental desprovido" (STF, Pet 7612, Relator(a): Min. EDSON FACHIN, Segunda Turma, julgado em 12/03/2019, ACÓRDÃO ELETRÔNICO DJe-037 DIVULG 19-02-2020 PUBLIC 20-02-2020). Atenção: o art. 14-A, inserido no CPP pela Lei 13.964/2019 (Pacote Anticrime), assegura aos servidores vinculados às instituições elencadas nos arts. 142 (Forças Armadas) e 144 (Segurança Pública) da CF que figurarem como investigados em inquéritos policiais, inquéritos policiais militares e demais procedimentos extrajudiciais, cujo objeto for a investigação de fatos relacionados ao uso da força letal praticados no exercício profissional ou em missões para Garantia da Lei e da Ordem (GLO), o direito de constituir defensor para o fim de acompanhar as investigações. Até aqui, nenhuma novidade. Isso porque, como bem sabemos, é direito de qualquer investigado constituir defensor. O § 1º deste art. 14-A, de forma inédita, estabelece que o servidor, verificada a situação descrita no *caput*, será citado. Isso mesmo: será citado da instauração do procedimento investigatório, podendo constituir defensor no prazo de até 48 horas a contar do recebimento da citação. Melhor seria se o legislador houvesse empregado o termo *notificado* em vez de *citado*. Seja como for, uma vez citado e esgotado o prazo de 48 horas sem nomeação de defensor, a autoridade responsável pela investigação deverá intimar a instituição à qual estava vinculado o investigado à época dos fatos para que indique, no prazo de 48 horas, defensor para a representação do investigado (§ 2º); **C**: incorreta, na medida em que a Lei 13.245/2016 não instituiu a obrigatoriedade do inquérito policial. Como bem sabemos, o IP não é indispensável ao oferecimento da queixa ou denúncia (art. 12 do CPP); se o titular da ação penal dispuser de elementos suficientes, poderá, diretamente, propô-la; **D**: correta. A Lei 13.245/2016, ao introduzir o inciso XXI ao art. 7º da Lei 8.906/1994 (Estatuto da Advocacia), assegurou aos investigados a prerrogativa de ser assistidos por advogado no decorrer de apurações de infrações penais; **E**: incorreta. A despeito de o IP ser inquisitivo, já que nele não vigoram contraditório e ampla defesa, é certo que ao advogado do investigado é assegurado acesso amplo aos elementos de prova já documentados (Súmula Vinculante 14).

Gabarito "D".

(Delegado/RS – 2018 – FUNDATEC) Considerando a disciplina das leis de Proteção a Vítimas e a Testemunhas, Lavagem de Dinheiro e Organizações Criminosas, assinale a alternativa correta.

(A) Em caso de vítimas ou testemunhas de crimes que estejam coagidas ou expostas a grave ameaça em razão de colaborarem com a investigação ou processo criminal, deverá o delegado de polícia, independente de anuência da pessoa protegida, ou de seu representante legal, providenciar a sua inclusão em programas especiais organizados para a proteção especial a vítimas e a testemunhas.

(B) Para a punição dos crimes previstos na Lei 9.613/1998, exige-se a punibilidade da infração penal antecedente, ainda que desconhecida a sua autoria.

(C) Não constitui direito do agente infiltrado recusar ou fazer cessar a atuação infiltrada conforme disposto na Lei 12.850/2013.

(D) Proceder-se-á à alienação antecipada para preservação do valor dos bens sempre que estiverem sujeitos a qualquer grau de deterioração ou depreciação, ou quando houver dificuldade para sua manutenção, ouvido o proprietário ou possuidor direto do bem objeto da medida assecuratória, nos termos da Lei 9.613/1998.

(E) Em caso de indiciamento de servidor público, este será afastado, sem prejuízo de remuneração e demais direitos previstos em lei, até que o juiz competente autorize, em decisão fundamentada, o seu retorno, nos termos da Lei 9.613/1998.

A: incorreta, já que, nos termos do art. 2º, § 3º, da Lei 9.807/1999, "o ingresso no programa, as restrições de segurança e demais medidas por ele adotadas terão sempre a anuência da pessoa protegida, ou de seu representante legal"; **B**: incorreta. É despicienda, para a tipificação do crime de lavagem de dinheiro, a punição do agente pelo cometimento da infração penal (crime e contravenção penal) antecedente. Segundo reza o art. 2º, II, da Lei 9.613/1998, "o processo e julgamento dos crimes previstos nesta Lei: II – independem do processo e julgamento das infrações penais antecedentes, ainda que praticados em outro país (...)". Ainda segundo o § 1º do art. 2º: "a denúncia será instruída com indícios suficientes da existência da infração penal antecedente, sendo puníveis os fatos previstos nesta Lei, ainda que desconhecido ou isento de pena o autor, ou extinta a punibilidade da infração penal antecedente". Basta, pois, a existência de prova de que a infração penal antecedente ocorreu (materialidade da infração); **C**: incorreta, pois contraria o teor do art. 14, I, da Lei 12.850/2013, segundo o qual constitui direito do agente recusar ou fazer cessar a atuação infiltrada; **D**: incorreta. A alienação antecipada a que se refere o art. 4º, § 1º, da Lei 9.613/1998 prescinde da anuência do proprietário ou possuidor direto do bem objeto da medida assecuratória, que não precisará, pois, ser ouvido; **E**: correta, pois reflete o disposto no art. 17-D da Lei 9.613/1998.

Gabarito "E".

(Delegado/RS – 2018 – FUNDATEC) Considerando a Lei 12.830/2013 e sua interpretação jurisprudencial, assinale a alternativa correta.

(A) As funções de polícia judiciária e a apuração de infrações penais exercidas pelo delegado de polícia são de natureza técnica, essenciais e exclusivas de Estado.

(B) O indiciamento dar-se-á por ato fundamentado do delegado de polícia, ao final do inquérito policial, com posterior remessa dos autos ao juiz competente.

(C) Conforme jurisprudência do Superior Tribunal de Justiça, o magistrado poderá requisitar o indiciamento do suspeito ao delegado de polícia, desde que presentes indícios de autoria e prova da materialidade delitiva.

(D) O indiciamento, privativo do delegado de polícia, dar-se-á por ato fundamentado, mediante análise técnico-jurídica do fato, que deverá indicar a autoria, materialidade e suas circunstâncias.

(E) O Ministério Público não poderá requerer a devolução do inquérito à autoridade policial, senão para novas diligências e indiciamento, imprescindíveis ao oferecimento da denúncia.

A: incorreta, na medida em que não corresponde ao teor do art. 2º, *caput*, da Lei 12.830/2013; **B:** incorreta, uma vez que, tendo em conta a discricionariedade de que goza a autoridade policial na condução do IP (o legislador não estabeleceu uma sequência rígida de atos a ser observada pelo delegado), o indiciamento, ato privativo da autoridade policial, poderá ocorrer em qualquer fase do IP, não necessariamente ao seu final. Em suma, a escolha do momento mais adequado em que ele deverá ocorrer ficará a critério do delegado; **C:** incorreta. O indiciamento constitui providência privativa da autoridade policial, não cabendo ao promotor ou mesmo ao juiz determinar que o delegado assim proceda. É o que estabelece o art. 2º, § 6º, da Lei 12.830/2013, que contempla regras sobre a investigação criminal conduzida pelo delegado de polícia. Quanto a isso, conferir o magistério de Guilherme de Souza Nucci: "Requisição de indiciamento: cuida-se de procedimento equivocado, pois indiciamento é ato exclusivo da autoridade policial, que forma o seu convencimento sobre a autoria do crime, elegendo, formalmente, o suspeito de sua prática. Assim, não cabe ao promotor ou ao juiz exigir, através de requisição, que alguém seja indiciado pela autoridade policial, porque seria o mesmo que demandar à força que o presidente do inquérito conclua ser aquele o autor do delito (...)" (*Código de Processo Penal Comentado*, 12ª ed., p. 101). Na jurisprudência: "1. É por meio do indiciamento que a autoridade policial aponta determinada pessoa como a autora do ilícito em apuração. 2. Por se tratar de medida ínsita à fase investigatória, por meio da qual o Delegado de Polícia externa o seu convencimento sobre a autoria dos fatos apurados, não se admite que seja requerida ou determinada pelo magistrado, já que tal procedimento obrigaria o presidente do inquérito à conclusão de que determinado indivíduo seria o responsável pela prática criminosa, em nítida violação ao sistema acusatório adotado pelo ordenamento jurídico pátrio. Inteligência do artigo 2º, § 6º, da Lei 12.830/2013. Doutrina. Precedentes do STJ e do STF. 3. Recurso provido para anular a decisão que determinou o indiciamento dos recorrentes" (STJ, RHC 47.984/SP, Rel. Ministro JORGE MUSSI, QUINTA TURMA, julgado em 04/11/2014, DJe 12/11/2014); **D:** correta, pois corresponde à redação do art. 2º, § 6º, da Lei 12.830/2013; **E:** incorreta. É lícito ao MP, caso entenda serem necessárias novas diligências, por considerá-las imprescindíveis ao oferecimento da denúncia, requerer a devolução do inquérito à autoridade policial (art. 16, CPP), sendo-lhe vedado, no entanto, assim proceder para o fim de que o delegado promova o indiciamento do investigado. *Vide* comentário à assertiva "C".

Gabarito "D".

(Delegado/RS – 2018 – FUNDATEC) A denominada colaboração premiada, amplamente utilizada na atualidade como forma de oposição à criminalidade crescente e cada dia mais organizada, possui previsão em diversas hipóteses no ordenamento jurídico penal brasileiro, sendo correto afirmar-se que:

(A) No crime de extorsão mediante sequestro, se houver delação de um dos coautores do crime, e isso contribuir para o esclarecimento do caso e para a prisão dos criminosos, mesmo que não haja a libertação do sequestrado, por circunstâncias alheias à vontade do delator, este poderá obter uma redução de pena de um a dois terços.

(B) O juiz poderá, a requerimento das partes, conceder o perdão judicial, reduzir em até dois terços a pena privativa de liberdade, ou substituí-la por restritiva de direitos, daquele que tenha colaborado efetiva e voluntariamente com a investigação e com o processo criminal envolvendo organização criminosa, desde que dessa colaboração advenha um ou mais resultados exigidos pela Lei 12.850/2013.

(C) A delação premiada prevista para os crimes contra a ordem tributária, Lei 8.137/1990, consiste em uma atenuante de pena e terá cabimento somente quando o crime for praticado por associação criminosa.

(D) De acordo com a Lei 8.072/1990, Lei dos Crimes Hediondos, o integrante de associação criminosa para a prática de crimes hediondos, tortura, tráfico de entorpecentes e drogas afins ou terrorismo, que denunciá-la à autoridade, possibilitando seu desmantelamento, terá a pena reduzida de um terço.

(E) De acordo com a Lei de Drogas, Lei 11.343/2006, o indiciado ou acusado que colaborar, voluntariamente, com a investigação policial e o processo criminal, mesmo sem auxiliar na identificação de coautores ou partícipes, em caso de condenação, terá a pena reduzida de um terço a dois terços, desde que colabore com a recuperação total ou parcial do produto do crime.

A: incorreta, na medida em que, ante o que estabelece o art. 159, § 4º, do CP, a libertação do sequestrado, na extorsão mediante sequestro, constitui requisito indispensável à obtenção de redução de pena; **B:** correta, pois corresponde ao previsto no art. 4º, *caput*, da Lei 12.850/2013; **C:** incorreta, pois, segundo reza o art. 16, parágrafo único, da Lei 8.137/1990, fará jus à diminuição de pena tanto o agente que integrar quadrilha quanto aquele que figurar como coautor ou ainda partícipe na empreitada criminosa; **D:** incorreta, tendo em conta que, neste caso, a pena será reduzida de um a dois terços, nos termos do que dispõe o art. 8º, parágrafo único, da Lei 8.072/1990; **E:** incorreta, já que, para ser agraciado com a redução de pena contida no art. 41 da Lei 11.343/2006, é de rigor que o agente colabore na identificação de coautores ou partícipes.

Gabarito "B".

(Delegado/RS – 2018 – FUNDATEC) Amâncio planejava matar a companheira Inocência, porque não aceitava a separação do casal proposta por ela, e acreditava estar sendo traído. No dia do crime, esperou Inocência na saída do trabalho e, quando essa apareceu na via pública, fazendo-se acompanhar por Bravus, seu colega, efetuou um disparo de arma de fogo contra ela, com intenção de matá-la, atingindo-a fatalmente. Bravus também acabou sendo atingido, de raspão, pelo disparo, e restou lesionado levemente, em um dos braços. Nessa situação hipotética, analise as seguintes assertivas:

I. Será pertinente o reconhecimento da qualificadora do feminicídio.
II. Em relação à pluralidade de crimes, será reconhecido um concurso formal próprio heterogêneo.
III. Supondo que Amâncio seja condenado por homicídio qualificado e lesão corporal leve, à pena de 12 anos de reclusão para o homicídio e 3 meses de detenção para a lesão corporal, o juiz somará as penas, aplicando a regra do cúmulo material benéfico.
IV. Caso, na mesma situação fática, ao invés de Bravus, Inocência estivesse acompanhada da filha do casal, a pena seria aumentada de 1/3 até a 1/2, por ter sido o crime praticado na presença de descendente.

Quais estão corretas?

(A) Apenas I.
(B) Apenas IV.

(C) Apenas III e IV.
(D) Apenas I, II e III.
(E) I, II, III e IV.

I: correta (art. 121, § 2º, VI, do CP); **II:** correta. O enunciado retrata típica hipótese de *aberratio ictus* com unidade complexa (ou com duplo resultado), em que deverá ser aplicada a regra do concurso formal próprio, vale dizer, aplicar-se-á a pena do crime mais grave, aumentada de 1/6 (um sexto) até 1/2 (metade), conforme preconiza o art. 74, 2ª parte, do CP, **III:** correta. Nos termos do art. 70, parágrafo único, do CP, a pena não poderá exceder a que seria cabível pela regra do concurso material. Assim, quando o sistema da exasperação afigurar-se prejudicial ao agente, deverá ser adotado o do cúmulo material, razão por que tal situação é denominada de cúmulo material benéfico; **IV:** correta, pois reflete o disposto no art. 121, § 7º, III, do CP, com redação dada pela Lei 13.771/2018. Gabarito "E".

(Delegado/MG – 2018 – FUMARC) Em relação aos dispositivos legais sobre a remoção de órgãos, tecidos e partes do corpo humano para fins de transplante e tratamento, é CORRETO afirmar:

(A) A retirada *post mortem* de tecidos, órgãos ou partes do corpo humano destinados a transplante ou tratamento deverá ser precedida de diagnóstico de morte encefálica, constatada e registrada por dois médicos não participantes das equipes de remoção e transplante.

(B) A retirada de tecidos, órgãos e partes do corpo de pessoas falecidas para transplantes ou outra finalidade terapêutica não dependerá apenas da autorização do cônjuge ou parente, estando também vinculada aos sistemas de saúde pública e ao delegado de polícia.

(C) No caso de morte sem assistência médica, de óbito em decorrência de causa mal definida ou de outras situações nas quais houver indicação de verificação da causa médica da morte, a remoção de tecidos, órgãos ou partes de cadáver para fins de transplante ou terapêutica somente poderá ser realizada após a autorização do delegado de polícia ou do Ministério Público.

(D) O cadáver de pessoa não identificada não pode se prestar a qualquer doação para transplantes, exceto se autorizado pelo delegado de polícia, promotor ou juiz.

A: correta (art. 3º, *caput*, da Lei 9.434/1997); **B:** incorreta, uma vez que contraria o disposto no art. 4º da Lei 9.434/1997; **C:** incorreta, pois não reflete o que estabelece o art. 7º, parágrafo único, da Lei 9.434/1997; **D:** incorreta (art. 6º da Lei 9.434/1997). Gabarito "A".

(Delegado/ES – 2019 – Instituto Acesso) A Constituição Federal de 1988 estabeleceu no art. 5º, inciso XII, a inviolabilidade das comunicações telefônicas, salvo nas hipóteses e na forma que a lei estabelecer para fins de investigação criminal ou instrução processual penal. Com relação à Lei 9.296/96, que trata da interceptação telefônica, é INCORRETO afirmar que:

(A) a interceptação não poderá exceder o prazo de quinze dias, todavia, poderá ser renovada uma única vez, por igual tempo, uma vez comprovada a indispensabilidade do meio de prova.

(B) não será admitida a interceptação de comunicações telefônicas quando ocorrer qualquer das seguintes hipóteses: inexistirem indícios razoáveis da autoria ou participação em infração penal; a prova puder ser feita por outros meios disponíveis; o fato investigado constituir infração penal punida, no máximo, com pena de detenção.

(C) a interceptação de comunicações telefônicas, de qualquer natureza, para prova em investigação criminal e em instrução processual penal, observará as disposições da Lei 9.296/96 e dependerá de ordem do juiz competente da ação principal, sob segredo de justiça.

(D) a interceptação das comunicações telefônicas poderá ser determinada pelo juiz, de ofício, ou, ainda, a requerimento da autoridade policial, na investigação criminal, e do representante do Ministério Público, na investigação criminal e na instrução processual penal.

(E) a gravação que não interessar à prova será inutilizada por decisão judicial, durante o inquérito, a instrução processual ou após esta, em virtude de requerimento do Ministério Público ou da parte interessada.

Antes de dar início aos comentários das assertivas, é importante a observação de que, posteriormente à elaboração desta questão, a Lei 13.964/2019 (Pacote Anticrime) inseriu o art. 8º-A na Lei 9.296/1996, e finalmente previu a possibilidade de ser autorizada pelo juiz, para fins de investigação ou instrução criminal, a captação ambiental de sinais eletromagnéticos, ópticos ou acústicos, quando preenchidos determinados requisitos contidos na lei. O art. 10-A, também inserido pela Lei 13.964/2019, estabelece ser crime a conduta consistente em realizar captação ambiental de sinais eletromagnéticos, ópticos ou acústicos para investigação ou instrução criminal sem autorização judicial, quando esta for exigida. O § 1º deste dispositivo dispõe que não há crime se a captação é realizada por um dos interlocutores. Dito isso, passemos aos comentários das alternativas. **A:** incorreta (a ser assinalada). À luz do que reza o art. 5º da Lei 9.296/1996, a interceptação não poderá exceder o prazo de 15 dias, interregno esse que comporta prorrogação por igual período, desde que isso se mostre indispensável às investigações. Segundo entendimento consolidado pelos tribunais superiores, as interceptações telefônicas podem, sim, ser prorrogadas sucessivas vezes (e não somente uma, como consta da alternativa), desde que tal providência seja devidamente fundamentada pela autoridade judiciária (art. 5º da Lei 9.296/1996). Conferir: "De acordo com a jurisprudência há muito consolidada deste Tribunal Superior, as autorizações subsequentes de interceptações telefônicas, uma vez evidenciada a necessidade das medidas e a devida motivação, podem ultrapassar o prazo previsto em lei, considerado o tempo necessário e razoável para o fim da persecução penal" (AgRg no REsp 1620209/RS, Rel. Ministra Maria Thereza De Assis Moura, Sexta Turma, julgado em 09.03.2017, *DJe* 16.03.2017). No STF: "(...) Nesse contexto, considerando o entendimento jurisprudencial e doutrinário acerca da possibilidade de se prorrogar o prazo de autorização para a interceptação telefônica por períodos sucessivos quando a intensidade e a complexidade das condutas delitivas investigadas assim o demandarem, não há que se falar, na espécie, em nulidade da referida escuta e de suas prorrogações, uma vez que autorizada pelo Juízo de piso com a observância das exigências previstas na lei de regência (Lei 9.296/1996, art. 5º) (...)" (STF, 1ª T., RHC 120.111, rel. Min. Dias Toffoli, j. 11.03.2014); **B:** correta, na medida em que corresponde ao disposto no art. 2º da Lei 9.296/1996; **C:** correta, pois em conformidade com o que estabelece o art. 1º da Lei 9.296/1996; **D:** correta, pois reflete o que dispõe o art. 3º da Lei 9.296/1996; **E:** correta, pois em consonância com o que reza o art. 9º, *caput*, da Lei 9.296/1996. Gabarito "A".

A Constituição Federal de 1988 estabeleceu, no art. 5°, inciso LVIII, que o civilmente identificado não será submetido a identificação criminal, salvo nas hipóteses previstas em lei.

Fazem-se a seguir cinco afirmações relativas à Lei 12.037/09, que dispõe sobre a identificação criminal do civilmente identificado.

I. As informações genéticas contidas nos bancos de dados de perfis genéticos poderão revelar traços somáticos ou comportamentais das pessoas, sendo vedada a determinação genética de gênero, consoante as normas constitucionais e internacionais sobre direitos humanos, genoma humano e dados genéticos;
II. Os documentos de identificação militares são equiparados aos documentos de identificação civis, no que concerne às finalidades da Lei 12.037/09;
III. Embora apresentado documento de identificação, poderá ocorrer identificação criminal quando esta for essencial às investigações policiais, segundo despacho da autoridade judiciária competente, que decidirá de ofício ou mediante representação da autoridade policial, do Ministério Público ou da defesa;
IV. Na hipótese de a identificação criminal ser essencial às investigações policiais, a identificação criminal poderá incluir a coleta de material biológico para a obtenção do perfil genético;
V. O rol de documentos que atestam a identificação civil, apresentado no art. 2° do referido diploma normativo, é exemplificativo, sendo possível, portanto, atestá-la por meio de outro documento público que permita a identificação, ainda que não esteja expressamente elencado na lei;

(Delegado/ES – 2019 – Instituto Acesso) Quantas dessas afirmações estão corretas?

(A) Todas estão corretas.
(B) Todas estão erradas.
(C) Todas, exceto a última.
(D) Todas, exceto a primeira.
(E) Todas, exceto a segunda.

I: incorreta, pois contraria a regra disposta no art. 5°-A, § 1°, da Lei 12.037/2009; **II**: correta, uma vez que reflete o que estabelece o art. 2°, parágrafo único, da Lei 12.037/2009; **III**: correta (art. 3°, IV, da Lei 12.037/2009); **IV**: correta, pois em conformidade com o art. 5°, parágrafo único, da Lei 12.037/2009; **V**: correta. Trata-se, de fato, de rol exemplificativo, tal como se infere do art. 2°, VI, da Lei 12.037/2009. Importante: embora isso em nada repercuta na resolução desta questão, vale a observação de que a Lei 13.964/2019 incluiu na Lei 12.037/2009 os arts. 7°-A e 7°-C. O primeiro dispositivo, com a alteração promovida pela Lei 13.964/2019, passou a contar com dois incisos. Com isso, a exclusão dos perfis genéticos dos bancos de dados ocorrerá em duas situações, a saber: I – no caso de absolvição do acusado; II – no caso de condenação do acusado, mediante requerimento, após decorridos 20 anos do cumprimento da pena. Já o art. 7°-C da Lei 12.037/2009, inserido pela Lei 13.964/2019, cria, no âmbito do Ministério da Justiça e Segurança Pública, o chamado Banco Nacional Multibiométrico e de Impressões Digitais, cujo escopo consiste em armazenar dados de registros biométricos, de impressões digitais e, quando possível, de íris, face e voz, para subsidiar investigações criminais federais, estaduais ou distritais (art. 7°-C, § 2°). Não há a menor dúvida de que a criação deste acervo de registros biométricos e impressões digitais é de suma importância para evitar erros judiciários e também para contribuir na produção de provas. Tanto é que o delegado de polícia e o MP poderão, no curso do inquérito ou da ação penal, requerer ao Poder Judiciário o acesso ao Banco Nacional Multibiométrico e de Impressões Digitais, tal como prevê o art. 7°-C, § 11.

Gabarito "D".

(Delegado/MS – 2017 – FAPEMS) Considerando os tipos penais previstos em diversas leis especiais, assinale a alternativa correta.

(A) O condutor que, metros antes da blitz, para evitar multa, trocar de posição com outra pessoa, responderá pela fraude processual de trânsito prevista no artigo 312 da Lei n. 9.503/1997.
(B) O funcionário público que constrange fisicamente o estagiário a praticar contravenção penal poderá ser responsabilizado pelo crime de tortura do artigo 1° da Lei n. 9.455/1997.
(C) A pichação de edifício público não é considerada crime ambiental pela Lei n. 9.605/1998.
(D) No âmbito do tráfico de drogas previsto no artigo 33 da Lei n. 11.343/2006 considera-se causa de aumento de pena o fato de a conduta realizar-se em concurso eventual de pessoas.
(E) A exposição à venda de mercadoria em condições impróprias é considerada crime contra as relações de consumo por meio da Lei n. 8.137/1990, ainda quando praticada culposamente.

A: incorreta. O crime de fraude processual previsto no art. 312 do CTB (Lei 9.503/1997) somente se caracteriza quando o agente inovar artificiosamente, *em caso de acidente automobilístico com vítima*, na pendência do respectivo procedimento policial preparatório, inquérito policial ou processo penal, o estado de lugar, de coisa ou de pessoa, a fim de induzir a erro o agente policial, o perito, ou juiz. Assim, a troca de posição do condutor com outra pessoa, a fim de evitar multa, não configura o crime em comento, caracterizado apenas diante de um cenário de acidente automobilístico; **B**: incorreta. Configura tortura, nos termos do art. 1°, I, "b", da Lei 9.455/1997, a conduta do agente que constranger alguém, mediante violência ou grave ameaça, causando-lhe sofrimento físico ou mental, para provocar ação ou omissão de *natureza criminosa* (não abrange, portanto, as contravenções); **C**: incorreta. De acordo com o art. 65 da Lei 9.605/1998, constitui crime ambiental o fato de o agente pichar ou por outro meio conspurcar edificação ou monumento urbano. Repare que o legislador não fez distinção entre edifício público ou privado, abrangendo, pois, ambos; **D**: incorreta, pois o concurso de agentes não é causa de aumento de pena prevista no rol do art. 40 da Lei 11.343/2006; **E**: correta. Nos termos do art. 7°, IX, da Lei 8.137/1990, constitui crime contra as relações de consumo o fato de o agente vender, ter em depósito para vender ou *expor à venda* ou, de qualquer forma, entregar *matéria-prima ou mercadoria, em condições impróprias ao consumo*.

Gabarito "E".

(Delegado/GO – 2017 – CESPE) Em relação às disposições expressas nas legislações referentes aos crimes de trânsito, contra o meio ambiente e de lavagem de dinheiro, assinale a opção correta.

(A) Em relação aos delitos ambientais, constitui crime omissivo impróprio a conduta de terceiro que, conhecedor da conduta delituosa de outrem, se abstém de impedir a sua prática.
(B) Para a caracterização do delito de lavagem de dinheiro, a legislação de regência prevê um rol taxativo de crimes antecedentes, geradores de ativos de origem ilícita, sem os quais o crime não subsiste.

(C) A colaboração premiada de que trata a Lei de Lavagem de Dinheiro poderá operar a qualquer momento da persecução penal, até mesmo após o trânsito em julgado da sentença.

(D) É vedada a imposição de multa por infração administrativa ambiental cominada com multa a título de sanção penal pelo mesmo fato motivador, por violação ao princípio do *non bis in idem*.

(E) A prática de homicídio culposo descrita no Código de Trânsito enseja a aplicação da penalidade de suspensão da permissão para dirigir, pelo órgão administrativo competente, mesmo antes do trânsito em julgado de eventual condenação.

A: incorreta. Configurará crime omissivo impróprio não a simples conduta de "terceiro" que, conhecedor da conduta delituosa de outrem, se abstiver de impedir a sua prática, mas sim o diretor, o administrador, o membro de conselho e de órgão técnico, o auditor, o gerente, o preposto ou mandatário de pessoa jurídica, que, sabendo da conduta criminosa de outrem, deixar de impedir a sua prática, quando podia agir para evitá-la (art. 2º da Lei 9.605/1998); **B:** incorreta. Até o advento da Lei 12.683/2012, o art. 1º da Lei 9.613/1998 continha um rol taxativo dos delitos antecedentes à lavagem de dinheiro, que deixou de existir. Portanto, atualmente, a prática de qualquer infração penal (crime ou contravenção) poderá anteceder a ocultação ou a dissimulação de ativos de origem ilícita; **C:** correta, conforme se depreende do art. 1º, § 5º, da Lei 9.613/1998: "A pena poderá ser reduzida de um a dois terços e ser cumprida em regime aberto ou semiaberto, facultando-se ao juiz deixar de aplicá-la ou substituí-la, a qualquer tempo, por pena restritiva de direitos, se o autor, coator ou partícipe colaborar espontaneamente com as autoridades, prestando esclarecimentos que conduzam à apuração das infrações penais, à identificação dos autores, coautores e partícipes, ou à localização dos bens, direitos ou valores objeto do crime"; **D:** incorreta, pois as instâncias penal e administrativa são independentes, nada obstante ambas possam atuar diante de um mesmo fato motivador; **E:** incorreta, pois a suspensão do direito de obter a permissão ou a habilitação para dirigir veículo automotor, no caso do art. 302 do CTB (Lei 9.503/1997), por ter natureza de pena, somente poderá ser executada após o trânsito em julgado. Podemos invocar até mesmo o art. 147 da LEP (Lei 7.210/1984), que, tratando da execução das penas restritivas de direitos, somente a permite após o trânsito em julgado, sendo inadmissível, portanto, a execução provisória. **AT**

Gabarito "C".

(Delegado/PE – 2016 – CESPE) Lucas, delegado de polícia de determinado estado da Federação, em dia de folga, colidiu seu veículo contra outro veículo que estava parado em um sinal de trânsito. Sem motivo justo, o delegado sacou sua arma de fogo e executou um disparo para o alto. Imediatamente, Lucas foi abordado por autoridade policial que estava próxima ao local onde ocorrera o fato.

Nessa situação hipotética, a conduta de Lucas poderá ser enquadrada como

(A) crime inafiançável.

(B) contravenção penal.

(C) crime, com possibilidade de aumento de pena, devido ao fato de ele ser delegado de polícia.

(D) crime insuscetível de liberdade provisória.

(E) atípica, devido ao fato de ele ser delegado de polícia.

Ao efetuar disparo de arma de fogo para o alto, em via pública, sem motivo plausível, Lucas, delegado de polícia, deverá ser responsabilizado pelo crime do art. 15 da Lei 10.826/2003 (Estatuto do Desarmamento), com incidência da causa de aumento prevista no art. 20, I, do mesmo diploma. De ver-se que este crime, a despeito da previsão contida no art. 15, parágrafo único, do Estatuto do Desarmamento, não é inafiançável. Isso porque o STF considerou tal dispositivo inconstitucional (ADI 3.112-DF, Pleno, rel. Min. Ricardo Lewandowski, 02.05.2007).

Gabarito "C".

(Delegado/PE – 2016 – CESPE) A respeito da legislação penal extravagante brasileira, assinale a opção correta.

(A) Não constitui crime de abuso de autoridade a conduta, consumada ou tentada, de violação de domicílio, fora das hipóteses constitucionais e legais de ingresso em casa alheia, quando praticada por delegado de polícia, uma vez que este está amparado pelo estrito cumprimento do dever legal, como causa legal de exclusão de ilicitude da conduta típica.

(B) O direito penal econômico visa tutelar os bens jurídicos de interesse coletivo e difuso, coibindo condutas que lesem ou que coloquem em risco o regular funcionamento do sistema econômico-financeiro, podendo estabelecer como crime ações contra o meio ambiente sustentável.

(C) Agente absolvido de crime antecedente de tráfico de drogas, em razão de o fato não constituir infração penal, ainda poderá ser punido pelo crime de branqueamento de capitais, uma vez que a absolvição daquele crime precedente pela atipicidade não tem o condão de afastar a tipicidade do crime de lavagem de dinheiro.

(D) Segundo entendimento do STJ, o crime de porte ilegal de arma de fogo é delito de perigo abstrato, considerando-se típica a conduta de porte de arma de fogo completamente inapta a realizar disparos e desmuniciada, ainda que comprovada a inaptidão por laudo pericial.

(E) Para o STF, haverá crime contra a ordem tributária, ainda que esteja pendente de recurso administrativo que discuta o débito tributário em procedimento fazendário específico, haja vista independência dos poderes.

A: incorreta, uma vez que, fora das hipóteses constitucionais e legais de ingresso em domicílio alheio (art. 5º, XI, da CF e art. 150 do CP), a conduta, praticada por delegado de polícia, consistente em violar domicílio alheio configura, sim, o delito de abuso de autoridade, na modalidade prevista no art. 3º, *b*, da Lei 4.898/1965. Não há que se cogitar, dessa forma, a ocorrência de estrito cumprimento de dever legal; falar-se-ia dessa modalidade de causa de exclusão da ilicitude na hipótese, por exemplo, de prisão em flagrante feita por delegado de polícia ou agentes policiais (neste caso, a lei impõe à autoridade policial e seus agentes que, diante de situação de flagrante, efetue a prisão). Posteriormente à elaboração desta questão, houve a revogação da Lei 4.898/1965. Com isso, a conduta descrita nesta assertiva encontra-se tipificada no art. 22, *caput*, da Lei 13.869/2019 (nova Lei de Abuso de Autoridade); **B:** correta, pois faz referência, de forma sucinta, ao objeto de proteção das normas de direito penal econômico; **C:** incorreta, uma vez que a configuração do crime de lavagem de dinheiro tem como pressuposto a ocorrência de infração penal antecedente (art. 1º, *caput*, da Lei 9.613/1998); à evidência, na hipótese de o agente ao qual se imputa o delito de lavagem de dinheiro ser absolvido da prática do crime antecedente, a imputação do delito de lavagem de dinheiro restará, por óbvio, esvaziada. Em outros termos, a ausência da infração penal antecedente afasta a tipicidade do crime de lavagem de dinheiro; **D:** incorreta. Conferir: "1. A Terceira Seção desta Corte pacificou entendimento no sentido de que o tipo penal de posse ou porte ilegal de arma de fogo cuida-se de delito de mera conduta ou de perigo abstrato, sendo irrelevante a demonstração de seu efetivo caráter ofensivo. 2. Na hipótese, contudo, em que demonstrada por laudo pericial a total ineficácia da arma de fogo (inapta a disparar) e das munições apreendidas (deflagradas e percutidas), deve ser reconhecida a atipicidade da conduta perpetrada, diante da ausência de afetação do bem jurídico incolumidade pública, tratando-se de crime impossível pela ineficácia absoluta do meio. 3. Recurso especial improvido" (REsp 1451397/MG, Rel. Ministra Maria Thereza de Assis Moura, Sexta Turma, julgado em 15.09.2015, DJe 01.10.2015); **E:** incorreta, já que contraria o entendimento consolidado na Súmula Vinculante 24: "Não se tipifica crime material contra a ordem tributária, previsto no art. 1°, I a IV, da Lei 8.137/1990, antes do lançamento definitivo do tributo. ED

Gabarito "B".

(Delegado/BA – 2016.2 – Inaz do Pará) A Lei 9.296/1996 versa sobre Transcrição das conversas gravadas. Contudo, precedentes lógicos e legais admitem que os áudios possam ser Degravados. Sendo assim, sobre degravação é possível afirmar:

(A) É uma descrição integral do diálogo.

(B) O analista pode colocar qualquer informação que ache conveniente para investigação em uma degravação.

(C) É um resumo, uma narrativa do diálogo interceptado, é um breve histórico dos acontecimentos e fatos acontecidos. Pode conter partes integrais da conversa e trazer uma análise da conjuntura da operação.

(D) Não é realizada qualquer análise ou contextualização das informações colhidas no áudio.

(E) NRA.

Segundo vem entendendo o STJ, não é necessária a transcrição na íntegra dos diálogos travados entre os interlocutores. Verificar: HC 112.993-ES, 6ª T., rel. Min. Maria Thereza de Assis Moura, 16.03.2010. Também nesse sentido: "Recurso ordinário em *habeas corpus*. Associação para o tráfico. Disponibilização integral das mídias das escutas telefônicas. Alegada ausência de acesso às interceptações telefônicas. Transcrição parcial constante nos autos desde o oferecimento da denúncia. Transcrição integral. Desnecessidade. Constrangimento ilegal. Não ocorrência. Nulidade. Inexistência. Recurso a que se nega provimento. 1. As mídias das interceptações telefônicas foram disponibilizadas, na íntegra, à Defesa, razão pela qual não há falar em nulidade, inexistindo, portanto, constrangimento ilegal a ser sanado. 2. A cópia das transcrições parciais das interceptações telefônicas constantes dos relatórios da autoridade policial foram disponibilizadas à Defesa desde o oferecimento da exordial acusatória. 3. É pacífico o entendimento nos tribunais superiores no sentido de que é prescindível a transcrição integral do conteúdo da quebra do sigilo das comunicações telefônicas, somente sendo necessária, a fim de se assegurar o exercício da garantia constitucional da ampla defesa, a transcrição dos excertos das escutas que serviram de substrato para o oferecimento da denúncia. 4. Recurso ordinário a que se nega provimento" (STJ, RHC 27.997, 6ª T., rel. Min. Maria Thereza de Assis Moura, *DJ* 19.09.2013). ED

Gabarito "C".

(Delegado/BA – 2016.2 – Inaz do Pará) Das afirmativas a seguir, qual não faz parte da Lei 9.296/1996?

(A) "Prescreve que a Interceptação Telefônica, de Informática e Telemática, somente poderão ser utilizadas em casos de Investigação Criminal e em Instrução Processual Penal e dependerá de ordem de um Juiz competente da ação principal e correrá sobre segredo de justiça".

(B) "O Juiz deverá Decidir de forma fundamentada, sob pena de nulidade; prazo limite de 15 dias, podendo ser prorrogado por igual período se comprovada a indispensabilidade do meio de prova".

(C) "Constitui crime realizar interceptação de comunicações telefônicas, de informática ou telemática, ou quebrar segredo da Justiça, sem autorização judicial ou com objetivos não autorizados em lei".

(D) "Não será permitido Interceptação Telefônica quando: a prova puder ser feita por outros meios disponíveis".

(E) "é inviolável o sigilo da correspondência e das comunicações telegráficas, de dados e das comunicações telefônicas, salvo, no último caso, por ordem judicial, nas hipóteses e na forma que a lei estabelecer para fins de investigação criminal ou instrução processual penal".

A: correta (art. 1°, *caput*, da Lei 9.296/1996); **B:** correta (art. 5° da Lei 9.296/1996); **C:** correta (art. 10 da Lei 9.296/1996, cuja redação foi modificada pela Lei 13.869/2019 – nova Lei de Abuso de Autoridade); **D:** (art. 2°, II, da Lei 9.296/1996); **E:** incorreta (deve ser assinalada), já que se trata de dispositivo contido na Constituição Federal, em seu o art. 5°, XII. Atenção: posteriormente à elaboração desta questão, a Lei 13.964/2019 (Pacote Anticrime) inseriu o art. 8°-A na Lei 9.296/1996, e finalmente previu a possibilidade de ser autorizada pelo juiz, para fins de investigação ou instrução criminal, a captação ambiental de sinais eletromagnéticos, ópticos ou acústicos, quando preenchidos determinados requisitos contidos na lei. O art. 10-A, também inserido pela Lei 13.964/2019, estabelece ser crime a conduta consistente em realizar captação ambiental de sinais eletromagnéticos, ópticos ou acústicos para investigação ou instrução criminal sem autorização judicial, quando esta for exigida. O § 1° deste dispositivo dispõe que não há crime se a captação é realizada por um dos interlocutores. ED

Gabarito "E".

(Delegado/BA – 2016.2 – Inaz do Pará) No tocante as interceptações telefônicas, telemática e de imagem para prova em investigação criminal, na forma da Lei 9.296/1996 e da Instrução Normativa 01/2013 GDG, pode-se afirmar, excetuando-se.

(A) Precedem de decisão judicial e correrão em autos apartados, não devendo constar nos autos principais, em virtude da exigência legal de sigilo.

(B) Deverá conter a demonstração de que sua realização é necessária à apuração da infração penal investigada.

(C) As interceptações solicitadas pelas unidades da Polícia Civil serão operacionalizadas pelo Departamento de Inteligência da Polícia Civil- DIP.

(D) Deverá constar a qualificação dos investigados ou justificar a impossibilidade de fazê-lo.

(E) Deferida a medida, deverá Autoridade Policial dar ciência ao representante do Ministério Público, juntando aos Autos pelo Escrivão de Polícia, cópia autenticada do respectivo ofício de ciência.

A: correta, uma vez que em conformidade com o disposto nos arts. 1° e 8° da Lei 9.296/1996 e 86 da Instrução Normativa 1, de 17 de abril de 2013, editada pelo Delegado-Geral da Polícia Civil do Estado da Bahia; **B:** correta, pois em conformidade com o disposto nos arts. 4°, *caput*, da Lei 9.296/1996 e 87 da Instrução Normativa 1, de 17 de abril de 2013, editada pelo Delegado-Geral da Polícia Civil do Estado da Bahia; **C:** incorreta, devendo ser assinalada, já que não corresponde ao que estabelece o 88 da Instrução Normativa 1, de 17 de abril de 2013, editada pelo Delegado-Geral da Polícia Civil do Estado da Bahia; **D:** correta, já que em conformidade com o disposto nos arts. 2°, parágrafo único, da Lei 9.296/1996 e 87, II, da Instrução Normativa 1, de 17 de

abril de 2013, editada pelo Delegado-Geral da Polícia Civil do Estado da Bahia; **E:** correta, uma vez que em conformidade com o disposto nos arts. 6º da Lei 9.296/1996 e 88.1, IV, da Instrução Normativa 1, de 17 de abril de 2013, editada pelo Delegado-Geral da Polícia Civil do Estado da Bahia.
Gabarito "C".

(Delegado/DF – 2015 – Fundação Universa) No que se refere às leis penais especiais, assinale a alternativa correta.

(A) Os crimes definidos na lei de licitações podem sujeitar os seus autores, quando servidores públicos, às sanções penais e à perda do cargo, do emprego, da função ou do mandato eletivo, mas, apenas, se os delitos, de fato, se consumarem.

(B) A prática rotineira de jornais e programas televisivos transmitirem trechos de conversas telefônicas interceptadas por autoridade policial, conduta, que, em regra, atrapalha as investigações policiais, deve-se especialmente ao fato de a lei de regência não ter previsto como crime o ato de realizar interceptação de comunicações telefônicas sem autorização judicial.

(C) Configura contravenção penal a retenção de documento de identificação pessoal, ainda que apresentado por meio de fotocópia autenticada.

(D) A chamada propaganda enganosa, ou seja, a afirmação falsa ou enganosa sobre natureza, característica ou qualidade de produto ou serviço nas relações de consumo, pode gerar indenização por danos morais, mas não constitui infração penal.

(E) O Estatuto do Índio, ao preceituar sobre as disposições penais, trata de diversas situações de crimes praticados contra os índios, mas não dispõe sobre qualquer benesse em caso de crime praticado por índio.

A: incorreta. À luz do que estabelece o art. 83 da Lei 8.666/1993 (Licitações), os crimes ali definidos, ainda que tentados, sujeitam seus autores, quando servidores públicos, às sanções penais e à perda do cargo, do emprego, da função ou do mandato eletivo; **B:** incorreta, uma vez que o art. 10 da Lei 9.296/1996 (cuja redação foi alterada pela Lei 13.869/2019) estabelece ser crime a conduta daquele que realiza interceptação de comunicações telefônicas, de informática ou telemática, ou quebra segredo da Justiça, sem autorização judicial; **C:** correta (contravenção penal prevista no art. 3º da Lei 5.553/1968); **D:** incorreta (crime previsto no art. 66 da Lei 8.078/1990 – Código e Defesa do Consumidor); **E:** incorreta (art. 56 da Lei 6.001/1973 – Estatuto do Índio).
Gabarito "C".

(Delegado/DF – 2015 – Fundação Universa) Acerca dos crimes e das contravenções penais previstos na legislação penal especial, assinale a alternativa correta.

(A) Não há previsão de crimes culposos na lei que dispõe sobre os crimes contra o meio ambiente.

(B) A prescrição dos crimes falimentares rege-se pelas disposições do CP, começando o prazo prescricional a correr do dia da decretação da falência, da concessão da recuperação judicial ou da homologação do plano de recuperação extrajudicial.

(C) A tentativa de contravenção penal é causa de diminuição da pena de um a dois terços.

(D) A obtenção, para uso próprio, de documento particular ideologicamente falso, para fins eleitorais, é punível segundo as disposições do CP, não havendo previsão específica de crime no Código Eleitoral.

(E) O crime de comércio ilegal de arma de fogo, previsto no Estatuto do Desarmamento, é suscetível de liberdade provisória.

A: incorreta. Isso porque a lei que dispõe sobre os crimes contra o meio ambiente (Lei 9.605/1998) contempla vários tipos penais culposos. Exemplos: arts. 38, parágrafo único; 38-A, parágrafo único; 40, § 3º.; **B:** correta, pois reflete o que estabelece o art. 182 da Lei 11.101/2005; **C:** incorreta, na medida em que a tentativa de contravenção penal, a teor do art. 4º do Dec.-lei 3.688/1941, não é punível; **D:** incorreta. Trata-se da conduta tipificada no art. 354 da Lei 4.737/1965 (Código Eleitoral); **E:** correta. A previsão contida no art. 21 do Estatuto do Desarmamento (Lei 10.826/2003) no sentido de que descabe liberdade provisória ao autor do crime de comércio ilegal de arma de fogo (art. 17) foi considerada inconstitucional pelo STF, por ocasião do julgamento da ADI 3112-1, por flagrante ofensa ao princípio da presunção da inocência e da obrigatoriedade de fundamentação do decreto de prisão. Dessa forma, o crime de comércio ilegal de arma de fogo, previsto no Estatuto do Desarmamento (art. 17), é suscetível de liberdade provisória, tal como se afirma na alternativa. Atenção: a pena cominada ao crime do art. 17 do Estatuto do Desarmamento, que era de 4 a 8 anos de reclusão, foi alterada pela Lei 13.964/2019, passando para 6 a 12 anos de reclusão.
Gabarito "Anulada".

Delegado/RJ – 2013 – FUNCAB) Constitui crime contra as relações de consumo, EXCETO:

(A) fraudar preços por meio de divisão em partes de bem ou serviço, habitualmente oferecido à venda em conjunto.

(B) formar acordo, convênio, ajuste ou aliança entre ofertantes, visando à fixação artificial de preços ou quantidades vendidas ou produzidas.

(C) deixar de organizar dados fáticos, técnicos e científicos que dão base à publicidade.

(D) favorecer ou preferir, sem justa causa, comprador ou freguês, ressalvados os sistemas de entrega ao consumo por intermédio de distribuidores ou revendedores.

(E) fraudar preços por meio de junção de bens ou serviços, comumente oferecidos à venda em separado.

A: correta, pois corresponde ao crime contra as relações de consumo previsto no art. 7º, IV, *b*, da Lei 8.137/1990; **B:** incorreta, devendo ser assinalada, uma vez que corresponde ao crime contra a ordem econômica (e não contra as relações de consumo) previsto no art. 4º, II, *a*, da Lei 8.137/1990; **C:** correta, pois corresponde ao crime contra as relações de consumo previsto no art. 69 da Lei 8.078/1990 (CDC); **D:** correta, pois corresponde ao crime contra as relações de consumo previsto no art. 7º, I, da Lei 8.137/1990; **E:** correta, pois corresponde ao crime contra as relações de consumo previsto no art. 7º, IV, *c*, da Lei 8.137/1990.
Gabarito "B".

(Delegado/BA – 2013 – CESPE) Considerando o que dispõe a legislação atual acerca de discriminação, julgue o item que se segue.

(1) A violência psicológica, uma das espécies de violência contra a mulher previstas na Lei Maria da Penha, resulta de conduta que cause, entre outros problemas, dano emocional e diminuição da autoestima da vítima.

(2) Pratica crime o empregador que, por motivo de discriminação de raça ou cor, deixar de conceder equipamentos necessários ao empregado, em igualdade de condições com os demais trabalhadores.

1: correta. Nos termos do art. 7º da Lei Maria da Penha (Lei 11.340/2006), que define as cinco espécies de violência doméstica e familiar contra a mulher, encontramos, em seu inciso II, a previsão da violência psicológica, assim entendida como "qualquer conduta que lhe cause *dano emocional e diminuição da autoestima* ou que lhe prejudique e perturbe o pleno desenvolvimento ou que vise degradar ou controlar suas ações, comportamentos, crenças e decisões, mediante ameaça, constrangimento, humilhação, manipulação, isolamento, vigilância constante, perseguição contumaz, insulto, chantagem, ridicularização, exploração e limitação do direito de ir e vir ou qualquer outro meio que lhe cause prejuízo à saúde psicológica e à autodeterminação"; **2: correta.** Constitui crime definido na Lei de Racismo (Lei 7.716/1989) o fato de o agente (empregador), por motivo de discriminação de raça ou de cor ou práticas resultantes do preconceito de descendência ou origem nacional ou étnica, *deixar de conceder os equipamentos necessários ao empregado em igualdade de condições com os demais trabalhadores* (art. 4º, § 1º, I).

Gabarito 1C, 2C

(Delegado/BA – 2013 – CESPE) No que se refere às contravenções penais, aos crimes em espécie e às leis penais extravagantes, julgue os itens a seguir com base na jurisprudência dos tribunais superiores.

(1) O indivíduo penalmente imputável condenado à pena privativa de liberdade de vinte e três anos de reclusão pela prática do crime de extorsão seguido de morte poderá ser beneficiado, no decorrer da execução da pena, pela progressão de regime após o cumprimento de dois quintos da pena, se for réu primário, ou de três quintos, se reincidente.

(2) O dolo direto ou eventual é elemento subjetivo do delito de violação de direito autoral, não havendo previsão para a modalidade culposa desse crime.

(3) Considere que João, por vários meses, tenha captado sinal de televisão a cabo por meio de ligação clandestina e que, em razão dessa ligação, considerável valor econômico tenha deixado de ser transferido à prestadora do serviço. Nessa situação hipotética, considerando-se o entendimento do Superior Tribunal de Justiça a respeito da matéria, João praticou o crime de furto de energia.

(4) A tentativa de contravenção, mesmo que factível, não é punida.

1: correta. Considerando que o crime de extorsão qualificada pela morte, definido no art. 158, § 2º, do CP, é considerado hediondo (art. 1º, III, da lei 8.072/1990), a progressão de regime somente será autorizada após o agente cumprir dois quintos da pena, se primário, ou três quintos, se reincidente (art. 2º, § 2º, da Lei 8.072/1990, com a redação que lhe foi dada pela Lei 11.464/2007). Atenção: com a alteração promovida pela Lei 13.964/2019 na redação do art. 112 da LEP (posterior, portanto, à elaboração desta questão), criam-se novos patamares para o reeducando pleitear a progressão de regime de cumprimento de pena, aqui incluído o condenado pela prática de crime hediondo/equiparado, cuja disciplina, até então, estava no art. 2º, § 2º, da Lei 8.072/1990, que estabelecia faixas diferenciadas de cumprimento de pena necessárias à progressão, dispositivo expressamente revogado pela Lei 13.964/2019. Com isso, as novas regras de progressão, inclusive para os autores de crimes hediondos, estão contempladas no novo art. 112 da LEP, que foi substancialmente reformulado pela Lei 13.964/2019, estabelecendo uma nova e ampla tabela de progressão de regime; **2: correta.** O crime de violação de direito autoral, tipificado pelo art. 184 do CP, é doloso, admitindo-se tanto o dolo direto quanto o eventual. De fato, da leitura de referido tipo penal, não há previsão da modalidade culposa desse crime. Assim, caso um agente pratique violação de direito autoral crendo, por exemplo, que a obra caiu em domínio público (art. 45 da lei 9.610/1998), terá incidido em erro de tipo, que, como sabido, exclui o dolo (art. 20, *caput*, do CP); **3: correta.** De fato, há precedentes do STJ reconhecendo a tipificação do crime de furto de energia elétrica (art. 155, § 3º, do CP) quando o agente capta, clandestinamente, sinal de TV a cabo por ligação não autorizada. Confira-se a ementa do RHC 30847/RJ, 5ª turma, j. 20.08.2013, rel. Min. Jorge Mussi, *DJE* 04.09.2013: "recurso ordinário em *habeas corpus*. Captação irregular de sinal de televisão a cabo. Alegada atipicidade da conduta. Ausência de documentação comprobatória. Necessidade de prova pré-constituída. Equiparação à energia elétrica. Possibilidade. Recurso improvido. 1. Não há na impetração a cópia da denúncia ofertada contra os recorrentes, documentação indispensável para análise da alegada atipicidade da conduta que lhes foi atribuída. 2. O rito do *habeas corpus* pressupõe prova pré-constituída do direito alegado, devendo a parte demonstrar, de maneira inequívoca, por meio de documentos que evidenciem a pretensão aduzida, a existência do aventado constrangimento ilegal suportado pelo paciente. 3. Assim não fosse, tomando-se por base apenas os fatos relatados na inicial do *mandamus* impetrado na origem e no aresto objurgado, não se constata qualquer ilegalidade passível de ser remediada por este sodalício, pois o sinal de TV a cabo pode ser equiparado à energia elétrica para fins de incidência do art. 155, § 3º, do CP. Doutrina. Precedentes. 4. Recurso improvido."; **4: correta,** nos exatos termos do art. 4º da Lei de Contravenções Penais (Decreto-lei 3.688/1941): "não é punível a tentativa de contravenção".

Gabarito 1C, 2C, 3C, 4C

(Delegado Federal – 2013 – CESPE) No que diz respeito aos crimes previstos na legislação penal extravagante, julgue os itens subsequentes.

(1) O crime de lavagem de capitais, delito autônomo em relação aos delitos que o antecedem, não está inserido no rol dos crimes hediondos.

(2) O crime de lavagem de capitais, consoante entendimento consolidado na doutrina e na jurisprudência, divide-se em três etapas independentes: colocação (*placement*), dissimulação (*layering*) e integração (*integration*), não se exigindo, para a consumação do delito, a ocorrência dessas três fases.

(3) Se os crimes funcionais, previstos no art. 3º da Lei nº 8.137/1990, forem praticados por servidor contra a administração tributária, a pena imposta aumentará de um terço até a metade.

(4) Na Lei de Drogas, é prevista como crime a conduta do agente que oferte drogas, eventualmente e sem objetivo de lucro, a pessoa do seu relacionamento, para juntos a consumirem, não sendo estabelecida distinção entre a oferta dirigida a pessoa imputável ou inimputável.

1: correta. De fato, a lavagem de dinheiro não é crime que conste no rol daqueles considerados hediondos (art. 1º da Lei 8.072/1990); **2: correta.** Realmente, cuidou a doutrina a cindir a lavagem de dinheiro em três fases ou etapas. A primeira é denominada de colocação, conversão ou *placement*. Verifica-se, por exemplo, quando o agente efetua depósitos bancários, compra de títulos negociáveis e bens. A segunda é denominada de ocultação, dissimulação ou *layering*, tendo por objetivo "quebrar" a cadeia de evidências dos crimes antecedentes. São exemplos de ocultação a movimentação eletrônica de dinheiro, utilização de contas em paraísos fiscais, depósitos em contas fantasmas etc. Por fim, fala-se em integração ou *integration*, etapa em que os ativos (dinheiro e bens) são incorporados ao sistema econômico nacional, dando-se a aparência de licitude a eles; **3: incorreta.** Nos termos do art. 12, II, da Lei 8.137/1990, a pena será aumentada de 1/3 até a 1/2 se os crimes dos arts. 1º, 2º, 4º a 7º forem cometidos por servidor público no exercício de suas funções. À evidência, os crimes do art. 3°, da referida lei, não poderão ter as penas majoradas pelo fato de o agente (sujeito ativo) ser servidor público, haja vista que são exatamente os denominados "crimes funcionais contra a ordem tributária", que pressupõem a condição de funcionário público. Se a pena fosse majorada por essa circunstância (condição especial do sujeito ativo), estaríamos diante de inegável bis in idem; **4:** correta (art. 33, § 3°, da Lei 11.343/2006). A situação descrita na assertiva configura o chamado tráfico privilegiado. Não fez o legislador, em referido subtipo penal, qualquer distinção entre a oferta de droga ser direcionada à pessoa imputável ou inimputável.

Gabarito 1C, 2C, 3E, 4C

(Delegado/PA – 2012 – MSCONCURSOS) A interceptação de comunicações telefônicas, de qualquer natureza, para prova em investigação criminal e em instrução processual penal, observará o disposto na Lei n° 9.296, de 24 de julho de 1996 e dependerá de ordem do juiz competente da ação principal, sob segredo de justiça. Com base nessas informações e pautando-se na referida lei, assinale a alternativa correta:

(A) Realizar interceptação de comunicações telefônicas, de informática ou telemática, ou quebrar segredo da Justiça, sem autorização judicial ou com objetivos não autorizados em lei não é crime.

(B) A interceptação de comunicação telefônica, de qualquer natureza, ocorrerá nos autos principais do inquérito policial ou do processo criminal, preservando-se o sigilo das diligências, gravações e transcrições respectivas.

(C) É admitida a interceptação de comunicações telefônicas quando o fato investigado constituir infração penal punida, no máximo, com pena de detenção.

(D) Excepcionalmente, o juiz poderá admitir que o pedido seja formulado verbalmente, desde que estejam presentes os pressupostos que autorizem a interceptação, caso em que a concessão será condicionada à sua redução a termo.

(E) O juiz, no prazo máximo de quarenta e oito horas, decidirá sobre o pedido de interceptação de comunicação telefônica.

A: incorreta, dado o que estabelece o art. 1° da Lei 9.296/1996; **B:** incorreta, pois não reflete o disposto no art. 8°, caput, da Lei 9.296/1996; **C:** incorreta. A teor do art. 2°, III, da Lei 9.296/1996, somente será autorizada a interceptação de comunicações telefônicas na hipótese de o fato objetivo da investigação constituir infração penal punida com reclusão; **D:** correta, pois reflete o disposto no art. 4°, § 1°, da Lei 9.296/1996; **E:** incorreta, pois o art. 4°, § 2°, da Lei 9.296/1996 estabeleceu o prazo de 24 horas.

Gabarito "D".

(Delegado/PA – 2012 – MSCONCURSOS) Pautando-se na Lei n° 12.037, de 1° de outubro de 2009, que dispõe sobre a identificação criminal do civilmente identificado, assinale a alternativa incorreta:

(A) É permitido mencionar a identificação criminal do indiciado em atestados de antecedentes ou em informações não destinadas ao juízo criminal, antes do trânsito em julgado da sentença condenatória.

(B) A identificação civil é atestada, dentre outros documentos, pela carteira de identificação funcional.

(C) Embora apresentado documento de identificação, poderá ocorrer identificação criminal quando o indiciado portar documentos de identidade distintos, com informações conflitantes entre si.

(D) No caso de não oferecimento da denúncia, ou sua rejeição, ou absolvição, é facultado ao indiciado ou ao réu, após o arquivamento definitivo do inquérito, ou trânsito em julgado da sentença, requerer a retirada da identificação fotográfica do inquérito ou processo, desde que apresente provas de sua identificação civil.

(E) Quando houver necessidade de identificação criminal, a autoridade encarregada tomará as providências necessárias para evitar o constrangimento do identificado.

A: incorreta, pois contraria o disposto no art. 6° da Lei 12.037/2009; **B:** correta, visto que reflete o disposto no art. 2°, V, da Lei 12.037/2009; **C:** correta, pois reflete o que estabelece o art. 3°, III, da Lei 12.037/2009; **D:** correta (art. 7° da Lei 12.037/2009); **E:** correta, pois em consonância com o que dispõe o art. 4° da Lei 12.037/2009.

Gabarito "A".

(Delegado/PI – 2009 – UESPI) Marque a afirmação correta que se aplica seja aos crimes hediondos (Lei 8.072/1990), seja ao tráfico ilícito e ao uso indevido de substâncias entorpecentes (Lei 11.343/2006), seja aos crimes de tortura (Lei 9.455/1997).

(A) As penas aplicadas ao usuário de substâncias entorpecentes são: a advertência sobre os efeitos das drogas, a prestação de serviços à comunidade e a medida educativa de comparecimento à programa ou curso educativo. Estas, nos casos de descumprimento injustificado, podem ser convertidas em pena privativa de liberdade.

(B) O crime de associação para o tráfico ilícito de entorpecente é um crime de concurso necessário, devendo ter no mínimo 2 (dois) sujeitos ativos.

(C) Os crimes de tortura, assim como os crimes hediondos, não admitem a anistia, a graça e o indulto.

(D) O roubo qualificado pelo resultado (lesão corporal grave e morte), estabelecido no art. 157, § 3°, é crime hediondo.

(E) Quem, sendo usuário de substância entorpecente, oferece droga, eventualmente e sem objetivo de lucro, a pessoa de seu relacionamento, para juntos a consumirem, pratica o crime de uso de substância entorpecente, com uma causa especial de aumento de pena pelo oferecimento da droga a terceira pessoa.

A: incorreta. Ainda que em caso de descumprimento, as penas impostas ao condenado pelo crime tipificado no art. 28 da Lei n° 11.343/2006 não poderão ser convertidas em penas privativas de liberdade; **B:** correta. O crime de associação para o tráfico, previsto no art. 35 da Lei 11.343/2006, é um crime autônomo que deve ser praticado por, no mínimo, dois agentes; **C:** incorreta. Não há vedação à concessão de indulto para o crime de tortura (art. 5°, XLIII, da CF e art. 1°, § 6°, da Lei 9.455/1997); **D:** incorreta. O crime de latrocínio, previsto no art. 157, § 3°, II, do CP, é que está inserido no rol dos crimes hediondos. Nas hipóteses em que da violência resultar lesão corporal grave, não estará caracterizado crime hediondo. Posteriormente à elaboração desta questão, a Lei 13.964/2019, dentre tantas outras alterações promovidas, inseriu no rol dos crimes hediondos (art. 1°, II, a, b, c, da Lei 8.072/1990), entre outros delitos, o roubo circunstanciado pela restrição de liberdade da vítima (art. 157, § 2°, V, CP), o roubo circunstanciado pelo emprego de arma de fogo (art. 157, § 2°-A, I) ou pelo emprego de arma de fogo de uso proibido ou restrito (art. 157, § 2º, B) e a modalidade qualificada pelo resultado lesão corporal grave (art. 157, § 3º), lembrando que o roubo qualificado pelo resultado morte (latrocínio) já fazia parte do rol de crimes hediondos, conforme acima observado; **E:** incorreta. A conduta descrita configura o crime de tráfico eventual de droga, previsto no art. 33, § 3º, da Lei nº 11.343/2006, cuja pena cominada será de detenção de seis meses a um ano, e pagamento de 700 a 1500 dias-multa, sem prejuízo das penas previstas no art. 28 da mesma Lei.

Gabarito "B".

(Delegado/RJ – 2009 – CEPERJ) Relativamente à legislação penal extravagante, assinale a afirmativa incorreta.

(A) Considera-se autoridade, para os efeitos da Lei nº 4.898/1965, o serventuário da justiça.

(B) Constitui crime de tortura constranger alguém com emprego de grave ameaça, causando-lhe sofrimento mental, em razão de discriminação religiosa.

(C) Constitui crime previsto no Estatuto da Criança e do Adolescente submeter à tortura criança ou adolescente sob sua autoridade, guarda ou vigilância.

(D) De acordo com a doutrina, os sistemas de definição dos crimes hediondos são o legal, o misto e o judicial, sendo certo que o ordenamento jurídico brasileiro adotou o sistema legal.

(E) A pena do crime de tortura é aumentada se o crime é cometido mediante sequestro.

A: correta. O art. 5º da Lei 4.898/1965 prevê que "considera-se autoridade para efeitos desta lei, quem exerce cargo, emprego ou função pública, de natureza civil, ou militar, ainda que transitoriamente e sem remuneração", hipótese na qual se insere o serventuário da justiça. Com a revogação da Lei 4.898/1965, ocorrida posteriormente à elaboração desta questão, a definição de sujeito ativo do crime de abuso de autoridade passou a ser prevista no art. 2º da Lei 13.869/2019; **B:** correta – art. 1º, I, *c*, da Lei 9.455/1997; **C:** incorreta. O crime está tipificado no art. 1º, com a incidência da causa de aumento prevista no § 4º, II, da Lei de Tortura; **D:** correta. Somente a lei pode indicar, em rol taxativo, quais são os crimes considerados hediondos. Não adotamos, pois, o chamado sistema judicial, e sim o sistema legal, em que cabe à lei, e somente a ela, definir quais crimes são hediondos; **E:** correta – art. 1º, § 4º, III, da Lei 9.455/1997.

Gabarito "C".

3. DIREITO PROCESSUAL PENAL

Eduardo Dompieri

1. FONTES, PRINCÍPIOS GERAIS, EFICÁCIA DA LEI PROCESSUAL PENAL NO TEMPO E NO ESPAÇO

(Delegado/RJ – 2022 – CESPE/CEBRASPE) Após o advento do neoconstitucionalismo e como seu consequente reflexo, os princípios adquiriram força normativa no ordenamento jurídico brasileiro, e a eficácia objetiva dos direitos fundamentais deu novos contornos ao direito processual penal. A respeito desse assunto, assinale a opção correta à luz do Código de Processo Penal.

(A) No Código de Processo Penal, admite-se, dado o princípio do *tempus regit actum*, a aplicação da interpretação extensiva, mas não a da interpretação analógica.

(B) No que diz respeito à interpretação extensiva, admitida no Código de Processo Penal, existe uma norma que regula o caso concreto, porém sua eficácia é limitada a outra hipótese, razão por que é necessário ampliar seu alcance, e sua aplicação não viola o princípio constitucional do devido processo legal.

(C) A analogia, assim como a interpretação analógica, não é admitida no Código de Processo Penal em razão do princípio da vedação à surpresa e para não violar o princípio constitucional do devido processo legal.

(D) Ante os princípios da proteção e da territorialidade temperada, não se admite a aplicação de normas de tratados e regras de direito internacional aos crimes cometidos em território brasileiro.

(E) No Código de Processo Penal, o princípio da proporcionalidade é expressamente consagrado, tanto no que se refere ao aspecto da proibição do excesso quanto ao aspecto da proibição da proteção ineficiente.

A: incorreta. Isso porque, no CPP, são admitidas tanto a aplicação da interpretação extensiva quanto a da interpretação analógica, conforme reza o art. 3º; **B:** correta. De fato, a chamada interpretação extensiva consiste na ampliação do conteúdo da lei, levada a efeito pelo aplicador da norma, sempre que esta disser menos do que deveria; **C:** incorreta. O CPP, em seu art. 3º, admite, de forma expressa, a analogia, o mesmo se dizendo com relação à interpretação extensiva e aos princípios gerais de direito; **D:** incorreta. É verdade que a lei processual penal será, em regra, aplicada a infrações penais praticadas em território nacional. É o chamado princípio da territorialidade, consagrado no art. 1º do CPP. Sucede que este mesmo dispositivo, em seus incisos, estabelece que este postulado não é absoluto, dado que há situações em que, a despeito de o fato ter ocorrido em território nacional, não terá incidência a lei processual penal brasileira. É o caso do diplomata a serviço de seu país de origem que vem a praticar infração penal no Brasil. Será afastada, aqui, por força da Convenção de Viena, diploma ao qual o Brasil aderiu, a incidência da lei processual penal brasileira; **E:** incorreta, dado que o princípio da proporcionalidade não está expresso no CPP. Cuida-se, pois, de postulado implícito. O princípio da proibição da proteção insuficiente representa, ao lado da proibição de excesso, uma das facetas do princípio da proporcionalidade. O Estado é considerado omisso, para esse postulado, quando deixa de adotar medidas necessárias à proteção de direitos fundamentais. *Vide*: ADC nº 19/DF, rel. Min. Marco Aurélio, 09.02.2012.

Gabarito "B".

(Delegado/ES – 2019 – Instituto Acesso) A referida classificação do sistema brasileiro como um sistema acusatório, desvinculador dos papéis dos agentes processuais e das funções no processo judicial, mostra-se contraditória quando confrontada com uma série de elementos existentes no processo." (FERREIRA. Marco Aurélio Gonçalves. A Presunção da Inocência e a Construção da Verdade: Contrastes e Confrontos em perspectiva comparada (Brasil e Canadá). EDITORA LUMEN JURIS, Rio de Janeiro, 2013). Leia o caso hipotético descrito a seguir.

O Ministro OMJ, do Supremo Tribunal Federal, rejeitou o pedido da Procuradoria-Geral da República (PGR), de arquivamento do inquérito aberto para apurar ofensas a integrantes do STF e da suspensão dos atos praticados no âmbito dessa investigação, como buscas e apreensões e a censura a sites. Assinale a alternativa INCORRETA quanto a noção de sistema acusatório.

(A) Inquérito administrativo instaurado no âmbito da administração pública.

(B) A determinação de ofício de instauração de inquérito policial pelo juiz.

(C) A Instauração de inquérito policial pelo Delegado de Polícia.

(D) A requisição de instauração de inquérito policial pelo Ministério Público.

(E) Inquérito instaurado por comissões parlamentares.

Das assertivas acima, devemos identificar aquela que, em princípio, representa afronta ao sistema acusatório. Pois bem. Parte da comunidade jurídica se volta contra a possibilidade de o magistrado requisitar a instauração de inquérito policial, prerrogativa essa contida no art. 5º, II, do CPP. Pondera-se que, em face da notícia de crime de ação penal pública, deve o juiz, no lugar de requisitar a instauração de IP ao delegado de polícia, levar o fato ao conhecimento daquele que é o titular da ação penal pública, o Ministério Público, que poderá, a seu juízo, exercer de pronto a ação penal, oferecendo denúncia (se entender que dispõe de elementos suficientes para tanto), requisitar a instauração de inquérito policial ou ainda promover o arquivamento do expediente. Argumenta-se que não é função do Poder Judiciário, em um sistema de perfil acusatório, deflagrar investigação de fato aparentemente criminoso, ainda que o faça por meio de requisição dirigida à autoridade policial. Tal análise cabe ao MP. Conferir a lição de Aury Lopes Jr., ao analisar o art. 5º do CPP: *em sendo o possuidor da informação um órgão jurisdicional, deverá enviar os autos ou papéis diretamente ao Ministério Público (art. 40) para que decida se exerce imediatamente a ação penal, requisite a instauração de IP ou mesmo solicite o arquivamento (art. 28). A Constituição, ao estabelecer a titularidade exclusiva da ação penal de iniciativa pública, esvaziou em parte o conteúdo do artigo em tela. Não cabe ao juiz iniciar o processo ou mesmo o inquérito (ainda que através de requisição) não só porque* a ação penal de iniciativa pública é de titularidade exclusiva do MP, mas também porque é um imperativo do sistema acusatório (*Direito Processual Penal*, 9. ed. São Paulo: Saraiva, 2012. p. 303). Ao tempo em que foi elaborada esta questão, não havia previsão expressa sobre o sistema acusatório no nosso ordenamento jurídico. A opção pelo sistema acusatório foi explicitada quando da inserção do art. 3º-A no Código de Processo Penal pela Lei 13.964/2019 (Pacote Anticrime). Segundo este dispositivo, cuja eficácia está suspensa por decisão liminar do STF, já que faz parte do regramento que compõe o chamado "juiz das garantias" (arts. 3º-A a 3º-F, do CPP), "o processo penal terá estrutura acusatória, vedadas a iniciativa do juiz na fase de investigação e a substituição da atuação probatória do órgão de acusação". Até então, o sistema acusatório, embora amplamente acolhido pela comunidade jurídica, não era contemplado em lei.

Gabarito "B".

(Delegado/RS – 2018 – FUNDATEC) Considerando a disciplina da aplicação de lei processual penal e os tratados e convenções internacionais, assinale a alternativa correta.

(A) A lei processual penal aplica-se desde logo, conformando um complexo de princípios e regras processuais penais próprios, vedada a suplementação pelos princípios gerais de direito.
(B) A superveniência de lei processual penal que modifique determinado procedimento determina a renovação dos atos já praticados.
(C) A lei processual penal não admite interpretação extensiva, ainda que admita aplicação analógica.
(D) Toda pessoa detida ou retida deve ser conduzida, sem demora, à presença de um juiz ou outra autoridade autorizada pela lei a exercer funções judiciais e tem direito a ser julgada dentro de um prazo razoável ou a ser posta em liberdade, sem prejuízo de que prossiga o processo.
(E) Em caso de superveniência de leis processuais penais híbridas, prevalece o aspecto instrumental da norma.

A: incorreta. A lei processual penal será aplicada desde logo (*princípio da aplicação imediata* ou *da imediatidade*), sem prejuízo dos atos realizados sob o império da lei anterior. É o que estabelece o art. 2º do CPP. Até aqui a assertiva está correta. Sua incorreção está em afirmar que a lei processual penal não comporta o suplemento dos princípios gerais de direito (art. 3º, CPP); **B:** incorreta. A superveniência de lei processual penal que modifique determinado procedimento será aplicada desde logo (imediatidade), sem prejuízo dos atos que até então foram praticados. Em outras palavras, os atos anteriores à lei processual nova serão preservados, não havendo, assim, a necessidade de renovação (art. 2º, CPP); **C:** incorreta. A lei processual penal admite tanto a interpretação extensiva quanto a aplicação analógica (art. 3º, CPP); **D:** correta. Embora não contemplada, de forma expressa, na CF/1988, a Convenção Americana sobre Direitos Humanos (Pacto de San José da Costa Rica), incorporado ao ordenamento jurídico brasileiro, em seu art. 7º (5), assim estabelece: "Toda pessoa presa, detida ou retida deve ser conduzida, sem demora, à presença de um juiz ou outra autoridade autorizada por lei a exercer funções judiciais (...)". O Conselho Nacional de Justiça, em parceria com o Tribunal de Justiça de São Paulo e também com o Ministério da Justiça, lançou e implementou o projeto "audiência de custódia", cujo propósito é assegurar ao preso o direito de ser apresentado, de forma rápida, a um juiz de direito, ao qual caberá analisar, entre outros aspectos, a legalidade da prisão em flagrante e também a necessidade de ela ser convertida em prisão preventiva. Para tanto, o CNJ editou a Resolução 213/2015, cujo art. 1º assim estabelece: *Determinar que toda pessoa presa em flagrante delito, independentemente da motivação ou natureza do ato, seja obrigatoriamente apresentada, em até 24 horas da comu-* *nicação do flagrante, à autoridade judicial competente, e ouvida sobre as circunstâncias em que se realizou sua prisão ou apreensão.* Mais recentemente, a Lei 13.964/2019, conhecida como Pacote Anticrime, contemplou a audiência de custódia, inserindo-a no art. 310 do CPP. Pela primeira vez, portanto, a audiência de custódia, objeto de tantos debates na comunidade jurídica, tem previsão legal. Como dissemos acima, até então esta matéria estava prevista tão somente na Resolução CNJ 213/2015. Segundo estabelece a nova redação do *caput* do art. 310 do CPP, "após receber o auto de prisão em flagrante, no prazo máximo de 24 (vinte e quatro) horas após a realização da prisão, o juiz deverá promover audiência de custódia com a presença do acusado, seu advogado constituído ou membro da Defensoria Pública e o membro do Ministério Público, e, nessa audiência, o juiz deverá, fundamentadamente: (...)". O § 4º deste dispositivo, também inserido pela Lei 13.964/2019 e cuja eficácia está suspensa por decisão cautelar do STF (ADI 6305), impõe a liberalização da prisão do autuado em flagrante em razão da não realização da audiência de custódia no prazo de 24 horas. Ademais, entendemos que não há que se falar em revogação da Resolução 213/2015 pela novel legislação, dado o maior detalhamento que esta promove em face da nova lei; **E:** incorreta. Em regra, a norma processual penal começa a ser aplicada tão logo entre em vigor, passando a disciplinar os processos em curso, não afetando, como dissemos acima, os atos até ali realizados. Não tem, portanto, ao menos em regra, efeito retroativo. Sucede que há normas processuais penais que possuem natureza mista, híbrida, isto é, são dotadas de natureza processual (instrumental) e material (penal) ao mesmo tempo, como as normas processuais que disciplinam a natureza da ação penal. Nesse caso, deverá prevalecer, em detrimento do regramento estabelecido no art. 2º do CPP, a norma contida no art. 2º, parágrafo único, do Código Penal (art. 5º, XL, da CF). Em se tratando de norma mais favorável ao réu, deverá retroagir em seu benefício; se prejudicial a lei nova, aplica-se a lei já revogada. Conferir: "*In casu*, o constrangimento é flagrante, tendo em vista que, diante de norma processual penal material, a disciplinar aspecto sensivelmente ligado ao *jus puniendi* – natureza da ação penal – pretendeu-se aplicar o primado *tempus regit actum*, art. 2.º do Código de Processo Penal, a quebrantar a garantia inserta no Código Penal, de que a *lex gravior* somente incide para fatos posteriores à sua edição. Como, indevidamente, o *Parquet* ofereceu denúncia, em caso em que cabível queixa, e, transposto o prazo decadencial de seis meses para o ajuizamento desta, tem-se como fulminada a persecução penal. 3. Ordem não conhecida, expedido *habeas corpus* de ofício para trancar a Ação Penal n. 2009.001.245923-5, em trâmite perante a 28.ª Vara Criminal da Comarca da Capital/RJ" (STJ, 6ª T., HC 201001533527, Maria Thereza De Assis Moura, *DJ* de 29.11.2012).

Gabarito "D".

(Delegado/MT – 2017 – CESPE) Quando da entrada em vigor da Lei n. 9.099/1995, que dispõe sobre os juizados especiais cíveis e criminais, foi imposta como condição de procedibilidade a representação do ofendido nos casos de lesão corporal leve ou culposa. Nas ações em andamento à época, as vítimas foram notificadas a se manifestar quanto ao prosseguimento ou não dos feitos. Nesse caso, o critério adotado no que se refere às leis processuais no tempo foi o da

(A) interpretação extensiva.
(B) retroatividade.
(C) territorialidade.
(D) extraterritorialidade.
(E) irretroatividade.

Com o advento da Lei 9.099/1995, a ação penal, nos crimes de lesão corporal leve e culposa, que antes era pública incondicionada, passou a ser, por força do art. 88 dessa Lei, pública condicionada à representação do ofendido. Inegável que diversos institutos despenalizadores introduzidos na Lei 9.099/1995, como a representação nos crimes acima referidos, a transação penal e o *sursis* processual, entre outros, têm nítida repercussão no exercício do *jus puniendi*. São normas de direito processual que alcançam o direito de punir, ou seja, têm conteúdo de direito material. No caso da representação, o seu não oferecimento dentro do prazo estabelecido em lei leva ao reconhecimento da decadência, que por sua vez acarreta a extinção da punibilidade. É por essa razão que o STF já decidiu que, nesses casos, essas normas, que têm natureza mista, devem retroagir para beneficiar o réu. Dica: o mesmo raciocínio deve ser aplicado, em princípio, ao crime de estelionato, cuja ação penal, a partir do advento da Lei 13.964/2019, passou a ser pública condicionada à representação do ofendido (até então, era pública incondicionada). Tal alteração na natureza da ação penal no estelionato foi feita por meio da inserção do § 5º ao art. 171 do CP, promovida pela Lei 13.964/2019. ED

Gabarito "B".

(Delegado/PE – 2016 – CESPE) Em consonância com a doutrina majoritária e com o entendimento dos tribunais superiores, assinale a opção correta acerca dos sistemas e princípios do processo penal.

(A) O princípio da obrigatoriedade deverá ser observado tanto na ação penal pública quanto na ação penal privada.

(B) O princípio da verdade real vigora de forma absoluta no processo penal brasileiro.

(C) Na ação penal pública, o princípio da igualdade das armas é mitigado pelo princípio da oficialidade.

(D) O sistema processual acusatório não restringe a ingerência, de ofício, do magistrado antes da fase processual da persecução penal.

(E) No sistema processual inquisitivo, o processo é público; a confissão é elemento suficiente para a condenação; e as funções de acusação e julgamento são atribuídas a pessoas distintas.

A: incorreta. O princípio da *obrigatoriedade*, que tem incidência no contexto da ação penal pública, não se aplica à ação penal privativa do ofendido, que é informada pelo princípio da *oportunidade* (conveniência). Significa que o ofendido tem a *faculdade*, não a obrigação, de promover a ação. No caso da ação pública, diferentemente, temos que o seu titular, o MP, tem a obrigação (não a faculdade) de ajuizar a ação penal quando preenchidos os requisitos legais (princípio da obrigatoriedade). Ainda dentro do tema "princípio da obrigatoriedade", importante que se diga que foi editada a Lei 13.964/2019, conhecida como Pacote Anticrime, que promoveu diversas inovações nos campos penal e processual penal, sendo uma das mais relevantes o chamado *acordo de não persecução penal*, introduzido no art. 28-A do CPP e que consiste, *grosso modo*, no ajuste obrigacional firmado entre o Ministério Público e o investigado, em que este admite sua responsabilidade pela prática criminosa e aceita se submeter a determinadas condições menos severas do que a pena que porventura ser-lhe-ia aplicada em caso de condenação; **B:** incorreta. A busca pela verdade real, tal como se dá nos demais princípios que informam o processo penal, não tem caráter absoluto. Exemplo disso é que a Constituição Federal e também a legislação penal processual (art. 157, CPP) vedam as provas ilícitas; **C:** correta. De fato, na ação penal pública, o princípio da igualdade das armas é mitigado pelo princípio da oficialidade. Isso porque a acusação litigará valendo-se de uma estrutura que lhe é oferecida pelo Estado, o que não é conferido ao acusado, que atuará se valendo de suas próprias forças; **D:** incorreta, já que o sistema acusatório restringe, sim, a ingerência, de ofício, do magistrado antes da fase processual da persecução penal. A propósito do sistema acusatório, é importante que façamos algumas considerações em face da inserção do art. 3º-A no Código de Processo Penal pela Lei 13.964/2019 (Pacote Anticrime). Segundo este dispositivo, cuja eficácia está suspensa por decisão liminar do STF, já que faz parte do regramento que compõe o chamado "juiz de garantias" (arts. 3º-A a 3º-F, do CPP), "o processo penal terá estrutura acusatória, vedadas a iniciativa do juiz na fase de investigação e a substituição da atuação probatória do órgão de acusação". Até então, o sistema acusatório, embora amplamente acolhido pela comunidade jurídica, já que em perfeita harmonia com a CF/88, não era contemplado em lei. Nessa esteira, com vistas a fortalecer o sistema acusatório, o Pacote Anticrime cria a figura do juiz de garantias (arts. 3º-A a 3º-F, do CPP, com eficácia atualmente suspensa), ao qual cabe promover o controle da legalidade da investigação criminal e salvaguardar os direitos individuais cuja franquia tenha sido reservada ao Poder Judiciário. Também dentro desse mesmo espírito, a Lei 13.964/2019 alterou os arts. 282, § 2º, e 311, ambos do CPP, que agora vedam a atuação de ofício do juiz na decretação de medidas cautelares de natureza pessoal, como a prisão processual, ainda que no curso da ação penal. Perceba que, ao tempo em que elaborada esta questão, podia o juiz agir de ofício na decretação da custódia preventiva, desde que no curso da ação penal. Agora, passa a ser vedado ao magistrado proceder à decretação de medidas cautelares de natureza pessoal, incluída a prisão cautelar, em qualquer fase da persecução penal (investigação e ação penal). Também imbuído do propósito de restringir a ingerência do juiz na fase que antecede a ação penal, a Lei 13.964/2019, entre tantas outras alterações implementadas, conferiu nova redação ao art. 28 do CPP, alterando todo o procedimento de arquivamento do inquérito policial. Doravante, o representante do *parquet* deixa de requerer o arquivamento e passa a, ele mesmo, determiná-lo, sem qualquer interferência do magistrado, cuja atuação, nesta etapa, em homenagem ao sistema acusatório, deixa de existir. No entanto, ao determinar o arquivamento do IP, o membro do MP deverá submeter sua decisão, segundo a nova redação conferida ao art. 28, *caput*, do CPP, à instância revisora dentro do próprio Ministério Público, para fins de homologação. Sem prejuízo disso, caberá ao promotor que determinou o arquivamento comunicar a sua decisão ao investigado, à autoridade policial e à vítima. Esta última, por sua vez, ou quem a represente, poderá, se assim entender, dentro do prazo de 30 dias a contar da comunicação de arquivamento, submeter a matéria à revisão da instância superior do órgão ministerial (art. 28, § 1º, CPP). Por fim, o § 2º deste art. 28, com a redação que lhe deu a Lei 13.964/2019, estabelece que, nas ações relativas a crimes praticados em detrimento da União, Estados e Municípios, a revisão do arquivamento do IP poderá ser provocada pela chefia do órgão a quem couber a sua representação judicial. Este novo art. 28 do CPP, que, como dissemos, alterou todo o procedimento que rege o arquivamento do IP, no entanto, teve suspensa, por força de decisão cautelar proferida pelo STF, a sua eficácia. O ministro Luiz Fux, relator, ponderou, em sua decisão, tomada na ADI 6.305, de 22.01.2020, que, embora se trate de inovação louvável, a sua implementação, no prazo de 30 dias (*vacatio legis*), revela-se inviável, dada a dimensão dos impactos sistêmicos e financeiros que por certo ensejarão a adoção do novo procedimento de arquivamento do inquérito policial. Como se pode ver, a Lei 13.964/2019 não só previu, de forma expressa, o sistema acusatório, que há tempos adotamos, como implementou diversas modificações na lei processual penal com vistas a prestigiá-lo e reforçar a sua eficácia; **E:** incorreta, já que, no sistema inquisitivo, o processo é sigiloso e as funções de acusação e julgamento são atribuídas à mesma pessoa. A publicidade do processo e também o fato de a acusação e julgamento serem atribuídas a pessoas diferentes constituem características do processo acusatório. ED

Gabarito "C".

(Delegado/PA – 2013 – UEPA) Sobre a Convenção Americana dos Direitos Humanos (Pacto de São José da Costa Rica), é correto afirmar que:

I. Determina que a pena de morte somente poderá ser aplicada aos crimes mais graves, que não tenham qualquer conotação política, ficando vedada a elaboração de leis ampliando o rol de crimes sujeitos a ela, bem como a sua aplicação sobre menores de 18 ou maiores de 70 anos, além de mulheres grávidas.

II. Veda a prática da tortura, exceto nos países que já a aplicam como forma legal de interrogatório ou produção de provas, devendo esses países, no entanto, comprometer-se a eliminá-la progressivamente, respeitado o princípio de autodeterminação.

III. Reforça medidas já contempladas na legislação brasileira, tais como a obrigatória separação entre presos condenados e presos provisórios; a responsabilização de menores infratores através de órgão jurisdicional especializado e com processo mais célere; e a ênfase dada à função ressocializadora da pena.

IV. Reconhece, como garantias judiciais do acusado em processo criminal, o direito à defesa técnica, inclusive por advogado oferecido pelo Estado; o direito de não incriminação e o direito de, em caso de absolvição, não ser novamente processado pelos mesmos fatos.

V. Proíbe expressamente os trabalhos forçados, com rigor maior do que a legislação brasileira, porque impede até mesmo o trabalho obrigatório do preso, parte da disciplina do sistema penitenciário, que violaria a dignidade humana na medida em que sujeita o apenado à perda de benefícios.

A alternativa que contém todas as afirmativas corretas é:

(A) I, II e III
(B) I, III e IV
(C) I, III e V
(D) III e IV
(E) III, IV e V

I: correta (art. 4°, itens "4" e "5", da Convenção Americana dos Direitos Humanos – Pacto de São José da Costa Rica); II: incorreta. Nos termos do art. 5°, item "2", da Convenção Americana dos Direitos Humanos, é vedada, sem ressalvas, a prática da tortura; III: correta (art. 5°, itens "4", "5" e "6", da Convenção Americana dos Direitos Humanos); IV: correta (art. 8°, itens "2", *e* e *g*, e "4", da Convenção Americana dos Direitos Humanos); V: incorreta (art. 6°, item "2", da Convenção Americana dos Direitos Humanos).

Gabarito "B".

(Delegado/RJ – 2013 – FUNCAB) Marque a resposta correta.

(A) O princípio da identidade física do juiz consiste na dimensão formal do princípio do juiz natural, enquanto a vedação de tribunais de exceção e escolha de juiz traduzem a dimensão substancial do juiz natural.

(B) São incontestáveis, na doutrina e na jurisprudência, o poder de investigação direta do Ministério Público e a prerrogativa legal de tomar assento imediatamente à direita e no mesmo plano do Magistrado, sem que haja, com isso, ofensa ao sistema acusatório ou à paridade de armas.

(C) O STF admite como prova a gravação ambiental de conversas entre particulares, mas não admite a gravação clandestina de conversa informal entre agentes policiais e o indiciado, este último, em razão do direito constitucional ao silêncio.

(D) A Constituição de 1988 consagrou expressamente, no processo penal brasileiro, o princípio da verdade real. Por isso o Juiz poderá, de ofício, produzir prova no curso do processo.

(E) O Delegado de Polícia não pode ordenar buscas domiciliares. Este poder, contudo, foi atribuído, excepcionalmente, às CPIs, que possuem poderes de investigação típicos da autoridade judiciária.

A: incorreta. O princípio da identidade física do juiz (art. 399, § 2°), introduzido no Código de Processo Penal pela Lei 11.719/2008, estabelece que o juiz que presidiu a instrução deverá proferir a sentença; tem como propósito aproximar o juiz do conjunto probatório e facilitar a formação de seu convencimento. Tal regra não tem relação com o princípio do juiz natural, que impõe que ninguém será processado nem sentenciado senão pela autoridade competente (art. 5°, LIII, da CF); **B:** incorreta, dado que a doutrina está longe de ser unânime quando se fala em investigação criminal feita, de forma direta, pelo MP; aqueles que são contra tal possibilidade sustentam que há ofensa ao sistema acusatório e à paridade de armas, e que as funções de investigar, acusar e julgar devem ser atribuídas a órgãos diversos. A jurisprudência, por sua vez, inclina-se no sentido de que o MP, porque os órgãos policiais não detêm, no sistema jurídico brasileiro, o monopólio da atividade investigativa criminal, pode, de forma direta, investigar. *Vide*: STF, HC 94.173-BA, 2ª T., rel. Min. Celso de Mello, j. 27.10.2009. De toda sorte, curial que se diga que o Plenário do STF, em conclusão de julgamento do RE 593.727, com repercussão geral, reconheceu, por 7 votos a 4, a atribuição do MP para promover investigações de natureza penal, desde que respeitados os direitos e garantias que assistem a qualquer investigado (j. em 14.05.2015, rel. Min. Celso de Mello). É incorreto afirmar-se, portanto, que, segundo jurisprudência pacificada do STF, o poder de investigação do Ministério Público é amplo e irrestrito. Da mesma forma, também é objeto de divergência doutrinária a prerrogativa conferida ao membro do MP de tomar assento imediatamente à direita e no mesmo plano do magistrado; **C:** correta. É tranquilo o entendimento dos tribunais superiores no sentido de que a gravação ambiental realizada por um dos interlocutores sem o conhecimento do outro pode ser utilizada como prova no processo penal. Agora, quando a gravação clandestina (sem o conhecimento do investigado) se der entre ele e policiais, tal prova será considerada ilícita. Conferir: "*Habeas corpus*: cabimento: prova ilícita. 1. Admissibilidade, em tese, do *habeas corpus* para impugnar a inserção de provas ilícitas em procedimento penal e postular o seu desentranhamento: sempre que, da imputação, possa advir condenação a pena privativa de liberdade: precedentes do Supremo Tribunal. II. Provas ilícitas: sua inadmissibilidade no processo (CF, art. 5°, LVI): considerações gerais. 2. Da explícita proscrição da prova ilícita, sem distinções quanto ao crime objeto do processo (CF, art. 5°, LVI), resulta a prevalência da garantia nela estabelecida sobre o interesse na busca, a qualquer custo, da verdade real no processo: consequente impertinência de apelar-se ao princípio da proporcionalidade – à luz de teorias estrangeiras inadequadas à ordem constitucional brasileira – para sobrepor, à vedação constitucional da admissão da prova ilícita, considerações sobre a gravidade da infração penal objeto da investigação ou da imputação. III. Gravação clandestina de "conversa informal" do indiciado com policiais. 3. Ilicitude decorrente – quando não da evidência de estar o suspeito, na ocasião, ilegalmente preso ou da falta de prova idônea do seu assentimento à gravação ambiental – de constituir, dita "conversa informal", modalidade de "interrogatório" sub-reptício, o qual – além de realizar-se sem as formalidades legais do interrogatório no inquérito policial (CPP, art. 6°, V) –, se faz sem que o indiciado seja advertido do seu direito ao silêncio. 4. O privilégio contra a autoincriminação – *nemo tenetur se detegere* –, erigido em garantia fundamental pela Constituição – além da inconstitucionalidade superveniente da parte final do art. 186 CPP – importou compelir o inquiridor, na polícia ou em juízo, ao dever de advertir o interrogado do seu direito ao silêncio: a falta da advertência – e da sua documentação formal – faz ilícita a prova que, contra si mesmo, forneça o indiciado ou acusado no interrogatório formal e, com mais razão, em "conversa informal" gravada, clandestinamente ou não. IV. Escuta gravada da comunicação telefônica com terceiro, que conteria evidência de quadrilha que integrariam: ilicitude, nas circunstâncias, com relação a ambos os interlocutores. 5. A hipótese não configura a gravação da conversa telefônica própria por um dos interlocutores – cujo uso como prova o STF, em dadas circunstâncias, tem julgado lícito – mas, sim, escuta e gravação por terceiro de comunicação telefônica alheia, ainda que com a ciência ou mesmo a cooperação de um dos interlocutores: essa última, dada a intervenção de terceiro, se compreende no âmbito da garantia constitucional do sigilo das comunicações telefônicas e o seu registro só se admitirá como prova, se realizada mediante prévia e regular autorização judicial. 6. A prova obtida mediante a escuta gravada por terceiro de conversa telefônica alheia é patentemente ilícita em relação ao interlocutor insciente da intromissão indevida, não importando o conteúdo do diálogo assim captado. 7. A ilicitude da escuta e gravação não autorizadas de conversa alheia não aproveita, em princípio, ao interlocutor que, ciente, haja aquiescido na operação; aproveita-lhe, no entanto, se, ilegalmente preso na ocasião, o seu aparente assentimento na empreitada policial, ainda que existente, não seria válido. 8. A extensão ao interlocutor ciente da exclusão processual do registro da escuta telefônica clandestina – ainda quando livre o seu assentimento nela – em princípio, parece inevitável, se a participação de ambos os interlocutores no fato probando for incindível ou mesmo necessária à composição do tipo criminal cogitado, qual, na espécie, o de quadrilha. V. Prova ilícita e contaminação de provas derivadas (*fruits of the poisonous tree*). 9. A imprecisão do pedido genérico de exclusão de provas derivadas daquelas cuja ilicitude se declara e o estágio do procedimento (ainda em curso o inquérito policial) levam, ao ponto, ao indeferimento do pedido" (STF, HC 80949, rel. Min. Sepúlveda Pertence). Posteriormente à elaboração desta questão, a Lei 13.964/2019 (Pacote Anticrime), consagrando o entendimento adotado pelos tribunais superiores, inseriu o art. 8º-A na Lei 9.296/1996, e finalmente previu a possibilidade de ser autorizada pelo juiz, para fins de investigação ou instrução criminal, a captação ambiental de sinais eletromagnéticos, ópticos ou acústicos, quando preenchidos determinados requisitos contidos na lei. O art. 10-A, também inserido pela Lei 13.964/2019, estabelece ser crime a conduta consistente em realizar captação ambiental de sinais eletromagnéticos, ópticos ou acústicos para investigação ou instrução criminal sem autorização judicial, quando esta for exigida. O § 1º deste dispositivo dispõe que não há crime se a captação é realizada por um dos interlocutores; **D:** incorreta, uma vez que o princípio da busca da verdade real não está contemplado, de forma expressa, na CF/88; **E:** incorreta. Embora seja fato que a autoridade policial não pode determinar busca e apreensão domiciliar, de igual modo tal poder não foi atribuído às comissões parlamentares de inquérito, somente podendo ser determinada pelo Poder Judiciário. Gabarito "C."

(Delegado/SP – 2014 –VUNESP) A respeito do direito ao silêncio do acusado no inquérito policial, é correto afirmar que

(A) não importará em confissão, mas em presunção de culpabilidade.

(B) importará em confissão.

(C) importará em confissão, exceto se o acusado manifestar o direito constitucional de somente falar em juízo.

(D) não importará em confissão, entretanto, poderá constituir elemento para formação do convencimento do juiz em eventual processo penal.

(E) não importará em confissão.

Deve-se aplicar, neste caso, o art. 186, parágrafo único, do CPP, que incide tanto no âmbito do inquérito policial quanto no da instrução processual, que estabelece que "o silêncio, que não importará em confissão, não poderá ser interpretado em prejuízo da defesa". Gabarito "E."

(Delegado/SP – 2014 – VUNESP) A lei processual penal

(A) tem aplicação imediata, sem prejuízo dos atos realizados sob a vigência de lei anterior.

(B) somente pode ser aplicada a processos iniciados sob sua vigência.

(C) tem aplicação imediata, devendo ser declarados inválidos os atos praticados sob a vigência de lei anterior.

(D) tem aplicação imediata, devendo ser renovados os atos praticados sob a vigência da lei anterior.

(E) é retroativa aos atos praticados sob a vigência de lei anterior.

A lei processual penal será aplicada desde logo (*princípio da aplicação imediata* ou *da imediatidade*), sem prejuízo dos atos realizados sob o império da lei anterior. É o que estabelece o art. 2º do CPP. A exceção a essa regra fica por conta da lei processual penal dotada de carga material, em que deverá ser aplicado o que estabelece o art. 2º, parágrafo único, do CP. Nesse caso, a exemplo do que se dá com as leis penais, a norma processual nova, se favorável ao réu, deverá retroagir; se prejudicial, aplica-se a lei já revogada (*lex mitior*). Gabarito "A."

(Delegado/SP – 2014 –VUNESP) No Direito pátrio, o sistema que vige no processo penal é o

(A) inquisitivo formal.

(B) acusatório formal.

(C) inquisitivo.

(D) inquisitivo unificador.

(E) acusatório.

São características imanentes ao *sistema acusatório*: além de uma nítida separação nas funções de acusar, julgar e defender, o processo é público (ao menos na sua maior parte) e contraditório; ademais, há imparcialidade do órgão julgador, a ampla defesa é assegurada e o processo é predominantemente oral. No *sistema inquisitivo*, diferentemente, as funções de acusar, defender e julgar reúnem-se em uma única pessoa. Além disso, o processo é sigiloso e nele não vige o contraditório. Temos ainda o *sistema misto*, em que há uma fase inicial inquisitiva, ao final da qual tem início uma etapa em que são asseguradas todas as garantias inerentes ao acusatório. Para a maior parte da doutrina, adotamos o sistema acusatório; há, no entanto, doutrinadores que sustentam que o sistema por nós adotado é o misto. Seja como for, fato é que, atualmente, por força das modificações implementadas no Código de Processo Penal pela Lei 13.964/2019, a opção pelo sistema acusatório foi inserida no art. 3º-A, segundo o qual "o processo penal terá estrutura acusatória, vedadas as iniciativas do juiz na fase de investigação e a substituição da atuação probatória do órgão de acusação". Até então, o sistema acusatório, embora amplamente acolhido pela comunidade jurídica, já que em perfeita harmonia com a CF/88, não era contemplado em lei. Gabarito "E."

(Delegado/SP – 2014 – VUNESP) São princípios constitucionais explícitos do processo penal:

(A) ampla defesa e intervenção mínima.

(B) presunção de inocência e lesividade.

(C) intervenção mínima e duplo grau de jurisdição.

(D) presunção de inocência e ampla defesa.

(E) lesividade e intervenção mínima.

Os princípios da *ampla defesa* e *presunção de inocência* estão contemplados, respectivamente, no art. 5º, LV e LVII, da CF/88. Gabarito "D."

(Delegado/SP – 2014 – VUNESP) Em se tratando de processo penal, assinale a alternativa que apresenta, correta e respectivamente, uma fonte direta e uma fonte indireta.

(A) Costume e lei.

(B) Costume e jurisprudência.

(C) Doutrina e jurisprudência.
(D) Princípios gerais do direito e doutrina.
(E) Lei e costume.

Considera-se fonte direta do direito processual penal as diversas espécies normativas, como a lei ordinária, a emenda à Constituição e a lei complementar. Já o costume, assim como os princípios gerais de direito, é classificado como fonte indireta (mediata). ED
Gabarito "E".

(Delegado Federal – 2002 – CESPE) Julgue o seguinte item:

(1) Por ter força de lei, não viola o princípio da legalidade a medida provisória que define crimes e comina sanções penais.

1: incorreta, pois o *princípio da legalidade* ou da *reserva legal*, consagrado nos arts. 1º do CP e 5º, XXXIX, da CF, prescreve que somente a lei, em seu sentido formal, pode descrever condutas criminosas e cominar penas. Dessa forma, ficam excluídas outras formas legislativas, entre as quais a *medida provisória*, ex vi do art. 62, § 1º, I, b, da CF. ED
Gabarito 1E.

(Delegado/AM) A alternativa incorreta, quanto à eficácia temporal da lei processual penal é

(A) com fundamento no CPP, a lei processual penal propriamente dita terá, salvo disposição em contrário, aplicação imediata, independentemente de ser ou mais severa ou mais benéfica para o indiciado ou acusado
(B) em regra, a lei processual penal propriamente dita não retroage, preservando-se, portanto, os atos já praticados na vigência da lei anterior
(C) em regra, a lei processual penal propriamente dita retroage para beneficiar o acusado, acarretando a modificação dos atos já praticados
(D) a nova lei processual penal propriamente dita aplica-se aos atos futuros

Em regra, a lei processual penal, em vista do disposto no art. 2º do CPP, terá aplicação imediata. Há, entretanto, normas jurídicas que possuem natureza mista, isto é, são dotadas de natureza processual e material. Dessa forma, se se tratar de uma norma de caráter material penal, deverá prevalecer, em detrimento do regramento estabelecido no art. 2º do CPP, a norma contida no art. 2º, *caput* e parágrafo único, do CP. Em se tratando de uma norma mais favorável ao réu, deverá retroagir em seu benefício; se prejudicial a nova lei, aplica-se a lei revogada (*lex mitior*). ED
Gabarito "C".

(Delegado/BA – 2008 – CEFETBAHIA) Sobre Sistemas Processuais, pode-se afirmar que o

(A) acusatório prega o respeito incondicional ao contraditório, à publicidade, à imparcialidade, à ampla defesa, bem como distribui a órgãos distintos as funções de acusar, defender e julgar.
(B) inquisitivo fixa que o Contraditório deve sempre ser observado, havendo separação de poderes entre a autoridade policial, o juiz e o promotor.
(C) inquisitivo, adotado pelo Brasil, determina que basta o Inquérito Policial para julgar alguns crimes ou contravenções, dispensando-se, nesses casos, o processo penal.
(D) misto, apesar de ser uma fusão dos dois outros, prescreve que, em nenhum momento, as garantias constitucionais sejam observadas, daí porque a doutrina tece severas críticas.
(E) acusatório confere mais poderes e prerrogativas ao Ministério Público do que ao réu, visto como objeto da relação processual.

São características imanentes ao *sistema acusatório*: além de uma nítida separação nas funções de acusar, julgar e defender, o processo é público e contraditório; ademais, há imparcialidade do órgão julgador e a ampla defesa é assegurada. No *sistema inquisitivo*, por seu turno, as funções de acusar, defender e julgar reúnem-se em uma única pessoa. Além disso, o processo é sigiloso e nele não vige o contraditório. No *sistema misto*, por fim, há uma fase inicial inquisitiva, ao final da qual tem início uma etapa em que são asseguradas todas as garantias inerentes ao acusatório. Por força das modificações implementadas no Código de Processo Penal pela Lei 13.964/2019, a opção pelo sistema acusatório foi inserida no art. 3º-A, segundo o qual "o processo penal terá estrutura acusatória, vedadas a iniciativa do juiz na fase de investigação e a substituição da atuação probatória do órgão de acusação". Até então, o sistema acusatório, embora amplamente acolhido pela comunidade jurídica, já que em perfeita harmonia com a CF/88, não era contemplado em lei. ED
Gabarito "A".

(Delegado/SP – 2011) Historicamente, o processo penal acusatório distinguia-se do inquisitório porque enquanto o primeiro era

(A) escrito e público, o segundo era oral e sigiloso.
(B) escrito e sigiloso, o segundo era oral e público.
(C) misto (oral e escrito), o segundo era exclusivamente oral.
(D) oral e público, o segundo era escrito e sigiloso.
(E) oral e sigiloso, o segundo era escrito e público.

São características imanentes ao *sistema acusatório*, além do fato de ser oral e público: nítida separação nas funções de acusar, julgar e defender; ademais, há imparcialidade do órgão julgador e a ampla defesa e o contraditório são assegurados. No *sistema inquisitivo*, por seu turno, as funções de acusar, defender e julgar, diferentemente do acusatório, reúnem-se em uma única pessoa. Além disso, o processo é escrito, sigiloso e nele não vige o contraditório. No *sistema misto*, por fim, há uma fase inicial inquisitiva, ao final da qual tem início uma etapa em que são asseguradas todas as garantias inerentes ao acusatório. Por força das modificações implementadas no Código de Processo Penal pela Lei 13.964/2019, a opção pelo sistema acusatório foi inserida no art. 3º-A, segundo o qual "o processo penal terá estrutura acusatória, vedadas a iniciativa do juiz na fase de investigação e a substituição da atuação probatória do órgão de acusação". Até então, o sistema acusatório, embora amplamente acolhido pela comunidade jurídica, já que em perfeita harmonia com a CF/88, não era contemplado em lei. ED
Gabarito "D".

(Delegado/SP – 2011) De acordo com o Código de Processo Penal, é correto afirmar que a nova norma processual

(A) valerá após sua publicação, independentemente de prazo de vacância.
(B) valerá após sua entrada em vigor, ainda que o processo não tenha sido concluído.
(C) poderá ser aplicada a processos já encerrados, pois não existe direito processual adquirido
(D) vigerá no processo, desde que não crie obrigação ou ônus para a defesa.
(E) valerá para o processo que já tenha sentença transitada em julgado e expedição de carta de guia (ou guia de execução).

Com a sua entrada em vigor, a lei genuinamente processual passa a reger todos os processos em curso (princípio da aplicação imediata), preservando-se os atos praticados sob a égide da lei anterior – art. 2º, CPP. Em outras palavras, será aplicada a lei vigente ao tempo da prática do ato. Em conclusão, a lei processual, cuja eficácia começa com a sua vigência, não retroage. A exceção, como já dissemos em comentários anteriores, fica por conta das chamadas *leis processuais mistas*, as quais, por possuírem conteúdo de direito material, devem obedecer às regras do art. 2º, parágrafo único, do CP. Significa, portanto, que a norma dotada de carga de direito material que se revelar prejudicial ao réu não poderá retroagir. Gabarito "B".

(Delegado/SP – 2011) São sistemas que buscam resolver a questão da sucessão de leis processuais no tempo:

(A) o da supremacia do direito de defesa; o das fases do processo; o da sistematização processual

(B) o da complexidade do processo; o do isolamento dos atos processuais; o da garantia dá defesa.

(C) o da unidade processual; o das fases processuais; o do isolamento dos atos processuais.

(D) o da sistematização processual; o do isolamento dos atos processuais; o da economia processual.

(E) o das fases do processo; o da intangibilidade do direito e defesa; o da supremacia dos atos praticados.

Para o *sistema da unidade processual*, o processo deve ser regulado, desde o começo até o julgamento final, pela mesma lei. Com isso, a lei processual nova não poderá incidir nos processos em curso; pelo *sistema das fases processuais*, que considera que o processo é constituído por etapas distintas, deve ser aplicada a lei em vigor quando do início de cada etapa. Se, no curso de determinada fase, sobrevier lei nova, esta somente terá incidência com a inauguração da próxima etapa; já para o *sistema do isolamento dos atos processuais*, que parte do princípio de que a lei nova é sempre melhor do que a anterior, o ato processual ainda em prática será disciplinado pela lei então em vigor; com a edição da lei nova, os atos subsequentes serão por ela regidos (aplicação imediata). Gabarito "C".

(Delegado/SP – 2008) O Código de Processo Penal pátrio, no campo de eficácia da lei penal no espaço, adotou como regra o princípio da

(A) legalidade.
(B) territorialidade relativa.
(C) extraterritorialidade.
(D) territorialidade.
(E) territorialidade condicionada.

Acolhemos, de fato, no que toca à eficácia da lei processual no espaço, o *princípio da territorialidade*, consagrado no art. 1º do CPP. Isso significa que ao crime ocorrido em território nacional será aplicada a lei processual penal brasileira. Gabarito "D".

2. INQUÉRITO POLICIAL E OUTRAS FORMAS DE INVESTIGAÇÃO CRIMINAL

(Delegado/RJ – 2022 – CESPE/CEBRASPE) Assinale a opção correta, acerca de inquérito policial.

(A) A autoridade policial que preside o inquérito policial para apurar crime de ação penal pública pode, fundamentadamente, decidir sobre a conveniência e(ou) oportunidade de diligências requisitadas pelo Ministério Público.

(B) O inquérito policial, consoante o princípio da oficialidade, poderá ser instaurado apenas de ofício pela autoridade policial ou mediante requisição do Ministério Público.

(C) Com base em denúncia anônima de fato criminoso, a autoridade policial pode, independentemente de apuração prévia, instaurar inquérito policial com fundamento exclusivo naquela informação anônima.

(D) Não se permite ao indiciado qualquer tipo de intervenção probatória durante o inquérito policial.

(E) O investigado deve ter acesso a todos os elementos já documentados nos autos do inquérito policial, ressalvadas as diligências em andamento cuja eficácia dependa do sigilo.

A: incorreta. Isso porque constitui atribuição da autoridade policial presidente do inquérito policial atender à requisição de diligências tanto do juiz quanto do Ministério Público (art. 13, II, CPP). Importante que se diga que *requisitar* deve ser entendido como *imposição legal*, não cabendo ao seu destinatário deixar de dar-lhe cumprimento; **B:** incorreta. A teor do art. 5º do CPP, constituem formas de instauração do inquérito policial: de ofício pela autoridade policial (inciso I); requisição judicial ou do MP (inciso II, 1ª parte); requerimento da vítima (inciso II, 2ª parte); por força de auto de prisão em flagrante; representação do ofendido nos crimes de ação penal pública condicionada a representação (art. 5º, § 4º, CPP); denúncia da ocorrência de uma infração penal formulada por qualquer pessoa do povo (*delatio criminis* – art. 5º, § 3º, do CPP); e requerimento do ofendido na ação penal privada (art. 5º, § 5º, do CPP); **C:** incorreta. A denúncia anônima (também chamada de *apócrifa* ou *inqualificada*), segundo tem entendido a jurisprudência, não é apta, por si só, a autorizar a instauração de inquérito policial, dando início à persecução penal. Antes disso, a autoridade policial deverá fazer uma averiguação prévia a fim de verificar a procedência da denúncia apócrifa, para, depois disso, determinar, se for o caso, a instauração de inquérito. Nesse sentido: "(...) *a autoridade policial, ao receber uma denúncia anônima, deve antes realizar diligências preliminares para averiguar se os fatos narrados nessa 'denúncia' são materialmente verdadeiros, para, só então, iniciar as investigações*" (STF, HC 95.244, 1ª T., rel. Min. Dias Toffoli, DJE de 29.04.2010). No mesmo sentido: "*1. Elementos dos autos que evidenciam não ter havido investigação preliminar para corroborar o que exposto em denúncia anônima. O Supremo Tribunal Federal assentou ser possível a deflagração da persecução penal pela chamada denúncia anônima, desde que esta seja seguida de diligências realizadas para averiguar os fatos nela noticiados antes da instauração do inquérito policial. Precedente. 2. A interceptação telefônica é subsidiária e excepcional, só podendo ser determinada quando não houver outro meio para se apurar os fatos tidos por criminosos, nos termos do art. 2º, inc. II, da Lei n. 9.296/1996. Precedente. 3. Ordem concedida para se declarar a ilicitude das provas produzidas pelas interceptações telefônicas, em razão da ilegalidade das autorizações, e a nulidade das decisões judiciais que as decretaram amparadas apenas na denúncia anônima, sem investigação preliminar*"(HC 108147, Relator(a): Min. Cármen Lúcia, Segunda Turma, julgado em 11.12.2012, Processo Eletrônico *DJe*-022 Divulg 31.01.2013 Public 01.02.2013); **D:** incorreta, na medida em que é dado ao indiciado, sim, requerer ao delegado de polícia presidente do inquérito policial a realização de diligência que, no seu entender, seja útil à busca da verdade real (art. 14, CPP); **E:** correta. O inquérito policial é, em vista do que estabelece o art. 20 do CPP, sigiloso. Ocorre que, a teor do art. 7º, XIV, da Lei 8.906/1994 (Estatuto da Advocacia), constitui direito do advogado, entre outros: "examinar, em qualquer instituição responsável por conduzir investigação, mesmo sem procuração, autos de flagrante e de investigações de qualquer natureza, findos ou em andamento, ainda que conclusos à autoridade, podendo copiar peças e tomar apontamentos, em meio físico ou digital". Sobre este tema, o STF editou a Súmula Vinculante 14, a seguir transcrita: "É direito do defensor, no interesse do representado, ter acesso amplo aos elementos de prova que, já documentados em procedimento investigatório realizado por órgão com competência de polícia judiciária, digam respeito ao exercício do direito de defesa". Bem por isso, caberá à autoridade policial franquear o acesso do investigado/advogado, constituído ou não, aos elementos de informação contidos no auto de prisão em flagrante/inquérito policial, desde que já documentados.

Gabarito "E".

(Delegado/RJ – 2022 – CESPE/CEBRASPE) O inquérito policial é atividade investigatória realizada por órgãos oficiais, não podendo ficar a cargo do particular, ainda que a titularidade do exercício da ação penal pelo crime investigado seja atribuída ao ofendido.

Considerando-se as características do inquérito policial, é correto afirmar que o texto anterior discorre sobre

(A) o procedimento escrito do inquérito policial.
(B) a indisponibilidade do inquérito policial.
(C) a oficiosidade do inquérito policial.
(D) a oficialidade do inquérito policial.
(E) a dispensabilidade do inquérito policial.

Dentre as características do inquérito policial está a *oficialidade*, segundo a qual a atividade investigativa ali realizada deve ser atribuída a órgão oficial do Estado. Além disso, o inquérito é *escrito*, uma vez que todos os seus atos devem ser reduzidos a termo (art. 9º, CPP); diz-se, também, que o inquérito policial tem caráter *inquisitivo*, na medida em que nele não vigoram o contraditório e a ampla defesa; é *sigiloso*, nos termos do art. 20 do CPP; é dispensável, já que o inquérito policial constitui instrumento de investigação cuja presença, tanto nos delitos em que ação penal é pública quanto naqueles em que é privativa do ofendido, não é indispensável, essencial ao oferecimento da denúncia ou queixa, desde que a inicial contenha elementos suficientes (existência do crime e indícios suficientes de autoria) ao exercício da ação penal. O inquérito, assim, não constitui fase obrigatória da persecução penal. A *oficiosidade* do inquérito policial significa que a autoridade policial, em regra, deve instaurar inquérito policial de ofício. Por fim, é *indisponível* porque é vedado à autoridade policial mandar arquivar autos de inquérito (art. 17 do CPP). Somente está credenciado a fazê-lo, a partir do advento da Lei 13.964/2019, que conferiu nova redação ao art. 28, *caput*, do CPP, o representante do Ministério Público.

Gabarito "D".

(Delegado/MG – 2021 – FUMARC) Sobre o inquérito policial, é CORRETO afirmar:

(A) Não caberá qualquer recurso em face do despacho da autoridade policial que indeferir a abertura de inquérito policial.
(B) O acesso do advogado independe de procuração do investigado, mesmo que os autos do inquérito policial estejam conclusos à autoridade policial.
(C) O inquérito policial pode ser instaurado de ofício pela autoridade policial ou por requisição do Ministério Público, em casos de crime de ação penal pública condicionada à representação, desde que haja repercussão social do fato.
(D) O representante do Ministério Público, com atuação na área de investigação criminal, pode avocar a presidência do inquérito policial, em sede de controle difuso da atividade policial.

A: incorreta, uma vez que o art. 5º, § 2º, do CPP estabelece que, em face do despacho que indeferir o requerimento de abertura de inquérito,

caberá recurso para o chefe de Polícia. Cuida-se de recurso, portanto, administrativo; **B:** correta. O sigilo, que é imanente ao inquérito policial (art. 20 do CPP), não pode, ao menos em regra, ser oposto ao advogado do investigado. Com efeito, por força do que estabelece o art. 7º, XIV, da Lei 8.906/1994 (Estatuto da Advocacia), constitui direito do advogado, entre outros: "examinar, em qualquer instituição responsável por conduzir investigação, mesmo sem procuração, autos de flagrante e de investigações de qualquer natureza, findos ou em andamento, ainda que conclusos à autoridade, podendo copiar peças e tomar apontamentos, em meio físico ou digital" (destacamos). Sobre este tema, a propósito, o STF editou a Súmula Vinculante 14, a seguir transcrita: "É direito do defensor, no interesse do representado, ter acesso amplo aos elementos de prova que, já documentados em procedimento investigatório realizado por órgão com competência de polícia judiciária, digam respeito ao exercício do direito de defesa". Registre-se, todavia, que determinados procedimentos de investigação, geralmente realizados em autos apartados, como a interceptação telefônica e a infiltração, somente serão acessados pelo patrono do investigado depois de concluídos e inseridos nos autos do inquérito. Ou seja, tais procedimentos permanecerão em sigilo, neste caso absoluto, enquanto não forem encerrados. Nesse sentido já se manifestou o STJ: "1. Ao inquérito policial não se aplica o princípio do contraditório, porquanto é fase investigatória, preparatória da acusação, destinada a subsidiar a atuação do órgão ministerial na persecução penal. 2. Deve-se conciliar os interesses da investigação com o direito de informação do investigado e, consequentemente, de seu advogado, de ter acesso aos autos, a fim de salvaguardar suas garantias constitucionais. 3. Acolhendo a orientação jurisprudencial do Supremo Tribunal Federal, o Superior Tribunal de Justiça decidiu ser possível o acesso de advogado constituído aos autos de inquérito policial em observância ao direito de informação do indiciado e ao Estatuto da Advocacia, ressalvando os documentos relativos a terceiras pessoas, os procedimentos investigatórios em curso e os que, por sua própria natureza, não dispensam o sigilo, sob pena de ineficácia da diligência investigatória. 4. *Habeas corpus* denegado" (HC 65.303/PR, Rel. Ministro Arnaldo Esteves Lima, Quinta Turma, julgado em 20.05.2008, *DJe* 23.06.2008). Tal regra também está contemplada no art. 23 da Lei 12.850/2013 (Organização Criminosa); **C:** incorreta. Ainda que se trate de caso de grande repercussão, a instauração de inquérito policial, em crime de ação penal pública condicionada, somente poderá se dar diante da presença de manifestação de vontade do ofendido, materializada por meio de *representação* (art. 5º, § 4º, do CPP); **D:** incorreta, uma vez que não é dado ao membro do Ministério Público avocar a presidência do inquérito policial sob a responsabilidade da autoridade policial. Isso porque a presidência do inquérito policial cabe, com exclusividade, à autoridade policial (art. 2º, § 1º, da Lei 12.830/2013). Pode (leia-se: deve) o *parquet*, isto sim, fiscalizar e acompanhar, no exercício do controle externo da atividade policial, as investigações do inquérito policial, requisitando informações e diligências que entender pertinentes. Pode o MP, ademais, instaurar e conduzir investigações criminais por meio de procedimento investigatório criminal (PIC). De outro lado, o inquérito policial em curso poderá ser avocado por superior hierárquico nos casos previstos em lei (interesse público e quando não observado procedimento previsto em regulamento da corporação que comprometa a eficácia da investigação) e mediante despacho fundamentado (art. 2º, § 4º, da Lei 12.830/2013).

Gabarito "B".

(Delegado/MG – 2021 – FUMARC) Considerando as hipóteses de requerimento do ofendido para a abertura de inquérito policial em crimes de ação pública, é CORRETO afirmar:

(A) Na dicção expressa do art. 5º, §2º, do CPP, do despacho que indeferir o requerimento de abertura de inquérito, caberá recurso para o delegado regional; caso tal recurso seja indeferido, caberá novo recurso para o chefe de Polícia.
(B) No caso de morte do ofendido, têm qualidade para representá-lo para o fim de requerer a abertura de

inquérito policial seu cônjuge, ascendente, descendente ou irmão.
(C) O inquérito, nos crimes em que a ação pública depender de representação, poderá sem ela ser iniciado.
(D) O requerimento do ofendido para a abertura de inquérito policial em crimes de ação pública deverá conter, sob pena de indeferimento, a narração do fato, com todas as circunstâncias, bem como a individualização do indiciado ou seus sinais característicos e as razões de convicção ou de presunção de ser ele o autor da infração, ou os motivos de impossibilidade de o fazer, além da nomeação das testemunhas, com indicação de sua profissão e residência.

A: incorreta. Segundo estabelece o art. 5º, § 2º, do CPP, do despacho que indeferir o requerimento de abertura de inquérito caberá recurso para o chefe de Polícia. Não há recurso ao delegado regional tampouco duas instâncias administrativas; **B**: correta, pois reflete o disposto no art. 24, § 1º, do CPP; **C**: incorreta, uma vez que, nos crimes em que a ação penal depender de representação, o inquérito não poderá sem ela ser iniciado (art. 5º, § 4º, CPP); **D**: incorreta (art. 5º, § 1º, CPP). Gabarito "B".

(Delegado/MG – 2021 – FUMARC) Acerca dos prazos para encerramento de inquéritos policiais, considerando o disposto no Título II do CPP ("Do Inquérito Policial") e a legislação extravagante, é CORRETO afirmar:
(A) A extensão injustificada da investigação por parte da Autoridade Policial, que procrastina em prejuízo do investigado, não configura crime de abuso de autoridade.
(B) Caso o prazo para encerramento do inquérito seja superado, quando o fato for de difícil elucidação, e o indiciado estiver solto, a Autoridade Policial poderá requerer ao magistrado a devolução dos autos, para ulteriores diligências, que serão realizadas no prazo máximo de 10 dias.
(C) Caso um dos investigados seja preso preventivamente no curso das investigações, a Autoridade Policial terá, como regra, o prazo de 10 dias após o cumprimento da ordem de prisão para finalizar o inquérito.
(D) Investigações de crimes de tráfico de drogas devem ser encerradas no prazo máximo de 30 dias, quando o investigado estiver solto.

A: incorreta. Trata-se do crime previsto no art. 31 Lei 13.869/2019 (Abuso de Autoridade); **B**: incorreta. Neste caso, o prazo suplementar será estabelecido pelo magistrado, nos termos do art. 10, § 3º, do CPP; **C**: correta (art. 10, *caput*, do CPP); **D**: incorreta. Segundo estabelece o art. 51 da Lei 11.343/2006 (Lei de Drogas), o inquérito deve terminar no prazo máximo de 90 dias, se solto estiver o investigado; se preso estiver, o prazo será de 30 dias. Nos dois casos (investigado preso ou solto), o prazo poderá ser duplicado, desde que em face de pedido justificado da autoridade policial. Gabarito "C".

(Delegado/ES – 2019 – Instituto Acesso) Gerson está respondendo a procedimento investigatório, conduzido por delegado de Polícia Civil. Em meio a investigação foi decretado sigilo do Inquérito policial para assegurar as investigações. Nessa situação hipotética, marque a alternativa CORRETA.

(A) O advogado somente terá acesso aos autos do inquérito policial se não for decretado o seu sigilo, caso em que terá que aguardar a instauração do processo judicial.
(B) O advogado poderá examinar aos autos do inquérito policial e ainda ter informações sobre os atos de investigação que ainda serão realizados.
(C) Nos crimes hediondos o advogado do indiciado não terá acesso aos autos para assegurar a proteção das investigações.
(D) O advogado poderá examinar aos autos do inquérito policial ainda que tenha sido decretado o seu sigilo.
(E) O sigilo decretado no inquérito policial não impede que os meios de comunicações televisivas tenham acesso, tendo em vista a necessidade de se preservar a ordem pública.

O sigilo, que é imanente ao inquérito policial (art. 20 do CPP), não pode, ao menos em regra, ser oposto ao advogado do investigado. Com efeito, por força do que estabelece o art. 7º, XIV, da Lei 8.906/1994 (Estatuto da Advocacia), constitui direito do advogado, entre outros: "examinar, em qualquer instituição responsável por conduzir investigação, mesmo sem procuração, autos de flagrante e de investigações de qualquer natureza, findos ou em andamento, ainda que conclusos à autoridade, podendo copiar peças e tomar apontamentos, em meio físico ou digital" (redação determinada pela Lei 13.245/2016). Aqui, pouco importa se no curso do IP foi decretado judicialmente o seu sigilo. Sobre este tema, a propósito, o STF editou a Súmula Vinculante 14, a seguir transcrita: "É direito do defensor, no interesse do representado, ter acesso amplo aos elementos de prova que, já documentados em procedimento investigatório realizado por órgão com competência de polícia judiciária, digam respeito ao exercício do direito de defesa". Registre-se, todavia, que determinados procedimentos de investigação, geralmente realizados em autos apartados, como a interceptação telefônica e a infiltração, somente serão acessados pelo patrono do investigado depois de concluídos e inseridos nos autos do inquérito. Ou seja, tais procedimentos permanecerão em sigilo, neste caso absoluto, enquanto não forem encerrados (art. 7º, § 11, da Lei 8.906/1994). Nesse sentido já se manifestou o STJ: "1. Ao inquérito policial não se aplica o princípio do contraditório, porquanto é fase investigatória, preparatória da acusação, destinada a subsidiar a atuação do órgão ministerial na persecução penal. 2. Deve-se conciliar os interesses da investigação com o direito de informação do investigado e, consequentemente, de seu advogado, de ter acesso aos autos, a fim de salvaguardar suas garantias constitucionais. 3. Acolhendo a orientação jurisprudencial do Supremo Tribunal Federal, o Superior Tribunal de Justiça decidiu ser possível o acesso de advogado constituído aos autos de inquérito policial em observância ao direito de informação do indiciado e ao Estatuto da Advocacia, ressalvando os documentos relativos a terceiras pessoas, os procedimentos investigatórios em curso e os que, por sua própria natureza, não dispensam o sigilo, sob pena de ineficácia da diligência investigatória. 4. *Habeas corpus* denegado" (HC 65.303/PR, Rel. Ministro Arnaldo Esteves Lima, Quinta Turma, julgado em 20.05.2008, *DJe* 23.06.2008). Gabarito "D".

"O inquérito policial é um procedimento administrativo, não judicial, e por isso mesmo pode ter caráter explicitamente inquisitorial, isto é, registrar por escrito, com fé pública, emprestada pelo cartório que a delegacia possui, informações obtidas dos envolvidos sem que estes tenham conhecimento das suspeitas contra eles."

(LIMA, Roberto Kant de; MOUZINHO, Glaucia. DILEMAS – Vol.9 – no 3 – SET-DEZ 2016 – pp. 505-529).

(Delegado/ES – 2019 – Instituto Acesso) Assinale, a seguir, a característica INCORRETA quanto ao inquérito policial brasileiro.

(A) não possui contraditório e ampla defesa.
(B) é escrito.
(C) é público.
(D) é dispensável.
(E) é sigiloso.

A: correta. Por se tratar de procedimento administrativo, não vigoram nas investigações criminais, conforme doutrina e jurisprudência amplamente majoritárias, o contraditório e ampla defesa; **B:** correta, pois em conformidade com o disposto no art. 9º do CPP; **C:** incorreta. Não se aplica ao inquérito policial a *publicidade*, imanente ao processo. Cuida-se, isto sim, de procedimento *sigiloso* (art. 20, CPP). De outra forma não poderia ser. É que a publicidade por certo acarretaria prejuízo ao bom andamento do inquérito, cujo propósito é reunir provas acerca da infração penal. É bom lembrar que o sigilo do inquérito não pode ser considerado absoluto, uma vez que não será oponível ao advogado, constituído ou não, do investigado, que terá acesso ao acervo investigatório (art. 7º, XIV, da Lei 8.906/1994 – Estatuto da Advocacia); **D:** correta. Isso porque o inquérito policial, segundo doutrina e jurisprudência unânimes, não constitui fase obrigatória e imprescindível da persecução penal. Pode o membro do MP, pois, dele abrir mão e ajuizar, de forma direta, a ação penal, desde que, é claro, disponha de elementos de informação suficientes ao seu exercício (da ação penal). É o que se infere do art. 12 do CPP; **E:** correta. *Vide* comentário à alternativa "C". **Gabarito "C".**

(Delegado/RS – 2018 – FUNDATEC) Ronaldo é morador de um bairro violento na cidade de Rondinha, dominado pela disputa pelo tráfico de drogas. Dirigiu-se até a Delegacia de Polícia para oferecer detalhes como o nome, endereço e telefone do maior traficante do local. Foram anotadas todas as informações e, ao final, Ronaldo preferiu não revelar a sua identidade por receio de retaliações. Diante disso, é correto afirmar que:

(A) A Constituição Federal prestigia a liberdade de expressão e veda o anonimato, razão pela qual o delegado de polícia deve requerer à autoridade judiciária o arquivamento das informações prestadas, mediante prévia manifestação do Ministério Público.
(B) Trata-se de *notitia criminis* inqualificada, que torna obrigatória a imediata instauração de inquérito policial e a representação por medidas cautelares necessárias à obtenção da materialidade do delito imputado.
(C) Segundo o entendimento mais recente do Supremo Tribunal Federal, as notícias anônimas, por si só, não autorizam o emprego de métodos invasivos de investigação, constituindo fonte de informação e de provas.
(D) Poderá o delegado de polícia representar pela interceptação telefônica, havendo indícios razoáveis da autoria ou participação fornecidos pela notícia anônima.
(E) Segundo o entendimento mais recente do Supremo Tribunal Federal, as notícias anônimas autorizam o deferimento de medida cautelar de busca e apreensão, mas não permitem, de imediato, a autorização de interceptação telefônica, dado o caráter subsidiário desse meio de obtenção de prova.

A denúncia anônima (também chamada de *apócrifa* ou *inqualificada*), segundo tem entendido a jurisprudência, não é apta, por si só, a autorizar a instauração de inquérito policial, dando início à persecução penal. Antes disso, a autoridade policial deverá fazer uma averiguação prévia a fim de verificar a procedência da denúncia apócrifa, para, depois disso, determinar, se for o caso, a instauração de inquérito. Nesse sentido: "(...) *a autoridade policial, ao receber uma denúncia anônima, deve antes realizar diligências preliminares para averiguar se os fatos narrados nessa 'denúncia' são materialmente verdadeiros, para, só então, iniciar as investigações*" (STF, HC 95.244, 1ª T., rel. Min. Dias Toffoli, DJE de 29.04.2010). No mesmo sentido: "*1. Elementos dos autos que evidenciam não ter havido investigação preliminar para corroborar o que exposto em denúncia anônima. O Supremo Tribunal Federal assentou ser possível a deflagração da persecução penal pela chamada denúncia anônima, desde que esta seja seguida de diligências realizadas para averiguar os fatos nela noticiados antes da instauração do inquérito policial. Precedente. 2. A interceptação telefônica é subsidiária e excepcional, só podendo ser determinada quando não houver outro meio para se apurar os fatos tidos por criminosos, nos termos do art. 2º, inc. II, da Lei n. 9.296/1996. Precedente. 3. Ordem concedida para se declarar a ilicitude das provas produzidas pelas interceptações telefônicas, em razão da ilegalidade das autorizações, e a nulidade das decisões judiciais que as decretaram amparadas apenas na denúncia anônima, sem investigação preliminar*" (HC 108147, Relator(a): Min. Cármen Lúcia, Segunda Turma, julgado em 11.12.2012, Processo Eletrônico DJe-022 Divulg 31.01.2013 Public 01.02.2013). **Gabarito "C".**

(Delegado/RS – 2018 – FUNDATEC) De acordo com o Código de Processo Penal, estando em pleno curso o delito de sequestro e cárcere privado, compete à autoridade policial:

(A) Requisitar, de quaisquer órgãos do poder público ou de empresas da iniciativa privada, dados e informações cadastrais da vítima ou de suspeitos.
(B) Requisitar, de quaisquer órgãos do poder público ou de empresas da iniciativa privada, dados, informações cadastrais e a interceptação das comunicações telefônicas da vítima e de suspeitos, que deverá ser efetivada no prazo máximo de 24 horas.
(C) Representar judicialmente por mandado de busca e apreensão para legitimar o ingresso no domicílio em que se encontre a vítima, nos termos do Art. 5º, XI da Constituição Federal.
(D) Requisitar, de quaisquer órgãos do poder público, dados e informações cadastrais da vítima ou de suspeitos e, mediante ordem judicial, obtê-los de empresas da iniciativa privada.
(E) Requisitar, de quaisquer empresas da iniciativa privada e, mediante ordem judicial, requerer dados e informações cadastrais da vítima ou de suspeitos perante quaisquer órgãos de poder público.

A solução desta questão deve ser extraída do art. 13-A do CPP, introduzido pela Lei 13.344/2016, que autoriza o membro do MP ou a autoridade policial a requisitar, de quaisquer órgãos do poder público ou de empresas da iniciativa privada, dados e informações cadastrais da vítima ou de suspeitos dos crimes elencados no dispositivo, entre os quais está o sequestro e cárcere privado (art. 148, CP). **Gabarito "A".**

(Delegado/RS – 2018 – FUNDATEC) Na madrugada de 25 de outubro de 2017, determinado suspeito, conduzido até a delegacia de polícia para a lavratura do auto de prisão em flagrante pelo cometimento de feminicídio, apresentou carteira de identidade contendo rasura. Diante disso, o delegado de polícia:

(A) Deve conferir credibilidade à qualificação pessoal fornecida pelo autor do crime durante o interrogatório, em complemento aos dados existentes no documento rasurado, considerando que eventual informação inverídica acarretará a imputação pelo crime de falsa identidade.
(B) Determinará a coleta de amostra de sangue do autuado para remessa à perícia e averiguação da identidade, independente de consentimento, resguardada a privacidade na realização do ato.
(C) Dispensará a identificação criminal do suspeito em razão de que a carteira de identidade, ainda que contenha rasuras, é documento idôneo à identificação civil, conforme expressa disposição legal.
(D) Determinará identificação criminal do suspeito, que incluirá o processo datiloscópico e o fotográfico a ser juntado aos autos da comunicação da prisão em flagrante.
(E) Deverá aguardar o prazo de até 24h para que defensor ou familiar do autuado apresente outro documento idôneo de identificação civil, tendo em vista que é assegurada ao preso a assistência da família e de advogado pela Constituição Federal.

Regra geral, o civilmente identificado não será submetido a identificação criminal (art. 5º, LVIII, CF; art. 1º da Lei 12.037/2009). Há situações, no entanto, em que, mesmo tendo sido apresentado documento de identificação, a autoridade poderá proceder à identificação criminal. Estas situações, que constituem exceção, estão elencadas no art. 3º da Lei 12.037/2009, entre as quais está a hipótese em que o documento contém rasura ou indício de falsificação. Neste caso, a autoridade determinará a identificação criminal, aqui incluídos os processos datiloscópico e fotográfico (art. 5º, *caput*, Lei 12.037/2009).
Gabarito "D".

(Delegado/MS – 2017 – FAPEMS) Conforme disposição expressa no Código de Processo Penal vigente, o Delegado de Polícia que preside investigação policial sobre o crime previsto no artigo 149-A (Tráfico de Pessoas) do Código Penal-Decreto- Lei n. 2.848/1940, dentre as providências a serem adotadas, poderá
(A) requisitar dados e informações cadastrais da vítima ou dos suspeitos, diretamente de quaisquer órgãos do poder público ou representar junto à autoridade judicial, de empresas de iniciativa privada.
(B) requisitar, após o parecer obrigatório do Ministério Público, de quaisquer órgãos do poder público ou de empresas de iniciativa privada, dados e informações cadastrais da vítima ou dos suspeitos.
(C) requisitar, somente por meio de autorização judicial, de quaisquer órgãos do poder público ou de empresas de iniciativa privada, dados e informações cadastrais da vítima ou dos suspeitos.
(D) requisitar, de quaisquer órgãos do poder público ou de empresas de iniciativa privada, dados e informações cadastrais dos suspeitos, os quais deverão ser concedidos no prazo de 48 horas.
(E) requisitar, de quaisquer órgãos do poder público ou de empresas de iniciativa privada, dados e informações cadastrais da vítima ou dos suspeitos.

A solução desta questão deve ser extraída do art. 13-A do CPP, introduzido pela Lei 13.344/2016, que estabelece que, no curso das investigações para apuração do crime previsto no artigo 149-A (Tráfico de Pessoas) do Código Penal, entre outros, poderão o delegado de polícia e o membro do MP *requisitar, de quaisquer órgãos do poder público ou de empresas de iniciativa privada, dados e informações cadastrais da vítima ou dos suspeitos.*
Gabarito "E".

(Delegado/MS – 2017 – FAPEMS) Eurípedes, advogado contratado pela família de Haroldo, preso em flagrante, dirige-se até a Delegacia de Polícia para iniciar a defesa de seu cliente. Para tanto, solicita acesso aos autos do inquérito policial instaurado para a apuração do crime, o que é negado pelo escrivão de polícia sob o argumento de que o procedimento é sigiloso. O advogado, inconformado com a negativa, aguarda o atendimento pelo Delegado de Polícia, que
(A) não deve conceder vistas dos autos sem autorização judicial, caso a investigação seja referente à organização criminosa e tenha sido decretado o sigilo pela autoridade judicial competente, para garantia da celeridade e da eficácia das diligências investigatórias.
(B) deve verificar, inicialmente, se há nos autos diligências que não foram realizadas ou que estão em andamento, já que estas somente podem ser acessadas pelo advogado após documentadas e mediante a apresentação de procuração.
(C) deve conceder vistas ao advogado, ainda que este não tenha procuração e haja informações decretadas sigilosas nos autos do inquérito policial, uma vez que o sigilo da investigação não atinge de nenhuma forma o advogado da parte interessada.
(D) concederá, exigindo para tanto a cópia da carteira funcional, amplo acesso dos autos do inquérito policial ao advogado, mesmo havendo informações sigilosas, pois a Constituição Federal em vigor assegura ao preso a ampla defesa e assistência de advogado.
(E) deve confirmar a negativa de vistas dos autos ao advogado, pois o sigilo é uma das características natural do inquérito policial e exige-se a apresentação de requerimento, com procuração; para o acesso por advogado.

A: correta, uma vez que reflete o disposto no art. 23 da Lei 12.850/2013 (Organização Criminosa); **B:** incorreta, pois, a teor do art. 7º, XIV, da Lei 8.906/1994 (Estatuto da Advocacia), o acesso do advogado aos autos de flagrante e de investigações de qualquer natureza, aqui incluído, por óbvio, o inquérito policial, prescinde de procuração; **C e D:** incorreta, pois não reflete o disposto no art. 23 da Lei 12.850/2013 (Organização Criminosa); **E:** incorreta (art. 7º, XIV, da Lei 8.906/1994).
Gabarito "A".

(Delegado/MS – 2017 – FAPEMS) Sobre as diligências que podem ser realizadas pelo Delegado de Polícia, é correto afirmar que
(A) caso o ofendido ou seu representante legal apresente requerimento para instauração de inquérito policial, a autoridade policial deve atender ao pedido, em observância do princípio da obrigatoriedade.
(B) deparando-se com uma notícia na imprensa que relate um fato delituoso, a autoridade policial deve instaurar inquérito policial de ofício, elaborando, conforme determina o Código de Processo Penal vigente, um relatório sobre a forma como tomou conhecimento do crime.

(C) conforme disposição expressa no Código de Processo Penal vigente, o Delegado de Polícia não é obrigado a determinar a realização de perícia requerida pelo investigado, ofendido ou seu representante legal, quando não for necessária ao esclarecimento da verdade, ainda que se trate de exame de corpo de delito, pois a investigação é conduzida de forma discricionária.

(D) o inquérito policial é um procedimento discricionário, portanto, cabe ao Delegado de Polícia conduzir as diligências de acordo com as especificidades do caso concreto, não estando obrigado a seguir uma sequência predeterminada de atos.

(E) poderá a autoridade policial determinar em todas as espécies de crimes, atendidos os requisitos legais e suas peculiaridades, a reconstituição do fato delituoso, desde que não contrarie a moralidade ou a ordem pública, com a participação obrigatória do investigado.

A: incorreta. É que a autoridade policial não está obrigada a atender ao requerimento (solicitação, pedido) de abertura de inquérito formulado pelo ofendido ou por seu representante legal (art. 5º, II, segunda parte, do CPP), sendo tal pleito passível, portanto, de indeferimento, decisão contra a qual cabe recurso administrativo ao chefe de polícia (art. 5º, § 2º, do CPP); **B:** incorreta. A autoridade policial, diante da notícia da prática de fato aparentemente criminoso, tendo atribuição para tanto, procederá a inquérito, baixando a respectiva portaria, que é o seu ato inaugural, não havendo a necessidade de confeccionar relatório a tal respeito (art. 5º, I, do CPP). O relatório somente será produzido ao final das investigações, no qual a autoridade consignará tudo quanto foi apurado (art. 10, § 1º, do CP); **C:** incorreta, pois não reflete o disposto no art. 184 do CPP; **D:** correta. De fato, a legislação processual penal não estabelece uma sequência de atos à qual a autoridade policial deve obediência na condução das investigações do inquérito policial, de tal sorte que o delegado determinará a sequência de atos que melhor lhe aprouver, ou seja, aquela que seja mais eficiente do ponto de vista da elucidação dos fatos, que é o verdadeiro objetivo do inquérito policial; **E:** incorreta. Tendo em conta o fato de que ninguém poderá ser compelido a produzir prova contra si mesmo (princípio do *nemo tenetur se detegere*), a participação do investigado na reprodução simulada dos fatos (art. 7º do CPP) será facultativa. Gabarito "D".

(Delegado/MS – 2017 – FAPEMS) Acerca da investigação criminal,

[...] a autoridade policial não é parte no processo penal, não tem interesse que possa deduzir em juízo e a investigação criminal não guarda autonomia, ela existe orientada ao exercício futuro da ação. A constatação de comportamentos do indiciado prejudiciais à investigação deve ser compartilhada entre a autoridade policial e o Ministério Público (ou o querelante, conforme o caso), para que o autor da ação penal ajuíze seu real interesse em ver a prisão decretada.

PRADO, Geraldo. *Medidas cautelares no processo penal: prisões e suas alternativas.* São Paulo: Revista dos Tribunais, 2011, p. 67.

As funções de polícia judiciária e a apuração de infrações penais exercidas pelo delegado de polícia são de natureza jurídica, essenciais e exclusivas de Estado.

BRASIL. Lei n- 12.830. *Dispõe sobre a investigação criminal conduzida pelo delegado de polícia. Art. 2$.* 2013.

Isso considerado, assinale a alternativa correta.

(A) O indiciamento, privativo do delegado de polícia, dar-se-á por ato discricionário, mediante análise fática da ocorrência do fato, e deverá indicar a autoria, materialidade e suas circunstâncias.

(B) O inquérito policial em curso poderá ser avocado ou redistribuído por superior hierárquico, independentemente de despacho fundamentado.

(C) A participação de membro do Ministério Público na fase investigatória criminal acarreta o seu impedimento ou suspeição para o oferecimento da denúncia.

(D) Da decisão do delegado de polícia que nega o pedido de abertura de inquérito policial formulado pelo ofendido ou seu representante legal, caberá mandado de segurança.

(E) Durante a investigação criminal, cabe ao delegado de polícia a requisição de perícia, informações, documentos e dados que interessem à apuração dos fatos.

A: incorreta. Não se trata de ato discricionário, uma vez que, convencida de que há justa causa, outra alternativa não resta à autoridade policial senão proceder ao indiciamento do investigado, o que será feito mediante análise técnico-jurídica do fato, sempre fundamentando a sua decisão (art. 2º, § 6º, da Lei 12.830/2013); **B:** incorreta. A avocação ou redistribuição de inquérito policial por superior hierárquico somente será permitida nos casos previstos em lei (interesse público e quando não observado procedimento previsto em regulamento da corporação que comprometa a eficácia da investigação) e mediante despacho fundamentado (art. 2º, § 4º, da Lei 12.830/2013); **C:** incorreta, pois não reflete o entendimento firmado na Súmula 234, STJ: "A participação de membro do Ministério Público na fase investigatória criminal não acarreta seu impedimento ou suspeição para o oferecimento da denúncia"; **D:** incorreta, na medida em que, do despacho de indeferimento de abertura de inquérito, cabe recurso administrativo para o chefe de Polícia, na forma prevista no art. 5º, § 2º, do CPP; **E:** correta, pois corresponde ao teor do art. 2º, § 2º, da Lei 12.830/2013. Gabarito "E".

(Delegado/MT – 2017 – CESPE) O inquérito policial instaurado por delegado de polícia para investigar determinado crime.

(A) não poderá ser avocado, nem mesmo por superior hierárquico.

(B) poderá ser avocado por superior hierárquico somente no caso de não cumprimento de algum procedimento regulamentar da corporação.

(C) poderá ser redistribuído por superior hierárquico, devido a motivo de interesse público.

(D) poderá ser avocado por superior hierárquico, independentemente de fundamentação em despacho.

(E) não poderá ser redistribuído, nem mesmo por superior hierárquico.

A: incorreta, uma vez que, nas situações referidas no art. 2º, § 4º, da Lei 12.830/2013, o inquérito policial poderá, sim, ser avocado por superior hierárquico; **B:** incorreta, na medida em que o inquérito policial poderá ser avocado por superior hierárquico também na hipótese em que se verificar motivo de interesse público, tal como estabelece o art. 2º, § 4º, da Lei 12.830/2013; **C:** correta. A redistribuição e a avocação de inquérito policial poderão ser motivadas por razões de interesse público e também no caso de não cumprimento de algum procedimento regulamentar da corporação, sempre por despacho fundamentado (art. 2º, § 4º, da Lei 12.830/2013); **D:** incorreta. A avocação ou redistribuição de inquérito somente poderá se dar por meio de despacho fundamentado (art. 2º, § 4º, da Lei 12.830/2013); **E:** incorreta, tendo em conta o que acima foi ponderado. Gabarito "C".

3. DIREITO PROCESSUAL PENAL

(Delegado/MT – 2017 – CESPE) Se o titular de secretaria de determinado estado da Federação for sequestrado e o caso tiver repercussão interestadual ou internacional que exija repressão uniforme, então a investigação a ser feita pelo DPF

(A) dependerá de autorização do ministro de Estado da Justiça, se o crime tiver motivação política.

(B) dependerá de mandado do ministro de Estado da Justiça, se o crime acontecer por motivação política.

(C) independerá de autorização, se o crime for cometido em razão da função pública exercida ou por motivação política.

(D) dependerá de autorização do ministro de Estado da Justiça, se o crime ocorrer em razão da função pública exercida.

(E) dependerá de mandado do ministro de Estado da Justiça, se o crime se der em razão da função pública exercida.

A solução desta questão deve ser extraída do art. 1º, I, da Lei 10.446/2002, que dispõe a respeito das infrações penais de repercussão interestadual ou internacional que exijam repressão uniforme, na forma do art. 144, § 1º, I, da CF. **ED**
Gabarito "C".

(Delegado/MT – 2017 – CESPE) Conforme súmula do STF, é direito do advogado do investigado o acesso aos autos do inquérito policial. Nesse sentido, o advogado do investigado

(A) deverá obrigatoriamente participar do interrogatório policial do investigado, sob pena de nulidade absoluta do procedimento.

(B) terá acesso às informações concernentes à representação e decretação, ainda pendentes de conclusão, de medidas cautelares pessoais que digam respeito ao investigado, excluindo-se aquelas que alcancem terceiros eventualmente envolvidos.

(C) terá direito ao pleno conhecimento, sem restrições, de todas as peças e atos da investigação.

(D) deverá ser comunicado previamente de todas as intimações e diligências investigativas que digam respeito ao exercício do direito de defesa no interesse do representado.

(E) terá acesso amplo aos elementos constantes em procedimento investigatório que digam respeito ao indiciado e que já se encontrem documentados nos autos.

O inquérito policial é, em vista do que dispõe o art. 20 do CPP, *sigiloso*. Ocorre que, a teor do art. 7º, XIV, da Lei 8.906/1994 (Estatuto da Advocacia), constitui direito do advogado, entre outros: "examinar, em qualquer instituição responsável por conduzir investigação, mesmo sem procuração, autos de flagrante e de investigações de qualquer natureza, findos ou em andamento, ainda que conclusos à autoridade, podendo copiar peças e tomar apontamentos, em meio físico ou digital" (redação determinada pela Lei 13.245/2016). Sobre este tema, a propósito, o STF editou a Súmula Vinculante 14, a seguir transcrita: "É direito do defensor, no interesse do representado, ter acesso amplo aos elementos de prova que, já documentados em procedimento investigatório realizado por órgão com competência de polícia judiciária, digam respeito ao exercício do direito de defesa". Também constitui direito do defensor do investigado, nos termos do art. 7º, XXI, da Lei 8.906/1994 (introduzido pela Lei 3.245/2016): "assistir a seus clientes investigados durante a apuração de infrações, sob pena de nulidade absoluta do

respectivo interrogatório ou depoimento e, subsequentemente, de todos os elementos investigatórios e probatórios dele decorrentes ou derivados, direta ou indiretamente, podendo, inclusive, no curso da respectiva apuração: a) apresentar razões e quesitos". A presença do advogado do investigado ao interrogatório, como se pode ver, não é obrigatória, mas deverá a autoridade policial oportunizar ao interrogando o direito de ele fazer-se acompanhar de seu patrono. Atenção: o art. 14-A, inserido no CPP pela Lei 13.964/2019 (Pacote Anticrime), assegura aos servidores vinculados às instituições elencadas nos arts. 142 (Forças Armadas) e 144 (Segurança Pública) da CF que figurarem como investigados em inquéritos policiais, inquéritos policiais militares e demais procedimentos extrajudiciais, cujo objeto for a investigação de fatos relacionados ao uso da força letal praticados no exercício profissional ou em missões para Garantia da Lei e da Ordem (GLO), o direito de constituir defensor para o fim de acompanhar as investigações. Até aqui, nenhuma novidade. Isso porque, como bem sabemos, é direito de qualquer investigado constituir defensor. O § 1º deste art. 14-A, de forma inédita, estabelece que o servidor, verificada a situação descrita no *caput*, será citado. Isso mesmo: será citado da instauração do procedimento investigatório, podendo constituir defensor no prazo de até 48 horas a contar do recebimento da citação. Melhor seria se o legislador houvesse empregado o termo *notificado* em vez de *citado*. Seja como for, uma vez citado e esgotado o prazo de 48 horas sem nomeação de defensor, a autoridade responsável pela investigação deverá intimar a instituição à qual estava vinculado o investigado à época dos fatos para que indique, no prazo de 48 horas, defensor para a representação do investigado (§ 2º). **ED**
Gabarito "E".

(Delegado/MT – 2017 – CESPE) O requerimento de arquivamento do inquérito policial formulado pelo MP

(A) está sujeito, exclusivamente, a controle interno do próprio MP, de ofício ou por provocação do ofendido.

(B) não poderá ser indeferido, em respeito aos princípios da independência funcional e do promotor natural.

(C) não está sujeito a controle jurisdicional nos casos de competência originária do STF ou do STJ.

(D) está sujeito a controle jurisdicional, devendo o juiz do feito, no caso de considerar improcedentes as razões invocadas, designar outro membro do MP para o oferecimento da denúncia.

(E) defere ao ofendido, quando acolhido pelo juiz, o direito de ingressar com ação penal subsidiária por via de queixa-crime.

É dado ao juiz discordar do pleito de arquivamento formulado pelo MP. Em casos assim, o magistrado deverá, ante o que estabelece o art. 28 do CPP, fazer a remessa dos autos ao procurador-geral, que é quem tem atribuição para proceder a nova análise do pedido de arquivamento feito pelo membro do *parquet*. A partir daí, pode o procurador-geral, em face da provocação do magistrado, *insistir no pedido de arquivamento do inquérito*, ratificando posicionamento firmado pelo promotor, caso em que o juiz ficará obrigado, por imposição do art. 28 do CPP, a determiná-lo. Se, de outro lado, o procurador-geral entender que é o caso de *oferecimento de denúncia*, poderá ele mesmo fazê-lo ou designar outro promotor para que o faça. Tal incumbência, frise-se, não poderá recair sobre o mesmo promotor, o que implicaria violação à sua livre convicção. A *ação penal privada subsidiária da pública* ou *substitutiva*, a que faz referência a alternativa "E" e que encontra previsão nos arts. 5º, LIX, da CF, 100, § 3º, do CP e 29 do CPP, somente terá lugar na hipótese de inércia, desídia do membro do Ministério Público. É unânime a jurisprudência ao afirmar que pedido de arquivamento de inquérito policial ou mesmo de peças de informação não pode ser interpretado como inércia. Por fim, é correta a afirmação de que o requerimento de arquivamento de inquérito policial, formulado pelo MP, nos casos de competência originária do STF e STJ, não enseja a incidência da regra contida no art. 28 do CPP. Assim, segundo têm entendido a jurisprudência, uma vez requerido o arquivamento dos autos de inquérito pelo procurador-geral da República, por exemplo, o atendimento ao seu pleito se impõe, não sendo o caso, assim, de aplicar o art. 28 do CPP. Cuidado: com o advento da Lei 13.964/2019 (posterior à elaboração desta questão), que alterou o art. 28, *caput*, do CPP, cuja eficácia está suspensa por decisão cautelar do STF, o juiz deixa de atuar no procedimento de arquivamento do IP. Agora, a decisão é do Ministério Público, que, depois de analisar o inquérito e concluir pela inexistência de elementos mínimos a sustentar a acusação, determinará seu arquivamento, submetendo tal decisão à instância superior dentro do próprio MP.

Gabarito "C".

(Delegado/GO – 2017 – CESPE) O Código de Processo Penal prevê a requisição, às empresas prestadoras de serviço de telecomunicações, de disponibilização imediata de sinais que permitam a localização da vítima ou dos suspeitos de delito em curso, se isso for necessário à prevenção e à repressão de crimes relacionados ao tráfico de pessoas. Essa requisição pode ser realizada pelo

(A) delegado de polícia, independentemente de autorização judicial e por prazo indeterminado.

(B) Ministério Público, independentemente de autorização judicial, por prazo não superior a trinta dias, renovável por uma única vez, podendo incluir o acesso ao conteúdo da comunicação.

(C) delegado de polícia, mediante autorização judicial e por prazo indeterminado, podendo incluir o acesso ao conteúdo da comunicação.

(D) delegado de polícia, mediante autorização judicial, devendo o inquérito policial ser instaurado no prazo máximo de setenta e duas horas do registro da respectiva ocorrência policial.

(E) Ministério Público, independentemente de autorização judicial e por prazo indeterminado.

A solução desta questão deve ser extraída no art. 13-B, *caput* e § 3º, introduzido no CPP pela Lei 13.344/2016.

Gabarito "D".

(Delegado/BA – 2016.2 – Inaz do Pará) Quando houver comprovação da ofensa ao bem jurídico protegido (ou, se for caso, à materialidade do delito) e prova suficiente da autoria, a indiciação será formalizada pelos seguintes atos, **exceto**:

(A) Despacho fundamentado.

(B) Auto de qualificação e interrogatório.

(C) Laudo pericial adequado ou auto de apreensão que confirme a materialidade do delito, nos crimes que deixem indício.

(D) Elaboração do Boletim Individual e sua juntada aos autos.

(E) Expedição de ofício à Coordenação de Documentação e Estatística Policial – CDEP, comunicando a indiciação e solicitando os antecedentes criminais do indiciado.

Os atos que compõem o indiciamento estão elencados no art. 90 da Instrução Normativa n. 1, de 17 de abril de 2013, editada pelo Delegado-Geral da Polícia Civil do Estado da Bahia, entre os quais não está aquele descrito na assertiva "C", que deve, portanto, ser assinalada.

Gabarito "C".

(Delegado/BA – 2016.2 – Inaz do Pará) Autoridade policial (Delegado de Polícia Civil), investiga crime no qual existem fundadas razões para se indicar envolvimento de um advogado como membro de uma organização criminosa, que pratica crimes de estelionato. Pedido feito ao Poder Judiciário é deferido e o mandado para se realizar a busca e apreensão em escritório de advocacia é autorizado pelo magistrado.

(A) O delegado deve cumprir o mandado na presença de representante da OAB.

(B) O escritório de advocacia é inviolável, em razão das prerrogativas prevista em Lei, não havendo hipótese que autorize esta violação.

(C) Nem é necessário se pedir autorização judicial, porque não é residência, mas, apenas, um escritório.

(D) Na coleta do material buscado e apreendido, poderá ser utilizado documentos e mídias, na coleta e juntada aos autos do inquérito policial, informações de clientes do advogado, não investigado pela Polícia Judiciária, em razão do princípio da indivisibilidade da prova.

(E) Quando a diligência de busca e apreensão for cumprida, representante da OAB, necessariamente, deverá saber quem é o advogado que irá sofrer a constrição judicial.

A: correta. De fato, o mandado de busca e apreensão em escritório de advocacia deve ser cumprido na presença de representante da OAB, na forma estabelecida no art. 7º, § 6º, da Lei 8.906/1994 (Estatuto da Advocacia): "(...) expedindo mandado de busca e apreensão, específico e pormenorizado, a ser cumprido na presença de representante da OAB (...)"; B: incorreta, pois não corresponde ao que estabelece o art. 7º, § 6º, da Lei 8.906/1994 (Estatuto da Advocacia): "Presentes indícios de autoria e materialidade da prática de crime por parte do advogado, a autoridade judiciária competente poderá decretar a quebra da inviolabilidade de que trata o inciso II do *caput* deste artigo, em decisão motivada, expedindo mandado de busca e apreensão (...)"; C: incorreta, na medida em que a decretação de busca e apreensão em escritório de advocacia somente pode ser decretada por autoridade judiciária (art. 7º, § 6º, da Lei 8.906/1994); D: incorreta (art. 7º, § 6º, da Lei 8.906/1994); E: incorreta, já que a lei não prevê tal formalidade.

Gabarito "A".

(Delegado/BA – 2016.2 – Inaz do Pará) O Delegado de Polícia Civil, titular chefe de uma unidade de bairro em uma cidade do estado da Bahia, recebe uma notícia de possível fato criminoso que indica a prática de exercício irregular da profissão de medicina, que se desenvolve no interior de uma residência, informação levada ao conhecimento da Delegacia de Polícia em questão, através de uma denúncia anônima. Após confirmar a denúncia, através de investigação prévia, o Delegado resolveu requerer junto ao Poder Judiciário um mandado de busca e apreensão, a fim de realizar as providências de Polícia Judiciária cabíveis. O Delegado de Polícia

(A) agiu errado porque deveria sair, de imediato, em razão da urgência da delegacia de polícia e prender o indivíduo, supostamente, criminoso.

(B) apesar da intimidade e privacidade do cidadão ser, em princípio inviolável (art. 5º, X da CF), a existência de objetos, bens, documentos que sejam de natureza criminosa, no interior de residência, justificam pedido por busca e apreensão, por parte da autoridade policial, a fim de fazer prova nos autos da investigação criminal.

(C) o Delegado de Polícia não tem legitimidade processual para requerer mandado de busca e apreensão.

(D) tratando-se de denúncia anônima, o delegado de polícia deveria mandar arquivar o procedimento investigatório.

(E) é caso para consulta ao Ministério Público, porque, apenas o Promotor de Justiça, tem legitimidade processual para requer mandado de busca e apreensão junto ao Poder Judiciário.

A: incorreta. A denúncia anônima, segundo tem entendido a jurisprudência, não é apta, por si só, a autorizar a instauração de inquérito policial e a adoção de medidas como a busca e apreensão. Antes disso, a autoridade policial deverá fazer uma averiguação prévia a fim de verificar a procedência da denúncia apócrifa, para, depois disso, requerer, se for o caso, a busca e apreensão, por exemplo. Nesse sentido: "(...) *a autoridade policial, ao receber uma denúncia anônima, deve antes realizar diligências preliminares para averiguar se os fatos narrados nessa 'denúncia' são materialmente verdadeiros, para, só então, iniciar as investigações*" (STF, HC 95.244, 1ª T., rel. Min. Dias Toffoli, DJE de 29.04.2010); **B**: correta (art. 240, CPP); **C**: incorreta, uma vez que a autoridade policial está, sim, credenciada a requerer mandado de busca e apreensão (art. 242, CPP); **D**: incorreta. A denúncia anônima deve funcionar como ponto de partida para as investigações; depois de confirmada a sua procedência, instaura-se o respectivo inquérito policial; **E**: incorreta. *Vide* comentário à questão "C". ED
Gabarito "B".

(Delegado/BA – 2016.2 – Inaz do Pará) As inquirições realizadas no bojo de um inquérito policial ou de um Termo Circunstanciado podem ser realizadas por meio dos seguintes atos:

(A) termo de depoimento, no qual as testemunhas serão compromissadas, observando-se os artigos 203, 206, 207 e 208 do CPP.

(B) através do auto de qualificação e interrogatório, quando se tratar de indiciado.

(C) quando houver necessidade, devidamente justificada, de ouvir novamente qualquer pessoa, a autoridade policial formalizará o ato mediante termo de reinquirição.

(D) por meio do Termo de declarações, quando não for indiciado ou testemunha.

(E) todas as hipóteses anteriores.

A: correta. As informações fornecidas pela testemunha serão colhidas por meio de *termo de depoimento*, mediante assunção de dizer a verdade, na forma estatuída nos arts. 203, 206, 207 e 208 do CPP; **B**: correta. O interrogatório policial, que é a audiência do indiciado perante a autoridade policial, é constituído de duas partes: a *qualificação*, na qual são colhidas informações concernentes ao indiciado (tais como local de residência, vida pregressa, local em que exerce sua atividade, dentre outras informações necessárias à sua individualização), tal como estabelece o art. 187, § 1º, do CPP; e o *interrogatório propriamente dito* (também chamado interrogatório de mérito), onde o indiciado será questionado quanto à veracidade da imputação (art. 187, § 2º, do CPP). Esses dois atos que compõem o interrogatório serão formalizados por meio do *auto de qualificação e interrogatório*; **C**: correta. Sempre que julgar pertinente, o delegado (e também o magistrado) poderá, por exemplo, proceder a novo interrogatório do indiciado (ou réu), prerrogativa prevista no art. 196 do CPP; **D**: correta. De fato, a inquirição do ofendido e da testemunha não sujeita ao compromisso de dizer a verdade será formalizada por meio de *termo de declarações*; **E**: correta (deve ser assinalada). ED
Gabarito "E".

(Delegado/BA – 2016.2 – Inaz do Pará) O(a) Delegado(a) de Polícia Civil, e sua equipe, se deslocaram até uma residência onde se deveriam cumprir mandado de busca e apreensão determinado pelo Poder Judiciário. No local, o proprietário da casa se insurgiu contra a equipe de policiais e atirou contra um dos agentes. O que deve o(a) Delegado(a) fazer?

(A) Recuar e informar, de imediato, ao Magistrado.

(B) Atirar contra o autor do disparo e matá-lo, porque se insurgiu contra ação policial.

(C) Tomar as medidas cabíveis para a apuração do crime associado à oposição de execução de ato legal e lavrar o procedimento criminal correspondente.

(D) Trata-se de ato grave que deve ser levado ao conhecimento de superior hierárquico, pois se trata de desobediência funcional.

(E) Trata-se de legítima defesa executada pelo morador da residência e assim deve ser compreendido pelo Delegado**(a)** de Polícia.

Em princípio, o proprietário da residência onde havia de ser cumprido o mandado de busca e apreensão, porque se opôs, mediante o emprego de violência (atirou contra um dos agentes), à execução dessa ordem, incorreu nas penas do crime de resistência, capitulado no art. 329 do CP, em razão do que deverá ser preso em flagrante e conduzido à presença da autoridade policial com atribuição para lavrar o procedimento criminal correspondente. Por força do que dispõe o § 2º desse dispositivo, o proprietário do imóvel deverá, ainda, responder por eventual lesão experimentada pelo agente contra o qual ele investiu. ED
Gabarito "C".

(Delegado/BA – 2016.2 – Inaz do Pará) Quando da conclusão do inquérito policial, deverá a Autoridade efetuar relatório de tudo o que foi apurado, redigindo-o com objetividade, clareza e concisão, devendo constar os seguintes itens, a **exceção** de:

(A) No cabeçalho do relatório do inquérito policial, o número do inquérito e as datas de início e término.

(B) Histórico do fato, discorrendo acerca das diligências realizadas.

(C) Transcrições extensas de termos de inquirições realizados no bojo das apurações.

(D) O nome do indiciado e a indicação da folha onde consta sua qualificação, ainda no cabeçalho.

(E) Mencionar o destino das coisas apreendidas e concluindo sobre a ofensa ao bem jurídico protegido (ou a materialidade, se for o caso) e a autoria do delito.

A: incorreta (item cuja observância é imposta pelo art. 99, I e II, da Instrução Normativa n. 1, de 17 de abril de 2013, editada pelo Delegado-Geral da Polícia Civil do Estado da Bahia); **B**: incorreta (item cuja observância é imposta pelo art. 98 da Instrução Normativa n. 1, de 17 de abril de 2013, editada pelo Delegado-Geral da Polícia Civil do Estado da Bahia); **C**: correta (deve ser assinalada), na medida em que o art. 100 da Instrução Normativa n. 1, de 17 de abril de 2013, editada pelo Delegado-Geral da Polícia Civil do Estado da Bahia, reza que devem ser evitadas transcrições extensas de termos de inquirições realizados no bojo das apurações; **D**: incorreta (item cuja observância é imposta pelo art. 99, III, da Instrução Normativa n. 1, de 17 de abril de 2013, editada pelo Delegado-Geral da Polícia Civil do Estado da Bahia); **E**: incorreta (item cuja observância é imposta pelo art. 98 da Instrução Normativa n. 1, de 17 de abril de 2013, editada pelo Delegado-Geral da Polícia Civil do Estado da Bahia). ED
Gabarito "C".

(Delegado/BA – 2016.2 – Inaz do Pará) Segundo o Código de Processo Penal e Legislação específica, o inquérito policial deverá ser remetido à Justiça nos prazos abaixo elencados, com **exceção** de:

(A) no prazo de 10 (dez) dias em se tratando de réu preso.
(B) no prazo de 10 (dez) dias, para indiciado preso ou solto em apurações de crime contra a economia popular.
(C) no prazo de 30 dias, sendo indiciado preso e 90 dias, solto nas apurações relativas a Lei 11.343/2006.
(D) no prazo de 30 (trinta) dias em se tratando de indicado solto, para apuração dos crimes em geral.
(E) no prazo de 10 (dez) dias, quando versar sobre apurações acerca de violência doméstica; em se tratando de indicado solto.

A: correta. O art. 10, *caput*, do CPP estabelece o prazo *geral* de 30 dias para a conclusão do inquérito, quando o indiciado não estiver preso; se preso estiver, o inquérito deve terminar em 10 dias; **B:** correta (art. 10, § 1º, da Lei 1.521/1951); **C:** correta. Com efeito, no crime de tráfico de drogas, o inquérito deverá ser ultimado no prazo de 30 dias, se preso estiver o indiciado; e em 90 dias, no caso de o indiciado encontrar-se solto. De uma forma ou de outra, pode haver duplicação do prazo mediante pedido justificado da autoridade policial. É o teor do art. 51 da Lei 11.343/2006; **D:** correta (*vide* comentário à alternativa "A"); **E:** incorreta, já que a Lei 11.340/2006 (Lei Maria da Penha) não estabeleceu prazo diferenciado para a conclusão de inquérito policial em que se apura crimes relativos a violência doméstica. Atenção: o art. 3º-B, VIII, do CPP, introduzido pela Lei 13.964/2019 e posterior à elaboração desta questão, estabelece ser uma das atribuições do juiz das garantias a prorrogação do prazo do inquérito policial, estando o investigado preso, desde que em face de representação formulada pela autoridade policial. O art. 3º-B, § 2º, do CPP, por sua vez, reza que tal prorrogação do prazo do IP, em que o investigado esteja preso, pode se dar por até 15 dias, uma única vez. Vale lembrar que esses dois dispositivos, porque fazem parte do regramento do juiz das garantias, estão com a sua eficácia suspensa por decisão cautelar do STF. A matéria deve ser apreciada pelo Plenário do Tribunal. **Gabarito "E".**

(Delegado/BA – 2016.2 – Inaz do Pará) De acordo com a Instrução Normativa 01/2013 GDG, a capa de todo Inquérito Policial deverá conter, **exceto**:

(A) o Brasão da Polícia Civil, na forma prevista no Decreto Estadual 26.287/1978, e o cabeçalho com a designação "ESTADO DA BAHIA", "SECRETARIA DA SEGURANÇA PÚBLICA" e "POLÍCIA CIVIL DA BAHIA".
(B) os nomes da autoridade policial e do Escrivão.
(C) os nomes do(s) indiciado(s), se conhecido(s), e da(s) vítima(s), além do respectivo enquadramento penal.
(D) a autuação, contendo data e assinatura do Escrivão, devendo, preferencialmente, ser lavrada por meio computadorizado.
(E) o número do inquérito em destaque e a quantidade de folhas que compõem aquele procedimento.

A: incorreta (art. 14, I, da Instrução Normativa n. 1, de 17 de abril de 2013, editada pelo Delegado-Geral da Polícia Civil do Estado da Bahia); **B:** incorreta (art. 14, IV, da Instrução Normativa n. 1, de 17 de abril de 2013, editada pelo Delegado-Geral da Polícia Civil do Estado da Bahia); **C:** incorreta (art. 14, III, da Instrução Normativa n. 1, de 17 de abril de 2013, editada pelo Delegado-Geral da Polícia Civil do Estado da Bahia); **D:** incorreta (art. 14, V, da Instrução Normativa n. 1, de 17 de abril de 2013, editada pelo Delegado-Geral da Polícia Civil do Estado da Bahia); **E:** correta. Embora seja verdadeira a afirmação de que a capa do inquérito deva conter o seu número de identificação (art. 14, II, da Instrução Normativa n. 1, de 17 de abril de 2013, editada pelo Delegado-Geral da Polícia Civil do Estado da Bahia), tal não se dá em relação à quantidade de folhas que o compõem, requisito não contemplado na norma em questão. **Gabarito "E".**

(Delegado/BA – 2016.2 – Inaz do Pará) De acordo com o previsto na Instrução Normativa 01/2013, expedida pelo Gabinete do Delegado Geral da Polícia Civil da Bahia sobre a ordem de missão – OM é correto afirmar.

(A) A ordem de missão – OM é um documento público de natureza administrativa, de uso interno da Polícia Civil, para o cumprimento de missões determinadas aos integrantes das carreiras policiais previstas nos artigos 48 e 49 da LOPC, expedido por autoridade policial competente.
(B) A ordem de missão – OM é um documento sigiloso de natureza policial, de uso interno da Polícia Civil, obrigatório para o cumprimento de missões determinadas aos integrantes das carreiras policiais previstas nos artigos 47 e 48 da LOPC, expedido por autoridade policial competente.
(C) A ordem de missão – OM é um documento sigiloso de natureza policial, expedido por Delegado e Investigador de Polícia, de uso interno da Polícia Civil, obrigatório para o cumprimento de missões determinadas aos integrantes das carreiras policiais previstas nos artigos 47 e 48 da Lei nº 11.370/09 – LOPC.
(D) A ordem de missão – OM vinculada a Processo Administrativo Disciplinar – PAD é chamada de ordem de serviço administrativo – OSA que é um documento de natureza administrativa, expedido por autoridade competente, de uso interno da Polícia Civil, de caráter obrigatório para a realização de missão policial.
(E) A ordem de missão – OM é um documento de natureza administrativa utilizado pelo delegado de Polícia para determinar o cumprimento de missões policiais e atos cartorários determinadas aos integrantes das carreiras policiais previstas nos artigos 48 e 49 da LOPC.

Está correto o que se afirma na assertiva "B", uma vez corresponde à redação do art. 28.1., *caput*, da Instrução Normativa n. 1, de 17 de abril de 2013, editada pelo Delegado-Geral da Polícia Civil do Estado da Bahia. **Gabarito "B".**

(Delegado/BA – 2016.2 – Inaz do Pará) Qual das alternativas abaixo que não se encaixa dentre as características do interrogatório policial?

(A) Normalmente ocorre após a entrevista.
(B) Informalidade.
(C) Tem como alvo o suspeito.
(D) Normalmente ocorre em unidades policiais.
(E) Geralmente é um dos últimos atos da investigação e que envolve uma imputação criminal.

A: correta. O interrogatório propriamente dito, em que a autoridade questiona ao investigado o mérito dos fatos, é feito, tanto na fase policial quanto na judicial, logo em seguida à entrevista, que se presta a colher informações sobre a pessoa do investigado (art. 187, *caput*, do CPP);

B: incorreta, já que a autoridade policial responsável por conduzir o interrogatório deve obediência a uma série de formalidades; **C:** correta. O interrogatório tem como alvo aquele sobre o qual pesam suspeitas da prática delitiva em apuração; **D:** correta. De fato, o interrogatório policial se dá, em regra, em unidades policiais; **E:** correta. Assim é porque geralmente os indícios quanto à autoria delitiva surgem ao final das investigações. ED
Gabarito "B".

(Delegado/DF – 2015 – Fundação Universa) Assinale a alternativa correta em relação ao inquérito policial.

(A) Há, no ordenamento jurídico brasileiro, expressa previsão do inquérito policial *judicialiforme*.

(B) Nos crimes em que a ação pública depender de representação, o inquérito não poderá sem ela ser iniciado.

(C) O inquérito policial, cuja natureza é cautelar, constitui uma das fases processuais.

(D) O inquérito policial é dispensável à propositura da ação penal privada e da ação penal pública condicionada, mas é indispensável à propositura da ação penal pública incondicionada.

(E) Segundo jurisprudência pacificada no STF, o poder de investigação do Ministério Público é amplo e irrestrito.

A: incorreta. A possibilidade de instauração do chamado inquérito judicialiforme foi afastada com a promulgação da CF/1988, cujo inciso I do art. 129 revogou tacitamente o art. 26 do CPP, que previa a possibilidade de iniciar-se a ação penal por meio de portaria da autoridade judiciária ou policial, bem como pela lavratura do auto de prisão em flagrante. Como todos sabemos, a iniciativa para a propositura da ação penal pública cabe ao Ministério Público; **B:** correta, pois corresponde ao que estabelece o art. 5º, § 4º, do CPP; **C:** incorreta. Isso porque o inquérito policial constitui uma fase pré-processual (e não processual); **D:** incorreta, uma vez que o inquérito policial é dispensável seja qual for a modalidade de ação penal (art. 12, CPP); **E:** incorreta. É importante que se diga que a doutrina está longe de ser unânime quando se fala em investigação criminal feita, de forma direta, pelo MP; aqueles que são contra tal possibilidade sustentam que há ofensa ao sistema acusatório e à paridade de armas, e que as funções de investigar, acusar e julgar devem ser atribuídas a órgãos diversos. A jurisprudência, por sua vez, inclina-se no sentido de que o MP, porque os órgãos policiais não detêm, no sistema jurídico brasileiro, o monopólio da atividade investigativa criminal, pode, de forma direta, investigar. Vide: STF, HC 94.173-BA, 2ª T., rel. Min. Celso de Mello, j. 27.10.2009. De toda sorte, curial que se diga que o Plenário do STF, em conclusão de julgamento do RE 593.727, com repercussão geral, reconheceu, por 7 votos a 4, a atribuição do MP para promover investigações de natureza penal, desde que respeitados os direitos e garantias que assistem a qualquer investigado (j. em 14.05.2015, rel. Min. Celso de Mello). É incorreto afirmar-se, portanto, que, segundo jurisprudência pacificada do STF, o poder de investigação do Ministério Público é amplo e irrestrito. ED
Gabarito "B".

(Delegado/DF – 2015 – Fundação Universa) Assinale a alternativa correta a respeito de prova, indiciamento e inquérito policial, com base na legislação, na jurisprudência e na doutrina majoritária.

(A) Conforme a lei, o indiciamento é ato privativo do delegado de polícia ou do órgão do Ministério Público, devendo ocorrer por meio de ato fundamentado, que, mediante análise técnico-jurídica do fato, deverá indicar a autoria, a materialidade e suas circunstâncias.

(B) O relatório de inquérito policial, a ser redigido pela autoridade que o preside, é indispensável para o oferecimento da denúncia ou da queixa-crime pelo titular da ação penal.

(C) As provas ilegítimas são as obtidas por meio de violação de normas de direito material, ao passo que as provas ilícitas são as obtidas por meio de violação de normas de direito processual.

(D) Consoante o Código de Processo Penal (CPP), admitem-se as provas derivadas das ilícitas, desde que não evidenciado o nexo de causalidade entre umas e outras, ou que as derivadas possam ser obtidas por uma fonte independente das primeiras.

(E) No ordenamento jurídico brasileiro, não se adota a denominada teoria da árvore dos frutos envenenados, de modo que a prova derivada da prova ilícita tem existência autônoma e deverá ser apreciada em juízo.

A: incorreta, uma vez que não reflete o teor do art. 2º, § 6º, da Lei 12.830/2013, que estabelece que o indiciamento constitui ato privativo do delegado de polícia, não cabendo ao órgão do MP tomar tal providência. De igual forma, também é vedado ao representante do MP (e também ao magistrado) requisitar à autoridade policial o indiciamento de pessoa investigada. Quanto a isso, conferir o magistério de Guilherme de Souza Nucci: "Requisição de indiciamento: cuida-se de procedimento equivocado, pois indiciamento é ato exclusivo da autoridade policial, que forma o seu convencimento sobre a autoria do crime, elegendo, formalmente, o suspeito de sua prática. Assim, não cabe ao promotor ou ao juiz exigir, através de requisição, que alguém seja indiciado pela autoridade policial, porque seria o mesmo que demandar à força que o presidente do inquérito conclua ser aquele o autor do delito (...)" (*Código de Processo Penal Comentado*, 12ªed., p. 101); **B:** incorreta. Se o inquérito policial é prescindível ao oferecimento da denúncia ou da queixa, a falta do relatório, como o derradeiro ato do inquérito policial, é, com muito mais razão, dispensável. Isso porque o titular da ação penal, seja ela pública ou privativa do ofendido, pode se valer de outras informações para ajuizar a denúncia ou a queixa (art. 12, CPP); **C:** incorreta. Os conceitos estão invertidos. Consideram-se *ilícitas* as provas que violam normas de direito material (substantivo) e *ilegítimas* as obtidas com desrespeito a norma de direito processual (adjetivo). Tanto uma quanto a outra é inadmissível, devendo, por força do disposto no art. 157, *caput*, do CPP, ser desentranhada dos autos. Vide art. 5º, LVI, da CF; **D** (correta) e **E** (incorreta): segundo o texto da Constituição, ao tratar das *provas ilícitas*: "são inadmissíveis, no processo, as provas obtidas por meios ilícitos" (art. 5º, LVI). Embora a CF/1988 não faça menção à chamada *prova ilícita por derivação*, o art. 157, § 1º, do CPP se encarregou de fazê-lo. Assim, a prova derivada da ilícita deve ser defenestrada do processo, não podendo, dessa forma, contribuir para a formação da convicção do julgador. Adotou-se, aqui, a teoria norte-americana *dos frutos da árvore envenenada*. Todavia, o CPP, neste mesmo dispositivo, previu duas exceções, a saber: quando não evidenciado o nexo de causalidade entre a prova primária e a secundária; e quando as derivadas (prova secundária) puderem ser obtidas por uma fonte independente das primeiras (prova primária). ED
Gabarito "D".

(Delegado/PE – 2016 – CESPE) A respeito do inquérito policial, assinale a opção correta, tendo como referência a doutrina majoritária e o entendimento dos tribunais superiores.

(A) Por substanciar ato próprio da fase inquisitorial da persecução penal, é possível o indiciamento, pela autoridade policial, após o oferecimento da denúncia, mesmo que esta já tenha sido admitida pelo juízo *a quo*.

(B) O acesso aos autos do inquérito policial por advogado do indiciado se estende, sem restrição, a todos os documentos da investigação.

(C) Em consonância com o dispositivo constitucional que trata da vedação ao anonimato, é vedada a instauração de inquérito policial com base unicamente em denúncia anônima, salvo quando constituírem, elas próprias, o corpo de delito.

(D) O arquivamento de inquérito policial mediante promoção do MP por ausência de provas impede a reabertura das investigações: a decisão que homologa o arquivamento faz coisa julgada material.

(E) De acordo com a Lei de Drogas, estando o indiciado preso por crime de tráfico de drogas, o prazo de conclusão do inquérito policial é de noventa dias, prorrogável por igual período desde que imprescindível para as investigações.

A: incorreta. Conferir: "Processual penal. *Habeas corpus*. Crime contra a flora. Lei 9.605/1998. Indiciamento formal posterior ao oferecimento da denúncia. Constrangimento ilegal configurado. Ordem concedida. I. Este Superior Tribunal de Justiça, em reiterados julgados, vem afirmando seu posicionamento no sentido de que caracteriza constrangimento ilegal o formal indiciamento do paciente que já teve contra si oferecida denúncia e até mesmo já foi recebida pelo Juízo *a quo*. II. Uma vez oferecida a exordial acusatória, encontra-se encerrada a fase investigatória e o indiciamento do réu, neste momento, configura-se coação desnecessária e ilegal. III. Ordem concedida, nos termos do voto do Relator" (HC 179.951/SP, Rel. Ministro Gilson Dipp, Quinta Turma, julgado em 10.05.2011, DJe 27.05.2011); **B:** incorreta, pois não reflete o entendimento firmado por meio da Súmula Vinculante 14: "É direito do defensor, no interesse do representado, ter acesso amplo aos elementos de prova que, já documentados em procedimento investigatório realizado por órgão com competência de polícia judiciária, digam respeito ao exercício do direito de defesa". Disso se infere que a autoridade policial poderá negar ao advogado o acesso aos elementos de prova ainda não documentados em procedimento investigatório (art. 7°, § 11, da Lei 8.906/1994); **C:** correta. Nesse sentido: "Habeas corpus" – Recurso ordinário – Motivação "Per relationem" – Legitimidade constitucional – Delação anônima – Admissibilidade – Configuração, no caso, dos requisitos legitimadores de seu acolhimento – Doutrina – Precedentes – Pretendida discussão em torno da alegada insuficiência de elementos probatórios – Impossibilidade na via sumaríssima do "habeas corpus" – Precedentes – Recurso ordinário improvido. Persecução penal e delação anônima – As autoridades públicas não podem iniciar qualquer medida de persecução (penal ou disciplinar), apoiando-se, unicamente, para tal fim, em peças apócrifas ou em escritos anônimos. É por essa razão que o escrito anônimo não autoriza, desde que isoladamente considerado, a imediata instauração de "persecutio criminis". – Nada impede que o Poder Público, provocado por delação anônima ("disque-denúncia", p. ex.), adote medidas informais destinadas a apurar, previamente, em averiguação sumária, "com prudência e discrição", a possível ocorrência de eventual situação de ilicitude penal, desde que o faça com o objetivo de conferir a verossimilhança dos fatos nela denunciados, em ordem a promover, então, em caso positivo, a formal instauração da "persecutio criminis", mantendo-se, assim, completa desvinculação desse procedimento estatal em relação às peças apócrifas (...)" (RHC 117988, Relator(a): Min. Gilmar Mendes, Relator(a) p/ Acórdão: Min. Celso de Mello, Segunda Turma, julgado em 16.12.2014, Processo Eletrônico DJe-037 divulg 25.02.2015 public 26.02.2015); **D:** incorreta, já que, uma vez ordenado o arquivamento do inquérito policial, por falta de base para a denúncia (aqui incluída a *ausência de provas*), nada obsta que a autoridade policial proceda a novas pesquisas, desde que de outras provas tenha conhecimento – art. 18 do CPP. Isso porque a decisão que determina o arquivamento do inquérito policial não gera, em regra, coisa julgada material. Registre-se, no entanto, que as "outras provas" a que faz alusão o art. 18 do CPP devem ser entendidas como *provas substancialmente novas*, ou seja, aquelas que até então não eram de conhecimento das autoridades. Veja, a propósito, o teor da Súmula 524 do STF: "Arquivado o inquérito policial, por despacho do juiz, a requerimento do Promotor de Justiça, não pode a ação penal ser iniciada, sem novas provas". Agora, se o arquivamento do inquérito se der por ausência de tipicidade, a decisão, neste caso, tem efeito preclusivo, é dizer, produz coisa julgada material, impedindo, dessa forma, o desarquivamento do inquérito; **E:** incorreta. De acordo com o art. 51 da Lei de Drogas (11.343/2006), se preso estiver o indiciado, o prazo para conclusão do inquérito policial é de 30 dias (e não de 90 dias). O prazo de 90 dias, segundo o mesmo dispositivo, é para a conclusão do inquérito em que o investigado esteja solto. Gabarito "C".

(Delegado/PE – 2016 – CESPE) Com base nos dispositivos da Lei 12.830/2013, que dispõe sobre a investigação criminal conduzida por delegado de polícia, assinale a opção correta.

(A) São de natureza jurídica, essenciais e exclusivas de Estado as funções de polícia judiciária e a apuração de infrações penais pelo delegado de polícia.

(B) A redistribuição ou a avocação de procedimento de investigação criminal poderá ocorrer de forma casuística, desde que determinada por superior hierárquico.

(C) A remoção de delegado de polícia de determinada unidade policial somente será motivada se ocorrer de uma circunscrição para outra, não incidindo a exigência de motivação nas remoções de delegados de uma delegacia para outra no âmbito da mesma localidade.

(D) A decisão final sobre a realização ou não de diligências no âmbito do inquérito policial pertence exclusivamente ao delegado de polícia que preside os autos.

(E) A investigação de crimes é atividade exclusiva das polícias civil e federal.

A: correta, pois reflete o que estabelece o art. 2°, *caput*, da Lei 12.830/2013; **B:** incorreta, pois não corresponde ao que prevê o art. 2°, § 4°, da Lei 12.830/2013; **C:** incorreta. A motivação será de rigor em qualquer hipótese (art. 2°, § 5°, da Lei 12.830/2013); **D:** incorreta, na medida em que, embora o delegado de polícia detenha discricionariedade na condução do inquérito policial, determinando as diligências que entender pertinentes, terá de cumprir as requisições do MP e do Juiz. É bom que se diga que tal regra não está contemplada, de forma expressa, na Lei 12.830/2013; **E:** incorreta, já que o inquérito policial constitui tão somente uma das formas de se proceder a investigações criminais (art. 4°, parágrafo único, CPP). Nada impede, por exemplo, que o MP realize investigações de natureza criminal. Gabarito "A".

(Delegado/PA – 2013 – UEPA) Sobre inquérito policial, é correto afirmar que:

(A) a prerrogativa do Ministério Público de oferecer denúncia sem prévia instauração de inquérito implica, logicamente, que ao promotor de justiça é dado presidir o inquérito instaurado a partir de sua própria requisição.

(B) a recusa não fundamentada, por parte do delegado presidente, a diligências requeridas pelo defensor do indiciado implica em nulidade do inquérito, passível de correção por *habeas corpus*.

(C) delegado que tomou conhecimento através de um programa de rádio da existência de um cadáver em via pública pode determinar, por portaria, a instauração de inquérito, independentemente de provocação dos interessados ou de requisição do judiciário ou do Ministério Público.

(D) delegado pode recusar-se a instaurar inquérito requisitado por promotor de justiça, para apuração de crime de ação privada, caso a requisição não se faça acompanhar de requerimento do ofendido.

(E) na cena do crime, o delegado deve apreender todos os objetos úteis à elucidação dos fatos, exceto aqueles que, sendo coisas lícitas, sejam reivindicadas pelos proprietários ou possuidores de boa-fé.

A: cuidando-se de procedimento inquisitivo dispensável ao exercício da ação penal (art. 12, CPP), é lícito ao MP oferecer denúncia sem a prévia instauração de inquérito. Agora, sendo o inquérito policial instaurado a partir de requisição do MP, a sua presidência caberá à autoridade policial (art. 2°, § 1°, Lei 12.830/2013); pode o MP, neste caso, como titular da ação penal pública, acompanhar as investigações realizadas pela Polícia Judiciária; **B:** incorreta. Não há que se falar, aqui, em nulidade do inquérito policial. É que o pleito formulado pelo ofendido no sentido de ver realizada alguma diligência no curso do inquérito policial pode, a critério da autoridade que o preside, ser indeferido, sem necessidade de qualquer fundamentação (art. 14, CPP); **C:** correta. É a chamada *notitia criminis* espontânea ou imediata, em que é a informação chega ao conhecimento da autoridade policial por meio de suas atividades de rotina (jornais e revistas, encontro de cadáver, comunicação da PM etc.). Inicia-se o inquérito, neste caso, em sendo a ação penal pública incondicionada, por meio de portaria, independentemente de provocação dos interessados ou de requisição do Judiciário ou do Ministério Público; **D:** correta, a nosso ver. Nesta hipótese, a autoridade policial pode recusar-se, dado que o requerimento do ofendido constitui, na ação penal privada, peça indispensável à instauração de inquérito policial (art. 5°, § 5°, do CPP); **E:** incorreta. Devem ser apreendidos todos os objetos que de alguma forma contribuam para a elucidação dos fatos, inclusive os lícitos, que, no transcorrer do inquérito, serão, conforme o caso, restituídos aos proprietários ou possuidores (arts. 6°, II, e 120, *caput*, do CPP). ED
Gabarito Anulada

(Delegado/PR – 2013 – UEL-COPS) Com relação ao inquérito policial, segundo o Código de Processo Penal, assinale a alternativa correta.

(A) A polícia judiciária será exercida pelas autoridades policiais em todo o território nacional, independente de circunscrição, com o fim de apurar as infrações penais e sua autoria.

(B) Na legislação processual penal, é inaplicável a interpretação extensiva e analógica, bem como o suplemento dos princípios gerais do direito.

(C) O inquérito deverá terminar no prazo de trinta dias, se o indiciado tiver sido preso em flagrante, ou estiver preso preventivamente, contado o prazo a partir do dia da prisão.

(D) O Ministério Público não poderá requerer a devolução do inquérito à autoridade policial, senão para novas diligências, imprescindíveis ao oferecimento da denúncia.

(E) O ofendido, ou seu representante legal, poderá requerer qualquer diligência, a qual será realizada obrigatoriamente, considerados os princípios do contraditório e da ampla defesa.

A: incorreta, pois contraria a regra disposta no art. 4° do CPP, segundo a qual a Polícia Judiciária será exercida no território correspondente à sua respectiva circunscrição; **B:** incorreta, uma vez que não reflete o que estabelece o art. 3° do CPP; **C:** incorreta. O art. 10, *caput*, do CPP estabelece o prazo *geral* de 30 dias para conclusão do inquérito, quando o indiciado não estiver preso; se preso estiver (preventivamente ou em flagrante), o inquérito deve terminar em 10 dias. Atenção: o art. 3°-B, VIII, do CPP, introduzido pela Lei 13.964/2019, estabelece ser uma das atribuições do juiz das garantias a prorrogação do prazo do inquérito policial, estando o investigado preso, desde que em face de representação formulada pela autoridade policial. O art. 3°-B, § 2°, do CPP, por sua vez, reza que tal prorrogação do prazo do IP, em que o investigado esteja preso, pode se dar por até 15 dias, uma única vez. Vale lembrar que esses dois dispositivos, porque fazem parte do regramento do juiz das garantias, estão com a sua eficácia suspensa por decisão cautelar do STF. A matéria deve ser apreciada pelo Plenário do Tribunal; **D:** correta. Nos termos do art. 16 do CPP, somente terá lugar a devolução dos autos de inquérito à autoridade policial para diligências imprescindíveis à formação da chamada *opinio delicti*; **E:** incorreta, uma vez que as diligências requeridas pelo ofendido, no curso do inquérito, podem ser indeferidas pela autoridade policial (art. 14, CPP). ED
Gabarito "D"

(Delegado/RJ – 2013 – FUNCAB) Em relação à investigação criminal, é INCORRETO afirmar:

(A) Quando o juiz verificar, nos autos, a existência de crime de ação penal pública, remeterá cópias ao Ministério Público.

(B) O requerimento do ofendido nos delitos de ação de iniciativa privada é classificado como notícia crime qualificada.

(C) Formalmente, o inquérito policial inicia-se com um ato administrativo da autoridade policial, que determina a sua instauração por meio de uma portaria ou de um auto de prisão em flagrante.

(D) Todos os elementos de convicção (meios de prova) produzidos ou obtidos em sede policial através de inquérito policial são valoráveis na sentença, sem a necessidade de serem reproduzidos na fase de instrução criminal.

(E) Apesar de meramente informativos, os atos do inquérito policial servem de base para restringir a liberdade pessoal através das prisões cautelares, e interferir na disponibilidade de bens, com base nas medidas cautelares reais, como por exemplo, o arresto e o sequestro.

A: correta (art. 40, CPP). Ainda que não seja provocado, o juiz ou tribunal que constatar, nos autos que preside, a prática de infração penal de ação penal pública deverá providenciar a extração de cópias e determinar a sua remessa ao MP, que, a partir daí, tomará as providências que julgar cabíveis, podendo oferecer denúncia de pronto ou ainda requisitar, à autoridade policial, instauração de inquérito, o que é mais comum; **B:** correta. *Noticia criminis* qualificada é o mesmo que provocada; **C:** além da portaria (atuação de ofício da autoridade policial) e do auto de prisão em flagrante, o inquérito pode ser deflagrado por meio de requisição do MP ou do juiz (art. 5°, II, 1ª parte, CPP), em razão de requerimento do ofendido (art. 5°, II, 2ª parte, CPP) e também, nos crimes de ação penal pública condicionada, por meio de representação; **D:** incorreta. As provas produzidas no curso do inquérito policial devem ser renovadas, sob o crivo do contraditório, em juízo, sendo vedado ao magistrado formar sua convicção com base exclusiva nos elementos informativos colhidos no curso das investigações (art. 155 do CPP); **E:** correta. Ainda no curso das investigações do inquérito policial, o ordenamento jurídico assegura a possibilidade de o juiz determinar medidas restritivas de liberdade (prisão preventiva e temporária) e também interferir na disponibilidade de bens (arresto e sequestro).

Gabarito "D".

(Delegado/RJ – 2013 – FUNCAB) A autoridade policial, ao chegar no local de trabalho como de costume, lê o noticiário dos principais jornais em circulação naquela circunscrição. Dessa forma, tomou conhecimento, através de uma das reportagens, que o indivíduo conhecido como "José da Carroça", mais tarde identificado como José de Oliveira, teria praticado um delito de latrocínio. Diante da notícia da ocorrência de tão grave crime, instaurou o regular inquérito policial, passando a investigar o fato. Após reunir inúmeras provas, concluiu que não houve crime. Nesse caso, deverá a autoridade policial:

(A) relatar o inquérito policial, requerendo o seu arquivamento e encaminhando-o ao juízo competente.
(B) determinar o arquivamento dos autos por falta de justa causa para a propositura da ação.
(C) encaminhar os autos ao Ministério Público para que este determine o seu arquivamento.
(D) relatar o inquérito policial, sugerindo ao Ministério Público seu arquivamento, o que será apreciado pelo juiz.
(E) relatar o fato a Chefe de Polícia, solicitando autorização para arquivar os autos por ausência de justa causa para a ação penal.

Encerradas as investigações consideradas suficientes à elucidação dos fatos, a autoridade policial confeccionará minucioso relatório que contemple a descrição de todas as providências adotadas no curso das investigações, remetendo-o a juízo os autos do inquérito, em obediência ao comando do art. 10, § 1°, do CPP. Não cabe ao delegado de polícia, quando da elaboração do relatório, externar sua opinião quanto ao mérito da prova ali reunida; não poderá, pois, segundo pensamos, manifestar-se sobre o encaminhamento que deve ser dado ao inquérito: se deve ser arquivado ou não; se deve o promotor oferecer denúncia ou não; se deve ser reconhecida a excludente de legítima defesa, etc. Tal apreciação deve ser feita tão somente pelo promotor, titular que é da ação penal. Com isso, reputamos incorreto o que se afirma na assertiva "D", considerada pela banca como correta. De toda forma, deve ficar claro que a autoridade policial não pode requerer ou mesmo determinar o arquivamento dos autos de inquérito (art. 17, CPP); o IP será arquivado por determinação do Ministério Público, conforme nova redação conferida ao art. 28, *caput*, do CPP pela Lei 13.964/2019.

Gabarito "D".

(Delegado/RJ – 2013 – FUNCAB) Marque a alternativa correta.

(A) Duas teorias disputam a regência do princípio da duração razoável do processo: a "teoria do prazo fixo" e a "teoria do não prazo". Todavia, tal princípio não tem aplicação no inquérito policial.
(B) No inquérito policial, aplica-se o princípio da ampla defesa, do contraditório, da plenitude de defesa e da publicidade, como formas irrenunciáveis de promover um efetivo garantismo penal.
(C) A interceptação telefônica pode ser requerida pela autoridade policial no curso da investigação, regendo-se a matéria pelo princípio da reserva de jurisdição.
(D) À luz da jurisprudência do STF, é possível submeter, coercitivamente, o indicado a exame grafotécnico e perícia para confronto vocal com base no princípio da proporcionalidade e razoabilidade, desde que se esteja apurando crimes hediondos ou de elevada gravidade ou, ainda, praticado com violência.
(E) O princípio da vedação do retrocesso não é reconhecido no ordenamento pátrio, portanto, apesar de anteriormente ter sido possível a concessão de fiança a crimes com pena superior a 04 anos, desde que fosse pena de detenção, com o advento da Lei n° 12.403/11, essa possibilidade inexiste.

A: incorreta, já que o princípio da *duração razoável do processo*, contemplado no art. 5°, LXXVIII, da CF, tem incidência, sim, no âmbito do inquérito policial (procedimento administrativo); **B:** incorreta. O inquérito policial tem caráter *inquisitivo*, o que significa dizer que nele não vigoram *contraditório* e *ampla defesa*, aplicáveis, como garantia de índole constitucional, a partir do início da ação penal. De igual modo, não se aplica, ao inquérito policial, a *publicidade*, imanente ao processo. Cuida-se, isto sim, de procedimento *sigiloso* (art. 20, CPP). De outra forma não poderia ser. É que a publicidade por certo acarretaria prejuízo ao bom andamento do inquérito, cujo propósito é reunir provas acerca da infração penal. É bom lembrar que o sigilo do inquérito não pode ser considerado absoluto, uma vez que não será oponível ao advogado, constituído ou não, do investigado, que terá amplo acesso ao acervo investigatório (art. 7°, XIV, da Lei 8.906/1994 – Estatuto da Advocacia); **C:** correta. A interceptação telefônica será determinada pelo juiz de direito a requerimento da autoridade policial ou do MP (art. 3° da Lei 9.296/1996); **D:** incorreta. Independentemente da gravidade do crime a ser apurado, não se pode submeter pessoa investigada a exame grafotécnico contra a sua vontade. Afinal, ninguém pode ser compelido a produzir prova contra si mesmo (*nemo tenetur se detegere*). Conferir: STJ, HC 200801147691, Laurita Vaz, Quinta Turma, DJE 07.02.2011; **E:** incorreta. Com o advento da Lei de Reforma 12.403/2011, somente são considerados inafiançáveis aqueles delitos assim declarados de forma expressa. É dizer, alterou-se o critério de inafiançabilidade. Hoje, são inafiançáveis os crimes hediondos, o tráfico de drogas, o terrorismo, a tortura, o racismo, a ação de grupos armados contra o Estado democrático de direito. Os demais são afiançáveis, independentemente de pena cominada e do fato de serem praticados mediante violência ou grave ameaça. É o que estabelece o art. 323 do CPP, que reproduz o teor do art. 5°, XLII, XLIII e XLIV, da CF.

Gabarito "C".

(Delegado/RJ – 2013 – FUNCAB) Nos termos do art. 13 e seus incisos, do Código de Processo Penal, à autoridade policial incumbirá ainda outras atividades de Polícia Judiciária, que não a de investigação das infrações penais. Assim, dentre as alternativas abaixo, assinale a única que reproduz essas outras atividades elencadas no dispositivo citado.

(A) (I) fornecer, exclusivamente, aos membros do Ministério Público as informações necessárias à instrução e ao julgamento dos processos; (II) realizar as diligências requisitadas pelo juiz ou pelo Ministério Público; (III) cumprir os mandados de prisão expedidos pelas autoridades judiciárias; e, (IV) representar acerca da prisão preventiva.
(B) (I) fornecer às autoridades judiciárias as informações necessárias à instrução e ao julgamento dos processos; (II) realizar as diligências requisitadas unicamente pelo Ministério Público; (III) cumprir os mandados de prisão expedidos pelas autoridades judiciárias; e, (IV) representar acerca da prisão preventiva.
(C) (I) fornecer às autoridades judiciárias as informações necessárias à instrução e ao julgamento dos processos; (II) realizar as diligências requisitadas pelo juiz ou pelo Ministério Público; (III) cumprir os mandados

de prisão expedidos somente nos autos de inquérito policial sob sua presidência; e, (IV) representar acerca da prisão preventiva.

(D) (I) fornecer às autoridades judiciárias as informações necessárias à instrução e ao julgamento dos processos; (II) realizar as diligências requisitadas pelo juiz ou pelo Ministério Público; (III) cumprir os mandados de prisão expedidos pelas autoridades judiciárias; e, (IV) representar acerca da prisão preventiva.

(E) (I) fornecer às autoridades judiciárias as informações necessárias à instrução e ao julgamento dos processos; (II) realizar as diligências requisitadas pelo juiz ou pelo Ministério Público; (III) cumprir os mandados de prisão expedidos pelas autoridades judiciárias; e, (IV) representar ao Ministério Público acerca de requerimento de prisão preventiva.

A: incorreta. O erro reside no item I, em que se afirma que incumbe à *autoridade policial fornecer, exclusivamente, aos membros do Ministério Público* (...). É que tais informações devem ser dirigidas às *autoridades judiciárias* (art. 13, I, do CPP); **B:** incorreta. O erro reside no item II, segundo o qual incumbe à autoridade policial *realizar as diligências requisitadas unicamente pelo Ministério Público* (...). É que, a teor do art. 13, II, do CPP, a autoridade deverá realizar não somente as diligências requisitadas pelo MP, mas também aquelas determinadas pelo juiz; **C:** incorreta. O erro reside no item III, que estabelece que incumbe à autoridade policial *cumprir os mandados de prisão expedidos somente nos autos de inquérito policial sob sua presidência* (...). A autoridade policial dever cumprir os mandados de prisão expedidos pelas autoridades judiciárias, e não só os determinados no bojo do inquérito sob sua presidência (art. 13, III, do CPP); **D:** correta, uma vez que todas as atividades ali descritas estão contempladas no art. 13 do CPP; **E:** incorreta (item IV). A representação formulada pela autoridade policial, no sentido de ser decretada a custódia preventiva, será dirigida à autoridade judiciária, e não ao MP.
Gabarito "D".

(Delegado/RO – 2014 – FUNCAB) Na condução do inquérito policial, o Delegado de Polícia, sempre pautando suas ações pela legalidade, também se sujeita ao Princípio da Discricionariedade, que possui como característica possibilitar ao Delegado de Polícia:

(A) a instauração do inquérito mediante critério de conveniência e oportunidade.

(B) a definição do rumo das investigações.

(C) a substituição do inquérito pela possibilidade de lavratura de termo circunstanciado.

(D) a cautela e prudência na condução das diligências de investigação.

(E) o arquivamento do inquérito policial.

A: incorreta. O delegado, por força do *princípio da obrigatoriedade* (legalidade), não dispõe de discricionariedade para decidir quanto à instauração de inquérito policial, a ele cabendo, sempre que tiver conhecimento da ocorrência de crime, assim proceder, determinando a instauração de inquérito; **B:** correta. A discricionariedade do delegado de polícia diz respeito ao rumo das investigações, uma vez que a lei não estabeleceu uma sequência a que deve obedecer a condução do inquérito; tomará as providências que melhor lhe aprouver; **C:** incorreta. O delegado não tem discricionariedade para decidir se é o caso de substituir o inquérito pelo termo circunstanciado. Tal deverá se dar nos casos previstos em lei; **D:** não é caso de discricionariedade; **E:** é vedado ao delegado, sob qualquer pretexto, mandar arquivar autos de inquérito (art. 17, CPP).
Gabarito "B".

(Delegado/SP – 2014 – VUNESP) O minucioso relatório policial que encerra determinado inquérito conclui pela ocorrência do crime de estelionato praticado por "X". O promotor de justiça, entretanto, com base nas descrições contidas no referido documento, denuncia "X" pela prática do crime de furto mediante fraude.

Ao receber a peça acusatória, o magistrado

(A) deverá, em juízo preliminar, modificar a classificação jurídica do crime feita na denúncia, a fim de que fique em consonância com o relatório policial, sob pena de inépcia da denúncia.

(B) poderá, em juízo preliminar, modificar a classificação jurídica do crime feita no relatório policial, a fim de que fique em consonância com a denúncia, sob pena de nulidade da sentença.

(C) poderá devolver os autos ao delegado de polícia responsável, caso entenda que a classificação do crime deva ser retificada.

(D) se não a rejeitar preliminarmente, deverá recebê-la e ordenar a citação do réu "X" para responder à acusação por crime de furto mediante fraude.

(E) deverá devolver os autos ao delegado de polícia responsável pelo relatório, a fim de que seja feita a retificação da classificação do crime, sob pena de inépcia da denúncia.

A classificação jurídica operada pelo delegado no indiciamento do inquérito policial não tem o condão de vincular a *opinio delicti* do titular da ação penal tampouco a classificação jurídica, feita pelo juiz, na sentença (que pode ser diversa daquela feita pelo acusador quando do oferecimento da inicial – art. 383 do CPP). Tanto é assim que, se a autoridade policial, ao cabo das investigações do inquérito, concluir, no seu relatório, que o investigado não praticou crime algum, nada impede que o promotor, ao receber os autos de inquérito, ofereça denúncia. Cuidado: a *emendatio libelli* (art. 383, CPP) somente tem aplicação no âmbito da sentença, em que o juiz, discordando da classificação feita pelo titular da ação penal na inicial acusatória, altera a imputação e confere aos fatos classificação diversa, desde que esses fatos narrados na inicial não sofram, ao longo da instrução, alteração. Se houver mudança nesse sentido, cuidará o juiz para que os autos sejam encaminhados ao acusador para aditamento da inicial, na forma estatuída no art. 384 do CPP (*mutatio libelli*).
Gabarito "D".

(Delegado/SP – 2014 –VUNESP) Nos termos do parágrafo terceiro do art. 5.º do CPP: "Qualquer pessoa do povo que tiver conhecimento da existência de infração penal em que caiba ação pública poderá, verbalmente ou por escrito, comunicá-la à autoridade policial, e esta, verificada a procedência das informações, mandará instaurar inquérito policial". Assim, é correto afirmar que

(A) sempre que tomar conhecimento da ocorrência de um crime, a autoridade policial deverá, por portaria, instaurar inquérito policial.

(B) por *delatio criminis* entende-se a autorização formal da vítima para que seja instaurado inquérito policial.

(C) o inquérito policial será instaurado pela autoridade policial apenas nas hipóteses de ação penal pública.

(D) a notícia de um crime, ainda que anônima, pode, por si só, suscitar a instauração de inquérito policial.

(E) é inadmissível o anonimato como causa suficiente para a instauração de inquérito policial na modalidade da *delatio criminis*, entretanto, a autoridade policial poderá investigar os fatos de ofício.

A: nem sempre. A autoridade policial somente procederá a inquérito, de ofício, nos crimes de ação penal pública incondicionada (art. 5º, I, do CPP); **B:** incorreta. *Delatio criminis* é a denúncia, formulada por qualquer pessoa do povo e dirigida à autoridade policial, que dá conta da prática de infração penal. Está prevista no art. 5º, § 3º, do CPP e comporta a forma verbal e a escrita; **C:** incorreta, uma vez que o inquérito policial também será instaurado para apurar a prática de crime de ação penal privada, mas, neste caso, tal providência está condicionada à formulação de requerimento daquele que tem legitimidade para o ajuizamento da ação penal respectiva (art. 5º, § 5º, do CPP); **D:** incorreta. A denúncia anônima, segundo tem entendido a jurisprudência, não é apta, por si só, a autorizar a instauração de inquérito policial. Antes disso, a autoridade policial deverá fazer uma averiguação prévia a fim de verificar a procedência da denúncia apócrifa, para, depois disso, determinar, se for o caso, a instauração de inquérito. Nesse sentido: Conferir: "(...) a autoridade policial, ao receber uma denúncia anônima, deve antes realizar diligências preliminares para averiguar se os fatos narrados nessa 'denúncia' são materialmente verdadeiros, para, só então, iniciar as investigações" (STF, HC 95.244, 1ª T., rel. Min. Dias Toffoli, DJE de 29.04.2010); **E:** correta. *Vide* comentário anterior.

Gabarito "E".

(Delegado/BA – 2013 – CESPE) Em relação ao inquérito policial, julgue os itens subsequentes, com base no disposto no Código de Processo Penal (CPP) e na doutrina.

(1) Tratando-se de inquéritos policiais instaurados para a apuração de crimes perpetrados por organizações criminosas, é obrigatória a identificação datiloscópica das pessoas investigadas, ainda que tenham apresentado identificação civil.

(2) De acordo com o CPP, entre os procedimentos a serem adotados pela autoridade policial incluem-se a oitiva do ofendido e a comunicação a ele dos atos da investigação policial, em especial, os relativos ao ingresso ou à saída do acusado da prisão, à designação de data para interrogatório e, no caso de indiciamento do acusado, à remessa dos autos à justiça.

(3) A instauração de inquérito policial para apuração de infrações penais, de competência da justiça estadual, imputadas a prefeito municipal condiciona-se à autorização do Tribunal de Justiça, órgão responsável pelo controle dos atos de investigação depois de instaurado o procedimento apuratório.

(4) Os delegados de polícia não podem recusar-se a cumprir requisição de autoridade judiciária ou de membro do MP para instauração de inquérito policial.

1: a assertiva, se levarmos em conta o que estabelece a atual lei de regência (Lei 12.850/2013), está incorreta. Explico. A Lei 9.034/1990, revogada, na íntegra, pela Lei 12.850/2013, hoje em vigor, estabelecia, em seu art. 5º, que a autoridade policial devia proceder à identificação criminal de pessoas envolvidas com ação praticada por organizações criminosas, mesmo que civilmente identificadas. Com a revogação dessa legislação pela Lei 12.850/2013, que, entre outras coisas, contemplou o conceito de organização criminosa (introduzido um pouco antes pela Lei 12.694/2012), deixou-se de impor a obrigatoriedade de identificação criminal do civilmente identificado. É bom que se diga que, atualmente, as hipóteses em que tem lugar a identificação criminal estão contempladas na Lei 12.037/2009. De qualquer forma, a proposição, porque concebida sob a égide da Lei 9.034/1990 (revogada), está correta; **2:** incorreta, pois inexiste a obrigação, imposta à autoridade policial, de fazer chegar ao ofendido a informação dos atos da investigação, inclusive da entrada e saída do investigado da prisão. Tal incumbência cabe, isto sim, ao juiz de direito, conforme disposto no art. 201, § 2º, do CPP. Não devemos nos esquecer de que o inquérito policial, por ser, ao menos em regra, sigiloso, não se submete à publicidade inerente ao processo. Está correta, no entanto, a parte da assertiva em que se afirma que incumbe à autoridade policial, entre outras providências, ouvir o ofendido (art. 6º, IV, do CPP); **3:** correta. Segundo tem entendido o STF, é necessária, à instauração de inquérito para apurar infração penal praticada por detentor de foro por prerrogativa de função, autorização do tribunal ao qual caberá o julgamento da respectiva ação penal. Conferir: STJ, RHC 8.502, 6ª T., rel. Min. Fernando Gonçalves, 18.05.1999; **4:** incorreta. Em regra, não é dado ao delegado de polícia recusar a instauração de inquérito requisitada pelo promotor ou juiz. É o que se infere da regra presente no art. 5º, II, do CPP, em que *requisição* deve ser entendida como *exigência*. Tal regra (em dar cumprimento à requisição) comporta exceção: quando se tratar de exigência manifestamente ilegal. É o caso, por exemplo, de requisição para instaurar inquérito para apurar fato manifestamente atípico. Neste caso, deve a autoridade policial recusar-se a instaurar o inquérito e levar tal fato e os fundamentos da recusa ao conhecimento do membro do MP.

Gabarito 1C, 2E, 3C, 4E

(Delegado/BA – 2013 – CESPE) João, preso em flagrante pela prática do crime de roubo, foi encaminhado à delegacia de polícia, onde apresentou a carteira nacional de habilitação para identificar-se, visto que não portava sua carteira de identidade. Ainda assim, o delegado determinou que João fosse submetido à perícia dactiloscópica.

Com base nessa situação hipotética, julgue os itens que se seguem à luz do disposto na Lei n.º 12.037/2009.

(1) Nos termos da Lei n.º 12.037/2009, a identificação criminal de João se justifica pelo fato de ele estar sendo indiciado pela prática de crime de roubo.

(2) Ao determinar a identificação criminal de João, o delegado praticou o delito de constrangimento ilegal.

1: incorreta, na medida em que a Lei 12.037/2009, que atualmente rege a matéria, não exige que se proceda à identificação criminal do acusado pela prática do crime de roubo. Aliás, as hipóteses em que a identificação criminal se impõe dizem respeito ao estado do documento de identificação civil e também à existência de informações conflitantes nesses documentos, e não à natureza do crime, como antes se fazia sob a égide da revogada Lei 10.054/2000, que estabelecia como hipótese para a realização da identificação criminal o fato de ao agente ser atribuída a prática de crime contra o patrimônio mediante violência ou grave ameaça (art. 3º, I). Além do mais, por força do que dispõe o art. 2º, VI, da Lei 12.037/2009, a carteira nacional de habilitação constitui documento hábil a comprovar a identidade; **2:** incorreta, na medida em que o cometimento do crime de constrangimento ilegal (art. 146 do CP) pressupõe o emprego de violência ou grave ameaça, o que não ocorreu no caso narrado no enunciado.

Gabarito 1E, 2E

(Delegado Federal – 2013 – CESPE) Em cada um dos itens abaixo, é apresentada uma situação hipotética, seguida de uma assertiva a ser julgada em relação ao inquérito policial e suas peculiaridades, às atribuições da Polícia Federal e ao sistema probatório no processo penal brasileiro.

(1) No curso de inquérito policial presidido por delegado federal, foi deferida a interceptação telefônica dos indiciados, tendo sido a transcrição dos dados em laudo pericial juntada em apenso aos autos do inquérito, sob segredo de justiça. Encaminhado o procedimento policial ao Poder Judiciário, o juiz per-

mitiu o acesso da imprensa ao conteúdo dos dados da interceptação e a sua divulgação, sob o fundamento de interesse público à informação. Nessa situação hipotética, independentemente da autorização judicial de acesso da imprensa aos dados da interceptação telefônica, a divulgação desse conteúdo é ilegal e invalida a prova colhida, uma vez que o procedimento em questão, tanto na fase inquisitorial quanto na judicial, é sigiloso, por expressa regra constitucional.

(2) Um homem penalmente capaz foi preso e autuado em flagrante pela prática de tráfico ilícito de entorpecentes. Ao final do processo-crime, o juiz da causa determinou a juntada do laudo toxicológico definitivo, o que não ocorreu. Nessa situação, de acordo com a jurisprudência do STJ, não poderá o juiz proferir sentença condenatória valendo-se apenas do laudo preliminar da substância entorpecente.

(3) Uma quadrilha efetuou ilegalmente diversas transações bancárias na modalidade de saques e transferências eletrônicas em contas de inúmeros clientes de determinada agência do Banco do Brasil. A instituição financeira ressarciu todos os clientes lesados e arcou integralmente com os prejuízos resultantes das fraudes perpetradas pelo grupo. Nessa situação hipotética, cabe à Polícia Federal a instauração do inquérito policial, porquanto a ela compete, com exclusividade, a apuração de crimes praticados contra bens e serviços da União.

(4) José foi indiciado em inquérito policial por crime de contrabando e, devidamente intimado, compareceu perante a autoridade policial para interrogatório. Ao ser indagado a respeito de seus dados qualificativos para o preenchimento da primeira parte do interrogatório, José arguiu o direito ao silêncio, nada respondendo. Nessa situação hipotética, cabe à autoridade policial alertar José de que a sua recusa em prestar as informações solicitadas acarreta responsabilidade penal, porque a lei é taxativa quanto à obrigatoriedade da qualificação do acusado.

(5) Uma quadrilha, em determinado lapso temporal, realizou, em larga escala, diversos roubos de cargas e valores transportados por empresas privadas em inúmeras operações interestaduais, o que ensejou a atuação da Polícia Federal na coordenação das investigações e a instauração do competente inquérito policial. Nessa situação hipotética, findo o procedimento policial, os autos deverão ser remetidos à justiça estadual, pois a atuação da Polícia Federal não transfere à justiça federal a competência para processar e julgar o crime.

1: incorreta. Conferir a lição de Guilherme de Souza Nucci: "(...) Em outras palavras, o sigilo previsto de maneira genérica para todos os casos de interceptação telefônica no art. 8º da Lei 9.296/1996 não é mais suficiente para contrapor, ao menos diante dos órgãos de imprensa, o segredo acerca da prova colhida (gravação ou transcrição), pois há expressa norma constitucional excetuando o sigilo quando envolver o direito à informação. Porém, fazendo-se uma interpretação sistemática, é viável deduzir que o juiz é o responsável pela ponderação e harmonização dos princípios constitucionais, confrontando o direito à informação ao interesse público e, também, ao direito à intimidade. Não se pode concluir que toda e qualquer interceptação realizada, necessariamente, produza o resguardo absoluto do segredo, em especial quando o próprio texto constitucional afirma que se deve respeitar a intimidade do interessado no referido sigilo, desde que não prejudique o interesse público à informação. Enfim, parece-nos essencial a coordenação judicial na interpretação desses valores em conflito (...)" (*Leis Penais e Processuais Penais Comentadas*, 6. ed., V. 1, p. 570); **2**: correta. Nesse sentido: "Conquanto para a admissibilidade da acusação seja suficiente o laudo de constatação provisória, exige-se a presença do laudo definitivo para que seja prolatado um édito repressivo contra o denunciado pelo crime de tráfico de entorpecentes" (STJ, HC 196.625/RJ, rel. Ministro Jorge Mussi, Quinta Turma, julgado em 12/03/2013, DJe 26/03/2013); **3**: incorreta, pois contraria o entendimento firmado na Súmula n. 42 do STJ: "Compete à Justiça Comum Estadual processar e julgar as causas cíveis em que a parte sociedade de economia mista e os crimes praticados em seu detrimento"; **4**: correta. Embora se trate de tema polêmico, prevalece hoje o entendimento no sentido de que o direito ao silêncio, consagrado nos arts. 5º, LXIII, da CF e 186 do CPP, não contempla o interrogatório de qualificação, em que o indiciado/acusado fornecerá à autoridade seus dados pessoas identificadores, tal qual o nome, profissão, estado civil etc.; **5**: correta, pois, dado o que estabelece o art. 1º, IV, da Lei 10.446/2002, a investigação, em casos assim, poderá ser realizada pela Polícia Federal; a competência, no entanto, é da Justiça Comum estadual.

(**Delegado Federal – 2004 – CESPE**) Julgue o item a seguir.

(1) Considere que o delegado de polícia de determinada circunscrição tenha ordenado diligências em outra, sem ter expedido carta precatória, requisições ou solicitações. Nessa situação, não houve nulidade no inquérito policial respectivo.

1: correta. Com efeito, o art. 22 do CPP autoriza a autoridade policial e seus agentes a ingressar na circunscrição de outra com o propósito de realizar diligências, independentemente da expedição de carta precatória ou requisições.

(**Delegado Federal – 2002 – CESPE**) Julgue o seguinte item.

(1) A incomunicabilidade do indiciado no inquérito policial, decretada por despacho fundamentado do juiz, encontra-se revogada pela atual Constituição da República.

1: correta. Embora a maioria da doutrina entenda que a incomunicabilidade do indiciado no inquérito policial, prevista no art. 21 do CPP, esteja revogada, porquanto incompatível com a atual ordem constitucional, há quem sustente que este dispositivo permanece em vigor. Fato é que, para aqueles que sustentam a sua incompatibilidade à CF/1988 (Guilherme de Souza Nucci, Damásio E. de Jesus, Vicente Greco Filho, entre outros), se a incomunicabilidade do preso não pode ser decretada durante o Estado de Defesa – art. 136, § 3º, IV, da CF –, que constitui um período de *anormalidade*, com muito mais razão não deve ser decretada em pleno período de *normalidade*.

(**Delegado Federal – 2002 – CESPE**) Julgue o seguinte item.

(1) O delegado de polícia pode determinar o arquivamento de inquérito policial iniciado de ofício, desde que não reste comprovada a materialidade do delito ou a autoria imputada ao indiciado.

1: incorreta. Por força do que dispõe o art. 17 do CPP, em hipótese alguma autoridade policial poderá determinar o arquivamento dos autos de inquérito policial; somente poderá fazê-lo o Ministério Público (art. 28 do CPP). Vale lembrar que a Lei 13.964/2019, entre tantas outras alterações implementadas, conferiu nova redação ao art. 28 do CPP, alterando todo o procedimento de arquivamento do inquérito policial. Doravante, o representante do *parquet* deixa de requerer o arquivamento e passa a, ele mesmo, determiná-lo, sem qualquer interferência do magistrado, cuja atuação, nesta etapa, em homenagem ao sistema acusatório, deixa de existir. No entanto, ao determinar o arquivamento do IP, o membro do MP deverá submeter sua decisão, segundo a nova redação conferida ao art. 28, *caput*, do CPP, à instância revisora dentro do próprio Ministério Público, para fins de homologação.

Gabarito 1E

(Delegado/AC – 2008 – CESPE) Com relação ao inquérito policial, julgue os itens subsequentes.

(1) Para verificar a possibilidade de a infração ter sido praticada de determinado modo, a autoridade policial poderá proceder à reprodução simulada dos fatos, da qual o indiciado ou suspeito não poderá se negar a participar.

(2) Uma vez ordenado o arquivamento do inquérito policial pela autoridade judiciária, por falta de base para a denúncia, a autoridade policial não poderá proceder a novas pesquisas sem autorização judicial para tanto.

(3) As partes poderão, no curso do inquérito policial, opor exceção de suspeição da autoridade policial, nas mesmas situações previstas no Código de Processo Penal em relação ao juiz.

1: incorreta, pois, de fato, poderá a autoridade policial proceder à *reprodução simulada dos fatos* ou *reconstituição do crime* para verificar a possibilidade de a infração ter sido cometida de determinado modo, da qual o indiciado ou suspeito, todavia, não poderá ser obrigado a participar, na medida em que ninguém é obrigado a produzir prova contra si mesmo (*nemo tenetur se detegere*); **2:** incorreta, visto que, uma vez ordenado o arquivamento do inquérito policial, por falta de base para a denúncia, nada obsta que a autoridade policial proceda a novas pesquisas, desde que de outras provas tenha conhecimento, independente de autorização judicial – art. 18 do CPP; **3:** incorreta, nos termos do art. 107 do CPP.

Gabarito 1E, 2E, 3E

(Delegado/AM) Quanto ao Inquérito Policial, a alternativa correta é:

(A) ciente de que um promotor de justiça praticou uma infração penal, o delegado de polícia poderá investigá-lo normalmente, em inquérito policial, tendo em vista o princípio da igualdade.

(B) compete ao delegado de polícia apurar, em inquérito policial, crimes praticados contra empresas públicas da União.

(C) em geral, os vícios do inquérito policial não anulam o processo penal.

(D) o princípio do contraditório é aplicável ao inquérito policial.

A: incorreta, pois quando, no curso de uma investigação, surgirem indícios de que um membro do Ministério Público praticou uma infração penal, o delegado de polícia deverá encaminhar imediatamente os autos ao procurador-geral de Justiça, a quem cabe continuar nas investigações. É que os promotores de justiça gozam de foro por prerrogativa de função, sendo processados e julgados pelo Tribunal de Justiça respectivo; **B:** incorreta, segundo o art. 144, § 1º, I, da CF; **C:** correta, pois vícios porventura existentes no inquérito não têm o condão de acarretar nulidades processuais; **D:** incorreta. O *princípio do contraditório* não se aplica no inquérito policial, que tem caráter inquisitivo, o que fica evidenciado nos arts. 14 e 107 do CPP.

Gabarito "C"

(Delegado/AP – 2010) Maria tem seu veículo furtado e comparece à Delegacia de Polícia mais próxima para registrar a ocorrência. O Delegado de Polícia instaura inquérito policial para apuração do fato.

Esgotadas todas as diligências que estavam ao seu alcance, a Autoridade Policial não consegue identificar o autor do fato ou recuperar a res furtiva.

Assinale a alternativa que indique a providência que o Delegado deverá tomar.

(A) Relatar o inquérito policial e encaminhar os autos ao Ministério Público para que este promova o arquivamento.

(B) Promover o arquivamento do inquérito policial, podendo a vítima recorrer ao Secretário de Segurança Pública.

(C) Relatar o inquérito policial e encaminhar os autos ao Secretário de Segurança Pública para que este promova o arquivamento.

(D) Manter os autos do inquérito policial com a rotina suspenso, até que surja uma nova prova.

(E) Prosseguir na investigação, pois o arquivamento só é possível quando transcorrer o prazo prescricional.

Esgotadas todas as diligências empreendidas no curso do inquérito, somente restava à autoridade policial elaborar o relatório final e encaminhar os autos ao Ministério Público para que este promova o seu arquivamento (art. 28, *caput*, do CPP, cuja redação foi alterada pela Lei 13.964/2019). Não cabe ao delegado de polícia promover, ele próprio, o arquivamento dos autos de inquérito, conforme reza o art. 17 do CP.

Gabarito "A"

(Delegado/AP – 2010) A respeito do *inquérito policial*, analise as afirmativas a seguir:

I. se o investigado estiver sob prisão cautelar, o prazo para encerramento do inquérito policial é de 10 (dez dias), contado o prazo do dia em que se executar a ordem de prisão. Concluído tal prazo, nada obsta que a autoridade policial requeira sua prorrogação para realização de diligências imprescindíveis. Contudo, acolhido tal requerimento pelo Ministério Público, o juiz deverá relaxar a prisão cautelar, por excesso de prazo.

II. a instauração de inquérito policial para apuração de fatos delituosos decorre da garantia de que ninguém será processado criminalmente sem que tenham sido reunidos previamente elementos probatórios que apontem seu envolvimento na prática criminosa. Assim, não há possibilidade no sistema brasileiro de que seja ajuizada ação penal contra alguém, sem que a denúncia esteja arrimada em inquérito policial.

III. Nos crimes de ação penal pública, quando o ministério público recebe da autoridade policial os autos do inquérito policial já relatado, deve tomar uma das seguintes providências: 1. Oferecer denúncia; 2. Baixar os autos, requisitando à autoridade policial, novas diligências que considerar imprescindíveis à elaboração da denúncia; 3. Promover o arquivamento do inquérito policial, na forma do art. 28 do CPP.

Assinale:

(A) se somente as alternativas I e III estiverem corretas.

(B) se somente as alternativas I e II estiverem corretas.

(C) se somente as alternativas II e III estiverem corretas.

(D) se somente a alternativa III estiver correta.
(E) se todas as alternativas estiverem corretas.

I: correta, ao tempo em que elaborada esta questão, pois não havia a possibilidade de prorrogação do prazo do IP na hipótese de o indiciado permanecer preso (art. 10 do CPP). Sendo assim, se houvesse necessidade de diligências suplementares a serem realizadas fora do prazo de dez dias, era caso de impetração de *habeas corpus*, pois caracterizado estaria o constrangimento ilegal. Isso mudou com o advento da Lei 13.964/2019, que, ao inserir no CPP o art. 3º-B, VIII, previu ser uma das atribuições do juiz das garantias a prorrogação do prazo do inquérito policial, estando o investigado preso, desde que em face de representação formulada pela autoridade policial. O art. 3º-B, § 2º, do CPP, por sua vez, reza que tal prorrogação do prazo do IP, em que o investigado esteja preso, pode se dar por até 15 dias, uma única vez. Vale lembrar que esses dois dispositivos, porque fazem parte do regramento do juiz das garantias, estão com a sua eficácia suspensa por decisão cautelar do STF. A matéria deve ser apreciada pelo Plenário do Tribunal; **II:** incorreta, de fato o inquérito policial não constitui fase imprescindível da persecução criminal, podendo o titular da ação penal, por isso, se dispuser de elementos suficientes a embasar a peça exordial, dele abrir mão (arts. 12, 39, § 5º, e 46, § 1º, do CPP); **III:** correta. Ao receber os autos de inquérito concluídos, ao MP é dado trilhar três caminhos: se houver justa causa, denunciar; se entender que há diligências, não realizadas pela autoridade policial, indispensáveis ao oferecimento da denúncia, requisitará tal providência ao delegado de polícia, com a devolução dos autos à unidade de Polícia Judiciária; se, por fim, entender que não há elementos suficientes ao ajuizamento da ação penal, promoverá o arquivamento dos autos de inquérito (arts. 16 e 28 do CPP, este último dispositivo com a redação que lhe conferiu a Lei 13.964/2019).
Gabarito "A".

(Delegado/BA – 2008 – CEFETBAHIA) Quanto à instauração do Inquérito Policial, a

(A) autoridade policial, nos crimes de ação penal pública incondicionada, poderá instaurar o Inquérito Policial de ofício.
(B) autoridade policial, nos crimes de ação penal pública condicionada, necessita de requisição ministerial ou do juiz para instaurar o Inquérito Policial.
(C) autoridade policial, nos crimes de ação penal privada, tem a atribuição de instaurar o Inquérito Policial, mesmo sem requerimento da vítima ou de seu representante legal, tendo em vista que a ocorrência de um crime não pode ficar sem investigação.
(D) *delatio criminis* é o meio pelo qual o membro do Ministério Público notícia um crime à autoridade policial.

A: correta, nos termos do art. 5º, I, do CPP; **B:** incorreta, já que a requisição do MP ou do juiz não constitui condição à instauração de inquérito para apurar crime de ação penal pública condicionada; **C:** incorreta. A instauração de inquérito, nos crimes de ação penal privada, depende sempre de requerimento a ser formulado por quem tenha qualidade para ajuizar a ação penal respectiva – art. 5º, § 5º, do CPP; **D:** incorreta. *Delatio criminis* é a denúncia, formulada por qualquer pessoa do povo e dirigida à autoridade policial, que dá conta da prática de infração penal. Está prevista no art. 5º, § 3º, do CPP e comporta a forma verbal e a escrita.
Gabarito "A".

(Delegado/BA – 2008 – CEFETBAHIA) Identifique com V as afirmativas verdadeiras e com F as falsas.

(1) O delegado de polícia, em virtude da característica da oficiosidade, possui discricionariedade para instaurar Inquérito Policial em caso de crimes de Ação Penal Pública Incondicionada, caso entenda necessário.

(2) Os inquéritos policiais que envolvam investigação relativa a organizações criminosas são os únicos que têm sigilo absoluto, inclusive com relação a advogados.

(3) São peças iniciais para a instauração de Inquérito Policial a Portaria e o Auto de Prisão em Flagrante.

(4) A investigação preliminar não é exclusiva, embora o Inquérito Policial seja atribuição específica das polícias judiciárias, sendo que tais investigações são chamadas de extrapoliciais.

A alternativa que contém a sequência correta, de cima para baixo, é a

(A) V V V F
(B) V F F V
(C) F V V F
(D) F F V V
(E) F F V F

1: incorreta, pois o princípio da *oficiosidade*, que constitui um desdobramento do da *obrigatoriedade*, estabelece que os procedimentos do inquérito devem ser realizados de ofício pela autoridade que o preside, independente de provocação do ofendido ou de quem quer que seja. O delegado, por força do *princípio da obrigatoriedade* (legalidade), não dispõe de discricionariedade, a ele cabendo, sempre que tiver conhecimento da ocorrência de crime, proceder à instauração de inquérito. No mais, a *oficiosidade* não deve ser confundida com a *oficialidade*. Atribuir ao inquérito esta característica implica dizer que os órgãos encarregados de realizá-lo, elaborá-lo são oficiais, ou seja, é defeso a um particular a elaboração de um inquérito policial, ainda que se trate de ação penal de iniciativa privada; **2:** incorreta, pois inexiste investigação cujo sigilo seja absoluto. *Vide* art. 7º, XIV, da Lei 8.906/1994 (Estatuto da Advocacia) e Súmula Vinculante 14. No contexto da Lei 12.850/2013 (Organização Criminosa), o *caput* do seu art. 23 estabelece que *o sigilo da investigação poderá ser decretado pela autoridade judicial competente, para garantia da celeridade e da eficácia das diligências investigatórias, assegurando-se ao defensor, no interesse do representado, amplo acesso aos elementos de prova que digam respeito ao exercício do direito de defesa, devidamente precedido de autorização judicial, ressalvados os referentes às diligências em andamento*; **3:** correta. Uma das formas de instauração de inquérito policial é de ofício (art. 5º, I, do CPP). Assim, sempre que a autoridade policial tiver conhecimento da prática de uma infração penal, deve baixar a chamada *portaria*, que constitui a peça inaugural do inquérito policial. Outra forma de instauração de inquérito é o *auto de prisão em flagrante*. Neste caso, após a lavratura do auto, o inquérito é instaurado; **4:** correta. A presidência do inquérito policial constitui atribuição exclusiva da autoridade policial; outras autoridades, entretanto, entre elas o representante do Ministério Público, podem conduzir investigação criminal (inquéritos extrapoliciais).
Gabarito "D".

(Delegado/BA – 2008 – CEFETBAHIA) Chegou ao conhecimento da autoridade policial, através de um telefonema anônimo, a notícia de que havia um corpo, sem vida, à beira de uma estrada vicinal, próxima à sede do município.

As providências iniciais a serem tomadas pela autoridade policial, na devida ordem cronológica, são as seguintes:

(A) Instaurar Inquérito Policial através de Portaria; registrar a devida Ocorrência Policial; expedir Ordem de Missão Policial para a equipe de agentes realizar diligências a fim de identificar o autor do delito.

(B) Instaurar Inquérito Policial através de Portaria; expedir Guia Pericial de local; realizar o levantamento cadavérico.

(C) Realizar o levantamento cadavérico; registrar a devida Ocorrência Policial; instaurar o Inquérito Policial através de Portaria.

(D) Realizar o levantamento cadavérico; expedir Ordem de Missão Policial; proceder a oitiva da vítima.

(E) Instaurar Inquérito Policial através da Ocorrência Policial lavrada após o fato, como peça inicial e juntando, logo após despacho, a Portaria.

É majoritário o posicionamento segundo o qual a *denúncia apócrifa*, por si só, não autoriza a instauração de inquérito policial. Ao delegado de polícia, em casos assim, deverá, antes de proceder a inquérito, promover diligências com o propósito de verificar se os fatos denunciados anonimamente são verossímeis. Apurada a existência do fato, aí sim, instaura-se o inquérito para estabelecer a autoria do crime. *Vide*, a esse respeito, Informativo STF 387. No caso narrado no enunciado, deverá a autoridade policial, ante a notícia de que foi localizado um cadáver, dirigir-se ao local indicado e, uma vez confirmada a ocorrência de crime, cuidar para que não sejam alterados o estado e conservação das coisas (art. 6º, I, CPP). A partir daí, adotará as demais medidas indicadas no art. 6º, procedendo ao registro dos fatos por meio de boletim de ocorrência e à instauração de IP para apuração. No mais, no que concerne à preservação do local de crime (providência contida no art. 6º, I, do CPP), importante tecer alguns comentários acerca da chamada "cadeia de custódia", inovação introduzida no CPP (arts. 158-A a 158-F) pela Lei 13.964/2019 (Pacote Anticrime), que consiste na sistematização de todos os procedimentos que se prestam a preservar a autenticidade da prova coletada em locais ou em vítimas de crimes. *Grosso modo*, estabelece regras que devem ser seguidas no manejo das provas, desde o primeiro momento desta cadeia, que se dá com o procedimento de preservação do local de crime ou a verificação da existência de vestígio, até o seu descarte. Também são estabelecidas normas concernentes ao armazenamento de vestígios e a sua preservação. Tal regramento se justifica na medida em que a prova pericial, ao contrário da grande maioria das provas, não é passível de ser reproduzida em juízo sob o crivo do contraditório, de sorte que a sua produção, em regra ainda na fase investigativa, tem caráter definitivo, embora possa, em juízo, ser contrariada (contraditório diferido). Gabarito "C".

(Delegado/BA – 2006 – CONSULPLAN) Marque a única alternativa correta. A autoridade policial, tomando conhecimento da ocorrência de um crime de homicídio, deve adotar as seguintes providências:

(A) Instaurar inquérito policial regular, visando a apuração da autoria e materialidade do fato, por intermédio de portaria.

(B) Exigir que a vítima ou seu representante legal apresente, no prazo, a representação.

(C) Lavrar, obrigatoriamente, o Termo Circunstanciado da ocorrência, encaminhando-o ao Juizado Especial Criminal.

(D) Determinar o arquivamento da notícia chegada ao seu conhecimento.

(E) Exigir o comparecimento da vítima, acompanhada de advogado ou de defensor público.

Assim que toma conhecimento da prática de crime de ação penal pública incondicionada, a autoridade policial deve promover a instauração de inquérito policial com vistas a apurar a autoria e materialidade do fato (art. 5º, I, CPP). Por razões óbvias, não haveria, neste caso, como exigir o comparecimento da vítima. Já o *termo circunstanciado*, a que alude o art. 69, *caput*, da Lei 9.099/1995, somente terá lugar no âmbito das infrações penais de menor potencial ofensivo, assim entendidas aquelas cuja pena máxima cominada não seja superior a dois anos, conforme estatui o art. 61 da Lei dos Juizados Especiais. Gabarito "A".

(Delegado/BA – 2006 – CONSULPLAN) "A" e "B", percebendo que seu filho "C", de apenas quatro anos, mudou de comportamento depois da chegada da babá "D", que permanecia sozinha na casa com a criança, instalaram uma câmera no interior da residência, visando comprovar fatos de que suspeitavam. Retornando à noite, constataram a prática de atos libidinosos, praticados pela babá "D" contra a criança "C". No dia seguinte, "A" e "B" foram à delegacia de polícia requerer que a autoridade policial adotasse as providências pertinentes, visando o processo e julgamento de "D". Marque a única alternativa correta:

(A) A autoridade policial deve prender "D" em flagrante, com a simples notícia contida na fita.

(B) A autoridade policial instaura o inquérito policial regular, colhe provas e considera a fita um dado relevante como fundamentação para a prisão preventiva de "D", representando por sua decretação.

(C) A autoridade policial indefere, fundamentadamente, o pedido de "A" e "B".

(D) A autoridade policial determina que seus agentes de serviço naquele dia prendam "D" para averiguações.

(E) A autoridade policial solicita informações ao Juiz Criminal e ao Promotor de Justiça da comarca como deveria proceder.

Em princípio, a babá praticou contra a criança de quatro anos o crime do art. 217-A, *caput*, do CP – *estupro de vulnerável*. A ação penal, nos crimes sexuais, conforme estabelece o art. 225 do CP (com redação alterada por força da Lei 13.718/2018), é pública incondicionada. Assim sendo, correta é a proposição "B", já que cabe à autoridade, diante da notícia da prática de crime de ação penal pública incondicionada, instruída com provas materiais, determinar a instauração de inquérito com vistas a colher outras provas que repute necessárias e, se entender que seja o caso, representar à autoridade judiciária pela decretação da prisão preventiva, nos moldes do art. 312 do CPP, lembrando que a Lei 12.403/2011 introduziu no CPP uma série de medidas cautelares alternativas à prisão preventiva. Por fim, não é admitida em nosso ordenamento jurídico a chamada *prisão para averiguação*. Gabarito "B".

(Delegado/BA – 2006 – CONSULPLAN) Assinale a única alternativa correta:

(A) Arquivado o inquérito policial pelo Juiz, é possível a interposição de recurso em sentido estrito.

(B) Em hipótese alguma, o inquérito policial, uma vez arquivado, poderá ser desarquivado.

(C) Se o Promotor de Justiça requerer o arquivamento do inquérito policial, ao Juiz não resta outra alternativa senão atendê-lo.

(D) Sendo indeferido o pedido de arquivamento formulado pelo Promotor, o Juiz remete os autos para o Procurador-Geral de Justiça, que não poderá oferecer diretamente a denúncia, bem como não poderá designar outro Promotor para oferecê-la e nem insistir no arquivamento.

(E) Mesmo arquivado o inquérito policial, surgindo fatos novos indicando outras provas, a autoridade policial poderá proceder a novas investigações.

A: incorreta, pois a decisão judicial que determina o arquivamento dos autos de inquérito não comporta recurso. **B:** incorreta. Em vista do comando contido no art. 18 do CPP, pode, sim, ser desarquivado o inquérito policial, desde que cheguem ao conhecimento da autoridade policial provas *substancialmente novas*. Nesse sentido, vide a Súmula 524 do STF; **C e D:** incorretas, já que o juiz não está obrigado a atender ao pleito do MP. Se discordar, e isso é perfeitamente possível, remeterá os autos, na forma estatuída no art. 28 do CPP, ao procurador-geral de Justiça, a quem incumbirá apreciar se a razão está com o promotor ou com o magistrado. Se entender o chefe do Ministério Público que razão assiste ao promotor, o juiz então estará obrigado a determinar o arquivamento dos autos de inquérito. Neste caso, outra opção não lhe resta. Se, de outro lado, o procurador-geral entender que é caso de denúncia, poderá ele mesmo oferecê-la, ou ainda designar outro membro da instituição para fazê-lo, o que é mais comum. **E:** correta, nos termos do art. 18 do CPP. Com efeito, mesmo depois de arquivado o inquérito policial, se surgirem fatos novos indicando outras provas, estas substancialmente novas, isto é, aptas a alterar o panorama probatório, a autoridade policial poderá proceder a novas investigações. Estes comentários referem-se à redação anterior do art. 28 do CPP, em que a decisão de arquivamento do IP cabia ao juiz. Com o advento da Lei 13.964/2019, conhecida como Pacote Anticrime, posterior, portanto, à elaboração desta questão, alterou-se toda a sistemática que rege o arquivamento do inquérito policial. Até então, tínhamos que cabia ao membro do MP promover (requerer) o arquivamento e ao juiz, se concordasse, determiná-lo. Pois bem. Com a modificação operada na redação do art. 28 do CPP pela Lei 13.964/2019, o representante do *parquet* deixa de requerer o arquivamento e passa a, ele mesmo, determiná-lo, sem qualquer interferência do magistrado, cuja atuação, nesta etapa, em homenagem ao sistema acusatório, deixa de existir. No entanto, ao determinar o arquivamento do IP, o membro do MP deverá submeter sua decisão, segundo a nova redação conferida ao art. 28, *caput*, do CPP, à instância revisora dentro do próprio Ministério Público, para fins de homologação. Sem prejuízo disso, caberá ao promotor que determinou o arquivamento comunicar a sua decisão ao investigado, à autoridade policial e à vítima. Esta última, por sua vez, ou quem a represente, poderá, se assim entender, dentro do prazo de 30 dias, a contar da comunicação de arquivamento, submeter a matéria à revisão da instância superior do órgão ministerial (art. 28, § 1º, CPP). Por fim, o § 2º deste art. 28, com a redação que lhe deu a Lei 13.964/2019, estabelece que, nas ações relativas a crimes praticados em detrimento da União, Estados e Municípios, a revisão do arquivamento do IP poderá ser provocada pela chefia do órgão a quem couber a sua representação judicial. Este novo art. 28 do CPP, que, como dissemos, alterou todo o procedimento que rege o arquivamento do IP, no entanto, teve suspensa, por força de decisão cautelar proferida pelo STF, a sua eficácia. O ministro Luiz Fux, relator, ponderou, em sua decisão, tomada na ADI 6.305, de 22.01.2020, que, embora se trate de inovação louvável, a sua implementação, no prazo de 30 dias (*vacatio legis*), revela-se inviável, dada a dimensão dos impactos sistêmicos e financeiros que por certo ensejarão a adoção do novo procedimento de arquivamento do inquérito policial. Gabarito "E".

(Delegado/BA – 2006 – CONSULPLAN) A Constituição Federal, expressamente:

(A) nada prevê a respeito do órgão ao qual incumbe a apuração de infrações penais e a atividade de investigação.

(B) prevê que o Ministério Público realize diretamente investigação em crimes organizados e crimes hediondos.

(C) prevê que às polícias civis, dirigidas por delegados de polícia de carreira, incumbem as funções de polícia judiciária e a apuração de infrações penais.

(D) prevê que, como regra, às polícias civis, dirigidas por delegados de polícia de carreira, incumbem as funções de polícia judiciária e a apuração de infrações penais, mas admite que possa o Ministério Público realizar investigações diretamente em caso de crimes organizados e crimes hediondos.

(E) dispõe que o Ministério Público possa instaurar inquérito policial, requisitando agentes policiais para a realização de quaisquer diligências.

A: incorreta (art. 144 da CF); **B:** incorreta, não há essa previsão no texto constitucional; **C:** correta, proposição em consonância com o que dispõe o art. 144, § 4º, da CF; **D:** incorreta, pois não há essa previsão no texto constitucional; **E:** incorreta, pois a Constituição Federal não contém este dispositivo. O inquérito *policial* é de atribuição exclusiva da autoridade policial. O membro do Ministério Público pode requisitar à autoridade policial, na ação penal pública, a instauração de inquérito policial – art. 5º, II, CPP, bem assim conduzir inquérito criminal (não policial). Atenção: a Emenda Constitucional 104, de 2019, inseriu no arr. 144 da CF o inciso VI, criando, com isso, a Polícia Penal (federal, estadual e distrital), à qual caberá a segurança dos estabelecimentos penais (art. 144, § 5º-A, CF, também introduzido pela EC 104, de 2019). Gabarito "C".

(Delegado/CE – 2006 – CEV/UECE) Marque a opção verdadeira.

(A) O inquérito policial sempre poderá ser iniciado de ofício pela autoridade policial já que o direito penal é essencialmente público e deverá sempre buscar a verdade real, independente da vontade da vítima.

(B) Negado o pedido de instauração de inquérito policial feito pela parte, caberá recurso de natureza administrativa dirigido ao Juiz criminal que teria competência para processar o crime em tese cometido.

(C) O prazo para a conclusão do inquérito é em regra de 10 (dez) dias estando o réu preso e 30 (trinta) dias, se solto. Estando o réu preso tal prazo poderá ser renovado pelo Juiz caso exista a necessidade de novas investigações.

(D) Dentre as características fundamentais do inquérito policial podemos apontar, corretamente ser ele escrito, presidido por autoridade policial, inquisitorial e contraditório.

A: incorreta, pois o inquérito policial somente será iniciado de ofício pela autoridade policial quando se tratar de ação penal pública incondicionada, a teor do art. 5º, I, do CPP. Se se tratar de ação penal pública *condicionada* à representação, o inquérito não poderá sem ela ser iniciado, conforme prevê o art. 5º, § 4º, do CPP. Da mesma forma, o inquérito não poderá ser instaurado de ofício pela autoridade, nos moldes do art. 5º, § 5º, na ação penal privada. Aqui é imprescindível o *requerimento* de quem tenha qualidade para ajuizá-la; **B:** incorreta, pois, se for negado o pedido de instauração de inquérito policial, caberá recurso para o chefe de polícia, em conformidade com o art. 5º, § 2º, do CPP; **C:** correta, nos termos do art. 10, *caput* e § 3º, do CPP. Atualmente, com a inclusão, promovida pela Lei 13.964/2019, do art. 3º-B, VIII e § 2º, ao CPP, é possível a prorrogação do prazo para conclusão do IP nas hipóteses de investigado preso, até o limite de 15 dias, uma única vez. Transcorrido esse período sem a ultimação das investigações, a prisão será incontinenti relaxada; **D:** incorreta, pois as características contidas na proposição estão corretas, exceção feita aquela que qualifica o inquérito como *contraditório*, já que, por ser inquisitivo, nele não vigoram o *contraditório* tampouco a *ampla defesa*, inerentes à fase processual. Gabarito "C".

(Delegado/CE – 2006 – CEV/UECE) Marque a opção verdadeira.

(A) A autoridade policial poderá determinar a incomunicabilidade do preso que estiver sob sua custódia se tal medida for indispensável para a efetiva apuração dos fatos, desenvolvimento do inquérito policial ou ainda se houver comprometimento da ordem pública.

(B) Ao concluir o inquérito a autoridade policial deverá elaborar relatório, no qual indicará se entender ser caso de indiciamento; não sendo, determinará o arquivamento imediato dos autos, dando, em seguida, ciência ao titular da ação penal.

(C) O atual entendimento do Supremo Tribunal Federal é o de que o inquérito policial é obrigatoriamente sigiloso, sendo permitido seu acesso apenas ao Juiz processante, uma vez que é peça fundamental para a persecução penal do Estado.

(D) O Delegado de Polícia que preside o inquérito policial poderá produzir livremente as provas que desejar, inclusive não realizando aquelas que sejam solicitadas pelo indiciado se entender que não são relevantes.

A: incorreta, pois a incomunicabilidade não pode ser determinada pela autoridade policial. Em princípio, poderia o juiz, a teor do art. 21 do CPP, decretar a incomunicabilidade do indiciado preso, sempre que o interesse da sociedade ou a conveniência da investigação o exigir. De se ver, entretanto, que inúmeros autores consagrados sustentam que este dispositivo não foi recepcionado pela CF/88; **B:** incorreta, pois, pela disciplina estabelecida no art. 17 do CPP, é defeso ao delegado de polícia arquivar autos de inquérito policial, somente podendo fazê-lo, em conformidade com a atual redação do art. 28, *caput*, do CPP, dada pela Lei 13.964/2019, o Ministério Público; **C:** incorreta, pois é fato que o inquérito policial é sigiloso (art. 20, CPP), mas este sigilo não pode ser estendido ao advogado, nos termos do art. 7º, XIV, da Lei 8.906/1994 (Estatuto da Advocacia) e da Súmula Vinculante 14; **D:** correta. O Código de Processo Penal não estabeleceu para o inquérito policial um rito, sendo lícito à autoridade policial que o presidir tomar as providências que julgar necessárias ao bom andamento das investigações, podendo, inclusive, nos termos do art. 14 do CPP, indeferir, a seu juízo, diligências requeridas pelo ofendido, seu representante legal, ou mesmo pelo indiciado. Gabarito "D".

(Delegado/DF – 2004) Pode-se afirmar, sobre o início do Inquérito Policial, que:

(A) para os crimes de ação penal pública, vigorará o princípio da discricionariedade para a Autoridade Policial;

(B) não poderá a Autoridade Policial indeferir requerimento do ofendido para o início do Inquérito Policial;

(C) ainda que haja prisão em flagrante, haverá necessidade de instauração do Inquérito Policial mediante portaria;

(D) a *delatio criminis* somente autorizará a instauração do Inquérito Policial nos crimes de ação penal pública incondicionada;

(E) a instauração do Inquérito Policial nos crimes de ação penal privada interrompe o prazo decadencial para oferecimento da queixa crime.

A: incorreta, pois, diante da notícia de uma infração penal de ação penal pública, a instauração de inquérito policial por parte da autoridade policial é obrigatória (princípio da *obrigatoriedade* ou *legalidade*) – art. 5º, I, CPP. Não há que se falar, portanto, em discricionariedade na atuação da autoridade policial; **B:** incorreta. A autoridade policial, em vista do que dispõe o art. 5º, § 2º, do CPP, poderá indeferir o requerimento formulado pelo ofendido para instauração de inquérito, despacho contra o qual cabe recurso ao chefe de polícia; **C:** incorreta, pois o *auto de prisão em flagrante*, lavrado por ocasião da prisão em flagrante, servirá como peça inicial do inquérito inicial, em substituição à *portaria*, confeccionada na hipótese de o inquérito iniciar-se de ofício pela autoridade; **D:** correta, já que, nos crimes de ação penal pública condicionada, a instauração do inquérito fica subordinada ao oferecimento da *representação* – art. 5º, § 4º, CPP. Da mesma forma, nos crimes em que a ação penal é de iniciativa privada, o inquérito não será iniciado se o ofendido não requerer sua instauração – art. 5º, § 5º; **E:** incorreta, pois a instauração do inquérito não interrompe o prazo decadencial. Ao contrário, ele continua a correr. Gabarito "D".

(Delegado/DF – 2004) De acordo com a recente orientação jurisprudencial do Supremo Tribunal Federal sobre a possibilidade de decretação do sigilo do inquérito policial, assinale a alternativa correta:

(A) é possível a decretação alcançando o investigado e seu defensor, tendo em conta a supremacia do interesse público.

(B) é possível a decretação alcançando o investigado, tendo em conta a supremacia do interesse público.

(C) não é possível a decretação, sendo toda forma de sigilo abolida pela Constituição da República.

(D) é possível a decretação alcançando o investigado e seu defensor, por força do art. 20 do Código de Processo Penal.

(E) não é possível a decretação alcançando o defensor, por força dos arts. 5º, LXIII, CRFB, e 7º, XIV da Lei 8.906/1994.

Uma de suas características do inquérito policial é o fato de ser *sigiloso*, o que está contemplado no art. 20, *caput*, do CPP. Sucede que este sigilo, que é relativo, não alcança o defensor, em vista do que dispõe o art. 7º, XIV, da Lei 8.906/1994 (Súmula Vinculante 14). Gabarito "E".

(Delegado/GO – 2009 – UEG) Sobre o inquérito policial, é CORRETO afirmar que:

(A) a decisão que concorda com o pedido de arquivamento do inquérito policial formulado pelo Ministério Público por atipicidade do fato possui eficácia preclusiva típica de coisa julgada formal; nesse caso, somente podem ser reabertas as investigações a partir do surgimento de elementos probatórios não integrantes do acervo colhido durante o inquérito.

(B) se o juiz se dá por competente e o membro do Ministério Público se manifesta no sentido de que não quer oferecer denúncia por considerá-lo incompetente, ocorre, por parte do Ministério Público, um pedido de arquivamento indireto.

(C) segundo o Código de Processo Penal, se o juiz discordar do pedido de arquivamento do inquérito policial formulado pelo Ministério Público deve enviar os autos ao procurador-geral do respectivo Ministério Público que, entendendo tratar de hipótese de denúncia, deverá designar outro membro para apresentá-la, mas não poderá, sob pena de supressão de instância, oferecê-la diretamente.

(D) segundo a tese do arquivamento implícito, acolhida pelo Supremo Tribunal Federal e pelo Superior Tribunal de Justiça, este ocorre quando o titular da ação penal deixa de pedir o arquivamento do inquérito policial em relação a determinado indiciado, mas justifica em sua peça acusatória os motivos do não oferecimento da denúncia contra o imputado e, com base nas justificativas ministeriais, o juiz determina o arquivamento do inquérito policial.

A: incorreta, pois esta decisão possui eficácia preclusiva e produz, por isso, coisa julgada *material*, impedindo o desarquivamento do inquérito. Conferir, a esse respeito, *Informativo STF* 375; B: correta. É a hipótese em que o procurador da República, no lugar de oferecer denúncia ou requerer o arquivamento do inquérito, requer ao Juízo Federal que decline sua competência para a Justiça Estadual, já que o membro do MP entende que lhe falta atribuição para o processamento do crime em questão, que é de competência, no seu entender, da Justiça do Estado; C: incorreta, pois, nesta hipótese, poderá o chefe do *parquet*, nos termos do art. 28 do CPP, oferecer a denúncia, designar outro membro do MP para fazê-lo ou insistir no pedido de arquivamento; D: incorreta, pois a decisão de arquivamento do inquérito há de ser sempre explícita.
Gabarito "B".

(Delegado/GO – 2009 – UEG) Tripa Seca é investigado por suposta prática de crime de roubo. Com a conclusão do inquérito, o delegado de polícia elabora minucioso relatório, emitindo seu juízo de valor e tecendo considerações acerca da culpabilidade do investigado e ilicitude da conduta, bem como realizando um estudo jurídico sobre o delito investigado, trazendo, inclusive, teses para auxiliar a defesa. Assim:

(A) agiu corretamente a autoridade policial, uma vez que o Ministério Público se vinculará, para o oferecimento da denúncia, às teses desenvolvidas pelo delegado de polícia, porquanto o relatório é inevitavelmente utilizado como alicerce para a elaboração da denúncia.

(B) agiu corretamente a autoridade policial, uma vez que, além de subsidiar o Ministério Público, a polícia deve subsidiar o investigado, indicando elementos probatórios e teses jurídicas que poderão ser utilizados em sua defesa.

(C) não agiu corretamente a autoridade policial, uma vez que o relatório policial deve conter elementos probatórios e teses jurídicas que sirvam de subsídios apenas ao Ministério Público.

(D) não agiu corretamente a autoridade policial, uma vez que o relatório policial precisa conter apenas a narrativa isenta dos fatos apurados, indicando seus pontos cruciais.

Finda a investigação, deve a autoridade policial confeccionar um relatório descrevendo de forma pormenorizada tudo quanto foi apurado no curso do inquérito. Trata-se da derradeira providência a ser tomada pelo delegado de polícia, sendo-lhe vedado fazer qualquer menção ao *mérito* da prova coligida. O relatório a ser elaborado pela autoridade policial está previsto no art. 10, §§ 1º e 2º, do CPP.
Gabarito "D".

(Delegado/MA – 2006 – FCC) Em conformidade com o Código de Processo Penal brasileiro, no que tange ao inquérito policial é correto afirmar que

(A) a incomunicabilidade do indiciado dependerá sempre de despacho nos autos e somente será permitida quando o interesse da sociedade ou a conveniência da investigação o exigir.

(B) o inquérito policial deverá terminar no prazo de 20 dias, se o indiciado tiver sido preso em flagrante ou estiver preso preventivamente.

(C) a autoridade policial, atualmente, poderá mandar arquivar autos de inquérito, havendo dispositivo legal expresso autorizando.

(D) o inquérito policial deverá terminar no prazo de 45 dias quando o indiciado estiver solto, mediante fiança ou sem ela.

A: correta, pois reproduz a redação do art. 21, *caput*, do CPP, que trata da *incomunicabilidade do indiciado*. Entretanto, este dispositivo, segundo a doutrina majoritária, não foi recepcionado pela CF/1988; B: incorreta, pois o inquérito, nesta hipótese, deverá ser concluído dentro do prazo de 10 dias, a teor do art. 10, *caput*, do CPP, interrogo que poderá ser prorrogado, uma única vez, por até 15 dias, nos termos do art. 3º-B, VIII e § 2º, do CPP, inserido pela Lei 13.964/2019; C: incorreta, pois inexiste dispositivo legal que autorize a autoridade policial a determinar o arquivamento de autos de inquérito policial, o que somente poderá ser determinado pelo representante do Ministério Público – arts. 17 e 28 do CPP; D: incorreta, pois, se solto estiver o indiciado, o inquérito deverá ser concluído no prazo de 30 dias, conforme estabelece o art. 10, *caput*, do CPP.
Gabarito "A".

(Delegado/MG – 2012) Sobre o inquérito policial é **INCORRETO** afirmar:

(A) Tem valor probante relativo.
(B) Todas as provas produzidas devem ser repetidas sob contraditório.
(C) Vícios do inquérito não nulificam subsequente ação penal.
(D) O investigado pode requerer diligências.

A: assertiva correta, pois se diz que o inquérito policial tem valor probante relativo porque os elementos de informação nele reunidos não são submetidos ao crivo do contraditório e da ampla defesa; B: assertiva incorreta, devendo ser assinalada, uma vez que nem *todas* as provas produzidas no inquérito devem ser repetidas sob o crivo do contraditório. Isso porque o CPP, em seu art. 155, *caput*, estabelece exceções, a saber: provas cautelares, não repetíveis e antecipadas; C: correta, pois, de fato, vícios porventura existentes no inquérito não têm o condão de acarretar nulidades processuais; D: correta, pois estabelece o art. 14 do CPP que o indiciado poderá requerer à autoridade policial, no curso do inquérito, a realização de qualquer diligência que repute útil ao esclarecimento da verdade. A autoridade, por sua vez, poderá deferir ou não o pedido, sem necessidade de fundamentar sua resposta ao pleito.
Gabarito "B".

(Delegado/MS – 2006) Assinale a alternativa que preenche corretamente a lacuna do texto abaixo:

A incomunicabilidade do indiciado dependerá sempre de despacho nos autos e somente será permitida quando o interesse da sociedade ou a conveniência da investigação o exigir. A incomunicabilidade, que não excederá de _____, será decretada por despacho fundamentado do juiz, a requerimento da autoridade policial, ou do órgão do Ministério Público, respeitado, em qualquer hipótese, o disposto no art. 89, III, do Estatuto da Ordem dos Advogados do Brasil (Lei nº 4.215, de 27 de abril de 1963).

(A) 12 (doze) dias.
(B) 10 (dez) dias.
(C) 5 (cinco) dias.

(D) 3 (três) dias.

(E) 2 (dois) dias

A questão trata da *incomunicabilidade do indiciado*, prevista no art. 21, *caput*, do CPP, dispositivo que, segundo a doutrina majoritária, é incompatível com a atual ordem constitucional. ED
.„ü„ omedeĐ

(Delegado/MS – 2006) São características do Inquérito Policial, EXCETO:

(A) Vige o princípio da oficiosidade e oficialidade.

(B) Procedimento inquisitivo.

(C) É presidido por autoridade pública em conformidade com a constituição federal no artigo 144, §4°.

(D) Uma vez instaurado pode ser arquivado pela autoridade policial.

(E) Procedimento escrito e sigiloso.

A: assertiva correta, pois o princípio da *oficiosidade*, que constitui um desdobramento do da *obrigatoriedade*, estabelece que os procedimentos do inquérito devem ser realizados de ofício pela autoridade que o preside, independente de provocação do ofendido ou de quem quer que seja. O delegado, por força do *princípio da obrigatoriedade* (legalidade), não dispõe de discricionariedade, a ele cabendo, sempre que tiver conhecimento da ocorrência de crime, proceder à instauração de inquérito. No mais, a *oficiosidade* não deve ser confundida com a *oficialidade*. Atribuir ao inquérito esta característica implica dizer que os órgãos encarregados de realizá-lo, elaborá-lo são oficiais, ou seja, é defeso a um particular a elaboração de um inquérito policial, ainda que se trate de ação penal de iniciativa privada; **B:** assertiva correta. É inquisitivo na medida em que ao inquérito não se aplicam os princípios do *contraditório* e *ampla defesa*; **C:** assertiva correta, pois o inquérito policial é presidido por delegado de polícia de carreira; **D:** assertiva incorreta, devendo ser assinalada, pois, nos moldes do art. 17 do CPP, não está a autoridade policial credenciada a arquivar autos de inquérito policial; **E:** correta, cuida-se de fato de procedimento escrito e sigiloso. ED
.„ü„ omedeĐ

(Delegado/MS – 2006) De acordo com as afirmações abaixo, assinale a alternativa correta.

I. O Delegado de Polícia, logo que tomar conhecimento da prática da infração penal poderá deslocar-se ao local, providenciando para que não se alterem o estado e conservação das coisas, até a chegada dos peritos criminais, podendo ainda apreender objetos que tiverem relação com os fatos a qualquer momento.

II. O Delegado de Polícia, logo que tomar conhecimento da prática da infração penal deverá ordenar a identificação do indiciado pelo processo datiloscópico em todas as circunstâncias que achar conveniente à instrução do inquérito policial.

III. Poderá a Autoridade Policial proceder ao reconhecimento de pessoas, coisas e ainda à acareação, mesmo sem prévia autorização judicial.

(A) Apenas as alternativas II e III estão corretas.

(B) Apenas as alternativas I e II estão corretas.

(C) Apenas a alternativa III está correta.

(D) Todas as alternativas estão corretas.

(E) Todas as alternativas estão incorretas.

I: incorreta, pois não está em consonância com o art. 6°, I e II, do CPP; **II:** incorreta, pois a identificação dactiloscópica deve obedecer aos ditames do art. 5°, LVIII, da CF e também ao que dispõe a Lei 12.037/09; **III:** correta, nos termos do art. 6°, VI, do CPP. ED
.„C„ omedeĐ

(Delegado/MS – 2006) Assinale a alternativa incorreta.

(A) A vítima ou seu representante legal, e o indiciado poderão requerer qualquer diligência, que será realizada ou não, pela Autoridade Policial.

(B) Quando a Autoridade Policial suspeitar da forma em que ocorreu determinado crime, poderá proceder à reprodução simulada dos fatos, desde que esta não contrarie a moralidade ou a ordem pública.

(C) O Ministério Público poderá requerer a devolução do inquérito à Autoridade Policial, desde que destinada à realização de novas diligências imprescindíveis ao oferecimento da denúncia.

(D) Mesmo após ordenado o arquivamento do inquérito pela autoridade judiciária, por falta de justa causa para a denúncia, poderá o Delegado de Polícia proceder a novas investigações objetivando identificar novas provas.

(E) A autoridade policial em nenhuma hipótese poderá mandar arquivar os autos de inquérito ou boletins de ocorrência. Muito embora o artigo 17 do CPP proíba o arquivamento do inquérito policial, o mesmo não ocorre com os boletins de ocorrência que poderão ser arquivados por vários motivos, tais como atipicidade do fato, prescrição, princípios da insignificância etc.

A: assertiva correta, nos termos do art. 14 do CPP; **B:** assertiva correta, nos termos do art. 7° do CPP; **C:** assertiva correta, nos termos do art. 16 do CPP; **D:** assertiva correta, nos termos do art. 18 do CPP; **E:** assertiva incorreta, devendo ser assinalada, pois todos os boletins de ocorrência que envolvem a comunicação de fato criminoso devem ensejar a instauração de inquérito policial, sendo vedado à autoridade policial determinar, em casos assim, o arquivamento de boletins de ocorrência. ED
.„E„ omedeĐ

(Delegado/MT – 2006 – UFMT) O inquérito policial é considerado um procedimento

(A) informal, efetuado por órgãos oficiais.

(B) sigiloso, vigorando a indisponibilidade e a oportunidade ou conveniência.

(C) inquisitivo, com as características da autoritariedade e intranscendência.

(D) escrito, com a característica da indivisibilidade.

(E) inquisitivo, possuindo ainda a característica da indisponibilidade e oficialidade.

A: incorreta, pois é procedimento *formal* efetuado por órgãos oficiais (princípio da oficialidade); **B:** incorreta, pois é *sigiloso* (art. 20, CPP), *indisponível* (não pode ser arquivado pela autoridade policial – art. 17, CPP), não vigorando em relação a ele o princípio da *oportunidade* ou *conveniência*, já que a autoridade policial tem o dever de instaurar inquérito sempre que tiver notícia de uma infração penal (princípio da obrigatoriedade ou legalidade); **C:** incorreta, pois é *inquisitivo*, visto que no inquérito não se aplicam o *contraditório* e a *ampla defesa*. A *autoritariedade* reside no fato de o inquérito ser presidido por autoridade pública, na forma estatuída no art. 144, § 4°, do CPP. O *princípio da intranscendência* é aplicável à ação penal; **D:** incorreta. É, de fato, *escrito*. A *indivisibilidade* é aplicada à ação penal; **E:** correta, pois é, de fato, *inquisitivo*, sendo, ainda, indisponível, dado que o delegado não pode mandar arquivar autos de inquérito (art. 17, CPP), e, ademais, tem como uma de suas características a *oficialidade*, visto que os órgãos encarregados de confeccioná-lo devem ser oficiais.

Gabarito "E".

(Delegado/MT – 2006 – UFMT) Uma das medidas indicadas pelo Código de Processo Penal a serem tomadas pela autoridade policial, logo que tiver conhecimento da prática da infração penal, consiste em

(A) apreender imediatamente todos os objetos relacionados com o local do fato, para posterior remessa à perícia.
(B) ouvir o ofendido, com observância, no que for aplicável, às regras sobre o interrogatório em juízo.
(C) determinar a imediata realização do exame de corpo de delito, nos delitos transeuntes.
(D) proceder a reconhecimento de pessoas e coisas e a acareações.
(E) colher somente as principais provas que servirem para o esclarecimento do fato e de suas circunstâncias.

A: incorreta, pois a apreensão, pela autoridade policial, deve se dar após a liberação pelos peritos criminais – art. 6º, II, CPP; **B:** incorreta, pois o ofendido será ouvido na forma estatuída no art. 201 do CPP; **C:** incorreta, pois, nos delitos *transeuntes*, que são aqueles que não deixam vestígios, o exame de corpo de delito é inviável; **D:** correta, já que esta providência está contemplada no art. 6º, VI, do CPP; **E:** incorreta, pois a autoridade policial deve colher *todas* as provas que servirem para o esclarecimento do fato e de suas circunstâncias – art. 6º, III, CPP.

Gabarito "D".

(Delegado/MT – 2000) Julgue os itens abaixo e assinale a alternativa correta:

I. A comunicação às autoridades policiais da existência de crimes de ação penal pública incumbe privativamente ao Ministério Público, eis que é o órgão encarregado da defesa da sociedade.
II. Vige, no inquérito policial, o princípio do contraditório, onde se assegura ao indiciado o exercício do direito amplo de defesa e ao devido processo legal.
III. Incumbe à autoridade policial que presidir os autos de inquérito policial fazer relatório minucioso ao término das investigações, vinculando a autoridade judiciária no que diz respeito à tipificação do fato praticado pelo indiciado.

(A) Apenas o item I está correto.
(B) Apenas o item II está correto.
(C) Apenas o item III está correto.
(D) Todos os itens estão corretos.
(E) Todos os itens estão incorretos.

I: incorreta. Nos crimes em que a ação penal é pública, o fato pode ser levado ao conhecimento da autoridade policial por *vários meios*, e o inquérito, em todos os casos, deverá ser instaurado. Se a autoridade toma conhecimento do fato por meio de suas atividades de rotina, tais como jornais, comunicação feita pela Polícia Militar, dentre outras, fala-se em *notitia criminis* de cognição imediata; se o fato chega ao conhecimento da autoridade por meio de terceiros (*delatio criminis*; requisição do juiz; requisição do promotor), fala-se em *notitia criminis* de cognição mediata ou indireta; se, por fim, a autoridade tem ciência do fato por força de prisão em flagrante, com a apresentação do conduzido, estaremos diante da chamada *notitia criminis* de cognição coercitiva. Dessa forma, a comunicação às autoridades policiais da existência de crimes de ação penal pública não constitui incumbência exclusiva do Ministério Público; **II:** incorreta. Sendo o inquérito *inquisitivo*, nele não vigoram o contraditório e a ampla defesa; **III:** incorreta. A autoridade judiciária não está vinculada, na fase de sentença, à tipificação feita pela acusação na peça inicial tampouco àquela realizada pela autoridade policial no relatório elaborado ao final das investigações.

Gabarito "E".

(Delegado/RR – 2003 – CESPE) A respeito do inquérito policial e da ação penal, julgue os seguintes itens.

(1) Considere a seguinte situação hipotética. Um empresário, movido por vingança, endereçou uma missiva ao superior hierárquico de um funcionário público, imputando-lhe falsamente a prática do crime de concussão, sob a alegação de que tal funcionário teria exigido dele a importância de R$ 2 mil para emissão de uma certidão que tinha a obrigação de emitir em razão da função que exerce. A autoridade policial tomou conhecimento dos fatos por meio de uma entrevista dada pelo superior hierárquico do funcionário público, que afirmava ter comprovado a falsidade da imputação. Nessa situação, para apurar o crime praticado pelo empresário caberá à autoridade policial instaurar inquérito policial de ofício.

(2) Considere a seguinte situação hipotética. Roberto, mediante dissimulação, desfechou vários tiros de revólver contra a sua esposa, ceifando-lhe a vida. Instaurado inquérito policial, Roberto foi indiciado e intimado para o interrogatório, oportunidade em que apresentou à autoridade policial a sua cédula de identidade. Nessa situação, em face da identificação civil, a autoridade policial não poderá identificar criminalmente Roberto, sob pena de configurar constrangimento ilegal.

(3) Considere a seguinte situação hipotética. Um indivíduo foi indiciado pela prática de latrocínio. A autoridade policial, com o fim de realizar a reconstituição simulada dos fatos, determinou a intimação do indivíduo, que se negou a comparecer à delegacia e a participar da reconstituição. Nessa situação, a autoridade policial poderá compelir, sob pena de prisão, o indivíduo a participar da reprodução simulada do fato delituoso.

(4) O inquérito policial não é imprescindível para o oferecimento da denúncia ou queixa-crime.

(5) Nos crimes de ação penal pública condicionada à representação, tendo a vítima ou seu representante legal oferecido a representação dentro do prazo decadencial, é irrelevante que a denúncia do órgão do Ministério Público tenha sido apresentada após os seis meses fatais.

1: incorreta, pois o empresário, com a sua conduta, incorreu no crime previsto no art. 138 do CP – calúnia, já que atribuiu falsamente ao funcionário público fato definido como crime (concussão – art. 316, *caput*, do CP). A autoridade policial, neste caso, não poderá proceder a inquérito de ofício, tendo em conta que, por se tratar de ação penal de iniciativa privada (art. 145, *caput*, do CP), é imprescindível, para dar início ao inquérito, requerimento formulado pelo ofendido, na forma estatuída no art. 5º, § 5º, do CPP; **2:** incorreta, pois a Lei 10.054/2000 foi revogada de forma expressa pela Lei 12.037/09. A legislação revogada determinava que o indiciado por crime de homicídio doloso, ainda que civilmente identificado, deveria se submeter à identificação criminal. A legislação em vigor trouxe várias hipóteses em que é possível proceder-se à identificação criminal, mas nenhuma menção fez quanto à prática do homicídio doloso; **3:** incorreta, pois não é lícito à autoridade policial

compelir o investigado a participar da reconstituição simulada dos fatos, pois não pode ser obrigado a produzir prova contra si mesmo; **4:** correta, pois, de fato, o inquérito policial não constitui fase imprescindível da persecução criminal, podendo, portanto, o titular da ação penal dele abrir mão se dispuser de elementos suficientes para embasar a peça inicial (arts. 12, 39, § 5º, e 46, § 1º, do CPP); **5:** correta, pois, dentro do prazo decadencial de seis meses a que alude o art. 38 do CPP, deve o ofendido ou seu representante, no caso de a ação penal ser pública condicionada, oferecer *representação*. O não exercício desse direito dentro desse prazo acarreta a extinção da punibilidade do agente pela decadência (art. 107, IV, CP).
Gabarito 1E, 2E, 3E, 4C, 5C

(Delegado/SP – 2011) Assinale a alternativa correta.

(A) Trancamento é o encerramento anômalo do inquérito policial, que ocorre diante da falta de justa causa.
(B) Do despacho que indeferir o requerimento de abertura de inquérito, caberá a interposição de recurso judicial.
(C) Caso exista algum vício formal no decorrer do inquérito policial, é possível a declaração de sua nulidade pelo juiz.
(D) O inquérito policial e o termo circunstanciado são espécies de investigação criminal, disciplinadas no Código de Processo Penal, sendo que a única distinção existente entre elas recai sobre o objeto da apuração.

A: correta. O trancamento do inquérito policial, que constitui medida excepcional, é possível em situações em que se verifica a falta de elementos mínimos a configurar o crime atribuído ao investigado. A propósito, o art. 3º-B, IX, do CPP, inserido pela Lei 13.964/2019, estabelece ser uma das atribuições do juiz das garantias o trancamento do IP *quando não houver fundamento razoável para sua instauração ou prosseguimento*; **B:** incorreta. Negado o pedido de instauração de inquérito policial, caberá recurso para o chefe de polícia, em conformidade com o art. 5º, § 2º, do CPP; **C:** incorreta, visto que, sendo o inquérito policial procedimento informativo que se presta à formação da *opinio delicti* do titular da ação penal, os vícios porventura existentes nesta fase da persecução não geram nulidades na ação penal correspondente; **D:** incorreta, dado que o termo circunstanciado se presta ao registro de fato que configure infração penal de menor potencial ofensivo, assim entendidas as contravenções penais e os crimes a que a lei comine pena máxima não superior a 2 (dois) anos, cumulada ou não com multa – art. 61 da Lei 9.099/1995.
Gabarito "A".

(Delegado/SP – 2011) A autoridade policial pode requerer a devolução dos autos ao juiz, para a realização de "ulteriores diligências", de acordo com o Código de Processo Penal, quando

(A) o indiciado estiver preso e o fato for de difícil elucidação.
(B) o fato for relevante e o indiciado estiver foragido.
(C) o indiciado estiver solto e o fato não demandar urgência na decisão.
(D) o indiciado estiver preso e a diligência for célere
(E) o fato investigado for de difícil elucidação e o indiciado estiver solto.

Com efeito, se solto estiver o réu e o fato investigado for de difícil elucidação, o prazo fixado no art. 10, "*caput*", do CPP poderá ser prorrogado. Tal medida não terá lugar na hipótese de o investigado encontrar-se preso – art. 10, § 3º, do CPP. Cuidado: na Justiça Federal, ainda que preso o indiciado, o prazo para conclusão do inquérito, que é de quinze dias, poderá ser prorrogado por igual período, conforme dispõe o art. 66 da Lei 5.010/1966. Atenção: o art. 3º-B, VIII, do CPP, introduzido pela Lei 13.964/2019 e posterior à elaboração desta questão,

estabelece ser uma das atribuições do juiz das garantias a prorrogação do prazo do inquérito policial, estando o investigado preso, desde que em face de representação formulada pela autoridade policial. O art. 3º-B, § 2º, do CPP, por sua vez, reza que tal prorrogação do prazo do IP, em que o investigado esteja preso, pode se dar por até 15 dias, uma única vez. Vale lembrar que esses dois dispositivos, porque fazem parte do regramento do juiz das garantias, estão com a sua eficácia suspensa por decisão cautelar do STF. A matéria deve ser apreciada pelo Plenário do Tribunal.
Gabarito "E".

(Delegado/SP – 2011) Quando, no curso da investigação, houver motivo para duvidar da integridade mental do investigado, a autoridade policial deverá

(A) concluir a investigação e, no relatório, informar tal circunstância, que será apreciada pelo Ministério Público e pelo Magistrado.
(B) Requisitar de ofício, exame de sanidade mental junto ao Instituto Médico Legal.
(C) representar a autoridade judiciária para que o investigado seja submetido a exame médico-legal.
(D) oficiar ao Ministério Público, noticiando o fato e representando pela realização de exame para verificar a sanidade do investigado.
(E) poderá nomear mais de um perito para a realização do exame mental, em virtude de sua complexidade

Se, no curso do inquérito, surgir dúvida quanto à higidez mental do investigado, deverá a autoridade policial representar ao juiz competente para que este determine seja o investigado submetido a perícia médica – art. 149, CPP.
Gabarito "C".

(Delegado/SP – 2008) A comunicação que qualquer pessoa do povo faz à Autoridade Policial acerca da ocorrência de infração penal em que caiba ação penal pública incondicionada recebe o nome de

(A) requerimento.
(B) requisição.
(C) representação.
(D) *delatio criminis*.
(E) *notitia criminis* coercitiva.

Delatio criminis é a denúncia, formulada por qualquer pessoa do povo e dirigida à autoridade policial, que dá conta da prática de infração penal. Está prevista no art. 5º, § 3º, do CPP e comporta a forma verbal e a escrita.
Gabarito "D".

(Delegado/SP – 2002) Caso o inquérito policial seja eivado de vício de forma,

(A) acarretará a anulação da ação penal, pois o inquérito policial é pressuposto daquela.
(B) será mera irregularidade, que deverá ser sanada a qualquer tempo.
(C) por tratar-se de peça meramente de informação, nenhuma consequência acarretará à ação penal.
(D) estará o Ministério Público impedido de oferecer a denúncia.

Sendo o inquérito policial procedimento informativo que se presta à formação da *opinio delicti* do titular da ação penal, os vícios porventura existentes nesta fase da persecução não geram nulidades na ação penal correspondente.
Gabarito "C".

3. AÇÃO PENAL

Delton é proprietário de uma empresa que presta serviços de limpeza de automóveis para a "Lyss United L.A. Brazil", que vende transportes executivos em todo o território nacional. No dia 20 de abril de 2019, é surpreendido por receber uma notificação de que fora homologado o "plano de recuperação extrajudicial" da Lyss United L.A. Brazil e se vê convicto de que algo está errado. Ao procurar identificar os credores da empresa que, assim como ele, tinham valores a receber, percebeu que havia a obrigação de que, aqueles que moravam na cidade de São Paulo, seriam os primeiros a receberem, o que muito o aborreceu, haja vista estar sediado em Curitiba. Certo de que havia algo errado, logo fora se informar sobre o que poderia ter ocorrido, em especial se algum crime fora cometido. Com a leitura da legislação especial, supôs-se que a figura típica do "Favorecimento de Credores" era evidente, e começou a armazenar documentos e trocas de e-mail já pensando em ser testemunha do processo criminal que apuraria tal fato, haja vista o Ministério Público também ter sido notificado no dia 20 de abril. Chega o dia 06 de junho e nenhuma ação penal fora deflagrada, assim como alguns dos credores de São Paulo já haviam começado a receber seus créditos. Com o sentimento de injustiça, Delton procura seus advogados para tentar agir de alguma maneira, visando a responsabilização penal daqueles que supostamente favoreceram outros credores.

(Delegado/ES – 2019 – Instituto Acesso) Sobre as possibilidades de Delton, credor habilitado, é correto afirmar que:

(A) Delton pode ajuizar uma Ação Penal Privada subsidiária da Pública, já que superado o prazo de 15 dias, disposto no art. 187, § 1° da Lei 11.101/05, qualquer credor habilitado está apto para fazê-lo.

(B) Delton pode ajuizar uma Ação Penal Privada, já que a discriminação causada pela obrigação supostamente fraudulenta, para além de gerar atraso no pagamento, causa danos a sua honra.

(C) Delton pode ajuizar uma Ação Penal Privada subsidiária da Pública, já que superado o prazo de 45 dias, disposto no art. 187, § 1° da Lei 11.101/05, qualquer credor habilitado está apto para fazê-lo.

(D) Delton poderá ajuizar uma Ação Penal Privada subsidiária da Pública após a superação do prazo de 120 dias disposto no art. 187, § 1°, já que qualquer credor habilitado ou administrador oficial está apto para fazê-lo.

(E) Delton não pode ajuizar uma Ação Penal Privada subsidiária da Pública, já que apenas o Administrador Judicial é capaz de fazer isto na hipótese da superação do prazo disposto no art. 187, § 1°da Lei 11.101/05.

Por força do que dispõe o art. 184, parágrafo único, da Lei 11.101/2005, "decorrido o prazo a que se refere o art. 187, § 1°, sem que o representante do Ministério Público ofereça denúncia, qualquer credor habilitado ou o administrador judicial poderá oferecer ação penal privada subsidiária da pública, observado o prazo decadencial de 6 (seis) meses". Sendo credor habilitado, Delton está legitimado, ante a inércia do órgão ministerial, a ajuizar ação penal privada subsidiária da pública (art. 29 do CPP), o que deverá ocorrer dentro do prazo decadencial de seis meses, a contar da data em que tem fim o interregno de que dispõe o MP para oferecer a denúncia. Acerca da ação penal privada subsidiária da pública, valem algumas ponderações, já que se trata de tema recorrente em provas de concursos públicos. Pois bem. A *ação penal privada subsidiária da pública*, que será intentada pelo ofendido ou seu representante legal (a legitimação, no caso da Lei 11.101/2005, recai sobre o administrador judicial bem como sobre qualquer credor habilitado), somente terá lugar na hipótese de o membro do Ministério Público revelar-se desidioso, omisso, deixando de cumprir o prazo fixado em lei para o ajuizamento da ação penal pública (art. 29 do CPP). É pressuposto, pois, à propositura da ação penal subsidiária da pública que o MP. i) não denuncie; II) não promova o arquivamento do IP; iii) não requeira a devolução do IP à autoridade policial para a realização de diligências suplementares indispensáveis ao exercício da ação penal. De uma forma geral, um dos pontos mais questionados em provas é a respeito da possibilidade de propositura da queixa subsidiária diante da promoção de arquivamento do inquérito levada a efeito pelo MP. O promotor, ao promover o arquivamento dos autos do IP, age e adota uma das medidas legais postas à sua disposição, não sendo possível, por isso, o ajuizamento da ação penal privada subsidiária, já que não configurada inércia do MP. Na jurisprudência do STJ: "Recurso especial. Direito processual penal. Usurpação de função pública. Violação de sigilo funcional. Prevaricação. Concussão e tortura. Recurso especial fundado na alínea "c" do permissivo constitucional. Dissídio jurisprudencial. Não demonstrado e não comprovado. Arquivado o inquérito, a requerimento do ministério público, no prazo legal. Ação penal privada subsidiária da pública. Legitimidade ativa do ofendido. Inocorrência. Recurso parcialmente conhecido e improvido. 1. A divergência jurisprudencial, autorizativa do recurso especial interposto, com fundamento na alínea "c" do inciso III do artigo 105 da Constituição Federal, requisita comprovação e demonstração, esta, em qualquer caso, com a transcrição dos trechos dos acórdãos que configuram o dissídio, mencionando-se as circunstâncias que identifiquem ou assemelhem os casos confrontados, não se oferecendo, como bastante, a simples transcrição de ementas ou votos. 2. Postulado o arquivamento do inquérito policial, não há falar em inércia do Ministério Público e, consequentemente, em ação penal privada subsidiária da pública. Precedentes do STF e do STJ. 3. A regra do artigo 29 do Código de Processo Penal não tem incidência na hipótese do artigo 28 do mesmo diploma legal, relativamente ao Chefe do Ministério Público Federal. 4. Recurso parcialmente conhecido e improvido" (REsp 200200624875, Hamilton Carvalhido, 6ª T., *DJE* 22.04.2008).

Marcio, por intermédio de um advogado, ingressou com uma queixa-crime em face de Arnaldo, uma vez que, pelas redes sociais, Arnaldo imputou a ele, falsamente, um fato definido como crime. No curso do processo, Marcio tomou conhecimento por meio de amigos em comum que Arnaldo teria perdido um filho assassinado em um assalto, fato que o comoveu e em sede de alegações finais, Márcio, por seu advogado, postula a absolvição do réu em relação ao crime contra a honra cometido.

(Delegado/ES – 2019 – Instituto Acesso) Diante desta situação, é correto afirmar que o juiz

(A) poderá, ainda assim, condenar o réu, uma vez que a ação penal, nesta hipótese, é privada, cabendo a ele tal decisão.

(B) deverá, nestas situações, chamar o autor e o réu a fim de que possa promover a reconciliação entre eles.

(C) não terá outra alternativa que não seja reconhecer a extinção da punibilidade de Arnaldo.

(D) poderá condenar ou absolver Arnaldo, independentemente do fato de Márcio ter, em sede de alegações finais, postulado a absolvição do agente.

(E) ficará obrigado a absolver Arnaldo, porquanto Márcio é o titular da ação penal privada, podendo assim desistir dela a qualquer tempo.

Segundo consta do enunciado, Márcio teria sido vítima do crime de calúnia perpetrado por Arnaldo, uma vez que este, por meio de redes sociais, imputou àquele, falsamente, o cometimento de fato definido como crime (art. 138, CP). Trata-se, é importante que se diga, de crime de ação penal privativa do ofendido, nos termos do que dispõe o art. 145, *caput*, do CP, razão pela qual, por força do que estabelece o art. 60, III, do CPP, aplicável às ações de natureza privada, a ausência de pedido de condenação, por parte do querelante, implica o reconhecimento da perempção, que constitui hipótese de extinção da punibilidade (art. 107, IV, do CP), o que deverá ser reconhecido pelo magistrado, que outra alternativa não terá.
Gabarito "C".

(Delegado/MS – 2017 – FAPEMS) De acordo com as disposições legais sobre ação penal, assinale a alternativa correta.

(A) Na ação penal pública condicionada, nada obsta que a retratação da representação seja realizada no inquérito policial, todavia essa manifestação não vincula o Ministério Público em virtude do princípio da indisponibilidade.

(B) A espécie de ação penal nos casos de estupro é sempre pública incondicionada em virtude da gravidade do delito. Dessa forma, a investigação criminal pode ser iniciada sem representação da vítima por meio de portaria ou, se for o caso, auto de prisão em flagrante.

(C) A perempção, uma das causas extintivas da punibilidade, pode ser reconhecida em qualquer momento processual, porém sanada a omissão do querelante, é possível a renovação da ação penal privada.

(D) Nos crimes de ação penal de iniciativa privada, o legislador exige para a instauração de inquérito policial requerimento de quem tenha qualidade para ajuizá-la e apresentação de queixa-crime do ofendido ou de seu representante legal.

(E) O perdão do ofendido, ato bilateral que exige aceitação, pode ser exercido tanto na fase inquisitorial como na judicial. Uma vez oferecido ainda no inquérito policial, cabe ao Delegado de Polícia proceder à homologação e encaminhar ao juiz competente.

A: incorreta. A retratação, desde que ainda não oferecida a denúncia, vincula, sim, o MP, que ficará impedido de ajuizar a ação penal (art. 25, CPP); **B:** incorreta. Ao tempo em que esta questão foi elaborada, a ação penal, no contexto dos crimes contra a dignidade sexual, era, em regra, pública condicionada à representação do ofendido, nos termos do que estabelecia o art. 225, *caput*, do CP, razão por que foi considerada incorreta. Posteriormente a isso, entrou em vigor a Lei 13.718/2018, que, dentre várias inovações implementadas nos crimes contra a dignidade sexual, mudou, uma vez mais, a natureza da ação penal nesses delitos. Com isso, a ação penal, nos crimes sexuais, passa a ser pública incondicionada. Vale lembrar que, antes do advento desta Lei, a ação era, em regra, pública condicionada, salvo nas situações em que a vítima era vulnerável ou menor de 18 anos. Fazendo um breve histórico, temos o seguinte quadro: a ação penal, nos crimes sexuais, era, em regra, privativa do ofendido, a este cabendo a propositura da ação penal; posteriormente, a partir do advento da Lei 12.015/2009, a ação penal, nesses crimes, deixou de ser privativa do ofendido para ser pública condicionada a representação, em regra; agora, com a entrada em vigor da Lei 13.718/2018, a ação penal, nos crimes contra a dignidade sexual, que antes era pública condicionada, passa a ser pública incondicionada. Com isso, o titular da ação penal, que é o MP, prescinde de manifestação de vontade da vítima para promover a ação penal. Dessa forma, fica sepultado o debate que antes havia acerca da aplicação da Súmula 608, do STF; **C:** incorreta. A perempção, que constitui uma sanção impingida ao querelante que se revela desidioso na condução da ação penal privada e cujas hipóteses estão elencadas no art. 60 do CPP, uma vez reconhecida, leva à extinção da punibilidade, não sendo possível, após isso, seja a omissão sanada; **D:** correta. De fato, sendo a ação penal privativa do ofendido, a autoridade policial somente poderá proceder a inquérito diante de requerimento nesse sentido formulado por quem tenha qualidade para ajuizar a ação penal (art. 5º, § 5º, CPP); **E:** incorreta. O perdão do ofendido somente tem lugar após o ajuizamento da ação penal; é inviável, portanto, que tal ocorra no curso do inquérito policial.
Gabarito "D".

(Delegado/AP – 2017 – FCC) No instituto da representação,

(A) a renúncia à representação é vedada no âmbito no Juizado de Violência Doméstica e Familiar contra a Mulher.

(B) a autoridade policial tem autonomia para instaurar inquérito policial mesmo na ausência de representação da vítima, nos crimes em que a ação pública dela depender.

(C) a representação tem caráter personalíssimo, de modo que a morte do ofendido implica na imediata extinção da punibilidade do autor do fato criminoso.

(D) o direito de representação poderá ser exercido, pessoalmente ou por procurador com poderes especiais, mediante declaração à autoridade policial.

(E) a retratação da representação pode ser feita a qualquer tempo, dado o caráter disponível do direito envolvido.

A: incorreta. A *representação*, no contexto da Lei Maria da Penha, é, sim, admitida, mas, por força do que estabelece o art. 16 da Lei 11.340/2006, isso somente poderá ocorrer perante o magistrado, em audiência especialmente designada para essa finalidade, o que não é exigido à retração da representação nos crimes em geral (art. 25 do CPP). Além disso, na Lei Maria da Penha, a retratação poderá ser oferecida antes do *recebimento* da denúncia; no caso do art. 25 do CPP, que incide nos crimes em geral, o direito de retratação poderá ser exercido até o *oferecimento* da exordial acusatória; **B:** incorreta, dado que a representação é condição *sine qua non* à instauração do inquérito pelo delegado de Polícia, na forma estatuída no art. 5º, § 4º, do CPP; **C:** incorreta, uma vez que, no caso de o ofendido falecer ou mesmo ser declarado ausente por decisão judicial, o direito de representação poderá ser exercido, na forma disposto no art. 24, § 1º, do CPP, pelo cônjuge, ascendente, descendente ou irmão, nesta ordem; **D:** correta (art. 39, *caput*, do CPP); **E:** incorreta, na medida em que, uma vez oferecida a denúncia, a representação torna-se irretratável (art. 25, CPP). Não pode, portanto, ser oferecida a qualquer tempo.
Gabarito "D".

(Delegado/MT – 2017 – CESPE) Assinale a opção correta no que se refere à ação penal.

(A) Aplica-se a perempção como forma extintiva da punibilidade às ações penais exclusivamente privadas e às ações privadas subsidiárias das públicas.

(B) O princípio da indivisibilidade, quando não observado, impõe ao juiz a rejeição da denúncia nas ações penais públicas.

(C) Há legitimidade concorrente do ofendido e do MP para a persecução de crimes contra a honra de funcionário público em razão de suas funções.

(D) Na ação penal privada, todas as manifestações de disponibilidade pelo ofendido serão extensivas a todos os réus e(ou) responsáveis pelo fato delituoso, independentemente de qualquer reserva ou condição apresentada por eles.

(E) Diante de concurso formal entre um delito de ação penal pública e outro de ação penal privada, caberá ao representante do MP oferecer denúncia em relação aos dois crimes.

A: incorreta. Diante da negligência do querelante, poderá o MP, no curso da ação penal privada subsidiária da pública, recobrar, a qualquer momento, a sua titularidade. Não há que se falar, assim, em perempção no âmbito dessa modalidade de ação privada, que, na sua essência, é pública. Terá cabimento a perempção, isto sim, na ação penal privada exclusiva (art. 60, CPP); **B:** incorreta. O *princípio da indivisibilidade* da ação penal privada está consagrado no art. 48 do CPP. Embora não haja disposição expressa de lei, tal postulado, segundo pensamos, é também aplicável à ação penal pública. Não nos parece razoável que o Ministério Público possa escolher contra quem a demanda será promovida. Entretanto, o STF não compartilha desse entendimento. Para a nossa Corte Suprema, a indivisibilidade não tem incidência no âmbito da ação penal pública (somente na ação privada). Sustenta o STF que a divisibilidade da ação penal pública reside no fato de o Ministério Público ter a liberdade de não ofertar a denúncia contra alguns autores de crime contra os quais ainda não haja elementos suficientes; assim que reunidos esses elementos, a denúncia será aditada. Assim, a ação deixa de ser indivisível pelo simples fato de a denúncia comportar aditamento posterior. Com a devida vênia, a indivisibilidade, a nosso ver, consiste na impossibilidade de o membro do Ministério Público escolher contra quem a denúncia será oferecida. Se houver elementos, a ação deverá ser promovida contra todos. Seja como for, na ação penal privada, o oferecimento da queixa-crime contra um ou alguns dos autores do crime, com exclusão dos demais, configura hipótese de violação ao princípio da indivisibilidade, implicando renúncia ao direito de queixa contra todos (art. 49, CPP). É caso, portanto, de rejeição da inicial. Sendo pública a ação penal, a exclusão de determinado acusado não acarreta a rejeição da inicial; **C:** correta. Nos termos do disposto no art. 145, parágrafo único, do CP, se se tratar de crime perpetrado contra a honra de funcionário público em razão de suas funções, a ação penal será pública condicionada à representação do ofendido. Ocorre, no entanto, que o STF, por meio da Súmula 714, firmou entendimento no sentido de que, nesses casos, a legitimidade é concorrente entre o ofendido (mediante queixa) e o Ministério Público (ação pública condicionada à representação do ofendido); **D:** incorreta. A renúncia ao direito de queixa produzirá efeitos (de extinguir a punibilidade) independentemente da concordância do ofensor. Tal não ocorre com o perdão, que, quando exercido por si só, não tem o condão de extinguir a punibilidade. Isso porque a produção de tal efeito (extinguir a punibilidade) condiciona-se à aceitação do ofensor (art. 51 do CPP); **E:** incorreta. É hipótese de ação penal adesiva, em que haverá a formação de litisconsórcio entre o ofendido e o MP. Gabarito "C".

(Delegado/PE – 2016 – CESPE) Acerca da ação penal, suas características, espécies e condições, assinale a opção correta.

(A) A perempção incide tanto na ação penal privada exclusiva quanto na ação penal privada subsidiária da ação penal pública.

(B) Os prazos prescricionais e decadenciais incidem de igual forma tanto na ação penal pública condicionada à representação do ofendido quanto na ação penal pública condicionada à representação do ministro da Justiça.

(C) De regra, não há necessidade de a queixa-crime ser proposta por advogado dotado de poderes específicos para tal fim, em homenagem ao princípio do devido processo legal.

(D) Tanto na ação pública condicionada à representação quanto na ação penal privada, se o ofendido tiver menos de vinte e um anos de idade e mais de dezoito anos de idade, o direito de queixa ou de representação poderá ser exercido por ele ou por seu representante legal.

(E) É concorrente a legitimidade do ofendido, mediante queixa, e do MP, condicionada à representação do ofendido, para a ação penal por crime contra a honra de servidor público em razão do exercício de suas funções.

A: incorreta, pois não há se falar em perempção na ação penal privada subsidiária da pública. Isso porque, nos termos do art. 29 do CPP, se o querelante revelar-se desidioso, pode o Ministério Público retomar a titularidade da ação; **B:** incorreta. Diferentemente do que se dá com a representação do ofendido, que deve ser ofertada dentro do prazo decadencial de 6 meses, inexiste prazo decadencial para o oferecimento da requisição do MJ (a lei nada disse a tal respeito). Pode, portanto, ser oferecida a qualquer tempo, desde que ainda não tenha operado a extinção da punibilidade pela superveniência da prescrição; **C:** incorreta, em vista do que dispõe o art. 44 do CPP; **D:** incorreta. O art. 34 do CPP, que estabelecia que o direito de queixa do menor de 21 anos e maior de 18 podia ser exercido tanto por este quanto por seu representante legal, foi tacitamente revogado pelo art. 5º, *caput*, do Código Civil de 2002, segundo o qual a maioridade plena é alcançada aos 18 anos completos, ocasião em que a pessoa adquire plena capacidade de praticar os atos da vida civil; **E:** correta. Nos termos do disposto no art. 145, parágrafo único, do CP, se se tratar de crime perpetrado contra a honra de funcionário público em razão de suas funções, a ação penal será *pública condicionada à representação do ofendido*. Ocorre, no entanto, que o STF, por meio da Súmula 714, firmou entendimento no sentido de que, nesses casos, a legitimidade é concorrente entre o ofendido (mediante queixa) e o Ministério Público (ação pública condicionada à representação do ofendido). Gabarito "E".

(Delegado/RJ – 2013 – FUNCAB) O senhor Rui dos Santos, após ser vítima do delito de roubo perpetrado por Nei da Silva, preso em flagrante delito, ao tomar conhecimento de que o Promotor de Justiça havia perdido o prazo de cinco dias (art. 46, do CPP) para oferecer denúncia, resolve intentar ação privada subsidiária da pública, por meio de queixa-crime. Decorridos alguns dias, incomodado pelo trabalho e pelo desgaste emocional, o querelante resolve desistir da ação. Esta medida acarretará:

(A) a decadência do direito de ação.
(B) a perempção da ação.
(C) a extinção da punibilidade.
(D) a renúncia tácita do querelante.
(E) a retomada da titularidade da ação pelo Ministério Público, que já atuava como assistente litisconsorcial.

Diante da negligência do querelante, poderá o MP, no curso da ação penal privada subsidiária da pública, recobrar, a qualquer momento, a sua titularidade. Não há que se falar, assim, em perempção no âmbito dessa modalidade de ação privada, que, na sua essência, é pública. Gabarito "E".

(Delegado/RJ – 2013 – FUNCAB) No que se refere à ação penal, é correto afirmar:

(A) A denúncia ou queixa não será rejeitada quando faltar pressuposto processual.

(B) A ação penal pública condicionada, para ser exercida, depende de requerimento do ofendido.

(C) A ação penal privada rege-se, entre outros, pelo princípio da indisponibilidade.

(D) O princípio da indivisibilidade não se aplica à ação penal pública; aplica-se somente à ação penal privada e à ação penal privada subsidiária da pública.

(E) A justa causa para o exercício da ação penal significa a exigência de um lastro mínimo de prova.

A: incorreta. A falta de pressuposto processual leva, sim, à rejeição da denúncia ou queixa (art. 395, II, do CPP); **B:** incorreta. A ação penal pública condicionada, para ser exercida, depende de *representação* do ofendido ou, conforme o caso, de *requisição* do ministro da Justiça. São as chamadas condições de procedibilidade; o *requerimento* é peça indispensável a autorizar a instauração de inquérito na ação penal privada (art. 5º, § 5º, do CPP); **C:** incorreta, já que o princípio da *indisponibilidade* (art. 42, CPP) é exclusivo da ação penal pública; a *ação penal privada*, ao contrário, é regida pelo *princípio da disponibilidade*, na medida em que pode o seu titular desistir de prosseguir na demanda por ele ajuizada; **D:** o princípio da indivisibilidade está consagrado no art. 48 do CPP. Embora não haja disposição expressa de lei, o *postulado da indivisibilidade* é também aplicável à ação penal pública. No que se refere a esta modalidade de ação, seria inconcebível imaginar que o MP pudesse escolher contra quem iria propor a ação penal. É nesse sentido que incorporamos o postulado da indivisibilidade no âmbito da ação penal pública. Mas o STF não compartilha dessa lógica. Para a nossa Corte Suprema, a indivisibilidade não se aplica à ação penal pública (somente à ação privada). Sustenta o STF que a divisibilidade da ação penal pública reside no fato de o MP ter a liberdade de não ofertar a denúncia contra alguns autores de crime contra os quais ainda não há elementos suficientes e, assim que esses elementos forem reunidos, aditar a denúncia. Assim, a ação deixa de ser indivisível pelo simples fato de a denúncia comportar aditamento posterior (HC 96.700, Rel. Min. Eros Grau, julgamento em 17-3-2009, Segunda Turma, *DJE* de 14-8-2009; no mesmo sentido: HC 93.524, Rel. Min. Cármen Lúcia, julgamento em 19-8-2008, Primeira Turma, *DJE* de 31-10-2008). Com a devida vênia, a indivisibilidade, a nosso ver, consiste na impossibilidade de o membro do MP escolher contra quem a denúncia será oferecida. Se houver elementos, a ação deverá ser promovida contra todos; **E:** correta. Para que o titular da ação penal possa exercê-la em juízo, além da presença das condições da ação, aqui incluídas as genéricas e as específicas, é também necessária a existência de *justa causa*, assim entendido o lastro probatório mínimo quanto à autoria e prova da existência da infração penal (materialidade). É o que estabelece o art. 395, III, do CPP. ED
Gabarito "E".

(Delegado/AM) José, um comerciante local, procura a autoridade policial, para comunicar uma calúnia que sofreu. Trata-se de crime de:

(A) ação penal pública condicionada à representação, motivo pelo qual a autoridade policial receberá a comunicação verbal de José como representação e determinará que ela seja reduzida a termo, instaurando o inquérito policial.

(B) ação penal pública incondicionada, que independe de representação, motivo pelo qual a autoridade policial instaurará o devido inquérito policial, independente da vontade do ofendido.

(C) ação penal privada personalíssima, motivo pelo qual a autoridade policial instaurará o inquérito policial se José o Requerer, orientando-o, ainda, a oferecer a queixa-crime ao juízo competente

(D) ação penal privada exclusiva, motivo pelo qual a autoridade policial instaurará o inquérito policial se José o Requerer, orientando-o, ainda, a oferecer a queixa-crime ao juízo competente

A calúnia – art. 138, CP – é crime de ação penal de iniciativa privada, a teor do art. 145, *caput*, do CP. Sendo assim, a autoridade policial somente poderá proceder a inquérito policial se o ofendido requerer a sua instauração. Quanto à queixa-crime, esta deve ser ajuizada dentro do prazo decadencial de seis meses, cujo termo inicial é representado pela data em que o ofendido vem a saber quem é o autor do crime. Se não o fizer, estará extinta a punibilidade do agente pela decadência, na forma do art. 107, IV, do CP. O prazo decadencial deve ser contado nos moldes do art. 10 do CP. ED
Gabarito "D".

(Delegado/AM) É aplicável à ação penal privada exclusiva o princípio da:

(A) disponibilidade

(B) obrigatoriedade

(C) transcendência

(D) divisibilidade

Prescreve o *princípio da disponibilidade*, informador da ação penal privada, que o querelante tem a faculdade de desistir da ação penal por ele proposta; o *princípio da obrigatoriedade*, que tem incidência na ação penal pública, estabelece que, uma vez preenchidos os requisitos legais, o Ministério Público está obrigado a propor a ação penal. Dentro do tema "princípio da obrigatoriedade", importante que se diga que, recentemente, foi editada a Lei 13.964/2019, conhecida como Pacote Anticrime, que promoveu diversas inovações nos campos penal e processual penal, sendo uma das mais relevantes o chamado *acordo de não persecução penal*, introduzido no art. 28-A do CPP e que consiste, grosso modo, no ajuste obrigacional firmado entre o Ministério Público e o investigado, em que este admite sua responsabilidade pela prática criminosa e aceita se submeter a determinadas condições menos severas do que a pena que porventura ser-lhe-ia aplicada em caso de condenação; o *princípio da intranscendência* – e não transcendência, que tem aplicação tanto na ação penal pública quanto na privada, é aquele segundo o qual a ação penal deve ser proposta exclusivamente em face do autor do delito; por fim, a ação penal é *indivisível* porque o seu titular não pode escolher contra quem ela será proposta. ED
Gabarito "A".

(Delegado/AM) Mévio procurou a Delegacia para reclamar que seu rádio foi furtado por seu irmão Tício, maior de idade. Trata-se de crime de:

(A) ação penal pública condicionada à representação, motivo pelo qual a autoridade policial receberá a "reclamação" do Mévio como representação e determinará que ela seja reduzida a termo, instaurando o inquérito policial.

(B) ação penal privada personalíssima, motivo pelo qual a autoridade policial instaurará o inquérito policial se Mévio o requerer, orientando-o, ainda, a oferecer a queixa-crime ao juízo competente.

(C) ação penal privada exclusiva, motivo pelo qual a autoridade policial, instaurará o inquérito policial se Mévio o requerer, orientando-o, ainda, a oferecer a queixa-crime ao juízo competente.

(D) ação penal pública incondicionada, que independe de representação, motivo pelo qual a autoridade policial instaurará o devido inquérito policial, independente da vontade do lesado.

Em conformidade com o que dispõe o art. 182, II, do CP, o irmão que pratica contra o outro crime contra o patrimônio (Título II da Parte Especial do CP) somente será processado se o ofendido manifestar desejo nesse sentido, já que a ação é pública condicionada a representação. Cuidado: estão excluídos os crimes de roubo, extorsão e qualquer outro que envolva na sua prática o emprego de violência ou grave ameaça contra a pessoa, hipótese em que a ação será pública incondicionada, conforme art. 183, I, do CP. ED

Gabarito "A".

(Delegado/AM) Maria compareceu à Delegacia, perante a autoridade policial, para comunicar que seu marido praticou conjunção carnal com a filha de ambos, de nove anos de idade. Os três constituem uma família muito pobre. Do ponto de vista jurídico, a autoridade policial poderá:

(A) colher a comunicação de Maria como representação, reduzindo-a a termo e instaurando o devido inquérito policial, por ser tratar de crime de ação penal pública condicionada à representação.

(B) não instaurar inquérito policial, por ser tratar de um problema de família, e apenas encaminhar as partes à vara de família ou da infância e da juventude, conforme o caso concreto.

(C) orientar Maria a fazer o requerimento para instauração de inquérito policial e, oportunamente, a oferecer queixa--crime perante o juiz, por se tratar de ação penal privada.

(D) instaurar o inquérito policial independente de representação ou requerimento de Maria, por ser tratar de crime de ação penal pública incondicionada.

Em vista do novo regramento trazido pela Lei 12.015/2009, o pai praticou contra a filha o crime de *estupro de vulnerável*, capitulado no art. 217-A, *caput*, do CP, cuja ação penal, na forma do art. 225, parágrafo único, do CP, é *pública incondicionada*. Este comentário é anterior à Lei 13.718/2018, que alterou o art. 225 do CP e adotou, nos crimes sexuais, a ação penal pública incondicionada (antes disso, a ação penal, nestes delitos, era, em regra, pública condicionada a representação). Fazendo um breve histórico, temos o seguinte quadro: a ação penal, nos crimes sexuais, era, em regra, privativa do ofendido, a este cabendo a propositura da ação penal; posteriormente, a partir do advento da Lei 12.015/2009, a ação penal, nesses crimes, deixou de ser privativa do ofendido para ser pública condicionada a representação, em regra; agora, com a entrada em vigor da Lei 13.718/2018, a ação penal, nos crimes contra a dignidade sexual, que antes era pública condicionada, passa a ser pública incondicionada. Com isso, o titular da ação penal, que é o MP, prescinde de manifestação de vontade da vítima para promover a ação penal. No caso narrado no enunciado, a ação penal seria, de toda forma, pública incondicionada, quer se considere a legislação anterior, quer se leve em conta a atual. ED

Gabarito "D".

(Delegado/AP – 2010) Rosa Margarida é uma conhecida escritora de livros de autoajuda, consolidada no mercado já há mais de 20 anos, com vendas que alcançam vários milhares de reais. Há cerca de dois meses, Rosa Margarida descobriu a existência de um sistema que oferece ao público, mediante fibra ótica, a possibilidade de o usuário realizar a seleção de uma obra sobre a qual recaem seus (de Rosa Margarida) direitos de autor, para recebê-la em um tempo e lugar previamente determinados por quem formula a demanda. O sistema também indica um telefone de contato caso o usuário tenha problemas na execução do sistema.

O marido de Rosa Margarida, Lírio Cravo instala no telefone um identificador de chamadas e descobre o número do autor do sistema que permitia a violação dos direitos autorais de Rosa Maria. De posse dessa informação, Lírio Cravo vai à Delegacia de Polícia registrar a ocorrência de suposta prática do crime previsto no art. 184, § 3º, do Código Penal (violação de direitos autorais). O Delegado instaura inquérito e de fato consegue identificar o autor do crime.

Considerando a narrativa acima, assinale a alternativa correta.

(A) O Delegado agiu corretamente. Encerrado o inquérito policial, deve encaminhá-lo ao Ministério Público para que adote as providências cabíveis.

(B) O Delegado agiu incorretamente. O marido da ofendida não poderia ter obtido o número do telefone do autor das ameaças sem prévia autorização judicial, pois tal informação é sigilosa.

(C) O Delegado agiu incorretamente. A instauração do inquérito nesse caso depende de representação da ofendida, não podendo ser suprida por requerimento de seu marido.

(D) O Delegado agiu incorretamente. A instauração do inquérito policial nesse caso depende de requisição do Ministério Público, pois a interceptação telefônica é imprescindível à apuração dos fatos.

(E) O Delegado agiu corretamente. Encerrado o inquérito policial, deve entregar os autos à vítima, mediante recibo, para que a mesma possa oferecer queixa crime.

Nos termos do art. 186, IV, do CP, a ação penal é pública condicionada a representação. ED

Gabarito "C".

(Delegado/MG – 2012) **Não** é condição geral ou especial da ação penal:

(A) O pedido.

(B) A legitimidade das partes.

(C) A entrada do agente no território nacional em caso de extraterritorialidade da lei penal.

(D) A requisição do Ministro da Justiça.

São condições *genéricas* da ação: *possibilidade jurídica do pedido*, *interesse de agir* e *legitimidade das partes para a causa*. Esses requisitos devem sempre estar presentes para o exercício do direito de ação. Há outros requisitos, no entanto, que devem ser observados em situações específicas. São as chamadas condições específicas de procedibilidade. Alguns exemplos: representação do ofendido; requisição do Ministro da Justiça; e a entrada do agente no território nacional no caso de extraterritorialidade da lei penal. ED

Gabarito "A".

(Delegado/MG – 2007) Com relação à ação penal, em caso de crime de induzimento a erro essencial e ocultação de impedimento, previsto no artigo 236 do Código Penal, é CORRETO afirmar:

(A) A ação penal poderá ser intentada pelo cônjuge, descendente, ascendente ou irmão.

(B) Somente no caso de ofendido menor de 18 (dezoito anos), a ação penal poderá ser intentada por curador especial nomeado pelo Juiz.

(C) A ação penal poderá ser intentada, se comparecer mais de uma pessoa com direito de queixa, na seguinte ordem de preferência: cônjuge, ascendente, descendente ou irmão.

(D) A ação penal não poderá ser intentada diante do falecimento do ofendido.

Trata-se da única hipótese em que a ação penal é *privada personalíssima*, já que o art. 240 do CP, que previa o crime de adultério, foi revogado. A titularidade, nesta modalidade de ação, é atribuída exclusivamente ao ofendido. No caso de ele morrer, o exercício da ação não poderá ser conferido a mais ninguém. A ação penal, portanto, não poderá ser intentada pelo cônjuge, descendente, ascendente ou irmão, tampouco pelo representante legal do ofendido.
Gabarito "D".

(Delegado/PA – 2012 – MSCONCURSOS) Nos crimes de ação pública, esta será promovida por denúncia do Ministério Público, mas dependerá, quando a lei o exigir, de requisição do Ministro da Justiça, ou de representação do ofendido ou de quem tiver qualidade para representá-lo. No que concerne à ação pública, assinale a alternativa correta:

(A) A representação será retratável, depois de oferecida a denúncia.

(B) Se o órgão do Ministério Público, ao invés de apresentar a denúncia, requerer o arquivamento do inquérito policial ou de quaisquer peças de informação, o juiz deverá atender.

(C) Será admitida ação privada nos crimes de ação pública, se esta não for intentada no prazo legal, cabendo ao Ministério Público aditar a queixa, repudiá-la e oferecer denúncia substitutiva, intervir em todos os termos do processo, fornecer elementos de prova, interpor recurso e, a todo tempo, no caso de negligência do querelante, retomar a ação como parte principal.

(D) As fundações, associações ou sociedades legalmente constituídas não poderão exercer a ação penal.

(E) O prazo para oferecimento da denúncia, estando o réu preso, será de 15 dias, contado da data em que o órgão do Ministério Público receber os autos do inquérito policial.

A: incorreta, visto que a *representação* é retratável até o oferecimento da denúncia – arts. 25 do CPP e 102 do CP; **B:** incorreta, uma vez que, se o juiz não concordar com o pleito do MP, e isso é perfeitamente possível, remeterá os autos, na forma estatuída no art. 28 do CPP, ao procurador-geral de Justiça, a quem incumbirá apreciar se a razão está com o promotor ou com o magistrado. Se o chefe do Ministério Público encampar o entendimento do promotor, o juiz então estará obrigado a determinar o arquivamento dos autos de inquérito. Outra opção, neste caso, não lhe resta. Se, de outro lado, o procurador-geral entender que é caso de denúncia, poderá ele mesmo oferecê-la, ou ainda designar outro membro da instituição para fazê-lo, o que é mais comum. Este comentário não levou em conta a modificação operada pela Lei 13.964/2019 no art. 28 do CPP, que retirou do juiz o protagonismo no procedimento de arquivamento do IP. Segundo a nova sistemática adotada, a decisão de arquivamento do inquérito policial cabe ao Ministério Público; **C:** correta, visto que corresponde ao que estabelece o art. 29 do CPP; **D:** incorreta, nos termos do art. 37 do CPP; **E:** incorreta, pois não corresponde ao que estabelece o art. 46 do CPP.
Gabarito "C".

(Delegado/PI – 2009 – UESPI) David, com apenas 15 anos de idade, foi vítima de crime de ação penal pública condicionada à representação. Nesse caso, pode-se dizer que

(A) a representação deve ser oferecida por seu representante legal, mas apenas na forma escrita, a teor do que prescreve o art. 39 do Código de Processo Penal.

(B) a jurisprudência dominante entende que basta a demonstração inequívoca do interesse na persecução criminal para que se entenda por exercido o direito de representação.

(C) sendo a vítima menor de idade, deverá seu representante legal oferecer queixa, em razão do *strepitus iudicii*, isto é, do escândalo provocado pelo ajuizamento da ação penal.

(D) a representação é retratável até a citação do réu, porque este, a partir de então, passa a ter o direito de obter um pronunciamento judicial sobre a acusação.

(E) o oferecimento de representação é condição necessária ao ajuizamento da ação penal pelo Ministério Público, em nada condicionando a instauração de inquérito policial pelo Delegado de Polícia.

A e B: a assertiva "A" está incorreta e a assertiva "B" está correta, pois a representação não exige qualquer formalidade, sendo somente necessário que o ofendido manifeste de forma inequívoca sua vontade em ver processado seu ofensor, podendo ser ofertada por meio de declaração escrita ou oral. Neste caso, será reduzida a termo (art. 39, § 1º, CPP); **C:** incorreta, pois, por se tratar de vítima menor de 18 anos, o direito de representação será exercido por seu representante legal. Queixa é a peça inicial da ação penal privada; na ação penal pública, ainda que condicionada a representação, a peça inicial é a denúncia, a ser ofertada pelo Ministério Público, seu titular; **D:** incorreta, pois a representação é retratável até o momento de o promotor oferecer a denúncia; depois disso, ela se torna irretratável. É o teor do art. 25 do CPP; **E:** incorreta, segundo teor do art. 5º, § 4º, do CPP.
Gabarito "B".

(Delegado/SP – 2011) – Em qual das hipóteses abaixo ocorre a perempção.

(A) Perdão oferecido pelo ofendido e aceito pelo autor.

(B) Morte do autor do ilícito

(C) Extinção de pessoa jurídica querelante, desde que não deixe sucessor.

(D) Renúncia ao exercício do direito de queixa que não foi aceita pelo autor.

(E) Perdão oferecido pelo ofendido e recusado pelo autor.

A perempção (art. 107, IV, do CP), instituto exclusivo da ação penal privada, constitui uma sanção aplicada ao querelante que deixa de promover o bom andamento processual, mostrando-se negligente e desidioso. Suas hipóteses estão contidas no art. 60 do CPP.
Gabarito "C".

(Delegado/SP – 2008) Os princípios da ação penal pública são

(A) obrigatoriedade, indisponibilidade, oficialidade, indivisibilidade e intranscendência.

(B) obrigatoriedade, disponibilidade, oficialidade, indivisibilidade e intranscendência.

(C) oportunidade, disponibilidade, oficialidade, indivisibilidade, e intranscendência.

(D) oportunidade, disponibilidade, iniciativa da parte, indivisibilidade e transcendência.

(E) oportunidade, indisponibilidade, iniciativa a parte, individualidade e intranscendência.

O *princípio da obrigatoriedade* ou *legalidade* prescreve que, uma vez preenchidos os requisitos legais, o MP está obrigado a ajuizar a ação penal pública. Já o *princípio da indisponibilidade*, abrigado no art. 42 do CPP e informador da ação penal pública, significa que o MP não poderá desistir da ação que haja proposto. A *oficialidade* refere-se aos órgãos incumbidos da persecução penal, que devem ser oficiais. O Ministério Público, por força do *princípio da indivisibilidade*, está obrigado a propor a ação contra todos os autores do crime, não podendo escolher contra quem a demanda irá ser proposta. Por fim, a ação penal será promovida tão somente contra quem praticou o crime (*intranscendência*).
Gabarito "A".

(Delegado/SP – 2003) Se o querelante subsidiário desistir da ação penal,

(A) o juiz declarará a extinção de punibilidade.
(B) caberá ao Ministério Público o dever de retomar a titularidade.
(C) considerar-se-á perempta a ação penal.
(D) ocorrerá a hipótese da decadência.

Se o querelante subsidiário desistir da ação penal ou mostrar-se negligente, o Ministério Público retomará a titularidade da ação. Depreende-se, portanto, que, na ação penal privada subsidiária, não se aplica a *perempção*.
Gabarito "B".

4. SUSPENSÃO CONDICIONAL DO PROCESSO

(Delegado/ES – 2006 – CESPE) Acerca do procedimento dos Juizados Especiais Criminais, julgue o seguinte item.

(1) Ao furto simples, cuja pena mínima é um ano, é aplicável a suspensão condicional do processo desde que preenchidos os requisitos legais para a concessão do benefício.

1. correta. Preleciona o art. 89, *caput*, da Lei 9.099/1995 (Juizados Especiais) que a suspensão condicional do processo (*sursis* processual) terá cabimento nos crimes cuja pena *mínima* cominada for igual ou inferior a um ano.
Gabarito 1C.

(Delegado/MG – 2006) Conforme o entendimento do STF, quando o Ministério Público se recusa a oferecer proposta de suspensão condicional do processo cabível, o Juiz, discordando de tal situação:

(A) deverá fazer a proposta, de ofício, por se tratar de direito público subjetivo do acusado.
(B) Deverá dar continuidade à instrução do processo.
(C) Deverá remeter a questão ao Procurador-Geral de Justiça, por analogia com a hipótese em que o juiz discorda do pedido de arquivamento de inquérito policial.
(D) Deverá recorrer *ex officio* para que o órgão colegiado de 2ª instância aprecie a matéria.
(E) Deverá abrir vista à defesa para, querendo, interpor o recurso cabível.

Deverá o juiz, neste caso, no lugar de ele próprio oferecer o *sursis* processual, remeter os autos para apreciação do procurador-geral de Justiça, valendo-se, por analogia, do que estabelece o art. 28 do CPP.

É esse o entendimento firmado por meio da Súmula 696 do STF: "Reunidos os pressupostos legais permissivos da suspensão condicional do processo, mas se recusando o Promotor de Justiça a propô-la, o juiz, dissentindo, remeterá a questão ao Procurador-Geral, aplicando-se por analogia o art. 28 do Código de Processo Penal".
Gabarito "C".

5. AÇÃO CIVIL

(Delegado/SP – 2003) No tocante à ação civil prevista na legislação adjetiva penal, assinale a assertiva incorreta:

(A) o despacho de arquivamento do inquérito policial impede a propositura da ação civil.
(B) a decisão penal, que reconhece ter sido ato praticado em legítima defesa, faz coisa julgada no cível.
(C) a sentença absolutória, que reconhece a inexistência material do fato, impede a propositura da ação civil.
(D) o juiz da ação civil pode suspender o curso desta, até o julgamento definitivo da ação penal.

A: assertiva incorreta, devendo ser assinalada, já que, a teor do art. 67, I, do CPP, o despacho de arquivamento do inquérito policial não tem o condão de impedir a propositura da ação civil. **B:** proposição correta, nos termos do art. 65 do CPP. **C:** assertiva correta, nos termos do art. 66 do CPP. **D:** assertiva correta, nos termos do art. 64, parágrafo único, do CPP.
Gabarito "A".

6. JURISDIÇÃO E COMPETÊNCIA; CONEXÃO E CONTINÊNCIA

(Delegado de Polícia Federal – 2021 – CESPE) Considerando a posição dos tribunais superiores em relação à competência criminal, julgue os itens subsequentes.

(1) Compete à justiça federal processar e julgar o crime de redução à condição análoga à de escravo.
(2) Em regra, cabe à justiça federal processar e julgar os crimes contra o meio ambiente.
(3) Compete à justiça federal processar e julgar o crime de disponibilizar ou adquirir material pornográfico que envolva criança ou adolescente praticado por meio de troca de informações privadas, como, por exemplo, conversas via aplicativos de mensagens ou chat nas redes sociais.

1: Certo. Conferir: "Recurso extraordinário. Constitucional. Penal. Processual Penal. Competência. Redução a condição análoga à de escravo. Conduta tipificada no art. 149 do Código Penal. Crime contra a organização do trabalho. Competência da Justiça Federal. Artigo 109, inciso VI, da Constituição Federal. Conhecimento e provimento do recurso. 1. O bem jurídico objeto de tutela pelo art. 149 do Código Penal vai além da liberdade individual, já que a prática da conduta em questão acaba por vilipendiar outros bens jurídicos protegidos constitucionalmente como a dignidade da pessoa humana, os direitos trabalhistas e previdenciários, indistintamente considerados. 2. A referida conduta acaba por frustrar os direitos assegurados pela lei trabalhista, atingindo, sobremodo, a organização do trabalho, que visa exatamente a consubstanciar o sistema social trazido pela Constituição Federal em seus arts. 7º e 8º, em conjunto com os postulados do art. 5º, cujo escopo, evidentemente, é proteger o trabalhador em todos os sentidos, evitando a usurpação de sua força de trabalho de forma vil. 3. É dever do Estado (*lato sensu*) proteger a atividade laboral do trabalhador por meio de sua organização social e trabalhista, bem como zelar pelo respeito à dignidade da pessoa humana (CF, art. 1°, inciso III). 4. A conjugação harmoniosa dessas circunstâncias se mostra hábil para atrair para a competência da Justiça Federal (CF, art. 109, inciso VI) o processamento e o julgamento do feito. 5. Recurso extraordinário do qual se conhece e ao qual se dá provimento" (RE 459510, Relator(a): Min. CEZAR PELUSO, Relator(a) p/ Acórdão: Min. DIAS TOFFOLI, Tribunal Pleno, julgado em 26.11.2015, ACÓRDÃO ELETRÔNICO DJe-067 DIVULG 11.04.2016 PUBLIC 12.04.2016). No mesmo sentido, o STJ: "PROCESSUAL PENAL. DENÚNCIA. DESCRIÇÃO FÁTICA SUFICIENTE E CLARA. DEMONSTRAÇÃO DE INDÍCIOS DE AUTORIA E DA MATERIALIDADE. INÉPCIA. NÃO OCORRÊNCIA. REDUÇÃO À CONDIÇÃO ANÁLOGA À DE ESCRAVO. ART. 149 DO CÓDIGO PENAL. COMPETÊNCIA DA JUSTIÇA FEDERAL. DIREITOS HUMANOS. ORGANIZAÇÃO DO TRABALHO. OUTROS DELITOS CONEXOS. LIAME FÁTICO E PROBATÓRIO. MESMA COMPETÊNCIA FEDERAL. SÚMULA 122 DO STJ. 1. Devidamente descritos os fatos delituosos (indícios de autoria e materialidade), não há como trancar a ação penal, em sede de *habeas corpus*, por inépcia da denúncia. 2. Plausibilidade da acusação, em face do liame entre a pretensa atuação do paciente e os fatos. 3. Em tal caso, está plenamente assegurado o amplo exercício do direito de defesa, em face do cumprimento dos requisitos do art. 41 do Código de Processo Penal. 4. A Terceira Seção desta Corte já pacificou o entendimento de que compete à Justiça Federal processar e julgar os autores do delito previsto no art. 149 do Código Penal, haja vista a violação aos direitos humanos e à organização do trabalho. 5. No caso, os demais crimes, por conexão fática e probatória, também ficam sob a jurisdição federal. Súmula 122 deste Superior Tribunal de Justiça. 6. Recurso não provido" (RHC 25.583/MT, Rel. Ministra MARIA THEREZA DE ASSIS MOURA, SEXTA TURMA, julgado em 09/08/2012, DJe 20/08/2012). **2:** Errado. Ao contrário do que se afirma, é tranquilo o entendimento jurisprudencial segundo o qual a competência para o julgamento dos crimes contra o meio ambiente é, em regra, da Justiça Estadual, pois, na proteção ambiental, não há, em princípio, interesse direto da União, de autarquias ou empresas públicas federais. Agora, se os crimes contra o meio ambiente forem perpetrados em prejuízo de bens, serviços ou interesses da União, suas autarquias ou empresas públicas, a competência, neste caso, será da Justiça Federal (art. 109, IV, da CF). Nesse sentido: "CONFLITO NEGATIVO DE COMPETÊNCIA. CRIME AMBIENTAL. APREENSÃO DE ESPÉCIMES DA FAUNA SILVESTRE SEM A DEVIDA LICENÇA DO ÓRGÃO COMPETENTE. AUSÊNCIA DE INTERESSE DIRETO DA UNIÃO. COMPETÊNCIA DA JUSTIÇA ESTADUAL. 1. A preservação do meio ambiente é matéria de competência comum da União, dos Estados, do Distrito Federal e dos Municípios, nos termos do art. 23, incisos VI e VII, da Constituição Federal. 2. A Justiça Federal somente será competente para processar e julgar crimes ambientais quando caracterizada lesão a bens, serviços ou interesses da União, de suas autarquias ou empresas públicas, em conformidade com o art. 109, inciso IV, da Carta Magna. 3. Na hipótese, verifica-se que o Juízo Estadual declinou de sua competência tão somente pelo fato de o auto de infração ter sido lavrado pelo IBAMA, circunstância que se justifica em razão da competência comum da União para apurar possível crime ambiental, não sendo suficiente, todavia, por si só, para atrair a competência da Justiça Federal. 4. Conflito conhecido para declarar a competência do Juízo de Direito do Juizado Especial Adjunto Criminal de Rio das Ostras/RJ, o suscitado" (STJ, CC 113.345/RJ, Rel. Ministro MARCO AURÉLIO BELLIZZE, TERCEIRA SEÇÃO, julgado em 22/08/2012, DJe 13/09/2012). **3:** Errado. Conferir: "CONFLITO NEGATIVO DE COMPETÊNCIA. JUSTIÇA FEDERAL X JUSTIÇA ESTADUAL. INQUÉRITO POLICIAL. DIVULGAÇÃO DE IMAGEM PORNOGRÁFICA DE ADOLESCENTE VIA WHATSAPP E EM CHAT NO FACEBOOK. ART. 241-1 DA LEI 8.069/90. INEXISTÊNCIA DE EVIDÊNCIAS DE DIVULGAÇÃO DAS IMAGENS EM SÍTIOS VIRTUAIS DE AMPLO E FÁCIL ACESSO. COMPETÊNCIA DA JUSTIÇA ESTADUAL. 1. A Justiça Federal é competente, conforme disposição do inciso V do art. 109 da Constituição da República, quando se tratar de infrações previstas em tratados ou convenções internacionais, como é o caso do racismo, previsto na Convenção Internacional sobre a Eliminação de todas as Formas de Discriminação Racial, da qual o Brasil é signatário, assim como nos crimes de guarda de moeda falsa, de tráfico internacional de entorpecentes, de tráfico de mulheres, de envio ilegal e tráfico de menores, de tortura, de pornografia infantil e pedofilia e corrupção ativa e tráfico de influência nas transações comerciais internacionais. 2. Deliberando sobre o tema, o Plenário do Supremo Tribunal Federal, no julgamento do Recurso Extraordinário n. 628.624/MG, em sede de repercussão geral, assentou que a fixação da competência da Justiça Federal para o julgamento do delito do art. 241-A do Estatuto da Criança e do Adolescente (divulgação e publicação de conteúdo pedófilo-pornográfico) pressupõe a possibilidade de identificação do atributo da internacionalidade do resultado obtido ou que se pretendia obter. Por sua vez, a constatação da internacionalidade do delito demandaria apenas que a publicação do material pornográfico tivesse sido feita em "ambiência virtual de sítios de amplo e fácil acesso a qualquer sujeito, em qualquer parte do planeta, que esteja conectado à internet" e que "o material pornográfico envolvendo crianças ou adolescentes tenha estado acessível por alguém no estrangeiro, ainda que não haja evidências de que esse acesso realmente ocorreu" (RE 628.624, Relator(a): Min. MARCO AURÉLIO, Relator(a) p/ Acórdão: Min. EDSON FACHIN, Tribunal Pleno, julgado em 29/10/2015, ACÓRDÃO ELETRÔNICO REPERCUSSÃO GERAL – MÉRITO DJe-062 DIVULG 05-04-2016 PUBLIC 06-04-2016) 3. Situação em que os indícios coletados até o momento revelam que as imagens da vítima foram trocadas por particulares via Whatsapp e por meio de chat na rede social Facebook. 4. Tanto no aplicativo WhatsApp quanto nos diálogos (chat) estabelecido na rede social Facebook, a comunicação se dá entre destinatários escolhidos pelo emissor da mensagem. Trata-se de troca de informação privada que não está acessível a qualquer pessoa. 5. Diante de tal contexto, no caso concreto, não foi preenchido o requisito estabelecido pela Corte Suprema de que a postagem de conteúdo pedófilo-pornográfico tenha sido feita em cenário propício ao livre acesso. 6. A possibilidade de descoberta de outras provas e/ou evidências, no decorrer das investigações, levando a conclusões diferentes, demonstra não ser possível firmar peremptoriamente a competência definitiva para julgamento do presente inquérito policial. Isso não obstante, tendo em conta que a definição do Juízo competente em tais hipóteses se dá em razão dos indícios coletados até então, revela-se a competência do Juízo Estadual. 7. Conflito conhecido, para declarar a competência do Juízo de Direito da Vara Criminal e Execução Penal de São Sebastião do Paraíso/MG, o Suscitado" (STJ, CC 150.564/MG, Rel. Ministro REYNALDO SOARES DA FONSECA, TERCEIRA SEÇÃO, julgado em 26/04/2017, DJe 02/05/2017).

(Delegado/MG – 2021 – FUMARC) Num crime de estelionato praticado em Belo Horizonte contra uma agência bancária do Banco do Brasil S.A, no qual o agente obteve vantagem financeira, é CORRETO afirmar que a competência para a ação penal é da

(A) Justiça Estadual ou da Justiça Federal, a depender da regra de prevenção.

(B) Justiça Estadual ou da Justiça Federal, o que será definido a partir da autoridade policial responsável pela condução do inquérito, respectivamente, Polícia Civil ou Polícia Federal.

(C) Justiça Estadual.

(D) Justiça Federal.

Os crimes praticados em detrimento de sociedades de economia mista controladas pela União, como é o caso do Banco do Brasil, à míngua de referência no texto constitucional, são processados e julgados pela Justiça Estadual, nos termos do entendimento firmado por meio da Súmula 42, do STJ: "Compete à Justiça comum estadual processar e julgar as causas cíveis em que é parte sociedade de economia mista e os crimes praticados em seu detrimento".

(Delegado/ES – 2019 – Instituto Acesso) Manoela exerce atividade de delegada de polícia federal em Vitória-ES. Desconfiada da infidelidade de seu noivo decidiu, fora de suas atribuições e de seu expediente de trabalho, realizar interceptação do telefone celular de seu noivo. Nesta situação hipotética marque a opção CORRETA.

(A) A competência será definida pela prevenção, vez que o delito foi praticado por funcionário público federal, mas fora de suas funções.

(B) compete a Justiça Federal processar e julgar o delito de interceptação sem autorização, pois que ofende interesse da União, no caso sistema de telecomunicações.

(C) compete a Justiça Federal processar e julgar o delito de interceptação sem autorização, pois no caso, o delito foi praticado por funcionário público federal.

(D) A competência será sempre da Justiça Estadual, ainda que tenha sido praticado por funcionário público federal no exercício de suas funções.

(E) compete a Justiça Estadual processar e julgar o delito de interceptação sem autorização, pois no caso, o agente federal estava fora de suas funções.

Pela narrativa, fica claro que o crime praticado por Manoela nenhuma pertinência tem com o cargo por ela exercido. Isso porque a interceptação por ela levada a efeito se deu fora de suas atribuições e de seu expediente de trabalho. Não há que se falar, portanto, em prejuízo a bens, serviços ou interesse da União ou de suas entidades autárquicas ou empresas públicas (art. 109, IV, da CF). Haveria interesse da União, a justificar a competência da Justiça Federal, somente se o crime em que incorreu a servidora pública federal fosse praticado em razão da função pública (*propter officium*). Portanto, o caso deverá ser julgado por uma vara criminal da Justiça Estadual. Nesse sentido: *Compete à Justiça Federal processar e julgar crime praticado por funcionário público federal no exercício de suas atribuições funcionais. Conflito de competência conhecido. Competência da Justiça Federal* (CC 20.779/RO, Rel. Min. Vicente Leal, 3ª Seção, j. 16.12.1998, DJ 22.02.1999).

Gabarito "E".

Marcelo exerce atividade de camelô na Avenida Central, no Centro, na cidade do Rio de Janeiro, no Estado do Rio de Janeiro, por não aceitar a negociação com agentes de segurança pública, um tipo de "arrego", teve sua mercadoria apreendida visto que comercializava pacotes de cigarro, da marca, "Buenos Tragos", considerada suspeita pelos agentes de segurança. Os cigarros "Buenos Tragos" são oriundos do Paraguai e possuem um preço bem mais abaixo que os nacionais, mas são vendidos de forma clandestina. No entanto, estes cigarros são produtos aprovados pela ANVISA e, portanto, é permitida sua importação e comercializados no Brasil, desde que cumpridas as obrigações legais e tributárias. Vale ressaltar, no entanto, que Marcelo não possuía nota fiscal dos cigarros apreendidos em sua posse. Conduzido a delegacia de Polícia Civil, Marcelo confessou que adquiriu os cigarros de Valentina, uma mulher que também mora em Vitória e fornece mercadorias para os camelôs.

(Delegado/ES – 2019 – Instituto Acesso) Nessa situação hipotética, de acordo com as regras de competência, marque a alternativa CORRETA.

(A) Compete à Justiça Estadual o julgamento dos crimes de contrabando e de descaminho quando apreendido em comércio informal irregular.

(B) Compete à Justiça Federal tanto quanto a Justiça Estadual o julgamento dos crimes de contrabando e de descaminho.

(C) Compete à Justiça Estadual o julgamento dos crimes de contrabando e de descaminho tendo em vista que a apreensão se deu pela Polícia Militar do Estado.

(D) Compete à Justiça Federal o julgamento dos crimes de contrabando e de descaminho, ainda que inexistentes indícios de transnacionalidade na conduta.

(E) Compete a Justiça Estadual, pois não houve transnacionalidade na conduta do agente e uma vez que a mercadoria apreendida já havia sido internalizada e Marcelo não concorreu de qualquer forma, seja direta ou indireta, para a efetiva importação desses cigarros.

Conferir: "1. O presente conflito negativo de competência deve ser conhecido, por se tratar de incidente instaurado entre juízos vinculados a Tribunais distintos, nos termos do art. 105, inciso I, alínea "d" da Constituição Federal – CF. 2. A jurisprudência desta Corte Superior havia se firmado, em 2017, no sentido de exigir inequívoca prova da transnacionalidade da conduta do agente para a configuração do delito de descaminho e contrabando, contudo, recentemente, a Terceira Seção do Superior Tribunal de Justiça – STJ, revendo seu posicionamento acerca do tema, entendeu pela competência da Justiça Federal na hipótese de a mercadoria introduzida ilegalmente no território nacional encontrar-se em depósito para fins comerciais, independentemente da prova da internacionalidade da conduta do agente, haja vista o interesse da União advindo da violação a normas federais que visam proteger a saúde pública, regular a livre concorrência no comércio de produtos nacionais, bem como a arrecadação de impostos federais. 3. Em suma, a Terceira Seção desta Corte Superior restabeleceu o prestígio da Súmula n. 151/STJ que, tradicionalmente, já sinalizava pela competência da Justiça Federal nos delitos de contrabando e descaminho. Precedentes: CC 159.680/MG, Rel. Ministro REYNALDO SOARES DA FONSECA, TERCEIRA SEÇÃO, DJe 20/08/2018 e CC 160.7448/SP, Rel. Ministro SEBASTIÃO REIS JÚNIOR, DJe 4/10/2018. 4. No caso concreto, conforme inquérito policial lavrado para apurar possível ocorrência do delito descrito no art. 334, § 1º, "c" do Código Penal – CP, em 9/8/2012, policiais civis apreenderam 24 maços de cigarros da marca WS, 23 maços de cigarros da marca EIGHT e 2 maços de cigarros da marca PALERMO, todos de procedência estrangeira, em estabelecimento comercial localizado no município de Ribeirão Preto. 5. Nesse contexto, à míngua de documentação comprobatória da regularidade da internação da mercadoria no Brasil, está configurado o interesse da União, conforme Súmula n. 151/STJ, sendo irrelevante a averiguação da internacionalidade da conduta do agente delitivo. 6. Conflito conhecido para declarar a competência do Juízo Federal da 7ª Vara Federal de Ribeirão Preto – SJ/SP, o suscitado" (STJ, CC 167.795/SP, Rel. Ministro JOEL ILAN PACIORNIK, TERCEIRA SEÇÃO, julgado em 23/10/2019, DJe 30/10/2019).

Gabarito "D".

(Delegado/RS – 2018 – FUNDATEC) Acerca do entendimento jurisprudencial dos Tribunais Superiores, assinale a alternativa correta.

(A) A competência para processar e julgar o crime de uso de documento falso é firmada em razão da qualificação do órgão expedidor, não importando a entidade ou órgão ao qual foi apresentado o documento público.

(B) Compete à Justiça Comum Federal processar e julgar crime de estelionato praticado mediante falsificação das guias de recolhimento das contribuições previdenciárias, independente de lesão à autarquia federal.

(C) Só é lícito o uso de algemas em caso de fundado receio de fuga ou de perigo à integridade física própria ou alheia, por parte do preso ou de terceiros, justificada a excepcionalidade por escrito, sob pena de responsabilidade disciplinar, civil e penal do agente ou da autoridade e de nulidade a prisão ou do ato processual a que se refere, sem prejuízo da responsabilidade civil do Estado.

(D) É subsidiária a legitimidade do ofendido, mediante queixa, e do Ministério Público, mediante representação do ofendido, para a ação penal por crime contra a honra de servidor público em razão do exercício de suas funções.

(E) Compete à Justiça Federal processar e julgar os crimes consistentes em disponibilizar ou adquirir material pornográfico envolvendo criança ou adolescente (Arts. 241, 241-A e 241-B do ECA), quando praticados por meio da rede mundial de computadores.

A: incorreta. A solução desta assertiva deve ser extraída da Súmula 546, do STJ: "A competência para processar e julgar o crime de uso de documento falso é firmada em razão da entidade ou órgão ao qual foi apresentado o documento público, não importando a qualificação do órgão expedidor". Ou seja, pouco importa, aqui, o fato de o órgão expedidor do documento falso ser estadual ou federal, por exemplo. O critério a ser utilizado para o fim de determinar a Justiça competente é o da entidade ou órgão ao qual o documento foi apresentado; **B:** incorreta, pois contraria o entendimento firmado por meio da Súmula 107, do STJ; **C:** incorreta, pois em desconformidade com a Súmula Vinculante 11; **D:** incorreta. O STF, por meio da Súmula 714, firmou entendimento no sentido de que, nesses casos, a legitimidade é concorrente (e não subsidiária) entre o ofendido (mediante queixa) e o Ministério Público (ação pública condicionada à representação do ofendido); **E:** correta. Conferir: "*O Plenário da Corte, apreciando o tema 393 da repercussão geral, fixou tese nos seguintes termos: "Compete à Justiça Federal processar e julgar os crimes consistentes em disponibilizar ou adquirir material pornográfico envolvendo criança ou adolescente (arts. 241, 241-A e 241-B da Lei nº 8.069/1990) quando praticados por meio da rede mundial de computadores*" (RE 612030 AgR-ED, Relator(a): Min. Dias Toffoli, Segunda Turma, julgado em 28.08.2018, Processo Eletrônico DJe-224 Divulg 19.10.2018 Public 22.10.2018).

Gabarito "E".

(Delegado/MT – 2017 – CESPE) A polícia civil instaurou e concluiu o inquérito policial relativo a roubo havido em uma agência franqueada dos Correios. Encaminhados os autos à justiça estadual, o órgão do MP ofereceu denúncia contra os autores, a qual foi recebida pelo juízo competente.

Nessa situação hipotética, conforme o posicionamento dos tribunais superiores acerca dos aspectos processuais que definem a competência para processar e julgar delitos,

(A) por ser o sujeito passivo do delito uma empresa pública federal franqueada, a competência para o processo e o julgamento do crime será da justiça federal.

(B) por se tratar de uma agência franqueada de uma empresa pública, a competência para o processo e o julgamento do crime será da justiça estadual.

(C) a competência para o processo e o julgamento do crime será concorrente, tornando-se prevento o juízo que receber a peça inaugural.

(D) o critério balizador para determinar a competência do juízo será exclusivamente territorial.

(E) a polícia civil e o MP estadual não têm competência para a persecução pré-processual e processual do delito, respectivamente.

A competência, segundo entendimento sedimentado no STJ, é da Justiça Estadual, já que, sendo o roubo praticado contra uma agência franqueada dos Correios, não há que se falar em prejuízo à empresa pública EBCT. Tanto é assim que, se a agência não fosse franqueada, e sim própria, a competência, aí sim, seria da Justiça Federal. Conferir: "Conflito de competência. Formação de quadrilha e roubo cometido contra agência franqueada da EBCT. Inexistência de prejuízo à EBCT. Inexistência de conexão. Competência da justiça estadual. I. Compete à Justiça Estadual o processo e julgamento de possível roubo de bens de agência franqueada da Empresa Brasileira de Correios e Telégrafos, tendo em vista que, nos termos do respectivo contrato de franquia, a franqueada responsabiliza-se por eventuais perdas, danos, roubos, furtos ou destruição de bens cedidos pela franqueadora, não se configurando, portanto, real prejuízo à Empresa Pública. II. Não evidenciado o cometimento de crime contra os bens da EBCT, não há que se falar em conexão de crimes de competência da Justiça Federal e da Justiça Estadual, a justificar o deslocamento da competência para a Justiça Federal. III. Conflito conhecido para declarar competente Juiz de Direito da Vara Criminal de Assu/RN, o Suscitante" (CC 116.386/RN, Rel. Ministro Gilson Dipp, Terceira Seção, julgado em 25/05/2011, DJe 07/06/2011).

Gabarito "B".

(Delegado/GO – 2017 – CESPE) Cláudio, maior e capaz, residente e domiciliado em Goiânia – GO, praticou determinado crime, para o qual é prevista ação penal privada, em Anápolis – GO. A vítima do crime, Artur, maior e capaz, é residente e domiciliada em Mineiros – GO.

Nessa situação hipotética, considerando-se o disposto no Código de Processo Penal, o foro competente para processar e julgar eventual ação privada proposta por Artur contra Cláudio será

(A) Anápolis – GO ou Goiânia – GO.
(B) Goiânia – GO ou Mineiros – GO.
(C) Goiânia – GO, exclusivamente.
(D) Anápolis – GO, exclusivamente.
(E) Mineiros – GO, exclusivamente.

Temos que, na ação penal privada, mesmo que conhecido o lugar da infração, que, neste caso, é Anápolis-GO, o querelante (Artur) poderá preferir o foro de domicílio ou da residência do querelado (Cláudio), tal como autoriza o art. 73 do CPP. Dessa forma, a ação, que é privativa do ofendido, poderá ser proposta na cidade de Anápolis-GO, onde os fatos se deram, ou em Goiânia-GO, local em que reside Cláudio.

Gabarito "A".

(Delegado/GO – 2017 – CESPE) Acerca de jurisdição e competência em matéria criminal, assinale a opção correta.

(A) Segundo entendimento do STJ, é de competência da justiça estadual processar e julgar crime contra funcionário público federal, estando ou não este no exercício da função.

(B) A competência para julgar prefeito municipal por desvio de verba sujeita a prestação de contas perante o órgão federal será dos juízes federais da seção judiciária da localidade em que o prefeito exercer ou tiver exercido o mandato.

(C) A competência para julgar governador de estado que, no exercício do mandato, cometa crime doloso contra a vida será do tribunal do júri da unidade da Federação na qual aquela autoridade tenha sido eleita para o exercício do cargo público.
(D) A competência para processar e julgar crime de roubo que resulte em morte da vítima será do tribunal do júri da localidade em que ocorrer o fato criminoso.
(E) No Estado brasileiro, a jurisdição penal pode ser exercida pelo STF, e em todos os graus de jurisdição das justiças militar e eleitoral, e das justiças comuns estadual e federal, dentro do limite da competência fixada por lei.

A: incorreta, uma vez que não reflete o entendimento firmado na Súmula n. 147 do STJ, que a seguir se transcreve: "Compete à Justiça Federal processar e julgar os crimes praticados contra funcionário público federal, quando relacionados com o exercício da função"; B: incorreta. De acordo com a Súmula 702 do STF, "a competência do Tribunal de Justiça para julgar Prefeitos restringe-se aos crimes de competência da Justiça comum estadual; nos demais casos, a competência originária caberá ao respectivo tribunal de segundo grau". Desse modo, se o crime praticado pelo prefeito for federal (como é o caso narrado na assertiva), o julgamento caberá ao TRF da respectiva região; de igual forma, se for eleitoral o delito cometido pelo prefeito, a competência para julgá-lo será do Tribunal Regional Eleitoral do respectivo Estado. Há ainda a Súmula 208, do STJ: "Compete à Justiça Federal processar e julgar prefeito municipal por desvio de verba sujeita à prestação de contas perante órgão federal", que tem aplicação específica neste caso; C: incorreta. É que a jurisprudência consolidou o entendimento segundo o qual, na hipótese de ambas as competências (no caso, Júri e prerrogativa de função) estarem contempladas na Constituição Federal, deverá prevalecer a competência em razão da prerrogativa de função. É o que se infere da leitura da Súmula 721, do STF (Súmula Vinculante 45). O governador, dessa forma, será julgado pelo seu juízo natural, que é o STJ (art. 105, I, *a*, da CF). Se considerarmos que o crime praticado pelo governador (doloso contra a vida) nenhuma pertinência tem com o exercício do mandato, o julgamento deve se dar pela primeira instância (tribunal do júri), isso em razão da decisão do STJ, que, tendo por base a decisão do STF na AP 937, decidiu que a restrição do foro deve alcançar governadores e conselheiros dos Tribunais de Contas estaduais (AP 866 e AP 857); D: incorreta. A competência para o julgamento do crime de roubo seguido de morte (art. 157, § 3º, II, do CP), que é o latrocínio, é do juízo singular, e não do Tribunal do Júri, ao qual cabe o julgamento dos crimes dolosos contra a vida (que não é o caso do latrocínio, que é delito contra o patrimônio). Vide Súmula 603, do STF. ED
Gabarito "E".

(Delegado/BA – 2016.1 – Inaz do Pará) No pertinente à independência entre as instâncias judicial/penal e administrativa/disciplinar é correto afirmar que:
(A) a responsabilidade administrativa será afastada no caso de absolvição criminal que negue a existência do fato.
(B) não existe independência entre as instâncias judicial/penal e administrativa/disciplinar.
(C) caso a instância judicial/penal negue a autoria do fato, tal circunstância não irá repercutir na instância administrativa/disciplinar.
(D) a absolvição por insuficiência de provas na instância judicial/penal afastará a responsabilidade administrativa.
(E) o servidor não poderá responder penal e administrativamente pelo exercício irregular de suas funções.

A: correta, pois em conformidade com o art. 126 da Lei 8.112/1990; B: incorreta, pois não reflete o que estabelece o art. 125 da Lei 8.112/1990; C: incorreta, pois em desconformidade com o art. 126 da Lei 8.112/1990; D: incorreta, já que a absolvição por insuficiência de provas na instância penal não tem o condão de afastar a responsabilidade administrativa; E: incorreta, pois não reflete o que estabelece o art. 121 da Lei 8.112/1990. ED
Gabarito "A".

(Delegado/DF – 2015 – Fundação Universa) No que se refere à competência e a seus corolários, assinale a alternativa correta.
(A) Considere-se que César, Mauro e Lúcio tenham sequestrado Júlia com a finalidade de extorquir a família da vítima. Restringiram a liberdade de Júlia em Brasília-DF e a transportaram, posteriormente, a fim de assegurar o sucesso da empreitada criminosa, para Belo Horizonte-MG. Nesse local, após terem recebido a quantia exigida no sequestro e liberado a vítima, tendo consumado o crime, foram presos preventivamente. Nessa situação, é competente para processar e julgar o crime o juízo criminal de Belo Horizonte-MG, visto que, segundo o CPP, aos crimes permanentes aplica-se a teoria do resultado.
(B) Para fins de fixação de regras de competência, não há, no CPP, diversamente do que ocorre no processo civil, distinção entre conexão e continência.
(C) Considere-se que o promotor que oficia perante determinada vara de juizado especial criminal entenda que Alberto tenha praticado crime de tráfico ilícito de entorpecentes, e não mero uso de substância entorpecente, e que o promotor que oficia perante determinada vara de entorpecentes penais tenha se recusado a oferecer a denúncia dado o seu entendimento de que o delito seria de uso de substância entorpecente, e não de tráfico. Nessa situação, identifica-se conflito negativo de competência, que deverá ser dirimido pelo juiz da vara de entorpecentes.
(D) Suponha-se que Reginaldo, com intenção de matar, tenha desferido três facadas em Rosher, tendo sido a primeira delas em Águas Lindas-GO e a última em Taguatinga-DF. Suponha-se, ainda, que Reginaldo não tenha conseguido atingir o seu intento por razões alheias a sua vontade, tendo sido impedido de consumar o crime pela ação de autoridade policial que o tenha prendido em flagrante e dado imediato socorro à vítima. Nessa situação, consoante a teoria da atividade adotada no CPP, é competente para processar e julgar o crime a vara criminal de Águas Lindas-GO.
(E) Considere-se que Ricardo tenha enviado, por uma agência dos correios localizada no Gama-DF, uma carta-bomba dirigida a um senador da República, que se encontrava na Argentina. Considere-se, ainda, que se tenha, posteriormente, comprovado que a ação criminosa, ocorrida por razões pessoais, tenha provocado a morte da vítima. Nessa situação, a vara do júri do Gama-DF é competente para processar e julgar o feito.

A: incorreta. Em princípio, os agentes praticaram, em concurso de pessoas, o crime do art. 159 do CP (extorsão mediante sequestro), que é considerado delito *permanente*, em que a consumação se protrai no tempo por vontade do agente. É dizer, o crime narrado na assertiva alcançou sua consumação em Brasília-DF e assim permaneceu em Belo Horizonte-BH, já que a restrição de liberdade imposta à vítima ocorreu nas duas cidades, com a sua liberação, após pagamento do resgate, nesta última comarca. O pagamento do valor exigido constitui, dessa forma, mero exaurimento do crime. Em assim sendo, por força do que estabelece o art. 71 do CPP, a competência haverá de ser fixada pela *prevenção* (art. 71 do CPP), ou seja, a ação penal poderá ser proposta em qualquer das comarcas (Brasília-DF e Belo Horizonte-MG); **B:** incorreta, na medida em que o CPP faz, sim, distinção entre *conexão* e *continência*, cujas hipóteses estão elencadas, respectivamente, nos arts. 76 e 77 do CPP. *Grosso modo*, a conexão pressupõe a existência de mais de um crime; já a continência refere-se ao cometimento de crime único; **C:** incorreta. O conflito negativo de atribuições entre promotores de justiça de um mesmo Estado deve ser solucionado pelo procurador--geral de Justiça; se a discórdia se der entre procuradores da República, caberá ao procurador-geral da República dirimir o conflito; **D:** incorreta, já que a competência, neste caso, será determinada em razão do lugar em que se deu o derradeiro ato de execução (art. 70, *caput*, do CPP), que corresponde à comarca de Taguatinga-DF; **E:** correta. O crime em que a conduta (ação ou omissão) é praticada em território nacional, mas o resultado é produzido no estrangeiro é denominado "crime a distância" ou "de espaço máximo". Neste caso, será aplicável a teoria da ubiquidade (ou mista), segundo a qual se considera praticado o crime tanto no lugar em que foi praticada a ação ou omissão, quanto no local em que se verificou ou que poderia ter se verificado o resultado (art. 6º do CP). Nesta modalidade de crime (à distância), a competência para julgá-lo é a do local, no Brasil, em que foi praticado o último ato executório, ou seja, comarca de Gama-DF, conforme estabelece o art. 70, § 1º, do CPP.

Gabarito "E".

(Delegado/DF – 2015 – Fundação Universa) Acerca de competência, assinale a alternativa correta.

(A) Consoante o CPP, o tempo de prisão temporária, de prisão administrativa ou de intervenção, no Brasil e no estrangeiro, não será necessariamente computado para fins de determinação do regime inicial de pena privativa de liberdade.

(B) De acordo com o atual entendimento do STF, nos crimes ambientais, para ser admitida a denúncia oferecida contra a pessoa jurídica, é essencial denunciar concomitantemente as pessoas físicas em tese responsáveis.

(C) Suponha-se que Marcelo tenha sido condenado por crime político em primeiro grau. A sentença condenatória foi proferida por juiz federal da seção judiciária do Distrito Federal. Nesse caso, compete ao Tribunal Regional Federal da 1.ª Região julgar o recurso interposto por Marcelo contra a sentença.

(D) Conforme o STF, havendo condenação criminal, não se admite a aplicação retroativa da suspensão condicional do processo.

(E) É de competência da justiça comum estadual o julgamento de contravenções penais, mesmo que conexas com crimes de competência da justiça comum federal de primeiro grau.

A: incorreta, uma vez que não reflete o disposto no art. 387, § 2º, do CPP; **B:** incorreta. Conferir: "(...) O art. 225, § 3º, da Constituição Federal não condiciona a responsabilização penal da pessoa jurídica por crimes ambientais à simultânea persecução penal da pessoa física em tese responsável no âmbito da empresa. A norma constitucional não impõe a necessária dupla imputação. As organizações corporativas complexas da atualidade se caracterizam pela descentralização e distribuição de atribuições e responsabilidades, sendo inerentes, a esta realidade, as dificuldades para imputar o fato ilícito a uma pessoa concreta. Condicionar a aplicação do art. 225, § 3º, da Carta Política a uma concreta imputação também a pessoa física implica indevida restrição da norma constitucional, expressa a intenção do constituinte originário não apenas de ampliar o alcance das sanções penais, mas também de evitar a impunidade pelos crimes ambientais frente às imensas dificuldades de individualização dos responsáveis internamente às corporações, além de reforçar a tutela do bem jurídico ambiental. A identificação dos setores e agentes internos da empresa determinantes da produção do fato ilícito tem relevância e deve ser buscada no caso concreto como forma de esclarecer se esses indivíduos ou órgãos atuaram ou deliberaram no exercício regular de suas atribuições internas à sociedade, e ainda para verificar se a atuação se deu no interesse ou em benefício da entidade coletiva. Tal esclarecimento, relevante para fins de imputar determinado delito à pessoa jurídica, não se confunde, todavia, com subordinar a responsabilização da pessoa jurídica à responsabilização conjunta e cumulativa das pessoas físicas envolvidas. Em não raras oportunidades, as responsabilidades internas pelo fato estarão diluídas ou parcializadas de tal modo que não permitirão a imputação de responsabilidade penal individual (...)" (RE 548181, Relatora Min. Rosa Weber, Primeira Turma, julgado em 06.08.2013, Acórdão Eletrônico DJe-213 Divulg 29.10.2014 Public 30.10.2014); **C:** incorreta. O julgamento, neste caso, por se tratar de crime político, cabe ao STF (art. 102, II, *b*, da CF); **D:** incorreta, uma vez que não corresponde ao decidido na ADI 1.719-DF (Pleno, rel. Min. Joaquim Barbosa, 18.06.2007); **E:** correta, dado que o art. 109, IV, primeira parte, da CF afasta a competência da Justiça Federal para o processamento e julgamento das contravenções penais, mesmo que praticadas em detrimento de bens, serviços ou interesse da União ou de suas entidades autárquicas ou empresas públicas. Nesse sentido a Súmula 38, STJ: "Compete à Justiça Estadual Comum, na vigência da Constituição de 1988, o processo por contravenção penal, ainda que praticada em detrimento de bens, serviços ou interesse da União ou de suas entidades".

Gabarito "E".

(Delegado/PA – 2013 – UEPA) A jurisdição – função de Estado – se materializa, condiciona e limita pela competência, que define previamente a atuação do órgão jurisdicional a partir de critérios de especialização da justiça, distribuição territorial e divisão de serviço, fundados em normas constitucionais e legais. De acordo com essas normas:

I. A nulidade decorrente de incompetência absoluta pode ser suscitada mesmo após o trânsito em julgado da sentença, condenatória ou absolutória, porque não se pode emprestar legalidade a um ato que violou frontalmente as regras aplicáveis à matéria.

II. A definição de competência segue uma sequência lógica, que começa fixando a competência de justiça para, em seguida, estabelecer o âmbito territorial. Quanto a este, também há uma preferência: o lugar da infração prepondera sobre o domicílio ou residência do réu.

III. A conexão processual conduz à prevalência do juízo mais especializado. Por conseguinte, compete à Justiça Militar julgar os crimes comuns praticados em conexão com crimes militares.

IV. A competência absoluta se origina em norma constitucional, de ordem pública e por isso indisponível pelas partes, cuja violação acarreta em nulidade absoluta. Todavia, decisão proferida por juiz absolutamente incompetente reclama novo pronunciamento judicial para sua desconstituição.

V. Órgão jurisdicional de primeiro grau que conheceu de *habeas corpus* contra ato ilegal atribuído a delegado de polícia não se torna prevento para conhecer de ação penal futura, pelos mesmos fatos.

A alternativa que contém todas as afirmativas corretas é:
(A) I, II e IV
(B) I, IV e V
(C) II, III e IV
(D) II, IV e V
(E) III, IV e V

I: incorreta. Conferir: "*HABEAS CORPUS*. SENTENÇA ABSOLUTÓRIA PROFERIDA POR JUIZ ABSOLUTAMENTE INCOMPETENTE. OCORRÊNCIA DE TRÂNSITO EM JULGADO. *NE REFORMATIO IN PEJUS*. ORDEM CONCEDIDA. 1. De acordo com a jurisprudência deste Superior Tribunal de Justiça, a declaração de incompetência absoluta do Juízo se enquadra nas hipóteses de nulidade absoluta do processo. Todavia, a sentença prolatada por juiz absolutamente incompetente, embora nula, após transitar em julgado, pode acarretar o efeito de tornar definitiva a absolvição do acusado, uma vez que, apesar de eivada de nulidade, tem como consequência a proibição da *reformatio in pejus*. 2. O princípio *ne reformatio in pejus*, apesar de não possuir caráter constitucional, faz parte do ordenamento jurídico complementando o rol dos direitos e garantias individuais já previstos na Constituição Federal, cuja interpretação sistemática permite a conclusão de que a Magna Carta impõe a preponderância do direito à liberdade sobre o Juiz natural. Assim, somente se admite que este último – princípio do juiz natural – seja invocado em favor do réu, nunca em seu prejuízo. 3. Sob essa ótica, portanto, ainda que a nulidade seja de ordem absoluta, eventual reapreciação da matéria, não poderá de modo algum ser prejudicial ao paciente, isto é, a sua liberdade. Não se trata de vinculação de uma esfera a outra, mas apenas de limitação principiológica. 4. Ordem concedida para tornar sem efeito a decisão proferida nos autos da ação penal que tramita perante a 1ª Vara Federal da Seção Judiciária da Paraíba" (STJ, HC 146.208-PB, 6ª T., rel. Min. Haroldo Rodrigues (Desembargador Convocado do TJ/CE), j. 04/11/2010); II: correta. Para se estabelecer o juízo competente para julgar determinada causa, deve-se, em primeiro lugar, estabelecer a justiça competente: justiça comum ou especial; justiça federal ou estadual; feito isso, deve-se perquirir se o acusado é detentor de foro por prerrogativa de função; não sendo esse o caso, passa-se à chamada competência territorial, em que o lugar da infração prevalece sobre o domicílio do réu. Em outras palavras, o lugar da infração (art. 70, CPP) corresponde, em regra, ao local em que se deu a consumação do crime (teoria do resultado); o critério do domicílio ou residência do réu (art. 72, CPP) será empregado em caráter supletivo, ou seja, somente poderá recorrer-se a tal critério quando não conhecido o local da infração penal; III: incorreta, pois contraria a regra disposta no art. 79, I, do CPP. A esse respeito, *vide* a Súmula n. 90 do STJ; IV: correta. Nesse sentido: "*Habeas corpus*. Penal e processual penal. Crimes de estelionato e aliciamento de trabalhadores de um local para outro do território nacional (arts. 171 e 207, § 1.º, na forma do art. 29, § 1.º, todos do Código Penal. Sentença condenatória proferida pela justiça federal. Declaração de incompetência absoluta do juízo, nos autos de apelação criminal exclusiva da defesa. Repercussão da decisão anulada no juízo competente. *Reformatio in pejus* indireta. Prescrição da pretensão punitiva. Ocorrência. 1. O Juiz absolutamente incompetente para decidir determinada causa, até que sua incompetência seja declarada, não profere sentença inexistente, mas nula, que depende de pronunciamento judicial para ser desconstituída. E se essa declaração de nulidade foi alcançada por meio de recurso exclusivo da defesa, como no caso dos autos, ou por impetração de *habeas corpus*, não há como o Juiz competente impor ao Réu uma nova sentença mais gravosa do que a anteriormente anulada, sob pena de *reformatio in pejus* indireta. 2. Hipótese em que a Paciente foi condenada, perante a Justiça Federal, com posterior anulação do processo pelo Tribunal Regional Federal da 2.ª Região, em razão da incompetência absoluta do Juízo, sendo novamente denunciada pelos mesmos crimes perante a Justiça Estadual. 3. A prevalecer a sanção imposta na sentença originária, qual seja, de 8 (oito) meses de reclusão e 8 (oito) dias-multa, pelo estelionato, e 8 (oito) meses de detenção e 08 (oito) dias-multa, pelo crime contra a organização do trabalho, o prazo prescricional é de dois anos, a teor do art. 109, inciso VI, do Código Penal, com a redação anterior à Lei n.º 12.234/2010. Nesse cenário, vê-se que entre a data dos fatos (16 de janeiro de 2006; fl. 23) e o recebimento da nova denúncia perante o Juízo de primeiro grau (28 de julho de 2008; fl. 46), transcorreu o lapso temporal prescricional. 4. Ordem concedida, para declarar a prescrição da pretensão punitiva estatal nos autos em tela, restando extinta a punibilidade da Paciente" (HC 200802793070, Laurita Vaz, STJ – Quinta Turma, DJE DATA:06/12/2010); **V**: correta (não gerará prevenção).

Gabarito "D".

(Delegado/PR – 2013 – UEL-COPS) Quanto à jurisdição, considere as afirmativas a seguir.

I. A inércia, a substitutividade, a inevitabilidade e a inafastabilidade são princípios ou características fundamentais.
II. É o poder-função de aplicar o Direito a um fato concreto, exercido pelos órgãos públicos com essa atribuição.
III. É exercida por meio dos juízes de direito e tribunais regularmente investidos.
IV. Tendo sua origem na autocomposição, a transação penal escapa ao âmbito da jurisdição.

Assinale a alternativa correta.
(A) Somente as afirmativas I e II são corretas.
(B) Somente as afirmativas I e IV são corretas.
(C) Somente as afirmativas III e IV são corretas.
(D) Somente as afirmativas I, II e III são corretas.
(E) Somente as afirmativas II, III e IV são corretas.

I: correta, na medida em que contempla os princípios que norteiam a atividade jurisdicional; II: correta, pois contempla o conceito de jurisdição, que nada mais é do que o poder-dever do Estado de aplicar o direito objetivo ao caso concreto submetido à sua apreciação. Do latim, significa *dizer o direito*; III: correta. A jurisdição, como dito, é o poder-dever do Estado, exercido pelo *Poder Judiciário* (juízes de direito e tribunais), de aplicar a lei ao caso concreto; IV: incorreta, pois é incorreto dizer que a transação penal (art. 76 da Lei 9.099/1995) foge do âmbito da jurisdição.

Gabarito "D".

(Delegado/RJ – 2013 – FUNCAB) Na hipótese da ocorrência de crime de exclusiva ação privada, assinale a alternativa correta.

(A) O querelante poderá escolher entre o foro do lugar da infração ou do domicílio do querelado.
(B) A competência regular-se-á, obrigatoriamente, pela prevenção.
(C) Será competente o juiz que primeiro tomar conhecimento do fato.
(D) Caso o querelante não tenha residência certa ou for ignorado seu paradeiro, a competência firmar-se-á pela prevenção.
(E) A competência firmar-se-á, obrigatoriamente, pelo lugar da infração.

De fato, ainda que conhecido o lugar da infração, o querelante, na ação penal privada exclusiva, poderá preferir o foro do domicílio ou da residência do réu – art. 73 do CPP.

Gabarito "A".

(Delegado/RJ – 2013 – FUNCAB) É INCORRETO afirmar que a competência será determinada pela conexão:

(A) Se, ocorrendo duas ou mais infrações, houverem sido praticadas, ao mesmo tempo, por várias pessoas reunidas (conexão intersubjetiva por simultaneidade).
(B) Quando a prova de uma infração ou de qualquer de suas circunstâncias elementares influir na prova de outra infração (conexão instrumental ou probatória).
(C) Se, ocorrendo duas ou mais infrações, houverem sido umas praticadas para facilitar ou ocultar as outras, ou para conseguir impunidade ou vantagem em relação a qualquer delas (conexão lógica ou teleológica).
(D) Quando duas ou mais pessoas forem acusadas pela mesma infração (conexão por intersubjetividade formal).
(E) Se, por várias pessoas em concurso, embora diverso o tempo e o lugar, ou por várias pessoas, umas contra as outras, forem praticadas duas ou mais infrações (conexão intersubjetiva por concurso).

A: correta (art. 76, I, primeira parte, do CPP). É a chamada conexão intersubjetiva por simultaneidade; **B:** correta (art. 76, III, do CPP). É a chamada conexão instrumental ou probatória; **C:** correta (art. 76, II, do CPP). É a chamada conexão consequencial, lógica ou teleológica; **D:** incorreta, devendo ser assinalada, uma vez que se trata de hipótese de continência (art. 77, I, do CPP), e não de conexão; **E:** correta (art. 76, I, segunda parte, do CPP). É a chamada conexão intersubjetiva por concurso.
Gabarito "D".

(Delegado Federal – 2004 – CESPE) Com relação ao direito processual penal, julgue o item subsequente:

(1) Considere que a Constituição de um estado brasileiro determina que o secretário de Estado de Educação será julgado pelo tribunal de justiça. Nessa situação, prevalecerá a competência do tribunal do júri em caso de crime de homicídio cometido pelo referido secretário em concurso de agentes com pessoa sem foro por prerrogativa de função.

Antes de analisar a proposição acima, cabem algumas observações a respeito do foro por prerrogativa de função, ante paradigmática decisão do STF sobre este tema. No dia 3 de maio de 2018, o Plenário do STF, por maioria de votos, decidiu que o foro por prerrogativa de função de que gozam parlamentares federais (senadores e deputados) se aplica tão somente à infrações penais cometidas no exercício do cargo e em razão das funções a ele relacionadas. Tal decisão foi tomada no julgamento de questão de ordem da ação penal 937, cujo relator é o ministro Luís Roberto Barroso. Com isso, se o crime imputado a senador ou deputado federal é cometido antes da diplomação, o julgamento caberá ao juízo de primeira instância; se for cometido no curso do mandato mas nenhuma relação tiver com o seu exercício, o julgamento também caberá ao juiz de primeira instância (por exemplo: homicídio; roubo; embriaguez ao volante); agora, sendo o delito cometido durante o mandato e havendo relação entre ele e o desempenho da função parlamentar (corrupção passiva, por exemplo), o julgamento deverá realizar-se perante o STF. Uma das primeiras questões que surgiu, entre tantas outras, é se este entendimento que restringe o foro por prerrogativa de função se aplica para outras hipóteses de foro privilegiado ou apenas para os deputados federais e senadores. Segundo o STF, em decisão tomada no julgamento do Inq 4703 QO/DF, ocorrido em 12/06/2018 e da relatoria do ministro Luiz Fux, tal restrição imposta ao foro privilegiado vale também para ministros de Estado. O STJ, por sua vez, ao enfrentar a questão, tendo por base a decisão do STF na AP 937, decidiu que a restrição do foro deve alcançar governadores e conselheiros dos Tribunais de Contas estaduais (AP 866 e AP 857). Lembremos que o art. 105, I, "a", da CF/88 estabelece que compete ao STJ julgar os crimes praticados por governadores de Estado e por conselheiros dos Tribunais de Contas dos Estados. No que concerne aos prefeitos, ainda não há consenso. Há tribunais que, em face da nova interpretação conferida pelo STF ao foro por prerrogativa de função, remeteram os processos contra o chefe do executivo municipal para julgamento pela 1ª instância. Dito isso, passemos à análise da assertiva, cuja elaboração é anterior aos referidos julgamentos. **1:** correta. Quando o foro por prerrogativa de função for estabelecido por Constituição Estadual, o autor do crime doloso contra a vida deverá ser julgado pelo Tribunal Popular, cuja competência é fixada pela Constituição Federal. Agora, prevalecerá o foro por prerrogativa de função se acaso este estiver previsto no texto constitucional. Vide, a esse respeito, o teor da Súmula 721 do STF, cujo teor foi reproduzido na Súmula Vinculante 45.
Gabarito 1C

(Delegado Federal – 2002 – CESPE) Julgue o seguinte item.

(1) Ítalo, mediante grave ameaça exercida com o emprego de uma arma de fogo, subtraiu do cofre de uma agência da Caixa Econômica Federal (CAIXA) a importância de R$ 60.000,00 em dinheiro. Nessa situação, será da justiça federal a competência para processar e julgar Ítalo pela prática do crime de roubo.

1: correta. Tratando-se de crime praticado contra o patrimônio de empresa pública federal, competente para o processamento e julgamento da causa é a Justiça Federal, nos termos do art. 109, IV, da CF.
Gabarito 1C

(Delegado Federal – 2002 – CESPE) Julgue o seguinte item:

(1) Renato, após arrombar a porta e adentrar em uma agência franqueada da Empresa Brasileira de Correios e Telégrafos (ECT), de propriedade privada, subtraiu em proveito próprio a importância de R$ 5.000,00. Nessa situação, caberá à justiça federal processar e julgar Renato pelo crime de furto qualificado.

1: incorreta. Conforme entendimento firmado na jurisprudência, compete à Justiça Estadual o processamento e julgamento de delitos praticados contra agências franqueadas dos Correios. Isso porque, ocorrendo prejuízo para o patrimônio destas, não há que se falar em prejuízo patrimonial para a empresa pública, afastando, portanto, a competência da Justiça Federal. Conferir, nessa esteira: STJ, 6ª T., HC 39.200-SP, rel. Min. Helio Quaglia Barbosa, j. 29.11.05.
Gabarito 1E

(Delegado Federal – 2002 – CESPE) Julgue o seguinte item.

(1) Considere a seguinte situação hipotética. O MP ofereceu denúncia contra um deputado federal pela prática de infração penal durante o exercício funcional, tendo o STF, antes do recebimento, solicitado da respectiva Casa Legislativa licença para que fosse processado. A Câmara dos Deputados não se pronunciou a respeito do pedido de licença, tendo o mandato do parlamentar expirado. Nessa situação, como o crime foi perpetrado durante o exercício funcional, mesmo com a sua cessação prevalece a competência especial por prerrogativa de função.

A Súmula 394 do STF, que assegurava à autoridade a prerrogativa de foro mesmo depois de cessado o exercício de cargo ou mandato, foi cancelada pelo Pleno do próprio tribunal. O legislador, com o propósito de restabelecer o foro por prerrogativa de função nos moldes anteriores, editou a Lei 10.628/2002, a qual foi declarada inconstitucional pelo STF. Assim, praticado o crime durante o exercício funcional, uma vez cessado este, cessa a competência por prerrogativa de função. *Vide* Súmula 451 do STF. Mais recentemente, o Plenário do STF decidiu que o foro por prerrogativa de função de que gozam parlamentares federais (senadores e deputados) se aplica tão somente a infrações penais cometidas no exercício do cargo e em razão das funções a ele relacionadas. Tal decisão foi tomada no julgamento de questão de ordem da ação penal 937, cujo relator é o ministro Luís Roberto Barroso. ED

Gabarito 1E

(Delegado Federal – 2002 – CESPE) Julgue o seguinte item.

(1) Considere a seguinte situação hipotética. A promotoria de justiça do patrimônio público instaurou, por portaria, inquérito civil para apurar atos de improbidade administrativa atribuídos a deputado federal, que teriam causado danos ao erário. Nessa situação, uma vez que compete originariamente ao STF processar e julgar parlamentar federal por crime, em virtude da prerrogativa de foro, qualquer medida investigatória de caráter pré-processual deve ser adotada perante o órgão judiciário competente, o STF, sob pena de configurar constrangimento ilegal passível de *habeas corpus* a ser impetrado perante a referida corte.

A já declarada inconstitucional Lei 10.628/02 estendia o foro privilegiado às ações de improbidade administrativa, que são ações de natureza civil. A razão do pronunciamento de inconstitucionalidade do STF reside no fato de que a instituição de foro privilegiado somente poderia se dar por meio de alteração no texto constitucional, e não através de lei ordinária. Assim, permanece o foro por prerrogativa de função somente para as ações de natureza criminal, e desde que atendidos os requisitos contidos na decisão tomada pelo STF no julgamento de questão de ordem da ação penal 937. ED

Gabarito 1E

(Delegado/AM) Mévio praticou um roubo simples na Comarca A. Quinze dias depois, para garantir a impunidade do anterior crime de roubo, matou uma das testemunhas na Comarca B. Segundo interpretação literal do CPP, trata-se de:

(A) latrocínio, para o qual é competente o juízo singular da Comarca A.

(B) latrocínio, para o qual é competente o juízo singular da Comarca B.

(C) conexão entre roubo e homicídio, para o que é competente o tribunal do júri da Comarca A.

(D) conexão entre roubo e homicídio, para o que é competente o tribunal do júri da Comarca B.

Trata-se, aqui, da chamada *conexão consequencial, teleológica* ou *objetiva*, prevista no art. 76, II, do CPP, em que o agente pratica uma infração penal com o propósito de facilitar ou ocultar outra ou ainda para assegurar a sua impunidade. Igualmente, a competência do júri sempre prevalecerá sobre a de outro órgão da jurisdição comum, nos termos do art. 78, I, do CPP. ED

Gabarito "D".

(Delegado/MT – 2006 – UFMT) Nos termos do Código de Processo Penal, a regra geral de competência para a ação penal é determinada pelo(a)

(A) conexão, nas modalidades intersubjetiva, objetiva e instrumental.

(B) prevenção, quando importar em unidade de processo.

(C) continência, quando duas ou mais infrações houverem sido praticadas, ao mesmo tempo, por várias pessoas em concurso.

(D) prevenção, na hipótese de o réu possuir mais de uma residência.

(E) lugar em que foi praticado o último ato de execução, no caso de tentativa.

Nos termos do art. 70, *caput*, do CPP, "a competência, de regra, será determinada pelo lugar em que se consumar a infração, ou, no caso de tentativa, pelo lugar em que for praticado o último ato de execução". ED

Gabarito "E".

(Delegado/MT – 2000) Julgue os itens abaixo e assinale a alternativa correta:

I. A competência pela natureza da infração será regulada pelas leis de organização judiciária, salvo a competência privativa dos Tribunais Superiores.

II. Sendo conhecido o lugar da infração, a competência será determinada pelo domicílio do réu.

III. A regra no estabelecimento da competência em matéria penal é a natureza da infração, ou seja, se o crime é ou não doloso, comum ou político etc.

(A) Apenas o item I está correto.

(B) Apenas o item II está correto.

(C) Apenas o item III está correto.

(D) Todos os itens estão corretos.

(E) Todos os itens estão incorretos.

I: incorreta, já que em desacordo com o que preleciona o art. 74, *caput*, do CPP; II: incorreta. A competência somente será determinada pelo *domicílio do réu* na hipótese de não ser conhecido o lugar da infração, na forma estatuída no art. 72, *caput*, do CPP; exceção a essa regra é representada pela ação penal exclusiva, em que o querelante poderá optar, mesmo sendo conhecido o local da infração, pelo foro do domicílio ou da residência do querelado – art. 73, CPP; III: incorreta. A competência é, em regra, estabelecida em razão do lugar em que se consumar a infração ou, no caso de tentativa, do lugar em que for praticado o último ato de execução – art. 70, *caput*, do CPP. ED

Gabarito "E".

(Delegado/PR – 2007) Sobre a competência jurisdicional, considere as seguintes afirmativas:

(1) A competência será, de regra, determinada pelo lugar em que se praticou a ação ou omissão, embora possa ser outro o local da produção do resultado.

(2) Não sendo conhecido o lugar da infração, a competência regular-se-á pelo domicílio ou residência do réu.

(3) A conexão e a continência importarão unidade de processo e julgamento, salvo no concurso entre a jurisdição comum e a militar.

(4) No processo por crimes praticados fora do território brasileiro, será competente o juízo da Capital do Estado onde houver por último residido o acusado.

Assinale a alternativa correta.

(A) Somente as afirmativas 2 e 4 são verdadeiras.

(B) Somente as afirmativas 2 e 3 são verdadeiras.

(C) As afirmativas 1, 2, 3 e 4 são verdadeiras.

(D) Somente as afirmativas 1, 3 e 4 são verdadeiras.

(E) Somente as afirmativas 2, 3 e 4 são verdadeiras.

1: incorreta. O CPP adotou, em seu art. 70, *caput*, a *teoria do resultado*, segundo a qual se considera competente para o julgamento da infração penal o foro do local onde se deu a sua consumação; **2:** assertiva em conformidade com o que prescreve o art. 72, *caput*, do CPP; **3:** correta,

nos termos do art. 79, I, do CPP; **4:** correta, pois reflete o disposto no art. 88 do CPP.
Gabarito "E".

(Delegado/SP – 2003) Em hipótese de extorsão mediante sequestro, em que a vítima foi subtraída em Campinas, o resgate pago em Rio Claro e a prisão dos autores ocorrida em Itu, a competência será

(A) do juiz da comarca de Rio Claro.
(B) do juiz da comarca de Campinas.
(C) firmada pela prevenção.
(D) do juiz da comarca de Itu.

O crime de *extorsão mediante sequestro* (art. 159, CP) atinge a sua consumação no exato instante em que a vítima tem privada a sua liberdade, independente do recebimento do resgate pretendido pelos agentes, que constitui, por isso mesmo, mero exaurimento. Ademais, por se tratar de crime *permanente*, em que a consumação se protrai no tempo por vontade do agente, quando praticado no território de várias comarcas, a competência será firmada pela *prevenção*, a teor do que dispõe o art. 71 do CPP.
Gabarito "C".

7. QUESTÕES E PROCESSOS INCIDENTES

(Delegado/RJ – 2022 – CESPE/CEBRASPE) Tício está sendo processado criminalmente pela prática de crime de apropriação indébita. Em sua resposta à acusação, Tício alega ser improcedente a imputação, tendo em vista que discute, em ação civil por ele proposta, a legitimidade da posse da coisa móvel.
Acerca dessa situação, assinale a opção correta.

(A) O juiz poderá suspender a ação penal a depender tão somente da prévia propositura da ação cível pelo acusado.
(B) A resolução da questão prejudicial pelo juiz criminal faz coisa julgada.
(C) Não há possibilidade de suspensão da ação penal movida contra Tício.
(D) O juiz criminal pode resolver, *incidenter tantum*, a questão da posse sem que seja necessária a suspensão da ação penal.
(E) O juiz deverá suspender a ação penal até que se dirima no juízo cível a questão da legitimidade da posse.

A: incorreta, já que o art. 93 do CPP, que trata da chamada questão prejudicial facultativa, contempla outros requisitos, não se limitando ao mencionado na assertiva; **B:** incorreta, uma vez que não faz coisa julgada; **C:** incorreta. O enunciado descreve hipótese de questão prejudicial *facultativa*. Conforme o disposto no art. 93 do CPP, o magistrado, como a própria classificação sugere, tem a faculdade, não a obrigação, de suspender o processo. São questões que não envolvem o estado das pessoas, como é o caso da discussão acerca da propriedade de determinado bem. Neste caso (prejudicial facultativa), o juiz, depois de transcorrido o prazo por ele estabelecido, poderá fazer prosseguir o processo, retomando sua competência para resolver a matéria da acusação ou da defesa. Diferentemente, a chamada questão prejudicial *obrigatória*, prevista no art. 92 do CPP, é aquela que necessariamente enseja a suspensão do processo, sendo tão somente suficiente que se trate de questão atinente ao estado civil das pessoas que o magistrado do juízo criminal repute séria e fundada. Aqui, o juiz deverá determinar a paralisação do feito até que o juízo cível emita sua manifestação. O legislador não estabeleceu prazo durante o qual o curso da ação penal permanecerá suspenso. Envolve questões atinentes à própria existência do crime; **D:** correta, pois em conformidade com o art. 93, § 1º, do CPP; **E:** incorreta. Conforme já ponderado, cuida-se de questão prejudicial *facultativa*.
Gabarito "D".

(Delegado/GO – 2017 – CESPE) Com relação a questões e processos incidentes, assinale a opção correta.

(A) Não poderá ser arguida a suspeição dos intérpretes.
(B) Não poderá ser arguida a suspeição dos funcionários da justiça.
(C) Não poderá ser arguida a suspeição do órgão do Ministério Público.
(D) Não poderá ser arguida a suspeição das autoridades policiais nos atos do inquérito.
(E) Não poderá ser arguida a suspeição dos peritos.

A: incorreta. Estabelece o art. 105 do CPP que as partes poderão, sim, arguir a suspeição dos intérpretes; **B:** incorreta. Estabelece o art. 105 do CPP que as partes poderão, sim, arguir a suspeição dos funcionários da Justiça; **C:** incorreta. Estabelece o art. 104 do CPP que as partes poderão, sim, arguir a suspeição do órgão do MP; **D:** correta. Tal como estabelece o art. 107 do CPP, não se poderá opor suspeição às autoridades policiais nos atos do inquérito; **E:** incorreta. Estabelece o art. 105 do CPP que as partes poderão, sim, arguir a suspeição dos peritos.
Gabarito "D".

(Delegado/PE – 2016 – CESPE) Conforme a legislação em vigor e o posicionamento doutrinário prevalente, assinale a opção correta com relação à competência e às questões e processos incidentes.

(A) Todas as infrações penais, incluindo-se as contravenções que atingirem o patrimônio da União, suas autarquias e empresas públicas, serão da competência da justiça federal.
(B) O processo incidente surge acessoriamente no processo principal, cujo mérito se confunde com o mérito da causa principal, devendo, assim, tal processo – o incidente – ser resolvido concomitantemente ao exame do mérito da ação penal, sob pena de decisões conflitantes.
(C) A restituição de coisas apreendidas no bojo do inquérito policial ainda não concluído poderá ser ordenada pela autoridade policial, quando cabível, desde que seja evidente o direito do reclamante.
(D) Havendo fundada dúvida sobre sanidade mental do indiciado, o delegado de polícia poderá determinar de ofício a realização do competente exame, com o objetivo de aferir a sua imputabilidade.
(E) Tratando-se de foro privativo por prerrogativa de função cuja competência para o conhecimento da causa é atribuída à jurisdição colegiada, esta será determinada pelo lugar da infração.

A: incorreta, dado que o art. 109, IV, primeira parte, da CF afasta a competência da Justiça Federal para o processamento e julgamento das contravenções penais, mesmo que praticadas em detrimento de bens, serviços ou interesse da União ou de suas entidades autárquicas ou empresas públicas, entendimento esse consagrado na Súmula nº 38, STJ: "Compete à Justiça Estadual Comum, na vigência da Constituição de 1988, o processo por contravenção penal, ainda que praticada em detrimento de bens, serviços ou interesse da União ou de suas entidades"; **B:** incorreta. É incorreto afirmar-se que o mérito do processo incidente se confunde com o do processo principal e que a solução daquele deva necessariamente dar-se de forma concomitante com este; **C**: correta, pois reflete a regra presente no art. 120, *caput*, do CPP; **D**: incorreta. Neste caso, a autoridade policial deverá representar pela realização do exame de integridade mental no investigado, cabendo ao juiz determiná-lo (art. 149, § 1º, do CPP), e não ela própria, a autoridade policial, determinar de ofício a realização do exame; **E**: incorreta. Neste caso, o local em que se deu a infração não tem relevância, já que o julgamento será feito pelo órgão colegiado do local em que o detentor do foro especial exerce suas funções. Se, por exemplo, um promotor de justiça que atua no Estado de São Paulo praticar um estelionato no Estado do Rio de Janeiro, será competente para o julgamento o TJ de São Paulo, mesmo o delito tendo ocorrido fora deste Estado. Gabarito "C".

(Delegado/PR – 2013 – UEL-COPS) Acerca do incidente de insanidade no Código de Processo Penal, considere as afirmativas a seguir.

I. É inadmissível o exame de sanidade mental antes de iniciar a ação penal, conforme o § 1º do Art. 149 do Código de Processo Penal.
II. Mesmo que o resultado do exame de insanidade comprove a inimputabilidade do denunciado, o representante do Ministério Público, autor da denúncia, estará impedido de requerer a sua absolvição ou a aplicação de medida de segurança.
III. O juiz nomeará curador ao acusado, quando determinar o exame, ficando suspensa a ação penal já iniciada, salvo quanto às diligências que possam ser prejudicadas pelo adiamento.
IV. Quando houver dúvida sobre a integridade mental do acusado, o juiz ordenará de ofício ou a requerimento do Ministério Público, do defensor, do curador, do ascendente, do descendente, do irmão ou do cônjuge que o acusado seja submetido a exame médico-legal.

Assinale a alternativa correta.

(A) Somente as afirmativas I e II são corretas.
(B) Somente as afirmativas I e IV são corretas.
(C) Somente as afirmativas III e IV são corretas.
(D) Somente as afirmativas I, II e III são corretas.
(E) Somente as afirmativas II, III e IV são corretas.

I: incorreta, pois o exame de insanidade mental poderá ser levado a efeito ainda na fase de inquérito policial, mediante representação formulada pela autoridade policial ao juiz de direito competente – art. 149, § 1º, do CPP; II: incorreta, uma vez que, neste caso, o promotor de justiça, que tem independência funcional, poderá, se entender que é o caso, requerer a absolvição ou a aplicação de medida de segurança. Oportuna, quanto a isso, a lição de Guilherme de Souza Nucci: "Denúncia com pedido de absolvição: pode ocorrer. Se o exame de insanidade mental for realizado durante o inquérito policial, comprovando a inimputabilidade do indiciado, quando o representante do Ministério Público oferecer denúncia, já ciente do resultado do referido exame, pode requerer, desde logo, a aplicação de medida de segurança ao denunciado, implicando, pois, em absolvição. Tal situação se dá, porque o insano tem direito ao devido processo legal, justamente pelo fato de a medida de segurança constituir uma espécie de sanção penal, que restringe direitos (...)" (*Código de Processo Penal Comentado*. 12. ed. p. 354); III: correta, pois reflete o disposto no art. 149, § 2º, do CPP; IV: correta (art. 149, *caput*, do CPP). Gabarito "C".

(Delegado/BA – 2013 – CESPE) No que se refere a questões e processos incidentes, julgue os próximos itens.

(1) A autoridade policial que, na fase de investigação criminal, desconfiar da integridade mental do acusado, poderá, sem suspender o andamento do inquérito policial, determinar, de ofício, que o acusado se submeta a exame de sanidade mental, a ser realizado por peritos oficiais.

(2) A restituição de coisas apreendidas em poder do investigado, no âmbito do inquérito policial, pode ser ordenada pela autoridade policial, desde que não haja vedação legal à restituição das coisas e inexista importância à prova da infração ou desde que a restituição não sirva à reparação do dano causado pelo crime e seja induvidoso o direito do reclamante, após oitiva obrigatória do MP.

(3) Se, no curso de uma investigação criminal, a autoridade policial tomar conhecimento de questão prejudicial controversa da qual dependa a existência do crime investigado, a autoridade deverá ordenar a suspensão do procedimento e comunicar o fato ao MP, para que este tome as medidas cabíveis para a solução de controvérsia prejudicial obrigatória.

1: incorreta. A despeito de o exame de sanidade mental poder ser realizado ainda na fase investigatória, tal medida somente poderá ser determinada pelo juiz de direito, mediante representação da autoridade policial, conforme estabelece o art. 149, § 1º, do CPP. Tal providência, aliás, está prevista no art. 3º-B, VIII, do CPP, inserido pela Lei 13.964/2019, como uma das atribuições do juiz das garantias; **2**: correta (art. 120, *caput*, do CPP), embora haja divergência quanto à necessidade de oitiva do MP, neste caso, manifestar-se, uma vez que a restituição se deu no âmbito do inquérito policial (art. 120, § 3º, do CPP). Vale observar que, na prática, é no mínimo incomum a autoridade policial submeter tal questão à apreciação do MP. Pela incidência do art. 120, § 3º, do CPP à restituição pela autoridade policial, conferir a lição de Guilherme de Souza Nucci: "Ouvida obrigatória do Ministério Público: sempre que alguém ingressar com pedido de restituição de coisa apreendida, seja duvidosa ou não a propriedade, deve-se colher o parecer do Ministério Público, até porque é importante saber se o objeto é importante ao processo. O titular da ação penal é a parte mais indicada a pronunciar-se a esse respeito. Portanto, havendo inquérito, remete o delegado os autos a juízo, para que seja ouvido o promotor (...)" (*Código de Processo Penal Comentado*. 12. ed. p. 332); **3**: incorreta. A suspensão a quo alude o art. 93 do CPP somente tem incidência no âmbito do processo; não se aplica, pois, na fase de investigação policial, sendo vedado ao delegado de polícia, diante da existência de questão prejudicial da qual dependa a existência do crime sob investigação, suspender o inquérito; deve, isto sim, depois de concluí-lo, remetê-lo a juízo. Gabarito 1E, 2C, 3E.

(Delegado/AM) A alternativa incorreta, relativamente às coisas apreendidas pela autoridade policial, é:

(A) se duvidoso o direito do reclamante sobre a coisa apreendida, o pedido de restituição autuar-se-á em apartado, perante a autoridade policial, que decidirá o incidente, sem prejuízo de o reclamante optar por fazê-lo perante o juiz.
(B) a restituição, quando cabível, poderá ser ordenada pela autoridade policial ou juiz, mediante termo nos autos, desde que não exista dúvida quanto ao direito do reclamante.
(C) o produto do crime não poderá ser restituído, mesmo depois de transitar em julgado a sentença final, salvo se pertencerem ao lesado ou a terceiro de boa-fé.
(D) antes de transitar em julgado a sentença final, as coisas apreendidas não poderão ser restituídas enquanto interessarem ao processo.

A: assertiva incorreta, devendo ser assinalada, pois em desconformidade com o que dispõe o art. 120, § 1º, do CPP; **B:** assertiva correta, pois em conformidade com o que preconiza o art. 120, *caput*, do CPP; **C:** assertiva correta, nos termos do art. 119 do CPP; **D:** assertiva correta, pois reflete o disposto no art. 118 do CPP.
Gabarito "A".

(Delegado/AP – 2010) Relativamente ao tema medidas assecuratórias, analise as afirmativas a seguir:

I. Caberá o sequestro dos bens imóveis, adquiridos pelo indiciado com os proventos da infração, ainda que já tenham sido transferidos a terceiro.
II. O sequestro será levantado se a ação penal não for intentada no prazo de sessenta dias, contado da data em que ficar concluída a diligência.
III. O juiz poderá ordenar o sequestro ainda antes de oferecida a denúncia ou queixa mediante representação da autoridade policial.

Assinale:

(A) se somente a afirmativa I estiver correta.
(B) se somente a afirmativa II estiver correta.
(C) se somente a afirmativa III estiver correta.
(D) se somente as afirmativas II e III estiverem corretas.
(E) se todas as afirmativas estiverem corretas.

I: proposição correta, nos termos do art. 125 do CPP; II: correta, nos termos do art. 131, I, do CPP; III: assertiva em conformidade com o art. 127 do CPP.
Gabarito "E".

(Delegado/AP – 2010) Relativamente ao tema *incidente de insanidade*, analise as afirmativas a seguir:

I. O exame de sanidade mental somente poderá ser ordenado após iniciada a ação penal.
II. O juiz nomeará curador ao acusado, quando determinar o exame, ficando suspensa a ação penal já iniciada, salvo quanto às diligências que possam ser prejudicadas pelo adiamento.
III. Quando houver dúvida sobre a integridade mental do acusado, o juiz ordenará de ofício ou a requerimento do Ministério Público, do defensor, do curador, do ascendente, descendente, irmão ou cônjuge do acusado, seja este submetido a exame médico-legal.

Assinale:

(A) se somente a afirmativa I estiver correta.
(B) se somente a afirmativa II estiver correta.
(C) se somente a afirmativa III estiver correta.
(D) se somente as afirmativas II e III estiverem corretas.
(E) se todas as afirmativas estiverem corretas.

I: incorreta, pois o exame de insanidade mental poderá ser levado a efeito ainda na fase de inquérito policial, mediante representação formulada pela autoridade policial ao juiz de direito competente – art. 149, § 1º, do CPP; II: correta, nos termos do art. 149, § 2º, do CPP; III: correta, pois está em consonância com o que dispõe o art. 149, *caput*, do CPP.
Gabarito "D".

(Delegado/CE – 2006 – CEV/UECE) Considere as afirmativas:

I. Até o trânsito em julgado da decisão penal não pode haver qualquer espécie de restituição de coisas apreendidas, mesmo que as mesmas não sejam mais relevantes ao processo.
II. O incidente de insanidade mental do acusado só poderá ser iniciado a requerimento do próprio réu já que é essencialmente uma tese de defesa do mesmo e beneficia somente a este.
III. O exame de corpo de delito não é indispensável no processo penal já que o Juiz deverá valorar o conjunto das provas, mesmo que o fato criminoso deixe vestígios.
IV. Atualmente, o interrogatório do réu é feito perante o Juiz, porém é possível que a acusação e a defesa, após as perguntas do Juiz, realizem as perguntas que desejarem, mas sempre através do presidente do ato.

São INCORRETAS, apenas:

(A) II e IV
(B) I, II e III
(C) I e II
(D) III e IV

I: incorreta. Se não mais interessarem ao processo, porque nenhuma utilidade mais podem ter, ainda que não tenha ocorrido o trânsito em julgado da sentença, as *coisas apreendidas* podem, sim, ser restituídas depois de submetidas a perícia. Esta é a inferência que se faz da leitura do art. 118 CPP; II: assertiva incorreta. O *incidente de insanidade mental* poderá ser deflagrado a requerimento do MP, do defensor, do curador, do ascendente, descendente, irmão ou cônjuge do acusado, bem assim, na fase de inquérito, mediante representação da autoridade policial. Sempre por ordem do juiz competente, que poderá determiná-lo até de ofício – art. 149, *caput* e § 1º, do CPP; III: incorreta. O exame de corpo de delito – direto ou indireto, nas infrações que deixam vestígios, é indispensável – art. 158 do CPP. Na hipótese de desaparecimento desses vestígios, nosso ordenamento jurídico admite que a prova testemunhal supra essa falta – art. 167, CPP; o que não se admite é que a confissão supra a falta do exame; IV: assertiva correta. Modificação introduzida pela Lei 10.792/2003.
Gabarito "B".

(Delegado/GO – 2009 – UEG) Sobre os processos incidentes é CORRETO afirmar:

(A) a mera gravidade do delito já induz à necessidade de instauração de incidente de insanidade mental.
(B) a arguição de falsidade de documento constante nos autos da ação penal poderá ser feita por advogado constituído pelo acusado, independentemente de poderes especiais para tanto.
(C) configura cerceamento de defesa o indeferimento do requerimento de instauração de incidente de insanidade mental do investigado, uma vez que, assim como o exame de corpo de delito, o exame de sanidade mental é de realização obrigatória.
(D) a finalidade do incidente de falsidade documental é unicamente a de constatar a idoneidade do documento como elemento probatório; não é seu objeto a apuração de possível delito de falsidade.

A: incorreta, pois o incidente de insanidade mental destina-se a verificar se se trata de acusado *inimputável* ou *semi-imputável*. Assim, o incidente terá lugar sempre que houver fundadas suspeitas em relação à higidez mental do réu, isto é, se este, ao tempo da conduta, tinha capacidade de compreensão do ilícito ou de determinar-se de acordo com esse entendimento. Tal realidade nenhuma relação tem com a gravidade do delito perpetrado, ou seja, a instauração do incidente não está condicionada à natureza tampouco à gravidade da infração, e sim à existência de elementos de convicção que justifiquem a realização do exame médico-legal; **B:** incorreta. Em vista do que dispõe o art. 146 do

CPP, a arguição de falsidade de documento constante nos autos da ação penal somente poderá ser feita por procurador com poderes especiais para tanto; **C:** incorreta, pois o incidente de insanidade mental, que não é obrigatório, somente será instaurado quando houver dúvida acerca da integridade mental do acusado – art. 149, *caput*, do CPP; **D:** alternativa correta. Visa-se, com o incidente de falsidade, preservar a formação da prova no processo principal, buscando-se atingir a verdade real. O objetivo, aqui, não é apurar o crime de falso praticado. Apesar disso, em vista do disposto no art. 145, IV, do CPP, uma vez reconhecida a falsidade documental, os autos do incidente devem ser remetidos, juntamente com o documento falsificado, para o Ministério Público. A este caberá oferecer denúncia, se dispuser de elementos suficientes para tanto; ou, se não, requisitar instauração de inquérito com o propósito de reunir elementos para futuro ajuizamento de ação penal.
Gabarito "D".

(Delegado/MG – 2007) Assinale a opção CORRETA:

(A) O exame de insanidade mental, estando o acusado preso, não durará mais de 45 (quarenta e cinco) dias, salvo se os peritos demonstrarem a necessidade de maior prazo.

(B) A falta do exame complementar não poderá ser suprida pela prova testemunhal, caso tenha por fim precisar a classificação do delito no artigo 129, § 1º, I, do Código Penal.

(C) A Autoridade Policial negará a perícia requerida pela parte, quando não for necessária ao esclarecimento da verdade, ainda que seja o exame de corpo de delito.

(D) O exame de insanidade mental poderá ser ordenado pela Autoridade Policial somente durante a fase do inquérito policial.

A: correta, nos termos do art. 150, § 1º, do CPP; **B:** incorreta, nos termos do art. 168, § 3º, do CPP; **C:** incorreta, nos termos do art. 158 do CPP; **D:** incorreta. A autoridade policial não está credenciada a determinar a realização do exame de insanidade mental; poderá, todavia, representar à autoridade judiciária com vistas à sua realização – art. 149, § 1º, do CPP.
Gabarito "A".

(Delegado/PA – 2012 – MSCONCURSOS) A respeito da insanidade mental do acusado, assinale a alternativa incorreta:

(A) O juiz nomeará curador ao acusado, quando determinar o exame, ficando suspenso o processo, se já iniciada a ação penal, salvo quanto às diligências que possam ser prejudicadas pelo adiamento.

(B) O exame não poderá ser ordenado na fase do inquérito.

(C) O incidente da insanidade mental processar-se-á em auto apartado, que só depois da apresentação do laudo, será apenso ao processo principal.

(D) Para o efeito do exame, o acusado, se estiver preso, será internado em manicômio judiciário, onde houver, ou, se estiver solto, e o requererem os peritos, em estabelecimento adequado que o juiz designar.

(E) Quando houver dúvida sobre a integridade mental do acusado, o juiz ordenará, de ofício ou a requerimento do Ministério Público, do defensor, do curador, do ascendente, descendente, irmão ou cônjuge do acusado, seja este submetido a exame médico-legal.

A: proposição correta, pois em conformidade com o disposto no art. 149, § 2º, do CPP; **B:** assertiva incorreta, devendo ser assinalada, já que não reflete o disposto no art. 149, § 1º, do CPP, que estabelece que o juiz, diante da representação formulada pela autoridade policial, poderá determinar a realização do exame médico-legal na fase de inquérito; **C:** assertiva correta, visto que reflete o que estabelece o art. 153 do CPP; **D:** assertiva correta, nos termos do art. 150, *caput*, do CPP; **E:** assertiva correta, pois corresponde ao que prescreve o art. 149, *caput*, do CPP.
Gabarito "B".

(Delegado/PI – 2009 – UESPI) De acordo com o que dispõe o Código de Processo Penal, a medida assecuratória de sequestro:

(A) pode ser determinada provando-se simplesmente a existência de indícios veementes da proveniência ilícita dos bens.

(B) atinge os bens adquiridos pelo indiciado com os proventos da infração, mas não pode ser decretada se esses bens já tiverem sido transferidos para terceiros.

(C) não pode ser determinada antes do oferecimento da denúncia ou da queixa.

(D) será levantada se a ação penal não for intentada no prazo de trinta dias.

(E) pode ser embargada pelo terceiro de boa-fé, a quem houverem os bens sido transferidos a título oneroso, caso em que a decisão poderá ser pronunciada antes mesmo da sentença penal condenatória.

A: correta. Com efeito, é suficiente, para a decretação da medida assecuratória de sequestro, a existência de indícios veementes da proveniência ilícita dos bens, conforme impõe o art. 126 do CPP; **B:** incorreta (art. 125 do CPP); **C:** incorreta. Terá lugar o sequestro, determinado pelo juiz, no curso do processo ou mesmo *antes* de oferecida a denúncia ou queixa – art. 127 do CPP; **D:** incorreta, já que o prazo estabelecido no art. 131, I, do CPP é de *60 dias*; **E:** incorreta (art. 130, parágrafo único, do CPP).
Gabarito "A".

(Delegado/MT – 2006) A respeito das medidas assecuratórias, a alternativa **correta** é:

(A) O sequestro será autuado nos próprios autos e não serão admitidos embargos de terceiros.

(B) Caberá o sequestro dos bens móveis adquiridos pelo indiciado com os proventos da infração, ainda que já tenham sido transferidos a terceiros.

(C) Para a decretação do sequestro, exigir-se-á prova robusta da proveniência ilícita dos bens.

(D) A hipoteca legal sobre os imóveis do indiciado poderá ser requerida pelo ofendido, em qualquer fase do processo, desde que haja certeza da infração e indícios suficientes da autoria.

A: assertiva em desconformidade com o art. 129 do CPP; **B:** assertiva em desconformidade com o art. 125 do CPP; **C:** assertiva em desconformidade com o art. 126 do CPP; **D:** correta, nos termos do art. 134 do CPP.
Gabarito "D".

(Delegado/SP – 2008) Imagine-se a hipótese de o agente subtrair significativa quantidade de dinheiro da vítima e usar parte dele para a compra de um carro. Neste caso, após o regular inquérito policial e a instauração na instancia penal, o veículo deverá ser

(A) objeto de apreensão.

(B) objeto de arresto.

(C) objeto de sequestro.

(D) objeto de gravame.

(E) restituído a vítima da subtração do dinheiro.

> Art. 132 do CPP. Só se procederá ao sequestro quando os bens não forem passíveis de busca e apreensão (art. 240 do CPP). Ou seja, o sequestro somente terá incidência quando se tratar de coisas adquiridas com o rendimento gerado pela prática da infração penal. ED
>
> Gabarito "C".

(Delegado/SP – 2008) Não se pode opor exceção de suspeição ao

(A) ministério público.
(B) jurado.
(C) perito criminal.
(D) delegado de polícia.
(E) intérprete.

> Art. 107 do CPP. Nos termos desse dispositivo, embora não se possa invocar suspeição em relação às autoridades policiais, no curso do inquérito policial, estas devem declarar-se suspeitas sempre que houver motivo legal para tanto. ED
>
> Gabarito "D".

(Delegado/SP – 2000) No pertinente aos efeitos, constituem exceções dilatórias.

(A) a incompetência do juízo e a suspeição.
(B) a coisa julgada e a ilegitimidade de parte.
(C) a litispendência e a incompetência do juízo.
(D) a coisa julgada e a litispendência.

> *Dilatórias* são as exceções que protelam a decisão de mérito da causa, até que se resolva uma questão processual pendente; *peremptórias*, por seu turno, são as exceções que têm o condão de pôr fim ao processo. ED
>
> Gabarito "A".

(Delegado/SP – 2000) No curso do inquérito policial, quando a autoridade policial tiver dúvida quanto à integridade mental do indiciado, deverá

(A) representar ao juiz sobre a necessidade de submeter o indiciado a exame médico-legal.
(B) encaminhar o indiciado, com requisição, para o Instituto Médico-Legal.
(C) ouvir os familiares do indiciado, juntar atestados médicos e encaminhar os autos ao juízo criminal.
(D) comunicar ao juiz e encaminhar o indiciado ao Instituto Médico-Legal.

> Reza o art. 149, § 1º, do CPP que o incidente de insanidade mental poderá ser suscitado pela autoridade policial no curso do inquérito policial, que, para tanto, representará à autoridade judiciária, a quem caberá determinar a realização do exame médico-legal no indiciado. ED
>
> Gabarito "A".

8. PRERROGATIVAS DO ACUSADO

(Delegado/AP – 2010) João Batista foi preso em flagrante acusado de tráfico de drogas. Na delegacia, a autoridade policial inicia uma conversa informal com João, que confessa a prática do crime. Todavia, quando o delegado informa que iniciará o seu interrogatório policial, João exige a presença de um advogado dativo ou defensor público (já que não tem recursos para contratar um advogado particular), o que lhe é negado pelo Delegado ao argumento de que não há previsão legal para essa assistência gratuita. João decide permanecer em silêncio.

Contudo, o delegado gravara a confissão de João durante a conversa informal. Oferecida e recebida a denúncia, não havendo testemunhas a serem inquiridas, é designado interrogatório judicial. Minutos antes de iniciar o interrogatório, João pede ao juiz que indique um advogado ou defensor, o que lhe é negado ao argumento de que o interrogatório é ato de autodefesa e não de defesa técnica.

Considerando a narrativa acima, analise as afirmativas a seguir:

I. É válida a gravação da conversa informal mantida pelo delegado com João.
II. João tem direito de exigir a assistência de um advogado dativo ou um defensor público no momento de seu interrogatório judicial, tendo o delegado dado causa à nulidade do interrogatório.
III. Caso o juiz permitisse que João fosse assistido por um defensor público antes de seu interrogatório judicial, João e o defensor público poderiam conversar de forma reservada antes do interrogatório.

Assinale:

(A) se somente a afirmativa II estiver correta.
(B) se somente as afirmativas I e III estiverem corretas.
(C) se somente as afirmativas II e III estiverem corretas.
(D) se somente as afirmativas I e II estiverem corretas.
(E) se todas as afirmativas estiverem corretas.

> I: incorreta. A gravação da conversa mantida pela autoridade policial com João Batista, sem as formalidades legais e sem que o conduzido tenha sido advertido quanto ao seu direito constitucional de permanecer silente, configura prova ilícita, visto que obtida de forma sub-reptícia; II: correta, pois reflete o disposto nos arts. 185, *caput*, e 261, *caput*, do CPP; III: correta, nos termos do art. 185, § 5º, do CPP. ED
>
> Gabarito "C".

9. PROVAS

(Delegado/RJ – 2022 – CESPE/CEBRASPE) Etelvina foi vítima do crime de roubo com emprego de arma de fogo, numa rua com pouca iluminação em um bairro da Zona Norte do Rio de Janeiro. Desesperada, após o assalto, ela saiu pela rua, gritando por socorro. Cerca de 500 m adiante do local do fato, encontrou Osvaldo, policial civil que havia saído da delegacia para jantar. Ele socorreu Etelvina, ouviu o relato dela com a descrição do agente do crime e a levou à delegacia de polícia. Em seguida, com autorização da autoridade policial de plantão, Osvaldo, acompanhado de um colega policial civil de plantão, saiu numa viatura policial, em perseguição do indivíduo com as características mencionadas por Etelvina. Depois de percorrer as proximidades do local do fato durante cerca de uma hora, não logrou êxito em localizá-lo.

A autoridade policial encaminhou todos ao cartório e ouviu o relato de Etelvina em detalhes, embora ela tivesse dito que tudo havia sido muito rápido. Não havia testemunhas do fato, somente o relato de Osvaldo, que disse ter ouvido Etelvina na rua, apavorada. A autoridade policial perguntou a Etelvina se ela teria condições de reconhecer o elemento pelo álbum fotográfico da delegacia, e ela respondeu que sim. Desse modo, o delegado entregou-lhe o álbum, para que ela identificasse o indivíduo. Etelvina olhou todo o álbum fotográfico da delegacia e apontou um indivíduo como o autor do roubo: era Túlio, autor de diversos roubos na circunscrição da delegacia.

Nessa situação hipotética, de posse do termo de reconhecimento fotográfico, a autoridade policial deverá, segundo jurisprudência do STJ,

(A) instaurar inquérito policial, sem indiciar Túlio, a fim de colher maiores elementos de convicção sobre a autoria e circunstâncias do fato.

(B) instaurar inquérito policial, chamar Túlio, para ele dizer se conhece Etelvina, e realizar a acareação do depoimento de ambos, em busca de possíveis divergências.

(C) instaurar inquérito policial, indiciando Túlio com base no reconhecimento fotográfico feito por Etelvina, e requerer sua prisão preventiva ao juízo competente, a fim de colher maiores elementos de convicção sobre a autoria e circunstâncias do fato.

(D) instaurar inquérito policial, indiciando Túlio com base no reconhecimento fotográfico feito por Etelvina, e requerer sua prisão temporária ao juízo competente, a fim de que o Ministério Público ofereça denúncia contra Túlio.

(E) instaurar inquérito policial e requerer a prisão temporária de Túlio, para posterior requerimento de prisão preventiva e oferecimento de denúncia, diante da insofismável certeza da autoria obtida pelo reconhecimento fotográfico.

Conferir: "1. Os réus foram absolvidos, porque não há nos autos prova da autoria delitiva, pois, ainda que as vítimas tenham confirmado que reconheceram os acusados por meio de foto, não há outros elementos de prova de autoria do roubo. Conforme afirma a sentença, não houve a apreensão da arma de fogo ou de outros objetos de origem ilícita em posse dos acusados, tampouco estavam próximos ao veículo subtraído, haja vista que foram presos em pracinha localizada na Avenida Ivo Silveira, enquanto que o veículo foi abandonado na rua Álvaro Tolentino, próximo à passarela da via expressa, e nem, ao menos, foi realizada prova pericial para investigar a existência de digitais dos réus no veículo subtraído. 2. O Tribunal de origem reformou a sentença e condenou os réus, única e exclusivamente, com base no reconhecimento fotográfico realizado a partir das fotografias registradas pelo aparelho celular de um dos agentes policiais. 3. Esta Corte Superior formou a recente jurisprudência, segundo a qual, o reconhecimento de pessoa, presencialmente ou por fotografia, realizado na fase do inquérito policial, apenas é apto, para identificar o réu e fixar a autoria delitiva, quando observadas as formalidades previstas no art. 226 do Código de Processo Penal e quando corroborado por outras provas colhidas na fase judicial, sob o crivo do contraditório e da ampla defesa. 4. Considerando que o corréu encontra-se na mesma situação fático-processual do agravante, deve-lhe aplicada a regra do art. 580 do CPP. 5. Agravo regimental provido. Recurso especial conhecido e provido. Sentença reestabelecida. Efeitos estendidos ao corréu." (STJ, AgRg no AREsp n. 1.887.844/SC, relator Ministro Olindo Menezes (Desembargador Convocado do TRF 1ª Região), Sexta Turma, julgado em 22/11/2022, DJe de 25/11/2022).

Gabarito: A.

(Delegado/RJ – 2022 – CESPE/CEBRASPE) Uma operação policial foi deflagrada para coibir a atividade ilícita de determinados ferros-velhos na região da Baixada Fluminense, onde, segundo as investigações, carros, produtos de furto e roubos, eram cortados e suas peças eram vendidas no mercado paralelo em todo o estado. Atuaram na operação 80 agentes de polícia e 10 delegados, que, munidos de mandados de busca e apreensão e mandados de prisão, prenderam 40 pessoas, recuperaram 120 automóveis furtados e roubados e centenas de peças diversas de automóveis, além de terem efetuado a prisão em flagrante de 60 pessoas. Na operação, também foram apreendidos telefones celulares, *chips*, documentos de propriedade de veículos e diversas placas de identificação veicular.

Em um desses ferros-velhos, Orozimbo, advogado, encontrava-se ao lado de um automóvel produto de crime. Conforme filmagens apreendidas pela polícia, ele havia chegado ao local nesse automóvel, minutos antes da chegada dos policiais. Ainda, um dos presos em flagrante disse, no momento da prisão, que grande parte dos documentos dos carros furtados e roubados apreendidos estava no escritório do advogado Orozimbo, guardados para serem negociados com integrantes de quadrilha que vendia carros no Paraguai.

Os celulares apreendidos com quatro dos presos foram desbloqueados pelos titulares das linhas, espontânea e consentidamente, e mostravam conversas em grupos de aplicativos de mensagem com o chefe de quadrilha, nominado de Thief. Fotos e vídeos de integrantes da quadrilha, agindo nas ruas da cidade, também foram encontrados nos celulares. Os documentos pessoais de Thief (passaporte, identidade e CPF) ficavam no escritório de Orozimbo, guardados num cofre.

Considerando essa situação hipotética, assinale a opção correta.

(A) Eventual procedimento de busca e apreensão no escritório do advogado Orozimbo será protegido pela inviolabilidade relativa, por existirem indícios da sua participação nos crimes objeto da operação.

(B) A realização de busca e apreensão no escritório do advogado Orozimbo não é admissível, por ser assegurada pela lei a inviolabilidade absoluta de seu escritório ou local de trabalho.

(C) É admissível a realização de busca e apreensão no escritório do advogado Orozimbo, para apreensão de todo e qualquer material que lá estiver, inclusive os de eventuais sócios dele, considerando-se a prática do crime investigado.

(D) A realização de busca e apreensão no escritório do advogado Orozimbo somente poderá ocorrer se se tratar da prática de crime inafiançável cuja pena seja superior a oito anos de reclusão.

(E) Orozimbo não poderá ser preso em flagrante delito, porque, sendo advogado, possui imunidade profissional que impede sua prisão.

O art. 7º, II, da Lei 8.906/1994 confere ao advogado inviolabilidade de seu escritório ou local de trabalho, bem como de seus instrumentos de trabalho, de sua correspondência escrita, eletrônica, telefônica e telemática, desde que relativas ao exercício da advocacia, inviolabilidade esta que é, em verdade, relativa, na medida em que, diante da existência de indícios de sua participação em crime, será possível a realização de busca e apreensão.

Gabarito: A.

(Delegado de Polícia Federal – 2021 – CESPE) Quanto à prova criminal, julgue os itens que se seguem.

(1) A confissão do acusado não dispensa a realização do exame de corpo de delito nos casos de crimes não transeuntes.

(2) Na ausência de um perito oficial, a perícia pode ser feita por duas pessoas idôneas portadoras de curso superior, preferencialmente com habilitação técnica relacionada à natureza do exame.

(3) No que se refere ao procedimento de reconhecimento, a pessoa que será reconhecida deverá, se possível, ser posicionada ao lado de outras pessoas com semelhanças físicas, sem número definido de indivíduos, para que, em seguida, a pessoa que tiver de fazer o reconhecimento seja convidada a apontá-la.

(4) É nula a decisão judicial que indefere a oitiva das vítimas do crime arroladas pela defesa.

(5) A ordem judicial de busca domiciliar autoriza o acesso aos dados armazenados no celular apreendido pela autoridade policial.

1: Certo. Uma vez inviabilizada a realização do exame de corpo de delito (direto ou indireto) nas infrações que deixam vestígios (chamados *delitos não transeuntes*), em razão do desaparecimento destes, a prova testemunhal poderá suprir-lhe a falta, na forma estatuída no art. 167 do CPP. Mas atenção: em hipótese alguma a confissão do réu poderá suprir a falta do exame de corpo de delito – art. 158, CPP. **2:** Certo. Com a nova redação dada ao art. 159 do CPP pela Lei de Reforma 11.690/08, a perícia será levada a efeito por um perito oficial portador de diploma de curso superior (antes eram dois). À falta deste, determina o § 1º do art. 159 que o exame seja feito por duas pessoas idôneas, detentoras de diploma de curso superior preferencialmente na área específica, dentre aquelas que tiverem habilitação técnica relacionada com a natureza do exame. **3:** Certo. O reconhecimento de pessoas está disciplinado no art. 226 do CPP, que adotou o chamado *sistema simultâneo* (art. 226, II, do CPP), em que todos são exibidos de forma simultânea (ao mesmo tempo) a quem tiver de fazer o reconhecimento. Como primeira providência, aquele que tiver de fazer o reconhecimento deverá fornecer a descrição da pessoa a ser reconhecida. Após, aquele a ser reconhecido será colocado lado a lado com pessoas que com ele guardem alguma semelhança. Feito isso, a pessoa que tiver de fazer o reconhecimento será convidada a apontar a pessoa a ser reconhecida. **4:** Errado. Conferir o seguinte julgado: "A obrigatoriedade de oitiva da vítima deve ser compreendida à luz da razoabilidade e da utilidade prática da colheita da referida prova. Hipótese de imputação da prática de 638 (seiscentos e trinta e oito) homicídios tentados, a revelar que a inquirição da integralidade dos ofendidos constitui medida impraticável. Indicação motivada da dispensabilidade das inquirições para informar o convencimento do Juízo, forte em critérios de persuasão racional, que, a teor do artigo 400, § 1º, CPP, alcançam a fase de admissão da prova. Ausência de cerceamento de defesa. 3. A inclusão de novas vítimas, ainda que de expressão reduzida no amplo contexto da apuração em Juízo, importa alteração do resultado jurídico da conduta imputada e, por conseguinte, interfere na própria constituição do fato típico. Daí que, por não se tratar de erro material, exige-se a complementação da acusação que, contudo, não se submete a formalidades excessivas. A petição do Ministério Público que esclarece referidas circunstâncias e as atribuem aos denunciados atende ao figurino constitucional do devido processo legal. 4. O rito especial do Tribunal do Júri limita o número de testemunhas a serem inquiridas e, ao contrário do procedimento comum, não exclui dessa contagem as testemunhas que não prestam compromisso legal. Ausência de lacuna a ensejar a aplicação de norma geral, preservando-se, bem por isso, a imperatividade da regra especial. 5. A inobservância do prazo para oferecimento da denúncia não contamina o direito de apresentação do rol de testemunhas, cuja exibição associa-se ao ato processual acusatório, ainda que extemporâneo. Assim, o apontamento de testemunhas pela acusação submete-se à preclusão consumativa, e não a critérios de ordem temporal, já que o prazo para formalização da peça acusatória é de natureza imprópria. 6. Impetração não conhecida" (STF, HC 131.158, rel. Min. Edson Fachin, Primeira Turma, Julgamento: 26/04/2016, Publicação: 14/09/2016). **5:** Certo. É firme a jurisprudência no sentido de que devem ser consideradas nulas as "provas" obtidas pela polícia sem autorização judicial por meio da extração de dados e conversações registradas no aparelho celular e *whatsapp* do investigado, mesmo que o aparelho tenha sido apreendido no momento da prisão em flagrante. Sucede que, segundo entende o STJ, a ordem judicial de busca domiciliar permite o acesso aos dados armazenados no celular apreendido pela autoridade policial. Conferir: "PROCESSUAL PENAL. RECURSO ORDINÁRIO EM *HABEAS CORPUS*. TRÁFICO DE DROGAS E ASSOCIAÇÃO AO TRÁFICO. DADOS ARMAZENADOS NO APARELHO CELULAR. INAPLICABILIDADE DO ART. 5º, XII, DA CONSTITUIÇÃO FEDERAL E DA LEI N. 9.296/96. PROTEÇÃO DAS COMUNICAÇÕES EM FLUXO. DADOS ARMAZENADOS. INFORMAÇÕES RELACIONADAS À VIDA PRIVADA E À INTIMIDADE. INVIOLABILIDADE. ART. 5º, X, DA CARTA MAGNA. ACESSO E UTILIZAÇÃO. NECESSIDADE DE AUTORIZAÇÃO JUDICIAL. INTELIGÊNCIA DO ART. 3º DA LEI N. 9.472/97 E DO ART. 7º DA LEI N. 12.965/14. TELEFONE CELULAR APREENDIDO EM CUMPRIMENTO A ORDEM JUDICIAL DE BUSCA E APREENSÃO. DESNECESSIDADE DE NOVA AUTORIZAÇÃO JUDICIAL PARA ANÁLISE E UTILIZAÇÃO DOS DADOS NELES ARMAZENADOS. RECURSO NÃO PROVIDO. I – O sigilo a que se refere o art. 5º, XII, da Constituição da República é em relação à interceptação telefônica ou telemática propriamente dita, ou seja, é da comunicação de dados, e não dos dados em si mesmos. Desta forma, a obtenção do conteúdo de conversas e mensagens armazenadas em aparelho de telefone celular ou smartphones não se subordina aos ditames da Lei n. 9.296/96. II – Contudo, os dados armazenados nos aparelhos celulares decorrentes de envio ou recebimento de dados via mensagens SMS, programas ou aplicativos de troca de mensagens (dentre eles o "WhatsApp"), ou mesmo por correio eletrônico, dizem respeito à intimidade e à vida privada do indivíduo, sendo, portanto, invioláveis, nos termos do art. 5º, X, da Constituição Federal. Assim, somente podem ser acessados e utilizados mediante prévia autorização judicial, nos termos do art. 3º da Lei n. 9.472/97 e da Lei n. 12.965/14. III – A jurisprudência das duas Turmas da Terceira Seção deste Tribunal Superior firmou-se no sentido de ser ilícita a prova obtida diretamente dos dados constantes de aparelho celular, decorrentes de mensagens de textos SMS, conversas por meio de programa ou aplicativos ("WhatsApp"), mensagens enviadas ou recebidas por meio de correio eletrônico, obtidos diretamente pela polícia no momento do flagrante, sem prévia autorização judicial para análise dos dados armazenados no telefone móvel. IV – No presente caso, contudo, o aparelho celular foi apreendido em cumprimento à ordem judicial que autorizou a busca e apreensão nos endereços ligados aos corréus, tendo a recorrente sido presa em flagrante na ocasião, na posse de uma mochila contendo tabletes de maconha. V – Se ocorreu a busca e apreensão dos aparelhos de telefone celular, não há óbice para se adentrar ao seu conteúdo já armazenado, porquanto necessário ao deslinde do feito, sendo prescindível nova autorização judicial para análise e utilização dos dados neles armazenados. Recurso ordinário não provido" (STJ, RHC 77.232/SC, Rel. Ministro FELIX FISCHER, QUINTA TURMA, julgado em 03/10/2017, DJe 16/10/2017).

Gabarito 1C, 2C, 3C, 4E, 5C

(Delegado/MG – 2021 – FUMARC) Em relação às características do sistema acusatório, analise as afirmativas:

I. Gestão da prova na mão das partes e não do juiz, clara distinção entre as atividades de acusar e julgar, juiz como terceiro imparcial e publicidade dos atos processuais.

II. Ausência de uma tarifa probatória, igualdade de oportunidades às partes no processo e procedimento é, em regra, oral.
III. O processo é um fim em si mesmo e o acusado é tratado como mero objeto, imparcialidade do juiz e prevalência da confissão do réu como meio de prova.
IV. Celeridade do processo e busca da verdade real, o que faculta ao juiz de- terminar de ofício a produção de prova.

São VERDADEIRAS apenas as afirmativas:

(A) I e II.
(B) I e IV.
(C) I, III e IV.
(D) II e III.

São características do *sistema acusatório*: nítida separação nas funções de acusar, julgar e defender, o que torna imprescindível que essas funções sejam desempenhadas por pessoas distintas; o processo é público e contraditório; há imparcialidade do órgão julgador e a ampla defesa é assegurada. No *sistema inquisitivo*, que deve ser entendido como a antítese do acusatório, as funções de acusar, defender e julgar reúnem-se em uma única pessoa. É possível, nesse sistema, portanto, que o juiz investigue, acuse e julgue. Além disso, o processo é sigiloso e nele não vige o contraditório. No *sistema misto*, por fim, há uma fase inicial inquisitiva, ao final da qual tem início uma etapa em que são asseguradas todas as garantias inerentes ao acusatório. Quanto à faculdade de o juiz determinar, de ofício, a produção da prova, valem algumas ponderações. Como bem sabemos, a atividade instrutória do juiz está expressamente contemplada no art. 156 do CPP. Com efeito, as modificações implementadas pela Lei 11.690/2008 no dispositivo acima mencionado ampliaram sobremaneira os poderes do juiz de determinar de ofício a produção da prova. Dessa forma, nada impede ao magistrado, com fulcro no art. 156, II, do CPP, com o propósito de esclarecer dúvida acerca de ponto relevante, determine, em caráter supletivo, diligências com o objetivo de se atingir a verdade real. Sucede que, com o advento do chamado *pacote anticrime* (Lei 13.964/2019), foram promovidas diversas inovações nos campos penal, processual penal e legislação extravagante, com destaque para a Lei de Execução Penal. No Código de Processo Penal, uma das alterações a nosso ver mais relevantes, ao lado do juiz de garantias, é a inserção do art. 3º-A, que consagra e explicita a opção pelo sistema acusatório. Segundo este dispositivo, cuja eficácia está suspensa por decisão liminar do STF, já que faz parte do regramento que compõe o chamado "juiz de garantias" (arts. 3º-A a 3º-F, do CPP), "o processo penal terá estrutura acusatória, vedadas a iniciativa do juiz na fase de investigação e a substituição da atuação probatória do órgão de acusação". Até então, o sistema acusatório, embora amplamente acolhido pela comunidade jurídica, já que em perfeita harmonia com a CF/88, não era contemplado em lei. Nessa esteira, com vistas a fortalecer o sistema acusatório, o *pacote anticrime* cria a figura do juiz de garantias (arts. 3º-A a 3º-F, do CPP, com eficácia atualmente suspensa), ao qual cabe promover o controle da legalidade da investigação criminal e salvaguardar os direitos individuais cuja franquia tenha sido reservada ao Poder Judiciário. Também dentro desse mesmo espírito, a Lei 13.964/2019 alterou os arts. 282, § 2º, e 311, ambos do CPP, que agora vedam a atuação de ofício do juiz na decretação de medidas cautelares de natureza pessoal, como a prisão processual, ainda que no curso da ação penal. Como não poderia deixar de ser, surgiu (ou ressurgiu) a discussão acerca da compatibilidade do art. 156 do CPP com a adoção, agora explícita, do sistema acusatório feita pela inserção do art. 3º-A no CPP. Como bem sabemos, não houve a revogação expressa do art. 156 do CPP pela Lei 13.964/2019, dispositivo que autoriza a atuação do juiz de ofício na produção da prova (inclusive na fase investigativa). A questão que se coloca é: houve revogação tácita do art. 156 do CPP pelo novo art. 3º-A? Somente o tempo dirá como os tribunais atuarão diante de tal impasse. Pensamos que a inserção do art. 3º-A no CPP, aliada à implementação do juiz de garantias, à vedação imposta à atuação de ofício do juiz (como a proibição de o magistrado decretar a custódia preventiva de ofício no curso da ação penal) e também à inovação promovida no procedimento de arquivamento do IP, que retira o protagonismo que até então tinha o juiz de decidir se era ou não caso de arquivamento, leva-nos a crer que o art. 156 do CPP, porque incompatível com o sistema acusatório, foi tacitamente revogado pelo art. 3º-A. Gabarito "A".

(Delegado/ES – 2019 – Instituto Acesso) Antônio foi preso em flagrante sob a acusação da prática de tráfico de drogas. A polícia apreendeu seu telefone celular. O Delegado abriu o aplicativo *WhatsApp* no celular do suspeito e verificou que, nas conversas de Antônio, as mensagens comprovaram que ele realmente negociava drogas, e assumia a prática de outros crimes graves. As referidas mensagens foram transcritas pelo escrivão e juntadas ao inquérito policial, em forma de certidão. Nessa situação hipotética, de acordo com as regras de admissibilidade das provas no processo penal brasileiro, marque a alternativa CORRETA.

(A) é necessário ordem judicial, tanto para a apreensão de telefone celular, como também para o acesso às mensagens de *WhatsApp*.
(B) tendo em vista que é dispensável ordem judicial para a apreensão de telefone celular, também não é necessária autorização para o acesso as mensagens de *WhatsApp*, visto que se trata de medida implícita à apreensão.
(C) é necessário somente requisição do Ministério Público para o acesso às mensagens de *WhatsApp*.
(D) como se trata de procedimento preliminar investigatório, não é necessário a prévia autorização judicial para que a autoridade policial possa ter acesso ao *WhatsApp* da pessoa que foi presa em flagrante delito.
(E) é necessária prévia autorização judicial para que a autoridade policial possa ter acesso ao *WhatsApp* da pessoa que foi presa em flagrante delito.

Segundo têm entendido os Tribunais, somente são considerados como prova lícita os dados e as conversas registrados por meio de mensagem de texto obtidos de aparelho celular apreendido no ato da prisão em flagrante se houver prévia autorização judicial. Nesse sentido: "I – A jurisprudência deste Tribunal Superior firmou-se no sentido de ser ilícita a prova oriunda do acesso aos dados armazenados no aparelho celular, relativos a mensagens de texto, SMS, conversas por meio de aplicativos (WhatsApp), obtidos diretamente pela polícia no momento da prisão em flagrante, sem prévia autorização judicial. II – *In casu*, os policiais civis obtiveram acesso aos dados (mensagens do aplicativo WhatsApp) armazenados no aparelho celular do corréu, no momento da prisão em flagrante, sem autorização judicial, o que torna a prova obtida ilícita, e impõe o seu desentranhamento dos autos, bem como dos demais elementos probatórios dela diretamente derivados (...) Recurso ordinário provido para determinar o desentranhamento dos autos das provas obtidas por meio de acesso indevido aos dados armazenados no aparelho celular, sem autorização judicial, bem como as delas diretamente derivadas, e para conceder a liberdade provisória ao recorrente, salvo se por outro motivo estiver preso, e sem prejuízo da decretação de nova prisão preventiva, desde que fundamentada em indícios de autoria válidos" (STJ, RHC 92.009/RS, Rel. Ministro Felix Fischer, Quinta Turma, julgado em 10.04.2018, DJe 16.04.2018). Gabarito "E".

(Delegado/RS – 2018 – FUNDATEC) No que se refere à disciplina sobre provas, seus meios de obtenção e a jurisprudência dos Tribunais Superiores, assinale a alternativa correta.

(A) A interceptação de comunicação telefônica, de qualquer natureza, ocorrerá nos mesmos autos do inquérito policial ou do processo criminal, preservando-se o sigilo das diligências, gravações e transcrições respectivas.
(B) Considerando a infiltração de agentes policiais em ambiente virtual, antes da conclusão da operação, o acesso aos autos será reservado ao juiz, ao Ministério Público e ao delegado de polícia responsável pela operação, com o objetivo de garantir o sigilo das investigações.
(C) Conforme jurisprudência do Superior Tribunal de Justiça, as comunicações telefônicas do investigado legalmente interceptadas não podem ser utilizadas em desfavor do outro interlocutor quando este seja advogado do investigado.
(D) Segundo a jurisprudência do Superior Tribunal de Justiça, é lícita a gravação de conversa informal entre os policiais e o conduzido ocorrida quando da lavratura do auto de prisão em flagrante, ainda que não cientificado sobre o direito de permanecer em silêncio, tendo em vista que se trata de repartição pública em que não se aplica o direito à privacidade.
(E) A infiltração de agentes policiais em ambiente virtual não poderá exceder o prazo de 90 (noventa) dias, permitida uma renovação pelo mesmo prazo, desde que demonstrada sua efetiva necessidade, a critério da autoridade judicial.

A: incorreta, na medida em que, por expressa disposição do art. 8º, *caput*, da Lei 9.296/1996, a interceptação de comunicação telefônica, de qualquer natureza, ocorrerá em autos *apartados*; **B:** correta, pois reflete o disposto no art. 190-B, parágrafo único, da Lei 8.069/1990 (ECA), dispositivo inserido por meio da Lei 13.441/2017; **C:** incorreta. Conferir: "1. A interceptação telefônica, por óbvio, abrange a participação de quaisquer dos interlocutores. Ilógico e irracional seria admitir que a prova colhida contra o interlocutor que recebeu ou originou chamadas para a linha legalmente interceptada é ilegal. Ora, "[a]o se pensar em interceptação de comunicação telefônica é de sua essência que o seja em face de dois interlocutores". [...] A autorização de interceptação, portanto [...], abrange a participação de qualquer interlocutor no fato que está sendo apurado e não apenas aquela que justificou a providência." (GRECO FILHO, Vicente. Interceptação telefônica: Considerações sobre a Lei 9.296 de 24 de julho de 1996 – São Paulo: Saraiva, 1996, pp. 20/21). 2. Não é porque o Advogado defendia os investigados que sua comunicação com eles foi interceptada, mas tão somente porque era um dos interlocutores. Não há, assim, nenhuma violação ao sigilo profissional. 3. Recurso desprovido" (STJ, RMS 33.677/SP, Rel. Ministra LAURITA VAZ, QUINTA TURMA, julgado em 27/05/2014, DJe 03/06/2014); **D:** incorreta. Conferir: "1. Segundo o art. 5º, LXIII, da Constituição Federal, o preso será informado de seus direitos, entre os quais o de permanecer calado, sendo-lhe assegurada a assistência da família e de advogado. 2. Apesar de ter sido formalmente consignado no auto de prisão em flagrante que o indiciado exerceu o direito de permanecer calado, existe, nos autos da ação penal, gravação realizada entre ele e os policiais que efetuaram sua prisão, momento em que não foi informado da existência desse direito, assegurado na Constituição Federal. 3. As instâncias ordinárias insistiram na manutenção do elemento de prova nos autos, utilizando, de forma equivocada, precedente do Supremo Tribunal Federal no sentido de que não é considerada ilícita a gravação do diálogo quando um dos interlocutores tem ciência da gravação. 4. Tal entendimento não se coaduna com a situação dos autos, uma vez que – além de a gravação estar sendo utilizada para sustentar uma acusação – no caso do precedente citado estava em ponderação o sigilo das comunicações, enquanto no caso em questão está em discussão o direito constitucional de o acusado permanecer calado, não se autoincriminar ou não produzir prova contra si mesmo. 5. Admitir tal elemento de prova nos autos redundaria em permitir um falso exercício de um direito constitucionalmente assegurado, situação inconcebível em um Estado Democrático de Direito. 6. Ordem concedida para determinar o desentranhamento da mídia que contém a gravação do diálogo ocorrido entre o paciente e os policiais que efetuaram sua prisão da ação penal instaurada contra ele, pelo crime de tráfico de drogas, na Vara Criminal da comarca de Laguna/SC" (STJ, HC 244.977/SC, Rel. Ministro SEBASTIÃO REIS JÚNIOR, SEXTA TURMA, julgado em 25/09/2012, DJe 09/10/2012); **E:** incorreta, pois não reflete o disposto no art. 190-A, III, da Lei 8.069/1990 (ECA), dispositivo inserido por meio da Lei 13.441/2017.

Gabarito "B".

(Delegado/RS – 2018 – FUNDATEC) Acerca da disciplina sobre provas e os meios para a sua obtenção, assinale a alternativa correta.

(A) O denominado Depoimento Sem Dano é permitido pela jurisprudência do Superior Tribunal de Justiça nos crimes sexuais cometidos contra a criança e ao adolescente, não havendo nulidade em razão da ausência de advogado do suspeito durante a oitiva da vítima.
(B) A busca em mulher será feita por outra mulher, ainda que importe no retardamento da diligência, desde que não a frustre.
(C) É vedada à testemunha, breve consulta a apontamentos durante o depoimento prestado oralmente.
(D) Segundo a jurisprudência dos Tribunais Superiores, a confissão do suspeito torna desnecessárias outras diligências para a elucidação do caso, desde que o autor tenha indicado os motivos e circunstâncias do fato e se outras pessoas concorreram para a infração.
(E) A acareação será admitida entre acusado e testemunha, entre testemunhas, entre acusado ou testemunha e a pessoa ofendida, entre as pessoas ofendidas, sempre que divergirem, em suas declarações, sobre fatos ou circunstâncias relevantes, vedada a acareação entre acusados.

A: correta. Conferir: "1. Esta Corte tem entendido justificada, nos crimes sexuais contra criança e adolescente, a inquirição da vítima na modalidade do "depoimento sem dano", em respeito à sua condição especial de pessoa em desenvolvimento, procedimento admitido, inclusive, antes da deflagração da persecução penal, mediante prova antecipada (HC 226.179/RS, Rel. Ministro Jorge Mussi, Quinta Turma, julgado em 08.10.2013, DJe 16.10.2013). 2. A oitiva da vítima do crime de estupro de vulnerável (CP, art. 217-A), em audiência de instrução, sem a presença do réu e de seu defensor não inquina de nulidade o ato, por cerceamento ao direito de defesa, se o advogado do acusado aquiesceu àquela forma de inquirição, dela não se insurgindo, nem naquela oportunidade, nem ao oferecer alegações finais. 3. Além da inércia da defesa, que acarreta preclusão de eventual vício processual, não restou demonstrado prejuízo concreto ao réu, incidindo, na espécie, o disposto no art. 563 do Código de Processo Penal, que acolheu o princípio *pas de nullité sans grief*. Precedentes" (RHC 45.589/MT, Rel. Ministro Gurgel De Faria, Quinta Turma, julgado em 24.02.2015, DJe 03.03.2015). Importante se diga que o art. 12 da Lei 13.431/2017 estabelece regras para o depoimento especial a ser prestado por crianças e adolescentes; **B:** incorreta, já que a busca em mulher somente será feita por outra mulher se isso não implicar retardamento ou prejuízo da diligência (art. 249, CPP); **C:** incorreta. O testemunho somente pode ser dado de forma oral, sendo vedado à testemunha apresentá-lo por escrito (art. 204, CPP); agora, nada impede que a testemunha, no ato de seu depoimento, faça breve consulta a informações contidas em anotações (art. 204, parágrafo único, CPP); **D:** incorreta. Atualmente, não mais se confere à confissão o *status* de rainha das provas, como outrora já foi considerada. Hoje, temos que a confissão, sendo meio de prova com valor equivalente às demais, deve ser valorada em conjunto com os outros elementos probatórios produzidos no processo (art. 197, CPP). Dessa forma, a confissão não elide a necessidade de produção de outras provas; **E:** incorreta. Conforme dispõe o art. 229 do CPP, será admitida a acareação *entre acusados*, entre acusado e testemunha, entre testemunhas, entre acusado ou testemunha e a pessoa ofendida, e entre as pessoas ofendidas, sempre que divergirem, em suas declarações, sobre fatos ou circunstâncias relevantes.

Gabarito "A".

(Delegado/RS – 2018 – FUNDATEC) Sobre os elementos informativos colhidos no inquérito policial e as provas em geral, assinale a alternativa correta.

(A) São admissíveis as provas derivadas das ilícitas quando não evidenciado o nexo de causalidade entre umas e outras, ou quando as derivadas puderem ser obtidas por uma fonte independente das primeiras.

(B) Os elementos informativos colhidos no inquérito policial não podem fundamentar decisão sobre decretação de prisão preventiva.

(C) O juiz formará sua convicção pela livre apreciação da prova produzida em contraditório judicial, podendo fundamentar sua decisão exclusivamente nos elementos informativos colhidos na investigação, ressalvadas as provas cautelares, não repetíveis e antecipadas.

(D) Os elementos informativos colhidos da investigação policial não podem fundamentar decisões concessivas de medidas cautelares.

(E) Os elementos informativos colhidos na investigação são protegidos pelo sigilo, sendo vedado o seu conhecimento ao juiz ou membro do Ministério Público antes do oferecimento da denúncia.

A: correta. O art. 5º, LVI, da CF veda, de forma expressa, a utilização, no processo, das provas obtidas por meios ilícitos. No âmbito do processo penal, a Lei 11.690/1998 previu, também de forma expressa, o fato de ser ilícita a prova obtida em violação a normas constitucionais ou legais (art. 157, *caput*, do CPP), reputando inadmissíveis aquelas derivadas das ilícitas, salvo quando não evidenciado o nexo de causalidade entre umas e outras, ou quando as derivadas puderem ser obtidas por uma fonte independente das primárias; **B:** incorreta. A prisão preventiva pode ser decretada tanto no curso da ação penal quanto no decorrer das investigações do inquérito policial. Neste último caso, os elementos de convicção levados ao conhecimento do magistrado que servirão de base para a decretação da custódia preventiva serão necessariamente extraídos do inquérito. De outra forma não poderia ser, já que, nesta fase da persecução, inexiste processo; **C:** incorreta. Isso porque não se admite que as provas coligidas no inquérito policial sirvam, de forma exclusiva, de suporte para fundamentar uma sentença penal condenatória. Em outras palavras, é vedado ao magistrado fundamentar sua decisão exclusivamente nos elementos informativos produzidos na investigação. É o que estabelece o art. 155, *caput*, do CPP; **D:** incorreta. Vide comentário à assertiva "B": aplica-se o mesmo fundamento; **E:** incorreta. É fato que as investigações do inquérito policial são sigilosas (art. 20 do CPP), mas, por óbvio, tal sigilo não alcança o juiz tampouco o membro do MP.

Gabarito "A".

(Delegado/MG – 2018 – FUMARC) Acerca da prova da materialidade através de perícia (desconsiderando-se a possibilidade de prova da materialidade por exame de corpo de delito indireto ou prova testemunhal), relativamente aos crimes de furto qualificado pela destruição ou rompimento de obstáculo à subtração da coisa (CP, art. 155, §4º, I), de furto qualificado pela escalada (CP, art. 155, §4º, II), de furto qualificado pelo emprego de explosivo ou artefato análogo que cause perigo comum (CP, art. 155, §4º-A), de incêndio (CP, art. 250), e de explosão simples e privilegiada (CP, art. 251, *caput* e §1º), é INCORRETO afirmar:

(A) A materialidade do crime de furto qualificado pela destruição de obstáculo à subtração da coisa se comprova nas hipóteses em que o laudo pericial, além de descrever os vestígios, indique com que instrumentos, por que meios e em que época presume-se ter sido o fato praticado.

(B) A legislação processual penal não exige a realização de perícia para a comprovação da materialidade do crime de furto qualificado pela escalada.

(C) Para comprovar a materialidade do crime de incêndio, os peritos verificarão a causa e o lugar em que este houver começado, o perigo que dele tiver resultado para a vida ou para o patrimônio alheio, a extensão do dano e o seu valor, bem como as demais circunstâncias que interessarem à elucidação do fato.

(D) Para que incida a circunstância qualificadora prevista no art. 155, §4º-A, do CP (crime de furto qualificado pelo emprego de explosivo ou artefato análogo que cause perigo comum), os peritos devem analisar a natureza e a eficiência dos instrumentos empregados para a prática da infração.

A: correta (art. 171, CPP); **B:** incorreta, pois contraria o disposto nos arts. 158 e 171 do CPP; **C:** correta (art. 173, CPP); **D:** correta. A Lei 13.654/2018 introduziu no CP duas novas modalidades de qualificadora do crime de furto, a saber: quando, para viabilizar a subtração, o agente empregar explosivo ou artefato análogo que cause perigo comum (art. 155, § 4º-A, CP), sendo esta a hipótese a que faz referência o enunciado; e quando a subtração for de substâncias explosivas ou de acessórios que, conjunta ou isoladamente, possibilitem sua fabricação, montagem ou emprego (art. 155, § 7º, do CP). Desnecessário dizer que tal inovação legislativa teve como escopo viabilizar um combate mais efetivo a essa onda de crimes patrimoniais (furto e roubo) cometidos por meio da explosão de bancos e seus caixas eletrônicos. Não há, no CPP, dispositivo específico que estabelece de que forma deve realizar-se a perícia nos vestígios deste delito (mesmo porque esta qualificadora foi introduzida no CP em 2018). Seja como for, parece evidente que, sendo delito que deixa vestígios, é de rigor a realização de perícia (art. 158, CPP), na qual não podem os peritos deixar de analisar a natureza e a eficiência do material explosivo ou artefato análogo utilizado. No mais, embora nenhuma relação tenha com o tema aqui tratado, vale a observação de que a modalidade qualificada do crime de furto sobre a qual estamos a falar (art. 155, § 4º-A, do CP), com o advento da Lei 13.964/2019, passou a ser considerada hedionda (art. 1º, IX, da Lei 8.072/1990).

Gabarito "B".

(Delegado/AP – 2017 – FCC) O exame de corpo de delito

(A) é dispensável nos crimes que deixam vestígios.

(B) deve ser feito imediatamente para que não se percam os vestígios do crime, o que veda a indicação de assistente técnico pelas partes.

(C) deve ser feito, em regra, pelo menos 2 horas após o óbito.
(D) realiza-se sobre vestígios do corpo humano, havendo regime diverso para o exame sobre objetos e sobre reconhecimento de escritos.
(E) pode ser rejeitado pelo juiz, no todo ou em parte.

A: incorreta. Ao contrário do afirmado, é justamente nos crimes que deixam vestígios, chamados *não transeuntes*, que o exame de corpo de delito se impõe (art. 158, CPP); **B:** incorreta. É fato que o exame de corpo de delito deve ser realizado o quanto antes, assim que o fato chegar ao conhecimento da autoridade policial (art. 6º, VII, do CPP), mas é incorreto afirmar que é vedado às partes indicar assistente técnico (art. 159, § 3º, do CPP); **C:** incorreta, já que o exame necroscópico deve ser realizado pelo menos 6 horas depois do óbito, ressalvada a hipótese em que os peritos, em razão da evidência dos sinais de morte, chegarem à conclusão de que o exame pode ser realizado em prazo menor (art. 162, *caput*, do CPP); **D:** incorreta. O exame de corpo de delito poderá recair sobre o corpo humano, um documento, o instrumento do crime etc.; **E:** correta (art. 182, CPP). ED

Gabarito "E".

(Delegado/MS – 2017 – FAPEMS) A busca e apreensão está prevista no Código de Processo Penal vigente como um meio de prova possível de ser realizada antes e durante a investigação preliminar, no curso da instrução criminal e, ainda, na fase recursal. A esse respeito, assinale a alternativa correta.

(A) A busca pessoal será realizada pela autoridade policial, independentemente de mandado, no caso de prisão, quando houver fundada suspeita de que a pessoa esteja na posse de arma proibida, no decorrer da busca domiciliar nas pessoas que se encontrem no interior da casa.
(B) A autoridade policial, assim que tomar conhecimento da prática da infração penal, deverá colher todas as provas e determinar a imediata busca e apreensão de objetos, o que prescinde de autorização judicial, pois é, um ato administrativo autoexecutável.
(C) Autoridade policial não poderá penetrar no território de jurisdição alheia para o fim de apreensão, quando for no seguimento de pessoa ou coisa, sem antes se apresentar obrigatoriamente e sempre antes da diligência à competente autoridade local.
(D) Dispõe do Código de Processo Penal vigente que a busca pessoal em mulher será sempre realizada por outra mulher, o que se estende às transexuais e às travestis, uma vez reconhecido o direito de se identificarem como do gênero feminino, devendo a autoridade policial observar de maneira fidedigna essa regra.
(E) Não será permitida a apreensão de documento em poder do defensor do acusado pela autoridade policial, mesmo que constituir elemento do corpo de delito, haja vista a probabilidade de servir de prova de tese defensiva.

A: correta (art. 244, CPP); **B:** incorreta. A autoridade policial, assim que informada da prática de fato com aparência de crime, deverá dirigir-se ao local em que estes se deram e, ali estando, adotar as providências elencadas no art. 6º do CPP, entre as quais colher todas as provas que sejam pertinentes para a elucidação dos fatos e apreender os objetos que tiverem relação com eles, o que somente poderá ocorrer após a liberação pelos peritos (art. 6º, II e III, do CPP); **C:** incorreta, uma vez que não reflete o disposto no art. 250, *caput*, do CPP; **D:** incorreta (art. 249, CPP); **E:** incorreta (art. 243, § 2º, CPP). ED

Gabarito "A".

(Delegado/MS – 2017 – FAPEMS) Sobre os documentos no processo penal, de acordo com o Código de Processo Penal vigente, assinale a alternativa correta.

(A) Caso o juiz obtenha notícia da existência de documento relativo a ponto relevante da acusação ou da defesa, somente poderá determinar a juntada aos autos mediante requerimento da parte interessada.
(B) Os documentos podem ser apresentados em qualquer fase do processo, salvo em grau de recurso quando os autos estiverem conclusos para julgamento.
(C) Considera-se documento quaisquer escritos, instrumentos ou papéis públicos ou particulares, possuindo o mesmo valor a fotografia atual do documento.
(D) Os documentos originais, juntos a processo findo, quando inexistir motivo relevante que justifique a sua conservação nos autos, poderão, mediante requerimento, e ouvido o Ministério Público, ser entregues à parte que os produziu.
(E) Documentos em língua estrangeira serão necessariamente traduzidos por tradutor oficial ou pessoa idônea nomeada pela autoridade para serem juntados aos autos, exceto quando os sujeitos processuais dominarem o idioma.

A: incorreta, uma vez que, neste caso, tal providência independerá de iniciativa das partes, devendo o juiz determinar a juntada do documento de ofício (art. 234, CPP); **B:** incorreta (art. 231, CPP); **C:** incorreta, já que somente se conferirá o mesmo valor se se tratar de fotografia *autenticada* (art. 232, parágrafo único, CPP); **D:** correta (art. 238, CPP); **E:** incorreta (art. 236, CPP). ED

Gabarito "D".

(Delegado/MS – 2017 – FAPEMS) A possibilidade de o juiz condenar ou não o réu com base nos elementos de informação contidos no inquérito policial, sem o crivo no contraditório na fase judicial, é tema de antiga discussão no processo penal brasileiro. Nesse contexto, assinale a alternativa correta.

(A) Apesar de o inquérito policial ser um procedimento administrativo, os elementos informativos não necessitam ser corroborados em juízo, em virtude da oficialidade com que agem as autoridades policiais.
(B) No Tribunal do Júri, vigora o sistema do livre convencimento motivado do julgador, por isso os jurados podem julgar com base em qualquer elemento de informação exposto ou lido em plenário, sem fundamentar a sua decisão.
(C) A condenação do réu deve sempre ser fundamentada em provas colhidas com respeito ao direito do contraditório judicial, ainda que o magistrado utilize elementos informativos na formação de seu convencimento.
(D) Os elementos de informações colhidos no inquérito policial podem fundamentar sentença condenatória, quando não há prova judicial para sustentar a condenação, haja vista o princípio da verdade real.
(E) Com a reforma introduzida em 2008 no Código de Processo Penal, restou definido que o juiz não pode

condenar o réu com base nos elementos informativos e provas não repetíveis colhidos na investigação

A: incorreta. Embora o inquérito policial seja conduzido por autoridade oficial, que é o delegado de polícia, é incorreto afirmar que os elementos de informação nele produzidos não devam ser submetidos ao contraditório. Tal como estabelece o art. 155, *caput*, do CPP, o magistrado *formará sua convicção pela livre apreciação da prova produzida em contraditório judicial* (...); **B:** incorreta. Isso porque, no Tribunal do Júri, prevalece o sistema da *íntima convicção*, na medida em que os jurados não podem declarar o voto; **C:** correta. Ao proferir sentença, é dado ao juiz, ao externar a sua convicção, fazê-lo com base nas provas colhidas sob o crivo do contraditório e também em elementos de informação colhidos no inquérito policial; **D:** incorreta. Ainda que inexista prova judicial para sustentar a condenação, não poderá o juiz proferir sentença condenatória com base exclusiva nas informações colhidas no inquérito policial (art. 155, *caput*, do CPP); **E:** incorreta. O art. 155, *caput*, do CPP excepciona as chamadas provas cautelares, não repetíveis e as antecipadas. ED
Gabarito "C".

(Delegado/GO – 2017 – CESPE) Suponha que o réu em determinado processo criminal tenha indicado como testemunhas o presidente da República, o presidente do Senado Federal, o prefeito de Goiânia – GO, um desembargador estadual aposentado, um vereador e um militar das Forças Armadas. Nessa situação hipotética, conforme o Código de Processo Penal, poderão optar pela prestação de depoimento por escrito

(A) o presidente do Senado Federal e o desembargador estadual.
(B) o prefeito de Goiânia – GO e o militar das Forças Armadas.
(C) o desembargador estadual e o vereador.
(D) o presidente da República e o presidente do Senado Federal.
(E) o presidente da República e o vereador.

Estabelece o art. 221, § 1º, do CPP que o presidente e o vice-presidente da República e os presidentes do Senado Federal, da Câmara dos Deputados e do Supremo Tribunal Federal têm a prerrogativa, quando ouvidos na condição de testemunha, de ajustar, com o juiz da causa, local, dia e hora para que lhes seja tomado o depoimento. ED
Gabarito "D".

(Delegado/BA – 2016.2 – Inaz do Pará) Em situações onde não existam peritos oficiais e que seja urgente a realização da devida perícia, deverá a Autoridade Policial adotar as seguintes providências, excetuando-se:

(A) designar peritos não oficiais que prestarão o compromisso de bem e fielmente desempenhar o encargo.
(B) designar 2 (duas) pessoas idôneas, portadoras de diploma de curso superior preferencialmente na área específica, dentre as que tiverem habilitação técnica relacionada com a natureza do exame.
(C) lavrar o devido Termo designando o perito *ad hoc*, que deverá constar nos Autos do respectivo inquérito policial.
(D) suprir a sua falta, de acordo com os artigos 158 e 167 do CPP, ante a impossibilidade de realização do exame de corpo de delito, por meio de prova testemunhal.
(E) realizar Auto de Inspeção, descrevendo de modo minudente, todo o material que foi objeto da perícia,

devendo ser assinado pela Autoridade e por duas testemunhas.

A redação anterior do art. 159 do CPP estabelecia que a perícia fosse realizada por *dois* profissionais. Atualmente, com a modificação implementada na redação do dispositivo pela Lei 11.690/2008, a perícia será levada a efeito por *um* perito oficial portador de diploma de curso superior. À falta deste (é a hipótese descrita no enunciado), determina o § 1º do art. 159 que o exame seja feito por duas pessoas idôneas, detentoras de diploma de curso superior preferencialmente na área específica, dentre aquelas que tiverem habilitação técnica relacionada com a natureza do exame. Nesse caso, deverá o escrivão lavrar o respectivo termo de compromisso dos peritos de bem desempenhar o exame para o qual foram designados. No mais, sempre que a infração deixar vestígios, é indispensável o exame de corpo de delito (exame de verificação da existência do crime); não sendo possível essa verificação, a *prova testemunhal* poderá suprir tal falta; a *confissão*, em hipótese alguma (arts. 158 e 167, CPP). ED
Gabarito "E".

(Delegado/DF – 2015 – Fundação Universa) Em relação a provas e ao procedimento de busca e apreensão, assinale a alternativa correta.

(A) Não há necessidade de lavratura de auto, após a diligência de busca e apreensão, em razão da presunção de veracidade e legalidade dos atos administrativos e da presunção de boa-fé da autoridade policial.
(B) A busca em mulher deve ser feita por outra mulher, ainda que isso importe em retardamento da diligência.
(C) É válida a *serendipidade* no procedimento de busca e apreensão, especialmente quando há conexão entre crimes.
(D) Tanto o procedimento de busca e apreensão quanto o de busca pessoal sujeitam-se à reserva de jurisdição, devendo ser precedidos de mandado, mesmo quando realizados pessoalmente pela autoridade policial.
(E) É vedado o arrombamento de porta ao se proceder à busca e apreensão na residência do indiciado, visto que tal ação acarretaria ofensa ao direito humano da moradia.

A: incorreta. A ocorrência de busca e apreensão, por força do que dispõe o art. 245, § 7º, do CPP, será formalizada por meio de um *auto*, no qual constarão, de forma pormenorizada, tudo que se passou no curso da diligência; dele também deverá constar, de forma detalhada, a descrição dos bens apreendidos; **B:** incorreta, pois não corresponde ao que estabelece o art. 249 do CPP: "A busca em mulher será feita por outra mulher, se não importar retardamento ou prejuízo da diligência"; **C:** correta. *Serendipidade*, a que faz referência a assertiva, nada mais é do que o *encontro fortuito (ou acidental) de provas*, fenômeno que se dá quando, no curso de determinada investigação (busca e apreensão, interceptação telefônica, por exemplo) de uma infração penal, acaba-se por descobrir a prática de outros delitos, que não eram objeto da investigação original. Em outras palavras e de forma bem simples, é o ato que mira em uma coisa e, inesperadamente, acerta outra. De fato, a jurisprudência, tanto do STF quanto do STJ, confere licitude à prova obtida dessa forma, sobretudo quando há conexão entre os crimes. Conferir: Não há violação ao princípio da ampla defesa a ausência das decisões que decretaram a quebra de sigilo telefônico em investigação originária, na qual de modo fortuito ou serendipidade se constatou a existência de indícios da prática de crime diverso do que se buscava, servindo os documentos juntados aos autos como mera notitia criminis, em razão da total independência e autonomia das investigações por não haver conexão delitiva. O chamado fenômeno da serendipidade ou o encontro fortuito de provas – que se caracteriza pela descoberta de outros crimes ou sujeitos ativos em investigação com fim diverso

– não acarreta qualquer nulidade ao inquérito que se sucede no foro competente, desde que remetidos os autos à instância competente tão logo verificados indícios em face da autoridade (RHC 60.871/MT, Rel. Ministro Nefi Cordeiro, Sexta Turma, julgado em 04.10.2016, *DJe* 17.10.2016); **D:** incorreta, uma vez que a busca pessoal, diferentemente da domiciliar, prescinde de mandado (arts. 241 e 244, do CPP). A reserva de jurisdição, portanto, somente se aplica à busca domiciliar; **E:** incorreta, pois não corresponde ao que estabelece o art. 245, § 2º, do CPP, que autoriza que, em caso de desobediência, se proceda ao arrombamento da porta que dá acesso ao imóvel no qual há de ser efetuada a diligência de busca e apreensão. ED

Gabarito "C."

(Delegado/DF – 2015 – Fundação Universa) À luz da legislação processual penal e da jurisprudência e doutrina majoritária a respeito da matéria, assinale a alternativa correta.

(A) De acordo com o CPP, em regra, o exame de corpo de delito será realizado por ao menos dois peritos oficiais portadores de diploma de curso superior.

(B) Conforme o STF, a perícia sobre a aptidão da arma de fogo para efetuar disparos é necessária para que se configure o crime de roubo circunstanciado por emprego de arma de fogo.

(C) Em se tratando de crime de falsificação de documento público, a falta de perícia, por ter-se recusado o réu a colaborar para a realização de exame grafotécnico, não pode ser suprida por outros meios de prova.

(D) Durante o inquérito policial, as medidas cautelares pessoais poderão ser decretadas pelo juiz mediante representação da autoridade policial, de ofício ou após requerimento do Ministério Público.

(E) Conforme dispositivo expresso no CPP, a prisão preventiva em nenhum caso será decretada se o juiz verificar que o agente praticou o fato por estado de necessidade.

A: incorreta. A redação anterior do art. 159 do CPP estabelecia que a perícia fosse realizada por *duas pessoas idôneas, escolhidas de preferência as que tivessem habilitação técnica*. Atualmente, com a modificação implementada na redação do dispositivo pela Lei 11.690/2008, a perícia será levada a efeito por *um* perito oficial portador de diploma de curso superior. À falta deste, determina o § 1º do art. 159 que o exame seja feito por duas pessoas idôneas, detentoras de diploma de curso superior preferencialmente na área específica, dentre aquelas que tiverem habilitação técnica relacionada com a natureza do exame; **B:** incorreta. A jurisprudência do STF (e também do STJ) aponta pela desnecessidade de apreensão da arma e respectiva perícia para a configuração da majorante prevista no art. 157, § 2º, I, do CP, podendo tal falta ser suprida por outros meios de prova, tais como as declarações do ofendido e depoimentos de testemunhas. Nesse sentido: "*habeas corpus*. Penal. Roubo circunstanciado (emprego de arma branca). Ausência de apreensão e perícia da arma. Dispensabilidade para a caracterização da causa especial de aumento quando provada a sua utilização por outros meios. 1. Esta Corte entende que é dispensável a apreensão da arma ou a realização do exame pericial para a caracterização da causa de aumento prevista no art. 157, § 2º, inciso I, do Código Penal, mormente em se tratando de um estilete, de potencialidade lesiva presumida, quando existem outros elementos probatórios que levam a concluir pela sua efetiva utilização no crime. Precedentes. 2. Ordem denegada" (HC 127.661/SP, Rel. Ministra Laurita Vaz, Quinta Turma, julgado em 14.05.2009, *DJe* 08.06.2009); **C:** incorreta (art. 167, CPP); **D:** incorreta. A exemplo do que se dá no campo da custódia preventiva, é defeso ao juiz determinar medida cautelar de ofício no curso do inquérito policial. Somente poderá fazê-lo (de ofício) depois de iniciada a ação penal (art. 282, § 2º, CPP). Este comentário não levou em conta as alterações implementadas pela Lei 13.964/2019 nos arts. 282, § 2º, do CPP e art. 311 do CPP, que agora vedam a atuação de ofício do juiz na decretação de medidas cautelares de natureza pessoal, como a prisão processual, ainda que no curso da ação penal; **E:** correta, pois reflete o que estabelece o art. 314 do CPP. ED

Gabarito "E."

(Delegado/DF – 2015 – Fundação Universa) A respeito do depoimento de testemunhas, é correto afirmar que

(A) é vedada a retirada do réu da sala de audiências, sob pena de violação aos princípios constitucionais da ampla defesa e do contraditório.

(B) a adoção do sistema acusatório implica a inadmissibilidade da condução coercitiva de testemunha, devendo o caso ser solucionado a partir do sistema de distribuição do ônus da prova.

(C) a ex-esposa do acusado de determinado crime poderá recusar-se a depor, mesmo que já separada judicialmente do réu.

(D) não se deferirá o compromisso de dizer a verdade ao menor de dezoito anos de idade.

(E) são proibidas de depor as pessoas que, em razão de função, ministério, ofício ou profissão, devam guardar segredo, ainda que desobrigadas dessa guarda pela parte interessada.

A: incorreta. Se o magistrado constatar que a presença do réu poderá causar temor à testemunha, deverá, em primeiro lugar, cuidar para que a inquirição seja feita por meio de videoconferência; não sendo isso possível, determinará, aí sim, a retirada do acusado da sala de audiência (art. 217, CPP); **B:** incorreta. Se a testemunha, depois de intimada, deixar de comparecer sem apresentar justificativa, o juiz poderá determinar a sua condução coercitiva (art. 218, CPP). Cabe aqui um parêntese. A despeito da possibilidade de o magistrado determinar a condução coercitiva de testemunha e vítima recalcitrantes, tal não poderá ocorrer, em consonância com recente decisão do STF, em relação a acusados. Explico. Segundo estabelece o art. 260, *caput*, do CPP, incumbe ao juiz, em face do não comparecimento do acusado, devidamente intimado, ao interrogatório, providenciar para que o mesmo seja conduzido coercitivamente à sua presença. Sucede que, ao enfrentar esta questão, o Plenário do STF, em julgamento realizado no dia 14 de junho de 2018, por maioria de votos, declarou que a condução coercitiva de réu/investigado para interrogatório, a que faz referência o art. 260 do CPP, não foi recepcionada pela CF/88. A decisão foi tomada no julgamento das ADPFs 395 e 444, ajuizadas, respectivamente, pelo PT e pela OAB. Segundo a maioria dos ministros, a condução coercitiva representa restrição à liberdade de locomoção e viola a presunção de inocência, sendo, portanto, incompatível com a Constituição Federal. Explica Aury Lopes Jr., ao se referir à condução coercitiva prevista no art. 260 do CPP, que, *além de completamente absurda no nível de evolução democrática alcançado, é substancialmente inconstitucional, por violar as garantias da presunção de inocência e do direito de silêncio* (*Direito Processual Penal*, 9ª ed, p. 1308). Com o advento da Lei 13.869/2019, que revogou a Lei 4.898/1965 (antiga Lei de Abuso de Autoridade), passa a configurar crime de abuso de autoridade a conduta do agente que decreta a condução coercitiva de testemunha ou investigado manifestamente descabida ou sem prévia intimação de comparecimento ao juízo; **C:** correta, pois em consonância com o disposto no art. 206 do CPP; **D:** incorreta, já que o compromisso de dizer a verdade somente não é deferido, no que toca à idade da testemunha, aos menores de 14 anos (art. 208, CPP); assim, se um adolescente de 15 anos, arrolado como testemunha, mentir perante o juiz, cometerá o ato infracional correspondente ao crime de falso testemunho; **E:** incorreta, pois não corresponde ao teor do art. 207 do CPP. ED

Gabarito "C."

3. DIREITO PROCESSUAL PENAL

(Delegado/PR – 2013 – UEL-COPS) Sobre o tema prova, atribua V (verdadeiro) ou F (falso) às afirmativas a seguir.

( ) O juiz formará sua convicção pela apreciação da prova judicial, estando impedido de fundamentar sua decisão nos elementos informativos colhidos na investigação.

( ) A prova da alegação incumbirá a quem a fizer, sendo vedado ao juiz determiná-la de ofício e antes de iniciada a ação penal.

( ) O laudo pericial será elaborado no prazo máximo de dez dias, podendo ser prorrogado, em casos excepcionais, a requerimento dos peritos.

( ) Quando a infração deixar vestígios, será dispensável o exame de corpo de delito, mediante a confissão do acusado.

( ) O exame de corpo de delito poderá ser feito em qualquer dia e qualquer hora.

Assinale a alternativa que contém, de cima para baixo, a sequência correta.

(A) V, V, F, V, F.
(B) V, F, V, F, V.
(C) F, V, F, V, F.
(D) F, V, F, F, V.
(E) F, F, V, F, V.

1ª assertiva: incorreta. Segundo estabelece o art. 155, *caput*, do CPP, é vedado ao juiz fundamentar sua decisão *exclusivamente* nos elementos colhidos na investigação; pode, pois, fundamentá-la nas provas produzidas na fase instrutória, sob o crime do contraditória, e também em elementos colhidos na fase inquisitiva; 2ª assertiva: incorreta, visto que o art. 156, I, do CPP confere ao juiz a prerrogativa de ordenar, de ofício, mesmo antes de iniciada a ação penal, a produção antecipada de provas consideradas urgentes e relevantes, sempre observando a necessidade, adequação e proporcionalidade da medida; 3ª assertiva: correta (art. 160, parágrafo único, CPP); 4ª assertiva: incorreta. O exame de corpo de delito, direto ou indireto, nas infrações que deixam vestígios, é indispensável – art. 158 do CPP. Agora, se estes vestígios, por qualquer razão, se perderem, nosso ordenamento jurídico admite que a prova testemunhal supra essa ausência – art. 167, CPP. A confissão, no entanto, por expressa disposição do art. 158 do CPP, não poderá ser utilizada para esse fim; 5ª assertiva: correta (art. 161, CPP).
Gabarito "E".

(Delegado/RJ – 2013 – FUNCAB) Sobre o instituto da prova, leia as assertivas a seguir e marque a alternativa correta.

I. A partir das construções teóricas de Robert Alexy e Ronald Dworkin, eventuais colisões entre direitos fundamentais se resolvem pelo método de ponderação, sendo a dignidade humana o princípio que dá unidade de sentido ao sistema de direitos fundamentais. Por essa razão, apesar do princípio da vedação da prova ilícita, é admissível, excepcionalmente, a prova ilícita *pro reo*, vez que o direito de liberdade prevalece nesta ponderação, pois do contrário, afetar-se-ia a dignidade do acusado.

II. *Nevitable Discovery*, teoria conhecida no Brasil por descoberta inevitável, ou curso hipotético de investigação, foi contemplada no pensamento da Corte Norte-Americana (Nix v. Williams, 1984). Segundo essa diretriz, a prova concretamente obtida por meio ilícito pode ser valorada desde que se conclua, hipoteticamente, que tal prova inevitavelmente seria descoberta por meio lícito. Lança-se mão de um "curso de investigação hipotético".

III. A teoria da descoberta inevitável é aceita pacificamente na doutrina brasileira e estrangeira, não havendo mais quem conteste a sua eficiência em temperar os exageros da teoria dos frutos da árvore envenenada.

IV. A teoria das fontes independentes (*independent Source*) não está positivada no ordenamento jurídico brasileiro, apesar de ser agasalhada na jurisprudência do STF.

Está(ão) correta(s) apenas a(s) assertiva(s):

(A) I.
(B) II.
(C) I e II.
(D) II e III.
(E) IV.

I: correta. De fato, tendo em conta que nenhum direito é absoluto, é perfeitamente defensável que o investigado/acusado, com o propósito de provar a sua inocência, o faça por meio da produção de prova ilícita. Afinal, na ponderação entre o direito à intimidade ou privacidade, por exemplo, e o direito de liberdade, prevaleça este último. Conferir o magistério de Aury Lopes Jr., quando se refere à admissibilidade da prova ilícita a partir da proporcionalidade *pro reo*: "Nesse caso, a prova ilícita poderia ser admitida e valorada apenas quando se revelasse a favor do réu. Trata-se da proporcionalidade *pro reo*, em que a ponderação entre o direito de liberdade de um inocente prevalece sobre um eventual direito sacrificado na obtenção da prova (dessa inocência). Situação típica é aquela em que o réu, injustamente acusado de um delito que não cometeu, viola o direito à intimidade, imagem, inviolabilidade de domicílio, das comunicações etc. de alguém para obter uma prova de sua inocência" (*Direito Processual Penal*, 9. ed. São Paulo: Saraiva, 2012. p. 597); II: correta. Nesse sentido: "*HABEAS CORPUS*. NULIDADES: (1) INÉPCIA DA DENÚNCIA; (2) ILICITUDE DA PROVA PRODUZIDA DURANTE O INQUÉRITO POLICIAL; VIOLAÇÃO DE REGISTROS TELEFÔNICOS DO CORRÉU, EXECUTOR DO CRIME, SEM AUTORIZAÇÃO JUDICIAL; (3) ILICITUDE DA PROVA DAS INTERCEPTAÇÕES TELEFÔNICAS DE CONVERSAS DOS ACUSADOS COM ADVOGADOS, PORQUANTO ESSAS GRAVAÇÕES OFENDERIAM O DISPOSTO NO ART. 7º, II, DA LEI 8.906/96, QUE GARANTE O SIGILO DESSAS CONVERSAS. VÍCIOS NÃO CARACTERIZADOS. ORDEM DENEGADA. 1. Inépcia da denúncia. Improcedência. Preenchimento dos requisitos do art. 41 do CPP. A denúncia narra, de forma pormenorizada, os fatos e as circunstâncias. Pretensas omissões – nomes completos de outras vítimas, relacionados a fatos que não constituem objeto da imputação – não importam em prejuízo à defesa. 2. Ilicitude da prova produzida durante o inquérito policial – violação de registros telefônicos de corréu, executor do crime, sem autorização judicial. 2.1 Suposta ilegalidade decorrente do fato de os policiais, após a prisão em flagrante do corréu, terem realizado a análise dos últimos registros telefônicos dos dois aparelhos celulares apreendidos. Não ocorrência. 2.2 Não se confundam comunicação telefônica e registros telefônicos, que recebem, inclusive, proteção jurídica distinta. Não se pode interpretar a cláusula do artigo 5º, XII, da CF, no sentido de proteção aos dados enquanto registro, depósito registral. A proteção constitucional é da comunicação de dados e não dos dados. 2.3 Art. 6º do CPP: dever da autoridade policial de proceder à coleta do material comprobatório da prática da infração penal. Ao proceder à pesquisa na agenda eletrônica dos aparelhos devidamente apreendidos, meio material indireto de prova, a autoridade policial, cumprindo o seu mister, buscou, unicamente, colher elementos de informação hábeis a esclarecer a autoria e a materialidade do delito (dessa análise logrou encontrar ligações entre o executor do homicídio e o ora paciente). Verificação que permitiu a orientação inicial da linha investigatória a ser adotada, bem como possibilitou concluir que os aparelhos seriam relevantes para a investigação. 2.4 À guisa de mera argumentação, mesmo que se pudesse reputar a prova produzida como ilícita e as demais, ilícitas por derivação, nos termos da teoria dos frutos da árvore venenosa (*fruit of the poisonous tree*), é certo que, ainda assim, melhor sorte não assistiria à defesa. É que, na hipótese, não há que se falar em prova ilícita por derivação. Nos termos da teoria da descoberta inevitável, construída pela Suprema Corte norte-americana no caso Nix x William s (1984), o curso normal das investigações conduziria a elementos informativos que vinculariam os pacientes ao fato investigado. Bases desse entendimento que parecem ter encontrado guarida no ordenamento jurídico pátrio com o advento da Lei 11.690/2 008, que deu nova redação ao art. 157 do CPP, em especial o seu § 2º. 3. Ilicitude da prova das interceptações telefônicas de conversas dos acusa dos com advogados, ao argumento de que essas gravações ofenderiam o disposto no art. 7º, II, da Lei n. 8.906/96, que garante o sigilo dessas conversas. 3.1 Nos termos do art. 7º, II, da Lei 8.906/94, o Estatuto da Advocacia garante ao advogado a inviolabilidade de seu escritório ou local de trabalho, bem como de seus instrumentos de trabalho, de sua correspondência escrita, eletrônica, telefônica e telemática, desde que relativas ao exercício da advocacia. 3.2 Na hipótese, o magistrado de primeiro grau, por reputar necessária a realização da prova, determinou, de forma fundamentada, a interceptação telefônica direcionada às pessoas investigadas, não tendo, em momento algum, ordenado a devassa das linhas telefônicas dos advogados dos pacientes. Mitigação que pode, eventualmente, burlar a proteção jurídica. 3.3 Sucede que, n o curso da execução da medida, os diálogos travados entre o paciente e o advogado do corréu acabaram, de maneira automática, interceptados, aliás, como qualquer outra conversa direcionada ao ramal do paciente. Inexistência, no caso, de relação jurídica cliente-advogado. 3.4 Não cabe aos policiais executores da medida proceder a uma espécie de filtragem das escutas interceptadas. A impossibilidade desse filtro atua, inclusive, como verdadeira garantia ao cidadão, porquanto retira da esfera de arbítrio da polícia escolher o que é ou não conveniente ser interceptado e gravado. Valoração, e eventual exclusão, que cabe ao magistrado a quem a prova é dirigida. 4. Ordem denegada" (STF, HC 91867, GILMAR MENDES); **III**: é incorreto dizer que a teoria da descoberta inevitável é aceita pacificamente na doutrina brasileira e estrangeira, não havendo mais quem conteste a sua eficiência em temperar os exageros da teoria dos frutos da árvore envenenada. Conferir a lição do consagrado jurista Aury Lopes Jr.: "O art. 157 traz para o CPP alguma disciplina sobre as provas ilícitas. A inovação, que dará muita dor de cabeça para todos, é a pouco clara disposição acerca do nexo causal que define a contaminação e, ainda, a chamada teoria da fonte independente. Como regra, são disposições vagas e imprecisas que recorrem a aberturas perigosas, como "trâmites típicos e de praxe, próprios da investigação ou instrução criminal". O que é isso? Uma porta aberta para legitimar qualquer coisa que sirva à clara intenção de limitar ao máximo a eficácia do princípio da contaminação" (*Direito Processual Penal*, 9. ed. São Paulo: Saraiva, 2012. p. 604); **IV**: incorreta. A teoria das fontes independentes está prevista no art. 157, § 2º, do CPP, que estabelece que não há contaminação quando a prova puder ser obtida por uma fonte independente da ilícita. ᴇᴅ

Gabarito "C".

(Delegado/RJ – 2013 – FUNCAB) A Constituição adotou um processo penal com cariz acusatório. Nesse contexto, a entrega da função de polícia judiciária a órgãos policiais é fundamental para a efetivação de tal sistema, como fez o art. 144 da CRF/1988. Ao lado disso, a presunção de inocência se irradia para o campo probatório. Já o artigo 156 do CPP, dispõe:

A prova da alegação incumbirá a quem a fizer, sendo, porém, facultado ao juiz de ofício I – ordenar, mesmo antes de iniciada a ação penal, a produção antecipada de provas consideradas urgentes e relevantes, observando a necessidade, adequação e proporcionalidade da medida; II – determinar, no curso da instrução, ou antes de proferir sentença, a realização de diligências para dirimir dúvida sobre ponto relevante. Com efeito, marque a resposta INCORRETA.

(A) Para parte da doutrina, o inciso I do art. 156 do CPP é inconstitucional por transferir para o juiz as funções típicas do Delegado de Polícia.

(B) Parte da doutrina sustenta que a natureza jurídica da prova é de um direito correlato ao direito de ação e de defesa, sendo atividade própria das partes e não do órgão jurisdicional, portanto, o inciso II do art. 156 do CPP seria inconstitucional.

(C) Em razão da presunção de inocência, o ônus da prova no processo penal é da acusação.

(D) É pacífico que no processo penal brasileiro existe o princípio da verdade real, que está consagrado no art. 156 do CPP, justificando a atividade investigatória e probatória do juiz.

A: correta. É fato que, para parte da doutrina, a prerrogativa atribuída ao juiz pelo art. 156, I, do CPP fere o sistema acusatório. O ideal, segundo alguns sustentam, seria que o magistrado tão somente agisse, na fase inquisitiva, quando provocado pelo MP ou autoridade policial, tal como se dá na decretação da prisão preventiva e temporária, em que é vedado ao juiz decretá-las de ofício; **B:** correta. Tal qual ocorre com o art. 156, I, do CPP, há divergência na doutrina quanto ao poder conferido ao juiz de, no curso da ação penal, determinar a produção de prova com o fito de dirimir dúvida sobre ponto relevante (art. 156, II, CPP). Há quem entenda que tal iniciativa é inconstitucional na medida em que ao juiz não é dado agir sem provocação das partes (*ne procedat judex ex officio*). Para a maioria da comunidade jurídica, no entanto, tal prerrogativa constitui decorrência natural do princípio da busca da verdade real. O propósito do magistrado, assim, não é beneficiar quem quer que seja, mas, sim, atingir a verdade que mais se aproxime da realidade. Dito de outro modo, não deve o juiz conformar-se com a verdade trazida pelas partes; se restar ponto não esclarecido, é imperioso, em homenagem ao postulado da busca da verdade real, que o juiz atue nessa busca incessante; afinal, ao contrário do que se dá no âmbito do processo civil, está aqui em jogo a liberdade do acusado. De toda sorte, tal atividade do juiz deve ser supletiva em relação à das partes; **C:** correta. É fato que o *ônus da prova* deve, conforme estabelece o art. 156 do CPP, ser atribuído às partes, que compartilham, portanto, a incumbência de demonstrar o quanto alegado. Sucede que esta regra deve ser compatibilizada com o princípio da presunção de inocência (art. 5º, LVII, da CF). Em assim sendo, pode-se dizer que o ônus da prova, no que toca à apresentação da imputação em juízo, cabe à acusação. De outro lado, cabe à defesa do acusado demonstrar qualquer circunstância que tenha o condão de refutar a acusação, visto que não pode ser imposta ao autor da ação penal a obrigação de provar fato negativo; **D:** pelo que até aqui expusemos, a assertiva é incorreta. ᴇᴅ

Gabarito "D".

(Delegado/RJ – 2013 – FUNCAB) Em matéria de prova, disciplinada pelo Código de Processo Penal, é correto afirmar:

(A) Quando a infração deixar vestígios, o exame de corpo de delito poderá ser dispensado a pedido da parte interessada.

(B) O juiz julga conforme seu livre convencimento e sem obrigação de fundamentar a sua convicção, porém com base na prova existente nos autos.

(C) O silêncio do acusado não importará confissão, e tampouco poderá constituir elemento para a formação do convencimento do juiz.

(D) O maior de quatorze anos e menor de dezoito anos não prestará compromisso como testemunha, quando desacompanhado do responsável legal.

(E) Consideram-se documentos somente os escritos ou papéis, públicos ou particulares.

A: incorreta, uma vez que, se a infração deixar vestígios, é de rigor a realização do exame de corpo de delito (direto ou indireto), nos termos do art. 158 do CPP; é defeso à parte, portanto, pugnar pela não realização do exame; **B:** incorreta, já que adotamos, como regra, o *sistema da persuasão racional* ou *livre convencimento motivado*, em que o magistrado decidirá com base no seu livre convencimento, devendo, todavia, *fundamentar* sua decisão (art. 93, IX, da CF); **C:** correta, pois corresponde à regra presente no art. 186, parágrafo único, do CPP. A propósito, o art. 198 do CPP, na parte em que estabelece que o silêncio do acusado pode constituir elemento para a formação do convencimento do juiz, não foi recepcionado pela Constituição Federal; **D:** incorreta, pois não reflete o que estabelece o art. 208 do CPP; **E:** incorreta, pois não reflete a regra presente no art. 232 do CPP. Gabarito "C".

(Delegado/RO – 2014 – FUNCAB) Assinale a alternativa em que se encontra uma característica do sistema acusatório.

(A) O julgador é protagonista na busca pela prova.

(B) As decisões não precisam ser fundamentadas.

(C) A atividade probatória é atribuição natural das partes.

(D) As funções de acusar e de julgar são concentradas em uma pessoa.

(E) As decisões são sempre sigilosas.

São características do *sistema acusatório*: nítida separação nas funções de acusar, julgar e defender, o que torna imprescindível que essas funções sejam desempenhadas por pessoas distintas; o processo é público e contraditório; há imparcialidade do órgão julgador, que detém a gestão da prova (na qualidade de juiz-espectador), e a ampla defesa é assegurada. No *sistema inquisitivo*, que deve ser entendido como a antítese do acusatório, as funções de acusar, defender e julgar reúnem-se em uma única pessoa. É possível, nesse sistema, portanto, que o juiz investigue, acuse e julgue. Além disso, o processo é sigiloso e nele não vige o contraditório. No *sistema misto*, por fim, há uma fase inicial inquisitiva, ao final da qual tem início uma etapa em que são asseguradas todas as garantias inerentes ao acusatório. Embora não haja previsão expressa nesse sentido, acolhemos, segundo doutrina e jurisprudências majoritárias, o sistema acusatório. Alguns doutrinadores, no entanto, sustentam que o sistema adotado é o misto. Ademais, a opção pelo sistema acusatório foi explicitada quando da inserção do art. 3º-A no Código de Processo Penal pela Lei 13.964/2019 (Pacote Anticrime). Segundo este dispositivo, cuja eficácia está suspensa por decisão liminar do STF, já que faz parte do regramento que compõe o chamado "juiz de garantias" (arts. 3º-A a 3º-F, do CPP), "o processo penal terá estrutura acusatória, vedadas a iniciativa do juiz na fase de investigação e a substituição da atuação probatória do órgão de acusação". Até então, o sistema acusatório, embora amplamente acolhido pela comunidade jurídica, não era contemplado em lei. Gabarito "C".

(Delegado/RO – 2014 – FUNCAB) No que se refere ao estudo das provas no processo penal, sabe-se que a autoridade judiciária se sujeita ao Princípio da Persuasão Racional (ou do Livre Convencimento Motivado), que tem por característica:

(A) a impossibilidade de vincular o convencimento judicial à atuação das partes, por existir autonomia da autoridade judiciária para buscar as provas.

(B) a possibilidade de a autoridade judiciária se valer de provas ilícitas para a formação do convencimento judicial.

(C) a necessidade de a autoridade judiciária explicitar os motivos de fato e de direito que foram relevantes para a formação do seu convencimento.

(D) a preponderância da prova pericial sobre a prova testemunhal.

(E) a maior valoração que a lei confere à confissão.

A: incorreta, na medida em que o ônus da prova recai sobre as partes; a atuação da autoridade judiciária será sempre supletiva, podendo, portanto, vincular seu convencimento à atuação das partes; **B:** incorreta, já que a prova ilícita não é admitida no âmbito do processo penal acusatório (art. 157, *caput*, do CPP; art. 5º, LVI, da CF); **C:** correta, já que, tendo sido adotado, como regra, o *sistema da persuasão racional* ou *livre convencimento motivado*, o magistrado deverá *fundamentar* sua decisão (art. 93, IX, da CF); **D:** incorreta. Inexiste hierarquia entre provas; **E:** incorreta. Atualmente, não mais se confere à confissão o *status* de rainha das provas, como outrora já foi considerada. Hoje, temos que a confissão, sendo meio de prova com valor equivalente às demais, deve ser valorada em conjunto com os outros elementos probatórios produzidos no processo (art. 197, CPP). Gabarito "C".

(Delegado/SP – 2014 – VUNESP) No processo penal, a prova produzida durante o inquérito policial

(A) pode ser utilizada por qualquer das partes, bem como pelo juiz.

(B) tem o mesmo valor que a prova produzida judicialmente.

(C) pode ser utilizada somente pelo juiz.

(D) não tem valor legal.

(E) deverá ser sempre ratificada judicialmente para ter valor legal.

A: correta. As partes e o juiz podem valer-se dos elementos informativos colhidos ao longo das investigações; o que não se admite, por imposição do art. 155, *caput*, do CPP, é que o juiz forme seu convencimento com base exclusiva nos elementos produzidos na investigação; dito de outra forma, o inquérito não pode servir de suporte único para uma condenação; **B:** é incorreto afirmar-se que os elementos informativos colhidos por meio do inquérito policial têm valor idêntico às provas produzidas no curso da instrução, uma vez que estas foram submetidas ao crivo do contraditório; diz-se, bem por isso, que o inquérito tem valor *relativo*; de ver-se, no entanto, que às chamadas provas cautelares, não repetíveis e antecipadas (art. 155, *caput*, parte final, do CPP) pode ser atribuído o mesmo valor das produzidas em juízo; **C:** incorreta, dado que a prova pode ser utilizada também pelas partes (comunhão da prova); **D:** como já dissemos, a prova produzida no inquérito tem valor *relativo*; **E:** incorreta, na medida em que há determinadas provas que prescindem de ratificação: provas cautelares, não repetíveis e antecipadas (art. 155, *caput*, parte final, do CPP). Cuidado: embora não precisem ser renovadas, devem ser submetidas ao contraditório posterior (ou diferido). Gabarito "A".

(Delegado/SP – 2014 – VUNESP) No delito de homicídio, o exame de corpo de delito

(A) é prova pericial fundamental, sem a qual não pode haver o oferecimento da denúncia.

(B) deve, em regra, ser realizado por perito oficial, portador de diploma de curso superior.

(C) é dispensável, no caso de confissão do crime.

(D) é dispensável, caso existam outras provas da prática delituosa.

(E) deve ser realizado por dois peritos médicos pertencentes ao Instituto Médico Legal.

A: incorreta. Quanto a isso, vale conferir o magistério de Guilherme de Souza Nucci: "Recebimento de denúncia sem o exame de corpo de delito: possibilidade. A indispensabilidade do exame diz respeito ao julgamento da ação penal e não ao mero recebimento da denúncia, que pode ocorrer antes da remessa do laudo a juízo. No caso do início da ação penal, devem existir no inquérito provas suficientes para demonstrar a materialidade, ainda que não sejam definitivas, o que somente será alcançado pela apresentação do exame de corpo de delito ou, na sua falta, pela produção das provas em direito admitidas (...)" (*Código de Processo Penal Comentado*. 12. ed. p. 391); **B:** correta. A redação anterior do art. 159 do CPP estabelecia que a perícia fosse realizada por *duas pessoas idôneas, escolhidas de preferência as que tivessem habilitação técnica*. Atualmente, com a modificação implementada na redação do dispositivo pela Lei 11.690/08, a perícia será levada a efeito por *um* perito oficial portador de diploma de curso superior. À falta deste, determina o § 1º do art. 159 que o exame seja feito por duas pessoas idôneas, detentoras de diploma de curso superior preferencialmente na área específica, dentre aquelas que tiverem habilitação técnica relacionada com a natureza do exame; **C:** a confissão, por expressa disposição do art. 158 do CPP, não pode suprir o exame de corpo de delito; **D:** incorreta, dado que o exame de corpo de delito, nas infrações que deixam vestígios, é de rigor, independente de existirem outras provas que demonstrem a ocorrência do crime; **E:** incorreta, tendo em conta o comentário à assertiva "B". ED

Gabarito "B".

(Delegado/BA – 2013 – CESPE) A autoridade policial deve promover as diligências para o devido esclarecimento dos fatos lesivos a algum direito. Essa averiguação deve ser baseada em procedimentos de demonstração, os quais dependem da natureza dos fatos. Com relação a esse assunto, julgue os itens a seguir.

(1) No foro penal, o relatório do médico perito, denominado laudo pericial médico-legal, somente poderá ser solicitado pela autoridade competente até o momento da sentença.

(2) Caso haja contradição entre os depoimentos das testemunhas, as confissões dos acusados e as conclusões técnicas dos peritos, o testemunho das pessoas envolvidas, quando estas estiverem sob juramento, deve prevalecer sobre as conclusões técnicas dos peritos.

(3) Os técnicos especializados encarregados de realizar o exame dos vestígios materiais relacionados ao fato jurídico são denominados peritos; caso sejam remunerados pelo Estado, serão denominados peritos oficiais.

1: incorreta. A realização de exame pericial, cujo resultado é materializado por meio do laudo pericial, pode ser solicitada pela autoridade competente (policial ou judiciária) durante as investigações do inquérito, no curso da ação penal a até depois de prolatada a sentença, já em segundo grau de jurisdição. Imaginemos a hipótese em que, em grau de apelação, surja, por qualquer razão, dúvida quanto à capacidade penal do recorrente, que, no primeiro grau de jurisdição, não restou clara. Neste caso, nada obsta que o relator ou revisor, em obediência ao postulado da busca da verdade real, converta o julgamento em perícia, a fim de se aferir, com exatidão, a capacidade penal do apelante. Tal possibilidade vem consagrada no art. 616 do CPP; **2:** incorreta. O sistema de valoração de provas que adotamos, o da *livre convicção* ou *persuasão racional* (art. 155, CPP), estabelece que o convencimento do juiz não deve subordinar-se a critérios predeterminados de valoração da prova (não há, no processo penal, hierarquia entre provas), nada impedindo, bem por isso, que uma prova oral prevaleça sobre uma prova pericial e vice-versa; **3:** incorreta. A remuneração não serve de critério para diferenciar peritos oficiais de não oficiais. Isso porque não é suficiente, para poder se afirmar que se trata de perito oficial, o recebimento de remuneração, sendo certo que tais profissionais, além disso, devem ser aprovados em concurso público e, ao serem nomeados para o cargo, devem prestar compromisso de bem portar-se no exercício de seu mister. ED

Gabarito 1E, 2E, 3E.

(Delegado/BA – 2013 – CESPE) Com relação às provas criminais, julgue os itens que se seguem.

(1) É indispensável o exame pericial, direto ou indireto, nos casos em que a infração penal deixe vestígios, não podendo supri-lo a confissão do acusado, facultada ao MP, ao assistente de acusação, ao ofendido, ao querelante e ao acusado a indicação de assistente técnico para atuar na etapa processual após sua admissão pelo juiz e a conclusão dos exames e elaboração do laudo pelos peritos oficiais.

(2) Consoante a interpretação doutrinária da legislação penal, as buscas e apreensões são consideradas não só meios de prova, mas também providências acautelatórias da atividade probante (medida cautelar), podendo ser executadas em qualquer fase da persecução penal.

(3) De acordo com o CPP, o interrogatório do investigado, em regra, pode ser realizado em qualquer etapa do inquérito policial, e por intermédio do sistema de videoconferência ou de outro recurso tecnológico de transmissão de sons e imagens em tempo real, desde que o investigado esteja recolhido em unidade da federação distinta daquela em que se realize o procedimento e tal medida seja necessária para prevenir risco à segurança pública, em razão de fundada suspeita de que o preso integre organização criminosa ou possa fugir durante o deslocamento.

1: correta, pois em conformidade com o que estabelecem os arts. 158 e 159, §§ 3º e 4º, do CPP; **2:** correta. Oportuno, aqui, o ensinamento de Guilherme de Souza Nucci, que trata, em separado, dos termos *busca* e *apreensão*: "Natureza jurídica: são medidas de natureza mista. Conforme o caso, a busca pode significar um ato preliminar à apreensão de produto de crime, razão pela qual se destina à devolução à vítima. Pode significar, ainda, um meio de prova, quando a autorização é dada pelo juiz para se proceder a uma perícia em determinado domicílio. A apreensão tem os mesmos ângulos. Pode representar a tomada de um bem para acautelar o direito de indenização da parte ofendida, como pode representar a apreensão da arma do delito para fazer prova. Assim, tanto a busca, quanto a apreensão, podem ser vistos, individualmente, como meios assecuratórios ou como meios de prova, ou ambos" (*Código de Processo Penal Comentado*. 12. ed., p. 555). No mais, a medida de busca e apreensão pode ocorrer em fase anterior à investigação policial (busca pessoal do art. 240, § 2º, do CPP), no curso do inquérito e no decorrer da instrução processual, e também ao logo da execução penal; **3:** incorreta. Primeiro porque o sistema de videoconferência somente será utilizado no interrogatório *judicial* (art. 185, § 2º, do CPP); não será admitido, portanto, no âmbito do interrogatório prestado em inquérito policial. Segundo porque não é condição para a realização do interrogatório (judicial) por meio de videoconferência o fato de o acusado (e não investigado) encontrar-se recolhido em unidade da federação distinta daquela na qual tramita o processo. O art. 185 do CPP não contemplou tal exigência. Está correta, é bom que se diga, a última parte da assertiva, que descreve uma das hipóteses em que é admitido o interrogatório (judicial) por videoconferência (art.

185, § 2º, I, do CPP). Também é correto dizer-se que o interrogatório do investigado pode realizar-se em qualquer fase do inquérito policial (procedimento inquisitivo).

Gabarito 1C, 2C, 3E

(Delegado/AM) O reconhecimento de pessoas é um dos meios de prova que, quando bem feito na fase inquisitorial, pode ser de grande valor também na fase processual. Segundo o CPP, em relação a esta afirmação a alternativa incorreta é:

(A) no reconhecimento de objetos, proceder-se-á com as cautelas estabelecidas para o reconhecimento de pessoas, no que for aplicável.
(B) a pessoa que tiver de fazer o reconhecimento não será convidada a descrever a pessoa que deva ser reconhecida, tendo em vista a agilidade da investigação policial.
(C) a pessoa, cujo reconhecimento se pretender, será colocada, se possível, ao lado de outras que com ela tiverem qualquer semelhança, convidando-se quem tiver de fazer o reconhecimento a apontá-la.
(D) se houver razão para recear que a pessoa chamada para o reconhecimento, por efeito de intimação ou outra influência, não diga a verdade em face da pessoa de deve ser reconhecida, a autoridade providenciará para que esta não veja aquela. Isto não terá aplicação na fase da instrução criminal ou em plenário do julgamento.

A: proposição em consonância com o estabelecido no art. 227 do CPP; B: assertiva incorreta, devendo ser assinalada. Prescreve o art. 226, I, do CPP que aquele que tiver de fazer o reconhecimento procederá, antes, à descrição da pessoa a ser reconhecida; C: assertiva correta, nos termos do art. 226, II, do CPP; D: assertiva correta, nos termos do art. 226, III e parágrafo único, do CPP.

Gabarito "B".

(Delegado/AM) O princípio diretamente relacionado às provas é o da

(A) livre convicção condicionada.
(B) intranscendência.
(C) necessidade.
(D) correlação.

Adotamos, como regra, o *sistema da persuasão racional* ou *livre convencimento motivado* ou *livre convicção condicionada*, em que o magistrado decidirá com base no seu livre convencimento, devendo, todavia, fundamentar sua decisão (art. 93, IX, da CF). O *sistema da íntima convicção* é o que vige no Tribunal do Júri, onde o jurado não precisa justificar o seu voto. Existe ainda o *sistema da prova legal*: o juiz, aqui, fica adstrito ao valor atribuído à prova pelo legislador.

Gabarito "A".

(Delegado/AP – 2010) Relativamente ao tema prova, analise as afirmativas a seguir:

I. O juiz que conhecer do conteúdo da prova declarada inadmissível não poderá proferir a sentença ou acórdão.
II. O juiz formará sua convicção pela livre apreciação da prova produzida em contraditório judicial, não podendo fundamentar sua decisão exclusivamente nos elementos informativos colhidos na investigação, ressalvadas as provas cautelares, não repetíveis e antecipadas.
III. A lei autoriza a produção antecipada de provas consideradas urgentes e relevantes, mesmo antes de iniciada a ação penal, observando a necessidade, adequação e proporcionalidade da medida.

Assinale:

(A) se somente a afirmativa I estiver correta.
(B) se somente a afirmativa II estiver correta.
(C) se somente a afirmativa III estiver correta.
(D) se somente as afirmativas II e III estiverem corretas.
(E) se todas as afirmativas estiverem corretas.

I: incorreta, na medida em que a lei processual penal, à época em que esta questão foi elaborada, não impunha essa vedação. Posteriormente, a Lei 13.964/2019 promoveu a inclusão do § 5º ao art. 157 do CPP, segundo o qual *o juiz que conhecer do conteúdo da prova declarada inadmissível não poderá proferir a sentença ou acórdão*. Este dispositivo encontra-se com a sua eficácia suspensa por decisão cautelar do STF; II: correta (art. 155, *caput*, do CPP); III: correta (art. 156, I, do CPP).

Gabarito "D".

(Delegado/AP – 2010) Relativamente ao tema prova, analise as afirmativas a seguir:

I. Quando a infração deixar vestígios será indispensável o exame de corpo de delito, direto ou indireto, realizado por perito oficial, portador de diploma de curso superior. Na falta de perito oficial, o exame será realizado por duas pessoas idôneas, portadoras de diploma de curso superior preferencialmente na área específica, dentre as que tiverem habilitação técnica relacionada com a natureza do exame. Na falta do exame, poderá supri-lo a confissão do acusado.
II. Serão facultadas ao Ministério Público, ao assistente de acusação, ao ofendido, ao querelante e ao acusado a formulação de quesitos e indicação de assistente técnico, que atuará durante a perícia e antes da conclusão dos exames e elaboração do laudo pelos peritos oficiais.
III. Durante o curso do processo judicial, é permitido às partes, quanto à perícia, requerer a oitiva dos peritos para esclarecerem a prova ou para responderem a quesitos, desde que o mandado de intimação e os quesitos ou questões a serem esclarecidas sejam encaminhados com antecedência mínima de 10 (dez) dias, podendo apresentar as respostas em laudo complementar.

Assinale:

(A) se somente a afirmativa I estiver correta.
(B) se somente a afirmativa II estiver correta.
(C) se somente a afirmativa III estiver correta.
(D) se somente as afirmativas II e III estiverem corretas.
(E) se todas as afirmativas estiverem incorretas.

I: incorreta; sempre que a infração deixar *vestígios*, é de rigor a realização do exame de corpo de delito – direito ou indireto. Em hipótese alguma a *confissão* poderá suprir esse exame, que deixou de ser feito em razão de haverem desaparecido os vestígios do crime – art. 158, CPP. A ausência do exame direto poderá, entretanto, ser suprida, a teor do art. 167 do CPP, pela *prova testemunhal*; II: incorreta. Nos termos do art. 159, § 4º, do CPP, a atuação do assistente técnico terá lugar depois de findo o trabalho do perito oficial. Assim, o trabalho levado a efeito pelo perito oficial não será acompanhado pelo assistente técnico, que, repita-se, somente atuará após o término do trabalho daquele; III: assertiva correta, conforme o que dispõe o art. 159, § 5º, I, do CPP.

Gabarito "C".

(Delegado/BA – 2008 – CEFETBAHIA) O delegado de uma cidade, tomando conhecimento de que uma quadrilha de estelionatários se reunia numa determinada pensão, esperou todos saírem e promoveu a busca e a apreensão de documentos e máquinas utilizados nos golpes, acompanhado de dois agentes.

Diante dessa situação, pode-se afirmar que

(A) essa prova é válida tendo em vista que o meio pela qual foi obtida é admitido pelo ordenamento jurídico.
(B) o delegado pode, pessoalmente, realizar a busca e a apreensão dos mediantes.
(C) uma ordem judicial é o único instrumento que pode autorizar a entrada de representantes da Lei no domicílio alheio, mesmo que para realizar busca e apreensão.
(D) o delegado pode realizar a busca e a apreensão pessoal dos membros da quadrilha, adentrando na pensão, porém desacompanhado dos agentes.
(E) a prova deve ser validada pelo juiz em 30 dias, após a oitiva do Ministério Público.

Ressalvadas as hipóteses excepcionais contidas no art. 5º, XI, da CF, a busca e apreensão domiciliar somente pode ser levada a efeito por ordem judicial (art. 245, CPP). Além disso, o termo *domicílio* deve ser entendido de maneira ampla, incluídos o local de habitação (residência), o quarto de hotel e também o de pensão, entre outros. **ED**

Gabarito "C".

(Delegado/BA – 2006 – CONSULPLAN) Marque a única alternativa correta:

(A) A confissão obtida mediante tortura será considerada prova válida desde que corroborada por outras provas.
(B) O exame de corpo de delito indireto poderá ser realizado quando não for possível o direto, em razão do desaparecimento dos vestígios.
(C) A prova testemunhal tem valor superior às demais provas.
(D) O juiz só poderá apreciar as provas trazidas pelas partes.
(E) A confissão ainda é considerada a "rainha das provas".

A: incorreta. Em vista do que estabelece o art. 157, *caput*, do CPP, as provas ilícitas são inadmissíveis, devendo, por essa razão, ser desentranhadas do processo. Bem por isso, ainda que corroborada por outras provas, a confissão obtida mediante tortura, por constituir prova inadmissível, deverá ser desentranhada e, após, inutilizada, na forma do art. 157, § 3º; **B**: correta, nos termos dos arts. 158 e 167 do CPP; **C**: incorreta. Adotamos, como regra, o *sistema da persuasão racional* ou *livre convencimento motivado* ou *livre convicção condicionada*, em que o magistrado decidirá com base no seu livre convencimento, devendo, todavia, fundamentar sua decisão (arts. 93, IX, da CF e 155, *caput*, do CPP). Em outras palavras, embora o juiz, neste sistema, esteja livre para formar a sua convicção, porque não está vinculado a qualquer critério de avaliação pré-estabelecido pelo legislador, deverá sempre justificar a sua decisão; **D**: incorreta, art. 156, I e II, do CPP; **E**: incorreta. A confissão, no passado, era considerada a *rainha das provas*, o que lhe conferia, no processo, grande importância. Assim, diante de uma confissão, pouco ou quase nada restava a ser feito. Hoje, a situação é bem outra. Quando em consonância com as demais provas que compõem o acervo probatório, reforçará o decreto condenatório; quando isolada das demais provas, é de rigor a absolvição. **ED**

Gabarito "B".

(Delegado/GO – 2009 – UEG) Merendão, sabendo da prática habitual de crimes contra o patrimônio perpetrados por Tripa Seca, bem como de seu costume exibicionista de filmar e fotografar suas peripécias criminosas, adentrou no local de trabalho de Tripa Seca, dali subtraindo diversas fotografias de furtos e roubos. De posse do material incriminador, Merendão passou a exigir de Tripa Seca dinheiro, sob a ameaça de entregar os materiais ao Ministério Público. Recusada a exigência, as fotos foram entregues ao promotor de justiça que, de imediato, requisitou a instauração de inquérito policial. Tripa Seca impetrou, então, *habeas corpus* requerendo o trancamento do inquérito policial. Nesse caso:

(A) a autoridade coatora é o delegado de polícia que instaurou o inquérito policial e, portanto, o magistrado competente para apreciar o pedido de *habeas corpus* é o juiz monocrático.
(B) a autoridade coatora é o promotor de justiça que requisitou o inquérito policial, devendo o *habeas corpus* ser impetrado perante o procurador-geral do respectivo Ministério Público que decidirá se a requisição é ilegal, decisão esta que vinculará os órgãos de persecução.
(C) as fotografias e filmagens são elementos probatórios ilícitos e, consequentemente, inadmissíveis no processo penal.
(D) é facultada à autoridade policial o atendimento da requisição do Ministério Público, podendo, caso entender não cabível a instauração de inquérito policial, simplesmente arquivá-la, cabendo recurso, por parte do promotor de justiça, ao secretário de segurança.

O art. 5º, LVI, da CF veda, de forma expressa, a utilização, no processo, de provas obtidas por meios ilícitos. No âmbito do processo penal, a Lei 11.690/1998 previu, também de forma expressa, a ilicitude da prova obtida em violação a normas constitucionais ou legais (art. 157, *caput*, do CPP), reputando inadmissíveis (art. 157, § 1º) aquelas derivadas das ilícitas, salvo quando não evidenciado o nexo de causalidade entre umas e outras, ou quando as derivadas puderem ser obtidas por uma fonte independente das primeiras. As provas entregues por Merendão ao promotor de justiça são ilícitas, porquanto obtidas por intermédio do cometimento do crime de furto, com violação, pois, de direitos fundamentais. Não podem, portanto, ser utilizadas no inquérito tampouco no processo a ser instaurado. A denúncia a ser oferecida pelo Ministério Público, se calcada nessas provas, não tem validade. Pela mesma razão, Tripa Seca não poderá ser condenado com base nas provas entregues por Merendão ao representante do MP. **ED**

Gabarito "C".

(Delegado/MG – 2012) Sobre a prova pericial é **INCORRETO** afirmar:

(A) O exame de corpo de delito deverá ser assinado por 2 (dois) peritos oficiais, portadores de diploma de curso superior.
(B) O exame de corpo de delito poderá ser realizado qualquer dia e horário, inclusive aos domingos.
(C) A autópsia será realizada, em regra, 6 (seis) horas após o óbito.
(D) Nas perícias de laboratório, os peritos guardarão material suficiente para a eventualidade de nova perícia.

A: assertiva incorreta, devendo ser assinalada. A redação anterior do art. 159 do CPP estabelecia que a perícia fosse realizada por *dois*

profissionais. Atualmente, com a modificação operada na redação do dispositivo pela Lei 11.690/2008, a perícia será levada a efeito por *um* perito oficial portador de diploma de curso superior. À falta deste, determina o § 1º do art. 159 que o exame seja feito por duas pessoas idôneas, detentoras de diploma de curso superior preferencialmente na área específica, dentre aquelas que tiverem habilitação técnica relacionada com a natureza do exame; **B:** a proposição está correta, pois em conformidade com o disposto no art. 161 do CPP; **C:** assertiva correta, pois reflete o que estabelece o art. 162 do CPP; **D:** assertiva correta, visto que corresponde ao que estabelece o art. 170 do CPP.
Gabarito "A".

(Delegado/MG – 2006) Sobre a prova no processo penal brasileiro, todas as afirmativas estão corretas, exceto:

(A) prova ilícita é aquela violadora do direito material.

(B) O juiz penal tem franca iniciativa na produção de prova.

(C) Admite-se a prova emprestada, desde que submetida ao crivo contraditório.

(D) Prova ilegítima é aquela obtida com a violação ao direito processual.

(E) A busca da verdade real prevalece sobre qualquer limite que se pretenda opor aos meios de prova.

A e D: podemos classificar as *provas ilícitas* em *ilegais* e *ilegítimas*. Estas decorrem da violação da norma de direito processual; aquelas, da violação da norma de direito material. Ambas devem ser consideradas, portanto, como *prova ilícita*, nos termos do art. 157, *caput*, do CPP; **B:** hodiernamente, pode o juiz, fazendo uso da prerrogativa que lhe confere o art. 156, II, do CPP, a fim de esclarecer dúvida acerca de ponto relevante, determinar, em *caráter supletivo*, diligências com o fim de se atingir a verdade real. Trata-se, pois, de uma atuação *subsidiária* à das partes; **C:** cuida-se daquela prova gerada em um processo e transladada para outro pendente de decisão, onde será utilizada. Sua eficácia, à luz do princípio do contraditório e da ampla defesa, está a depender de sua passagem pelo crivo do contraditório; **E:** não são admitidas, em processo penal, as provas obtidas por meios ilícitos. Eis, pois, o limite imposto em busca da verdade real.
Gabarito "E".

(Delegado/PR – 2007) É assegurado ao réu o direito de ser interrogado pelo juiz. A respeito da matéria, considere as seguintes afirmativas:

(1) O réu tem o direito de permanecer calado, mas caso o réu abra mão de sua prerrogativa constitucional do silêncio e responda às questões, deve dizer a verdade naquilo que lhe for perguntado.

(2) O réu, até então revel, que comparecer no decorrer da instrução, espontaneamente ou preso, será interrogado.

(3) A todo tempo o juiz poderá proceder a novo interrogatório, de ofício ou a pedido fundamentado de qualquer das partes.

(4) O interrogatório do acusado preso será feito no estabelecimento prisional em que se encontrar, desde que estejam garantidas a segurança do juiz e auxiliares, a presença do defensor e a publicidade do ato.

Assinale a alternativa correta.

(A) Somente as afirmativas 1 e 4 são verdadeiras.

(B) Somente as afirmativas 2, 3 e 4 são verdadeiras.

(C) Somente as afirmativas 3 e 4 são verdadeiras.

(D) As afirmativas 1, 2, 3 e 4 são verdadeiras.

(E) Somente as afirmativas 2 e 3 são verdadeiras.

1: incorreta. Se o réu, a quem assiste o direito de permanecer calado, decide responder às perguntas formuladas pelo magistrado, nenhuma obrigação tem de dizer a verdade sobre o ocorrido, isto é, pode, em sua defesa, *mentir* bem como *omitir*; **2:** assertiva em consonância com o disposto no art. 185, *caput*, do CPP; **3:** assertiva em consonância com o disposto no art. 196 do CPP; **4:** assertiva em consonância com o disposto no art. 185, § 1º, do CPP.
Gabarito "B".

(Delegado/SP – 2011) Quanto aos sistemas de avaliação da prova, o Brasil adota

(A) a livre convicção.

(B) somente a persuasão racional.

(C) a persuasão racional, em regra; e a prova legal, excepcionalmente.

(D) a persuasão racional, a íntima convicção e a prova legal.

(E) a persuasão racional, em regra; e a íntima convicção, excepcionalmente.

Adotamos, como regra, o *sistema da persuasão racional* ou *livre convencimento motivado* ou *livre convicção condicionada*, em que o magistrado decidirá com base no seu livre convencimento, devendo, todavia, fundamentar sua decisão (art. 93, IX, da CF). O *sistema da íntima convicção*, que acolhemos como exceção, é o que vige no Tribunal do Júri, onde o jurado não precisa justificar o seu voto. Embora não tenhamos adotado, mesmo que como exceção, existem no nosso sistema resquícios do chamado *sistema da prova legal*: o juiz, aqui, fica adstrito ao valor atribuído à prova pelo legislador.
Gabarito "E".

(Delegado/SP – 2008) Denomina-se testemunha fedatária

(A) aquela que prestou informes fidedignos no processo.

(B) aquela que foi referida por outra testemunha.

(C) aquela que acompanhou a leitura do auto de prisão em flagrante na presença do acusado.

(D) aquela que funcionou como informante sem prestar compromisso de dizer a verdade.

(E) aquela que se encontra protegida por lei.

Testemunha fedatária ou instrumentária é a que atesta a regularidade, a legalidade de um ato (art. 304, §§ 2º e 3º, do CPP).
Gabarito "C".

(Delegado/TO – 2008 – CESPE) Acerca da prova no processo penal, julgue os próximos itens.

(1) Considere que em determinada ação penal foi realizada perícia de natureza contábil, nos moldes determinados pela legislação pertinente, o que resultou na elaboração do competente laudo de exame pericial. Na fase decisória, o juiz discordou das conclusões dos peritos e, de forma fundamentada, descartou o laudo pericial ao exarar a sentença. Nessa situação, a sentença é nula, pois o exame pericial vincula o juiz da causa.

(2) Considere a seguinte situação hipotética. João, imputável, agrediu fisicamente Francisco, produzindo-lhe lesões corporais leves. Transcorridos alguns dias após a agressão, Francisco compareceu à repartição policial, onde noticiou o crime. Encaminhado para exame pericial, ficou constatado que não mais existiam lesões. Nessa situação, por terem desaparecido os vestígios,

a materialidade do delito poderá ser demonstrada por meio de prova testemunhal.
(3) Não se faz distinção entre corpo de delito e exame de corpo de delito, pois ambos representam o próprio crime em sua materialidade.
(4) Por determinação legal, o exame necroscópico ou cadavérico deve ser realizado pelo menos seis horas após o óbito. Todavia, tal obrigatoriedade é dispensada se houver evidência da morte, como ausência de movimentos respiratórios, desaparecimento do pulso ou enregelamento do corpo.
(5) Dispõe a lei processual penal que os exames de corpo de delito e as outras perícias serão feitos por dois peritos oficiais, o que significa que esses técnicos podem desempenhar suas funções independentemente de nomeação da autoridade policial ou do juiz, uma vez que a investidura em tais cargos advém da lei.

1: incorreta, pois, na forma estabelecida no art. 182 do CPP, o magistrado não está vinculado às conclusões do perito, podendo, assim, acolhê-las ou rejeitá-las, no todo ou em parte, desde que fundamentadamente; **2:** a assertiva está correta, pois, uma vez inviabilizada a realização do exame pericial (direto ou indireto) nas infrações que deixam vestígios (chamados *delitos não transeuntes*), em razão do desaparecimento destes, a prova testemunhal poderá suprir-lhe a falta, na forma estatuída no art. 167 do CPP. Mas atenção: em hipótese alguma a confissão do réu poderá suprir a falta do exame de corpo de delito – art. 158, CPP; **3:** proposição incorreta. *Corpo de delito* corresponde aos vestígios deixados pelo crime, ou seja, é tudo aquilo que comprova a existência material do delito, seus elementos sensíveis; já o *exame de corpo de delito* corresponde à prova pericial levada a cabo nesses vestígios materiais gerados pela prática da infração penal; **4:** assertiva em consonância com o que dispõe o art. 162, *caput*, do CPP; **5:** correta. Em vista do que dispõe a nova redação do art. 159, *caput* e § 1º, do CPP, a perícia será levada a efeito por um perito oficial portador de diploma de curso superior, ou, na falta deste, por duas pessoas idôneas, portadores de diploma de curso superior, preferencialmente na área específica. ED

Gabarito 1E, 2C, 3E, 4C, 5C

10. SUJEITOS PROCESSUAIS

(Delegado/MG – 2021 – FUMARC) De acordo com o Código de Processo Penal, é CORRETO afirmar:
(A) A lei prevê a extensão das hipóteses de impedimentos e suspeição dos juízes aos membros do Ministério Público, naquilo que for aplicável.
(B) As causas de impedimento descritas no CPP têm natureza exemplificativa.
(C) Da decisão que não admitir o assistente do Ministério Público caberá recurso em sentido estrito.
(D) O assistente do Ministério Público, nos casos da ação pública, poderá ser admitido antes do recebimento da denúncia.

A: correta, pois em conformidade com o disposto no art. 258 do CPP; **B:** incorreta, já que a enumeração das situações que configuram impedimento tem natureza *taxativa*, e não *exemplificativa*; **C:** incorreta. Isso porque, da decisão que não admitir o assistente do Ministério Público, não caberá recurso (art. 273, CPP); **D:** incorreta. O assistente poderá ser admitido em qualquer fase do processo, desde o recebimento da denúncia até o trânsito em julgado da sentença. ED

Gabarito "A".

O Código de Processo Penal estabelece em seu art. 260 que "Se o acusado não atender à intimação para o interrogatório, reconhecimento ou qualquer outro ato que, sem ele, não possa ser realizado, a autoridade poderá mandar conduzi-lo à sua presença." Em 2018, ao tratar da condução coercitiva, o STF determinou que a expressão "para o interrogatório", prevista no art. 260 do CPP, não foi recepcionada pela Constituição Federal. Assim, não se pode fazer a condução coercitiva do investigado, ou réu, com o objetivo de submetê-lo ao interrogatório sobre os fatos. Quanto a condução coercitiva de investigados, ou de réus, para interrogatório sobre fatos podemos afirmar que pode ensejar a:

I. a responsabilidade disciplinar, civil e penal do agente ou da autoridade que determinou.
II. a ilicitude das provas obtidas.
III. a responsabilidade civil do Estado.
IV. a Nulidade do ato jurídico.

(Delegado/ES – 2019 – Instituto Acesso) Assinale a alternativa correta:
(A) Todas as afirmativas estão corretas.
(B) I e III estão erradas.
(C) Apenas estão erradas a I e IV.
(D) Todas as afirmativas estão erradas.
(E) Apenas estão corretas a II e IV.

Segundo estabelece o art. 260, *caput*, do CPP, incumbe ao juiz, em face do não comparecimento do acusado, devidamente intimado, ao interrogatório, providenciar para que este seja conduzido coercitivamente à sua presença. Sucede que, ao enfrentar esta questão, o Plenário do STF, em julgamento realizado no dia 14 de junho de 2018, por maioria de votos, declarou que a condução coercitiva de réu/investigado para interrogatório, a que faz referência o art. 260 do CPP, não foi recepcionada pela CF/88. A decisão foi tomada no julgamento das ADPFs 395 e 444, ajuizadas, respectivamente, pelo PT e pela OAB. Segundo a maioria dos ministros, a condução coercitiva representa restrição à liberdade de locomoção e viola a presunção de inocência, sendo, portanto, incompatível com a Constituição Federal. Restou ainda decidido que o agente ou a autoridade que desobedecer à decisão tomada no julgamento dessas ADPFs será responsabilizado nos âmbitos disciplinar, civil e penal, podendo ainda a prova obtida por meio do interrogatório ilegal ser considerada ilícita, sem prejuízo da responsabilidade civil do Estado. Com o advento da Lei 13.869/2019, que revogou a Lei 4.898/1965 (antiga Lei de Abuso de Autoridade), passa a configurar crime de abuso de autoridade a conduta do agente que decreta a condução coercitiva de testemunha ou investigado manifestamente descabida ou sem prévia intimação de comparecimento ao juízo.

Gabarito "A".

(Delegado/PE – 2016 – CESPE) Em consonância com a doutrina majoritária e com o entendimento dos tribunais superiores, assinale a opção correta acerca dos sujeitos do processo e das circunstâncias legais relativas a impedimentos e suspeições.
(A) As disposições relativas ao princípio do juiz natural são analogamente aplicadas ao MP.
(B) No curso do inquérito policial, se for constatado que o delegado de polícia seja inimigo pessoal do investigado, este poderá opor exceção de suspeição, sob pena de preclusão do direito no âmbito de eventual ação penal.

(C) O corréu pode atuar, no mesmo processo, como assistente da acusação do início da ação penal até seu trânsito em julgado, desde que autorizado pelo representante do *parquet*.

(D) Poderá funcionar como perito no processo aquele que tiver opinado anteriormente sobre o objeto da perícia na fase de investigação criminal, em razão da especificidade da prova pericial.

(E) A impossibilidade de identificação do acusado pelo seu verdadeiro nome ou por outros qualificativos que formalmente o individualize impede a propositura da ação penal, mesmo que certa a identidade física do autor da infração penal.

A: correta. A garantia contida no art. 5º, LIII, da CF ("ninguém será processado nem sentenciado senão pela autoridade competente") contempla, como se pode ver, não apenas o princípio do juiz natural, mas também o do promotor natural, que consiste, *grosso modo*, na garantia que todos temos de ser processados por um órgão estatal imparcial, cujas atribuições tenham sido previamente estabelecidas em lei; B: incorreta, pois não reflete a regra presente no art. 107 do CPP; C: incorreta, pois contraria o disposto no art. 270 do CPP; D: incorreta (art. 279, II, do CPP); E: incorreta (art. 259, CPP). ED
Gabarito "A".

(Delegado/MG – 2008) Sobre as exceções processuais, é CORRETO afirmar que

(A) a exceção de suspeição é classificada pela doutrina como peremptória.

(B) as exceções de coisa julgada e litispendência são consideradas dilatórias.

(C) as exceções de ilegitimidade de parte e incompetência são consideradas dilatórias.

(D) a exceção de ilegitimidade de parte é considerada peremptória.

Consideram-se peremptórias as exceções que, uma vez acolhidas, acarretam a extinção do processo, quais sejam, a de litispendência, ilegitimidade de parte e coisa julgada. Já as exceções de incompetência territorial do juízo e de suspeição são meramente dilatórias, estendendo a marcha processual até que os autos sejam remetidos ao juízo competente ou insuspeito. ED
Gabarito "C".

(Delegado/MT – 2006 – UFMT) Em matéria de exceção de suspeição, prevista no Código de Processo Penal, assinale a afirmativa correta.

(A) A exceção de suspeição, na hipótese de o Delegado de Polícia ser parente em até segundo grau do indiciado, é admissível no inquérito policial.

(B) A exceção de suspeição poderá ser interposta por defensor dativo.

(C) A participação do Ministério Público na fase investigatória criminal acarreta sua suspeição para o oferecimento da denúncia.

(D) A arguição de suspeição precederá a qualquer outra, salvo quando fundada em motivo superveniente.

(E) A petição de exceção de suspeição deve, obrigatoriamente, indicar o Juízo ou a Vara Criminal considerado excepto.

A: incorreta, visto ser inadmissível a arguição de suspeição de autoridade policial (art. 107, CPP); B: incorreta, eis que a oposição de exceção de suspeição exige que o procurador detenha poderes especiais para tanto (art. 98, CPP), o que, à evidência, não ocorre com a defesa dativa; C: incorreta (Súmula 234, STJ); D: correta (art. 96, CPP); E: incorreta. A exceção de suspeição, caso acolhida, gerará a remessa dos autos ao seu substituto (art. 99, CPP), o que não incumbirá ser indicado pelo excipiente. ED
Gabarito "D".

11. CITAÇÃO, INTIMAÇÃO E PRAZOS

(Delegado/MG – 2018 – FUMARC) Sobre citação no processo penal, é CORRETO afirmar:

(A) O processo penal poderá prosseguir, mesmo que o acusado não tenha sido pessoalmente citado.

(B) Sempre será o primeiro ato de comunicação do denunciado no processo penal.

(C) Estando em lugar incerto e não sabido, será citado por hora certa.

(D) Estando o acusado no estrangeiro, será citado por edital.

A: correta. No processo penal, a citação será, em regra, pessoal ou real, o que significa dizer que o denunciado tomará conhecimento pessoal da ação que contra ele foi ajuizada. Esta citação é feita por oficial de Justiça, por meio de mandado. Pode acontecer de o acusado não ser localizado para citação pessoal, quer porque seu paradeiro é desconhecido, quer porque ele se oculta para inviabilizar sua citação. Nessas hipóteses, o CPP estabelece que a citação seja ficta ou presumida. Se o oficial de Justiça verificar, pelas diligências realizadas, que o acusado se oculta para não ser citado, procederá à citação com hora certa (modalidade de citação ficta); se, de outro lado, o réu não for localizado para citação pessoal, será realizada, depois de exauridos todos os recursos para sua localização, a citação por edital, que também constitui hipótese de citação ficta. No caso da citação por hora certa (art. 362, CPP), que, como já dito, constitui modalidade de citação presumida (não pessoal), se o acusado não apresentar sua defesa no prazo de dez dias, ser-lhe-á nomeado defensor dativo para promover a defesa do réu (art. 362, parágrafo único, CPP). Ou seja, o processo seguirá sua marcha normalmente sem que o acusado tenha sido citado pessoalmente. Uma vez realizada a citação por edital (modalidade ficta de comunicação processual), se o acusado não comparecer tampouco constituir defensor, o processo e o prazo prescricional ficarão, em vista da disciplina estabelecida no art. 366 do CPP, suspensos, podendo o juiz determinar a produção das provas consideradas urgentes bem como decretar a prisão preventiva do réu, desde que presentes os requisitos do art. 312 do CPP. Ou seja, mesmo citado por edital, o processo poderá prosseguir, com a produção de provas urgentes ou com a decretação da custódia preventiva; B: incorreta. Nem sempre a citação será o primeiro ato de comunicação do denunciado no processo penal. Veja-se o caso da defesa preliminar de que trata o art. 514 do CPP, a ser ofertada no prazo de 15 dias pelo funcionário público denunciado pela prática de crime funcional afiançável. Neste caso, antes de receber a denúncia, o juiz determinará a notificação do acusado para oferecer resposta por escrito, de forma a rebater o teor da denúncia antes de ela ser apreciada pelo magistrado. É a antecipação do contraditório, que, no procedimento comum, será exercido após o recebimento da denúncia, em sede de resposta à acusação; C: incorreta. Estando o denunciado em lugar incerto e não sabido, será citado por edital (art. 361, CPP). Na citação por hora certa, o réu não é localizado porque se oculta, e não porque seu paradeiro é desconhecido (art. 362, CPP); D: incorreta. Em vista do que estabelece o art. 368 do CPP, estando o acusado no estrangeiro, em local conhecido, será citado por carta *rogatória*, devendo ser suspenso o curso do prazo prescricional até o seu cumprimento.
Gabarito "A".

(Delegado/GO – 2017 – CESPE) Com referência a citação e intimação no processo penal, assinale a opção correta.

(A) A citação do réu preso poderá ser cumprida na pessoa do procurador por ele constituído na fase policial.
(B) As intimações dos defensores públicos nomeados pelo juízo devem ser realizadas mediante publicação nos órgãos incumbidos da publicidade dos atos judiciais da comarca, e não os havendo, pelo escrivão, por mandado ou via postal.
(C) Os prazos para a prática de atos processuais contam-se da data da intimação e não da juntada aos autos do mandado ou da carta precatória ou de ordem.
(D) Em função dos princípios da simplicidade, informalidade e economia processual, é admissível a citação por edital e por hora certa nos procedimentos sumaríssimos perante juizado especial criminal.
(E) No procedimento comum, não se admite a citação ficta.

A: incorreta. Se preso estiver o acusado, sua citação deverá ser feita pessoalmente (art. 360, CPP), com a entrega, pelo oficial de Justiça, do respectivo mandado citatório; **B:** incorreta. A intimação do defensor público, do dativo e do representante do MP será sempre feita *pessoalmente* (art. 370, § 4º, CPP). Realizar-se-á mediante a publicação nos órgãos incumbidos da publicidade dos atos judiciais da comarca a intimação do defensor constituído, do advogado do querelante e do assistente (art. 370, § 1º, CPP); **C:** correta, pois em conformidade com o entendimento consolidado na Súmula n. 710, do STF: "No processo penal, contam-se os prazos da data da intimação, e não da juntada aos autos do mandado ou da carta precatória ou de ordem"; **D:** incorreta. O art. 66, parágrafo único, da Lei 9.099/1995 estabelece que, no âmbito do procedimento sumaríssimo, não localizado o acusado para ser citado pessoalmente, as peças serão encaminhadas ao juízo comum para prosseguimento, no qual se procederá, se necessário for, à citação por hora certa ou por edital, dada a incompatibilidade dessas modalidades de citação ficta com a celeridade imanente ao procedimento adotado na Lei 9.099/1995; **E:** incorreta. O procedimento comum, tanto o ordinário quanto o sumário, admite, sim, as modalidades de citação ficta ou presumida, que são a citação por edital (art. 361, CPP) e por hora certa (art. 362, CPP). A propósito, o STF, ao julgar o RE 635.145, reconheceu, em votação unânime, a constitucionalidade da citação por hora certa, rechaçando a tese segundo a qual esta modalidade de citação ficta ofende os postulados da ampla defesa e do contraditório. **Gabarito "C".**

(Delegado/DF – 2015 – Fundação Universa) A respeito da citação no processo penal, assinale a alternativa correta.

(A) Como regra, no processo penal, a citação inicial será feita por carta, com aviso de recebimento.
(B) O CPP não acolhe o instituto da precatória itinerante.
(C) Diversamente do que ocorre no processo civil, não se admite a citação por hora certa no direito processual penal.
(D) Se o acusado, citado por edital, não comparecer nem constituir advogado, ficarão suspensos o processo e o curso do prazo prescricional, podendo o juiz determinar a produção antecipada das provas consideradas urgentes e, se for o caso, decretar a prisão preventiva do réu.
(E) Se o réu, tendo sido citado ou intimado pessoalmente, deixar de comparecer justificadamente a um ato processual, suspender-se-á a ação penal, visto que não se admite o instituto da revelia no processo penal.

A: incorreta. No processo penal, a citação será feita, em regra, por mandado, a ser cumprido por oficial de justiça (art. 351, CPP). A citação pelo correio (por carta), diferentemente do que se dá no processo civil, não é admitida no âmbito do processo penal; **B:** incorreta, já que a precatória itinerante é acolhida, sim, pelo CPP (art. 355, § 1º); **C:** incorreta, uma vez que, segundo dispõe o art. 362 do CPP, diante da ocultação do réu, incumbe ao oficial de Justiça proceder à citação com hora certa. Esta modalidade de citação ficta, antes exclusiva do processo civil, agora também é admitida no âmbito do processo penal, dada a mudança introduzida na redação do dispositivo legal pela Lei 11.719/2008. A propósito, o STF, ao julgar o RE 635.145, reconheceu, em votação unânime, a constitucionalidade da citação por hora certa no processo penal, rechaçando a tese segundo a qual esta modalidade de citação ficta ofende os postulados da ampla defesa e do contraditório; **D:** correta. Se o réu, depois de citado por edital, não comparecer tampouco constituir defensor, o processo e o prazo prescricional ficarão, em vista da disciplina estabelecida no art. 366 do CPP, suspensos, podendo ser decretada, se o caso, sua prisão preventiva bem como determinada a produção antecipada das provas consideradas urgentes; **E:** incorreta (art. 367, CPP). **Gabarito "D".**

(Delegado/SP – 2014 – VUNESP) No processo penal, as intimações

(A) serão sempre pessoais.
(B) do defensor constituído serão feitas pelo órgão incumbido da publicidade.
(C) não são obrigatórias quando se trata do Ministério Público.
(D) são atos que, se desrespeitados, causam nulidade absoluta do processo.
(E) serão pessoais, salvo se o réu estiver preso.

A: incorreta, já que a intimação poderá ser feita pela publicação no órgão incumbido da publicidade dos atos judiciais, (art. 370, § 1º, CPP), bem assim por via postal (art. 370, § 2º, CPP); **B:** correta, porque em conformidade com a regra presente no art. 370, § 1º, CPP; **C:** incorreta, dado que a intimação do MP é obrigatória e far-se-á pessoalmente (art. 370, § 4º, CPP); **D:** incorreta. Trata-se, isto sim, de nulidade relativa (art. 570, CPP); **E:** incorreta. A intimação será feita pessoalmente ao representante do MP, ao defensor público e ao dativo. **Gabarito "B".**

(Delegado/SP – 2014 – VUNESP) Quando o réu estiver fora do território da jurisdição processante,

(A) será citado mediante carta precatória.
(B) será citado por hora certa.
(C) será julgado à revelia.
(D) deverá ser dispensado de comparecer nas audiências, devendo ser interrogado por videoconferência.
(E) deverá solicitar que o processo seja remetido para a comarca de sua residência, a fim de que possa se defender melhor dos fatos que lhe são imputados na denúncia.

Estabelece o art. 353 do CPP que "quando o réu estiver fora do território da jurisdição do juiz processante, será citado mediante carta precatória". **Gabarito "B".**

(Delegado/AP – 2010) Com relação ao tema *citações*, assinale a afirmativa incorreta.

(A) No processo penal o réu que se oculta para não ser citado poderá ser citado por hora certa na forma estabelecida no Código de Processo Civil.

(B) Estando o acusado no estrangeiro, em lugar sabido, a citação far-se-á por carta ou qualquer meio hábil de comunicação.
(C) Se o acusado, citado por edital, não comparecer, nem constituir advogado, ficarão suspensos o processo e o curso do prazo prescricional.
(D) O processo seguirá sem a presença do acusado que, citado ou intimado pessoalmente para qualquer ato, deixar de comparecer sem motivo justificado.
(E) Se o réu estiver preso, será pessoalmente citado.

A: assertiva correta (art. 362, CPP); B: assertiva incorreta, devendo ser assinalada (art. 368, CPP); C: assertiva correta (art. 366, CPP); D: assertiva correta (art. 367, CPP); E: assertiva correta (art. 360, CPP).
Gabarito "B."

12. PRISÃO, MEDIDAS CAUTELARES E LIBERDADE PROVISÓRIA

(Delegado/RJ – 2022 – CESPE/CEBRASPE) Assinale a opção correta no que concerne a prisão e medidas cautelares.

(A) Por ser a prisão medida urgente, admite-se que ela seja efetuada em qualquer lugar e dia, e a qualquer hora.
(B) Dispensa-se a assinatura no mandado de prisão quando a autoridade judiciária responsável por sua expedição se fizer presente em seu cumprimento.
(C) A falta de exibição de mandado não obsta a prisão se a infração for inafiançável.
(D) Tanto o ato de prisão quanto a aplicação de medidas cautelares requerem que sejam observados a necessidade, a adequação, a regulamentação, os usos e costumes e os princípios gerais de direito.
(E) Ao juiz é proibido dispensar a manifestação da parte contrária antes de decidir sobre o pedido de medida cautelar.

A: incorreta. Embora seja fato que a prisão poderá ocorrer em qualquer dia e a qualquer hora, também é verdade que a sua execução deverá se subordinar às restrições relativas à inviolabilidade de domicílio (art. 283, § 2º, do CPP). Dessa forma, não sendo hipótese de flagrante, a polícia somente poderá invadir o domicílio do morador recalcitrante, para dar cumprimento a ordem de prisão expedida por magistrado (mandado), durante o dia (art. 5º, XI, CF); B: incorreta. Trata-se de previsão não contemplada em lei. Por força do que dispõe o art. 285, parágrafo único, a, do CPP, é de rigor que o mandado de prisão seja assinado pela autoridade que o expediu; C: correta, pois em conformidade com o disposto no art. 287 do CPP, cuja redação foi alterada pela Lei 13.964/2019, que impôs a realização de audiência de custódia; D: incorreta, pois não corresponde ao que estabelece o art. 282 do CPP; E: incorreta, na medida em que poderá o juiz, ante a hipótese de urgência ou de perigo de ineficácia da medida, dispensar a manifestação da parte contrária (art. 282, § 3º, CPP). Cuidado: com a modificação a que foi submetida a redação desse dispositivo (art. 282, § 3º) pela Lei 13.964/2019, a parte contrária, ao ser intimada, contará com o prazo de cinco dias para manifestar-se (antes não havia prazo).
Gabarito "C."

(Delegado/RJ – 2022 – CESPE/CEBRASPE) Em relação à prisão domiciliar, medidas cautelares, fiança e execução penal, assinale a opção correta.

(A) A medida cautelar de suspensão do exercício de função pública para os que pratiquem crimes no exercício da referida função ou atividade de natureza econômica ou financeira que guarde relação com crimes de caráter econômico ou financeiro não pode ser reconhecida porque é incompatível com o direito constitucional do livre exercício do trabalho.
(B) A medida cautelar de internação provisória do acusado só poderá ser deferida se o crime for praticado mediante violência ou grave ameaça e desde que os peritos concluam ser o acusado inimputável ou semi-imputável, com risco de reiteração do crime.
(C) É cabível a substituição da prisão preventiva pela prisão domiciliar aos acusados primários e de bons antecedentes e que sejam responsáveis pelos cuidados de filho de até seis anos de idade incompletos, desde que utilizem aparelho de monitoração eletrônica a distância.
(D) É cabível a substituição da execução da prisão em regime aberto pelo recolhimento em residência particular quando o condenado tiver mais de 80 anos de idade.
(E) Para que haja a possibilidade de quebramento da fiança na hipótese de nova infração penal dolosa, é necessário o trânsito em julgado do crime posteriormente verificado, perdendo o acusado o valor integralmente recolhido da caução processual.

A: incorreta, dado que a medida cautelar disposta no art. 319, VI, do CPP não padece de inconstitucionalidade, sendo lícita, nas hipóteses ali contidas, a suspensão de função ou atividade; B: correta, pois reflete o que estabelece o art. 319, VII, do CPP; C: incorreta, uma vez que a prisão preventiva cumprida em domicílio, na hipótese do art. 318, III, do CPP, não está condicionada ao fato de o acusado/investigado ser primário e portador de bons antecedentes. Além disso, o uso de aparelho de monitoração eletrônica não é obrigatório; D: incorreta. Segundo dispõe o art. 117, I, da LEP, "somente se admitirá o recolhimento do beneficiário de regime aberto em residência particular quando se tratar de: I – condenado maior de 70 (setenta) anos (...)"; E: incorreta, pois não corresponde ao que estabelece o art. 343 do CPP, segundo o qual haverá a perda de *metade* do valor da fiança. Ademais, não se exige o trânsito em julgado do delito posteriormente verificado.
Gabarito "B."

(Delegado/RJ – 2022 – CESPE/CEBRASPE) Juvenal e Gisele são inspetores de polícia lotados em delegacia de repressão a entorpecentes. Por determinação da autoridade policial titular da unidade, iniciaram uma investigação a fim de identificar uma rede de distribuição de drogas em festas *rave* na região da Zona Oeste do Rio de Janeiro. Vestidos com trajes esportivos e da moda, eles se misturaram aos frequentadores da festa e passaram a observar todo o ambiente, enquanto dançavam e bebiam para disfarçar qualquer conotação policial dos seus atos. Assim, identificaram um local onde grande quantidade de drogas era armazenada. Identificaram os indivíduos que distribuíam as drogas e o *modus operandi* que usavam para chegar até ali com as drogas: usavam falsos caminhões de lixo. Levantadas essas informações, Juvenal e Gisele acionaram seus colegas de profissão pelo rádio. O local foi cercado, e todos os envolvidos foram presos, tendo sido apreendida grande quantidade de drogas.

Nessa situação hipotética, houve

(A) flagrante próprio, que autoriza a prisão em flagrante de todos os envolvidos, nos exatos limites do art. 302 do Código de Processo Penal.

(B) flagrante provocado, disciplinado pela Súmula n.º 145 do STF, o que impede a prisão em flagrante de todos os envolvidos.
(C) flagrante esperado, nos exatos limites da Súmula n.º 145 do STF.
(D) flagrante diferido, em decorrência da ação controlada desenvolvida pela equipe de policiais que se infiltrou no local.
(E) flagrante presumido, porque os envolvidos foram encontrados no momento da ação criminosa.

O enunciado descreve típica situação de flagrante próprio. Vale lembrar que o crime de tráfico, na modalidade *guardar* (art. 33, "caput", Lei 11.343/2006), tem natureza permanente, o que permite a prisão em flagrante a qualquer tempo. E foi isso que aconteceu. Após obterem informações concretas e seguras quanto à traficância, sua autoria e o *modus operandi*, policiais ingressaram no local e, ali estando, apreenderam significativa quantidade de droga. Note que, por se tratar de situação de flagrante, o ingresso pode se dar a qualquer hora do dia, inclusive à noite, sendo dispensável a anuência de quem quer que seja. Cuida-se, portanto, de medida flagrante válido (art. 302, CPP).
Gabarito "A".

(Delegado/RJ – 2022 – CESPE/CEBRASPE) Juvenal é gerente de um supermercado e coloca, intencionalmente, nas prateleiras do estabelecimento, produtos e mercadorias impróprias ao consumo, fora da validade, sem o peso correspondente ou com a especificação errada, tudo visando desfazer-se de um grande estoque de mercadorias.

Ao tomar conhecimento dessa prática, a autoridade policial, titular da Delegacia do Consumidor (DECON), determinou que seus agentes comparecessem ao supermercado para verificar a veracidade dos fatos juntamente com agentes da vigilância sanitária. No supermercado, constatada a ilicitude dos fatos, toda a mercadoria foi apreendida e foi dada voz de prisão em flagrante ao gerente Juvenal, encaminhado à delegacia do consumidor.

A autoridade policial autuou Juvenal no art. 7.º, II e IX, da Lei n.º 8.137/90, in verbis:

Art. 7.º Constitui crime contra as relações de consumo:
[...]
II – vender ou expor à venda mercadoria cuja embalagem, tipo, especificação, peso ou composição esteja em desacordo com as prescrições legais, ou que não corresponda à respectiva classificação oficial;
[...]
IX – vender, ter em depósito para vender ou expor à venda ou, de qualquer forma, entregar matéria-prima ou mercadoria, em condições impróprias ao consumo;
Pena – detenção, de 2 (dois) a 5 (cinco) anos, ou multa.

Nessa situação hipotética,
(A) a autoridade policial poderá conceder fiança, por se tratar de crime punido com detenção.
(B) a autoridade policial poderá conceder fiança a Juvenal se ele se comprometer a reparar o prejuízo aos consumidores já que se trata de crime apenado com detenção.
(C) a autoridade policial não poderá conceder fiança, por se tratar de crime punido com pena máxima superior a 4 anos e por Juvenal ter sido preso em flagrante delito por crime contra o consumo.
(D) a autoridade policial deverá prender Juvenal em flagrante delito, por se tratar de flagrante preparado, nos exatos limites da Súmula 145 do STF.
(E) a autoridade policial poderá conceder a Juvenal medida cautelar diversa da prisão, como o comparecimento periódico em juízo, no prazo e nas condições fixadas pelo juiz, para informar e justificar atividades, desde que não haja risco a ordem pública.

A: incorreta, a nosso ver. Explico. A Lei 12.403/2011 mudou sobremaneira o panorama da fiança. Antes da reforma por ela implementada, a autoridade policial, em vista da revogada redação do art. 322 do CPP, somente estava credenciada a concedê-la nas hipóteses de infração punida com *detenção* ou *prisão simples*. Bem por isso, não podia o delegado de polícia arbitrar fiança nos crimes punidos com *reclusão*, tarefa exclusiva do magistrado. Pela nova redação dada ao art. 322 do CPP, a autoridade policial passou a conceder fiança nos casos de infração cuja pena privativa de liberdade máxima não seja superior a quatro anos, independentemente de ser o crime apenado com reclusão ou detenção (qualidade da pena). Naqueles casos em que a pena máxima superar os quatro anos, somente o magistrado poderá estabelecer a fiança. Como a pena máxima cominada ao crime pelo qual foi Juvenal autuado em flagrante corresponde a 5 anos, somente ao juiz é dado fixar fiança; **B:** incorreta, dado o que acima foi explanado; **C:** incorreta. O fato de Juvenal ter sido preso em flagrante pela prática de crime contra as relações de consumo não impede que o delegado lhe conceda fiança; no caso narrado, o fator impeditivo é a quantidade da pena máxima cominada (superior a quatro anos); **D:** incorreta. *Flagrante preparado* é aquele em que o agente provocador leva alguém a praticar uma infração penal. Está-se aqui diante de uma modalidade de crime impossível (art. 17 do CP), consubstanciada na Súmula n. 145 do STF. Nem de longe é este o caso descrito no enunciado, já que a prisão em flagrante ocorreu após a autoridade policial ser comunicada dos fatos e determinar que seus agentes comparecessem ao local a fim de confirmar a veracidade da denúncia; **E:** incorreta, já que a autoridade policial não tem atribuição para tanto.
Gabarito "A".

(Delegado/RJ – 2022 – CESPE/CEBRASPE) Rosmênio ingressou no estacionamento de um grande supermercado com a intenção de subtrair um automóvel. De posse do material necessário, abriu um veículo, fez ligação direta, mas foi impedido de sair do local pela ação dos seguranças. Levado à delegacia de polícia da circunscrição, a autoridade policial o autuou no crime de furto qualificado tentado, cuja pena privativa de liberdade é de 2 a 8 anos de reclusão.

Considerando-se o instituto da fiança, é correto afirmar que, nessa situação hipotética,
(A) a autoridade judicial somente poderá conceder fiança nos crimes patrimoniais sem violência e grave ameaça.
(B) é admissível a concessão de fiança pela autoridade policial, por se tratar de crime tentado.
(C) é inadmissível a concessão de fiança pela autoridade judicial, dada a gravidade do crime.
(D) a fiança nos crimes patrimoniais exige que o investigado ou acusado indenize o lesado, antes de ser colocado em liberdade.
(E) a autoridade policial não poderá conceder fiança, por se tratar de crime qualificado, ainda que tentado.

A solução dada pela banca não representa o entendimento doutrinário e jurisprudencial prevalente sobre o tema. Vejamos. A pena máxima cominada ao furto qualificado, crime pelo qual foi autuado Rosmênio, corresponde a 8 anos. Sucede que, segundo a autoridade policial, o delito permaneceu na esfera da tentativa, causa que leva a uma diminuição de pena da ordem de um a dois terços (art. 14, parágrafo único, CP). O entendimento que prevalece é no sentido de que, neste caso, deve incidir a fração de 1/3 (mínimo possível), o que levaria a pena máxima a 5 anos e 4 meses e impediria que a autoridade policial concedesse fiança (art. 322, CPP – pena máxima superior a quatro anos). A examinadora, contrariando tal entendimento, adotou a incidência da fração de 2/3 (máximo possível), chegando, com isso, à pena de 2 anos e 8 meses, dentro, portanto, do patamar estabelecido no art. 322 do CPP, o que autoriza a autoridade policial a conceder fiança.

Gabarito "B".

(Delegado de Polícia Federal – 2021 – CESPE) José, réu primário, foi preso em flagrante acusado de ter praticado crime doloso punível com reclusão de no máximo quatro anos. Na audiência de custódia, o juiz decretou a prisão preventiva de ofício. No entanto, a defesa de José solicitou, em seguida, a reconsideração da decisão, com base no argumento de que a conduta do preso era atípica. O juiz acatou a tese e relaxou a prisão.

Considerando essa situação hipotética, julgue os itens subsequentes.

(1) Em se tratando do crime praticado por José, admite-se a decretação de prisão preventiva.

(2) Nessa situação, a primeira decisão do juiz foi regular, já que os tribunais superiores têm admitido, de ofício, a conversão da prisão em flagrante em prisão preventiva durante a audiência de custódia.

(3) A decisão do juiz, que relaxou a prisão por entender que a conduta de José havia sido atípica, não faz coisa julgada.

(4) Devido à pena prevista para o crime praticado por José, delegados ficam vedados a arbitrar a fiança.

1: Errado. Considerando que José é primário e a sua prisão em flagrante se deu pelo cometimento de crime cuja pena máxima cominada não é superior a quatro anos, contra ele não poderá ser decretada a custódia preventiva, nos termos do art. 313 do CPP, que contém as hipóteses de cabimento dessa modalidade de prisão processual. **2:** Errado. Pela redação conferida ao art. 311 do CPP pela Lei 12.403/2011, a prisão preventiva, decretada nas duas fases que compõem a persecução penal (inquérito e ação penal), podia ser decretada de ofício pelo juiz no curso da ação penal; durante as investigações, somente a requerimento do MP, do querelante ou do assistente, ou por representação da autoridade policial. Esta realidade perdurou até a edição da Lei 13.964/2019, publicada em 24/12/2019 e com entrada em vigor aos 23/01/2020, que, em homenagem à adoção da estrutura acusatória que reveste o processo penal brasileiro (art. 3º-A do CPP) e atendendo aos anseios da comunidade jurídica, vedou, de uma vez por todas, a possibilidade de o juiz decretar de ofício a prisão preventiva, quer no curso das investigações (o que já era vedado no regime anterior), quer no decorrer da ação penal (art. 311 do CPP, com redação dada pela Lei 13.964/2019). Doravante, portanto, é de rigor, à decretação da prisão preventiva, tal como se dá na custódia temporária, que haja provocação da autoridade policial ou do MP. Até então, discutia-se a possibilidade de o juiz converter de ofício a prisão em flagrante em preventiva. A partir do advento do pacote anticrime, é afastada tal possibilidade, sendo de rigor a provocação da autoridade policial, do MP, do assistente ou do querelante, mesmo nas situações em que não é realizada a audiência de custódia. No STJ, tal entendimento foi fixado por maioria de votos pela Terceira Seção, quando da concessão de *habeas corpus* a um homem preso em flagrante acusado de tráfico de entorpecentes. Conferir: "1. Em razão do advento da Lei n. 13.964/2019 não é mais possível a conversão *ex officio* da prisão em flagrante em prisão preventiva. Interpretação conjunta do disposto nos arts. 3º-A, 282, § 2º, e 311, *caput*, todos do CPP. 2. IMPOSSIBILIDADE, DE OUTRO LADO, DA DECRETAÇÃO "EX OFFICIO" DE PRISÃO PREVENTIVA EM QUALQUER SITUAÇÃO (EM JUÍZO OU NO CURSO DE INVESTIGAÇÃO PENAL) INCLUSIVE NO CONTEXTO DE AUDIÊNCIA DE CUSTÓDIA (OU DE APRESENTAÇÃO), SEM QUE SE REGISTRE, MESMO NA HIPÓTESE DA CONVERSÃO A QUE SE REFERE O ART. 310, II, DO CPP, PRÉVIA, NECESSÁRIA E INDISPENSÁVEL PROVOCAÇÃO DO MINISTÉRIO PÚBLICO OU DA AUTORIDADE POLICIAL – RECENTE INOVAÇÃO LEGISLATIVA INTRODUZIDA PELA LEI N. 13.964/2019 ("LEI ANTICRIME"), QUE ALTEROU OS ARTS. 282, §§ 2º e 4º, E 311 DO CÓDIGO DE PROCESSO PENAL, SUPRIMINDO AO MAGISTRADO A POSSIBILIDADE DE ORDENAR, "SPONTE SUA", A IMPOSIÇÃO DE PRISÃO PREVENTIVA – NÃO REALIZAÇÃO, NO CASO, DA AUDIÊNCIA DE CUSTÓDIA (OU DE APRESENTAÇÃO) – INADMISSIBILIDADE DE PRESUMIR-SE IMPLÍCITA, NO AUTO DE PRISÃO EM FLAGRANTE, A EXISTÊNCIA DE PEDIDO DE CONVERSÃO EM PRISÃO PREVENTIVA – CONVERSÃO, DE OFÍCIO, MESMO ASSIM, DA PRISÃO EM FLAGRANTE DO ORA PACIENTE EM PRISÃO PREVENTIVA – IMPOSSIBILIDADE DE TAL ATO, QUER EM FACE DA ILEGALIDADE DESSA DECISÃO. [...] – A reforma introduzida pela Lei n. 13.964/2019 ("Lei Anticrime") modificou a disciplina referente às medidas de índole cautelar, notadamente aquelas de caráter pessoal, estabelecendo um modelo mais consentâneo com as novas exigências definidas pelo moderno processo penal de perfil democrático e assim preservando, em consequência, de modo mais expressivo, as características essenciais inerentes à estrutura acusatória do processo penal brasileiro. – A Lei n. 13.964/2019, ao suprimir a expressão "de ofício" que constava do art. 282, §§ 2º e 4º, e do art. 311, todos do Código de Processo Penal, vedou, de forma absoluta, a decretação da prisão preventiva sem o prévio "requerimento das partes ou, quando no curso da investigação criminal, por representação da autoridade policial ou mediante requerimento do Ministério Público", não mais sendo lícita, portanto, com base no ordenamento jurídico vigente, a atuação "ex officio" do Juízo processante em tema de privação cautelar da liberdade. – A interpretação do art. 310, II, do CPP deve ser realizada à luz dos arts. 282, §§ 2º e 4º, e 311, do mesmo estatuto processual penal, a significar que se tornou inviável, mesmo no contexto da audiência de custódia, a conversão, de ofício, da prisão em flagrante de qualquer pessoa em prisão preventiva, sendo necessária, por isso mesmo, para tal efeito, anterior e formal provocação do Ministério Público, da autoridade policial ou, quando for o caso, do querelante ou do assistente do MP. Magistério doutrinário. Jurisprudência. [...] – A conversão da prisão em flagrante em prisão preventiva, no contexto da audiência de custódia, somente se legitima se e quando houver, por parte do Ministério Público ou da autoridade policial (ou do querelante, quando for o caso), pedido expresso e inequívoco dirigido ao Juízo competente, pois não se presume – independentemente da gravidade em abstrato do crime – a configuração dos pressupostos e dos fundamentos a que se refere o art. 312 do Código de Processo Penal, que hão de ser adequada e motivadamente comprovados em cada situação ocorrente. Doutrina. PROCESSO PENAL – PODER GERAL DE CAUTELA – INCOMPATIBILIDADE COM OS PRINCÍPIOS DA LEGALIDADE ESTRITA E DA TIPICIDADE PROCESSUAL – CONSEQUENTE INADMISSIBILIDADE DA ADOÇÃO, PELO MAGISTRADO, DE MEDIDAS CAUTELARES ATÍPICAS, INESPECÍFICAS OU INOMINADAS EM DETRIMENTO DO "STATUS LIBERTATIS" E DA ESFERA JURÍDICA DO INVESTIGADO, DO ACUSADO OU DO RÉU – O PROCESSO PENAL COMO INSTRUMENTO DE SALVAGUARDA DA LIBERDADE JURÍDICA DAS PESSOAS SOB PERSECUÇÃO CRIMINAL. – Inexiste, em nosso sistema jurídico, em matéria processual penal, o poder geral de cautela dos Juízes, notadamente em tema de privação e/ou de restrição da liberdade das pessoas, vedada, em consequência, em face dos postulados constitucionais da tipicidade processual e da legalidade estrita, a adoção, em detrimento do investigado, do acusado ou do réu, de provimentos cautelares inominados ou atípicos. O processo penal como instrumento de salvaguarda da liberdade jurídica das pessoas sob persecução criminal. Doutrina. Precedentes: HC n. 173.791/MG, Ministro Celso de Mello – HC n. 173.800/MG, Ministro Celso de Mello – HC n. 186.209 – MC/SP, Ministro Celso de Mello, v.g. (HC n. 188.888/MG, Ministro Celso de Mello, Segunda Turma, julgado em 6/10/2020). 3. Da análise do auto de prisão é possível se concluir que houve ilegalidade no ingresso pela polícia do domicílio do paciente e, por conseguinte, que são inadmissíveis as provas daí derivadas e, consequentemente, sua própria prisão. Tal conclusão autoriza a concessão de ordem de ofício. 4. Recurso em *habeas corpus* provido para invalidar, por ilegal, a conversão *ex officio* da prisão em flagrante do ora recorrente em prisão preventiva. Ordem concedida de ofício, para anular o processo, *ab initio*, por ilegalidade da prova de que resultou sua prisão, a qual, por conseguinte, deve ser imediatamente relaxada também por essa razão" (STJ, RHC 131.263/GO, Rel. Ministro SEBASTIÃO REIS JÚNIOR, TERCEIRA SEÇÃO, julgado em 24/02/2021, DJe 15/04/2021). No STF: "Agravo regimental em *habeas corpus*. 2. Direito Processual Penal. 3. Tráfico de drogas (art. 33, *caput*, da Lei 11.343/2006). 4. *Habeas corpus* impetrado contra decisão que indeferiu liminar no STJ. Súmula 691. Superação do entendimento diante de manifesta ilegalidade. 5. Prisão Preventiva decretada com base em fundamentos abstratos. Impossibilidade. Precedentes. 6. Conversão, de ofício, da prisão em flagrante em preventiva. Violação ao sistema acusatório no processo penal brasileiro. Sistemática de decretação de prisão preventiva e as alterações aportadas pela Lei 13.964/2019. A recente Lei 13.964/2019 avançou em tal consolidação da separação entre as funções de acusar, julgar e defender. Para tanto, modificou-se a redação do art. 311 do CPP, que regula a prisão preventiva, suprimindo do texto a possibilidade de decretação da medida de ofício pelo juiz. 7. Inexistência de argumentos capazes de infirmar a decisão agravada. 8. Agravo regimental desprovido" (HC 192532 AgR, Rel. Min. Gilmar Mendes, Segunda Turma, julgado em 24/02/2021, publicado em 02/03/2021). **3:** Certo. A decisão que, em sede de audiência de custódia, determina o relaxamento da prisão em flagrante ao argumento de que o fato imputado ao investigado é atípico não gera coisa julgada, razão pela qual não estará o titular da ação penal a ela vinculado, podendo, se assim entender, oferecer denúncia em face do agente, com narração dos mesmos fatos. Não se deve confundir arquivamento de inquérito policial por atipicidade da conduta, que faz coisa julgada material, com investigação de fato atípico, que não gera coisa julgada. Nesse sentido, conferir: "(...) *In casu*, o juízo plantonista apontou a atipicidade da conduta em sede de audiência de apresentação, tendo o Tribunal de origem assentado que "a pretensa atipicidade foi apenas utilizada como fundamento opinativo para o relaxamento da prisão da paciente e de seus comparsas, uma vez que o MM. Juiz de Direito que presidiu a audiência de custódia sequer possuía competência jurisdicional para determinar o arquivamento dos autos. Por se tratar de mero juízo de garantia, deveria ter se limitado à regularidade da prisão e mais nada, porquanto absolutamente incompetente para o mérito da causa. Em função disso, toda e qualquer consideração feita a tal respeito – mérito da infração penal em tese cometida – não produz os efeitos da coisa julgada, mesmo porque de sentença sequer se trata" (STF, HC 157.306, rel. Min. Luiz Fux, Primeira Turma, julgado em 25/09/2018, publicado em 01/03/2019). **4:** Errado. Por força do que dispõe o art. 322, *caput*, do CPP, poderá a autoridade policial conceder fiança nos casos de infração penal cuja pena privativa de liberdade máxima não seja superior a quatro anos. Disso se conclui que, no caso narrado no enunciado, o delegado de polícia poderá, sim, arbitrar fiança em favor de José, já que a pena máxima cominada ao crime a ele imputado não é superior a quatro anos.

Gabarito 1E, 2E, 3C, 4E

(Delegado/MG – 2021 – FUMARC) A respeito da prisão em flagrante, é INCORRETO afirmar:

(A) A realização de audiência de custódia se restringe aos casos de prisão em flagrante delito.

(B) Nos crimes permanentes, a prisão em flagrante pode ser efetuada enquanto não cessar a permanência.

(C) O presidente da república não pode ser preso em flagrante delito por mais grave que seja o crime praticado.

(D) Se o autor do delito não foi preso no local da infração e não está sendo perseguido, sua apresentação espontânea perante a autoridade policial impede a prisão em flagrante.

A: incorreta. Quanto à audiência de custódia, importante tecer alguns comentários, dada não somente a complexidade do tema, mas também – e principalmente – a sua relevância. Embora ela (audiência de custódia) não tenha sido contemplada, de forma expressa, na CF/1988, a Convenção Americana sobre Direitos Humanos (Pacto de San José da Costa Rica), incorporada ao ordenamento jurídico brasileiro, em seu art. 7º (5), assim estabelece: "Toda pessoa presa, detida ou retida deve ser conduzida, sem demora, à presença de um juiz ou outra autoridade autorizada por lei a exercer funções judiciais (...)". O Conselho Nacional de Justiça, em parceria com o Tribunal de Justiça de São Paulo e também com o Ministério da Justiça, lançou e implementou o projeto "audiência de custódia", cujo propósito é assegurar ao preso o direito de ser apresentado, de forma rápida, a um juiz de direito, ao qual caberá analisar, entre outros aspectos, a legalidade da prisão em flagrante e também a necessidade de a mesma ser convertida em prisão preventiva. Para tanto, o CNJ editou a Resolução 213/2015, cujo art. 1º assim estabelece: *Determinar que toda pessoa presa em flagrante delito, independentemente da motivação ou natureza do ato, seja obrigatoriamente apresentada, em até 24 horas da comunicação do flagrante, à autoridade judicial competente, e ouvida sobre as circunstâncias em que se realizou sua prisão ou apreensão*. Mais recentemente, a Lei 13.964/2019, conhecida como Pacote Anticrime, contemplou a audiência de custódia, inserindo-a no art. 310 do CPP. Pela primeira vez, portanto, a audiência de custódia, objeto de tantos debates na comunidade jurídica, tem previsão legal. Como dissemos acima, até então esta matéria estava prevista tão somente na Resolução CNJ 213/2015. Segundo estabelece a nova redação do *caput* do art. 310 do CPP, "após receber o auto de prisão em flagrante, no prazo máximo de 24 (vinte e quatro) horas após a realização da prisão, o juiz deverá promover audiência de custódia com a presença do acusado, seu advogado constituído ou membro da Defensoria Pública e o membro do Ministério Público, e, nessa audiência, o juiz deverá, fundamentadamente: (...)". O § 4º deste dispositivo, também inserido pela Lei 13.964/2019 e cuja eficácia está suspensa por decisão cautelar do STF (ADI 6305), impõe a liberalização da prisão do autuado em flagrante em razão da não realização da audiência de custódia no prazo de 24 horas. Posteriormente a isso, o Congresso Nacional, ao apreciar os vetos impostos pelo presidente da República ao PL 6.341/2019 (que deu origem à Lei 13.964/2019), rejeitou (derrubou) vários deles (na verdade, 16 dos 24 vetos). No que toca à audiência de custódia, com a rejeição ao veto imposto pelo PR ao art. 3º-B, § 1º, do CPP (contido no PL 6341/2019), fica vedada a possibilidade de se proceder à audiência de custódia por meio de sistema de videoconferência (ressalvado o período de pandemia). Doravante, pois, as audiências de custódia deverão ser realizadas presencialmente. O art. 3º-B, § 1º, do CPP conta com a seguinte redação (agora restabelecida com a derrubada do veto): *O preso em flagrante ou por força de mandado de prisão provisória será encaminhado à presença do juiz de garantias no prazo de 24 (vinte e quatro) horas, momento em que se realizará audiência com a presença do Ministério Público e da Defensoria Pública ou de advogado constituído, vedado o emprego de videoconferência* (destacamos). Ponderou o presidente da República, por ocasião de seu veto, que *suprimir a possibilidade de realização da audiência por videoconferência gera insegurança jurídica*. Além disso, segundo também justificou, *o dispositivo pode acarretar em aumento de despesa, notadamente nos casos de juiz em vara única, com apenas um magistrado, seja pela necessidade de pagamento de* diárias e passagens a outros magistrados para a realização de uma única audiência, seja pela necessidade premente de realização de concurso para a contratação de novos magistrados. Perceba que, além de vedar a audiência de custódia por videoconferência, o dispositivo não deixa dúvidas acerca de sua imprescindibilidade em todas as modalidades de prisão. Não bastasse isso, ao julgar, em sede de liminar, a Reclamação 29.303, da qual é relator, o ministro Edson Fachin impôs a realização de audiência de custódia para todas as modalidades prisionais, inclusive prisões preventivas, temporárias e definitivas, e não somente para os casos de prisão em flagrante. Vide também art. 287 do CPP; **B:** correta. De fato, a teor do que dispõe o art. 303 do CPP, a situação flagrancial, nos crimes permanentes, perdura enquanto não cessada a permanência; **C:** correta. Por força do que dispõe o art. 86, § 3º, da CF, *enquanto não sobrevier sentença condenatória, nas infrações comuns, o presidente da República não estará sujeito a prisão.* Ou seja, o presidente não poderá ser submetido a qualquer modalidade de prisão processual, aqui incluída a prisão em flagrante; **D:** correta. Se o agente, que acabara de cometer um crime, não foi preso no local em que este foi praticado e não está sendo perseguido, sua apresentação espontânea à autoridade policial obsta sua prisão em flagrante, na medida em que não se enquadra em nenhuma das situações descritas no art. 302 do CPP, dispositivo que contém as hipóteses em que se pode considerar alguém em situação flagrancial. Cuidado: embora não se possa prender o autor do delito em flagrante, nada impede que em seu desfavor seja decretada a custódia preventiva. Gabarito "A".

(Delegado/ES – 2019 – Instituto Acesso) A Lei nº 12.403/2011 inseriu no ordenamento jurídico brasileiro as medidas cautelares diversas da prisão, de forma que a privação da liberdade fosse considerada como medida cautelar excepcional. Assim, assinale qual a alternativa correta a respeito desse instituto.

(A) Na audiência de custódia é obrigatória a presença e oitiva dos agentes policiais responsáveis pela prisão ou pela investigação.

(B) A audiência de custódia ainda não está regulamentada por lei no Brasil. A concretude desse instinto se deu em razão da previsão na Convenção Americana de Direitos Humanos e por ato normativo do CNJ.

(C) A audiência de custódia não é compreendida como um direito humano nos estatutos internacionais.

(D) A audiência de custódia está devidamente regulamentada, na lei 12.850/13, no Brasil.

(E) Para o STJ a alegação de nulidade da prisão em flagrante em razão da não realização de audiência de custódia no prazo legal não fica superada com a conversão do flagrante em prisão preventiva.

Embora não contemplada, de forma expressa, na CF/1988, a Convenção Americana sobre Direitos Humanos (Pacto de San José da Costa Rica), incorporada ao ordenamento jurídico brasileiro, em seu art. 7º (5), assim estabelece: *"Toda pessoa presa, detida ou retida deve ser conduzida, sem demora, à presença de um juiz ou outra autoridade autorizada por lei a exercer funções judiciais (...)".* O Conselho Nacional de Justiça, em parceria com o Tribunal de Justiça de São Paulo e também com o Ministério da Justiça, lançou e implementou o projeto "audiência de custódia", cujo propósito é assegurar ao preso o direito de ser apresentado, de forma rápida, a um juiz de direito, ao qual caberá analisar, entre outros aspectos, a legalidade da prisão em flagrante e também a necessidade de esta ser convertida em prisão preventiva. Para tanto, o CNJ editou a Resolução 213/2015, cujo art. 1º assim estabelece: *Determinar que toda pessoa presa em flagrante delito, independentemente da motivação ou natureza do ato, seja obrigatoriamente apresentada, em até 24 horas da comunicação do flagrante,* à autoridade judicial competente, e ouvida sobre as circunstâncias em que se realizou sua prisão ou apreensão. Posteriormente à elaboração desta questão, a Lei 13.964/2019, conhecida como Pacote Anticrime, contemplou a audiência de custódia, inserindo-a no art. 310 do CPP. Pela primeira vez, portanto, a audiência de custódia, objeto de tantos debates na comunidade jurídica, tem previsão legal. Como dissemos acima, até então esta matéria estava prevista tão somente na Resolução CNJ 213/2015. Segundo estabelece a nova redação do *caput* do art. 310 do CPP, "após receber o auto de prisão em flagrante, no prazo máximo de 24 (vinte e quatro) horas após a realização da prisão, o juiz deverá promover audiência de custódia com a presença do acusado, seu advogado constituído ou membro da Defensoria Pública e o membro do Ministério Público, e, nessa audiência, o juiz deverá, fundamentadamente: (...)". O § 4º deste dispositivo, também inserido pela Lei 13.964/2019 e cuja eficácia está suspensa por decisão cautelar do STF (ADI 6305), impõe a liberalização da prisão do autuado em flagrante em razão da não realização da audiência de custódia no prazo de 24 horas. Gabarito "B".

(Delegado/RS – 2018 – FUNDATEC) Acerca da disciplina sobre prisão e liberdade, assinale a alternativa correta.

(A) Em até 24 (vinte e quatro) horas após a realização da prisão, será encaminhado ao juiz competente o auto de prisão em flagrante e, caso o autuado não informe o nome de seu advogado, cópia integral para a Defensoria Pública e ao Ministério Público.

(B) Da lavratura do auto de prisão em flagrante deverá constar a informação sobre a existência de filhos, respectivas idades e se possuem alguma deficiência e o nome e o contato de eventual responsável pelos cuidados dos filhos, indicado pela pessoa presa.

(C) Se o réu, sendo perseguido, passar ao território de outro município ou comarca, o executor poderá efetuar-lhe a prisão no lugar onde o alcançar, apresentando-o imediatamente à autoridade do local do início da perseguição para a lavratura do auto de flagrante.

(D) Nos termos da Lei nº 9.099/1995, ao autor do fato que, após a lavratura do termo, for imediatamente encaminhado ao juizado ou assumir o compromisso de a ele comparecer, não se imporá prisão em flagrante, nem se exigirá fiança. Em caso de violência doméstica, o juiz poderá determinar, como medida de cautela, a realização de audiência de conciliação.

(E) Em se tratando de delito de descumprimento de medida protetiva, havendo a prisão em flagrante do suspeito, caberá à autoridade policial o arbitramento de fiança.

A: incorreta. O erro está em afirmar que, na hipótese de o autuado não declinar o nome de seu advogado, a cópia integral do auto de prisão em flagrante deverá ser encaminhada, dentro do prazo de 24 horas, ao MP, quando, na verdade, tal expediente deverá ser remetido à Defensoria Pública (art. 306, § 1º, CPP). Quanto ao MP, por força do que dispõe o art. 306, *caput*, do CPP, ele (e também o juiz) deverá ser imediatamente comunicado da prisão e do local onde se encontre a pessoa detida; **B:** correta, pois em consonância com o art. 304, § 4º, do CPP, inserido por meio da Lei 13.257/2016; **C:** incorreta. Na hipótese de a prisão-captura se dar em local diverso daquele onde foi cometido o delito, o conduzido deverá ser apresentado ao delegado de polícia com circunscrição no local em que se deu a prisão (e não a do lugar em que teve início a perseguição), que terá atribuição para a lavratura do respectivo auto de prisão em flagrante (art. 290, CPP). Nessa hipótese, a autoridade policial que presidiu o auto de prisão em flagrante cuidará para que, após, os autos sejam enviados à autoridade policial da circunscrição do local em que

foi praticado o crime; **D:** incorreta, já que, por força do que dispõe o art. 41 da Lei Maria da Penha, a Lei 9.099/1995, que instituiu os Juizados Especiais, não tem incidência no contexto da violência doméstica; **E:** incorreta. Nos termos do art. 24-A, § 2º, da Lei 11.340/2006 (Maria da Penha), na hipótese de prisão em flagrante pelo cometimento do crime descrito no *caput* desse dispositivo (descumprimento de medida protetiva de urgência), somente ao magistrado é dado conceder fiança.
Gabarito "B".

(Delegado/RS – 2018 – FUNDATEC) João foi atuado em flagrante delito pelo crime de receptação dolosa de animal (Art. 180-A, CP) na Região da Campanha Estado do Rio Grande do Sul. Em sua propriedade, foram encontrados, ocultados, cerca de 300 semoventes subtraídos de determinada fazenda, demonstrando a gravidade em concreto da ação do flagrado. Confessado o delito, João referiu que possuía a finalidade de comercializar o gado em momento posterior. Considerando a prática deste delito e verificadas as condenações anteriores, restou caracterizada, com a nova conduta, a reincidência dolosa de João em delitos da mesma espécie. Além disso, o autuado apresenta extenso rol de maus antecedentes em delitos de receptação. Neste caso, considerando o Código de Processo Penal, deverá o delegado de polícia:

(A) Representar por medida cautelar diversa da prisão, uma vez que o delito foi praticado sem a utilização de violência ou grave ameaça à pessoa.
(B) Representar pela prisão preventiva, demonstrando, fundamentadamente, a insuficiência e a inadequação de outras medidas cautelares diversas da prisão, bem como a presença dos requisitos autorizadores da segregação cautelar.
(C) Arbitrar fiança, de imediato, sob pena de constrangimento ilegal ao autuado.
(D) Representar pela prisão preventiva, ainda que seja suficiente medida cautelar diversa da prisão, tendo em vista estarem presentes os requisitos previstos no art. 312 do Código de Processo Penal.
(E) Após a lavratura do auto de prisão em flagrante, remeter os autos ao Poder Judiciário, independente de representação por prisão preventiva, sendo permitido ao juiz decretá-la de ofício, conforme Art. 311 do Código de Processo Penal.

A pena máxima cominada para o crime em que incorreu João corresponde a *cinco* anos. Assim, preenchido está o requisito contido no art. 313, I, do CPP (crime doloso punido com pena privativa de liberdade máxima superior a *quatro* anos). Deve-se, agora, verificar se está presente algum dos fundamentos da custódia preventiva (art. 312 do CPP). O enunciado não deixa dúvidas de que o autuado vem reiteradamente, ao longo do tempo, praticando crimes da mesma espécie, o que, à evidência, oferece risco à ordem pública, que constitui um dos fundamentos da prisão preventiva. Ademais, o delito pelo qual João foi autuado em flagrante revela-se concretamente grave, dada a significativa quantidade de semoventes ocultados, todos destinados a futura comercialização. Dessa forma, é possível afirmar que a prisão preventiva mostra-se a medida mais adequada à espécie, pois, neste caso, terá a finalidade de fazer cessar a atividade criminosa de José.
Gabarito "B".

(Delegado/RS – 2018 – FUNDATEC) Acerca da prisão, medidas cautelares e liberdade, é correto afirmar que:

(A) É cabível medida cautelar diversa da prisão a crime cuja pena cominada seja de multa.
(B) A prisão temporária será decretada pelo Juiz, de ofício, em face da representação da autoridade policial ou de requerimento do Ministério Público, e terá o prazo de 5 (cinco) dias, prorrogável por igual período em caso de extrema e comprovada necessidade.
(C) Ausentes os requisitos da prisão preventiva, é cabível liberdade provisória para o crime de tráfico de drogas.
(D) É constitucional a expressão "e liberdade provisória", constante do caput do artigo 44 da Lei nº 11.343/2006, conforme entendimento do Supremo Tribunal Federal.
(E) A autoridade policial somente poderá conceder fiança nos casos de infração cuja pena privativa de liberdade máxima seja inferior a 4 (quatro) anos.

A: incorreta, pois não reflete o disposto no art. 283, § 1º, do CPP; **B:** incorreta. A prisão temporária deve ser decretada pelo juiz, após representação da autoridade policial ou de requerimento do MP, não sendo permitida a sua decretação de ofício. Em caso de representação da autoridade policial, o juiz, antes de decidir, deve ouvir o MP e, em qualquer caso, deve decidir fundamentalmente sobre o decreto de prisão temporária dentro do prazo de 24 horas, contadas a partir do recebimento da representação ou do requerimento. É o que estabelece o art. 2º, *caput*, da Lei 7.960/1989; **C:** correta. Nos crimes hediondos e assemelhados, como é o caso do tráfico de drogas, o art. 5º, XLIII, da Constituição Federal veda tão somente a concessão de *fiança*. Com o advento da Lei 11.464/2007, que modificou a redação do art. 2º da Lei de Crimes Hediondos, cuja redação original vedava a concessão de fiança e liberdade provisória, passou a ser possível a sua concessão sem fiança, já que foi extraída do dispositivo (art. 2º, II, da Lei 8.072/1990). Mais recentemente, a Lei 12.403/2011 promoveu uma série de inovações no âmbito da prisão e da liberdade provisória, entre elas alterou a redação do art. 323 do CPP, que passou a prever que os crimes hediondos e os delitos a eles equiparados (tráfico de drogas, tortura e terrorismo) são inafiançáveis. Pois bem, tal prescrição é inquestionável, já que em perfeita harmonia com o texto da CF/1988 (art. 5º, XLIII). A questão que se coloca, todavia, é saber se a liberdade provisória sem fiança pode ser aplicada aos crimes hediondos e assemelhados. A despeito de haver divergências, notadamente na jurisprudência, entendemos, s.m.j., que a CF/88 proibiu tão somente a liberdade provisória com fiança. Se quisesse de fato proibir a liberdade provisória sem fiança, teria por certo feito menção a ela. Não o fez. Logo, a liberdade provisória vedada pelo constituinte nos crimes hediondos e equiparados é somente a com fiança. Correta está a assertiva, portanto; **D:** incorreta, já que o STF já se manifestou a esse respeito, considerando tal expressão inconstitucional (RE 1038925, com repercussão geral); **E:** incorreta. Nos termos do art. 322 do CPP, poderá a autoridade policial conceder fiança nos casos de infração cuja pena máxima cominada não seja superior a 4 anos (se for igual a 4, pode o delegado arbitrar fiança).
Gabarito "C".

(Delegado/RS – 2018 – FUNDATEC) Assinale a alternativa correta.

(A) Segundo jurisprudência dos Tribunais Superiores, não cabe *habeas corpus* em sede de inquérito policial.
(B) A prisão domiciliar poderá ser concedida a homem, caso seja o único responsável pelos cuidados do filho de até 12 (doze) anos de idade incompletos.
(C) O dinheiro ou objetos dados como fiança servirão ao pagamento das custas do processo, ainda que o réu seja absolvido.
(D) É possível o recolhimento domiciliar no período noturno e nos dias de folga, ainda que o investigado ou acusado não tenha residência e trabalho fixos.

(E) Nos crimes de abuso de autoridade, a ação penal será instruída com inquérito policial ou justificação, sem os quais a denúncia será considerada inepta diante da ausência de lastro probatório mínimo.

A: incorreta. É recorrente e amplamente aceito nos tribunais o emprego do HC em sede de inquérito policial. É possível utilizá-lo, por exemplo, para trancar o inquérito, diante de flagrante ausência de justa causa para a sua existência, ou ainda para impedir que o investigado seja submetido a indiciamento que se revele injustificado, entre tantas outras possibilidades. Perceba que, em todos esses casos (de emprego de HC no IP), está em jogo, ainda que de forma indireta, a liberdade de locomoção do indivíduo, o que justifica a impetração deste remédio constitucional. Atenção: o art. 3º-B, XII, do CPP, introduzido pela Lei 13.964/2019, estabelece ser uma das atribuições do juiz das garantias julgar HC antes do oferecimento da denúncia; **B:** correta, já que se refere a uma das hipóteses em que tem lugar a substituição da prisão preventiva pela domiciliar (art. 318, VI, do CPP); **C:** incorreta. Tal destinação somente se verificará na hipótese de o réu ser condenado (art. 336, CPP); **D:** incorreta. Tal medida cautelar somente terá lugar quando o investigado ou acusado tiver residência e trabalho fixos (art. 319, V, CPP); **E:** incorreta, na medida em que a ação penal, nos crimes de abuso de autoridade, será iniciada por denúncia do MP (ação penal pública incondicionada), independentemente de IP ou justificação (art. 12 da Lei 4.898/1965). Atenção: posteriormente à elaboração desta questão, a Lei 4.898/1965 foi revogada pela Lei 13.869/2019.
Gabarito "B".

(Delegado/MG – 2018 – FUMARC) Sobre o regime jurídico da liberdade provisória, é CORRETO afirmar:

(A) A cassação da fiança poderá ocorrer com a inovação da classificação do delito tido, inicialmente, como afiançável.

(B) Não poderá haver reforço da fiança mediante inovação da classificação do delito.

(C) O pagamento da fiança poderá ser dispensado pela autoridade policial, em face da situação econômica do preso.

(D) O quebramento injustificado da fiança importará na perda da totalidade do seu valor.

A: correta, pois em consonância com a regra disposta no art. 339 do CPP; **B:** incorreta, pois não corresponde ao que estabelece o art. 340, III, do CPP; **C:** incorreta, já que somente ao juiz é dado dispensar a fiança (arts. 325, I, e 350, CPP); **D:** incorreta, pois não reflete o disposto no art. 343 do CPP.
Gabarito "A".

(Delegado/AP – 2017 – FCC) Sobre a prisão em flagrante, é correto afirmar que

(A) é ato exclusivo da autoridade policial nos casos de perseguição logo após a prática do delito.

(B) deve o delegado de polícia representar pela prisão preventiva, quando o agente é encontrado, logo depois, com instrumentos ou papéis que façam presumir ser ele autor da infração, dada a impossibilidade de prisão em flagrante.

(C) é vedada pelo Código de Processo Penal, em caso de crime permanente, diante da possibilidade de prisão temporária.

(D) a falta de testemunhas do crime impede a lavratura do auto de prisão em flagrante, devendo a autoridade policial instaurar inquérito policial para apuração do fato.

(E) o auto de prisão em flagrante será encaminhado ao juiz em até 24 horas após a realização da prisão, e, caso não seja indicado o nome de seu advogado pela pessoa presa, cópia integral para a Defensoria Pública.

A: incorreta. A autoridade policial e seus agentes, a teor do que dispõe o art. 301 do CPP, *devem* prender quem quer que se encontre em situação de flagrante. Este é o chamado *flagrante obrigatório*. Agora, qualquer pessoa do povo *poderá* fazer o mesmo, isto é, proceder à prisão em flagrante daquele que se encontre nessa situação. Este é o chamado *flagrante facultativo*. Assim, a prisão (em flagrante, qualquer que seja a sua modalidade) não constitui ato privativo da autoridade policial e de seus agentes; **B:** incorreta. A hipótese narrada no enunciado constitui o chamado flagrante presumido ou ficto, podendo a prisão (em flagrante) realizar-se nessas circunstâncias, sendo prescindível, portanto, que a autoridade policial dirija representação ao juiz de direito nesse sentido (art. 302, IV, do CPP); **C:** incorreta, dado que, nas chamadas infrações permanentes, assim entendidas aquelas cuja consumação se protrai no tempo por vontade do agente, este pode ser preso em flagrante a qualquer momento, enquanto não cessada a permanência (art. 303, CPP); **D:** incorreta. A falta de testemunhas do crime não impede a lavratura do auto de prisão em flagrante, mas, neste caso, a autoridade policial cuidará para que, além do condutor, o auto seja assinado por duas pessoas que hajam presenciado a apresentação do conduzido ao delegado (art. 304, § 2º, CPP); **E:** correta, Depois de efetuada a prisão em flagrante de alguém, incumbe à autoridade policial que presidiu o auto respectivo providenciar, no prazo máximo de 24 horas, o encaminhamento do auto e das demais peças ao juiz de direito competente. Além do magistrado, devem ser comunicados o MP e a família do preso ou outra pessoa que ele indicar. Não é só. Por imposição da Lei 12.403/2012, que alterou o art. 306, § 1º, do CPP, também deve ser comunicada, caso o autuado não informe o nome de seu advogado, a Defensoria Pública, com remessa de cópia integral das peças (todas as oitivas).
Gabarito "E".

(Delegado/AP – 2017 – FCC) O Código de Processo Penal dispõe que no regime da prisão preventiva

(A) é vedada a decretação da prisão preventiva antes do início do processo criminal.

(B) a decretação da prisão preventiva como garantia da ordem pública requer indício suficiente da existência do crime.

(C) a prisão preventiva decretada por conveniência da instrução criminal ou para assegurar a aplicação da lei penal possuem relação de cautelaridade com o processo penal.

(D) a reincidência é irrelevante para a admissão da prisão preventiva.

(E) a gravidade do delito dispensa a motivação da decisão que decreta a prisão preventiva.

A: incorreta. A prisão preventiva pode ser decretada em qualquer fase da persecução penal, o que inclui a fase investigativa e a instrução criminal, conforme estabelece o art. 311 do CPP, cuja redação foi alterada pela Lei 13.964/2019; **B:** incorreta. Sem prejuízo dos fundamentos da prisão preventiva (garantia da ordem pública, por exemplo), que devem se fazer presentes (ao menos um deles – art. 312, CPP), é de rigor a coexistência de indícios suficientes de autoria e prova da existência do crime (materialidade). Não bastam, portanto, indícios de que o crime ocorreu; **C:** correta. Trata-se de fundamentos da prisão preventiva cujo propósito é conferir proteção ao processo para que, dessa forma, se atinja a verdade dos fatos (art. 312, CPP); **D:** incorreta. A reincidência, por si só, não pode servir de fundamento para a decretação da custódia preventiva; no entanto, tal circunstância poderá ser levada em conta pelo juiz quando da decretação dessa medida; **E:** incorreta. Por mais

grave que seja o delito, circunstância que sempre deve ser analisada no caso concreto, é de rigor, ainda assim, a motivação da decisão que decreta a custódia preventiva (art. 315, *caput*, CPP). **ED**
Gabarito "C".

(Delegado/AP – 2017 – FCC) A prisão domiciliar no processo penal

(A) deve ser cumprida em Casa de Albergado ou, em sua falta, em outro estabelecimento prisional similar.
(B) pode ser concedida à mulher grávida, desde que comprovada a situação de risco da gestação.
(C) é medida cautelar diversa da prisão que pode beneficiar mulheres de qualquer idade, mas o homem apenas se for idoso.
(D) pode ser concedida à mulher que tenha filho de até 16 anos de idade incompletos.
(E) é cabível em caso de pessoa presa que esteja extremamente debilitada em razão de doença grave.

A prisão domiciliar, é bom que se diga, não está inserida no âmbito das medidas cautelares diversas da prisão (art. 319, CPP). Cuida-se, isto sim, de prisão preventiva que deverá ser cumprida no domicílio do investigado/acusado (e não em casa do albergado), desde que, é claro, este esteja em uma das situações previstas no art. 318 do CPP (com redação alterada por força da Lei 13.257/2016): maior de 80 anos (seja homem, seja mulher); extremamente debilitado por motivo de doença grave (o que torna correta a assertiva "E"); imprescindível aos cuidados especiais de pessoa menor de 6 anos de idade (e não de 16) ou com deficiência; gestante (em qualquer mês da gravidez e independente de a gestação ser de risco); mulher com filho de até 12 (doze) anos de idade incompletos; homem, caso seja o único responsável pelos cuidados do filho de até 12 (doze) anos de idade incompletos. Atenção: a Lei 13.769/2018 inseriu no CPP o art. 318-A, que prevê a substituição da prisão preventiva por prisão domiciliar da mulher gestante, mãe ou responsável por crianças ou pessoas com deficiência. Além disso, esta mesma Lei disciplina o regime de cumprimento de pena privativa de liberdade de condenadas na mesma situação, com alteração da Lei de Crimes Hediondos e da Lei de Execução Penal. Como bem sabemos, a 2ª turma do STF, ao julgar o HC coletivo 143.641, assegurou a conversão da prisão preventiva em domiciliar a todas as presas provisórias do país que sejam gestantes, puérperas ou mães de crianças e deficientes sob sua guarda. Perceba, dessa forma, que o legislador, ao inserir o art. 318-A do CPP, nada mais fez do que contemplar, no texto legal, o entendimento consolidado no *habeas corpus* coletivo a que fizemos referência. Também em consonância com o que ficou decidido no julgamento do HC, o legislador impôs dois requisitos: que não tenha sido cometido crime com grave ameaça ou violência contra a pessoa; que não tenha sido cometido contra o filho ou dependente. O art. 318-B, também inserido por meio da Lei 13.769/2018, prevê a possibilidade de aplicação concomitante da prisão domiciliar e das medidas alternativas previstas no art. 319 do CPP, na esteira do decidido no HC 143.641. Vale ainda o registro de que, para além da inserção desses dois dispositivos legais no CPP, a Lei 13.769/2018 promoveu alterações na LEP. De ver-se que os arts. 318, 318-A e 318-B tratam da concessão da prisão domiciliar no contexto da prisão preventiva, que constitui modalidade de prisão provisória. Pressupõe-se, aqui, portanto, ausência de condenação definitiva. Após o trânsito em julgado da condenação, a prisão domiciliar passa a ser disciplinada, como não poderia deixar de ser, pela LEP. Neste caso, temos que a Lei 13.769/2018 inseriu no art. 112 da LEP o § 3º, que estabelece fração diferenciada de cumprimento de pena para que a mulher, nas condições a que fizemos referência, possa alcançar o regime mais brando (a fração necessária, que antes era um sexto, passou para um oitavo). Para tanto, a reeducanda deve reunir quatro requisitos cumulativos, além de ter cumprido um oitavo da pena que lhe foi imposta. Também incluído pela Lei 13.769/2018, o § 4º do art. 112 da LEP estabelece que a prática de novo crime doloso ou falta grave acarretará a revogação do benefício. **ED**
Gabarito "E".

(Delegado/AP – 2017 – FCC) O regime da fiança no Código de Processo Penal, dispõe que

(A) o descumprimento de medida cautelar diversa da prisão aplicada cumulativamente com a fiança pode gerar o quebramento da fiança.
(B) é vedada a aplicação da fiança em crimes cometidos com violência ou grave ameaça contra a pessoa.
(C) a situação econômica da pessoa presa é irrelevante para a fixação do valor da fiança, que deve ter relação com a gravidade do crime e os antecedentes criminais.
(D) a fiança será prestada em dinheiro, sendo vedada a prestação por meio de pedras preciosas.
(E) a concessão de fiança é ato exclusivo da autoridade judicial, visto que implica em decisão sobre a liberdade da pessoa.

A: correta (art. 341, III, do CPP); **B:** incorreta. O fato de o crime ser cometido com violência ou grave ameaça contra a pessoa, por si só, não impede a possibilidade de concessão de fiança. Com a modificação a que foi submetido o art. 323 do CPP, operada pela Lei 12.403/2011, somente são inafiançáveis os crimes ali listados e também aqueles contidos em leis especiais, como o art. 31 da Lei 7.492/1986 (Sistema Financeiro); **C:** incorreta, já que não reflete o disposto no art. 350 do CPP, que estabelece que, nos casos em que couber fiança, o juiz, levando em conta a situação econômica do preso, poderá conceder-lhe liberdade provisória, sujeitando-o às obrigações contempladas nos arts. 327 e 328 do CPP; vide, também, art. 325, § 1º, CP; **D:** incorreta, na medida em que, por força do que dispõe o art. 330, *caput*, do CPP, a fiança consistirá em dinheiro, pedras, objetos e metais preciosos, entre outros; **E:** incorreta. Isso porque, além do juiz de direito, é dado à autoridade policial a concessão de fiança, que será arbitrada nos casos de infração penal cuja pena máxima cominada não seja superior a quatro anos (reclusão ou detenção). É o que estabelece o art. 322 do CPP. **ED**
Gabarito "A".

(Delegado/MS – 2017 – FAPEMS) Dentre as atribuições da autoridade policial, está a análise sobre a concessão ou não de fiança e o respectivo valor nos casos expressos em lei. Dessa forma, consoante às disposições do Código de Processo Penal vigente, assinale a alternativa correta.

(A) A autoridade policial, para determinar o valor da fiança, terá em consideração a natureza da infração, as condições pessoais de fortuna e vida pregressa do acusado e as circunstâncias indicativas de sua culpabilidade.
(B) A autoridade policial somente poderá conceder fiança nos casos de infração cuja pena privativa de liberdade não seja superior a 4 (quatro) anos.
(C) A autoridade policial poderá dispensar a fiança, a depender da situação econômica do réu ou reduzi-la até o máximo de 1/3 (um terço).
(D) Caso a autoridade policial retarde a concessão da fiança, o preso, ou alguém por ele, poderá prestá-la mediante simples petição, perante o juiz competente, que decidirá em 48 (quarenta e oito) horas.
(E) O valor da fiança que será fixado pela autoridade policial será nos limites de 1 (um) a 200 (duzentos) salários-mínimos.

3. DIREITO PROCESSUAL PENAL

A: incorreta, uma vez que o art. 326 do CPP se refere, como um dos critérios a ser observado pela autoridade na determinação do valor da fiança, a circunstâncias indicativas da *periculosidade* do agente, e não *culpabilidade*, tal como consta da assertiva; **B:** incorreta. Pelo que se observa, a organizadora lançou mão, nesta questão, da famigerada *pegadinha*; nesta alternativa, o texto reproduz a redação do art. 322, *caput*, do CPP, exceção feita à palavra *máxima*, que consta do dispositivo legal e foi omitida na proposição; **C:** incorreta, pois não reflete o disposto no art. 325, § 1º, II, do CPP; **D:** correta, pois corresponde ao que estabelece o art. 335 do CPP; **E:** incorreta (art. 325, I, do CPP). Gabarito "D".

(Delegado/MT – 2017 – CESPE) Tendo como referência o entendimento dos tribunais superiores e o posicionamento doutrinário dominante a respeito de prisão, medidas cautelares e liberdade provisória, julgue os seguintes itens.

I. A gravidade em abstrato do crime justifica a prisão preventiva com base na garantia da ordem pública, representando, por si só, fundamento idôneo para a segregação cautelar do réu.

II. As medidas cautelares pessoais são decretadas pelo juiz, de ofício ou a requerimento das partes, no curso da ação penal, ou no curso da investigação criminal, somente por representação da autoridade policial ou a requerimento do MP.

III. Em razão do sistema processual brasileiro, não é possível ao magistrado determinar, de ofício, a prisão preventiva do indiciado na fase de investigação criminal ou pré-processual.

IV. A inafiançabilidade dos crimes hediondos e daqueles que lhes são assemelhados não impede a concessão judicial da liberdade provisória sem fiança.

V. A fiança somente pode ser fixada como contracautela, ou seja, como substituição da prisão em flagrante ou da prisão preventiva anteriormente decretada.

Estão certos apenas os itens

(A) I, II e V.
(B) I, III e IV.
(C) I, IV e V.
(D) II, III e IV.
(E) II, III e V.

I: errado. De fato, a jurisprudência dos tribunais sedimentou entendimento no sentido de que a prisão cautelar exige motivação idônea e concreta, sendo vedado ao juiz se valer de motivação relacionada à gravidade abstrata do crime. Conferir: *"Habeas corpus*. Corrupção passiva e formação de quadrilha. Fraudes em benefícios previdenciários. Condenação. Manutenção da custódia cautelar. Pressupostos do art. 312 do Código de Processo Penal. Demonstração. Gravidade em abstrato in suficiente para justificá-la. Precedentes da Corte. Ordem parcialmente concedida. 1. Segundo a jurisprudência consolidada do Supremo Tribunal Federal, para que o decreto de custódia cautelar seja idôneo, é necessário que o ato judicial constritivo da liberdade traga, fundamentadamente, elementos concretos aptos a justificar tal medida. 2. Está sedimentado na Corte o entendimento de que a gravidade em abstrato do delito não basta para justificar, por si só, a privação cautelar da liberdade individual do agente. 3. As recentes alterações promovidas pela Lei 12.403/2011 no Código de Processo Penal trouxeram alterações que aditaram uma exceção à regra da prisão. 4. Não mais subsistente a situação fática que enseja a decretação da prisão preventiva, é o caso de concessão parcial da ordem de *habeas corpus*, para que o Juiz de piso substitua a segregação cautelar pelas medidas cautelares diversas da prisão elencadas no art. 319, incisos I, II III e VI, do Código de Processo Penal". (HC 109709, Dias Toffoli, STF). Em consonância com tal entendimento, a Lei 13.964/2019 inseriu o § 2º ao art. 312 do CPP, que assim dispõe: *a decisão que decretar a prisão preventiva deve ser motivada e fundamentada em receio de perigo e existência concreta de fatos novos ou contemporâneos que justifiquem a aplicação da medida adotada*. Dentro desse mesmo espírito, esta mesma Lei incluiu o § 1º ao art. 315 do CPP, com a seguinte redação: *na motivação da decretação da prisão preventiva ou de qualquer outra cautelar, o juiz deverá indicar concretamente a existência de fatos novos ou contemporâneos que justifiquem a aplicação da medida adotada*. O § 2º deste dispositivo elenca as situações em que se deve considerar a decisão como não fundamentada; **II:** correta, pois corresponde ao que estabelecia a redação do art. 282, § 2º, do CPP em vigor à época em que aplicada esta prova. Esta alternativa e seu respectivo comentário, portanto, não levaram em conta (e nem podiam) as alterações implementadas pela Lei 13.964/2019 nos arts. 282, § 2º, do CPP e art. 311 do CPP, que agora vedam a atuação de ofício do juiz na decretação de medidas cautelares de natureza pessoal, como a prisão processual, ainda que no curso da ação penal; **III:** correta. Com a edição da Lei 12.403/2011, a redação do art. 311 do CPP foi modificada. A prisão preventiva continua a ser decretada em qualquer fase da investigação policial ou do processo penal, mas o juiz, que antes podia determiná-la de ofício também na fase investigatória, somente poderá fazê-lo, a partir de agora, no curso da ação penal. É dizer, para que a custódia preventiva seja decretada no curso da investigação, somente mediante representação da autoridade policial ou a requerimento do Ministério Público. Ao tempo em que esta questão foi elaborada, ao juiz somente era dado decretar de ofício a custódia preventiva no curso da ação penal, conforme dispunha o art. 311 do CPP, com a redação dada pela Lei 12.403/2011. Pois bem. Prestigiando o sistema acusatório, a Lei 13.964/2019 (Pacote Anticrime) alterou a redação do art. 311 do CPP, desta vez para vedar a decretação de ofício, pelo juiz, da custódia preventiva, quer na fase investigativa, como antes já ocorria, quer na etapa instrutória, o que até a edição do pacote anticrime era permitido. É dizer, para que a custódia preventiva, atualmente, seja decretada no curso da investigação ou no decorrer da ação penal, somente mediante provocação da autoridade policial, se no curso do inquérito, ou a requerimento do Ministério Público, se no curso da ação penal ou das investigações; **IV:** correta. Nos crimes hediondos e assemelhados, o art. 5º, XLIII da Constituição Federal veda tão somente a concessão de *fiança*. Com o advento da Lei 11.464/2007, que modificou a redação do art. 2º da Lei de Crimes Hediondos, cuja redação original vedava a concessão de fiança e liberdade provisória, passou a ser possível a sua concessão sem fiança, já que foi extraída do dispositivo (art. 2º, II, da Lei 8.072/1990). Após, a Lei 12.403/2011 promoveu uma série de inovações no âmbito da prisão e da liberdade provisória, entre elas alterou a redação do art. 323 do CPP, que passou a prever que os crimes hediondos e os delitos a eles equiparados são *inafiançáveis*. Pois bem, tal prescrição é inquestionável, já que em perfeita harmonia com o texto da CF/1988 (art. 5º, XLIII). A questão que se coloca, todavia, é saber se a liberdade provisória *sem fiança* pode ser aplicada aos crimes hediondos e assemelhados. A despeito de haver divergências, notadamente na jurisprudência, entendemos, s.m.j., que a CF/88 proibiu tão somente a liberdade provisória com fiança. Se quisesse de fato proibir a liberdade provisória sem fiança, teria por certo feito menção a ela. Não o fez. Logo, a liberdade provisória vedada pelo constituinte nos crimes hediondos e equiparados é somente a *com fiança*. Assim entende a 2ª T., do STF: HC 100.185-PA, rel. Min. Gilmar Mendes, *DJ* 6.8.10; STJ, HC 109.451-SP, 6ª T, *DJ* de 11.11.08; **V:** incorreta. Além de ser fixada como sucedâneo da prisão em flagrante ou da prisão preventiva, nada obsta que a custódia preventiva seja decretada como medida cautelar autônoma (art. 319, VIII, do CPP), independente de prisão anterior. Gabarito "D".

(Delegado/GO – 2017 – CESPE) Com relação à prisão temporária, assinale a opção correta.

(A) A prisão temporária poderá ser decretada pelo juiz de ofício ou mediante representação da autoridade policial ou requerimento do Ministério Público.

(B) Conforme o STJ, a prisão temporária não pode ser mantida após o recebimento da denúncia pelo juiz.

(C) São três os requisitos indispensáveis para a decretação da prisão temporária, conforme a doutrina majoritária: imprescindibilidade para as investigações; existência de indícios de autoria ou participação; e indiciado sem residência fixa ou identificação duvidosa.

(D) É cabível a prisão temporária para a oitiva do indiciado acerca do delito sob apuração, desde que a liberdade seja restituída logo após a ultimação do ato.

(E) A prisão temporária poderá ser decretada tanto no curso da investigação quanto no decorrer da fase instrutória do competente processo criminal.

A: incorreta. A prisão temporária deve ser decretada pelo juiz, após representação da autoridade policial ou de requerimento do MP, não sendo permitida a sua decretação de ofício. Em caso de representação da autoridade policial, o juiz, antes de decidir, deve ouvir o MP e, em qualquer caso, deve decidir fundamentadamente sobre o decreto de prisão temporária dentro do prazo de 24 horas, contadas a partir do recebimento da representação ou do requerimento. É o que estabelece o art. 2°, *caput*, da Lei 7.960/1989; **B:** correta. Justamente pelo fato de a prisão temporária se prestar a viabilizar as investigações do inquérito policial, não há sentido em mantê-la após a conclusão das investigações. Conferir: "Uma vez oferecida e recebida a denúncia, desnecessária a preservação da custódia temporária do paciente, cuja finalidade é resguardar a integridade das investigações criminais. 2. *Habeas corpus* concedido a fim de, confirmando a liminar anteriormente deferida, revogar a custódia temporária do paciente" (HC 158.060/PA, Rel. Ministro Jorge Mussi, Quinta Turma, julgado em 02/09/2010, DJe 20/09/2010); **C:** incorreta. Segundo a melhor doutrina, a decretação da prisão temporária, modalidade de prisão cautelar, está condicionada à existência de fundadas razões de autoria ou participação do indiciado na prática dos crimes listados no art. 1°, III, da Lei 7.960/1989 e também ao fato de ser ela, a prisão temporária, imprescindível para as investigações do inquérito policial. Devem coexistir, portanto, os requisitos previstos nos incisos I e III do art. 1° da Lei 7.960/1989; a coexistência das condições presentes nos incisos II e III também pode dar azo à decretação da custódia temporária. É dizer: o inciso III deve combinar com o inciso I ou com o II. É a posição adotada por Guilherme de Souza Nucci e Maurício Zanoide de Moraes; **D:** incorreta. Hipótese não prevista em lei; **E:** incorreta, na medida em que a prisão temporária, cuja finalidade é conferir eficiência à investigação policial, somente tem lugar no inquérito policial. Atenção: o Plenário do STF, ao julgar as Ações Diretas de Inconstitucionalidade n.° 4.109 e n.° 3.360, com vistas a dar ao art. 1.° da Lei n.° 7.960/1989 interpretação conforme a Constituição Federal de 1988, estabeleceu o entendimento no sentido de que a decretação de custódia temporária pressupõe a coexistência dos seguintes requisitos: i) for imprescindível para as investigações do inquérito policial; (ii) houver fundadas razões de autoria ou participação do indiciado; (iii) for justificado em fatos novos ou contemporâneos; (iv) for adequada à gravidade concreta do crime, às circunstâncias do fato e às condições pessoais do indiciado; e (v) não for suficiente a imposição de medidas cautelares diversas. Gabarito "B".

(Delegado/GO – 2017 – CESPE) Pedro, Joaquim e Sandra foram presos em flagrante delito. Pedro, por ter ofendido a integridade corporal de Lucas, do que resultou debilidade permanente de um de seus membros; Joaquim, por ter subtraído a bicicleta de Lúcio, de vinte e cinco anos de idade, no período matutino – Lúcio a havia deixado em frente a uma padaria; e Sandra, por ter subtraído o carro de Tomás mediante grave ameaça.

Considerando-se os crimes cometidos pelos presos, a autoridade policial poderá conceder fiança a

(A) Joaquim somente.
(B) Pedro somente.
(C) Pedro, Joaquim e Sandra.
(D) Pedro e Sandra somente.
(E) Joaquim e Sandra somente.

A Lei 12.403/2011 mudou sobremaneira o panorama da fiança. Antes da reforma por ela implementada, a autoridade policial, em vista da revogada redação do art. 322 do CPP, somente estava credenciada a concedê-la nas hipóteses de infração punida com *detenção* ou *prisão simples*. Bem por isso, não podia o delegado de polícia arbitrar fiança nos crimes punidos com *reclusão*, tarefa exclusiva do magistrado. Pela nova redação dada ao art. 322 do CPP, a autoridade policial passou a conceder fiança nos casos de infração cuja pena privativa de liberdade máxima não seja superior a quatro anos, independentemente de ser o crime apenado com reclusão ou detenção (qualidade da pena). Naqueles casos em que a pena máxima superar os quatro anos, somente o magistrado poderá estabelecer a fiança. Dito isso, temos as seguintes situações: no caso de Pedro, o crime que lhe é imputado, lesão corporal de natureza grave (art. 129, § 1°, III, do CP), tem como pena máxima cominada 5 anos de reclusão, o que impede que a autoridade policial fixe fiança em seu favor, já que, como ponderado acima, o delegado somente está credenciado a conceder fiança na infrações penais cuja pena máxima cominada não seja superior a 4 anos; Joaquim, que, segundo consta do enunciado, teria cometido o crime de furto simples (o enunciado não faz referência a nenhuma qualificadora tampouco a causa de aumento de pena), está sujeito a uma pena de 1 a 4 anos de reclusão (art. 155, *caput*, do CP), razão pela qual poderá a autoridade policial, pelas razões que acima expusemos, arbitrar fiança; já em relação a Sandra, que cometeu crime de roubo (art. 157, CP), já que subtraiu, mediante o emprego de grave ameaça, um veículo, pelo fato de a pena máxima cominada corresponder a 10 anos, somente ao juiz é dado conceder-lhe liberdade provisória com fiança. Gabarito "A".

(Delegado/GO – 2017 – CESPE) No que tange ao procedimento criminal e seus princípios e ao instituto da liberdade provisória, assinale a opção correta.

(A) O descumprimento de medida cautelar imposta ao acusado para não manter contato com pessoa determinada é motivo suficiente para o juiz determinar a substituição da medida por prisão preventiva, já que a aplicação de outra medida representaria ofensa ao poder imperativo do Estado além de ser incompatível com o instituto das medidas cautelares.

(B) Concedida ao acusado a liberdade provisória mediante fiança, será inaplicável a sua cumulação com outra medida cautelar tal como a proibição de ausentar-se da comarca ou o monitoramento eletrônico.

(C) Compete ao juiz e não ao delegado a concessão de liberdade provisória, mediante pagamento de fiança, a acusado de crime hediondo ou tráfico ilícito de entorpecente.

(D) Caso, após sentença condenatória, advenha a prescrição da pretensão punitiva e seja declarada extinta a punibilidade por essa razão, os valores recolhidos a título de fiança serão integralmente restituídos àquele que a prestou.

(E) Ofenderá o princípio constitucional da ampla defesa e do contraditório a defesa que, firmada por advogado dativo, se apresentar deficiente e resultar em prejuízo comprovado para o acusado.

A: incorreta. Diante do descumprimento de medida cautelar imposta ao acusado, poderá o juiz, considerando as particularidades do caso concreto, substituir a medida anteriormente imposta, impor outra em cumulação ou, somente em último caso, decretar a prisão preventiva, que, como se pode ver, tem caráter subsidiário (art. 282, § 4º, CPP, cuja redação foi determinada pela Lei 13.964/2019); **B**: incorreta, uma vez que contraria o que estabelece o art. 319, § 4º, do CPP; **C**: incorreta. Os crimes hediondos e os a eles assemelhados (tráfico de drogas, tortura e terrorismo), embora admitam a liberdade provisória, não comportam a concessão de fiança. Ou seja, são, por força do disposto nos arts. 5º, XLIII, da CF e 323, II, do CPP, inafiançáveis, tanto para o delegado de polícia quanto para o juiz de direito; **D**: incorreta (art. 336, parágrafo único, do CPP); **E**: correta, pois reflete o posicionamento firmado na Súmula n. 523 do STF: "No processo penal, a falta de defesa constitui nulidade absoluta, mas a sua deficiência só o anulará se houver prova de prejuízo para o réu". Gabarito "E".

(Delegado/GO – 2017 – CESPE) Será cabível a concessão de liberdade provisória ao indivíduo que for preso em flagrante devido ao cometimento do crime de

I. estelionato;
II. latrocínio;
III. estupro de vulnerável.

Assinale a opção correta.

(A) Apenas os itens I e III estão certos.
(B) Apenas os itens II e III estão certos.
(C) Todos os itens estão certos.
(D) Apenas o item I está certo.
(E) Apenas os itens I e II estão certos.

Não há crime em relação ao qual não caiba liberdade provisória. Nos crimes hediondos e assemelhados, como é o caso do latrocínio e do estupro de vulnerável, o art. 5º, XLIII da Constituição Federal veda tão somente a concessão de *fiança*. Com o advento da Lei 11.464/2007, que modificou a redação do art. 2º da Lei de Crimes Hediondos, cuja redação original vedava a concessão de fiança e liberdade provisória, passou a ser possível a sua concessão sem fiança, já que foi extraída do dispositivo (art. 2º, II, da Lei 8.072/1990). Após, a Lei 12.403/2011 promoveu uma série de inovações no âmbito da prisão e da liberdade provisória, entre elas alterou a redação do art. 323 do CPP, que passou a prever que os crimes hediondos e os delitos a eles equiparados são *inafiançáveis*. Pois bem, tal prescrição é inquestionável, já que em perfeita harmonia com o texto da CF/1988 (art. 5º, XLIII). A questão que se coloca, todavia, é saber se a liberdade provisória *sem fiança* pode ser aplicada aos crimes hediondos e assemelhados. A despeito de haver divergências, notadamente na jurisprudência, entendemos, s.m.j., que a CF/88 proibiu tão somente a liberdade provisória com fiança. Se quisesse de fato proibir a liberdade provisória sem fiança, teria por certo feito menção a ela. Não o fez. Logo, a liberdade provisória vedada pelo constituinte nos crimes hediondos e equiparados é somente a *com fiança*. Assim entende a 2ª T., do STF: HC 100.185-PA, rel. Min. Gilmar Mendes, *DJ* 6.8.10; STJ, HC 109.451-SP, 6ª T, *DJ* de 11.11.08. Quanto ao delito de estelionato, que não é hediondo nem assemelhado, é perfeitamente possível a concessão de liberdade provisória com fiança ao agente preso em flagrante por essa razão. Gabarito "C".

(Delegado/DF – 2015 – Fundação Universa) Acerca da fiança e da liberdade provisória, assinale a alternativa correta.

(A) A fiança poderá ser dispensada, se assim recomendar a situação econômica do preso, observados os critérios legais.
(B) A liberdade provisória, conforme a atual sistemática do CPP, será concedida sempre com fiança.
(C) A autoridade policial poderá conceder fiança nos casos de infração penal punida com detenção ou prisão simples, independentemente da duração da pena.
(D) Denomina-se quebra da fiança o não pagamento desta no prazo legal.
(E) Em se tratando de prisão civil, é cabível a concessão de fiança pela autoridade policial.

A: correta (art. 350, CPP); **B**: incorreta, já que a liberdade provisória, em consonância com a atual sistemática do CPP, será concedida com ou sem fiança. Como exemplo de liberdade provisória sem fiança podemos citar a hipótese contida no art. 310, § 1º, do CPP (prisão em flagrante do agente que agiu acobertado por uma das causas excludentes de ilicitude); **C**: incorreta. Antes da Lei 12.403/2011, que alterou, entre outros dispositivos, o art. 322 do CPP, o delegado somente estava credenciado a arbitrar fiança nas contravenções e nos crimes apenados com detenção. Atualmente, com a modificação legislativa a que nos referimos, a autoridade policial pode arbitrar fiança em qualquer infração penal cuja pena máxima cominada não seja superior a quatro anos (reclusão ou detenção); **D**: incorreta, já que não se trata de hipótese de quebramento de fiança (art. 341, CPP); **E**: incorreta, já que descabe a concessão de fiança no caso de prisão civil. Gabarito "A".

(Delegado/DF – 2015 – Fundação Universa) Com base na legislação processual penal e na jurisprudência e doutrina majoritária relativas à matéria, assinale a alternativa correta.

(A) Da decisão do delegado de polícia que nega pedido de abertura de inquérito policial formulado pelo ofendido ou por seu representante legal, caberá, nos termos do CPP, correição parcial endereçada ao juiz da causa, além de recurso administrativo dirigido ao chefe de polícia.
(B) A lei veda, em virtude do princípio do *ne bis in idem*, a aplicação cumulativa de medidas cautelares diversas da prisão.
(C) Na hipótese de descumprimento de medida cautelar pessoal, o juiz poderá, a requerimento do Ministério Público, de seu assistente ou do querelante, substituir a medida ou impor outra em cumulação, sendo-lhe vedado, porém, tomar essas providências de ofício.
(D) É vedada a persecução penal fundada exclusivamente em notícia-crime apócrifa ou inqualificada.
(E) Em regra, nos crimes de ação penal pública condicionada à representação do ofendido, o inquérito policial somente poderá ser instaurado se o ofendido ou seu representante tiver procedido à representação, devendo esta, ainda, consoante entendimento do STJ, satisfazer formalidades específicas, como ser apresentada ou reiterada, dentro do prazo decadencial, perante a autoridade judicial.

A: incorreta, posto que do despacho de indeferimento de abertura de inquérito cabe recurso administrativo para o chefe de Polícia, na forma prevista no art. 5º, § 2º, do CPP (nesta parte a alternativa está correta). O erro da assertiva é em afirmar que também cabe, nesta hipótese, correição parcial endereçada ao juiz da causa; **B**: incorreta. A teor do que estabelece o art. 282, § 1º, do CPP, as medidas cautelares diversas da prisão poderão ser aplicadas isolada ou cumulativamente; **C**: incorreta, uma vez que, neste caso, o juiz poderá, sim, atuar de ofício, substituindo a medida anteriormente imposta, impondo outra em cumulação ou, em último caso, decretando a prisão preventiva. É o que estabelece o art. 282, § 4º, do CPP. Atenção: a Lei 13.964/2019, posterior à elaboração desta questão, ao alterar a redação do art. 282, § 4º, do CPP, vedou a atuação de ofício do juiz na substituição da medida anteriormente imposta, imposição cumulativa de outra medida bem como na decretação da custódia preventiva; **D**: correta. A denúncia anônima (também chamada de *apócrifa* ou *inqualificada*), segundo

tem entendido a jurisprudência, não é apta, por si só, a autorizar a instauração de inquérito policial, dando início à persecução penal. Antes disso, a autoridade policial deverá fazer uma averiguação prévia a fim de verificar a procedência da denúncia apócrifa, para, depois disso, determinar, se for o caso, a instauração de inquérito. Nesse sentido: "(...) a autoridade policial, ao receber uma denúncia anônima, deve antes realizar diligências preliminares para averiguar se os fatos narrados nessa 'denúncia' são materialmente verdadeiros, para, só então, iniciar as investigações" (STF, HC 95.244, 1ª T., rel. Min. Dias Toffoli, DJE de 29.04.2010); **E**: incorreta. A primeira parte da assertiva, em que se afirma que, nos crimes de ação penal pública condicionada à representação do ofendido, o inquérito policial somente poderá ser instaurado se o ofendido ou seu representante tiver procedido à representação, está correta, nos termos do art. 5º, § 4º, do CPP. No entanto, conforme entendimento sedimentado na jurisprudência e na doutrina, a representação não depende de forma sacramental, bastando que o ofendido ou seu representante legal se dirija à autoridade (delegado, promotor ou juiz – art. 39, *caput*, CPP) e manifeste de forma inequívoca seu desejo em ver processado seu ofensor. ED
Gabarito "D".

(Delegado/DF – 2015 – Fundação Universa) Com base na legislação, na jurisprudência e na doutrina majoritária, assinale a alternativa correta no que se refere a prova, prisão preventiva, liberdade provisória e excludente de ilicitude.

(A) Não se admite liberdade provisória em crime hediondo.

(B) Dada a adoção do sistema acusatório no processo penal brasileiro, não cabe ao réu o ônus de provar a causa excludente de ilicitude.

(C) De acordo com o CPP, a falta de exame complementar não pode ser suprida por meio de prova testemunhal.

(D) Conforme dispositivo expresso no CPP, não se admite prisão preventiva em crime culposo.

(E) Suponha-se que o juiz decrete a prisão preventiva do investigado, em virtude do descumprimento de outras medidas cautelares pessoais. Nesse caso, prescinde-se de que o crime seja punido com pena privativa de liberdade máxima superior a quatro anos.

A: incorreta. A liberdade provisória pode ser concedida *com* ou *sem fiança*. O que é vedado, no contexto dos crimes hediondos e equiparados, é a concessão da liberdade provisória com *fiança* (art. 2º, II, da Lei 8.072/1990). Por mais estranho que possa parecer, é isso mesmo. Para os crimes hediondos e assemelhados, a concessão da liberdade provisória não admite a fixação de fiança. Afinal, cuida-se de crimes inafiançáveis. Agora, os crimes não hediondos, que, em princípio, são menos graves, comportam a liberdade provisória com fiança. Dessa forma, é incorreto afirmar-se que a liberdade provisória não é admitida nos crimes hediondos; **B**: incorreta. Como bem sabemos, o *ônus da prova* deve, conforme estabelece o art. 156 do CPP, ser atribuído às partes, que compartilham, portanto, a incumbência de demonstrar o quanto alegado. Sucede que esta regra deve ser compatibilizada com o princípio da presunção de inocência (art. 5º, LVII, da CF). Em assim sendo, pode-se dizer que o ônus da prova, no processo penal acusatório, no que toca à apresentação da imputação em juízo, cabe à acusação. De outro lado, cabe à defesa do acusado demonstrar qualquer circunstância que tenha o condão de refutar a acusação (como as causas de exclusão da ilicitude), visto que não pode ser imposta ao autor da ação penal a obrigação de provar fato negativo; **C**: incorreta. Segundo o art. 168, § 3º, do CPP, "a falta de exame complementar poderá ser suprida pela prova testemunhal"; **D**: incorreta. Não há disposição expressa no CPP que vede a decretação da custódia preventiva no âmbito dos delitos culposos. Aliás, há, no CPP, uma hipótese em que, em princípio, é possível a decretação da prisão preventiva em um crime culposo. Refiro-me ao disposto no art. 313, § 1º, cuja redação,

diferentemente das condições de admissibilidade contidas nos incisos I e II, não exige que o crime seja doloso. Bem por isso, quando houver dúvida sobre a identidade civil da pessoa ou quando esta não fornecer elementos suficientes para esclarecê-la, poderá ter lugar, em tese, a decretação da prisão preventiva, mesmo que o crime seja culposo. É importante que se diga que se trata de tema sobre o qual não há consenso na doutrina e na jurisprudência. Há autores e julgados que não reconhecem a possibilidade de decretação da custódia preventiva em se tratando de crime culposo; **E**: correta. Prevalece na doutrina o entendimento segundo o qual a decretação da prisão preventiva em virtude do descumprimento de medida cautelar não se sujeita ao limite imposto pelo art. 313, I, do CPP. ED
Gabarito "E".

(Delegado/DF – 2015 – Fundação Universa) Considera-se flagrante diferido o(a)

(A) modalidade de flagrante proibida pela legislação processual penal brasileira, em que a autoridade policial, tendo notícia da prática de futura infração, coloca-se estrategicamente de modo a impedir a consumação do crime.

(B) obtido a partir de uma provocação do agente criminoso para controlar a ação delituosa e evitar o crime, com base na política criminal hodierna.

(C) realizado em momento imediatamente após a prática do crime, se o agente for encontrado com instrumentos, armas, objetos ou papéis que façam presumir ser ele o autor da infração.

(D) ação policial de monitoramento e controle das ações criminosas desenvolvidas, transferindo-se o flagrante para momento de maior visibilidade das responsabilidades penais.

(E) lavrado quando o agente é perseguido, logo após o crime, pela autoridade policial, pelo ofendido ou por qualquer pessoa em situação que indique ser ele o autor da infração.

Diferido ou retardado é o flagrante em que a lei confere à autoridade policial, para o fim de tornar mais eficaz a colheita de provas e o fornecimento de informações, a faculdade de retardar a prisão daqueles que se acham em situação de flagrante. Esta modalidade de flagrante está prevista no art. 53, II, da Lei 11.343/2006 (Drogas) e arts. 3º, III, 8º e 9º da Lei 12.850/2013 (Crime Organizado). Está correta, portanto, a assertiva "D". ED
Gabarito "D".

(Delegado/PE – 2016 – CESPE) Considerando a doutrina majoritária e o entendimento dos tribunais superiores, assinale a opção correta a respeito da prisão.

(A) O flagrante diferido que permite à autoridade policial retardar a prisão em flagrante com o objetivo de aguardar o momento mais favorável à obtenção de provas da infração penal prescinde, em qualquer hipótese, de prévia autorização judicial.

(B) Para a admissibilidade de prisão temporária exige-se, cumulativamente, a presença dos seguintes requisitos: imprescindibilidade para as investigações, não ter o indiciado residência fixa ou não fornecer dados esclarecedores de sua identidade e existência de indícios de autoria em determinados crimes.

(C) Configura crime impossível o flagrante denominado esperado, que ocorre quando a autoridade policial, detentora de informações sobre futura prática de determinado crime, se estrutura para acompanhar a sua execução, efetuando a prisão no momento da consumação do delito.

(D) Havendo conversão de prisão temporária em prisão preventiva no curso da investigação policial, o prazo para a conclusão das investigações, no âmbito do competente inquérito policial, iniciar-se-á a partir da decretação da prisão preventiva.

(E) Havendo mandado de prisão registrado no Conselho Nacional de Justiça (CNJ), a autoridade policial poderá executar a ordem mediante certificação em cópia do documento, desde que a diligência se efetive no território de competência do juiz processante.

A: incorreta. A Lei de Drogas (Lei 11.343/2006), em seu art. 53, *caput* e II, estabelece que a implementação da ação controlada deve ser precedida de autorização judicial e manifestação do MP. Já o art. 8º, § 1º, da Lei 12.850/2013 (Organização Criminosa) reza que a ação controlada será *comunicada* ao juiz competente, que estabelecerá, conforme o caso, os limites da medida e comunicará o MP. Perceba que, neste último caso, o legislador não impôs a necessidade de o magistrado autorizar o retardamento da intervenção policial; exigiu tão somente a comunicação; B: incorreta. Segundo a melhor doutrina, a decretação da prisão temporária, modalidade de prisão cautelar, está condicionada à existência de fundadas razões de autoria ou participação do indiciado na prática dos crimes listados no art. 1º, III, da Lei 7.960/1989 e também ao fato de ser ela, a prisão temporária, imprescindível para as investigações do inquérito policial. Devem coexistir, portanto, os requisitos previstos nos incisos I e III do art. 1º da Lei 7.960/1989; a coexistência das condições presentes nos incisos II e III também pode dar azo à decretação da custódia temporária. É dizer: o inciso III deve combinar com o inciso I ou com o II. É a posição adotada por Guilherme de Souza Nucci e Maurício Zanoide de Moraes; C: incorreta. Segundo doutrina e jurisprudência pacíficas, não há ilegalidade no chamado *flagrante esperado*, em que a polícia, uma vez comunicada, aguarda a ocorrência do crime, não exercendo qualquer tipo de controle sobre a ação do agente; inexiste, neste caso, intervenção policial que leve o agente à prática delituosa. É, por isso, ao contrário do que se afirma na assertiva, hipótese viável de prisão em flagrante. Não deve ser confundido com o *flagrante preparado*. Este restará configurado sempre que o agente provocador levar alguém a praticar uma infração penal. Está-se aqui diante de uma modalidade de crime impossível (art. 17 do CP), consubstanciada na Súmula 145 do STF; D: correta. Embora se trate de tema em relação ao qual há divergência na doutrina, na hipótese de conversão da prisão temporária em preventiva, o prazo para a conclusão do inquérito, na forma estabelecida no art. 10 do CPP, iniciar-se-á da conversão; E: incorreta, pois não reflete a regra presente no art. 289-A, § 1º, do CPP.

Gabarito "D".

(Delegado/PA – 2013 – UEPA) Dentre as reformas recentes do Código de Processo Penal, uma das mais importantes, se deu através da Lei nº. 12.403, de 2011, que representa um esforço por diminuir o uso excessivo da prisão não decorrente de condenação penal transitada em julgado. De acordo com as novas normas:

I. O Código de Processo Penal deixa claro que a aplicação de medidas cautelares deve ser considerada antes da decretação da prisão, dando especial ênfase à necessidade e à adequação da medida adotada ao caso concreto e às características pessoais do acusado.

II. Em caso de prisão em flagrante, se o juiz verificar a regularidade formal do auto respectivo (oitiva do condutor e das testemunhas e interrogatório do réu, nesta ordem), havendo prova da materialidade delitiva e indícios de autoria, deverá homologar o auto e manter o acusado preso.

III. A prisão preventiva continua possível em qualquer fase da investigação ou da ação penal, sob os mesmos fundamentos (garantia a ordem pública ou econômica, conveniência da instrução criminal ou para assegurar a aplicação da lei penal), ficando vedada, todavia, a sua imposição de ofício pelo juiz, que sempre a decretará atendendo a requerimento do Ministério Público, querelante ou assistente de acusação.

IV. O papel do delegado de polícia foi valorizado, porque agora ele pode conceder fiança, sem deliberação judicial, mesmo para crimes punidos com reclusão, desde que a pena seja limitada a quatro anos.

V. A possibilidade de fiança foi ampliada pela eliminação de previsões discriminatórias (que negavam esse direito aos mendigos e vadios) ou excessivamente subjetivas (porque baseadas em "clamor público"), de modo que o critério para a inafiançabilidade passou a ser a natureza dos delitos, independentemente de quem os tenha praticado ou das reações sociais que despertem.

Após análise das afirmativas acima, assinale a alternativa correta.

(A) Há três assertivas corretas e a II é uma das erradas, porque mesmo se o auto de prisão em flagrante estiver regular, deve o juiz relaxar a prisão, aplicar outra medida cautelar ou conceder liberdade provisória, se não houver motivos concretos para decretar a custódia preventiva.

(B) Há duas assertivas corretas e a III é uma das erradas, porque as mudanças operadas na lei não retiraram do juiz a faculdade de decretar a custódia preventiva de ofício, desde que declarando motivos concretos e que extrapolem a mera prova da materialidade e indícios de autoria delitiva.

(C) Há duas assertivas corretas e a V é uma das erradas, porque continuam inafiançáveis os crimes na hipótese de cabimento da prisão preventiva, o que se faz por critérios relacionados, ao menos alguns deles, à pessoa do acusado.

(D) Há uma única assertiva incorreta, a I, porque as novas medidas cautelares são analisadas mediante critérios diferentes dos pressupostos da prisão e, inclusive, a "ênfase à necessidade e à adequação da medida adotada ao caso concreto e às características pessoais do acusado" diz respeito à prisão e não às cautelares.

(E) Há três assertivas corretas e a IV é uma das erradas, porque a concessão de fiança para crimes punidos com penas de até quatro anos de reclusão continua sendo uma atribuição do juiz.

I: correta. Tendo em conta as mudanças implementadas pela Lei 12.403/2011, que instituiu as *medidas cautelares alternativas à prisão provisória*, esta somente terá lugar diante da impossibilidade de se recorrer às medidas cautelares. Dessa forma, a prisão, como medida excepcional que é, deve também ser vista como instrumento subsidiário, supletivo; II: incorreta. O art. 310 do CPP, cuja redação foi alterada pela Lei 12.403/11, impõe ao magistrado, quando do recebimento do auto de prisão em flagrante, o dever de manifestar-se *fundamentadamente* acerca da prisão que lhe é comunicada. Pela *novel* redação do dispositivo, abrem-se para o juiz as seguintes opções: se se tratar de prisão ilegal, deverá o magistrado relaxá-la e determinar a soltura imediata do preso; se a prisão estiver em ordem, deverá o juiz, desde que entenda necessário ao processo, converter a prisão em flagrante em preventiva, sempre levando em conta os requisitos do art. 312 do CPP, não sendo suficiente a prova da existência do crime e indícios de autoria Ressalte-se que, tendo em vista o *postulado da proporcionalidade*, a custódia preventiva somente terá lugar se as medidas cautelares diversas da prisão revelarem-se inadequadas. Disso inferimos que a prisão em flagrante não mais poderá perdurar até o final do processo como modalidade de prisão cautelar. Vedada, pois, a homologação da prisão em flagrante. Se achar que é o caso de manter o investigado preso, deverá, isto sim, converter a prisão em flagrante em preventiva; poderá o juiz, por fim, conceder a liberdade provisória, com ou sem fiança, substituindo, assim, a prisão em flagrante. Atenção: recentemente, a Lei 13.964/2019 alterou o *caput* do art. 310 do CPP, que passa a ter a seguinte redação: "após receber o auto de prisão em flagrante, no prazo máximo de até 24 (vinte e quatro) horas após a realização da prisão, o juiz deverá promover audiência de custódia com a presença do acusado, seu advogado constituído ou membro da Defensoria Pública e o membro do Ministério Público, e, nessa audiência, o juiz deverá, fundamentadamente (...)"; **III**: a incorreção da proposição está em afirmar que é vedado ao juiz decretar de ofício a prisão preventiva. Pela nova conformação jurídica conferida à prisão pela Lei de Reforma 12.403/2011, o que não mais é admitido é o decreto de ofício no curso do inquérito policial; a partir da instauração da ação penal, poderá o juiz determinar a custódia preventiva de ofício ou a requerimento do MP, do querelante ou do assistente; se no curso do inquérito, somente por representação da autoridade policial ou mediante requerimento do MP (art. 311, CPP). Isso até a edição da Lei 13.964/2019, posterior à elaboração desta questão, que, ao alterar a redação do art. 311 do CPP, eliminou por completo a possibilidade de o juiz decretar a prisão preventiva de ofício (ainda que no curso da ação penal); **IV**: correta. A Lei 12.403/2011 mudou sobremaneira o panorama da fiança. Antes da reforma por ela implementada, a autoridade policial, em vista da revogada redação do art. 322 do CPP, somente estava credenciada a concedê-la nas hipóteses de infração punida com *detenção* ou *prisão simples*. Bem por isso, não podia o delegado de polícia arbitrar fiança nos crimes punidos com *reclusão*, tarefa exclusiva do magistrado. Pela nova redação dada ao art. 322 do CPP, a autoridade policial passou a conceder fiança nos casos de infração cuja pena privativa de liberdade máxima não seja superior a quatro anos, independentemente de ser o crime apenado com reclusão ou detenção (qualidade da pena). Naqueles casos em que a pena máxima superar os quatro anos, somente o magistrado poderá estabelecer a fiança; **V**: correta. Com a modificação a que foi submetido o art. 323 do CPP, operada pela Lei 12.403/2011, somente são inafiançáveis os crimes ali listados e também aqueles contidos em leis especiais, como o art. 31 da Lei 7.492/1986 (Sistema Financeiro). ED

Gabarito "A".

(Delegado/PR – 2013 – UEL-COPS) Em relação à prisão temporária, considere as afirmativas a seguir.

I. O prazo da prisão temporária é de cinco dias, sem prorrogação.
II. O despacho que decretar a prisão temporária deverá ser fundamentado.
III. Decorrido o prazo de cinco dias de detenção, o preso deverá ser posto imediatamente em liberdade, salvo se já tiver sido decretada sua prisão preventiva.
IV. A prisão temporária pode ser decretada se for imprescindível para as investigações do inquérito policial.

Assinale a alternativa correta.

(A) Somente as afirmativas I e II são corretas.
(B) Somente as afirmativas I e IV são corretas.
(C) Somente as afirmativas III e IV são corretas.
(D) Somente as afirmativas I, II e III são corretas.

(E) Somente as afirmativas II, III e IV são corretas.

I: incorreta, uma vez que o prazo de cinco dias, estabelecido no art. 2º, *caput*, da Lei 7.960/1989, poderá, sim, ser prorrogado uma única vez e por igual período, desde que comprovada a sua necessidade. Cuidado: se se tratar de crime hediondo ou delito a ele equiparado, o prazo de prisão temporária será de *trinta* dias, prorrogável por mais trinta, também em caso de comprovada e extrema necessidade. É o teor do art. 2º, § 4º, da Lei 8.072/1990 (Crimes Hediondos); **II**: correta. (art. 2º, § 2º, da Lei 7.960/1989); **III**: correta. Segundo estabelece o art. 2º, § 7º, da Lei 7.960/1989, cuja redação foi modificada pela Lei 13.869/2019 (nova Lei de Abuso de Autoridade): *decorrido o prazo contido no mandado de prisão, a autoridade responsável pela custódia deverá, independentemente de nova ordem da autoridade judicial, pôr imediatamente o preso em liberdade, salvo se já tiver sido comunicada da prorrogação da prisão temporária ou da decretação da prisão preventiva*; **IV**: correta (art. 1º, I, da Lei 7.960/1989). ED

Gabarito "E".

(Delegado/RJ – 2013 – FUNCAB) O Delegado de Polícia não lavrará o Auto de Prisão Em Flagrante, mas apenas registrará a ocorrência:

(A) nos casos de ação penal pública condicionada à representação, quando, após a prisão captura, a vítima não oferecer a representação.
(B) diante de condutas insignificantes que façam desaparecer a tipicidade material, bem como, após a prisão captura, nos crimes de ação penal privada subsidiária da pública.
(C) nos crimes de ação penal privada quando o requerimento de instauração do inquérito for formulado pelo representante legal do ofendido.
(D) nos crimes de lesão corporal culposa e homicídio culposo no trânsito.

A: correta. Como bem sabemos, a instauração de inquérito policial, nos crimes cuja ação penal seja pública condicionada ou privativa do ofendido, está a depender da manifestação de vontade do ofendido, materializada por meio da representação, no caso da ação pública condicionada, ou, por meio de requerimento, sendo a ação de iniciativa privativa da vítima. Assim, forçoso concluir que a lavratura do auto de prisão em flagrante, nesses crimes, porque constitui a peça inaugural do respectivo inquérito policial, não poderá dar-se sem que o ofendido exteriorize sua vontade nesse sentido. Como a alternativa se refere à ação penal pública condicionada, o auto não poderá ser lavrado sem que a vontade do ofendido seja manifestada por meio da representação. Ausente esta, o delegado de polícia se limitará a formalizar o registro dos fatos, o que pode ser feito por meio do boletim de ocorrência. Importante registrar que, embora a falta de representação (ou requerimento, se na ação penal privada) impeça a formalização da prisão por meio do auto, a prisão-captura pode (deve) realizar-se nesses casos (obrigatória, aliás, para autoridade policial e seus agentes). Mesmo porque a lesão ao bem jurídico deve cessar; **B**: incorreta. A análise quanto à tipicidade material da conduta deve ser feita pelo promotor e pelo juiz. A autoridade policial deverá limitar-se a fazer um juízo de tipicidade (formal); no mais, a ação penal subsidiária da pública somente terá lugar ante a desídia do MP, o que somente restará ou não configurado depois de concluídas as investigações e transcorrido o prazo para oferecimento da denúncia. Além do mais, a ação penal subsidiária é, na sua essência, pública; **C**: incorreta, pois, neste caso, estará o delegado de polícia, como salientamos no comentário à proposição "A", autorizado a lavrar o auto de prisão em flagrante; **D**: incorreta. A autoridade policial, neste caso, somente deixará de lavrar o auto de prisão em flagrante na hipótese de o condutor prestar pronto e integral socorro à vítima (art. 301 do CTB). ED

Gabarito "A".

(Delegado/RO – 2014 – FUNCAB) A ordem ou o "comando implícito de soltura" é característica peculiar de uma prisão cautelar, no caso, a prisão:

(A) preventiva decorrente de conversão.
(B) em flagrante.
(C) temporária.
(D) preventiva decretada no curso do processo.
(E) domiciliar decretada no curso do processo.

Diz-se que a ordem de prisão temporária contém o chamado "comando implícito de soltura" porquanto, passados os 5 dias de custódia, o investigado deverá ser imediatamente posto em liberdade pela autoridade policial, sem a necessidade de alvará de soltura a ser expedido pelo juiz que decretou a prisão. Evidente que permanecerá custodiado o investigado que contra si for prorrogada a prisão temporária ou mesmo expedido mandado de prisão preventiva. É o que estabelece o art. 2º, § 7º, da Lei 7.960/1989, cuja redação foi alterada pela Lei 13.869/2019 (nova Lei de Abuso de Autoridade). ED
Gabarito "C".

(Delegado/RO – 2014 – FUNCAB) Sabe-se que a prisão em flagrante se desdobra em dois momentos sucessivos: em um primeiro momento, ocorre a apreensão física do infrator e; em um momento posterior, a lavratura ou a documentação da prisão no respectivo auto. Dito isso, analise as proposições e assinale a alternativa correta.

(A) Após a lavratura ou a documentação da prisão, o auto de prisão em flagrante deverá ser encaminhado ao juiz competente.
(B) Não cabe apreensão física de Juiz de Direito que pratica infração afiançável.
(C) Não há discussão doutrinária acerca da possibilidade de a autoridade judiciária lavrar o auto de prisão em flagrante, essa possibilidade decorre da lei.
(D) O denominado flagrante facultativo viabiliza que a autoridade policial não lavre ou documente a prisão.
(E) Não cabe apreensão física de pessoa que pratica infração de menor potencial ofensivo.

A: correta. A autoridade policial a quem foi apresentado o conduzido deverá providenciar para que contra ele seja lavrado o auto de prisão em flagrante, com a imediata comunicação de sua prisão ao juiz competente, ao Ministério Público e à família do preso ou a pessoa por ele indicada (a obrigatoriedade de comunicar o MP foi inserida pela Lei 12.403/2011, que alterou a redação do art. 306, *caput*, do CPP). Além disso, por imposição do art. 306, § 1º, do CPP, cuja redação também foi alterada por força da mesma lei, "em até vinte e quatro horas após a realização da prisão, será encaminhado ao juiz competente o auto de prisão em flagrante e, caso o autuado não informe o nome de seu advogado, cópia integral para a Defensoria Pública". Ao final, será entregue ao autuado a *nota de culpa*, da qual constarão o motivo da prisão, o nome do condutor e também o das testemunhas (art. 306, § 2º, CPP); **B:** incorreta. A apreensão física, também chamada de prisão-captura, pode ser feita, sim, contra juiz de direito, ainda que se trate de infração penal inafiançável. Neste último caso, em seguida à lavratura do auto de prisão em flagrante, incumbe à autoridade policial que o presidiu providenciar para que o magistrado seja, de imediato, apresentado ao presidente do Tribunal a que esteja vinculado. É o que determina o art. 33, II, da Lei Complementar n. 35/79; **C:** incorreta. Embora a possibilidade de o juiz de direito presidir auto de prisão em flagrante esteja contemplada no art. 307, CPP ("quando o fato for praticado em presença da autoridade, ou contra esta, no exercício de suas funções"), tal providência, para alguns doutrinadores, não é recomendável; **D:** incorreta, dado que a faculdade de prender em flagrante somente é deferida ao particular (art.

301, CPP); a autoridade policial e seus agentes, a teor do que dispõe o art. 301 do CPP, *devem* prender quem quer que se encontre em situação de flagrante. Este é o chamado *flagrante obrigatório*; **E:** incorreta. Aquele que for surpreendido em situação de flagrante pela prática de infração de menor potencial ofensivo pode, sim, ser preso (prisão-captura) em flagrante. No entanto, ao ser conduzido ao distrito policial e apresentado ao delegado, contra o autor dos fatos não será lavrado auto de prisão em flagrante, salvo se se recusar a ser encaminhado de imediato ao juizado especial ou, não sendo isso possível, assumir o compromisso de ali comparecer assim que convocado. ED
Gabarito "A".

(Delegado/SP – 2014 – VUNESP) Em relação ao tema prisão, é correto afirmar que

(A) o emprego de força para a realização da prisão será permitido sempre que a autoridade policial julgar necessário, não existindo restrição legal.
(B) a prisão poderá ser efetuada em qualquer dia e a qualquer hora, respeitadas as restrições relativas à inviolabilidade de domicílio.
(C) a prisão cautelar somente ocorre durante o inquérito policial.
(D) em todas as suas hipóteses, é imprescindível a existência de mandado judicial prévio.
(E) a prisão preventiva somente ocorre durante o processo judicial.

A: incorreta, uma vez que o art. 284 do CPP estabelece que somente se empregará força, na realização da prisão, quando indispensável em razão de resistência ou de tentativa de fuga; **B:** correta, pois reflete a regra disposta no art. 283, § 2º, do CPP; **C:** incorreta. Prisão cautelar (provisória ou processual) é gênero da qual são espécies a custódia *preventiva*, a *temporária* e a *prisão em flagrante*. Como bem sabemos, a prisão temporária somente poderá ocorrer no curso das investigações do inquérito policial (art. 1º, I, da Lei 7.960/1989); a prisão em flagrante, por sua vez, é efetuada em momento anterior à instauração do inquérito e, por óbvio, antes da instauração da ação penal; agora, a prisão preventiva, por força do que dispõe o art. 311 do CPP, poderá ser decretada em qualquer fase da persecução criminal (inquérito e processo); **D:** incorreta. O mandado somente se fará necessário ao cumprimento da prisão temporária e preventiva. A prisão em flagrante, por razões óbvias, não exige, para o seu cumprimento, a expedição de mandado. De outra forma não poderia ser; **E:** incorreta. A prisão preventiva, como já afirmamos, terá lugar tanto na fase inquisitiva quanto na instrução processual. ED
Gabarito "B".

(Delegado/SP – 2014 – VUNESP) A fiança

(A) poderá ser prestada em todas as hipóteses de prisão, salvo no caso de prisão em decorrência de pronúncia.
(B) poderá ser prestada em qualquer termo do processo, inclusive após o trânsito em julgado da sentença.
(C) poderá ser prestada em qualquer termo do processo, enquanto não transitar em julgado a sentença condenatória.
(D) somente poderá ser prestada durante o inquérito policial.
(E) poderá ser prestada nas hipóteses de prisão temporária.

A: incorreta, uma vez que as hipóteses de inafiançabilidade estão elencadas no art. 323 do CPP, cuja redação foi determinada pela Lei 12.403/11, a saber: racismo, tortura, tráfico, terrorismo, crimes hediondos e os delitos praticados por grupos armados, civis ou militares, contra a ordem constitucional e o Estado Democrático e também aqueles contidos em leis especiais, tal como o art. 31 da Lei 7.492/1986 (Sistema Financeiro). Assim sendo, a prisão decorrente de pronúncia, que deve obediência aos requisitos do art. 312 do CPP, não constitui critério de inafiançabilidade; **B e C:** a fiança será prestada, a teor do art. 334 do CPP, enquanto não passar em julgado a sentença condenatória; **D:** incorreta. Será prestada tanto na fase de inquérito quanto na instrução processual (enquanto não transitar em julgado); **E:** incorreta. A fiança é incompatível com a prisão temporária.

Gabarito "C".

(Delegado/BA – 2013 – CESPE) Determinado cidadão, maior, capaz, réu em processo penal sob a acusação de crime de latrocínio na comarca de Catu – BA, tendo sido contra ele expedido mandado de prisão preventiva, devidamente registrado no banco de dados do Conselho Nacional de Justiça, foi abordado por agentes da delegacia de homicídios de Salvador – BA, no curso de investigação policial por outros delitos perpetrados na capital baiana. Após consulta ao sistema informatizado de capturas, e tendo sido o seu nome localizado, foi-lhe dada voz de prisão. Nesse momento, o cidadão empreendeu fuga em um veículo na direção ao interior do estado e, imediatamente perseguido pelos agentes policiais, foi interceptado e preso na Comarca de Feira de Santana – BA.

Com base na situação hipotética apresentada acima, julgue os itens subsequentes.

(1) A decretação da prisão preventiva submete-se aos requisitos fáticos e normativos estabelecidos no CPP, sendo admitida em qualquer fase da persecução criminal, seja de ofício, seja por representação da autoridade policial, a requerimento do MP, do querelante ou do assistente de acusação.

(2) Nessa situação, por força do disposto contido no CPP, deverão os agentes apresentar o cidadão à autoridade policial de Feira de Santana – BA e, nessa ocasião, ele será informado de seus direitos constitucionais. Caso não apresente o nome de seu advogado, a defensoria pública será cientificada da prisão. A autoridade policial, após execução das formalidades legais, comunicará da prisão ao juízo do local de cumprimento da medida, o qual informará ao juízo que a decretou.

1: incorreta. O erro da assertiva reside na parte em que se afirma que a custódia preventiva pode ser decretada de ofício em qualquer fase da persecução penal. Podia, mas não pode mais. É que, com a alteração promovida pela Lei de Reforma 12.403/2011 na redação do art. 311 do CPP, o juiz, que antes podia, de ofício, determinar a prisão preventiva no curso do inquérito, agora somente poderá fazê-lo, nesta fase da persecução, quando provocado pela autoridade policial, mediante representação, ou pelo Ministério Público, por meio de requerimento; portanto, de ofício, a partir da entrada em vigor da lei acima mencionada, somente no decorrer da ação penal. Mais recentemente (posteriormente à elaboração desta questão, portanto), o art. 311 do CPP foi novamente alterado, desta vez pela Lei 13.964/2019, do que resultou na impossibilidade de o juiz agir de ofício na decretação da prisão preventiva (ainda que no decorrer da instrução criminal). Dessa forma, a custódia preventiva, atualmente, somente será decretada (sempre pelo juiz) em face de provocação, seja da autoridade policial, se no curso do IP, seja do MP, do querelante ou do assistente, na ação penal; 2: correta. Estabelece o art. 290, caput, do CPP que, tendo o agente (investigado, indiciado ou acusado), em fuga, passado pelo território de outra comarca, aquele que o persegue poderá prendê-lo no local em que o alcançar, apresentando-o, neste caso, à autoridade local, que cuidará da formalização da prisão e a sua comunicação ao juízo do local em que a medida foi cumprida (art. 289-A, § 3º, do CPP), que, por sua vez, informará o juízo que a decretou, a quem caberá providenciar a remoção do preso (art. 289, § 3º, do CPP). No mais, o preso deverá, no ato da prisão, por imposição do art. 289-A, § 4º, do CPP, ser informado de seus direitos, sendo-lhe assegurado, caso não informe o nome de seu advogado, que sua detenção seja comunicada à Defensoria Pública.

Gabarito 1E, 2C

(Delegado Federal – 2013 – CESPE) Acerca da custódia cautelar e suas modalidades, dos atos processuais e seus sujeitos, bem como da ação penal, julgue os itens que se seguem.

(1) Em se tratando de ações penais privadas, prevalece, no processo penal, a competência de foro, com preponderância do interesse do queixoso no que diz respeito à distribuição territorial da competência.

(2) Considere que, no curso de inquérito policial em que se apure crime de ação pública incondicionada, quando da primeira remessa dos autos ao Poder Judiciário com solicitação de retorno para novas diligências, a vítima do delito requeira a sua habilitação nos autos como assistente de acusação. Nessa situação, o pedido deve ser negado, visto que a figura do assistente é admitida no processo somente após o recebimento da denúncia e antes do trânsito em julgado da sentença.

(3) Suponha que um agente penalmente capaz pratique um roubo e, perseguido ininterruptamente pela polícia, seja preso em circunscrição diversa da do cometimento do delito. Nessa situação, a autoridade policial competente para a lavratura do auto de prisão em flagrante é a do local de execução do delito, sob pena de nulidade do ato administrativo.

1: incorreta. Ainda que se trate de ação penal privada exclusiva, em que o querelante pode, mesmo sendo conhecido o local da infração, optar por ajuizá-la no foro do domicílio ou residência do réu, não há que se falar em preponderância do interesse do queixoso, já que a regra, no âmbito do processo penal, é que a ação seja ajuizada no foro em que a infração se consumou (art. 70, CPP), o que se mostra mais adequado a uma eficiente produção probatória. Prevalece, pois, o interesse público na busca pela verdade real; 2: correta. O ingresso do assistente de acusação somente poderá se dar a partir do recebimento da denúncia (arts. 268 e 269, CPP). Antes disso, não há sequer acusação; 3: incorreta, uma vez que a atribuição para a lavratura do auto de prisão em flagrante, neste caso, recai sobre a autoridade do local em que foi efetivada a prisão, após o que o auto respectivo será remetido, com as demais peças que o acompanham, à autoridade policial do local em que a infração foi praticada (art. 304, § 1º, parte final, do CPP). Ainda que assim não fosse, o fato de o flagrante ter sido lavrado por outra autoridade que não a do local da prisão tampouco do lugar onde o crime foi cometido não torna nulo o ato administrativo, segundo entendimento pacífico da jurisprudência.

Gabarito 1E, 2C, 3E

(Delegado Federal – 2004 – CESPE) Considere a seguinte situação hipotética.

(1) Evandro é acusado de prática de homicídio doloso simples contra a própria esposa. Nessa situação, recebida a denúncia pelo juiz competente, é cabível a decretação da prisão temporária de Evandro, com prazo de 30 dias, prorrogável por igual período, haja vista tratar-se de crime hediondo.

1: incorreta. Conforme preleciona o art. 1º, I, da Lei 7.960/89, a *prisão temporária*, que constitui modalidade de prisão provisória (ou cautelar), somente poderá ser decretada no curso das investigações. Ademais

disso, o prazo de trinta dias de prisão temporária a que alude o art. 2º, § 4º, da Lei 8.072/1990 só incidirá nos crimes previstos nessa legislação. O homicídio simples (art. 121, caput, CP) só será considerado hediondo quando praticado em atividade típica de grupo de extermínio, ainda que por um só agente (art. 1º, I, Lei 8.072/1990). ED
Gabarito 1E

(Delegado Federal – 2002 – CESPE) No que concerne ao auto de prisão em flagrante, julgue os seguintes itens.

(1) Havendo autoridade policial na circunscrição, a lavratura de auto de prisão em flagrante em local diverso da prisão ocasiona a sua nulidade, em face da incompetência *ratione loci*.

(2) Na lavratura do auto de prisão em flagrante, para integrar o mínimo legal, a autoridade policial poderá ouvir o condutor do preso como testemunha, considerando-o como testemunha numerária.

(3) Não invalida a prisão em flagrante a audiência do conduzido no leito de hospital, subsequentemente à lavratura do auto na delegacia, quando impossibilitado de ser interrogado por ter sido baleado durante perseguição policial.

(4) A ausência de comunicação da prisão em flagrante imediatamente à autoridade judiciária competente ocasiona a nulidade do auto.

(5) O juiz, após receber a comunicação do flagrante, está obrigado a fundamentar o despacho homologatório.

1: incorreta. A Polícia Judiciária não exerce ato de jurisdição (o ato por ela praticado tem natureza administrativa); assim, nenhuma ilegalidade há no fato de o auto de prisão em flagrante ser lavrado por autoridade policial responsável por circunscrição diversa da do local em que se deu a captura – art. 290 do CPP. Conferir, nesse sentido: STJ, HC 30.236-RJ, 5ª T., rel. Min. Felix Fisher, j. 17.2.2004; **2:** correta, de fato, é pacífico o entendimento segundo o qual é admitido que o condutor, na prisão em flagrante, figure como testemunha; **3:** correta. Se, por qualquer razão, não for possível, no ato da lavratura do auto de prisão em flagrante, proceder-se ao interrogatório do indiciado, tal circunstância deverá dele constar. Neste caso, o interrogatório poderá ser feito depois, tão logo o conduzido se restabeleça; **4:** incorreta. A ausência da formalidade contemplada no art. 5º, LXII, da CF – e reproduzida no art. 306, *caput*, do CPP – implica o relaxamento da prisão em flagrante e a imediata soltura do preso, em conformidade com o que dispõe o art. 5º, LXV, da CF. Atenção: com a edição da Lei 12.403/2011, que modificou a redação do art. 306, "*caput*", do CPP, a prisão em flagrante, a partir de agora, também deverá ser comunicada ao Ministério Público, sem prejuízo, é claro, da comunicação ao juiz e à família do preso ou à pessoa por ele indicada. De se ver, ainda, que o art. 306, §§ 1º e 2º, do CPP fixa o prazo de 24 (vinte e quatro) horas, a contar da prisão, para que a autoridade que presidiu o flagrante providencie o encaminhamento do auto de prisão em flagrante ao juiz competente juntamente com todas as peças. Caso o conduzido não informe o nome de seu advogado, deverá a autoridade, dentro do mesmo prazo, encaminhar as peças à Defensoria Pública. Deverá ainda, no prazo de 24 (vinte e quatro) horas da prisão, entregar ao autuado a nota de culpa, cientificando-lhe do motivo de sua prisão, o nome do condutor e o das testemunhas; **5:** incorreta. O art. 310 do CPP, modificado pela Lei 12.403/2011, impõe ao magistrado, quando do recebimento do auto de prisão em flagrante, o dever de manifestar-se *fundamentadamente* acerca da prisão que lhe é comunicada. Pela *novel* redação do dispositivo, abrem-se para o juiz as seguintes opções: se se tratar de prisão ilegal, deverá o juiz relaxá-la e determinar a soltura imediata do preso; se a prisão estiver em ordem, deverá o juiz, sempre de forma fundamentada, converter a prisão em flagrante em preventiva, desde que entenda necessário ao processo, levando-se em conta, para tanto, os requisitos do art. 312 do CPP. Ressalte-se que, tendo em vista o *postulado da proporcionalidade*, a custódia preventiva somente terá lugar se as medidas cautelares diversas da prisão revelarem-se inadequadas; poderá, por fim, o juiz conceder a liberdade provisória, com ou sem fiança. Registre-se, por derradeiro, que, com a modificação na redação do art. 310, *caput*, do CPP, operada pela Lei 13.964/2019, deverá o magistrado, no prazo de 24 horas, promover a audiência de custódia, oportunidade em que analisará a legalidade da prisão em flagrante e a necessidade de conversão desta em custódia preventiva. ED

Gabarito 1E, 2C, 3C, 4E, 5E

(Delegado Federal – 2002 – CESPE) Acerca da prisão em flagrante e seus desdobramentos, julgue os itens que se seguem.

(1) Considere a seguinte situação hipotética. Roberto, funcionário público, desviou, em proveito próprio, a importância de R$ 50.000,00 de que tinha a posse em razão do cargo que exercia. No mesmo dia, arrependido, Roberto compareceu espontaneamente perante a autoridade policial e comunicou a ocorrência e a autoria da infração penal. Nessa situação, em face da quase-flagrância, caberá à autoridade policial efetuar a prisão em flagrante de Roberto.

(2) Considere a seguinte situação hipotética. Tomando conhecimento de que uma grande quantidade de cocaína estava em depósito em determinada residência para difusão ilícita, agentes de polícia passaram-se por eventuais compradores de droga e, ao terem acesso ao interior da casa visada, efetuaram a prisão em flagrante de vários traficantes, apreendendo vinte quilos da substância entorpecente. Nessa situação, pelo fato de a ação delituosa ter sido provocada e induzida pelos agentes disfarçados, ocorreu flagrante preparado.

(3) É cabível a prisão em flagrante em crime de ação penal privada.

(4) Considere a seguinte situação hipotética. Intimado para prestar declarações em um inquérito policial, um cidadão desacatou a autoridade policial que o presidia, rasgando peças dos autos e atirando-as ao chão, além de proferir palavras de baixo calão à sua pessoa. Nessa situação, a autoridade policial poderá presidir a lavratura do auto de prisão em flagrante.

1: incorreta. O crime do art. 312, *caput*, segunda parte, do CP, denominado pela doutrina de *peculato-desvio*, atinge seu momento consumativo no instante em que se verifica o efetivo desvio do bem, em proveito próprio ou de terceiro. A *apresentação espontânea* do autor de crime à autoridade policial, ainda que em seguida à prática do delito, afasta a possibilidade de prisão em flagrante. No mais, *quase-flagrante* ou *flagrante impróprio* é aquele em que o sujeito é perseguido, logo após a prática delituosa, em situação que faça presumir ser o autor da infração (art. 302, III, CPP); **2:** incorreta. A jurisprudência firmou entendimento no sentido de que, nos crimes constituídos por vários núcleos (tipo misto alternativo ou plurinuclear), como é o caso do delito de tráfico de drogas, a despeito de o ato de vender entorpecente constituir modalidade de *crime impossível* (crime de ensaio), nos moldes da Súmula 145 do STF, as condutas (núcleos) anteriores, preexistentes, como *manter em depósito*, porque já vinham sendo consumadas (trata-se de modalidade permanente), configuram crimes viáveis, já que, neste caso, inexiste induzimento ou instigação. Consagrando este entendimento, a Lei 13.964/2019 inseriu no art. 33, § 1º, da Lei de Drogas o inciso IV, tipificando a conduta consistente em *vender ou entregar drogas ou matéria-prima, insumo ou produto químico destinado à preparação de drogas, sem autorização ou em desacordo com a determinação legal ou regulamentar, a agente policial disfarçado, quando presentes* *elementos probatórios razoáveis de conduta criminal preexistente*; **3:** correta. Com efeito, é perfeitamente cabível a prisão em flagrante em crime de ação penal de iniciativa privativa do ofendido, sendo tão somente necessário, por ocasião da lavratura do auto respectivo, a manifestação de vontade por parte da vítima ou de seu representante legal, em forma de *requerimento*; **4:** correta, pois em conformidade com o disposto no art. 307 do CPP.

Gabarito 1E, 2E, 3C, 4C

(Delegado/AM) A alternativa correta é

(A) a autoridade policial poderá mandar arquivar inquérito policial.

(B) o pai do indiciado não presta compromisso legal e também pode recusar a depor, salvo quando não for possível, por outro modo, obter-se ou integrar-se a prova do fato e de suas circunstâncias.

(C) quando o acusado se recusar a assinar, não souber ou não puder fazê-lo, o auto de prisão em flagrante será assinado por uma testemunha, que lhe tenha ouvido a leitura na presença do acusado, do condutor e da testemunha.

(D) a falta de testemunhas da infração impedirá o auto de prisão em flagrante, devendo a autoridade policial baixar portaria, para instaurar o inquérito e investigar posteriormente, inclusive para localizar testemunhas do fato delituoso.

A: incorreta. Por força do que dispõe o art. 17 do CPP, a autoridade policial não está credenciada a determinar o arquivamento de autos de inquérito, somente podendo fazê-lo o representante do MP (art. 28, *caput*, do CPP, com redação conferida pela Lei 13.964/2019); **B:** correta, pois reflete o disposto no art. 206 do CPP; **C:** incorreta. Na hipótese de o conduzido se recusar a assinar, não souber ou não puder fazê-lo, o auto de prisão em flagrante será assinado por *duas* testemunhas que tenham ouvido a sua leitura na presença do autuado – art. 304, § 3º, do CPP; **D:** incorreta. A falta de testemunhas do fato delituoso não representa óbice à lavratura do auto de prisão em flagrante, mas, neste caso, o art. 304, § 2º, do CPP exige que, além do condutor, o auto seja assinado por pelo menos duas testemunhas que hajam presenciado a apresentação do preso à autoridade policial.

Gabarito "B".

(Delegado/AM) Quanto ao crime comum de ameaça, é incorreto afirmar-se que

(A) em regra, é sujeito à prisão temporária; entretanto não é sujeito à prisão preventiva.

(B) em regra, é de ação penal pública condicionada à representação; entretanto, também poderá ser de ação penal privada subsidiária da pública.

(C) em regra é infração penal de menor potencial ofensivo; entretanto, poderá não ser, como, por exemplo, no caso de o autor do fato ter prerrogativa de função.

(D) em regra, é sujeito à "composição do dano civil", à aplicação imediata da pena não privativa de liberdade e à suspensão condicional do processo; entretanto, do ponto de vista constitucional, ainda há divergência se os dois primeiros seriam aplicáveis em qualquer juízo ou tribunal.

A: assertiva incorreta, devendo ser assinalada. O crime de ameaça, capitulado no art. 147 do CP, estabelece como pena, em seu preceito secundário, detenção de um a seis meses ou multa. Embora se trate de crime doloso, contra o autor deste delito não poderá ser decretada a custódia preventiva, visto que a pena privativa de liberdade máxima prevista não é superior a quatro anos (art. 313, I). Ademais, não seria razoável decretar a prisão cautelar de autor de infração de menor potencial ofensivo. Quanto à prisão temporária, o art. 1º, III, da Lei 7.960/1989 não contemplou em seu rol o crime de ameaça; **B:** assertiva correta, nos termos dos arts. 147, parágrafo único, do CP; 29 do CPP; e 100, § 3º, do CP; **C:** assertiva correta (art. 61 da Lei 9.099/1995); **D:** assertiva correta (arts. 74 76 e 89 da Lei 9.099/1995).

Gabarito "A".

(Delegado/AP – 2010) Roberto entra em uma agência bancária e efetua o saque de quinhentos reais da conta corrente de terceiro, utilizando um cheque falsificado. De posse do dinheiro, Roberto se retira da agência. Quinze minutos depois, o caixa do banco observa o cheque com mais cuidado e percebe a falsidade. O segurança da agência é acionado e consegue deter Roberto no ponto de ônibus próximo à agência. O segurança revista Roberto e encontra os quinhentos reais em seu bolso. Roberto é conduzido pelo segurança à Delegacia de Polícia mais próxima.

Considerando a narrativa acima, assinale a alternativa correta.

(A) O Delegado de Polícia deve baixar a portaria de instauração do inquérito policial, tomar o depoimento de Roberto, lavrar termo de apreensão do dinheiro que havia sido sacado por ele na agência bancária, e liberá-lo, já que a situação narrada não caracterizou flagrante delito. Encerradas as investigações, deve remeter os autos do inquérito policial ao Ministério Público para que ofereça denúncia.

(B) O Delegado de Polícia a quem Roberto é apresentado deve lavrar o auto de prisão em flagrante, sendo-lhe vedado tomar o depoimento do preso sem que esteja assistido por advogado. Se o autuado não informar o nome de seu advogado, o Delegado deverá solicitar a presença de um defensor público ou nomear um advogado dativo para proceder à oitiva. Após a lavratura do auto, deve comunicar a prisão ao juiz competente e entregar nota de culpa ao preso.

(C) O Delegado de Polícia a quem Roberto é apresentado deve lavrar o auto de prisão em flagrante, comunicar a prisão imediatamente ao juiz competente e à família do preso ou à pessoa por ele indicada, bem como entregar a nota de culpa ao preso. Se o juiz constatar a desnecessidade da decretação de prisão cautelar, deverá conceder liberdade provisória ao preso, com ou sem fiança, independentemente de manifestação do Ministério Público ou da defensoria pública.

(D) O Delegado de Polícia a quem Roberto é apresentado deve lavrar o auto de prisão em flagrante, comunicar a prisão imediatamente ao juiz competente e à família do preso ou à pessoa por ele indicada, devendo ainda remeter, em vinte e quatro horas, o auto de prisão em flagrante acompanhado de todas as oitivas colhidas ao juiz competente e, caso o autuado não informe o nome de seu advogado, cópia integral do auto à Defensoria Pública, e entregar nota de culpa ao preso.

(E) O Delegado de Polícia a quem Roberto é apresentado deve lavrar o auto de prisão em flagrante, comunicar a prisão imediatamente ao juiz competente e à família do preso ou à pessoa por ele indicada, devendo ainda remeter, em vinte e quatro horas, o auto de prisão em flagrante acompanhado de todas as oitivas colhidas ao juiz competente e entregar nota de culpa ao preso. Caberá ao juiz abrir vista dos autos de comunicação de prisão ao Ministério Público e, caso o preso tenha declarado não possuir advogado, à defensoria pública.

Roberto foi preso, logo em seguida à prática delituosa, ainda na posse do numerário auferido. Estamos aqui diante, portanto, do que a doutrina denomina *flagrante ficto* ou *presumido* (art. 302, IV, do CPP). Deverá, pois, a autoridade policial a quem foi apresentado o conduzido providenciar para que contra ele seja lavrado o auto de prisão em flagrante, com a imediata comunicação de sua prisão ao juiz competente, ao Ministério Público e à família do preso ou a pessoa por ele indicada (a obrigatoriedade de comunicar o MP foi inserida pela Lei 12.403/2011, que alterou a redação do art. 306, *caput*, do CPP). Além disso, por imposição do art. 306, § 1º, do CPP, cuja redação também foi alterada por força da mesma lei, "em até vinte e quatro horas após a realização da prisão, será encaminhado ao juiz competente o auto de prisão em flagrante e, caso o autuado não informe o nome de seu advogado, cópia integral para a Defensoria Pública". Ao final, será entregue ao autuado a *nota de culpa*, da qual constarão o motivo da prisão, o nome do condutor e também o das testemunhas (art. 306, § 2º, CPP). Impende consignar que o magistrado, ao tomar conhecimento da prisão em flagrante, se entender que não é o caso de concessão de liberdade provisória, nem de relaxamento da prisão, deverá, necessariamente e de forma fundamentada, converter a prisão em flagrante em prisão preventiva, à luz dos requisitos estampados nos arts. 312 e 313 do CPP. A prisão em flagrante, destarte, não mais perdurará ao longo do processo. Se necessária ao processo, o juiz deverá justificá-la e convertê-la em preventiva, esta sim modalidade de prisão cautelar, processual. **Gabarito "D".**

(Delegado/BA – 2008 – CEFETBAHIA) No que concerne à prisão preventiva, pode-se afirmar que

(A) um dos requisitos da prisão preventiva é facilitar a investigação da polícia.
(B) a prisão preventiva somente pode ser decretada mediante requerimento do Ministério Público.
(C) a garantia da ordem pública, a conveniência da instrução criminal, assegurar a aplicação da lei e garantia da ordem econômica são hipóteses que autorizam a decretação da prisão preventiva.
(D) a prisão preventiva é cabível para os crimes culposos.
(E) a prisão preventiva, uma vez decretada, não é possível ser revogada.

A: incorreta. Não constitui requisito da prisão preventiva, mas da prisão temporária, que se presta a facilitar, viabilizar investigações acerca de crimes considerados graves (art. 1º, III, da Lei 7.960/1989); **B:** incorreta. Pela disciplina estabelecida no art. 311 do CPP, cuja redação foi modificada por força da Lei 12.403/2011, a prisão preventiva poderá ser decretada nas duas fases que compõem a persecução penal (inquérito e ação penal); todavia, somente poderá ser decretada de ofício pelo juiz no curso da ação penal; durante as investigações, somente a requerimento do MP, do querelante ou do assistente, ou por representação da autoridade policial. Mais recentemente, com a entrada em vigor da Lei, que alterou entre outros dispositivos do CPP, o art. 311, passou a ser vedado ao juiz decretar de ofício a prisão preventiva, quer no curso do IP, como antes já ocorria, quer no decorrer da instrução criminal; **C:** proposição correta, nos termos do art. 312 do CPP; **D:** incorreta. Em regra, não cabe a prisão preventiva para os crimes culposos – art. 313, CPP; **E:** incorreta (art. 316 do CPP, cuja redação foi alterada por força da Lei 13.964/2019). **Gabarito "C".**

(Delegado/BA – 2008 – CEFETBAHIA) Homem, pedreiro, casado, pai de dois filhos, com carteira assinada, morando no mesmo endereço há mais de 20 anos, foi preso em flagrante delito pelo crime previsto no Art. 155, *caput*, do Código Penal (furto). Levado à presença da autoridade policial, o delegado presidiu a lavratura do auto de prisão em flagrante, entregando-lhe a respectiva nota de culpa e comunicando o fato, imediatamente ao juiz da comarca. Esse homem nunca havia sido preso ou processado antes.

Com base nesse relato, pode-se afirmar que

(A) a lavratura do flagrante, tendo em vista que o infrator é pai de família, primário, e possui emprego definido, poderia deixar de ser presidida pelo delegado.
(B) a nota de culpa poderia deixar de ser entregue, considerando que, para o crime, tal medida é dispensável.
(C) o juiz é o único que poderia conceder a liberdade provisória a esse homem, sob o argumento de que se trata de réu primário, com bons antecedentes, família constituída, emprego determinado e residência fixa.
(D) o promotor de Justiça também poderia conceder a liberdade provisória, uma vez que se trata de réu primário, com bons antecedentes, família constituída, emprego determinado e residência fixa.
(E) o réu deverá aguardar preso até o julgamento da ação penal, por se tratar de crime grave contra o patrimônio.

A: incorreta, já que a lavratura do auto de prisão em flagrante não constitui ato discricionário da autoridade policial, à qual incumbe fazer um juízo de tipicidade, verificar os requisitos legais e proceder à lavratura do auto; **B:** incorreta. Após a lavratura do auto de prisão em flagrante, é de rigor a entrega, dentro do prazo de 24 horas, da nota de culpa – art. 306, § 2º, do CPP, independente da natureza da infração penal em que incorreu o autuado; **C:** ao tempo em que foi elaborada a questão, esta era a assertiva correta. No entanto, de acordo com a nova redação dada ao art. 322, *caput*, do CPP pela Lei 12.403/2011, a autoridade policial está credenciada a conceder fiança nos crimes em que a pena máxima cominada não for superior a quatro anos. É o caso do furto simples (art. 155, *caput*, CP), cuja pena máxima cominada corresponde a quatro anos; **D:** incorreta. O promotor de justiça não está credenciado a conceder liberdade provisória; **E:** incorreta. O furto simples não é considerado crime grave contra o patrimônio, já que, na sua prática, não é empregada violência contra a pessoa tampouco grave ameaça. **Gabarito "C".**

(Delegado/BA – 2006 – CONSULPLAN) Sobre o tema prisão em flagrante, assinale a única alternativa correta:

(A) Considera-se flagrante presumido aquele em que o agente é perseguido logo após a prática de um ilícito penal.
(B) Considera-se flagrante impróprio quando o agente é preso logo depois da ocorrência de uma infração penal, com instrumentos, armas ou papéis que o apontem como autor do ilícito.
(C) Em nenhuma hipótese, a perseguição poderá ultrapassar o prazo legal de 24 horas.
(D) Considera-se flagrante preparado ou provocado aquele em que o agente é induzido à prática da infração penal, caracterizando a hipótese de crime impossível, ante a impossibilidade de sua consumação.
(E) Somente a autoridade policial poderá prender alguém em flagrante delito.

A: incorreta. No *flagrante presumido* ou *ficto* (art. 302, IV, CPP) inexiste *perseguição*; nesta modalidade de flagrante, o agente, logo depois do crime, é encontrado com instrumentos, armas, objetos ou papéis que façam presumir ser ele o autor da infração. A *perseguição* é pressuposto do *flagrante impróprio* (art. 302, III); **B:** incorreta. A alternativa descreve hipótese de *flagrante presumido* ou *ficto* (art. 302, IV, CPP); **C:** incorreta, já que a perseguição, no flagrante impróprio, não está limitada ao prazo de 24 horas, podendo durar, desde que seja ininterrupta, horas ou mesmo dias; **D:** correta, de acordo com a Súmula 145 do STF; **E:** incorreta, pois em desacordo com o art. 301 do CPP (o flagrante pode ser compulsório ou facultativo, este levado a efeito por qualquer do povo). ED

Gabarito "D".

(Delegado/DF – 2004) Confrontadas as Leis n° 7.960/1989 e 8.072/1990, o prazo máximo de duração da prisão temporária em crime de extorsão é de

(A) cinco dias, prorrogável por igual período em caso de extrema e comprovada necessidade.

(B) dez dias, prorrogável por igual período em caso de extrema e comprovada necessidade.

(C) quinze dias, prorrogável por igual período em caso de extrema e comprovada necessidade.

(D) trinta dias, prorrogável por igual período em caso de extrema e comprovada necessidade.

(E) sessenta dias, prorrogável por igual período em caso de extrema e comprovada necessidade.

O crime de *extorsão*, previsto no art. 158 do CP, não constitui crime hediondo nem delito a ele equiparado (art. 1° da Lei 8.072/1990), razão pela qual a prisão temporária decretada em inquérito instaurado para apurá-lo terá o prazo de cinco dias, prorrogável uma vez por igual período em caso de extrema e comprovada necessidade (art. 2°, caput, da Lei 7.960/1989). Este crime é amiúde confundido com o do art. 159 do CP, *extorsão mediante sequestro*, este sim hediondo, visto que contemplado no art. 1°, IV, da Lei 8.072/1990. Neste caso, o prazo de prisão temporária será, em vez de 5 (cinco), 30 (trinta dias). Recentemente, a Lei 13.964/2019 inseriu no rol dos crimes hediondos (art. 1°, III, Lei 8.072/1990) o delito de extorsão qualificada pela restrição da liberdade da vítima e pela ocorrência de lesão corporal. O crime referido no enunciado (extorsão simples) permanece como não hediondo. ED

Gabarito "A".

(Delegado/GO – 2009 – UEG) Sobre as prisões é CORRETO afirmar que:

(A) a autoridade policial deve comunicar a prisão em flagrante ao juiz que, caso seja ilegal ou nula, deve, de ofício, conceder a liberdade provisória sob compromisso; caso não cumprido o compromisso, a prisão em flagrante será restabelecida.

(B) a custódia cautelar preventiva não pode ser imposta a autor de prática de infração contravencional.

(C) o clamor público é, por si só, fundamento válido, conforme entende o Supremo Tribunal Federal, para a decretação da prisão preventiva sob a alegação de violação à ordem pública.

(D) por ser medida cautelar própria da fase investigativa, a prisão temporária poderá ser decretada pelo juiz somente mediante representação da autoridade policial, mas, antes de decidir, o magistrado deve, necessariamente, ouvir o Ministério Público.

A: incorreta, uma vez que, diante de uma prisão em flagrante *ilegal*, deve o magistrado, em vista do que dispõem os arts. 5°, LXV, da CF e 310, I, do CPP, relaxá-la incontinenti, independente de compromisso a ser prestado pelo agente; **B:** correta. De fato, não há a menor possibilidade de ser decretada nas contravenções penais – art. 313 do CPP;

C: incorreta. Isso porque o *clamor público*, por si só, além de não estar inserto no art. 312 do CPP, não é apto a justificar a prisão preventiva; **D:** incorreta. A *custódia temporária* pode, também, ser decretada a requerimento do Ministério Público, conforme prescreve o art. 2°, caput, da Lei 7.960/1989. ED

Gabarito "B".

(Delegado/GO – 2003 – UEG) Na noite de 17 de dezembro do ano passado, Inácio, juntamente com Letício, armados com um revólver, renderam o proprietário de um veículo Ford Ranger na cidade de Itumbiara-GO. Logo após a subtração do automóvel, os agentes foram perseguidos por policiais militares comunicados do roubo. Depois de uma troca de tiros, os dois assaltantes abandonaram a caminhonete na estrada e continuaram a fuga num Fiat modelo Tipo.

Enquanto os perseguidores verificavam a caminhonete abandonada, foram comunicados que policiais rodoviários, em Caldas Novas-GO, abordaram o Fiat Tipo e deram voz de prisão aos ocupantes do carro, depois de encontrar dentro do veículo um capuz, um rolo de fita, uma embalagem vazia de dez cartuchos de balas calibre 38, além de munição intacta. Em seguida, Inácio e Letício foram conduzidos à Delegacia de Furtos e Roubos do município de Goiânia-GO, local onde a autoridade policial autuou-os em flagrante por roubo qualificado.

Diante do caso narrado, considerando o entendimento doutrinário e jurisprudencial majoritário é CORRETO afirmar que

(A) além da ocorrência do flagrante delito, o auto lavrado por autoridade diversa da do local das prisões dos assaltantes é considerado válido.

(B) o auto de prisão em flagrante é nulo, uma vez que deveria ter sido lavrado em Caldas Novas.

(C) o auto de prisão em flagrante é nulo, uma vez que deveria ter sido lavrado em Itumbiara.

(D) além do auto de prisão em flagrante ter sido lavrado por autoridade policial incompetente, sendo, portanto, nulo, as prisões efetuadas pelos policiais rodoviários não ensejavam o flagrante, uma vez que não houve, por parte destes, perseguição imediata.

A Polícia Judiciária não exerce ato de jurisdição (o ato por ela praticado tem natureza administrativa); assim, nenhuma ilegalidade há no fato de o auto de prisão em flagrante ser lavrado por autoridade policial responsável por circunscrição diversa da do local em que ocorreram as prisões dos assaltantes – art. 290 do CPP. Conferir, nesse sentido: STJ, HC 30.236-RJ, 5ª T., rel. Min. Felix Fisher, j. 17.2.2004. ED

Gabarito "A".

(Delegado/MG – 2012) Não haverá o quebramento da fiança quando:

(A) Deliberadamente o afiançado praticar ato de obstrução ao andamento do inquérito/processo.

(B) Descumprir medida cautelar imposta cumulativamente com a fiança.

(C) Resistir injustificadamente a ordem judicial.

(D) Deixar de comparecer, por justo motivo, quando regularmente intimado para ato processual.

A: assertiva incorreta, devendo ser assinalada. Isso porque o art. 341, I, do CPP não contemplou o ato de obstrução ao andamento do *inquérito policial*; assim, somente o ato de obstrução ao andamento do *processo*

acarretará a quebra da fiança; **B:** assertiva correta, nos termos do art. 341, III, do CPP; **C:** assertiva correta, nos termos do art. 341, IV, do CPP; **D:** assertiva correta, nos termos do art. 341, I, do CPP. ED
Gabarito "A".

(Delegado/MG – 2012) Sobre a prisão preventiva é **CORRETO** afirmar:

(A) poderá ser decretada de ofício pelo juiz na fase do inquérito policial.
(B) poderá ser decretada em crime doloso, quando se tratar de reincidente, independente da pena cominada ao delito.
(C) nos casos de violência doméstica poderá ser decretada independentemente da imposição anterior de medida protetiva.
(D) quando houver dúvida sobre a identidade civil da pessoa poderá ser decretada e mantida mesmo após superada a dúvida.

A: antes de a Lei 12.403/2011 modificar a redação do art. 311 do CPP, era possível que o juiz, de ofício, decretasse a prisão preventiva no curso do inquérito. Por força da nova redação conferida a este dispositivo, passou-se a não mais se admitir a decretação de ofício da prisão preventiva durante a fase de investigação; somente no curso da ação penal. Essa era a regra em vigor ao tempo em que elaborada esta questão. Posteriormente, em homenagem ao perfil acusatório do processo penal, a Lei 13.964/2019, alterando a redação do art. 311 do CPP, vedou a decretação da prisão preventiva de ofício pelo juiz, tanto na fase investigativa, o que já era proibido a partir da Lei 12.403/2011, quanto na etapa instrutória; **B:** correta, pois corresponde à nova redação do art. 313, II, do CPP; **C:** incorreta, pois não reflete o disposto no art. 313, III, do CPP; **D:** incorreta, visto que o art. 313, § 1º, do CPP estabelece que a prisão preventiva, neste caso, deverá ser imediatamente revogada após a identificação do investigado. ED
Gabarito "B".

(Delegado/MS – 2006) Considera-se em flagrante delito quem
I. está cometendo a infração penal.
II. acaba de cometê-la.
III. é perseguido, logo após, pela autoridade, pelo ofendido ou por qualquer pessoa, em situação que faça presumir ser vítima da infração.
IV. é encontrado, logo depois, com instrumentos, armas, objetos ou papéis que façam presumir ser ele vítima da infração.

Assinale a alternativa correta:

(A) somente o item IV é falso.
(B) somente os itens I e II são verdadeiros.
(C) somente o item III é falso.
(D) somente os itens II e IV são falsos.
(E) somente os itens I e II são falsos.

I e II: corretas. Tanto o inciso I quanto o II do art. 302 do CPP contemplam o chamado *flagrante próprio* ou *perfeito*; **III:** incorreta. O inciso III do art. 302 contempla o chamado *flagrante impróprio*, *imperfeito* ou *quase-flagrante*, em que o agente, logo após a conclusão da infração penal, é perseguido e preso em situação que faça presumir ser ele o autor do crime. A assertiva faz referência, em lugar de *autor*, à *vítima*; **IV:** incorreta. No *flagrante ficto* ou *presumido*, presente no inciso IV do art. 302, não há perseguição, mas o agente é preso, logo depois da infração, com instrumentos, armas etc. que façam presumir ser ele o autor do delito. Aqui também a alternativa faz referência, em lugar de *autor*, à *vítima*. ED
Gabarito "B".

(Delegado/PB – 2009 – CESPE) Considerando a lei que regulamenta a prisão temporária, assinale a opção correta.

(A) Pode ser decretada a prisão temporária em qualquer fase do IP ou da ação penal.
(B) A prisão temporária pode ser decretada por intermédio de representação da autoridade policial ou do membro do MP, assim como ser decretada de ofício pelo juiz competente.
(C) O prazo da prisão temporária, que em regra é de 5 dias, prorrogáveis por igual período, é fatal e peremptório, de modo que, esgotado, o preso deve ser imediatamente posto em liberdade, não podendo ser a prisão convertida em preventiva.
(D) Quando a prisão temporária for requerida pela autoridade policial, por intermédio de representação, não haverá necessidade de prévia oitiva do MP, devendo o juiz decidir o pedido formulado no prazo máximo de 24 horas.
(E) Não cabe prisão temporária nas contravenções nem em crimes culposos.

A: incorreta. Sendo uma modalidade de prisão cautelar destinada a viabilizar a investigação no inquérito policial, somente no curso deste a prisão temporária poderá ser decretada, sendo, pois, vedado o seu uso na ação penal – art. 1º, I, da Lei 7.960/1989; **B:** incorreta. É defeso ao juiz decretar de ofício a prisão temporária, somente podendo fazê-lo a requerimento do MP ou mediante representação formulada pela autoridade policial – art. 2º, *caput*, da Lei 7.960/1989; **C:** incorreta. É verdade que, uma vez esgotado o prazo da prisão temporária, o investigado deve ser imediatamente colocado em liberdade – art. 2º, § 7º, da Lei 7.960/1989 (cuja redação foi modificada pela Lei 13.869/2019 – nova Lei de Abuso de Autoridade), mas nada obsta que ele permaneça preso porque em seu desfavor foi decretada a prisão preventiva (conversão da temporária em preventiva) ou ainda porque foi prorrogada a sua prisão temporária; **D:** assertiva em desconformidade com o art. 2º, § 1º, da Lei 7.960/1989; **E:** correta. As contravenções penais e os crimes culposos não integram o rol do art. 1º, III, da Lei 7.960/1989. ED
Gabarito "E".

(Delegado/PR – 2007) A Lei 7.960/1989 dispõe sobre a prisão temporária. Sobre esse instituto, considere as seguintes afirmativas:

1. A prisão temporária será decretada pelo juiz, em face da representação da autoridade policial ou de requerimento do Ministério Público ou do ofendido e seu representante legal.
2. O juiz poderá, de ofício, ou a requerimento do Ministério Público e do advogado, determinar que o preso lhe seja apresentado, solicitar informações e esclarecimentos da autoridade policial e submetê-lo a exame de corpo de delito.
3. A prisão temporária terá o prazo de 15 dias, prorrogável por igual período em caso de extrema e comprovada necessidade.
4. A prisão temporária para os crimes hediondos terá o prazo de 30 dias, prorrogável por igual período em caso de extrema e comprovada necessidade.

Assinale a alternativa correta.

(A) As afirmativas 1, 2, 3 e 4 são verdadeiras.
(B) Somente as afirmativas 2, 3 e 4 são verdadeiras.
(C) Somente as afirmativas 1 e 3 são verdadeiras.
(D) Somente as afirmativas 3 e 4 são verdadeiras.
(E) Somente as afirmativas 2 e 4 são verdadeiras.

1: incorreta. A prisão temporária, em vista do que dispõe o art. 2º, *caput*, da Lei 7.960/1989, somente será decretada pelo juiz em face de representação da autoridade policial ou de requerimento do MP. O ofendido não tem legitimidade para requerer a sua decretação; **2:** correta, em vista do disposto no art. 2º, § 3º, da Lei 7.960/1989; **3:** incorreta. Não se tratando de delito hediondo ou de crime a ele equiparado, o prazo de prisão temporária é de *5 dias*, prorrogável por igual período em caso de extrema e comprovada necessidade – art. 2º, *caput*, da Lei 7.960/1989; **4:** assertiva correta. Reza o art. 2º, § 4º, da Lei 8.072/1990 (Lei de Crimes Hediondos) que, se se tratar dessa modalidade de delito ou assemelhado, o prazo de prisão temporária será de até 30 dias, prorrogável por igual período em caso de extrema e comprovada necessidade. ED

Gabarito "E".

(Delegado/RR – 2003 – CESPE) No que concerne às prisões em flagrante e preventiva, julgue os itens que se seguem.

(1) Não será nulo o auto de prisão em flagrante lavrado por autoridade policial de circunscrição diversa daquela na qual se der a prisão do autor da infração penal.

(2) Não é cabível a decretação de prisão preventiva em desfavor de autor de contravenção penal, mesmo presentes os fundamentos da custódia cautelar.

1: correta. A Polícia Judiciária não exerce ato de jurisdição (o ato por ela praticado tem natureza administrativa); assim, nenhuma ilegalidade há no fato de o auto de prisão em flagrante ser lavrado por autoridade policial responsável por circunscrição diversa daquela na qual se deu a prisão do autor da infração penal – art. 290 do CPP. Nesse sentido: STJ, HC 30.236-RJ, 5ª T., rel. Min. Felix Fisher, j. 17.2.2004; **2:** correta. Se a conduta atribuída ao acusado consistir na prática de contravenção penal, não cabe, de fato, a prisão preventiva, conforme se infere da nova redação dada ao art. 313 do CPP. ED

Gabarito 1C, 2C.

(Delegado/SC – 2008) Acerca do "princípio do estado de inocência", é correto afirmar que

(A) a exigência da prisão provisória, para apelar, ofende o "princípio do estado de inocência".

(B) o "princípio do estado de inocência" impede a prisão cautelar do réu.

(C) o "princípio do estado de inocência" obsta que se recolha o réu à prisão antes do trânsito em julgado da sentença condenatória.

(D) o "princípio do estado de inocência" obsta que, na sentença de pronúncia, o juiz determine o lançamento do réu no rol dos culpados.

A: incorreta, pois o art. 594 do CPP foi revogado pela Lei 11.719/2008; **B e C:** incorretas, pois a Súmula 9 do STJ estabelece que a prisão provisória não ofende o princípio constitucional do estado de inocência, consagrado no art. 5º, LVII, da CF; **D:** correta, pois o lançamento do nome do réu no rol dos culpados antes do trânsito em julgado da sentença penal condenatória constitui flagrante violação ao princípio do estado de inocência, contido no art. 5º, LVII, da CF. ED

Gabarito "D".

(Delegado/SC – 2008) Analise as alternativas e assinale a correta.

(A) o Presidente da República, durante o seu mandato, nas infrações penais comuns, não está sujeito a nenhuma modalidade de prisão provisória.

(B) Dentro de vinte e quatro horas depois da lavratura do auto de prisão em flagrante será dada ao preso nota de culpa assinada pela autoridade policial competente, constando o motivo da prisão, o nome do condutor e os das testemunhas.

(C) Em qualquer fase da persecução criminal relativa ao crime de tráfico de drogas será permitido, mediante autorização judicial, o "flagrante protelado".

(D) A "prisão para averiguação" consiste na privação momentânea à liberdade de alguém, fora das hipóteses de flagrante e sem ordem escrita do juiz competente, com a finalidade de investigação. Segundo a lei processual penal brasileira, a autoridade policial pode determiná-la diretamente, pelo prazo de 24 horas, desde que estejam preenchidos os mesmos requisitos para a decretação da prisão preventiva.

A: correta (art. 86, § 3º, da CF); **B:** incorreta (art. 306, § 2º, do CPP). O termo inicial do prazo é a prisão do conduzido; **C:** incorreta (art. 53, II, da Lei 11.343/2006); **D:** incorreta (art. 5º, LXI, da CF; e art. 282 do CPP). ED

Gabarito "A".

(Delegado/SC – 2008) O policial civil "Tício", visando à prisão de "Mévio", conhecido traficante da Capital, se passou por consumidor e dele comprou 10 papelotes de cocaína, provocando a negociação (venda de droga). Quando o traficante retirou a droga e a entregou para o policial, outros dois policiais civis, "Caio" e "Linus", efetuaram a prisão de "Mévio" em flagrante delito. Nesse caso, é correto afirmar que:

(A) a prisão em flagrante do traficante é ilegal, pois a negociação (venda) configura delito putativo por obra do agente provocador, configurando, portanto, crime impossível.

(B) a prisão em flagrante do traficante é lícita e não se dá pela compra e venda simulada, mas sim pelo fato de o traficante, espontaneamente, trazer consigo droga, que é uma modalidade permanente do crime em questão.

(C) a prisão em flagrante do traficante é lícita, mas o policial civil "Tício" deverá também responder por crime de tóxico, pois adquiriu ilicitamente substância entorpecente.

(D) a prisão em flagrante do traficante é ilícita, pois os agentes induziram a prática criminosa, devendo os policiais civis "Tício", "Caio" e "Linus" responder por crime de abuso de autoridade.

A jurisprudência firmou entendimento no sentido de que, nos crimes constituídos por vários núcleos (tipo misto alternativo ou plurinuclear), como é o caso do delito de tráfico de drogas, a despeito de o ato de vender entorpecente constituir modalidade de *crime impossível* (crime de ensaio), nos moldes da Súmula 145 do STF, as condutas (núcleos) anteriores, preexistentes, como *manter em depósito*, porque já vinham sendo consumadas (trata-se de modalidade permanente), configuram crimes viáveis, já que, neste caso, inexiste induzimento ou instigação. Consagrando este entendimento, a Lei 13.964/2019 inseriu no art. 33, § 1º, da Lei de Drogas o inciso IV, tipificando a conduta consistente em *vender ou entregar drogas ou matéria-prima, insumo ou produto químico destinado à preparação de drogas, sem autorização ou em desacordo com a determinação legal ou regulamentar, a agente policial disfarçado, quando presentes elementos probatórios razoáveis de conduta criminal preexistente*. ED

Gabarito "B".

(Delegado/SP – 2011) Assinale a alternativa correta relacionada às medidas cautelares diversas da prisão.

(A) As medidas cautelares somente podem ser impostas pelo juiz, que não poderá aplicá-las de ofício, sob pena de quebrar a sua imparcialidade

(B) A monitoração eletrônica não é prevista como medida cautelar.

(C) A fiança é uma medida cautelar que pode ser imposta pela autoridade policial, se o limite máximo da pena privativa de liberdade não ultrapassar 4 anos.

(D) Admite-se fiança em caso de prisão militar.

(E) As circunstâncias indicativas da periculosidade do acusado não constituem parâmetro legal para a determinação do valor da fiança.

A: incorreta. Tem legitimidade para decretar as medidas cautelares diversas da prisão o juiz criminal, que somente poderá agir de ofício no curso da ação penal – art. 282, § 2º, do CPP; durante o inquérito, somente será decretada diante da representação da autoridade policial ou mediante requerimento do MP. Esta assertiva e seu respectivo comentário não levaram em conta (nem poderiam) as alterações implementadas pela Lei 13.964/2019 nos arts. 282, § 2º, do CPP e art. 311 do CPP, que agora vedam a atuação de ofício do juiz na decretação de medidas cautelares de natureza pessoal, como a prisão processual, ainda que no curso da ação penal; B: incorreta, visto que a monitoração eletrônica foi incluída no rol das medidas cautelares diversas da prisão – art. 319, IX, do CPP; C: correta, uma vez que reflete o disposto no art. 322 do CPP, que teve a sua redação alterada pela Lei 12.403/11; D: incorreta, não cabe, nos termos do art. 324, II, do CPP; E: incorreta, já que esta circunstância está prevista, como parâmetro para a fixação do valor da fiança, no art. 326 do CPP. Gabarito "C".

(Delegado/SP – 2008) Dentre os requisitos legais para decretação da prisão preventiva do indiciado não se encontram

(A) a materialidade delitiva e o indício de autoria.

(B) a garantia de ordem pública e a conveniência da instrução penal.

(C) a conveniência da instrução penal e a garantia de ordem econômica.

(D) a garantia de aplicação da lei penal e a conveniência da instrução penal.

(E) a perpetração de crime hediondo e a proteção estatal do réu.

A prisão preventiva será decretada, tanto no curso das investigações quanto no da instrução processual, como garantia da ordem pública, da ordem econômica, por conveniência da instrução criminal ou para assegurar a aplicação da lei penal, quando houver prova da existência do crime e indício suficiente de autoria e de perigo gerado pelo estado de liberdade do imputado (art. 312, caput, do CPP, cuja redação foi alterada pela Lei 13.964/2019). São os chamados pressupostos da custódia preventiva. Além disso, deve estar presente uma das condições de admissibilidade para a sua decretação, assim entendidas as situações/crimes em que tem lugar esta modalidade de prisão processual. Segundo estabelece o art. 313 do CPP, caberá a prisão preventiva: (i) nos crimes dolosos com pena privativa de liberdade máxima superior a 4 anos (inciso I); (ii) no caso de condenado por outro crime doloso, em sentença transitada em julgado, ressalvado o disposto no inciso I do caput do art. 64, CP (inciso II); (iii) quando o crime envolver violência doméstica e familiar contra a mulher, criança, adolescente, idoso, enfermo ou pessoa com deficiência, para assegurar a execução das medidas protetivas de urgência (inciso III). O cometimento de crime hediondo ou assemelhado, por si só, não pode constituir motivo bastante para decretação da prisão preventiva. A proteção ao réu, da mesma forma, não autoriza seu encarceramento, visto que compete a ele se cercar dos cuidados necessários para se proteger. Gabarito "E".

(Delegado/SP – 2008) Quando o beneficiário não cumpre as condições que lhe foram impostas para gozar da liberdade provisória mediante fiança, fala-se em

(A) quebramento da fiança.

(B) cassação da fiança.

(C) reforço da fiança.

(D) inidoneidade da fiança.

(E) perdimento da fiança.

Em face da nova redação conferida ao art. 341 do CPP pela Lei 12.403/2011, fala-se em quebramento sempre que o réu, devidamente intimado, deixa de comparecer para ato do processo sem motivo justo; quando deliberadamente pratica ato de obstrução ao andamento do processo; quando descumpre medida cautelar imposta cumulativamente com fiança; quando resiste injustificadamente a ordem judicial; e quando pratica nova infração penal dolosa. Gabarito "A".

(Delegado/SP – 2000) A base de cálculo para o valor da fiança é fixado de acordo com a

(A) pena *"in concreto"* a ser aplicada pelo juiz criminal.

(B) modalidade de pena, se detenção ou reclusão.

(C) pena mínima cominada abstratamente à infração penal.

(D) pena máxima cominada abstratamente à infração penal.

A base de cálculo, que era representada, na legislação anterior, pela pena máxima de prisão prevista para a infração, não mudou com o advento da nova legislação. Frise-se, todavia, que os valores atribuídos à fiança sofreram significativa mudança, isto é, foram aumentados – art. 325 do CPP. Gabarito "D".

13. PROCESSO E PROCEDIMENTOS

(Delegado/MS – 2017 – FAPEMS) Assinale a alternativa correta, acerca do procedimento penal.

(A) O não comparecimento do ofendido à audiência, tendo sido regularmente notificado para tanto, configura preclusão quando se tratar de crime de iniciativa privada, devendo o processo ser extinto.

(B) Se o acusado, citado por edital, não comparecer, nem constituir advogado, ficarão suspensos o processo e o curso do prazo prescricional, sendo consequência lógica a proibição de se realizar qualquer medida processual.

(C) Constituem regras do rito sumaríssimo previstas na Lei n. 9.099/1995 a possibilidade de oferecimento de denúncia oral a desnecessidade de relatório na sentença e impossibilidade de oposição de embargos de declaração.

(D) O processo criminal ou inquérito em que figure indiciado, acusado, vítima ou réu colaboradores, terá prioridade na tramitação e, além disso, o juiz, após a citação, tomará antecipadamente o depoimento das pessoas incluídas nos programas de proteção, salvo impossibilidade justificada de fazê-lo.

(E) É possível o juiz absolver sumariamente o réu quando verificar a existência manifesta de qualquer causa excludente da culpabilidade, decisão que faz coisa julgada formal e material.

A: incorreta. Cuida-se de hipótese de *perempção* (art. 60, III, do CPP), e não de *preclusão*; **B:** incorreta. Se o réu, depois de citado por edital, não comparecer tampouco constituir defensor, o processo e o prazo prescricional ficarão, por imposição da regra estampada no art. 366 do CPP, *suspensos*. Poderá o juiz, neste caso, determinar a produção antecipada das provas que repute urgentes e, presentes os requisitos do art. 312 do CPP, decretar a prisão preventiva. *Vide*, a esse respeito, Súmulas n. 415 e 455 do STJ; **C:** incorreta. É verdade que, dentre as regras que disciplinam o procedimento sumaríssimo, voltado ao processamento e julgamento das infrações penais de menor potencial ofensivo, estão a possibilidade de a denúncia ser oferecida de forma oral (art. 77, *caput*, da Lei 9.099/1995) e a prescindibilidade do relatório na sentença (art. 81, § 3º, da Lei 9.099/1995). Entretanto, é incorreto afirmar que o procedimento sumaríssimo não contempla a possibilidade de oposição de embargos de declaração, haja vista que tal recurso está previsto, de forma expressa, no art. 83 da Lei 9.099/1995, com a redação que lhe conferiu a Lei 13.105/2015; **D:** correta (art. 19-A da Lei 9.807/1999); **E:** incorreta, uma vez que contraria o disposto no art. 397, II, do CPP. Gabarito "D".

(Delegado/MS – 2017 – FAPEMS) Leia o trecho a seguir.

"[...] não é propriamente a qualidade de funcionário público que caracteriza o crime funcional, mas o fato de que é praticado por quem se acha no exercício de função pública, seja esta permanente ou temporária, remunerada ou gratuita, exercida profissionalmente ou não, efetiva ou interinamente, ou *per accidens* [...]".

HUNGRIA, Nelson. Comentários ao Código Penal. 12. ed. Rio de Janeiro: Forense, 1991.

Acerca do processo e julgamento dos crimes praticados por funcionário público, assinale a alternativa correta.

(A) Estando a denúncia ou a queixa em devida forma, o juiz mandará autuá-la e ordenará a notificação do acusado, para responder por escrito, no prazo de dez dias.

(B) O juiz deverá rejeitar a denúncia, em despacho genérico, se estiver convencido, após a resposta do acusado ou de seu defensor, da inexistência do crime ou da improcedência da ação.

(C) Caso o acusado esteja fora da jurisdição do juiz do processo, a resposta preliminar poderá ser apresentada por defensor nomeado, no prazo de dez dias.

(D) Se não for conhecida a residência do acusado ser-lhe-á nomeado defensor, a quem caberá apresentar a resposta preliminar, no prazo de dez dias.

(E) A lei processual penal antecipa o contraditório, pois, antes de inaugurada ação penal, permite a apresentação da defesa preliminar.

A: incorreta, uma vez que o prazo de que dispõe o denunciado para oferecer a defesa preliminar corresponde a 15 dias (e não a 10), tal como estabelece o art. 514, *caput*, do CPP; **B:** incorreta. Se o juiz reconhecer, pela resposta do acusado, a inexistência do crime a ele imputado ou a improcedência da ação, deverá, por despacho *fundamentado*, rejeitar a denúncia ou queixa (art. 516 do CPP); **C:** incorreta. Na hipótese de o acusado residir em comarca diversa daquela em que tramita o processo, deverá o magistrado nomear-lhe defensor, que apresentará a defesa preliminar no prazo de 15 dias (e não 10), a teor do art. 514, parágrafo único, do CPP; **D:** incorreta. Também na hipótese de a residência do acusado não ser conhecida, ser-lhe-á nomeado defensor, que apresentará sua defesa preliminar no prazo de 15 dias (art. 514, parágrafo único, do CPP); **E:** correta. De fato, a defesa preliminar de que trata o art. 514 do CPP confere ao funcionário público denunciado pela prática de crime funcional afiançável a oportunidade de rebater o teor da denúncia antes de ela ser apreciada pelo magistrado. É a antecipação do contraditório que, no procedimento comum, será exercido após o recebimento da denúncia, em sede de resposta à acusação. Gabarito "E".

(Delegado/DF – 2015 – Fundação Universa) Assinale a alternativa correta acerca do procedimento penal.

(A) O princípio da identidade física do juiz não se aplica ao processo penal.

(B) As provas devem ser produzidas em uma só audiência, podendo o juiz indeferir as consideradas irrelevantes, impertinentes ou protelatórias.

(C) No procedimento ordinário, após o oferecimento da denúncia, o juiz, recebendo-a, mandará desde logo designar dia e hora para o interrogatório do réu.

(D) A absolvição sumária é instituto exclusivo do rito do júri popular.

(E) O princípio da identidade física do juiz aplica-se ao processo penal por construção jurisprudencial, não sendo previsto no CPP.

A: incorreta. A Lei 11.719/2008 introduziu no art. 399 do CPP o § 2º, conferindo-lhe a seguinte redação: "O juiz que presidiu a instrução deverá proferir a sentença". O *princípio da identidade física do juiz*, antes exclusivo do processo civil, agora será também aplicável ao processo penal; **B:** correta (art. 411, § 2º, do CPP); **C:** incorreta. Consoante disciplina do art. 396, *caput*, do CPP, o juiz, recebendo a denúncia, determinará a citação do réu para responder à acusação, por escrito, no prazo de 10 dias; só depois disso, desde que não seja caso de absolvição sumária, o juiz designará dia e hora para a audiência, na qual se procederá, ao final, ao interrogatório do réu; **D:** incorreta. A absolvição sumária poderá ocorrer tanto no procedimento especial do Júri quanto no comum ordinário e sumário (art. 397, CPP); **E:** incorreta. *Vide* comentário à assertiva "A". Gabarito "B".

(Delegado/PR – 2013 – UEL-COPS) A respeito do procedimento comum, atribua V (verdadeira) ou F (falso) às afirmativas a seguir.

( ) Será ordinário quando tiver por objeto crime cuja sanção máxima cominada for inferior a quatro anos de pena privativa de liberdade.

( ) Será sumário quando tiver por objeto crime cuja sansão máxima cominada seja igual ou superior a quatro anos.

( ) Aplica-se a todos os processos, salvo disposições em contrário do Código de Processo Penal ou de lei especial.

( ) Aplicam-se as disposições do procedimento ordinário subsidiariamente aos procedimentos especial, sumário e sumaríssimo.

Assinale a alternativa que contém, de cima para baixo, a sequência correta.

(A) V, F, V, F, F.
(B) V, F, F, V, V.
(C) F, V, V, F, V.
(D) F, V, F, V, F.
(E) F, F, V, F, V.

1ª assertiva: verdadeira. De fato, o rito sumaríssimo terá incidência nas infrações penais de menor potencial ofensivo, assim considerados os crimes cuja pena máxima não seja superior a dois anos bem como as contravenções penais, na forma estatuída no art. 394, § 1º, III, CPP; **2ª assertiva:** falsa. O rito ordinário será eleito sempre que se tratar de crime

cuja sanção máxima cominada for igual ou superior a quatro anos de pena privativa de liberdade (art. 394, § 1º, I, CPP); **3ª assertiva:** falsa. O rito sumário será adotado quando se tratar de crime cuja sanção máxima seja inferior a quatro anos e superior a dois (art. 394, § 1º, II, CPP); **4ª assertiva:** verdadeira (art. 394, § 2º, do CPP); **5ª assertiva:** verdadeira (art. 394, § 5º, do CPP).
Gabarito "B".

(Delegado/RJ – 2013 – FUNCAB) Marque a opção correta.

(A) Compete ao Juizado Especial Criminal julgar as infrações penais cuja pena máxima, privativa de liberdade, não seja superior a 02 anos. Assim, o crime de ameaça do marido contra a esposa, cuja pena é de 01 a 06 meses de detenção ou multa, é de sua competência, não podendo, contudo, ser fixada pena de cesta básica.

(B) O crime de tráfico transnacional é o que se submete ao princípio da dupla incriminação, e a competência para seu julgamento é da Justiça Federal, conforme regência válida da Lei de Drogas.

(C) No rito ordinário, poderão ser inquiridas 08 (oito) testemunhas da acusação e 08 (oito) da defesa. Já no rito sumário, poderão ser inquiridas 03 (três) testemunhas pela acusação e igual número pela defesa.

(D) O registro dos depoimentos dos indiciados, investigados, ofendidos e das testemunhas não pode ser feito por meio audiovisual.

(E) Relativamente ao rito para apuração do crime de tráfico de entorpecente, a remessa do inquérito policial far-se-á sem prejuízo das diligências complementares. Porém, o resultado destas deverá ser encaminhado ao juízo competente até 03 (três) dias antes da audiência de instrução e julgamento.

A: incorreta. A primeira parte da proposição está correta, uma vez que reflete a regra disposta no art. 61 da Lei 9.099/1995, que estabelece que estão sob a égide do Juizado Especial Criminal as contravenções penais e os crimes cuja pena *máxima* cominada não seja superior a dois anos, cumulada ou não com multa. Incorreta, no entanto, está a segunda parte da assertiva, em que se afirma que ao crime de ameaça praticado pelo marido contra a esposa se aplica a Lei 9.099/1995. Não se aplica, segundo o art. 41 da Lei 11.340/2006 (Maria da Penha); **B:** é certo que o crime de tráfico transnacional (internacional) será julgado pela Justiça Federal, conforme estabelece o art. 70 da Lei 11.343/2006; mas não é verdade que tal infração penal se submete ao princípio da dupla incriminação (necessidade de o fato ser considerado crime no Estado ao qual é formulado pedido de extradição); **C:** é correto dizer-se que, no rito comum ordinário, poderão ser inquiridas até 8 testemunhas de acusação e 8 de defesa (art. 401, *caput*, do CPP); está incorreto, no entanto, se afirmar que, no procedimento comum sumário, poderão ser inquiridas 3 testemunhas de acusação e 3 de defesa. Segundo estabelece o art. 532 do CPP, nesta modalidade de procedimento comum, poderão ser arroladas até 5 testemunhas pela acusação e 5 pela defesa; **D:** incorreta, pois contraria o disposto no art. 405, § 1º, do CPP; **E:** correta (art. 52, parágrafo único, da Lei 11.343/2006).
Gabarito "E".

(Delegado/RO – 2014 – FUNCAB) O procedimento ordinário expressamente previsto no Código de Processo Penal possui características que o diferenciam do procedimento especial previsto para os crimes dolosos contra a vida. Dito isso, analise as proposições e assinale a alternativa que se adéqua ao procedimento ordinário.

(A) Não há previsão legal para o recebimento da denúncia após a citação e apresentação da resposta escrita.

(B) É cabível o julgamento antecipado da lide.

(C) Podem ser arroladas até cinco testemunhas pelo autor da ação para cada imputação formulada.

(D) Não é aplicável o Princípio da Identidade Física do juiz.

(E) O Ministério Público deve ser intimado após a apresentação da resposta escrita.

A: incorreta, segundo a organizadora, mas correta a nosso ver. No procedimento *ordinário*, o juiz, depois de oferecida a denúncia ou queixa, receberá a peça acusatória e, ato contínuo, mandará citar o réu, que, assim que tomar conhecimento da ação contra ele ajuizada, disporá do prazo de dez dias para apresentar resposta escrita (art. 396, CPP). O recebimento da denúncia ou queixa, como se pode ver, antecede a citação e o oferecimento da resposta escrita. Discutiu-se o art. 399 do CPP, com a redação que lhe deu a Lei 11.719/2008, estabelecia um segundo recebimento da denúncia. Hoje é pacífico o entendimento segundo o qual a denúncia é recebida uma única vez (art. 396, CPP); **B:** correta. A Lei 11.719/2008, que alterou a redação do art. 397 do CPP, introduziu a chamada *absolvição sumária*, que corresponde, em princípio, a um julgamento antecipado da lide; **C:** incorreta. Reza o art. 401 do CPP que as partes, no procedimento ordinário, podem arrolar até *oito* (e não *cinco*) testemunhas cada uma; **D:** incorreta. Aplica-se, sim, no âmbito do procedimento ordinário, o princípio da *identidade física do juiz*, conforme estabelece o art. 399, § 2º, do CPP, introduzido pela Lei 11.719/2008; até então, este princípio era exclusivo do processo civil; **E:** incorreta. O MP deverá ser intimado, isto sim, da audiência de instrução e julgamento (art. 399, *caput*, do CPP).
Gabarito "B".

(Delegado Federal – 2013 – CESPE) A respeito dos processos em espécie, julgue o seguinte item.

(1) Nos casos de crimes afiançáveis de responsabilidade do funcionário público, a legislação processual antecipa o contraditório antes de inaugurada a ação penal, com a apresentação da defesa preliminar.

1: correta. Cuida-se do contraditório instaurado por meio da impugnação ofertada pelo funcionário antes do recebimento da denúncia. É a chamada *defesa preliminar*, prevista no art. 514 do CPP, que somente terá incidência nos crimes funcionais afiançáveis (não se estende ao particular que, na qualidade de coautor ou partícipe, toma parte no crime). Importante que se diga que, com a edição da Súmula n.º 330 do STJ, esta defesa que antecede o recebimento da denúncia deixou de ser necessária na ação penal alicerçada em inquérito policial. Dessa forma, a formalidade imposta pelo art. 514 do CPP somente se fará necessária, segundo o STJ, quando a denúncia se basear em outras peças de informação que não o inquérito policial. De se notar, todavia, que o STF, de forma diversa, proferiu vários julgados no sentido de que a defesa preliminar, ainda que a ação penal seja calcada em inquérito policial, se faz necessária.
Gabarito 1C.

(Delegado/AM) Quanto aos procedimentos dos crimes de responsabilidade dos funcionários públicos, a alternativa incorreta é

(A) antes do juiz receber a denúncia ou queixa, ordenará a notificação do acusado, para responder por escrito dentro do prazo de quinze dias

(B) aplica-se ao crime de lesão corporal de natureza grave, cuja pena é de reclusão de um a cinco anos, se praticado por funcionário público.

(C) recebida a denúncia ou a queixa, será o acusado citado, prosseguindo-se no procedimento comum ordinário

(D) aplica-se ao crime de peculato, cuja pena é de reclusão de dois a doze anos, e multa

A: assertiva correta (art. 514, CPP); **B:** assertiva incorreta, devendo ser assinalada, pois o procedimento previsto nos arts. 513 a 518 do CPP somente é aplicável aos crimes praticados por funcionário público contra a administração em geral, que são os crimes funcionais típicos, previstos nos artigos 312 a 326, CP, denominados "crimes de responsabilidade"; **C:** assertiva correta (art. 517, CPP); **D:** assertiva correta, pois o crime de peculato (art. 312, CP) é crime funcional típico, aplicando-se o procedimento especial em questão. ED
Gabarito "B".

(Delegado/BA – 2008 – CEFETBAHIA) Com relação à nova Lei de Drogas, é incorreto o que se afirma em

(A) O auto de prisão em flagrante não poderá ser lavrado, nos termos da nova Lei de Drogas, ainda que o usuário de drogas não se comprometa a comparecer em juízo.

(B) A realização de transação penal é possível no crime previsto no Art. 28, da Lei de Drogas (usuário de drogas).

(C) A prisão em flagrante, nos crimes de tráfico, deve ser imediatamente informada ao magistrado.

(D) O laudo definitivo da substância, no crime de tráfico, antes de efetuar a remessa do IP ao juiz competente, deve ser anexado.

(E) A prorrogação de prazo para conclusão de Inquérito Policial, nos crimes da nova Lei de Drogas, é cabível, desde que haja requerimento do delegado, seja ouvido o Ministério Público e deferido pelo magistrado.

A: assertiva correta (art. 48, § 2º, da Lei n. 11.343/2006); **B:** assertiva correta (art. 48, §§ 1º e 5º, da Lei n. 11.343/2006); **C:** assertiva correta (art. 50, da Lei n. 11.343/2006); **D:** assertiva incorreta, devendo ser assinalada, pois, segundo o art. 50, § 1º, da Lei n. 11.343/2006, basta para a lavratura do auto de prisão em flagrante o laudo de constatação da natureza e quantidade da droga, exigindo-se o laudo definitivo tão somente para a sentença penal condenatória; **E:** assertiva correta (art. 51, parágrafo único, da Lei n. 11.343/2006). ED
Gabarito "D".

(Delegado/GO – 2003 – UEG) Lupércio foi preso em flagrante por ter, mediante ameaça exercida com arma de fogo, subtraído da vítima Juracina, a quantia de R$ 1.500,00. No ato da prisão, Lupércio declinou nome que não era o seu, mas de seu irmão Miguelito, que acabou sendo indiciado sem ter qualquer participação no fato objeto da prisão. Com base no inquérito policial, o Ministério Público denunciou Miguelito ao juízo criminal. A peça acusatória conteve exposição clara e objetiva dos fatos alegadamente delituosos e a qualificação de Miguelito, tendo sido o crime classificado como furto qualificado (art. 155, § 4º, CP).

Diante do fato narrado, e considerando a doutrina e a jurisprudência majoritária, no que tange às condições da ação penal, é CORRETO afirmar que

(A) a denúncia será recebida pelo juiz, uma vez que estão presentes a exposição do fato criminoso, com todas as suas circunstâncias, a qualificação do acusado e a classificação do crime.

(B) a denúncia será rejeitada pelo juiz, uma vez que manifesta a ilegitimidade da parte.

(C) a denúncia será rejeitada pelo juiz, uma vez o fato narrado, evidentemente, não constitui crime de furto qualificado.

(D) a denúncia será rejeitada pelo juiz, por faltar condição exigida pela lei para o exercício da ação penal.

De acordo com o artigo 395, incisos I, II e III, CPP, a denúncia será rejeitada pelo juiz, quando for manifestamente inepta, faltar pressuposto processual ou condição para o exercício da ação penal (por exemplo, quando for manifesta a ilegitimidade da parte). ED
Gabarito "B".

(Delegado/MT – 2006 – UFMT) Sobre rejeição da denúncia, assinale a afirmativa INCORRETA.

(A) Não será objeto de rejeição a denúncia oferecida sem a presença de inquérito policial, na ação pública condicionada, que contenha elementos suficientes para a propositura da ação.

(B) Uma vez recebida a denúncia, e, posteriormente, constatando o Juiz a ausência de requisito legal de validade, pode rejeitá-la, mediante decisão fundamentada.

(C) Nos crimes multitudinário, a denúncia pode narrar genericamente a participação de cada agente, cuja conduta específica será apurada no curso do processo-crime.

(D) Admite-se a rejeição da denúncia, no caso da ausência de elementos indiciários que amparem a acusação.

(E) Ausência das condições da ação, gerais ou especiais, determina a rejeição da denúncia.

A: assertiva correta (art. 11, CPP). O inquérito policial instruirá a denúncia sempre que necessário. Daí se concluir ser ele dispensável; **B:** assertiva incorreta, devendo ser assinalada. Se a denúncia foi recebida, não cabe mais ao juiz se retratar de sua decisão, restando tão somente declarar eventual nulidade do processo; **C:** assertiva correta. O STF já se manifestou no sentido de admitir a denúncia genérica em caso de crimes societários, de autoria coletiva ou multitudinário, sem especificar a conduta de cada um. Todavia, durante a instrução processual as condutas devem ser individualizadas, sob pena de não ser possível a condenação dos réus (2ª Turma – HC 73208/RJ – Rel. Ministro Maurício Corrêa – DJ 7/2/1997). Ressalte-se, ainda, que há posições em sentido contrário, inclusive dentro do STF (1ª Turma – HC 82246/RJ – Rel. Min. Ellen Gracie – DJ 14/11/2002) e do STJ (5ª Turma, REsp. 135264/GO – Rel. Min. Edson Vidigal – DJ 17/8/1998), não admitindo a denúncia genérica, uma vez que afronta o princípio constitucional da ampla defesa; **D:** assertiva correta (art. 395, III, CPP); **E:** assertiva correta (art. 395, II, CPP). ED
Gabarito "B".

(Delegado/PA – 2012 – MSCONCURSOS) Nos procedimentos ordinário e sumário, oferecida a denúncia ou queixa, o juiz, se não a rejeitar liminarmente, recebê-la-á e ordenará a citação do acusado para responder à acusação, por escrito, no prazo de 10 (dez) dias. Após recebida a resposta, o juiz deverá absolver sumariamente o acusado quando verificar:

I. extinta a punibilidade do agente.
II. a existência manifesta de causa excludente da ilicitude do fato.
III. que o fato narrado evidentemente não constitui crime.
IV. a existência manifesta de causa excludente da culpabilidade do agente.

Diante dessas informações, assinale a alternativa correta:

(A) Somente as assertivas I e III estão incorretas.
(B) Somente as assertivas II e III estão incorretas.
(C) Somente a assertiva IV está incorreta.

(D) Somente a assertiva I está incorreta.
(E) Todas as assertivas estão incorretas.

I: correta (art. 397, IV, do CPP); II: correta (art. 397, V, do CPP); III: correta (art. 397, III, do CPP); IV: incorreta, pois o art. 397, II, do CPP excluiu a *inimputabilidade*.
Gabarito "C".

(Delegado/PB – 2009 – CESPE) No que concerne ao processo comum, assinale a opção correta.

(A) A falta de justa causa para o exercício da ação penal, considerada por muitos doutrinadores como a quarta condição da ação, não é hábil a ensejar a rejeição da denúncia por parte do juiz. Isso porque, sendo o MP o titular da ação penal pública, não é dado ao magistrado analisar a viabilidade da denúncia sob o aspecto da justa causa, nesse momento processual.
(B) Nos crimes de ação penal pública incondicionada, após o oferecimento da denúncia, o juiz a recebe e ordena a citação do acusado para ser interrogado, no prazo máximo de dez dias, em se tratando de réu preso.
(C) A absolvição sumária é instituto exclusivo do procedimento do júri, cabendo nas hipóteses de existência manifesta de causa excludente da ilicitude do fato ou da culpabilidade ou punibilidade do agente.
(D) Finda a instrução, as partes têm o prazo de 24 horas para requererem diligências que reputem imprescindíveis ao deslinde da causa.
(E) Vigora no processo penal o princípio da identidade física do juiz, segundo o qual o juiz que presidiu a instrução deve proferir a sentença.

A: incorreta. A teor do art. 395, III, do CPP, a falta de justa causa constitui motivo bastante a ensejar a rejeição da inicial; **B e C:** incorretas. Prescreve o art. 396 do CPP que o juiz, ao receber a inicial, determinará a citação do acusado para que responda dentro no prazo de 10 dias. Logo após esta fase da *resposta escrita*, dada a modificação introduzida pela Lei 11.719/2008, passou a ser possível a *absolvição sumária*, desde que presente alguma das hipóteses do art. 397 do CPP. Não sendo este o caso, designará o juiz audiência, e determinará a intimação do MP, do acusado, de seu defensor e, sendo o caso, do querelante e do assistente de acusação, nos termos do art. 399. Nesta audiência, em face do novo panorama estabelecido, realizar-se-á toda a instrução, e, ao final, depois da ouvida do ofendido e da tomada do depoimento das testemunhas, será interrogado o acusado; **D:** incorreta, já que o art. 402 do CPP não faz alusão a prazo; **E:** correta. A Lei 11.719/2008 introduziu no art. 399 do CPP o § 2°, conferindo-lhe a seguinte redação: "O juiz que presidiu a instrução deverá proferir a sentença". O princípio da identidade física do juiz, antes exclusivo do processo civil, doravante será também aplicável ao processo penal.
Gabarito "E".

(Delegado/PI – 2009 – UESPI) De acordo com Código de Processo Penal, aplicar-se-á o procedimento sumário quando tiver por objeto crime cuja sanção máxima:

(A) seja a pena de detenção.
(B) seja pena superior a dois anos e inferior a quatro anos de detenção.
(C) seja pena inferior a dois anos de reclusão.
(D) seja inferior a quatro anos de pena privativa de liberdade.
(E) seja aquela correspondente às infrações de menor potencial ofensivo.

O critério utilizado para se identificar o rito processual a ser adotado é a *pena máxima* cominada ao crime, conforme estabelece o art. 394 do CPP. O *rito ordinário* terá lugar sempre que se tratar de crime cuja sanção máxima cominada for igual ou superior a quatro anos de pena privativa de liberdade (art. 394, § 1°, I, CPP). O *rito sumário*, por sua vez, será adotado quando se tratar de crime cuja sanção máxima seja inferior a quatro anos e superior a dois (art. 394, § 1°, II, CPP). Já o *rito sumaríssimo* terá incidência nas infrações penais de menor potencial ofensivo (crimes cuja pena máxima não seja superior a dois anos bem como as contravenções penais), na forma estatuída no art. 394, § 1°, III, CPP.
Gabarito "D".

(Delegado/PR – 2007) Sobre a instrução criminal do processo comum, considere as seguintes afirmativas:

1. O juiz, ao receber a queixa ou denúncia, designará dia e hora para o interrogatório, ordenando a citação do réu e a notificação do Ministério Público, e, se for o caso, do querelante ou do assistente.
2. As partes poderão oferecer documentos em qualquer fase do processo.
3. Caso as testemunhas de defesa não sejam encontradas e o acusado, devidamente intimado, não indicar outras em substituição, prosseguir-se-á nos demais termos do processo.
4. Em todos os termos da ação pública ou privada poderá intervir, como assistente do Ministério Público, o ofendido ou seu representante legal.

Assinale a alternativa correta.

(A) As afirmativas 1, 2, 3 e 4 são verdadeiras.
(B) Somente as afirmativas 1 e 2 são verdadeiras.
(C) Somente as afirmativas 1, 2 e 3 são verdadeiras.
(D) Somente as afirmativas 2, 3 e 4 são verdadeiras.
(E) Somente a afirmativa 1 é verdadeira.

1: correta, ao tempo em que a questão foi elaborada. No entanto, com o advento da Lei n. 11.719/2008, o juiz receberá a queixa ou denúncia e ordenará a citação do acusado para responder à acusação, por escrito, no prazo de 10 dias (art. 396, CPP); **2:** correta, pois em regra a produção da prova documental pode ocorrer em qualquer fase do processo. Todavia, há restrição no procedimento do Júri, já que a parte que queira deverá providenciar a juntada de documentos novos aos autos com antecedência de três dias antes do Plenário de julgamento, dando-se ciência à parte contrária (art. 479, CPP); **3:** correta. Quando da elaboração da questão, o art. 405, CPP, em sua redação original, previa a possibilidade de substituição da testemunha que não fosse encontrada. Todavia, com o advento da Lei n. 11.719/2008, tal previsão não mais subsiste. Em razão dessa revogação, questiona-se se ainda é possível ou não a substituição. A solução encontrada, por parte da doutrina, é a aplicação, por analogia, do art. 461, § 2°, CPP, que estabelece no procedimento do Júri que mesmo não sendo encontrada a testemunha, a audiência será realizada. Daí se concluir pela não possibilidade de substituição da testemunha não encontrada; **4:** incorreta, pois o art. 268, CPP admite a habilitação do assistente somente nas ações penais públicas e não nas privadas.
Gabarito "C".

(Delegado/SP – 2011) A oitiva do perito em audiência criminal é

(A) vedada, uma vez que não há norma que expressamente disponha a respeito do tema.
(B) vedada, não se aplicando por apologia a norma permissiva constante do Código de Processo Civil.
(C) permitida por emprego analógico de regra inserta no Código de Processo Civil.

(D) permitida, porém as indagações devem ser previamente enviadas ao perito que sempre as responderá em audiência, sob o contraditório

(E) Permitida, porém, ele poderá responder em laudo complementar as questões que lhe devem ser previamente formuladas.

Art. 159, § 5º, I, do CPP.

Gabarito "E".

14. PROCESSO DE COMPETÊNCIA DO JÚRI

(Delegado/CE – 2006 – CEV/UECE) Considere as seguintes afirmativas:

I. O procedimento referente aos crimes praticados por funcionários públicos segue em regra o procedimento comum ordinário, possuindo como uma das diferenças básicas a necessidade de intimação prévia do réu para oferecer defesa preliminar, antes mesmo de o Juiz decidir sobre o recebimento ou não da denúncia ou queixa.

II. A sentença de absolvição sumária só ocorre no procedimento do júri e impede o julgamento do feito pelos jurados, já que, monocraticamente, o Juiz processante absolve o réu por estar convicto da existência de excludente de ilicitude ou de culpabilidade.

III. O desaforamento consiste em retirar do Juiz natural o processamento do crime contra a vida, deslocando o processo para outro Juízo determinado pelo órgão de acusação, que passa a conduzir a instrução do feito.

IV. A sentença de impronúncia faz coisa julgada somente formal, não fazendo coisa julgada material uma vez que surgindo novos elementos de prova o fato poderá ser processado novamente através de novo feito.

São corretas, apenas:

(A) I, III e IV
(B) I, II e IV
(C) I e II
(D) II e III

I: correta (art. 514, CPP); II: correta, quando da elaboração da questão. Todavia, com o advento da Lei n. 11.719/2008, é possível a absolvição sumária no procedimento comum, nos termos do art. 397, CPP; III: incorreta, pois o desaforamento acarreta o deslocamento do julgamento para outra comarca da mesma região, onde não existam os mesmos motivos, preferindo-se as mais próximas, não sendo o juízo determinado pela acusação (art. 427, CPP); IV: correta (art. 414, parágrafo único, CPP).

Gabarito "B".

(Delegado/DF – 2004) Membro do Ministério Público imputa ao acusado a prática de crime doloso contra a vida na sua forma tentada em concurso material com o crime de sequestro. Pode-se afirmar que:

(A) na hipótese de decisão de pronúncia, deve a defesa técnica, bem como o acusado, ser intimados da decisão. Não sendo o acusado encontrado, será expedido edital para intimação;

(B) desclassificada a imputação de tentativa de homicídio para lesão corporal pelo Conselho de Sentença, deverão os jurados prosseguir no julgamento do crime de sequestro, votando a segunda série de quesitos;

(C) a decisão de absolvição sumária somente fará coisa julgada com a reapreciação obrigatória pelo Tribunal. Muito embora possua natureza jurídica de sentença definitiva com apreciação do mérito, poderá ser impugnada, voluntariamente, pelo Recurso em Sentido estrito;

(D) identificada a completa ausência de provas quanto a autoria, deverá o acusado ser desde já absolvido sumariamente, como estabelece o sistema processual pátrio;

(E) na formulação dos quesitos, deve-se seguir a imposição legal prevista no artigo 484 do Código de Processo Penal, iniciando pela imputação principal, as causas especiais de aumento da pena, os quesitos referentes às alegações defensivas e por último, como quesito obrigatório, as atenuantes genéricas.

A: incorreta, quando da elaboração da questão, sendo que, no caso, deveria haver a suspensão do processo e do prazo prescricional, gerando a denominada "crise de instância". Todavia, com o advento da Lei n. 11.689/2008, é possível a intimação por edital do acusado solto que não for encontrado, nos termos do art. 420, parágrafo único, CPP; B: incorreta, pois, no caso de desclassificação do crime doloso contra a vida para outra infração de competência do juiz singular, caberá ao juiz presidente do Tribunal do Júri proferir a sentença (art. 492, § 1º, CPP); C: correta, quando da elaboração da questão. Todavia, com o advento da Lei n. 11.689/2008, o recurso contra a decisão de absolvição sumária no rito do Júri é a apelação, justamente em razão da sua natureza jurídica (art. 416, CPP). Com relação ao reexame necessário, cumpre salientar que a redação anterior do art. 411, CPP ("este recurso terá efeito suspensivo e será sempre para o Tribunal de Apelação") foi revogada pela Lei n. 11.689/2008. Entretanto, a redação do art. 575, II, do CPP foi mantida, segundo a qual é possível o recurso "de ofício" contra a decisão que absolver sumariamente o réu, o que gera controvérsia tanto na doutrina quanto na jurisprudência; D: incorreta, pois se trata de hipótese de impronúncia (art. 414, CPP); E: incorreta, pois os quesitos seguirão a ordem prevista no art. 483, *caput*, CPP. Ademais, cabe ao juiz presidente analisar as circunstâncias agravantes genéricas quando da fixação da pena imposta ao réu (art. 492, I, "b", CPP).

Gabarito "C".

(Delegado/MG – 2012) Sobre o tribunal do júri é **INCORRETO** afirmar:

(A) Nas comarcas de mais de 100.000 (cem mil) habitantes serão alistados de 300 (trezentos) a 700 (setecentos) jurados.

(B) Se o interesse da ordem pública reclamar o juiz poderá, logo após o interrogatório do acusado, determinar o desaforamento do julgamento.

(C) O serviço de jurado é obrigatório e somente compreenderá maiores de 18 anos.

(D) Os jurados poderão formular perguntas às testemunhas por intermédio do juiz-presidente.

A: assertiva correta, nos termos do art. 425 do CPP; B: assertiva incorreta, devendo ser assinalada; a competência para determinar o desaforamento é sempre do Tribunal, que o fará mediante representação do juiz presidente, ou atendendo a requerimento formulado pelo MP, pelo assistente, pelo querelante ou mesmo pelo acusado – art. 427, *caput*, do CPP; C: assertiva correta, pois reflete do disposto no art. 436, *caput*, do CPP; D: assertiva correta. As perguntas dos jurados ao ofendido, às testemunhas e ao acusado somente poderão ser feitas por intermédio do juiz presidente (art. 473, § 2º, e art. 474, § 2º, ambos do CPP). Como se pode notar, o legislador manteve, neste caso, o sistema presidencialista.

Gabarito "B".

3. DIREITO PROCESSUAL PENAL

(Delegado/MT – 2006) Com relação ao rito do júri, **todas** as alternativas estão corretas, **EXCETO** a:

(A) Se não se convencer da existência do crime ou de indício suficiente de que o réu seja o autor, o juiz julgará improcedente a denúncia ou a queixa.

(B) O juiz poderá absolver o acusado na primeira fase do rito do júri, sendo passível de apelação pelo Ministério Público.

(C) Se o juiz se convencer da existência do crime e de indícios de que o réu seja o autor, pronunciá-lo-á, dando os motivos do seu convencimento.

(D) Quando o juiz se convencer, em discordância com a denúncia ou queixa, da existência de crime diverso da competência do rito do júri, e não for competente para julgá-lo, remeterá o processo a quem o seja.

A: assertiva correta (art. 414, CPP); **B:** assertiva incorreta, devendo ser assinalada, quando da elaboração da questão. Todavia, com o advento da Lei n. 11.689/2008, da decisão de absolvição sumária é cabível o recurso de apelação (e não mais o recurso em sentido estrito); **C:** assertiva correta (art. 413, CPP); **D:** assertiva correta (art. 419, CPP). Gabarito "B".

(Delegado/PA – 2012 – MSCONCURSOS) Concluídos os debates, o Conselho de Sentença será questionado sobre matéria de fato e se o acusado deve ser absolvido. Os quesitos serão redigidos em proposições afirmativas, simples e distintas, de modo que cada um deles possa ser respondido com suficiente clareza e necessária precisão. Na sua elaboração, o presidente levará em conta os termos da pronúncia ou das decisões posteriores que julgaram admissível a acusação, do interrogatório e das alegações das partes. O Conselho de Sentença será indagado sobre:

I. a materialidade do fato.
II. a autoria ou participação.
III. se existe causa de diminuição de pena alegada pela defesa.
IV. se existe circunstância qualificadora ou causa de aumento de pena reconhecidas na pronúncia ou em decisões posteriores que julgaram admissível a acusação.

Diante dessas informações, assinale a alternativa correta:

(A) Somente as assertivas I e II estão corretas.
(B) Somente as assertivas III e IV estão corretas.
(C) Somente as assertivas I, II e V estão corretas.
(D) Somente as assertivas II, IV e V estão corretas.
(E) Todas as assertivas estão corretas.

I: correta, pois em consonância com o disposto no art. 483, I, do CPP; **II:** correta, visto que reflete o que estabelece o art. 483, II, do CPP; **III:** correta, pois em conformidade com o disposto no art. 483, IV, do CPP; **IV:** correta, eis que corresponde ao que prescreve o art. 483, V, do CPP. Gabarito "E".

(Delegado/PB – 2009 – CESPE) Acerca do procedimento relativo aos processos da competência do tribunal do júri, assinale a opção correta.

(A) Após o trânsito em julgado da sentença de pronúncia, é dada vista dos autos ao órgão do MP, pelo prazo de cinco dias, para oferecimento do libelo crime acusatório.

(B) A intimação da sentença de pronúncia, em caso de crime inafiançável, é necessariamente pessoal, não prosseguindo o processo até que o réu seja intimado da sentença de pronúncia, caso em que ocorre a chamada crise de instância.

(C) Ainda que preclusa a decisão de pronúncia, havendo circunstância superveniente que altere a classificação do crime, o juiz deve ordenar a remessa dos autos ao MP.

(D) O desaforamento ocorre necessariamente para a comarca mais próxima, onde inexistem os motivos ensejadores do pedido.

(E) O julgamento é adiado pelo não comparecimento de acusado solto, ainda que regularmente intimado e sem que tenha dado justificativa.

A: incorreta, pois, com a Lei n. 11.689/2008, preclusa a decisão de pronúncia, os autos serão encaminhados ao juiz presidente do Tribunal do Júri, o qual determinará a intimação do órgão do Ministério Público (ou do querelante) e do defensor, para, no prazo de cinco dias, apresentação do rol de testemunhas, juntada de documentos e/ou requerimento de diligências (art. 422, CPP); **B:** incorreta, pois, com o advento da Lei n. 11.689/2008, é possível a intimação por edital do acusado solto que não for encontrado, nos termos do art. 420, parágrafo único, CPP; **C:** correta (art. 421, § 1º, CPP); **D:** incorreta, pois o desaforamento ocorre preferencialmente (e não necessariamente) para a comarca mais próxima (art. 427, CPP); **E:** incorreta, pois o julgamento não será adiado (art. 457, CPP). Gabarito "C".

(Delegado/SC – 2008) O veredicto do Tribunal do Júri enquadrou o réu "Antares" como incurso no art. 121, § 2º, inciso II, do Código Penal (homicídio qualificado pelo motivo fútil). Para chegar a esta conclusão, os jurados fizeram a avaliação da prova pelo sistema:

(A) do livre arbítrio do juiz.
(B) do livre convencimento ou da persuasão racional do juiz.
(C) da identidade física do juiz com o réu.
(D) da íntima convicção ou da certeza moral do juiz.

Nas decisões proferidas pelo Júri, não há obrigatoriedade de fundamentação. Não há critérios norteadores para formar a convicção do jurado. Ele vota de acordo com a sua consciência e não declara a sua decisão. Esse sistema constitui exceção entre nós, visto que adotamos, como regra, o sistema da *persuasão racional*, em que o juiz dispõe de liberdade para formar a sua convicção, mas deve sempre fundamentar sua decisão. Gabarito "D".

(Delegado/SP – 2011) Quanto ao procedimento do júri, é correto afirmar que

(A) a competência material prevista na Constituição Federal de 1988 não pode ser ampliada pelo legislador ordinário.

(B) o libelo-crime acusatório e o desaforamento foram excluídos em recente reforma realizada no procedimento

(C) a pronúncia é uma decisão interlocutória mista não terminativa e pode ser impugnada mediante interposição de recurso em sentido estrito, no prazo de 5 dias.

(D) caso haja prova da inexistência do fato, o juiz deverá impronunciar o acusado, cabendo nesta hipótese a

interposição de recurso de apelação, no prazo de 5 dias.
(E) não há prazo expressamente previsto em lei para o encerramento da primeira fase do procedimento do júri.

A: incorreta, uma vez que a competência traçada no art. 5º, XXXVIII, da CF é *mínima*, porquanto pode, por meio de lei ordinária, ser ampliada. Cuidado: por se tratar de garantia fundamental, não pode ser afastada a competência do Tribunal Popular para o julgamento dos crimes contemplados no dispositivo constitucional. Nem por emenda à Constituição, pois se trata de cláusula pétrea; **B:** incorreta. O *libelo-crime acusatório*, com a reforma implementada pela Lei 11.689/2008, foi extinto, o que não ocorreu com o *desaforamento*, atualmente previsto nos arts. 427 e 428 do CPP; **C:** assertiva correta. De fato, a pronúncia tem como natureza jurídica *decisão interlocutória mista não terminativa*, contra a qual cabe *recurso em sentido estrito* – art. 581, IV, do CPP. Cuidado: a decisão de *impronúncia*, com a reforma operada pela Lei 11.689/2008, passou a desafiar *recurso de apelação* (antes comportava recurso em sentido estrito) – art. 416 do CPP; **D:** incorreta. Se houver prova da inexistência do fato, deverá o juiz absolver sumariamente o acusado – art. 415, I, do CPP. Contra essa decisão caberá recurso de apelação (art. 416 do CPP); **E:** incorreta. O art. 412 do CPP estabelece o prazo de 90 dias para o encerramento da primeira fase do procedimento do júri (formação da culpa). Gabarito "C".

15. JUIZADOS ESPECIAIS

(Delegado/MS – 2017 – FAPEMS) Considerando o artigo 60, da Lei n. 9.099/1995, que dispõe:

O Juizado Especial Criminal, provido por juízes togados ou togados e leigos, tem competência para a conciliação, o julgamento e a execução das infrações penais de menor potencial ofensivo, respeitadas as regras de conexão e continência.

Assinale a alternativa correta no que concerne ao procedimento dos Juizados Especiais Criminais.

(A) Os conciliadores são auxiliares da Justiça, recrutados entre bacharéis em Direito, excluídos os que exerçam funções na administração da Justiça Criminal.
(B) Ao autor do fato que, após a lavratura do termo circunstanciado de ocorrência, for imediatamente encaminhado ao juizado ou assumir o compromisso de a ele comparecer, não se imporá prisão em flagrante, mas a autoridade policial poderá exigir-lhe fiança.
(C) Nos crimes de ação penal pública incondicionada, não sendo caso de arquivamento, o Ministério Público deverá propor a aplicação imediata de pena restritiva de direitos ou multa, a ser especificada na proposta de transação penal.
(D) Na reunião de processos, perante o juízo comum ou o tribunal do júri, decorrentes da aplicação das regras de conexão e continência, dispensar-se-ão os institutos da transação penal e da composição dos danos civis.
(E) No caso de concurso material de crimes, a pena considerada para fins de fixação da competência do Juizado Especial Criminal será o resultado da soma das penas máximas cominadas aos delitos.

A: incorreta, uma vez que o art. 7º da Lei 9.099/1995 não contempla a restrição apontada na assertiva; **B:** incorreta, tendo em vista que, neste caso, além de o autor do fato não ser submetido a prisão em flagrante, não lhe será imposta fiança, tal como estabelece o art. 69, parágrafo único, da Lei 9.099/1995; **C:** incorreta, tendo em conta que não corresponde à redação do art. 76, *caput*, da Lei 9.099/1995, segundo o qual o MP *poderá* (e não *deverá*) formular proposta de transação penal; **D:** incorreta, pois não reflete a regra presente no art. 60, parágrafo único, da Lei 9.099/1995; **E:** correta. De fato, no concurso material de crimes, o critério a ser empregado para se estabelecer se a competência para o julgamento é do Juizado Especial Criminal é a somatória das penas correspondentes a cada delito, de tal sorte que, se se chegar, pela somatória, a uma pena superior a dois anos, restará afastada a competência do Juizado. Na jurisprudência do STJ: "Pacificou-se a jurisprudência desta Corte no sentido de que, no concurso de infrações de menor potencial ofensivo, a pena considerada para fins de fixação da competência do Juizado Especial Criminal será o resultado da soma, no caso de concurso material, ou da exasperação, na hipótese de concurso formal ou crime continuado, das penas máximas cominadas aos delitos. Se desse somatório resultar um apenamento superior a 02 (dois) anos, fica afastada a competência do Juizado Especial. Precedentes" (Rcl 27.315/SP, Rel. Ministro Reynaldo Soares da Fonseca, Terceira Seção, julgado em 09/12/2015, DJe 15/12/2015). Gabarito "E".

(Delegado/MS – 2017 – FAPEMS) Leia o caso a seguir.

Na Avenida Afonso Pena, localizada em Campo Grande-MS, Ulisses atropelou Ramon logo após sair de um bar. Submetido à exame pericial, constatou-se a influência de álcool. Metros depois, na mesma via de trânsito, Arnaldo perdeu o controle de seu veículo, atropelando Marcel. Testemunhas afirmaram que outro veículo não identificado disputava um racha com Arnaldo. Devido aos acidentes, Ramon e Marcel sofreram pequenas lesões corporais. Encaminhados à Delegacia, a autoridade de plantão, de ofício, instaurou os inquéritos, cumprindo as diligências necessárias. Ao final, relatou que os condutores agiram com culpa, indiciando-os pelo crime de lesão corporal culposa de trânsito, cuja pena privativa de liberdade é detenção, de 6 meses a 2 anos (artigo 303 da Lei n. 9.503/1997).

Com base no caso proposto, assinale a alternativa correta.

(A) Recebendo os inquéritos, o Promotor de Justiça avaliará a possibilidade de ofertar transação penal aos infratores, salvo se os envolvidos alcançarem a composição dos danos civis.
(B) A instauração dos inquéritos policiais dependia de representação dos ofendidos, pois o crime de lesão corporal culposa é de ação penal pública condicionada.
(C) Nenhuma medida preliminar à instauração dos inquéritos policiais fazia-se necessária, pois, em ambos os casos, trata-se de crime de ação penal pública incondicionada.
(D) A instauração dos inquéritos policiais dependia de requerimento das vítimas, pois o crime de lesão corporal culposa é de ação penal privada.
(E) Tratando-se de infrações de menor potencial ofensivo, o Delegado não deveria ter instaurado os inquéritos policiais, senão lavrado os respectivos termos circunstanciados.

A: incorreta. Em regra, a transação penal tem incidência no crime de lesão corporal culposa de trânsito, definido no art. 303 da Lei 9.503/1997, mas os casos narrados no enunciado constituem exceção. No caso de Ulisses, não terá lugar a transação penal (art.

76, Lei 9.099/1995) porque o crime de lesão corporal, que em regra comporta tal instituto, foi praticado sob a influência de álcool. Tal exceção está contemplada no art. 291, § 1º, I, da Lei 9.503/1997. Tal vedação também se aplica ao crime de lesão corporal do qual foi vítima Marcel, mas, neste caso, em razão de o delito haver sido praticado quando Arnaldo participava de racha (competição automobilística não autorizada), nos termos do art. 291, § 1º, II, da Lei 9.503/1997; **B:** incorreta. A exemplo da transação penal, também a representação (art. 88, Lei 9.099/1995) tem incidência no crime de lesão corporal culposa de trânsito, mas tal não se aplica às hipóteses acima narradas, tendo em conta as mesmas razões: crime praticado sob a influência de álcool e quando da participação em racha; **C:** correta. De fato, como acima foi ponderado, a autoridade policial prescinde de qualquer manifestação de vontade do ofendido para proceder à instauração de inquérito policial; **D:** incorreta, já que a ação penal, nos dois casos, é pública incondicionada; **E:** incorreta. A despeito de a pena máxima cominada ao crime de lesão corporal culposa de trânsito corresponder a *dois* anos (dentro, portanto, do limite estabelecido no art. 61 da Lei 9.099/1995 para definição dos crimes de menor potencial ofensivo), o art. 291, § 2º, da Lei 9.503/1997 estabelece que, nas hipóteses de o condutor praticar o crime sob a influência de álcool ou quando da participação em racha, os fatos serão apurados por meio de inquérito policial, e não por termo circunstanciado. É importante que se diga que, dada a inclusão do § 2º no art. 303 do CTB, promovida pela Lei 13.546/2017, se o condutor estiver sob a influência de álcool ou de outra substância que determine dependência e do fato resultar lesão corporal de natureza grave ou gravíssima, a pena será de reclusão de 2 a 5 anos, sem prejuízo de outras sanções. Quanto ao homicídio culposo na direção de veículo automotor, estando o condutor sob a influência de álcool ou de outra substância que determine dependência, a pena passa a ser, também por força da Lei 13.546/2017, de 5 a 8 anos de reclusão, além de outras sanções previstas. Gabarito "C".

(Delegado/PR – 2013 – UEL-COPS) No que diz respeito aos Juizados Especiais Criminais, conforme a Lei nº 9.099/1995, assinale a alternativa correta.

(A) A proposta de transação penal é admissível, mesmo que o agente tenha sido beneficiado com outra proposta em menos de cinco anos.

(B) A proposta de transação penal é admissível, mesmo que o indivíduo tenha sido beneficiado anteriormente, no prazo de cinco anos, pela aplicação de pena restritiva ou multa.

(C) A suspensão condicional da pena é instituto previsto na Lei nº 9.099/1995 e é proposta sem proibições, reparações ou obrigações perante o juízo.

(D) Caso uma pessoa seja surpreendida praticando uma infração penal de menor potencial ofensivo, será presa em flagrante e recolhida à prisão.

(E) Não encontrado o acusado para ser citado, o juiz encaminhará as peças existentes ao juízo comum.

A e B: incorretas (art. 76, § 2º, II, e § 4º, da Lei 9.099/1995); **C:** incorreta, dado que a suspensão condicional da *pena* (*sursis*) tem sua previsão no art. 77 e seguintes do CP, que estabelecem os requisitos para a sua concessão e as obrigações a que fica sujeito o beneficiário. A Lei 9.099/1995 traz, isto sim, a previsão da suspensão condicional do *processo* (*sursis* processual), e não da *pena* (art. 89), cuja incidência, é bom que se diga, não é restrita às infrações penais de menor potencial ofensivo. Aplica-se às infrações penais em que a pena mínima cominada for igual ou inferior a um ano; **D:** incorreta. Uma vez surpreendido pela prática de infração penal de menor potencial ofensivo, o autor dos fatos será conduzido à presença da autoridade policial e, após a confecção do termo circunstanciado, será liberado, desde que não se recuse a encaminhar-se ao juizado ou, não sendo isso possível, assuma o compromisso de fazê-lo quando convocado (art. 69, parágrafo único, da Lei 9.099/1995); se assim não fizer, será contra ele lavrado auto de prisão em flagrante; **E:** correta (art. 66, parágrafo único, da Lei 9.099/1995). Gabarito "E".

(Delegado/PR – 2013 – UEL-COPS) Em relação ao procedimento previsto na Lei dos Juizados Especiais Criminais, assinale a alternativa correta.

(A) A composição dos danos civis, nos casos de ação penal pública condicionada ou privada, acarreta renúncia ao direito de representação ou queixa.

(B) No caso de aceitação da proposta de transação penal, o juiz aplicará a multa, importando em reincidência caso o infrator venha a delinquir novamente.

(C) O não oferecimento da representação durante a realização da audiência preliminar implica em decadência imediata do direito de representação.

(D) O número máximo de testemunhas a serem ouvidas em audiência, tanto para a acusação quanto para a defesa, será de cinco para cada crime imputado ao réu.

(E) Uma vez oferecida a denúncia ou queixa, o juiz a receberá, determinando, no mesmo despacho, a citação do réu e a sua intimação a comparecer na audiência de instrução e julgamento.

A: correta (art. 74, parágrafo único, da Lei 9.099/1995); **B:** incorreta (art. 76, § 4º, Lei 9.099/1995); **C:** incorreta (art. 75, parágrafo único, da Lei 9.099/1995); **D:** incorreta (art. 34, *caput*, da Lei 9.099/1995); **E:** incorreta (art. 78 da Lei 9.099/1995). Gabarito "A".

(Delegado/RJ – 2013 – FUNCAB) Em matéria de procedimento dos Juizados Especiais Criminais, é correto afirmar:

(A) Se a complexidade ou as circunstâncias do caso não permitirem a formulação da denúncia, o Ministério Público poderá diretamente suprir a investigação e oferecer a denúncia.

(B) Poderá ser dispensado o exame de corpo de delito quando a materialidade do crime estiver aferida por boletim médico ou prova equivalente.

(C) O inquérito policial deverá estar concluído, em caso de indiciado solto, em 30 dias.

(D) O inquérito policial será iniciado pelo termo circunstanciado.

(E) O auto de prisão em flagrante será encaminhado ao Juizado juntamente com a comunicação da prisão.

A: incorreta (art. 77, § 2º, da Lei 9.099/1995); **B:** correta (art. 77, § 1º, da Lei 9.099/1995); **C:** incorreta, na medida em que, no âmbito do juizado especial criminal, a formalização da ocorrência será feita por meio de *termo circunstanciado*, que será, de imediato, encaminhado ao juizado, dispensado o inquérito policial (art. 69, *caput*, e 77, § 1º, da Lei 9.099/1995); **D:** incorreta. O *termo circunstanciado* vale por si só; depois de lavrado, será encaminhado ao juizado, sem a necessidade de instaurar-se inquérito policial; **E:** incorreta. Regra geral, não se lavra auto de prisão em flagrante pela prática de infração penal de menor potencial ofensivo; tal providência somente terá lugar na hipótese de o autor dos fatos recusar-se a comparecer ao juizado ou, não sendo isso possível, firmar compromisso de fazê-lo assim que convocado (art. 69, parágrafo único, da Lei 9.099/1995). Gabarito "B".

(Delegado/AM) Mévio foi preso em flagrante pela prática de crime comum de lesões corporais, de natureza leve, e apresentando à autoridade policial, juntamente com a vítima machucada e testemunhas. Em relação ao caso, é correto afirmar-se que

(A) a autoridade policial que tomar conhecimento da ocorrência lavrará termo circunstanciado e o encaminhará imediatamente ao Juizado, com o autor do fato e a vítima, sem necessidade de requisição de exame de corpo de delito, de lavratura do auto de prisão em flagrante e de expedição de nota de culpa.

(B) após a lavratura do termo, se o Mévio for imediatamente encaminhado ao Juizado ou assumir o compromisso de ele comparecer, não se "imporá" (manterá) a prisão em flagrante, nem a fiança na Delegacia, bastando o pagamento de fiança a ser feito no Juizado Especial Criminal, na audiência preliminar.

(C) tratando-se de prisão em flagrante e, portanto, em regra, no caso, a autoridade policial deverá lavrar o auto de prisão em flagrante, ouvindo o condutor, agente do fato, vítima e testemunhas, expedir nota de culpa, apreender o instrumento do crime, requisitar a realização de exame de corpo de delito e, enfim, tomar todas as demais providências cabíveis para as prisões em flagrante em geral.

(D) no Juizado Especial Criminal, poderá haver "composição dos danos civis", que, se for homologada, acarretará a renúncia ao direito de representação. Não havendo conciliação, a vítima ainda poderá fazer representação verbal, devidamente reduzida a termo, e, após oferecida a representação, poderá ocorrer a proposta de aplicação imediata de pena não privativa de liberdade, que ocorre antes do oferecimento da denúncia, podendo, portanto, haver cumprimento de pena sem denúncia o MP e sem sentença condenatória propriamente dita.

A: incorreta, pois a autoridade policial deverá providenciar as requisições dos exames periciais necessários (art. 69, da Lei 9.099/1995); **B:** incorreta, já que, na audiência preliminar, o autor do fato terá a possibilidade de aceitação de proposta de aplicação imediata de pena não privativa de liberdade (art. 72, da Lei. 9.099/1995), o que não se relaciona com o instituto da fiança; **C:** incorreta, pois a autoridade policial não elaborará o auto de prisão em flagrante, mas termo circunstanciado de ocorrência (art. 69, da Lei.9.099/1995). No caso, há que se distinguir a prisão-captura da prisão-lavratura. O autor dos fatos será conduzido coercitivamente à Delegacia de Polícia, caso esteja em flagrante delito, fazendo-se cessar a atividade delituosa. Todavia, não será lavrado o auto de prisão em flagrante; **D:** correta (arts. 72 e 74, parágrafo único, da Lei 9.099/1995).
Gabarito "D".

(Delegado/BA – 2008 – CEFETBAHIA) Sobre a Lei nº. 9.099/1995, pode-se afirmar:

(A) Caso um indivíduo seja surpreendido praticando uma infração penal de menor potencial ofensivo, será preso em flagrante e recolhido à prisão.

(B) Um indivíduo conduzido à delegacia por infração de menor potencial ofensivo, praticado contra a sua esposa, dentro de sua residência, poderá, como medida acautelatória, ter decretado o seu afastamento do lar.

(C) A suspensão condicional da pena é instituto despenalizante previsto na Lei nº. 9.099/95.

(D) A proposta de transação penal é admissível, mesmo que o agente tenha sido beneficiado anteriormente, no prazo de cinco anos, pela aplicação de pena restritiva ou multa.

(E) A proposta de transação penal é admissível, mesmo que o agente tenha sido beneficiado com outra proposta em menos de cinco anos.

A: incorreta, pois o art. 69, parágrafo único, da Lei 9099/1995 veda a prisão em flagrante do autor do fato; **B:** correta (art. 69, parágrafo único, da Lei 9.099/1995); **C:** incorreta, pois a Lei 9.099/1995 prevê a suspensão condicional do processo e não da pena, que é instituto previsto no Código Penal, segundo o qual a pena imposta ao acusado será suspensa, mediante o cumprimento de certas condições; **D** e **E:** incorretas, já que se trata de uma das hipóteses em que não se admitirá a proposta de transação penal, prevista no art. 76, § 2º, II, da Lei 9.099/1995.
Gabarito "B".

(Delegado/GO – 2003 – UEG) Iramar da Silva, com vontade livre, consciente e nítido intento de ultrajar e desprestigiar, desacatou, quando cumpriam mandado de penhora e avaliação extraído da execução promovida em desfavor da companheira deste, portanto, no pleno exercício das atribuições dos cargos públicos que exercem, as oficialas de Justiça Cacilda e Irinéia, chamando-as de ladras e afirmando que nada seria penhorado em sua residência. Preso em flagrante pelo crime de desacato (art. 331, CP), que prevê uma pena de detenção de seis meses a dois anos, ou multa, Iramar foi encaminhado à delegacia de polícia.

Considerando o entendimento predominante na doutrina e na jurisprudência, o delegado (a) de polícia encarregado desse caso deverá:

(A) lavrar um termo circunstanciado de ocorrência e encaminhá-lo imediatamente ao Juizado Especial Criminal com o autor do fato e as vítimas.

(B) lavrar o competente auto de prisão em flagrante.

(C) optar por instaurar o inquérito policial ou lavrar o termo circunstanciado.

(D) ordenar a instauração de inquérito policial para as investigações devidas.

No caso, por se tratar de infração de menor potencial ofensivo (art. 61, Lei n. 9.099/1995), a autoridade policial deverá lavrar o termo circunstanciado de ocorrência, uma vez que não é possível a lavratura do auto de prisão em flagrante, nem a instauração de inquérito policial (art. 69, parágrafo único, da Lei n. 9.099/1995).
Gabarito "A".

(Delegado/MG – 2012) Para determinação da competência, no âmbito do juizado especial criminal, adota-se:

(A) a teoria do resultado.

(B) a teoria da ubiquidade.

(C) a teoria da atividade.

(D) a teoria da informalidade

Em conformidade com o disposto no art. 63 da Lei 9.099/1995, *a competência do Juizado será determinada pelo lugar em que foi praticada a infração penal*. Cuidado: não há consenso na doutrina a respeito da teoria (atividade, resultado ou mista) que teria sido acolhida em relação à fixação da competência no âmbito do Juizado Especial. Tudo porque o legislador se valeu, para estabelecer a competência, do termo *praticada*, cujo significado não se sabe se faz referência à *ação* ou *omissão* (teoria da atividade) ou ao *resultado* (teoria do resultado), ou ainda aos dois (teoria mista ou da ubiquidade).

Gabarito "C".

(Delegado/MG – 2006) Sobre os juizados especiais criminais é CORRETO afirmar que

(A) o conceito de infração de menor potencial ofensivo nos juizados estaduais é diverso do conceito estabelecido para os juizados federais.

(B) o juizado especial criminal é incompetente para processar e julgar infrações penais cujo rito processual esteja previsto em lei especial.

(C) a conciliação deve ser conduzida exclusivamente por juiz.

(D) o Ministério Público tem plena discricionariedade sobre a realização da proposta de transação penal.

(E) a composição civil é causa extintiva da punibilidade do autor de fato.

A: incorreta. A partir da entrada em vigor da Lei 10.259/2001, que instituiu o Juizado Especial Federal, ampliou-se o conceito de infração de menor potencial ofensivo (todas as contravenções penais, os crimes a que a lei comine pena máxima igual ou inferior a dois anos, bem como os crimes a que a lei comine exclusivamente pena de multa, qualquer que seja o procedimento previsto para eles), aplicável tanto para a Justiça Federal como para a Justiça Estadual. Ainda, com o advento da Lei 11.313/2006, afastou-se qualquer dúvida a respeito da unificação do conceito de infração de menor potencial ofensivo, alterando-se a redação do art. 61, da Lei 9.099/1995; B: incorreta, pois o Juizado Especial Criminal é competente para processar e julgar todas as infrações penais de menor potencial ofensivo, independente de ter ou não rito especial. Com a Lei 11.313/2006, afastou-se qualquer dúvida a respeito, dado que a nova lei excluiu a vedação existente anteriormente; C: incorreta, pois a conciliação poderá ser conduzida pelo juiz ou por conciliador sob sua orientação (art. 73, *caput*, da Lei 9.099/1995); D: incorreta. Ao Ministério Público aplica-se o princípio da discricionariedade regrada, segundo o qual há uma liberdade, embora não seja absoluta, limitada às hipóteses legais; E: correta, pois a composição civil, quando se tratar de ação penal privada ou pública condicionada à representação do ofendido, acarreta a renúncia ao direito de queixa ou de representação e, por conseguinte, extingue a punibilidade do autor do fato (art. 74, parágrafo único, da Lei 9.099/1995).

Gabarito "E".

(Delegado/PB – 2009 – CESPE) Julgue os itens a seguir, relativos aos juizados especiais criminais.

I. Preenchidos os requisitos legais, o MP pode propor a aplicação imediata de penas restritivas de direitos ou multas, sendo vedado ao juiz, em qualquer caso, alterar a proposta formulada.

II. Acolhendo a proposta do MP aceita pelo autor da infração, o juiz deve aplicar a pena restritiva de direitos ou multa, por sentença irrecorrível.

III. Ao autor do fato que, após a lavratura do termo circunstanciado, for imediatamente encaminhado ao juizado ou assumir o compromisso de a ele comparecer, não se impõe prisão em flagrante, devendo a autoridade policial, desde já, fixar o valor da fiança.

IV. A suspensão condicional do processo, cabível nos crimes em que a pena mínima cominada for igual ou inferior a um ano, será revogada se, no curso do prazo, o beneficiário for definitivamente condenado por outro crime.

V. Conforme expressa previsão legal, não efetuado o pagamento de multa, deve ser feita a conversão em pena privativa da liberdade, ou restritiva de direitos. A quantidade de itens certos é igual a

(A) 1.
(B) 2.
(C) 3.
(D) 4.
(E) 5.

I: incorreta, pois, na hipótese de a pena de multa ser a única aplicável, o juiz poderá reduzi-la até a metade (art. 76, § 1º, da Lei 9.099/1995); II: incorreta, já que da sentença que acolhe a proposta do MP aceita pelo autor da infração caberá o recurso de apelação (art. 76, §§ 4º e 5º, da Lei 9.099/1995); III: incorreta, porque a autoridade policial não lavrará auto de prisão em flagrante, nem exigirá fiança (art. 69, parágrafo único, da Lei 9.099/1995); IV: incorreta, pois a revogação do benefício ocorrerá se o beneficiário vier a ser processado por outro crime (e não definitivamente condenado) ou não efetuar, sem motivo justificado, a reparação do dano (art. 89, § 3º, da Lei 9.099/1995); V: correta (art. 85, da Lei 9.099/1995). Entretanto, há posição jurisprudencial em sentido contrário, que entende que a conversão da pena de multa em privativa da liberdade ou restritiva de direitos ofende o princípio do devido processo legal, por não se tratar de sentença condenatória, mas homologatória. No caso, se descumprido o acordo, caberá ao Ministério Público requerer a instauração de inquérito policial ou oferecer denúncia (2ª Turma do STF, HC 79.572/GO, em 29/02/2000 – Inf. n. 180).

Gabarito "A".

(Delegado/PI – 2009 – UESPI) Considerando a temática dos Juizados Especiais Criminais, assinale a alternativa correta.

(A) A competência do Juizado será determinada pelo lugar em que foi praticada a infração penal.

(B) Consideram-se infrações penais de menor potencial ofensivo as contravenções penais e os crimes a que a lei comine pena mínima não superior a 2 (dois) anos, cumulada ou não com multa.

(C) Nos crimes em que a pena mínima cominada for igual ou inferior a um ano, o Ministério Público, ao oferecer a denúncia, poderá propor a suspensão do processo, por um a quatro anos, desde que o acusado não esteja sendo processado ou não tenha sido condenado por outro crime, presentes os demais requisitos que autorizariam a suspensão condicional da pena (art. 77 do Código Penal).

(D) A composição civil, estabelecida nos arts. 74 e 75 da Lei, é uma causa de extinção da punibilidade nos crimes de menor potencial ofensivo, quando a ação for pública incondicionada.

(E) A proposta de Transação Penal (art. 76) deve ser feita pelo Juiz na presença do Ministério Público.

A: correta (art. 63 da Lei 9.099/95); B: incorreta. Estão sob a égide do Juizado Especial Criminal as contravenções penais e os crimes cuja pena *máxima* cominada não seja superior a dois anos, cumulada ou não com multa, conforme dispõe o art. 61 da Lei 9.099/1995; C: incorreta. O período de suspensão do *sursis* processual, por força do que dispõe o art. 89, *caput*, da Lei 9.099/1995, variará entre dois e quatro anos, e não entre um e quatro; D: incorreta. A composição civil em crime de ação penal pública incondicionada não obsta, no âmbito penal, a sequência do procedimento; E: incorreta. A proposta de transação penal é de iniciativa exclusiva do membro do Ministério Público – art. 76, *caput*, da Lei 9.099/1995.

Gabarito "A".

(Delegado/PR – 2007) Sobre o Juizado Especial Criminal (Lei 9.099/1995) e seus institutos, considere as seguintes afirmativas:

(1) O benefício da suspensão condicional do processo não é aplicável em relação às infrações penais cometidas em concurso material ou formal, quando a pena mínima cominada, seja pela somatória, seja pela incidência da majorante, ultrapassar o limite de um ano.

(2) O Juizado Especial Criminal tem competência para conciliação, julgamento e execução das infrações penais de menor potencial ofensivo, consideradas como tais aquelas cuja pena máxima não exceda a 2 anos.

(3) A competência do juizado será determinada pelo lugar do domicílio do autor ou do réu.

(4) Os atos processuais serão públicos e poderão se realizar em horário noturno e em qualquer dia da semana.

Assinale a alternativa correta.

(A) Somente as afirmativas 1, 2 e 4 são verdadeiras.
(B) Somente as afirmativas 2, 3 e 4 são verdadeiras.
(C) Somente as afirmativas 1, 3 e 4 são verdadeiras.
(D) Somente as afirmativas 1 e 3 são verdadeiras.
(E) Somente as afirmativas 1, 2 e 3 são verdadeiras.

1: correta. De fato, para a análise do cabimento da transação penal, bem como da suspensão condicional do processo, deve-se levar em conta o cúmulo material, no caso do concurso material de crimes, ou a exasperação da pena, no caso de concurso formal (Súmula n. 243, STJ); **2:** correta (arts. 73, 77 e 84, da Lei 9.099/1995); **3:** incorreta, pois a competência do juizado será determinada pelo lugar em que foi praticada a infração penal (art. 63 da Lei 9.099/1995). Cuidado: não há consenso na doutrina a respeito da teoria (atividade, resultado ou mista) que teria sido acolhida em relação à fixação da competência no âmbito do Juizado Especial. Tudo porque o legislador se valeu, para estabelecer a competência, do termo *praticada*, cujo significado não se sabe se faz referência à *ação* ou *omissão* (teoria da atividade) ou ao *resultado* (teoria do resultado), ou ainda aos dois (teoria mista ou da ubiquidade); **4:** correta (art. 12 da Lei 9.099/1995). ED
Gabarito "A".

(Delegado/SC – 2008) Analise as alternativas e assinale a correta.

(A) A autoridade policial que tomar conhecimento da ocorrência de infração penal de menor potencial ofensivo determinará, mediante portaria, a abertura de inquérito policial, que deverá ser concluído em, no máximo, trinta dias.

(B) Nos crimes de menor potencial ofensivo, sujeitos ao procedimento da Lei n. 9.099/95, a competência do Juizado Especial Criminal será determinada pelo lugar em que a infração se consumou (lugar do resultado) e não pelo lugar da ação ou omissão.

(C) Nos crimes em que a pena mínima cominada for igual ou inferior a 2 (dois) anos, abrangidos ou não pela Lei dos Juizados Especiais Criminais, o Ministério Público, ao oferecer denúncia, poderá propor a suspensão do processo por 2 a 4 anos, desde que o acusado não esteja sendo processado ou não tenha sido condenado por outro crime, presentes os demais requisitos que autorizariam a suspensão condicional da pena.

(D) Quando houver conexão ou continência entre uma infração de menor potencial ofensivo e outra do juízo comum ou do júri, a força atrativa, para a reunião dos processos, será do juízo comum (estadual ou federal) ou do tribunal do júri (estadual ou federal).

A: incorreta (art. 69, *caput*, da Lei 9.099/95); **B:** incorreta (art. 63 da Lei 9.099/1995); **C:** incorreta (art. 89, *caput*, da Lei 9.099/1995); **D:** correta (art. 60 da Lei 9.099/1995). ED
Gabarito "D".

(Delegado/SP – 2008) De acordo com a Lei do Juizado Especial Criminal (Lei nº. 9.099/1995), quando o réu encontrar-se em local incerto e não sabido.

(A) far-se-á a sua citação por edital.
(B) fica cessada a competência do Juizado Especial Criminal, e o processo segue para o juízo comum.
(C) extingue-se o processo, não podendo ter prosseguimento no Juízo comum.
(D) suspende-se processo até a localização do réu, suspendendo-se, assim, o prazo de prescrição.
(E) prossegue-se o processo, desde que decretada a revelia do réu.

No procedimento sumaríssimo, voltado ao processamento e julgamento das infrações penais de menor potencial ofensivo, na hipótese de o autor não ser encontrado para citação pessoal, o juiz encaminhará as peças ao juízo comum para adoção do procedimento previsto em lei – art. 66, parágrafo único, da Lei 9.099/1995. ED
Gabarito "B".

(Delegado/SP – 2000) Assinale a alternativa incorreta. Em se tratando da lei que dispõe sobre os Juizados Especiais Cíveis e Criminais (Lei 9.099/1995),

(A) a renúncia está prevista na ação penal de iniciativa privada e na ação pública condicionada.
(B) contém, esse diploma legal, normas de caráter penal e processual penal.
(C) verifica-se que a mesma, para a doutrina majoritária, adotou o princípio da discricionariedade regrada.
(D) verifica-se que nos crimes de lesões corporais leves, lesões culposas e rixa, a ação penal dependerá de representação.

A: assertiva correta (art. 74, parágrafo único, da Lei 9.099/1995); **B:** assertiva correta. De fato, a Lei 9.099/1995 contém normas de caráter penal (como, por exemplo, quando trata da renúncia ao direito de queixa ou de representação) e de caráter processual penal (quando trata do procedimento sumaríssimo propriamente dito); **C:** correta, pois o Ministério Público tem liberdade, embora não plena, pois há limites previstos em lei; **D:** assertiva incorreta, devendo ser assinalada. Nos crimes de lesão corporal leve e culposa a ação é penal pública condicionada à representação do ofendido (art. 88, Lei 9.099/1995). Todavia, no crime de rixa a ação penal é pública incondicionada. ED
Gabarito "D".

16. SENTENÇA, PRECLUSÃO E COISA JULGADA

(Delegado/DF – 2015 – Fundação Universa) Com relação à sentença no processo penal, é correto afirmar que

(A) o réu não poderá apelar sem que tenha sido recolhido à prisão em caso de sentença penal condenatória em que tenha sido decretada sua prisão preventiva, sob pena de deserção.

(B) o juiz, ao prolatar sentença penal condenatória, poderá, segundo entendimento do STJ, fixar valor mínimo para a reparação dos danos causados pela infração, considerando os prejuízos sofridos pelo ofendido, desde que haja pedido expresso e formal nesse sentido.
(C) ocorre a *mutatio libelli* quando o juiz, sem modificar a descrição do fato contida na denúncia ou na queixa, atribuir-lhe definição jurídica diversa.
(D) é vedado ao juiz, em caso de ação penal pública, proferir sentença penal condenatória, caso o Ministério Público tenha requerido a absolvição do réu em face do princípio da correlação ou congruência.
(E) o juiz que entender, por ocasião da prolação da sentença, que não há prova suficiente para a condenação, deverá converter o feito em diligência para que o inquérito policial seja retomado.

A: incorreta. O art. 594 do CPP, que condicionava o conhecimento do recurso de apelação ao recolhimento do condenado ao cárcere, foi revogado pela Lei 11.719/2008 (Súmula 347, STJ: "O conhecimento de recurso de apelação do réu independe de sua prisão"). Hodiernamente, a decretação ou manutenção da prisão cautelar (provisória ou processual), assim entendida aquela que antecede a condenação definitiva, deve sempre estar condicionada à demonstração de sua imperiosa necessidade. Bem por isso, deve o magistrado, e somente ele (jurisdicionalidade das cautelares), apontar as razões, no seu entender, que a tornam indispensável (art. 312 do CPP). Colocado de outra forma, a prisão provisória ou cautelar somente se justifica dentro do ordenamento jurídico quando necessária ao processo. Deve ser vista, portanto, como um instrumento do processo a ser utilizado em situações excepcionais. É por essa razão que a prisão decorrente de sentença penal condenatória recorrível deixou de constituir modalidade de prisão cautelar. Era uma prisão automática, já que, com a prolação da sentença condenatória, o réu era recolhido ao cárcere (independente de a prisão ser necessária). Nesse contexto, o acusado era considerado presumidamente culpado. Com as modificações introduzidas pela Lei 11.719/2008 e também em razão da atuação dos tribunais, esta modalidade de prisão cautelar deixou de existir, consagrando, assim, o postulado da presunção de inocência. Em vista dessa nova realidade, se o acusado permanecer preso durante toda a instrução, a manutenção dessa prisão somente terá lugar se indispensável for ao processo, pouco importando se, uma vez condenado em definitivo, permanecerá ou não preso. A prisão desnecessária decretada ou mantida antes de a sentença passar em julgado constitui antecipação da pena que porventura seria aplicada em caso de condenação, o que representa patente violação ao princípio da presunção de inocência, postulado esse de índole constitucional – art. 5º, LVII. De se ver ainda que, tendo em conta as mudanças implementadas pela Lei 12.403/2011, que instituiu as medidas cautelares alternativas à prisão provisória, esta somente terá lugar diante da impossibilidade de se recorrer às medidas cautelares. Dessa forma, a prisão, como medida excepcional que é, deve também ser vista como instrumento subsidiário, supletivo. Pois bem. Essa tônica (de somente dar-se início ao cumprimento da pena depois do trânsito em julgado da sentença penal condenatória) sofreu um revés. Explico. O STF, em julgamento histórico realizado em 17 de fevereiro de 2016, mudou, à revelia de grande parte da comunidade jurídica, seu entendimento acerca da possibilidade de prisão antes do trânsito em julgado da sentença penal condenatória. A Corte, ao julgar o HC n. 126.292, passou a admitir a execução da pena após decisão condenatória proferida em segunda instância. Com isso, passou a ser desnecessário, para dar início ao cumprimento da pena, aguardar o trânsito em julgado da decisão condenatória. Flexibilizou-se, pois, o postulado da presunção de inocência. Naquela ocasião, votaram pela mudança de paradigma sete ministros, enquanto quatro mantiveram o entendimento até então prevalente. Cuidava-se, é bem verdade, de uma decisão tomada em processo subjetivo, sem eficácia vinculante, portanto. Tal decisão, conquanto tomada em processo subjetivo, passou a ser vista como uma mudança de entendimento acerca de tema que há vários anos havia se sedimentado. Mais recentemente, nossa Suprema Corte foi chamada a se manifestar, em ações declaratórias de constitucionalidade impetradas pelo Conselho Federal da OAB e pelo Partido Ecológico Nacional, sobre a constitucionalidade do art. 283 do CPP. Existia a expectativa de que algum ou alguns dos ministros mudassem o posicionamento adotado no julgamento realizado em fevereiro de 2016. Afinal, a decisão, agora, teria uma repercussão muito maior, na medida em que tomada em ADC. Pois bem. Depois de muita especulação e grande expectativa, o STF, em julgamento realizado em 5 de outubro do mesmo ano, desta vez por maioria mais apertada (6 a 5), já que houve mudança de posicionamento do ministro Dias Toffoli, indeferiu as medidas cautelares pleiteadas nessas ADCs (43 e 44), mantendo, assim, o posicionamento que autoriza a prisão depois de decisão condenatória confirmada em segunda instância. O julgamento do mérito dessas ações permaneceu pendente até 7 de novembro de 2019, quando, finalmente, depois de muita expectativa, o STF, em novo julgamento histórico, referente às ADCs 43,44 e 54, mudou o entendimento adotado em 2016, até então em vigor, que permitia a execução (provisória) da pena de prisão após condenação em segunda instância. Reconheceu-se a constitucionalidade do art. 283 do CPP, com a redação que lhe foi dada pela Lei 12.403/2011. Por 6 x 5, ficou decidido que é vedada a execução provisória da pena. Cumprimento de pena, a partir de agora, portanto, somente quando esgotados todos os recursos. Atualmente, essa discussão acerca da possibilidade de prisão em segunda instância, que suscitou debates tão acalorados, chegando, inclusive, a ganhar as ruas, saiu do STF, onde até então se encontrava, e passou para o Parlamento. Hoje se discute qual o melhor caminho para inserir, no nosso ordenamento jurídico, a prisão após condenação em segunda instância. Aguardemos;
B: correta. Conferir: "Penal e processo penal. Agravo regimental no agravo em recurso especial. Ofensa ao art. 387, IV, do CPP. Fixação do *quantum* mínimo para reparação de danos à vítima. Necessidade de pedido formal do *Parquet* ou do ofendido. Acórdão em conformidade com a jurisprudência desta Corte. Súmula 83/STJ. Agravo regimental a que se nega provimento. 1 – Este Tribunal sufragou o entendimento de que deve haver pedido expresso e formal, feito pelo *parquet* ou pelo ofendido, para que seja fixado na sentença o valor mínimo de reparação dos danos causados à vítima, a fim de que seja oportunizado ao réu o contraditório e sob pena de violação ao princípio da ampla defesa. 2 – Agravo regimental a que se nega provimento" (AgRg no AREsp 389.234/DF, Rel. Ministra Maria Thereza de Assis Moura, Sexta Turma, julgado em 08.10.2013, *DJe* 17.10.2013); **C:** incorreta. É hipótese de *emendatio libelli* (art. 383 do CPP), em que o fato, tal como se afirma na assertiva, permanece inalterado, sem prejuízo, por isso mesmo, para a defesa. A mudança, aqui, incide na classificação da conduta, levada a efeito pela acusação, no ato da propositura da ação, e retificada pelo juiz, de ofício, no momento da sentença, sendo desnecessário, em vista disso, ouvir a esse respeito o defensor. Na *mutatio libelli*, diferentemente, a prova colhida na instrução aponta para uma nova definição jurídica do fato, diversa daquela contida na inicial. Com o advento da Lei 11.719/2008, que modificou a redação do art. 384 do CPP, se o magistrado entender cabível nova definição jurídica do fato em consequência de prova de elementar ou circunstância não contida na inicial, o aditamento pelo Ministério Público passa a ser obrigatório, ainda que a nova capitulação jurídica implique aplicação de pena igual ou menos grave. No panorama anterior, a participação do Ministério Público não era necessária, ou seja, bastava que o processo baixasse para manifestação da defesa e oitiva de testemunhas; **D:** incorreta, já que não reflete o disposto no art. 385 do CPP, que permite ao juiz proferir sentença condenatória ainda que o MP tenha pugnado pela absolvição; **E:** incorreta. Neste caso, é de rigor a absolvição (art. 386, VII, do CPP).

(Delegado Federal – 1998 – CESPE) O Ministério Público denunciou Mandrake e Coperfield por crime de furto qualificado pelo concurso de agentes e pela escalada. Encerrada a instrução criminal, o juiz recebeu os autos para sentenciar. Com base nessas informações, julgue os itens a seguir.

(1) O juiz não poderá condenar os réus, se o Ministério Público, em suas alegações finais, tiver requerido a absolvição de ambos os acusados.

(2) O juiz proferirá decisão terminativa, sem enfrentar o mérito da causa, se lhe restarem dúvidas quanto à autoria do crime.

(3) O juiz poderá desclassificar a conduta para furto simples sem previamente ouvir; a esse respeito, o Ministério Público.

(4) A sentença não será nula, se o juiz aplicar pena mais grave, sem prévia manifestação da defesa, na hipótese de *emendatio libelli*.

(5) Tanto o Ministério Público quanto o Defensor Público do Estado que patrocinou a defesa do acusado serão intimados pessoalmente da sentença.

1: incorreta, porque o pedido absolutório formulado pelo Ministério Público não vincula o magistrado, que poderá condenar o réu, bem como reconhecer agravantes, ainda que nenhuma tenha sido alegada (art. 385, CPP); **2:** incorreta, eis que, havendo dúvidas quanto à autoria definitiva, o juiz proferirá sentença definitiva, enfrentando o mérito e, via de consequência, decretando a absolvição (art. 386, CPP). A sentença terminativa é aquela em que o juiz põe fim ao processo sem enfrentar o mérito (ex.: sentença declaratória da prescrição); **3:** correta. Se o magistrado entender que a imputação (furto qualificado pelo concurso de pessoas e escalada) não restou demonstrada, poderá, sem qualquer problema, desclassificar o crime (furto qualificado) para sua forma básica (furto simples); **4:** correta, visto que, em caso de *emendatio libelli* (art. 383, CPP), haverá mera correção da acusação (tipificação incorreta da infração penal na denúncia ou queixa) pelo juiz, inexistindo qualquer nulidade caso aplique pena mais grave do que a cominada à conduta incorretamente tipificada na petição inicial acusatória; **5:** correta (art. 370, § 4º, CPP). ED

Gabarito 1E, 2E, 3C, 4C, 5C

(Delegado/PB – 2009 – CESPE) Com base no CPP, assinale a opção correta acerca da sentença penal.

(A) Da sentença obscura, ambígua, contraditória ou omissa caberão embargos de declaração, no prazo de cinco dias, a serem interpostos perante o tribunal competente.

(B) O juiz, sem modificar a descrição do fato contida na denúncia ou queixa, pode atribuir-lhe definição jurídica diversa, ainda que, em consequência, tenha de aplicar pena mais grave.

(C) Encerrada a instrução probatória, se entender cabível nova definição jurídica do fato, em consequência de prova existente nos autos de elemento ou circunstância da infração penal não contida na acusação, o juiz deve baixar os autos, para que o MP a adite no prazo de três dias.

(D) Caso o MP promova o aditamento da denúncia ou queixa, por força de *mutatio libelli*, o juiz é obrigado a receber o aditamento, pois o MP é o titular da ação penal pública.

(E) Nos crimes de ação pública, o juiz pode proferir sentença condenatória, ainda que o MP tenha pedido a absolvição, mas não pode reconhecer agravantes que não tenham sido alegadas na denúncia, em face do princípio da congruência.

A: incorreta, visto que, em caso de sentença que apresente omissão, contradição, obscuridade ou ambiguidade, poderão ser opostos embargos de declaração, no prazo de 2 (dois) dias, cabendo ao juiz prolator da decisão apreciá-los, e não o Tribunal (art. 382, CPP); **B:** correta. Trata-se da aplicação do instituto da *emendatio libelli*, cabendo ao juiz, ao verificar que a capitulação jurídica do fato descrito na denúncia ou queixa está equivocada (tipificação incorreta), atribuir definição jurídica diversa (tipificação correta), ainda que tenha de aplicar pena mais severa (art. 383, CPP); **C:** incorreta, eis que, no presente caso, será necessária a aplicação do instituto da *mutatio libelli*, cabendo ao Ministério Público aditar a denúncia no prazo de 5 (cinco) dias (art. 384, *caput*, CPP); **D:** incorreta (art. 384, § 5º, CPP); **E:** incorreta (art. 385, CPP). ED

Gabarito "B".

(Delegado/RN – 2009 – CESPE) Assinale a opção correta com relação à sentença.

(A) O crime de abuso de autoridade é de competência da justiça militar, federal ou estadual, conforme o agente seja, respectivamente, integrante das Forças Armadas, ou da polícia militar ou do corpo de bombeiros militares dos estados.

(B) Sentença absolutória imprópria é aquela que condena o réu, impondo-lhe uma sanção a mais, qual seja, a medida de segurança.

(C) No rito do júri, o *judicium causae* fica limitado, fática e juridicamente, à denúncia ou queixa.

(D) A justiça militar estadual só julga réus militares. Por isso, o civil que praticar um crime contra as instituições militares estaduais será processado na justiça comum estadual, não na justiça militar.

(E) No caso de *mutatio libelli*, o MP só aditará a denúncia se a mutação implicar tipificação mais grave.

A: incorreta (Súmula 172, STJ); **B:** incorreta, eis que a sentença absolutória imprópria é, de fato, absolutória (e não condenatória, como afirmado na alternativa). Contudo, é denominada de "imprópria" pelo fato de o juiz impor ao réu uma medida de segurança, haja vista o reconhecimento da inimputabilidade; **C:** incorreta, pois é a decisão de pronúncia (e não a denúncia ou queixa) que limita o *judicium causae* (ou juízo da causa), que corresponde à segunda fase do rito escalonado do júri. Assim, caberá ao Ministério Público fazer sua sustentação oral (debates orais) nos limites da pronúncia (art. 476, *caput*, CPP), não podendo ir além dela, sob pena de nulidade; **D:** correta (Súmula 53, STJ); **E:** incorreta. O aditamento da denúncia, em caso de *mutatio libelli*, sempre ocorrerá independentemente de a modificação implicar tipificação mais ou menos grave (art. 384, CPP). ED

Gabarito "D".

(Delegado/SP – 2008) Se a denúncia é oferecida por dano qualificado e o juiz, na sentença, entende que o fato praticado constitui dano simples, deverá

(A) condenar desde logo o réu pelo delito menos grave.

(B) absolver o acusado em razão do constrangimento ilegal.

(C) declarar a nulidade *ab initio* do procedimento por ilegitimidade ativa e decretar a extinção da punibilidade do fato, se já operada a decadência.

(D) condenar o réu nos termos de denúncia, pois o juiz fica adstrito à qualificação jurídica do fato nela contida.

(E) mandar renovar a citação do réu, independentemente de qualquer outra formalidade, para responder pelo delito de menor gravidade, aproveitados os atos processuais já praticados.

De fato, a ação penal no dano simples (art. 163, *caput*, CP) é privada, consoante determina o art. 167 do CP. Assim, tendo havido oferecimento de denúncia pelo Ministério Público, em razão de se ter considerado o dano em sua forma qualificada (exceto o inciso IV, do parágrafo único, do art. 163 do CP, que é considerado de ação penal privada – art. 167, CP) e, ao final, considerando o juiz ter havido o cometimento de dano simples, cuja ação penal, repita-se, é de iniciativa privada, não poderá condenar ou mesmo absolver o réu, visto haver inegável ilegitimidade ativa *ad causam*. Em simples palavras, não cabe ao Ministério Público promover a ação no caso em tela, razão pela qual seria de rigor a declaração de nulidade *ab initio* (desde o início). Caso o magistrado verificasse ter havido a decadência, caberia decretá-la de ofício, consoante art. 61, CPP. Gabarito "C".

(Delegado/SP – 2003) O juiz, ao prolatar a sentença, constata que na inicial o fato delituoso foi corretamente descrito porém, divergindo da capitulação legal, sentencia com base em outro tipo penal. Em face dessa situação, ocorreu

(A) a hipótese de *"mutatio libelli"*.
(B) a nulidade absoluta da sentença.
(C) uma sentença "suicida".
(D) a hipótese de *"emendatio libelli"*.

De fato, se o juiz constatar, no momento da sentença, que a descrição do fato delituoso foi correta, porém com equívoco do titular da ação penal na respectiva capitulação legal (tipificação incorreta), deverá, por força da *emendatio libelli*, atribuir-lhe a adequada definição (leia-se: capitulação legal), ainda que isso implique a imposição de pena mais grave (art. 383, CPP). Não se pode, aqui, cogitar de "*mutatio libelli*", que pressupõe, após o encerramento da instrução probatória, a constatação de que algum elemento ou circunstância da infração penal não restou contido na acusação, caso em que deverá haver o aditamento da denúncia pelo Ministério Público (art. 384, CPP). Reforça-se a clássica lição de que o réu se defende dos fatos e não da capitulação legal (tipificação), razão pela qual, em caso de aplicação do instituto da *emendatio libelli*, a sentença não contém qualquer vício (nulidade). Gabarito "D".

(Delegado/SP – 2002) Na sentença condenatória, o juiz deverá, obrigatoriamente,

(A) fixar, exclusivamente, a pena definitiva, deixando para o magistrado da execução penal decidir sobre o regime de cumprimento da pena.
(B) fixar a pena definitiva e também o regime de cumprimento dessa pena.
(C) fixar a pena-base, bem como a definitiva e o regime de cumprimento da pena.
(D) fixar tão somente a pena-base e o regime de cumprimento dessa pena, pois no juízo da execução é que será fixada a pena definitiva.

Ao prolatar a sentença, deverá o juiz fixar as penas aplicáveis dentre as cominadas, a quantidade de pena aplicável, o regime inicial de cumprimento de pena e, se cabível, proceder à substituição da pena privativa de liberdade por restritiva de direitos (art. 59, I a IV, CP). Caso o magistrado deixe de fixar o regime de cumprimento de pena, caberá a oposição de embargos declaratórios pelo titular da ação penal, tendo em vista a omissão da sentença. Igualmente, caso o juiz não proceda à adequada fixação da pena, consoante o sistema trifásico (art. 68, CP), a sentença será nula. Além disso, conforme estabelece a nova redação do § 2º do art. 387 do CPP, a detração será levada em consideração na fixação do regime inicial de cumprimento de pena. Gabarito "C".

17. NULIDADES

(Delegado/MS – 2017 – FAPEMS) Considere que

[...] há na nulidade duplo significado: um indicando o motivo que torna o ato imperfeito, outro que deriva da imperfeição jurídica do ato ou sua inviabilidade jurídica. A nulidade portanto, é, sob um aspecto, vício, sob outro, sanção.

MIRABETE, Júlio Fabbrini. *Código de Processo Penal Interpretado*. 9. ed. São Paulo: Saraiva, 2015, p. 629.

Sobre as nulidades no processo penal, assinale a alternativa correta.

(A) A ausência de intimação do acusado e do seu defensor acerca da data da audiência realizada no juízo deprecado gera nulidade, mesmo que tenha havido intimação da expedição da carta precatória.
(B) É absoluta a nulidade decorrente da inobservância da competência penal por prevenção.
(C) A nulidade por falta de intimação do denunciado para oferecer contrarrazões ao recurso interposto da rejeição da denúncia pode ser suprida com a nomeação de defensor dativo.
(D) A nulidade por ilegitimidade do representante é insanável.
(E) Alegações genéricas de nulidade processual, desprovidas de demonstração da existência de prejuízo à parte, não podem dar ensejo à invalidação da ação penal.

A: incorreta, pois não corresponde ao entendimento firmado na Súmula 273, do STJ; **B:** incorreta, uma vez que não reflete o entendimento sufragado na Súmula 706, do STF; **C:** incorreta, pois em desconformidade com o entendimento firmado por meio da Súmula 707, do STF; **D:** incorreta, pois não reflete o disposto no art. 568 do CPP; **E:** correta. O art. 563 do CPP enuncia o *princípio do prejuízo* (*pas de nullité sans grief*), segundo o qual, em se tratando de *nulidade relativa*, em que o prejuízo não é presumido, é necessário, para se decretar a nulidade do ato, verificar se o mesmo gerou efeitos prejudiciais. Gabarito "E".

(Delegado/RO – 2014 – FUNCAB) No estudo das nulidades, a doutrina converge no sentido de reconhecer a aplicabilidade do princípio da instrumentalidade das formas, a viabilizar o não reconhecimento da nulidade pelo juízo quando, em uma análise prévia, verifica a incidência de medidas sanatórias (ou de convalidação), possibilitando a preservação do ato viciado (praticado em desconformidade com o modelo legal) como válido.

Qual é a medida sanatória que supre a irregularidade da citação?

(A) O suprimento
(B) O comparecimento
(C) A ratificação
(D) A preclusão
(E) A retificação

Art. 570 do CPP: "A falta ou a nulidade da citação, da intimação ou notificação estará sanada, desde que o interessado compareça, antes de o ato consumar-se, embora declare que o faz (...)" ED
Gabarito "B".

(Delegado/MA – 2006 – FCC) De acordo com o Código de Processo Penal, com relação às nulidades é correto afirmar que

(A) a incompetência *ratione loci* anulará todo o processo e, quando declarada a nulidade, deverá ser o processo remetido ao juiz competente.

(B) a nulidade por ilegitimidade do representante da parte, em regra, poderá ser a todo tempo sanada, mediante ratificação dos atos processuais.

(C) as omissões da denúncia referentes aos elementos integrativos não essenciais do fato poderão ser supridas até o seu recebimento.

(D) nenhuma das partes poderá arguir nulidade a que haja dado causa, mas poderá arguir a nulidade referente a formalidade cuja observância só à parte contrária interesse.

(E) a falta da citação é causa de nulidade absoluta do processo, não sendo sanada pelo comparecimento espontâneo do interessado antes do ato se consumar.

A: incorreta, visto que a incompetência *ratione loci* (em razão do lugar) é considerada relativa, gerando tão somente a anulação dos atos decisórios, devendo ser remetido o processo ao juiz competente (art. 567, CPP); **B:** correta (art. 568, CPP); **C:** incorreta, visto que as omissões poderão ser supridas a todo o tempo, desde que antes da sentença final (art. 569, CPP); **D:** incorreta (art. 565, CPP); **E:** incorreta (art. 570, CPP). ED
Gabarito "B".

(Delegado/SP – 2011) princípio segundo o qual somente será declarada a nulidade se houver influenciado na apuração da verdade ou na decisão da causa é chamado de

(A) consequencialidade.
(B) instrumentalidade das formas.
(C) interesse.
(D) prejuízo.
(E) suprimento.

Se a prática do ato processual em desconformidade com as formalidades legais não acarretar prejuízo, não será declarada a sua nulidade – art. 566 do CPP. ED
Gabarito "B".

(Delegado/SP – 2000) No processo penal, a deficiência da defesa

(A) não anulará o processo, mesmo havendo prejuízo para o réu.
(B) só anulará o processo se houver prejuízo para o réu.
(C) não anulará o processo, pois o juiz não pode interferir na relação réu/defensor.
(D) anulará sempre o processo, tendo em vista o princípio da ampla defesa.

A: incorreta. De fato, de acordo com a Súmula 523 do STF, apenas a falta de defesa anulará o processo. No entanto, a deficiência desta somente gerará nulidade se houver demonstração do prejuízo; **B:** correta (Súmula 523, STF); **C:** incorreta. A deficiência de defesa pode até mesmo ensejar a declaração do réu como indefeso, devendo o juiz nomear defensor dativo ao réu assim considerado (analogia ao art. 497, V, CPP); **D:** incorreta (Súmula 523, STF). ED
Gabarito "B".

18. RECURSOS

(Delegado/AP – 2017 – FCC) Sobre os recursos no processo penal, é correto afirmar:

(A) Por falta de capacidade postulatória, é vedada a interposição de recurso pelo réu.

(B) Em caso de indeferimento de representação por prisão preventiva feita por autoridade policial, o Delegado de Polícia poderá interpor recurso em sentido estrito.

(C) É cabível protesto por novo júri em caso de condenação superior a 20 anos.

(D) Os embargos infringentes e de nulidade são exclusivos da defesa.

(E) O regime de celeridade e informalidade do Juizado Especial Criminal é compatível com a impossibilidade de embargos de declaração nos casos submetidos à sua jurisdição.

A: incorreta, pois não reflete o disposto no art. 577, *caput*, do CPP; **B:** incorreta. Uma vez não acolhida a representação, formulada pela autoridade policial, para decretação da prisão preventiva, nada há a ser feito pelo delegado, que carece de legitimidade para se insurgir contra a decisão judicial, com a interposição de recurso em sentido estrito; **C:** incorreta. Os arts. 607 e 608 do CPP, que disciplinavam o *protesto por novo júri*, foram revogados pela Lei 11.689/2008, de tal sorte que tal recurso não mais está previsto no nosso ordenamento jurídico; **D:** correta. De fato, os embargos infringentes e de nulidade são recursos exclusivos da *defesa* que serão opostos quando a decisão desfavorável ao réu, em segunda instância, não for unânime (decisão plurânime) – art. 609, parágrafo único, CPP; **E:** incorreta, já que os embargos de declaração são admitidos, sim, no procedimento sumaríssimo do Juizado Especial Criminal (art. 83, Lei 9.099/1995, cuja redação foi alterada por força da Lei 13.105/2015). ED
Gabarito "D".

(Delegado/RO – 2014 – FUNCAB) Com base nas ponderações doutrinárias acerca da teoria geral dos recursos, aponte a alternativa que prevê as características fundamentais dos recursos

(A) Alguns recursos criam uma nova relação processual, outros não, mas sempre têm por objeto a impugnação de um ato judicial.

(B) Todo recurso é voluntário, prolonga a mesma relação processual e impugna decisão judicial.

(C) O recurso pode ser voluntário ou obrigatório, prolonga a mesma relação processual e impugna decisão judicial.

(D) O recurso pode ser voluntário ou obrigatório, cria uma nova relação processual e impugna decisão judicial.

(E) Todo recurso é obrigatório, cria uma nova relação processual e impugna decisão judicial.

A *voluntariedade* é a característica fundamental dos recursos. Significa que as partes somente recorrerão se quiserem, se assim desejarem. Não estão, enfim, obrigadas a recorrer, ainda que a defesa seja patrocinada por defensor público. Casos há em que a lei impõe ao juiz a obrigação de "recorrer" de sua própria decisão (recurso de ofício, necessário ou anômalo), providência que, na sua essência, muito pouco tem de "recurso", pois se trata, na verdade, como dito, de obrigação imposta ao juiz, e não às partes. Tal providência a ser tomada pelo juiz não retira esta característica fundamental dos recursos, que é a *voluntariedade* (art. 574 do CPP). Pode-se dizer, portanto, que todo recurso é voluntário; se não é voluntário, recurso não é.

Gabarito "B".

(Delegado/SP – 2014 – VUNESP) Cabe recurso de ofício da sentença

(A) que conceder *habeas corpus*.
(B) que absolver o réu por inexistência do crime.
(C) de pronúncia.
(D) de absolvição sumária.
(E) que denegar *habeas corpus*.

Pela disciplina estabelecida no art. 574, I, do CPP, o assim chamado, de forma inapropriada, *recurso* de ofício, que nada mais é do que a obrigação imposta ao magistrado de submeter sua decisão a novo exame por instância superior, deverá ser interposto da sentença que conceder *habeas corpus*.

Gabarito "A".

(Delegado/SP – 2014 – VUNESP) Dentre os recursos a seguir, aquele em que não é possível a desistência é:

(A) apelação.
(B) em qualquer recurso interposto pelo Defensor Público.
(C) protesto por novo júri.
(D) em qualquer recurso interposto pelo Ministério Público.
(E) recurso em sentido estrito.

À luz do *princípio da indisponibilidade*, é defeso ao Ministério Público desistir da ação penal proposta (CPP, art. 42) e do recurso interposto (CPP, art. 576). Cuidado: não se quer com isso dizer que o membro do MP é obrigado a recorrer, mas, uma vez interposto o recurso, é-lhe vedado dele desistir.

Gabarito "D".

(Delegado Federal – 2002 – CESPE) Célia foi vítima de erro decorrente de imperícia do médico em cirurgia plástica a que se submetera para a correção do abdome, o que lhe deixou grave sequela estética e funcional. Com a condenação do médico por crime de lesões corporais culposas, o MP pleiteou, no juízo cível, o ressarcimento do dano em favor de Célia, juridicamente pobre, pleiteando a condenação do médico ao pagamento de R$ 35.000,00, a título de danos materiais, e de R$ 60.000,00, por danos morais. O médico contestou a ação, alegando a ilegitimidade ativa do MP, arguindo para tanto a inconstitucionalidade do art. 68 do Código de Processo Penal (CPP) –que confere ao MP a legitimidade para promover a ação civil *ex delicto* – diante da nova ordem constitucional vigente, já que a promoção de ação civil, nesses moldes, não está entre as atribuições previstas no art. 129 da Constituição da República. No mérito, o cirurgião contestou os valores pleiteados. O juiz cível acatou a arguição de inconstitucionalidade e decretou a extinção do feito por ilegitimidade ativa do MP para a causa. Irresignado com a decisão, o MP interpôs apelação da sentença, sustentando sua legitimidade para promover a ação. Diante dessa situação hipotética, julgue os itens subsequentes.

(1) Se o tribunal entender ser o MP parte legítima para propor a ação, ao dar provimento ao apelo, deverá cassar a sentença recorrida e determinar o retorno dos autos à instância inferior, para prosseguimento do feito, não podendo julgar o mérito da causa, ainda que entenda que o dano está devidamente comprovado pela prova produzida no processo penal.

(2) O entendimento do STF é no sentido de que ainda vigora o art. 68 do CPP, detendo o MP legitimidade para a propositura da ação civil *ex delito*, desde que, na localidade, não haja defensoria pública organizada, de direito e de fato, nos moldes previstos na Constituição da República.

(3) Se o tribunal, por maioria, der provimento ao recurso, não poderá o apelado interpor contra o acórdão recurso extraordinário ou especial, sem que antes interponha embargos infringentes, atendendo ao requisito do exaurimento de instância.

1: correta. Sendo o caso de provimento da apelação interposta pelo Ministério Público, o Tribunal, ao reconhecer sua legitimidade para propor ação civil *ex delicto*, nos termos do art. 68 do CPP, deverá cassar a sentença e devolver os autos à primeira instância, haja vista que o indeferimento da inicial, após a resposta do réu, não permitiu que se colhessem todas as provas necessárias à comprovação dos danos sofridos pelo autor; **2:** correta. De fato, vigora a tese da inconstitucionalidade progressiva do art. 68 do CPP. Em outras palavras, com o passar do tempo, referido dispositivo legal não mais poderá ser utilizado pelo Ministério Público para fundamentar sua legitimidade à promoção de ação civil *ex delicto*. À medida que as comarcas passarem a contar com Defensoria Pública, e sendo a pessoa considerada hipossuficiente, caberá àquela instituição representá-la em juízo. Afinal, não é missão constitucional do Ministério Público, mas sim da Defensoria Pública, zelar e representar judicialmente os interesses das pessoas consideradas pobres; **3:** correta. De fato, descabe a apresentação de recursos excepcionais (recurso especial ou extraordinário) antes de esgotadas todas as possibilidades recursais. Assim, tendo havido julgamento não unânime, caberá a oposição de embargos infringentes, visto que a admissibilidade de recurso especial ou extraordinário depende do esgotamento das instâncias inferiores.

Gabarito 1C, 2C, 3C.

(Delegado/AM) Não caberá recurso em sentido estrito da decisão que

(A) indeferir requerimento de prisão preventiva.
(B) relaxar a prisão em flagrante.
(C) decretar a prisão preventiva.
(D) revogar prisão preventiva.

A: incorreta (art. 581, V, CPP); **B:** incorreta (art. 581, V, CPP); **C:** correta, visto que somente caberá recurso em sentido estrito da decisão que indeferir ou revogar a prisão preventiva. Caso esta seja decretada, caberá a impetração de *habeas corpus*; **D:** incorreta (art. 581, V, CPP).

Gabarito "C".

(Delegado/CE – 2006 – CEV/UECE) Considerando os recursos e ações de impugnação genéricas do processo penal, marque a opção verdadeira.

(A) O recurso em sentido estrito serve para impugnar decisões de natureza interlocutória, sempre que o réu estiver prejudicado em seus direitos, como por exemplo, da decisão que recebe ou não a denúncia.
(B) Segundo o entendimento dominante da doutrina a decisão de desclassificação própria do procedimento do júri não pode ser recorrida através de recurso em sentido estrito já que tal decisão não está prevista no rol de hipóteses de cabimento do citado recurso.

(C) A apelação poderá ser utilizada contra decisões do júri, incluindo o veredicto dos jurados. Neste caso, ao dar provimento ao recurso o juízo ad quem não poderá reformar a decisão em respeito ao princípio constitucional da soberania dos veredictos.

(D) O Protesto por novo júri será utilizado contra condenações superiores a 20 (vinte) anos tomando-se como referência o somatório das penas aplicadas decorrentes do julgamento do Tribunal do Júri, incluindo crimes contra a vida e outros a estes conexos.

A: incorreta. De fato, o recurso em sentido estrito é cabível, em regra, para a impugnação de decisões interlocutórias, à semelhança do recurso de agravo do processo civil. No entanto, a decisão que recebe a denúncia é irrecorrível, visto que, de acordo com o art. 581, I, CPP, somente caberá recurso da decisão que rejeitar a denúncia ou queixa. Para o eventual recebimento indevido de uma denúncia, será cabível a impetração de *habeas corpus*, visando, por exemplo, o trancamento da ação penal por falta de justa causa; **B:** incorreta. A decisão de desclassificação de crime que observe o procedimento do júri desafia recurso em sentido estrito, consoante art. 581, II, CPP; **C:** correta. De fato, em respeito ao princípio constitucional da soberania do veredicto (art. 5º, XXXVIII, "c", da CF), a apelação que impugne a decisão dos jurados (ex.: decisão manifestamente contrária à prova dos autos) gerará a submissão do condenado a novo julgamento (art. 593, § 3º, CPP); **D:** incorreta. Antes do advento da Lei 11.689, de 9 de junho de 2008, cabia a interposição de protesto por novo júri contra a condenação superior a 20 (vinte) anos, decorrente da prática de um só crime. A partir da referida lei, deixou de existir referido recurso. ED

Gabarito "C".

(Delegado/DF – 2004) O Ministério Público Estadual denunciou Serafim pela prática do fato descrito no art. 157 do Código Penal. O Juiz, observando a ausência de justa causa, rejeitou a denúncia. Pode-se afirmar que:

(A) como não houve ainda a citação, não se formou a relação processual, não havendo necessidade de intimação de Serafim para apresentação de contrarrazões do recurso interposto.

(B) como o ato de recebimento ou rejeição da denúncia não possui força decisória, não haverá necessidade de fundamentação pelo juiz.

(C) dando provimento ao recurso ministerial, haverá a produção dos efeitos do recebimento da denúncia, inclusive para interromper o curso prescricional.

(D) interposto recurso contra ato de rejeição da denúncia, não haverá a produção do efeito regressivo.

(E) como o juiz não está adstrito à classificação jurídica do fato, sua ausência na denúncia causará mera irregularidade, podendo ser corrigida até a decisão final.

A: incorreta (Súmula 707, STF); **B:** incorreta. Especialmente o ato de rejeição da denúncia tem força decisória. Tanto é que desafia recurso em sentido estrito (art. 581, I, CPP). A falta de fundamentação constitui nulidade, inclusive por força do art. 93, IX, CF; **C:** correta. De fato, se provido o recurso em sentido estrito interposto contra a decisão que rejeitou a denúncia, a decisão do Tribunal irá substituir a de primeiro grau, recebendo a denúncia, o que constitui marco interruptivo da prescrição (art. 117, I, CP); **D:** incorreta. A interposição de recurso em sentido estrito gera, para o juiz, o denominado efeito regressivo. Em outras palavras, no prazo de dois dias, contados da interposição de aludido recurso, poderá o juiz retratar-se de sua decisão (art. 589, CPP); **E:** incorreta. A ausência da classificação jurídica do fato enseja a rejeição da denúncia (art. 41, CPP), visto ser requisito para seu oferecimento. ED

Gabarito "C".

(Delegado/MG – 2012) Sobre recursos no processo penal é **INCORRETO** afirmar:

(A) O recurso de agravo, previsto no art. 197 da LEP, tem efeito regressivo.

(B) A apelação no juizado especial tem prazo de 10 dias.

(C) No juizado especial a parte recorrente pode protestar por apresentar as razões de apelação perante a turma recursal.

(D) O prazo dos embargos de declaração no juizado especial é de 5 (cinco) dias.

A: assertiva correta. É cabível, no âmbito do agravo em execução, recurso previsto no art. 197 da LEP, o juízo de retratação (efeito regressivo), visto que a este recurso são aplicadas as regras que disciplinam o recurso em sentido estrito, em relação ao qual é admitido, por expressa previsão do art. 589 do CPP, o efeito regressivo; **B:** assertiva correta, nos termos do art. 82, § 1º, da Lei 9.099/1995; **C:** assertiva incorreta, devendo ser assinalada, pois não reflete o disposto no art. 82, § 1º, da Lei 9.099/1995; **D:** assertiva correta, pois em consonância com o que estabelece o art. 83, § 1º, da Lei 9.099/1995. ED

Gabarito "C".

(Delegado/MG – 2008) Sobre recursos no processo penal, assinale a afirmativa CORRETA.

(A) Da decisão do juiz que decide sobre unificação de penas caberá recurso em sentido estrito.

(B) Da decisão do juiz do juizado especial criminal que não recebe a denúncia oferecida pelo Ministério Público caberá recurso em sentido estrito.

(C) Ao não conceder ordem de *habeas corpus* impetrado em favor de acusado preso, por maioria de votos, caberá embargos infringentes.

(D) O prazo de interposição do recurso de apelação pelo assistente do ministério público, ainda não habilitado no processo até a sentença absolutória, é de 15 dias após esgotado o prazo recursal do titular da ação penal.

A: incorreta. A decisão que decide sobre unificação de penas é tomada pelo juiz das execuções criminais (art. 66, III, "a", da LEP – Lei 7.210/1984), motivo pelo qual caberá a interposição de agravo em execução (art. 197, LEP). O art. 581, XVII, do CPP, que diz caber recurso em sentido estrito da decisão que decidir sobre a unificação de penas, foi tacitamente revogado pela LEP; **B:** incorreta. Da decisão, no juizado especial criminal, que rejeite a denúncia ou queixa caberá a interposição de recurso de apelação (art. 82, Lei 9.099/1995); **C:** incorreta. A decisão do Tribunal que denega ordem de *habeas corpus* desafia, conforme arts. 102, II, "a" e 105, II, "a", ambos da CF, recurso ordinário, respectivamente, ao STF ou STJ. Os embargos infringentes (art. 609, parágrafo único, CPP) somente são admissíveis das decisões não unânimes proferidas em grau de julgamento de apelação, recurso em sentido estrito e agravo em execução; **D:** correta (art. 598, CPP). ED

Gabarito "D".

(Delegado/MT – 2006) Sobre os recursos, todas as alternativas estão corretas, **EXCETO**:

(A) O Ministério Público não poderá desistir de recurso que haja imposto.

(B) Caberá apelação no prazo de 5 (cinco) dias da sentença de pronúncia.

(C) No caso de concurso de agentes, a decisão do recurso interposto por um dos réus, se fundado em motivos que não sejam de caráter exclusivamente pessoal, aproveitará aos outros.

(D) Caberá recurso, no sentido estrito, da decisão, despacho ou sentença que não receber a denúncia ou a queixa.

A: assertiva correta (art. 576, CPP); **B:** assertiva incorreta, devendo ser assinalada. Caberá recurso sem sentido estrito da decisão que pronunciar o réu (art. 581, IV, CPP); **C:** assertiva correta (art. 580, CPP). É o denominado efeito extensivo dos recursos; **D:** assertiva correta (art. 581, I, CPP).

Gabarito "B".

19. *HABEAS CORPUS*, MANDADO DE SEGURANÇA E REVISÃO CRIMINAL

(Delegado/CE – 2006 – CEV/UECE) Tomando o posicionamento atual e dominante do STF e do STJ marque a opção FALSA.

(A) Não cabe *habeas corpus* contra a decisão condenatória a pena de multa, ou em relação a processo em curso por infração penal a que a pena pecuniária seja a única.
(B) Não cabe *habeas corpus* quando já extinta a pena privativa de liberdade.
(C) É concorrente a legitimidade do ofendido, mediante queixa, e do Ministério Público, condicionada à representação do ofendido, para a ação penal por crime contra a honra de Servidor Público em razão do exercício de suas funções.
(D) Mesmo pronunciado o réu, não fica superada a alegação do constrangimento ilegal da prisão por excesso de prazo na instrução.

A: assertiva correta (Súmula 693, STF); **B:** assertiva correta (Súmula 695, STF); **C:** assertiva correta (Súmula 714, STF); **D:** assertiva incorreta, devendo ser assinalada (Súmula 21, STJ).

Gabarito "D".

(Delegado/ES – 2006 – CESPE) Acerca da revisão criminal, julgue o item que se segue.

(1) Considere a seguinte situação hipotética. Juvenal, processado por crime de roubo, foi julgado e absolvido por falta de provas. Após o trânsito em julgado da sentença, o representante do Ministério Público que oficiou no processo constatou que a defesa do réu fora feita exclusivamente por estagiário, ou seja, por profissional sem a devida habilitação técnica. Nessa situação, o promotor de justiça poderá impugnar a decisão absolutória, ingressando com ação de revisão criminal para anular o processo.

1: incorreta. A revisão criminal, ação autônoma de impugnação de decisões judiciais transitadas em julgado, somente é admissível diante de sentença condenatória (art. 621, CPP) ou absolutória imprópria. Igualmente, não tem o Ministério Público legitimidade para propor revisão criminal (art. 623, CPP). Trata-se de medida privativa da defesa.

Gabarito 1E.

(Delegado/PA – 2009 – MOVENS) Em relação ao *habeas corpus*, assinale a opção correta.

(A) Será concedido sempre que alguém sofrer ou se achar ameaçado de sofrer violência ou coação em sua liberdade de locomoção, por ilegalidade ou abuso de poder.
(B) Não será concedido em favor de quem já se encontra preso.
(C) Não será concedido em favor de quem já foi condenado por sentença transitada em julgado.
(D) Não será concedido a pessoa estrangeira em passagem pelo Brasil.

A: correta, nos termos dos arts. 5º, LXVIII, da CF e art. 647 do CPP; **B:** incorreta. Os arts. 5º, LXVIII, da CF e 647 do CPP contemplam duas espécies de *habeas corpus*: *repressivo*, destinado a afastar o constrangimento já efetivado, isto é, devolver a liberdade a alguém que já teve esse direito suprimido; e o *preventivo*, que visa a afastar uma ameaça de violência ou coação à liberdade de locomoção; **C:** incorreta, já que a lei não faz essa exigência; **D:** incorreta. O *habeas corpus* pode, sim, ser concedido a paciente estrangeiro em passagem pelo Brasil.

Gabarito "A".

(Delegado/SP – 2008) Se o *habeas Corpus* for concedido em virtude de nulidade do processo, este será

(A) arquivado.
(B) julgado extinto.
(C) encerrado.
(D) renovado.
(E) suspenso.

De fato, concedido *habeas corpus* impetrado em face de processo manifestamente nulo (art. 648, VI, CPP), a consequência natural será a renovação (leia-se: refazimento) dos atos processuais inválidos.

Gabarito "D".

20. EXECUÇÃO PENAL

(Delegado/MS – 2017 – FAPEMS) Conforme a Lei n. 7.210, de 11 de julho de 1984, que institui a Lei de Execução Penal, e entendimento dos Tribunais Superiores, a respeito da execução penal, é correto afirmar que

(A) de acordo com o entendimento sumulado do Superior Tribunal de Justiça, a falta grave interrompe o prazo para a obtenção de livramento condicional.
(B) a remição é instituto que se aplica a presos em regime techado ou semiaberto, não havendo autorização legal para ser concedida aos condenados em regime aberto.
(C) nas duas espécies de autorizações de saída, previstas na Lei de Execução Penal vigente, é medida obrigatória a vigilância direta do preso, podendo o juiz determinar a fiscalização por meio de monitoramento eletrônico.
(D) o regime disciplinar diferenciado, conforme previsão na Lei de Execução Penal vigente, será aplicado por prévio e fundamentado despacho do juiz competente, e dependerá de requerimento circunstanciado elaborado pelo diretor do estabelecimento prisional, delegado de polícia ou Ministério Público.
(E) a pena unificada para atender ao limite de trinta anos de cumprimento, determinado pelo artigo 75 do Código Penal vigente, não é considerada para a concessão do livramento condicional ou regime mais favorável de execução.

A: incorreta, pois não corresponde ao entendimento firmado na Súmula n. 441 do STJ, *in verbis*: "A falta grave não interrompe o prazo para obtenção de livramento condicional". Atenção: a Lei 13.964/2019, com vigência a partir de 23 de janeiro de 2020 e posterior, portanto, à aplicação desta prova, introduziu novo requisito para a concessão do

livramento condicional. Até então, tínhamos que o inciso III do art. 83 do CP continha os seguintes requisitos: comportamento satisfatório no curso da execução da pena; bom desempenho no trabalho atribuído ao reeducando; e aptidão para prover à própria subsistência por meio de trabalho honesto. O que fez a Lei 13.964/2019 foi inserir, neste inciso III, um quarto requisito. Doravante, além de preencher os requisitos contemplados no art. 83 do CP (nos seus cinco incisos), é de rigor que o reeducando, para fazer jus à concessão do livramento, não tenha cometido falta grave nos últimos 12 meses. O inciso III, que passou a abrigar esta modificação, foi fracionado em quatro alíneas ("a", "b", "c" e "d"), cada qual correspondente a um requisito (os três aos quais me referi acima e este novo requisito introduzido pela *novel*lei); **B:** incorreta. É que a remição pelo trabalho somente é possível nos regimes fechado e semiaberto (art. 126, *caput*, do LEP); no regime aberto, somente poderá o condenado obter a remição pelo estudo, tal como autorizado pelo art. 126, § 6º, da LEP; **C:** incorreta. A autorização de saída comporta duas espécies, a saber: *permissão de saída* e *saída temporária*. A *permissão de saída*, a ser concedida, pelo diretor do estabelecimento prisional, aos condenados que cumprem pena nos regimes fechado e semiaberto, e também aos presos provisórios (art. 120, *caput*, LEP), pressupõe que o preso esteja sob escolta permanente (art. 120, LEP); já a *saída temporária*, que será concedida ao condenado que se encontra em cumprimento de pena no regime *semiaberto* (art. 122, *caput*, da LEP) e somente mediante autorização do juízo da execução, ouvidos o MP e a administração penitenciária (art. 123, *caput*, da LEP), prescinde de escolta, podendo o juiz, neste caso, determinar a utilização de equipamento de monitoração eletrônica; **D:** incorreta. O delegado de polícia e o membro do MP não têm legitimidade para formular requerimento de inclusão de preso em regime disciplinar diferenciado. Ao MP cabe tão somente emitir parecer a esse respeito, sempre que houver requerimento formulado pelo diretor do estabelecimento prisional nesse sentido (art. 54, §§ 1º e 2º, da LEP); **E:** correta, na medida em que reflete o entendimento sedimentado na Súmula 715, do STF. Cuidado: com a alteração promovida pela Lei 13.964/2019 na redação do art. 75 do CP (*caput* e § 1º), o tempo máximo de cumprimento da pena privativa de liberdade, que era de 30 anos, passou a ser de 40 anos, o que é compreensível em face do aumento da expectativa de vida verificado nas últimas décadas. Duas observações devem ser feitas. A primeira é que tal alteração em nada muda a vigência da Súmula 715 do STF, segundo a qual o limite contido no art. 75 do CP, que passou a ser de 40 anos, não se presta ao cálculo para obtenção da progressão de regime prisional. O parâmetro a ser empregado é a pena fixada na sentença. A segunda observação refere-se à medida de segurança. Como bem sabemos, o STF, à luz da regra de que são vedadas penas de caráter perpétuo, adotou o posicionamento no sentido de que o prazo máximo de duração da medida de segurança corresponde a 30 anos, em analogia ao art. 75 do CP. Com isso, forçoso concluir que este prazo máximo de cumprimento da medida de segurança, com a modificação operada na redação do art. 75 do CP, passe para 40 anos. Já o STJ, cujo entendimento acerca deste tema difere do adotado pelo STF, entende que o tempo máximo de cumprimento de medida de segurança não pode ultrapassar o limite máximo da pena abstratamente cominada ao delito (Súmula 527). Neste caso, a alteração promovida no art. 75 do CP não trará qualquer repercussão. Ademais, importante o registro de que tal modificação constitui hipótese de *novatio legis in pejus*, razão pela qual somente terá incidência aos crimes cometidos a partir de 23 de janeiro de 2020, quando a Lei 13.964/2019 entrou em vigor.
Gabarito "E".

(Delegado/MS – 2017 – FAPEMS) Considerando as teses sumuladas pelo Supremo Tribunal Federal atinentes às regras de fixação e progressão de regime de execução da pena, assinale a alternativa correta.

(A) Não impede a progressão de regime de execução de pena, fixada em sentença não transitada em julgado, o fato de o réu se encontrar em prisão especial.

(B) A pena unificada para atender ao limite de trinta anos de cumprimento é considerada para a concessão de regime mais favorável de execução penal.

(C) A opinião do julgador sobre a gravidade em abstrato do crime constitui motivação idônea para a imposição de regime mais severo do que o permitido segundo a pena aplicada.

(D) A imposição do regime de cumprimento mais severo do que a pena aplicada permitir não exige motivação idônea por parte do magistrado.

(E) Não se admite a progressão de regime de cumprimento de pena antes do trânsito em julgado da sentença condenatória.

A: correta, pois em conformidade com o entendimento estabelecido na Súmula 717, do STF; **B:** incorreta, pois em desconformidade com o entendimento estabelecido na Súmula 715, do STF. Cuidado: com a alteração promovida pela Lei 13.964/2019 na redação do art. 75 do CP (*caput* e § 1º), o tempo máximo de cumprimento da pena privativa de liberdade, que era de 30 anos, passou a ser de 40 anos, o que é compreensível em face do aumento da expectativa de vida verificado nas últimas décadas. Duas observações devem ser feitas. A primeira é que tal alteração em nada muda a vigência da Súmula 715 do STF, segundo a qual o limite contido no art. 75 do CP, que passou a ser de 40 anos, não se presta ao cálculo para obtenção da progressão de regime prisional. O parâmetro a ser empregado é a pena fixada na sentença. A segunda observação refere-se à medida de segurança. Como bem sabemos, o STF, à luz da regra de que são vedadas penas de caráter perpétuo, adotou o posicionamento no sentido de que o prazo máximo de duração da medida de segurança corresponde a 30 anos, em analogia ao art. 75 do CP. Com isso, forçoso concluir que este prazo máximo de cumprimento da medida de segurança, com a modificação operada na redação do art. 75 do CP, passe para 40 anos. Já o STJ, cujo entendimento acerca deste tema difere do adotado pelo STF, entende que o tempo máximo de cumprimento de medida de segurança não pode ultrapassar o limite máximo da pena abstratamente cominada ao delito (Súmula 527). Neste caso, a alteração promovida no art. 75 do CP não trará qualquer repercussão. Ademais, importante o registro de que tal modificação constitui hipótese de *novatio legis in pejus*, razão pela qual somente terá incidência aos crimes cometidos a partir de 23 de janeiro de 2020, quando a Lei 13.964/2019 entra em vigor; **C:** incorreta, pois em desconformidade com o entendimento estabelecido na Súmula 718, do STF; **D:** incorreta, pois em desconformidade com o entendimento estabelecido na Súmula 719, do STF; **E:** incorreta, pois em desconformidade com o entendimento estabelecido na Súmula 716, do STF.
Gabarito "A".

(Delegado/DF – 2015 – Fundação Universa) Quanto à execução penal, assinale a alternativa correta.

(A) Não se admite a regressão de regime *per saltum*.

(B) Admite-se a progressão de regime *per saltum*.

(C) Se João for condenado a duzentos anos de prisão, poderá, em virtude do princípio da individualização da pena, progredir após cumprir um sexto de trinta anos, desde que os crimes não sejam hediondos e João tenha bom comportamento.

(D) Conforme o STJ, não se admite que condenado à medida de segurança cumpra tal medida por mais tempo do que a pena máxima cominada ao crime, independentemente de ter, ou não, cessado a periculosidade.

(E) Só será obrigado a cumprir três quintos da pena para progredir de regime o condenado por crime hediondo que seja reincidente específico.

A: incorreta, uma vez que, diferentemente do que se dá com a *progressão*, é perfeitamente possível, na *regressão*, que o condenado, diante das hipóteses elencadas no art. 118 da LEP, vá do regime aberto diretamente ao fechado, sem a necessidade de passar pelo semiaberto. Com efeito, é claro o art. 118, *caput*, da LEP ao estabelecer que pode o condenado ser transferido "para qualquer dos regimes mais rigorosos (...)"; **B:** incorreta, na medida em que não se admite a chamada *progressão per saltum*. É esse o entendimento sedimentado na Súmula 491, STJ; **C:** incorreta, pois, apesar de o art. 75, *caput*, do CP estabelecer que o tempo de cumprimento das penas privativas de liberdade não pode ser superior a trinta anos, tal interregno refere-se, na verdade, ao efetivo cumprimento delas, e não à sua aplicação. Dessa forma, o limite de 30 anos não será levado em consideração para o fim de calcular os benefícios como o livramento condicional e a progressão de regime. Tal entendimento consta da Súmula 715 do STF: "A pena unificada para atender ao limite de trinta anos de cumprimento, determinado pelo art. 75 do Código Penal, não é considerada para a concessão de outros benefícios, como o livramento condicional ou o regime mais favorável de execução". Com o advento da Lei 13.964/2019 (posterior à elaboração desta questão), que alterou a redação do art. 75 do CP, o tempo máximo de cumprimento da pena privativa de liberdade, que era de 30 anos, passou a ser de 40 anos; **D:** correta. De fato, para o STJ, que editou, a esse respeito, a Súmula 527, o tempo de duração da medida de segurança não deve ultrapassar o limite máximo da pena abstratamente cominada ao delito praticado; **E:** incorreta, já que não é necessário, para que a progressão se dê após o cumprimento de três quintos da pena imposta, no contexto dos crimes hediondos e equiparados, que o agente seja reincidente *específico*, bastando a *reincidência*, conforme expressamente previsto no art. 2º, § 2º, da Lei 8.072/1990 (Crimes Hediondos). Atenção: com a alteração promovida pela Lei 13.964/2019 na redação do art. 112 da LEP (posterior, portanto, à elaboração desta questão), criam-se novos patamares para o reeducando pleitear a progressão de regime de cumprimento de pena, aqui incluído o condenado pela prática de crime hediondo/equiparado, cuja disciplina, até então, estava no art. 2º, § 2º, da Lei 8.072/1990, que estabelecia faixas diferenciadas de cumprimento de pena necessárias à progressão, dispositivo expressamente revogado pela Lei 13.964/2019. Com isso, as novas regras de progressão, inclusive para os autores de crimes hediondos, estão contempladas no novo art. 112 da LEP, que foi substancialmente reformulado pela Lei 13.964/2019, estabelecendo uma nova e ampla tabela de progressão de regime. ED

Gabarito "D".

(Delegado/PA – 2013 – UEPA) De acordo com a Lei de Execução Penal é correto afirmar que:

(A) indivíduo que tenha sido condenado, em processos distintos, a duas penas privativas de liberdade em regime inicial semiaberto, pode iniciar a execução em regime fechado, se o somatório das penas importar em valor incompatível com esse regime.

(B) a inclusão do apenado no regime aberto depende da comprovação de que o mesmo já está trabalhando, porque deve comprovar a capacidade prévia de sustentar-se por meios lícitos.

(C) a regressão de regime pode ser imposta ao apenado que, no curso da execução, seja condenado, por sentença transitada em julgado, pela prática de crime doloso ou, nos termos do regulamento da casa penal, da prática de falta grave.

(D) o regime disciplinar diferenciado pode ser imposto tanto ao condenado quanto ao preso provisório, tendo como fundamento a prática de qualquer crime doloso, porque todos os crimes dolosos constituem faltas graves.

(E) razões de segurança ou disciplinares autorizam o diretor do estabelecimento penal a suspender ou restringir certos direitos do preso, dentre eles o de receber visitas íntimas, mas não pode ser suspenso o direito às visitas normais dos familiares, porque essa é uma condição básica de ressocialização.

A: incorreta (art. 111, *caput*, da LEP); **B:** incorreta (art. 114, I, da LEP); **C:** correta (art. 118, I, da LEP); **D:** incorreta (art. 52, *caput*, da LEP). A Lei 13.964/2019 alterou o art. 52 da LEP e modificou substancialmente as regras que regem o regime disciplinar diferenciado, a começar pelo prazo de duração, que era de até 360 dias e passou para até dois anos, sem prejuízo de repetição da sanção diante do cometimento de nova falta grave da mesma espécie (art. 52, I, LEP). A redação original do art. 52, III, da LEP permitia o recebimento de visitas semanais de duas pessoas, sem contar as crianças, com duração de duas horas. Doravante, dada a alteração legislativa promovida neste dispositivo pela Lei 13.964/2019, as visitas, que antes eram semanais, passam a ser quinzenais. Se o interessado for alguém sem vínculo familiar, a visita dependerá de autorização judicial. Segundo o § 6º deste art. 52, a visita será gravada e fiscalizada por agente penitenciário, mediante autorização judicial. Nos termos do art. 52, IV, da LEP, também alterado pela Lei 13.964/2019, a saída para o banho de sol será feita em grupos de até quatro presos, desde que não haja contato com presos do mesmo grupo criminoso. No mais, o RDD continua a valer tanto para os presos condenados quanto para os provisórios (art. 52, "caput", da LEP); **E:** incorreta (art. 41, X e parágrafo único, LEP). ED

Gabarito "C".

(Delegado/AC – 2008 – CESPE) A respeito de suspensão condicional da pena e livramento condicional, julgue o item seguinte.

(1) Haverá revogação obrigatória do livramento condicional se o liberado for irrecorrivelmente condenado, por crime ou contravenção, qualquer que seja a pena cominada.

A revogação obrigatória do livramento condicional se dá nos casos em que o sentenciado for condenado a pena privativa de liberdade, em sentença irrecorrível pela prática de crime, e não de contravenção (art. 86 do CP). ED

Gabarito 1E.

(Delegado/DF – 2004) De acordo com a Lei de Execução Penal vigente, é INCORRETO afirmar que

(A) o isolamento, a suspensão e a restrição de direitos não poderão exceder a dez dias, ressalvada a hipótese do regime disciplinar diferenciado

(B) se a revogação for motivada por infração penal anterior à vigência do livramento, computar-se-á como tempo de cumprimento da pena o período de prova, sendo permitida, para a concessão de novo livramento, a soma do tempo das duas penas.

(C) na aplicação das sanções disciplinares, levar-se-ão em conta a natureza, os motivos, as circunstâncias e as consequências do fato, bem como a pessoa do faltoso e seu tempo de prisão.

(D) transitada em julgado a sentença que aplicou a pena restritiva de direitos, o juiz de execução, de ofício ou a requerimento do Ministério Público, promoverá a execução, podendo, para tanto, requisitar, quando necessário, a colaboração de entidades públicas ou solicitá-las a particulares.

(E) a autoridade administrativa poderá decretar o isolamento preventivo do faltoso pelo prazo de até dez dias; a inclusão do preso no regime disciplinar diferenciado, no interesse da disciplina e da averiguação do fato, dependerá de despacho do juiz competente.

A: assertiva incorreta, devendo ser assinalada. As sanções disciplinares mencionadas não poderão exceder a 30 dias (art. 58 da LEP); **B:** assertiva correta, nos termos do art. 141 da LEP; **C:** assertiva correta, nos termos do art. 57 da LEP; **D:** assertiva correta, nos termos do art. 147 da LEP; **E:** assertiva correta, nos termos do art. 60 da LEP. ED
Gabarito "A".

(Delegado/MG – 2008) Quanto à competência do Conselho Penitenciário, é CORRETO afirmar que

(A) o Conselho Penitenciário tem que emitir parecer em pedidos de progressão de regime do semiaberto para o aberto e indulto.
(B) o Conselho Penitenciário tem que emitir parecer em pedidos de progressão de regime do fechado para o semiaberto e comutação de pena.
(C) o Conselho Penitenciário tem que emitir parecer em pedidos de indulto e comutação de pena.
(D) o Conselho Penitenciário tem que emitir parecer em pedidos de livramento condicional e progressão de regime do fechado para o semiaberto.

As incumbências do Conselho Penitenciário estão descritas no art. 70 da LEP. ED
Gabarito "C".

(Delegado/MS – 2006) Referente à Cadeia Pública, é correto afirmar: que

(A) será instalada longe de centro urbano, observando-se na construção as exigências mínimas referidas no art. 88 e seu parágrafo único da Lei de Execuções Penais.
(B) cada comarca terá, no máximo, uma Cadeia Pública a fim de resguardar o interesse da administração da justiça criminal e a permanência do preso em local próximo ao se meio social e familiar.
(C) destina-se ao recolhimento de presos provisórios.
(D) só os membros do Ministério Público podem administrar uma Cadeia Pública.

A: incorreta, uma vez que a cadeia pública será instalada próximo ao centro urbano (art. 104, LEP); **B:** incorreta, dado que cada comarca terá pelo menos uma cadeia pública (art. 103, LEP); **C:** correta, nos termos do art. 102 da LEP; **D:** incorreta. Os requisitos necessários para ocupar o cargo de diretor de estabelecimento penal estão previstos no art. 75 da LEP. ED
Gabarito "C".

(Delegado/RN – 2009 – CESPE) De acordo com a Lei de Execução Penal, assinale a opção correta.

(A) O trabalho externo é inadmissível para os presos em regime fechado, tendo em vista o alto grau de periculosidade dos condenados.
(B) A prestação de trabalho externo, a ser autorizada pela direção do estabelecimento penal, dependerá de aptidão, disciplina e responsabilidade, além do cumprimento mínimo de dois terços da pena.
(C) Se o preso for punido por falta média, será revogada a autorização de trabalho externo.
(D) Se o preso praticar fato definido como crime, revogar-se á a autorização de trabalho externo.
(E) Para o preso provisório, o trabalho é obrigatório e só poderá ser executado no interior do estabelecimento.

A: incorreta. É admissível que o recolhido em regime fechado desempenhe trabalhos externos em serviço ou obras públicas, desde que tomadas cautelas para evitar a fuga (art. 36, LEP); **B:** incorreta. Para que seja autorizada a realização de trabalhos externos é exigível que o sentenciado tenha cumprido no mínimo 1/6 de sua pena; **C e D:** a alternativa C está incorreta e a D está correta. A autorização para realização de trabalho externo será revogada nos casos em que o sentenciado praticar fato definido como crime, for punido por falta grave, ou tiver comportamento contrário aos requisitos estabelecidos neste artigo (art. 37, parágrafo único, LEP); **E:** incorreta. Ao preso provisório o trabalho não é obrigatório (art. 31, parágrafo único). ED
Gabarito "D".

(Delegado/SC – 2008) Acerca das execuções penais, assinale a alternativa correta.

(A) Excesso ou desvio de execução ocorre quando, durante a execução da pena, algum ato for praticado além dos limites fixados na sentença, em normas legais ou regulamentes.
(B) Compete à Justiça Federal a execução das penas impostas a sentenciados pela própria Justiça Federal, quando recolhidos a estabelecimentos sujeitos à administração estadual.
(C) A pena unificada para atender ao limite de trinta anos de cumprimento, determinado pelo art. 75 do Código Penal, é considerada para a concessão de outros benefícios ao preso, como livramento condicional ou regime mais favorável de execução.
(D) Não se admite a progressão de regime de cumprimento de pena ou a aplicação imediata de regime menos severo nela determinada antes do trânsito em julgado da sentença condenatória.

A: correta (art. 185 da LEP); **B:** incorreta. Em tais situações a competência é da justiça estadual (Súmula 192 do STJ); **C:** incorreta, pois não reflete o entendimento firmado na Súmula 715 do STF (atualmente, por força da modificação operada no art. 75 do CP pela Lei 13.964/2019, o limite máximo de cumprimento de pena privativa de liberdade, que era de 30 anos, passou a ser de 40); **D:** incorreta, pois não corresponde ao disposto no art. 2º, parágrafo único, da LEP e na Súmula 716 do STF. ED
Gabarito "A".

(Delegado/SP – 2008) Dentre as sanções disciplinares da Lei de Execução Penal, o preso não se sujeita à (ao)

(A) advertência.
(B) repreensão.
(C) suspensão de direitos.
(D) proibição de remição da pena.
(E) isolamento celular.

As sanções disciplinares estão elencadas no art. 53 da LEP. ED
Gabarito "D".

(Delegado/SP – 2008) Nos termos da lei de Execução Penal, não constitui órgão da execução penal

(A) o Ministério Público.
(B) o Juízo da Execução.
(C) o Patronato.
(D) o Conselho da Comunidade.
(E) Delegacia de Polícia.

Os órgãos da execução penal estão relacionados no art. 61 da LEP.
Gabarito: "E".

21. LEGISLAÇÃO EXTRAVAGANTE

(Delegado/RJ – 2022 – CESPE/CEBRASPE) Considerando o disposto na Lei n.º 11.343/2006 (Lei de Drogas), assinale a opção correta.

(A) Tratando-se da conduta prevista no art. 28 dessa lei, não se imporá prisão em flagrante, devendo o autor do fato ser imediatamente encaminhado ao juízo competente, que lavrará o termo circunstanciado e providenciará as requisições dos exames e perícias necessárias; se ausente o juiz, as providências deverão ser tomadas de imediato pela autoridade policial, no local em que se encontrar, vedada a detenção do agente.

(B) A audiência de instrução e julgamento será realizada dentro dos sessenta dias seguintes ao recebimento da denúncia, salvo se determinada a realização de avaliação para atestar dependência de drogas, quando a referida audiência se realizará em noventa dias.

(C) Prescrevem em dois anos a imposição e a execução das penas, observado, no tocante à interrupção do prazo, o disposto no art. 107 e seguintes do Código Penal e, quando houver concurso material com outro delito específico previsto nessa lei, deverão ser observados os ditames do art. 109 do Código Penal.

(D) Nos crimes previstos nessa lei, o indiciado ou acusado que colaborar voluntariamente com a investigação policial e com o processo criminal na identificação dos demais coautores ou partícipes do crime e na recuperação total ou parcial do produto do crime, terá, no caso de condenação, pena reduzida de um sexto a dois terços.

(E) No que se refere ao crime previsto no art. 33, *caput* dessa lei, recebidos em juízo os autos do inquérito policial, dar-se-á vista ao Ministério Público para que este, no prazo de cinco dias, ofereça denúncia e arrole até cinco testemunhas, requerendo as demais provas que entender pertinentes.

A: correta. Quando surpreendido na posse de substância entorpecente destinada a uso próprio, o agente deverá ser encaminhado incontinenti ao juízo competente (JECRIM) ou, não sendo isso possível, será conduzido à presença da autoridade policial, que providenciará, depois de constatada a prática do delito do art. 28 da Lei de Drogas, a lavratura de termo circunstanciado (é vedada, tal como consta do art. 48, § 2º, da Lei 11.343/2006, a lavratura de auto de prisão em flagrante) e o encaminhamento do autor dos fatos ao juízo competente (Juizado Especial Criminal); não sendo isso possível (e é o que de fato ocorre na grande maioria das vezes), o conduzido firmará compromisso, perante a autoridade policial, de comparecer ao juízo tão logo seja convocado para tanto. Não poderá, em hipótese nenhuma, permanecer preso, devendo ser de imediato liberado assim que formalizada a ocorrência por meio do termo circunstanciado (art. 48, § 3º, da Lei 11.343/2006). Quanto a este tema, é importante que se diga que o STF, ao julgar a ação direta de inconstitucionalidade n. 3807, reputou constitucional o art. 48, § 2º, da Lei 11.343/2006, afirmando que o termo circunstanciado, não sendo procedimento investigativo, mas peça informativa, pode ser lavrado por órgão judiciário, não havendo que se falar em ofensa aos §§ 1º e 4º do art. 144 da CF; **B: incorreta.** Isso porque, em consonância com o disposto no art. 56, § 2º, da Lei 11.343/2006, a audiência de instrução e julgamento será realizada dentro dos 30 dias (e não 60) seguintes ao recebimento da denúncia, salvo se determinada a realização de avaliação para atestar dependência de drogas, quando a referida audiência se realizará em noventa dias; **C: incorreta** (art. 30, Lei 11.343/2006); **D: incorreta**, na medida em que a colaboração prevista no art. 41 da Lei 11.343/2006 acarretará a redução da pena da ordem de um terço a dois terços, e não um sexto a dois terços, tal como consta da assertiva; **E: incorreta.** Uma vez recebidos em juízo os autos do inquérito policial, dar-se-á vista ao Ministério Público para que este, no prazo de dez dias (e não cinco), ofereça denúncia, requeira o arquivamento ou requisite diligências que entender pertinentes.

Gabarito: "A".

(Delegado/RJ – 2022 – CESPE/CEBRASPE) Segundo o que dispõe a Lei n.º 12.850/2013 (Organização Criminosa) e sua interpretação no Supremo Tribunal Federal, assinale a opção correta.

(A) A infiltração de agentes de polícia em tarefas de investigação dependerá de representação do delegado de polícia, que deverá descrever indícios seguros da necessidade de obter as informações por meio dessa operação ao juiz competente, que poderá autorizar a medida, de forma circunstanciada, motivada e sigilosa e, tendo em vista a urgência da medida, ouvirá, em seguida à sua decisão, o Ministério Público para o devido acompanhamento.

(B) O delegado de polícia pode formalizar acordos de colaboração premiada somente na fase de inquérito policial e desde que ouvido o membro do Ministério Público, o qual deverá se manifestar, sem caráter vinculante, previamente à decisão judicial. Os dispositivos da Lei n.º 12.850/2013, que preveem essa possibilidade, são constitucionais e não ofendem a titularidade da ação penal pública conferida ao Ministério Público pela Constituição.

(C) A ação controlada de que trata essa lei consiste em retardar a intervenção policial relativa à ação praticada por organização criminosa ou a ela vinculada, desde que mantida sob observação e acompanhamento para que a medida legal se concretize no momento mais eficaz à formação de provas e obtenção de informações, não sendo necessária a comunicação prévia da referida ação.

(D) O acordo de colaboração premiada, além de meio de obtenção de prova, constitui-se em um negócio jurídico processual personalíssimo, cuja conveniência e oportunidade estão submetidas à discricionariedade regrada do Ministério Público, submetendo-se ao escrutínio do Estado-juiz. Trata-se de ato voluntário, insuscetível de imposição judicial, e se o membro do Ministério Público se negar à realização do acordo, deve fazê-lo motivadamente, podendo essa recusa ser objeto de controle por órgão superior no âmbito do Ministério Público.

(E) Mesmo sem ter assinado o acordo de colaboração premiada, o acusado pode colaborar fornecendo as informações e provas que possuir e, ao final, na sentença, o juiz irá analisar esse comportamento processual e poderá conceder benefício ao acusado mesmo sem ter havido a prévia celebração e homologação do acordo de colaboração premiada, ou seja, o acusado pode receber a sanção premiada mesmo sem a celebração do acordo, caso o magistrado entenda que sua colaboração tenha sido eficaz.

A: incorreta, dado que a decisão judicial, quando a infiltração de agentes for representada pela autoridade policial, deve ser precedida da manifestação do MP, tal como estabelece o art. 10, § 1º, da Lei 12.850/2013; **B:** incorreta. Além do Ministério Público, a autoridade policial também está credenciada a firmar, nos autos do inquérito, acordo de colaboração premiada, hipótese em que o MP, na qualidade de titular da ação penal, deverá ser ouvido (art. 4º, § 2º, da Lei 12.850/2013). A propósito disso, o Plenário do STF, ao julgar a ADI 5.508, considerou constitucional a possibilidade de a autoridade policial firmar acordos de colaboração premiada na fase de inquérito policial. A ação fora ajuizada pela Procuradoria Geral da República, que questionava dispositivos da Lei 12.850/2013, entre os quais aqueles que conferiam ao delegado de polícia a prerrogativa de promover acordos de colaboração premiada. Ademais, para o STF, a anuência do MP constitui condição de eficácia do acordo de colaboração premiada firmado pelo delegado de polícia. Conferir: "*2. Matéria novamente suscitada, em menor extensão, pela PGR. Considerada a estrutura acusatória dada ao processo penal conformado à Constituição Federal, a anuência do Ministério Público deve ser posta como condição de eficácia do acordo de colaboração premiada celebrado pela autoridade policial. (...) 3. Questão preliminar suscitada pela Procuradoria-Geral da República acolhida para dar parcial provimento ao agravo regimental e tornar sem efeito, desde então, a decisão homologatória do acordo de colaboração premiada celebrado nestes autos, ante a desconformidade manifestada pelo Ministério Público e aqui acolhida. Eficácia ex tunc.* (STF. Plenário. Pet 8482 AgR/DF, Rel. Min. Edson Fachin, julgado em 31/05/2021); **C:** incorreta. O art. 8º, § 1º, da Lei 12.850/2013 (Organização Criminosa) reza que a ação controlada será *comunicada* ao juiz competente, que estabelecerá, conforme o caso, os limites da medida e comunicará ao MP. Perceba que, neste caso, o legislador não impôs a necessidade de o magistrado autorizar o retardamento da intervenção policial; exigiu tão somente a comunicação, providência esta não tomada no caso narrado no enunciado; **D:** incorreta. Conferir: "*O acordo de colaboração premiada, além de meio de obtenção de prova, constitui-se em um negócio jurídico processual personalíssimo, cuja conveniência e oportunidade estão submetidos à discricionariedade regrada do Ministério Público e não se submetem ao escrutínio do Estado-juiz. Em outras palavras, trata-se de ato voluntário, insuscetível de imposição judicial.*" (STF, 2ª Turma, MS 35693 AgR/DF, Rel. Min. Edson Fachin, julgado em 28/5/2019); **E:** correta. Conferir: "*1. A jurisprudência do Supremo Tribunal Federal assentou que o acordo de colaboração premiada consubstancia negócio jurídico processual, de modo que seu aperfeiçoamento pressupõe voluntariedade de ambas as partes celebrantes. Precedentes. 2. Não cabe ao Poder Judiciário, que não detém atribuição para participar de negociações na seara investigatória, impor ao Ministério Público a celebração de acordo de colaboração premiada, notadamente, como ocorre na hipótese, em que há motivada indicação das razões que, na visão do titular da ação penal, não recomendariam a formalização do discricionário negócio jurídico processual. 3. A realização de tratativas dirigidas a avaliar a conveniência do Ministério Público quanto à celebração do acordo de colaboração premiada não resulta na necessária obrigatoriedade de efetiva formação de ajuste processual. 4. A negativa de celebração de acordo de colaboração premiada, quando explicitada pelo Procurador-Geral da República em feito de competência originária desta Suprema Corte, não se subordina ao escrutínio no âmbito das respectivas Câmaras de Coordenação e Revisão do Ministério Público. 5. Nada obstante a ausência de demonstração de direito líquido e certo à imposição de celebração de acordo de colaboração premiada, assegura-se ao impetrante, por óbvio, insurgência na seara processual própria, inclusive quanto à eventual possibilidade de concessão de sanção premial em sede sentenciante, independentemente de anuência do Ministério Público. Isso porque a colaboração premiada configura realidade jurídica, em si, mais ampla do que o acordo de colaboração premiada. 6. Agravo regimental desprovido.*" (MS 35693 AgR, Relator(a): EDSON FACHIN, Segunda Turma, julgado em 28/05/2019, ACÓRDÃO ELETRÔNICO DJe-184 DIVULG 23-07-2020 PUBLIC 24-07-2020).

Gabarito "E".

(Delegado/RJ – 2022 – CESPE/CEBRASPE) Durante investigações promovidas em inquérito policial instaurado para apurar a atuação de organização criminosa dedicada à prática de crimes de tráfico de pessoas, a autoridade policial tomou conhecimento, a partir de informações de um agente infiltrado, de que um dos integrantes da organização criminosa havia reservado, pagado e emitido dois bilhetes aéreos: um para o transporte de uma vítima e outro para que integrante da organização criminosa, cujo nome foi identificado pelo agente infiltrado, a acompanhasse. Segundo as informações, o embarque ocorrerá dentro de 24 horas em um dos dois aeroportos da cidade. Com o fim de monitorar o embarque e libertar a vítima, a autoridade policial decidiu deflagrar operação. Para isso, necessita obter das empresas aéreas que operam naqueles dois aeroportos dados relativos aos nomes dos passageiros que haviam emitido bilhetes para voos que partirão daqueles dois aeroportos nas próximas 24 horas.

A respeito dessa situação hipotética, assinale a opção correta.

(A) O delegado de polícia pode requisitar diretamente às empresas de transporte aéreo que disponibilizem, imediatamente, os bancos de dados de reservas que permitam a localização da vítima ou dos suspeitos do delito em curso.

(B) O delegado de polícia deve representar ao Ministério Público, para que este, destinatário da investigação, requisite às empresas de transporte aéreo que disponibilizem imediatamente os bancos de dados de reservas que permitam a localização da vítima ou dos suspeitos do delito em curso.

(C) O delegado de polícia, somente com anuência do Ministério Público, destinatário final da prova, pode requisitar diretamente às empresas de transporte aéreo que disponibilizem imediatamente os bancos de dados de reservas que permitam a localização da vítima ou dos suspeitos do delito em curso.

(D) O delegado de polícia, somente mediante autorização judicial, pode requisitar diretamente às empresas de transporte aéreo que disponibilizem imediatamente os bancos de dados de reservas que permitam a localização da vítima ou dos suspeitos do delito em curso.

(E) O delegado de polícia, somente mediante prévia comunicação à autoridade judiciária competente, pode requisitar diretamente às empresas de transporte aéreo que disponibilizem imediatamente os bancos de dados de reservas que permitam a localização da vítima ou dos suspeitos do delito em curso.

A solução desta questão deve ser extraída do art. 16 da Lei 12.850/2013, que assim dispõe: *As empresas de transporte possibilitarão, pelo prazo de 5 (cinco) anos, acesso direto e permanente do juiz, do Ministério Público ou do delegado de polícia aos bancos de dados de reservas e registro de viagens.* Dessa forma, é lícito ao juiz, ao MP e ao delegado de polícia, este último independente de autorização judicial, requisitar diretamente às empresas de transporte aéreo informações referentes a bancos de dados de reservas e registros de viagens.

Gabarito "A".

(Delegado/RJ – 2022 – CESPE/CEBRASPE) Com relação à investigação e aos meios de obtenção de prova, julgue os itens a seguir.

I. A infiltração virtual de agentes de polícia será autorizada pelo prazo de até seis meses, sem prejuízo de eventuais renovações, mediante ordem judicial fundamentada, desde que o total não exceda a 720 dias e seja comprovada sua necessidade.
II. A ação de agentes de polícia infiltrados virtuais somente é admitida com o fim de investigar os crimes previstos na Lei n.º 12.850/2013 e outros a eles conexos.
III. Para a apuração do crime de lavagem ou ocultação de bens, direitos e valores, admite-se a utilização da ação controlada e da infiltração de agentes.

Assinale a opção correta.

(A) Nenhum item está certo.
(B) Apenas o item I está certo.
(C) Apenas o item II está certo.
(D) Apenas os itens I e III estão certos.
(E) Apenas os itens II e III estão certos.

I: correto, pois em conformidade com o disposto no art. 10-A, § 4º, da Lei 12.850/2013; II: incorreto, dado o que dispõe o art. 190-A do ECA (Lei 8.069/1990); III: correto (art. 1º, § 6º, da Lei 9.613/1998). Gabarito "D".

(Delegado/RJ – 2022 – CESPE/CEBRASPE) Quanto à colaboração premiada, assinale a opção correta.

(A) O marco de confidencialidade do acordo de colaboração premiada é o momento em que as partes firmam termo de confidencialidade para prosseguimento das tratativas.
(B) O acordo de colaboração premiada é negócio jurídico processual e meio de prova, que pressupõe utilidade e interesse públicos.
(C) A proposta de acordo de colaboração premiada não poderá ser sumariamente indeferida.
(D) A proposta de colaboração premiada deve estar instruída com procuração do interessado com poderes específicos para iniciar o procedimento de colaboração e suas tratativas, ou firmada pessoalmente pela parte que pretende a colaboração e seu advogado ou defensor público. Nenhuma tratativa sobre colaboração premiada deve ser realizada sem a presença de advogado constituído ou defensor público.
(E) O acordo de colaboração premiada e os depoimentos do colaborador serão mantidos em sigilo até o recebimento da denúncia ou da queixa-crime, sendo facultado ao magistrado decidir por sua publicidade no caso de relevante interesse público.

A: incorreta. O marco de confidencialidade do acordo de colaboração premiada é representado pelo recebimento da respectiva proposta, nos termos do art. 3º-B, caput, da Lei 12.850/2013, cuja redação foi determinada pela Lei 13.964/2019; B: incorreta, uma vez que se trata de meio de obtenção de prova, e não meio de prova (art. 3º-A da Lei 12.850/2013); C: incorreta, dado que a proposta de acordo de colaboração premiada poderá, sim, ser sumariamente indeferida, conforme estabelece o art. 3º-B, § 1º, da Lei 12.850/2013; D: correta, pois reflete o disposto no art. 3º-C, caput e § 1º, da Lei 12.850/2013; E: incorreta, pois em desconformidade com o que estabelece o art. 7º, § 3º, da Lei 12.850/2013, que veda ao magistrado decidir pela publicidade do acordo em qualquer hipótese, antes do recebimento da denúncia ou da queixa. Gabarito "D".

(Delegado/RJ – 2022 – CESPE/CEBRASPE) Em relação à colaboração premiada, assinale a opção correta.

(A) A colaboração premiada é benefício de natureza personalíssima cujos efeitos, no entanto, são extensíveis a corréus.
(B) Em caso de conflito de interesses entre a parte que pretende a colaboração e seu advogado ou defensor público, ou em se tratando de colaborador hipossuficiente, deve prevalecer o interesse manifestado pela defesa técnica (advogado constituído ou defensor público), porquanto esta é a mais habilitada para avaliar a conveniência e oportunidade do prosseguimento da proposta.
(C) A homologação do acordo de colaboração premiada determina, necessariamente, a efetivação dos benefícios nele acertados.
(D) Cabe ao órgão julgador da ação penal que vier a ser deflagrada sobre fatos objeto da colaboração decidir sobre a extensão e a aplicabilidade dos benefícios pactuados no acordo de colaboração homologado.
(E) Apesar de ser um negócio jurídico processual personalíssimo, o acordo de colaboração premiada, conforme entendimento unânime do Pleno do STF, pode ser impugnado por coautores ou partícipes do colaborador na organização criminosa e nas infrações penais por ela praticadas.

A: incorreta. Vide: STF, Plenário, HC 127483/PR, Rel. Min. Dias Toffoli, julgado em 27/8/2015; B: incorreta, Nesta hipótese, o celebrando do acordo de colaboração deverá solicitar a presença de outro advogado constituído ou defensor público (art. 3º-C, § 2º, da Lei 12.850/2013); C: incorreta. Conferir: "QUESTÃO DE ORDEM EM PETIÇÃO. COLABORAÇÃO PREMIADA. I. DECISÃO INICIAL DE HOMOLOGAÇÃO JUDICIAL: LIMITES E ATRIBUIÇÃO. REGULARIDADE, LEGALIDADE E VOLUNTARIEDADE DO ACORDO. MEIO DE OBTENÇÃO DE PROVA. PODERES INSTRUTÓRIOS DO RELATOR. RISTF. PRECEDENTES. II. DECISÃO FINAL DE MÉRITO. AFERIÇÃO DOS TERMOS E DA EFICÁCIA DA COLABORAÇÃO. CONTROLE JURISDICIONAL DIFERIDO. COMPETÊNCIA COLEGIADA NO SUPREMO TRIBUNAL FEDERAL. 1. Nos moldes do decidido no HC 127.483, Rel. Min. DIAS TOFFOLI, Tribunal Pleno, DJe de 3.2.2016, reafirma-se a atribuição ao Relator, como corolário dos poderes instrutórios que lhe são conferidos pelo Regimento Interno do STF, para ordenar a realização de meios de obtenção de prova (art. 21, I e II do RISTF), a fim de, monocraticamente, homologar acordos de colaboração premiada, oportunidade na qual se restringe ao juízo de regularidade, legalidade e voluntariedade da avença, nos limites do art. 4º, § 7º, da Lei n. 12.850/2013. 2. O juízo sobre os termos do acordo de colaboração, seu cumprimento e sua eficácia, conforme preceitua o art. 4º, § 11, da Lei n. 12.850/2013, dá-se por ocasião da prolação da sentença (e no Supremo Tribunal Federal, em decisão colegiada), não se impondo na fase homologatória tal exame previsto pela lei como controle jurisdicional diferido, sob pena de malferir a norma prevista no § 6º do art. 4º da referida Lei n. 12.850/2013, que veda a participação do juiz nas negociações, conferindo, assim, concretude ao princípio acusatório que rege o processo penal no Estado Democrático de Direito. 3. Questão de ordem que se desdobra em três pontos para: (i) resguardar a competência do Tribunal Pleno para o julgamento de mérito sobre os termos e a eficácia da colaboração, (ii) reafirmar, dentre os poderes instrutórios do Relator (art. 21 do RISTF), a atribuição para homologar acordo de colaboração premiada; (iii) salvo ilegalidade superveniente apta a justificar nulidade ou anulação do negócio jurídico, acordo homologado como regular, voluntário e legal, em regra, deve ser observado mediante o cumprimento dos deveres assumidos pelo colaborador, sendo, nos termos do art. 966, § 4º, do Código de Processo Civil, possível ao Plenário analisar sua legalidade." (STF, Pet 7074 QO,

Relator(a): EDSON FACHIN, Tribunal Pleno, julgado em 29/06/2017, ACÓRDÃO ELETRÔNICO DJe-085 DIVULG 02-05-2018 PUBLIC 03-05-2018); **D:** correta (art. 4º, *caput* e § 7º-A, da Lei 12.850/2013); **E:** incorreta. Vide: STF, Plenário, HC 127483/PR, Rel. Min. Dias Toffoli, julgado em 27/8/2015.

Gabarito "D".

(Delegado de Polícia Federal – 2021 – CESPE) Após ligação anônima, a polícia realizou busca em determinada casa, onde encontrou pessoas preparando pequenos pacotes de determinada substância – aparentemente entorpecente –, os quais foram apreendidos, além de armas de fogo de alto calibre. Durante a diligência, o delegado, informalmente, realizou entrevistas com as pessoas que estavam no domicílio. Durante essas entrevistas, um dos indivíduos confessou a prática do delito e, posteriormente, colaborou com a identificação dos demais membros da organização criminosa. A partir das informações do colaborador, foi realizada uma ação controlada.

A partir dessa situação hipotética, julgue os próximos itens.

(1) A substância apreendida deve ser submetida à perícia para a elaboração do laudo de constatação provisório da natureza e da quantidade da droga, análise que deve ser realizada por perito, o qual, por sua vez, ficará impedido de elaborar o laudo definitivo.

(2) A ação controlada na investigação da organização criminosa independe de prévia autorização judicial e parecer ministerial.

(3) De acordo com o Supremo Tribunal Federal, a entrevista informalmente conduzida pelo delegado durante a realização da busca domiciliar viola as garantias individuais dos presos.

(4) A busca domiciliar fundamentada em notícia anônima foi válida em razão da descoberta da situação que culminou em flagrante delito.

(5) Devido à colaboração relevante do preso para a identificação da organização criminosa nos autos do inquérito policial, o delegado, com a manifestação do Ministério Público, poderá representar ao juiz pela concessão de perdão judicial.

1: Errado. O erro da assertiva está na sua parte final, em que afirma que o perito que confeccionar o laudo de constatação ficará impedido de elaborar o laudo definitivo (art. 50, § 2º, da Lei 11.343/2006: *O perito que subscrever o laudo a que se refere o § 1º deste artigo não ficará impedido de participar da elaboração do laudo definitivo*). **2:** Certo. O art. 8º, § 1º, da Lei 12.850/2013 (Organização Criminosa) reza que a ação controlada será *comunicada* ao juiz competente, que estabelecerá, conforme o caso, os limites da medida e comunicará o MP. De ver-se que, neste caso, o legislador não impôs a necessidade de o magistrado autorizar o retardamento da intervenção policial; exigiu tão somente a comunicação da medida. **3:** Certo. Conferir a seguinte ementa: "Reclamação. 2. Alegação de violação ao entendimento firmado nas Arguições de Descumprimento de Preceitos Fundamentais 395 e 444. Cabimento. A jurisprudência do Supremo Tribunal Federal deu sinais de grande evolução no que se refere à utilização do instituto da reclamação em sede de controle concentrado de normas. No julgamento da questão de ordem em agravo regimental na Rcl 1.880, em 23 de maio de 2002, o Tribunal assentou o cabimento da reclamação para todos aqueles que comprovarem prejuízos resultantes de decisões contrárias às teses do STF, em reconhecimento à eficácia vinculante *erga omnes* das decisões de mérito proferidas em sede de controle concentrado 3. Reclamante submetido a "entrevista" durante o cumprimento de mandado de busca e apreensão. Direito ao silêncio e à não autoincriminação. Há a violação do direito ao silêncio e à não autoincriminação, estabelecidos nas decisões proferidas nas ADPFs 395 e 444, com a realização de interrogatório forçado, travestido de "entrevista", formalmente documentado durante o cumprimento de mandado de busca e apreensão, no qual não se oportunizou ao sujeito da diligência o direito à prévia consulta a seu advogado e nem se certificou, no referido auto, o direito ao silêncio e a não produzir provas contra si mesmo, nos termos da legislação e dos precedentes transcritos 4. A realização de interrogatório em ambiente intimidatório representa uma diminuição da garantia contra a autoincriminação. O fato de o interrogado responder a determinadas perguntas não significa que ele abriu mão do seu direito. As provas obtidas através de busca e apreensão realizada com violação à Constituição não devem ser admitidas. Precedentes dos casos Miranda v. Arizona e Mapp v. Ohio, julgados pela Suprema Corte dos Estados Unidos. Necessidade de consolidação de uma jurisprudência brasileira em favor das pessoas investigadas. 5. Reclamação julgada procedente para declarar a nulidade da "entrevista" realizada e das provas derivadas, nos termos do art. 5º, LVI, da CF/88 e do art. 157, § 1º, do CPP, determinando ao juízo de origem que proceda ao desentranhamento das peças" (STF, Rcl 33711, rel. Min. Gilmar Mendes, Segunda Turma, Julgamento: 11/06/2019, Publicação: 23/08/2019. 4: Errado. Conferir: "1. O simples fato de o tráfico de drogas configurar crime permanente não autoriza, por si só, o ingresso em domicílio sem o necessário mandado judicial. Exige-se, para que se configure a legítima flagrância, a demonstração posterior da justa causa ou, em outros termos, de fundadas razões quanto à suspeita de ocorrência de crime no interior da residência. 2. Na hipótese, o ingresso dos policiais na residência do paciente ocorreu, em síntese, em razão da denúncia anônima da ocorrência de tráfico de drogas no imóvel, não tendo havido investigação prévia, monitoramento ou campana para a averiguação da veracidade das informações. 3. Nesse panorama, o Superior Tribunal de Justiça possui entendimento pacífico no sentido de que "a mera denúncia anônima, desacompanhada de outros elementos preliminares indicativos de crime, não legitima o ingresso de policiais no domicílio indicado, estando, ausente, assim, nessas situações, justa causa para a medida" (HC 512.418/RJ, Rel. Ministro NEFI CORDEIRO, Sexta Turma, julgado em 26/11/2019, DJe de 3/12/2019). 4. "Ante a ausência de normatização que oriente e regule o ingresso em domicílio alheio, nas hipóteses excepcionais previstas no Texto Maior, há de se aceitar com muita reserva a usual afirmação – como ocorreu na espécie – de que o morador anuiu livremente ao ingresso dos policiais para a busca domiciliar, máxime quando a diligência não é acompanhada de qualquer preocupação em documentar e tornar imune a dúvidas a voluntariedade do consentimento" (RHC 118.817/MG, Rel. Ministro ROGERIO SCHIETTI CRUZ, SEXTA TURMA, julgado em 10/12/2019, DJe 13/12/2019). 5. *In casu*, foi considerada ausente a comprovação de que a autorização da moradora (esposa do acusado) tenha sido livre e sem vício de consentimento. 6. Agravo regimental desprovido" (STJ, AgRg no HC 688.218/AL, Rel. Ministro RIBEIRO DANTAS, QUINTA TURMA, julgado em 09/11/2021, DJe 16/11/2021). No mesmo sentido: "1. Elementos dos autos que evidenciam não ter havido investigação preliminar para corroborar o que exposto em denúncia anônima. O Supremo Tribunal Federal assentou ser possível a deflagração da persecução penal pela chamada denúncia anônima, desde que esta seja seguida de diligências realizadas para averiguar os fatos nela noticiados antes da instauração do inquérito policial. Precedente. 2. A interceptação telefônica é subsidiária e excepcional, só podendo ser determinada quando não houver outro meio para se apurar os fatos tidos por criminosos, nos termos do art. 2º, inc. II, da Lei n. 9.296/1996. Precedente. 3. Ordem concedida para se declarar a ilicitude das provas produzidas pelas interceptações telefônicas, em razão da ilegalidade das autorizações, e a nulidade das decisões judiciais que as decretaram amparadas apenas na denúncia anônima, sem investigação preliminar" (STF, HC 108147, Relator(a): Min. Cármen Lúcia, Segunda Turma, julgado em 11.12.2012, Processo Eletrônico *DJe*-022 Divulg 31.01.2013 Public 01.02.2013). **5:** Certo, pois em conformidade com o art. 4º, § 2º, da Lei 12.850/2013.

Gabarito 1E, 2C, 3C, 4E, 5C

(Delegado/MG – 2021 – FUMARC) Sobre as disposições processuais especiais da Lei nº 9.613/1998 (que dispõe sobre os crimes de "lavagem" ou ocultação de bens, direitos e valores, e dá outras providências), é INCORRETO afirmar:

(A) No curso das investigações de crimes de lavagem de bens, direitos ou valores, ordens de prisão ou medidas assecuratórias de bens, direitos ou valores poderão ser suspensas pelo juiz, ouvido o Ministério Público, quando a sua execução imediata puder comprometer as investigações.

(B) No processo por crime previsto na Lei nº 9.613/1998, não se aplica o disposto no art. 366 do CPP, devendo o acusado que não comparecer nem constituir advogado ser citado por edital, prosseguindo o feito até o julga- mento, com a nomeação de defensor dativo.

(C) O processo e o julgamento dos crimes previstos na Lei nº 9.613/1998 independem do processo e julgamento das infrações penais antecedentes, ainda que praticados em outro país, cabendo ao juiz competente para os crimes previstos nesta Lei a decisão sobre a unidade de processo e julga- mento.

(D) O processo e o julgamento dos crimes previstos na Lei nº 9.613/1998 não são da competência da Justiça Federal nas hipóteses em que a infração penal antecedente for de competência da Justiça Federal, tendo em vista serem crimes autônomos.

A: correta, pois reflete o disposto no art. 4º-B da Lei 9.613/1998; **B:** correta. De fato, não se aplica, no processo por crime de lavagem de dinheiro, o disposto no art. 366 do Código de Processo Penal, que estabelece que o processo e o curso do prazo prescricional ficarão suspensos na hipótese do acusado, citado por edital, não comparecer tampouco constituir advogado, situação em que o processo seguirá à sua revelia (art. 2º, § 2º, da Lei 9.613/1998); **C:** correta, uma vez que em consonância com o que dispõe o art. 2º, II, da Lei 9.613/1998; **D:** incorreta, pois contraria o que estabelece o art. 2º, III, *b*, da Lei 9.613/1998. ED

Gabarito "D".

(Delegado/MG – 2021 – FUMARC) Acerca da possibilidade de obtenção de dados e informações cadastrais da vítima ou de suspeitos junto aos órgãos do poder público ou a empresas da iniciativa privada, no curso das investigações, é INCORRETO afirmar:

(A) Em investigações relacionadas a organizações criminosas, a Autoridade Policial terá acesso, independentemente de autorização judicial, apenas aos dados cadastrais do investigado que informem, exclusivamente, a qualificação pessoal, a filiação e o endereço mantidos pela Justiça Eleitoral, empresas telefônicas, instituições financeiras, provedores de internet e administradoras de cartão de crédito.

(B) Em investigações relacionadas a organizações criminosas, as empresas de transporte possibilitarão, pelo prazo de 5 (cinco) anos, acesso direto e per- manente do delegado de polícia aos bancos de dados de reservas e registro de viagens.

(C) Nos termos do art. 13-A do CPP, no curso da investigação de crime de tráfico de drogas (art. 33 da Lei nº 11.343/2006), o delegado de polícia poderá diretamente requisitar, de quaisquer órgãos do poder público ou de empresas da iniciativa privada, dados e informações cadastrais de suspeitos.

(D) Se necessário à prevenção e à repressão dos crimes relacionados ao tráfico de pessoas, o delegado de polícia poderá requisitar, mediante autorização judicial, às empresas prestadoras de serviço de telecomunicações e/ou telemática, que disponibilizem, imediatamente, os meios técnicos adequados – como sinais, informações e outros – que permitam a localização da vítima ou dos suspeitos do delito em curso.

A: correta (art. 15 da Lei 12.850/2013); **B:** correta (art. 16 da Lei 12.850/2013); **C:** incorreta, já que o art. 13-A do CPP não contemplou o crime de tráfico de drogas (art. 33 da Lei nº 11.343/2006); **D:** correta (13-B, *caput*, do CPP). ED

Gabarito "C".

O Legislador brasileiro adotou, a partir de 2013, o termo "Organizações Criminosas" para tratar o tema, tão falado na mídia e na sociedade, das atividades reconhecidas como "Crime Organizado". Por ensejar, para alguns, uma maior complexidade de aplicação de recursos e pessoas, de uma logística própria, que passaria despercebida ou pelo menos dificultaria os meios cotidianos de investigação e apuração de responsabilidades, a Lei 12.850/13, para além de trazer a definição objetiva de "Organização Criminosa", traz também regras específicas para o procedimento. Uma delas, disposta no Capítulo III, se dá no âmbito da "Investigação e dos Meios de Obtenção de Prova".

(Delegado/ES – 2019 – Instituto Acesso) Sobre estes, assinale a alternativa correta:

(A) Em nenhuma fase da persecução penal será afastado os sigilos financeiro, bancário e fiscal.

(B) Em qualquer fase da persecução penal, será permitido, sem prejuízo de outros, já previstos em lei, a colaboração premiada como meio de obtenção de prova.

(C) Apenas após o recebimento da denúncia, será permitido, sem prejuízo de outros já previstos em lei, a colaboração premiada como meio de obtenção de prova.

(D) Apenas após o recebimento da denúncia, será permitido, sem prejuízo de outros já previstos em lei, a prisão preventiva como meio de obtenção de prova.

(E) Em qualquer fase da persecução penal, será permitido, sem prejuízo de outros já previstos em lei, a prisão preventiva como meio de obtenção de prova.

A: incorreta, uma vez que o afastamento dos sigilos financeiro, bancário e fiscal constitui meio de obtenção de prova que pode ser levado a efeito em qualquer fase da persecução penal, tal como estabelece o art. 3º, VI, da Lei 12.850/2013; **B:** correta, pois reflete o disposto no art. 3º, I, da Lei 12.850/2013; **C:** incorreta. A colaboração premiada, como meio de obtenção de prova, poderá ocorrer em qualquer fase da persecução penal (investigação e ação penal); **D** e **E:** incorretas. A prisão preventiva não pode ser decretada como meio de obtenção de prova. Será, sim, decretada, tanto no curso das investigações quando no da instrução processual, *como garantia da ordem pública, da ordem econômica, por conveniência da instrução criminal ou para assegurar a aplicação da lei penal, quando houver prova da existência do crime e indício suficiente de autoria e de perigo gerado pelo estado de liberdade do imputado* (art. 312, *caput*, do CPP, cuja redação foi alterada pela Lei 13.964/2019).

Gabarito "B".

Hans Staden é um famoso colecionador e vendedor de artigos raros de antiguidade, em especial obras de arte da região Bávara da Alemanha. Para comemorar suas recentes aquisições, fez uma exposição na cidade de seus avós, uns dos primeiros colonos alemães no Brasil, Sontag Martins, na serra capixaba. Lá pode vender algumas dessas obras, todavia, em especial pelo clima de festividades, não deu seguimento ao seu procedimento de venda com o devido cadastramento dos compradores e demais detalhes próprios das obrigações e responsabilidades dispostas no art. 10 da Lei 9.613/98.

Ao passar dos dias, ainda com sua consciência pesada por não cumprir o procedimento padrão, pensa em viajar pela Europa e evitar o desdobramento de qualquer Ação Penal que se inicie, pois crê que "se não for achado, qualquer processo ficará suspenso aguardando minha volta".

(Delegado/ES – 2019 – Instituto Acesso) Nessa situação hipotética, sobre a disciplina imposta pela Lei 9.613/98 e as garantias processuais, está correto afirmar que caso Hans Staden não comparecesse ou não constituísse advogado:

(A) seria citado por edital e o feito seria continuado até o julgamento, sendo um defensor dativo nomeado para a defesa técnica.
(B) tal motivo, de acordo com a Lei 9.613/98, seria o suficiente para a sua condução coercitiva.
(C) seria citado por edital e o feito seria suspenso assim como o curso do prazo prescricional.
(D) tal motivo, de acordo com a Lei 9.613/98, seria o suficiente para a decretação de sua prisão preventiva.
(E) tal motivo, de acordo com a Lei 9.613/98, seria o suficiente para a decretação de sua prisão temporária.

A: correta. Embora a redação do art. 2º, § 2º, da Lei 9.613/1998 tenha sido modificada por força da Lei 12.683/2012, permanece a impossibilidade de aplicar-se, aos crimes de lavagem de dinheiro, o art. 366 do CPP, devendo o processo, por isso, seguir a sua marcha com a nomeação de defensor dativo, ao qual incumbirá a promoção da defesa técnica; **B**: incorreta. Segundo estabelece o art. 260, *caput*, do CPP, incumbe ao juiz, em face do não comparecimento do acusado, devidamente intimado, ao interrogatório, providenciar para que este seja conduzido coercitivamente à sua presença. Sucede que, ao enfrentar esta questão, o Plenário do STF, em julgamento realizado no dia 14 de junho de 2018, por maioria de votos, declarou que a condução coercitiva de réu/investigado para interrogatório, a que faz referência o art. 260 do CPP, não foi recepcionada pela CF/88. A decisão foi tomada no julgamento das ADPFs 395 e 444, ajuizadas, respectivamente, pelo PT e pela OAB. Segundo a maioria dos ministros, a condução coercitiva representa restrição à liberdade de locomoção e viola a presunção de inocência, sendo, portanto, incompatível com a Constituição Federal. Explica Aury Lopes Jr., ao se referir à condução coercitiva prevista no art. 260 do CPP, que, *além de completamente absurda no nível de evolução democrática alcançado, é substancialmente inconstitucional, por violar as garantias da presunção de inocência e do direito de silêncio* (*Direito Processual Penal*, 9ª ed, p. 1308). Com o advento da Lei 13.869/2019, que revogou a Lei 4.898/1965 (antiga Lei de Abuso de Autoridade), passa a configurar crime de abuso de autoridade a conduta do agente que decreta a condução coercitiva de testemunha ou investigado manifestamente descabida ou sem prévia intimação de comparecimento ao juízo; **C**: incorreta (vide comentário à assertiva "A"); **D**: incorreta, já que para a decretação da prisão preventiva é necessário que se faça presente um dos fundamentos do art. 312 do CPP; **E**: incorreta. Não cabe, nos crimes de lavagem de capitais, a decretação da prisão temporária (art. 1º, III, da Lei 7.960/1989).

Gabarito "A".

(Delegado/MT – 2017 – CESPE) Acerca dos procedimentos e pressupostos legais da interceptação telefônica, assinale a opção correta.

(A) É possível a interceptação telefônica em investigação criminal destinada a apuração de delito de ameaça ocorrido em âmbito doméstico e abrangido pela Lei Maria da Penha.
(B) Pode o juiz, excepcionalmente, admitir o pedido de interceptação telefônica feito pela autoridade policial de forma verbal, condicionada a sua concessão à redução do pedido a termo.
(C) No curso das investigações e no decorrer da instrução criminal, a interceptação telefônica poderá ser determinada de ofício pelo juiz.
(D) Decisão judicial que indefira pedido de interceptação telefônica formulado por autoridade policial será irrecorrível; aquela decisão que indeferir requerimento formulado pelo MP poderá ser impugnada por recurso em sentido estrito.
(E) A interceptação telefônica inicialmente realizada sem autorização judicial poderá, mediante consentimento dos interlocutores, ser validada posteriormente pelo juiz da causa.

A: incorreta, na medida em que o crime de ameaça prevê pena de *detenção*, e o art. 2º, III, da Lei 9.296/1996 somente admite a interceptação telefônica se o fato constituir infração penal punida com *reclusão*; **B**: correta, pois reflete a regra disposta no art. 4º, § 1º, da Lei 9.296/1996; **C**: incorreta. Em razão da adoção do sistema acusatório, o juiz somente poderá determinar, de ofício, a interceptação telefônica no curso da ação penal; durante as investigações do inquérito, somente por meio de representação da autoridade policial ou a requerimento do MP (art. 3º da Lei 9.296/1996); **D**: incorreta: hipótese não prevista no art. 581 do CPP, que estabelece em quais casos pode ser manejado o recurso em sentido estrito; **E**: incorreta. Ainda que haja a posterior anuência dos interlocutores, mesmo assim a interceptação sem autorização judicial será considerada prova ilícita. Nesse sentido: "Na hipótese, embora as gravações tenham sido implementadas pelo esposo da cliente do paciente com a intenção de provar a sua inocência, é certo que não obteve a indispensável prévia autorização judicial, razão pela qual se tem como configurada a interceptação de comunicação telefônica ilegal. 4. O fato da esposa do autor das interceptações – que era uma interlocutora dos diálogos gravados de forma clandestina – ter consentido posteriormente com a divulgação dos seus conteúdos não tem o condão de legitimar o ato, pois no momento da gravação não tinha ciência do artifício que foi implementado pelo seu marido, não se podendo afirmar, portanto, que, caso soubesse, manteria tais conversas com o seu advogado pelo telefone interceptado. 5. Aplicação da norma contida no artigo 157, *caput*, do Código de Processo Penal, com a redação que lhe foi dada pela Lei n. 11.690/08. 6. *Habeas corpus* não conhecido. Ordem concedida de ofício para declarar a nulidade das escutas telefônicas realizadas em detrimento do paciente, determinando-se o seu desentranhamento dos autos" (HC 161.053/SP, Rel. Ministro Jorge Mussi, Quinta Turma, julgado em 27/11/2012, DJe 03/12/2012).

Gabarito "B".

(Delegado/GO – 2017 – CESPE) Vantuir e Lúcio cometeram, em momentos distintos e sem associação, crimes previstos na Lei de Drogas (Lei n. 11.343/2006). No momento da ação, Vantuir, em razão de dependência química e de estar sob influência de entorpecentes, era inteiramente incapaz de entender o caráter ilícito do fato. Lúcio, ao agir, estava sob efeito de droga, proveniente de caso fortuito, sendo também incapaz de entender o caráter ilícito do fato.

Nessas situações hipotéticas, qualquer que tenha sido a infração penal praticada,

(A) Vantuir terá direito à redução de pena de um a dois terços e Lúcio será isento de pena.
(B) somente Vantuir será isento de pena.
(C) Lúcio e Vantuir serão isentos de pena.
(D) somente Lúcio terá direito à redução de pena de um a dois terços.
(E) Lúcio e Vantuir terão direito à redução de pena de um a dois terços.

A solução desta questão deve ser extraída do art. 45, *caput*, da Lei 11.343/2006, a seguir transcrito: "É isento de pena o agente que, em razão da dependência, ou sob o efeito, proveniente de caso fortuito ou força maior, de droga, era, ao tempo da ação ou da omissão, qualquer que tenha sido a infração penal praticada, inteiramente incapaz de entender o caráter ilícito do fato ou de determinar-se de acordo com esse entendimento".

Gabarito "C".

(Delegado/GO – 2017 – CESPE) Júlio, durante discussão familiar com sua mulher no local onde ambos residem, sem justo motivo, agrediu-a, causando-lhe lesão corporal leve.

Nessa situação hipotética, conforme a Lei n. 11.340/2006 e o entendimento do STJ,

(A) a ofendida poderá renunciar à representação, desde que o faça perante o juiz.
(B) a ação penal proposta pelo Ministério Público será pública incondicionada.
(C) a autoridade policial, independentemente de haver necessidade, deverá acompanhar a vítima para assegurar a retirada de seus pertences do domicílio familiar.
(D) Júlio poderá ser beneficiado com a suspensão condicional do processo, se presentes todos os requisitos que autorizam o referido ato.
(E) Júlio poderá receber proposta de transação penal do Ministério Público, se houver anuência da vítima.

A: incorreta. Não há que se falar em representação, já que a ação penal, neste caso, é pública incondicionada; **B:** correta. O STF, no julgamento da ADIn n. 4.424, de 09.02.2012, estabeleceu a natureza *incondicionada* da ação penal nos crimes de lesão corporal, independente de sua extensão, praticados contra a mulher no ambiente doméstico. Tal entendimento encontra-se consagrado na Súmula 542, do STJ; **C:** incorreta, uma vez que tal providência somente será adotada se se revelar necessária (art. 11, IV, da Lei 11.340/2006); **D e E:** incorretas, dado que o art. 41 da Lei Maria da Penha, cuja constitucionalidade foi reconhecida pelo STF (ADC 19, de 09.02.2012), veda a aplicação, no âmbito dos crimes praticados com violência doméstica e familiar contra a mulher, das medidas despenalizadoras contempladas na Lei 9.099/1995, entre as quais a suspensão condicional do processo e a transação penal. Consolidando tal entendimento, editou-se a Súmula 536 do STJ: "A suspensão condicional do processo e a transação penal não se aplicam na hipótese de delitos sujeitos ao rito da Lei Maria da Penha".

Gabarito "B".

(Delegado/GO – 2017 – CESPE) O líder de determinada organização criminosa foi preso e, no curso do inquérito policial, se prontificou a contribuir para coleta de provas mediante a prestação de colaboração com o objetivo de, oportunamente, ser premiado por tal conduta.

Nessa situação hipotética, conforme a Lei n. 12.850/2013, que dispõe sobre o instituto da colaboração premiada,

(A) o Ministério Público poderá deixar de oferecer denúncia contra o colaborador.
(B) o prazo para o oferecimento de denúncia contra o colaborador poderá ser suspenso pelo prazo máximo de seis meses.
(C) o delegado de polícia, nos autos do inquérito policial e com a manifestação do Ministério Público, poderá requerer ao juiz a concessão de perdão judicial.
(D) será obrigatória a participação de um juiz nas negociações entre as partes para a formalização de acordo de colaboração.
(E) será vedado ao juiz recusar a homologação da proposta de colaboração.

A proposição considerada como correta ("C"), pela banca, está, na verdade, errada, tal como reconhecido pela organizadora. Analisemos cada alternativa. **A:** incorreta, na medida em que somente seria dado ao MP deixar de ofertar denúncia em face do colaborador se este não for líder da organização criminosa (art. 4º, § 4º, I, da Lei 12.850/2013). Segundo consta do enunciado, o candidato o colaborador é o líder da organização criminosa da qual faz parte; **B:** incorreta, já que o interregno de suspensão, que é de 6 meses, poderá ser prorrogado por igual período. É o que estabelece o art. 4º, § 3º, da Lei 12.850/2013; **C:** incorreta. Isso porque é vedado, ante o que estabelece o art. 4º, § 4º, I, da Lei 12.850/2013, a concessão de perdão judicial ao líder da organização criminosa; **D:** incorreta. É vedada a participação do magistrado nas negociações realizadas entre as partes para a formalização do acordo (art. 4º, § 6º, da Lei 12.850/2013), cabendo-lhe tão somente analisar o acordo sob a ótica formal, homologando-o, se o caso (art. 4º, § 7º, da Lei 12.850/2013, com redação alterada pela Lei 13.964/2019); **E:** incorreta. Se não estiverem preenchidos os requisitos formais do acordo (regularidade, legalidade e voluntariedade), poderá o juiz recusar a sua homologação (art. 4º, § 8º, da Lei 12.850/2013, com redação alterada pela Lei 13.964/2019).

Gabarito: Anulada.

(Delegado/BA – 2016.2 – Inaz do Pará) É correto afirmar sobre Interceptação Telefônica:

(A) É a conduta de um terceiro, estranho à conversa, que se intromete e capta a conversação dos interlocutores, sem o conhecimento de qualquer deles.
(B) Ocorre quando um terceiro, com o conhecimento de um dos interlocutores, intercepta a conversa alheia.
(C) Legalmente é possível fazer uma Interceptação Telefônica sem autorização Judicial.
(D) Interceptação Telefônica e Escuta Telefônica é a mesma coisa.
(E) NRA.

A interceptação das comunicações telefônicas dependerá sempre de ordem do juiz competente, na forma estabelecida no art. 1º, *caput*, da Lei 9.296/1996. Por *interceptação telefônica* deve-se entender o ato consistente em intrometer-se, imiscuir-se em conversa alheia. Pressupõe, portanto, que um terceiro, que não faça parte do diálogo, "invada" conversa alheia e capte o seu conteúdo, sem que os interlocutores disso tenham conhecimento. A interceptação não deve ser confundida com a escuta, que é a captação da conversa feita por terceira pessoa, mas com o conhecimento de um dos interlocutores. Já a gravação telefônica é aquela realizada por um dos interlocutores sem o conhecimento do outro. A Lei 9.296/1996 disciplina tão somente a interceptação telefônica. Quanto a esse tema, o julgado a seguir transcrito é esclarecedor: "Direito processual penal. Interceptação telefônica sem autorização judicial. Vício insanável. Não é válida a interceptação telefônica realizada sem prévia autorização judicial, ainda que haja posterior consentimento de um dos interlocutores para ser tratada como escuta telefônica e utilizada como prova em processo penal. A interceptação telefônica é a captação de conversa feita por um terceiro, sem o conhecimento dos interlocutores, que depende de ordem judicial, nos termos do inciso XII do artigo 5º da CF, regulamentado pela Lei 9.296/1996. A ausência de autorização judicial para captação da conversa macula a validade do material como prova para processo penal. A escuta telefônica é a captação de conversa feita por um terceiro, com o conhecimento de apenas um dos interlocutores. A gravação telefônica é feita por um dos interlocutores do diálogo, sem o consentimento ou a ciência do outro. A escuta e a gravação telefônicas, por não constituírem interceptação telefônica em sentido estrito, não estão sujeitas à Lei 9.296/1996, podendo ser utilizadas, a depender do caso concreto, como prova no processo. O fato de um dos interlocutores dos diálogos gravados de forma clandestina ter consentido posteriormente com a divulgação dos seus conteúdos não tem o condão de legitimar o ato, pois no momento da gravação não tinha ciência do artifício que foi implementado pelo responsável pela interceptação, não se podendo afirmar, portanto, que, caso soubesse, manteria tais conversas pelo telefone interceptado. Não existindo prévia autorização judicial, tampouco configurada a hipótese de gravação de comunicação telefônica, já que nenhum dos interlocutores tinha ciência de tal artifício no momento dos diálogos interceptados, se faz imperiosa a declaração de nulidade da prova, para que não surta efeitos na ação penal." (STJ, HC 161.053-SP, rel. Min. Jorge Mussi, j. 27.11.2012).

Gabarito "A".

(Delegado/DF – 2015 – Fundação Universa) Gustavo constrangeu, mediante grave ameaça, um colega de trabalho a agir de maneira vexatória.

Com base nessa situação hipotética e na Lei 9.099/1995, que dispõe sobre os juizados especiais criminais, assinale a alternativa correta.

(A) Se Gustavo descumprir transação penal, o Ministério Público estará autorizado a denunciá-lo, independentemente de representação da vítima.

(B) O crime de constrangimento ilegal, praticado por Gustavo, não se submete à lei dos juizados especiais criminais por não ser considerado de menor potencial ofensivo.

(C) A autoridade policial que tomar conhecimento da ocorrência poderá optar entre lavrar termo circunstanciado ou instaurar o competente inquérito policial.

(D) Caso Gustavo, após o procedimento adotado pela autoridade policial, seja imediatamente encaminhado ao juizado ou assuma o compromisso de a este comparecer, a ele não se imporá prisão em flagrante, mas a autoridade policial poderá exigir-lhe fiança.

(E) Se Gustavo, após o procedimento adotado pela autoridade policial, for imediatamente encaminhado ao juizado ou assumir o compromisso de a este comparecer, a ele será imposta prisão em flagrante.

A: correta. A conduta de Gustavo se amolda, em princípio, à descrição típica do crime de constrangimento ilegal, capitulado no art. 146 do CP, já que, valendo-se de ameaça, constrangeu seu colega de trabalho a agir de maneira vexatória. Por se tratar de infração penal de menor potencial ofensivo (a pena máxima cominada é de 1 ano), sujeita, portanto, ao procedimento sumaríssimo previsto na Lei 9.099/1995 (Juizados Especiais) e cuja ação penal é pública incondicionada, uma vez descumprida a transação penal, o MP estará credenciado a oferecer denúncia, prescindindo, para tanto, de representação do ofendido (arts. 76 e 77 da Lei 9.099/1995). Oportuno o registro de que não há consenso na doutrina nem na jurisprudência quanto às consequências do não cumprimento da transação penal. Há quem entenda que o seu descumprimento não pode levar ao oferecimento da denúncia. O Pleno do STF decidiu que, neste caso, cabe, sim, o oferecimento de denúncia (RE 602.072 QO-RG, rel. Min. Cezar Peluso, 19.11.2009), entendimento consagrado por meio da Súmula Vinculante 35; **B:** incorreta. Trata-se, sim, como já afirmado acima, de infração penal de menor potencial ofensivo (art. 61, Lei 9.099/1995); **C:** incorreta. Por se tratar de infração penal de menor potencial ofensivo, incumbe ao delegado de polícia que tomar conhecimento da ocorrência proceder à lavratura de termo circunstanciado, que será encaminhado ao Juizado (art. 69 da Lei 9.099/1995). A instauração de inquérito policial, neste caso, é, em tese, vedada. Tal somente será possível se a complexidade do fato impuser a necessidade de apuração mais acurada; ou ainda diante da não localização do autor ou da vítima; enfim, quando se fizer necessária a colheita de outras provas. Não se trata, portanto, de mera faculdade da autoridade policial; **D:** incorreta. Nesta hipótese, não terão lugar tanto a prisão em flagrante quanto a imposição de fiança (art. 69, parágrafo único, Lei 9.099/1995); **E:** incorreta. Vide comentário à alternativa "D".

Gabarito "A".

(Delegado/DF – 2015 – Fundação Universa) A respeito do tráfico ilícito de drogas e do uso indevido de substância entorpecente, assinale a alternativa correta à luz da lei que rege a matéria.

(A) A lavratura do auto de prisão em flagrante do autor de crime de tráfico e o estabelecimento da materialidade do delito prescindem de laudo de constatação da natureza e da quantidade da droga.

(B) É cabível a prisão em flagrante do usuário de substância entorpecente, havendo, ou não, concurso de crime com o delito de tráfico ilícito de entorpecentes.

(C) É vedado à autoridade policial, ao encerrar inquérito relativo a crime de tráfico, indicar a quantidade e a natureza da substância ou do produto apreendido.

(D) O inquérito policial relativo ao crime de tráfico de substância entorpecente será concluído no prazo de trinta dias se o indiciado estiver preso e, no de noventa dias, se estiver solto.

(E) A destruição das drogas apreendidas somente poderá ser executada pelo juiz de direito ou pela pessoa indicada pelo respectivo tribunal, vedando-se tal conduta ao delegado de polícia.

A: incorreta, pois não reflete a regra presente no art. 50, § 1º, da Lei 11.343/2006; **B:** incorreta, pois em desacordo com o que estabelece o art. 48, § 2º, da Lei 11.343/2006; **C:** incorreta, pois não reflete o disposto no art. 52, I, da Lei 11.343/2006; **D:** correta, pois em conformidade com a regra contida no art. 51 da Lei 11.343/2006; **E:** incorreta (art. 50, § 4º, da Lei 11.343/2006, acrescentado pela Lei 12.961/2014).

Gabarito "D".

(Delegado/DF – 2015 – Fundação Universa) À luz da legislação especial de direito processual penal, assinale a alternativa correta.

(A) A lei que dispõe sobre os crimes hediondos não prevê a possibilidade de aplicação da delação premiada, embora a jurisprudência dos tribunais superiores venha admitindo tal possibilidade.

(B) Não se admite, em relação às infrações penais previstas no Código de Defesa do Consumidor, a concessão de fiança pela autoridade policial que preside o respectivo inquérito.

(C) Tratando-se de infrações penais de repercussão interestadual ou internacional que exijam repressão uniforme, poderá o departamento de polícia federal do Ministério da Justiça, com prejuízo da responsabilidade dos órgãos de segurança pública, em especial das polícias militares e civis dos estados, proceder à investigação das infrações penais arroladas taxativamente pelo legislador.

(D) À imputação da prática de ato infracional a adolescente não se aplica o princípio do devido processo legal, pertinente ao processo penal comum relacionado à pratica de infração penal – crime ou contravenção.

(E) No processo por crime conhecido como "lavagem de dinheiro", não se aplica o disposto no art. 366 do CPP, devendo o acusado que não comparecer nem constituir advogado ser citado por edital, prosseguindo o feito, até o julgamento, com a nomeação de defensor dativo.

A: incorreta (art. 8°, parágrafo único, da Lei 8.072/1990); B: incorreta (art. 79 da Lei 8.078/1990); C: incorreta, já que não corresponde ao que estabelece o art. 1°, *caput*, da Lei 10.446/2002: "(...) poderá o Departamento de Polícia Federal do Ministério da Justiça, *sem* prejuízo da responsabilidade..." (GN); D: incorreta, já que as garantias do processo penal têm incidência, sim, no âmbito do processo de apuração de ato infracional atribuído a adolescente; E: assertiva correta. Embora a redação do art. 2°, § 2°, da Lei 9.613/1998 tenha sido modificada por força da Lei 12.683/2012, permanece a impossibilidade de aplicar-se, aos crimes de lavagem de dinheiro, o art. 366 do CPP, devendo o processo, por isso, seguir a sua marcha com a nomeação de defensor dativo. Gabarito "E."

(Delegado/BA – 2013 – CESPE) Um delegado de polícia, tendo recebido denúncia anônima de que Mílton estaria abusando sexualmente de sua própria filha, requereu, antes mesmo de colher provas acerca da informação recebida, a juiz da vara criminal competente a interceptação das comunicações telefônicas de Mílton pelo prazo de quinze dias, sucessivamente prorrogado durante os quarenta e cinco dias de investigação.

Kátia, ex-mulher de Mílton, contratou o advogado Caio para acompanhar o inquérito policial instaurado. Mílton, então, ainda no curso da investigação, resolveu interceptar, diretamente e sem o conhecimento de Caio e Kátia, as ligações telefônicas entre eles, tendo tomado conhecimento, devido às interceptações, de que o advogado cometera o crime de tráfico de influência. Em razão disso, Mílton procurou Kátia e solicitou que ela concordasse com a divulgação do conteúdo das gravações telefônicas, ao que Kátia anuiu expressamente. Mílton, então, apresentou ao delegado o conteúdo das gravações, que foram utilizadas para subsidiar ação penal iniciada pelo MP contra Caio, pela prática do crime de tráfico de influência.

Com base nessa situação hipotética, julgue os itens seguintes, a respeito das interceptações telefônicas.

(1) O fato de Kátia – que era interlocutora dos diálogos gravados – ter consentido posteriormente com a divulgação do conteúdo das gravações não legitima o ato nem justifica sua utilização como prova.

(2) O delegado de polícia não poderia ter determinado a instauração de inquérito policial exclusivamente com base na denúncia anônima recebida.

(3) A interceptação telefônica solicitada pelo delegado de polícia e autorizada judicialmente é nula, haja vista ter sido sucessivamente prorrogada pelo magistrado por prazo superior a trinta dias, o que contraria a previsão legal de que o prazo da interceptação telefônica não pode exceder quinze dias, renovável uma vez por igual período.

(4) A interceptação telefônica realizada por Mílton é ilegal, porquanto desprovida da necessária autorização judicial.

1: correta. Com efeito, o fato de Kátia, interlocutora da conversa interceptada por Milton, aquiescer na divulgação dos diálogos gravados é irrelevante. De uma forma ou de outra, a interceptação promovida por Milton não poderá ser utilizada como prova no processo em que Caio, também interlocutor, é acusado pela prática do crime de tráfico de influência. De ser ver, ainda, que, com a sua conduta, Milton incorreu nas penas do crime previsto no art. 10 da Lei 9.296/1996 (com redação alterada pela Lei 13.869/2019). Conferir a seguinte ementa, na qual o examinar, ao que parece, se baseou para a elaboração desta assertiva: "(...) TRÁFICO DE INFLUÊNCIA (ARTIGO 332 DO CÓDIGO PENAL). GRAVAÇÃO DE CONVERSA TELEFÔNICA ENTRE O PACIENTE, ADVOGADO, E SUA CLIENTE EFETUADA POR TERCEIRO. AUSÊNCIA DE PRÉVIA AUTORIZAÇÃO JUDICIAL. SIGILO VIOLADO. ILICITUDE DA PROVA. CONSTRANGIMENTO ILEGAL CARACTERIZADO. 1. A interceptação telefônica é a captação de conversa feita por um terceiro, sem o conhecimento dos interlocutores, que depende de ordem judicial, nos termos do inciso XII do artigo 5° da Constituição Federal. 2. A escuta é a captação de conversa telefônica feita por um terceiro, com o conhecimento de apenas um dos interlocutores, ao passo que a gravação telefônica é feita por um dos interlocutores do diálogo, sem o consentimento ou a ciência do outro. 3. Na hipótese, embora as gravações tenham sido implementadas pelo esposo da cliente do paciente com a intenção de provar a sua inocência, é certo que não obteve a indispensável prévia autorização judicial, razão pela qual se tem como configurada a interceptação de comunicação telefônica ilegal. 4. O fato da esposa do autor das interceptações – que era uma interlocutora dos diálogos gravados de forma clandestina – ter consentido posteriormente com a divulgação dos seus conteúdos não tem o condão de legitimar o ato, pois no momento da gravação não tinha ciência do artifício que foi implementado pelo seu marido, não se podendo afirmar, portanto, que, caso soubesse, manteria tais conversas com o seu advogado pelo telefone interceptado." (HC 161053/SP, Quinta Turma, rel. Min. Jorge Mussi, j. 27/11/2012, DJe 03/12/2012); **2:** correta. A jurisprudência dos tribunais superiores firmou entendimento no sentido de que somente é possível a instauração de procedimento investigativo com base em denúncia anônima se esta vier acompanhada de outros elementos. É correto afirmar-se, portanto, que é vedado a autoridade policial proceder a inquérito com base somente em denúncia anônima. Deverá o delegado, em casos assim, antes de instaurar inquérito, fazer um levantamento da informação que a ele chegou, a fim de verificar a sua procedência. Nesse sentido: "*A autoridade policial, ao receber uma denúncia anônima, deve antes realizar diligências preliminares para averiguar se os fatos narrados nessa 'denúncia' são materialmente verdadeiros, para, só então, iniciar as investigações*" (HC 95.244, 1ª T., rel. Min. Dias Toffoli, DJE 29.04.2010); **3:** incorreta. Não poderia a interceptação ser considerada nula somente pelo fato de ter sido prorrogada por mais de uma oportunidade. É que a jurisprudência sedimentou entendimento no sentido de que o prazo de quinze dias poderá ser prorrogado quantas vezes for necessário para a apuração do fato sob investigação. Conferir: "INTERCEPTAÇÃO TELEFÔNICA. DURAÇÃO. Nos autos, devido à complexidade da organização criminosa, com muitos agentes envolvidos, demonstra-se, em princípio, a necessidade dos diversos pedidos para prorrogação das interceptações telefônicas. Tal fato, segundo o Min. Relator, não caracteriza nulidade, uma vez que não consta da Lei n. 9.296/1996 que a autorização para interceptação telefônica possa ser prorrogada uma única vez; o que exige a lei é a demonstração da sua necessidade. De igual modo, assevera que a duração da interceptação telefônica deve ser proporcional à investigação efetuada. No caso dos autos, o prolongamento das escutas ficou inteiramente justificado porquanto necessário à investigação. Com esse entendimento, a Turma ao prosseguir o julgamento, denegou a ordem, pois não há o alegado constrangimento ilegal descrito na inicial. Precedentes citados: HC 13.274-RS, DJ 4/9/2000, e HC 110.644-RJ, DJe 18/5/2009. HC 133.037-GO, Rel. Min. Celso Limongi (Desembargador convocado do TJ-SP), julgado em 2/3/2010. (Inform. STJ 425)"; **4:** correta, pois em conformidade com a disciplina estabelecida no art. 3º da Lei 9.296/1996, que confere ao magistrado – e somente a ele – a atribuição para determinar a interceptação de comunicação telefônica, o que poderá ser dar de ofício ou ainda a requerimento do MP ou mediante representação da autoridade policial.

Gabarito 1C, 2C, 3E, 4C

(Delegado/BA – 2013 – CESPE) Determinado policial militar efetuou a prisão em flagrante de Luciano e o conduziu à delegacia de polícia. Lá, com o objetivo de fazer Luciano confessar a prática dos atos que ensejaram sua prisão, o policial responsável por seu interrogatório cobriu sua cabeça com um saco plástico e amarrou-o no seu pescoço, asfixiando-o. Como Luciano não confessou, o policial deixou-o trancado na sala de interrogatório durante várias horas, pendurado de cabeça para baixo, no escuro, período em que lhe dizia que, se ele não confessasse, seria morto. O delegado de polícia, ciente do que ocorria na sala de interrogatório, manteve-se inerte. Em depoimento posterior, Luciano afirmou que a conduta do policial lhe provocara intenso sofrimento físico e mental.

Considerando a situação hipotética acima e o disposto na Lei Federal n.º 9.455/1997, julgue os itens subsequentes.

(1) O delegado não pode ser considerado coautor ou partícipe da conduta do policial, pois o crime de tortura somente pode ser praticado de forma comissiva.

(2) Para a comprovação da materialidade da conduta do policial, é imprescindível a realização de exame de corpo de delito que confirme as agressões sofridas por Luciano.

1: incorreta. É inconteste que a conduta do policial responsável pelo interrogatório de Luciano se enquadra no art. 1º, I, *a*, da Lei 9.455/1997 (Lei de Tortura), uma vez que constrangeu a vítima, fazendo uso de violência e grave ameaça que lhe causaram sofrimento físico e mental, com o propósito de obter confissão do crime a ele imputado e pelo qual foi preso em flagrante. Dito isso, resta analisar a conduta do delegado de polícia, que, ciente de tudo que se passava com Luciano, nada fez. Pela sua conduta omissiva, deverá ser responsabilizado como incurso nas penas do art. 1º, § 2º, da Lei 9.455/1997, que pune (de forma mais branda, é verdade) o agente que, tendo o dever de intervir, nada faz para evitar a prática de tortura; **2:** incorreta. É fato que, sendo a tortura física e havendo vestígios da sua ocorrência, é de rigor o exame de corpo de delito, nos termos do art. 158 do CPP. Agora, se se tratar de tortura psicológica, que, em regra, não produz vestígios, não há por que proceder-se a exame de corpo de delito, sendo a prova da materialidade produzida por outros meios (testemunha, por exemplo). No caso narrado no enunciado, a comprovação da existência do crime não está condicionada à realização de exame de corpo de delito, tendo em vista que a Luciano foi impingido, além de sofrimento físico, também sofrimento psicológico, o que, por si só, já configura o crime em questão. De mais a mais, nem sempre o sofrimento físico deixa vestígios.

Gabarito 1E, 2E

(Delegado Federal – 2013 – CESPE) Julgue os itens seguintes com base na Lei n.º 11.343/2006.

(1) A autoridade de polícia judiciária deve comunicar ao juiz competente a prisão em flagrante no prazo improrrogável de cinco dias, remetendo-lhe cópia do auto lavrado, do qual será dada vista ao MP em até vinte e quatro horas.

(2) Conforme entendimento pacificado do STJ, a eventual ilegalidade da prisão cautelar por excesso de prazo para conclusão da instrução criminal deve ser analisada à luz do princípio da razoabilidade, sendo permitida ao juízo, em hipóteses excepcionais, a extrapolação dos prazos previstos na lei processual penal.

(3) O crime de tráfico de drogas é inafiançável e o acusado desse crime, insuscetível de *sursis*, graça, indulto ou anistia, não podendo as penas a que eventualmente seja condenado ser convertidas em penas restritivas de direitos.

(4) É legal a manutenção da custódia cautelar sob o único fundamento da vedação da liberdade provisória a acusados de delito de tráfico de drogas, consoante a jurisprudência STF.

1: incorreta. Isso porque o art. 50, *caput*, da Lei 11.343/2006, de forma idêntica ao art. 306 do CPP, estabelece que a prisão em flagrante será comunicada de imediato ao juiz competente, com o encaminhamento do respectivo auto; **2:** correta. Nessa esteira, conferir: "RECURSO ORDINÁRIO EM *HABEAS CORPUS*. PROCESSUAL PENAL. CRIMES DE FORMAÇÃO DE QUADRILHA ARMADA E COMÉRCIO ILEGAL DE ARMA DE FOGO. PRISÃO PREVENTIVA. GARANTIA DA ORDEM PÚBLICA. NECESSIDADE DE INTERRUPÇÃO DA ATIVIDADE CRIMINOSA. FUNDAMENTAÇÃO SUFICIENTE. EXCESSO DE PRAZO PARA A FORMAÇÃO DA CULPA. INOCORRÊNCIA. FEITO COMPLEXO (23 ACUSADOS). CONDIÇÕES PESSOAIS FAVORÁVEIS. IRRELEVÂNCIA. RECURSO DESPROVIDO. 1. Interceptações telefônicas, judicialmente autorizadas, indicaram a existência de uma organização criminosa responsável pela prática de diversos crimes, dentre eles, tráfico ilícito de drogas, homicídios, crimes contra o patrimônio, tráfico de armas de fogo e munições e formação de quadrilha. Em tese, o Recorrente faria parte desse grupo e comercializava ilegalmente armas e munições com a quadrilha. Tais circunstâncias evidenciam a pertinência da manutenção da constrição cautelar em foco, como forma de garantir a ordem pública, dado que necessária a interrupção das atividades criminosas, em parte, fomentadas pelos armamentos fornecidos pelo Custodiado. 2. Perfeitamente aplicável, na espécie, o entendimento de que "[a] necessidade de se interromper ou diminuir a atuação de integrantes de organização criminosa enquadra-se no conceito de garantia da ordem pública, constituindo fundamentação cautelar idônea e suficiente para a prisão preventiva" (STF – HC 95.024/SP, 1.ª Turma, Rel. Min. CÁRMEN LÚCIA, DJe de 20/02/2009). 3. Os prazos indicados para a conclusão da instrução criminal servem apenas como parâmetro geral, pois variam conforme as peculiaridades de cada processo, razão pela qual a jurisprudência os tem mitigado, à luz do Princípio da Razoabilidade. A complexidade da causa em apreço (com 23 denunciados) e a necessidade de investigações de fatos ocorridos em duas Comarcas (Vitória de Santo Antão e Olinda) autorizam um certo prolongamento da instrução criminal. 4. As condições pessoais favoráveis, tais como primariedade, bons antecedentes, ocupação lícita e residência fixa, não têm o condão de, por si sós, desconstituir a custódia antecipada, caso estejam presentes outros requisitos de ordem objetiva e subjetiva que autorizem a decretação da medida extrema" (RHC 201301681245, Laurita Vaz, Quinta Turma, DJE DE 23.08.2013); **3:** incorreta. A substituição da pena privativa de liberdade por restritiva de direitos era vedada, a teor do art. 33, § 4º, da Lei de Drogas, para o crime de tráfico. Sucede que o STF, no julgamento do HC 97.256/RS, declarou, incidentalmente, a inconstitucionalidade dessa vedação. Posteriormente, o Senado Federal, por meio da Resolução n° 5/2012, suspendeu a execução da expressão "vedada a conversão em penas restritivas de direito", presente no art. 33, § 4°, da Lei 11.343/2006. Portanto, nada impede, atualmente, que o juiz autorize a substituição da pena privativa de liberdade por restritiva de direitos no crime de tráfico. De resto, a alternativa está correta, pois corresponde ao que estabelece o art. 44, *caput*, da Lei 11.343/2006; **4:** incorreta. O Pleno do STF, em controle difuso, reconheceu a inconstitucionalidade da parte do art. 44 da Lei de Drogas que proibia a concessão de liberdade provisória nos crimes de tráfico (HC 104.339/SP, Pleno, rel. Min. Gilmar Mendes, 10.05.2012).

Gabarito 1E, 2C, 3E, 4E

(Delegado Federal – 2013 – CESPE) No que se refere aos crimes de lavagem de dinheiro, julgue os itens subsecutivos com base no direito processual penal.

(1) Compete à justiça federal processar e julgar os acusados da prática de crimes de lavagem de dinheiro, uma vez que a repressão a esses crimes é imposta por tratado internacional.

(2) A simples existência de indícios da prática de um dos crimes que antecedem o delito de lavagem de dinheiro, conforme previsão legal, autoriza a instauração de inquérito policial para apurar a ocorrência do referido delito, não sendo necessária a prévia punição dos acusados do ilícito antecedente.

(3) Conforme a jurisprudência do STJ, não impede o prosseguimento da apuração de cometimento do crime de lavagem de dinheiro a extinção da punibilidade dos delitos antecedentes.

1: incorreta. A competência para o processamento e julgamento dos crimes de lavagem de dinheiro será da Justiça Federal nas hipóteses estabelecidas no art. 2°, III, da Lei de Lavagem de Capitais; nos demais casos, a competência será da Justiça Estadual; **2 e 3:** corretas, pois refletem o disposto no art. 2°, § 1°, da Lei 9.613/1998, cuja redação foi modificada pela Lei n. 12.683/2012.

Gabarito 1E, 2C, 3C

Fábio, delegado, tendo recebido denúncia anônima na qual seus subordinados eram acusados de participar de esquema criminoso relacionado ao tráfico ilícito de substâncias entorpecentes, instaurou, de imediato, inquérito policial e requereu a interceptação das comunicações telefônicas dos envolvidos, que, devidamente autorizada pela justiça estadual, foi executada pela polícia militar.

No decorrer das investigações, conduzidas a partir da interceptação das comunicações telefônicas, verificou-se que os indiciados contavam com a ajuda de integrantes das Forças Armadas para praticar os delitos, utilizando aviões da Aeronáutica para o envio da substância entorpecente para o exterior.

O inquérito passou a tramitar na justiça federal, que prorrogou, por diversas vezes, o período de interceptação. Com a denúncia na justiça federal, as informações colhidas na intercepção foram reproduzidas em CD-ROM, tendo sido apenas as conversas diretamente relacionadas aos fatos investigados transcritas nos autos.

(Delegado Federal – 2013 – CESPE) Acerca dessa situação hipotética e do procedimento relativo às interceptações telefônicas, julgue os itens de 1 a 4.

(1) Ao instaurar imediatamente inquérito policial e requerer as interceptações telefônicas para averiguar as acusações contra seus comandados, o delegado em questão agiu corretamente, em obediência ao princípio da moralidade administrativa.

(2) Apesar de a lei prever o prazo máximo de quinze dias para a interceptação telefônica, renovável por mais quinze, não há qualquer restrição ao número de prorrogações, desde que haja decisão fundamentando a dilatação do período.

(3) Segundo o entendimento do STF, é permitido, em caráter excepcional, à polícia militar, mediante autorização judicial e sob supervisão do MP, executar interceptações telefônicas, sobretudo quando houver suspeita de envolvimento de autoridades policiais civis nos delitos investigados, não sendo a execução dessa medida exclusiva da autoridade policial, visto que são autorizados, por lei, o emprego de serviços e a atuação de técnicos das concessionárias de serviços públicos de telefonia nas interceptações.

(4) Autorizadas por juízo absolutamente incompetente, as interceptações telefônicas conduzidas pela autoridade policial são ilegais, por violação ao princípio constitucional do devido processo legal.

1: incorreta, visto que o art. 2°, II, da Lei 9.296/1996 estabelece que somente se recorrerá à quebra de sigilo telefônico quando a prova não puder ser obtida por outros meios disponíveis. Em outras palavras, deveria o delegado, antes de formular pedido para a decretação da quebra de sigilo telefônico, promover investigações a fim de estabelecer materialidade e autoria do crime em questão, para, somente depois, se se concluísse que a prova não poderia ser produzida de outra forma, realizar a interceptação telefônica; **2:** correta. De fato, a jurisprudência sedimentou entendimento no sentido de que o prazo de quinze dias poderá ser prorrogado quantas vezes for necessário para a apuração do fato sob investigação. Conferir: STF, HC 83.515-RS, Pleno, rel. Min. Nelson Jobim, *DJ* 04.03.2005; **3:** correta (STF, HC 96.986-MG, 2ª T., rel. Min. Gilmar Mendes, 10.05.2012); **4:** incorreta. Segundo o STJ, "A declinação da competência não tem o condão de invalidar a interceptação telefônica autorizada por Juízo que inicialmente se acreditava ser competente" (HC 128.006, 5ª T., rel. Min. Napoleão Nunes Maia Filho, *DJ*e de 12.04.2010).

Gabarito 1E, 2C, 3C, 4E

(Delegado Federal – 2002 – CESPE) Julgue o seguinte item.

(1) Considere a seguinte situação hipotética. Um indivíduo foi denunciado pela prática de crimes contra a ordem tributária, em continuidade delitiva. Algumas das condutas delituosas foram perpetradas na vigência da Lei n.° 4.729/1965 (*lex mitior*) e, outras, sob a égide da Lei n.° 8.197/1990 (*lex gravior*). Nessa situação, pelo fato de a lei penal não retroagir, salvo para beneficiar o réu, será reconhecida a ultratividade da Lei n.° 4.729/1965.

Súmula 711 do STF: "A lei penal mais grave aplica-se ao crime continuado ou ao crime permanente, se a sua vigência é anterior à cessação da continuidade ou da permanência".

Gabarito 1E

(Delegado/AC – 2008 – CESPE) Considerando o programa especial de proteção a vítimas e testemunhas ameaçadas e a legislação correlata e julgue os itens que se seguem.

(1) A solicitação para ingresso no programa mencionado não pode ser feita diretamente pela autoridade policial que conduz a investigação criminal, a qual deverá formular representação ao Ministério Público, que tem legitimidade para tanto.

(2) Em caso de urgência e considerando a procedência, a gravidade e a iminência da coação ou ameaça, a vítima ou testemunha poderá ser colocada provisoriamente sob a custódia de órgão policial, pelo órgão executor, no aguardo de decisão do conselho deliberativo, comunicando-se imediatamente o fato aos membros deste e ao Ministério Público.

1: incorreta. Prescreve o art. 5º da Lei 9.807/1999 que a solicitação que visa ao ingresso em programa de proteção a vítima e testemunha poderá ser encaminhado ao órgão executor pelo interessado, pelo representante do MP, pela *autoridade policial* que conduz a investigação, pelo juiz competente e também por órgãos públicos e entidades com atribuições de defesa dos direitos humanos; **2:** alternativa em consonância com o que dispõe o art. 5º, § 3º, da Lei 9.807/1999.
Gabarito 1E, 2C

(Delegado/BA – 2008 – CEFETBAHIA) Um rapaz foi descoberto fumando um cigarro de maconha. Ao ser revistado por agentes policiais, encontraram em seu bolso um isqueiro, papel para confeccionar cigarro e mais dois gramas da droga. Conduzido à presença da autoridade competente, o delegado não lavrou o auto de prisão em flagrante.

Com base nesse caso, a autoridade policial deveria

(A) lavrar efetivamente o auto de prisão em flagrante e comunicar à autoridade judicial, após entregar a nota de culpa.

(B) lavrar o auto de prisão em flagrante, por se tratar de crime hediondo, não necessitando comunicá-lo ao juiz, mas somente à Defensoria Pública.

(C) lavrar o Termo Circunstanciado e, se o rapaz se comprometesse a comparecer ao Juizado Especial Criminal, liberá-lo de imediato.

(D) lavrar o Termo Circunstanciado e liberá-lo logo em seguida, ainda que ele não se comprometesse a comparecer ao Juizado Especial Criminal.

(E) liberar o rapaz de imediato, porém representar pela decretação da prisão preventiva.

Em vista da disciplina estabelecida no art. 48, § 2º, da Lei de Drogas – 11.343/2006, não se imporá prisão em flagrante ao agente que praticar as condutas previstas no art. 28 desta lei.
Gabarito "D".

(Delegado/DF – 2004) De acordo com a Lei 8.069/90, é INCORRETO afirmar que

(A) nenhum adolescente será privado de sua liberdade senão em flagrante de ato infracional ou por ordem escrita e fundamentada da autoridade judiciária competente.

(B) o adolescente tem direito à identificação dos responsáveis pela sua apreensão, devendo ser informado acerca de seus direitos.

(C) a apreensão de qualquer adolescente e o local onde se encontra recolhido serão incontinenti comunicados à autoridade judiciária competente e à família do apreendido ou à pessoa por ele indicada.

(D) examinar-se-á, desde logo e sob pena de responsabilidade, a possibilidade de internação imediata, em respeito à condição peculiar da pessoa em desenvolvimento.

(E) a internação, antes da sentença, pode ser determinada pelo prazo de 45 (quarenta e cinco) dias, devendo a decisão ser fundamentada e basear-se em indícios suficientes de autoria e materialidade, demonstrada a necessidade imperiosa da medida.

A: assertiva correta, pois reflete o disposto no art. 106, *caput*, do ECA – Lei 8.069/1990; **B:** assertiva correta, nos termos do art. 106, parágrafo único, da Lei 8.069/1990; **C:** assertiva correta, nos termos do art. 107, *caput*, da Lei 8.069/1990; **D:** assertiva incorreta, devendo ser assinalada, visto que em desconformidade com o disposto no art. 107, parágrafo único, do ECA, que impõe ao juiz o dever de examinar, desde logo e sob pena de responsabilidade, a possibilidade de *liberação* imediata do adolescente; **E:** assertiva correta, nos termos do art. 108 do ECA.
Gabarito "D".

(Delegado/MG – 2008) Sobre a Lei 9.296/1996, que dispõe sobre a interceptação de comunicações telefônicas, é CORRETO afirmar

(A) que poderá ser decretada a quebra do sigilo telefônico quando a prova da autoria ou materialidade do delito puder ser feita por outro meio de prova.

(B) que o delito investigado deve ser punido com pena de detenção.

(C) que, decretada a interceptação telefônica, a autoridade policial não necessita dar ciência dos procedimentos realizados ao Ministério Público.

(D) que a interceptação telefônica não poderá ser decretada por período superior a 15 dias, admitida a prorrogação do prazo.

A: incorreta. Constitui pressuposto para a quebra do sigilo telefônico autorizada pelo juiz o fato de a prova não puder ser feita por outros meios disponíveis; quer-se com isso dizer que somente se deve recorrer a ela como exceção, de forma supletiva, na forma estatuída no art. 2º, II, da Lei 9.296/1996; **B:** incorreta. Outro pressuposto contido no art. 2º da Lei 9.296/1996 é que o fato investigado constitua infração apenada com reclusão; **C:** incorreta, pois não corresponde ao disposto no art. 6º, *caput*, da Lei 9.296/1996; **D:** correta, nos termos do art. 5º da Lei 9.296/1996.
Gabarito "D".

(Delegado/MT – 2006) Com relação ao Estatuto da Criança e do Adolescente, a alternativa **correta** é:

(A) São penalmente imputáveis os menores de 18 (dezoito) anos, sujeitos às medidas do Estatuto da Criança e do Adolescente.

(B) A internação antes da sentença pode ser determinada pelo prazo máximo de 81 (oitenta e um) dias.

(C) Em cada comarca haverá no mínimo um Conselho Tutelar composto de 3 (três) membros escolhidos pela comunidade local, para mandato de 2 (dois) anos, permitida uma recondução.

(D) Nenhum adolescente será privado de sua liberdade senão em flagrante de ato infracional ou por ordem escrita e fundamentada da autoridade judiciária competente.

A: incorreta. Os menores de 18 anos são penalmente *inimputáveis* e, por isso, submetem-se às medidas do ECA, conforme prescrevem os arts. 228 da CF e 27 do CP; **B:** incorreta (art. 108, *caput*, do ECA). Constitui medida excepcional (antes da sentença) que somente poderá ser decretada diante da demonstração imperiosa de sua *necessidade*, além de se basear em indícios suficientes de *autoria* e *materialidade*. Não poderá durar mais de quarenta e cinco dias, prazo em que o processo deverá ser ultimado (art. 183, ECA). Findo este prazo, o adolescente deverá ser imediatamente liberado. Há decisões, contudo, que entendem que, a depender da particularidade do caso concreto, é possível estendê-lo, notadamente quando é a defesa que dá causa à dilação. O descumprimento injustificado deste prazo configura o crime do art. 235, ECA. O magistrado somente poderá decretar a internação provisória de adolescente desde que já tenha sido oferecida representação pelo Ministério Público, isto é, não cabe esta medida privativa de liberdade em procedimento apuratório, pois, se o representante do MP já dispõe de indícios suficientes de autoria e materialidade, deverá oferecer representação; **C:** incorreta. Com a modificação implementada no art. 132 do ECA pela Lei 12.696/2012, o mandato do membro do Conselho Tutelar, que antes era de três anos, passou para quatro anos, permitida uma recondução. Posteriormente, o art. 132 da Lei 8.069/1990 (Estatuto da Criança e do Adolescente), que trata da organização do Conselho Tutelar, teve a sua redação novamente alterada, desta vez por força da Lei 13.824/2019. Numa leitura açodada da nova redação do dispositivo, talvez a mudança passe despercebida, já que o artigo, na sua parte inicial, permaneceu inalterado. Com efeito, estabelecia o art. 132 do ECA, na sua parte final, que o membro do Conselho Tutelar, eleito para um mandato de quatro anos, somente poderia ser reconduzido uma única vez, cumprindo, dessa forma, no máximo dois mandatos. Era o que estabelecia, como já dito, a antiga redação do art. 132 do ECA. Pois bem. Dada a modificação implementada nesse dispositivo pela Lei 13.824/2019, o conselheiro tutelar, doravante, poderá ser reconduzido, mediante novo processo de escolha, para o exercício de vários mandatos, tal como ocorre, por exemplo, com os vereadores; **D:** correta, nos termos do art. 106, *caput*, da Lei 8.069/1990 – ECA. Gabarito "D."

(Delegado/PB – 2009 – CESPE) Acerca do tráfico ilícito e do uso indevido de substâncias entorpecentes, com base na legislação respectiva, assinale a opção correta.

(A) No caso de porte de substância entorpecente para uso próprio, não se impõe prisão em flagrante, devendo o autor de fato ser imediatamente encaminhado ao juízo competente ou, na falta deste, assumir o compromisso de a ele comparecer.

(B) Para a lavratura do auto de prisão em flagrante, é suficiente o laudo de constatação da natureza e quantidade da droga, o qual será necessariamente firmado por perito oficial.

(C) O IP relativo a indiciado preso deve ser concluído no prazo de 30 dias, não havendo possibilidade de prorrogação do prazo. A autoridade policial pode, todavia, realizar diligências complementares e remetê-las posteriormente ao juízo competente.

(D) Findo o prazo para conclusão do inquérito, a autoridade policial remete os autos ao juízo competente, relatando sumariamente as circunstâncias do fato, sendo-lhe vedado justificar as razões que a levaram à classificação do delito.

A: correta (art. 48, § 2º, da Lei 11.343/2006); **B:** incorreta. Nos termos do art. 50, § 1º, da Lei 11.343/2006, na falta de perito oficial, o laudo de constatação poderá ser firmado por pessoa idônea. Nesse ponto reside o erro da assertiva; **C:** incorreta. Reza o art. 51, parágrafo único, da Lei de Drogas que o prazo para conclusão do inquérito relativo a réu preso, que é de 30 dias, pode ser duplicado pelo juiz, desde que ouvido o MP e mediante pedido justificado da autoridade policial; **D:** incorreta. A autoridade policial, ao remeter os autos de inquérito policial ao juízo, já findos, deverá relatar de forma sumária as circunstâncias em que os fatos se deram, bem assim justificar as razões que a levaram à classificação do delito, entre outras providências listadas no art. 52 da Lei 11.343/2006. Gabarito "A."

(Delegado/PB – 2009 – CESPE) Assinale a opção correta com base na legislação sobre interceptação telefônica.

(A) A interceptação das comunicações telefônicas pode ser determinada pelo juiz, a requerimento da autoridade policial, na investigação criminal ou na instrução processual penal.

(B) O pedido de interceptação das comunicações telefônicas deve ser feito necessariamente por escrito.

(C) Não se admite interceptação das comunicações telefônicas quando o fato investigado constituir infração penal punida, no máximo, com pena de detenção.

(D) Somente após o trânsito em julgado da sentença penal pode a gravação ser inutilizada, mediante decisão judicial, ainda que não interesse à prova.

(E) Ainda que a diligência possibilite a gravação da comunicação interceptada, é dispensada a transcrição da gravação.

A: incorreta (art. 3º, I, da Lei 9.296/96); **B:** incorreta (art. 4º, § 1º, da Lei 9.296/1996); **C:** correta (art. 2º, III, da Lei 9.296/1996); **D:** incorreta (art. 9º da Lei 9.296/1996); **E:** incorreta (art. 6º, § 1º, da Lei 9.296/1996). Gabarito "C."

(Delegado/RN – 2009 – CESPE) A prática do crime de lavagem de dinheiro é atribuída ao agente que dissimula a natureza e a origem de bens, direitos ou valores provenientes, direta ou indiretamente, de determinados crimes. Esses crimes não abrangem

(A) o terrorismo.

(B) a extorsão mediante sequestro.

(C) o crime contra a administração pública, incluindo a exigência direta ou indireta, para si ou para outrem, de qualquer vantagem, como condição ou preço para a prática ou a omissão de atos administrativos.

(D) os crimes contra a ordem tributária.

(E) o tráfico ilícito de substâncias entorpecentes ou drogas afins.

Ao tempo em que esta questão foi elaborada, a proposição correta de fato era a "D", visto que os crimes a que ela faz referência não estavam contemplados no rol do art. 1º da Lei 9.613/1998. Sucede que esse dispositivo teve sua redação alterada por força da Lei 12.683/2012. Com isso, não mais se exige, à configuração do crime de lavagem de dinheiro, que a operação financeira esteja vinculada a determinados crimes, listados em rol taxativo, como até então ocorria. Gabarito "D."

(Delegado/SP – 2008) Com respeito à Lei de interceptação Telefônica (Lei 9.296/1996), assinale a alternativa incorreta.

(A) No caso de a diligência possibilitar a gravação comunicação interceptada, será determinada a sua transcrição.

(B) Para proceder à escuta, a autoridade policial poderá requisitar serviços técnicos especializados de concessionária de serviço público.

(C) A gravação que não interessa à prova deverá ser guardada por noventa dias e depois inutilizada por ordem judicial.

(D) O juiz de direito poderá determinar interceptação telefônica *ex officio*.

(E) O juiz de direito pode, excepcionalmente, admitir que o pedido de interceptação telefônica seja feito verbalmente.

A: assertiva correta (art. 6º, § 1º, da Lei 9.296/96); **B:** assertiva correta (art. 7º da Lei 9.296/1996); **C:** assertiva incorreta, devendo ser assinalada (art. 9º da Lei 9.296/1996); **D:** assertiva correta (art. 3º, *caput*, da Lei 9.296/1996); **E:** assertiva correta (art. 4º, § 1º, da Lei 9.296/1996). Gabarito "C".

(Delegado/SP – 2003) O prazo para encerramento da instrução criminal, quando o réu estiver preso, na lei de repressão ao crime organizado,

(A) é fixado em oitenta e nove dias.

(B) é fixado em oitenta e um dias.

(C) é fixado em cento e vinte dias.

(D) não está fixado, ficando a critério do juiz.

À época em que a questão foi elaborada, o prazo era o previsto no art. 8º da Lei 9.034/1995, que correspondia a 81 dias. Atualmente, com o advento da Lei 12.850/2013, o parágrafo único do art. 22 determina o prazo de 120 dias. Gabarito "B".

(Delegado/SP – 2002) No que concerne ao prazo de duração, a interceptação telefônica

(A) terá um prazo fixado livremente pelo juiz, dependendo das circunstâncias do fato investigado.

(B) não poderá exceder o prazo de 10 dias, renovável por igual tempo.

(C) não poderá exceder o prazo de 15 dias renovável por igual tempo.

(D) terá a duração necessária para atingir os objetivos propostos.

Art. 5º da Lei 9.296/1996. Gabarito "C".

(Delegado/SP – 2000) De acordo com a Lei da Interceptação Telefônica (Lei 9.296/1997), a gravação que não interessar à prova será, por decisão judicial,

(A) restituída ao acusado a qualquer momento, mediante recibo.

(B) inutilizada somente após o término do processo.

(C) inutilizada durante o inquérito, a instrução processual ou após esta.

(D) restituída ao acusado após o trânsito em julgado da decisão.

De acordo com o disposto no art. 9º da Lei 9.296/1996. Gabarito "C".

22. TEMAS COMBINADOS E OUTROS TEMAS

(Delegado/MG – 2021 – FUMARC) Está CORRETO ao se afirmar que:

(A) É defeso ao juiz dar prosseguimento ao julgamento do feito, estando pendente o cumprimento de carta precatória expedida para inquirição de testemunhas arroladas pela defesa.

(B) No do rito dos crimes funcionais, não se admite manifestação da defesa antes do juízo prelibação da inicial acusatória.

(C) Nos casos afetos à lei antitóxicos, o interrogatório do réu deve ser realizado ao final da instrução criminal.

(D) O advogado deverá ser intimado da data da audiência designada perante o juízo deprecado.

A: incorreta. Em princípio, a expedição de carta precatória não tem o condão de suspender a instrução criminal (art. 222, § 1º, CPP). Registre-se, todavia, que, quanto a este tema, houve mudança de entendimento do STJ. Explico. A 6ª Turma tinha como pacificado o entendimento segundo o qual a expedição de carta precatória, em obediência ao art. 222, § 1º, do CPP e também ao princípio da celeridade processual, não tem o condão de suspender a instrução processual, razão por que se deve proceder à oitiva das testemunhas e ao interrogatório do réu e, também, ao julgamento da causa, mesmo que pendente a devolução de carta precatória. Em outras palavras, o interrogatório do réu não precisa aguardar a vinda da carta precatória expedida para a oitiva de testemunha. Mais recentemente, a 3ª Seção do STJ, que reúne as 5ª e 6ª Turmas Criminais, adotou o entendimento, o qual já aderira a 5ª Turma, de que, nos termos do art. 400 do CPP, o interrogatório do réu deve ser o derradeiro ato da instrução, ainda que haja expedição de carta precatória para a oitiva de testemunhas. Ou seja, o juiz do feito, antes de proceder ao interrogatório do acusado, deve aguardar o retorno da carta precatória expedida para o fim de ouvir testemunhas, em obediência aos princípios do contraditório e ampla defesa. Conferir o julgado que marcou a mudança de entendimento do STJ: "1. Existem precedentes nesta Corte Superior, partindo da interpretação dos arts. 400 e 222 do Código de Processo Penal, que consideram válido o interrogatório do acusado quando pendente de cumprimento carta precatória expedida para oitiva de testemunhas e do ofendido. 2. Essa compreensão, no entanto, não está em harmonia com os princípios do contraditório e da ampla defesa, bem como com a jurisprudência consolidada na Suprema Corte, firme no sentido de que, com o advento da Lei n. 11.719/2008, que deu nova redação ao art. 400 do Código de Processo Penal, o interrogatório do réu deve ser o último ato de instrução. 3. Importante ressaltar a orientação fixada pelo Supremo Tribunal Federal no HC n. 127.900/AM, de que a norma inscrita no art. 400 do Código de Processo Penal comum aplica-se, a partir da publicação da ata do presente julgamento, aos processos penais militares, aos processos penais eleitorais e a todos os procedimentos penais regidos por legislação especial incidindo somente naquelas ações penais cuja instrução não se tenha encerrado. 4. Atualmente é assente o entendimento de que o interrogatório do acusado é instrumento de defesa, o que, em uma perspectiva garantista, pautada na observância dos direitos fundamentais, proporciona máxima efetividade se realizado ao final da instrução. De fato, a concretização do interrogatório antes da oitiva de testemunhas e da vítima priva o acusado de acesso pleno à informação, já que se manifestará antes da produção de parcela importante de provas. Além disso, reflete diretamente na eficácia de sua reação e na possibilidade de influenciar o julgamento, não lhe permitindo refutar, ao menos diretamente (autodefesa), questões apresentadas com a oitiva de testemunhas e do ofendido. A inversão do interrogatório, portanto, promove nítido enfraquecimento dos princípios constitucionais do contraditório e da ampla defesa, indevido, a meu ver, no âmbito da persecução penal. 5. Nessa perspectiva, ao dispor que a expedição da precatória não suspenderá a instrução criminal, o § 1º do art. 222 do CPP não autorizou, no meu sentir, a realização de interrogatório do réu em momento diverso do disposto no art. 400 do CPP, vale dizer, ao final da instrução. Oportuno ressaltar que o art. 222 do CPP está inserido em capítulo do Código de Processo Penal voltado ao procedimento relacionado às testemunhas (Capítulo VI do Código de Processo Penal Das Testemunhas), e não com o interrogatório do acusado. 6. Outrossim, a redação do art. 400 do CPP elenca, claramente, a ordem a ser observada na audiência de instrução e julgamento, de forma que a alusão expressa ao art. 222, em seu texto, apenas indica a possibilidade de inquirição de testemunhas, por carta precatória, fora da ordem estabelecida, não permitindo o interrogatório do acusado antes da inquirição de testemunhas. 7. Na hipótese dos autos, o acusado foi interrogado antes da oitiva de testemunhas, por carta precatória. No entanto, conforme informações prestadas pelo Magistrado singular, a defesa técnica do réu somente arguiu suposta nulidade em seu último pedido, protocolizado em 19/3/2020, ou seja, após a realização de todas as oitivas supracitadas, o que reverbera na nulidade de algibeira. Assim, em consonância com a jurisprudência desta Corte Superior, não se mostra viável acolher o pedido de nulidade, especialmente quando não aventado no momento oportuno. 8. Conquanto indevido o requerimento de nulidade, considerando o entendimento do Supremo Tribunal Federal, o fato de que a instrução ainda não encerrou, a necessidade de observar os princípios do contraditório e da ampla defesa, bem como o disposto no art. 196 do Código de Processo Penal, que autoriza a realização de novo interrogatório, entende-se que a ordem deve ser parcialmente concedida para determinar que se proceda a novo interrogatório do acusado ao final da instrução. 9. Quanto à alegação de excesso de prazo, não é o caso de ser reconhecido, pois, conforme informação do Juízo processante, a própria defesa contribuiu para o atraso na instrução, na medida em que não aventou a irregularidade do interrogatório no momento oportuno. Além disso, conforme exposto na decisão liminar, não houve desídia do Magistrado na condução do feito e eventual retardamento na conclusão da ação penal decorre de sua complexidade e da necessidade de expedição de diversas cartas precatórias. 10. Ordem parcialmente concedida para determinar a realização de novo interrogatório do acusado ao final da instrução" (HC 585.942/MT, Rel. Ministro SEBASTIÃO REIS JÚNIOR, TERCEIRA SEÇÃO, julgado em 09/12/2020, DJe 14/12/2020); **B:** incorreta. A peculiaridade do procedimento referente aos crimes funcionais reside na impugnação ofertada pelo funcionário antes do recebimento da denúncia. É a chamada *resposta* ou *defesa preliminar*, prevista no art. 514 do CPP, que somente terá incidência nos crimes funcionais afiançáveis, não se estendendo ao particular que, na qualidade de coautor ou partícipe, tomar parte no crime. Com a edição da Súmula 330 do STJ, esta defesa que antecede o recebimento da denúncia deixou de ser necessária na ação penal alicerçada em inquérito policial. Dessa forma, a formalidade imposta pelo art. 514 do CPP somente se fará necessária, segundo o STJ, quando a denúncia se basear em outras peças de informação que não o inquérito policial. Em outras palavras, a resposta preliminar é necessária, sim, na hipótese de a ação penal não ser calcada em inquérito policial; **C:** correta. Segundo jurisprudência consolidada nos tribunais superiores, o rito processual para o interrogatório, previsto no art. 400 do CPP, deve alcançar todos os procedimentos disciplinados por leis especiais, aqui incluído o rito previsto na Lei de Drogas, cujo art. 57 estabelece que o interrogatório realizar-se-á no começo da instrução. Significa que o interrogatório, mesmo nos procedimentos regidos por leis especiais, passa a ser o derradeiro ato da instrução. No entanto, com o fito de não abalar a segurança jurídica dos feitos em que já fora proferida sentença, tal entendimento somente deve ser aplicável aos processos com instrução ainda não ultimada até o dia 11.03.2016, que corresponde à data em que se deu a publicação da ata do julgamento, pelo STF, do HC 127.900. Conferir: "1. Por ocasião do julgamento do HC n. 127.900/AM, ocorrido em 3/3/2016 (DJe 3/8/2016), o Pleno do Supremo Tribunal Federal firmou o entendimento de que o rito processual para o interrogatório, previsto no art. 400 do Código de Processo Penal, deve ser aplicado a todos os procedimentos regidos por leis especiais. Isso porque a Lei n. 11.719/2008 (que deu nova redação ao referido art. 400) prepondera sobre as disposições em sentido contrário previstas em legislação especial, por se tratar de lei posterior mais benéfica ao acusado (*lex mitior*). 2. De modo a não comprometer o princípio da segurança jurídica dos feitos já sentenciados (CR, art. 5°, XXXVI), houve modulação dos efeitos da decisão: a Corte Suprema estabeleceu que essa nova orientação somente deve ser aplicada aos processos cuja instrução ainda não se haja encerrado. 3. Se nem a doutrina nem a jurisprudência ignoram a importância de que se reveste o interrogatório judicial – cuja natureza jurídica permite qualificá-lo como ato essencialmente de defesa –, não é necessária para o reconhecimento da nulidade processual, nos casos em que o interrogatório do réu tenha sido realizado no início da instrução, a comprovação de efetivo prejuízo à defesa, se do processo resultou condenação. Precedente. 4. O interrogatório é, em verdade, o momento ótimo do acusado, o seu "dia na Corte" (day in Court), a única oportunidade, ao longo de todo o processo, em que ele tem voz ativa e livre para, se assim o desejar, dar sua versão dos fatos, rebater os argumentos, as narrativas e as provas do órgão acusador, apresentar álibis, indicar provas, justificar atitudes, dizer, enfim, tudo o que lhe pareça importante para a sua defesa, além, é claro, de responder às perguntas que quiser responder, de modo livre, desimpedido e voluntário. 5. Não há como se imputar à defesa do acusado o ônus de comprovar eventual prejuízo em decorrência de uma ilegalidade, para a qual não deu causa e em processo que já lhe ensejou sentença condenatória. Isso porque não há, num processo penal, prejuízo maior do que uma condenação resultante de um procedimento que não respeitou as diretrizes legais e tampouco observou determinadas garantias constitucionais do réu (no caso, a do contraditório e a da ampla defesa). 6. Uma vez fixada a compreensão pela desnecessidade de a defesa ter de demonstrar eventual prejuízo decorrente da inversão da ordem do interrogatório do réu, em processo do qual resultou a condenação, também não se mostra imprescindível, para o reconhecimento da nulidade, que a defesa tenha alegado o vício processual já na própria audiência de instrução. 7. Porque reconhecida a nulidade do interrogatório do recorrente, com a determinação de que o Juízo de primeiro grau proceda à nova realização do ato, fica prejudicada a análise das demais matérias suscitadas neste recurso (reconhecimento da minorante prevista no § 4° do art. 33 da Lei de Drogas, fixação do regime aberto e substituição da reprimenda privativa de liberdade por restritivas de direitos). 8. Recurso especial provido, para anular o interrogatório do recorrente e determinar que o Juízo de primeiro grau proceda à nova realização do ato (Processo n. 0000079-90.2016.8.26.0592, da Vara Criminal da Comarca de Tupã – SP)" (STJ, REsp 1825622/SP, Rel. Ministro ROGERIO SCHIETTI CRUZ, SEXTA TURMA, julgado em 20/10/2020, DJe 28/10/2020); **D:** incorreta, pois contraria o entendimento firmado na Súmula 273 do STJ: "Intimada a defesa da expedição da carta precatória, torna-se desnecessária intimação da data da audiência no juízo deprecado". Gabarito "C".

(Delegado/DF – 2015 – Fundação Universa) Com base na legislação, na jurisprudência e na doutrina majoritária, assinale a alternativa correta acerca do inquérito policial, da prisão temporária e da participação do Ministério Público na investigação criminal.

(A) O inquérito policial é um procedimento administrativo, prevalecendo, na doutrina, o entendimento de que se devem observar todas as garantias ínsitas ao contraditório e à ampla defesa durante o inquérito policial, o que concede ao investigado, por exemplo, o direito à dialeticidade processual e à produção de provas.

(B) Conforme o STJ, a participação de um membro do Ministério Público na fase de investigação criminal não acarreta o seu impedimento ou a sua suspeição para o oferecimento da denúncia.

(C) Em casos teratológicos, o STF e o STJ têm admitido que a autoridade policial que preside o procedimento administrativo promova o arquivamento do inquérito policial perante o juiz.

(D) O descumprimento do prazo previsto em lei para concluir o inquérito policial justifica, *ipso facto*, o relaxamento da prisão por excesso de prazo.

(E) Após recente inovação legislativa, o prazo da prisão temporária foi unificado, independentemente de o crime ser hediondo ou a ele equiparado.

A: incorreta. É fato que o inquérito policial constitui um procedimento *administrativo*. Até aqui a alternativa está correta. Mas é incorreto afirmar-se que prevalece o entendimento de que nele, inquérito, vigoram as garantias do contraditório e ampla defesa. Com efeito, embora se trate de tema em relação ao qual haja divergência na doutrina, é certo que prevalece o entendimento segundo o qual, por se tratar de procedimento *inquisitivo*, as garantias acima referidas não se aplicam no inquérito policial; **B:** correta, pois corresponde ao entendimento firmado na Súmula 234, STJ: "A participação de membro do Ministério Público na fase investigatória criminal não acarreta seu impedimento ou suspeição para o oferecimento da denúncia"; **C:** incorreta. Em nenhuma hipótese a autoridade policial poderá determinar o arquivamento dos autos de inquérito policial – art. 17 do CPP; **D:** incorreta. Conferir, quanto a esse tema, o magistério de Guilherme de Souza Nucci: "(...) Logo, caso a autoridade policial remeta o inquérito no 11º dia ao fórum, mas, em compensação, o promotor denuncie no 12º dia, encontra-se um ganho de 3 dias, não se justificando, pois, constrangimento ilegal (...)" (*Código de Processo Penal Comentado*, 12ª ed., p. 109). Na jurisprudência, verificar: STJ, HC 6.741-PB, 5ª T., rel. Min. Flaquer Scartezzini, 19.03.1998; **E:** incorreta, já que não houve nenhuma alteração nesse sentido. Se hediondo ou equiparado, o prazo de prisão temporária continua a ser de até *trinta* dias, prorrogável por mais trinta, em caso de comprovada e extrema necessidade. É o teor do art. 2º, § 4º, da Lei 8.072/1990 (Crimes Hediondos); agora, se se tratar de crime elencado no art. 1º, III, da Lei 7.960/1989 que não seja hediondo tampouco equiparado, o prazo de prisão temporária obedecerá ao que estabelece o art. 2º, *caput*, da mesma lei: *cinco* dias prorrogável por mais cinco, em caso de comprovada e extrema necessidade. Não houve, portanto, a unificação dos prazos, tal como se afirma na alternativa. ED

Gabarito "B".

(Delegado/PE – 2016 – CESPE) Acerca das alterações processuais assinaladas pela Lei 12.403/2011, do instituto da fiança, do procedimento no âmbito dos juizados especiais criminais e das normas processuais pertinentes à citação e intimação, assinale a opção correta.

(A) Se o acusado, citado por edital, não comparecer nem constituir advogado, será decretada a revelia e o processo prosseguirá com a nomeação de defensor dativo.

(B) Em homenagem ao princípio da ampla defesa, será sempre pessoal a intimação do defensor dativo ou constituído pelo acusado.

(C) O arbitramento de fiança, tanto na esfera policial quanto na concedida pelo competente juízo, independe de prévia manifestação do representante do MP.

(D) Nos procedimentos previstos na Lei 9.099/1995, em se tratando de ação penal pública condicionada à representação e não havendo conciliação na audiência preliminar, caso o ofendido se manifeste pelo não oferecimento de representação, o processo será julgado extinto de imediato, operando-se a decadência do direito de ação.

(E) No caso de prisão em flagrante, a autoridade policial somente poderá conceder fiança se a infração penal for punida com detenção e prisão simples; nas demais situações, a fiança deverá ser requerida ao competente juízo.

A: incorreta. Na hipótese de o réu não ser encontrado, deverá o juiz determinar a sua citação por edital, depois de esgotados os meios disponíveis para a sua localização. Se o réu, depois de citado por edital, não comparecer tampouco constituir defensor, o processo e o prazo prescricional ficarão, em vista da disciplina estabelecida no art. 366 do CPP, suspensos (não há que se falar em revelia tampouco continuidade do processo, portanto), podendo ser decretada, se o caso, sua prisão preventiva bem como determinada a produção antecipada das provas consideradas urgentes. No que toca ao tema *suspensão condicional do processo* (*sursis* processual), valem alguns esclarecimentos. A produção da prova considerada urgente deverá se dar em conformidade com o entendimento firmado na Súmula 455 do STJ: "A decisão que determina a produção antecipada de provas com base no art. 366 do CPP deve ser concretamente fundamentada, não a justificando unicamente o mero decurso do tempo". No que toca à prisão preventiva, a sua decretação, no âmbito do art. 366 do CPP, somente poderá se dar diante da presença dos requisitos do art. 312 do CPP, sendo vedada, portanto, a decretação automática da custódia. O mesmo há de ser aplicado à produção antecipada de provas, que está condicionada à demonstração de sua necessidade, não bastando, a autorizá-la, o mero decurso do tempo; **B:** incorreta, dado que a intimação do defensor constituído far-se-á por publicação no órgão incumbido da publicidade dos atos judiciais da comarca, tudo em conformidade com o prescrito no art. 370, § 1º, do CPP; já a do defensor nomeado e também do Ministério Público será *pessoal*, conforme imposição do art. 370, § 4º, do CPP; **C:** correta (art. 333, CPP); **D:** incorreta (art. 75, parágrafo único, da Lei 9.099/1995); **E:** incorreta. A Lei 12.403/2011 mudou sobremaneira o panorama da fiança. Antes da reforma por ela implementada, a autoridade policial, em vista da revogada redação do art. 322 do CPP, somente estava credenciada a concedê-la nas hipóteses de infração punida com *detenção* ou *prisão simples*. Bem por isso, não podia o delegado de polícia arbitrar fiança nos crimes punidos com *reclusão*, tarefa exclusiva do magistrado. Pela nova redação dada ao art. 322 do CPP, a autoridade policial passou a conceder fiança nos casos de infração cuja pena privativa de liberdade máxima não seja superior a quatro anos, independentemente de ser o crime apenado com reclusão ou detenção (qualidade da pena). Naqueles casos em que a pena máxima superar os quatro anos, somente o magistrado poderá estabelecer a fiança. ED

Gabarito "C".

(Delegado/PE – 2016 – CESPE) Assinale a opção correta acerca do processo penal e formas de procedimento, aplicação da lei processual no tempo, disposições constitucionais aplicáveis ao direito processual penal e ação civil ex *delicto*, conforme a legislação em vigor e o posicionamento doutrinário e jurisprudencial prevalentes.

(A) No momento da prolação da sentença condenatória, não cabe ao juízo penal fixar valores para fins de reparação dos danos causados pela infração, porquanto tal atribuição é matéria de exclusiva apreciação do juízo cível.

(B) Sendo o interrogatório um dos principais meios de defesa, que expressa o princípio do contraditório e da ampla defesa, é imperioso, de regra, que o réu seja interrogado ao início da audiência de instrução e julgamento.

(C) É cabível a absolvição sumária do réu em processo comum caso o juiz reconheça, após a audiência preliminar, a existência de doença mental do acusado que, comprovada por prova pericial, o torne inimputável.

(D) Lei processual nova de conteúdo material, também denominada híbrida ou mista, deverá ser aplicada de acordo com os princípios de temporalidade da lei penal, e não como princípio do efeito imediato, consagrado no direito processual penal pátrio.

(E) Nos crimes comuns e nos casos de prisão em flagrante, deverá a autoridade policial garantir a assistência de advogado quando do interrogatório do indiciado, devendo nomear defensor dativo caso o indiciado não indique profissional de sua confiança.

A: incorreta, pois contraria o que dispõem os arts. 63, parágrafo único, e 387, IV, ambos do CPP; **B:** incorreta. Embora haja divergência na doutrina, é fato que o interrogatório constitui, fundamentalmente, meio de *defesa*. Nesse sentido, o STF: "Em sede de persecução penal, o interrogatório judicial – notadamente após o advento da Lei 10.792/2003 – qualifica-se como ato de defesa do réu, que, além de não ser obrigado a responder a qualquer indagação feita pelo magistrado processante, também não pode sofrer qualquer restrição em sua esfera jurídica em virtude do exercício, sempre legítimo, dessa especial prerrogativa (...)" (HC 94.601-CE, 2ª T., rel. Min. Celso de Mello, 11.09.2009). Nesse mesmo sentido o ensinamento de Guilherme de Souza Nucci: "(...) Note-se que o interrogatório é, fundamentalmente, um meio de defesa, pois a Constituição assegura ao réu o direito ao silêncio. Logo, a primeira alternativa que se avizinha ao acusado é calar-se, daí não advindo consequência alguma. Defende-se apenas. Entretanto, caso opte por falar, abrindo mão do direito ao silêncio, seja lá o que disser, constitui meio de prova inequívoco, pois o magistrado poderá levar em consideração suas declarações para condená-lo ou absolvê-lo" (*Código de Processo Penal Comentado*, 12ª ed., p. 428). No que toca ao momento do interrogatório, inverte-se que ele deva ocorrer logo no início da instrução. Bem ao contrário, em vista do que dispõe o art. 400 do CPP, com a redação que lhe deu a Lei 11.719/2008, o interrogatório, à luz dos princípios da ampla defesa e do contraditório, passou a constituir o derradeiro ato processual; **C:** incorreta (art. 397, II, do CPP); **D:** correta. De fato, a lei processual penal será aplicada desde logo (*princípio da aplicação imediata* ou *da imediatidade*), sem prejuízo dos atos realizados sob o império da lei anterior. É o que estabelece o art. 2º do CPP. A exceção a essa regra fica por conta da lei processual penal dotada de carga material (híbrida ou mista), em que deverá ser aplicado o que estabelece o art. 2º, parágrafo único, do CP. Nesse caso, a exemplo do que se dá com as leis penais, a norma processual nova, se favorável ao réu, deverá retroagir; se prejudicial, aplica-se a lei já revogada (*lex mitior*); **E:** incorreta. Não cabe à autoridade policial nomear defensor ao interrogando que não indicar profissional de sua confiança.

Gabarito "D".

(Delegado/PA – 2009 – MOVENS) Em relação às prisões e à prova, assinale a opção correta.

(A) A autoridade judicial, por estar submetida ao princípio da inércia, não terá iniciativa probatória. No processo penal, as perícias deverão ser realizadas por dois peritos oficiais.

(B) Na hipótese de crime de ação penal privada, o ofendido, ou seu representante legal, decairá do direito de queixa ou de representação, se não o exercer dentro do prazo de seis meses, contado do dia da ocorrência do delito.

(C) Em nenhum caso a prisão preventiva será decretada se o juiz verificar, pelas provas constantes dos autos, que o agente praticou o fato em estado de necessidade, em legítima defesa, em estrito cumprimento do dever legal ou no exercício regular de direito.

(D) Após assaltarem uma farmácia no centro de Belém-PA, dois homens fugiram em direção a Cuiabá-MT. Policiais civis do Estado do Pará que passavam próximo ao local saíram em perseguição, mas só efetuaram a prisão dos assaltantes na capital de Mato Grosso. Nessa situação, a prisão é ilegal, uma vez que os referidos policiais deveriam ter acionado as autoridades policiais locais, pois não têm autorização legal para atuar em outra unidade da Federação.

A: incorreta. Nada impede que o juiz, com fulcro no art. 156, II, do CPP, com o propósito de esclarecer dúvida acerca de ponto relevante, determine, em caráter supletivo, diligências com o objetivo de se atingir a verdade real. De outro lado, as perícias, no processo penal, deverão ser realizadas "por perito oficial"; na falta deste, será feita por duas pessoas idôneas – art. 159, *caput* e § 1º, do CPP; **B:** incorreta, pois não reflete o disposto no art. 38 do CPP; **C:** correta, pois em conformidade com o art. 314 do CPP; **D:** incorreta, uma vez que não corresponde ao que estabelece o art. 290 do CPP.

Gabarito "C".

(Delegado/PA – 2009 – MOVENS) Quanto ao processo comum, às testemunhas e ao arquivamento de inquérito policial, assinale a opção correta.

(A) Apenas o delegado de polícia poderá mandar arquivar os autos de inquérito policial, sendo vedado tal ato ao juiz.

(B) O depoimento da testemunha será prestado oralmente, sendo permitido trazê-lo por escrito.

(C) O procedimento comum sumário será adotado quando tiver por objeto crime cuja sanção máxima cominada for inferior a 6 anos de pena privativa de liberdade.

(D) Será observado o procedimento comum ordinário quando tiver por objeto crime cuja sanção máxima cominada for igual ou superior a quatro anos de pena privativa de liberdade.

A: incorreta. Ao contrário, é vedado ao delegado de polícia determinar o arquivamento dos autos de inquérito policial, somente podendo fazê-lo o Ministério Público – arts. 17, 18 e 28 do CPP; **B:** incorreta (art. 204 do CPP); **C:** incorreta (art. 394, § 1º, II, do CPP); **D:** correta (art. 394, § 1º, I, do CPP).

Gabarito "D".

4. DIREITO CONSTITUCIONAL

Adolfo Nishiyama, Bruna Vieira e Luciana Russo*

1. TEORIA DA CONSTITUIÇÃO

1.1. Poder constituinte

(Delegado/MG – 2021 – FUMARC) Cláusulas pétreas são:

(A) aquelas que não podem ser modificadas no texto constitucional.
(B) consideradas limites materiais para emendas à Constituição, pois constituem conteúdo que não pode ser modificado no texto constitucional no sentido de o abolir (extinguir) ou tender a tanto.
(C) dispositivos constitucionais que só podem ser alterados, por meio de emendas ao texto constitucional.
(D) impedimentos à atuação do Poder Constituinte Originário.

A: incorreta. As cláusulas pétreas (forma federativa de Estado; o voto secreto, direto, universal e periódico; a separação dos Poderes; e os direitos e garantias individuais) não podem ser abolidas, (suprimidas), mas é possível que sejam modificadas no sentido de ampliá-las. B: correta. De fato, as cláusulas pétreas são consideradas limites materiais para emendas constitucionais. Tratam de conteúdos essencialmente constitucionais (relacionados ao poder) e não admitem emendas que tendam a aboli-los; C: incorreta. Ao contrário, as cláusulas pétreas não podem ser suprimidas por emendas. Até podem ser modificadas, como mencionado, mas sempre no sentido de ampliá-las. D: incorreta. As cláusulas pétreas foram criadas pelo Poder Constituinte Originário, de modo que não constituem impedimentos a sua atuação. BV
Gabarito "B".

(Delegado/PE – 2016 – CESPE) Acerca do poder de reforma e de revisão constitucionais e dos limites ao poder constituinte derivado, assinale a opção correta.

(A) Além dos limites explícitos presentes no texto constitucional, o poder de reformada CF possui limites implícitos; assim, por exemplo, as normas que dispõem sobre o processo de tramitação e votação das propostas de emenda não podem ser suprimidas, embora inexista disposição expressa a esse respeito.
(B) Emendas à CF somente podem ser apresentadas por proposta de um terço, no mínimo, dos membros do Congresso Nacional.
(C) Emenda e revisão constitucionais são espécies do gênero reforma constitucional, não havendo, nesse sentido, à luz da CF, traços diferenciadores entre uma e outra.
(D) Não se insere no âmbito das atribuições do presidente da República sancionar as emendas à CF, mas apenas promulgá-las e encaminhá-las à publicação.
(E) Se uma proposta de emenda à CF for considerada prejudicada por vício de natureza formal, ela poderá ser reapresentada após o interstício mínimo de dez sessões legislativas e ser apreciada em dois turnos de discussão e votação.

A: correta. De fato existem no texto constitucional limites explícitos e implícitos. Os primeiros vêm previstos no art. 60 da CF e se dividem em: materiais (cláusulas pétreas – art. 60, § 4º, I ao IV, da CF), formais (regras sobre o processo rígido de alteração da Constituição – art. 60, § § 2º, 3º e 5º, da CF) e circunstanciais (não possibilidade de alteração da Constituição na vigência de estado de sítio, estado de defesa e intervenção federal – art. 60, § 1º, da CF). Por outro lado, os **limites implícitos** decorrem do próprio sistema e um exemplo seria justamente o determinado pela impossibilidade de se fazer uma emenda constitucional que altere a forma rígida de se fazer emenda. Se isso fosse possível, a Constituição poderia, por meio de emenda, perder a sua supremacia e, dessa maneira, não haveria mais o controle de constitucionalidade. Enfim, os limites implícitos também protegem o texto constitucional; B: incorreta. Determina o art. 60, I, II e III, da CF que a Constituição poderá ser emendada mediante proposta: I – de **um terço, no mínimo, dos membros da Câmara dos Deputados ou do Senado Federal**; II – do Presidente da República e III – de mais de metade das Assembleias Legislativas das unidades da Federação, manifestando-se, cada uma delas, pela maioria relativa de seus membros; C: incorreta. Ao contrário do mencionado, há diferenças entre emenda e revisão. A **emenda** pode ser feita, desde que observadas as regras rígidas previstas no art. 60 da CF, por exemplo, aprovação por 3/5 dos membros, nas duas Casas do Congresso Nacional e em 2 turnos de votação. A **revisão**, por outro lado, só pôde ser feita uma única vez, após cinco anos da promulgação da Constituição, em sessão unicameral e pelo voto da maioria absoluta dos membros do Congresso Nacional. Seis emendas constitucionais de revisão foram fruto disso (1 a 6/1994). Hoje não há mais possibilidade de utilização desse instituto. Vejam que, no poder de revisão, não se exigiu o processo solene das emendas constitucionais. Por fim, vale lembrar que o poder derivado se divide em: decorrente (poder dos estados de se auto regulamentarem por meio das suas próprias Constituições – art. 25, caput, da CF), reformador (poder de alterar a Constituição por meio das emendas constitucionais – art. 60 da CF) e revisor (poder de fazer a revisão constitucional – art. 3º do ADCT); D: incorreta. O Presidente da República não sanciona ou veta, nem promulga as emendas constitucionais. De acordo com o art. 60, § 3º, da CF, as emenda contorcionais serão **promulgada pelas Mesas da Câmara dos Deputados e do Senado Federal**, com o respectivo número de ordem; E: incorreta. Determina o art. 60, § 5º, da CF, que a matéria constante de proposta de emenda rejeitada ou havida por prejudicada não pode ser objeto de nova proposta na mesma sessão legislativa. BV
Gabarito "A".

(Delegado/DF – 2015 – Fundação Universa) A respeito do poder constituinte, assinale a alternativa correta.

(A) De acordo com a CF, a transformação do Estado brasileiro em um Estado unitário não violaria as limitações materiais ao poder de emenda.
(B) Suponha-se que emenda à CF tenha sido rejeitada em 5/3/2015. Nesse caso, é possível que a mesma matéria seja objeto de nova proposta de emenda à CF ainda no ano de 2015.

---

* BV questões comentadas por: **Bruna Vieira**.
  LR questões comentadas por: **Luciana Russo**.
  AMN questões comentadas por: **Adolfo Nishiyama**.

(C) O poder constituinte originário pode ser material ou formal. O poder constituinte originário é responsável por eleger os valores ou ideais fundamentais que serão positivados em normas jurídicas pelo poder constituinte formal.

(D) De acordo com o abade Emmanuel Joseph Sieyés, que teorizou acerca da doutrina do poder constituinte no período da Revolução Francesa, o poder constituinte originário não seria limitado nem mesmo pelo direito natural.

(E) A CF pode ser emendada mediante proposta de mais da metade das assembleias legislativas das unidades da federação, manifestando-se, cada uma delas, pela maioria absoluta de seus membros.

A: incorreta. Ao contrário, a transformação do Estado brasileiro em um Estado unitário, aquele em que as capacidades legislativa, política e administrativa se concentram nas mãos de um único centro, de um único governo, **viola limites materiais** (cláusulas pétreas – art. 60, § 4º, I, da CF), em especial, **a forma federativa de Estado**; **B:** incorreta. A matéria constante de proposta de emenda rejeitada ou havida por prejudicada **não pode ser objeto de nova proposta na mesma sessão legislativa**. É o que determino art. 60, § 5º, da CF; **C:** correta. Segundo Pedro Lenza, em Direito Constitucional Esquematizado, 19ª Edição, 2015, p. 226, Saraiva, "A doutrina ainda fala em poder constituinte formal e material. **Formal:** é o ato de criação propriamente dito e que atribui a 'roupagem' com *status* constitucional a um 'complexo normativo'. **Material:** é o lado substancial do poder constituinte originário que, por sua vez, será o responsável pela 'roupagem' constitucional. O material diz o que é constitucional; o formal materializa e sedimenta como constituição. O material precede o formal, estando ambos interligados. Assim, para Jorge Miranda, o poder constituinte formal confere '...estabilidade e garantia de permanência e de supremacia hierárquica ou sistemática ao princípio normativo inerente à Constituição material. Confere estabilidade, visto que só a Constituição formal coloca o poder constituinte material (ou o resultado de sua ação) ao abrigo das vicissitudes da legislação e da prática cotidiana do Estado pelas forças políticas' (Jorge Miranda, Manual de direito constitucional, 5 ed., t. II, p. 91-92.); **D:** incorreta. O abade Emmanuel Joseph Sieyès era jusnaturalista, sendo assim, sustentava que o direito natural limitaria o poder constituinte originário; **E:** incorreta. Determina o art. 60, I, II e III, da CF que a Constituição poderá ser emendada mediante proposta: I – de um terço, no mínimo, dos membros da Câmara dos Deputados ou do Senado Federal; II – do Presidente da República e III – de mais da metade das Assembleias Legislativas das unidades da Federação, manifestando-se, cada uma delas, pela maioria **relativa** de seus membros.
Gabarito "C".

(Delegado Federal – 2013 – CESPE) No que se refere à CF e ao poder constituinte originário, julgue os itens subsequentes.

(1) A CF contempla hipótese configuradora do denominado fenômeno da recepção material das normas constitucionais, que consiste na possibilidade de a norma de uma constituição anterior ser recepcionada pela nova constituição, com *status* de norma constitucional.

(2) No sentido sociológico, a CF reflete a somatória dos fatores reais do poder em uma sociedade.

1: correto. A doutrina aponta como exemplo de recepção material das normas constitucionais o art. 34, *caput* e § 1º, do ADCT (Ato das Disposições Constitucionais Transitórias). Tal dispositivo assegura que regras previstas na Constituição anterior continuem vigendo, com *status* de norma constitucional, durante determinado período específico. Vale lembrar, conforme ensina Pedro Lenza, em **Direito Constitucional Esquematizado**, 17. ed. Saraiva, p. 218 e 219, "que referidas normas são recebidas por prazo certo, em razão de seu caráter precário, características marcantes no fenômeno da recepção material das normas constitucionais. Além

disso, o mesmo autor afirma que "há de se observar que pela própria teoria do poder constituinte originário, que rompe por completo com a antiga ordem jurídica, instaurando uma nova, um novo Estado, o fenômeno da recepção material só será admitido se houver expressa manifestação da nova Constituição; caso contrário, as normas da Constituição anterior serão revogadas"; **2:** correto. A concepção sociológica, defendida por Ferdinand Lassalle, determina que a Constituição somente terá valia se efetivamente expressar a realidade social e o poder que a comanda. Os fatores reais de poder são identificados, no nosso país, por exemplo, nos movimentos dos sem-terra, nas corporações militares e outras forças que delimitam o conteúdo da Constituição.
Gabarito 1C, 2C.

(Delegado/SP – 2014 – VUNESP) A Constituição poderá ser emendada mediante proposta

(A) de governador da Unidade da Federação.

(B) de mais da metade das Câmaras Municipais, manifestando-se, cada uma delas, pela maioria relativa de seus membros.

(C) do Presidente da República, mediante representação popular, manifestada por apoio de partido político sem representação no Congresso Nacional.

(D) de dois terços, no mínimo, dos membros da Câmara dos Deputados ou do Senado Federal.

(E) de mais da metade das Assembleias Legislativas das unidades da Federação, manifestando-se, cada uma delas, pela maioria relativa de seus membros.

A: incorreta. Os legitimados à propositura de projeto de emenda constitucional vêm previstos no art. 60, I, II e III, da CF o qual determina que a Constituição possa ser emendada mediante proposta: I – de um terço, no mínimo, dos membros da Câmara dos Deputados ou do Senado Federal; II – do Presidente da República e III – de mais da metade das Assembleias Legislativas das unidades da Federação, manifestando-se, cada uma delas, pela maioria relativa de seus membros; **B:** incorreta. As Câmaras Municipais não constam do rol do art. 60, I a III, da CF, de modo que não podem propor projeto de emenda constitucional; **C:** incorreta. O Presidente da República não precisa de representação popular para dar início a um projeto de emenda constitucional; **D:** incorreta. A Constituição menciona um terço e não dois, como mencionado na alternativa; **E:** correta. É o que determina o art. 60, III, da CF.
Gabarito "E".

(Delegado/RO – 2014 – FUNCAB) Acerca do tema "poder constituinte e reforma constitucional", marque a alternativa correta.

(A) Poder constituinte é o poder que o governo tem de vetar as leis inconstitucionais.

(B) O poder constituinte reformador manifestado por meio de emendas tem por características ser inicial, autônomo e ilimitado.

(C) O poder constituinte reformador manifestado por meio de emendas pode ser iniciado por meio das mesas das assembleias legislativas.

(D) A Constituição não poderá ser emendada na vigência de intervenção federal, de estado de defesa ou de estado de sítio.

(E) Compete ao Presidente da República vetar emendas constitucionais que contrariem o interesse público.

A: incorreta. O poder constituinte pode ser conceituado como o **poder de estabelecer um novo ordenamento jurídico**, por meio de criação de uma nova constituição ou pela modificação das regras existentes; **B:** incorreta. As características trazidas pela alternativa dizem respeito ao poder constituinte originário. O **reformador**, ao contrário do mencionado, é **secundário, condicionado, limitado e não detém autonomia; C:** incorreta. Os legitimados à propositura de projeto de emenda constitucional vêm previstos no art. 60, I, II e II, da CF o qual determina que a Constituição possa ser emendada mediante proposta: I – de um terço, no mínimo, dos membros da Câmara dos Deputados ou do Senado Federal; II – do Presidente da República e III – de **mais da metade das Assembleias Legislativas das unidades da Federação**, manifestando-se, cada uma delas, pela maioria relativa de seus membros; **D:** correta. São os chamados **limites circunstanciais**, previstos no art. 60, § 1º, da CF; **E:** incorreta. Não há sanção ou veto de projeto de emenda constitucional. Isso só existe no âmbito das leis.

Gabarito "D".

(Delegado/PR – 2013 – UEL-COPS) Considerando os limites de reforma da Constituição Brasileira (CF) de 1988, assinale a alternativa correta.

(A) É inaceitável alterar a CF para readequar a forma federativa do Estado brasileiro.

(B) É inaceitável alterar a CF para readequar a separação dos Poderes do Estado brasileiro.

(C) Quanto ao procedimento de reforma, existe limitação formal, inexistindo limitação material.

(D) A CF não pôde sofrer emenda constitucional por cinco anos, contados de sua promulgação, em razão de limitação temporal.

(E) É inaceitável alterar a CF para restringir direitos fundamentais individuais.

A e B: incorretas. O que o art. 60, § 4º, I e III, da CF proíbe é a deliberação de proposta de emenda **tendente a abolir** a forma federativa de Estado e a separação dos Poderes, além de outros. Sendo assim, a readequação, que não leve à supressão, é possível; **C:** incorreta. Há limites materiais, são as chamadas cláusulas pétreas e vêm previstos no art. 60, § 4º, I a IV, da CF; **D:** incorreta. A limitação temporal corresponde a determinação de um período específico em que a Constituição não poderia ser alterada. Sendo assim, não há exemplo de limitação temporal prevista na CF/88. Vale lembrar que o art. 3º do ADCT trouxe a possibilidade da feitura de uma revisão constitucional, que teve de ser realizada após cinco anos da data da promulgação da Constituição, em sessão unicameral e pelo voto da maioria absoluta dos membros do Congresso Nacional. Essa revisão não é tida como exemplo de limitação temporal, pois durante esse período a Constituição poderia ter sido alterada por meio do processo legislativo das emendas constitucionais. **E:** correta. O art. 60, § 4º, IV, da CF determina que não possa ser sequer objeto de deliberação a proposta de emenda que tenda a abolir direitos e garantias individuais.

Gabarito "E".

(Delegado Federal – 2004 – CESPE) Devido a graves problemas na área de segurança pública, como a existência, no ciclo da persecução criminal, de dois órgãos com tarefas complementares e, algumas vezes, conflitantes; a necessidade de inclusão do município no sistema de segurança pública; a incidência cada vez maior de crimes cometidos por menores de 18 anos de idade etc. foi proposta, com o apoio de 215 deputados, uma emenda à Constituição Federal. Nos trabalhos de revisão constitucional, segundo o texto da emenda, o Congresso Nacional deliberaria em sessão unicameral, aprovando-se as alterações constitucionais pelo voto da maioria absoluta dos seus membros. A realização da revisão constitucional ocorreria após a ratificação popular do texto da emenda, por meio de referendo, a ser realizado seis meses após a sua aprovação e promulgação. Proposta de igual teor havia sido apresentada no início da sessão legislativa, mas fora rejeitada na primeira votação em plenário, na Câmara dos Deputados. Porém, com o agravamento da situação na área de segurança pública, os autores entenderam que seria pertinente a sua reapresentação. Considerando a situação hipotética acima, julgue os itens a seguir.

(1) No caso brasileiro, o poder constituinte derivado possui limitações temporais, materiais e circunstanciais, expressas no texto constitucional, e limitações implícitas, relativas à titularidade dos poderes constituintes originário e derivado.

(2) Nos trabalhos de revisão constitucional, como o mencionado no texto acima, é possível alterar-se o dispositivo que prevê a inimputabilidade penal do menor de 18 anos de idade, uma vez que se trata de matéria relativa à política de execução penal.

1: incorreta. O poder constituinte derivado possui limitações formais, materiais, circunstanciais e implícitas. Os formais referem-se ao processo legislativo das emendas constitucionais; os materiais às cláusulas pétreas, assuntos que não podem ser objeto de emenda tendente a aboli-los; os circunstanciais dizem respeito a não possibilidade de edição de emenda constitucional durante a vigência de estado de sítio, defesa e intervenção federal, e os implícitos, por exemplo, o procedimento adotado para a reforma do próprio texto da constituição. Não há limitações temporais na CF/1988; **2:** incorreta (art. 60, § 4º, IV, e art. 228, ambos da CF/1988).

Gabarito 1E, 2E.

(Delegado/AP – 2006 – UFAP) É correto afirmar em relação ao Poder Constituinte que

(A) o Poder Constituinte, ao criar uma nova Constituição, deve respeitar algumas normas de Direito Internacional e os direitos naturais da pessoa humana.

(B) as limitações circunstanciais ao poder de emenda à Constituição Federal são de caráter absoluto, e impedem a votação e a promulgação de toda e qualquer emenda à Carta Magna.

(C) o Poder Constituinte Originário condiciona a aprovação de emendas constitucionais a um determinado *quorum* especial e à sanção do Presidente da República.

(D) a elaboração de Constituição Estadual é resultado da atuação do Poder Constituinte Originário.

(E) tecnicamente, Reforma, Emenda e Revisão Constitucional são expressões equivalentes.

A: incorreto. O poder constituinte originário, aquele que cria uma nova ordem jurídica, é inicial, ilimitado, autônomo e incondicionado. Sendo assim, não está adstrito a normas produzidas antes de sua vigência; **B:** correto. De fato, durante a vigência de estado de sítio, defesa e intervenção federal, a Constituição não poderá ser emendada (art. 60, § 1º, da CF/1988 – limitações circunstanciais); **C:** incorreto. Não há sanção ou veto em projeto de emenda constitucional. De acordo com o art. 60, § 3º, da CF/1988, são as Mesas da Câmara dos Deputados e do Senado Federal, com o respectivo número de ordem, que promulgam as emendas constitucionais; **D:** incorreto. A elaboração de Constituição Estadual é fruto da manifestação do poder constituinte derivado decorrente e não do poder constituinte originário; **E:** incorreto. As expressões possuem significados diferentes. A revisão constitucional se deu uma única vez, pelo voto da maioria absoluta dos membros do Congresso Nacional, em sessão unicameral, conforme mencionado no art. 3º do Ato das Disposições Constitucionais Transitórias – ADCT. Já as emendas constitucionais, fruto do poder de reforma, podem ser elaboradas, respeitas as regras previstas no art. 60 da CF/1988.

Gabarito "B".

(Delegado/DF – 2004) É lícito afirmar, em tema de Poder Constituinte, de Constituição, do reflexo dessa sobre a legislação ordinária anterior, bem como de sua alteração, que

(A) o Poder Constituinte originário, segundo a doutrina, é responsável pela produção primitiva da ordem jurídica fundamental do Estado, assim como pela alteração do Texto dela resultante, com limitação, apenas, de ordem material;
(B) consoante o modo de elaboração, são classificadas como históricas as Constituições que possuem uma parte rígida e outra flexível, sendo facultada a alteração da parte rígida através de processo legislativo ordinário ou não dificultoso;
(C) a norma contida no art. 1°, *caput*, da *Lex Fundamentalis*, dispondo que "A República Federativa Brasil, formada pela união indissolúvel dos Estados e Municípios e do Distrito Federal, constitui-se em Estado Democrático de Direito", revela exemplo, aceite pela doutrina, de norma constitucional de eficácia limitada de princípio institutivo;
(D) o fenômeno da recepção consiste no acolhimento de norma legal, editada ao tempo de Constituição anterior, que não confronte, materialmente, com a nova ordem fundamental;
(E) a proposta de emenda à Constituição Federal, depois de aprovada pelas Casas do Congresso Nacional, será sancionada e promulgada pelo Presidente da República, com o respectivo número de ordem.

A: incorreta, pois a segunda parte da alternativa trata do poder constituinte derivado reformador e não do poder constituinte originário. Além disso, o poder de reforma possui outras limitações que não só as de ordem material, por exemplo, limitações formais, circunstanciais e implícitas; **B:** incorreta. As constituições que possuem uma parte rígida e outra flexível são conhecidas como semirrígidas. Tal classificação leva em conta o processo de modificação da CF/1988; **C:** incorreta. A norma constitucional prevista no *caput* do art.1° da CF/1988 é considerada de eficácia plena, pois, por si só, produz todos os seus efeitos no mundo jurídico e de forma imediata. Não depende da interposição do legislador para que possa efetivamente produzir efeitos. Além disso, a norma de eficácia plena não admite que uma norma infraconstitucional limite ou reduza o seu conteúdo; **D:** correta. De fato, a recepção é o fenômeno jurídico pelo qual se resguarda a continuidade do ordenamento jurídico anterior e inferior à nova Constituição, desde que se mostre compatível materialmente com seu novo fundamento de validade (justamente a nova Constituição). Os aspectos formais da norma não são levados em conta pela recepção, o conteúdo do dispositivo é que é analisado à luz do seu novo fundamento de validade, ou seja, da nova constituição; **E:** incorreta, já que não existe sanção ou veto em projeto de emenda constitucional. Quem promulga a emenda constitucional são as mesas da Câmara de Deputados e do Senado Federal, com o respectivo número de ordem (art. 60, § 3°, da CF/1988). Gabarito "D".

(Delegado/GO – 2003 – UEG) Em relação ao Poder Constituinte Derivado, considere as seguintes proposições:

I. A proposta de emenda constitucional tendente à abolição da forma republicana de governo, após sua promulgação, integra o texto constitucional, o que a torna imune ao controle de constitucionalidade.
II. A Constituição Federal estabelece, como mecanismo da democracia participativa, em condições que especifica a apresentação de propostas de emendas à Constituição por iniciativa popular.
III. As emendas à Constituição são promulgadas pelas mesas da Câmara dos Deputados e do Senado Federal, com o respectivo número de ordem, mas a matéria constante de proposta de emenda rejeitada ou tida por prejudicada não pode ser objeto de nova proposta na mesma sessão legislativa.
IV. A decretação da intervenção federal pelo presidente da República impede a aprovação de emenda constitucional.
V. A proposta de emenda constitucional será discutida e aprovada em cada casa do Congresso Nacional, em dois turnos, considerando-se aprovada se obtiver, em ambos, três quintos dos votos dos respectivos membros.

Marque a alternativa CORRETA:

(A) Apenas as proposições I, III e V são verdadeiras.
(B) Apenas as proposições II, III, IV e V são verdadeiras.
(C) Apenas as proposições III, IV e V são verdadeiras.
(D) Todas as proposições são verdadeiras.

I: Falso (art. 60, § 4°, I, da CF/1988); **II:** Falso, pois o art. 60, I, II e II, da CF/1988 enumera quem pode iniciar um PEC – projeto de emenda constitucional (um terço, no mínimo, dos membros da Câmara dos Deputados ou do Senado Federal, Presidente da República ou mais da metade das Assembleias Legislativas das unidades da Federação, manifestando-se, cada uma delas, pela maioria relativa de seus membros) e não faz menção à iniciativa popular de emenda; **III:** Verdadeiro (art. 60, §§ 3° e 5°, da CF/1988); **IV:** Verdadeiro, pois o art. 60, § 1°, da CF/1988 trata das limitações circunstanciais, dentre as quais se encontra a intervenção federal; **V:** Verdadeiro (art. 60, § 2°, da CF/1988). Gabarito "C".

(Delegado/MG – 2006) Todas as assertivas abaixo são válidas acerca da Teoria do Poder Constituinte, exceto:

(A) O seu surgimento é largamente tributário do pensamento de Emmmanuel Sieyés.
(B) Distingue a titularidade do agente do Poder Constituinte.
(C) Possibilitou que se entendessem os Poderes Executivo, Legislativo e Judiciário como "Poderes Constituídos".
(D) Possibilita a identificação do Poder Constituinte Derivado com o Poder Constituinte Decorrente.
(E) Tem como titular o povo.

As definições trazidas pelas alternativas **A**, **B**, **C** e **E**, dizem respeito à teoria do poder constituinte. A alternativa D não está de acordo com essa teoria, pois o poder derivado é gênero do qual são espécies o derivado decorrente e o derivado reformador. O primeiro está relacionado com poder que cada estado tem de elaborar a sua própria Constituição e suas próprias normas (art. 25 da CF/1988). O segundo diz respeito à possibilidade de mudança da CF que é exercido por meio da elaboração de emendas à Constituição (art. 60 da CF/1988). Gabarito "D".

(Delegado/MT – 2006 – UFMT) Em matéria de manifestação soberana da suprema vontade política de um povo, diz-se que a Assembleia Nacional Constituinte detém o poder constituinte

(A) originário.
(B) derivado.
(C) soberano.
(D) decorrente.
(E) condicional.

O poder constituinte **originário** é exercido pela Assembleia Nacional Constituinte (art. 1º, parágrafo único, da CF/1988). Por meio dele é criado um novo ordenamento jurídico. A última manifestação desse poder no Brasil se deu no dia 5 de outubro de 1988, quando foi promulgada a Constituição Federal.

Gabarito "A".

(Delegado/RR – 2003 – CESPE) Julgue os itens subsequentes, relativos ao poder constituinte.

(1) Poder constituinte decorrente é o poder que têm os estados-membros de uma Federação para elaborar suas próprias Constituições.

(2) A mudança na Constituição exterioriza-se sob duas formas de atuação: a reforma constitucional – que, em seu sentido amplo, englobaria a revisão e a emenda – e a mutação constitucional. Esta última pode ser definida como a separação entre o preceito constitucional e a realidade. A realidade constitucional torna-se mais ampla que a normatividade constitucional.

(3) Segundo dispõe a Constituição da República, as polícias civis serão dirigidas por delegado de polícia de carreira. Contudo, a Constituição de um estado da Federação pode determinar que a escolha seja feita entre os ocupantes da última classe da carreira que figurem em lista tríplice formada pela respectiva entidade de classe.

1: correto. Essa é a própria definição de poder constituinte decorrente. O fundamento é encontrado no art. 25 da CF/1988; **2:** correto. De fato, a mutação constitucional é uma forma de mudança informal da CF. A alteração se dá apenas na interpretação a ser dada à Constituição, que deve se mostrar de acordo com a realidade social; **3:** incorreto, pois a CF determina em seu art. 144, § 4º, que as polícias civis serão dirigidas por delegado de polícia de carreira, não podendo a Constituição estadual excepcionar tal regra.

Gabarito 1C, 2C, 3E.

1.2. Teoria geral da constituição e princípios fundamentais

(Delegado/RJ – 2022 – CESPE/CEBRASPE) O triunfo do liberalismo, movimento econômico, político e filosófico surgido durante o século XVIII, inspirado no Iluminismo, levou a uma significativa alteração nas feições do modelo estatal absolutista até então em vigor. Em especial no campo econômico, passou-se a difundir a não intervenção do Estado (*laissez-faire*), além de, na seara política, considerá-la como necessária, devendo o poder ser repartido e limitado com o objetivo de evitar quaisquer abusos em seu exercício. A respeito das diversas fases na evolução do constitucionalismo, assinale a opção correta.

(A) O constitucionalismo clássico não teve nenhuma vinculação com os ideais liberais, em especial no que se refere ao poder estatal, já que defendia as pautas impostas pelo Estado, adotando o modelo clássico greco-romano. Nessa fase inicial, chamada de constitucionalismo clássico, pregava-se a concentração do poder político com o objetivo de atender a nobreza detentora do poder econômico.

(B) Uma análise mais aprofundada dos movimentos sociais ocorridos no século XV, que deram sustentação política ao constitucionalismo, permite afirmar que o Estado decidiu assumir uma postura mais permissiva na fase de produção e distribuição de bens, buscando intervir nas relações laborais, econômicas e sociais, o que fez surgir a noção de Estado social.

(C) As chamadas revoluções burguesas se identificavam com o Estado absolutista, refutando a ideia de constituições escritas, que acabariam por comprometer suas pretensões, sintonizadas com a intervenção do Estado na economia.

(D) A Revolução Francesa pode ser considerada uma referência para o surgimento das constituições escritas, ao ter defendido, de maneira expressa, que o Estado estivesse formalizado em um documento escrito que previsse a separação do poder estatal e uma declaração de direitos do homem.

(E) A partir do século XX, em especial no pós-guerra, o constitucionalismo estabeleceu uma vinculação mais estreita como a ideologia absolutista, consolidando os postulados iluministas e resgatando ideais ainda mais conservadores.

Comentário: **A**: incorreta. Pelo contrário, o constitucionalismo clássico estava baseado nos ideais liberais. É o que os franceses chamavam de liberdades públicas negativas e pregavam a ideia do Estado mínimo, ou seja, o Estado não intervencionista. Constitui-se na primeira geração ou dimensão dos direitos fundamentais. Assim, o liberalismo era a base desta teoria; **B**: incorreta. O Estado do bem-estar social é um movimento que se iniciou no final do século XIX e ganhou força no século XX e está relacionado com a segunda geração ou dimensão dos direitos fundamentais. **C**: incorreta. Pelo contrário, as revoluções burguesas surgiram para combater o Estado absolutista e não pregavam a intervenção do Estado na economia, pois a sua base era o liberalismo clássico; **D**: correta. A Revolução Francesa foi o marco para o surgimento das constituições escritas, formalizando-se o Estado com documento escrito fazendo-se prever a separação do poder estatal e uma declaração de direitos do homem com o objetivo de limitar o poder absoluto dos monarcas; **E**: incorreta. A partir do século XX, em especial no pós-guerra, houve fortalecimento das constituições, em especial no tocante à consagração dos direitos fundamentais.

Gabarito "D".

(Delegado/RJ – 2022 – CESPE/CEBRASPE) Conforme expressamente previsto no art. 1.º da Constituição Federal de 1988, "A República Federativa do Brasil, formada pela união indissolúvel dos Estados e Municípios e do Distrito Federal, constitui-se em Estado Democrático de Direito". Além de elencar os princípios republicano e federativo, o referido dispositivo constitucional aponta como um dos princípios fundamentais da Lei Maior o denominado princípio do Estado democrático de direito. Considerando os princípios que fundamentam o Estado brasileiro e aspectos relacionados a esse assunto, assinale a opção correta.

(A) Com o surgimento do liberalismo, os Estados passaram a ser criados por meio de constituições escritas, com fixação de mecanismos de repartição e limitação do poder estatal, dando-se especial atenção à proteção do indivíduo contra eventuais arbitrariedades; passou a ser comum aos Estados modernos a edição de normas estabelecidas tanto pela constituição quanto pelos diplomas infraconstitucionais, não apenas para reger as relações entre os particulares, mas também para vincular a atuação dos agentes públicos. Assim, é correto afirmar que o Estado de direito pode ser conceituado, sinteticamente, como aquele que se mantém baseado no império das leis.

(B) O Brasil é uma Federação, mas, em razão de dispor de soberania, pela classificação dada pela doutrina, é considerado um Estado unitário. Nesse modelo de classificação, compreende-se a existência de um único ente estatal, com centralização política, conforme se depreende do dispositivo constitucional que prevê que Brasília é a capital federal, onde está situado o Congresso Nacional, órgão responsável por centralizar as decisões políticas;

(C) A democracia direta pode ser considerada como aquela em que os representantes do povo tomam diretamente as decisões que consideram adequadas para consubstanciar o interesse público. Era o sistema de democracia adotado na Grécia antiga, em que os representantes dos cidadãos reuniam-se em assembleia com o objetivo de decidir sobre temas de interesse da *polis*.

(D) A democracia indireta pode ser considerada como aquela em que o povo exerce sua soberania por meio do plebiscito, do referendo e da iniciativa popular, conforme previsto no art. 14 da Constituição Federal de 1988. A participação popular, nesse caso, é de fundamental importância para que o Estado legitime suas decisões, efetivadas posteriormente pela administração pública, por intermédio de seus agentes.

(E) A democracia semidireta é considerada pela doutrina pátria como aquela que surge da atuação do Supremo Tribunal Federal, tendo como base o art. 102 da Constituição Federal de 1988, quando seus ministros adotam decisões diante de um caso concreto no chamado ativismo judicial. Nessas condições, o STF passa a ter protagonismo com o escopo de buscar efetividade para as normas constitucionais, pois seus ministros são os principais responsáveis pela guarda da Constituição.

Comentário: **A**: correta. A primeira geração ou dimensão dos direitos fundamentais está relacionada com o liberalismo e a proteção da pessoa em face do Estado por meio de um documento escrito que é a Constituição. Essa geração dos direitos fundamentais é pautada pelo princípio da legalidade ou estado de direito; **B**: incorreta. Se o Brasil é uma Federação, não pode ser um Estado unitário, este último é caracterizado pela concentração política e a primeira pela descentralização, com autonomia de cada ente federado e divisão de competências, sem haver hierarquia; **C**: incorreta. O direito brasileiro não adotou esse sistema. O art. 14, incisos I a III, da CF, estabelece a possibilidade de participação popular por meio do plebiscito, referendo e iniciativa popular; **D**: incorreta. A segunda parte da resposta está incorreta, pois está se referindo apenas ao plebiscito quando afirma: "(...) para que o Estado legitime suas decisões, efetivadas posteriormente pela administração pública (...)", não fazendo menção ao referendo. O art. 2º da Lei nº 9.709, de 18 de novembro de 1998, diferencia o plebiscito do referendo, nos seguintes termos: "Art. 2º Plebiscito e referendo são consultas formuladas ao povo para que delibere sobre matéria de acentuada relevância, de natureza constitucional, legislativa ou administrativa. § 1º O plebiscito é convocado com anterioridade a ato legislativo ou administrativo, cabendo ao povo, pelo voto, aprovar ou denegar o que lhe tenha sido submetido. § 2º O referendo é convocado com posterioridade a ato legislativo ou administrativo, cumprindo ao povo a respectiva ratificação ou rejeição."; **E**: incorreta. Na democracia semidireta "o povo não só elege, como legisla" (BONAVIDES, Paulo. *Ciência política*. 17. ed. São Paulo: Malheiros, 2010, p. 296). Assim, "a soberania está com o povo, e o governo, mediante o qual essa soberania se comunica ou exerce, pertence por igual ao elemento popular nas matérias mais importantes da vida pública. Determinadas instituições, como o *referendum*, a iniciativa, o veto e o direito de revogação, fazem efetiva a intervenção do povo, garantem-lhe um poder de decisão de última instância, supremo, definitivo, incontrastável" (BONAVIDES, Paulo. *Ciência política*. 17. ed. São Paulo: Malheiros, 2010, p. 296). AMN

Gabarito "A".

(Delegado de Polícia Federal – 2021 – CESPE) Acerca dos sentidos e das concepções de constituição e da posição clássica e majoritária da doutrina constitucionalista, julgue os itens que se seguem.

(1) A Constituição Federal brasileira pode ser considerada uma constituição-garantia, pois regulamenta, de forma analítica, os assuntos mais relevantes à formação, à destinação e ao funcionamento do Estado.

(2) Quanto ao objeto das constituições, são exemplos tradicionais o estabelecimento do modo de aquisição do poder e a forma de seu exercício.

(3) Sob a ótica da constituição política, um Estado pode ter uma constituição material sem que tenha uma constituição escrita que descreva a sua organização de poder.

1: Errado. Segundo Vicente Paulo e Marcelo Alexandrino, em Direito Constitucional Descomplicado, 20ª Ed, p. 16, a "Constituição-garantia, de texto reduzido (sintética), é Constituição negativa, que tem como principal preocupação a limitação dos poderes estatais, isto é, a imposição de limites à ingerência do Estado na esfera individual. Daí a denominação "garantia", indicando que o texto constitucional preocupa-se em garantir a liberdade, limitando o poder. Desse modo, ao contrário do mencionado na questão, a Constituição brasileira traz conteúdo extenso e em relação a sua finalidade é classificada como Constituição dirigente. Mais uma vez, os mencionados autores definem a dirigente como "aquela que define fins, programas, planos e diretrizes para a atuação futura dos órgãos estatais. É a Constituição que estabelece, ela própria, um programa para dirigir a evolução política do Estado, um ideal social a ser futuramente concretizado pelos órgãos estatais". **2**: Certo. De fato, o objeto das Constituições tradicionalmente gira em torno do poder, o que inclui, por exemplo, o modo de aquisição, a forma de seu exercício e os limites de atuação do poder do Estado. **3**: Certo. A ótica da constituição política foi defendida por Carl Schmitt e, de fato, essa concepção admite que um Estado tenha uma constituição material sem a existência de uma constituição escrita que descreva a sua organização de poder. Para Schmitt, a Constituição é a decisão política fundamental de um povo, visando sempre a dois focos estruturais básicos – organização do Estado e efetiva proteção dos direitos fundamentais. BV

Gabarito 1E, 2C, 3C.

"Para alguns espíritos, ou ingênuos em relação aos fatores reais que influem efetivamente nos governos chamados democráticos, os interessados em transformar os meios em fins, idealizando-os para o efeito de assegurar, pela reverência pública, a sua continuação, a democracia não se define pelos valores ou pelos fins, mas pelos meios, pelos processos, pela máquina, pela técnica ou pelos diversos expedientes mediante os quais os políticos fabricam a opinião ou elaboram os substitutos legais da vontade do povo ou da Nação.

Ora, a máquina democrática não tem nenhuma relação com o ideal democrático. A máquina democrática pode produzir e tem, efetivamente, produzido exatamente o contrário da democracia ou do ideal democrático. Dadas as condições de um país, quanto mais se avoluma e aperfeiçoa a máquina democrática, tanto mais o Governo se distancia do povo e mais remoto da realidade se torna o ideal democrático.

Não haverá ninguém de boa-fé que dê como democrático um regime pelo simples fato de haver sido montada, segundo todas as regras, a máquina destinada a registrar a vontade popular. Seja, porém, qual for a técnica ou a engenharia de um governo, este será realmente democrático se os valores que inspiram a sua ação decorrem do ideal democrático."

(CAMPOS, Francisco. O Estado Nacional. Editora Senado Federal, 2001)

(Delegado/ES – 2019 – Instituto Acesso) Tendo como referência o texto acima citado, podemos afirmar que, o modelo de constitucionalismo defendido pelo autor, mais se aproxima do constitucionalismo

(A) substancial.
(B) aberto aos intérpretes da constituição.
(C) procedimental.
(D) liberal.
(E) como integridade.

O modelo de constitucionalismo defendido pelo autor mais se aproxima do constitucionalismo substancial. Vale lembrar que o tema foi objeto de questionamento também na segunda fase do mesmo concurso e o padrão de resposta distinguiu a teoria procedimental da substancial, dispondo o seguinte: "As **teorias procedimentais** sustentam o papel autocontido da constituição, que deve se limitar a definir as regras do jogo político, assegurando com isso a sua natureza democrática. Isso não quer dizer que não possa haver inclusão de determinados direitos, mas apenas que são pressupostos para o funcionamento da democracia. Inversamente ao sustentado pelo procedimentalismo, o **substancialismo** propõe a adoção de decisões substantivas pelas constituições, sobretudo no que concerne aos direitos fundamentais. Importante destacar que a previsão de direitos fundamentais na constituição vale também para aqueles que não estão diretamente ligados ao funcionamento da democracia. Nesse sentido, o neoconstitucionalismo e a teoria da constituição dirigente se situam no campo substancialista, por conceberem papéis ambiciosos para a constituição. As disputas entre substancialistas e procedimentalistas se manifestam também no debate sobre o **papel da jurisdição constitucional**. Os substancialistas advogam um **papel mais ativo para a jurisdição constitucional**, mesmo em casos que não envolvam os pressupostos para a democracia. Como decorrência dessa postura podemos citar o ativismo judicial brasileiro. Já os procedimentalistas defendem um **papel mais modesto para a jurisdição constitucional, sustentando que ela deve adotar uma postura de autocontenção**".

Gabarito "A".

(Delegado/DF – 2015 – Fundação Universa) Acerca da teoria geral das constituições, assinale a alternativa correta.

(A) Hans Kelsen concebe dois planos distintos do direito: o jurídico-positivo, que são as normas positivadas; e o lógico-jurídico, situado no plano lógico, como norma fundamental hipotética pressuposta, criando-se uma verticalidade hierárquica de normas.
(B) Para Hans Kelsen, as normas jurídicas podem ser classificadas como normas materialmente constitucionais e normas formalmente constitucionais. Para o referido autor, mesmo as leis ordinárias, caso tratem de matéria constitucional, são definidas como normas materialmente constitucionais.
(C) De acordo com o sentido político de Carl Schmitt, a constituição é o somatório dos fatores reais do poder dentro de uma sociedade. Isso significa que a constituição somente se legitima quando representa o efetivo poder social.
(D) De acordo com o sentido sociológico de Ferdinand Lassale, a constituição não se confunde com as leis constitucionais. A constituição, como decisão política fundamental, irá cuidar apenas de determinadas matérias estruturantes do Estado, como órgãos do Estado, e dos direitos e das garantias fundamentais, entre outros.
(E) De acordo com o sentido político-sociológico de Hans Kelsen, a constituição está alocada no mundo do "dever ser", e não no mundo do "ser". É considerada a norma pura ou fundamental, fruto da racionalidade do homem, e não das leis naturais.

A: correta. Hans Kelsen obteve reconhecimento mundial com a elaboração da obra "Teoria Pura do Direito", doutrina que propugna o conteúdo puro do direito, sem interferências de cunhos sociológico, político, valorativo ou econômico. A Constituição, conforme Kelsen, apresenta o aspecto lógico-jurídico, segundo o qual é a 'norma fundamental hipotética', ou seja, traz um comando que impõe obediência obrigatória e é tida como o verdadeiro sentido de justiça, e o aspecto jurídico-positivo, em que a Constituição é a norma positiva superior em que as demais regras jurídicas encontram os seus fundamentos de validade. Sua modificação deve observar um procedimento específico e solene; **B**: incorreta. Quem faz essa classificação é Carl Schmitt. Tal autor defendeu o conceito de que a Constituição é a decisão política fundamental de um povo, visando sempre a dois focos estruturais básicos – organização do Estado e efetiva proteção dos direitos fundamentais. Para ele há divisão clara entre Constituição (normas materialmente constitucionais) e lei constitucional. Na primeira, encontraríamos as matérias constitucionais, ou seja, organização do Estado e garantia dos direitos fundamentais (normas formalmente constitucionais), sempre com o objetivo de limitar a atuação do poder. Já as leis constitucionais seriam aqueles assuntos tratados na Constituição, mas que materialmente não teriam natureza de norma constitucional. Na verdade, esses assuntos nem deveriam constar da Constituição. Na nossa atual Carta Magna, visualizamos um exemplo no art. 242, § 2º, que determina que o Colégio Pedro II, localizado na cidade do Rio de Janeiro, será mantido na órbita federal. Esse dispositivo é uma norma apenas formalmente constitucional, pois está dentro da Constituição, mas não trata de matéria tipicamente constitucional. As leis constitucionais, para Schmitt, como a mencionada no exemplo dado acima, formam o que se denomina Constituição formal, ou seja, apenas são consideradas normas constitucionais pelo fato de estarem alocadas na Constituição, por terem forma de Constituição. Para o mencionado autor, mesmo as leis ordinárias, que disponham sobre matéria constitucional, são definidas como normas materialmente constitucionais; **C**: incorreta. Ferdinand Lassale foi quem defendeu a concepção sociológica de constituição, mencionada na alternativa. Sustentava esse autor que "os problemas constitucionais não são problemas de Direito, mas do poder; a verdadeira Constituição de um país somente tem por base os fatores reais e efetivos do poder que naquele país vigem e as constituições escritas não têm valor nem são duráveis a não ser que exprimam fielmente os fatores do poder que imperam na realidade social" (A essência da Constituição, p. 40). Além disso, mencionava que "de nada serve o que se escreve numa folha de papel se não se ajusta à realidade, aos fatores reais de poder; **D**: incorreta. Como mencionado, Carl Schmitt foi quem defendeu tal posicionamento. É a denominada concepção política de constituição; **E**: incorreta. Não é sentido político-sociológico, mas sentidos jurídico-positivo e lógico-jurídico de Hans Kelsen. De fato, segundo tais autores a constituição está alocada no mundo do "dever ser", e não no mundo do "ser". É considerada a norma pura ou fundamental, fruto da racionalidade do homem, e não das leis naturais.

Gabarito "A".

(Delegado/DF – 2015 – Fundação Universa) Com relação à classificação das constituições, é correto afirmar que

(A) a constituição dirigente visa garantir os direitos fundamentais de primeira geração ou dimensão.

(B) a constituição-garantia anuncia um ideal a ser concretizado pelo Estado e pela sociedade, caracterizando-se por conter normas programáticas.

(C) constituições outorgadas são aquelas que, embora confeccionadas sem a participação popular, para entrarem em vigor, são submetidas à ratificação posterior do povo por meio de referendo.

(D) as constituições podem ser ortodoxas, quando reunirem uma só ideologia, como a Constituição Soviética de 1977, ou ecléticas, quando conciliarem várias ideologias em seu texto, como a Constituição Brasileira de 1988.

(E) as constituições semirrígidas são aquelas que podem ser modificadas por meio de emendas ou de revisão constitucional.

A: incorreta. As constituições dirigentes são marcadas pelas normas programáticas, ou seja, as que trazem em seu corpo programas a serem, necessariamente, concretizados pelos governantes e órgãos estatais. Ainda que tais programas não tenham sido implementados, essas regras são dotadas de eficácia mínima, pois impedem, por exemplo, que sejam editadas leis contrárias aos comandos da Lei Maior; **B:** incorreta. As constituições-garantia são as que limitam o poder do Estado, assegurando os direitos fundamentais de primeira geração; **C:** incorreta. As constituições outorgadas (ou cartas constitucionais) são aquelas elaboradas e impostas por uma pessoa ou por um grupo sem a participação do povo. Não são submetidas à posterior ratificação; **D:** correta. Pedro Lenza, em Direito Constitucional Esquematizado, 19ª Edição, 2015, Saraiva, ensina que "no tocante à **dogmática**, Pinto Ferreira, valendo-se do critério ideológico e lembrando as lições **Paulino Jacques**, identifica tanto a Constituição **ortodoxa** como a **eclética**. Ortodoxa é aquela formada por uma só ideologia, por exemplo, a soviética de 1977, hoje extinta e as diversas Constituições da China marxista. Eclética seria aquela formada por ideologias conciliatórias, como a brasileira de 1988 ou a da Índia de 1949; **E:** incorreta. As constituições semirrígidas são aquelas que possuem uma parte rígida e outra flexível. A parte rígida será alterável por um processo mais dificultoso que o das demais normas jurídicas e a parte flexível, alterável pelo mesmo processo de elaboração e modificação das leis. No Brasil, a única Constituição que tivemos classificada como semirrígida foi a de 1824. O artigo 5º desta Constituição fundamentava seu caráter semirrígido. BV

Gabarito: "D".

(Delegado/PR – 2013 – UEL-COPS) Sobre a classificação das constituições, relacione a coluna da esquerda com a da direita.

(I) Em sentido político.

(II).Em sentido jurídico.

(III).Em sentido sociológico.

(A) A constituição de um país é, em essência, a soma dos fatores reais do poder que regem esse país, sendo esta a constituição real e efetiva, não passando a constituição escrita de uma "folha de papel".

(B) A constituição é considerada norma pura, puro dever-ser, é o conjunto de normas que regula a criação de outras normas.

(C) A constituição é considerada como decisão política fundamental, decisão concreta de conjunto sobre o modo e forma de existência da unidade política.

Assinale a alternativa que contém a associação correta.

(A) I-A, II-C, III-B.
(B) I-B, II-A, III-C.
(C) I-B, II-C, III-A.
(D) I-C, II-A, III-B.
(E) I-C, II-B, III-A.

I: em **sentido político**, a constituição é considerada como decisão política fundamental, decisão concreta de conjunto sobre o modo e forma de existência da unidade política. De fato Carl Schmitt defendeu o conceito de que a Constituição é a decisão política fundamental de um povo, visando sempre dois focos estruturais básicos – organização do Estado e efetiva proteção dos direitos fundamentais. Para esse autor há divisão clara entre Constituição e lei constitucional. Na primeira, encontraríamos as matérias constitucionais, ou seja, organização do Estado e garantia dos direitos fundamentais, sempre com o objetivo de limitar a atuação do poder. Já as leis constitucionais seriam aqueles assuntos tratados na Constituição, mas que materialmente não teriam natureza de norma constitucional. Na verdade, esses assuntos nem deveriam constar da Constituição. A Constituição Federal de 1988, em seu artigo 1º, trata da organização do Estado, enquanto o artigo 5º dispõe sobre os direitos fundamentais. Se terminasse aqui, já seria suficiente para Schmitt denominá-la como uma verdadeira Constituição; II: em **sentido jurídico**, a constituição é considerada norma pura, puro dever-ser, é o conjunto de normas que regula a criação de outras normas. Hans Kelsen representava o ordenamento jurídico por meio de uma pirâmide, na qual a Constituição se encontrava no ápice e abaixo estavam todos os demais atos normativos. As leis ordinárias, complementares, delegadas e também as medidas provisórias, por terem como fundamento imediato de validade a Constituição, ficavam no segundo degrau da pirâmide. Já os regulamentos, portarias, decretos, entre outros, por se fundamentarem primeiro na lei e depois na Constituição, localizavam-se no terceiro degrau da pirâmide. Portanto, juridicamente, a Constituição localiza-se no mais elevado degrau da pirâmide e é exatamente em decorrência disso que é fundamentada sua normatividade. Tal autor obteve reconhecimento mundial com a elaboração da obra "Teoria Pura do Direito", doutrina que propugna o conteúdo puro do direito, sem interferências de cunhos sociológico, político, valorativo ou econômico. A Constituição, conforme Kelsen, apresenta o aspecto lógico-jurídico, segundo o qual é a 'norma fundamental hipotética', ou seja, traz um comando que impõe obediência obrigatória e é tida como o verdadeiro sentido de justiça, e o aspecto jurídico-positivo, em que a Constituição é a norma positiva superior em que as demais regras jurídicas encontram os seus fundamentos de validade. Sua modificação deve observar um procedimento específico e solene; III: em **sentido sociológico**, a constituição de um país é, em essência, a soma dos fatores reais do poder que regem esse país, sendo esta a constituição real e efetiva, não passando a constituição escrita de uma "folha de papel". Essa concepção sociológica, defendida por Ferdinand Lassalle, sustentava que "os problemas constitucionais não eram problemas de Direito, mas do poder; a verdadeira Constituição de um país somente poderia ter por base os fatores reais e efetivos do poder que naquele país vigessem e as constituições escritas não teriam valor nem seriam duráveis a não ser que exprimissem fielmente os fatores do poder que imperam na realidade social" (A essência da Constituição, p. 40). BV

Gabarito: "E".

(Delegado/RJ – 2013 – FUNCAB) Quanto aos Princípios Fundamentais da República Federativa do Brasil, elencados na Constituição Federal, é correto afirmar como fundamento e objetivo, respectivamente:

(A) pluralismo político e promoção do bem de todos.

(B) independência nacional e construção de uma sociedade livre, justa e solidária.

(C) defesa da paz e igualdade entre os Estados.

(D) soberania da União e garantia do desenvolvimento nacional.
(E) livre-iniciativa e eliminação das desigualdades sociais e econômicas.

A: correta. O art. 1º da CF, após definir o Pacto Federativo, traz os **fundamentos** da República Federativa do Brasil, quais sejam: I – a soberania; II – a cidadania; III – a dignidade da pessoa humana; IV – os valores sociais do trabalho e da livre-iniciativa; V – **o pluralismo político**. Já o art. 3º contempla os objetivos fundamentais da República Federativa do Brasil e são os seguintes: I – construir uma sociedade livre, justa e solidária; II – garantir o desenvolvimento nacional; III – erradicar a pobreza e a marginalização e reduzir as desigualdades sociais e regionais; IV – **promover o bem de todos**, sem preconceitos de origem, raça, sexo, cor, idade e quaisquer outras formas de discriminação; **B: incorreta.** A independência nacional é considerada um dos princípios que rege o Brasil nas suas relações internacionais. Está prevista no art. 4º, I, da CF. A construção de uma sociedade livre, justa e solidária é um dos objetivos fundamentais, conforme previsto no art. 3º, I, da CF; **C: incorreta.** A defesa da paz e a igualdade entre os Estados, trazidos pelo art. 4º, V e VI, da CF, são considerados princípios que regem o Brasil nas suas relações internacionais; **D: incorreta.** A soberania é fundamento da República Federativa do Brasil, conforme determina o art. 1º, I, da CF. Os entes federados, União, Estados-Membros, Distrito Federal e Municípios, detêm autonomia e estão no mesmo patamar hierárquico. Já a garantia do desenvolvimento nacional, de acordo com o art. 3º, II, da CF, é tida como objetivo fundamental da República Federativa do Brasil; **E: incorreta.** A livre-iniciativa vem prevista no art. 1º, IV, da CF e é considerada fundamento da República Federativa do Brasil. Além disso, a redução (e não eliminação) das desigualdades sociais e regionais constitui objetivo fundamental da República Federativa do Brasil. Gabarito "A".

(Delegado/MG – 2012) São fundamentos essenciais da República Federativa do Brasil:
(A) independência nacional, prevalência dos direitos humanos, autodeterminação dos povos, integração econômica e cultural.
(B) concessão de asilo político, repúdio ao terrorismo e ao racismo, eleições diretas, não intervenção do Estado.
(C) soberania nacional, cidadania, dignidade da pessoa humana, valores sociais do trabalho, livre-iniciativa, pluralismo político.
(D) liberdade de exercício de qualquer ofício ou profissão, inviolabilidade do sigilo de correspondência e das comunicações telegráficas e telefônicas, liberdade de associação para fins lícitos, direito de propriedade, desde que atendidas suas funções sociais.

A: incorreta. De acordo com o art. 4º da CF/1988, a independência nacional (inciso I), a prevalência dos direitos humanos (inciso II), a autodeterminação dos povos (inciso III) e a integração política econômica, política, social e cultural dos povos da América Latina (parágrafo único) são **princípios que regem o Brasil nas suas relações internacionais**; **B: incorreta.** A concessão de asilo político, o repúdio ao terrorismo e ao racismo e a não intervenção do Estado **também são princípios que norteiam a República Federativa do Brasil nas relações internacionais** (art. 4º, IV, VIII e X, da CF/1988). A eleição direta é um instrumento da democracia garantido constitucionalmente ao cidadão. Só há uma exceção: na hipótese de dupla vacância nos cargos da Presidência e Vice-Presidência da República, nos dois últimos anos do período presidencial (art. 81, § 1º, da CF/1988). Neste caso, a nova eleição será indireta, ou seja, feita pelo próprio Congresso Nacional; **C: correta.** De fato, a soberania nacional, a cidadania, a dignidade da pessoa humana, os valores sociais do trabalho, a livre-iniciativa e o pluralismo político, são considerados **fundamentos** da República Federativa do Brasil (art. 1º, I a IV, da CF/1988); **D: incorreta.** A alternativa traz **direitos e deveres** individuais previstos no art. 5º da CF/1988: liberdade de exercício de qualquer ofício ou profissão (inciso XIII), inviolabilidade do sigilo de correspondência e das comunicações telegráficas e telefônicas (inciso XII), liberdade de associação para fins lícitos (inciso XVII), direito de propriedade, desde que atendidas suas funções sociais (incisos XXII e XXIII). Gabarito "C".

(Delegado/MG – 2012) A Constituição é um conjunto sistemático e orgânico de normas que visam concretizar os valores que correspondem a cada tipo de estrutura social. Assim sendo, em sentido material, pode-se conceituar um texto constitucional como

(A) um ato unilateral do Estado, cuja fonte tem origem na sua estrutura organizacional, no seu sistema e na sua forma de governo.
(B) um conjunto normativo, que visa regular os poderes do Estado, incluindo sua formação, sua titularidade, seus meios de aquisição e seu exercício.
(C) um texto produzido exclusivamente por determinadas fontes constitucionais, tendo por base preceitos legais, que lhe são anteriores.
(D) um conjunto de princípios que expressam concepções decorrentes de valores morais, sociais, culturais e históricos, que asseguram os direitos dos cidadãos e condicionam o exercício do poder.

A: incorreta. O sentido material tem a ver com o conteúdo e, portanto, não pode a Constituição ser conceituada como ato unilateral do Estado; **B: incorreta.** Mais uma vez que a alternativa apresenta informações relativas ao aspecto formal da CF e não ao material; **C: incorreta.** O texto não precisa ser elaborado exclusivamente por fontes específicas e, além disso, o poder constituinte originário, que é aquele que elabora o novo texto constitucional, não está vinculado a preceitos legais anteriores. Por fim, a alternativa "C", ao focar no texto e em sua produção, novamente prioriza a Constituição em seu sentido formal; **D: correta.** De acordo com José Afonso da Silva, "A Constituição é algo que tem, como forma, um complexo de normas (escritas ou costumeiras), como **conteúdo**, a conduta humana **motivada pelas relações sociais (econômicas, políticas, religiosas etc.)**, como **fim, a realização dos valores que apontam para o existir da comunidade**, e, finalmente, como causa criadora e recriadora, o poder que emana do povo" (*Curso de Direito Constitucional Positivo*, 35ª ed., p. 39). Assim, a alternativa "D" é que mais se aproxima do sentido material do Constituição, pois dispõe sobre valores e direitos dos cidadãos, além de mencionar que o Poder Público deve agir de modo a não violar tais preceitos. Gabarito "D".

(Delegado/PA – 2012 – MSCONCURSOS) Analise as proposições abaixo:

I. Constituição, em sentido sociológico, conforme concepção de Ferdinand Lassale, é a soma dos fatores reais de poder que regem um determinado Estado.
II. Em sentido político, Constituição é a decisão política fundamental, considerando-se a teoria de Hans Kelsen.
III. Segundo a concepção de Hans Kelsen, a Constituição, no sentido jurídico-positivo, significa a norma hipotética fundamental.
IV. Os elementos orgânicos da Constituição dispõem sobre a estruturação e organização do Estado e do Poder.

É correto o que se afirma somente em:

(A) I, II e III.
(B) I, III e IV.
(C) II e III.
(D) I e IV.
(E) IV.

I: correta. De fato, **Ferdinand Lassalle** sustentava que "os problemas constitucionais não eram problemas de Direito, mas do poder. A verdadeira Constituição de um país somente tem por base os **fatores reais e efetivos do poder** que naquele país vigem e as constituições escritas não têm valor nem são duráveis a não ser que exprimam fielmente os fatores do poder que imperam na realidade social" (*A essência da Constituição*, p. 40); **II:** incorreta. Ao contrário do mencionado, a concepção política foi trazida por **Carl Schmitt**, segundo a qual, a Constituição é a **decisão política fundamental** de um povo, visando sempre dois focos estruturais básicos – organização do Estado e efetiva proteção dos direitos fundamentais; **III:** incorreta. **Hans Kelsen** representava o ordenamento jurídico por meio de uma pirâmide, na qual a Constituição se encontrava no mais elevado degrau e, em decorrência disso, fundamentava-se a sua normatividade. Tal autor obteve reconhecimento mundial com a elaboração da obra "Teoria Pura do Direito", doutrina que propugna o conteúdo puro do direito, sem interferências de cunhos sociológico, político, valorativo ou econômico. A Constituição, conforme Kelsen, apresenta o aspecto **lógico-jurídico**, segundo o qual é a '**norma fundamental hipotética**', ou seja, traz um comando que impõe obediência obrigatória e é tida como o verdadeiro sentido de justiça, e o aspecto **jurídico-positivo**, em que a Constituição é a **norma positiva superior em que as demais regras jurídicas encontram os seus fundamentos de validade**. Sua modificação deve observar um procedimento específico e solene; **IV:** correta. De fato, os elementos orgânicos contemplam as normas estruturais da Constituição. Englobam as normas de organização do Estado, organização do poder, o orçamento público e a tributação, as forças armadas e a segurança pública. **BV**

Gabarito "D".

(Delegado/MG – 2012) O asilo político consiste no acolhimento de estrangeiro por parte de um Estado que não o seu, em virtude de perseguição política por ele sofrida e praticada por seu próprio país ou por terceiro. Assim sendo, é **INCORRETO** afirmar que

(A) as causas motivadoras da perseguição, em regra, são por dissidência política, livre manifestação de pensamento ou crimes relacionados com a segurança do Estado.
(B) o indivíduo não esteja envolvido em casos que configurem delitos praticados no âmbito do direito penal comum.
(C) o asilo político se constitui como ato de soberania estatal, de competência exclusiva do Congresso Nacional, passível de controle de legalidade pelo Supremo Tribunal Federal.
(D) a concessão de asilo político não é obrigatória para qualquer Estado, devendo as contingências políticas determinarem, caso a caso, as decisões do governo.

A e B: corretas (não devendo ser assinaladas, pois a questão busca a incorreta). "O asilo consiste no acolhimento de estrangeiro por parte de um Estado que não o seu, em virtude de perseguição praticada por seu próprio país ou por terceiro. É instrumento de proteção internacional individual. As causas motivadoras da perseguição, ensejadoras da concessão do asilo, em regra são: **dissidência política, livre manifestação de pensamento ou, ainda, crimes relacionados com a segurança do Estado, que não configurem crimes no direito penal comum**" (fonte: site do Ministério da Justiça); **C:** incorreta, devendo ser assinalada. A concessão do asilo "é ato de soberania estatal, de **competência do Presidente da República**, e, uma vez concedido, o Ministério da Justiça lavrará termo no qual serão fixados o prazo de estada do asilado no Brasil e os deveres que lhe imponham o direito internacional e a legislação interna vigente" (fonte: site do Ministério da Justiça); **D:** correta. De fato, a concessão do asilo não é obrigatória para qualquer Estado, pois configura ato de soberania estatal. **BV**

Gabarito "C".

(Delegado/SP – 2011) A Assembleia Nacional constituinte instituiu, de acordo com o "Preâmbulo" da Constituição Federal, um Estado Democrático destinado a assegurar

(A) a promoção da integração ao mercado de trabalho
(B) a assistência social e a descentralização político-administrativa
(C) a liberdade, o bem-estar, o desenvolvimento e a segurança.
(D) que a fauna e a flora tenham sua função ecológica ampliada.
(E) que o casamento religioso tenha efeito civil, independentemente de lei.

A: incorreta. A promoção da integração ao mercado de trabalho é um dos objetivos da assistência social e vem prevista no capítulo que trata da assistência social (art. 203, III, da CF/1988), não no preâmbulo. Vale acrescentar que a EC 114/2021 acrescentou o inciso VI ao citado art. 203 da CF, incluindo a redução da vulnerabilidade socioeconômica de famílias em situação de pobreza ou de extrema pobreza também como um dos objetivos da assistência social; **B:** incorreta. A assistência social e a descentralização político-administrativa também são tratadas em dispositivo diverso do preâmbulo (art. 204, I, da CF/1988); **C:** correta. De fato, o preâmbulo traz, dentre os seus comandos principiológicos, a premissa de assegurar o exercício dos direitos sociais e individuais, **a liberdade, a segurança, o bem-estar, o desenvolvimento**, a igualdade e a justiça como valores supremos de uma sociedade fraterna, pluralista e sem preconceitos; **D:** incorreta. A proteção à função ecológica da fauna e da flora é tratada no capítulo destinado ao meio ambiente (art. 225, § 1º, VII, da CF/1988); **E:** incorreta. A Constituição determina que o casamento religioso tenha efeito civil, **nos termos da lei** (art. 226, § 2º, da CF/1988). **BV**

Gabarito "C".

(Delegado/GO – 2009 – UEG) Na literalidade do texto constitucional, constitui fundamento da República Federativa do Brasil

(A) o pluralismo político.
(B) a independência nacional.
(C) a construção do desenvolvimento nacional.
(D) a independência e harmonia entre os poderes da União.

A: correta. De fato, o **pluralismo político** é fundamento da República Federativa do Brasil, conforme dispõe o art. 1º, V, da CF/1988; **B:** incorreta. A **independência nacional** está prevista no art. 4º da CF/1988 e é considerada **princípio** que rege o Brasil nas suas relações internacionais; **C:** incorreta. A **construção do desenvolvimento nacional** não é um fundamento e sim um **objetivo** da República Federativa do Brasil (art. 3º, I, da CF/1988); **D:** incorreta. A independência e harmonia entre os poderes da União consagra o princípio da **separação dos poderes**, e está prevista no art. 2º da CF/1988, não no art. 1º que é o que trata dos fundamentos. **BV**

Gabarito "A".

(Delegado/GO – 2003 – UEG) A possibilidade de recepção pela nova ordem constitucional, como leis ordinárias, de disposições da Constituição anterior, é denominada doutrinariamente

(A) recepção.
(B) desconstitucionalização.
(C) repristinação.
(D) complementação ou ultratividade constitucional.

A: incorreto, pois a recepção é o fenômeno jurídico pelo qual se resguarda a continuidade do ordenamento jurídico anterior e inferior à nova Constituição, desde que se mostre compatível materialmente com seu novo fundamento de validade, a nova Constituição; **B:** correta. De fato, essa possibilidade, embora não exista no Brasil, é chamada de desconstitucionalização; **C:** incorreto, pois a repristinação é o fenômeno jurídico pelo qual se restabelece a vigência de uma lei que foi revogada pelo fato de a lei revogadora ter sido posteriormente revogada. Em regra, não existe repristinação automática no Brasil (art. 2º, § 3º, da Lei de Introdução às normas do Direito Brasileiro – Decreto-Lei n. 4.657/1942, com nova redação dada pela Lei n. 12.376/2010); **D:** a situação mencionada na questão não configura hipótese em que a norma constitucional é aplicada de forma ultrativa. Gabarito "B".

(Delegado/MG – 2007) No Brasil, a Constituição estabelece como princípios fundamentais do Estado Democrático de Direito:

(A) A soberania, a cidadania, a dignidade da pessoa humana, os valores sociais do trabalho e da livre-iniciativa e o pluralismo político.
(B) A independência nacional, a prevalência dos direitos humanos, a autodeterminação dos povos e a igualdade entre os Estados.
(C) A construção de uma sociedade livre, justa e solidária, a erradicação da pobreza, o desenvolvimento nacional e a redução das desigualdades sociais e regionais.
(D) A defesa da paz, a cooperação entre os povos para o progresso da humanidade, a solução pacífica dos conflitos e o repúdio ao terrorismo e ao racismo.

A questão encontra respaldo no art. 1º da CF/1988 que enumera os fundamentos da República Federativa do Brasil, quais sejam: a soberania, a cidadania, a dignidade da pessoa humana, os valores sociais do trabalho e da livre-iniciativa e o pluralismo político. Gabarito "A".

(Delegado/MG – 2006) Assim podem ser classificadas as Constituições, exceto quanto à (ao):

(A) Validade
(B) Forma
(C) Extensão
(D) Rigidez
(E) Conteúdo

As Constituições podem ser classificadas de diversas maneiras pela doutrina. As classificações mais comuns são: quanto à forma (escritas ou não escritas); quanto à extensão (concisas ou prolixas); quanto à rigidez ou estabilidade ou mutabilidade (rígidas, semirrígidas, flexíveis ou ainda, para parte da doutrina, super-rígidas); quanto ao conteúdo (materiais ou formais). Gabarito "A".

(Delegado/MT – 2000) Considerando quais os itens abaixo podem ser tidos por conceitos corretos de constituição, assinale a alternativa correta:

I. A constituição de um país é a soma dos fatores reais do poder que regem esse país.
II. A constituição de um país é a decisão política fundamental, decisão concreta de conjunto sobre o modo e forma de existência da unidade política.
III. A constituição de um país é a norma jurídica suprema, a que todas as outras se subordinam.

(A) Todas estão corretas.
(B) Apenas I e II estão corretas.
(C) Apenas I e III estão corretas.
(D) Apenas II e III estão corretas.
(E) Todas estão incorretas.

I: correta. De fato, todas as alternativas estão corretas e podem ser tidas como conceitos de Constituição. O primeiro item traz o conceito dado por **Ferdinand Lassalle** que sustentava que "os problemas constitucionais não eram problemas de Direito, mas do poder. A verdadeira Constituição de um país somente tem por base os **fatores reais e efetivos do poder** que naquele país vigem e as constituições escritas não têm valor nem são duráveis a não ser que exprimam fielmente os fatores do poder que imperam na realidade social" (*A essência da Constituição*, p. 40); **II:** correta. A concepção política, trazida por **Carl Schmitt**, determina que a Constituição é a **decisão política fundamental** de um povo, visando sempre dois focos estruturais básicos – organização do Estado e efetiva proteção dos direitos fundamentais; **III:** correta. **Hans Kelsen** representava o ordenamento jurídico por meio de uma pirâmide, na qual a Constituição se encontrava no mais elevado degrau e, em decorrência disso, fundamentava-se a sua normatividade. No aspecto **jurídico-positivo**, Kelsen considerava a Constituição como a **norma positiva superior ou suprema, de modo que as demais regras jurídicas encontram os seus fundamentos de validade**. Esse conceito é de fundamental importância para os países que adotam constituição do tipo rígida, ou seja, a que possui um processo de alteração mais complexo e rigoroso que o de modificação das leis, pois, nesses Estados, consagra-se o princípio da supremacia da Constituição. Em decorrência da supremacia, as normas infraconstitucionais encontram seu fundamento de validade na CF/1988 e devem ser com ela compatíveis, sob pena de serem declaradas inconstitucionais, por meio do denominado controle de constitucionalidade. Gabarito "A".

(Delegado/PI – 2009 – UESPI) Analisadas, em caráter simultâneo, as Constituições da República Federativa do Brasil, de 1988, e a dos Estados Unidos da América, de 1787, é possível enquadrar as referidas normas fundamentais, respectivamente e nesta ordem, nas seguintes classificações:

(A) escrita e não escrita.
(B) sintética e analítica.
(C) outorgada e promulgada.
(D) rígida e sintética.
(E) histórica e dogmática.

As Constituições podem ser classificadas de diversas maneiras pela doutrina. As classificações mencionadas nas alternativas são as seguintes: quanto à forma (escritas ou não escritas); quanto à extensão (sintético-concisas ou prolixo-analíticas); quanto à estabilidade ou mutabilidade (rígidas, semirrígidas, flexíveis ou ainda, para parte da doutrina, super-rígidas); quanto ao modo de elaboração (dogmáticas ou históricas). A Constituição Federal de 1988 é classificada quanto à estabilidade como rígida. A Constituição dos Estados Unidos da

América, quanto à extensão é considerada sintética ou concisa, pois possui apenas sete artigos.
Gabarito "D".

(Delegado/RJ – 2009 – CEPERJ) Diz-se que a Constituição Brasileira de 1988 é rígida, por quê?

(A) **Porque** não admite a ocorrência do fenômeno da mutação constitucional.
(B) **Porque** classifica como inafiançáveis os crimes de racismo e tortura, entre outros.
(C) Porque prevê, para sua reforma, a adoção de procedimento mais complexo, em tese, do que o adotado para a modificação das leis.
(D) Porque estabelece penalidades severas para os crimes de responsabilidade.
(E) Porque foi promulgada por Assembleia Nacional Constituinte convocada na forma de Emenda à Constituição anterior.

A: incorreta. O fenômeno da mutação constitucional tem relação com mudanças informais que podem ocorrer numa constituição. É uma modificação não no texto formal, mas apenas na interpretação. Tal instituto jurídico nada tem a ver com o fato da constituição brasileira ser considerada como rígida; **B:** incorreta, pois o fato da constituição classificar, em seu art. 5º, XLII e XLIII, tais crimes como inafiançáveis, não tem relação com a rigidez constitucional; **C:** correta. De fato, é o processo solene, dificultoso e mais complexo que o adotado para a modificação das leis que faz com que uma constituição seja classificada, quanto ao seu processo de alteração, como rígida; **D:** incorreta. A rigidez constitucional não tem relação com penalidades aplicáveis àqueles que praticam crimes de responsabilidade; **E:** incorreta; o fato de a constituição ter sido fruto de uma Assembleia Nacional Constituinte faz com que ela seja classificada, quanto à origem, como promulgada, popular ou democrática, ou seja, isso também não tem relação com a rigidez constitucional.
Gabarito "C".

(Delegado/RN – 2009 – CESPE) Acerca dos sentidos, dos elementos e das classificações atribuídos pela doutrina às constituições, assinale a opção correta.

(A) O elemento de estabilização constitucional é consagrado nas normas destinadas a assegurar a solução de conflitos constitucionais, a defesa da Constituição, do Estado e das instituições democráticas.
(B) O elemento socioideológico é assim denominado porque limita a ação dos poderes estatais e dá a tônica do estado de direito, consubstanciando o elenco dos direitos e garantias fundamentais.
(C) Quanto à forma, diz-se formal a constituição cujo texto é composto por normas materialmente constitucionais e disposições diversas que não tenham relação direta com a organização do Estado.
(D) Segundo o sentido sociológico da constituição, na concepção de Ferdinand Lassalle, o texto constitucional equivale à norma positiva suprema, que regula a criação de outras normas.
(E) Segundo o sentido político da constituição, na concepção de Carl Schmitt, o texto constitucional equivale à soma dos fatores reais de poder, não passando de uma folha de papel.

A: correta. De fato, os elementos de estabilização constitucional visam à superação dos conflitos constitucionais, ao resguardo da estabilidade constitucional, à preservação da supremacia da Constituição, à proteção do Estado e das instituições democráticas e à defesa da Constituição. Citamos como exemplo as normas que tratam da intervenção federal, estadual (artigos 34 a 36 da CF/1988), as normas que tratam dos estados de sítio e de defesa e as demais integrantes do título V da CF/1988, com exceção dos capítulos II e III (porque eles integram os elementos orgânicos), as normas que tratam do controle de constitucionalidade e, ainda, as que cuidam do processo de emendas à Constituição; **B:** incorreta. Os elementos socioideológicos são aqueles que definem ou demonstram a ideologia adotada pelo texto constitucional. As normas que os integram são as que tratam dos direitos sociais, que compõem a ordem econômica e financeira e a ordem social, e podem ser são encontradas no capítulo II do título II e nos títulos VII e VIII da CF/1988; **C:** incorreta. A Constituição formal leva em conta não o conteúdo da norma, mas a forma como a regra foi introduzida no sistema jurídico constitucional. Se a norma passou por um processo de incorporação mais complexo e solene que o procedimento de incorporação das leis, mesmo que não tenha conteúdo de direito constitucional, será tida como norma constitucional. O Brasil adota o que chamamos de constituição formal, por exemplo, no art. 242, § 2º, da CF/1988 que estabelece que o Colégio Pedro II, localizado na cidade do Rio de Janeiro, será mantido na órbita federal. Esse dispositivo, muito embora não trate de matéria constitucional, é uma norma que está dentro da CF/1988, ou seja, formalmente constitucional. O fato de estar alocada na constituição escrita dá a ela a força de norma constitucional. Dessa maneira, é regida pelo princípio da supremacia e só pode ser alterada pelo processo legislativo das emendas constitucionais (art. 60 da CF/1988). Além disso, a Constituição Federal determina que o grau máximo de eficácia das normas decorre da forma e não da matéria da norma que pertence à Constituição. Isso significa dizer que o que importa, realmente, é se a norma está ou não inserida no texto da Constituição, porque, se tiver conteúdo constitucional, mas não estiver contemplada no texto, certamente terá menos eficácia que as normas que estão lá inseridas; **D:** incorreta. O sentido sociológico da constituição, na concepção de Ferdinand Lassalle, tem a ver com elementos relacionados ao poder. Desse modo, somente terá valia a Constituição se efetivamente expressar a realidade social e o poder que a comanda. De nada adianta a existência de uma norma positiva suprema, que regula a criação de outras normas, se esse conteúdo não puder ser relacionado e adaptado aos elementos efetivos do poder; **E:** incorreta. O conceito trazido na alternativa diz respeito ao sentido dado por Ferdinand Lassalle e não por Carl Schmitt. Em oposição a Lassalle, Carl Schmitt sempre defendeu o conceito de que a Constituição é a decisão política fundamental de um povo, visando sempre dois focos estruturais básicos – organização do Estado e efetiva proteção dos Direitos fundamentais. Para esse autor há divisão clara entre Constituição e lei constitucional. Na primeira, encontraríamos as matérias constitucionais, ou seja, organização do Estado e garantia dos Direitos fundamentais, sempre com o objetivo de limitar a atuação do poder. Já as leis constitucionais seriam aqueles assuntos tratados na Constituição, mas que materialmente não tinham natureza de norma constitucional. A Constituição Federal de 1988, em seu artigo 1º, trata da organização do Estado, enquanto o artigo 5º dispõe sobre os Direitos fundamentais. Se terminasse aqui, já seria suficiente para Schmitt denominá-la como uma verdadeira Constituição.
Gabarito "A".

(Delegado/SP – 2008) A discussão atual sobre a utilização de células-tronco embrionárias para fins de pesquisa e terapia passa necessariamente pela ideia de início da vida, dividindo a opinião de juristas, cientistas e religiosos. Todavia, a questão nuclear, que afasta paradigmas e preconceitos, envolve a caracterização do Brasil como estado

(A) laico, pois não professa nenhuma religião oficial.
(B) confessional, pois invoca proteção divina no preâmbulo da CF.
(C) pseudoconfessional, pois assegura liberdade religiosa.

(D) agnóstico.

(E) pseudoleigo, pois invoca a proteção divina no preâmbulo da CF.

A discussão sobre a utilização ou não de células-tronco embrionárias tinha aspectos relacionados ao fato de o Brasil ser um Estado que não professa religião oficial. Vale lembrar que na época da primeira Constituição, o Brasil era um Estado Confessional, no qual a religião obrigatória e oficial era a Católica Apostólica Romana. Após, transformou-se em estado leigo ou laico. A palavra que melhor se adéqua ao estado leigo é a neutralidade, as pessoas podem livremente escolher suas religiões e cultuá-las da forma que querem. A decisão do Supremo sobre a sobre a possibilidade de utilização de células-tronco embrionárias para fins de pesquisa e terapia encontra-se na ADI 3.510.
Gabarito "A".

(Delegado/SP – 2003) Foram promulgadas por Assembleia Nacional Constituinte as Constituições de:

(A) 1824, 1934, 1967 e 1988.
(B) 1824, 1891, 1934 e 1988.
(C) 1891, 1934, 1946 e 1988.
(D) 1891, 1946, 1967 e 1988.

As constituições de 1981, 1934, 1946 e 1988 foram **promulgadas** por Assembleia Nacional Constituinte. As demais, constituições de 1824, 1937, 1967 e a EC 01/1969, foram positivadas por **outorga**, ou seja, sem participação popular e impostas de forma unilateral pelos detentores do poder.
Gabarito "C".

(Delegado/SP – 2003) Constitui um dos fundamentos da República Federativa do Brasil

(A) o pluralismo político.
(B) a defesa da paz.
(C) a igualdade entre os Estados.
(D) a prevalência dos direitos humanos.

A: correta. O art. 1º da CF/1988 enumera os fundamentos da República Federativa do Brasil, e dentre eles encontra-se o pluralismo político. **B, C e D: incorretas,** pois a defesa da paz, a igualdade entre os Estados e a prevalência dos direitos humanos são exemplos de princípios que regem o Brasil nas suas relações internacionais (art. 4º, II, V e VI, da CF/1988).
Gabarito "A".

(Delegado/SP – 2008) A República Federativa do Brasil rege-se nas suas relações internacionais pelos seguintes princípios:

(A) prevalência dos direitos humanos, defesa da paz e independência nacional.
(B) prevalência dos direitos humanos e garantia do desenvolvimento nacional.
(C) prevalência dos direitos humanos e redução das desigualdades sociais.
(D) prevalência dos direitos humanos, soberania, independência e harmonia.
(E) prevalência dos direitos humanos, cidadania e pluralismo político.

Todas as alternativas encontram fundamento no art. 4º da CF/1988. De acordo com esse dispositivo, o Brasil nas suas relações internacionais é regido pelos seguintes princípios: I – **independência nacional**; II – **prevalência dos direitos humanos**; III – autodeterminação dos povos; IV – não intervenção; V – igualdade entre os Estados; VI – **defesa da paz**; VII – solução pacífica dos conflitos; VIII – repúdio ao terrorismo e ao racismo; IX – cooperação entre os povos para o progresso da humanidade; X – concessão de asilo político.
Gabarito "A".

1.3. Hermenêutica e eficácia das normas constitucionais

(Delegado/RJ – 2022 – CESPE/CEBRASPE) O estudo dos princípios que regem a interpretação constitucional, em especial os da razoabilidade e da proporcionalidade, estabelece que as normas da Constituição Federal de 1988 devem ser analisadas e aplicadas de modo a permitir que os meios utilizados estejam adequados aos fins pretendidos, devendo o intérprete buscar conceder aos bens jurídicos tutelados uma aplicação justa. Considerando isso, assinale a opção correta.

(A) Com base nos princípios que dão sustentação a uma interpretação sistemática do texto constitucional, é correto afirmar que os direitos e garantias constitucionais devem ser considerados absolutos, sendo possível invocar a norma de maneira irrestrita, em razão do que dispõe a dignidade da pessoa humana, um dos fundamentos da República Federativa do Brasil.

(B) O princípio da harmonização tem por objetivo promover a harmonia entre os Poderes Legislativo, Executivo e Judiciário. Apesar dos Poderes serem independentes, a harmonia entre eles é de fundamental importância para que o Estado brasileiro realize seus objetivos, na forma do que estabelece o art. 3.º da Constituição Federal de 1988.

(C) Em razão do que preceitua o princípio da concordância prática, pode-se dizer que, na ocorrência de conflito entre bens jurídicos garantidos por normas constitucionais, o intérprete deve priorizar a decisão que melhor os harmonize, de forma a conceder a cada um dos direitos a maior amplitude possível, sem que um deles acabe por impor a supressão do outro.

(D) O princípio da harmonização permite afirmar que, em razão dos axiomas que fundamentam a República Federativa do Brasil, o intérprete da Constituição deverá sempre observar a supremacia do interesse público, evidenciando, nesse caso específico, o caráter absoluto dos direitos e garantias fundamentais.

(E) Em se tratando de conflito entre a liberdade de expressão na atividade de comunicação e a inviolabilidade da intimidade da vida privada, da honra e da imagem das pessoas, como quando um jornal impresso publica notícias que são de interesse público, mas que acabam por invadir a esfera privada de alguém, o intérprete do texto constitucional deverá sempre optar pelo interesse público, descartando o interesse privado.

Comentário: **A: incorreta.** Nenhum direito e garantia constitucional é absoluto. Nesse sentido: "direitos fundamentais não são absolutos e, como consequência, seu exercício está sujeito a limites; e, por serem geralmente estruturados como princípios, os direitos fundamentais, em múltiplas situações, são aplicados mediante ponderação. Os limites dos direitos fundamentais, quando não constem diretamente da Constituição, são demarcados em abstrato pelo legislador ou in concreto pelo juiz constitucional." (BARROSO, Luís Roberto. Curso de direito constitucional contemporâneo. 2. ed. São Paulo: Saraiva, 2010, p. 333); **B:** O princípio da harmonização ou da concordância prática prega a cedência recíproca e conduz à ideia de harmonização dos direitos em confronto. Esse princípio estabelece que: "os bens jurídicos constitucionalmente protegidos devem estar ordenados de tal forma **que a realização de uns não deve se sobrepor a outros**. Assim, buscam-se conformar as diversas normas em conflito no texto constitucional, de forma que se evite o sacrifício total de um ou alguns deles." (NISHIYAMA, Adolfo Mamoru; PINHEIRO, Flavia de Campos; LAZARI, Rafael. Manual de hermenêutica constitucional. 2. ed. Belo Horizonte: D'Plácido, 2020, p. 174, grifos no original); **C**: correta. Ver o comentário B; **D**: incorreta. Ver os comentários A e B; **E**: incorreta. Ver os comentários A e B. AMN

Gabarito "C".

(Delegado/RJ – 2022 – CESPE/CEBRASPE) O direito constitucional reclama a existência de princípios específicos, que compõem a denominada metodologia constitucional, para que a Constituição Federal de 1988 seja interpretada. Um dos referidos princípios prevê que, sempre que possível, deve o intérprete buscar a interpretação menos óbvia do enunciado normativo, fixando-a como norma, de modo a salvar a sua constitucionalidade. Trata-se do princípio de

(A) concordância prática.
(B) proporcionalidade.
(C) interpretação conforme a Constituição.
(D) ponderação de interesses.
(E) supremacia constitucional.

Comentário: A: incorreta. O princípio da harmonização ou da concordância prática prega a cedência recíproca e conduz à ideia de harmonização dos direitos em confronto. Esse princípio estabelece que: "os bens jurídicos constitucionalmente protegidos devem estar ordenados de tal forma **que a realização de uns não deve se sobrepor a outros**. Assim, buscam-se conformar as diversas normas em conflito no texto constitucional, de forma que se evite o sacrifício total de um ou alguns deles." (NISHIYAMA, Adolfo Mamoru; PINHEIRO, Flavia de Campos; LAZARI, Rafael. Manual de hermenêutica constitucional. 2. ed. Belo Horizonte: D'Plácido, 2020, p. 174, grifos no original); **B**: incorreta. A doutrina ensina que: "O princípio da proporcionalidade é aquele que orienta o intérprete na busca da justa medida de cada instituto jurídico. Objetiva a ponderação entre os meios utilizados e os fins perseguidos, indicando que a interpretação deve pautar o menor sacrifício ao cidadão ao escolher dentre os vários possíveis significados da norma." (ARAUJO, Luiz Alberto David; NUNES JÚNIOR, Vidal Serrano. Curso de direito constitucional. 21. ed. São Paulo: Verbatim, 2016, p. 130); **C**: correta. Segundo a doutrina: "A supremacia das normas constitucionais no ordenamento jurídico e a presunção de constitucionalidade das leis e atos normativos editados pelo poder público competente exigem que, na função hermenêutica de interpretação do ordenamento jurídico, seja sempre concedida preferência ao sentido da norma que seja adequando à Constituição Federal. Assim sendo, no caso de normas com várias significações possíveis, deverá ser encontrada a significação que apresente *conformidade com as normas constitucionais*, evitando sua declaração de inconstitucionalidade e consequente retirada do ordenamento jurídico." (MORAES, Alexandre. Direito constitucional. 22. ed. São Paulo: Atlas, 2007, p. 11); **D**: incorreta. A ponderação de interesses é utilizada quando há conflito entre princípios constitucionais. A atividade do intérprete será mais complexa em relação à solução do conflito entre duas regras. O intérprete afere o peso de cada princípio, em face de um caso concreto, fazendo concessões recíprocas e valorações adequadas, de forma a preservar o máximo de cada um dos valores que estão em conflito, e fazendo escolhas sobre qual interesse deverá prevalecer naquele caso concreto; **E**: incorreta. Sobre esse princípio, a doutrina explica que: "O princípio da supremacia da Constituição, também denominado princípio da premência normativa, nada mais faz do que identificar a Constituição Federal como o plexo de normas de mais alta hierarquia no interior de nosso sistema normativo." (ARAUJO, Luiz Alberto David; NUNES JÚNIOR, Vidal Serrano. Curso de direito constitucional. 21. ed. São Paulo: Verbatim, 2016, p. 124). AMN

Gabarito "C".

"A interpretação jurídico-científica não pode fazer outra coisa senão estabelecer as possíveis significações de uma norma jurídica. Como conhecimento do seu objeto, ela não pode tomar qualquer decisão entre as possibilidades por si mesma reveladas, mas tem de deixar tal decisão ao órgão que, segundo a ordem jurídica, é competente para aplicar o Direito. Um advogado que, no interesse de seu constituinte, propõe ao tribunal apenas uma das várias interpretações possíveis da norma jurídica a aplicar a certo caso, e um escritor que, num comentário, elege a interpretação determinada, dentre as várias interpretações possíveis, como a única 'acertada', não realizam uma função jurídico-científica mas uma função jurídico-política (de política jurídica). Eles procuram exercer influência sobre a criação do Direito."

(Delegado/ES – 2019 – Instituto Acesso) Esta concepção de hermenêutica, extremamente influente no século XX, é extraída do(a):

(A) Escola da Exegese, de Savigny.
(B) Neo-Constitucionalismo, de Ronald Dworkin.
(C) Positivismo jurídico, de Hans Kelsen.
(D) Teoria dos Sistemas, de Niklas Luhmann.
(E) Pós-Positivismo, de Robert Alexy.

"Segundo a visão de Hans Kelsen, a validade de uma norma jurídica positivada é completamente independente de sua aceitação pelo sistema de valores sociais vigentes em uma comunidade, tampouco guarda relação com a ordem moral, pelo que não existiria a obrigatoriedade de o Direito coadunar-se aos ditames desta (moral). A ciência do Direito não tem a função de promover a legitimação do ordenamento jurídico com base nos valores sociais existentes, devendo unicamente conhecê-lo e descrevê-lo de forma genérica, hipotética e abstrata. Esta era a essência de sua teoria pura do direito: desvincular a ciência jurídica de valores morais, políticos ou filosóficos". (Vicente Paulo e Marcelo Alexandrinho, Direito Constitucional Descomplicado, 18ª Ed., 2019, p. 7). BV

Gabarito "C".

(Delegado/MS – 2017 – FAPEMS) Sobre a interpretação das normas constitucionais, um dos temas que há vários anos permanece em discussão é o da diferença entre regras e princípios, indo desde a proposta de Ronald Dworkin em 1967, passando pela ponderação de valores proposta por Robert Alexy na década de 1980, e alcançando as práticas judiciais atuais no Brasil. Consoante aos autores NERY JR. e ABBOUD (2017),

[...] de forma concomitante com o crescimento da importância da Constituição, a consolidação de sua força normativa e a criação da jurisdição constitucional especializada (após a 2ª Guerra Mundial), consagrou-se, principalmente, pela revalorização dos princípios constitucionais [...].

NERY JR, Nelson; ABBOUD, Georges. Direito Constitucional Brasileiro: Curso Completo. São Paulo: RT, 2017, p. 124.

Diante disso, afirma-se que

(A) o Supremo Tribunal Federal tem adotado a máxima da proporcionalidade, ainda que não rigorosamente, para a solução de colisão de princípios (por exemplo, voto

do Ministro Luís Roberto Barroso no Habeas Corpus 126.292 de 17/02/2016).
(B) a ponderação de valores não tem sido adotada pelo Poder Judiciário brasileiro.
(C) não há diferença entre regras e princípios.
(D) princípios são aplicáveis à maneira do "ou-tudo--ou-nada"
(E) o positivismo jurídico aceita a distinção entre regras e princípios.

Correta a alternativa **A**, consoante o próprio precedente citado. O Judiciário tem sim adotado a ponderação de valores, logo errada a B. A doutrina atual aponta diferenças entra as regras e princípios. As regras são Comandos objetivos, expressando uma proibição ou uma permissão, são descritivas de comportamentos, na modalidade "tudo ou nada", ocorrendo o fato deve incidir. Já os princípios expressam decisões políticas fundamentais, valores, fins públicos, apontam para estados ideais a serem buscados, são normas finalísticas, indicam uma direção, valor ou fim, mas numa ordem pluralista a Constituição abriga princípios que apontam em direções diversas e a prevalência de um sobre o outro é determinada à luz do caso concreto por ponderação. Assim, erradas as alternativas C e D. Para os positivistas as normas são apenas as regras – errada a alternativa E.
Gabarito "A".

(Delegado/MS – 2017 – FAPEMS) Considere o seguinte texto.

Eis os métodos clássicos, tradicionais ou ortodoxos, pelos quais as constituições têm sido interpretadas ao longo do tempo: o método gramatical observa a pontuação, a etimologia e a colocação das palavras; o método lógico procura a coerência e a harmonia das normas em si, ou em conjunto; o método histórico investiga os fatores que resultaram no trabalho de elaboração normativa; o método sistemático examina o contexto constitucional; o método teleológico busca os fins da norma constitucional; o método popular realiza-se pelo plebiscito, referendum, recall, iniciativa e veto populares; o método doutrinário equivale à doutrina dos juristas; e o método evolutivo propicia mutação constitucional.

BULOS, Uadi Lammego. Curso de direito constitucional. 4. ed. São Paulo: Saraiva, 2009, p. 358.

Além desses métodos clássicos de interpretação jurídica, a atual hermenêutica descreve, estuda e aplica princípios interpretativos, especificamente voltados à interpretação da Constituição. Sobre os princípios da hermenêutica constitucional, assinale a alternativa correta.

(A) O Princípio da Conformidade Funcional impede que o intérprete subverta o esquema organizatório-funcional estabelecido pela Constituição.
(B) De acordo com o Princípio do Efeito Integrador, as normas constitucionais devem ser vistas como preceitos integrados em um sistema unitário de regras e princípios, de modo que a Constituição só pode ser compreendida e interpretada se entendida como unidade.
(C) De acordo com o Princípio da Convivência das Liberdades Públicas, o aplicador da Constituição, ao construir soluções para os problemas jurídico--constitucionais, dever preferir os critérios ou pontos de vista que favoreçam a integração social e a unidade política.
(D) O Princípio da Unidade da Constituição determina que nenhum direito é absoluto, pois todos encontram limites em outros direitos consagrados pela própria Constituição.
(E) O Princípio da Presunção da Constitucionalidade das Leis impede a declaração de inconstitucionalidade dos atos normativos.

Perfeita a alternativa **A** nos termos da doutrina de Jose Gomes Canotilho. As demais estão erradas – vejamos. O princípio da Unidade da Constituição estabelece que a Constituição deve ser interpretada como um sistema, um conjunto coeso de normas que devem ser interpretadas de modo a evitar contradições, já que todas as normas constitucionais são dotadas da mesma natureza e grau hierárquico (deve ser considerada como um todo e não isoladamente) e conforme o princípio do Efeito Integrador deve-se sempre privilegiar os critérios que favoreçam a integração político-social e o reforço da unidade política (ambos tratados por Canotilho). Assim a alternativa B traz o princípio da unidade, por isso está errada. A alternativa C refere-se ao princípio do efeito integrador, logo está errada. A alternativa D, também errada, tem relação com o estudo dos direitos fundamentais, mas em termos de princípios de interpretação estaria mais relacionada com o princípio da concordância prática ou harmonização e não com o da unidade. Errada a alternativa E, pois, quanto à presunção de constitucionalidade esta é relativa, razão pela qual possível o controle de sua constitucionalidade.
Gabarito "A".

(Delegado/MT – 2017 – CESPE) O método de interpretação da Constituição que, por considerá-la um sistema aberto de regras e princípios, propõe que se deva encontrar a solução mais razoável para determinado caso jurídico partindo-se da situação concreta para a norma, é denominado método

(A) hermenêutico clássico.
(B) científico-espiritual.
(C) tópico-problemático.
(D) normativo-estruturante.
(E) hermenêutico concretizador.

De acordo com o método de interpretação da Constituição tópico--problemático a solução de um caso deve sempre partir da situação concreta para a norma, por isso ele é tópico (topos/lugar – parte do caso concreto) – problemático (discute o problema, para depois buscar a norma). Sendo assim, correta a alternativa C.
Gabarito "C".

(Delegado/RJ – 2013 – FUNCAB) Com base nas lições de Canotilho, os princípios de interpretação constitucional foram desenvolvidos a partir do método hermenêutico--concretizador e se tornaram referência obrigatória da teoria da interpretação constitucional. Segundo a Doutrina, há um princípio que tem por finalidade impedir que o intérprete-concretizador da Constituição modifique aquele sistema de repartição e divisão das funções constitucionais, para evitar que a interpretação constitucional chegue a resultados que perturbem o esquema organizatório-funcional nela estabelecido, como é o caso da separação dos poderes. A definição exposta corresponde ao Princípio:

(A) da Justeza ou da Conformidade Funcional.
(B) da Máxima Efetividade.
(C) da Harmonização.
(D) da Força Normativa da Constituição.

(E) do Efeito Integrador.

A: correta. O **princípio da justeza**, conformidade funcional ou da correção funcional, de fato está relacionado com o sistema organizacional da Constituição. Desse modo, aqueles que interpretam a Constituição devem se atentar fielmente às regras sobre separação dos poderes e repartição constitucional de competências; **B:** incorreta. O **princípio da máxima efetividade**, técnica de interpretação constitucional também conhecida como eficiência ou interpretação efetiva, dispõe que as normas constitucionais devem ser interpretadas privilegiando sua maior eficiência. Por exemplo, quando se estiver diante de duas ou mais interpretações possíveis em relação a algum direito fundamental, deve-se optar por aquela que reflete a maior eficácia do dispositivo; **C:** incorreta. O **princípio da harmonização** ou concordância prática determina que as normas constitucionais devam ser conciliadas para que possam coexistir sem que uma tenha de ser privilegiada em detrimento de outra. Tal princípio tem relação com o da unidade da constituição e com o princípio da igualdade, pois o todo é que deve ser analisado e de forma harmônica, evitando-se, ao máximo, a anulação de um direito por conta de outro. Vejam que a análise interpretativa deve ser feita a priori para que seja evitado esse sacrifício de um em detrimento de outro. A concordância prática reforça a ideia de inexistência de hierarquia entre os princípios constitucionais; **D:** incorreta. O **princípio da força normativa da constituição** reforça o entendimento de que a interpretação constitucional deve priorizar a atualidade normativa do texto, fortalecendo tanto sua eficácia como sua permanência; **E:** incorreta. O **princípio do efeito integrador** ou eficácia integradora nos ensina que a análise dos conflitos jurídico-constitucionais deve se dar à luz dos critérios que beneficiam a integração política e social. A eficácia integradora reforça o princípio da unidade da Constituição. BV

Gabarito "A".

(Delegado/MG – 2007) O artigo 7°, XXVII, da Constituição Federal, que assegura aos trabalhadores urbanos e rurais, textualmente, "a proteção em face da automação, na forma da lei", é norma de eficácia:

(A) Contida, cujo saneamento da omissão pode ser tentado por meio de mandado de injunção e de ação direta de inconstitucionalidade por omissão.

(B) Contida, cujo saneamento da omissão pode ser tentado somente pelo trabalhador, por meio de mandado de injunção, por ser direito a ele conferido.

(C) Limitada, cujo saneamento da omissão pode ser tentado somente pelo trabalhador, por meio de mandado de injunção, por ser direito a ele conferido.

(D) Limitada, cujo saneamento da omissão pode ser tentado por meio de mandado de injunção e de ação direta de inconstitucionalidade por omissão.

A e B: incorretas. As normas de eficácia contida são aquelas que produzem a integralidade de seus efeitos, mas que dão a possibilidade de outra norma restringir esses efeitos. Desse modo, até que outra norma sobrevenha e limite a produção de efeitos, a norma de eficácia contida é semelhante à norma de eficácia plena. Não há omissão que tenha de ser sanada, pois ela não depende de lei para produzir efeitos, apenas admite que lei reduza o seu conteúdo; **C:** incorreta. A norma é considerada limitada, mas não é somente por mandado de injunção que a omissão pode ser sanada; **D:** correta. De fato, a norma constitucional trazida pela questão é classificada como de eficácia limitada, ou seja, aquela que, para produzir seus efeitos, depende da atuação do legislador infraconstitucional, necessita de regulamentação. Tal norma possui aplicabilidade postergada, diferida ou mediata. Somente após a edição da norma regulamentadora é que efetivamente produzirá efeitos no mundo jurídico. BV

Gabarito "D".

(Delegado/MG – 2007) Podemos entender por mutação constitucional:

(A) Que ela consiste na interpretação constitucional evolutiva.

(B) Que ela pressupõe alguma modificação significativa no texto formal da Constituição.

(C) Que pode ser mais limitada (emenda) ou mais extensa (revisão).

(D) Que ela depende, necessariamente, da identificação de um caso de repristinação constitucional.

A: correta. A mutação constitucional consiste na alteração **informal** da Constituição, tem relação com a modificação da interpretação dada à constituição. Tal fenômeno ocorre de forma evolutiva e também é conhecido por interpretação constitucional evolutiva; **B e C:** incorretas. Não há modificação formal alguma no texto constitucional e sim na sua interpretação; **D:** incorreta. A evolução da sociedade é que faz com que o fenômeno da mutação ocorra, pois ao texto constitucional deve ser interpretado à luz do momento atual. Portanto, não há necessidade da identificação de determinado caso concreto. BV

Gabarito "A".

2. CONTROLE DE CONSTITUCIONALIDADE

2.1. Controle de constitucionalidade em geral

(Delegado de Polícia Federal – 2021 – CESPE) A respeito do controle de constitucionalidade no sistema constitucional brasileiro, julgue os itens subsequentes.

(1) Conforme o conceito de bloco de constitucionalidade, há normas constitucionais não expressamente incluídas no texto da CF que podem servir como paradigma para o exercício de controle de constitucionalidade.

(2) Para o efeito do conhecimento da reclamação constitucional, o STF admite o uso da teoria da transcendência dos motivos determinantes das ações julgadas em sede de controle concentrado.

(3) É vedado ao Poder Legislativo efetuar o controle de constitucionalidade repressivo de normas em abstrato.

1: Certo. O bloco de constitucionalidade é um instituto que tem por finalidade ampliar o padrão de controle de constitucionalidade. Em sentido amplo, o bloco abrange, por exemplo, princípios, normas, além de direitos humanos reconhecidos em tratados e convenções internacionais incorporados no ordenamento jurídico. **2:** Errado. Ao contrário do mencionado, o STF *não* admite o uso da teoria da transcendência dos motivos determinantes das ações julgadas em sede de controle concentrado. A teoria adotada pela Suprema Corte foi a restritiva e, portanto, somente a parte dispositiva da decisão vincula. A fundamentação não produz efeito vinculante. **3:** Errado. Excepcionalmente, ao contrário do mencionado, é possível que o Poder Legislativo efetue o controle de constitucionalidade repressivo de normas em abstrato, por exemplo, quando ele rejeita medida provisória por considerá-la inconstitucional (art. 62, § 5°, da CF) ou quando o Congresso Nacional susta, por meio de decreto legislativo, atos normativos do Poder Executivo que excederam os limites da delegação legislativa (art. 49, V, da CF). BV

Gabarito 1C, 2E, 3E.

(Delegado/MG – 2021 – FUMARC) Lei do Município "Alpha" dispôs sobre o aumento da remuneração apenas dos Delegados do sexo masculino que atuam na Delegacia local. No que tange ao controle de constitucionalidade desta lei, no Supremo Tribunal Federal, é CORRETO afirmar:

(A) Apenas por meio do Recurso Extraordinário, a constitucionalidade desta lei poderá ser alçada àquela jurisdição.

(B) É cabível, neste caso, representação de inconstitucionalidade interventiva, proposta pelo Presidente da República, para promoção de intervenção federal naquele município.

(C) É possível a análise originária de constitucionalidade desta lei, caso seja questionada e reconhecida pela Suprema Corte, a ofensa a preceito fundamental da Constituição federal.

(D) Somente por meio de Ação Direta de Inconstitucionalidade Genérica, poderá ser verificada a constitucionalidade desta lei.

A: incorreta. Não é apenas por meio de recurso extraordinário (controle difuso) que a constitucionalidade da lei poderá ser questionada. No âmbito do controle concentrado será possível a propositura de Arguição de Descumprimento de Preceito Fundamental (ADPF); **B:** incorreta. A intervenção (federal ou estadual) é medida excepcional, de modo que só pode ser proposta nos casos taxativamente previstos no Texto Constitucional. E a regra é a de que, excepcionalmente, a União intervenha nos estados (art. 34 da CF) ou os estados intervenham, excepcionalmente, em seus municípios (art. 35 da CF). Não há intervenção federal em município, exceto se forem criados territórios federais e neles houver municípios, pois os territórios federais pertencem à União; **C:** correta. De acordo com o STF, "(...) 1. A Arguição de Descumprimento de Preceito Fundamental é cabível em face de lei municipal, adotando-se como parâmetro de controle preceito fundamental contido na Carta da República, ainda que também cabível em tese o controle à luz da Constituição Estadual perante o Tribunal de Justiça competente. (...)" (ADPF 449/DF – Rel. Min. Luiz Fux, Plenário. j. 08 maio 2019); **D:** incorreta. Leis municipais *não* podem ser impugnadas por meio de Ação Direta de Inconstitucionalidade (ADI). Determina o art. 102, I, "a", da CF que ao STF compete processar e julgar, originariamente, a ação direta de inconstitucionalidade *de lei ou ato normativo federal ou estadual*. Gabarito "C".

(Delegado/ES – 2019 – Instituto Acesso) A Constituição Federal de 1988 estabelece as autoridades que são competentes para propor a ação direta de inconstitucionalidade (ADI) e a ação declaratória de constitucionalidade (ADC). Marque a alternativa que enumera apenas as autoridades que NÃO podem propor ADI e ADC.

(A) Partidos políticos com representação no Congresso Nacional.

(B) Mesa de Assembleia Legislativa ou da Câmara Legislativa do Distrito Federal.

(C) Presidente da República e Governador de Estado ou do Distrito Federal.

(D) Deputado Federal; Senador e Ministro de Estado.

(E) Procurador Geral da República; Conselho Federal da Ordem dos Advogados e entidade de classe de âmbito nacional.

A: correto. Determina o inciso VIII do art. 103 da CF, o partido político com representação no Congresso Nacional pode propor a ação direta de inconstitucionalidade e a ação declaratória de constitucionalidade/ **B:** correto. De acordo com o inciso IV do art. 103 da CF, a Mesa de Assembleia Legislativa ou da Câmara Legislativa do Distrito Federal pode propor tais ações; **C:** correta. Conforme os incisos I e V do art. 103 da CF, o Presidente da República e o Governador de Estado ou do Distrito Federal podem propor tais ações. **D:** incorreta, devendo ser assinalada, haja vista que não existe tal hipótese no Texto Constitucional; **E:** correto. O inciso VI do art. 103 da CF determina que o Procurador-Geral da República pode propor a ação direta de inconstitucionalidade e a ação declaratória de constitucionalidade. Vale lembrar que a Arguição de Descumprimento de Preceito Fundamental – ADPF também pode ser proposta pelos legitimados do mencionado art. 103 da CF. Gabarito "D".

(Delegado/MS – 2017 – FAPEMS) Leia o seguinte excerto.

A prematura intervenção do Judiciário em domínio jurídico e político de formação dos atos normativos em curso no Parlamento, além de universalizar um sistema de controle preventivo não admitido pela Constituição, subtrairia dos outros Poderes da República, sem justificação plausível, a prerrogativa constitucional que detém de debater e aperfeiçoar os projetos, inclusive para sanar seus eventuais vícios de inconstitucionalidade.

> BRASIL. Supremo Tribunal Federal. Mandado de Segurança 32.033-DF. Relator: Ministro Gilmar Mendes, 2013;

O controle de constitucionalidade preventivo pode dar-se durante o processo legislativo por meio do veto por inconstitucionalidade, também denominado

(A) veto jurídico, e pela impetração de mandado de segurança, por parlamentar, voltado a preservar o decoro parlamentar.

(B) veto jurídico, e pela impetração de mandado de segurança, por partido político, voltado a preservar o decoro parlamentar.

(C) veto jurídico, e pela impetração de mandado de segurança, pelo Procurador-Geral da República, voltado a preservar o devido processo legislativo.

(D) veto político, é pela impetração de mandado de segurança, por parlamentar, voltado a preservar o devido processo legislativo.

(E) veto jurídico, e pela impetração de mandado de segurança, por parlamentar, voltado a preservar o devido processo legislativo.

O veto por inconstitucionalidade é denominado pela doutrina de veto jurídico. A jurisprudência do STF tem admitido de modo excepcional interferir durante o processo legislativo, apenas quando houver a impetração de mandado de segurança, exclusivamente por parlamentar (deputado federal ou senador), voltado a preservar o devido processo legislativo. Trata-se, em verdade, de um controle repressivo do ato ofensivo ao devido processo legislativo, mas com reflexo preventivo, pois impede o prosseguimento da aprovação de norma que estaria eivada de vício de inconstitucionalidade. Assim, a única correta é a alternativa E. Gabarito "E".

(Delegado/MS – 2017 – FAPEMS) Sobre o controle de constitucionalidade exercido pelo Supremo Tribunal Federal, afirma-se que o Supremo tem recorrido a diversas técnicas de decisão chamadas de sentenças intermediárias. A expressão sentença intermediária "compreende uma diversidade de tipologia de decisões utilizadas pelos Tribunais Constitucionais e/ou Cortes Constitucionais em sede de controle de constitucionalidade, com o objetivo de relativizar o padrão binário do direito (constitucionalidade/inconstitucionalidade)".

> FERNANDES, Bernardo. Curso de Direito Constitucional. 9a. ed. Salvador: Juspodivm. 2017, p. 1.578.

Sobre tais técnicas, verifica-se que

(A) a modulação temporal foi amplamente utilizada no julgamento das Ações Diretas de Inconstitucionalidade 4.357 e 4.425 (25/3/2015), referentes ao sistema de precatórios da Emenda Constitucional n. 62 de 2009.
(B) a "declaração de inconstitucionalidade sem pronúncia de nulidade" é equivalente ao "apelo ao Legislador".
(C) o Supremo Tribunal Federal faz uma distinção rigorosa entre as sentenças interpretativas de "interpretação conforme a Constituição" e "declaração de inconstitucionalidade sem redução de texto".
(D) o Supremo Tribunal Federal rejeita a utilização de sentenças transitivas.
(E) as sentenças aditivas produzem os mesmos efeitos das sentenças substitutivas.

Está perfeita a alternativa **A**. A modulação está disciplinada no artigo 27, da Lei 9.868/1999 e foi amplamente utilizada nas decisões referidas. Errada a **B**. Vejamos, a declaração de inconstitucionalidade sem pronúncia de nulidade não se confunde com o apelo ao Legislador. Na primeira há uma declaração de inconstitucionalidade, mas por razões de segurança jurídica não é proclamada a nulidade – nesse sentido a ADI 2240. Há assim um caráter mandamental para que o legislador supra a situação inconstitucional. Já o apelo ao legislador é uma sentença de rejeição da inconstitucionalidade, com conteúdo preventivo (Vide "Apelo ao legislador na Corte Constitucional Federal Alemã – Gilmar Ferreira Mendes – Revista Trimestral de Direito Público – 10. Errada a alternativa **C**. Não há uma distinção rigorosa entre as sentenças interpretativas de "interpretação conforme a Constituição" e "declaração de inconstitucionalidade sem redução de texto", disciplinadas na lei 9.868/1999, seja no STF seja na doutrina. Errada a alternativa **D**. O STF adota sentenças transitivas, que são espécies das sentenças intermediárias ou manipulativas (ou seja, que não ficam na decisão binária: constitucional ou inconstitucional). Conforme José Adércio Leite Sampaio (in https://denisevargas.jusbrasil.com.br/artigos/121936165/as-decisoes-manipulativas-ou-intermedias--na-jurisdicao-constitucional – acesso em 30/11/2017) as transitivas podem ser divididas em: b1) sentença transitiva sem efeito ablativo: a declaração de inconstitucionalidade não se faz acompanhar da extirpação da norma do ordenamento jurídico, se houve possibilidade de se criar uma situação jurídica insuportável ou de grave perigoso orçamentário. b2) sentença transitiva com efeito ablativo. Nesse caso, a decisão que declara a inconstitucionalidade com possibilidade extirpar a norma ou seus efeitos do ordenamento jurídico, mas efetuando a modulação temporal dos efeitos da decisão. b3) sentença transitiva apelativa. Trata-se de declarar a constitucionalidade da norma, mas assentando um apelo ao legislador para que adote providências necessárias destinadas a que a situação venha a se adequar, com a mudança de fatos, aos parâmetros constitucionais. b4) sentença transitiva de aviso. Nesse tipo de decisão há um prenúncio de uma mudança de orientação jurisprudencial que não será aplicado ao caso em análise. Errada a alternativa **E**. Conforme o mesmo autor (José Adércio Leite Sampaio): as sentenças normativas podem ser: a1) sentença normativa aditiva. Nestas, há um alargamento da abrangência do texto legal em virtude da criação de uma regra pela própria decisão. a2) sentença normativa aditiva de princípios. O tribunal adiciona um princípio deixando a criação da regra pelo legislador. a3) sentença normativa substitutiva. O tribunal declara a inconstitucionalidade de uma norma na parte em que contém uma prescrição em vez de outra ou profere uma decisão que implica em substituição de uma disciplina contida no preceito constitucional.

Gabarito "A".

(Delegado/MS – 2017 – FAPEMS) Leia o excerto a seguir.

É interessante que a doutrina convencional que trabalha o controle de constitucionalidade sempre se preocupou com o estudo dos sistemas de controle (se jurisdicional ou político, por exemplo), com os critérios (se difuso ou concentrado) ou mesmo se o controle é concreto ou abstrato ou se pela via incidental ou principal. [...] Entretanto, muito pouco se estuda sobre o processo de deliberação nos Tribunais (Cortes) Constitucionais. Talvez, esse seja o estudo mais importante da atualidade sobre o controle de constitucionalidade.

FERNANDES, Bernardo Gonçalves, Curso de Direito Constitucional, p. 1713, Ed. Juspodivm, 9° Edição, 2017.

Nesses termos, sobre a moderna Jurisdição Constitucional, sua jurisprudência e inovações, assinale a alternativa correta.

(A) A atual prática do STF apresenta uma deliberação pública que adota o modelo de decisão intitulado de *per curiam*. Esse modelo se caracteriza pela produção de um agregado das posições individuais de cada membro do colegiado, cujos votos são expostos "em série" em um texto composto. Cada um dos ministros apresenta seu voto até se ter um somatório e chegar a um resultado final.
(B) No âmbito do controle difuso-concreto de constitucionalidade brasileiro, tem-se que a inconstitucionalidade da norma objeto do caso concreto não pode ser reconhecida de ofício pelo magistrado.
(C) A jurisprudência do STF na ação direta de inconstitucionalidade tem admitido a legitimidade ativa de associação que representa apenas fração ou parcela da categoria profissional, quando o ato impugnado repercute sobre a esfera jurídica de toda uma classe.
(D) As sentenças de aviso são sentenças intermediárias que sinalizam uma mudança na jurisprudência para o futuro, embora tal mudança não venha a surtir efeitos para o caso *sub judice*.
(E) Segundo o STF, não é cabível o ajuizamento de embargos de declaração para fins de modulação dos efeitos de decisão proferida em Ação Direta de inconstitucionalidade.

Errada a alternativa **A**. "As práticas de deliberação das Cortes Constitucionais variam conforme os distintos desenhos institucionais que cada sistema pode assumir e que estão primordialmente relacionados, entre outros fatores, (1) ao ambiente institucional onde ocorrem as deliberações, que podem ser fechadas ou secretas, por um lado, e abertas ou públicas, por outro; e à (2) apresentação institucional dos resultados da deliberação, as quais podem ocorrer em texto único, conforme o modelo de decisão *per curiam*, ou por meio de texto composto, que corresponde ao modelo de decisão *seriatim*. A atual prática do STF conforma um modelo bastante peculiar de deliberação aberta ou pública que adota o modelo de decisão *seriatim*." Observatório Constitucional – "É preciso repensar a deliberação no Supremo Tribunal Federal" André Rufino do Vale. In: https://www.conjur.com.br/2014-fev-01/observatorio-constitucional-preciso-repensar-deliberacao-stf#_ftnref2_4182 – acesso em 01/12/2017. Errada a alternativa **B**. No âmbito do controle difuso-concreto de constitucionalidade brasileiro admite-se que a inconstitucionalidade da norma seja reconhecida de ofício pelo magistrado. Errada a alternativa **C**. O Supremo Tribunal Federal não tem admitido a legitimidade ativa de associação que representa apenas fração ou parcela da categoria profissional, quando o ato impugnado repercute sobre a esfera jurídica de toda uma classe (Ver ADI 5448). Correta a alternativa **D**. As sentenças transitivas de aviso são sentenças intermediárias que sinalizam uma mudança na jurisprudência para o futuro, mas não irá surtir efeitos no caso em análise. Errada a alternativa **E**. É cabível a oposição de embargos de declaração para fins de modulação dos efeitos de decisão proferida em ação direta de inconstitucionalidade, ficando seu acolhimento condicionado, entretanto, à existência de pedido formulado nesse sentido na petição inicial. (ADI 2791 ED/PR, rel. orig. Min. Gilmar Mendes, rel. p/ o acórdão Min. Menezes Direito, 22.4.2009.)

Gabarito "D".

(Delegado/MT – 2017 – CESPE) Uma proposta de emenda constitucional tramita em uma das casas do Congresso Nacional, mas determinados atos do seu processo de tramitação estão incompatíveis com as disposições constitucionais que disciplinam o processo legislativo.

Nessa situação hipotética, segundo o entendimento do STF, terá legitimidade para impetrar mandado de segurança a fim de coibir os referidos atos

(A) partido político.
(B) governador de qualquer estado da Federação, desde que este seja afetado pela matéria da referida emenda.
(C) o Conselho Federal da OAB.
(D) o procurador-geral da República.
(E) parlamentar federal.

Conforme entendimento do STF "Os membros do Congresso Nacional têm legitimidade ativa para impetrar mandado de segurança com o objetivo de ver observado o devido processo legislativo constitucional." (MS-24041/DF). Logo, correta a alternativa E.

Gabarito "E".

(Delegado/PE – 2016 – CESPE) Com relação ao controle de constitucionalidade, assinale a opção correta.

(A) Como atos *interna corporis*, as decisões normativas dos tribunais, estejam elas sob a forma de resoluções administrativas ou de portarias, não são passíveis do controle de constitucionalidade concentrado.
(B) Se o governador de um estado da Federação ajuizar ADI contra lei editada por outro estado, a ação não deverá ser conhecida pelo STF, pois governadores de estado somente dispõem de competência para ajuizar ações contra leis e atos normativos federais e de seu próprio estado.
(C) A ADPF pode ser proposta pelos mesmos legitimados ativos da ADI genérica e da ADC, além do juiz singular quando, na dúvida sobre a constitucionalidade de uma lei, este suscita o incidente de arguição de inconstitucionalidade perante o STF.
(D) Se a câmara de vereadores de um município entender que o prefeito local pratica atos que lesam princípios ou direitos fundamentais, ela poderá propor uma ADPF junto ao STF visando reprimir e fazer cessar as condutas da autoridade municipal.
(E) São legitimados universais para propor ADI, não se sujeitando ao exame da pertinência temática, o Presidente da República, as mesas da Câmara dos Deputados e do Senado Federal, o procurador-geral da República, partido político com representação no Congresso Nacional e o Conselho Federal da OAB.

A: incorreta. O STF, ADI 4.108/MG, 'tem admitido o controle concentrado de constitucionalidade de preceitos oriundos da atividade administrativa dos tribunais, desde que presente, de forma inequívoca, o caráter normativo e autônomo do ato impugnado'". Vicente Paulo e Marcelo Alexandrino, em Direito Constitucional Descomplicado, 14ª Edição, 2015, p. 850, ensinam que "Pode, ainda, ser objeto de ação direta de inconstitucionalidade perante o STF os seguintes atos normativos: resoluções e decisões administrativas dos tribunais do Poder Judiciário"; **B:** incorreta. O governador é legitimado ativo para propor as ações do controle concentrado (ADI, ADC e ADPF), conforme determina o art. 103, V, da CF. O único detalhe é que ele precisa demonstrar pertinência temática, ou seja, o conteúdo do ato deve ser pertinente aos interesses do Estado que o Governador representa, sob pena de carência da ação (falta de interesse de agir); **C:** incorreta. O juiz singular não é legitimado para propor tal ação. Apenas o rol de legitimados previsto no art. 103 da CF pode propor as ações do controle concentrado. São os seguintes: I – o Presidente da República; II – a Mesa do Senado Federal; III – a Mesa da Câmara dos Deputados; IV – a Mesa de Assembleia Legislativa ou da Câmara Legislativa do Distrito Federal; V – o Governador de Estado ou do Distrito Federal; VI – o Procurador-Geral da República; VII – o Conselho Federal da Ordem dos Advogados do Brasil; VIII – partido político com representação no Congresso Nacional; IX – confederação sindical ou entidade de classe de âmbito nacional. Legitimidade. Vale lembrar que segundo o STF, os previstos nos incisos IV, V e IX do art. 103 da CF precisam demonstrar pertinência temática; **D:** incorreta. A Câmara de Vereadores não é legitimada ativa à propositura da ADPF. Como mencionado, apenas o rol do art. 103 da CF detém legitimidade; **E:** correta. O art. 103 da CF traz os legitimados e o STF os classifica em universais ou neutros e especiais, temáticos ou interessados. Os primeiros podem impugnar quaisquer normas, os segundos são aqueles que precisam demonstrar pertinência temática ao ingressar com essas ações, ou seja, o conteúdo do ato deve ser pertinente aos interesses do legitimado, sob pena de carência da ação. O Supremo já definiu que pertinência temática significa que a ação proposta pelo ente tem de estar de acordo com sua finalidade institucional. Devem vir acompanhadas de tal requisito as ações propostas pelos seguintes legitimados: a Mesa de Assembleia Legislativa ou da Câmara Legislativa do Distrito Federal (inciso IV); o Governador de Estado ou do Distrito Federal (inciso V); e confederação sindical ou entidade de classe de âmbito nacional (inciso IX). Por exclusão, os demais entes são considerados legitimados universais, ou seja, não precisam demonstrar a existência de pertinência temática, quais sejam: o Presidente da República, a Mesa do Senado Federal, a Mesa da Câmara dos Deputados, o Procurador-Geral da República, o partido político com representação no Congresso Nacional e o Conselho Federal da Ordem dos Advogados do Brasil.

Gabarito "E".

(Delegado/DF – 2015 – Fundação Universa) No que se refere ao controle de constitucionalidade das leis, assinale a alternativa correta.

(A) O princípio processual da adstrição ou da congruência, segundo o qual o juiz está adstrito ao pedido da parte, aplica-se ao sistema de controle concentrado de constitucionalidade, razão pela qual não pode ser analisada a constitucionalidade de um dispositivo que não fora impugnado na inicial.
(B) De acordo com o princípio da indivisibilidade das leis adotado no Brasil, a declaração de inconstitucionalidade referir-se-á ao dispositivo legal como um todo, não sendo possível declarar a inconstitucionalidade de apenas uma palavra, sob pena de transformar o STF em legislador positivo.
(C) O conceito de bloco de constitucionalidade, que é o conjunto de regras e princípios constitucionais que servem de parâmetro para o controle dos atos normativos, abrange apenas as regras e os princípios explícitos no texto constitucional.
(D) Suponha-se que um tratado internacional de direitos humanos tenha sido aprovado pelo Congresso Nacional por meio do rito legislativo aplicável, em geral, aos tratados internacionais. Nesse caso, esse tratado é equivalente a uma emenda à CF.

(E) Não é todo silêncio legislativo que autoriza a declaração de inconstitucionalidade por omissão. Essa omissão inconstitucional verificar-se-á com o descumprimento de um mandamento constitucional que obrigue o legislador ordinário a atuar positivamente, criando uma norma legal.

A: incorreta. De acordo com o STF (ADI 1923), é possível que seja declarada a inconstitucionalidade de dispositivos que, muito embora não tenham sido objeto de impugnação, estão relacionados com as normas declaradas inconstitucionais. Os preceitos não impugnados e que encontrem fundamento de validade na norma tida como inconstitucional serão, "por arrastamento", "por reverberação normativa", "por atração" ou "por inconstitucionalidade consequente de preceitos não impugnados", declarados inconstitucionais. É o que ocorre, por exemplo, com um regulamento de uma lei que teve sua aplicação afastada do ordenamento jurídico, após ser declarada inconstitucional pelo STF. **B:** incorreta. Determina o **princípio da parcelaridade** que o Supremo, ao analisar uma norma que esteja sendo impugnada por razões de inconstitucionalidade, pode declarar inconstitucional todo o seu conteúdo **ou apenas parte dele**. Exemplo: o Supremo, ao analisar a constitucionalidade do artigo 7º, § 2º, do Estatuto da Ordem dos Advogados do Brasil, declarou inconstitucional apenas a expressão "desacato". Desse modo, pelo princípio da parcelaridade, o Supremo não fica adstrito ao texto de uma lei inteira ou um artigo, um inciso, um parágrafo ou uma alínea – pode entender que é inconstitucional apenas uma palavra, por exemplo; **C:** incorreta. O **bloco de constitucionalidade** é um instituto que tem por finalidade ampliar o padrão de controle de constitucionalidade. Tudo que é tido como conteúdo constitucional, até mesmo princípios e regras implícitas, integram o denominado bloco de constitucionalidade. Tal assunto possibilita a expansão dos preceitos constitucionais como liberdades públicas, direitos e garantias. Em sentido amplo, o bloco abrange princípios, normas, além de direitos humanos reconhecidos em tratados e convenções internacionais incorporados no ordenamento jurídico. De acordo com o Supremo, "a definição do significado de bloco de constitucionalidade – independentemente da abrangência material que se lhe reconheça – reveste-se de fundamental importância no processo de fiscalização normativa abstrata, pois a exata qualificação conceitual dessa categoria jurídica projeta-se como fator determinante do caráter constitucional, ou não, dos atos estatais contestados em face da Carta Política. – A superveniente alteração/supressão das normas, valores e princípios que se subsumem à noção conceitual de bloco de constitucionalidade, por importar em descaracterização do parâmetro constitucional de confronto, faz instaurar, em sede de controle abstrato, situação configuradora de prejudicialidade da ação direta, legitimando, desse modo – ainda que mediante decisão monocrática do Relator da causa (RTJ 139/67) – a extinção anômala do processo de fiscalização concentrada de constitucionalidade" (Informativo 295); **D:** incorreta. De acordo com o § 3º do art. 5º da CF, os tratados e convenções internacionais sobre direitos humanos **que forem aprovados, em cada Casa do Congresso Nacional, em dois turnos, por três quintos dos votos dos respectivos membros**, serão equivalentes às emendas constitucionais; **E:** correta. De fato não é qualquer silêncio normativo que autoriza a declaração de inconstitucionalidade por omissão. Vicente Paulo e Marcelo Alexandrino, em Direito Constitucional Descomplicado, 14ª Edição, p. 898, ensinam que "...as hipóteses de ajuizamento desta ação (ADO) não decorrem de toda e qualquer espécie de omissão do Poder Público, mas sim daquelas omissões relacionadas com as normas constitucionais de caráter mandatório, em que a sua plena aplicabilidade está condicionada à ulterior edição dos atos requeridos pela Constituição".

Gabarito "E".

(Delegado Federal – 2013 – CESPE) Considerando o controle de constitucionalidade no ordenamento jurídico pátrio, julgue os itens subsecutivos.

(1) Na ação direta de inconstitucionalidade ajuizada perante o STF, apesar de lhe ser aplicável o princípio da congruência ou da adstrição ao pedido, admite-se a declaração de inconstitucionalidade de uma norma que não tenha sido objeto do pedido, na hipótese configuradora da denominada inconstitucionalidade por arrastamento.

(2) De acordo com entendimento do STF, no controle difuso de constitucionalidade, os tribunais não podem aplicar a denominada interpretação conforme a CF sem a observância da cláusula de reserva de plenário.

1: correto. De acordo com o STF (ADI 1923), é possível que seja declarada a inconstitucionalidade de dispositivos que, muito embora não tenham sido objeto de impugnação, estão relacionados com as normas declaradas inconstitucionais. Os preceitos não impugnados e que encontrem fundamento de validade na norma tida como inconstitucional serão, "por arrastamento", "por reverberação normativa", "por atração" ou "por inconstitucionalidade consequente de preceitos não impugnados", declarados inconstitucionais. É o que ocorre, por exemplo, com um regulamento de uma lei que teve sua aplicação afastada do ordenamento jurídico, após ser declarada inconstitucional pelo STF; **2:** errado. O STF entende de forma diversa: "Controle incidente de inconstitucionalidade: reserva de plenário (CF, art. 97). 'Interpretação que restringe a aplicação de uma norma a alguns casos, mantendo-a com relação a outros, não se identifica com a declaração de inconstitucionalidade da norma que é a que se refere o art. 97 da Constituição.' (cf. RE 184.093, Moreira Alves, DJ 5-9-1997)" (RE 460.971, Rel. Min. Sepúlveda Pertence, julgamento em 13-2-2007, Primeira Turma, DJ de 30-3-2007.) Vale lembrar que a interpretação conforme a Constituição é um mecanismo de interpretação utilizado pelo Supremo que tem por finalidade "salvar" a norma, não a declarando inconstitucional e consequentemente banindo-a do ordenamento jurídico brasileiro. Tem por fundamento o princípio da conservação ou da preservação das normas. Nesse caso, o Supremo fixa uma interpretação que deve ser seguida. Em vez de declarar a norma inconstitucional, determina que a lei é constitucional desde que interpretada de tal maneira. Há apenas uma interpretação possível para aquela norma, que é a fixada por ele quando da análise de sua constitucionalidade.

Gabarito 1C, 2E.

(Delegado/SP – 2014 – VUNESP) Pode(m) propor a ação direta de inconstitucionalidade e a ação declaratória de constitucionalidade perante o Supremo Tribunal Federal:

(A) partido político sem representação no Congresso Nacional.
(B) os Conselhos Federais de órgãos de classe profissional.
(C) confederação sindical ou entidade de classe de âmbito regional.
(D) a Mesa da Câmara dos Deputados.
(E) o Procurador-Geral de Justiça.

A: incorreta. Para que o partido político proponha as ações do controle concentrado (ADI – Ação Direta de Inconstitucionalidade, ADC – Ação Declaratória de Constitucionalidade e a ADPF – Arguição de Descumprimento de Preceito Fundamental) ele deve **ter representação no Congresso Nacional**. É o que determina o art. 103, VIII, da CF; **B:** incorreta. Apenas o **Conselho Federal da OAB** é que é legitimado. O fundamento está no art. 103, VII, da CF; **C:** incorreta. **A entidade de classe precisa ter âmbito nacional**, conforme determina o art. 103, IX, da CF; **D:** correta. É o que dispõe o art. 103, III, da CF; **E:** incorreta. O art. 103, VI, da CF dá legitimidade ao **Procurador-Geral da República**.

Gabarito "D".

(Delegado/PA – 2012 – MSCONCURSOS) Assinale a alternativa correta, considerando-se os sistemas de controle de constitucionalidade:

(A) No Brasil, o controle de constitucionalidade se realiza na forma do sistema político, sendo este exercido pelo Supremo Tribunal Federal.

(B) Segundo o sistema norte-americano de controle de constitucionalidade, a lei declarada inconstitucional é anulável, uma vez que a Suprema Corte se mostra adepta da Teoria da Anulabilidade.

(C) Inadmite-se no ordenamento jurídico brasileiro a modulação dos efeitos da declaração de inconstitucionalidade, uma vez que o controle de constitucionalidade pátrio observa a Teoria da Nulidade.

(D) Somente por unanimidade de seus membros ou dos membros do respectivo órgão especial poderão os tribunais declarar a inconstitucionalidade de lei ou ato normativo do Poder Público.

(E) As decisões definitivas de mérito, proferidas pelo Supremo Tribunal Federal, nas ações diretas de inconstitucionalidade e nas ações declaratórias de constitucionalidade produzirão eficácia contra todos e efeito vinculante, relativamente aos demais órgãos do Poder Judiciário e à administração pública direta e indireta, nas esferas federal, estadual e municipal.

A: incorreta. O sistema político de controle de constitucionalidade não é realizado pelo Judiciário, mas por órgãos de natureza política que possuem a função específica de assegurar o texto constitucional. No ordenamento jurídico brasileiro tanto o Poder Legislativo (por meio da Comissão de Constituição de Justiça) quanto o Executivo (por meio do veto jurídico) desempenham esse tipo de controle. Normalmente o fazem de forma preventiva, ou seja, verificam a constitucionalidade do projeto de lei, durante o seu processo legislativo; **B: incorreta.** Ao contrário do mencionado, o sistema norte-americano de controle de constitucionalidade adota a teoria da nulidade, segundo a qual o vício de inconstitucionalidade atinge o ato normativo desde a sua origem. Desse modo, a natureza da decisão pela inconstitucionalidade é declaratória. A teoria da anulabilidade tem a ver com o sistema austríaco. Por meio dela, o órgão responsável pelo controle de constitucionalidade funciona como legislador negativo, de modo que a sua decisão possui o mesmo grau de abstração e de generalidade das leis produzidas pelo Poder Legislativo. Sendo assim, a lei incompatível é considerada válida até a manifestação da Corte Constitucional; **C: incorreta.** Embora o sistema observe a teoria da nulidade, é possível a modulação dos efeitos da decisão, conforme o art. 27 da Lei 9.868/99; **D: incorreta.** De acordo com o art. 97 da CF/1988 não há necessidade de unanimidade e sim do voto da maioria absoluta de seus membros ou dos membros do respectivo órgão especial para que os tribunais declarem a inconstitucionalidade de lei ou ato normativo do Poder Público; **E: correta** (art. 102, § 2°, da CF/1988). Gabarito "E".

(Delegado/MG – 2012) O "bloco de constitucionalidade" se constitui a partir de

(A) princípios, normas escritas e não escritas, fundamentos relativos à organização do Estado, direitos sociais e econômicos, direitos humanos reconhecidos em tratados e convenções internacionais dos quais o país seja signatário.

(B) normas escritas, emendas constitucionais de lastro formal, direitos fundamentais consagrados pela Constituição, de reconhecimento e aplicação internos.

(C) princípios não escritos, unidade, solidez, valoração de normas constitucionais que podem ser desmembradas para melhor efetivação dos direitos consagrados.

(D) conteúdo específico das normas constitucionais e infraconstitucionais, estabilidade, dinamicidade, dirigismo, garantismo, além de todas as normas constitucionais de caráter programático.

O bloco de constitucionalidade é um instituto que tem por finalidade ampliar o padrão de controle de constitucionalidade. Tudo que é tido como conteúdo constitucional, até mesmo princípios e regras implícitas, integram o denominado bloco de constitucionalidade. Tal assunto possibilita a expansão dos preceitos constitucionais como liberdades públicas, direitos e garantias Em sentido amplo, o bloco abrange princípios, normas, além de direitos humanos reconhecidos em tratados e convenções internacionais incorporados no ordenamento jurídico. De acordo com o Supremo, "A definição do significado de bloco de constitucionalidade – independentemente da abrangência material que se lhe reconheça – reveste-se de fundamental importância no processo de fiscalização normativa abstrata, pois a exata qualificação conceitual dessa categoria jurídica projeta-se como fator determinante do caráter constitucional, ou não, dos atos estatais contestados em face da Carta Política. A superveniente alteração/supressão das normas, valores e princípios que se subsumem à noção conceitual de bloco de constitucionalidade, por importar em descaracterização do parâmetro constitucional de confronto, faz instaurar, em sede de controle abstrato, situação configuradora de prejudicialidade da ação direta, legitimando, desse modo – ainda que mediante decisão monocrática do Relator da causa (RTJ 139/67) – a extinção anômala do processo de fiscalização concentrada de constitucionalidade" (Informativo 295). Gabarito "A".

(Delegado/AP – 2010) Relativamente ao controle de constitucionalidade, assinale a afirmativa correta.

(A) As decisões definitivas de mérito, proferidas pelo Supremo Tribunal Federal, nas ações diretas de inconstitucionalidade e nas ações declaratórias de constitucionalidade produzirão eficácia contra todos e efeito vinculante, relativamente aos demais órgãos do Poder Judiciário, mas não à administração pública direta e indireta, nas esferas federal, estadual e municipal.

(B) Podem propor a ação direta de inconstitucionalidade e a ação declaratória de constitucionalidade, dentre outros, Governador de Estado, o Procurador-Geral da República, o Conselho Federal da Ordem dos Advogados do Brasil, dois terços dos membros do Senado Federal ou da Câmara dos Deputados.

(C) A súmula vinculante terá por objetivo a validade, a interpretação e a eficácia de normas determinadas, acerca das quais haja controvérsia atual entre órgãos judiciários ou entre esses e a administração pública que acarrete grave insegurança jurídica e relevante multiplicação de processos sobre questão idêntica.

(D) A matéria constante de proposta de súmula vinculante rejeitada ou havida por prejudicada não pode ser objeto de nova proposta enquanto não for modificada a composição do Supremo Tribunal Federal.

(E) Compete ao Supremo Tribunal Federal processar e julgar, originariamente, a ação direta de inconstitucionalidade e a ação declaratória de constitucionalidade de lei ou ato normativo federal, estadual ou municipal em face da Constituição Federal ou das Constituições Estaduais.

A: incorreta. A Administração Pública também é atingida por tais decisões (art. 28, parágrafo único, da Lei n° 9.868/99); **B: incorreta.** Não são dois terços dos membros do Senado Federal ou da Câmara

dos Deputados que podem propor ação direta de inconstitucionalidade e ação declaratória de constitucionalidade, mas sim a Mesa do Senado Federal ou da Câmara de Deputados (art. 103, I e II, da CF/1988); **C:** correta. De fato, é exatamente o que dispõe o § 1º do art. 103-A da CF/1988; **D:** incorreta, pois não há essa proibição; **E:** incorreta. Pode ser objeto de ação direta de inconstitucionalidade lei ou ato normativo federal ou estadual. Lei municipal que viole a CF não é objeto possível de ação direta de inconstitucionalidade no STF. Em relação à ação declaratória de constitucionalidade o objeto é ainda mais restrito, ou seja, só lei ou ato normativo federal (art. 102, I, "a", da CF/1988).
Gabarito "C".

(Delegado/GO – 2009 – UEG) No controle de constitucionalidade,

(A) a decisão exarada pelo Supremo Tribunal Federal nas decisões definitivas de mérito que possui eficácia contra todos e efeito vinculante, relativamente aos demais órgãos judiciários e à administração pública, é a adotada nos recursos extraordinários.

(B) quando o Supremo Tribunal Federal apreciar, em tese, a inconstitucionalidade de lei ou de ato normativo, citará, previamente, o Advogado-Geral da União, que defenderá o ato ou texto normativo.

(C) a decisão exarada pelo Supremo Tribunal Federal nas decisões definitivas de mérito possui eficácia contra todos e efeito vinculante em todos os processos de sua competência.

(D) o Procurador-Geral da República poderá ser ouvido nas ações de inconstitucionalidade e em todos os processos de competência do Supremo Tribunal Federal.

A e C: incorretas. As decisões definitivas de mérito que possuem eficácia contra todos e efeito vinculante, relativamente aos demais órgãos judiciários e à administração pública são as dadas em sede de controle abstrato (ou concentrado) de constitucionalidade, por exemplo, numa ação direta de inconstitucionalidade (art. 102, § 2º, da CF/1988). A decisão final no recurso extraordinário, mecanismo de controle difuso de constitucionalidade, não é dotada de efeito vinculante e *erga omnes*. Como a decisão se dá num caso concreto, os efeitos são, em regra, *inter partes*. Há possibilidade de modulação desses efeitos, pelo Senado Federal, por meio da suspensão da execução da lei (art. 52, X, da CF/1988); **B:** correta. De fato, o art. 103, § 3º, da CF/1988 determina a citação do AGU para a defesa do ato; **D:** incorreta. O art. 103, § 1º, da CF/1988 dispõe que o PGR deverá e não "poderá" ser ouvido.
Gabarito "B".

(Delegado/MA – 2006 – FCC) NÃO tem legitimidade para propor a ação direta de inconstitucionalidade e a ação declaratória de constitucionalidade o

(A) Advogado-Geral da União.
(B) Conselho Federal da Ordem dos Advogados do Brasil.
(C) Governador de Estado ou do Distrito Federal.
(D) Partido Político com representação no Congresso Nacional.
(E) Presidente da República.

Os legitimados à propositura de ação direta de inconstitucionalidade e ação declaratória de constitucionalidade estão previstos no art. 103, I a IX, da CF/1988 e são os seguintes: I – o Presidente da República; II – a Mesa do Senado Federal; III – a Mesa da Câmara dos Deputados; IV a Mesa de Assembleia Legislativa ou da Câmara Legislativa do Distrito Federal; V o Governador de Estado ou do Distrito Federal; VI – o Procurador-Geral da República; VII – o Conselho Federal da Ordem dos Advogados do Brasil; VIII – partido político com representação no Congresso Nacional; IX – confederação sindical ou entidade de classe de âmbito nacional. Nesse rol taxativo, **não há menção ao Advogado-Geral da União**.
Gabarito "A".

(Delegado/MS – 2006) Podem propor a ação direta de inconstitucionalidade e a ação declaratória de constitucionalidade:

I. o Presidente da República.
II. a Mesa do Senado Federal, a Mesa da Câmara dos Deputados e a Mesa de Assembleia Legislativa ou da Câmara Legislativa do Distrito Federal.
III. o Governador de Estado ou do Distrito Federal.
IV. o Procurador-Geral da República, o Conselho Federal da Ordem dos Advogados do Brasil e a confederação sindical ou entidade de classe de âmbito nacional.
V. partido político com representação em Brasília.

(A) somente o item III é falso.
(B) somente o item II é falso.
(C) somente o item I é falso.
(D) somente o item V é falso.
(E) somente o item IV é falso.

I: verdadeiro (art. 103, I, da CF/1988); **II:** verdadeiro (art. 103, II, III e IV, da CF/1988); **III:** verdadeiro (art. 103, V, da CF/1988); **IV:** verdadeiro (art. 103, VI, VII e IX, da CF/1988); **V:** falso. O partido político **com representação no Congresso Nacional** é que pode propor ação direta de inconstitucionalidade no STF (art. 103, VIII, da CF/1988).
Gabarito "D".

(Delegado/PR – 2007) Podem propor a ação direta de inconstitucionalidade e a ação declaratória de constitucionalidade as pessoas e órgãos adiante nominados, EXCETO:

(A) o Vice-Presidente da República.
(B) o Conselho Federal da Ordem dos Advogados do Brasil.
(C) partido político com representação no Congresso Nacional.
(D) a Mesa da Assembleia Legislativa ou da Câmara Legislativa do Distrito Federal.
(E) o Governador de Estado ou do Distrito Federal.

Os legitimados à propositura de ação direta de inconstitucionalidade e ação declaratória de constitucionalidade estão previstos no art. 103, I a IX, da CF/1988. Nesse rol taxativo, não há menção ao Vice-Presidente da República.
Gabarito "A".

(Delegado/RJ – 2009 – CEPERJ) De acordo com a jurisprudência recente do Supremo Tribunal Federal:

(A) o julgamento da ação direta de inconstitucionalidade é precedido de exame da repercussão geral da questão constitucional de fundo.
(B) admite-se a reclamação para o controle concentrado de constitucionalidade de lei idêntica a outra já declarada inconstitucional pelo STF em ação direta de inconstitucionalidade.
(C) o Governador do Estado está dispensado da demonstração de pertinência temática para o ajuizamento de ação direta de inconstitucionalidade.
(D) a decisão no mandado de injunção possui efeitos idênticos aos da decisão proferida em sede de ação direta de inconstitucionalidade por omissão.

(E) é cabível a ação declaratória de constitucionalidade de leis estaduais, em razão do caráter dúplice da decisão em controle abstrato de constitucionalidade das leis.

A: incorreta. O instituto da repercussão geral não é pressuposto da ação direta inconstitucionalidade, mas sim requisito de admissibilidade para a interposição de recurso extraordinário. É o que se extrai do art. 102, § 3º, da CF/1988; **B: correta**. O STF, ao analisar a Reclamação 4.219, "entendeu que o que produz eficácia contra todos e efeito vinculante, nos termos do disposto no § 2º do art. 102 da CF/1988, é a interpretação conferida pelo Supremo à Constituição, além do seu juízo de constitucionalidade sobre determinado texto normativo infraconstitucional, estando, portanto, todos, sem distinção, compulsoriamente afetados pelas consequências normativas das decisões definitivas de mérito proferidas pelo STF nas ações diretas de inconstitucionalidade e nas ações declaratórias de constitucionalidade. Ressaltou que a decisão dotada de eficácia contra todos e efeito vinculante não se confunde com a súmula vinculante, haja vista operarem em situações diferentes: esta, que é texto normativo, no controle difuso; aquela, que constitui norma de decisão, no concentrado. Dessa forma, concluiu que a decisão de mérito na ADI ou na ADC não pode ser concebida como mero precedente vinculante da interpretação de texto infraconstitucional, asseverando que as decisões do Supremo afirmam o que efetivamente diz a própria Constituição e que essa afirmação, em cada ADI ou ADC, é que produz eficácia contra todos e efeito vinculante"; **C: incorreta**. O governador de Estado deve demonstrar pertinência temática, quando do ajuizamento das ações do controle concentrado, pois é considerado legitimado especial ou interessado. Desse modo, o objeto da ação direta, por ele proposta, tem de ter relação com os interesses de seu Estado; **D: incorreta**. Embora haja divergência sobre a matéria, o entendimento atual do STF é o de que a decisão proferida nos autos do mandado de injunção poderá, desde logo, estabelecer a regra do caso concreto, afastando as consequências da inércia do legislador (MI 670/ES, MI 708/DF e MI 712/PA). V. Informativo STF 485/2007; **E: incorreta**. Apenas de lei federal pode ser objeto de ação declaratória de constitucionalidade (art. 102, I, "a", da CF/1988).

Gabarito "B".

2.2. Controle difuso de constitucionalidade

(Delegado/DF – 2015 – Fundação Universa) A respeito do sistema brasileiro de controle de constitucionalidade, assinale a alternativa correta.

(A) Suponha-se que um órgão fracionário de um tribunal regional federal entenda que uma lei, que se aplica ao caso, é inconstitucional e que, portanto, não deve ser aplicada no caso concreto. Nesse caso, o tribunal regional federal deverá atentar para a cláusula de reserva de plenário.

(B) No âmbito do controle difuso de constitucionalidade, somente as leis federais podem ser objeto de decisão em julgamento do STF.

(C) De acordo com o STF, no que se refere ao controle concentrado, a constituição brasileira adotou a tese da inconstitucionalidade superveniente, ou seja, será inconstitucional a norma inferior incompatível com a nova regra constitucional.

(D) O sistema de controle difuso brasileiro adotou a teoria da nulidade, isto é, a declaração de inconstitucionalidade terá eficácia *ex tunc*, não se permitindo a modulação dos efeitos.

(E) No controle constitucional difuso, há a possibilidade de participação do Senado Federal, que pode, por meio de decreto legislativo, suspender, no todo ou em parte, a lei declarada formalmente inconstitucional por decisão definitiva do STF.

A: correta. O assunto inconstitucionalidade é tão importante que não pode ser decidido pelos órgãos fracionários dos tribunais, mas pelo plenário. O art. 97 da CF trata da denominada cláusula de reserva de plenário o qual determina o artigo que somente pelo voto da maioria absoluta de seus membros ou dos membros do respectivo órgão especial poderão os tribunais declarar a inconstitucionalidade de lei ou ato normativo do Poder Público. Vale lembrar que existe também a súmula vinculante 10 (STF) também trata do assunto mencionando que a decisão de órgão fracionário de tribunal que, embora não declare expressamente a inconstitucionalidade de lei ou ato normativo do Poder Público, afasta sua incidência, no todo ou em parte, viola a cláusula de reserva de plenário; **B: incorreta**. **Qualquer lei ou ato normativo pode ser objeto dessa forma de controle**. O controle difuso é aquele realizado por qualquer juiz ou tribunal num caso concreto. Os magistrados, quando do julgamento de processos, podem fazer esse controle. É também denominado de controle incidental, pois a declaração de inconstitucionalidade se dá não de forma principal, mas incidentalmente, no processo. O pedido principal não é a declaração de inconstitucionalidade, mas um provimento jurisdicional num caso concreto, que depende da apreciação da constitucionalidade do ato normativo; **C: incorreta**. O **Supremo não adota a teoria da inconstitucionalidade superveniente**. As normas editadas antes da vigência da CF/1988 que não se mostrem de acordo com o texto não são recepcionadas ou meramente "revogadas". Nesse caso, utilizam-se as regras relativas ao direito intertemporal, em especial as atinentes ao fenômeno da recepção; **D: incorreta**. **É possível a modulação dos efeitos**. Dispõe o art. 52, X, da CF que compete privativamente ao Senado Federal suspender a execução, no todo ou em parte, de lei declarada inconstitucional por decisão definitiva do Supremo Tribunal Federal. Assim, pode o Supremo, no controle difuso, após o trânsito em julgado da decisão, comunicar ao Senado os termos de sua deliberação para que ele, se desejar, edite uma resolução determinando a suspensão da execução da norma declarada inconstitucional a partir desse momento. Fazendo isso, os efeitos, que antes eram *inter partes* e *ex tunc*, passarão a ser *erga omnes*, ou seja, a lei ficará suspensa para todas as pessoas; e *ex nunc* ou *pro futuro*, isto é, terá efeitos a partir do momento da expedição da resolução; **E: incorreta**. Como mencionado, o Senado pode suspender a execução da norma declarada inconstitucional pelo STF, mas fará isso por **resolução**.

Gabarito "A".

2.3. Ação direta de inconstitucionalidade

(Delegado/MG – 2018 – FUMARC) Segundo precedentes do Supremo Tribunal Federal, a comprovação da relação de pertinência temática em ação direta de inconstitucionalidade e ação declaratória de constitucionalidade NÃO é exigida para

(A) o Conselho Federal das Ordem dos Advogados do Brasil.

(B) Mesa de Assembleia Legislativa ou da Câmara Legislativa do Distrito Federal.

(C) entidades de classe de âmbito nacional.

(D) confederações sindicais.

De acordo com o STF, os legitimados que precisam demonstrar a existência de pertinência temática para proporem as ações do controle concentrado de constitucionalidade (ADI, ADC e ADPF) são os previstos nos incisos III, IV e IX, do art. 103 da CF, ou seja: III – a Mesa da Câmara dos Deputados, IV a Mesa de Assembleia Legislativa ou da Câmara Legislativa do Distrito Federal e IX a confederação sindical ou entidade de classe de âmbito nacional. O Conselho Federal da Ordem dos Advogados do Brasil é considerado pelo STF como legitimado universal e não precisa, portanto, demonstrar a pertinência temática (que seria o vínculo entre a norma objeto de impugnação e os fins protegidos pelo legitimado).

Gabarito "A".

(Delegado/AP – 2017 – FCC) De acordo com o sistema brasileiro de controle de constitucionalidade de leis e atos normativos,

(A) lei federal que condiciona a criação de associações à prévia autorização da Administração pública, editada anteriormente à Constituição Federal, é com ela incompatível, podendo ser objeto de ação direta de inconstitucionalidade.

(B) tratado internacional proibindo a prisão civil por dívida, que for aprovado em cada Casa do Congresso Nacional, em dois turnos, por três quintos dos votos dos respectivos membros, não tem hierarquia equivalente às emendas constitucionais, ingressando no ordenamento jurídico como norma infraconstitucional, mas supralegal, podendo ser objeto de controle abstrato de constitucionalidade.

(C) lei federal que determine o uso de algemas em todos os réus presos que compareçam a audiências judiciais é inconstitucional, podendo ser objeto de reclamação constitucional por violar súmula vinculante editada pelo STF.

(D) o ajuizamento de ação direta de inconstitucionalidade em face de lei estadual, perante o Tribunal de Justiça do Estado, não impede que a mesma lei seja impugnada perante o Supremo Tribunal Federal, mediante a propositura de ação direta de inconstitucionalidade.

(E) acórdão do Tribunal de Justiça do Estado que julgue, por maioria simples de seus membros, improcedente ação direta de inconstitucionalidade contra ato normativo estadual, resulta na declaração de inconstitucionalidade da norma, com efeitos vinculantes e contra todos.

A alternativa **A** está errada, pois não cabe ADI em face de norma anterior à Constituição, por não ser admitida a tese da inconstitucionalidade superveniente, assim a norma é tida por não recepcionada, havendo sua revogação tácita/hierárquica. Caberia, em caso de controvérsia e lesão a preceito fundamental, ADPF (artigo 102, § 1º, CF c.c. Lei 9.882/1999). Também errada a B, pois conforme artigo 5º, § 3º, CF "Os tratados e convenções internacionais sobre direitos humanos que forem aprovados, em cada Casa do Congresso Nacional, em dois turnos, por três quintos dos votos dos respectivos membros, serão equivalentes às emendas constitucionais". Errada, do mesmo modo, a alternativa **C**, pois a Súmula Vinculante não vincula a função legislativa, conforme artigo 103-A, CF "O Supremo Tribunal Federal poderá, de ofício ou por provocação, mediante decisão de dois terços dos seus membros, após reiteradas decisões sobre matéria constitucional, aprovar súmula que, a partir de sua publicação na imprensa oficial, terá efeito vinculante em relação aos demais órgãos do Poder Judiciário e à administração pública direta e indireta, nas esferas federal, estadual e municipal". Logo, não cabe a reclamação perante o STF (prevista no mesmo artigo, § 3º), que seria possível se um ato administrativo ou decisão judicial contrariasse a súmula vinculante. Correta a alternativa **D**, pois além da ADI no STF (artigo 102, inciso I, "a", CF), quando a lei estadual ofender a Constituição Federal, também é cabível a representação de inconstitucionalidade da lei estadual que seja contrária à Constituição Estadual no Tribunal de Justiça (artigo 125, § 2º, CF). A alternativa **E** está errada por dois motivos – 1) porque o quórum é de maioria absoluta (artigo 97, CF); 2) porque quando a ADI é julgada improcedente ocorre a declaração de constitucionalidade.

Gabarito "D".

(Delegado/RO – 2014 – FUNCAB) Considerando os temas "jurisdição constitucional" e "ação direta de inconstitucionalidade", é correto afirmar que:

(A) o STF tem entendido que, na ação direta de inconstitucionalidade, não é admitida a figura do *amicus curiae*.

(B) os municípios figuram no rol de entidades legitimadas para a propositura de ação direta de inconstitucionalidade perante o STF.

(C) em se tratando de ação direta de inconstitucionalidade, já se firmou, no STF, o entendimento de que ação dessa natureza está sujeita à desistência.

(D) a súmula, porque não apresenta as características de ato normativo, não está sujeita à jurisdição constitucional concentrada.

(E) o ajuizamento da ação direta de inconstitucionalidade está sujeito à observância de prazo prescricional.

A: incorreta. A **figura do *amicus curiae*** (amigo da corte) **é admitida** na ação direta de inconstitucionalidade, conforme determina o art. 7º, § 2º, da Lei 9.868/1999. Segundo o mencionado dispositivo, o relator, considerando a relevância da matéria e a representatividade dos postulantes, poderá, por despacho irrecorrível, admitir, observado o prazo fixado no parágrafo anterior, a manifestação de outros órgãos ou entidades; **B**: incorreta. Os **municípios não figuram no rol de entidades legitimadas** para a propositura de ação direta de inconstitucionalidade. De acordo com o art. 103 da CF, podem propor a ação direta de inconstitucionalidade e a ação declaratória de constitucionalidade: I – o Presidente da República; II – a Mesa do Senado Federal; III – a Mesa da Câmara dos Deputados; IV a Mesa de Assembleia Legislativa ou da Câmara Legislativa do Distrito Federal; V o Governador de Estado ou do Distrito Federal; VI – o Procurador-Geral da República; VII – o Conselho Federal da Ordem dos Advogados do Brasil; VIII – partido político com representação no Congresso Nacional e IX – confederação sindical ou entidade de classe de âmbito nacional; **C**: incorreta. Conforme determina o art. 5º da Lei 9.868/1999, proposta a ação direta, **não se admitirá desistência**; **D**: correta. No julgamento da ADI 594-DF, o STF definiu que "a **súmula**, porque não apresenta as características do ato normativo, **não está sujeita à jurisdição constitucional concentrada**"; **E**: incorreta. **Não há prazo** para o ajuizamento da ação direta de inconstitucionalidade.

Gabarito "D".

(Delegado/PR – 2013 – UEL-COPS) Leia o texto a seguir.

Medida judicial cabível para declarar a inconstitucionalidade de lei ou ato normativo federal ou estadual, editados posteriormente à promulgação da Constituição Federal e que ainda estejam em vigor. É espécie de fiscalização objetiva, tratando-se de controle abstrato de constitucionalidade.

Esse texto faz referência a uma medida judicial utilizada para realização de controle de constitucionalidade, pois se trata de

(A) ação declaratória de constitucionalidade.

(B) ação declaratória de inconstitucionalidade por omissão.

(C) ação direta de inconstitucionalidade.

(D) arguição de descumprimento de preceito fundamental.

(E) controle difuso.

A: incorreta. A ação declaratória de constitucionalidade visa declarar a constitucionalidade de lei ou ato normativo de **natureza federal**; **B**: incorreta. Não há previsão no ordenamento jurídico brasileiro de ação

declaratória de inconstitucionalidade por omissão, apenas de ação **direta** de inconstitucionalidade por omissão; **C:** correta. De fato, a ação direta de inconstitucionalidade é a medida judicial cabível para declarar a inconstitucionalidade de lei ou ato normativo federal ou estadual, editados posteriormente à promulgação da Constituição Federal e que ainda estejam em vigor. É espécie de fiscalização objetiva, tratando-se de controle abstrato de constitucionalidade; **D:** incorreta. A arguição de descumprimento de preceito fundamental, de acordo com o art. 1º, *caput* e parágrafo único, I, da Lei 9.882/1999, tem por objeto evitar ou reparar lesão a preceito fundamental, resultante de ato do Poder Público, além de ter cabimento quando for relevante o fundamento da controvérsia constitucional sobre lei ou ato normativo federal, estadual ou municipal, incluídos os anteriores à Constituição; **E:** incorreta. O controle difuso é aquele realizado por qualquer juiz ou tribunal num caso concreto. Os magistrados, quando do julgamento de processos, podem fazer esse controle. É também denominado de controle incidental, pois a declaração de inconstitucionalidade se dá não de forma principal, mas incidentalmente, no processo. O pedido principal não é a declaração de inconstitucionalidade, mas um provimento jurisdicional num caso concreto, que depende da apreciação da constitucionalidade do ato normativo.
Gabarito "C".

(Delegado/AC – 2008 – CESPE) Uma emenda à Constituição do Acre determinou que o ensino médio seria gratuito apenas para integrantes de famílias com renda familiar inferior a cinco salários mínimos. Por entender que essa emenda violava a Constituição da República, um partido político ingressou perante o STF com Ação Direta de Inconstitucionalidade (ADI), postulando a declaração de inconstitucionalidade do referido diploma legislativo. Considerando essa situação hipotética, julgue os itens a seguir.

(1) A referida emenda é incompatível com a Constituição da República.
(2) A referida ADI deve ser indeferida pelo STF porque a ADI é um instrumento de controle de constitucionalidade de atos normativos federais, sendo descabido postular por esta via a declaração de inconstitucionalidade de emendas a constituições estaduais.

1: correta. A mencionada emenda fere a CF, pois o art. 208, I, da CF/1988 determina que o acesso ao ensino obrigatório e gratuito é direito público subjetivo; 2: incorreta. A ação direta de inconstitucionalidade também é via para declaração de inconstitucionalidade de emendas à constituição estadual.
Gabarito 1C, 2E

(Delegado/CE – 2006 – CEV/UECE) Sobre a Ação Direta de Inconstitucionalidade, analise os itens a seguir:

I. Decreto executivo que venha a divergir do sentido e conteúdo da lei que regulamenta, não poderá ser objeto de Ação Direta de Inconstitucionalidade, mesmo que essa violação atinja indiretamente o texto constitucional.
II. Têm legitimação ativa universal para propor Ação Direta de Inconstitucionalidade o Presidente da República, o Procurador-Geral da República, o partido político com representação no Congresso Nacional e a Confederação sindical ou entidade de classe de âmbito nacional.
III. Compete ao Advogado-Geral da União, em Ação Direta de Inconstitucionalidade, a defesa da norma legal ou ato normativo impugnado, independentemente de sua natureza federal ou estadual.
IV. Todos aqueles que forem atingidos por decisões contrárias ao entendimento firmado pelo Supremo Tribunal Federal no julgamento de mérito proferido em Ação Direta de Inconstitucionalidade têm legitimidade ativa para propositura de Reclamação.

São corretos:

(A) Somente I, III e IV
(C) Somente I e II
(B) I, II, III e IV
(D) Somente III e IV

I: correta. Os decretos regulamentares expedidos pelo Chefe do Executivo Federal (art. 84, IV, da CF/1988), por serem atos secundários e não dotados de autonomia, em regra, não podem ser objeto de ação direta de inconstitucionalidade controle de constitucionalidade. Segundo o STF o que há nessa hipótese é crise de legalidade e não de inconstitucionalidade o que inviabiliza a utilização de mecanismo processual de fiscalização normativa abstrata (ADI 996-MC); II: incorreta. Dentre os legitimados mencionados, a confederação sindical e a entidade de classe de âmbito nacional não são tidas como universais, pois para ingressarem com ação direta de inconstitucionalidade no STF devem demonstrar pertinência temática; III: correta. Esse é o papel do Advogado-Geral da União na ação direta de inconstitucionalidade: a defesa do ato impugnado; IV: correta. O instituto da reclamação é o mecanismo hábil para a preservação e garantia das decisões proferidas pelo Supremo Tribunal Federal (art. 102, I, "l", da CF/1988).
Gabarito "A".

(Delegado/MG – 2007) A ação direta de inconstitucionalidade interventiva, processada no Supremo Tribunal Federal tem por objetivo tutelar:

(A) A Constituição Federal e declarar a inconstitucionalidade do ato impugnado.
(B) Os princípios fundamentais, previstos no Título I da Constituição da República, e declarar a inconstitucionalidade do ato impugnado.
(C) Os princípios da ordem econômica e social, previstos nos artigos 170 e 193 da Constituição, e declarar a inconstitucionalidade do ato estatal que intervenha indevidamente na entidade federativa em questão.
(D) Os princípios sensíveis, previstos no artigo 34, VII da Constituição Federal, e dispor sobre a intervenção da União nos Estados-membros ou no Distrito Federal.

Conforme dispõe o art. 18, *caput*, da CF/1988 a União, os Estados, o Distrito Federal e os Municípios são autônomos e independentes, mas há hipóteses excepcionais em que poderá haver intervenção (federal ou estadual). Dentre tais hipóteses, existe a violação a princípios constitucionais sensíveis. Nesse caso, a ação direta de inconstitucionalidade interventiva é um pressuposto constitucional para a decretação, pelo Chefe do Executivo, da intervenção federal (art. 34, VII, da CF/1988).
Gabarito "D".

(Delegado/PA – 2006 – CESPE) Assinale a opção correta no que se refere ao controle de constitucionalidade no Brasil.

(A) Compete ao Supremo Tribunal Federal (STF) processar e julgar, originariamente, ação direta de inconstitucionalidade contra lei ou ato normativo municipal que ofenda a Constituição da República.
(B) É de 10 anos, contados da data da promulgação da Constituição da República, o prazo decadencial para o oferecimento de representação de inconstitucionalidade contra lei ou ato normativo.
(C) A ação direta de inconstitucionalidade não é suscetível ao pedido de desistência da parte que a ajuizou.

(D) As súmulas estão sujeitas ao controle constitucional concentrado.

A: incorreta. Não cabe ação direta de inconstitucionalidade contra lei ou ato normativo municipal que viole a CF (art. 102, I, "a", da CF/1988). Lei municipal que viole a CF só pode ser objeto de controle abstrato de constitucionalidade, por meio da arguição de descumprimento de preceito fundamental; **B:** incorreta. Não há esse prazo na lei, pois o vício de inconstitucionalidade não se convalida pelo decurso de tempo; **C:** correta. O art. 5º da Lei 9.868/1999 determina que proposta a ação direta de inconstitucionalidade, não se admitirá desistência; **D:** incorreta. De acordo com o Supremo (ADI 594-DF) as súmulas não são passíveis de controle concentrado de constitucionalidade.
Gabarito "C".

(Delegado/PI – 2009 – UESPI) Admite-se, excepcionalmente, a modulação dos efeitos da declaração de constitucionalidade ou de inconstitucionalidade de lei ou de ato normativo, nos termos do artigo 27 da Lei n° 9.868/99:

(A) para, mediante maioria simples dos membros do Supremo Tribunal Federal, atribuir eficácia *ex nunc* à decisão colegiada, em vista de razões de segurança jurídica.

(B) para, mediante maioria absoluta de três quintos dos membros do Supremo Tribunal Federal, atribuir eficácia *ex nunc* à decisão colegiada, em vista de excepcional interesse social.

(C) para, mediante maioria absoluta de três quintos dos membros do Supremo Tribunal Federal, atribuir eficácia *ex tunc* à decisão colegiada, em vista de excepcional interesse social.

(D) para, mediante maioria de dois terços dos membros do Supremo Tribunal Federal, atribuir eficácia *ex nunc* à decisão colegiada, em vista de excepcional interesse social.

(E) para, mediante maioria de dois terços dos membros do Supremo Tribunal Federal, atribuir eficácia *ex nunc* à decisão colegiada, em vista da viabilização de políticas públicas.

Conforme determinação prevista no art. 27 da Lei 9.868/1999, o STF, ao declarar a inconstitucionalidade de lei ou ato normativo, e tendo em vista razões de segurança jurídica ou de excepcional interesse social, pode, **por maioria de dois terços de seus membros**, restringir os efeitos daquela declaração ou decidir que ela só tenha eficácia a partir de seu trânsito em julgado (*ex nunc*) ou de outro momento que venha a ser fixado. É o que a doutrina denomina de modulação dos efeitos da decisão. Vale lembrar que o STF aplica também esse instituto, analogicamente, ao controle difuso de constitucionalidade.
Gabarito "D".

2.4. Ação declaratória de constitucionalidade

(Delegado/MG – 2007) Sobre a ação declaratória de constitucionalidade é correto afirmar que:

(A) Não é legitimada a propô-la, no Supremo Tribunal Federal, a Assembleia Legislativa.

(B) Pode ser proposta imediatamente após a promulgação da lei.

(C) Produz, em suas decisões definitivas de mérito, eficácia contra todos e efeito vinculante tal qual a ação direta de inconstitucionalidade.

(D) Só pode ser julgada no mérito após oitiva do Advogado-Geral da União.

A: incorreta. A ação declaratória de constitucionalidade pode ser proposta pelos legitimados previstos no art. 103 da CF/1988. Tal atribuição, de acordo com o inciso IV do dispositivo mencionado, é deferida à Mesa da **Assembleia Legislativa** do Distrito Federal; **B:** incorreta. As leis são dotadas de presunção de constitucionalidade, portanto, para que essa presunção seja questionada por meio de ação declaratória de constitucionalidade, o art. 14, III, da Lei 9.868/1999, determina que exista uma **controvérsia judicial relevante** sobre a aplicação da disposição objeto da ação declaratória. Assim, não há possibilidade de se propor a ação imediatamente após a promulgação da lei; **C:** correta. De fato, as decisões definitivas de mérito, em sede de ação declaratória de constitucionalidade, produzem eficácia contra todos e efeito vinculante em relação aos demais órgãos do judiciário e a administração pública direta e indireta, nas esferas federal, estadual e municipal (art. 28, parágrafo único, da Lei 9.868/99); **D:** incorreta. Como não há ato impugnado, pois como o que se busca nessa ação é a confirmação da constitucionalidade da norma, **não** há sentido em determinar a **oitiva do Advogado-Geral da União**.
Gabarito "C".

(Delegado/RJ – 2009 – CEPERJ) Assinale a alternativa correta.

(A) A legitimidade do Presidente da República para propositura de Ação Direta de Inconstitucionalidade deve obedecer à pertinência temática.

(B) Os partidos políticos têm legitimidade para propor Ação Direta de Inconstitucionalidade em relação a quaisquer matérias, devendo, entretanto, obedecer ao requisito da pertinência temática.

(C) A Confederação sindical ou entidade de classe de âmbito nacional somente possui legitimidade para propor Ação Declaratória de Constitucionalidade.

(D) A legitimidade do Procurador-Geral da República para a propositura de Ação Declaratória de Constitucionalidade é universal.

(E) A Mesa da Assembleia legislativa ou da Câmara Legislativa do Distrito Federal não possui legitimidade para propor Ação Direta de Inconstitucionalidade e Ação Declaratória de Constitucionalidade.

A: incorreta. O Presidente da República é um legitimado universal ou neutro, ou seja, não precisa demonstrar pertinência temática quando do ajuizamento de ação direta de inconstitucionalidade (art. 103, I, da CF/1988); **B:** incorreta. O partido políticos com representação no Congresso Nacional, como o Presidente, é um legitimado universal, ou seja, não precisa demonstrar pertinência temática quando do ajuizamento de ação direta de inconstitucionalidade (art. 103, VIII, da CF/1988); **C:** incorreta. A Confederação sindical ou entidade de classe de âmbito nacional, desde que demonstrem pertinência temática, pois são consideradas legitimadas interessadas ou especiais, podem entrar com ação direta de inconstitucionalidade, ação declaratória de constitucionalidade e com arguição de descumprimento de preceito fundamental (art. 103, IX, da CF/1988 e art. 2º, I, da Lei 9.882/1999); **D:** correta. De fato, o Procurador-Geral da República é tido como legitimado universal (art. 103, VI, da CF/1988). **E:** incorreta, a Mesa da Assembleia legislativa ou da Câmara Legislativa do Distrito Federal possuem legitimidade para propor as ações do controle concentrado, desde que demonstrem pertinência temática (art. 103, IV, da CF/1988).
Gabarito "D".

2.5. Arguição de Descumprimento de Preceito Fundamental

(Delegado/GO – 2017 – CESPE) Tendo em vista que a petição inicial de arguição de descumprimento de preceito fundamental (ADPF) dirigida ao STF deverá conter, entre outros requisitos, a indicação do ato questionado, assinale a opção correta acerca do cabimento dessa ação constitucional.

(A) Não cabe ADPF sobre atos normativos já revogados.
(B) Cabe ADPF sobre decisão judicial transitada em julgado.
(C) Se uma norma pré-constitucional já fosse inconstitucional no regime constitucional anterior e existisse um precedente do STF que reconhecesse essa inconstitucionalidade, caberia ADPF contra essa norma pré-constitucional.
(D) Não cabe ADPF sobre ato normativo municipal.
(E) Cabe ADPF sobre ato de efeitos concretos como decisões judiciais.

A alternativa **A** está errada. Isso porque a ADPF cabe em face de normas anteriores à Constituição justamente para verificação de sua recepção ou não. Caso seja considerada não recepcionada é porque revogada tacitamente. Nesse sentido a decisão do STF na ADPF 33 "(...) Revogação da lei ou ato normativo não impede o exame da matéria em sede de ADPF, porque o que se postula nessa ação é a declaração de ilegitimidade ou de não recepção da norma pela ordem constitucional superveniente." Errada a alternativa **B**. Nesse sentido o decidido pelo STF na ADPF 243 – AgR/PB "A arguição de descumprimento de preceito fundamental não é meio apto à desconstrução de decisões judiciais transitadas em julgado". Errada a alternativa **C**, pois se uma norma pré-constitucional já fosse inconstitucional no regime constitucional anterior e existisse um precedente do STF que reconhecesse essa inconstitucionalidade nesse caso não caberia ADPF, mas reclamação (STF – ADPF 53). Errada a alternativa **D**. A Lei 9.882/1999 dispõe que a arguição terá por objeto evitar ou reparar lesão a preceito fundamental, resultante de ato do Poder Público e caberá também quando for relevante o fundamento da controvérsia constitucional sobre lei ou ato normativo federal, estadual ou municipal, incluídos os anteriores à Constituição. Veja, por exemplo a ADPF 273/MT. Logo, cabe sim em face de norma municipal. Correta a alternativa **E**, conforme precedente do STF (ADPF 101 "Ementa: Arguição de Descumprimento de Preceito Fundamental: Adequação. Observância do princípio da subsidiariedade. (...) decisões judiciais com conteúdo indeterminado no tempo: proibição de novos efeitos a partir do julgamento.". Gabarito "E".

(Delegado/RJ – 2013 – FUNCAB) Acerca do instrumento hábil para realizar o controle de constitucionalidade de lei ou ato normativo municipal em face do texto federal, assinale a alternativa correta.

(A) Arguição de descumprimento de preceito fundamental, incluindo nesse raciocínio, a hipótese do veto imotivado.
(B) Arguição de descumprimento de preceito fundamental, incluindo nesse raciocínio, os atos legislativos em fase de formação.
(C) Fiscalização difusa, exercida, no caso concreto, por qualquer juiz ou tribunal.
(D) Fiscalização difusa exercida no caso concreto, pelo Tribunal de Justiça ou pelo Tribunal de Justiça Militar dos Estados, nesta última hipótese, nos casos em que houver.
(E) Arguição de descumprimento de preceito fundamental, pela fiscalização difusa exercida no caso concreto, pelo Tribunal de Justiça e pela ação direta de controle de constitucionalidade, nos casos em que a lei ou ato normativo municipal se referirem a ato que tenha repercussão geral.

A: incorreta. O veto necessariamente deve ser motivado. De acordo com o art. 66, § 1º, da CF, se o Presidente da República considerar o **projeto**, no todo ou em parte, **inconstitucional (veto jurídico) ou contrário ao interesse público (veto político)**, vetá-lo-á total ou parcialmente, no prazo de quinze dias úteis, contados da data do recebimento, e comunicará, dentro de quarenta e oito horas, ao Presidente do Senado Federal os **motivos do veto**; **B:** incorreta. A arguição de descumprimento de preceito fundamental é exemplo de **controle posterior**, ou seja, controle realizado depois do processo legislativo ter sido concluído. Desse modo, a verificação não é feita sobre o projeto de lei (controle prévio ou preventivo), mas sobre a própria lei ou ato normativo; **C:** correta. Na análise de um caso concreto (via difusa) é possível o controle de constitucionalidade de lei ou ato normativo municipal em face do texto federal; **D:** incorreta. A o controle de constitucionalidade pela via difusa poder ser realizado por qualquer juiz ou tribunal; **E:** incorreta. A ação direta de inconstitucionalidade, quando o padrão utilizado é a CF, só pode ter por objeto lei ou ato normativo de natureza federal, estadual ou distrital, desde que sido criado no exercício da competência estadual. Gabarito "C".

3. DIREITOS FUNDAMENTAIS

3.1. Teoria geral dos direitos fundamentais

(Delegado/RJ – 2022 – CESPE/CEBRASPE) O *caput* do art. 5.º, iniciando o Título II da Constituição Federal de 1988, referente aos direitos e garantias fundamentais, estabelece, de forma expressa, que todos são iguais perante a lei, sem distinção de qualquer natureza, garantindo-se aos brasileiros e aos estrangeiros residentes no Brasil determinados direitos. A respeito desse assunto, assinale a opção correta.

(A) Embora o ordenamento jurídico estabeleça que as pessoas jurídicas são detentoras de personalidade jurídica, o texto constitucional garante a plenitude de direitos apenas às pessoas físicas. Sendo assim, as pessoas jurídicas têm seus direitos garantidos apenas com base na legislação infraconstitucional.
(B) O texto constitucional é claro ao prever que apenas os estrangeiros residentes no Brasil dispõem de todos os direitos garantidos aos brasileiros. Assim, os estrangeiros não residentes no Brasil estarão submetidos apenas ao ordenamento jurídico de seu país de origem.
(C) Os direitos e garantias fundamentais destinam-se à proteção do ser humano em sua totalidade. Assim, uma interpretação teleológica e lógico-sistemática permite afirmar que os direitos e garantias fundamentais têm como destinatários não apenas os brasileiros, mas também os estrangeiros, residentes ou não no Brasil, e apátridas, caso se encontrem dentro do território nacional.
(D) Decisão recente do Supremo Tribunal Federal reconhece como beneficiários dos direitos e garantias fundamentais acolhidos pela Constituição Federal de 1988 não somente os brasileiros e estrangeiros residentes no Brasil, mas também os estrangeiros de passagem pelo território brasileiro, desde que haja, nesse caso, tratado internacional entre o Brasil e o país de origem do estrangeiro, para que ele tenha preservados seus direitos.
(E) Uma análise sistematizada do texto constitucional permite afirmar que os estrangeiros não residentes no Brasil são detentores de direitos, limitados, no entanto,

àqueles que dizem respeito à vida e à integridade física, em razão do que dispõe o inciso III do art. 1.º da Carta Política, ao tratar da dignidade da pessoa humana como princípio fundamental da República Federativa do Brasil.

Comentário: **A**: incorreta. A doutrina aponta que: "Não há, em princípio, impedimento insuperável a que pessoas jurídicas venham, também, a ser consideradas titulares de direitos fundamentais, não obstante estes, originalmente, terem por referência a pessoa física. Acha-se superada a doutrina de que os direitos fundamentais se dirigem apenas às pessoas humanas. Os direitos fundamentais suscetíveis, por sua natureza, de serem exercidos por pessoas jurídicas podem tê-las por titular. Assim, não haveria por que recusar às pessoas jurídicas as consequências do princípio da igualdade, nem o direito de resposta, o direito de propriedade, o sigilo de correspondência, a inviolabilidade de domicílio, as garantias do direito adquirido, do ato jurídico perfeito e da coisa julgada." (MENDES, Gilmar Ferreira; BRANCO, Paulo Gustavo Gonet. *Curso de direito constitucional*. 8 ed. São Paulo: Saraiva, 2013, p. 171-172); **B**: incorreta. Os estrangeiros não-residentes no Brasil também estão protegidos pelos direitos fundamentais. Nesse sentido: "a interpretação do art. 5º, *caput*, da CF, deve ser feita pelo método sistemático e finalístico. Assim, um estrangeiro em trânsito no país (portanto, não-residente) também poderá invocar as liberdades constitucionais, desde que entre em contato com o direito brasileiro. Os direitos fundamentais visam à ampla proteção do ser humano (nacional ou estrangeiro), tanto é que referida norma prega que 'todos são iguais perante a lei, sem distinção de qualquer natureza'. Assim, os estrangeiros que estão em passagem pelo território nacional são também destinatários dos direitos fundamentais, uma vez que entram em contato com o ordenamento jurídico brasileiro." (NISHIYAMA, Adolfo Mamoru. *Remédios constitucionais*. Barueri: Manole, 2004, p. 81-82); **C**: correta. É o que aponta a doutrina: "Os direitos fundamentais têm um forte sentido de proteção do ser humano, e mesmo o próprio *caput* do art. 5º faz advertência de que essa proteção realiza-se 'sem distinção de qualquer natureza'. Logo, a interpretação sistemática e finalística do texto constitucional não deixa dúvidas de que os direitos fundamentais destinam-se a todos os indivíduos, independentemente de sua nacionalidade ou situação no Brasil. Assim, um turista (estrangeiro não residente) que seja vítima de uma arbitrariedade policial, por evidente, poderá utilizar-se do *habeas corpus* para proteger o seu direito de locomoção." (ARAUJO, Luiz Alberto David; NUNES JÚNIOR, Vidal Serrano. *Curso de direito constitucional*. 21. ed. São Paulo: Verbatim, 2016, p. 171); **D**: incorreta. Não há necessidade de tratado internacional entre o Brasil e o país de origem do estrangeiro, para que ele tenha preservados seus direitos. Nesse sentido: STF – HC nº 74.051-3 – Rel. Min. Marco Aurélio, *Informativo STF* nº 45; **E**: incorreta. Ver os comentários B e C. AMN

Gabarito "C".

(Delegado/RJ – 2022 – CESPE/CEBRASPE) Com relação ao direito à igualdade, expressamente previsto no art. 5.º da Constituição Federal de 1988, assinale a opção correta.

(A) Para garantir a efetividade do princípio da igualdade, a Constituição Federal de 1988 não prevê nenhuma norma que trate homens e mulheres de maneira diferenciada. O mencionado princípio da igualdade deve ser considerado de forma absoluta, não se admitindo, em nenhuma hipótese, qualquer forma de diferenciação entre os sexos.

(B) O princípio constitucional da igualdade está direcionado exclusivamente ao legislador, pois o Poder Legislativo é o responsável pela formatação do ordenamento jurídico a partir das regras estabelecidas no art. 59 e seguintes da Constituição Federal de 1988.

(C) O princípio da igualdade está direcionado exclusivamente aos órgãos da administração pública, considerando-se ser ela a responsável por aplicar o ordenamento jurídico no caso concreto, mediante atos administrativos, visando à realização do interesse público.

(D) Embora o princípio da igualdade esteja direcionado a toda a administração pública, é possível que, em determinadas situações, mesmo que não haja um motivo legitimador, ocorram certas diferenciações na seleção de candidatos a ocuparem cargos públicos. Nesse caso específico, a administração pública disporá de discricionariedade ilimitada para escolher os candidatos mais aptos, observando que os agentes públicos que ocupam cargos na estrutura do Estado são os responsáveis pela realização do interesse público.

(E) Analisando-se o princípio da igualdade com relação ao particular, verifica-se que este não poderá tratar os demais membros da sociedade de maneira discriminatória, atingindo direitos fundamentais por meio de condutas preconceituosas, sob pena de responsabilização civil e até mesmo criminal, quando o ato for tipificado como crime. Assim, é vedado ao particular, na contratação de empregados, por exemplo, utilizar qualquer critério discriminatório com relação a sexo, idade, origem, raça, cor, religião ou estado civil.

Comentário: **A**: incorreta. Pelo contrário, para a efetivação do princípio da isonomia há a necessidade, muitas vezes, de se fazer a diferenciação entre os direitos dos homens e das mulheres. É o que ocorre, por exemplo, com o art. 201, § 7º, inciso I, da CF, que assegura aposentadoria no regime geral de previdência social, nos termos da lei, obedecidas certas condições, entre as quais: 65 (sessenta e cinco) anos de idade, se homem, e 62 (sessenta e dois) anos de idade, se mulher, observado tempo mínimo de contribuição; **B**: incorreta. O princípio constitucional da isonomia não está direcionado exclusivamente ao legislador, mas também à administração pública e ao particular; **C**: incorreta. Ver o comentário anterior; **D**: incorreta. Essa alternativa é totalmente ilógica, pois diz que "é possível que, em determinadas situações, mesmo que não haja um motivo legitimador, ocorram certas diferenciações na seleção de candidatos a ocuparem cargos públicos". Pelo contrário, deve haver motivo legitimador para que ocorram certas diferenciações, como, por exemplo, o art. 37, inciso VIII, da CF, que prevê a reserva legal de percentual dos cargos e empregos públicos para as pessoas com deficiência. Além disso, não há a "discricionariedade ilimitada para escolher os candidatos mais aptos"; **E**: correta. A doutrina aponta que: "A Lei n.9.029, de 13 de abril de 1995, proíbe a exigência de atestados de gravidez e esterilização, e outras práticas discriminatórias, para efeitos admissionais ou de permanência de relação jurídica de trabalho. Veda, também, a adoção de qualquer prática discriminatória e limitativa para efeito de acesso a relação de emprego, ou sua manutenção, por motivo de sexo, origem, raça, cor, estado civil, situação familiar ou idade." (BULOS, Uadi Lammêgo. *Curso de direito constitucional*. São Paulo: Saraiva, 2007, p. 421). AMN

Gabarito "E".

(Delegado/RJ – 2022 – CESPE/CEBRASPE) A respeito da figura denominada Estado de coisas inconstitucional, é correto afirmar que

(A) não se trata de medida reconhecida pela jurisprudência do Supremo Tribunal Federal, que apenas admite o controle judicial de políticas públicas por meio de ações individuais ou coletivas, mas não controle por controle concentrado de constitucionalidade.

(B) encontra fundamento nos casos de inadimplemento reiterado de direitos fundamentais pelos poderes do Estado, sem que haja possibilidade de remédio para vias tradicionais, ocasião em que o tribunal assume o papel de coordenador de políticas públicas por meio da denominada tutela estruturante.

(C) é um dos mecanismos do sistema constitucional de crises, figurando ao lado do Estado de Defesa e do Estado de Sítio, que somente pode ser instaurado após a convocação do Conselho da República, e permite a suspensão de certos direitos fundamentais, como o da liberdade de locomoção.

(D) é medida importada do Tribunal Constitucional da Colômbia, por meio do qual o Supremo Tribunal Federal declara a existência de uma violação massiva a direitos fundamentais, mas que se restringe a papel exclusivamente simbólico.

(E) a declaração do Estado de coisas inconstitucional é inviável em sede de controle concentrado de constitucionalidade, tendo-se em vista que, nesse modelo, somente se aprecia o conteúdo da lei em tese em face do parâmetro constitucional.

Comentário: A jurisprudência do STF reconhece o estado de coisas inconstitucional. Nesse sentido, destaque-se o seguinte trecho do voto-vista proferido pelo Ministro Luís Roberto Barroso no RE 580252/MS: "Na mesma linha das experiências da Corte Europeia de Direitos Humanos e do Judiciário norte-americano, a Corte Constitucional da Colômbia produziu um mecanismo de intervenção jurisdicional para lidar com falhas estruturais de políticas públicas que impliquem violações massivas e contínuas de direitos e que decorram de omissões prolongadas das autoridades estatais. Trata-se da categoria do 'estado de coisas inconstitucional'. Quando a Corte colombiana reconhece e declara a existência de um estado de coisas contrário à Constituição, ela passa a atuar diretamente na formulação de políticas públicas, definindo metas e linhas de ação a serem implementadas por diferentes instâncias de poder. Nesses casos, em geral, a Corte designa uma autoridade para fiscalizar a execução da decisão, de modo que a atuação judicial não se encerra com a prolação da decisão, mas se protrai até que as diversas autoridades levem a cabo as determinações da Corte." (STF – RE 580252/MS – Pleno – Redator do acórdão Min. Gilmar Mendes – DJe 11/09/2017). Por outro turno, a doutrina assevera que se trata "de instrumento que credencia o Poder Judiciário como 'coordenador institucional' de uma reforma estrutural que implica na articulação de uma pluralidade de órgãos estatais para superação de bloqueios institucionais ou políticos. Nesse sentido, o Judiciário torna-se um incentivador que, por meio de sua atuação, busca a efetivação substancial de políticas públicas, mantendo a jurisdição sobre o caso, mesmo após a decisão judicial, oportunidade em que, através de monitoramento, permite a ampliação do diálogo, prestação de contas, audiências públicas, tudo para garantir a superação do 'Estado de Coisas Inconstitucionais' declarado." (ANDRÉA, Gianfranco Faggin Mastro. Estado de coisas inconstitucional no Brasil. Rio de Janeiro: Lumen Juris, 2019, p. 85). AMN

Gabarito "B".

(Delegado/RJ – 2022 – CESPE/CEBRASPE) Com relação à teoria dos direitos fundamentais e à sua aplicação no direito constitucional brasileiro, assinale a opção correta.

(A) Segundo a jurisprudência, os direitos fundamentais são absolutos, inalienáveis e imprescritíveis, cabendo ao intérprete o dever de concordância prática para acomodar os eventuais conflitos entre eles.

(B) A superproteção conferida pelo art. 60, § 4.º, IV (direitos e garantias individuais), aos direitos fundamentais limita-se ao disposto no art. 5.º, da Constituição, em deferência ao princípio democrático.

(C) Os tratados internacionais de direitos humanos, após a EC n.º 45/2004, devem seguir o mesmo procedimento de emenda à Constituição para que possam ser incorporados ao direito brasileiro.

(D) Os direitos fundamentais de primeira geração (ou dimensão) são denominados de direitos sociais, que demandam um *fazer* por parte do Estado, e foram inaugurados com as revoluções burguesas do século XVIII.

(E) O método de solução de conflitos entre direitos fundamentais constitucionalmente previstos, em caso de colisão, é a ponderação de interesses; o legislador, contudo, por força do princípio democrático, pode resolver conflitos por meio da lei, efetuando a ponderação em abstrato.

Comentário: **A**: incorreta. Os direitos fundamentais são inalienáveis e imprescritíveis, mas não são absolutos; **B**: incorreta. O § 1º do art. 5º da CF prevê que: "Os direitos e garantias expressos nesta Constituição não excluem outros decorrentes do regime e dos princípios por ela adotados, ou dos tratados internacionais em que a República Federativa do Brasil seja parte."; **C**: incorreta. Nem todos os tratados internacionais de direitos humanos precisam seguir o procedimento previsto no § 3º do art. 5º da CF. Aqueles tratados de direitos humanos que não seguirem esse procedimento terão *status* de normas supralegais; **D**: incorreta. Os direitos fundamentais de primeira geração ou dimensão são os direitos civis e políticos. Já os direitos sociais são de segunda geração ou dimensão; **E**: correta. É possível a resolução de conflitos entre direitos fundamentais por meio de ponderações, razoabilidade ou proporcionalidade. AMN

Gabarito "E".

(Delegado/RJ – 2022 – CESPE/CEBRASPE) Acerca dos direitos fundamentais, assinale a opção correta.

(A) A fundamentalidade material dos direitos fundamentais decorre da circunstância de serem os direitos fundamentais elemento constitutivo da Constituição material, contendo decisões fundamentais sobre a estrutura básica do Estado e da sociedade.

(B) A noção da fundamentalidade material não permite a abertura da Constituição a outros direitos fundamentais não constantes do seu texto.

(C) A noção da fundamentalidade formal não permite a abertura da Constituição a outros direitos fundamentais não constantes do seu texto.

(D) A fundamentalidade material não possui aplicabilidade imediata.

(E) A noção da fundamentalidade formal dos direitos fundamentais não os submete aos limites formais e materiais do poder de reforma constitucional.

Comentário: A constituição material é aquela que possui apenas as normas com conteúdo e substância tipicamente constitucional, como a estrutura do Estado, forma de governo, separação de Poderes e direitos fundamentais. A constituição formal, por sua vez, "é o conjunto de normas que se situa num plano hierarquicamente superior a outras normas. Dessa forma, pouco importa o conteúdo, mas a formalização (em posição hierárquica superior) desse conjunto de normas." (ARAUJO, , Luiz Alberto David; NUNES JÚNIOR, Vidal Serrano. Curso de direito constitucional. 21. ed. São Paulo: Verbatim, 2016, p. 33). AMN

Gabarito "A".

(Delegado/GO – 2017 – CESPE) Com relação aos tratados e convenções internacionais, assinale a opção correta à luz do direito constitucional brasileiro e da jurisprudência do Supremo Tribunal Federal (STF).

(A) Segundo o entendimento do STF, respaldado na teoria da supralegalidade, a ratificação do Pacto de São José

da Costa Rica revogou o inciso LXVII do art. 5º da CF, que prevê a prisão do depositário infiel.
(B) O sistema constitucional brasileiro adotou, para efeito da executoriedade doméstica de um tratado internacional, a teoria dualista extremada, pois exige a edição de lei formal distinta para tal executoriedade.
(C) O Pacto de São José da Costa Rica influenciou diretamente a edição da súmula vinculante proferida pelo STF, a qual veda a prisão do depositário infiel.
(D) A Convenção de Palermo tem como objetivo a cooperação para a prevenção e o combate do crime de feminicídio no âmbito das nações participantes.
(E) Elaborada pelas Nações Unidas, a Convenção de Mérida, que trata da cooperação internacional contra a corrupção, ainda não foi ratificada pelo Brasil.

A alternativa **A** está errada. Isso porque o entendimento do STF é no sentido de que os tratados internacionais de direitos humanos, incorporados antes da Emenda Constitucional 45/2004, têm eficácia supralegal, o que tem a seguinte consequência – são infraconstitucionais (ou seja, estão abaixo da CF), mas supralegais (acimas das normas infraconstitucionais, com eficácia paralisante destas). Errada a alternativa **B**. No sistema constitucional brasileiro não há exigência de edição de lei para efeito de incorporação do ato internacional ao direito interno (visão dualista extremada). Para a executoriedade doméstica dos tratados internacionais exige-se a aprovação do Congresso Nacional e a promulgação executiva do texto convencional (visão dualista moderada). Nesse sentido ver a decisão do STF na Carta Rogatória – CR 8279 / AT – Argentina. Correta a alternativa **C**. O Pacto de São José da Costa Rica só admite a prisão civil do devedor de alimentos, sendo, portanto, vedada a prisão do depositário infiel. Por considerar o STF que esse Tratado é hierarquicamente supralegal, a consequência é a sua eficácia paralisante da legislação infraconstitucional que regula a prisão do depositário infiel (admitida pela Constituição Federal de 1988). Errada a alternativa **D**. A Convenção de Palermo é a Convenção das Nações Unidas contra o Crime Organizado Transnacional, incorporada em nosso ordenamento jurídico pelo Decreto 5.015/2004. Errada a alternativa **E**. A Convenção de Mérida, Convenção das Nações Unidas contra a Corrupção, adotada pela Assembleia-Geral das Nações Unidas em 31 de outubro de 2003 foi assinada pelo Brasil em 9 de dezembro de 2003. Sua incorporação ao ordenamento jurídico pátrio se deu pelo Decreto 5.687/2006.
„Gabarito "C".

(Delegado/RJ – 2013 – FUNCAB) Assinale, dentre as opções abaixo, aquela que indica uma característica INCORRETA dos direitos e garantias tidos como fundamentais previstos na

Constituição da República:

(A) Históricos.
(B) Cumuláveis ou concorrentes.
(C) Inalienáveis.
(D) Absolutos.
(E) Irrenunciáveis.

A: correta. A **historicidade** é uma das características dos direitos fundamentais e significa que a formação dos direitos fundamentais se dá no decorrer da história. A origem desses direitos tem por base movimentos como o constitucionalismo. Sua evolução concreta é demonstrada ao longo do tempo. As conhecidas gerações ou dimensões dos direitos fundamentais se fundamentam especificamente nessa característica; **B:** correta. **Cumulatividade ou concorrência** dos direitos fundamentais significa que esses direitos não se excluem, na verdade se somam. Para o exercício de um, não é necessário que outro seja eliminado. Como o próprio nome da característica indica, esses direitos são cumuláveis, podem ser exercidos de forma simultânea; **C:** correta. Os direitos fundamentais são **inalienáveis**, ou seja, não podem ser vendidos; **D:** incorreta, devendo ser assinalada. **Não há direito absoluto**. Ao contrário do mencionado na alternativa, os direitos fundamentais possuem a característica da **limitabilidade ou caráter relativo** que significa que ainda que sejam considerados fundamentais, não são direitos absolutos. Na crise advinda do confronto entre dois ou mais direitos fundamentais, ambos terão de ceder. Às vezes será necessário fazer prevalecer um em detrimento do outro naquela situação específica. Um exemplo é o choque entre a liberdade de informação e o direito à vida privada. Até que momento a imprensa, a informação jornalística, deve ser prestigiada em detrimento da vida privada? O STF terá de se valer da ponderação de valores. Somente após análise do caso concreto é possível fazer apontamentos mencionando o que deve prevalecer; **E:** correta. A característica da **irrenunciabilidade** significa que ninguém pode recusar, abrir mão de um direito fundamental. O exercício desses direitos pode não ser efetivado por aquele que não o deseja, mas, ainda que não colocados em prática, pertencem ao seu titular. O Estado é o garantidor.
„Gabarito "D".

(Delegado/MG – 2008) Segundo Alexandre de Moraes, a Constituição de 1988 subdividiu os direitos fundamentais da seguinte forma:

(A) direitos de primeira, segunda e terceira gerações.
(B) direitos individuais e coletivos, sociais, de nacionalidade, políticos e direitos relacionados à existência, organização e participação em partidos políticos.
(C) direitos civis, políticos, coletivos e de nacionalidade.
(D) direitos individuais, coletivos, sociais e difusos.

A Constituição Federal de 1988 trouxe, em seu título II, os direitos e garantias fundamentais, subdividindo-os em cinco capítulos, quais sejam: os direitos individuais e coletivos; direitos sociais; nacionalidade; direitos políticos e partidos políticos. Dessa maneira, a classificação adotada pelo legislador constituinte estabeleceu cinco espécies relativas ao gênero, direitos e garantias fundamentais: direitos e garantias individuais e coletivas; direitos sociais; direitos de nacionalidade; direitos políticos; e direitos relacionados à existência, organização e participação em partidos políticos.
„Gabarito "B".

(Delegado/SP – 2008) Quando os direitos fundamentais são aplicados de maneira reflexa, tanto em uma dimensão proibitiva e voltada para o legislador, que não poderá editar lei que viole direitos fundamentais, como ainda, positiva, voltada para que o mesmo legislador implemente os direitos fundamentais, ponderando quais devam aplicar-se às relações privadas, estamos diante de um fenômeno jurídico que começa a ser debatido no STF. Trata-se da

(A) eficácia mediata dos direitos fundamentais.
(B) eficácia imediata dos direitos fundamentais.
(C) eficácia irradiante dos direitos fundamentais.
(D) eficácia ponderativa dos direitos fundamentais.
(E) eficácia irrestrita dos direitos fundamentais.

Na teoria da eficácia indireta ou mediata, os direitos fundamentais são aplicados de forma reflexa, seja dentro de uma dimensão proibitiva e voltada para o legislador que não poderá editar lei que viole direitos fundamentais, seja positiva, voltada para que o legislador implemente os direitos fundamentais, ponderando quais devam se aplicar às relações privadas. Uma das técnicas mencionadas pelos defensores da eficácia mediata é a utilização, pelo Legislador, das chamadas "cláusulas gerais", como o princípio da função social, da boa-fé objetiva e da equivalência material das prestações.

Gabarito "A".

3.2. Direitos e deveres individuais e coletivos

3.2.1. Direitos e deveres em espécie

(Delegado/RJ – 2022 – CESPE/CEBRASPE) Em operação conjunta das polícias civil e militar, Xisto foi preso em flagrante pela prática do crime de tráfico de entorpecentes. A prisão foi noticiada nos maiores jornais do país, além de haver repercutido nas redes sociais. Após o transcurso do processo criminal, Xisto foi absolvido por ausência de provas. Em sequência, Xisto ajuizou ação objetivando (i) retirar dos provedores de busca os resultados que levassem a matérias divulgadas pelos jornais, (ii) retirar as próprias matérias divulgadas, indicando, para isso, as empresas jornalísticas. Considerando essa situação, assinale a opção correta acerca do que foi solicitado por Xisto.

(A) Os pedidos devem ser julgados improcedentes, apenas porque, nesse caso, a sentença absolutória fundamentou-se na ausência de provas. Se, contudo, a sentença tivesse sido fundada na negativa de autoria, haveria o direito ao esquecimento do fato em questão.

(B) Os pedidos devem ser julgados integralmente procedentes, tendo-se em vista que o direito constitucional à imagem e à privacidade garante a qualquer indivíduo o direito subjetivo de não ser ligado a crime do qual foi posteriormente absolvido.

(C) Deve ser julgado procedente apenas o pedido referente aos provedores de busca, na medida em que amplificam desproporcionalmente o fato pretérito, mas deve ser julgado improcedente a solicitação relativa às empresas jornalísticas, que estão cobertas pela liberdade de imprensa.

(D) Os pedidos devem ser julgados improcedentes, tendo-se em vista que o direito constitucional brasileiro não consagra um "direito ao esquecimento", desde que os fatos tenham sido noticiados sem excessos e não haja dolo.

(E) O pedido deve ser julgado procedente em face das empresas jornalísticas, visto que foram responsáveis diretas pela divulgação dos fatos, mas improcedente em face dos provedores de busca, que não respondem pela informação meramente indexada.

Comentário: A tese firmada no Tema 786 do STF é a seguinte: "É incompatível com a Constituição a ideia de um direito ao esquecimento, assim entendido como o poder de obstar, em razão da passagem do tempo, a divulgação de fatos ou dados verídicos e licitamente obtidos e publicados em meios de comunicação social analógicos ou digitais. Eventuais excessos ou abusos no exercício da liberdade de expressão e de informação devem ser analisados caso a caso, a partir dos parâmetros constitucionais – especialmente os relativos à proteção da honra, da imagem, da privacidade e da personalidade em geral – e as expressas e específicas previsões legais nos âmbitos penal e cível.".

Gabarito "D".

(Delegado/RJ – 2022 – CESPE/CEBRASPE) A autoridade policial, no curso de uma investigação de crime de organização criminosa do art. 2.º da Lei n.º 12.850/2013, formula requisição direta a provedor de conexão, com fundamento no art. 15 dessa mesma lei, para o fornecimento de dados cadastrais vinculados a determinado endereço de Internet Protocol e da porta lógica, em datas e horários especificados, sobretudo de informações sobre o nome completo do usuário, a filiação, as contas de *email* associadas e demais dados existentes. Considerando essa situação hipotética, assinale a opção correta.

(A) O direito à proteção dos dados pessoais nos meios digitais não está expressamente previsto na Constituição da República Federativa do Brasil de 1988.

(B) As contas do *email* são abrangidas pela definição de dados cadastrais que não são protegidos pelo direito à privacidade.

(C) O pedido final de "demais dados existentes" não ofende o direito à privacidade.

(D) A obtenção de dados pessoais do investigado por meio de fontes abertas se sujeita sempre ao princípio da reserva da jurisdição.

(E) A integridade da prova digital diz respeito à garantia da não alteração do dado coletado durante o tratamento e assegura a possibilidade do exercício da ampla defesa e do contraditório por parte do investigado na persecução criminal.

Comentário: O inciso X do art. 5º da Lei nº 13.709, de 14 de agosto de 2018 (Lei Geral de Proteção de Dados Pessoais – LGPD), conceitua tratamento como: "toda operação realizada com dados pessoais, como as que se referem a coleta, produção, recepção, classificação, utilização, acesso, reprodução, transmissão, distribuição, processamento, arquivamento, armazenamento, eliminação, avaliação ou controle da informação, modificação, comunicação, transferência, difusão ou extração". Assim, deve-se manter a integridade da prova digital do dado coletado, sem alteração, durante o tratamento para se assegurar a ampla defesa e o contraditório do investigado.

Gabarito "E".

(Delegado/RJ – 2022 – CESPE/CEBRASPE) Em relação aos direitos e garantias fundamentais da defesa técnica do investigado e do preso em flagrante, assinale a opção correta.

(A) O advogado do investigado pode sempre acessar todos os depoimentos prestados por testemunhas desde que documentados nos autos, mesmo sem a devida procuração nos autos.

(B) O advogado do investigado não pode sempre acessar todos os depoimentos prestados por testemunhas, mesmo que documentados nos autos, mas apenas as provas que digam respeito do seu assistido.

(C) O advogado do investigado pode sempre acessar todos os depoimentos prestados por testemunhas, desde que documentados nos autos e munido da devida procuração.

(D) O advogado do investigado não pode acessar os depoimentos prestados por testemunhas, mesmo que documentados nos autos, porque a súmula vinculante 14 é mitigada na fase pré-processual da investigação.

(E) O advogado do investigado não pode acessar os depoimentos prestados por testemunhas, mesmo que documentados nos autos, porque o sigilo do inquérito do art. 20 do CPP é oponível a ele.

Comentário: Entendemos, s.m.j., que o gabarito não está de acordo com o que estabelece a Súmula Vinculante 14 do STF: "É direito do defensor, no interesse do representado, ter acesso amplo aos elementos de prova que, já documentados em procedimento investigatório realizado por órgão com competência de polícia judiciária, digam respeito ao exercício do direito de defesa.". Nesse sentido, destaque-se o seguinte julgado: "O direito ao 'acesso amplo', descrito pelo verbete mencionado, engloba a possibilidade de obtenção de cópias, por quaisquer meios, de todos os elementos de prova já documentados, inclusive mídias que contenham gravação de depoimentos em formato audiovisual. II — A simples autorização de ter vista dos autos, nas dependências do *Parquet*, e transcrever trechos dos depoimentos de interesse da defesa, não atende ao enunciado da Súmula Vinculante 14. III — A jurisprudência do Supremo Tribunal Federal entende ser desnecessária a degravação da audiência realizada por meio audiovisual, sendo obrigatória apenas a disponibilização da cópia do que registrado nesse ato." (STF – Rcl 23.101 – 2ª T. – Rel. Ministro Ricardo Lewandowski – DJe 06/12/2016). AMN

Gabarito "B".

(Delegado/RJ – 2022 – CESPE/CEBRASPE) De acordo com o entendimento do STF, salvo em caso de flagrante delito ou desastre, ou para prestar socorro, a polícia judiciária só pode invadir domicílio alheio sem consentimento do morador, a fim de apreender quaisquer objetos que possam interessar à investigação criminal, se atendidos dois requisitos constitucionais que respeitam o princípio do(a)

(A) sigilo.
(B) legalidade.
(C) ampla defesa.
(D) reserva da jurisdição.
(E) privacidade.

Comentário: É o que estabelece o art. 5º, inciso XI, que prevê: "a casa é asilo inviolável do indivíduo, ninguém nela podendo penetrar sem consentimento do morador, salvo em caso de flagrante delito ou desastre, ou para prestar socorro, ou, durante o dia, por **determinação judicial**" (os grifos não estão no original). AMN

Gabarito "D".

(Delegado/MG – 2021 – FUMARC) O delegado de polícia requisitou para o Juiz de Direito competente a violação do sigilo da correspondência, das comunicações telegráficas, de dados e das comunicações telefônicas de um sujeito que está sendo investigado criminalmente pela prática de determinado delito.
Nos termos da Constituição Federal, este pedido poderá ser deferido apenas para

(A) a quebra do sigilo de comunicações telefônicas.
(B) os casos de quebra de sigilo de correspondência, comunicações telegráficas, de dados e das comunicações telefônicas.
(C) os casos de quebra de sigilo de dados, comunicações telefônicas e comunicações telegráficas.
(D) os casos de quebra do sigilo de correspondência e comunicações telefônicas.

Questão polêmica. O gabarito dado pela banca examinadora foi a alternativa "b". Ocorre que o enunciado da questão solicitou que a resposta fosse dada "nos termos da Constituição Federal". De acordo com o art. 5º, XII, da CF, é garantida a inviolabilidade do sigilo da correspondência e das comunicações telegráficas, de dados e das comunicações, *salvo, no último caso*, por ordem judicial, nas hipóteses e na forma que a lei estabelecer para fins de investigação criminal ou instrução processual penal. Assim, pela literalidade do texto constitucional, a alternativa correta seria a "a", não a "b", conforme apontado pela banca examinadora. BV

Gabarito "B".

(Delegado/MG – 2021 – FUMARC) Em virtude do crime que cometeu onze meses atrás no Estado do XZ, "Beta" estava morando num quarto de hotel. A autoridade policial, avisada do local do seu esconderijo, invadiu o quarto e efetuou a prisão de "Beta" durante o dia, conforme prevê a Constituição Federal, porque

(A) "Beta" encontrava-se em flagrante delito e, assim, a polícia podia ingressar no quarto, mesmo sem autorização judicial para efetuar a prisão.
(B) a polícia tem poder suficiente para ingressar e efetuar a prisão no interior de quarto de hotel, por não se enquadrar no conceito constitucional de "casa", portanto, inviolável.
(C) dada a prática de crime, podia ingressar no local, mesmo sem autorização judicial para efetuar a prisão.
(D) estava amparada por determinação judicial fundamentada, que permitia seu ingresso na casa para efetuar a prisão.

Questão polêmica. O gabarito dado pela banca examinadora foi a alternativa "d". Ocorre que a questão não trouxe dados suficientes para que essa alternativa tivesse sido assinalada. Não há, por exemplo, a informação sobre a existência de determinação judicial fundamentada, o que autorizaria o ingresso no quarto de hotel para efetuar a prisão. As demais alternativas também não possuem informações necessárias para que se enquadrem nas hipóteses previstas no texto constitucional. De acordo com o art. 5º, XI, da CF, "a casa é asilo inviolável do indivíduo, ninguém nela podendo penetrar sem consentimento do morador, salvo em caso de flagrante delito ou desastre, ou para prestar socorro, ou, durante o dia, por determinação judicial." BV

Gabarito "D".

(Delegado/AP – 2017 – FCC) De acordo com o regime constitucional de proteção dos direitos fundamentais,

(A) o direito à inviolabilidade de domicílio abrange a casa em que o indivíduo mantém residência, mas não impede que a autoridade policial ingresse em estabelecimento profissional de acesso privativo, contra a vontade de seu proprietário, sendo desnecessária ordem judicial nesse caso.
(B) o sigilo bancário e o sigilo fiscal não podem ser afastados por ato de comissões parlamentares de inquérito, mas apenas por atos praticados por autoridades judiciais.
(C) as comissões parlamentares de inquérito podem determinar a interceptação telefônica de conversas mantidas entre pessoas por elas investigadas, desde que seja demonstrada a existência concreta de causa provável que legitime a medida excepcional, justificando a necessidade de sua efetivação, sem prejuízo de ulterior controle jurisdicional.
(D) é constitucional lei que autorize as autoridades e os agentes fiscais tributários examinar documentos, livros e registros de instituições financeiras, quando houver processo administrativo instaurado ou procedimento fiscal em curso, se tais exames forem considerados indispensáveis pela autoridade administrativa competente.
(E) a omissão do dever de informar o preso, no momento oportuno, do direito de ficar calado, gera mera irregularidade, não se impondo a decretação de nulidade e a desconsideração das informações incriminatórias dele obtidas.

De acordo com o entendimento doutrinário e jurisprudencial dominante a expressão "casa" prevista no artigo 5º, inciso XI, CF abrange todo compartimento habitado – a casa em que o indivíduo mantém residência, a parte não aberta ao público dos estabelecimentos comerciais, os escritórios profissionais e até um quarto de hotel que esteja hospedado. Por essa razão incorreta a alternativa A.

Entende o STF que a CPI pode quebrar alguns sigilos, desde que por ato motivado e quando tal prova for imprescindível – são eles o sigilo fiscal, o bancário, o financeiro e o telefônico (acesso aos dados das ligações telefônicas), logo errada a alternativa B. Já o sigilo das comunicações telefônicas, disciplinado no artigo 5º, inciso XII, CF está vinculado a uma cláusula de reserva jurisdicional – ou seja – a interceptação telefônica só pode ser determinada por uma autoridade judicial. Ademais, só pode ser determinada nas hipóteses e na forma que a lei estabelecer para fins de investigação criminal ou instrução processual penal. Sendo a CPI uma investigação parlamentar nem mesmo com ordem judicial poderia ser determinada a interceptação para atender a um pedido da CPI. A única forma de utilização pela CPI de uma interceptação telefônica seria como prova emprestada, após ter sido produzida num processo criminal, nos termos da lei e por ordem judicial. Assim, errada a alternativa C. A letra D está correta – quanto a isso houve apreciação pelo STF nas ADI's 2390, 2386, 2397 e 2859. Errada a alternativa E, pois conforme entendimento do STF (HC 78708, Relator(a): Min. Sepúlveda Pertence) "O direito à informação da faculdade de manter-se silente ganhou dignidade constitucional, porque instrumento insubstituível da eficácia real da vetusta garantia contra a autoincriminação que a persistência planetária dos abusos policiais não deixa perder atualidade. II. Em princípio, ao invés de constituir desprezível irregularidade, a omissão do dever de informação ao preso dos seus direitos, no momento adequado, gera efetivamente a nulidade e impõe a desconsideração de todas as informações incriminatórias dele anteriormente obtidas, assim como das provas delas derivadas". Gabarito "D".

(Delegado/MS – 2017 – FAPEMS) Com base na jurisprudência do Supremo Tribunal Federal sobre direitos e garantias fundamentais, assinale a alternativa correta.

(A) O fato de o réu estar sendo processado por outros crimes e respondendo a outros inquéritos policiais é suficiente para justificar a manutenção da constrição cautelar.

(B) A entrada forçada em domicílio sem mandado judicial só é lícita, mesmo em período noturno, quando amparada em fundadas razões, devidamente justificadas a posteriori, que indiquem que dentro da casa ocorre situação de flagrante delito.

(C) É nulo o inquérito policial instaurado a partir da prisão em flagrante dos acusados, quando a autoridade policial tenha tomado conhecimento prévio dos fatos por meio de denúncia anônima.

(D) Ante o princípio constitucional da não culpabilidade, existência de inquéritos policiais ou de ações penais sem trânsito em julgado pode ser considerada como maus antecedentes criminais para fins de dosimetria da pena.

(E) A constatação de situação de flagrância, posterior ao ingresso, justifica a entrada forçada em domicílio sem determinação judicial, sendo desnecessário o controle judicial posterior à execução da medida.

A alternativa A está errada. Nesse sentido a decisão proferida no HC 100.091, rel. min. Celso de Mello, DJE 186, de 01.10.2009 "o fato de o réu estar sendo processado por outros crimes e respondendo a outros inquéritos policiais não é suficiente para justificar a manutenção da constrição cautelar". No mesmo sentido, Min. Gilmar Mendes em Medida Cautelar no *Habeas Corpus* 95324 MC / Es – Espírito Santo: "Como afirmei no julgamento do HC 86.186 (DJ 17.8.2007), do qual fui relator, o simples fato de o réu estar sendo processado por outros crimes e respondendo a outros inquéritos policiais não é suficiente para justificar a manutenção da prisão cautelar, sob pena de violação do princípio constitucional da não culpabilidade (CF, art. 5º, LVII)." Correta a alternativa B, pois conforme artigo 5º, inciso XI é possível o ingresso na casa a qualquer hora se houver flagrante. A alternativa C está errada. O Ministro do STF Dias Toffoli ressaltou o entendimento já firmado em jurisprudência da Corte de que "não é nulo o inquérito policial instaurado a partir da prisão em flagrante dos acusados, ainda que a autoridade policial tenha tomado conhecimento prévio dos fatos por meio de denúncia anônima". (Habeas Corpus 108892). A alternativa D está errada. "A existência de inquéritos policiais ou de ações penais sem trânsito em julgado não podem ser consideradas como maus antecedentes para fins de dosimetria da pena". Essa foi a tese firmada pelo Plenário do Supremo Tribunal Federal no julgamento do Recurso Extraordinário 591054, com repercussão geral reconhecida. A alternativa E está errada. Como referido no RE 603616, Relator Ministro Gilmar Mendes, "A entrada forçada em domicílio, sem uma justificativa prévia conforme o direito, é arbitrária. Não será a constatação de situação de flagrância, posterior ao ingresso, que justificará a medida. Os agentes estatais devem demonstrar que havia elementos mínimos a caracterizar fundadas razões (justa causa) para a medida." Gabarito "B".

(Delegado/PE – 2016 – CESPE) Acerca dos direitos e garantias fundamentais previstos na CF, assinale a opção correta.

(A) Em obediência ao princípio da igualdade, o STF reconhece que há uma impossibilidade absoluta e genérica de se estabelecer diferencial de idade para o acesso a cargos públicos.

(B) Conforme o texto constitucional, o civilmente identificado somente será submetido à identificação criminal se a autoridade policial, a seu critério, julgar que ela é essencial à investigação policial.

(C) São destinatários dos direitos sociais, em seu conjunto, os trabalhadores, urbanos ou rurais, com vínculo empregatício, os trabalhadores avulsos, os trabalhadores domésticos e os servidores públicos genericamente considerados.

(D) Embora a CF vede a cassação de direitos políticos, ela prevê casos em que estes poderão ser suspensos ou até mesmo perdidos.

(E) Os direitos e garantias fundamentais têm aplicação imediata, razão porque nenhum dos direitos individuais elencados na CF necessita de lei para se tornar plenamente exequível.

A: incorreta. Não há essa impossibilidade absoluta e genérica de se estabelecer diferencial de idade para o acesso a cargos públicos. Dispõe o art. 7º, XXX, da CF que são direitos dos trabalhadores urbanos e rurais, além de outros que visem à melhoria de sua condição social, **a proibição de diferença de salários**, de exercício de funções e de critério de admissão **por motivo de** sexo, **idade**, cor ou estado civil. Ocorre que a Súmula 683 do STF determina que **o limite de idade** para a inscrição em concurso público só **se legitima** em face do art. 7º, XXX, da Constituição, **quando possa ser justificado pela natureza das atribuições do cargo** a ser preenchido; B: incorreta. De acordo com o art.5º, LVIII, da CF, o civilmente identificado não será submetido a identificação criminal, salvo nas hipóteses previstas em lei. A Lei 12.037/2009 – Lei de Identificação criminal, em seu art.3º, I a VI, traz situações em que embora apresentado documento de identificação, poderá ocorrer identificação criminal, por exemplo, I – o documento apresentar rasura ou tiver indício de falsificação; II – o documento apresentado for insuficiente para identificar cabalmente o indiciado; III – o indiciado portar documentos de identidade distintos, com informações conflitantes entre si; IV – a identificação criminal for essencial às investigações policiais, segundo despacho da autoridade judiciária competente, que decidirá de ofício ou mediante representação da autoridade policial, do Ministério Público ou da defesa; V – constar de registros policiais o uso de outros nomes ou diferentes qualificações; VI – o estado de conservação ou a distância temporal ou da localidade da expedição do documento apresentado impossibilite a completa identificação dos caracteres essenciais. Sendo assim, não é a autoridade policial, a seu critério, que vai julgar se a identificação criminal é ou não essencial à investigação policial; **C:** incorreta. O rol de destinatários dos direitos sociais é mais amplo que o mencionado na alternativa; **D:** correta. Determina o art. 15 da CF que é proibida a cassação de direitos políticos, cuja perda ou suspensão só se dará nos casos de: I – cancelamento da naturalização por sentença transitada em julgado; II – incapacidade civil absoluta; III – condenação criminal transitada em julgado, enquanto durarem seus efeitos; IV – recusa de cumprir obrigação a todos imposta ou prestação alternativa, nos termos do art. 5º, VIII; V – improbidade administrativa, nos termos do art. 37, § 4º; **E:** incorreta. Ao contrário do mencionado, os direitos previstos em normas de eficácia limitada precisam de lei para se tornarem plenamente exequíveis. Além disso, os direitos previstos em normas de eficácia contida podem ter seus efeitos restringidos por lei. Gabarito "D".

(Delegado/DF – 2015 – Fundação Universa) No que diz respeito aos direitos e às garantias fundamentais, assinale a alternativa correta à luz da interpretação dada pelo STF.

(A) O advogado tem direito, no interesse de seu cliente, a ter acesso aos elementos de prova que, já documentados em procedimento investigatório realizado pela polícia, digam respeito ao exercício do direito de defesa.

(B) Não é inconstitucional a exigência de depósito ou arrolamento de bens para admissibilidade de recurso administrativo.

(C) As associações podem ser dissolvidas, por meio de ato administrativo, quando se verificar a prática de atos ilegais.

(D) Os sindicatos e as associações representam os seus filiados como substituto processual na defesa de interesses e direitos coletivos ou individuais homogêneos, desde que haja prévia autorização dos sindicalizados e associados.

(E) As propriedades rurais não serão objeto de penhora para pagamento de débitos decorrentes de sua atividade produtiva.

A: correta. É o que determina a Súmula Vinculante 14 (STF): "É direito do defensor, no interesse do representado, ter acesso amplo aos elementos de prova que, já documentados em procedimento investigatório realizado por órgão com competência de polícia judiciária, digam respeito ao exercício do direito de defesa"; **B:** incorreta. A Súmula Vinculante 21 (STF) determina que a exigência de depósito ou arrolamento prévios de dinheiro ou bens para admissibilidade de recurso administrativo **é inconstitucional**; **C:** incorreta. De acordo com o art. 5º, XIX, da CF, as associações só poderão ser **compulsoriamente dissolvidas** ou ter suas atividades suspensas **por decisão judicial**, exigindo-se, no primeiro caso, o **trânsito em julgado**; **D:** incorreta. Na substituição processual não há necessidade de autorização; **E:** incorreta. Dispõe o art. 5º, XXVI, da CF que a pequena propriedade rural, assim definida em lei, **desde que trabalhada pela família**, não será objeto de penhora para pagamento de débitos decorrentes de sua atividade produtiva, dispondo a lei sobre os meios de financiar o seu desenvolvimento. Gabarito "A".

(Delegado/DF – 2015 – Fundação Universa) No que se refere a direitos e garantias fundamentais, assinale a alternativa correta com base na interpretação dada pelo STF.

(A) O cargo de ministro das Relações Exteriores é privativo de brasileiro nato.

(B) Suponha-se que Carlos, brasileiro nato, resida há muitos anos no estrangeiro e precise adquirir a nacionalidade estrangeira como condição de permanência naquele território. Nesse caso, se ele obtiver a referida nacionalidade, perderá a nacionalidade brasileira.

(C) Suponha-se que Pedro seja brasileiro nato e também possua outra nacionalidade originária de um país X (dupla nacionalidade). Nesse caso, Pedro poderá ser extraditado se praticar algum crime no país X.

(D) Suponha-se que Antônio tenha nascido no estrangeiro, sendo filho de pai brasileiro e mãe estrangeira. Nesse caso, Antônio poderá optar, em qualquer tempo, depois de atingir dezoito anos de idade, pela nacionalidade brasileira originária, desde que venha residir no Brasil.

(E) Suponha-se que Afonso tenha nascido em Portugal e pretenda se naturalizar brasileiro. Nesse caso, a CF autoriza a opção, mas exige a residência por quinze anos ininterruptos e a ausência de condenação penal.

A: incorreta. O cargo de ministro das Relações Exteriores **não é privativo de brasileiro nato**. O § 3º do art. 12 da CF trata de tais cargos de modo que são privativos de brasileiro nato os seguintes: I – de Presidente e Vice-Presidente da República; II – de Presidente da Câmara dos Deputados; III – de Presidente do Senado Federal; IV – de Ministro do Supremo Tribunal Federal; V – da carreira diplomática; VI – de oficial das Forças Armadas e VII – de Ministro de Estado da Defesa; **B:** incorreta. **Carlos não perderá a nacionalidade brasileira**, pois a hipótese de aquisição de nova nacionalidade vem prevista no art. 12, § 4º, II, b, da CF, o qual excepciona a regra relacionada à perda da nacionalidade brasileira. De acordo com o mencionado dispositivo, quando houver imposição de naturalização, pela norma estrangeira, ao brasileiro residente em estado estrangeiro, como condição para permanência em seu território ou **para o exercício de direitos civis**, ele manterá a brasileira; **C:** incorreta. O **brasileiro nato não pode ser extraditado**. Determina o art. 5º, LI, da CF que nenhum brasileiro será extraditado, salvo o naturalizado, em caso de crime comum, praticado antes da naturalização, ou de comprovado envolvimento em tráfico ilícito de entorpecentes e drogas afins, na forma da lei; **D:** correta. É o que determina o art. 12, I, c, parte final, da CF; **E:** incorreta. De acordo com § 1º do art. 12 da CF, aos portugueses com residência permanente no País, se houver reciprocidade em favor de brasileiros, serão atribuídos os direitos inerentes ao brasileiro, salvo os casos previstos nesta Constituição. Além disso, a naturalização brasileira para estrangeiros que vieram de países que falam a língua portuguesa, por exemplo o Afonso, vem prevista no art. 12, II, da CF, o qual determina apenas a residência no Brasil por um ano ininterrupto e idoneidade moral. Gabarito "D".

(Delegado/BA – 2013 – CESPE) Em relação aos direitos e deveres fundamentais expressos na Constituição Federal de 1988 (CF), julgue os itens subsecutivos.

(1) A conversa telefônica gravada por um dos interlocutores não é considerada interceptação telefônica.

(2) O brasileiro nato que cometer crime no exterior, quaisquer que sejam as circunstâncias e a natureza do delito, não pode ser extraditado pelo Brasil a pedido de governo estrangeiro.

(3) Caso determinado deputado estadual perca seu mandato eletivo por infidelidade partidária, o deputado que assumir o mandato em seu lugar deve, necessariamente, ser do partido político pelo qual o primeiro tenha sido eleito.

(4) A proteção do direito à vida tem como consequência a proibição da pena de morte em qualquer situação, da prática de tortura e da eutanásia.

1: correta. É o posicionamento acolhido pelo STF, vejamos. "**A gravação de conversa telefônica feita por um dos interlocutores, sem conhecimento do outro**, quando ausente causa legal de sigilo ou de reserva da conversação **não é considerada prova ilícita**" (AI 578.858-AgR, Rel. Min. Ellen Gracie, julgamento em 4-8-2009, Segunda Turma, DJE de 28-8-2009.) No mesmo sentido: RE 630.944-AgR, Rel. Min. Ayres Britto, julgamento em 25-10-2011, Segunda Turma, DJE de 19-12-2011. **2**: correto. De acordo com o art. 5º, LI, da CF, nenhum brasileiro será extraditado, salvo o naturalizado, em caso de crime comum, praticado antes da naturalização, ou de comprovado envolvimento em tráfico ilícito de entorpecentes e drogas afins, na forma da lei. Sendo assim, o brasileiro nato não pode ser extraditado em hipótese alguma e o naturalizado apenas nas situações mencionadas; **3**: errado. Por conta da existência de coligações partidárias, é possível que o deputado que assumir o cargo, no lugar daquele que perdeu o mandato eletivo por infidelidade partidária, seja de outro partido político. Portanto, o novo deputado não será, necessariamente, do partido político do antigo; **4**: errado. Há uma hipótese de pena de morte prevista na CF que se dá no caso de guerra declarada, conforme determina o art. 5º, XLVII, "a", da CF. BV
Gabarito 1C, 2C, 3E, 4E

(Delegado Federal – 2013 – CESPE) No que diz respeito aos direitos fundamentais, julgue os itens que se seguem.

(1) Segundo o STF, caso o interessado alegue que a sentença condenatória tenha sido prolatada exclusivamente com fundamento em prova emprestada, é possível a arguição de nulidade dessa decisão em sede de *habeas corpus*.

(2) O exercício do direito de associação e a incidência da tutela constitucional relativa à liberdade de associação estão condicionados à prévia existência de associação dotada de personalidade jurídica.

1: errado. A Corte Maior entende de modo diverso, vejamos: "PROCESSUAL PENAL. *HABEAS CORPUS*. LATROCÍNIO. SENTENÇA CONDENATÓRIA. NULIDADE. AUSÊNCIA. PROVA EMPRESTADA. VIOLAÇÃO AO CONTRADITÓRIO E À AMPLA DEFESA. INOCORRÊNCIA. REEXAME DE FATOS E PROVAS. *HABEAS CORPUS* UTILIZADO COMO SUCEDÂNEO DE REVISÃO CRIMINAL. IMPOSSIBILIDADE. ORDEM DENEGADA. I – **O exame da alegação de nulidade da sentença condenatória – ao argumento de que seria baseada somente em prova emprestada – é inviável na estreita via do *habeas corpus***, que não admite revolvimento do contexto fático-probatório. II – Ainda que assim não fosse, o acórdão atacado assentou estar o édito condenatório fundado em declarações de corréus, colhidos em juízo, e não apenas em prova emprestada, o que afasta a alegada nulidade. III – O habeas corpus, em que pese configurar remédio constitucional de largo espectro, não pode ser empregado como sucedâneo de revisão criminal. Precedentes. IV – Ordem denegada (STF – HC: 95019 SP, Relator: Min. RICARDO LEWANDOWSKI, Primeira Turma, Data de Publicação: DJe-191 DIVULG 08-10-2009 PUBLIC 09-10-2009 EMENT VOL-02377-02 PP-00320); **2**: errado. De acordo com o art. 5º, XVII da CF é **plena a liberdade de associação** para fins lícitos, vedada a de caráter paramilitar. Além disso, o inciso XVIII do mesmo dispositivo determina que a **criação de associações** e, na forma da lei, de cooperativas **independem de autorização**, sendo vedada a interferência estatal em seu funcionamento. Desse modo, não há exigência constitucional no sentido de que a associação dependeria de personalidade jurídica para o seu exercício e para a incidência da tutela constitucional. BV
Gabarito 1E, 2E

(Delegado/SP – 2014 – VUNESP) Quanto às garantias constitucionais e à privação da liberdade, assinale a alternativa correta.

(A) Conceder-se-á *habeas corpus* sempre que a lei admitir a liberdade provisória.

(B) O preso será informado de seus direitos, dentre os quais o de permanecer calado, sendo-lhe assegurada a remoção para estabelecimento perto de sua família.

(C) O preso tem direito à identificação dos responsáveis por sua prisão ou por seu interrogatório policial, exceto nos crimes inafiançáveis.

(D) A prisão de qualquer pessoa e o local onde se encontre serão comunicados no primeiro dia útil ao juiz competente e à família do preso ou à pessoa por ele indicada.

(E) Ninguém será levado à prisão ou nela mantido quando a lei admitir a liberdade provisória, com ou sem fiança.

A: incorreta. De acordo com o art. 5º, LXVIII, da CF, o *habeas corpus* deve ser concedido sempre que alguém sofrer ou se achar ameaçado de sofrer violência ou coação em sua liberdade de locomoção, por ilegalidade ou abuso de poder; **B**: incorreta. Conforme determina o art. 5º, LXIII, da CF, o preso será informado de seus direitos, entre os quais o de permanecer calado, sendo-lhe assegurada a assistência da família e de advogado; **C**: incorreta. O art. 5º, LXIV, da CF determina que o preso tem direito à identificação dos responsáveis por sua prisão ou por seu interrogatório policial. Tal regra não condiciona a identificação dos responsáveis ao fato do crime ser considerado inafiançável; **E**: correta. É o que determina o art. 5º, LXVI, da CF. BV
Gabarito E

(Delegado/RO – 2014 – FUNCAB) Com relação ao tema "direitos individuais e coletivos" na Constituição Federal de 1988, assinale a alternativa correta:

(A) É ilícita a prisão civil de depositário infiel, qualquer que seja a modalidade do depósito.

(B) A Constituição prevê que a votação no júri se dê por votação pública.

(C) Ao júri é assegurado a competência para julgamento de todos os crimes contra a vida.

(D) Não haverá juízo ou tribunal de exceção, salvo em tempo de guerra.

(E) O exercício de qualquer trabalho depende de autorização da repartição competente.

A: correta. De acordo com o enunciado da Súmula Vinculante nº 25 (STF), é ilícita a prisão civil de depositário infiel, qualquer que seja a modalidade do depósito; **B**: incorreta. Conforme determina o art. 5º, XXXVIII, da CF, é reconhecida a instituição do júri, com a organização que lhe der a lei, assegurados: a) a plenitude de defesa; b) **o sigilo das votações**; c) a soberania dos veredictos e d) a competência para o julgamento dos crimes dolosos contra a vida; **C**: incorreta. Conforme mencionado, ao júri é assegurado a competência para julgamento dos crimes dolosos contra a vida; **D**: incorreta. O art. 5º, XXXVII, da CF determina que não haja juízo ou tribunal de exceção. Não há ressalvas que admitam a criação de tais juízos ou tribunais; **E**: incorreta. Ao contrário, de acordo com o art. 5º, XIII, da CF, é livre o exercício de qualquer trabalho, ofício ou profissão, atendidas as qualificações profissionais que a lei estabelecer.

Gabarito "A".

(Delegado/PA – 2013 – UEPA) Dos Direitos e Garantias Fundamentais na Constituição de 1988, assinale a alternativa correta.

(A) Ninguém será obrigado a fazer alguma coisa, mesmo que tal conduta esteja prevista em lei.
(B) A expressão da atividade intelectual, artística e científica será livre, após o licenciamento e a aprovação da censura ética, na forma da lei.
(C) A tortura será admitida, desde que para a promoção da segurança da sociedade e do Estado.
(D) É livre o exercício de qualquer trabalho, ofício ou profissão, desde que atendidas as qualificações estabelecidas na forma da lei.
(E) É livre a manifestação do pensamento, ainda que sob anonimato.

A: incorreta. De acordo com o art. 5º, II, da CF, ninguém será obrigado a fazer ou deixar de fazer alguma coisa **senão em virtude de lei**; **B:** incorreta. Ao contrário, conforme determina o art. 5º, IX, da CF, é **livre a expressão da atividade intelectual**, artística, científica e de comunicação, **independentemente de censura** ou licença; **C:** incorreta. Conforme determina o art. 5º, III, da CF, **ninguém será submetido a tortura** nem a tratamento desumano ou degradante; **D:** correta. É o que determina o art. 5º, XIII, da CF; **E:** incorreta. De acordo com o art. 5º, IV, da CF, é livre a manifestação do pensamento, sendo **vedado o anonimato**.

Gabarito "D".

(Delegado/PA – 2013 – UEPA) A respeito do direito de propriedade na Constituição de 1988, é correto afirmar que:

(A) não consta do rol dos direitos e garantias fundamentais.
(B) o procedimento para desapropriação por necessidade ou utilidade pública, ou por interesse social, mediante justa e prévia indenização em dinheiro, ressalvados os casos previstos no texto constitucional, será estabelecido por lei.
(C) a pequena propriedade rural, ainda que trabalhada pela família, poderá ser objeto de penhora somente para o pagamento de débitos decorrentes de sua atividade produtiva.
(D) em que pese o seu reconhecimento pela legislação infraconstitucional, o direito de herança não consta do rol dos direitos e garantias fundamentais.
(E) aos autores pertence o direito exclusivo de utilização, publicação ou reprodução de suas obras, o qual não poderá ser transmitido aos herdeiros, em virtude de sua função social.

A: incorreta. De acordo com o art. 5º, XXII, da CF, é **garantido o direito de propriedade**; **B:** correta. Conforme determina o art. 5º, XXIV, da CF, a **lei estabelecerá** o procedimento para desapropriação por necessidade ou utilidade pública, ou por interesse social, mediante justa e prévia indenização em dinheiro, ressalvados os casos previstos nesta Constituição; **C:** incorreta. De acordo com o art. 5º, XXVI, da CF, a pequena propriedade rural, assim definida em lei, desde que trabalhada pela família, **não será objeto de penhora** para pagamento de débitos decorrentes de sua atividade produtiva, dispondo a lei sobre os meios de financiar o seu desenvolvimento; **D:** incorreta. O art. 5º, XXX, da CF **garante o direito de herança**; **E:** incorreta. Conforme determina o art. 5º, XXVII, da CF, aos autores pertence o direito exclusivo de utilização, publicação ou reprodução de suas obras, **transmissível aos herdeiros** pelo tempo que a lei fixar.

Gabarito "B".

(Delegado/PR – 2013 – UEL-COPS) Sobre as diferenças entre os direitos e as garantias de direitos fundamentais, considere as afirmativas a seguir.

I. A vedação de tratamento desumano ou degradante é garantia do direito à vida e também do direito à integridade física.
II. A casa protegida como asilo inviolável, nos termos do Art. 5º da Constituição Federal, é garantia do direito à intimidade.
III. A liberdade de manifestação de pensamento é garantia do direito de resposta proporcional ao agravo, além da indenização por dano material, moral ou à imagem.
IV. A inviolabilidade da honra do indivíduo é garantia do direito à indenização por dano material ou moral decorrente de sua violação.

Assinale a alternativa correta.

(A) Somente as afirmativas I e II são corretas.
(B) Somente as afirmativas I e IV são corretas.
(C) Somente as afirmativas III e IV são corretas.
(D) Somente as afirmativas I, II e III são corretas.
(E) Somente as afirmativas II, III e IV são corretas.

I: correta. De acordo com o art. 5º, III, da CF, ninguém será submetido a tortura nem a tratamento desumano ou degradante. Tais proteções, de fato, são garantias do direito à vida e à integridade física; **II:** correta. A proteção da casa como asilo inviolável do indivíduo, ninguém nela podendo penetrar sem consentimento do morador, salvo em caso de flagrante delito ou desastre, ou para prestar socorro, ou, durante o dia, por determinação judicial, é tida como garantia do direito à intimidade, a qual também é inviolável, conforme determina o art. 5º, X, da CF; **III:** incorreta. Ao contrário, o direito de resposta, proporcional ao agravo, além da indenização por dano material, moral ou à imagem, conforme determina o art. 5º, V, da CF é que garante a livre manifestação de pensamento, prevista no art. 5º, IV, da CF; **IV:** incorreta. Do mesmo modo que o item anterior, a resposta correta é contrária ao mencionado. O direito à indenização por dano material ou moral decorrente de sua violação, previsto no art. 5º, X, da CF, é que garante e protege a inviolabilidade da intimidade, da vida privada, da honra e da imagem das pessoas.

Gabarito "A".

(Delegado/RJ – 2013 – FUNCAB) O art. 5º da Constituição Federal de 1988 enuncia a maior parte dos direitos fundamentais de primeira geração albergados em nosso ordenamento constitucional. Tomando por base as decisões recentes do Supremo Tribunal Federal, é INCORRETO afirmar:

(A) Só é lícito o uso de algemas em caso de resistência e de fundado receio de fuga ou de perigo à integridade física própria ou alheia, por parte do preso ou de terceiros, justificada a excepcionalidade por escrito, sob pena de responsabilidade disciplinar, civil e penal do agente ou da autoridade e de nulidade da prisão ou do ato processual a que se refere, sem prejuízo da responsabilidade civil do Estado.
(B) É ilícita a prisão civil do depositário infiel, qualquer que seja a modalidade de depósito.
(C) É direito do defensor, no interesse do representado, ter acesso amplo aos elementos de prova que, já documentados em procedimento investigatório realizado por órgão com competência de polícia judiciária, digam respeito ao exercício do direito de defesa.

(D) Não cabe *habeas corpus* quando já extinta a pena privativa de liberdade.

(E) A prisão do depositário judicial pode ser decretada no próprio processo em que se constitui o encargo, independentemente da propositura de ação de depósito.

A: correta, conforme determina a Súmula Vinculante nº 11 do STF; **B:** correta, de acordo com a Súmula Vinculante nº 25 do STF; **C:** correta, conforme determina a Súmula Vinculante nº 14 do STF; **D:** correta, de acordo com o enunciado da Súmula 695 do STF; **E:** incorreta, devendo ser assinalada. Esse entendimento, previsto na Súmula 619 do STF, já foi superado. A súmula encontra-se revogada.
Gabarito "E".

(Delegado/RJ – 2013 – FUNCAB) Acerca dos direitos individuais e coletivos, é correto afirmar o seguinte:

(A) A propriedade particular não poderá ser usada por autoridade competente, mesmo no caso de iminente perigo público.

(B) A prática do racismo constitui crime inafiançável, imprescritível, sujeito à pena de detenção, nos termos da lei.

(C) O brasileiro naturalizado não poderá ser extraditado pela prática de crime comum antes da naturalização, ou de comprovado envolvimento em tráfico ilícito de entorpecentes e drogas afins, na forma da lei.

(D) O sigilo da fonte será resguardado, quando necessário ao exercício profissional e assegurado a todos o acesso à informação.

(E) O sigilo das informações imprescindíveis à segurança da sociedade e do Estado não excepciona o direito do indivíduo de receber dos órgãos públicos informações de interesse particular, ou de interesse coletivo ou geral, devendo ser prestadas no prazo da lei, sob pena de responsabilidade.

A: incorreta. De acordo com o art. 5º, XXV, da CF, no caso de iminente perigo público, a autoridade competente **poderá usar de propriedade particular**, assegurada ao proprietário indenização ulterior, se houver dano; **B:** incorreta. O art. 5º, XLII, da CF determina que a prática do racismo constitui crime inafiançável e imprescritível, **sujeito à pena de reclusão**, nos termos da lei; **C:** incorreta. Conforme determina o art. 5º, LI, da CF, nenhum brasileiro será extraditado, salvo o **naturalizado, em caso de crime comum**, praticado **antes da naturalização**, ou de **comprovado envolvimento em tráfico ilícito de entorpecentes e drogas afins, na forma da lei; D:** correta. Conforme determina o art. 5º, XIV, da CF, é assegurado a todos o acesso à informação e resguardado o sigilo da fonte, quando necessário ao exercício profissional; **E:** incorreta. De acordo com o art. 5º, XXXIII, da CF, todos têm direito a receber dos órgãos públicos informações de seu interesse particular, ou de interesse coletivo ou geral, que serão prestadas no prazo da lei, sob pena de responsabilidade, **ressalvadas aquelas cujo sigilo seja imprescindível à segurança da sociedade e do Estado.**
Gabarito "D".

(Delegado/MG – 2012) Com base no "caput" do art. 5º da Constituição Federal, pode-se indicar como desdobramentos do direito à vida, **respectivamente**:

(A) a liberdade de associação, de reunião, de crença religiosa, de expressão, de pensamento.

(B) o direito de herança, de propriedade, de sucessão de bens de estrangeiros situados no País.

(C) o direito do contraditório, da ampla defesa, de petição, do juiz natural.

(D) o direito à integridade física e moral, a proibição da pena de morte e das penas cruéis, a proibição da venda de órgãos.

A: incorreta. A CF garante a plena liberdade de associação para fins lícitos (art. 5º, XVII, da CF/1988) e o direito de reunião (art. 5º, XVI, da CF/1988), mas tais direito não têm relação direta com a proteção à vida. A crença religiosa livre é decorrência do Estado leigo ou laico, aquele que não professa religião oficial. Também são garantidas constitucionalmente, embora não como desdobramentos do direito à vida, as liberdades de expressão (art. 5º, IX, da CF/1988) e de manifestação de pensamento (art. 5º, IV, da CF/1988), de modo que são vedadas censuras ideológicas, políticas ou artísticas; **B:** incorreta. Os direitos mencionados estão relacionados ao patrimônio e não ao direito à vida; **C:** incorreta. Os princípios trazidos, em especial, contraditório, ampla defesa e juiz natural, têm natureza processual e são desmembramentos do devido processo legal; **D:** correta. O direito à integridade física e moral (art. 5º, XLIX, da CF/1988), a vedação da pena de morte como regra (art. 5º, XLVII, "a", da CF/1988), a proibição da aplicação de penas cruéis (art. 5º, XLVII, "e", da CF/1988) e a não possibilidade de venda de órgãos, decorre diretamente do direito à vida, previsto no *caput* do art. 5º da CF/1988.
Gabarito "D".

(Delegado/SP – 2011) A idade e o sexo do apenado serão considerados

(A) no momento da extradição do naturalizado.

(B) impedimentos para a execução de trabalhos.

(C) impedimentos para a pena de morte, nos caso de guerra declarada.

(D) por ocasião do cumprimento da pena.

(E) determinantes na celeridade processual.

A: incorreta. Não há exigência da verificação da idade e sexo do apenado no momento de sua extradição; **B:** incorreta; **C:** incorreta. A pena de morte é, em regra, vedada. Em caso de guerra declarada a Constituição a admite (art. 5º, XLVII, "a", da CF/1988) e, nesta hipótese, a idade e o sexo não são considerados; **D:** correta. De acordo com o art. 5º, XLVIII, da CF/1988, a pena deve ser **cumprida** em estabelecimentos distintos, **de acordo** com a natureza do delito, **a idade e o sexo do apenado**; **E:** incorreta. Não há relação entre a celeridade processual e a idade e o sexo do apenado.
Gabarito "D".

(Delegado/AP – 2010) Relativamente aos "Direitos e Garantias Fundamentais" assinale a afirmativa incorreta.

(A) É livre a locomoção no território nacional em tempo de paz, podendo qualquer pessoa, nos termos da lei, nele entrar, permanecer ou dele sair com seus bens.

(B) É assegurado a todos o acesso à informação e resguardado o sigilo da fonte, quando necessário ao exercício profissional.

(C) é livre a expressão da atividade intelectual, artística, científica e de comunicação, independentemente de censura ou licença.

(D) É livre a criação de associações e a de cooperativas, na forma da lei, sujeitas à prévia autorização estatal, sendo porém vedada a interferência estatal em seu funcionamento.

(E) as associações só poderão ser compulsoriamente dissolvidas ou ter suas atividades suspensas por decisão judicial, exigindo-se, no primeiro caso, o trânsito em julgado.

A: correta (art. 5º, XV, da CF/1988). **B:** correta (art. 5º, XIV, da CF/1988); **C:** correta (art. 5º, IX, da CF/1988); **D:** incorreta (devendo esta ser assinalada), pois a criação de associações não depende de autorização (art. 5º, XVIII, da CF/1988); **E:** correta (art. 5º, XIX, da CF/1988).
Gabarito "D".

(Delegado/MG – 2006) A Constituição Federal intitula como fundamentais os seguintes direitos e garantias:

(A) A não intervenção do Estado na economia, a impenhorabilidade do bem de família e a inimputabilidade penal dos menores de 18 anos.

(B) A gratuidade dos registros públicos aos reconhecidamente pobres, o direito a todo indivíduo de constituir empresa e o mandado de segurança.

(C) A ação civil pública, a impenhorabilidade do bem de família e taxas de juros compatíveis com o poder aquisitivo da população.

(D) O direito de herança, a indenização do condenado por erro judiciário e o mandado de segurança individual e coletivo.

Dentre os direitos e garantias listados, a alternativa que possui somente aqueles tidos como fundamentais é a última (art. 5º, incisos XXX, LXIX, LXX e LXXV, da CF/1988).
Gabarito "D".

(Delegado/AM) Os elementos que determinam o cumprimento de pena em estabelecimentos distintos são:

(A) natureza do delito, idade e sexo do apenado
(B) idade, agravantes pessoais e periculosidade
(C) sexo do apenado, periculosidade e primariedade do condenado
(D) primariedade do condenado, natureza do delito e agravantes pessoais

A **natureza do delito, a idade e o sexo** do apenado são elementos que determinam o cumprimento de pena em estabelecimentos distintos. É o que dispõe o art. 5º, XLVIII, da CF/1988.
Gabarito "A".

(Delegado/CE – 2006 – CEV/UECE) Em relação à "instituição do júri" marque a opção FALSA.

(A) É assegurada a plenitude de defesa.
(B) É assegurado o sigilo das votações.
(C) É assegurada a competência para o julgamento de crimes culposos contra a vida.
(D) É assegurada a soberania dos veredictos.

A: correta (art. 5º, XXXVIII, "a", da CF/1988); **B:** correta (art. 5º, XXXVIII, "b", da CF/1988); **C:** incorreta (devendo esta ser assinalada), pois a competência do tribunal do júri é para o julgamento de crimes dolosos contra a vida e não crimes culposos (art. 5º, XXXVIII, "d", da CF/1988); **D:** correta (art. 5º, XXXVIII, "c", da CF/1988).
Gabarito "C".

(Delegado/DF – 2004) Assinale força no Texto Fundamental em curso a assertiva correta:

(A) a casa é asilo inviolável do indivíduo, ninguém nela podendo penetrar sem consentimento do morador, salvo em caso de flagrante delito ou desastre, ou para prestar socorro, ou, durante o dia, por determinação da autoridade policial a que couber a atribuição;

(B) incluído o direito à vida dentre as tutelas fundamentais, é vedada, em qualquer hipótese, a instituição de pena de morte;

(C) nenhum brasileiro será extraditado, nem sequer o naturalizado, em caso de crime comum, praticado antes da naturalização;

(D) é livre o exercício de qualquer trabalho, ofício ou profissão, resultando defeso ao legislador ordinário determinar, em qualquer circunstância, o atendimento de qualificações profissionais;

(E) aos litigantes, em processo judicial ou administrativo, e aos acusados em geral são assegurados o contraditório e ampla defesa, com os meios e recursos a ela inerentes.

A: incorreto, pois o art. 5º, XI, da CF/1988 fala em determinação judicial e não em determinação da autoridade policial; **B:** incorreto, porque o art. 5º, XLVII, da CF/1988 excepciona a regra, mencionando que é possível a pena de morte em caso de guerra declarada, nos termos do art. 84, XIX, da CF/1988; **C:** incorreto. O brasileiro nato não pode ser extraditado, mas o naturalizado pode em caso de crime comum praticado antes da naturalização ou em caso de comprovado envolvimento com tráfico ilícito de entorpecentes. É o que dispõe o art. 5º, LI, da CF/1988; **D:** incorreto. A liberdade de profissão é trazida na CF em uma norma de eficácia contida, ou seja, aquela em que há possibilidade do legislador infraconstitucional restringi-la, por exemplo, estabelecendo o atendimento de qualificações profissionais (art. 5º, XIII, da CF/1988); **E:** correto (art. 5º, LV, da CF/1988).
Gabarito "E".

(Delegado/GO – 2003 – UEG) Como regra, a Constituição Federal estabelece que a casa seja asilo inviolável do indivíduo. Nesse caso, ninguém pode penetrá-la sem consentimento do morador, salvo

(A) durante a noite, por determinação judicial.
(B) em caso de flagrante delito ou desastre, ou para prestar socorro, ainda que de noite.
(C) para cumprir mandado de prisão, expedido mediante ordem policial, desde que durante o dia.
(D) para proceder à condução forçada de testemunha em inquérito policial, por ordem policial, desde que durante o dia.

A: incorreta. Por determinação judicial só é possível adentrar a casa durante o dia (art. 5º, XI, da CF/1988); **B:** correta. Nessas hipóteses excepcionais é possível adentrar a casa do indivíduo, ainda que durante a noite (art. 5º, XI, da CF/1988); C e **D:** incorretas. A ordem tem de ser **judicial** e não policial, pois a casa é asilo inviolável (art. 5º, XI, da CF/1988).
Gabarito "B".

(Delegado/MG – 2006) Trata-se de uma afirmativa correta sobre o "Título II" ("Dos Direitos e Garantias Fundamentais") da Constituição Brasileira de 1988:

(A) No caso de iminente perigo público, a autoridade competente poderá usar de propriedade particular, assegurada ao proprietário indenização prévia.

(B) Assegura-se a todos, mediante o pagamento de taxas, a obtenção de certidões em repartições públicas, para a defesa de direitos e esclarecimento de situações de interesse pessoal.

(C) Os tratados e convenções internacionais sobre direitos humanos aprovados, em cada Casa do Congresso Nacional, em dois turnos, por três quintos dos votos dos respectivos membros, serão equivalentes às emendas constitucionais.

(D) O mandado de segurança coletivo pode ser impetrado por partido político com representação na Câmara dos Deputados.

(E) A liberdade de manifestação de pensamento inclui o anonimato.

A: incorreta. Na requisição administrativa a indenização é posterior e só existirá se houver dano (art. 5º, XXV, da CF/1988); B: incorreta. Os remédios administrativos (direito de petição e direito de certidão), previstos no art. 5º, XXXIV, "a" e "b", da CF/1988, são garantidos a todos independentemente do pagamento de taxas; C: correta. De fato, há essa possibilidade, trazida pela EC 45/2004, que acrescentou o § 3º ao art. 5º da CF/1988; D: incorreta. O mandado de segurança coletivo pode ser impetrado por partido político com representação no Congresso Nacional (art. 5º, LXX, "a", da CF/1988); E: incorreta. De acordo com o art. 5º, IV, da CF/1988 a liberdade de pensamento é garantida, mas o anonimato é vedado. Gabarito "C".

(Delegado/MS – 2006) São princípios processuais penais estabelecidos no artigo 5º da Constituição Federal, exceto:

(A) Princípio da irretroatividade.
(B) Princípio da publicidade.
(C) Princípio da estrita legalidade penal.
(D) Princípio da presunção de inocência.
(E) Princípio da ampla defesa e do contraditório.

A: incorreta. O princípio da irretroatividade da lei penal ou princípio da retroatividade da lei penal benéfica tem natureza processual penal (art. 5º, XL, da CF/1988); B: incorreta. A regra é a publicidade dos atos processuais, mas a lei poderá restringir essa publicidade quando a defesa da intimidade ou o interesse social o exigirem (art. 5º, LX, da CF/1988); C: correta. **Não há esse princípio expresso na CF**; D: incorreta. A presunção de inocência é garantida na CF/1988 (art. 5, LVII, da CF/1988); E: incorreta. Ampla defesa e contraditório são garantidos tanto em processo judicial, como em processo administrativo (art. 5º, LV, da CF/1988). Gabarito "C".

(Delegado/MT – 2006 – UFMT) A Constituição Federal de 1988 NÃO permite

(A) a prescrição, em crimes de racismo.
(B) a pena de morte.
(C) o respeito à integridade moral do preso.
(D) a perda de bens, como modalidade de pena.
(E) a extradição, no caso de envolvimento de brasileiro em tráfico ilícito de entorpecentes.

A: correta. De fato, os crimes de racismo são imprescritíveis (art. 5º, XLII, da CF/1988); B: incorreta, pois em caso de guerra declarada pode haver pena de morte (art. 5º, XLVII, "a", da CF/1988); C e D: incorretas. A perda de bens é modalidade de pena (art. 5º, XLVI, "b", da CF/1988); E: incorreta. A CF permite a extradição do naturalizado em caso de crime comum, praticado antes da naturalização ou na hipótese de tráfico ilícito de entorpecentes (art. 5º, LI, da CF/1988). Gabarito "A".

3.2.2. Remédios constitucionais

(Delegado/MG – 2021 – FUMARC) Centenas de delegados civis do Estado ZW reuniram-se na sede do Sindicato dos Delegados local, representante dos interesses dessa categoria. O sindicato está legalmente constituído e em funcionamento há três anos.

Depois de longo período sem reajustes na sua remuneração, em assembleia geral convocada especialmente para deliberar a respeito das medidas a serem adotadas pelos sindicalizados, decidiram adotar providências concernentes a manifestações de rua, em frente à Assembleia Legislativa, de maneira pacífica e organizada.

Ao ser comunicado sobre as reuniões acima, o Governador de Estado respondeu ao Sindicato dos Delegados que as estava indeferindo, dando ordem expressa para que elas não fossem realizadas.

Dentre os remédios constitucionais abaixo, o adequado à iniciativa do Sindicato, para assegurar os direitos dos filiados, sem necessidade de dilação e instrução probatórias, é:

(A) Ação Popular.
(B) Mandado de Injunção coletivo.
(C) Mandado de Segurança coletivo.
(D) Mandado de Segurança individual.

A: incorreta. A *ação popular* tem por objetivo anular ato lesivo ao patrimônio público ou de entidade de que o Estado participe, à moralidade administrativa, ao meio ambiente e ao patrimônio histórico e cultural (art. 5º, LXXIII, da CF). Por meio dessa ação o exercício da cidadania é promovido. Nessa ação há dilação e instrução probatória; B: incorreta. *O mandado de injunção* tem como objetivo atuar na inércia do legislador, ou seja, visa combater a omissão normativa que inviabiliza o exercício dos direitos e liberdades constitucionais e das prerrogativas inerentes à nacionalidade, à soberania e à cidadania; C: correta. De fato, o *mandado de segurança coletivo* é o remédio adequado à iniciativa do Sindicato, para assegurar os direitos dos filiados, sem necessidade de dilação e instrução probatórias. Sua finalidade é resguardar direito líquido e certo contra abuso de poder ou ilegalidade, praticado por autoridade pública ou por quem lhe faça as vezes, desde que tal direito não esteja protegido por *habeas corpus* ou *habeas data*. As manifestações de rua, em frente à Assembleia Legislativa, de maneira pacífica e organizada, podem ser realizadas (5º, XVI, da CF – direito de reunião). Como há ordem expressa para não realização (prova pré-constituída) e o sindicato legalmente constituído tem legitimidade para assegurar os direitos dos filiados, o remédio a ser impetrado é o mandado de segurança coletivo (art. 5º, LXX, "b"). Gabarito "C".

(Delegado/MS – 2017 – FAPEMS) O *habeas corpus* é uma ação constitucional de grande importância na história jurídico-constitucional do Brasil. Sob a vigência da Constituição de 1891, por exemplo, segundo MENDES e BRANCO (2017),

[...] a formulação ampla do texto constitucional deu ensejo a uma interpretação que permitia o uso do *habeas corpus* para anular até mesmo ato administrativo que determinara o cancelamento de matrícula de aluno em escola pública, para garantir a realização de comícios eleitorais, o exercício da profissão, dentre outras possibilidades.

MENDES, Gilmar; BRANCO, Paulo. Curso de Direito Constitucional. 12a. ed. São Paulo: Saraiva, 2017, p. 431

Hoje, o Supremo Tribunal Federal detém importante papel na definição do seu cabimento. Assim, afirma-se que

(A) o Supremo Tribunal Federal não admite *habeas corpus* para questionamento de razoável duração do processo.

(B) é cabível mesmo que não haja, nem por via reflexa, constrangimento à liberdade de locomoção.
(C) cabe *habeas corpus* contra a aplicação de pena de multa.
(D) segundo o Supremo Tribunal Federal, cabe *habeas corpus* contra pena pecuniária passível de conversão em privativa de liberdade.
(E) segundo a Súmula 691 do Supremo Tribunal Federal, aplicada rigorosamente pela Corte, o *habeas corpus* não é cabível contra decisão de relator em tribunal superior que indefere a liminar.

Errada a alternativa **A**, pois o STF admite sim – HC-136435. O *habeas corpus* só pode ser usado quando haja algum risco ainda que potencial à liberdade de locomoção. Mas se não houver esse risco é inadmissível, por isso erradas as alternativas **B** e **C**. Correta a **D**, pois se há possibilidade de conversão em privativa de liberdade há risco à liberdade de locomoção. Na página do STF é possível observar na publicação "Aplicação das Súmulas no STF" decisões de "Hipóteses excepcionais de afastamento da Súmula 691". Logo, errada a alternativa **E**.
Gabarito "D".

(**Delegado/MT – 2017 – CESPE**) Com referência ao *habeas corpus* e ao mandado de segurança, julgue os itens seguintes, de acordo com o entendimento do STF.

I. Não caberá habeas corpus nem contra decisão que condene a multa nem em processo penal em curso no qual a pena pecuniária seja a única imposta ao infrator.
II. O *habeas corpus* é o remédio processual adequado para garantir a proteção do direito de visita a menor cuja guarda se encontre sob disputa judicial.
III. Nos casos em que a pena privativa de liberdade já estiver extinta, não será possível ajuizar ação de habeas corpus.
IV. O mandado de segurança impetrado por entidade de classe não terá legitimidade se a pretensão nele veiculada interessar a apenas parte dos membros da categoria profissional representada por essa entidade.

Estão certos apenas os itens
(A) I e II.
(B) I e III.
(C) II e IV.
(D) I, III e IV.
(E) II, III e IV.

O item **I** reproduz a súmula 693 do STF "Não cabe *habeas corpus* contra decisão condenatória a pena de multa, ou relativo a processo em curso por infração penal a que a pena pecuniária seja a única cominada", logo – correto. O item **II** contraria a decisão proferida pela STF no HC 99369 AgR/DF "*Habeas Corpus*. Não cabimento. Remédio constitucional destinado à tutela da liberdade de locomoção (liberdade de ir, vir e ficar). Agravo regimental não provido. *Habeas Corpus* não é remédio processual adequado para tutela do direito de visita de menor cuja guarda se disputa judicialmente". Assim está errado. O item **III** está conforme a Súmula no 695 do STF "Não cabe *habeas corpus* quando já extinta a pena privativa de liberdade". Portanto correto. O item **IV** contraria o artigo 21 da Lei 12.016/2009 "O mandado de segurança coletivo pode ser impetrado por partido político com representação no Congresso Nacional, na defesa de seus integrantes ou à finalidade partidária, ou por organização sindical, entidade de classe ou associação legalmente constituída e em funcionamento há, pelo menos, 1 (um) ano, em defesa de direitos líquidos e certos da totalidade, ou de parte, dos seus membros ou associados, na forma dos seus estatutos e desde que pertinentes às suas finalidades,

dispensada, para tanto, autorização especial. Há ainda a Súmula 630 do STF "A entidade de classe tem legitimação para o mandado de segurança ainda quando a pretensão veiculada interesse apenas a uma parte da respectiva categoria". Assim está errado. Logo, a alternativa correta é a **B**, pois estão corretos os itens I e III.
Gabarito "B".

(**Delegado/GO – 2017 – CESPE**) Considerando a jurisprudência do STF, assinale a opção correta com relação aos remédios do direito constitucional.

(A) É cabível *habeas corpus* contra decisão monocrática de ministro de tribunal.
(B) Em *habeas corpus* é inadmissível a alegação do princípio da insignificância no caso de delito de lesão corporal cometido em âmbito de violência doméstica contra a mulher.
(C) No mandado de segurança coletivo, o fato de haver o envolvimento de direito apenas de certa parte do quadro social afasta a legitimação da associação.
(D) O prazo para impetração do mandado de segurança é de cento e vinte dias, a contar da data em que o interessado tiver conhecimento oficial do ato a ser impugnado, havendo decadência se o mandado tiver sido protocolado a tempo perante juízo incompetente.
(E) O *habeas corpus* é o instrumento adequado para pleitear trancamento de processo de *impeachment*.

Errada a alternativa **A**, pois conforme decidido pelo STF no *Habeas Corpus* 105959/DF: "Impetração contra Ato de Ministro Relator do Supremo Tribunal Federal. Descabimento. Não Conhecimento. 1. Não cabe pedido de *habeas corpus* originário para o Tribunal Pleno contra ato de ministro ou outro órgão fracionário da Corte. 2. *Writ* não conhecido." Atenção, contudo, pois com a mudança da composição do STF esse entendimento pode ser alterado. Correta a alternativa **B**. Nesse sentido a Súmula 589 do STJ: É inaplicável o princípio da insignificância nos crimes ou contravenções penais praticados contra a mulher no âmbito das relações domésticas. No mesmo sentido a decisão do STF no RHC 133043 / MS "*Habeas Corpus*. Constitucional. Lesão corporal. Violência doméstica. Pretensão de aplicação do princípio da insignificância: Impossibilidade. Ordem denegada". Errada a alternativa **C**. Nesse sentido o artigo 21 da Lei 12.016/2009 "O mandado de segurança coletivo pode ser impetrado por partido político com representação no Congresso Nacional, na defesa de seus interesses legítimos relativos a seus integrantes ou à finalidade partidária, ou por organização sindical, entidade de classe ou associação legalmente constituída e em funcionamento há, pelo menos, 1 (um) ano, em defesa de direitos líquidos e certos da totalidade, ou de parte, dos seus membros ou associados, na forma dos seus estatutos e desde que pertinentes às suas finalidades, dispensada, para tanto, autorização especial. Há ainda a Súmula 630 do STF "A entidade de classe tem legitimação para o mandado de segurança ainda quando a pretensão veiculada interesse apenas a uma parte da respectiva categoria". Errada a alternativa **D**, pois conforme decidido pelo STF no AG. REG. em Mandado de Segurança 26.792 – Paraná "Impetração em juízo incompetente dentro do prazo decadencial de 120 dias. Não ocorrência da consumação da decadência. Agravo não provido". Também errada a alternativa **E**. Nesse sentido o decidido pelo STF no HC 136067 "Inviável uso de *habeas corpus* para trancar processo de *impeachment*". Isso porque não há previsão de pena privativa de liberdade.
Gabarito "B".

(**Delegado/PR – 2013 – UEL-COPS**) Sobre mandado de segurança, considere as afirmativas a seguir.

I. A Mesa da Casa Legislativa tem legitimidade para ajuizar mandado de segurança relacionado à sua área de atuação funcional e em defesa de suas atribuições institucionais.

II. O mandado de segurança pode ser proposto por pessoa física ou jurídica, nacional ou estrangeira.
III. O mandado de segurança deve ser impetrado em até cento e vinte dias, contados do ato que caracteriza justo receio de que o direito líquido e certo seja violado.
IV. Cabe mandado de segurança contra atos de gestão comercial praticados pelos administradores de empresa pública e de sociedade de economia mista.
Assinale a alternativa correta.

(A) Somente as afirmativas I e II são corretas.
(B) Somente as afirmativas I e IV são corretas.
(C) Somente as afirmativas III e IV são corretas.
(D) Somente as afirmativas I, II e III são corretas.
(E) Somente as afirmativas II, III e IV são corretas.

I: correta. De fato, a Mesa da Casa Legislativa tem legitimidade para ajuizar mandado de segurança relacionado à sua área de atuação funcional e em defesa de suas atribuições institucionais. "Mesa do Congresso Nacional. Substituição do Presidente. Mandado de segurança. Legitimidade ativa de membro da Câmara dos Deputados em face da garantia do devido processo legislativo" (MS 24.041, Rel. Min. Nelson Jobim, julgamento em 29-8-2001, Plenário, DJ de 11-4-2003.) II: correta. De acordo com o art. 1º da Lei 12.016/2009 (Mandado de Segurança), conceder-se-á mandado de segurança para proteger direito líquido e certo, não amparado por *habeas corpus* ou *habeas data*, sempre que, ilegalmente ou com abuso de poder, **qualquer pessoa física ou jurídica sofrer violação ou houver justo receio de sofrê-la por parte de autoridade,** seja de que categoria for e sejam quais forem as funções que exerça. Além disso, a Corte Maior entende ser cabível a impetração de mandado de segurança por estrangeiro. Vejamos: "Ao estrangeiro, residente no exterior, também é assegurado o direito de impetrar mandado de segurança, como decorre da interpretação sistemática dos arts. 153, *caput*, da Emenda Constitucional de 1969 e do 5º, LXIX, da Constituição atual. Recurso extraordinário não conhecido" (RE 215.267, Rel. Min. Ellen Gracie, julgamento em 24-4-2001, Primeira Turma, DJ de 25-5-2001.); III: incorreta. Conforme determina o art. 23 da Lei 12.016/2009 (Mandado de Segurança), o direito de requerer mandado de segurança extinguir-se-á decorridos 120 (cento e vinte) dias, **contados da ciência, pelo interessado, do ato impugnado.** IV: incorreta. De acordo com o art. 1º, § 2º, da Lei 12.016/09 (Mandado de Segurança), **não cabe mandado de segurança contra os atos de gestão comercial praticados pelos administradores de empresas públicas, de sociedade de economia mista** e de concessionárias de serviço público. Gabarito "A".

(Delegado/RJ – 2013 – FUNCAB) A jurisprudência do Supremo Tribunal Federal fixou entendimentos sobre o mandado de segurança. Com base nessas orientações, é correto afirmar:

(A) É constitucional a lei que fixa prazo prescricional para impetração de mandado de segurança.
(B) Controvérsia sobre matéria de direito impede concessão de mandado de segurança.
(C) A concessão de mandado de segurança produz efeitos patrimoniais em relação a período pretérito, os quais somente devem ser reclamados pela via judicial própria.
(D) Praticado o ato por autoridade, no exercício de competência delegada, contra ela cabe o mandado de segurança ou a medida judicial.
(E) É cabível mandado de segurança contra decisão judicial com trânsito em julgado.

A: incorreta. Conforme dispõe a súmula 632 do STF, é constitucional a lei que fixa o prazo de **decadência** para a impetração do mandado de segurança; B: incorreta. De acordo com a súmula 625 do STF, a controvérsia sobre matéria de direito **não impede** concessão de mandado de segurança; C: incorreta. Determina a súmula 271 do STF que a concessão de mandado de segurança **não produz** efeitos patrimoniais, em relação a período pretérito, os quais devem ser reclamados administrativamente ou pela via judicial própria; D: correta. É o que determina o enunciado da súmula 510 do STF; E: incorreta. Conforme dispõe o art. 5º, III, da Lei 12.016/2009 (Lei do Mandado do Segurança), **não se concederá** mandado de segurança quando se tratar de decisão judicial transitada em julgado. Gabarito "D".

(Delegado/AP – 2006 – UFAP) Nos termos do art. 5º, LXVIII, da Constituição Federal, conceder-se-á *habeas corpus* sempre que alguém sofrer ou se achar ameaçado de sofrer violência ou coação em sua liberdade de locomoção, por ilegalidade ou abuso de poder. Baseando em tal garantia constitucional, marque a alternativa correta.

(A) A detenção em edifício não destinado a acusados ou condenados por crimes comuns, na vigência de estado de sítio, não autoriza a impetração de *habeas corpus*.
(B) Para impetração de *habeas corpus*, é necessário obedecer aos chamados pressupostos processuais ou condições da ação, inclusive da capacidade postulatória.
(C) O *habeas corpus* trata-se de ação de natureza criminal, que consiste em proporcionar acesso célere ao Poder Judiciário contra atos que violem a liberdade de locomoção.
(D) O *habeas corpus* pode ser utilizado em relação às punições disciplinares de caráter militar.
(E) Não é cabível *habeas corpus* para aferir os pressupostos formais da aplicação de punição disciplinar na ordem militar, tais como a hierarquia da autoridade sancionadora e da sancionada.

A: correta (arts. 139, II, e 5º, LXVIII, ambos da CF/1988); B: incorreta, tendo em vista o contido no art. 654, *caput*, do CPP. Na doutrina, cabe destacar a lição de Nestor Távora e Rosmar Rodrigues Alencar no Curso de Direito Processual Penal (Juspodivm, 2011, 5ª Edição, pág. 1054: "Pode o impetrante ser bacharel em direito, com inscrição na OAB, pessoa jurídica representada ou não por advogado, ou, simplesmente, ser pessoa leiga, sem capacidade postulatória e sem se fazer representada por advogado". O *habeas corpus* é regido pelo princípio da informalidade, desse modo, o impetrante ao fazer a petição não precisa se ater rigorosamente aos requisitos do art. 282 do CPC; C: incorreta, tendo em vista que a função primordial desse remédio é proteger o direito de locomoção (direito de ir, vir e permanecer); D e E: incorretas, em razão do art. 142, § 2º, da CF/1988, por força do qual não cabe *habeas corpus* contra punições disciplinares militares. É importante ressaltar, entretanto, que a vedação à impetração de *habeas corpus* se restringe à hipótese em que se pretende discutir o mérito da punição, não se estendendo, portanto, aos casos em que se persegue o afastamento de ilegalidade da medida. Cabe transcrever os ensinamentos de Gilmar Ferreira Mendes in Curso de Direito Constitucional (Editora Saraiva, 2007, São Paulo, pág. 505): "O Supremo Tribunal Federal tem sido enfático em afirmar que não se cogita de afronta ao art. 142, § 2º, se o *habeas corpus* impugna os pressupostos de legalidade da punição disciplinar e não o seu mérito. Outro tem sido o entendimento da doutrina, segundo a qual 'o que deve ser vedado ao controle judicial é o exame acerca da conveniência ou oportunidade da medida disciplinar adotada (se privativa da liberdade ou outra eventualmente cabível), mas jamais a apreciação da sua legalidade". Gabarito "A".

(Delegado/DF – 2004) Sobre os "remédios constitucionais" é correto afirmar que

(A) o *habeas corpus* pode ser impetrado por qualquer pessoa física, desde que nacional, sendo vedada a sua utilização por pessoa jurídica, ainda que em favor de pessoa física, e pelo Ministério Público;
(B) conceder-se-á mandado de segurança para proteger direito líquido e certo, sempre que a falta de norma regulamentadora torne inviável o exercício dos direitos e liberdades constitucionais e das prerrogativas inerentes à nacionalidade, à soberania e à cidadania;
(C) conceder-se-á *habeas data* para assegurar o conhecimento de informações relativas à pessoa do impetrante, constantes de registros ou bancos de dados de entidades governamentais ou de caráter público, assim como para a retificação de dados, quando não se prefira fazê-lo por processo sigiloso, judicial ou administrativo;
(D) qualquer pessoa, física ou jurídica, é parte legítima para propor ação popular que vise a anular ato lesivo ao patrimônio público;
(E) conceder-se-á mandado de injunção para proteger direito líquido e certo, não amparado por *habeas corpus* ou *habeas data*, quando o responsável pela ilegalidade ou abuso de poder for autoridade pública ou agente de pessoa jurídica no exercício de atribuições do Poder Público.

A: incorreta. Na forma do disposto no *caput* do art. 5º da CF/1988, os direitos e garantias individuais e coletivos são titularizados também pelos estrangeiros residentes no País, de forma que a condição de ser nacional não é aplicável ao remédio do *habeas corpus* e nem a algum outro direito previsto no art. 5º da CF/1988. Além disso, não existe vedação à impetração de *habeas corpus* por pessoa jurídica, sendo ampla a legitimidade ativa, na forma do disposto no art. 654, *caput*, do CPP, segundo o qual "o *habeas corpus* poderá ser impetrado por qualquer pessoa, em seu favor ou de outrem, bem como pelo Ministério Público"; **B:** incorreta, tendo em vista que o item descreve o objeto jurídico protegido pelo mandado de injunção (art. 5º, LXXI, da CF/1988). **C:** correta, conforme o disposto no art. 5º, LXXII, "a" e "b", da CF/1988; **D:** incorreta. A legitimidade ativa da ação popular é restrita ao cidadão, ou seja, aquele que possui título de eleitor e está no gozo de seus direitos políticos (art. 5º, LXXIII, da CF/1988 e art. 1º, § 3º, da Lei 4.717/1965 – Lei da Ação Popular). Não é admitida a propositura dessa ação por pessoa jurídica. **E:** incorreta, pois o item descreve o remédio denominado mandado de segurança (art. 5º, LXIX, da CF/1988).
Gabarito "C".

(Delegado/GO – 2003 – UEG) Em relação aos "instrumentos constitucionais", providos de natureza jurídica de ação, considere as seguintes proposições:

I. A ação popular é ação constitucional cabível contra ato lesivo ao meio ambiente.
II. O *habeas corpus* é ação constitucional não cabível em relação às medidas adotadas na vigência do estado de sítio e nas punições disciplinares militares.
III. A Constituição Federal de 1988, ao erigir cada um dos cidadãos brasileiros em defensor do patrimônio público, legitimou-os para propor ação popular, ficando o autor, salvo comprovada má-fé, isento de custas judiciais e do ônus da sucumbência.
IV. O mandado de injunção, o mandado de segurança, a ação civil pública e o *habeas data* são ações constitucionais empregadas para proteger, indiretamente, qualquer direito violado ou ameaçado de violação por autoridades que praticam lesões ao interesse público.
V. O cidadão que não consegue obter informações sobre assentamentos em órgão público ou entidade de caráter público, para eventuais retificações que se façam necessárias a seu respeito, poderá obtê-las através de *habeas data*.

Marque a alternativa CORRETA:

(A) Apenas as proposições I, II e IV são verdadeiras.
(B) Apenas as proposições I, III e V são verdadeiras.
(C) Apenas as proposições II, IV e V são verdadeiras.
(D) Todos as proposições são verdadeiras.

I: correta. Um dos bens jurídicos tutelados pela via judicial da ação popular é o meio ambiente na forma do disposto no art. 5º, LXXIII, da CF/1988; **II:** errada. Não existe vedação constitucional expressa à concessão de *habeas corpus* na vigência de estado de sítio; **III:** correta, tendo em conta o art. 5º, LXXIII, da CF/1988; **IV:** errada. Os objetos protegidos por cada um dos remédios constitucionais referidos no item são distintos, não cabendo falar, portanto, que qualquer direito violado ou ameaçado de violação pode ser protegido pelas ações correspondentes. Além disso, não apenas lesões a interesse público são tuteladas pelas ações constitucionais em referência. As ações de mandado de segurança individual, *habeas data*, por exemplo, são ações constitucionais em que se busca a proteção de direitos individuais; **V:** correta, por expressa previsão constitucional (art. 5º, LXXII, da CF/1988).
Gabarito "B".

(Delegado/MG – 2006) Assinale a opção correta:

(A) De acordo com o entendimento do Supremo Tribunal Federal, o Presidente da República e os Ministros de Estado respondem às ações populares perante o mesmo Supremo Tribunal Federal.
(B) Os atos de caráter administrativo do Poder Judiciário são passíveis de impugnação por meio de ação popular, não assim, porém, os atos de cunho jurisdicional.
(C) De uma decisão que indefere mandado de segurança impetrado originariamente perante o Tribunal Regional Federal, cabe recurso especial para o Superior Tribunal de Justiça, se houver ofensa à lei federal, ou ao Supremo Tribunal Federal, se houver ofensa à Constituição.
(D) O mandado de segurança coletivo protege tanto os direitos difusos e coletivos, quanto os direitos subjetivos.

A: incorreta. O entendimento do STF é no sentido contrário, qual seja, o de que a competência para julgar ação popular contra ato de qualquer autoridade é, em regra, do juízo competente em primeira instância. Cabe lembrar que o STF é competente para julgar o *habeas corpus*, sendo pacientes Ministros de Estado ou o Presidente da República; o mandado de segurança e o *habeas data* contra atos do Presidente da República, das Mesas da Câmara dos Deputados e do Senado Federal, do Tribunal de Contas da União, do Procurador-Geral da República e do próprio Supremo Tribunal Federal (art. 102, I, "d", CF/1988). Sobre o tema, vale a leitura da decisão proferida no AO-QO 859, Rel. Min. Ellen Gracie: "EMENTA: AÇÃO ORIGINÁRIA. QUESTÃO DE ORDEM. AÇÃO POPULAR. COMPETÊNCIA ORIGINÁRIA DO SUPREMO TRIBUNAL FEDERAL: NÃO OCORRÊNCIA. PRECEDENTES. 1. A competência para julgar ação popular contra ato de qualquer autoridade, até mesmo do Presidente da República, é, via de regra, do juízo competente de primeiro grau. Precedentes. 2. Julgado o feito na primeira instância, se ficar configurado o impedimento de mais da metade dos desembargadores para apreciar o recurso voluntário ou a remessa obrigatória, ocorrerá

a competência do Supremo Tribunal Federal, com base na letra 'n' do inciso I, segunda parte, do artigo 102 da Constituição Federal. 3. Resolvida a Questão de Ordem para estabelecer a competência de um dos juízes de primeiro grau da Justiça do Estado do Amapá. (AO-QO 859, ELLEN GRACIE, STF)"; **B**: correta. Com efeito, apenas atos administrativos são passíveis de impugnação pela via estreita da ação popular, cabendo, nos casos de atos de cunho jurisdicional, o manejo dos recursos processuais cabíveis. Nesse mesmo sentido se orienta a jurisprudência do STF: "EMENTA: AÇÃO POPULAR PROMOVIDA CONTRA DECISÃO EMANADA DO SUPERIOR TRIBUNAL DE JUSTIÇA – AUSÊNCIA DE COMPETÊNCIA ORIGINÁRIA DO SUPREMO TRIBUNAL FEDERAL – INADMISSIBILIDADE DA AÇÃO POPULAR CONTRA ATO DE CONTEÚDO JURISDICIONAL – AÇÃO POPULAR DE QUE NÃO SE CONHECE – AGRAVO IMPROVIDO. O PROCESSO E O JULGAMENTO DE AÇÕES POPULARES CONSTITUCIONAIS (CF, ART. 5º, LXXIII) NÃO SE INCLUEM NA ESFERA DE COMPETÊNCIA ORIGINÁRIA DO SUPREMO TRIBUNAL FEDERAL. – (...) NÃO CABE AÇÃO POPULAR CONTRA ATOS DE CONTEÚDO JURISDICIONAL. – Revela-se inadmissível o ajuizamento de ação popular em que se postule a desconstituição de ato de conteúdo jurisdicional (AO 672-DF, Rel. Min. CELSO DE MELLO). – (...) (Pet-AgR 2018, CELSO DE MELLO, STF)" (omitiu-se) (destacou-se); **C**: incorreta. O recurso próprio, nessa hipótese, é o ordinário, na forma do disposto no art. 105, II, "b", da CF/1988; **D**: incorreta. O mandado de segurança coletivo tem por finalidade proteger direitos transindividuais, devendo os direitos subjetivos serem protegidos por meio do mandado de segurança individual.
Gabarito "B".

(Delegado/RJ – 2009 – CEPERJ) Assinale a alternativa correta.

(A) O *habeas data* destina-se a assegurar o conhecimento de quaisquer informações relativas à pessoa do impetrante, exclusivamente constantes de registros ou bancos de dados de entidades governamentais, bem como para retificação de dados, quando não se prefira fazê-la por processo sigiloso, judicial ou administrativo.

(B) Somente o brasileiro nato é parte legítima para propor ação popular.

(C) Qualquer partido político possui legitimidade para propor mandado de segurança coletivo.

(D) O mandado de injunção será concedido sempre que a falta de norma regulamentadora torne inviável o exercício dos direitos e liberdades constitucionais e das prerrogativas inerentes à nacionalidade, à soberania e à cidadania.

(E) São gratuitas as ações de *habeas data*, *habeas corpus* e mandado de segurança e, na forma da lei, os atos necessários ao exercício da cidadania.

A: incorreta. O *habeas data*, conforme se observa do art. 5º, LXIX, da CF também se destinada a assegurar o conhecimento de dados do impetrante constantes de bancos de dados de caráter público. Nos termos do art. 1º da Lei n.º 9.507/1997 são definidos como de caráter público "todo registro ou banco de dados contendo informações que sejam ou que possam ser transmitidas a terceiros ou que não sejam do uso privativo do órgão ou entidade produtora ou depositária das informações"; **B**: incorreta. Qualquer cidadão, nato ou naturalizado, detém legitimidade para propor ação popular, conforme garantia prevista no art. 5º, LXXIII, da CF/1988. Trata-se, portanto, de ação pública de legitimidade ampla; **C**: incorreta, uma vez que apenas partidos políticos com representação no Congresso Nacional podem propor mandado de segurança coletivo (art. 5º, LXX, "a", da CF/1988); **D**: correta, por força do disposto no art. 5º, LXXI, da CF/1988; **E**: incorreta, uma vez que a Constituição garante gratuidade aos remédios constitucionais judiciais do *habeas corpus* e do *habeas data*. A ação de mandado de segurança não é gratuita sendo cobradas custas judiciais. O que não há no mandado de segurança é a condenação em honorários em desfavor da parte que sucumbe (art. 25 da Lei n.º 12.016/2009).
Gabarito "D".

(Delegado/RJ – 2009 – CEPERJ) O remédio constitucional adequado para postular judicialmente a emissão de certidão de antecedentes criminais é:

(A) a ação popular.
(B) o *habeas corpus*.
(C) o mandado de injunção.
(D) o *habeas data*.
(E) o mandado de segurança.

A emissão de certidão de antecedentes criminais não se vincula diretamente ao direito à liberdade de locomoção de forma que na hipótese de resistência pela administração pública à sua emissão, não cabe ao prejudicado a impetração da ação de *habeas corpus*, mas sim de mandado de segurança (Art. 5º, LXIX, da CF/1988). Na jurisprudência, cabe destacar a seguinte decisão, em que se deixa evidenciada a inexistência de correlação direta da certidão com o direito de locomoção: "RECURSO EM *HABEAS CORPUS* – EXPEDIÇÃO EQUIVOCADA DE CERTIDÃO POSITIVA DE ANTECEDENTES CRIMINAIS – CORREÇÃO DO ERRO PELO JUÍZO E CARTÓRIO – AUSÊNCIA DE CONSTRANGIMENTO ILEGAL. – Inexiste ameaça concreta ao direito de locomoção (ir e vir) em equívoco cometido pelo cartório que forneceu certidão positiva de antecedentes criminais inexistentes. Por outro lado, conforme salientado pelo v. acórdão guerreado, tal circunstância já se encontra sendo solucionada pelo Juízo e cartório responsável. – Recurso desprovido" (RHC 200101145082, JORGE SCARTEZZINI, STJ – QUINTA TURMA, 26/08/2002).
Gabarito "E".

3.3. Direitos sociais

(Delegado/AP – 2006 – UFAP) No concernente aos "Direitos Sociais" é correto afirmar:

(A) É obrigatória, nos termos da Constituição Federal, a participação dos sindicatos nas negociações coletivas de trabalho.

(B) A Constituição Federal assegura jornada de cinco horas para trabalho realizado em turnos ininterruptos de revezamento.

(C) É permitida a criação de mais de uma organização sindical, em qualquer grau, representativa de categoria profissional, na mesma base territorial.

(D) A proteção contra a despedida arbitrária ou sem justa causa há de ser disciplinada em lei ordinária.

(E) A Constituição assegura de forma absoluta a irredutibilidade do salário.

A: correto (art. 8º, VI, da CF/1988); **B**: incorreto (art. 7º, XIV, da CF/1988; **C**: incorreto (art. 8º, II, da CF/1988); **D**: incorreto (art. 7º, I, da CF/1988); **E**: incorreto (art. 7º, VI, da CF/1988).
Gabarito "A".

(Delegado/SP – 2008) São direitos sociais:

(A) a intimidade, a igualdade e a reserva legal.
(B) a liberdade, a igualdade e a publicidade.
(C) a vida, a saúde e a manifestação do pensamento.
(D) a incolumidade física e o direito à propriedade.
(E) a segurança, a proteção à maternidade e a infância.

Conforme dispõe o art. 6º da CF/1988 são direitos sociais a educação, a saúde, a alimentação, o trabalho, a moradia, o transporte, o lazer, **a segurança**, a previdência social, **a proteção à maternidade e à infância**, a assistência aos desamparados, na forma desta Constituição. Vale lembrar que esse dispositivo sofreu alteração pelas EC nº 64/10 e EC nº 90/15 ambas acrescentaram direitos sociais ao rol do art. 6º.A primeira acrescentou o direito à **alimentação** e a segunda o direito ao **transporte**.
Gabarito "E".

3.4. Nacionalidade

(Delegado/MG – 2018 – FUMARC) NÃO constitui cargo privativo de brasileiro nato:

(A) Ministro de Estado da Defesa.
(B) Oficial das Forças Armadas.
(C) Presidente da Câmara dos Deputados.
(D) Senador da República.

De acordo com o art. 12, §3º da CF, são privativos de brasileiro nato os seguintes cargos: I – de Presidente e Vice-Presidente da República; II – de Presidente da Câmara dos Deputados; III – de Presidente do Senado Federal; IV – de Ministro do Supremo Tribunal Federal; V – da carreira diplomática; VI – de oficial das Forças Armadas. VII – de Ministro de Estado da Defesa. Apenas para presidir o Senado Federal que a CF exige que o sujeito seja brasileiro nato.
Gabarito "D".

(Delegado/MT – 2017 – CESPE) O boliviano Juan e a argentina Margarita são casados e residiram, por alguns anos, em território brasileiro. Durante esse período, nasceu, em território nacional, Pablo, o filho deles.

Nessa situação hipotética, de acordo com a CF, Pablo será considerado brasileiro

(A) naturalizado, não podendo vir a ser ministro de Estado da Justiça.
(B) nato e poderá vir a ser ministro de Estado da Defesa.
(C) nato, mas não poderá vir a ser presidente do Senado Federal.
(D) naturalizado, não podendo vir a ser presidente da Câmara dos Deputados.
(E) naturalizado e poderá vir a ocupar cargo da carreira diplomática.

De acordo com o artigo 12, inciso I, alínea "a" da CF/1998, são brasileiros natos os nascidos na República Federativa do Brasil, ainda que de pais estrangeiros, desde que estes não estejam a serviço de seu país. No caso descrito Pablo nasceu no Brasil, e mesmo sendo filho de estrangeiros será brasileiro nato, pois nenhum de seus pais estrangeiros estava a serviço de seu país. Por essa razão ele pode exercer os cargos privativos de brasileiro nato (artigo 12, § 3º, CF), dentre os quais o de Ministro de Estado da Defesa. Por ser brasileiro nato estão erradas as alternativas **A, D e E**. A alternativa **C** está errada pois como brasileiro nato pode sim ser Presidente do Senado (artigo 12, § 3º, CF). Correta a alternativa **B**, pois sendo nato pode ser Ministro de Estado da Defesa.
Gabarito "B".

(Delegado/SP – 2014 – VUNESP) É privativo de brasileiro nato o cargo de

(A) Ministro do Supremo Tribunal Federal.
(B) Senador.
(C) Juiz de Direito.

(D) Delegado de Polícia.
(E) Deputado Federal.

A: correta. De acordo com o art. 12, § 3º, da CF, são privativos de brasileiro nato os cargos: I – de Presidente e Vice-Presidente da República; II – de Presidente da Câmara dos Deputados; III – de Presidente do Senado Federal; IV – de **Ministro do Supremo Tribunal Federal**; V – da carreira diplomática; VI – de oficial das Forças Armadas e VII – de Ministro de Estado da Defesa; **B**: incorreta. Apenas o Presidente do Senado é que precisa ser brasileiro nato; **C**: incorreta. Os juízes de direito não precisam ser brasileiros natos; **D**: incorreta. Os delegados de polícia também não precisam ser brasileiros natos; **E**: incorreta. Por fim, a CF também não exige que cargos de deputados federais sejam ocupados por brasileiros natos.
Gabarito "A".

(Delegado Federal – 2002 – CESPE) Julgue o seguinte item.

(1) Os cargos de policiais federais são privativos de brasileiros natos.
(2) Os crimes de ingresso ou permanência irregular de estrangeiros em território nacional serão julgados pela justiça federal.
(3) O naturalizado por sentença judicial definitiva não poderá perder a nacionalidade brasileira, ainda que venha a praticar atos terroristas em território nacional.

1: errado: os cargos privativos de nato estão previstos no art. 12, § 3º e 89, VII, ambos da CF/1988. Dentre tais dispositivos não há menção ao cargo de policial federal; **2**: correto: de fato é da competência da justiça federal o julgamento de tais crimes (art. 109, X, da CF/1988); **3**: errado: art. 5º, LI, e 12, § 4º, I, da CF/1988.
Gabarito 1E, 2C, 3E.

(Delegado/AP – 2010) Assinale o cargo que não é privativo de brasileiro nato.

(A) Carreira diplomática.
(B) Ministro de Estado da Defesa.
(C) Ministro do Superior Tribunal de Justiça.
(D) Presidente da Câmara dos Deputados.
(E) Oficial das Forças Armadas.

Os cargos privativos de brasileiro nato estão previstos no art. 12, § 3º e 89, VII, ambos da CF/1988. Dentre tais dispositivos não há menção ao de Ministro do Superior Tribunal de Justiça.
Gabarito 1C.

(Delegado/MS – 2006) Assinale a alternativa que preenche corretamente a lacuna do texto abaixo:

Segundo a nossa carta magna, nenhum brasileiro será extraditado, salvo o naturalizado, em caso de crime comum, praticado antes da naturalização, ou de comprovado envolvimento em _____, na forma da lei.

(A) terrorismo.
(B) tráfico ilícito de entorpecentes e drogas afins.
(C) sabotagem.
(D) espionagem.
(E) contrabando de pessoas do Brasil para o exterior.

De acordo com o art. 5º, LI, da CF/1988, nenhum brasileiro será extraditado, salvo o naturalizado, em caso de crime comum, praticado antes da naturalização, ou de comprovado envolvimento **em tráfico ilícito de entorpecentes e drogas afins**, na forma da lei.
Gabarito "B".

(Delegado/MT – 2006 – UFMT) Para a Constituição Federal são considerados brasileiros natos os

(A) nascidos no Brasil, ainda que de pais estrangeiros que estejam a serviço de seu país.
(B) nascidos no estrangeiro, de pai brasileiro ou mãe brasileira, desde que venham a residir no Brasil antes de completarem dois anos de idade.
(C) estrangeiros de qualquer nacionalidade residentes no Brasil há mais de quinze anos ininterruptos e sem condenação penal, desde que requeiram a nacionalidade brasileira.
(D) que, na forma da lei, adquiriram a nacionalidade brasileira.
(E) nascidos no estrangeiro, de pai brasileiro ou mãe brasileira, desde que qualquer deles esteja a serviço da República Federativa do Brasil.

A: incorreto (art. 12, I, "a", da CF/1988); B: incorreto (art.12, I, "c", da CF/1988); C: incorreto (art.12, II, "b", da CF/1988); D: incorreto (art.12, II, "a", da CF/1988); E: correto (art. 12, I, "b", da CF/1988).
Gabarito "E".

(Delegado/SC – 2008) De acordo com a Constituição da República Federativa do Brasil pode ser extraditado o brasileiro naturalizado em caso de crime comum, praticado anteriormente à naturalização ou de comprovado envolvimento em tráfico ilícito de entorpecente e drogas afins, na forma da lei. Portanto, a afirmação acima está:

(A) incorreta, porque o brasileiro nato também pode ser extraditado.
(B) totalmente incompatível com o que dispõe a Constituição no capítulo dos Direitos e Deveres individuais e coletivos.
(C) incorreta, porque a prática do crime comum não autoriza a extradição.
(D) totalmente compatível com o que dispõe a Constituição no capítulo dos Direitos e Deveres Individuais e Coletivos.

Todas as alternativas encontram fundamento no inciso LI do art. 5º da CF/1988.
Gabarito "D".

(Delegado/MT – 2006) Analise as afirmações a seguir sobre nacionalidade.

A Constituição Federal:

L. vedou o estabelecimento, por lei, de distinção entre brasileiro nato e naturalizado.
LL. permitiu a extradição de brasileiros natos e naturalizados.
LLL. desautorizou o provimento de cargos de carreira diplomática por brasileiros naturalizados.
IV. permitiu aos brasileiros naturalizados ocupar o cargo de Oficial das Forças Armadas.

Todas as afirmações corretas estão na alternativa:

(A) I – II
(B) I – III
(C) II – III – IV
(D) III – IV

I: correta (art. 12, § 2º, da CF/1988); II: incorreta (art. 5º, LI, da CF/1988); III: correta (art. 12, § 3º, V, da CF/1988); IV: incorreta (art. 12, § 3º, VI, da CF/1988).
Gabarito "B".

(Delegado/SP – 2003) O cancelamento de naturalização pela prática de atividade nociva ao interesse nacional será feito por

(A) lei ordinária.
(B) decreto do Presidente da República.
(C) portaria do Presidente da República.
(D) sentença judicial.

O cancelamento será feito por **sentença judicial**, conforme dispõe o art. 12, § 4º, I, da CF/1988.
Gabarito "D".

3.5. Direitos políticos

(Delegado/DF – 2015 – Fundação Universa) Acerca dos direitos e dos partidos políticos, assinale a alternativa correta.

(A) Suponha-se que Guilherme esteja preso, aguardando o julgamento de seu recurso de apelação. Nesse caso, Guilherme não poderá votar, por faltar-lhe, por causa de sua prisão cautelar, o pleno exercício dos direitos políticos.
(B) É assegurada aos partidos políticos autonomia para definir a sua estrutura interna, a sua organização e o seu funcionamento, podendo receber doações de pessoas físicas e jurídicas, nacionais ou estrangeiras.
(C) Suponha-se que Maria tenha 18 anos de idade completos e não saiba escrever o seu próprio nome, sendo considerada como analfabeta. Nesse caso, o alistamento eleitoral de Maria é obrigatório.
(D) A CF exige, como idade mínima para exercer os cargos de senador e de deputado federal, que o candidato tenha, pelo menos, 21 anos de idade.
(E) Suponha-se que Joana, deputada federal, seja casada com Pedro, atual governador do estado X. Nesse caso, nas próximas eleições, quando Pedro e Joana concorrerem às respectivas reeleições, Joana não ficará inelegível.

A: incorreta. Apenas a condenação criminal transitada em julgado, enquanto durarem seus efeitos, é que faria com que Guilherme não pudesse votar, conforme determina o art. 15, III, da CF; B: incorreta. Ao contrário do mencionado, os partidos não podem receber doações estrangeiras, conforme determina o art. 17, II, da CF e nem de pessoas jurídicas (o art. 81 da Lei 9.504/1997, que previa as doações feitas por pessoas jurídicas, foi revogado pela Lei 13.165/2015); C: incorreta. Para os analfabetos, o alistamento eleitoral e o voto são facultativos. É o que dispõe o art. 14, § 1º, II, a, da CF; D: incorreta. Para concorrer ao cargo de Senador, a idade mínima é de 35 anos. De acordo com § 3º do art. 14 da CF, as condições de elegibilidade são I – a nacionalidade brasileira; II – o pleno exercício dos direitos políticos; III – o alistamento eleitoral; IV – o domicílio eleitoral na circunscrição; V – a filiação partidária; VI – a idade mínima de: *a)* **trinta e cinco anos para** Presidente e Vice-Presidente da República e **Senador**; *b)* trinta anos para Governador e Vice-Governador de Estado e do Distrito Federal; *c)* **vinte e um anos para Deputado Federal, Deputado Estadual ou Distrital**, Prefeito, Vice-Prefeito e juiz de paz; *d)* dezoito anos para Vereador; **E**: correta. O § 7º do art. 14 da CF, ao tratar da inelegibilidade reflexa, ensina que são inelegíveis, no território de jurisdição do titular, o cônjuge e os parentes consanguíneos ou afins, até o segundo grau ou por adoção,

do Presidente da República, de Governador de Estado ou Territorio, do Distrito Federal, de Prefeito ou de quem os haja substituído dentro dos seis meses anteriores ao pleito, **salvo se já titular de mandato eletivo e candidato à reeleição.**
Gabarito: "E".

4. ORGANIZAÇÃO DO ESTADO

4.1. Organização político-administrativa

(Delegado/RJ – 2022 – CESPE/CEBRASPE) Em conformidade com a CF e a jurisprudência do Supremo Tribunal Federal, uma constituição estadual que estabelecesse: (i) novas hipóteses de foro por prerrogativa de função para o cargo de delegado, (ii) previsão de lei orgânica da polícia civil ser veiculada por lei complementar, (iii) determinação ao legislador de observância de isonomia remuneratória entre policiais civis e policiais militares, seria considerada

(A) constitucional em relação à instituição de prerrogativa de foro, mas inconstitucional quanto à determinação ao legislador de observância de isonomia remuneratória entre policiais civis e policiais militares e à previsão de lei complementar para a lei orgânica da polícia civil, por violar a simetria.

(B) completamente constitucional.

(C) constitucional em relação à previsão de lei complementar para regência da polícia civil e inconstitucional em relação às demais previsões.

(D) constitucional tão somente em relação à determinação ao legislador de observância de isonomia remuneratória entre policiais civis e policiais militares, considerando-se a necessária igualdade entre servidores estabelecida no art. 37 da CF.

(E) completamente inconstitucional.

Comentário: (i) A ADI 6504 decidiu que: "Ementa Ação direta de inconstitucionalidade. Constituição do Estado do Piauí. Foro por prerrogativa de função ao Defensor Público-Geral do Estado, ao Delegado-Geral da Polícia Civil e aos integrantes das carreiras de Procurador do Estado e de Defensor Público do Estado. Interpretação restritiva do foro por prerrogativa de função. Inadmissibilidade de extensão das hipóteses definidas na própria Constituição da República. Simetria direta. Precedentes. Procedência. 1. A regra é que todos os cidadãos sejam julgados inicialmente perante juízes de primeiro grau, em consonância com o princípio republicano (art. 1º, caput , CF), o princípio da isonomia (art. 5º, caput , CF) e o princípio do juiz natural (art. 5º, LIII, CF). Somente em hipóteses extraordinárias e de modo excepcional se admite o estabelecimento de normas diversas, com a fixação de foro por prerrogativa de função. 2. O foro por prerrogativa de função só encontra razão de ser na proteção à dignidade do cargo, e não à pessoa que o ocupa, o que impele à interpretação restritiva do instituto, tendo em vista sua excepcionalidade e em prestígio aos princípios republicano (art. 1º, caput, CF) e da isonomia (art. 5º, caput, CF). 3. A Constituição da República já disciplinou de forma minudente e detalhada as hipóteses de prerrogativa de foro, a evidenciar sua exaustão e, em consequência, a impossibilidade de ampliação de seu alcance pelo poder constituinte decorrente, Apenas quando a própria Carta Política estabelece simetria direta mostra-se legítimo à Constituição estadual conceder prerrogativa de foro. 4. Ação direta inconstitucionalidade conhecida. Pedido julgado procedente com efeitos *ex nunc*." (STF – ADI 6504/PI – Pleno – Relatora Rosa Weber – DJe 05/11/2021); (ii) Este item é polêmico. Há um julgado do STF admitindo a previsão de lei complementar e um outro não admitido. O julgado admitindo tem a seguinte ementa: "POLÍCIA CIVIL – REGÊNCIA – LEI – NATUREZA. A previsão, na Carta estadual, da regência, quanto à polícia civil, mediante lei complementar não conflita com a Constituição Federal." (STF – ADI 2314/RJ – Redator do acórdão Ministro Marco Aurélio – DJe 07/10/2015). O outro acórdão é mais recente e **não admite**: "Ementa: AÇÃO DIRETA DE INCONSTITUCIONALIDADE. DIREITO CONSTITUCIONAL. ARTIGO 57, PARÁGRAFO ÚNICO, IV, V, VII E VIII, DA CONSTITUIÇÃO DO ESTADO DE SANTA CATARINA. HIPÓTESES DE RESERVA DE LEI COMPLEMENTAR NÃO CONTIDAS NA CONSTITUIÇÃO FEDERAL. VIOLAÇÃO AO PRINCÍPIO DEMOCRÁTICO, À SEPARAÇÃO DE PODERES E À SIMETRIA. PRECEDENTES. AÇÃO DIRETA DE INCONSTITUCIONALIDADE CONHECIDA E JULGADO PROCEDENTE O PEDIDO. 1. A lei complementar, conquanto não goze, no ordenamento jurídico nacional, de posição hierárquica superior àquela ocupada pela lei ordinária, pressupõe a adoção de processo legislativo qualificado, cujo quórum para a aprovação demanda maioria absoluta, *ex vi* do artigo 69 da CRFB. 2. A criação de reserva de lei complementar, com o fito de mitigar a influência das maiorias parlamentares circunstanciais no processo legislativo referente a determinadas matérias, decorre de juízo de ponderação específico realizado pelo texto constitucional, fruto do sopesamento entre o princípio democrático, de um lado, e a previsibilidade e confiabilidade necessárias à adequada normatização de questões de especial relevância econômica, social ou política, de outro. 3. A aprovação de leis complementares depende de mobilização parlamentar mais intensa para a criação de maiorias consolidadas no âmbito do Poder Legislativo, bem como do dispêndio de capital político e institucional que propicie tal articulação, processo esse que nem sempre será factível ou mesmo desejável para a atividade legislativa ordinária, diante da realidade que marca a sociedade brasileira – plural e dinâmica por excelência – e da necessidade de tutela das minorias, que nem sempre contam com representação política expressiva. 4. A ampliação da reserva de lei complementar, para além daquelas hipóteses demandadas no texto constitucional, portanto, restringe indevidamente o arranjo democrático-representativo desenhado pela Constituição Federal, ao permitir que Legislador estadual crie, por meio do exercício do seu poder constituinte decorrente, óbices procedimentais – como é o quórum qualificado – para a discussão de matérias estranhas ao seu interesse ou cujo processo legislativo, pelo seu objeto, deva ser mais célere ou responsivo aos ânimos populares. 5. *In casu*, são inconstitucionais os dispositivos ora impugnados, que demandam edição de lei complementar para o tratamento (i) do regime jurídico único dos servidores estaduais e diretrizes para a elaboração de planos de carreira; (ii) da organização da Polícia Militar e do Corpo de Bombeiros Militar e do regime jurídico de seus servidores; (iii) da organização do sistema estadual de educação; e (iv) do plebiscito e do referendo – matérias para as quais a Constituição Federal não demandou tal espécie normativa. Precedente: ADI 2872, Relator Min. EROS GRAU, Redator p/ Acórdão Min. RICARDO LEWANDOWSKI, Tribunal Pleno, julgado em 1º/8/2011, DJe 5/9/2011. 6. Ação direta conhecida e julgado procedente o pedido, para declarar inconstitucional o artigo 57, parágrafo único, IV, V, VII e VIII, da Constituição do Estado de Santa Catarina." (STF – ADI 5003/SC – Pleno – Relator Ministro Luiz Fux – DJe 19/12/2019); (iii) O STF decidiu no seguinte sentido: "EMENTA: AÇÃO DIRETA DE INCONSTITUCIONALIDADE. JULGAMENTO CONJUNTO DAS ADI'S 4.009 E 4.001. LEGITIMIDADE AD CAUSAM DA REQUERENTE --- ADEPOL. LEI COMPLEMENTAR N. 254, DE 15 DE DEZEMBRO DE 2003, COM A REDAÇÃO QUE LHE FOI CONFERIDA PELA LEI COMPLEMENTAR N. 374, DE 30 DE JANEIRO DE 2007, AMBAS DO ESTADO DE SANTA CATARINA. ESTRUTURA ADMINISTRATIVA E REMUNERAÇÃO DOS PROFISSIONAIS DO SISTEMA DE SEGURANÇA PÚBLICA ESTADUAL. ARTIGO 106, § 3º, DA CONSTITUIÇÃO CATARINENSE. LEIS COMPLEMENTARES NS. 55 E 99, DE 29 DE MAIO DE 1.992 E 29 DE NOVEMBRO DE 1.993, RESPECTIVAMENTE. VINCULAÇÃO OU EQUIPARAÇÃO DE ESPÉCIES REMUNERATÓRIAS DOS POLICIAIS CIVIS E MILITARES À REMUNERAÇÃO DOS DELEGADOS. ISONOMIA, PARIDADE E EQUIPARAÇÃO DE VENCIMENTOS. JURISPRUDÊNCIA DO STF: VIOLAÇÃO DO DISPOSTO NOS ARTIGOS 37, INCISO XIII; 61, § 1º, INCISO II, ALÍNEA 'A', E 63, INCISO I, DA

CONSTITUIÇÃO DO BRASIL. PROIBIÇÃO DE VINCULAÇÃO E EQUIPARAÇÃO ENTRE REMUNERAÇÕES DE SERVIDORES PÚBLICOS. PEDIDO JULGADO PARCIALMENTE PROCEDENTE. MODULAÇÃO DOS EFEITOS DA DECISÃO DE INCONSTITUCIONALIDADE. 1. A legitimidade *ad causam* da requerente foi reconhecida por esta Corte em oportunidade anterior – entidade de classe de âmbito nacional, com homogeneidade em sua representação, que congrega Delegados de Carreira das Polícias Federal, Estaduais e do Distrito Federal. 2. O objeto desta ação direta diz com a possibilidade de equiparação ou vinculação de remunerações de servidores públicos estaduais integrados em carreiras distintas. 3. A jurisprudência desta Corte é pacífica no que tange ao não cabimento de qualquer espécie de vinculação entre remunerações de servidores públicos [artigo 37, XIII, da CB/88]. Precedentes. 4. Violação do disposto no artigo 61, § 1º, inciso II, alínea a, da Constituição do Brasil – 'são de iniciativa privativa do presidente da República as leis que: [...]; II – disponham sobre: a) criação de cargos, funções ou empregos públicos na administração direta e autárquica ou aumento de sua remuneração'. 5. Afronta ao disposto no artigo 63, inciso I, da Constituição do Brasil – 'não será admitido aumento de despesa prevista: I – nos projetos de iniciativa exclusiva do Presidente da República, ressalvados o disposto no art. 166, §§ 3º e 4º'. 6. É expressamente vedado pela Constituição do Brasil o atrelamento da remuneração de uns servidores públicos à de outros, de forma que a majoração dos vencimentos do grupo paradigma consubstancie aumento direto dos valores da remuneração do grupo vinculado. 7. Afrontam o texto da Constituição do Brasil os preceitos da legislação estadual que instituem a equiparação e vinculação de remuneração. 8. Ação direta julgada parcialmente procedente para declarar a inconstitucionalidade: [i] do trecho final do § 3º do artigo 106 da Constituição do Estado de Santa Catarina: 'de forma a assegurar adequada proporcionalidade de remuneração das diversas carreiras com a de delegado de polícia'; [ii] do seguinte trecho do artigo 4º da LC n. 55/92 '[...], assegurada a adequada proporcionalidade das diversas carreiras com a do Delegado Especial'; [iii] do seguinte trecho do artigo 1º da LC 99: 'mantida a proporcionalidade estabelecida em lei que as demais classes da carreira e para os cargos integrantes do Grupo Segurança Pública - Polícia Civil'; e, [iv] por arrastamento, do § 1º do artigo 10 e os artigos 11 e 12 da LC 254/03, com a redação que lhe foi conferida pela LC 374, todas do Estado de Santa Catarina. 9. Modulação dos efeitos da decisão de inconstitucionalidade. Efeitos prospectivos, a partir da publicação do acórdão. 10. Aplicam-se à ADI n. 4.001 as razões de decidir referentes à ADI n. 4.009." (STF – ADI 4009/SC – Pleno – Relator Ministro Eros Grau – DJe 29/05/2009).

Gabarito "E".

(Delegado/MG – 2021 – FUMARC) O professor Kildare Gonçalves Carvalho, em clássica obra de Direito Constitucional, leciona: "Prevê, ainda, a Constituição a iniciativa reservada ou exclusiva, pela qual determinadas matérias somente poderão ser objeto de projeto de lei, se apresentado por um único proponente legislativo. A iniciativa reservada se revela assim pela matéria que determina o órgão competente para o depósito do projeto de lei" [...]

Observado o princípio da simetria constitucional, são de iniciativa privativa do Governador de Estado as leis que disponham sobre

(A) criação, transformação ou extinção dos cargos, empregos e funções de ser- viços na Assembleia Legislativa.

(B) iniciativa de lei para fixação da remuneração dos servidores públicos do Legislativo Estadual, observados os parâmetros estabelecidos na lei de diretrizes orçamentárias.

(C) o regime jurídico dos Delegados Civis.

(D) organização do Ministério Público e da Defensoria Pública da União.

A: incorreta. A criação, transformação ou extinção dos cargos, empregos e funções de serviços *na Assembleia Legislativa* são de competência do próprio Poder Legislativo Estadual, sob pena de violação ao princípio da separação dos poderes (art. 2º, *caput*, e 60, § 4º, III, ambos da CF); **B:** incorreta. Mais uma vez, valendo-se do princípio da separação dos poderes, a iniciativa de lei para fixação da remuneração dos *servidores públicos do Legislativo Estadual* é de competência do Poder Legislativo Estadual, não do Poder Executivo Estadual – Governador; **C:** correta. De fato, a polícia civil deve submissão ao Executivo, portanto as leis que disponham sobre o regime jurídico dos Delegados Civis são de iniciativa privativa do Governador de Estado (art. 61, § 1º, "c", da CF, por simetria); **D:** incorreta. A organização do Ministério Público e da Defensoria Pública *da União* é da *competência privativa do Presidente da República* (art. 61, § 1º, "d", CF).

Gabarito "C".

(Delegado/MG – 2018 – FUMARC) A competência para a explorar diretamente, ou mediante concessão, os serviços locais de gás canalizado é dos

(A) estados-membros e dos municípios.

(B) estados-membros, do distrito federal e dos municípios.

(C) estados-membros.

(D) municípios.

De acordo com o art. 25, §2º, da CF, **cabe aos Estados explorar diretamente, ou mediante concessão, os serviços locais de gás canalizado**, na forma da lei, vedada a edição de medida provisória para a sua regulamentação.

Gabarito "C".

(Delegado/MS – 2017 – FAPEMS) Sobre a organização do Estado e o Federalismo, assinale a alternativa correta.

(A) A definição dos crimes de responsabilidade e o estabelecimento das respectivas normas de processo e julgamento são da competência legislativa concorrente da União, Estados e Distrito Federal. Portanto, é possível legislação estadual sobre crime de responsabilidade.

(B) Segundo o STF é inconstitucional lei estadual que disponha sobre bloqueadores de sinal de celular em presídio, pois tal legislação invade a competência da União para legislar sobre telecomunicações.

(C) Segundo o STF, é competente o Município para fixar o horário de funcionamento de estabelecimento comercial, em virtude disso não ofende o princípio da livre concorrência lei municipal que impede a instalação de estabelecimentos comerciais do mesmo ramo em determinada área.

(D) A repartição vertical de competências é a técnica na qual dois ou mais entes vão atuar conjunta ou concorrentemente para uma mesma matéria (tema). A repartição vertical surge na Constituição Alemã de Weimar de 1919. No Brasil, aparece pela primeira vez na Constituição da República de 1988.

(E) Compete à União, aos Estados e ao Distrito Federal legislar concorrentemente sobre custas forenses, registros públicos, educação, cultura, ciência e tecnologia, bem como sobre organização, garantias, direitos e deveres das polícias civis.

Errada a alternativa **A**. A competência para legislar sobre direito penal é privativa da União, conforme artigo 22, inciso I, CF. Correta a alternativa **B**. Conforme decidido pelo STF "lei estadual que disponha sobre bloqueadores de sinal de celular em presídio invade a competência da União para legislar sobre telecomunicações. Com base nesse entendimento, em apreciação conjunta e por maioria, o STF declarou a inconstitucionalidade da Lei 3.153/2005 do Estado do Mato Grosso do Sul e da Lei 15.829/2012 do Estado de Santa Catarina. ADI 3835/MS, rel. Min. Marco Aurélio, 3.8.2016. (ADI-3835); ADI 5356/MS, rel. orig. Min. Edson Fachin, red. p/ o acórdão Min. Marco Aurélio, 3.8.2016. (ADI-5356); ADI 5253 /BA, rel. Min. Dias Toffoli, 3.8.2016. (ADI-5253); ADI 5327/PR, rel. Min Dias Toffoli, 3.8.2016. (ADI-5327); ADI 4861/SC, rel. Min. Gilmar Mendes, 3.8.2016. (ADI-4861). Errada a alternativa **C**. Nesse sentido as Súmulas vinculantes 38 "É competente o Município para fixar o horário de funcionamento de estabelecimento comercial." e 49 "Ofende o princípio da livre concorrência lei municipal que impede a instalação de estabelecimentos comerciais do mesmo ramo em determinada área". Errada a alternativa **D**. A repartição vertical, que advém do federalismo cooperativo, aparece pela primeira vez no Brasil na Constituição de 1934 (e existe na atual Constituição). Errada a alternativa **E**. Compete à União, aos Estados e ao Distrito Federal legislar concorrentemente sobre custas forenses, educação, cultura, ciência e tecnologia, bem como sobre organização, garantias, direitos e deveres das polícias civis (artigo 24, CF). Mas legislar sobre registros públicos é competência privativa da União, conforme artigo 22, inciso XXV, CF.

Gabarito "B".

(Delegado/MT – 2017 – CESPE) De acordo com o entendimento dos tribunais superiores, lei municipal que impedir a instalação de mais de um estabelecimento comercial do mesmo ramo em determinada área do município será considerada

(A) inconstitucional, por ofender o princípio da livre concorrência.

(B) inconstitucional, por ofender o princípio da busca do pleno emprego.

(C) constitucional, por versar sobre assunto de interesse exclusivamente local.

(D) constitucional, por não ofender o princípio da defesa do consumidor.

(E) inconstitucional, por ofender o princípio da propriedade privada.

Dispõe a Súmula Vinculante 49 que "Ofende o princípio da livre concorrência lei municipal que impede a instalação de estabelecimentos comerciais do mesmo ramo em determinada área." Logo correta a alternativa A, pois tal lei seria inconstitucional por violar o princípio da livre concorrência.

Gabarito "A".

(Delegado/MT – 2017 – CESPE) Aprovada pela assembleia legislativa de um estado da Federação, determinada lei conferiu aos delegados de polícia desse estado a prerrogativa de ajustar com o juiz ou a autoridade competente a data, a hora e o local em que estes serão ouvidos como testemunha ou ofendido em processos e inquéritos.

Nessa situação hipotética, a lei é

(A) constitucional, pois, apesar de tratar de matéria de competência privativa da União, o estado legislou sobre procedimentos de âmbito estadual.

(B) constitucional, pois trata de matéria de competência comum da União, dos estados, do DF e dos municípios.

(C) constitucional, pois trata de matéria de competência concorrente da União, dos estados e do DF.

(D) inconstitucional, pois o estado legislou sobre direito processual, que é matéria de competência privativa da União.

(E) inconstitucional, pois o estado legislou sobre normas gerais de matéria de competência concorrente da União, dos estados e do DF.

O Supremo Tribunal Federal, na ADI 3896, por unanimidade, declarou a inconstitucionalidade de lei do estado de Sergipe, que conferiu a delegado de polícia a prerrogativa de "ser ouvido, como testemunha ou ofendido, em qualquer processo ou inquérito, em dia, hora e local previamente ajustados com o juízo ou autoridade competente". O fundamento foi de que o dispositivo impugnado afronta o artigo 22, inciso I, da Constituição Federal (CF), que atribui exclusivamente à União a competência para legislar em matéria de direito processual. Sendo assim, a lei é inconstitucional, pois o estado legislou sobre direito processual, que é matéria de competência privativa da União – alternativa D.

Gabarito "D".

(Delegado/GO – 2017 – CESPE) A respeito dos estados-membros da Federação brasileira, assinale a opção correta.

(A) Denomina-se cisão o processo em que dois ou mais estados se unem geograficamente, formando um terceiro e novo estado, distinto dos estados anteriores, que perdem a personalidade originária.

(B) Para o STF, a consulta a ser feita em caso de desmembramento de estado-membro deve envolver a população de todo o estado-membro e não só a do território a ser desmembrado.

(C) A CF dá ao estado-membro competência para instituir regiões metropolitanas e microrregiões, mas não aglomerações urbanas: a competência de instituição destas é dos municípios.

(D) Conforme a CF, a incorporação, a subdivisão, o desmembramento ou a formação de novos estados dependerá de referendo. Assim, o referendo é condição prévia, essencial ou prejudicial à fase seguinte: a propositura de lei complementar.

(E) Segundo o STF, os mecanismos de freios e contrapesos previstos em constituição estadual não precisam guardar estreita similaridade com aqueles previstos na CF.

A alternativa **A** está errada. Isso porque a cisão é a subdivisão de um estado em dois novos, com o desaparecimento da personalidade do estado original. Correta a alternativa **B**. Conforme decidido pelo STF na ADI 2650/DF "A expressão "população diretamente interessada" constante do § 3º do artigo 18 da Constituição ("Os Estados podem incorporar-se entre si, subdividir-se ou desmembrar-se para se anexarem a outros, ou formarem novos Estados ou Territórios Federais, mediante aprovação da população diretamente interessada, através de plebiscito, e do Congresso Nacional, por lei complementar") deve ser entendida como a população tanto da área desmembranda do Estado-membro como a da área remanescente". Errada a alternativa **C**. Nos termos do artigo 25, § 3º, CF "Os Estados poderão, mediante lei complementar, instituir regiões metropolitanas, aglomerações urbanas e microrregiões, constituídas por agrupamentos de municípios limítrofes, para integrar a organização, o planejamento e a execução de funções públicas de interesse comum". A alternativa **D** está errada. Como citado na alternativa A, é por plebiscito a consulta popular e não por referendo. Errada a alternativa **E**. Nesse sentido a decisão do STF proferida na ADI 1905/MC: "Separação e independência dos Poderes: freios e contrapesos: parâmetros federais impostos ao Estado-membro. Os mecanismos de controle recíproco entre os Poderes, os "freios e contrapesos" admissíveis na estruturação das unidades federadas, sobre constituírem matéria constitucional local, só se legitimam na medida em que guardem estreita similaridade com os previstos na Constituição da República: precedentes".

Gabarito "B".

(Delegado/GO – 2017 – CESPE) A respeito da administração pública, assinale a opção correta de acordo com a CF.

(A) Desde a promulgação da CF, não houve, até o presente, inovação a respeito dos princípios constitucionais da administração pública por meio de emenda constitucional.

(B) A previsão constitucional de que a investidura em cargo ou emprego público depende de aprovação prévia em concurso público decorre exclusivamente do princípio da razoabilidade administrativa.

(C) Em oposição ao que diz o texto constitucional, o STF já se posicionou contrário à cobrança de contribuição previdenciária dos servidores públicos aposentados e pensionistas.

(D) Caso um deputado estadual nomeie sua tia materna como assessora de seu gabinete, não haverá violação à súmula vinculante que trata do nepotismo, pois esta veda a nomeação de colaterais de até o segundo grau.

(E) Segundo o STF, candidato aprovado em concurso público dentro do número de vagas previsto no edital e dentro do prazo de validade do certame terá direito subjetivo à nomeação.

A alternativa **A** está errada. O artigo 37, CF em sua redação original não tinha o princípio da eficiência, acrescentado pelo EC 19/1998, mas apenas os princípios da legalidade, impessoalidade, moralidade, publicidade. Errada a alternativa **B**. A previsão constitucional de que a investidura em cargo ou emprego público depende de aprovação prévia em concurso público é por si um princípio e também assegura os princípios da impessoalidade, da publicidade, da moralidade e da eficiência. Errada a alternativa **C**. O STF na ADI 3.105 entendeu que "Não viola as garantias e direitos fundamentais a exigência de contribuição previdenciária dos pensionistas e aposentados porque a medida apoia-se no princípio da solidariedade e no princípio de equilíbrio financeiro e atuarial do sistema previdenciário. (...) a extensão da contribuição previdenciária é uma imposição de natureza tributária e, portanto, deve ser analisada à luz dos princípios constitucionais relativos aos tributos. Assim, não se pode opor-lhe a garantia constitucional do direito adquirido para eximir-se do pagamento, pois não há norma no ordenamento jurídico brasileiro que imunize, de forma absoluta, os proventos de tributação, nem mesmo o princípio da irredutibilidade de vencimentos". A alternativa **D** está errada, pois conforme a súmula vinculante 13 "a nomeação de cônjuge, companheiro ou parente em linha reta, colateral ou por afinidade, até o terceiro grau, inclusive, da autoridade nomeante ou de servidor da mesma pessoa jurídica investido em cargo de direção, chefia ou assessoramento, para o exercício de cargo em comissão ou de confiança ou, ainda, de função gratificada na administração pública direta e indireta em qualquer dos poderes da União, dos Estados, do Distrito Federal e dos Municípios, compreendido o ajuste mediante designações recíprocas, viola a Constituição Federal." Tia é parente de terceiro grau, logo ao caso se aplica a SV 13 pois as hipóteses de nepotismo alcançam o terceiro grau. Correta a alternativa **E**. Conforme decidido pelo STF no RE 598.099, com repercussão geral, "Direito Administrativo. Concurso Público. 2. Direito líquido e certo à nomeação do candidato aprovado entre as vagas previstas no edital de concurso público. 3. Oposição ao poder discricionário da Administração Pública. 4. Alegação de violação dos arts. 5º, inciso LXIX e 37, *caput* e inciso IV, da Constituição Federal. 5. Repercussão Geral reconhecida." **LR**
Gabarito "E".

(Delegado/SP – 2014 – VUNESP) Compete privativamente à União legislar sobre

(A) produção e consumo.
(B) assistência jurídica e defensoria pública.
(C) trânsito e transporte.
(D) direito tributário, financeiro, penitenciário, econômico e urbanístico.
(E) educação, cultura, ensino e desporto.

A: incorreta. De acordo com o art. 24, V, da CF, compete à União, aos Estados e ao Distrito Federal legislar **concorrentemente** sobre produção e consumo; **B:** incorreta. Conforme determina o art. 24, XIII, da CF, a legislação sobre assistência jurídica e defensoria é da competência concorrente entre a União, aos Estados e ao Distrito Federal; **C:** correta. De fato, a competência para legislar sobre trânsito e transporte é privativa da União, conforme dispõe o art. 22, XI, da CF; **D:** incorreta. Tais assuntos, de acordo com o art. 24, I, da CF são da competência concorrente entre a União, aos Estados e ao Distrito Federal; **E:** incorreta. Por fim, a legislação sobre educação, cultura, ensino e desporto, conforme determina o art. 24, IX, da CF, também é da competência dos entes federados, de forma concorrente. **BV**
Gabarito "C".

(Delegado/PR – 2013 – UEL-COPS) Tendo em vista a repartição de competências entre os membros da federação brasileira, assinale a alternativa que apresenta, corretamente, a competência necessária para legislar sobre: produção e consumo; florestas, caça, pesca, fauna e conservação da natureza; proteção à infância e à juventude.

(A) Comum autorizada à União, aos Estados, ao Distrito Federal e aos Municípios.
(B) Concorrente autorizada à União, aos Estados e ao Distrito Federal.
(C) Suplementar autorizada à União, aos Estados e ao Distrito Federal.
(D) Exclusiva da União.
(E) Privativa da União.

De acordo com o art. 24, V, VI e XV, da CF a competência para legislar sobre tais assuntos é concorrente entre a União, os Estados e o Distrito Federal. **BV**
Gabarito "B".

(Delegado/PR – 2013 – UEL-COPS) Com relação ao texto da Constituição Brasileira (CF) de 1988, atribua V (verdadeiro) ou F (falso) às afirmativas a seguir.

I ( ) A CF não poderá ser emendada na vigência de intervenção federal, de estado de defesa ou de estado de sítio.

II ( ) O decreto de intervenção é ato do chefe do Poder Executivo e deverá especificar a amplitude, o prazo e as condições de execução da intervenção e, se couber, nomeará o interventor.

III ( ) Sempre que houver intervenção federal caberá o afastamento do governador do Estado-Membro da federação que sofre a intervenção, para a devida correção dos abusos cometidos.

IV ( ) Entre as medidas coercitivas a vigorarem durante o estado de defesa encontram-se restrições ao direito de sigilo de correspondência e ao direito de sigilo de comunicação telegráfica e telefônica.

V ( ) A declaração de estado de guerra ou a resposta à agressão armada estrangeira permite a suspensão dos direitos fundamentais individuais, para a boa condução da defesa do Estado brasileiro.

Assinale a alternativa que contém, de cima para baixo, a sequência correta.

(A) V, V, F, V, F.
(B) V, F, F, V, V.
(C) V, F, F, F, V.
(D) F, V, V, F, F.
(E) F, F, V, F, V.

I: verdadeira. De acordo com o art. 60, § 1º, da CF, a Constituição não poderá ser emendada na vigência de intervenção federal, de estado de defesa ou de estado de sítio; II: verdadeira. Conforme determina o art. 36, § 1º, da CF, o decreto de intervenção, que especificará a amplitude, o prazo e as condições de execução e que, se couber, nomeará o interventor, será submetido à apreciação do Congresso Nacional ou da Assembleia Legislativa do Estado, no prazo de vinte e quatro horas; III: falsa. A intervenção que não gera, necessariamente, o afastamento do Chefe do Executivo Estadual. De acordo com o art. 36, § 1º, o decreto de intervenção, que especificará a amplitude, o prazo e as condições de execução e que, **se couber, nomeará o interventor**, será submetido à apreciação do Congresso Nacional ou da Assembleia Legislativa do Estado, no prazo de vinte e quatro horas; IV: verdadeira. Conforme determina o art. 136, § 1º, da CF, o decreto que instituir o estado de defesa determinará o tempo de sua duração, especificará as áreas a serem abrangidas e indicará, nos termos e limites da lei, as medidas coercitivas a vigorarem, dentre as seguintes: I – restrições aos direitos de: a) reunião, ainda que exercida no seio das associações; b) **sigilo de correspondência**; c) **sigilo de comunicação telegráfica e telefônica**; V: falsa. A declaração de estado de guerra ou resposta a agressão armada estrangeira é motivo para a decretação do estado de sítio, de acordo com o que dispõe o art. 137, II, da CF. Ocorre que apenas o estado de sítio devidamente decretado é que pode ensejar medidas como: I – obrigação de permanência em localidade determinada; II – detenção em edifício não destinado a acusados ou condenados por crimes comuns; III – restrições relativas à inviolabilidade da correspondência, ao sigilo das comunicações, à prestação de informações e à liberdade de imprensa, radiodifusão e televisão, na forma da lei; IV – suspensão da liberdade de reunião; V – busca e apreensão em domicílio; VI – intervenção nas empresas de serviços públicos e VII – requisição de bens, conforme determina o art. 139 da CF.

Gabarito "A".

(Delegado/RJ – 2013 – FUNCAB) De acordo com a distribuição das competências legislativas entre os entes da Federação, prevista na Constituição da República, é correto afirmar:

(A) A União tem competência privativa para legislar sobre proteção à infância e à juventude.
(B) A União pode delegar aos Estados, por meio de Lei Ordinária, assuntos de sua competência legislativa privativa.
(C) A União, os Estados e o Distrito Federal possuem competência concorrente para legislar sobre sistema de consórcios e sorteios.
(D) A competência para legislar sobre organização, garantias, direitos e deveres das polícias civis é privativa dos Estados e do Distrito Federal.
(E) Compete à União legislar privativamente sobre trânsito e transporte.

A: incorreta. A **proteção à infância e à juventude** é tema a ser legislado **concorrentemente** pela União, Estados e ao Distrito Federal, conforme determina o art. 24, XV, da CF; B: incorreta. A delegação deve ser feita por meio de **lei complementar**. De acordo com o art. 22, parágrafo único, da CF, lei complementar poderá autorizar os Estados a legislar sobre questões específicas das matérias relacionadas neste artigo, ou seja, os assuntos da competência privativa da União; C: incorreta. A legislação sobre os sistemas de **consórcios e sorteios** é da competência **privativa da União**, conforme determina o art. 22, XX, da CF; D: incorreta. De acordo com o art. 24, XVI, da CF, a **organização, garantias, direitos e deveres das polícias civis** são da competência **concorrente entre a União**, os Estados e o Distrito Federal; E: correta. É o que determina o art. 22, XI, da CF.

Gabarito "E".

(Delegado/SP – 2011) Atualmente as contas dos Municípios ficarão à disposição de qualquer contribuinte para exame e apreciação por

(A) 15 dias.
(B) 90 dias
(C) 30 dias
(D) 60 dias
(E) 100 dias

De acordo com o art. 31, § 3º, da CF/1988, as **contas** dos Municípios ficarão, durante **sessenta dias**, anualmente, **à disposição** de qualquer contribuinte, **para exame e apreciação**, o qual poderá questionar-lhes a legitimidade, nos termos da lei.

Gabarito "D".

(Delegado/AP – 2010) Relativamente à organização do Estado, assinale a afirmativa incorreta.

(A) A organização político-administrativa da República Federativa do Brasil compreende a União, os Estados, o Distrito Federal e os Municípios, todos autônomos, nos termos desta Constituição.
(B) A autonomia federativa assegura aos Estados, ao Distrito Federal e aos Municípios estabelecer cultos religiosos ou igrejas, subvencioná-los, autorizar ou proibir seu funcionamento, na forma da lei.
(C) É vedado à União, aos Estados, ao Distrito Federal e aos Municípios criar distinções entre brasileiros ou preferências entre si.
(D) Os Estados podem incorporar-se entre si, subdividir-se ou desmembrar-se para se anexarem a outros, ou formarem novos Estados ou Territórios Federais, mediante aprovação da população diretamente interessada, através de plebiscito, e do Congresso Nacional, por lei complementar.
(E) A criação, a incorporação, a fusão e o desmembramento de Municípios, far-se-ão por lei estadual, dentro do período determinado por Lei Complementar Federal, e dependerão de consulta prévia, mediante plebiscito, às populações dos Municípios envolvidos, após divulgação dos Estudos de Viabilidade Municipal, apresentados e publicados na forma da lei.

A: correta, conforme dispõe o art. 18, "caput", da CF/1988. É importante destacar que alguns doutrinadores, como José Afonso da Silva, sustentam que nada obstante os Municípios façam parte da organização político-administrativa e quanto a isso não há dúvida, já que a Constituição expressamente os inclui, não podem ser considerados entes federativos, ou seja, não integrariam o sistema federativo; B: incorreta (devendo ser assinalada), tendo em vista o art. 19, I, da CF/1988. A República Federativa do Brasil é considerada um Estado leigo ou laico, ou seja, não guarda vínculo específico com qualquer doutrina religiosa; C: correta, em razão da previsão contida no art. 19, III, da CF/1988; D: correta (art. 18, § 3º, da CF/1988); E: correta (art. 18, § 4º, da CF/1988).

Gabarito "B".

(Delegado/AP – 2006 – UFAP) Marque a alternativa correta.

(A) A competência da União para legislar sobre normas gerais exclui a competência suplementar dos Estados membros.

(B) Inexistindo Lei Federal sobre normas gerais, os Estados membros exercerão a competência legislativa plena, para atender as suas peculiaridades.

(C) A superveniência de Lei Federal sobre normas gerais revoga a Lei Estadual, no que lhe for contrário.

(D) No âmbito da legislação comum, a competência da União limitar-se-á a estabelecer normas gerais.

(E) Os Estados Membros não podem legislar sobre normas gerais.

A: incorreta, os Estados exercem a competência suplementar (art. 24, § 2º, da CF/1988). Normas estaduais suplementares são aquelas que, na visão de José Afonso da Silva, "desdobrem o conteúdo de princípios ou normas gerais ou que supram a ausência ou omissão destas (art. 24, §§ 1º a 4º, da CF/1988)" (*Curso de Direito Constitucional Positivo*, Malheiros, 28ª edição, pág. 481); **B:** correta, tendo em vista o disposto no art. 24, § 3º, da CF/1988; **C:** incorreta, a superveniência de lei federal **suspende** a eficácia da lei Estadual e não a revoga. Na suspensão há perda de eficácia da norma, que não pode produzir efeitos jurídicos, muito embora se mantenha vigente no ordenamento jurídico, ao passo que na revogação a norma é extirpada, excluída do ordenamento jurídico brasileiro; **D:** incorreta, no âmbito da legislação comum (art. 23 da CF/1988), a União não exerce esse papel de elaborar normas gerais. Isso ocorre quando estamos diante da competência concorrente (art. 24 da CF/1988); **E:** incorreta, pois o § 3º do art. 24 da CF/1988 confere aos Estados a possibilidade de exercer competência plena, quando não há norma geral da União.
Gabarito "B".

(Delegado/AP – 2006 – UFAP) Com relação à organização político-administrativa do Estado Brasileiro, marque a alternativa correta.

(A) A fusão de Municípios far-se-á por lei estadual, dentro do período determinado por lei ordinária federal, e dependente de consulta prévia, mediante plebiscito, às populações dos Municípios envolvidos no processo.

(B) Os Estados-membros não podem recusar fé aos documentos públicos da União, facultando-se-lhes, porém, recusar o reconhecimento de documentos de outros Estados.

(C) Nos Territórios Federais, com mais de duzentos mil habitantes, além do Governador, haverá órgãos judiciários de primeira e segunda instâncias e membros do Ministério Público.

(D) Enquanto unidade federada com autonomia parcialmente tutelada, o Distrito Federal possui somente competência legislativa estadual.

(E) A União é pessoa jurídica de direito público interno com capacidade política, e ora se manifesta em nome próprio, ora se manifesta em nome da Federação.

A: incorreta, uma vez que, na forma do § 4º do art. 18 da CF/1988, o período para fusão dos Municípios deve ser determinado por lei complementar federal, não por lei ordinária; **B:** errada. A proibição de recusar fé pública a documentos públicos é ampla alcançando todos os entes integrantes da organização político-administrativa (art. 19, II, da CF/1988); **C:** incorreta, os Territórios Federais com mais de **cem mil** habitantes terão órgãos judiciários de primeira e segunda instância, membros do Ministério Público e defensores públicos federais (art. 33, § 3º, da CF/1988); **D:** incorreta. O Distrito Federal cumula competências legislativas estaduais e municipais (art. 32, § 1º, da CF/1988); **E:** correta. No plano interno a União atua em nome próprio como ente federativo autônomo; no plano internacional, atua em nome da República Federativa do Brasil (art. 21, I, da CF/1988).
Gabarito "E".

(Delegado/MA – 2006 – FCC) Quanto à organização político-administrativa da República Federativa do Brasil, estabelece a Constituição Federal que compete privativamente a União legislar, entre outras matérias, sobre

(A) procedimentos em matéria processual.

(B) educação, cultura, ensino e desporto.

(C) previdência social, proteção e defesa da saúde.

(D) proteção à infância e à juventude.

(E) registros públicos.

À exceção da alternativa E (art. 22, XXV, da CF/1988), todos os outros itens veiculam hipóteses de competência concorrente e não privativa (art. 24, XI, IX, XII e XV, da CF/1988).
Gabarito "E".

(Delegado/MG – 2008) No Estado Federativo, o Distrito Federal

(A) é considerado uma entidade federativa, dotado de autonomia financeira, administrativa e política, assim como ocorre com os Estados-membros e Municípios, com competências próprias.

(B) equipara-se aos Territórios por serem, ambos, entidades federativas vinculadas à União.

(C) não é considerado entidade federativa, pois não tem representação no Senado Federal.

(D) pode subdividir-se em Municípios, assim como os Estados-membros, e é dotado de um Poder Constituinte Decorrente.

A: correta (art. 32, *caput* e § 1º, da CF/1988); **B:** incorreta. Não há equiparação aos territórios, nem tampouco há vínculo à União, sendo o Distrito Federal ente federativo autônomo, com competências legislativas e administrativas definidas no texto constitucional; **C:** incorreta. Nos termos do art. 45 da CF/1988 a Câmara dos Deputados compõe-se de representantes do povo, eleitos, pelo sistema proporcional, em cada Estado, em cada Território e no Distrito Federal. O Senado Federal, por sua vez, nos termos do art. 46 da CF/1988 compõe-se de representantes dos Estados e do Distrito Federal, eleitos segundo o princípio majoritário; **D:** incorreta. Ao Distrito Federal é vedada a divisão em Municípios, conforme se observa do art. 32, "caput", da CF/1988. É importante destacar que os Territórios, ao contrário do Distrito Federal, podem se dividir em Municípios (art. 33, § 1º, da CF/1988).
Gabarito "A".

(Delegado/MG – 2008) No sistema presidencialista o Presidente da República não é responsável, politicamente, por atos praticados durante seu mandato. Entretanto, ele não está isento de responsabilidade administrativa quanto

(A) à prática de crimes de responsabilidade, julgado pela Câmara dos Deputados.

(B) à prática de crimes de responsabilidade, julgado pelo Supremo Tribunal Federal.

(C) às práticas de crime de responsabilidade e de crime comum, ambos julgados pelo Senado Federal.

(D) às práticas de crime de responsabilidade e de crime comum, julgados, respectivamente, pelo Senado Federal e pelo Supremo Tribunal Federal.

A e B: incorretas. A competência para julgar o Presidente da República, quanto aos crimes de responsabilidade, é do Senado Federal, nos termos do art. 52, I, da CF/1988; **C:** incorreta, quanto aos crimes comuns praticados pelo Presidente da República, a competência é do STF (art. 102, I, "b", da CF/1988); **D:** correta, por força do disposto nos art. 102, I, "b", c/c art. 52, I, ambos da CF/1988.
Gabarito "D".

(Delegado/MG – 2007) No Estado Federativo brasileiro:

(A) Os territórios federais integram a União, a qual, com os Estados-membros, os Municípios e o Distrito Federal, formam a organização político-administrativa da República Federativa do Brasil.

(B) A União, os Estados-membros, o Distrito Federal e os Municípios têm competências legislativas e administrativas próprias, sendo as atribuições de cada ente federativo detalhadamente enumeradas.

(C) Há hierarquia entre as leis federais, estaduais, municipais e distritais, como decorrência do postulado constitucional da indissolubilidade do vínculo federativo.

(D) Os Estados-membros, o Distrito Federal e os Municípios são representados no Congresso Nacional pelo Senado.

A: correta, em razão do art. 18, *caput* e § 2º, da CF/1988; **B:** incorreta. Apenas as competências da União são detalhadamente enumeradas. Conforme a doutrina de José Afonso da Silva, "A nossa Constituição adota esse sistema complexo que busca realizar o equilíbrio federativo, por meio de uma repartição de competências que se fundamenta na técnica da enumeração dos poderes da União (art. 21 e 22 da CF/1988), com poderes remanescentes para os estados (art. 25, § 1º, da CF/1988) e poderes definidos indicativamente para os Municípios (art. 30 da CF/1988), mas, combina com essa reserva de campos específicos nem sempre exclusivos, mas apenas privativos, possibilidades de delegação (art. 22, parágrafo único, da CF/1988), áreas comuns em que se preveem atuações paralelas da União, Estados, Distrito Federal e Municípios (art. 23 da CF/1988) e setores concorrentes entre União e Estados em que a competência para estabelecer políticas gerais, diretrizes gerais ou normas gerais cabe à União, enquanto se defere aos Estados e até aos Municípios a competência suplementar."; **C:** incorreta, pois não existe hierarquia entre as leis federais, estaduais e municipais. Os entes integrantes do vínculo federativo são autônomos e independentes entre si, havendo repartição de competências administrativas e legislativas que não guardam relação de hierarquia entre si; **D:** incorreta. Os municípios não possuem representantes no Congresso Nacional, conforme o previsto no art. 46 da CF/1988, embora possuam poder legislativo próprio (Câmara Municipal).
Gabarito "A".

(Delegado/PR – 2007) Sobre as "competências da União Federal" considere as seguintes afirmativas:

1. Compete privativamente à União legislar sobre direito tributário, penitenciário e econômico.
2. Não obstante a União exercer monopólio estatal sobre a pesquisa e o comércio de minérios nucleares e seus derivados, é autorizada a utilização e a comercialização de radioisótopos, para a pesquisa e usos médicos agrícolas e industriais, sob regime de permissão.
3. A competência da União para legislar sobre a organização, garantias, direitos e deveres das polícias civis é limitada ao estabelecimento de normas gerais, sem exclusão da competência suplementar dos Estados.
4. Compete privativamente à União legislar sobre normas gerais de licitação e contratação, em todas as modalidades, para as administrações públicas diretas, autárquicas e fundacionais.

Assinale a alternativa correta.

(A) Apenas as afirmativas 1, 2 e 4 são verdadeiras.
(B) Apenas as afirmativas 1 e 3 são verdadeiras.
(C) Apenas as afirmativas 2, 3 e 4 são verdadeiras.
(D) Apenas as afirmativas 3 e 4 são verdadeiras.
(E) Apenas a afirmativa 4 é verdadeira.

1: incorreta. A competência é concorrente, conforme previsto no art. 24, I, da CF/1988; **2:** correta (art. 177, V, da CF/1988); **3:** correta. No âmbito da competência concorrente é exemplo a exercida em relação à organização, garantias, direitos e deveres das polícias civis (art. 24, XVI, da CF/1988), cuja competência da União se refere às normas gerais, sendo a competência dos Estados, em regra, suplementar (§ 2º do art. 24 da CF/1988); **4:** correta, conforme dispõe o art. 22, XXVII, da CF/1988.
Gabarito "C".

(Delegado/SC – 2008) A organização político-administrativa da República Federativa do Brasil compreende a União, os Estados, o Distrito Federal e os Municípios. Quanto à "organização do Estado brasileiro", assinale a alternativa correta.

(A) Os Territórios Federais integram a União, e sua criação, transformação em Estado ou reintegração ao Estado de origem serão reguladas em lei ordinária.

(B) Os Estados podem incorporar-se entre si, subdividir-se ou desmembrar-se para se anexarem a outros, ou formarem novos Estados ou Territórios Federais, mediante aprovação da população diretamente interessada, através de plebiscito, e do Congresso Nacional, por lei complementar.

(C) A criação, a incorporação, a fusão e o desmembramento de Municípios far-se-ão por lei Federal, dentro do período determinado por Lei Complementar, e dependerão de consulta prévia, mediante plebiscito, às populações dos Municípios envolvidos, após divulgação dos Estudos de Viabilidade Municipal apresentados e publicados na forma da lei.

(D) O Distrito Federal, vedada sua divisão em Municípios, reger-se-á por lei orgânica, votada em dois turnos, com interstício mínimo de dez dias e aprovada por dois terços do Congresso Nacional, que a promulgará.

A: incorreta, embora os Territórios integrem a União, sua criação, transformação em Estado ou reintegração ao Estado de origem serão reguladas em lei complementar (art. 18, § 2º, da CF/1988); **B:** correta, por força do disposto no art. 18, § 3º, da CF/1988; **C:** incorreta, uma vez que a criação, incorporação, fusão e desmembramento dos Municípios far-se-ão por lei estadual, não lei federal (art. 18, § 4º, da CF/1988); **D:** incorreta, a aprovação da lei orgânica do DF é de competência da Câmara Legislativa (órgão legislativo do DF), não do Congresso Nacional, o que, aliás, guarda coerência com a autonomia administrativa, legislativa e financeira do DF (art. 32, *caput*, da CF/1988).
Gabarito "B".

(Delegado/SP – 2003) Compete à União, aos Estados e ao Distrito Federal legislar concorrentemente sobre

(A) trânsito e transporte.
(B) desapropriação.
(C) comércio exterior e interestadual.
(D) procedimentos em matéria processual.

A: incorreta. Em matéria de trânsito e transporte a competência é **privativa** da União (art. 22, XI, da CF/1988); **B:** incorreta. Em matéria de desapropriação, a competência também é **privativa** da União (art. 22, II, da CF/1988); **C:** incorreta, quanto ao comércio exterior e interestadual, é competência é igualmente **privativa** da União (art. 22, VIII, da CF/1988); **D:** correta. De fato, a competência é **concorrente**, por força do disposto no art. 24, XI, da CF/1988. Gabarito "D".

(Delegado/SP – 2002) Segundo a Constituição Federal, a legislação sobre a organização, garantias, direitos e deveres das polícias civis incumbe

(A) concorrentemente, à União, aos Estados e ao Distrito Federal.
(B) concorrentemente, à União e aos Estados.
(C) privativamente, aos Estados, através de lei complementar ou ordinária.
(D) privativamente, aos Estados, através de lei complementar.

Em razão da previsão contida no art. 24, XVI, da CF/1988. Gabarito "A".

(Delegado/DF – 2004) Com pertinência à estrutura fundante do Estado Federal brasileiro é correto afirmar que:

(A) a organização político-administrativa da República Federativa do Brasil compreende a União, os Estados, o Distrito Federal e os Municípios, os dois primeiros (União e Estados) soberanos e os demais (Distrito Federal e Municípios) autônomos;
(B) no exercício e desenvolvimento de suas atividades legislativas, são conferidas aos Estados Federados as competências remanescentes;
(C) a secessão, como instituto típico do Estado Federal, permite que os Estados Federados se desliguem da estrutura federativa;
(D) os Vereadores, além de invioláveis por suas opiniões, palavras e votos nos limites do Estado em que exercem a vereança, possuem, também, imunidades formais ou processuais, não podendo ser presos, assim, desde a expedição do diploma, sem prévia licença da Casa legislativa a que pertencerem, salvo na hipótese de crime inafiançável;
(E) é facultado aos Municípios, no âmbito de suas respectivas estruturas organizacionais, a criação de Tribunais, Conselhos ou órgãos de Contas Municipais.

A: incorreta. O único ente dotado de soberania é a União, os demais entes do pacto federativo são apenas autônomos (atuam dentro das atribuições conferidas pela CF/1988) e independentes; **B:** correta, em razão do art. 24, § 2º, da CF/1988. Vale lembrar que a doutrina emprega como sinônimo de "competência remanescente" a expressão "competência residual"; **C:** incorreta. O vínculo dos Estados ao Pacto Federativo é indissolúvel; **D:** incorreta. A imunidade material dos vereadores se restringe à circunscrição do Município, na forma do art. 29, VIII, da CF/1988. Além disso, os vereadores não gozam de imunidades processuais ou formais, como gozam os Deputados Federais e Senadores (art. 53, § 2º, da CF/1988); **E:** incorreta, tendo em vista a vedação contida no art. 31, § 4º, da CF/1988. Gabarito "B".

4.2. Intervenção

(Delegado/RJ – 2022 – CESPE/CEBRASPE) No que diz respeito à intervenção de um ente federado em outro, assinale a opção correta.

(A) A Constituição Federal de 1988 permite que a União, baseada sempre em decisão do Supremo Tribunal Federal, intervenha discricionariamente em estados-membros, no Distrito Federal e em municípios, exigindo-se, para isso, o cumprimento de certas formalidades previstas em decreto-lei que estabeleça as diretrizes e os limites da intervenção.
(B) A intervenção somente será efetivada por meio de decreto — do presidente da República, em caso de intervenção federal, ou de governador, em caso de intervenção de estado em município —, conforme disposto no § 1.º do art. 36 da Constituição Federal de 1988, observando-se que a intervenção é ato de natureza política, não sendo admissível, em regra, o controle jurisdicional de sua decretação.
(C) O controle político da intervenção será realizado pelo Supremo Tribunal Federal, sendo de sua competência exclusiva suspendê-la quando entender pela ausência dos motivos que a inicialmente justificassem.
(D) Havendo requisição do Supremo Tribunal Federal, em razão de coação exercida contra o Poder Judiciário, o presidente da República não ficará obrigado a editar decreto de intervenção, cabendo ao chefe do Poder Executivo federal analisar o tema com base em critérios de conveniência política.
(E) Embora alguns doutrinadores afirmem que a intervenção somente será realizada por um ente mais amplo da Federação sobre outro imediatamente menos amplo, levando à conclusão de que a União somente poderá intervir no Distrito Federal e nos estados, o Supremo Tribunal Federal entende que, em razão de a soberania ser princípio fundamental da República Federativa do Brasil, reconhecido constitucionalmente, a União poderá, discricionariamente, intervir em qualquer ente da Federação.

Comentário: **A:** incorreta. A União excepcionalmente só poderá intervir nos Estados e no Distrito Federal (CF, art. 34) e a intervenção não é baseada sempre em decisão do Supremo Tribunal Federal. Além disso, não há previsão constitucional de edição de decreto-lei; **B:** correta. O decreto de intervenção especificará a sua amplitude, o prazo e as condições de execução e, se couber, nomeará o interventor, submetendo-se à apreciação do Congresso Nacional ou da Assembleia Legislativa do Estado, no prazo de vinte e quatro horas (CF, art. 36, § 1º). Portanto, há o controle político da medida pelo Congresso Nacional ou pela Assembleia Legislativa, não cabendo, em regra, o controle jurisdicional; **C:** incorreta. Conforme visto no comentário B, o controle político é realizado pelo Congresso Nacional ou pela Assembleia Legislativa; **D:** incorreta. Nesta hipótese o ato não é discricionário do Presidente da República, mas sim vinculado; **E:** incorreta. Por força dos arts. 34 e 35 da CF, a União, excepcionalmente, poderá intervir apenas nos Estados, no Distrito Federal e nos **Municípios localizados em Território Federal**. Gabarito "B".

(Delegado/SP – 2011) Para assegurar a forma republicana e o regime democrático

(A) a União decretará estado de emergência nos Estados e no Distrito Federal.
(B) o Supremo Tribunal Federal deixará de intervir nos Estados e no Distrito Federal.
(C) a União intervirá nos Estados e no Distrito Federal.
(D) o Poder Judiciário intervirá nos Municípios.
(E) Congresso Nacional intervirá nas Assembleias dos Estados.

A: incorreta. O estado de defesa, também conhecido como "estado de emergência", visa preservar ou prontamente restabelecer, em locais restritos e determinados, a ordem pública ou a paz social ameaçadas por grave e iminente instabilidade institucional ou atingidas por calamidades de grandes proporções na natureza (art. 136, *caput*, da CF/1988); **B:** incorreta. Não cabe ao STF intervir ou não nos Estados e no Distrito Federal; **C:** correta. De fato, uma das hipóteses excepcionais de intervenção da União nos Estados e no DF é para assegurar a forma republicana, o sistema representativo e o regime democrático (art. 34, VII, "a", da CF/1988); **D:** incorreta. Não há possibilidade de intervenção do Judiciário nos Municípios. O que pode ocorrer, excepcionalmente, é a intervenção do Estado em seus Municípios ou da União em Municípios localizados em território federal (se forem criados), nas hipóteses previstas no art. 35 da CF/1988; **E:** incorreta. Essa intervenção também não encontra respaldo constitucional, haja vista que os entes federados são autônomos e independentes.

Gabarito "C".

(Delegado/CE – 2006 – CEV/UECE) NÃO é (são) considerado(s) princípio sensível constitucional:

(A) a prestação de contas da administração pública direta e indireta.
(B) a aplicação do mínimo exigido da receita resultante de impostos federais na manutenção e desenvolvimento do ensino e ações e serviços públicos de saúde.
(C) os direitos da pessoa humana.
(D) a autonomia municipal.

A: incorreta. A prestação de contas da administração pública direta e indireta é um princípio constitucional sensível (art. 34, VII, "d", da CF/1988); **B:** correta. A CF fala em impostos estaduais e não em impostos federais (art. 34, VII, "e", da CF/1988); **C:** incorreta. Os direitos da pessoa humana são considerados princípios constitucionais sensíveis (art. 34, VII, "b", da CF/1988); **D:** incorreta. A autonomia municipal também é um princípio constitucional sensível (art. 34, VII, "d", da CF/1988).

Gabarito "B".

(Delegado/RJ – 2009 – CEPERJ) Qual das situações abaixo não constitui causa de intervenção da União nos Estados ou no Distrito Federal:

(A) Manter a integridade nacional.
(B) Repelir invasão estrangeira ou de uma unidade da Federação em outras.
(C) Garantir o livre exercício de qualquer dos Poderes nas unidades da Federação.
(D) Prover a execução de lei federal, ordem ou decisão judicial.
(E) Violar as regras do sistema financeiro nacional.

Dentre as causas mencionadas, apenas a violação as regras do sistema financeiro nacional não constitui hipótese de intervenção da União nos Estados ou no Distrito Federal (art. 34, *caput* e incisos, da CF/1988).

Gabarito "E".

(Delegado/SC – 2008) A União não intervirá nos Estados nem no Distrito Federal e o Estado não intervirá em seus municípios, exceto em situações expressas na Constituição da República Federativa do Brasil. Sobre intervenção, marque V ou F, conforme as afirmações sejam verdadeiras ou falsas.

( ) A União não intervirá nos Estados nem no Distrito Federal, exceto para, por exemplo, assegurar a prestação de contas da administração pública direta e indireta.

( ) A decretação da intervenção, no caso de desobediência a ordem ou decisão judiciária, dependerá de solicitação do Supremo Tribunal Federal, do Superior Tribunal de Justiça ou do Tribunal Superior Eleitoral.

( ) O Estado não intervirá em seus Municípios, nem a União nos Municípios localizados em Território Federal, exceto quando, por exemplo, o Tribunal de Justiça der provimento à representação para assegurar a observância de princípios indicados na Constituição Estadual, ou para prover a execução de lei, de ordem ou de decisão judicial.

( ) O decreto de intervenção, que especificará a amplitude, o prazo e as condições de execução e que, se couber, nomeará o interventor, será submetido à apreciação do Congresso Nacional ou da Assembleia Legislativa do Estado, no prazo de quarenta e oito horas.

A sequência correta, de cima para baixo, é:

(A) V – F – V – F
(B) F – V – F – F
(C) V – V – V – F
(D) F – F – V – V

Verdadeiro (art. 34, VII, "d", da CF/1988); Falso (art. 36, II, da CF/1988); Verdadeiro (art. 35, IV, da CF/1988); Falso (art. 36, § 1º, da CF/1988); A sequência correta é V, F, V, F.

Gabarito "A".

4.3. Administração Pública

(Delegado de Polícia Federal – 2021 – CESPE) No que concerne a controle da administração pública, julgue os itens subsequentes.

(1) Apenas a Constituição Federal de 1988 pode prever modalidades de controle externo.
(2) O Poder Judiciário pode revogar atos praticados pelo Poder Executivo eivados de ilegalidade.
(3) A reclamação para anular ato administrativo que confronte súmula vinculante é uma modalidade de controle externo da atividade administrativa.
(4) Embora as comissões parlamentares de inquérito estejam, como uma modalidade de controle legislativo, aptas a investigar fatos determinados em prazos determinados, elas são desprovidas de poder condenatório.

1: Certo. As normas infraconstitucionais não podem criar novas modalidades de controle externo, pois isso violaria o princípio da separação dos poderes (art. 2º da CF). **2:** Errado. O Poder Judiciário pode *anular* (não revogar) atos praticados pelo Poder Executivo eivados de *ilegalidade*. **3:** Certo. A reclamação para anular ato administrativo que confronte súmula vinculante, de fato, é uma modalidade de controle externo da atividade administrativa. Quem exerce esse controle não é a própria Administração Pública (Poder Executivo), mas o Judiciário. Por outro lado, o controle interno é aquele realizado dentro do próprio poder em se originou a conduta administrativa e decorre do princípio da autotutela. **4:** Certo. De fato, as CPIs não têm poder condenatório, apenas investigam. Determina o art. 58, § 3º, da CF que as comissões parlamentares de inquérito, que terão poderes de investigação próprios das autoridades judiciais encaminharão *suas conclusões, se for o caso, ao Ministério Público, para que promova a responsabilidade civil ou criminal dos infratores.*

Gabarito 1C, 2E, 3C, 4C.

(Delegado/SP – 2014 – VUNESP) Os atos de improbidade administrativa importarão, nos termos da Constituição Federal, dentre outros,

(A) a prisão provisória, sem direito à fiança.
(B) a indisponibilidade dos bens.
(C) a impossibilidade de deixar o país.
(D) a suspensão dos direitos civis.
(E) o pagamento de multa ao Fundo de Proteção Social.

De acordo com o art. 37, § 4º, da CF, os atos de improbidade administrativa importarão a suspensão dos direitos políticos, a perda da função pública, a **indisponibilidade dos bens** e o ressarcimento ao erário, na forma e gradação previstas em lei, sem prejuízo da ação penal cabível.
Gabarito "B".

(Delegado/SP – 2011) No exercício de mandato eletivo, que exija seu afastamento, o servidor público terá

(A) seu tempo de serviço contado para todos os efeitos legais, exceto para promoção por merecimento.
(B) seu tempo de serviço contado para todos os efeitos legais, exceto para a aposentadoria.
(C) interrompida sua contagem de tempo de serviço público e se sujeitará a regime previdenciário diferenciado.
(D) interrompida sua contagem de tempo no serviço público.
(E) interrompida sua contagem de tempo, resguardadas as promoções por antiguidade

De acordo com o art. 38, IV, da CF/1988, em qualquer caso que **exija o afastamento para o exercício de mandato eletivo**, o tempo de serviço do servidor público **será contado** para todos os efeitos legais, **exceto para promoção por merecimento**.
Gabarito "A".

(Delegado/GO – 2009 – UEG) Sobre a organização administrativa:

(A) a investidura em cargo ou emprego público depende de aprovação prévia em concurso público, ressalvadas as nomeações para cargo em comissão declarado em lei de livre nomeação e exoneração.
(B) as funções de confiança e os cargos em comissão, ambos exercidos exclusivamente por servidores de carreira, destinam-se apenas às atribuições de direção e chefia.
(C) o direito de greve será exercido conforme previsão em lei complementar.
(D) é vedado ao servidor público civil o direito à livre associação sindical.

A: correta, conforme dispõe o art. 37, II, da CF/1988. O concurso público viabiliza investidura por provimento originário, que se efetiva por meio da nomeação. As formas de provimento em cargos públicos expressamente enumeradas na Lei n.º 8.112/90 são: nomeação, promoção, readaptação, reversão, aproveitamento, reintegração e recondução; **B:** falso. Os cargos em comissão são preenchidos por servidores de carreira nos casos, condições e percentuais mínimos previstos em lei (art. 37, V, da CF/1988). Apenas as funções de confiança é que devem ser preenchidas por servidores ocupantes de cargo efetivo; **C:** falso, tendo em vista que a exigência constitucional, a partir da EC n.º 19/1998 é apenas de lei específica (ordinária) não de lei complementar (art. 37, VII, da CF/1988); **D:** falso; o direito à livre associação sindical, assegurado aos trabalhadores em geral (art. 8º da CF/1988), também possui como destinatários os servidores públicos civis (art. 37, VI, da CF/1988).
Gabarito "A".

(Delegado/GO – 2009 – UEG) É aplicável às empresas públicas e às sociedades de economia mista e suas subsidiárias que explorem atividade econômica de produção ou comercialização de bens ou de prestação de serviços o seguinte preceito:

(A) função privada, feita a fiscalização pelo conselho fiscal respectivo.
(B) licitação e contratação de obras, serviços, compras e alienações, observados os princípios da administração pública.
(C) possibilidade de acumular o emprego público com cargo público ou outro emprego, sem as restrições típicas da administração pública direta e indireta.
(D) sujeição a regime jurídico diferenciado do das empresas privadas, no tocante aos direitos e às obrigações civis, comerciais, trabalhistas e tributárias.

A: falsa. As empresas públicas e sociedades de economia mista, dotadas de personalidade jurídica de direito privado, integram a administração pública indireta. A Constituição Federal, em seu art. 173, § 1º, I, dispõe que a lei estabelecerá o estatuto jurídico de tais entidades e disporá sobre diversas matérias a elas inerentes, dentre as quais figura sua função social e sua fiscalização pelo Estado e pela sociedade. **B:** verdadeira, por constituir matéria versada no inciso III, § 1º, art. 173, da CF/1988. **C:** falsa, tendo em vista que a vedação de acumulação de empregos e cargos públicos se estende a toda a administração pública (direta e indireta) (art. 37, XVII, da CF/1988). **D:** falso, em face do disposto no art. 173, § 1º, II, da CF/1988. Vale ressaltar que algumas decisões recentes do Supremo Tribunal Federal tem estendido a imunidade tributária recíproca consagrada no art. 150, VI, "a", da CF/1988, às empresas públicas e sociedades de economia mista prestadoras de serviços públicos. A propósito cabe destacar a decisão proferida no RE 407.099/RS. Foi reconhecida repercussão geral da matéria no RE 601.392 RG/PR.
Gabarito "B".

(Delegado/SP – 2002) Nos termos do texto da Constituição da República, a Administração Pública deve observar os seguintes princípios:

(A) publicidade, finalidade, moralidade, legalidade e eficiência.
(B) publicidade, finalidade, moralidade, oportunidade e eficiência.
(C) publicidade, impessoalidade, moralidade, legalidade e eficiência.
(D) publicidade, impessoalidade, moralidade, oportunidade e eficiência.

Art. 37, "*caput*", da CF/1988. Vale lembrar que o princípio da eficiência administrativa foi inserido no Texto Constitucional de 1988 pela EC n.º 19/1998.
Gabarito "C".

5. ORGANIZAÇÃO DOS PODERES

(Delegado/GO – 2017 – CESPE) Assinale a opção correta a respeito da organização dos poderes e do sistema de freios e contrapesos no direito constitucional pátrio.

(A) Adotada por diversos países, entre eles o Brasil, a ideia de tripartição dos poderes do Estado em segmentos distintos e autônomos entre si – Legislativo, Executivo e Judiciário – foi concebida por Aristóteles.

(B) A atividade legislativa e a de julgar o presidente da República nos crimes de responsabilidade são funções típicas do Poder Legislativo.

(C) Constitui exemplo de mecanismo de freios e contrapesos a possibilidade de rejeição, pelo Congresso Nacional, de medida provisória editada pelo presidente da República.

(D) As expressões poder, função e órgão são sinônimas.

(E) A CF adotou o princípio da indelegabilidade de atribuições de forma absoluta, inexistindo qualquer exceção a essa regra.

Errada a alternativa **A**. Embora Aristóteles tenha vislumbrado o exercício de três funções distintas, a de fazer normas gerais, a de aplicá-las e a de solucionar conflitos quanto sua aplicação, a ideia de tripartição dos poderes do Estado em segmentos distintos e autônomos entre si é de Montesquieu. A alternativa **B** está errada. A atividade legislativa é uma função típica do Poder Legislativo, as a de julgar o presidente da República nos crimes de responsabilidade é atípica (por ser função jurisdicional, típica do Poder Judiciário). Correta a alternativa **C**. Trata-se realmente de um exemplo do mecanismo de freios e contrapesos. Trata-se dos controles recíprocos entre os Poderes e a necessidade de atuação conjunta para a prática de determinados atos. Errada a alternativa **D**. Poder, função e órgão não são expressões sinônimas. O Poder do Estado em verdade é um só, o poder soberano que pertence ao povo e que o exerce diretamente e por seus representantes. Ocorre que para evitar a concentração do poder do Estado nas mãos de uma única pessoa, foram criadas estruturas de Poder, cada qual com uma função típica que a identifica, sem prejuízo do exercício da função do outro Poder, de modo atípico, sempre conforme previsto na Constituição. Cada Poder tem seus órgãos próprios para o exercício das suas funções, exercendo assim as competências que lhes foram atribuídas constitucionalmente. A alternativa **E** está errada. A CF não adotou o princípio da indelegabilidade de atribuições de forma absoluta. Isso porque o próprio constituinte previu hipóteses em que um Poder exerce a função que seria típica do outro, de modo atípico. LR
Gabarito "C".

5.1. Poder Legislativo

5.1.1. Organização e competências do Senado, da Câmara dos Deputados e do Congresso Nacional

(Delegado/MG – 2018 – FUMARC) É da competência exclusiva do Congresso Nacional, que independe da sanção do Presidente da República:

(A) concessão de anistia.

(B) criação e extinção de Ministérios e órgãos da Administração Pública.

(C) fixação do subsídio do Presidente e do Vice-Presidente da República e dos Ministros de Estado.

(D) fixação do subsídio dos Ministros do Supremo Tribunal Federal.

A: incorreta. Determina o art. 48, VIII, da CF cabe ao Congresso Nacional, com **a sanção do Presidente da República**, não exigida esta para o especificado nos arts. 49, 51 e 52, dispor sobre todas as matérias de competência da União, especialmente sobre a **concessão de anistia**; **B**: incorreta. De acordo com o art. 48, XI, da CF, cabe ao Congresso Nacional, com **a sanção do Presidente da República**, não exigida esta para o especificado nos arts. 49, 51 e 52, dispor sobre todas as matérias de competência da União, especialmente sobre a **criação e extinção de Ministérios e órgãos da administração pública; C**: correta. Determina o art.49, VIII, da CF que é da competência exclusiva do Congresso Nacional a fixação dos subsídios do Presidente e do Vice-Presidente da República e dos Ministros de Estado, observado o que dispõem os arts. 37, XI, 39, § 4º, 150, II, 153, III, e 153, § 2º, I; **D**: incorreta. Conforme dispõe o art. 48, XV, da CF, **cabe ao Congresso Nacional, com a sanção do Presidente da República**, não exigida esta para o especificado nos arts. 49, 51 e 52, dispor sobre todas as matérias de competência da União, especialmente sobre a **fixação do subsídio dos Ministros do Supremo Tribunal Federal**, observado o que dispõem os arts. 39, § 4º; 150, II; 153, III; e 153, § 2º, I. BV
Gabarito "C".

(Delegado/MS – 2017 – FAPEMS) Sobre o Poder Legislativo, assinale a alternativa correta.

(A) O STF entende ser constitucional a legislação Federal e Estadual que dispõe sobre a prioridade nos procedimentos e providências posteriores a aprovação de relatório de Comissão Parlamentar de Inquérito Federal ou Estadual.

(B) Segundo o STF, Deputado ou Senador quando assume o cargo de Ministro de Estado não carrega o bônus das imunidades parlamentares, mas carrega o ônus de poder perder o mandato por quebra de decoro parlamentar, ainda que tenha praticado atos apenas enquanto Ministro de Estado.

(C) Segundo o STF, a garantia da imunidade material se estende ao congressista, quando, na condição de candidato a qualquer cargo eletivo, vem a ofender, moralmente, a honra de terceira pessoa, inclusive a de outros candidatos, em pronunciamento motivado por finalidade exclusivamente eleitoral, que não guarda nenhuma relação com o exercício das funções congressistas.

(D) Os poderes investigatórios das CPIs compreendem a possibilidade direta de quebra de sigilo bancário, fiscal e de dados, a oitiva de testemunhas, a possibilidade de interceptação telefônica, bem como a realização de perícias necessárias a dilação probatória, sendo vedada a busca e apreensão domiciliar que deve ser obtida através de determinação judicial.

(E) Em discurso na tribuna da Câmara dos Deputados, um deputado federal afirmou que determinado empresário ofereceu vantagem indevida a servidor público, a fim de ser beneficiado em licitação pública. Nessa situação, com o término do mandato, o parlamentar, caso não seja reeleito, poderá ser responsabilizado penalmente em razão do seu discurso.

Errada a alternativa **A**. Por unanimidade, o Plenário do Supremo Tribunal Federal (STF) ao julgar a ADI 3041 declarou a inconstitucionalidade de artigos de Lei gaúcha, que dispõe sobre a prioridade dos procedimentos a serem adotados pelo Ministério Público do Rio Grande do Sul, Tribunal de Contas estadual e por outros órgãos a respeito das conclusões das Comissões Parlamentares de Inquérito (CPI). Correta a alternativa **B**. Nesse sentido o voto do Ministro Celso de Mello na Med. Caut. em Mandado de Segurança 25.579-0 – Distrito Federal – "O Supremo Tribunal Federal, (...), firmou orientação no sentido de que o congressista, quando licenciado para exercer cargo no âmbito do Poder Executivo, perde, temporariamente, durante o período de afastamento do Poder Legislativo, a garantia constitucional da imunidade parlamentar material e formal (...) o fato de os Deputados ou Senadores estarem licenciados não os exonera da necessária obser-

vância dos deveres constitucionais (tanto os de caráter ético quanto os de natureza jurídica) inerentes ao próprio estatuto constitucional dos congressistas, que representa um complexo de normas disciplinadoras do regime jurídico a que estão submetidos os membros do Poder Legislativo, nele compreendidas (...) as incompatibilidades negociais (ou contratuais), funcionais, políticas e profissionais definidas no art. 54 da Constituição. Examinada a questão sob tal perspectiva, torna-se lícito reconhecer a possibilidade de perda do mandato legislativo, se e quando o parlamentar, embora exercendo cargo de Ministro de Estado, vier a incidir nas situações de incompatibilidade (CF, art. 54) e naquelas referidas no art. 55 da Lei Fundamental..." Errada a alternativa **C**. "A garantia constitucional da imunidade parlamentar em sentido material (CF, art. 53, *caput*) – destinada a viabilizar a prática independente, pelo membro do Congresso Nacional, do mandato legislativo de que é titular – não se estende ao congressista, quando, na condição de candidato a qualquer cargo eletivo, vem a ofender, moralmente, a honra de terceira pessoa, inclusive a de outros candidatos, em pronunciamento motivado por finalidade exclusivamente eleitoral, que não guarda qualquer conexão com o exercício das funções congressuais." [STF – Inq 1.400 QO, rel. min. Celso de Mello, j. 4-12-2002, P, DJ de 10-10-2003.] = ARE 674.093, rel. min. Gilmar Mendes, decisão monocrática, j. 20-3-2012, DJE de 26-3-2012. Errada a alternativa **D**. Tudo que se afirma está correto com exceção da possibilidade de determinar a interceptação telefônica. Entende o STF que a CPI pode ouvir testemunhas, quebrar alguns sigilos, desde que por ato motivado e quando tal prova for imprescindível – são eles o sigilo fiscal, o bancário, o financeiro e o telefônico (acesso aos dados das ligações telefônicas). Já o sigilo das comunicações telefônicas, disciplinado no artigo 5º, inciso XII, CF está vinculado a uma cláusula de reserva jurisdicional – ou seja – a interceptação telefônica só pode ser determinada por uma autoridade judicial. Ademais, só pode ser determinada nas hipóteses e na forma que a lei estabelecer para fins de investigação criminal ou instrução processual penal. Sendo a CPI uma investigação parlamentar nem mesmo com ordem judicial poderia ser determinada a interceptação para atender a um pedido da CPI. A única forma de utilização pela CPI de uma interceptação telefônica seria como prova emprestada, após ter sido produzida num processo criminal, nos termos da lei e por ordem judicial. Errada a alternativa **E**. A imunidade material significa que pelas opiniões palavras e votos expressos, enquanto a pessoa ocupava o cargo parlamentar, não haverá responsabilização penal ou civil. Trata-se de uma imunidade eterna, ou seja, o parlamentar não responderá por aquilo nestas esferas, podendo apenas sofrer sanção política com a perda do cargo por falta de decoro parlamentar.
Gabarito "B".

(Delegado/RJ – 2013 – FUNCAB) Acerca da organização do Poder Legislativo, é correto o que se afirma em:

(A) Os Deputados e Senadores não serão obrigados a testemunhar sobre informações recebidas ou prestadas em razão do exercício do mandato, nem sobre as pessoas que lhes confiaram ou deles receberam informações.

(B) Compete exclusivamente ao Congresso Nacional autorizar, por dois terços dos seus membros, a instauração de processo contra o Presidente e o Vice-Presidente da República e os Ministros de Estado.

(C) Compete privativamente à Câmara dos Deputados sustar os atos normativos do Poder Executivo que exorbitem do poder regulamentar ou dos limites de delegação legislativa.

(D) Compete privativamente ao Senado Federal apreciar os atos de concessão e renovação de concessão de emissoras de rádio e televisão.

(E) As imunidades de Deputados ou Senadores subsistirão durante o estado de sítio, só podendo ser suspensas mediante o voto da maioria absoluta dos membros da Casa respectiva, nos casos de atos praticados fora do recinto do Congresso Nacional, que sejam incompatíveis com a execução da medida.

A: correta. De acordo com o art. 53, § 6º, da CF, os Deputados e Senadores não serão obrigados a testemunhar sobre informações recebidas ou prestadas em razão do exercício do mandato, nem sobre as pessoas que lhes confiaram ou deles receberam informações; **B:** incorreta. A autorização é dada pela Câmara dos Deputados. Conforme determina o art. 86, *caput*, da CF, admitida a acusação contra o Presidente da República, **por dois terços da Câmara dos Deputados**, será ele submetido a julgamento perante o Supremo Tribunal Federal, nas infrações penais comuns, ou perante o Senado Federal, nos crimes de responsabilidade; **C:** incorreta. De acordo com o art. 49, V, da CF, a **competência** para sustar os atos normativos do Poder Executivo que exorbitem do poder regulamentar ou dos limites de delegação legislativa é **exclusiva do Congresso Nacional**; **D:** incorreta. A apreciação dos atos de concessão e renovação de concessão de emissoras de rádio e televisão também é da **competência exclusiva do Congresso Nacional,** conforme determina o art. 49, XII, da CF; **E:** incorreta. Conforme determina o art. 53, § 8º, da CF, as imunidades de Deputados ou Senadores subsistirão durante o estado de sítio, só podendo ser suspensas **mediante o voto de dois terços dos membros da Casa respectiva,** nos casos de atos praticados fora do recinto do Congresso Nacional, que sejam incompatíveis com a execução da medida.
Gabarito "A".

(Delegado/RJ – 2013 – FUNCAB) Acerca das Reuniões ou Sessões do Poder Legislativo, qual das hipóteses abaixo NÃO possui previsão constitucional?

(A) Sessão Extraordinária.
(B) Sessão Ordinária.
(C) Sessão Conjunta.
(D) Sessão Preparatória.
(E) Sessão Interventiva.

A: incorreta. Conforme determina o art. 57, § 7º, da CF, na **sessão legislativa extraordinária**, o Congresso Nacional somente deliberará sobre a matéria para a qual foi convocado, ressalvada a hipótese do § 8º do mesmo artigo, vedado o pagamento de parcela indenizatória, em razão da convocação. O § 8º do mesmo dispositivo determina que havendo medidas provisórias em vigor na data de convocação extraordinária do Congresso Nacional, serão elas automaticamente incluídas na pauta da convocação; **B:** incorreta. O art. 58, § 4º, da CF determina que durante o recesso, haverá uma Comissão representativa do Congresso Nacional, eleita por suas Casas na última **sessão ordinária** do período legislativo, com atribuições definidas no regimento comum, cuja composição reproduzirá, quanto possível, a proporcionalidade da representação partidária; **C:** incorreta. Conforme determina o art. 57, § 3º, da CF, além de outros casos previstos nesta Constituição, a Câmara dos Deputados e o Senado Federal reunir-se-ão em **sessão conjunta** para: I – inaugurar a sessão legislativa; II – elaborar o regimento comum e regular a criação de serviços comuns às duas Casas; III – receber o compromisso do Presidente e do Vice-Presidente da República e IV – conhecer do veto e sobre ele deliberar; **D:** incorreta. De acordo com o art. 57, § 4º, da CF, cada uma das Casas reunir-se-á em **sessões preparatórias**, a partir de 1º de fevereiro, no primeiro ano da legislatura, para a posse de seus membros e eleição das respectivas Mesas, para mandato de 2 (dois) anos, vedada a recondução para o mesmo cargo na eleição imediatamente subsequente; **E:** correta. Não há previsão constitucional sobre sessão interventiva.
Gabarito "E".

(Delegado/AP – 2010) Relativamente ao Poder Legislativo, assinale a afirmativa incorreta.

(A) A Câmara dos Deputados compõe-se de representantes do povo, eleitos, pelo sistema proporcional, em cada Estado, em cada Território e no Distrito Federal e o Senado Federal compõe-se de representantes dos Estados e do Distrito Federal, eleitos segundo o princípio majoritário.

(B) As deliberações de cada Casa do Congresso Nacional e de suas Comissões, salvo disposição constitucional em contrário, serão tomadas por maioria dos votos, presente qualquer quantidade de seus membros.

(C) Aprovar o estado de defesa e a intervenção federal, autorizar o estado de sítio, ou suspender qualquer uma dessas medidas são, dentre outras coisas, da competência exclusiva do Congresso Nacional.

(D) Os Deputados e Senadores são invioláveis, civil e penalmente, por quaisquer de suas opiniões, palavras e votos.

(E) As comissões parlamentares de inquérito, que terão poderes de investigação próprios das autoridades judiciais, além de outros previstos nos regimentos das respectivas Casas, serão criadas pela Câmara dos Deputados e pelo Senado Federal, em conjunto ou separadamente, mediante requerimento de um terço de seus membros, para a apuração de fato determinado e por prazo certo, sendo suas conclusões, se for o caso, encaminhadas ao Ministério Público, para que promova a responsabilidade civil ou criminal dos infratores.

A: correta (art. 45 e 46, ambos da CF/1988); **B:** incorreta, devendo ser assinalada (art. 47 da CF/1988); **C:** correta (art. 49, IV, da CF/1988); **D:** correta (art. 53 da CF/1988); **E:** correta (art. 58, § 3º, da CF/1988). Gabarito "B".

(Delegado/AP – 2006 – UFAP) Quando o Poder Executivo produz determinado ato normativo que exorbite do poder regulamentar ou dos limites de delegação legislativa, competirá ao Congresso Nacional

(A) sustar o ato normativo.
(B) negar o referendo indispensável à eficácia do ato normativo.
(C) emendar o ato, para que se enquadre aos limites da delegação legislativa.
(D) extinguir o poder regulamentar.
(E) arguir a inconstitucionalidade do ato normativo.

De fato, cabe ao Congresso sustar o ato normativo que exorbite do poder regulamentar ou dos limites da delegação legislativa (art. 49, V, da CF/1988). Gabarito "A".

(Delegado/MS – 2006) Assinale a alternativa que preenche corretamente a lacuna do texto abaixo:

É da competência exclusiva do Congresso Nacional autorizar o Presidente e o Vice-Presidente da República a se ausentarem do País, quando a ausência exceder a _____ dias.

(A) quarenta e cinco
(B) quinze
(C) trinta
(D) vinte
(E) dez

De acordo com o art. 49, III, da CF/1988, é da competência exclusiva do Congresso Nacional autorizar o Presidente e o Vice-Presidente da República a se ausentarem do País, **quando a ausência exceder a quinze dias.** Gabarito "B".

(Delegado/MS – 2006) Analise as assertivas abaixo e assinale a alternativa correta quanto à Organização dos Poderes da República Federativa do Brasil:

(A) Desde a expedição do diploma, os membros do Congresso Nacional não poderão ser presos, salvo em flagrante de crime inafiançável. Nesse caso, os autos serão remetidos dentro de vinte e quatro horas ao Supremo Tribunal Federal, para que, pelo voto da maioria de seus membros, resolva sobre a prisão.

(B) É da competência exclusiva do Senado Federal autorizar o Presidente da República a declarar guerra, a celebrar a paz, a permitir que forças estrangeiras transitem pelo território nacional ou nele permaneçam temporariamente nos casos previstos em lei complementar.

(C) O número total de Deputados, bem como a representação por Estado e pelo Distrito Federal, será estabelecido por lei ordinária, proporcionalmente à população, procedendo-se aos ajustes necessários, no ano anterior às eleições, para que nenhuma daquelas unidades da Federação tenha menos de oito ou mais de sessenta Deputados.

(D) As comissões parlamentares de inquérito, que terão poderes de investigação próprios das autoridades policiais, além de outros previstos nos regimentos das respectivas Casas, serão criadas pela Câmara dos Deputados e pelo Senado Federal, em conjunto, mediante requerimento de um terço de seus membros, para a apuração de fato determinado e por prazo certo, sendo suas conclusões, se for o caso, encaminhadas ao Ministério Público, para que promova a responsabilidade civil ou criminal dos infratores.

(E) As imunidades de Deputados ou Senadores subsistirão durante o estado de sítio, só podendo ser suspensas mediante o voto de dois terços dos membros da Casa respectiva, nos casos de atos praticados fora do recinto do Congresso Nacional, que sejam incompatíveis com a execução da medida.

A: incorreta. Os autos serão remetidos à Casa respectiva, para que, pelo voto da maioria de seus membros, resolva sobre a prisão (art. 53, § 2º, da CF/1988); **B:** incorreta, pois a Constituição diz "ressalvados os casos previstos em lei complementar" (art. 49, II, da CF/1988); **C:** incorreta, a CF/1988 exige lei complementar (art. 45, § 1º, da CF/1988); **D:** incorreta. O texto constitucional menciona "em conjunto ou separadamente" (art. 58, § 3º, da CF/1988); **E:** correta (art. 53, § 8º, da CF/1988). Gabarito "E".

(Delegado/PI – 2009 – UESPI) Não se enquadra entre as competências exclusivas do Congresso Nacional

(A) aprovar o estado de defesa.
(B) resolver definitivamente sobre tratados internacionais que acarretem compromissos gravosos ao patrimônio nacional.
(C) mudar temporariamente a sede do Legislativo.
(D) apreciar os atos de concessão e de renovação de emissoras de rádio.
(E) conceder indulto natalino.

Cabe ao Presidente da República conceder indulto e comutar penas com audiência, se necessário, dos órgãos instituídos em lei. (art. 84, XII, da CF/1988).
Gabarito "E".

(Delegado/SC – 2008) O Poder Legislativo é exercido pelo Congresso Nacional composto pela Câmara dos Deputados e Senado Federal. A primeira se compõe de representantes do povo, eleitos pelo sistema proporcional, em cada Estado, Território e no Distrito Federal. O Senado Federal compõe-se de representantes dos Estados e Distrito Federal, eleitos segundo o princípio majoritário. Quanto às atribuições do Congresso Nacional, Câmara e Senado, a alternativa correta é:

(A) Compete privativamente à Câmara dos Deputados autorizar, por maioria absoluta de seus membros, a instauração de processo contra o Presidente e o Vice-Presidente da República e os Ministros de Estado.

(B) É da competência exclusiva do Congresso Nacional sustar os atos normativos do Poder Executivo que exorbitem do poder regulamentar ou dos limites de delegação legislativa.

(C) Compete privativamente ao Senado Federal processar e julgar o Presidente e o Vice-Presidente da República nos crimes de responsabilidade, bem como os Ministros de Estado e os Comandantes da Marinha, do Exército e da Aeronáutica nos crimes comuns.

(D) Compete privativamente à Câmara dos Deputados processar e julgar os Ministros do Supremo Tribunal Federal, os membros do Conselho Nacional de Justiça e do Conselho Nacional do Ministério Público, o Procurador-Geral da República e o Advogado-Geral da União nos crimes de responsabilidade.

A: incorreta, pois a Constituição exige dois terços dos membros (art. 51, I, da CF/1988); **B:** correta (art. 49, V, da CF/1988); **C:** incorreta. A competência mencionada é para os crimes de responsabilidade e não para crimes comuns (art. 52, I, da CF/1988); **D:** incorreta. Compete ao Senado Federal e não a Câmara dos Deputados (art. 52, I, da CF/1988).
Gabarito "B".

(Delegado/SP – 2003) Cabe ao Congresso Nacional, com a indispensável sanção do Presidente da República,

(A) aprovar o estado de defesa e a intervenção federal, autorizar o estado de sítio, ou suspender qualquer uma dessas medidas.

(B) apreciar os atos de concessão e renovação de concessão de emissoras de rádio e televisão.

(C) dispor sobre a concessão de anistia.

(D) autorizar, em terras indígenas, a exploração e o aproveitamento de recursos hídricos e a pesquisa e lavra de riquezas minerais.

Cabe ao Congresso Nacional, com a indispensável sanção do Presidente da República, dispor sobre a concessão de anistia (art. 48, VIII, da CF/1988).
Gabarito "C".

5.1.2. Prerrogativas e imunidades parlamentares

(Delegado/MT – 2017 – CESPE) De acordo com o entendimento dos tribunais superiores, a condenação criminal de um parlamentar federal em sua sentença transitada em julgado resultará na

(A) perda de seus direitos políticos, cabendo à casa legislativa a decisão acerca da manutenção de seu mandato legislativo.

(B) suspensão de seus direitos políticos, mas a perda de seu mandato legislativo dependerá de decisão da Câmara dos Deputados.

(C) suspensão de seus direitos políticos, com a consequente perda automática de seu mandato.

(D) cassação de seus direitos políticos, o que levará também à perda automática de seu mandato legislativo.

(E) perda de seus direitos políticos, o que acarretará a perda automática de seu mandato legislativo.

A condenação criminal transitada em julgado, enquanto durarem seus efeitos é uma hipótese de suspensão dos direitos políticos prevista no artigo 15, CF, o qual veda expressamente a cassação de direitos políticos. Por essa razão estão erradas as alternativas **A**, **D** e **E**. Nos termos do artigo 55, inciso VI, CF, "Perderá o mandato o Deputado ou Senador: (...) VI – que sofrer condenação criminal em sentença transitada em julgado." Dispõe o § 2º deste artigo 55 que "Nos casos dos incisos I, II e VI, a perda do mandato será decidida pela Câmara dos Deputados ou pelo Senado Federal, por maioria absoluta, mediante provocação da respectiva Mesa ou de partido político representado no Congresso Nacional, assegurada ampla defesa.". Embora o STF tenha num determinado momento entendido que a condenação criminal levaria à perda do mandato por declaração da mesa, depois voltou ao seu entendimento original, no sentido de seguir o que está expresso na Constituição Federal. Logo, não sendo a perda automática, errada a alternativa **C**. Correta a **B**, pois a condenação criminal de um parlamentar federal em sua sentença transitada em julgado resultará na suspensão de seus direitos políticos, mas a perda de seu mandato legislativo dependerá de decisão da Câmara dos Deputados.
Gabarito "B".

(Delegado/AP – 2017 – FCC) Prefeito e Vereador de determinado Município participaram de congresso nacional sobre reforma política realizado em Município vizinho, no qual manifestaram opiniões divergentes a respeito da conveniência da reeleição para o cargo de Prefeito, ocasião em que se ofenderam mutuamente em público. Se a conduta moralmente ofensiva praticada por eles caracterizar crime comum,

(A) poderá ser responsabilizado penalmente o Prefeito, cabendo ao Tribunal de Justiça processá-lo e julgá-lo, sendo que o Vereador não poderá ser responsabilizado penalmente, por gozar de imunidade parlamentar.

(B) poderá ser responsabilizado penalmente o Prefeito, cabendo ao Tribunal de Justiça processá-lo e julgá-lo durante vigência do mandato, sendo que o Vereador também poderá ser responsabilizado penalmente, uma vez que vereadores, diferentemente de deputados federais, senadores e deputados estaduais, não gozam de imunidade.

(C) poderá ser responsabilizado penalmente o Prefeito, cabendo ao Tribunal de Justiça processá-lo e julgá-lo durante vigência do mandato, sendo que o Vereador também poderá ser responsabilizado penalmente, uma vez que Vereadores não gozam de imunidade parlamentar fora da circunscrição do Município.

(D) poderá ser responsabilizado penalmente o Prefeito apenas após o término do mandato, sendo competente para processá-lo e julgá-lo o órgão judiciário estadual previsto na Constituição do Estado, que não necessariamente deve ser o Tribunal de Justiça, podendo o

Vereador também ser responsabilizado penalmente, uma vez que vereadores não gozam de imunidade parlamentar fora da circunscrição do Município.

(E) poderão ser responsabilizados penalmente o Prefeito e o Vereador apenas após o término dos respectivos mandatos, sendo possível, todavia, a responsabilização política de ambos durante o exercício dos mandatos eletivos.

A única correta é a alternativa **C**, conforme estabelecido no artigo 29, incisos VIII e X, CF: "Art. 29. O Município reger-se-á por lei orgânica, votada em dois turnos, com o interstício mínimo de dez dias, e aprovada por dois terços dos membros da Câmara Municipal, que a promulgará, atendidos os princípios estabelecidos nesta Constituição, na Constituição do respectivo Estado e os seguintes preceitos: VIII – inviolabilidade dos Vereadores por suas opiniões, palavras e votos no exercício do mandato e na circunscrição do Município; (...) X – julgamento do Prefeito perante o Tribunal de Justiça". Ao Prefeito, além do foro por prerrogativa de função não é conferida qualquer outra imunidade, razão pela qual poderá ser responsabilizado penalmente. Quanto aos vereadores possuem a imunidade material (não respondem por suas opiniões, palavras e votos no exercício do mandato), mas apenas na circunscrição do Município. **LR**
Gabarito "C".

(Delegado/DF – 2015 – Fundação Universa) Em relação ao Poder Legislativo, assinale a alternativa correta.

(A) Suponha-se que Carlos tenha sido eleito como deputado federal, mas ainda não tenha tomado posse, sendo-lhe apenas concedida a respectiva diplomação pela Justiça Eleitoral. Nesse caso, a denúncia contra ele ainda poderá ser recebida pela Justiça de primeiro grau, sendo que, apenas depois da posse, a ação deverá ser encaminhada ao STF.

(B) Suponha-se que Paulo seja deputado federal e tenha sido arrolado como testemunha em um inquérito policial. Nesse caso, Paulo será obrigado a testemunhar, mesmo a respeito de informações recebidas em razão do exercício do mandato.

(C) As comissões da Câmara dos Deputados ou do Senado Federal podem convocar ministro de Estado ou quaisquer titulares de órgãos diretamente ligados à presidência da República para prestarem, pessoalmente, informações a respeito de assunto previamente determinado, sob pena de crime de responsabilidade a ausência sem justificativa adequada.

(D) Compete privativamente ao Senado Federal processar e julgar os crimes de responsabilidade praticados pelos seus próprios membros, pelo presidente da República e por seus ministros, bem como os praticados pelos ministros do STF, pelos membros do Conselho Nacional de Justiça, do Conselho Nacional do Ministério Público, pelo procurador-geral da República, e pelo advogado-geral da União.

(E) Suponha-se que um senador da República tenha sido flagrado, pela polícia, cometendo crime inafiançável. Nesse caso, a autoridade policial deverá liberar o senador, pois não se permite a prisão em flagrante nesta hipótese.

A: incorreta. De acordo com o art. 53, § 1º, da CF, os Deputados e Senadores, **desde a expedição do diploma** (ato do Tribunal Superior Eleitoral que valida a candidatura e autoriza a posse), serão submetidos a julgamento perante o Supremo Tribunal Federal; **B**: incorreta. Determina o art. 53, 6º, da CF que os Deputados e **Senadores não serão obrigados a testemunhar sobre informações recebidas ou prestadas em razão do exercício do mandato**, nem sobre as pessoas que lhes confiaram ou deles receberam informações; **C**: correta. É o que determina o art. 50 da CF. O dispositivo citado determina que a Câmara dos Deputados e o Senado Federal, ou qualquer de suas Comissões, poderão convocar Ministro de Estado ou quaisquer titulares de órgãos diretamente subordinados à Presidência da República para prestarem, pessoalmente, informações sobre assunto previamente determinado, **importando crime de responsabilidade a ausência sem justificação adequada**; **D**: incorreta. Os membros do Congresso Nacional não estão sujeitos aos crimes de responsabilidade. De acordo com o art. 102, I, "c", compete ao Supremo Tribunal Federal, precipuamente, a guarda da Constituição, cabendo-lhe processar e julgar, originariamente, nas infrações penais comuns e **nos crimes de responsabilidade, os Ministros de Estado e os Comandantes da Marinha, do Exército e da Aeronáutica, ressalvado o disposto no art. 52, I, os membros dos Tribunais Superiores, os do Tribunal de Contas da União e os chefes de missão diplomática de caráter permanente**; **E**: incorreta. De acordo com o art. 53, § 2º, da CF, desde a expedição do diploma, os membros do Congresso Nacional (Deputados Federais e Senadores) **não poderão ser presos, salvo em flagrante de crime inafiançável**. Nesse caso, os autos serão remetidos dentro de vinte e quatro horas à Casa respectiva, para que, pelo voto da maioria de seus membros, resolva sobre a prisão. **BV**
Gabarito "C".

(Delegado/SP – 2014 – VUNESP) A respeito de ações penais contra Deputados e Senadores, assinale a alternativa correta.

(A) No caso de sustação da ação criminal, não há suspensão da prescrição, que permanecerá em curso.

(B) Somente após a posse serão submetidos a julgamento perante o Supremo Tribunal Federal.

(C) Recebendo, o Supremo Tribunal Federal dará ciência à Casa respectiva, que poderá sustar o andamento da ação.

(D) As imunidades de Deputados ou Senadores não subsistirão durante o estado de sítio ou de guerra.

(E) Desde a expedição do Diploma, não poderão ser presos, exceto pela prática de crime inafiançável.

A: incorreta. De acordo com o art. 53, § 5º, da CF, a **sustação do processo suspende a prescrição**, enquanto durar o mandato; **B**: incorreta. Conforme determina o art. 53, § 1º, da CF, os Deputados e Senadores, **desde a expedição do diploma**, serão submetidos a julgamento perante o Supremo Tribunal Federal; **C**: correta. É o que determina o art. 53, § 3º, da CF; **D**: incorreta. Conforme determina o art. 53, § 8º, da CF, as imunidades de Deputados ou Senadores **subsistirão durante o estado de sítio**, só podendo ser suspensas mediante o voto de dois terços dos membros da Casa respectiva, nos casos de atos praticados fora do recinto do Congresso Nacional, que sejam incompatíveis com a execução da medida; **E**: incorreta. De acordo com o art. 53, § 2º, da CF, desde a expedição do diploma, os membros do Congresso Nacional não poderão ser presos, **salvo em flagrante de crime inafiançável**. Nesse caso, os autos serão remetidos dentro de vinte e quatro horas à Casa respectiva, para que, pelo voto da maioria de seus membros, resolva sobre a prisão. **BV**
Gabarito "C".

(Delegado/RO – 2014 – FUNCAB) Considerando o tema "imunidades e incompatibilidades parlamentares", assinale a alternativa correta.

(A) Segundo a Constituição Federal, aos membros do Poder Legislativo municipal não são asseguradas imunidades formais nem materiais.

(B) Segundo a Constituição de 1988, há necessidade de prévio pedido de licença da Casa Legislativa para se processar parlamentar federal no STJ.

(C) Os crimes de opinião praticados por congressistas, no exercício formal de suas funções, somente poderão ser submetidos ao Poder Judiciário, após o fim do mandato do parlamentar.

(D) As imunidades de deputados e senadores não subsistirão durante estado de sítio ou estado de defesa.

(E) Desde a expedição do diploma, os membros do Congresso Nacional não poderão ser presos, salvo em flagrante de crime inafiançável.

A: incorreta. Os **vereadores** não possuem imunidade formal, ou seja, as que dizem respeito à prisão e ao processo penal, mas **detêm imunidades materiais**. Sendo assim, os membros do legislativo municipal são invioláveis civil e penalmente, por quaisquer palavras, opiniões e votos que proferirem no curso de seu mandato. Vale lembrar que essa prerrogativa restringe-se à circunscrição do Município, conforme dispõe o inciso VIII do art. 29 da CF. Esse entendimento é, também, o adotado pela Suprema Corte: "a proteção constitucional inscrita no art. 29, VIII, da Carta Política estende-se – observados os limites da circunscrição territorial do Município – aos atos dos Vereadores praticados *ratione officii*, qualquer que tenha sido o local de sua manifestação (dentro ou fora do recinto da Câmara Municipal)" (HC 74.201/MG, Rel. Celso de Melo, RTJ, 169/969); **B**: incorreta. A CF não contempla essa regra; **C**: incorreta. De acordo com o art. 53, *caput*, da CF, os parlamentares (Deputados e Senadores) são **invioláveis**, civil e penalmente, **por quaisquer de suas opiniões**, palavras e votos. **D**: incorreta. Conforme determina o art. 53, § 8º, da CF, as imunidades de Deputados ou Senadores **subsistirão durante o estado de sítio**, só podendo ser suspensas mediante o voto de dois terços dos membros da Casa respectiva, nos casos de atos praticados fora do recinto do Congresso Nacional, que sejam incompatíveis com a execução da medida; **E**: correta. De acordo com o art. 53, § 2º, da CF, desde a expedição do diploma, os membros do Congresso Nacional **não poderão ser presos, salvo em flagrante de crime inafiançável**. Nesse caso, os autos serão remetidos dentro de vinte e quatro horas à Casa respectiva, para que, pelo voto da maioria de seus membros, resolva sobre a prisão. Gabarito "E".

(Delegado/BA – 2013 – CESPE) A respeito do Poder Legislativo, julgue o próximo item.

(1) Aos suplentes de senadores e deputados federais são garantidas as mesmas prerrogativas dos titulares, ainda que aqueles não estejam em exercício.

1: errado. De acordo com o STF, os suplentes não possuem as mesmas prerrogativas dos titulares, se não estiverem em exercício. Vejamos: "Suplente de Deputado/Senador – Prerrogativa de Foro – Inexistência (Transcrições) Inq 2639/SP* RELATOR: MIN. CELSO DE MELLO "SUPLENTE DE DEPUTADO FEDERAL. DIREITOS INERENTES À SUPLÊNCIA. **INEXTENSIBILIDADE, AO MERO SUPLENTE DE MEMBRO DO CONGRESSO NACIONAL, DAS PRERROGATIVAS CONSTITUCIONAIS PERTINENTES AO TITULAR DO MANDATO PARLAMENTAR. PRERROGATIVA DE FORO, PERANTE O SUPREMO TRIBUNAL FEDERAL, NAS INFRAÇÕES PENAIS. INAPLICABILIDADE AO SUPLENTE DE DEPUTADO FEDERAL/SENADOR DA REPÚBLICA**. Reconhecimento, no caso, da falta de competência penal originária do Supremo Tribunal Federal, por se tratar de mero suplente de congressista. Remessa dos autos ao ministério público de primeira instância" (informativo 489 do STF). Gabarito 1E.

(Delegado/PR – 2013 – UEL-COPS) Sobre deputados e senadores, assinale a alternativa correta.

(A) Eles têm foro privilegiado e devem ser julgados, por crime comum, perante o Superior Tribunal de Justiça.

(B) Para serem processados criminalmente, é preciso prévia licença da Casa a que pertencem.

(C) Eles estão desonerados do dever de testemunhar em juízo, somente sendo obrigados a responder em juízo quando convocados na condição de réu.

(D) Podem ser presos, desde que em flagrante de crime inafiançável.

(E) Perderão o mandato depois de transitada em julgado a sentença judicial condenatória por quebra de decoro parlamentar.

A: incorreta. Conforme determina o art. 53, § 1º, da CF, os Deputados e Senadores, desde a expedição do diploma, serão submetidos a julgamento perante o **Supremo Tribunal Federal**. Vale lembrar que a regra vale para os Deputados Federais, os Estaduais são julgados pelo Tribunal de Justiça do respectivo Estado; **B**: incorreta. **Não há necessidade de licença** da Casa para que os deputados e senadores sejam processados. O que pode ocorrer, conforme determina o § 3º do art. 53 da CF, é sustação do andamento da ação. Segundo o mencionado dispositivo, recebida a denúncia contra o Senador ou Deputado, por crime ocorrido após a diplomação, o Supremo Tribunal Federal dará ciência à Casa respectiva, que, por iniciativa de partido político nela representado e pelo voto da maioria de seus membros, poderá, até a decisão final, sustar o andamento da ação; **C**: incorreta. De acordo com o art. 53, § 6º, da CF, os parlamentares não serão obrigados a testemunhar **sobre informações recebidas ou prestadas em razão do exercício do mandato nem sobre as pessoas que lhes confiaram ou deles receberam informações**; D: correta. De acordo com o art. 53, § 2º, da CF, desde a expedição do diploma, os membros do Congresso Nacional não poderão ser presos, **salvo em flagrante de crime inafiançável**. Nesse caso, os autos serão remetidos dentro de vinte e quatro horas à Casa respectiva, para que, pelo voto da maioria de seus membros, resolva sobre a prisão; E: incorreta. O art. 55 da CF enumera seis hipóteses de perda do mandato do parlamentar. Dentre essas situações, a doutrina distingue os casos de cassação e extinção do mandato. A cassação diz respeito à perda do mandato em virtude do parlamentar ter cometido falta funcional; já a extinção relaciona-se com a ocorrência de ato ou fato que torne automaticamente inexistente o mandato, como por exemplo, renúncia, morte, ausência injustificada etc. Nos casos de cassação (violação das proibições estabelecidas no art. 54 da CF, **falta de decoro parlamentar e condenação criminal transitada em julgado – art. 55, I, II e VI), a perda do mandato será decidida pela Câmara dos Deputados ou pelo Senado Federal, por maioria absoluta, mediante provocação da respectiva Mesa ou de partido político representado no Congresso Nacional** (art. 55, § 2º, da CF). Vale lembrar que a EC nº 76, de 28 de novembro de 2013, alterou o § 2º do art. 55 e o § 4º do art. 66 da Constituição Federal, para abolir a votação secreta nos casos de perda de mandato de Deputado ou Senador e de apreciação de veto. Gabarito "D".

(Delegado/SC – 2008) Sobre Deputados Federais e Senadores Federais, assinale a alternativa correta.

(A) Desde a expedição do diploma, os membros do Congresso Nacional não poderão ser presos, salvo em flagrante de crime inafiançável. Os autos serão remetidos em vinte e quatro horas à Casa respectiva, para que, o voto da maioria dos membros, resolva sobre a prisão.

(B) Recebida denúncia contra o Senador ou Deputado, por crime ocorrido após a diplomação, o Supremo

Tribunal Federal dará ciência à Casa respectiva que, por iniciativa de partido político nela representado e pelo voto da maioria de seus membros, poderá, até a decisão final, sustar o andamento da ação. O pedido de sustação será apreciado pela Casa respectiva no prazo improrrogável de quarenta e oito horas do seu recebimento pela Mesa Diretora.

(C) As imunidades de Deputados e Senadores subsistirão durante o estado de sítio, só podendo ser suspensas mediante o voto de maioria absoluta dos membros da Casa respectiva, nos casos de atos praticados fora do recinto do Congresso Nacional que sejam incompatíveis com a execução da medida.

(D) Fica suspenso o mandato do Deputado ou Senador que sofrer condenação criminal em sentença transitada em julgado, enquanto durarem seus efeitos.

A: correta (art. 53, § 2º, da CF/1988); **B:** incorreta. O prazo é de quarenta e cinco dias e não quarenta e oito horas, conforme mencionado na alternativa (art. 53, § 4º, da CF/1988); **C:** incorreta, pois a Constituição exige o voto de dois terços dos membros (art. 53, § 8º, da CF/1988); **D:** incorreta, pois se trata de hipótese de perda do mandato (art. 55, VI, da CF/1988).
Gabarito "A".

5.1.3. Comissões Parlamentares de Inquérito – CPI

(Delegado/PE – 2016 – CESPE) No que se refere a CPI, assinale a opção correta.

(A) CPI proposta por cinquenta por cento dos membros da Câmara dos Deputados e do Senado Federal não poderá ser instalada, visto que, conforme exige o texto constitucional, são necessários dois terços dos membros do Congresso Nacional para tanto.

(B) As CPIs, no exercício de suas funções, dispõem de poderes de investigação próprios das autoridades judiciais, tais como os de busca domiciliar, interceptação telefônica e decretação de prisão.

(C) A CF só admite CPIs que funcionem separadamente na Câmara dos Deputados ou no Senado Federal.

(D) Não poderá ser criada CPI que versar sobre tema genérico e indefinido, dada a exigência constitucional de que esse tipo de comissão deva visar à apuração de fato determinado.

(E) As conclusões de determinada CPI deverão ser encaminhadas ao TCU para que este promova a responsabilidade civil ou administrativa dos que forem indicados como infratores.

A: incorreta. O texto constitucional exige que a CPI seja instalada mediante requerimento de um terço dos membros (não cinquenta por cento). Determina o art. 58, § 3º, da CF que as comissões parlamentares de inquérito, que terão poderes de investigação próprios das autoridades judiciais, além de outros previstos nos regimentos das respectivas Casas, **serão criadas pela Câmara dos Deputados e pelo Senado Federal, em conjunto ou separadamente, mediante requerimento de um terço de seus membros**, para a apuração de fato determinado e por prazo certo, sendo suas conclusões, se for o caso, encaminhadas ao Ministério Público, para que promova a responsabilidade civil ou criminal dos infratores; **B:** incorreta. As CPIs têm poderes típicos as autoridades judiciais, com algumas **exceções**. Há assuntos que estão acobertados pela cláusula de reserva jurisdicional, ou seja, dependem de ordem judicial. Dentre tais proibições, em especial as medidas restritivas de direito, encontra-se as mencionadas na alternativa como decretação de prisão (só em flagrante é que a CPI pode decretar a pri-

são), interceptação telefônica – art. 5º, XII, da CF – (apenas a quebra do sigilo dos dados telefônicos, ou seja acesso às contas, é que a CPI pode determinar) e busca domiciliar (art. 5, XI, da CF); **C:** incorreta. As CPIs podem ser criadas pelas Casas do Congresso Nacional, em conjunto (CPI mista) ou separadamente, além de também poderem ser criadas nas esferas estadual e municipal; **D:** correta. A CPI não pode ser criada, por exemplo, para investigar, genericamente, a corrupção ocorrida no Brasil. O fato investigado tem que ser determinado, aquele em que é possível verificar seus requisitos essenciais; **E:** incorreta. As conclusões deverão ser **encaminhadas ao Ministério Público**. Vale lembrar que a CPI não promove responsabilidades. Ao final das apurações, ela encaminha seus relatórios conclusivos ao Ministério Público para que este órgão, se entender pertinente, promova a responsabilização civil ou criminal dos investigados.
Gabarito "D".

(Delegado/RJ – 2013 – FUNCAB) O art. 58, § 3º, da Constituição Federal de 1988 consagrou, no Poder Legislativo, as Comissões Parlamentares de Inquérito. No que se refere ao poder investigatório da Comissão, é correto afirmar:

(A) Pode ouvir testemunhas, inclusive com a possibilidade de condução coercitiva.

(B) Não pode quebrar o sigilo bancário, fiscal e de dados de pessoa que esteja sendo investigada.

(C) Pode determinar quaisquer buscas e apreensões imprescindíveis à elucidação do objeto da investigação, desde que fundamente sua decisão.

(D) Pode determinar a aplicação de medidas cautelares, tais como indisponibilidade de bens, arrestos e sequestros, na hipótese de fundado receio de remessa para o exterior dos bens, públicos ou privados, adquiridos pela organização criminosa investigada.

(E) No interesse da investigação, possuem competência para decretar todas as espécies de prisões cautelares, desde que haja prejuízo para a garantia da ordem pública, conveniência da instrução criminal e aplicação da lei penal.

A: correta. De fato a Comissão Parlamentar de Inquérito – CPI **pode convocar testemunhas**, investigados e autoridades para prestarem esclarecimentos, mesmo que de forma coercitiva. Aliás, o art. 50 da CF determina que os Ministros de Estado ou quaisquer titulares de órgãos diretamente subordinados à Presidência da República devem comparecer para prestarem informações, quando convocados, sob pena de responderem por crime de responsabilidade, na hipótese de ausência injustificada; **B:** incorreta. Ao contrário do mencionado, a **CPI pode determinar a quebra do sigilo fiscal**, bancário, financeiro e telefônico (nessa última hipótese ocorrerá apenas a quebra em relação aos dados telefônicos, ou seja, as contas telefônicas). É imprescindível, segundo o Supremo, que o ato seja devidamente fundamentado e que haja efetiva necessidade para a da adoção da medida; **C:** incorreta. **A CPI não pode determinar e efetivar a busca domiciliar**, pois depende de ordem judicial, conforme dispõe o inciso XI do art. 5º da CF; **D:** incorreta. De acordo com Alexandre de Moraes, em **Direito Constitucional**, 28. ed., 2012, Editora Atlas, p. 448, "não poderão as Comissões Parlamentares de inquérito determinar a aplicação de medidas cautelares, tais como indisponibilidade de bens, arrestos, sequestro, hipoteca judiciária, proibição de ausentar-se da comarca ou país"; **E:** incorreta. **A CPI não pode decretar a prisão**, ressalvadas as hipóteses de flagrante delito, conforme inciso LXI do art. 5º da CF, pois nesses casos não é a CPI, mas qualquer um do povo pode prender. Dispõe o art. 301 do Código de Processo Penal que qualquer pessoa do povo poderá e as autoridades policiais e seus agentes deverão prender quem quer que seja encontrado em flagrante delito.
Gabarito "A".

(Delegado/AP – 2006 – UFAP) Em relação às Comissões Parlamentares de inquérito, é correto afirmar que

(A) podem determinar a interceptação telefônica de pessoa submetida à sua investigação.
(B) podem determinar a busca e apreensão de documentos, no domicílio de pessoa submetida à sua investigação.
(C) podem decretar quaisquer hipóteses de prisão.
(D) podem determinar quebra de sigilo bancário e fiscal de pessoa submetida à sua investigação.
(E) podem determinar a aplicação de medidas cautelares (indisponibilidade de bens, proibição de ausentar-se do país, arrestos)

A: incorreta. A Comissão Parlamentar de Inquérito – CPI (art. 58, § 3º, da CF/1988) não pode determinar a interceptação ou escuta telefônica, pois segundo o art. 5º, XII, da CF/1988, somente para fins de investigação criminal ou instrução processual penal é que poderá haver tal quebra. Ressalta-se que o acesso às contas telefônicas (dados telefônicos) não se confunde com quebra de comunicação telefônica (que é a interceptação ou escuta). A primeira se inclui nos poderes da CPI, já a segunda é acobertada pela cláusula de reserva de jurisdição e, portanto, não cabe à CPI determiná-la; **B:** incorreta. A busca e apreensão de documentos, no domicílio de pessoa submetida à sua investigação também depende de ordem judicial, conforme dispõe o inciso XI do artigo 5º da CF/1988; **C:** incorreta. A CPI também não pode decretar a prisão, ressalvadas as hipóteses de flagrante delito, conforme inciso LXI da art. 5º da CF/1988, pois nesses casos não só a CPI, mas qualquer um do povo pode prender. Dispõe o art. 301 do Código de Processo Penal que qualquer pessoa do povo poderá e as autoridades policiais e seus agentes deverão prender quem quer que seja encontrado em flagrante delito; **D:** correta. De fato, a CPI pode determinar quebra de sigilo bancário e fiscal de pessoa submetida à sua investigação. **E:** incorreta. A CPI é incompetente para decretar medidas de natureza cautelar (civil ou penal). Desse modo, não tem poderes para determinar a indisponibilidade de bens, arrestos e a proibição de ausentar-se do país.
Gabarito "D".

(Delegado/SP – 2003) As comissões parlamentares de inquérito serão criadas

(A) pela Câmara dos Deputados e pelo Senado Federal, em conjunto ou separadamente.
(B) pela Câmara dos Deputados ou pelo Senado Federal.
(C) pelo Presidente da República, pela Câmara dos Deputados ou pelo Senado Federal.
(D) pelo Presidente da República ou, em conjunto, pela Câmara dos Deputados e Senado Federal.

As comissões parlamentares de inquérito serão criadas conforme o art. 58, § 3º, da CF/1988, pela Câmara dos Deputados e pelo Senado Federal, em conjunto ou separadamente.
Gabarito "A".

5.2 Processo legislativo

(Delegado/AP – 2017 – FCC) O Presidente da República encaminhou à Câmara dos Deputados projeto de lei fixando o quadro de cargos da Polícia Federal e a respectiva remuneração. A proposta, todavia, foi aprovada com emenda parlamentar que aumentou o número de cargos previsto inicialmente. Descontente com a redação final do projeto, o Presidente da República deixou de sancioná-lo, restituindo-o ao Poder Legislativo. Considerando as disposições da Constituição Federal,

I. a emenda parlamentar foi validamente proposta e aprovada, uma vez que versou sobre a mesma matéria do projeto de lei encaminhado pelo Presidente, titular de iniciativa privativa de leis que criem cargos públicos de policiais federais e que disponham sobre sua remuneração.
II. ao deixar de ser expressamente sancionado pelo Presidente da República, o projeto de lei será tacitamente sancionado decorridos 15 dias úteis.
III. havendo sanção tácita, descabe o ato de promulgação da lei pelo Chefe do Poder Executivo, devendo a lei ser promulgada pelo Presidente do Senado em 48 horas, sendo que se este não o fizer em igual prazo, caberá ao Vice-Presidente do Senado fazê-lo.

Está correto o que se afirma em

(A) I, II e III.
(B) II, apenas.
(C) I e III, apenas.
(D) I, apenas.
(E) II e III, apenas.

A afirmação I está incorreta, pois embora o tema seja pertinente, a criação de cargos aumenta despesa – o que é vedado nos termos do artigo 63, I, CF. Como destacado na ADI 3942, "a iniciativa legislativa reservada não impede que o projeto de lei encaminhado ao parlamento seja objeto de emendas pois, caso isso ocorresse, o legislativo perderia, na prática, a capacidade de legislar. Mas ressaltou que a possibilidade de alterações não é ilimitada, pois há a proibição constitucional em relação ao aumento de despesa e também a exigência de que a emenda parlamentar tenha pertinência com o projeto apresentado". A II está correta, pois se o presidente não sanciona expressamente ocorre a sanção tácita, conforme artigo 66, § 3º, CF. Errada a III, como se observa no artigo 66, § 7º, CF "Se a lei não for promulgada dentro de quarenta e oito horas pelo Presidente da República, nos casos dos § 3º e § 5º, o Presidente do Senado a promulgará, e, se este não o fizer em igual prazo, caberá ao Vice-Presidente do Senado fazê-lo". Assim a alternativa correta é a B.
Gabarito "B".

(Delegado/PE – 2016 – CESPE) Assinale a opção correta acerca do processo legiferante e das garantias e atribuições do Poder Legislativo.

(A) A criação de ministérios depende de lei, mas a criação de outros órgãos da administração pública pode se dar mediante decreto do chefe do Poder Executivo.
(B) Se um projeto de lei for rejeitado no Congresso Nacional, outro projeto do mesmo teor só poderá ser reapresentado, na mesma sessão legislativa, mediante proposta da maioria absoluta dos membros da Câmara dos Deputados ou do Senado Federal.
(C) Uma medida provisória somente poderá ser reeditada no mesmo ano legislativo se tiver perdido sua eficácia por decurso de prazo, mas não se tiver sido rejeitada.
(D) Somente após a posse, deputados e senadores passam a gozar do foro por prerrogativa de função, quando deverão ser submetidos a julgamento perante o STF.
(E) Os deputados e os senadores gozam de imunidades absolutas, que não podem ser suspensas nem mesmo em hipóteses como a de decretação do estado de defesa ou do estado de sítio.

A: incorreta. De acordo com o art. 48, XI, da CF, é competência do Congresso Nacional, com a sanção do Presidente da República, dispor sobre todas as matérias de competência da União, especialmente sobre criação e extinção de Ministérios e órgãos da administração pública. Sendo assim, **a criação de órgãos da administração pública também depende de lei**; **B**: correta. É o que determina o art. 67 da CF. Menciona tal dispositivo que a matéria constante de projeto de lei rejeitado somente poderá constituir objeto de novo projeto, na mesma sessão legislativa, mediante proposta da maioria absoluta dos membros de qualquer das Casas do Congresso Nacional; **C**: incorreta. Conforme determina o art. 62, § 10, da CF, é **proibida a reedição**, na mesma sessão legislativa, **de medida provisória que tenha sido rejeitada** ou que tenha perdido sua eficácia por decurso de prazo; **D**: incorreta. De acordo com o art. 53, § 1º, da CF, os Deputados e Senadores, **desde a expedição do diploma** (ato do Tribunal Superior Eleitoral que valida a candidatura e autoriza a posse), serão submetidos a julgamento perante o Supremo Tribunal Federal; **E**: incorreta. As imunidades não são absolutas. Determina o art. 53, § 8º, da CF que as imunidades de Deputados ou Senadores subsistirão durante o estado de sítio, **só podendo ser suspensas mediante o voto de dois terços dos membros** da Casa respectiva, nos casos de atos praticados fora do recinto do Congresso Nacional, que sejam incompatíveis com a execução da medida. BV

Gabarito "B".

(Delegado Federal – 2013 – CESPE) Em relação ao processo legislativo e ao sistema de governo adotado no Brasil, julgue o seguinte item.

(1) A iniciativa das leis ordinárias cabe a qualquer membro ou comissão da Câmara dos Deputados, do Senado Federal ou do Congresso Nacional, bem como ao presidente da República, ao STF, aos tribunais superiores, ao procurador-geral da República e aos cidadãos. No que tange às leis complementares, a CF não autoriza a iniciativa popular de lei.

1: errado. A parte final do item é que está incorreta. De acordo com o art. 61 da CF, a iniciativa **das leis complementares e ordinárias** cabe a qualquer membro ou Comissão da Câmara dos Deputados, do Senado Federal ou do Congresso Nacional, ao Presidente da República, ao Supremo Tribunal Federal, aos Tribunais Superiores, ao Procurador-Geral da República e aos cidadãos, na forma e nos casos previstos nesta Constituição. O § 2º do mencionado dispositivo autoriza a **iniciativa popular** que pode ser exercida pela apresentação à Câmara dos Deputados de projeto de lei subscrito por, no mínimo, um por cento do eleitorado nacional, distribuído pelo menos por cinco Estados, com não menos de três décimos por cento dos eleitores de cada um deles. A iniciativa popular é cabível tanto em projetos de lei ordinária como em projetos de lei complementar. Um exemplo de lei complementar que adveio de um projeto de iniciativa popular é a LC nº 135, de 2010, conhecida como lei da ficha limpa. BV

Gabarito 1E

(Delegado/RO – 2014 – FUNCAB) Tendo em vista o tema "medida provisória", a alternativa correta é:

(A) Medida provisória pode dispor sobre matéria reservada à lei complementar.
(B) Medida provisória não pode instituir crime ou fixar pena.
(C) Medida provisória pode disciplinar sobre matéria referente a processo penal.
(D) As medidas provisórias terão sua votação iniciada no Senado Federal.
(E) Não é possível a abertura de crédito extraordinário por meio de medida provisória.

A: incorreta. De acordo com o art. 62, § 1º, III, da CF, é **vedada** a edição de medidas provisórias sobre matéria reservada à lei complementar; **B**: correta. De fato, como é proibida a edição de medida provisória que trate de **direito penal**, conforme o art. 62, § 1º, I, "b", da CF, tal instrumento não pode ser utilizado para instituir crime ou fixar pena. Além disso, o art. 5º, XXXIX, da CF determina a não possibilidade de crime sem **lei** anterior que o defina, nem pena sem prévia cominação legal; **C**: incorreta. Ao contrário, medida provisória não pode tratar de matéria referente a processo penal. É o que determina o art. 62, § 1º, I, "b", da CF; **D**: incorreta. Conforme determina o art. 62, § 8º, da CF, as medidas provisórias terão sua votação **iniciada na Câmara dos Deputados**; **E**: incorreta. De acordo com o art. 62, § 1º, I, "d", da CF, é proibida a edição de medida provisória sobre planos plurianuais, diretrizes orçamentárias, orçamento e créditos adicionais e suplementares, **ressalvado o previsto no art. 167, § 3º**. O citado dispositivo determina que a **abertura de crédito extraordinário somente será admitida para atender a despesas imprevisíveis e urgentes**, como s decorrentes de guerra, comoção interna ou calamidade pública, observado o disposto no art. 62. Portanto, de forma excepcional, é possível a abertura de crédito extraordinário por meio de medida provisória. BV

Gabarito "B".

(Delegado/RJ – 2013 – FUNCAB) Dentre as espécies normativas mencionadas nas opções abaixo, aponte a que admite a figura da iniciativa popular.

(A) Leis Delegadas.
(B) Medidas Provisórias.
(C) Resoluções.
(D) Leis Complementares.
(E) Decretos Legislativos.

A: incorreta. As **leis delegadas** são elaboradas pelo Presidente da República, quando ele exerce, atipicamente, a função legislativa. Segundo o art. 68 da CF, para que o Presidente elabore essa lei deve solicitar a delegação ao Congresso Nacional. O ato que formaliza a autorização dada pelo Legislativo é uma resolução que deve especificar o conteúdo e os termos de seu exercício. Não há iniciativa popular de lei delegada; **B**: incorreta. A possibilidade de edição de **medidas provisórias** pelo Chefe do Executivo vem prevista no art. 62 da CF. Desse modo, havendo relevância e urgência, o Presidente da República poderá adotar medidas provisórias, com força de lei, devendo submetê-las imediatamente ao Congresso Nacional. Essa espécie legislativa não comporta iniciativa popular; **C**: incorreta. A **resolução** tem por finalidade normatizar as matérias de competência privativa da Câmara de Deputados (art. 51 da CF), do Senado Federal (art. 52 da CF) e, ainda, algumas atribuições do Congresso Nacional, por exemplo, a delegação ao Presidente da República para que ele edite lei delegada (art. 68, § 2º, da CF). Quem promulga uma resolução é a Mesa da Casa Legislativa responsável por sua edição. As resoluções não estão sujeitas a deliberação executiva (sanção ou veto presidencial). Essa espécie legislativa também não comporta iniciativa popular; **D**: correta. De fato, as **leis complementares admitem a figura da iniciativa popular**. O art. 61 da CF trata das leis ordinárias e complementares e em seu § 2º determina que a iniciativa popular pode ser exercida pela apresentação à Câmara dos Deputados de projeto de lei subscrito por, no mínimo, um por cento do eleitorado nacional, distribuído pelo menos por cinco Estados, com não menos de três décimos por cento dos eleitores de cada um deles. BV

Gabarito "D".

(Delegado/GO – 2003 – UEG) O art. 59 da Constituição Federal estabelece que o processo legislativo compreenda a elaboração de emendas à Constituição, às leis complementares, às leis ordinárias, às leis delegadas, às medidas provisórias, aos decretos legislativos e às resoluções.

Em relação às espécies normativas julgue as proposições abaixo, marcando V (Verdadeiro) ou F (Falso):

I. As leis delegadas devem ser elaboradas pelo presidente da República, depois de resolução do Congresso

Nacional, determinando o conteúdo e os termos de seu exercício. E, no caso de o ato normativo do Poder Executivo exorbitar os limites de delegação legislativa, compete exclusivamente ao Congresso Nacional sustar o ato.

II. Projeto de lei complementar, de iniciativa de deputado federal, disciplinando o exercício de direitos constitucionais, é aprovado por maioria simples em ambas as casas do Congresso Nacional e sancionado pelo presidente da República. Nesse caso, do ângulo do processo legislativo, pode-se afirmar que a lei complementar em que se converteu o projeto é formalmente inconstitucional por inobservância do quorum previsto na Constituição para aprovação de lei complementar.

III. Em caso de relevância e urgência, o presidente da República poderá adotar medidas provisórias, com força de lei, devendo submetê-las de imediato ao Congresso Nacional. Todavia, é vedada a edição de medidas provisórias, entre outras matérias, relativas a direito penal, processual penal e processual civil.

IV. As leis que disponham sobre a criação de cargos, funções ou empregos públicos na administração direta e autárquica ou sobre o aumento de sua remuneração são de iniciativa privativa do Congresso Nacional, sem sanção do presidente da República.

Marque a alternativa com a sequência CORRETA:

(A) V – V – V – F
(B) F – F – F – V
(C) F – V – V – V
(D) V – V – F – F

I: verdadeiro, tendo em vista as seguintes disposições constitucionais: art. 68, "caput" e § 1º, combinado com art. 49, V, ambos da CF/1988; II: verdadeiro, pois o art. 69 da CF/1988 exige o quórum de maioria absoluta para a aprovação das leis complementares. Destaque-se que as inconstitucionalidades se classificam quanto à natureza do vício, em formais e materiais, versando a questão acerca da primeira, já que houve desrespeito à regra do processo legislativo (quórum) instituída pelo Constituinte; III: verdadeiro, por força do disposto no art. 62, "caput" e § 1º, I, "b", da CF/1988. Vale ressaltar que a menção expressa ao direito penal, processual penal e processual civil cuida-se de inovação trazida pela EC n.º 32/2001, antes da qual havia divergência doutrinária acerca do tema; IV: falso, uma vez que o art. 48, X, da CF/1988 expressamente exige, nessa hipótese, a sanção presidencial, o que torna a parte final do item inverídica. Importante destacar que o Constituinte de 1988, ao versar sobre as atribuições do Congresso Nacional, expressamente indicou as hipóteses em que é dispensada a sanção do Presidente da República (art. 48, "caput"), quais sejam, aquelas indicadas nos artigos 49, 51 e 52. Além disso, tendo em vista o disposto no art. 84, VI, "b", CF/1988, o Presidente da República, por meio de decreto, poderá dispor sobre a extinção de funções ou cargos públicos, quando vagos; As três primeiras afirmações são verdadeiras e a última é falsa.

Gabarito "A".

(Delegado/MA – 2006 – FCC) Em relação às emendas constitucionais é correto afirmar que a

(A) proposta será discutida e votada em cada Casa do Congresso Nacional, em turno único, considerando-se aprovada se obtiver dois terços dos votos dos membros presentes à sessão.

(B) Constituição poderá ser emendada mediante proposta de dois terços, no mínimo, dos membros da Câmara dos Deputados e do Senado Federal.

(C) sua promulgação é de competência das Mesas da Câmara dos Deputados e do Senado Federal, com o respectivo número de ordem.

(D) Constituição poderá ser emendada a qualquer tempo, ainda que na vigência de intervenção federal, de estado de defesa ou de estado de sítio.

(E) matéria constante de proposta de emenda rejeitada ou havida por prejudicada, poderá ser a qualquer tempo, desde que na mesma sessão legislativa, objeto de nova proposta.

A: incorreto, uma vez que a discussão da proposta de emenda constitucional dar-se-á em dois turnos, não em turno único (art. 60, § 2º, CF/1988); B: incorreto, por força do disposto no inciso I do art. 60 da CF que exige proposta de apenas um terço dos membros da Câmara dos Deputados e do Senado Federal; C: correto, haja vista o art. 60, § 3º, da CF/1988. Lembre-se de que diferente do que ocorre com a emenda constitucional, a promulgação das leis ordinárias e complementares é de competência do Presidente da República, em regra, ressalvado o disposto no § 7º, do art. 66, CF/1988 (§ 7º – Se a lei não for promulgada dentro de quarenta e oito horas pelo Presidente da República, nos casos dos § 3º e § 5º, o Presidente do Senado a promulgará, e, se este não o fizer em igual prazo, caberá ao Vice-Presidente do Senado fazê-lo); D: incorreto, tendo em conta a vedação contida no art. 60, § 1º, da CF/1988. Na vigência de estado de sítio, defesa e intervenção federal, a Constituição não poderá ser emendada. São as denominadas limitações circunstanciais; E: incorreto, por vedação constitucional expressa (art. 60, § 5º, CF/1988). Tal proibição é conhecida como limitação formal quanto à reapresentação.

Gabarito "C".

(Delegado/MG – 2006) Assinale a alternativa correta:

(A) Se o veto não for mantido, o presidente da Câmara promulgará a lei.

(B) O Presidente da República pode recusar sanção a projeto de lei aprovado pelo Congresso com base em dois fundamentos: inconstitucionalidade e inconveniência ao interesse público.

(C) O veto parcial pode incidir sobre expressões constantes de artigos, incisos, parágrafos e alíneas.

(D) O Presidente da República deve vetar ou sancionar em 15 dias úteis projeto de lei aprovado, sendo vedado o silêncio ou a omissão.

A: incorreto, pois quando o veto não é mantido a promulgação da lei compete ao Presidente da República (art. 66, § 5º, da CF/1988); B: correto, pois a inconstitucionalidade (veto jurídico) e a inconveniência ao interesse público (veto político) são os fundamentos, previstos no artigo 66, § 1º, da CF/1988, que o Presidente pode se valer ao vetar uma norma; C: incorreto, o chamado veto parcial, que alcança apenas parte do projeto de lei, não pode abranger apenas parte de artigo, parágrafo, inciso ou alínea (art. 66, § 2º, da CF/1988). O limite de tal veto é o disposto numa alínea; D: incorreto, o silêncio do Presidente importa, na verdade, sanção tácita (art. 66, § 3º, da CF/1988).

Gabarito "B".

(Delegado/MS – 2006) Analise as proposições e assinale a alternativa correta.

Não será objeto de deliberação a proposta de emenda constitucional tendente a abolir

I. a forma federativa de Estado.
II. o voto direto, secreto, universal e periódico.
III. a separação dos Poderes.
IV. os direitos e garantias individuais.

V. a previdência social.
(A) apenas os itens III e V são falsos.
(B) apenas o item III é falso.
(C) apenas o item II é falso.
(D) apenas o item V é falso.
(E) apenas o item I é falso.

As chamadas cláusulas pétreas ou núcleos essenciais intangíveis constituem matérias previstas na Constituição, em relação às quais não poderá haver normatização sequer tendente a aboli-las. Estão previstas no art. 60, § 4º, da CF/1988 e são as seguintes: forma federativa de Estado, o voto direto, secreto, universal e periódico, a separação dos Poderes e os direitos e garantias individuais. Dentre todos os itens acima apontados, apenas o de número V não contém uma cláusula pétrea constitucional.
Gabarito "D".

(Delegado/MS – 2006) Assinale a alternativa que preenche corretamente as lacunas do texto abaixo:

Se o Presidente da República considerar o projeto de lei, no todo ou em parte, inconstitucional ou contrário ao interesse público vetá-lo-á, total ou parcialmente, no prazo de _____ contados da data do recebimento e comunicará, dentro de _____, ao Presidente do Senado Federal os motivos do veto.

(A) 10 dias – vinte quatro horas.
(B) 15 dias úteis – vinte quatro horas.
(C) 15 dias – quarenta e oito horas.
(D) 15 dias úteis – quarenta e oito horas.
(E) 15 dias – vinte quatro horas.

É o que dispõe o art. 66, § 1º, da CF/1988.
Gabarito "D".

(Delegado/MT – 2006 – UFMT) Poderá ser objeto de deliberação a proposta de emenda à Constituição Federal tendente a abolir

(A) a forma federativa de Estado.
(B) o voto secreto e direto.
(C) a elaboração de leis complementares.
(D) a presunção de inocência.
(E) o direito de propriedade.

A questão deve ser analisada à luz do disposto no art. 60, § 4º, da CF/1988. As matérias que não poderão ser objeto de deliberação tendente a abolir (cláusulas pétreas) estão previstas no art. 60, § 4º, da CF/1988 e são as seguintes: forma federativa de Estado, o voto direto, secreto, universal e periódico, a separação dos Poderes e os direitos e garantias individuais. A presunção de inocência e o direito de propriedade são consagrados pelo Constituinte de 1988 como direitos individuais (art. 5º, "caput", e inciso LVII, da CF/1988). Desse modo, dentre as alternativas mencionadas, apenas a elaboração de leis complementares pode ser objeto de emenda constitucional tendente a aboli-la.
Gabarito "C".

(Delegado/PI – 2009 – UESPI) Será objeto de deliberação legislativa a proposta de Emenda Constitucional tendente a

(1) reformar a estrutura dos Ministérios.
(2) reformar os critérios de seleção e de provimento dos servidores públicos civis.
(3) modificar as diretrizes gerais para a elaboração do orçamento público.
(4) estabelecer novas regras para o processo eleitoral e para o funcionamento dos partidos políticos, com vigência apenas para o pleito eleitoral seguinte.
(5) modificar a estrutura federativa do Estado brasileiro

Estão corretas apenas:

(A) 2, 3, 4 e 5
(B) 1, 2 ,3 e 4
(C) 2, 3 e 4
(D) 1, 2, 3 e 5
(E) 1 e 5

Apenas a matéria do item 5 faz parte do rol do artigo 60, § 4º, da CF/1988.
Gabarito "B".

(Delegado/SC – 2008) Em caso de relevância e urgência, o Presidente da República poderá adotar medidas provisórias com força de lei devendo submetê-las, de imediato, ao Congresso Nacional. Sobre as Medidas Provisórias assinale a alternativa correta.

(A) As medidas provisórias perderão eficácia, desde a edição, se não forem convertidas em lei no prazo de sessenta dias, prorrogável, uma vez por igual período, devendo o Congresso Nacional disciplinar, por resolução, as relações jurídicas delas decorrentes.
(B) As medidas provisórias terão sua votação iniciada na Câmara dos Deputados, sendo vedada edição sobre matéria já disciplinada em projeto de lei aprovado pelo Congresso Nacional e pendente de sanção ou veto do Presidente da República.
(C) Prorrogar-se-á uma única vez por igual período a vigência de medida provisória que, no prazo de noventa dias, contado de sua publicação, não tiver a sua votação encerrada nas duas Casas do Congresso Nacional.
(D) É vedada reedição, na mesma sessão legislativa, de medida provisória que tenha sido rejeitada ou que tenha perdido sua eficácia por decurso de prazo, salvo autorização de maioria absoluta do Senado Federal.

A: incorreta, conforme o disposto no art. 62, § 3º, da CF/1988. É o decreto legislativo, e não a resolução, o veículo normativo apropriado para a regulamentação das relações jurídicas decorrentes da medida provisória que perderem eficácia; B: correta, conforme dispõe o art. 62, § 8º, c/c art. 62, § 1º, IV, ambos da CF/1988. É importante ressaltar que importantes modificações foram trazidas pela Emenda Constitucional n.º 32/2001 no regime constitucional das medidas provisórias, que, expressamente, passou a vedar a edição de medidas provisórias sobre matérias já disciplinadas em projeto de lei aprovado pelo Congresso Nacional e pendente de sanção ou veto pelo do Presidente da República; C: incorreta, tendo em vista o art. 62, § 7º, da CF/1988 que prevê o prazo de sessenta dias, e não de noventa dias, contados da publicação, para que possa haver a prorrogação da vigência da medida provisória; D: incorreta, tendo em vista inexistir no texto constitucional a faculdade de o Senado Federal autorizar a reedição de medidas provisórias (art. 62, § 10, da CF/1988).
Gabarito "B".

(Delegado/SC – 2008) Em relação ao "Processo Legislativo" marque V ou F caso as afirmações a seguir sejam verdadeiras ou falsas.

( ) A discussão e votação dos projetos de lei de iniciativa do Presidente da República, do Supremo Tribunal

Federal e dos Tribunais Superiores terão início na Câmara dos Deputados, sendo que o Presidente da República poderá solicitar urgência para apreciação de projetos de sua iniciativa.

( ) A Casa na qual tenha sido concluída a votação enviará o projeto de lei ao Presidente da República que, aquiescendo, o sancionará. Se considerar o projeto, no todo ou em parte, inconstitucional ou contrário ao interesse público, vetá-lo-á total ou parcialmente, no prazo de quarenta e oito horas, contados da data do recebimento, e comunicará, dentro de quinze dias, ao Presidente do Senado Federal os motivos do veto.

( ) O projeto de lei aprovado por uma Casa será revisto pela outra, em um só turno de discussão e votação, e enviado à sanção ou promulgação, se a Casa revisora o aprovar, ou arquivado, se o rejeitar. Mas, sendo o projeto emendado, voltará à Casa iniciadora.

( ) A Casa na qual tenha sido concluída a votação enviará o projeto de lei ao Presidente da República que, aquiescendo, o sancionará. Decorrido o prazo de quarenta e oito horas, o seu silêncio importará sanção.

A sequência correta, de cima para baixo, é:

(A) F – V – F – F
(B) V – F – V – F
(C) V – V – V – F
(D) F – F – V – V

Verdadeiro. O início do processo legislativo nas hipóteses em que a iniciativa for do Presidente da República, do Supremo Tribunal Federal e dos Tribunais Superiores se dá na Câmara dos Deputados por força do que dispõe o art. 64, "caput", da CF/1988. Quanto à questão da urgência na apreciação de projeto de lei de iniciativa do Presidente da República, esta poderá ser requerida nos termos do que dispõe o art. 64, § 1º, da CF/1988; Falso, tendo em vista a inversão dos prazos previstos no art. 66, "caput", e § 1º, da CF/1988. Em verdade, o prazo para o veto presidencial é de 15 (quinze) dias **úteis** ao passo que o prazo relativo à comunicação das razões do veto ao Presidente do Senado Federal é de quarenta e oito horas. Nesse item é importante destacar a questão da contagem em dias úteis e não em dias corridos em relação ao prazo para o Presidente vetar o projeto; Verdadeiro, tendo em vista o art. 65, "caput" e parágrafo único, da CF/1988. Ressalta-se que há distinção entre a rejeição e emenda, uma vez que a primeira finda o processo legislativo, ao passo que a segunda faz com que o projeto retorne à Casa em que teve início; Falso, pois no art. 66, "caput", e § 3º, da CF/1988, a sanção tácita, ou seja, sanção por silêncio do Presidente da República, se dá após **quinze dias** úteis contados da data do recebimento, e não quarenta e oito horas, como veiculado indevidamente na assertiva. Este segundo prazo (48 horas) é o que tem o Presidente para comunicar ao Presidente do Senado Federal os motivos do veto, caso tenha vetado o projeto de lei; A sequência correta é a descrita na alternativa B. Gabarito "B".

(Delegado/SP – 2003) Sobre o processo legislativo, é correto afirmar que

(A) o veto do Presidente da República a projeto de lei poderá ser rejeitado pela maioria absoluta dos Senadores, em escrutínio secreto.

(B) as medidas provisórias terão sua votação iniciada na Câmara dos Deputados.

(C) o veto parcial poderá atingir parte de artigo, de parágrafo, de inciso ou de alínea.

(D) as leis delegadas serão elaboradas pelo Congresso Nacional após delegação do Presidente da República.

A: incorreto, pois o art. 66, § 4º, da CF/1988 exige para a rejeição do veto presidencial o voto da maioria absoluta de Deputados e Senadores, e não apenas dos Senadores, como equivocadamente veiculado no item. Ademais, com o advento da EC 76/2013, a votação não será secreta; **B:** correto, é o que dispõe o art. 62, § 8º, da CF/1988; **C:** incorreto (art. 66, § 2º, da CF/1988). Embora a Constituição possibilite os chamados vetos parciais (art. 66, § 1º, CF/1988), ou seja, pode o Presidente da República vetar parte de lei, o ato não pode alcançar apenas parte de artigo, parágrafo, inciso ou alínea; **D:** incorreto, pois a assertiva inverteu as competências constitucionais; as leis delegadas são elaboradas pelo Presidente da República, após delegação do Congresso Nacional (art. 68 da CF/1988). Gabarito "B".

(Delegado/GO – 2009 – UEG) É vedada do objeto de emenda constitucional a seguinte matéria:

(A) regime jurídico do servidor público.
(B) nova limitação ao poder de tributar.
(C) acréscimo ao rol de direitos individuais.
(D) o voto direto, secreto, universal e periódico.

As matérias que expressamente o Constituinte de 1988 veda que sejam objeto de emendas constitucionais tendentes a aboli-las constam do artigo 60, § 4º, da CF/1988, dentre as quais inexiste referência àquelas dispostas nos itens A e B. O item C, por seu turno, está incorreto, tendo em vista que a vedação quanto aos direitos e garantias individuais restringe-se aos casos em que a EC tenha a aboli-los, nada impedindo que o constituinte derivado acrescente-os. Exemplo de acréscimo a direito individual se deu com a EC n.º 45/2004, que acresceu o inciso LXXVIII ao artigo 5º do Texto Constitucional, incluindo a razoável duração do processo e os meios que garantam a celeridade de sua tramitação como direito individual. Gabarito "D".

5.3. Poder Executivo

(Delegado/ES – 2019 – Instituto Acesso) A Constituição da República Federativa do Brasil define as condutas consideradas como crime de responsabilidade se praticadas pelo Presidente da República no âmbito das suas funções. Em relação aos crimes de responsabilidade cometidos pelo Presidente da República, NÃO é correto afirmar que

(A) o Presidente da República, na vigência de seu mandato, não pode ser responsabilizado por atos estranhos ao exercício de suas funções.

(B) é crime de responsabilidade o ato do Presidente da República que atente contra a Constituição Federal e, especialmente, contra o exercício dos direitos políticos, individuais e sociais.

(C) Ao Senado compete decidir se deve receber ou não a denúncia cujo prosseguimento foi autorizado pela Câmara.

(D) Não há direito à defesa prévia antes da avaliação da denúncia pelo Presidente da Câmara.

(E) o Presidente ficará suspenso de suas funções nos crimes de responsabilidade, após a instauração do processo pela Câmara dos Deputados.

A: correto. De acordo com o art. 86, § 4º, CF, de fato, o Presidente da República, na vigência de seu mandato, não pode ser responsabilizado por atos estranhos ao exercício de suas funções; **B:** correto.

Determina o art. 85, III, CF, os atos do Presidente da República que atentem contra a Constituição Federal e, especialmente, contra o exercício dos direitos políticos, individuais e sociais, dentre outros, são considerados crime de responsabilidade; **C:** correto. De acordo com o art. 52, I, CF, compete privativamente ao Senado Federal: processar e julgar o Presidente e o Vice-Presidente da República nos crimes de responsabilidade. O art. 86, *caput*, CF determina também que admitida a acusação contra o Presidente da República, por dois terços da Câmara dos Deputados, será ele submetido a julgamento perante o Senado Federal, nos crimes de responsabilidade; **D:** correto. Vide MS 33920 MC / DF – DISTRITO FEDERAL. MEDIDA CAUTELAR EM MANDADO DE SEGURANÇA Relator(a): Min. CELSO DE MELLO. Julgamento: 03/12/2015. **E:** incorreto, devendo ser assinalado. Determina o art. 86, § 1º, II, CF que o Presidente ficará suspenso de suas funções: (…) nos crimes de responsabilidade, após a **instauração do processo pelo Senado Federal**.

Gabarito "E."

(Delegado/DF – 2015 – Fundação Universa) Acerca do Poder Executivo, assinale a alternativa correta.

(A) Uma vez instaurado o processo por crime de responsabilidade, o presidente da República poderá continuar, caso haja vontade da maioria absoluta do Senado Federal, a exercer as suas funções.

(B) O presidente da República poderá ser preso em flagrante por crime comum inafiançável, devendo o flagrante ser encaminhado, em 48 horas, ao STF.

(C) Em caso de impedimento ou vacância do presidente e do vice-presidente da República, a ordem de sucessão para ocupar o cargo de presidente da República será a seguinte: presidente do Senado, presidente da Câmara dos Deputados e presidente do STF.

(D) O presidente da República poderá delegar sua competência privativa de conceder indulto e comutar penas.

(E) Suponha-se que o presidente da República tenha cometido crime comum durante o seu mandato. Nesse caso, ele deverá ser processado e julgado pelo Senado Federal.

A: incorreta. A suspensão das funções presidenciais é mandamento constitucional, não ato discricionário do Senado Federal. De acordo com o art. 86, § 1º, II, o Presidente ficará suspenso de suas funções, nos crimes de responsabilidade, após a instauração do processo pelo Senado Federal; **B:** incorreta. Determina o art. 86, § 3º, da CF que enquanto não sobrevier sentença condenatória, nas infrações comuns, o Presidente da República não estará sujeito a prisão. Sendo assim, o Presidente não poderá ter restrita sua liberdade por nenhuma das modalidades de prisão cautelar, ou seja, não poderá ser preso em flagrante, preventiva ou provisoriamente, mesmo que presentes os requisitos para a decretação de tais custódias; **C:** incorreta. Dispõe o art. 80: Em caso de impedimento do Presidente e do Vice-Presidente, ou vacância dos respectivos cargos, serão sucessivamente chamados ao exercício da Presidência o **Presidente da Câmara dos Deputados, o do Senado Federal e o do Supremo Tribunal Federal**; **D:** correta. O parágrafo único do art. 84 da CF, de fato, autoriza que o Presidente da República delegue algumas atribuições, por exemplo, a mencionada no inciso XII (conceder indulto e comutar penas); **E:** incorreta. Quem julga o Presidente da República por crime comum é o Supremo Tribunal Federal. É o que determina o art. 102, I, *b*, da CF.

Gabarito "D."

(Delegado/SP – 2011) Fortalecer e ampliar a atuação das corregedorias administrativas do Poder Executivo, notadamente da Polícia Civil e Polícia Militar, do Ministério Público e do Poder Judiciário.

(A) é uma das ações previstas no Programa Estadual de Direitos Humanos para garantia do acesso à justiça.

(B) pode ser entendida como política de Segurança Pública, se fizer parte de prévio acordo de cooperação técnica.

(C) é princípio constitucional e um dos fundamentos da República Federativa do Brasil.

(D) são valores sociais do trabalho e da livre-iniciativa que fortalecem a cidadania.

(E) são objetivos fundamentais da República Federativa do Brasil.

A: correta. De acordo com o Decreto Nº 42.209, de 15 de setembro de 1997, (Programa Estadual de Direitos Humanos), uma das ações previstas para garantir o acesso à justiça é o fortalecimento e ampliação da atuação desses órgãos (Proposta de ações – III Direitos Civis e Políticos – item 1.5); **B:** incorreta. De acordo com o art. 144 da CF/1988, a segurança pública, dever do Estado, direito e responsabilidade de todos, é exercida para a preservação da ordem pública e da incolumidade das pessoas e do patrimônio, através dos seguintes órgãos: I – polícia federal, II – polícia rodoviária federal, III – polícia ferroviária federal, IV – polícias civis, V – polícias militares e corpos de bombeiros militares; **C:** incorreta. Os **fundamentos** da República Federativa do Brasil estão previstos no art. 1º da CF/1988 e são os seguintes: I – a soberania, II – a cidadania, III – a dignidade da pessoa humana, IV – os valores sociais do trabalho e da livre-iniciativa e V – o pluralismo político; **D:** incorreta. Conforme mencionado, tais valores são considerados fundamentos da República Federativa do Brasil; **E:** incorreta. Os **objetivos fundamentais**, conforme o art. 3º da CF/1988, são: I – construir uma sociedade livre, justa e solidária, II – garantir o desenvolvimento nacional, III – erradicar a pobreza e a marginalização e reduzir as desigualdades sociais e regionais e IV – promover o bem de todos, sem preconceitos de origem, raça, sexo, cor, idade e quaisquer outras formas de discriminação.

Gabarito "A."

(Delegado/AP – 2010) Assinale a afirmativa incorreta.

(A) Em caso de impedimento do Presidente e do Vice-Presidente, ou vacância dos respectivos cargos, serão sucessivamente chamados ao exercício da Presidência o Presidente do Senado Federal, o da Câmara dos Deputados, e o do Supremo Tribunal Federal.

(B) Vagando os cargos de Presidente e Vice-Presidente da República, far-se-á eleição noventa dias depois de aberta a última vaga.

(C) O mandato do Presidente da República é de quatro anos e terá início em primeiro de janeiro do ano seguinte ao da sua eleição.

(D) O Presidente e o Vice-Presidente da República não poderão, sem licença do Congresso Nacional, ausentar-se do País por período superior a quinze dias, sob pena de perda do cargo.

(E) O Presidente e o Vice-Presidente da República tomarão posse em sessão do Congresso Nacional, prestando o compromisso de manter, defender e cumprir a Constituição, observar as leis, promover o bem geral do povo brasileiro, sustentar a união, a integridade e a independência do Brasil.

A: incorreta (devendo ser assinalada). Primeiro é chamado o Presidente da Câmara que representa o povo detentor do poder, depois o Presidente do Senado que representa os Estados e, por fim, o Presidente do Supremo Tribunal Federal (art. 80 da CF/1988). Vale lembrar que essas pessoas só ocupam o cargo provisoriamente.

Desse modo, havendo vacância tanto no cargo de Presidente quanto no de Vice-Presidente (por exemplo, morte dos dois ou condenação de ambos em processo de *impeachment*), novas eleições terão de ser feitas. Se a dupla vacância se der nos dois primeiros anos do mandato, será feita uma eleição direta dentro de 90 (noventa) dias. Caso a dupla vacância ocorra nos dois últimos anos do mandato, a eleição será indireta (o Congresso Nacional é quem elegerá o novo Presidente e o Vice) e dentro de 30 (trinta) dias; **B:** correta (art. 81 da CF/1988); **C:** correta (art. 82 da CF/1988); **D:** correta (art. 83 da CF/1988); **E:** correta (art. 78 da CF/1988).

Gabarito "A".

(Delegado/CE – 2006 – CEV/UECE) NÃO é crime de responsabilidade o ato do Presidente da República que atente contra

(A) a lei orçamentária.
(B) a segurança interna do país.
(C) o cumprimento das leis e das decisões judiciais.
(D) a improbidade na administração.

A, B, C: incorretas, pois tais atos são considerados crimes de responsabilidade (art. 85, IV, VI e VII, da CF/1988); **D:** correta. Ato que atente contra a **probidade** administrativa é que é considerado crime de responsabilidade (art. 85, V, da CF/1988).

Gabarito "D".

(Delegado/MS – 2006) Assinale a alternativa que preenche corretamente a lacuna do texto abaixo:

Se, decorridos _____ dias da data fixada para a posse, o Presidente ou o Vice-Presidente, salvo motivo de força maior não tiver assumido o cargo, este será declarado vago.

(A) cinco.
(B) três.
(C) dez.
(D) vinte.
(E) quinze.

O prazo solicitado é de **dez dias**. Todas as alternativas encontram fundamento no art. 78, parágrafo único, da CF/1988.

Gabarito "C".

(Delegado/PB – 2009 – CESPE) Quanto ao Poder Executivo, assinale a opção correta.

(A) No sistema de governo presidencialista, o chefe de governo é também o chefe de Estado.
(B) Quando o presidente da República celebra um tratado internacional, o faz como chefe de governo.
(C) O presidente da República responde por crimes comuns e de responsabilidade perante o Senado Federal, depois de autorizado o seu julgamento pela Câmara dos Deputados.
(D) Algumas competências privativas do presidente da República podem ser delegadas aos ministros de estado. Entre elas está a de presidir o Conselho da República e o Conselho de Defesa quando não estiver presente na sessão.
(E) O presidente da República não pratica crime de responsabilidade quando descumpre uma decisão judicial que entende ser inconstitucional ou contrária ao interesse público.

A: correta. De fato, quando o sistema de governo adotado é o presidencialismo, o Presidente da República cumula duas funções: chefe de Estado (representa o país externamente) e chefe de governo (administra o país internamente). É o que ocorre no Brasil; **B:** incorreta, tal atribuição é feita com base na chefia de Estado; **C:** incorreta, pois nas infrações penais comuns o Presidente da República é submetido a julgamento perante o Supremo Tribunal Federal (art. 86, "caput", da CF/1988). Tanto pela prática de crime de responsabilidade como pela prática de crime comum é necessária a autorização da Câmara de Deputados para que o Presidente seja processado. É o que se denomina de juízo de admissibilidade da Câmara; **D:** incorreta (art. 84, XVIII e parágrafo único, da CF/1988); **E:** incorreta (art. 85, VII, da CF/1988).

Gabarito "A".

5.4. Poder Judiciário

(Delegado/RJ – 2022 – CESPE/CEBRASPE) O Tribunal de Justiça decretou medida cautelar de suspensão de mandato eletivo de deputado estadual investigado por organização criminosa prevista no art. 2.º da Lei n.º 12.850/2013. Considerando essa situação hipotética, assinale a opção correta.

(A) Submetida essa decisão judicial do Tribunal de Justiça à Assembleia Legislativa, se a Casa Parlamentar revoga a decisão judicial, cabe reclamação constitucional ao Supremo Tribunal Federal para garantir a autoridade de suas decisões e precedentes.
(B) O Poder Judiciário pode suspender mandato eletivo de parlamentar federal sem precisar submeter a decisão judicial à respectiva Casa do Congresso Nacional, conforme jurisprudência pacífica do Supremo Tribunal Federal.
(C) Essa decisão judicial do Tribunal de Justiça não precisa ser submetida à Assembleia Legislativa por inexistir norma de simetria e de extensão na Constituição da República Federativa do Brasil de 1988.
(D) Submetida essa decisão judicial do Tribunal de Justiça à Assembleia Legislativa, se a Casa Parlamentar revoga a decisão judicial, não cabe reclamação constitucional ao Supremo Tribunal Federal, porque não há decisões e precedentes para garantir a autoridade do parlamentar.
(E) O Poder Judiciário não pode suspender mandato eletivo de parlamentar federal, conforme jurisprudência pacífica do Supremo Tribunal Federal.

Comentário: Não caberia reclamação ao Supremo Tribunal Federal porque a decisão tomada pela Assembleia Legislativa não está contra os precedentes daquela Corte.

Gabarito "D".

(Delegado/MG – 2021 – FUMARC) O delegado local, durante investigação de crime de corrupção, peticionou ao juiz de direito da Comarca. Esse magistrado é titular há 5 anos na Vara Única local e, ao atender os pedidos de busca e apreensão do delegado, acabou desagradando os interesses de diversos empresários poderosos. Estes, por sua vez, ameaçaram que usariam de sua influência para promover a retirada forçada do juiz daquela Comarca.

Sobre a remoção involuntária desse magistrado da Comarca, é CORRETO afirmar:

(A) Apenas com decisão judicial transitada em julgado poderia ser efetivada;
(B) Atualmente, só pode ocorrer por decisão do Conselho Nacional de Justiça;

(C) Pode ocorrer, por motivo de interesse público, fundado em decisão por voto da maioria absoluta do respectivo Tribunal de Justiça daquele Estado ou do Conselho Nacional de Justiça, assegurada ampla defesa.

(D) Tendo em vista a garantia constitucional da inamovibilidade, não poderá ocorrer em hipótese alguma, como forma de proteção à liberdade de decidir.

A e B: incorretas. Aos juízes são dadas garantias, dentre as quais a *inamovibilidade* (art. 95, II, da CF). Sendo assim, os juízes possuem a prerrogativa de não serem removidos de um lugar para outro, sem prévio consentimento, exceto por motivo de interesse público, desde que pelo voto da maioria absoluta do tribunal ou Conselho Nacional de Justiça, assegurando-se a ampla defesa, conforme dispõe o art. 93, VIII, da CF; **C**: correta. É o que determina o mencionado art. 95, II, da CF; **D**: incorreta. Há exceção (motivo de interesse público) em que poderá ocorrer a remoção do juiz, desde que sejam preenchidos os requisitos constitucionais, conforme já explicado.
Gabarito "C".

(Delegado/MT – 2017 – CESPE) No estado de Mato Grosso, Pedro cometeu crime contra a economia popular; Lucas cometeu crime de caráter transnacional contra animal silvestre ameaçado de extinção; e Raí, um agricultor, cometeu crime comum contra índio, no interior de reserva indígena, motivado por disputa sobre direitos indígenas.

Nessa situação hipotética, a justiça comum estadual será competente para processar e julgar

(A) somente Pedro e Raí.
(B) somente Lucas e Raí.
(C) Pedro, Lucas e Raí.
(D) somente Pedro.
(E) somente Pedro e Lucas.

De acordo com a Súmula 498 do STF "Compete à Justiça dos Estados, em ambas as instâncias, o processo e o julgamento dos crimes contra a economia popular". Dessa forma está errada a alternativa **B**. O Plenário do Supremo Tribunal Federal decidiu que compete à Justiça Federal processar e julgar crime ambiental de caráter transnacional que envolva animais silvestres, ameaçados de extinção, espécimes exóticas, ou protegidos por compromissos internacionais assumidos pelo Brasil (Recurso Extraordinário 835558). Assim também erradas as alternativas **C** e **E**. Nos termos do art. 109, inciso XI, CF, aos juízes federais compete processar e julgar a disputa sobre direitos indígenas, errada, portanto, a alternativa **A**.
Correta por consequência a alternativa **D**.
Gabarito "D".

(Delegado/MT – 2017 – CESPE) Em determinado estado da Federação, um juiz de direito estadual, um promotor de justiça estadual e um procurador do estado cometeram, em momentos distintos, crimes comuns dolosos contra a vida. Não há conexão entre esses crimes. Sabe-se que a Constituição do referido estado prevê que crimes comuns praticados por essas autoridades sejam processados e julgados pelo respectivo tribunal de justiça.

Nessa situação hipotética, segundo o entendimento do STF, será do tribunal do júri a competência para processar e julgar somente o

(A) promotor de justiça.
(B) juiz de direito.
(C) procurador do estado e o promotor de justiça.
(D) promotor de justiça e o juiz de direito.
(E) procurador do estado.

Nos termos da Súmula Vinculante 45 "a competência constitucional do Tribunal do Júri prevalece sobre o foro por prerrogativa de função estabelecido exclusivamente pela Constituição Estadual". Há foro por prerrogativa de função previsto na Constituição Federal para juízes e promotores (Art. 96. Compete privativamente: (...) III – aos Tribunais de Justiça julgar os juízes estaduais e do Distrito Federal e Territórios, bem como os membros do Ministério Público, nos crimes comuns e de responsabilidade, ressalvada a competência da Justiça Eleitoral"). Logo, na situação hipotética, o TJ seria competente para julgar o juiz e o promotor, mas o procurador de estado seria submetido a julgamento pelo Tribunal do Júri. Portanto, correta a alternativa **E**.
Gabarito "E".

(Delegado/DF – 2015 – Fundação Universa) A respeito do Poder Judiciário e da política judiciária nacional de tratamento adequado dos conflitos de interesse no âmbito do Poder Judiciário, assinale a alternativa correta.

(A) Não cabe recurso extraordinário a acórdão proferido pelo STJ nos processos de homologação de sentenças estrangeiras.
(B) Para atender aos juízes, aos juizados ou às varas com competência nas áreas cível, fazendária, previdenciária, de família e penal, os tribunais deverão criar os centros judiciários de solução de conflitos e cidadania para realizarem sessões e audiências de conciliação e mediação.
(C) Suponha-se que um silvícola tenha cometido crime de homicídio contra outro silvícola, por motivos de ciúmes, dentro de uma reserva indígena. Nesse caso, conforme entendimento do STF, a competência para julgar esse crime será da justiça estadual.
(D) O Conselho Nacional de Justiça compõe-se de quinze membros com mandato de dois anos, sendo vedada a recondução.
(E) O procurador-geral da República pode, desde que após a conclusão do inquérito policial, havendo graves violações aos direitos humanos, requerer que ação penal tramite perante a justiça federal.

A: incorreta. Segundo o STF, RE-598770, "a homologação de sentença estrangeira é admissibilidade. (...) Na sequência, a Corte não vislumbrou matéria constitucional a ser apreciada pelo STF. **Salientou a possibilidade de controle das decisões homologatórias de sentenças estrangeiras proferidas pelo STJ**. Registrou, no entanto, a necessidade de rigor no exame da alegação de afronta à Constituição nessas hipóteses (CF, art. 102, II, *a*), sob pena de criação de nova instância revisional. (....)"; **B**: incorreta. A **alternativa traz redação antiga** do artigo art. 8º da Resolução 125/10 do CNJ. A redação atual, dada pela Emenda 2, de 08.03.16, determina que os tribunais deverão criar os Centros Judiciários de Solução de Conflitos e Cidadania (Centros ou Cejuscs), unidades do Poder Judiciário, preferencialmente, responsáveis pela realização da gestão das sessões e audiências de conciliação e mediação que estejam a cargo de conciliadores e mediadores, bem como pelo atendimento e orientação ao cidadão; **C**: correta. O STF, no 419528-PR, já definiu que o crime praticado por silvícolas, contra outro índio, no interior de reserva indígena, é da competência da **Justiça Comum** (estadual). Mencionou ainda que "a competência penal da Justiça Federal, objeto do alcance do disposto no art. 109, XI, da Constituição da República, só se desata quando a acusação seja de genocídio, ou quando, na ocasião ou motivação de outro delito de que seja índio o agente ou a vítima, tenha havido disputa sobre direitos indígenas, não bastando seja aquele imputado a silvícola, nem que este lhe seja vítima e, tampouco, que haja sido praticado dentro de reserva indígena"; **D**: incorreta. É **admitida**

uma recondução, conforme determina o *caput* do art. 103-B da CF; **E:** incorreta. Determina o § 5º do art. 109 da CF que nas hipóteses de grave violação de direitos humanos, o Procurador-Geral da República, com a finalidade de assegurar o cumprimento de obrigações decorrentes de tratados internacionais de direitos humanos dos quais o Brasil seja parte, poderá suscitar, perante o Superior Tribunal de Justiça, **em qualquer fase do inquérito** ou processo, incidente de deslocamento de competência para a Justiça Federal.
Gabarito "C".

(Delegado Federal – 2013 – CESPE) Com base nas disposições da CF acerca das competências dos juízes federais, julgue o item a seguir.

(1) Aos juízes federais compete processar e julgar, entre outros crimes, os que atentem contra a organização do trabalho e os de ingresso ou permanência irregular de estrangeiro no território nacional, bem como as disputas sobre direitos indígenas.

1: correto. De acordo com o art. Art. 109, VI, da CF, aos juízes federais compete o processo e julgamento dos **crimes contra a organização do trabalho** e, nos casos determinados por lei, contra o sistema financeiro e a ordem econômico-financeira. Além disso, os incisos X e XI do mesmo dispositivo determina que também é a competência dos juízes federais o processo e julgamento **dos crimes de ingresso ou permanência irregular de estrangeiro**, a execução de carta rogatória, após o *exequatur*, e de sentença estrangeira, após a homologação, as causas referentes à nacionalidade, inclusive a respectiva opção, e à naturalização e a **disputa sobre direitos indígenas**.
Gabarito 1C.

(Delegado/PA – 2013 – UEPA) Com relação ao Poder Judiciário, é correto afirmar que:

(A) o juiz titular somente residirá na respectiva comarca se assim determinar o tribunal.

(B) todas as decisões de seus órgãos serão fundamentadas, sob pena de nulidade, e todos os julgamentos serão acompanhados somente pelas partes e seus advogados, para preservar o direito à intimidade do interessado.

(C) a atividade jurisdicional será ininterrupta, exceto nos períodos de férias coletivas nos juízos e tribunais.

(D) as decisões administrativas serão motivadas em sessão pública, sendo as disciplinares tomadas pelo voto da maioria simples dos presentes.

(E) um quinto dos lugares dos Tribunais Regionais Federais, dos Tribunais dos Estados, e do Distrito Federal e Territórios será composto de membros do Ministério Público, com mais de dez anos de carreira, e de advogados de notório saber jurídico e de reputação ilibada, com mais de dez anos de efetiva atividade profissional.

A: incorreta. A regra é justamente o contrário do mencionado na alternativa. Conforme determina o art. 93, VII, da CF, o **juiz titular residirá na respectiva comarca**, salvo autorização do tribunal; **B: incorreta.** De acordo com o art. 93, IX, da CF, todos os **julgamentos dos órgãos do Poder Judiciário serão públicos**, e fundamentadas todas as decisões, sob pena de nulidade, podendo a lei limitar a presença, em determinados atos, às próprias partes e a seus advogados, ou somente a estes, em casos nos quais a preservação do direito à intimidade do interessado no sigilo não prejudique o interesse público à informação; **C: incorreta.** Conforme determina o art. 93, XII, da CF, a atividade jurisdicional será ininterrupta, sendo **vedado férias coletivas** nos juízos e tribunais de segundo grau, funcionando, nos dias em que não houver expediente forense normal, juízes em plantão permanente; **D: incorreta.** De acordo com o art. 93, X, da CF, as decisões administrativas dos tribunais serão motivadas e em sessão pública, sendo as disciplinares tomadas pelo **voto da maioria absoluta** de seus membros; **E: correta.** A regra do quinto constitucional vem prevista no art. 94 da CF.
Gabarito "E".

(Delegado/RJ – 2013 – FUNCAB) No que se refere às garantias do Poder Judiciário, com destaque à vitaliciedade conectada à noção de independência, marque a alternativa correta.

(A) Diz-se garantia de independência dos órgãos judiciários porque, com a vitaliciedade, ocorre a estabilidade perpétua do magistrado.

(B) Diz-se garantia de independência dos órgãos judiciários porque, com a vitaliciedade, os magistrados só perdem o cargo havendo sentença judicial transitada em julgado.

(C) Diz-se garantia de independência dos órgãos judiciários porque a vitaliciedade se adquire tão logo ocorra o exercício do cargo.

(D) Diz-se garantia de independência dos órgãos judiciários porque a vitaliciedade só se aplica ao juiz de carreira, não se estendendo aos advogados que integram a carreira da magistratura pela regra do quinto constitucional.

(E) Diz-se garantia de independência dos órgãos judiciários porque, com a vitaliciedade, o magistrado só perde o cargo quando ocorre decisão da mais Alta Corte do País.

A: incorreta. A vitaliciedade, prevista no art. 95, I, da CF, garante aos magistrados a manutenção no cargo, cuja perda somente se dá por sentença judicial transitada em julgado. Essa garantia é adquirida após dois anos do estágio probatório, em relação aos que foram aprovados em concurso público, ou no momento da posse, na hipótese daqueles que ingressaram pela regra do quinto constitucional ou foram nomeados para atuar nos Tribunais Superiores; **B: correta.** Como mencionado, a garantia da vitaliciedade traz independência aos magistrados, de modo que eles magistrados só podem perder em razão de sentença judicial transitada em julgado; **C: incorreta.** A regra é que a vitaliciedade é adquirida após dois anos do estágio probatório, em relação aos que foram aprovados em concurso público, ou no momento da posse, na hipótese daqueles que ingressaram pela regra do quinto constitucional ou foram nomeados para atuar nos Tribunais Superiores; **D: incorreta.** Os advogados que ingressam na carreira por meio da regra do quinto constitucional também usufruem a garantia da vitaliciedade; **E: incorreta.** O que a Constituição exige é o trânsito em julgado da sentença.
Gabarito "B".

(Delegado/RJ – 2013 – FUNCAB) Sobre o Princípio da Motivação das decisões judiciais, assinale a alternativa correta.

(A) Trata-se de uma garantia contra possíveis excessos do Estado-Juiz.

(B) Trata-se de uma prerrogativa do cidadão com base no princípio constitucional do contraditório.

(C) Trata-se de uma prerrogativa do cidadão, correlacionada com a garantia do *habeas corpus*.

(D) Trata-se de uma garantia contra possíveis excessos do Estado-Juiz, vinculada tão somente às decisões judiciais e administrativas dos Tribunais que ocorram em sessão pública.

(E) Trata-se tanto de uma prerrogativa do cidadão com base no princípio constitucional do contraditório como uma garantia contra possíveis excessos do

Estado-Juiz, vinculada tão somente às decisões administrativas dos Tribunais.

A: correta. De fato, a motivação das decisões corresponde a uma garantia contra possíveis excessos do Estado-Juiz. De acordo com o art. 93, IX, da CF, todos os julgamentos dos órgãos do Poder Judiciário serão públicos, e **fundamentadas todas as decisões**, sob pena de nulidade, podendo a lei limitar a presença, em determinados atos, às próprias partes e a seus advogados, ou somente a estes, em casos nos quais a preservação do direito à intimidade do interessado no sigilo não prejudique o interesse público à informação; **B:** incorreta. O princípio constitucional do **contraditório**, previsto no art. 5º, LV, da CF, determina que aos litigantes, em processo judicial ou administrativo, e aos acusados em geral, sejam assegurados o contraditório e a ampla defesa, com os meios e recursos a ela inerentes; **C:** incorreta. Conforme determina o art. 5º, LXVIII, da CF, conceder-se-á "**habeas-corpus**" sempre que alguém sofrer ou se achar ameaçado de sofrer violência ou coação em sua **liberdade de locomoção**, por ilegalidade ou abuso de poder; **D:** incorreta. A motivação das decisões não está vinculada tão somente às decisões judiciais e administrativas dos Tribunais que ocorram em sessão pública; **E:** incorreta. Conforme mencionado, a garantia é ampla. Gabarito "A".

(**Delegado/SP – 2011**) Compete ao Supremo Tribunal Federal processar todos os efeitos legais, exceto para promoção por merecimento.

(A) os casos de crime contra a Administração Pública ou de abuso de autoridade
(B) os processos disciplinares de juízes julgados há menos de um ano
(C) o litígio entre Estado estrangeiro e a União, o Estado e o Distrito Federal
(D) os Governadores dos Estados e do Distrito Federal, nos crimes comuns.
(E) os mandados de segurança contra ato de Ministro de Estado.

A: incorreta. Compete ao Conselho Nacional de Justiça (CNJ) representar ao Ministério Público, no caso de crime contra a administração pública ou de abuso de autoridade (art. 103-B, § 4º, IV, da CF/1988); **B:** incorreta. Rever os processos disciplinares de juízes e membros de tribunais julgados há menos de um ano também é da competência do CNJ (art. 103-B, § 4º, V, da CF/1988); **C:** correta. Cabe ao STF o processo e julgamento do litígio entre Estado estrangeiro e a União, o Estado e o Distrito Federal (art. 102, I, "e", da CF/1988); **D:** incorreta. Quem julga os Governadores dos Estados e do DF, nos crimes comuns, é o Superior Tribunal de Justiça – STJ (art. 105, I, "a", da CF/1988); **E:** incorreta. Nesse caso a competência também é do STJ (art. 105, I, "b", da CF/1988). Gabarito "C".

(**Delegado/AM**) O ente público que tem competência para processar e julgar os conflitos de atribuições entre autoridades judiciárias de um Estado e administrativas de outro é o
(A) Senado Federal
(B) Tribunal Regional do Trabalho
(C) Supremo Tribunal Federal
(D) Superior Tribunal de Justiça

A competência nesta hipótese é do STJ, conforme no art. 105, I, "g", da CF/1988. Gabarito "D".

(**Delegado/AM**) Os juízes federais têm competência para processar e julgar o seguinte fato jurídico:
(A) crime contra a organização do trabalho.
(B) sucessão de pessoa física sem herdeiro.
(C) cobrança judicial de impostos estaduais.
(D) falência de sociedade de economia mista.

A: correta. Os juízes federais, órgãos da Justiça Federal (art. 106, II, da CF/1988), são competentes para processar e julgar os crimes contra a organização do trabalho, por força do que dispõe o art. 109, VI, da CF/1988; **B:** incorreta. A sucessão de pessoa física sem herdeiro é processada e julgada pela Justiça Estadual por não envolver qualquer dos entes mencionados no art. 109, I, da CF/1988 (competência *rationae personae*), nem tampouco as matérias versadas nos incisos II a XI do mesmo artigo (competência material); **C:** incorreta, pelas mesmas razões do item anterior; **D:** incorreta, pelas mesmas razões dos itens precedentes, cabendo ressaltar que o inciso I, do art. 109, da Constituição afasta expressamente as falências do âmbito de competência material dos juízes federais. Gabarito "A".

(**Delegado/AP – 2010**) Relativamente às "vedações e garantias dos juízes" assinale a afirmativa incorreta.
(A) Os juízes gozam da garantia da inamovibilidade, salvo por motivo de interesse público, na forma da Constituição.
(B) Aos juízes é vedado exercer a advocacia no juízo ou tribunal do qual se afastou, antes de decorridos cinco anos do afastamento do cargo por aposentadoria ou exoneração.
(C) Aos juízes é vedado exercer, ainda que em disponibilidade, outro cargo ou função, salvo uma de magistério.
(D) Os juízes gozam da garantia da vitaliciedade. A vitaliciedade no primeiro grau só será adquirida após dois anos de exercício.
(E) Aos juízes é vedado dedicar-se à atividade político-partidária.

A: correta, uma vez que a garantia da inamovibilidade é expressamente ressalvada pela Constituição nos casos de interesse público devendo, nessa hipótese, fundar-se a remoção em decisão por voto da maioria absoluta do respectivo tribunal ou do Conselho Nacional de Justiça, assegurada ampla defesa. Destaque-se que as demais garantias dos magistrados estão enumeradas no art. 95 da CF/1988. Além disso, é necessária atenção em relação ao quórum exigido para a remoção do juiz, na medida em que até o advento da EC n.º 45/2004, a Constituição exigia voto de apenas dois terços do respectivo Tribunal; **B:** incorreta (devendo esta ser assinalada), tendo em vista que o prazo de vedação para o exercício da advocacia pelos magistrados no juízo ou tribunal a que estiveram vinculados é de três anos; **C:** correta (art. 95, parágrafo único, I, da CF/1988); **D:** correta (art. 95, I, da CF/1988); **E:** correta, tendo em vista a vedação contida no art. 95, parágrafo único, inciso III, da CF/1988, cabendo destacar que a Constituição, nessa hipótese, não prescreve vedação após o afastamento do cargo, como o fez com relação ao exercício da advocacia no mesmo tribunal ou juízo a que esteve vinculado. Gabarito "B".

(**Delegado/AP – 2010**) Com relação ao tema *Poder Judiciário* analise as afirmativas a seguir:

I. Compete à Justiça Militar estadual processar e julgar os militares dos Estados, nos crimes militares definidos em lei e as ações judiciais contra atos disciplinares militares, ressalvada a competência do júri quando a vítima for civil.

II. A competência dos tribunais estaduais será definida na Constituição Federal, sendo apenas a lei de organização judiciária de iniciativa do Tribunal de Justiça.

III. O Tribunal de Justiça não poderá constituir câmaras regionais, devendo funcionar de forma centralizada, a fim de assegurar igualdade de acesso do jurisdicionado à justiça em todas as fases do processo.

Assinale:

(A) se somente a afirmativa I estiver correta.
(B) se somente a afirmativa II estiver correta.
(C) se somente a afirmativa III estiver correta.
(D) se somente as afirmativas I e II estiverem corretas.
(E) se todas as afirmativas estiverem corretas.

I: correta, tendo em vista o disposto no art. 125, § 4º, da CF/1988; **II:** incorreta, tendo em vista que a definição das competências dos tribunais estaduais tem sede própria nas Constituições Estaduais, conforme determinação do art. 125, § 1º, da CF/1988; **III:** incorreta, tendo em vista a autorização expressa conferida pelo art. 125, § 6º, da CF/1988. Gabarito "A".

(Delegado/RR – 2003 – CESPE) Julgue os itens seguintes acerca do Poder Judiciário e do Ministério Público.

(1) Compete aos juízes federais julgar as causas entre Estado estrangeiro e município. Da decisão caberá recurso ordinário para o Superior Tribunal de Justiça (STJ).

(2) Ao Ministério Público compete exercer o controle externo da atividade policial, podendo, para tanto, ter livre ingresso em estabelecimentos policiais e prisionais, bem como acesso a quaisquer documentos relativos à atividade-fim policial.

(3) Considere a seguinte situação hipotética. João foi preso em flagrante pela prática de crime contra a fauna, previsto na Lei n.º 9.605/1998, consistente em matar espécime da fauna silvestre sem a devida permissão. Nessa situação, João será processado perante a justiça federal, conforme entendimento já sumulado pelo STJ.

1: correta, conforme dispõe o art. 109, II, da CF/1988; **2:** correta, tendo em vista o art. 129, VII, da CF/1988; **3:** incorreta, por ter sido cancelada a Súmula 91 do STJ – DJU 23.11.2000 – que dizia ser de competência da Justiça Federal os crimes contra a fauna. Gabarito 1C, 2C, 3E.

(Delegado/SP – 2008) Os juízes de direito podem ser removidos, além de colocados em disponibilidade por interesse público fundamentando-se tal decisão

(A) por voto da maioria relativa do respectivo tribunal ou do Conselho Nacional de Justiça.
(B) por voto da maioria absoluta do respectivo tribunal ou do Conselho Nacional de Justiça.
(C) por voto de maioria qualificada de 2/3 do respectivo tribunal ou do Conselho Nacional de Justiça.
(D) por voto de maioria qualificada de 3/4 do respectivo tribunal ou do Conselho Nacional de Justiça.
(E) por voto de maioria qualificada de 3/5 do respectivo tribunal ou do Conselho Nacional de Justiça.

A decisão tem de se dar pelo voto da maioria absoluta do respectivo tribunal ou Conselho Nacional de Justiça, tendo em vista o art. 93, VIII, da CF/1988. Gabarito "B".

(Delegado/AP – 2010) Compete ao Supremo Tribunal Federal, precipuamente, a guarda da Constituição, não lhe cabendo processar e julgar, originariamente,

(A) a ação direta de inconstitucionalidade de lei ou ato normativo federal.
(B) o Presidente da República, nas infrações penais comuns.
(C) o litígio entre Estado estrangeiro ou organismo internacional e a União, o Estado, o Distrito Federal ou o Território.
(D) a extradição solicitada por Estado estrangeiro.
(E) a homologação de sentenças estrangeiras e a concessão de *exequatur* às cartas rogatórias.

Dentre as alternativas, a única que não trata de matéria de competência do Supremo Tribunal Federal é a "E", pois cabe ao Superior Tribunal de Justiça o *exequatur* às cartas rogatórias e a homologação às sentenças estrangeiras (art. 105, I, "i", CF/1988). As competências descritas nos demais itens são dadas ao STF e estão previstas no art. 102, inciso I, alíneas "a", "b", "e" e "g", da CF/1988. Gabarito "E".

(Delegado/GO – 2009 – UEG) Com relação à competência judicial para processar e julgar autoridades estaduais, é CORRETO afirmar:

(A) o Tribunal de Justiça é competente para julgar os juízes estaduais e os membros do Ministério Público estadual, nos crimes comuns e de responsabilidade, ressalvada a competência da Justiça Eleitoral.
(B) o Supremo Tribunal Federal é competente para processar e julgar, originariamente, nas infrações penais comuns, o Governador do Estado.
(C) o Superior Tribunal de Justiça é competente para processar e julgar, originariamente, nos crimes comuns e de responsabilidade, o Governador do Estado, os Desembargadores, os Conselheiros dos Tribunais de Contas do Estado, o Presidente da Assembleia Legislativa e o Procurador-Geral de Justiça.
(D) o Superior Tribunal de Justiça é competente para processar e julgar, originariamente, os membros do Ministério Público do Estado que oficiem perante Tribunais.

A: correta, conforme previsto no art. 96, III, da CF/1988; **B:** incorreta. A competência descrita no item é dada ao Superior Tribunal de Justiça (art. 105, I, "a", da CF/1988); **C:** incorreta. A competência do STJ, quanto aos Governadores do Estado, não alcança os crimes de responsabilidades (art. 105, I, "a", da CF/1988). **D:** incorreta, por ser competência dos Tribunais de Justiça, na forma do disposto no art. 96, III, da CF/1988. Gabarito "A".

(Delegado/MT – 2006 – UFMT) A Emenda Constitucional nº 45 de 8 de dezembro de 2004 inovou o ordenamento constitucional ao estabelecer

(A) a vitaliciedade ao Promotor de Justiça após três anos de exercício no cargo.
(B) a exigência de três anos de atividade jurídica, para ingresso na carreira da Magistratura, como juiz substituto.
(C) a estabilidade aos servidores públicos, após cumprirem três anos de estágio probatório.
(D) a participação da Ordem dos Advogados do Brasil em todas as fases de um concurso público para o cargo de Delegado de Polícia.

(E) a vitaliciedade ao Delegado de Polícia após três anos de estágio probatório.

A: incorreta, uma vez que a vitaliciedade se dá com dois anos de exercício do cargo (art. 128, § 5º, I, "a", da CF/1988); **B:** correta, tal exigência, de fato, foi trazida pela EC n.º 45/2004, conforme determinação prevista no art. 93, I, da CF/1988; **C:** incorreta. A estabilidade do servidor público não foi assunto abordado pela EC 45/2004; **D:** incorreta. A participação da OAB em todas as fases do concurso de ingresso é exigência que não se aplica ao concurso de delegado, aplicando-se, por outro lado, às carreiras da magistratura, ministério público e advocacia pública; **E:** incorreta. A vitaliciedade é instituto que só se aplica aos magistrados (art. 95, I, da CF/1988), aos membros do Ministério Público (art. 128, § 5º, I, "a", da CF/1988) e aos Conselheiros e Ministros dos Tribunais de Contas (art. 75 c/c o art. 73, § 3º, ambos da CF/1988). Gabarito "B".

(Delegado/PI – 2009 – UESPI) Segundo as normas estabelecidas na Constituição Federal, o órgão jurisdicional competente para apreciar conflito negativo de competência entre Juizado Especial Federal e Juízo Federal comum, ambos da Seção Judiciária do Estado do Piauí, é:

(A) a Turma Recursal dos Juizados Especiais Federais.
(B) o Tribunal Regional Federal da 1ª Região.
(C) o Superior Tribunal de Justiça.
(D) o Supremo Tribunal Federal.
(E) o Conselho Nacional de Justiça.

O órgão jurisdicional competente é o Tribunal Regional Federal da 1ª Região, conforme competência prevista no art. 108, I, "e", da CF/1988. Gabarito "B".

(Delegado/PR – 2007) Segundo a atual Constituição Federal, o autor de homicídio preterdoloso decorrente de ação violenta consumada em situação de greve deve ser processado e julgado:

(A) pela Justiça Militar, por se tratar de crime contra a Segurança do Estado.
(B) pela Justiça Estadual, por se tratar de crime comum.
(C) pelo Tribunal do Júri, por se tratar de crime contra a vida.
(D) pela Justiça Federal, por se tratar de crime contra a organização do trabalho.
(E) pela Justiça do Trabalho, porque decorrente de paralisação coletiva de trabalho.

O órgão jurisdicional competente para o julgamento mencionado, em razão do disposto no art. 109, VI, da CF/1988, é a Justiça Federal por se tratar de crime contra a organização do trabalho. Gabarito "D".

(Delegado/SC – 2008) Compete ao Supremo Tribunal Federal, precipuamente, a guarda da Constituição. Ainda, nos termos da Constituição da República Federativa do Brasil é competência do Supremo Tribunal Federal:

(A) processar e julgar originariamente a homologação de sentenças estrangeiras e a concessão de "exequatur" às cartas rogatórias.
(B) processar e julgar originariamente a ação direta de inconstitucionalidade de lei ou ato normativo federal e a ação declaratória de constitucionalidade de lei ou ato normativo federal ou estadual.
(C) processar e julgar originariamente os mandados de segurança e os "habeas data" contra ato de Ministro de Estado, dos Comandantes da Marinha, do Exército e da Aeronáutica ou do próprio Tribunal.
(D) processar e julgar originariamente o mandado de segurança e o "habeas data" contra atos do Presidente da República, das Mesas da Câmara dos Deputados, do Senado Federal, do Tribunal de Contas da União, do Procurador-Geral da República e do próprio Supremo Tribunal Federal.

A: incorreto. Após a EC n.º 45/2004, a competência é do Superior Tribunal de Justiça (art. 105, I, "i", da CF/1988); **B:** incorreto. A ação direta de constitucionalidade não pode ter como objeto atos normativos estaduais (art. 102, I, "a", CF/1988); **C:** incorreto. A competência descrita no item é exercida em sede de recurso ordinário, não originariamente (art. 102, II, "a", da CF/1988); **D:** correto, por força da competência instituída pelo art.102, I, "d", da CF/1988. Gabarito "D".

(Delegado/SC – 2008) Sobre a organização da Justiça pelos Estados é correto afirmar, exceto:

(A) Compete à Justiça Militar estadual processar e julgar os militares dos Estados nos crimes militares definidos em lei e as ações judiciais contra atos disciplinares militares, ressalvada a competência do júri quando a vítima for civil, cabendo ao tribunal competente decidir sobre a perda do posto e da patente dos oficiais e da graduação das praças.
(B) Cabe aos Estados a instituição de representação de inconstitucionalidade de leis ou atos normativos estaduais ou municipais em face da Constituição Estadual, vedada a atribuição da legitimação para agir a um único órgão.
(C) Lei complementar poderá criar mediante proposta do Tribunal de Justiça, a Justiça Militar estadual, constituída, em primeiro grau pelos juízes de direito e Conselhos de Justiça e, em segundo grau, pelo próprio TJ, ou por Tribunal de Justiça Militar nos Estados onde o efetivo militar seja superior a vinte mil integrantes.
(D) Compete aos juízes de direito do juízo militar processar e julgar, singularmente, os crimes militares cometidos contra civis e as ações judiciais contra atos disciplinares militares.

A: correto, em razão do art. 125, § 4º, da CF/1988; **B:** correto (art. 125, § 2º, da CF/1988). Vale lembrar que o constituinte originário, em consagração ao princípio da simetria das formas, vedou expressamente que as Constituições Estaduais atribuam legitimidade a único órgão, mencionando que no âmbito das representações de inconstitucionalidade em face da Constituição Federal a legitimação é concorrente; **C:** incorreto (devendo ser assinalada), por ser o instrumento normativo próprio a lei ordinária, na forma do disposto no art. 125, § 3º, da CF/1988. É importante destacar que a jurisprudência tem considerado, de forma geral, que, quando o constituinte originário se utiliza do vocábulo lei, está se referindo à lei ordinária. Nesse sentido, quando pretende que a matéria seja versada em sede de legislação complementar, expressamente se utiliza do termo "lei complementar"; **D:** verdadeira, por força do contido no art. 125, § 5º, da CF/1988. Gabarito "C".

(Delegado/MG – 2012) O Conselho Nacional de Justiça (CNJ), criado através da EC 45/2004, é presidido pelo Presidente do Supremo Tribunal Federal (STF) que, por sua vez, possui as seguintes atribuições:

(A) receber e conhecer dos conflitos de competência entre o Superior Tribunal de Justiça e quaisquer tribunais,

entre os Tribunais Superiores, ou entre estes e qualquer outro tribunal.
(B) receber as reclamações e denúncias, de qualquer interessado, relativas aos magistrados e aos serviços judiciários, além de proceder às inspeções e correições em geral.
(C) receber e conhecer dos conflitos de atribuições entre autoridades administrativas e judiciárias da União, ou entre autoridades judiciárias de um Estado e administrativas de outro ou do Distrito Federal.
(D) receber e conhecer dos conflitos de competência entre quaisquer tribunais, bem como entre tribunais e juízes a ele não vinculados.

A: incorreta. Os conflitos de competência entre o STJ e quaisquer tribunais, entre os Tribunais Superiores, ou entre estes e qualquer outro tribunal são julgados pelo STF (art. 102, I, "o", da CF/1988); **B:** correta. Cabe ao CNJ, pelo seu Ministro-Corregedor, as atribuições de receber as reclamações e denúncias, de qualquer interessado, relativas aos magistrados e aos serviços judiciários e a de proceder às inspeções e correições em geral (art. 103-B, § 5º, I e II, da CF/1988); **C:** incorreta. Tais conflitos são processados e julgados originariamente pelo STJ (art. 105, I, "g", da CF/1988); **D:** incorreta. Os conflitos de competência entre quaisquer tribunais e entre tribunais e juízes a ele não vinculados também são julgados pelo STJ (art. 105, I, "d", da CF/1988). Gabarito "B".

(Delegado/MS – 2006) Analise o texto abaixo, extraído do § 4º do artigo 103-B da CF/88, que trata do Conselho Nacional de Justiça e assinale a alternativa incorreta.
"Compete ao Conselho o controle da atuação administrativa e financeira do Poder Judiciário e do cumprimento dos deveres funcionais dos juízes, cabendo-lhe, além de outras atribuições que lhe forem conferidas pelo Estatuto da Magistratura:"
(A) Elaborar relatório anual, propondo as providências que julgar necessárias, sobre a situação do Poder Judiciário no País e as atividades do Conselho, o qual deve integrar mensagem do Presidente do Supremo Tribunal Federal a ser remetida ao Congresso Nacional, por ocasião da abertura da sessão legislativa.
(B) Receber e conhecer das reclamações contra membros ou órgãos do Poder Judiciário, inclusive contra seus serviços auxiliares, serventias e órgãos prestadores de serviços notariais e de registro que atuem por delegação do poder público ou oficializados, sem prejuízo da competência disciplinar e correcional dos tribunais, podendo avocar processos disciplinares em curso e determinar a remoção, a disponibilidade ou a aposentadoria com subsídios ou proventos proporcionais ao tempo de serviço e aplicar outras sanções administrativas, assegurada ampla defesa.
(C) Zelar pela observância do art. 37 e apreciar, de ofício ou mediante provocação, a legalidade dos atos administrativos praticados por membros ou órgãos do Poder Judiciário, podendo desconstituí-los, revê-los ou fixar prazo para que se adotem as providências necessárias ao exato cumprimento da lei, sem prejuízo da competência do Tribunal de Contas da União;
(D) Representar ao Ministério Público, no caso de crime contra a administração pública ou de abuso de autoridade.
(E) Processar e julgar, originariamente, os conflitos de competência entre quaisquer tribunais, bem como entre tribunal e juízes a ele não vinculados e entre juízes vinculados a tribunais diversos.

A: correta (art. 103-B, § 4º, VII, da CF/1988); **B:** correta (art. 103-B, § 4º, III, da CF/1988); **C:** correta (art. 103-B, § 4º, II, da CF/1988); **D:** correta (art. 103-B, § 4º, IV, da CF/1988); **E:** incorreta, devendo ser assinalada (art. 105, I, "d", da CF/1988). Gabarito "E".

5.5. Funções essenciais à justiça

(Delegado/MG – 2021 – FUMARC) NÃO se trata de uma Função Essencial à Justiça:
(A) a Advocacia, pública ou privada.
(B) a Defensoria Pública.
(C) a Polícia Civil.
(D) o Ministério Público.

As Funções Essenciais à Justiça vêm previstas nos arts. 127 a 135 da CF/88 e incluem: o Ministério Público (arts. 127 a 130-A), a Advocacia Pública (arts. 131 e 132), a Advocacia privada (art. 133) e a Defensoria Pública (arts. 134 e 135). Sendo assim, a **Polícia Civil** é a única não se inclui no rol das funções. Gabarito "C".

A Constituição define dentre as funções essenciais à justiça a existência do Ministério Público, da Advocacia Pública, da Advocacia e da Defensoria Pública.
Seguem-se cinco afirmações sobre os órgãos citados:
I. É vedado a seus membros receber, salvo em casos excepcionais, honorários, percentagens ou custas processuais;
II. O Advogado Geral da União representa a União na execução da dívida ativa de natureza tributária;
III. O advogado é dispensável à administração da justiça, sendo inviolável por seus atos e manifestações no exercício da profissão, mesmo que fora dos limites da lei;
IV. A defesa dos direitos individuais e coletivos, de forma integral e gratuita, aos necessitados, em todos os graus e apenas no âmbito judicial, incumbe à Defensoria Pública;
V. A destituição do Procurador-Geral da República, por iniciativa do Presidente da República, deverá ser precedida de autorização da maioria absoluta do Senado Federal.

(Delegado/ES – 2019 – Instituto Acesso) Marque a alternativa que contém a(s) afirmativa(s) correta(s) com relação aos órgãos citados do enunciado.
(A) Quatro delas: II, III, IV e V.
(B) Quatro delas: I, II, III e IV.
(C) Apenas a V.
(D) Apenas a III.
(E) Apenas a II.

I: incorreta. Determina o art. 128, § 5º, II, "a", CF que é **vedado** aos membros do Ministério Público o recebimento, a qualquer título e sob qualquer pretexto, de honorários, percentagens ou custas processuais; **II:** incorreta. De acordo com o art. 131, § 3º, CF, na execução da dívida ativa de natureza tributária, a representação da União cabe à **Procuradoria-Geral da Fazenda Nacional**, observado o disposto em lei; **III: incorreta**. Conforme dispõe o art. 133, *caput*, CF, o advogado é **indispensável** à administração da justiça, sendo inviolável por seus atos e manifestações no exercício da profissão, nos limites da lei. **IV: incorreta**. De acordo com o art. 134, *caput*, CF, a Defensoria Pública é instituição permanente, essencial à função jurisdicional do Estado, incumbindo-lhe, como expressão e instrumento do regime democrático, fundamentalmente, a orientação jurídica, a promoção dos direitos humanos e a defesa, em todos os graus, **judicial e extrajudicial**, dos direitos individuais e coletivos, de forma integral e gratuita, aos necessitados, na forma do inciso LXXIV do art. 5º desta Constituição Federal; **V: correta**. Determina o art. 128, § 2º, CF que A destituição do Procurador-Geral da República, por iniciativa do Presidente da República, deverá ser precedida de autorização da maioria absoluta do Senado Federal. Gabarito "C".

(Delegado/GO – 2017 – CESPE) No modelo de funcionamento da justiça montado no Brasil, entendeu-se ser indispensável a existência de determinadas funções essenciais à justiça. Nesse sentido, a CF considera como funções essenciais à justiça

(A) o Poder Judiciário, o Ministério Público, a defensoria pública, a advocacia e as polícias civil e militar.
(B) o Ministério Público, a defensoria pública, a advocacia pública, a advocacia e as polícias civil e militar.
(C) o Poder Judiciário e o Ministério Público.
(D) o Ministério Público, a defensoria pública, a advocacia pública e a advocacia.
(E) o Poder Judiciário, o Ministério Público e a defensoria pública.

As funções essenciais à justiça estão disciplinadas na Constituição Federal no Capítulo IV do Título IV – Da Organização dos Poderes. Sendo Seção I – Do Ministério Público, Seção II – Da Advocacia Pública, Seção III – Da Advocacia e Seção IV – Da Defensoria Pública. O Poder judiciário é um dos Poderes e não uma função essencial. As polícias fazem parte da Segurança Pública (artigo 144, CF). Desse modo correta a alternativa D. Gabarito "D".

(Delegado/PA – 2013 – UEPA) Assinale a alternativa correta acerca do regramento constitucional das funções essenciais à justiça.

(A) O Chefe do Poder Executivo elaborará a proposta orçamentária do Ministério Público dentro dos limites estabelecidos na lei de diretrizes orçamentárias.
(B) O Ministério Público da União tem por chefe o Procurador-Geral da República, livremente nomeado pelo Presidente da República, o qual poderá destituí-lo a qualquer tempo, *ad nutum*.
(C) Os membros do Ministério Público poderão exercer a advocacia, desde que não optem pelo regime de exclusividade no momento do ingresso na carreira, sendo-lhes vedado litigar contra a unidade federada a que se vinculam.
(D) Os Procuradores dos Estados e do Distrito Federal, organizados em carreira, na qual o ingresso dependerá de concurso público de provas e títulos, com a participação da Ordem dos Advogados do Brasil em todas as suas fases, exercerão a representação judicial e a consultoria jurídica das respectivas unidades federadas.
(E) Aos Procuradores dos Estados e do Distrito Federal é assegurada estabilidade após dois anos de efetivo exercício, mediante avaliação de desempenho perante os órgãos próprios, após relatório circunstanciado das corregedorias.

A: incorreta. Conforme determina o art. 127, § 3º, da CF, **o Ministério Público elaborará sua proposta orçamentária** dentro dos limites estabelecidos na lei de diretrizes orçamentárias; **B: incorreta**. De acordo com o art. 128, § 1º, da CF, o Ministério Público da União tem por chefe o Procurador-Geral da República, nomeado pelo Presidente da República **dentre integrantes da carreira**, maiores de trinta e cinco anos, após a aprovação de seu nome pela maioria absoluta dos membros do Senado Federal, para mandato de dois anos, permitida a recondução; **C: incorreta**. O art. 128, § 5º, II, "b", da CF **veda o exercício da advocacia** por membros do Ministério Público; **D: correta**. É o que determina o *caput* do art. 132 da CF; **E: incorreta**. Conforme determina o art. 132, parágrafo único, da CF, aos Procuradores dos Estados e do Distrito Federal é assegurada estabilidade **após três anos** de efetivo exercício, mediante avaliação de desempenho perante os órgãos próprios, após relatório circunstanciado das corregedorias. Gabarito "D".

(Delegado/GO – 2009 – UEG) Sobre as funções essenciais à Justiça, é CORRETO afirmar que

(A) o advogado é indispensável à administração da Justiça, sendo inviolável por seus atos e manifestações, no exercício da profissão e fora dela, nos termos da lei.
(B) é função institucional do Ministério Público a requisição de diligências investigatórias e da instauração de inquérito policial.
(C) o acesso às carreiras da Advocacia Pública é feito mediante concurso público de provas ou de provas e títulos.
(D) o controle externo da atividade policial é atribuição da Defensoria Pública, nos termos de lei.

A: incorreta. Conforme dispõe o art. 133 da CF/1988, somente no exercício da profissão e nos limites da lei é que o advogado é inviolável por seus atos e manifestações; **B: correta**. De fato, essa é uma das funções institucionais do MP (art. 129, VIII, da CF/1988); **C: incorreta**. O parágrafo 2º do art. 131 da CF/1988 exige o concurso de **provas e títulos**; **D: incorreta**. O controle externo da atividade policial é função do Ministério Público (art. 129, VII, da CF/1988). Gabarito "B".

5.5.1. Ministério público

(Delegado/GO – 2017 – CESPE) À luz da CF, assinale a opção correta a respeito do Ministério Público.

(A) Segundo a CF, são princípios institucionais aplicáveis ao Ministério Público: a unidade, a indivisibilidade, a independência funcional e a inamovibilidade.
(B) Foi com a CF que a atividade do Ministério Público adquiriu o *status* de função essencial à justiça.
(C) O STF, ao tratar das competências e prerrogativas do Ministério Público, estabeleceu o entendimento de que membro desse órgão pode presidir inquérito policial.
(D) A CF descreve as carreiras abrangidas pelo Ministério Público e, entre elas, elenca a do Ministério Público Eleitoral.
(E) A exigência constitucional de que o chefe do Ministério Público da União, procurador-geral da República, pertença à carreira significa que ele, para o exercício do cargo, pode pertencer tanto ao Ministério Público Federal quanto ao estadual.

A alternativa **A** está errada, pois a inamovibilidade não é um princípio institucional do Ministério Público e sim uma das garantias conferidas a seus membros. Ver artigos 127 e 128, § 5º, inciso I, alínea "b", CF. Correta a alternativa **B**, pois antes da atual Constituição o Ministério Público era ligado ao Poder Executivo. A alternativa **C** está errada. Conforme já decidido pelo STF "Na esteira de precedentes desta Corte, malgrado seja defeso ao Ministério Público presidir o inquérito policial propriamente dito, não lhe é vedado, como titular da ação penal, proceder investigações" (RE 449206). Errada a alternativa **D**. Nos termos do artigo 128, CF "O Ministério Público abrange: I – o Ministério Público da União, que compreende: a) o Ministério Público Federal; b) o Ministério Público do Trabalho; c) o Ministério Público Militar; d) o Ministério Público do Distrito Federal e Territórios; II – os Ministérios Públicos dos Estados." Logo, não está elencado o Ministério Público Eleitoral. A alternativa **E** está errada. Ele deve pertencer à carreira do Ministério Público da União, ou seja, pode ser do Ministério Público Federal; do Ministério Público do Trabalho; do Ministério Público Militar; ou do Ministério Público do Distrito Federal e Territórios.
Gabarito "B".

(Delegado/PR – 2013 – UEL-COPS) Sobre o Ministério Público, assinale a alternativa correta.

(A) Ao Ministério Público Federal incumbe a defesa da ordem jurídica, do regime democrático, dos interesses sociais e dos individuais indisponíveis, além da defesa dos interesses da União em juízo.

(B) O Ministério Público abrange o Ministério Público da União, que abrange o Ministério Público Federal, o Ministério Público do Trabalho, o Ministério Público Militar, o Ministério Público do Distrito Federal e dos Territórios; e o Ministério Público dos Estados, abrange o Ministério Público Estadual e o Ministério Público Eleitoral.

(C) Analisando a Constituição Federal, constata-se que são princípios institucionais do Ministério Público a unidade, a indivisibilidade e a independência funcional.

(D) Pela garantia de vitaliciedade, adquirida após três anos de exercício, o membro do Ministério Público poderá perder o cargo por sentença judicial transitada em julgado.

(E) Dentro da organização dos Poderes do Estado brasileiro, o Ministério Público é instituição subordinada ao Poder Executivo.

A: incorreta. O art. 127 da CF determina que o **Ministério Público** é instituição permanente, essencial à função jurisdicional do Estado, incumbindo-lhe a **defesa da ordem jurídica, do regime democrático e dos interesses sociais e individuais indisponíveis**. Já o art. 131 da CF determina que a **Advocacia-Geral da União** é a instituição que, diretamente ou através de órgão vinculado, **representa a União, judicial e extrajudicialmente**, cabendo-lhe, nos termos da lei complementar que dispuser sobre sua organização e funcionamento, as atividades de consultoria e assessoramento jurídico do Poder Executivo. Sendo assim, a última parte da alternativa está incorreta; **B:** incorreta. De acordo com o art. 128. Da CF, **o Ministério Público abrange: I – o Ministério Público da União**, que compreende: a) o Ministério Público Federal; b) o Ministério Público do Trabalho; c) o Ministério Público Militar; d) o Ministério Público do Distrito Federal e Territórios **e II – os Ministérios Públicos dos Estados; C:** correta. O § 1º do art. 127 da CF determina traz exatamente os princípios institucionais do Ministério Público, quais sejam, a **unidade, a indivisibilidade e a independência funcional; D:** incorreta. A vitaliciedade é adquirida após **dois anos de exercício**, conforme dispõe o art. 128, § 5º, I, "a", da CF; **E:** incorreta. O Ministério Público possui independência funcional e não está subordinado ao Poder Executivo.
Gabarito "C".

(Delegado/TO – 2008 – CESPE) De acordo com a disciplina constitucional acerca do Poder Judiciário e do Ministério Público julgue o próximo item.

(1) Entre as funções institucionais do Ministério Público, estão o controle da atividade policial e a requisição de diligências investigatórias e da instauração de inquérito policial, indicados os fundamentos jurídicos de suas manifestações processuais.

É o que dispõe o art. 129, VII e VIII, da CF/1988.
Gabarito 1C.

(Delegado/SC – 2008) Sobre o Ministério Público – MP, instituição permanente, essencial à função jurisdicional do Estado, incumbindo-lhe a defesa da ordem jurídica, do regime democrático e dos interesses sociais e individuais indisponíveis, assinale a alternativa correta.

(A) É vedado aos membros do MP participação em sociedade comercial, salvo autorização da maioria absoluta do Senado.

(B) É assegurada aos membros do MP garantia da inamovibilidade, salvo por motivo de interesse público, por decisão do órgão colegiado competente e voto da maioria relativa de seus membros.

(C) O MP abrange o Ministério Público da União, que compreende o Ministério Público do Trabalho. Em caso de greve em atividade essencial, com possibilidade de lesão do interesse público, o Ministério Público do Trabalho poderá ajuizar dissídio coletivo, competindo à Justiça do Trabalho decidir o conflito.

(D) O Ministério Público da União tem por chefe o Procurador-Geral da República, sendo que sua destituição se dá por iniciativa do Presidente da República, devendo ser precedida de autorização da maioria absoluta da Câmara dos Deputados.

A: incorreta (art. 128, § 5º, II, "c", da CF/1988); **B:** incorreta (art. 128, § 5º, I, "b", da CF/1988); **C:** correta (art. 128, I, "b" e art. 114, § 3º, ambos da CF/1988). **D:** incorreta (art. 128, § 2º, da CF/1988).
Gabarito "C".

6. DEFESA DO ESTADO

A segurança pública é dever do Estado, devendo ser exercida para a preservação da ordem pública e da incolumidade das pessoas e do patrimônio, através das polícias federal, rodoviária federal, ferroviária federal, civis, militares e corpos de bombeiros militares.

(Delegado/ES – 2019 – Instituto Acesso) É INCORRETO afirmar que

(A) a segurança viária compreende a educação, engenharia e fiscalização de trânsito, além de outras atividades previstas em lei, que assegurem ao cidadão o direito à mobilidade urbana eficiente.

(B) às polícias militares cabem a polícia ostensiva e a preservação da ordem pública.

(C) as polícias militares e corpos de bombeiros militares, forças auxiliares e reserva do Exército subordinam-se, juntamente com as polícias civis, aos Governadores dos Estados, do Distrito Federal e dos Territórios.

(D) a polícia ferroviária federal se destina ao patrulhamento ostensivo das ferrovias federais.

(E) cabe às polícias civis apurar infrações penais contra a ordem política e social cuja prática tenha repercussão interestadual ou internacional e exija repressão uniforme.

A: correto. Determina o art. 144, § 10, I, da CF que a segurança viária, exercida para a preservação da ordem pública e da incolumidade das pessoas e do seu patrimônio nas vias públicas compreende a educação, engenharia e fiscalização de trânsito, além de outras atividades previstas em lei, que assegurem ao cidadão o direito à mobilidade urbana eficiente; **B:** correto. De acordo com a primeira parte do art. 144, § 5º, CF, às polícias militares cabem a polícia ostensiva e a preservação da ordem pública. Vale informar que a EC 104 de 4 de dezembro de 2019 acrescentou a letra "A" a este parágrafo (art. 144, § 5º-A, CF) para determinar que às polícias penais, vinculadas ao órgão administrador do sistema penal da unidade federativa a que pertencem, cabe a segurança dos estabelecimentos penais; **C:** correto. Determina o art. 144, § 6º, CF que as polícias militares e os corpos de bombeiros militares, forças auxiliares e reserva do Exército subordinam-se, juntamente com as polícias civis e as polícias penais estaduais e distrital, aos Governadores dos Estados, do Distrito Federal e dos Territórios; **D:** correto. De acordo com o art. 144, § 3º, CF, a polícia ferroviária federal, órgão permanente, organizado e mantido pela União e estruturado em carreira, destina-se, na forma da lei, ao patrulhamento ostensivo das ferrovias federais; **E:** incorreta, devendo ser assinalada. Determina o art. 144, § 1º, I, CF que a **polícia federal**, instituída por lei como órgão permanente, organizado e mantido pela União e estruturado em carreira, destina-se a: I – apurar infrações penais contra a ordem política e social ou em detrimento de bens, serviços e interesses da União ou de suas entidades autárquicas e empresas públicas, assim como outras infrações cuja prática tenha repercussão interestadual ou internacional e exija repressão uniforme, segundo se dispuser em lei.

Gabarito "E".

(Delegado/RS – 2018 – FUNDATEC) Considerando os ditames da Constituição Estadual do Rio Grande do Sul, assinale a alternativa correta.

I. À Polícia Civil, dirigida pelo Chefe de Polícia, delegado de carreira da mais elevada classe, de livre escolha, nomeação e exoneração pelo Governador do Estado, incumbem as funções de polícia judiciária e a apuração das infrações penais.

II. A organização, garantias, direitos e deveres do pessoal da Polícia Civil serão definidos em lei ordinária e terão por princípios a hierarquia e a disciplina.

III. Portaria da Secretaria de Segurança Pública disciplinará a organização e o funcionamento dos órgãos responsáveis pela segurança pública, de maneira a assegurar-lhes a eficiência das atividades.

IV. Além das funções previstas na Constituição Federal e nas leis, incumbe ainda ao Ministério Público, nos termos de sua lei complementar, exercer o controle interno da atividade policial.

Quais estão INCORRETAS?

(A) Apenas I.
(B) Apenas III.
(C) Apenas II e IV.
(D) Apenas I, II e III.
(E) I, II, III e IV.

I: incorreta. Determina o art. 133, *caput*, da Constituição do Estado do Rio Grande do Sul que à Polícia Civil, dirigida pelo Chefe de Polícia, delegado de carreira da mais elevada classe, de livre escolha, nomeação e exoneração pelo Governador do Estado, incumbem, **ressalvada a competência da União**, as funções de polícia judiciária e a apuração das infrações penais, **exceto as militares**; **II:** incorreta. De acordo com ao art. 134, *caput*, da Constituição do Estado do Rio Grande do Sul, a organização, garantias, direitos e deveres do pessoal da Polícia Civil serão definidos em **lei complementar** e terão por princípios a hierarquia e a disciplina; **III:** incorreta. Determina o art. 125, *caput*, da Constituição do Estado do Rio Grande do Sul que **a lei** disciplinará a organização e o funcionamento dos órgãos responsáveis pela segurança pública, de maneira a assegurar-lhes a eficiência das atividades; **IV:** incorreta. De acordo com o art. 111, IV, da Constituição do Estado do Rio Grande do Sul, além das funções previstas na Constituição Federal e nas leis, incumbe ainda ao Ministério Público, nos termos de sua lei complementar, exercer o controle **externo** da atividade policial.

Gabarito "E".

(Delegado/AP – 2017 – FCC) Ao disciplinar a Defesa do Estado e das Instituições Democráticas, a Constituição Federal prescreve que

(A) o estado de sítio e o estado de defesa podem ser decretados pelo Presidente da República, desde que previamente autorizados pelo Congresso Nacional, por maioria absoluta dos membros de cada Casa Legislativa.

(B) o estado de sítio pode ser decretado para preservar ou prontamente restabelecer, em locais restritos e determinados, a ordem pública ou a paz social ameaçadas por grave e iminente instabilidade institucional ou atingidas por calamidades de grandes proporções na natureza.

(C) o decreto que instituir o estado de defesa deve, dentre outros requisitos, especificar as medidas coercitivas que vigorarão no período de sua vigência, dentre as quais são admissíveis restrições aos direitos de sigilo de correspondência, de sigilo de comunicação telegráfica e telefônica e de reunião.

(D) o estado de sítio é uma limitação circunstancial ao poder constituinte reformador, uma vez que a Constituição Federal não pode ser emendada durante sua vigência, ao contrário do estado de defesa, que não impede a aprovação de emendas constitucionais no período.

(E) o decreto que instituir o estado de sítio deve indicar as garantias constitucionais que ficarão suspensas no período de sua vigência, sendo vedado, contudo, o estabelecimento de restrições relativas à liberdade de imprensa, radiodifusão e televisão.

Errada a alternativa **A**, pois o Estado de Defesa é desde logo decretado pelo Presidente da República e posteriormente analisado pelo Congresso Nacional, sendo que apenas a decretação do Estado de Sítio é que depende de autorização (artigos 136 e 137, CF). O descrito na alternativa **B** está errado pois diz respeito ao Estado de Defesa (artigo 136, CF). Perfeita a alternativa **C** que reproduz o artigo 136, § 1º, CF. Ambos os Estados são limites circunstanciais ao poder constituinte reformador (artigo 60, § 1º, CF), logo errada a alternativa **D**.
Também a alternativa **E** está errada, pois conforme artigos 138 e 139, CF são possíveis restrições relativas à liberdade de imprensa, radiodifusão e televisão, na forma da lei.

Gabarito "C".

(Delegado/MS – 2017 – FAPEMS) Sobre a segurança pública, à luz da Constituição da República em vigor e dos entendimentos do Supremo Tribunal Federal (STF), assinale a alternativa correta.

(A) No entendimento atual do STF, é constitucional a exigência de dispositivo de Constituição Estadual que exija que o Superintendente da Polícia Civil seja um delegado de polícia integrante da classe final da carreira.

(B) Conforme já pronunciou o STF, é dever do Estado manter em seus presídios os padrões mínimos de humanidade previstos no ordenamento jurídico, sendo de sua responsabilidade, nos termos do artigo 37, § 6º, da Constituição da República, a obrigação de ressarcir os danos, inclusive morais, comprovadamente causados aos detentos em decorrência da falta ou insuficiência das condições legais de encarceramento.

(C) O Distrito Federal tem por peculiaridade que a sua polícia civil e sua polícia militar sejam organizadas e mantidas pela União, nos termos da Constituição da República, e não sejam subordinadas ao Governador do Distrito Federal.

(D) O Estado-membro responsável pela unidade prisional é que deverá pagar a indenização por danos morais ao preso se os padrões mínimos de humanidade previstos no ordenamento jurídico forem descumpridos. Esse pagamento, conforme o STF, pode se dar em pecúnia ou por meio de remição da pena.

(E) O exercício do direito de greve, sob qualquer forma ou modalidade, é vedado aos policiais civis, embora possa ser permitido de forma lícita em situações excepcionais a outros servidores públicos que atuem diretamente na área de segurança pública.

Errada a alternativa **A**. Conforme decidido pelo STF na ADI 3.077 Sergipe "Ausência de vício formal de iniciativa quando a emenda da Constituição estadual adequar critérios de escolha do chefe da Polícia Civil aos parâmetros fixados no art. 144, § 4º, da Constituição da República. Impõe-se, na espécie, interpretação conforme para circunscrever a escolha do Governador do Estado a delegados ou delegadas integrantes da carreira policial, independente do estágio de sua progressão funcional." Correta a alternativa **B**. O Plenário do STF aprovou a seguinte tese, para fim de repercussão geral, "Considerando que é dever do Estado, imposto pelo sistema normativo, manter em seus presídios os padrões mínimos de humanidade previstos no ordenamento jurídico, é de sua responsabilidade, nos termos do artigo 37, parágrafo 6º, da Constituição, a obrigação de ressarcir os danos, inclusive morais, comprovadamente causados aos detentos em decorrência da falta ou insuficiência das condições legais de encarceramento". (Recurso Extraordinário 580252). Errada a alternativa **C**. Vide Lei 6.450/1977, art. 1º, com redação dada pela Lei 12.086, de 2009). "A Polícia Militar do Distrito Federal, instituição permanente, fundamentada nos princípios da hierarquia e disciplina, essencial à segurança pública do Distrito Federal e ainda força auxiliar e reserva do Exército nos casos de convocação ou mobilização, organizada e mantida pela União nos termos do inciso XIV do art. 21 e dos §§ 5º e 6º do art. 144 da Constituição Federal, subordinada ao Governador do Distrito Federal, destina-se à polícia ostensiva e à preservação da ordem pública no Distrito Federal." Errada a alternativa **D**. Na referida decisão proferida pelo STF no Recurso Extraordinário 580252 "houve diferentes posições entre os ministros quanto à reparação a ser adotada, ficando majoritária a indenização em dinheiro e parcela única. A proposta feita pelo ministro Luís Roberto Barroso de substituição da indenização em dinheiro pela remição da pena, com redução dos dias de prisão proporcionalmente ao tempo em situação degradante foi seguida pelos ministros Luiz Fux e Celso de Mello, mas minoritária. Errada a alternativa **E**. Por maioria de votos, o Plenário do Supremo Tribunal Federal reafirmou entendimento no sentido de que é inconstitucional o exercício do direito de greve por parte de policiais civis e demais servidores públicos que atuem diretamente na área de segurança pública (Recurso Extraordinário com Agravo (ARE) 654432, com repercussão geral reconhecida).

Gabarito "B".

(Delegado/DF – 2015 – Fundação Universa) Com relação à defesa do Estado e das instituições democráticas, é correto afirmar que

(A) a polícia federal se destina a apurar quaisquer infrações que tenham repercussão interestadual ou internacional.

(B) a polícia civil pode ser dirigida por qualquer servidor integrante com carreira de delegado, agente, perito ou escrivão.

(C) compete à polícia federal apurar infrações penais cometidas contra a União, suas fundações, autarquias, empresas públicas e sociedades de economia mista.

(D) a CF prevê a polícia federal, a polícia rodoviária federal, a polícia ferroviária federal e a polícia aeroportuária federal como órgãos permanentes, estruturados em carreira, organizados e mantidos pela União.

(E) a polícia civil do Distrito Federal, a polícia militar do Distrito Federal e o corpo de bombeiros militar do Distrito Federal são organizados e mantidos pela União, mas estão subordinados ao governador do Distrito Federal.

A: incorreta. Não é qualquer infração. Determina o art. 144, § 1º, I, da CF que a polícia federal, instituída por lei como órgão permanente, organizado e mantido pela União e estruturado em carreira, destina-se a apurar infrações penais contra a ordem política e social ou em detrimento de bens, serviços e interesses da União ou de suas entidades autárquicas e empresas públicas, assim como outras infrações cuja prática tenha repercussão interestadual ou internacional **e exija repressão uniforme**, segundo se dispuser em lei; **B:** incorreta. De acordo com o art. 144, § 4º, da CF, as polícias civis são **dirigidas por delegados de polícia de carreira**; **C:** incorreta. As sociedades de economia mista não fazem parte do rol mencionado no art. 144, § 1º, I, da CF. Esse dispositivo determina que a polícia federal, instituída por lei como órgão permanente, organizado e mantido pela União e estruturado em carreira, destina-se a apurar infrações penais contra a ordem política e social ou em detrimento de bens, serviços e interesses **da União ou de suas entidades autárquicas e empresas públicas**, assim como outras infrações cuja prática tenha repercussão interestadual ou internacional e exija repressão uniforme, segundo se dispuser em lei; **D:** incorreta. Não há essa previsão genérica do texto constitucional; **E:** correta. De fato é da competência da União, conforme determina o art. 21, XIV, da CF, organizar e manter a polícia civil, a polícia militar e o corpo de bombeiros militar do Distrito Federal, bem como prestar assistência financeira ao Distrito Federal para a execução de serviços públicos, por meio de fundo próprio. Mas tais órgãos estão subordinados ao governador do Distrito Federal.

Gabarito "E".

(Delegado/PE – 2016 – CESPE) A respeito das atribuições constitucionais da polícia judiciária e da organização político-administrativa do Estado Federal brasileiro, assinale a opção correta.

(A) Todos os anos, as contas dos municípios devem ficar, durante sessenta dias, à disposição de qualquer contribuinte, para exame e apreciação, o qual poderá questionar a legitimidade dessas contas, nos termos da lei.

(B) O DF, como ente federativo *sui generis*, possui as competências legislativas reservadas aos estados, mas não aos municípios; entretanto, no que se refere ao aspecto tributário, ele possui as mesmas competências que os estados e municípios dispõem.

(C) As polícias civis, dirigidas por delegados de polícia de carreira, exercem as funções de polícia judiciária e de apuração de infrações penais, sejam elas civis ou militares.

(D) Dirigidas por delegados de polícia, as polícias civis subordinam-se aos governadores dos respectivos estados, com exceção da polícia civil do DF, que é organizada e mantida pela União.

(E) Os territórios não são entes federativos; assim, na hipótese de vir a ser criado um território federal, ele não disporá de representação na Câmara dos Deputados nem no Senado Federal.

A: correta. É o que determina o art. 31, § 3°, da CF. Tal dispositivo informa que as contas dos Municípios ficarão, durante sessenta dias, anualmente, à disposição de qualquer contribuinte, para exame e apreciação, o qual poderá questionar-lhes a legitimidade, nos termos da lei; **B:** incorreta. Ao contrário do mencionado, o DF detém competências legislativas estaduais e municipais. O § 1° do art. 32 da CF indica que ao Distrito Federal são atribuídas as competências legislativas reservadas aos Estados e Municípios; **C:** incorreta. O § 4° do art. 144 da CF determina que às polícias civis, dirigidas por delegados de polícia de carreira, incumbem, ressalvada a competência da União, as funções de polícia judiciária e a apuração de infrações penais, **exceto as militares**; **D:** incorreta. De acordo com o art. 144, § 6°, da CF, as polícias militares e corpos de bombeiros militares, forças auxiliares e reserva do Exército, subordinam-se, juntamente com as polícias civis, aos Governadores dos Estados, do Distrito Federal e **dos Territórios**. É da competência da União, conforme determina o art. 21, XIV, da CF, organizar e manter a polícia civil, a polícia militar e o corpo de bombeiros militar do Distrito Federal, bem como prestar assistência financeira ao Distrito Federal para a execução de serviços públicos, por meio de fundo próprio. Mas tais órgãos estão subordinados ao governador do Distrito Federal; **E:** incorreta. Dispõe o art. 45, § 2°, da CF que cada Território elegerá **quatro Deputados**. BV

Gabarito "A".

(Delegado/SP – 2014 – VUNESP) Nos termos da Constituição Federal, os Municípios poderão constituir guardas municipais destinadas

(A) à execução de atividades de defesa civil.

(B) ao patrulhamento ostensivo das vias públicas municipais.

(C) às funções de polícia judiciária e à apuração de infrações penais.

(D) à proteção de seus bens, serviços e instalações.

(E) ao policiamento ostensivo e à preservação da ordem pública.

A: incorreta. De acordo com o art. 144, § 5°, da CF, às polícias militares cabem a polícia ostensiva e a preservação da ordem pública; aos **corpos de bombeiros militares**, além das atribuições definidas em lei, **incumbe a execução de atividades de defesa civil**; **B:** incorreta. As guardas municipais não têm a finalidade de promover o patrulhamento ostensivo das vias municipais. **C:** incorreta. O art. 144, § 4°, da CF determina que às **polícias civis**, dirigidas por delegados de polícia de carreira, incumbem, ressalvada a competência da União, **as funções de polícia** judiciária e a apuração de infrações penais, exceto as militares; **D:** correta. Conforme determina o art. 144, § 8°, da CF, os Municípios poderão constituir **guardas municipais** destinadas à **proteção de seus bens, serviços e instalações**, conforme dispuser a lei; **E:** incorreta. De acordo com o art. 144, § 5°, da CF, às **polícias militares** cabem a **polícia ostensiva e a preservação da ordem pública**. BV

Gabarito "D".

(Delegado Federal – 2013 – CESPE) Acerca das atribuições da Polícia Federal, julgue os itens a seguir.

(1) A Polícia Federal dispõe de competência para proceder à investigação de infrações penais cuja prática tenha repercussão interestadual ou internacional, exigindo-se repressão uniforme.

(2) De acordo com a norma constitucional, cabe exclusivamente à Polícia Federal prevenir e reprimir o tráfico ilícito de entorpecentes e drogas afins, portanto a atuação da polícia militar de determinado estado da Federação no flagrante e apreensão de drogas implica a ilicitude da prova e a nulidade do auto de prisão.

1: correto. É o que determina o art. 144, § 1°, I, da CF, o qual determina que a polícia federal, instituída por lei como órgão permanente, organizado e mantido pela União e estruturado em carreira, destina-se a apurar infrações penais contra a ordem política e social ou em detrimento de bens, serviços e interesses da União ou de suas entidades autárquicas e empresas públicas, assim como outras infrações cuja prática tenha repercussão interestadual ou internacional e exija repressão uniforme, segundo se dispuser em lei; **2:** errado. A competência não é exclusiva. De acordo com o art. 144, § 1°, II, da CF, a polícia federal destina-se a prevenir e reprimir o tráfico ilícito de entorpecentes e drogas afins, o contrabando e o descaminho, **sem prejuízo** da ação fazendária e **de outros órgãos públicos nas respectivas áreas de competência**. BV

Gabarito 1C, 2E.

(Delegado/RJ – 2013 – FUNCAB) De acordo com as normas constitucionais que disciplinam o estado de defesa, é correto afirmar:

(A) O Presidente da República, ouvidos o Conselho da República e o Conselho de Defesa Nacional, solicitará ao Congresso Nacional autorização para a decretação do estado de defesa, expondo os motivos determinantes do pedido, devendo o Congresso Nacional decidir por maioria absoluta.

(B) O tempo de duração do estado de defesa não será superior a trinta dias, podendo ser prorrogado tantas vezes, por igual período, se persistirem as razões que justifiquem a sua decretação.

(C) A restrição ao direito de reunião, ainda que exercida no seio das associações, encontra-se entre as medidas coercitivas a serem indicadas no decreto que institui o estado de defesa, nos termos e limites da lei.

(D) Na vigência do estado de defesa, não há vedação quanto à incomunicabilidade do preso.

(E) Enquanto perdurar o estado de defesa, a prisão ou detenção de qualquer pessoa, sem a autorização do Poder Judiciário, poderá ser superior a dez dias, até o limite de trinta dias.

A: incorreta. Não há necessidade de autorização do Congresso Nacional para que o Presidente da República decrete o estado de defesa. De acordo com o art. Art. 136 da CF, o **Presidente da República pode**, ouvidos o Conselho da República e o Conselho de Defesa Nacional, **decretar estado de defesa** para preservar ou prontamente restabelecer, em locais restritos e determinados, a ordem pública ou a paz social ameaçadas por grave e iminente instabilidade institucional ou atingidas por calamidades de grandes proporções na natureza. O § 4º do mesmo dispositivo informa que **decretado o estado de defesa** ou sua prorrogação, **o Presidente da República, dentro de vinte e quatro horas, submeterá o ato com a respectiva justificação ao Congresso Nacional**, que decidirá por maioria absoluta; **B**: incorreta. Conforme determina o art. 136, § 2º, da CF, o tempo de duração do estado de defesa não será superior a trinta dias, **podendo ser prorrogado uma vez**, por igual período, se persistirem as razões que justificaram a sua decretação; **C**: correta. O § 1º do mencionado art. 136 indica que o decreto que instituir o estado de defesa determinará o tempo de sua duração, especificará as áreas a serem abrangidas e indicará, nos termos e limites da lei, as medidas coercitivas a vigorarem, dentre as seguintes: I – restrições aos direitos de: a) **reunião, ainda que exercida no seio das associações**; b) sigilo de correspondência; c) sigilo de comunicação telegráfica e telefônica; **D**: incorreta. **É vedada a incomunicabilidade do preso**, conforme determina o art. 136, § 3º, IV, da CF; **E**: incorreta. A **prisão ou detenção de qualquer pessoa não poderá ser superior a dez dias**, salvo quando autorizada pelo Poder Judiciário, conforme determina o art. 136, § 3º, III, da CF. Gabarito "C".

(Delegado/MG – 2012) Quanto aos sistemas estabelecidos pela Constituição Federal de 1988, para enfrentar os períodos de crise política nos quais a ordem constitucional se vê ameaçada, estão previstos:

(A) o estado de defesa, o estado de sítio, a intervenção federal e o uso excepcional das forças armadas.

(B) a suspensão da Constituição, a lei marcial, o estado de defesa, o estado de sítio e a suspensão do *habeas corpus*.

(C) a supressão dos direitos fundamentais, entre eles, a inviolabilidade de domicílio e de correspondência.

(D) a vedação quanto à impetração do mandado de segurança, do mandado de injunção, do *habeas corpus* e do *habeas data*.

A: correta. De fato, o estado de defesa (art. 136 da CF/1988), o estado de sítio (art. 137 da CF/1988), a intervenção federal (art. 34 da CF/1988) e o uso excepcional das forças armadas (art. 142 da CF/1988) são mecanismos a serem utilizados nos momentos em que o país não está em situação de normalidade, mas passando por um verdadeiro estado de exceção ou crise; **B**: incorreta. A Constituição não é suspensa nos momentos de crise institucional. Também não é aplicada lei marcial, pois nesta hipótese as autoridades militares assumiriam o poder, após comunicação formal; **C**: incorreta. Não há supressão de direitos fundamentais, apenas restrições temporárias; **D**: incorreta. Não há previsão constitucional nesse sentido. Gabarito "A".

(Delegado/AP – 2010) Com relação ao tema "Defesa do Estado e das instituições democráticas: estado de defesa e estado de sítio" analise as afirmativas a seguir:

I. O estado de defesa poderá ser decretado para preservar ou prontamente restabelecer, em locais restritos e determinados, a ordem pública ou a paz social ameaçadas por grave e iminente instabilidade institucional, declaração de estado de guerra ou resposta a agressão armada estrangeira.

II. O estado de sítio poderá ser decretado em casos de comoção grave de repercussão nacional, ou quando o país for atingido por calamidades naturais de grandes proporções.

III. Enquanto durar o estado de sítio poderão ser impostas restrições à difusão de pronunciamentos de parlamentares efetuados em suas Casas Legislativas, independentemente de licença da respectiva Mesa.

Assinale:

(A) se somente as afirmativas II e III estiverem corretas.

(B) se somente as afirmativas I e III estiverem corretas.

(C) se somente as afirmativas I e II estiverem corretas.

(D) se somente a afirmativa III estiver correta.

(E) se nenhuma afirmativa estiver correta.

I: incorreta, a parte final da alternativa não reflete o disposto no art. 136, "caput", da CF/1988; **II**: incorreta, a parte final da alternativa é hipótese de para a decretação de estado de defesa e não de estado de sítio (art. 136, "caput", e art. 137, I, II e III, ambos da CF/1988); **III**: incorreta, pois a alternativa não está de acordo com o que dispõe o parágrafo único do art. 139 da CF/1988. Gabarito "E".

(Delegado/AP – 2010) Com relação ao tema "Segurança Pública" analise as afirmativas a seguir:

I. Os municípios poderão constituir guardas municipais destinadas à proteção de seus bens, serviços e instalações, conforme dispuser a lei.

II. Às polícias civis, dirigidas por delegados de polícia de carreira, incumbem, ressalvada a competência da União, as funções de polícia judiciária e a apuração de infrações penais, exceto as militares.

III. A polícia federal, instituída por lei como órgão permanente, organizado e mantido pela União e estruturado em carreira, destina-se a prevenir e reprimir o tráfico ilícito de entorpecentes e drogas afins, o contrabando e o descaminho, sem prejuízo da ação fazendária e de outros órgãos públicos nas respectivas áreas de competência.

Assinale:

(A) se somente a afirmativa I estiver correta.

(B) se somente a afirmativa II estiver correta.

(C) se somente a afirmativa III estiver correta.

(D) se somente as afirmativas I e II estiverem corretas.

(E) se todas as afirmativas estiverem corretas.

I: correta (art. 144, § 8º, da CF/1988); **II**: correta (art. 144, § 4º, da CF/1988); **III**: correta (art. 144, § 1º, II, da CF/1988). Gabarito "E".

(Delegado/CE – 2006 – CEV/UECE) A Constituição Federal prevê a aplicação de duas medidas excepcionais para restaurar a ordem em momentos de anormalidade que são o estado de defesa e o estado de sítio. Acerca da matéria marque a alternativa FALSA.

(A) Na vigência do estado de defesa é autorizada a incomunicabilidade do preso.

(B) O estado de defesa não exige para sua decretação a autorização do Congresso Nacional.

(C) Tanto no estado de defesa como no estado de sítio serão ouvidos, sem caráter vinculativo, os Conselhos da República e da Defesa Nacional.

(D) Cessado o estado de defesa ou o estado de sítio, cessarão os seus efeitos, sem prejuízo da responsabilidade pelos ilícitos cometidos por seus executores ou agentes.

A: falsa (devendo esta ser assinalada), pois é vedada tal incomunicabilidade (art. 136, § 3º, IV, da CF/1988); **B:** verdadeiro, não há necessidade de autorização para a decretação, basta que seja feita uma comunicação, dentro de 24 horas, após a decretação, para que o Congresso, por maioria absoluta, delibere (art. 136, § 4º, da CF/1988); **C:** verdadeiro (art. 136 e 137 da CF/1988); **D:** verdadeiro (art. 141 da CF/1988).
Gabarito "A".

(Delegado/CE – 2006 – CEV/UECE) Sobre as "Forças Armadas" marque a alternativa verdadeira.

(A) Não é cabível *"habeas corpus"* em relação a punições disciplinares militares, nem mesmo para análise dos pressupostos de legalidade.

(B) O militar em serviço ativo pode filiar-se a partido político.

(C) O serviço militar é facultativo nos termos da lei.

(D) Ao militar são defesas a sindicalização e a greve.

A: incorreto. O art. 142, § 1º, da CF/1988, de fato, diz não ser possível *"habeas corpus"* no caso de punições disciplinares militares. Ocorre que essa impossibilidade tem a ver com o conteúdo, com o mérito da decisão. Assim, questões relativas à legalidade do ato podem ser analisadas (HC 70.648 e RE 338.840-RS); **B:** incorreto (art. 142, § 3º, V, da CF/1988); **C:** incorreto, pois é justamente o oposto (art. 143 da CF/1988); **D:** correto, ao militar a sindicalização e a greve são proibidas (art. 142, IV, da CF/1988).
Gabarito "D".

(Delegado/DF – 2004) Nomeie, com alusão à defesa do Estado e das instituições democráticas, a opção válida:

(A) o estado de defesa, da mesma forma que o estado de sítio, só poderá ser decretado, pelo Presidente da República, após autorização do Congresso Nacional;

(B) constituem pressupostos para a decretação do estado de sítio a comoção grave de repercussão nacional, a ocorrência de fatos que comprovem a ineficácia de medida tomada durante o estado de defesa e a declaração do estado de guerra ou resposta a agressão armada estrangeira;

(C) o tempo de duração do estado de defesa e do estado de sítio não poderá ser superior a 30 (trinta) dias improrrogáveis;

(D) os atos praticados pelo executor da medida, durante o estado de defesa, não estão sujeitos, de vez que resultantes da instauração de um sistema de legalidade extraordinária, a controle judicial;

(E) a decretação de estado de sítio implica a suspensão de funcionamento do Congresso Nacional.

A: incorreto. Uma das diferenças entre o estado de sítio e o de defesa é que, no primeiro, o Presidente da República depende de autorização do congresso para decretá-lo (art. 137 da CF/1988) e, no segundo caso, não é necessária essa autorização. O Presidente decreta o de defesa dentro de 24 horas e submete o ato, com a respectiva justificação, ao Congresso Nacional (art. 136, § 4º, da CF/1988); **B:** correto (art. 137, I e II, da CF/1988); **C:** incorreto (art. 136, § 2º e 138, § 1º, ambos da CF/1988); **D:** incorreto, pois os atos praticados pelo executor da medida estão sujeitos a controle judicial; **E:** incorreto. A decretação do estado de sítio não implica a suspensão de funcionamento do Congresso Nacional. Aliás, se o Congresso estiver em recesso será convocado extraordinariamente (art. 136, § 5º, da CF/1988).
Gabarito "B".

(Delegado/GO – 2009 – UEG) São atribuições da Polícia Federal:

(A) apurar infrações penais contra a ordem pública e social ou em detrimento de bens, serviços e interesses da União ou de suas entidades autárquicas e empresas públicas, assim como outras infrações cuja prática tenha repercussão regional ou interestadual e exija repressão uniforme, segundo se dispuser em lei.

(B) prevenir e reprimir o tráfico ilícito de entorpecentes e drogas afins, o contrabando e o descaminho, sem prejuízo da ação fazendária e de outros órgãos públicos nas respectivas áreas de competência.

(C) exercer, concorrentemente com as polícias civis e militares, as funções de polícia judiciária da União.

(D) exercer as funções de polícia marítima, fluvial, aeroportuária e de fronteiras.

A: incorreta, pois o art. 144, § 1º, I, da CF/1988 menciona que a repercussão deve ter caráter interestadual ou internacional; **B:** correta (art. 144, § 1º, II, da CF/1988); **C:** incorreta, pois a Constituição determina exclusividade e não concorrência (art. 144, § 1º, IV, da CF/1988); **D:** incorreta, pois no art. 144, § 1º, III, da CF/1988 não há menção a função de polícia fluvial.
Gabarito "B".

(Delegado/GO – 2009 – UEG) Sobre a vigência do estado de defesa é CORRETO afirmar que

(A) é permitida a incomunicabilidade do preso.

(B) a prisão ou detenção de qualquer pessoa não poderá ser superior a quinze dias, salvo quando autorizada pelo Poder Judiciário.

(C) a comunicação da prisão será acompanhada de declaração, pela autoridade, do estado físico e mental do detido no momento de sua autuação.

(D) a prisão por crime contra o Estado, determinada pelo executor da medida, será por este comunicada imediatamente ao juiz competente, que a relaxará, se não for legal, facultado ao preso requerer exame de corpo de delito à autoridade judiciária.

A: incorreta, pois é vedada tal incomunicabilidade (art. 136, § 3º, IV, da CF/1988); **B:** incorreta, pois o prazo é de 10 dias e não 15 (art. 136, § 3º, III, da CF/1988); **C:** correta, é o que dispõe o art. 136, § 3º, II, da CF/1988; **D:** incorreta, porque é facultado ao preso requerer exame de corpo de delito à autoridade policial e não à autoridade judicial (art. 136, §3º, I, da CF/1988).
Gabarito "C".

(Delegado/MS – 2006) Analise as afirmações abaixo, quanto à SEGURANÇA PÚBLICA no texto constitucional.

I. A polícia federal, instituída por lei como órgão permanente, organizado e mantido pela União e estruturado em carreira, destina-se, dentre outras atribuições, a apurar infrações penais contra a ordem política e social ou em detrimento de bens, serviços e interesses da União ou de suas entidades autárquicas e empresas públicas, assim como outras infrações, cuja prática tenha repercussão interestadual ou internacional e exija repressão uniforme, segundo se dispuser em lei.

II. A polícia rodoviária federal, órgão permanente, organizado e mantido pela União e estruturado em carreira, destina-se, na forma da lei, ao patrulhamento ostensivo das rodovias federais.

III. A polícia ferroviária federal, órgão permanente, organizado e mantido pela União e estruturado em carreira, destina-se, na forma da lei, ao patrulhamento ostensivo das ferrovias federais.
IV. Às polícias civis, dirigidas por delegados de polícia de carreira, incumbem, ressalvada a competência da União, as funções de polícia judiciária e a apuração de infrações penais, exceto as militares.
V. Às polícias militares cabem a polícia ostensiva e a preservação da ordem pública; aos corpos de bombeiros militares, além das atribuições definidas em lei, incumbe a execução de atividades de defesa civil.

Assinale a alternativa correta:

(A) os itens I, II e V estão incorretos.
(B) os itens I, III e IV estão corretos.
(C) os itens II, III e V estão incorretos.
(D) todos os itens estão corretos.
(E) todos os itens estão incorretos.

I: correto (art. 144, § 1º, I, da CF/1988); II: correto (art. 144, § 2º, da CF/1988); III: correto (art. 144, § 3º, da CF/1988); IV: correto (art. 144, § 4º, da CF/1988); V: correto (art. 144, § 5º, da CF/1988). Gabarito "D".

(Delegado/PI – 2009 – UESPI) Considerando as normas constitucionais que regulam a função e o cargo de Delegado de Polícia assinale a alternativa incorreta.

(A) A Carta Magna especifica que a função de direção da Polícia Civil só pode ser exercida por delegados de polícia de carreira.
(B) É inconstitucional atribuir aos suplentes de delegados de polícia funções privativas de delegados de polícia de carreira.
(C) As funções administrativas de direção da Polícia Civil são cargos em comissão, de livre nomeação, podendo ser preenchidos por pessoas de confiança do gestor público, ainda que estranhas à carreira de delegado.
(D) É inconstitucional o estabelecimento, pelas Constituições Estaduais, de prerrogativa de foro para os delegados de polícia, em virtude de incompatibilidade entre esta e a efetividade de outras regras constitucionais, principalmente, a que trata do controle externo da atividade policial exercido pelo Ministério Público;
(E) É constitucional a autorização legislativa ao Secretário Estadual de Segurança Pública para a edição de normas regulamentadoras do funcionamento da instituição, ainda que o cargo não seja ocupado por delegado de carreira.

A e B: corretas (art. 144, § 4º, da CF/1988); C: incorreta (art. 144, § 4º, da CF/1988); D: correta (art. 129, VII, da CF/1988); E: correta (art. 144, § 7º, da CF/1988). Vale lembrar que a Lei 13.675/18 disciplinou a organização e o funcionamento dos órgãos responsáveis pela segurança pública, nos termos desse § 7º do art. 144 da CF, além de disciplinar outros assuntos. Gabarito "C".

(Delegado/PR – 2007) A segurança pública, dever do Estado, direito e responsabilidade de todos, é exercida para a preservação da ordem pública e da incolumidade das pessoas e do patrimônio. Sobre a matéria, de acordo com a Constituição Federal de 1988, assinale a alternativa correta.

(A) O Ministério Público e as Secretarias de Estado de Segurança Pública integram os órgãos mencionados na Constituição Federal de 1988, como responsáveis pela segurança pública dos Estados.
(B) A Polícia Federal destina-se a exercer, com exclusividade, as funções de polícia judiciária da União.
(C) Às polícias civis, dirigidas por delegados de polícia de carreira, incumbem, ressalvada a competência da União, as funções de polícia judiciária e de apuração de infrações penais, inclusive as militares.
(D) A Polícia Rodoviária Federal destina-se, na forma da lei, ao patrulhamento ostensivo das rodovias federais e estaduais.
(E) A Polícia Civil destina-se, dentre outras funções, a apurar infrações penais e exercer as funções de polícia de fronteiras.

A: incorreta. O Ministério Público **integra** as denominadas **funções essenciais à justiça** (art. 127 e seguintes da CF/1988). Já a segurança pública é exercida por meio dos seguintes órgãos: polícia federal, polícia rodoviária federal, polícia ferroviária federal, polícias civis, polícias militares e corpos de bombeiros militares (art. 144, § 1º, I a IV, da CF/1988); **B:** correta (art. 144, IV, da CF/1988); **C:** incorreta. De acordo com o art. 144, § 4º, da CF/1988, às polícias civis, dirigidas por delegados de polícia de carreira, incumbem, ressalvada a competência da União, as funções de polícia judiciária e a apuração de infrações penais, **exceto as militares**; **E:** incorreta. As funções das polícias civis, conforme já mencionado, estão no art. 144, §4º, da CF/1988. Gabarito "B".

(Delegado/RJ – 2009 – CEPERJ) Com relação ao atual texto expresso da Constituição da República, analise as seguintes proposições:

I. É permitida na disciplina excepcional do estado de sítio a decretação de restrições relativas à liberdade de imprensa, radiodifusão e televisão, na forma da lei.
II. É exclusivamente do Presidente da República o poder de decretar os estados de defesa e de sítio, sendo que somente nesta última hipótese (decretação do estado de sítio) é que precisará de autorização prévia do Congresso Nacional.
III. Em nenhuma hipótese o estado de sítio poderá ser decretado por mais de trinta dias, nem prorrogado, de cada vez, por prazo superior.
IV. Durante a vigência do estado de defesa não se admite prisão determinada por outra autoridade que não seja a judicial.
V. Somente no estado de sítio ocorre a vedação à incomunicabilidade do preso.

Assinale a alternativa que corresponde à relação completa de proposições corretas:

(A) I e II.
(B) II e IV.
(C) II, III e IV.
(D) IV e V.
(E) II, III e V.

I: correta (art. 139, III, da CF/1988); II: correta (art. 136, "caput", e 137, "caput", ambos da CF/1988); III: incorreta, pode sim haver a prorrogação (art. 138, § 1º, da CF/1988); IV: incorreta, pois a prisão pode ser decretada pelo executor da medida (art. 136, § 3º, I, da CF/1988); V: incorreta, já que é proibida a incomunicabilidade do preso (art. 136, § 3º, IV, da CF/1988). Gabarito "A".

(Delegado/SC – 2008) As Forças Armadas, constituídas pela Marinha, pelo Exército e pela Aeronáutica, são instituições nacionais permanentes e regulares, organizadas com base na hierarquia e na disciplina, sob a autoridade suprema do Presidente da República, e destinam-se à defesa da Pátria, à garantia dos poderes constitucionais e, por iniciativa de qualquer destes, da lei e da ordem. Sobre as Forças Armadas, é correto afirmar:

(A) Caberá *"habeas corpus"* em relação a certas punições disciplinares militares.
(B) Ao militar é proibida a greve e permitida a sindicalização.
(C) O militar ativo e inativo não pode estar filiado a partidos políticos.
(D) As mulheres e os eclesiásticos ficam isentos do serviço militar obrigatório em tempo de paz, sujeitos, porém, a outros encargos que a lei lhes atribuir.

A: incorreto. O art. 142, § 1º, da CF/1988 diz não ser possível *habeas corpus* no caso de punições disciplinares militares. Essa impossibilidade tem a ver com o mérito da decisão. Assim, questões relativas à legalidade do ato podem ser analisadas (HC 70.648 e RE 338.840-RS); **B:** incorreto. Ao militar a sindicalização e a greve são proibidas (art. 142, IV, da CF/1988); **C:** incorreto, pois o art. 142, § 3º, V, da CF/1988 diz ser proibida a filiação a partidos políticos, apenas ao militar ativo; **D:** correto (art. 143, § 2º, da CF/1988). Gabarito "D".

(Delegado/SC – 2008) Quanto ao Estado de Defesa e Estado de Sítio, analise as afirmações a seguir.

I. O Presidente da República pode solicitar ao Congresso Nacional autorização para decretar estado de sítio para preservar ou restabelecer a ordem pública ou a paz social ameaçadas por grave e iminente instabilidade institucional ou atingidas por grandes calamidades.
II. O decreto que instituir o estado de defesa determinará o tempo de sua duração, especificará as áreas a serem abrangidas e indicará, nos termos e limites da lei, as medidas coercitivas a vigorarem, sendo, por exemplo, admitida restrição aos direitos de reunião, ainda que exercida no seio das associações.
III. Na vigência do estado de sítio poderão ser tomadas contra as pessoas, dentre outras, as medidas: busca e apreensão em domicílio, intervenção nas empresas de serviços públicos e requisição de bens.
IV. O tempo de duração do estado de defesa não será superior a trinta dias, podendo ser prorrogado uma vez, por sessenta dias, se persistirem as razões que justificaram a sua decretação.

Estão corretas apenas:
(A) II e III
(B) I e III
(C) I e IV
(D) I e II

I: incorreta. A preservação ou restabelecimento da ordem pública ou a paz social ameaçadas por grave e iminente instabilidade institucional ou atingidas por grandes calamidades são motivos para a decretação do estado de defesa e não do estado de sítio (art. 136 e 137, I e II, da CF/1988); **II:** correta (art. 136, § 1º, I, "a", da CF/1988); **III:** correta (art. 139, V, VI, VII, da CF/1988); **IV:** incorreta. A prorrogação se dá por igual período (art. 136, § 2º, da CF/1988). Gabarito "A".

(Delegado/SP – 2008) A lei disciplinará a organização e o funcionamento dos órgãos responsáveis pela segurança pública de maneira a
(A) garantir a eficiência de suas atividades.
(B) garantir a apuração das infrações contra a ordem política e social.
(C) prevenir e reprimir o tráfico ilícito de entorpecentes e drogas afins.
(D) exercer, com exclusividade, as funções de política judiciária da União.
(E) garantir a ordem Pública, a incolumidade das pessoas e do patrimônio público.

A: correta (art. 144, § 7º, da CF/1988); **B, C, D e E:** incorretas (art. 144, § 7º, da CF/1988). Gabarito "A".

7. TRIBUTAÇÃO E ORÇAMENTO

(Delegado/GO – 2009 – UEG) Constitui limitação constitucional ao poder de tributar:
(A) utilizar tributo sem efeito de confisco.
(B) instituir tributos sobre patrimônio, renda ou serviços, uns dos outros.
(C) cobrar tributos em relação a fatos geradores ocorridos após o início da vigência da lei que os houver instituído ou aumentado.
(D) instituir tratamento desigual entre contribuintes que se encontrem em situação equivalente, proibida qualquer distinção em razão de ocupação profissional ou função por eles exercida, independentemente da denominação jurídica dos rendimentos, títulos ou direitos.

A: incorreta. As competências tributárias impositivas não podem ser exercidas com finalidade confiscatória (art. 150, IV, da CF/1988), tendo em vista, inclusive, o direito de propriedade constitucionalmente assegurado. Com a ausência de tal finalidade, inexiste igualmente limitação ao poder de tributar; **B:** incorreta. A imunidade recíproca prevista no art. 150, VI, "a", da CF/1988 alcança apenas os impostos não se estendendo às demais espécies tributárias (taxas, contribuições de melhoria, contribuições especiais, empréstimos compulsórios); **C:** incorreta. Há vedação constitucional à cobrança de tributos em relação a fatos geradores ocorridos **antes** do início da vigência da lei que os houver instituído ou aumentado (art. 150, III, "a", da CF/1988), denominada pela doutrina de princípio da irretroatividade; **D:** correta, em face do disposto no art. 150, II, da CF/1988. Gabarito "D".

(Delegado/MS – 2006) Na Carta Magna, referente aos impostos e taxas, o art. 150 diz que "sem prejuízo de outras garantias asseguradas ao contribuinte, é vedado à União, aos Estados, ao Distrito Federal e aos Municípios: (...) VI – instituir impostos sobre:

I. patrimônio, renda ou serviços, uns dos outros. ( )
II. templos de qualquer culto. ( )
III. importação de produtos estrangeiros. ( )
IV. patrimônio, renda ou serviços dos partidos políticos, inclusive suas fundações, das entidades sindicais dos trabalhadores, das instituições de educação e de assistência social, sem fins lucrativos, atendidos os requisitos da lei. ( )
V. livros, jornais, periódicos e o papel destinado à sua impressão. ( )

Assinale a alternativa correta:

(A) somente o item V é falso.
(B) somente o item IV é falso.
(C) somente o item III é falso.
(D) somente o item II é falso.
(E) somente o item I é falso.

A questão trata das imunidades tributárias, consideradas pela maior parte da doutrina como limitações constitucionais ao poder de tributar. São classificadas como imunidades objetivas e subjetivas: as primeiras levam em conta o objeto sobre qual recai a tributação, ao passo que as segundas tomam por base as pessoas que integrariam a relação jurídico-tributária. I – verdadeira, por descrever a chamada "imunidade recíproca" contida no art. 150, VI, "a", da CF/1988. Tal imunidade é considerada como importante expressão do princípio federativo no âmbito tributário; II – verdadeira. A imunidade dos templos de qualquer culto encontra-se prevista no art. 150, VI, "b", da CF/1988, não sendo restrita a religiões determinadas, nem tampouco ao conceito de templo como edificação, alcançando, portanto, todos os locais destinados ao culto; III – falsa. Não existe previsão constitucional à imunidade das importações; IV – verdadeira. A imunidade descrita no tem previsão no art. 150, VI, "c", da CF/1988. Importante destacar que se encontra em discussão no STF a questão acerca do veículo normativo adequado para regular tal imunidade, se lei ordinária ou lei complementar, dada a cláusula constitucional "na forma da lei"; V – verdadeira. A imunidade dos livros, jornais, periódicos e o papel destinado à sua impressão tem previsão no art. 150, VI, "d", da CF/1988.

Gabarito "C".

8. ORDEM ECONÔMICA E FINANCEIRA

(Delegado/PE – 2016 – CESPE) Considerando os dispositivos constitucionais relativos ao STN e à ordem econômica e financeira, assinale a opção correta.

(A) Como entidades integrantes da administração pública indireta, as empresas públicas e as sociedades de economia mista gozam de privilégios fiscais não extensivos às empresas do setor privado.
(B) Em razão do princípio da anterioridade tributária, a cobrança de tributo não pode ser feita no mesmo exercício financeiro em que fora publicada a norma impositiva tributária.
(C) De acordo com a CF, é vedado à administração tributária, visando aferir a capacidade econômica do contribuinte, identificar, independentemente de ordem judicial, o patrimônio, os rendimentos e as atividades econômicas do contribuinte.
(D) Embora a CF vede a retenção ou qualquer outra restrição à entrega e ao emprego dos recursos atribuídos aos estados, ao DF e aos municípios, neles compreendidos adicionais e acréscimos relativos a impostos, a União e os estados podem condicionar a entrega de recursos.
(E) A CF, ao diferenciar empresas brasileiras de capital nacional de empresas estrangeiras, concede àquelas proteção, benefícios e tratamento preferencial.

A: incorreta. De acordo com o art. 173, § 2º, da CF, as empresas públicas e as sociedades de economia mista **não poderão gozar** de privilégios fiscais não extensivos às do setor privado; B: incorreta. Há exceções. Determina o art. 150, III, b, da CF que sem prejuízo de outras garantias asseguradas ao contribuinte, é vedado à União, aos Estados, ao Distrito Federal e aos Municípios cobrar tributos no mesmo exercício financeiro em que haja sido publicada a lei que os instituiu ou aumentou. Ocorre que o § 1º do mesmo artigo informa que a vedação do inciso III, b, **não se aplica aos tributos** previstos nos arts. 148, I, 153, I, II, IV e V; e 154, II; C: incorreta. O princípio da capacidade contributiva, previsto no art. § 1º do art. 145 da CF, determina que, sempre que possível, os impostos terão caráter pessoal e **serão graduados segundo a capacidade econômica do contribuinte**, facultado à administração tributária, especialmente para conferir efetividade a esses objetivos, identificar, respeitados os direitos individuais e nos termos da lei, o patrimônio, os rendimentos e as atividades econômicas do contribuinte; **D**: correta. É o que determina o art. 160, parágrafo único, da CF; **E**: incorreta. Não há esse tratamento diferenciado previsto no texto constitucional.

Gabarito "D".

(Delegado/MG – 2008) Ao se manifestar sobre a ponderação de bens e valores, o Supremo Tribunal Federal, examinando o princípio fundamental da liberdade de iniciativa econômica previsto no artigo 170 da Constituição Federal, entendeu que tal princípio deve ser ponderado com outros existentes na ordem constitucional, como o da proteção ao consumidor e o da justiça social, que ficariam comprometidos em casos de aumentos abusivos de preços.

Considerando os direitos econômicos como direito fundamental, deve o Estado

(A) por via administrativa, por intermédio das agências reguladoras, determinar o tabelamento de preços com vistas a evitar o abuso do poder econômico.
(B) por vias legislativa e administrativa, mediante manifestação prévia do Congresso Nacional e do Presidente da República, impor regras e limites à livre concorrência.
(C) por via judicial, mediante provocação do Procurador-Geral da República, exigir dos órgãos competentes a punição dos infratores.
(D) por via legislativa, regular a política de preços de bens e serviços, abusivo que é o poder econômico que visa ao aumento arbitrário de lucros.

O art. 173, § 4º, da CF/1988 determina que a lei reprima o abuso do poder econômico.

Gabarito "D".

9. ORDEM SOCIAL

(Delegado/RJ – 2022 – CESPE/CEBRASPE) No que se refere ao regramento constitucional relativo aos temas da ciência, tecnologia e inovação, assinale a opção correta.

(A) Viabilizar os resultados de projetos relativos a atividades de ciência, tecnologia e inovação configura uma exceção ao princípio constitucional da proibição de estorno.
(B) Compete exclusivamente à União proporcionar os meios de acesso à tecnologia, à pesquisa e à inovação.
(C) A despeito dos grandes avanços realizados pela entrada em vigor da EC n.º 85/2015, o poder constituinte derivado não previu expressamente a competência, no âmbito do Sistema Único de Saúde, para incrementar em sua área de atuação o desenvolvimento científico e tecnológico e a inovação.
(D) Os Estados e o Distrito Federal devem vincular parcela de sua receita orçamentária a entidades públicas de fomento ao ensino e à pesquisa, em percentual a ser definido por lei.

(E) O Estado apoiará a formação de recursos humanos nas áreas de ciência, tecnologia e inovação, vedada, contudo, a concessão de condições especiais de trabalho para os que dela se ocupem.

Comentário: O princípio constitucional da proibição do estorno significa que o administrador público não poderá transpor, remanejar ou transferir recursos, sem autorização legislativa. No entanto, há uma exceção, em que se permite ao Poder Executivo, sem necessidade de prévia autorização legislativa, transpor, remanejar ou transferir recursos de uma categoria de programação no âmbito das atividades de ciência, tecnologia e inovação, com o objetivo de viabilizar os resultados de projetos restritos a essas funções (CF, art. 167, § 5º e art. 218). AMN
Gabarito "A".

(Delegado/RJ – 2022 – CESPE/CEBRASPE) Determinada empresa de mídia solicita que o governo do estado do Rio de Janeiro forneça informações relacionadas a mortes registradas pela polícia em boletins de ocorrência. No entanto, o governador do RJ se recusa a compartilhar as informações. Além disso, a companhia de jornal informa que irá cobrir determinada manifestação a ser realizada em prol de maior transparência e publicidade na administração pública. Acerca dessa situação hipotética, assinale a opção correta.

(A) O Estado responde subjetivamente por danos causados a profissional de imprensa ferido, por policiais, durante cobertura jornalística de manifestação pública.

(B) A despeito de os boletins de ocorrência terem natureza pública, esses dados devem ser tratados com muita cautela, por motivos de segurança pública, e, ainda, não seriam indispensáveis para o trabalho jornalístico, de modo que a recusa do governador é justificada.

(C) O direito de informação não encontra previsão constitucional expressa, assim, a formação da opinião pública não se sobreleva a motivos de segurança pública, conceito jurídico indeterminado cuja densificação integra margem de apreciação do Chefe do Poder Executivo, de modo que a recusa do governador é justificada.

(D) Em que pese a publicidade ser um princípio expressamente previsto no art. 37, *caput*, da CF, este não é absoluto e deve ser interpretado em prol da administração pública.

(E) Não cabe à administração pública analisar o uso que se pretende dar à informação de natureza pública; a censura prévia inviabiliza até mesmo a apuração jornalística. Assim sendo, a recusa do governador não se justifica.

Comentário: A questão está relacionada com a jurisprudência do STJ constante no Informativo 682 do STJ: "Trata-se a discussão sobre pedido de acesso à informação mantida por órgãos públicos por veículo de imprensa, para produção de reportagem noticiosa. Tal reportagem pretende aceder a informações especificadas quanto a óbitos associados a boletins de ocorrência policial. Inicialmente, destaque-se que descabe qualquer tratamento especial à imprensa em matéria de responsabilização civil ou penal, em particular para agravar sua situação diante da generalidade das pessoas físicas ou jurídicas. É o que se assentou no julgamento da Lei de Imprensa pelo Supremo Tribunal Federal. Nesse sentido é que não se pode conceber lei, ou norma, que se volte especificamente à tutela da imprensa, para coibir sua atuação. Se há um direito irrestrito de acesso pela sociedade à informação mantida pela administração, porquanto inequivocamente pública, não se pode impedir a imprensa, apenas por ser imprensa, de a ela aceder. No entanto, o acórdão recorrido vai além, e efetivamente faz controle prévio genérico da veiculação noticiosa. Não se está diante sequer de um texto pronto e acabado, hipótese em que, de modo já absolutamente excepcional, poder-se-ia cogitar de apreciação judicial dos danos decorrentes de sua circulação, a ponto de vedá-la. Na hipótese, a censura judicial prévia inviabiliza até mesmo a apuração jornalística, fazendo mesmo secreta a informação reconhecidamente pública. É preciso reforçar a distinção entre duas questões tratadas pelo acórdão do Tribunal de origem como uma única. De um lado, cuida-se da atividade jornalística de veiculação noticiosa. Nesse ponto, é já inconcebível dar aspecto de juridicidade a qualquer forma de controle prévio da informação. Além disso, trata-se de acesso à informação pública, não apenas de atuação jornalística. A qualidade da última pode até depender da primeira, mas nada influencia no direito de aceder a dados públicos o uso que deles se fará. Não há razão alguma em sujeitar a concessão da segurança ao risco decorrente da divulgação da informação – que, reitere-se, é pública e já disponível na internet. Não há nem mesmo obrigação ou suposição de que a informação – pública – venha a ser publicada pela imprensa. A informação pública é subsídio da informação jornalística, sem com ela se confundir em qualquer nível. Os dados públicos podem ser usados pela imprensa de uma infinidade de formas, como base de novas investigações, cruzamentos, pesquisas, entrevistas, etc., nenhuma delas correspondendo, direta e inequivocamente, à sua veiculação. Não se pode vedar o exercício de um direito – acessar a informação pública – pelo mero receio do abuso no exercício de um outro e distinto direito – o de livre comunicar. Configura-se verdadeiro *bis in idem* censório, ambos de inviável acolhimento diante do ordenamento." (STJ – REsp 1.852.629/SP – 2ª T. – Rel. Ministro Og Fernandes – DJ*e* 15/10/2020). AMN
Gabarito "E".

(Delegado/MG – 2018 – FUMARC) Para assegurar a garantia do direito social à saúde, a Constituição da República de 1988 criou um Sistema Único de Saúde integrado por uma rede pública regionalizada e hierarquizada, descentralizado, com direção única em cada esfera de governo, que deve oferecer atendimento de qualidade a toda a população e priorizar as atividades preventivas, sem que haja prejuízo dos serviços assistenciais. Ao Sistema Único de Saúde compete, segundo o que dispõe a CF no Art. 200, além de outras atribuições, nos termos da lei:

I. executar as ações de vigilância sanitária e epidemiológica, bem como as de saúde do trabalhador.
II. participar do controle e da fiscalização da produção, do transporte, da guarda e da utilização de substâncias e produtos psicoativos, tóxicos e radioativos.
III. promover a habilitação e a reabilitação das pessoas portadoras de deficiência e a promoção de sua integração à vida comunitária.
IV. fiscalizar e inspecionar alimentos, compreendido o controle de seu teor nutricional, bem como bebidas e águas para consumo humano.

Estão CORRETAS as assertivas:

(A) I, II e III, apenas.
(B) I, II e IV, apenas.
(C) I, II, III e IV.
(D) I, III e IV, apenas.

I: correta. Determina o art. 200, II, da CF que ao sistema único de saúde compete, além de outras atribuições, nos termos da lei: executar as ações de vigilância sanitária e epidemiológica, bem como as de saúde do trabalhador; II: correta. De acordo com o art. 200, VII, da CF, ao sistema único de saúde compete, além de outras atribuições, nos termos da lei: participar do controle e fiscalização da produção, transporte, guarda e utilização de substâncias e produtos psicoativos, tóxicos e radioativos; **III:** incorreta. Conforme dispõe o art. 203, IV, da CF, **a assistência social** será prestada a quem dela necessitar, independentemente de contribuição à seguridade social, e tem por objetivos a habilitação e reabilitação das pessoas portadoras de deficiência e a promoção de sua integração à vida comunitária; **IV:** correta. De acordo com o art. 200, VI, da CF, ao sistema único de saúde compete, além de outras atribuições, nos termos da lei: fiscalizar e inspecionar alimentos, compreendido o controle de seu teor nutricional, bem como bebidas e águas para consumo humano.

Gabarito "B".

(Delegado/ES – 2019 – Instituto Acesso) Com relação ao disposto na Constituição Federal de 1988 sobre o direito constitucional dos índios, está INCORRETA a seguinte afirmação:

(A) As Terras Indígenas são inalienáveis e indisponíveis, e o direito sobre elas é imprescritível.

(B) Legislar sobre populações indígenas é assunto de competência privativa da União.

(C) Serão asseguradas às comunidades indígenas a utilização de suas línguas maternas e processos próprios de aprendizagem.

(D) Processar e julgar a disputa sobre direitos indígenas é competência dos juízes estaduais, onde ocorre o conflito.

(E) É vedado remover os índios de suas terras, salvo casos excepcionais e temporários.

A: correta. De acordo com art. 231, § 4º, da CF, as terras tradicionalmente ocupadas pelos índios são inalienáveis e indisponíveis, e os direitos sobre elas, imprescritíveis; **B:** correta. Conforme prevê a CF/1988, art. 22, XIV, da CF, a competência para legislar sobre as populações indígenas, de fato, é privativa da União; **C:** correta. A segunda parte do § 2º do art. 210 da CF determina que são assegurados às comunidades indígenas a utilização de suas línguas maternas e os processos próprios de aprendizagem; **D:** incorreta, devendo ser assinalada. Dispõe o art. 109, XI, da CF, que a competência para processar e julgar a disputa sobre direitos indígenas é dos **juízes federais**; **E:** correta. De acordo com art. 231, § 5º, da CF, é vedada a remoção dos grupos indígenas de suas terras, salvo, "ad referendum" do Congresso Nacional, em caso de catástrofe ou epidemia que ponha em risco sua população, ou no interesse da soberania do País, após deliberação do Congresso Nacional, garantido, em qualquer hipótese, o retorno imediato logo que cesse o risco.

Gabarito "D".

(Delegado/ES – 2019 – Instituto Acesso) A Constituição da República Federativa do Brasil destinou um capítulo específico à proteção das comunidades indígenas, sendo INCORRETO afirmar que

(A) as terras tradicionalmente ocupadas pelos índios destinam-se a sua posse permanente, cabendo-lhes o usufruto exclusivo das riquezas do solo, dos rios e dos lagos nelas existentes.

(B) são reconhecidos aos índios sua organização social, costumes, línguas, crenças e tradições, e os direitos originários sobre as terras que tradicionalmente ocupam.

(C) as terras tradicionalmente ocupadas são inalienáveis e indisponíveis, e os direitos sobre elas, imprescritíveis.

(D) é vedada a remoção dos grupos indígenas de suas terras, salvo, "*ad referendum*" do Congresso Nacional, em caso de catástrofe ou epidemia que ponha em risco sua população, ou no interesse da soberania do País, após deliberação do Congresso Nacional, garantido, em qualquer hipótese, o retorno imediato logo que cesse o risco.

(E) os índios, suas comunidades e organizações são representados pelo Ministério Público, com exclusividade, para ingressar em juízo em defesa de seus direitos e interesses.

A: correto. Determina o art. 231, § 1º, CF que são terras tradicionalmente ocupadas pelos índios as por eles habitadas em caráter permanente, as utilizadas para suas atividades produtivas, as imprescindíveis à preservação dos recursos ambientais necessários a seu bem-estar e as necessárias a sua reprodução física e cultural, segundo seus usos, costumes e tradições; **B:** correto. De acordo com art. 231, *caput*, CF são reconhecidos aos índios sua organização social, costumes, línguas, crenças e tradições, e os direitos originários sobre as terras que tradicionalmente ocupam, competindo à União demarcá-las, proteger e fazer respeitar todos os seus bens; **C:** correto. Determina o ar. 231, § 4º, CF que as terras de que trata este artigo (tradicionalmente ocupadas pelos índios) são inalienáveis e indisponíveis, e os direitos sobre elas, imprescritíveis"; **D:** correta. De acordo com o art. 231, § 5º, CF é vedada a remoção dos grupos indígenas de suas terras, salvo, ad referendum do Congresso Nacional, em caso de catástrofe ou epidemia que ponha em risco sua população, ou no interesse da soberania do País, após deliberação do Congresso Nacional, garantido, em qualquer hipótese, o retorno imediato logo que cesse o risco. **E:** incorreta, devendo ser assinalada. Determina o art. 232, *caput*, que os índios, suas comunidades e organizações são partes **legítimas para ingressar em juízo em defesa de seus direitos e interesses, intervindo o Ministério Público em todos os atos do processo.**

Gabarito "E".

(Delegado/DF – 2015 – Fundação Universa) No que diz respeito à ordem social, é correto afirmar que

(A) a CF assegura expressamente às crianças, aos adolescentes e aos jovens a garantia de pleno e formal conhecimento da atribuição de ato infracional, a igualdade na relação processual e a defesa técnica por profissional habilitado, segundo lei específica.

(B) os índios merecem toda a proteção do Estado e da sociedade, devendo ser representados, na defesa dos seus direitos e em juízo, não por suas próprias comunidades, mas sim por meio de fundação especialmente criada para cuidar dos seus interesses.

(C) a seguridade social será financiada por toda a sociedade, de forma direta e indireta, mediante recursos da União, dos estados, do Distrito Federal e dos municípios, bem como por meio de contribuições das empresas e dos trabalhadores, incluindo-se os aposentados pelo regime geral de previdência.

(D) o ensino religioso é disciplina obrigatória no ensino fundamental, não podendo o Estado impor uma religião específica diante dos princípios da liberdade de consciência e de crença.

(E) as pessoas jurídicas não estão sujeitas a sanções penais, mas sim seus dirigentes, quando praticarem condutas e atividades consideradas lesivas ao meio ambiente, sem prejuízo do dever de reparar o dano.

A: correta. De acordo com o art. 227, § 3º, IV, da CF, o direito a proteção especial abrangerá, dentre outros aspectos, a garantia de pleno e formal conhecimento da atribuição de ato infracional, igualdade na relação processual e defesa técnica por profissional habilitado, segundo dispuser a legislação tutelar específica; **B:** incorreta. Determina o *caput* do art. 232 da CF que os índios, suas comunidades e organizações **são partes legítimas para ingressar em juízo** em defesa de seus direitos e interesses, intervindo o Ministério Público em todos os atos do processo; **C:** incorreta. O art. 195 da CF informa que a seguridade social será financiada por toda a sociedade, de forma direta e indireta, nos termos da lei, mediante recursos provenientes dos orçamentos da União, dos Estados, do Distrito Federal e dos Municípios, e das seguintes contribuições sociais: I – do empregador, da empresa e da entidade a ela equiparada na forma da lei, incidentes sobre: *a)* a folha de salários e demais rendimentos do trabalho pagos ou creditados, a qualquer título, à pessoa física que lhe preste serviço, mesmo sem vínculo empregatício; *b)* a receita ou o faturamento; *c)* o lucro; II – do trabalhador e dos demais segurados da previdência social, não incidindo contribuição sobre aposentadoria e pensão concedidas pelo regime geral de previdência social de que trata o art. 201; III – sobre a receita de concursos de prognósticos e IV – do importador de bens ou serviços do exterior, ou de quem a lei a ele equiparar; **D:** incorreta. De acordo com o § 1º do art. 210 da CF, o ensino religioso, **de matrícula facultativa,** constituirá disciplina dos horários normais das escolas públicas de ensino fundamental; **E:** incorreta. Determina o art. 37, § 6º, da CF, as pessoas jurídicas de direito público e as de direito privado prestadoras de serviços públicos **responderão pelos danos** que seus agentes, nessa qualidade, causarem a terceiros, assegurado o direito de regresso contra o responsável nos casos de dolo ou culpa. Gabarito "A".

(Delegado Federal – 2013 – CESPE) Considerando o disposto na CF acerca na ordem social, julgue os itens subsequentes.

(1) A floresta amazônica brasileira, assim como a mata atlântica, é considerada bem da União, devendo sua utilização ocorrer na forma da lei, em condições que assegurem a preservação do meio ambiente, inclusive no que concerne ao uso dos recursos naturais.

(2) As terras tradicionalmente ocupadas pelos índios, incluídas no domínio constitucional da União Federal, são inalienáveis, indisponíveis e insuscetíveis de prescrição aquisitiva.

1: errado. De acordo com o art. 225, § 4º, da CF, a **Floresta Amazônica brasileira,** a **Mata Atlântica,** a Serra do Mar, o Pantanal Mato-Grossense e a Zona Costeira **são patrimônio nacional,** e sua utilização far-se-á, na forma da lei, dentro de condições que assegurem a preservação do meio ambiente, inclusive quanto ao uso dos recursos naturais; **2:** correto. É o que determina o art. 231, § 4º, da CF. Gabarito 1E, 2C

(Delegado/AP – 2010) Relativamente à ordem social, assinale a afirmativa incorreta.

(A) A assistência à saúde pode ser exercida pela iniciativa privada, desde que previamente autorizado seu funcionamento pelo Ministério da Saúde e submetidas às regras de concessão pública contidas na Constituição.

(B) A seguridade social compreende um conjunto integrado de ações de iniciativa dos Poderes Públicos e da sociedade, destinadas a assegurar os direitos relativos à saúde, à previdência e à assistência social.

(C) A ordem social tem como base o primado do trabalho, e como objetivo o bem-estar e a justiça sociais.

(D) A seguridade social será financiada por toda a sociedade, de forma direta e indireta, nos termos da lei, mediante recursos provenientes dos orçamentos da União, dos Estados, do Distrito Federal e dos Municípios, além de contribuições sociais determinadas na Constituição.

(E) A saúde é direito de todos e dever do Estado, garantido mediante políticas sociais e econômicas que visem à redução do risco de doença e de outros agravos e ao acesso universal e igualitário às ações e serviços para sua promoção, proteção e recuperação.

A: incorreta, devendo ser assinalada. De acordo com o art. 199, § 1º, da CF/1988, as instituições privadas, que queiram prestar serviços de saúde, poderão fazê-lo de forma complementar, segundo diretrizes do sistema único de saúde, mediante contrato de direito público ou convênio, tendo preferência as entidades filantrópicas e as sem fins lucrativos; **B:** correta (art. 194, "caput", da CF/1988); **C:** correta (art. 193 da CF/1988); **D:** correta (art. 195 da CF/1988); **E:** correta (art. 196 da CF/1988). Gabarito "A".

(Delegado/SP – 2008) O ensino é livre à iniciativa privada desde que atendida à seguinte condição:

(A) admissão de professores, técnicos e cientistas estrangeiros.

(B) progressividade universalização do ensino superior.

(C) acesso aos níveis mais elevados do ensino.

(D) autorização e a avaliação de qualidade pelo Poder Público.

(E) garantia de padrão de qualidade.

Há duas condições previstas no art. 209 da CF/1988: o cumprimento das normas gerais da educação nacional, e a autorização e avaliação de qualidade pelo Poder Público. Desse modo, apenas a alternativa D está de acordo com o texto constitucional. Gabarito "D".

(Delegado/MG – 2008) A partir da Emenda Constitucional n. 53/2006, o parágrafo único do artigo 23 passou a vigorar com a seguinte redação.

(A) A educação básica pública terá como fonte adicional de financiamento a contribuição social do salário-educação, recolhida pelas empresas na forma da lei.

(B) Através de lei ordinária, cada entidade federativa estabelecerá a assistência gratuita aos filhos e dependentes desde o nascimento até 5 (cinco) anos de idade em creches e pré-escolas.

(C) Compete aos Municípios manter, com a cooperação técnica e financeira da União e do Estado, programas de educação infantil e de ensino fundamental.

(D) Leis complementares fixarão normas para a cooperação entre a União e os Estados, o Distrito Federal e os Municípios, tendo em vista o equilíbrio do desenvolvimento e do bem-estar em âmbito nacional.

O fundamento dessa questão é encontrado justamente no parágrafo único do art. 23 da CF/1988. Gabarito "D".

(Delegado/SP – 2008) O planejamento familiar é de livre decisão do casal e

(A) promoverá programas de assistência à criança e ao adolescente.

(B) tem por função assegurar o direito à vida e à saúde.

(C) fundado no princípio da dignidade da pessoa humana.

(D) restrito a qualquer dos pais e seus descendentes.

(E) reservado às famílias da baixa renda.

Conforme dispõe o § 7º do art. 226 da CF/1988, o planejamento familiar, desde que fundado nos princípios da **dignidade da pessoa humana** e da paternidade responsável, é livre decisão do casal, competindo ao Estado propiciar recursos educacionais e científicos para o exercício desse direito, vedada qualquer forma coercitiva por parte de instituições oficiais ou privadas.

Gabarito "C".

(Delegado/SP – 2008) A seguridade social compreende

(A) o atendimento do cidadão e a universalidade da cobertura.

(B) um conjunto integrado de ações de iniciativa dos Poderes Públicos e da sociedade.

(C) a folha de salários e demais rendimentos pagos ou creditados a qualquer título.

(D) a seletividade, a distributividade na prestação dos benefícios e a equidade na forma de participação no custeio.

(E) a receita, o faturamento e o lucro.

De acordo com o *caput* do art. 194 da CF/1988, a seguridade social compreende um **conjunto integrado de ações de iniciativa dos Poderes Públicos e da sociedade**, destinadas a assegurar os direitos relativos à saúde, à previdência e à assistência social. Vale lembrar que a seguridade social é composta por três assuntos importantes: a previdência social, a saúde e a assistência social. O parágrafo único do art. 194 da CF/1988 traz princípios e objetivos que norteiam o sistema, quais sejam: a universalidade da cobertura e do atendimento; a uniformidade e equivalência dos benefícios e serviços às populações urbanas e rurais; a seletividade e distributividade na prestação dos benefícios e serviços; a irredutibilidade do valor dos benefícios; a equidade na forma de participação no custeio; a diversidade da base de financiamento; o caráter democrático e descentralizado da administração, mediante gestão quadripartite, com participação dos trabalhadores, dos empregadores, dos aposentados e do Governo nos órgãos colegiados.

Gabarito "B".

(Delegado Federal – 2004 – CESPE) Nas eleições para prefeito na cidade Alfa, concorria à reeleição o atual prefeito, Acácio. Bruno, filho de Acácio, embora filiado ao mesmo partido político do pai há mais de dois anos, nunca se motivou a concorrer a nenhum cargo eletivo. Oito meses antes da eleição, Acácio, depois de inflamado discurso, em que sustentou que se fosse reeleito melhoraria as condições educacionais do município por meio do investimento prioritário no ensino superior, sofreu um fulminante infarto do miocárdio, morrendo antes da chegada de socorro médico. Acerca dessa situação hipotética, julgue o item que se segue.

(1) A proposta de investimento prioritário no ensino superior, base da campanha eleitoral de Acácio, contraria o texto constitucional brasileiro que estabelece que os municípios deverão atuar, de forma prioritária, no ensino fundamental e médio.

1: Incorreta, pois os municípios, conforme dispõe o § 2º do art. 211 da CF/1988, devem atuar prioritariamente no ensino fundamental e na educação infantil. Na alternativa consta também, equivocadamente, a atuação prioritária no ensino médio.

Gabarito 1E.

10. TEMAS COMBINADOS

(Delegado/RJ – 2022 – CESPE/CEBRASPE) A Constituição Federal de 1988, em seu art. 2.º, adota a tradicional separação de Poderes. Assim, o legislador constituinte garantiu relativa independência a cada um dos Poderes Legislativo, Executivo e Judiciário, como mecanismo apto a assegurar os fundamentos do Estado democrático de direito. Considerando que as constituições escritas foram concebidas com o objetivo precípuo de fixar instrumentos normativos de limitação do poder estatal, assinale a opção correta.

(A) A separação de Poderes está fundamentada no princípio da interdependência funcional: apesar da especialização dos Poderes, existe uma subordinação das funções executiva e jurisdicional ao Poder Legislativo, em razão do que dispõe o art. 1.º da Constituição Federal de 1988, ao estabelecer que a República Federativa do Brasil constitui-se em Estado democrático de direito.

(B) A especialização funcional confere a cada um dos Poderes do Estado uma função precípua, que a doutrina denomina de função harmônica. Assim, embora o Poder Executivo disponha da função executiva, poderá exercer funções típicas dos Poderes Legislativo e Judiciário, caso haja autorização do Senado Federal, conforme previsto no art. 52 da Constituição Federal de 1988.

(C) Em razão da necessária harmonia entre os Poderes, o Poder Judiciário exerce sua função típica voltada para a atividade jurisdicional, solucionando as lides que lhe são apresentadas, mas também poderá exercer a função atípica de legislar, contanto que observe as regras do processo legislativo previstas no art. 59 e seguintes da Constituição Federal de 1988.

(D) Em razão da independência orgânica, os membros do Poder Legislativo gozam das denominadas imunidades parlamentares, com um conjunto de prerrogativas que lhes permitem atuar com independência no exercício da fiscalização do Poder Executivo.

(E) Em razão do disposto no art. 2.º da Constituição Federal de 1988, tanto a independência orgânica quanto a especialização funcional, típicas da divisão dos Poderes, devem ser exercidas de forma absoluta, afastando-se a possibilidade do exercício das funções chamadas atípicas por qualquer dos Três Poderes.

Comentário: **A**: incorreta. Inexiste qualquer subordinação das funções executiva e jurisdicional ao Poder Legislativo, pois o art. 2º da CF prescreve que: "São Poderes da União, independentes e harmônicos entre si, o Legislativo, o Executivo e o Judiciário."; **B**: incorreta. A especialização funcional confere a cada um dos Poderes do Estado uma função precípua, que a doutrina denomina de **função típica**. A segunda parte faz referência à função atípica dos poderes; **C**: incorreta. O Poder Judiciário poderá exercer função atípica, mas não precisa observar as regras do processo legislativo previstas no art. 59 e seguintes da CF/88; **D**: incorreta. Os deputados e senadores possuem as imunidades material e formal previstas no art. 53 da CF; **E**: incorreta. Pelo contrário, é possível a qualquer um dos Poderes o exercício tanto das funções típicas quanto das atípicas.

Gabarito "D".

(Delegado/RJ – 2022 – CESPE/CEBRASPE) Em janeiro de 2017, policiais militares em serviço apreenderam fuzis e revenderam para traficantes de drogas, de modo que foi instaurado inquérito para apurar crime de comércio ilegal de arma de fogo (art. 17, *caput*, da Lei n.º 10.826/2003). Considerando essa situação hipotética, assinale a opção correta com base no advento da Lei n.º 13.491/2017 e na jurisprudência majoritária do Superior Tribunal de Justiça.

(A) A autoridade policial deve declinar de imediato da sua atribuição e remeter ao órgão com atribuição perante a Justiça Militar, porém se desentranhando os atos investigatórios anteriormente praticados, que devem ser refeitos devido ao princípio constitucional da irretroatividade da lei mais gravosa.

(B) A autoridade policial deve declinar de imediato da sua atribuição, remeter ao órgão com atribuição perante a Justiça Militar, e os atos investigatórios praticados anteriormente permanecem válidos, não se aplicando o princípio constitucional da irretroatividade da lei mais gravosa.

(C) A autoridade policial deve prosseguir com as investigações, mas os atos investigatórios praticados anteriormente devem ser refeitos devido ao princípio constitucional da irretroatividade da lei mais gravosa.

(D) A autoridade policial deve prosseguir com as investigações, pois a Lei n.º 13.491/2017 não se aplica aos policiais militares, mas tão somente aos militares das Forças Armadas.

(E) A autoridade policial deve prosseguir com as investigações, e os atos investigatórios praticados anteriormente permanecem válidos, não se aplicando o princípio constitucional da irretroatividade da lei mais gravosa.

Comentário: A questão foi objeto do Informativo nº 642 do STJ: "Inicialmente, cumpre destacar que a Lei n. 13.491/2017 não tratou apenas de ampliar a competência da Justiça Militar, também ampliou o conceito de crime militar, circunstância que, isoladamente, autoriza a conclusão no sentido da existência de um caráter de direito material na norma. Esse aspecto, embora evidente, não afasta a sua aplicabilidade imediata aos fatos perpetrados antes de seu advento, já que a simples modificação da classificação de um crime comum para um delito de natureza militar não traduz, por si só, uma situação mais gravosa ao réu, de modo a atrair a incidência do princípio da irretroatividade da lei penal mais gravosa (arts. 5º, XL, da Constituição Federal e 2º, I, do Código Penal). Por outro lado, a modificação da competência, em alguns casos, pode ensejar consequências que repercutem diretamente no *jus libertatis*, inclusive de forma mais gravosa ao réu. É inegável que a norma possuiu conteúdo híbrido (lei processual material) e que, em alguns casos, a sua aplicação retroativa pode ensejar efeitos mais gravosos ao réu. Tal conclusão, no entanto, não impossibilita a incidência imediata, sendo absolutamente possível e desejável conciliar sua aplicação com o princípio da irretroatividade de lei penal mais gravosa. A jurisprudência desta Corte não admite a cisão da norma de conteúdo híbrido (AgRg no REsp n. 1.585.104/PE, Ministro Nefi Cordeiro, Sexta Turma, DJe 23/4/2018). Ocorre que a aplicação imediata, com observância da norma penal mais benéfica ao tempo do crime, não implicaria uma cisão da norma, pois, o caráter material, cujo retroatividade seria passível de gerar prejuízo ao réu, não está na norma em si, mas nas consequências que dela advém. Logo, é absolutamente possível e adequado a incidência imediata da norma aos fatos perpetrados antes do seu advento, em observância ao princípio tempus *regit actum* (tal como decidido no julgamento do CC n. 160.902/RJ), desde que observada, oportunamente, a legislação penal (seja ela militar ou comum) mais benéfica ao tempo do crime. Ademais, importante ressaltar que tal ressalva é inafastável da declaração de competência. Primeiro, porque a solução do julgado dela depende. Segundo, porque a simples declaração de competência em favor da Justiça Militar, sem a ressalva acima estabelecida, poderia dar azo a ilegalidade futura, decorrente de eventual inobservância da norma penal mais benéfica." (STJ – CC 161.898/MG – Terceira Seção – Rel. Ministro Sebastião Reis Júnior – DJe 20/02/2019).

(Delegado de Polícia Federal – 2021 – CESPE) Considerando a posição majoritária e atual do Supremo Tribunal Federal (STF), julgue os itens a seguir, a respeito dos fundamentos constitucionais dos direitos e deveres fundamentais, do Poder Judiciário, da segurança pública e das atribuições constitucionais da Polícia Federal.

(1) A falta de estabelecimento penal adequado não autoriza a manutenção do condenado em regime prisional mais gravoso, podendo o juiz da execução autorizar a saída antecipada de sentenciados enquadrados nesse regime em razão da falta de vagas no estabelecimento penal.

(2) O foro por prerrogativa de função estabelecido por uma constituição estadual prevalece sobre a competência constitucional do tribunal do júri.

(3) Como regra, a medida própria para a reparação de eventual abuso da liberdade de expressão é o direito de resposta ou a responsabilização civil, e não a supressão de texto jornalístico por meio de liminar.

(4) Devido ao fato de a Força Nacional de Segurança Pública ser um programa de cooperação federativa ao qual podem aderir os entes federados, é inconstitucional o seu emprego em território de estado-membro sem a anuência de seu governador.

(5) O confisco e a posterior reversão a fundo especial de bem apreendido em decorrência do tráfico ilícito de entorpecentes exigem prova de habitualidade e reiteração do uso do bem para a referida finalidade.

1: Certo. É o que determina o enunciado da Súmula Vinculante 56 (STF) e dos parâmetros fixados no RE 641.320/RS. "A falta de estabelecimento penal adequado *não* autoriza a manutenção do condenado em regime prisional mais gravoso. 3. Os juízes da execução penal poderão avaliar os estabelecimentos destinados aos regimes semiaberto e aberto, para qualificação como adequados a tais regimes. São aceitáveis estabelecimentos que não se qualifiquem como "colônia agrícola, industrial" (regime semiaberto) ou "casa de albergado ou estabelecimento adequado" (regime aberto) (art. 33, § 1º, *b e c*). No entanto, não deverá haver alojamento conjunto de presos dos regimes semiaberto e aberto com presos do regime fechado. 4. *Havendo déficit de vagas, deverão ser determinados: (i) a saída antecipada de sentenciado no regime com falta de vagas;* (ii) a liberdade eletronicamente monitorada ao sentenciado que sai antecipadamente ou é posto em prisão domiciliar por falta de vagas; (iii) o cumprimento de penas restritivas de direito e/ou estudo ao sentenciado que progride ao regime aberto. Até que sejam estruturadas as medidas alternativas propostas, poderá ser deferida a prisão domiciliar ao sentenciado." [RE 641.320, rel. min. Gilmar Mendes, P, j. 11 maio 2016, DJE 159 de 1º ago. 2016, Tema 423.]. **2:** Errado. Ao contrário do mencionado, determina a Súmula vinculante 45 (STF) que a competência constitucional do tribunal do *júri prevalece sobre o foro por prerrogativa de função estabelecido exclusivamente pela constituição estadual.* **3:** Certo. De acordo com o STF, a medida própria para a reparação de eventual abuso da liberdade de expressão é o direito de resposta e não a supressão liminar de texto jornalístico, antes mesmo de qualquer apreciação mais detida quanto ao seu conteúdo e potencial lesivo (Rcl – AgR 28.747). **4:** Certo. De fato, é necessário o pedido ou a concordância do governador para que a Força de Segurança Pública atue no estado. De acordo com o art. 4º do Decreto nº 5.289/04, a Força Nacional de Segurança Pública poderá ser empregada em qualquer parte do território nacional, mediante solicitação expressa do respectivo Governador de Estado, do Distrito Federal ou de Ministro de Estado. O STF, ao apreciar medida liminar em ação cível originária, decidiu sobre a plausibilidade da alegação de que a norma inscrita no art. 4º do Decreto 5.289/2004, naquilo em que dispensa a anuência do governador de estado (solicitação por Ministro de Estado) no emprego da Força Nacional de Segurança Pública, *viole o princípio da autonomia estadual* (STF. Plenário. ACO 3427 Ref-MC/BA, Rel. Min. Edson Fachin, julgado em 24 set. 2020).**5:** Errado. Ao contrário do mencionado, *não há necessidade de prova de habitualidade e reiteração do uso do bem nessa hipótese*. De acordo com o STF, no informativo 856, *"é possível o confisco de todo e qualquer bem de valor econômico apreendido em decorrência do tráfico de drogas, sem a necessidade de se perquirir a habitualidade, reiteração do uso do bem para tal finalidade*, a sua modificação para dificultar a descoberta do local de acondicionamento da droga ou qualquer outro requisito além daqueles previstos expressamente no art. 243, parágrafo único, da Constituição Federal (STF. Plenário. RE 638491/PR, Rel. Min. Luiz Fux, julgado em 17 maio 2017 – repercussão geral) (grifos nossos).

Gabarito 1C, 2E, 3C, 4C, 5E

(Delegado de Polícia Federal – 2021 – CESPE) Com base no disposto na Constituição Federal de 1988 (CF), julgue os itens subsequentes.

(1). Compete à Polícia Federal exercer as funções de polícia marítima.

(2). Cabe originariamente ao STF processar e julgar *habeas data* contra ato de ministro de estado.

(3). Cumpre ao STF julgar o recurso ordinário de *habeas corpus* decidido em única instância pelo Tribunal Superior Eleitoral (TSE).

(4). Compete à Advocacia-Geral da União exercer as atividades de consultoria e assessoramento jurídico à Polícia Federal.

1: Certo. É o que determina o art. 144, § 1º, III, da CF. A polícia federal, instituída por lei como órgão permanente, organizada e mantida pela União e estruturada em carreira, destina-se, dentre outras funções, a exercer as funções de *polícia marítima*, aeroportuária e de fronteiras. **2:** Errado. De acordo com o art. 105, I, "b", da CF, a competência para, originariamente, processar e julgar os *habeas data* contra ato de Ministro de Estado, dentre outros, é do *Superior Tribunal de Justiça*. **3:** Certo. De acordo com o art. 102, II, "a", da CF, compete ao STF julgar, em recurso ordinário o *habeas corpus*, o mandado de segurança, o *habeas data* e o mandado de injunção *decididos em única instância pelos Tribunais Superiores* (ex. TSE), se denegatória a decisão. **4:** Certo. A Advocacia-Geral da União é a instituição que representa a União judicial e extrajudicialmente (art. 131, *caput*, da CF) e a polícia federal é organizada e mantida pela União (art. 144, § 1º, da CF), de modo que cabe à AGU exercer as atividades de consultoria e assessoramento jurídico à Polícia Federal.

Gabarito 1C, 2E, 3C, 4C

(Delegado/MG – 2021 – FUMARC) No Estado de Minas Gerais, a defesa social, dever do Estado e direito e responsabilidade de todos, organiza-se de forma sistêmica visando a

(A) garantir a segurança pública, mediante a manutenção da ordem pública, com a finalidade de proteger o cidadão, a sociedade e, exclusivamente, os bens públicos.

(B) orientação jurídica, a representação judicial e a defesa gratuitas, em todos os graus, dos necessitados.

(C) promover a comunicação social, com a finalidade de prevenir a prática de atos de manifestação contra as diretrizes do Governo Estadual.

(D) prestar a defesa civil, por meio de atividades de socorro e assistência, em casos de calamidade pública, sinistros e outros flagelos.

A: incorreta. A defesa social *não* visa proteger, exclusivamente, os bens públicos. Ao contrário, de acordo com o art. 133, II, parte final, da Constituição de Minas Gerais, *tanto os bens públicos como os privados são protegidos*; **B:** incorreta. A orientação jurídica, a representação judicial e a defesa gratuitas, em todos os graus, dos necessitados, são *atribuições da Defensoria Pública*, conforme mencionado no art. 129, *caput*, da Constituição de Minas Gerais. Determina o mencionado dispositivo que a Defensoria Pública é instituição essencial à função jurisdicional do Estado, a que incumbe *a orientação jurídica, a representação judicial e a defesa gratuitas, em todos os graus, dos necessitados;* **C:** incorreta. A defesa social não tem esta finalidade. Determina o art. 229 da Constituição de Minas Gerais que os veículos de comunicação social da administração direta e indireta do Estado são obrigados a: I – manter conselhos editoriais integrados paritariamente por representantes do Poder Público e da sociedade civil; II – manter comissões de redação compostas de representantes dos profissionais habilitados, eleitos diretamente por seus pares. Além disso, o artigo seguinte, 230, determina a *instituição do Conselho Estadual de Comunicação Social*, composto de representantes da sociedade civil, na forma da lei (vide arts. 65 a 68 da Lei 11.406, de 28/1/1994.), como órgão auxiliar. **D:** correta. De acordo com o art. 133 da Constituição de Minas Gerais, a defesa social, dever do Estado e direito e responsabilidade de todos, organiza-se de forma sistêmica visando a: I – garantir a segurança pública, mediante a manutenção da ordem pública, com a finalidade de proteger o cidadão, a sociedade e os bens públicos e privados, coibindo os ilícitos penais e as infrações administrativas; II – prestar a defesa civil, por meio de atividades de socorro e assistência, em casos de calamidade pública, sinistros e outros flagelos; III – promover a integração social, com a finalidade de prevenir a violência e a criminalidade.

Gabarito "D"

(Delegado/MG – 2021 – FUMARC) A Lei Maria da Penha (Lei 11.340/2006) determina que casos de violência doméstica e intrafamiliar que sejam tipificados como crime, devem ser apurados através de inquérito policial e remetidos ao Ministério Público. Nesse sentido, diploma situações de violência doméstica, proíbe a aplicação de penas pecuniárias aos agressores, amplia a pena aplicável, dentre outras medidas de tutela das mulheres em situação de violência, assim como de seus dependentes.

Sobre a Lei Maria da Penha, é CORRETO afirmar:

(A) É considerado constitucional o tratamento diferenciado entre os gêneros – mulher e homem –, no que diz respeito à necessária proteção ante as peculiaridades física e moral da mulher e a cultura brasileira.

(B) O conceito de "família", tutelável pelo Direito constitucional brasileiro, adstringe-se à união entre homem e mulher, celebrada pelo casamento civil.

(C) Sob a perspectiva de uma interpretação conforme a Constituição, sem redução de texto, a Lei Maria da Penha pode ser considerada adequada ao modelo constitucional, se a proteção por ela trazida destinar-se, igualmente, aos homens do núcleo familiar.

(D) Trata-se de legislação inconstitucional, uma vez que trata com distinção as mulheres, colocando-as em situação privilegiada perante os homens;

A: correta. Em diversos momentos o STF solucionou questionamentos relacionados à constitucionalidade da Lei Maria da Penha (ADC 19/DF, ADI 4424/DF) e nessas decisões já firmou o entendimento de que as peculiaridades física e moral da mulher e a cultura brasileira, de fato, justificam o tratamento diferenciado trazido pela norma; **B:** incorreta. A Suprema Corte também já se posicionou sobre o conceito de família: "(...) A CF/88, ao utilizar-se da expressão "família", *não limita* sua formação a *casais heteroafetivos* nem a formalidade cartorária, *celebração civil* ou liturgia religiosa. Família como instituição privada que, voluntariamente constituída entre pessoas adultas, mantém com o Estado e a sociedade civil uma necessária relação tricotômica." "(...) A referência constitucional à dualidade básica homem/mulher, no § 3º do seu art. 226, deve-se ao centrado intuito de não se perder a menor oportunidade para favorecer relações jurídicas horizontais ou sem hierarquia no âmbito das sociedades domésticas (ADI 4277 e ADPF 132) (grifos nossos); **C:** incorreta. A proteção trazida pela Lei Maria da Penha *não se destina* igualmente aos homens do núcleo familiar, pois tal norma foi criada em virtude da maior vulnerabilidade da mulher; **D:** incorreta. A *norma* já foi declarada *constitucional* pelo STF. Vale lembrar que a realização efetiva da justiça busca o tratamento igual para os iguais e, para tanto, é preciso dar tratamento desigual aos desiguais, na exata medida da desigualdade. A superação da igualdade meramente formal (perante a lei) e o alcance da igualdade material (real) nortearam a criação da Lei Maria da Penha. Assim, a vulnerabilidade da mulher justifica a constitucional distinção trazida pela norma. **BV**

Gabarito "A".

(Delegado/AP – 2017 – FCC) Lei municipal atribuiu à Guarda Municipal as funções de Polícia Judiciária e a apuração de infrações penais, com exceção das militares e daquelas sujeitas à competência da União. Contra a referida lei foi ajuizada ação direta de inconstitucionalidade perante o Tribunal de Justiça do Estado, que foi julgada procedente, por maioria absoluta dos membros do Tribunal, sob o fundamento de que a Constituição Federal atribui à polícia civil dos Estados as funções disciplinadas na lei municipal. Nessa situação, a lei municipal

I. não poderia ter sido declarada inconstitucional com fundamento em norma da Constituição Federal, uma vez que ao Tribunal de Justiça compete exercer o controle de constitucionalidade apenas em face da Constituição do Estado.

II. não poderia ter sido declarada inconstitucional, uma vez que não foi atingido o quórum de 2/3 dos membros do Tribunal, quórum esse também exigido para a aprovação de súmulas vinculantes pelo Supremo Tribunal Federal.

III. é incompatível com a Constituição Federal por violar competência atribuída à polícia civil do Estado. Está correto o que se afirma em

(A) I, II e III.
(B) I e III, apenas.
(C) II e III, apenas.
(D) III, apenas.
(E) I, apenas.

Numa leitura rápida a assertiva I parece correta. Nesse sentido a seguinte decisão do Supremo Tribunal Federal: "Tendo em conta que o controle concentrado de constitucionalidade no âmbito dos Estados-membros tem como parâmetro a Constituição Estadual, nos termos do § 2º do art. 125 da CF ("Cabe aos Estados a instituição de representação de inconstitucionalidade de leis ou atos normativos estaduais ou municipais em face da Constituição Estadual, vedada a atribuição da legitimação para agir a um único órgão"), o Tribunal julgou procedente o pedido formulado em reclamação ajuizada contra relator do Tribunal de Justiça do Estado de Sergipe que conhecera de ação direta de inconstitucionalidade contra lei do Município de Aracaju em face da CF. Caracterizada, assim, a usurpação da competência do STF para o controle abstrato de constitucionalidade perante a CF, o Tribunal determinou a extinção do processo sem julgamento de mérito cassando a liminar nela concedida – porquanto não se admite a ação direta contra normas municipais em face da Constituição Federal (...)" Rcl 595-SE, rel. Min. Sydney Sanches, 28.8.2002.(RCL-595). Mas apenas numa análise apressada. Isso porque o examinador não associa a assertiva com o enunciado. De fato, o TJ não poderia analisar a lei municipal à luz da Constituição Federal no controle CONCENTRADO de constitucionalidade, ou seja, no julgamento da ação direta de inconstitucionalidade. Mas não é isso que está escrito, mas que "a lei municipal não poderia ter sido declarada inconstitucional com fundamento em norma da Constituição Federal, uma vez que ao Tribunal de Justiça compete exercer o controle de constitucionalidade apenas em face da Constituição do Estado." – ora, no controle DIFUSO, num caso concreto, o TJ poderia sim exercer o controle de constitucionalidade em face da Constituição Federal, ou seja, não é APENAS da Estadual. Por isso essa afirmação I não está correta. A assertiva II está equivocada, pois o quórum para a declaração de inconstitucionalidade no controle concentrado pelo STF é de maioria absoluta (artigo 23, da Lei 9.868/1999 "Efetuado o julgamento, proclamar-se-á a constitucionalidade ou a inconstitucionalidade da disposição ou da norma impugnada se num ou noutro sentido se tiverem manifestado pelo menos seis Ministros, quer se trate de ação direta de inconstitucionalidade ou de ação declaratória de constitucionalidade" – seis Ministros correspondem à maioria absoluta dos onze Ministros. Por fim a última afirmação está perfeita, conforme prevê o artigo 144, § 4º, CF "Às polícias civis, dirigidas por delegados de polícia de carreira, incumbem, ressalvada a competência da União, as funções de polícia judiciária e a apuração de infrações penais, exceto as militares". **LR**

Gabarito "D".

(Delegado/AP – 2017 – FCC) A Constituição de determinado Estado, ao dispor sobre prerrogativas do Governador, dispõe que

– a Assembleia Legislativa é o órgão competente para processar e julgar o Governador pela prática de crimes de responsabilidade, que deverão ser definidos em lei estadual.

– lei estadual disciplinará as normas de processo e julgamento do Governador por prática de crime de responsabilidade.

– o Tribunal do Júri é competente para julgar o Governador nos crimes dolosos contra a vida.

À luz da Constituição Federal e da jurisprudência do Supremo Tribunal Federal, a Constituição Estadual mencionada CONTRARIA a Constituição Federal ao atribuir

I. à lei estadual a definição dos crimes de responsabilidade do Governador.

II. à lei estadual a definição das normas de processo e julgamento do Governador por prática de crime de responsabilidade.

III. ao Tribunal do Júri a competência para julgar o Governador pela prática de crimes dolosos contra a vida.

Está correto o que se afirma em

(A) I, II e III.
(B) III, apenas.
(C) II e III, apenas.
(D) I e II, apenas.
(E) I e III, apenas.

Todas estão corretas, pois realmente, à luz da Constituição Federal e da jurisprudência do Supremo Tribunal Federal, a Constituição Estadual mencionada contraria a Constituição Federal. Quanto aos itens I e II destaca-se o artigo 22, inciso I, da CF ("Compete privativamente à União legislar sobre: I – direito (...) penal, processual"). No mesmo sentido a jurisprudência do STF – ver ADI 4.791 e Súmula 722 STF ("São da competência legislativa da União a definição dos crimes de responsabilidade e o estabelecimento das respectivas normas de processo e julgamento"). Quanto ao item III, a competência para processar e julgar originariamente os Governadores dos Estados e do Distrito Federal é do Superior Tribunal de Justiça – artigo 105, inciso I, alínea "a", CF.

Gabarito "A".

(Delegado/RJ – 2013 – FUNCAB) No que se refere às três funções do Estado, quando o Executivo, através do Presidente da República, adota medida provisória com força de lei; o Judiciário elabora seu regimento interno; o Legislativo julga o Presidente da República nos crimes de responsabilidade e, ainda, o Legislativo pratica atos de fiscalização financeira do Executivo, é correto afirmar:

(A) Ocorrem respectivamente: função atípica do Executivo de natureza legislativa, função atípica do Judiciário de natureza executiva, função atípica do Legislativo de natureza jurisdicional e, por último, função típica do Legislativo.

(B) Ocorrem respectivamente: função atípica do Executivo de natureza jurisdicional, função atípica do Judiciário de natureza legislativa, função típica do Legislativo e, por último, função atípica do Legislativo de natureza executiva.

(C) Ocorrem respectivamente: função atípica do Executivo de natureza legislativa, função atípica do Judiciário de natureza legislativa, função atípica do Legislativo de natureza jurisdicional e, por último, função típica do Legislativo.

(D) Ocorrem respectivamente: função típica do Executivo, função típica do Judiciário, função atípica do Legislativo de natureza executiva e, por último, função atípica do Legislativo de natureza executiva.

(E) Ocorrem respectivamente: função atípica do Executivo de natureza jurisdicional, função atípica do Judiciário de natureza executiva, função atípica do Legislativo de natureza jurisdicional e, por último, função atípica do Legislativo de natureza executiva.

A: incorreta. O Judiciário, ao elaborar o seu regimento interno, está exercendo função legislativa, de forma atípica; **B:** incorreta. O Presidente da República, ao adotar medida provisória, está exercendo função atípica de natureza legislativa; **C:** correta. O **Presidente da República ao adotar medida provisória** com força de lei **exerce função atípica de natureza legislativa**. Quando o **Judiciário elabora seu regimento interno exerce função atípica de natureza legislativa**. O **Legislativo, ao julgar o Presidente da República** nos crimes de responsabilidade, **exerce função atípica de natureza jurisdicional** e, ainda, o **Legislativo, quando pratica atos de fiscalização financeira do Executivo, exerce função típica**; **D:** incorreta. Editar medida provisória, ou seja, legislar, não é função típica do Executivo. Além disso, o Judiciário, ao elaborar o seu regimento interno, também não está exercendo função típica. O Judiciário, ao elaborar o seu regimento interno, está exercendo função legislativa, de forma atípica. A prática, pelo Legislativo, de atos de fiscalização financeira do Executivo, é exercício de uma de suas funções típicas; **E:** incorreta. Como mencionado, nesse caso o Executivo exerce função atípica de natureza legislativa. A natureza da função atípica exercida pelo Judiciário nessa hipótese é legislativa. Por fim, a prática, pelo Legislativo, de atos de fiscalização financeira do Executivo, é exercício de uma de suas funções típicas.

Gabarito "C".

5. DIREITOS HUMANOS

Renan Flumian

1. TEORIA, GERAÇÕES, CARACTERÍSTICAS E CLASSIFICAÇÃO DOS DIREITOS HUMANOS

(Delegado/MG – 2021 – FUMARC) Em relação à interpretação dos direitos humanos, é CORRETO afirmar:

(A) A exegese do Direito Internacional dos Direitos Humanos, consagrada pela jurisprudência internacional, tem como epicentro o princípio da interpretação pro homine, que impõe a necessidade de que a interpretação normativa seja feita sempre em prol da proteção dada aos indivíduos.
(B) Na hipótese de dúvida na interpretação de qual norma deve reger determinado caso, impõe-se que seja utilizada a norma de origem internacional, haja vista que, após o reconhecimento do indivíduo como sujeito de direito internacional, o aspecto protetivo desse ordenamento se sobrepõe ao direito interno.
(C) O princípio da interpretação autônoma consiste em assegurar às disposições convencionais seus efeitos próprios, evitando-se que sejam considerados meramente programáticas.
(D) O princípio da máxima efetividade no Direito Internacional dos Direitos Humanos consiste em conferir conceitos e termos inseridos nos tratados de direitos humanos, sentidos próprios, distintos dos sentidos a eles atribuídos pelo direito interno, para dotar de maior efetividade os textos internacionais de direitos humanos.

A única assertiva correta sobre a interpretação dos direitos humanos é a "A". O *princípio pro homine* estatui que a interpretação das regras protetivas dos direitos humanos deve ser sempre favorável ao seu destinatário, ou seja, o indivíduo; e nunca em prol dos Estados, que se beneficiariam de interpretações restritivistas. Esse princípio dá fundamento às regras dispostas nas alíneas do art. 29 da Convenção Americana de Direitos Humanos: "Nenhuma disposição da presente Convenção pode ser interpretada no sentido de:
a) permitir a qualquer dos Estados-partes, grupo ou indivíduo, suprimir o gozo e o exercício dos direitos e liberdades reconhecidos na Convenção ou limitá-los em maior medida do que a nela prevista;
b) limitar o gozo e exercício de qualquer direito ou liberdade que possam ser reconhecidos em virtude de leis de qualquer dos Estados-partes ou em virtude de Convenções em que seja parte um dos referidos Estados;
c) excluir outros direitos e garantias que são inerentes ao ser humano ou que decorrem da forma democrática representativa de governo;
d) excluir ou limitar o efeito que possam produzir a Declaração Americana dos Direitos e Deveres do Homem e outros atos internacionais da mesma natureza."
Gabarito "A".

(Delegado/MG – 2018 – FUMARC) A formação do Estado Moderno está intimamente relacionada à intolerância religiosa, cultural, à negação da diversidade fora de determinados padrões e de determinados limites. Como a proteção dos direitos humanos está diretamente relacionada à atuação do poder dos Estados na ordem interna ou internacional, podemos concluir que:

I. Ao lado do ideário iluminista da formação política do Estado, o discurso judaico-cristão criou o pano de fundo para controlar as esferas da vida das pessoas no campo jurídico.
II. A uniformização de valores, normalmente estandardizados, como a democracia representativa, a ética e a moral, irá refletir nos fundamentos do direito moderno.
III. O sistema jurídico e político europeu é o modelo civilizatório ideal e universal, visto ter surgido da falência do sistema feudal, que era descentralizado, multiétnico e multilinguístico.
IV. O mundo uniforme e global de hoje insere-se no contexto de afirmação do Estado nacional que está condicionado, em sua existência, à intolerância com o diferente.

Estão CORRETAS apenas as assertivas:

(A) I, II e III.
(B) I, II e IV.
(C) I, III e IV.
(D) II, III e IV.

As assertivas I, II e IV estão corretas acerca da formação do Estado Moderno, portanto a assertiva **B** deve ser assinalada.
Gabarito "B".

(Delegado/BA – 2016.1 – Inaz do Pará) Segundo, *Dalmo de Abreu Dallari no seu texto PESSOA, SOCIEDADE E HUMANOS DIREITOS*, para que tenhamos uma sociedade organizada e com justiça social esta precisa que os benefícios e encargos sejam repartidos igualmente entre todos. Quando o autor refere-se a isso ele afirma que:

Disponível em: <http://www.dhnet.org.br/educar/redeedh/bib/dallari2.htm>. Acesso em: 18 janeiro 2016

(A) todos procurem conhecer seus Direitos exigindo que sejam respeitados, bem como conhecer seus Deveres e suas responsabilidades sociais.
(B) é importante somente conhecer os nossos Direitos.
(C) na nossa sociedade só temos Deveres.
(D) conhecer os nossos Direitos e Deveres não é importante.
(E) devemos, sobretudo, assumir as nossas responsabilidades sociais.

A única alternativa que traz conteúdo que dialoga com a ideia disposta no texto em questão é a "A". Sendo que benefícios podem ser traduzidos por direitos, e encargos por deveres e responsabilidades.
Gabarito "A".

(Delegado/SP – 2011) Quando, no final do século XVIII, foram declarados os direitos fundamentais, eram encarados essencialmente como

(A) interesses coletivos não individualizáveis.
(B) proliferação dos direitos naturais e objetivos.
(C) expressões da liberdade humana em face do Poder.
(D) objetivos políticos efetivamente protegidos.
(E) vulgarização e trivialização dos direitos naturais.

Os direitos humanos são compostos de princípios e regras – positivadas ou costumeiras – que têm como função proteger a dignidade da pessoa humana. Dignidade se traduz na situação de mínimo gozo garantido dos direitos pessoais, civis, políticos, judiciais, de subsistência, econômicos, sociais e culturais. Ou ainda de forma mais analítica nas palavras Ingo Wolfgang Sarlet: "Temos por dignidade da pessoa humana a qualidade intrínseca e distintiva de cada ser humano que o faz merecedor do mesmo respeito e consideração por parte do Estado e da comunidade, implicando, neste sentido, um complexo de direitos e deveres fundamentais que assegurem a pessoa tanto contra todo e qualquer ato de cunho degradante e desumano, como venham a lhe garantir as condições existenciais mínimas para uma vida saudável, além de propiciar e promover sua participação ativa corresponsável nos destinos da própria existência e da vida em comunhão dos demais seres humanos.[1]" Podem-se apontar a democracia ateniense (501-338 a.C.) e a República romana (509-27 a.C.) como os primeiros grandes exemplos, na história política da humanidade, de respeito aos direitos humanos, no sentido de limitar o poder público em prol dos governados.[2] A democracia ateniense era balizada pela preeminência das leis e pela participação direta dos cidadãos na Assembleia. Dessa maneira, o poder dos governantes foi limitado por sua subordinação ao mandamento legal e pelo controle popular. O papel do povo era marcante, pois este elegia os governantes e decidia, em assembleia e de forma direta, os assuntos mais importantes. Ademais, o povo tinha competência para julgar os governantes e os autores dos principais crimes. É dito que pela primeira vez na história o povo governou a si mesmo.[3] *Já a República romana limitou o poder político por meio da instituição de um sistema de controles recíprocos entre os órgãos políticos. Além desses dois exemplos, é possível apontar no desenvolver da história outro acontecimento de grande importância para a consolidação dos direitos humanos. Trata-se da Magna Carta de 1215, conhecida por limitar o poder dos m-onarcas ingleses, impedindo assim o exercício do poder absoluto. Seguindo tal exercício[4], as liberdades pessoais foram garantidas de forma mais geral e abstrata (em comparação com a Magna Carta de 1215) pelo Habeas Corpus Act de 1679 e pelo Bill of Rights* de 1689. Por fim, cabe uma pequena distinção entre direitos humanos e direitos fundamentais. A doutrina atual, principalmente a alemã, considera os direitos fundamentais[5] os valores éticos sobre os quais se constrói determinado sistema jurídico nacional, ao passo que os direitos humanos existem mesmo sem o reconhecimento da ordem jurídica interna de um país, pois possuem vigência universal. Mas, na maioria das vezes, os direitos humanos são reconhecidos internamente pelos sistemas jurídicos nacionais, situação que os torna também direitos fundamentais, ou seja, os direitos humanos previstos na Constituição de um país são denominados direitos fundamentais.

Gabarito "C".

(Delegado Federal – 2002 – CESPE) Todos os direitos humanos são universais, indivisíveis, interdependentes e inter-relacionados. Esses são alguns dos princípios fundamentais da Declaração de Viena sobre os Direitos Humanos, fruto de conferência realizada naquela cidade, em 1993. A partir dessa conferência, várias ações para o fortalecimento da cooperação internacional na área de direitos humanos vêm sendo consideradas como essenciais para a realização plena da cidadania nos planos nacional e internacional. Com base na visão atual dos direitos humanos julgue os itens que se seguem.

I. Já não se pode mais justificar a inobservância dos direitos humanos com base em argumentos como o do relativismo cultural ou o de que os direitos humanos são valores ocidentais.
II. Não é possível garantir os direitos civis sem que haja a garantia dos direitos sociais. É preciso entender que os direitos humanos, apesar de separados por artigos, em declarações, convenções e pactos devem transmitir a noção do conjunto de condições para a sobrevivência e a dignidade do homem.
III. O direito ao desenvolvimento é também um direito humano e deve ser realizado de modo a satisfazer equitativamente as necessidades ambientais e de desenvolvimento de gerações presentes e futuras.
IV. A existência generalizada de situações de extrema pobreza e a insanidade econômica destrutiva que prioriza o lucro a qualquer custo inibem o pleno e efetivo exercício dos direitos humanos.
V. No Brasil, país dos mais violentos e com graves problemas no campo da preservação dos direitos humanos, tem havido ações no sentido de mudança desse quadro, constituindo exemplo disso a criação de uma Secretaria Nacional dos Direitos Humanos.

I: correta. A Declaração Universal dos Direitos Humanos de 1948 universalizou a noção de direitos humanos. Muito importante foi o papel da Declaração, pois antes disso a proteção dos direitos humanos ficava relegada a cada Estado, os quais, com suporte em sua intocável soberania, tinham autonomia absoluta para determinar e executar as políticas relacionadas à proteção da dignidade da pessoa humana.

---

1. *Dignidade da pessoa humana e direitos fundamentais*. Porto Alegre: Livraria do Advogado, 2001. p. 60.
2. "A clássica concepção de matriz liberal-burguesa dos direitos fundamentais informa que tais direitos constituem, em primeiro plano, direitos de defesa do indivíduo contra ingerências do Estado em sua liberdade pessoal e propriedade. Essa definição de direitos fundamentais – apesar de ser pacífico na doutrina o reconhecimento de diversas outras – ainda continua ocupando lugar de destaque na aplicação dos direitos fundamentais. Essa ideia, sobretudo, objetiva a limitação do poder estatal a fim de assegurar ao indivíduo uma esfera de liberdade. Para tanto, outorga ao indivíduo um direito subjetivo que lhe permite evitar interferências indevidas no âmbito de proteção do direito fundamental ou mesmo a eliminação de agressões que esteja sofrendo em sua esfera de autonomia pessoal" (MENDES, Gilmar Ferreira. *Curso de Direito Constitucional*. 6. ed. São Paulo: Saraiva, 2011. p. 673).
3. É muito conhecida a definição da democracia ateniense como "o governo do povo, pelo povo e para o povo".
4. Nesses primeiros exemplos fica nítida a eficácia vertical dos direitos humanos, ou seja, oponíveis contra o Estado. Todavia, deve-se apontar que os direitos humanos são oponíveis também entre os particulares, nas relações privadas, que caracterizam a eficácia horizontal dos direitos humanos.
5. "Os direitos fundamentais são, a um só tempo, direitos subjetivos e elementos fundamentais da ordem constitucional objetiva. Enquanto direitos subjetivos, os direitos fundamentais outorgam aos seus titulares a possibilidade de impor os seus interesses em face de órgãos obrigados. Na sua dimensão como elemento fundamental da ordem constitucional objetiva, os direitos fundamentais – tanto aqueles que não asseguram, primariamente, um direito subjetivo quanto aqueles outros, concebidos como garantias individuais – formam a base do ordenamento jurídico de um Estado de Direito democrático" (MENDES, Gilmar Ferreira. *Op. cit*. p. 671).

Todavia, obras de horror, como o nazifascismo, demonstraram que a proteção do ser humano não pode ficar nas mãos de governos. Assim, um dos grandes objetivos perseguidos com a criação da ONU foi o de buscar a proteção dos direitos humanos a nível universal. Objetivo concretizado com a promulgação da Declaração Universal dos Direitos Humanos. As críticas referentes à leitura de universalização por ocidentalização não devem proceder, pois os direitos humanos transcendem às criações culturais no sentido *lato* (religião, tradição, organização política etc.) por serem adstritos à condição humana. Destarte, particularidades regionais e nacionais devem ser levadas em conta, mas nunca devem impedir a proteção mínima dos direitos humanos, até porque fazem parte do *jus cogens*. Assim, o universalismo derrota o relativismo. **II:** correta. Todos os direitos humanos se retroalimentam e se complementam, assim, infrutífero buscar a proteção de apenas uma parcela deles. Veja-se o exemplo do direito à vida, núcleo dos direitos humanos. Esse compreende o direito do ser humano não ter sua vida ceifada (atuação estatal negativa), como também o direito de ter acesso aos meios necessários para conseguir a sua subsistência e uma vida digna (atuação estatal positiva). Percebe-se a interação dos direitos pessoais com os direitos sociais para garantir a substancial efetivação do direito à vida. **III:** correta. A terceira geração dos direitos humanos trata dos direitos à paz, ao desenvolvimento, ao meio ambiente, à propriedade do patrimônio cultural. A titularidade desses direitos é atribuída à humanidade. O seu fundamento é a ideia de fraternidade. Assim, esses direitos provieram em grande medida da polaridade Norte/Sul. Dentro dessa polaridade surge o "princípio da autodeterminação dos povos", fundamento do processo de descolonização e inúmeros outros exemplos, consoante os já indicados acima, que exteriorizam a busca por uma nova ordem política e econômica mundial mais justa e solidária. **IV:** correta. A situação de miséria é o maior entrave para a realização dos direitos humanos, pois, além da situação de gozo zero, no que tange aos direitos econômicos, sociais e culturais, ela se torna um bloqueio para a implementação dos direitos civis e políticos, pois o indivíduo em situação de extrema pobreza não tem condições de exercer sua cidadania ou até mesmo de pleiteá-la. E a busca incessante de lucro também impossibilita o exercício dos direitos humanos, porque a única variável levada em conta na hora de fazer uma escolha é a do lucro. Isto quer dizer que os direitos dos trabalhadores serão violados se tal escolha traduzir-se em maiores lucros. V: correta. O Dec. 2.193, de 7 de abril de 1997, criou a Secretaria Nacional dos Direitos Humanos – SNDH, na estrutura do Ministério da Justiça, em substituição à Secretaria dos Direitos da Cidadania – SDC. Em 1º de janeiro de 1999, a SNDH foi transformada em Secretaria de Estado dos Direitos Humanos – SEDH, com assento nas reuniões ministeriais. A Secretaria Especial dos Direitos Humanos, criada pela Lei nº 10.683, de 28 de maio de 2003, é o órgão da Presidência da República que trata da articulação e implementação de políticas públicas voltadas para a promoção e proteção dos direitos humanos. E uma medida provisória assinada pelo presidente da República no dia 25 de março de 2010 transforma a secretaria em órgão essencial da Presidência, e ela passa a ser denominada Secretaria de Direitos Humanos da Presidência da República.

Gabarito 1C, 2C, 3C, 4C, 5C.

(Delegado/BA – 2008 – CEFETBAHIA) "Cidadania, portanto, engloba mais que direitos humanos, porque, além de incluir os direitos que a todos são atribuídos (em virtude da sua condição humana), abrange, ainda, os direitos políticos. Correto, por seguinte, falar-se numa dimensão política, numa dimensão civil e numa dimensão social da cidadania".

(Prof. J. J. Calmon de Passos)

Ao alargar a compreensão da cidadania para as três dimensões suprarreferidas, o prof. Calmon de Passos

(A) inova, ao focar somente o caráter educacional da cidadania plena na Grécia.

(B) contribui, doutrinariamente, para que a noção da cidadania ultrapasse a clássica concepção que a restringia tão somente ao exercício dos direitos políticos.

(C) restringe o entendimento da cidadania ao exercício dos direitos de primeira geração – especialmente quanto à igualdade.

(D) promove reflexão crítica em torno dos interditos proibitivos à construção de uma sociedade respeitosa para com as nuanças de sexo, gênero, raça e idade.

(E) contradiz a noção fundamental de extensão da cidadania a todos sem distinção – mulheres especialmente.

A: incorreta. O Prof. Calmon de Passos não está tecendo considerações sobre a cidadania na Grécia. Ademais, o professor está focando num caráter amplo (político, civil e social) da cidadania e não limitado (educacional); **B:** correta. As considerações do professor contribuem para a tomada de conscientização no sentido de que o exercício substancial da cidadania depende do gozo de direitos civis, políticos e sociais; **C:** incorreta, pois não restringe e sim amplia; **D:** incorreta, pois as considerações do professor promovem a reflexão crítica em torno do exercício pleno da cidadania por todos os cidadãos; **E:** incorreta. Muito pelo contrário, pois além de corroborar com a noção fundamental de extensão da cidadania a todos sem distinção, defende o pleno exercício da cidadania, o qual será atingido pela comunhão de direitos civis, políticos e sociais.

Gabarito "B".

(Delegado/BA – 2006 – CONSULPLAN) Tomando-se por base o constitucionalismo, a doutrina dos Direitos Humanos exerce, em relação ao Estado, uma função:

(A) Integrativa.

(B) Limitadora.

(C) Orientadora.

(D) Doutrinária.

(E) N.R.A.

A grande função dos direitos humanos é coibir os abusos cometidos pelos Estados em relação às suas populações. A Declaração de Direitos Americana de 1776 foi a primeira "declaração de direitos em sentido moderno", porque suas regras funcionaram como um sistema de limitação de poderes, ou seja, os direitos conferidos aos cidadãos limitavam o poder estatal. Tanto é assim, que o recente processo de internacionalização dos direitos humanos é fruto do pós-guerra e da ressaca moral da humanidade ocasionada pelo excesso de violações de direitos humanos perpetradas pelo nazifascismo.

Gabarito "B".

(Delegado/BA – 2006 – CONSULPLAN) O ser humano pode ser compelido, "como último recurso, à rebelião contra a tirania e a opressão". Para respaldar essa assertiva filosoficamente, a doutrina dos Direitos Humanos encontra lastro no (a):

(A) Correcionalismo.

(B) Marxismo.

(C) Jusnaturalismo.

(D) Teoria moralista.

(E) N.R.A

A: incorreta. A Escola Penal Correcionalista tem como principal característica a busca da correção do delinquente como fim único da pena. **B:** incorreta. O Marxismo é o conjunto de ideias filosóficas, econômicas, políticas e sociais elaboradas primariamente por Karl Marx e Friedrich Engels. Tem por base a concepção materialista e dialética da História, e, assim, interpreta a vida social conforme a dinâmica da base produtiva das sociedades e das lutas de classes daí consequentes. **C:** correta. O Jusnaturalismo (ou Direito Natural no seu viés tradicional) é uma teoria que define o conteúdo do direito como estabelecido pela natureza (como ordem superior, universal, imutável e inderrogável) e, portanto, válido em qualquer lugar. Ou seja, o direito natural é prévio a qualquer construção humana, seja de ordem política, religiosa etc. Assim, deverá ser sempre respeitado e o direito positivo para ter validade não poderá com ele contrastar. E os direitos humanos são adstritos à condição humana, logo, fazem parte do direito natural, o que os fazem transcender às criações culturais no sentido *lato* (religião, tradição, organização política etc.). **D:** incorreta. A Teoria Moralista defende que a fundamentação dos direitos humanos encontra-se na própria experiência e consciência de um determinado povo. **E:** incorreta, pois a assertiva "C" é correta.

Gabarito 'C'.

(Delegado/BA – 2006 – CONSULPLAN) O *Habeas corpus* vincula-se diretamente à:

(A) "Primeira geração" dos D. H.
(B) "Segunda geração" dos D. H.
(C) "Terceira geração" dos D. H.
(D) "Quarta geração" dos D. H.
(E) N.R. A

A: correta. A primeira geração dos direitos humanos trata dos direitos civis e políticos. A titularidade desses direitos é atribuída ao indivíduo, destarte, conhecidos são como direitos individuais. O seu fundamento é a ideia de liberdade. E o *habeas corpus* é utilizado sempre que alguém sofrer ou se achar ameaçado de sofrer violência ou coação em sua liberdade de locomoção, por ilegalidade ou abuso de poder (art. 5º, LXVIII, da CF). **B:** incorreta. A segunda geração dos direitos humanos trata dos direitos sociais, culturais e econômicos. A titularidade destes direitos é atribuída à coletividade, destarte, conhecido como direitos coletivos. O seu fundamento é a ideia de igualdade. **C:** incorreta. A terceira geração trata dos direitos à paz, ao desenvolvimento, ao meio ambiente, à propriedade do patrimônio cultural. A titularidade destes direitos é atribuída à humanidade e são classificados doutrinariamente como difusos. O seu fundamento é a ideia de fraternidade. **D:** incorreta. Existem posicionamentos doutrinários que pouco se assemelham na tentativa de categorizar quais seriam os direitos componentes da quarta e da quinta gerações. Por exemplo, a Ministra Eliana Calmon defende que a quarta geração seria composta de direitos referentes à manipulação do patrimônio genético, como os alimentos transgênicos, fertilização *in vitro* com escolha do sexo e clonagem. Já para o professor Paulo Bonavides todos os direitos relacionados à globalização econômica fariam parte da quarta geração, enquanto que o direito à paz seria de quinta. Outros, como Alberto Nogueira que relaciona a quarta geração com os direitos à uma tributação justa, e Ricardo Lorenzetti, Ministro da Suprema Corte Argentina, que define a quarta geração como sendo aquela do "direito a ser diferente", isto é, a tutela de todos os tipos de diversidade – sexual, étnica etc. Além de José Alcebíades de Oliveira Júnior[6], que faz coro com Eliana Calmon em relação à quarta geração e assinala que a quinta é ligada ao direito cibernético. Percebe-se que resta impossível categorizar cabalmente quais os direitos componentes da quarta e da quinta gerações, mas o importante é apontar possíveis interpretações e sublinhar a natureza dinâmica dos direitos humanos, os quais sempre estarão em construção. Para bem lembrar, a Declaração Universal dos Direitos do Homem elevou o homem à condição de sujeito de direito internacional, assim, é possível colocar o Estado como réu, perante instâncias internacionais, caso algum direito do ser humano seja ceifado ou impossibilitado de gozo. A título conclusivo, pode-se afirmar que toda regra, convencional ou não, que promova ou proteja a dignidade da pessoa humana se refere a "direitos humanos". Portanto, as cinco gerações trazem exemplos de direitos humanos que foram confeccionados em conformidade com a in/evolução da vida humana. A constante criação de "novos" direitos humanos torna impossível sua tipificação fechada, portanto, é necessária uma tipificação aberta para permitir a inserção de novos conceitos protetores da dignidade humana na medida em que aparecerem. **E:** incorreta, pois a assertiva "A" é correta.

Gabarito 'A'.

(Delegado/BA – 2006 – CONSULPLAN) Não se pode chamar a doutrina dos direitos humanos em favor de quem os violou devido à:

(A) Relatividade dos D. H.
(B) Falta de coerção dos D. H.
(C) Indivisibilidade dos D. H.
(D) Falta de coação dos D. H.
(E) N.R. A.

A: incorreta. Esta assertiva foi indicada como correta, todavia não concordamos. Isto porque os direitos humanos são adstritos à condição humana, assim, o único requisito para deles gozar é ser pessoa humana. Do contrário, permitir-se-ia a pena de morte e outros tratamentos degradantes para os criminosos, pois estes violaram direitos humanos de outras pessoas e, ato contínuo, não possuem mais direito à proteção de sua dignidade. Portanto, todo indivíduo, por sua condição de pessoa humana, tem direitos humanos que devem ser tutelados pelo Estado em qualquer situação. **B:** incorreta. A coercibilidade ou não dos direitos humanos não tem ligação com a possibilidade (não existente, como vimos no comentário referente à assertiva "A") dos violadores de direitos humanos perderem o direito de ter sua dignidade tutelada. Ademais, a possibilidade de coerção dos direitos humanos é determinada por cada sistema protetivo. Por exemplo, o sistema nacional de proteção dos direitos humanos é coercitivo, como também o é o sistema americano de proteção dos direitos americanos (aqui a coerção é exercida pela Corte Interamericana dos Direitos Humanos). Importante apontar que a Declaração Universal dos Direitos do Homem não tem força legal, mas sim material e acima de tudo inderrogável por fazer parte do *jus cogens*. **C:** incorreta. A indivisibilidade dos direitos humanos não tem ligação com a possibilidade (não existente, como vimos no comentário referente à assertiva "A") dos violadores de direitos humanos perderem o direito de ter sua dignidade tutelada. A característica da indivisibilidade que os direitos humanos sustentam refere-se ao fato de que todos os direitos humanos se retroalimentam e se complementam e assim, infrutífero buscar a proteção de apenas uma parcela deles. **D:** incorreta. A falta ou não de coação dos direitos humanos também não tem ligação com a possibilidade (não existente, conforme a assertiva "A") dos violadores de direitos humanos perderem o direito de ter sua dignidade tutelada. **E:** correta. Essa assertiva deve ser assinalada, pois todas as outras estão incorretas.

Gabarito 'E'.

(Delegado/MG – 2008) Encontramos na doutrina dos Direitos Humanos a afirmação de que, para compreender a evolução dos direitos individuais no contexto da evolução constitucional, é preciso retomar alguns aspectos da evolução dos tipos de Estado. Analise as seguintes afirmativas e assinale a que NÃO corrobora o enunciado acima.

(A) A primeira fase do Estado Liberal caracteriza-se pela vitória da proposta econômica liberal, aparecendo teoricamente os direitos individuais como grupo de direitos que se fundamentam na propriedade privada, principalmente na propriedade privada dos meios de produção.

(B) As mudanças sociais ocorridas no início do século XX visavam armar os indivíduos de meios de resistência contra o Estado. Desse modo, a proteção dos direitos

---

6. JUNIOR, José Alcebíades de Oliveira. *Teoria Jurídica e novos direitos*. Rio de Janeiro: Lumen Juris, 2000. p. 85/86.

e liberdades fundamentais torna-se o núcleo essencial do sistema político da democracia constitucional.

(C) As constituições socialistas consagraram uma economia socialista, garantindo a propriedade coletiva e estatal e abolindo a propriedade privada dos meios de produção, dando uma clara ênfase aos direitos econômicos e sociais e uma propositiva limitação aos direitos individuais.

(D) A implementação efetiva dos direitos sociais e econômicos em boa parte da Europa Ocidental no pós-guerra, como saúde e educação públicas, trouxe consigo o germe da nova fase democrática do Estado Social e da superação da visão liberal dos grupos de direitos fundamentais.

A: correta. Interessante sobre tais direitos é a verificação de que a sua defesa foi feita, sobretudo pelos EUA. Estes defendiam a perspectiva liberal dos direitos humanos, os quais foram consagrados no Pacto Internacional de Direitos Civis e Políticos. B: incorreta. As mudanças sociais, ocorridas no início do século XX, não tinham como principal finalidade dotar os indivíduos de meios de resistência contra o Estado. Ademais, as democracias constitucionais tornaram-se realidade como forma de governo somente no pós-guerra. C: correta. O socialismo refere-se à teoria de organização econômica que advoga a propriedade pública ou coletiva, a administração pública dos meios de produção e distribuição de bens para construir uma sociedade caracterizada pela igualdade de oportunidades para todos os indivíduos. O socialismo moderno surgiu no final do século XVIII tendo origem na classe intelectual e nos movimentos políticos da classe trabalhadora que criticavam os efeitos da industrialização e da sociedade calcada na propriedade privada. Importante apontar o papel da URSS, pois esta defendia a perspectiva social dos direitos humanos, os quais foram consagrados no Pacto Internacional de Direitos Econômicos, Sociais e Culturais. D: correta. A formatação de estados sociais (*welfare state*) na Europa ocidental do pós-guerra tem como grande finalidade a implementação dos direitos econômicos, sociais e culturais de suas populações que muito sofreu com os conflitos mundiais e tinham pouca esperança para o futuro.
Gabarito "B".

(Delegado/MG – 2007) A ideologia liberal demonstra-se individualista, baseada na busca dos interesses individuais. Como decorrência da ideologia liberal, todos os Direitos Humanos relacionados abaixo são classificados como direitos individuais, EXCETO:

(A) a liberdade de consciência e de crença.
(B) a proteção à maternidade e à infância.
(C) direito à propriedade privada.
(D) a liberdade de comércio e de indústria.

A: correta, pois, trata-se de um exemplo de direito individual. B: incorreta, porque trata-se de um exemplo de direito social e cultural. C: correta, pois é um exemplo de direito individual. D: correta, porque é um exemplo de direito individual.
Gabarito "B".

(Delegado/MG – 2006) A passagem do Estado Liberal para o Estado Social tem significado importante na evolução dos direitos humanos. Referente a esse momento histórico é correto afirmar, EXCETO:

(A) O Estado Liberal típico não faz em suas Constituições referência à ordem econômica.
(B) As Constituições anteriores à Primeira Guerra Mundial já consagravam em seus textos direitos sociais.
(C) No Estado Social os direitos fundamentais se ampliam ainda consagrando em seus textos direitos sociais.
(D) O Estado Liberal traduzia o pensamento econômico do Liberalismo Clássico, o *laissez-faire, laissez-passer*.
(E) O individualismo dos séculos XVII e XVIII conduz os homens a um capitalismo desumano e escravizador.

A: correta. O estado liberal típico deixa que a ordem econômica seja totalmente "regulada" pelo mercado. B: incorreta. A consagração dos direitos sociais nas constituições é fenômeno que toma forma após a Primeira Guerra Mundial. De grande destaque neste processo são a Constituição Mexicana de 1917 e a Constituição de Weimar de 1919. C: correta. É exatamente esta consequência para os textos constitucionais. Ou seja, o estado social ou *welfare state* amplia os direitos fundamentais, com especial realce nos de índole social, econômica e cultural. D: correta. O liberalismo clássico, aplicado pelo estado liberal, é uma forma de liberalismo que defende as liberdades individuais, igualdade perante a lei, limitação constitucional do governo, direito de propriedade, proteção das liberdades civis e restrições fiscais ao governo etc. Sua formulação tem por base textos de John Locke, Adam Smith, David Ricardo, Voltaire, Montesquieu e outros. Em outras palavras, é fruto do liberalismo econômico com liberalismo político do final do século XVIII e século XIX. O "núcleo normativo" do liberalismo clássico é a ideia que economia seria guiada por uma ordem espontânea ou mão invisível que beneficiaria toda a sociedade. E: correta. A total desregulação que marcou os séculos XVII e XVIII, impulsionada pela Revolução Industrial inglesa, teve por desfecho um capitalismo desumano e escravizador.
Gabarito "B".

(Delegado/SP – 2008) A teoria que fundamenta e situa os direitos humanos em uma ordem suprema, universal, imutável e livre dos influxos humanos, denomina-se

(A) moralista.
(B) jusnaturalista.
(C) positivista.
(D) fundamentalista.
(E) realista.

A: incorreta. A Teoria Moralista defende que a fundamentação dos direitos humanos encontra-se na própria experiência e consciência de um determinado povo. B: correta. O Jusnaturalismo (ou Direito Natural na sua acepção tradicional) é uma teoria que define o conteúdo do direito como estabelecido pela natureza (como ordem superior, universal, imutável e inderrogável) e, portanto, válido em qualquer lugar. Ou seja, o direito natural é prévio a qualquer construção humana, seja de ordem política, religiosa etc. Assim, deverá ser sempre respeitado e o direito positivo para ter validade não poderá com ele contrastar. E os direitos humanos são adstritos à condição humana, logo, fazem parte do direito natural, o que as fazem transcender às criações culturais no sentido *lato* (religião, tradição, organização política etc.). C: incorreta. O positivismo jurídico é a doutrina do direito que considera direito somente aquilo que é posto pelo Estado. D: incorreta. Tem-se certa dificuldade em bem delimitar a teoria fundamentalista (pela sua abrangência de aplicação), mas sabe-se que esta teoria não fundamenta os direitos humanos. E: incorreta. O Realismo Jurídico é uma corrente do pensamento jusfilosófico que defende que o direito é tirado da experiência social, ou seja, para os realistas o direito é fato social.
Gabarito "B".

(Delegado/SP – 2003) Assinale o documento que não se relaciona aos antecedentes formais das declarações de direitos.

(A) Magna Carta (1215).
(B) "Petition of Rights" (1628).
(C) "Habeas Corpus Act" (1679).

(D) "Chart of Liberties" (1732).

A: correta. A Magna Carta é um documento de 1215 que limitou o poder dos monarcas da Inglaterra, impedindo o exercício do poder absoluto. Ela resultou de desentendimentos entre o Rei João I (conhecido como "João Sem Terra"), o papa e os barões ingleses acerca das prerrogativas do soberano. Essas discordâncias tinham raízes diversas. A contenda com os barões foi motivada pelo aumento das exações fiscais, constituídas para financiar campanhas bélicas, pois o Rei João Sem Terra acabara de perder a Normandia – que era sua por herança dinástica – para o Rei francês Filipe Augusto. A desavença com o papa surgiu de seu apoio às pretensões territoriais do imperador Óton IV, seu sobrinho, em prejuízo do papado. Ademais, o Rei João I recusara a escolha papal de Stephen Langton como cardeal de Canterbury, o que lhe rendeu a excomunhão, operada pelo papa Inocêncio III. A Magna Carta só foi assinada pelo rei quando a revolta armada dos barões atingiu Londres, sendo sua assinatura condição para o cessar-fogo. Todavia, ela foi reafirmada solenemente (pois tinha vigência determinada de três meses) em 1216, 1217 e 1225, quando se tornou direito permanente. Como curiosidade, cabe apontar que algumas de suas disposições se encontram em vigor ainda nos dias de hoje. Sua forma foi de promessa unilateral, por parte do monarca, de conceder certos privilégios aos barões, mas é possível entendê-la como uma convenção firmada entre os barões e o rei. Além disso, segundo os termos do documento, o rei deveria renunciar a certos direitos e respeitar determinados procedimentos legais, bem como reconhecer que sua vontade estaria sujeita à lei. Considera-se a Magna Carta o primeiro capítulo de um longo processo histórico que levaria ao surgimento do constitucionalismo[7] e da democracia moderna. Em síntese, o documento é uma limitação institucional dos poderes reais.
B: correta. A Petição de Direitos foi um documento constitucional de grande importância para a história política inglesa, aprovado pelo Parlamento em maio de 1628 e depois apresentado ao Rei Carlos I, que a aprovou temporariamente. Sua função era limitar os poderes dos monarcas. A Petição de Direitos é notável por algumas de suas determinações, como a de que os impostos só podem ser aumentados por decisão do Parlamento e que os prisioneiros podem discutir a legitimidade de suas detenções mediante *habeas corpus*. **C: correta.** Os Stuart detiveram o trono da Escócia e depois a coroa inglesa, e ficaram conhecidos, entre outros motivos, por serem os últimos soberanos católicos da Inglaterra. Esse último fato teve grande importância, pois o Parlamento, majoritariamente protestante, buscava uma saída para limitar o poder real, sobretudo quanto à possibilidade de prender os opositores políticos sem a necessidade de prévio processo legal. O *habeas corpus* já existia havia bastante tempo na Inglaterra, mas sua eficácia era muito reduzida, em razão da falta de regras processuais que bem disciplinassem seu manuseio. Assim, para regular a utilização desse remédio judicial e torná-lo efetivo, foi aprovado, pelo Parlamento inglês, no reinado de Carlos II, o *Habeas Corpus Act* de 1679, que definiu e ampliou as prerrogativas concedidas pelo remédio *habeas corpus*. **D: incorreta.** A "Chart of Liberties" mais conhecida é a Carta de 1100 e não a de 1732. O documento do ano 1100 lista os abusos cometidos pela monarquia na Inglaterra, conforme identificado pela nobreza, como, por exemplo, o excesso de impostos a que estavam submetidos os barões. Em regra geral, a Carta clama para o monarca melhorar o tratamento dos nobres e dos oficiais da Igreja. Muitos indicam a "Chart of Liberties" de 1100 e não a de 1732 como precursora da Magna Carta 1215.

Gabarito "D".

---

7. O constitucionalismo pode ser conceituado como o movimento político, social e jurídico cujo objetivo é limitar o poder do Estado por meio de uma Constituição. Já o neo-constitucionalismo surge depois da Segunda Guerra Mundial e tem por objetivo principal conferir maior efetividade aos comandos constitucionais, notadamente os direitos fundamentais.

(Delegado/SP – 2002) A finalidade básica dos direitos humanos é coibir o abuso

(A) do poder estatal.
(B) do poder estatal e dos indivíduos.
(C) dos indivíduos.
(D) de grupos de indivíduos.

O estudo da história permite-nos entrar em contato com inúmeros exemplos de atrocidades sofridas pelo povo a mando do rei, imperador, presidente etc. (leia-se poder estatal). Uma atrocidade recente que despertou a comunidade internacional para os perigos de não haver limites ao poder estatal foi o nazifascismo. Ademais, o processo recente de internacionalização dos direitos humanos é fruto do pós-guerra e da ressaca moral da humanidade ocasionada pelo excesso de violações de direitos humanos perpetradas pelo nazifascismo. Do outro lado, a grande característica dos direitos humanos é a limitação que estes impõem ao poder estatal, pois reconhecem direitos adstritos à condição humana, os quais não poderão ser lesionados ou ceifados mediante pena de descaracterizar a própria condição humana. Assim, levantam-se os direitos humanos como o grande limitador do abuso do poder estatal.

Gabarito "A".

(Delegado/SP – 2000) No campo dos Direitos Humanos, num eventual conflito entre normas previstas em tratados internacionais e preceitos de direito interno, aplica-se o princípio da

(A) anterioridade da lei.
(B) especialidade.
(C) norma mais favorável à vítima.
(D) norma de hierarquia superior.

Em determinadas situações vai ocorrer uma sobreposição de normas (oriundas do sistema global, do regional e do nacional). Mas isto não se reflete em problema, pois o que se busca é a substancial proteção dos direitos humanos. Destarte, o sistema que estiver em melhor organização para bem proteger o indivíduo, naquele caso será o aplicado, ou seja, os sistemas não competem, mas sim se completam. Isso quer dizer em se tratando de interpretação e de aplicação das regras protetivas de direitos humanos, deve-se ter por fundamento o princípio da primazia da norma mais favorável à vítima. Tal princípio determina a busca da maior efetividade possível na proteção dos direitos humanos. Portanto, de um modo geral, os sistemas protetivos global, regional e nacional interagem-se e complementam-se para melhor proteger o indivíduo dos abusos perpetrados contra sua dignidade humana. Já as assertivas "A", "B" e "D" tratam dos critérios para solução de antinomias, quais sejam: a) critério cronológico: norma posterior prevalece sobre norma anterior, b) critério da especialidade: norma especial prevalece sobre norma geral e c) critério hierárquico: norma superior prevalece sobre norma inferior. Percebe-se que a utilização do princípio da primazia da norma mais favorável à vítima torna inútil a utilização dos critérios para solução de antinomias, pois sempre se vai utilizar a norma que mais favoreça a vítima no que tange a proteção dos direitos humanos.

Gabarito "C".

(Delegado/SP – 1999) O termo "direitos civis", comumente empregado, pelos instrumentos internacionais de direitos humanos significa

(A) direito decorrente do Código Civil.
(B) direito que para sua realização necessita do Estado na esfera privada.
(C) os direitos decorrentes de regimes civis e não militares.
(D) direito que para sua realização depende em grande medida da não interferência do Estado na esfera individual.

A colocação clássica de que os direitos civis e políticos dependem de omissão estatal para sua implementação e de que os direitos econômicos, sociais e culturais dependem de atuação estatal para sua implementação é precária, mais ainda é utilizada. Isto é dito porque a substancial implementação dos direitos civis dependerá tanto da não interferência como da interferência estatal. São exemplos de direitos civis as liberdades de pensamento, consciência e religião, de opinião e expressão, de movimento e residência, e de reunião e de associação pacífica (arts. 13 e 18 a 20 da Declaração Universal dos Direitos do Homem).

Gabarito "D".

(Delegado/SP – 1998) Precedendo às modernas declarações de direitos humanos fundamentais, certos documentos e estatutos, elaborados na Inglaterra, já visavam à garantir estes direitos. Dentre tais textos, um se notabilizou na defesa da liberdade individual, especialmente suprimindo a possibilidade de prisões arbitrárias. É correto afirmar que o documento em referência foi

(A) *Bill of Rights*, de 1689.
(B) O *Habeas Corpus Act*, de 1679.
(C) O *Act of Settlement*, de 1701.
(D) A *Magna Charta Libertatum*, de 1215.

A: incorreta. A Revolução Gloriosa ocorreu no Reino Unido, de 1688 a 1689, e teve por consequência a queda e posterior fuga do Rei Jaime II, da dinastia Stuart. O trono, depois de declarado vago pelo Parlamento, foi oferecido, conjuntamente, ao genro do Rei, o nobre neerlandês Guilherme, Príncipe de Orange, e à filha do Rei, Maria Stuart. Mas tal oferta comportava uma condição: se a coroa inglesa fosse aceita, também estaria aceita a Declaração de Direitos (*Bill of Rights*) votada pelo Parlamento. O trono e a declaração foram aceitos, e os novos soberanos passaram a chamar-se Guilherme III e Maria II. É importante frisar que o estopim pré-revolução foi o nascimento de um herdeiro do trono, o que possibilitaria a continuidade da religião católica na coroa. Isso porque a herdeira, até então, Maria Stuart, era protestante. Influenciada diretamente pelas ideias de John Locke, a Declaração de Direitos de 1689 é um documento legal confeccionado pelo Parlamento INGLÊS, que, entre outras coisas, limitou os poderes do rei, disciplinou os direitos relacionados com o Parlamento – como, por exemplo, a liberdade de expressão dos parlamentares e o estabelecimento de eleições regulares para o Parlamento –, determinou que todos os súditos tinham direito de petição ao rei e tornou o Parlamento competente para legislar e criar tributos, funções antes exercidas pelo monarca. Tais medidas asseguraram certo poder para o Parlamento no Reino Unido e representaram a instauração institucional da separação de poderes, mais tarde reconhecida e elogiada por Montesquieu. A propriedade privada também foi regulada e garantida. A Declaração de Direitos de 1689, como o *Act of Settlement* de 1701, figura como um dos textos constitucionais mais importantes do Reino Unido, sendo ainda hoje uma das principais leis sobre sucessão de trono no país. A maior importância do *Bill of Rights* para os direitos humanos reside, sem dúvida, na separação institucional dos poderes acima apontada. Isto é, a partir de tal momento, tem-se uma garantia institucional (em teoria) de que o interesse dos governados guiará a formulação das leis e que o Parlamento é o órgão encarregado de proteger os súditos perante o rei. **B:** correta. Os Stuart detiveram o trono da Escócia e depois a coroa inglesa, e ficaram conhecidos, entre outros motivos, por serem os últimos soberanos católicos da Inglaterra. Esse último fato teve grande importância, pois o Parlamento, majoritariamente protestante, buscava uma saída para limitar o poder real, sobretudo quanto à possibilidade de prender os opositores políticos sem a necessidade de prévio processo legal. O *habeas corpus* já existia havia bastante tempo na Inglaterra, mas sua eficácia era muito reduzida, em razão da falta de regras processuais que bem disciplinassem seu manuseio. Assim, para regular a utilização desse remédio judicial e torná-lo efetivo, foi aprovado, pelo Parlamento inglês, no reinado de Carlos II, o *Habeas Corpus Act* de 1679, que definiu e ampliou as prerrogativas concedidas pelo remédio *habeas corpus*. **C:** incorreta. O *Act of Settlement* de 1701 é um documento legal confeccionado pelo Parlamento inglês para disciplinar a sucessão do trono inglês. Em conjunto com o *Bill of Rights* de 1689, o *Act of Settlement* é ainda hoje uma das principais leis sobre sucessão de trono no Reino Unido. **D:** incorreta. A Magna Carta é um documento de 1215 que limitou o poder dos monarcas da Inglaterra, impedindo o exercício do poder absoluto. Ela resultou de desentendimentos entre o Rei João I (conhecido como "João Sem Terra"), o papa e os barões ingleses acerca das prerrogativas do soberano. Essas discordâncias tinham raízes diversas. A contenda com os barões foi motivada pelo aumento das exações fiscais, constituídas para financiar campanhas bélicas, pois o Rei João Sem Terra acabara de perder a Normandia – que era sua por herança dinástica – para o Rei francês Filipe Augusto. A desavença com o papa surgiu de seu apoio às pretensões territoriais do imperador Óton IV, seu sobrinho, em prejuízo do papado. Ademais, o Rei João I recusara a escolha papal de Stephen Langton como cardeal de Canterbury, o que lhe rendeu a excomunhão, operada pelo papa Inocêncio III. A Magna Carta só foi assinada pelo rei quando a revolta armada dos barões atingiu Londres, sendo sua assinatura condição para o cessar-fogo. Todavia, ela foi reafirmada solenemente (pois tinha vigência determinada de três meses) em 1216, 1217 e 1225, quando se tornou direito permanente. Como curiosidade, cabe apontar que algumas de suas disposições se encontram em vigor ainda nos dias de hoje. Sua forma foi de promessa unilateral, por parte do monarca, de conceder certos privilégios aos barões, mas é possível entendê-la como uma convenção firmada entre os barões e o rei. Além disso, segundo os termos do documento, o rei deveria renunciar a certos direitos e respeitar determinados procedimentos legais, bem como reconhecer que sua vontade estaria sujeita à lei. Considera-se a Magna Carta o primeiro capítulo de um longo processo histórico que levaria ao surgimento do constitucionalismo e da democracia moderna. Em síntese, o documento é uma limitação institucional dos poderes reais.

Gabarito "B".

2. SISTEMA GLOBAL DE PROTEÇÃO GERAL DOS DIREITOS HUMANOS

(Delegado/ES – 2019 – Instituto Acesso) O artigo 15 da Declaração Universal dos Direitos Humanos (DUDH) prevê que todo ser humano tem direito a uma nacionalidade e que ninguém será arbitrariamente privado de sua nacionalidade, nem do direito de mudar de nacionalidade. Não obstante, há em variados países populações que etnicamente são autoproclamadas "ciganas". Estas se distinguem por não possuírem uma nacionalidade, embora reclamem tratamento digno diante de arbitrariedades a que podem ser sujeitas, como a que ocorreu, por exemplo, na França, por ocasião do mandato do presidente Sarkozy. O direito a essa identidade pode ser representado, em termos de suas garantias, considerando o que se prescreve no âmbito da Declaração Universal dos Direitos do Homem. Assinale a alternativa correta que estabelece a relação descrita no enunciado com os direitos abrangidos na DUDH.

(A) Ninguém será sujeito a interferências em sua vida privada, em sua família, em seu lar ou em sua correspondência, nem a ataques à sua honra e reputação. Todo ser humano tem direito à proteção legal contra tais interferências ou ataques, salvo quando submetido a um julgamento justo.

(B) Todo ser humano tem capacidade para gozar dos direitos e das liberdades estabelecidos nesta Declaração, sem distinção de qualquer espécie, seja de raça, cor, sexo, idioma, religião, opinião política ou de outra natureza, origem nacional ou social, posição econômica, nascimento ou qualquer outra condição.

(C) Todo ser humano tem direito à liberdade de movimento e residência dentro das fronteiras de cada Estado. Todo ser humano tem o direito de deixar qualquer país, inclusive o próprio, e a este regressar.

(D) Todos os indivíduos têm direito ao reconhecimento, em todos os lugares, da sua personalidade formal jurídica.

(E) Todos os seres humanos nascem livres e iguais em dignidade e direitos. São dotados de razão e consciência e devem agir em relação uns aos outros com espírito de fraternidade, liberdade e igualdade.

O art. 2º da DUDH assim estatui: "Todos os seres humanos podem invocar os direitos e as liberdades proclamados na presente Declaração, sem distinção alguma, nomeadamente de raça, de cor, de sexo, de língua, de religião, de opinião política ou outra, de origem nacional ou social, de fortuna, de nascimento ou de qualquer outra situação. Além disso, não será feita nenhuma distinção fundada no estatuto político, jurídico ou internacional do país ou do território da naturalidade da pessoa, seja esse país ou território independente, sob tutela, autônomo ou sujeito a alguma limitação de soberania". Portanto, a assertiva correta é a B.
Gabarito "B".

(Delegado/MG – 2018 – FUMARC) A Declaração Universal dos Direitos Humanos, retomando os ideais da Revolução Francesa, representou a manifestação histórica de que se formara, enfim, em âmbito universal, o reconhecimento dos valores supremos da igualdade, da liberdade e da fraternidade. Em decorrência disso, os direitos fundamentais expressos na Constituição Federal de 1988:

(A) como na Declaração Universal dos Direitos Humanos, esses direitos fundamentais são considerados uma recomendação sem força vinculante, uma etapa preliminar para ulterior implementação na medida em que a sociedade se desenvolver.

(B) não consideram as diferenças humanas como fonte de valores positivos a serem protegidos e estimulados, pois, ao criar dispositivos afirmativos legais, as diferenças passam a ser tratadas como deficiências.

(C) obrigam que o princípio da solidariedade seja interpretado com a base dos direitos econômicos e sociais, que são exigências elementares de proteção às classes ou aos grupos sociais mais fracos ou necessitados.

(D) tratam a liberdade como um princípio político e não individual, pois o reconhecimento de liberdades individuais em sociedades complexas esconde a dominação oligárquica dos mais ricos.

O vetor para interpretar os direitos econômicos e sociais deve ser o do princípio da solidariedade, que gera a exigência de proteção às classes ou aos grupos sociais mais fracos ou necessitados. A Revolução Francesa[8] é apontada como o marco inicial da civilização europeia contemporânea, pois os conceitos atuais de nação, cidadania,

---

8. "A verdade, contudo, é que foi a Revolução Francesa – e não a americana ou a inglesa – que se tornou o grande divisor histórico, o marco do advento do Estado liberal. Foi a Declaração dos Direitos do Homem e do Cidadão, de 1789, com seu caráter universal, que divulgou a nova ideologia, fundada na Constituição, na separação dos Poderes e nos direitos individuais" (BARROSO, Luís Roberto. *Curso de Direito Constitucional Contemporâneo*. São Paulo: Saraiva, 2009. p. 76).

radicalismo, igualdade e democracia surgiram depois desse processo histórico. Influenciada diretamente pela Revolução Francesa e pela Revolução Americana de 1776, a Declaração dos Direitos do Homem e do Cidadão foi adotada pela Assembleia Constituinte da França em 1789. Pela primeira vez tem-se uma declaração generalizante, isto é, com o propósito de fazer referência não só aos seus cidadãos, mas a toda a humanidade, por isso a menção aos direitos do *homem* também. A Declaração teve por base os conceitos de *liberdade, igualdade, fraternidade, propriedade, legalidade* e *garantias individuais* (síntese do pensamento iluminista liberal e burguês), mas seu ponto central era a supressão dos privilégios especiais ("acabar com as desigualdades"), outrora garantidos para os estamentos do clero e da nobreza.
Gabarito "C".

(Delegado/SP – 2014 – VUNESP) Segundo o que dispõe a Declaração Universal dos Direitos Humanos da ONU, toda pessoa, vítima de perseguição, tem o direito de procurar e de gozar asilo em outros países. No entanto, esse direito não pode ser invocado, entre outros, em caso de perseguição

(A) de militante político que tenha se evadido clandestinamente de seu país de origem.

(B) de pessoa que claramente tenha se rebelado contra o regime de governo de seu país.

(C) por razões de ordem política.

(D) por motivos religiosos.

(E) legitimamente motivada por crimes de direito comum.

Conforme o disposto pela redação do artigo XV, pontos 1 e 2, da Declaração Universal, a única assertiva correta é a "E".
Gabarito "E".

(Delegado/MG – 2012) A concepção universal dos direitos humanos, demarcada pela Declaração Universal dos Direitos Humanos, sofreu e sofre fortes resistências dos adeptos do movimento do relativismo cultural. Retoma-se dessa forma o velho dilema sobre o alcance das normas de direitos humanos.

Associe abaixo as características intrínsecas a essas concepções:

I. Concepção universalista.
II. Concepção relativista.

( ) Flexibiliza as noções de soberania nacional e jurisdição doméstica, ao consagrar um parâmetro internacional mínimo, relativo à proteção dos direitos humanos aos quais os Estados devem se conformar.

( ) A noção de direito está estritamente relacionada ao sistema político, econômico, cultural, social e moral vigente em determinada sociedade.

( ) Cada cultura tem seu próprio discurso acerca dos direitos fundamentais, que está relacionado às específicas circunstâncias culturais e históricas de cada sociedade.

( ) O pluralismo cultural impede a formação de uma moral universal, tornando-se necessário que se respeitem as diferenças culturais apresentadas em cada sociedade.

Marque a opção correta, na ordem de cima para baixo.

(A) (I) (II) (II) (I).
(B) (II) (I) (I) (I).
(C) (I) (II) (II) (II).
(D) (I) (II) (I) (II).

(I): descreve uma característica da concepção universalista dos direitos humanos; (II): descreve uma característica da concepção relativista dos direitos humanos; (II): descreve uma característica da concepção relativista dos direitos humanos; (II): descreve uma característica da concepção relativista dos direitos humanos.

Gabarito "C".

(Delegado/MG – 2012) A Declaração Universal dos Direitos Humanos pode ser caracterizada, primeiramente por sua amplitude, compreendendo um conjunto de direitos e faculdades, sem as quais um ser humano não pode desenvolver sua personalidade física, moral e intelectual. Em segundo lugar, pela universalidade, aplicável a todas as pessoas de todos os países, raças, religiões e sexos, seja qual for o regime político dos territórios nos quais incide. Assinale abaixo a assertiva que é **contrária** ao enunciado acima:

(A) Como uma plataforma comum de ação, a Declaração foi adotada em 10 de dezembro de 1948, pela aprovação de 48 Estados, com 8 abstenções.

(B) Objetiva delinear uma ordem pública mundial fundada no respeito à dignidade da pessoa humana, para orientar o desenvolvimento de uma raça humana superior.

(C) Introduz a indivisibilidade dos direitos humanos, ao conjugar o catálogo dos direitos civis e políticos, com o dos direitos econômicos, sociais e culturais.

(D) Teve imediatamente, após a sua adoção, grande repercussão moral ao despertar nos povos a consciência de que o conjunto da comunidade humana se interessava pelo seu destino.

A: incorreta, pois a assertiva está em conformidade com o enunciado. A Declaração Universal dos Direitos Humanos foi aprovada pela Resolução 217 A (III) da Assembleia Geral da ONU, em 10 de dezembro de 1948, por 48 votos a zero e 8 abstenções[9]. Em conjunto com os dois Pactos Internacionais – sobre Direitos Civis e Políticos e sobre Direitos Econômicos, Sociais e Culturais –, constitui a denominada Carta Internacional de Direitos Humanos ou *International Bill of Rights*. A Declaração é fruto de um consenso sobre valores de cunho universal a serem seguidos pelos Estados e do reconhecimento do indivíduo como sujeito direto do direito internacional. É importante esclarecer que a Declaração é um exemplo de soft law, *já que não supõe mecanismos constritivos para a implementação dos direitos previstos*. Em contrapartida, quando um documento legal prevê mecanismos constritivos para a implementação de seus direitos, estamos diante de um exemplo de hard law. Revisitando o direito a ter direitos de Hannah Arendt, segundo a Declaração, a condição de pessoa humana é requisito único e exclusivo para ser titular de direitos[10]. Com isso corrobora-se o caráter universal dos direitos humanos, isto é, todo indivíduo é cidadão do mundo e, dessa forma, detentor de direitos que salvaguardam sua dignidade[11]. Em seu bojo encontram-se direitos civis e políticos (artigos 3º a 21) e direitos econômicos, sociais e culturais (artigos 22 a 28), o que reforça as características da indivisibilidade e interdependência dos direitos humanos. É importante apontar que a Declaração Universal dos Direitos Humanos não tem força legal[12] (funcionaria como uma *recomendação*), mas sim material e acima de tudo inderrogável por fazer parte do *jus cogens*. Entretanto, pode-se até advogar que a Declaração, por ter definido o conteúdo dos direitos humanos insculpidos na Carta das Nações Unidas, tem força legal vinculante, visto que os Estados-membros da ONU se comprometeram a promover e proteger os direitos humanos; **B**: correta, pois a assertiva é totalmente contrária ao enunciado. Dispensa maiores considerações; **C**: incorreta, pois a assertiva está em conformidade com o enunciado. Reler o comentário sobre a assertiva A; **D**: incorreta, pois a assertiva está em conformidade com o enunciado e, de fato, houve a citada repercussão moral.

Gabarito "B".

(Delegado/MG – 2012) A verdadeira consolidação do Direito Internacional dos Direitos Humanos surge em meados do século XX, em decorrência da Segunda Guerra Mundial, por isso o moderno Direito Internacional dos Direitos Humanos é um fenômeno do pós-guerra. Dentre as proposições abaixo, assinale a que **não** corrobora com o enunciado acima:

(A) O desenvolvimento do Direito Internacional dos Direitos Humanos pode ser atribuído às monstruosas violações de direitos humanos da era Hitler e, após, à crença de que somente uma guerra poderia pôr fim a essas violações no âmbito internacional para garantir internamente em cada Estado nacional a dignidade da pessoa humana.

(B) A internacionalização dos direitos humanos constitui um movimento extremamente recente da história,

---

9. Os países que se abstiveram foram Arábia Saudita, África do Sul, URSS, Ucrânia, Bielorrússia, Polônia, Iugoslávia e Tchecoslováquia.

10. De maneira sintética, os direitos previstos na Declaração Universal dos Direitos Humanos são: igualdade, vida, não escravidão, não tortura, não discriminação, personalidade jurídica, não detenção/prisão/exílio arbitrário, judiciário independente e imparcial, presunção de inocência, anterioridade penal, intimidade, honra, liberdade, nacionalidade, igualdade no casamento, propriedade, liberdade de pensamento/consciência/religião, liberdade de opinião/expressão, liberdade de reunião/associação pacífica, voto, segurança social, trabalho, igualdade de remuneração, repouso/lazer, saúde/bem-estar, instrução etc.

11. "O advento do Direito Internacional dos Direitos Humanos [DIDH], em 1945, possibilitou o surgimento de uma nova forma de cidadania. Desde então, a proteção jurídica do sistema internacional ao ser humano passou a independer do seu vínculo de nacionalidade com um Estado específico, tendo como requisito único e fundamental o fato do nascimento. Essa nova cidadania pode ser definida como cidadania mundial ou cosmopolita, diferenciando-se da cidadania do Estado-Nação. A cidadania cosmopolita é um dos principais limites para a atuação do poder soberano, pois dá garantia da proteção internacional na falta da proteção do Estado Nacional. Nesse sentido, a relação da soberania com o DIDH é uma relação limitadora" (ALMEIDA, Guilherme Assis de. Mediação, proteção local dos direitos humanos e prevenção de violência. *Revista Brasileira de Segurança Pública*, ano 1, ed. 2, p. 137-138, 2007).

12. "Do ponto de vista estritamente formal, a Declaração Universal dos Direitos Humanos é, consequentemente, parte do assim denominado *soft law*, 'direito suave', nem vinculante, mas nem por isso desprezível nas relações internacionais. Sua violação, em tese, não deveria implicar a responsabilidade internacional do Estado, mas, por outro, sujeitaria o recalcitrante a sanções de ordem moral, desorganizadas. Estas têm sua autoridade na própria dimensão política da declaração, como documento acolhido pela quase unanimidade dos Estados então representados na Assembleia Geral e, depois, invocado em constituições domésticas de inúmeros países e em diversos documentos de conferências internacionais" (ARAGÃO, Eugênio José Guilherme. A Declaração Universal dos Direitos Humanos: mera declaração de propósitos ou norma vinculante de direito internacional? *Revista Eletrônica do Ministério Público Federal*, ano 1, n. 1, p. 6, 2009).

surgido a partir do pós-guerra, como proposta às atrocidades e aos horrores cometidos durante o nazismo. Se a Segunda Guerra significou a ruptura com os direitos humanos, o pós-guerra deveria significar sua reconstrução.

(C) No momento em que os seres humanos se tornam supérfluos e descartáveis, no momento em que vigia lógica de destruição, em que cruelmente se abole o valor da pessoa humana, torna-se necessária a reconstrução dos direitos humanos como paradigma ético capaz de restaurar a lógica do razoável.

(D) A barbárie do totalitarismo significou a ruptura do paradigma dos direitos humanos, por meio da negação do valor da pessoa humana, como valor fonte do direito. Essa ruptura fez emergir a necessidade da reconstrução dos direitos humanos como referencial e paradigma ético que aproxime o direito da moral.

A: incorreta. Abalados pelas barbáries deflagradas nas duas Grandes Guerras e desejosos de construir um mundo sobre novos alicerces ideológicos, os dirigentes das nações que emergiram como potências no período pós-guerra, lideradas por URSS e EUA, estabeleceram na Conferência de Yalta, na Ucrânia, em 1945, as bases de uma futura "paz". Para isso definiram as áreas de influência das potências e acertaram a criação de uma organização multilateral que promovesse negociações sobre conflitos internacionais, com o objetivo de evitar guerras, construir a paz e a democracia, além de fortalecer os direitos humanos. Teve aí sua origem a ONU, uma organização internacional que tem por objetivo facilitar a cooperação em matéria de direito e segurança internacionais, desenvolvimento econômico, progresso social, direitos humanos e a realização da paz mundial. Por isso, diz-se que é uma organização internacional de vocação universal. Sua lei básica é a Carta das Nações Unidas, elaborada em São Francisco de 25 de abril a 26 de junho de 1945. Essa Carta tem como anexo o Estatuto da Corte Internacional de Justiça. Uma das preocupações da ONU é a proteção dos direitos humanos mediante a cooperação internacional. A Carta das Nações Unidas é o exemplo mais emblemático do processo de internacionalização dos direitos humanos ocorridos no pós-guerra. Aliás, é importante lembrar que esse processo recente de internacionalização dos direitos humanos é fruto da ressaca moral (que permitiu uma reflexão geral sobre os perigosos rumos tomados pelo homem) da humanidade ocasionada pelo excesso de violações perpetradas pelo nazifascismo. Cabe sublinhar que os propósitos da ONU são: *a)* manter a paz e a segurança internacionais; *b)* desenvolver relações amistosas entre as nações; *c)* realizar a cooperação internacional para resolver os problemas mundiais de caráter econômico, social, cultural e humanitário, promovendo o respeito aos direitos humanos e às liberdades fundamentais; e *d)* ser um centro destinado a harmonizar a ação dos povos para a consecução desses objetivos comuns. E os princípios são: *a)* da igualdade soberana de todos os seus membros; *b)* da boa-fé no cumprimento dos compromissos da Carta; *c)* da solução de controvérsias por meios pacíficos; *d)* da proibição de recorrer à ameaça ou ao emprego da força contra outros Estados; *e)* da assistência às Nações Unidas; *f)* da não intervenção em assuntos essencialmente nacionais. Por todo o dito, percebe-se que o direito internacional dos direitos humanos é totalmente contrário ao uso da violência, notadamente do uso de guerra para garantir a "proteção dos direitos humanos"; **B:** correta (reler o comentário sobre a assertiva anterior); C e D: corretas. "A ética dos direitos humanos decorre diretamente do princípio da dignidade da pessoa humana. A justiça não pode ser pensada isoladamente, sem o princípio da dignidade humana, assim como o poder não pode ser exercido *apesar* da dignidade humana. Em verdade, todos os demais princípios e valores que orientam a criação dos direitos nacional e internacional curvam-se ante esta identidade comum ou este *minimum* dos povos (...) Foram necessárias diversas violações, diversas experiências de indignidade,

diversas práticas de exploração da condição humana para que a própria noção de dignidade surgisse um pouco mais clara aos olhos do pensamento contemporâneo (...) Enfim, em poucas palavras, parece a ideia de personalidade recuperar seu sentido pleno, preenchendo o oco das experiências céticas e materialistas do tecnologismo do século XX e invadindo as diversas linhas de pensamento ocupadas com os desvarios da história contemporânea."[13]

Gabarito: "A".

(Delegado/MG – 2012) A criação das Nações Unidas, com suas agências especializadas, demarca o surgimento de uma nova ordem internacional, inclusive a proteção internacional dos direitos humanos. Associe abaixo cada órgão enumerado da ONU à sua competência:

Órgão

I. Assembleia Geral.
II. Corte Internacional de Justiça.
III. Conselho Econômico e Social.
IV. Conselho de Tutela.

Competência

(A) Fomentar o processo de descolonização e autodeterminação dos povos, a fim de que pudessem alcançar, por meio de desenvolvimento progressivo, governo próprio.

(B) Promover a cooperação em questões econômicas, sociais e culturais e fazer recomendações destinadas a promover o respeito e a observância dos direitos humanos.

(C) Discutir e fazer recomendações relativas a qualquer matéria objeto da Carta das Nações Unidas.

(D) Decidir acerca das questões contenciosas e consultivas, todavia somente nas questões em que os Estados são partes perante ela.

Marque a correta relação:

(A) I (c); II (d); III (b); IV (a).
(B) I (a); II (d); III (b); IV (c).
(C) I (c); II (d); III (a); IV (b).
(D) I (d); II (c); III (b); IV (a).

A: correta. A ONU é uma organização internacional que tem por objetivo facilitar a cooperação em matéria de Direito Internacional, segurança internacional, desenvolvimento econômico, progresso social, direitos humanos e a realização da paz mundial. Por isso, diz-se que é uma organização internacional de vocação universal. Sua lei básica é a Carta das Nações Unidas, elaborada em São Francisco, de 25 de abril a 26 de junho de 1945. A Carta tem como anexo o Estatuto da Corte Internacional de Justiça. Conforme se depreende do conceito, os propósitos da ONU são: *a)* manter a paz e a segurança internacionais; *b)* desenvolver relações amistosas entre as nações; *c)* realizar a cooperação internacional para resolver os problemas mundiais de caráter econômico, social, cultural e humanitário, promovendo o respeito aos direitos humanos e às liberdades fundamentais; e *d)* ser um centro destinado a harmonizar a ação dos povos para a consecução desses objetivos comuns. E os princípios são: *a)* da igualdade soberana de todos os seus membros; *b)* da boa-fé no cumprimento dos compromissos da Carta; *c)* da solução de controvérsias por meios pacíficos; *d)* da proibição de recorrer à ameaça ou ao emprego da força contra outros Estados; *e)* da assistência às Nações Unidas; *f)* da não intervenção em assuntos essencialmente nacionais. A ONU reúne quase a totalidade dos Estados existentes. Entre estes, existem os membros originários e os eleitos. Estes últimos são admitidos pela Assembleia Geral mediante

---

13. BITTAR, Eduardo. *Curso de ética jurídica*. São Paulo: Saraiva, 2013. p. 135-136.

recomendação do Conselho de Segurança. E só podem ser admitidos os Estados "amantes da paz" que aceitarem as obrigações impostas pela Carta e forem aceitos como capazes de cumprir tais obrigações. Os membros podem ser suspensos quando o Conselho de Segurança instalar uma ação preventiva ou coercitiva contra eles, como também expulsos quando violarem insistentemente os princípios da Carta. A expulsão é processada pela Assembleia Geral mediante recomendação do Conselho de Segurança.

I – **c:** a Assembleia Geral é composta de todos os membros da ONU, cabendo a cada Estado-membro apenas um voto. Ela reúne-se em sessões ordinárias, uma vez por ano, e em sessões extraordinárias sempre que preciso for. As decisões da Assembleia Geral são tomadas pela maioria simples dos membros presentes e votantes. Mas pode-se definir que o quórum será de dois terços quando tratar de questões consideradas importantes. Entre algumas de suas funções, podemos citar: *a)* aprovação do orçamento; *b)* eleição dos membros não permanentes do Conselho de Segurança e dos membros do Conselho Econômico e Social; *c)* nomeação do secretário-geral das Nações Unidas; e *d)* eleição, em conjunto com o Conselho de Segurança, dos juízes da Corte Internacional de Justiça; II – **d**: a Corte é o principal órgão judicial da ONU, substituindo a Corte Permanente de Justiça Internacional (CPJI) de 1922, que foi a primeira Corte internacional com jurisdição universal. A Corte funciona com base em seu estatuto e pelas chamadas *Regras da Corte* – espécie de código de processo. A competência da Corte é ampla. Em relação à *ratione materiae*, a Corte pode analisar todas as questões levadas até ela, como também todos os assuntos previstos na Carta da ONU ou em tratados e convenções em vigor (artigo 36, ponto 1, do Estatuto da CIJ). Já a competência *ratione personae* é mais limitada, pois a Corte só pode receber postulações de Estados, sejam ou não membros da ONU (artigo 34, ponto 1, do Estatuto da CIJ). O artigo 36, ponto 2, do Estatuto da CIJ assim dispõe sobre a cláusula facultativa de jurisdição obrigatória: "Os Estados-partes no presente Estatuto poderão, em qualquer momento, declarar que reconhecem como obrigatória *ipso facto* e sem acordo especial, em relação a qualquer outro Estado que aceite a mesma obrigação, a jurisdição da Corte em todas as controvérsias de ordem jurídicas que tenham por objeto: a) a interpretação de um tratado; b) qualquer questão de Direito Internacional; c) a existência de qualquer fato que, se verificado, constituiria violação de um compromisso internacional; e d) a natureza ou a extensão da reparação devida pela ruptura de um compromisso internacional". A declaração de reconhecimento da jurisdição da Corte pode ser feita pura e simplesmente ou sob condição de reciprocidade, ou ainda por prazo determinado (artigo 36, ponto 3, do Estatuto da CIJ). Lembrando que a CIJ resolve qualquer dúvida que surgir sobre sua jurisdição (artigo 36, ponto 6, do Estatuto da CIJ). Portanto, a título conclusivo, "a Corte Internacional de Justiça não tem competência automática sobre os Estados, e estes só poderão ser obrigados à submissão da Corte se: estiver previsto em tratado de submissão de um conflito à CIJ; decisão voluntária das partes envolvidas por meio de um compromisso; aceitação de jurisdição da CIJ em processo proposto por outro Estado; declaração de submissão pela cláusula facultativa de jurisdição obrigatória."[14]. Por fim, cabe lembrar que a cláusula facultativa de jurisdição obrigatória foi elaborada pelo diplomata brasileiro Raul Fernandes. O artigo 96 da Carta da ONU prevê uma função consultiva para a Corte. Assim, qualquer organização internacional intergovernamental – especialmente os órgãos das Nações Unidas – pode requerer parecer consultivo à Corte. Percebe-se que os Estados membros não podem solicitar, diretamente, parecer consultivo à CIJ. Tal função permite à Corte ser um órgão produtor de doutrina internacional. As decisões da Corte com base em sua competência contenciosa possuem caráter obrigatório (artigo 59 do Estatuto da CIJ) e cada membro das Nações Unidas compromete-se a conformar-se com a decisão da Corte em qualquer caso em que for parte (artigo 94, ponto 1, da Carta da ONU).

---

14. PORTELA, Paulo Henrique Gonçalves. *Direito Internacional Público e Privado*. 2.ed. Salvador: Juspodivm, 2010. p. 476-477.

Cabe dizer que se uma das partes em determinado caso deixar de cumprir as obrigações que lhe incumbem em virtude de sentença proferida pela Corte, a outra terá direito de recorrer ao Conselho de Segurança, que poderá, se julgar necessário, fazer recomendações ou decidir sobre medidas a serem tomadas para o cumprimento da sentença (artigo 94, ponto 2, da Carta da ONU). Já os pareceres consultivos não possuem caráter vinculativo. Importante apontar, também, que a sentença da Corte é definitiva e inapelável, todavia, em caso de controvérsia quanto ao seu sentido e alcance e desde que solicitado por qualquer das partes, a Corte a interpretará (artigo 60 do Estatuto da CIJ). Por sua vez, o pedido de revisão da sentença só pode ser feito em razão de fato novo suscetível de exercer influência determinante e que, na ocasião de ser proferida a sentença, era desconhecido da Corte e também da parte que solicita a revisão, contanto que tal desconhecimento não tenha sido devido à negligência (artigo 61, ponto 1, do Estatuto da CIJ). A Corte é composta de 15 juízes eleitos de três em três anos para um período de nove anos e com a possibilidade de reeleição. Mas não é possível que seja eleito mais de um juiz da mesma nacionalidade. Em relação às qualificações necessárias para ser eleito, cabe reproduzir-se o artigo 2º do Estatuto: "a Corte será composta de um corpo de juízes independentes, eleitos sem atenção à sua nacionalidade, entre pessoas que gozem de alta consideração moral e possuam as condições exigidas em seus respectivos países para o desempenho das mais altas funções judiciárias, ou que sejam jurisconsultos de reconhecida competência em direito internacional". Por fim, o artigo 31, ponto 1, do Estatuto da CIJ dispõe que "os juízes da mesma nacionalidade de qualquer das partes conservam o direito de funcionar numa questão julgada pela Corte" e o ponto 3 do referido artigo prossegue: "se a Corte não incluir entre os seus membros nenhum juiz de nacionalidade das partes, cada uma destas poderá proceder à escolha de um juiz". Assim, perante um caso prático, o Estado envolvido que não tenha juiz da mesma nacionalidade na Corte poderá indicar um juiz de sua nacionalidade para participar do julgamento; III – **b:** o Conselho Econômico e Social é composto de 54 membros das Nações Unidas, eleitos para um período de três anos; a reeleição é permitida. Por último, a deliberação toma corpo pela maioria dos membros presentes e votantes. Algumas de suas funções são: *a)* realizar estudos e apresentar relatórios sobre assuntos internacionais de caráter econômico, social, cultural, educacional etc.; *b)* confeccionar recomendações à Assembleia Geral, aos membros das Nações Unidas e às entidades especializadas interessadas; *c)* promover a cultura de respeito e implementar os direitos humanos; *d)* convocar conferências sobre os assuntos de seu interesse; IV – a : o Conselho de Tutela foi criado para controlar o exercício da tutela sobre territórios não autônomos. Esse Conselho sucedeu à Comissão de Mandatos da SDN. Após a independência de Palau (último território sob tutela), em 1º de novembro de 1994, sua atividade foi suspensa, embora continue a existir formalmente.

Gabarito "A".

(Delegado/BA – 2006 – CONSULPLAN) Fatos históricos que prenunciaram a dogmática dos Direitos Humanos:

(A) A Declaração da Virgínia (E.U.A.).

(B) O Concílio de Trento.

(C) O armistício da 2ª Grande Guerra.

(D) As alternativas A e C estão corretas.

(E) N.R.A.

O marco recente dos direitos humanos foi sem dúvida a Declaração Universal dos Direitos Humanos de 1948. Com importância neste processo pode-se também citar a Declaração de Direitos Francesa, impulsionada pela Revolução Francesa de 1789, e a Declaração de Direitos Americana (Declaração de Direitos do Bom Povo da Virgínia), ambas do século XVIII. A Declaração de Direitos Americana de 1776 foi a primeira declaração de direitos em sentido moderno, pois suas regras funcionam como um sistema de limitação de poderes, ou seja, os direitos conferidos aos cidadãos limitavam o poder estatal. Ademais, demonstram preocupação com a estruturação de um governo democrático, e a Declaração dos Direitos do Homem e do Cidadão que a Assembleia Constituinte da França adotou em 1789, influenciada diretamente pela Revolução Francesa, teve por base os conceitos de liberdade, igualdade, fraternidade, propriedade, legalidade e garantias individuais. Importante apontar que esses direitos foram ampliados porventura da Declaração dos Direitos do Homem e do Cidadão levada a cabo pela Convenção nacional em 1793. A ONU e a Declaração Universal dos Direitos Humanos criam um verdadeiro sistema de proteção global da dignidade humana. É importante ter em mente que este processo recente de internacionalização dos direitos humanos é fruto do pós Segunda Guerra Mundial e da ressaca moral da humanidade ocasionada pelo excesso de violações de direitos humanos perpetradas pelo nazifascismo. Por sua vez, o Concílio de Trento, realizado de 1545 a 1563, foi o 19º concílio ecumênico. Foi convocado pelo Papa Paulo III para assegurar a unidade da fé e a disciplina eclesiástica, no contexto da Reforma da Igreja Católica e a reação à divisão então vivida na Europa devido à Reforma Protestante, razão pela qual é denominado como Concílio da Contrarreforma.

Gabarito "D".

(Delegado/BA – 2006 – CONSULPLAN) Um marco fundamental para a doutrina dos Direitos Humanos:

(A) Revolução Comercial.
(B) Revolução Francesa.
(C) Revolução Industrial.
(D) Revolução Cultural.
(E) N.R.A

A: incorreta. A Revolução Comercial foi um período de grande expansão econômica da Europa, movido pelo colonialismo e mercantilismo que durou aproximadamente do século XVI ao século XVIII. Este desenvolvimento comercial, com raízes no século XV, resultou em transformações profundas na economia europeia. A moeda tornou-se fator primordial da riqueza e as transações comerciais foram monetarizadas. A produção e a troca deixaram de ter caráter de subsistência, visando atender aos mercados das cidades. Com a Revolução Comercial o eixo comercial do Mediterrâneo foi transferido para o Atlântico, rompendo o monopólio das cidades italianas no comércio com o Oriente e iniciando o mercantilismo. **B:** correta. O marco recente dos direitos humanos foi sem dúvida a Declaração Universal dos Direitos Humanos de 1948. Com importância neste processo pode-se também citar a Declaração de Direitos Francesa, impulsionada pela Revolução Francesa de 1789, e a Declaração de Direitos Americana (Declaração de Direitos do Bom Povo da Virgínia), ambas do século XVIII. A Declaração de Direitos Americana de 1776 foi a primeira declaração de direitos em sentido moderno, pois suas regras funcionam como um sistema de limitação de poderes, ou seja, os direitos conferidos aos cidadãos limitavam o poder estatal. Ademais, demonstram preocupação com a estruturação de um governo democrático. A Declaração dos Direitos do Homem e do Cidadão que a Assembleia Constituinte da França adotou em 1789, influenciada diretamente pela Revolução Francesa, teve por base os conceitos de *liberdade, igualdade, fraternidade, propriedade, legalidade e garantias individuais*. Importante apontar que estes direitos foram ampliados porventura da Declaração dos Direitos do Homem e do Cidadão levada a cabo pela Convenção nacional em 1793. **C:** incorreta. A Revolução Industrial consistiu em um conjunto de mudanças tecnológicas com profundo impacto no processo produtivo em nível econômico e social. Iniciada na Inglaterra em meados do século XVIII expandiu-se pelo mundo a partir do século XIX. Ao longo do processo a era da agricultura foi superada, a máquina foi superando o trabalho humano, uma nova relação entre capital e trabalho se impôs, novas relações entre nações se estabeleceram e surgiu o fenômeno da cultura de massa, entre outros eventos. **D:** incorreta. O termo Revolução Cultural não foi bem explicitado pelo formulador da questão. Todavia, por guardar certas pertinências com as revoluções traçadas nas outras assertivas, passemos a tecer considerações pontuais sobre a Revolução Cultural Chinesa. A Grande Revolução Cultural Proletária (conhecida como Revolução Cultural Chinesa) foi uma profunda campanha político--ideológica levada a cabo a partir de 1966 na República Popular da China, pelo então líder do Partido Comunista Chinês, Mao Tsé-Tung. O objetivo da campanha político-ideológica era neutralizar a crescente oposição que lhe faziam alguns setores menos radicais do partido, em decorrência do fracasso do plano econômico Grande Salto Adiante (1958-1960), cujos efeitos acarretaram a morte de milhões de pessoas devido à fome generalizada. **E:** incorreta, pois a assertiva "B" é correta.

Gabarito "B".

(Delegado/BA – 2006 – CONSULPLAN) Órgão máximo de deliberação mundial acerca dos Direitos Humanos:

(A) OEA
(B) ONG
(C) OLP
(D) ONU
(E) N.R.A

A: incorreta. A Organização dos Estados Americanos (OEA) é uma organização internacional que tem por objetivo garantir a paz e a segurança do continente americano. Por isso, diz-se que é uma organização internacional de vocação regional. É considerada como organismo regional das Nações Unidas e seu principal instrumento protetivo é a Convenção Americana de Direitos Humanos de 1969 ou Pacto de San José da Costa Rica, a qual instituiu a Comissão Interamericana de Direitos Humanos e a Corte Interamericana. **B:** incorreta, pois a ONG é um acrônimo usado para as organizações não governamentais (sem fins lucrativos), que atuam no terceiro setor da sociedade civil. Essas organizações, de finalidade pública, atuam em diversas áreas, tais como: meio ambiente, combate à pobreza, assistência social, saúde, educação, reciclagem, desenvolvimento sustentável, entre outras. **C:** incorreta. A Organização para a Libertação da Palestina (OLP) é uma organização política e paramilitar reconhecida pela Liga Árabe como a única representante legítima do povo palestino. **D:** correta. A Organização das Nações Unidas (ONU) é uma organização internacional que tem por objetivo facilitar a cooperação em matéria de direito internacional, segurança internacional, desenvolvimento econômico, progresso social, direitos humanos e a realização da paz mundial. Por isso, diz-se que é uma organização internacional de vocação universal. A sua lei básica é a Carta das Nações Unidas, assinada em São Francisco no dia 26 de junho de 1945, tendo como anexo o Estatuto da Corte Internacional de Justiça; **E:** incorreta, pois a assertiva "D" é correta.

Gabarito "D".

(Delegado/MG – 2008) O Direito Internacional dos Direitos Humanos resultou de um processo histórico de gradual formação, consolidação, expansão e aperfeiçoamento da proteção internacional dos direitos humanos. É um direito de proteção dotado de especificidade própria. Com relação a esse processo histórico, assinale a afirmativa *INCORRETA*.

(A) A aceitação universal da tese da indivisibilidade dos direitos humanos eliminou a disparidade entre os métodos de implementação internacional dos direitos civis e políticos e dos direitos econômicos, sociais e culturais, deixando de ser negligenciados estes últimos.

(B) A gradual passagem da fase legislativa de elaboração dos primeiros instrumentos internacionais de direitos humanos, à fase de implementação de tais instrumentos, pode ser considerada como resultado da primeira Conferência Mundial de Direitos Humanos, ocorrida em Teerã no ano de 1968.

(C) Uma das grandes conquistas da proteção internacional

5. DIREITOS HUMANOS

dos direitos humanos é, sem dúvida, o acesso dos indivíduos às instâncias internacionais de proteção e o reconhecimento de sua capacidade processual internacional em casos de violações dos direitos humanos.

(D) Graças aos esforços dos órgãos internacionais de supervisão nos planos global e regional, logrou-se salvar muitas vidas, reparar muitos danos denunciados e comprovados, bem como adotar programas educativos e outras medidas positivas por parte dos governos.

A: incorreta, pois os direitos econômicos, sociais e culturais ainda hoje sofrem resistência para sua ideal implementação em vários países. **B:** correta. A Conferência Internacional de Direitos Humanos realizada em Teerã ocorreu entre os dias 22 de abril e 13 de maio de 1968, teve por finalidade examinar os progressos alcançados nos vinte anos transcorridos desde a aprovação da Declaração Universal de Direitos Humanos e preparar um programa para o futuro; uma das declarações solenes da Convenção foi no sentido de que os Estados devem reafirmar seu firme propósito de aplicar de modo efetivo os princípios consagrados na Carta das Nações Unidas e em outros instrumentos internacionais em relação com os direitos humanos e as liberdades fundamentais. **C:** correta. Imprescindível apontar o papel do Tribunal de Nuremberg, pois com a instalação deste tribunal *ad hoc* ficou demonstrada a necessária flexibilização da noção de soberania para bem proteger os direitos humanos e, por outro lado, ficou comprovado o reconhecimento de direitos do indivíduo pelo direito internacional. E num momento mais recente, a Corte Europeia de Direitos Humanos tornou-se competente para receber petições individuais, esta possibilidade tem contribuído em muito para o evolver do sistema protetivo europeu, pois democratiza o seu manejo e aumenta a capilaridade de seu monitoramento. Importante apontar também a possibilidade de envio de petições individuais para algumas comissões que compõem o sistema global de proteção específica dos direitos humanos (ex.: Convenção sobre os Direitos das Pessoas com Deficiência). **D:** correta. Os sistemas protetivos global, regional e nacional interagem-se e complementam-se para melhor proteger o indivíduo dos abusos perpetrados contra sua dignidade humana.

Gabarito "A".

(Delegado/SP – 2002) Quanto à Declaração Universal dos Direitos Humanos (1948) é correto afirmar que se trata de um (a)

(A) acordo internacional.
(B) tratado internacional.
(C) pacto internacional.
(D) resolução da Assembleia Geral da ONU.

A Declaração Universal dos Direitos Humanos foi aprovada pela Resolução nº 217 A (III) da Assembleia Geral da ONU, em 10 de dezembro de 1948, por 48 votos a zero e oito abstenções. Importante apontar que a Declaração Universal dos Direitos do Homem não tem força legal (por ser resolução da ONU). Todavia, pode-se defender que tem força material e acima de tudo é inderrogável por vontade das partes por fazer parte do *jus cogens*.

Gabarito "D".

(Delegado/SP – 2000) A Comissão de Direitos Humanos das Nações Unidas deverá submeter propostas, recomendações e relatórios referentes aos instrumentos internacionais de Direitos Humanos ao (à)

(A) Conselho Econômico e Social.
(B) Conselho de Tutela.
(C) Conselho de Segurança.
(D) Corte Internacional de Justiça.

A: correta. Dentro do organograma da ONU, o órgão com atuação destacada no que se refere aos direitos humanos é o Conselho Econômico e Social, o qual, segundo o art. 62 da Carta das Nações Unidas, tem competência para promover a cooperação em questões econômicas, sociais e culturais, incluindo os direitos humanos. Dentro destas competências, o Conselho Econômico e Social pode criar comissões para melhor executar suas funções. Com suporte em tal competência, a Comissão de Direitos Humanos da ONU foi criada em 1946. Todavia, conviveu com pesadas críticas, e, por fim, não resistiu e foi substituída em 16 de junho de 2006 pelo Conselho de Direitos Humanos – CDH – mediante a Resolução 60/251 adotada pela Assembleia Geral. Importante também apontar que a criação do CDH vem como uma tentativa simbólica de conferir paridade ao tema dos direitos humanos em relação aos temas segurança internacional e cooperação social e econômica, os quais têm conselhos específicos, respectivamente, Conselho de Segurança e Conselho Econômico e Social. **B:** o Conselho de Tutela foi criado para controlar o exercício da tutela sobre territórios não autônomos. Esse Conselho sucedeu à Comissão de Mandatos da SDN. Após a independência de Palau (último território sob tutela), em 1º de novembro de 1994, sua atividade foi suspensa, embora continue a existir formalmente. **C:** No início, o Conselho de Segurança era composto de cinco membros permanentes (China, EUA, França, Reino Unido e URSS) e seis membros não permanentes, totalizando 11 membros, os quais eram eleitos pela Assembleia Geral para exercer mandato de dois anos, vedada a reeleição para o período seguinte. Depois de modificado em 1963, o Conselho de Segurança passou a ser composto dos mesmos cinco membros permanentes (China, EUA, França, Reino Unido e Rússia) e dez membros não permanentes, totalizando 15 membros, os quais continuam sendo eleitos pela Assembleia Geral para exercer mandato de dois anos, vedada a reeleição para o período seguinte. Cada membro do Conselho tem apenas um voto. As decisões, quando processuais, dependem do voto afirmativo de nove membros. No restante das matérias, o mesmo quórum é necessário, mas com o acréscimo de que todos os membros permanentes devem votar afirmativamente – é o chamado *direito de veto*. Em que pese a Carta da ONU prever a unanimidade dos membros permanentes, a prática tem permitido que estes se abstenham da votação, o que configura a consensualidade, e não a unanimidade. O Conselho de Segurança é o maior responsável pela manutenção da paz e da segurança internacionais. **D:** A Corte é o principal órgão judicial da ONU, substituindo a Corte Permanente de Justiça Internacional (CPJI) de 1922, que foi a primeira Corte internacional com jurisdição universal. A Corte funciona com base em seu estatuto e pelas chamadas *Regras da Corte* – espécie de código de processo. A competência da Corte é ampla. Em relação à *ratione materiae*, a Corte pode analisar todas as questões levadas até ela, como também todos os assuntos previstos na Carta da ONU ou em tratados e convenções em vigor (artigo 36, ponto 1, do Estatuto da CIJ). Já a competência *ratione personae* é mais limitada, pois a Corte só pode receber postulações de Estados, sejam ou não membros da ONU (artigo 34, ponto 1, do Estatuto da CIJ). O artigo 36, ponto 2, do Estatuto da CIJ assim dispõe quanto à cláusula facultativa de jurisdição obrigatória: "Os Estados-partes do presente estatuto poderão, em qualquer momento, declarar que reconhecem como obrigatória *ipso facto* e sem acordo especial, em relação a qualquer outro Estado que aceite a mesma obrigação, a jurisdição do tribunal em todas as controvérsias jurídicas que tenham por objeto: *a)* a interpretação de um tratado; *b)* qualquer questão de Direito Internacional; *c)* a existência de qualquer fato que, se verificado, constituirá violação de um compromisso internacional; e *d)* a natureza ou a extensão da reparação devida pela ruptura de um compromisso internacional." A declaração de reconhecimento da jurisdição da Corte pode ser feita pura e simplesmente ou sob condição de reciprocidade, ou ainda por prazo determinado (artigo 36, ponto 3, do Estatuto da CIJ). Lembrando que a CIJ resolve qualquer dúvida que surgir sobre sua jurisdição (artigo 36, ponto 6, do Estatuto da CIJ). Portanto, a título conclusivo, "a Corte Internacional de Justiça não tem competência automática sobre os Estados, e estes só poderão ser obrigados à submissão da Corte se: estiver previsto em tratado de submissão de um conflito à CIJ; decisão voluntária das partes envolvidas por meio de um compromisso; aceitação de jurisdição da CIJ em processo proposto por outro Estado; declaração de submissão pela cláusula facultativa de jurisdição obrigatória."[15] Por fim, cabe lembrar que a cláusula facultativa de jurisdição obrigatória foi inventada pelo diplomata brasileiro Raul Fernandes. O artigo 96 da Carta da ONU prevê uma função consultiva para a Corte. Assim, qualquer organização internacional intergovernamental – especialmente os órgãos das Nações Unidas – pode requerer parecer consultivo à Corte. Percebe-se que os Estados-membros não podem solicitar, diretamente, parecer consultivo à CIJ. Tal função permite à Corte ser um órgão produtor de doutrina internacional. As decisões da Corte com base em sua competência contenciosa possuem caráter obrigatório (artigo 59 do Estatuto da CIJ) e cada membro das Nações Unidas compromete-se a conformar-se com a decisão da Corte em qualquer caso em que for parte (artigo 94, ponto 1, da Carta da ONU). Cabe dizer que se uma das partes em determinado caso deixar de cumprir as obrigações que lhe incumbem em virtude de sentença proferida pela Corte, a outra terá direito de recorrer ao Conselho de Segurança, que poderá, se o julgar necessário, fazer recomendações ou decidir sobre medidas a serem tomadas para o cumprimento da sentença (artigo 94, ponto 2, da Carta da ONU). Já os pareceres consultivos não possuem caráter vinculativo. Importante apontar também que a sentença da Corte é definitiva e inapelável, todavia, em caso de controvérsia quanto ao seu sentido e alcance e desde que solicitado por qualquer das partes, a Corte a interpretará (artigo 60 do Estatuto da CIJ). Por sua vez, o pedido de revisão da sentença só pode ser feito em razão de fato novo suscetível de exercer influência determinante e que, na ocasião de ser proferida a sentença, era desconhecido da Corte e também da parte que solicita a revisão, contanto que tal desconhecimento não tenha sido devido à negligência (artigo 61, ponto 1, do Estatuto da CIJ). A Corte é composta de 15 juízes eleitos de três em três anos para um período de nove anos e com a possibilidade de reeleição. Mas não é possível que seja eleito mais de um juiz da mesma nacionalidade. Em relação às qualificações necessárias para ser eleito, cabe reproduzirmos o artigo 2º do Estatuto: "a Corte será composta de um corpo de juízes independentes, eleitos sem atenção à sua nacionalidade, entre pessoas que gozem de alta consideração moral e possuam as condições exigidas em seus respectivos países para o desempenho das mais altas funções judiciárias, ou que sejam jurisconsultos de reconhecida competência em direito internacional". Por fim, o artigo 31, ponto 1, do Estatuto da CIJ dispõe que "os juízes da mesma nacionalidade de qualquer das partes conservam o direito de funcionar numa questão julgada pela Corte" e o ponto 3 do artigo prossegue: "se a Corte não incluir entre os seus membros nenhum juiz de nacionalidade das partes, cada uma destas poderá proceder à escolha de um juiz". Assim, perante um caso prático, o Estado envolvido que não tenha juiz da mesma nacionalidade na Corte poderá indicar um juiz de sua nacionalidade para participar do julgamento.

Gabarito "A".

(Delegado/SP – 2000) Tecnicamente a Declaração Universal dos Direitos do Homem (1948) constitui

(A) um acordo internacional.

(B) uma recomendação.

(C) um tratado internacional.

(D) um pacto.

A Declaração Universal dos Direitos Humanos foi aprovada pela Resolução nº 217 A (III) da Assembleia Geral da ONU, em 10 de dezembro de 1948, por 48 votos a zero e oito abstenções. Por ser uma resolução, a Declaração Universal dos Direitos Humanos não tem força legal (assim não pode ser acordo, tratado ou pacto internacional), mas sim material (como uma recomendação) e acima de tudo inderrogável por ato volitivo das partes por fazer parte do *jus cogens*. Importante lembrar que tratado é todo acordo formal concluído entre pessoas jurídicas de direito internacional público que tenha por escopo a produção de

15. PORTELA, Paulo Henrique Gonçalves. *Direito internacional público e privado*. 2. ed. Salvador: Juspodivm. 2010. p. 476-477.

efeitos jurídicos. Ademais, existem inúmeras variantes terminológicas de tratado – que foram muito bem catalogadas por Francisco Rezek.[16] Como, por exemplo, acordo, ajuste, arranjo, ata, ato, carta, código, compromisso, constituição, contrato, convenção, convênio, declaração, estatuto, memorando, pacto, protocolo e regulamento. Esses termos indicam a mesma ideia, não obstante certas preferências observáveis pela análise estatística. Assim, pode-se apontar que carta e constituição são utilizadas para nomear tratados constitutivos de organizações internacionais, enquanto ajuste, arranjo e memorando são utilizados para denominar tratados bilaterais de pouca importância. E convenção costuma ser multilateral e dispor acerca dos grandes temas do Direito Internacional. Apenas o termo concordata possui significado singular, pois é utilizado especificamente para nomear o tratado bilateral em que uma das partes é a Santa Sé, e que tem por objeto a organização do culto, a disciplina eclesiástica, missões apostólicas, relações entre a Igreja católica local e o estado copactuante.

Gabarito "B".

(Delegado/SP – 2000) Os direitos previstos no Pacto Internacional dos Direitos Civis e Políticos (1966)

(A) têm autoaplicabilidade mas não criam obrigações legais aos Estados-membros.

(B) demandam aplicação progressiva e não criam obrigações legais aos Estados-membros.

(C) demandam aplicação progressiva e criam obrigações legais aos Estados-membros.

(D) têm autoaplicabilidade e criam obrigações legais aos Estados-membros.

O grande objetivo do Pacto Internacional dos Direitos Civis e Políticos é tornar obrigatório, vinculante e expandir os direitos civis e políticos elencados na Declaração Universal dos Direitos Humanos. O Pacto Internacional dos Direitos Civis e Políticos impôs ao Estados-membros sua imediata aplicação (autoaplicabilidade), diferentemente do Pacto Internacional dos Direitos Econômicos, Sociais e Culturais que determinou sua aplicação progressiva.

Gabarito "D".

(Delegado/SP – 1999) Qual é a natureza jurídica da Declaração Universal dos Direitos Humanos de 1948?

(A) Convenção Internacional.

(B) Pacto das Nações Unidas.

(C) Resolução da Assembleia Geral da ONU.

(D) Tratado Internacional.

A Declaração Universal dos Direitos Humanos foi aprovada pela Resolução nº 217 A (III) da Assembleia Geral da ONU, em 10 de dezembro de 1948, por 48 votos a zero e oito abstenções.[17] Em conjunto com os dois Pactos Internacionais – sobre Direitos Civis e Políticos e sobre Direitos Econômicos, Sociais e Culturais –, constitui a denominada Carta Internacional de Direitos Humanos ou *International Bill of Rights*. A Declaração é fruto de um consenso sobre valores de cunho universal a serem seguidos pelos Estados e do reconhecimento do indivíduo como sujeito direto do direito internacional. É importante esclarecer que a Declaração é um exemplo de *soft law*, já que não supõe mecanismos constritivos para a implementação dos direitos previstos. Em contrapartida, quando um documento legal prevê mecanismos constritivos para a implementação de seus direitos, estamos diante de um exemplo de *hard law*. Revisitando o direito a ter direitos de Hannah Arendt, segundo a

16. *Direito Internacional Público*. 11 ed. São Paulo: Saraiva, 2008. p. 16.

17. Os países que se abstiveram foram Arábia Saudita, África do Sul, URSS, Ucrânia, Bielorrússia, Polônia, Iugoslávia e Tchecoslováquia.

Declaração, a condição de pessoa humana é requisito único e exclusivo para ser titular de direitos.[18] Com isso corrobora-se o caráter universal dos direitos humanos, isto é, todo indivíduo é cidadão do mundo e, dessa forma, detentor de direitos que salvaguardam sua dignidade.[19] Em seu bojo encontram-se direitos civis e políticos (artigos 3 a 21) e direitos econômicos, sociais e culturais (artigos 22 a 28), o que reforça as características da indivisibilidade e interdependência dos direitos humanos. É importante apontar que a Declaração Universal dos Direitos Humanos não tem força legal[20] (funcionaria como uma *recomendação*), mas sim material e acima de tudo inderrogável por fazer parte do *jus cogens*. Entretanto, consoante o que estudamos, pode-se até advogar que a Declaração, por ter definido o conteúdo dos direitos humanos insculpidos na Carta das Nações Unidas, tem força legal vinculante, visto que os Estados-membros da ONU se comprometeram a promover e proteger os direitos humanos. De qualquer modo, chega-se à afirmação de que a Declaração Universal dos Direitos Humanos gera obrigações aos Estados, isto é, tem força obrigatória (por ser legal ou por fazer parte do *jus cogens*).[21] Antes de passarmos ao estudo do Pacto Internacional dos Direitos Civis e Políticos, deve-se dizer que, para a doutrina internacional, os Estados têm uma tripla obrigação para com todos os direitos humanos: proteger (*to protect*), respeitar (*to respect*) e realizar (*to fulfill*).

Gabarito "C".

3. SISTEMA GLOBAL DE PROTEÇÃO ESPECÍFICA DOS DIREITOS HUMANOS

(Delegado/MG – 2021 – FUMARC) A respeito do Tratado de Marraqueche sobre acesso facilitado a obras publicadas, NÃO é correto afirmar:

(A) Estabelece que a permissão de acesso a obras em formato alternativo às pessoas com dificuldade para leitura de material impresso é exceção ou limitação aos direitos de reprodução.

(B) Nos termos do Tratado de Marraqueche, para que a obra seja convertida para um exemplar em formato acessível, é imprescindível a autorização do titular do direito autoral.

(C) O Tratado de Marraqueche foi negociado no seio da Organização Mundial da Propriedade Intelectual (OMPI), tendo sido fruto de proposta apresentada por Brasil, Equador e Paraguai, em maio de 2009, para pagar dívida histórica com as pessoas com deficiência visual.

(D) Prevê o Intercâmbio Transfronteiriço de Exemplares em Formato Acessível.

A única assertiva incorreta é a "B", pois o requisito apontada não está previsto no art. 4º do Tratado de Marraqueche.

Gabarito "B".

(Delegado/RS – 2018 – FUNDATEC) A Convenção contra a Tortura e Outros Tratamentos ou Penas Cruéis, Desumanos ou Degradantes:

(A) Abrange, no conceito de tortura, as sanções legítimas.

(B) Entende que seu conceito de tortura não pode ser ampliado pela legislação nacional.

(C) Não exclui qualquer jurisdição criminal exercida de acordo com o direito interno.

(D) Assevera que os membros do Comitê Contra a Tortura não podem ser reeleitos.

(E) Torna opcional a informação sobre a tortura para membros da polícia civil.

Com base no art. 1º da Convenção, a tortura é crime próprio, pois as dores ou os sofrimentos são infligidos por um funcionário público ou outra pessoa no exercício de funções públicas, ou por sua instigação, ou com seu consentimento ou aquiescência. É importante também notar que a definição dada pela Convenção não restringe qualquer instrumento internacional ou legislação nacional que contenham ou possam conter dispositivos de alcance mais amplo – art. 1º, *in fine*, da Convenção. Portanto, a assertiva **C** é a correta.

Gabarito "C".

(Delegado/MS – 2017 – FAPEMS) Em 2015, as Nações Unidas concluíram a atualização das Regras Mínimas para o Tratamento de Presos, criadas em 1955. Apelidado de "Regras de Mandela", o conjunto dessa atualização traz como uma de suas principais inovações que

(A) são vedadas as penas de isolamento e de redução de alimentação, a menos que o médico tenha examinado o recluso e certificado, por escrito, que ele está apto para as suportar.

---

18. De maneira sintética, os direitos previstos na Declaração Universal dos Direitos Humanos são: igualdade, vida, não escravidão, não tortura, não discriminação, personalidade jurídica, não detenção/prisão/exílio arbitrário, judiciário independente e imparcial, presunção de inocência, anterioridade penal, intimidade, honra, liberdade, nacionalidade, igualdade no casamento, propriedade, liberdade de pensamento/consciência/religião, liberdade de opinião/expressão, liberdade de reunião/associação pacífica, voto, segurança social, trabalho, igualdade de remuneração, repouso/lazer, saúde/bem-estar, instrução etc.

19. "O advento do Direito Internacional dos Direitos Humanos (DIDH), em 1945, possibilitou o surgimento de uma nova forma de cidadania. Desde então, a proteção jurídica do sistema internacional ao ser humano passou a independer do seu vínculo de nacionalidade com um Estado específico, tendo como requisito único e fundamental o fato do nascimento. Essa nova cidadania pode ser definida como cidadania mundial ou cosmopolita, diferenciando-se da cidadania do Estado-Nação. A cidadania cosmopolita é um dos principais limites para a atuação do poder soberano, pois dá garantia da proteção internacional na falta da proteção do Estado Nacional. Nesse sentido, a relação da soberania com o DIDH é uma relação limitadora" (ALMEIDA, Guilherme Assis de. Mediação, proteção local dos direitos humanos e prevenção de violência. *Revista Brasileira de Segurança Pública*. ano 1, ed. 2, p. 137-138, 2007).

20. "Do ponto de vista estritamente formal, a Declaração Universal dos Direitos Humanos é, consequentemente, parte do assim denominado *soft law*, "direito suave", nem vinculante, mas nem por isso desprezível nas relações internacionais. Sua violação, em tese, não deveria implicar a responsabilidade internacional do Estado, mas, por outro, sujeitaria o recalcitrante a sanções de ordem moral, desorganizadas. Estas têm sua autoridade na própria dimensão política da declaração, como documento acolhido pela quase unanimidade dos Estados então representados na Assembleia Geral e, depois, invocado em constituições domésticas de inúmeros países e em diversos documentos de conferências internacionais" (ARAGÃO, Eugênio José Guilherme. A Declaração Universal dos Direitos Humanos: mera declaração de propósitos ou norma vinculante de direito internacional? *Revista Eletrônica do Ministério Público Federal*. ano 1, n. 1, p. 6, 2009).

21. Tal ilação pode ser adotada em prova dissertativa. Mas em prova objetiva deve ser apontado que a Declaração Universal dos Direitos Humanos não tem força legal, funcionando apenas como uma recomendação.

(B) é vedada a utilização de instrumentos de coerção física em mulheres que estejam em trabalho de parto, durante o parto e imediatamente após o nascimento do bebê.
(C) será sempre dada ao preventivo oportunidade para trabalhar, mas não lhe será exigido trabalhar. Se optar por trabalhar, será remunerado.
(D) nenhum recluso pode ser punido sem ter sido informado da infração de que é acusado e sem que lhe seja dada uma oportunidade adequada para apresentar a sua defesa.
(E) salvo circunstâncias especiais os agentes que assegurem serviços que os ponham em contato direto com os reclusos não devem estar armados.

Das inovações de maior destaque que tivemos em 2015, quando a ONU concluiu a atualização das Regras Mínimas para o Tratamento de Presos, tem-se a proibição de uso de instrumentos de coerção física (ex.: uso de algemas) em mulheres que estejam em trabalho de parto, durante o parto e imediatamente após o nascimento do bebê. Ou seja, buscou garantir o tratamento digno às gestantes.
Gabarito "B".

(Delegado/MS – 2017 – FAPEMS) O Decreto n. 40, de 15 de fevereiro de 1991, promulgou a Convenção Contra a Tortura e Outros Tratamentos ou Penas Cruéis, Desumanos e Degradantes, passando a ser executada e cumprida tão inteiramente como nela se contém, conforme dispõe o artigo 1º desse decreto. Segundo essa Convenção,

(A) será excluída qualquer jurisdição criminal exercida de acordo com o direito interno.
(B) nenhum Estado-Parte procederá à expulsão, à devolução ou à extradição de uma pessoa para outro Estado quando não houver razões substanciais para crer que a mesma corre perigo de ali ser submetida a tortura.
(C) nenhum Estado-Parte procederá à expulsão, à devolução ou à extradição de uma pessoa para outro Estado quando houver razões substanciais para crer que a mesma corre perigo de ali ser submetida a tortura.
(D) cada Estado-Parte assegurará que todos os atos de tortura sejam considerados crimes segundo a sua legislação penal, o mesmo se aplicando à tentativa de tortura, não se estendendo às hipóteses de participação na tortura.
(E) a pessoa processada por crime de tortura não poderá receber tratamento justo em todas as fases do processo.

A Convenção, adotada pela ONU por meio da Resolução 39/46 da Assembleia Geral em 28.09.1984 e promulgada no Brasil em 15.02.1991 pelo Decreto 40, tem por fundamento a obrigação que incumbe os Estados – em virtude da Carta das Nações Unidas, em particular do art. 55, c – de promover o respeito universal e a observância dos direitos humanos e das liberdades fundamentais. E a única assertiva correta conforme essa Convenção é a C (art. 3º, ponto 1, da Convenção).
Gabarito "C".

(Delegado/SP – 2014 – VUNESP) Assinale a alternativa que está expressamente de acordo com as Regras Mínimas das Nações Unidas para o Tratamento dos Presos.

(A) Os presos doentes que necessitem de tratamento especializado deverão ter toda a assistência médica, psicológica, psiquiátrica ou odontológica adequada dentro do próprio estabelecimento prisional, que deverá adequar suas instalações para esse fim.
(B) Cada estabelecimento prisional terá uma biblioteca para o uso de todas as categorias de presos, devidamente provida com livros de recreio e de instrução, e os presos serão estimulados a utilizá-la.
(C) Serão absolutamente proibidos, como punições por faltas disciplinares, os castigos corporais, a detenção em cela escura, e todas as penas cruéis, desumanas ou degradantes, a menos que um médico possa declarar que o preso tenha condições de suportá-la.
(D) O preso que não trabalhar ao ar livre deverá ter, pelo menos, quatro horas por dia para fazer exercícios físicos apropriados ao ar livre, sem prejuízo do horário de banhos de sol.
(E) Será exigido que todos os presos mantenham-se limpos; para este fim, todos os presos deverão adquirir e trazer consigo seus próprios artigos de higiene necessários à sua saúde e limpeza.

A: incorreta. O artigo 22, ponto 2, das Regras Mínimas das Nações Unidas para o Tratamento dos Presos assim dispõe: "Os reclusos doentes que necessitem de cuidados especializados deverão ser transferidos para estabelecimentos especializados ou para hospitais civis. Caso o estabelecimento penitenciário disponha de instalações hospitalares, estas deverão ter o equipamento, o material e os produtos farmacêuticos adequados para o cuidado e tratamento médico dos reclusos doentes; o pessoal deverá ter uma formação profissional apropriada"; **B**: correta (artigo 40 das Regras Mínimas das Nações Unidas para o Tratamento dos Presos); **C**: incorreta, porque não existe a possibilidade de um médico ratificar a aplicação de tais medidas (artigo 31 das Regras Mínimas das Nações Unidas para o Tratamento dos Presos); **D**: incorreta. "Todos os reclusos que não efectuam trabalho no exterior deverão ter pelo menos uma hora diária de exercício adequado ao ar livre quando as condições climatéricas o permitam" (artigo 21, ponto 1, das Regras Mínimas das Nações Unidas para o Tratamento dos Presos); **E**: incorreta. "Deverá ser exigido a todos os reclusos que se mantenham limpos e, para este fim, ser-lhes-ão fornecidos água e os artigos de higiene necessários à saúde e limpeza" (artigo 15 das Regras Mínimas das Nações Unidas para o Tratamento dos Presos).
Gabarito "B".

(Delegado/SP – 2014 – VUNESP) Assinale a alternativa que está de acordo com o contido no Protocolo das Nações Unidas contra o Crime Organizado Transnacional Relativo à Prevenção, Repressão e Punição do Tráfico de Pessoas, em Especial Mulheres e Crianças.

(A) As controvérsias entre dois Estados, com respeito à aplicação do Protocolo, não resolvidas por negociação, serão submetidas ao Tribunal Penal Internacional.
(B) Um dos objetivos do Protocolo é prevenir e combater o tráfico de pessoas, em especial de mulheres e crianças, fornecendo-lhes asilo político.
(C) Cada Estado assegurará que o seu sistema jurídico ofereça às vítimas de tráfico de pessoas a possibilidade de obterem indenização pelos danos sofridos.
(D) Para efeitos do Protocolo, o termo "criança" significa qualquer pessoa com idade inferior a vinte e um anos.
(E) Cada Estado terá em consideração a aplicação de medidas que permitam a recuperação física, psicológica e social das vítimas de tráfico de pessoas, incluindo, se for o caso, o fornecimento de um salário-mínimo mensal de ajuda de custo.

A: incorreta, porque as controvérsias não resolvidas por negociação serão submetidas à arbitragem (artigo 15, ponto 2, do referido Protocolo); **B**: incorreta, pois a assertiva não traz um dos objetivos do Protocolo. Segundo o artigo 2º do Protocolo, os objetivos são: a) prevenir e combater o tráfico de pessoas, prestando uma atenção especial às mulheres e às crianças; b) Proteger e ajudar as vítimas desse tráfico, respeitando plenamente os seus direitos humanos; e c) Promover a cooperação entre os Estados Partes de forma a atingir esses objetivos; **C**: correta. O artigo 6º, ponto 2, do referido Protocolo assim dispõe: "Cada Estado Parte assegurará que o seu sistema jurídico ou administrativo contenha medidas que forneçam às vítimas de tráfico de pessoas, quando necessário: a) informação sobre procedimentos judiciais e administrativos aplicáveis; b) assistência para permitir que as suas opiniões e preocupações sejam apresentadas e tomadas em conta em fases adequadas do processo penal instaurado contra os autores das infrações, sem prejuízo dos direitos da defesa". A possibilidade de obter indenização pelos danos sofridos está englobada nos direitos de defesa; **D**: incorreta. O termo "criança" significa qualquer pessoa com idade inferior a dezoito anos (artigo 3º, *d*, da Convenção Americana); **E**: incorreta. "Cada Estado Parte terá em consideração a aplicação de medidas que permitam a recuperação física, psicológica e social das vítimas de tráfico de pessoas, incluindo, se for caso disso, em cooperação com organizações não governamentais, outras organizações competentes e outros elementos de sociedade civil e, em especial, o fornecimento de: a) alojamento adequado; b) aconselhamento e informação, especialmente quanto aos direitos que a lei lhes reconhece, numa língua que compreendam; c) assistência médica, psicológica e material; e d) oportunidades de emprego, educação e formação (artigo 6º, ponto 3, da Convenção Americana).

Gabarito "C".

(Delegado/SP – 2014 – VUNESP) Segundo o Estatuto de Roma, a competência do Tribunal Penal Internacional restringir-se-á aos crimes mais graves, que afetam a comunidade internacional no seu conjunto.

Nos termos do referido Estatuto, portanto, o Tribunal terá competência para julgar, entre outros, os seguintes crimes:

(A) hediondos e crimes de terrorismo.

(B) de guerra e crimes de tráfico ilícito de entorpecentes e drogas afins.

(C) infanticídio e crimes contra a humanidade.

(D) de agressão e crimes contra a ordem constitucional e o Estado Democrático.

(E) genocídio e crimes de guerra

Com a criação do TPI, tem-se um tribunal permanente para julgar **indivíduos** acusados da prática de crimes de genocídio, de crimes de guerra, de crimes de agressão e de crimes contra a humanidade.

Gabarito "E".

(Delegado/SP – 2011) A Convenção sobre a Eliminação de Todas as Formas de Discriminação contra a Mulher estabelece que os Estados-partes se comprometem a

(A) fomentar qualquer concepção estereotipada dos papéis masculino e feminino em todos os níveis.

(B) derrogar todas as disposições penais nacionais que constituam discriminação contra as mulheres.

(C) conceder bolsas e acesso aos programas de educação supletiva em maior número para compensar as desigualdades passadas.

(D) desencorajar a educação mista, privilegiando os programas de alfabetização funcional para as mulheres.

(E) proibir a demissão por motivo de gravidez, permanecendo aquelas motivadas pelo estado civil.

A Convenção, adotada pela ONU em 18 de dezembro de 1979 e promulgada no Brasil em 13 de setembro de 2002 pelo Decreto nº 4.377[22], tem por fundamento a consciência de que a discriminação contra a mulher viola os princípios da igualdade de direitos e do respeito da dignidade humana, dificulta a participação da mulher, nas mesmas condições que o homem, na vida política, social, econômica e cultural de seu país, constitui um obstáculo ao aumento do bem-estar da sociedade e da família e dificulta o pleno desenvolvimento das potencialidades da mulher para prestar serviço a seu país e à humanidade. Os Estados-partes têm a obrigação de progressivamente eliminar a discriminação e promover a igualdade de gênero. Assim, consoante visto na Convenção Internacional sobre a Eliminação de Todas as Formas de Discriminação Racial, os Estados, além de proibirem a discriminação, podem adotar medidas promocionais temporárias para acelerar o processo de obtenção do ideal de igualdade de gênero. Para monitorar o cumprimento pelos Estados--partes das obrigações constantes na Convenção, foi criado o Comitê sobre a Eliminação da Discriminação contra a Mulher, responsável por receber os relatórios confeccionados pelos Estados-partes. As petições individuais e a possibilidade de realizar investigações *in loco* só foram possibilitadas, como mecanismos de controle e fiscalização (controle de convencionalidade internacional), com a adoção do Protocolo Facultativo à Convenção Internacional sobre a Eliminação de Todas as Formas de Discriminação contra a Mulher. A decisão do Comitê não tem força vinculante, mas será publicada no relatório anual, o qual é encaminhado à Assembleia Geral da ONU. E enquanto ações específicas para combater a discriminação contra a mulher, a única assertiva correta é a B pois reproduz a redação do art. 2º, *g*, da Convenção em análise.

Gabarito "B".

(Delegado/SP – 2011) As regras mínimas das Nações Unidas para o tratamento dos presos não incluem

(A) o respeito às crenças religiosas e aos preceitos morais do grupo a que pertença o preso.

(B) que todos são dotados de razão e consciência e devem agir com espírito de fraternidade.

(C) as razões da prisão de qualquer pessoa e a autoridade competente que a ordenou.

(D) a separação entre pessoas presas preventivamente e presos condenados.

(E) que os presos jovens deverão ser mantidos separados dos presos adultos.

A única assertiva que não cuida corretamente das regras mínimas das Nações Unidas para o tratamento de presos é a B. A assertiva A reflete a redação do art. 6º, ponto 2; a assertiva C reproduz a redação do art. 7º, ponto 1, *b*; a assertiva D reproduz a redação do art. 8º, *b*; **E**: correta, de acordo com a redação do art. 8º, *d*.

Gabarito "B".

(Delegado/SP – 2011) As penas que poderão ser fixadas pelo Tribunal Penal Internacional (Estatuto de Roma, 1998) são

(A) expatriação, prisão até 30 anos ou perpétua e perda dos produtos, bens e haveres provenientes do crime.

(B) prisão, no mínimo de 3 anos e, no máximo, perpétua, multa, ou perda de produtos e bens provenientes do crime, ainda que de forma indireta.

(C) advertência, prisão, de 3 anos a 30 anos e a perda dos produtos, bens e haveres provenientes do crime.

(D) prisão até 30 anos ou perpétua, multa e perda dos produtos, bens e haveres provenientes do crime.

(E) expatriação, prisão de 3 a 30 anos ou perpétua e perda dos produtos, bens e haveres decorrentes do crime.

---

22. Que também revoga o Decreto nº 89.460, de 20 de março de 1984.

O Tribunal Penal Internacional (TPI) foi constituído na Conferência de Roma, em 17 de julho de 1998, na qual se aprovou o Estatuto de Roma (tratado que não admite a apresentação de reservas), que só entrou em vigor internacionalmente em 1º de julho de 2002 e passou a vigorar, para o Brasil, em 1º de setembro de 2002. A partir de então, tem-se um tribunal permanente para julgar *indivíduos*[23] acusados da prática de crimes de genocídio, de crimes de guerra, de crimes de agressão e de crimes contra a humanidade. Deve-se apontar que *indivíduos* diz respeito a quaisquer indivíduos, independentemente de exercerem funções governamentais ou cargos públicos (artigo 27 do Estatuto de Roma), desde que, à data da alegada prática do crime, tenham completado 18 anos de idade. Cabe destacar que nenhuma pessoa será considerada criminalmente responsável por uma conduta anterior à entrada em vigor do Estatuto de Roma – é a chamada irretroatividade *ratione personae*. O TPI é orientado pelos princípios da legalidade e da anterioridade penal, o que é bem delineado pela redação do artigo 5º, ponto 2, do Estatuto de Roma. A criação do TPI corrobora a ideia de responsabilidade internacional do indivíduo, consoante o que se iniciou com os Tribunais *Ad Hoc* de Nurembergue e de Tóquio, e depois de Ruanda e da Iugoslávia. O Tribunal é uma entidade independente da ONU e tem sede em Haia, nos Países Baixos. Ademais, tem personalidade jurídica de direito internacional e é formado pela Presidência, Seção de Instrução, Seção de Julgamento em Primeira Instância, Seção de Recursos, Procuradoria e Secretaria. A grande característica do Tribunal é sua *complementaridade*, isto é, a jurisdição do TPI somente será exercida caso a Seção de Instrução verificar que existem provas suficientes para o acusado ser levado a julgamento e concluir que algum sistema jurídico nacional tenha sido incapaz ou não tenha demonstrado interesse em julgar o caso. Esse último requisito pode ser verificado quando ocorrer demora injustificada no procedimento, falta de independência do Poder Judiciário e até falta de capacidade para realizar a justiça penal. Em outras palavras, a jurisdição do TPI tem caráter excepcional, isto é, os Estados têm primazia para investigar os crimes previstos no Estatuto de Roma. Cabe também destacar, consoante o que dispõe o artigo 29 do Estatuto de Roma, que os crimes da competência do TPI não prescrevem. A acusação, referente à prática de algum dos crimes tipificados no artigo 5º do Estatuto de Roma, pode ser levada até o conhecimento do TPI, que tem jurisdição para julgar os crimes cometidos nos territórios dos Estados-partes ou dos Estados que reconheçam sua competência, por meio de algum Estado-parte, pelo Conselho de Segurança (nos termos do Capítulo VII da Carta da ONU) ou pelo procurador-geral do TPI. Se a acusação for devidamente processada e aceita pela Câmara Preliminar, o TPI poderá julgar o caso. E, *caso condene o indiciado culpado, a pena imposta terá de respeitar o limite máximo de 30 anos. Todavia, caso o crime seja de extrema gravidade, poderá ser aplicada a pena de prisão perpétua. Concomitantemente, poderá ser aplicada a pena de multa e de confisco, caso restar comprovado que o culpado adquiriu bens de forma ilícita (artigo 77 do Estatuto de Roma)*. Além de sanções de natureza penal, o TPI pode determinar a reparação às vítimas de crimes e respectivos familiares, principalmente por meio da restituição, da indenização ou da reabilitação. Ainda, o Tribunal poderá, de ofício ou por requerimento, em circunstâncias excepcionais, determinar a extensão e o nível dos danos, da perda ou do prejuízo causados às vítimas ou aos titulares do direito à reparação, com a indicação dos princípios nos quais fundamentou sua decisão (artigo 75 do Estatuto de Roma). Por fim, a grande inovação do Estatuto foi a criação do instituto da *entrega* ou *surrender*, ou seja, a entrega de um Estado para o TPI (plano vertical), a pedido deste, de indivíduo que deva cumprir pena por prática de algum dos crimes tipificados no artigo 5º do Estatuto de Roma. A título comparativo, a extradição é a entrega de um Estado para outro Estado (plano horizontal), a pedido deste, de indivíduo que em seu território deva responder a processo penal ou cumprir pena por prática de crime de certa gravidade. A grande finalidade do instituto da *entrega* é driblar o princípio da não extradição de nacionais e, logicamente, garantir o julgamento do acusado, pois o TPI não julga indivíduos à revelia. Assim, criou-se tal figura para permitir que o Estado entregue indivíduo que seja nacional seu ao TPI. Em outras palavras, a *entrega* nada mais é do que o cumprimento de ordem emanada do Tribunal Penal Internacional. A legitimidade dessa autoridade reside no fato de o Tribunal realizar os anseios de justiça de toda a comunidade internacional, julgando e condenando autores de crimes nefastos para a humanidade. Assim, o Estado, como signatário do Estatuto de Roma, deve cooperar e entregar seu nacional para ser julgado pelo TPI. A título comparativo, a *entrega* é de interesse de toda a comunidade internacional, ao passo que a *extradição* é de interesse do país requerente. O Brasil, com fundamento no artigo 5º, LI e § 4º, da CF, permite a entrega de nacional seu ao TPI, mas proíbe a extradição de nacional seu ao Estado requerente. Lembrando, com base no inciso. LI supracitado, que existe uma exceção ao princípio da não extradição de nacionais no Brasil: trata-se do caso de brasileiro naturalizado que tiver comprovado envolvimento em tráfico ilícito de entorpecentes e drogas afins. Como curiosidade, cabe lembrar que os EUA não reconhecem a jurisdição do TPI.

Gabarito "D".

(Delegado/SP – 2003) Indique qual destes instrumentos prevê, em seu artigo 4º, a aplicação de medidas especiais de ação afirmativa, de caráter temporário, destinadas a acelerar a igualdade entre os indivíduos, buscando superar injustiças cometidas no passado contra as mulheres

(A) Declaração Universal dos Direitos Humanos.

(B) Convenção Americana sobre Direitos Humanos.

(C) Convenção sobre a Eliminação de todas as formas de Discriminação contra a Mulher.

(D) Convenção Interamericana para Prevenir, Punir e Erradicar a Violência contra a Mulher.

A: incorreta. O art. 4º da Declaração Universal dos Direitos Humanos assim dispõe: "ninguém será mantido em escravidão ou servidão, a escravidão e o tráfico de escravos serão proibidos em todas as suas formas". **B:** incorreta. O art. 4º da Convenção Americana sobre Direitos Humanos trata do direito à vida e nada diz sobre a aplicação de medidas especiais de ação afirmativa que busquem a igualdade de gênero. **C:** correta. O art. 4º da Convenção sobre a Eliminação de todas as formas de Discriminação contra a Mulher prevê expressamente a adoção de medidas especiais de ação afirmativa, de caráter temporário, para acelerar a busca de igualdade de fato entre o homem e a mulher. Ademais, dispõe que a adoção de ações afirmativas não pode ser considerada discriminação e determina que tais cessarão quando os objetivos de igualdade de oportunidade e tratamento houverem sido alcançados. **D:** incorreta. O art. 4º da Convenção Interamericana para Prevenir, Punir e Erradicar a Violência contra a Mulher não prevê medidas especiais de ação afirmativa, apenas traça uma lista dos direitos que a mulher possui.

Gabarito "C".

(Delegado/SP – 2000) A adoção de medidas especiais de proteção ou incentivo a grupos ou indivíduos, com vistas a promover sua ascensão na sociedade até um nível de equiparação com os demais, com previsão na Convenção Sobre a Eliminação de Todas as Formas de Discriminação Racial (1968) denomina-se

(A) ação afirmativa.

---

23. Percebe-se que aqui, ao contrário da responsabilidade internacional tradicional, a responsabilidade pelo ato internacional ilícito é imputada exclusivamente ao indivíduo. Além dos crimes tipificados no Estatuto de Roma, podemos citar o tráfico de drogas e de escravos e a pirataria como outros exemplos de atos ilícitos internacionais imputados exclusivamente ao indivíduo.

(B) "apartheid".
(C) relativismo universal.
(D) política de segregação.

A: correta. Os Estados-partes da Convenção Sobre a Eliminação de Todas as Formas de Discriminação Racial têm a obrigação de implementar políticas públicas que assegurem efetivamente a progressiva eliminação da discriminação racial. Percebe-se que o ideal de igualdade não vai ser atingido somente por meio de políticas repressivas que proíbam a discriminação. É necessária uma comunhão da proibição da discriminação (igualdade formal) com ações afirmativas temporárias (igualdade material). Tal dualidade de ação faz-se necessária, pois a parcela populacional vítima de descriminação racial coincide com a parcela socialmente vulnerável. **B:** incorreta. O *apartheid* foi um regime de segregação racial adotado de 1948 a 1994 pelos sucessivos governos do Partido Nacional na África do Sul, no qual os direitos da grande maioria dos habitantes (formada por negros) foram cerceados pelo governo formado pela minoria branca. **C:** incorreta. O termo empregado na assertiva nada tem a ver com ações afirmativas temporárias, e o que se pode tirar do termo "relativismo universal" só pode ser a doutrina do relativismo cultural, a qual faz duras críticas à universalização dos direitos humanos. Mas, as críticas referentes à leitura de *universalização* por *ocidentalização* não devem proceder, isto porque os direitos humanos transcendem às criações culturais no sentido *lato* (religião, tradição, organização política etc.) por serem adstritos à condição humana. Destarte, particularidades regionais e nacionais devem ser levadas em conta, mas nunca devem impedir a proteção mínima dos direitos humanos, até porque tais fazem parte do *jus cogens*. Assim, o universalismo derrota o relativismo. **D:** incorreta. A política de segregação pode ser traduzida pela situação de uma sociedade que impede parcela de sua população de usufruir de direitos que estão definidos para os membros dessa sociedade, com base na origem étnica (ou "raça") dessas pessoas, no caso trata-se de uma política de segregação racial, e esta forma de discriminação racial, como vimos no comentário à assertiva "B", pode ser institucionalizada pelo Estado, como aconteceu na África do Sul com o *apartheid*. Ou seja, a política de segregação é o isolamento de certa parcela da população, a qual fica destituída dos direitos que gozam o restante da população.

Gabarito "A".

(Delegado/SP – 2000) Segundo a Convenção Contra a Tortura e Outros Tratamentos ou Penas Cruéis e Degradantes (1984) o Estado-parte onde se encontra o suspeito da prática de tortura deverá

(A) processá-lo ou extraditá-lo, mas somente se houver acordo bilateral de extradição.
(B) somente processá-lo tendo em vista o princípio da jurisdição compulsória.
(C) processá-lo ou extraditá-lo independentemente de tratado de extradição.
(D) somente extraditá-lo tendo em vista o princípio da jurisdição universal.

A tortura é considerada um crime internacional e para combatê-la, a "Convenção contra a tortura" estabeleceu jurisdição compulsória e universal para julgar os acusados de tortura. A compulsoriedade da jurisdição determina que os Estados-partes devem punir os torturadores, independentemente do local onde o crime foi cometido e da nacionalidade do torturador e da vítima. A universalidade da jurisdição determina que os Estados-partes processem ou extraditem o suspeito da prática de tortura, independentemente da existência de tratado prévio de extradição.

Gabarito "C".

---

4. SISTEMA AMERICANO DE PROTEÇÃO DOS DIREITOS HUMANOS

(Delegado/MG – 2021 – FUMARC) Sobre a Convenção Interamericana para Prevenir e Punir a Tortura (1985), é CORRETO afirmar que

(A) considera tortura a aplicação, sobre uma pessoa, de métodos tendentes a anular a personalidade da vítima, ou a diminuir sua capacidade física ou mental, embora não causem dor física ou angústia psíquica.
(B) estabelece que casos de tortura ocorridos no território dos Estados Partes da Convenção podem ser apreciados por instâncias internacionais, independentemente de esgotamento das instâncias internas, em razão da gravidade do crime de tortura.
(C) foi ratificada pelo Estado brasileiro e possui status de norma constitucional, haja vista sua aprovação de acordo com o rito previsto no § 3º, do art. 5º, da Constituição Federal de 1988.
(D) são considerados responsáveis os empregados ou funcionários públicos que, nessa condição, ordenem sua comissão ou instiguem ou induzam a ela, cometam-no diretamente ou, podendo impedi-lo, não o façam, excluindo a responsabilização daqueles que agiram por determinação de superior hierárquico.

A: correto (art. 2º da Convenção Interamericana para Prevenir e Punir a Tortura); **B:** incorreto (art. 8º da Convenção Interamericana para Prevenir e Punir a Tortura); **C:** incorreto, pois essa Convenção não foi aprovada pelo rito especial. A Convenção, adotada em 09.12.1985, em Cartagena, na Colômbia, foi promulgada no Brasil em 09.12.1989 pelo Decreto 98.386, tem por fundamento a consciência de que todo ato de tortura ou outros tratamentos ou penas cruéis, desumanos ou degradantes constituem uma ofensa à dignidade humana; **D** incorreto (arts. 3º e 4º da Convenção Interamericana para Prevenir e Punir a Tortura).

Gabarito "A".

(Delegado/ES – 2019 – Instituto Acesso) A Comissão Interamericana de Direitos Humanos (CIDH) fez uma visita *in loco* ao Brasil, entre 5 e 12 de novembro de 2018, em função de convite formulado pelo Estado brasileiro realizado em 29 de novembro de 2017. O objetivo foi o de observar a situação dos direitos humanos no país. Entre os itens constantes de seu relatório, a CIDH apontou para "o grave contexto de violações aos direitos humanos das mulheres negras e da juventude pobre da periferia. São os pobres e os afrodescendentes aqueles que seguem sendo desproporcionalmente as principais vítimas de violações aos direitos humanos no Brasil. Estes são mortos às dezenas e milhares, sem investigação, julgamento, punição ou reparação adequados". Os termos exarados encontram-se de acordo com as atribuições da CIDH, que

(A) expede "Pareceres", em caráter consultivo, à Corte Interamericana, sobre aspectos de interpretação da Convenção Americana, podendo inclusive sugerir providências para solução dos problemas observados.
(B) pode solicitar que a Corte Interamericana requeira "medidas provisionais" dos Governos em casos urgentes de grave perigo às pessoas, ainda que o caso não tenha sido submetido à Corte.
(C) faz recomendações aos Estados-membros da OEA acerca da adoção de medidas para corrigir as práticas

de violações e adotar medidas de promoção e garantia dos direitos humanos.

(D) zela pelo cumprimento geral dos direitos humanos nos Estados-membros, publica as informações especiais sobre a situação em um estado específico e as envia à Assembleia Geral da OEA para as sanções cabíveis,

(E) realiza visitas *in loco* aos países, ao receber petições individuais que alegam violações dos direitos humanos, segundo o disposto nos artigos 44 a 51 da Convenção Americana sobre Direitos Humanos, com o intuito de aprofundar a observação geral da situação, e/ou para investigar uma situação particular.

A única assertiva correta acerca das atribuições da CIDH é a **B**. A Comissão, por iniciativa própria (*ex officio*) ou depois de receber uma denúncia, poderá entrar em contato com o Estado denunciado para que este adote, com urgência, medidas cautelares de natureza individual ou coletiva antes da análise do mérito da denúncia, desde que verificado risco de dano irreparável à vítima ou às vítimas. Dentro dessa ótica, poderá também solicitar que a Corte ordene que o Estado denunciado adote medidas provisórias mesmo antes da análise do mérito do caso, desde que o caráter de urgência e de gravidade as justifiquem para poder impedir a ocorrência de danos irreparáveis às pessoas. As medidas cautelares (solicitadas pela Comissão e aplicadas por Estados) e as provisórias (ordenadas pela Corte, mediante solicitação da Comissão, e aplicadas por Estados) possuem o mesmo efeito prático.

Gabarito "B".

(Delegado/MS – 2017 – FAPEMS) Na seara dos tratados e das convenções internacionais sobre direitos humanos incorporados pelo ordenamento jurídico brasileiro, destaca-se a Convenção Americana de Direitos Humanos. Também conhecida como Pacto de San José da Costa Rica, tal Convenção foi adotada em 22 de novembro de 1969, durante a Conferência Especializada Interamericana sobre Direitos Humanos. Sobre ela, é correto afirmar que

(A) em seu bojo, dentre os direitos protegidos, destaca a proteção à família, embora se omita sobre o direito da criança.

(B) no âmbito regional trata-se do documento mais importante do sistema interamericano, excluindo a subordinação ao sistema global de proteção dos direitos humanos.

(C) estabelece como competentes para conhecerem os assuntos relacionados com o cumprimento dos compromissos assumidos pelos Estados-Partes a Comissão Interamericana de Direitos Humanos e a Corte Interamericana de Direitos Humanos.

(D) embora assinada em 1969, foi ratificada pelo Brasil apenas em 1988, possivelmente em razão da resistência do regime militar em acolher os compromissos nela estipulados.

(E) reitera princípios consagrados na Carta da Organização dos Estados Americanos, na Declaração Americana dos Direitos e Deveres do Homem e no Estatuto de Roma.

A: incorreta, pois a Convenção trata dos direitos da criança no seu artigo 19; **B**: incorreta, pois não exclui a subordinação ao sistema global de proteção dos direitos humanos. Muito pelo contrário, os sistemas protetivos global, regional e nacional interagem e complementam-se para melhor proteger o indivíduo dos abusos perpetrados contra sua dignidade humana. Esse exercício foi denominado, por Erik Jaime,[24] de o *diálogo das fontes*,[25] ou seja, os diversos sistemas de proteção (fontes heterogêneas) são coordenados para garantir a maior tutela possível da dignidade da pessoa humana – dessa forma, o sistema com maiores possibilidades de garantir a proteção no caso específico será o eleito, podendo até haver uma aplicação conjunta dos sistemas, desde que apropriada. A Constituição brasileira traz previsão expressa da "cláusula de diálogo ou dialógica" no seu art. 4º, II; **C**: correta (art. 33 da Convenção); **D**: incorreta. Em 22.11.1969, na Conferência de San José da Costa Rica, foi adotada a Convenção Americana de Direitos Humanos[26] (também conhecida como Pacto de San José da Costa Rica), a qual só entrou em vigor internacional em 18.07.1978 (quando atingiu as 11 ratificações necessárias) e é o principal instrumento protetivo do sistema americano. No Brasil, a Convenção passou a ter vigência por meio do Decreto 678, de 06.11.1992; **E**: incorreta, pois o Estatuto de Roma foi adotado em 1988, ou seja, muito depois da adoção da Convenção Americana de Direitos Humanos.

Gabarito "C".

(Delegado/MT – 2017 – CESPE) Considere as seguintes disposições.

I. Todo indivíduo tem direito à liberdade e à segurança pessoais.
II. As finalidades essenciais das penas privativas da liberdade incluem a compensação, a retribuição, a reforma e a readaptação social dos condenados.
III. Todas as pessoas têm o direito de associar-se livremente com fins ideológicos, religiosos, políticos, econômicos, trabalhistas, sociais, culturais e desportivos.
IV. É proibida a expulsão coletiva de estrangeiros.

Decorrem da Convenção Americana sobre Direitos Humanos (Pacto de São José e Decreto n. 678/1992) apenas as disposições contidas nos itens

(A) I e II.
(B) II e III.
(C) III e IV.
(D) I, II e IV.
(E) I, III e IV.

I: correta (art. 7º, ponto 1, da Convenção Americana); **II**: incorreta, pois segundo o art. 5º, ponto 6, da Convenção Americana, as penas privativas da liberdade devem ter por finalidade essencial a reforma e a readaptação social dos condenados. Isto é, a compensação e a retribuição não são finalidades essenciais das penas privativas de liberdade; **III**: correta (art. 16, ponto 1, da Convenção Americana); **IV**: correta (art. 22, ponto 9, da Convenção Americana).

Gabarito "E".

(Delegado/MG – 2012) O sistema internacional de proteção dos direitos humanos pode apresentar diferentes âmbitos de aplicação, daí poder se falar em sistemas global e regional. O instrumento de maior importância no sistema

---

24. *Identité culturelle et integration: le droit international privé postmoderne*. Séries Recueil des Cours de l'Académie de Droit International de la Haye 251, 1995.

25. O citado diálogo também é previsto expressamente no art. 29, *b*, da Convenção Americana de Direitos Humanos.

26. É de suma importância sublinhar que a Convenção Americana de Direitos Humanos é autoaplicável. Tal definição provém do Parecer Consultivo 7/1986 da Corte Interamericana de Direitos Humanos. Assim, uma vez internalizada, estará apta a irradiar seus efeitos diretamente na ordem interna do país-parte, isto é, não necessitará de lei que regulamente sua incidência nos países que aderiram a seus mandamentos.

interamericano é a Convenção Americana de Direitos Humanos, também denominada Pacto de San José da Costa Rica que

(A) foi assinada em San José, Costa Rica, em 1969, tendo como Estados membros todos os países das Américas do Norte, Central e do Sul, que queiram participar.
(B) substancialmente reconhece e assegura um catálogo de direitos civis, políticos, econômicos, sociais e culturais, garantindo-lhes a plena realização.
(C) exige dos governantes dos Estados signatários estritamente obrigações de natureza negativas, como por exemplo o dever de não torturar um indivíduo.
(D) em face dos direitos constantes no texto, cada Estado-parte deve respeitar e assegurar o livre e pleno exercício desses direitos e liberdades, sem qualquer discriminação.

A: incorreta. O sistema protetivo americano foi instalado em 1948 pela Carta da Organização dos Estados Americanos, que, por sua vez, foi adotada na 9ª Conferência Internacional Americana, que se reuniu em Bogotá, na Colômbia. Na mesma Conferência, foi adotada a Declaração Americana dos Direitos e Deveres do Homem, que foi o primeiro acordo internacional sobre direitos humanos, antecipando a Declaração Universal dos Direitos Humanos, escrita seis meses depois. O sistema protetivo americano não contava com mecanismo constritivo de proteção dos direitos humanos, mas apenas com uma declaração (*soft law*) de que os Estados membros deveriam proteger os direitos humanos. Em 22 de novembro de 1969, na Conferência de San José da Costa Rica, foi adotada a Convenção Americana de Direitos Humanos[27] (Pacto de San José da Costa Rica), a qual só entrou em vigor internacional em 18 de julho de 1978 (quando atingiu as 11 ratificações necessárias) e é o principal instrumento protetivo do sistema americano. No Brasil, a Convenção passou a ter vigência por meio do Decreto. n° 678 de 6 de novembro de 1992. Cabe destacar que o artigo 2° desse decreto dispõe sobre a declaração interpretativa do governo brasileiro: "O Governo do Brasil entende que os arts. 43 e 48, *d*, não incluem o direito automático de visitas e inspeções *in loco* da Comissão Interamericana de Direitos Humanos, as quais dependerão da anuência expressa do Estado". Tal declaração interpretativa funciona como uma ressalva que limita os poderes da Comissão Interamericana de Direitos Humanos.[28] Como órgãos de fiscalização e julgamento (controle de convencionalidade internacional) do sistema americano de proteção dos direitos humanos, a Convenção instituiu a Comissão e a Corte Interamericana de Direitos Humanos, dotando-o, dessa maneira, de mecanismos constritivos de proteção dos direitos humanos (*hard law*). *Na Convenção só é permitida a participação dos países-membros da OEA* (na época da assinatura da Convenção, Cuba estava suspensa da OEA e logicamente não pôde escolher participar); **B:** incorreta. Ao longo da Convenção é possível identificar inúmeros direitos civis e políticos (ditos de primeira geração), nos moldes do Pacto Internacional de Direitos Civis e Políticos. A única

menção aos direitos econômicos, sociais e culturais é encontrada no artigo 26 do Pacto de San José, que se limita a determinar que os Estados se engajem em progressivamente implementar tais direitos (em sua dimensão negativa e positiva), ditos de segunda geração. Tal escolha (de só regular os direitos políticos e civis) foi direcionada para obter a adesão dos EUA. Essa situação modificou-se com a adoção, na Conferência Interamericana de San Salvador, em 17 de novembro de 1988, do Protocolo Adicional à Convenção, conhecido como Protocolo de San Salvador. A partir de então, tem-se uma enumeração dos direitos econômicos, sociais e culturais que os países americanos – membros da OEA – obrigam-se a implementar progressivamente. Lembrando-se sempre da tripla obrigação dos Estados para com todos os direitos humanos: proteger, respeitar e realizar[29]; **C:** incorreta, pois os Estados-membros assumem obrigações de caráter positivo e negativo, sempre observando a tripla obrigação para com todos os direitos humanos: proteger (*to protect*), respeitar (*to respect*) e realizar (*to fulfill*); **D:** correta, pois reflete a redação do art. 1°, ponto 1, da Convenção Americana sobre Direitos Humanos.

(Delegado/SP – 2003) Assinale a alternativa que não se encontra explicitada no texto da Convenção Americana sobre Direitos Humanos.

(A) Toda pessoa tem direito a um prenome.
(B) O direito à vida deve ser protegido por lei e, em geral, desde o nascimento.
(C) Os menores, quando puderem ser processados, devem ser separados dos adultos e conduzidos a tribunal especializado.
(D) Toda pessoa tem direito à liberdade e à segurança pessoal.

A: correta. Tal direito encontra-se insculpido no art. 18 da Convenção Americana de Direitos Humanos. **B:** incorreta. O art. 4°, 1, da Convenção

---

27. É de suma importância sublinhar que a Convenção Interamericana de Direitos Humanos é autoaplicável. Tal definição provém do Parecer Consultivo 07/1986 da Corte Interamericana de Direitos Humanos. Assim, uma vez internalizada, estará apta a irradiar seus efeitos diretamente na ordem interna do país-parte, isto é, não necessitará de lei que regulamente sua incidência nos países que aderiram a seus mandamentos.

28. Todavia, deve-se apontar, como uma das consequências do princípio *pro homine*, que a interpretação das limitações de direitos estabelecidos nos tratados internacionais de direitos humanos deve ser restritiva – tudo para impedir ao máximo a diminuição da proteção da pessoa humana. Aliás, nesse sentido é o Parecer Consultivo 02, de 24 de setembro de 1982, da Corte Interamericana de Direitos Humanos.

29. Para ilustrar, segue um trecho da importante sentença da Corte Interamericana de Direitos Humanos exarada no caso Velásquez Rodríguez, ocasião em que foi explicitada a obrigação de os Estados-partes garantirem o livre e o pleno exercício dos direitos reconhecidos na Convenção Americana de Direitos Humanos: "Esta obrigação implica o dever dos Estados-partes de organizar todo o aparato governamental e, em geral, todas as estruturas por meio das quais se manifesta o exercício do poder público, de maneira que sejam capazes de assegurar juridicamente o livre e pleno exercício dos direitos humanos. Como consequência dessa obrigação, os *Estados devem prevenir, investigar e sancionar toda violação dos direitos reconhecidos pela Convenção* e procurar, ademais, o restabelecimento, se possível, do direito violado e também a reparação dos danos produzidos pela violação dos direitos humanos" (tradução minha). O caso analisado trata de um estudante universitário de Honduras – Velásquez Rodríguez – que foi detido por autoridades policiais hondurenhas, sendo, posteriormente, vítima de tortura até ser tido como desaparecido. Em sentença de 29 de julho de 1988, a Corte Interamericana de Direitos Humanos declarou, por unanimidade, que Honduras violou, em prejuízo de Velásquez Rodríguez, o direito à liberdade pessoal (artigo 7° da Convenção), o direito à integridade pessoal (artigo 5° da Convenção) e o direito à vida (artigo 4° da Convenção), todos em conexão com o artigo 1°, ponto 1, da Convenção. A Corte declarou ainda, também por unanimidade, que Honduras deveria pagar uma justa indenização compensadora para os familiares da vítima, mas não fixou os parâmetros para o pagamento, apenas ressalvou que, se a Comissão Interamericana de Direitos Humanos e Honduras não chegassem a um acordo, a Corte seria responsável por estabelecer a forma e a quantia da indenização.

Americana de Direitos Humanos dispõe que o direito à vida deve ser protegido por lei e, em geral, desde a concepção. **C:** correta. Tal direito encontra-se insculpido no art. 5º, 5, da Convenção Americana de Direitos Humanos. **D:** correta. Tal direito encontra-se insculpido no art. 7º, 1, da Convenção Americana de Direitos Humanos.

Gabarito "B".

(Delegado/SP – 2002) A Convenção Americana de Direitos Humanos prevê que somente a Comissão e os Estados signatários podem submeter controvérsias à Corte, não permitindo que indivíduos, grupos de indivíduos e organizações não governamentais a provoquem diretamente. Pretende-se com isso

(A) privilegiar a solução jurídica dos conflitos.
(B) privilegiar a solução consensual dos conflitos.
(C) possibilitar que todos a acionem diretamente.
(D) privilegiar a solução jurídica ou litigiosa dos conflitos.

A: incorreta. A legitimidade ou não dos indivíduos para exercer o *direito de petição* perante a Corte Interamericana de Direitos Humanos em nada interfere na juridicidade de suas decisões. Isso porque a solução jurídica dos conflitos é possível por ser a Corte o órgão jurisdicional do sistema regional de proteção americano. **B:** correta. Dotar o indivíduo de legitimidade para exercer o *direito de petição* perante a Corte possibilitaria a democratização no manejo do sistema regional de proteção americano, assim como também aumentaria a capilaridade de seu monitoramento. Por consequência desses efeitos benéficos veríamos um aumento substancial nas controvérsias submetidas à Corte e isso por dois motivos principais. O primeiro, como vimos, pela democratização no manejo do sistema regional de proteção e o segundo porque os indivíduos não iam proceder à considerações políticas prévias à propositura da controvérsia. As considerações políticas recheiam as decisões dos Estados e mesmo da Comissão de submeter certa controvérsia à Corte. **C:** incorreta. Na verdade, é o contrário, pois a proibição dos indivíduos exercerem o *direito de petição* perante a Corte limita o acesso e não possibilita que todos a acionem. **D:** incorreta, consoante comentário feito à assertiva "A".

Gabarito "B".

5. SISTEMA AMERICANO DE PROTEÇÃO ESPECÍFICA DOS DIREITOS HUMANOS

(Delegado/SP – 2011) De acordo com a Convenção Interamericana para Prevenir e Punir a Tortura (1985), podem ser sujeitos ativos do crime de tortura

(A) apenas funcionários ou empregados públicos, ou particulares desde que instigados pelos dois primeiros.
(B) apenas funcionários ou empregados públicos, ainda que em período de estágio probatório ou equivalente.
(C) qualquer pessoa, desde que tenha a intenção de impor grave sofrimento físico ou mental.
(D) exclusivamente empregados ou funcionários públicos, agindo em razão do ofício ou função.
(E) qualquer pessoa, desde que seja penalmente responsável nos termos da lei do Estado-parte.

A Convenção, adotada em 9 de dezembro de 1985, em Cartagena, na Colômbia, e promulgada no Brasil em 9 de dezembro de 1989 pelo Decreto nº 98.386, tem por fundamento a consciência de que todo ato de tortura ou outros tratamentos ou penas cruéis, desumanos ou degradantes constituem uma ofensa à dignidade humana. Os Estados-partes têm obrigação de proibir a tortura, esta não podendo ser praticada nem mesmo em circunstâncias excepcionais. Por tortura entende-se todo ato pelo qual são infligidos intencionalmente a uma pessoa penas ou sofrimentos físicos ou mentais, com fins de investigação criminal, como meio de intimidação, como castigo pessoal, como medida preventiva, como pena ou com qualquer outro fim. Entende-se também como tortura a aplicação em uma pessoa de métodos tendentes a anular a personalidade da vítima ou a diminuir sua capacidade física ou mental, embora não causem dor física ou angústia psíquica (artigo 2º da Convenção). E consoante ao artigo 3º, *a* e *b*, da Convenção, apenas os funcionários ou empregados públicos, ou ainda os particulares, desde que instigados pelos dois primeiros, podem ser sujeitos ativos do crime de tortura. É muito importante a ressalva do artigo 4º: "O fato de haver agido por ordens superiores não eximirá da responsabilidade penal correspondente". Igualmente ao previsto na Convenção da ONU contra a Tortura e outros Tratamentos ou Penas Cruéis, Desumanos ou Degradantes, os Estados-partes se obrigam a punir os torturadores, independentemente do país em que a tortura tenha sido realizada e da nacionalidade do torturador. Percebe-se que a Convenção Interamericana também estabeleceu jurisdição compulsória e universal para julgar os acusados de tortura. A compulsoriedade da jurisdição determina que os Estados-partes devem punir os torturadores, independentemente do local onde o crime foi cometido e da nacionalidade do torturador e da vítima. E a universalidade da jurisdição determina que os Estados-partes processem ou extraditem o suspeito da prática de tortura, independentemente da existência de tratado prévio de extradição. Para monitorar o cumprimento das obrigações constantes na Convenção, a Comissão Interamericana de Direitos Humanos recebe relatórios confeccionados pelos Estados-partes, os quais auxiliam a confecção do relatório anual da Comissão.

Gabarito "A".

6. DIREITOS HUMANOS NO BRASIL

(Delegado/MG – 2021 – FUMARC) Sobre a teoria do Duplo Estatuto dos Tratados de Direitos Humanos adotada pelo Supremo Tribunal Federal, NÃO é correto afirmar que

(A) as leis e atos normativos são válidos se forem compatíveis, simultaneamente, com a Constituição e com os tratados internacionais de direitos humanos incorporados.
(B) cabe ao Supremo Tribunal Federal realizar o chamado controle de convencionalidade nacional das leis em relação aos tratados tidos como supralegais e em relação aos tratados incorporados pelo rito especial previsto no art. 5º, § 3º, da CF/88, que passam a integrar o bloco de constitucionalidade restrito.
(C) os tratados de direitos humanos incorporados pelo rito simples não têm estatuto constitucional, logo, não cabe ao Supremo Tribunal Federal analisar, no âmbito do controle abstrato de constitucionalidade, a compatibilidade entre leis ou atos normativos e tratado internacional de direitos humanos.
(D) representou a superação da tese da supraconstitucionalidade dos tratados internacionais de direitos humanos pelo Supremo Tribunal Federal, que prevaleceu na corte de 1998 a 2008.

Com a edição da EC n. 45, os tratados de direitos humanos que forem aprovados, em cada Casa do Congresso Nacional, em dois turnos, por três quintos dos votos dos respectivos membros, serão equivalentes às emendas constitucionais[30] – conforme o que determina o art. 5º,

---

30. Mas não possuirão *status* de norma constitucional originária. Ou seja, é obra do Poder Constituinte Derivado Reformador e não do Poder Constituinte Originário.

§ 3°, da CF[31-32]. Ou seja, tais tratados terão hierarquia constitucional quando aprovados por maioria qualificada no Congresso Nacional (regime especial de incorporação) e forem ratificados e posteriormente publicados pelo presidente da República. Muito se discutiu em relação à hierarquia dos tratados de direitos humanos que foram internalizados anteriormente à edição da EC 45. Em 03.12.2008, o Ministro Gilmar Mendes, no RE 466.343-SP[33], defendeu a tese da supralegalidade de tais tratados, ou seja, superior às normas infraconstitucionais e inferior às normas constitucionais. O voto do Ministro Gilmar Mendes foi acompanhado pela maioria e, portanto, a posição atual do STF é de adoção da teoria do Duplo Estatuto dos Tratados de Direitos Humanos. Assim, todo tratado de direitos humanos que for internalizado sem observar o procedimento especial estabelecido no art. 5°, § 3°, da CF, tem *status* de norma supralegal. Dessa forma, a única assertiva incorreta é a "D".

Gabarito "D".

(Delegado/MG – 2021 – FUMARC) Em relação ao Direito Internacional dos Direitos Humanos e a redefinição da cidadania no Brasil, NÃO é correto afirmar:

(A) O desconhecimento dos direitos e garantias internacionais importa no desconhecimento de parte substancial dos direitos da cidadania, por significar a privação do exercício de direitos acionáveis e defensáveis na arena internacional.

(B) O Direito Internacional dos Direitos Humanos vem instaurar o processo de redefinição do próprio conceito de cidadania no âmbito brasileiro, seja em face da sistemática de monitoramento internacional que proporciona, seja em face do extenso universo de direitos que assegura.

(C) Os direitos internacionais integram o universo impreciso e indefinido dos direitos implícitos, decorrentes do regime ou dos princípios adotados pela Constituição Federal de 1988, o que limita em parte o exercício da cidadania no Brasil.

(D) Pode-se afirmar que a realização plena e não apenas parcial dos direitos da cidadania envolve o exercício efetivo e amplo dos direitos humanos, nacional e internacionalmente assegurados.

"Da análise do § 2° do art. 5° da Carta brasileira de 1988, percebe-se que três são as vertentes, no texto constitucional brasileiro, dos direitos e garantias individuais: a) direitos e garantias *expressos* na Constituição, a exemplo dos elencados nos incisos I a LXXVIII do seu art. 5°, bem como outros fora do rol de direitos, mas dentro da Constituição, como a garantia da anterioridade tributária, prevista no art. 150, III, *b*, do Texto Magno; b) direitos e garantias *implícitos*, subtendidos nas regras de garantias, bem como os decorrentes do regime e dos princípios pela Constituição adotados, e c) direitos e garantias inscritos nos tratados internacionais em que a República Federativa do Brasil seja parte[34]". Portanto, a assertiva "C" é incorreta.

Gabarito "C".

No Brasil, na tentativa de combater e prevenir atos de tortura, o Estado brasileiro aprovou leis, assinou tratados internacionais e instituiu diversas políticas públicas ao longo das últimas décadas.

Considere as seguintes referências:

I. Constituição da República Federativa do Brasil (1988): art. 5, Inciso III – ninguém será submetido a tortura nem a tratamento desumano ou degradante.
II. Adesão à Convenção Contra Tortura das Nações Unidas (1989).
III. Ratificação da Convenção Interamericana para Prevenir e Punir a Tortura (1989).
IV. Assinatura do Protocolo Adicional à Convenção Contra Tortura das Nações Unidas (2007).
V. Lei 9.140, de 4 de dezembro de 1995 – reconhece como mortas as pessoas desaparecidas durante a Ditadura Militar (1964-1985) e concede indenização às vítimas ou familiares das vítimas.
VI. Lei 9.455, de 7 de abril de 1997- tipifica o crime de tortura.

(Delegado/ES – 2019 – Instituto Acesso) É correto dizer que são pertinentes

(A) todas, exceto I, III e VI
(B) todas, exceto I, V e VI.
(C) todas as referências.
(D) todas, exceto II, IV e V.
(E) todas, exceto II, III e IV.

Todas as referências listadas nas assertivas são exemplos de medidas que buscam combater e prevenir atos de tortura, portanto a assertiva **C** deve ser assinalada.

Gabarito "C".

(Delegado/RS – 2018 – FUNDATEC) A Constituição Federal de 1988, no que tange aos direitos humanos, estabelece que:

(A) Seu rol resta limitado àquele previsto no texto constitucional.
(B) Eles, os direitos humanos, são prevalentes, nas relações internacionais da República Federativa do Brasil.
(C) Existe a necessidade imperiosa da internalização dos direitos humanos previstos em tratados antes de sua aplicação em território brasileiro.
(D) A dignidade da pessoa humana é um dos objetivos fundamentais da República Federativa do Brasil.
(E) Delimita a proteção de tais direitos a indivíduos, excluindo a coletividade.

A única assertiva correta é a **B** (art. 4°, II, da CF).

Gabarito "B".

---

31. Bem fundamentada é a crítica formulada por Valerio de Oliveira Mazzuoli ao mencionar o § 3° do art. 5° da CF: "também rompe a harmonia do sistema de integração dos tratados de direitos humanos no Brasil, uma vez que cria *categorias* jurídicas entre os próprios instrumentos internacionais de direitos humanos ratificados pelo governo, dando tratamento diferente para normas internacionais que têm o mesmo fundamento de validade, ou seja, hierarquizando diferentemente tratados que têm o mesmo conteúdo ético, qual seja, a proteção internacional dos direitos humanos. Assim, essa *desigualação dos desiguais* que permite o § 3° ao estabelecer ditas *categorias de tratados* é totalmente injurídica por violar o princípio (também constitucional) da *isonomia*" (op. cit., p. 29).
32. Esse § 3° é denominado de "cláusula holandesa" pelo Prof. Francisco Rezek.
33. Ementa: Prisão civil. Depósito. Depositário infiel. Alienação fiduciária. Decretação da medida coercitiva. Inadmissibilidade absoluta. Insubsistência da previsão constitucional e das normas subalternas. Interpretação do art. 5°, inc. LXVII e §§ 1°, 2° e 3°, da CF, à luz do art. 7°, § 7°, da Convenção Americana de Direitos Humanos (Pacto de San José da Costa Rica). Recurso Improvido. Julgamento conjunto do RE 349.703 e dos HCs 87.585 e 92.566. É ilícita a prisão civil de depositário infiel, qualquer que seja a modalidade de depósito.
34. MAZZUOLI, Valerio de Oliveira. *O controle jurisdicional da convencionalidade das leis*. 2. ed. São Paulo, p. 39-40.

(Delegado/RS – 2018 – FUNDATEC) De acordo com a Portaria Interministerial nº 4.226/2010, o uso da força pelos agentes da segurança pública:

(A) Torna rotineiro o uso de arma de fogo contra pessoa em procedimentos de abordagem.
(B) Reforça, em período bienal, a renovação da habilitação para uso de armas de fogo em serviço.
(C) Faz com que o uso de arma de fogo seja legítimo na hipótese de veículo que ultrapasse bloqueio sem a existência de perigo de morte ou de lesão grave aos agentes públicos ou terceiros.
(D) Percebe como prática inaceitável o disparo de advertência.
(E) Possibilita ao agente o uso de um único instrumento de menor potencial ofensivo, além da arma de fogo.

A assertiva correta é a **D**, conforme item 6 do Anexo I da Portaria Interministerial n. 4.226/2010, intitulado Diretrizes sobre o Uso da Força e Armas de Fogo pelos Agentes de Segurança Pública.
Gabarito "D".

(Delegado/MG – 2018 – FUMARC) A Constituição da República de 1988 cuidou expressamente dos direitos humanos, enumerando-os no Título que trata dos direitos e garantias fundamentais. Existem, entretanto, outros direitos humanos não enumerados no texto, mas cuja proteção a própria Constituição assegura, PORQUE:

(A) decorrem do regime e dos princípios adotados pela própria Constituição.
(B) o Brasil se submete à jurisdição de Tribunal Penal Internacional.
(C) são criados pelo Poder Judiciário, após o trânsito em julgado das decisões.
(D) surgem de necessidades que não foram previstas pelo legislador constituinte.

A assertiva correta conforme o enunciado é a **A**. O art. 5º, § 2º, da CF assim dispõe: "Os direitos e garantias expressos nesta Constituição não excluem outros decorrentes do regime e dos princípios por ela adotados, ou dos tratados internacionais em que a República Federativa do Brasil seja parte."
Gabarito "A".

(Delegado/MS – 2017 – FAPEMS) Com a promulgação da Emenda Constitucional n. 45/2004, os tratados internacionais sobre direitos humanos são equivalentes às emendas constitucionais quando

(A) aprovados, em cada Casa do Congresso Nacional, em dois turnos, por dois terços dos votos dos respectivos membros.
(B) aprovados, em cada Casa do Congresso Nacional, em turno único, por três quintos dos votos dos respectivos membros.
(C) aprovados, na Câmara dos Deputados, em dois turnos, por dois terços dos votos dos respectivos membros.
(D) aprovados, no Senado Federal, em dois turnos, por dois terços dos votos dos respectivos membros.
(E) aprovados, em cada Casa do Congresso Nacional, em dois turnos, por três quintos dos votos dos respectivos membros.

Com a edição da EC n. 45, os tratados de direitos humanos que forem aprovados, em cada Casa do Congresso Nacional, em dois turnos, por três quintos dos votos dos respectivos membros, serão equivalentes às emendas constitucionais[35] – conforme o que determina o art. 5º, § 3º, da CF. Ou seja, tais tratados terão hierarquia constitucional quando aprovados por maioria qualificada no Congresso Nacional (regime especial de incorporação) e forem ratificados e posteriormente publicados pelo presidente da República.
Gabarito "E".

(Delegado/MS – 2017 – FAPEMS) Sobre a eficácia dos direitos fundamentais, analise as afirmativas a seguir.

I. A eficácia vertical dos direitos fundamentais foi desenvolvida para proteger os particulares contra o arbítrio do Estado, de modo a dedicar direitos em favor das pessoas privadas, limitando os poderes estatais.
II. A eficácia horizontal trata da aplicação dos direitos fundamentais entre os particulares, tendo na constitucionalização do direito privado a sua gênese.
III. A eficácia diagonal trata da aplicação dos direitos fundamentais entre os particulares nas hipóteses em que se configuram desigualdades fáticas.

Está correto o que se afirma em

(A) III, apenas.
(B) I e III, apenas.
(C) II e III, apenas.
(D) I e II, apenas.
(E) I, II e III.

I: correta, pois a eficácia vertical dos direitos humanos está direcionada a limitar os poderes estatais, isto é, diz respeito à direitos que são oponíveis contra o Estado; II: correta. Os direitos humanos são oponíveis também entre os particulares, nas relações privadas, caracterizando a chamada eficácia horizontal dos direitos humanos. E essa eficácia horizontal é alcunhada, no alemão, de *Drittwirkung*; III: correta, pois trata-se da incidência de direitos fundamentais em relações privadas desiguais, geralmente tomando corpo onde se tem poder econômico de um lado e vulnerabilidade de outro, de ordem jurídica ou econômica. Esse conceito foi bastante trabalhado pelo professor chileno Sérgio Gamonal e já está sendo utilizado na prática pela Justiça do Trabalho (TRT-1 – RO: 7524420125010342 RJ, Relator: Bruno Losada Albuquerque Lopes, Data de Julgamento: 09/09/2013, Sétima Turma).
Gabarito "E".

(Delegado/BA – 2016.1 – Inaz do Pará) O Sistema Nacional de Direitos Humanos -SNDH – é implementado em todo o País levando em conta as diversidades e as estruturas constitutivas da realidade que caracterizam o Brasil. Distingue-se dos sistemas internacionais – é interno e complementar a eles – e trabalha na perspectiva unitária de proteção e procura cooperação estreita com os Sistemas Regional (OEA) e Global (ONU). Na sua dimensão constitutiva congrega instrumentos, mecanismos, órgãos e ações. Podemos definir tais instrumentos e órgãos como sendo:

I. os recursos (meios) legais, políticos, sociais, administrativos e outros que constituem bases materiais para que a atuação do SNDH gere resultados significativos na defesa dos direitos humanos.
II. os processos e os fluxos do SNDH capazes de gerar possibilidades de acesso e de resolução das políticas.

---

35. Mas não possuirão *status* de norma constitucional originária. Ou seja, é obra do Poder Constituinte Derivado Reformador e não do Poder Constituinte Originário.

III. os espaços convergentes nos quais se desempenha papéis e funções específicas, especiais e complementares. No SNDH, é o lugar da participação dos agentes responsáveis, incluindo os encarregados da aplicação da lei.

IV. as propostas, políticas e programas operados pelos órgãos do SNDH utilizando os instrumentos e mobilizando os mecanismos.

Estão corretas, respectivamente, as alternativas:

(A) I e II
(B) II e IV
(C) I e III
(D) III e IV
(E) I e IV

Cada Estado estabelece suas próprias regras disciplinadoras dos direitos humanos ("direitos fundamentais") e executa sua própria política de proteção e efetivação dos direitos humanos – paradigma da proteção nacional dos direitos humanos. Todavia, o que se percebe cada vez mais é a mitigação da soberania dos Estados em função da característica de universalidade dos direitos humanos. Isto é, a comunidade internacional fiscaliza a situação dos direitos humanos em cada país e opina sobre o assunto, podendo até sancionar em determinadas situações – paradigma da proteção compartilhada (sistemas nacional e internacional) dos direitos humanos. O SNDH utiliza recursos legais, políticos, sociais, administrativos etc. para lograr a efetiva proteção dos direitos humanos (alternativa I), e para isso precisa de agentes responsáveis para executar tais comandos, incluindo aqui os encarregados da aplicação da lei (alternativa III). As assertivas II e IV estão incorretas por não definir corretamente instrumentos e órgãos do SNDH.
Gabarito "C".

(Delegado/BA – 2016.1 – Inaz do Pará) A homofobia é caracterizada como a postura ou o sentimento de ódio injustificado, medo irracional ou aversão acentuada à homossexualidade (por extensão, aos homossexuais), desencadeando uma série de violências das mais variadas ordens: simbólica, moral, física, dentre outras. As condenações públicas, perseguições e assassinatos de homossexuais no país estão associados:

(A) a baixa representatividade política de grupos organizados que defendem os direitos de cidadania dos homossexuais.
(B) a falência da democracia no país, que torna impeditiva a divulgação de estatísticas relacionadas à violência contra homossexuais.
(C) a Constituição de 1988, que não previu a proibição de discriminação quanto à orientação sexual das pessoas.
(D) a um passado histórico marcado pela demonização do corpo e por formas recorrentes de tabus e intolerância.
(E) a não previsão na maior parte dos diplomas legais, tanto no plano internacional quanto no nacional.

A: imprecisa. Por mais que tenhamos cada vez mais políticos eleitos que abertamente defendem a bandeira de defesa dos direitos de cidadania dos homossexuais, ainda constituem uma parcela menor entre os políticos eleitos. Porém, existe um considerável grupo de políticos que se posicionam a favor dessa bandeira mesmo essa não sendo sua principal. Pelo lado sociedade civil, percebe-se uma maior influência de grupos organizados que defendem os direitos homossexuais; B: incorreta, pois não existe a citada proibição. O grupo gay da Bahia, por exemplo, prepara relatório sobre o tema todos os anos; C: incorreta (arts. 5º, I, XLI, e 7º, XXX, ambos da CF); D: correta, pois traz uma explicação histórica para o problema da intolerância e violência relacionados com a homofobia; E: incorreta. Reler o comentário sobre a assertiva "C". No mais, no plano internacional existem normas similares que exigem a implementação dos princípios da igualdade e não discriminação.
Gabarito "D".

(Delegado/BA – 2016.1 – Inaz do Pará) Uma das lutas mais injustas, que se têm assistido ao longo dos séculos, é a que reflete a complexa teia de preconceito e de discriminação com relação às mulheres. Desde os meados dos anos 1960, as mulheres ingressaram de modo mais destacado no mercado de trabalho. Após décadas desse fato, pode-se afirmar que:

(A) depois das cotas femininas dos partidos políticos, houve um equilíbrio de gênero na indicação de líderes, pois as mulheres passaram a candidatar-se a cargos eletivos em todo mundo.
(B) mesmo quando possuem a mesma escolaridade que os homens, recebem salários mais baixos e não chegam, na mesma proporção que eles, a postos de comando em empresas.
(C) apesar do aumento da participação feminina no mercado de trabalho, ela é o menor segmento informal, como evidencia a carência de empregadas domésticas nos grandes centros urbanos.
(D) ainda que elas tenham se tornado mais independentes, falta-lhes experiência em cargos de gestão, em função dos afazeres domésticos que predominam em seu cotidiano.
(E) depois da queda das taxas de natalidade, elas passaram a ser estimuladas a abandonar suas atividades profissionais para aumentar o crescimento populacional.

A: incorreta. As cotas referidas não foram adotadas massivamente e ainda hoje percebe-se que a participação da mulher na política é muito menor do que a do homem, mesmo em países cuja população é constituída por maioria de mulheres, como é o caso do Brasil; B: correta, pois retrata a realidade de inúmeras sociedades, incluindo a do Brasil; C: incorreta, pois não retrata corretamente a realidade; D e E: incorretas. Alternativas totalmente esdrúxulas.
Gabarito "B".

(Delegado/BA – 2016.1 – Inaz do Pará)

"Pela natureza dizer que todos nascem iguais significa que ninguém nasce valendo mais que o outro, devendo ser indiferente às características físicas ou condição social, quando se trata de acesso à oportunidade, porém a sociedade trata a pessoa humana, desde o começo de sua existência, como se fosse diferente, dando muito mais oportunidades a uns que a outros."

Disponível em: <http://www.dhnet.org.br/educar/redeedh/bib/dallari2.htm>. Acesso em: 18 janeiro 2016

Após esta constatação, o autor do texto acima cita alguns exemplos de meios de negação da igualdade. São eles:

(A) condição socioeconômica e orientação sexual.
(B) cor e procedência nacional.
(C) gênero, nacionalidade e deficiência física.
(D) todas as assertivas acima correspondem a exemplos citados no texto de meios de negação da igualdade.
(E) nenhumas das assertivas acima correspondem a exemplos citados no texto de meios de negação da igualdade.

As alternativas "A", "B" e "C" tratam de exemplos de meios de negação de igualdade. Desta forma, a alternativa "D" deve ser assinalada.
"Gabarito "D".

(Delegado/SP – 2014 – VUNESP) No direito brasileiro, considerando os tratados internacionais de direitos humanos, bem como o entendimento atual do Supremo Tribunal Federal, é correto afirmar, a respeito da prisão civil, que

(A) são admitidas apenas duas possibilidades de prisão civil: a do depositário infiel e a do devedor de pensão alimentícia.
(B) é ilícita a prisão do depositário infiel, qualquer que seja a modalidade do depósito.
(C) foram abolidas todas e quaisquer hipóteses legais de prisão civil.
(D) é ilícita a prisão do devedor de pensão alimentícia, sendo admitida apenas a prisão do depositário infiel.
(E) se admite, atualmente, no direito pátrio, a prisão civil somente em âmbito federal, desde que haja decisão judicial transitada em julgado.

A: incorreta, porque a prisão civil do depositário infiel não é mais admitida; **B**: correta (Súmula Vinculante nº 25, STF); **C**: incorreta, pois a prisão civil do devedor de pensão alimentícia segue sendo possível; **D** e **E**: incorretas. Reler os comentários anteriores.
"Gabarito "B".

(Delegado/PR – 2013 – UEL-COPS) Sobre os direitos fundamentais, assinale a alternativa correta.

(A) São brasileiros natos os nascidos no estrangeiro de pai ou de mãe brasileira, desde que sejam registrados em repartição brasileira competente ou optem, em qualquer tempo, pela nacionalidade brasileira; sendo menor, deve ser acompanhado por seu representante legal.
(B) Os denominados direitos fundamentais individuais são aqueles que reconhecem autonomia aos particulares, garantindo a iniciativa e a independência aos indivíduos diante dos demais membros da sociedade política e do próprio Estado.
(C) Ninguém será preso senão em flagrante delito ou por ordem escrita e fundamentada de autoridade judiciária competente, salvo nos casos de transgressão militar ou crime propriamente militar, definidos em lei, ou no caso de ordem escrita e fundamentada de Comissão Parlamentar de Inquérito.
(D) A nacionalidade pode ser cancelada por sentença transitada em julgado, em virtude de atividade nociva ao interesse nacional, podendo ser reestabelecida pelo juiz de direito responsável pela condenação, depois da execução da pena imposta na sentença condenatória.
(E) Todo o tratado internacional sobre os direitos humanos que for aprovado pelo Congresso Nacional será equivalente à emenda constitucional.

A: incorreta. São brasileiros natos os nascidos no estrangeiro, de pai ou mãe brasileiros, desvinculados do serviço público, desde que sejam registrados em repartição brasileira competente ou venham a residir no território nacional e optem, a qualquer tempo, depois de atingida a maioridade, pela nacionalidade brasileira (artigo 12, I, c, da CF); **B**: correta, pois traz definição, de grande consenso, dos direitos fundamentais individuais; **C**: incorreta. Ninguém será preso senão em flagrante delito ou por ordem escrita e fundamentada de autoridade judiciária competente, salvo nos casos de transgressão militar ou crime propriamente militar, definidos em lei (artigo 5º, LXI, da CF); **D**: incorreta. O brasileiro naturalizado poderá ter sua nacionalidade cancelada, por sentença judicial, pelo exercício de atividade contrária ao interesse nacional. Nesse caso, só é possível readquirir a nacionalidade brasileira por meio de ação rescisória, cabível somente quando a sentença judicial já estiver transitada em julgado (artigo 12, § 4º, I, da CF); **E**: incorreta. Com a edição da EC nº 45, os tratados de direitos humanos que forem aprovados, em cada Casa do Congresso Nacional, em dois turnos, por três quintos dos votos dos respectivos membros, serão equivalentes às emendas constitucionais[36] – conforme o que determina o artigo 5º, § 3º, da CF. Ou seja, tais tratados terão hierarquia constitucional quando aprovados por maioria qualificada no Congresso Nacional (regime especial de incorporação) e forem ratificados e posteriormente publicados pelo presidente da República.
"Gabarito "B".

(Delegado/MG – 2012) A Constituição brasileira de 1988 simboliza o marco jurídico da transição democrática e da institucionalização dos direitos humanos no Brasil. O texto de 1988 empresta aos direitos e garantias ênfase extraordinária, destacando-se como documento mais avançado, abrangente e pormenorizado sobre a matéria na história do País.

Leia e analise as assertivas abaixo:

I. Ao romper com a sistemática das Constituições anteriores, a Constituição de 1988, ineditamente, consagra o primado do respeito aos direitos humanos, abrindo a ordem jurídica interna ao sistema de proteção internacional desses direitos.
II. As relevantes transformações internas, decorrentes do processo de democratização, permitiram que os direitos humanos se convertessem em tema fundamental na agenda internacional do País, a partir de então.
III. No plano das relações internacionais, tem-se observar que não houve inovações na Constituição de 1988, pois a mesma reproduz ainda, no texto, a antiga preocupação vivida no Império com a dependência nacional e a não intervenção.

Marque a opção correta:

(A) apenas as assertivas I e III estão corretas.
(B) Somente a assertiva III está incorreta.
(C) apenas as assertivas II e III estão corretas.
(D) as assertivas I, II e III estão corretas.

I: correta. Fruto da redemocratização, a Constituição Federal de 1988 torna a dignidade da pessoa humana um dos fundamentos da República Federativa do Brasil (art. 1º, III, da CF). Outros fundamentos que reforçam o *status* dos direitos humanos no Brasil são a cidadania, os valores sociais do trabalho e o pluralismo político (respectivamente art. 1º, II, IV e V, da CF). Ponto relevante é a determinação de que as normas definidoras dos direitos e garantias fundamentais têm aplicação imediata (art. 5º, § 1º, da CF). Isto é, o juiz pode aplicar diretamente os direitos fundamentais, sem necessidade de qualquer lei que os regulamente. Tal regra tem por base o *princípio da força normativa da Constituição*, idealizado por Konrad Hesse, e "a ideia de que os direitos individuais devem ter eficácia imediata ressalta a vinculação direta dos órgãos estatais a esses direitos e o seu dever de guardar-lhes estrita observância".[37] O § 2º é enfático: "Os direitos e garantias expressos

---

36. Mas não possuirão *status* de norma constitucional originária. Ou seja, é obra do Poder Constituinte Derivado Reformador e não do Poder Constituinte Originário.
37. MENDES. *Op. cit.*, p. 671.

nesta Constituição não excluem outros decorrentes do regime e dos princípios por ela adotados, ou dos tratados internacionais em que a República Federativa do Brasil seja parte". *Tal estipulação possibilita a ampliação progressiva dos direitos fundamentais, pois o Brasil poderá aumentar seu catálogo de direitos à medida que internaliza tratados internacionais de direitos humanos.*[38] Assim, a comunhão dos §§ 1º e 2º permite-nos concluir que um tratado de direitos humanos internalizado pelo Brasil faz parte de seu bloco de constitucionalidade[39] e, assim, pode ser aplicado direta e imediatamente pelo juiz. Lembrando que o bloco de constitucionalidade é composto de todas as normas do ordenamento jurídico que possuem *status* constitucional[40]; **II:** correta. Um dos fatores que sacramenta a nuclearidade dos direitos humanos no Brasil é o que dispõe o art. 4º, II, da CF. Ou seja, as relações internacionais do Brasil serão regidas, entre outros, pelo *princípio da prevalência dos direitos humanos*. Outros incisos do art. 4º da CF que corroboram a dita nuclearidade dos direitos humanos são: *a)* repúdio ao terrorismo e ao racismo (inc. VIII); *b)* cooperação entre os povos para o progresso da humanidade (inc. IX); e *c)* concessão de asilo político (inc. X); **III:** incorreta, pois, segundo o art. 4º da CF, a República Federativa do Brasil rege-se, nas suas relações internacionais, pelos seguintes princípios: *I – independência nacional;* II – prevalência dos direitos humanos; III – autodeterminação dos povos; IV – não intervenção; V – igualdade entre os Estados; VI – defesa da paz; VII – solução pacífica dos conflitos; VIII – repúdio ao terrorismo e ao racismo; IX – cooperação entre os povos para o progresso da humanidade; e X – concessão de asilo político.
Gabarito "B".

(Delegado/MG – 2012) A Constituição da República de 1988 alargou significativamente o campo dos direitos e garantias fundamentais, por isso é um marco jurídico da transição ao regime democrático no Brasil. Nesse processo de transição, é acentuada, na Constituição, a preocupação em assegurar os valores da dignidade e do bem-estar da pessoa humana, como imperativo de justiça social. **Não** corrobora com o contexto acima, o seguinte entendimento ou argumento:

(A) Os objetivos fundamentais do Estado brasileiro visam à concretização da democracia econômica, social e cultural, a fim de efetivar, na prática, a dignidade da pessoa humana.

(B) Os direitos fundamentais, que têm como núcleo a dignidade da pessoa humana, são elementos básicos para a realização do princípio democrático, tendo em vista que exercem uma função democratizadora.

(C) A Constituição traz a previsão expressa do valor da dignidade da pessoa humana como imperativo da justiça social, mas que deve ceder frente à necessidade de se preservar a ordem democrática.

---

38. No mesmo sentido: "Trata-se de evidente cláusula de abertura do rol de direitos fundamentais, a permitir a inclusão de outros direitos e garantias àqueles já previstos na Lei Maior, desde que consoantes com os princípios constitucionais". WEIS, Carlos. *Estudo sobre a obrigatoriedade de apresentação imediata da pessoa presa ao juiz: comparativo entre as previsões dos tratados de direitos humanos e do projeto de Código de Processo Penal.* Defensoria Pública do Estado de São Paulo, 2011, p. 7.

39. O termo bloco de constitucionalidade já foi citado, pelo STF, nas ADIn 595 e 514, de relatoria do min. Celso de Mello, mas nunca foi aplicado no Brasil.

40. De forma geral e conforme o art. 5º, § 2º, da CF, o bloco de constitucionalidade é formado pelo texto constitucional, pelos princípios dele decorrentes e pelos tratados internacionais de direitos humanos.

(D) O valor da dignidade da pessoa humana impõe-se como núcleo básico e informador do todo o ordenamento jurídico como critério e parâmetro que orienta a compreensão do sistema constitucional.

A: incorreta, pois a assertiva corrobora com o contexto exteriorizado na questão. O art. 3º da Constituição lista os objetivos fundamentais da República Federativa do Brasil: I – construir uma sociedade livre, justa e solidária; II – garantir o desenvolvimento nacional; III – erradicar a pobreza e a marginalização e reduzir as desigualdades sociais e regionais; IV – promover o bem de todos, sem preconceitos de origem, raça, sexo, cor, idade e quaisquer outras formas de discriminação; **B:** incorreta, pois a assertiva corrobora com o contexto exteriorizado na questão. Quanto mais forem implementados os direitos humanos, maior será a condição cultural de um povo (resultado da efetivação dos direitos civis, sociais e políticos), o que permitirá o exercício do princípio democrático na sua máxima potência; **C:** correta, pois a assertiva contraria o contexto exteriorizado na questão. Não existe o citado sopesamento realizado pelo legislador e tendente à beneficiar a ordem democrática em detrimento do valor da dignidade da pessoa humana, até porque a regra é que não há respeito aos direitos humanos sem democracia, mas a democracia por si só não garante o respeito à dignidade da pessoa humana. Cabe ponderar que a dignidade da pessoa humana é o fundamento nuclear da República Federativa do Brasil (art. 1º, III, da CF); **D:** incorreta, pois a assertiva corrobora com o contexto exteriorizado na questão. Reler os comentários anteriores. Ademais, é mister asseverar que é regra básica da hermenêutica jurídica aquela que determina que a aplicação da lei deverá levar em conta os valores constitucionais que irradiam sobre todo o ordenamento jurídico. E os direitos humanos ocupam lugar central na Constituição Federal, destarte, toda interpretação e aplicação de alguma norma do ordenamento jurídico brasileiro devem ser balizadas pela dignidade da pessoa humana. Assim, a interpretação que violar a dignidade da pessoa humana não é válida, ou melhor, é inconstitucional.
Gabarito "C".

(Delegado/MG – 2012) Os direitos e garantias, enumerados na Constituição, não excluem outros decorrentes do regime e dos princípios por ela adotados, ou dos tratados internacionais em que a República Federativa do Brasil seja parte. Leia e analise as assertivas abaixo:

I. A Constituição atribuiu aos direitos internacionais uma natureza especial e diferenciada, qual seja, a natureza de norma constitucional.

II. Os direitos enunciados nos tratados de direitos humanos, de que o Brasil é parte, integram o elenco dos direitos constitucionalmente consagrados.

III. A interpretação sistemática do texto constitucional exige que a dignidade da pessoa seja o parâmetro orientador para a compreensão do fenômeno constitucional.

Marque a opção correta:

(A) apenas as assertivas I e II estão corretas.
(B) as assertivas I, II e III estão incorretas.
(C) as assertivas I, II e III estão corretas.
(D) apenas as assertivas II e III estão corretas.

I: incorreta. Depois de internalizado, o tratado é equiparado hierarquicamente à norma infraconstitucional. Assim, as normas infraconstitucionais preexistentes ao tratado serão derrogadas quando com ele colidirem. Em relação a quaisquer leis posteriores que venham a colidir com o tratado, o tema já foi decidido pelo STF na ADI-MC 1.480/DF, momento em que o STF exarou entendimento de que os tratados internacionais, em geral, ingressam no sistema jurídico brasileiro com força de lei ordinária federal e, portanto, podem ser revogados por lei posterior e de mesma natureza que com ele colidir, ainda que isso gere responsabilidade no plano innacional. Esse posicionamento do STF é, contudo, altamente criticável, pois a Convenção de Viena sobre Direitos dos Tratados está em vigor no Brasil, e o seu artigo 27 assim dispõe: "Uma parte não pode invocar as disposições de seu direito interno para justificar o inadimplemento de um tratado". Tal dúvida não existe em matéria tributária, já que o art. 98 do CTN adotou a prevalência do tratado sobre o direito interno, determinando que a legislação tributária posterior ao tratado lhe deve obediência. Tal previsão, apesar de anterior, está em consonância com a nova ordem jurídica nacional (modificada com a internalização da Convenção de Viena sobre Direitos dos Tratados); **II: correta.** Com a edição da EC nº 45, os tratados de direitos humanos que forem aprovados por quórum qualificado, ou seja, em cada Casa do Congresso Nacional, em dois turnos, por três quintos dos votos dos respectivos membros, serão equivalentes às emendas constitucionais – consoante o que determina o art. 5º, § 3º, da CF. Assim, tais tratados terão hierarquia constitucional. Muito se discutiu em relação à hierarquia dos tratados de direitos humanos que foram internalizados anteriormente à edição da EC nº 45. Mas, em 3 de dezembro de 2008, o Ministro Gilmar Mendes, no RE 466.343/SP, defendeu a tese da supralegalidade de tais tratados, ou seja, sua superioridade em relação às normas infraconstitucionais e sua inferioridade em relação às normas constitucionais. O voto do Ministro Gilmar Mendes foi acompanhado pela maioria. Todavia, tal assunto desperta calorosas discussões. Tomemos como exemplo o fato de que, no mesmo Recurso Extraordinário em que foi exarada a tese da supralegalidade, o Ministro Celso de Mello defendeu o caráter constitucional dos tratados de direitos humanos independentemente do quórum de aprovação. Apesar de a tese da supralegalidade ser um avanço na jurisprudência brasileira, deve-se apontar que uma leitura mais acurada da Constituição Federal já permitiria afirmar que os tratados de direitos humanos internalizados sem o procedimento especial teriam *status* constitucional – isso porque o § 2º do art. da 5º CF inclui os direitos humanos provenientes de tratados entre os seus direitos protegidos, ampliando o seu bloco de constitucionalidade. É importante lembrar que o bloco de constitucionalidade é composto por todas as normas do ordenamento jurídico que possuem *status* constitucional; **III: correta.** Fruto da redemocratização, a Constituição Federal de 1988 torna a dignidade da pessoa humana um dos fundamentos da República Federativa do Brasil (art. 1º, III, da CF). Outros fundamentos que reforçam o *status* dos direitos humanos no Brasil são a cidadania, os valores sociais do trabalho e o pluralismo político (respectivamente art. 1º, II, IV e V, da CF). Um dos objetivos fundamentais do Brasil, segundo a Constituição Federal, é a promoção do bem de todos, sem preconceitos de origem, raça, sexo, cor, idade e quaisquer outras formas de discriminação (art. 3º, IV). Outro objetivo que posiciona nuclearmente os direitos humanos no Brasil é o que determina a erradicação da pobreza e da marginalização e a redução das desigualdades sociais e regionais (art. 3º, III). E, ainda, o Brasil tem por objetivo a construção de uma sociedade livre, justa, solidária (art. 3º, I) e desenvolvida economicamente (art. 3º, II). O outro fator que sacramenta a nuclearidade dos direitos humanos no Brasil é o que dispõe o art. 4º, II, da CF. Ou seja, as relações internacionais do Brasil serão regidas, entre outros, pelo *princípio da prevalência dos direitos humanos*. Outros incisos do art. 4º da CF que corroboram a dita nuclearidade dos direitos humanos são: *a)* repúdio ao terrorismo e ao racismo (inc. VIII); *b)* cooperação entre os povos para o progresso da humanidade (inc. IX); e *c)* concessão de asilo político (inc. X). Ora, além de os direitos humanos fundamentarem a existência da República brasileira, são vetores para o estabelecimento da política nacional e externa. Ademais, podem-se considerar os direitos humanos até como limitadores do poder constituinte originário: "É fora de dúvida que o Poder Constituinte é um fato político, uma força material e social, que não está subordinado ao Direito positivo preexistente. Não se trata, porém, de um poder ilimitado ou incondicionado. Pelo contrário, seu exercício e sua obra são pautados tanto pela realidade fática como pelo Direito, âmbito no qual a dogmática pós-positivista situa os valores civilizatórios, os direitos humanos e a justiça."[41] Outro ponto de destaque é a inclusão dos direitos

da pessoa humana na lista dos princípios sensíveis da Constituição (art. 34, VII, *b*, da CF), os quais autorizam, diante de suas violações, a medida extrema da intervenção.[42] Isso significa que se um Estado federado incidir em grave violação dos direitos humanos e nada fizer para mudar essa situação lamentável, a União intervirá[43] nessa unidade federada para restabelecer o respeito integral dos direitos da pessoa humana. O STF já se pronunciou sobre um pedido de intervenção federal que teve por base a grave violação dos direitos da pessoa humana (art. 34, VII, *b*, da CF). Foi a IF 114-5/MT, ocasião em que o STF sublinhou que a gravidade do fato por si só (violação dos direitos da pessoa humana) não é motivo suficiente para intervenção federal. É necessária a cabal demonstração de que o Estado não pode dar uma resposta efetiva ao fato grave ocorrido, ou seja, somente será possível a intervenção federal nesses casos se o Estado não possuir uma estrutura mínima que lhe permita responder ao fato danoso – na maioria dos casos, estrutura para movimentar efetivamente a persecução penal.[44] Cabe também mencionar a obrigação, preponderantemente atribuída ao Legislativo brasileiro, que o inc. XLI do

---

41. BARROSO, Luís Roberto. *Curso de direito constitucional contemporâneo.* São Paulo: Saraiva, 2009. p. 110.

42. "A intervenção federal pelo inciso VII do artigo 34 busca resguardar a observância dos chamados princípios constitucionais sensíveis. Esses princípios visam assegurar uma unidade de princípios organizativos tidos como indispensáveis para a identidade jurídica da federação, não obstante a autonomia dos Estados-membros para se auto-organizarem" (MENDES. *Op. cit.*, p. 835).

43. O STF entende que a intervenção é medida extrema e, para ser decretada, precisa observar a proporcionalidade (IF 2.915/SP, rel. Min. Marco Aurélio).

44. Cabe aqui transcrever a ementa da IF 114-5/MT, rel. Min. Néri da Silveira: "Intervenção Federal. 2. Representação do Procurador-Geral da República pleiteando intervenção federal no Estado de Mato Grosso, para assegurar a observância dos 'direitos da pessoa humana', em face de fato criminoso praticado com extrema crueldade a indicar a inexistência de 'condição mínima', no Estado, 'para assegurar o respeito ao primordial direito da pessoa humana, que é o direito à vida'. Fato ocorrido em Matupá, localidade distante cerca de 700 km de Cuiabá. 3. Constituição, arts. 34, VII, letra 'b', e 36, III. 4. Representação que merece conhecida, por seu fundamento: alegação de inobservância pelo Estado-membro do princípio constitucional sensível previsto no art. 34, VII, alínea 'b', da Constituição de 1988, quanto aos 'direitos da pessoa humana'. Legitimidade ativa do Procurador-Geral da República (Constituição, art. 36, III). 5. Hipótese em que estão em causa 'direitos da pessoa humana', em sua compreensão mais ampla, revelando-se impotentes as autoridades policiais locais para manter a segurança de três presos que acabaram subtraídos de sua proteção, por populares revoltados pelo crime que lhes era imputado, sendo mortos com requintes de crueldade. 6. Intervenção Federal e restrição à autonomia do Estado-membro. Princípio federativo. Excepcionalidade da medida interventiva. 7. No caso concreto, o Estado de Mato Grosso, segundo as informações, está procedendo à apuração do crime. Instaurou-se, de imediato, inquérito policial, cujos autos foram encaminhados à autoridade judiciária estadual competente que os devolveu, a pedido do Delegado de Polícia, para o prosseguimento das diligências e averiguações. 8. Embora a extrema gravidade dos fatos e o repúdio que sempre merecem atos de violência e crueldade, não se trata, porém, de situação concreta que, por si só, possa configurar causa bastante a decretar-se intervenção federal no Estado, tendo em conta, também, as providências já adotadas pelas autoridades locais para a apuração do ilícito. 9. Hipótese em que não é, por igual, de determinar-se intervenha a Polícia Federal, na apuração dos fatos, em substituição à Polícia Civil de Mato Grosso. Autonomia do Estado-membro na organização dos serviços de justiça e segurança, de sua competência (Constituição, arts. 25, § 1º; 125 e 144, § 4º). 10. Representação conhecida mas julgada improcedente".

art. 5º da CF criou: "a lei punirá qualquer discriminação atentatória dos direitos e liberdades fundamentais". Para corroborar a importância de tudo o que foi dito, é mister asseverar que é regra básica da hermenêutica jurídica aquela que determina que a aplicação da lei deverá levar em conta os valores constitucionais que irradiam sobre todo o ordenamento jurídico. Vimos que os direitos humanos ocupam lugar central na CF (logo, direitos fundamentais), destarte, toda interpretação e aplicação de alguma norma do ordenamento jurídico brasileiro devem ser balizadas pela dignidade da pessoa humana. Assim, a interpretação que violar a dignidade da pessoa humana não é válida, ou melhor, é inconstitucional.

Gabarito "D".

(Delegado Federal – 2002 – CESPE) A educação vem a ser um dos eixos fundamentais da construção da cidadania e da afirmação positiva de uma nação perante as demais. No Brasil, os padrões educacionais da população, ainda bastante limitados, vêm sofrendo alterações positivas e negativas nos últimos anos. A respeito dessa matéria, julgue os itens abaixo.

(1) A herança histórica da escravidão, o crescente endividamento social interno e o desleixo das elites em relação à incorporação positiva daqueles posicionados na base da pirâmide social geraram a perversão de se dotar o país com um sofisticado sistema de pós-graduação ao lado de uma educação básica carente.

(2) Apesar dos esforços da sociedade e do Estado nas últimas décadas, os índices de analfabetismo formal permaneceram estagnados.

(3) A educação superior de bom nível está localizada, predominantemente, nas instituições públicas, mas a relação se inverte quando se trata da educação básica.

(4) O sistema de avaliação implantado pelo Exame Nacional de Cursos (Provão), apesar das críticas que vêm sendo feitas à sua concepção e à sua metodologia, vem permitindo a construção de certa radiografia dos resultados dos investimentos feitos pela sociedade e pelo Estado.

(5) Os aplicativos para edição de textos e para a geração de material escrito e visual e aqueles de correio eletrônico, de busca e pesquisa e de multimídia são exemplos de recursos que a informática já disponibiliza em prol da educação a distância: uma estratégia que tem ganhado adeptos em virtude da sua capacidade de beneficiar um número muito grande de interessados com a possibilidade de se obterem custos mais baixos que a educação presencial tradicional.

1: correta. A questão traça corretamente o panorama histórico-social do Brasil e a situação atual da educação brasileira e deixa bem claro que o atual sistema educacional (sofisticado sistema de pós-graduação ao lado de uma educação básica carente) é consequência das escolhas políticas passadas e presentes. 2: incorreta. Pelo contrário, os índices de analfabetismo formal melhoraram nas últimas décadas. 3: correta. Existe esta divisão do ensino no Brasil, pois enquanto a educação superior de excelência está localizada nas instituições públicas, a educação básica de excelência está localizada nas instituições privadas. 4: correta. O Exame Nacional de Cursos (ENC-Provão) era um exame que tinha a função de avaliar os cursos de graduação da Educação Superior do Brasil. Ele possuiu oito edições que foram realizadas anualmente pelo INEP entre os anos de 1996 e 2003. O objetivo com a avaliação era listar as instituições de ensino superior, para depois exigir a qualificação das piores avaliadas com medidas como a contratação de mestres e doutores, melhorias em instalações de laboratórios e bibliotecas, entre outros. A reincidência de um curso nas piores classificações poderia causar seu fechamento pelo MEC. Desde 2004, o Provão foi substituído pelo Exame Nacional de Desempenho de Estudantes, o ENADE. O Exame Nacional de Desempenho de Estudantes é uma prova escrita, aplicada, anualmente, usada para avaliação dos cursos de ensino superior brasileiros. A aplicação da prova é de responsabilidade do INEP, uma entidade federal vinculada ao Ministério da Educação (MEC). 5: correta. Os custos mais baixos possibilitados pela tecnologia permitem uma democratização no acesso à educação. Fator de grande importância e que deve ser utilizado cada vez mais para integrar culturalmente um país de proporções continentais e que é marcado profundamente pelas desigualdades regionais.

Gabarito 1C, 2E, 3C, 4C, 5C.

(Delegado/BA – 2008 – CEFETBAHIA) Identifique com V as afirmativas verdadeiras e com F, as falsas.

( ) A violação da integridade física é maneira eficaz para combater ação criminosa em qualquer circunstância.
( ) Sem a vida assegurada, não há como exercer a dignidade humana e todos os direitos dela decorrentes.
( ) O direito de ir, vir e permanecer possui como instrumento de proteção, o Mandado de Injunção.
( ) O sistema democrático, no Brasil, foi plenamente estabelecido durante a ditadura militar.
( ) A Revolução Francesa, com seus ideais de Igualdade, Liberdade e Fraternidade, é um marco na construção dos Direitos Humanos.

A alternativa que contém a sequência correta, de cima para baixo, é a
(A) F F F V V
(B) V V F F V
(C) F V F F V
(D) V V V V F
(E) F F F V F

1: falso. A atividade repressiva situa-se como necessária para fins de segurança pública. Todavia uma política pública eficaz é aquela que identifica os problemas sociais – na maioria das vezes os motivadores das ações criminosas – e trabalha em longo prazo para melhorar os índices sociais e, destarte, formatar uma sociedade mais justa e igualitária; **2:** verdade. O direito à vida é o núcleo essencial dos direitos humanos; **3:** falso. O direito de ir, vir e permanecer possui como instrumento de proteção o *habeas corpus* (art. 5º, LXVIII, da CF). O mandado de injunção é utilizado sempre que a falta de norma regulamentadora torne inviável o exercício dos direitos e liberdades constitucionais e das prerrogativas inerentes à nacionalidade, à soberania e à cidadania (art. 5º, LXXI, da CF); **4:** falso. O sistema democrático só foi restabelecido plenamente no Brasil após a transição (lenta, gradual e controlada) da ditadura militar para a democracia; **5:** verdade. O marco recente dos direitos humanos foi sem dúvida a Declaração Universal dos Direitos Humanos de 1948. Com importância neste processo pode-se também citar a Declaração de Direitos Francesa, impulsionada pela Revolução Francesa de 1789, e a Declaração de Direitos Americana (Declaração de Direitos do Bom Povo da Virgínia), ambas do século XVIII. A Declaração de Direitos Americana de 1776 foi a primeira declaração de direitos em sentido moderno, pois suas regras funcionavam como um sistema de limitação de poderes, ou seja, os direitos conferidos aos cidadãos limitavam o poder estatal. Ademais, demonstram preocupação com a estruturação de um governo democrático. E a Declaração dos Direitos do Homem e do Cidadão que a Assembleia Constituinte da França adotou em 1789, influenciada diretamente pela Revolução Francesa, teve por base os conceitos de *liberdade, igualdade, fraternidade, propriedade, legalidade e garantias individuais*. Importante apontar que estes direitos foram ampliados ocasião da Declaração dos Direitos do Homem e do Cidadão levada a cabo pela Convenção nacional em 1793.

Gabarito "C".

(Delegado/MG – 2008) Embora seja um direito que tem a sua manifestação externa coletiva, a liberdade de reunião protege principalmente a liberdade individual. Nos termos da Constituição da República de 1988, a proteção do direito de reunião assegura

(A) que a autoridade designe locais para a realização de reuniões, desde que o local seja aberto ao público e a autoridade tome as providências necessárias para a proteção das pessoas.

(B) que se entenda por reunião toda forma de manifestação pública com os mais variados fins, desde que seja estática, que permaneça em apenas um lugar, não podendo se movimentar, o que caracterizaria a passeata.

(C) que não haja restrição à reunião pública, pois, como direito individual fundamental, é meio de manifestação do pensamento e da liberdade de expressão, inclusive para a divulgação de teses ilegais.

(D) que o Estado só pode intervir nesse direito quando a reunião deixar de ser pacífica ou, na doutrina dos direitos individuais, quando o direito de uma ou várias pessoas for violado pelo exercício impróprio daquela liberdade.

O art. 5º, XVI, da CF assim dispõe: "todos podem reunir-se pacificamente, sem armas, em locais abertos ao público, independentemente de autorização, desde que não frustrem outra reunião anteriormente convocada para o mesmo local, sendo apenas exigido prévio aviso à autoridade competente".
Gabarito "D".

(Delegado/MG – 2007) Como corolário do respeito aos Direitos Humanos o legislador brasileiro inscreveu entre os direitos e garantias fundamentais expressos na Constituição os seguintes princípios da legislação penal, EXCETO:

(A) Nenhuma pena passará da pessoa do condenado mesmo que a obrigação de reparar o dano possa ser estendida aos sucessores, nos termos da lei.

(B) Às presidiárias serão asseguradas condições para que possam permanecer com seus filhos.

(C) Não haverá penas de caráter perpétuo, de banimento, de trabalhos forçados e cruéis.

(D) É assegurado aos presos o respeito à integridade física e moral.

A: correta. Tal regra encontra-se insculpida no art. 5º, XLV, da CF. B: incorreta. Tal regra não se encontra insculpida entre os direitos e garantias fundamentais expressos na Constituição. C: correta. Tal regra encontra-se insculpida no art. 5º, XLVII, da CF. D: correta. Tal regra encontra-se insculpida no art. 5º, XLIX, da CF.
Gabarito "B".

(Delegado/MG – 2007) Referente ao direito à nacionalidade é CORRETO afirmar:

(A) O direito à nacionalidade não é reconhecido como um direito humano, conquanto não seja objeto de tratados internacionais.

(B) Em caso de banimento o brasileiro nato poderá perder a nacionalidade brasileira.

(C) Aos estrangeiros são reconhecidos os direitos políticos, inclusive o direito de votar e ser votado nas eleições.

(D) Salvo nos casos previstos na Constituição, a lei não poderá estabelecer distinção entre brasileiros natos e naturalizados.

A: incorreta. O artigo 15 da Declaração Universal dos Direitos do Homem determina que nenhum Estado pode arbitrariamente retirar do indivíduo a sua nacionalidade ou seu direito de mudar de nacionalidade. E o artigo 20 da Convenção Americana sobre Direitos Humanos, celebrada em San José da Costa Rica, dispõe que toda pessoa tem direito à nacionalidade do Estado, em cujo território houver nascido, caso não tenha direito a outra. Pela redação destes dois diplomas fica claro que o ordenamento internacional combate a apatridia. B: incorreta. Um direito do indivíduo, que é consequência da condição de nacional, é a proibição do banimento. Assim, nenhum Estado pode expulsar nacional seu, com destino a território estrangeiro ou a espaço de uso comum. C: incorreta. Aos estrangeiros não são reconhecidos os direitos políticos, logo os estrangeiros não podem votar e serem votados nas eleições. D: correta, pois é o que dispõe o art. 12, § 2º, da CF.
Gabarito "D".

(Delegado/MG – 2006) Os Direitos Humanos entendidos como sinônimos de Direitos Fundamentais inscritos na Constituição da República correspondem, EXCETO:

(A) Direitos individuais, relativos à liberdade, igualdade, propriedade, segurança e vida.

(B) Direitos individuais fundamentais, relativos exclusivamente à vida e dignidade da pessoa humana.

(C) Direitos sociais, relativos a educação, trabalho, lazer, seguridade social entre outros.

(D) Direitos econômicos, relativos ao pleno emprego, meio ambiente e consumidor.

(E) Direitos políticos, relativos às formas de realização da soberania popular.

A: correta. Tais direitos individuais encontram-se previstos na Constituição Federal. B: incorreta. O elenco de direitos individuais fundamentais é mais extenso que o descrito na assertiva, isto é, não se resume à vida e à dignidade da pessoa humana. C: correta. Tais direitos sociais encontram-se previstos na Constituição Federal. D: correta. Tais direitos econômicos encontram-se previstos na Constituição Federal. E: correta. Tais direitos políticos encontram-se previstos na Constituição Federal. Por fim, cabe fazer uma pequena distinção entre direitos humanos e direitos fundamentais. A doutrina atual, principalmente a alemã, considera os direitos fundamentais[45] os valores éticos sobre os quais se constrói determinado sistema jurídico nacional, ao passo que os direitos humanos existem mesmo sem o reconhecimento da ordem jurídica interna de um país, pois possuem vigência universal. Mas, na maioria das vezes, os direitos humanos são reconhecidos internamente pelos sistemas jurídicos nacionais, situação que os torna também direitos fundamentais, ou seja, os direitos humanos previstos na Constituição de um país são denominados direitos fundamentais.
Gabarito "B".

(Delegado/MG – 2006) De acordo com a Constituição da República, as normas definidoras dos direitos e garantias fundamentais.

(A) são normas programáticas.

(B) Têm validade após regulamentação em lei.

---

45. "Os direitos fundamentais são, a um só tempo, direitos subjetivos e elementos fundamentais da ordem constitucional objetiva. Enquanto direitos subjetivos, os direitos fundamentais outorgam aos seus titulares a possibilidade de impor os seus interesses em face de órgãos obrigados. Na sua dimensão como elemento fundamental da ordem constitucional objetiva, os direitos fundamentais – tanto aqueles que não asseguram, primariamente, um direito subjetivo quanto aqueles outros, concebidos como garantias individuais – formam a base do ordenamento jurídico de um Estado de Direito democrático" (MENDES, Gilmar Ferreira. Op. cit. p. 671).

(C) Decorrem dos tratados internacionais
(D) Excluem outros princípios por ela adotados.
(E) Têm aplicação imediata.

As normas definidoras dos direitos e garantias fundamentais têm aplicação imediata (art. 5, § 1º, da CF). Ou seja, o juiz pode aplicar diretamente os direitos fundamentais, sem a necessidade de qualquer lei que os regulamente. Tal regra tem por base o *princípio da força normativa da constituição* idealizado por Konrad Hesse.
Gabarito "E".

(Delegado/MG – 2006) A casa é asilo inviolável do indivíduo. Para a garantia desse Direito Fundamental a Constituição da República assegura:

(A) Ninguém pode nela penetrar sem o consentimento do morador em hipótese alguma.
(B) A casa pode ser violada por determinação judicial, mesmo durante a noite.
(C) Em caso de flagrante delito ou desastre, a casa perde a inviolabilidade.
(D) Para prestar socorro ao morador, tão somente, a Constituição permite entrar no domicílio à noite.
(E) Para prestar socorro, perde a casa a inviolabilidade somente durante o dia.

A: incorreta, pois segundo o art. 5º, XI, da CF, a casa poderá ser violada em caso de flagrante delito ou desastre, ou para prestar socorro, ou, durante o dia, por determinação judicial. **B:** incorreta, pois segundo o art. 5º, XI, da CF, a casa somente poderá ser violada por determinação judicial durante o dia. **C:** correta (art. 5º, XI, da CF). **D:** incorreta, pois segundo o art. 5º, XI, da CF, o socorro ao morador pode ser prestado à qualquer tempo, sem risco de configurar violação ao domicílio. **E:** incorreta, pois segundo o art. 5º, XI, da CF, o socorro ao morador pode ser prestado à qualquer tempo, sem risco de configurar violação ao domicílio.
Gabarito "C".

(Delegado/SP – 2008) A principal característica dos interesses transindividuais é

(A) a ausência de conflitos com outros interesses.
(B) a indivisibilidade de seu objeto.
(C) a possibilidade de fragmentação.
(D) a indisponibilidade.
(E) a não necessidade de garantia judicial.

Os interesses transindividuais ou metaindividuais, segundo os define o Código de Defesa de Consumidor (art. 81 da Lei 8.078/1990), são: a) interesses ou direitos difusos, assim entendidos, para efeitos do Código de Defesa do Consumidor, os transindividuais, de natureza indivisível, de que sejam titulares pessoas indeterminadas e ligadas por circunstâncias de fato (inc. I), b) interesses ou direitos coletivos, assim entendidos, para efeitos do Código de Defesa do Consumidor, os transindividuais, de natureza indivisível, de que seja titular grupo, categoria ou classe de pessoas ligadas entre si ou com a parte contrária por uma relação jurídica base (inc. II), c) interesses ou direitos individuais homogêneos assim entendidos os decorrentes de origem comum (inc. III). Tendo por base tais considerações sobre os interesses transindividuais, passemos a comentar as assertivas. **A:** incorreta. Pois os interesses transindividuais podem gerar conflitos com outros interesses, pois, tome de exemplo, o interesse de uma categoria profissional, ora este interesse pode conflitar com o interesse patronal. **B:** correta. Conforme apontado nas considerações sobre os interesses transindividuais, a indivisibilidade de seu objeto é a principal característica dos interesses transindividuais. Isto é lógico porque todos têm direito, não sendo possível uma divisão do objeto dos interesses transindividuais. **C:** incorreta. A principal característica dos interesses transindividuais é a indivisibilidade de seu objeto, portanto, não é possível a sua fragmentação. **D:** incorreta. Pode-se defender que os interesses transindividuais podem ser disponíveis em determinadas situações. **E:** incorreta. A garantia judicial é fundamental para a efetivação de todos os direitos, pois de nada adianta ter direitos reconhecidos se estes não podem nem ao menos serem pleiteados (Esta questão não está bem formulada e, assim, força algumas colocações que poderiam ser refutadas mediante uma análise mais acurada do assunto.)
Gabarito "B".

(Delegado/SP – 2003) A prevalência dos direitos humanos constitui um dos

(A) princípios que regem a República Federativa do Brasil nas suas relações internacionais.
(B) objetivos fundamentais da República Federativa do Brasil.
(C) objetivos derivados da República Federativa do Brasil.
(D) objetivos fundamentais da União, dos Estados, do Distrito Federal e dos municípios.

O art. 4º da CF dispõe que o Brasil rege suas relações internacionais pelos seguintes princípios: a) independência nacional (inc. I), b) prevalência dos direitos humanos (inc. II), c) autodeterminação dos povos (inc. III), d) não intervenção (inc. IV), e) igualdade entre os Estados (inc. V), f) defesa da paz (inc. VI), g) solução pacífica dos conflitos (inc. VII), h) repúdio ao terrorismo e ao racismo (inc. VIII), i) cooperação entre os povos para o progresso da humanidade (inc. IX) e j) concessão de asilo político (inc. X). Já os objetivos fundamentais do Brasil encontram-se determinados no art. 3º da CF: a) construir uma sociedade livre, justa e solidária (inc. I), b) garantir o desenvolvimento nacional (inciso II), c) erradicar a pobreza e a marginalização e reduzir as desigualdades sociais e regionais (inc. III) e d) promover o bem de todos, sem preconceitos de origem, raça, sexo, cor, idade e quaisquer outras formas de discriminação (inc. IV).
Gabarito "A".

(Delegado/SP – 2003) No Brasil, o *Habeas Corpus* foi inicialmente explicitado como norma constitucional pela

(A) Constituição de 1824.
(B) Constituição de 1891.
(C) Emenda Constitucional de 1926.
(D) Constituição de 1934.

O instituto do *habeas corpus* chegou ao Brasil, com D. João VI, pelo Decreto de 23 de maio de 1821: "Todo cidadão que entender que ele, ou outro, sofre uma prisão ou constrangimento ilegal em sua liberdade, tem direito de pedir uma ordem de *habeas corpus* a seu favor". A constituição imperial o ignorou, mas foi novamente incluído no Código de Processo Criminal do Império do Brasil de 1832 (art. 340). E somente em 1891 o *habeas corpus* foi incluído no texto constitucional (art. 72, § 22, da Constituição Brasileira de 1891). Atualmente, está previsto no art. 5º, LXVIII, da CF de 1988: "... conceder-se-á *habeas corpus* sempre que alguém sofrer ou se achar ameaçado de sofrer violência ou coação em sua liberdade de locomoção, por ilegalidade ou abuso de poder".
Gabarito "B".

(Delegado/SP – 2003) O direito à presunção de inocência é mencionado

(A) somente pela Constituição Federal.
(B) pela Constituição Federal e pela Declaração Universal dos Direitos Humanos.
(C) pela Constituição Federal e pela Convenção Americana de Direitos Humanos.

(D) pela Constituição Federal, pela Declaração Universal dos Direitos Humanos e pela Convenção Americana dos Direitos Humanos.

O direito à presunção de inocência é mencionado expressamente na Constituição Federal (art. 5º, LVII), na Convenção Americana de Direitos Humanos (art. 8, II) e na Declaração Universal dos Direitos Humanos (art. 11, I).

Gabarito "D".

(Delegado/SP – 2002) Assinale a alternativa na qual figuram objetivos da República Federativa do Brasil considerados como fundamentais pelo texto constitucional.

(A) A erradicação da pobreza e da marginalização e a redução das desigualdades sociais e regionais.

(B) A prevalência dos direitos humanos e o repúdio ao terrorismo.

(C) A defesa da paz e a construção de uma sociedade livre, justa e solidária.

(D) A prevalência dos direitos humanos e dos valores sociais do trabalho.

Conforme o art. 3º da CF, os objetivos da República Federativa do Brasil são: a) construir uma sociedade livre, justa e solidária (inc. I), b) garantir o desenvolvimento nacional (inc. II), C) erradicar a pobreza e a marginalização e reduzir as desigualdades sociais e regionais (inc. III) e d) promover o bem de todos, sem preconceitos de origem, raça, sexo, cor, idade e quaisquer outras formas de discriminação (inc. IV).

Gabarito "A".

(Delegado/SP – 2000) De acordo com a teoria "monista", para que haja a incorporação dos tratados de direitos humanos ao direito brasileiro

(A) a ratificação não é suficiente, sendo necessária a edição de ato legislativo interno determinando a incorporação.

(B) a ratificação é suficiente para imediata aplicação já que o Poder Legislativo participa do processo de incorporação.

(C) não é necessária a ratificação para a incorporação, sendo suficiente a aprovação do Poder Legislativo.

(D) a ratificação é suficiente para a imediata aplicação já que o Poder Legislativo não participa do processo da incorporação.

Segundo a tese monista, o direito internacional e o nacional fazem parte do mesmo sistema jurídico, ou seja, incidem sobre o mesmo espaço. Pelo contrário, a tese dualista advoga que cada um pertence a um sistema distinto e, por assim dizer, incidem sobre espaços diversos. A tese monista ainda subdivide-se: a) monismo radical: prega a preferência pelo direito internacional em detrimento do direito nacional e b) monismo moderado: prega a equivalência entre o direito internacional e o direito nacional. Importante apontar que a jurisprudência internacional aplica o monismo radical, tal escolha é respaldada pelo artigo 27 da Convenção de Viena sobre Direito dos Tratados: "Uma parte não pode invocar as disposições de seu direito interno para justificar o inadimplemento de um tratado". O dualismo também se subdivide: a) dualismo radical: impõe a edição de uma lei distinta para incorporação do tratado e b) dualismo moderado: não exige lei para incorporação do tratado, apenas exige-se um procedimento complexo, com aprovação do Congresso e promulgação do Executivo. A Constituição Federal silenciou neste aspecto, e em virtude da omissão constitucional a doutrina defende que o Brasil adotou a corrente dualista, ou, melhor dizendo, a corrente dualista moderada.

Isto porque o tratado só passará a ter validade interna após ter sido aprovado pelo Congresso Nacional e ratificado e promulgado pelo Presidente da República. Lembrando que a promulgação é efetuada mediante decreto presidencial. Após bem esclarecer o tema da incorporação de tratados, percebe-se que a questão diz respeito erroneamente à teoria monista, pois a assertiva "B" apenas será correta se tiver por fundamento a teoria dualista.

Gabarito "B".

(Delegado/SP – 1999) Nos Estados federados, o Pacto Internacional de Direitos Civis e Políticos de 1966 aplica-se apenas

(A) às autoridades estaduais.

(B) às autoridades internacionais.

(C) aos órgãos da União

(D) a todas as entidades constitutivas da federação.

A soberania é o poder exclusivo que o Estado, representado geralmente pelo governo, detém de constituir direitos e impor deveres sobre um grupo de pessoas conjugadas num espaço terrestre delimitado pela jurisdição deste mesmo Estado. Este seria o âmbito interno da soberania, e como âmbito externo pode-se indicar a condição de igualdade que todos Estados possuem na comunidade internacional (princípio nuclear da Carta das Nações Unidas). Tendo por base a consideração sobre o âmbito externo e interno da soberania pode-se afirmar que o Estado tem capacidade para livremente firmar tratados e assim assumir obrigações internacionais. Essas obrigações internacionais deverão ser respeitadas pelos Estados que as assumiram. Percebe-se que a divisão política interna de cada país em nada interfere, pois a soberania só é exercida pelo Estado em sua totalidade e não o contrário. No caso do Brasil, o Estado brasileiro é a ordem jurídica global (pessoa jurídica de direito público externo), composta por ordens jurídicas parciais: União, Estados, Municípios e o Distrito federal (pessoas jurídicas de direito público interno). Ou seja, os Estados e os Municípios não podem firmar tratados, e a União só poderá firmar tratados internacionais quando estiver representando o Estado brasileiro na sua totalidade, e não como pessoa jurídica de direito público interno.

Gabarito "D".

(Delegado/SP – 1999) Os direitos e garantias constantes dos instrumentos internacionais dos direitos humanos aprovados e ratificados pelo Brasil, que não sejam expressos na Constituição Federal de 1988, devem ser

(A) recepcionados pelo nosso ordenamento jurídico.

(B) excluídos de nosso regime legal.

(C) aceitos parcialmente, desde que decorram das normas constitucionais.

(D) eliminados do sistema em face dos princípios por ela adotados.

A questão é antiga, assim é necessário fazer um comentário sobre as condições atuais do procedimento de internalização de tratados de direitos humanos no Brasil. Com a edição da EC 45/2004, os tratados de direitos humanos que forem aprovados, em cada Casa do Congresso Nacional, em dois turnos, por três quintos dos votos dos respectivos membros, serão equivalentes às emendas constitucionais – consoante determina o art. 5º, § 3º, da CF. Ou seja, tais tratados terão hierarquia constitucional. Muito se discutiu em relação à hierarquia dos tratados de direitos humanos que foram internalizados anteriormente à edição da EC 45/2004. Mas em 3 de dezembro de 2008, o Min. Gilmar Mendes, no RE 466.343-SP, defendeu a tese da supralegalidade de tais tratados, ou seja, superior às normas infraconstitucionais e inferior às normas constitucionais. O voto do Min. Gilmar Mendes foi acompanhado pela maioria.

Gabarito "A".

(Delegado/SP – 1998) O direito, reconhecido a qualquer pessoa, de invocar a atenção dos poderes públicos sobre uma questão ou situação, em defesa de direito ou visando à correção de ilegalidade ou arbitrariedade, denomina-se

(A) direito de certidão.
(B) direito de recurso.
(C) direito de ação.
(D) direito de petição.

A: incorreta. O art. 5º, XXXIV, *b*, da CF dispõe que são a todos assegurados, independentemente do pagamento de taxas, a obtenção de certidões em repartições públicas, para defesa de direitos e esclarecimento de situações de interesse pessoal. **B:** incorreta. O recurso judicial é a forma de se provocar uma nova análise sobre uma decisão, dentro do mesmo processo, para reformá-la, modificá-la ou integrá-la. O recurso existe para dar efetividade à ampla defesa e o duplo grau de jurisdição. **C:** incorreta. Trata-se do direito de exigir do Estado a prestação jurisdicional, a solução de uma lide ou conflito. **D:** correta. O art. 5º, XXXIV, *a*, da CF dispõe que são a todos assegurados, independentemente do pagamento de taxas, o direito de petição aos Poderes Públicos em defesa de direitos ou contra ilegalidade ou abuso de poder. Este instituto permite a qualquer pessoa dirigir-se formalmente a qualquer autoridade do Poder Público, com o intuito de levar-lhe uma reivindicação, uma informação, queixa ou mesmo uma simples opinião acerca de algo relevante para o interesse próprio, de um grupo ou de toda a coletividade. A assertiva dada como correta é a "C", mas não concordamos, pois o direito de petição (assertiva "D") é descrito perfeitamente pela redação da questão.
Gabarito "D".

(Delegado/SP – 1998) No que concerne à evolução histórica dos direitos humanos, é correto afirmar que a primeira Constituição Brasileira a contemplar os direitos humanos fundamentais foi a

(A) Constituição de 1937.
(B) Constituição de 1891.
(C) Constituição de 1946.
(D) Constituição de 1824.

A Constituição de 1824 trata, no seu Título 8º, das disposições gerais e das garantias dos direitos civis e políticos dos cidadãos brasileiros. Cabe tecer alguns comentários sobre a nossa Constituição de 1824. A Carta outorgada em 1824 foi influenciada pelas Constituições francesa de 1791 e espanhola de 1812. Tinha um sistema representativo baseado na teoria da soberania nacional. A forma de governo era a monárquica, hereditária, constitucional e representativa, sendo o país dividido formalmente em províncias e o poder político estava dividido em quatro, conforme a filosofia liberal das teorias da separação dos poderes e de Benjamin Constant. A Constituição era uma das mais liberais que existiam em sua época, até mesmo superando as europeias. Apesar de a Constituição prever a possibilidade de liberdade religiosa somente em âmbito doméstico, na prática, ela era total. Tanto os protestantes, como judeus e seguidores de outras religiões mantiveram seus templos religiosos e a mais completa liberdade de culto. Continua uma inovação, que era o Poder Moderador, cujo surgimento na letra da lei fora atribuída a Martim Francisco de Andrada, um grande admirador de Benjamin Constant. Esse poder serviria para resolver impasses e assegurar o funcionamento do governo.
Gabarito "D".

6.1. Estatuto da igualdade racial

(Delegado/RS – 2018 – FUNDATEC) O Estatuto da Igualdade Racial abarca questões tais como o livre exercício dos cultos religiosos de matriz africana. Nesse sentido, pode-se afirmar que:

(A) O combate à intolerância com as religiões de matrizes africanas exclui de seu âmbito de proteção os mananciais a elas vinculados.
(B) A pena privativa de liberdade impede a assistência religiosa aos praticantes das religiões de matriz africana que se encontram no cumprimento de tal pena.
(C) A celebração de reuniões relacionadas à religiosidade e a fundação e manutenção, por iniciativa privada, inclusive em lugares não reservados para tais fins.
(D) É assegurada a possibilidade de criação de instituições beneficentes privadas ligadas às convicções religiosas derivadas dos cultos de matrizes africanas.
(E) Os representantes das religiões de matrizes africanas possuem assento paritário em relação às demais religiões em conselhos públicos.

A única assertiva correta é a **D** (art. 24, II, do Estatuto da Igualdade Racial).
Gabarito "D".

(Delegado/BA – 2016.1 – Inaz do Pará) O princípio jurídico da promoção da igualdade (ação afirmativa), reafirmado pelo Estatuto da Igualdade Racial, significa que em todas as áreas de política pública o Estado deve preocupar-se em garantir que a população negra tenha as mesmas oportunidades e o mesmo tratamento. Esse princípio se traduz em:

(A) que no acesso ao trabalho, à escola, à moradia, a órgãos públicos ou privados não se admite tratamento diferente em função da cor ou raça.
(B) que ao adentrar no transporte público, prédios residenciais ou comerciais, bancos, hospitais, presídios, internet, comércio, restaurantes dentre outros não se admitem tratamento diferente em função da cor ou raça.
(C) que promover a igualdade significa que o Estado deve agir preventivamente, positivamente, adotando todas as medidas para que a igualdade jurídica se traduza em igualdade na prática; igualdade de oportunidades e de tratamento.
(D) todas as ações descritas nas afirmativas acima, traduzem o princípio da igualdade reafirmado pelo Estatuto da Igualdade Racial na prática e não apenas no papel.
(E) Nenhuma das afirmativas acima traduzem o princípio da igualdade reafirmado pelo Estatuto da Igualdade Racial.

A alternativa correta "D" porque indica que o disposto nas assertivas "A", "B" e "C" são exemplos concretos do princípio da promoção da igualdade. O art. 4º do Estatuto da Igualdade Racial mostra o leque de ações que devem ser implementadas para garantir que a população negra tenha as mesmas oportunidades e o mesmo tratamento.
Gabarito "D".

7. COMBINADAS E OUTROS TEMAS DE DIREITOS HUMANOS

(Delegado/ES – 2019 – Instituto Acesso) Um Tratado é um acordo entre os Estados Nacionais. É prerrogativa da soberania de cada Estado Nação poder pactuar seguindo os ditames de direito internacional para sua ratificação, adesão ou sucessão. Um Estado pode, ao ratificar um tratado, formular reservas a ele, indicando que, embora consinta em se comprometer com a maior parte das disposições, não concorda em se comprometer com certas disposições. No entanto, uma reserva não pode derrotar o objeto e o propósito do tratado. Tratados internacionais têm diferentes designações, como pactos, cartas, protocolos, convenções e acordos. Podemos afirmar que

(A) é necessário, para que os Estados ratifiquem os tratados, que eles se comprometam sempre com as suas disposições, ainda que gradativamente, que sejam superiores à legislação interna, excetuando-se aquelas de status constitucional.
(B) um Tratado é legalmente vinculativo para os Estados que tenham consentido em se comprometer com suas disposições.
(C) um Tratado pode ser do tipo "por sucessão", que acontece em virtude de uma disposição específica do tratado ou de uma declaração, considerando o caráter autoexecutável da maioria dos tratados.
(D) um Tratado só pode ser ratificado por um Estado que o tenha assinado anteriormente – durante o período no qual ele esteve aberto às assinaturas quando da sua elaboração.
(E) após a ratificação de um tratado específico, em nível internacional, o instrumento de ratificação deve ser formalmente transmitido ao depositário, que vem a ser os Estados Unidos, enquanto sede da ONU.

A única assertiva correta acerca dos "tratados" é a **B**. Tratado é todo acordo formal concluído entre pessoas jurídicas do Direito Internacional Público que tenha por escopo a produção de efeitos jurídicos. Ou consoante o art. 2, ponto 1, a, da Convenção de Viena sobre Direito dos Tratados, tratado é um acordo internacional concluído por escrito entre Estados e regido pelo Direito Internacional, quer conste de um instrumento único, quer de dois ou mais instrumentos conexos, qualquer que seja sua denominação específica. No mais, um tratado só obriga as partes pactuantes (art. 35 da Convenção de Viena sobre Tratados). Tal princípio decorre da soberania dos Estados e da autonomia da vontade.
Gabarito "B".

(Delegado/BA – 2016.1 – Inaz do Pará) Quando uma pessoa é impedida direta ou disfarçadamente de se hospedar num hotel, de permanecer num restaurante, de frequentar um clube ou sair em determinado bloco de carnaval por causa de sua cor, está-se cometendo:

(A) Discriminação.
(B) A pessoa está sendo vítima de preconceito racial.
(C) A letra A e B estão corretas.
(D) Este é um direito dos proprietários dos estabelecimentos citados no exemplo acima.
(E) Nenhuma das alternativas acima.

As situações descritas no enunciado configuram tanto discriminação como preconceito racial. Portanto, a alternativa que deve ser assinalada é "C". Ler a Lei 7.716/1989 que disciplina os crimes resultantes de preconceito de raça e de cor, com suas posteriores alterações patrocinadas pelas leis 9.459/1997 e 12.288/2010.
Gabarito "C".

(Delegado/SP – 2014 – VUNESP) Considerando a distinção conceitual entre grupos vulneráveis e minorias, assinale a alternativa que identifica, correta e respectivamente, no Estado Brasileiro, um componente de grupo vulnerável e outro de uma minoria.

(A) População de rua e índios.
(B) Adolescentes e mulheres.
(C) Ciganos e praticantes do candomblé.
(D) Crianças e pessoas com deficiência física ou sofrimento mental.
(E) Homossexuais e idosos.

Antes de responder a questão, cabe diferenciarmos minoria e grupo vulnerável. Para conceituar minoria, usaremos uma definição bem conhecida alcunhada por Francesco Caportorti: "um grupo numericamente inferior em relação ao restante da população do Estado, sem exercer posição dominante, cuja os membros – sendo nacionais do Estado – possuem características éticas, religiosas ou linguísticas que os diferem do restante da população e apresentam um senso de solidariedade dirigido para preservar sua cultura, tradições, religião ou língua.[46]" Em contrapartida, um grupo vulnerável, também composto de parcela inferior da população, é formado por pessoas em razão de um contexto fático (geralmente de caráter provisório) e não por possuírem identidade própria.
A: correta, porque a população de rua é exemplo de grupo vulnerável, enquanto os índios compõem uma minoria; **B**: incorreta. Adolescentes e mulheres são exemplos de grupo vulnerável; **C**: incorreta. Ciganos e praticantes de candomblé são exemplos de minoria; **D**: incorreta, porque a assertiva traz dois exemplos de grupo vulnerável; **E**: incorreta. Idosos formam um grupo vulnerável.
Gabarito "A".

(Delegado/SP – 2014 – VUNESP) Considerando a sua evolução histórica, bem como o sistema internacional de proteção dos direitos humanos, assinale a alternativa correta.

(A) No sistema processual de proteção dos direitos humanos, as pessoas físicas são titulares de direitos perante os órgãos de supervisão internacional, mas carecem de capacidade processual nesse sistema.
(B) No campo dos direitos humanos, desde a Declaração Universal de 1948, verifica-se a coexistência de diversos instrumentos de proteção estabelecendo regras de efeitos e conteúdo essencialmente formais.
(C) A resolução de conflitos nos casos concretos de violações de direitos humanos é tema de interesse exclusivamente nacional dos Estados.
(D) Os tratados podem agir como normas de direito interno, desde que ratificados e incorporados, podendo influenciar a alteração, ou criação, de regulamentação nacional específica.
(E) A partir de 1950, depois de estabelecida uma unidade conceitual dos direitos humanos, sua proteção internacional viu-se em acentuado declínio.

A: incorreta, pois o ser humano é sujeito de direito internacional e tem sim capacidade processual no sistema internacional de proteção dos direitos humanos. Um exemplo é a possibilidade de o indivíduo enviar petições para a Corte Europeia de Direitos Humanos (sistema regional de proteção dos direitos humanos); **B**: incorreta, pois o que se percebe é a coexistência de diversos instrumentos de proteção com conteúdo essencialmente material. Tanto é que o Prof. Norberto Bobbio destacou, em conhecida frase, que o "maior problema dos direitos humanos hoje não é mais o de fundamentá-los, mas sim de protegê-los". Se o examinador usou o termo 'formais' para dizer respeito às garantias, de fato, mostra uma situação totalmente contrária àquela desenhada pelo pensador italiano; **C**: incorreta. Toda a comunidade internacional tem interesse na resolução de conflitos, isso ficou claro com a Declaração

---

46. Study on the Rights of Persons belonging to Ethnic, Religious, and Linguistic Minorities. United Nations Pubns, 1991.

Universal dos Direitos Humanos e a posterior constituição do sistema internacional de proteção dos direitos humanos (formado pelo global e pelos regionais). Existe um certo consenso sobre a existência de direitos humanos e o sistema internacional funciona para supervisionar o respeito à tais direitos em todos os países. O indivíduo ostenta direitos pelo simples fato de ser humano, e não por ser nacional de país X ou Z; **D**: correta. Uma vez incorporados, os tratados internacionais fazer parte do ordenamento jurídico pátrio, como qualquer outra lei. De um modo geral e depois de internalizado, o tratado é equiparado hierarquicamente à norma ordinária infraconstitucional[47-48]. Assim, as normas infraconstitucionais preexistentes ao tratado serão derrogadas quando com ele colidirem (critério cronológico) ou quando forem gerais e os tratados forem especiais (critério da especialidade). Percebe-se que por se tratar de normas de mesma hierarquia (o tratado e a lei interna), em caso de conflito deve-se utilizar os critérios de solução de antinomias aparentes. Por outro lado, é muito defendida a tese que confere prevalência ao tratado sobre a lei interna (especialmente com supedâneo no art. 27 da Convenção de Viena sobre Direitos dos Tratados), apesar de o tema não ser pacífico, em matéria tributária adotou-se expressamente a prevalência do tratado sobre o direito interno (art. 98 do Código Tributário Nacional – CTN), determinando que a legislação tributária posterior ao tratado lhe deve obediência. Por sua vez, em relação especificamente aos tratados de direitos humanos, a posição atual do STF defende que tais documentos internacionais são superiores às normas infraconstitucionais e inferiores às normas constitucionais (tese da supralegalidade). Portanto, todo tratado de direitos humanos que for internalizado sem observar o procedimento estabelecido no artigo 5º, § 3º, da CF, tem *status* de norma supralegal; **E**: incorreta. Muito difícil defender a citada unidade conceitual apontada na assertiva. E pelo contrário, a proteção internacional dos direitos humanos se intensificou e não entrou em declínio.

Gabarito "D".

---

47. Conforme a ADI-MC 1.480/DF.

48. Os tratados e as convenções de direitos humanos não poderão ter *status* de lei complementar pela simples escolha do rito adotado para sua incorporação no direito brasileiro, isso porque a Constituição explicitamente elencou quais matérias devem ser exclusivamente tratadas por via de Lei Complementar.

6. Direito Administrativo

Wander Garcia, Flávia Moraes Barros e Rodrigo Bordalo*

1. PRINCÍPIOS ADMINISTRATIVOS E REGIME JURÍDICO ADMINISTRATIVO

(Delegado/RJ – 2022 – CESPE/CEBRASPE) Os princípios constitucionais do direito administrativo

(A) podem ser aplicados diretamente pelo gestor público, mas não em sentido contrário à lei (*contra legem*), ainda que o interesse público aponte neste sentido.
(B) podem justificar decisões administrativas sem a intermediação da lei, tal como aconteceu com a interpretação feita pelo Conselho Nacional de Justiça acerca de nepotismo.
(C) são enumerados taxativamente no *caput* do art. 37 da CF, que define seus limites e possibilidades.
(D) não se limitam à lista do art. 37 da CF, embora impliquem, ontologicamente, comandos genéricos incapazes de vincular positivamente a ação administrativa.
(E) são imponderáveis, porquanto enunciam máximas fundamentais para a compreensão do direito administrativo.

Alternativa **A** incorreta (os princípios constitucionais podem ser aplicados *contra legem*, pois são normas hierarquicamente superiores). Alternativa **B** correta (trata-se da aplicação *per saltum* dos princípios constitucionais). Alternativa **C** incorreta (os princípios constitucionais do direito administrativo podem ser expressos ou implícitos). Alternativa **D** incorreta (de fato, os princípios constitucionais do direito administrativo não se limitam à lista do art. 37 da CF; no entanto, os seus comandos são capazes de vincular positivamente a ação administrativa). Alternativa **E** incorreta (os princípios constitucionais do direito administrativo estão sujeitos à técnica hermenêutica da ponderação, haja vista o caráter relativo dos princípios constitucionais). **Gabarito "B".**

(Delegado/RJ – 2022 – CESPE/CEBRASPE) Paulo, servidor público estadual, verificou, durante pesquisas na Web, que seu contracheque encontrava-se acessível no sítio eletrônico do governo do estado, em que são divulgadas informações sobre a remuneração paga aos servidores públicos. Inconformado, Paulo ingressou com uma ação para a retirada de seu nome do sítio eletrônico, requerendo, ainda, reparação por danos morais, por violação do seu direito constitucional à privacidade e à intimidade.

Considerando essa situação hipotética, as normas sobre a transparência ativa e a Lei Geral de Proteção de Dados Pessoais (LGPD), assinale a opção correta.

(A) É legítima a publicação, em sítio eletrônico mantido pela administração pública, dos nomes dos seus servidores e do valor dos correspondentes vencimentos e vantagens pecuniárias, ressalvando-se os descontos de caráter pessoal.
(B) A divulgação nominalizada dos dados do servidor relacionados a seus vencimentos e vantagens fere o direito à privacidade e à intimidade dos agentes públicos, fragilizando a segurança física e pessoal do servidor.
(C) É ilegítima a publicação dos nomes dos servidores, pois a LGPD tem por objetivo proteger os direitos fundamentais de liberdade e de privacidade de qualquer pessoa natural ou pessoa jurídica de direito público ou privado.
(D) É possível a publicação dos vencimentos e das vantagens pecuniárias referentes aos cargos públicos, desde que não seja divulgado o nome real dos agentes públicos, em razão da LGPD.
(E) Em razão da prevalência do princípio da publicidade administrativa, é legítima a divulgação, na íntegra, dos comprovantes de pagamento dos servidores, pois tais documentos mostram informação de interesse coletivo ou geral.

A transparência ativa exige da Administração a divulgação de atos e de informações de interesse geral, entre os quais a remuneração de seus servidores. Confrontado com tal regramento, o STF reputou constitucional esta forma de publicidade, ausente qualquer ofensa ao direito à privacidade e à intimidade. De acordo com a Corte Maior, conforme tese fixada em sede de repercussão geral: "É legítima a publicação, inclusive em sítio eletrônico mantido pela Administração Pública, dos nomes dos seus servidores e do valor dos correspondentes vencimentos e vantagens pecuniárias." (ARE 652.777, Pleno, Rel. Min. Teori Zavaski, DJe 1/07/2015 – tema 483). Advirta-se que o mesmo STF ressalva a divulgação de informações estritamente pessoais, como os descontos em folha de pagamento de dívidas e por imposições de decisão judicial (RE 1.206.340, Rel. Min. Alexandre de Moraes, DJe 9/09/2020). Dessa forma, correta a alternativa A. **Gabarito "A".**

(Delegado/MG – 2021 – FUMARC) Segundo Celso Antônio Bandeira de Mello, "O interesse público, o interesse do todo, do conjunto social, nada mais é que a dimensão pública dos interesses individuais, ou seja, dos interesses de cada indivíduo enquanto partícipe da Sociedade [...]".

A partir dessa afirmativa, marque a opção CORRETA:

(A) O interesse público não é uma faceta dos interesses coletivos, mas apenas o interesse de um todo abstrato.
(B) O interesse público se constitui no interesse do todo, do próprio conjunto social, mas não se confunde com a somatória dos interesses individuais, peculiares de cada qual.
(C) Pode haver um interesse público discordante do interesse de cada um dos membros da Sociedade.
(D) Todo e qualquer interesse do Estado corresponde a um interesse público.

---

* WG questões comentadas por: **Wander Garcia.**
  FMB questões comentadas por: **Flávia Moraes Barros.**
  RB questões comentadas por **Rodrigo Bordalo.**

A questão explora o entendimento de Celso Antônio Bandeira de Mello acerca da noção de *interesse público*, que detém alta carga de indeterminação. Afinal, o que é interesse público? Visando destrinchar a ideia, o autor aponta que "constitui no interesse do todo, ou seja, do próprio conjunto social", embora "não se confunde com a somatória dos interesses individuais, peculiares de cada qual." (*Curso de direito administrativo*, 31. ed., 2014, p. 59). Assim, correta a alternativa **B**. As demais estão incorretas: alternativa **A** (o interesse público é uma faceta dos interesses coletivos, não podendo ser restrito ao interesse de um todo abstrato); alternativa **C** (para o autor, não pode haver um interesse público que seja discordante do interesse de cada um dos membros da sociedade, pois "seria inconcebível um interesse do todo que fosse, ao mesmo tempo, contrário ao interesse de cada uma das partes que o compõem"); alternativa **D** (não se deve confundir o interesse público, tratado pelo autor como *interesse primário*, com o interesse do Estado, denominado *interesse secundário*). RB

Gabarito "B".

(Delegado/MG – 2018 – FUMARC) Sobre os princípios da Administração Pública, é CORRETO afirmar que:

(A) a efetivação de pagamento de precatório em desobediência à ordem cronológica traduz violação ao princípio da impessoalidade, à luz do qual é vedada a atuação administrativa dissociada da moral, dos princípios éticos, da boa-fé e da lealdade.

(B) em consonância com o princípio da legalidade, estatuído no artigo 37, caput, da CR/88, a Administração Pública pode fazer tudo o que a lei não proíbe.

(C) não são oponíveis às Sociedades de Economia Mista, haja vista que essas sociedades são regidas pelo regime de direito privado.

(D) o princípio da supremacia do interesse público não se radica em dispositivo específico da CR/88, ainda que inúmeros aludam ou impliquem manifestações concretas dele.

Alternativa A incorreta (a vedação à atuação administrativa dissociada da moral, dos princípios éticos, da boa-fé e da lealdade, traduz o princípio da moralidade, e não o da impessoalidade); alternativa B incorreta (de acordo com o princípio da legalidade, a Administração Pública somente pode fazer o que lei permite; ou seja, se a lei não proíbe, a Administração não pode fazer); alternativa C incorreta (nos termos do art. 37, "caput", CF, os princípios da Administração pública aplicam-se à Administração Indireta, no âmbito da qual se inserem as sociedades de economia mista); alternativa D correta (a supremacia do interesse público representa princípio constitucional implícito). RB

Gabarito "D".

(Delegado/RS – 2018 – FUNDATEC) Acerca da formação histórica do Direito Administrativo, analise as seguintes assertivas:

I. O Direito Administrativo tem origem na Idade Média, período histórico em que a vontade do monarca passa a se subordinar à lei.

II. O direito francês se notabiliza como a principal influência na formação do Direito Administrativo brasileiro, de onde importamos institutos importantes como o conceito de serviço público, a teoria dos atos administrativos, da responsabilidade civil do estado e da submissão da Administração Pública ao princípio da legalidade.

III. Devido à organização do Estado brasileiro, composto por diferentes entes políticos dotados de competências legislativas próprias para disciplinar suas atividades administrativas, a codificação do Direito Administrativo em âmbito nacional se torna inviável.

Quais estão corretas?

(A) Apenas I.
(B) Apenas III.
(C) Apenas I e II.
(D) Apenas II e III.
(E) I, II e III.

Item I incorreto (o Direito Administrativo tem origem no Estado de Direito); item II correto (de fato, o direito francês influenciou de modo marcante o Direito Administrativo brasileiro); item III correto (a instituição de um Código de Direito Administrativo esbarra na competência legislativa própria das entidades políticas para disciplinar as respectivas atividades administrativas). RB

Gabarito "D".

(Delegado/RS – 2018 – FUNDATEC) Sobre os princípios da Administração Pública, analise as seguintes assertivas:

I. A prisão em flagrante delito de um indivíduo, sob o enfoque de não depender de prévia manifestação do poder judiciário, é uma manifestação concreta do princípio da autotutela administrativa.

II. O uso moderado e progressivo da força, modulador da ação policial, encontra fundamento no princípio da proporcionalidade, que tem por objetivo evitar que a atividade coercitiva do Estado seja exercida em intensidade superior à estritamente necessária para restabelecer a ordem e a segurança pública.

III. No âmbito administrativo, o acesso à informação, por se tratar de um direito público subjetivo de envergadura constitucional, derivado do princípio da publicidade e da transparência, não comporta sigilo como exceção.

IV. A utilização, por parte do servidor público, para fins privados, de um bem regularmente apreendido no âmbito de uma investigação criminal caracteriza violação ao princípio da impessoalidade, sob o enfoque da finalidade, impondo o enquadramento de tal conduta em ato de improbidade administrativa.

Quais estão corretas?

(A) Apenas I.
(B) Apenas I e II.
(C) Apenas II e IV.
(D) Apenas III e IV.
(E) Apenas II, III e IV.

Item I incorreto (o contexto descrito não detém relação com o princípio da autotutela administrativa, segundo o qual a Administração pode anular e revogar seus próprios atos); item II correto (toda a atividade estatal, sobretudo a policial, deve obediência ao princípio da proporcionalidade); item III incorreto (embora represente um princípio constitucional expresso, a publicidade detém caráter relativo, de modo que o sigilo é admitido no ordenamento jurídico brasileiro, nos termos do art. 5º, XXXIII e LX, da CF, bem como do art. 3º, I, da Lei 12.527/2011); item IV correto (caracteriza improbidade administrativa a utilização, para fins pessoais, de bens de propriedade ou à disposição das entidades públicas). RB

Gabarito "C".

A administração pública, no Brasil, é regida por uma série de princípios. Tendo em vista a natureza jurídica destes princípios, leia as afirmativas a seguir.

I. Legalidade, publicidade, impessoalidade, moralidade e eficiência são classificadas, pela doutrina, como princípios expressos da administração pública por possuírem previsão normativa inserta no texto da Constituição da República Federativa do Brasil de 1988 com aplicação direta ao campo do direito administrativo.

II. O princípio da eficiência da administração se aplica ao servidor, para efeito de sua aptidão ao cargo, durante o estágio probatório e ao logo do exercício de sua vida funcional.

III. Campanhas ou informes de órgãos públicos que apresentem slogans de promoção pessoal do agente público violam diretamente o princípio constitucional da moralidade administrativa.

IV. A supremacia do interesse público é considerada, pela doutrina, como um princípio implícito da administração pública

V. Um princípio é considerado implícito ao direito administrativo em razão de este ser aplicável ao campo da administração pública, ainda que tal princípio seja próprio a um outro campo do direito.

(Delegado/ES – 2019 – Instituto Acesso) Marque a alternativa correta:

(A) Todas as afirmativas estão corretas, à exceção da III.
(B) Todas as afirmativas estão corretas, à exceção da I.
(C) Todas as afirmativas estão corretas, à exceção da V.
(D) Todas as afirmativas estão corretas, à exceção da IV.
(E) Todas as afirmativas estão corretas, à exceção da II.

O item I está correto (os princípios expressos da Administração Pública são aqueles previstos no art. 37, "caput", da CF); o item II está correto (o princípio da eficiência abrange todo o vínculo do servidor público); o item III está errado (o princípio diretamente violado é o da impessoalidade, a qual, entre outros sentidos, veda que na publicidade oficial sejam veiculados nomes, símbolos ou imagens que caracterizam promoção pessoal do agente público); item IV correto (a supremacia do interesse público constitui princípio implícito); item V correto (delimitação dos contornos do princípio implícito). RB

Gabarito "A".

(Delegado/MS – 2017 – FAPEMS) Acerca do Princípio da Publicidade e da Lei de Acesso à Informação (Lei n. 12.527/2011), assinale a alternativa correta.

(A) Somente a pessoa diretamente interessada poderá apresentar pedido de acesso às informações por qualquer meio legítimo, sendo que os órgãos e as entidades do poder público devem viabilizar alternativa de encaminhamento de pedidos de acesso por meio de seus sítios oficiais na internet.

(B) aso a informação solicitada esteja disponível ao público em formato impresso, eletrônico ou em qualquer outro meio de acesso universal, serão informados ao requerente, por escrito, o lugar e a forma pela qual se poderá consultar, obter ou reproduzir a referida informação, procedimento esse que desonerará o órgão ou a entidade pública da obrigação de seu fornecimento direto, ficando a cargo exclusivo do interessado, em quaisquer circunstâncias, prover meios para obter as informações solicitadas.

(C) O serviço de busca e fornecimento da informação é gratuito, salvo nas hipóteses de reprodução de documentos pelo órgão ou pela entidade pública consultada, situação em que poderá ser cobrado exclusivamente o valor necessário ao ressarcimento do custo dos serviços e dos materiais utilizados.

(D) É dever do Estado garantir o direito de acesso à informação, que será franqueada, mediante procedimentos objetivos e ágeis, de forma transparente, clara e em linguagem de fácil compreensão, sendo legítima a negativa, ainda que não fundamentada, quando a informação for classificada como total ou parcialmente sigilosa.

(E) É legítima a publicação, inclusive em sítio eletrônico mantido pela Administração Pública, dos nomes de seus servidores e do valor dos correspondentes aos vencimentos, sendo vedadas informações referentes a vantagens pecuniárias.

A: incorreta. Lei 12.527/2011, art. 10. Qualquer interessado poderá apresentar pedido de acesso a informações aos órgãos e entidades referidos no art. 1º desta Lei, por qualquer meio legítimo, devendo o pedido conter a identificação do requerente e a especificação da informação requerida. **B:** incorreta. Lei 12.527/2011, art. 10, § 6º: Caso a informação solicitada esteja disponível ao público em formato impresso, eletrônico ou em qualquer outro meio de acesso universal, serão informados ao requerente, por escrito, o lugar e a forma pela qual se poderá consultar, obter ou reproduzir a referida informação, procedimento esse que desonerará o órgão ou entidade pública da obrigação de seu fornecimento direto, salvo se o requerente declarar não dispor de meios para realizar por si mesmo tais procedimentos. **C:** correta. Lei 12.527/2011, art. 12. O serviço de busca e fornecimento da informação é gratuito, salvo nas hipóteses de reprodução de documentos pelo órgão ou entidade pública consultada, situação em que poderá ser cobrado exclusivamente o valor necessário ao ressarcimento do custo dos serviços e dos materiais utilizados. **D:** incorreta. Lei 12.527/2011, art. 25. É dever do Estado controlar o acesso e a divulgação de informações sigilosas produzidas por seus órgãos e entidades, assegurando a sua proteção. **E:** incorreta. Não são vedadas as informações relativas a vantagens pecuniárias. FMB

Gabarito "C".

(Delegado/MS – 2017 – FAPEMS) De acordo com o texto a seguir o direito público tem como objetivo primordial o atendimento ao bem-estar coletivo.

[...] em primeiro lugar, as normas de direito público, embora protejam reflexamente o interesse individual, têm o objetivo primordial de atender ao interesse público, ao bem-estar coletivo. Além disso, pode-se dizer que o direito público somente começou a se desenvolver quando, depois de superados o primado do Direito Civil (que durou muitos séculos) e o individualismo que tomou conta dos vários setores da ciência, inclusive a do Direito, substituiu-se a ideia do homem como fim único do direito (própria do individualismo) pelo princípio que hoje serve de fundamento para todo o direito público e que vincula a Administração em todas as suas decisões [...].

DI PIETRO, Maria Sylvia Zaretla. Direito Administrativo. 30.ed. São Paulo: Atlas, 2017, p 96.

Diante disso, as "pedras de toque" do regime jurídico-administrativo são

(A) a supremacia do interesse público sobre o interesse privado e a impessoalidade do interesse público.
(B) a supremacia do interesse público sobre o interesse privado e a indisponibilidade do interesse público.
(C) a indisponibilidade do interesse público e o princípio da legalidade.

(D) a supremacia da ordem pública e o princípio da legalidade.

(E) a supremacia do interesse público e o interesse privado e o princípio da legalidade.

A expressão foi criada por Celso Antonio Bandeira de Melo, para falar dos princípios básicos, mais importantes do Direito administrativo, dos quais todos os demais princípios decorrem, quais sejam: Princípio da supremacia do interesse público e Princípio da indisponibilidade do interesse público. **FMB**
Gabarito "B".

(Delegado/MT – 2017 – CESPE) Em março de 2017, o governo de determinado estado da Federação declarou nulo ato que, de boa-fé, havia concedido vantagem pecuniária indevida aos ocupantes de determinado cargo a partir de janeiro de 2011.

Nessa situação hipotética,

(A) o ato de anulação do ato que havia concedido vantagem pecuniária ofendeu diretamente o princípio da proporcionalidade.

(B) o ato de anulação foi legal, pois atendeu a todos os preceitos legais e jurisprudenciais sobre a extinção dos atos administrativos.

(C) o correto seria a revogação do ato, e não a sua anulação.

(D) a declaração de nulidade do ato é nula de pleno direito, pois ocorreu a decadência do direito.

(E) o princípio da autotutela da administração pública protege o ato de anulação determinado pelo governo.

O ato já foi atingido pela previsão legal inserta na Lei 9.784/1999, art. 54, haja vista ter sido concedido em 2011. Art. 54. O direito da Administração de anular os atos administrativos de que decorram efeitos favoráveis para os destinatários decai em cinco anos, contados da data em que foram praticados, salvo comprovada má-fé. **FMB**
Gabarito "D".

(Delegado/PE – 2016 – CESPE) Considerando os princípios e fundamentos teóricos do direito administrativo, assinale a opção correta.

(A) As empresas públicas e as sociedades de economia mista, se constituídas como pessoa jurídica de direito privado, não integram a administração indireta.

(B) Desconcentração é a distribuição de competências de uma pessoa física ou jurídica para outra, ao passo que descentralização é a distribuição de competências dentro de uma mesma pessoa jurídica, em razão da sua organização hierárquica.

(C) Em decorrência do princípio da legalidade, é lícito que o poder público faça tudo o que não estiver expressamente proibido pela lei.

(D) A administração pública, em sentido estrito e subjetivo, compreende as pessoas jurídicas, os órgãos e os agentes públicos que exerçam função administrativa.

(E) No Brasil, por não existir o modelo da dualidade de jurisdição do sistema francês, o ingresso de ação judicial no Poder Judiciário para questionar ato do poder público é condicionado ao prévio exaurimento da instância administrativa.

A: incorreta; primeiro porque elas sempre são pessoas jurídicas de direito privado, não havendo outra opção; segundo porque integram a administração indireta; **B:** incorreta, pois houve inversão das definições; ou seja, deu-se o nome de desconcentração ao que é descentralização e vice-versa; **C:** incorreta, pois esse sentido do princípio da legalidade só se aplica ao particular; ao poder público o princípio da legalidade impõe que este faça apenas o que a lei permitir; **D:** correta, pois esse sentido (subjetivo = sujeito) foca nas pessoas, aí incluída as pessoas jurídicas (e, por tabela, seus órgãos) e os agentes públicos; **E:** incorreta, pois o princípio constitucional da universalidade da jurisdição não condiciona o ingresso de ação judicial ao prévio exaurimento da instância administrativa (art. 5º, XXXV, da CF). **WG**
Gabarito "D".

(Delegado/PR – 2013 – UEL-COPS) É possível encontrar posições jurídicas que entendem ser indissociáveis os princípios da razoabilidade e da proporcionalidade. Entretanto, também há a compreensão que os distingue, afirmando que a razoabilidade está sedimentada na criação norte-americana do devido processo legal substantivo e que a proporcionalidade é extraída da jurisprudência alemã, que dissociou o conceito em três subelementos constitutivos. Assinale a alternativa que apresenta, corretamente, esses três subelementos.

(A) Adequação – necessidade – proporcionalidade em sentido estrito.

(B) Adequação – ponderação – razoabilidade em sentido estrito.

(C) Efetividade – ponderação – razoabilidade em sentido amplo.

(D) Efetividade – necessidade – proporcionalidade em sentido estrito.

(E) Ponderação – necessidade – razoabilidade em sentido estrito.

A alternativa "A" está correta, pois, quanto ao princípio da proporcionalidade, o STF, no julgamento do RE 466.343-1, especificou que esse princípio, quando aplicado na restrição a direitos fundamentais, deve levar em conta os seguintes critérios: a) adequação: eficácia do meio escolhido; b) necessidade: uso do meio menos restritivo ou gravoso para atingir a finalidade, face ao indivíduo paciente; c) proporcionalidade em sentido estrito: ponderação entre os benefícios alcançados com o ato e os danos por ele causados. Quanto à ordem correta de aplicação do princípio, é a seguinte: primeiro analisa-se, de fato, se há colisão de direitos fundamentais; depois descreve-se o conflito identificando os pontos relevantes do caso e, por fim, faz-se o exame, sucessivo, da adequação, da necessidade e da proporcionalidade em sentido estrito. **WG**
Gabarito "A".

(Delegado/RJ – 2013 – FUNCAB) No que se refere aos princípios que orientam a atividade administrativa, assinale a alternativa correta.

(A) Ao contrário do princípio da legalidade que é um princípio-fim, os princípios da publicidade e da impessoalidade são princípios-meio.

(B) São alguns dos princípios constitucionais explícitos: eficiência, impessoalidade, proporcionalidade, legalidade e moralidade.

(C) O princípio da razoabilidade incide sobre o exercício das funções públicas, exceto sobre a função legislativa.

(D) O Poder Executivo, no exercício de sua atividade típica, não se sujeita ao princípio da segurança jurídica que predomina na atividade jurisdicional, razão que leva a moderna doutrina administrativista a defender a inexistência de coisa julgada administrativa.

(E) Assim como ocorre na esfera judicial, em que certos atos podem ter sua publicidade restrita em virtude da preservação da intimidade das partes, alguns atos administrativos também poderão ter sua publicidade restrita com amparo em dispositivo da Constituição Federal.

A: incorreta, pois o princípio da legalidade é um princípio-meio, diferentemente do princípio da dignidade da pessoa humana (por exemplo), que é um princípio-fim; **B:** incorreta, pois a proporcionalidade não é um princípio constitucional expresso; **C:** incorreta, pois o princípio da razoabilidade, apesar de ser um típico princípio administrativo, também incide sobre as atividades legislativa e jurisdicional, como imperativo básico daquele que gere coisa pública, que não pode, havendo discricionariedade, agir de forma desproporcional; **D:** incorreta, pois o princípio da segurança jurídica também incide sobre a atividade administrativa (art. 2º, *caput*, da Lei 9.784/1999); **E:** correta (art. 5º, LX, da CF). Gabarito "E".

(Delegado/SP – 2014 – VUNESP) Desde antigas eras do Direito, já vingava o brocardo segundo o qual "nem tudo o que é legal é honesto" (*non omne quod licet honestum est*). Aludido pensamento vem a tomar relevo no âmbito do Direito Administrativo principalmente quando se começa a discutir o problema do exame jurisdicional do desvio de poder. Essa temática serve, portanto, de lastro para o desenvolvimento do princípio constitucional administrativo

(A) explícito da moralidade administrativa.
(B) explícito da legalidade.
(C) implícito da supremacia do interesse público sobre o privado.
(D) implícito da finalidade administrativa.
(E) implícito da motivação administrativa.

De fato, "nem tudo que é legal é honesto" ou "nem tudo que é legal é moral". Dessa forma, o princípio da legalidade não é suficiente para prevenir condutas que possam violar o interesse público. Por isso, a CF/1988 estabelece como princípio da Administração Pública o da moralidade administrativa. Um exemplo de aplicação desse princípio foi a edição da Súmula Vinculante STF n. 13, que, mesmo que não haja lei proibindo a contratação de parente para cargos em comissão, proíbe o nepotismo na Administração Pública, com fundamento no princípio da moralidade administrativa. Gabarito "A".

(Delegado/SP – 2014 – VUNESP) O conceito de Direito Administrativo é peculiar e sintetiza-se no conjunto harmônico de princípios jurídicos que regem os órgãos, os agentes e as atividades públicas tendentes a realizar concreta, direta e imediatamente os fins desejados pelo Estado. A par disso, é fonte primária do Direito Administrativo

(A) a jurisprudência.
(B) os costumes.
(C) os princípios gerais de direito.
(D) a lei, em sentido amplo.
(E) a doutrina.

Dentre as fontes citadas, apenas a lei é fonte primária do Direito. As demais decorrem todas da lei, como é fácil perceber em relação à doutrina e a jurisprudência, lembrando que os costumes e os princípios gerais de direito só podem ser utilizados em caso de lacuna da lei, ou seja, não têm aplicação primária. Gabarito "D".

(Delegado Federal – 2004 – CESPE) Julgue os itens seguintes.

(1) A possibilidade de reconsideração por parte da autoridade que proferiu uma decisão objeto de recurso administrativo atende ao princípio da eficiência.
(2) A veiculação do ato praticado pela administração pública na Voz do Brasil, programa de âmbito nacional, dedicado a divulgar fatos e ações ocorridos ou praticados no âmbito dos três poderes da União, é suficiente para ter-se como atendido o princípio da publicidade.
(3) A jurisprudência é fonte do direito administrativo, mas não vincula as decisões administrativas, apesar de o direito administrativo se ressentir de codificação legal.

1: certo, pois, de fato, a reconsideração evita que se perca tempo na apreciação de um recurso contra uma decisão administrativa, o que faz com que haja mais celeridade no processo administrativo, atendendo ao princípio da eficiência; **2:** errado, o princípio reclama outras providências, tais como intimação dos interessados e publicação no Diário Oficial; **3:** certo, de fato, a jurisprudência é uma das fontes do direito administrativo, mas não vincula a Administração, a não ser nos casos em que se tenha uma súmula vinculante (art. 103-A da CF). Gabarito 1C, 2E, 3C.

(Delegado/AP – 2006 – UFAP) Assinale abaixo, a opção correta.

(A) O Poder Judiciário, ao exercer o controle jurisdicional, não deve se restringir ao exame estrito da legalidade do ato administrativo, mas entender por legalidade ou legitimidade não só a conformação do ato com a lei, como também com a moral administrativa e com o interesse coletivo.
(B) O princípio da eficiência nada mais é que o clássico princípio da finalidade, o qual impõe ao administrador público que só pratique o ato para o seu fim legal.
(C) O princípio da razoabilidade, como vetor interpretativo, deverá pautar a atuação vinculada do Poder Público, garantindo-lhe a constitucionalidade de suas condutas e impedindo a prática de arbitrariedades.
(D) O princípio da supremacia do interesse público, também conhecido por princípio da impessoalidade, consiste no direcionamento da atividade e dos serviços públicos à efetividade do bem comum.
(E) O princípio da presunção de legitimidade caracteriza-se pela existência de uma presunção *juris et de juri* de veracidade e legalidade de todos os atos praticados pela Administração Pública.

A: correta, pois o Judiciário pode controlar o ato administrativo quanto aos seus aspectos de legalidade, moralidade e razoabilidade; **B:** incorreta, pois a eficiência determina que a Administração atenda satisfatoriamente aos interesses dos administrados; o princípio da finalidade decorre, na verdade, do princípio da impessoalidade; **C:** incorreta, pois o princípio da razoabilidade só se aplica a atos discricionários, não incidindo sobre atos vinculados vez que nestes o agente público só tem uma providência a tomar, não havendo que se falar em providência razoável ou não, mas sim em providência legal e ilegal; **D:** incorreta, pois o princípio da supremacia do interesse público, também conhecido como princípio da finalidade pública, não se confunde com o princípio da impessoalidade; o primeiro é um princípio basilar da Administração Pública e determina que, entre o interesse privado e o interesse público, prevalece o segundo; já o princípio da impessoalidade é aquele que impõe tratamento isonômico às pessoas, impede a autopromoção do agente público e determina respeito à finalidade; **E:** incorreta, pois a presunção de legitimidade não é absoluta (*juris et de juri*), que não admite qualquer produção probatória em sentido contrário, mas relativa (*juris tantum*), da qual cabe prova em contrário. **WG**

Gabarito "A".

(Delegado/DF – 2004) A professora Maria Sylvia Zanella Di Pietro, ao tratar do Poder de Polícia, afirma: "o poder de polícia não deve ir além do necessário para satisfação do interesse público que visa proteger; a sua finalidade não é destruir os direitos individuais, mas, ao contrário, assegurar o seu exercício, condicionando-o ao bem estar social; só poderá reduzi-los quando em conflito com interesses maiores da coletividade e na medida estritamente necessária à consecução dos fins estatais." O texto acima se refere ao seguinte princípio, aplicável aos atos de poder de polícia:

(A) legalidade;
(B) moralidade;
(C) impessoalidade;
(D) proporcionalidade;
(E) segurança jurídica.

A frase "na medida estritamente necessária à consecução dos fins estatais" demonstra que o texto se refere ao princípio da "proporcionalidade", pelo qual a Administração não pode agir com excesso, mas buscando sempre o meio estritamente necessário para consecução dos fins previstos na lei. **WG**

Gabarito "D".

(Delegado/GO – 2003 – UEG) Sobre os princípios administrativos, assinale a alternativa CORRETA:

(A) O princípio da moralidade pública opõe-se ao da impessoalidade, visto que impõe ao administrador público atuação que não seja voltada para seus próprios interesses.
(B) O princípio da publicidade impõe a ampla divulgação dos atos praticados pela Administração Pública e não comporta exceções.
(C) O princípio da eficiência impõe a todo agente público realizar suas atribuições buscando alcançar os melhores resultados para a Administração Pública, independentemente dos meios usados para tal.
(D) O princípio da motivação implica, para a Administração Pública, o dever de justificar os seus atos, apontando-lhes os fundamentos de direito e de fato.

A: incorreta, pois os dois princípios impõem que o agente público não atue segundo seus próprios interesses, mas segundo os interesses da coletividade (art. 37, *caput*, da CF); B: incorreta, pois existem casos em que o sigilo é possível, como para proteger a intimidade e a vida privada das pessoas, e também nos casos em que o sigilo é fundamental para a segurança da sociedade e do Estado; C: incorreta, pois não é possível a utilização de meios ilegais na busca de melhores resultados para a Administração; D: correta, pois traz adequado conceito de motivação. **WG**

Gabarito "D".

(Delegado/MG – 2012) Em relação à interação do direito administrativo, com os demais ramos de direito, analise as afirmativas a seguir:

I. O direito administrativo é que dá mobilidade ao direito constitucional.
II. O direito administrativo tem vínculo com o direito processual civil e penal.
III. As normas de arrecadação de tributos podem ser tidas como de direito administrativo.
IV. A teoria civilista dos atos e negócios jurídicos têm aplicação supletiva aos atos e contratos administrativos.

Marque a alternativa correta.

(A) apenas as afirmativas I, II e III estão corretas.
(B) apenas as afirmativas II e IV estão corretas.
(C) apenas as afirmativas I e II estão corretas.
(D) as afirmativas I, II, III e IV estão corretas.

I: correta, pois o direito constitucional, na sua essência, traz princípios e diretrizes mais perenes; vide, por exemplo, a longevidade da Constituição Americana; o direito administrativo, por dizer respeito ao aspecto prático do Estado (ou seja, à execução das leis) é muito mais dinâmico, buscando sempre novas tecnologias; exemplos disso são a criação de organizações sociais e OSCIPs, bem como das parcerias público-privadas; II: correta; exemplo de relação com o processo civil é o processo administrativo; exemplo de relação com o direito penal é o processo disciplinar; III: correta, pois tais normas têm natureza administrativa, seguindo princípios próprios do direito administrativo; IV: correta, pois os atos e contratos administrativos têm disciplina própria, decorrente do regime jurídico de direito administrativo, que afasta o regime de direito privado; porém, supletivamente, ou seja, quando se estiver diante de ausência de diretriz pública sobre o ato ou contrato administrativos, aplicam-se as disposições de direito privado; aliás, em matéria de contrato administrativo, há disposição específica nesse sentido (art. 54, *caput*, da Lei 8.666/1993). **WG**

Gabarito "D".

(Delegado/MG – 2012) Dentre as assertivas abaixo, é CORRETO afirmar que

(A) o Estado é pessoa jurídica e a expressão de sua vontade pode ser entendida como a decisão do membro de cúpula de cada Poder Pertinente, ou seja, do agente político.
(B) os agentes públicos são mandatários do Estado.
(C) o órgão público, ainda que desprovido de personalidade jurídica, pode atuar em Juízo, na defesa dos seus interesses, em caráter excepcional, desde que exista expressa previsão legal.
(D) a vontade do órgão de representação plúrima ou colegiado deve emanar da unanimidade ou da maioria das vontades dos agentes que o integram, mesmo em se tratando de ato de rotina administrativa.

A: incorreta, pois, pela Teoria do Órgão, quando um agente pratica um ato, este é imputado diretamente ao Estado e não ao agente político; B: incorreta, pois a relação entre os agentes públicos e o Estado não é de *mandato* (próprio do direito privado), nem de *representação* (próprio dos incapazes), mas de *presentação*, já que o Estado se faz presente por meio de seus agentes; C: correta; exemplo disso é o próprio Ministério Público (que é órgão público) ou a Defensoria Pública (que também é órgão) ou as Mesas das Casas Legislativas (órgãos também), que podem atuar em juízo na defesa de seus interesses; D: incorreta, pois no caso de atos de rotina é possível que se atribua a uma secretaria ou ao presidente do colegiado a sua prática; vale salientar que até mesmo atos mais relevantes do que meros atos de rotina podem ser objeto de delegação para a presidência do órgão colegiado (art. 12, parágrafo único, da Lei 9.784/1999). **WG**

Gabarito "C".

(Delegado/MG – 2006) Analise os seguintes itens relativos aos princípios constitucionais da Administração Pública e assinale a afirmativa INCORRETA:

(A) Há desvio de poder quando o agente público persegue finalidade pública estranha à destinação específica do ato que praticou.

(B) A autotutela gera o dever de a Administração Pública reconhecer a ilegalidade de seus atos, independente de intervenção judicial.

(C) Contraria o princípio da razoabilidade, expresso na Constituição da República, o fato de um superior hierárquico deixar de instaurar procedimento administrativo contra seu subordinado por aspectos pessoais.

(D) O princípio da moralidade administrativa não exclui o princípio da eficiência.

(E) O princípio da impessoalidade se aplica às entidades da Administração Direta e Indireta, independente da sua natureza jurídica.

A: correta, pois traz o exato conceito de desvio de poder ou desvio de finalidade; **B:** correta, nos termos do art. 53 da Lei 9.784/1999; **C:** incorreta (devendo ser assinalada), o caso revela violação ao princípio da impessoalidade, e não ao princípio da razoabilidade; **D:** correta, pois todos os princípios do art. 37, *caput*, da CF devem ser harmonicamente aplicados, não havendo que se falar em "um excluir o outro"; **E:** correta, pois os princípios administrativos se aplicam à "Administração Direta e *Indireta* de qualquer dos Poderes da União, dos Estados, do Distrito Federal e dos Municípios" (art. 37, *caput*, da CF). WG

Gabarito "C".

(Delegado/MT – 2006 – UFMT) Quando a Administração revoga os atos inconvenientes ou inoportunos e anula os atos inválidos que haja praticado, ampara-se no princípio da

(A) supremacia do interesse público sobre o interesse privado.

(B) obrigação dos atos unilaterais.

(C) imperatividade.

(D) autoexecutoriedade dos atos administrativos.

(E) inoportunidade dos atos administrativos.

O princípio basilar envolvido é o princípio da supremacia do interesse público sobre o interesse privado. Esse princípio justifica que a Administração seja dotada de prerrogativas, dentre elas a de revogar ou anular seus próprios atos, independentemente de buscar a prestação jurisdicional, pouco importando se tal conduta afeta a esfera jurídica de algum particular. Já o princípio específico envolvido é o princípio da autotutela, previsto no art. 53 da Lei 9.784/1999 e na Súmula 473 do STF. WG

Gabarito "A".

(Delegado/MT – 2006 – UFMT) Em razão do princípio da legalidade, a Administração

(A) aplica a lei de acordo com o seu poder de discricionariedade.

(B) pode adotar postura divergente da lei, em estrita obediência aos interesses da Administração.

(C) possui a faculdade de adotar a lei, se essa não contraria os interesses públicos.

(D) torna-se absolutamente submissa às leis.

(E) adquire relativa submissão às leis.

A: incorreta, pois nem sempre a lei estabelece um poder discricionário para a Administração; **B:** incorreta, pois o princípio da legalidade não permite a adoção de postura divergente da lei; ao contrário, tal princípio obriga a uma obediência fiel ao que a lei dispõe; **C:** incorreta, pois o princípio não "faculta" a Administração a cumprir a lei, mas "obriga" a Administração a cumpri-la; **D:** correta, pois a Administração tem que obedecer à risca a lei; **E:** incorreta, pois a Administração não pode cumprir a lei só quando lhe interessa; não se trata de uma submissão relativa, mas de uma submissão absoluta ao que dispõe a lei. WG

Gabarito "D".

(Delegado/PA – 2006 – CESPE) A respeito dos princípios que informam a administração pública, assinale a opção incorreta.

(A) A publicação de errata no Diário Oficial, dias antes da realização da prova de capacitação física em um concurso público, alterando o edital do certame, é suficiente para dar publicidade ao ato administrativo, sendo desnecessária a sua veiculação em jornais de grande circulação.

(B) O princípio da isonomia pode ser invocado para a obtenção de benefício, ainda que a sua concessão a outros servidores tenha acontecido com violação ao princípio da legalidade.

(C) A comunicação, por meio de denúncia anônima, de fatos ilícitos graves que tenham sido praticados no âmbito da administração pública, autoriza, em cada caso concreto, a ponderação entre a vedação constitucional do anonimato e a obrigação jurídica do Estado de investigar condutas funcionais desviantes, imposta pelo dever de observância à legalidade, à impessoalidade e à moralidade administrativa.

(D) A limitação de idade para a inscrição em concurso público só se legitima, quando a delimitação possa ser justificada pela natureza das atribuições do cargo a ser preenchido.

A: correta, nos termos da jurisprudência do STF ("Constitucional. Administrativo. Concurso público. Prova física. Alteração no edital. Princípios da razoabilidade e da publicidade. Alterações no edital do concurso para agente penitenciário, na parte que disciplinou o exercício abdominal, para sanar erro material, mediante uma errata publicada dias antes da realização da prova física no Diário Oficial do Estado. Desnecessária a sua veiculação em jornais de grande circulação. A divulgação no Diário Oficial é suficiente *per se* para dar publicidade a um ato administrativo. A administração pode, a qualquer tempo, corrigir seus atos e, no presente caso, garantiu aos candidatos prazo razoável para o conhecimento prévio do exercício a ser realizado". RE 390.939, Rel. Min. Ellen Gracie, j. em 16-08-2005, Segunda Turma, *DJ* 09-09-2005); **B:** incorreta (devendo ser assinalada), nos termos da jurisprudência do STF ("Ato administrativo: anulação: Súmula 473. A administração pode anular seus próprios atos, quando eivados de ilegalidade (Súm. 473), não podendo ser invocado o princípio da isonomia com o pretexto de se obter benefício ilegalmente concedido a outros servidores". (AgRg no AgIn 442.918, Rel. Min. Sepúlveda Pertence, Primeira Turma, j. em 04.05.2004, *DJ* 04-06-2004); **C:** correta, nos termos do Informativo 286 do STF, de 14 a 18 de outubro de 2002; aplicável atualmente a Súmula 611 do STJ: "Desde que devidamente motivada e com amparo em investigação ou sindicância, é possível a instauração de processo administrativo disciplinar com base em denúncia anônima, em face do poder-dever de autotutela imposto à Administração"; **D:** correta, nos termos da Súmula 683 do STF ("O limite de idade para a inscrição em concurso público só se legitima em face do art. 7.º, XXX, da Constituição, quando possa ser justificado pela natureza das atribuições do cargo a ser preenchido"). WG

Gabarito "B".

(Delegado/PI – 2009 – UESPI) Dentre os princípios da Administração Pública, a autotutela caracteriza-se por:

(A) impedir que o Poder Judiciário reveja os atos praticados pela Administração Pública.

(B) permitir que a Administração Pública reveja seus próprios atos, revogando-os por motivo de interesse público (oportunidade e conveniência), assim como anulando os atos inquinados pela ilicitude.

(C) permitir que o Poder Judiciário revogue os atos praticados pela Administração Pública.
(D) permitir que o Poder Judiciário anule os atos praticados pela Administração Pública.
(E) impor aos administrados as decisões administrativas.

A: incorreta, pois, pela autotutela, a Administração não precisa recorrer ao Judiciário para rever os seus atos, mas nada impede que alguém busque o Judiciário e peça a anulação de um ato administrativo; **B:** correta (art. 53 da Lei 9.784/1999); **C:** incorreta, pois o Judiciário não pode revogar os atos da Administração, a não ser que se trate de atos de sua própria administração; **D:** incorreta, pois o princípio da *autotutela*, como o próprio nome diz, possibilita que a própria Administração tutele os seus atos, independentemente da atuação do Judiciário; portanto, o princípio que permite ao Judiciário anular os atos da Administração é outro, no caso, o princípio do *controle jurisdicional dos atos administrativos*; **E:** incorreta, pois, como se viu, o princípio da *autotutela* tem outro sentido; o que permite tal imposição é o atributo do ato administrativo denominado *imperatividade*. Gabarito "B".

(Delegado/SC – 2008) Assinale a alternativa correta quanto aos princípios administrativos.
(A) Segundo o princípio da finalidade, é ilícito conjugar a pretensão do particular com o interesse coletivo nos contratos públicos.
(B) A duração do processo judicial ou administrativo que não se revelar razoável afronta o princípio constitucional da eficiência.
(C) Violar o princípio da moralidade administrativa não configura ilicitude passível de invalidação do ato.
(D) Segundo o princípio da publicidade, não se admite o sigilo na esfera administrativa, nem mesmo sob a alegação de segurança da sociedade.

A: incorreta, pois o princípio da finalidade estabelece que os atos administrativos devem atender à finalidade da lei que, muitas vezes, importará na conjugação da pretensão do particular com o interesse coletivo; **B:** correta, nos termos dos arts. 5.º, LXXVIII, e 37, *caput*, da CF; **C:** incorreta, pois é possível até ingressar com ação popular para a invalidação de ato que viole a moralidade administrativa (art. 5.º, LXXIII, da CF); **D:** incorreta, pois na esfera administrativa o sigilo é admitido quando imprescindível à segurança da sociedade e do Estado (art. 5.º, XXXIII, da CF). Gabarito "B".

(Delegado/SP – 2008) A administração Pública enfeixa em suas mãos o enorme poder de editar atos e de fazê-los cumprir pela coletividade, daí aflorar a ideia de que representa a soma dos interesses particulares. Nesse contexto, o princípio subjacente é o da
(A) isonomia entre os administrados.
(B) moralidade administrativa.
(C) prevalência de interesse público.
(D) eficiência administrativa.
(E) razoabilidade administrativa.

A afirmativa, ao dizer que a administração atua em favor da *coletividade*, está se referindo ao princípio da prevalência do interesse público. Gabarito "C".

(Delegado/SP – 2008) É princípio comezinho de direito público que as despesas previstas devem ser liquidadas no pertinente contrato, antecedido, em regra, de licitação. Atualmente a imprensa veiculou notícias sobre o uso indevido de cartões de crédito corporativos por agentes políticos em supermercados, *free shops*, restaurantes, a até para saques em dinheiro em caixas eletrônicos. Cuida-se de evidente desrespeito ao princípio da
(A) tutela.
(B) continuidade.
(C) impessoalidade.
(D) transparência.
(E) proporcionalidade.

O único princípio que guarda relação com o caso narrado é o da impessoalidade. De fato, o uso indevido de cartões de crédito corporativo fere o dever de impessoalidade, pois importa em favorecimento indevido do agente público. Há, também, violação aos princípios da legalidade e da moralidade, que não se encontravam em qualquer das alternativas. Gabarito "C".

(Delegado/SP – 2000) A Súmula do Supremo Tribunal Federal "A administração pode anular seus próprios atos, quando eivados de vícios que os tornam ilegais, porque deles não se originam direitos; ou revogá-los, por motivo de conveniência ou oportunidade, respeitados os direitos adquiridos, e ressalvada, em todos os casos, a apreciação judicial", relaciona-se ao princípio da
(A) legalidade.
(B) autotutela.
(C) razoabilidade.
(D) finalidade.

A Súmula do STF trazida no enunciado da questão é a Súmula 473, já transcrita anteriormente, e refere-se ao princípio da autotutela, previsto no art. 53 da Lei 9.784/1999. Gabarito "B".

(Delegado/TO – 2008 – CESPE) A administração pública é orientada por princípios de índole constitucional, cuja observância proporciona aos administrados a sensação de respeito à coisa pública. A respeito desse tema, julgue os itens que se seguem.
(1) O princípio da vinculação política ao bem comum é, entre os princípios constitucionais que norteiam a administração pública, o mais importante.
(2) Em toda atividade desenvolvida pelos agentes públicos, o princípio da legalidade é o que precede todos os demais.

1: incorreta, pois a Constituição não estabelece esse princípio para a Administração Pública (art. 37, *caput*, da CF); **2:** correta, pois de nada adianta agir, por exemplo, obedecendo à eficiência, se não se está obedecendo à lei. Gabarito 1E, 2C.

2. PODERES ADMINISTRATIVOS

Para resolver as questões deste item, vale citar as definições de cada poder administrativo apresentadas por Hely Lopes Meirelles, definições estas muito utilizadas em concursos públicos. Confira:

a) poder vinculado – "é aquele que o Direito Positivo – a lei – confere à Administração Pública para a prática de ato de sua competência, determinando os elementos e requisitos necessários à sua formalização"; **b) poder**

discricionário – "é o que o Direito concede à Administração, de modo explícito, para a prática de atos administrativos com liberdade na escolha de sua conveniência, oportunidade e conteúdo"; **c) poder hierárquico** – "é o de que dispõe o Executivo para distribuir e escalonar as funções de seus órgãos, ordenar e rever a atuação de seus agentes, estabelecendo a relação de subordinação entre os servidores do seu quadro de pessoal"; **d) poder disciplinar** – "é a faculdade de punir internamente as infrações funcionais dos servidores e demais pessoas sujeitas à disciplina dos órgãos e serviços da Administração"; **e) poder regulamentar** – "é a faculdade de que dispõem os Chefes de Executivo (Presidente da República, Governadores e Prefeitos) de explicar a lei para sua correta execução, ou de expedir decretos autônomos sobre matéria de sua competência ainda não disciplinada por lei"; **f) poder de polícia** – "é a faculdade de que dispõe a Administração Pública para condicionar e restringir o uso e gozo de bens, atividades e direitos individuais, em benefício da coletividade ou do próprio Estado".

(Direito Administrativo Brasileiro, 26ª ed., São Paulo: Malheiros, p. 109 a 123)

2.1. Poderes vinculado e discricionário

(Delegado/GO – 2003 – UEG) Sobre o poder discricionário, é CORRETO afirmar que

(A) não permite ao administrador praticar o ato com os critérios de conveniência e oportunidade.
(B) permite ao administrador exceder os limites da lei.
(C) vincula o administrador à forma e à finalidade do ato.
(D) não vincula o administrador à forma e à finalidade do ato.

A: incorreta, pois é justamente o contrário, ou seja, o poder discricionário permite ao administrador praticar o ato com os critérios de conveniência e oportunidade; **B:** incorreta, pois a discricionariedade é a margem de liberdade que a lei estabelece; **C:** correta, pois a competência, a forma e a finalidade são sempre *vinculadas* num ato discricionário, ficando a margem de liberdade reservada ao objeto e ao motivo; **D:** incorreta, nos termos do comentário à alternativa "c". WG
Gabarito "C".

(Delegado/MS – 2006) Tendo em vista o poder discricionário e o princípio da proporcionalidade no exercício do poder de polícia, assinale a alternativa correta:

(A) A teoria do desvio do poder, nada mais é do que o ato do Administrador Público praticado de maneira a fugir da sua finalidade, forma, motivos e meios, determinados pela Lei, tornando-o viciado, ilegal, ilícito, arbitrário, atentando contra a própria moralidade.
(B) O abuso do poder é o desvio, isto é, os fins diversos do objetivado pela lei ou pelo interesse individual; excesso praticado além dos limites estabelecidos, o que torna o ato arbitrário, ilícito e nulo.
(C) O uso do poder é prerrogativa da autoridade, dentro dos limites da lei, visando o bem-estar social e o interesse próprio.
(D) A falta dos requisitos legais não gera a nulidade.
(E) O abuso de poder depende da atividade ser discricionária ou vinculada.

A: correta, pois traz o exato sentido da Teoria do Desvio do Poder; **B:** incorreta, pois o abuso de poder é o gênero, que tem como espécies o desvio de poder e o excesso de poder; **C:** incorreta, pois a autoridade não pode agir buscando o interesse próprio, devendo buscar, sempre, o interesse público, que é aquele determinado na lei; **D:** incorreta, pois a falta dos requisitos (competência, objeto, forma, motivo e finalidade) afeta a validade do ato administrativo; **E:** incorreta, pois o desvio de poder ou desvio de finalidade, que consiste no desrespeito à finalidade objetivada pela lei, pode se dar tanto em competência discricionária, como em competência vinculada. WG
Gabarito "A".

(Delegado/MT – 2006 – UFMT) Atos discricionários são os que a Administração pode praticar com liberdade de escolha de seu conteúdo, de seu destinatário, de sua conveniência, de sua oportunidade e do modo de sua realização. Sobre a competência discricionária, a faculdade discricionária e o poder discricionário da Administração, assinale a afirmativa correta.

(A) Criam liberdade para a Administração atuar sem se ater aos regramentos legais.
(B) Concedem ao administrador uma faculdade arbitrária para realizar os atos administrativos.
(C) Não dispensam a lei, nem se exercem sem ela, devendo-lhe sempre a observância e a sujeição.
(D) Definem-se pela discrição e arbítrio.
(E) Deixam o administrador absolutamente livre para editar o ato administrativo, salvo nos casos de licitações e desapropriações.

A: incorreta, pois a Administração tem sempre que se ater aos regramentos legais, em obediência ao princípio da legalidade; **B:** incorreta, pois o administrador, diante de uma competência discricionária, não tem *arbitrariedade*, mas apenas *margem de liberdade*; **C:** correta, pois o poder discricionário deve ser exercido nos limites que a lei estabelecer; **D:** incorreta, pois a discrição (margem de liberdade) é própria desse poder, mas o arbítrio (total liberdade) não é próprio desse poder; **E:** incorreta, pois não há *liberdade absoluta*, mas *margem de liberdade*, ou seja, liberdade nos limites estabelecidos na lei. WG
Gabarito "C".

(Delegado/MT – 2000) Julgue os itens a seguir e assinale a alternativa correta:

I. O poder vinculado é aquele que a lei confere à Administração Pública para a prática de ato de sua competência, determinando os elementos e requisitos necessários à sua formalização. Não há falar, aqui, em conveniência ou oportunidade para a atuação administrativa.
II. A autoridade administrativa, mesmo no exercício do poder discricionário, estará sempre subordinada à finalidade expressa em lei para a prática do ato.
III. O ato discricionário é imune à apreciação judicial, pois a lei confere à autoridade administrativa que o pratica ampla liberdade na escolha de sua conveniência, oportunidade e conteúdo.

(A) Todos os itens estão corretos.
(B) Todos os itens estão incorretos.
(C) Apenas os itens I e II estão corretos.
(D) Apenas os itens I e III estão corretos.
(E) Apenas os itens II e III estão corretos.

I: correto, pois traz a exata definição de poder vinculado; II: correto, pois a finalidade legal de um ato administrativo deve ser respeitada, valendo

salientar que a competência, a forma e finalidade são sempre *vinculadas*; III: incorreta, pois o Judiciário pode controlar os atos discricionários quanto à legalidade, à moralidade e à razoabilidade. **WG**
Gabarito "C".

(Delegado/RN – 2009 – CESPE) Assinale a opção correta em relação aos poderes administrativos e à organização administrativa.

(A) O poder vinculado significa que a lei deixou propositadamente certa faixa de opção para o exercício da vontade psicológica do agente, limitado entretanto a escolha dos meios e da oportunidade para a concretização do ato administrativo.

(B) O poder discricionário é conferido à administração de forma expressa e explícita, com a norma legal já trazendo em si própria a determinação dos elementos e requisitos para a prática dos respectivos atos.

(C) O poder disciplinar consiste em distribuir e escalonar as funções, ordenar e rever as atuações e estabelecer as relações de subordinação entre os órgãos, inclusive seus agentes.

(D) Pela desconcentração rompe-se uma unidade personalizada e não há vínculo hierárquico entre a administração central e a pessoa estatal descentralizada. Assim, a segunda não é subordinada à primeira.

(E) A descentralização pressupõe pessoas jurídicas diversas: a que originariamente tem ou teria titulação sobre certa atividade e aquela a que foi atribuído o desempenho da atividade em causa.

A: incorreta, pois no poder vinculado não há margem de liberdade, já que a lei estabelece, objetivamente, cada requisito para a prática do ato; trata-se, neste caso, da definição do poder discricionário; B: incorreta, pois essa definição é de poder vinculado; C: incorreta, pois essa definição é de poder hierárquico; o poder disciplinar é correlato ao poder hierárquico, mas ambos não se confundem uma vez que no poder disciplinar a Administração controla o desempenho das funções executivas e a conduta dos seus agentes, responsabilizando-os pelas eventuais faltas cometidas; D: incorreta, pois a desconcentração é a distribuição de competência de órgão para órgão, e não de pessoa jurídica para outra "pessoa estatal descentralizada" e a alternativa "D" refere-se ao conceito de descentralização; E: correta, pois a descentralização, de fato, é a distribuição de competência de uma pessoa jurídica para outra pessoa jurídica, vide, por exemplo, o art. 37, XIX e XX, da CF. **WG**
Gabarito "E".

2.2. Poder hierárquico

(Delegado/MS – 2017 – FAPEMS) Quanto aos poderes da Administração Pública, assinale a alternativa correta.

(A) O Poder Hierárquico é pressuposto do Poder Disciplinar.

(B) O Poder Hierárquico pode ser exercido pela regulamentação de prática de ato em razão de interesse público concernente à segurança.

(C) O Poder Disciplinar pode ser exercido por meio do disciplinamento de liberdade.

(D) O Poder de Polícia pode ser exercido por meio da expedição de decretos autônomos.

(E) A possibilidade de delegar e avocar atribuições decorre do Poder Disciplinar.

Sendo o poder hierárquico o responsável por escalonar e distribuir as funções dos órgãos e ordenar e rever a atuação dos agentes, acaba por conseguinte se tornando pressuposto do poder disciplinar que é o poder pelo qual pode punir as infrações funcionais dos agentes públicos como também se dirige a outras pessoas que mantêm relação jurídica com a Administração. **FMB**
Gabarito "A".

(Delegado/AC – 2008 – CESPE) Julgue o item subsequente.

(1) Considere que a Constituição da República determina que as polícias civis sejam dirigidas por delegados de polícia de carreira. Essa determinação confere aos delegados poder hierárquico e poder disciplinar sobre os servidores da polícia civil que lhes são subordinados.

1: incorreta, pois, no caso, é possível dizer que os delegados têm poder hierárquico, mas não quer dizer que têm poder disciplinar, pois um poder é independente do outro; o poder disciplinar é o poder de aplicar sanções pelo cometimento de infração disciplinar; normalmente, esse poder é conferido a mais de uma autoridade, sendo que a demissão, boa parte das vezes, é prerrogativa exclusiva do Chefe do Executivo. **WG**
Gabarito 1E.

2.3. Poder disciplinar

(Delegado/MG – 2006) Analise as frases abaixo:

I. o poder disciplinar é considerado discricionário, uma vez que caberá ao superior hierárquico decidir pela punição ou não do servidor público, bem como pela instauração ou não da sindicância/processo administrativo. Todavia, decidindo pela aplicação da pena não lhe será facultado eleger a sanção cabível, uma vez que as leis estatutárias, em geral, são taxativas e inflexíveis a este respeito.

II. as agências reguladoras detêm poder de inovar a ordem jurídica, criando obrigações para as pessoas físicas e jurídicas submetidas à sua fiscalização, independente da existência de lei anterior que fixe o referido dever. É o que se chama poder normativo.

III. os princípios da razoabilidade e da proporcionalidade são fundamentais para o correto exercício do poder de polícia e do poder disciplinar.

IV. o princípio da motivação, assim como da segurança jurídica, assumem importância no processo administrativo.

(A) apenas a alternativa I é falsa

(B) apenas a alternativa II é falsa

(C) apenas as alternativas I e II são falsas

(D) apenas as alternativas III e IV são falsas

I: falsa, pois a lei pode trazer hipóteses de incidência de punição disciplinar objetiva (por exemplo, "faltar ao trabalho por 30 dias consecutivos"), ocasião em que o poder disciplinar será vinculado; em suma, esse poder poderá ser vinculado ou discricionário, de acordo com o que dispuser o texto legal; II: falsa, pois as agências reguladoras, apesar de terem poder normativo, não podem inovar na ordem jurídica, criando obrigação que não seja estabelecida, ainda que genericamente, pela lei; III: verdadeira, pois tais princípios informam os poderes citados, de modo a evitar excessos na aplicação de sanções; IV: verdadeira, nos termos do art. 2.º, *caput*, da Lei 9.784/1999. **WG**
Gabarito "C".

2.4. Poder regulamentar

(Delegado/GO – 2017 – CESPE)

De acordo com a legislação e a doutrina pertinentes, o poder de polícia administrativa

(A) pode manifestar-se com a edição de atos normativos como decretos do chefe do Poder Executivo para a fiel regulamentação de leis.
(B) é poder de natureza vinculada, uma vez que o administrador não pode valorar a oportunidade e conveniência de sua prática, estabelecer o motivo e escolher seu conteúdo.
(C) pode ser exercido por órgão que também exerça o poder de polícia judiciária.
(D) é de natureza preventiva, não se prestando o seu exercício, portanto, à esfera repressiva.
(E) é poder administrativo que consiste na possibilidade de a administração aplicar punições a agentes públicos que cometam infrações funcionais.

A: incorreta. Trata-se do poder regulamentar. B: incorreta. O artigo 78 do Código Tributário Nacional traz uma definição legal do poder de polícia: "considera-se poder de polícia a atividade da administração pública que, limitando ou disciplinando direito, interesse ou liberdade, regula a prática de ato ou abstenção de fato, em razão de interesse público concernente à segurança, à higiene, à ordem, aos costumes, à disciplina da produção e do mercado, ao exercício de atividades econômicas dependentes de concessão ou autorização do poder público, à tranquilidade pública ou ao respeito à propriedade e aos direitos individuais ou coletivos". Note-se que o mencionado artigo define o poder de polícia como atividade da administração pública; contudo, em atenta leitura ao parágrafo único que se segue vemos que o poder de polícia também é considerado regular quando executado por "órgão competente nos limites da lei aplicável, com observância do processo legal e, tratando-se de atividade que a lei tenha como discricionária, sem abuso ou desvio de poder". C: correta. O poder de polícia, na forma da Lei, deve ser exercido por toda a Administração Publica. D: incorreta. O poder de polícia é exercida tanto de forma preventiva quanto repressiva. E: incorreta. A assertiva define o poder disciplinar. FMB
Gabarito "C".

(Delegado/AM) A natureza regulamentar da Administração Pública é:

(A) primária
(B) originária
(C) secundária
(D) subsidiária

O poder regulamentar é de natureza *secundária*, pois o regulamento não pode, como regra, inovar *originariamente* na ordem jurídica, devendo apenas explicar a lei, ou seja, agir de modo secundário, para a fiel execução da lei. WG
Gabarito "C".

(Delegado/SP – 2008) Os atos normativos do Presidente da República que exorbitem do poder regulamentar ou dos limites de delegação legislativa podem ser sustados mediante

(A) resolução do Congresso Nacional.
(B) resolução do Senado Federal.
(C) decreto legislativo do Senado Federal.
(D) decreto legislativo do Congresso Nacional.

(E) decreto autônomo do STF.

Art. 49, V, da CF. WG
Gabarito "D".

(Delegado/SP – 1999) A competência do Governador do Estado para expedir decretos é

(A) delegável.
(B) forma de criar direitos e obrigações.
(C) poder vinculado e limitado.
(D) poder normativo pleno.

A: incorreta, pois o poder regulamentar é indelegável; B: incorreta, pois o poder regulamentar não pode, como regra, inovar na ordem jurídica; no Brasil, os decretos são de *execução de lei*, e não *autônomos de lei*; de qualquer forma, vale a pena lembrar que há alguns casos de decreto autônomo de lei (art. 84, VI, da CF); C: correta, pois a competência para um ato é sempre vinculada, ou seja, somente o Governador tem competência; além disso, a competência regulamentar é limitada, pois não pode inovar na ordem jurídica; D: incorreta, pois não há poder normativo pleno, vez que o decreto regulamentar não pode inovar na ordem jurídica, como já explicado. WG
Gabarito "C".

2.5. Poder de polícia

(Delegado/RJ – 2022 – CESPE/CEBRASPE) Conforme art. 144, § 4.º, da CF, "às polícias civis, dirigidas por delegados de polícia de carreira, incumbem, ressalvada a competência da União, as funções de polícia judiciária e a apuração de infrações penais, exceto as militares". Em face desse dispositivo e do regime jurídico do poder de polícia, é correto afirmar que

(A) lei pode delegar a pessoas jurídicas de direito privado parcelas do exercício do poder de polícia judiciária, segundo jurisprudência recente do Supremo Tribunal Federal.
(B) razões de interesse público — como urgência para preenchimento de vaga ou necessidade premente de certa investigação de grave crime contra direitos fundamentais — podem justificar a nomeação de comissionada de delegado de polícia.
(C) delegados de Polícia de carreira podem exercer polícia administrativa.
(D) a polícia judiciária não se confunde com a polícia administrativa, embora ambas decorram do exercício do poder de império tipicamente estatal, indelegável a entidades privadas.
(E) o poder de polícia administrativa vem sendo criticado na doutrina como uma reminiscência autoritária do direito administrativo. Por isso, há quem sustente que ele foi substituído pela ideia de regulação ou de ordenação. Esse entendimento foi vitorioso recentemente no caso BH Trans, julgado pelo Superior Tribunal de Justiça.

Alternativa **A** incorreta (a polícia judiciária é indelegável, sendo executada por órgãos de segurança pública, conforme já decidiu o STF no RE 633.782). Alternativa **B** incorreta (a função de delegado de polícia é exercida por agente público de carreira, sendo vedado o seu exercício por comissionado; nesse sentido o STF na ADI 2.427). Alternativa **C** correta (delegados de polícia podem exercer tanto a polícia judiciária quanto a administrativa). Alternativa **D** incorreta (de fato, a polícia judiciária não se confunde com a polícia administrativa, embora ambas decorram do exercício do poder de império tipicamente estatal; no entanto, algumas atividades do poder de polícia podem ser delegadas a particulares, como os atos de consentimento e de fiscalização; além disso, é possível a delegação genérica do poder de polícia para entidades privadas integrantes da Administração, cf. já decidiu o STF no RE 633.782). Alternativa **E** incorreta (o STF, no âmbito do RE 633.782 – caso BH Trans – considerou que o poder de polícia, embora envolva noção questionada por parcela da doutrina, "mostra-se como instrumento de garantia da própria liberdade e do interesse da coletividade, sem desamparar os direitos fundamentais individuais"). RB

Gabarito "C".

(Delegado/RJ – 2022 – CESPE/CEBRASPE) Conforme a Lei da Liberdade Econômica (art. 1.º, § 6.º), se consideram "atos públicos de liberação a licença, a autorização, a concessão, a inscrição, a permissão, o alvará, o cadastro, o credenciamento, o estudo, o plano, o registro e os demais atos exigidos, sob qualquer denominação, por órgão ou entidade da administração pública na aplicação de legislação, como condição para o exercício de atividade econômica, inclusive o início, a continuação e o fim para a instalação, a construção, a operação, a produção, o funcionamento, o uso, o exercício ou a realização, no âmbito público ou privado, de atividade, serviço, estabelecimento, profissão, instalação, operação, produto, equipamento, veículo, edificação e outros". De acordo com o entendimento corrente de direito administrativo, os atos de liberação podem ser compreendidos como

(A) forma de fiscalização de polícia, por meio da qual agentes administrativos, ao tutelar o interesse público, decidem se certa atividade econômica pode ou não continuar a ser exercida.

(B) manifestações estatais indispensáveis para a prática de atividades econômicas.

(C) exemplos de atuação consensual da administração pública, que, cada dia mais, ganha espaço e substitui a postura autoritária de um direito administrativo incompatível com a CF.

(D) desdobramentos do princípio da eficiência administrativa, que pressupõe, em qualquer caso, a vinculação positiva do agir público à lei, com o menor custo possível, inclusive para a economia.

(E) espécies de atos de consentimento de polícia administrativa.

As medidas do poder de polícia podem ser divididas em quatro espécies (teoria do ciclo de polícia): normativa, de consentimento (preventiva), fiscalizatória e repressiva. Alternativa **A** incorreta (os atos públicos de liberação não representam uma forma de fiscalização de polícia, que ocorre durante o exercício da atividade). Alternativa **B** incorreta (entre os princípios que norteiam a Lei da Liberdade Econômica, estão a liberdade como uma garantia no exercício da atividade econômica e a intervenção subsidiária e excepcional do Estado sobre o exercício de atividades econômicas, cf. art. 2º, I e III, da Lei 13.874/2019). Alternativa **C** incorreta (os atos de liberação não são exemplos de atuação consensual da administração, pois são atos dotados de imperatividade). Alternativa **D** incorreta (a expressão "em qualquer caso" torna a afirmação genérica, sendo certo que há exceções nesse contexto de vinculação do agir público à lei). Alternativa **E** correta (os atos de liberação representam, no âmbito das medidas do poder de polícia apontadas acima, a espécie preventiva (de consentimento). RB

Gabarito "E".

(Delegado/RJ – 2022 – CESPE/CEBRASPE) Recebida denúncia de violência doméstica contra a mulher, a equipe de delegacia especializada de atendimento à mulher prendeu Jorge em flagrante delito, pela prática de tentativa de feminicídio, tendo sido apreendida a arma de fogo utilizada no crime. Após as diligências procedimentais do auto de prisão em flagrante e da apreensão da arma de fogo, o delegado adjunto lavrou o auto de infração pela apreensão da arma de fogo, aplicando multa em desfavor de Jorge.

Acerca dessa situação hipotética, assinale a opção correta.

(A) A autoridade policial exerceu, concomitantemente, o poder de polícia judiciária e o poder de polícia administrativo.

(B) A lavratura do auto de infração decorre do poder de polícia judiciária, pois é consequência da apreensão da arma de fogo utilizada no crime.

(C) A multa aplicada será graduada pela autoridade competente, de acordo com a conveniência e oportunidade.

(D) O delegado adjunto poderia ter deixado de aplicar a multa pela apreensão da arma de fogo, em razão da sua discricionariedade administrativa.

(E) É ilegítima a aplicação de multa pela apreensão da arma de fogo, pois depende de autorização judicial.

A correta (o contexto descrito abrange o exercício da *polícia judiciária*, associada à investigação/repressão de delitos penais, e da *polícia administrativa*, atinente à limitação da liberdade e da propriedade em favor do bem comum). Alternativa **B** incorreta (a lavratura de auto de infração decorre do poder de polícia administrativa, em sua modalidade repressiva). Alternativa **C** incorreta (a multa será graduada de acordo com a lei, ou seja, trata-se de competência vinculada, não havendo conveniência e oportunidade). Alternativa **D** incorreta (a aplicação da multa é um poder-dever, resultante de uma competência vinculada, não havendo discricionariedade em sua aplicação). Alternativa **E** incorreta (em razão do atributo da autoexecutoriedade, a aplicação da multa não depende de autorização judicial). RB

Gabarito "A".

(Delegado/ES – 2019 – Instituto Acesso) Sobre o poder de polícia, assinale a alternativa cujos conceitos estão relacionados de forma correta.

(A) A discricionariedade e a autoexecutoriedade fazem parte da Administração Pública como um todo, exceto no que tange ao Poder de Polícia.

(B) A Administração Pública Direta detém o poder de polícia delegado, por sua vez originado pela Constituinte, e ambos são caracterizados pela coercibilidade.

(C) O poder de polícia não é caracterizado pela coercibilidade.

(D) A Administração Pública Direta detém o poder de polícia originário e a Administração Pública Indireta detém o poder de polícia delegado.

(E) O poder de polícia é exercido única e exclusivamente por aqueles que assim o detém, isto é, polícias militares, judiciárias e demais guardas e vigias relacionados à Administração Pública Direta.

São atributos do poder de polícia: a discricionariedade, a coercibilidade e a autoexecutoriedade (alternativas A e C incorretas). O seu exercício cabe originariamente à Administração Pública Direta (poder de polícia originário). Se exercido pela Administração Indireta, utiliza-se a expressão poder de polícia delegado (correta a alternativa D; incorreta a alternativa B). Além disso, a atuação da polícia administrativa é feita por diversos órgãos da Administração, e não exclusivamente por polícias militares (que atuam notadamente no setor do policiamento ostensivo), polícias judiciárias (cuja função precípua é a atividade investigativa de delitos penais) e demais guardas ou vigias (alternativa E incorreta). **RB**

Gabarito "D".

"O Direito Administrativo, como é entendido e praticado entre nós, rege efetivamente não só os atos do Executivo, mas também os do Legislativo e os do Judiciário, praticados como atividade paralela e instrumental das que lhe são específicas e predominantes, isto é, a de legislação e a de jurisdição. O conceito de Direito Administrativo Brasileiro, para nós, sintetiza-se no conjunto harmônico de princípios jurídicos que regem os órgãos, os agentes e as atividades públicas tendentes a realizar concreta, direta e imediatamente os fins desejados pelo Estado."

(MEIRELLES, Hely Lopes. O Direito Administrativo Brasileiro. 29ª ed., São Paulo: Malheiros Editora, 2004.)

(Delegado/ES – 2019 – Instituto Acesso) Assinale a alternativa INCORRETA:

(A) Autorização, permissão e concessão são formas de o Estado autorizar, permitir e conceder aos particulares a exploração de bens e serviços públicos.

(B) A legalidade administrativa é diferente da legalidade civil, uma vez que aquela dita o limite da atuação do administrador público, conforme imposto pela lei e esta permite ao particular aquilo que a lei não proíbe.

(C) O poder de polícia decorre da capacidade administrativa e concede também a prerrogativa de função legislativa para a positivação de tipos penais em âmbito de direito penal aos agentes de estado que possuem esse poder.

(D) O princípio da supremacia do interesse público, não desconsidera os interesses particulares/individuais, não obstante informa ao agente administrativo que o interesse público prevalece sobre interesses privados.

(E) São princípios de direito administrativo a moralidade administrativa, a supremacia do interesse público, a motivação, a publicidade e transparência, a proporcionalidade e razoabilidade administrativas.

A incorreção está na alternativa C. Poder de polícia pode ser definido como a limitação da liberdade e da propriedade dos particulares, em prol do interesse coletivo. A doutrina costuma diferenciar dois sentidos da noção: poder de polícia em sentido estrito, que abrange a atuação da Administração Pública; e o poder de polícia em sentido amplo, que congrega a atribuição do Executivo (função administrativa) e do Legislativo (função legislativa). Neste último caso, não se trata da positivação de tipos penais (âmbito penal), pois o poder de polícia integra esfera própria e independente de atuação. Assim, embora determinado fato (exemplo: dirigir um veículo em estado de embriaguez) possa caracterizar crime (tipificado na seara penal), cabível o seu regramento na esfera administrativa (poder de polícia de trânsito). **RB**

Gabarito "C".

(Delegado/GO – 2017 – CESPE) A respeito dos poderes e deveres da administração, assinale a opção correta, considerando o disposto na CF.

(A) A lei não pode criar instrumentos de fiscalização das finanças públicas, pois tais instrumentos são taxativamente listados na CF.

(B) A eficiência, um dever administrativo, não guarda relação com a realização de supervisão ministerial dos atos praticados por unidades da administração indireta.

(C) O abuso de poder consiste em conduta ilegítima do agente público, caracterizada pela atuação fora dos objetivos explícitos ou implícitos estabelecidos pela lei.

(D) A capacidade de inovar a ordem jurídica e criar obrigações caracteriza o poder regulamentar da administração.

(E) As consequências da condenação pela prática de ato de improbidade administrativa incluem a perda dos direitos políticos e a suspensão da função pública.

A: incorreta. CF, art. 163. Lei complementar disporá sobre: I – finanças públicas; V – fiscalização financeira da administração pública direta e indireta; **B:** incorreta. Os princípios da Administração Publica deverão estar presentes em todos os seus atos. **C:** correta. Abuso de poder é gênero do qual são espécies: excesso de poder, desvio de poder e de finalidade. **D:** incorreta. O poder regulamentar apenas regulamenta normas já existentes, não inova a ordem jurídica. **E:** incorreta. O que se perde é a função publico, sendo os direitos políticos suspensos. **FMB**

Gabarito "C".

(Delegado/PE – 2016 – CESPE) A fiscalização ambiental de determinado estado da Federação verificou que a água utilizada para o consumo dos hóspedes de um hotel era captada de poços artesianos. Como o hotel não tinha a outorga do poder público para extração de água de aquífero subterrâneo, os fiscais lavraram o auto de infração e informaram ao gerente do hotel que lacrariam os poços artesianos, conforme a previsão da legislação estadual. O gerente resistiu à ação dos fiscais, razão pela qual policiais militares compareceram ao local e, diante do impasse, o gerente, acompanhado do advogado do hotel, e os fiscais foram conduzidos à delegacia local. O advogado alegou que os fiscais teriam agido com abuso de autoridade, uma vez que o poder público estadual não teria competência para fiscalizar poços artesianos, e requereu ao delegado de plantão a imediata liberação do gerente e o registro, em boletim de ocorrência, do abuso de poder por parte dos fiscais. A partir dessa situação hipotética, assinale a opção correta, considerando as regras e princípios do direito administrativo.

(A) Agentes de fiscalização não possuem poder de polícia, que é exclusivo dos órgãos de segurança pública. Por essa razão, os fiscais não poderiam entrar no hotel, propriedade privada, sem o acompanhamento dos policiais militares.

(B) A fiscalização estadual agiu corretamente ao aplicar o auto de infração: o hotel não poderia fazer uso de poço artesiano sem a outorga do poder público estadual. Contudo, os fiscais somente poderiam lacrar os poços se dispusessem de ordem judicial, razão pela qual ficou evidente o abuso de poder.

(C) As águas subterrâneas e em depósito são bens públicos da União, razão pela qual a fiscalização estadual não teria competência para atuar no presente caso.

(D) Os estados membros da Federação possuem domínio das águas subterrâneas e poder de polícia para precaver e prevenir danos ao meio ambiente. Assim, a fiscalização estadual não só tinha o poder, mas também, o dever de autuar.

(E) Não é necessária a outorgado ente público para o simples uso de poço artesiano. Logo, a conduta dos fiscais foi intempestiva e abusiva.

A: incorreta, pois o poder de polícia relacionado à fiscalização de ilícitos administrativos e ambientais é, na verdade, atividade típica de agentes de fiscalização, e não é atividade típica de órgãos de segurança pública, que se direcionam para evitar e investigar outro tipo de ilícito, no caso o ilícito penal; B: incorreta, pois a possibilidade de a Administração, por si só, fazer executar suas ordens é comum e basta ler previsão legal ou situação de urgência que impossibilite buscar o Judiciário, que a fiscalização poderá impor materialmente o cumprimento da lei que estiver sendo violada; C: incorreta, pois as águas superficiais ou subterrâneas incluem-se entre os bens dos Estados (art. 26, I, da CF); D: correta, pois o domínio das águas subterrâneas pelos Estados está previsto no art. 26, I, da CF, e a competência para precaver e prevenir danos ambientais está prevista no art. 23, VI, da CF; E: incorreta, pois qualquer uso de recursos hídricos superficiais ou subterrâneos de depende de prévia autorização ou licença do órgão público estadual, por se tratar de um bem público pertencente ao Estado (art. 26, I, da CF). WG
Gabarito "D".

(Delegado/PR – 2013 – UEL-COPS) Acerca da denominação do poder de polícia que incide sobre bens, direitos e atividades, assinale a alternativa correta.

(A) Polícia Administrativa.
(B) Polícia Investigativa.
(C) Polícia Militar.
(D) Polícia Judiciária.
(E) Polícia Civil.

A: correta, pois a polícia administrativa recai sobre bens, direitos e atividades; B a E: incorretas, pois tais polícias são exercidas em relação às pessoas. WG
Gabarito "A".

(Delegado/RJ – 2013 – FUNCAB) Sobre o poder de polícia, é correto afirmar:

(A) Por ter natureza eminentemente sancionatória, deve sempre ser exercido nos estritos limites da lei.
(B) Embora não seja a regra, admite-se sua delegação a particulares, incluindo as atividades materiais acessórias e conexas, bem ainda a coerção e a imposição de sanções.
(C) Excepcionalmente, se presente interesse público relevante, as medidas de poder de polícia podem gerar efeitos retroativos e infirmar os efeitos produzidos por atos praticados anteriormente.
(D) Orienta-se a prevenir lesão a direitos e a valores tutelados juridicamente, possuindo cunho eminentemente preventivo.
(E) Desenvolve-se por meio de quatro categorias de providências: a regulamentação (edição de normas gerais), a emissão de decisões particulares, a coerção fática propriamente dita e o sancionamento a posteriori.

A: incorreta, pois o poder de polícia é, antes de tudo, preventivo, incidindo sanções apenas quando a prevenção não evitar a violação das normas que buscam condicionar os interesses individuais ao interesse público; B: incorreta, pois o poder de polícia em sua inteireza só pode ser exercido por autoridade pública, podendo os particulares contribuir apenas com atividades meramente materiais, como a operação de radares eletrônicos (simples fiscalização, sem aplicação de sanção) e também em atividades de consentimento; C: incorreta, pois nem mesmo a lei pode retroagir para restringir direitos, quanto mais um ato de polícia administrativa; D: correta, pois o poder de polícia é, antes de tudo, preventivo, incidindo sanções apenas quando a prevenção não evitar a violação das normas que buscam condicionar os interesses individuais ao interesse público; E: incorreta, pois o poder de polícia se desenvolve em quatro providências, quais sejam, a edição de **lei**, a atividade de **consentimento** (que consiste em verificar se o particular que desempenha determinada atividade ou direito satisfaz os requisitos em lei para tanto; por exemplo, tem-se o caso das autoescolas, que são particulares credenciados para exames que verificam alguns dos requisitos para receber habilitação para dirigir), a **fiscalização** e a aplicação de **sanção**. WG
Gabarito "D".

(Delegado/SP – 2014 – VUNESP) Ao exercício do poder de polícia são inerentes certas atividades que podem ser sumariamente divididas em quatro grupos: I – legislação; II – consentimento; III – fiscalização; e IV – sanção. Nessa ordem de ideias, é correto afirmar que o particular

(A) pode exercer apenas as atividades de consentimento e de sanção, por não serem típicas de Estado.
(B) somente pode exercer, por delegação, a atividade de fiscalização, por não ser típica de Estado.
(C) pode exercer, por delegação, as atividades de consentimento e fiscalização, por não serem típicas de Estado.
(D) pode exercer, por delegação, quaisquer das atividades inerentes ao poder de polícia, pois não se traduzem em funções típicas de Estado.
(E) pode exercer, por delegação, o direito de impor, por exemplo, uma multa por infração de trânsito e cobrá-la, inclusive, judicialmente.

A: incorreta, pois a atividade de sanção é típica de Estado; B: incorreta, pois o particular também pode exercer a atividade de consentimento, que consiste em verificar se o particular que desempenha determinada atividade ou direito satisfaz os requisitos em lei para tanto; por exemplo, tem-se o caso das autoescolas, que são particulares credenciados para exames que verificam alguns dos requisitos para receber habilitação para dirigir; C: correta, pois as atividades de consentimento e de fiscalização (sem sanção) podem ser realizadas pelo particular; D: incorreta, pois a edição de leis e a aplicação de sanções são atividades típicas de Estado; E: incorreta, pois a aplicação de sanções é atividade típica de Estado. WG
Gabarito "C".

(Delegado/CE – 2006 – CEV/UECE) Sobre o poder de polícia podemos afirmar, corretamente:

(A) exige que o Poder Público utilize sempre, previamente, a via judicial para executar suas decisões.
(B) possui as características de autoexecutoriedade e coercibilidade, havendo, entretanto, alguma controvérsia doutrinária quanto a sua caracterização como discricionário ou vinculado.
(C) tem suas sanções, sem exceção, caracterizadas pela autoexecutoriedade.
(D) pode ser outorgado à pessoa da iniciativa privada, desprovida de vinculação oficial com os entes públicos.

A: incorreta, pois o atributo da autoexecutoriedade permite que o Poder Público atue independentemente de apreciação jurisdicional; B: correta, pois o poder de polícia contém as características citadas, sendo que, de acordo com o que dispuser o texto legal, poderá ser discricionário ou vinculado, apesar de existir doutrinadores como Hely Lopes Meirelles que entendem que o poder de polícia tem sempre o atributo da discricionariedade; C: incorreta, pois há sanções, como a de multa, que não podem ser cobradas coercitivamente sem a intervenção do Poder Judiciário; **D:** incorreta, pois o poder de polícia é privativo de autoridade pública, não sendo possível sua delegação ao particular; este só pode contribuir *materialmente* (e não *volitivamente*) para o exercício do poder de polícia (por exemplo, na mera operação de um radar eletrônico, providência meramente material; a expedição de multa, no caso, deve ser feita pela autoridade pública, que é quem pode manifestar vontade). Gabarito "B".

(Delegado/DF – 2004) A Administração Pública, no exercício do Poder de Polícia, pode executar seus atos independentemente da manifestação prévia de outro Poder, ressalvadas poucas exceções. A característica do Poder de Polícia que legitima a conduta acima descrita denomina-se:

(A) imperatividade;
(B) autoexecutoriedade;
(C) presunção de veracidade;
(D) presunção de legitimidade;
(E) discricionariedade.

Trata-se da autoexecutoriedade, que é a possibilidade de a administração executar os seus atos independentemente de buscar a prestação jurisdicional. Gabarito "B".

(Delegado/MG – 2012) No que se refere aos Poderes Administrativos, assinale a alternativa **INCORRETA**:

(A) O ato administrativo submete-se ao controle judicial por força do princípio da moralidade.
(B) O poder regulamentar típico permite complementar a lei e é de caráter derivado.
(C) Autoexecutoriedade e coercibilidade são atributos do poder de polícia.
(D) Os atos de polícia que avultam o princípio da proporcionalidade revelam-se ilegais, sendo, portanto, passíveis de anulação pelo Poder Judiciário.

A: incorreta (devendo ser assinalada); o ato administrativo submete-se ao controle judicial por força dos princípios da legalidade (art. 37, *caput*, da CF) e da inafastabilidade do controle jurisdicional (art. 5.º, XXXV, da CF); **B:** correta, pois o poder regulamentar típico admite apenas a expedição de regulamentos de execução de lei, ou seja, de regulamentos que complementam a lei, não criando direitos ou deveres originários, daí seu caráter derivado; **C:** correta, pois a doutrina, de fato, aponta esses dois atributos como próprios do poder de polícia; **D:** correta, pois o desrespeito à proporcionalidade (pressuposto de validade denominado "causa") torna o ato ilegal, passível, portanto, de anulação pelo Judiciário. Gabarito "A".

(Delegado/MG – 2008) Com referência à Polícia Judiciária, é *INCORRETO* afirmar que

(A) tem a seu cargo a apuração das infrações penais, as investigações criminais e o auxílio à Justiça, no campo da aplicação da lei, além de registros e fiscalização de natureza regulamentar.
(B) a execução da Polícia Judiciária cabe aos Delegados de Polícia, segundo o que for ditado pela conveniência e a oportunidade na realização de ato de sua atribuição, em todo o Estado.
(C) a Polícia Judiciária compreende triagem e custódia de suspeitos de infrações penais.
(D) os Delegados de Polícia e seus auxiliares deverão comparecer ao local do crime para as diligências necessárias à apuração e identificação dos autores.

Todas as alternativas trazem informação correta acerca da polícia judiciária, salvo a alternativa "B", que está incorreta, pois os delegados não podem agir sempre segundo a conveniência e oportunidade, já que nem todas as competências dos delegados são discricionárias. Gabarito "B".

(Delegado/MG – 2008) Sobre o poder de polícia no campo do direito administrativo, é *INCORRETO* afirmar que

(A) é exercido mediante prerrogativas e sujeições.
(B) limita o direito do cidadão ao bem-estar coletivo.
(C) concretiza o princípio da predominância do interesse público.
(D) se caracteriza pelo cumprimento de atos administrativos editados para regramento da conduta do cidadão.

A: correta, pois há prerrogativas (presunção de legitimidade, autoexecutoriedade e exigibilidade) e sujeições (respeito à legalidade, à probidade etc.); **B:** correta, pois o poder de polícia tem por função justamente limitar os direitos das pessoas, de modo a conformá-los às exigências dos interesses coletivos; por exemplo, quando uma lei determina que não se pode fumar em estabelecimentos fechados, esta lei está justamente limitando o direito das pessoas em prol do interesse coletivo, traduzindo-se em típico exemplo de poder de polícia; os fiscais administrativos, quando estiverem fiscalizando o cumprimento dessa lei, estarão exercendo o poder de polícia em sentido estrito, também chamado de polícia administrativa; **C:** correta, pois a ideia do poder de polícia é justamente promover e garantir a predominância do interesse público sobre o interesse privado; **D:** incorreta (devendo ser assinalada); o poder de polícia em sentido amplo é criado pela lei (exemplo: lei que proíbe o fumo em estabelecimentos fechados) e não por atos administrativos; os atos administrativos serão praticados por ocasião das providências fiscalizatórias, e não para criar originariamente as regras de conduta do cidadão. Gabarito "D".

(Delegado/MG – 2006) O poder de polícia administrativa:

(A) Está presente quando o Estado evita a prática de ilícitos penais.
(B) Expressa-se, exclusivamente, por meio de atos discricionários.
(C) É subespécie do serviço público de segurança pública.
(D) Está presente quando o Estado confere autorização para porte de armas.

A: incorreta, pois nesse caso tem-se a polícia de manutenção da ordem pública; não se deve confundir *polícia administrativa* (exemplo: fiscalização de vigilância sanitária), com *polícia judiciária* (apuração de ilícitos penais, a cargo das polícias civil e federal) e *polícia de manutenção da ordem pública* (policiamento ostensivo, a cargo da PM, por exemplo); **B:** incorreta, pois, para a maior parte da doutrina, essa polícia pode ser tanto discricionária quanto vinculada, de acordo com o que dispuser a lei que trata de determinada limitação às atividades das pessoas; **C:** incorreta, pois não se deve confundir a polícia administrativa com as outras duas polícias (polícia judiciária e polícia de manutenção da ordem pública); **D:** correta, pois a autorização para porte de arma é regulada em lei que estabelece as limitações ao direito de usar armas (*poder de polícia em sentido amplo*), sendo que a autoridade competente irá, no caso concreto, expedir ou não a autorização, o que é feito no exercício da *polícia administrativa*. Gabarito "D".

(Delegado/MS – 2006) Considera-se poder de polícia a faculdade de que dispõe a Administração Pública para condicionar e restringir o uso e gozo de bens, atividades e direitos individuais, em benefício da coletividade ou do próprio Estado. Levando-se em conta o enfatizado no enunciado, é correto afirmar que:

(A) O poder de polícia visa o interesse social e a supremacia do Estado sobre as pessoas, bens e atividades.
(B) A polícia administrativa atua sobre as pessoas, repressivamente.
(C) O ato de polícia não se subordina ao ordenamento jurídico.
(D) O poder de polícia limita o direito de liberdade e de propriedade, limita a liberdade e a propriedade, e não o direito de liberdade e de propriedade.
(E) A polícia judiciária incide sobre bens, direitos e atividades, preventivamente.

A: correta, pois esses são os fins do poder de polícia; B: incorreta, pois a polícia administrativa atua sobre bens, atividades e direitos, diferente da polícia judiciária que atua sobre pessoas, investigando ilícitos penais cometidos por estas; C: incorreta, pois a Administração Pública, inclusive no que diz respeito à polícia administrativa, está vinculada à observância da lei; D: incorreta, pois o poder de polícia limita a *liberdade* e a *propriedade* das pessoas, de modo a estabelecer o *direito de propriedade* e o *direito de liberdade* das pessoas; ou seja, o poder de polícia irá delimitar o tamanho do direito de propriedade e de liberdade que cada um de nós teremos; E: incorreta, pois a polícia judiciária atua sobre pessoas, investigando ilícito penais cometidos por estas; ademais, trata-se de uma atuação normalmente repressiva (após o cometimento de crimes) e não preventiva. **WG**

Gabarito "A".

(Delegado/MT – 2000) Assinale a alternativa correta:

(A) Incide o poder de polícia da Administração Pública sobre bens, direitos, atividades e pessoas.
(B) Tal como o poder de polícia judiciária, o poder de polícia administrativa é inerente a determinados órgãos da Administração Pública.
(C) Por ser o ato administrativo de aplicar multa decorrente do poder de polícia, não há falar em intervenção do Poder Judiciário para que seja aquele ato da Administração Pública executado, pois um dos atributos do poder de polícia é justamente o da autoexecutoriedade.
(D) poder de polícia administrativa tem como atributo a vinculação, tendo em vista a sua grave interferência na esfera jurídica dos administrados, de modo a limitar-lhes o uso e gozo de direitos e bens, e o exercício de atividades.
(E) No poder de polícia delegado não se compreende o poder de impor taxas, mas lhe é implícita a faculdade de aplicar sanções aos infratores, na forma regulamentar.

A: incorreta, pois o poder de polícia não incide sobre *pessoas*, mas somente sobre *bens*, *direitos* e *atividades*; B: incorreta, pois enquanto a polícia judiciária é inerente a determinados órgãos da Administração Pública (polícia civil e polícia federal), a polícia administrativa existe em diversos órgãos e entidades da Administração; C: incorreta, pois a multa pode até ser aplicada sem a participação do Judiciário, mas a sua execução depende deste, por meio da ação de execução fiscal, não podendo a Administração Pública usar a força para obrigar o particular a solver a multa aplicada; D: incorreta, pois o poder de polícia pode ser tanto vinculado como discricionário, a depender do que dispuser a lei que trata daquela limitação administrativa; E: incorreta, pois a delegação do poder de polícia, que só pode ser feita em favor de autoridades públicas, costuma limitar-se à aplicação de sanções, como é o caso de convênios feitos com a polícia militar para que esta aplique multas de trânsito; já a delegação da possibilidade de cobrança de taxa (tributo) pelo exercício do poder de polícia não costuma ser transferida a outras autoridades, até porque o regime jurídico envolvido (tributário) é mais rigoroso para esse tipo de medida. **WG**

Gabarito "E".

(Delegado/PI – 2009 – UESPI) Acerca do poder de polícia, assinale a alternativa correta.

(A) A desproporcionalidade no exercício do poder de polícia torna o ato de polícia administrativo ilegítimo, em virtude do desvio de finalidade.
(B) Como decorrência do atributo da imperatividade, a Administração Pública pode impor coercitivamente, as medidas próprias do poder de polícia.
(C) A interdição de estabelecimento pela vigilância sanitária, em decorrência de irregularidades detectadas em inspeção, configura exercício do poder de polícia.
(D) Como regra geral, o poder de polícia é vinculado.
(E) A administração indireta não pode exercer poder de polícia.

A: incorreta, pois, no caso, temos como violado o requisito de validade "causa" (pertinência entre o conteúdo do ato e a finalidade a ser alcançada) e não o requisito de validade "finalidade"; esse tema é desenvolvido pelo doutrinador Celso Antônio Bandeira de Mello (*Curso de Direito Administrativo*, Malheiros); B: incorreta, pois a imperatividade é a possibilidade de impor obrigações a terceiros independentemente de sua concordância, ao passo que a coercibilidade é um plus, consistindo na possibilidade de usar a força para que o particular atenda a determinação do Poder Público; C: correta, pois o poder de polícia tem em mira justamente controlar, no plano administrativo, atividades nocivas aos interesses públicos, atuando repressiva e preventivamente; D: incorreta, pois a lei é que estabelecerá, caso a caso, se determinada limitação administrativa à liberdade e à propriedade das pessoas ensejará atuação fiscalizatória discricionária ou vinculada; E: incorreta, pois não há limitação alguma nesse sentido; de qualquer forma, o poder de polícia deve ser exercido por autoridade pública, de modo que somente pessoas de direito público (autarquias, fundações públicas, agências reguladoras e associações públicas) devem exercer o poder de polícia, não sendo adequado que pessoas jurídicas de direito privado estatais, como as empresas estatais, o façam. **WG**

Gabarito "C".

(Delegado/SP – 2003) O poder de polícia

(A) só pode ser exercido para reprimir aqueles que perturbam a ordem pública.
(B) dá respaldo legal à prisão em flagrante de criminosos.
(C) é exclusivo das instituições policiais.
(D) consiste na atividade da administração pública de limitar ou disciplinar direito, interesse ou liberdade.

O poder de polícia atua preventiva ou repressivamente; ademais, atua não só na manutenção da ordem pública, como também em setores, como o de vigilância sanitária, polícia das construções, dentre outros. **WG**

Gabarito "D".

2.6. Poderes combinados

(Delegado/MG – 2018 – FUMARC) Correlacione as duas colunas, vinculando cada situação ao respectivo poder administrativo.

A sequência numérica CORRETA, de cima para baixo, é:

(A) 1, 2, 4, 3
(B) 3, 1, 4, 2

(C) 3, 4, 1, 2
(D) 4, 3, 2, 1

A revogação de ato administrativo, por envolver o exercício de um juízo de conveniência e oportunidade, está relacionada ao poder discricionário. A in-terdição de estabelecimento comercial pela vigilância sanitária detém relação como poder de polícia, em sua vertente repressiva. Por sua vez, a aplicação de penalidade administrativa a servidor constitui manifestação do poder dis-ciplinar. Por fim, a edição de decretos assume liame com o poder regulamen-tar, já que associado à expe-dição de atos normativos pela Chefia do Executi-vo. Nesse sentido, a sequência correta é 3, 4, 1, 2. RB

Gabarito "C".

(Delegado/PE – 2016 – CESPE) Acerca dos poderes e deveres da administração pública, assinale a opção correta.

(A) A autoexecutoriedade é considerada exemplo de abuso de poder: o agente público poderá impor medidas coativas a terceiros somente se autorizado pelo Poder Judiciário.
(B) À administração pública cabe o poder disciplinar para apurar infrações e aplicar penalidades a pessoas sujeitas à disciplina administrativa, mesmo que não sejam servidores públicos.
(C) Poder vinculado é a prerrogativa do poder público para escolher aspectos do ato administrativo com base em critérios de conveniência e oportunidade; não é um poder autônomo, devendo estar associado ao exercício de outro poder.
(D) Faz parte do poder regulamentar estabelecer uma relação de coordenação e subordinação entre os vários órgãos, incluindo o poder de delegar e avocar atribuições.
(E) O dever de prestar contas aos tribunais de contas é específico dos servidores públicos; não é aplicável a dirigente de entidade privada que receba recursos públicos por convênio.

A: incorreta, pois esse é um atributo comum dos atos administrativos e, havendo permissão legal ou situação de urgência em que não se possa aguardar a apreciação pelo Judiciário, esse atributo pode ser aplicado pela Administração; B: correta, pois na definição de poder disciplinar está não só a aplicação de penalidades para servidores públicos típicos, como também para outros tipos de agentes públicos, como os tabeliães e regis-tradores; C: incorreta, pois a definição em tela está associada ao *poder discricionário* e não ao *poder vinculado*; D: incorreta, pois a definição em tela está associada ao *poder hierárquico* e não ao *poder regulamentar*; E: incorreta, pois qualquer particular que gerencie recursos públicos por meio de instrumento dessa natureza (que se chamava *convênio* e cujo nome agora é *termo de colaboração* ou *termo de fomento*) tem o dever de prestar contas (art. 70, parágrafo único, da CF). WG

Gabarito "B".

(Delegado/DF – 2015 – Fundação Universa) Acerca dos poderes da administração pública, assinale a alternativa correta.

(A) No julgamento de revisão de processo administrativo em que foi aplicada sanção administrativa, o exercício do poder disciplinar é restringido pela Lei 9.784/1999, pois não se admite o agravamento da sanção.
(B) A possibilidade de a administração aplicar multas pelo descumprimento total ou parcial dos contratos administrativos não decorre do seu poder disciplinar, visto que envolve terceiros, não integrantes da admi-nistração.
(C) As decisões do TCU submetem-se ao controle hierár-quico do Congresso Nacional.
(C) Suponha-se que uma instrução normativa da Secre-taria do Tesouro Nacional viole a lei. Nesse caso, não é possível a utilização de decreto legislativo, pelo Congresso Nacional, para suspender a norma regulamentar exorbitante do poder regulamentar, uma vez que esta norma não é um decreto editado pelo chefe do Poder Executivo.
(D) O poder de polícia pode ser remunerado por meio de taxa, tanto pelo seu efetivo exercício, quanto pela potencialidade colocada à disposição do contribuinte.

A: correta (art. 65, parágrafo único, da Lei 9.784/1999); B: incorreta, pois na definição de poder disciplinar ("a faculdade de punir inter-namente as infrações funcionais dos servidores e demais pessoas sujeitas à disciplina dos órgãos e serviços da Administração") tem-se, na segunda parte, situação que se enquadra no afirmado na presente alternativa; C: incorreta, pois não se trata de controle hierárquico, já que os ministros ou conselheiros dos tribunais de contas têm, no que couber, garantias e prerrogativas próprias de autoridades judiciais (art. 73, § 3º, da CF), não se podendo falar em subordinação hierárquica em relação ao Legislativo, ainda que este exerça o controle sobre certas decisões dos tribunais de contas, como as que dizem respeito à aprovação de contas do Executivo; D: incorreta, pois o art. 49, V, da CF incide sobre outros atos normativos do Executivo, como é o caso de instrução normativa (AC 1.033 AgR-QO, rel. min. Celso de Mello, j. 25.05.2006, P, DJ de 16.06.2006.); E: incorreta, pois a Constituição exige o efetivo exercício do poder de polícia para que se cobre taxa; não se deve confundir essa situação com o serviço público, pois nesse caso sim é que é possível cobrar pelo uso efetivo ou potencial do serviço público (art. 145, II, da CF). WG

Gabarito "A".

(Delegado Federal – 2002 – CESPE) No que concerne ao exercício e aos limites dos poderes da administração pública, julgue os itens subsequentes.

(1) O abuso de poder de um delegado federal pode ser controlado por meio de mandado de segurança indi-vidual, desde que nao haja necessidade de dilação probatória.
(2) A função de polícia judiciária não exclui da Polícia Federal o poder de polícia administrativa.
(3) O poder disciplinar impõe ao superior hierárquico o dever de punir o subordinado faltoso.
(4) O Congresso Nacional tem competência para contro-lar o poder regulamentar do presidente da República.
(5) Se invalidada por sentença judicial a demissão de policial, decorrente de condenação administrativa por abuso de autoridade, terá ele direito à reintegração na vaga que antes ocupava.

1: correto, pois o delegado é uma autoridade pública e, como tal, sujeito ao mandado de segurança, salvo se cabível *habeas corpus* ou *habeas data*; vale lembrar que o mandado de segurança só é cabível se houver prova pré-constituída (*direito líquido e certo*), pois não é possível produzir prova no bojo dessa garantia constitucional; 2: correto, pois as competências da polícia federal não se limitam a investigar ilícitos penais, existindo competências relacionadas à polícia administrativa, como a que envolve a expedição de passaportes; 3: correto, desde que o superior hierárquico tenha, além do poder hierárquico, o poder disciplinar também; 4: correto (art. 49, V, da CF); 5: correto (art. 41, § 2.º, da CF). WG

Gabarito 1C, 2C, 3C, 4C, 5C.

(Delegado/AP – 2006 – UFAP) Para viabilizar a realização de suas atividades, bem como satisfazer o bem comum, o ordenamento jurídico confere à Administração Pública uma gama de poderes, a fim de instrumentalizar a realização de suas tarefas administrativas. De acordo com tal enunciado é correto afirmar que:

(A) no Direito brasileiro, a Constituição Federal de 1988 limitou consideravelmente o poder regulamentar, deixando espaço para os regulamentos executivos e regulamentos autônomos.
(B) o poder disciplinar reveste-se de discricionariedade, haja vista que, nos procedimentos previstos para apuração de falta, os Estatutos funcionais não estabelecem regras rígidas como as que se impõem na esfera criminal.
(C) entende-se por poder de polícia a atividade estatal (vinculada, autoexecutável e coercitiva) que limita o exercício dos direitos individuais em benefício da segurança.
(D) o poder hierárquico garante a atuação da Administração, e se concretiza tão somente através de relações de subordinação entre órgãos administrativos e os diversos servidores públicos.
(E) os regulamentos são normas expedidas pelo Poder Executivo, cuja finalidade é facilitar a execução da lei, e que se exteriorizam por meios de instruções normativas.

A: incorreta, pois a Constituição trouxe apenas duas exceções aos *regulamentos executivos*, possibilitando *regulamentos autônomos* apenas nos casos previstos no art. 84, VI, da CF; B: correta, a doutrina é um pouco controversa a esse respeito; em verdade, a lei também costuma trazer hipóteses de incidência *vinculadas* para a aplicação de sanção disciplinar, como no caso de aplicação de demissão por falta ao serviço por 30 dias consecutivos, hipótese que enseja competência vinculada, pois não há margem de liberdade para a autoridade que detém o poder disciplinar; C: incorreta, pois o poder de polícia pode ser tanto vinculado como discricionário, e é criado em benefício dos interesses públicos e não só da segurança; D: incorreta, pois tal se dá não só de *órgãos* para *órgãos*, como também de *agentes* para *agentes*; E: incorreta, pois os regulamentos se exteriorizam por meio de decretos. WG
Gabarito "B".

(Delegado/GO – 2003 – UEG) A proibição de se criarem certas espécies de animais na zona urbana significa restrição decorrente do poder

(A) de polícia.
(B) regulamentar.
(C) disciplinar.
(D) da autotutela.

A situação revela a existência de poder de polícia, pois trata, justamente, de limitação a atividades de pessoas, conformando-as aos interesses coletivos. WG
Gabarito "A".

(Delegado/GO – 2003 – UEG) Uma Resolução do Secretário Estadual da Segurança Pública, determinando o recolhimento de máquinas caça-níqueis clandestinas em todo território estadual, tem poder

(A) de polícia.
(B) disciplinar.
(C) regulamentar.
(D) hierárquico.

Trata-se de poder de polícia, valendo salientar que tal Resolução é feita em obediência a dispositivos legais, de modo que está no contexto da polícia administrativa, mesmo diante de seu caráter normativo. O conceito de polícia administrativa (cujo objetivo é executar a lei) admite tanto atos concretos (como é uma multa, por exemplo), como atos normativos (como é a resolução citada no enunciado). WG
Gabarito "A".

(Delegado/MA – 2006 – FCC) Com relação aos Poderes Administrativos, considere:

I. O poder de que dispõe o Executivo para distribuir e escalonar as funções de seus órgãos, ordenar e rever a atuação de seus agentes, estabelecendo a relação de subordinação entre os servidores do seu quadro pessoal.
II. A atividade do Estado consistente em limitar o exercício dos direitos individuais em benefício do interesse público.

As proposições acima correspondem, respectivamente, aos poderes

(A) regulamentar e de polícia.
(B) disciplinar e regulamentar.
(C) hierárquico e de polícia.
(D) hierárquico e disciplinar.
(E) polícia e regulamentar.

I: trata-se da definição de poder hierárquico; II: trata-se da definição de poder de polícia. WG
Gabarito "C".

(Delegado/MS – 2006) Dentre os poderes do Administrador Público encontram-se o poder-dever de agir; o dever de eficiência; o dever de probidade; e o dever de prestação de contas. É correto afirmar que:

(A) A omissão ao cumprimento dos deveres acima elencados não gera qualquer punição.
(B) O poder-dever de agir não se encontra vinculado à competência e à obrigação de atuar.
(C) O dever de probidade significa fazer o melhor negócio para o erário, independentemente do procedimento de atuação.
(D) Não há órgão responsável que fiscalize o dever de prestar contas do Administrador Público.
(E) O dever de eficiência significa atuação com rapidez, perfeição e rendimento, observando o princípio da legalidade; sem procrastinação.

A: incorreta, pois o agente público que descumpre seus deveres está sujeito a sanções disciplinares; B: incorreta, pois só se pode e se deve agir quando se tem competência e obrigação de agir, respectivamente; C: incorreta, pois não basta que seja o melhor negócio, economicamente falando, sendo necessário também que o negócio obedeça aos ditames legais; D: incorreta, pois há órgãos de controle interno com essa finalidade, bem como órgãos de controle externo, como os Tribunais de Contas (arts. 70 e 71 da CF); E: correta, pois traz o exato sentido do princípio, bem como a lembrança de que se deve sempre obedecer à lei. WG
Gabarito "E".

(Delegado/PR – 2007) Sobre os poderes administrativos, numere a coluna da direita de acordo com a da esquerda.

( ) Conjunto de atribuições concedidas à Administração Pública para disciplinar e restringir os direitos e liberdades individuais em benefício da coletividade ou do próprio Estado, em busca da preservação da ordem pública.

( ) Apuração e punição das faltas funcionais dos servidores públicos.
( ) Normas expedidas pelo Chefe do Poder Executivo que visam tornar efetivo o cumprimento da lei.
( ) Instrumento para garantia da atuação coordenada da Administração e que consiste na subordinação e coordenação nas relações entre os órgãos e entre os servidores administrativos.

1. Poder disciplinar
2. Poder de polícia
3. Poder hierárquico
4. Poder regulamentar

Assinale a alternativa que apresenta a sequência correta da coluna da direita, de cima para baixo.
(A) 1 – 2 – 3 – 4.
(B) 4 – 3 – 2 – 1.
(C) 1 – 2 – 4 – 3.
(D) 1 – 3 – 4 – 2.
(E) 2 – 1 – 4 – 3.

Basta conferir as definições dadas no início deste item, para verificar que as correspondências corretas estão na alternativa "E". **Gabarito "E".**

(Delegado/RJ – 2009 – CEPERJ) No que diz respeito aos poderes administrativos, considere as proposições abaixo, e assinale a alternativa correta:

I. A disciplina funcional resulta do sistema hierárquico. Com efeito, se aos agentes superiores é dado o poder de fiscalizar as atividades dos de nível inferior, deflui daí o efeito de poderem eles exigir que a conduta destes seja adequada aos mandamentos legais, sob pena de, se tal não ocorrer, serem os infratores sujeitos às respectivas infrações.
II. Poder regulamentar é a prerrogativa conferida à Administração Pública de editar atos gerais para complementar as leis e permitir a sua efetiva aplicação.
III. A faculdade conferida ao administrador de extrapolar os limites legais ou agir em desacordo com o ordenamento jurídico decorre do poder de polícia.
IV. Pelo atributo da coercibilidade, o poder de polícia é sempre executado de forma imediata com vistas a atender o interesse do Administrador Público, sem dependência de ordem judicial.

(A) Estão corretas as proposições I, II e III.
(B) Estão incorretas as proposições I, III e IV.
(C) Estão incorretas as proposições III e IV.
(D) Estão corretas as proposições II e III.
(E) Estão incorretas as proposições I e II.

I: correta, pois está de acordo com o conceito de poder hierárquico, trazido no início deste item; II: correta, pois está de acordo com o conceito de poder regulamentar, trazido no início deste item; III: incorreta, pois o administrador não pode extrapolar os limites legais, nem agir em desacordo com o ordenamento jurídico; IV: incorreta, pois a coercibilidade é definida por Hely Lopes Meirelles como a possibilidade de a Administração usar a força para fazer cumprir suas determinações. **Gabarito "C".**

(Delegado/SC – 2008) Com relação aos poderes administrativos, correlacione as colunas a seguir.

(1) Poder vinculado
(2) Poder hierárquico
(3) Poder de polícia
(4) Poder regulamentar
(5) Poder disciplinar
(6) Poder discricionário

( ) É o mecanismo de que dispõe a Administração Pública para conter abusos do direito individual.
( ) É a faculdade de que dispõem os chefes do Executivo, em todas as esferas, de explicar a lei para sua correta execução.
( ) Confere ao administrador liberdade na escolha da conveniência, oportunidade e conteúdo do ato.
( ) Impõe ao agente público a restrição rigorosa aos preceitos legais, sem qualquer liberdade de ação.
( ) Tem por objetivo ordenar, controlar, coordenar e corrigir as atividades administrativas no âmbito interno da Administração Pública.
( ) É a faculdade punitiva interna da Administração e só abrange as infrações relacionadas com o serviço.

A sequência correta, de cima para baixo, é:
(A) 2 – 5 – 6 – 1 – 4 – 3
(B) 6 – 5 – 2 – 1 – 3 – 4
(C) 1 – 4 – 2 – 6 – 5 – 3
(D) 3 – 4 – 6 – 1 – 2 – 5

A alternativa "D" é a correta, pois faz a relação adequada entre os *poderes* e os respectivos *conceitos*. **Gabarito "D".**

(Delegado/SP – 2000) Resolução do Secretário da Segurança Pública proibindo a venda de bebidas alcoólicas no dia das eleições é ato administrativo pelo qual a Administração manifesta seu poder
(A) hierárquico.
(B) regulamentar.
(C) de polícia.
(D) disciplinar.

Trata-se de *poder de polícia*, valendo salientar que tal resolução é feita em obediência a dispositivos legais, de modo que está no contexto da *polícia administrativa*, mesmo diante de seu caráter normativo. O conceito de polícia administrativa (cujo objetivo é executar a lei) admite tanto atos concretos (como é uma multa, por exemplo), como atos normativos (como é a resolução citada no enunciado). **Gabarito "C".**

3. ATO ADMINISTRATIVO

3.1. Conceitos, existência, validade e eficácia

(Delegado/RS – 2018 – FUNDATEC) Acerca dos temas "atos administrativos" e "poderes administrativos", assinale a alternativa INCORRETA:

(A) Porque submetidos ao regime jurídico de direito público, os atos administrativos não podem ser praticados por pessoas que não integram a Administração Pública em sentido formal ou subjetivo.
(B) Embora se distingam quanto ao grau de liberdade conferido pela lei ao administrador para a prática de determinado ato administrativo, tanto o poder vinculado como o poder discricionário estão sujeitos ao controle jurisdicional.

(C) A exigência de prévia autorização judicial para a quebra da inviolabilidade da comunicação telefônica constitui exemplo de exceção ao atributo da autoexecutoriedade do ato administrativo.

(D) Nos processos perante o Tribunal de Contas da União, asseguram-se o contraditório e a ampla defesa quando da decisão puder resultar anulação ou revogação de ato administrativo que beneficie o interessado, excetuada a apreciação da legalidade do ato de concessão inicial de aposentadoria, reforma ou pensão.

(E) A prerrogativa de aplicar sanções pelo descumprimento de determinadas normas administrativas, presente no poder de polícia administrativa, inexiste no poder de polícia judiciária, uma vez que o campo de atuação desta última diz respeito à apuração de infrações penais e à execução de medidas que garantam a efetividade da atividade jurisdicional.

Alternativa A está incorreta. O ato administrativo é a declaração expedida pelo Estado, ou por quem o represente. Nesse sentido, admite-se que pessoas não integrantes da Administração Pública, mas que façam as vezes do Estado, emitam tais atos. Cite-se o exemplo de uma concessionária de serviço público (empresa privada, portanto) que tome medidas visando à desapropriação de um bem relacionado ao serviço concedido; os atos expedidos nesse contexto são considerados atos administrativos. As demais alternativas estão corretas. RB
Gabarito "A".

(Delegado/MT – 2017 – CESPE) A administração pública de determinado município brasileiro constatou o funcionamento irregular de um estabelecimento que comercializava refeições. Nessa hipótese,

I. se houver tentativa do proprietário para impedir o fechamento do estabelecimento, a administração poderá utilizar-se da força pública, independentemente de decisão liminar.

II. a administração, com a utilização de seus próprios meios, poderá impedir o funcionamento do estabelecimento.

III. a administração estará impedida de utilizar o critério da discricionariedade para impedir o funcionamento do estabelecimento.

IV. a administração deverá utilizar a polícia judiciária para executar o ato de impedir o funcionamento do estabelecimento.

Estão certos apenas os itens

(A) I e II.
(B) I e III.
(C) III e IV.
(D) I, II e IV.
(E) II, III e IV.

I: correta. Trata-se de manifestação do poder de polícia, não podendo o administrado se opor a decisão imposta. II: correta. O exercício do poder de polícia goza de auto executoriedade. III: incorreta. Dentro dos limites legais o ato será realizado pela Administração Pública. IV: incorreta. O ato e auto executório e prescinde de autorização judicial. FMB
Gabarito "A".

(Delegado/PR – 2013 – UEL-COPS) Um ato administrativo que completa todo o seu ciclo de formação, contendo seus elementos essenciais e existindo como entidade jurídica, mas que não preencha todas as exigências legais, é denominado como ato

(A) válido.
(B) eficaz.
(C) perfeito.
(D) transitório.
(E) efetivo.

No, caso, cumprido o ciclo de formação, tem-se cumprido o plano da existência, de modo que se diz que o ato é *perfeito*. Isso não quer dizer que o ato é válido. No caso, mesmo que perfeito (= existente) o ato é inválido, por não preencher as exigências legais. WG
Gabarito "C".

(Delegado Federal – 1998 – CESPE) Em relação aos atos administrativos, considere os seguintes conceitos, cujos âmbitos estão graficamente representados ao lado:

– perfeição: qualidade do ato cujo ciclo de produção completou se;
– eficácia: qualidade do ato apto a produzir seus efeitos;
– validade: qualidade do ato conforme o ordenamento jurídico.

Considere ainda que a representação gráfica dos conceitos pode estar certa ou errada. Em face desses conceitos e do gráfico, julgue os itens seguintes.

(1) Quanto ao conceito de eficácia, o gráfico está errado em parte, pois todo ato válido é eficaz

(2) Quanto ao conceito de perfeição, o gráfico está errado em parte, pois todo ato perfeito é eficaz

(3) Todo ato eficaz é perfeito.

(4) Pode haver ato eficaz e inválido.

(5) Nem todo ato perfeito é válido.

1: incorreta, pois nem todo ato válido é eficaz; por exemplo, uma multa aplicada conforme a lei (ato válido) não produzirá efeitos se não houver notificação do sujeito passivo (ato *não* eficaz); 2: incorreta, pois nem todo ato perfeito é eficaz; por exemplo, um talonário de multa preenchido e assinado pelo agente público (ato perfeito) não produzirá efeitos se não houver notificação do sujeito passivo (ato *não* eficaz); 3: incorreta, pois um ato que ainda não concluiu se ciclo formativo pode acabar causando um dano a alguém, gerando efeitos jurídicos, como o dever de indenizar (ato eficaz); 4: correta, pois atos inválidos podem produzir efeitos, como a concessão ilegal de uma aposentadoria; naturalmente, esse ato poderá ser anulado, mas terá produzido efeitos; 5: correta, pois é comum um ato cumprir seu ciclo formativo, mas não atender a alguma determinação legal, o que faz com que tal ato seja inválido. WG
Gabarito 1E, 2E, 3E, 4C, 5C

(Delegado/GO – 2009 – UEG) Sobre os aspectos do tema da aptidão do ato administrativo para produzir o resultado para o qual foi editado, é CORRETO afirmar:

(A) eficácia diz respeito ao atendimento a todas as exigências legais, para que seus efeitos sejam reconhecidos na ordem jurídica.

(B) ato perfeito não é aquele que se amolda ao ordenamento jurídico, mas o ato administrativo que reúne todas as fases de formação.

(C) motivação do ato administrativo é a presença das circunstâncias de fato e de direito que autorizam a edição do ato administrativo.

(D) suspensa a eficácia, o ato administrativo perde a vigência.

A: incorreta, pois o plano que diz respeito ao atendimento de todas as exigências legais é o plano da *validade*, e não o plano da *eficácia*;

B: correta, pois a perfeição diz respeito ao plano da *existência* do ato administrativo, ou seja, ato perfeito é o que cumpriu o ciclo necessário à sua *formação*; C: incorreta, pois *motivação* é a *explicação* das circunstâncias de fato e de direito que autorizam a prática do ato, diferente do *motivo*, que é o *próprio fundamento* de fato e de direito que autoriza a prática do ato; portanto, uma coisa é a explicação (motivação) e outra coisa é a existência ou não dos fatos utilizados para a motivação; D: incorreta, pois suspensa a eficácia, o ato perde o vigor; a *vigência* tem a ver com a *existência* do ato, ao passo que o *vigor* tem a ver com a *eficácia* do ato.
Gabarito "B".

(Delegado/MG – 2008) O Estado funciona editando atos administrativos para atender os interesses públicos. Analise as seguintes características do ato administrativo em face da função do órgão que a exerce e assinale a alternativa INCORRETA.

(A) É parte integrante na relação jurídica que decide.
(B) Aplica a lei à situação específica.
(C) É geral e abstrato.
(D) É sujeito a controle jurisdicional.

O ato administrativo tem as características descritas nas alternativas mencionadas, salvo a de que "é geral e abstrato", pois, em regra, os atos administrativos são individuais e concretos.
Gabarito "C".

(Delegado/MS – 2006) Acerca do ato administrativo, assinale V para o VERDADEIRO e F para o FALSO.
I. ato jurídico, editado pelo Estado, em matéria administrativa, é denominado ato institucional;
II. ato que o Estado edita como senhor e como detentor de potestade pública, é denominado ato de império e gestão;
III. a motivação do ato administrativo, no estado de Direito, em regra é obrigatória;
IV. todo ato administrativo é espécie do gênero ato jurídico;
V. autoexecutoriedade do ato administrativo é o traço peculiar ao ato, pelo qual a Administração concretiza imediatamente as decisões tomadas, sem recorrer, para isso, ao Judiciário.
Assinale a alternativa que apresenta a sequência correta:
(A) V – V – V – V – F;
(B) V – F – V – V – V;
(C) F – V – V – V – V;
(D) F – F – V – V – V;
(E) F – F – F – V – V.

I: falsa, pois é denominado "ato administrativo"; II: falsa, pois é denominado "ato de império"; III: verdadeira, em virtude do princípio da motivação (art. 2.º, *caput*, da Lei 9.784/1999); IV: verdadeira, pois o ato jurídico abrange os atos jurídicos regidos pelo direito privado, bem como os regidos pelo direito público, como é o ato administrativo; V: verdadeira, pois a autoexecutoriedade é justamente essa possibilidade de executar o ato administrativo, independentemente de apreciação jurisdicional.
Gabarito "D".

(Delegado/MS – 2006) Segundo a doutrina pátria, "O interesse da distinção entre ato jurídico e fato jurídico, para o Direito Administrativo, reside em que a Administração não só produz atos jurídicos, mas também fatos jurídicos". Assinale a alternativa incorreta:

(A) Atos administrativos gozam de presunção de legitimidade; fatos administrativos não.
(B) Toda vez que se estiver perante uma declaração; 'falas' prescritivas, segundo Celso Antônio Bandeira de Melo, estamos diante de um ato jurídico; fatos jurídicos não são falas, nem pronunciam coisa alguma.
(C) Os atos administrativos podem ser anulados e revogados; fatos administrativos apenas são revogáveis, e não anuláveis.
(D) O fato administrativo resulta sempre de um ato administrativo que o determina.
(E) O ato é um comando jurídico; o fato não diz nada, apenas ocorre.

A: correta, pois fatos jurídicos são fatos materiais (exemplo: pavimentação de uma rua), nos quais não se coloca o atributo da presunção de legitimidade, já que sequer há uma manifestação de vontade, uma prescrição de conduta por parte do Estado; B: correta, conforme a explicação dada na alternativa anterior; C: incorreta (devendo ser assinalada), pois os fatos administrativos não podem ser revogados (= retirar a voz), pois não há manifestação de vontade; D: correta, pois o fato administrativo é praticado por alguma determinação administrativa (exemplo: a pavimentação de uma rua é fruto da determinação dada por uma autoridade); E: correta, pois o *ato* é uma prescrição de conduta estatal (comando jurídico), ao passo que o *fato* é apenas um fato material que ocorre.
Gabarito "C".

(Delegado/PR – 2007) O ato administrativo válido e eficaz é aquele que:
(A) está disponível para a produção de seus efeitos típicos e concluiu seu ciclo de formação.
(B) encontra-se plenamente ajustado às exigências legais e está disponível para produzir seus efeitos próprios.
(C) apesar de ter concluído seu ciclo de formação, não está disponível para a produção de seus efeitos típicos.
(D) apesar de estar ou não conformado com as exigências normativas, encontra-se produzindo os efeitos a ele inerentes.
(E) apesar de não ter concluído seu ciclo de formação, encontra-se produzindo os efeitos típicos.

A: incorreta, pois a alternativa define o ato eficaz e o ato perfeito, respectivamente; B: correta, pois a alternativa define o ato válido e o ato eficaz, respectivamente; C: incorreta, pois a alternativa define o ato imperfeito e o ato ineficaz, respectivamente; D: incorreta, pois a alternativa define o ato inválido e o ato eficaz, respectivamente; E: incorreta, pois a alternativa define o ato imperfeito e o ato eficaz, respectivamente.
Gabarito "B".

3.2. Requisitos do ato administrativo (elementos)

Para resolver as questões sobre os requisitos e atributos do ato administrativo, vale a pena trazer alguns elementos doutrinários. Confira:

Requisitos do ato administrativo (são requisitos para que o ato seja válido)

– **Competência**: é a atribuição legal de cargos, órgãos e entidades. São vícios de competência os seguintes: a1) usurpação de função: alguém se faz passar por agente público sem o ser, ocasião em que o ato será inexistente; a2) excesso de poder: alguém que é agente público acaba por exceder os limites de sua competência (exemplo: fiscal do sossego que multa um bar que visita por falta de higiene); o excesso de poder torna nulo ato, salvo em caso de incompetência relativa, em que o ato é considerado anulável; a3) função de fato: exercida por agente que está irregularmente investido em cargo público, apesar de a situação ter aparência de legalidade; nesse caso, os atos praticados serão considerados válidos, se houver boa-fé.

– Objeto: *é o conteúdo do ato, aquilo que o ato dispõe, decide, enuncia, opina ou modifica na ordem jurídica*. O objeto deve ser lícito, possível e determinável, sob pena de nulidade. Exemplo: o objeto de um alvará para construir é a *licença*.

– Forma: *são as formalidades necessárias para a seriedade do ato*. A seriedade do ato impõe a) respeito à forma propriamente dita; b) motivação.

– Motivo: *fundamento de fato e de direito que autoriza a expedição do ato*. Exemplo: o motivo da interdição de estabelecimento consiste no fato de este não ter licença (motivo de fato) e de a lei proibir o funcionamento sem licença (motivo de direito). Pela *Teoria dos Motivos Determinantes*, *o motivo invocado para a prática do ato condiciona sua validade*. Provando-se que o motivo é inexistente, falso ou mal qualificado, o ato será considerado nulo.

– Finalidade: *é o bem jurídico objetivado pelo ato*. Exemplo: proteger a paz pública, a salubridade, a ordem pública. Cada ato administrativo tem uma finalidade. **Desvio de poder (ou de finalidade)**: *ocorre quando um agente exerce uma competência que possuía, mas para alcançar finalidade diversa daquela para a qual foi criada*. Não confunda o *excesso de poder* (vício de sujeito) com o *desvio de poder* (vício de finalidade), espécies do gênero *abuso de autoridade*.

(Delegado/MG – 2021 – FUMARC) Maria, Servidora Pública Municipal, em janeiro de 2017 foi nomeada para ocupar um cargo em comissão junto à Secretaria Municipal de Turismo. Em julho de 2019, ao retornar das férias, ela tomou conhecimento de que havia sido exonerada e, após consulta ao referido ato veiculado no Diário Oficial do Município, para sua maior surpresa, constava que sua exoneração ocorrera "a pedido".

Com base na "Teoria dos Motivos Determinantes", é CORRETO afirmar:

(A) Havendo comprovação de que o motivo expresso não guarda compatibilidade com a realidade fática, o ato pode ser anulado pelo Poder Judiciário.
(B) O administrador não se vincula ao motivo exposto no ato administrativo sem que a lei assim o exigisse.
(C) O ato é válido, eis que a exoneração de servidores para cargos públicos em comissão leva em conta os critérios de conveniência e oportunidade da Administração Pública.
(D) O vício no motivo constitui óbice ao controle judicial sobre o ato administrativo

A teoria dos motivos determinantes significa que o motivo exposto para a prática de um ato administrativo condiciona a sua validade. Ou seja, havendo a comprovação de que o motivo dado não guarda compatibilidade com a realidade fática, o ato pode ser anulado pelo Poder Judiciário (alternativa A correta; alternativa D incorreta). Observe-se que essa teoria se aplica mesmo nos casos de exoneração de cargo em comissão, que, como regra, é livre (art. 37, inc. II, CF), dispensando a indicação do motivo para o desligamento. No entanto, se o motivo for dado, ele vincula a validade do ato (alternativa C incorreta). Alternativa B incorreta (a aplicação da teoria dos motivos determinante independe de exigência legal, pois decorre da própria teoria da invalidade dos atos administrativos). **RB**

Gabarito "A".

(Delegado/ES – 2019 – Instituto Acesso) Em relação ao tema das nulidades dos atos administrativos, a doutrina majoritária no Brasil consolidou o entendimento decorrente da teoria dos motivos determinantes. À luz desta teoria, marque a alternativa INCORRETA.

(A) Na exoneração de cargos de livre nomeação não é necessária, para a validade do ato, a enunciação dos motivos de fato pelo administrador.
(B) Os elementos do ato administrativo são: a competência, a forma, a finalidade, o objeto e a motivação.
(C) A exoneração ad nutum não necessita de explicitação do motivo para sua validade; todavia, se o administrador, por faculdade, declarar o motivo, esse fato passará a ser determinante para a configuração lícita do ato administrativo exoneratório.
(D) A existência real de um motivo de fato alegado para a realização de ato administrativo vincula o administrador, sendo um pressuposto de validade deste mesmo ato.
(E) Se um ato administrativo é realizado com motivo de fato inexistente, mesmo que exista motivação, ele é considerado ilícito com base na teoria dos motivos determinantes.

Os elementos (ou requisitos) do ato administrativo são: competência, forma, finalidade, objeto e motivo. É importante destacar que motivo não se confunde com motivação, razão pela qual a alternativa B está incorreta. Motivo é o pressuposto fático e jurídico que serve de fundamento à expedição do ato. A motivação, por sua vez, é a necessidade de exposição por escrito do motivo. No que se refere a tal requisito, aplica-se a teoria dos motivos determinantes, pela qual os motivos invocados para a prática de um ato administrativo condicionam a sua validade; assim, se o motivo for falso ou inexistente, o ato apresenta vício. Saliente-se que as alternativas A, C, D e E estão corretas. **RB**

Gabarito "B".

(Delegado/RJ – 2013 – FUNCAB) Com relação à competência administrativa, é correto afirmar que:

(A) a competência de um órgão não se transfere a outro órgão por acordo entre as partes.
(B) o ato de delegação retira a competência da autoridade delegante.
(C) o fenômeno da avocação dar-se-á quando o agente hierarquicamente inferior praticar ato da competência da autoridade de maior hierarquia.
(D) a delegação de competência prescinde de norma expressa autorizadora.
(E) a incompetência se transmuda em competência de acordo com a característica da improrrogabilidade.

A: correta, pois a competência só pode ser delegada pelo próprio órgão detentor dela e mesmo assim respeitados os limites e formalidades legais previstos nos arts. 11 a 14 da Lei 9.784/1999; **B**: incorreta, pois a competência é irrenunciável e a delegação se dá apenas sobre parte da competência da autoridade e sempre de forma temporária (arts. 11, 12, *caput*, e 14, § 1º, da Lei 9.784/1999); **C:** incorreta, pois é o contrário, ou seja, o agente superior chama temporariamente para si a competência atribuída a órgão hierarquicamente inferior (art. 15 da Lei 9.784/1999); **D:** incorreta, pois é necessário sim norma expressa autorizadora, por conta do princípio da legalidade, lembrando que na esfera federal a autorização da delegação está prevista nos arts. 12 a 14 da Lei 9.784/1999; **E:** incorreta, pois, havendo prorrogação de competência, tem-se causa de modificação desta e não de incompetência que vira competência. WG

Gabarito "A".

(Delegado/RJ – 2013 – FUNCAB) Os poderes administrativos encerram as prerrogativas de direito público outorgadas aos agentes do Estado. Sobre o tema, analise as afirmativas a seguir e assinale a alternativa correta.

I. Nem toda omissão administrativa se qualifica como ilegal.
II. Agindo com abuso de poder, a invalidação da conduta abusiva pode dar-se por mandado de segurança.
III. O desvio de poder é modalidade de abuso em que o agente atua fora dos limites de sua competência.
IV. No excesso de poder, o agente atua dentro dos limites de sua competência.
Estão corretas apenas as afirmativas:
(A) I e II.
(B) III e IV.
(C) I, II e III.
(D) I e IV.
(E) I e III.

I: correta, pois só vai ser ilegal se a lei determinar uma atitude comissiva da Administração; II: correta, pois cabe mandado de segurança em caso de ilegalidade ou *abuso de poder* (art. 5º, LXIX, da CF); III: incorreta, pois o *desvio de poder* é um vício no requisito *finalidade* (e não na *competência*); o *excesso de poder* é que é um vício na *competência*; IV: incorreta, pois no excesso de poder o agente público atua além dos limites de sua competência. WG

Gabarito "A".

(Delegado/RJ – 2013 – FUNCAB) Sobre os atos administrativos, assinale a alternativa correta.

(A) Um fato administrativo pode se consumar sem o suporte de um ato administrativo.
(B) São elementos do ato administrativo: competência, finalidade, forma, modo e objeto.
(C) Ao contrário do motivo, que pode ser dispensado em determinados atos administrativos, a motivação deverá estar sempre presente.
(D) A característica da imperatividade significa que o ato administrativo tão logo praticado, pode imediatamente ser executado.
(E) A anulação do ato administrativo, em regra, opera efeitos *ex nunc*.

A: correta, pois os fatos administrativos (como uma cirurgia praticada por um médico servidor público em um hospital público ou um café servido por garçom servidor público) independem de um ato administrativo para se consumar; **B:** incorreta, pois são elementos (ou requisitos) do ato administrativo a *competência*, o *objetivo*, o *motivo*, a *forma* e a *finalidade*; o *modo* não é um elemento do ato administrativo; **C:** incorreta, pois há casos em que a lei dispensa a motivação, como no caso da nomeação de alguém para cargo em comissão, que é livre; **D:** incorreta, pois tal consequência decorre do atributo da executoriedade; **E:** incorreta, pois a anulação tem efeito *ex tunc*, ou seja, retroage. WG

Gabarito "A".

(Delegado/RO – 2014 – FUNCAB) Marque a opção correta no tocante à delegação dos atos administrativos.

(A) Retira a competência da autoridade delegante.
(B) A autoridade delegante somente perde a competência temporariamente.
(C) Não retira a competência da autoridade delegante.
(D) A autoridade delegada atuará nas funções delegadas, podendo, inclusive, aumentar as suas atribuições para dar maior eficácia ao ato.
(E) A autoridade delegante pode delegar sem especificar quais as funções a serem exercidas, devendo estas serem presumíveis.

A: incorreta, pois a competência é irrenunciável e a delegação só transfere parte da competência (arts. 11 e 12, *caput*, da Lei 9.784/1999); **B:** incorreta, pois a competência continua de titularidade da autoridade delegante, não sendo adequado dizer que se "perde" a competência, ainda que temporariamente; **C:** correta, lembrando que a competência é irrenunciável (art. 11 da Lei 9.784/1999); **D:** incorreta, pois o ato de delegação especificará as matérias e poderes transferidos, bem como os limites da atuação do delegado (art. 14, § 1º, da Lei 9.784/1999), de modo que o delegado deve se ater a esses limites, sob pena de configuração de vício de excesso de poder; **E:** incorreta, pois o ato de delegação especificará as matérias e poderes transferidos (art. 14, § 1º, da Lei 9.784/1999). WG

Gabarito "C".

(Delegado/CE – 2006 – CEV/UECE) Marque a opção FALSA a respeito da competência dos órgãos e agentes públicos, segundo Celso Antônio Bandeira de Mello.

(A) As competências são de exercício obrigatório para os órgãos e agentes públicos, não estando o titular livre para exercê-la ou não.
(B) A lei pode admitir hipóteses de avocação, episódica absorção, pelo superior, de parte da competência de um subordinado.
(C) As competências são imprescritíveis, isto é, inocorrendo hipóteses de sua utilização, não importa por quanto tempo, nem por isso deixarão de persistir existindo.
(D) No caso da delegação de competência, o delegante perde a possibilidade de retomar-lhe o exercício.

As alternativas estão corretas, salvo a alternativa "D", pois a delegação é sempre temporária (art. 14, § 1.º, da Lei 9.784/1999) e ainda pode ser revogada a qualquer tempo (art. 14, § 2.º, da Lei 9.784/1999). WG

Gabarito "D".

(Delegado/CE – 2006 – CEV/UECE) Em relação ao desvio de poder, assinale a opção FALSA.

(A) O desvio de poder é mácula jurídica privativa dos atos administrativos.
(B) Ocorre desvio de poder quando o agente busca uma finalidade, ainda que de interesse público, alheia à categoria do ato que utilizou. Um exemplo seria a remoção de um servidor que mereça uma punição, pois a remoção não é ato da categoria punitiva.
(C) O ato será sempre viciado por não manter relação adequada com a finalidade em vista da qual poderia ser praticado, mesmo não havendo uma intenção ina-

dequada. Portanto, o que vicia o ato não é o defeito de intenção, mas o desacordo objetivo entre a finalidade do ato e a finalidade da competência.

(D) O desvio de poder pode se manifestar quando o agente busca uma finalidade alheia ao interesse público.

As alternativas estão corretas, salvo a alternativa "A", pois o desvio de poder ou de finalidade pode ocorrer também em atos regidos pelo direito privado, em atos jurisdicionais e até em atos legislativos; segundo Celso Antônio Bandeira de Mello "O desvio de poder *não* é mácula jurídica privativa dos atos administrativos. Pode se apresentar, igualmente, por ocasião do exercício de atividade legislativa ou jurisdicional. Ou seja: leis e decisões judiciais são igualmente suscetíveis de incorrer no aludido vício, porquanto umas e outras são, também, emanações das competências públicas, as quais impõem fidelidade às finalidades que as presidem. Assim, se o legislador ou o juiz delas fizerem uso impróprio, a dizer, divorciado do sentido e direcionamento que lhes concernem, haverão traído as competências que os habilitavam e os atos que produzirem resultarão enodoados pela indelével jaça do desvio de poder" (*Curso de Direito Administrativo*, 12.ª ed., São Paulo: Malheiros, 49). WG

Gabarito "A".

(Delegado/DF – 2004) Em relação aos elementos constitutivos do ato administrativo, é correto afirmar que:

(A) a competência é o elemento do ato administrativo em que pode ser encontrado maior discricionariedade para a Administração Pública;

(B) o elemento motivo também é chamado de motivação;

(C) os atos administrativos, como regra, podem ser praticados de uma forma livre, desde que a lei não exija determinada solenidade como sendo essencial;

(D) o elemento motivo corresponde às razões de fato e de direito que servem de fundamento para o ato administrativo;

(E) o vício de competência não admite qualquer tipo de sanatória.

A: incorreta, pois a competência é sempre *vinculada*, assim como a forma e a finalidade; **B:** incorreta, pois o motivo é o fundamento de fato e de direito do ato, ao passo que a motivação é o ato de indicar o fato e o direito que justificam a prática do ato; se o fato e o direito invocado são falsos ou inadequados, entende-se que foi descumprido o requisito "motivo"; já se sequer há indicação de fato e de direito, entende-se que há problema no requisito "forma", já que esta determina que o ato tenha motivação; **C:** incorreta, pois os atos administrativos são, geralmente, solenes, exigindo forma escrita, ao contrário dos atos jurídicos regidos pelo direito privado, que, como regra, têm forma livre; **D:** correta, nos termos do já explicado no item "B"; **E:** incorreta, pois a incompetência relativa, por exemplo, pode ser sanada sem maiores problemas. WG

Gabarito "D".

(Delegado/GO – 2003 – UEG) Pela teoria dos motivos determinantes,

(A) os motivos invocados para a prática do ato administrativo fazem parte do mérito do ato e não podem ser apreciados pelo Poder Judiciário.

(B) todo ato administrativo deve ter sua motivação expressamente prevista em lei.

(C) a inexistência dos motivos explicitados pelo agente para a prática do ato administrativo invalida o ato, tornando-o nulo, ainda que outros motivos de fato existam para justificá-lo.

(D) o desatendimento ao interesse público pode ser invocado pelo Poder Judiciário para a anulação do ato administrativo.

A: incorreta, pois o Judiciário pode verificar se o motivo de fato invocado existe e se o motivo de direito invocado é adequado ao ato praticado; **B:** incorreta, pois há atos administrativos cuja lei ou a Constituição dispensam motivação, como é o caso da nomeação ou exoneração de alguém em se tratando cargo em comissão; **C:** correta, pois traz o exato conceito da Teoria dos Motivos Determinantes; **D:** incorreta, pois a ausência de interesse público justifica a *revogação* do ato, e não a *anulação* deste; ademais, a revogação só pode ser feita pela Administração, e não pelo Judiciário. WG

Gabarito "C".

(Delegado/MG – 2006) A partir das afirmativas abaixo, aponte a alternativa correta:

(1) Os atos administrativos possuem várias qualidades que os tornam especiais. Uma das qualidades, chamada de imperatividade, presente em alguns atos administrativos, permite à Administração Pública praticar a conduta contra o interesse do destinatário e independente de sua vontade.

(2) O motivo do ato administrativo está sempre previsto em lei, daí afirmar-se que não há ato administrativo discricionário quanto a tal elemento.

(3) A agência executiva é resultado da qualificação da agência reguladora.

(4) As organizações sociais compõem a Administração Pública Indireta, uma vez que o Estado é responsável pelo seu nascimento.

(A) Apenas as afirmativas 3 e 4 estão corretas.

(B) Apenas a afirmativa 1 está correta

(C) Apenas a afirmativa 3 está correta

(D) Apenas as afirmativas 1, 2 e 4 estão corretas

1: correta, pois a qualidade (ou atributo) da imperatividade permite que a Administração imponha obrigações a terceiros, independentemente de sua concordância; **2:** incorreta, pois a lei pode estabelecer discricionariedade quanto ao *motivo* e quanto ao *objeto*; **3:** incorreta, pois a agência executiva é a qualificação dada a autarquias e fundações públicas que celebrarem contrato de gestão a Administração Direta; **4:** incorreta, pois as organizações sociais, assim como as OSCIPs e as entidades do Sistema "S" (SESI, SESC etc.), *não* fazem parte da Administração Direta e Indireta, mas são *entidades paraestatais* ou *entes de cooperação*. WG

Gabarito "B".

(Delegado/MT – 2006 – UFMT) O desvio de finalidade do ato administrativo verifica-se quando a autoridade, embora atuando nos limites de sua competência, pratica o ato desatendendo o

(A) interesse público.

(B) interesse estatal.

(C) interesse do administrador.

(D) motivo legal.

(E) poder-dever de agir.

O desvio de finalidade ou de poder é, justamente, o desvio quanto ao requisito *finalidade* do ato administrativo. Como a finalidade do ato administrativo é, em última análise, atender ao *interesse público*, a alternativa "A" é a correta. Nas palavras de Hely Lopes Meirelles "O desvio de finalidade ou de poder verifica-se quando a autoridade, embora atuando nos limites da sua competência, pratica ato por motivos ou fins diversos dos objetivados pela lei ou exigidos pelo interesse público" (*Direito Administrativo Brasileiro*. 19. Ed., São Paulo: Malheiros, p. 96). WG

Gabarito "A".

(Delegado/MT – 2000) Analise os itens a seguir e assinale a alternativa correta:

I. O abuso de poder por parte da autoridade administrativa somente pode revestir-se da forma comissiva, pois a Administração Pública, ao se omitir, não extrapola o poder a ela conferido, mas sim não o exerce como deveria.

II. São espécies de abuso de poder o excesso de poder e o desvio de poder. Na primeira espécie, a autoridade pratica ato que não é da sua competência legal. Na segunda, apesar de ter competência para praticar o ato, a autoridade administrativa o faz por motivos ou com fins diversos dos objetivados pela lei ou exigidos pelo interesse público.

III. Embora sejam ilícitos todos os atos administrativos praticados com excesso de poder, existem alguns que, por atingir direito subjetivo de particulares, não são nulos, de forma que a Administração Pública não os pode revogar ou anular.

(A) Somente os itens I e II estão corretos.
(B) Somente os itens II e III estão corretos.
(C) Somente os itens I e III estão corretos.
(D) Somente os itens I e II estão incorretos.
(E) Somente os itens I e III estão incorretos.

I: incorreta, pois a omissão também pode caracterizar o abuso de poder, como quando se mantém a punição a alguém, por motivos pessoais, mesmo após se saber que a punição aplicada era indevida; II: correta, pois o *abuso de poder* é o gênero, que tem como espécies o *excesso de poder* (problema na competência) e o *desvio de poder* (problema na finalidade); III: incorreta, pois tal vício diz respeito à *competência* para praticar atos, gerando a invalidade do ato, até porque, da ilegalidade, não nascem direitos. Gabarito "E".

(Delegado/PR – 2007) O ato administrativo praticado por autoridade competente com excesso de poder:

(A) é anulável.
(B) se consumado pode ser convalidado.
(C) é nulo.
(D) produz efeitos até ser anulado.
(E) pode ser validado quando fundamentado no poder discricionário.

O *excesso de poder* (vício no requisito competência) gera a nulidade do ato administrativo. Gabarito "C".

(Delegado/RJ – 2009 – CEPERJ) Em relação aos elementos constitutivos do ato administrativo, é correto afirmar que:

(A) o vício de competência não admite qualquer tipo de sanatória.
(B) os atos administrativos sempre podem ser praticados livremente, desde que a lei não exija determinada forma como sendo essencial.
(C) o elemento motivo também é chamado de motivação.
(D) a competência é o elemento do ato administrativo em que pode ser encontrada maior discricionariedade para a Administração Pública.
(E) o elemento motivo corresponde às razões de fato e de direito que servem de fundamento para o ato administrativo.

A: incorreta, pois tal vício pode ser sanado, por exemplo, com a ratificação, em caso de incompetência relativa; B: incorreta, pois, como regra, os atos administrativos são solenes, impondo forma escrita, diferentemente do que ocorre no direito privado, em que a regra é a liberdade das formas; C: incorreta, pois o *motivo* é o fundamento de fato e de direito que justifica a prática do ato, ao passo que a *motivação* é a demonstração de que o ato foi corretamente praticado; o motivo é um dos *requisitos* do ato administrativo, ao passo que a motivação é um dos elementos do *requisito forma*; D: incorreta, pois nunca haverá discricionariedade no requisito competência, pois a lei sempre estabelece quem é o agente competente; E: correta, pois traz a definição adequada de *motivo*. Gabarito "E".

(Delegado/RN – 2009 – CESPE) A respeito dos atos administrativos, assinale a opção correta.

(A) Segundo a doutrina majoritária, sujeito, motivo, finalidade, causa e forma são pressupostos de existência do ato administrativo; objeto e pertinência do ato, pressupostos de validade.
(B) São elementos do ato administrativo o conteúdo (ou objeto) e a forma (ou formalização), os dois de índole obrigatória, sendo certo que a forma é o revestimento exterior do ato.
(C) Motivo ou móvel são expressões sinônimas, significando a realidade objetiva e externa do agente que corresponde àquilo que suscita a vontade da administração pública.
(D) São atributos do ato administrativo: a presunção de legitimidade, a imperatividade, a exigibilidade e a executoriedade, sendo este último a qualidade pela qual os atos administrativos se impõem a terceiros, independentemente de sua concordância.
(E) Os efeitos atípicos dos atos administrativos subdividem-se em prodrômicos e reflexos. Os primeiros existem enquanto perdura a situação de pendência do ato; os segundos atingem terceiros não objetivados pelo ato.

A: incorreta, pois houve uma inversão e algumas imprecisões nas descrições feitas, que utilizam como fundamento a doutrina de Celso Antônio Bandeira de Mello; são pressupostos de existência do ato o *conteúdo*, a *pertinência à função administrativa* e a *forma*, ao passo que são pressupostos de validade o *sujeito* (que deve ser competente, capaz e não impedido), o *motivo*, a *finalidade*, os *requisitos procedimentais*, a *causa* e a *formalização*; B: incorreta, pois são elementos o conteúdo, a pertinência à função administrativa e a forma; C: incorreta, pois *motivo* é o fundamento de fato que autoriza a pratica do ato, ao passo que *móvel* é a intenção do agente; D: incorreta, pois o último atributo é denominado autoexecutoriedade; não bastasse, a definição dada para autoexecutoriedade é, na verdade, a definição de imperatividade; E: correta, pois traz a definição exata dos efeitos atípicos dos atos administrativos. Gabarito "E".

(Delegado/RR – 2003 – CESPE) A rigor, o princípio da finalidade não é uma decorrência do princípio da legalidade. É mais que isso: é uma inerência deste; está neste contido, pois corresponde à aplicação da lei tal qual é; ou seja, na conformidade de sua razão de ser, do objetivo em vista do qual foi editada. Por isso, pode-se dizer que tomar uma lei como suporte para a prática de ato desconforme com sua finalidade não é aplicar a lei; é desvirtuá-la; é burlar a lei sob o pretexto de cumpri-la. Daí por que os atos incursos nesse vício – denominado "desvio de poder" ou "desvio de finalidade" – são nulos. Quem desatende ao fim legal desatende à própria lei. – Celso Antônio Bandeira de Mello. *Curso de Direito Administrativo*. 10.ª ed. Malheiros, 1998, p. 64 (com adaptações). Considerando o texto acima, em cada um dos itens subsequentes, é apresentada uma situação hipotética, seguida de uma assertiva a ser julgada.

(1) Um delegado de polícia convidou sua namorada para ir ao cinema. Lá chegando, o delegado identificou-se como policial e entrou no cinema sem pagar o ingresso. Nessa situação, a conduta do delegado é legal, visto que amparada em lei que lhe permite o amplo acesso a quaisquer estabelecimentos, sejam eles públicos ou privados.

(2) O prefeito de um município resolveu alterar as rotas e as paradas de algumas linhas de ônibus, visando otimizar o transporte público na cidade. Alguns cidadãos, sentindo-se prejudicados, impetraram mandado de segurança a fim de que fossem mantidas as condições anteriores. Nessa situação, o Poder Judiciário não deverá analisar a conveniência do ato do prefeito, sob pena de invadir matéria atribuída ao administrador público.

(3) O secretário de segurança de um Estado da Federação, visando punir um delegado de polícia desidioso, removeu-o para uma cidade do interior do Estado. Nessa situação, partindo da premissa de que o secretário é a autoridade competente para a prática do ato e que, de fato, o delegado não vinha desempenhando as suas funções a contento, é correto afirmar que o ato que removeu o delegado não apresenta vício.

1: errada, pois a conduta fere os princípios da legalidade e da moralidade, já que não há lei estipulado esse direito, além de se tratar de conduta que fere a probidade administrativa; 2: correta, pois esse tipo de alteração envolve competência discricionária; 3: errada, pois houve um desvio de finalidade, já que o ato "remoção" não pode ser usado com a finalidade de punir, pois tal ato, como regra, tem outras finalidades, como atender à melhor organização dos serviços ou à necessidade pessoal do servidor público. WG

Gabarito 1E, 2C, 3E

(Delegado/SC – 2008) Sobre o uso e abuso do poder, todas as alternativas estão corretas, exceto a:

(A) O excesso de poder torna o ato nulo.

(B) Nas atividades discricionárias, o administrador público fica sujeito às prescrições legais referentes à competência, finalidade e forma, só agindo com liberdade quanto à conveniência e oportunidade do ato.

(C) O uso normal do poder é a atuação segundo as normas legais, a moral, a finalidade do ato e as exigências do interesse público.

(D) O desvio de finalidade se verifica quando a autoridade atua fora dos limites de sua competência.

As alternativas "A" a "C" estão corretas. A alternativa "D" está incorreta, pois o desvio de finalidade se verifica quando uma categoria de ato administrativo é utilizada com finalidade diversa daquela para o qual o ato existe; o caso narrado na referida alternativa ("a autoridade atua fora dos limites de sua competência") diz respeito ao chamado *excesso de poder*. WG

Gabarito "D".

(Delegado/MT – 2006) O ato de exoneração de servidor público, ocupante de cargo de livre nomeação e livre exoneração, realizado mediante motivação, posteriormente considerada infundada, é:

(A) nulo, porque os motivos determinam a validade do ato.

(B) válido, em razão de o ocupante do cargo ser exonerável *ad nutum*.

(C) válido, porque legalmente é inexigível a fundamentação do ato, mas à Administração impõe-se o dever de indenizar.

(D) válido, porque legalmente é inexigível a fundamentação do ato.

Trata-se de ato nulo, pois, de acordo com a Teoria dos Motivos Determinantes, uma vez invocado um dado motivo, caso este se revele infundado, o ato é considerado nulo. WG

Gabarito "A".

3.3. Atributos do ato administrativo

Para resolver as questões sobre os requisitos e atributos do ato administrativo, vale a pena trazer alguns elementos doutrinários. Confira:

Atributos do ato administrativo (são as qualidades, as prerrogativas dos atos)

– **Presunção de legitimidade** *é a qualidade do ato pela qual este se presume verdadeiro e legal até prova em contrário.* Exemplo: uma multa aplicada pelo Fisco presume-se verdadeira quanto aos fatos narrados para a sua aplicação e se presume legal quanto ao *direito aplicado*, a pessoa tida como infratora e o valor aplicado.

– **Imperatividade** *é a qualidade do ato pela qual este pode se impor a terceiros, independentemente de sua concordância.* Exemplo: uma notificação da fiscalização municipal para que alguém limpe um terreno ainda não objeto de construção, que esteja cheio de mato.

– **Exigibilidade** *é a qualidade do ato pela qual, imposta a obrigação, esta pode ser exigida mediante coação indireta.* Exemplo: no exemplo anterior, não sendo atendida a notificação, cabe a aplicação de uma multa pela fiscalização, sendo a multa uma forma de *coação indireta*.

– **Autoexecutoriedade** *é a qualidade pela qual, imposta e exigida a obrigação, está pode ser implementada mediante coação direta, ou seja, mediante o uso da coação material, da força, independentemente de apreciação jurisdicional.* Exemplo: no exemplo anterior, já tendo sido aplicada a multa, mais uma vez sem êxito, pode a fiscalização municipal ingressar à força no terreno particular, fazer a limpeza e mandar a conta, o que se traduz numa *coação direta*. A autoexecutoriedade não é a regra. Ela existe quando a lei expressamente autorizar ou quando não houver tempo hábil para requerer a apreciação jurisdicional.

Obs. 1: a expressão "autoexecutoriedade" também é usada no sentido da qualidade do ato que enseja sua imediata e direta execução pela própria Administração, independentemente de ordem judicial, reservando-se a expressão "coercibilidade" para designar a possibilidade de usar a força para a concretização do ato, conforme lição de Hely Lopes Meirelles.

Obs. 2: repare que esses atributos não existem normalmente no direito privado; um particular não pode, unilateralmente, valer-se desses atributos; há exceções em que o particular tem algum desses poderes, mas essas exceções, por serem exceções, confirmam a regra de que os atos administrativos se diferenciam dos atos privados pela ausência nestes, como regra, dos atributos acima mencionados.

(Delegado/ES – 2019 – Instituto Acesso) Sobre os Atos Administrativos e a Presunção de Legitimidade, é correto afirmar que a Presunção de Legitimidade

(A) não se aplica aos atos do Poder Legislativo, devendo estes ser subsumidos à comissão especial antes de sua concretização, devido aos inúmeros episódios de corrupção.
(B) não se aplica a todos os atos administrativos, apenas aos dos chefes de poderes e seus assessores.
(C) é um dos princípios que rege os atos administrativos.
(D) é uma diretriz arcaica do período ditatorial militar do Brasil, extirpada por completo com a Constituição de 1988.
(E) é universal, exceto para ações das polícias militares, civil e federal, que necessitam de aprovação dos respectivos órgãos corregedores.

A presunção de legitimidade significa que os atos administrativos são considerados como tendo sido expedidos em conformidade com a lei. Presume-se, portanto, que esses atos são legais. Trata-se de atributo que se aplica a todos os atos administrativos, inclusive aqueles emanados do Poder Legislativo (alternativas A e B incorretas). Isso se deve em razão da incidência do princípio da legalidade. Com base nisso é que se afirma que a presunção de legitimidade constitui verdadeiro princípio que rege os atos administrativos (alternativa C correta). A presunção assume caráter universal, o que inclui as ações das polícias militares, civil e federal (alternativa E incorreta). Nota-se, assim, que não se trata de diretriz arcaica do período ditatorial (alternativa D incorreta). **RB**
Gabarito "C".

(Delegado/PR – 2013 – UEL-COPS) A presunção de legitimidade e veracidade dos atos administrativos é tida como um de seus

(A) atributos.
(B) efeitos.
(C) elementos.
(D) requisitos de eficácia.
(E) requisitos de validade.

São *atributos* (ou *qualidades* ou *prerrogativas*) do ato administrativo a *presunção de legitimidade*, a imperatividade, a exigibilidade, a executoriedade e a tipicidade. Portanto, está correta a alternativa que assegura ser a presunção de legitimidade um atributo do ato administrativo. **WG**
Gabarito "A".

(Delegado Federal – 1998 – CESPE) Julgue o item abaixo.

(1) Considere a seguinte situação: Ricardo é fiscal sanitário e, em operação de rotina constatou que determinado estabelecimento comercial vendia alimentos impróprios para consumo. Segundo a normatização aplicável, competiria ao fiscal apenas apreender o produto e aplicar multa ao responsável. Ricardo, no entanto, acreditando que sua ação seria mais eficaz também interditou o estabelecimento. Na situação descrita, a interdição é juridicamente inválida.

1: correta, pois a operação é inválida mesmo; a autoexecutoriedade (chamada de coercibilidade para alguns doutrinadores) permite que se use a força para fazer valer um ato administrativo, independentemente de apreciação jurisdicional; no entanto, esse atributo do administrativo deve estar previsto em lei e esse não é o caso, pois a lei só permitia a *apreensão do produto* e a *aplicação de multa* ao responsável, e não a *interdição do estabelecimento*. **WG**
Gabarito 1C.

(Delegado/GO – 2003 – UEG) O fato de a Administração Pública decidir e executar as medidas ou sanções de polícia administrativa por seus próprios meios, sem autorização prévia do Poder Judiciário, caracteriza o atributo do ato administrativo conhecido como

(A) imperatividade.
(B) autoexecutoriedade.
(C) exigibilidade.
(D) exequibilidade.

O enunciado traz o exato conceito da autoexecutoriedade. **WG**
Gabarito "B".

(Delegado/MT – 2000) Sobre os atributos do ato administrativo não é correto afirmar:

(A) A presunção de legitimidade autoriza a imediata execução ou operatividade dos atos administrativos, mesmo que, ainda não anulados, sejam arguidos de vícios ou defeitos que os levem à invalidade.
(B) Sendo seu atributo, todos os atos administrativos têm imperatividade.
(C) A presunção de legitimidade transfere o ônus da prova de invalidade do ato administrativo para quem a invoca.
(D) A autoexecutoriedade dos atos administrativos consiste na possibilidade de serem imediata e diretamente executados pela própria Administração, independentemente de ordem judicial.
(E) A presunção de legitimidade não impede a sustação dos efeitos do ato administrativo através de recursos internos ou mesmo de mandado de segurança.

Todas as alternativas trazem assertivas corretas, salvo a alternativa "B", pois há atos administrativos que não trazem obrigações a terceiros, como o ato que concede aposentadoria a alguém. **WG**
Gabarito "B".

(Delegado/SP – 2002) A faculdade da Administração Pública de decidir e executar, diretamente, as medidas ou sanções de polícia administrativa por seus próprios meios, sem intervenção ou autorização prévia do Poder Judiciário, caracteriza o atributo do ato administrativo conhecido como

(A) autoexecutoriedade.
(B) imperatividade.
(C) exigibilidade.
(D) exequibilidade.

Trata-se da definição de autoexecutoriedade, dada por Hely Lopes Meirelles. **WG**
Gabarito "A".

(Delegado/SP – 2000) O atributo pelo qual o ato administrativo é imposto ao administrado, independente da sua anuência, intitula-se

(A) exigibilidade.
(B) presunção de legitimidade.
(C) autoexecutoriedade.
(D) imperatividade.

Trata-se da definição de imperatividade, pela qual o ato administrativo pode ser imposto a terceiros, independentemente de sua concordância. Tal atributo também é chamado de poder extroverso. **Gabarito "D".**

3.4. Classificação e espécies de ato administrativo

No âmbito de direito administrativo, a legislação prevê a possibilidade de o Poder Público conceder, autorizar e/ou permitir o exercício de atividades pelo particular. Os itens seguintes se referem à autorização e à concessão administrativa.

I. Pode ser revogada a qualquer momento;
II. Garante maior segurança jurídica ao particular que a recebe;
III. Está garantida pelo equilíbrio econômico financeiro do contrato; IV
IV. Decorre de menor interesse público;
V. Tem natureza precária;
VI. Está sujeita a indenização se encerrada antes do período contratado;

(Delegado/ES – 2019 – Instituto Acesso) Assinale a alternativa correta:

(A) Está sujeita a indenização se encerrada antes do período contratado; As afirmações I, II e VI tratam da concessão administrativa e as demais da autorização administrativa;
(B) As afirmações I, II e VI se referem à autorização administrativa enquanto as demais se referem à concessão administrativa;
(C) Todas as afirmações tratam da autorização administrativa;
(D) As afirmações I, IV e V se referem à autorização administrativa;
(E) Todas as afirmações tratam da concessão administrativa;

A autorização apresenta natureza precária (Item V), podendo ser revogada a qualquer momento (item I). Ademais, decorre de menor interesse público, na medida em que o interesse preponderante é o do particular beneficiário (item IV). Já a concessão, que detém a natureza de contrato administrativo, garante maior segurança jurídica ao particular que a recebe (item II). Por conta disso, além de restar garantido o equilíbrio econômico-financeiro (item III), assegura indenização ao concessionário se encerrada antes do período contratado (item VI). Em suma: os itens I, IV e V referem-se à autorização administrativa; já os itens II, III e VI dizem respeito à concessão. **Gabarito "D".**

(Delegado/PE – 2016 – CESPE) Acerca dos atos do poder público, assinale a opção correta.

(A) A convalidação implica o refazimento de ato, de modo válido. Em se tratando de atos nulos, os efeitos da convalidação serão retroativos; para atos anuláveis ou inexistentes tais efeitos não poderão retroagir.
(B) A teoria dos motivos determinantes não se aplica aos atos vinculados, mesmo que o gestor tenha adotado como fundamento um fato inexistente.
(C) Atos complexos resultam da manifestação de um único órgão colegiado, em que a vontade de seus membros é heterogênea. Nesse caso, não há identidade de conteúdo nem de fins.
(D) Atos gerais de caráter normativo não são passíveis de revogação, eles podem ser somente anulados.
(E) Atos compostos resultam da manifestação de dois ou mais órgãos, quando a vontade de um é instrumental em relação a do outro. Nesse caso, praticam-se dois atos: um principal e outro acessório.

A: incorreta, pois a convalidação atinge atos anuláveis (e não os nulos e os inexistentes) e é sempre retroativa; **B:** incorreta, pois caso o gestor tenha adotado como fundamento um fato inexistente tem-se a aplicação da teoria em questão, já que a existência do motivo invocado condiciona a validade do ato; **C:** incorreta, pois quando um ato é praticado por apenas um órgão, ainda que colegiado, tem-se o chamado ato simples; **D:** incorreta, pois nada impede a anulação; um exemplo é uma portaria normativa ou um regulamento que venha a ser revogado pela autoridade competente; é algo normal, do dia a dia da Administração; **E:** correta, pois nesse caso se tem o ato composto; já o ato complexo é aquele que decorrem de dois ou mais órgãos, mas que formam um ato apenas, não havendo, então, um ato principal e outro ato acessório. **Gabarito "E".**

(Delegado/BA – 2013 – CESPE) Julgue o seguinte item.

(1) A venda de bens de produção no mercado por sociedade de economia mista caracteriza a prática de ato administrativo.

1: incorreta, pois a venda de bens de produção diz respeito à exploração de atividade econômica, não se tratando, assim, de ato administrativo. **Gabarito 1E**

(Delegado/AP – 2010) Os atos administrativos, quanto à intervenção da vontade administrativa, podem ser classificados como atos:

(A) simples.
(B) perfeitos.
(C) consumados.
(D) constitutivos.
(E) gerais.

Quanto à intervenção ou formação da vontade, os atos podem ser simples, complexos e compostos. **Gabarito "A".**

(Delegado/GO – 2003 – UEG) O porte de arma deferido pela autoridade a particular, que a Lei das Contravenções Penais denomina impropriamente de licença, na verdade caracteriza um ato administrativo tido como

(A) licença imprópria.
(B) permissão.
(C) concessão.
(D) autorização.

Trata-se de autorização, já que se trata de um ato administrativo unilateral, discricionário e precário, pelo qual se faculta ao particular, em proveito deste, o exercício de uma atividade. **Gabarito "D".**

6. DIREITO ADMINISTRATIVO

(Delegado/GO – 2003 – UEG) O ato administrativo vinculado que permite ao cidadão dirigir veículos automotores, após regular aprovação e habilitação, é tido como

(A) autorização.
(B) permissão.
(C) licença.
(D) homologação.

Trata-se de licença, que é o ato unilateral e vinculado, pelo qual se faculta ao particular o exercício de uma atividade.
Gabarito "C".

(Delegado/GO – 2003 – UEG) Os atos administrativos para os quais a lei estabelece os requisitos e as condições de sua realização são atos

(A) complexos.
(B) de império.
(C) compostos.
(D) vinculados.

De fato, os atos vinculados são aqueles em que a lei estabelece, objetivamente, cada requisito que o ato deve conter, ao contrário dos atos discricionários, em que a lei dá margem de liberdade para que o agente pratique o ato.
Gabarito "D".

(Delegado/GO – 2003 – UEG) As certidões, os atestados e os vistos incluem-se entre os atos da Administração ditos

(A) negociais.
(B) normativos.
(C) ordinatórios.
(D) enunciativos.

Os atos mencionados são considerados atos enunciativos, nos termos das definições dadas no início deste item.
Gabarito "D".

(Delegado/SP – 2011) De acordo com a Lei 10.177/1998, que regula os atos e procedimentos administrativos no âmbito da Administração Pública do Estado de São Paulo, o Delegado de Polícia pode baixar

(A) Resolução Substitutiva.
(B) Resolução
(C) Deliberação
(D) Decreto Interno
(E) Portaria.

De acordo com o art. 12, II, "a" da Lei estadual 10.177/1998, de São Paulo, são atos administrativos de competência comum "a todas as autoridades, até o nível de Diretor de Serviço; às *autoridades policiais*; aos dirigentes das entidades descentralizadas, bem como, quando estabelecido em norma legal específica, a outras autoridades administrativas, a *Portaria*" (g.n).
Gabarito "E".

(Delegado/SP – 2002) "Ato administrativo unilateral e vinculado pelo qual a Administração faculta àquele que preencha os requisitos legais o exercício de uma atividade" é

(A) autorização.
(B) licença.
(C) concessão.
(D) permissão.

A: incorreta, pois a autorização é um ato discricionário e precário, e não vinculado; **B:** correta, pois traz adequada definição de licença; **C:** incorreta, pois a concessão é um ato bilateral, e não unilateral; **D:** incorreta, pois a permissão é um ato discricionário e precário, e não vinculado.
Gabarito "B".

3.5. Discricionariedade e vinculação

(Delegado/RJ – 2013 – FUNCAB) Em matéria de discricionariedade administrativa, é correto afirmar:

(A) Há discricionariedade quando a norma restringe a autonomia de escolhas da autoridade administrativa.
(B) A intensidade da vinculação e da discricionariedade é variável, havendo graus diversos de autonomia, que variam caso a caso.
(C) Em atenção à Separação de Poderes e à legitimidade democrática dos representantes eleitos, o mérito da escolha administrativa feita no exercício da discricionariedade não está sujeito a controle jurisdicional.
(D) O exercício da discricionariedade consiste na aplicação concreta da lei através da atividade interpretativa do aplicador.
(E) A omissão legislativa também é fonte da discricionariedade, tanto quanto a criação intencional, pela norma, da margem de autonomia para o aplicador.

A: incorreta, pois há discricionariedade quando a norma dá margem de liberdade para a autoridade administrativa; **B:** correta, valendo salientar que é a lei que vai estabelecer o grau de discricionariedade ou a vinculação da competência administrativa; **C:** incorreta, pois o mérito está sujeito a controle jurisdicional, desde que esse controle se limite a avaliar a legalidade do ato, bem como sua razoabilidade e moralidade; **D:** incorreta, pois consiste na aplicação concreta da lei por meio da escolha do comportamento a ser tomado pela Administração nos limites trazidos na lei; **E:** incorreta, pois a omissão legislativa não autoriza o administrador a se valer da discricionariedade, pois este só deve agir nos limites do que dispuser a lei, não podendo agir sob o pretexto de ter recebido uma competência discricionária por uma omissão legislativa.
Gabarito "B".

(Delegado/MT – 2006 – UFMT) Em relação à conveniência e oportunidade do ato administrativo, assinale a afirmativa correta.

(A) O Judiciário poderá anular o ato quando entender tenha sido praticado em momento impróprio.
(B) Serão controladas pelo Judiciário, se a inoportunidade e inconveniência forem de natureza grave.
(C) Ambas sofrerão controle judicial, com prévia anuência do Legislativo.
(D) Na oportunidade, o controle pelo Judiciário é permitido sem ressalvas; na conveniência, depende de aprovação do Legislativo.
(E) Não são passíveis de controle pelo Judiciário.

A: incorreta, pois, nesse caso, caberia *revogação* (inoportunidade de momento), sendo que esta não pode ser realizada pelo Judiciário; B a **D:** incorretas, pois o Judiciário não analisa questões de conveniência e oportunidade; **E:** correta, pois como informado no item anterior, o Judiciário não analisa questões de conveniência e oportunidade.
Gabarito "E".

(Delegado/SP – 1999) A oportunidade e a conveniência em relação ao ato administrativo, subsumem-se

(A) no mérito e ensejam anulação.
(B) no motivo e ensejam anulação.
(C) na forma e ensejam revogação.
(D) no mérito e ensejam revogação.

Mérito é justamente a margem de liberdade em que o agente público verificará a conveniência e a oportunidade de praticar ou não um ato e/ou de praticar o ato de um jeito ou de outro. Uma vez que um ato já praticado se torna inconveniente, deve-se promover sua revogação, e não sua anulação. **WG**
Gabarito "D".

3.6. Extinção do ato administrativo

A Lei 9.784, de 29 de janeiro de 1999, trata de vários aspectos relacionados às nulidades, aos vícios dos atos administrativos, além de disposições procedimentais.

(Delegado/ES – 2019 – Instituto Acesso) Leia as afirmativas a seguir e, de acordo com este diploma legal, marque a opção INCORRETA:

(A) O agente público responsável por um ato administrativo eivado de vício de legalidade tem o dever de anulá-lo, havendo, ainda, a faculdade de revogação deste ato, respeitando-se os direitos adquiridos, por razões de conveniência e oportunidade.
(B) Decai em 5 anos o direito da administração de anular atos que sejam favoráveis aos seus destinatários, sendo que este prazo decadencial, na hipótese de efeitos patrimoniais contínuos, contar-se-á da percepção do primeiro pagamento.
(C) A convalidação de decisão administrativa com defeitos sanáveis é um dever condicionado à não ocorrência de lesão ao interesse público e prejuízo a terceiros.
(D) Aplicam-se aos processos administrativos os princípios constitucionais da ampla defesa e do contraditório.
(E) Mesmo na hipótese de reexame necessário, o ato administrativo decisório deve ser motivado, indicando-se os fatos e fundamentos jurídicos que lhe dão sustentação.

Alternativa A correta (art. 53 da Lei 9.784/1999); alternativa B correta (art. 54, "caput" e § 1º, Lei 9.784/1999); alternativa C incorreta, nos termos da literalidade do art. 55 do mesmo diploma, segundo o qual os atos que apresentarem defeitos sanáveis, e caso não acarretarem lesão ao interesse público nem prejuízo a terceiros, poderão ser convalidados pela Administração (não se trata, portanto, de um dever); alternativa D correta (art. 2º da Lei 9.784/1999); alternativa E correta (art. 50, VI, Lei 9.784/1999). **RB**
Gabarito "C".

(Delegado/SP – 2014 – VUNESP) O ato administrativo

(A) pode ser revogado com fundamento em razões de conveniência e oportunidade, desde que observados os efeitos *ex tunc* dessa extinção do ato.
(B) tem na presunção de legitimidade a autorização para imediata execução e permanece em vigor até prova em contrário.
(C) é revogável pelo Poder Judiciário que é apto a fazer o controle de legalidade, sem ingressar em seu mérito administrativo.
(D) de Secretário de Segurança Pública que determina remoção *ex officio* do Delegado de Polícia, sem motivação, não se sujeita ao controle de juridicidade por conter alta carga de discricionariedade em seu teor.
(E) tem como requisitos a presunção de legitimidade, a autoexecutoriedade, a imperatividade e a exigibilidade.

A: incorreta, pois a revogação tem efeito "ex nunc", ou seja, não retroage; **B:** correta, pois a presunção de legitimidade de fato autoriza a imediata execução do ato e se trata de uma presunção relativa, ou seja, que admite prova em contrário; **C:** incorreta, pois o ato administrativo de uma administração não pode ser revogado pelo Judiciário, que pode apenas anular atos dessa outra administração; **D:** incorreta, pois a motivação é obrigatória no caso e sua não realização enseja a anulação do ato; **E:** incorreta, pois esses são os *atributos* do ato administrativo; os *requisitos* deste são a competência, o objeto, a forma, o motivo e a finalidade. **WG**
Gabarito "B".

(Delegado Federal – 2013 – CESPE) Julgue o seguinte item.

(1) Quando um ministério pratica ato administrativo de competência de outro, fica configurado vício de incompetência em razão da matéria, que pode ser convalidado por meio da ratificação.

1: incorreta; a convalidação será chamada de ratificação nas hipóteses em que há vício de incompetência, mas não poderá ser feita nos casos em que a competência for outorgada com exclusividade ou em razão de matéria. **WG**
Gabarito 1E.

(Delegado/AM) O aspecto mais relevante do controle judicial dos atos administrativos é:

(A) legalidade do ato
(B) valoração da conduta
(C) qualificação do agente
(D) recolhimento de custas

O Judiciário tem competência para verificar a legalidade do ato administrativo em sentido amplo, o que inclui a verificação da legalidade em sentido estrito, da razoabilidade e da moralidade. **WG**
Gabarito "A".

(Delegado/CE – 2006 – CEV/UECE) Em relação à invalidação dos atos administrativos, assinale a afirmação verdadeira.

(A) A revogação do ato administrativo se dá pela própria administração e tem efeitos retroativos.
(B) A revogação do ato administrativo não pode se fundar em critérios de conveniência e oportunidade.
(C) A anulação do ato administrativo pelo Judiciário, fundada no exame de conveniência de sua prática pelo administrador, tem efeito retroativo.
(D) A anulação do ato administrativo pode ocorrer pelo controle da administração ou pelo controle judicial, em ambos, possuindo efeitos retroativos.

A: incorreta, pois a revogação tem efeitos "ex nunc", ou seja, não retroage; **B:** incorreta, pois são justamente esses critérios que são utilizados para verificar se um ato deve ou não ser revogado; **C:** incorreta, pois a anulação se funda na existência de uma ilegalidade, e não de uma inconveniência ou inoportunidade; **D:** correta, pois a anulação poderá se dar pela Administração ou pelo Judiciário, e tem efeitos "ex tunc", ou seja, retroage. **WG**
Gabarito "D".

(Delegado/DF - 2004) Sobre as diversas formas de extinção e controle de um ato administrativo, analise as afirmativas:

I. Denomina-se contraposição a extinção de um ato administrativo em razão da prática de um novo ato com efeitos opostos ao ato anterior.
II. Como regra, todos os tipos de atos administrativos, vinculados ou discricionários, admitem revogação por critérios de conveniência e oportunidade.
III. O Tribunal de Contas, no âmbito de sua atuação, pode controlar atos administrativos praticados por outro Poder.

É/são afirmativa(s) verdadeira(s) somente:

(A) I e II;
(B) I e III;
(C) II e III;
(D) I, II e III;
(E) nenhuma.

I: verdadeira, pois traz a adequada definição de contraposição; II: falsa, pois somente atos administrativos discricionários podem ser revogados; III: verdadeira, nos termos do art. 71 da CF. **WG**
Gabarito "B".

(Delegado/GO - 2003 - UEG) O ato administrativo pelo qual a Administração Pública revoga ato administrativo próprio tem natureza

(A) declaratória.
(B) extintiva.
(C) constitutiva.
(D) anulatória.

O ato revogador tem natureza constitutiva negativa, pois tal ato desconstitui o ato revogado. Assim, se um ato X revoga um ato Y temos a desconstituição do segundo ato, daí porque se diz que o ato revogador (o ato X) tem natureza constitutiva negativa. **WG**
Gabarito "C".

(Delegado/MG - 2012) Sobre a extinção dos atos administrativos, é **INCORRETO** afirmar que

(A) a anulação promovida pela própria Administração decorre do exercício de sua prerrogativa de autotutela.
(B) a revogação é forma de extinção do ato administrativo válido, de caráter vinculado ou discricionário.
(C) a validade ou não do ato de revogação é passível de exame pelo Poder Judiciário.
(D) incabível a revogação dos atos cujos efeitos produzidos já restaram consolidados.

A: correto (art. 53 da Lei 9.784/1999); **B:** incorreto (devendo ser assinalada), a revogação, fundada na inconveniência ou na inoportunidade na manutenção do ato, só incide sobre atos discricionários já que, nos atos vinculados, não há campo para avaliações de mérito, tratando-se de ato em que a lei define tudo de modo claro e objetivo; **C:** correto, pois é possível que, no caso concreto, a revogação tenha ferido a lei; um exemplo é a revogação promovida por alguém que não tenha competência para tanto; **D:** correto, pois os atos em questão, denominados *atos exauridos*, de fato são irrevogáveis. **WG**
Gabarito "B".

(Delegado/MG - 2006) Julgue os itens abaixo

(A) a convalidação, considerada obrigatória por boa parte da doutrina (salvo na hipótese de ato discricionário, praticado por autoridade competente), produz efeitos "ex tunc".

(B) as empresas estatais, que se dividem em empresas públicas e sociedades de economia mista, se dedicam à prestação de serviços públicos ou à realização de atividade econômica.
(C) quando se concede autorização para porte de armas há manifestação do poder de polícia.
(D) a revogação, que equivale ao conserto do ato administrativo viciado, pode ser declarada pelo Poder Judiciário.

(A) todas as frases estão corretas
(B) apenas as frases A e B estão corretas
(C) apenas a frase C está incorreta
(D) apenas a frase D está incorreta

Todas as alternativas trazem afirmações corretas, salvo a alternativa "D", pois o Judiciário não pode revogar atos administrativos, atribuição exclusiva da Administração. **WG**
Gabarito "D".

(Delegado/PI - 2009 - UESPI) Em relação aos atos administrativos, assinale a opção correta.

(A) Motivo é a situação fática ou a situação jurídica que autoriza ou impõe ao agente público a prática de ato administrativo.
(B) A revogação opera efeitos "ex tunc"; portanto, caso o ato administrativo seja revogado, são considerados inválidos os efeitos por ele produzidos a partir do momento de sua realização.
(C) Compete ao Poder Judiciário, mediante decisão fundamentada, revogar atos praticados pela Administração Pública.
(D) Ato administrativo discricionário é aquele em que o poder de agir da Administração é completamente livre, até mesmo quanto à competência para a prática do ato.
(E) Como decorrência do princípio da legalidade, os atos administrativos não admitem convalidação.

A: correta, pois traz adequado conceito de motivo; **B:** incorreta, pois a revogação não retroage, ou seja, tem efeitos "ex nunc"; **C:** incorreta, pois o Judiciário não pode revogar atos administrativos; **D:** incorreta, pois discricionariedade não é "completa liberdade", mas "margem de liberdade"; **E:** incorreta, pois a convalidação é admitida expressamente pela lei (art. 55 da Lei 9.784/1999). **WG**
Gabarito "A".

(Delegado/SC - 2008) Complete as lacunas na frase a seguir e assinale a alternativa correta. A _____ é a supressão de um ato administrativo legítimo e eficaz realizado pelo(a) _____. O ato ilegal ou ilegítimo ensejará a _____.

(A) revogação – Administração Pública – anulação
(B) anulação – Judiciário – revogação
(C) revogação – Judiciário – anulação
(D) anulação – Administração Pública – revogação

De fato, atos *legais* são passíveis de *revogação*, se *inconvenientes*. E esta só pode ser feita pela Administração. Quanto aos atos *ilegais*, são passíveis de *anulação*. **WG**
Gabarito "A".

(Delegado/SP - 1998) O ato revogador de um ato administrativo tem natureza

(A) declaratória.
(B) constitutiva.

(C) negativa.

(D) extintiva.

O ato revogador tem natureza constitutiva negativa, pois tal ato desconstitui o ato revogado. Assim, se um ato X revoga um ato Y temos a desconstituição do segundo ato, daí porque se diz que o ato revogador (o ato X) tem natureza constitutiva negativa.

Gabarito "B".

4. ORGANIZAÇÃO DA ADMINISTRAÇÃO PÚBLICA

4.1. Conceitos básicos em matéria de organização administrativa

Segue um resumo sobre a parte introdutória do tema Organização da Administração Pública:

O objetivo deste tópico é efetuar uma série de distinções, de grande valia para o estudo sistematizado do tema. A primeira delas tratará da relação entre pessoa jurídica e órgãos estatais.

Pessoas jurídicas estatais *são entidades integrantes da estrutura do Estado e dotadas de personalidade jurídica, ou seja, de aptidão genérica para contrair direitos e obrigações.*

Órgãos públicos *são centros de competência integrantes das pessoas estatais instituídos para o desempenho das funções públicas por meio de agentes públicos.* São, portanto, parte do corpo (pessoa jurídica). Cada órgão é investido de determinada competência, dividida entre seus cargos. Apesar de não terem personalidade jurídica têm prerrogativas funcionais, o que admite até que interponham mandado de segurança, quando violadas. Tal capacidade processual, todavia, só têm os órgãos independentes e os autônomos. Todo ato de um órgão é imputado diretamente à pessoa jurídica da qual é integrante, assim como todo ato de agente público é imputado diretamente ao órgão à qual pertence (trata-se da chamada "Teoria do Órgão", que se contrapõe à Teoria da Representação ou do Mandato, conforme se verá no capítulo seguinte). Deve-se ressaltar, todavia, que a representação legal da entidade é atribuição de determinados agentes, como o Chefe do Poder Executivo e os Procuradores. Confiram-se algumas classificações dos órgãos públicos, segundo o magistério de Hely Lopes Meirelles:

Quanto à **posição**, podem ser órgãos *independentes* (originários da Constituição e representativos dos Poderes do Estado: Legislativo, Executivo de Judiciário – aqui estão todas as corporações legislativas, chefias de executivo e tribunais, e juízos singulares); *autônomos* (estão na cúpula da Administração, logo abaixo dos órgãos independentes, tendo autonomia administrativa, financeira e técnica, segundo as diretrizes dos órgãos a eles *superiores* – cá estão os Ministérios, as Secretarias Estaduais e Municipais, a AGU etc.), *superiores* (detêm poder de direção quanto aos assuntos de sua competência, mas sem autonomia administrativa e financeira – exemplos: gabinetes, procuradorias judiciais, departamentos, divisões etc.) e *subalternos* (são os que se acham na base da hierarquia entre órgãos, tendo reduzido poder decisório, com atribuições de mera execução – exemplo: portarias, seções de expediente).

Quanto à **estrutura**, podem ser *simples* ou *unitários* (constituídos por um só centro de competência) e *compostos* (reúnem outros órgãos menores com atividades-fim idênticas ou atividades auxiliares – exemplo: Ministério da Saúde).

Quanto à **atuação funcional**, podem ser *singulares* ou *unipessoais* (atuam por um único agente – exemplo: Presidência da República) e *colegiados* ou *pluripessoais* (atuam por manifestação conjunta da vontade de seus membros – exemplos: corporações legislativas, tribunais e comissões).

Outra distinção relevante para o estudo da estrutura da Administração Pública é a que se faz entre desconcentração e descentralização. Confira-se.

Desconcentração *é a distribuição interna de atividades administrativas, de competências.* Ocorre de órgão para órgão da entidade. Exemplo: competência no âmbito da Prefeitura, que poderia estar totalmente concentrada no órgão Prefeito Municipal, mas que é distribuída internamente aos Secretários de Saúde, Educação etc.

Descentralização *é a distribuição externa de atividades administrativas, que passam a ser exercidas por pessoa ou pessoas distintas do Estado.* Dá-se de pessoa jurídica para pessoa jurídica como técnica de especialização. Exemplo: criação de autarquia para titularizar e executar um dado serviço público, antes de titularidade do ente político que a criou.

Na descentralização **por serviço** a lei atribui ou autoriza que outra pessoa detenha a *titularidade* e a execução do serviço. Depende de lei. Fala-se também em *outorga* do serviço.

Na descentralização **por colaboração** o contrato ou ato unilateral atribui a outra pessoa a *execução* do serviço. Aqui o particular pode colaborar, recebendo a execução do serviço, e não a titularidade. Fala-se também em *delegação* do serviço e o caráter é transitório.

É importante também saber a seguinte distinção.

Administração direta *compreende os órgãos integrados no âmbito direto das pessoas políticas (União, Estados, Distrito Federal e Municípios).*

Administração indireta *compreende as pessoas jurídicas criadas pelo Estado para titularizar e exercer atividades públicas (autarquias e fundações públicas) e para agir na atividade econômica quando necessário (empresas públicas e sociedades de economia mista).*

Outra classificação relevante para o estudo do tema em questão é a que segue.

As **pessoas jurídicas de direito público** *são os entes políticos e as pessoas jurídicas criadas por estes para exercerem típica atividade administrativa, o que impõe tenham, de um lado, prerrogativas de direito público, e, de outro, restrições de direito público, próprias de quem gere coisa pública.* Além dos entes políticos (União, Estados, Distrito Federal e Municípios), são pessoas jurídicas de direito público as *autarquias, fundações públicas, agências reguladoras* e *associações públicas* (consórcios públicos de direito público).

As **pessoas jurídicas de direito privado estatais** *são aquelas criadas pelos entes políticos para exercer atividade econômica, devendo ter os mesmos direitos e restrições* *das demais pessoas jurídica privadas, em que pese terem algumas restrições adicionais, pelo fato de terem sido criadas pelo Estado.* São pessoas jurídicas de direito privado estatais as *empresas públicas*, as *sociedades de economia mista*, as *fundações privadas criadas pelo Estado* e os *consórcios públicos de direito privado*.

Também é necessário conhecer a seguinte distinção.

Hierarquia *consiste no poder que um órgão superior tem sobre outro inferior, que lhe confere, dentre outras prerrogativas, uma ampla possibilidade de fiscalização dos atos do órgão subordinado.*

Controle (tutela ou supervisão ministerial) *consiste no poder de fiscalização que a pessoa jurídica política tem sobre a pessoa jurídica que criou, que lhe confere tão somente a possibilidade de submeter a segunda ao cumprimento de seus objetivos globais, nos termos do que dispuser a lei.* Exemplo: a União não pode anular um ato administrativo de concessão de aposentadoria por parte do INSS (autarquia por ela criada), por não haver hierarquia; mas pode impedir que o INSS passe a comercializar títulos de capitalização, por exemplo, por haver nítido desvio dos objetivos globais para os quais fora criada a autarquia. Aqui não se fala em subordinação, mas em vinculação administrativa.

Por fim, há entidades que, apesar de **não fazerem** parte da Administração Pública Direta e Indireta, colaboram com a Administração Pública e são estudadas no Direito Administrativo. Tais entidades são denominadas *entes de cooperação* ou *entidades paraestatais*. São entidades que não têm fins lucrativos e que colaboram com o Estado em atividades não exclusivas deste. São exemplos de paraestatais as seguintes: a) *entidades do Sistema S* (SESI, SENAI, SENAC etc. – ligadas a categorias profissionais, cobram contribuições parafiscais para o custeio de suas atividades); b) *organizações sociais* (celebram contrato de gestão com a Administração); c) *organizações da sociedade civil de interesse público – OSCIPs* (celebram termo de parceria com a Administração).

(Delegado/PR – 2013 – UEL-COPS) No direito administrativo brasileiro, autarquia designa uma espécie de descentralização por serviços. Assinale a alternativa que apresenta, corretamente, uma característica das autarquias.

(A) Criação por meio de registro do seu estatuto.
(B) Generalização de suas atividades.
(C) Limitação à capacidade de autoadministração.
(D) Personalidade jurídica de direito privado.
(E) Sujeição ao controle de tutela.

A: incorreta, pois a criação de uma autarquia se dá diretamente por meio de lei (art. 37, XIX, da CF); **B:** incorreta, pois a ideia é de especialização, de maneira que as autarquias atuam em atividades especiais e não genéricas; por exemplo, o Banco Central atua especificamente quanto ao sistema financeiro; o INSS, por sua vez, especificamente em relação à previdência pública; **C:** incorreta, pois há capacidade de autoadministração e também de atuar na atividade pública para a qual a autarquia foi criada; **D:** incorreta, pois autarquia é uma pessoa jurídica de direito público; **E:** correta, pois os entes da administração indireta (como a autarquia) não estão sujeitos ao instituto da *subordinação hierárquica*, mas sim ao instituto do *controle ou tutela* (ou *supervisão ministerial*).
Gabarito "E".

(Delegado/RJ – 2013 – FUNCAB) Tratando da organização administrativa, é INCORRETO afirmar:

(A) A expressão "descentralização social" costuma ser utilizada para designar as parcerias formalizadas pelo Estado com fundação privada ou associação civil com o objetivo de criar condições favoráveis para a execução, com alcance de metas socialmente adequadas, de atividades de relevância coletiva que podem ser cometidas a tais unidades sociais personalizadas por credenciamentos ou reconhecimentos.

(B) As Organizações Sociais (OS) e as Organizações da Sociedade Civil de Interesse Público (OSCIP) são exemplos da retomada, pelo Estado, de atividades administrativas cuja execução havia sido transferida para a iniciativa privada por ocasião do advento do chamado Estado Liberal.

(C) De acordo com a doutrina predominante e com a jurisprudência do Supremo Tribunal Federal (STF), a definição do regime jurídico aplicável a cada entidade administrativa não decorre exclusivamente da natureza da entidade, mas principalmente da atividade por ela desenvolvida.

(D) Por serem unidades despersonalizadas, os órgãos públicos não possuem capacidade para figurar como parte nos contratos administrativos típicos, muito embora, na prática, frequentemente assim ocorra.

(E) Excepcionalmente, doutrina e jurisprudência reconhecem capacidade processual a alguns órgãos públicos, para defesa em juízo de suas prerrogativas institucionais.

A: assertiva correta; trata-se de "descentralização", pois as atividades são cometidas a pessoas jurídicas diversas do parceiro público, e "social", por dizerem respeito a ações de interesse social; **B:** assertiva incorreta, devendo ser assinalada; o Estado, quando faz parceria com OS ou OSCIP, não chama para si atividades (muito menos atividades administrativas), mas sim acerta com entidades que estas prestem dados serviços de utilidade pública ou social; **C:** assertiva correta; por exemplo, temos o caso dos Correios, que, apesar de serem empresas públicas, em que se deveria aplicar o regime de direito privado, por praticarem atividade em situação de monopólio, tem um regime com uma série de garantias de direito público; **D:** assertiva correta, pois somente as pessoas jurídicas têm personalidade jurídica e, portanto, capacidade para fazer parte de uma relação jurídica; **E:** assertiva correta, como se dá no caso do mandado de segurança, que é ajuizado em face da autoridade coatora e não da pessoa jurídica da qual faz parte.
Gabarito "B".

(Delegado/SP – 2014 – VUNESP) A Administração Pública, em sentido

(A) objetivo, material ou funcional, designa os entes que exercem a atividade administrativa.
(B) amplo, objetivamente considerada, compreende a função política e a função administrativa.
(C) estrito, subjetivamente considerada, compreende tanto os órgãos governamentais, supremos, constitucionais, como também os órgãos administrativos, subordinados e dependentes, aos quais incumbe executar os planos governamentais.
(D) estrito, objetivamente considerada, compreende a função política e a função administrativa.

(E) subjetivo, formal ou orgânico, compreende a própria função administrativa que incumbe, predominantemente, ao Poder Executivo.

A: incorreta, pois os entes que exercem a atividade administrativa dizem respeito à Administração em sentido subjetivo (e não objetivo); **B:** correta, pois traz o exato sentido da Administração Pública em sentido amplo; **C:** incorreta, pois a Administração em sentido estrito compreende apenas a função administrativa, excluindo assim decisões políticas, próprias de órgãos supremos e constitucionais; **D:** incorreta, pois a Administração Pública em sentido estrito compreende apenas a função administrativa; **E:** incorreta, pois a Administração Pública em sentido subjetivo diz respeito aos entes e órgãos administrativos e não à função administrativa. Gabarito "B".

(Delegado/SP – 2014 – VUNESP) Quando o Poder Público, conservando para si a titularidade do serviço público, transfere sua execução à pessoa jurídica de direito privado, previamente existente, ocorre o que se denomina descentralização

(A) autárquica.
(B) por colaboração.
(C) hierárquica.
(D) por subordinação.
(E) heterotópica.

A descentralização é a distribuição externa de atividades administrativas, que passam a ser exercidas por pessoa ou pessoas distintas do Estado. Dá-se de pessoa jurídica para pessoa jurídica como técnica de especialização. Ex.: criação de autarquia para titularizar e executar um dado serviço público, antes de titularidade do ente político que a criou. A descentralização pode ser de duas espécies: a) na descentralização por serviço, a lei atribui ou autoriza que outra pessoa detenha a titularidade e a execução do serviço; repare que é necessária lei; aqui, fala-se em outorga do serviço; b) na descentralização por colaboração, o contrato ou ato unilateral atribui à outra pessoa a execução do serviço; repare que a delegação aqui se dá por contrato, não sendo necessária lei; o particular colabora, recebendo a execução do serviço e não a titularidade deste, que permanece com o Poder Público; aqui, fala-se também em delegação do serviço e o caráter é transitório. O enunciado narra um caso em que a transferência da execução do serviço mantém a titularidade do serviço com o Poder Público, o que caracteriza a descentralização por colaboração. Gabarito "B".

(Delegado/RO – 2014 – FUNCAB) A legitimidade passiva nas ações judiciais em razão de atos praticados por agentes públicos que prestam serviços públicos, se fundamenta na titularidade do dano provocado a terceiros em razão de suas atividades. Com isso, tal legitimidade se refere:

(A) ao órgão que é a unidade de concentração da atividade desempenhada pelo agente público.
(B) ao agente público que diretamente atendeu o administrado em sua demanda.
(C) à procuradoria jurídica do órgão, tendo em vista ser ela a representação judicial do ente político a que pertence o agente público.
(D) à pessoa jurídica de direito público ou de direito privado que presta serviço público a que pertence o órgão.
(E) somente à pessoa jurídica de direito público integrante da Administração Pública indireta, mesmo tendo sido praticado o ato por uma autarquia, considerando a subordinação que existe entre Administração Pública direta e indireta.

A: incorreta, pois o órgão, em regra, não tem capacidade para estar em juízo, mas sim o ente público ao qual pertence o órgão; ou seja, uma ação indenizatória deve ser ajuizada em face, por exemplo, do Estado-membro e não do órgão delegacia de polícia, caso um dano seja causado por ato praticado no âmbito de uma delegacia; **B:** incorreta, pois, pela Teoria do Órgão, os atos praticados pelos agentes públicos são imputados diretamente ao ente público respectivo, devendo a demanda decorrente de um ato praticado por um agente público ser ajuizada diretamente em face do Estado e não do agente; **C:** incorreta, pois a procuradoria jurídica é um órgão e este, em regra, não tem capacidade para estar em juízo, mas sim o ente público ao qual pertence o órgão; **D:** correta, pois somente a pessoa jurídica tem, como regra, capacidade de estar em juízo; exceção se dá em relação ao mandado de segurança, que é ajuizado em face da própria autoridade coatora; **E:** incorreta, pois a ação deve ser promovida diretamente em face da pessoa jurídica que tiver causado danos a terceiros, seja ela um ente político, seja ela integrante da administração indireta (autarquia ou não), seja ela uma pessoa jurídica não integrante da administração indireta, mas que preste serviço público, como uma empresa de telefonia concessionária desse serviço. Gabarito "D".

(Delegado/BA – 2013 – CESPE) Julgue o seguinte item.

(1) A criação de nova secretaria por governador de estado caracteriza exemplo de descentralização.

1: incorreta, pois a descentralização importa na transferência de atribuições para outras pessoas jurídicas, o que não aconteceu no caso, pois houve transferência de atribuições dentro de um mesmo órgão, caracterizando, assim, a desconcentração. Gabarito 1E

(Delegado Federal – 2004 – CESPE) Julgue o item a seguir.

(1) É possível a existência, no plano federal, de entidades da administração indireta vinculadas aos Poderes Legislativo e Judiciário.

1: correta, pois tal possibilidade decorre da redação do art. 37, *caput*, da CF, pelo qual "a Administração Direta e Indireta *de qualquer dos Poderes*..." (g.n.); assim, o texto constitucional não cria óbice a que se venha criar, por exemplo, uma fundação ligada ao Poder Legislativo Federal. Gabarito 1C

(Delegado Federal – 1998 – CESPE) Julgue o seguinte item.

(1) Assim como as sociedades de economia mista, as empresas públicas e as autarquias, as fundações públicas só podem ser criadas por lei específica.

1: correta (art. 37, XIX, da CF), valendo salientar que, no caso, as autarquias são *criadas* pela própria lei específica, ao passo que as demais entidades são *autorizadas* pela lei específica. Gabarito 1C

(Delegado/AC – 2008 – CESPE) Julgue o item subsequente.

(1) Uma empresa pública do Acre integra a administração pública estadual, mas não integra o governo estadual.

1: correta, pois o governo diz respeito mais ao elemento dinâmico que rege, em determinado momento, a Administração Direta, ao passo que uma empresa pública está contida no âmbito da Administração Indireta e, apesar de dever atuar de modo harmônico com as políticas públicas, segue, boa parte das vezes, a lógica econômica da iniciativa privada, mormente se se tratar de uma sociedade de economia mista, em que há sócios privados do negócio.

(Delegado/AC – 2008 – CESPE) Julgue o item subsequente.

(1) Considere que uma lei estadual do Acre institua, com caráter de autarquia, o Instituto Academia de Polícia Civil, com o objetivo de oferecer formação e aperfeiçoamento aos servidores ligados à polícia civil do Acre. Nessa situação, a criação do instituto representaria um processo de descentralização administrativa, visto que implicaria a criação de uma entidade da administração estadual indireta.

1: correta, pois a criação de uma pessoa jurídica estatal por outra pessoa jurídica estatal encerra o instituto da *descentralização*.
Gabarito 1C

(Delegado/AM) O conceito, em Direito Administrativo, referente à Federação, em que além da pessoa jurídica central existem outras internas que compõem o sistema político, tem o nome de:

(A) pluralismo
(B) polimorfismo
(C) pluripartidarismo
(D) pluripersonalismo

Trata-se de pluripersonalismo, já que se tem pluralidade de pessoas jurídicas.
Gabarito "D".

(Delegado/AM) A trilogia fundamental que dá perfil da Administração Pública é composta de:

(A) órgãos, agentes e funções
(B) chefias, funções e delegações
(C) responsabilidades, chefias e órgãos
(D) agentes, delegações e responsabilidades

De fato, a trilogia fundamental passa pela existência de agentes, órgãos e funções públicos. Esses elementos fazem com que a Administração atue.
Gabarito "A".

(Delegado/AP – 2010) A transferência da execução de serviço público comum à pessoa jurídica de direito privado já existente, mediante contrato administrativo, conservando o Poder Público a titularidade do serviço, é caso de:

(A) desconcentração administrativa por outorga.
(B) desconcentração funcional por colaboração.
(C) descentralização administrativa por delegação legal.
(D) descentralização administrativa por colaboração.
(E) concentração funcional por delegação negocial.

Trata-se de *descentralização*, pois a transferência da execução de serviço se dá de pessoa jurídica para pessoa jurídica, do tipo *por colaboração*, pois não há transferência da titularidade do serviço. Caso houvesse transferência da titularidade do serviço teríamos descentralização *por serviço*.
Gabarito "D".

(Delegado/GO – 2009 – UEG) Pela inadequação do modelo tradicional da centralização administrativa, houve a extinção total ou parcial do monopólio estatal de alguns serviços públicos e de outras atividades. Com a transferência total ou parcial da execução ao setor privado surgiram as agências reguladoras. Sobre esse tema, é CORRETO afirmar:

(A) podem as agências reguladoras definir políticas públicas e executá-las nos diversos setores regulados.
(B) a definição da política tarifária, os mecanismos de revisão e os respectivos parâmetros são de competência das agências reguladoras.
(C) a independência quanto à atividade de regulação é relativizada, ainda que tenha como característica a inexistência de subordinação hierárquica face ao poder central.
(D) as agências reguladoras têm natureza de autarquias especiais e integram a administração federal direta; os diretores são nomeados pelo Presidente da República.

A: incorreta, pois quem *define* as políticas públicas é o ente político que cria a agência reguladora; **B:** incorreta, pois a lei traz a definição da política tarifária, competindo às agências reguladoras executá-la; **C:** correta, pois mesmo havendo maior autonomia das agências reguladoras em relação às autarquias tradicionais, tal autonomia não é sinônimo de independência, pois as agências devem se conformar às políticas estatais, não podendo se sobrepor à lei, e também estão sujeitas ao controle ou tutela, que não se confunde com hierarquia, mas que faz com que as agências sejam controladas para que não se desviem de suas finalidades; **D:** incorreta, pois as agências integram a administração *indireta*.
Gabarito "C".

(Delegado/MG – 2006) É característica comum às entidades que compõem a Administração Indireta:

(A) A estabilidade de seus dirigentes.
(B) O direito a prazos processuais mais dilatados.
(C) O direito a imunidade tributária.
(D) A necessidade de lei para criá-las ou para autorizar seu nascimento.
(E) O vínculo de subordinação com as entidades políticas.

A: incorreta, pois somente nas agências reguladoras existe mandato fixo para seus dirigentes; **B:** incorreta, pois somente as pessoas jurídicas de direito público da Administração Indireta têm tal vantagem, a qual não existe nas pessoas de direito privado estatais (empresas públicas, sociedades de economia mista, fundações privadas criadas pelo Estado e consórcios públicos de direito privado); **C:** incorreta, pois somente existe essa imunidade quanto às pessoas jurídicas de direito público; as demais entidades da Administração Indireta não têm essa vantagem; **D:** correta (art. 37, XIX, da CF); **E:** incorreta, pois entre entidades da Administração Direta e entidades da Administração Indireta existe controle, tutela ou supervisão ministerial e não hierarquia.
Gabarito "D".

(Delegado/PB – 2009 – CESPE) Acerca do regime jurídico dos órgãos e das entidades que compõem a administração pública direta e indireta, assinale a opção correta.

(A) Caso uma empresa pública federal impetre mandado de segurança contra ato de juiz de direito do Estado da Paraíba, conforme entendimento do STJ, caberá ao respectivo tribunal regional federal julgar o referido mandado de segurança.
(B) Considere a seguinte situação hipotética. O município de João Pessoa pretende receber o Imposto Sobre Serviços (ISS) da Infraero, empresa pública federal que presta serviço público aeroportuário em regime de monopólio, em face dos serviços prestados, sobre

os quais não incide ICMS. Nessa situação, a pretensão do município deve ser atendida, já que a imunidade recíproca não atinge as empresas públicas, mas apenas a administração direta da União, dos Estados, do Distrito Federal e dos Municípios, bem como as suas autarquias e fundações públicas.

(C) Os órgãos subalternos, conforme entendimento do STF, têm capacidade para a propositura de mandado de segurança para a defesa de suas atribuições.

(D) A OAB, conforme entendimento do STF, é uma autarquia pública em regime especial e se submete ao controle do TCU.

(E) Os conselhos de profissões regulamentadas, como o CREA e o CRM, são pessoas jurídicas de direito privado.

A: correta, pois a empresa pública federal tem foro na Justiça Federal, de modo que o tribunal competente é o tribunal regional federal; **B:** incorreta, pois tanto os Correios, como a Infraero, por terem monopólio, têm direito à imunidade recíproca; **C:** incorreta, pois somente os órgãos públicos independentes têm essa prerrogativa; **D:** incorreta, pois a decisão proferida pelo STF em ADIN 3.026-4/DF anota que a OAB não é uma autarquia especial e não integra a Administração Indireta como outro tipo de pessoa jurídica, de modo que não se sujeita ao controle estatal. Por outro lado, o STF reconhece que a OAB presta, sim, um serviço público. Na prática isso significa que a OAB, de um lado, não é obrigada a fazer concursos públicos, licitações e a se submeter à fiscalização do TCU e ao regime estatutário dos agentes públicos, podendo contratar pelo regime celetista. De outro, por ser um serviço público, a OAB pode fiscalizar os advogados e também tem direito a vantagens tributárias. Na ementa do acórdão, o STF deixa claro que a OAB não é integrante da Administração Indireta, tratando-se de uma figura ímpar no País, no caso, um Serviço Público Independente. O acórdão também conclui que a OAB não pode ser comparada às demais entidades de fiscalização profissional, pois não está voltada exclusivamente a finalidades corporativas, possuindo finalidade institucional; **E:** incorreta, pois tais pessoas, por exercerem fiscalização, não são puramente privadas, tendo natureza *sui generis*. Gabarito "A".

(Delegado/PI – 2009 – UESPI) Em relação à organização administrativa, pode-se afirmar que:

(A) no âmbito estadual, a criação de uma secretaria constitui exemplo de descentralização administrativa.

(B) somente por lei específica poderá ser criada autarquia e autorizada a instituição de empresa pública, de sociedade de economia mista e de fundação.

(C) é exemplo de desconcentração a criação de uma agência reguladora.

(D) as organizações sociais integram a Administração Pública descentralizada.

(E) as autarquias e as fundações públicas não podem ser qualificadas como agências executivas.

A: incorreta, pois o caso narrado é de *desconcentração*, e não de *descentralização*, pois se trata de distribuição interna de competência (já que uma secretaria é um *órgão* interno de um ente), e não de distribuição externa de competências; **B:** correta (art. 37, XIX, da CF); **C:** incorreta, pois a criação de uma agência reguladora é uma distribuição externa de competência (ou seja, é a distribuição de competência de uma pessoa jurídica para outra pessoa jurídica), de modo que se trata de *descentralização*, e não de *desconcentração*; **D:** incorreta, pois as organizações sociais são entidades privadas não criadas pelo Estado, de modo que não fazem parte da Administração Pública, apesar de colaborarem com esta; **E:** incorreta, pois são justamente as autarquias

e as fundações públicas que podem ser qualificadas como agências executivas (art. 51 da Lei 9.649/1998). Gabarito "B".

(Delegado/SC – 2008) Analise as alternativas a seguir. Todas estão corretas, exceto a:

(A) O ato do agente administrativo, enquanto atua nessa condição, é imputado diretamente ao Estado.

(B) Quanto à atuação funcional ou composição, os órgãos da Administração Pública podem ser divididos em simples e colegiais, conforme suas decisões sejam tomadas individualmente por seus agentes ou por um conjunto de agentes que os integram.

(C) Os órgãos independentes, originários da Constituição Federal e representativos dos Poderes de Estado – Legislativo, Judiciário e Executivo –, não possuem subordinação hierárquica ou funcional nem se sujeitam a nenhum tipo de controle de um Poder pelo outro.

(D) São agentes públicos os chefes do Executivo em qualquer esfera, bem como os senadores, deputados e vereadores, os ocupantes de cargos e empregos públicos e os concessionários e permissionários de serviço público.

A alternativa "C" está incorreta, pois há um sistema de freios e contrapesos entre os Poderes. Por exemplo, o Poder Legislativo faz o controle das contas do Poder Executivo, com o auxílio do Tribunal de Contas. E o Poder Judiciário controla a legalidade dos atos de todos os Poderes. As demais alternativas estão corretas. Gabarito "C".

(Delegado/SP – 1999) As administrações regionais da Prefeitura Municipal de São Paulo caracterizam serviço público

(A) regionalizado.

(B) desconcentrado.

(C) descentralizado.

(D) delegado.

Trata-se de desconcentração, pois há distribuição de competência interna, ou seja, de órgão para órgão da Administração Direta. Gabarito "B".

(Delegado/TO – 2008 – CESPE) Para atingir os altos objetivos que justificam sua existência, o Estado tem de se organizar de forma sistêmica e coordenada. Dessa forma, diversas são as suas projeções, com elementos diferenciadores entre si, visando sempre ao bem comum. Acerca da administração pública e dos órgãos que a compõem, julgue os itens seguintes.

(1) Considerando a divisão da administração pública federal em direta e indireta, é correto afirmar que os Correios fazem parte da administração direta, por se tratar de empresa pública, sob controle exclusivo da União.

(2) Embora não integrem a administração indireta, os chamados serviços sociais autônomos prestam relevantes serviços à sociedade brasileira. Entre eles podem ser citados o SESI, o SENAC, o SEBRAE e a OAB.

(3) As instituições públicas de crédito, a exemplo do Banco do Brasil e da Caixa Econômica Federal, fazem parte da administração indireta, por serem todas sociedades de economia mista.

(4) A Polícia Federal, dada sua importância estratégica para a segurança do Estado, tem natureza especial, e seu diretor-geral subordina-se hierarquicamente apenas ao presidente da República.

1: incorreta, pois os Correios fazem parte da Administração Indireta; **2:** incorreta, pois a OAB não é considerada serviço social autônomo; **3:** incorreta, pois o Banco Central é uma autarquia e sua finalidade é de regulamentação e fiscalização do sistema financeiro, bem como de controle da moeda, não se tratando de mera instituição pública de crédito; **4:** incorreta, pois o diretor-geral subordina-se ao Ministro da Justiça. WG

Gabarito 1E, 2E, 3E, 4E

(Delegado/RS – 2018 – FUNDATEC) Levando-se em consideração a Lei 10.994/1997, que dispõe sobre a organização Básica da Polícia Civil, analise as assertivas abaixo, assinalando V, se verdadeiras, ou F, se falsas.

( ) São órgãos de direção superior da Polícia Civil o Chefe de Polícia, o Subchefe de Polícia e a Corregedoria-Geral de Polícia.

( ) Não se admite a avocação de inquérito policial pelo Chefe de Polícia.

( ) O Conselho Superior de Polícia poderá determinar, fundamentadamente, o afastamento de servidor da Polícia Civil, sem perda dos seus vencimentos, por ocasião da instauração do processo administrativo-disciplinar até a sua conclusão, diante de transgressão que, por sua natureza e configuração, o incompatibilize para a função pública, quando necessário à salvaguarda do decoro policial ou do interesse público.

( ) A competência investigativa especializada do Departamento Estadual de Investigações Criminais exclui a atuação de outros órgãos da Polícia Civil.

A ordem correta de preenchimento dos parênteses, de cima para baixo, é:

(A) V – V – V – V.
(B) F – F – F – F.
(C) F – F – V – V.
(D) V – F – V – F.
(E) V – V – F – F.

A questão trata da organização da Polícia Civil do Estado do Rio Grande do Sul, disciplinada pela Lei estadual 10.994/1997. A primeira assertiva é verdadeira (V), de acordo com o art. 9º da Lei 10.994/1997 (Organização Básica da Polícia Civil). A segunda assertiva é falsa (F), pois o Chefe de Polícia pode avocar, excepcionalmente e com fundamento, inquéritos policiais, para exame e redistribuição (art. 10, III, Lei 10.994/1997). A terceira afirmação é verdadeira (V), ex vi do art. 16, IV, do mesmo diploma. Por fim, a quarta assertiva é falsa (F), pois a competência investigativa do Departamento Estadual de Investigações Criminais (DEIC) não exclui a atuação de outros órgãos da Polícia Civil. RB

Gabarito "D".

4.2. Administração indireta – pessoas jurídicas de direito público

(Delegado/AP – 2017 – FCC) Uma autarquia municipal criada para prestação de serviços de abastecimento de água

(A) deve obrigatoriamente ter sido instituída por lei e recebido a titularidade do serviço público em questão, o que autoriza a celebração de contrato de concessão à iniciativa privada ou a contratação de consórcio público para delegação da execução do referido serviço.

(B) integra a estrutura da Administração pública indireta municipal e portanto não se submete a todas as normas que regem a administração pública direta, sendo permitido a flexibilização do regime publicista para fins de viabilizar a aplicação do princípio da eficiência.

(C) submete-se ao regime jurídico de direito privado caso venha a celebrar contrato de concessão de serviço público com a Administração pública municipal, ficando suspensa, durante a vigência da avença, a incidência das normas de direito público, a fim de preservar a igualdade na concorrência.

(D) pode ser criada por decreto, mas a delegação da prestação do serviço público prescinde de prévio ato normativo, podendo a autarquia celebrar licitação para contratação de concessão de serviço público ou prestar o serviço diretamente.

(E) possui personalidade jurídica de direito público, mas quando prestadora de serviço público, seu regime jurídico equipara-se ao das empresas públicas e sociedades de economia mista.

DL 200/1967, art. 5º Para os fins desta lei, considera-se: I – Autarquia – o serviço autônomo, criado por lei, com personalidade jurídica, patrimônio e receita próprios, para executar atividades típicas da Administração Pública, que requeiram, para seu melhor funcionamento, gestão administrativa e financeira descentralizada. FMB

Gabarito "A".

Delegado/MS – 2017 — FAPEMS) Leia o texto a seguir.

O direito administrativo constitui uma seção, qualificada por seu conteúdo, da ordem jurídica total, aquela seção que se refere à administração, que regula a administração. Se introduzirmos nesta acepção brevíssima do conceito de direito administrativo o conceito de administração, o que significa como função de determinados órgãos, o direito administrativo se apresenta como aquela fração da ordem jurídica que deve ser aplicada por órgãos administrativos, isto é, órgãos executivos com competência para fixar instruções ou dever de obedecê-las. Se transpusermos a definição do orgânico ao funcional, poder-se-á definir o direito administrativo como conjunto de normas jurídicas que regulam aquela atividade executiva condicionável pelas instruções, ou – aceitando, por certo, que toda a atividade executiva está composta de funções jurídicas –, o conjunto de normas jurídicas que regulam aquelas funções jurídicas determináveis mediante as instruções.

MERKL. Adolf. Teoria general dei derecho administrativo. Granada: Cornares, 2004 apud ALMEIDA, Fernando Dias Menezes de. Conceito de direito administrativo. Tomo Direito Administrativo e Constitucional. (PUC-SP), 1. ed., p. 13, 2017

Quanto à administração pública indireta, assinale a alternativa correta.

(A) As fundações públicas de direito privado devem ser criadas por lei específica.

(B) As fundações públicas de direito público devem ser criadas por lei específica.

(C) A imunidade tributária recíproca não se estende às fundações.

(D) As sociedades de economia podem revestir-se de qualquer das formas admitidas em direito.

(E) As empresas públicas só podem explorar diretamente atividade econômica, se tal exploração for necessária à segurança nacional ou relevante para o interesse coletivo, na forma de lei complementar.

Art 37 CF, XIX – somente por lei específica poderá ser criada autarquia e autorizada a instituição de empresa pública, de sociedade de economia mista e de fundação, cabendo à lei complementar, neste último caso, definir as áreas de sua atuação. **FMB**

Gabarito "B".

(Delegado/RO – 2014 – FUNCAB) Quanto às Agências Reguladoras, pode-se afirmar que:

(A) seus dirigentes têm forma de escolha diferenciada, mitigando o controle político realizado pelo ente federativo que as criou.

(B) são formas de descentralização contratual.

(C) essas entidades possuem dependência técnica para o desempenho de suas atividades.

(D) o recurso interposto por seus administrados é o hierárquico impróprio.

(E) seus atos administrativos normativos são insindicáveis por ter seu fundamento de validade na lei que as criou.

A: correta, pois os dirigentes são indicados pelo Chefe do Executivo, mas devem ser aprovados pelo Senado, se a agência for federal, ou pelo Legislativo local, se a agência for estadual ou municipal; **B:** incorreta, pois são formas de descentralização legal, pois a própria lei cria a agência reguladora e passa a competência para esta; **C:** incorreta, pois essas entidades têm autonomia técnica, que deve ser respeitada pelo ente que as tiver criado; **D:** incorreta, pois o recurso hierárquico impróprio é julgado por ente externo, que não é o que acontece com as agências, que têm autonomia e, portanto, não estão sujeitas recurso contra seus atos a ser apreciado pelo ente político que as tiver criado; **E:** incorreta, pois os atos administrativos normativos das agências, caso estejam em desacordo com a lei que os fundamenta, podem ser objeto ação judicial com vistas à sua invalidação. **WG**

Gabarito "A".

(Delegado Federal – 2002 – CESPE) Julgue os itens que se seguem.

(1) Os crimes praticados em detrimento de bens das agências reguladoras criadas pela União devem ser apurados pela Polícia Federal.

(2) A agência reguladora pode ter capacidade tributária, nunca competência tributária, e pode executar seu crédito fiscal por meio de procuradoria própria.

1: correto, valendo salientar que competirá à Justiça Federal processar e julgar as ações respectivas; **2:** correto, pois a *competência tributária* é própria dos entes políticos, diferente da *capacidade tributária*, que pode ser atribuída às agências reguladoras. **WG**

Gabarito 1C, 2C

(Delegado Federal – 1998 – CESPE) Julgue o seguinte item.

(1) A doutrina administrativista mais recente firmou o entendimento de que todas as fundações instituídas ou mantidas pelo poder público têm natureza de autarquia.

1: errada, pois fundações estatais criadas para exercer atividade típica de Estado têm natureza autárquica, ao passo que as demais, não, tratando-se de pessoas jurídicas de direito privado estatais. **WG**

Gabarito 1E

(Delegado/PI – 2009 – UESPI) É certo que as autarquias:

(A) são pessoas jurídicas de direito privado, sujeitas ao controle finalístico de sua administração, pelo ente instituidor.

(B) são pessoas jurídicas de direito público, de natureza meramente administrativa, com personalidade jurídica e patrimônio próprio.

(C) integram a administração direta da União, não estando sujeitas ao controle hierárquico do ente que as criou.

(D) têm por finalidade a exploração de atividade econômica por força de contingência ou de conveniência administrativa, com subordinação hierárquica ao órgão da administração indireta que a criou.

(E) são constituídas sob a forma de sociedade anônima e sob o controle majoritário da União ou de outra entidade da administração direta ou indireta federal.

A: incorreta, pois são pessoas jurídicas de direito público; **B:** correta, pois traz as características da autarquia; **C:** incorreta, pois as autarquias integram a administração *indireta*; **D:** incorreta, pois a finalidade da autarquia é exercer atividade típica de Estado (fiscalização, por exemplo) e não explorar atividade econômica; ademais, entre o ente político e a autarquia há *controle ou tutela*, e não *hierarquia*; **E:** incorreta, pois as autarquias são pessoas de direito público, portanto, não têm estrutura própria de pessoas de direito privado, como é a estrutura de empresa. **WG**

Gabarito "B".

(Delegado/PI – 2009 – UESPI) A Agência Nacional de Vigilância Sanitária (ANVISA), a Agência Nacional de Telecomunicações (ANATEL) e a Agência Nacional do Petróleo, Gás Natural e Biocombustíveis (ANP) são:

(A) fundações públicas.

(B) empresas públicas.

(C) sociedades de economia mista.

(D) órgãos da administração direta.

(E) autarquias especiais.

Tais agências são consideradas *autarquias especiais*, pois têm todas as características do regime jurídico *autárquico*, mais algumas características *especiais* (exemplo: dirigentes têm mandato fixo). **WG**

Gabarito "E".

(Delegado/SP – 2011) Sobre as autarquias, e incorreto afirmar:

(A) Possuem personalidade jurídica pública

(B) São criadas por lei.

(C) Têm como privilégio o processo especial de execução

(D) Possuem capacidade política.

(E) Sujeitam-se a controle administrativo.

A: correto, pois as autarquias são criadas para exercer atividade típica de Estado, daí porque são pessoas jurídicas de direito público; **B:** correto, devendo ser criadas mediante lei específica (art. 37, XIX, da CF); **C:** correto, pois, por serem pessoas jurídicas de direito público têm as vantagens processuais próprias da Fazenda Pública; **D:** incorreto (devendo ser assinalada), pois as autarquias são pessoas de direito público da Administração Indireta, não se confundindo com as pessoas políticas que as criam (União, Estados, Distrito Federal e Municípios); estas, sim, possuem capacidade política, cujos limites estão fixados na Constituição Federal; **E:** correto, pois as autarquias estão sujeitas ao *controle* (*tutela* ou *supervisão ministerial*) por parte das pessoas jurídicas que as tiverem criado. **WG**

Gabarito "D".

4.3. Administração indireta – pessoas jurídicas de direito privado estatais

(Delegado/RJ – 2022 – CESPE/CEBRASPE) De acordo com o entendimento doutrinário e jurisprudencial dos tribunais superiores, assinale a opção correta.

(A) As fundações instituídas pelo Estado ou mantidas pelo poder público não podem se submeter ao regime jurídico de direito privado.
(B) A Força Nacional de Segurança Pública implica cooperação federativa entre os entes estatais, somente podendo ser empregada em território de estado-membro com a anuência do seu governador.
(C) É constitucional determinação judicial que decreta a constrição de bens de sociedade de economia mista prestadora de serviços públicos, em regime não concorrencial, para fins de débitos trabalhistas.
(D) Os serviços sociais autônomos (Sistema S), que desempenham atividade de interesse público, em cooperação com ente estatal, estão sujeitos à observância da regra de concurso público, nos moldes da CF.
(E) A alienação do controle acionário de empresas públicas e sociedades de economia mista, assim como de suas subsidiárias e controladas, exige autorização legislativa e licitação.

Alternativa **A** incorreta (o regime jurídico das fundações governamentais é híbrido, ou seja, submetem-se a normas de direito público e privado). Alternativa **B** correta (cf. decidido pelo STF na ACO 3.427 Ref-MC). Alternativa **C** incorreta (empresa estatal que atuam em regime não concorrencial está submetida ao regramento dos precatórios, cf. entendimento do STF). Alternativa **D** incorreta (os serviços sociais autônomos não estão sujeitos à observância da regra de concurso público, cf. decidido pelo STF no RE 789.874). Alternativa **E** incorreta (segundo o STF, na ADI 5.624 MC-Ref, a alienação do controle acionário de empresas públicas e sociedades de economia mista exige autorização legislativa e licitação pública; no entanto, a transferência do controle de *subsidiárias* e *controladas* não exige a anuência do Poder Legislativo e poderá ser operacionalizada sem processo de licitação pública, desde que garantida a competitividade entre os potenciais interessados e observados os princípios da administração pública constantes do art. 37 da Constituição da República). Gabarito "B".

(Delegado/MG – 2021 – FUMARC) As sociedades de economia mista e as empresas públicas, pessoas jurídicas integrantes da Administração Pública Indireta, se assemelham em vários aspectos, ao ponto de serem abordadas em conjunto por grande parte dos doutrinadores, e, inclusive, intituladas por alguns deles como "empresas estatais".

Com base nessa informação, marque com V (verdadeiro) ou com F (falso) as seguintes afirmações:

( ) As sociedades de economia mista e as empresas públicas são criadas com o objetivo de permitir ao Estado a exploração de atividades econômicas, em sentido estrito, admitindo-se, contudo, que tenham por objeto a prestação de serviços públicos.
( ) Os bens pertencentes às sociedades de economia mista e às empresas públicas são suscetíveis de penhora em sede de ação de execução muni- ciada com título judicial ou extrajudicial.
( ) As empresas públicas e as sociedades de economia mista sempre têm personalidade jurídica de direito privado, qualquer que seja o seu objeto, mas à vista da natureza híbrida, estão sujeitas às normas de direito privado e também de direito público.
( ) Pelo princípio da simetria, a criação e a extinção das sociedades de economia mista e das empresas públicas dependem de lei específica que autorize.

A sequência CORRETA de preenchimento dos parênteses, de cima para baixo, é:

(A) F, V, F, V.
(B) V, F, V, F.
(C) V, V, F, V.
(D) V, V, V, F.

A primeira afirmação ("As sociedades de economia mista...") é verdadeira: as empresas estatais podem tanto explorar atividade econômica quanto prestar serviço público. A segunda afirmação ("Os bens pertencentes às sociedades de economia mista...") é verdadeira: como regra, os bens das empresas estatais podem ser penhorados; esclareça, contudo, que os bens vinculados à prestação de serviços públicos são impenhoráveis, conforme jurisprudência do STF e STJ. A terceira afirmação ("As empresas públicas e as sociedades de economia mista sempre têm...") é verdadeira: as empresas estatais são necessariamente pessoas jurídicas de direito privado, embora se submetam a um regime híbrido, privado e público. A quarta afirmação ("Pelo princípio da simetria...") é falsa: o art. 37, XIX, da CF, estabelece que a instituição das empresas estatais depende de lei específica que a autorize; no entanto, em alguns casos inaplicável o princípio da simetria para a sua extinção, que pode se dar por meio de autorização legal genérica, como a inserção em programas de desestatização (cf. decidiu o STF na ADI 6.241/DF). Gabarito "D".

(Delegado/MG – 2018 – FUMARC) A Lei n. 13.303/2016, em seu artigo 3º, traz o seguinte conceito: "entidade dotada de personalidade jurídica de direito privado, com criação autorizada por lei e com patrimônio próprio, cujo capital social é integralmente detido pela União, pelos Estados, pelo Distrito Federal ou pelos Municípios".

A entidade da administração indireta conceituada é uma:

(A) Autarquia.
(B) Empresa pública.
(C) Fundação pública.
(D) Sociedade de economia mista.

As empresas estatais são regidas pela Lei 13.303/2016 e abrangem duas categorias: as empresas públicas e as sociedades de economia mista, ambas integrantes da Administração indireta. As empresas estatais são pessoas jurídicas de direito privado, com criação autorizada por lei. Uma das diferenças entre empresas públicas e sociedades de economia mista é que as primeiras são constituídas por capital integralmente público, enquanto as segundas são formadas por capital misto (público e privado). Nesse sentido, o art. 3º da Lei 13.303/2016 traça a seguinte definição, in verbis: "Empresa pública é a entidade dotada de personalidade jurídica de direito privado, com criação autorizada por lei e com patrimônio próprio, cujo capital social é integralmente detido pela União, pelos Estados, pelo Distrito Federal ou pelos Municípios." Gabarito "B".

(Delegado/RS – 2018 – FUNDATEC) Em relação à organização da Administração Pública, assinale a alternativa correta.

(A) O processo de desconcentração administrativa tem por consequência a criação de entidades dotadas de personalidade jurídica própria, distinta do ente político criador.

(B) Às entidades que integram a administração indireta podem ser atribuídas, nos termos da lei que as institui, as mesmas competências cometidas ao ente político criador.
(C) A teoria do órgão não reconhece a responsabilidade do Estado em relação aos atos praticados pelos denominados "funcionários de fato", assim considerados os que foram irregularmente investidos em cargos, empregos ou funções públicas.
(D) As autarquias podem desempenhar atividades típicas de estado e, excepcionalmente, explorar atividade econômica.
(E) As empresas públicas e sociedades de economia mista, ainda que explorem atividade econômica de prestação de serviços, sujeitam-se ao regime jurídico próprio das empresas privadas, inclusive quanto aos direitos e obrigações civis, comerciais, trabalhistas e tributárias.

Alternativa A incorreta (o processo de desconcentração administrativa tem por consequência a divisão interna orgânica de uma entidade administrativa); alternativa B incorreta (as entidades da administração indireta não podem assumir as mesmas atribuições do ente político criador, pois a sua instituição relaciona-se com a especialização funcional); alternativa C incorreta (os atos praticados pelos "funcionários de fato" acarretam a responsabilidade estatal, pois, em virtude da teoria do órgão, a atuação dos agentes públicos é atribuída ao Estado); item D incorreta (as autarquias somente podem desempenhar atividades típicas de estado, restando-lhes vedada a exploração de atividade econômica); item E correta (art. 173, § 1º, II, CF). RB
Gabarito "E".

(Delegado/MS – 2017 – FAPEMS) Conforme jurisprudência dos Tribunais Superiores, acerca da Administração Direta e Indireta e das entidades em colaboração com o Estado, é correto afirmar que
(A) a Empresa Brasileira de Correios e Telégrafos (ECT) goza de imunidade tributária recíproca mesmo quando realiza o transporte de bens e mercadorias em concorrência com a iniciativa privada.
(B) o Tribunal de Justiça não detém legitimidade autônoma para impetrar mandado de segurança contra ato do Governador do Estado em defesa de sua autonomia institucional.
(C) não é aplicável o regime dos precatórios às sociedades de economia mista prestadoras de serviço público próprio do Estado, ainda que de natureza não concorrencial.
(D) as entidades paraestatais gozam dos privilégios processuais concedidos à Fazenda Pública.
(E) os serviços sociais autônomos estão sujeitos à observância da regra de concurso público para contratação de seu pessoal.

Por maioria, o Plenário do Supremo Tribunal Federal julgou procedente a Ação Cível Originária (ACO) 879, ajuizada pela Empresa Brasileira de Correios e Telégrafos (ECT) contra a cobrança do imposto sobre a propriedade de veículos automotores (IPVA) no Estado da Paraíba. A decisão reafirma a jurisprudência da Corte sobre a matéria, objeto do Recurso Extraordinário 601392, com repercussão geral reconhecida, no qual se reconheceu a imunidade tributária recíproca sobre todos os serviços dos Correios. A ECT alegava que, na condição de empresa pública à qual foi delegada a prestação de serviços públicos, não explora atividade econômica, cabendo a aplicação do princípio da imunidade recíproca (artigo 150, inciso VI, alínea a, da Constituição Federal). Por desempenhar atividades típicas da União, não tem por objeto o lucro e, portanto, não está sujeita ao IPVA. FMB
Gabarito "A".

(Delegado/DF – 2015 – Fundação Universa) Em relação à organização administrativa, é correto afirmar que
(A) a aplicação do regime jurídico próprio das empresas privadas às estatais (sociedade de economia mista e empresas públicas) que exploram atividade econômica não afasta a observância dos princípios da administração pública.
(B) a remuneração dos dirigentes das empresas públicas e das sociedades de economia mista será fixada em lei.
(C) a criação, por lei, de uma autarquia é exemplo de desconcentração do serviço público.
(D) se aplica às empresas estatais que exploram atividade econômica o prazo prescricional previsto no Decreto 20.910/1932.
(E) é inconstitucional norma que isente os Correios, empresa pública federal, do pagamento de impostos, pois, como ele explora atividade econômica, deve ter as mesmas regras impostas aos concorrentes.

A: correta, pois a Constituição determina a aplicação desses princípios também às entidades da administração indireta, o que inclui as empresas estatais (art. 37, caput, da CF); B: incorreta, pois essa regra só se aplica para servidores públicos e demais agentes públicos que recebem subsídio (art. 37, X, da CF), não se aplicando àqueles que atuam em estatais; C: incorreta, pois a criação de pessoas jurídicas para a distribuição externa de competências ou atribuições tem o nome de descentralização; a desconcentração é a distribuição interna (= dentro de uma mesma pessoa jurídica) de competências ou atribuições; D: incorreta, pois essa lei só se aplica às pessoas jurídicas de direito público; E: incorreta, pois o STF reconhece que há imunidade tributária recíproca quanto a empresas estatais que têm monopólio sobre certo serviço público, como os Correios e a Infraero; vide STF, RE 601.392. WG
Gabarito "A".

(Delegado Federal – 2013 – CESPE) Julgue o item que se segue, relativo à administração indireta e aos serviços sociais autônomos.
(1) A sociedade de economia mista é pessoa jurídica de direito privado que pode tanto executar atividade econômica própria da iniciativa privada quanto prestar serviço público.

1: correta, pois há relevante interesse público na criação de empresa estatal para prestar serviço público (art. 173, caput, da CF/1988) e também poderá haver tal relevante interesse público (ou imperativo de segurança nacional) para criar empresa estatal para a exploração de atividade econômica (art. 173, § 1º, da CF/1988). WG
Gabarito 1C

(Delegado Federal – 1998 – CESPE) Julgue o seguinte item.
(1) As empresas públicas e as sociedades de economia mista não se regem integralmente pelas normas do direito privado.

1: correto, valendo lembrar que tais empresas devem fazer licitação e concurso público, bem como estão sujeitas à fiscalização pelos Tribunais de Contas. WG
Gabarito 1C

(Delegado/MT – 2006 – UFMT) Considerando que determinada pessoa é servidora de uma sociedade de economia mista, instituída pelo Poder Público, seu regime de trabalho, necessariamente, será:

(A) Estatutário.
(B) Celetista.
(C) Aquele pelo qual optar o servidor.
(D) O mesmo dos servidores das autarquias.
(E) Aquele que a Administração entender melhor indicado.

O regime adequado, no caso, é o celetista (art. 173, § 1.º, II, da CF). Gabarito "B".

(Delegado/SP – 2011) Sobre as características comuns às empresas públicas e sociedades de economia mista, é correto afirmar:

(A) Podem ser estruturadas sob a forma de sociedade anônima.
(B) Possuem personalidade jurídica de direito público.
(C) Possuem objetivo determinado por lei, mas podem atender a finalidade diversa, verificado o interesse público.
(D) Somente a lei pode criá-las ou extingui-las.
(E) São constituídas exclusivamente por capital público.

A: incorreta, pois as empresas públicas podem ter qualquer forma societária; B: incorreta, pois as duas têm personalidade de direito privado; C: incorreta, pois a lei não pode deixar de ser observada; D: correta (art. 37, XIX, da CF), valendo salientar que a lei vai autorizar a criação dessas entidades, que, em seguida, deverão ter seus atos constitutivos arquivados no registro público competente para que tenha início a sua personalidade; E: incorreta, pois as sociedades de economia mista têm necessariamente capital público e capital privado. Gabarito "D".

4.4. Terceiro Setor

(Delegado/DF – 2015 – Fundação Universa) No que diz respeito à organização da administração pública e das entidades paraestatais, assinale a alternativa correta.

(A) A CF assegura aos serviços sociais autônomos autonomia administrativa, não estando sujeitos ao controle do tribunal de contas.
(B) Diante do recebimento de dinheiro público, os serviços sociais autônomos estão submetidos às regras de concurso público para contratação de seus funcionários, os quais serão regidos pela consolidação das leis trabalhistas (CLT).
(C) As organizações sociais qualificadas no âmbito da União podem ser contratadas com dispensa de licitação para execução de contrato de gestão firmado com a União.
(D) Suponha-se que João seja responsável pela fiscalização de contrato de gestão firmado com certa organização social. Nesse caso, ao tomar conhecimento de qualquer irregularidade na utilização de recursos públicos pela fiscalizada, João deverá dar ciência do fato ao TCU, sob pena de multa, mas não de responsabilidade solidária.
(E) Uma instituição religiosa, desde que seja sem fins lucrativos e que tenha por objeto social as atividades descritas na referida lei, pode ser qualificada como organização da sociedade civil de interesse público.

A: incorreta, pois tais entidades estão sujeitas ao controle do tribunal de contas (art. 70, parágrafo único, da CF); B: incorreta, pois tais entidades não estão diretamente submetidas à obrigatoriedade de realização de concurso público e licitação (STF, RE 789.874/DF, j. 17.09.2014), o que não exclui o dever de agirem de forma proba, devendo criar processos seletivos e de contratações que estejam de acordo com os princípios da impessoalidade, da moralidade e da eficiência, já que tais entidades manejam recursos públicos; C: correta (art. 24, XXIV, da Lei 8.666/1993); D: incorreta, pois o art. 9º da Lei 9.637/1998 estabelece que a responsabilidade no caso é solidária; E: incorreta, pois as entidades religiosas não podem ser qualificadas como OSCIPs (art. 2º, III, da Lei 9.790/1999). Gabarito "C".

(Delegado/BA – 2013 – CESPE) Julgue o seguinte item.

(1) Entidades paraestatais são pessoas jurídicas privadas que colaboram com o Estado no desempenho de atividades não lucrativas, mas não integram a estrutura da administração pública.

1: correta, valendo citar como exemplos dessas entidades de cooperação as entidades do Sistema "S" (SESI, SENAI etc.), as organizações sociais e as OSCIPs. Gabarito 1C.

(Delegado/GO – 2009 – UEG) Quanto às organizações da sociedade civil de interesse público – OSCIP, é CORRETO afirmar:

(A) a OSCIP exerce atividade de natureza privada.
(B) a OSCIP recebe ou pode receber delegação para gestão de serviço público.
(C) a OSCIP é criada por lei para desempenhar serviços sociais não exclusivos do Estado.
(D) o Estado incentiva e fiscaliza os serviços desempenhados pela OSCIP, sendo indispensável o termo de convênio para prever as obrigações.

A: correta, tratando-se de atividade privada de utilidade pública; B: incorreta, pois a atividade exercida é, conforme já explicado, de natureza privada, apesar de ser de utilidade pública; C: incorreta, pois tais entidades não são criadas pelo Estado; D: incorreta, pois o ajuste entre o Estado e a OSCIP tem o nome de "termo de parceria" (art. 9.º da Lei 9.790/1999). Gabarito "A".

(Delegado/MA – 2006 – FCC) Os serviços sociais autônomos são

(A) instituídos pelo Poder Executivo, mediante autorização legal, para a exploração de atividades econômicas de relevante interesse coletivo.
(B) são entes paraestatais, criados diretamente por meio de decreto do Chefe do Executivo, destinados a desenvolver atividade pública incentivada pelo Estado.
(C) subvencionados por meio da instituição compulsória de contribuições parafiscais e prestam serviço público delegado pelo Estado.
(D) entes de cooperação com o Poder Público, com administração e patrimônio próprio, que exercem atividades privadas de interesse público.
(E) pessoas jurídicas de direito público, dotadas de patrimônio próprio, sem fins lucrativos, que celebram com seus empregados um vínculo estatutário.

A: incorreta, pois tais serviços não são estatais, e sua atuação se dá em atividades privadas de interesse público, não se tratando de entidades que exploram atividades econômicas; B: incorreta, pois tais entidades não são criadas pelo Poder Executivo; C: incorreta, pois tais entidades não prestam serviço público delegado, mas serviços privados de interesse público; D: correta, nos termos dos comentários às alternativas

anteriores; **E:** incorreta, pois são pessoas de direito privado não estatais, sendo que o vínculo com seus agentes é de natureza celetista. **WG**
Gabarito "D".

(Delegado/MG – 2006) As organizações sociais:

(A) Integram a Administração Indireta.
(B) Equiparam-se às fundações, quanto à necessidade de concurso público para o provimento de seus cargos.
(C) Estão disciplinadas em lei federal, cujas regras se impõem, na sua integridade, aos demais entes da federação.
(D) São órgãos especiais da Administração Direta.
(E) Equiparam-se às organizações da sociedade civil de interesse público quanto a sua natureza jurídica.

A: incorreta, pois as organizações sociais são entes paraestatais (ou entes de cooperação), não integrando a Administração Indireta; **B:** incorreta, pois, por não fazerem parte da Administração Pública, as organizações sociais não são obrigadas a realizar concurso público; porém, como fazem gestão de dinheiro público, devem se utilizar de meios impessoais para gastar o dinheiro público a ser alocado no serviço por elas prestado; **C:** incorreta, a Lei 9.637/1998 aplica-se à União; os demais entes poderão editar lei sobre o assunto (art. 15 da Lei 9.637/1998); **D:** incorreta, pois as organizações sociais são *pessoas jurídicas*; ademais, não fazem parte da Administração Pública Direta e Indireta; **E:** correta, pois, de fato, as duas entidades são consideradas *entidades de cooperação* ou *paraestatais*. **WG**
Gabarito "E".

5. SERVIDORES PÚBLICOS

5.1. Espécies de agentes públicos

Com relação aos agentes públicos em geral e seu regime jurídico, leia as afirmativas a seguir.

I. Senadores da República não são agentes públicos, mas caracterizam-se como agentes políticos.
II. Agentes públicos podem estar submetidos ao regime jurídico estatutário ou ao regime jurídico celetista.
III. A atuação como jurado é caracterizada pela ação do particular que colabora com o poder público.
IV. O servidor público só pode ser demitido após a instauração de processo administrativo disciplinar, diferentemente do empregado público, para o qual não se aplica a regra celetista de demissão sem justa causa.
V. Empregado público, por definição, é todo agente público que trabalha em uma Empresa Estatal.

(Delegado/ES – 2019 – Instituto Acesso) Estão corretas apenas as afirmativas:

(A) II, IV e V.
(B) III, IV e V.
(C) I, II e III.
(D) I, III, V.
(E) II, III e IV.

Item I incorreto (Senadores da República são agentes públicos, na categoria de agentes políticos); item II correto (servidores estatutários e celetistas são espécies de agentes públicos); item III correto (uma outra categoria de agentes públicos são os particulares em colaboração com o Estado, a exemplo dos jurados e dos mesários eleitorais); item IV correto (a demissão do servidor está condicionada à instauração de processo administrativo disciplinar; já o empregado público, embora submetido à CLT, não pode ser demitido sem justa causa); item V incorreto (empregado público é todo agente público submetido ao regime celetista). **RB**
Gabarito "E".

(Delegado/MG – 2012) No tocante aos agentes públicos, é **incorreto** afirmar que

(A) para ser agente público, é mister o vínculo com o Estado, mesmo que não efetivo, mas perene, mediante contrato bilateral e remuneração.
(B) os agentes de fato podem ser necessários ou putativos.
(C) os agentes putativos desempenham atividade administrativa, mas não têm investidura no cargo.
(D) os agentes necessários apenas se assemelham, mas não são agentes de direito.

A: incorreta (devendo ser assinalada), pois o conceito de agente público é muito amplo e alcança pessoas que não estão contidas na assertiva, tais como os *servidores estatutários* (que não têm contrato bilateral, por serem regidos por uma lei, por um estatuto), os *detentores de mandato eletivo* (que têm vínculo temporário e não perene) e os agentes honoríficos (que não recebem remuneração, como os jurados do Tribunal do Júri e mesários eleitorais); **B:** correta; há dois tipos de *agentes de fato*, os *necessários* (aqueles que exercem função pública em situações emergenciais, como é o caso de alguém que realize uma prisão em flagrante – art. 301 do CPP) e os *putativos* (aqueles que se passam por agente público sem ter sido investidos para tanto); **C:** correta, pois tais pessoas, como se viu, não foram investidos em cargo público; **D:** correta, pois os agentes necessários se assemelham aos agentes de direito, pois atuam de forma lícita, ou seja, de conformidade com o Direito; porém, não são agentes de direito, pois a sua atuação é excepcional, decorrente de uma situação de urgência. **WG**
Gabarito "A".

(Delegado/SP – 1998) Os tradutores públicos e os mesários, dentro da categoria de agentes públicos, pertencem à categoria de particulares em colaboração com a Administração, porquanto atuam respectivamente

(A) por delegação e requisição do poder público.
(B) por nomeação e designação do poder público.
(C) por requisição e nomeação do poder público.
(D) por designação e delegação do poder público.

Os tradutores públicos recebem uma delegação, ao passo que os mesários são requisitados, sendo chamados, estes últimos, de agentes honoríficos. **WG**
Gabarito "A".

5.2. Espécies de vínculos (cargo, emprego e função)

(Delegado/AP – 2017 – FCC) O acesso a cargos públicos de caráter efetivo depende, como é sabido, de concurso público, nos termos da Constituição Federal. É compatível com a exigência constitucional de concurso público e com os princípios que regem a Administração pública

(A) a previsão, no edital do certame, conforme a natureza do cargo, da realização de investigação social sobre os candidatos após as fases de avaliação de conhecimento, para demonstrar sua lisura e conduta moral proba para o desempenho das atribuições exigidas.
(B) a previsão, no edital do certame, de requisitos isonômicos e objetivos e, além da realização de provas, o exame de títulos, sendo outras exigências e condições violadoras dos princípios da igualdade e da razoabilidade.
(C) o estabelecimento de requisitos de habilitação que permitam ao administrador escolher os candidatos que pareçam mais comprometidos com o cargo almejado.

(D) a exigência de prova de aptidão física prévia às fases de conhecimento, a fim de selecionar os candidatos que terão condições de desempenhar as atribuições exigidas para o cargo.

(E) a possibilidade de prorrogação da validade do concurso público por prazo de 3 anos, como observância ao princípio da isonomia que estabelece o mesmo prazo para o estágio probatório dos servidores aprovados.

Trata-se de ato que deverá ser devidamente motivado e compor o edital de concurso, sendo certo que a análise deve levar em conta o princípio constitucional da presunção da inocência. Lei 9.784/1999, art. 50. Os atos administrativos deverão ser motivados, com indicação dos fatos e dos fundamentos jurídicos, quando: III — decidam processos administrativos de concurso ou seleção pública. **FMB**

Gabarito "A".

(Delegado/GO – 2009 – UEG) Acerca da contratação por tempo determinado para atender à necessidade temporária de excepcional interesse público, é CORRETO afirmar:

(A) o contratado temporariamente não ocupa cargo durante o prazo da contratação.

(B) a relação do contratado temporariamente com a Administração Pública é de emprego público.

(C) a contratação temporária pelos Estados e Municípios, obrigatoriamente, deve ser regida pela Consolidação das Leis do Trabalho (CLT).

(D) a Lei Federal que estabelece os casos de excepcional interesse público, que justificam a contratação temporária na administração federal, é o suporte legal para Estados e Municípios contratarem temporariamente.

A: correta, tratando-se de uma função pública; B: incorreta, pois se trata de função pública; C: incorreta, pois a lei local estabelecerá o regime jurídico a ser aplicado ao caso; D: incorreta, pois cada ente estabelecerá lei para reger o pessoal contratado nessas circunstâncias. **WG**

Gabarito "A".

(Delegado/GO – 2009 – UEG) Sobre o teor da Súmula Vinculante n. 13, que proíbe a contratação de parentes na Administração Pública, é CORRETO afirmar:

(A) a vedação à nomeação de parentes não alcança a administração indireta.

(B) a vedação oriunda da súmula dirige-se exclusivamente aos parentes da autoridade nomeante.

(C) resta vedada a nomeação de cônjuge, companheiro ou parente em linha reta, colateral ou por afinidade, até o 3.º grau, inclusive.

(D) na literalidade da Súmula Vinculante n. 13 restou previsto regramento quanto à nomeação pelos agentes políticos de seus parentes.

A: incorreta, pois abrange a Administração Direta e Indireta de todos os Poderes; B: incorreta, pois a vedação se dirige não só aos parentes da autoridade nomeante, como também aos parentes de alguém que já detenha cargo em comissão ou de confiança, ou função gratificada na Administração; C: correta, nos termos do teor da Súmula Vinculante nº 13 do STF; D: incorreta, pois a súmula é genérica, não fazendo referência expressa à nomeação pelos agentes públicos de seus parentes. **WG**

Gabarito "C".

(Delegado/MG – 2006 – adaptada) Julgue os itens abaixo:

(A) Os servidores estatutários ocupam cargo público, para cujo provimento é sempre imprescindível a aprovação em concurso público.

(B) Os empregados públicos não são beneficiados pela estabilidade prevista constitucionalmente (Constituição da República de 1988), mas sua dispensa há de observar os princípios da administração pública. A dispensa dos empregados públicos não é lícita, por exemplo, quando praticada com ofensa ao princípio da motivação.

(C) Os servidores públicos contratados temporariamente celebram contrato administrativo com o Poder Público. Segundo entendimento dominante na jurisprudência e na doutrina, o referido contrato é celebrado com base na lei editada pelo ente da federação contratante.

(D) A disponibilidade corresponde a uma sanção pelo comportamento inadequado do servidor, que atenta contra o estatuto aplicável.

(A) apenas a frase A está errada;

(B) todas as frases estão erradas;

(C) as frases A e D estão erradas

(D) apenas a frase D está errada;

A: errada, pois os cargos em comissão, também regidos por regime estatutário (Estatuto de Funcionários Públicos do local), podem ser providos independentemente de concurso público; B: errada, pois o TST vem entendendo justamente o contrário, ou seja, que, como regra, a dispensa não precisa ser motivada, salvo quanto aos funcionários dos Correios (OJ-SDI1-247); C: errada, pois não se trata de um contrato administrativo, mas de um contrato de trabalho por prazo determinado, regido pela lei local que dispuser sobre esse tipo de contratação; D: errada, pois a disponibilidade consiste na colocação do servidor na inatividade remunerada, por um dos motivos previstos nos §§ 2.º e 3.º do art. 41 da CF. **WG**

Gabarito "B".

(Delegado/MG – 2018 – FUMARC) De acordo com a Lei Complementar 123/2013 (Lei Orgânica da PCMG), é INCORRETO afirmar:

(A) Cargo de provimento efetivo é unidade de ocupação funcional do quadro de pessoal, privativa de servidor público aprovado em concurso, com criação, remuneração e quantitativo definidos em lei ordinária, e, ainda, com atribuições, responsabilidades, direitos e deveres de natureza estatutária estabelecidos em Lei Complementar.

(B) Carreira é o conjunto de cargos de provimento efetivo agrupados segundo sua natureza e complexidade e estruturados em níveis e graus, escalonados em função do grau de responsabilidade e das atribuições da carreira.

(C) Grau é a posição do servidor no escalonamento vertical dentro da mesma carreira, contendo cargos escalonados, com os mesmos requisitos de capacitação e mesmas natureza, complexidade, atribuições e responsabilidades.

(D) Quadro de pessoal é o conjunto de cargos de provimento efetivo e de provimento em comissão de órgão ou de entidade.

A Lei complementar 123/2013 (Lei Orgânica da Polícia Civil de Minas Gerais) estabelece uma série de definições no art. 78. As alternativas A, B e D reproduzem as definições legais contempladas nos incisos II (cargo de provimento efetivo), I (carreira) e III (quadro de pessoal). A incorreção encontra-se na alternativa C. Isso porque, nos termos do inciso V, "grau" constitui "a posição do servidor no escalonamento horizontal no mesmo nível de determinada carreira." **RB**

Gabarito "C".

5.3. Provimento

(Delegado/MG – 2021 – FUMARC) O provimento originário de um cargo público efetivo ou vitalício se materializa pelo ato de nomeação do candidato aprovado em concurso público de provas ou de títulos, nos moldes previstos no artigo 37, II, da CR/88.

No que se refere ao provimento derivado, relacione cada espécie com o respectivo conceito e, em seguida, assinale a alternativa que informa a sequência CORRETA.

(1) Promoção na carreira	( ) Forma de provimento pela qual o servidor sai do seu cargo e ingressa em outro situado em classe mais elevada, dentro da mesma carreira.
(2) Recondução	( ) Forma de provimento pela qual o servidor estável retorna ao cargo anteriormente ocupado.
(3) Readaptação	( ) Forma de provimento mediante a qual o servidor estável passa a ocupar um cargo de atribuições e responsabilidades compatíveis com a limitação que tenha sofrido em sua capacidade física ou mental.
(4) Reversão	( ) Forma de provimento pela qual o servidor que havia sido colocado em disponibilidade retorna a um cargo de atribuições e vencimentos compatíveis ao anteriormente ocupado.
(5) Aproveitamento	( ) Forma de provimento pela qual o servidor aposentado retorna à atividade.

A sequência CORRETA, de cima para baixo, é:

(A) 1, 2, 4, 5, 3
(B) 1, 2, 3, 5, 4
(C) 2, 1, 4 ,3, 5
(D) 2, 1, 3, 4, 5

Provimento derivado é aquele dependente de um vínculo prévio do agente com a Administração. Existem várias formas de provimento derivado: (1) promoção: provimento vertical em que o servidor ascende na carreira, ingressando em outro cargo em classe mais elevado, dentro da mesma carreira; (2) recondução: retorno do servido estável ao cargo anteriormente ocupado (seja em razão de reintegração de outro servidor, seja em virtude de inaptidão em estágio probatório de outro cargo); (3) readaptação: o servidor é investido em outro cargo cujo exercício é mais compatível com a superveniente limitação física ou mental do agente; (4) reversão: retorno do servidor aposentado; (5) aproveitamento: retorno do servidor que foi colocado em disponibilidade. Nesse sentido, a sequência correta, de cima para baixo, é: 1, 2, 3, 5 e 4 (alternativa B correta). **RB**
Gabarito "B".

(Delegado/MG – 2021 – FUMARC) A Constituição Federal prevê algumas exceções ao princípio do concurso público, entre as quais se destaca a nomeação para os cargos em comissão referidos no inciso II do artigo 37 da Constituição Federal.

Considerando a situação hipotética de um determinado Prefeito Municipal ter no- meado a sobrinha da sua esposa, médica especialista em saúde da família, para o cargo de Secretária Municipal de Saúde, à vista da interpretação majoritária do STF sobre o enunciado de Súmula Vinculante nº 13, é CORRETO afirmar:

(A) O ato configura prática de nepotismo.
(B) O ato é válido, porque o nepotismo se configura quando entre a pessoa no- meada e a autoridade pública nomeante existe vínculo de parentesco até o segundo grau.
(C) O ato não configura nepotismo, ante a inexistência de vínculo de parentesco por consanguinidade.
(D) Por se tratar de cargo de natureza política e de profissional qualificado para o desempenho da função, a nomeação, em tese, é válida.

A vedação ao nepotismo está incorporada na Súmula Vinculante 13, tendo o STF fixado a interpretação de que, como regra, é proibida a nomeação de cônjuge, companheiro ou parente (em linha reta, colateral ou por afinidade, até o terceiro grau) para cargo em comissão ou função de confiança. A vedação resulta da aplicação dos princípios constitucionais da impessoalidade e da moralidade administrativa. Relevante apontar que, muito embora a súmula vinculante não seja expressa nesse sentido, o STF vem interpretando que a vedação ao nepotismo não atinge, em tese, a nomeação para cargos políticos, como Ministros de Estado e Secretários, estaduais e municipais (Rcl 6.650-MC-AgR, Pleno, rel. Min. Ellen Gracie, j. em 16.10.2008). Nesse sentido, considerando que o cargo de Secretário Municipal da Saúde é de natureza política, aliado ao fato de que a pessoa investida detém qualificação profissional para a função, a nomeação realizada pelo Prefeito Municipal é válida (alternativa D correta). **RB**
Gabarito D

(Delegado/GO – 2017 – CESPE) Após o término de estágio probatório, a administração reprovou servidor público e editou ato de exoneração, no qual declarou que esta se dera por inassiduidade. Posteriormente, o servidor demonstrou que nunca havia faltado ao serviço ou se atrasado para nele chegar.

Nessa situação hipotética, o ato administrativo de exoneração é

(A) nulo por ausência de finalidade.
(B) anulável por ausência de objeto.

(C) anulável por ausência de forma.
(D) anulável por ausência de motivação.
(E) nulo por ausência de motivo.

Para José dos Santos Carvalho Filho, *Exemplo esclarecedor, no que toca à previsão legal da motivação, foi dado pela recente Lei n. 9.784, de 29/1/1999, reguladora do processo administrativo na esfera federal. Segundo o art. 50 dessa lei, exigem motivação, com a indicação dos fatos e dos fundamentos, vários tipos de atos administrativos, como os que negam, limitam ou afetam direitos ou interesses; impõe ou agravam deveres, encargos ou sanções; decidem processos administrativos de concurso ou seleção pública; decidem recursos administrativos etc. Deve-se ainda considerar que a motivação deve ser coerente e verdadeira, sob pena de anulação do ato e de seus efeitos.*

(Delegado/BA – 2013 – CESPE) Julgue o seguinte item.

(1) Para que ocorra provimento de vagas em qualquer cargo público, é necessária a prévia aprovação em concurso público.

1: incorreta, pois o provimento em cargo público em comissão não requer concurso público (art. 37, II, da CF/1988).

(Delegado/MS – 2006) O retorno do servidor público ao cargo de que se vira demitido, com a plena restauração dos direitos violados, inclusive o pagamento integral dos vencimentos e vantagens correspondentes ao tempo em que esteve afastado, por força de decisão judicial que reconhece a ilegalidade da demissão, recebe o nome de:

(A) Revisão.
(B) Reassunção.
(C) Reintegração.
(D) Recondução.
(E) Reversão.

A reintegração está prevista no art. 41, § 2.º, da CF. Ela também está prevista nos Estatutos de Funcionário Público locais. No plano federal, por exemplo, está regulamentada no art. 28 da Lei 8.112/1990.

(Delegado/SP – 2011) Constituem formas de provimento derivado de cargo público, à luz da Constituição Federal,

(A) a readmissão e a promoção.
(B) a readmissão e a reversão *ex officio*.
(C) a reintegração e a transposição.
(D) o aproveitamento e a transposição.
(E) a reintegração e o aproveitamento.

Provimento derivado é aquele que se dá após a nomeação, que é o provimento originário. Há diversas espécies de provimento derivado, mas as previstas na Constituição são a *reintegração* (art. 41, § 2.º, da CF) e o *aproveitamento* (art. 41, § 3º, da CF).

(Delegado/SP – 2003) Retorno à atividade de servidor público aposentado denomina-se

(A) reversão.
(B) readmissão.
(C) recondução.
(D) aproveitamento.

A reversão encontra-se prevista nos arts. 8.º, VI, e 25 a 27 da Lei 8.112/1990 e significa, justamente, o retorno à atividade de servidor aposentado.

5.4. Vacância

(Delegado/PE – 2016 – CESPE) Assinale a opção correta a respeito de servidor público, agente público, empregado público e das normas do regime estatutário e legislação correlata.

(A) O processo administrativo disciplinar somente pode ser instaurado por autoridade detentora de poder de polícia.
(B) Nomeação, promoção e ascensão funcional são formas válidas de provimento de cargo público.
(C) Empregado público é o agente estatal, integrante da administração indireta, que se submete ao regime estatutário.
(D) A vacância de cargo público pode decorrer da exoneração de ofício de servidor, quando não satisfeitas as condições do estágio probatório.
(E) Para os efeitos de configuração de ato de improbidade administrativa, não se considera agente público o empregado de empresa incorporada ao patrimônio público municipal que não seja servidor público.

A: incorreta, pois o processo administrativo disciplinar deve ser instaurado pela autoridade detentora de competência legal para tanto, não se podendo confundir o *poder de polícia* com o *poder disciplinar*; **B:** incorreta, pois a ascensão funcional não é uma forma de provimento de cargo público; **C:** incorreta, pois o empregado público se submete ao regime celetista e não ao regime estatutário; vale informar também que há empregados públicos também na administração direta; **D:** correta (arts. 33, I, e 34, parágrafo único, I, da Lei 8.112/1990); **E:** incorreta, pois a Lei de Improbidade considera agente público o empregado mencionado (art. 1º, *caput*, c/c art. 2º, ambos da Lei 8.429/1992).

(Delegado Federal – 2004 – CESPE) Julgue o item a seguir.

(1) A vacância é o ato administrativo pelo qual o servidor é destituído do cargo, emprego ou função e pode ocorrer com extinção do vínculo pela exoneração, demissão e morte, ou sem extinção do vínculo, pela promoção, aposentadoria, readaptação ou recondução.

1: a assertiva está incorreta, pois, apesar de os casos enunciados serem de vacância (arts. 33 e ss. da Lei 8.112/1990), a aposentadoria importa, sim, em extinção do vínculo. Diferente da iniciativa privada, em que o funcionário que se aposenta pode continuar na função que ocupava, na Administração o agente público que se aposenta terá extinta a sua relação funcional.

(Delegado/SP – 2000) O desligamento do cargo com caráter sancionador tem o *nomen juris* de

(A) demissão.
(B) exoneração.
(C) disponibilidade.
(D) dispensa.

A: correta, pois a demissão é o desligamento com caráter sancionador, ou seja, é uma pena disciplinar; **B:** incorreta, pois a exoneração é o desligamento do servidor sem caráter punitivo, podendo se dar a pedido do servidor ou de ofício, neste caso quando o servidor não transpor ou estágio probatório, não for aprovado em avaliação de desempenho ou tiver de ser desligado para atender a limites de despesa com pessoal; repare que tais situações não são exatamente uma sanção (uma pena disciplinar), mas uma necessidade ditada pela não adaptação do servidor ao trabalho ou pelas disposições da Lei de Responsabilidade Fiscal; **C:** incorreta, pois a disponibilidade não é um desligamento, mas a colocação do servidor em inatividade remunerada temporária; **D:** incorreta, pois a *dispensa* não é uma terminologia usada no serviço público, que usa ou a expressão "demissão" ou a expressão "exoneração", para tratar das espécies de desligamento do agente público. WG

Gabarito "A".

5.5. Acessibilidade e concurso público

(Delegado de Polícia Federal – 2021 – CESPE) Foi realizado concurso para o preenchimento de vagas para determinado cargo público, de natureza civil, da administração direta federal. Após a divulgação dos resultados, os aprovados foram nomeados.

Considerando essa situação hipotética e o que dispõe a Lei 8.112/1990, julgue os itens subsecutivos.

(1) É correto afirmar que o cargo público em questão foi criado por lei.

(2) Os aprovados no referido concurso público serão investidos em cargos em comissão mediante posse e somente adquirirão estabilidade se, após três anos de efetivo exercício, forem aprovados no estágio probatório.

(3) O concurso público seria desnecessário se a investidura se destinasse a emprego público na administração indireta federal.

1: Certo. A criação de cargos públicos deve ser feita por meio de lei. É o que dispõe expressamente a Lei 8.112/1990 em seu art. 3º, parágrafo único: "Os cargos públicos, acessíveis a todos os brasileiros, são criados por lei (...)". A própria Constituição Federal impõe a necessidade de lei para a criação de cargos, funções ou empregos públicos (art. 61, § 1º, inciso II, "a"). Assim, a afirmativa está correta. **2:** Errado. O item está errado. O provimento para cargo em comissão é livre, ou seja, independe de aprovação em concurso público. É o que estabelece a Constituição Federal: "a investidura em cargo ou emprego público depende de aprovação prévia em concurso público de provas ou de provas e títulos, de acordo com a natureza e a complexidade do cargo ou emprego, na forma prevista em lei, ressalvadas as nomeações para cargo em comissão declarado em lei de livre nomeação e exoneração" (art. 37, inciso II). Os cargos efetivos, por sua vez, são acessíveis mediante concurso público e conferem o direito à estabilidade se, após três anos de efetivo exercício, forem aprovados no estágio probatório (art. 41, "caput", CF). **3:** Errado. A assertiva está errada. Segundo o art. 37, inciso II, da Constituição Federal, a investidura em cargo ou *emprego público* depende de aprovação prévia em concurso público. Relevante assinalar que a obrigatoriedade de concurso abrange todas as entidades da Administração, seja a direta, seja a indireta, mesmo aquelas detentoras de personalidade jurídica de direito privado (empresas estatais, p.ex.) e independentemente da função exercida (prestação de serviço público ou exploração de atividade econômica). RB

Gabarito 1C, 2E, 3E

(Delegado/AC – 2008 – CESPE – adaptada) Considere que a Secretaria de Estado da Gestão Administrativa (SGA) do Acre tenha publicado edital tornando pública a realização de um concurso público voltado ao provimento de 25 cargos efetivos de administrador na administração estadual, determinando que a validade do concurso fosse de dois anos, prorrogável por igual período. Considere, ainda, que o concurso tenha sido realizado e tenham sido aprovados 50 candidatos. Acerca dessa situação, julgue os itens a seguir.

(1) A SGA integra a administração direta do estado do Acre.

(2) Os 25 primeiros classificados no concurso têm direito subjetivo a serem nomeados durante o prazo de dois anos, contados da homologação do resultado do certame.

(3) Ato administrativo que venha a determinar a prorrogação da validade do referido concurso configurará exercício de poder administrativo vinculado, uma vez que a possibilidade de prorrogação foi prevista no próprio edital.

1: correta, pois é um órgão pertencente a um ente político; **2:** correta, pois o STF e o STJ passaram a entender que os aprovados em concursos públicos têm direito subjetivo à nomeação, no limite das vagas previstas no edital; o STF explica que, no caso, fica invertido o ônus da prova, ou seja, a Administração só não terá o dever de nomear o servidor se ela provar que aconteceu fato novo que torna absolutamente inconveniente a nomeação dos servidores aprovados no limite das vagas previstas no edital; **3:** errada, pois a prorrogação ou não da validade do concurso é considerada ato discricionário da Administração, que deverá praticá-lo segundo critérios de conveniência e oportunidade. WG

Gabarito 1C, 2C, 3E

(Delegado/DF – 2004 – adaptada) Em relação ao concurso público usado para seleção de servidores, analise as afirmativas a seguir:

I. O candidato aprovado dentro do número de vagas oferecidas no edital tem direito subjetivo à nomeação.

II. As empresas públicas e sociedades de economia mista, criadas para desempenhar atividades econômicas, não estão obrigadas a realizar concurso público para escolha de seus empregados.

III. A prorrogação do prazo de validade do concurso público é ato discricionário da Administração Pública.

É/são afirmativa(s) verdadeira(s) somente:

(A) I;

(B) II;

(C) I e III;

(D) I e II;

(E) II e III.

I: verdadeira, pois o STF e o STJ entendem, hoje, que o candidato aprovado no limite das vagas previstas no edital tem direito subjetivo à nomeação; II: falsa, pois não só a investidura em cargo, como também a investidura em emprego público, próprio dessas empresas, dependem de concurso público (art. 37, II, da CF); III: verdadeira, pois, de fato, o Judiciário vem reconhecendo que a Administração pode ou não prorrogar a validade de concurso público, de acordo com critérios de conveniência e oportunidade. WG

Gabarito "C".

(Delegado/ES – 2006 – CESPE) Em relação ao direito administrativo, julgue o item seguinte.

(1) Candidato classificado para ocupar uma das vagas previstas no edital de um concurso público tem direito subjetivo à nomeação durante o período de validade do certame, caso outro candidato que tenha obtido classificação inferior a ele tome posse primeiro, pois, nessa situação, a nomeação passa a ser um ato vinculado.

1: correta, por ser decorrência do inc. IV do art. 37 da CF. WG

Gabarito 1C

(Delegado/SP – 2002) O estágio probatório dos servidores públicos nomeados para cargo de provimento efetivo, em virtude de concurso público, é de

(A) dois anos.
(B) três anos.
(C) um ano.
(D) quatro anos.

O STJ vem entendendo que o tempo de efetivo exercício para a aquisição da estabilidade, previsto no art. 41, *caput*, da CF, e consistente em 3 anos, deve coincidir com o período de estágio probatório. Assim, seja qual for a redação do Estatuto de Funcionários Públicos local quanto ao tempo de estágio probatório, por força de imperativo constitucional, o tempo desse estágio é de 3 anos. Gabarito "B".

5.6. Greve e sindicalização

(Delegado Federal – 2002 – CESPE) Julgue o seguinte item.

(1) O direito de greve dos servidores públicos ainda não foi regulado por lei específica, a qual poderá instituir o direito de os respectivos sindicatos ajuizarem dissídios coletivos perante a justiça do trabalho, na hipótese de serem frustradas as tentativas de negociação direta.

1: incorreta, pois, apesar da lei em questão não ter sido ainda elaborada, os servidores públicos não têm como foro a Justiça do Trabalho, mas sim a Justiça Comum, diferentemente dos empregados públicos das pessoas de direito privado estatais, cujo foro competente para as demandas respectivas é a Justiça do Trabalho. Gabarito 1E.

5.7. Acumulação remunerada

(Delegado/MG – 2006) É característica comum a todos os servidores públicos estatutários:

(A) Ocupar cargos de provimento efetivo.
(B) Receber subsídios.
(C) Se aposentar pelo regime geral de previdência social.
(D) Se submeter a um estatuto nacional, que fixará seus direitos e obrigações.
(E) Se submeter às regras relativas à acumulação de cargos públicos.

A: incorreta, pois são servidores estatutários todos aqueles que detêm cargos, sejam estes efetivos ou em comissão; B: incorreta, pois somente os servidores mencionados na Constituição Federal (exemplo: art. 39, §§ 4º e 8º) receberão subsídios; C: incorreta, pois os titulares de cargo efetivo se aposentam pelo Regime Próprio de Previdência; dentre os servidores estatutários, somente os titulares de cargo em comissão se aposentam pelo Regime Geral de Previdência Social (art. 40, § 13, da CF); D: incorreta, pois em cada ente federativo haverá um estatuto de funcionário público local; E: correta (art. 37, XVI, da CF). Gabarito "E".

5.8. Estágio probatório e estabilidade

(Delegado/MG – 2021 – FUMARC) Após exercer o cargo de escrivão da PCMG por 10 anos ininterruptos, em 2019, Paulo foi aprovado no concurso público para o cargo de delegado de polícia substituto do Estado de Minas Gerais.

Considerando que Paulo foi nomeado e entrou em exercício no cargo de delegado, assinale afirmativa INCORRETA:

(A) Ao final do estágio probatório, caso não comprovada a aptidão para o exercício das funções de Delegado de Polícia Substituto, Paulo será exonerado do cargo e reintegrado ao cargo de escrivão de polícia.

(B) Conforme previsão expressa da LC 129/2013, caso reconhecida a aptidão para o cargo, após a publicação da declaração de estabilidade, Paulo será promovido de Delegado de Polícia Substituto para Delegado de Polícia Titular "A".

(C) Paulo continuará ostentando a condição de servidor efetivo, mas a estabilidade ocorrerá após três anos de exercício no novo cargo, condicionada à comprovação da capacidade para cargo, a ser aferida ao final do estágio probatório, em avaliação especial de desempenho.

(D) Paulo terá que se submeter ao estágio probatório, por ter se habilitado em cargo de natureza e carreira diversas àquele anteriormente exercido.

A: incorreta (em caso de inaptidão em estágio probatório, Paulo será reconduzido ao cargo de origem; aplicável, portanto, a figura da *recondução*, e não da reintegração, a qual constitui o retorno do servidor cuja demissão é objeto de anulação). B: correta (art. 95 da Lei Complementar Estadual 129/2013). C e D: corretas (ao assumir o novo cargo efetivo de Delegado, Paulo somente adquirirá estabilidade após 3 anos de exercício nessa função, condicionada à comprovação da capacidade para cargo, a ser aferida ao final do estágio probatório, em avaliação especial de desempenho). Gabarito "A".

(Delegado/MG – 2018 – FUMARC) Sobre as hipóteses de perda do cargo do servidor estável previstas no artigo 41, § 1º da CR/88, a INCORRETA:

(A) Excesso de despesa com pessoal.
(B) Procedimento de avaliação periódica de desempenho, na forma de lei complementar, assegurada ampla defesa.
(C) Processo administrativo em que lhe seja assegurada ampla defesa.
(D) Sentença judicial transitada em julgado.

O servidor estável somente perderá o cargo nas situações previstas na Constituição. O art. 41, § 1º, CF, prevê as seguintes hipóteses: em virtude de sentença judicial transitada em julgado (alternativa D); mediante processo administrativo em que lhe seja assegurada ampla defesa (alternativa C); mediante procedimento de avaliação periódica de desempenho, na forma de lei complementar, assegurada ampla defesa (alternativa B). Outra hipótese está prevista no art. 169, § 4º, CF: exoneração para redução de despesas com pessoal (alternativa A). Gabarito "A".

Leia as afirmativas a seguir, à luz da Constituição da República Federativa do Brasil e da legislação infraconstitucional aplicável, no que se refere à temática do exercício do cargo de servidor no âmbito da Administração Pública.

I. - Extinto o cargo ou declarada sua desnecessidade, o servidor estável ocupante deste cargo ficará em disponibilidade, sendo sustada a remuneração que percebia, restituindo-se a remuneração na hipótese de reaproveitamento do servidor em outro cargo.

II. - A contratação temporária feita por ente da Administração é matéria que depende de estipulação legal e está condicionada à necessidade e ao interesse público.

III. - Servidor estável que passou a ocupar o cargo de outro servidor demitido e que voltou ao mesmo cargo por força de decisão judicial reintegratória, se estável, deverá ser reconduzido ao cargo de origem ou posto em disponibilidade.

IV. - A avaliação periódica é uma das formas pelas quais o servidor pode perder o cargo, em conformidade com lei complementar, sendo assegurado, no procedimento de avaliação, o direito a ampla defesa.

V. - Servidor da administração direta, autárquica ou fundacional que for investido no cargo de Prefeito poderá optar pela sua remuneração.

(Delegado/ES – 2019 – Instituto Acesso) Marque a alternativa correta:

(A) Todas as afirmativas estão corretas, à exceção da IV.
(B) Todas as afirmativas estão corretas, à exceção da III.
(C) Todas as afirmativas estão corretas, à exceção da I.
(D) Todas as afirmativas estão corretas, à exceção da II.
(E) Todas as afirmativas estão corretas, à exceção da V.

Item I incorreto (extinto o cargo ou declarada sua desnecessidade, o servidor estável ficará em disponibilidade, com remuneração proporcional ao tempo de serviço, conforme prevê o art. 41, § 3º, CF); item II correto (art. 37, IX, CF); item III correto (art. 41, § 2º, CF); item IV correto (art. 41, § 1º, III, CF); item V correto (art. 38, II, CF). **RB**
Gabarito "C".

(Delegado/MS – 2017 – FAPEMS) A Lei n. 8.429/1992, que dispõe sobre as sanções aplicáveis aos agentes públicos nos casos de enriquecimento ilícito no exercício de mandato, cargo, emprego ou função na administração pública direta, indireta ou fundacional, apregoa, mais especificamente, no artigo 2º, que: "Reputa-se agente público, para os efeitos desta lei, todo aquele que exerce, ainda que transitoriamente ou sem remuneração, por eleição, nomeação, designação, contratação ou qualquer outra forma de investidura ou vínculo, mandato, cargo, emprego ou função nas entidades mencionadas no artigo 1º". Destarte, quanto aos agentes públicos, assinale a alternativa correta.

(A) O servidor público efetivo adquirirá estabilidade após três apóes de efetivo exercício, independentemente de aprovação em avaliação de desempenho.
(B) O candidato aprovado em concurso público para provimento de cargo efetivo, preterido na ordem de nomeação, tem direito subjetivo à nomeação.
(C) Os cargos públicos são acessíveis aos brasileiros e aos estrangeiros, na forma da lei complementar.
(D) Delegados de Polícia são agentes políticos.
(E) As funções de confiança destinam-se apenas às atribuições de direção e chefia.

A: incorreta. Depende de aprovação na avaliação de desempenho. **B:** correta. STF, – Súmula 15 Dentro do prazo de validade do concurso, o candidato aprovado tem direito à nomeação, quando o cargo for preenchido sem observância da classificação. **C:** incorreta. Lei 8.112/1990, art. 5º São requisitos básicos para investidura em cargo público: I – a nacionalidade brasileira. **D:** incorreto. São agentes públicos. **E:** incorreta. Faltou as de assessoramento. CF, art. 37, V, "as funções de confiança, exercidas exclusivamente por servidores ocupantes de cargo efetivo, e os cargos em comissão, a serem preenchidos por servidores de carreira nos casos, condições e percentuais mínimos previstos em lei, destinam-se apenas às atribuições de direção, chefia e assessoramento". **FMB**
Gabarito "B".

(Delegado/RJ – 2013 – FUNCAB) No que diz respeito à aquisição da estabilidade do servidor público, assinale a alternativa correta.

(A) É exigido o requisito temporal de dois anos de efetivo exercício.
(B) Pode ser estendida aos titulares de cargo em comissão de livre nomeação e exoneração.
(C) Guarda correlação com o cargo e não com o serviço público.
(D) A avaliação negativa, pela Administração, do desempenho do servidor, pode excluí-lo do serviço público sem o ato de exoneração.
(E) O servidor que não satisfizer as condições do estágio probatório deverá ser exonerado, observadas as formalidades legais.

A: incorreta, pois são exigidos *três* anos de efetivo exercício (art. 41, *caput*, da CF); **B:** incorreta, pois, quanto aos ocupantes de cargos, somente se aplica aos titulares de cargo *efetivo* (art. 41, *caput*, da CF); **C:** incorreta, pois a estabilidade não é um fim em si mesmo, tendo por finalidade garantir maior isenção no exercício do cargo, de modo possibilitar melhor isenção no exercício do serviço público; **D:** incorreta, pois a avaliação negativa, somada ao preenchimento dos demais requisitos legais, impõe justamente a *exoneração*, e não a *demissão*, pois esta tem caráter punitivo e decorre da prática de ato infracional; **E:** correta (art. 20, § 2º, da Lei 8.112/1990). **WG**
Gabarito "E".

(Delegado/BA – 2013 – CESPE) Julgue o seguinte item.

(1) Considere que um servidor público federal estável, submetido a estágio probatório para ocupar outro cargo público após aprovação em concurso público, desista de exercer a nova função. Nessa situação, o referido servidor terá o direito de ser reconduzido ao cargo ocupado anteriormente no serviço público.

1: correta, pois os tribunais vêm interpretando ampliativamente o disposto no art. 29 da Lei 8.112/1990, com base no princípio da isonomia, para permitir a recondução não só do que não foi aprovado no estágio probatório de novo cargo, como também daquele que foi bem no estágio probatório do novo cargo e deseja ser reconduzido ao cargo de origem (STF, MS 24.271-0/DF, Pleno, j. 28.08.2002, rel. Min. Carlos Velloso, *DJ* 20.09.2002; e STJ, REsp 817.061/RJ, 5ª Turma, j. 29.05.2008, rel. Min. Arnaldo Esteves Lima, *DJe* 04.08.2008). **WG**
Gabarito 1C.

(Delegado/MG – 2006) É modificação introduzida por Emenda Constitucional:

(A) A alteração do prazo para a aquisição da estabilidade.
(B) A abolição do instituto da vitaliciedade.
(C) A abolição do instituto da disponibilidade.
(D) A instituição de vedação à presença de estrangeiros em empregos públicos.
(E) A instituição do sistema de teto remuneratório.

A EC 19/1998 alterou o prazo para a aquisição de estabilidade, que passou de 2 anos para 3 anos (art. 41, *caput*, da CF). **WG**
Gabarito "A".

(Delegado/DF – 2004) O servidor público, nomeado para cargo de provimento efetivo, será submetido a estágio probatório, oportunidade em que será avaliado pela Administração Pública. Quando constatar que o servidor não preenche os requisitos exigidos para o cargo, a Administração Pública deverá adotar a seguinte providência:

(A) demitir o servidor após instaurar processo disciplinar;
(B) demitir o servidor de forma sumária;
(C) exonerar o servidor após instaurar processo disciplinar;
(D) exonerar o servidor de forma imotivada;
(E) exonerar o servidor após assegurar o direito de defesa, não havendo necessidade de instauração de processo administrativo disciplinar.

A e B: incorretas, pois a demissão só se dá quando há cometimento de infração disciplinar, o que não ocorreu no caso; **C:** incorreta, pois não ocorreu infração disciplinar no caso; **D:** incorreta, pois a motivação é princípio do Direito Administrativo, devendo ser cumprida no caso, por se tratar de cessação de relação jurídica com ocupante de cargo efetivo; **E:** correta, nos termos da Súmula 21 do STF ("Funcionário em estágio probatório não pode ser exonerado nem demitido sem inquérito ou sem as formalidades legais de apuração de sua capacidade"). Gabarito "E".

(Delegado/SP – 2003) O servidor público estável poderá

(A) perder o cargo, desde que ato normativo motivado de cada um dos Poderes especifique a atividade funcional, o órgão ou a unidade administrativa objeto da redução de pessoal, sem direito a qualquer indenização.
(B) ser exonerado "ad nutum".
(C) perder o cargo, desde que ato normativo motivado de cada um dos Poderes especifique a atividade funcional, o órgão ou a unidade administrativa objeto da redução de pessoal, fazendo jus à indenização correspondente a um mês de remuneração por ano de serviço.
(D) ser dispensado após vinte e cinco anos de efetivo exercício, fazendo jus a um mês de remuneração.

A: incorreta, pois, nesse caso, há direito à indenização (art. 169, §§ 4º e 5º, da CF); **B:** incorreta, pois somente o servidor ocupante de cargo em comissão, servidor esse que não tem direito à estabilidade, pode ser exonerado a qualquer tempo e sem motivação, ou seja, pode ser exonerado "ad nutum" (art. 37, II, parte final, da CF); **C:** correta (art. 169, § 4.º, da CF); **D:** incorreta, pois não existe previsão dessa natureza na Constituição Federal. Gabarito "C".

5.9. Responsabilidade do servidor

(Delegado/MG – 2021 – FUMARC) Sabendo-se que o nosso ordenamento jurídico admite a possibilidade de o servidor público ser responsabilizado cumulativamente nas esferas administrativa, civil e criminal, pela prática de um mesmo ato lesivo, analise as afirmativas a seguir e marque a INCORRETA:

(A) A administração pública pode aplicar ao servidor a pena de demissão em processo disciplinar ainda no curso da ação penal a que responde pelo mesmo fato.
(B) A decisão penal condenatória só causa reflexo na esfera civil da Administração se o fato ilícito penal for caracterizado também como ilícito civil, ocasionando prejuízo patrimonial aos cofres públicos.
(C) Em caso de dano causado à Administração Pública ou a terceiro, o dever indenizatório atribuído ao servidor público, estabelecido por meio de processo administrativo regular, pode ser satisfeito mediante desconto direto sobre os seus vencimentos, independentemente da sua anuência.
(D) Se a infração disciplinar também for capitulada como crime, o prazo prescricional será o previsto na lei penal.

A: correta (em razão da independência das instâncias penal e disciplinar, a administração pública pode aplicar ao servidor a pena de demissão em processo disciplinar ainda no curso da ação penal a que responde pelo mesmo fato). **B:** correta (a despeito da independência das instâncias, verificam-se situações de repercussão; assim, a decisão penal condenatória causa reflexo na esfera civil da Administração se o fato ilícito penal for caracterizado também como ilícito civil, ocasionando lesão ao erário). **C:** incorreta (o desconto direto sobre os vencimentos do servidor depende de sua anuência, não podendo ser realizado "ex officio"). **D:** correta (os prazos de prescrição previstos na lei penal aplicam-se às infrações disciplinares capituladas também como crime, cf. art. 142, § 2º, da Lei 8.112/1990; no mesmo sentido a jurisprudência do STJ: "a prescrição da pretensão punitiva do Estado, nos casos em que o servidor pratica ilícito também capitulado como crime, deve observar o disposto na legislação penal" – AgInt no REsp 1.872.789/SP, 2ª Turma, Rel. Min. Og Fernandes, DJe 18.12.2020). Gabarito "C".

(Delegado/MG – 2018 – FUMARC) Um servidor público estadual, no exercício do seu cargo, conduzia um veículo oficial em velocidade superior à permitida na via e atropela um pedestre que vem a falecer no local. A partir da narrativa, é CORRETO afirmar:

(A) A sentença condenatória no âmbito penal somente gerará efeitos na esfera administrativa se imposta pena privativa de liberdade.
(B) Eventual absolvição no âmbito penal por insuficiência de provas não autoriza a condenação do servidor nas esferas cível e administrativa.
(C) O Estado responderá subjetivamente na esfera cível pelos danos resultantes do evento.
(D) O servidor responderá pelo ato lesivo nas esferas cível, penal e administrativa.

Alternativa A incorreta (inexiste, para fins de repercussão da sentença penal condenatória na esfera administrativa, a necessidade de imposição de pena privativa de liberdade; assim, a condenação penal, independentemente da pena imposta, repercute na esfera disciplinar, por reconhecer a autoria e a materialidade do fato); alternativa B incorreta (a sentença de absolvição penal somente repercute nas esferas administrativa e cível, impedindo a respectiva responsabilização, nas hipóteses de negativa de autoria e inexistência do fato; assim, no caso de absolvição por insuficiência de provas, cabível a condenação do servidor nas esferas cível e administrativa); alternativa C incorreta (a responsabilidade civil do Estado é objetiva, nos termos do art. 37, § 6º, CF); alternativa D correta (o regime da responsabilização do servidor é amplo, abrangendo as esferas cível, penal e administrativa). Gabarito "D".

(Delegado/MT – 2017 – CESPE) Um delegado de polícia, ao tentar evitar ato de violência contra um idoso, disparou, contra o ofensor, vários tiros com revólver de propriedade da polícia. Por erro de mira, o delegado causou a morte de um transeunte.

Nessa situação hipotética, a responsabilidade civil do Estado

(A) dependerá da prova de culpa *in eligendo*.
(B) dependerá de o delegado estar, no momento da ocorrência, de serviço.
(C) dependerá da prova de ter havido excesso por parte do delegado.
(D) existirá se ficar provado o nexo de causalidade entre o dano e a ação.
(E) será excluída se o idoso tiver dado causa ao crime.

Art. 37, § 6° As pessoas jurídicas de direito público e as de direito privado prestadoras de serviços públicos responderão pelos danos que seus agentes, nessa qualidade, causarem a terceiros, assegurado o direito de regresso contra o responsável nos casos de dolo ou culpa. **FMB**
Gabarito "D".

(Delegado/PR – 2013 – UEL-COPS) Um servidor público, sob determinadas circunstâncias, pode ser absolvido da denúncia de um crime contra a administração pública. Com relação às circunstâncias em que necessariamente haverá a absolvição também no âmbito administrativo, considere as afirmativas a seguir.

I. Ausência de provas.
II. Negativa de culpabilidade.
III. Negativa da autoria.
IV. Negativa do fato.
Assinale a alternativa correta.

(A) Somente as afirmativas I e II são corretas.
(B) Somente as afirmativas I e IV são corretas.
(C) Somente as afirmativas III e IV são corretas.
(D) Somente as afirmativas I, II e III são corretas.
(E) Somente as afirmativas II, III e IV são corretas.

Somente as alternativas III e IV estão corretas, já que apenas as absolvições criminais por inexistência material do *fato* ou por negativa de *autoria* é que ensejam a repercussão na esfera administrativa (art. 126 da Lei 8.112/1990). **WG**
Gabarito "C".

(Delegado/MG – 2008) No tocante à responsabilidade dos servidores públicos, é INCORRETO afirmar que

(A) é independente nas áreas civil, administrativa e penal.
(B) será reconhecida se ocorrer situação de dano, independentemente de a administração ter ou não o fato regulamentado em sua legislação estatutária.
(C) a responsabilização civil ocorrerá quando o servidor causar dano à administração ou a terceiro, via conduta dolosa ou culposa.
(D) a responsabilização penal decorre de conduta punível, submetida ao Poder Judiciário.

A: correta; na esfera federal, tal previsão está contida nos arts. 121 e 125 da Lei 8.112/1990; **B**: incorreta (devendo ser assinalada), pois a responsabilidade administrativa só existe quando a lei tipificar a conduta como sendo apta a configurar uma infração disciplinar; não há responsabilidade sem prévia cominação legal; **C**: correta, pois a responsabilidade civil do servidor depende de culpa ou dolo (art. 37, § 6.°, parte final, da CF; no plano federal, tal disposição se encontra no art. 122 da Lei 8.112/1990); **D**: correta, pois a responsabilização penal depende não só de prévia cominação legal (conduta punível), como também depende de processo e julgamento perante o Poder Judiciário. **WG**
Gabarito "B".

(Delegado/PI – 2009 – UESPI) Em relação ao servidor público, assinale a afirmação correta.

(A) A responsabilidade civil, tanto do servidor como do Estado, é objetiva.
(B) Extinto o cargo, ou declarada sua desnecessidade, o servidor estável ficará em disponibilidade, com remuneração integral, até o seu aproveitamento em outro cargo.
(C) A absolvição na esfera penal, por negativa de autoria ou do fato, constitui causa impeditiva da responsabilização civil do servidor público, em ação regressiva da Administração Pública.
(D) A readaptação é a forma de provimento que implica no retorno do servidor ao cargo que ocupava, haja vista sua inabilitação em estágio probatório ou pela reintegração de outro servidor ao cargo do qual teve que se afastar.
(E) O estrangeiro, na forma da lei, não pode ocupar cargo público.

A: incorreta, pois o servidor só responde civilmente se agir com culpa ou dolo (art. 37, § 6.°, parte final, da CF); **B**: incorreta, pois, colocado em disponibilidade, o servidor receberá proventos proporcionais ao tempo de serviço (art. 41, § 3.°, da CF); **C**: correta; na esfera federal, tal previsão se encontra no art. 126 da Lei 8.112/1990; **D**: incorreta, pois o provimento em questão tem o nome de recondução, que, na esfera federal, está prevista no art. 29 da Lei 8.112/1990; **E**: incorreta, pois o art. 37, I, da CF admite que estrangeiro ocupe cargo público, na forma da lei. **WG**
Gabarito "C".

(Delegado/SP – 2011) A responsabilidade civil do policial decorre

(A) da prática de dano por erro determinado por terceiro.
(B) da prática de ofensas verbais ou físicas contra servidores ou particulares.
(C) apenas da prática de crime funcional de que resulte prejuízo para a Fazenda Pública.
(D) de omissão antijurídica cometida em obediência a ordem superior.
(E) de procedimento doloso ou culposo que importe prejuízo à Fazenda Pública ou a terceiros.

De acordo com o art. 66 da Lei Complementar do Estado de São Paulo 207/1979 (a Lei Orgânica da Polícia do Estado de São Paulo), "a responsabilidade civil decorre de procedimento doloso ou culposo, que importe prejuízo à Fazenda Pública ou a terceiros". **WG**
Gabarito "E".

(Delegado/RS – 2018 – FUNDATEC) Levando-se em consideração o regime jurídico aplicável aos servidores da Polícia Civil, assinale a alternativa INCORRETA.

(A) As normas previstas no Estatuto dos Servidores Públicos Civis do Estado do Rio Grande do Sul, inclusive as relacionadas aos direitos e deveres, aplicam-se aos servidores da Polícia Civil, em tudo o que não contrariar o Estatuto dos Servidores da Polícia Civil.
(B) Ao Chefe de Polícia compete a aplicação de todas as penas previstas no Estatuto dos Servidores da Polícia Civil, exceto as de demissão, demissão a bem do serviço público e cassação de aposentadoria ou disponibilidade.
(C) O processo administrativo-disciplinar será instaurado para apurar responsabilidade do servidor, sempre

que a imputação, verificada por meio de sindicância ou inquérito policial, possa importar na aplicação das penas de suspensão, demissão, demissão a bem do serviço público e cassação de aposentadoria ou disponibilidade.

(D) A emissão do relatório pela autoridade processante constitui causa interruptiva da prescrição.

(E) O policial civil só poderá ser conduzido por policial civil e, tratando-se de delegado de polícia, a condução será feita por outro delegado de polícia.

A questão trata do regime aplicável aos servidores da Polícia Civil do Estado do Rio Grande do Sul, disciplinado pela Lei estadual 7.366/1980. A incorreção encontra-se na alternativa C. Nos termos do art. 101 da Lei 7.366/1980 (Estatuto dos Servidores da Polícia Civil do Estado do Rio Grande do Sul), o processo administrativo-disciplinar será instaurado para apurar responsabilidade de servidor, sempre que a imputação, verificada por meio de sindicância ou inquérito, possa importar na aplicação das penas de demissão, demissão a bem do serviço público e cassação de aposentadoria ou disponibilidade. Diante deste preceito, verificam-se dois erros na alternativa C: 1º) a indevida referência a "inquérito policial"; 2º) a errônea menção à pena de "suspensão". As demais alternativas estão corretas. RB

Gabarito "C".

5.10. Direitos, vantagens e sistema remuneratório

(Delegado Federal – 2002 – CESPE) Julgue o seguinte item.

(1) A Constituição de 1988 prevê, em caráter obrigatório, o regime de remuneração na forma de subsídio para todos os policiais federais.

1: correta (art. 144, § 9º, c/c art. 39, § 4.º, da CF). WG

Gabarito 1C.

(Delegado/SC – 2008) Em relação ao servidor público, assinale a alternativa correta.

(A) Os ocupantes de cargos, funções e empregos públicos de todos os níveis de Administração e de todos os Poderes, aí abrangidos todos os agentes políticos, estão sujeitos ao limite máximo de remuneração, de subsídio de proventos de aposentadoria, pensões ou outra espécie remuneratória percebidos cumulativamente ou não. O teto alcança as percepções cumulativas, ou seja, os casos em que o agente acumula cargos, funções ou empregos públicos. Em nível federal, o teto para todos os agentes públicos corresponde ao subsídio de Ministro do Supremo Tribunal Federal.

(B) A Constituição Federal, art. 37, incs. XVI e XVII, estabelece a regra de proibição de exercício simultâneo de cargos, funções e empregos públicos. Esse preceito abrange agentes da Administração direta e das autarquias e fundações, não se aplicando aos agentes públicos das empresas públicas e das sociedades de economia mista.

(C) O regime estatutário é aquele em que os direitos e deveres do servidor estão contidos basicamente num Estatuto, que não pode ser alterado no decorrer da vida funcional do servidor, salvo se com sua anuência.

(D) Nos Estados, o agente tem como limite de remuneração o subsídio mensal do Governador. Para os agentes do Poder Legislativo estadual, o limite situa-se no subsídio dos Desembargadores Estaduais.

A: correta (art. 37, XI, da CF); B: incorreta (art. 37, XVII, da CF); C: incorreta, pois o regime estatutário, diferente do regime contratual, permite modificação unilateral de suas regras por parte do Poder Público, de modo a fazer frente às necessidades impostas pelo interesse público; D: incorreta (art. 37, XI, da CF). WG

Gabarito "A".

5.11. Infração disciplinar e processo administrativo

(Delegado/RJ – 2022 – CESPE/CEBRASPE) A Corregedoria-Geral de Polícia Civil recebeu denúncia anônima de que Paula, servidora estadual efetiva da Secretaria de Estado de Fazenda cedida à Polícia Civil, atuava, habitualmente, com insubordinação para com seus superiores e divulgava informações da instituição nas redes sociais, sem autorização.

Tendo como referência essa situação hipotética e as normas de direito disciplinar, assinale a opção correta.

(A) Dada a possibilidade de delegação do poder disciplinar, caberão ao órgão cessionário a apuração e eventual aplicação de penalidade à servidora cedida.

(B) Caberá ao órgão cedente apurar os fatos e, se for o caso, aplicar penalidade à servidora cedida.

(C) Não cabe a instauração de procedimento disciplinar contra a servidora cedida, em razão de a denúncia ter sido anônima.

(D) O órgão cessionário poderá instaurar processo administrativo disciplinar contra a servidora cedida, para apurar falta funcional, porém o julgamento e eventual aplicação de penalidade caberão ao órgão cedente.

(E) O órgão cessionário não possui competência para apuração de falta disciplinar de servidor cedido, se a falta não atingir o referido órgão.

Alternativa A incorreta (conforme já definido pelo STJ no MS 21.991, a instauração de processo disciplinar contra servidor efetivo cedido deve dar-se, preferencialmente, no órgão em que tenha sido praticada a suposta irregularidade, vale dizer, no órgão cessionário; contudo, o julgamento e a eventual aplicação de sanção só podem ocorrer no órgão ao qual o servidor efetivo estiver vinculado, ou seja, no órgão cedente). Alternativa B incorreta (cf. comentários da alternativa A). Alternativa C incorreta (desde que devidamente motivada e com amparo em investigação ou sindicância, é permitida a instauração de processo administrativo disciplinar com base em denúncia anônima, nos termos da Súmula 611 do STJ). Alternativa D correta (cf. comentário da alternativa A). Alternativa E incorreta (cf. comentário da alternativa A). RB

Gabarito "D".

(Delegado/MG – 2021 – FUMARC) De acordo com a Lei 5.301/69 (Lei Orgânica da PCMG – parcialmente revogada), é CORRETO afirmar que não constitui causa para aplicação da pena de demissão a bem do serviço público:

(A) Abandono do cargo.
(B) Contumácia na prática de transgressões disciplinares.
(C) Exercício de advocacia administrativa.
(D) Prática de insubordinação grave.

Na verdade, a Lei Orgânica da Polícia do Estado de Minas Gerais é a Lei estadual 5.406/1969 (e não a Lei 5.301/1969 – Estatuto dos Militares do Estado de MG). Apesar disso, a banca examinadora não anulou essa questão. O art. 159 da Lei 5.406/1969 prevê as hipóteses que acarretam a demissão a bem do serviço público, tais como a contumácia na prática de transgressões disciplinares (inciso

XI), o exercício de advocacia administrativa (inciso X) e a prática de insubordinação grave (inciso IV). Assim, não constitui causa para a demissão a bem do serviço público o abandono do cargo, que dá ensejo à demissão simples (art. 158, inciso I). Atenção! Importante não confundir a *demissão simples* e a *demissão a bem do serviço público* (demissão qualificada).

Gabarito "A".

(Delegado/GO – 2017 – CESPE) No que se refere ao processo administrativo disciplinar (PAD), assinale a opção correta.

(A) A CF recepcionou o instituto da verdade sabida, viabilizando a sua aplicação no PAD.
(B) O Supremo Tribunal Federal entende ser ilegal a instauração de sindicância para apurar a ocorrência de irregularidade no serviço público a partir de delação anônima.
(C) Conforme o Supremo Tribunal Federal, militar, ainda que reformado, submete-se à hierarquia e à disciplina, estando, consequentemente, sujeito à pena disciplinar.
(D) Os princípios da ampla defesa e do contraditório no PAD não são absolutos, podendo haver indeferimento de pedidos impertinentes ou protelatórios.
(E) Uma sindicância preparatória só pode servir de subsídio para uma sindicância contraditória, mas não para um PAD.

A: incorreta. A constituição federal, art. 5º, LVII, conceitua o princípio da presunção da inocência na esfera penal, que e acompanhado na esfera administrativa. Lei 9.784/1999, art. 2º A Administração Pública obedecerá, dentre outros, aos princípios da legalidade, finalidade, motivação, razoabilidade, proporcionalidade, moralidade, ampla defesa, contraditório, segurança jurídica, interesse público e eficiência. **B:** incorreta. HC 97197 – STF – As autoridades públicas não podem iniciar qualquer medida de persecução (penal ou disciplinar), apoiando-se, unicamente, para tal fim, em peças apócrifas ou em escritos anônimos. É por essa razão que o escrito anônimo não autoriza, desde que isoladamente considerado, a imediata instauração de "persecutio criminis". – Peças apócrifas não podem ser formalmente incorporadas a procedimentos instaurados pelo Estado, salvo quando forem produzidas pelo acusado ou, ainda, quando constituírem, elas próprias, o corpo de delito (como sucede com bilhetes de resgate no crime de extorsão mediante sequestro, ou como ocorre com cartas que evidenciem a prática de crimes contra a honra, ou que corporifiquem o delito de ameaça ou que materializem o "crimen falsi", p. ex.). – **Nada impede, contudo, que o Poder Público, provocado por delação anônima ("disque-denúncia", p. ex.), adote medidas informais destinadas a apurar, previamente, em averiguação sumária, "com prudência e discrição", a possível ocorrência de eventual situação de ilicitude** penal, desde que o faça com o objetivo de conferir a verossimilhança dos fatos nela denunciados, em ordem a promover, então, em caso positivo, a formal instauração da "persecutio criminis", mantendo-se, assim, completa desvinculação desse procedimento estatal em relação às peças apócrifas. **C:** incorreta. Em que pese o militar reformado estar sujeito a hierarquia e disciplina este não se submete as penas disciplinares. Súmula 56 STF – Militar reformado não está sujeito à pena disciplinar. **D:** incorreta. Os princípios da ampla defesa e do contraditório são absolutos e o indeferimento de pedidos protelatórios ou impertinentes não os fere. Lei 9.784/1999 – Art. 38, § 2º Somente poderão ser recusadas, mediante decisão fundamentada, as provas propostas pelos interessados quando sejam ilícitas, impertinentes, desnecessárias ou protelatórias. **E:** incorreta. A sindicância pode em qualquer dos casos dar origem ao PAD, sem, no entanto, ser suficiente para sua decisão. FMB

Gabarito: Anulada

(Delegado/SP – 2014 – VUNESP) Sócrates, antigo servidor de uma autarquia, sofreu um processo administrativo disciplinar cujo resultado, ao final, lhe custou a perda do próprio cargo público. Durante o processo, foi possível ao servidor informar o julgador dos fatos, manifestar-se sobre as evidências trazidas contra si e, inclusive, ter consideradas suas manifestações nos autos. A despeito disso, alegou o servidor que, no trâmite do processo, não foi assistido por advogado regularmente constituído para a defesa. Em tais condições, a falta de defesa técnica por advogado no processo administrativo disciplinar, por si só,

(A) importa nulidade do processo administrativo disciplinar por constituir flagrante cerceamento de defesa.
(B) não importa nulidade de processo administrativo disciplinar, desde que seus atos sejam reaproveitados em novo procedimento, desta vez assistido o acusado por defensor dativo.
(C) importa nulidade da decisão por violar o princípio da ampla defesa assegurado a todos litigantes em processo judicial ou administrativo pelo art. 5º, inciso LV, da Constituição Federal.
(D) importa nulidade do processo administrativo disciplinar, pois a Lei Estadual do Processo Administrativo (Lei 10.177/1998) prevê a essencialidade do defensor habilitado para o cumprimento do devido processo legal.
(E) não ofende a constituição, ainda mais no presente caso em que a parte reconhecidamente se defendeu nos autos.

Segundo a Súmula Vinculante STF n. 5, a falta de defesa técnica por advogado no processo disciplinar, por si só, ofende o contraditório e a ampla defesa; ou seja, a falta de advogado gera a presunção de desrespeito a esse princípio, se forem preservados os três elementos dessa garantia, que são os seguintes: "a) o direito de manifestação (que obriga o órgão julgador a informar à parte contrária dos atos praticados no processo e sobre os elementos dele constantes); b) o direito de informação sobre o objeto do processo (que assegura ao defendente a possibilidade de se manifestar oralmente ou por escrito sobre os elementos fáticos e jurídicos contidos no processo); e c) o direito de ver os seus argumentos contemplados pelo órgão incumbido de julgar (que exige do julgador capacidade de apreensão e isenção de ânimo para contemplar as razões apresentadas)" (STF, RE 434.059/DF). Assim, a alternativa "E" está correta. WG

Gabarito "E".

(Delegado/SP – 2014 – VUNESP) De acordo com o Estatuto dos Funcionários Públicos Civis do Estado de São Paulo (Lei 10.261/1968), será aplicada a pena de demissão, a bem do serviço público, ao funcionário que

(A) for ineficiente no serviço.
(B) receber presentes de qualquer espécie, por intermédio de outrem, em razão de suas funções.
(C) abandonar o cargo por mais de 30 dias consecutivos.
(D) se ausentar do serviço, sem causa justificável, por mais de 45 dias, interpoladamente, em 01 ano.
(E) aplicar indevidamente dinheiros ou recursos públicos.

A: incorreta, pois esse caso é de demissão simples (art. 256, III); **B:** correta (art. 257, VII); **C:** incorreta, pois esse caso é de demissão simples (art. 256, I e p. 1º); **D:** incorreta, pois esse caso é de demissão simples (art. 256, V); **E:** incorreta, pois esse caso é de demissão simples (art. 256, IV). WG

Gabarito "B".

(Delegado Federal – 1998 – CESPE) Julgue o item abaixo.

(1) Considere a seguinte situação: Lucíola é servidora pública, encarregada de dar sequência a procedimentos administrativos no órgão em que trabalha. Em um determinado dia, ela chegou de mau humor à repartição e resolveu que nada faria com os autos sob sua responsabilidade, deixando para dar, no dia subsequente, o andamento devido a eles, o que realmente fez. Os autos administrativos sofreram apenas o atraso de um dia em seu processamento, e ninguém chegou a sofrer prejuízo em razão disso. Na situação descrita, Lucíola, juridicamente, não infringiu seus deveres funcionais.

1: errada, pois infringiu o dever funcional previsto no art. 117, IV, da Lei 8.112/1990. Gabarito 1E

(Delegado/MT – 2006) Suponha que um ato administrativo, ao dispor sobre processo administrativo disciplinar, apresentasse a seguinte fundamentação: *"A autoridade superior, que haja testemunhado pessoalmente a prática de ato ilícito por servidor público, pode aplicar imediatamente a penalidade cabível, inclusive de demissão de servidor estável, independentemente da manifestação prévia do acusado".*

Esse ato seria:

(A) nulo por ser inconstitucional, pois a garantia de ampla defesa e contraditório é assegurada pela Constituição Federal aos litigantes em processo administrativo.

(B) nulo por ser inconstitucional, pois a aplicação da penalidade de demissão ao servidor estável depende de processo judicial.

(C) válido porque constitucional, desde que assegurado ao acusado o direito de recorrer administrativamente.

(D) válido porque constitucional, em razão de serem princípios consagrados do processo administrativo o do informalismo e o da verdade material.

O instituto da "verdade sabida", narrado no enunciado da questão, é considerado inconstitucional, pois a aplicação de qualquer penalidade depende de respeito à ampla defesa e ao contraditório, pois todo processo administrativo está adstrito ao cumprimento dessas garantias. Gabarito "A".

(Delegado/SP – 2011) Policial civil requer aposentadoria visando elidir eventual penalidade de demissão em processo administrativo a que responde

(A) poderá ser punido mesmo aposentado.

(B) o pedido de aposentadoria será indeferido enquanto não julgado o processo administrativo.

(C) só se eximirá de penalidade caso a aposentadoria se der por invalidez.

(D) não poderá ser alcançado por penalidade demissória se registrar mais de 25 anos de trabalho de natureza estritamente policial.

(E) não poderá ser demitido após 65 anos de idade.

De acordo com o art. 67, VII, da Lei Complementar do Estado de São Paulo 207/1979, uma das penas disciplinares é justamente a "cassação de aposentadoria". Ademais, o art. 77, I, da lei mencionada dispõe que será aplicada a pena de cassação de aposentadoria se ficar provado que o inativo praticou, quando em atividade, falta para a qual é cominada a pena de demissão ou de demissão a bem do serviço público. Assim, a alternativa "A" está correta, não havendo disposição na lei acerca das informações trazidas nas demais alternativas. Gabarito "A".

(Delegado/SP – 2011) Assinale a alternativa onde ambas as autoridades apontadas possuem competência para aplicar pena disciplinar a Delegado de Polícia

(A) o Governador do Estado e os Delegados de Polícia Corregedores Auxiliares

(B) o Governador do Estado e o Delegado de Polícia Corregedor Geral da Polícia Civil.

(C) o Secretário da Segurança Pública e o Delegado de Polícia Corregedor Geral da Polícia Civil

(D) o Secretário da Segurança Pública e o Delegado Geral de Polícia.

(E) o Delegado Geral de Polícia e o Delegado de Polícia Corregedor Geral da Polícia Civil.

Segundo o art. 70, § 2.º, da Lei Complementar do Estado de São Paulo 207/1979, com nova redação determinada pela Lei Complementar do Estado de São Paulo 922/2002, apenas o Governador, o Secretário da Segurança Pública e o Delegado Geral de Polícia podem aplicar pena a delegado de polícia, sendo que as penalidades de demissão, demissão a bem de serviço público e cassação de aposentadoria ou disponibilidade são de competência exclusiva do Governador do Estado. Como o enunciado da questão tratou genericamente das penas cabíveis aos delegados, a alternativa "D" é a única que traz autoridades competentes para tanto. Gabarito "D".

(Delegado/SP – 2011) Aos termos da Lei Orgânica da Polícia, não será declarada a nulidade de nenhum ato processual que

(A) que não tenha sido verificada em sede de processo administrativo disciplinar.

(B) não tenha sido suscitada pela defesa.

(C) tenha sido adotado por analogia do Código de Processo Penal.

(D) não houver influído na apuração da verdade substancial ou diretamente na decisão do processo ou sindicância.

(E) que não tenha sido suscitada Dela defesa ou pela acusação.

De acordo com o art. 116 da Lei Complementar do Estado de São Paulo 207/1979, com as alterações dadas pela Lei Complementar do Estado de São Paulo 922/2002, "não será declarada a nulidade de nenhum ato processual que não houver influído na apuração da verdade substancial ou diretamente na decisão do processo ou sindicância". Gabarito "D".

(Delegado/SP – 2008) Não são formas de extinção da punibilidade previstas na lei Complementar 207/1979

(A) prescrição e decadência.

(B) anistia administrativa e prescrição.

(C) morte do agente e prescrição.

(D) prescrição e retroatividade de lei destipificadora.

(E) prescrição e a perempção.

Os arts. 80 e 81 da Lei Complementar 207/1979, do Estado de São Paulo, com as alterações dadas pela Lei Complementar do Estado de

São Paulo 922/2002, não elencam a decadência com forma de extinção da punibilidade.

Gabarito "A".

(Delegado/SP – 2003) O processo administrativo disciplinar instaurado em desfavor de Delegado de Polícia só poderá ser sobrestado para aguardar o desfecho de processo-crime correlato por despacho motivado do

(A) Governador.
(B) Secretário da Segurança.
(C) Delegado Geral de Polícia.
(D) Delegado Diretor da Corregedoria Geral.

Art. 65, § 3.º c/c art. 75 c/c art. 70, § 1.º, todos da Lei Complementar 207/1979, do Estado de São Paulo, com as alterações dadas pela Lei Complementar do Estado de São Paulo 922/2002.

Gabarito "A".

(Delegado/SP – 2002) Policial é preso em flagrante por crime de concussão. Em seu desfavor, além do processo penal, é instaurado procedimento disciplinar que culmina com decreto demissório. Para atender aos requisitos de validade do ato administrativo esse decreto foi assinado pelo

(A) Presidente da Comissão Processante.
(B) Governador.
(C) Secretário da Segurança Pública.
(D) Juiz Criminal.

Art. 75, II c/c art. 70, § 1.º, ambos da Lei Complementar 207/1979, do Estado de São Paulo, com as alterações dadas pela Lei Complementar Estadual 922/2002, de São Paulo.

Gabarito "B".

(Delegado/SP – 2000 – adaptada) O prazo de prescrição das penalidades administrativas disciplinares conta-se

(A) partir da data de instauração de sindicância ou processo administrativo.
(B) a partir da data em que a infração for cometida.
(C) a partir da data em que o fato se tornar conhecido pela autoridade competente.
(D) do dia em que o autor da infração for interrogado.

De acordo com a nova redação dada ao art. 80, § 1º, I, da Lei Complementar 207/1979, do Estado de São Paulo, pela Lei Complementar 922/2002 do Estado de São Paulo, a prescrição começa a correr do "dia em que a falta for cometida", daí porque a alternativa "B" está correta. Aproveitando o ensejo, vale ressaltar que, nas infrações continuadas ou permanentes, a prescrição começa a correr do dia em que tiver cessado a continuação ou a permanência.

Gabarito "B".

6. IMPROBIDADE ADMINISTRATIVA

Resumo do Novo Regime

I. O regime jurídico da improbidade administrativa

O regime jurídico da improbidade está previsto na CF (art. 37, § 4º) e na Lei 8.429/1992 (Lei de Improbidade Administrativa). Importante destacar que a Lei 8.429/1992 foi objeto de relevantes alterações pela Lei 14.230/2021!

Consideram-se atos de improbidade administrativa as condutas dolosas tipificadas nos arts. 9º, 10 e 11 da Lei 8.429/1992, ressalvando-se que leis especiais podem prever outros tipos, como, por exemplo, o Estatuto da Cidade (Lei 10.257/2001).

II. Modalidades de improbidade administrativa. Aspectos gerais

A Lei 8.429/1992 estabelece três modalidades de ato de improbidade administrativa. A primeira modalidade é a de **enriquecimento ilícito (art. 9º)**. Essa modalidade consiste em o agente auferir vantagem patrimonial indevida em razão do exercício da atividade pública. São exemplos de improbidade nessa modalidade os seguintes: receber comissão, propina; utilizar bem ou funcionário públicos em proveito próprio; adquirir bens desproporcionais à renda, dentre outros.

A segunda modalidade é a de atos que causam **prejuízo ao erário (art. 10)**. Essa modalidade consiste em o agente ensejar perda patrimonial, desvio, malbaratamento ou dilapidação dos bens das entidades. São exemplos de improbidade nessa modalidade os seguintes: permitir ou facilitar que bem público seja desviado para particular, ou que seja alienado por preço inferior ao de mercado; realizar operações financeiras sem observância das normas legais; conceder benefício fiscal sem observância da lei; frustrar licitação; ordenar ou permitir realização de despesas não autorizadas; dentre outros.

A terceira modalidade é que importa em **violação a princípios da Administração Pública (art. 11)**. Essa modalidade consiste em o agente violar deveres de honestidade, imparcialidade, legalidade e lealdade às instituições. De acordo com as alterações promovidas peal Lei 14.230/2021, e diferentemente das demais modalidades (que são exemplificativas), as hipóteses do art. 11 são taxativas, São exemplos de improbidade nessa modalidade os seguintes: revelar fato que deva permanecer em segredo, negar publicidade aos atos oficiais, deixar de prestar contas, nepotismo.

A jurisprudência do STF e do STJ afastou todas as teses de responsabilidade objetiva em qualquer das modalidades citadas.

Atenção! Antes das alterações promovidas no ano de 2021, prevalecia o entendimento, inclusive do STJ, de que a modalidade do art. 10 (prejuízo ao erário) pode se configurar tanto mediante conduta dolosa como mediante conduta culposa. Em relação às demais modalidades, somente mediante a caracterização do dolo. Ocorre que a Lei 14.230/2021 modificou o regime, dispondo que o elemento subjetivo da improbidade administrativa é **sempre o dolo**. Assim, não mais existe improbidade culposa.

Considera-se dolo a vontade livre e consciente de alcançar o resultado ilícito tipificado nos arts. 9º, 10 e 11 da Lei 8.429/1992, não bastando a voluntariedade do agente. Além disso, para que seja configurada a improbidade administrativa, há necessidade de comprovar a finalidade de obter proveito ou benefício indevido para si ou para outra pessoa ou entidade. Trata-se de dolo específico, portanto, e não de dolo genérico.

A lei expressamente prevê que não configura improbidade a divergência interpretativa da lei, baseada em jurisprudência, ainda que não pacificada, mesmo que não venha a ser posteriormente prevalecente nas decisões dos órgãos de controle ou do Poder Judiciário.

Esquematicamente, temos:

III. Sanções ou penas pela prática de improbidade administrativa

Aplicam-se ao sistema da improbidade os princípios constitucionais do direito administrativo sancionador.

A Lei 8.429/1992 estabelece as seguintes sanções para aquele que pratica o ato de improbidade (art. 12). Atente-se que a Lei 14.230/2021 modificou diversos aspectos relacionados às penalidades:

a) **suspensão dos direitos políticos:** até 14 anos (no caso de enriquecimento ilícito – art. 9º) ou até 12 anos (no caso de prejuízo ao erário – art. 10); **Atenção!** de acordo com o atual regime, não mais se aplica a suspensão de direitos políticos no caso de improbidade por violação aos princípios (art. 11);

b) **perda da função pública:** no caso de enriquecimento ilícito (art. 9º) e prejuízo ao erário (art. 10); **Atenção!** não mais se aplica a perda da função pública no caso de improbidade por violação aos princípios (art. 11); além disso, a sanção atinge apenas o vínculo de mesma qualidade e natureza que o agente público ou político detinha com o poder público na época do cometimento da infração (excepcionalmente, pode o magistrado, na hipótese de enriquecimento ilícito, estendê-la aos demais vínculos, consideradas as circunstâncias do caso e a gravidade da infração);

c) **indisponibilidade dos bens** (§ 4º do art. 37 da CF): finalidade de garantir a integral recomposição do erário ou do acréscimo patrimonial resultante de enriquecimento ilícito;

d) **ressarcimento ao erário:** a reparação do dano decorrente da improbidade deve deduzir o ressarcimento ocorrido nas instâncias criminal, civil e administrativa que tiver por objeto os mesmos fatos; para fins de apuração do valor do ressarcimento, devem ser descontados os serviços efetivamente prestados;

e) **perda de bens e valores acrescidos ilicitamente**;

f) **multa civil:** correspondente ao valor do acréscimo patrimonial (art. 9º); ao valor do dano (art. 10); a até 24 vezes o valor da remuneração percebida pelo agente (art. 11); a multa pode ser aumentada até o dobro, se o juiz considerar que, em virtude da situação econômica do réu, o valor acima é ineficaz para reprovação e prevenção do ato de improbidade;

g) **proibição de contratar com a Administração Pública ou dela receber benefícios ou incentivos fiscais ou credi-** tícios, direta ou indiretamente, ainda que por intermédio de pessoa jurídica da qual seja sócio majoritário: prazo não superior a 14, 12 e 4 anos, para os arts. 9º, 10 e 11, respectivamente.

Cuidado! De acordo com as alterações promovidas pela Lei 14.230/2021, as sanções acima somente podem ser executadas após o **trânsito em julgado** da sentença condenatória.

As quatro primeiras sanções foram criadas expressamente pela CF, enquanto as demais foram criadas pela Lei 8.429/1992.

A aplicação das sanções independe de dano ao erário (salvo quanto à pena de ressarcimento e às condutas previstas no art. 10 da Lei 8.429/1992) e da aprovação ou rejeição de contas pelo órgão de controle interno ou Tribunal de Contas (art. 21, I e II).

Porém, **em casos em que não se demonstrar lesão ao erário**, como na contratação de servidores sem concurso ou de empresas sem licitação, mas que acabarem trabalhando ou prestando serviço, não cabe a aplicação da sanção de ressarcimento ao erário, não havendo dano, para que não haja enriquecimento sem causa da Administração, sem prejuízo da aplicação de outras sanções previstas no art. 12 da Lei 8.429/1992 (STJ, REsp 1.238.466-SP).

Quanto **à aprovação de contas pelo Tribunal de Contas**, a jurisprudência do STJ vem aplicando o dispositivo citado (REsp 593.522-SP), asseverando que a sua aprovação não inibe a atuação do Poder Judiciário para exame de sua legalidade e constitucionalidade, pois as cortes de contas não exercem jurisdição e não têm atribuição para anular atos lesivos ao patrimônio público, visto que exercem função auxiliar ao Legislativo (art. 5º, XXXV, c/c o art. 71, X, §§ 1º e 2º da CF/1988). Além disso, as provas produzidas perante os órgãos de controle e as correspondentes decisões devem ser consideradas na formação da convicção do juiz.

No tocante à **cumulação das sanções previstas no art. 12 da Lei 8.429/1992**, o STJ entendeu que estas não podem ser cumuladas de modo indistinto, em obediência ao princípio da proporcionalidade (REsp 626.204/RS, DJ 06.09.2007).

Na prática, somente em casos gravíssimos, como de enriquecimento ilícito do agente (art. 9º), justifica-se a cumulação de todas as sanções previstas no art. 12.

A aplicação das sanções por improbidade administrativa independe da aplicação de sanções nas esferas administrativa e penal, dada a independência das instâncias, claramente determinada no art. 12, *caput*, da Lei 8.429/1992. Assim, o fato de um agente público estar sofrendo um processo disciplinar que pode levá-lo à demissão não interfere na continuidade da ação de improbidade, que pode também levá-lo à perda do cargo.

IV. Sujeitos do ato de improbidade administrativa

São **sujeitos passivos**, ou seja, podem ser vítimas do ato de improbidade as seguintes pessoas (art. 1º, §§5º a 7º, da Lei 8.429/1992):

a) Administração direta e indireta, no âmbito da União, dos Estados, dos Municípios e do Distrito Federal;

Obs.: abrange Poderes Executivo, Legislativo e Judiciário;

b) Entidade privada para cuja criação ou custeio o erário haja concorrido ou concorra no seu patrimônio ou receita atual;

Obs.: o ressarcimento ao erário limita-se à repercussão do ilícito sobre a contribuição dos cofres públicos;

c) Entidade privada que receba subvenção, benefício ou incentivo, fiscal ou creditício, de entes públicos ou governamentais.

São **sujeitos ativos**, ou seja, praticam atos de improbidade as seguintes pessoas (arts. 2º e 3º da Lei 8.429/1992):

a) *agentes públicos*, ou seja, o agente político, o servidor público e todo aquele que exerce, ainda que transitoriamente ou sem remuneração, por eleição, nomeação, designação, contratação ou qualquer outra forma de investidura ou vínculo, mandato, cargo, emprego ou função nas entidades mencionadas acima como sujeitos passivos; aqui temos os chamados agentes próprios de improbidade;

b) O particular, pessoa física ou jurídica, que celebra com a administração pública convênio, contrato de repasse, contrato de gestão, termo de parceria, termo de cooperação ou ajuste administrativo equivalente;

c) Aquele que, mesmo não sendo agente público, induza ou concorra dolosamente para a prática do ato de improbidade.

Atenção! Vale informar que o STJ tem entendimento de que "não é possível o ajuizamento de ação de improbidade administrativa exclusivamente em face de particular, sem a concomitante presença de agente público no polo passivo da demanda" (REsp 1.171.017-PA, j. 25.02.2014). Ou seja, para a configuração da improbidade, sempre é necessária a participação de agente público.

No tocante aos *sujeitos ativos* do ato de improbidade, observou-se acirrada polêmica em relação aos **agentes políticos**. Em um primeiro momento, o STF fixou entendimento de que os **agentes políticos** que respondam por crime de responsabilidade (exs.: Presidente, Ministros de Estado, desembargadores, entre outros) não estão sujeitos à incidência da Lei 8.429/1992 (RE 579.799, DJ 19.12.2008), dada a similitude das sanções nas duas esferas. A exceção aplicava-se aos Prefeitos, em relação a quem se admitia a responsabilização por improbidade (Rcl 6034, DJ 29/03/2008). No entanto, sobreveio alteração de entendimento, de modo que o STF passou a decidir que os agentes políticos, de modo geral – com exceção do Presidente da República –, encontram-se sujeitos a um duplo regime sancionatório, submetendo-se tanto à responsabilização civil pelos atos de improbidade administrativa quanto à responsabilização político-administrativa por crimes de responsabilidade (Pet 3240 AgR, Rel. Min. Roberto Barroso, DJe 22/08/2018). Relevante apontar que, com a Lei 14.230/2021, o agente político passou a constar expressamente no art. 2º, *caput*, da Lei 8.429/1992 como sujeito ativo.

Conforme as modificações introduzidas pela Lei 14.230/2021, os sócios, os cotistas, os diretores e os colaboradores de pessoa jurídica de direito privado não respondem pelo ato de improbidade que venha a ser imputado à pessoa jurídica, salvo se, comprovadamente, houver participação e benefícios diretos. Ademais, as sanções de improbidade não se aplicam à pessoa jurídica, caso o ato de improbidade administrativa seja também sancionado como ato lesivo à administração pública de que trata a Lei 12.846/2013 (lei anticorrupção). Há, portanto, a necessidade de observância do princípio constitucional do *non bis in idem*.

Quanto ao sucessor daquele que causar lesão ao patrimônio público ou se enriquecer ilicitamente, o art. 8º da Lei 8.429/1992, respeitando o princípio constitucional da intranscendência das sanções e restrições de direito (art. 5º, XLV, da CF), dispõe que aquele está sujeito apenas à obrigação de reparar o dano, até o limite do valor da herança ou do patrimônio transferido. **Atenção!** Com as alterações promovidas pela Lei 14.230/2021, restou ultrapassada a jurisprudência que vinha dominando, no sentido de que o sucessor teria de suportar não somente o ressarcimento ao erário, mas também a multa civil imposta ao falecido que tenha praticado improbidade.

Obs.: A responsabilidade sucessória do art. 8º da Lei 8.429/1992 aplica-se também na hipótese de alteração contratual, de transformação, de incorporação, de fusão ou de cisão societária.

V. Processo

Antes da alteração promovida em 2021, eram legitimados ativos para a ação de improbidade o Ministério Público e a pessoa jurídica interessada (= pessoa jurídica lesada).

Com a Lei 14.230/2021, apenas o MP foi previsto como autor da ação (art. 17, "caput", cf. redação dada pelo novo diploma legal). No entanto, foram propostas perante o STF as ADIns 7.042 e 7.043, no âmbito das quais o Pleno da Corte restabeleceu a legitimidade da pessoa jurídica interessada para o ajuizamento da ação de improbidade.

Conclusão! Atualmente, por força da Lei 14.230/2021 e de decisão do STF, são legitimados ativos o Ministério Público e a pessoa jurídica interessada.

Quanto à medida cautelar de **indisponibilidade de bens**, o escopo é garantir a integral recomposição do erário ou do acréscimo patrimonial resultante de enriquecimento ilícito. As alterações promovidas pela Lei 14.230/2021 tornaram minucioso o respectivo regime. A sua decretação pelo Judiciário exige a demonstração do *fumus boni iuris* (probabilidade da ocorrência dos atos reputados como ímprobos) e do *periculum in mora*, de modo que a urgência não pode ser presumida. **Atenção!** O STJ entendia que a indisponibilidade requeria apenas o *fumus* *boni iuris*, estando o *periculum in mora* implícito na lei. No entanto, a recente alteração legislativa passou a exigir expressamente o perigo de dano irreparável ou de risco ao resultado útil do processo.

Essa tutela de urgência somente pode recair sobre bens que assegurem exclusivamente o integral ressarcimento do dano ao erário, sem incidir sobre os valores aplicados a título de multa civil ou sobre acréscimo patrimonial decorrente de atividade lícita. Nesse particular, a modificação trazida pela Lei 14.230/2021 tornou superada a jurisprudência do STJ, no sentido de que a medida incide sobre as bases patrimoniais da futura sentença condenatória, incluído o valor de eventual multa civil.

A indisponibilidade dos bens pode ser decretada sem a oitiva prévia do réu, sempre que o contraditório prévio puder comprovadamente frustrar a efetividade da medida. Ademais, é permitida a substituição da indisponibilidade por caução idônea, por fiança bancária ou por seguro-garantia judicial, a requerimento do réu. Se houver mais de um réu na ação, a somatória dos valores declarados indisponíveis não poderá superar o montante indicado na petição inicial como dano ao erário ou como enriquecimento ilícito.

Além disso, é vedada a decretação de indisponibilidade da quantia de até 40 salários mínimos depositados em caderneta de poupança, em outras aplicações financeiras ou em conta-corrente, bem como de bem de família do réu (salvo se comprovado que o imóvel seja fruto de vantagem patrimonial indevida relacionada a enriquecimento ilícito).

A Lei 14.230/2021 introduziu uma ordem de prioridade para a incidência da medida. Assim, a decretação de indisponibilidade de bens deve priorizar veículos de via terrestre, bens imóveis, bens móveis em geral, semoventes, navios e aeronaves, ações e quotas de sociedades simples e empresárias, pedras e metais preciosos. Apenas na inexistência desses é que pode ser imposto o bloqueio de contas bancárias, de forma a garantir a subsistência do acusado e a manutenção da atividade empresária ao longo do processo.

O **procedimento** previsto pela lei é o comum (art. 17, "caput"). **Atenção!** Antes da alteração promovida pela Lei 14.230/2021, havia uma fase de defesa preliminar (o requerido era notificado para oferecer resposta em 15 dias). Atualmente, se a petição inicial estiver em devida forma, o juiz deve ordenar a citação dos requeridos para apresentação de contestação (prazo comum de 30 dias).

É importante ressaltar que a lei vedava expressamente qualquer tipo de transação, acordo ou conciliação na ação por improbidade. No entanto, a partir de 2019 houve modificação e agora a lei autoriza a celebração de "acordo de não persecução civil" (art. 17-B da Lei 8.429/92). Esse acordo deve contemplar, ao menos, o integral ressarcimento do dano e a reversão à pessoa jurídica lesada da vantagem indevida obtida pelos envolvidos. Para a apuração do valor do dano, deve ser realizada oitiva do Tribunal de Contas. Havendo a possibilidade de solução consensual, podem as partes requerer ao juiz a interrupção do prazo para a contestação, por prazo não superior a 90 dias. Sob o prisma formal, a sua celebração depende, entre outros, de homologação judicial, independentemente de o acordo ocorrer antes ou depois do ajuizamento da ação de improbidade administrativa. Além disso, o seu firmamento deve considerar a personalidade do agente, a natureza, as circunstâncias, a gravidade e a repercussão social do ato de improbidade, bem como as vantagens, para o interesse público, da rápida solução do caso. Relevante apontar, seguindo uma tendência geral de valorização do *compliance*, que o acordo poder contemplar a adoção de mecanismos internos de integridade. Aponte-se também que, em caso de descumprimento, o ímprobo fica impedido de celebrar novo acordo pelo prazo de 5 anos, contado do conhecimento pelo Ministério Público do efetivo descumprimento.

Quanto à **competência**, com o regramento trazido pela Lei 14.230/2021, a Lei 8.429/1992 passou expressamente a prever que a ação de improbidade administrativa deve ser proposta perante o foro do local onde ocorrer o dano ou da pessoa jurídica prejudicada (art. 17, §4º-A).

Ainda no que tange à competência, o STF fixou o entendimento de que "o foro especial por prerrogativa de função previsto na Constituição Federal em relação às infrações penais comuns não é extensível às ações de improbidade administrativa, de natureza civil", motivo pelo qual a competência é de primeira instância (Pet 3240 AgR, Rel. Min. Roberto Barroso, DJe 22/08/2018).

Uma novidade disposta pela nova lei de 2021 é a possibilidade de conversão da ação de improbidade em ação civil pública, caso se identifique a existência de ilegalidades administrativas a serem sanadas e sem que estejam presentes os requisitos para a imposição das sanções da Lei 8.429/1992.

A **sentença** aplicará as sanções e determinará o pagamento ou a reversão dos bens, conforme o caso, em favor da pessoa jurídica (art. 18). Não incide na ação de improbidade o reexame obrigatório da sentença de improcedência ou de extinção sem resolução de mérito (art. 17, §19, IV).

No que se refere à comunicabilidade de instâncias, as sentenças civis e penais produzem efeitos em relação à ação de improbidade quando concluírem pela inexistência da conduta ou pela negativa da autoria. Ademais, a absolvição criminal em ação que discuta os mesmos fatos, confirmada por decisão colegiada, impede o trâmite da ação de improbidade, havendo comunicação com todos os fundamentos de absolvição previstos no art. 386 do Código de Processo Penal.

VI. Prescrição (art. 23)

No que diz respeito ao **prazo prescricional** para o exercício da pretensão de aplicar as sanções de improbidade administrativa, o STF, ao interpretar o art. 37, § 5º, da CF, consagrou a seguinte tese: são **imprescritíveis** as ações de **ressarcimento ao erário** fundada na prática de ato doloso tipificado na Lei de Improbidade Administrativa (RE 852475/SP, DJe 08.08.2018). Repare que a imprescritibilidade tem os seguintes requisitos: a) é só em relação ao ressarcimento ao erário (não atingindo da aplicação das demais sanções da Lei de Improbidade, que tem o prazo prescricional mantido, nos termos das regras expostas abaixo); b) depende do reconhecimento de que o ato praticado foi doloso; c) depende do reconhecimento de que o ato praticado é qualificado pela lei como ato de improbidade administrativa.

Quanto à aplicação das **demais sanções**, e de acordo com as alterações promovidas pela Lei 14.230/2021, o prazo prescricional é de **8 anos**, contados a partir da ocorrência do fato ou, no caso de infrações permanentes, do dia em que cessou a permanência. **Atenção!** Verifica-se que o novo regramento modificou de modo significativo o regime original da prescrição em improbidade, baseado na diferenciação da condição do agente público envolvido (se titular de mandato, se servidor efetivo etc).

A nova lei passou a dispor sobre a suspensão e a interrupção do prazo prescricional, nos seguintes moldes:

a) a instauração de inquérito civil ou de processo administrativo para apuração dos ilícitos suspende o curso do prazo prescricional por, no máximo, 180 dias corridos, recomeçando a correr após a sua conclusão ou, caso não concluído o processo, esgotado o prazo de suspensão;

b) interrompe-se o prazo prescricional: i) pelo ajuizamento da ação de improbidade administrativa; ii) pela publicação da sentença condenatória; iii) pela publicação de decisão ou acórdão de Tribunal de Justiça (ou Tribunal Regional Federal), do STJ ou do STF que confirma sentença condenatória ou que reforma sentença de improcedência;

c) interrompida a prescrição, o prazo recomeça a correr do dia da interrupção, pela metade do prazo de 8 anos;

d) o inquérito civil para apuração do ato de improbidade deve ser concluído no prazo de 365 dias corridos, prorrogável uma única vez por igual período.

VII. Lei 14.230/2021 e direito intertemporal. Posição do STF

Com a edição da Lei 14.230/2021, e diante das múltiplas alterações do regime da improbidade administrativa, surgiram dúvidas sobre a aplicação do novo regramento no tempo, especialmente nos casos anteriores à vigência do diploma legal de 2021. Nesse cenário, questionou-se acerca da ocorrência da retroatividade benéfica em sede de improbidade administrativa, nos mesmos moldes do regime penal, que detém consagração constitucional (art. 5º, inciso XL).

Ocorre que Supremo Tribunal Federal, no âmbito do ARE 843.989/PR, fixou as seguintes teses de repercussão geral (Pleno, Rel. Min. Alexandre de Morais, julgamento finalizado em 18/08/2022 – tema 1.199):

1) É necessária a comprovação de responsabilidade subjetiva para a tipificação dos atos de improbidade administrativa, exigindo-se – nos artigos 9º, 10 e 11 da LIA – a presença do elemento subjetivo – dolo;

2) A norma benéfica da Lei 14.230/2021 – revogação da modalidade culposa do ato de improbidade administrativa –, é irretroativa, em virtude do artigo 5º, inciso XXXVI, da Constituição Federal, não tendo incidência em relação à eficácia da coisa julgada; nem tampouco durante o processo de execução das penas e seus incidentes;

3) A nova Lei 14.230/2021 aplica-se aos atos de improbidade administrativa culposos praticados na vigência do texto anterior da lei, porém sem condenação transitada em julgado, em virtude da revogação expressa do texto anterior; devendo o juízo competente analisar eventual dolo por parte do agente.

4) O novo regime prescricional previsto na Lei 14.230/2021 é irretroativo, aplicando-se os novos marcos temporais a partir da publicação da lei.

Verifica-se, portanto, que o STF estabeleceu a irretroatividade benéfica nos casos já transitados em julgado. Por outro lado, nas hipóteses das ações em andamento, ainda não acobertados pela coisa julgada, incidente a retroação benéfica.

Ademais, no que concerne ao regime prescricional, a tese fixada pela Corte foi a da irretroatividade.

(Delegado/RJ – 2022 – CESPE/CEBRASPE) Delegacia fazendária recebeu denúncia anônima contra João, administrador de hospital público estadual, o qual teria adulterado, em 12/9/2015, documentos comprobatórios de capacidade técnica de empresa para auferir o objeto da licitação, consistente na administração da saúde pública no estado. O delegado titular da delegacia fazendária, após as investigações policiais, concluiu que havia ocorrido o crime de frustrar o caráter competitivo do procedimento licitatório, nos termos do Código Penal. Além dos aspectos penais, a autoridade policial identificou suposto dano ao erário público, em razão da conduta de João. Assim, sugeriu, em seu relatório final, a instauração da ação penal e a propositura de ação de reparação dos danos ao erário, fundada em ato tipificado como ilícito de improbidade administrativa.

Considerando essa situação hipotética, assinale a opção correta.

(A) Caberá a ação de ressarcimento ao erário, comprovando-se o dano, por qualquer ato ilícito do administrador do hospital, garantindo-se a ampla defesa ao réu.

(B) É possível ação de reparação de danos, observado o prazo prescricional previsto para os ilícitos na esfera cível.

(C) Caberá ação de reparação dos atos ilícitos dolosos e culposos tipificados em lei.

(D) Caberá ação de ressarcimento de danos ao erário, a qualquer tempo, desde que comprovado o ato ímprobo doloso do administrador do hospital.

(E) São imprescritíveis as sanções e ações de ressarcimento de danos ao erário público, como forma de se assegurar a integridade do patrimônio público e social, nos termos da lei.

Alternativa **A** incorreta (a afirmação está errada porque veicula enunciado genérico, pois não é "qualquer ato ilícito" que gera ação de ressarcimento ao erário). Alternativa **B** incorreta (as ações de ressarcimento fundadas em ato doloso de improbidade administrativa são imprescritíveis, cf. STF no RE 852.475). Alternativa **C** incorreta (de acordo com o regime inaugurado pela Lei 14.230/2021, cabe ação de reparação por improbidade em relação aos atos dolosos, não cabendo mais a improbidade culposa). Alternativa **D** correta (cf. STF no RE 852.475). Alternativa **E** incorreta (as sanções previstas na Lei de Improbidade estão submetidas ao prazo prescricional previsto no art. 23 da Lei 8.429/1992; somente são imprescritíveis as ações de reparação decorrentes de improbidade dolosa). RB

Gabarito "D".

(Delegado de Polícia Federal – 2021 – CESPE) Um agente público foi condenado por ato de improbidade administrativa. Na sentença, determinou-se que o elemento subjetivo do réu, no caso, havia sido culpa grave. Não houve condenação à perda da função pública nem à perda dos direitos políticos.

Considerando essa situação hipotética e o disposto na Lei 8.429/1992 e suas alterações, julgue os itens a seguir.

(1) É correto afirmar que, nessa situação, a conduta do agente que levou à condenação causou dano ao erário.

(2) As penas de perda da função pública e de perda dos direitos políticos tivessem sido aplicadas somente podem ser efetivadas após o trânsito em julgado da sentença condenatória.

(3) Eventual decretação de indisponibilidade de bens poderá recair sobre os bens adquiridos pelo referido agente antes da prática do ato ímprobo, devendo-se considerar, ainda, o valor de possível multa civil como sanção autônoma.

1: Certo. A questão está desatualizada, à luz das modificações ocorridas na Lei 8.429/1992 em razão da Lei 14.230/2021. Atualmente, pelo novo regime, a improbidade administrativa somente admite o *dolo* como elemento subjetivo. O mero exercício da função ou desempenho de competências públicas, sem comprovação de ato doloso com fim ilícito, afasta a responsabilidade por ato de improbidade administrativa (art. 1º, § 3º, da Lei 8.429/1992). Antes da alteração legal promovida em 2021, era admitida a culpa nos casos de improbidade que acarretavam dano ao erário (art. 10 da Lei 8.429/1992). **2: Anulada.** A questão foi anulada, pois faz referência à perda dos direitos políticos. Na verdade, o ordenamento jurídico prevê a sanção de *suspensão dos direitos políticos* (art. 37, § 4º, CF e art. 12 da Lei 8.429/1992). Vale apontar que, de acordo com o regime atual da improbidade administrativa (decorrente da Lei 14.230/2021), as sanções somente podem ser executadas após o trânsito em julgado da sentença condenatória (art. 12, § 9º, da Lei 8.429/1992). **3: Certo.** A questão está desatualizada, à luz das modificações ocorridas na Lei 8.429/1992 em razão da Lei 14.230/2021. Atualmente, pelo novo regime, a indisponibilidade apenas pode recair sobre os bens que assegurem exclusivamente o integral ressarcimento do dano ao erário, sem incidir sobre os valores a serem eventualmente aplicados a título de multa civil (art. 16, § 10). Observe-se que esse novo regramento acabou por afastar a jurisprudência do STJ, cujo entendimento considerava, para fins de indisponibilidade, o valor de possível multa civil.

Gabarito: 1C, 2Anulada, 3C

(Delegado/AP – 2017 – FCC) Um servidor público foi processado por ato de improbidade por ter se locupletado ilicitamente em razão do exercício do cargo de diretor de empresa estatal. Durante o processo restou demonstrada a culpa do servidor, tendo a ação sido julgada procedente.

Não obstante, pouco tempo depois da condenação judicial definitiva, o servidor veio a falecer. No que diz respeito ao impacto desse fato na ação de improbidade e no ressarcimento dos cofres públicos,

(A) deverá ser extinta, em razão da extinção da punibilidade decorrente do falecimento do autor, cuja condenação é personalíssima.

(B) a responsabilidade pelo ressarcimento aos cofres públicos persiste para os herdeiros do servidor público, respeitado o limite da herança.

(C) a ação prossegue regularmente, tendo em vista que já havia sentença condenatória contra o servidor, substituindo-o por outro representante da estatal para representa-lo judicialmente.

(D) a ação pode prosseguir até o trânsito em julgado, não sendo possível, no entanto, transmitir aos herdeiros nenhuma responsabilidade decorrente de atos do antecessor, dada a natureza personalíssima.

(E) no caso de se tratar de ato de improbidade doloso, a responsabilidade pela devolução dos valores correspondentes ao enriquecimento ilícito passa aos herdeiros, enquanto que em se tratando de ato de improbidade sob a modalidade culposa, inexiste previsão legal para tanto.

Lei 8.429/1992, "art. 8º O sucessor ou o herdeiro daquele que causar dano ao erário ou que se enriquecer ilicitamente estão sujeitos apenas à obrigação de repará-lo até o limite do valor da herança ou do patrimônio transferido." (redação dada pela Lei 14.230/2021)

Gabarito "B".

(Delegado/MS – 2017 – FAPEMS) Leia o texto a seguir.

[...] a improbidade não está superposta à moralidade, tratando-se de um conceito mais amplo que abarca não só componentes morais com também os demais princípios regentes da atividade estatal, o que não deixa de estar em harmonia com suas raízes etimológicas. Justifica-se, pois, sob a epígrafe do agente público de boa qualidade somente podem estar aqueles que atuem em harmonia com as normas a que estão sujeitos, o que alcança as regras e os princípios.

GARCIA, Emerson; ALVES, Rogério Pacheco. Improbidade Administrativa. 6. ed. Rio de Janeiro: Lumen Júris, 2011, p. 125.

Acerca das sanções pela prática de ato de improbidade administrativa, segundo a lei vigente, é correto afirmar que

(A) as ações voltadas ao ressarcimento do erário por danos decorrentes de atos de improbidade administrativa prescrevem em cinco anos após o término do exercício de mandato, de cargo em comissão ou de função de confiança.

(B) a prática de ato de improbidade administrativa decorrente de concessão ou aplicação indevida de benefício financeiro ou tributário é punida, também, com multa civil de até três vezes o valor do benefício financeiro ou tributário concedido.

(C) a prática de ato de improbidade administrativa que importe enriquecimento ilícito é punida, também, com a proibição de contratar com o Poder Público ou receber benefícios ou incentivos fiscais ou creditícios, direta ou indiretamente, ainda que por intermédio de pessoa jurídica da qual seja sócio majoritário, pelo prazo de cinco anos.

(D) os prefeitos municipais não se submetem à Lei de Improbidade Administrativa, mas, sim, ao Decreto-Lei n. 201/1967.

(E) a prática de ato de improbidade administrativa que causem prejuízos ao erário é punida, também, com a proibição de contratar com o Poder Público ou receber benefícios ou incentivos fiscais ou creditícios, direta ou indiretamente, ainda que por intermédio de pessoa jurídica da qual seja sócio majoritário, pelo prazo de dez anos.

A: incorreta. A prescrição prevista na LIA, não trata das ações de ressarcimento ao erário. **B: incorreta.** À luz do novo regime da improbidade administrativa (Lei 14.230/2021), a prática de ato de improbidade administrativa decorrente de concessão ou aplicação indevida de benefício fi-nanceiro ou tributário é punida, também, com multa civil de equivalente ao valor do dano (art. 12, II). **C: incorreta.** À luz do novo regime da improbidade, a prática de ato de improbidade administrativa que importe enriquecimento ilícito é punida, também, com a proibição de contratar com o Poder Público ou receber benefícios ou incentivos fiscais ou creditícios, direta ou indiretamente, ainda que por intermédio de pessoa jurídica da qual seja sócio majoritário, pelo prazo não superior a 14 (catorze) anos. **D: incorreta.** O regime da improbidade se aplica aos agentes políticos, o que inclui os prefeitos. **E: Incorreta.** À luz do novo regime da improbidade, a prática de ato de improbidade administrativa que causem prejuízos ao erário é punida, também, com a proibi-ção de contratar com o Poder Público ou receber benefícios ou incentivos fiscais ou creditícios, direta ou indire-tamente, ainda que por intermédio de pessoa jurídica da qual seja sócio majoritário, pelo prazo não superior a 12 (doze) anos.
Gabarito "Anulada".

(Delegado/MT – 2017 – CESPE) De acordo com o entendimento do STJ, no curso da ação de improbidade administrativa, a decretação da indisponibilidade de bens do réu dependerá da

(A) constatação da inexistência de meios de prestação de caução.
(B) presença de fortes indícios da prática do ato imputado.
(C) prova de dilapidação do patrimônio.
(D) presença do *periculum in mora* concreto.
(E) prova da impossibilidade de recuperação do patrimônio público.

Atenção! Questão desatualizada à luz do novo regime da improbidade (Lei 14.230/2021). Cf. art. 16, §3º, o pedido de indisponibilidade de bens apenas será deferido mediante a demonstração no caso concreto de perigo de dano irreparável ou de risco ao resultado útil do processo ("periculum in mora"), desde que o juiz se convença da probabilidade da ocorrência dos atos descritos na petição inicial com fundamento nos respectivos elementos de instrução ("fumus boni iuris").
Gabarito "B". (gabarito desatualizado)

(Delegado/GO – 2017 – CESPE) Se uma pessoa, maior e capaz, representar contra um delegado de polícia por ato de improbidade sabendo que ele é inocente, a sua conduta poderá ser considerada, conforme o disposto na Lei n.º 8.429/1992,

(A) crime, estando essa pessoa sujeita a detenção e multa.
(B) ilícito administrativo, por atipicidade penal da conduta.
(C) contravenção penal.
(D) crime, estando essa pessoa sujeita apenas a multa.
(E) crime, estando essa pessoa sujeita a reclusão e multa.

Trata-se do ilícito penal previsto no art. 19 da Lei 8.429/1992: Constitui crime a representação por ato de improbidade contra agente público ou terceiro beneficiário, quando o autor da denúncia o sabe inocente. Pena: detenção de seis a dez meses e multa.
Gabarito "A".

(Delegado/GO – 2017 – CESPE)
Em relação à improbidade administrativa, assinale a opção correta.

(A) A ação de improbidade administrativa apresenta prazo de proposição decenal, qualquer que seja a tipicidade do ilícito praticado pelo agente público.
(B) Se servidor público estável for condenado em ação de improbidade administrativa por uso de maquinário da administração em seu sítio particular, poderá ser-lhe aplicada pena de suspensão dos direitos políticos por período de cinco a oito anos.
(C) O particular que praticar ato que enseje desvio de verbas públicas, sozinho ou em conluio com agente público, responderá, nos termos da Lei de Improbidade Administrativa, desde que tenha obtido alguma vantagem pessoal.
(D) Enriquecimento ilícito configura ato de improbidade administrativa se o autor auferir vantagem patrimonial indevida em razão do cargo, mandato, função, emprego ou atividade, mesmo que de forma culposa.
(E) Caso um servidor público federal estável, de forma deliberada, sem justificativa e reiterada, deixar de praticar ato de ofício, poderá ser-lhe aplicada multa civil de até cem vezes o valor da sua remuneração, conforme a gravidade do fato.

A: incorreta. Lei 8.429/1992, art. 23: A ação para a aplicação das sanções previstas na lei de improbidade prescreve em 8 (oito) anos, contados a partir da ocorrência do fato ou, no caso de infrações permanentes, do dia em que cessou a permanência. **B: incorreta.** Trata-se da hipótese prevista no Art. 9º, inciso IV, da Lei 8.492/1992. art. 12, da mesma Lei, indica como penas, entre outros, a suspensão dos direitos políticos por até 14 (catorze) anos.; **C: incorreta.** Lei 8.492/1992, art. 3º As disposições desta Lei são aplicáveis, no que couber, àquele que, mesmo não sendo agente público, induza ou concorra dolosamente para a prática do ato de improbidade.. **D: incorreta.** Não admite a forma culposa, comente a dolosa. **E: incorreta.** À luz do novo regime, a hipótese prevista no art. 11, II (retardar ou deixar de praticar, indevidamente, ato de ofício) foi revogada pela Lei 14.233/2021.
Gabarito "E". (gabarito desatualizado)

(Delegado/RJ – 2013 – FUNCAB) Levando em conta a jurisprudência atualmente predominante do Superior Tribunal de Justiça sobre a improbidade administrativa, é correto afirmar:

(A) Em nenhuma hipótese, a configuração da improbidade administrativa exige a ocorrência de dolo por parte do acusado.
(B) Às pessoas jurídicas não se pode atribuir a prática de ato de improbidade, ante à necessidade de se comprovar a suposta má-fé do acusado.
(C) É imprescindível a presença, no polo passivo da ação de improbidade, dos sócios da pessoa jurídica beneficiada ilicitamente.
(D) A decretação cautelar da indisponibilidade dos bens não exige prévia demonstração de risco de dano irreparável, uma vez que o *periculum in mora*, nas ações de improbidade, é presumido.
(E) A configuração da improbidade administrativa pressupõe a ocorrência de dano ao Erário.

A: incorreta, pois a configuração da improbidade exige a ocorrência do dolo. À luz do novo regime, não existe improbidade culposa.; **B:** incorreta, pois pessoa jurídica também fica sujeita às sanções por ato de improbidade administrativa. Conforme destacou a Segunda Turma do STJ, no julgamento do REsp 1.038.762/RJ (DJe de 31/08/2009), "o sujeito particular submetido à lei que tutela a probidade administrativa, por sua vez, pode ser pessoa física ou jurídica. Com relação a esta última somente se afiguram incompatíveis as sanções de perda da função pública e suspensão dos direitos políticos"; **C:** incorreta, pois não é

imprescindível a presença dos sócios. Assim já decidiu a 1ª Turma do STJ: "considerando que as pessoas jurídicas podem ser beneficiadas e condenadas por atos ímprobos, é de se concluir que, de forma correlata, podem figurar no polo passivo de uma demanda de improbidade, ainda que desacompanhada de seus sócios" (REsp 970393 / CE); **D**: incorreta, à luz do novo regime da improbidade administrativa, que exige a efetiva demonstração do "periculum in mora" (art. 16, §3º); **E**: incorreta, pois o art. 21, I, da Lei 8.429/1992 determina o contrário. **WG**
Gabarito "D". (gabarito desatualizado)

(Delegado/SP – 2014 – VUNESP) De acordo com a Lei 8.429/1992, a ação de improbidade, em caso de enriquecimento ilícito,

(A) seguirá o rito ordinário e será proposta pelo Ministério Público ou pela pessoa jurídica interessada.

(B) deve ser proposta no prazo de 45 dias da efetivação da medida cautelar de sequestro.

(C) deve ser proposta no prazo de 60 dias da efetivação da medida cautelar de sequestro.

(D) seguirá o rito sumário e será proposta exclusivamente pelo Ministério Público.

(E) seguirá o rito ordinário e será proposta exclusivamente pelo Ministério Público.

A: correta, pois a ação deve ser proposta pelo MP ou pela pessoa jurídica de direito público interessada (art. 17 da Lei 8.429/1992) e, de acordo com o citado dispositivo legal, seguirá o procedimento comum; **B**: incorreta, pois o prazo, no caso, é de 30 dias (art. 17 da Lei 8.429/1992); **C**: incorreta, conforme item anterior; **D**: incorreta, pois o rito é o ordinário e a competência não é exclusiva do MP; **E**: incorreta, pois a competência para a propositura da ação não é exclusiva do MP. **WG**
Gabarito "A".

(Delegado/PA – 2013 – UEPA) Assinale a alternativa correta sobre atos de improbidade administrativa.

(A) O agente público que exerce função em entidade fundacional da União, com qualquer forma de vínculo, mesmo que transitoriamente e sem remuneração, está sujeito à pena de suspensão dos direitos políticos de cinco a oito anos, se cometer ato de improbidade administrativa que atente contra os princípios da administração pública.

(B) A aplicação das sanções previstas para o ato de improbidade administrativa que causa lesão ao erário depende da rejeição das contas pelo órgão de controle interno ou pelo Tribunal ou Conselho de Contas.

(C) O agente público que exerce função em sociedade de economia mista, mesmo que transitoriamente e sem remuneração, e pratica ato de improbidade administrativa que importe em enriquecimento ilícito, está sujeito às penas de suspensão dos direitos políticos de oito a dez anos, pagamento de multa civil de até três vezes o valor do acréscimo patrimonial e proibição de contratar com o Poder Público ou receber benefícios ou incentivos fiscais ou creditícios, direta ou indiretamente, ainda que por intermédio de pessoa jurídica da qual seja sócio majoritário, pelo prazo de dez anos.

(D) O agente público que pratica ato de improbidade administrativa que importe em lesão ao erário está sujeito às penas de suspensão dos direitos políticos de cinco a oito anos, pagamento de multa civil de até duas vezes o valor do dano e proibição de contratar com o Poder Público ou receber benefícios ou incentivos fiscais ou creditícios, direta ou indiretamente, ainda que por intermédio de pessoa jurídica da qual seja sócio majoritário, pelo prazo de cinco anos, somente se não houver sido aplicada sanção penal prevista em lei específica, em prestígio ao princípio *ne bis in idem*.

(E) Estão sujeitos às penalidades da lei os atos de improbidade praticados contra o patrimônio de entidade que receba subvenção, benefício ou incentivo, fiscal ou creditício, de órgão público, bem como daquelas entidades para cuja criação ou custeio o erário haja concorrido ou concorra com menos de cinquenta por cento do patrimônio ou da receita anual, não se limitando, nestes casos, a sanção patrimonial à repercussão do ilícito sobre a contribuição dos cofres públicos, em virtude da natureza repressiva e preventiva da sanção.

A: incorreta, pois a prática de improbidade que atenta contra os princípios da administração púbica não está sujeita à pena de suspensão dos direitos políticos (art. 12, III, cf. redação dada pela Lei 14.230/2021); **B**: incorreta, pois, nos termos do art. 21, II, da Lei n. 8.429/1992, a aplicação das sanções independe da aprovação ou rejeição das contas pelo órgão de controle interno ou pelo Tribunal ou Conselho de Contas.; **C**: incorreta, pois à luz do novo regime da improbidade, as penas são (art. 12, I): suspensão dos direitos políticos até 14 (catorze) anos, pagamento de multa civil equivalente ao valor do acréscimo patrimonial e proibição de contratar com o poder público ou de receber benefícios ou incentivos fiscais ou creditícios, direta ou indiretamente, ainda que por intermédio de pessoa jurídica da qual seja sócio majoritário, pelo prazo não superior a 14 (catorze) anos; **D**: incorreta, pois a aplicação da sanção penal não é imprescindível. Há independência entre as esferas cível e penal. Além disso, as penas são aquelas previstas no art. 12, II (cf. redação dada pela Lei 14.230/2021); **E**: incorreta, pois, nos termos do art. 1º, parágrafo único, da Lei 8.429/1992, limita-se, nestes casos, a sanção patrimonial à repercussão do ilícito sobre a contribuição dos cofres públicos. **WG**
Gabarito "C".

(Delegado Federal – 2002 – CESPE) Julgue o seguinte item.

(1) A ação pública de improbidade administrativa – de natureza civil e com legitimação ativa atribuída privativamente ao Ministério Público (MP) – objetiva punir os responsáveis e ressarcir o erário por danos sofridos pela conduta de agentes ímprobos.

1: incorreta, pois a pessoa jurídica lesada (pessoa jurídica interessada) pelo ato de improbidade também tem legitimidade para a ação de improbidade administrativa (art. 17, *caput*, da Lei 8.429/1992, conjugado com o entendimento do STF na ADI 7042). **WG**
Gabarito 1E.

(Delegado/AM) Dentre as sanções impostas a quem pratica ato de improbidade administrativa, destaca-se a seguinte:

(A) proibição de comerciar.

(B) supressão das férias vincendas.

(C) declaração de insolvência civil.

(D) suspensão dos direitos públicos.

A: incorreta, pois a sanção correta é de "proibição de contratar com o Poder Público ou receber benefícios ou incentivos fiscais ou creditícios, direta ou indiretamente, ainda que por intermédio de pessoa jurídica da qual seja sócio majoritário" por um dado período de tempo (art. 12 da Lei 8.429/1992); **B** e **C**: incorretas, pois não existem tais previsões no art. 12 da Lei 8.429/1992; **D**: correta, nos termos do art. 12 da Lei 8.429/1992. **WG**
Gabarito "D".

(Delegado/AP – 2010) Tem legitimidade para representar à autoridade administrativa competente para que seja instaurada investigação destinada a apurar a prática de ato de improbidade:

(A) somente o Ministério Público.
(B) somente o controle externo ou corregedoria do órgão.
(C) somente o controle interno do órgão, em caráter sigiloso.
(D) somente o Ministério Público, Tribunal ou Conselho de Contas.
(E) qualquer pessoa que deseje ver apurada a prática de ato de improbidade.

Art. 14, *caput*, da Lei 8.429/1992.

Gabarito "E".

(Delegado/ES – 2006 – CESPE) Em relação ao direito administrativo, julgue o item seguinte.

(1) No curso de uma ação de improbidade administrativa, é incabível o afastamento cautelar de agente público de seu cargo, pois a perda da função pública como sanção por improbidade administrativa efetiva-se exclusivamente por determinação legal com o trânsito em julgado.

1: errada, pois a lei prevê o afastamento cautelar, quando a medida for necessária à instrução processual ou para evitar a iminente prática de novos ilícitos. (art. 20, §1º, da Lei 8.429/1992); não se deve confundir esse afastamento com a perda do cargo público, sendo que esta, sim, depende de trânsito em julgado da sentença condenatória.

Gabarito 1E.

(Delegado/GO – 2009 – UEG) Diante do comando da Lei 8.429/1992, que dispõe sobre as condutas que configuram a improbidade administrativa e as sanções aplicáveis, é CORRETO afirmar:

(A) face ao princípio de proporcionalidade, as sanções de perda da função pública, a suspensão dos direitos políticos, a proibição de contratar com o Poder Público ou receber benefícios ou incentivos fiscais ou creditícios e o pagamento de multa civil poderão ser aplicadas de forma isolada.
(B) estão excluídos da responsabilização aqueles que não possuem vínculo efetivo ou em comissão com a Administração Pública, diante da definição de agente público para fim de incidência da Lei de Improbidade Administrativa.
(C) a pessoa jurídica beneficiada pelo ato de improbidade não pode ser responsabilizada pelas sanções previstas, apenas a(s) pessoa(s) que por ela respondem.
(D) a aplicação das sanções previstas na Lei 8.429/1992 aos gestores públicos está condicionada à rejeição das contas pelo Tribunal de Contas.

A: correta, nos termos da jurisprudência do STJ (REsp 626.204/RS, julgado em 07.08.2007, rel. Min. Denise Arruda, *DJ* 06.09.2007); **B:** incorreta, pois a definição de agente público inclui aqueles que têm vínculo de *mandato, emprego público* e outros (art. 2º da Lei 8.429/1992); **C:** incorreta (art. 3º da Lei 8.429/1992); **D:** incorreta (art. 21, II, da Lei 8.429/1992).

Gabarito "A".

(Delegado/MG – 2006) A prática de ato de improbidade administrativa:

(A) Pode implicar a suspensão dos direitos políticos.
(B) Demanda a participação de servidor estatutário.
(C) Não ocorre quando o servidor estatutário causa prejuízo ao erário, agindo culposamente.
(D) Exige a participação de terceiros, estranhos ao aparato estatal.
(E) Corresponderá à prática de ilícito penal.

A: correta (art. 12 da Lei 8.429/1992); **B:** incorreta, pois o conceito de agente público previsto no art. 2º da Lei 8.429/1992 é bem mais amplo; **C:** correta, pois a modalidade "prejuízo ao erário" (art. 10 da Lei 8.429/1992) se configura somente mediante conduta dolosa (cf. o novo regime da improbidade decorrente da Lei 14.230/2021).; **D:** incorreta, pois não é necessária a participação de terceiros, conforme se verifica em várias hipóteses previstas nos arts. 9º a 11 da Lei 8.429/1992; **E:** incorreta, pois o ilícito de improbidade tem natureza não penal, sendo julgado em juízo não criminal.

Gabarito "A" (gabarito desatualizado).

(Delegado/RJ – 2009 – CEPERJ) Marque a opção em que se inclui norma incompatível com o sistema da Lei 8.429, de 2 de junho de 1992, que dispõe sobre as sanções aplicáveis às condutas de improbidade administrativa.

(A) A responsabilidade patrimonial daquele que causar lesão ao patrimônio público ou se enriquecer ilicitamente limitar-se ao valor da herança.
(B) Na fixação das penas previstas, o juiz levará em conta a extensão do dano causado, assim como o proveito patrimonial obtido pelo agente.
(C) As ações destinadas a levar a efeito as sanções previstas na Lei podem ser propostas no prazo de até cinco anos após o término do exercício do mandato, de cargo em comissão ou de função de confiança, ou dentro do prazo prescricional previsto em lei específica para faltas disciplinares puníveis com demissão a bem do serviço público, nos casos de exercício de cargo efetivo ou emprego.
(D) A aplicação das sanções previstas depende da efetiva ocorrência de dano ao patrimônio público, mas independe da aprovação ou rejeição das contas pelo órgão de controle interno ou pelo Tribunal ou Conselho de Contas.
(E) O agente público que sofra investigação por improbidade pode ser afastado do exercício do cargo, emprego ou função, sem prejuízo da remuneração, caso a medida se mostre necessária à instrução processual.

A: compatível (art. 8º da Lei 8.429/1992); **B:** compatível (art. 12, parágrafo único, da Lei 8.429/1992); **C:** incompatível (art. 23 da Lei 8.429/1992); **D:** incompatível (art. 21, I, da Lei 8.429/1992); **E:** compatível (art. 20, parágrafo único, da Lei 8.429/1992).

Gabarito "D" (gabarito desatualizado).

(Delegado/SC – 2008) Analise as alternativas a seguir. Todas estão corretas, exceto a:

(A) O Presidente da República é passível de processo por crime de responsabilidade, por atos que atentem contra a probidade na Administração.
(B) Negar publicidade a atos oficiais e frustrar a licitude de concurso público não caracterizam crimes de improbidade administrativa, pois a conduta não lesa o erário público e não importa em enriquecimento ilícito ou proveito próprio ou de terceiro.
(C) A Lei 8.429/1992 caracteriza como de improbidade administrativa os atos que importam em enriqueci-

mento ilícito e que acarretam prejuízo ao erário. Os agentes públicos em geral estão sujeitos a penas, tais como a perda da função pública, a indisponibilidade dos bens e o ressarcimento ao erário, na forma e gradação indicadas pela lei.

(D) A Lei 8.429/1992 inseriu, nos casos de improbidade administrativa, condutas que não implicam necessariamente locupletamento de caráter financeiro ou material, como por exemplo, retardar ou deixar de praticar indevidamente ato de ofício.

A: correta (art. 85, V, da CF); **B:** incorreta (arts. 11, IV e V, da Lei 8.429/1992); **C:** correta (arts. 9.º, 10 e 12 da Lei 8.429/1992); **D:** correta (art. 11, II, da Lei 8.429/1992).

Gabarito "B".

7. INTERVENÇÃO NA PROPRIEDADE E NO DOMÍNIO ECONÔMICO

7.1. Desapropriação

(Delegado/RJ – 2022 – CESPE/CEBRASPE) Insatisfeito com a falta de espaço para o exercício da polícia judiciária, delegado orienta servidores de delegacia a utilizar, como estacionamento de viaturas e depósito, imóvel privado, vizinho à delegacia em que está lotado. O delegado justificou sua ação no fato de que o imóvel estava abandonado há mais de cinco anos, que o interesse público prevalece sobre o interesse privado, que não havia sequer uma cerca protegendo o imóvel e que essa era a única forma de tutelar o patrimônio público que se deteriorava por falta de espaço. Alguns meses após tal iniciativa, o proprietário do imóvel ajuizou ação em face do Estado, pleiteando a retirada imediata.

Acerca dessa situação hipotética, é correto afirmar que

(A) o imóvel foi afetado ao serviço público, de modo que ao proprietário só restaria um pleito de desapropriação indireta, caso ainda houvesse prazo para tanto.

(B) o princípio da supremacia do interesse público sobre o particular justifica a destinação conferida ao bem pelo delegado, cujas intenções e ações afastam a possibilidade de sua punição.

(C) o delegado poderá eventualmente sofrer reprimenda disciplinar caso, após processo administrativo regular, verificar-se que seu erro foi grosseiro ou que sua ação foi dolosa, na forma da Lei de Introdução às Normas do Direito Brasileiro (LINDB).

(D) o particular não teria direito de resistir à pretensão pública, em face da incorporação do bem ao patrimônio da administração, haja vista terem se passado cinco anos de abandono evidente, bem como em respeito à função social da propriedade privada.

(E) o Estado, polo passivo da ação, por meio de sua procuradoria, diante da constatação da postura arbitrária do delegado, deverá promover a denunciação da lide, para que o delegado satisfaça eventual direito de regresso ao erário.

Alternativa **A** incorreta (o uso precário e temporário de imóvel privado para estacionamento e depósito não configura apossamento administrativo que justifique a caracterização de uma desapropriação indireta). Alternativa **B** incorreta (o princípio da supremacia do interesse público sobre o particular não justifica a adoção de medidas ilícitas pelo delegado). Alternativa **C** correta (nos termos do art. 28 da LINDB: "o agente público responderá pessoalmente por suas decisões ou opiniões técnicas em caso de dolo ou erro grosseiro"). Alternativa **D** incorreta (considerando que não houve incorporação do bem ao patrimônio público, o particular tem direito de resistir à pretensão pública; o fato de o imóvel estar abandonado há alguns anos não afasta a ilegalidade da ocupação que perdurou por alguns meses apenas). Alternativa **E** incorreta (como regra, somente se o Estado for condenado ao pagamento de indenização é que caberá o exercício do direito de regresso em face do agente público causador do dano; nesse sentido, incabível a denunciação da lide).

Gabarito "C".

(Delegado/MS – 2017 – FAPEMS) Acerca do instituto Desapropriação, uma das formas de aquisição de bens pelo Poder Público, assinale a alternativa correta.

(A) A propriedade produtiva poderá ser objeto de desapropriação para fins de reforma agrária.

(B) É possível a desistência da desapropriação pela Administração Pública, a qualquer tempo, mesmo após o trânsito em julgado, desde que ainda não tenha havido o pagamento integral do preço e o imóvel possa ser devolvido sem alteração substancial que impeça que seja utilizado como antes.

(C) Onde forem localizadas culturas ilegais de plantas psicotrópicas ou a exploração de trabalho escravo na forma da lei será expropriado e destinado à reforma agrária e a programas de habitação popular, sem qualquer indenização ao proprietário e sem prejuízo de outras sanções previstas em lei, cuja expropriação irá recair, apenas, sobre a parcela do imóvel em que tenha ocorrido o cultivo ilegal ou a utilização de trabalho escravo.

(D) A União, os Estados, o Distrito Federal e os Municípios poderão desapropriar, por interesse social, para fins de reforma agrária, o imóvel rural que não esteja cumprindo sua função social, mediante prévia e justa indenização em títulos da dívida agrária, com cláusula de preservação do valor real, resgatáveis no prazo de até vinte anos a partir do segundo ano de sua emissão, e cuja utilização será definida em lei, porém, as benfeitorias úteis e necessárias serão indenizadas em dinheiro.

(E) Na ação de desapropriação por utilidade pública, a citação do proprietário do imóvel desapropriado não dispensa a do respectivo cônjuge.

A: incorreta. Lei 8.629/1993, art. 2º A propriedade rural que não cumprir a função social prevista no art. 9º é passível de desapropriação, nos termos desta lei, respeitados os dispositivos constitucionais. **B:** correta. Sendo a desistência da desapropriação direito do expropriante, o ônus da prova da existência de fato impeditivo do seu exercício (impossibilidade de restauração do imóvel ao estado anterior) é do expropriado. Acórdão recorrido que não estabeleceu a existência de prova da impossibilidade de devolução do imóvel às suas condições originais. Não incidência da súmula 7/STJ. **C:** incorreta. CF, art. 243. As propriedades rurais e urbanas de qualquer região do País onde forem localizadas culturas ilegais de plantas psicotrópicas ou a exploração de trabalho escravo serão expropriadas e destinadas à reforma agrária e a programas de habitação popular, sem qualquer indenização ao proprietário e sem prejuízo de outras sanções previstas em lei, observado, no que couber, o disposto no art. 5º. **D:** incorreta. Somente compete a União. Lei 8.629/1993, art. 2º, § 1º Compete à União desapropriar por interesse social, para fins de reforma agrária, o imóvel rural que não esteja cumprindo sua função social. Art. 5º A desapropriação por interesse social, aplicável ao imóvel rural que não cumpra sua função social, importa prévia e justa indenização em títulos da dívida agrária. § 1º As benfeitorias úteis e necessárias serão indenizadas em dinheiro. **E:** incorreta. Decreto 3365/1941, Art. 16. A citação far-se-á por mandado

na pessoa do proprietário dos bens; a do marido dispensa a dá mulher; a de um sócio, ou administrador, a dos demais, quando o bem pertencer a sociedade; a do administrador da coisa no caso de condomínio, exceto o de edifício de apartamento constituindo cada um propriedade autônoma, a dos demais condôminos e a do inventariante, e, se não houver, a do cônjuge, herdeiro, ou legatário, detentor da herança, a dos demais interessados, quando o bem pertencer a espólio. **FMB**
Gabarito "B".

(Delegado/ES – 2006 – CESPE) Em relação ao direito administrativo, julgue o item seguinte.

(1) É devido o pagamento de indenizações relativas a imóveis desapropriados em virtude da criação de uma floresta nacional, nos casos em que a limitação administrativa importar em perda dos poderes inerentes ao domínio e causar prejuízo ao proprietário.

1: correta, nos termos da jurisprudência do STF e do STJ, que são uníssonas no sentido de que, caso a limitação administrativa seja tão rigorosa a ponto de esvaziar o direito de propriedade, há de se considerar ter havido verdadeira desapropriação indireta no caso, justificando pagamento de indenização ao proprietário da coisa. **WG**
Gabarito 1C.

7.2. Servidão administrativa

(Delegado/RS – 2018 – FUNDATEC) A propriedade é um direito fundamental, mas, como qualquer outro direito, não é absoluto, estando sujeita a determinadas limitações de ordem legal, que encontram fundamento e justificativa no princípio da supremacia do interesse público sobre o privado. Sobre o tema, assinale a alternativa correta.

(A) Salvo se instituída por lei, as servidões administrativas não são autoexecutáveis, dependendo a sua instituição de acordo ou decisão judicial.
(B) A justificativa da requisição administrativa reside no interesse público consistente em apoiar a realização de obras e serviços.
(C) O bem privado objeto de tombamento se torna inalienável de acordo com o ordenamento jurídico brasileiro.
(D) As limitações administrativas impostas pelo Poder Público à propriedade privada não constituem manifestações do poder de polícia administrativo.
(E) A retrocessão é admitida nos casos de desapropriação em que se configurar a tredestinação lícita do bem expropriado.

Alternativa A correta (a implementação de servidão administrativa depende, como regra, de acordo ou decisão judicial); alternativa B incorreta (a justificativa da requisição administrativa é o perigo público iminente); alternativa C incorreta (o bem privado objeto de tombado pode ser alienado pelo proprietário); alternativa D incorreta (as limitações administrativas constituem manifestação do poder de polícia administrativo, que consiste na restrição de bens privados à luz do interesse público); alternativa E incorreta (a retrocessão decorre da tredestinação ilícita, que consiste na utilização do bem expropriado em uma finalidade não pública). **RB**
Gabarito "A".

(Delegado/CE – 2006 – CEV/UECE) Sobre a intervenção do Estado na propriedade, sob a modalidade de servidão administrativa, podemos afirmar, corretamente, que

(A) a servidão administrativa tem natureza jurídica de direito pessoal.

(B) a servidão administrativa tem como característica a autoexecutoriedade.
(C) a servidão administrativa não possui o caráter de definitividade.
(D) a indenização, apesar de condicionada ao prejuízo, deve ser prévia.

A: incorreta, pois tem natureza de direito real; **B:** incorreta, pois a instituição de servidão administrativa se dá mediante acordo com o proprietário da coisa ou ingresso com ação de desapropriação para instituir esse direito (art. 40 do Dec.-lei 3.365/1941); **C:** incorreta, pois a servidão administrativa costuma ter esse caráter, como é o caso da servidão de aqueduto; **D:** correta, pois a indenização, no caso, depende da existência de prejuízo e segue a sorte da desapropriação para a aquisição da propriedade, ou seja, deve ser prévia, justa e em dinheiro. **WG**
Gabarito "D".

(Delegado/DF – 2004) O Estado, na defesa do interesse da coletividade, pode promover a intervenção na propriedade privada. Uma das formas de intervenção prevê que o Poder Público pode impor ao proprietário de um bem a obrigação de suportar restrição permanente decorrente da prestação de um serviço público. Essa modalidade de intervenção denomina-se:

(A) tombamento;
(B) servidão administrativa;
(C) requisição;
(D) limitação administrativa;
(E) ocupação temporária.

A: incorreta, pois o tombamento não é instituído visando à prestação de um serviço público, mas visando à preservação de um bem com valor especial para a sociedade; **B:** correta, pois a obrigação de suportar uma restrição permanente em favor da prestação de um serviço público é criada justamente pela instituição de uma servidão administrativa; por exemplo, é servidão administrativa a restrição feita a um imóvel, para que este tenha que suportar a passagem de tubulações no seu subsolo; **C:** incorreta, pois a requisição administrativa se dá para acautelar situação de iminente perigo público (exemplo: requisição de um clube particular para abrigar pessoas que perderam suas casas pela força das chuvas), de modo que não é permanente, nem se destina à prestação de um serviço público; **D:** incorreta, pois a limitação administrativa é uma imposição de caráter geral (atinge pessoas indeterminadas) e gratuita (não cabe indenização), que delimita o direito das pessoas; nesse sentido, não se confunde com a servidão, que é de caráter especial (atinge pessoas determinadas), impõe indenização (se houver dano) e afasta parte do direito das pessoas; **E:** incorreta, pois a ocupação temporária consiste na utilização de terreno particular para servir de canteiro de obras públicas ou para a efetivação de pesquisas com vistas à descoberta de minérios em propriedades privadas. **WG**
Gabarito "B".

(Delegado/GO – 2009 – UEG) Acerca do instituto da servidão administrativa, é CORRETO afirmar:

(A) a servidão administrativa impõe ao proprietário do imóvel um gravame de caráter temporário, que é característica típica desse instituto.
(B) a servidão administrativa poderá concretizar-se por acordo entre o Poder Público e o proprietário.
(C) a servidão administrativa opera transferência de posse do bem ao Poder Público.
(D) nas situações em que a servidão administrativa decorre diretamente de lei, não é possível indenização.

A: incorreta, pois a servidão é um gravame duradouro, diferentemente da requisição administrativa e da ocupação temporária, que trazem gravames passageiros; **B:** correta, pois a servidão deve ser instituída da mesma forma como se dá na desapropriação para a aquisição de um bem (art. 40 do Dec.-lei 3.365/1941), que admite o acordo extrajudicial como forma de aquisição da coisa; **C:** incorreta, pois a servidão confere um *direito real* sobre a coisa, que tem valor jurídico maior do que o mero *direito de posse*; **D:** incorreta, pois desde que o fato atinja pessoa determinada e gere prejuízo, caberá indenização, pouco importando se se trata de servidão instituída por lei ou por ato administrativo. Gabarito "B".

(Delegado/SP – 2003) O direito real de gozo, de natureza pública, instituído sobre imóvel de propriedade alheia, com base em lei, por entidade pública ou por seus delegados, em favor de um serviço público ou de um bem afetado a fim de utilidade pública recebe o nome de

(A) desapropriação.
(B) requisição.
(C) ocupação temporária.
(D) servidão administrativa.

O conceito trazido no enunciado define adequadamente a servidão administrativa. Gabarito "D".

(Delegado/SP – 2002) Torres e redes elétricas que ocupam terrenos de propriedade particular, instaladas por sociedade de economia mista, caracterizam caso de

(A) servidão civil.
(B) desapropriação.
(C) servidão administrativa.
(D) limitação administrativa.

Torres e redes elétricas são restrições que devem suportar propriedades particulares em favor da prestação de serviço público (no caso, serviço de energia elétrica), de modo que o instituto caracterizado é o da servidão administrativa. Gabarito "C".

(Delegado/SP – 2000) A passagem de fios elétricos sobre imóveis particulares é

(A) limitação administrativa.
(B) servidão administrativa.
(C) tombamento.
(D) requisição.

A passagem de fios elétricos por propriedades particulares, em favor da prestação de serviço público (no caso, serviço de energia elétrica), caracteriza o instituto da servidão administrativa. Gabarito "B".

7.3. Requisição administrativa

(Delegado/GO – 2017 – CESPE) Um policial andava pela rua quando presenciou um assalto. Ao ver o assaltante fugir, o policial parou um carro, identificou-se ao motorista, entrou no carro e pediu que ele perseguisse o criminoso.

Nessa situação, conforme a CF e a doutrina pertinente, tem-se um exemplo típico da modalidade de intervenção do Estado na propriedade privada denominada

(A) limitação administrativa, cabendo indenização ao proprietário, se houver dano ao bem deste.
(B) requisição administrativa, cabendo indenização ao proprietário, se houver dano ao bem deste.
(C) desapropriação, não cabendo indenização ao proprietário, independentemente de dano ao bem deste.
(D) servidão administrativa, não cabendo indenização ao proprietário, independentemente de dano ao bem deste.
(E) ocupação temporária, não cabendo indenização ao proprietário, mesmo que haja dano ao bem deste.

Para o Prof. Hely Lopes, requisição é a utilização coativa de bens ou serviços particulares pelo Poder Público por ato de execução imediata e direta da autoridade requisitante e indenização ulterior, para atendimento de necessidades coletivas urgentes e transitórias. No mesmo sentido CF, art. 5º, XXV – No caso de iminente perigo público, a autoridade competente poderá usar de propriedade particular, assegurada ao proprietário indenização ulterior, se houver dano. Gabarito "B".

(Delegado/RJ – 2013 – FUNCAB) Quanto à disciplina das requisições e demais modalidades de intervenção do Estado na propriedade, assinale a alternativa correta.

(A) O objeto das requisições abrange somente os bens móveis e os serviços particulares, excluindo-se os bens imóveis, cuja intervenção se dará na forma de ocupação temporária.
(B) A requisição é direito pessoal, ao contrário da servidão, que é direito real, e tem como pressuposto constitucional o perigo público iminente.
(C) A requisição, quando causar diminuição patrimonial do particular, estará sujeita à prévia indenização nos termos da Constituição Federal.
(D) Segundo a legislação aplicável, a requisição tem o prazo máximo de 30 dias, prorrogáveis por igual período em caso de justificada necessidade.
(E) Não podem os entes federativos instituir servidões administrativas sobre os imóveis, uns dos outros.

A: incorreta, pois a requisição administrativa também pode recair sobre imóveis, não havendo limitação a apenas móveis e serviços no art. 5º, XXV, da CF; **B:** correta, pois a requisição se dá em caso de perigo público iminente (art. 5º, XXV, da CF) e é direito pessoal, ao passo que servidão é direito real e está prevista no art. 40 do Dec.-lei 3.365/1941; **C:** incorreta, pois a Constituição Federal prevê indenização ulterior no caso; **D:** incorreta, pois não há essa previsão nas leis que regulam a requisição de bens, tais como a Lei Delegada 4/1962, o Dec.-lei 2/1966 e o Dec.-lei 4.812/1942; **E:** incorreta, pois é possível desde que obedecidas as regras da lei de desapropriação (arts. 2º, § 2º, e 40 do Dec.-lei 3.365/41). Gabarito "B".

(Delegado Federal – 1998 – CESPE) No que se refere à intervenção do Estado no domínio econômico, julgue o item abaixo.

(1) A requisição administrativa de bem ou serviço de particular pode não gerar o dever de indenizar.

1: correta, pois a requisição administrativa somente gerará o dever de indenizar, que é ulterior, se causar dano ao particular (art. 5.º, XXV, da CF). Gabarito 1C.

7.4. Tombamento

(Delegado/ES – 2019 – Instituto Acesso) No ordenamento jurídico brasileiro, existem circunstâncias que limitam o exercício do direito de propriedade. Nessa perspectiva, em conformidade com o que prescreve o Decreto-Lei 25, de 30 de novembro de 1937, que organiza a proteção do patrimônio histórico e artístico nacional, é correto afirmar que:

(A) o valor etnográfico é fundamento previsto expressamente em regra Constitucional que instituiu no ordenamento jurídico brasileiro o Tombamento.
(B) é lícito à União efetuar tombamento de bem municipal, sendo vedado ao município tombar bem dos Estados.
(C) o tombamento definitivo de bens imóveis de particulares, para ser considerado definitivo e ter plenos efeitos perante terceiros, deverá ser transcrito em registro imobiliário e devidamente averbado.
(D) a competência para legislar sobre tombamento é concorrente entre a União, Estados e Territórios, sendo de competência suplementar dos municípios.
(E) o Tombamento, conforme prescreve o art. 216 da Constituição da República Federativa do Brasil de 1988, é uma medida que visa a proteção de bens públicos imóveis em geral.

O tombamento constitui mecanismo de tutela do patrimônio cultural, previsto na Constituição Federal (art. 216) e disciplinado pelo Decreto-Lei 25/1937. A competência para legislar sobre tombamento é concorrente entre União, Estados e Distrito Federal, não estando incluídos os Territórios (alternativa D incorreta). O tombamento incide sobre bens móveis ou imóveis, públicos ou privados (alternativa E incorreta). Em relação ao tombamento de bens públicos, o Município pode tombar bens dos Estados, de modo que não se aplica a regra da "hierarquia federativa", típica nas desapropriações (alternativa B incorreta). O valor etnográfico não está previsto expressamente na Constituição Federal, mas sim no Decreto-Lei 25/1937 (art. 1º). Por fim, o tombamento definitivo de bens imóveis privados somente irradiará efeitos perante terceiros após averbação no registro imobiliário, nos termos do art. 13 do Decreto-Lei 25/1937 (alternativa C correta). **RB**
Gabarito "C".

(Delegado Federal – 1998 – CESPE) No que se refere à intervenção do Estado no domínio econômico, julgue os itens abaixo.

(1) O tombamento implica a transferência de propriedade do bem tombado para o poder público, permanecendo o particular apenas com a posse direta da coisa.
(2) Tanto a União quanto os Estados, o Distrito Federal e os Municípios têm, em princípio, o poder de declarar o tombamento de bens que digam respeito ao peculiar interesse de cada qual.

1: errada, pois um bem tombado continua de propriedade do particular, não se podendo confundir tombamento com desapropriação; vale salientar que bens públicos também podem ser tombados; 2: correta, pois o tombamento pode ser realizado por qualquer dos entes federativos (União, Estados, Distrito Federal e Municípios), sendo que tais entes podem, inclusive, tombar, cumulativamente, um mesmo bem. **WG**
Gabarito 1E, 2C

7.5. Limitação administrativa

(Delegado/MT – 2017 – CESPE) Enquanto uma rodovia municipal era reformada, o município responsável utilizou, como meio de apoio à execução das obras, parte de um terreno de particular.

Nessa hipótese, houve o que se denomina

(A) servidão administrativa.
(B) limitação administrativa.
(C) intervenção administrativa supressiva.
(D) ocupação temporária.
(E) requisição administrativa.

Trata-se de ocupação temporária, haja vista ter sido utilizado o espaço apenas como apoio e nesse sentido: Hely Lopes (*apud* Alexandrino, 2013, p. 1013) conceitua: "ocupação temporária ou provisória é a utilidade transitória, remunerada ou gratuita, de bens particulares pelo Poder Público, para a execução de obras, serviços ou atividades públicas ou de interesse público". **FMB**
Gabarito "D".

(Delegado/MA – 2006 – FCC) Considere as restrições do Estado sobre a propriedade privada.

I. A requisição é o direito real de gozo e disposição, de natureza pública, instituído sobre imóvel de propriedade alheia, por entidade pública ou por seus delegados, em favor de um serviço público.
II. As limitações administrativas são medidas de caráter específico, que incidem sobre imóvel certo e determinado, gerando para o proprietário obrigações negativas, com fundamento no poder de polícia do Estado.
III. A ocupação temporária se caracteriza pela utilização transitória, gratuita ou remunerada, de imóvel de propriedade particular, para fins de interesse público.
IV. O tombamento se caracteriza por ser uma restrição parcial, não impedindo ao particular o exercício dos direitos inerentes ao domínio.

É correto o que se afirma APENAS em

(A) I e II.
(B) I, II e III.
(C) I, II e IV.
(D) II, III e IV.
(E) III e IV.

I: incorreta, pois essa definição é de *servidão administrativa*, e não de *requisição administrativa*; II: incorreta, pois as *limitações administrativas* são medidas de caráter geral (abrangendo pessoas indeterminadas), e não de caráter específica (abrangendo pessoas determinadas); III: correta, nos termos do disposto no art. 36 do Dec.-lei 3.365/1941; IV: correta, pois o tombamento restringe, mas não inviabiliza, como regra, o uso da propriedade. **WG**
Gabarito "E".

8. BENS PÚBLICOS

8.1. Conceito e classificação dos bens públicos

(Delegado/MS – 2017 – FAPEMS) O artigo 98, do Código Civil em vigor, dispõe que "são públicos os bens do domínio nacional pertencentes às pessoas jurídicas de direito público interno; todos os outros são particulares, seja qual for a pessoa a que pertencerem". No que se refere a bens públicos, assinale a alternativa correta

(A) Os bens dominicais são disponíveis.
(B) Os bens de uso especial do povo encontram-se à disposição da coletividade, desnecessária a autorização para seu uso.
(C) Os bens públicos podem ser adquiridos por usucapião.
(D) A permissão de uso de bem público é ato bilateral, discricionário e precário.
(E) Os bens públicos podem ser hipotecados.

A: correta. Código Civil – Lei 10.406/2001, art. 101. Os bens públicos dominicais podem ser alienados, observadas as exigências da lei. B: incorreta. Código Civil – Lei 10.406/2001, art. 99. São bens públicos: I – os de uso comum do povo, tais como rios, mares, estradas, ruas e pra-

ças; II – os de uso especial, tais como edifícios ou terrenos destinados a serviço ou estabelecimento da administração federal, estadual, territorial ou municipal, inclusive os de suas autarquias; inexistindo bens de uso especial do povo. **C:** incorreta. Código Civil – Lei 10.406/2001, art. 102. Os bens públicos não estão sujeitos a usucapião. **D:** incorreta. Código Civil – Lei 10.406/2001, art. 103. O uso comum dos bens públicos pode ser gratuito ou retribuído, conforme for estabelecido legalmente pela entidade a cuja administração pertencerem. **E:** incorreta. Código Civil – Lei 10.406/2001, art. 100. Os bens públicos de uso comum do povo e os de uso especial são inalienáveis, enquanto conservarem a sua qualificação, na forma que a lei determinar. FMB
Gabarito "A".

(Delegado/MT – 2017 – CESPE) O prédio onde funciona a delegacia de polícia de determinado município é de propriedade do respectivo estado da Federação.

Nessa situação hipotética,

(A) a desafetação do prédio resultará em sua reversão para bem de uso comum.

(B) se for abandonado, o prédio poderá ser objeto de usucapião, desde que *pro misero*.

(C) o prédio poderá ser adquirido por terceiros.

(D) o prédio poderá ser objeto de hipoteca legal.

(E) o prédio está na categoria de bem dominical.

A: incorreta. Não se permite desafetação de bem de uso especial. **B:** incorreta. Não se admite em nenhum caso o usucapião. STF, Súmula 340: Desde a vigência do Código Civil, os bens dominicais, como os demais bens públicos, não podem ser adquiridos por usucapião. **C:** correta. Se o bem se tonar dominical pode ser alienado, ou seja, se perder a destinação original. **D:** incorreta. Por ser bem de origem publica, não poderá sofrer hipoteca. **E:** incorreta. Trata-se de bem de uso especial. FMB
Gabarito "C".

(Delegado/SP – 2002) Os bens dominicais do Estado só não podem ser alienados mediante o instituto do(a)

(A) usucapião.

(B) dação em pagamento.

(C) doação.

(D) retrocessão.

A: correta, pois os bens públicos não estão sujeitos a usucapião (art. 102 do Código Civil); **B:** incorreta, pois os bens públicos podem ser dados em pagamento (art. 17, I, *a*, da Lei 8.666/1993); **C:** incorreta, pois os bens públicos podem ser objeto de doação (art. 17, I, *b*, da Lei 8.666/1993); **D:** incorreta, pois a retrocessão é cabível quando o Poder Público não utilizar os bens públicos em finalidade de interesse público, hipótese em que o antigo proprietário da coisa tem direito de adquiri-la de volta. WG
Gabarito "A".

(Delegado/SP – 2003) Pode-se conceituar afetação como sendo

(A) o fato administrativo pelo qual um bem público é desativado, deixando de servir à finalidade pública anterior.

(B) o fato administrativo pelo qual se atribui ao bem público uma destinação pública especial de interesse direto ou indireto da Administração.

(C) o fato ou a manifestação do poder público mediante o qual o bem jurídico é subtraído à dominialidade estatal para incorporar-se ao domínio privado do Estado ou do particular.

(D) a forma pela qual a propriedade pública fica desonerada da finalidade privada na qual vinha sendo utilizada.

A: incorreta, pois a alternativa conceitua a *desafetação*, e não a *afetação*; **B:** correta, pois traz adequado conceito para *afetação*; **C:** incorreta, pois a colocação do bem no domínio privado do Estado tem o nome de *desafetação*, e a passagem do bem para o domínio particular se dá pela *alienação*; **D:** incorreta, pois a afetação é justamente o contrário, ou seja, a propriedade pública passar a ter uma destinação especial *pública* com ela. WG
Gabarito "B".

(Delegado/SP – 1998) A preposição de um bem público a um dado destino categorial, de uso comum ou especial, denomina-se

(A) concessão

(B) revalidação

(C) retrocessão

(D) afetação

De fato, a destinação de um bem público a um uso comum do povo ou a um uso especial tem o nome de afetação. WG
Gabarito "D".

8.2. Bens públicos em espécie

(Delegado/DF – 2015 – Fundação Universa) Com relação aos bens públicos, é correto afirmar que

(A) as terras devolutas pertencem, em regra, à União.

(B) os bens públicos são impenhoráveis, inalienáveis, imprescritíveis e indisponíveis.

(C) as terras tradicionalmente ocupadas pelos índios são bens públicos de uso especial.

(D) a autorização de bem público para fins particulares se concretiza por meio de contrato administrativo após processo de licitação.

(E) o aforamento é uma forma de aquisição do domínio eminente do bem público por particular na qual há o pagamento de um laudêmio ou foro, sendo dispensada a licitação.

A: incorreta, pois as terras devolutas (terras vazias, sem proprietário ou não afetadas a nada, representando bem disponível estatal – art. 5º do Decreto-lei 9.760/1946) são originariamente da União apenas quando voltadas à preservação ambiental e à defesa de fronteiras, fortificações e vias federais de comunicação, tudo na forma do que for definido em lei (art. 20, II, da CF); as terras devolutas são dos Estados quando não forem da União e dos Municípios quando atribuídas por aqueles às edilidades; **B:** incorreta, pois nem todos os bens públicos são inalienáveis; os bens de uso especial e de uso comum do povo são, mas os bens dominicais não (arts. 100 e 101 do CC); **C:** correta, pois tais terras têm uso especial determinado pelo § 2º do art. 231 da CF; **D:** incorreta, pois a *autorização* de bem público, diferentemente da *permissão* e da *concessão* de bem público, não requer licitação prévia; ela também é considerado um ato unilateral da Administração e não um contrato; **E:** incorreta, pois no aforamento (ou enfiteuse) o particular adquire apenas o domínio útil e não o domínio eminente do imóvel. WG
Gabarito "C".

9. RESPONSABILIDADE DO ESTADO

(Delegado/RJ – 2022 – CESPE/CEBRASPE) Maria trafegava em seu carro na Ponte Rio-Niterói, durante a manhã, a caminho do trabalho, sentido Rio de Janeiro, quando, em meio ao trânsito lento, foi surpreendida por uma viatura da polícia civil, que passou de forma brusca e acelerada ao lado de seu veículo, causando um leve abalroamento, que levou a motorista a colidir contra o veículo à sua frente, o que, afinal, causou graves danos a esses dois carros. Apesar do acidente e dos danos materiais aos dois veículos, não houve feridos. Após confeccionar a declaração de acidente de trânsito no site da Polícia Rodoviária Federal, Maria resolveu comparecer ao plantão da Corregedoria-Geral da Polícia Civil, para noticiar o ocorrido, tendo indicado o número da unidade policial inscrito na viatura, assim como o horário em que o abalroamento havia acontecido. Em sua apuração preliminar, a corregedoria identificou os policiais civis que estavam na viatura, assim como constatou que eles não se dirigiam a nenhuma diligência policial na ocasião, apenas buscavam fugir do engarrafamento. Após regular sindicância administrativa disciplinar, os policiais foram punidos. Ao tomar conhecimento do resultado da apuração da Corregedoria-Geral de Polícia Civil, Maria decidiu ajuizar ação para obter do Estado reparação civil, tendo em vista os danos causados ao seu veículo.

A partir dessa situação hipotética, assinale a opção correta, com relação à responsabilidade civil dos servidores públicos.

(A) Maria deverá ajuizar ação de responsabilidade civil em desfavor do policial que conduzia a viatura quando do abalroamento, já que foi apurado, no procedimento disciplinar, que ele atuou com dolo ou culpa.

(B) A ação por danos causados por agente público deve ser ajuizada contra o Estado, não sendo possível a responsabilização civil do servidor que causou o dano, nem mesmo em ação de regresso.

(C) Cabe à vítima do dano a escolha do polo passivo da demanda, podendo ela ajuizar ação contra o servidor policial civil que causou o dano ou contra o Estado, ente político.

(D) Ação por danos causados por agente público deve ser ajuizada contra o Estado ou contra pessoa jurídica de direito privado prestadora de serviço público, sendo parte ilegítima para a ação o autor do ato, em observância ao princípio da dupla garantia, assegurado o direito de regresso contra o responsável nos casos de dolo ou culpa.

(E) É cabível ação de regresso contra o agente responsável pelo dano somente nos casos de ato doloso.

Alternativa **A** incorreta (a ação de responsabilidade não poderá ser ajuizada em desfavor do agente público policial, pois o STF definiu a seguinte tese de repercussão geral no RE 1.027.633: "A teor do disposto no artigo 37, parágrafo 6º, da Constituição Federal, a ação por danos causados por agente público deve ser ajuizada contra o Estado ou a pessoa jurídica de direito privado, prestadora de serviço público, sendo parte ilegítima o autor do ato, assegurado o direito de regresso contra o responsável nos casos de dolo ou culpa"). Alternativa **B** incorreta (é possível a responsabilização do servidor, por meio do exercício do direito de regresso pelo Estado, cf. comentário da alternativa A). Alternativa **C** incorreta (cf. comentário da alternativa A). Alternativa **D** correta (cf. comentário da alternativa A). Alternativa **E** incorreta (também é cabível a ação de regresso nos casos de ato culposo do agente responsável, cf. art. 37, § 6º, CF). RB

Gabarito "D".

(Delegado de Polícia Federal – 2021 – CESPE) Acerca da responsabilidade civil do Estado, julgue os itens que se seguem.

(1) É subjetiva a responsabilidade civil do Estado decorrente de conduta omissiva imprópria, sendo necessária a comprovação da culpa, do dano e do nexo de causalidade.

(2) Conforme a teoria do risco administrativo, uma empresa estatal dotada de personalidade jurídica de direito privado que exerça atividade econômica responderá objetivamente pelos danos que seus agentes, nessa qualidade, causarem a terceiros, resguardado o direito de regresso contra o causador do dano.

1: Anulada. A questão foi anulada pela banca CESPE, que deu a seguinte justificativa: "Embora tenha sido citada no item a jurisprudência STJ, recentemente, o Supremo Tribunal Federal, em precedente com repercussão geral sinalizou – sem enfrentar propriamente o tema – que considera que a responsabilidade civil do estado por omissão imprópria também é objetiva. Sendo assim, o assunto abordado no item é controvertido no âmbito dos tribunais superiores". **2:** Errado. O fundamento da teoria do risco administrativo encontra-se no art. 37, § 6º, da Constituição Federal, que assim prescreve: "As pessoas jurídicas de direito público e as de direito privado prestadoras de serviços públicos responderão pelos danos que seus agentes, nessa qualidade, causarem a terceiros, assegurado o direito de regresso contra o responsável nos casos de dolo ou culpa". Verifica-se que estão submetidas à referida teoria as pessoas jurídicas de direito público (como as entidades federativas e as autarquias) e as pessoas jurídicas de direito privado (empresas estatais, p.ex.) caso prestem serviços públicos. Considerando que a questão expressamente assinala que a empresa estatal exerce atividade econômica, inaplicável o dispositivo constitucional e a teoria do risco administrativo. Assim, a afirmativa está errada. RB

Gabarito 1 Anulada, 2 E.

(Delegado/ES – 2019 – Instituto Acesso) Sobre os elementos jurídicos da responsabilidade civil do Estado, assinale a afirmação INCORRETA:

(A) É cabível ação de regresso manejada pela Pessoa Jurídica de Direito Público, na hipótese de esta ser condenada a ressarcir um particular, em razão de conduta culposa de agente gerador de dano a terceiro.

(B) Os elementos comuns da responsabilidade civil objetiva e subjetiva são a ação do Estado, o nexo causal e o dano.

(C) Culpa é elemento subjetivo a ser verificado em ação de indenização quando se tratar de responsabilidade subjetiva.

(D) Na ação de reparação de danos, que tem por objeto a conduta comissiva de um agente do Estado, é preciso que se comprove, além do nexo causal e dano, o elemento volitivo do agente do Estado.

(E) Aplica-se a responsabilidade civil subjetiva do Estado na hipótese de dano físico em particular que estava sob a custódia de um agente policial, e quando a alegação de dano físico decorreu de conduta omissiva do referido policial.

A responsabilidade do Estado baseia-se, como regra, na teoria objetiva, que afasta o elemento volitivo do agente público. É o que se extrai da Constituição Federal, em seu art. 37, § 6º. Nesse sentido, a obrigação estatal de indenizar prescinde da comprovação de dolo ou culpa (elemento subjetivo). Os elementos da responsabilidade civil do Estado são: ação estatal, nexo de causalidade e dano indenizável. RB

Gabarito "D".

(Delegado/RS – 2018 – FUNDATEC) Uma equipe da Delegacia de Polícia de Roubos e Extorsões do Departamento Estadual de Investigações Criminais da Polícia Civil do Estado do Rio Grande do Sul, a bordo de uma viatura oficial devidamente caracterizada, na rodovia BR 290, no sentido capital-litoral, realiza perseguição a um veículo tripulado por criminosos que, instantes antes, praticaram um assalto a uma agência bancária, com emprego de explosivos. Ao longo da perseguição, os policiais se veem obrigados a não parar na praça de pedágio, rompendo a respectiva cancela, de propriedade de empresa concessionária de serviço público, como única forma de não perderem os criminosos de vista. Graças a essa atitude, a equipe se manteve no encalço dos criminosos, logrando êxito em prendê-los em flagrante. Relacionando o caso acima com a responsabilidade extracontratual do Estado, analise as seguintes assertivas:

I. O Estado responderá objetivamente pelo prejuízo causado à empresa concessionária de serviço público.
II. A equipe de policiais civis não poderá ser responsabilizada em ação regressiva, porque não agiu com dolo ou culpa, mas no estrito cumprimento do dever legal.
III. A jurisprudência do Supremo Tribunal Federal adota, como regra geral, a teoria do risco administrativo para fundamentar a responsabilidade objetiva extracontratual do Estado.

Quais estão corretas?

(A) Apenas I.
(B) Apenas II.
(C) Apenas I e II.
(D) Apenas I e III.
(E) I, II e III.

Nos termos do art. 37, § 6º, da CF, o Estado responde objetivamente pelos danos que seus agentes, nessa qualidade, causarem a terceiros. Nesse sentido, dispensável a comprovação de dolo ou culpa. De acordo com o entendimento do STF, aplica-se, como regra, a teoria do risco administrativo, que admite excludentes de responsabilidade estatal, como o caso fortuito ou força maior. Em relação à hipótese apresentada pela questão (dano causado a empresa concessionária por policiais que estavam perseguindo criminosos), o Estado responderá objetivamente pelas lesões causadas. Verifica-se que a equipe de policiais civis não agiu com dolo ou culpa, mas no estrito cumprimento do dever legal, o que afasta a sua responsabilidade via ação regressiva. Em suma, todos os itens da questão (I, II e III) estão corretos. RB

Gabarito "E".

(Delegado/MG – 2018 – FUMARC) Sobre a responsabilidade do Estado por atos legislativos, NÃO está correto o que se afirma em:

(A) Sua aplicação não é admitida com relação às leis de efeitos concretos constitucionais.
(B) É aplicável aos casos de omissão no dever de legislar e regulamentar.
(C) É admitida com relação às leis declaradas inconstitucionais.
(D) É aceita nos casos de atos normativos do Poder Executivo e de entes administrativos com função normativa, mesmo em caso de vícios de inconstitucionalidade ou de ilegalidade.

Como regra, verifica-se a irresponsabilidade do Estado pelos atos expedidos no exercício da função legislativa. Apesar disso, em algumas hipóteses é admitida a responsabilização, com aplicação da teoria objetiva: 1ª) danos sofridos pelo particular em virtude de uma lei declarada inconstitucional; 2ª) lesão a particular causada por uma lei de efeito concreto (constitucional ou não). Neste caso, a lei equivale materialmente a um ato administrativo. Diante disso, verifica-se que a alternativa A veicula uma afirmação incorreta. Nas demais alternativas, as assertivas estão corretas. RB

Gabarito "A".

(Delegado/AP – 2017 – FCC) Uma determinada viatura oficial estadual, enquanto em diligência, chocou-se contra o muro de uma escola municipal, derrubando-o parcialmente, bem como o poste de transmissão de energia existente na calçada, que estava em péssimo estado de conservação, assim como os transformadores e demais equipamentos lá instalados. Foram apurados danos materiais de grande monta, não só em razão da necessidade de reconstrução do muro, mas também porque foi constatado que muitos aparelhos elétricos e eletrônicos deixaram de funcionar a partir de então, tais como geladeiras, computadores e copiadoras. Relevante apurar, para solucionar a responsabilidade do ente estatal,

(A) se o condutor da viatura empregou toda a diligência e prudência necessárias para afastar negligência, bem como se estava devidamente capacitado para o desempenho de suas funções, a fim de verificar eventual ocorrência de imperícia.
(B) a origem dos recursos que possibilitaram a aquisição dos materiais elétricos e eletrônicos, para comprovar se o Município efetivamente sofreu prejuízos qualificáveis como indenizáveis para fins de configuração de responsabilidade civil.
(C) apenas o valor dos danos materiais constatados, tendo em vista que se trata de responsabilidade objetiva, modalidade que, para sua configuração, dispensa qualquer outro requisito.
(D) o nexo de causalidade entre a colisão causada pela viatura estadual e os danos emergentes sofridos, para demonstrar que decorreram do acidente e não de outras causas e viabilizar a apuração correta da indenização, prescindindo, no entanto, de prova de culpa do condutor.
(E) a propriedade do imóvel onde funcionava a escola, tendo em vista que caso se trate de bem público estadual cedido à municipalidade para implantação da escola, descabe qualquer indenização, seja pelo muro, seja pelos danos nos aparelhos elétricos, uma vez que o funcionamento da própria unidade depende do ente estadual.

Trata-se da aplicação da Teoria do Risco Administrativo, segundo Maria Sylvia Zanella Di Pietro, para que seja efetivamente caracterizada a responsabilidade do Estado prevista constitucionalmente no art. 37, § 6º há de se exigir a ocorrência dos elementos: *1. Que se trate de pessoa jurídica de direito público ou de direito privado prestadora de serviços públicos; (...), 2. Que essas entidades prestem serviços públicos, o que exclui as entidades da administração indireta que executem atividade econômica de natureza privada; (...)3. Que haja um dano causado a terceiro em decorrência da prestação se serviço público; (...) 4. Que o dano causado por agente das aludidas pessoas jurídicas, o que abrange todas as categorias, de agentes políticos, administrativos ou particulares em colaboração com a Administração, sem interessar o título sob o qual prestam o serviço;5. Que o agente, ao causar o dano, aja nessa qualidade; (...)" (destaques no original).* FMB

Gabarito "D".

(Delegado/DF – 2015 – Fundação Universa) Em relação à responsabilidade civil extracontratual do Estado, assinale a alternativa correta.

(A) Suponha-se que uma empresa contratada pela União para fazer uma obra pública tenha, por culpa exclusiva dela, causado dano a um particular. Nesse caso, a responsabilidade será da União e da referida empresa, solidariamente, pelo dano causado pela empresa.

(B) Conforme entendimento recente do STJ, o prazo prescricional do particular para ingressar com ação de indenização por danos causados pelo Estado é de três anos.

(C) A teoria da culpa do serviço ou da culpa da administração não se aplica no direito brasileiro, mesmo nos casos de omissão.

(D) Ação com fundamento na responsabilidade civil objetiva do Estado pode ser proposta tanto contra o Estado quanto contra o agente público que causou o dano.

(E) A CF prevê indenização em favor do condenado por erro judiciário.

A: incorreta, pois a responsabilidade estatal no caso é subsidiária; **B:** incorreta, pois o STJ está pacificado no sentido de que o prazo no caso em tela é de 5 anos (AgRg nos EAREsp 53471 / RS, relator Ministro Humberto Martins, 1ª Seção, j. 27.02.2013); **C:** incorreta, pois em caso de omissão a responsabilidade estatal é verifica observando-se a teoria em tela; **D:** incorreta, pois a ação só pode ser promovida em face do Estado, podendo este, em seguida, acionar o servidor que tiver causado o dano mediante conduta dolosa ou culposa (STF, RE 327.904, rel. Min. Carlos Brito, j. em 15.08.2006); **E:** correta (art. 5º, LXXV, da CF). Gabarito "E".

(Delegado/PR – 2013 – UEL-COPS) Quanto à responsabilidade extracontratual do Estado, assinale a alternativa que apresenta, corretamente, caso em que existe uma atenuante de responsabilidade do Estado.

(A) Caso fortuito.
(B) Culpa concorrente da vítima.
(C) Culpa exclusiva de terceiros.
(D) Dolo eventual.
(E) Força maior.

A, C e E: incorretas, pois o caso fortuito, a culpa exclusiva de terceiro e a força maior *excluem* (e não *atenuam*) a responsabilidade estatal; **B:** correta, pois a culpa *concorrente* da vítima *atenua* a responsabilidade estatal; **D:** incorreta, pois o dolo eventual não exclui, nem atenua a responsabilidade, mas confirma a responsabilidade de quem assim agiu. Gabarito "B".

(Delegado Federal – 2002 – CESPE) Julgue o seguinte item.

(1) Os atos lesivos a terceiros praticados em razão dos serviços públicos prestados por empregados de empresas concessionárias ou permissionárias não geram a responsabilidade objetiva do Estado.

1: errada, pois as pessoas jurídicas de direito privado *prestadoras de serviço público* respondem pelos danos que seus agentes, nessa qualidade, causarem a terceiros (art. 37, § 6º, da CF). Gabarito 1E.

(Delegado/AP – 2006 – UFAP) O Estado muitas vezes causa danos ou prejuízos aos indivíduos, gerando a obrigação de reparação patrimonial, decorrente da responsabilidade civil. Tomando por base tal afirmação é correto dizer que:

(A) se o Estado, por suas pessoas jurídicas, causar danos aos indivíduos, deve reparar esses danos, indenizando-os, desde que tenha agido com dolo ou culpa.

(B) a responsabilidade civil do Estado confunde-se com a responsabilidade criminal e administrativa dos agentes públicos.

(C) a indenização do dano deve abranger o que a vítima efetivamente perdeu, o que despendeu, excluindo-se apenas o que deixou de ganhar por força do ato lesivo.

(D) no âmbito penal, em atenção à autoridade da coisa julgada, à liberdade e independência dos magistrados, predomina o princípio da irresponsabilidade do Estado.

(E) cabe ação regressiva contra o servidor público, no caso de a pessoa pública ter sido condenada a indenizar em razão de ato lesivo praticado pelo servidor por dolo ou culpa.

A: incorreta, pois o Estado responde objetivamente (art. 37, § 6.º, da CF); **B:** incorreta, por dois motivos, quais sejam, a responsabilidade do Estado não se confunde com a responsabilidade de seus agentes (a primeira é objetiva e a segunda é subjetiva) e as esferas penal, administrativa e civil são independentes entre si; **C:** incorreta, pois ou que se deixou de ganhar (lucros cessantes) também faz parte do *quantum* indenizatório; **D:** incorreta, pois o Estado também responde por decisões judiciais proferidas em processo criminal, bastando que se configure o chamado erro judiciário (art. 5.º, LXXV, da CF); **E:** correta (art. 37, § 6.º, parte final, da CF). Gabarito "E".

(Delegado/CE – 2006 – CEV/UECE) Em relação à responsabilidade objetiva do Estado, assinale a alternativa FALSA.

(A) A responsabilidade do Estado pelos atos praticados pelas concessionárias de Serviço Público é subsidiária.

(B) Segundo a corrente majoritária, a responsabilidade objetiva do Estado, consagrada constitucionalmente, abrange todos os atos do Estado, sejam eles comissivos ou omissivos.

(C) O Estado deve responder objetivamente quando, eventualmente, vier a lesar bem juridicamente protegido para satisfazer um interesse público.

(D) As empresas públicas responderão pelos danos que seus agentes, nessa qualidade, causarem a terceiros, quando prestadoras de serviços públicos.

A: verdadeira, nos termos do que vem decidindo o STJ (REsp 1.135.927/MG, rel. Min. Castro Meira, DJe 19.08.2010: "Há responsabilidade subsidiária do Poder Concedente, em situações em que o concessionário não possuir meios de arcar com a indenização pelos prejuízos a que deu causa"); **B:** falsa, pois o STF e o STJ vêm entendendo que a responsabilidade do Estado por atos comissivos é objetiva, ao passo que por atos omissivos, subjetiva; **C:** verdadeira, podendo-se citar como exemplo a situação em que o Estado cria um espaço territorial protegido em área privada, esvaziando o conteúdo da propriedade com vistas à proteção do meio ambiente; **D:** verdadeira, nos termos do art. 37, § 6º, da CF já que, no caso, temos uma pessoa jurídica de direito privado *prestadora de serviço público*. Gabarito "B".

(Delegado/CE – 2006 – CEV/UECE) A responsabilidade objetiva do Estado no caso de comportamentos lícitos, tem como fundamento o

(A) Princípio da Legalidade.
(B) Princípio da Proporcionalidade.
(C) Princípio da Razoabilidade.
(D) Princípio da Isonomia.

O princípio aplicável é o da isonomia. Um exemplo pode aclarar. Quando o Estado desapropria uma propriedade privada (comportamento lícito), o proprietário do imóvel está perdendo a sua propriedade em favor de toda a sociedade. Para preservar o princípio da igualdade, é justo que o particular seja indenizado por isso, sob pena de cada um de nós nos enriquecermos sem causa, pois todos nós somos beneficiados pela desapropriação efetivada.

(Delegado/DF – 2004) Levando-se em consideração a teoria do risco administrativo, usada para disciplinar a responsabilidade patrimonial do Estado, analise as afirmativas a seguir:

I. A responsabilidade do Estado é subjetiva, estando condicionada a demonstração de culpa ou dolo do agente público.
II. A culpa exclusiva e a concorrente da vítima são causas excludentes da responsabilidade do Estado.
III. As autarquias estão sujeitas a normas constitucionais relativas à responsabilidade patrimonial do Estado.

É/são afirmativa(s) verdadeira(s) somente:
(A) I;
(B) II;
(C) III;
(D) I e III;
(E) II e III.

I: falsa, pois a responsabilidade do Estado é objetiva; II: falsa, pois a culpa concorrente da vítima não exclui a responsabilidade estatal, mas apenas diminui o valor da indenização; III: verdadeira, valendo salientar que, como são pessoas jurídicas de direito público, respondem objetivamente (art. 37, § 6º, da CF).

(Delegado/DF – 2004) Em relação aos diversos tipos de responsabilidade do servidor público, analise as afirmativas a seguir:

I. A sentença penal absolutória que concluir pela insuficiência de provas não afasta a responsabilidade civil do servidor, mas impede a sua punição administrativa.
II. A lei expressamente prevê que o servidor público somente responderá civilmente perante o Estado. Não se admite propositura de ação indenizatória diretamente contra o servidor público.
III. A instauração de processo administrativo disciplinar poderá ser dispensada se a autoridade competente para punir presenciar a prática da infração.

É/são afirmativa(s) verdadeira(s) somente:
(A) I;
(B) II;
(C) III;
(D) I e II;
(E) nenhuma.

I: falsa, pois somente a absolvição criminal por negativa de autoria e a inexistência material do fato interferem na responsabilização administrativa (art. 126 da Lei 8.112/1990); II: falsa, pois a lei não traz expressamente essa previsão; todavia, a jurisprudência do STF se firmou exatamente nesse sentido, ou seja, não é possível que a vítima ingresse com ação indenizatória diretamente contra o agente público, por dano que este tiver causado nesta qualidade, devendo ingressar com ação contra o Estado, que, em seguida, poderá denunciar da lide em face do agente público ou acioná-lo, posteriormente, em ação regressiva; III: falsa, pois o instituto da *verdade sabida* é inconstitucional, fazendo-se necessário instaurar processo administrativo com respeito ao contraditório e à ampla defesa.

(Delegado/MG – 2012) Sobre a Responsabilidade Civil do Estado é **correto** afirmar, **exceto**:
(A) As pessoas jurídicas de direito público respondem pelos danos que seus agentes, no exercício de suas funções, causarem a terceiros.
(B) Cabível ao Estado ajuizar ação de regresso em face do agente causador do dano, desde que tenha agido dolosamente, mostrando-se inviável à pretensão se a conduta foi meramente culposa.
(C) O princípio da repartição dos encargos também constitui fundamento da responsabilidade objetiva do Estado.
(D) As pessoas jurídicas de direito privado que prestam serviços delegados serão responsáveis pelos atos seus ou de seus prepostos, desde que haja vínculo jurídico de direito público entre o Estado e o delegatário.

A: correta (art. 37, § 6º, da CF); **B:** incorreta (devendo ser assinalada), pois não é correto afirmar que só se pode acionar regressivamente o agente público em caso de *dolo* por parte deste; o art. 37, § 6.º, da CF também admite que o Estado acione o agente público em caso de *mera conduta culposa em sentido estrito*; **C:** correta, pois, com efeito, o Estado ao administrar age em favor de todos nós, sendo justo que, em caso de dano causado a alguém por parte daquele, a responsabilidade seja praticamente automática, de modo que existe uma repartição de encargos para cada um de nós, que, como contribuintes, financiamos os gastos estatais, inclusive os gastos com indenizações; **D:** correta, pois as pessoas de direito privado prestadoras de serviço público (delegatárias de serviço público) respondem dessa forma por conta do disposto no art. 37, § 6º, da CF.

(Delegado/MG – 2007) Na realização de uma obra pública pelo Município (sem auxílio de terceiros), o teto de uma casa particular é destruído pelo uso indevido do maquinário utilizado pelo Poder Público. O proprietário do imóvel, em consequência dos prejuízos, ajuíza ação de indenização contra o Município. Com relação à hipótese, é incorreto afirmar que:
(A) o Município poderá ser condenado, em face da responsabilidade objetiva que se lhe impõe.
(B) a comprovação da culpa concorrente do proprietário acarretará a não condenação do Município.
(C) o Município, uma vez condenado, poderá cobrar o valor da indenização do agente responsável, se este tiver agido com culpa ou dolo.
(D) na hipótese de o Município contratar empresa para realizar obra, a responsabilidade principal recairia sobre a referida contratada, se constatado que a lesão decorre de imperícia.

A: correta, pois a responsabilidade do Estado é objetiva (art. 37, § 6º, da CF); **B:** incorreta (devendo ser assinalada), pois somente a culpa exclusiva do proprietário é capaz de causar a não condenação do Município; **C:** correta, nos termos da parte final do § 6º do art. 37 da CF; **D:** correta; no entanto, o Município também pode ser responsabilizado, por se tratar de uma obra patrocinada por este.

(Delegado/MG – 2006) A responsabilidade civil objetiva do Estado, nos termos da Constituição da República:
(A) Está presente quando os empregados das concessionárias de serviços públicos, no exercício de suas funções causarem danos a terceiros.

(B) Está condicionada à atuação dolosa ou culposa dos agentes públicos.
(C) Não atinge os atos praticados pelas agências reguladoras.
(D) Será apurada após o chamamento ao processo do servidor estatutário.
(E) Atinge os atos praticados pelas empresas estatais exploradoras de atividade econômica, no exercício de sua atividade-fim.

A: correta (art. 37, § 6º, da CF); **B:** incorreta, pois o Estado responde objetivamente (art. 37, § 6º, da CF); **C:** incorreta, pois as agências reguladoras, como pessoas jurídicas de direito público, respondem objetivamente (art. 37, § 6º, da CF); **D:** incorreta, pois o Estado deve ser acionado diretamente sendo que, somente depois, poderá acionar regressivamente o servidor que tiver agido com culpa ou dolo, o que poderá ser feito na própria ação, por meio de denunciação da lide; **E:** incorreta, pois somente as empresas estatais *prestadoras de serviço público* respondem objetivamente (art. 37, § 6.º, da CF). **WG**
Gabarito "A".

(Delegado/PI – 2009 – UESPI) A responsabilidade civil da pessoa jurídica, concessionária de serviço público, relativa aos danos causados aos usuários dos serviços por ela prestados:

(A) é excluída, se a prestação do serviço concedido for fiscalizada pelo poder concedente.
(B) é integral, se a prestação do serviço concedido não for fiscalizada pelo poder concedente.
(C) é integral, mesmo se a prestação do serviço concedido for fiscalizada pelo poder concedente.
(D) é atenuada, se a prestação do serviço concedido for fiscalizada pelo poder concedente.
(E) a pessoa jurídica concessionária de serviços não tem responsabilidade civil quanto aos danos causados aos usuários, haja vista que o poder concedente continua com a titularidade do serviço público concedido.

A: incorreta, pois a ausência de fiscalização pelo poder concedente não afasta a responsabilidade objetiva das concessionárias de serviço público, que está prevista na Constituição Federal (art. 37, § 6.º, da CF); **B:** incorreta, pois a responsabilidade das concessionárias é integral, com fiscalização ou não pelo poder concedente; **C:** correta, nos termos dos comentários feitos para as alternativas anteriores; **D:** incorreta, pois a responsabilidade é integral, conforme se viu; **E:** incorreta, nos termos do art. 37, § 6.º, da CF, pelo qual as pessoas jurídicas prestadoras de serviço público respondem objetivamente. **WG**
Gabarito "C".

(Delegado/SP – 2000) Viatura policial abalroou um veículo particular causando-lhe danos. O proprietário desse veículo será indenizado pelo Estado

(A) se houver nexo de causalidade entre o procedimento comissivo da Administração Pública e os danos produzidos.
(B) somente se restar comprovada a culpa comissiva do Estado.
(C) exclusivamente se a ação do motorista foi dolosa.
(D) apenas no caso de o condutor do carro oficial não estar a serviço da unidade em que trabalha.

A: correta, pois a responsabilidade do Estado é objetiva; B e **C:** incorretas, pois a responsabilidade do Estado é objetiva, não havendo que se falar em culpa ou dolo; **D:** incorreta, pois, estando em carro oficial, considera-se o servidor como em serviço, ou seja, como agindo na qualidade de agente público (art. 37, § 6.º, da CF). **WG**
Gabarito "A".

10. LICITAÇÕES E CONTRATOS

10.1 PRINCIPAIS PONTOS DA NOVA LEI DE LICITAÇÕES E CONTRATOS ADMINISTRATIVOS (LEI 14.133/2021)

10.1.1 Aplicabilidade da nova lei

Em 1º de abril de 2021 foi editada a Lei 14.133, a **nova lei de licitações e contratos administrativos**.

Importante esclarecer que a Lei 8.666/1993 não foi, de modo geral, imediatamente revogada pelo novo regime. A antiga norma vigorará por 2 anos, com revogação prevista para abril de 2023. Os únicos dispositivos da Lei 8.666/1993 que foram imediatamente revogados foram os arts. 89 a 108, que disciplinavam os crimes relacionados às licitações e aos contratos públicos. Agora o tema é tratado no próprio Código Penal (arts. 337-E a 337-P).

> **Importante!** Por conta disso, irão conviver por algum tempo os regimes tanto da Lei 14.133/2021 quanto da Lei 8.666/1993, bem como da Lei 10.520/2002 (Pregão) e Lei 12.462/2011 (Regime Diferenciado de Contratação – RDC). Até a revogação destas últimas, a Administração poderá optar por licitar (ou contratar diretamente) de acordo com o regime mais novo ou o antigo. A opção escolhida deverá ser indicada expressamente, vedada a aplicação combinada dos diplomas normativos.

10.1.2 Aspectos gerais

A Lei 8.666/1993 prevê os seguintes **objetivos** da licitação pública: (i) seleção da proposta mais vantajosa; (ii) tratamento igualitário entre os licitantes; (iii) desenvolvimento nacional sustentável. A Lei 14.133/2021, além de mantê-los, disciplina outros: (iv) evitar sobrepreço, preços inexequíveis e superfaturamento; (v) incentivo à inovação.

Em relação aos **princípios**, a nova lei igualmente preserva os princípios incorporados na Lei 8.666/1993, como a legalidade, impessoalidade, moralidade, vinculação ao instrumento convocatório, julgamento objetivo, entre outros. Além disso, insere postulados inéditos, merendo destaque os princípios do planejamento (fundamento da fase preparatória), da transparência (corolário da publicidade) e o da segregação de funções (é vedada a atuação simultânea do agente público nas funções sujeitas a risco).

A nova lei de licitações contempla uma série de regramentos relacionados a aspectos **ambientais**, como a possibilidade de estipulação de margem de preferência a bens reciclados, recicláveis ou biodegradáveis. No que se refere ao aspecto **social**, possível à Administração exigir a destinação de percentual mínimo de mão de obra a mulher vítima de violência doméstica.

Outra novidade relevante da nova lei é a valorização da implantação de **programas de integridade** (*compliance*) pelos contratados, podendo representar, entre outros: (a) condição à continuidade de contratações de grande vulto; (b) critério subsidiário de desempate; (c) critério para a dosimetria de sanções administrativas.

10.1.3. Contratação direta

Da mesma forma que a Lei 8.666/1993, o regime geral da contratação direta disciplinado pela Lei 14.133/2021 envolve, como categorias gerais mais relevantes, a *dispensa* e a *inexigibilidade*.

A **inexigibilidade** está prevista no art. 74 da nova lei de licitações, que elenca cinco hipóteses. Trata-se de rol exemplificativo (da mesma forma que o art. 25 da Lei 8.666/1993, que contempla três incisos). São elas:

- Fornecedor exclusivo (mesma hipótese da Lei 8.666/1993);
- Contratação de artista, desde que consagrado pela crítica ou pela opinião pública (mesma hipótese da Lei 8.666/1993);
- Serviço técnico especializado (ex.: projetos, perícias, estudos técnicos), desde que prestado por profissional de notória especialização (hipótese semelhante à da Lei 8.666/1993, pois a nova lei não prevê de modo expresso o requisito da singularidade do serviço);
- Credenciamento (hipótese não prevista expressamente na Lei 8.666/1993; trata-se de instrumento auxiliar);
- Aquisição ou locação de imóveis cujas características de instalações e de localização tornem necessária sua escolha. **Obs.:** relevante atentar que essa hipótese é tratada pela Lei 8.666/1993 como sendo licitação dispensável.

A **dispensa**, por sua vez, está prevista no art. 75 da nova lei de licitações. Trata-se de rol taxativo (da mesma forma que o art. 24 da Lei 8.666/1993). As peculiaridades trazidas pela Lei 14.133/2021 são:

- Pequeno valor: contratações inferiores a R$ 100 mil para obras e serviços de engenharia, bem como as inferiores a R$ 50 mil para outros serviços e compras (os valores, já corrigidos, da Lei 8.666/1993 são R$ 33 mil e R$ 17,6 mil, respectivamente);
- Licitação deserta (aquela em que não houve interessados): a nova lei passou a condicionar a contratação direta ao prazo de 1 ano da licitação deserta;
- Aquisição de produtos para pesquisa e desenvolvimento: no caso de obras e serviços de engenharia, há um limite de R$ 300 mil;
- Aquisição de medicamentos destinados exclusivamente ao tratamento de doenças raras definidas pelo Ministério da Saúde (hipótese não prevista na Lei 8.666/1993);
- Em virtude de emergência ou calamidade pública: o prazo máximo do contrato deve ser de 1 ano, contado da data da ocorrência da situação excepcional (a Lei 8.666/1993 prevê o prazo de 180 dias); além disso, vedada a recontratação da empresa que firmou o contrato sem licitação.

10.1.4 Modalidades licitatórias

As modalidades previstas na Lei 14.133/2021 são:

> **Atenção!** A nova lei de licitações não mais prevê as modalidades tomada de preço e convite (ambas previstas na Lei 8.666/1993), bem como o regime diferenciado de contratações-RDC (disciplinado na Lei 12.462/2011).

- **Pregão**: modalidade obrigatória para a aquisição de bens e serviços comuns (incluindo serviços comuns de engenharia); o critério de julgamento é o menor preço ou o maior desconto;
- **Concorrência**: utilizada para a contratação de: (a) obras, (b) de bens e serviços especiais ou (c) de serviços comuns e especiais de engenharia; podem ser utilizados os seguintes critérios de julgamento: (i) menor preço; (ii) maior desconto; (iii) melhor técnica ou conteúdo artístico; (iv) técnica e preço; (v) maior retorno econômico (este último é utilizado no contrato de eficiência, em que o contratado é remunerado com base em percentual da economia gerada).
- **Concurso**: o critério de julgamento utilizado é o de melhor técnica ou conteúdo artístico;
- **Leilão**: modalidade destinada à alienação de: (a) bens imóveis; (b) bens móveis inservíveis ou legalmente apreendidos; o critério de julgamento é o do maior lance.
- **Diálogo competitivo**: modalidade inédita no ordenamento brasileiro; pretende-se realizar diálogos com licitantes, no intuito de desenvolver alternativas capazes de atender às suas necessidades de contratação; aproveita-se, assim, a expertise do setor privado para desenvolver soluções eficientes; a condução dessa modalidade é feita por comissão de contratação (composta de pelo menos 3 agentes públicos efetivos/permanentes).

> **Importante!** O diálogo competitivo pode ser utilizado, além da modalidade concorrência, para a celebração de contrato de *concessão de serviço público* (cf. Lei 8.987/1995), inclusive *parceria público-privada*-PPP (cf. Lei 11.079/2004).

10.1.5 Fases

Nos termos da nova lei, o procedimento licitatório é conduzido, como regra, por um **agente de contratação**, auxiliado por uma equipe de apoio. Portanto, alterada a lógica da Lei 8.666/1993, em que prevalece a atuação de uma *comissão* de licitação.

Ademais, as licitações devem ser realizadas preferencialmente sob a forma eletrônica.

No âmbito do rito procedimental comum, as **fases** de uma licitação são: 1ª) Fase preparatória; 2ª) Divulgação do edital; 3ª) Apresentação de propostas e lances; 4ª) Julgamento; 5ª) Habilitação; 6ª) Recursos; 7ª) Homologação.

> **Importante!** A Lei 14.133/2021 alterou a dinâmica procedimental da Lei 8.666/1993, em que a habilitação precedia a classificação e o julgamento. Assim, pelo novo regime, a habilitação é posterior à fase de julgamento, conferindo maior celeridade à licitação. Esta maneira de proceder já era aplicada, entre outras, na modalidade pregão (cf. Lei 10.520/2002) e agora foi generalizada.

A *disputa* entre os licitantes pode ser de dois modos: (i) modo aberto: possibilidade de lances públicos e sucessivos (como já utilizado no pregão, cf. Lei 10.520/2002); (ii) modo fechado: propostas sob sigilo até a data marcada para sua divulgação (mecanismo clássico da Lei 8.666/1993).

Em caso de *empate*, a nova lei de licitações estipulou os seguintes critérios de desempate: 1º) disputa final entre os licitantes empatados; 2º) avaliação de desempenho contratual prévio; 3º) desenvolvimento de ações de equidade entre homens e mulheres no ambiente de trabalho; 4º) implantação de programa de integridade. Caso persista o empate, estipula-se preferência, sucessivamente, às empresas: 1º) estabelecidas no Estado (ou no DF) do ente público estadual/distrital ou municipal licitante; 2º) brasileiras; 3º) que invistam em pesquisa e desenvolvimento tecnológico no País; 4º) que adotam mecanismos de mitigação na emissão de gases de efeito estufa.

A documentação de habilitação pode ser *dispensada* nas contratações: (a) para entrega imediata; (b) envolvendo valores inferiores a R$ 12,5 mil; (c) de produto para pesquisa e desenvolvimento até o valor de R$ 300 mil.

10.1.6 Instrumentos auxiliares

A Lei 14.133/2021 disciplina os instrumentos auxiliares às licitações e aos contratos públicos. São eles:

1º) Credenciamento: processo de chamamento público em que a Administração convoca interessados em prestar serviços ou fornecer bens; observe-se que a contratação é realizada com todos aqueles que pretendem firmar determinado negócio com a Administração, o que torna inviável a competição e, consequentemente, inexigível a licitação;

2º) Pré-qualificação: constitui procedimento seletivo prévio à licitação, convocado por meio de edital, destinado à análise das condições de habilitação, total ou parcial; trata-se de instrumento já previsto na Lei 8.666/1993, embora disciplinado de modo sucinto; seu prazo de validade é de 1 ano;

3º) Procedimento de manifestação de interesse (PMI): procedimento pelo qual a Administração solicita à iniciativa privada o desenvolvimento de estudos e projetos que possam contribuir com aspectos da atuação do Poder Público; não encontra previsão na Lei 8.666/1993 e sim em outras normas, como a lei de concessões (Lei 8.987/1995) e das organizações da sociedade civil (Lei 13.019/2014); o PMI é, como regra, aberta a todos os eventuais interessados, embora pode ser restrito a *startups* (microempreendedores individuais, as microempresas e as empresas de pequeno porte, de natureza emergente e com grande potencial, que se dediquem à pesquisa, ao desenvolvimento e à implementação de novos produtos ou serviços baseados em soluções tecnológicas inovadoras que possam causar alto impacto);

4º) Sistema de registro de preços (SRP): conjunto de procedimentos para realização, mediante contratação direta ou licitação (modalidades: pregão ou concorrência), de registro formal de preços relativos a prestação de serviços, a obras e a aquisição e locação de bens para contratações futuras; já encontrava previsão na Lei 8.666/1993, embora a Lei 14.133/2021 torne seu regramento mais minucioso; as características mais relevantes incorporadas na nova lei de licitações são: (a) possibilidade de SRP para obras e serviços de engenharia; (b) o prazo da vigência da ata de registro de preços é de 1 ano, podendo ser prorrogado por igual período, desde que se demonstre vantajosidade; (c) previsão expressa da figura do "carona" (adesão à ata de registro de preço por ente não participante);

5º) Registro cadastral: assentamento pelo qual se permite a qualificação prévia de interessados que desejam participar de licitações futuras promovidas pela Administração; a nova lei exige a utilização de um sistema de registro cadastral unificado, disponibilizado no Portal Nacional de Contratações Públicas.

10.1.7. Contratos administrativos

Os contratos administrativos obedecem à **forma escrita**, sendo nulo e de nenhum efeito o contrato verbal. Exceção: admite-se *contrato verbal* para pequenas compras ou para a prestação de serviços de pronto pagamento, assim entendidos aqueles de valor não superior a R$ 10 mil.

O *instrumento de contrato* é obrigatório, admitindo-se a sua substituição por outros documentos hábeis (exemplo: nota de empenho) nas seguintes situações: (a) dispensa de licitação em razão de valor; (b) compras com entrega imediata e dos quais não resultem obrigações futuras, inclusive quanto a assistência técnica, independentemente de seu valor.

A **divulgação no Portal Nacional de Contratações Públicas** (PNCP) é condição indispensável para a *eficácia* do contrato. Deve ocorrer nos seguintes prazos, contados da data de sua assinatura: (i) 20 dias úteis, no caso de licitação; (ii) 10 dias úteis, no caso de contratação direta.

A Lei 14.133/2021 trouxe alterações em relação ao **prazo de duração** dos contratos administrativos. Assim, de modo exemplificativo: (a) contratos de serviços e fornecimento contínuos: prazo de até 5 anos, cabendo prorrogação até 10 anos; (b) contratos que geram receita e contratos de eficiência: até 10 anos, nos contratos sem investimento; e de até 35 anos, nos contratos com investimento; (c) contratos em que a Administração seja usuária de serviço público (oferecido em regime de monopólio): prazo indeterminado (desde que haja existência de crédito orçamentário a cada exercício financeiro).

Um aspecto relevante da Lei 14.133/2021 é a **alocação de riscos**, os quais são objeto de distribuição ente contratante e contratado por meio da elaboração de uma matriz de riscos. Ela não é obrigatória, salvo na (a) contratação de obras e serviços de grande vulto (contrato cujo valor estimado supera R$ 200 milhões) ou (b) adoção dos regimes de contratação integrada ou semi-integrada.

No que tange aos **encargos do contratado**, a nova lei incorporou a jurisprudência do STF sobre o tema. Assim, como regra, a inadimplência do contratado em relação aos encargos trabalhistas, fiscais e comerciais *não* transfere à Administração a responsabilidade pelo seu pagamento. No entanto, nas contratações de serviços contínuos com regime de dedicação exclusiva de mão de obra (exemplo: contrato de serviço de limpeza), a Administração responde subsidiariamente pelos encargos trabalhistas, se comprovada falha na fiscalização do cumprimento das obrigações do contratado (culpa *in vigilando*).

Já no que se refere à **extinção** dos contratos, a Lei 14.133/2021 dispõe sobre as hipóteses em que o *contratado* tem direito à extinção ou à suspensão do negócio. São elas, entre outras: (a) suspensão de execução do contrato, por ordem escrita da Administração, por prazo superior a 3 meses; (b) repetidas suspensões que totalizem 90 dias úteis; (c) atraso no pagamento superior a 2 meses (na Lei 8.666/1993 o prazo é de 90 dias).

A **nulidade** do contrato administrativo pode dar ensejo: (a) ao *saneamento* da irregularidade; (b) à *suspensão* ou à *anulação* da avença (com base em critérios de interesse público); (c) à *continuidade* do contrato, de modo que a solução da irregularidade se dá pela indenização por perdas e danos. Além disso, a declaração de nulidade detém, como regra, efeito retroativo (*ex tunc*), podendo ser conferido efeito não retroativo (*ex nunc*), de modo que só tenha eficácia em momento futuro, suficiente para efetuar nova contratação, por prazo de até 6 meses, prorrogável uma única vez.

10.1.8 Regime sancionatório

As **penalidade**s previstas na Lei 14.133/2021 são:
- **Advertência**;
- **Multa**: a nova lei, em caráter inédito, definiu o limite mínimo e máximo dessa sanção pecuniária (0,5% a 30% do valor do contrato);
- **Impedimento de licitar e contratar**: vedação de licitação e contratação pelo prazo máximo de 3 anos; sua abrangência restringe-se ao ente federativo que tenha aplicado a sanção;
- **Declaração de inidoneidade**: vedação de licitação e contratação pelo prazo mínimo de 3 anos e máximo de 6 anos; seus efeitos abrange todas as esferas federativas.
- **Obs.:** no caso das últimas duas sanções (impedimento e declaração), o processo de responsabilização deve ser conduzido por comissão composta de 2 ou mais agentes públicos estáveis ou dos quadros permanentes (neste caso, com, no mínimo, 3 anos de tempo de serviço).

> **Atenção!** A Lei 14.133/2021 não prevê a sanção de suspensão temporária (contida na Lei 8.666/1993), cujo prazo máximo é de 2 anos.

A aplicação das penalidades não afasta a *obrigação de reparar* integralmente o dano causado.

Além disso, a nova lei disciplinou de modo pormenorizado a *reabilitação* daquele que foi sancionado. Os requisitos para tanto são: (a) reparação integral do dano; (b) pagamento da multa; (c) transcurso do prazo mínimo de 1 ano (contado da aplicação da penalidade), no caso de impedimento de licitar e contratar, ou de 3 anos, no caso de declaração de inidoneidade; (d) cumprimento das condições definidas no ato punitivo; (e) análise jurídica prévia sobre o cumprimento dos presentes requisitos.

O *prazo prescricional* é de 5 anos, contados da ciência da infração pela Administração. Esse interregno é interrompido pela instauração do processo de responsabilização, bem como suspenso pela celebração de acordo de leniência ou por decisão judicial que inviabiliza a conclusão da apuração administrativa.

10.1.9 Outros aspectos da Lei 14.133/2021

- Criação do *Portal Nacional de Contratações* (sítio eletrônico oficial destinado, entre outras finalidades, à divulgação das licitações e contratos);
- Possibilidade de estabelecer *caráter sigiloso* ao orçamento que embasa a contratação pública; esse sigilo não abrange os órgãos de controle interno e externo;
- *Tramitação prioritária* das ações judiciais relacionadas à aplicação das normas gerais de licitações e contratos;
- Possibilidade de adoção de *meios alternativos* de prevenção e resolução de controvérsias (conciliação, mediação, comitê de resolução de disputas e arbitragem);
- Na contratação de obras, fornecimentos e serviços, inclusive de engenharia, pode ser estabelecida *remuneração variável* vinculada ao desempenho do contratado, com base em metas, padrões de qualidade, critérios de sustentabilidade ambiental e prazos de entrega;
- Regramento das figuras do *reajustamento* em sentido estrito (relacionado à correção monetária) e da *repactuação* (manutenção do equilíbrio econômico-financeiro resultante da variação dos custos contratuais);
- Possibilidade de *desconsideração da personalidade jurídica* em caso de abuso do direito para facilitar, encobrir ou dissimular a prática dos atos ilícitos previstos nesta Lei ou para provocar confusão patrimonial;
- *Representação* (judicial ou extrajudicial) pela *advocacia pública* dos agentes públicos que precisam se defender (nas esferas administrativa, controladora ou judicial) em razão de participação em licitações e contratos envolvendo atos praticados com estrita observância de orientação constante em parecer jurídico.

10.2. Licitação

10.2.1.Princípios e conceitos básicos

(Delegado/RJ – 2022 – CESPE/CEBRASPE) No que diz respeito ao tema licitações e inovações trazidas pela Lei n.º 14.133/2021, assinale a opção correta.

(A) Entre os regimes de execução do contrato foi incluído o da contratação integrada e semi-integrada, em que o contratado elabora e desenvolve o projeto básico executivo, tendo sido vedados o fornecimento e a prestação de serviço associado.

(B) Quanto às modalidades de licitação, não mais são previstas a tomada de preços, convite e leilão.

(C) A utilização de meios alternativos de resolução de controvérsias, como a conciliação e a mediação, bem como a arbitragem, passaram a ser expressamente vedados.

(D) Existe a previsão da criação do Portal Nacional de Contratações Públicas (PNCP) para divulgação centralizada e obrigatória dos atos exigidos por lei.

(E) A previsão da alocação de riscos tornou-se obrigatória no instrumento convocatório e no contrato.

Alternativa **A** incorreta (a Lei 14.133/2021 admite expressamente o regime do fornecimento e prestação de serviço associado, cf. art. 46, VII). Alternativa **B** incorreta (embora a Lei 14.133/2021 não mais preveja a tomada de preços e o convite, o leilão permanece na nova lei como modalidade licitatória). Alternativa **C** incorreta (a Lei 14.133/2021 admite expressamente a utilização de meios alternativos de resolução de controvérsias, cf. dispõe o art. 151). Alternativa **D** correta (cf. art. 174 da Lei 14.133/2021). Alternativa **E** (o edital e o contrato *poderão* contemplar matriz de riscos, nos termos dos arts. 22 e 103 da Lei 14.133/2021).

Gabarito "D".

(Delegado/RJ – 2022 – CESPE/CEBRASPE) Assinale a opção correta, consoante entendimento atual da doutrina e jurisprudência dos tribunais superiores.

(A) A União e os estados possuem competência concorrente para legislar sobre normas gerais de licitação, podendo os municípios adaptar tais normas gerais às suas realidades.
(B) Em regra, é desnecessária a prévia licitação para permissão da exploração de serviço público de transporte coletivo de passageiros, sendo a licitação imprescindível no que se refere à concessão do transporte público coletivo de passageiros.
(C) Sociedade empresária em recuperação judicial não pode participar de licitação, em razão de ser presumida sua inviabilidade econômica.
(D) A alienação do controle acionário de empresas públicas e sociedades de economia mista exige autorização legislativa e licitação.
(E) Dado o princípio da intranscendência subjetiva das sanções financeiras, os municípios só podem fazer jus a certidão positiva de débitos, com efeitos de negativa, quando a Câmara Municipal não possuir débitos com a Fazenda Nacional.

Alternativa **A** incorreta (a União tem competência para legislar sobre normas gerais em matéria de licitação, nos termos do art. 22, XXVII, CF). Alternativa **B** incorreta (de acordo com o STF, é imprescindível prévia licitação para a concessão ou permissão da exploração de serviços de transporte coletivo de passageiros). Alternativa **C** incorreta (segundo o STJ, sociedade empresária em recuperação judicial pode participar de licitação, desde que demonstre, na fase de habilitação, a sua viabilidade econômica). Alternativa **D** correta (cf. entendimento do STF na ADI 5.624). Alternativa **E** incorreta (o STF fixou no RE 770.149 a seguinte tese de repercussão geral: "É possível ao Município obter certidão positiva de débitos com efeito de negativa quando a Câmara Municipal do mesmo ente possui débitos com a Fazenda Nacional, tendo em conta o princípio da intranscendência subjetiva das sanções financeiras"). Gabarito "D".

(Delegado/BA – 2016.1 – Inaz do Pará) A licitação destina-se a garantir a observância do princípio constitucional da isonomia e a selecionar a proposta mais vantajosa para a Administração e será processada e julgada em estrita conformidade com os princípios básicos da legalidade, da impessoalidade, da moralidade, da igualdade, da publicidade, da eficiência, da probidade administrativa, da vinculação ao instrumento convocatório, do julgamento objetivo e dos que lhe são correlatos. Em relação aos princípios, assinale a alternativa correta:

(A) De acordo com o princípio da Vinculação ao Instrumento Convocatório, o administrador deve observar critérios objetivos para o julgamento das propostas.
(B) Segundo o princípio da Adjudicação Compulsória, o objeto da licitação deverá ser entregue em favor do licitante vencedor que atender todas as exigências do Edital.
(C) O princípio da Ampla Competitividade visa promover à participação, dando condições ao menor número de licitantes possível.
(D) O princípio da Isonomia é condição dispensável da existência de competição.
(E) Apenas a Administração Pública fica adstrita ao edital, segundo o princípio da Vinculação ao Instrumento Convocatório.

A: incorreta, pois o *princípio da vinculação ao instrumento convocatório* dispõe que se deve obedecer na licitação e no contrato o disposto no edital da licitação; já o princípio de que impõe observância à objetividade na apreciação das propostas tem o nome de *princípio do julgamento objetivo*; **B**: correta, nos termos do arts. 38, VII, e 43, VI, ambos da Lei 8.666/1993; **C**: incorreta, pois a ideia é dar condições ao *maior* número (e não ao *menor* número) de licitantes possível; **D**: incorreta, pois esse princípio é essencial para que haja verdadeira competitividade e está expresso no art. 3º, *caput*, da Lei 8.666/1993; **E**: incorreta, pois a vinculação ao instrumento convocatório se dá em relação aos licitantes também. Gabarito "B".

(Delegado/BA – 2016.1 – Inaz do Pará) Sobre Licitações, **não é correto** afirmar que:

(A) Licitação é o procedimento administrativo composto de atos sequenciais, ordenados e interdependentes, mediante os quais a Administração Pública seleciona a proposta mais vantajosa para o contrato de seu interesse, devendo ser conduzida em estrita conformidade com a lei, com os princípios constitucionais e aqueles que lhes são correlatos.
(B) As contratações de obras e serviços, inclusive os de publicidade, compras, alienações, concessões e locações, bem como a outorga de permissões pela Administração Pública Estadual, serão obrigatoriamente precedidas de licitação, ressalvados unicamente os casos previstos em lei.
(C) É vedado aos agentes públicos admitir, prever, incluir ou tolerar, nos atos de convocação, cláusulas ou condições que comprometam, restrinjam ou frustrem o caráter competitivo da licitação e estabeleçam preferências ou distinções em razão da naturalidade, da sede ou domicílio dos licitantes, ou de qualquer outra circunstância impertinente ou irrelevante para o objeto específico do contrato.
(D) O procedimento da licitação será iniciado com a publicação do aviso de licitação e disponibilização do edital.
(E) Os membros da comissão de licitação responderão solidariamente por todos os atos praticados pela mesma, salvo se houver posição individual divergente, que deverá ser devidamente fundamentada e registrada na ata da reunião na qual tiver sido tomada a decisão.

A: assertiva correta, pois traz correta definição de licitação; **B**: assertiva correta (art. 37, XXI, da CF); **C**: assertiva correta (art. 3º, § 1º, da Lei 8.666/1993); **D**: assertiva incorreta, devendo ser assinalada; de acordo com o art. 38, *caput*, da Lei 8.666/1993,"procedimento da licitação será iniciado com a abertura do processo administrativo, devidamente autuado, protocolado e numerado, contendo a autorização respectiva, a indicação sucinta de seu objeto e do recurso próprio para a despesa, e ao qual serão juntados oportunamente"; a providência transcrita na alternativa diz respeito ao início da fase externa da licitação, e não da fase interna; **E**: assertiva correta (art. 51, § 3º, da Lei 8.666/1993). Gabarito "D".

(Delegado/PA – 2013 – UEPA) Sobre a Lei de Licitações, assinale a alternativa correta.

(A) A licitação não será sigilosa, sendo públicos e acessíveis ao público todos os atos de seu procedimento, durante todas as fases, sem exceção, em virtude do princípio da transparência e da necessidade de controle social.

(B) É dispensável a licitação nos casos de emergência ou de calamidade pública, quando caracterizada urgência de atendimento de situação que possa ocasionar prejuízo ou comprometer a segurança de pessoas, obras, serviços, equipamentos e outros bens, públicos ou particulares, e somente para os bens necessários ao atendimento da situação emergencial ou calamitosa e para as parcelas de obras e serviços que possam ser concluídas no prazo máximo de 180 (cento e oitenta) dias consecutivos e ininterruptos, contados da ocorrência da emergência ou calamidade, sendo a prorrogação dos respectivos contratos permitida desde que persista a situação de calamidade.

(C) Não poderá participar, direta ou indiretamente, da licitação ou da execução de obra ou serviço e do fornecimento de bens a eles necessários, o autor do projeto, básico ou executivo, mesmo que atue como consultor ou técnico, nas funções de fiscalização, supervisão ou gerenciamento, exclusivamente a serviço da Administração interessada.

(D) A declaração de nulidade do contrato administrativo opera retroativamente impedindo os efeitos jurídicos que ele, ordinariamente, deveria produzir, além de desconstituir os já produzidos e exonera a Administração do dever de indenizar o contratado pelo que este houver executado até a data em que ela for declarada, em qualquer caso.

(E) Nos processos de licitação, poderá ser estabelecida margem de preferência para produtos manufaturados e para serviços nacionais que atendam a normas técnicas brasileiras. No caso de produtos manufaturados e serviços nacionais resultantes de desenvolvimento e inovação tecnológica realizados no País, poderá ser estabelecida margem de preferência adicional. As margens serão definidas pelo Poder Executivo federal, não podendo a soma delas ultrapassar o montante de 25% (vinte e cinco por cento) sobre o preço dos produtos manufaturados e serviços estrangeiros.

A: incorreta; a afirmativa erra no ponto em que diz que não há exceção ao princípio da publicidade, pois a Lei 8.666/1993 dispõe que há uma exceção, que é sigilo do conteúdo das propostas dos licitantes, até a abertura dos respectivos envelopes (art. 3º, § 3º); **B:** incorreta, pois é vedada a prorrogação do contrato de emergência (art. 24, IV, da Lei 8.666/1993); **C:** incorreta, pois, por exceção, "é permitida a participação do autor do projeto ou da empresa (...), na licitação de obra ou serviço, ou na execução, como consultor ou técnico, nas funções de fiscalização, supervisão ou gerenciamento, exclusivamente a serviço da Administração interessada"; repare que somente nas funções mencionadas, sempre a serviço da Administração, é que o autor do projeto poderá participar do contrato respectivo; **D:** incorreta, pois a Administração tem, sim, o dever de indenizar o contratado pelo que este houver executado até a data em que a nulidade tiver sido declarada (art. 59, parágrafo único, da Lei 8.666/1993); vale lembrar que esse dever só não existirá caso o contratado tiver agido de má-fé, tendo sido o causador da nulidade **E:** correta (art. 3º, §§ 5º, 7º e 8º, da Lei 8.666/1993). Gabarito "E".

(Delegado Federal – 1998 – CESPE) Julgue o seguinte item.

(1) Em razão do princípio da vinculação ao instrumento convocatório, o instrumento, uma vez publicado, não mais pode ser modificado em aspecto algum.

1: errada, pois, havendo algo a ser corrigido, deve haver nova publicação; o princípio da vinculação impede apenas que o julgamento e o contrato a ser celebrado desrespeitem o instrumento convocatório. Gabarito 1E.

(Delegado/SC – 2008) Analise as alternativas a seguir e assinale a correta.

(A) Na licitação, ainda que não causem dano à Administração e aos licitantes, será anulado o procedimento licitatório por irregularidades formais na documentação ou na proposta, em virtude do princípio do procedimento formal.

(B) O contrato administrativo de fornecimento é sujeito à obrigatoriedade de procedimento licitatório prévio.

(C) O princípio licitatório da publicidade impõe que o julgamento das propostas seja um ato público.

(D) A licitação poderá ser dispensada a critério de conveniência e oportunidade do Administrador, independentemente de hipótese legal para tanto.

A: incorreta, pois a Lei 8.666/1993 não faz referência ao princípio do procedimento formal; por outro lado, a Lei 9.784/1999, que se aplica subsidiariamente (vide o seu art. 69), tem como princípio a adoção de formas simples, suficientes para dar segurança jurídica, o que revela conexão com o princípio da liberdade das formas; assim, problemas formais que não alterem o conteúdo da proposta e que estejam de acordo com a boa-fé e com o desenvolvimento normal dos trabalhos da licitação, podem ser regularizados, não sendo o caso de anular o procedimento licitatório; **B:** correta, pois como todo contrato administrativo, a regra é ter que se fazer licitação; **C:** incorreta (art. 3.º, § 3.º, da Lei 8.666/1993); **D:** incorreta, pois a contratação direta, ou seja, sem licitação, deve estar prevista na *lei* (art. 37, XXI, da CF). Gabarito "B".

10.2.2. Contratação direta

(Delegado/PE – 2016 – CESPE) Com base nas regras e princípios relativos à licitação pública e aos contratos administrativos, assinale a opção correta.

(A) É inexigível a licitação para aquisição de materiais, equipamentos, ou gêneros de determinada marca, quando essa só possa ser fornecida por representante comercial exclusivo.

(B) Na contratação direta de serviço de engenharia por dispensa ou inexigibilidade de licitação, se o valor da contratação for inferior a R$ 150.000,00, o instrumento de contrato não será obrigatório.

(C) De acordo com a Lei 10.520/2002 (modalidade de licitação denominada pregão, para aquisição de bens e serviços comuns), se a licitação for feita na modalidade de pregão, será obrigatória a exigência de garantia de proposta para aquisição de serviços comuns.

(D) Admite-se a participação de bolsas de mercadorias para o apoio técnico e operacional ao pregão, desde que sejam constituídas na forma de cooperativas.

(E) É dispensável a licitação para a contratação de instituição que promoverá a recuperação social de presos. Para esse fim, o poder público pode contratar pessoa jurídica com ou sem fim lucrativo, desde que a instituição seja de inquestionável reputação ético-profissional.

A: incorreta, pois o caso só seria de inexigibilidade caso não houvesse "preferência de marca" (art. 25, I, da Lei 8.666/1993); **B:** correta; o instrumento de contrato só é obrigatório nas dispensas e inexigibilidades que se encaixariam em casos de tomada de preços e concorrência (art. 62, *caput*, da Lei 8.666/1993); no caso em tela temos uma dispensa ou inexigibilidade que se enquadra num caso de convite, pois esta modalidade é usada para a contratação de serviços de engenharia de até R$ 150.000,00 (art. 23, I, "a", da Lei 8.666/1993); **C:** incorreta, pois na modalidade pregão é vedada a exigência de garantia de proposta (art. 5º, I, da Lei 10.520/2002); **D:** incorreta, pois nesse caso não se exige que tais bolsas sejam constituídas na forma de cooperativa, mas sim que estejam organizadas na forma de "sociedades civis sem fins lucrativos e com a participação plural de corretoras que operem sistemas eletrônicos unificados de pregões" (art. 2º, §§ 2º e 3º, da Lei 10.520/2002); **E:** incorreta, pois é necessário que a instituição não tenha fins lucrativos (art. 24, XIII, da Lei 8.666/1993). Gabarito "B".

(Delegado/RO – 2014 – FUNCAB) Sobre licitações e contratos administrativos, é correto afirmar:

(A) O princípio da inalienabilidade que afeta os bens públicos é relativo, na medida que a alienação de bens imóveis da Administração Pública deve ser precedida de licitação em qualquer de suas modalidades.

(B) Salvo quando necessária a modificação do valor contratual em decorrência de acréscimo ou diminuição quantitativa de seu objeto, em havendo alteração unilateral do contrato que aumente os encargos do contratado, a Administração deverá restabelecer, por aditamento, o equilíbrio econômico-financeiro inicial.

(C) É dispensável a licitação quando houver inviabilidade de competição, sendo necessária a justificação da situação, mediante processo de dispensa em que se deve fazer presente, dentre outros elementos, a justificativa do preço.

(D) É dispensada a licitação para a alienação de bens móveis da Administração Pública quando se tratar de permuta entre órgãos ou entidades da administração.

(E) Nos termos do art. 65, da Lei 8.666/1993, a Administração pode alterar unilateralmente os contratos administrativos, desde que não haja modificação no projeto e nas especificações técnicas contratadas, caso em que se faz necessária nova licitação.

A: incorreta, pois há casos de licitação dispensada para a alienação de imóveis (art. 17, I, da Lei 8.666/1993); **B:** incorreta, pois a alternativa não poderia conter o "salvo quando necessária (...) de seu objetivo", já que nesse caso também prevalece a regra que determina o restabelecimento do equilíbrio contratual (art. 65, § 6º, da Lei 8.666/1993); **C:** incorreta, pois quando houver "inviabilidade de competição", o caso é de *inexigibilidade* de licitação (art. 25, *caput*, da Lei 8.666/1993), e não de *dispensa* de licitação; **D:** correta (art. 17, II, "b", da Lei 8.666/93); **E:** incorreta, pois a Administração pode alterar unilateralmente os contratos inclusive quando "houver modificação do projeto ou das especificações, para melhor adequação técnica aos seus objetivos" (art. 65, I, "a", da Lei 8.666/1993). Gabarito "D".

(Delegado/SP – 2014 – VUNESP) Uma determinada empresa estatal veio a alienar imóvel público desafetado a entidade de serviço social autônomo e, para tanto, se valeu de hipótese legal de licitação dispensada prevista no art. 17, I, "e", da Lei 8.666/93 (venda a outro órgão ou entidade da administração pública, de qualquer esfera de governo). Partindo-se de tais pressupostos, é correto afirmar que essa venda é

(A) ilegal, pois a negociação não fora precedida por licitação na modalidade de leilão.

(B) ilegal, pois a negociação não fora precedida por licitação na modalidade tomada de preços.

(C) legal, porque os serviços sociais autônomos integram a Administração Pública indireta, fazendo jus à dispensa de licitação.

(D) ilegal, porque a hipótese de dispensa de licitação não se faz presente no caso.

(E) legal, porque havendo desafetação do patrimônio público, era permitido à estatal vendê-lo diretamente à entidade integrante do sistema "S" que presta serviço de interesse público.

A e B: incorretas, pois a regra é a utilização de concorrência (e não leilão) para a alienação de imóveis (art. 23, § 3º, da Lei 8.666/1993); **C e E:** incorretas, pois os serviços sociais autônomos não fazem parte da Administração Pública Indireta, tratando-se de pessoas jurídicas de direito privado não estatais, não incidindo a hipótese de dispensa de licitação mencionada; **D:** correta, pois como os serviços sociais autônomos não fazem parte da Administração Pública Indireta, tratando-se de pessoas jurídicas de direito privado não estatais, não incide a dispensa em questão. Gabarito "D".

(Delegado/CE – 2006 – CEV/UECE) Segundo a Lei 8.666/1993, que institui normas para licitações e contratos da Administração Pública, a licitação é dispensável, EXCETO:

(A) Nos casos de emergência ou de calamidade pública, quando caracterizada urgência de atendimento de situação que possa ocasionar prejuízo ou comprometer a segurança de pessoas, obras, serviços, equipamentos e outros bens, públicos ou particulares, e somente para os bens necessários ao atendimento da situação emergencial ou calamitosa e para as parcelas de obras e serviços que possam ser concluídas no prazo máximo de 180 (cento e oitenta) dias consecutivos e ininterruptos, contados da ocorrência da emergência ou calamidade, vedada a prorrogação dos respectivos contratos.

(B) No caso de licitação deserta, quando não acudirem interessados à licitação anterior e esta, justificadamente, não puder ser repetida sem prejuízo para a Administração, mantidas, neste caso, todas as condições preestabelecidas.

(C) Para a aquisição, por pessoa jurídica de direito público interno, de bens produzidos ou serviços prestados por órgão ou entidade que integre a Administração Pública e que tenha sido criada para esse fim específico em data anterior à vigência da Lei 8.666/1993, devendo o preço contratado ser compatível com o praticado no mercado.

(D) Quando a União, Estados, Municípios e Distrito Federal tiverem que intervir no domínio econômico para regular preços ou normalizar o abastecimento.

A: correta, trata-se de licitação dispensável (art. 24, IV, da Lei 8.666/1993); **B:** correta, trata-se de licitação dispensável (art. 24, V, da Lei 8.666/1993); **C:** correta, trata-se de licitação dispensável (art. 24, VIII, da Lei 8.666/1993); **D:** incorreta (devendo ser assinalada), pois a hipótese de dispensa prevê que apenas a União pode intervir no domínio econômico para regular preços ou normalizar o abastecimento (art. 24, VI, da Lei 8.666/1993). WG

Gabarito "D".

(Delegado/GO – 2009 – UEG) A Lei 8.666/93, que instituiu normas para licitação e contratos da Administração Pública, prevê regras acerca da contratação direta. Sobre esse tema, é CORRETO afirmar:

(A) tratando-se de autorização legal para contratar de forma direta, o administrador não está obrigado a justificar a razão da escolha daquele que será contratado.

(B) o administrador público, se quiser, poderá realizar processo licitatório tanto na licitação dispensável quanto na licitação dispensada.

(C) é possível contratação direta se ocorrer a situação denominada licitação deserta.

(D) é possível contratação direta no caso de ocorrência da chamada licitação fracassada.

A: incorreta, pois a contratação sem licitação depende do cumprimento dos requisitos previstos no art. 26, parágrafo único, da Lei 8.666/1993, que inclui o dever de justificar a razão da escolha daquele que será contratado; **B:** incorreta, pois a doutrina entende que na licitação dispensável (art. 24 da Lei 8.666/1993) o administrador tem discricionariedade para escolher se contrata com ou sem licitação, ao contrário do que ocorre na licitação dispensada (art. 17 da Lei 8.666/1993), em que o administrador, querendo contratar, é obrigado a fazê-lo sem licitação; aproveitando o ensejo, vale lembrar que, no que se refere à inexigibilidade, a doutrina entende que também não há discricionariedade para o administrador, pois, configurada uma situação prevista no art. 25 da Lei 8.666/1993, o administrador, querendo contratar, é obrigado a fazê-lo sem licitação, tendo em vista a inviabilidade de competição; **C:** correta, pois é dispensável a licitação "quando não acudirem interessados à licitação anterior e esta, justificadamente, não puder ser repetida sem prejuízo para a Administração, mantidas, neste caso, todas as condições preestabelecidas" (art. 24, V, da Lei 8.666/1993); **D:** incorreta, pois, no caso de licitação fracassada (em que apareceram interessados, mas todos foram desclassificados) a solução é outra, qual seja, "a administração poderá fixar aos licitantes o prazo de oito dias úteis para a apresentação de nova documentação ou de outras propostas escoimadas das causas referidas neste artigo, facultada, no caso de convite, a redução deste prazo para três dias úteis" (art. 48, § 3.º, da Lei 8.666/1993). WG

Gabarito "C".

(Delegado/SP – 1999) Quando não acudirem interessado à licitação anterior e esta, justificadamente, não puder ser repetida sem prejuízo para a Administração, mantidas, neste caso, todas as condições preestabelecidas, fala-se em licitação

(A) deserta.
(B) fracassada.
(C) imprópria.
(D) reservada.

A: correta, valendo ressaltar que tal situação enseja dispensa de licitação (art. 24, V, da Lei 8.666/1993); **B:** incorreta, pois licitação fracassada é aquela em que apareceram interessados, mas todos foram inabilitados ou desclassificados; **C** e **D:** incorretas, pois não existem essas formas de licitação. WG

Gabarito "A".

10.2.3. Modalidades de licitação

(Delegado/RJ – 2022 – CESPE/CEBRASPE) Recém-empossado no cargo, ministro de Estado do setor de segurança pública de estado da Federação, no intuito de demonstrar efetividade no combate ao crime, orientou que se desenvolvesse política pública de compra de equipamentos novos para delegacias de polícia em todos os estados. Após estudo preliminar em todos os estados da Federação, verificou-se que algumas delegacias nem sequer possuíam computadores. Diante disso, o ministro determinou a compra emergencial, sem licitação, de tais produtos para essas delegacias desguarnecidas. Ao mesmo tempo, orientou que se promovesse licitação, na modalidade pregão presencial, na forma da Lei federal n.º 10.520/2002, para que todas as demais unidades da polícia civil em questão recebessem computadores novos com a maior brevidade possível.

Nessa situação hipotética,

(A) a escolha da modalidade pregão presencial deve ser justificada, haja vista seu caráter excepcional e potencialmente mitigador da competitividade. Como regra, o pregão deve ser eletrônico para todas as compras de bens comuns pela administração pública federal, ainda que se destinem a outros entes federativos.

(B) a compra emergencial é ilícita. Ainda que seja premente a necessidade de aquisição dos bens, a urgência foi criada pela inação da própria administração pública. Trata-se, assim, de urgência criada, que não admite a hipótese de contratação direta.

(C) o pregão é modalidade de licitação que, conforme a Lei n.º 14.133/2021, implica leilão reverso, de modo que o critério de julgamento, obrigatoriamente, deverá ser o de menor preço ou menor desconto.

(D) a cooperação da União com os estados deve ser estimulada, inclusive para fins de segurança pública e compra de equipamentos e incremento do patrimônio público, respeitada a legislação de licitações e contratos. Nada obstante, uma vez que a compra foi feita pela União, os materiais não serão afetados ao patrimônio do estado, que deveria ter adquirido tais bens urgentes, ainda que sem licitação.

(E) a contratação emergencial é hipótese de inexigibilidade de licitação, tal como define a nova lei geral de licitações e contratos administrativos.

O gabarito oficial aponta como correta a alternativa **B**. No entanto, como será demonstrado a seguir, a alternativa correta é a **A**. Alternativa **A** correta (o regime do pregão impõe, como regra, a sua realização pela forma eletrônica, admitindo-se a forma presencial, excepcionalmente, desde que devidamente justificada; trata-se de regramento previsto tanto na Lei 10.520/2002 e no regulamento federal do pregão eletrônico, quanto na Lei 14.133/2021. Alternativa **B** incorreta (a compra emergencial direta por dispensa de licitação é lícita, ainda que tenha decorrido de situação criada pela própria Administração); assim, a emergência criada – ou fabricada – admite a contratação direta por dispensa, embora seja necessário responsabilizar o agente que deu origem à situação emergencial). Alternativa **C** incorreta (no pregão, o critério de julgamento é o de menor preço ou *maior* desconto, cf. art. 6º, XLI, da Lei 14.133/2021). Alternativa **D** incorreta (embora a compra tenha sido feita pela União, os materiais serão afetados ao patrimônio do Estado). Alternativa **E** incorreta (a contratação emergencial é hipótese de dispensa de licitação, nos termos do art. 75, VIII, Lei n. 14.133/2021).

Gabarito "A" (gabarito oficial do Cespe: "B".)

(Delegado/RJ – 2022 – CESPE/CEBRASPE) Em matéria da modalidade de licitação pregão, assinale a opção correta.

(A) No pregão, assim como no regime diferenciado de contratações públicas, a fase da habilitação antecede a de julgamento.

(B) O pregão é a modalidade de licitação obrigatória para a aquisição de bens e serviços não comuns, cujos padrões de desempenho e qualidade não podem ser objetivamente definidos no edital.

(C) A modalidade de licitação pregão enseja maior celeridade, na medida em que apresenta fase em que são feitos lances verbais ou de forma eletrônica.

(D) O pregão admite apenas a disputa aberta, com propostas transmitidas por lances públicos e sucessivos, sendo vedada a disputa fechada.

(E) Com o advento da Lei n.º 14.133/2021 passaram a ser viáveis apenas de forma eletrônica contratações em que a modalidade pregão puder ser combinada com a modalidade diálogo competitivo.

Alternativa **A** incorreta (no pregão, a fase da habilitação sucede a de julgamento; esse o procedimento comum previsto na Lei 14.133/2021). Alternativa **B** incorreta (o pregão é modalidade de licitação obrigatória para a aquisição de bens e serviços comuns). Alternativa **C** correta (cf. o regime do pregão, tanto da Lei 10.520/2002 quanto da Lei 14.230/2021). Alternativa **D** incorreta (é permitido no pregão o modo de disputa misto, em que há a combinação de uma disputa aberta com uma fechada; ressalte-se, contudo, que é vedado no pregão o modo de disputa exclusivamente fechado). Alternativa **E** incorreta (as licitações serão realizadas, independentemente da modalidade, preferencialmente sob a forma eletrônica, cf. art. 17, § 2º, da Lei 14.133/2021).

Gabarito "C."

(Delegado/BA – 2016.1 – Inaz do Pará) Sobre as modalidades e tipos de licitação, é correto afirmar que:

(A) Concorrência é a modalidade de licitação que se faz pelo chamamento universal de quaisquer interessados que comprovem possuir os requisitos mínimos de qualificação exigidos no edital para execução do seu objeto.

(B) Convite é a modalidade de licitação entre interessados do ramo pertinente ao seu objeto, cadastrados ou não, escolhidos e convidados em número máximo de 03 (três) pela unidade administrativa.

(C) Tomada de preços é a modalidade de licitação destinada a aquisição de bens e serviços comuns, qualquer que seja o valor estimado da contratação.

(D) É facultado ao agente público realizar licitações simultâneas ou sucessivas que ensejem a mudança da modalidade licitatória pertinente.

(E) O pregão presencial é a modalidade de licitação em que a disputa é feita por meio da utilização de recursos de tecnologia da informação.

A: correta (art. 22, § 1º, da Lei 8.666/1993); **B:** incorreta, porque o convite deve ser feito para no *mínimo* três pessoas e não para no *máximo* três convidados (art. 22, § 3º, da Lei 8.666/1993); **C:** incorreta, pois essa regra diz respeito ao pregão (art. 1º, *caput*, da Lei 10.520/2002) e não tomada de preços, que, de um lado, não restringe seu objeto a bens e serviços comuns, mas, de outro lado, traz limitações em seu valor (art. 23, I, "b", e II, "b", da Lei 8.666/1993); **D:** incorreta, pois isso seria fraude à lei, sendo coibido também por regras como a do § 5º do art. 23 da Lei 8.666/1993; **E:** incorreta, pois nesse caso tem-se o chamado *pregão eletrônico*.

Gabarito "A."

(Delegado/RJ – 2013 – FUNCAB) Tem início a fase externa do pregão presencial com a convocação dos interessados e deverá observar, entre outras, a seguinte regra:

(A) A convocação dos interessados deverá ser efetuada por meio de intimação por via postal.

(B) Não havendo pelo menos três ofertas com preços até 10% superiores à oferta de valor mais baixo, deverá ser o objeto do pregão adjudicado ao licitante com o menor lance.

(C) O prazo fixado para a apresentação das propostas, contado a partir da publicação do aviso, não será inferior a 8 dias úteis.

(D) O acolhimento de recurso importará a invalidação do certame.

(E) Se o licitante vencedor, convocado dentro do prazo de validade da sua proposta, não celebrar o contrato no prazo, será excluído do certame, devendo reabrir-se o prazo para apresentação de propostas, por parte dos demais licitantes.

A: incorreta, pois a convocação se dará por meio de publicação de aviso em diário oficial ou, não existindo, em jornal de circulação local, e facultativamente, por meios eletrônicos e conforme o vulto da licitação, em jornal de grande circulação, nos termos de regulamento (art. 4º, I, da Lei 10.520/2002); **B:** incorreta, pois, nesse caso, passa-se à fase de lances verbais com os licitantes que tiverem as três melhores ofertas, mesmo que as propostas acima do primeiro classificado sejam superiores em 10% à proposta deste (art. 4º, IX, da Lei 10.520/02); **C:** correta (art. 4º, V, da Lei 10.520/2002); **D:** incorreta, pois o acolhimento do recurso simplesmente corrigirá o que foi pedido pelo recorrente, o que não significa que se invalidará todo o certame; **E:** incorreta, pois, nesse caso, o pregoeiro examinará as ofertas subsequentes e a qualificação dos licitantes, na ordem de classificação, e assim sucessivamente, até a apuração de uma que atende ao edital, sendo o respectivo licitante declarado vencedor (art. 4º, XVI, da Lei 10.520/2002).

Gabarito "C."

(Delegado Federal – 2013 – CESPE) Julgue o seguinte item.

(1) O pregão, modalidade de licitação para aquisição de bens e serviços comuns, independentemente do valor estimado da contratação, aplica-se tanto aos órgãos da administração direta quanto às entidades integrantes da administração indireta, inclusive aos fundos especiais.

1: correta, nos termos da conjugação do art. 9º da Lei 10.520/2002 com o art. 1º, parágrafo único, da Lei 8.666/1993.

Gabarito 1C.

(Delegado/AP – 2010) Após a devida publicação do aviso contendo o resumo do edital de uma licitação na modalidade concorrência, do tipo técnica e preço, o administrador público estadual poderá realizar o certame, de acordo com a Lei Federal 8.666/1993, no prazo de:

(A) 8 (oito) dias úteis.

(B) 10 (dez) dias.

(C) 15 (quinze) dias.

(D) 30 (trinta) dias.

(E) 60 (sessenta) dias.

Segundo o art. 21, § 2.º, I, b, da Lei 8.666/1993, o *prazo mínimo* entre a publicação do aviso e o recebimento da proposta é de 45 dias. Sendo assim, apenas o prazo previsto na alternativa "E" atende ao mínimo de 45 dias estabelecido na lei. Gabarito "E".

(Delegado/DF – 2004) A alienação de bens imóveis adquiridos pela Administração Pública em processos judiciais será feita através da seguinte modalidade de licitação:

(A) concurso;
(B) somente concorrência;
(C) concorrência ou leilão;
(D) tomada de preços;
(E) convite.

Como regra, a alienação de imóveis deve se dar por meio da modalidade licitatória concorrência (art. 23, § 3.º, da Lei 8.666/1993). Nas hipóteses previstas no art. 19 da Lei 8.666/1993 será utilizada a modalidade leilão (art. 22, § 5.º, da Lei 8.666/1993). Gabarito "C".

(Delegado/SP – 2011) Ampla publicidade e universalidade são características ínsitas à seguinte modalidade de licitação:

(A) Convite
(B) Concorrência
(C) Tomada de Preços
(D) Leilão
(E) Concurso

Trata-se da concorrência, pois, nesta, por envolver contratações relevantes (exemplo: concessões) e de valor alto, reclama maior publicidade, bem como acesso ao maior número de interessados, sendo que o princípio da universalidade quer dizer que não é necessário o interessado estar previamente cadastrado para participar de uma concorrência, diferentemente do que acontece com a tomada de preços. Nesta, a habilitação é prévia, restringindo a participação de quem não está previamente cadastrado. Naquela, a habilitação é preliminar, permitindo que qualquer pessoa participe do certame (universalidade), com análise, no início deste, das condições de habilitação. Gabarito "B".

(Delegado/SP – 2003) O pregão, modalidade de licitação, é usado para

(A) aquisição de bens e serviços comuns.
(B) venda de bens móveis inservíveis para a Administração ou de produtos legalmente apreendidos ou penhorados.
(C) alienação de bens móveis.
(D) escolha de trabalho técnico, científico ou artístico, mediante a instituição de prêmios ou remuneração aos vencedores.

A: correta (art. 1.º, *caput*, da Lei 10.520/2002); B e C: incorretas, pois os casos impõem utilização da modalidade leilão (art. 22, § 5.º, da Lei 8.666/1993); D: incorreta, pois o caso impõe utilização da modalidade concurso (art. 22, § 4.º, da Lei 8.666/1993). Gabarito "A".

(Delegado/SP – 1998) São modalidades de licitação

(A) concorrência; tomada de preços; convite; concurso e leilão
(B) concorrência; adjudicação; convite; concurso e leilão
(C) concorrência; homologação; convite; concurso e leilão
(D) concorrência; autorização; adjudicação; convite e concurso

A: correta (art. 22, I a V, da Lei 8.666/1993); B: incorreta, pois a adjudicação não é modalidade de licitação, mas uma das fases da licitação; C: incorreta, pois a homologação não é modalidade de licitação, mas uma das fases da licitação; D: incorreta, pois a autorização e a adjudicação não são modalidades de licitação. Gabarito "A".

10.2.4. Fases da licitação

(Delegado/GO – 2017 – CESPE) Determinado órgão público pretende dar publicidade a um instrumento convocatório com objetivo de comprar armas de fogo do tipo pistola, de calibre 380, usualmente vendidas no mercado brasileiro. O valor orçado da aquisição dos produtos é de R$ 700.000.

Nessa situação, a compra poderá ser efetuada mediante licitação na modalidade

(A) tomada de preço do tipo técnica e preço.
(B) concorrência do tipo melhor técnica.
(C) concorrência do tipo técnica e preço.
(D) pregão do tipo menor preço.
(E) tomada de preços do tipo menor preço.

Lei 10.520/2002, art. 1º Para aquisição de bens e serviços comuns, poderá ser adotada a licitação na modalidade de pregão, que será regida por esta Lei. Parágrafo único. Consideram-se bens e serviços comuns, para os fins e efeitos deste artigo, aqueles cujos padrões de desempenho e qualidade possam ser objetivamente definidos pelo edital, por meio de especificações usuais no mercado. Gabarito "D".

(Delegado/SP – 1998) A adjudicação, em licitação, é

(A) ato pelo qual a Administração faz o julgamento das propostas ofertadas, classificando-as pela ordem de preferência.
(B) ato pelo qual a Administração exclui o licitante que não preencha os requisitos do edital.
(C) ato público, no qual a Administração recebe os envelopes contendo a documentação referente à habilitação dos licitantes e a proposta.
(D) ato pelo qual a Administração atribui ao vencedor o objeto da licitação, após a homologação.

A: incorreta, pois essa fase tem o nome de "julgamento e classificação"; B: incorreta, pois esse ato tem o nome de "inabilitação"; C: incorreta, pois essa fase tem o nome de "habilitação"; D: correta, pois traz o exato conceito de adjudicação (art. 38, VII, da Lei 8.666/1993). Gabarito "D".

10.2.5. Tipos de licitação

(Delegado/MT – 2017 – CESPE) Configura hipótese de inexigibilidade de licitação a

(A) prestação de serviço de natureza singular para a divulgação de campanha educacional dirigida à população.
(B) aquisição de serviço de informática prestado por empresa pública que tenha sido criada para esse fim específico.

(C) aquisição de gêneros perecíveis, enquanto durar o processo licitatório correspondente, desde que realizada com base no preço do dia.

(D) aquisição de armamento de determinada marca, desde que justificada a escolha por motivos de segurança pública.

(E) contratação, por intermédio de empresário exclusivo, de cantor consagrado pela crítica especializada.

Lei 8.666/1993, art. 25. É inexigível a licitação quando houver inviabilidade de competição, em especial: III – para contratação de profissional de qualquer setor artístico, diretamente ou através de empresário exclusivo, desde que consagrado pela crítica especializada ou pela opinião pública. FMB
Gabarito "E".

(Delegado/RJ – 2009 – CEPERJ) Os tipos de licitação melhor técnica e técnica e preço devem ser utilizados quando:

(A) O valor da contratação for superior a R$ 600.000,00 (seiscentos mil reais).

(B) Os serviços apresentarem natureza predominantemente intelectual.

(C) A licitação for internacional.

(D) For adotada a modalidade tomada de preços.

(E) Houver comprometimento da segurança nacional.

Art. 46 da Lei 8.666/1993. WG
Gabarito "B".

10.2.6. Sanções administrativas

(Delegado/ES – 2019 – Instituto Acesso) Conforme prescrições constantes na Lei 8.666, de 21 de junho de 1993, ao contratado pela Administração Pública que não executa, de maneira total ou parcial, aquilo que fora acordado, pode vir a ter como sanção

(A) a exclusão de qualquer participação em licitação e impedimento de contratar com a Administração pelos próximos 5 (cinco) anos.

(B) a declaração de inidoneidade para licitar ou contratar com a Administração Pública, enquanto perdurarem os motivos determinantes da punição, ou até que seja promovida a reabilitação perante a própria autoridade que aplicou a penalidade, que será concedida sempre que o contratado ressarcir a Administração pelos prejuízos resultantes e após decorrido o prazo da sanção aplicada.

(C) a suspensão temporária de participação em licitação e impedimento de contratar com a Administração, por prazo não superior a 5 (cinco) anos.

(D) a declaração de inidoneidade para licitar ou contratar com a Administração Pública pelo prazo de 5 (cinco) anos ou até que seja promovida a reabilitação perante a própria autoridade que aplicou a penalidade, que será concedida sempre que o contratado ressarcir a Administração pelos prejuízos resultantes e após decorrido o prazo da sanção aplicada.

(E) a suspensão temporária de participação em licitação e impedimento de contratar com a Administração, por prazo não superior a 3 (três) anos.

A inexecução total ou parcial do contrato acarreta a aplicação de sanções pela Administração. As penas aplicáveis estão previstas no art. 87 da Lei 8.666/1993. São elas: (i) advertência; (ii) multa; (iii) suspensão temporária de participação em licitação e impedimento de contratar com a Administração, por prazo não superior a 2 (dois) anos (incorretas as alternativas A, C e D, que indicam prazos diversos); (iv) declaração de inidoneidade para licitar ou contratar com a Administração Pública, enquanto perdurarem os motivos determinantes da punição, ou até que seja promovida a reabilitação perante a própria autoridade que aplicou a penalidade. A reabilitação representa o ressarcimento à Administração pelos prejuízos resultantes, podendo ser requerida após 2 (dois) anos da aplicação da sanção. RB
Gabarito "B".

(Delegado/SP – 1999) A declaração de inidoneidade imposta a um licitante pelo Secretário da Segurança Pública do Estado de São Paulo produz efeitos em relação aos órgãos

(A) estaduais, apenas.

(B) estaduais e municipais, apenas.

(C) federais, estaduais, distritais e municipais.

(D) públicos em geral, exceto os autárquicos e paraestatais.

Os efeitos atingem toda a Administração Pública (art. 87, IV, da Lei 8.666/1993), que, por definição (art. 6.º, XI, da Lei 8.666/1993), abrange a administração da União, dos Estados, do Distrito Federal e dos Municípios. WG
Gabarito "C".

10.3. Contrato administrativo

10.3.1. Cláusulas exorbitantes e temas gerais

(Delegado/RS – 2018 – FUNDATEC) A respeito do regime jurídico das licitações e contratos administrativos, analise as seguintes assertivas:

I. Em homenagem ao princípio da supremacia do interesse público sobre o privado, vetor dos contratos administrativos, as cláusulas econômico-financeiras e monetárias poderão ser alteradas independentemente de prévia concordância do contratado.

II. Os contratos administrativos se distinguem dos contratos privados celebrados pela Administração Pública pelo fato de assegurarem a esta certos poderes ou prerrogativas que a colocam em posição de superioridade diante do particular contratado, a fim de que o interesse público seja preservado.

III. A existência de certo bem, de natureza singular, cuja aquisição se apresenta como a única capaz de satisfazer de maneira plena determinada necessidade ou utilidade pública da Administração, justifica a contratação direta mediante dispensa de licitação.

Quais estão corretas?

(A) Apenas I.

(B) Apenas II.

(C) Apenas I e II.

(D) Apenas I e III.

(E) Apenas II e III.

O item I está incorreto (a prerrogativa de alteração unilateral dos contratos administrativos apresenta limites, não podendo incidir diretamente sobre as cláusulas econômico-financeiras, mas sim sobre as cláusulas regulamentares ou de serviço, ou seja, aquelas que versam sobre o objeto do contrato ou forma de sua execução); item II correto (a característica dos contratos administrativos é a possibilidade de manuseio de

poderes ou prerrogativas); item III incorreto (a singularidade do bem justifica a contratação direta mediante inexigibilidade, e não dispensa; trata-se de hipótese prevista no art. 25, I, da Lei 8.666/1993). RB
Gabarito "B".

(Delegado/RJ – 2013 – FUNCAB) Considere as seguintes afirmações acerca da disciplina dos contratos administrativos.

I. A principal distinção entre os contratos e os convênios administrativos reside no fato de que os convênios se caracterizam pela comunhão de interesses dos convenentes, enquanto os contratos se caracterizam pela contraposição dos interesses do contratante e do contratado.
II. São características dos contratos administrativos, dentre outras, a instabilidade, o desequilíbrio, a comutatividade e o formalismo.
III. Tanto as cláusulas regulamentares (de serviço), quanto as cláusulas econômicas (financeiras) dos contratos administrativos podem ser alteradas unilateralmente pela Administração Pública, desde que respeitados os limites estabelecidos pela Lei 8.666/1993.
IV. De acordo com o entendimento adotado pelo Tribunal de Contas da União (TCU), os limites percentualmente estabelecidos na Lei 8.666/1993 para a alteração unilateral dos contratos administrativos aplicam-se apenas às alterações quantitativas, estando as alterações qualitativas limitadas apenas pela impossibilidade de descaracterização do objeto contratual.

A análise do conteúdo de tais afirmações evidencia que:

(A) Estão corretas as afirmativas II, III e IV e incorreta a afirmativa I.
(B) Estão corretas as afirmativas I, II e III, e incorreta a afirmativa IV.
(C) Estão corretas as afirmativas I e IV, e incorretas as afirmativas II e III.
(D) Estão corretas as afirmativas II e IV, e incorretas as afirmativas I e III.
(E) Estão corretas as afirmativas I e II, e incorretas as afirmativas III e IV.

I: correta; não se deve confundir convênio com contrato administrativo; neste há obrigações recíprocas (um quer uma coisa ou serviço e o outro quer uma remuneração em dinheiro), ao passo que naquele há interesses comuns (os convenentes querem desenvolver um projeto comum, dividindo tarefas), estabelecendo-se uma parceria para unir esforços no cumprimento desse interesse comum; no primeiro, não há fim lucrativo, ao passo que no segundo há; no convênio, como não há reciprocidade de obrigações, cabe denúncia unilateral por qualquer dos partícipes, na forma prevista no ajuste; II: correta; a instabilidade decorre do fato de que a Administração pode rescindi-los, unilateralmente (art. 58, II, da Lei 8.666/1993); o desequilíbrio decorre das cláusulas exorbitantes existentes em favor da Administração (art. 58), que, assim, está em posição de supremacia; a comutatividade decorre do fato de que há equilíbrio nas prestações (não nas prerrogativas, mas nas prestações de cada um), sendo que esse equilíbrio econômico-financeiro deve ser mantido até o final do contrato (art. 58, §§ 1° e 2°, da Lei 8.666/1993); e o formalismo decorre das rigorosas regras de formalização do contrato administrativo, a começar pela regra geral que dispõe que este deve ser escrito (art. 60, parágrafo único, da Lei 8.666/1993); III: incorreta, pois essa regra vale para as cláusulas regulamentares (art. 58, I, da Lei 8.666/1993), mas não vale para as cláusulas econômicas (art. 58, § 1°, da Lei 8.666/93); IV: incorreta, pois o TCU entende que não só as alterações unilaterais quantitativas, como também as qualitativas

devem respeitar os limites preestabelecidos nos §§ 1° e 2° do art. 65 da Lei 8.666/93 (Decisão TCU n. 215/99, Plenário). WG
Gabarito "E".

(Delegado/SP – 2014 – VUNESP) Poder Público firma com entidades públicas ou privadas uma associação visando ao atingimento de interesses comuns, caracterizado o ajuste de vontades por (i) interesses não conflitantes; (ii) mútua colaboração entre os partícipes do acordo; (iii) pagamentos voltados integralmente para a consecução do objetivo expresso no instrumento e não como remuneração. Trata-se de

(A) concessão.
(B) consórcio.
(C) consórcio público.
(D) convênio.
(E) parceria público-privada.

Trata-se do conceito de convênio com entidade assistencial, que agora tem regulamentação nova (Lei 13.019/2014), que aboliu o termo convênio para essa relação, que passa a ter o nome de termo de colaboração ou termo de fomento, sendo que a expressão convênio só poderá ser usada agora para acertos entre entes políticos. WG
Gabarito "D".

(Delegado/CE – 2006 – CEV/UECE) O regime jurídico dos contratos administrativos, instituído pela Lei 8.666/1993, confere à Administração as seguintes prerrogativas, EXCETO:

(A) modificá-los, unilateralmente, para melhor adequação às finalidades de interesse público, respeitados os direitos do contratado.
(B) alterar as cláusulas econômico-financeiras e monetárias dos contratos administrativos sem prévia concordância do contratado.
(C) rescindi-los, unilateralmente, nos casos de lentidão do seu cumprimento, levando a Administração a comprovar a impossibilidade da conclusão da obra, do serviço ou do fornecimento, nos prazos estipulados.
(D) fiscalizar-lhes a execução e aplicar sanções motivadas pela inexecução total ou parcial do ajuste.

Art. 58, *caput* e § 1.°, da Lei 8.666/1993. WG
Gabarito "B".

(Delegado/MT – 2006) São cláusulas exorbitantes, previstas nos contratos administrativos que caracterizam a supremacia do interesse público sobre o privado, as da alternativa:

(A) A rescisão e a alteração consensual do contrato pelas partes, a fiscalização e a aplicação de sanções pela Administração Pública.
(B) A alegação por ambas as partes da exceção de contrato não cumprido, a rescisão e a alteração unilateral de contrato pela Administração Pública.
(C) A rescisão e a alteração unilateral de contrato pela Administração Pública, bem como o poder de ocupação provisória de bens, pessoal e serviços vinculados ao objeto do contrato.
(D) A alegação por ambas as partes da exceção de contrato não cumprido e a fiscalização e aplicação de sanções pela Administração Pública.

A: incorreta, pois o consenso caracteriza situação de igualdade, e não de supremacia do interesse público sobre o privado; B e D: incorretas, pois o direito de alegação de exceção de contrato não cumprido por ambas as partes também caracteriza situação de igualdade, e não de supremacia do interesse público; **C:** correta, nos termos do art. 58 da Lei 8.666/1993.

10.3.2. Alterações contratuais

(Delegado/AP – 2017 – FCC) Realizada a contratação de obras de construção de um viaduto pela Administração municipal, regida pela Lei n. 8.666/1993, adveio, no curso da execução do contrato, a necessidade da contratada executar alguns serviços e utilizar técnicas que não estavam originalmente descritos, em decorrência de intercorrências que surgiram quando do início das perfurações. Alega a contratada que faria jus ao recebimento de correspondente remuneração pelo acréscimo de serviços e despesas, em relação ao que a contratante

(A) deve discordar, tendo em vista que as alterações ocorridas estão inseridas no risco do contrato, cuja repartição foi obrigatoriamente prevista na matriz que integrou o instrumento original.

(B) deve discordar no caso de conseguir demonstrar que o valor do reajuste contratual será suficiente para cobrir as novas despesas, afastando a caracterização de prejuízo por parte da contratada.

(C) pode concordar com o aditamento contratual para majoração quantitativa do contrato, em razão do acréscimo do valor, limitado ao percentual de 50%, parâmetro incidente para os casos de consenso entre as partes.

(D) deve concordar com o reequilíbrio econômico-financeiro do contrato, limitado a 25% de acréscimo do valor original do contrato, percentual que incide sobre qualquer majoração contratual em desfavor do poder público.

(E) pode concordar com o estabelecimento de ressarcimento correspondente, diante da imprevisibilidade, caso fique conclusivamente comprovada a ocorrência de desequilíbrio econômico-financeiro em razão dos serviços executados.

Lei 8.666/1993, art. 65. Os contratos regidos por esta Lei poderão ser alterados, com as devidas justificativas, nos seguintes casos: II – por acordo das partes: d) para restabelecer a relação que as partes pactuaram inicialmente entre os encargos do contratado e a retribuição da administração para a justa remuneração da obra, serviço ou fornecimento, objetivando a manutenção do equilíbrio econômico-financeiro inicial do contrato, na hipótese de sobrevirem fatos imprevisíveis, ou previsíveis porém de consequências incalculáveis, retardadores ou impeditivos da execução do ajustado, ou, ainda, em caso de força maior, caso fortuito ou fato do príncipe, configurando álea econômica extraordinária e extracontratual.

(Delegado Federal – 1998 – CESPE) Julgue o seguinte item.

(1) Mesmo após firmado contrato administrativo para fornecimento de bens por particular à administração, é possível, em certo casos, a modificação dos preços definidos no instrumento contratual.

1: correto (art. 40, XI, da Lei 8.666/1993).

(Delegado/DF – 2004) A execução dos contratos administrativos pode sofrer interferência decorrente de situações posteriores a sua celebração. Uma das causas de mutabilidade resulta das ações e omissões da Administração Pública, como parte do contrato, que atingem diretamente a sua execução, dificultando ou impedindo a sua realização. Essa causa de mutabilidade denomina-se:

(A) fato da administração;
(B) fato do príncipe;
(C) interferência imprevista;
(D) teoria da imprevisão;
(E) cláusula exorbitante.

Trata-se de *fato da administração*, por se tratar de um fato *que se dirige especificamente* sobre um contrato, diferente do *fato do príncipe*, que é um *fato geral* do Poder Público, que acaba afetando contratos.

(Delegado/MA – 2006 – FCC) Segundo o disposto na Lei 8.666/1993 é certo que o contrato administrativo

(A) possui como características fundamentais, dentre outras, a finalidade pública, a imutabilidade, a liberdade de forma e a presença das cláusulas exorbitantes.

(B) conterá expressamente cláusula que responsabilize solidariamente o particular e o contratante pelos encargos fiscais, previdenciários e trabalhistas resultantes da execução do ajuste.

(C) deve mencionar a modalidade de garantia exigida do contratado, cuja escolha fica a critério do contratante, dentre as modalidades enumeradas na lei.

(D) declarado nulo pelo Poder Judiciário ou pela autoridade administrativa contratante opera, de regra, efeitos *ex nunc*.

(E) pode ser alterado unilateralmente pela Administração quando houver modificações do projeto, para melhor adequação técnica aos seus objetivos.

A: incorreta, pois a *forma* do contrato administrativo não é livre, mas solene, devendo ser escrita, salvo para compras de pronta entrega, de valor até R$ 4 mil; **B:** incorreta, pois a responsabilidade por esses encargos, salvo os previdenciários, é exclusivamente do contratado (art. 71, § 1º, da Lei 8.666/1993); **C:** incorreta, pois cabe ao contratado optar por uma das modalidades de garantia previstas na lei (art. 56, § 1º, da Lei 8.666/1993); **D:** incorreta, pois os efeitos da anulação são *ex tunc*, ou seja, retroagem (art. 59 da Lei 8.666/1993); **E:** correta (art. 65, I, *a*, da Lei 8.666/1993).

(Delegado/SP – 2003) Ação ou omissão da Administração Pública que incidindo direta e especificamente sobre o contrato administrativo, retardando, agravando ou impedindo a sua execução é

(A) fato do príncipe.
(B) fato da administração.
(C) caso fortuito.
(D) força maior.

Trata-se de *fato da administração*, por se tratar de um fato *que se dirige especificamente* sobre um contrato, diferente do **fato do príncipe**, que é um *fato geral* do Poder Público, que acaba afetando contratos.

(Delegado/SP – 1999) Quando a administração deixa de entregar o local da obra ou do serviço, ou não providencia as desapropriações necessárias, fala-se em

(A) fato da Administração.
(B) fato do Príncipe.
(C) caso fortuito.
(D) negligência.

Trata-se de *fato da administração*, por se tratar de um fato *que se dirige especificamente* sobre um contrato, diferente do *fato do príncipe*, que é um *fato geral* do Poder Público, que acaba afetando contratos. **WG**
Gabarito "A".

10.3.3. Execução do contrato

(Delegado/MT – 2017 – CESPE) O delegado de polícia de determinado município solicitou o aditamento do valor, a ampliação do objeto e a prorrogação de contrato administrativo regulado pela Lei de Licitações e Contratos que tem por objeto a prestação de serviços educacionais a serem executados de forma contínua: curso de língua inglesa ministrado aos policiais lotados na sua delegacia.

Nessa situação hipotética,

(A) a possibilidade de prorrogação do contrato administrativo dependerá de seu tempo de vigência.
(B) se a vigência do contrato estiver encerrada, a sua prorrogação, nos termos requeridos pelo delegado de polícia, será considerada um novo contrato.
(C) se ficar comprovada a economicidade, a ampliação do objeto poderá incluir outras línguas estrangeiras.
(D) ficará dispensada a análise de condições mais vantajosas do ponto de vista econômico, por já ter sido feita essa análise na etapa da licitação.
(E) se o aditamento do valor ultrapassar o limite legal, o contrato de prestação de serviços será considerado um novo contrato.

Lei 8.666/1993, art. 57, II – à prestação de serviços a serem executados de forma contínua, que poderão ter a sua duração prorrogada por iguais e sucessivos períodos com vistas à obtenção de preços e condições mais vantajosas para a administração, limitada a sessenta meses; § 1º Os prazos de início de etapas de execução, de conclusão e de entrega admitem prorrogação, mantidas as demais cláusulas do contrato e assegurada a manutenção de seu equilíbrio econômico-financeiro, desde que ocorra algum dos seguintes motivos, devidamente autuados em processo: I – alteração do projeto ou especificações, pela Administração. **FMB**
Gabarito "A".

(Delegado/SP – 2014 – VUNESP) A respeito do contrato administrativo, é correto afirmar que

(A) uma vez executado, seu objeto será recebido pela Administração em duas etapas, sendo uma provisória e outra definitiva.
(B) cabe à Administração fiscalizar eventual inadimplência do contratado com referência a eventuais encargos trabalhistas, fiscais e comerciais, sob pena de ter transferido a si o aludido passivo com consequências na regularização e uso das obras e edificações, inclusive perante o Registro de Imóveis.
(C) a Administração pública responde subsidiariamente com o contratado pelos encargos previdenciários resultantes da execução do contrato.
(D) a Administração não poderá rejeitar parcialmente determinada obra, serviço ou fornecimento executados em desacordo com o contrato.
(E) a lei veda à Administração que mantenha o contrato com empresa cuja concordata for decretada.

A: correta (art. 73, I, "a" e "b", e II, "a" e "b", da Lei 8.666/1993); **B:** incorreta, pois, segundo o art. 70 da Lei 8.666/1993, "o contratado é responsável pelos danos causados diretamente à Administração ou a terceiros, decorrentes de sua culpa ou dolo na execução do contrato, *não excluindo ou reduzindo* essa responsabilidade a fiscalização ou o acompanhamento pelo órgão interessado" (g.n.); ademais, segundo o art. 71, § 1º, também da Lei 8.666/1993, "a inadimplência do contratado, com referência aos encargos trabalhistas, fiscais e comerciais não transfere à Administração Pública a responsabilidade por seu pagamento, nem poderá onerar o objeto do contrato ou restringir a regularização e o uso das obras e edificações, inclusive perante o Registro de Imóveis"; **C:** incorreta, pois, no caso de encargos previdenciários resultantes da execução do contrato, a administração pública responde solidariamente com o contratado (art. 71, § 1º, da Lei 8.666/1993); **D:** incorreta, pois o art. 76 da Lei 8.666/1993 admite que a Administração rejeite no todo ou em parte obra, serviço ou fornecimento executado em desacordo com o contrato; **E:** incorreta, pois o art. 80, § 2º, da Lei 8.666/1993 admite que a Administração, no caso de concordata do contratado, mantenha o contrato ou assuma o controle de determinadas atividades de serviços essenciais. **WG**
Gabarito "A".

(Delegado/RJ – 2013 – FUNCAB) Acerca dos contratos administrativos, assinale a alternativa INCORRETA.

(A) As Constituições Estaduais não podem condicionar a celebração de contratos da Administração à prévia autorização do Poder Legislativo, quando a Constituição Federal não o fizer.
(B) Em razão do regime jurídico de direito público que regula os contratos administrativos, a Administração desfrutará de posição de supremacia em relação ao particular contratado.
(C) Enquanto no contrato administrativo os interesses dos contratantes são opostos e diversos, no convênio administrativo, os interesses são paralelos e comuns, tendo como elemento fundamental a cooperação e não o lucro.
(D) A Administração é subsidiariamente responsável pelos encargos trabalhistas da contratada quando esta for inadimplente, contudo, não poderá haver oneração do objeto do contrato.
(E) A Administração pode obrigar o contratado a aceitar, nas mesmas condições, acréscimos ou supressões em obras, serviços ou compras até 25% do valor originário do contrato, ou até 50% de acréscimo, no caso de reforma de edifício ou equipamento.

A: assertiva correta, pois está de acordo com o princípio da independência e separação dos poderes; **B:** assertiva correta; essa posição de supremacia da Administração pode ser depreendida do art. 58 da Lei 8.666/1993, que estabelece cláusulas exorbitantes em seu favor; **C:** assertiva correta; não se deve confundir convênio com contrato administrativo. Neste há obrigações recíprocas (um quer uma coisa ou serviço e o outro quer uma remuneração em dinheiro), ao passo que naquele há interesses comuns (os conveniados querem desenvolver um projeto comum, dividindo tarefas), estabelecendo-se uma parceria para unir esforços no cumprimento desse interesse comum. No primeiro, não há fim lucrativo, ao passo que no segundo há. No convênio, como não há reciprocidade de obrigações, cabe denúncia unilateral por qualquer dos partícipes, na forma prevista no ajuste; **D**: assertiva incorreta, devendo ser assinalada; a inadimplência do contratado não transfere à Administração a responsabilidade por débitos trabalhistas (art. 71, § 1º, da Lei 8.666/1993) **E**: assertiva correta (art. 65, § 1º, da Lei 8.666/1993). **WG**

"Gabarito "D".

10.3.4. Extinção do contrato

(Delegado Federal – 2013 – CESPE) Julgue o seguinte item.

(1) Considere que uma empresa vencedora de certame licitatório subcontrate, com terceiro, o objeto do contrato firmado com a administração pública, apesar de não haver previsão expressa para tanto no edital ou no contrato. Nessa situação, caso o contrato seja prestado dentro do prazo estipulado e com estrita observância aos critérios de qualidade impostos contratualmente, não poderá a administração rescindir o contrato unilateralmente, visto que não se configura hipótese de prejuízo ou descumprimento de cláusulas contratuais.

1: incorreta, pois a subcontratação total ou parcial do objeto contratado constitui motivo para rescisão do contrato (art. 78, VI, da Lei 8.666/1993). **WG**

Gabarito 1E

(Delegado/AP – 2010) A Administração Pública, diante de uma rescisão de contrato administrativo, por culpa do contratado, retém os créditos decorrentes do contrato até os limites dos prejuízos causados. Nessa situação, a retenção dos créditos é de natureza:

(A) satisfativa.
(B) coercitiva.
(C) acautelatória.
(D) restituitória.
(E) judicial.

Art. 80, IV, da Lei 8.666/1993. Trata-se, pois, de providência acautelatória, uma vez que a ideia é garantir recursos para o ressarcimento dos prejuízos causados. **WG**

"Gabarito "C".

(Delegado/PB – 2009 – CESPE) O Estado da Paraíba firmou contrato de prestação de serviços continuados de limpeza com determinada pessoa jurídica, no valor de R$ 10.000.000,00 por ano. Ao longo do cumprimento desse contrato, verificou-se que a contratada não estaria recolhendo as contribuições sociais incidentes sobre a folha de salários, motivo pelo qual foi-lhe negada a certidão negativa de débitos previdenciários. Além disso, o estado da Paraíba houve por bem aumentar o número de pessoas para prestar os serviços de limpeza, o que ensejou uma majoração de R$ 2.400.000,00 por ano. Quanto à Lei 8.666/1993, e considerando o texto hipotético apresentado, assinale a opção correta.

(A) Esse contrato pode ser prorrogado por iguais e sucessivos períodos com vistas à obtenção de preços e condições mais vantajosas para a administração, limitado a sessenta meses. No entanto, esse prazo máximo poderá ainda ser ultrapassado em até doze meses, desde que em caráter excepcional, devidamente justificado e mediante autorização da autoridade superior.

(B) A exigência de regularidade fiscal deve ser observada no momento da contratação, mas a eventual ausência da certidão negativa de débito ao longo do contrato, conforme entendimento do STJ, autoriza apenas a retenção das parcelas devidas pela administração.

(C) A contratada não está obrigada a cumprir esse contrato, em face da sua alteração unilateral.

(D) Mesmo considerando que a contratada seja uma organização social e que o contrato de prestação de serviço seja decorrente do contrato de gestão, é necessário que tenha havido, previamente ao contrato, licitação.

(E) De acordo com o valor do contrato, as modalidades de licitação cabíveis à espécie são a concorrência ou a tomada de preço.

A: correta (art. 57, II e § 4.º, da Lei 8.666/1993); **B**: incorreta, pois a eventual ausência de certidão negativa *ao longo do contrato* não autoriza a retenção do pagamento, por não haver previsão legal nesse sentido. O STJ entende que a retenção, então, é indevida, sem prejuízo de se instaurar processo administrativo para a rescisão do contrato, por descumprimento de cláusula contratual por parte do contratado; **C**: incorreta, pois a alteração contratual está dentro do limite de 25% para os acréscimos quantitativos no valor do contrato (art. 65, § 1.º, da Lei 8.666/1993); **D**: incorreta, pois o caso transcrito enseja *dispensa* de licitação (art. 24, XXIV, da Lei 8.666/1993); **E**: incorreta, pois para a aquisição de *serviços comuns* (serviços com especificações no mercado), como é o caso do de limpeza, cabe também o pregão, seja qual for o valor do contrato, nos termos do art. 1.º da Lei 10.520/2002. **WG**

"Gabarito "A".

11. SERVIÇO PÚBLICO, CONCESSÃO E PPP

11.1. Serviço público

(Delegado/MS – 2017 – FAPEMS) À luz da legislação em vigor e da jurisprudência dos tribunais superiores, acerca do serviço público e dos contratos administrativos, assinale a alternativa correta.

(A) Aplica-se aos contratos administrativos o instituto da *exceptio non adimpjeti contractus* tal qual aplicável no Direito Civil.

(B) Diante de situação motivada por razões de ordem técnica, ainda que não emergencial, é possível a interrupção do serviço público, dispensado, neste caso, o prévio aviso.

(C) A divulgação da suspensão no fornecimento de serviço de energia elétrica por meio de emissoras de rádio, dias antes da interrupção, satisfaz a exigência de aviso prévio.

(D) O exercício do direito de greve exercido por policiais civis é hipótese cabível de descontinuidade da execução de serviço público por eles executado.

(E) Reversão é o instituto por meio do qual a Administração Pública poderá por fim a uma delegação de serviço público por ela transferido a outrem, por razões de interesse público.

A: incorreta. Não se aplica, uma vez que a própria Lei 8.666/1993, art. 78, XV, prevê a impossibilidade de descumprimento do contrato, até 90 dias de inadimplência pela Administração Publica, ainda que o prazo de pagamento contratual seja inferior. **B**: incorreta. Fere o princípio da continuidade do serviço público, também conhecido como princípio da permanência. **C**: correta. Lei 8.987/1995, art. 6º

Toda concessão ou permissão pressupõe a prestação de serviço adequado ao pleno atendimento dos usuários, conforme estabelecido nesta Lei, nas normas pertinentes e no respectivo contrato. § 3º Não se caracteriza como descontinuidade do serviço a sua interrupção em situação de emergência ou após prévio aviso, quando: I – motivada por razões de ordem técnica ou de segurança das instalações; e, II – por inadimplemento do usuário, considerado o interesse da coletividade. e ainda Informativo 598 do STJ, que aduz: "É válida a interrupção do serviço público por razões de ordem técnica se houve prévio aviso por meio da rádio"**D**: incorreta. O atual entendimento da Suprema Corte garante, de um lado, a efetividade do direito de greve dos servidores estatutários, e, de outro lado, a continuidade dos serviços públicos por meio da aplicação analógica do art. 11 da Lei nº 7.783/1989, que exige a prestação dos serviços indispensáveis ao atendimento das necessidades inadiáveis da comunidade durante a greve. **E**: incorreta. A assertiva definiu a emcampação, sendo a Reversão e uma das formas previstas de provimento em cargo público. Lei 8.112/1990, art. 8º. FMB
Gabarito "C".

(Delegado/AP – 2017 – FCC) Em uma área de expansão urbana determinado Município está providenciando a instalação de equipamentos públicos, a fim de que o crescimento populacional se dê de forma ordenada e sustentável. Durante a construção de uma unidade escolar, apurou--se que não seria possível executar a solução de esgoto originalmente idealizada, que contempla um emissário de esgoto, mostrando-se necessária a identificação de outra alternativa pela Administração pública. Dentre as possíveis, pode o Município em questão

(A) promover, demonstrada a viabilidade técnica, a instalação de emissário de esgoto para ligação com o sistema já existente, utilizando-se, para tanto, da instituição de uma servidão administrativa.

(B) realizar uma licitação específica para elaboração e execução de projeto de instalação do emissário de esgoto, independentemente do valor, dado seu caráter emergencial.

(C) lançar mão da requisição administrativa, para imediata imissão na posse do terreno necessário para implementaçao das obras, diferindo-se a indenização devida.

(D) desapropriar judicialmente uma faixa de terreno necessária à implementação do emissário de esgoto, tendo em vista que o ajuizamento da ação já autoriza a imissão na posse do terreno objeto da demanda.

(E) instituir uma servidão de passagem, sob o regime do código civil, tendo em vista que dispensa a anuência do dono do terreno e de prévia indenização, apurando-se o valor devido após a instalação do equipamento, que indicará o nível de restrição ao uso da propriedade.

Trata-se de exemplo típico de utilização de servidão administrativa e nesse sentido Maria Sylvia Zanella di Pietro conceitua servidão administrativa como sendo "o direito real de gozo, de natureza pública, instituído sobre imóvel de propriedade alheia, com base em lei, por entidade pública ou por seus delegados, em face de um serviço público ou de um bem afetado a fim de utilidade pública". FMB
Gabarito "A".

(Delegado Federal – 1998 – CESPE) Os administrados, para bem desempenharem suas atribuições na sociedade, carecem de comodidades e utilidades. Umas podem ser atendidas pelos meios e recursos que cada um dos membros da comunidade possui, outras só podem se satisfeitas por meio de atividades a cargo da administração pública, a única capaz de oferecê-las com vantagem. Segurança e perenidade. Todas as atividades da administração pública, destinadas ao oferecimento de comodidades e utilidades com essas características, constituem serviços públicos. Com o auxílio do texto e considerando a teoria dos serviços públicos, julgue os itens em seguida.

(1) Se a empresa de transportes Viação Ligeirinho Ltda. venceu licitação para transportar passageiros entre Estados, então esse serviço pode ser considerado serviço público, mesmo sendo explorado por sociedade privada.

(2) Quanto aos usuários, os serviços públicos podem ser gerais ou específicos (divisíveis, para alguns autores); o serviço de telefonia é um exemplo de serviço público divisível.

(3) Considere que compete ao município determinado serviço público; então, caberá ao próprio Município a regulamentação dele, mas, não obstante, competirá à União baixar normas gerais acerca da licitação para sua outorga a particular.

(4) Todos os serviços públicos são, juridicamente, prestados aos membros da coletividade em caráter facultativo.

(5) O requisito da generalidade do serviço público tem fundamento constitucional.

1: correta, pois a concessão de serviços públicos pode ser passada a uma empresa privada não criada pelo Estado; **2**: correta, pois traz informação correta sobre a classificação dos serviços quanto aos usuários ou quanto à divisibilidade destes; **3**: correta, pois, de fato, compete à União baixar normas gerais acerca da licitação para outorga do serviço ao particular (art. 22, XXVII, da CF); **4**: errada, pois há serviços públicos obrigatórios, como o de coleta de lixo; **5**: correta, pois o requisito da generalidade decorre do princípio da isonomia, devendo os serviços públicos ser prestados em favor de todos. WG
Gabarito 1C, 2C, 3C, 4E, 5C.

(Delegado/DF – 2004) Em relação aos serviços públicos, analise as afirmativas a seguir:

I. Os serviços gerais, que não permitem a identificação dos seus destinatários, são mantidos através dos impostos, modalidade de tributo não vinculado.

II. Mesmo nos serviços públicos com execução delegada a particular, compete ao Poder Público fixar a tarifa que será paga pelo usuário.

III. Os serviços públicos classificados como individuais e obrigatórios serão mantidos através de tarifa que tem a natureza jurídica de preço público.

É/são afirmativa(s) verdadeira(s) somente:

(A) I e II;
(B) I e III;
(C) II e III;
(D) I, II e III;
(E) nenhuma.

I: verdadeira, ao contrário dos serviços individuais (ou divisíveis), como são os serviços de telefonia, que são mantidos mediante a cobrança de tarifas ou taxas; II: verdadeira, pois o poder público é o responsável pela regulamentação do serviço, o que inclui a fixação da política tarifária; III: falsa, pois os serviços públicos obrigatórios são mantidos mediante taxa, ou seja, mediante um tributo. WG
Gabarito "A".

(Delegado/RN – 2009 – CESPE) Acerca dos serviços públicos que devem ser prestados pelo Estado e das normas que regem as licitações, assinale a opção correta.

(A) Quanto ao objeto, os serviços públicos serão administrativos, executados pelo Estado para atender necessidades coletivas de ordem econômica, e industriais, que se destinam a atender as próprias necessidades da administração.

(B) Quanto à exclusividade da titularidade, os serviços públicos serão *uti universi*, de utilização coletiva e imensurável, e *uti singuli*, de utilização particular e mensurável.

(C) Se a administração pública deixar de efetuar os pagamentos devidos por mais de noventa dias, pode o particular contratado, licitamente, suspender a execução do contrato, com fundamento na cláusula *exceptio non adimpleti contractus*.

(D) Quanto à utilização, os serviços públicos serão privativos, prestados em regime de monopólio pelo Estado, e não privativos, prestados pelo Estado ou por entidade particular.

(E) É dispensável a licitação quando houver inviabilidade de competição, especialmente para a aquisição de materiais, equipamentos ou gêneros que só possam ser fornecidos por representante comercial exclusivo.

A: incorreta, pois houve inversão das definições de serviços administrativos e serviços industriais; **B:** incorreta, pois a classificação dos serviços nas espécies mencionadas tem como critério a situação dos destinatários do serviço, e não dos titulares deste; **C:** correta (art. 78, XV, da Lei 8.666/1993); **D:** incorreta, pois é quanto à essencialidade que os serviços são divididos nas espécies mencionadas; **E:** incorreta, pois esse caso é inexigibilidade de licitação (art. 25, I, da Lei 8.666/1993), e não de dispensa de licitação. WG
Gabarito "C."

(Delegado/PA – 2009 – MOVENS) Considerando que os serviços públicos são classificados de acordo com os critérios de essencialidade, adequação, finalidade e destinatários, assinale a opção que apresenta o serviço correspondente à atividade policial civil.

(A) Administrativo.
(B) De utilidade pública.
(C) Impróprio do Estado.
(D) *Uti universi*.

A: incorreta; nessa questão iremos usar a classificação de Hely Lopes Meirelles, que foi a usada para a idealização do problema; quanto à *finalidade*, os serviços públicos podem ser *administrativos* ou *industriais*; os serviços administrativos são os executados para atender a necessidades internas da administração ou para preparar outros que serão prestados ao público (exemplo: imprensa oficial), ao passo que os serviços industriais são os que produzem renda para quem os presta, mediante pagamento de tarifa ou preço público; assim, o serviço atinente à atividade policial não se encaixa nessa classificação; **B:** incorreta; quanto à *essencialidade*, os serviços podem ser *serviços públicos* ou *serviços de utilidade pública*; os serviços públicos propriamente ditos são os que, por sua essencialidade, são considerados privativos do Poder Público, de modo que a atividade policial civil se encaixa nele; já os serviços de utilidade pública são os que, dada a sua *conveniência* (e não sua *essencialidade*) para os membros da coletividade, podem ser prestados pela Administração ou por terceiros, mediante concessão ou permissão de serviço público (exemplo: transporte coletivo), de modo que a atividade policial não se encaixa nos serviços de utilidade pública, pois não pode ser objeto de concessão ou permissão; **C:** incorreta; pois os serviços *próprios do Estado* equivalem aos *serviços públicos propriamente* ditos e os serviços *impróprios do Estado* equivalem aos *serviços de utilidade pública*, de maneira que a atividade policial civil não é um serviço impróprio do Estado, mas um serviço próprio deste; **D:** correta; quanto aos *destinatários* os serviços podem ser *uti universi* ou *uti singuli*; os serviços *uti universi* são aqueles gerais, com usuários indeterminados (exemplo: atividade policial), ao passo que os serviços *uti singuli* são os individuais, com usuários determinados e divisibilidade (exemplo: fornecimento de água, energia elétrica e telefonia), o que permite a cobrança de contraprestação do usuário do serviço, por taxa ou preço público, a depender da compulsoriedade ou não do serviço. WG
Gabarito "D."

11.2. Concessão de serviço público

(Delegado/AP – 2017 – FCC) Uma autarquia municipal criada para prestação de serviços de abastecimento de água

(A) deve obrigatoriamente ter sido instituída por lei e recebido a titularidade do serviço público em questão, o que autoriza a celebração de contrato de concessão à iniciativa privada ou a contratação de consórcio público para delegação da execução do referido serviço.

(B) integra a estrutura da Administração pública indireta municipal e portanto não se submete a todas as normas que regem a administração pública direta, sendo permitido a flexibilização do regime publicista para fins de viabilizar a aplicação do princípio da eficiência.

(C) submete-se ao regime jurídico de direito privado caso venha a celebrar contrato de concessão de serviço público com a Administração pública municipal, ficando suspensa, durante a vigência da avença, a incidência das normas de direito público, a fim de preservar a igualdade na concorrência.

(D) pode ser criada por decreto, mas a delegação da prestação do serviço público prescinde de prévio ato normativo, podendo a autarquia celebrar licitação para contratação de concessão de serviço público ou prestar o serviço diretamente.

(E) possui personalidade jurídica de direito público, mas quando prestadora de serviço público, seu regime jurídico equipara-se ao das empresas públicas e sociedades de economia mista.

DL 200/1967, art. 5º Para os fins desta lei, considera-se: I – Autarquia – o serviço autônomo, criado por lei, com personalidade jurídica, patrimônio e receita próprios, para executar atividades típicas da Administração Pública, que requeiram, para seu melhor funcionamento, gestão administrativa e financeira descentralizada. FMB
Gabarito "A."

(Delegado/PE – 2016 – CESPE) Tendo como referência a legislação aplicável ao regime de concessão e permissão de serviços públicos e às parcerias público-privadas, assinale a opção correta.

(A) De acordo com a Lei 8.987/1995, as permissões de serviço público feitas mediante licitação não podem ser formalizadas por contrato de adesão.

(B) Em relação à parceria público-privada, entende-se por concessão administrativa o contrato de prestação de serviços de que a administração pública seja a usuária direta ou indireta, ainda que envolva execução de obra ou fornecimento e instalação de bens.

(C) As agências reguladoras não podem promover licitações que tenham por objeto a concessão de serviço público do objeto por ela regulado.

(D) É vedada a celebração de contrato de parceria público-privada cujo período de prestação do serviço seja superior a cinco anos.

(E) Por meio da concessão, o poder público delega a prestação de serviço público a concessionário que demonstre capacidade para seu desempenho, sendo esse serviço realizado por conta e risco do poder concedente.

A: incorreta, pois a Lei 8.987/1995 utiliza expressamente a expressão "contrato de adesão" para esse caso (art. 18, XVI); **B:** correta (art. 2º, § 2º, da Lei 11.079/2004); **C:** incorreta, pois essa é uma das principais competências das agências reguladoras, como no exemplo da ANATEL (arts. 19, VI, e 88 da Lei 9.472/1997); **D:** incorreta; é justamente o contrário; uma parceria público-privada só poderá existir se envolver prestação de serviço igual ou superior a cinco anos (art. 2º, § 4º, II, da Lei 11.079/2004); **E:** incorreta, pois o serviço é realizado por conta e risco do concessionário (pessoa jurídica ou consórcio de empresas) e não do poder concedente (art. 2º, II, da Lei 8.987/1995). Gabarito "B".

(Delegado/DF – 2015 – Fundação Universa) Acerca dos serviços públicos, assinale a alternativa correta.

(A) Nos contratos de concessão, é vedada a subcontratação.

(B) Em que pese a CF prever a competência de cada ente federado, restou autorizada também a formação de consórcios públicos ou convênios de cooperação para gestão associada de serviços públicos.

(C) Diante do princípio da continuidade do serviço público, é proibida a interrupção do fornecimento de serviços públicos aos administrados.

(D) A descentralização do serviço público pode ser feita por meio de outorga ou por meio de delegação. Na delegação, transfere-se não apenas a execução, mas também a titularidade do serviço, razão pela qual deve ser feita por meio de lei.

(E) Todos os contratos de concessão devem ser precedidos de licitação, podendo o administrador escolher qualquer das modalidades de licitação previstas na Lei 8.666/1993.

A: incorreta, pois a lei admite a subcontratação, inclusive na modalidade subconcessão, obedecido aos termos legais (art. 26 da Lei 8.987/1995); **B:** correta (art. 241 da CF); **C:** incorreta, pois a interrupção é admitida em caso de emergência e, obedecido os requisitos legais, por motivo técnico e por inadimplência do usuário (art. 6º, § 3º, da Lei 8.987/1995); **D:** incorreta, pois é na outorga (ou "por serviço") que se transfere a titularidade, e não por delegação ("por colaboração"), pois nesta só se transfere a execução do serviço; **E:** incorreta, pois o administrador deve se valer da modalidade concorrência (art. 2º, II, da Lei 8.987/1995). Gabarito "B".

(Delegado/PR – 2013 – UEL-COPS) Sobre a concessão de serviço público, naquilo que a distingue da permissão, assinale a alternativa correta.

(A) É feita à pessoa jurídica ou consórcio de empresa.

(B) Admite outras modalidades de licitação, além da concorrência.

(C) Tem natureza contratual a título precário.

(D) Retira-se dela a característica de contrato de adesão.

(E) Pode ser realizada mediante ato unilateral da administração.

A: correta (art. 2º, II, da Lei 8.987/1995); já as permissões de serviço público são feitas em favor de pessoa física ou jurídica (art. 2º, IV, da Lei 8.987/1995); **B:** incorreta, pois é caso de concorrência (art. 2º, II, da Lei 8.987/1995); já as permissões de serviço público admitem outra modalidade licitatória (art. 2º, IV, da Lei 8.987/1995). Atenção! Com o novo regime das licitações e contratos administrativos (Lei 14.133/2021), a concessão exige licitação, na modalidade concorrência ou diálogo competitivo; **C:** incorreta, pois a natureza precária é típica da permissão de serviço público (art. 2º, IV, da Lei 8.987/1995); **D:** incorreta, pois as duas têm característica de contrato de adesão; **E:** incorreta, pois a concessão tem natureza contratual (bilateral), não se tratando de ato unilateral. Gabarito "A". (gabarito desatualizado)

(Delegado Federal – 2004 – CESPE) Julgue o item a seguir.

(1) O contrato de concessão de serviço público extingue-se pela rescisão quando a iniciativa de extinção do contrato é do poder concedente, em decorrência de descumprimento das normas contratuais pelo concessionário.

1: incorreta, art. 38 da Lei 8.987/1995 (caducidade) c/c o art. 39 da Lei 8.987/1995 (rescisão). Gabarito 1E.

(Delegado/AP – 2010) Com relação aos contratos de concessão de serviços públicos, analise as afirmativas a seguir:

I. Em havendo alteração unilateral do contrato que afete o seu inicial equilíbrio econômico-financeiro, o poder concedente deverá restabelecê-lo, concomitantemente à alteração.

II. A tarifa não será subordinada à legislação específica anterior e, somente nos casos expressamente previstos em lei, sua cobrança poderá ser condicionada à existência de serviço público alternativo e gratuito para o usuário.

III. A criação, alteração ou extinção de quaisquer tributos ou encargos legais, inclusive os impostos sobre a renda, após a data da assinatura do contrato, implicará a revisão da tarifa, para mais ou para menos, conforme o caso.

IV. O poder concedente não poderá prever, em favor da concessionária, no edital de licitação, a possibilidade de outras fontes provenientes de receitas alternativas, complementares, acessórias ou de projetos associados, a fim de favorecer a modicidade das tarifas para os usuários.

Assinale:

(A) se somente as afirmativas I e IV estiverem corretas.

(B) se somente as afirmativas I e II estiverem corretas.

(C) se somente as afirmativas II e IV estiverem corretas.

(D) se somente as afirmativas II e III estiverem corretas.

(E) se somente as afirmativas III e IV estiverem corretas.

I: correta (art. 9.º, § 4.º, da Lei 8.987/1995); **II:** correta (art. 9.º, § 1.º, da Lei 8.987/1995); **III:** incorreta, pois essa regra não vale para alterações no imposto sobre a renda (art. 9.º, § 3.º, da Lei 8.987/1995); **IV:** incorreta, pois é possível, sim, essa previsão (art. 11 da Lei 8.987/1995). Gabarito "B".

(Delegado/MT – 2006 – UFMT) Nas concessões e permissões de serviços públicos, transfere-se para o concessionário

(A) o exercício da atividade pública e a titularidade do serviço.
(B) a titularidade do serviço por tempo determinado.
(C) a titularidade, após cinco anos de efetivo exercício da concessão e permissão.
(D) apenas o exercício da atividade pública.
(E) a titularidade, após dez anos de efetivo exercício da concessão e permissão.

Art. 2.º, II e IV, da Lei 8.987/1995. WG
Gabarito "D".

(Delegado/PB – 2009 – CESPE) Uma concessionária de energia elétrica, pessoa jurídica de direito privado, houve por bem terceirizar o serviço de corte do fornecimento de tal serviço. Marcos, empregado dessa empresa terceirizada, ao efetuar a suspensão dos serviços de energia elétrica em favor de Maria, acabou por agredi-la, já que essa alegava que a conta já havia sido paga. Em relação a essa situação hipotética, assinale a opção correta.

(A) A lei geral de concessão não autoriza a suspensão do fornecimento de energia elétrica, pelo inadimplemento por parte do usuário, já que o acesso ao serviço de energia elétrica decorre da própria dignidade da pessoa humana, que deve prevalecer sobre os interesses econômicos da concessionária.
(B) Eventual ação de indenização por danos materiais e morais deverá ser proposta contra a concessionária, já que essa se responsabiliza pelos atos dos seus prepostos, não sendo possível alegar-se culpa exclusiva de terceiro.
(C) O prazo prescricional da ação de reparação de danos, na espécie, será de cinco anos, na forma do Código Civil, já que inexiste prazo prescricional específico para as concessionárias de serviço público.
(D) Cabe mandado de segurança contra ato dos diretores da concessionária de serviço público, com vistas a restabelecer o serviço de energia elétrica, o qual deverá ser impetrado na justiça estadual.
(E) A competência para julgar eventual ação de indenização proposta contra a concessionária de serviço público será da justiça federal, já que se trata de uma delegação de serviço público federal.

A: incorreta, pois a interrupção é possível, sim (art. 6.º, § 3.º, II, da Lei 8.987/1995), salvo em relação à prestação de serviços essenciais, como hospitais e creches; B: correta (art. 25 da Lei 8.987/1995); C: incorreta, pois há prazo específico em relação às empresas concessionárias, também de 5 anos, mas previsto em lei específica (art. 1.º-C da Lei 9.494/1997); D: incorreta, pois não é cabível mandado de segurança no caso; E: incorreta, salvo se a concessionária for uma empresa pública federal (art. 109, I, da CF). WG
Gabarito "B".

(Delegado/PB – 2009 – CESPE) A declaração de caducidade nos contratos de concessão de serviço público não é autorizada quando

(A) o serviço estiver sendo prestado de forma inadequada ou deficiente, tendo por base as normas, critérios, indicadores e parâmetros definidores da qualidade do serviço.
(B) a concessionária descumprir cláusulas contratuais ou disposições legais ou regulamentares concernentes à concessão.
(C) a concessionária perder as condições econômicas, técnicas ou operacionais para manter a adequada prestação do serviço concedido.
(D) a concessionária for condenada em sentença transitada em julgado por sonegação de tributos, inclusive contribuições sociais.
(E) o poder público retomar o serviço durante o prazo da concessão, por motivo de interesse público, mediante lei autorizativa específica e após prévio pagamento da indenização devida.

A a D: corretas (art. 38, § 1.º, I, II, IV e VII, respectivamente, da Lei 8.987/1995), valendo salientar que a caducidade é a extinção da concessão por *culpa* do particular, ou seja, por inexecução total ou parcial do contrato; E: incorreta, pois a retomada do serviço durante o prazo de concessão denomina-se *encampação* ou *resgate*; se o tema fosse *ato administrativo*, e não *concessão de serviço público*, o nome da extinção do ato seria *revogação*, e não *encampação*; a encampação está prevista no art. 37 da Lei 8.987/1995, e depende de interesse público devidamente motivado, lei autorizativa específica e prévio pagamento de indenização. WG
Gabarito "E".

(Delegado/PB – 2009 – CESPE) Ainda no que concerne ao serviço público, assinale a opção correta.

(A) O dispositivo constitucional que preceitua caber ao poder público, na forma da lei, diretamente ou sob o regime de concessão ou permissão, sempre mediante licitação, a prestação de serviços públicos, demonstra que o Brasil adotou uma concepção subjetiva de serviço público.
(B) A permissão de serviço público é definida pela lei geral de concessões como a delegação, a título precário, mediante licitação, da prestação de serviços públicos, feita pelo poder concedente à pessoa física ou jurídica que demonstre capacidade para seu desempenho, por sua conta e risco.
(C) No procedimento de licitação para contratação de serviços públicos, obrigatoriamente a primeira fase será de habilitação e a segunda, de julgamento da proposta que melhor se classificar, conforme as condições estabelecidas no edital, não sendo possível a inversão dessas fases.
(D) No contrato de concessão, é obrigatória cláusula que preveja o foro de eleição, não sendo possível, diante do interesse público envolvido, prever-se o emprego de mecanismos privados para a resolução de disputas decorrentes do contrato ou a ele relacionadas, inclusive a arbitragem.
(E) No contrato de concessão patrocinada, no âmbito das parcerias público-privadas, os riscos do negócio jurídico decorrentes de caso fortuito ou força maior serão suportados exclusivamente pelo parceiro privado.

A: incorreta, pois o serviço público não é conceituado a partir do sujeito que o presta, mas sim em função do serviço em si, da sua importância para a sociedade; tanto isso é verdade que o serviço público pode ser prestado tanto pelo Poder Público, como por um particular, mediante concessão ou permissão; B: correta (art. 2.º, IV, da Lei 8.987/1995); C: incorreta, pois não há procedimento de licitação para a *contratação de serviços públicos*, mas sim procedimento de licitação para *outorgar concessão de serviços públicos*, procedimento esse que observará o rito da concorrência (art. 2.º, II, da Lei 8.987/1995); de qualquer forma, é bom lembrar que, mesmo adotando-se o rito da concorrência, a Lei 8.987/1995, atualmente, admite a inversão de fases no procedimento, primeiro fazendo-se o julgamento das propostas e a classificação, para depois passar para a fase de habilitação; **D:** incorreta, pois cabe arbitragem (art. 23-A da Lei 8.987/1995); **E:** incorreta, pois os riscos serão repartidos (art. 5.º, III, da Lei 11.079/2004). WG

Gabarito "B".

11.3. Parceria público-privada (PPP)

(Delegado/SP – 2014 – VUNESP) O prefeito de determinada cidade elabora projeto de celebração de uma parceria público-privada, que tem (i) valor de contrato equivalente a quinze milhões de reais; por um (ii) prazo de cinco anos; tendo por (iii) objeto único da prestação a execução de obra pública. De acordo com a Lei de Parceria Público-Privada (Lei 11.079/2004), o projeto

(A) pode ser levado adiante, desde que seja aumentado o prazo de prestação para seis anos, estando corretos os demais parâmetros.

(B) pode ser levado adiante, desde que o objeto único desse contrato possa ser modificado para "fornecimento de mão de obra", pois os demais parâmetros estão corretos para o tipo de contratação almejada.

(C) não pode vingar, pois o valor do contrato não atinge ao mínimo permitido, e a finalidade "execução de obra pública" também é vedada para esse tipo de contratação.

(D) não pode vingar, pois a despeito de as demais condições dele estarem adequadas, o valor da obra é inferior ao mínimo estabelecido na Lei para esse tipo de contratação.

(E) pode ser levado adiante, pois todas as condições se encontram dentro dos parâmetros legais de observação obrigatória para esse tipo de contratação.

A: incorreta, pois a PPP não pode ser inferior a 5 anos, mas se a parceria for igual ou superior a 5 anos haverá cumprimento do requisito trazido no art. 2º, § 4º, II, da Lei 11.079/2004; **B:** incorreta, pois é vedada a celebração de PPP para parcerias de valor inferior a R$ 10 milhões (art. 2º, § 4º, I, da Lei 11.079/2004, alterado pela Lei 13.529/2017), lembrando que também não incide o regime da PPP na parceria que tenha como objeto único o fornecimento de mão de obra, o fornecimento e instalação de equipamentos ou a execução de obra pública (art. 2º, § 4º, III, da Lei 11.079/04); **C:** correta (art. 2º, § 4º, I e III, da Lei 11.079/2004); **D** e **E:** incorretas, pois, como se viu, há problema também no valor da parceria e no seu objeto. WG

Gabarito "C".

(Delegado/GO – 2009 – UEG) A Lei n. 11.079/2004 instituiu o denominado contrato de parceria público-privada. Sobre esse tema, é CORRETO afirmar:

(A) é dispensável a licitação no contrato de parceria público-privada.

(B) a modalidade de licitação que deve preceder o contrato de parceria é a concorrência.

(C) todos os riscos da execução do objeto contratado correm por conta do parceiro privado.

(D) o Poder Público está impedido de realizar contraprestação pecuniária na modalidade concessão patrocinada.

A: incorreta (art. 10 da Lei 11.079/2004); **B:** correta (art. 10, *caput*, da Lei 11.079/2004); **C:** incorreta, pois há "repartição de riscos entre as partes" (art. 5.º, III, da Lei 11.079/2004); **D:** incorreta, pois na concessão patrocinada (diferentemente da *concessão comum ou tradicional*), além da cobrança de tarifas dos usuários, há também contraprestação pecuniária do parceiro público ao parceiro privado (art. 2.º, § 1.º, da Lei 11.079/2004). WG

Gabarito "B".

12. CONTROLE DA ADMINISTRAÇÃO

(Delegado/RJ – 2022 – CESPE/CEBRASPE) Assinale a opção correta acerca do controle da administração pública.

(A) Apenas a Constituição Federal de 1988 pode prever modalidades de controle externo da administração pública.

(B) As comissões parlamentares de inquérito possuem poder condenatório, sendo uma modalidade de controle legislativo, e estão aptas a investigar fatos determinados, em prazos fixados.

(C) A reclamação para anular ato administrativo que confronte súmula vinculante é uma modalidade de controle interno da atividade administrativa.

(D) Nas decisões das cortes de contas é facultativo o contraditório e a ampla defesa, não obstante a decisão provocar a anulação ou a revogação de ato administrativo que beneficie interessado.

(E) No exercício de sua função constitucional, o Tribunal de Contas, em processo de tomada de contas especial, pode decretar a indisponibilidade de bens, independentemente de fundamentação da decisão.

Alternativa **A** correta (somente a CF pode prever as hipóteses que delineiam o princípio da separação entre os poderes). Alternativa **B** incorreta (as CPI's não possuem poder condenatório, pois, nos termos do art. 58, § 3º, CF, as suas conclusões devem ser encaminhadas ao Ministério Público, para que promova a responsabilidade civil ou criminal dos infratores). Alternativa **C** incorreta (a reclamação para anular ato administrativo que confronte súmula vinculante é modalidade de controle externo da Administração, pois a sua apreciação é feita pelo STF). Alternativa **D** incorreta (em razão do princípio do devido processo legal, as decisões das Cortes de Contas que provoquem a anulação ou revogação de ato administrativo que beneficie interessados dependem de contraditório e ampla defesa). Alternativa **E** incorreta (a decretação de indisponibilidade de bens depende de fundamentação, haja vista o princípio da motivação). RB

Gabarito "A".

(Delegado/RJ – 2022 – CESPE/CEBRASPE) Em 29/12/2021, Jairo, ex-secretário de estado de polícia civil, foi citado para pagamento referente a ação de execução interposta pelo estado, decorrente de multa aplicada em acórdão do tribunal de contas do estado (TCE), de 12/3/2015, em razão de a corte de contas ter identificado que, à época em que Jairo era o titular da pasta e ordenador de despesas, fora adquirido um aparelho de radiologia que não se mostrou necessário nem foi utilizado em benefício da instituição. Por esse motivo, o TCE concluiu pela ilegalidade da aquisição, aplicando multa ao ex-jurisdicionado, a qual até o momento não foi paga.

Considerando essa situação hipotética, assinale a opção correta.

(A) A ação não deve prosperar pela prescritibilidade da ação fundada no ressarcimento de danos ao erário estadual.

(B) A imputação de multa deveria ser direcionada ao órgão, e não à pessoa do administrador.

(C) É cabível a execução do título executivo extrajudicial, já que o TCE concluiu que o ex-jurisdicionado agiu com culpa na autorização para compra do aparelho de radiologia.

(D) Não é cabível a ação de execução, pois o acórdão do TCE não tem eficácia de título executivo.

(E) A natureza do dano torna imprescritível a ação de ressarcimento de danos ao erário estatal, observados o contraditório e a ampla defesa.

Alternativa **A** correta (segundo o STF, é prescritível a ação de ressarcimento ao erário baseada em decisão de Tribunal de Contas, merecendo incidir o prazo de 5 anos). Alternativa **B** incorreta (a multa aplicada pelo Tribunal de Contas é direcionada à pessoa do administrador, nos termos do art. 71, VIII, CF: cabe ao Tribunal de Contas "aplicar aos responsáveis, em caso de ilegalidade de despesa ou irregularidade de contas, as sanções previstas em lei, que estabelecerá, entre outras cominações, multa proporcional ao dano causado ao erário"). Alternativa **C** incorreta (o enunciado da questão não permite concluir que o ex-jurisdicionado agiu com culpa). Alternativa **D** incorreta (as decisões do Tribunal de que resulte imputação de débito ou multa terão eficácia de título executivo, nos termos do art. 71, § 3º, CF). Alternativa **E** incorreta (somente são imprescritíveis as ações de ressarcimento fundadas em ato doloso de improbidade administrativa, cf. definido pelo STF no RE 852.475).

Gabarito "A".

(Delegado/MG – 2021 – FUMARC) O controle da administração, quanto à natureza do controlador, classifica-se em legislativo, judicial ou administrativo.

No que se refere ao controle judicial sobre os atos administrativos, é INCORRETO afirmar:

(A) Compete ao Poder Judiciário, no desempenho de sua atividade típica jurisdicional, revogar um ato administrativo ilegal, editado pelo Poder Executivo, pelo Poder Legislativo e, ainda, no exercício de suas funções administrativas, anular os seus próprios atos administrativos.

(B) O controle judicial alcançará todos os aspectos de legalidade do ato administrativo vinculado, sendo, no entanto, vedado ao judiciário adentrar aos critérios de conveniência e oportunidade que deram ensejo à conduta do administrador.

(C) Os atos administrativos vinculados se submetem ao controle judicial em relação a todos os seus elementos.

(D) Segundo orientação doutrinária e jurisprudencial mais moderna, tem-se admitido que o Poder Judiciário promova o controle do ato administrativo que, embora com aparência de legalidade, se mostre na contramão dos princípios jurídicos, notadamente os da razoabilidade e proporcionalidade.

A única alternativa incorreta é a "A". Não compete ao Poder Judiciário, no exercício de sua função típica jurisdicional, revogar um ato administrativo ilegal editado por outro Poder. A atribuição do Judiciário, nesse contexto, é *anular* um ato administrativo ilegal do Executivo ou do Legislativo. Não se deve confundir a *anulação* (extinção de ato ilegal) com a *revogação* (extinção de ato inconveniente ou inoportuno). Assim, não cabe ao Judiciário revogar ato administrativo de outro Poder, sob pena de ofensa ao postulado da Separação entre os Poderes. No entanto, relevante apontar que o Judiciário pode, no exercício de suas funções administrativas, tanto revogar quanto anular os seus próprios atos administrativos.

Gabarito "A".

(Delegado/MG – 2018 – FUMARC) Sobre o controle administrativo da Administração Pública, NÃO é correto afirmar:

(A) É um controle de legalidade e de mérito.

(B) Pode ocorrer por iniciativa da própria administração, mas não pode ser deflagrado mediante provocação dos administrados.

(C) Quanto à natureza do órgão controlador, se divide em legislativo, judicial e administrativo.

(D) Tem por finalidade confirmar, alterar ou corrigir condutas internas, segundo aspectos de legalidade ou de conveniência para a Administração.

Alternativa A correta (o controle administrativo da Administração, que representa um mecanismo de controle interno, pode ser um controle de legalidade ou de mérito); alternativa B incorreta (o controle administrativo da Administração pode ocorrer de duas formas: por iniciativa do próprio Poder Público; e mediante provação dos administrados); alternativa C correta (no âmbito do tema geral do controle da Administração, os órgãos controladores se dividem em legislativo, judicial e administrativo); alternativa D correta (considerando o comentário da alternativa A, a finalidade do controle administrativo da Administração é a de confirmar, alterar ou corrigir as condutas internas, segundo dois aspectos: de legalidade ou de conveniência-mérito).

Gabarito "B".

(Delegado/MG – 2018 – FUMARC) João, candidato ao cargo de Delegado de Polícia do Estado de Minas Gerais, inconformado com sua reprovação no certame, impetrou ação mandamental argumentando a existência de ilegalidade decorrente da formulação de questões com base em legislação não prevista no edital. Sobre o caso, NÃO é correto afirmar:

(A) A adequação das questões da prova ao programa do edital de concurso público constitui tema de legalidade, suscetível, portanto, de controle pelo Poder Judiciário.

(B) A banca examinadora é que possui legitimidade para figurar como autoridade coatora.

(C) A petição inicial será indeferida, com fundamento no artigo 10 da Lei n. 12.016/2009, caso a impetração ocorra após 120 dias da ciência do ato impugnado.

(D) É vedado ao Poder Judiciário adentrar aos critérios adotados pela banca examinadora do concurso.

As alternativas A, B e C estão corretas. A incorreção encontra-se na alternativa D. Embora o STF adote a tese, tomada em sede de repercussão geral, de que os critérios adotados por banca examinadora de um concurso não podem ser revistos pelo Poder Judiciário, o controle de legalidade (ou de juridicidade) é admitido. Nesse sentido, no âmbito do RE 632.853/CE (Pleno, Rel. Min. Gilmar Mendes, DJe 26/06/2015), o STF definiu que "é permitido ao Judiciário juízo de compatibilidade do conteúdo das questões do concurso com o previsto no edital do certame.". Ora, foi exatamente esta a desconformidade alegada por João, candidato ao cargo de Delegado de Polícia de Minas Gerais: existência de ilegalidade decorrente da formulação de questões com base em legislação não prevista no edital. Nesta hipótese, é possível o controle pelo Poder Judiciário.

Gabarito "D".

(Delegado/RS – 2018 – FUNDATEC) Levando em consideração os temas "Controle da Administração Pública" e "Responsabilidade Fiscal", assinale a alternativa correta.

(A) O exercício do controle interno pela administração pública não inclui a revogação de atos administrativos.
(B) A jurisprudência contemporânea acerca do controle de legalidade tem admitido, por parte do Poder Judiciário, a invalidação de atos administrativos discricionários em decorrência da falta de conformação deles com os princípios da administração pública, em especial, os da razoabilidade e da proporcionalidade.
(C) O controle desempenhado pela Administração Direta sobre as entidades que integram a Administração Indireta é uma manifestação da autotutela administrativa.
(D) Os Tribunais de Contas, no exercício do controle externo, têm competência para julgar as contas dos Chefes do Poder Executivo.
(E) Nos termos da Lei de Responsabilidade Fiscal (LC 101/2000), é nulo de pleno direito o ato de que resulte aumento da despesa com pessoal expedido nos noventa dias anteriores ao final do mandato do titular do respectivo Poder.

Alternativa A incorreta (a revogação dos atos administrativos está incluída no exercício do controle interno); alternativa B correta (a possibilidade de controle dos atos discricionários com base em princípios representa a recente tendência jurisprudencial sobre o controle judicial da Administração); alternativa C incorreta (o controle entre Administração Direta e Indireta é uma manifestação da tutela administrativa, e não da autotutela); alternativa D incorreta (o Tribunal de Contas somente aprecia as contas da Chefia do Executivo, mediante parecer prévio, de modo que o julgamento é feito pelo Congresso Nacional, nos termos do art. 71, I c/c art. 49, IX); alternativa E incorreta (é nulo de pleno direito o ato de que resulte aumento da despesa com pessoal expedido nos cento e oitenta dias anteriores ao final do manda-to do titular do respectivo Poder, nos termos do art. 21, parágrafo único, da LC 101/2000). RB
Gabarito "B".

(Delegado/ES – 2019 – Instituto Acesso) Quanto à responsabilidade fiscal dos agentes públicos, assinale a alternativa correta.

(A) O Tribunal de Contas da União verificará o cumprimento dos limites e condições relativos à realização de operações de crédito de cada ente da Federação, inclusive das empresas por eles controladas, direta ou indiretamen-te.
(B) A criação, expansão ou aperfeiçoamento de ação governamental que acarrete aumento da despesa, não necessita de estimativa do impacto orçamentário-financeiro no exercício em que deva entrar em vigor.
(C) Equipara-se a operações de crédito e está permitida a assunção de obrigação, sem autorização orçamentária, com fornecedores para pagamento a posteriori de bens e serviços.
(D) É nulo de pleno direito o ato que provoque aumento da despesa com pessoal e não atenda o limite legal de comprometimento aplicado às despesas com pessoal inativo.
(E) o Relatório Resumido da Execução Orçamentária não é um instrumento de transparência da gestão fiscal.

A questão explora o regime da responsabilidade fiscal, disciplinado pela Lei Complementar 101/2000. A alternativa A está incorreta, pois é o Ministério da Fazenda que verifica o cumprimento dos limites e condições relativos à realização de operações de crédito de cada ente da Federação (art. 32). Incorreta a alternativa B, pois a norma exige, para a criação, expansão ou aperfeiçoamento de ação governamental que acarrete aumento da despesa, estimativa do impacto orçamentário-financeiro no exercício em que deva entrar em vigor e nos dois subsequentes (art. 16, I). A alternativa C apresenta incorreção, pois a assunção de obrigação, sem autorização orçamentária, com fornecedores para pagamento a posteriori de bens e serviços, embora se equipare a operações de crédito, é vedada pela lei (art. 37, IV). Já a alternativa D está correta (art. 21, II). Por fim, incor-reta a alternativa E, pois o Relatório Resumido da Execução Orça-mentária é um dos instrumentos de transparência da gestão fiscal (art. 48). RB
Gabarito "D".

(Delegado/AP – 2017 – FCC) O controle exercido pelo Poder Judiciário sobre a Administração pública pode incidir sobre atos e contratos de diversas naturezas. Quando o objeto do controle exercido é um contrato de parceria público-privada, deverá analisar se

(A) o objeto do contrato é aderente à legislação que rege às parcerias público privadas, que somente admite a conjugação de obras e serviços quando se tratar da modalidade patrocinada.
(B) o prazo do contrato não excede o limite de 25 anos, o mesmo previsto para as concessões comuns, a fim de não ofender o princípio de quebra da isonomia e violação da licitação, inclusive para inclusão de novos serviços e violação do princípio licitatório.
(C) houve estimativa de previsão de recursos orçamentário-financeiros para toda a vigência contratual e a efetiva demonstração de existência de recursos para os dois exercícios seguintes à celebração da avença.
(D) a tarifa estabelecida pela contratada, independentemente da modalidade do contrato, observou o princípio da modicidade e se há contraprestação a ser paga pelo Poder Público e sua respectiva garantia.
(E) o início do pagamento da contraprestação está condicionado à disponibilização do serviço pelo parceiro privado, admitindo-se a previsão da possibilidade de fracionamento proporcional à parcela de serviço prestada.

Lei 11.079/2004, art. 7º A contraprestação da Administração Pública será obrigatoriamente precedida da disponibilização do serviço objeto do contrato de parceria público-privada. § 1º É facultado à administração pública, nos termos do contrato, efetuar o pagamento da contraprestação relativa a parcela fruível do serviço objeto do contrato de parceria público-privada. FMB
Gabarito "E".

(Delegado/MT – 2017 – CESPE) A fiscalização exercida pelo TCU na prestação de contas de convênio celebrado entre a União e determinado município, com o objetivo de apoiar projeto de educação sexual voltada para o adolescente, insere-se no âmbito do controle

(A) provocado.
(B) meritório.
(C) subordinado.
(D) prévio.
(E) vinculado.

Trata-se de ato vinculado. CF, art. 71. O controle externo, a cargo do Congresso Nacional, será exercido com o auxílio do Tribunal de Contas da União, ao qual compete: II – julgar as contas dos administradores e demais responsáveis por dinheiros, bens e valores públicos da administração direta e indireta, incluídas as fundações e sociedades instituídas e mantidas pelo Poder Público federal, e as contas daqueles que derem causa a perda, extravio ou outra irregularidade de que resulte prejuízo ao erário público. **FMB**

Gabarito "E".

(Delegado/PR – 2013 – UEL-COPS) A administração pública direta e indireta recebe o controle externo, relacionado à fiscalização contábil, financeira, orçamentária e patrimonial. Assinale a alternativa que apresenta, corretamente, o órgão que exerce esse controle.

(A) Poder Executivo com o auxílio do Poder Judiciário.
(B) Poder Legislativo com o auxílio do Tribunal de Contas.
(C) Poder Legislativo com o auxílio do Poder Judiciário.
(D) Poder Judiciário com o auxílio do Tribunal de Justiça.
(E) Poder Judiciário com o auxílio do Tribunal de Contas.

O controle externo da administração pública é feito pelo Legislativo com o auxílio dos Tribunais de Contas, nos termos do art. 71, *caput*, da CF. **WG**

Gabarito "B".

(Delegado Federal – 2013 – CESPE) Julgue o seguinte item.

(1) O controle prévio dos atos administrativos é de competência exclusiva da própria administração pública, ao passo que o controle dos atos administrativos após sua entrada em vigor é exercido pelos Poderes Legislativo e Judiciário.

1: incorreta, pois o Poder Judiciário também pode fazer o controle prévio de ato administrativo, já que nenhuma lesão ou *ameaça* de lesão a direito pode ser subtraída da apreciação do Poder Judiciário (art. 5º, XXXV, da CF/1988). **WG**

Gabarito 1E.

(Delegado/DF – 2004) Em relação ao controle judicial do ato administrativo, analise as afirmativas a seguir:

I. O Poder Judiciário não pode controlar o uso correto da discricionariedade administrativa.
II. O controle judicial dos atos administrativos praticados pelo Poder Executivo pode ser exercido de ofício ou mediante provocação do interessado.
III. Quando houver na lei a previsão de recurso administrativo, a parte interessada somente poderá acionar o Poder Judiciário após o prévio esgotamento da esfera administrativa.

É/são afirmativa(s) verdadeira(s) somente:

(A) I;
(B) II;
(C) III;
(D) I e II;
(E) nenhuma.

I: verdadeira, pois, se o uso da discricionariedade foi correto (dentro da lei, e com respeito à razoabilidade e à moralidade), não há o que controlar; II: falsa, pois o Judiciário não pode fazer o controle de ofício dos atos administrativos; III: falsa, pois tal restrição importaria em desrespeito ao princípio da inafastabilidade da jurisdição (art. 5.º, XXXV, da CF). **WG**

Gabarito "A".

(Delegado/GO – 2009 – UEG) Acerca das atribuições dos tribunais de contas como órgãos de auxílio ao Poder Legislativo na função fiscalizadora da Administração Pública, é CORRETO afirmar:

(A) o parecer prévio emitido pelos tribunais de contas vincula o Poder Legislativo quando do julgamento das contas.
(B) pela natureza das atribuições dos tribunais de contas, eles não podem impedir a execução de ato administrativo da administração direta e indireta.
(C) apreciar a legalidade dos atos de admissão de pessoal, na administração direta e indireta, bem como a das concessões de aposentadorias, reformas e pensões; excetuam-se dessa apreciação as nomeações para cargo de provimento em comissão.
(D) apreciar as contas prestadas anualmente pelo chefe do Executivo, mediante elaboração de parecer prévio, que deverá ser emitido em oitenta dias a contar de seu recebimento.

A: incorreta, pois o parecer prévio emitido pelos Tribunais de Contas pode deixar de prevalecer, nos Municípios, por decisão de dois terços dos membros da Câmara Municipal (art. 31, § 2.º, da CF); **B**: incorreta, pois há casos em que isso é possível (art. 71, X, da CF); **C**: correta (art. 71, III, da CF); **D**: incorreta, pois o prazo é de 60 dias (art. 71, I, da CF). **WG**

Gabarito "C".

(Delegado/RJ – 2009 – CEPERJ) Os Tribunais de Contas:

(A) Integram o Poder Judiciário.
(B) São órgãos auxiliares do Poder Legislativo.
(C) Podem ser criados nas capitais de Estados que deles não dispõem.
(D) Revestem-se de natureza autárquica.
(E) Atuam diretamente no controle financeiro interno da Administração Pública.

Art. 71 da CF. **WG**

Gabarito "B".

(Delegado/PA – 2012 – MSCONCURSOS) No tocante ao controle da Administração Pública, podemos afirmar que

(A) o controle administrativo não é exercido pelos Poderes Judiciário e Legislativo, pois deriva do poder de autotutela do Poder Executivo para analisar aspectos de legalidade e mérito de seus próprios atos administrativos.
(B) o controle legislativo ou parlamentar é interno e será realizado pelo Poder Legislativo sobre a atuação administrativa dos poderes Executivo e Judiciário.
(C) o controle administrativo poderá ser provocado pelo administrado por meio do direito de petição.
(D) o controle judicial poderá ser realizado de ofício ou por provocação dos órgãos do Poder Judiciário.
(E) o controle judicial é preventivo e busca verificar a legalidade ou legitimidade dos atos administrativos praticados pelos Poderes Executivo, Legislativo e Judiciário.

A: incorreta, pois o controle administrativo é exercido na administração pública de cada um dos poderes; **B**: incorreta, pois o controle legislativo é um controle externo; **C**: correta, pois o controle administrativo atua de ofício, bem como pelo direito de petição e pelos recursos em geral; **D**: incorreta, pois o controle judicial depende de provocação, não atuando, como regra, de ofício, em virtude do princípio da inércia jurisdicional; **E**: incorreta, pois o controle judicial pode ser preventivo ou repressivo, a depender do momento em que é exercido. **WG**

Gabarito "C".

(Delegado/SC – 2008) Assinale a alternativa correta quanto ao controle da Administração Pública pelo Judiciário.

(A) A ação popular é o meio constitucional posto à disposição de organização sindical ou entidade de classe para obter a anulação de atos administrativos lesivos aos direitos de seus membros ou associados ou ao patrimônio público, à moralidade administrativa e ao meio ambiente natural ou cultural.

(B) O Judiciário examina a legalidade, a oportunidade e a conveniência de um ato administrativo para aferir sua conformação com a lei e com os princípios gerais do Direito, preservando direitos individuais ou públicos.

(C) Os atos normativos, enquanto regras gerais e abstratas, não atingem direitos individuais e são inatacáveis por ações ordinárias ou por mandado de segurança.

(D) Todo ato administrativo que não for praticado em observância aos princípios da legalidade, moralidade, finalidade, eficiência e publicidade pode ser revogado pelo Judiciário, cabendo ainda a reparação pelos danos causados pelo Poder Público.

A: incorreta, pois o legitimado para a ação popular é o cidadão (art. 5.º, LXXIII, da CF); **B:** incorreta, pois o Judiciário só analisa a legalidade, a razoabilidade e a moralidade do ato administrativo, e não a conveniência e oportunidade dele; **C:** correta, pois, de fato, os atos normativos não atingem especialmente pessoas, podendo ser atacado apenas por ações próprias (ações de inconstitucionalidade); **D:** incorreta, pois a violação dos princípios citados possibilita a anulação e não a revogação do ato administrativo. WG
Gabarito "C".

(Delegado/MT – 2006) O controle externo da Administração Pública é exercido pelo(a):

(A) Ouvidoria dos órgãos públicos.
(B) Ministério Público.
(C) Poder Judiciário, quando provocado pelos administrados.
(D) Poder Legislativo, através dos Tribunais de Contas.

Art. 71, *caput*, da CF. WG
Gabarito "D".

(Delegado/SP – 2008) No estudo das espécies de controle de Administração Pública, quanto ao momento de sua realização, a liquidação de despesa para pagamento oportuno é exemplo de

(A) controle concomitante.
(B) controle preventivo.
(C) controle subsequente.
(D) controle sucessivo.
(E) controle finalístico.

Trata-se de controle preventivo, pois a liquidação consiste em verificar se o serviço ou o bem adquirido foram efetivamente prestados ou entregues, como providência prévia ao efetivo pagamento. WG
Gabarito "B".

13. AÇÕES CONTRA A FAZENDA

13.1. Mandado de segurança

(Delegado/RJ – 2022 – CESPE/CEBRASPE) O mandado de segurança é garantia constitucional, prevista no inciso LXIX do art. 5.º da Constituição Federal de 1988, regulada, no âmbito infraconstitucional, pela Lei n.º 12.016/2009. A respeito desse relevante instrumento de controle da administração pública por meio da atuação jurisdicional, assinale a opção correta.

(A) Havendo controvérsia sobre matéria de direito, fica impedida a concessão de mandado de segurança.
(B) É inconstitucional ato normativo que vede ou condicione a concessão de medida liminar na via mandamental.
(C) O pedido de reconsideração na via administrativa interrompe o prazo para mandado de segurança.
(D) No mandado de segurança coletivo, a liminar só poderá ser concedida após a audiência do representante judicial da pessoa jurídica de direito público, que deverá se pronunciar no prazo de 72 horas.
(E) A vítima de crime de ação penal pública tem direito líquido e certo de impedir o arquivamento do inquérito ou das peças de informação, sendo cabível, para tanto, o manejo de mandado de segurança.

Alternativa **A** incorreta (cf. Súmula 625 do STF: "controvérsia sobre matéria de direito não impede concessão de mandado de segurança"). Alternativa **B** correta (o STF julgou na ADI 4.296 a inconstitucionalidade do art. 7º, § 2º, da Lei 12.016/2009, sob o argumento de que é inconstitucional ato normativo que vede ou condicione a concessão de medida liminar na via mandamental). Alternativa **C** incorreta (cf. Súmula 430 do STF: "pedido de reconsideração na via administrativa não interrompe o prazo para o mandado de segurança."). Alternativa **D** incorreta (o STF julgou na ADI 4.296 a inconstitucionalidade do art. 22, § 2º, da Lei 12.016/2009, que condicionava a concessão de liminar em MS à audiência do representante judicial da pessoa jurídica de direito público). Alternativa **E** incorreta (conforme já decidiu o STJ no MS 21.081, a vítima de crime de ação penal pública incondicionada não tem direito líquido e certo de impedir o arquivamento do inquérito ou peças de informação, motivo pelo qual incabível o manejo de MS). RB
Gabarito "B".

(Delegado/DF – 2004) A garantia constitucional que deve ser usada para incluir nos assentamentos do impetrante a justificativa sobre informação verdadeira, mas que está pendente de decisão administrativa ou judicial, denomina-se:

(A) mandado de segurança;
(B) mandado de injunção;
(C) *habeas data*;
(D) ação ordinária;
(E) medida cautelar.

Art. 5.º, LXXVII, da CF. WG
Gabarito "C".

(Delegado/DF – 2004) Em relação ao mandado de segurança, analise as afirmativas a seguir:

I. De acordo com o posicionamento do Supremo Tribunal Federal, é inconstitucional o prazo de cento e vinte dias previsto na lei para impetração do mandado de segurança.
II. A autoridade coatora poderá contestar o pedido formulado ou prestar informações no prazo de dez dias.
III. O mandado de segurança somente poderá ser usado para controlar decisões judiciais transitadas em julgado.

É/são afirmativa(s) verdadeira(s) somente:

(A) I;
(B) II;
(C) III;
(D) I e II;
(E) nenhuma.

I: falsa, pois o STF entende que o prazo decadencial previsto para o ajuizamento de mandado de segurança é constitucional; II: falsa, pois a autoridade coatora deve prestar *informações* no prazo mencionado (art. 7.º, I, da Lei 12.016/2009); a *contestação*, ao contrário, é providência que compete à pessoa jurídica interessada; III: falsa, pois essa ação é cabível contra qualquer ilegalidade ou abuso de poder praticado por autoridade pública, para amparar direito líquido e certo (ou seja, comprovado de plano), desde que não seja cabível *habeas data* ou *habeas corpus* (art. 1.º da Lei 12.016/2009). WG
Gabarito "E".

(Delegado/SP – 2002) A falta de norma regulamentadora que torne inviável o exercício dos direitos e liberdades constitucionais e das prerrogativas inerentes à nacionalidade, à soberania e à cidadania pode ser suprida pelo
(A) mandado de segurança.
(B) habeas data.
(C) habeas corpus.
(D) mandado de injunção.

Art. 102, I, *q*, da CF. WG
Gabarito "D".

13.2. Ação Popular e ação civil pública

(Delegado/DF – 2004) Em relação à ação popular, analise as afirmativas a seguir:
I. Uma pessoa jurídica pode propor ação popular se todos os seus sócios forem eleitores.
II. A sentença que julgar improcedente o pedido formulado na ação popular será submetida ao duplo grau obrigatório de jurisdição.
III. O Ministério Público pode assumir a titularidade da ação popular que foi abandonada pelo autor popular.
É/são afirmativa(s) verdadeira(s) somente:
(A) I e II;
(B) I e III;
(C) II e III;
(D) I, II e III;
(E) nenhuma.

I: falsa, pois a ação popular deve ser promovida pela pessoa física do cidadão (art. 5.º, LXXIII, da CF c/c art. 1.º da Lei 4.717/1965); II: verdadeira, nos termos do art. 19 da Lei 4.717/1965; III: verdadeira, nos termos do art. 9.º da Lei 4.717/1965. WG
Gabarito "C".

(Delegado/DF – 2004) Em relação à ação civil pública, analise as afirmativas a seguir:
I. O inquérito civil será presidido por membro do Ministério Público e o seu arquivamento depende da homologação judicial.
II. Ao deferir pedido de liminar na ação civil pública, o órgão do Poder Judiciário competente para seu julgamento poderá arbitrar multa para a hipótese de descumprimento.
III. O prazo de validade da liminar na ação civil pública será de noventa dias, prorrogável por mais trinta dias.

É/são afirmativa(s) verdadeira(s) somente:
(A) I;
(B) II;
(C) III;
(D) I e II;
(E) II e III.

I: falsa, pois o arquivamento será feito pelo próprio órgão do Ministério Público, devendo ser encaminhado, no prazo de 3 dias úteis, ao Conselho Superior do Ministério Público, que poderá homologar ou rejeitar o arquivamento (art. 9.º da Lei 7.347/1985); II: verdadeira (art. 12, § 2.º, da Lei 7.347/1985); III: falsa, pois não há essa limitação temporal na Lei 7.347/1985. WG
Gabarito "B".

14. PROCESSO ADMINISTRATIVO

(Delegado/MG – 2021 – FUMARC) De acordo com a Lei 9.784/99, destinada a regular o processo administrativo no âmbito da Administração Pública Federal, é INCORRETO afirmar:
(A) A edição de atos de caráter normativo pode ser objeto de delegação.
(B) As decisões adotadas por delegação devem mencionar explicitamente esta qualidade e considerar-se-ão editadas pelo delegante.
(C) Inexistindo competência legal específica, o processo administrativo deverá ser iniciado perante a autoridade de menor grau hierárquico para decidir.
(D) O ato de delegação é revogável a qualquer tempo pela autoridade delegante.

Relevante apontar que essa questão foi anulada pela banca examinadora do concurso. Isso porque há duas alternativas incorretas. Alternativa **A** incorreta (não pode ser objeto de delegação a edição de atos de caráter normativo, cf. art. 13, I, da Lei 9.784/1999). Alternativa **B** incorreta (as decisões adotadas por delegação devem mencionar explicitamente esta qualidade e considerar-se-ão editadas pelo delegado, cf. art. 14, §3º, da Lei 9.784/1999). Alternativa **C** correta (art. 17 da Lei 9.784/1999). Alternativa **D** correta (art. 14, § 2º, da Lei 9.784/1999). RB
Gabarito: Anulada

(Delegado de Polícia Federal – 2021 – CESPE) Determinado órgão público, por intermédio de seu titular, pretende delegar parte de sua competência administrativa para outro órgão com a mesma estrutura, seguindo os preceitos da Lei Federal 9.784/1999.
Com referência a essa situação hipotética, julgue os itens subsequentes.
(1) Nessa situação, o órgão delegante pertence necessariamente à administração pública federal, e não ao Poder Judiciário ou ao Poder Legislativo.
(2) O órgão delegatário não precisa ser hierarquicamente subordinado ao delegante.
(3) O objeto do ato pode ser a edição de atos normativos.

1: Errado. A delegação de competências administrativas, cujo regime está previsto na Lei 9.784/1999 (Lei do Processo Administrativo no âmbito da Administração federal), pode ocorrer tanto no âmbito do Poder Executivo, quanto no do Poder Judiciário e do Legislativo (no exercício da função administrativa). É o que se extrai da própria Lei 9.784/1999, conforme o art. 1º, § 1º, segundo o qual "os preceitos desta Lei também se aplicam aos órgãos dos Poderes Legislativo e Judiciário da União, quando no desempenho de função administrativa". Assim, o exercício de determinadas competências administrativas no âmbito do Judiciário e do Legislativo (exemplo: nomeação de servidores do STF aprovados em concursos públicos) pode ser objeto de delegação. Dessa forma, a afirmativa está errada. **2:** Certo. A afirmativa está certa. A delegação da competência administrativa pode ocorrer dentro ou mesmo fora de uma estrutura hierarquizada. É o que se extrai do art. 12 da Lei 9.784/1999: "Um órgão administrativo e seu titular poderão, se não houver impedimento legal, delegar parte da sua competência a outros órgãos ou titulares, ainda que estes não lhe sejam hierarquicamente subordinados, quando for conveniente, em razão de circunstâncias de índole técnica, social, econômica, jurídica ou territorial". Cite-se um exemplo: possível a delegação de atribuições, desde que haja previsão legal, entre a União e uma autarquia federal, embora não haja hierarquia/subordinação entre tais entes. **3:** Errado. A afirmativa está errada. De acordo com a Lei 9.784/1999, não pode ser objeto de delegação a edição de atos de caráter normativo (art. 13, inciso I). Também não podem ser delegados: a decisão de recursos administrativos (inciso II) e as matérias de competência exclusiva do órgão ou autoridade (inciso III). RB

Gabarito 1E, 2C, 3E

(Delegado/ES – 2019 – Instituto Acesso) A Lei 9.784, de 29 de janeiro de 1999, que trata dos processos administrativos, estabelece regras específicas de procedimento a serem adotadas quando da apuração de eventual infração cometida por servidor público. Em vista das disposições deste Diploma Legal, é correto afirmar que:

(A) os requisitos e as restrições para o acesso às informações privilegiadas por parte de ocupante de cargo ou emprego da administração direta e indireta deverão ser estabelecidos em lei em sentido material.

(B) os atos do processo devem realizar-se exclusivamente na sede do órgão responsável pelo seu processamento.

(C) as pessoas que não iniciaram o processo administrativo também são partes legitimadas, desde que estas tenham seus interesses afetados pela decisão a ser adotada no processo.

(D) prazos prescricionais aplicam-se aos processos administrativos contra servidores, inclusive na hipótese de ação de ressarcimento em vista de lesão ao erário público.

(E) o órgão instrutor, quando não for o competente para exarar decisão final, convolará o relatório feito em decisão final escrita.

Alternativa A incorreta (o regime do acesso à informação encontra-se previsto na Lei 12.527/2011); alternativa B incorreta (de acordo com o art. 25 da Lei 9.784/1999, os atos do processo devem realizar-se preferencialmente na sede do órgão, cientificando-se o interessado se outro for o local de realização); alternativa C correta (art. 9º, II, Lei 9.784/1999); alternativa D incorreta (a Lei 9.784/1999 não dispõe sobre prazos prescricionais); alternativa E incorreta (conforme o art. 47 da Lei 9.784/1999, o órgão instrutor, quando não for competente para emitir decisão final, elaborará relatório indicando o pedido inicial, o conteúdo das fases do procedimento e formulará proposta de decisão). RB

Gabarito "C".

(Delegado/ES – 2019 – Instituto Acesso) Sobre os prazos referentes ao processo administrativo regido pela Lei 9.784, de 29 de janeiro de 1999, assinale a alternativa INCORRETA:

(A) Os prazos começam a correr a partir da data da cientificação oficial, mas, para efeito de contagem, exclui-se o dia da cientificação do ato.

(B) Se o prazo for de um mês e o dia de início da contagem começar no dia 31 janeiro de 2019, o dia do vencimento será o dia 28 de fevereiro de 2019.

(C) Inclui-se, para efeito de contagem de prazos, o dia do vencimento.

(D) A contagem dos prazos começa na data da cientificação oficial, incluindo-se o dia do vencimento.

(E) Ocorrendo motivo de força maior comprovado, pode-se efetuar a suspensão dos prazos.

A disciplina referente aos prazos está prevista no Capítulo XVI da Lei 9.784/1999, em seus arts. 66 e 67. Os prazos começam a correr a partir da data da cientificação oficial, excluindo-se da contagem o dia do começo e incluindo-se o do vencimento (corretas as alternativas A e C; incorreta a alternativa D). Os prazos fixados em meses (ou anos) contam-se de data a data (exemplo: se o prazo for de um mês e o dia de início da contagem começar no dia 15 janeiro, o dia do vencimento será o dia 15 de fevereiro). Além disso, se no mês do vencimento não houver o dia equivalente àquele do início do prazo, tem-se como termo final o último dia do mês (correta a alternativa B). Como regra, os prazos processuais não se suspendem, salvo por motivo de força maior devidamente comprovado (alternativa E correta). RB

Gabarito "D".

(Delegado/GO – 2017 – CESPE) Com base no disposto na Lei n. 9.784/1999, assinale a opção correta, considerando o entendimento dos tribunais superiores e da doutrina sobre o processo administrativo.

(A) Os processos de prestação de contas são exemplo de processos administrativos de outorga, cuja finalidade é autorizar o exercício de determinado direito individual.

(B) O Supremo Tribunal Federal entende que não é necessária a observância do devido processo legal para a anulação de ato administrativo que tenha repercutido no campo dos interesses individuais.

(C) Por ser a ampla defesa um princípio do processo administrativo, a administração não poderá definir a maneira como se realizará seu exercício, definindo, por exemplo, o local de vista aos autos.

(D) A competência processante de órgão da administração pode ser delegada, em parte, a outro órgão, ainda que não subordinado hierarquicamente ao órgão delegante, desde que haja conveniência, razão e inexista impedimento legal.

(E) Conforme o Supremo Tribunal Federal, é obrigatória a representação por advogado para o exercício do direito à recorribilidade de decisão proferida em processo administrativo.

A: incorreta. Os processos de prestação de contas são típicos processos administrativo de expediente. Os processos de outorga visam a concessão de direitos perante a administração. **B:** incorreta. O devido processo legal é condição a qualquer ato administrativo. **C:** incorreta. Lei 9.784/1999, art. 22. Os atos do processo administrativo não dependem de forma determinada senão quando a lei expressamente a exigir. Art. 25. Os atos do processo devem realizar-se preferencialmente na sede do órgão, cientificando-se o interessado se outro for o local de realização. **D:** correta. Lei 9.784/1999, art. 12. Um órgão administrativo e seu titular poderão, se não houver impedimento legal, delegar parte da sua competência a outros órgãos ou titulares, ainda que estes não lhe sejam hierarquicamente subordinados, quando for conveniente, em razão de circunstâncias de índole técnica, social, econômica, jurídica ou territorial. **E:** incorreta. STF, – Súmula Vinculante 5: – A falta de defesa técnica por advogado no processo administrativo disciplinar não ofende a Constituição. FMB

Gabarito "D".

(Delegado/PE – 2016 – CESPE) A permissão da empresa Alfa, permissionária de serviços públicos de transporte coletivo de passageiros, conforme contrato de delegação firmado com o governo estadual, foi unilateralmente revogada pelo poder público, por motivos de oportunidade e conveniência. A empresa interpôs pedido de reconsideração junto ao Departamento de Regulação de Transporte Coletivo, órgão da Secretaria Estadual de Transportes, responsável pelos contratos de permissão de transporte coletivo. O pedido foi indeferido por Caio, diretor do referido departamento, que alegou a existência de interesse público na revogação. Diante desse indeferimento, a empresa interpôs recurso administrativo. Caio manteve a decisão anterior e encaminhou o recurso ao secretário de transportes, autoridade hierarquicamente superior. Semanas após, Caio foi nomeado secretário estadual de transportes e, nessa qualidade, conheceu do recurso administrativo e negou-lhe provimento, mantendo a decisão recorrida. Com referência a essa situação hipotética, assinale a opção correta.

(A) O fato de Caio não ter reconsiderado a sua decisão não equivale a julgamento de recurso. Assim, houve uma única decisão administrativa em sede de recurso administrativo, sendo irrelevante que a autoridade julgadora tenha emitido uma decisão anterior sobre a questão.

(B) O recurso administrativo deveria ter sido apreciado por autoridade hierarquicamente superior e diferente daquela que decidira anteriormente o pedido de reconsideração. Como Caio estava impedido de julgar o recurso administrativo, há de se concluir que a decisão do recurso foi nula.

(C) No caso em tela, haveria a suspeição de Caio, razão pela qual ele não poderia julgar o recurso administrativo. Dessa forma, Caio deveria anular a decisão sobre o recurso e delegar a algum subordinado seu a competência para o julgamento.

(D) A permissão de serviço público é feita a título precário e, por esse motivo, a empresa permissionária não tem direito a recorrer administrativamente do ato administrativo que revogou a sua permissão.

(E) Em razão do princípio da intranscendência subjetiva, é juridicamente possível que uma mesma pessoa decida sobre o pedido de reconsideração e o recurso administrativo, uma vez que, legalmente, eles foram decididos por autoridades administrativas distintas.

A: incorreta, pois a autoridade julgadora inicial não pode julgar o recurso, pois a lei determina que o recurso seja julgado sempre por uma autoridade diversa e superior à autoridade julgadora inicial, regra que não pode ser ignorada mesmo que a autoridade julgadora inicial tenha sido promovida (art. 56, § 3º, da Lei 9.784/1999); **B:** correta (art. 56, § 3º, da Lei 9.784/1999); **C:** incorreta, pois não poderia participar do julgamento do recurso em função do disposto no art. 56, § 3º, da Lei 9.784/1999; **D:** incorreta; primeiro porque a permissão concedida em situação que reclama grandes investimentos do permissionário não é um permissão qualquer (precária) e sim uma permissão qualificada, que tem regime jurídico mais rigoroso, aproximado de uma concessão, segundo que recorrer é um direito de qualquer um prejudicado diretamente pela decisão, sendo incorreto dizer que alguém nessas condições não tem direito de recorrer; **E:** incorreta, pois o princípio da intranscendência não tem relação alguma com essa questão, mas sim com o fato de que a punição a alguém não pode ser estendida a outra pessoa que não tenha cometido o ilícito. WG
Gabarito "B".

(Delegado/DF – 2015 – Fundação Universa) Com base na Lei 9.784/1999, que trata do processo administrativo no âmbito da União, assinale a alternativa correta.

(A) O princípio da vedação da *reformatio in pejus* não se aplica ao recurso administrativo previsto na Lei 9.784/1999.

(B) Diante do princípio do dispositivo e da imparcialidade, o ônus da prova incumbe a quem alega, sendo permitido à administração juntar, de ofício, aos autos do processo documentos indicados pelo interessado.

(C) Diante do princípio da asserção, o processo administrativo somente pode ser iniciado pela parte interessada, não podendo o servidor orientar o interessado quanto ao suprimento de eventuais falhas, sob pena de infração disciplinar.

(D) São legitimados como interessados no processo administrativo as pessoas jurídicas ou associações, legalmente constituídas há pelo menos um ano, na defesa de interesses difusos.

(E) Suponha-se que a lei determine que certa autoridade tem competência para regulamentar uma norma legal com caráter normativo. Nesse caso, essa competência poderá ser delegada.

A: correta; aplica-se somente ao pedido de revisão administrativa de aplicação de sanção (art. 65, parágrafo único, da Lei 9.784/1999), e não aos recursos administrativos em geral, que admite o agravamento da situação do recorrente desde que este seja notificado para que formule suas alegações antes da decisão (art. 64, parágrafo único, da Lei 9.784/1999); **B:** incorreta, pois a impulsão de ofício pela Administração independe de pedido ou de indicação pelo interessado, situação que mitigou em muito o princípio da dispositivo, pelo qual a particular é que tem o ônus de trazer elementos de prova ao processo (arts. 2º, XII, e 29, caput, da Lei 9.784/1999; **C:** incorreta, pois o processo administrativo pode ser instaurado a pedido do interessado e também de ofício (art. 5º da Lei 9.784/1999); além disso, o servidor pode orientar o interessado quanto ao suprimento de eventuais falhas (art. 6º, parágrafo único, da Lei 9.784/1999); **D:** incorreta, pois não se exige que a associação esteja constituída há pelo menos um ano para que atue em processos administrativos no caso (art. 9º, IV, da Lei 9.784/1999); **E:** incorreta, pois não é possível delegação de competência para expedir atos normativos (art. 13, I, da Lei 9.784/1999). WG
Gabarito "A".

(Delegado/SP – 2014 – VUNESP) De acordo com a Lei Estadual do Processo Administrativo (Lei 10.177/1998), uma vez requerida a expedição de certidão de autos de procedimento em poder da Administração, a autoridade competente deverá apreciar o requerimento em 05 dias

(A) corridos e determinará a expedição em prazo não inferior a 05 dias úteis.

(B) corridos e determinará a expedição em prazo não superior a 05 dias corridos.

(C) úteis e determinará a expedição em prazo não inferior a 05 dias úteis.

(D) corridos e determinará a expedição em prazo não inferior a 05 dias corridos.

(E) úteis e determinará a expedição em prazo não superior a 05 dias úteis.

Segundo o art. 74 da Lei 10.177/1998, o requerimento será apreciado pela autoridade competente em 5 dias úteis, que determinará a expedição da certidão em prazo não superior a 5 dias úteis.
Gabarito "E".

(Delegado Federal – 2013 – CESPE) Julgue o seguinte item.

(1) De acordo com a Lei 9.784/1999, que regula o processo administrativo no âmbito da administração pública federal, um órgão administrativo e seu titular poderão, se não houver impedimento legal e quando conveniente, em razão de circunstâncias de índole técnica, social, econômica, jurídica ou territorial, delegar parte da sua competência a outros órgãos, ainda que estes não lhe sejam hierarquicamente subordinados.

1: correta (art. 12, *caput*, da Lei 9.784/1999).
Gabarito 1C

(Delegado/RJ – 2009 – CEPERJ) Recurso hierárquico impróprio é aquele que:

(A) é interposto contra decisão de dirigente de entidade da Administração Indireta para autoridade à qual está vinculada na Administração Direta.
(B) a avocação do processo administrativo é feita pela chefia do órgão administrativo.
(C) o pedido de revisão das decisões proferidas em processos disciplinares é encaminhado para a própria autoridade sancionadora.
(D) é uma espécie de recurso dirigido à autoridade superior de outro ente federativo.
(E) tem o pedido de reconsideração apresentado a qualquer autoridade de uma estrutura administrativa.

O *recurso hierárquico próprio* é aquele dirigido à autoridade superior do mesmo órgão da inferior (exemplo: recurso dirigido a um Secretário da Saúde contra decisão de uma comissão de licitação da secretaria), ao passo que o *recurso hierárquico impróprio* é aquele dirigido à autoridade externa à pessoa jurídica prolatora da decisão recorrida (exemplo: recurso dirigido a um Ministro de Estado contra uma decisão tomada por dirigente de uma autarquia).
Gabarito "A".

(Delegado/SP – 2008) A oposição expressa a atos da Administração que afetem direitos ou interesses legítimos do administrador recebe o *nomen iuris* de

(A) reclamação.
(B) representação.
(C) recurso *ex officio*.
(D) revisão.
(E) protesto.

Vide arts. 55 e ss. da Lei Complementar 207/1979, do Estado de São Paulo, com as alterações dadas pela Lei Complementar do Estado de São Paulo 922/2002.
Gabarito "A".

(Delegado/SP – 2000) Recurso hierárquico à autoridade imediatamente superior, dentro do mesmo órgão em que o ato foi praticado denomina-se

(A) recurso próprio.
(B) pedido de reconsideração.
(C) recurso impróprio.
(D) Representação.

Trata-se de recurso próprio, que difere do recurso impróprio, pois, neste, o recurso é dirigido a autoridade de outro órgão ou entidade, que não o órgão que expediu a decisão impugnada.
Gabarito "A".

15. LEI DE ACESSO À INFORMAÇÃO

(Delegado/SP – 2014 – VUNESP) A respeito da Lei de Acesso à Informação (Lei 12.527/2011), é correto afirmar que

(A) nos municípios em que não se exige a veiculação pela internet, as informações referentes à execução orçamentária e financeira devem ser disponibilizadas à população e renovadas, ao menos semestralmente.
(B) nas cidades com mais de 10 mil habitantes, os órgãos e entidades públicas devem promover pela internet o acesso a informações de interesse coletivo por eles produzidas ou custodiadas.
(C) qualquer interessado pode requerer informações aos órgãos e entidades públicas, assegurado, independentemente de justificação, o anonimato do requerente.
(D) o prazo máximo de restrição de acesso à informação considerada "ultrassecreta" não pode ultrapassar a 01 (um) ano.
(E) somente o Presidente da República pode classificar uma informação como sendo "ultrassecreta".

A: incorreta, pois, nesses casos, é obrigatória a divulgação das respectivas informações em tempo real (art. 8º, § 4º); **B:** correta (art. 8º, § 4º); **C:** incorreta, pois a lei exige identificação do requerente (art. 10, *caput*), mas não é possível exigir motivação do interessado quando este buscar informações de interesse público (art. 10, § 3º); **D:** incorreta, pois o prazo nesse caso é de 25 anos (art. 24, § 1º, I); **E:** incorreta, pois outras autoridades, como Vice-Presidente da República, Ministros de Estado também podem classificar uma informação como sendo "ultrassecreta" (art. 27, I).
Gabarito "B".

7. DIREITO TRIBUTÁRIO

Robinson Barreirinhas

1. TRIBUTOS – DEFINIÇÃO E ESPÉCIES

(Delegado/GO – 2017 – CESPE) O estado de Goiás instituiu, por lei ordinária, um departamento de fiscalização de postos de gasolina com objetivo de aferir permanentemente as condições de segurança e vigilância de tais locais, estabelecendo um licenciamento especial e anual para o funcionamento de tais estabelecimentos e instituindo uma taxa anual de R$ 1.000 a ser paga pelos empresários, relacionada a tal atividade estatal.
A respeito dessa situação hipotética, assinale a opção correta.

(A) A instituição do departamento de fiscalização de postos de gasolina como órgão competente com funcionamento regular é suficiente para caracterizar o exercício efetivo do poder de polícia.
(B) É desnecessária, para justificar a cobrança de taxa, a criação de órgão específico para o desempenho das atividades de fiscalização de postos de gasolina, por se tratar de competências inerentes às autoridades de segurança pública.
(C) Para observar o princípio da capacidade contributiva, a taxa deveria ter correspondência com o valor venal do imóvel a ser fiscalizado, sendo inconstitucional a cobrança de valor fixo por estabelecimento.
(D) A taxa em questão é inconstitucional, já que a segurança pública é um dever do Estado, constituindo um serviço indivisível, a ser mantido apenas por impostos, o que torna incabível a cobrança de taxa.
(E) Por ter caráter contraprestacional, a taxa só será devida caso o departamento de fiscalização de postos de gasolina faça visitas periódicas aos estabelecimentos, certificando-se do cumprimento das normas de segurança e vigilância de tais locais, de acordo com a legislação.

A: correta, sendo que o STF considera suficiente para comprovação do efetivo exercício do poder de polícia e, portanto, validade da taxa correspondente, a existência de órgão e estrutura competente para a fiscalização – RE 588.322/RO. Note que a Súmula 157/STJ foi cancelada; **B:** incorreta, pois, embora seja possível em determinadas hipóteses, não compete especificamente às autoridades de segurança pública a fiscalização de estabelecimentos empresariais, no que se às suas condições de segurança, aos riscos de acidentes. É importante destacar, entretanto, que o STF entende que "a existência do órgão administrativo não é condição para o reconhecimento da constitucionalidade da cobrança da taxa de localização e fiscalização, mas constitui um dos elementos admitidos para se inferir o efetivo exercício do poder de polícia, exigido constitucionalmente" – RE 588.322/RO; **C:** incorreta, pois a cobrança de taxa pelo exercício do poder de polícia a valores fixos é admitida pelo STF – ver RE 685.213 AgR/RS; **D:** incorreta, conforme comentários anteriores, já que não se trata de segurança pública em sentido estrito; **E:** incorreta, conforme comentário à primeira alternativa, bastando a existência de órgão e estrutura competente para a fiscalização, para se comprovar o efetivo exercício do poder de polícia e, portanto, a validade da taxa. Gabarito "A".

(Delegado/DF – 2015 – Fundação Universa) Em relação às espécies tributárias previstas no ordenamento jurídico brasileiro, assinale a alternativa correta.

(A) O Distrito Federal, por ter a competência tributária dos estados e municípios, pode instituir taxa pelo serviço de iluminação pública e cobrá-la dos contribuintes beneficiados, tomando, por base de cálculo, o valor do consumo de energia elétrica dos domicílios.
(B) A contribuição de melhoria pode ser instituída em razão de obra pública e da consequente valorização imobiliária, tendo por limite total a despesa com a realização da obra e, por limite individual, o acréscimo de valor ao imóvel do contribuinte beneficiado.
(C) Os impostos são tributos vinculados a uma contraprestação específica do ente tributante em relação ao contribuinte, como, por exemplo, a obrigatoriedade de boa manutenção das estradas de rodagem pelo poder público em decorrência do pagamento do imposto sobre a propriedade de veículos automotores (IPVA) pelo contribuinte.
(D) Fatos geradores das taxas são a prestação de serviço público e o poder de polícia, sendo necessário, no primeiro caso, que o serviço público seja indivisível, prestado ao contribuinte ou posto à sua disposição.
(E) Poderá o Distrito Federal instituir taxa de segurança pública, pois um dos fatos geradores das taxas é o poder de polícia.

A: incorreta, pois o serviço público de iluminação pública não é divisível (é *uti universi*, não *uti singuli*), de modo que não pode ser remunerado por taxa, mas sim por contribuição específica prevista no art. 149-A da CF – ver Súmula Vinculante 41/STF; **B:** correta, nos termos do art. 145, III, da CF e art. 81 do CTN; **C:** incorreta, pois a definição do imposto é exatamente oposta, sendo o tributo cujo fato gerador não é vinculado a qualquer atividade estatal específica, relativa ao contribuinte – art. 16 do CTN; **D:** incorreta, pois o serviço a ser taxado deve ser divisível e específico (*uti singuli*) – art. 145, II, da CF e art. 77 do CTN; **E:** incorreta, pois a segurança pública não é um serviço específico (engloba diversas atividades coordenadas) ou divisível (é inviável determinar quanto desse serviço é fruído individualmente por cada cidadão), de modo que não pode ser remunerado por taxa. Gabarito "B".

(Delegado/RO – 2014 – FUNCAB) O tributo cuja obrigação tem por fato gerador uma situação independente de qualquer atividade estatal específica, relativa ao contribuinte, denomina-se:

(A) taxa.
(B) contribuição de melhoria.
(C) imposto.

(D) preço público.
(E) tarifa.

A descrição refere-se aos impostos, nos termos do art. 16 do CTN, razão pela qual a alternativa "C" é a correta.

Gabarito "C".

(Delegado Federal – 2004 – CESPE) A fiscalização tributária apreendeu em estabelecimento farmacêutico controle paralelo de vendas de três anos anteriores à fiscalização, sem emissão de notas fiscais, de cápsulas para emagrecimento compostas de substância capaz de causar dependência psíquica e acionou imediatamente a polícia, que efetuou a prisão em flagrante do sócio-gerente por tráfego de entorpecente, já que tal substância estava estocada em prateleira, vindo a ser proferida sentença condenatória com trânsito em julgado. Com base na situação hipotética acima, julgue o item a seguir.

(1) A lei não descreve atos ilícitos como hipótese de incidência do tributo, entretanto, a autoridade fazendária poderá exigir o tributo decorrente da venda dos psicotrópicos.

1: Correta, pois a circulação de mercadoria é, em si, fato lícito e corresponde a fato gerador tributário – art. 3º do CTN.

Gabarito 1C

(Delegado Federal – 2002 – CESPE) Julgue o seguinte item.

(1) Consoante entendimento do STF, os emolumentos judiciais são tributos da espécie taxa.

1: Correta, porque esse é o entendimento do judiciário; emolumentos judiciais, assim como custas de cartórios extrajudiciais, têm natureza tributária.

Gabarito 1C

(Delegado Federal – 1998 – CESPE) No atual direito constitucional tributário positivo brasileiro, o empréstimo compulsório:

(1) poderá ser instituído no caso de conjuntura que exija a absorção temporária de poder aquisitivo.
(2) tem o produto da sua arrecadação vinculado à despesa que fundamentou sua instituição.
(3) poderá ser criado apenas por meio de lei complementar, que estabelecerá as suas hipóteses de incidência, além daquelas previstas na Constituição Federal.
(4) estará sempre sujeito ao princípio da anterioridade.
(5) não poderá, jamais, ser instituído por estado federado ou por município.

1: Incorreta, ou seja, há no sistema constitucional atual, somente duas hipóteses que autorizam a instituição de empréstimo compulsório (sempre por lei complementar federal): (i) despesas extraordinárias decorrentes de calamidade pública, de guerra externa ou sua iminência e (ii) investimento público de caráter urgente e de relevante interesse nacional – art. 148 da CF. Não foi recepcionada pela CF/1988 a hipótese prevista no art. 15, III, do CTN; **2:** Correta, conforme o art. 148, parágrafo único, da CF; **3:** Incorreta, pois se admitem somente as duas hipóteses previstas no art. 148 da CF. No mais, a assertiva está correta, porque somente a União pode instituir o empréstimo compulsório, por lei complementar federal; **4:** Incorreta, pois o empréstimo compulsório instituído para atender despesa extraordinária não se submete ao princípio da anterioridade. Entretanto, o empréstimo compulsório, relativo ao investimento público, sujeita-se ao princípio; **5:** Correta, já que somente a União pode instituir o empréstimo compulsório, por lei complementar federal.

Gabarito 1E, 2C, 3E, 4E, 5C

2. PRINCÍPIOS

(Delegado/GO – 2017 – CESPE) Sabendo que, por disposição constitucional expressa, em regra, os princípios tributários e as limitações ao poder de tributar não se aplicam de forma idêntica a todas as espécies tributárias, assinale a opção correta a respeito da aplicação desses institutos.

(A) Apenas aos impostos estaduais aplica-se o princípio que proíbe o estabelecimento de diferença tributária entre bens e serviços de qualquer natureza em razão de sua procedência ou seu destino.
(B) A aplicação do princípio da não vinculação de receita a despesa específica é limitada aos impostos.
(C) Em regra, o princípio da anterioridade do exercício aplica-se da mesma forma aos impostos e às contribuições sociais da seguridade social.
(D) O princípio da capacidade contributiva aplica-se sempre e necessariamente aos impostos.
(E) O princípio da anterioridade do exercício atinge, de forma ampla, as hipóteses de empréstimos compulsórios previstas no texto constitucional.

A: incorreta, pois essa vedação aplica-se a todos os tributos (não apenas a impostos) estaduais e municipais (não apenas estaduais) – art. 152 da CF; **B:** correta, nos termos do art. 167, IV, CF, lembrando que o dispositivo traz exceções à vedação de vinculação da receita dos impostos; **C:** incorreta, pois, diferentemente da generalidade dos tributos, as contribuições sociais sujeitam-se apenas à anterioridade nonagesimal, não à anual – art. 195, § 6º, da CF; **D:** incorreta, considerando que a gradação conforme a capacidade econômica a que se refere o art. 145, § 1º, da CF é por muitos interpretada como diretriz da capacidade contributiva e, mais especificamente, possibilidade de progressividade de alíquotas (variação das alíquotas conforme a base de cálculo). Assim, não é possível dizer que essa diretriz se aplica sempre e necessariamente aos impostos, já que o STF já afastou a progressividade em relação a alguns deles (ITBI e IPTU antes da EC 29/2000); **E:** incorreta, pois a anterioridade anual não se aplica aos empréstimos compulsórios instituídos para tender a despesas extraordinárias – art. 148, I, c/c art. 150, § 1º, da CF. RB

Gabarito "B".

(Delegado/GO – 2017 – CESPE) Instrução normativa expedida em dezembro de 2015 pelo secretário de Fazenda do Estado de Goiás estabeleceu que, para ter acesso ao sistema de informática de emissão de nota fiscal, relativa ao ICMS, o contribuinte deve estar em dia com suas obrigações tributárias estaduais. Em janeiro de 2016, a empresa Alfa Ltda., com pagamento de tributos em atraso, requereu acesso ao sistema e teve o seu pedido indeferido.

Nessa situação hipotética,

(A) ainda que a emissão de notas fiscais seja obrigação acessória, o princípio da legalidade estrita, vigente no direito tributário, impõe que tais deveres sejam previstos por lei ordinária, sendo inválida a restrição estabelecida por instrução normativa.
(B) o ICMS é tributo sujeito à anterioridade nonagesimal, de modo que, embora válida a instrução normativa, o indeferimento é ato insubsistente, por ter aplicado a instrução normativa antes do prazo constitucional.
(C) a interdição de emissão de notas fiscais é meio indireto de cobrança do tributo, já que inibe a continuidade da atividade profissional do contribuinte, o que torna a instrução normativa em questão inválida.
(D) o ICMS não é tributo sujeito à anterioridade nonagesimal, de modo que o indeferimento é válido.

(E) a emissão de notas fiscais é obrigação acessória, podendo ser regulada por ato infralegal, sendo válida a restrição estabelecida.

A: incorreta, pois o CTN prevê a necessidade de legislação tributária (o que não se restringe a leis) para a instituição de obrigações acessórias – arts. 96, 113, § 2º e 115 do CTN. Entretanto, há bastante discussão doutrinária e jurisprudencial a respeito – ver ACO 1.098 AgR-TA/MG-STF, RMS 20.587/MG-STJ e REsp 838.143/PR-STJ; **B:** incorreta, pois a anterioridade refere-se à instituição ou à majoração de tributos (obrigação principal), apenas – art. 150, III, *b* e *c*, da CF; **C:** correta, sendo essa a jurisprudência do STF, que veda inclusive a exigência de fiança ou outra garantia como pressuposto para emissão de notas fiscais – ver RE 565.048/RS-repercussão geral; **D:** incorreta, conforme comentário à alternativa "B"; **E:** incorreta, conforme comentário à alternativa "C". Gabarito "C".

(Delegado/DF – 2015 – Fundação Universa) No que se refere ao princípio tributário da anterioridade anual e nonagesimal, assinale a alternativa correta.

(A) Os municípios e o Distrito Federal, ao fixarem a base de cálculo do IPTU, devem respeitar o princípio da anterioridade nonagesimal.

(B) O princípio da anterioridade anual não incide sobre o imposto sobre produtos industrializados (IPI), isto é, em caso de majoração do tributo, este poderá ser cobrado no mesmo exercício financeiro da publicação da lei que o majorou, desde que respeitado o princípio da anterioridade nonagesimal.

(C) Em se tratando de instituição ou majoração dos tributos sobre o comércio exterior, do imposto sobre importação de produtos estrangeiros e do imposto sobre exportação para o exterior de produtos nacionais ou nacionalizados, deve-se observar o princípio da anterioridade anual, isto é, tais tributos só poderão ser cobrados no exercício financeiro seguinte ao da publicação da lei que os instituiu ou aumentou.

(D) Caso haja majoração da alíquota do imposto de renda (IR), é vedado à União cobrar o tributo com a nova alíquota antes de decorridos noventa dias da publicação da lei que o majorou.

(E) Aplica-se a anterioridade nonagesimal à fixação da base de cálculo do IPVA pelo Distrito Federal.

A: incorreta, pois a fixação da base de cálculo do IPTU não se submete à anterioridade nonagesimal, apenas à anterioridade anual – art. 150, § 1º, *in fine*, da CF; **B:** correta, pois o IPI é realmente exceção ao princípio da anterioridade anual – art. 150, § 1º, da CF; **C:** incorreta, pois o II e o IE são exceções à anterioridade anual e também à anterioridade nonagesimal – art. 150, § 1º, da CF; **D:** incorreta, pois o IR é exceção à anterioridade nonagesimal, embora sujeite-se à anterioridade anual; **E:** incorreta, pois a fixação da base de cálculo do IPVA, como a do IPTU, não se submete à anterioridade nonagesimal, apenas à anterioridade anual – art. 150, § 1º, *in fine*, da CF. Gabarito "B".

(Delegado/PA – 2013 – UEPA) Assinale a alternativa correta acerca das limitações constitucionais ao poder de tributar.

(A) É vedado à União, aos Estados, ao Distrito Federal e aos Municípios instituir quaisquer tributos sobre templos de qualquer culto.

(B) As bases de cálculo ou as alíquotas dos impostos de competência da União deverão ser aumentadas exclusivamente por Decreto do Presidente da República.

(C) As alíquotas do ICMS sobre a comercialização de combustíveis e lubrificantes poderão ser reduzidas e restabelecidas sem observância da regra da anterioridade de exercício.

(D) A instituição de contribuições de seguridade social submete-se à regra da anterioridade de exercício, mas está excluída da aplicação da regra da anterioridade nonagesimal.

(E) À fixação da base de cálculo do IPVA e do IPTU, não se aplica a exigência da anterioridade nonagesimal nem a exigência da anterioridade do exercício.

A: incorreta, pois a imunidade dos templos restringe-se a impostos, não afastando as demais espécies tributárias – art. 150, VI, *b*, da CF; **B:** incorreta, pois base de cálculo e alíquota devem ser fixados e alterados por lei, em regra – art. 97, IV, do CTN; **C:** correta, pois é exceção à anterioridade prevista no art. 155, § 4º, IV, *c*, da CF; **D:** incorreta, pois é o oposto, submetendo-se à anterioridade nonagesimal, mas não à anual – art. 195, § 6º, da CF; **E:** incorreta, pois não se aplica apenas a anterioridade nonagesimal. A anterioridade anual ou de exercício deve ser observada – art. 150, § 1º, da CF. Gabarito "C".

(Delegado/DF – 2004) No Direito Tributário, o princípio da estrita legalidade, previsto na Constituição Federal art. 150, I e no Código Tributário Nacional arts. 97 e 113 consolida que somente a lei pode estabelecer:

(A) a cominação de penalidades;

(B) a fixação de prazos;

(C) as obrigações tributárias acessórias;

(D) as regras de interpretação;

(E) o conteúdo e o alcance dos tratados internacionais.

A alternativa correta é "A", uma vez que as demais indicam matérias que podem ser veiculadas por normas infralegais. Gabarito "A".

(Delegado Federal – 1998 – CESPE) Nos arts. 150 a 152, a Constituição Federal dispõe acerca de importantes princípios em matéria tributária, que visam, ao mesmo tempo, limitar o poder dos entes tributantes e proteger os contribuintes. Em relação aos princípios constitucionais tributários, julgue os itens abaixo.

(1) Não ferem o princípio da legalidade a instituição e o aumento de tributos por meio de medidas provisórias.

(2) O princípio da anterioridade, segundo o qual as entidades governamentais não podem cobrar tributos no mesmo exercício financeiro em que haja sido publicada a lei que os instituiu ou aumentou, não se aplica aos impostos sobre importação, exportação, produtos industrializados, propriedade territorial rural e grandes fortunas.

(3) A Constituição não prevê exceção alguma ao princípio da irretroatividade da lei.

(4) O princípio da igualdade é aplicável somente a impostos pessoais.

(5) O princípio da uniformidade geográfica comporta atenuações nas hipóteses de concessão de incentivos fiscais que objetivem promover o equilíbrio socioeconômico de diferentes regiões do país.

1: Correta, conforme entendimento do STF, à luz do art. 62, § 2º, da CF. **2:** Incorreta em relação ao ITR e ao imposto sobre grandes fortunas, que se submetem ao princípio da anterioridade anual e nonagesimal; **3:**

Incorreta, já que a CF não veda a retroatividade de norma sancionadora mais benéfica ao acusado, por exemplo. O art. 150, III, *a*, da CF refere-se a *tributos*. Ver também os arts. 106 e 144, § 1º, do CTN; **4**: Incorreta, porque o princípio da isonomia ou da igualdade aplica-se a todos os tributos; **5**: Correta, conforme dispõe o art. 151, I, *in fine*, da CF, que veda à União instituir tributo que não seja uniforme em todo o território nacional ou que implique distinção ou preferência em relação a Estado, ao Distrito Federal ou a Município, em detrimento de outro, admitida a concessão de incentivos fiscais destinados a promover o equilíbrio do desenvolvimento socioeconômico entre as diferentes regiões do País.

Gabarito 1C, 2E, 3E, 4E, 5C

3. COMPETÊNCIA E IMUNIDADE

(Delegado/DF – 2015 – Fundação Universa) Em relação aos tributos da União, dos estados, do Distrito Federal e dos municípios, assinale a alternativa correta.

(A) Dada a competência residual atribuída à União, esta poderá instituir, mediante lei complementar, impostos não previstos na CF, desde que sejam não cumulativos e não tenham fato gerador ou base de cálculo dos impostos previstos na CF.

(B) O Distrito Federal e os estados têm competência para instituir o ITCMD, devendo, contudo, respeitar, no que tange à alíquota máxima a ser praticada, o que for fixado pelo Congresso Nacional.

(C) Caso fosse criado, no Brasil, o Território Federal, seria de competência da União a instituição dos impostos estaduais e municipais nesse Território, independentemente de nele existirem municípios.

(D) Os estados e o Distrito Federal têm competência tributária para instituir o ICMS, o IPVA, o imposto sobre transmissão *causa mortis* e doação (ITCMD) e o imposto sobre serviços (ISS).

(E) O imposto de renda, de competência da União, deve ser informado pelos critérios da universalidade, da pessoalidade e da não cumulatividade.

A: correta, descrevendo adequadamente a competência residual da União – art. 154, I, da CF; **B**: incorreta, pois as alíquotas máximas do ITCMD são fixadas pelo Senado Federal, não pelo Congresso Nacional – art. 155, § 1º, IV, da CF; **C**: incorreta, pois, caso o Território fosse dividido em Municípios, a cada um deles competiria instituir e cobrar seus impostos (não à União) – art. 147 da CF; **D**: incorreta, pois o ISS é tributo da competência municipal, todos os outros são efetivamente da competência estadual – art. 156, III, da CF. Lembre-se que o Distrito Federal acumula as competências estaduais e municipais – art. 147, *in fine*, da CF; **E**: incorreta, pois os princípios específicos que informam o IR são a universalidade (incide sobre todas as rendas), generalidade (sobre todas as pessoas) e progressividade (alíquotas maiores conforme maiores forem as bases de cálculo) – art. 153, § 2º, I, da CF.

Gabarito "A".

(Delegado/PE – 2016 – CESPE) Considerando-se que uma autarquia federal estabelecida em determinado município receba pagamentos de tarifas pelos serviços prestados a seus usuários, é correto afirmar, em respeito às imunidades recíprocas, que essa autarquia

(A) deverá contribuir somente sobre os tributos relativos ao patrimônio.

(B) está isenta apenas dos tributos federais e municipais.

(C) está isenta apenas do pagamento do IPTU.

(D) está isenta de qualquer tributo, seja ele federal, estadual ou municipal.

(E) deverá contribuir sobre tributos relativos ao patrimônio, renda e serviços.

A: incorreta, pois as autarquias são imunes aos impostos federais, estaduais e municipais (imunidade recíproca), no que se refere ao patrimônio, à renda e aos serviços, vinculados a suas finalidades essenciais ou às delas decorrentes – art. 150, § 2º, da CF; **B**, **C** e **D**: incorretas, pois se trata de imunidade, não isenção, e de impostos, não de qualquer tributo – art. 150, § 2º, da CF; **E**: incorreta. Em princípio, não há imunidade recíproca das autarquias no caso de contraprestação ou pagamento de preços ou tarifas pelo usuário (art. 150, § 3º, da CF), razão pela qual poder-se-ia defender que a alternativa "E" seria correta. Entretanto, o STF fixou entendimento de que as autarquias que prestam serviço público remunerado por tarifa estão abrangidas pela imunidade recíproca – ver RE 741938 AgR/MG. Por essa razão, não há alternativa correta e a questão foi anulada.

Gabarito: Anulada

(Delegado Federal – 2002 – CESPE) Julgue o seguinte item.

(1) Como o imposto sobre propriedade de veículos automotores (IPVA) somente pode ser instituído pelos estados e pelo DF, tratados internacionais e leis federais, sejam elas ordinárias ou complementares, não podem conceder isenções relativamente a esse tributo.

1: ATENÇÃO: assertiva correta à época desse concurso, pois era dominante o entendimento de que os tratados internacionais tinham, em princípio, força de lei ordinária federal, de modo que não poderiam invadir a competência tributária dos Estados, DF e Municípios. Entretanto, mais recentemente o STF decidiu que o disposto no art. 151, III, da CF não impede a concessão de isenções tributárias heterônomas por meio de tratados internacionais, ou seja, é possível instituição de benefícios fiscais relativos a tributos estaduais ou municipais por meio de tratados internacionais (RE 543.943 AgR/PR)

Gabarito 1C

4. LEGISLAÇÃO TRIBUTÁRIA

(Delegado/PA – 2012 – MSCONCURSOS) De acordo com o preceito do Código Tributário Nacional, não são normas complementares das leis, dos tratados e das convenções internacionais e dos decretos:

(A) Os atos normativos expedidos pelas autoridades administrativas.

(B) As decisões dos órgãos singulares ou coletivos de jurisdição administrativa, a que a lei atribua eficácia normativa.

(C) Princípios Gerais de Direito e equivalentes.

(D) As práticas reiteradamente observadas pelas autoridades administrativas.

(E) Os convênios que entre si celebrem a União, os Estados, o Distrito Federal e os Municípios.

Nos termos do art. 100 do CTN, são normas complementares das leis, dos tratados e das convenções internacionais e dos decretos: (i) os atos normativos expedidos pelas autoridades administrativas; (ii) as decisões dos órgãos singulares ou coletivos de jurisdição administrativa, a que a lei atribua eficácia normativa; (iii) as práticas reiteradamente observadas pelas autoridades administrativas; (iv) os convênios que entre si celebrem a União, os Estados, o Distrito Federal e os Municípios. Perceba, portanto, que a alternativa "C" é a única que não indica norma complementar.

Gabarito "C".

(Delegado Federal – 2004 – CESPE) Acerca de legislação tributária, julgue o item seguinte.

(1) Considere a seguinte situação hipotética. Após reiteradas vezes e pelo período de quatro anos, a autoridade administrativa fiscal deixou de exigir os juros incidentes sobre o atraso de até dez dias no pagamento da taxa anual de alvará de funcionamento para o setor de distribuição de autopeças, apesar de não existir previsão legal. Nessa situação, os contribuintes na mesma condição têm direito à referida dispensa, em virtude de as práticas reiteradas observadas pela autoridade administrativa constituírem normas complementares da legislação tributária.

1: Correta, porque a prática reiterada da administração tributária constitui norma complementar tributária, cuja observância, embora não afaste a cobrança do tributo, dispensa o pagamento das penalidades, dos juros de mora e da atualização do valor monetário da base de cálculo do tributo – art. 100, parágrafo único, do CTN.

Gabarito 1C

(Delegado Federal – 2002 – CESPE) Ainda considerando a situação hipotética descrita no texto e as informações nele contidas, julgue os itens que se seguem.

(1) Embora a lei tributária municipal não possa contrariar as definições do CTN acerca de fato gerador e contribuintes do ITBI, não é inválida a Lei n.º 12/1999 pelo motivo de definir o fato gerador do ITBI de maneira mais restrita que o CTN.

(2) Em Beta, tanto os contratos de promessa de compra e venda como os contratos de constituição de hipoteca são isentos do pagamento do ITBI.

1: Correta, pois o Município não é obrigado a exercer sua competência tributária em toda extensão (ela é facultativa, embora possa haver sanção no âmbito do direito financeiro); **2:** Incorreta. No caso do contrato de compra e venda não há isenção expressa, mas simples inexistência de previsão legal para a tributação. Ademais, as transmissões de direitos reais de garantia (caso da hipoteca) estão fora da competência tributária municipal (tampouco é caso de isenção, que pressupõe existência de competência tributária) – art. 156, II, da CF.

Gabarito 1C, 2E

(Delegado Federal – 1998 – CESPE) O Código Tributário Nacional (CTN), no art. 96, ao estabelecer o significado e o alcance da expressão legislação tributária, determina que tal expressão abranja as leis, os tratados internacionais, os decretos e as normas complementares que tratam de tributos e relações jurídicas a eles concernentes. Além dos citados, são ainda formas de expressão do direito tributário: a Constituição e suas emendas, leis complementares, leis delegadas, medidas provisórias e outros atos jurídicos normativos pertinentes à matéria tributária. Acerca das formas de expressão do direito tributário, julgue os itens seguintes.

(1) Sabendo que a Constituição Federal, no art. 150, VI, c, dispõe que é vedado à União, aos estados, ao Distrito Federal e aos municípios instituir impostos sobre patrimônio, renda ou serviços dos partidos políticos, inclusive suas fundações, dos entidades sindicais dos trabalhadores, das instituições de educação e de assistência social sem fins lucrativos, atendidos os requisitos da lei, é correto concluir que, nessa situação, tal lei será ordinária.

(2) Poderá ser alterada ou revogada por lei ordinária a lei complementar que discipline matéria situada fora do campo o qual lhe foi reservado pela Constituição.

(3) Será inconstitucional a lei ordinária que invada o campo reservado pela Constituição às leis complementares.

(4) Considerando que o art. 98 do Código Tributário Nacional dispõe, *ipsis verbis*, que os "tratados e as convenções internacionais revogam ou modificam a legislação tributária interna e serão observados pela que lhes sobrevenha", é correto concluir que tal dispositivo legal deve ser interpretado no sentido de que os tratados internacionais prevaleçam sobre a legislação tributária interna sem, no entanto, revogá-la.

(5) A falta de pagamento do tributo devido, por haver sido erroneamente dispensado por meio de norma complementar, não exclui o contribuinte da imposição das penalidades, da cobrança de juros de mora e da correção monetária.

1: Incorreta, porque a regulamentação das imunidades (= espécie de limitação constitucional ao poder de tributar) será feita por lei complementar federal – art. 146, II, da CF. Veja, a propósito, o art. 14 do CTN, que cumpre essa função de norma veiculada por lei complementar (o CTN é lei ordinária recepcionada pela CF/1988 como lei complementar, ou seja, formalmente ordinária, mas materialmente complementar); **2:** Correta. O STF já decidiu que, caso o legislador produza lei complementar para veicular matéria que exija simples lei ordinária (= lei formalmente complementar, mas materialmente ordinária), ela poderá ser alterada por lei ordinária posterior; **3:** Correta, pois a violação à hierarquia das leis, prevista na CF, é considerada inconstitucionalidade; **4:** Essa é uma interpretação possível, embora haja grande debate doutrinário a respeito; **5:** incorreta, uma vez que, no caso, o contribuinte deverá pagar o tributo, mas fica dispensado das penalidades, dos juros de mora e da atualização do valor monetário da base de cálculo do tributo – art. 100, parágrafo único, do CTN.

Gabarito 1E, 2C, 3C, 4C, 5E

---

5. VIGÊNCIA, APLICAÇÃO INTERPRETAÇÃO E INTEGRAÇÃO DA LEGISLAÇÃO TRIBUTÁRIA

(Delegado/DF – 2015 – Fundação Universa) Com base no disposto no Código Tributário Nacional (CTN) acerca das normas gerais de direito tributário, assinale a alternativa correta.

(A) A interpretação da lei tributária que defina infrações ou estabeleça penalidades deve proteger, em caso de dúvida quanto à capitulação legal do fato, o interesse da coletividade, de forma mais favorável ao fisco.

(B) A lei tributária não poderá retroagir ou ser aplicada a ato pretérito que ainda não tenha sido definitivamente julgado, mesmo que o cometimento desse ato não seja mais definido como infração.

(C) Os atos normativos expedidos pelas autoridades administrativas entram em vigor na data da sua publicação, salvo disposição em contrário.

(D) A outorga de isenção, a suspensão ou exclusão do crédito tributário e a dispensa do cumprimento de obrigações tributárias acessórias devem ser interpretadas sistematicamente e, sempre que possível, de forma extensiva.

(E) As decisões dos órgãos singulares ou coletivos no âmbito da jurisdição administrativa entrarão em vigor quarenta e cinco dias após a data da sua publicação quando a lei atribuir a elas eficácia normativa.

A: incorreta, pois, nesse caso de dúvida, a interpretação deve ser a mais favorável ao acusado – art. 112 do CTN; **B**: incorreta, pois a norma mais benéfica ao infrator retroage (*lex mitior*), nos termos do art. 106 do CTN; **C**: correta, nos termos do art. 103, I, do CTN; **D**: incorreta, pois as normas que fixam benefícios fiscais devem ser interpretadas estritamente ou, na terminologia do CTN, literalmente – art. 111 do Código Tributário; **E**: incorreta, pois o prazo previsto no art. 103, II, do CTN é de 30 (trinta) dias após a publicações dessas decisões.
Gabarito "C".

(Delegado/RO – 2014 – FUNCAB) Assinale a alternativa correta.

(A) O emprego da analogia poderá resultar na exigência de tributo não previsto em lei.
(B) Os princípios gerais de direito privado utilizam-se para pesquisa da definição, do conteúdo e do alcance de seus institutos, conceitos e formas, mas não para definição dos respectivos efeitos tributários.
(C) A lei tributária que define infrações, ou lhe comina penalidades, interpreta-se de maneira mais desfavorável ao acusado, em caso de dúvida quanto à autoria, imputabilidade, ou punibilidade.
(D) O emprego da equidade poderá resultar na dispensa do pagamento de tributo devido.
(E) Interpreta-se extensivamente a legislação tributária que disponha sobre suspensão ou exclusão do crédito tributário.

A: incorreta, pois isso é expressamente vedado pelo art. 108, § 1º, do CTN; **B**: correta, nos termos do art. 109 do CTN; **C**: incorreta, pois a interpretação é a mais favorável ao acusado – art. 112 do CTN; **D**: incorreta, pois isso é expressamente vedado pelo art. 108, § 2º, do CTN; **E**: incorreta, pois, nos termos, do art. 111 do CTN, a interpretação deve ser literal nesse caso.
Gabarito "B".

(Delegado Federal – 2004 – CESPE) Acerca de legislação tributária, julgue o item seguinte.

(1) A hierarquia entre as leis federais, estaduais e municipais independe da matéria veiculada, revogando, a primeira, as demais.

1: Incorreta, porque não há hierarquia entre leis federais, estaduais e municipais. Cada uma dessas leis deve ser produzida para veicular as normas relativas às matérias da competência de cada indivíduo tributante. Por essa razão, não há como lei federal, estadual ou municipal revogar lei produzida por outro ente político.
Gabarito 1E.

(Delegado Federal – 2002 – CESPE) Julgue o seguinte item.

(1) Na exegese das normas que estabelecem fatos geradores de tributos, é admitida a interpretação extensiva, mas é vedada a utilização de analogia que resulte em exigência de tributo não previsto em lei.

1: Correta, conforme o art. 108, I e § 1º, do CTN.
Gabarito 1C.

(Delegado/DF – 2004) A regra do *in dubio pro reo*, também conhecido em matéria tributária como princípio do *in dubio pro contribuinte*, estabelece que a lei fiscal que define infrações, ou lhe comina penalidades, deve ser interpretada da maneira mais favorável ao acusado, em caso de dúvida quanto a certas hipóteses, EXCETO quanto à:

(A) capitulação legal do fato;
(B) natureza ou às circunstâncias materiais do fato, ou à natureza ou extensão dos seus efeitos;
(C) autoria, imputabilidade, ou punibilidade;
(D) natureza da penalidade aplicável, ou sua graduação;
(E) majoração de tributos, ou sua redução.

A alternativa "E" deve ser indicada pelo candidato, pois a interpretação quanto à exigência do tributo deve ser estrita (nem favorável, nem desfavorável) – art. 112 do CTN.
Gabarito "E".

(Delegado Federal – 1998 – CESPE) A respeito da interpretação e da integração da legislação tributária, julgue os itens a seguir.

(1) Os princípios do direito privado podem ser utilizados para se determinarem os efeitos tributários dos institutos, conceitos e formas do direito civil ou do direito comercial.
(2) Lei ordinária poderá, eventualmente, redefinir o conceito do direito privado utilizado por norma constitucional para estabelecer competência tributária.
(3) Em matéria de infração à lei tributária, havendo dúvida sobre a pena cabível, entre as várias penas previstas em lei, aplica-se aquela que for mais favorável ao acusado.
(4) Ainda que para solucionar situação manifestamente injusta, não é possível utilizar-se a equidade para dispensar o pagamento de tributo devido.

1: Incorreta, visto que os princípios gerais de direito privado utilizam-se para pesquisa da definição, do conteúdo e do alcance de seus institutos, conceitos e formas, mas não para definição dos respectivos efeitos tributários – art. 109 do CTN; **2:** Incorreta, porque isso seria o mesmo que alterar a competência tributária, que é fixada exclusivamente pela Constituição Federal – art. 110 do CTN; **3:** correta, conforme o art. 112, I, do CTN; **4:** correta, uma vez que isso é vedado expressamente pelo art. 108, § 2º, do CTN.
Gabarito 1E, 2E, 3C, 4C.

6. OBRIGAÇÃO, FATO GERADOR, CRÉDITO, LANÇAMENTO

(Delegado/PE – 2016 – CESPE) Considerando que lançamento é o procedimento pelo qual a autoridade administrativa constitui o crédito tributário, assinale a opção correta.

(A) A revisão do lançamento só poderá ser iniciada enquanto não tiver sido extinto o direito da fazenda pública.
(B) O ato de lançamento é corretamente classificado como um ato discricionário.
(C) Os erros contidos na declaração do sujeito passivo não poderão ser retificados de ofício pela autoridade administrativa responsável.
(D) Após a regular notificação do sujeito passivo, o lançamento não poderá ser alterado.
(E) Salvo disposição legal em contrário, o lançamento realizado em moeda estrangeira terá a sua conversão para moeda nacional com base no câmbio do dia do pagamento do tributo.

A: correta, nos termos do art. 149, parágrafo único, do CTN; **B:** incorreta, pois o lançamento é ato vinculado, sob pena de responsabilidade funcional, ou seja, não há avaliação de conveniência ou oportunidade por parte da autoridade competente – art. 142, parágrafo único, do CTN; **C:** incorreta, pois os erros contidos na declaração e apuráveis pelo seu exame serão retificados de ofício pela autoridade administrativa a que competir a revisão daquela – art. 147, § 2º, do CTN; **D:** incorreta, pois o lançamento pode ser alterado após a notificação do sujeito passivo nos casos de (i) impugnação do sujeito passivo, (ii) recurso de ofício e (iii) iniciativa de ofício da autoridade administrativa, nos casos previstos no art. 149 do CTN – art. 145 do CTN; **E:** incorreta, pois o câmbio a ser adotado para a conversão é aquele do dia da ocorrência do fato gerador da obrigação tributária – art. 143 do CTN.
Gabarito "A".

(Delegado Federal – 2002 – CESPE) Agentes públicos da Secretaria da Receita Federal (SRF) e do INSS realizaram operação conjunta de fiscalização nas Viações Aéreas Matrix S.A. (VAM), com o objetivo de apurar sua situação fiscal e previdenciária. Durante a fiscalização, os agentes públicos não apenas descobriram uma série de irregularidades previdenciárias e fiscais, mas também identificaram que a situação econômico financeira da VAM era precária, estando a empresa à beira da falência. Com relação à situação hipotética apresentada acima, julgue o item a seguir.

(1) Caso as informações prestadas pela VAM acerca da remuneração paga aos empregados não coincidam com a realidade efetivamente constatada pelos fiscais, o INSS poderá lançar, de ofício, a importância que reputar devida, cabendo à VAM o ônus da prova em contrário.

1: correta, porque é uma hipótese que permite o lançamento ou revisão de ofício pelo fisco – art. 148, V e VI, do CTN. Note-se, entretanto, que a presunção de liquidez e certeza do crédito surge com a inscrição em dívida ativa – art. 204 do CTN.
Gabarito 1C.

(Delegado Federal – 2002 – CESPE) Julgue o seguinte item.

(1) A constituição do crédito tributário relativo a impostos federais, tais como o imposto sobre a propriedade territorial rural (ITR) e o imposto sobre as operações de crédito, câmbio e seguro, ou relativas a títulos ou valores mobiliários (IOF), dá-se por meio do ato administrativo que inscreve o valor devido na dívida ativa da União, pois é apenas nesse momento que o sujeito passivo do tributo pode ser executado judicialmente pelo não pagamento do débito fiscal.

1: Incorreta, já que a inscrição do crédito em dívida ativa ocorre somente após o lançamento, em caso de inadimplemento – art. 201 do CTN. O lançamento se dá com o pagamento antecipado (por homologação) ou pela notificação do sujeito passivo a respeito do lançamento de ofício realizado pelo fisco. A inscrição permite a execução da dívida, mas não se confunde com o lançamento.
Gabarito 1E.

7. SUJEIÇÃO PASSIVA E CAPACIDADE TRIBUTÁRIA PASSIVA

(Delegado/GO – 2017 – CESPE) São responsáveis pelos créditos tributários relativos a obrigação de terceiros, quando não for possível exigir-lhes o cumprimento da obrigação principal, independentemente de terem agido com excesso de poderes ou em desacordo com a lei, estatuto ou contrato social,

(A) os empregados.
(B) os diretores de pessoa jurídica.
(C) os representantes legais de pessoas jurídicas de direito privado.
(D) os administradores de bens de terceiros.
(E) os mandatários.

A, B, C e E: incorretas, pois essas pessoas somente serão responsáveis pelos créditos relativos a obrigações de terceiros nos casos de atos praticados com excesso de poderes ou infração de lei, contrato social ou estatutos, conforme art. 135 do CTN; **D:** correta, sendo a única alternativa que indica caso de responsabilidade do art. 134 do CTN, em que não se exige excesso de poderes ou infração de lei, contrato social ou estatutos como pressuposto.
Gabarito "D".

(Delegado/GO – 2017 – CESPE) Ricardo, com quinze anos de idade, traficou entorpecentes por três meses, obtendo uma renda de R$ 20.000. Informado pela autoridade competente, um auditor da Receita Federal do Brasil efetuou lançamento contra o menor.

Tendo como referência essa situação hipotética, assinale a opção correta.

(A) O tráfico de entorpecente é ato ilícito, sendo responsáveis pelos prejuízos dele decorrentes, nos termos da lei civil, os pais de Ricardo, que deverão recolher o tributo a título de sanção cível.
(B) A capacidade tributária independe da capacidade civil, de modo que é correto o lançamento contra o menor que, no caso, percebeu remuneração que pode ser considerada renda.
(C) O tráfico de entorpecente é atividade que gera proveito econômico, o que justifica torná-lo fato gerador de tributo, não podendo, no entanto, Ricardo, por ser incapaz, sofrer lançamento, devendo a renda percebida ser imputada aos seus pais.
(D) O tráfico de entorpecente, por ser crime, não pode ser objeto de tributação, pois o pagamento de imposto em tal hipótese significaria que o Estado estaria chancelando uma atividade ilícita, sendo, portanto, insubsistente o lançamento.
(E) Ricardo, por ser incapaz, não pode sofrer lançamento, não constituindo renda eventuais ganhos econômicos que ele venha a ter.

A: incorreta, pois, embora possa haver responsabilidade dos pais pelo recolhimento do tributo, nos termos do art. 134, I, do CTN, isso não tem relação alguma com eventual responsabilidade por prejuízos causados pelo menor, decorrendo estritamente da legislação tributária; **B:** correta, nos termos dos arts. 118, I, e 126, I, do CTN; **C:** incorreta, pois a capacidade tributária passiva independe da capacidade civil da pessoa natural – art. 126, I, do CTN; **D:** incorreta, pois o que se está tributando é a renda auferida, não sendo relevante para a tributação, em princípio, a forma como essa renda foi auferida – princípio do *non olet* – art. 118, I, do CTN – ver HC 77.530/RS-STF; **E:** incorreta, conforme comentários anteriores.
Gabarito "B".

(Delegado/PE – 2016 – CESPE) A respeito de responsabilidade tributária, assinale a opção correta.

(A) Nem mesmo as pessoas que possuem interesse comum na situação que constitui o fato gerador da obrigação principal serão solidariamente obrigadas.

(B) Um dos efeitos da solidariedade tributária é que a interrupção da prescrição, a favor ou contra um dos obrigados, favorece ou prejudica os demais.

(C) As pessoas que são solidariamente obrigadas por expressa determinação legal devem respeitar o benefício de ordem.

(D) O pagamento efetuado por um dos obrigados não aproveita os demais.

(E) O responsável tributário, também denominado sujeito passivo indireto, corresponde àquele que, apesar de não ser o contribuinte, possui obrigação decorrente de convenção entre as partes.

A: incorreta, pois há solidariedade dessas pessoas, nos termos do art. 124, I, do CTN; B: correta, conforme o art. 125, III, do CTN; C: incorreta, pois a solidariedade tributária não comporta benefício de ordem – art. 124, parágrafo único, do CTN; D: incorreta, pois um dos efeitos da solidariedade tributária é exatamente que o pagamento efetuado por um dos obrigados aproveita aos demais – art. 125, I, do CTN; E: incorreta, pois a responsabilidade tributária decorre sempre da lei, jamais de convenção entre as partes – arts. 121, parágrafo único, II, e 123 do CTN.
Gabarito "B".

(Delegado/DF – 2015 – Fundação Universa) Em relação à obrigação tributária, assinale a alternativa correta.

(A) É pessoalmente responsável o tabelião pelos tributos devidos em relação aos atos praticados por ele no exercício de sua função.

(B) O sucessor responde solidariamente pelo crédito tributário decorrente de tributo devido pelo *de cujus*.

(C) Se o locador e o locatário de determinado imóvel convencionarem contratualmente que a responsabilidade pelo pagamento do imposto predial e territorial urbano (IPTU) ficará a cargo do locatário, tal convenção particular poderá ser oposta à fazenda pública caso se pretenda posteriormente cobrar o referido imposto do locador do imóvel.

(D) Diz-se responsável o sujeito passivo da obrigação tributária principal quando este tenha relação pessoal e direta com a situação que constitua o respectivo fato gerador.

(E) Sujeito ativo da obrigação tributária é a pessoa jurídica de direito público titular da competência para exigir o cumprimento da obrigação.

A: incorreta, pois, na terminologia adotada pelo CTN, não há responsabilidade pessoal do tabelião nesses casos, exceto se ocorrer excesso de poderes ou infração de lei, contrato social ou estatutos – art. 135, I, do CTN; B: incorreta, pois a responsabilidade é, nesse caso, pessoal do sucessor, conforme a terminologia do CTN – art. 131, II, do Código; C: incorreta, pois a sujeição passiva decorre exclusivamente da lei, de modo que a convenção entre particulares não pode ser oposta à fazenda pública – art. 123 do CTN; D: incorreta, pois a alternativa descreve o contribuinte, não o responsável tributário – art. 121, parágrafo único, I, do CTN; E: correta – art. 119 do CTN. Interessante notar que, apesar da literalidade desse dispositivo do CTN, há autores que admitem que pessoas de direito privado (inclusive pessoas naturais) ocupem o polo ativo da obrigação tributária, caso dos tabeliães.
Gabarito "E".

(Delegado Federal – 2002 – CESPE) Julgue o seguinte item.

(1) Os gerentes de pessoas jurídicas de direito privado são pessoalmente responsáveis pelos créditos correspondentes a obrigações tributárias resultantes de atos praticados com excesso de poderes ou infração de lei, contrato social ou estatutos.

1: correta, porque essa responsabilidade tributária de terceiros é prevista no art. 135, III, do CTN.
Gabarito 1C.

(Delegado Federal – 2002 – CESPE) Ainda considerando a situação hipotética descrita no texto e as informações nele contidas, julgue os itens que se seguem.

(1) Embora o direito civil considere o locatário como detentor da posse direta do bem alugado, a inadimplência de Douglas não autoriza o município a exigir do BB o pagamento do IPTU relativo às salas que aluga de Douglas. E ainda que o BB houvesse estabelecido, no contrato de locação com Douglas, que o banco se responsabilizaria pelo pagamento do IPTU relativo ao tempo de locação, isso não o tornaria sujeito passivo do imposto nem lhe traria responsabilidade alguma no campo tributário.

(2) Caso o BB comprasse as salas que lhe eram alugadas por Douglas, esse banco tornar-se-ia responsável pelo pagamento da dívida tributária relativa ao IPTU incidente sobre esses imóveis, mesmo que Douglas houvesse declarado expressamente, no contrato de compra e venda dos referidos bens, que ele havia quitado todos os débitos tributários e previdenciários pendentes sobre os imóveis.

1: Correta, porque as convenções particulares (ou a legislação civil) não alteram a sujeição passiva, matéria reservada à lei tributária – art. 123 do CTN; 2: Correta, uma vez que o adquirente do imóvel responde pelos débitos tributários deixados pelo alienante, relativos aos tributos incidentes sobre o bem. A responsabilidade seria excluída apenas se houvesse prova de quitação (certidão negativa de débito) anotada no título de transmissão (na escritura) – art. 130 do CTN.
Gabarito 1C, 2C.

(Delegado Federal – 1998 – CESPE) No que se refere ao sujeito passivo da obrigação tributária, julgue os itens abaixo.

(1) Em se tratando de obrigação acessória, o sujeito passivo pode ser tanto o contribuinte quanto uma pessoa que não tenha relação direta com o fato gerador da obrigação principal.

(2) Não poderá ser considerada como sujeito passivo a sociedade comercial irregular, ainda que configure unidade econômica ou profissional.

(3) A faculdade de escolha do domicílio tributário não pode sofrer restrições impostas pela autoridade administrativa.

(4) Os pais são sempre responsáveis pelos tributos devidos por seus filhos menores.

(5) Não sofrerá punição aquele que procurar o fisco, espontaneamente, e confessar o cometimento de infração.

1: Correta, visto que a obrigação acessória, apesar do nome, não depende da existência de obrigação principal. É possível, assim, que uma pessoa que não seja contribuinte (por exemplo, entidade imune) tenha que cumprir obrigações acessórias (prestar declarações ao fisco, nesse exemplo). Ver arts. 14, III, 151, parágrafo único, e 175, parágrafo único, todos do CTN; 2: Incorreta, porque a capacidade tributária independe da regularidade da sociedade, bastando que configure uma unidade econômica ou profissional – art. 126, III, do

CTN; **3:** Incorreta, já que a autoridade administrativa pode recusar o domicílio eleito, quando impossibilite ou dificulte a arrecadação ou a fiscalização do tributo – art. 127, § 2º, do CTN; **4:** Incorreta, pois a responsabilidade dos pais ocorre apenas nos casos de impossibilidade de exigência do cumprimento da obrigação principal pelo contribuinte e apenas quanto aos atos em que intervierem ou pelas omissões de que forem responsáveis – art. 134, I, do CTN; **5:** Correta, pois refere-se à denúncia espontânea, que afasta cobrança de multa, desde que haja pagamento integral do tributo, corrigido monetariamente e com juros de mora, antes do início de qualquer procedimento administrativo ou medida de fiscalização, relacionados com a infração – art. 138 do CTN.
Gabarito '1C, 2E, 3E, 4E, 5C'

(Delegado/DF – 2004) Considerando as disposições do Código Tributário Nacional, que possui natureza de lei complementar definidora de normas gerais, é INCORRETO afirmar que:

(A) a responsabilidade por infrações da legislação tributária independe da intenção do agente ou do responsável e da efetividade, natureza e extensão dos efeitos do ato;

(B) a responsabilidade é excluída pela denúncia espontânea da infração, acompanhada, se for o caso, do pagamento do tributo devido e dos juros de mora;

(C) a certidão negativa expedida com dolo ou fraude, que contenha erro contra a Fazenda Pública, responsabiliza pessoalmente o funcionário que a expedir, pelo crédito tributário e juros de mora acrescidos;

(D) é vedada a divulgação, por parte da Fazenda Pública, de informação obtida em razão do ofício sobre a situação econômica do sujeito passivo;

(E) as autoridades administrativas somente poderão requisitar o auxílio da força pública quando vítimas de embaraço ou desacato no exercício de suas funções, quando necessário à efetivação de medida prevista na legislação tributária, desde que o fato se configure em lei como crime ou contravenção.

A: correta, pois reflete o disposto no art. 136 do CTN; **B:** correta, conforme o art. 138 do CTN. **C:** correta, nos termos do art. 208 do CTN, lembrando que essa responsabilidade tributária não afasta a responsabilidade criminal ou funcional. **D:** correta, porque o sigilo fiscal é previsto no art. 198 do CTN. **E:** incorreta, pois a requisição de auxílio policial é possível ainda que não se configure fato definido em lei como crime ou contravenção – art. 200, *in fine*, do CTN.
Gabarito 'E'

(Delegado/DF – 2004) O Código Tributário Nacional estabelece que a responsabilidade seja pessoal ao agente quanto a determinadas infrações, EXCETO:

(A) as conceituadas por lei como crimes ou contravenções;

(B) aquelas em cuja definição o dolo específico do agente seja elementar;

(C) as que decorram direta e exclusivamente de dolo específico dos mandatários, prepostos ou empregados, contra seus mandantes, preponentes ou empregadores;

(D) as que decorram direta e exclusivamente de dolo específico dos diretores, gerentes ou representantes de pessoas jurídicas de direito privado, contra estas;

(E) as de menor potencial ofensivo, decorrentes de descumprimento de obrigações acessórias, previstas em tratados internacionais.

Apenas a assertiva "E" indica situação em que não há responsabilidade pessoal do agente, em conformidade com o art. 137 do CTN.
Gabarito 'E'

8. SUSPENSÃO, EXTINÇÃO E EXCLUSÃO DO CRÉDITO

(Delegado/PE – 2016 – CESPE) De acordo com as disposições do CTN, é causa de extinção da exigibilidade do crédito tributário

(A) a consignação em pagamento.

(B) as reclamações e os recursos, nos termos das leis reguladoras do processo tributário administrativo.

(C) a concessão de medida liminar ou de tutela antecipada, em outras espécies de ação judicial.

(D) o parcelamento.

(E) a concessão de medida liminar em mandado de segurança.

A: correta – art. 156, VIII, do CTN; **B, C, D e E:** incorretas, pois reclamações e recursos, liminares, tutelas antecipadas e parcelamento são modalidades de suspensão do crédito tributário, não de extinção – art. 151 do CTN. Esse tipo de questão, que exige conhecimento decorado das modalidades de suspensão, extinção e exclusão do crédito tributário, é extremamente comum, de modo que o candidato deve memorizá-las.
Gabarito 'A'

(Delegado/PE – 2016 – CESPE) No que diz respeito aos institutos da prescrição e da decadência, assinale a opção correta.

(A) A prescrição e a decadência estão previstas no CTN como formas de exclusão do crédito tributário.

(B) O direito de ação para a cobrança do crédito tributário decai em cinco anos, contados da data da sua constituição definitiva.

(C) O protesto judicial é uma forma de interrupção da prescrição.

(D) O direito de a fazenda pública constituir o crédito tributário prescreve após cinco anos, contados do primeiro dia do exercício seguinte àquele em que o lançamento poderia ter sido efetuado.

(E) As normas gerais sobre prescrição e decadência na matéria tributária devem ser estabelecidas por meio de lei ordinária.

A: incorreta, pois prescrição e decadência são modalidades de extinção do crédito tributário, nos termos do art. 156 do CTN; **B:** incorreta, pois o prazo para a cobrança é prescricional, e não decadencial – art. 174 do CTN; **C:** correta, nos termos do art. 174, parágrafo único, II, do CTN; **D:** incorreta, pois o prazo para constituir o crédito tributário é decadencial, não prescricional – art. 173 do CTN; **E:** incorreta, pois essas normas gerais devem ser veiculadas por lei complementar federal – art. 146, III, *b*, da CF.
Gabarito 'C'

(Delegado/RO – 2014 – FUNCAB) Suspende a exigibilidade do crédito tributário:

(A) a anistia.

(B) a isenção.

(C) a prescrição.

(D) a remissão.

(E) o parcelamento.

A, B, C e D: incorretas, pois são modalidades de exclusão (a anistia e a isenção – art. 175 do CTN) e extinção do crédito (a prescrição e a remissão – art. 156, V e VI, do CTN); **E**: correta, pois o parcelamento é modalidade de suspensão do crédito – art. 151 do CTN.
Gabarito "E".

(Delegado/RO – 2014 – FUNCAB) Constitui modalidade de extinção do crédito tributário:

(A) a anistia.
(B) a moratória.
(C) o parcelamento.
(D) a isenção.
(E) a transação.

A, B, C e D: incorretas, pois são casos de exclusão (a anistia e a isenção) e suspensão do crédito (a moratória e o parcelamento); **E**: correta, pois é caso de extinção, nos termos do art. 156, III, do CTN.
Gabarito "E".

(Delegado Federal – 2002 – CESPE) Agentes públicos da Secretaria da Receita Federal (SRF) e do INSS realizaram operação conjunta de fiscalização nas Viações Aéreas Matrix S.A. (VAM), com o objetivo de apurar sua situação fiscal e previdenciária. Durante a fiscalização, os agentes públicos não apenas descobriram uma série de irregularidades previdenciárias e fiscais, mas também identificaram que a situação econômico-financeira da VAM era precária, estando a empresa à beira da falência. Com relação à situação hipotética apresentada acima, julgue o item a seguir.

(1) Se a fiscalização identificar que, nos últimos nove anos, a VAM não recolheu a contribuição a cargo da empresa, incidente sobre décimo terceiro salário pago aos seus empregados, o INSS poderá cobrar todo o valor sonegado, corrigido monetariamente e acrescido de juros de mora e multa, pois a constituição de créditos previdenciários é sujeita a prazo prescricional de dez anos.

1: Incorreta, porque os prazos decadenciais e prescricionais de 10 anos previstos na legislação previdenciária foram afastados pelo STF. A Suprema Corte entendeu inconstitucional essa previsão da lei ordinária, pois decadência e prescrição são matérias a serem veiculadas por lei complementar federal, nos termos do art. 146, III, *b*, da CF. Atualmente, o prazo decadencial (para lançar o tributo) e prescricional (para cobrar judicialmente o tributo) são de 5 anos cada, nos termos dos arts. 173 e 174 do CTN. Ver Súmula Vinculante 8 do STF: "São inconstitucionais o parágrafo único do artigo 5º do Decreto-lei nº 1.569/1977 e os artigos 45 e 46 da Lei nº 8.212/1991, que tratam de prescrição e decadência de crédito tributário".
Gabarito 1E.

(Delegado Federal – 2002 – CESPE) Vanessa, que tem 24 anos de idade e reside em Belo Horizonte, é professora particular de música desde janeiro de 2000, atuando nessa área como profissional autônoma, e, há seis meses, exerce a função de síndica do prédio em que mora, recebendo remuneração pelo exercício de ambas as atividades. Contudo, até o presente momento, Vanessa não se inscreveu na previdência social nem recolheu nenhuma contribuição previdenciária. Além disso, Vanessa nunca pagou imposto de renda (IR) nem o imposto sobre serviços de qualquer natureza (ISS) que incide sobre a remuneração recebida na qualidade de trabalhadora autônoma.

Julgue os itens subsequentes, relativos à situação hipotética apresentada.

(1) Se, em Belo Horizonte, houvesse lei municipal isentando os professores de música do pagamento de ISS, e essa norma houvesse sido revogada em março de 2001, então a lei revogadora não teria efeitos imediatos, cessando a isenção apenas em 1.º/1/2002, uma vez que as normas que revogam isenções, diferentemente das leis que as concedem, submetem-se ao princípio constitucional tributário da anterioridade.

(2) Caso uma lei municipal isente os professores de música de Belo Horizonte do pagamento do ISS, ocorrerá exclusão tanto do crédito tributário referente a Vanessa quanto das obrigações acessórias que a legislação municipal lhe atribuir, pois, de acordo com o princípio tributário da subsidiariedade, a dispensa da obrigação principal implica a dispensa das obrigações acessórias.

1: incorreta, embora haja grande debate a respeito, prevalece o entendimento de que a isenção é simples exclusão do crédito tributário ou dispensa do pagamento. Significa que, quando há isenção, ocorre o fato gerador e surge a obrigação tributária, mas o contribuinte fica dispensado do pagamento. Essa é a doutrina adotada pelo texto do CTN. Por esse entendimento, a revogação da isenção não corresponde à instituição ou à majoração do tributo, de modo que não se submete ao princípio da anterioridade, exceto no caso de impostos sobre o patrimônio e a renda, pois, nesses casos, há previsão legal no art. 104, III, do CTN. De qualquer forma, é preciso ressaltar que há entendimento doutrinário mais moderno, no sentido de que qualquer revogação de isenção corresponde à instituição ou à majoração do tributo, de modo que se sujeita ao princípio da anterioridade; **2**: incorreta, pois, apesar do nome, a obrigação acessória não depende da obrigação principal. Assim, a inexistência do dever de pagar tributo não exime, necessariamente, a pessoa das obrigações acessórias (prestar declarações, por exemplo), conforme a legislação tributária aplicável – art. 175, parágrafo único, do CTN.
Gabarito 1E, 2E

9. IMPOSTOS E CONTRIBUIÇÕES EM ESPÉCIE

(Delegado/DF – 2015 – Fundação Universa) Considerando o sistema tributário nacional e os tributos da União, dos estados, dos municípios e do Distrito Federal, assinale a alternativa correta.

(A) O imposto sobre operações de crédito, câmbio e seguro, ou operações relativas a títulos ou valores mobiliários (IOF) também incide sobre o ouro e, nesse caso, sendo este definido em lei como ativo financeiro ou instrumento cambial, estará sujeito à incidência do imposto na operação de destino.

(B) A instituição do IPTU pelo Distrito Federal poderá contemplar a progressividade em razão do valor do imóvel, mas as alíquotas não poderão variar de acordo com a localização do imóvel.

(C) O IPI deve ser seletivo em razão da essencialidade do produto que recebe o gravame tributário.

(D) A União tem competência para instituir o imposto sobre a propriedade territorial rural (ITR) e, conforme a Emenda Constitucional 42/2003, essa competência tributária poderá ser delegada ao município, que instituirá, fiscalizará e cobrará o ITR, desde que isso não resulte na redução do imposto ou em qualquer outra forma de renúncia fiscal.

(E) Eventual instituição do imposto sobre grandes fortunas, de competência da União, poderá ser feita por intermédio de lei ordinária aprovada pelo Senado e pela Câmara dos Deputados.

A: incorreta, pois o ouro como ativo financeiro sujeita-se ao IOF na operação de origem, não de destino – art. 153, § 5º, da CF; **B:** incorreta, pois as alíquotas do IPTU podem também variar conforme a localização do imóvel – art. 156, § 1º, II, da CF; **C:** correta, pois, de fato, o IPI deve ter alíquotas seletivas conforme a essencialidade do produto, ou seja, produtos não essenciais (cigarro, por exemplo) devem ter alíquotas maiores, e produtos essenciais (caso dos alimentos) devem ter alíquotas menores – art. 153, § 3º, I, da CF; **D:** incorreta, pois a competência tributária, ou seja, para legislar sobre os tributos, é indelegável. O art. 153, § 4º, III, da CF prevê apenas a fiscalização e cobrança do ITR pelos Municípios, nos termos que especifica; **E:** incorreta, pois o IGF deve ser instituído por lei complementar federal – art. 153, VII, da CF.
Gabarito "C".

(Delegado/PA – 2013 – UEPA) Acerca do ICMS, é correto afirmar que:

(A) incide sobre a prestação de serviços de transporte internacional, interestadual e intermunicipal.

(B) incide sobre a entrada de bem ou mercadoria importados do exterior, por pessoa física ou jurídica, ainda que não seja contribuinte habitual do imposto.

(C) resolução da Câmara dos Deputados, de iniciativa do Presidente da República ou de um terço dos Deputados, aprovada pela maioria absoluta de seus membros, estabelecerá as alíquotas aplicáveis às operações e prestações, intermunicipais, interestaduais e de exportação.

(D) nas operações interestaduais, quando destinada a mercadoria ao consumidor final, aplica-se a alíquota interestadual.

(E) em virtude da não cumulatividade, ainda que a aquisição de determinada mercadoria não sofra a incidência do imposto ou seja isenta, ela continua a gerar crédito para o contribuinte compensar com o montante devido nas operações ou prestações seguintes.

A: incorreta, pois o ICMS não incide sobre transporte internacional – art. 155, II, da CF; **B:** correta, nos termos do art. 155, § 2º, IX, *a*, da CF; **C:** incorreta, pois o Senado detém essa competência – art. 155, § 2º, IV, da CF (exceto em relação a alíquotas intermunicipais, o que não existe); **D:** era incorreta, mas houve alteração constitucional. A partir da Emenda Constitucional 87/2015 todas as operações interestaduais, inclusive para destinatário não contribuinte do ICMS, sujeitam-se à alíquota interestadual. Antes disso, somente a operação destinada a contribuinte sujeitava-se à alíquota interestadual menor. Entretanto, é muito importante saber que essa modificação trazida pela EC 87/2015, em relação às vendas para não contribuintes localizados em outros Estados (ou DF), será gradual, conforme o art. 99 do ADCT, ficando concluída apenas em 2019; **E:** incorreta, pois não há crédito para compensar com o imposto devido nas operações subsequentes, nesse caso – art. 155, § 2º, II, *a*, da CF.
Gabarito "B".

(Delegado/PA – 2012 – MSCONCURSOS) De acordo com o Código Tributário Nacional, não é contribuinte do imposto [IPI]:

(A) O importador ou quem a lei a ele equiparar.

(B) O industrial ou quem a lei a ele equiparar.

(C) O comerciante de produtos sujeitos ao imposto, que os forneça aos contribuintes definidos no inciso II do art. 51 do CTN.

(D) O arrematante de produtos apreendidos ou abandonados, levados a leilão.

(E) O fazendeiro-parceiro na produção pecuária.

Nos termos do art. 51 do CTN, são contribuintes do IPI: (i) o importador ou quem a lei a ele equiparar; (ii) o industrial ou quem a lei a ele equiparar; (iii) o comerciante de produtos sujeitos ao IPI, que os forneça aos contribuintes definidos no inciso II desse artigo (industrial ou equiparado); (iv) o arrematante de produtos apreendidos ou abandonados, levados a leilão. Por essa razão, a alternativa que não indica contribuinte do IPI é a "E".
Gabarito "E".

(Delegado Federal – 2004 – CESPE) A fiscalização tributária apreendeu em estabelecimento farmacêutico controle paralelo de vendas de três anos anteriores à fiscalização, sem emissão de notas fiscais, de cápsulas para emagrecimento compostas de substância capaz de causar dependência psíquica e acionou imediatamente a polícia, que efetuou a prisão em flagrante do sócio-gerente por tráfego de entorpecente, já que tal substância estava estocada em prateleira, vindo a ser proferida sentença condenatória com trânsito em julgado. Com base na situação hipotética acima, julgue os itens a seguir.

(1) Se o estabelecimento em consideração for uma farmácia de manipulação e tiver fabricado as cápsulas apreendidas, o município poderá cobrar o ICMS devido sobre as vendas realizadas.

(2) Na hipótese considerada, se o produto comercializado for sujeito a substituição tributária, não gerará, para a farmácia, obrigação de recolher ICMS.

1: Incorreta, uma vez que a produção e a comercialização de medicamentos sob encomenda por farmácias de manipulação se sujeitam ao ISS municipal, e não ao ICMS estadual. Perceba que não se trata de mercadoria "de prateleira", oferecida no mercado, mas sim produto "sob encomenda" (a mesma lógica se aplica, por exemplo, a programas de computador sob encomenda, que se sujeitam ao ISS, e aos de prateleira, tributados pelo ICMS); **2:** Correta, porque não há incidência de ICMS, na hipótese, conforme comentário à assertiva anterior.
Gabarito 1E, 2C.

(Delegado Federal – 1998 – CESPE) Quanto às contribuições sociais, julgue os itens que se seguem:

(1) Considerando ser o faturamento das pessoas jurídicas o fato gerador das contribuições para o Programa de Integração Social, criado pela Lei Complementar n.º 7, de 7 de setembro de 1970, e para o Programa de Formação do Patrimônio do Servidor Público, criado pela Leis Complementar nº 8, de 3 de dezembro de 1970, não seria constitucionalmente possível a instituição, pela Lei Complementar n.º 70, de 30 de dezembro de 1991, da contribuição para financiamento da seguridade social (COFINS), cujo fato gerador é também o faturamento das empresas.

(2) As contribuições de interesse de categorias profissionais ou econômicas revestem-se de função parafiscal.

(3) Todas as contribuições sociais, exceto as de seguridade social, são de competência exclusiva da União.

(4) As contribuições de intervenção no domínio econômico e as de interesse de categorias profissionais ou econômicas só poderão ser exigidas após noventa dias da data da publicação da lei que as houver instituído ou modificado.

(5) Somente a União, mediante lei complementar, poderá instituir novas contribuições para a previdência e assistência sociais, com base na competência tributária residual.

1: Incorreta, pois a Constituição Federal não veda o *bis in idem* em relação a essas contribuições sociais (não proíbe duas contribuições da União incidentes sobre a mesma base de cálculo); **2**: correta. Apesar de essas contribuições serem da competência da União (somente ela pode legislar a respeito), o polo ativo da obrigação tributária é ocupado por entidades representativas de categorias profissionais ou econômicas (por exemplo, Conselhos Regionais de Medicina, de Contabilidade, de Engenharia), que cobram o tributo e ficam com a receita arrecadada (não transferem para a União), utilizando-a para financiar suas atividades. Isso é o que se denomina *parafiscalidade*; **3**: correta, pois Estados, DF e Municípios têm competência em relação às contribuições cobradas dos servidores, destinadas aos respectivos regimes próprios de previdência – art. 149, § 1º, da CF; **4**: Incorreta, visto que a anterioridade nonagesimal, apesar de aplicável também a essas contribuições, refere-se apenas à instituição ou à *majoração* dos tributos, não a toda *modificação*, como consta da assertiva (não se aplica à redução do tributo!); **5**: correta, nos termos do art. 195, § 4º, da CF (embora a expressão *competência residual* seja normalmente utilizada em relação aos impostos previstos no art. 154, I, da CF).

Gabarito 1E, 2C, 3C, 4E, 5C

(Delegado/ES – 2006 – CESPE) Com relação ao direito tributário, julgue o item subsequente.

(1) Somente o ICMS, o Imposto de Importação e o de Exportação podem incidir sobre as operações relativas a energia elétrica, serviços de telecomunicações e derivados de petróleo.

1: correta, pois reflete o disposto no art. 155, § 3º, da CF.

Gabarito 1C

(Delegado/RN – 2009 – CESPE) Acerca do imposto de transmissão *causa mortis* e doação, de quaisquer bens ou direitos, assinale a opção incorreta.

(A) É vedada a atualização de seu valor por índice de correção estadual.
(B) Deve ser calculado sobre o valor dos bens na data da avaliação.
(C) Não incide sobre os honorários do advogado contratado pelo inventariante.
(D) Não é exigível antes da homologação do cálculo do valor devido.
(E) É legítima sua incidência no inventário por morte presumida.

A: incorreta, já que se admite a atualização por índice de correção estadual – ver RE 97.459/RJ. **B**: correta, conforme a Súmula 113 do STF. **C**: correta, pois se a contratação do advogado pelo inventariante foi homologada pelo juiz, não incide o ITCMD sobre os honorários correspondentes – ver RE 63.082/SP. **D**: correta, conforme a Súmula 114 do STF. **E**: correta, nos termos da Súmula 331 do STF.

Gabarito "A".

10. GARANTIAS E PRIVILÉGIOS DO CRÉDITO TRIBUTÁRIO

(Delegado/ES – 2006 – CESPE) Com relação ao direito tributário, julgue o item subsequente.

(1) Considera-se fraudulenta a alienação em que o dirigente de pessoa jurídica em débito com a fazenda pública, por crédito inscrito como dívida ativa, aliena bens da respectiva pessoa jurídica, reservando montante para o pagamento da dívida inscrita.

1: Incorreta, pois não há presunção de fraude se o devedor reserva bens ou rendas suficientes para o total pagamento da dívida inscrita – art. 185, parágrafo único, do CTN.

Gabarito 1E

11. ADMINISTRAÇÃO TRIBUTÁRIA, FISCALIZAÇÃO

(Delegado Federal – 2002 – CESPE) Em adição à situação hipotética proposta, considere que Luís, um dos fiscais da SRF envolvidos na fiscalização da VAM, tenha exigido R$ 10.000,00 de Sérgio, o presidente da empresa, para não tornar pública a informação de que a VAM estava próxima da falência. Nesse caso, é correto afirmar que a conduta de Luís configura crime de corrupção passiva e que, caso Luís viesse a tornar públicas as informações acerca do estado da VAM, ele cometeria crime de violação de sigilo profissional, além de violar a regra administrativa que determina que os agentes da SRF não podem divulgar informações sobre a situação econômica ou financeira das entidades, obtidas em razão do ofício, nem mesmo a outros órgãos da administração pública.

1: incorreta, apenas na parte final, já que não há vedação à divulgação de informações fiscais a outros órgãos da administração pública, desde que nos estritos termos do art. 198, § 1º, II, e § 2º, do CTN. No mais, a assertiva é correta – art. 3º, II, da Lei 8.137/1990 (corrupção passiva tributária) e art. 325 do CP (violação de sigilo funcional).

Gabarito 1E

(Delegado Federal – 2002 – CESPE) Em adição à situação hipotética acima, considere que, inicialmente, os empregados da VAM franquearam livre acesso aos fiscais, exibindo-lhes todos os documentos pedidos. Porém, quando os agentes públicos entraram na sala de Sérgio, presidente da empresa, e solicitaram que fosse examinado o conteúdo de um cofre que ali havia, Sérgio negou-se a abri-lo, argumentando que nele estavam guardadas apenas informações acerca do seu patrimônio pessoal, bem como dados sigilosos relativos aos planos de expansão da empresa e às promoções previstas para o mês seguinte, informações essas que não tinham nenhuma relação com a matéria tributária e previdenciária e que, portanto, ele não tinha o dever de exibi-las aos fiscais. Inconformados, os agentes deram ordem expressa a Sérgio para que o cofre fosse aberto, ao que ele respondeu que os agentes poderiam solicitar a exibição de qualquer documento pertinente às suas áreas de fiscalização e esse documento lhes seria mostrado, mas reafirmou sua intenção de não abrir o cofre. Nesse caso, é correto afirmar que a recusa de Sérgio em abrir o cofre possibilita que os fiscais solicitem auxílio de agentes da Polícia Federal para garantir o devido cumprimento das suas funções, podendo os policiais prender Sérgio em flagrante delito pelo crime de desacato à autoridade.

1: incorreta, porque não há desacato. O fisco tem acesso a todos os livros, arquivos, documentos etc. relacionados à atividade empresarial, que interessem à tributação, podendo, em caso de embaraço, requisitar auxílio policial, nos termos do art. 200 do CTN. Entretanto, na situação descrita, não há prova ou mesmo suspeita razoável de que haja algum documento relevante para a fiscalização dentro do cofre, que não é ambiente (ou local) aberto ao público em geral. Nesse caso, somente com ordem judicial é que se poderia impor sua abertura para a fiscalização.

Gabarito 1E

(Delegado/ES – 2006 – CESPE) Com relação ao direito tributário, julgue o item subsequente.

(1) As informações obtidas em razão de representações fiscais para fins penais devem ser mantidas em sigilo pelas autoridades fazendárias.

1: Incorreta, uma vez que o sigilo fiscal não impede a divulgação de informações relativas a representações fiscais para fins penais – art. 198, § 3º, I, do CTN.
Gabarito 1E

12. CRIMES

(Delegado/GO – 2017 – CESPE) Se resultar em supressão ou redução de tributo, configurará crime contra a ordem tributária a conduta consistente em

(A) utilizar programa de processamento de dados que disponibilize ao sujeito passivo informação diversa daquela fornecida à fazenda pública.
(B) negar-se a fornecer nota fiscal relativa a venda de mercadoria ou a venda de serviço.
(C) exigir para si porcentagem sobre a parcela dedutível de imposto como incentivo fiscal.
(D) aplicar incentivo fiscal em desacordo com o estatuído.
(E) deixar de pagar benefício a segurado quando valores já tiverem sido reembolsados à empresa pela previdência social.

A, C e D: corretas, embora haja dubiedade. Não é necessária a supressão ou redução de tributo para a configuração de crime, nesses casos, conforme art. 2º, V, III e IV, respectivamente, da Lei 8.137/1990. Mas, se houver supressão ou redução do tributo, não se afastam os crimes previstos nesses dispositivos, evidentemente. As assertivas estariam claramente incorretas se houvesse a palavra "apenas" no início delas; B: incorreta, pois a tipificação só ocorre se essa emissão de nota for obrigatória, nos termos da legislação tributária – art. 1º, V, da Lei 8.137/1990; E: incorreta. A configuração de crime previsto no art. 168-A, § 1º, III, do CP não implica redução ou supressão de tributo, mas simplesmente falta de pagamento de valores ao segurado.
Gabarito Anulada

(Delegado Federal – 2004 – CESPE) A fiscalização tributária apreendeu em estabelecimento farmacêutico controle paralelo de vendas de três anos anteriores à fiscalização, sem emissão de notas fiscais, de cápsulas para emagrecimento compostas de substância capaz de causar dependência psíquica e acionou imediatamente a polícia, que efetuou a prisão em flagrante do sócio-gerente por tráfego de entorpecente, já que tal substância estava estocada em prateleira, vindo a ser proferida sentença condenatória com trânsito em julgado. Com base na situação hipotética acima, julgue os itens a seguir.

(1) O proprietário do estabelecimento cometeu, em tese, crime contra a ordem tributária.
(2) A responsabilidade penal tributária e a tributária penal não se confundem, apesar de ambas adotarem a responsabilidade subjetiva.

1: correta, conforme o art. 1º, I, II e V, da Lei 8.137/1990; 2: incorreta, porque a responsabilidade por infração da legislação tributária (responsabilidade tributária penal) não depende da intenção do agente ou do responsável ou da efetividade, natureza e extensão dos efeitos do ato, o que leva muitos autores a classificá-la como objetiva – art. 136 do CTN.
Gabarito 1C, 2E

(Delegado Federal – 2002 – CESPE) Julgue o seguinte item.

(1) Consoante entendimento do STF, a sonegação fiscal de lucro advindo de atividade criminosa – tráfico de entorpecentes –, envolvendo sociedades comerciais organizadas, com lucros vultosos subtraídos à contabilidade regular das empresas e à declaração de rendimentos, caracteriza, em tese, crime contra a ordem tributária.

1: correta, pois essa é a jurisprudência do STF, acolhendo o princípio do *non olet* – ver HC 77.530/RS.
Gabarito 1C

(Delegado/DF – 2004) Quanto aos crimes contra a ordem tributária, é INCORRETO afirmar que:

(A) constitui crime suprimir ou reduzir tributo, ou contribuição social e qualquer acessório, mediante a conduta de omitir informação, ou prestar declaração falsa às autoridades fazendárias;
(B) extingue-se a punibilidade quando o agente promover o pagamento do tributo ou contribuição social, inclusive acessórios;
(C) se cometidos em quadrilha ou coautoria, o coautor ou partícipe que através de confissão espontânea revelar à autoridade policial ou judicial toda a trama delituosa terá a sua pena reduzida de um a dois terços;
(D) são de ação penal pública;
(E) a remição abrange exclusivamente as infrações cometidas anteriormente à vigência da lei que a concede, não se aplicando às infrações resultantes de conluio.

A: correta, conforme o art. 1º, I, da Lei 8.137/1990. B: correta, conforme o art. 9º da Lei 10.684/2003; C: correta, conforme o art. 16, parágrafo único, da Lei 8.137/1990. D: correta, nos termos do art. 15 da Lei 8.137/1990. E: incorreta, já que inexiste essa previsão legal.
Gabarito "E".

(Delegado/ES – 2006 – CESPE) Com relação ao direito tributário, julgue o item subsequente.

(1) Considere a seguinte situação hipotética. Davi, ao efetuar a compra de alguns livros, solicitou ao vendedor a respectiva nota fiscal. O vendedor, contudo, não a forneceu, sob o argumento de que o gerente da loja não o havia autorizado a emitir notas fiscais. Nessa situação, a omissão constitui simples infração administrativa.

1: Incorreta, visto que negar ou deixar de fornecer, quando obrigatório, nota fiscal ou documento equivalente, relativa à venda de mercadoria ou prestação de serviço, efetivamente realizada, ou fornecê-la em desacordo com a legislação é crime contra a ordem tributária previsto no art. 1º, V, da Lei 8.137/1990.
Gabarito 1E

13. OUTRAS MATÉRIAS E COMBINADAS

(Delegado de Polícia Federal – 2021 – CESPE) Considerando os princípios e as normas do direito tributário, julgue os itens que se seguem.

(1) Para a instituição de novas taxas, deve-se observar tanto a anterioridade anual quanto a anterioridade nonagesimal.
(2) De acordo com o Código Tributário Nacional, a legislação tributária restringe-se a leis, tratados e convenções internacionais, sendo os decretos e demais atos normativos expedidos por autoridades administrativas considerados normas complementares.

(3) De acordo com o STF, a imunidade tributária aplicável aos livros, quanto ao imposto de importação, alcança os leitores de livros eletrônicos apenas se estes não possuírem funcionalidades acessórias.

(4) O parcelamento e a moratória são hipóteses de suspensão da exigibilidade do crédito tributário.

(5) No caso de o imposto de renda de pessoa jurídica ser tributado com base no lucro real, a apuração dos seus resultados deve ser trimestral.

1: Correto, pois os princípios da anterioridade anual e nonagesimal, previstos no art. 150, III, *b* e *c*, da CF, aplicam-se a todas as espécies tributárias (incluindo as taxas), com as exceções previstas na própria Constituição, em especial no § 1º desse mesmo artigo. **2:** Incorreta, pois a terminologia do CTN se refere à expressão "legislação tributária" compreendendo "as leis, os tratados e as convenções internacionais, os decretos e as normas complementares" (art. 96). Ou seja, decretos não estão incluídos no conceito de "normas complementares", que se refere a (i) atos normativos expedidos pelas autoridades administrativas; (ii) as decisões dos órgãos singulares ou coletivos de jurisdição administrativa, a que a lei atribua eficácia normativa; (iii) as práticas reiteradamente observadas pelas autoridades administrativas; e (iv) os convênios que entre si celebrem a União, os Estados, o Distrito Federal e os Municípios (art. 100 do CTN). **3:** Incorreta, pois o entendimento do STF pela imunidade de livros eletrônicos abrange aqueles que possuam funcionalidades acessórias. Vide a Súmula Vinculante 57/STF: "A imunidade tributária constante do art. 150, VI, d, da CF/88 aplica-se à importação e comercialização, no mercado interno, do livro eletrônico (e-book) e dos suportes exclusivamente utilizados para fixá-los, como leitores de livros eletrônicos (e-readers), ainda que possuam funcionalidades acessórias." **4:** Correta. Durante o parcelamento, o crédito tributário relativo às parcelas a vencer (vincendas) fica suspenso até o respectivo vencimento. A moratória é a ampliação do prazo de pagamento, favor legal que adia a exigibilidade do tributo. Estude as modalidades de suspensão do crédito tributário, listadas no art. 151 do CTN, assim como as modalidades de extinção e exclusão, respectivamente listadas nos arts. 156 e 175 do CTN. **5:** Incorreta, pois a pessoa jurídica tributada pelo lucro real pode optar pela apuração trimestral ou anual do imposto de renda, nos termos dos arts. 217 e 218 do Regulamento do Imposto de Renda – RIR (Decreto 9.580/2018). RB

Gabarito: 1C, 2E, 3E, 4C, 5E

(Delegado de Polícia Federal – 2021 – CESPE) Com base no texto da CF e nos princípios e nas normas do direito financeiro, julgue os itens a seguir.

(1) A possibilidade de a emenda parlamentar impositiva alocar recursos a estados e municípios, por meio da transferência especial constitucional, a qual permite o repasse direto sem convênio, só é cabível no caso de emenda individual, e não de emenda de bancada.

(2) É permitida aos estados a vinculação de receitas próprias geradas pela cobrança do IPVA para a prestação de contragarantia à União.

1: Correto, pois a transferência especial é modalidade de emenda individual impositiva, prevista no art. 166-A, I, da CF (não de emenda de iniciativa de bancada), e dispensa celebração de convênio ou instrumento congênere, conforme o § 2º, I, desse mesmo artigo. (RB) **2:** Correto, pois a vedação à vinculação de receitas de impostos a órgão, fundo ou despesa, prevista no art. 167, IV, da CF, não se aplica às exceções previstas nesse mesmo dispositivo e no seu § 4º, dentre elas a prestação de garantia ou contragarantia para pagamento de débitos com a União. RB

Gabarito: 1C, 2C

(Delegado/PE – 2016 – CESPE) A respeito da execução fiscal, assinale a opção correta.

(A) É admissível, nos embargos à execução fiscal, compensar os valores do imposto de renda retidos indevidamente na fonte com os valores restituídos apurados na declaração anual.

(B) A penhora não poderá recair, em nenhuma hipótese, sobre estabelecimento comercial, industrial ou agrícola.

(C) A dívida ativa regularmente inscrita goza de presunção absoluta de certeza e liquidez.

(D) A produção de provas pela fazenda pública depende de requerimento na petição inicial.

(E) Os embargos do devedor na fase de execução fiscal prescindem de garantia à execução.

A: correta, pois a proibição de alegação de compensação como matéria de defesa nos embargos à execução fiscal (art. 16, § 3º, da Lei 6.830/1980) não se aplica aos casos em que essa compensação ocorreu antes do ajuizamento da execução, na forma admitida por lei do próprio ente tributante, conforme jurisprudência pacífica do STJ – ver REsp 1.008.343/SP-repetitivo; **B:** incorreta, pois a penhora pode recair excepcionalmente sobre estabelecimento comercial, industrial ou agrícola, bem como em plantações ou edifícios em construção – art. 11, § 1º, da Lei 6.830/1980; **C:** incorreta, pois a presunção é relativa, podendo ser ilidida por prova inequívoca, a cargo do sujeito passivo ou do terceiro a que aproveite – art. 204, parágrafo único, do CTN; **D:** incorreta, pois a produção de provas pela Fazenda Pública independe de requerimento na petição inicial – art. 6º, § 3º, da Lei 6.830/1980; **E:** incorreta, pois a garantia da execução fiscal é imprescindível para a apresentação de embargos pelo devedor, nos termos do art. 16, § 1º, do CTN, que não foi afastado pelo atual CPC, conforme jurisprudência pacífica do STJ – ver REsp 1.272.827/PE-repetitivo.

Gabarito: A.

(Delegado/PE – 2016 – CESPE) Tendo como referência o disposto no CTN, assinale a opção correta.

(A) A capacidade tributária passiva é plena e independe da capacidade civil.

(B) Não haverá incidência tributária sobre atividades ilícitas.

(C) A obrigação tributária principal nasce com o lançamento do fato gerador.

(D) Fato gerador corresponde ao momento abstrato previsto em lei que habilita o início da relação jurídico-tributária.

(E) A denominação do tributo e a destinação legal do produto de sua arrecadação são essenciais para qualificá-lo.

A: correta – art. 126 do CTN; **B:** incorreta, pois a licitude das atividades são, em princípio, irrelevantes para a incidência tributária (princípio do *non olet*) – art. 118 do CTN; **C:** incorreta, pois, nos termos do CTN, a obrigação tributária surge imediatamente com a ocorrência do fato gerador – art. 113, § 1º, do CTN. É o crédito tributário que surge apenas com o lançamento tributário – art. 142 do CTN; **D:** discutível. Há diversas linhas doutrinárias que utilizam expressões distintas para se referir a duas realidades: (i) a previsão geral e abstrata do fato gerador, sua descrição feita pela lei (= hipótese de incidência, fato gerador em abstrato etc.) e (ii) a efetiva ocorrência do evento previsto na lei, que faz surgir a obrigação tributária (= fato jurídico tributário, fato gerador em concreto etc.). Note que a alternativa "D" se refere à previsão abstrata. Embora boa parte da doutrina utilize a expressão "fato gerador" exclusivamente para se referir à efetiva ocorrência do evento na vida real (por esse entendimento, a alternativa "D" seria incorreta), o CTN a utiliza nos dois sentidos. Por exemplo, o art. 114 do CTN se refere a "fato gerador" como o evento que ocorre na vida real (fato gerador em concreto) e que corresponde à descrição legal. Já no art. 4º, como outro exemplo, o CTN utiliza a expressão "fato gerador" para se referir à descrição legal, ou seja, à previsão geral e abstrata do evento que faz surgir a relação jurídica obrigacional tributária (entendimento pelo qual a alternativa "D" seria correta); **E**: incorreta, pois a denominação e a destinação legal do produto da arrecadação são irrelevantes para qualificar a natureza jurídica específica do tributo – art. 4º do CTN.

Gabarito "A".

(Delegado/DF – 2015 – Fundação Universa) Em relação ao crédito tributário, assinale a alternativa correta.

(A) Tanto a isenção quanto a anistia inserem-se entre os casos de exclusão do crédito tributário, dispensando-se, em caso de exclusão do crédito tributário por tais meios, o cumprimento das obrigações acessórias dependentes da obrigação principal cujo crédito seja excluído ou dela consequente.

(B) A anistia e a isenção, ambas formas de exclusão do crédito tributário, distinguem-se pela seguinte razão: a primeira dispensa o pagamento do tributo devido; a segunda, o pagamento da multa.

(C) Pode o legislador estabelecer, por intermédio de lei ordinária, normas gerais em matéria de legislação tributária no que diz respeito à obrigação, ao lançamento, ao crédito, à prescrição e à decadência tributários.

(D) Consoante a doutrina, os tributos classificam-se, quanto à repercussão econômica do ônus tributário, em diretos e indiretos. Dada essa classificação, só terá direito a restituição, pelo pagamento indevido de tributo indireto, o contribuinte de direito que comprovar que assumiu o referido encargo ou, tendo-o transferido a terceiro, tiver dele a autorização expressa para a restituição.

(E) O crédito tributário, constituído pelo lançamento, é realizado, de forma privativa, pela autoridade administrativa e decorre sempre da obrigação acessória, tendo a mesma natureza desta.

A: incorreta, pois a exclusão do crédito tributário não dispensa o cumprimento das obrigações acessórias dependentes da obrigação principal cujo crédito seja excluído, ou dela consequente – art. 175, parágrafo único, do CTN; **B:** incorreta, pois é a anistia que se restringe às infrações e, portanto, às penalidades pecuniárias – art. 180 do CTN; **C:** incorreta, pois as normas gerais em matéria tributária devem ser veiculadas por lei complementar federal – art. 146, III, da CF; **D:** correta, conforme a doutrina e o art. 166 do CTN; **E:** incorreta, pois o lançamento refere-se, em geral, à constituição do crédito atinente à obrigação tributária principal, embora o descumprimento de obrigação acessória possa levar à constituição do crédito atinente à penalidade pecuniária correspondente. É importante lembrar que, apesar de o art. 142 do CTN referir-se à privatividade da autoridade administrativa para constituir o crédito, é pacífico o entendimento jurisprudencial no sentido de que determinados atos do contribuinte têm essa atribuição (por exemplo, o tributo lançado por homologação que foi declarado e não pago pelo contribuinte).

Gabarito "D".

(Delegado/RO – 2014 – FUNCAB) Assinale a alternativa correta.

(A) A legislação tributária não pode conceder desconto pela antecipação do pagamento.

(B) O parcelamento será concedido na forma e condição estabelecidas em decreto.

(C) A imposição de penalidade ilide o pagamento integral do crédito tributário.

(D) Quando a legislação tributária não dispuser a respeito, o pagamento será efetuado na repartição competente do domicílio do sujeito passivo.

(E) É permitida a compensação mediante o aproveitamento de tributo, objeto de contestação judicial pelo sujeito passivo, antes do trânsito em julgado da respectiva decisão judicial.

A: incorreta, pois isso é possível, conforme o art. 160, parágrafo único, do CTN; **B:** incorreta, pois o parcelamento é concedido por lei específica – art. 155-A do CTN; **C:** incorreta, pois a penalidade não afasta a exigência do tributo – art. 157 do CTN; **D:** correta, nos termos do art. 159 do CTN; **E:** incorreta, pois isso é vedado nos termos do art. 170-A do CTN.

Gabarito "D".

(Delegado/PA – 2006 – CESPE) Julgue os itens abaixo referentes às espécies tributárias e aos crimes contra a ordem tributária.

I. As taxas, as contribuições de melhoria e as contribuições sociais são exemplos de tributos vinculados, pois os fatos geradores estão relacionados a atividades estatais em prol dos contribuintes.

II. Um fiscal de renda que extravie um processo fiscal cuja guarda seja sua responsabilidade em razão da função que ocupe não pratica qualquer ilícito penal por ausência de tipicidade.

III. A fixação das alíquotas máximas do imposto de transmissão *causa mortis* e doação, de quaisquer bens ou direitos, cuja competência é dos municípios é competência do Senado Federal.

IV. O imposto sobre produtos industrializados (IPI) é considerado um tributo extrafiscal, juntamente com os impostos sobre o comércio exterior, pois, apesar de constituírem receitas para a União, a finalidade de regular a economia é prevalente.

A quantidade de itens certos é igual a

(A) 1.
(B) 2.
(C) 3.
(D) 4.

I: incorreta, visto que as contribuições sociais não são consideradas tributos vinculados, já que seu fato gerador, em princípio, não se vincula a atividade estatal específica voltada ao contribuinte. A rigor, a contribuição social é definida por sua finalidade, e não pelo fato gerador. II: incorreta, pois se trata de crime tipificado pelo art. 3º, I, da Lei 8.137/1990. III: incorreta, pois o ITCMD é da competência dos Estados e DF, e não municipal, como consta da assertiva. Entretanto, é correta a afirmação de que cabe ao Senado fixar suas alíquotas máximas, nos termos do art. 155, § 1º, IV, da CF. IV: correta.

Gabarito "A".

(Delegado/RN – 2009 – CESPE) 47 Em relação ao Sistema Tributário Nacional e à jurisprudência do STF, assinale a opção correta.

(A) O ordenamento jurídico brasileiro admite a instituição de taxa para o custeio de serviços prestados por órgãos de segurança pública, na medida em que tal atividade, por ser essencial, pode ser financiada por qualquer espécie de tributo existente.

(B) As taxas cobradas em razão exclusivamente dos serviços públicos de coleta, remoção e tratamento ou destinação de lixo ou resíduos provenientes de imóveis são constitucionais, no entanto é inconstitucional a cobrança de valores tidos como taxa em razão de serviços de conservação e limpeza de logradouros e bens públicos.

(C) O STF firmou orientação no sentido de que as custas judiciais e os emolumentos concernentes aos serviços notariais e registrais não possuem natureza tributária, uma vez que não se enquadram em nenhuma das espécies tributárias previstas na CF.

(D) As normas relativas à prescrição e à decadência tributárias têm natureza de normas específicas de direito tributário, cuja disciplina é reservada a lei ordinária, sendo certo que as contribuições previdenciárias prescrevem em dez anos, contados da data da sua constituição definitiva.

(E) Os cemitérios que consubstanciam extensões de entidades de cunho religioso não estão abrangidos pela imunidade tributária prevista na CF, uma vez que as normas que tratam de renúncia fiscal devem ser interpretadas restritivamente.

A: incorreta, porque os serviços de segurança pública são prestados indistinta e genericamente a toda a coletividade (*uti universi*), ou seja, não se pode identificar quanto cada cidadão se utiliza deles (não é *uti singuli*, não são serviços específicos e divisíveis), de modo que não dão ensejo à cobrança de taxa. **B:** correta, conforme a Súmula Vinculante 19/STF. **C:** incorreta, porque o entendimento jurisprudencial é de que as custas e os emolumentos têm natureza tributária (são taxas). **D:** incorreta, pois a decadência e a prescrição são matérias reservadas à lei complementar federal – art. 146, III, *b*, da CF e Súmula Vinculante 8/STF. **E:** incorreta, já que conforme entendimento do STF, os cemitérios que consubstanciam extensões de entidades de cunho religioso estão abrangidos pela imunidade dos templos – art. 150 VI, *b*, da CF, ver RE 578.562/BA.

Gabarito "B".

(Delegado/RN – 2009 – CESPE) Acerca da repartição das receitas tributárias, assinale a opção correta.

(A) O repasse da quota constitucionalmente devida aos municípios a título de ICMS pode sujeitar-se à condição prevista em programa de benefício fiscal de âmbito estadual.

(B) Pertencem aos municípios 50% do produto da arrecadação do ICMS do estado.

(C) Pertence aos municípios o produto da arrecadação do imposto da União sobre renda e proventos de qualquer natureza, incidente na fonte, sobre rendimentos pagos, a qualquer título, por eles, suas autarquias e pelas fundações que instituírem e mantiverem.

(D) Pertencem aos estados 50% do produto da arrecadação dos impostos que a União instituir com base no exercício de sua competência residual que lhe é atribuída pela CF.

(E) A União entregará do produto da arrecadação dos impostos sobre renda e proventos de qualquer natureza 22,5% ao Fundo de Participação dos Estados e do Distrito Federal.

A: incorreta, pois não se pode condicionar a transferência de receitas tributárias constitucionalmente previstas, salvo as exceções indicadas no próprio texto constitucional – art. 160 da CF. **B:** incorreta, já que os Municípios têm direito a 25% da receita do ICMS – art. 158, IV, da CF. **C:** correta, nos termos do art. 158, I, da CF. **D:** incorreta, dado que os Estados e o DF têm direito a 20% da arrecadação de eventual imposto da competência residual – art. 157, II, da CF. **E:** incorreta, pois a União entregará 21,5% da receita do IR ao Fundo de Participação dos Estados e do DF e 22,5% ao Fundo de Participação dos Municípios – art. 159, I, da CF. Atenção: a partir da EC 84/2014, o percentual do IPI e do IR a ser repassado pela União na forma do art. 159, I, da CF, foi majorado de 48% para 49%.

Gabarito "C".

8. DIREITO CIVIL

André Barros, Gabriela Rodrigues, Gustavo Nicolau e Wander Garcia*

1. LEI DE INTRODUÇÃO ÀS NORMAS DO DIREITO BRASILEIRO

A atual Lei de Introdução às Normas do Direito Brasileiro (Decreto-lei 4.657, de 4 de setembro de 1942 e suas alterações), antiga "Lei de Introdução ao Código Civil, é composta de regras que incidem no campo da atuação dos agentes públicos, bem como estabelece regras gerais de interpretação.

(Delegado/ES – 2019 – Instituto Acesso) Tendo em vista as disposições deste Diploma Legal, assinale a seguir a alternativa correta:

(A) Nas decisões emanadas das esferas administrativas, judicial e controladora, valores abstratos podem ser utilizados desde que, em tais decisões, sejam consideradas as consequências práticas de sua utilização no caso concreto.
(B) Uma lei federal revogada por outra lei federal posterior tem sua vigência restaurada caso a lei revogadora posterior perca sua vigência, como também tem sua eficácia jurídica restabelecida para casos concretos para os quais era aplicada,
(C) A lei do país em que a pessoa natural é domiciliada, seja ela brasileira nata ou naturalizada após processo regular com decisão transitada em julgado, determina as regras específicas sobre responsabilidade civil a serem aplicadas num caso concreto.
(D) Na hipótese de lacuna legal, que consiste em não haver uma hipótese normativa específica e expressa a ser aplicada para um determinado caso concreto, o Juiz decidirá utilizando a ponderação, a analogia, os costumes e os princípios gerais do direito.
(E) O agente público, em nível Federal, Estadual ou Municipal, no uso de suas atribuições estabelecidas em regime jurídico próprio, responderá pessoalmente por suas decisões ou opiniões técnicas em caso de Imprudência, negligência, imperícia ou erro grosseiro.

A: correta, nos termos do art. 20, *caput* da LINDB; B: incorreta, pois salvo disposição em contrário, a lei revogada não se restaura por ter a lei revogadora perdido a vigência (art. 2º, §3º da LINDB); C: incorreta, pois a lei do país em que a pessoa natural é domiciliada determina as regras sobre o começo e o fim da personalidade, o nome, a capacidade e os direitos de família (art. 7º da LINDB). Quanto a responsabilidade civil, quando se tratar de responsabilidade civil extracontratual aplica-se a lei de onde ela se constituir (art. 9º, caput da LINDB) e se for contratual aplica-se a lei do lugar onde residir o proponente (art. 9º, §2º da LINDB); D: incorreta, pois quando a lei for omissa, o juiz decidirá o caso de acordo com a analogia, os costumes e os princípios gerais de direito (art. 4º da LINDB). A Lei não usa o termo ponderação; E: incorreta, pois o agente público responderá pessoalmente por suas decisões ou opiniões técnicas em caso de dolo ou erro grosseiro apenas (art. 28 da LINDB). GR

Gabarito "A".

(Delegado/GO – 2017 – CESPE) A Lei n. XX/XXXX, composta por quinze artigos, elaborada pelo Congresso Nacional, foi sancionada, promulgada e publicada.

A respeito dessa situação, assinale a opção correta, de acordo com a Lei de Introdução às Normas do Direito Brasileiro.

(A) Se algum dos artigos da lei sofrer alteração antes de ela entrar em vigor, será contado um novo período de vacância para o dispositivo alterado.
(B) Caso essa lei tenha revogado dispositivo da legislação anterior, automaticamente ocorrerá o efeito repristinatório se nela não houver disposição em contrário.
(C) A lei irá revogar a legislação anterior caso estabeleça disposições gerais sobre assunto tratado nessa legislação.
(D) Não havendo referência ao período de vacância, a nova lei entra em vigor imediatamente, sendo eventuais correções em seu texto consideradas nova lei.
(E) Não havendo referência ao período de vacância, a lei entrará em vigor, em todo o território nacional, três meses após sua publicação.

A: correta, pois de pleno acordo com o disposto no art. 1º, § 3º da Lei de Introdução as Normas do Direito Brasileiro; B: incorreta, pois a repristinação é admitida, desde que expressa na última lei da cadeia revocatória. Vale lembrar que a revogação é a volta da vigência de uma lei revogada, em virtude da revogação da lei que a revogou (Lei de Introdução, art. 2º, § 3º); C: incorreta, pois nesse caso não há revogação da lei anterior (Lei de Introdução, art. 2º, § 2º); D: incorreta, pois na omissão da lei, a vacância é de quarenta e cinco dias (Lei de Introdução, art. 1º). Vale a ressalva, todavia, de que é rara a hipótese de omissão da lei quanto à vacância; E: incorreta, pois tal prazo de três meses aplica-se apenas aos casos de lei brasileira com aplicação no exterior (ex: lei que regulamenta procedimentos nas embaixadas (Lei de Introdução, art. 1º, § 1º). GN

Gabarito "A".

(Delegado/SP – 2014 – VUNESP) Assinale a alternativa correta, de acordo com as disposições da Lei de Introdução às Normas do Direito Brasileiro (Decreto-Lei 4.657/1942).

(A) A lei nova revoga a lei antiga, quando com esta incompatível, ainda que não haja expressa declaração de revogação.
(B) As correções a texto de lei já em vigor não implicam em lei nova.

---

* AB questões comentadas por: **André Barros**.
GN questões comentadas por: **Gustavo Nicolau**.
WG questões comentadas por: **Wander Garcia**.
GR questões comentadas por **Gabriela Rodrigues**
André Barros e **Gustavo Nicolau** comentaram as demais questões.

(C) A repristinação é regra no direito brasileiro, admitindo-se disposição legal que afaste sua incidência.
(D) Entende-se por ato jurídico perfeito a decisão judicial da qual não caiba mais recurso.
(E) O Brasil não adota, em regra, o instituto da *vacatio legis*, salvo no estrangeiro, quando admitida a obrigatoriedade da lei brasileira.

A: correta, pois a incompatibilidade da lei posterior com a anterior revoga esta, através da revogação tácita (Lei de Introdução, art. 2º, § 1º); **B:** incorreta, pois tais correções são consideradas lei nova (Lei de Introdução, art. 1º, § 4º); **C:** incorreta, pois a repristinação só ocorre quando expressamente determinado pela última lei da cadeia revogatória (Lei de Introdução, art. 2º § 3º); **D:** incorreta, pois a assertiva traz a definição legal de coisa julgada e não de ato jurídico perfeito (Lei de Introdução, art. 6º, § 3º); **E:** incorreta, pois tal instituto tem expressa previsão no art. 1º da Lei de Introdução.
Gabarito "A".

(Delegado de Polícia/GO – 2013 – UEG) Segundo o artigo 3º da Lei de Introdução às normas de Direito Brasileiro – LINDB, *"ninguém se escusa de cumprir a lei, alegando que não a conhece"*. Diante do exposto, verifica-se que:

(A) se Paulo casa com Ana, sem saber que Ana é sua irmã, o erro em questão é de fato, assim Paulo tem motivos para pleitear a nulidade do contrato de casamento.
(B) no ordenamento jurídico brasileiro é cabível escusa de cumprimento da lei, alegando não conhecê-la, em casos de erro de fato (*error facti*).
(C) o Princípio da Obrigatoriedade, artigo 3º da LINDB, perde seu caráter absoluto, admitindo temperamentos, em hipóteses nas quais a lei, expressamente, possibilite o erro de direito ou erro de conteúdo legal (*error iuris*).
(D) o erro substancial existe no ordenamento jurídico pátrio como causa de invalidade ou nulidade de um negócio jurídico, sendo ele qualquer, pois refere-se ao conteúdo de norma jurídica.

A: incorreta, pois na hipótese não se está buscando escusar do cumprimento da lei e também porque não é pacífico o entendimento segundo o qual o casamento é contrato; **B:** incorreta, pois não existe tal previsão no ordenamento; **C:** correta, pois existe previsão legal no art. 8º do Decreto-lei 3.688/1941 (a chamada Lei de Contravenções Penais), segundo o qual "*No caso de ignorância ou de errada compreensão da lei, quando escusáveis, a pena pode deixar de ser aplicada*"; **D:** incorreta, pois a possibilidade de se anular um contrato tendo em vista a incorreta compreensão da lei somente se verifica quando o erro, sendo de direito, for o motivo único ou principal do negócio jurídico (art. 139, III, do CC).
Gabarito "C".

(Delegado de Polícia/GO – 2013 – UEG) Supondo-se que a Lei "W", de vigência considerada temporária pelo ordenamento jurídico, revoga, de forma expressa, a Lei "X" e que, devido a mudanças de comportamentos socioeconômicos, a lei revogadora vem a perder sua vigência, tem-se que:

(A) a lei revogada fica impossibilitada de ser restaurada por ter a lei revogadora perdido a vigência, pois ao ordenamento jurídico pátrio é incabível o princípio da caducidade.
(B) as correções promovidas no texto da Lei "W", ainda em vigor, consideram-se lei nova.
(C) de acordo com o estudo da Lei de Introdução às Normas de Direito Brasileiro, a Lei revogada "X" é imediatamente restaurada, como uma resposta aos anseios socioeconômicos da evolução e porque não se pode ficar sem lei.
(D) de acordo com a Lei de Introdução às Normas de Direito Brasileiro, a Lei destinada à vigência temporária possuirá vigor até que outra a revogue.

A: incorreta. A restauração da lei revogada por conta da revogação da lei revogadora configura repristinação, fenômeno que – no Brasil – só ocorre se a última lei expressamente determinar (art. 2º, § 3º, da LINDB); **B:** correta, pois "*as correções a texto de lei já em vigor consideram-se lei nova*" (art. 1º, § 4º, da LINDB); **C:** incorreta, pois a repristinação só ocorre de forma expressa. Assim, a revogação da lei revogadora – por si só – gerará uma lacuna da lei no que se refere àquele assunto; **D:** incorreta, pois a lei temporária é exceção ao princípio da continuidade (art. 2º, LINDB).
Gabarito "B".

(Delegado/AC – 2008 – CESPE) Acerca da Lei de Introdução do Código Civil e das pessoas naturais e jurídicas, julgue os itens que se seguem.

(1) A derrogação de uma lei implica a repristinação da lei anterior, ainda que não haja pronunciamento expresso a esse respeito da lei revogadora.
(2) Nas causas que envolvem a sucessão por morte real ou presumida, aplica-se a lei do país do domicílio do *de cujus*, mas, quanto à capacidade para suceder, aplica-se a lei do domicílio do herdeiro ou legatário.

1: incorreta, revogação é o ato de retirar a vigência de uma norma jurídica – pode ser total (ab-rogação) ou parcial (derrogação). A revogação não deve ser confundida com a *repristinação* que é a recuperação da vigência de uma norma anteriormente revogada mediante a revogação da norma revogadora. Para que ocorra repristinação de lei no direito brasileiro o artigo 2º, § 3º, da LINDB, exige disposição legal expressa; **2:** correta, conforme prescreve o artigo 10, *caput*, da LINDB, "a sucessão por morte ou por ausência obedece à lei do país em que domiciliado o defunto ou o desaparecido, qualquer que seja a natureza e a situação dos bens". Quanto à capacidade sucessória deve ser aplicada a lei do domicílio do herdeiro ou legatário (art. 10, § 2º, LINDB).
Gabarito 1E, 2C

(Delegado/PA – 2012 – MSCONCURSOS) Em relação à Lei de Introdução às normas do Direito Brasileiro, analise os itens abaixo e assinale a alternativa correta.

I. Contém normas de sobredireito aplicáveis a todos os ramos do direito, prevalecendo sobre aquilo que a legislação específica dispuser de forma diferente.
II. Excepcionalmente, a lei começa a vigorar em todo o país quarenta e cinco dias depois de oficialmente publicada.
III. A lei posterior revoga a anterior quando expressamente o declare, quando seja com ela incompatível ou quando regule inteiramente a matéria de que tratava a lei anterior.
IV. O efeito repristinatório só ocorre quando houver previsão expressa na lei nova.
V. Para que a sentença proferida no estrangeiro seja executada no Brasil, além de outros requisitos previstos em lei, é necessário que tenha sido homologada pelo Supremo Tribunal Federal.

(A) Apenas os itens I, II e IV estão corretas.
(B) Apenas os itens II e III estão corretas.

(C) Apenas os itens III e IV estão corretas.
(D) Apenas os itens I, II e V estão corretas.
(E) Apenas os itens III e V estão corretas.

I: incorreta, a Lei de Introdução às Normas do Direito Brasileiro (Decreto-Lei 4.657/1942) é considerada uma norma de sobredireito ou superdireito, por ter como objetivo a regulamentação de outras leis (é lei regulando lei). A sua aplicabilidade a outras leis é a regra, mas deverá ser afastada se houver determinação neste sentido. Portanto, não prevalece sobre outras leis; **II:** incorreta, a assertiva inverte o que é regra e o que é exceção. Em regra, lei começa a vigorar em nosso país 45 dias depois de publicada (art. 1º, *caput*, LINDB). A exceção é quando o legislador determina a vigência imediata ou o cumprimento de um prazo especial de *vacatio legis*; **III:** correta, a assertiva se refere às espécies de revogação: expressa e tácita (art. 2º, § 1º da LINDB); **IV:** correta, a repristinação da lei não é proibida no direito brasileiro, mas em regra não ocorre. Consoante dispõe o artigo 2º, § 3º da LINDB, "salvo disposição em contrário, a lei revogada não se restaura por ter a lei revogadora perdido a vigência". Assim, para que ocorra a repristinação de uma lei revogada deverá existir dispositivo expresso em lei; **V:** incorreta, atualmente as sentenças estrangeiras devem ser homologadas pelo Superior Tribunal de Justiça, por força do disposto no artigo 105, I, i da Constituição Federal, incluída pela Emenda Constitucional nº 45, de 2004. Tal dispositivo revogou tacitamente o artigo 15, e, da LINDB que previa a competência do Supremo Tribunal Federal.
Gabarito "C".

(Delegado/SP – 2008) Quando, por disposição expressa, a lei revogada restaura-se por ter a lei revogadora perdido a vigência, dá-se um caso de

(A) renovação.
(B) revogação ficta.
(C) remissão legal.
(D) repristinação.
(E) restauração.

O enunciado refere-se ao instituto da repristinação. Nos termos do artigo 2º, § 3º, da LINDB, "salvo disposição em contrário, a lei revogada não se restaura por ter a lei revogadora perdido a vigência".
Gabarito "D".

2. PARTE GERAL

2.1. Pessoas naturais

(Delegado/ES – 2019 – Instituto Acesso) João, maior, natural de Vila Velha, casado com Marina sob o regime de comunhão total de bens, exerce a profissão de gerente em empresa comercial. No exercício de sua profissão, João atua nas cidades de Cariacica, Fundão e Guarapari. Peçanha, subordinado de João, pretende ajuizar ação de indenização civil em face deste, sob a alegação de ter sofrido dano moral ocorrido no âmbito de suas atividades na empresa comercial. Nesta circunstância específica de interesse de Peçanha, para efeito de determinação do Domicílio de João, de acordo com o Código Civil, é correto afirmar que:

(A) Em razão da atividade concernente à profissão, Cariacica, Fundão e Guarapari podem ser considerados domicílio de João.
(B) Aplica-se o critério do lugar em que João tem ânimo definitivo de ficar, que seria, em tese, a casa em que mora com sua esposa Marina.
(C) Aplica-se a regra de fixação do domicílio de João a qualquer um dos locais em que ele tenha residência.
(D) Considera-se o domicílio civil de João apenas a sede da empresa comercial em que atua como gerente.
(E) Por conta de seu casamento sob o regime de comunhão universal, aplica-se a regra da residência conjugal.

A: correta, pois prevê a Lei que quanto às relações concernentes à profissão considera-se domicílio o lugar onde esta é exercida. Se a pessoa exercitar profissão em lugares diversos, cada um deles constituirá domicílio para as relações que lhe corresponderem (art. 72, parágrafo único). Logo, qualquer das três cidades pode ser considerada o seu domicílio; B: incorreta, pois neste caso é possível que se aplique o critério do domicílio profissional previsto no art. 72 CC; C: incorreta, pois essa regra aplica-se apenas quando a pessoa tem várias residências e a questão não menciona isso. O que a questão menciona é que ele exerce sua atividade comercial em várias cidades, logo o que se aplica é o domicílio profissional (art. 72 CC); D: incorreta, pois conforme art. 72, parágrafo único CC, se a pessoa exercitar profissão em lugares diversos, cada um deles constituirá domicílio para as relações que lhe corresponderem. Portanto, não é apenas a sede que é considerada domicílio; E: incorreta, pois o regime de bens não tem nenhuma relação com as regras de domicílio. O que se leva em consideração aqui é a questão profissional, por isso se aplica o art. 72, parágrafo único CC.
Gabarito "A".

(Delegado/RS – 2018 – FUNDATEC) Pela leitura dos enunciados normativos do Código Civil brasileiro, assinale a alternativa INCORRETA.

(A) Com exceção dos casos previstos em lei, o exercício dos direitos de personalidade não pode sofrer, voluntariamente, limitações, observada a característica da irrenunciabilidade de tais direitos.
(B) Além da possibilidade legal de realização de transplantes e exceto por determinação médica, é defeso o ato de disposição sobre o próprio corpo quando importar diminuição permanente da integridade física, ou contrariar os bons costumes.
(C) Não se pode usar o nome de outrem em propaganda comercial sem a devida autorização.
(D) Salvo se necessária à manutenção da ordem pública, a utilização da imagem de uma pessoa falecida poderá ser proibida, exclusivamente a requerimento de seus ascendentes ou descendentes, se se destinar a fins comerciais.
(E) A intimidade da pessoa natural é inviolável, e o juiz adotará as providências para fazer cessar ato contrário a esta norma.

A: correta (art. 11 CC), não devendo ser assinalada; B: correta (art. 13 *caput* e parágrafo único), não devendo ser assinalada; C: correta (art. 18 CC), não devendo ser assinalada; D: incorreta, devendo ser assinalada, pois o cônjuge também tem legitimidade para requerer a proteção (art. 20 parágrafo único CC); E: correta (art. 21 CC), não devendo ser assinalada.
Gabarito "D".

(Delegado/RS – 2018 – FUNDATEC) Tratando-se do domicílio, conforme tipificado no Código Civil brasileiro, analise as seguintes assertivas:

I. Se a pessoa jurídica possuir diversos estabelecimentos em lugares diferentes, será considerado domicílio aquele fixado por último, independentemente do local em que praticado o ato jurídico em análise.

II. Corresponde ao de seu domicílio, o lugar onde for encontrada a pessoa natural que não tenha residência habitual.

III. Nos contratos escritos, poderão os contratantes especificar domicílio onde se exercitem e cumpram os direitos e obrigações deles resultantes.

IV. A prova da intenção de alteração de domicílio corresponde ao que declarar a pessoa a seu cônjuge, descendente ou ascendente, se outra coisa não houver sido dita quando da própria mudança, com as circunstâncias que a acompanharem.

Quais estão corretas?

(A) Apenas I e IV.
(B) Apenas II e III.
(C) Apenas III e IV.
(D) Apenas I, II e III.
(E) Apenas I, II e IV.

I: incorreta, pois tendo a pessoa jurídica diversos estabelecimentos em lugares diferentes, cada um deles será considerado domicílio para os atos nele praticados (art. 75, §1º CC); II: correta (art. 73 CC); III: correta (art. 78 CC); IV: incorreta, pois a prova da intenção resultará do que declarar a pessoa às *municipalidades* (e não ao cônjuge, descendente ou ascendente) dos lugares, que deixa, e para onde vai, ou, se tais declarações não fizer, da própria mudança, com as circunstâncias que a acompanharem (art. 74 parágrafo único CC). Logo, a alternativa correta é a letra B.

(Delegado/MG – 2018 – FUMARC) Amanda tem 15 anos de idade. Mateus, por deficiência mental, não tem o necessário discernimento para a prática pessoal dos atos da vida civil. Tício é excepcional, sem desenvolvimento mental completo.

De acordo com o Código Civil e o Estatuto da Pessoa com Deficiência, considera(m)-se absolutamente incapaz(es) de exercer, pessoalmente, os atos da vida civil:

(A) Amanda e Mateus.
(B) Amanda.
(C) Mateus e Tício.
(D) Mateus.

A: incorreta, pois a ausência de discernimento por deficiência mental gera incapacidade relativa (art. 4º, III CC). Logo, Mateus é relativamente incapaz; B: correta, pois a única hipótese de absolutamente incapaz no CC é a de menores de 16 anos (art. 3º CC); C: incorreta, pois Mateus e Tício são relativamente incapazes, nos termos do art. 4º, III CC; D: incorreta, pois Mateus é relativamente incapaz, conforme art. 4º, III CC.

(Delegado/MG – 2018 – FUMARC) Considere as seguintes afirmativas a respeito do domicílio da pessoa natural:

I. Tem como regra geral o lugar onde a pessoa estabelece a sua residência com ânimo definitivo.

II. Considera-se também como domicílio da pessoa natural, quanto às relações concernentes à profissão, o lugar onde esta é exercida.

III. Se houver exercício da profissão em lugares diversos, o local da contratação constituirá domicílio para as relações que lhe corresponderem.

IV. Muda-se o domicílio, transferindo a residência, com a intenção manifesta de o mudar. A prova da intenção resultará do que declarar a pessoa às municipalidades dos lugares, que deixa, e para onde vai, ou, se tais declarações não fizer, da própria mudança, com as circunstâncias que a acompanharem.

Estão CORRETAS apenas as afirmativas:

(A) I, II e III.
(B) I, II e IV.
(C) I, III e IV.
(D) II, III e IV.

I: correta (art. 70 CC); II: correta (art. 72 *caput* CC); III: incorreta, pois se a pessoa exercitar profissão em lugares diversos, cada um deles constituirá domicílio para as relações que lhe corresponderem (art. 72, parágrafo único CC). O local da contratação não é relevante; IV: correta (art. 74CC).

(Delegado/GO – 2017 – CESPE) No que concerne à pessoa natural, à pessoa jurídica e ao domicílio, assinale a opção correta.

(A) Sendo o domicílio o local em que a pessoa permanece com ânimo definitivo ou o decorrente de imposição normativa, como ocorre com os militares, o domicílio contratual é incompatível com a ordem jurídica brasileira.

(B) Conforme a teoria natalista, o nascituro é pessoa humana titular de direitos, de modo que mesmo o natimorto possui proteção no que concerne aos direitos da personalidade.

(C) De acordo com o Código Civil, deve ser considerado absolutamente incapaz aquele que, por enfermidade ou deficiência mental, não possuir discernimento para a prática de seus atos.

(D) A ocorrência de grave e injusta ofensa à dignidade da pessoa humana configura o dano moral, sendo desnecessária a comprovação de dor e sofrimento para o recebimento de indenização por esse tipo de dano.

(E) Na hipótese de desaparecimento do corpo de pessoa em situação de grave risco de morte, como, por exemplo, no caso de desastre marítimo, o reconhecimento do óbito depende de prévia declaração de ausência.

A: incorreta, pois o Código autoriza que "os contratantes especificar domicílio onde se exercitem e cumpram os direitos e obrigações deles resultantes" (CC, art. 78); B: incorreta, pois a teoria natalista sustenta que a personalidade tem início com o nascimento e não com a concepção, conforme a teoria concepcionista; C: incorreta, pois apenas o menor de dezesseis anos é absolutamente incapaz (CC, art. 3º); D: correta, pois o STJ tem entendimento no sentido de que: "Dispensa-se a comprovação de dor e sofrimento, sempre que demonstrada a ocorrência de ofensa injusta à dignidade da pessoa humana" (REsp 1337961/RJ, Rel. Ministra Nancy Andrighi, Terceira Turma, julgado em 03/04/2014, DJe 03/06/2014); E: incorreta, pois nos casos de ser "extremamente provável a morte de quem estava em perigo de vida"; o Código Civil dispensa a prévia declaração de ausência (CC, art. 7º).

(Delegado/MS – 2017 – FAPEMS) No que se refere à pessoa natural, é correto afirmar que

(A) o incapaz responde pelos prejuízos que causar, se as pessoas por ele responsáveis não tiverem obrigação de fazê-lo ou não dispuserem de meios suficientes. Não obstante a regra da responsabilidade solidária entre os pais, emanada do inciso I, do artigo 932 do Código Civil, o Superior Tribunal de Justiça já decidiu que a mãe que, à época do acidente provocado por seu filho menor de idade, residia permanentemente em local distinto daquele no qual morava o menor – sobre quem apenas o pai exercia autoridade de fato –, não pode ser responsabilizada pela reparação civil advinda do ato ilícito, mesmo considerando que ela não deixou de deter o poder familiar sobre o filho.

(B) o artigo 2º do Código Civil disciplina a tutela jurídica do nascituro. Por consenso da doutrina jurídica, citado dispositivo legal, é perfeitamente aplicável ao embrião.

(C) são absolutamente incapazes de exercerem pessoalmente os atos da vida civil aqueles que, por causa transitória ou permanente, não puderem exprimir sua vontade. Nessa hipótese legal, a incapacidade opera-se automaticamente, sendo desnecessário o processo de interdição.

(D) o Código Civil estabelece que a pessoa com deficiência não poderá testemunhar, salvo se assegurados todos os recursos de tecnologia assistiva.

(E) o nascituro não tem direito a compensação por danos morais decorrentes da morte de seu genitor vítima de acidente de trabalho. Aliás, esse entendimento adotado pelo Superior Tribunal de Justiça coincide com a teoria natalista, adotada pelo Código Civil e pelo ministro relator da ADI n. 3.510/DF [Lei da Biossegurança].

A: Correta. A terceira turma do STJ decidiu no sentido de que a mãe que vive em cidade diversa do filho menor de idade e que, portanto, não possui uma autoridade de fato cotidiana, não pode ser responsabilizada pelos atos deste. REsp 1.232.011-SC, Rel. Min. João Otávio de Noronha, julgado em 17/12/2015; B: incorreta, pois o nascituro é o ser concebido que se encontra no ventre materno. O embrião ostenta disciplina jurídica própria, especialmente no art. 1.597 do Código Civil; C: incorreta, pois tais pessoas são relativamente incapazes (CC, art. 4º, III); D: incorreta, pois o art. 228, § 2º, do Código Civil dispõe que: "A pessoa com deficiência poderá testemunhar em igualdade de condições com as demais pessoas, sendo-lhe assegurados todos os recursos de tecnologia assistiva"; E: incorreta, pois o STJ entendeu que há indenização nesse caso (REsp 931.556/RS, Rel. Ministra Nancy Andrighi, Terceira Turma, julgado em 17/06/2008, DJe 05/08/2008). A teoria natalista apenas sustenta que a personalidade tem início com o nascimento, não se excluindo eventuais direitos ao nascituro. Por fim, a ADI 3.510 – julgada improcedente – visava a declaração de inconstitucionalidade da Lei 11.105, de 24 de março de 2005, a qual dispõe sobre a utilização de células-troncos embrionárias obtidas de embriões humanos decorrentes de fertilização *in vitro* visando pesquisas e terapias. GN
Gabarito: "A".

(Delegado/PE – 2016 – CESPE) Com base nas disposições do Código Civil, assinale a opção correta a respeito da capacidade civil.

(A) Os pródigos, outrora considerados relativamente incapazes, não possuem restrições à capacidade civil, de acordo com a atual redação do código em questão.

(B) Indivíduo que, por deficiência mental, tenha o discernimento reduzido é considerado relativamente incapaz.

(C) O indivíduo que não consegue exprimir sua vontade é considerado absolutamente incapaz.

(D) Indivíduos que, por enfermidade ou deficiência mental, não tiverem o necessário discernimento para a prática dos atos da vida civil são considerados absolutamente incapazes.

(E) Somente os menores de dezesseis anos de idade são considerados absolutamente incapazes pela lei civil.

A: incorreta, pois os pródigos são considerados relativamente incapazes (art. 4º, IV, do CC); B: incorreta, pois o Estatuto da Pessoa com Deficiência (Lei 13.146/2015) retirou essa hipótese de incapacidade relativa do art. 4º do CC; C: incorreta, pois o Estatuto da Pessoa com Deficiência (Lei 13.146/2015) retirou essa hipótese de incapacidade absoluta do art. 3º do CC; D: incorreta, pois o Estatuto da Pessoa com Deficiência (Lei 13.146/2015) retirou essa hipótese de incapacidade absoluta do art. 3º do CC; E: correta (art. 3º do CC, com a nova redação deste com o advento do Estatuto da Pessoa com Deficiência (Lei 13.146/2015). WG
Gabarito "E".

(Delegado/DF – 2015 – Fundação Universa) No que diz respeito ao regime jurídico da pessoa natural, da pessoa jurídica, dos direitos de personalidade e a temas correlatos, assinale a alternativa correta conforme disposto no Código Civil e na jurisprudência do STJ.

(A) Caso uma pessoa jurídica condenada a indenizar dano moral reconhecido em decisão judicial não efetue o pagamento da quantia arbitrada pelo juiz, os efeitos de certas e determinadas relações de obrigações serão, automaticamente, estendidos aos bens particulares de seus administradores ou sócios.

(B) Pessoas jurídicas não gozam de proteção quanto aos direitos de personalidade.

(C) Muito embora o nome, nele compreendidos o prenome e o sobrenome, goze de proteção legal contra seu emprego em publicações que o exponha ao desprezo público, ainda quando não haja intenção difamatória, não existe, no ordenamento jurídico brasileiro, previsão legal expressa de extensão dessa proteção ao pseudônimo adotado para atividades lícitas.

(D) Pessoas públicas e notórias não deixam, só por isso, de ter o resguardo de direitos da personalidade.

(E) A proibição da utilização ou da exposição da imagem de uma pessoa, sem autorização prévia, restringe-se aos casos de destinação comercial da publicação.

A: incorreta, pois a desconsideração da personalidade jurídica depende, em matéria regida pelo Direito Civil, do preenchimento dos requisitos legais previstos no art. 50 do CC; B: incorreta, pois gozam dessa proteção no que couber (art. 52 do CC); C: incorreta, pois existe tal proteção (art. 19 do CC); D: correta, pois esse direito é um direito de qualquer pessoa natural; o que acontece é que, em certos casos, a pessoa pública pode diminuir voluntariamente a sua esfera personalíssima (por exemplo, quando um cantor está se apresentando em uma praça pública), hipótese em que a proteção à sua imagem, desde que não se explore comercialmente a sua imagem sem sua autorização, recebe um contorno um pouco diferente da proteção da sua mesma imagem em situação diversa (trocando de roupa, por exemplo), como quando está no interior de sua casa num momento absolutamente privado; no primeiro caso publicar imagens da pessoa em seu show certamente é algo lícito, ao passo que no segundo caso (a publicação da imagem de uma pessoa pública trocando de roupa em sua casa) certamente se tem algo ilícito; E: incorreta, pois tal proteção também se dá em situações em que se está expondo indevidamente a intimidade e a vida privada da pessoa, por exemplo.

Gabarito "D".

(Delegado/PR – 2013 – UEL-COPS) Acerca da capacidade civil das Pessoas Naturais, como previsto na Lei Civil, assinale a alternativa correta.

(A) A emancipação por concessão do pai, da pessoa menor de 18 anos e maior de 16, pode ocorrer desde que seja em decorrência de sentença judicial, caso em que se dispensa a oitiva da mãe.

(B) A emancipação por concessão do pai, faz cessar a menoridade, o que pode ocorrer mediante a lavratura de escritura pública, independentemente de homologação judicial.

(C) A emancipação da pessoa menor de 18 anos e maior de 16, que decorrente de orfandade foi posta sob tutela, dar-se-á mediante sentença judicial, com a necessária manifestação do tutor.

(D) A mulher solteira, viúva ou divorciada, que deixou de conviver com o pai de seu filho menor, poderá promover sua emancipação, desde que este esteja registrado em nome dos dois, mediante instrumento público a ser homologado judicialmente.

(E) Quem tem ao menos 16 anos e se mantém por economia própria, em decorrência de relação de emprego, pode requerer judicialmente sua emancipação, com a prova de sua alegação.

A: incorreta, pois a emancipação voluntária concedida pelos pais independe de autorização do MP ou de homologação do juiz (CC, art. 5º, parágrafo único, I); **B:** incorreta, pois a emancipação traz capacidade e não maioridade, a qual só se adquire aos dezoito anos (CC, art. 5º). Mesmo emancipado (e, portanto, capaz) o sujeito continua com dezesseis anos e não pode, inclusive, praticar atos aos quais a lei exigiu idade, como conduzir veículo automotor, comprar bebidas alcoólicas, etc.; **C:** correta, pois para os casos de menor sob tutela, a lei exige a sentença judicial a fim de que a emancipação produz seus efeitos (CC, art. 5º, parágrafo único, I); **D:** incorreta, pois a mãe poderá – na falta do pai – conceder sozinha a emancipação voluntária, sem necessidade de homologação do juiz (CC, art. 5º, parágrafo único, I); **E:** incorreta, pois tal pedido só poderá ser feito com dezesseis anos (CC, art. 5º, parágrafo único, V).

Gabarito "C".

(Delegado/RJ – 2013 – FUNCAB) No que tange à disciplina dos direitos da personalidade no Código Civil, assinale a alternativa INCORRETA.

(A) Salvo por exigência médica, é defeso o ato de disposição do próprio corpo, quando importar diminuição permanente da integridade física, ou contrariar os bons costumes.

(B) Pode a pessoa ser constrangida a submeter-se, com risco de vida, a tratamento médico ou à intervenção cirúrgica.

(C) O nome da pessoa não pode ser empregado por outrem em publicações ou representações que a exponham ao desprezo público, ainda quando não haja intenção difamatória.

(D) Salvo se autorizadas, ou se necessárias à administração da justiça ou à manutenção da ordem pública, a divulgação de escritos, a transmissão da palavra, ou a publicação, a exposição ou a utilização da imagem de uma pessoa poderão ser proibidas, a seu requerimento e sem prejuízo da indenização que couber, se lhe atingirem a honra, a boa fama ou a respeitabilidade, ou se se destinarem a fins comerciais.

(E) A vida privada da pessoa natural é inviolável, e o juiz, a requerimento do interessado, adotará as providências necessárias para impedir ou fazer cessar ato contrário a esta norma.

A: correta, pois a assertiva reproduz regra estabelecida pelo art. 13 do CC; **B:** incorreta, devendo ser assinalada, pois: "Ninguém pode ser constrangido a submeter-se, com risco de vida, a tratamento médico ou a intervenção cirúrgica" (CC, art. 15); **C, D, E:** corretas, pois as assertivas reproduzem o disposto respectivamente nos arts. 17, 20 e 21 do Código Civil.

Gabarito "B".

(Delegado de Polícia/GO – 2013 – UEG) O Código Civil apresentou inovações acerca do estudo do domicílio da pessoa natural. Diante do exposto, verifica-se que

(A) o domicílio dos representados é aquele fixado pela vontade do representante legal, regulado em prol do exercício da autonomia privada, não sendo necessariamente o mesmo do representante legal.

(B) a concepção de domicílio relaciona-se com conceitos pertinentes ao conceito de residência e ao conceito de moradia, sendo este conceito de moradia próprio do direito subjetivo, constituído pelo estabelecimento da pessoa.

(C) o domicílio é o local físico, podendo ser mais de um, ou podendo ser alterado, e tal conceito, previsto no Código Civil, é também aplicável no caso do servidor público correlacionado com o domicílio necessário.

(D) é domicílio de uma pessoa que não tenha residência física o local em que ela for encontrada, ou seja, o lugar de sua habitação ou moradia.

A: incorreta, pois o domicílio do incapaz é o do seu representante (art. 76, parágrafo único, do CC); **B:** incorreta, pois o domicílio apresenta um importante elemento subjetivo, que é a intenção de permanecer. O domicílio é o lugar de onde a pessoa sai com intenção de retornar. É a residência com ânimo definitivo (art. 70 do CC); **C:** incorreta, pois domicílio é a soma do elemento objetivo residência com o elemento subjetivo de permanência e estabilidade; **D:** correta, pois de pleno acordo com o art. 73 do CC. Nesse sentido, interessante julgado do Tribunal de Justiça de São Paulo: "Citação de empresa circense. Não se confundem as personalidades jurídicas da empresa com as dos seus sócios individualmente. Correto o ajuizamento da ação e a citação do circo no lugar onde foi encontrado, independentemente de seu sócio responsável ser domiciliado em outro lugar" (ext. 1º TACIV-SP, 7ª Câm., Ag 652.776-4, rel. Juiz Carlos Renato, julgado em 06.02.1996).

Gabarito "D".

(Delegado/AL – 2012 – CESPE) Com base no que dispões a Lei de Introdução às Normas do Direito Brasileiro (LINDB) e Direito Civil, julgue o item subsecutivo.

(1) A personalidade civil começa com o nascimento com vida, mas os direitos do nascituro estão sujeitos a uma condição resolutiva, ou seja, são direitos eventuais; esse conceito refere-se à teoria da personalidade condicional.

1: incorreta, o artigo 2º do Código Civil adotou a teoria natalista quanto ao momento do início da personalidade jurídica dos seres humanos. Quanto ao nascituro, seus direitos ficam sujeitos a uma condição suspensiva.

Gabarito 1E.

(Delegado/GO – 2003 – UEG) Em tema de morte presumida, é CORRETO afirmar:

(A) Sem decretação de ausência, não pode ser declarada a morte presumida.
(B) Somente pode ser declarada a morte presumida após decorridos dois anos da decretação da ausência.
(C) Se a pessoa estava em perigo de vida, a morte presumida pode ser declarada após um ano da decretação da ausência.
(D) Pode ser declarada a morte presumida sem a decretação de ausência.

A: incorreta, a morte presumida pode ser declarada sem decretação de ausência (na hipótese do art. 7º do CC) ou com decretação de ausência (na hipótese do art. 22 e seguintes do CC); B: incorreta, a declaração da morte presumida do ausente é possível, em regra, após dez anos depois de passada em julgado a sentença que concedeu a abertura da sucessão provisória (art. 37 do CC); C: incorreta, a morte presumida de pessoa que se encontrava em situação de perigo de vida (ex: catástrofe) é declarada sem decretação de ausência e não depende de prazo (art. 7º do CC); D: correta, pois de acordo com o artigo 7º, *caput*, do CC, é possível a declaração de morte presumida sem a decretação de ausência.
Gabarito "D".

(Delegado/GO – 2003 – UEG) O Código Civil preceitua no seu art. 12, que "se pode exigir que cesse a ameaça ou a lesão, a direito da personalidade, e reclamar perdas e danos, sem prejuízo de outras sanções previstas em lei".

Em caso de morte, tem legitimação para requerer a medida prevista no artigo citado

(A) o cônjuge sobrevivente e os demais descendentes.
(B) o cônjuge sobrevivente, qualquer parente em linha reta e colateral até o terceiro grau.
(C) o cônjuge sobrevivente, qualquer parente em linha reta e colateral até quarto grau.
(D) o cônjuge sobrevivente, qualquer parente em linha reta e o colateral em segundo grau.

Nos termos do artigo 12, parágrafo único, do CC, em se tratando de morto, terá legitimação para requerer as medidas previstas no *caput*, o cônjuge sobrevivente, ou qualquer parente em linha reta, ou colateral até o quarto grau. Como o enunciado da questão exigiu o conteúdo do dispositivo legal os legitimados são apenas as pessoas indicadas acima. Caso a questão indagasse sobre o entendimento doutrinário acerca do tema poderia ser incluído o companheiro, por analogia ao cônjuge.
Gabarito "C".

(Delegado/MG – 2006) Considerando os dispositivos do Código Civil em vigor sobre os direitos da personalidade, assinale a alternativa INCORRETA:

(A) Com exceção dos casos previstos em lei, os direitos da personalidade são intransmissíveis e irrenunciáveis, não podendo o seu exercício sofrer limitação voluntária.
(B) É valida, com o objetivo científico, ou altruístico, a disposição gratuita do próprio corpo, no todo ou em parte, para depois da morte, sendo tal ato irrevogável.
(C) Salvo por exigência médica, é defeso o ato de disposição do próprio corpo, quando importar diminuição permanente da integridade física, ou contraria os bons costumes
(D) Ninguém pode ser constrangido a submeter-se, com risco de vida, a tratamento médico ou a intervenção cirúrgica.

A: correta, a alternativa reproduziu *ipsis litteris* o conteúdo do artigo 11 do Código Civil. Além das características apontadas, os direitos da personalidade também são considerados inatos, imprescritíveis, vitalícios, inexpropriáveis, extrapatrimoniais e relativamente disponíveis; B: incorreta, em vida o ser humano pode determinar que após a morte seu o corpo seja doado para fins de pesquisa ou transplantes. Essa manifestação de vontade da doação *post mortem* **pode ser revogada** a qualquer momento (artigo 14, *caput* e parágrafo único); C: correta, está conforme a redação do artigo 13 do CC; D: correta, está de acordo com o artigo 15 do CC.
Gabarito "B".

(Delegado/PI – 2009 – UESPI) João Roberto, policial civil, ao sair do trabalho e ainda diante da delegacia onde era lotado, deparou-se na rua, com uma discussão entre dois motoristas por causa de uma vaga de estacionamento. Um deles, mais exaltado, saca uma arma e atira, atingindo em cheio o coração de João Roberto, que vem a falecer no mesmo momento, deixando esposa e dois filhos menores. Identificado o assassino, o irmão de João Roberto move contra ele, uma ação de indenização. Quanto ao fato, aponte a afirmativa correta.

(A) Ao regular os direitos da personalidade, o Código Civil admitiu expressamente as perdas e os danos em caso de lesão. No entanto, em se tratando de morto que tenha deixado cônjuge sobrevivente, caberá apenas a este, a legitimidade para pleiteá-los.
(B) Ao regular os direitos da personalidade, o Código Civil admitiu expressamente as perdas e os danos em caso de lesão. No entanto, em se tratando de morto que tenha deixado filhos menores, apenas estes, representados pela mãe, terão legitimidade para pleiteá-los.
(C) É perfeitamente cabível tal ação, tendo em vista que, ao regular os direitos da personalidade, o Código Civil admitiu expressamente as perdas e os danos, em caso de lesão e, em se tratando de morto, terá legitimação para requerer tal medida, o cônjuge sobrevivente, ou qualquer parente em linha reta, ou colateral até o quarto grau.
(D) Como a vida se trata de um direito da personalidade, que, por sua essência é intransferível, compete apenas ao seu titular qualquer medida que vise proteger tal interesse. Assim, em caso de morte, ante a impossibilidade do *de cujus* de mover qualquer ação, não se pode entender que qualquer parente ou cônjuge o faça.
(E) Não se admite, no Brasil, qualquer ação para defender direitos da personalidade. Apenas os interesses patrimoniais poderão ser discutidos judicialmente.

A, B e D: incorretas, pois em se tratando de morto, terá legitimação para requerer a medida prevista neste artigo o cônjuge sobrevivente, *ou qualquer parente em linha reta, ou colateral até o quarto grau* (art. 12, parágrafo único, do CC); C: correta, pois a alternativa reflete o disposto no art. 12, parágrafo único, do CC; E: incorreta (art. 12, *caput*, do CC).
Gabarito "C".

(Delegado/RN – 2009 – CESPE) Acerca de domicílio, segundo o direito civil, assinale a opção correta.

(A) Na hipótese de João e Pedro celebrarem contrato escrito, eles poderão especificar domicílio onde se exercitem e cumpram os direitos e obrigações dele resultante.

(B) O domicílio necessário do preso é o lugar em que for preso.
(C) Se determinada pessoa for servidora pública, ela não terá domicílio necessário.
(D) Quando determinada pessoa tiver diversas residências, ela não terá domicílio.
(E) Residência é o local onde a pessoa vive com ânimo definitivo.

A: correta, a alternativa refere-se ao domicílio de eleição, previsto no artigo 78 do CC; **B:** incorreta, pois o domicílio necessário do preso é o lugar em que cumprir a sentença, não importando o local do fato ou o local em que for preso (art. 76, parágrafo único, do CC); **C:** incorreta, pois além do domicílio natural o servidor público também tem domicílio necessário: o lugar em que exercer permanentemente suas funções (art. 76, parágrafo único, do CC); **D:** incorreta, pois quando determinada pessoa tiver várias residências considerar-se-á domicílio seu qualquer delas (art. 71 do CC); **E:** incorreta, pois a alternativa trata do conceito de domicílio. Residência é o local onde a pessoa se estabelece de forma habitual, é um simples **estado de fato** que integra o conceito de domicílio (art. 70 do CC).
Gabarito "A".

(Delegado/SP – 2003) O preso terá por domicílio necessário
(A) o lugar onde estabeleceu sua residência com ânimo definitivo.
(B) o lugar onde seus familiares possam ser encontrados.
(C) o lugar em que cumprir a sentença.
(D) a sede do Juízo da Execução Penal.

Nos termos do artigo 76, parágrafo único, do CC, o preso tem por domicílio necessário, também denominado como domicílio legal, o lugar em que cumprir a sentença.
Gabarito "C".

(Delegado/RJ – 2022 – CESPE/CEBRASPE) Acerca dos direitos fundamentais, à luz do direito civilista, assinale a opção correta.

(A) De acordo com Código Civil Brasileiro, seja qual for a circunstância, cada pessoa tem a liberdade para dispor do próprio corpo do modo que bem desejar, tanto por meio de mutilações quanto por qualquer forma de diminuição permanente da integridade física.
(B) Com exceção dos casos previstos em lei, os direitos da personalidade são irrenunciáveis e poderão ser transmitidos, caso o seu exercício sofra limitação voluntária.
(C) Os direitos da personalidade são direitos essenciais à dignidade e integridade e dependem da capacidade civil da pessoa, podendo ser citados os direitos à vida, liberdade, privacidade e intimidade.
(D) Abstratamente, os direitos fundamentais, entre os quais o direito da personalidade, sempre terão grau de importância entre si, independentemente da análise do caso em concreto.
(E) Ao tratar da proteção à integridade física e do direito ao próprio corpo, o Código Civil Brasileiro traz a possibilidade de recusa em submeter-se a tratamento ou intervenção médica em situações em que o procedimento demonstre risco à vida da pessoa.

A: incorreta, pois salvo por exigência médica, é defeso o ato de disposição do próprio corpo, quando importar diminuição permanente da integridade física, ou contrariar os bons costumes (art. 13, *caput* do CC); **B:** incorreta, pois com exceção dos casos previstos em lei, os direitos da personalidade são intransmissíveis e irrenunciáveis, não podendo o seu exercício sofrer limitação voluntária (art. 11 do CC); **C:** incorreta, pois o os direitos da personalidade não dependem da capacidade civil da pessoa, pois os incapazes por exemplo possuem direitos da personalidade (arts. 3º e 4º do CC), assim como o nascituro (art. 2º do CC). Neste sentido colaciona-se posicionamento do STJ que entendeu que o nascituro pode sofrer dano moral: nascituro também pode sofrer dano moral: "Primeiramente, ressalte-se o inequívoco avanço, na doutrina, assim como na jurisprudência, acerca da proteção dos direitos do nascituro. A par das teorias que objetivam definir, com precisão, o momento em que o indivíduo adquire personalidade jurídica, assim compreendida como a capacidade de titularizar direitos e obrigações (em destaque, as teorias natalista, da personalidade condicional e a concepcionista), é certo que o nascituro, ainda que considerado como realidade jurídica distinta da pessoa natural, é, igualmente, titular de direitos da personalidade (ao menos, reflexamente). Os direitos da personalidade, por sua vez, abrangem todas as situações jurídicas existenciais que se relacionam, de forma indissociável, aos atributos essenciais do ser humano. Segundo a doutrina mais moderna sobre o tema, não há um rol, uma delimitação de tais direitos. Tem-se, na verdade, uma cláusula geral de tutela da pessoa humana, que encontra fundamento no princípio da dignidade da pessoa humana, norteador do Estado democrático de direito". (REsp 1.170.239); **D:** incorreta, pois o grau de importância destes direitos fundamentais depende da análise do caso em concreto, é o que entende o STJ: "Assim, a retrocitada cláusula geral permite ao magistrado, com esteio no princípio da dignidade da pessoa humana, conferir, em cada caso concreto, proteção aos bens da personalidade, consistentes na composição da integridade física, moral e psíquica do indivíduo, compatível com o contexto cultural e social de seu tempo". (REsp 1.170.239); **E:** correta (art. 15 do CC). **GR**
Gabarito "E".

2.2. Pessoas jurídicas

(Delegado/DF – 2015 – Fundação Universa) No que diz respeito ao domicílio das pessoas naturais e jurídicas, assinale a alternativa correta.

(A) A pessoa jurídica tem domicílio no lugar onde funcionarem as respectivas diretorias e administrações, ou em domicílio especial especificado no seu estatuto ou em atos constitutivos, não havendo autorização legal para que a pessoa jurídica tenha mais de um domicílio.
(B) É nula a cláusula contratual de especificação de domicílio nas situações em que os contratantes especificam onde devem ser exercidos e cumpridos direitos e obrigações resultantes do próprio contrato.
(C) Tem o preso domicílio necessário na localidade onde cumprir a sentença penal.
(D) O domicílio da pessoa natural, mesmo no que se refere às relações concernentes à profissão, é o lugar onde ela estabelece a sua residência com ânimo definitivo.
(E) Somente se prova a intenção manifesta de mudar, para fins de modificação do domicílio, pela própria mudança, com as circunstâncias que a acompanharem.

A: incorreta, pois "tendo a pessoa jurídica diversos estabelecimentos em lugares diferentes, cada um deles será considerado domicílio para os atos nele praticados" (art. 75, § 1º, do CC); **B:** incorreta, pois "nos contratos escritos, poderão os contratantes especificar domicílio onde se exercitem e cumpram os direitos e obrigações deles resultantes" (art. 78 do CC); **C:** correta (art. 76, *caput* e parágrafo único, do CC); **D:** incorreta, pois "é também domicílio da pessoa natural, quanto às relações concernentes à profissão, o lugar onde esta é exercida" (art. 72, *caput*, do CC); **E:** incorreta, pois a prova da intenção também resultará

"do que declarar a pessoa às municipalidades dos lugares, que deixa, e para onde vai" (art. 74, parágrafo único, do CC).
Gabarito "C".

(Delegado/ES – 2006 – CESPE) Julgue o seguinte item.

(1) Determinada pessoa jurídica de direito privado possui estabelecimentos nos estados do Rio de Janeiro, São Paulo e Minas Gerais. Nesse caso, cada um dos mencionados estabelecimentos é considerado domicílio da pessoa jurídica para fins de atos nele praticados.

1: correta: Assim como as pessoas naturais, as pessoas jurídicas também podem ter pluralidade de domicílios. Neste sentido o artigo 75, § 1º, do CC, dispõe que "tendo a pessoa jurídica diversos estabelecimentos em lugares diferentes, cada um deles será considerado domicílio para os atos nele praticados".
Gabarito 1C.

(Delegado/RN – 2009 – CESPE) Considerando que determinado grupo de pessoas constitua uma associação, assinale a opção correta.

(A) Entre os associados, haverá direitos e obrigações recíprocos.
(B) O estatuto da associação poderá instituir categorias de associados com vantagens especiais.
(C) A exclusão de associado será inadmissível, pois associação não pode excluir associado.
(D) O estatuto da associação não poderá dispor sobre a transmissibilidade da qualidade de associado.
(E) A associação desse grupo de pessoas deverá ter fim estritamente econômico.

A: incorreta, entre os associados não há direitos e obrigações recíprocos (art. 53, parágrafo único, do CC); **B:** correta, está de acordo com o artigo 55 do CC; **C:** incorreta, a exclusão de associado é possível desde que exista justa causa, assim reconhecida em procedimento que assegure direito de defesa e de recurso, nos termos previstos no estatuto (art. 57 do CC); **D:** incorreta, a qualidade de associado é, em regra, intransmissível, mas o estatuto pode dispor em sentido contrário (art. 56 do CC); **E:** incorreta, a associação é uma espécie de pessoa jurídica de direito privado formada pela coletividade de pessoas que só pode ter finalidade não lucrativa (art. 53, caput, do CC).
Gabarito "B".

(Delegado/SP – 1998) São pessoas jurídicas de direito público interno.

(A) as autarquias.
(B) as associações de utilidade pública.
(C) os partidos políticos.
(D) as sociedades religiosas.

A: correta (art. 41, IV, do CC); **B:** incorreta, pois estas são pessoas de direito privado (art. 44, I, do CC); não se deve confundir as "associações de utilidade pública" com as "associações públicas"; estas são pessoas de direito público (art. 41, IV, do CC); **C:** incorreta, pois estas são pessoas de direito privado (art. 44, V, do CC); **D:** incorreta, pois estas são pessoas de direito privado (art. 44, IV, do CC).
Gabarito "A".

2.3. Bens

(Delegado/RS – 2018 – FUNDATEC) Conforme disciplina normativa do Código Civil brasileiro, NÃO são bens públicos:

(A) Os dominicais, ainda que alienáveis.
(B) Os de uso especial destinados a autarquias.
(C) Os terrenos destinados a serviços da administração territorial ou municipal.
(D) Os bens sujeitos a usucapião.
(E) Os dominicais, quando objeto de direito pessoal de entidades de direito público.

A: incorreta, pois os bens dominicais ainda que alienáveis são bens públicos (art. 99, III e 101 CC); **B:** incorreta, pois os bens de uso especial destinados a autarquias são bens públicos nos termos do art. 99, II CC; **C:** incorreta, pois os terrenos destinados a serviços da administração territorial ou municipal são bens públicos, nos termos do art. 99, II CC; **D;** correta (art. 102 CC); **E:** incorreta, pois os bens dominicais, quando objeto de direito pessoal de entidades de direito público são considerados bens públicos conforme art. 99, III CC.
Gabarito "D".

(Delegado/MG – 2018 – FUMARC) De acordo com o disposto no Código Civil a respeito dos bens, é CORRETO afirmar:

(A) A lei não pode determinar a indivisibilidade do bem, pois esta característica decorre da natureza da coisa ou da vontade das partes.
(B) A regra de que o acessório segue o principal tem inúmeros efeitos, entre eles, a presunção absoluta de que o proprietário da coisa principal também seja o dono do acessório.
(C) Para os efeitos legais, considera-se bem imóvel o direito à sucessão aberta.
(D) Pertenças são obras feitas na coisa ou despesas que se teve com ela, com o fim de conservá-la, melhorá-la ou embelezá-la.

A: incorreta, pois os bens naturalmente divisíveis podem tornar-se indivisíveis por determinação da lei ou por vontade das partes (art. 88 CC); **B:** incorreta, pois a presunção é relativa Existe um princípio geral do Direito Civil que reza que o bem acessório segue o principal, salvo disposição especial em contrário – princípio da gravitação jurídica. De acordo com Flávio Tartuce: " Tal regra estava prevista no art. 59 do CC/16 e apesar de não reproduzida no Código Civil de 2002 continua tendo aplicação direta, como princípio geral do Direito Civil brasileiro, retirado de forma presumida da análise de vários dispositivos da atual codificação. Com um desses comandos, pode ser aplicado o art. 92 do Código, que em sua parte final enuncia que o bem acessório é "aquele cuja existência supõe a do principal". (TARTUCE, Flávio, Manual de Direito Civil – vol. Único, 7ª ed, Método, p. 207). Logo, não dá dizer que sempre o acessório segue o principal e portanto não dá para afirmar que sempre o proprietário da coisa principal também será o da coisa acessória; **C:** correta (art. 80, II CC); **D:** incorreta, pois são pertenças os bens que, não constituindo partes integrantes, se destinam, de modo duradouro, ao uso, ao serviço ou ao aformoseamento de outro (art. 93 CC).
Gabarito "C".

(Delegado/SP – 2014 – VUNESP) Com relação aos bens públicos, é correto afirmar que

(A) os de uso especial e os dominicais são inalienáveis, inadmitindo desafetação.
(B) podem ser de uso gratuito ou retribuído, conforme disposição legal.
(C) os rios, mares, ruas e praças constituem bens de uso especial.
(D) os de uso especial são aqueles bens públicos revestidos de estrutura de direito privado.
(E) apenas os dominicais estão sujeitos à usucapião.

A: incorreta, pois os bens dominicais (ou dominiais) fazem parte do acervo patrimonial do Estado, podendo ser alienados de acordo com as regras do Direito Administrativo; **B:** correta, pois o "uso comum dos bens públicos pode ser gratuito ou retribuído, conforme for estabelecido legalmente pela entidade a cuja administração pertencerem" (CC, art. 103); **C:** incorreta, pois tais bens são claramente exemplos de bens de uso comum do povo (CC, art. 99, I); **D:** incorreta, pois tal estrutura não é característica dos bens de uso especial; **E:** incorretas, pois nenhum bem público está sujeito à usucapião (CC, art. 102 e CF, arts. 183 § 3º e 191 parágrafo único).
Gabarito "B".

(Delegado/PR – 2013 – UEL-COPS) Sobre as diferentes classes de bens previstas no Código Civil, considere as afirmativas a seguir.

I. São bens imóveis os direitos reais sobre imóveis, as ações que os asseguram, a sucessão aberta e os materiais provisoriamente separados de um prédio, para nele se reempregarem.

II. Constitui universalidade de fato a pluralidade de bens singulares que, pertinentes à mesma pessoa, tenham destinação unitária. Esses bens podem ser objeto de relações jurídicas próprias.

III. O uso comum dos bens públicos pode ser gratuito ou mediante retribuição, conforme for estabelecido legalmente pela entidade a cuja administração pertencerem.

IV. Os bens públicos dominicais são insuscetíveis de cessão, doação, constituição de garantia e alienação. Por serem essenciais ao serviço público, seu uso por particular deve ser temporário e mediante remuneração.

Assinale a alternativa correta.

(A) Somente as afirmativas I e II são corretas.
(B) Somente as afirmativas I e IV são corretas.
(C) Somente as afirmativas III e IV são corretas.
(D) Somente as afirmativas I, II e III são corretas.
(E) Somente as afirmativas II, III e IV são corretas.

I: correta, pois a assertiva indica bens que estão enumerados como imóveis pelo CC (arts. 80 e 81); **II:** correta, pois de pleno acordo com a regra estabelecida pelo art. 90 do CC; **III:** correta, pois de pleno acordo com a regra do art. 103 do CC; **IV:** incorreta, pois os bens dominicais (ou dominiais) fazem parte do acervo patrimonial do Estado, podendo ser alienados de acordo com as regras do Direito Administrativo.
Gabarito "D".

(Delegado de Polícia/GO – 2013 – UEG) Na parte geral do Código Civil, em relação ao estudo dos bens, tem-se que:

(A) sabe-se que a indivisibilidade convencional é aplicada aos condôminos, sendo possível a estes responderem pelo quinhão de cada um, é ilícito o cabimento legal de cláusula pontuando acerca da indivisibilidade da coisa comum por prazo não maior de cinco anos, suscetível de prorrogação ulterior.

(B) bens infungíveis são aqueles denominados bens personalizados ou individualizados, sendo considerados pela lei e pela doutrina também como bens imóveis, observando que, no caso do estudo dos bens complexos infungíveis, são considerados, também, os bens móveis como bens que não podem ser substituídos.

(C) o Código Civil trata de várias modalidades de bens, sendo que, nas classificações quanto à fungibilidade e consuntibilidade, essas se confundem, pois o critério adotado por nosso ordenamento jurídico leva em conta o estudo da consuntibilidade física ou de fato.

(D) bens coletivos, assim como os bens compostos, são aqueles constituídos por várias coisas singulares, consideradas em conjunto e formando um todo individualizado, podendo decorrer de uma união fática ou jurídica.

A: incorreta, pois é lícita a cláusula que determina a indivisibilidade da coisa comum por prazo não maior do que cinco anos, suscetível de prorrogação (art. 1.320, § 1º, do CC); **B:** correta, pois os bens imóveis são sempre infungíveis, ao passo que os móveis são infungíveis quando não puderem ser substituídos por outros da mesma espécie, qualidade e quantidade (art. 85, CC); **C:** incorreta. Não há confusão nos critérios de fungibilidade e consuntibilidade. Aquele diz respeito a coisas que não se substituem, ao passo que este trata de bens que – uma vez utilizados – se destroem, como é o caso de gêneros alimentícios; **D:** incorreta; os conceitos de bens coletivos e de bens compostos não se confundem. A assertiva define os bens coletivos e não os compostos.
Gabarito "B".

(Delegado/AC – 2008 – CESPE) Julgue os seguintes itens, que dizem respeito aos bens.

(1) As pertenças, destinadas a conservar ou a facilitar o uso de outro bem, ou a prestar serviço, ou, ainda, a servir de adorno ao bem principal, apesar de serem bens acessórios, conservam sua individualidade e autonomia, por isso não seguem necessariamente o bem principal.

(2) Os bens divisíveis são os que podem ser repartidos em porções reais e distintas, formando cada uma delas um todo perfeito, sem que isso altere sua substância. A indivisibilidade do bem pode resultar da própria natureza do objeto ou da determinação da lei ou, ainda, da convenção das partes.

1: correta, *pertenças* são os bens que, não constituindo partes integrantes, se destinam, de modo duradouro, ao uso, ao serviço ou ao aformoseamento de outro (ex: os móveis de uma casa). Embora sejam *bens acessórios*, as pertenças excepcionam o princípio da gravitação jurídica, pois não seguem a sorte do principal (arts. 93 e 94 do CC); **2:** correta, os *bens divisíveis* são aqueles que podem ser fracionados e os *indivisíveis* são os que não podem ser fracionados em razão de sua natureza (a divisão afetaria a substância, o valor ou a utilidade da coisa), disposição legal ou contratual (arts. 87 e 88 do CC).
Gabarito 1C, 2C.

(Delegado/AL – 2012 – CESPE) Com relação às pessoas naturais, às pessoas jurídicas e aos bens, julgue o item a seguir.

(1) O princípio da gravitação jurídica é o princípio norteador dos bens reciprocamente considerados.

1: certo, o princípio da gravitação jurídica, também conhecido como princípio da acessoriedade, é a regra pela qual o bem acessório segue a sorte do bem principal (art. 92 do CC).
Gabarito 1C.

(Delegado/AL – 2012 – CESPE) No tocante aos bens públicos, julgue o próximos item.

(1) Os bens públicos, seja qual for a sua destinação, são insuscetíveis de aquisição por meio de usucapião.

1: correta, pois todos os bens públicos são insuscetíveis de aquisição pela usucapião, não importando se são de uso especial, de uso comum do povo ou dominicais (art. 102 do CC).
Gabarito 1C.

(Delegado/GO – 2003 – UEG) Os bens que, não constituindo partes integrantes, destinam-se, de modo duradouro, ao uso, ao serviço ou ao aformoseamento de outro, podem ser classificados como

(A) pertença.
(B) acessório.
(C) imóvel por acessão intelectual.
(D) imóvel por acessão física.

São pertenças os bens que, não constituindo partes integrantes, se destinam, de modo duradouro, ao uso, ao serviço ou ao aformoseamento de outro (art. 93 do CC).
Gabarito "A".

(Delegado Civil/MS – 2006) A Autoridade Policial que se vê na atribuição de tipificar uma ocorrência apresentada durante o plantão, identifica-a como sendo crime de dano, no entanto deve considerar "a priori" se trata ou não de crime contra o patrimônio público que qualifica aquele delito. Para tanto deve ter conhecimento inequívoco acerca da distinção entre os bens elencados na legislação civil. Considerando a afirmação acima e ainda a correta definição dos Bens prevista no Código Civil, assinale a alternativa incorreta.

(A) Consideram-se bens móveis, os suscetíveis de movimento próprio, ou de remoção por força alheia, sem alteração da substância ou da destinação econômico-social e aqueles considerados públicos, se danificados dolosamente tipificam aquela qualificadora.
(B) Consideram-se bens públicos de uso especial os prédios locados, que se destinam a estabelecer órgãos públicos e qualquer dano, desde que doloso tipifica aquela qualificadora.
(C) As praças e ruas são consideradas bens públicos de uso comum do povo e qualquer dano, desde que doloso, tipifica aquela qualificadora.
(D) Os materiais empregados para a construção de uma escola municipal enquanto não forem empregados, são considerados bens imóveis e qualquer dano, desde que doloso tipifica aquela qualificadora.
(E) São classificados com bens públicos os dominicais que constituem o patrimônio das pessoas jurídicas de direito público, como objeto de direito pessoal ou real, de cada uma dessas entidades e qualquer dano, desde que doloso tipifica aquela qualificadora.

A: correta, bens móveis são aqueles que se movem por força própria (semoventes = animais) ou podem ser removidos por força alheia (ex: caneta, celular etc.) sem que se destruam (art. 82 do CC). Se o bem móvel for público e alguém danificá-lo dolosamente deverá ser observada a qualificadora presente no artigo 163, parágrafo único, III, do CP; **B:** correta, está de acordo com o artigo 99, II, do CC e artigo 163, parágrafo único, III, do CP; **C:** correta, conforme o artigo 99, I, do CC e artigo 163, parágrafo único, III do CP; **D:** incorreta, os materiais de construção são considerados bens móveis até o momento da construção quando, então, passam à condição de imóveis (art. 84 do CC); **E:** correta, está de acordo com o artigo 99, III, do CC e artigo 163, parágrafo único, III, do CP.
Gabarito "D".

(Delegado Civil/MS – 2006) Consoante o Art. 83 do Código Civil, consideram-se móveis para os efeitos legais:

I. as energias que tenham valor econômico.

II. os direitos reais sobre objetos móveis e as ações correspondentes.
III. os bens suscetíveis de movimento próprio, ou de remoção por força alheia, sem alteração da substância ou da destinação econômico-social.
IV. os direitos pessoais de caráter patrimonial e respectivas ações.
V. os imóveis rurais.

Assinale a alternativa correta:

(A) os itens III e V são falsos.
(B) apenas o item III é falso.
(C) os itens I e III são falsos.
(D) apenas o item V é falso.
(E) apenas o item II é falso.

I: verdadeiro, são bens móveis por determinação legal as energias que tenha valor econômico (ex: energia elétrica – art. 83, I, do CC); II: verdadeiro, também são bens móveis por determinação legal os direitos reais sobre objetos móveis e as ações correspondentes (ex: o direito de propriedade sobre uma caneta – art. 83, II, CC); III: falso, pois a alternativa se refere a bens móveis por sua natureza (art. 82 do CC) e não por determinação legal; IV: verdadeiro, são bens móveis por determinação legal os diretos pessoais de caráter patrimonial e respectivas ações (ex: crédito – art. 83, III, do CC); V: falso, os imóveis rurais são bens imóveis.
Gabarito "A".

(Delegado/SP – 2000) O prédio onde está instalada a Academia de Polícia Civil do Estado é considerado bem público

(A) de uso comum.
(B) de uso especial.
(C) dominical.
(D) dominical próprio.

Nos termos do artigo 99, II, do Código Civil, são bens públicos os de uso especial, tais como edifícios ou terrenos destinados a serviço ou estabelecimento da administração federal, estadual, territorial ou municipal, inclusive os de suas autarquias.
Gabarito "B".

2.4. Fatos jurídicos

(Delegado/RS – 2018 – FUNDATEC) Quanto à prova dos fatos jurídicos, analise as seguintes assertivas:

I. A confissão é irrevogável, mas pode ser anulada se decorreu de erro de fato ou de coação.
II. A escritura pública, lavrada em notas de tabelião, é documento dotado de fé pública, fazendo prova plena, desde que observado o cumprimento das exigências legais e fiscais inerentes à legitimidade do ato.
III. O instrumento particular, quando assinado por quem esteja na livre administração de seus bens, faz prova e opera seus efeitos, a respeito de terceiros, independentemente de qualquer registro público.
IV. As declarações constantes de documentos assinados se presumem verdadeiras em relação aos signatários apenas se confirmadas, no mesmo documento, por duas testemunhas.

Quais estão INCORRETAS?

(A) Apenas I e IV.
(B) Apenas III e IV.
(C) Apenas I, II e III.

(D) Apenas I, II e IV.
(E) Apenas II, III e IV.

I: correta (art. 214 CC); II: correta (art. 215 CC); III: incorreta, pois os seus efeitos, bem como os da cessão, não se operam, a respeito de terceiros, antes de registrado no registro público (art. 211 *caput* CC); IV: incorreta, pois as declarações constantes de documentos assinados presumem-se verdadeiras em relação aos signatários independentemente de confirmação no mesmo documento, por duas testemunhas (art. 219 *caput* CC). Logo a alternativa correta é a letra B. GR
Gabarito "B".

(Delegado/GO – 2017 – CESPE) Um oficial do corpo de bombeiros arrombou a porta de determinada residência para ingressar no imóvel vizinho e salvar uma criança que corria grave perigo em razão de um incêndio.

A respeito dessa situação hipotética e conforme a doutrina dominante e o Código Civil, assinale a opção correta.

(A) O oficial tem o dever de indenizar o proprietário do imóvel danificado, devendo o valor da indenização ser mitigado em razão da presença de culpa concorrente.
(B) O ato praticado pelo oficial é ilícito porque causou prejuízo ao dono do imóvel, inexistindo, entretanto, o dever de indenizar, dada a ausência de nexo causal.
(C) Não se aplica ao referido oficial a regra do Código Civil segundo a qual o agente que atua para remover perigo iminente pode ser chamado a indenizar terceiro inocente.
(D) Conforme disposição do Código Civil, o oficial teria o dever de indenizar o dono do imóvel no valor integral dos prejuízos existentes, tendo direito de regresso contra o responsável pelo incêndio.
(E) Não se pode falar em responsabilidade civil nesse caso, pois, na hipótese de estado de necessidade, o agente causador do dano nunca terá o dever de indenizar.

A questão envolve a situação denominada estado de necessidade. Nessa hipótese, alguém causa um dano material a fim de remover um perigo iminente, conforme previsto pelo Código Civil, art. 188, II. Além disso, a situação acaba englobando também o inciso I do mesmo art. 188, que prevê o ato praticado no *exercício regular de um direito reconhecido*. Não haveria o menor sentido de o ordenamento exigir um comportamento do agente público (ex: um bombeiro que tem o dever de salvar criança) e posteriormente cobrá-lo uma indenização. A única possibilidade que se vislumbra é a de se buscar a indenização em virtude da pessoa culpada pelo incêndio, nos termos do art. 930 do Código Civil. GN
Gabarito "C".

(Delegado/PE – 2016 – CESPE) Assinale a opção correta a respeito dos defeitos dos negócios jurídicos.

(A) Na lesão, os valores vigentes no momento da celebração do negócio jurídico deverão servir como parâmetro para se aferir a proporcionalidade das prestações.
(B) Os negócios jurídicos eivados pelo dolo são nulos.
(C) A coação exercida por terceiro estranho ao negócio jurídico torna-o nulo.
(D) Age em estado de perigo o indivíduo que toma parte de um negócio jurídico sob premente necessidade ou por inexperiência, assumindo obrigação manifestamente desproporcional ao valor da prestação oposta ferindo o caráter sinalagmático do contrato.
(E) Se em um negócio jurídico, ambas as partes agem com dolo, ainda assim podem invocar o dolo da outra parte para pleitear a anulação da avença.

A: correta (art. 157, § 1º, do CC); **B:** incorreta, pois são anuláveis (art. 171, II, do CC); **C:** incorreta, pois a coação torna o negócio anulável (art. 171, II, do CC), sendo que o instituto abarca a coação exercida por terceiro estranho (art. 154 do CC); **D:** incorreta, pois definição é de *lesão* (art. 157 do CC) e não de *estado de perigo* (art. 156 do CC); **E:** incorreta, pois nesse caso, de dolo recíproco, nenhuma das partes pode alegá-lo para fins de anular o negócio ou mesmo para reclamar indenização (art. 150 do CC). WG
Gabarito "A".

(Delegado/RO – 2014 – FUNCAB) No tocante à invalidade do negócio jurídico, é correto afirmar:

(A) Nos negócios jurídicos praticados com coação, o prazo de decadência para pleitear a anulação é de dois anos, contado do dia em que ela cessou.
(B) Nos negócios jurídicos quando os instrumentos particulares forem antedatados ou pós-datados, não haverá simulação, mas, serão considerados nulos.
(C) Nos negócios jurídicos, quando a lei dispuser que determinado ato é anulável, sem estabelecer prazo para pleitear-se a anulação, será este de quatro anos, a contar da data da conclusão do ato.
(D) Nos negócios jurídicos praticados por incapazes, o prazo de decadência para pleitear a anulação é de quatro anos, contado do dia em que cessou a incapacidade.
(E) O negócio jurídico em que for preterida alguma solenidade que a lei considere essencial para a sua validade é considerado anulável.

A: incorreta. O prazo para anular negócio eivado de qualquer um dos vícios do consentimento é de quatro anos. A única diferença está no termo inicial deste prazo. Quando a hipótese é de coação moral, o prazo se inicia com o fim da ameaça e nas demais hipóteses o prazo inicia no dia da conclusão do negócio (CC, art. 178); **B:** incorreta, pois os instrumentos particulares antedatados ou pós-datados são exemplos legais de simulação (CC, art. 167 § 1º, III); **C:** incorreta, pois para esses casos o prazo será de dois anos (CC, art. 179). Um bom exemplo é a previsão de anulabilidade da venda de ascendente a descendente sem autorização dos demais (CC, art. 496) que – por falta de indicação de prazo decadencial – submete-se ao referido prazo bienal; **D:** correta, pois o art. 178, III prevê essa hipótese de anulação de atos praticados por incapazes, estabelecendo o prazo decadencial de quatro anos, cujo termo inicial é o dia no qual cessar a incapacidade; **E:** incorreta, pois o não atendimento de solenidade essencial produz nulidade absoluta do negócio jurídico (CC, art. 166, V).
Gabarito "D".

(Delegado/PR – 2013 – UEL-COPS) Setúbal Mourinho de Oliveira, imigrante recém-chegado ao Brasil, pretendia adquirir um bem imóvel para instalar sua indústria e comércio de produtos alimentícios. Consultou diversos jornais até que encontrou Aristides, que lhe ofereceu uma casa em um certo bairro da cidade. Setúbal lhe afirmou que pretendia a aquisição de um bem imóvel para instalar sua empresa, e o negócio se concluiu dias depois. Setúbal não pôde se instalar como pretendia, pois a Prefeitura do Município esclareceu que naquela zona residencial isso não era possível.

Acerca das consequências desse negócio jurídico, assinale a alternativa correta.

(A) O negócio é passível de anulação por restar configurada a lesão.
(B) O negócio é anulável porque está presente o erro quanto ao objeto principal.
(C) O negócio é passível de anulação por restar configurada a omissão dolosa.
(D) O negócio não é anulável pois se trata de condição específica do contrato.
(E) O negócio deve subsistir pois não se evidencia qualquer espécie de vício.

A: incorreta, pois a hipótese não se encaixa na previsão de lesão, que exige negócio desproporcional causado por inexperiência ou premente necessidade (CC, art. 157); **B:** incorreta, pois o comprador foi levado ao engano pela omissão do vendedor, o que afasta a hipótese do Erro, no qual o sujeito se engana sozinho; **C:** correta. A hipótese mencionada no enunciado demonstra que o vendedor não informou ao comprador um dado absolutamente essencial para a conclusão do negócio jurídico pretendido. Tendo em vista que o comprador tinha a clara intenção de ali instalar uma indústria, o negócio certamente não se teria realizado caso ele soubesse que a zona ali era exclusivamente residencial. Essa omissão do vendedor configura o chamado *dolo negativo* ou *dolo por omissão*, com previsão no art. 147 do CC, o que torna o negócio anulável. Vale destacar que a matéria encontra relação direta com o dever anexo de informação, decorrente do princípio da boa-fé objetiva (CC, art. 422); **D:** incorreta, pois o negócio é anulável (CC, art. 171); **E:** incorreta, pois verificou-se o vício do dolo negativo, anteriormente descrito (CC, art. 147).
Gabarito "C".

(Delegado/SP – 2014 – VUNESP) No estado de perigo, considerado como defeito do negócio jurídico, é correto afirmar que
(A) para sua configuração, é imprescindível o conhecimento do risco de grave dano por ambas as partes.
(B) somente pode ser alegado quando o risco de grave dano for da própria pessoa que assumiu a obrigação.
(C) é causa de nulidade do negócio jurídico, exigindo declaração judicial neste sentido.
(D) gera a possibilidade de revisão judicial, com finalidade de tornar a obrigação proporcional, mas não é causa de anulação ou nulidade do negócio.
(E) consiste na assunção de obrigação manifestamente desproporcional à obrigação da outra parte, por inexperiência.

A: correta, pois o art. 156 do Código Civil foi expresso ao exigir que – o risco de grave dano que ameaçava uma das partes – fosse de conhecimento da outra parte. Assim, o conhecimento do risco é requisito indispensável no estado de perigo; **B:** incorreta, pois o risco de grave dano pode também estar ameaçando pessoa pertencente à família da pessoa que assume a obrigação. Exemplo: o pai aceita assinar contrato extremamente oneroso visando possibilitar a internação do seu filho em hospital; **C e D:** incorretas, pois a hipótese é de anulabilidade, como ocorre com todos os vícios do consentimento (CC, art. 171); **E:** incorreta, pois a hipótese de prática de negócio desproporcional por inexperiência é prevista apenas no vício da lesão (CC, art. 157).
Gabarito "A".

(Delegado/PR – 2013 – UEL-COPS) A respeito dos fatos e atos jurídicos, como previstos no Código Civil, assinale a alternativa correta.
(A) Tratando-se de atos jurídicos eivados de vício insanável, como erro, dolo, fraude contra credores, estado de perigo ou lesão, o prazo para se intentar ação anulatória é de dois anos, contado a partir da celebração do negócio.
(B) A condição é considerada como a cláusula que, derivando exclusivamente da vontade de uma das partes, determina que o efeito do negócio jurídico fica subordinado a um evento futuro e incerto.
(C) Em se tratando de erro, este não prejudica a validade do negócio jurídico quando a pessoa, a quem a manifestação de vontade se dirige, se oferecer para executá-la na conformidade da vontade real do manifestante.
(D) Para que se considere a coação como defeito do negócio, levam-se em conta o sexo, a idade e a desproporção de altura e peso entre coator e coagido. O simples temor reverencial também é considerado atividade coatora.
(E) É anulável o negócio jurídico que aparentemente confere ou transmite direitos a pessoas diversas daquelas às quais realmente se transmitem, ou que contiverem declaração, confissão, condição ou cláusula não verdadeira.

A: incorreta, pois o prazo para anular negócio eivado de qualquer um dos vícios do consentimento é de quatro anos. A única diferença está no termo inicial deste prazo. Quando a hipótese é de coação moral, o prazo se inicia com o fim da ameaça e nas demais hipóteses o prazo inicia no dia da conclusão do negócio (CC, art. 178); **B:** incorreta, pois a condição deve decorrer da vontade de ambas as partes e não de apenas uma das partes (CC, art. 121); **C:** correta. Em virtude do princípio da conservação dos negócios jurídicos, a lei determina que o negócio não será anulado caso a outra parte aceite executar o negócio de acordo com a vontade real da vítima que se enganou (CC, art. 144); **D:** incorreta, pois "*desproporção de altura e peso entre coator e coagido*" não é critério para avaliar a gravidade da ameaça (CC, art. 152). Ademais, o simples temor reverencial, que é o exagerado respeito que uma pessoa tem em relação à outra, não é motivo suficiente para anular o negócio jurídico (CC, art. 153); **E:** incorreta, pois as hipóteses ali descritas são exemplos legais de simulação, o que causa a nulidade absoluta do negócio (CC, art. 167 § 1º, I e II).
Gabarito "C".

(Delegado de Polícia/GO – 2013 – UEG) De acordo com o estudo do negócio jurídico e o Direito Civil atual, tem-se que:
(A) a regra presente no Código Civil quanto à aplicação das normas no tempo é de que, quanto à validade dos negócios jurídicos, a estes deve ser aplicada a norma atual, ou seja, do momento da sua constituição ou celebração.
(B) a validade do negócio jurídico requer o agente capaz, o objeto lícito, possível, determinado e determinável e a forma correlata ao princípio da autonomia da vontade das partes, dispensando prescrição legal.
(C) de acordo com o Código Civil, a vis compulsiva é um vício do consentimento que pode ser conceituada como a perda total da capacidade de manifestação de vontade do sujeito, provocando a nulidade absoluta do negócio jurídico.
(D) são elementos acidentais do negócio jurídico a condição, o termo e o encargo; no caso das classificações das condições quanto à sua licitude, as ilícitas são aquelas que contrariam a lei, gerando anulabilidade do negócio jurídico.

A: correta. A regra estabelecida no art. 2.035 do CC estipula que – para fins de apreciação da validade do negócio jurídico – deve-se aplicar a lei da época da celebração do negócio jurídico; **B:** incorreta, pois a forma utilizada para o negócio jurídico deve ser a prevista em lei; **C:** incorreta, pois a vis compulsiva (ou coação moral) é um vício do consentimento que gera a anulabilidade do negócio (art. 171, II, do CC). Ela não elimina a capacidade de manifestação de vontade do sujeito, apenas vicia o surgimento desta vontade, ao retirar-lhe a liberdade; a coação física (vis absoluta) é que elimina a capacidade de manifestação de vontade do sujeito; **D:** incorreta, pois referida condição ilícita torna nulo o negócio sob o qual recai (art. 166, II, do CC).
Gabarito "A".

(Delegado/AC – 2008 – CESPE) A respeito dos fatos e negócios jurídicos, julgue os próximos itens.

(1) É nulo, entre outras hipóteses, o negócio jurídico no qual ambas as partes reciprocamente ajam com dolo, ainda que acidental. Nesse caso, a nenhum dos contratantes é permitido reclamar indenização, devendo cada um suportar o prejuízo experimentado pela prática do ato doloso.

(2) Os negócios jurídicos podem ser firmados sob condição expressa em cláusula que, pactuada entre as partes, subordine o efeito do negócio a evento futuro e incerto; as condições impossíveis, quando resolutivas, são consideradas inexistentes, mas o negócio continua válido.

(3) É nulo o negócio jurídico celebrado mediante coação, no qual um dos contratantes assume uma obrigação excessivamente onerosa e desproporcional à vantagem obtida pelo coator, em virtude do dolo de aproveitamento na conduta do coator. Assim, para que seja reconhecido o vício desse negócio, exige-se, além do prejuízo de uma das partes e do lucro exagerado da outra, o dolo de aproveitamento.

1: errada, pois o dolo é causa de anulabilidade do negócio jurídico e quando ambas as partes reciprocamente ajam com dolo, nenhuma pode alegá-lo para anular o negócio (arts. 145 e 150 do CC); **2:** certa (arts. 121 e 124 do CC); **3:** errada, pois a alternativa mistura *coação* (art. 151 do CC) com *lesão* (art. 157 do CC).
Gabarito 1E, 2C, 3E.

(Delegado/GO – 2003 – UEG) Na dicção do novo Código Civil "são anuláveis os negócios jurídicos, quando as declarações de vontade emanarem de erro substancial que poderia ser percebido por pessoa de diligência normal, em face das circunstâncias do negócio". Considerando, assim, o novo Código Civil, é CORRETA a seguinte assertiva:

(A) A escusabilidade do erro, tendo o novo Código Civil abandonado o credo voluntarista, não tem qualquer significado na anulabilidade, mas deve ser investigada pelo intérprete como subsídio ao julgamento.

(B) A causa de anulação é o erro perceptível pelo outro contraente, vício que prevalecerá ainda que seja inescusável o erro cometido.

(C) O novo Código Civil desprezou a escusabilidade do erro como requisito da anulabilidade.

(D) O novo Código Civil igualou, para efeito de anulabilidade, a inescusabilidade e a cognoscibilidade.

Na vigência do Código Civil de 1916 o negócio jurídico contaminado pelo erro só poderia ser anulado se demonstrada a escusabilidade da conduta de que incidiu no vício. Deveria ser provado que o erro era perdoável (escusável), pois o homem médio também teria adotado a mesma postura. No Código Civil de 2002, o legislador desprezou o requisito da escusabilidade, ao dispor que "são anuláveis os negócios jurídicos, quando as declarações de vontade emanarem de erro substancial que *poderia ser percebido* por pessoa de diligência normal, em face das circunstâncias do negócio" (artigo 138 do CC).
Gabarito "C".

(Delegado/PB – 2009 – CESPE) Acerca de domicílio, residência, bens e fatos jurídicos, assinale a opção correta.

(A) O domicílio do tutelado é necessário e é do seu representante ou assistente legal.

(B) No contrato de promessa de compra e venda de bem imóvel, é lícito se inserir cláusula instituidora de foro de eleição diverso daquele da situação do imóvel objeto da promessa de alienação.

(C) A coisa perdida pode ser licitamente apropriada pela primeira pessoa que a encontrar.

(D) Os bens reciprocamente considerados são classificados como públicos, privados, disponíveis e indisponíveis.

(E) Os fatos jurídicos naturais resultam da atuação humana positiva ou negativa, comissiva ou omissiva, de modo a influenciarem nas relações de direito, variando as consequências em razão da qualidade da conduta e da intensidade da vontade.

A: correta (art. 76 do CC); **B:** incorreta, pois tal cláusula é abusiva, se se tratar de relação de consumo; mas mesmo que não se trate, a competência envolvendo imóvel é a do local deste, tratando-se de competência absoluta, não passível de modificação por convenção entre as partes; **C:** incorreta (art. 1.233 do CC); **D:** incorreta (art. 92 do CC); **E:** incorreta, pois fatos jurídicos naturais são aqueles decorrentes da natureza, sem a interferência direta humana (nascimento, morte, terremoto, raio etc.).
Gabarito "A".

(Delegado/PR – 2007) Os atos e negócios jurídicos podem se apresentar em três diferentes planos no ordenamento jurídico: o da existência, o da validade e o da eficácia. Quanto ao plano da validade, considere as seguintes afirmativas:

1. O negócio jurídico simulado é nulo, porém subsiste o negócio que se dissimulou desde que seja válido na forma e na substância.
2. É anulável por fraude material o negócio jurídico cujo instrumento particular é antedatado ou pós-datado.
3. Se a anulabilidade do negócio jurídico resultar de falta de autorização de terceiro, não poderá ser validado posteriormente, ainda que o terceiro autorize.
4. Quando a lei dispuser que determinado ato é anulável, sem estabelecer prazo para pleitear-se a anulação, este será de quatro anos a contar da data da conclusão do ato.

Assinale a alternativa correta.

(A) Somente a afirmativa 1 é verdadeira.
(B) Somente as afirmativas 1 e 2 são verdadeiras.
(C) Somente as afirmativas 1, 2 e 4 são verdadeiras.
(D) Somente as afirmativas 2 e 4 são verdadeiras.
(E) Somente as afirmativas 1 e 3 são verdadeiras.

1: verdadeira, em caso de simulação relativa deve ser preservado o negócio jurídico que se dissimulou desde que preencha os demais requisitos formais e substanciais de validade (art. 167, *caput*, do CC); **2**: falsa, a celebração de um negócio jurídico antedatado ou pós-datado caracteriza simulação e, consequentemente, o negócio deve ser considerado nulo (art. 167, § 1º, III, do CC); **3**: falsa, quando a anulabilidade do ato resultar da falta de autorização de terceiro, será validado se este a der posteriormente (art. 176 do CC); **4**: falsa, pois o prazo é de dois anos (art. 179 do CC).

Gabarito "A".

(Delegado/PR – 2007) Para evitar o atropelamento de pedestre que atravessa a rodovia fora da passarela de segurança, um motorista invade a pista contrária em manobra evasiva e acaba abalroando outro veículo que trafegava corretamente, causando danos materiais e morais ao seu condutor. Essa situação caracteriza:

(A) ato ilícito que gera a obrigação de indenizar os danos materiais e morais causados ao condutor do veículo que trafegava corretamente na outra pista.

(B) ato lícito praticado em estado de necessidade, que exclui o dever de indenizar os danos causados ao condutor do outro veículo.

(C) ato lícito praticado em estado de necessidade que obriga o motorista à reparação dos danos materiais e morais causados ao condutor do outro veículo, mas que lhe assegura ação regressiva para haver do pedestre a importância que tiver ressarcido ao lesado.

(D) ato ilícito praticado em estado de necessidade, acobertado pela excludente de responsabilidade civil.

(E) ato lícito praticado em estado de necessidade que obriga o motorista à reparação dos danos materiais e morais causados ao condutor do outro veículo, sem direito de ação regressiva em face do pedestre.

A situação narrada no enunciado da letra "C" caracteriza estado de necessidade agressivo (art. 188, II, CC), obrigando à reparação dos danos, conforme determinação do artigo 929, do Código Civil, "se a pessoa lesada, ou o dono da coisa, no caso do inciso II do art. 188, não forem culpados do perigo, assistir-lhes-á direito à indenização do prejuízo que sofreram". Após pagar a indenização à vítima o autor do dano tem direito de regresso contra o terceiro que causou o dano (art. 930, CC).

Gabarito "C".

(Delegado/PR – 2007) Indivíduo de 17 anos completos, com total aptidão física e mental, após inquirido pela outra parte, oculta a idade, fazendo-se passar por pessoa maior e adquire um imóvel financiado pela Caixa. Esse negócio jurídico é:

(A) nulo, pela falta de representação dos pais desse indivíduo.

(B) válido.

(C) anulável, pela falta de assistência dos pais desse indivíduo.

(D) anulável, porque realizado com dolo de menor.

(E) anulável, por erro sobre a pessoa.

O artigo 180 do CC consagra a regra "a malícia supre a idade" (*malitia suplit aetatem*) ao dispor que "o menor, entre dezesseis e dezoito anos, não pode, para eximir-se de uma obrigação, invocar a sua idade se dolosamente a ocultou quando inquirido pela outra parte, ou se, no ato de obrigar-se, declarou-se maior".

Gabarito "B".

(Delegado/RJ – 2009 – CEPERJ) Ao ver que sua embarcação naufragava, Mévio, avistando Caio em outro barco, prometeu-lhe quantia vultosa para que ele o salvasse. Analisando a questão proposta, responda qual é a afirmativa correta:

(A) Trata-se do defeito do negócio jurídico denominado lesão, pois, no caso em apreço, uma pessoa, sob premente necessidade, se obriga a prestação manifestamente desproporcional ao valor da prestação oposta.

(B) Trata-se do defeito do negócio jurídico denominado coação, pois, no caso em apreço, uma pessoa sob fundado temor de dano iminente e considerável à sua pessoa, emite declaração de vontade.

(C) Trata-se do defeito do negócio jurídico denominado estado de perigo, pois, no caso em apreço, alguém premido da necessidade de salvar-se de grave dano conhecido pela outra parte, assume obrigação excessivamente onerosa.

(D) Trata-se do defeito do negócio jurídico denominado onerosidade excessiva, pois, no caso em apreço, uma pessoa assume obrigação excessivamente onerosa, com extrema vantagem para a outra pessoa.

(E) No caso em apreço, pode-se afirmar que não estão presentes os defeitos do negócio jurídico disciplinados pelo Código Civil.

Consoante prescreve o artigo 156 do CC, "configura-se o estado de perigo quando alguém, premido da necessidade de salvar-se, ou a pessoa de sua família, de grave dano conhecido pela outra parte, assume obrigação excessivamente onerosa".

Gabarito "C".

(Delegado/RJ – 2009 – CEPERJ) No Código Civil de 2002, a simulação é considerada hipótese de nulidade, não sendo mais disciplinada entre as causas de anulação dos negócios, conforme estabelecia o Código Civil anterior. Assim, é correto afirmar que:

(A) Assim como no regime anterior, o Código Civil de 2002 prevê expressamente que a simulação inocente não gera a invalidade.

(B) Haverá simulação nos negócios jurídicos quando aparentarem conferir ou transmitir direitos a pessoas diversas daquelas às quais realmente se conferem, ou transmitem, quando contiverem declaração, confissão, condição ou cláusula não verdadeira ou, ainda, quando os instrumentos particulares forem antedatados ou pós-datados.

(C) Na simulação, bem como na reserva mental, o declarante manifesta vontade para a realização de negócio que não deseja, mas sem o conhecimento da outra parte.

(D) Para a caracterização da simulação maliciosa, exige-se a intenção de prejudicar e o efetivo prejuízo de terceiro.

(E) É nulo o negócio jurídico simulado e não subsistirá o que se dissimulou, mesmo se válido for na substância e na forma.

A: incorreta, diversamente do Código Civil de 1916, o Código Civil de 2002 não prevê expressamente que a simulação inocente não gera a invalidade do negócio; **B**: correta, a alternativa descreve as hipóteses de simulação previstas no artigo 167, § 1º, I, II e III, do Código Civil; **C**: incorreta, na simulação o outro contratante tem ciência da vontade real do declarante, enquanto que, na reserva mental a outra parte, em regra, não tem conhecimento sobre a vontade real do declarante (art. 110 do CC); **D:** incorreta, para caracterização da simulação maliciosa basta que esteja presente a intenção de prejudicar; **E:** incorreta, é nulo o negócio jurídico simulado, mas subsistirá o que se dissimulou, se válido for na substância e na forma (art. 167 do CC).

Gabarito "B".

(Delegado/SP – 2003) Causa a anulabilidade do negócio jurídico o vício resultante de

(A) coação, que deverá ser suficiente para incutir ao paciente qualquer temor de dano, dirigido a sua pessoa, sua família, ou aos seus bens.

(B) dolo, mesmo se acidental.

(C) erro acerca da identidade ou de qualidade essencial da pessoa a quem se refira à declaração de vontade, desde que tenha influído nesta de modo relevante.

(D) simulação, cuja ocorrência sempre se verificará quando os instrumentos particulares forem antedatados ou pós-datados.

A: incorreta, pois a coação deverá incutir ao paciente temor de dano **iminente e considerável** (art. 151, *caput*, do CC); **B:** incorreta (art. 146 do CC); **C:** correta (art. 139, II, do CC); **D:** incorreta, pois a simulação é causa de nulidade do negócio jurídico (art. 167 do CC).

Gabarito "C".

(Delegado/SP – 2002) Quando o objeto do ato jurídico for impossível, diz-se que o ato é

(A) nulo.

(B) anulável.

(C) ratificável.

(D) discricionário.

Nos termo do artigo 166, II, do CC, o negócio jurídico será nulo sempre o que o objeto for ilícito (violar o ordenamento jurídico), impossível (não puder ser realizado no plano fático ou jurídico) ou indeterminável (não tiver, ao menos, indicação do gênero e da quantidade).

Gabarito "A".

2.5. Prescrição e decadência

(Delegado/MG – 2018 – FUMARC) Sobre a prescrição e a decadência, é CORRETO afirmar:

(A) A interrupção da prescrição é comum, aproveitando, em qualquer caso, a todos os credores ainda que somente um a tenha promovido.

(B) A prescrição está ligada às ações constitutivas e desconstitutivas; já a decadência está relacionada às ações condenatórias.

(C) As ações declaratórias, por serem direitos pessoais, estão sujeitas ao prazo prescricional de 5 anos.

(D) Se a decadência for convencional, a parte a quem aproveita pode alegá-la em qualquer grau de jurisdição, mas o juiz não pode suprir a alegação.

A: incorreta, pois em regra a interrupção da prescrição por um credor não aproveita aos outros (art. 204, *caput*, 1ª parte CC). Excepcionalmente aproveitará aos outros apenas se os credores forem solidários (art. 204, §1º CC); **B:** incorreta, pois neste ponto, o referencial clássico é o texto de Agnelo Amorim Filho, que enfrenta a matéria concluindo, em síntese: (a) sujeitam-se à prescrição os direitos prestacionais, dos quais decorrem ações condenatórias; (b) sujeitam-se à decadência os direitos formativos com prazo para exercício previsto em lei, dos quais decorrem ações constitutivas; (c) são perpétuas as ações declaratórias e os direitos potestativos sem prazo para exercício previsto em lei (AMORIM FILHO, Agnelo. Critério científico para distinguir a prescrição da decadência e para identificar as ações imprescritíveis. Revista dos Tribunais, vol. 300. São Paulo: RT, out. 1961); **C:** incorreta, pois as ações declaratórias não se sujeitam ao prazo prescricional. Essa ação simplesmente visa buscar reconhecimento jurídico de uma situação que já existe. Sujeitam-se ao prazo prescricional apenas as situações em que há violação de direito (art. 189 CC) e, portanto, buscam uma condenação para que o dano seja reparado; **D:** correta (art. 211 CC). **GR**

Gabarito "D".

(Delegado/PE – 2016 – CESPE) Acerca de prescrição e decadência no direito civil, assinale a opção correta.

(A) A prescrição não pode ser arguida em grau recursal.

(B) Desde que haja consenso entre os envolvidos, é possível a renúncia prévia da decadência determinada por lei.

(C) A prescrição não corre na pendência de condição suspensiva.

(D) Ao celebrarem negócio jurídico, as partes, em livre manifestação de vontade, podem alterar a prescrição prevista em lei.

(E) É válida a renúncia da prescrição, desde que determinada expressamente antes da sua consumação.

A: incorreta, pois a prescrição, de acordo com o art. 193 do CC, pode ser alegada em qualquer grau de jurisdição, pela parte a quem aproveita; **B:** incorreta, pois a decadência legal não pode ser objeto de renúncia e se o houver renúncia esta será considerada nula (art. 209 do CC); **C:** correta (art. 199, I, do CC); **D:** incorreta, pois os prazos de prescrição não podem ser alterados por acordo entre as partes (art. 192 do CC); **E:** incorreta, pois a renúncia da prescrição só é possível depois de esta ter se consumado (art. 191 do CC). **WG**

Gabarito "C".

(Delegado/PI – 2009 – UESPI) A prescrição corre:

(A) entre os cônjuges na constância da sociedade conjugal.

(B) contra os ausentes do país, em serviço público da União, dos Estados e do Município.

(C) contra os que se acharem servindo nas Forças Armadas, em tempo de guerra.

(D) entre ascendentes e descendentes, durante o poder familiar.

(E) entre os herdeiros enquanto não se concluir o processo de inventário.

A: incorreta, não corre prescrição entre os cônjuges na constância da sociedade conjugal (art. 197, I, do CC); **B:** incorreta, não corre prescrição contra os ausentes do país, em serviço público da União, dos Estados e do Município (art. 198, II, do CC); **C:** incorreta, também não corre prescrição contra os que se acharem servindo nas Forças Armadas, em tempo de guerra (art. 198, III, do CC); **D:** incorreta, entre ascendentes e descendentes, durante o poder familiar, que cessa com a maioridade ou com a emancipação (art. 197, II, do CC); **E:** correta, pois o prazo de prescrição corre entre os herdeiros ainda que não concluído o inventário.

Gabarito "E".

(Delegado/SP – 2008) A prescrição, quando a lei não lhe haja fixado prazo menor, ocorre em

(A) oito anos.

(B) vinte anos.

(C) doze anos.

(D) dez anos.
(E) quinze anos.

O artigo 205 do CC estabelece que "a prescrição ocorre em dez anos, quando a lei não lhe haja fixado prazo menor". Este dispositivo tem aplicação subsidiária quando a situação concreta não se enquadrar em uma das regras previstas no artigo 206 do CC (prazos especiais).
Gabarito "D".

(Delegado/SP – 2003) A prescrição, que alude à extinção da pretensão de um direito material, por seu não exercício no prazo legal,
(A) poderá ser alegada, em qualquer grau de jurisdição, pela parte a quem aproveita.
(B) será sempre interrompida, por qualquer ato judicial.
(C) não correrá contra as pessoas jurídicas de direito público interno.
(D) ocorrerá em vinte anos, quando a lei não lhe tenha fixado prazo menor.

A: correta, reproduz o conteúdo do artigo 193 do CC; **B:** incorreta, a interrupção da prescrição, que somente poderá ocorrer uma vez, dar-se-á por qualquer ato judicial que constitua em mora o devedor (art. 202, V, do CC); **C:** incorreta, pois não existe essa previsão legal; **D:** incorreta, o prazo geral de prescrição é de 10 anos (art. 205 do CC), e deve ser observado caso não exista disposição específica em sentido contrário.
Gabarito "A".

(Delegado/RJ – 2022 – CESPE/CEBRASPE) Carlos abalroou o veículo de Lúcia no dia 15 de maio de 2018. Durante as tratativas para o pagamento dos prejuízos, eles apaixonaram-se e casaram-se após dois meses do evento danoso. Após três anos de casamento e o nascimento de um filho, a relação desgastou-se e eles resolveram se divorciar consensualmente. Inconformada com o término da relação conjugal, Lúcia ajuizou ação condenatória contra Carlos no dia 16 de setembro de 2021, para se ressarcir dos prejuízos decorrentes do acidente, que a deixaram sem ter como se locomover para o trabalho. Em contestação, o demandado se defendeu alegando a ocorrência de prescrição.
Nessa situação hipotética, à luz do Código Civil, na data de ajuizamento da ação por Lúcia,
(A) a pretensão autoral condenatória encontrava-se fulminada pela prescrição.
(B) a pretensão autoral condenatória encontrava-se alcançada pela decadência.
(C) a ocorrência de prescrição ou decadência estaria sujeita a decisão homologatória proferida perante a vara de família.
(D) não haveria que se falar em prescrição ou decadência, por se tratar de relação conjugal em que houve o nascimento de prole.
(E) a pretensão autoral condenatória deduzida contra o demandado não se encontrava prescrita.

A: incorreta, pois considerando que Lúcia e Carlos se casaram ocorreu a suspensão do prazo prescricional, nos termos do art. 197, I do CC. O prazo prescricional para se requerer a reparação civil é de três anos (art. 205 , § 3º, V do CC). Sendo assim, o prazo parou de correr dois meses após o dano, data em que eles se casaram (15 de julho de 2018). Ficou suspenso por três anos, tempo que durou o casamento. Voltou a correr da data do divórcio, supostamente 15 de julho de 2021. Como a ação foi ajuizada em 16 de setembro de 2021, não há que se falar em prescrição, pois está dentro do prazo prescricional de três anos previsto no art. 205, § 3º, V do CC; **B:** incorreta, pois a decadência é a perda do direito potestativo e neste caso Lúcia não perdeu o direito potestativo de acionar Carlos judicialmente. Os casos de decadência serão previstos por lei ou por convenção entre as partes (art. 210, parte final do CC e art. 211 parte inicial do CC). E na hipótese em tela não se configura nenhum dos dois, razão pela qual não há que se falar em decadência; **C:** incorreta, pois tanto a prescrição como a decadência não dependem de homologação da vara da família para ser reconhecida. Consumado o prazo, cabe a parte alegá-las em qualquer grau de jurisdição (art. 193 do CC referente à prescrição; art. 211 parte inicial do CC referente à decadência convencional) ou ao juiz reconhecê-la de ofício (art. 219, § 5º do CPC para a prescrição e art. 210 do CC referente à decadência legal); **D:** incorreta, pois o nascimento da prole não influencia em nada na prescrição e na decadência. O que influencia é o casamento das partes, que suspende a prescrição (art. 197, I do CC); **E:** correta, pois não há que se falar em prescrição, pois o casamento de Carlos e Lúcia suspendeu o prazo prescricional (art. 197, I do CC) que é de três anos (art. 205, § 3º, V do CC). Logo, Lúcia ainda está no prazo para ajuizar a demanda.
Gabarito "E".

3. OBRIGAÇÕES

(Delegado/MG – 2018 – FUMARC) Nas obrigações negativas, o devedor é considerado inadimplente:
(A) a partir da sua citação.
(B) a partir da sua constituição em mora pelo credor.
(C) a partir do ajuizamento da ação pelo credor.
(D) desde o dia em que executou o ato de que se devia abster.

A: incorreta, pois a citação não é necessária para que o devedor seja considerado inadimplente nas obrigações negativas (art. 390 CC); **B:** incorreta, pois nas obrigações negativas o credor não precisa constituir em mora o devedor para ele ser considerado inadimplente (art. 390 CC). A constituição em mora pelo credor apenas se dá em obrigações positivas e líquidas quando não possuírem termo, caso em que a mora se constitui mediante interpelação judicial ou extrajudicial (art. 397 CC).; **C:** incorreta, pois nas obrigações negativas o ajuizamento da ação pelo credor é dispensável para constituir o devedor como inadimplente (art. 390 CC); **D:** correta (art. 390 CC).
Gabarito "D".

(Delegado/MG – 2018 – FUMARC) Considere as seguintes afirmativas a respeito do direito das obrigações:
I. O credor de coisa certa não pode ser obrigado a receber outra, ainda que mais valiosa.
II. Não incorre na obrigação de indenizar perdas e danos o devedor que recusar a prestação a ele só imposta, ou só por ele exequível.
III. Na obrigação de dar coisa incerta, antes da escolha, não poderá o devedor alegar perda ou deterioração da coisa, ainda que por força maior ou caso fortuito.
IV. Quando a obrigação é indivisível, os devedores são solidários, de sorte que a remissão de um aproveita a todos, extinguindo a dívida.
Estão CORRETAS apenas as afirmativas:
(A) I e III.
(B) I e IV.
(C) I, II e IV.
(D) II e III.

I: correta (art. 313 CC); **II:** incorreta, pois incorre na obrigação de indenizar perdas e danos o devedor que recusar a prestação a ele só imposta, ou só por ele exequível (art. 247 CC); III correta (art. 246 CC); IV: incorreta, pois a solidariedade não se presume. Decorre da lei ou da vontade das partes (art. 265 CC). A indivisibilidade da obrigação não a torna necessariamente solidária. Nos termos do art. 262 *caput* CC, se um dos credores remitir a dívida, a obrigação não ficará extinta para com os outros; mas estes só a poderão exigir, descontada a quota do credor remitente. Logo, a alternativa correta é a letra A. **Gabarito "A".**

(Delegado/RJ – 2013 – FUNCAB) É modalidade de extinção direta de dívida pecuniária:

(A) pagamento.
(B) dação em pagamento.
(C) confusão.
(D) compensação.
(E) novação.

A: correta, pois o pagamento é a forma direta de se extinguir uma obrigação. Através dele, o devedor oferece ao credor exatamente o objeto que havia sido combinado. Assim, por exemplo, uma obrigação em dinheiro é quitada mediante a entrega do valor ajustado; **B:** incorreta, a dação em pagamento não é forma direta de adimplemento, pois através dela, o devedor oferece coisa diversa da que havia sido combinada e o credor a aceita em extinção da dívida (CC, art. 356); **C:** incorreta, a confusão igualmente não é forma direta de adimplemento, pois ela ocorre quando reúnem-se numa só pessoa, as qualidades de credor e devedor da mesma obrigação (CC, art. 381); **D:** incorreta, a compensação ocorre quando duas pessoas são reciprocamente credoras uma da outra, extinguindo-se as obrigações ainda que parcialmente (até o valor da menor) (CC, art. 368); **E:** incorreta, pois na novação, extingue-se uma obrigação, com a intenção de se criar uma nova obrigação. **Gabarito "A".**

(Delegado de Polícia/GO – 2013 – UEG) Em se tratando do Direito das Obrigações, parte especial do Código Civil, tem-se que:

(A) a possibilidade jurídica e a ilicitude do objeto prestacional se confundem, como se verifica em caso de abuso do direito que fere a ilicitude do objeto jurídico da relação obrigacional, caracterizando a sua impossibilidade jurídica.
(B) no estudo da obrigação de dar coisa certa revela-se o princípio da gravitação jurídica, pelo qual a obrigação de dar a coisa certa dispensa os seus acessórios.
(C) havendo perda do objeto da prestação, antes da tradição, caso em que a inutilização da coisa deu-se por circunstâncias alheias à diligência do devedor, a solução será a resolução contratual pela falta superveniente do objeto, sem ônus para a parte alienante.
(D) sobre a teoria do risco proveito, sendo culpado o devedor obrigacional, cabe unicamente ao credor exigir o equivalente com pagamento de juros e correções monetárias pertinentes.

A: incorreta, pois não existe confusão, nem correlação entre os institutos; **B:** incorreta, pois o princípio da gravitação jurídica estipula que o bem acessório segue o principal; **C:** correta, pois a perda da coisa certa sem culpa de quem a deve extingue a obrigação (art. 238, CC); **D:** incorreta, pois a teoria do risco proveito é a que fundamenta a responsabilidade objetiva para as atividades de risco (art. 927, parágrafo único, do CC), não se avaliando a culpa do causador do dano. **Gabarito "C".**

(Delegado de Polícia/GO – 2013 – UEG) João e Maria firmaram contrato de compra e venda, nos moldes do Código Civil. Ficou estipulado, em uma das cláusulas do referido contrato, que João pagará a dívida perante Maria, mediante a entrega de R$ 400.000,00 ou um apartamento devidamente cientificado nesse valor. Assim, tem-se que:

(A) se todas as prestações estipuladas em contrato vierem a se tornar impossíveis, mesmo com culpa do devedor, extinguir-se-á a obrigação.
(B) a categoria das obrigações plurais ou compostas é formada pelas obrigações cumulativas, facultativas e alternativas, no caso do exemplo acima, tem-se um exemplo típico da modalidade das obrigações facultativas.
(C) de acordo com o exemplo acima, sendo este uma obrigação alternativa, de acordo com o ordenamento civil atual, em se tratando da escolha do objeto, esta cabe ao credor, Maria, ou ao sujeito ativo da prestação, se outra coisa não se estipulou.
(D) cabe a João promover a escolha, se outra coisa não se estipulou, restando irrevogável quando a individuação do objeto chega ao conhecimento de Maria, salvo se no contrato celebrado exista cláusula de arrependimento.

A: incorreta, pois "se, por culpa do devedor, não se puder cumprir nenhuma das prestações, não competindo ao credor a escolha, ficará aquele obrigado a pagar o valor da que por último se impossibilitou, mais as perdas e danos que o caso determinar" (art. 254, CC); **B:** incorreta, pois a hipótese mencionada é tipicamente de obrigação alternativa, na qual existe uma pluralidade de objetos e o devedor se desonera entregando uma delas. Na obrigação facultativa existe um objeto na obrigação, mas – no momento de seu cumprimento – abre-se uma faculdade ao devedor de se desonerar da obrigação de outro modo; **C:** incorreta, pois na obrigação alternativa a escolha – em regra – cabe ao devedor (art. 252, *caput*, do CC); **D:** correta, pois a escolha será de João, se outra coisa não se estipulou. **Gabarito "D".**

(Delegado de Polícia/GO – 2013 – UEG) No que concerne ao estudo do adimplemento, são várias as situações de extinção das obrigações que não são precedidas pelo pagamento ordinário. Diante do exposto, tem-se que:

(A) no caso de o devedor ser simultaneamente devedor e credor, aplicar-se-á a modalidade de extinção das prestações por novação tanto objetiva como subjetiva, de acordo com a vontade e eticidade das partes envolvidas.
(B) no caso da consignação em pagamento de dívida em dinheiro, é facultativo ao *solvens* respeitar os requisitos objetivos e subjetivos previamente ajustados para o pagamento, sendo bastante o depósito efetivo para elidir sua mora.
(C) sub-rogação do pagamento é prevista no ordenamento jurídico civil nos casos de o devedor possuir duas ou mais obrigações para com um mesmo credor, e posteriormente paga uma quantia insuficiente para liquidação da dívida.
(D) considera-se pagamento a consignação que pode ser conceituada como o meio judicial ou extrajudicial adotado pelo devedor ou terceiro para libertar-se da obrigação depositando o valor devido nos casos e formas legais.

A: incorreta. Na hipótese de uma pessoa cumular as qualidades jurídicas de credor e devedor de uma mesma obrigação, configura-se o instituto da confusão (art. 381, CC) e não da novação; **B: incorreta,** pois o depósito precisa ser realizado junto com a notificação ao credor. Caso este não a aceite, o devedor promoverá ação de consignação, a qual – julgada procedente – afastará a mora do devedor com efeitos *ex tunc*; **C: incorreta,** pois a assertiva refere-se à imputação (art. 352, CC) e não à sub-rogação; **D: correta,** pois a assertiva define com precisão a hipótese de consignação em pagamento.
Gabarito "D".

(Delegado de Polícia/GO – 2013 – UEG) Obrigações não executadas geram inadimplemento, ou seja, a falta da prestação devida ocasiona uma crise na relação obrigacional, sendo necessária a intervenção do ordenamento jurídico, que neste sentido, dispõe o seguinte:

(A) o Código Civil, acerca do estudo da responsabilidade civil por danos morais, obedece à matéria consoante aos estudos do direito da personalidade no campo do direito da dignidade humana, segundo disposto no artigo 1º, inciso III da CF, sem acrescentar diferenças em relação à culpa ou não do agente inadimplente.

(B) é cabível prisão por dívida, nos moldes do artigo 5º, inciso LXVII, da Constituição Federal, sendo que o sistema infraconstitucional fica mitigado em relação ao disposto neste sentido, assim como os tratados internacionais de direitos humanos que são absorvidos como lei ordinária, de acordo com a corrente monista, pela qual o direito brasileiro fez opção.

(C) a legislação pátria responde ao inadimplemento viabilizando o dever de indenizar, sendo a reparação completa por envolver todo o prejuízo experimentado pelo lesado, por isso a indenização dos danos é admitida em lei, pois funciona como uma compensação em prol de quem sofreu danos emergentes e lucros cessantes.

(D) os juros estão incluídos no estudo dos frutos civis, como rendimento de capital subdividindo-se em moratórios e compensatórios. No caso de inadimplemento com ou sem culpa, os juros compensatórios traduzem uma indenização para o inadimplemento no cumprimento da obrigação de restituir pelo devedor, sendo uma verdadeira sanção.

A: incorreta. A grave violação a direito da personalidade acarreta danos morais à vítima. Porém, mesmo nesses casos, a aferição da culpa do agente causador do dano é regra em nosso sistema, conforme demonstra a própria definição do ato ilícito, estabelecida no art. 186 do CC, cuja consequência vem prevista no art. 927 do mesmo diploma legal. Ficam ressalvadas, apenas, as previsões específicas da lei sobre responsabilidade objetiva e a hipótese de o agente causador do dano exercer atividade que implique riscos excessivos para a sociedade; **B: incorreta,** pois os tratados internacionais de direitos humanos aprovados com quórum de emenda constitucional ingressam no sistema com força de norma constitucional. Ademais, o Brasil não adota o sistema monista para aprovação e ingresso de tratados internacionais em nosso sistema, mas sim o dualismo moderado, com participação do Executivo e do Legislativo; **C: correta,** pois o termo indenizar tem origem na expressão "tornar sem dano", que remete à ideia de que a vítima do ato ilícito deve receber reparação cabal a fim de – dentro do possível – voltar ao estado anterior ao ato ilícito. Cabe apenas uma ressalva quanto ao dano moral, o qual não é possível *indenizar*, no sentido estrito da palavra, mas sim atenuar, compensar, mitigar o sofrimento da alma verificado em decorrência da violação de direito da personalidade; **D: incorreta,** pois a mora do devedor só se configura com sua culpa (art. 396, CC) e os juros daí decorrentes não são os compensatórios, mas sim os moratórios.
Gabarito "C".

(Delegado/GO – 2009 – UEG) A disciplina jurídica das obrigações sofre grande influência do regime econômico vigente e tem muita influência na vida econômica do país, estendendo-se às diferentes atividades humanas de natureza patrimonial. Por essa razão, o direito das obrigações deve promover o realizar da vida econômica, conferindo-lhe segurança e agilidade. Considerando o direito obrigacional pátrio, é CORRETO afirmar:

(A) a novação, por criar nova obrigação, convalida obrigação extinta.

(B) a novação impede a discussão de obrigações contraídas em contratos anteriores ao que se novou.

(C) é impossível novar em obrigação nula, tendo em vista que a novação propõe a substituição daquela dívida por outra.

(D) a novação não se presta a confirmar obrigação anulável, restando ao devedor o direito de arguir o vício sobre obrigação que novou.

A: incorreta, a novação consiste na criação de uma obrigação nova com o objetivo de extinguir uma obrigação anterior. Entretanto, as obrigações nulas ou extintas não podem ser objeto de novação (art. 367 do CC); **B: incorreta,** nos termos da Súmula 286 do STJ, "a renegociação de contrato bancário ou a confissão da dívida não impede a possibilidade de discussão sobre eventuais ilegalidades dos contratos anteriores"; **C: correta,** está de acordo com o disposto no artigo 367 do Código Civil; **D: incorreta,** a obrigação anulável pode ser objeto de novação (art. 367 do CC).
Gabarito "C".

(Delegado/MG – 2012) Considerando-se as obrigações de dar coisa certa, é **INCORRETO** afirmar que

(A) se a coisa perder, sem culpa do devedor, antes da tradição, ou pendente condição suspensiva, fica resolvida a obrigação, suportando o proprietário o prejuízo.

(B) se a coisa se perder, por culpa do devedor, responderá este pelo equivalente, mais perdas e danos.

(C) se a coisa se deteriorar, sem culpa do devedor, poderá o credor, a seu critério, resolver a obrigação, ou aceitar a coisa, abatido de seu preço o valor que perdeu.

(D) se a coisa se deteriorar, por culpa do devedor, poderá o credor exigir o equivalente, ou aceitar a coisa no estado em que se acha, sem no entanto, tem direito a reclamar, em um ou em outro caso, indenização por perdas e danos.

A: correta, a obrigação de dar coisa certa é aquela em que o devedor se compromete a entregar ao credor um **bem determinado**, isto é, um bem que está totalmente individualizado (exemplo: um automóvel gol, ano 2012, placa XXX-0000). Nesta espécie de obrigação, se o bem individualizado se perder sem culpa do devedor (ex: roubo), antes da entrega (tradição) ou pendente condição suspensiva, a obrigação será extinta (resolvida) sem direito indenização pelas perdas e danos (art. 234 do CC). O devedor do bem (proprietário) suportará o prejuízo em razão da regra *res perit domino* (a coisa perece para o dono) e, por esta, razão deverá devolver valores eventualmente antecipados; **B: correta,** se na obrigação de dar coisa certa o objeto se perder por culpa do devedor (ex: o devedor incendiou o próprio automóvel) o credor será indenizado pelo valor equivalente ao bem, acrescido das perdas e danos (art. 234 do CC). Ao contrário da hipótese anterior, o devedor não deverá devolver o valor pago, mas sim o valor atual do bem (denominado *equivalente*), que pode ter se valorizado após a celebração do contrato; **C:** correta, se coisa certa se deteriorar (for parcialmente destruída), não sendo o devedor culpado, poderá o credor resolver a obrigação, ou aceitar a coisa, abatido de seu preço o valor que perdeu (art. 235 do CC); **D:** incorreta: sendo culpado o devedor, poderá o credor exigir o equivalente, ou aceitar a coisa no estado em que se acha, **com direito a reclamar**, em um ou em outro caso, indenização das perdas e danos (art. 236 do CC).

Gabarito "D".

(Delegado/PA – 2012 – MSCONCURSOS) O pagamento significa cumprimento ou adimplemento de qualquer espécie de obrigação, podendo ser direto ou indireto, constituindo meio normal de extinção da obrigação. Assim, analise os itens abaixo marcando V(verdadeiro) ou F(falso) e assinale a alternativa que apresenta a sequência correta, de cima para baixo.

( ) Se se der em pagamento coisa fungível, não se poderá mais reclamar do credor que, de boa-fé, a recebeu e consumiu, ainda que o solvente não tivesse o direito de aliená-la.

( ) É requisito essencial de validade que o pagamento seja feito ao credor ou a quem de direito o represente, sob pena de só valer depois de por ele ratificado, ou tanto quanto reverter em seu proveito, ou propiciar o direito à repetição.

( ) O objeto do pagamento é a prestação, não podendo o credor receber prestação diversa da que lhe é devida, ainda que mais valiosa.

( ) Por não ser o pagamento presumível, o devedor que paga tem direito a quitação regular, e pode reter ou consignar o pagamento, enquanto não lhe seja dada.

( ) A quitação, que sempre poderá ser dada por instrumento particular, designará o valor e a espécie da dívida quitada, o nome do devedor, ou quem por este pagou, o tempo e o lugar do pagamento, com a assinatura do credor, ou do seu representante, haja vista que, sem tais requisitos, será inválida, mesmo que de seus termos ou das circunstâncias resultar haver sido paga a dívida.

(A) V; F; V; V; F.
(B) V; V; F; V; F.
(C) F; V; V; F; F.
(D) V; V; F; V; V.
(E) F; F; F; V; V.

I: verdadeiro, conforme o artigo 307, parágrafo único, "Se se der em pagamento coisa fungível, não se poderá mais reclamar do credor que, de boa-fé, a recebeu e consumiu, ainda que o solvente não tivesse o direito de aliená-la"; **II**: verdadeiro, está de acordo com o disposto no artigo 308 do Código Civil; **III**: falso, o credor não pode ser *forçado* a receber prestação diversa, ainda que mais valiosa (art. 313 do CC), mas nada impede que *aceite*, operando-se a dação em pagamento (art. 356 do CC); **IV**: verdadeiro, o devedor que paga tem direito a quitação regular, e pode reter o pagamento, enquanto não lhe seja dada (art. 319 do CC); **V**: falso, a primeira parte da assertiva está correta conforme dispõe o artigo 320, *caput*, do Código Civil. Entretanto, a segunda parte está incorreta, pois ainda que a quitação não apresente os requisitos elencados será considerada válida, se de seus termos ou das circunstâncias resultar haver sido paga a dívida (parágrafo único do artigo 320, CC).

Gabarito "B".

(Delegado/MG – 2006) São formas de extinção das obrigações sem pagamento:

(A) A remissão, a confusão e a purga da mora.
(B) A novação, a compensação e a execução.
(C) A transação, a confusão e a execução.
(D) A remissão, o compromisso e a transação.

Arts. 185, 840 e 851, todos do CC. A execução e purga da mora só extinguirão a obrigação com o seu pagamento.

Gabarito "D".

(Delegado/MG – 2006) As obrigações em que há vários devedores que se obrigam, cada um deles, por toda a obrigação, podendo o credor escolher qual deles fará o pagamento e uma vez escolhido, os outros se desoneram, retirando-se por completo da relação, podem ser classificadas como:

(A) Obrigações solidárias
(B) Obrigações subsidiárias
(C) Obrigações conexas
(D) Obrigações disjuntivas

São conhecidas também como obrigações alternativas (art. 252 do CC).

Gabarito "D".

(Delegado/PI – 2009 – UESPI) No que é pertinente às obrigações de 'dar', assinale a alternativa correta.

(A) Até a tradição pertence ao devedor a coisa, com os seus melhoramentos e acrescidos, pelos quais poderá exigir aumento no preço.
(B) Quando a coisa se deteriora, antes da entrega e sem culpa do devedor, poderá o credor recebê-la no estado em que se encontra, sem direito de exigir um abatimento no preço, uma vez que, sem culpa do devedor, não há responsabilidade.
(C) A obrigação de dar coisa certa só abrange os acessórios que vierem expressamente mencionados.
(D) No caso da coisa certa se perder antes da entrega, o devedor não poderá alegar caso fortuito e força maior para excluir sua responsabilidade.
(E) A coisa certa será indicada, ao menos, pelo gênero e pela quantidade.

A: correta, está de acordo com o disposto no artigo 237 do Código Civil; **B:** incorreta, Deteriorada a coisa, não sendo o devedor culpado, poderá o credor resolver a obrigação, ou aceitar a coisa, abatido de seu preço o valor que perdeu (art. 235 do CC). A ausência de culpa impede apenas pleito de indenização por perdas e danos; **C:** incorreta, a obrigação de dar coisa certa abrange os acessórios dela embora não mencionados, salvo se o contrário resultar do título ou das circunstâncias do caso (art. 233 do CC); **D:** incorreta, pois somente no caso de obrigação de dar coisa incerta, o devedor não poderá alegar caso fortuito e força maior para excluir sua responsabilidade (art. 238 do CC); **E:** incorreta, pois a coisa *incerta* é que se indicará, ao menos, pelo gênero e pela quantidade (art. 243 do CC).

Gabarito "A".

(Delegado/SP – 2000) A condição resolutiva da obrigação pode ser

(A) intermitente ou contínua.
(B) expressa ou tácita.
(C) suspensiva ou a termo.
(D) suposta ou pressuposta.

A condição resolutiva é expressa quando as partes convencionam que, não cumprida a obrigação, esta ficará desfeita. E é tácita quando a lei dispuser que, descumprida a obrigação, está ficará desfeita. Para os contratos, a lei estabelece uma cláusula resolutiva tácita, ou seja, toda vez que alguém descumpre uma obrigação contratual, o Direito autoriza que a outra parte notifique a primeira para o fim de resolver o contrato. Já se a cláusula resolutiva é expressa, uma vez ocorrendo o descumprimento da obrigação, o contrato ficará resolvido de pleno direito, independentemente de notificação por parte do prejudicado.

Gabarito "B".

(Delegado/RJ – 2022 – CESPE/CEBRASPE) Acerca da transmissão das obrigações, prevista no Código Civil Brasileiro, assinale a opção correta.

(A) A cessão de contrato, também chamada cessão de posição contratual, é vedada no direito brasileiro, mesmo se ambos os contratantes estiverem de acordo com a cessão.

(B) Salvo disposição em contrário, na cessão de um crédito abrangem-se todos os seus acessórios.

(C) Na cessão de crédito, salvo estipulação em contrário, o cedente responde pela solvência do devedor.

(D) Na cessão de crédito *pro solvendo*, o cedente responde apenas pela existência e validade do crédito cedido.

(E) Na assunção de dívida, o novo devedor pode opor ao credor todas as exceções pessoais que competiam ao devedor primitivo.

A: incorreta, pois é permitida a cessão da posição contratual no direito brasileiro se as partes estiverem de acordo. Neste sentido, é facultado a terceiro assumir a obrigação do devedor, com o consentimento expresso do credor, ficando exonerado o devedor primitivo, salvo se aquele, ao tempo da assunção, era insolvente e o credor o ignorava (art. 299 do CC); B: correta (art. 287 do CC); C: incorreta, pois salvo estipulação em contrário, o cedente não responde pela solvência do devedor (art. 296 do CC); D: incorreta, pois na cessão *pro solvendo* o cedente responde pela existência e validade do crédito e pela solvência do devedor (art. 297 do CC); E: incorreta, pois na assunção de dívida o novo devedor não pode opor ao credor as exceções pessoais que competiam ao devedor primitivo (art. 302 do CC).

Gabarito "B".

(Delegado/RJ – 2022 – CESPE/CEBRASPE) Acerca de adimplemento e extinção das obrigações, assinale a opção correta.

(A) O credor não é obrigado a receber prestação diversa da que lhe é devida, salvo se mais valiosa.

(B) O pagamento deve ser efetuado no domicílio do credor, salvo se as partes convencionarem diversamente, ou se o contrário resultar da lei, da natureza da obrigação ou das circunstâncias.

(C) A entrega do título ao devedor firma a presunção do pagamento.

(D) Nos termos do Código Civil, a remissão de dívida pelo credor extingue a obrigação independentemente de aceitação do devedor.

(E) A obrigação se extingue por compensação quando na mesma pessoa se confundem as qualidades de credor e devedor.

A: incorreta, pois o credor não é obrigado a receber prestação diversa da que lhe é devida, ainda que mais valiosa (art. 313 do CC); B: incorreta, pois efetuar-se-á o pagamento no domicílio do devedor, salvo se as partes convencionarem diversamente, ou se o contrário resultar da lei, da natureza da obrigação ou das circunstâncias (art. 327, *caput* do CC); C: correta (art. 324, *caput* do CC); D: incorreta, pois é necessário a aceitação do devedor para que haja a extinção da obrigação e não poderá haver prejuízo de terceiro (art. 385 do CC); E: incorreta, pois esse é o conceito de extinção da obrigação por confusão, e não por compensação (art. 381 do CC).

Gabarito "C".

4. CONTRATOS

(Delegado de Polícia/GO – 2013 – UEG) Considerando-se a Teoria da Representação e da manifestação da vontade, o Código Civil dispõe que:

(A) os poderes de representação conferem-se por Lei, de acordo com o que dispõe nosso ordenamento civil, Parte Geral e Parte Especial, direito contratual.

(B) a Teoria geral da representação é própria da parte especial do Código Civil, no que concerne ao estudo dos Negócios Jurídicos.

(C) o mandado em causa própria, ou mandado *in rem propriam*, é lícito desde que o mandante outorgue poderes para o mandatário, constando a autorização para que o último realize o negócio jurídico consigo mesmo.

(D) o estudo do autocontrato envolve a teoria da representação de forma viciada, ou seja, é considerado nulo o negócio jurídico em que o representante, no seu interesse ou por conta de outrem, celebrar consigo mesmo.

A: incorreta, pois os poderes de representação conferem-se por lei ou pelo interessado (art. 115, CC); B: incorreta, pois no que se refere à representação, a parte especial do Código Civil apenas disciplina o contrato de mandato, cabendo a regulamentação geral do assunto à Parte Geral (arts. 115 até 120, CC); C: correta, pois o mandato com cláusula "em causa própria" possibilita ao mandatário celebrar negócios com terceiros ou consigo próprio (art. 685, CC); D: incorreta, pois nem sempre o autocontrato é nulo, podendo se apresentar de forma válida e eficaz, conforme disposto no art. 685 do CC.

Gabarito "C".

(Delegado/PA – 2013 – UEPA) Sobre os contratos, assinale a alternativa correta.

(A) A teoria contratual adotada pelo Código Civil de 2002 é caracterizada pela diminuição da autonomia da vontade, com a consagração de princípios de ordem pública, a exemplo da função social do contrato, não sendo lícito as partes a estipulação de contratos atípicos não previstos na referida codificação.

(B) A existência de cláusulas ambíguas ou contraditórias em contratos de adesão impõe a adoção da interpretação coerente com os objetivos e premissas da contratação, ainda que desfavorável ao aderente.

(C) A parte lesada pelo inadimplemento pode pedir a resolução do contrato, se não preferir exigir-lhe o cumprimento, cabendo, em qualquer dos casos, indenização por perdas e danos.

(D) Desde que sua pretensão esteja de acordo com a função social do contrato, um contratante poderá exigir o adimplemento da obrigação do outro, ainda que não tenha honrado sua contraprestação correspondente.

(E) A constatação da existência de onerosidade excessiva impõe a resolução do contrato, ainda que o réu aceite modificar equitativamente o contrato.

A: incorreta, pois é permitido às partes celebrar contratos atípicos, ou seja, contratos que não apresentam regulamentação ou previsão legal específica, mas que foram criados pelas partes, a partir da utilização de sua autonomia contratual (CC, art. 425); **B:** incorreta, pois diante de tais cláusulas a lei determina que se adote "*a interpretação mais favorável ao aderente*" (CC, art. 423); **C:** correta, pois a assertiva reproduz o disposto no art. 475 do Código Civil; **D:** incorreta, pois "*nenhum dos contratantes, antes de cumprida a sua obrigação, pode exigir o implemento da do outro*" (CC, art. 476); **E:** incorreta, pois nesse caso "*a resolução poderá ser evitada, oferecendo-se o réu a modificar equitativamente as condições do contrato*" (CC, art. 479). A regra tem clara inspiração no princípio da conservação do negócio jurídico, o qual determina que seja evitada – sempre que possível – a anulação ou resolução dos contratos.
Gabarito "C".

(Delegado/RJ – 2013 – FUNCAB) Em 11 de janeiro de 2010, Caio celebrou contrato de seguro de vida com a Seguradora Boa Passagem S.A. Em 2 de fevereiro de 2012, Caio, desgostoso da vida, lança-se do alto de um edifício e vem a falecer.
Sua mulher, Isabela, beneficiária do seguro, procura a Seguradora, que afirma que não pagará o seguro porque o contrato continha cláusula excluindo o pagamento em caso de suicídio. À luz da disciplina do seguro de vida no Código Civil, é correto afirmar:

(A) Isabela não tem direito ao recebimento do seguro porque prevalece, neste particular, a autonomia das partes.

(B) Isabela não tem direito ao recebimento do seguro porque o pagamento do seguro de vida não é devido em casos de morte voluntária (suicídio).

(C) Isabela não tem direito ao pagamento do seguro porque o suicídio ocorreu nos primeiros três anos de vigência do contrato.

(D) Isabela tem direito ao recebimento do seguro porque a cláusula que afasta o pagamento do seguro de vida em caso de suicídio é nula, ressalvada a hipótese de suicídio ocorrido nos primeiros dois anos de vigência inicial do contrato, ou da sua recondução depois de suspenso.

(E) Isabela tem direito ao recebimento do seguro porque a cláusula que afasta o pagamento do seguro de vida em caso de suicídio é anulável, desde que o beneficiário proponha ação anulatória até dois anos após a data do suicídio.

O Código Civil de 2002 inovou no tratamento do recebimento de seguro de vida na hipótese de suicídio do segurado. Com efeito, o art. 798 dispõe que "o beneficiário não terá direito ao capital segurado quando o segurado se suicida nos primeiros dois anos de vigência inicial de contrato". Além disso, o parágrafo único estipula que "é nula a cláusula contratual que exclui o pagamento do capital por suicídio do segurado". Logo, Isabela tem direito ao recebimento do seguro.
Gabarito "D".

(Delegado/MG – 2008) O contrato nasce da convergência da proposta e da aceitação. Como bem disciplina a teoria geral dos contratos, a proposta obriga, sendo o proponente forçado a perdas e danos, caso não a mantenha. Sobre a matéria, é *INCORRETO* afirmar que

(A) a proposta de contrato obriga o proponente, se o contrário não resultar dos termos dela, da natureza do negócio, ou das circunstâncias do caso.

(B) a proposta deixa de ser obrigatória se, feita sem prazo, por telefone, não foi imediatamente aceita.

(C) o silêncio importa anuência, quando as circunstâncias ou os usos o autorizarem, e não for necessária a declaração de vontade expressa.

(D) reputar-se-á celebrado o contrato no lugar em que foi aceito.

A: assertiva correta (art. 427 do CC); **B:** assertiva correta (art. 428, I, do CC); **C:** assertiva correta (art. 111 do CC); **D:** assertiva incorreta, pois reputa-se concluído o contrato no lugar em que foi proposto (art. 435 do CC).
Gabarito "D".

(Delegado/MG – 2006) Assinale a alternativa INCORRETA:

(A) O comodato é o empréstimo gratuito de coisa não fungível. Perfaz-se com a tradição do objeto.

(B) Os tutores e curadores não podem dar em comodato, sem autorização especial, os bens confiados à sua guarda.

(C) O comodatário poderá recobrar do comodante as despesas feitas com o uso e gozo da coisa emprestada.

(D) Se, correndo risco o objeto do comodato juntamente com outros do comodatário, antepuser este a salvação dos seus abandonando o do comodante, responderá pelo dano ocorrido, ainda que se possa atribuir a caso fortuito, ou força maior.

A: correta (art. 579 do CC); **B:** correta (art. 580 do CC); **C:** incorreta (art. 584 do CC); **D:** correta (art. 583 do CC).
Gabarito "C".

(Delegado/RJ – 2009 – CEPERJ) Quanto ao contrato de compra e venda, é incorreto afirmar que:

(A) a compra e venda pode ter por objeto coisa atual ou futura.

(B) ineficaz é o contrato de compra e venda, quando se deixa ao arbítrio exclusivo de uma das partes a fixação do preço.

(C) até o momento da tradição, os riscos da coisa correm por conta do vendedor e os do preço por conta do comprador.

(D) é anulável a venda de ascendente a descendente, salvo se os outros descendentes e o cônjuge do alienante expressamente houverem consentido.

(E) é lícita a compra e venda entre cônjuges, com relação a bens excluídos da comunhão.

A: correta, está de acordo com o artigo 483 do CC; **B:** incorreta, pois deixar ao arbítrio exclusivo de uma das partes a fixação do preço é causa de *nulidade* do contrato (art. 489 do CC); **C:** correta, conforme o art. 492 do CC; **D:** correta, está de acordo com o disposto no artigo 496 do CC. A lei exige o consentimento dos demais descendentes com o objetivo de evitar simulação entre o ascendente e um dos descendentes, já que o bem vendido não será trazido à colação no momento da sucessão. Na doação de ascendente para descendente o consentimento não é exigido, pois considera-se a doação como adiantamento de legítima; **E:** correta, está de acordo com o artigo 499 do CC.
Gabarito "B".

(Delegado/RR – 2003 – CESPE) Julgue os itens seguintes, relativos aos contratos de compra e venda, sob a luz do novo Código Civil – Lei 10.406/2002.

(1) Pelo contrato de compra e venda, um dos contratantes se obriga a transferir o domínio de certa coisa, e o outro, a pagar-lhe certo preço em dinheiro.

(2) Sob pena de anulabilidade, os ascendentes não podem vender bens imóveis a um descendente, sem o consentimento expresso dos demais descendentes.

(3) Na cláusula de retrovenda, o vendedor pode reservar-se o direito de recobrar, dentro de um certo prazo, um imóvel que tenha vendido, restituindo o preço mais as despesas feitas pelo comprador.

(4) A venda a contento é a cláusula que subordina o contrato à condição suspensiva, ou seja, à condição de ficar desfeito se o comprador não se agradar da coisa.

(5) Na venda de coisa móvel, pode o vendedor reservar para si a propriedade, até que o preço esteja integralmente pago.

1: correta (art. 481 do CC); 2: correta (art. 496 do CC); 3: correta (art. 505 do CC); 4: correta (art. 509 do CC); 5: correta (art. 521 do CC).
Gabarito 1C, 2C, 3C, 4C, 5C

(Delegado/SP – 2000) O comodato e o mútuo distinguem-se, respectivamente, entre si em razão

(A) de a coisa não ser e ser fungível.
(B) de o primeiro caracterizar depósito e o segundo, empréstimo.
(C) de o primeiro caracterizar empréstimo e o segundo, gestão de negócio.
(D) de a coisa ser e não ser fungível.

Arts. 579 e 586, ambos do CC.
Gabarito "A".

5. RESPONSABILIDADE CIVIL

(Delegado/RS – 2018 – FUNDATEC) Sobre ilicitude e responsabilidade civil, assinale a alternativa correta.

(A) Para a caracterização do ato ilícito previsto no Art. 187 do Código Civil brasileiro, é necessária a aferição de culpa e dano do autor do fato.
(B) Haverá obrigação de reparar o dano, independentemente de culpa, quando a atividade desenvolvida implicar, por sua natureza, risco para os direitos de outrem.
(C) Só é considerado ilícito o ato que, exercido em manifesto excesso aos limites impostos pelo seu fim econômico ou social, causar efetivo dano a alguém.
(D) Constitui hipótese de ilicitude civil, em qualquer circunstância, a conduta de lesionar a pessoa a fim de remover perigo iminente.
(E) O dano exclusivamente moral, provocado por omissão voluntária, em caso de prática de ato negligente, não conduz à caracterização de um ilícito civil.

A: incorreta. O art. 187 CC trata do abuso de direito. O aspecto subjetivo, isto é, a necessidade de comprovar culpa será determinada por quem praticou o ato e em que circunstâncias. Ex: se ao ato for praticado no contexto do art. 927, parágrafo único CC ou pelos sujeitos do art. 932 não será necessário comprovar culpa no abuso de direito; B: correta (art. 927, parágrafo único CC); C: incorreta, pois não apenas este caso é considerado ato ilícito. Na verdade qualquer um que, por ação ou omissão voluntária, negligência ou imprudência, violar direito e causar dano a outrem, ainda que exclusivamente moral, comete ato ilícito (art. 186 CC); D: incorreta, pois quando as circunstâncias o tornarem absolutamente necessário, não excedendo os limites do indispensável para a remoção do perigo, a conduta de lesionar a pessoa não será considerada ato ilícito (art. 188, parágrafo único CC); E: incorreta, pois esta situação configura ato ilícito nos termos do art. 186 CC.
Gabarito "B".

(Delegado/MS – 2017 – FAPEMS) Sobre a responsabilidade civil, assinale a alternativa correta.

(A) A teoria da perda de uma chance pode ser utilizada como critério para a apuração de responsabilidade civil ocasionada por erro médico, na hipótese em que o erro tenha reduzido possibilidades concretas e reais de cura de paciente que venha a falecer em razão da doença tratada de maneira inadequada.
(B) Mesmo em situações normais, a instituição financeira pode ser responsabilizada por assalto sofrido por sua correntista em via pública, isto é, fora das dependências de sua agência bancária, após retirada, na agência, de valores em espécie. Estaria caracterizada uma falha na prestação de serviços, devido ao risco da atividade desenvolvida [artigo 927, parágrafo único, do Código Civil].
(C) Há entendimento sumulado do Superior Tribunal de Justiça no sentido de vedar a cumulação das indenizações por dano estético e dano moral.
(D) Para o Superior Tribunal de Justiça, a responsabilidade civil do Estado, nos casos de morte de pessoas custodiadas, é subjetiva, ficando caracterizada se provada a omissão estatal.
(E) De acordo com o Supremo Tribunal Federal, considerando que é dever do Estado, imposto pelo sistema normativo, manter em seus presídios os padrões mínimos de humanidade previstos no ordenamento jurídico, é de sua responsabilidade, nos termos do artigo 37, parágrafo 6º, da Constituição vigente, a obrigação de ressarcir os danos, inclusive morais, comprovadamente causados aos detentos em decorrência da falta ou insuficiência das condições legais de encarceramento. Nesse recente julgamento, prevaleceu a tese de que a indenização não deve ser em dinheiro, mas em dias remidos.

A: correta, pois a perda de uma chance envolve a ideia de se subtrair da vítima não um valor exato ou um dano certo, mas uma possibilidade de êxito, uma probabilidade de ganho futuro. Segundo o STJ é exatamente isso o que ocorre quando um erro médico reduz possibilidade futura e concreta de cura (AgInt no AREsp 140.251/MS, Rel. Ministra Maria Isabel Gallotti, Quarta Turma, julgado em 03/08/2017, DJe 08/08/2017); B: incorreta, pois o STJ entende que – nesse tipo de situação – a responsabilidade é do Estado e não da instituição financeira. A ideia é que "*O risco inerente à atividade exercida pela instituição financeira não a torna responsável pelo assalto sofrido pela autora, fora das suas dependências*" (REsp 1284962/MG, Rel. Ministra Nancy Andrighi, Terceira Turma, julgado em 11/12/2012, DJe 04/02/2013); C: incorreta, pois a assertiva é oposta ao texto da Súmula n. 387 do STJ, segundo a qual: "*É lícita a cumulação das indenizações de dano estético e dano moral*"; D: incorreta, pois o STJ se posiciona no sentido de que: "*A responsabilidade civil do Estado nos casos de morte de pessoas custodiadas é objetiva*" (REsp 1054443/MT, Rel. Ministro Castro Meira,

Segunda Turma, julgado em 04/08/2009, DJe 31/08/2009); **E:** incorreta. A assertiva refere-se ao RE 580252, julgado em 16 de fevereiro de 2017, no qual se estabeleceu a tese mencionada, com a ressalva de que a indenização seria em dinheiro (no caso, o Estado deveria pagar R$ 2.000 ao autor da ação). RE 580252, Relator: Min. Teori Zavascki, Relator para o acórdão: Min. Gilmar Mendes, Tribunal Pleno, julgado em 16/02/2017, Acórdão Eletrônico DJe-204 Divulg 08-09-2017 Public 11-09-2017). GN

Gabarito "A".

(Delegado/PE – 2016 – CESPE) João, menor impúbere, de sete anos de idade, jogou voluntariamente um carrinho de brinquedo do alto do 14.º andar do prédio onde mora com a mãe Joana. Ao cair, o carrinho danificou o veículo de Arthur, que estava estacionado em local apropriado. Tendo como referência essa situação hipotética, assinale a opção correta, considerando as disposições vigentes a respeito de responsabilidade civil no Código Civil.

(A) O dever de reparar o dano provocado por João não alcança Joana, já que não há como provar sua culpa em relação à atitude do filho.

(B) Embora a responsabilidade de Joana seja objetiva, seu patrimônio somente será atingido se João não tiver patrimônio próprio ou se este for insuficiente para reparar o prejuízo causado a Arthur.

(C) Caso seja provada a culpa de João, a mãe, Joana, responderá objetivamente pelos danos causados pelo filho.

(D) A responsabilidade civil de João é objetiva.

(E) A mãe de João tem responsabilidade subjetiva em relação ao dano causado no veículo de Arthur.

A: incorreta, pois nesse caso se tem a chamada responsabilidade por fato de terceiro, que é objetiva em relação ao terceiro que se enquadrar nas hipóteses legais, sendo que os pais respondem pelos filhos menores que estiverem em sua companhia (arts. 932, I, e 933, ambos do CC); **B:** incorreta, pois a mãe responde diretamente pelo ato do filho, nos termos dos arts. 932, I, e 933, ambos do CC; **C:** correta (art. 933 do CC); **D:** incorreta, pois a responsabilidade objetiva só existe no caso em relação à mãe, seja pelo disposto no art. 933 do CC (c/c o art. 932, I, do CC), seja pelo disposto no art. 938 do CC; **E:** incorreta, pois a responsabilidade da mãe é objetiva tanto pelo disposto no art. 933 do CC (c/c o art. 932, I, do CC), seja pelo disposto no art. 938 do CC. WG

Gabarito "C".

(Delegado/PA – 2013 – UEPA) Sobre o regime de responsabilidade civil e a obrigação de indenizar, assinale a alternativa correta.

(A) O Código Civil de 2002 provocou modificações substanciais no regime de responsabilidade civil próprio do ordenamento jurídico brasileiro, tendo adotado como regra geral a apuração de responsabilidade de modo objetivo, vale dizer, independentemente de culpa.

(B) A indenização deve ser medida pela extensão do dano, de modo que havendo excessiva desproporção entre a gravidade da culpa e os prejuízos sofridos pela vítima, poderá o juiz reduzir, equitativamente, a indenização.

(C) O dono ou detentor do animal deve ressarcir todos os danos por eles causados, ainda que haja comprovação da existência de culpa da vítima ou motivo de força maior.

(D) A indenização por injúria, difamação ou calúnia somente poderá ser arbitrada caso o ofendido demonstre o prejuízo efetivamente sofrido.

(E) O incapaz não responde pelos prejuízos que causar, de modo que a indenização restará frustrada caso os seus responsáveis não disponham meios suficientes de fazê-lo.

A: incorreta. Como regra geral, a responsabilidade civil no Brasil é subjetiva. As hipóteses de responsabilidade objetiva resumem-se aos casos especificados em lei e às hipóteses de atividade de risco exercidas pelo autor do dano (CC, art. 927 parágrafo único); **B:** correta, pois o art. 944, parágrafo único, do Código Civil possibilita ao juiz reduzir equitativamente a indenização quando houver excessiva desproporção entre a gravidade da culpa e o dano; **C:** incorreta, pois a culpa da vítima ou a força maior excluem a responsabilidade do dono do animal (CC, art. 936); **D:** incorreta, pois "*se o ofendido não puder provar prejuízo material, caberá ao juiz fixar, equitativamente, o valor da indenização, na conformidade das circunstâncias do caso*"; **E:** incorreta, pois o Código Civil permite – em caráter excepcional – a responsabilização direta do incapaz, quando as pessoas por ele responsáveis não dispuserem de meios suficiente ou não tiverem a obrigação de fazê-lo (CC, art. 928).

Gabarito "B".

(Delegado/ES – 2011 – CESPE) No item que se segue, relativo às pessoas e suas responsabilidades por danos causados a outrem, é apresentada uma situação hipotética, seguida de uma assertiva a ser julgada.

(1) O carro de Rafael, que estava trancado e estacionado em frente a sua casa, foi furtado por Pedro. Nessa situação, se Pedro causar lesão a alguém na condução do veículo, Rafael também poderá ser responsabilizado por ter a guarda jurídica do bem.

1: errada, consoante entendimento doutrinário e jurisprudencial o roubo do automóvel caracteriza caso fortuito / força maior e, portanto, não gera o dever de indenizar. Diversamente, em caso de empréstimo, o comodante poderá será ser responsabilidade pelo acidente causado pelo comodatário.

Gabarito 1E.

(Delegado/GO – 2009 – UEG) No sistema de direito civil brasileiro, a responsabilidade civil divide-se em dois regimes: o de responsabilidade subjetiva e o de responsabilidade objetiva. Assim, é CORRETO afirmar que a responsabilidade objetiva

(A) fundada no risco configura-se nos casos em que se determine que a conduta prevista na lei apresenta o caráter de risco.

(B) fundada no risco da atividade configura-se caso a caso, não havendo previsão legal expressa que a imponha.

(C) fundada no risco da atividade, configura-se quando a atividade desenvolvida pelo agente do dano é mais onerosa para certa pessoa que para outros integrantes da comunidade.

(D) tem caráter excepcional, configurando-se apenas nos casos em que a conduta geradora do dever de indenizar é expressamente prevista em lei.

A: incorreta, pois nem sempre depende de risco previsto na lei. A responsabilidade civil objetiva é a exceção dentro do Código Civil e só deve ser aplicada nos termos do artigo 927, parágrafo único, nos casos especificados em lei, ou quando a atividade normalmente desenvolvida pelo autor do dano implicar, por sua natureza, risco para os direitos de outrem; **B:** incorreta, há diversos dispositivos que preveem a responsabilidade objetiva (arts. 927, 931, 932, 936, 937, 938 etc.); **C:** correta, está de acordo com o Enunciado 38 da I Jornada de Direito Civil promovida pelo Conselho da Justiça Federa, "a responsabilidade fundada no risco da atividade, como prevista na segunda parte do parágrafo único do art. 927 do novo Código Civil, configura-se quando a atividade normalmente desenvolvida pelo autor do dano causar a pessoa determinada um ônus maior do que aos demais membros da coletividade"; **D:** incorreta, além das condutas expressamente previstas nas lei (casos especificados) a responsabilidade civil também será objetiva em caso de risco da atividade (art. 927, parágrafo único, CC).

Gabarito "C".

(Delegado/GO – 2003 – UEG) Quem transborda os limites aceitáveis de um direito, causando prejuízo a outrem, comete abuso de direito. Assim, a respeito desse tema, é CORRETO afirmar:

(A) Sem culpa do agente ou dolo, não se pode falar em abuso de direito.

(B) Abuso de direito e ato ilícito confundem-se e identificam-se porque são ontologicamente iguais, gerando o dever de reparar.

(C) A noção de dolo não é essencial ao abuso de direito, mas a noção de culpa sim, pois está contida no critério objetivo finalístico adotado pelo novo Código Civil.

(D) No abuso de direito, a noção de dolo e culpa deve ser afastada.

De fato, a doutrina vem reconhecendo que a responsabilidade civil pelo ato ilícito decorrente do abuso de direito (art. 187 do CC) é objetiva, vez que o dispositivo em questão, diferentemente do art. 186 do CC, não requerer conduta dolosa ou culposa para a configuração do instituto.

Gabarito "D".

(Delegado/GO – 2003 – UEG) Antônio internou-se para uma neurocirurgia, sendo informado do risco. O resultado não foi o esperado, porquanto perdeu o movimento de três dedos da mão direita. Por isso, moveu ação contra o médico, alegando que o serviço não foi prestado a contento. Marque a alternativa CORRETA:

(A) O juiz, no caso, deverá, obrigatoriamente, inverter o ônus da prova.

(B) O paciente tem de provar que o médico agiu com imperícia, para ter direito à indenização.

(C) Pelo novo Código Civil, sendo a neurocirurgia atividade de risco, o juiz pode aplicar a teoria objetiva.

(D) O médico, para não ser responsabilizado, tem de provar que agiu com perícia.

No caso há relação de consumo, cuja responsabilidade, como regra, é objetiva. No entanto, em se tratando de profissional liberal (médico), o CDC estabelece que a responsabilidade deste é subjetiva, ou seja, depende da comprovação de culpa ou dolo por parte do médico (art. 14, § 4º, do CDC). Vale lembrar que a inversão do ônus da prova no CDC não é automática, devendo o juiz verificar no caso concreto a presença dos requisitos previstos no seu art. 6º, VIII.

Gabarito "B".

(Delegado/GO – 2003 – UEG) Certo cliente deixou seu carro pernoitar num posto de gasolina com os dizeres "Não nos responsabilizamos pelos veículos que pernoitarem no pátio", tendo sido o carro furtado. Marque a alternativa CORRETA:

(A) A cláusula de não indenizar exclui a responsabilidade do dono do posto, que não assumiu o dever de guarda.

(B) A cláusula de não indenizar não valerá, posto que resultante de imposição unilateral, mesmo inocorrendo contrato de depósito na espécie.

(C) Ainda que bilateral e consensual, a cláusula de não indenizar pode ser aposta em qualquer contrato.

(D) O direito não aceita a cláusula de não indenizar nem a cláusula de limitação de responsabilidade.

A Súmula 130 do STF estabelece que "a empresa responde, perante o cliente, pela reparação de dano ou furto de veículo ocorridos em seu estacionamento". Dessa forma, a alternativa "b" está correta, valendo salientar que o enunciado da questão deixa claro que se tratava de um "cliente".

Gabarito "B".

(Delegado/PA – 2006 – CESPE) Acerca da responsabilidade civil, assinale a opção incorreta.

(A) A responsabilidade extracontratual, também chamada de aquiliana, baseia-se no dever de indenizar os danos causados decorrentes da prática de ato ilícito propriamente dito, consubstanciado em conduta humana positiva ou negativa de uma norma violadora do dever de cuidado.

(B) O particular nomeado pelo juízo como depositário judicial deve ser considerado agente do Estado e se, agindo nessa qualidade, causar danos a terceiro, tal fato enseja a responsabilidade civil objetiva do Estado, nos termos da Constituição da República.

(C) Caso seja demonstrada imprudência de vítima que tenha ingressado em residência particular e tenha sido atacada pelos cães de guarda do local, afasta-se o dever de indenizar do proprietário, pois a responsabilidade deste é presumida e, portanto, relativa.

(D) A condenação criminal de motorista de empresa de ônibus, por dar causa a um grave acidente de trânsito, produz efeitos contra a pessoa jurídica, por esta responder solidariamente pela ação do seu preposto, pode a vítima executar a sentença penal condenatória no juízo cível contra o próprio motorista ou contra a empresa de ônibus, ou de qualquer outro coobrigado.

A: assertiva correta (art. 186 do CC); **B:** assertiva correta, pois, nesse caso, temos um agente do Estado, ensejando responsabilidade objetiva deste, nos termos do art. 37, § 6º, da CF; **C:** assertiva correta (art. 936 do CC); **D:** assertiva incorreta, pois a empresa de ônibus, apesar de responder solidariamente (arts. 932, III, e 933, ambos do CC), tem direito ao contraditório e à ampla defesa, de modo que, caso a vítima queira acioná-la, deverá ingressar com ação de conhecimento contra a empresa.

Gabarito "D".

(Delegado/PI – 2009 – UESPI) No que se refere à Responsabilidade Civil, assinale a alternativa correta:

(A) O incapaz responde pelos prejuízos que causar, se as pessoas por ele responsáveis não tiverem obrigação de fazê-lo ou não dispuserem de meios suficientes.

(B) A responsabilidade civil pelo fato do animal dependerá da prova da culpa do detentor.

(C) A indenização calcula-se de acordo com a intensidade da culpa.

(D) O empregador só responde pelos danos causados por seu empregado, no exercício do trabalho que a ele competir, se ficar provada sua culpa *in eligendo*.

(E) A responsabilidade civil é vinculada à responsabilidade penal. Assim, só haverá obrigação de indenizar, quando coincidir com um tipo penal e houver condenação.

A: correta (art. 928 do CC); B: incorreta, pois a responsabilidade do dono ou detentor é presumida (art. 936 do CC); C: incorreta, pois a indenização mede-se pela intensidade do *dano* (art. 944 do CC), e não da *culpa*; D: incorreta, pois a responsabilidade por fato de terceiro é objetiva, ou seja, uma vez que o empregado tem o dever de indenizar, o patrão automaticamente o terá independentemente de culpa ou dolo por parte do patrão (art. 932, III, c/c art. 933, ambos do CC); E: incorreta, pois as responsabilidades civil e penal são independentes (art. 935 do CC). Gabarito "A".

(Delegado/RJ – 2022 – CESPE/CEBRASPE) Lauro abalroou o veículo de Túlio, causando-lhe lesões corporais, pelas quais foi absolvido na esfera criminal por não ter concorrido para a infração penal. Todavia, inconformado, Túlio deduziu pretensão condenatória contra o causador do dano na esfera civil, para se ressarcir dos danos materiais e morais decorrentes do acidente.

Nessa situação hipotética,

(A) Lauro não poderá ser condenado a ressarcir Túlio na esfera civil.

(B) Túlio poderá obter sentença favorável ao pagamento de danos morais.

(C) Lauro poderá ser condenado ao ressarcimento dos danos materiais causados ao veículo.

(D) Túlio poderá obter sentença favorável ao pagamento das despesas médico-hospitalares.

(E) Lauro poderá ser condenado ao pagamento dos lucros cessantes decorrentes do acidente.

A: correta, pois considerando que no juízo criminal ficou provado que Lauro não foi o autor causador das lesões, sendo portanto absolvido, Túlio não terá direito a indenização na esfera civil (art. 935 do CC); B: incorreta, pois ainda que a responsabilidade civil seja independente da criminal, quando restar provado na esfera criminal que o fato não existiu ou que o acusado não foi o seu autor, não há que se discutir direito à indenização de nenhuma natureza na esfera cível, seja dano moral seja dano material (art. 935 do CC); C: incorreta, nos termos da justificativa da alternativa B (art. 935 do CC); D: incorreta, pois não há que se falar em condenação ao pagamento de despesas-médico hospitalares, , nos termos da justificativa da alternativa B (art. 935 do CC); E: incorreta, pois Lauro não poderá ser condenado a pagar lucros cessantes, nos termos da justificativa da alternativa B (art. 935 do CC). Gabarito "A".

6. COISAS

(Delegado/MG – 2018 – FUMARC) A respeito da posse, é CORRETO afirmar:

(A) A posse de boa-fé só perde esse caráter quando do trânsito em julgado da sentença proferida em ação possessória.

(B) É assegurado ao possuidor de boa-fé o direito à indenização pelas benfeitorias necessárias e úteis. Quanto às voluptuárias, estas, se não forem pagas, poderão ser levantadas, desde que não prejudiquem a coisa.

(C) Obsta à manutenção ou à reintegração da posse a alegação de propriedade, ou de outro direito sobre a coisa.

(D) Sendo possuidor todo aquele que tem de fato o exercício, pleno ou não, de algum dos poderes inerentes à propriedade, não é possível adquirir posse mediante representação.

A: incorreta, pois a posse de boa-fé só perde este caráter no caso e desde o momento em que as circunstâncias façam presumir que o possuidor não ignora que possui indevidamente (art. 1.202 CC). Logo, não é necessário sequer ação judicial para o caráter da posse mudar; B: correta (art. 1.219 CC); C: incorreta, pois não obsta à manutenção ou reintegração na posse a alegação de propriedade, ou de outro direito sobre a coisa (art. 1.210, § 2º CC); D: incorreta, pois é possível adquirir a posse por representação (art. 1.205, I CC). Gabarito "B".

(Delegado/GO – 2017 – CESPE) Em cada uma das opções seguintes, é apresentada uma situação hipotética, seguida de uma assertiva a ser julgada, a respeito de posse, propriedade e direitos reais sobre coisa alheia. Assinale a opção que apresenta assertiva correta conforme a legislação e a doutrina pertinentes.

(A) Durante o prazo de vigência de contrato de locação de imóvel urbano, o locatário viajou e, ao retornar, percebeu que o imóvel havia sido invadido pelo próprio proprietário. Nesse caso, o locatário não pode defender sua posse, uma vez que o possuidor direto não tem proteção possessória em face do indireto.

(B) Determinado indivíduo realizou, de boa-fé, construção em terreno que pertencia a seu vizinho. O valor da construção excede consideravelmente o valor do terreno. Nessa situação, não havendo acordo, o indivíduo que realizou a construção adquirirá a propriedade do solo mediante pagamento da indenização fixada pelo juiz.

(C) Caio realizou a doação de um bem para Fernando. No contrato celebrado entre ambos, consta cláusula que determina que o bem doado volte para o patrimônio do doador se ele sobreviver ao donatário. Nessa situação, a cláusula é nula, pois o direito brasileiro não admite a denominada propriedade resolúvel.

(D) Roberto possui direito real de superfície de bem imóvel e deseja hipotecar esse direito pelo prazo de vigência do direito real. Nesse caso, a estipulação de direito real de garantia é ilegal porque a hipoteca somente pode ser constituída pelo proprietário do bem.

(E) Determinado empregador cedeu bem imóvel de sua propriedade a seu empregado, em razão de relação de confiança decorrente de contrato de trabalho. Nesse caso, ainda que desfeito o vínculo trabalhista, é juridicamente impossível a conversão da detenção do empregado em posse.

A: incorreta, pois o desmembramento da posse em direta e indireta (CC, art. 1.197) permite que o possuidor direto proteja sua posse em relação ao indireto e vice-versa. Ademais, permite também que ambos protejam a posse em relação a terceiros; B: correta, pois a assertiva reproduz o disposto no parágrafo único do art. 1.255 do Código Civil; C: incorreta, pois a chamada "cláusula de reversão" é expressamente permitida pela lei no art. 547 do Código Civil; D: incorreta, pois a propriedade superficiária pode ser dada em hipoteca (CC, art. 1.473,

X); **E**: incorreta, pois a detenção pode ser convertida em posse, nos termos do art. 1.208.
Gabarito "B".

(Delegado/MS – 2017 – FAPEMS) Sobre a posse e a propriedade, sua classificação, formas de aquisição, efeitos e perda, assinale a alternativa a correta.

(A) De acordo com a jurisprudência do Superior Tribunal de Justiça, a ocupação indevida de bem público não gera posse, mas mera detenção. Essa mesma jurisprudência estabelece que o Estado está obrigado a indenizar eventuais acessões e suportar o direito de retenção pelas benfeitorias eventualmente realizadas.

(B) O fâmulo da posse não pode fazer uso dos interditos possessórios, mas nada impede que ele utilize o desforço imediato para proteger o bem daquele que recebe ordens.

(C) O proprietário pode ser privado da coisa, no caso de requisição por perigo público iminente. Tal privação enseja indenização ulterior, independentemente da existência de dano.

(D) A usucapião especial urbana (*pro misero*) estará caracterizada somente se a área urbana construída corresponder a do terreno, ou seja, a duzentos e cinquenta metros quadrados.

(E) De acordo com os civilistas, o direito de propriedade deve ser exercido em consonância com as suas finalidades econômicas e sociais e de modo que sejam preservadas a flora, a fauna, as belezas naturais, o equilíbrio ecológico e o patrimônio histórico e artístico, bem como evitada a poluição do ar e das águas. A posse, de sua feita, é um poder de fato sobre a coisa cuja configuração não exige o elemento "função social".

A: incorreta, pois o STJ já firmou entendimento no sentido de que "configurada a ocupação indevida de bem público, não há falar em posse, mas em mera detenção, de natureza precária, o que afasta o direito à indenização por benfeitorias" (STJ, REsp 1.310.458/DF, Rel. Ministro Herman Benjamin, Segunda Turma, DJe de 09/05/2013); **B**: correta, pois a ideia do fâmulo (caseiro, por exemplo) é justamente a de proteger a posse do bem em benefício do verdadeiro proprietário, ou mesmo possuidor. Ele não tem legitimidade ativa para propor as ações possessórias, mas pode se valer do desforço imediato; **C**: incorreta, pois tal instituto só gera indenização em caso de ocorrência de dano (CF, art. 5°, XXV); **D**: incorreta, pois o art. 1.240 do Código Civil não exige que a construção tenha o referido tamanho; **E**: incorreta, pois tem posse aquele "*que tem de fato o exercício, pleno ou não, dos poderes inerentes à propriedade*" (CC, art. 1.196). O possuidor é aquele que age como dono. Não haveria qualquer sentido de se exigir do proprietário a adequada utilização social do bem e não fazer o mesmo com o possuidor.
Gabarito "B".

(Delegado/PE – 2016 – CESPE) O direito real, que se notabiliza por autorizar que seu titular retire de coisa alheia os frutos e as utilidades que dela advierem, denomina-se

(A) usufruto.
(B) uso.
(C) habitação.
(D) propriedade.
(E) servidão.

A: correta (art. 1.390, parte final, do CC); **B**: incorreta, pois no uso só se admite o uso da coisa e a percepção de frutos limitada às exigências das necessidades do usuário e de sua família (art. 1.412, *caput*, do CC),
diferentemente do usufruto que permite fruição sem esse tipo de limite; **C**: incorreta, pois na habitação só se admite o direito de habitar a coisa, não podendo haver fruição desta (art. 1.414 do CC); **D**: incorreta, pois na propriedade o direito não é sobre "coisa alheia", mas sim sobre "coisa própria", admitindo-se não só a fruição da coisa, mas também a sua alienação e a sua reivindicação; **E**: incorreta, pois esta é um direito real (art. 1.378 do CC) que proporciona uma utilidade de um prédio (serviente) em favor de outro (dominante), não havendo que se falar em retirada de frutos típica de usufruto.
Gabarito "A".

(Delegado/DF – 2015 – Fundação Universa) Mateus, proprietário de uma casa situada no Lago Sul, Brasília-DF, resolveu, por motivos religiosos, abandonar seu imóvel residencial em junho de 2010. Renata e Luís, casados entre si, agindo de má-fé e sabedores de que Mateus viajara para o estrangeiro, sem data de retorno, passaram a viver na casa, tendo, inclusive, construído uma vistosa piscina no espaçoso quintal da residência. Em junho de 2011, em decorrência de uma forte tempestade de granizo, todo o teto da casa foi destruído, o que motivou, em julho do mesmo ano, a saída do casal invasor. Desde então, o imóvel está abandonado e desocupado, bem como nunca mais foram pagos quaisquer tributos a ele relacionados. Em relação a essa situação hipotética, assinale a alternativa correta.

(A) No momento em que passaram a habitar o imóvel, Renata e Luís não poderiam, em nenhuma hipótese, exercer sobre o bem atos possessórios individualmente.

(B) O direito brasileiro não admite o desdobramento sucessivo da posse, nesse caso.

(C) Renata e Luís responderiam pela deterioração da casa, caso demandados por Mateus à época de ocupação da residência, ainda que conseguissem provar a inevitabilidade do dano, isto é, que a destruição do telhado teria ocorrido mesmo se o imóvel estivesse na posse de Mateus, em razão da tempestade de granizo.

(D) Caso houvessem sido oportunamente demandados em ação possessória, a Renata e Luís socorreria o direito de ressarcimento pela piscina construída no imóvel.

(E) Na hipótese de o imóvel haver sido arrecadado como bem vago em agosto de 2011, a propriedade desse imóvel, transcorrido o prazo legal, poderá ser transmitida ao Distrito Federal, observado o devido processo legal, em que seja assegurado ao interessado demonstrar a não cessação da posse.

A: incorreta, pois efetivamente eles exerceram posse no imóvel e, em que pese ser uma posse injusta em relação à de Mateus, é uma situação de posse que pode ser protegida em relação a terceiros; **B**: incorreta, pois o art. 1.197 do CC admite o desdobramento sucessivo da posse; **C**: incorreta, pois se eles conseguissem demonstrar que o dano era inevitável, não responderiam (art. 1.218 do CC); **D**: incorreta, pois eles são possuidores de má-fé e esse tipo de posse não dá ensejo a indenização por esse tipo de benfeitoria, que é voluptuária (art. 1.220 do CC); **E**: correta (art. 1.276 do CC).
Gabarito "E".

(Delegado/RJ – 2013 – FUNCAB) No tocante à posse no Código Civil, é correto afirmar:

(A) O possuidor de boa-fé responde pela perda ou deterioração da coisa, a que não der causa.

(B) O possuidor turbado, ou esbulhado, poderá manter-se ou restituir-se por sua própria força, contanto que o faça logo; os atos de defesa ou de desforço, podem ir além do indispensável à manutenção ou restituição da posse.

(C) Se duas ou mais pessoas possuírem coisa indivisa, poderá cada uma exercer sobre ela atos possessórios, excluindo os dos outros compossuidores.

(D) A posse direta, de pessoa que tem a coisa em seu poder, temporariamente, em virtude de direito pessoal, ou real, não anula a indireta, de quem aquela foi havida, podendo o possuidor direto defender a sua posse contra o indireto.

(E) Não induzem posse os atos de mera permissão ou tolerância assim como não autorizam a sua aquisição os atos violentos, ou clandestinos, mesmo depois de cessar a violência ou a clandestinidade.

A: incorreta, pois o possuidor de boa-fé não tem tal responsabilidade (CC, art. 1.217); **B:** incorreta, pois no exercício da autotutela, o possuidor não poderá ir além do indispensável à manutenção ou restituição da posse (CC, art. 1.210 § 1º); **C:** incorreta, pois a assertiva trata do instituto da compose, disposto no art. 1.199 do CC. Nessa hipótese, cada uma das pessoas exerce atos possessórios, desde que não exclua os atos dos demais compossuidores; **D:** correta, pois a posse direta (do locatário, do usufrutuário, do comodatário) não anula, nem mitiga a posse indireta do possuidor indireto (locador, nu-proprietário, comodante). A essência desse desdobramento da posse é justamente preservar tanto a posse direta, quanto a indireta, concedendo efeitos possessórios para ambos; **E:** incorreta, pois após a cessação da violência ou da clandestinidade está autorizada a aquisição da posse (CC, art. 1.208).
Gabarito "D".

(Delegado/PR – 2013 – UEL-COPS) A respeito do Direito das Coisas, como previsto no Código Civil, assinale a alternativa correta.

(A) A árvore está com o tronco na linha divisória de dois imóveis particulares, por isso pertence em comum aos donos dos prédios confinantes. Caso caiam frutos dessa árvore, estes devem ser repartidos por igual entre os proprietários.

(B) A convenção que constitui o condomínio edilício deve ser subscrita pelos titulares de, no mínimo, três terços das frações ideais. Para oposição contra terceiros, deverá ser registrada no Cartório de Títulos e Documentos.

(C) Os condomínios edilícios devem ser instituídos por ato entre vivos e registrados em Serventia competente para Títulos e Documentos que tenha competência para aquele quadrante da área do Município.

(D) Para que sejam realizadas obras necessárias no condomínio edilício, exige-se ao menos o voto de um terço dos condôminos; para as voluptuárias e para as úteis, dois terços dos votantes.

(E) O condômino que, por seu comportamento antissocial, reiteradamente gera incompatibilidade de convivência com os demais, pode ser compelido a pagar multa correspondente ao décuplo do valor das despesas condominiais.

A: incorreta, pois *"os frutos caídos de árvore do terreno vizinho pertencem ao dono do solo onde caíram"* (CC, art. 1.284); **B:** incorreta, pois tal convenção deve ser subscrita pelos titulares de, no mínimo, dois terços das frações ideais (CC, art. 1.333); **C:** incorreta, pois o condomínio edilício deve ser registrado no Cartório de Registro de Imóveis (CC, art. 1.332); **D:** incorreta, pois as obras necessárias "podem ser realizadas, independentemente de autorização, pelo síndico, ou, em caso de omissão ou impedimento deste, por qualquer condômino" (CC, art. 1.341 § 1º); **E:** correta, pois de acordo com a norma estabelecida pelo art. 1.337 parágrafo único, do CC.
Gabarito "E".

(Delegado/PA – 2013 – UEPA) Sobre a posse, analise as proposições abaixo e assinale a alternativa correta.

(A) Para o alcance do prazo de usucapião, o possuidor de boa-fé não poderá acrescentar a sua posse a dos seus antecessores, ainda que sejam contínuas e pacíficas.

(B) A realização de obras ou serviços de caráter produtivo constitui fator para a redução do prazo para aquisição da propriedade mediante usucapião, a partir de posse ininterrupta de imóvel urbano pelo prazo de cinco anos, independentemente da existência de justo título ou do tamanho do imóvel correspondente.

(C) Considera-se detentor aquele que, achando-se em relação de dependência para com outro, conserva a posse em nome deste e em cumprimento de ordens ou instruções suas, sendo impossível a conversão da detenção em posse.

(D) Ao possuidor de má-fé serão ressarcidas somente as benfeitorias necessárias, não lhe assistindo o direito de retenção pela importância destas, nem o de levantar as voluptuárias.

(E) A perda da posse para quem presenciou o esbulho somente ocorre quando ao tentar recuperar a coisa, sofre reação violenta do invasor.

A: incorreta, pois ao sucessor singular é facultado unir sua posse à antecessor (CC, art. 1.207); **B:** incorreta, pois para fins de usucapião ordinário urbano com posse trabalho, a lei limita o tamanho da área a duzentos e cinquenta metros quadrados (CC, art. 1.240); **C:** incorreta. A primeira parte da afirmação está correta, pois trata do fâmulo da posse, ou seja, aquela pessoa que acha-se em relação de dependência para com outro e *"conserva a posse em nome deste e em cumprimento de ordens ou instruções suas"* (CC, art. 1.198). O erro da assertiva encontra-se na segunda parte, pois a detenção transforma-se em posse a partir do momento em que cessa a violência ou a clandestinidade (CC, art. 1.208); **D:** correta, pois a assertiva encontra pleno respaldo no art. 1.220 do CC; **E:** incorreta, pois tal reação violenta não é critério da lei para que se configure a perda da posse.
Gabarito "D".

(Delegado de Polícia/GO – 2013 – UEG) Em relação à qualificação da posse, o Código Civil Brasileiro dispõe o seguinte:

(A) é caso de usucapião especial aquele assegurado tanto pelo Código Civil vigente, como pela Constituição Federal de 1988, e este com a finalidade de extinguir os latifúndios em favor de colonos fixados na terra, ensejando uma forma democrática de reforma agrária.

(B) o justo título gera presunção de boa-fé que repugna ao direito, ou seja, mesmo sendo adquirida a posse mediante turbação, ou mediante esbulho.

(C) em se tratando de compose, apenas o possuidor majoritário pode utilizar os interditos possessórios contra terceiros que venham a perturbar a compose.

(D) a modalidade de usucapião que independe de boa-fé ou justo título ocorre tanto para móveis como para imóveis em prazos legais estabelecidos, sendo conhecida pela lei e pela doutrina como usucapião ordinário ou legal.

A: correta, pois a assertiva refere-se à usucapião especial, que confere titularidade àquele que – não sendo proprietário de imóvel rural ou urbano – possua como sua, por cinco anos ininterruptos, sem oposição, área de terra em zona rural não superior a cinquenta hectares, tornando-a produtiva por seu trabalho ou de sua família, tendo nela sua moradia (art. 1.239, CC; e art. 191, CF); **B:** incorreta, pois o justo título não repugna ao Direito, ao contrário, é visto como indício de boa-fé subjetiva do possuidor; **C:** incorreta, pois qualquer possuidor poderá manejar os interditos em defesa da posse; **D:** incorreta, pois a assertiva traz a definição de usucapião extraordinária.

Gabarito "A".

(Delegado/RJ – 2013 – FUNCAB) A propósito do direito de vizinhança no Código Civil, é INCORRETO afirmar:

(A) O proprietário ou o possuidor de um prédio tem o direito de fazer cessar as interferências prejudiciais à segurança, ao sossego e à saúde dos que o habitam, provocadas pela utilização de propriedade vizinha.

(B) Proíbem-se as interferências considerando-se a natureza da utilização, a localização do prédio, atendidas as normas que distribuem as edificações em zonas, e os limites ordinários de tolerância dos moradores da vizinhança.

(C) O proprietário ou o possuidor tem direito a exigir do dono do prédio vizinho a demolição, ou a reparação deste, quando ameace ruína, bem como lhe preste caução pelo dano iminente.

(D) O proprietário ou o possuidor de um prédio, em que alguém tenha direito de fazer obras, pode, no caso de dano iminente, exigir do autor delas as necessárias garantias contra o prejuízo eventual.

(E) Quando decisão judicial determinar sejam toleradas as interferências, não poderá o vizinho exigir a sua redução, ou eliminação, quando estas se tornarem possíveis.

A e B: corretas, pois tais direitos encontram respaldo no art. 1.277 e seu parágrafo único; **C e D:** correta, pois as assertivas reproduzem as regras constantes dos arts. 1.280 e 1.281 do CC; **E:** incorreta, devendo ser assinalada, pois ainda que a decisão judicial tenha assim determinado, poderá o vizinho exigir a sua redução, ou eliminação, quando estas se tornarem possíveis (CC, art. 1.279).

Gabarito "E".

(Delegado/ES – 2006 – CESPE) Julgue o seguinte item.

(1) Paulo é proprietário de fazenda localizada em município do estado do Goiás e, após longo período de chuvas e enxurradas, uma grande parcela de terra deslocou-se da fazenda de seu vizinho para a sua. Decorridos mais de dois anos da avulsão, o vizinho de Paulo vindicou a respectiva indenização. Nesse caso, Paulo não estará obrigado a pagar qualquer importância ao seu vizinho.

1: correta, de acordo com o artigo 1.251 do Código Civil, quando, por força natural violenta, uma porção de terra se destacar de um prédio e se juntar a outro, o dono deste adquirirá a propriedade do acréscimo, se indenizar o dono do primeiro ou, sem indenização, se, em um ano, ninguém houver reclamado.

Gabarito 1C.

(Delegado/GO – 2009 – UEG) Historicamente, a posse tem reconhecimento e tutela nos diversos ordenamentos jurídicos. Essa tutela é mais ou menos ampla e dotada de diferentes instrumentos conforme os princípios informadores da ordem jurídica em que vigem. Considerando o sistema brasileiro de defesa da posse, é CORRETO afirmar:

(A) a reintegração de posse é garantida por ação de força turbativa para corrigir as agressões à posse e eliminar a incerteza da turbação cometida.

(B) a reintegração da posse é garantida pela ação de força espoliativa que visa corrigir a agressão que faz cessar a posse.

(C) a manutenção da posse, garantida pelo interdito proibitório, não pode ser utilizada por quem tem posse viciosa.

(D) a manutenção da posse é garantida pela ação de força espoliativa que tem por fim eliminar a incerteza jurídica provocada pela turbação cometida.

A: incorreta, pois, em caso de turbação da posse, a ação adequada é de manutenção de posse, e não de reintegração de posse; **B:** correta, pois em caso de esbulho (= agressão que faz cessar a posse), a ação cabível é de reintegração de posse; **C:** incorreta, pois o interdito proibitório é outro tipo de ação possessória, que é utilizada para prevenir uma agressão iminente, mas que não aconteceu ainda; então, não é correto dizer que a ação de manutenção de posse é "garantida" pelo interdito proibitório; ademais, quem tem posse viciosa não pode se valer dessa posse contra quem tem posse anterior, mas pode se valer dessa posse contra terceiro; assim, o "ladrão" tem posse pior que a do anterior possuidor, mas tem posse melhor que a de outro "ladrão"; **D:** incorreta, pois "ação de força espoliativa" é nome que se dá à reintegração de posse, e não à manutenção de posse.

Gabarito "B".

(Delegado/GO – 2009 – UEG) Na tutela dos direitos reais, distingue-se a proteção à posse daquela conferida especificamente ao domínio. Entretanto, admite o ordenamento jurídico brasileiro a tutela daquela com fundamento neste. Assim, considerando-se a disputa da posse com base no domínio, é CORRETO no direito brasileiro:

(A) não se deve julgar a posse em favor daquele a quem evidentemente não pertencer o domínio, em razão de dispositivo expresso de lei.

(B) não provado o domínio por qualquer das partes, não há que se aplicar, em caráter absoluto, o favor do domínio evidente.

(C) a ação em que o autor pleiteia a posse fundada no domínio tem natureza possessória em razão do pedido.

(D) o pleito de posse fundado no domínio tem natureza petitória em razão da causa de pedir, além do pedido.

Ação fundada no domínio tem o nome de ação petitória ou ação reivindicatória. Já as ações fundadas na posse (reintegração de posse, manutenção de posse e interdito proibitório) têm o nome de ações possessórias. Uma vez que pendente uma ação possessória, não se pode discutir o domínio, devendo os partes discutirem, tão somente, quem tem a melhor posse.

Gabarito "D".

(Delegado/GO – 2009 – UEG) O direito brasileiro oferece ampla tutela para os direitos sobre as coisas, disciplinando, inclusive, intervenções entre prédios. Considerando-se que as servidões prediais são restrições à propriedade, constituídas em favor de um prédio sobre outro, é CORRETO afirmar:

(A) a servidão não pode ser instituída em favor de parte ideal do prédio dominante ou incidir sobre parte ideal do prédio serviente.

(B) a servidão não aparente pode ser estabelecida por meio de permissão de passagem, sendo dispensável a transcrição no registro de imóveis.

(C) a servidão é obrigação do titular do domínio do imóvel serviente à prestação de fato negativo em favor do titular do imóvel dominante.

(D) nas servidões prediais, em razão da necessária relação entre si, é essencial a contiguidade entre prédios dominante e serviente.

A: correta, em razão do princípio da indivisibilidade da servidão (art. 1.386 do CC); **B:** incorreto; a servidão aparente é que pode ser adquirida pelo exercício incontestado e contínuo do bem (art. 1.380 do CC); **C:** incorreta, pois a servidão grava um imóvel, e não uma pessoa; assim, seja quem for o proprietário do imóvel no presente e no futuro, terá de suportar a servidão, pois o imóvel estará gravado; **D:** incorreta, pois não há essa limitação no Código Civil.
Gabarito "A".

(Delegado/GO – 2003 – UEG) A propósito do direito de propriedade, marque a alternativa CORRETA:

(A) O direito de propriedade abrange o solo e os cursos d'água particulares, mas não as jazidas e demais recursos minerais.

(B) O direito de propriedade abrange o solo, o espaço aéreo e o subsolo.

(C) O direito de propriedade abrange o solo, e não só os cursos d'água particulares, jazidas e outros recursos minerais.

(D) O direito de propriedade abrange o solo, os cursos d'água particulares, o espaço aéreo e o subsolo em altura e profundidade úteis ao seu exercício.

A propriedade do solo abrange a do espaço aéreo e subsolo correspondentes, em altura e profundidade úteis ao seu exercício (art. 1.229 do CC), mas não abrange as jazidas, minas e demais recursos minerais, os potenciais de energia hidráulica, os monumentos arqueológicos e outros bens referidos por leis especiais (art. 1.230 do CC).
Gabarito "D".

(Delegado/MG – 2012) As seguintes afirmativas concernentes às cláusulas especiais à compra e venda, previstas no Código Civil de 2002, estão corretas, **EXCETO**:

(A) a retrovenda é a cláusula pela qual o vendedor se reserva o direito de readquirir a coisa do comprador, no prazo máximo de 3 anos, restituindo-lhe o preço mais as despesas, sendo que esta cláusula só tem valor se o objeto do contrato for imóvel.

(B) a preempção ou preferência é a cláusula pela qual o comprador se compromete a oferecer a coisa ao vendedor, se algum dia se decidir a vendê-la. Podem as partes fixar prazo máximo de 180 dias para bens móveis e 2 anos para bens imóveis.

(C) a venda sujeita à prova entende-se realizada sob condição suspensiva, ainda que a coisa lhe tenha sido entregue; e não se reputará perfeita, enquanto o adquirente não manifestar seu agrado.

(D) reserva de domínio é a cláusula que garante ao vendedor a propriedade de coisa móvel já entregue ao comprador até o pagamento total do preço, a forma da cláusula será sempre escrita.

A: correta, retrovenda é uma cláusula especial (pacto adjeto) da compra e venda através da qual o vendedor de um bem imóvel se reserva o direito de reavê-lo, dentro de certo prazo (o máximo que pode ser estipulado é o prazo de 03 anos), restituindo o preço recebido e reembolsando as despesas do comprador (arts. 504 e 505 do CC); **B:** correta, a cláusula de preempção, ou preferência, impõe ao comprador a obrigação de oferecer ao vendedor a coisa que aquele vai vender, ou dar em pagamento, para que este use de seu direito de prelação na compra, tanto por tanto. Esta cláusula pode ser estipulada pelo prazo máximo de 2 anos (imóveis) ou 180 dias (móveis); **C:** incorreta, a venda a contento (*ad gustum*) e a venda sujeita a prova se distinguem pelo fato de que na primeira o comprador ainda não conhece o bem que irá adquirir e na segunda o comprador já conhece o bem, mas deseja provar a coisa para confirmar suas qualidades. A banca considerou a alternativa C incorreta, pois a redação do artigo 509 reproduzida na questão se refere expressamente a venda a contento. Entretanto, **não concordamos com o gabarito**, pois a redação do dispositivo é aplicável às duas hipóteses: a venda a contento e a sujeita a prova presumem-se realizadas sob condição suspensiva e não se aperfeiçoam enquanto o comprador não se declarar satisfeito; **D:** correta, a cláusula de venda com reserva de domínio (*pactum reservati dominii*) permite que o vendedor retenha o domínio da coisa (direito de propriedade) até que o vendedor pague integralmente o preço combinado (art. 521 e 522 do CC).
Gabarito "C".

(Delegado/MG – 2012) A Lei 12.424, de 16 de junho de 2011, inseriu no Código Civil, em seu artigo 1.240-A e seu parágrafo 1º, uma nova modalidade de usucapião em nosso ordenamento jurídico, o usucapião familiar. Sobre esta modalidade de usucapião, é **INCORRETO** afirmar que

(A) permite que um dos ex-cônjuges ou até mesmo ex-companheiros, oponham contra o outro o direito de usucapir a parte que não lhe pertence, possibilitando neste caso o usucapião entre condôminos.

(B) tem como requisito o exercícios de posse direta por 2 anos ininterruptos, sem oposição e com exclusividade, sobre imóvel urbano de até 250m² ou rural de até 50 hectares.

(C) a parte que propõe a ação de usucapião não pode ser proprietária de outro imóvel urbano ou rural, sendo que o direito de usucapir nesta modalidade não será reconhecido ao mesmo possuidor mais de uma vez.

(D) tem como o requisito o abandono do lar por um dos coproprietários.

A: correta, a usucapião familiar incluída pela Lei 12.424/2001 no artigo 1.240-A do Código Civil pode ser requerida tanto por quem está casado como também vivendo em união estável, pois o escopo da norma é a proteção da família; **B:** incorreta, o legislador permitiu o exercício desta modalidade de usucapião apenas em caso de imóvel urbano, pois a medida é fruto da legislação que dispõe sobre o Programa Minha Casa, Minha Vida e a regularização fundiária de assentamentos localizados em áreas urbanas (Lei 12.424/2011). Esta é a posição mais segura para concursos, mas devemos alertar que já há quem entenda que a norma possa ser aplicada por analogia a imóveis rurais; **C:** correta, por se tratar de espécie de usucapião especial urbana, o legislador manteve entre seus requisitos a exigência de que a parte requerente não pode ser proprietária de outro imóvel e que o direito à usucapião familiar só pode ser exercido uma única vez (Art. 1.240-A, *caput* e parágrafo primeiro, CC); **D:** correta, só haverá direito à usucapião familiar se houver o abandono do lar (art. 1.240-A, *caput*, CC).
Gabarito "B".

(Delegado/MG – 2012) As seguintes afirmativas concernentes aos Direitos Reais de Garantia estão corretas, **EXCETO**:

(A) podem ser apontadas como características de penhor, da anticrese e da hipoteca: o poder de sequela, o direito de preferência, a excussão e a divisibilidade da garantia.

(B) na constituição do penhor, anticrese ou hipoteca é expressamente vedada à imposição de cláusula comissória no bojo do contrato.

(C) os contratos de penhor, anticrese ou hipoteca declararão sob pena de não terem eficácia o valor do crédito, sua estimação, ou valor máximo; o prazo fixado para pagamento; a taxa de juros, se houver; e o bem dado em garantia com suas especificações.

(D) salvo cláusula expressa, o terceiro que prestar garantia real por dívida alheia não fica obrigado a substituí-la, ou reforçá-la, quando, sem culpa sua, se perca, deteriore, ou desvalorize.

A: incorreta, pois o penhor, a hipoteca e a anticrese possuem como características comuns apenas o poder de sequela e a indivisibilidade. A excussão, possibilidade de promover a venda do bem, e o direito de preferência são características exclusivas da hipoteca e da anticrese; **B:** correta, cláusula comissória é aquela autoriza ao credor ficar com o bem dado como garantia, caso a dívida não seja paga. De acordo com o artigo 1.428 do CC é nula a cláusula que autoriza o credor pignoratício, anticrético ou hipotecário a ficar com o objeto da garantia, se a dívida não for paga no vencimento; **C:** correta, a alternativa reproduz os requisitos exigidos pelo artigo 1.424 do CC; **D:** correta, pois em regra o terceiro garantidor da dívida de outrem não tem obrigação de substituir ou reforçar a garantia real caso esta se perca, deteriore ou desvalorize sem culpa sua (art. 1.427 do CC).
Gabarito "A".

(Delegado/MG – 2006) Considerando os dispositivos do Código Civil em vigor sobre o direito de superfície, assinale a alternativa INCORRETA:

(A) O proprietário pode conceder a outrem o direito de construir em seu terreno, por tempo indeterminado, mediante escritura pública devidamente registrada no Cartório de Registro de Imóveis.

(B) O direito de superfície não autoriza obra no subsolo, salvo se for inerente ao objeto da concessão.

(C) O direito de superfície pode transferir-se a terceiros e, por morte do superficiário, aos seus herdeiros.

(D) O superficiário pode estabelecer servidões no terreno para facilitar o uso da construção e do imóvel.

A: incorreta, pois a superfície é por tempo determinado (art. 1.369, *caput*, do CC); **B:** correta (art. 1.369, parágrafo único, do CC); **C:** correta (art. 1.372, *caput*, do CC); **D:** correta, pois não há restrição legal quanto ao estabelecimento de servidão pelo superficiário.
Gabarito "A".

(Delegado/MG – 2006) Assinale a alternativa INCORRETA:

(A) A proteção possessória pode ser invocada tanto pelo que tem posse justa, como injusta, de boa-fé ou má-fé.

(B) O possuidor de boa-fé tem direito à indenização pelas benfeitorias necessárias, úteis e voluptuárias e ainda, exercer o direito de retenção até o pagamento.

(C) O possuidor de boa-fé tem direito aos frutos percebidos tempestivamente, mas não faz jus aos frutos pendentes ao tempo que cessar a boa-fé.

(D) O possuidor de má-fé tem direito à indenização pelas benfeitorias necessárias.

A: correta (art. 1.210 do CC); **B:** incorreta, pois o possuidor de boa-fé terá o direito de retenção apenas quanto às benfeitorias necessárias e úteis (art. 1.219 do CC); **C:** correta (art. 1.214 do CC); **D:** correta (art. 1.220 do CC).
Gabarito "B".

(Delegado/PI – 2009 – UESPI) Quanto à aquisição da propriedade móvel, é correto afirmar que:

(A) quem quer que ache coisa alheia perdida, adquire-lhe a propriedade, caso transcorram 60 dias da publicação na imprensa.

(B) não será admitida a usucapião de bens móveis quando a posse não for de boa-fé.

(C) aquele que, trabalhando em matéria prima totalmente alheia, obtiver espécie nova, a perderá para o dono do material utilizado, ainda que haja boa-fé.

(D) a propriedade das coisas não se transfere pelos negócios jurídicos antes da tradição.

(E) não é admitido, na lei civil, o assenhoreamento de coisa sem dono.

A: incorreta, pois aquele que achar coisa alheia deve entregá-la à autoridade ao dono ou possuidor e, caso não encontrá-lo, entregará a coisa à autoridade competente (art. 1.233 do CC), sem prejuízo do direito a uma recompensa não inferior a 5% do valor da coisa, mais indenização pelas despesas (art. 1.234 do CC); decorridos 60 dias da divulgação da notícia pela imprensa, não se apresentando o proprietário da coisa, esta será vendida em hasta pública, sendo que o produto da venda, descontadas as despesas e a recompensa, irão para o Município, salvo se a coisa for de diminuto valor, ocasião em que o Município pode deixá-la para quem a achou (art. 1.237 do CC); **B:** incorreta, pois cabe a usucapião extraordinária, cujo prazo é de 5 anos, ao contrário da ordinária, cujo prazo é de 3 anos (arts. 1.260 e 1.261 do CC); **C:** incorreta, pois a coisas pertencerá ao especificador se este atuar de boa-fé (art. 1.270 do CC); **D:** correta, pois a propriedade da coisa móvel se transfere pela tradição (art. 1.267 do CC); **E:** incorreta, pois a ocupação é regulamentada pelo art. 1.263 do CC.
Gabarito "D".

(Delegado/PI – 2009 – UESPI) O direito real de superfície foi introduzido no Código Civil de 2002, com a finalidade de substituir a enfiteuse em desuso. Com relação ao seu conteúdo, podemos afirmar o que segue.

1) O direito de superfície não autoriza obra no subsolo, salvo se for inerente ao objeto da concessão.

2) O direito de superfície pode transferir-se a terceiros e, por morte do superficiário, aos seus herdeiros.

3) Os encargos e tributos que incidirem sobre o imóvel permanecerão a cargo do proprietário.

4) Extinta a concessão, o proprietário passará a ter a propriedade plena sobre terreno, construção ou plantação, independentemente de indenização, se as partes não houverem estipulado o contrário.

Estão corretas apenas:

(A) 1 e 2
(B) 1 e 4
(C) 1, 2 e 4
(D) 2 e 3
(E) 2, 3 e 4

1: correta (art. 1.369, parágrafo único, do CC); **2:** correta (art. 1.372, *caput*, do CC); **3:** incorreta (art. 1.371 do CC); **4:** correta (art. 1.375 do CC).
Gabarito "C".

(Delegado/RN – 2009 – CESPE) A respeito da aquisição de propriedade, assinale a opção correta.

(A) A propriedade das coisas móveis é transferida por negócios jurídicos antes da tradição.

(B) Ainda que a ocupação seja defesa em lei, se alguém se assenhorear de coisa sem dono, adquirir-lhe-á a propriedade.
(C) A tradição transfere a propriedade, ainda que tenha por título um negócio jurídico nulo.
(D) Se determinada pessoa possuir coisa móvel como sua por dois anos, com justo título e boa-fé, adquirir-lhe-á a propriedade.
(E) Se determinada pessoa possuir coisa móvel como sua por cinco anos, produzirá usucapião, independentemente de título e boa-fé.

A: incorreta (art. 1.267, *caput*, do CC); **B:** incorreta (art. 1.263 do CC); **C:** incorreta (art. 1.268, § 2º, do CC); **D:** incorreta (art. 1.260 do CC); **E:** correta (art. 1.261 do CC).
Gabarito "E".

(Delegado/SP – 2008) Pelo Código Civil, a posse que não for violenta, clandestina ou precária é
(A) plena.
(B) justa.
(C) definitiva.
(D) mansa e pacifica.
(E) incompatível

De acordo com o artigo 1.200 do Código Civil, é justa a posse que não for violenta, clandestina ou precária. Desta forma, podemos afirmar que a posse justa é aquela adquirida por meio não censurado pelo direito.
Gabarito "B".

(Delegado/SP – 2008) Cabe ao proprietário de imóvel que se encontre ameaçado de ruína, prestar caução, em razão de dano infecto, ao proprietário ou possuidor de prédio confinante. Na doutrina esse ato denomina-se.
(A) obrigação natural.
(B) obrigação de meio.
(C) obrigação *propter rem*.
(D) obrigação de resultado.
(E) obrigação solidária.

A: incorreta, a obrigação natural é aquela que não pode ser cobrado em juízo (não gera responsabilidade civil – exemplo: dívida de jogo); **B:** incorreta, a obrigação de meio é aquele em que o devedor se compromete pela sua conduta e não pelo resultado pretendido; **C:** correta, a obrigação retratada no enunciado da questão é a obrigação *propter rem*, pois decorre do exercício do direito de propriedade. É uma obrigação que vincula qualquer pessoa que seja proprietária do imóvel ameaçado de ruína (art. 1.280 do CC); **D:** incorreta, obrigação de resultado ou de fim é aquela em que o devedor se compromete a alcançar determinado resultado, respondendo objetivamente se não Alcançá-lo; **E:** incorreta, Há solidariedade, quando na mesma obrigação concorre mais de um credor, ou mais de um devedor, cada um com direito, ou obrigado, à dívida toda (art. 264 do CC)
Gabarito "C".

(Delegado/SP – 2003) A propriedade
(A) móvel será adquirida pelo assenhoreamento de coisa sem dono, desde que essa ocupação não seja proibida por lei.
(B) trata-se de direito constitucional individual, não podendo o seu exercício ser de forma alguma limitado.
(C) de área urbana, até duzentos e cinquenta metros quadrados, será adquirida por aquele que a possuir por cinco anos ininterruptos, independentemente de qualquer outra condição.
(D) do solo abrange a do espaço aéreo e do subsolo, incluindo as suas jazidas, minas e demais recursos minerais.

A: correta, tratando-se do instituto da ocupação (art. 1.263 do CC); **B:** incorreta, pois o exercício da propriedade é limitado em razão e nos limites da função social da propriedade (art. 1.228, §§ 1º e 2º, do CC); **C:** incorreta, pois há outros requisitos no art. 1.240 do CC; **D:** incorreta (arts. 1.229 e 1.230 do CC).
Gabarito "A".

(Delegado/SP – 2002) O direito de usar, gozar, dispor e reivindicar caracteriza a propriedade
(A) resolúvel.
(B) plena.
(C) limitada.
(D) usufrutuária.

Arts. 1.228 e 1.231, ambos do CC.
Gabarito "B".

(Delegado/SP – 2002) Quando o devedor cede ao credor um imóvel para que este, em compensação de dívida, exerça o direito de perceber seus frutos e rendimentos, temos um caso de
(A) anticrese.
(B) aforamento.
(C) servidão.
(D) acessão.

Art. 1.506 do CC.
Gabarito "A".

(Delegado/SP – 2000) É correto afirmar que
(A) sempre existirá esbulho sem posse.
(B) o esbulho e a turbação não guardam relação com a posse.
(C) a turbação pressupõe a posse, o esbulho não.
(D) não existe esbulho ou turbação sem posse.

A: incorreta, pois o esbulho consiste na agressão espoliativa à posse de alguém, passando outro a exercer posse; **B** e **C:** incorretas, pois os dois casos são de agressão à posse; **D:** correta, pois o esbulho e turbação são agressões, justamente, à posse.
Gabarito "D".

(Delegado/SP – 1999) O aumento que o rio acresce às terras de modo vagaroso, recebe o nome de
(A) avulsão.
(B) aluvião.
(C) álveo abandonado.
(D) comistão.

A: incorreta, avulsão é o deslocamento, por força natural e violenta, de uma porção de terra de um prédio a outro (art. 1.251 do CC); **B:** correta, o enunciado se refere à aluvião própria, prevista no artigo 1.250 do Código Civil: "Os acréscimos formados, sucessiva e imperceptivelmente, por depósitos e aterros naturais ao longo das margens das correntes, ou pelo desvio das águas destas, pertencem aos donos dos terrenos marginais, sem indenização"; **C:** incorreta, álveo abandonado consiste no recuo das águas de um rio (art. 1.252 do CC); **D:** incorreta, comistão é uma forma de aquisição da propriedade móvel consistente na mistura de coisa sólidas ou secas (art. 1.272 do CC).
Gabarito "B".

(Delegado/SP – 1998) A prerrogativa concedida ao titular do direito real de por em movimento o exercício de seu direito sobre a coisa a ele vinculada, contra a todo aquele que a possua injustamente, ou seja, seu detentor, denomina-se

(A) direito de sequela.
(B) enfiteuse.
(C) direito de preferência.
(D) servidão.

O direito de sequela, previsto no art. 1.228 do CC como um dos poderes elementares do proprietário. Também chamado de *rei vindicatio*, envolve a proteção específica da propriedade, que se perfaz pela ação reinvindicatória.

Gabarito "A".

(Delegado/RJ – 2022 – CESPE/CEBRASPE) Em se tratando da regra geral das construções e plantações estabelecidas no nosso Código Civil Brasileiro, aquele que semeia, planta ou edifica em terreno alheio

(A) ganha, em desfavor do proprietário, as sementes, plantas e construções.
(B) deverá pagar ao proprietário pelas benfeitorias realizadas no imóvel sem autorização.
(C) perde, em proveito do proprietário, as sementes, plantas e construções, mas tem direito à indenização, caso tenha procedido de boa-fé.
(D) perde, em proveito do proprietário, as sementes, plantas e construções, sem possibilidade de indenização.
(E) ganha, em desfavor do proprietário, somente as sementes e plantas.

A: incorreta, pois ele perde, em proveito do proprietário, as sementes, plantas e construções (art. 1.255, *caput*, 1ª parte do CC); **B:** incorreta, pois não há que se falar em indenização por benfeitorias. Haverá a perda em desfavor do proprietário, as sementes, plantas e construções (art. 1.255 do CC); **C:** correta (art. 1.255 do CC); **D:** incorreta, pois há o direito de indenização se procedeu de boa-fé (art. 1.255 do CC); **E:** incorreta, pois ele perde em desfavor do proprietário, as sementes, plantas e construções (art. 1.255 do CC). GR

Gabarito "C".

7. FAMÍLIA

(Delegado/MG – 2018 – FUMARC) Considere as seguintes afirmativas a respeito do direito de família:

I. A diversidade de sexos entre os companheiros não é requisito essencial para a configuração da união estável.
II. A pessoa casada, mas separada de fato, pode constituir união estável.
III. De acordo com jurisprudência pacificada no âmbito do Superior Tribunal de Justiça, na união estável, na ausência de contrato de convivência, a partilha de bens exige prova do esforço comum.
IV. A pessoa divorciada, enquanto não houver sido homologada ou decidida a partilha de bens do casal, não pode constituir união estável.

Estão CORRETAS apenas as afirmativas:

(A) I e II.
(B) I, II e III.
(C) I, II e IV.
(D) II e IV.

I: correta, nos termos da ADI 4.277/DF. Colaciona-se parte da ementa: "INTERPRETAÇÃO DO ART. 1.723 DO CÓDIGO CIVIL EM CONFORMIDADE COM A CONSTITUIÇÃO FEDERAL (TÉCNICA DA "INTERPRETAÇÃO CONFORME"). RECONHECIMENTO DA UNIÃO HOMOAFETIVA COMO FAMÍLIA. PROCEDÊNCIA DAS AÇÕES. Ante a possibilidade de interpretação em sentido preconceituoso ou discriminatório do art. 1.723 do Código Civil, não resolúvel à luz dele próprio, faz-se necessária a utilização da técnica de "interpretação conforme à Constituição". Isso para excluir do dispositivo em causa qualquer significado que impeça o reconhecimento da união contínua, pública e duradoura entre pessoas do mesmo sexo como família. Reconhecimento que há de ser feito segundo as mesmas regras e com as mesmas consequências da união estável heteroafetiva". Logo, é possível haver união estável entre pessoas do mesmo sexo; II: correta (art. 1.723, §1º CC); III: incorreta, pois neste caso a partilha de bens não exige prova do esforço comum. Na ausência do contrato de convivência aplica-se supletivamente o regime da comunhão parcial de bens. Vide decisão do STJ: "RECURSO ESPECIAL. DIREITO DE FAMÍLIA. AÇÃO DE RECONHECIMENTO E DISSOLUÇÃO DE **UNIÃO ESTÁVEL**. AUSÊNCIA DE CONTRATO DE CONVIVÊNCIA. APLICAÇÃO SUPLETIVA DO **REGIME DA COMUNHÃO PARCIAL DE BENS**. PARTILHA. IMÓVEL ADQUIRIDO PELO CASAL. DOAÇÃO ENTRE OS COMPANHEIROS. BEM EXCLUÍDO DO MONTE PARTILHÁVEL. INTELIGÊNCIA DO ART. 1.659, I, DO CC/2002. RECURSO ESPECIAL NÃO PROVIDO. 1. **Diante da inexistência de contrato de convivência entre os companheiros, aplica-se à união estável, com relação aos efeitos patrimoniais, o regime da comunhão parcial de bens** (CC/2002, **art.** 1.725).2. Salvo expressa disposição de lei, não é vedada a doação entre os conviventes, ainda que o bem integre o patrimônio comum do casal (aquestos), desde que não implique a redução do patrimônio do doador ao ponto de comprometer sua subsistência, tampouco possua caráter inoficioso, contrariando interesses de herdeiros necessários, conforme os arts. 548 e 549 do CC/2002.3. O bem recebido individualmente por companheiro, através de doação pura e simples, ainda que o doador seja o outro companheiro, deve ser excluído do monte partilhável da união estável regida pelo estatuto supletivo, nos termos do art. 1.659, I, do CC/2002. 4. Recurso especial não provido"(REsp 1.171.488/RS, Rel. Ministro RAUL ARAÚJO, QUARTA TURMA, julgado em 4/4/2017, DJe 11/5/2017-grifou-se); IV: incorreta, pois a falta de partilha não impede que se configure e união estável de pessoa divorciada. O art. 1.581 CC prevê que o divórcio pode ser concedido sem que haja prévia partilha de bens. Logo, estando já divorciadas a união estável pode ocorrer normalmente (art. 1.723, §1º CC). GR

Gabarito "A".

(Delegado/RO – 2014 – FUNCAB) Acerca da tutela, é correto o que se afirma em:

(A) Não pode ser instituída por testamento.
(B) A tutela, uma vez feita pelos pais conjuntamente, não necessita de chancela judicial.
(C) É negócio jurídico unilateral e deve obedecer a forma especial, sob pena de nulidade.
(D) É vedado que seja feita por meio de codicilo.
(E) É proibido ao tutor adotar o seu pupilo.

A: incorreta, pois "*a nomeação deve constar de testamento ou de qualquer outro documento autêntico*" (CC, art. 1.729, parágrafo único); **B:** incorreta, pois ainda assim será preciso a homologação judicial; **C:** correta, pois a lei exige forma, permitindo o uso do "*testamento ou outro documento autêntico*" (CC, art. 1.730); **D:** incorreta, pois o codicilo pode ser considerado outro documento autêntico; **E:** incorreta, pois o tutor poderá adotar o pupilo, após "*prestar contas de sua administração*" (ECA, art. 44).

Gabarito "C".

(Delegado/RO – 2014 – FUNCAB) Quanto ao Poder familiar, é correto afirmar:

(A) É irrenunciável, personalíssimo, intransferível e imprescritível.
(B) É irrenunciável, público, transferível e imprescritível.
(C) É renunciável, personalíssimo, transferível e prescritível.
(D) É renunciável, público, intransferível e prescritível.
(E) É renunciável, público, intransferível e imprescritível.

O Poder Familiar é atualmente analisado sob o enfoque de um "poder-dever", que se confere aos pais, a fim de dirigir a criação e educação dos filhos menores. Tal prerrogativa apresenta as características mencionadas na alternativa A, sendo irrenunciável, personalíssimo, intransferível e imprescritível.
Gabarito "A".

(Delegado de Polícia/GO – 2013 – UEG) De acordo com o Direito Civil, parte especial, família, e em conformidade com a Constituição Federal, o poder familiar existe de forma legal, sendo que, de acordo com o exercício do poder familiar:

(A) compete aos pais, quanto à pessoa dos filhos menores, representá-los, até aos 18 anos, nos atos da vida civil.
(B) suspende-se igualmente o exercício do poder familiar ao pai ou à mãe condenados por sentença irrecorrível, em virtude de crime cuja pena exceda a dois anos de prisão.
(C) divergindo os pais quanto ao exercício do poder familiar, é cabível, de acordo com o princípio da isonomia e da equidade, a diferenciação entre pais, não podendo recorrer ao juiz o pai, ou a mãe inadimplente em suas obrigações parentais.
(D) cabe ao juiz, requerendo algum parente, ou o Ministério Público, adotar a extinção do poder familiar em casos de abuso de autoridade ou de pai ou de mãe, que faltaram com os deveres a eles inerentes ou arruinaram os bens dos filhos.

A: incorreta, pois a partir dos dezesseis anos os pais apenas assistem os filhos nos atos da vida civil, uma vez que são relativamente incapazes de exercer certos atos da vida civil (art. 4º, I, do CC); B: correta, pois de pleno acordo com o art. 1.637, parágrafo único, do CC; C: incorreta, pois contrária ao disposto no art. 1.631, parágrafo único, do CC, que dispõe: "*Divergindo os pais quanto ao exercício do poder familiar, é assegurado a qualquer deles recorrer ao juiz para solução do desacordo*"; D: incorreta, pois para tais hipóteses o art. 1.637 do CC prevê a suspensão do poder familiar e não a extinção.
Gabarito "B".

(Delegado de Polícia/GO – 2013 – UEG) Na doutrina civilista atual, respeitando-se o estudo dos princípios constitucionais, tem-se que:

(A) em se tratando da prestação de alimentos, é estabelecido em Lei ser esta própria de pais e extensiva a terceiros, desde que interessados e membros lícitos da sociedade: tutores ou curadores, de acordo com o princípio da autonomia da vontade e da eticidade contratual, mediante sentença transitada em julgado.
(B) compete aos pais, e na falta de um deles ao outro, com exclusividade, representar os seus filhos menores de 18 anos, tanto em fatos jurídicos cíveis como em atos de responsabilidade penal, como responsáveis legais.
(C) o pai e a mãe, enquanto de boa-fé e no exercício do poder familiar, são considerados usufrutuários dos bens dos filhos.
(D) se o parente que deve alimentos não estiver em condições de suportar totalmente o encargo, serão chamados os terceiros interessados, desprezando-se questões familiares, e a concorrência de graus imediatos, em prol da celeridade e da economia processual, são indicados os terceiros interessados no menor.

A: incorreta, pois a obrigação de prestar alimentos é restrita aos parentes, cônjuges ou companheiros (art. 1.694, CC); B: incorreta, pois não há representação em atos de responsabilidade penal e – mesmo no âmbito cível – a partir dos dezesseis anos existe mera assistência e não representação (art. 4º, I, do CC); C: correta, pois o direito real de usufruto sobre os bens do filho menor é concedido pelo art. 1.689 do CC; D: incorreta, pois o direito à prestação de alimentos é recíproco entre pais e filhos, extensivo a todos os ascendentes e – na falta dos ascendentes – cabe a obrigação aos descendentes e irmãos (arts. 1.696 e 1.697, CC).
Gabarito "C".

(Delegado/RJ – 2013 – FUNCAB) De acordo com o Código Civil, na união estável, salvo contrato escrito entre os companheiros, aplica-se às relações patrimoniais, no que couber, o regime:

(A) da participação final nos aquestos.
(B) da comunhão universal.
(C) da comunhão parcial de bens.
(D) da separação de bens.
(E) dotal.

Não havendo contrato escrito entre as partes, o regime de bens que será adotado para a união estável é o da comunhão parcial, conforme determinado pelo art. 1.725 do CC.
Gabarito "C".

(Delegado/GO – 2009 – UEG) O ordenamento jurídico brasileiro, buscando acolher diferentes condições de vida em comum que se apresentam na sociedade, reconhece a situação jurídica denominada posse de estado de casados. Considerando-se tal situação, é CORRETO afirmar:

(A) essa situação é meio de prova do casamento e pode ser alegada pelos filhos, se mortos ambos os cônjuges.
(B) essa situação pode ser alegada pelos cônjuges como prova do casamento e convalida o vício que invalida o casamento.
(C) como meio de prova do casamento, só pode ser alegada pelos cônjuges depois de extinta a convivência marital ou na constância dela.
(D) esta é a situação de duas pessoas que viveram como casadas e esse estado tem por elementos o *nomem*, o *tractatus* e a *representatio*.

Art. 1.545 do CC. Nessa situação apenas os filhos podem alegar a posse de estado de casados e se mortos ambos os cônjuges, pois se um ainda estiver vivo ele deverá indicar o local onde se realizou o casamento para que os filhos possam obter a certidão.
Gabarito "A".

(Delegado/GO – 2003 – UEG) Pelo art. 1.711 do novo Código Civil, os cônjuges ou a entidade familiar, mediante escritura pública ou testamento, podem destinar parte do seu patrimônio para instituir bem de família. Quanto à natureza jurídica do bem de família, assinale a alternativa CORRETA:

(A) Ocorre afetação.
(B) É meio de colocar a coisa fora do comércio por força exclusivamente legal.
(C) Transferência do bem à entidade familiar e que passa a ter o direito de disposição.
(D) Instituição de um condomínio entre os pais e os filhos.

A instituição do bem de família é a forma de afetação do bem destinado a ser a residência da entidade familiar e tem o condão de torná-lo impenhorável por dívidas posteriores à sua constituição, salvo as exceções legais.
Gabarito "A".

(Delegado/MG – 2012) São características da obrigação alimentar:
(A) direito personalíssimo, invariabilidade e reciprocidade.
(B) alternatividade das prestações, irrenunciabilidade e repetibilidade.
(C) alternatividade das prestações, variabilidade e transmissibilidade sucessória *sui generis* da prestação.
(D) divisibilidade, imprescritibilidade e intransmissibilidade sucessória *sui generis* da prestação.

A: incorreta, pois embora a obrigação alimentar tenha como características a reciprocidade (art. 1.694 do CC) e a natureza personalíssima, não se pode afirmar que é invariável. De acordo com o artigo 1.699 do Código Civil, "se, fixados os alimentos, sobrevier mudança na situação financeira de quem os supre, ou na de quem os recebe, poderá o interessado reclamar ao juiz, conforme as circunstâncias, exoneração, redução ou majoração do encargo". **B:** incorreta, a obrigação alimentar possui como características a alternatividade das prestações (os alimentos devem ser pagos em regra em dinheiro, mas também pode ser pagos *in natura*) e a irrenunciabilidade (art. 1.707 do CC), mas não a repetibilidade (os alimentos não podem ser cobrados de volta quando constatado posteriormente que não eram devidos); **C:** correta, a obrigação alimentar é alternativa, variável e transmissível em razão da morte (art. 1.700); **D:** incorreta, a obrigação alimentar é divisível entre os parentes (arts. 1.696 e 1.697) e imprescritível (a obrigação alimentar não prescreve, embora prescreva a pretensão de executar alimentos vencidos e não pagos – art. 206, § 2º, CC). A alternativa está incorreta em razão da última característica apontada: a obrigação alimentar é transmissível em razão da morte (art. 1.700 do CC).
Gabarito "C".

(Delegado/RJ – 2009 – CEPERJ) Acerca do poder familiar no Código Civil, é incorreta a seguinte afirmação:
(A) Os filhos estão sujeitos ao poder familiar, enquanto menores.
(B) A separação judicial, o divórcio e a dissolução da união estável não alteram as relações entre pais e filhos, senão quanto ao direito, que aos primeiros cabe, de terem em sua companhia os segundos.
(C) Durante o casamento e a união estável, compete o poder familiar aos pais; na falta ou impedimento de um deles, o outro o exercerá com exclusividade.
(D) Compete aos pais, quanto à pessoa dos filhos menores, dirigir-lhes a criação e a educação.
(E) Extingue-se o poder familiar do pai ou da mãe condenados por sentença irrecorrível.

A: correta (art. 1.630 do CC); **B:** correta (art. 1.632 do CC); **C:** correta (art. 1.631, *caput*, do CC); **D:** correta (art. 1.634, I, do CC); **E:** incorreta, pois extingue-se o poder familiar por decisão judicial (art. 1.635 do CC).
Gabarito "E".

(Delegado/RJ – 2009 – CEPERJ) A respeito dos alimentos no Código Civil em vigor, assinale a alternativa incorreta:
(A) O cônjuge declarado culpado na ação de separação judicial pode pedir alimentos ao outro.
(B) A obrigação de prestar alimentos pode ser transmitida aos herdeiros.
(C) É possível que a pessoa que necessite dos alimentos não venha a pedi-los, mas a renúncia direito a alimentos não é permitida.
(D) Os alimentos devem ser fixados na proporção das necessidades do reclamante e dos recursos da pessoa obrigada.
(E) A pessoa obrigada a suprir alimentos, poderá pensionar o alimentando, ou dar-lhe hospedagem e sustento, deixando, assim, de prestar o necessário à sua educação, quando menor.

A: correta, ao contrário do que previa o Código Civil de 1916, atualmente o cônjuge culpado pode pedir alimentos ao cônjuge inocente (art. 1.704, parágrafo único, CC). Entretanto só poderá exigir os alimentos mínimos (necessários), assim considerados aqueles indispensáveis à sobrevivência; **B:** correta, a obrigação alimentar é transmissível aos herdeiros (art. 1.700 do CC); **C:** correta, o direito a alimentos é irrenunciável (art. 1.707 do CC), mas não ninguém pode ser forçado a exigir alimentos de outrem; **D:** correta, os alimentos devem ser fixados de acordo com o binômio necessidade-possibilidade (art. 1.694, § 1º, do CC); **E:** incorreta, a pessoa obrigada a pagar alimentos a menor de idade não pode deixar de prestar o necessário à sua educação (art. 1.701, *caput*, do CC). Essa obrigação, segundo a jurisprudência do STJ ultrapassa a menoridade e persiste até a conclusão da faculdade.
Gabarito "E".

(Delegado/SP – 2002) Casamento "in articulo mortis" é o mesmo que casamento
(A) putativo.
(B) simulado.
(C) presumido.
(D) nuncupativo.

O casamento "in articulo mortis", também chamado de casamento nuncupativo e "in extremis vitae momentis" é aquele realizado sem a presença do juiz ou seus suplentes, em razão da urgência na sua celebração por estar um dos nubentes em iminente risco de morte (art. 1.540 do CC). Após a celebração (que na verdade é uma simples manifestação de vontade) as testemunhas devem comparecer em juízo e confirmar o casamento (art. 1.541 do CC).
Gabarito "D".

(Delegado/RJ – 2022 – CESPE/CEBRASPE) Jorge foi condenado por sentença transitada em julgado ao pagamento de dez salários-mínimos mensais a título de pensão alimentícia a seu filho Mauro.

Nessa situação hipotética,
(A) em razão do trânsito em julgado da sentença condenatória, pai e filho não poderão pedir majoração, redução ou exoneração do encargo.
(B) Jorge ou Mauro poderão pedir, conforme as circunstâncias, exoneração, redução ou majoração da pensão, se sobrevier mudança na situação financeira de quem a supre ou na de quem a recebe.
(C) apenas a alteração simultânea na situação financeira de Jorge e Mauro autorizará a revisão do valor da prestação alimentícia.

(D) a alteração do valor da pensão alimentícia só será possível se houver ação rescisória.

(E) apenas se ficar desempregado Jorge poderá pedir exoneração ou redução do encargo da pensão alimentícia.

A: incorreta, pois se fixados os alimentos, sobrevier mudança na situação financeira de quem os supre, ou na de quem os recebe, poderá o interessado reclamar ao juiz, conforme as circunstâncias, exoneração, redução ou majoração do encargo (art. 1.699 do CC); **B:** correta (art. 1.699 do CC); **C:** incorreta, pois não há necessidade da alteração simultânea da situação financeira de ambos (art. 1.699 do CC). Apenas a alteração da situação financeira de uma das partes já é suficiente para pedir a revisão; **D:** incorreta, pois a alteração não depende de ação rescisória. Basta pedir a revisão dos alimentos (art. 1.699 do CC); **E:** incorreta, pois o desemprego não é condição para Jorge pedir a redução ou exoneração do encargo. Basta que tenha alteração de sua situação financeira (art. 1.699 do CC). Gabarito "B".

8. SUCESSÕES

(Delegado/MG – 2018 – FUMARC) Frederico, com 72 anos de idade, viúvo e sem herdeiros necessários, em março de 2016 procurou um tabelionato de notas na cidade de Belo Horizonte/MG e fez um testamento público, determinando que todos os seus bens deveriam ser transmitidos à Santa Casa de Belo Horizonte. Em dezembro de 2016, Frederico, que possuía apenas um parente vivo, o seu tio Aristóteles, resolveu adotar Pedro, de 10 anos de idade, vindo a falecer um ano após. Sobre a sucessão de Frederico, é CORRETO afirmar:

(A) A herança de Frederico será dividida igualmente entre Pedro, Santa Casa de Belo Horizonte e Aristóteles.

(B) Pedro terá direito à legítima, cabendo à Santa Casa a parte disponível.

(C) Todo o patrimônio de Frederico caberá a Pedro.

(D) Todo o patrimônio de Frederico caberá à Santa Casa de Belo Horizonte, por força do testamento.

A: incorreta, pois trata-se de caso de rompimento de testamento (art. 1.973 CC). Como sobreveio um descendente sucessível, pela linha sucessória ele deterá todo patrimônio. Logo, a Santa Casa de Belo Horizonte e o tio Aristóteles não terão direito a herança; **B:** incorreta, pois quando se fala em rompimento do testamento ele se torna nulo, logo todas as suas disposições são revogadas (art. 1.973 CC). Para que a Santa Casa recebesse alguma coisa, Frederico deveria ter feito um novo testamento direcionando a parte disponível a ela; **C:** correta, pois com o rompimento do testamento pela presença de descendente sucessível que sobreveio ao testador que não o tinha quando testou (art. 1.973 CC) será aplicada a regra geral de sucessão do art. 1.829 CC, onde os parentes mais próximos excluem os mais remotos. Ademais, por ser herdeiro necessário, tem direito a legítima (art. 1.846 CC). Como Frederico nada dispôs sobre a parte disponível, logo ela também irá para Pedro; **D:** incorreta, pois a presença de descendente sucessível rompe o testamento, isto é, ele se torna nulo (art. 1.973 CC). Logo, as disposições sobre a Santa Casa de Belo Horizonte deixam de ser válidas. Gabarito "C".

(Delegado/MG – 2018 – FUMARC) Considere as seguintes afirmativas a respeito do direito das sucessões:

I. Ninguém pode suceder, representando herdeiro renunciante. Se, porém, ele for o único legítimo da sua classe, ou se todos os outros da mesma classe renunciarem à herança, poderão os filhos vir à sucessão, por direito próprio, e por cabeça.

II. Fideicomisso é meio pelo qual o testador pode instituir como fideicomissário os não concebidos ao tempo de sua morte. Assim, é possível instituir fideicomisso em que contemplem, sucessivamente, determinada pessoa, seu filho e seu neto.

III. O testador pode estabelecer cláusula de inalienabilidade sobre os bens da parte legítima, desde que exponha uma justa causa para tanto.

IV. É lícito o testamento conjuntivo recíproco entre marido e mulher, quando o regime de bens do casamento for da comunhão universal.

Estão CORRETAS apenas as afirmativas:

(A) I, II e III.

(B) I e II.

(C) I e III.

(D) II e IV.

I: correta (art. 1.811 CC); II: incorreta, pois são nulos os fideicomissos além do segundo grau (art. 1.959 CC). Será instituído o fiduciário e fideicomissário que ainda não nasceu. Não é possível fixar nada para o descendente do fideicomissário; III: correta (art. 1.848 *caput* CC); IV: incorreta, pois é proibido em qualquer hipótese o testamento conjuntivo, seja simultâneo, recíproco ou correspectivo (art. 1.863 CC). Logo, a alternativa correta é a letra C. Gabarito "C".

(Delegado/RO – 2014 – FUNCAB) Sobre a legitimidade sucessória, marque a opção correta.

(A) O testador poderá deixar uma dotação de bens para a instituição de uma fundação de direito público, nesse caso, ter-se-á uma sucessão testamentária.

(B) Têm capacidade sucessória as pessoas existentes ao tempo da abertura do inventário.

(C) Numa sucessão legítima pode suceder uma pessoa jurídica.

(D) Terão legitimidade para suceder os filhos de pessoas indicadas pelo testador, desde que vivas estas ao abrir-se a sucessão.

(E) O nascituro tem legitimidade para suceder desde que ocorra o implemento da condição resolutiva, ou seja, nascer com vida.

A: incorreta, pois nesse caso ter-se-á uma fundação privada (CC, art. 1.799, III); **B:** incorreta, pois não apenas as pessoas já nascidas, mas também as já concebidas terão o referido direito (CC, art. 1.798); **C:** incorreta, pois a pessoa jurídica pode ser chamada a suceder numa sucessão testamentária (CC, art. 1.799, II); **D:** correta, pois a alternativa trata da hipótese de sucessão em favor da prole eventual, pela qual o testador indica para herdar filhos ainda não nascidos, nem concebidos de determinadas pessoas. Estas pessoas (os pais da prole eventual, portanto) devem estar vivas ao tempo da abertura da sucessão; **E:** incorreta, pois nesse caso a condição é suspensiva, pois o direito fica suspenso até que ocorra o evento futuro e incerto do nascimento. Gabarito "D".

(Delegado/RO – 2014 – FUNCAB) Sobre o instituto da "Indignidade", é correto afirmar:

(A) Declarada a indignidade, o quinhão hereditário do herdeiro legítimo excluído será destinado aos seus descendentes, que sucederão por direito próprio.

(B) Ciente o autor da herança do ato de indignidade praticado pelo herdeiro, poderá perdoá-lo, expressamente, em testamento ou ato autêntico, sendo que a sua inércia caracterizará perdão tácito.

(C) O quinhão hereditário do herdeiro testamentário, excluído da sucessão por indignidade, será repassado aos substitutos indicados na cédula testamentária.

(D) A ação ordinária de indignidade somente poderá ser ajuizada após o óbito do autor da herança, e dentro do prazo de dois anos, contados da abertura da sucessão.

(E) O ofendido pelo ato de indignidade será o autor da herança, seu cônjuge, companheiro, ascendente ou descendente.

A: incorreta. Quando uma pessoa é declarada indigna, mas ela tem descendentes (que já eram nascidos ou concebidos no momento do falecimento do *de cujus*), esses terão direito de representação, herdando por estirpe e não por cabeça (CC, art. 1.816); **B:** incorreta, pois o silêncio não significa perdão tácito (CC, art. 1.818); **C:** correta, pois a substituição testamentária prevista pelo testador se dará caso o herdeiro não queira ou não possa herdar, aí incluída a hipótese de indignidade (CC, art. 1.947); **D:** incorreta, pois o prazo decadencial para ajuizamento da referida ação é de quatro anos (CC, art. 1.815 parágrafo único); **E:** incorreta, pois apenas numa das hipóteses (CC, art. 1.816, I) é que a lei indica que o ofendido pela indignidade pode também ser cônjuge, companheiro, ascendente ou descendente do *de cujus*.
Gabarito "C".

(Delegado/MG – 2012) As seguintes afirmativas concernentes ao Direito de Sucessão estão corretas, **EXCETO**:

(A) aberta a sucessão, ou seja, com a morte, a posse e a propriedade dos bens do falecido são imediatamente transmitidas aos herdeiros legítimos e testamentários, com exceção do legatário que somente assume a posse com a partilha.

(B) não se pode aceitar ou renunciar a herança em parte, contudo, quem renuncia à herança, não está impedido de aceitar o legado.

(C) a cessão dos direitos hereditários pode ser total ou parcial, gratuita ou onerosa, cabendo sempre aos coerdeiros o exercício do direito de preferência na cota hereditária do cedente.

(D) na sucessão testamentária, diferentemente da sucessão legítima, não existe a previsão para o direito de representação, todavia, poderá o testador consignar cláusula de substituição com o intuito de estabelecer os efeitos da representação.

A: correta, pelo princípio da *saisine* a propriedade e a posse indireta da herança são transmitidas automaticamente aos herdeiros no exato instante da morte. Por sua vez, o legatário, só receberá a posse no momento da partilha; **B:** correta, nos termos do artigo 1.808, § 2º do Código Civil, o 1º o herdeiro, a quem se testarem legados, pode aceitá-los, renunciando a herança; ou, aceitando-a, repudiá-los; **C:** incorreta, o direito à sucessão aberta, bem como o quinhão de que disponha o cordeiro, pode ser objeto de cessão total ou parcial, gratuita ou onerosa, mas sempre por escritura pública. Entretanto, o direito de preferência só pode ser exercido em caso de cessão onerosa segundo entendimento doutrinário (vide artigo 1.794 do CC); **D:** correta, o direito de representação somente existe na sucessão legítima (arts. 1.851 a 1.856 do CC), mas é possível a instituição de cláusula de substituição na sucessão testamentária para produção de efeitos semelhantes (art. 1.947 a 1.960 do CC).
Gabarito "C".

(Delegado/MG – 2012) Moisés, falecido em 2010, era casado com Yara, sob regime da comunhão parcial de bens. Durante o casamento, os cônjuges não adquiriram bens. O casal teve 2 filhos, Ênio e Laylla. Ênio teve 3 filhos (A, B e C) e faleceu em 2005. Laylla teve 2 filhos (D e E) e renunciou a herança de seu pai Moises. O patrimônio deixado por Moises foi totalmente adquirido antes do casamento. Assinale a alternativa que indica de forma **CORRETA** como deverá ser distribuída a herança deixada por Moisés:

(A) 1/3 para cada um dos 3 filhos de Ênio de forma igualitária.

(B) 1/5 para cada um dos netos do falecido de forma igualitária.

(C) 1/4 para Yara, por concorrência e o restante distribuído de forma igualitária entre os 5 netos do falecido.

(D) 1/6 para cada um dos netos do falecido de forma igualitária e 1/6 para Yara, por concorrência.

A situação narrada no enunciado é regulada pelo Capítulo que trata da sucessão legítima no Código Civil. Seguindo a ordem de vocação hereditária prevista no artigo 1.829, I, do CC, YARA (cônjuge do falecido) irá concorrer com os descendentes, pois era casada com MOISES pelo regime da comunhão parcial de bens e todos os bens deixados pelo falecido eram particulares (YARA não é meeira, mas é herdeira de todos os bens particulares). Quantos aos descendentes a herança deveria ser deferida aos filhos (descendentes de 1º grau), mas como ENIO era pré-morto e LAYLLA renunciou a herança deve ser aplicada a regra prevista no artigo 1.811, encaminhando-se aos netos (descendentes de 2º grau) a herança. Se fossemos dividir em partes iguais a herança entre todos os netos (A, B, C, D e E) e a esposa do falecido (YARA), teríamos 1/6 da herança para cada um. Entretanto, como YARA é ascendente (avó) de todos os descendentes com quem irá concorrer (netos), sua quota parte não pode ser inferior a 1/4 da herança, nos termos do artigo 1.832 do CC. Assim, YARA deve receber a sua quota mínima reservada por lei (1/4 – 25%) e os netos devem dividir igualitariamente o restante (3/4 – 75%), totalizando 3/20 – 15% para cada neto.
Gabarito "C".

(Delegado/MG – 2006) Considerando os dispositivos do Código Civil em vigor sobre o Direito das Sucessões, assinale a alternativa CORRETA:

(A) A *saisine* está consagrada no Código Civil, quando este dispõe que: Aberto o inventário, a herança transmite-se, desde logo, aos herdeiros legítimos e testamentários.

(B) A abertura da sucessão implica na mutação subjetiva aos herdeiros de todos os direitos e obrigações do falecido.

(C) A legislação vigente impede que uma mesma pessoa seja, ao mesmo tempo, herdeira e legatária.

(D) O ascendente, o descendente, o cônjuge e o companheiro são considerados herdeiros legítimos.

A: incorreta, pois o Código Civil prevê que "Aberta a sucessão, a herança transmite-se, desde logo, aos herdeiros legítimos e testamentários" (art. 1.784 do CC); **B:** incorreta, pois a mutação subjetiva só ocorrerá após a finalização do inventário, com a abertura da sucessão apenas a posse passará aos herdeiros, sendo o montante ainda chamado de espólio; **C:** incorreta, pois não há essa restrição legal; **D:** correta, pois eles são, de fato, considerados herdeiros legítimos (art. 1.829 do CC).
Gabarito "D".

(Delegado/RJ – 2009 – CEPERJ) Em relação à sucessão, é correto dizer:

(A) A abertura da sucessão ocorre no momento da morte do autor da herança, assim como a abertura do inventário.

(B) Os herdeiros não têm, automaticamente, a propriedade e o direito à posse dos bens a partir do falecimento, já que dependem de ato processual específico.

(C) Mesmo havendo herdeiros necessários, o testador poderá dispor da totalidade da herança.

(D) Quanto aos sucessores do indigno, pode-se afirmar que assim como os do renunciante, sucedem por direito próprio e partilham por cabeça.

(E) A partir do Código Civil de 2002, o cônjuge saiu da condição de herdeiro que poderia ser afastado por disposição testamentária, para ser elevado à categoria de herdeiro necessário.

A: incorreta, pois embora a abertura da sucessão ocorra no momento da morte do autor da herança (art. 1.784 do CC), a abertura do inventário tem um prazo de trinta dias previstos no art. 1.796 do CC; **B**: incorreta, pois de acordo com o princípio da "saisine", adotado pelo Código Civil em vigor (art. 1.784), a herança transmite-se, desde logo, aos herdeiros; **C**: incorreta (art. 1.846 do CC); **D**: incorreta, pois os herdeiros do indigno sucederão por representação, como se morto fosse o indigno antes da abertura da sucessão (art. 1.816 do CC); **E**: correta (art. 1.845 do CC).
Gabarito "E."

(Delegado/SP – 2000) Os descendentes do herdeiro excluído

(A) não sucedem.
(B) sucedem à proporção da metade do quinhão.
(C) sucedem se houver renúncia dos demais herdeiros.
(D) sucedem como se ele morto fosse.

São pessoais os efeitos da exclusão; os descendentes do herdeiro excluído sucedem, como se ele morto fosse antes da abertura da sucessão (art. 1.816, *caput*, do CC).
Gabarito "D."

(Delegado/SP – 1999) A sucessão por representação também se diz

(A) individual.
(B) consanguínea.
(C) por cabeça.
(D) por estirpe.

"Herdar por estirpe é o mesmo que herdar por direito de representação. Assim, havendo descendentes em graus diversos, a herança dividir-se-á em tantas estirpes quantos forem os vários ramos, isto é, os descendentes em grau mais próximo. E o quinhão cabente à estirpe dividir-se-á entre os representantes (CC, art. 1.855)" (Carlos Roberto Gonçalves, Direito Civil Brasileiro, v. 7, Saraiva, p. 221).
Gabarito "D."

9. QUESTÕES CONJUGADAS

(Delegado de Polícia Federal – 2021 – CESPE) A respeito do domicílio, da responsabilidade civil e das sociedades comerciais, julgue os itens que se seguem.

(1) Se uma pessoa viver, de forma alternada, em diversas residências, qualquer uma delas poderá ser considerada seu domicílio.

(2) Se um terceiro aproximar-se de um autor de um crime que estiver imobilizado pela polícia e acertá-lo com um tiro letal, estará configurada a responsabilidade objetiva do Estado.

1: Certo. A alternativa está correta, nos termos do artigo 71 CC. Quando a pessoa natural tem várias residências onde, alternadamente, viva, considerar-se-á domicílio seu qualquer delas. 2. Certo. A alternativa está correta, nos termos do art. 927, parágrafo único CC corroborado por entendimento jurisprudencial do STJ, conforme ementa: Civil e administrativo. Responsabilidade civil do estado por omissão. Obrigação de segurança. Pessoa imobilizada pela polícia militar. Morte após violenta agressão de terceiros. Dever especial do estado de assegurar a integridade e a dignidade daqueles que se encontram sob sua custódia. Responsabilidade civil objetiva. Art. 927, parágrafo único, do Código Civil. Cabimento de inversão do ônus da prova do nexo de causalidade. Art. 373, § 1º, do CPC/2015. Histórico da demanda (AREsp 1717869/MG, Rel. Ministro Herman Benjamin, Segunda Turma, julgado em 20.10.2020, DJe 01.12.2020).
Gabarito 1C, 2C.

10. LEI ESPARSA

(Delegado/RJ – 2022 – CESPE/CEBRASPE) Com relação ao tratamento de dados pessoais de que trata a Lei n.º 13.709/2018, Lei Geral de Proteção de Dados, assinale a opção correta.

(A) O tratamento de dados pessoais poderá ser realizado mediante o fornecimento de consentimento pelo titular de forma verbal, desde que demonstre a manifestação de livre vontade e na presença de três testemunhas maiores e capazes.

(B) O tratamento de dados pessoais de crianças deverá ser realizado com o consentimento específico e em destaque dado por ambos os pais.

(C) O consentimento do tratamento de dados pelo titular deverá ter uma finalidade determinada, e as autorizações poderão ser genéricas quando formalizadas por meio de contrato.

(D) O tratamento de dados pessoais não poderá ser condição para o fornecimento de produto ou de serviço ou exercício de um direito.

(E) O consentimento do tratamento de dados poderá ser revogado mediante manifestação expressa do titular, ratificados os tratamentos já realizados sob amparo de consentimento anteriormente manifestado enquanto não houver requerimento de eliminação dos dados pessoais tratados.

A: incorreta, pois o consentimento deverá ser fornecido por escrito ou por outro meio que demonstre a manifestação de vontade do titular (art. 8º, *caput* da Lei 13.709/2018); **B**: incorreta, pois basta o consentimento específico de pelo menos um dos pais (art. 14, § 1º da Lei 13.709/2018); **C**: incorreta, pois as autorizações genéricas para o tratamento de dados pessoais serão nulas (art. 8º, § 4º da Lei 13.709/2018); **D**: incorreta, pois o tratamento de dados pessoais poderá ser condição para o fornecimento de produto ou de serviço ou exercício de um direito, sendo que neste caso o titular será informado com destaque sobre esse fato e sobre os meios pelos quais poderá exercer os direitos do titular elencados no art. 18 da Lei 13.709/2018 (art. 9º, § 3º da Lei 13.709/2018); **E**: correta (art. 8º, § 5º da Lei 13.709/2018).
Gabarito "E."

(Delegado/RJ – 2022 – CESPE/CEBRASPE) Quanto ao instituto da adoção tratado na Lei n.º 8.069/1990, Estatuto da Criança e do Adolescente, assinale a opção correta.

(A) Para adoção conjunta, é dispensável que os adotantes sejam casados civilmente ou mantenham união estável.

(B) A adoção não poderá ser deferida ao adotante que vier a falecer no curso do procedimento de adoção, antes de prolatada a sentença.

(C) A morte dos adotantes restabelece o poder familiar dos pais naturais.

(D) A adoção atribui a condição de filho ao adotado, com os mesmos direitos e deveres, inclusive sucessórios, desligando-o de qualquer vínculo com pais e parentes, salvo os impedimentos matrimoniais.

(E) A guarda de fato autoriza, por si só, a dispensa da realização do estágio de convivência.

A: incorreta, pois para adoção conjunta, é indispensável que os adotantes sejam casados civilmente ou mantenham união estável, comprovada a estabilidade da família (art. 42, § 2º da Lei 8.069/1990); **B:** incorreta, pois a adoção poderá ser deferida ao adotante que, após inequívoca manifestação de vontade, vier a falecer no curso do procedimento, antes de prolatada a sentença (art. 42, § 6º da Lei 8.069/1990); **C:** incorreta, pois a morte dos adotantes não restabelece o poder familiar dos pais naturais (art. 49 da Lei 8.069/1990); **D:** correta (art. 41, *caput* do CC); **E:** incorreta, pois a simples guarda de fato não autoriza, por si só, a dispensa da realização do estágio de convivência (art. 46, § 2º da Lei 8.069/1990).

Gabarito "D".

9. DIREITO PROCESSUAL CIVIL

Luiz Dellore

1. JURISDIÇÃO E COMPETÊNCIA

(Delegado/DF – 2015 – Fundação Universa) Assinale a alternativa correta acerca da jurisdição e de sua natureza, seus princípios e suas características.

(A) A jurisdição, atividade de poder decorrente da soberania, é una, mas seu exercício é fragmentado pela distribuição de competências a diversos órgãos judiciais. O ordenamento brasileiro admite, assim, a justaposição de competências, mas não de diferentes jurisdições.

(B) A atividade jurisdicional submete as demais funções estatais ao seu controle. A jurisdição mesma, porém, é controlada, via de regra, pela própria jurisdição, apenas admitindo-se excepcionalmente o seu controle externo pela administração e pelo Legislativo.

(C) A realização do direito objetivo é traço caracterizador da jurisdição, suficientemente apto a distingui-la das demais atividades estatais.

(D) A jurisdição é atividade criativa, visto que o julgador pensa até o final o que foi pensado antes pelo legislador, cabendo ao juiz-intérprete produzir a norma jurídica individualizada por meio de processo hermenêutico e linguístico que, a rigor, não conhece limites.

(E) O juiz natural é princípio jurisdicional que visa a resguardar a imparcialidade e que pode ser desmembrado em tripla significação: no plano da fonte, cabe à lei instituir o juiz e fixar-lhe a competência; no plano temporal, juiz e competência devem preexistir ao tempo do caso concreto objeto do processo a ser submetido à apreciação; e no plano da competência, a lei, anterior, deve prever taxativamente a competência, excluindo juízos ad hoc ou de exceção.

A: incorreta. Jurisdição é poder, ao passo que competência é a parcela ou medida da jurisdição. Todo juiz tem jurisdição, mas nem todo tem jurisdição para julgar todas as causas – ou seja, nem todo juiz tem *competência* para julgar determinada causa. Sendo assim, não há competência para vários juízos, mas apenas e em casos específicos, competência concorrente. **B:** incorreta. A Constituição Federal estabelece em seu artigo 2º que o Legislativo, o Executivo e o Judiciário serão harmônicos e independentes entre si. Mas a última palavra é dada pela jurisdição (basta verificar que, em relação a um caso concreto, em tese é o STF quem proferirá a última decisão a respeito do tema – ou seja, um órgão do Judiciário). **C:** incorreta. A jurisdição possui como traço caracterizador a realização do direito *subjetivo*, o qual depende se seus titulares, para querendo provocar a jurisdição. **D:** incorreta. O juiz não poderá inovar e criar, mas sim aplicar a lei à luz do caso concreto. **E:** correta. A Constituição Federal em seu artigo 5º, XXXVII, estabelece que não haverá tribunal de exceção, desta forma, a lei anteriormente ao fato estabelecerá a competência do juiz, sendo que, em último grau, o objetivo desse princípio é garantir a imparcialidade do juiz.

Gabarito "E".

(Delegado/DF – 2015 – Fundação Universa) Abel e Bruno celebraram contrato cujo objeto consistia em bem imóvel localizado em Taguatinga-DF e no qual se estabeleceu Brasília-DF como foro de eleição. No entendimento de Abel, proprietário do imóvel, o contrato previa comodato gratuito por tempo determinado. No entendimento de Bruno, diversamente, o contrato previa doação do bem imóvel. Diante dessa controvérsia, Bruno, visando ao reconhecimento da doação, ajuizou ação declaratória com pedido de manutenção de posse, no foro de Brasília-DF, tendo sido Abel validamente citado em maio de 2014. Abel, de sua vez, visando ao reconhecimento do comodato, ajuizou, no foro de Taguatinga-DF, ação de pretensão declaratória com pedido de reintegração de posse, tendo sido Bruno validamente citado em agosto de 2014. Nenhuma das ações foi, até o momento, sentenciada.

A partir dessa situação hipotética, assinale a alternativa correta.

(A) Há conexão a impor a reunião das duas ações perante o juízo prevento.

(B) Em se tratando de competência absoluta, a eleição do foro é ineficaz. Reconhecida a incompetência do foro de Brasília-DF, a ação de Bruno deverá ser remetida ao foro de Taguatinga-DF, onde deverá ser reunida à ação de Abel, em razão da conexão.

(C) Cuidando a hipótese de controvérsia sobre a propriedade do bem imóvel, a competência territorial do foro da situação da coisa é relativa, podendo haver prorrogação da competência na ação ajuizada por Bruno.

(D) Os foros de Brasília-DF e de Taguatinga-DF são competentes, respectivamente, para as ações ajuizadas por Bruno e Abel.

(E) Há conexão a impor a reunião das duas ações e, sendo a conexão matéria de ordem pública, é possível que a reunião ocorra mesmo após o julgamento de uma das ações.

Conforme disposição do art. 47 do CPC, a competência será do foro de situação do imóvel, nos ações fundadas em direito real. A competência territorial, em regra, é relativa, e pode ser alterada. Mas o § 1º do art. 47 dispõe que "O autor pode optar pelo foro de domicílio do réu ou pelo foro de eleição se o litígio não recair sobre direito de propriedade, vizinhança, servidão, divisão e demarcação de terras e de nunciação de obra nova". Assim, nesse caso, a doutrina afirma ser essa hipótese de competência funcional, portanto absoluta. Sendo assim, no caso o foro de eleição não pode ser aceito. Portanto, deverá haver a reunião das duas demandas, por força de conexão.

Gabarito "B".

(Delegado Federal – 2013 – CESPE) A respeito de competência, julgue os itens subsecutivos.

(1) No que se refere ao processamento e ao julgamento de guarda e alimentos de menor de idade residente

no Brasil, a competência será concorrente entre a jurisdição brasileira e a estrangeira se o pai do menor, réu no processo, residir em outro país.

(2) Em regra, a competência da justiça federal decorre da identidade das partes envolvidas na relação processual, de modo que a natureza da lide pode não ser fator determinante para a fixação da competência.

1: correta, por se tratar de situação em que se admite a competência internacional concorrente (CPC, art. 21, II – obrigação deve ser cumprida no Brasil); **2**: correta, pois o principal critério para fixação da competência da Justiça Federal é a participação de ente federal (CF, art. 109, I).

Gabarito 1C, 2C

2. FORMAÇÃO, SUSPENSÃO E EXTINÇÃO DO PROCESSO

(Delegado/PB – 2009 – CESPE) Extingue-se o processo com apreciação do mérito quando

(A) o juiz verificar, desde logo, a prescrição ou a decadência.
(B) o autor desistir da ação.
(C) não concorrer qualquer das condições da ação.
(D) ocorrer a morte do procurador e não houver a nomeação de outro em seu lugar.
(E) o juiz acolher a alegação de coisa julgada.

Alternativa A correta (art. 487, II, do CPC). As hipóteses de extinção do processo com resolução do mérito encontram-se dispostas no rol do art. 487 do Código.

Gabarito "A".

3. TUTELA PROVISÓRIA

(Delegado/DF – 2015 – Fundação Universa) Priscila possui crédito vencido contra Marcela. Depois de reiteradas cobranças extrajudiciais, Priscila informou a Marcela que iria ajuizar ação de cobrança visando ao pagamento de seu crédito. Marcela, então, iniciou a prática de sucessivos atos de dilapidação patrimonial, tendo doado bens para frustrar futura execução de eventual sentença condenatória que viesse a ser proferida na ação de Priscila, ainda pendente de ajuizamento.

Nessa situação hipotética, o instituto jurídico mais apto a tutelar o interesse de Priscila de garantir a utilidade de sua futura ação de cobrança é o(a)

(A) cautelar inominada preparatória, dada a falta de cautelar em espécie apta a resguardar o interesse de Priscila.
(B) pedido incidental de providência cautelar, formulado na ação de cobrança, com vistas ao sequestro de todos os bens de Marcela.
(C) pedido liminar de antecipação dos efeitos da tutela satisfativa, formulado na ação de cobrança.
(D) cautelar preparatória de arresto de bens suficientes ao adimplemento do crédito.
(E) pedido incidental de providência cautelar, formulado na ação de cobrança, com vistas ao arrolamento de bens de Marcela.

A: incorreta, pois para essa situação o art. 301 do CPC/2015 prevê o arresto de natureza cautelar – e, no CPC/2015, não se se trata mais de "cautelar inominada preparatória", mas de "tutela de urgência cautelar antecedente". **B**: incorreta, tendo em vista que o sequestro se dá em face de um bem específico, sendo o arresto utilizado para se buscar a constrição de qualquer bem do devedor (distinção entre arresto e sequestro prevista no sistema anterior, sem repetição do CPC/2015 – mas aplicável por força da interpretação histórica). **C**: incorreta. É necessária a preservação do patrimônio do devedor (cautelar), e não a satisfação, desde logo. **D**: correta no CPC/1973, em que havia cautelar preparatória. No atual Código, o art. 301 do CPC/2015 prevê a tutela de urgência com natureza cautelar de arresto para assegurar a preservação dos bens para satisfação do crédito. **E**: incorreta. A hipótese é de arresto, não de arrolamento de bens.

Gabarito "D" no CPC/1973, sem resposta no CPC/2015

(Delegado/DF – 2015 – Fundação Universa) Assinale a alternativa correta no que diz respeito à tutela cautelar e à antecipação da tutela.

(A) Não se admite concessão de tutela antecipada em grau recursal.
(B) A decisão interlocutória que concede liminarmente a tutela antecipada acarreta preclusão *proiudicato*, isto é, o juízo não mais poderá revogar ou modificar a decisão.
(C) A tutela cautelar é definitiva porque se funda em cognição exauriente, mas possui eficácia temporária limitada à preservação a que se propõe.
(D) Não há tutela antecipada satisfativa dissociada do necessário requisito da urgência.
(E) Os requisitos para o deferimento da tutela cautelar são normalmente mais rigorosos que os exigidos para o deferimento da tutela antecipada.

A: incorreta. A tutela antecipada incidental pode ser requerida e deferida a qualquer momento – inclusive no âmbito recursal (CPC/2015, art. 294, parágrafo único). **B**: incorreta. A decisão que concede tutela de urgência poderá ser revista, reformada ou invalidada a qualquer momento pelo magistrado (CPC/2015, art. 304, §3º). **C**: correta no CPC/1973, pois o processo cautelar era autônomo. No CPC/2015, a cautelar é formulada no âmbito do processo de conhecimento ou execução. **D**: incorreta no CPC/1973. No âmbito do CPC/2015, a tutela antecipada sempre depende de urgência; o que não depende de urgência é a tutela de evidência (CPC/2015, art. 311). **E**: incorreta no CPC/1973. No âmbito do CPC/2015 os requisitos são os mesmos (art. 300 – probabilidade do direito e o perigo de dano ou o risco ao resultado útil do processo).

Gabarito "C" no CPC/1973, sem resposta ou CPC/2015

(Delegado Federal – 2013 – CESPE) Julgue o item a seguir, relativo às tutelas de urgência.

(1) A antecipação dos efeitos da tutela, por ser medida voltada ao procedimento comum, não se apresenta viável em ações sob procedimento especial.

1: incorreta, pois não há vedação à concessão de antecipação de tutela nos procedimentos especiais (aos quais se aplicam subsidiariamente as regras do procedimento comum – CPC, art. 318, parágrafo único). Ademais, a tutela provisória (gênero do qual a tutela de urgência é espécie) está inserida na parte geral do Código, portanto se aplica a todos os processos e procedimentos

Gabarito 1E

4. TEMAS COMBINADOS DE PARTE GERAL E PROCESSO DE CONHECIMENTO

(Delegado der Polícia Federal – 2021 – CESPE) A respeito da jurisdição, da competência e do poder geral de cautela no processo civil, julgue os itens subsequentes.

(1) As características da jurisdição incluem substituir, no caso concreto, a vontade das partes pela vontade do juiz, o que, por sua vez, resolve a lide e promove a pacificação social.

(2) No curso de processo de ação de acidente de trabalho que tramite na justiça estadual, se a União intervier como interessada, o juiz deverá efetuar a remessa dos autos para a justiça federal.

(3) Caso haja fundado receio de que no curso da lide uma parte cause ao direito do réu lesão grave e de difícil reparação, o juiz poderá determinar medida provisória que julgue adequada.

1: Errado. No exercício da jurisdição, o Estado substitui as partes. Assim, o Estado, com uma atividade sua, substitui as atividades dos litigantes. Contudo, não se trata de substituição pela *vontade do juiz*, mas sim por aquilo previsto no sistema jurídico (vontade do *Direito* ou da *lei*). **2:** Errado. A ação de acidente do trabalho pode ser (i) contra o empregador, com base na responsabilidade civil subjetiva (culpa) – de competência da justiça do trabalho; (ii) contra o INSS, com base na legislação acidentária, independentemente da existência de culpa – da competência da Justiça Estadual e não da Federal (por força de previsão constitucional para facilitar o acesso à justiça – CF, art. 109, I, que exclui a competência da Federal). Sendo assim, se a causa está na estadual, trata-se da situação (ii), que já tem ente federal litigando. Assim, se União pedir seu ingresso, isso será por força da chamada intervenção anômala (Art. 5º, parágrafo único, da Lei 9.469/97), a qual não altera a competência para a Federal (STJ, AgInt no REsp 1535789). **3:** Errado. No caso de risco de lesão, cabe *tutela* provisória (CPC, art. 294), e não *medida* provisória, que é usada pelo Poder Executivo para editar normas legais (CF, art. 62).

Gabarito 1E, 2E, 3E

(Delegado/DF – 2015 – Fundação Universa) A respeito dos métodos alternativos de solução de conflitos, assinale a alternativa correta.

(A) A sentença arbitral não admite controle judicial sobre sua validade.

(B) Ao convencionar a arbitragem, as partes renunciam, em definitivo, ao direito de acesso à justiça.

(C) A cláusula compromissória de arbitragem é a convenção por meio da qual as partes estatuem, prévia e abstratamente, que eventuais controvérsias oriundas de certo negócio jurídico sejam dirimidas pelo juízo arbitral.

(D) A autocomposição, por sua rara ocorrência, tem cada vez mais perdido prestígio no ordenamento jurídico brasileiro como método eficaz de solução de conflitos.

(E) A mediação pressupõe a intervenção de um terceiro imparcial e equidistante, sendo, pois, espécie heterocompositiva.

A: incorreta. A sentença arbitral poderá ter sua validade contestada em Juízo, conforme o art. 33 da Lei 9.307/1996. **B:** incorreta. As partes poderão recorrer ao Judiciário inclusive em relação a aspectos do procedimento arbitral (vide alternativa "A"). Além disso, a parte executiva sempre acontece em juízo. **C:** correta. A Lei 9.307/1996 dispõe em seu art. 4º que será a arbitragem será instituída mediante cláusula compromissória. **D:** incorreta. A autocomposição vem se tornando cada vez mais frequente no Judiciário brasileiro, inclusive com o estímulo do Poder Judiciário, como se vê com a Resolução 125/CNJ e a audiência de conciliação e mediação prevista no art. 334 do CPC. **E:** incorreta. A mediação é espécie de autocomposição, vez que o mediador será imparcial, e auxiliará as partes a chegarem a um acordo.

Gabarito "C".

(Delegado/PA – 2013 – UEPA) Leia as proposições abaixo e assinale a alternativa correta.

(A) Nas cobranças ao condômino de quantias devidas ao condomínio, observa-se-á o procedimento sumário, desde que o montante do débito não ultrapasse o valor equivalente a 60 (sessenta) salários mínimos.

(B) No procedimento sumário, não sendo obtida a conciliação na primeira audiência, o Réu terá o prazo de quinze dias para a apresentação de defesa, sendo após os autos conclusos ao Juiz para decisão da causa.

(C) No procedimento ordinário, a contestação e a reconvenção serão oferecidas simultaneamente, mediante peça única, sendo a exceção processada em apenso aos autos principais.

(D) A cumulação de vários pedidos, num único processo, contra o mesmo réu, somente será admitida caso entre eles exista conexão.

(E) Da decisão que indeferir a petição inicial, sob o procedimento ordinário, caberá recurso de apelação, facultado ao juiz, no prazo de 48 (quarenta e oito) horas, reformar sua decisão.

A e B: incorretas, pois o rito sumário desaparece no CPC/2015; assim, agora se fala em procedimento comum ou especial, não mais se falando em ordinário ou sumário (CPC, art. 318); **C:** correta, considerando o procedimento comum. No CPC/2015, há simplificação em relação à reconvenção, que deixa de existir como peça autônoma, passando a ser elaborada na própria contestação (CPC, art. 343); **D:** incorreta, pois é possível cumular mesmo que não haja conexão, por expressa previsão legal (CPC/2015, art. 327); **E:** incorreta, é uma das hipóteses em que o juiz pode reconsiderar sua sentença (CPC/2015, art. 331), mas incorreto o prazo, pois é de 5 dias.

Gabarito "C".

5. RECURSOS

(Delegado/PA – 2013 – UEPA) Sobre os recursos no sistema próprio do Direito Processual Civil brasileiro, assinale a alternativa correta.

(A) A concessão de antecipação de tutela no corpo da sentença, impõe que eventual recurso de apelação, por ausência de disposição legal, seja integralmente recebido em seu efeito devolutivo e suspensivo.

(B) A reforma processual promovida em 2005 alterou o regime de impugnação das decisões interlocutórias, estabelecendo, como regra geral, a interposição de recurso de agravo de instrumento manejado diretamente na Corte competente.

(C) A interposição de agravo retido conduz automaticamente à apreciação da matéria pelo Tribunal de Justiça como preliminar, por ocasião do julgamento da apelação, independentemente de reiteração posterior da parte interessada.

(D) A decisão do relator que converte o agravo de instrumento em retido é passível de reforma imediata, mediante a interposição de recurso de agravo interno, no prazo de 05 (cinco) dias, nos termos do art. 557, § 1º, do CPC.

(E) Cabe ao agravante, no prazo de 03 (três) dias, comunicar ao Juízo singular a interposição do recurso de agravo de instrumento, juntando cópia da petição recursal, seu comprovante de interposição e a relação de documentos apresentados, sendo o descumprimento desse ônus processual razão para o não conhecimento do recurso, desde que a questão seja arguida e provada pela parte agravada.

A: incorreta. Inicialmente, de se observar que o CPC/2015 reuniu o regramento referente à **tutela de urgência** (esta dívida em duas subespécies: *tutela de urgência cautelar* e *tutela de urgência antecipada*) e **tutela de evidência** sob a denominação **tutela provisória**. Em caso de sentença que concede tutela provisória, a decisão passa a produzir efeitos imediatamente – ou seja, a apelação é recebida apenas no efeito devolutivo (CPC/2015, art. 1.012, §1º, V); **B:** incorreta. No CPC/2015, há o agravo de instrumento para um rol taxativo (art. 1.015 – tendo o STJ apontado que se trata de uma "taxatividade mitigada"); ou, então, recorre-se da interlocutória na própria sentença (CPC/2015, art. 1.009, § 1º), não mais existindo preclusão logo após a prolação da decisão; **C:** incorreta, pois a hipótese de conversão do agravo de instrumento em agravo retido deixa de existir no CPC/2015, pois o agravo retido deixou de existir; **D:** incorreta, vide justificativa anterior; **E:** correta, prevalecendo essa hipótese apenas nos casos de autos físicos (CPC/2015, art. 1.018, *caput* e §§ 2º 3º).
Gabarito "E".

(Delegado/PA – 2013 – UEPA) Leia as proposições abaixo e assinale a alternativa correta.

(A) Quando manifestamente protelatórios os embargos, o juiz ou o tribunal, declarando que o são, condenará o embargante a pagar ao embargado multa não excedente de 1% (um por cento) sobre o valor da causa. Na reiteração de embargos protelatórios, a multa é elevada a até 10% (dez por cento), ficando condicionada a interposição de qualquer outro recurso ao depósito do valor respectivo.

(B) O conhecimento de recurso especial pelo Superior Tribunal de Justiça exige o exaurimento das instâncias ordinárias, de modo que tendo sido confirmada a sentença recorrida, por maioria de votos, impõe-se a prévia interposição de embargos infringentes.

(C) Havendo a concessão da segurança, caberá ao Superior Tribunal de Justiça o julgamento de recuso ordinário em sede de mandado de segurança decidido em única instância pelos Tribunais Regionais Federais, ou pelos Tribunais dos Estados e do Distrito Federal e Territórios.

(D) A inexistência de repercussão geral, a partir de questões relevantes do ponto de vista econômico, político, social ou jurídico, que ultrapassem os interesses subjetivos da causa, acarreta o não conhecimento do Recurso Extraordinário pelo Supremo Tribunal Federal, sendo irrecorrível a decisão monocrática do Ministro Relator que não reconhecê-la, nos termos do art. 543-A do CPC. (correspondente ao art. 1.035 do CPC/2015)

(E) Não admitido o recurso extraordinário ou recurso especial, caberá a interposição de recurso de agravo de instrumento, mediante a juntada dos documentos obrigatórios definidos em lei, bem como do recolhimento das custas processuais e despesas postais.

A: incorreta (CPC/2015, art. 1.026, §§ 2º e 3º). O atual Código prevê percentual de até 2% do valor atualizado da causa, com majoração para até 10%, em caso de reiteração; **B:** incorreta, pois apesar de a afirmação de necessário de esgotamento de instância ser verdadeira, os embargos infringentes deixam de existir como recurso, de modo que a hipótese passar a ser prevista como técnica de julgamento estendido (CPC/2015, art. 942); **C:** incorreta, pois só cabe recurso ordinário em caso de denegação (e não concessão) de segurança (CPC/2015, art. 1.027, II, "a"); **D:** incorreta, pois a decisão quanto à repercussão geral tem de ser colegiada e não monocrática (CF, art. 102, § 3º); **E:** incorreta, não se tratando de agravo de instrumento. O agravo em REsp ou RE (e não o agravo de instrumento) somente será cabível quando não se tratar de questões afetas a recurso repetitivo (CPC/2015, art. 1.042). E, no caso de não admissão de REsp e RE, serão cabíveis dois agravos: AREsp e ARE (CPC/2015, art. 1.030)
Sem alternativa correta no CPC/2015 (no CPC/1973 a alternativa "A" era a correta)

6. PROCEDIMENTOS ESPECIAIS

(Delegado/DF – 2015 – Fundação Universa) Com relação à ação civil pública (ACP), assinale a alternativa correta de acordo com a legislação de regência e a jurisprudência do STF.

(A) Julgado procedente o pedido deduzido em ACP ajuizada pelo Ministério Público, o órgão ministerial fará jus a honorários sucumbenciais devidos pelo réu.

(B) Embora não possa servir de sucedâneo de ação direta de inconstitucionalidade, a ACP admite controle difuso caso a matéria constitucional seja prejudicial ao pedido principal.

(C) Como espécie de tutela coletiva de direitos metaindividuais, a ACP é via cabível para a defesa de direitos coletivos, mas não para a defesa de direitos individuais homogêneos.

(D) Por ser instituto a viabilizar amplo acesso à justiça, a ACP admite ajuizamento por qualquer associação.

(E) O trânsito em julgado de sentença que julga improcedente pedido formulado em ACP ajuizada em defesa de consumidores inviabiliza a propositura futura de ações individuais que invoquem idêntico pedido.

A: incorreta. A Constituição Federal em seu artigo 128, § 5º, II, "a", veda o recebimento de honorários a qualquer título. **B:** correta. A ACP não é o procedimento correto para questionar constitucionalidade de lei, porém se para análise do pedido for necessária à análise da legislação que viole a constituição, será feito de modo meramente incidental, para se decidir o pedido (como é típico no controle difuso de constitucionalidade). **C:** incorreta. O artigo 81, parágrafo único, III, do CDC, dispõe que haverá defesa coletiva de direitos individuais homogêneos, portanto é cabível ACP. **D:** incorreta. Para ter legitimidade para propositura da ACP a associação deverá se devidamente registrada com a finalidade de proteção a determinados direitos e estar constituída há pelo menos 1 ano, conforme prevê o art. 5º, V, alíneas *a* e *b* da Lei 7.347/1985. **E:** incorreta. O art. 103, I, do CDC prevê a possibilidade de novo ajuizamento pelo consumidor quando a ACP for julgada improcedente por ausência de provas.
Gabarito "B".

(Delegado/DF – 2015 – Fundação Universa) A respeito da jurisdição constitucional das liberdades e de seus principais mecanismos, assinale a alternativa correta.

(A) Os danos morais e patrimoniais causados à honra e à dignidade de grupos raciais, étnicos ou religiosos podem ser objeto de responsabilização por meio de ação civil pública.

(B) De acordo com a jurisprudência do STF, é cabível, em *habeas corpus* contra prisão civil de devedor inescusável de prestação alimentícia, rediscussão acerca do binômio necessidade-possibilidade.

(C) Admite-se mandado de segurança contra decisão judicial teratológica de que caiba recurso.

(D) Há perda superveniente de legitimidade a impor a extinção do mandado de segurança coletivo impetrado por partido político quando a agremiação, ao longo do processo, deixar de ter representação no Congresso Nacional.

(E) Pessoa jurídica constituída sob a forma de associação, por ser integrada por cidadãos, detém legitimidade para o ajuizamento, em nome próprio, de ação popular.

A: correta. A ação civil pública para responsabilização em face de tais atos encontra-se disciplinada no artigo 1º, VII, da Lei 7.347/1985. **B:** incorreta. A jurisprudência do STF não admite impetração de *habeas corpus* para discutir o binômio necessidade de possibilidade. O HC é cabível apenas em hipóteses de ilegalidade ou abuso no decreto da prisão, conforme art. 5º, LXVIII, da CF. **C:** incorreta. De acordo com a Súmula 267 do STF não cabe Mandado de Segurança quando da decisão couber recurso. **D:** incorreta. A legitimidade do partido político é verificada no momento da impetração do Mandado de Segurança Coletivo, portanto, a perda superveniente de representação no Congresso Nacional não implica na extinção do MS, conforme jurisprudência do STF em ADI 2159 AgR/DF. **E:** incorreta. A Lei 4.717/1965 em seu artigo 1º dispõe que qualquer *cidadão* é parte legítima, desta forma, não poderá uma pessoa jurídica ingressar em juízo com uma ação popular. A legitimidade é apenas dos cidadãos.

Gabarito: 'A'.

(Delegado Federal – 2013 – CESPE) No que se refere ao *habeas data* e ao *habeas corpus*, julgue os itens seguintes.

(1) De acordo com o STJ, o *habeas data* é instrumento idôneo para a obtenção de acesso aos critérios utilizados em correção de prova discursiva aplicada em concursos públicos.

(2) O *habeas corpus* constitui a via adequada para o devedor de pensão alimentícia pedir o afastamento de sua prisão, alegando incapacidade de arcar com o pagamento dos valores executados.

1: incorreta, pois o STJ decidiu exatamente o contrário, pelo não cabimento de *habeas data* em relação a critérios de concurso (AgRg no HD 127/DF, *DJ* 14.08.2006); **2:** incorreta, porque nesse caso de incapacidade de pagamento, há necessidade de instrução probatória, o que é inviável de se apurar no âmbito do HC, conforme jurisprudência do STJ.

Gabarito: 1E 2E

10. Direito Empresarial

Robinson Barreirinhas e Henrique Subi

1. TEORIA GERAL, EMPRESÁRIOS, PRINCÍPIOS

(Delegado/PE – 2016 – CESPE) A respeito de estabelecimento empresarial, aviamento e clientela, assinale a opção correta.

(A) Estabelecimento empresarial corresponde a um complexo de bens corpóreos organizados ao exercício de determinada empresa.
(B) O estabelecimento empresarial não é suscetível de avaliação econômica e, por consequência, não pode ser alienado.
(C) Aviamento refere-se à aptidão que determinado estabelecimento empresarial possui para gerar lucros.
(D) De acordo com a doutrina, aviamento e clientela são sinônimos.
(E) Na legislação vigente, não há mecanismos de proteção legal à clientela.

A: incorreta. O estabelecimento é composto tanto de bens corpóreos quanto de bens incorpóreos (ponto comercial, título do estabelecimento, clientela etc.); **B:** incorreta. O estabelecimento possui valor econômico próprio e pode ser objeto de negócio jurídico específico (art. 1.143 do Código Civil); **C:** correta. Este é o conceito de aviamento tradicionalmente adotado pela doutrina; **D:** incorreta. O conceito de aviamento foi corretamente exposto na letra "C". Clientela, por sua vez, é outro ativo intangível do estabelecimento, o conjunto de clientes que potencialmente adquirem os produtos e serviços do empresário; **E:** incorreta. A proteção à clientela é a razão jurídica da criminalização dos atos de concorrência desleal (art. 195 da Lei 9.279/1996). HS
Gabarito "C".

(Delegado Federal – 2013 – CESPE) Julgue o seguinte item.

(1) Apesar de os gregos e os fenícios serem historicamente associados a atividades de compra e troca, o surgimento do direito comercial de forma organizada corresponde à ascensão da classe burguesa na Idade Média. À medida que artesãos e comerciantes europeus se reuniam em corporações de ofícios, surgiam normas destinadas a disciplinar os usos e costumes comerciais da época.

1: correta. Realmente, as primeiras normas voltadas à regulamentação do comércio datam da criação e expansão dos mercados na Idade Média. HS/RB
Gabarito 1C

(Delegado/PA – 2013 – UEPA) Sobre o Direito de Empresa, regulado pelo artigo 966 e seguintes do Código Civil, assinale a alternativa correta.

(A) Na forma da lei, empresário é aquele que exerce qualquer atividade ou profissão, economicamente organizada, para a produção ou circulação de bens e serviços.
(B) Podem exercer a atividade de empresário os que estiverem em pleno gozo de sua capacidade civil e não forem legalmente impedidos, assim, os incapazes por razão superveniente, são proibidos de continuar a empresa antes exercida por eles, mesmo que com a assistência ou representação legal.
(C) A sociedade empresária adquire a personalidade jurídica com a sua constituição, a partir da assinatura de seus atos constitutivos pelos respectivos sócios.
(D) Salvo as exceções expressas em lei, considera em empresária a sociedade que tem por objeto o exercício de atividade própria de empresário sujeito a registro.
(E) A sociedade pressupõe a existência de atividade continuada, sendo vedada a sua criação restrita a um ou mais negócios determinados.

A: incorreta. A atividade empresarial é aquela que tem por objeto a produção ou circulação de bens ou serviços, excluídos aqueles de natureza intelectual (artística, científica ou literária), desde que não constituam elemento de empresa (art. 966 do CC); **B:** incorreta. O incapaz não pode começar nova empresa, mas está autorizado a continuar aquela já existente devidamente representado ou assistido (art. 974 do CC); **C:** incorreta. A personalidade jurídica da sociedade empresária começa com o registro de seus atos constitutivos no Registro Público de Empresas Mercantis, a cargo da Junta Comercial (art. 985 do CC); **D:** correta, nos termos do art. 982, *caput*, do CC; **E:** incorreta. É totalmente lícita a criação de sociedade para negócios determinados, em nome do princípio da liberdade de contratar (art. 981, parágrafo único, do CC). HS/RB
Gabarito "D".

(Delegado Federal – 2004 – CESPE) Julgue o item a seguir.

(1) Em uma situação em que João, empresário, tenha decidido casar-se e tenha celebrado, com sua futura mulher, pacto pré-nupcial, este deverá ser arquivado e averbado no Registro Público de Empresas Mercantis.

1: correta, pois nos termos do art. 979 do CC, além de no Registro Civil, serão arquivados e averbados, no Registro Público de Empresas Mercantis, os pactos e declarações antenupciais do empresário, o título de doação, herança, ou legado, de bens clausulados de incomunicabilidade ou inalienabilidade. HS/RB
Gabarito 1C

2. SOCIEDADES

(Delegado der Polícia Federal – 2021 – CESPE) A respeito do domicílio, da responsabilidade civil e das sociedades comerciais, julgue o item que se segue.

(1) A dissolução de sociedade limitada constituída por prazo indeterminado deve ocorrer por consenso unânime dos sócios.

---

* **HS** questões comentadas por: **Henrique Subi.**
  RB questões comentadas por: **Robinson Barreirinhas.**

1: Errado. O quórum para aprovação da dissolução da sociedade por prazo indeterminado é de três quartos do capital social, nos termos do art. 1.076, I, do Código Civil. HS
Gabarito 1 E

(Delegado/GO – 2017 – CESPE) Depende do consentimento de todos os sócios ou acionistas – salvo em caso de previsão no ato constitutivo, hipótese em que o dissidente poderá retirar-se da sociedade – a operação societária denominada

(A) incorporação.
(B) fusão.
(C) cisão.
(D) liquidação.
(E) transformação.

Dentre as operações societárias, a única que obrigatoriamente se dá pela unanimidade dos sócios, salvo se prevista no contrato social ou estatuto, é a transformação (art. 1.114 do CC). HS
Gabarito "E".

(Delegado/GO – 2017 – CESPE) Assinale a opção correta no que se refere ao direito societário.

(A) Compete ao poder público municipal do local da sede autorizar o funcionamento de sociedades cujo funcionamento dependa de autorização do Poder Executivo.
(B) É nulo todo o contrato social de sociedade limitada que contenha cláusula que exclua qualquer sócio da participação nos lucros e nas perdas.
(C) A sociedade em comum e a sociedade de fato ou irregular são não personificadas, conforme classificação do Código Civil.
(D) O sócio remisso pode ser excluído da sociedade pelos demais, caso em que deve ser-lhe devolvido, com os abatimentos cabíveis, o montante com o qual tenha contribuído para o capital social.
(E) Os tipos societários previstos no Código Civil são exemplificativos, podendo as sociedades organizar-se de formas distintas das expressamente listadas.

A: incorreta. A competência é do Poder Executivo federal (art. 1.123, parágrafo único, do CC); **B:** incorreta. Apenas a cláusula que assim determinar será nula, mantendo-se íntegro do restante do documento (art. 1.008 do CC); **C:** incorreta. Sociedade em comum, sociedade de fato e sociedade irregular são termos sinônimos. A alternativa está incorreta porque apenas o primeiro termo é adotado pelo Código Civil (art. 986 e seguintes do CC), que também elenca a sociedade em conta de participação como sociedade não personificada; **D:** correta, nos termos do art. 1.058 do CC; **E:** incorreta. Trata-se de rol taxativo (art. 983 do CC). HS
Gabarito "D".

(Delegado/PE – 2016 – CESPE) Assinale a opção que apresenta, respectivamente, as espécies societárias que somente podem ser consideradas, a primeira, como sociedade empresária e, a segunda, como sociedade simples, em razão de expressa imposição legal.

(A) sociedade comandita por ações / sociedade comandita simples
(B) sociedade anônima / sociedade cooperativa
(C) sociedades estatais / associações
(D) sociedade anônima / sociedade limitada
(E) sociedade em nome coletivo / sociedade limitada

Nos termos do art. 982, parágrafo único, do Código Civil, independentemente de seu objeto social, considera-se empresária a sociedade anônima e simples a cooperativa. HS
Gabarito "B".

(Delegado/PE – 2016 – CESPE) Considerando a legislação em vigor a respeito da responsabilidade dos sócios nos diversos tipos societários, assinale a opção correta.

(A) Nas sociedades cooperativas, o contrato social deverá prever, necessariamente, a responsabilidade ilimitada aos sócios.
(B) O acionista responde ilimitadamente com o próprio patrimônio no que se refere às obrigações assumidas pela sociedade anônima.
(C) Nas sociedades anônimas, os acionistas respondem solidariamente pela integralização do capital social.
(D) Nas sociedades limitadas, os sócios respondem solidariamente pela integralização do capital social.
(E) Na sociedade comandita por ações, todos os sócios respondem ilimitadamente pelos débitos societários.

A: incorreta. O contrato da sociedade cooperativa é livre para dispor sobre a responsabilidade dos sócios 1.095 do Código Civil); **B:** incorreta. A responsabilidade do acionista é limitada ao valor de suas ações (art. 1º da Lei 6.404/1976); **C:** incorreta. Na sociedade anônima, o acionista responde unicamente pela integralização de suas ações, não podendo ser alcançado pelo inadimplemento de outros sócios (art. 1º da LSA); **D:** correta, nos termos do art. 1.052 do Código Civil); **E:** incorreta. Na comandita por ações, apenas os diretores e gerentes têm responsabilidade ilimitada pelas obrigações sociais (art. 282 da LSA). HS
Gabarito "D".

(Delegado/DF – 2015 – Fundação Universa) No que diz respeito às sociedades, assinale a alternativa correta de acordo com a legislação que rege a matéria e a jurisprudência do STJ.

(A) A sociedade subsidiária integral não é permitida no ordenamento jurídico brasileiro, pois a pluralidade de sócios é pressuposto da existência de qualquer sociedade.
(B) O nascimento da empresa pública ou da sociedade de economia mista ocorre com a publicação da lei autorizativa, dispensando-se, para tanto, que o poder público promova o registro dos respectivos atos constitutivos nos registros competentes.
(C) Para que uma sociedade seja considerada nacional, é necessário que pelo menos um de seus sócios seja brasileiro, nato ou naturalizado.
(D) A vedação legal que proíbe cônjuges de contratarem sociedade entre si, quando casados sob o regime da comunhão universal ou separação obrigatória de bens, não se aplica à hipótese de contratação de sociedade simples.
(E) Não é necessária outorga conjugal, qualquer que seja o regime de bens do casamento, para que o empresário casado possa alienar os imóveis que integram o patrimônio da empresa, ou, mesmo, gravá-los de ônus real.

A: incorreta. A sociedade subsidiária integral, aquela na qual o único sócio é uma sociedade anônima nacional, é exceção à regra da pluralidade de sócios e está expressamente autorizada pelo art. 251 da LSA; **B:** incorreta. Por serem pessoas jurídicas de direito privado, sua personalidade jurídica decorre do registro dos atos constitutivos (art. 45 do Código Civil). A lei apenas autoriza sua criação; **C:** incorreta. Sociedade nacional é aquela organizada conforme a lei brasileira e que tenha no país a sede de sua administração (art. 1.126 do Código Civil); **D:** incorreta. A vedação da sociedade entre cônjuges vale também para as sociedades simples (STJ, REsp 1058165/RS, DJ 14.04.2009); **E:** correta. Se os bens integram o patrimônio da empresa, e não do empresário, é dispensada a outorga conjugal (art. 978 do Código Civil). HS/RB

Gabarito "E".

(Delegado/DF – 2015 – Fundação Universa) No que concerne à empresa individual de responsabilidade limitada (EIRELI), assinale a alternativa correta com base na legislação de regência, na doutrina e na jurisprudência acerca da matéria.

(A) Inexiste previsão normativa do capital social mínimo que deve ser integralizado para os fins de constituição da EIRELI.

(B) A remuneração decorrente de cessão de direitos patrimoniais de autor ou de imagem, nome, marca ou voz de que seja detentor o titular da pessoa jurídica, vinculados à atividade profissional, não poderá ser atribuída a EIRELI constituída para a prestação de serviços de qualquer natureza.

(C) Conforme a doutrina majoritária, a empresa individual de responsabilidade limitada somente poderá ser constituída por pessoa natural.

(D) Não se aplicam à EIRELI as hipóteses de desconsideração da personalidade jurídica.

(E) Não há proibição legal para que a pessoa natural constitua mais de uma empresa individual de responsabilidade individual.

A: incorreta. O capital social mínimo da EIRELI é de 100 salários mínimos (art. 980-A, *caput*, do Código Civil); **B:** incorreta. É possível a atribuição dessas remunerações à EIRELI (art. 980-A, § 5º, do Código Civil); **C:** correta segundo o gabarito oficial. A alternativa é extremamente polêmica ao afirmar que se trata de doutrina majoritária. Não é. A doutrina é absolutamente dividida sobre a possibilidade de pessoa jurídica constituir EIRELI, não obstante, na prática, as Juntas Comerciais realmente vêm negando registro nessa hipótese por determinação do Departamento de Registro de Empresas e Integração. De toda forma, a nosso ver, tal discussão não cabe, ainda, em questões de múltipla escolha, tendo em vista que o debate ainda está aberto na doutrina e na jurisprudência; **D:** incorreta, As hipóteses de desconsideração são aplicáveis à EIRELI, nos termos e limites do art. 980-A, §§ 6º e 7º, do Código Civil; **E:** incorreta. A pessoa natural somente pode ser titular de uma EIRELI por expressa limitação imposta pelo art. 980-A, § 2º. do Código Civil. HS/RB

Gabarito "C".

(Delegado Federal – 2013 – CESPE) Julgue o seguinte item.

(1) Uma sociedade estrangeira não pode funcionar no Brasil sem autorização do governo do estado onde será instalada e sem certidão de nada consta emitida pela Polícia Federal, por meio de sua superintendência local.

1: incorreta. Compete ao Governo Federal autorizar o funcionamento de sociedade estrangeira no país (arts. 1.134 e seguintes do CC). HS/RB

Gabarito 1E

(Delegado/PA – 2012 – MSCONCURSOS) A Lei 6.404/1976 que dispõe sobre as Sociedades por Ações, estabelece que os certificados das ações serão escritos em vernáculo e conterão as seguintes declarações, com exceção a da apresentada na alternativa:

(A) O valor do capital social, a data do ato que o tiver fixado, o número de ações em que se divide e o valor nominal das ações, ou a declaração de que não têm valor nominal.

(B) O número de ações ordinárias e preferenciais das diversas classes, se houver as vantagens ou preferências conferidas a cada classe e as limitações ou restrições a que as ações estiverem sujeitas.

(C) O número de ordem do certificado e da ação, e a espécie e classe a que pertence.

(D) denominação da companhia, sua sede e prazo de duração.

(E) Os deveres conferidos às partes beneficiárias, se houver.

O art. 24 da Lei das Sociedades por Ações – LSA (Lei 6.404/1976) dispõe que os certificados das ações serão escritos em vernáculo e conterão as seguintes declarações: (i) denominação da companhia, sua sede e prazo de duração; (ii) o valor do capital social, a data do ato que o tiver fixado, o número de ações em que se divide e o valor nominal das ações, ou a declaração de que não têm valor nominal; (iii) nas companhias com capital autorizado, o limite da autorização, em número de ações ou valor do capital social; (iv) o número de ações ordinárias e preferenciais das diversas classes, se houver, as vantagens ou preferências conferidas a cada classe e as limitações ou restrições a que as ações estiverem sujeitas; (v) o número de ordem do certificado e da ação, e a espécie e classe a que pertence; (vi) os direitos conferidos às partes beneficiárias, se houver; (vii) a época e o lugar da reunião da assembleia-geral ordinária; (viii) a data da constituição da companhia e do arquivamento e publicação de seus atos constitutivos; (ix) o nome do acionista; (x) o débito do acionista e a época e o lugar de seu pagamento, se a ação não estiver integralizada; (xi) a data da emissão do certificado e as assinaturas de dois diretores, ou do agente emissor de certificados. Perceba, portanto, a que a alternativa "E" é a única que não indica declaração que necessariamente deve constar dos certificados de ações. HS/RB

Gabarito 1E

(Delegado Federal – 2004 – CESPE) Julgue o item a seguir.

(1) Adolfo é sócio de determinada sociedade anônima e devedor inadimplente de Amauri, que contra ele promoveu execução forçada para que fosse satisfeito seu crédito. Nessa situação, não poderão ser penhorados bens de André relativos à sociedade anônima, uma vez que as ações da sociedade são impenhoráveis.

1: incorreta, porque as ações e as quotas de sociedades empresárias podem ser penhoradas – art. 835, IX, do NCPC. A sociedade anônima é sempre de capital, inexistindo dúvida quanto à penhorabilidade das ações. Havia debate apenas acerca das quotas das sociedades de pessoas, que já foi afastada pelo STJ, admitindo-se a penhora também nesse caso – ver AgRg no Ag 1.164.746/SP. HS/RB

Gabarito 1E

3. TÍTULOS DE CRÉDITO

(Delegado/PE – 2016 – CESPE) Com referência às disposições do Código Civil acerca de endosso e aval, assinale a opção correta.

(A) É válido o aval parcial de títulos de crédito.

(B) O Código Civil veda o aval parcial e, por se tratar de norma posterior, revogou o dispositivo da Lei Uniforme de Genebra que permite o aval parcial em notas promissórias.

(C) O Código Civil veda tanto o aval parcial quanto o endosso parcial.
(D) Dado o princípio da autonomia, caso o avalista pague o título, não haverá possibilidade de ação de regresso contra os demais coobrigados.
(E) É válido o endosso parcial de títulos de crédito.

A: incorreta. Para os títulos de crédito atípicos, regidos pelo Código Civil, é vedado o aval parcial (art. 897, parágrafo único, do Código Civil); **B:** incorreta. O Código Civil é norma subsidiária para os títulos de crédito típicos, aqueles previstos em leis especiais. Logo, não tem o condão de derrogar a Lei Uniforme de Genebra – é a lei especial que revoga a lei geral, não o contrário; **C:** correta, nos termos dos arts. 897, parágrafo único (aval), e 912, parágrafo único (endosso), do Código Civil; **D:** incorreta. O avalista sub-roga-se nos direitos daquele por quem pagou, portanto está autorizado a exigir a quantia em ação de regresso contra aqueles que lhe sejam anteriores na cadeia de endossos (art. 899, § 1º, do Código Civil); **E:** incorreta. O endosso parcial é nulo (art. 912, parágrafo único, do Código Civil). HS

Gabarito "C".

(Delegado/DF – 2015 – Fundação Universa) O Mercado Economia Ltda. recebeu, como pagamento pela compra de computadores e câmeras de segurança, cheque emitido, em 1.º.03.2015, pela cliente Padaria da Esquina Ltda. Mediante regular endosso, a Sociedade Factoring Ltda. recebeu do Mercado Boa Compra Ltda. o cheque e, apresentando-o para pagamento trinta dias após a data de emissão, a endossatária foi comunicada pela instituição financeira sacada a respeito da inexistência de fundos disponíveis em conta da sacadora para honrar o pagamento.

Em relação a essa situação hipotética e à temática nela tratada, assinale a alternativa correta com base na legislação de regência e doutrina de referência acerca da matéria.

(A) O cheque representa título de crédito classificado como abstrato ou não causal, pois sua emissão não se condiciona a nenhuma causa preestabelecida em lei.
(B) Na hipótese de a Sociedade Factoring Ltda. perder o prazo para o ajuizamento de ação executiva para a cobrança do título, não lhe restará a possibilidade de ajuizamento de ação de enriquecimento contra quem se locupletou indevidamente com o não pagamento do cheque, na forma da Lei.
(C) Caso a Padaria da Esquina Ltda. não apresente relevante razão de direito para justificar o inadimplemento e a Sociedade Factoring Ltda. tenha promovido o regular protesto cambial do título, poderá ser decretada a falência daquela caso o cheque veicule ordem de pagamento superior a vinte salários mínimos à data do pedido de falência.
(D) Considerando-se que o cheque tenha sido apresentado para pagamento na mesma praça onde tenha sido emitido, o termo inicial do prazo prescricional para ajuizamento de execução do título ocorreu em 1.º.05.2015.
(E) Não se admite protesto em razão do não pagamento de cheque, diversamente do que ocorre em relação às certidões de dívida ativa da União, dos estados, do Distrito Federal, dos municípios e das respectivas autarquias e fundações públicas.

A: correta. Título de crédito não causal é aquele que pode ser emitido em qualquer hipótese para representar um direito patrimonial, do qual cheque é exemplo; **B:** incorreta. A ação de locupletamento ilícito prescreve em 02 anos contados do fim do prazo de prescrição da ação cambial (execução do título extrajudicial); **C:** incorreta. O valor mínimo para embasar o pedido de falência em caso de impontualidade injustificada é de 40 salários mínimos (art. 94, I, da Lei 11.101/2005); **D:** incorreta. Cheques apresentados a pagamento na mesma praça têm prazo de apresentação de 30 dias (art. 33 da Lei 7.357/1985), portanto, o início do prazo prescricional da ação cambial foi 1º.04.2015; **E:** incorreta. O cheque é título de crédito protestável, nos termos do art. 48 da Lei 7.357/1985. HS/RB

Gabarito "A".

(Delegado Federal – 2013 – CESPE) Julgue o seguinte item.

(1) O denominado cheque pré-datado, apesar de usual no comércio brasileiro, não está previsto na legislação, segundo a qual o cheque é uma ordem de pagamento à vista, estando a instituição bancária obrigada a pagá-lo no ato de sua apresentação, de modo que a instituição não pode ser responsabilizada pelo pagamento imediato de cheques datados com lembrete de desconto para data futura.

1: correta. O cheque pré-datado é uma criação consuetudinária e, por força do art. 32 da Lei 7.357/1985, se apresentado para pagamento, o banco irá descontá-lo. Naturalmente, não pode a instituição financeira ser responsabilizada civilmente por eventuais danos, porque está cumprindo uma obrigação legal. Não se olvide, por outro lado, que o STJ reconhece a força desse costume comercial e atribui responsabilidade civil àquele que, aceitando receber um cheque pré-datado, leva-o ao banco para pagamento antes da data combinada (Súmula 370 do STJ: Caracteriza dano moral a apresentação antecipada de cheque pré-datado). HS/RB

Gabarito 1C.

(Delegado/PA – 2013 – UEPA) Acerca dos títulos de crédito, assinale a alternativa correta.

(A) Os títulos de crédito podem ser garantidos mediante aval cuja validade está condicionada à existência de assinatura do avalista somente na frente do título.
(B) Os títulos ao portador, emitidos na forma da lei, somente podem ser transferidos mediante endosso formalizado pelo credor primitivo.
(C) A invalidade do título de crédito, por ausência de determinado requisito legal, irradia efeitos à relação jurídica que lhe deu origem, maculando o negócio que justificou sua emissão.
(D) O devedor, como matéria de defesa, pode opor exceção fundada em relações pessoais com o emitente ou com os portadores anteriores do título.
(E) O credor de obrigação lastreada em título de crédito não é obrigado a receber o pagamento antes da data de vencimento constante da cártula.

A: incorreta. O aval pode ser dado no verso do título, desde que esteja assim identificado (art. 898 do CC); **B:** incorreta. O título ao portador circula mediante simples tradição (art. 904 do CC); **C:** incorreta. O negócio jurídico original permanece íntegro por força do princípio da abstração dos títulos de crédito e do disposto no art. 888 do CC; **D:** incorreta. Em regra, o direito cambiário refuta a oposição de exceções pessoais em face a terceiros de boa-fé; **E:** correta, nos termos do art. 902 do CC. HS/RB

Gabarito "E".

10. DIREITO EMPRESARIAL

(Delegado/PA – 2006 – CESPE) A respeito dos títulos de crédito, assinale a opção correta.

(A) Tem-se um título de crédito à ordem quando a cártula não traz inscrito o nome do beneficiário do crédito ali inscrito, permitindo-se que o pagamento se faça àquele que apresentá-lo e exigir o cumprimento da obrigação.

(B) Se for comprovada a perda, o extravio ou a retenção da duplicata, admite-se a emissão de triplicata em substituição. A retenção da duplicata remetida para aceite é condição para o protesto por indicação.

(C) A nota promissória e a duplicata são títulos abstratos, ou seja, não se discute a causa da obrigação, sendo estes autônomos em relação ao negócio originário que resultou na emissão dos referidos títulos de crédito.

(D) Uma duplicata pode referir-se a mais de uma fatura e, ainda que sem aceite, é título de crédito com eficácia executiva, se acompanhada de documentos hábeis à comprovação de que as mercadorias foram adquiridas e recebidas.

A: incorreta, pois a assertiva refere-se ao título ao portador – art. 905 do CC; **B:** correta, conforme o art. 13, § 1º, da Lei das Duplicatas – LD (Lei 5.474/1968); **C:** incorreta. A rigor, a abstração ocorre somente a partir da circulação do título de crédito, inclusive em relação à duplicata. Entretanto, a duplicata é título causal, já que é emitida sempre em relação a uma fatura de venda ou de serviço; **D:** incorreta, pois uma só duplicata não pode corresponder a mais de uma fatura – art. 2º, § 2º, da LD. HS/RB
Gabarito "B".

(Delegado /ES – 2006) Julgue o item a seguir, referente ao direito comercial.

(1) Considere a seguinte situação hipotética. Roberto emitiu cheque de sua titularidade para pagamento de mercadorias adquiridas em estabelecimento empresarial pertencente à pessoa jurídica Beta, que endossou o cheque. Nessa situação, inexistindo estipulação em contrário, Roberto e a pessoa jurídica Beta são coobrigados pelo pagamento do crédito constituído na cártula do título.

1: correta, uma vez que Beta é endossatária do cheque e, como tal, garante o pagamento do título – art. 21 da Lei 7.357/1985. Não se aplica a disposição do art. 914, *caput*, do CC, por existir norma especial – art. 903 do CC. HS/RB
Gabarito 1C

4. FALÊNCIA, RECUPERAÇÃO JUDICIAL, RECUPERAÇÃO EXTRAJUDICIAL

(Delegado/DF – 2015 – Fundação Universa) No que se refere à falência, assinale a alternativa correta com base na legislação de regência, na doutrina e na jurisprudência do STJ acerca da matéria.

(A) Havendo mais de um autor no pedido de falência, serão subsidiariamente responsáveis aqueles que, por dolo, requererem a falência de outrem, cabendo ao juiz condená-los a indenizar o devedor.

(B) Decretada a falência, o falido tem o dever de não se ausentar do lugar onde se processa a falência, sem justo motivo e comunicação expressa ao juiz, e sem deixar procurador bastante, depois de encerrados por termos assinados pelo magistrado.

(C) No direito falimentar brasileiro, não se admite a insolvência presumida do devedor.

(D) Conforme a jurisprudência dominante do STJ, as sociedades cooperativas sujeitam-se à falência.

(E) A Lei de Falências aplica-se às instituições financeiras privadas.

A: incorreta. A responsabilidade, nesse caso, é solidária (art. 101, §1º, da Lei 11.101/2005); **B:** correta, nos termos do art. 104, III, da Lei 11.101/2005); **C:** incorreta. Os atos de falência previstos no art. 94, III, da Lei de Falências nada mais são do que hipóteses de insolvência presumida; **D:** incorreta. Por serem sociedades simples por expressa determinação legal, não se sujeitam à falência, regime jurídico próprio dos empresários (STJ, AgRg no REsp 1109103/SP, DJe 02.12.2014); **E:** incorreta. As instituições financeiras não se sujeitam à Lei 11.101/2005 (art. 2º, II), pois possuem procedimento próprio de liquidação coordenado pelo Banco Central do Brasil. HS/RB
Gabarito "B".

(Delegado Federal – 2013 – CESPE) Julgue o seguinte item.

(1) Em caso de falência de sociedades, diretor e gerente equiparam-se ao falido para todos os efeitos penais, na medida da culpabilidade de cada um dos envolvidos, estando sujeitos, em caso de condenação, à inabilitação para o exercício da atividade empresarial, que deve ser certificada pelo delegado que tenha acompanhado o inquérito.

1: incorreta. O único erro da questão está na autoridade que certifica a inabilitação para o exercício de atividade empresarial. Se ela é um efeito da condenação, como aponta o art. 181, I, da Lei 11.101/2005, cabe ao juiz determinar essa restrição de direitos, não ao delegado de polícia. HS/RB
Gabarito 1E

(Delegado/RJ – 2013 – FUNCAB) No que tange à falência, prevista na Lei 11.101/2005, é correto afirmar:

(A) O juízo da falência é indivisível e competente para conhecer todas as ações sobre bens, interesses e negócios do falido, inclusive as causas trabalhistas, fiscais e aquelas não reguladas pela Lei 11.101/2005, em que o falido figurar como autor ou litisconsorte ativo.

(B) Promove o afastamento do devedor de suas atividades, visando a preservar e otimizar a utilização produtiva dos bens, ativos e recursos produtivos, inclusive os intangíveis, da empresa.

(C) A decretação da falência não determina o vencimento antecipado das dívidas do devedor e dos sócios ilimitada e solidariamente responsáveis.

(D) A decisão que decreta a falência da sociedade com sócios ilimitadamente responsáveis não acarreta a falência destes.

(E) O proprietário de bem arrecadado no processo de falência ou que se encontre em poder do devedor na data da decretação da falência não poderá pedir a sua restituição.

A: incorreta. As causas trabalhistas, fiscais e as não reguladas pela Lei de Falências, bem como aquelas nas quais se demandar quantia ilíquida não estão sujeitas à força atrativa do juízo falimentar (arts. 76 e 6º, § 1º, da Lei 11.101/2005); **B:** correta. A falência acarreta o afastamento do devedor da administração da empresa, diante dos indícios de que não a geriu com responsabilidade, sendo substituído pelo administrador judicial; **C:** incorreta. O vencimento antecipado das dívidas decorre do art. 77 da Lei 11.101/2005; **D**: incorreta. A falência da sociedade implica também a dos sócios ilimitadamente responsáveis (art. 77 da Lei nº 11.101/2005); **E**: incorreta. O pedido de restituição, aplicável à hipótese da alternativa, está regulamentado nos arts. 85 e seguintes da Lei 11.101/2005. HS/RB

Gabarito "B".

5. OUTRAS MATÉRIAS E COMBINADAS

(Delegado der Polícia Federal – 2021 – CESPE) Quatro amigos trabalham juntos há dez anos com a compra e a venda de carros usados. A sociedade não tem registro em junta comercial. Seu funcionamento ocorre em um imóvel de propriedade de Geraldo, sócio que assina todos os contratos da sociedade. A sede é mobiliada com itens de propriedade comum de todos e dispõe de espaço para a exposição de veículos, os quais são comprados pelos quatro sócios conjuntamente, para posterior venda a terceiros. Recentemente, eles passaram a enfrentar dificuldades negociais e problemas financeiros, razão por que os credores começaram a ajuizar ações e fazer cobranças.

Considerando essa situação hipotética, julgue os itens a seguir.

(1) Os sócios em questão respondem solidária e ilimitadamente com seu patrimônio pessoal pelas dívidas da sociedade.

(2) Nessa situação, para tentar superar a fase crítica, os sócios podem pedir a recuperação judicial da empresa.

(3) Geraldo poderá pleitear que a execução de seu imóvel particular por dívidas da sociedade ocorra somente após a execução dos bens sociais.

1: Certo. Trata-se de sociedade em comum, irregular porque não registrou seus atos constitutivos na Junta Comercial. Assim, uma das sanções previstas em lei para essa irregularidade é o fato de todos os sócios responderem solidária e ilimitadamente pelas obrigações sociais (art. 990 do Código Civil). **2:** Errado. A recuperação judicial só é acessível ao empresário ou à sociedade empresária regulares e com mais de 2 (dois) anos de registro na Junta Comercial, ao teor do art. 48, *caput*, da Lei 11.101/2005. **3.** Errado. Na situação hipotética apresentada, Geraldo é o sócio que contrata pela sociedade, pois assina os contratos que representam os negócios jurídicos celebrados por ela. Assim, não tem direito ao benefício de ordem e é executado juntamente com a pessoa jurídica, nos termos do art. 990, parte final, do Código Civil. HS

Gabarito 1C, 2E, 3E

(Delegado/GO – 2017 – CESPE) Durante a instrução de determinado processo judicial, foi comprovada falsificação da escrituração em um dos livros comerciais de uma sociedade limitada, em decorrência da criação do chamado "caixa dois". A sentença proferida condenou pelo crime apenas o sócio com poderes de gerência.

A respeito dessa situação hipotética, assinale a opção correta.

(A) A conduta praticada pelo sócio constitui crime falimentar.

(B) Na situação, configura-se crime de falsificação de documento público.

(C) Sendo o diário e o livro de registro de atas de assembleia livros obrigatórios da sociedade citada, a referida falsificação pode ter ocorrido em qualquer um deles.

(D) Em decorrência da condenação criminal, o sócio-gerente deverá ser excluído definitivamente da sociedade.

(E) O nome do condenado não pode ser excluído da firma social, que deve conter o nome de todos os sócios, seguido da palavra "limitada".

A: incorreta. A conduta não se encontra entre as figuras típicas da Lei 11.101/2005; **B:** correta, nos termos do art. 297, § 2º, do Código Penal; **C:** incorreta. Não se faz "caixa dois" pelo livro de registro de atas de assembleia, porque, como o nome sugere, ele se presta unicamente a consolidar as atas das deliberações dos sócios; **D:** incorreta. Não há qualquer obrigação legal nesse sentido. Somente não pode ser administrador de sociedade (art. 1.011, § 1º, do CC), mas poderá ser sócio; **E:** incorreta. Não há qualquer óbice à exclusão do nome da firma social, a qual, é bom lembrar, pode ser composta somente pelo nome de um ou alguns dos sócios, seguido da partícula "& Cia.". HS

Gabarito "B".

(Delegado/ES – 2006) Julgue o item a seguir, referente ao direito comercial.

(1) Considere-se que a pessoa jurídica Zeta, com sede em Porto Alegre, possua filial em São Paulo, a qual seja responsável por 89% de todo o faturamento da pessoa jurídica Zeta e possua dez vezes mais funcionários que a sede e um ativo imobilizado de valor aproximado de R$ 8.000.000,00, o que representa valor vinte vezes superior ao do patrimônio imobiliário da sede. Nessa situação, o foro da comarca de São Paulo será competente para deferir eventual pedido de recuperação judicial.

1: correta, dado que é competente para homologar o plano de recuperação extrajudicial, deferir a recuperação judicial ou decretar a falência o juízo do local do principal estabelecimento do devedor ou da filial de empresa que tenha sede fora do Brasil, de acordo com o art. 3º da Lei 11.101/2005. HS/RB

Gabarito 1C

(Delegado Federal – 2004 – CESPE) Julgue o item a seguir.

(1) No curso de determinado processo de falência, houve indícios da ocorrência de crime falimentar, razão por que foi instaurado inquérito judicial. Nessa situação, o referido inquérito possui caráter meramente investigatório, não havendo, por isso, necessidade de intimação pessoal do devedor falido.

1: Incorreta, porque o art. 106 do Dec.-lei 7.661/1945 (revogado pela atual LF) previa a intimação pessoal do falido, para fins do inquérito judicial. Atualmente, o inquérito é policial, requisitado diretamente pelo Ministério Público, de acordo com o art. 187 da Lei 11.101/2005. HS/RB

Gabarito 1E

Anotações